Roland Schurig
Kommentar
zur Straßenverkehrs-Ordnung

Straßenverkehrs-Ordnung

StVO

mit

Anlagen zur StVO (jeweils bei den §§ 40 bis 43)

und

Allgemeiner Verwaltungsvorschrift
zur Straßenverkehrs-Ordnung
(VwV-StVO)

sowie

Zusatzzeichen nach VzKat (bei § 39)

Kommentar
von
Roland Schurig,
Senatsrat a. D., Berlin

17. Auflage

KIRSCHBAUM VERLAG BONN

25 000
LEBEN RETTEN
Europäische Charta
für die Straßenverkehrssicherheit

ISBN 978-3-7812-2080-5
© Kirschbaum Verlag GmbH, Fachverlag für Verkehr und Technik
Siegfriedstraße 28, 53179 Bonn
Telefon 02 28/9 54 53-0 · Internet www.kirschbaum.de
Lektorat: Bettina Lübke, Marcel Diel, Bonn/Berlin · Satz: mom-digital.de
Druck: johnen-druck GmbH & Co. KG,
Industriegebiet Bornwiese 5, 54470 Bernkastel-Kues
Titelbild: © Peter Berghaus GmbH, Kürten
August 2020 · Best.-Nr. 2080

Vorwort zur 17. Auflage

Die StVO versteht sich als Gefahrenabwehr- und Unfallverhütungsvorschrift und will uns auf Gehwegen, Radwegen und Fahrbahnen vor Gefahren, Schäden und umweltbedingten Beeinträchtigungen bewahren. Damit wir die StVO verstehen, sollte sie so einfach wie möglich gestaltet sein. In einer Gewaltaktion wurden zwar vor Jahren Teile der StVO im Sinne der Geschlechterneutralität umgeschrieben, mehr hat sich aber nicht getan. So gibt es zwar keine Verkehrsteilnehmer, Fußgänger oder Radfahrer mehr, stattdessen am Verkehr Teilnehmende, zu Fuß Gehende oder Rad Fahrende, aber immer noch über 40 komplizierte Halt- und Parkverbote sowie Regelvorschriften, die selbst für Verkehrserfahrene kaum verständlich sind. Dass sich das mal ändert, ist wohl kaum zu erwarten, denn immer neue Sicherheits-, Ordnungs- und Umweltdefizite wie auch zunehmende Aggressivität und Ellenbogenmentalität verlangen eine präzise Regelkonformität. So befindet sich die StVO weiterhin im Zustand einer Dauerbaustelle, Verordnungstexte werden immer umfangreicher und damit auch Kommentare leider dicker und dicker.

Die Bediensteten der Straßenverkehrsbehörden und die Polizei bemühen sich fleißig und redlich, neuen Herausforderungen gerecht zu werden, meist unter extrem enger Personaldecke. Zunehmend müssen sie gleichzeitig auch Egoismen und Hasstiraden der „am Verkehr Teilnehmenden“ aushalten. Viele verlangen im bellenden Befehlston, ihre Belange an erste Stelle zu setzen, worunter vor allem der Privatparkplatz vor der Haustür und dort die Abschirmung von Lärm und Abgasen, andernorts aber unbehindertes Fahren und Parken verstanden wird. Ungeachtet dessen sind Verkehrsbehörden, Polizei und Ordnungsämter mit großem Engagement bemüht, allen Belangen unter Beachtung des Gleichbehandlungsgrundsatzes zu genügen, und leisten damit einen wichtigen Beitrag zur Hebung der allgemeinen Verkehrsgesittung.

Seit der 16. Auflage ist eine der Baustellen die Elektromobilität, die 2015 das EmoG (abgedruckt bei § 45) und 2019 die eKFV (abgedruckt bei § 2) brachte. Mit dem CsgG von 2017 (abgedruckt bei § 45) wurden die Grundlagen für eine Privilegierung des Carsharings geschaffen. Hervorzuheben sind weiterhin die Änderungen der am 20.4.2020 erlassenen 54. Verordnung zur Änderung straßenverkehrsrechtlicher Vorschriften (54. StrVRÄndV):

- Das Absteigen Rad fahrender Kinder auf Gehwegen vor Kreuzungen gilt auch für Begleitpersonen.
- Rechts abbiegende LKW über 3,5 t dürfen innerorts nur Schrittgeschwindigkeit fahren.
- Besserer Radfahrerschutz durch Mindestüberholabstände von 1,5 m inner- und 2 m außerorts.
- Einführung eines für Radfahrer geltenden Grünpfeils.
- Ein neues Piktogramm „Lastenfahrrad“ ermöglicht Ladezonen oder Parkflächen nur für Lastenfahrräder.
- Ein neues Piktogramm „mehrfachbesetzte PKW und Krafträder mit Beiwagen“ ermöglicht die Nutzung bestimmter Verkehrsflächen.
- Einführung eines neuen Verkehrszeichens „Fahrradzone“.
- Ein neues Überholverbotszeichen untersagt das Überholen einspuriger Fahrzeuge durch mehrspurige KFZ.

- Radfahrstreifen werden an Grundstückszufahrten nicht mehr unterbrochen und das Überfahren der durchgezogenen Linie wird für diesen Einzelfall erlaubt.
- Auf Radfahrschutzstreifen gilt statt Parkverbot jetzt Haltverbot.
- Bei Radfahrschutzstreifen auf schmalen Fahrbahnen wird bei Gegenverkehr das Ausweichen auf Schutzstreifen erlaubt.
- Parkflächen für Carsharingfahrzeuge im öffentlichen Verkehrsraum werden durch ein neues Verkehrszeichen gekennzeichnet.
- Ein neues Verkehrszeichen mit grünem Piktogramm macht Radschnellwege kenntlich. An Kreuzungen und Einmündungen kann dabei eine Haifischzahn-Markierung als neues Verkehrszeichen auf die Rechts-vor-Links-Regelung hinweisen.

Allerdings ist die Gültigkeit der am 20.4.2020 erlassenen 54. StrVRÄndV wegen eines möglichen Zitierfehlers[1] (mal wieder ...) umstritten. Dahinter steht die Kritik an der ebenfalls geänderten BKatV (Art. 3 der 54. StrVRÄndV), die für Tempoverstöße jetzt bereits ab 21 km/h innerorts und 26 km/h außerorts ein Fahrverbot vorsieht (bisher galt innerorts die 31 km/h- und außerorts die 41 km/h-Grenze). Das BMVI will die verschärfte Sanktion wieder zurücknehmen, sieht sich dabei aber dem Widerstand ausgesetzt, dass dies ein denkbar schlechtes Signal für das Geschwindigkeits- und Unfallverhalten wäre. Bei Drucklegung der 17. Auflage des StVO-Kommentars war nicht abzusehen, welches Ergebnis die Kritik bezüglich der Fahrverbotsregelungen haben wird (BKatV).

Der Inhalt der StVO-Änderungen selbst (Art. 1 der 54. StrVRÄndV) ist jedoch nicht umstritten und wird von den Ländern nach gemeinsamer Auffassung weiterhin angewendet, so dass die 17. Auflage auf der Basis der StVO-Änderungen der 54. StrVRÄndV fertiggestellt und auf den Rechtsstand Juni 2020 gebracht werden konnte.

Die vier Anlagen zur StVO sind auch in der 17. Auflage zur besseren Übersicht und Anwendbarkeit direkt in die §§ 40 bis 43 eingebunden. Die Zusatzzeichen befinden sich bei § 39.

Die weit verstreuten Halt- und Parkverbote werden durch eine Gesamtdarstellung aller Vorschriften für den ruhenden Verkehr, einschließlich Parksonderrechten und Umsetzen verbotswidrig abgestellter Fahrzeuge, in den §§ 12 und 13 zusammengefasst. Ein historischer Streifzug ergänzt das Verständnis für die Verkehrsentwicklung.

Der Autor dankt allen Leserinnen und Lesern für die zahlreichen Anfragen und Anregungen, die auch in die neue Auflage des Kommentars eingeflossen sind. Autor und Verlag sind (wie bisher) unter www.kirschbaum.de erreichbar.

Berlin/Bonn/Dallgow-Döberitz, Juni 2020 — Roland Schurig

---

1 Im Vorspann zur 54. StrVRÄndV fehlt die nach einer Auffassung gem. Art. 80 Abs. 1 GG notwendige Zitierung des § 26a Abs. 1 Nr. 3 StVG. Ob tatsächlich ein Zitierfehler vorliegt, ist jedoch umstritten, da das Regelfahrverbot bei inner- und außerörtlichen Tempoverstößen schon immer vorhanden war und mit der 54. StrVRÄndV lediglich die Tempogrenzen, nicht aber das Fahrverbot selbst verändert worden sind.

Inhaltsverzeichnis

I. Allgemeine Verkehrsregeln

(Paragraphenangaben ohne Zusatz beziehen sich auf die StVO)

II. Zeichen und Verkehrseinrichtungen

III. Durchführungs-, Bußgeld- und Schlussvorschriften

Anlagen 1 bis 4 zur StVO siehe jeweils bei den §§ 40 bis 43 StVO
Die Zusatzzeichen befinden sich bei § 39 StVO

Abkürzungen

Angaben wie Z. 201 beziehen sich auf Verkehrszeichen oder Verkehrseinrichtungen der Anlagen eins bis vier zur StVO.

Anl., § oder §§ ohne nähere Angabe der Rechtsnorm beziehen sich auf die StVO.

Gewichtsangaben ohne Zusatz (wie 7,5 t) beziehen sich auf die höchstzulässige Gesamtmasse eines Fahrzeugs.

Leistungsbezogene Gewichtsangaben (wie 7 kg/kW) beziehen sich auf die Leermasse, geteilt durch die max. Motorleistung in kW.

Geschwindigkeitsangaben ohne Zusatz (wie 50 km/h) beziehen sich auf die zulässige Höchstgeschwindigkeit.

Kubikangaben (wie 50 cm^3) beziehen sich auf den höchstzulässigen Hubraum des Motors.

Leistungsangaben (wie max. 20 kW) beziehen sich auf die höchstzulässige Motorleistung (1 kW = 1,3596 PS).

Nennleistungsdrehzahlen (wie 6 000^{-1}) beziehen sich auf die höchstzulässige Motordrehzahl in min^{-1}.

a.A./a.M.	anderer Ansicht/Meinung
a.a.O.	am angegebenen Ort
aaS	amtlich anerkannter Sachverständiger für den Kraftfahrzeugverkehr
ABBG	Autobahnbenutzungsgebührengesetz
ABE	Allgemeine Betriebserlaubnis für Fahrzeuge
ABl. EG/EU	Amtsblatt der Europäischen Gemeinschaft/Europäischen Union
ADR	Europäisches Übereinkommen über die internationale Beförderung gefährlicher Güter auf der Straße
a.F.	alte Fassung
AG	Amtsgericht
Alt.	Alternative
AltautoV	Altauto-Verordnung
ABMG	Autobahnmautgesetz für schwere Nutzfahrzeuge
Anh.	Anhang
Anl.	Anlage (ohne nähere Bezeichnung beziehen sie sich auf die Anlagen 1 bis 4 der StVO)
Anm.	Anmerkung
Art.	Artikel
Aufl.	Auflage
AusnVO	Ausnahmeverordnung des Bundesministeriums für Verkehr und digitale Infrastruktur
AV	Ausführungsvorschrift
BAB	Bundesautobahn
BAG	Bundesamt für Güterverkehr (Köln)
BAK	Blutalkoholkonzentration
BAnz	Bundesanzeiger (zitiert nach Nummer und Jahrgang)

BASt	Bundesanstalt für Straßenwesen (Bergisch Gladbach)
BauNVO	Baunutzungsverordnung
BayObLG	Bayerisches Oberstes Landesgericht
BayVerfGH	Bayerischer Verfassungsgerichtshof
BayVGH	Bayerischer Verwaltungsgerichtshof
bbH	bauartbestimmte Höchstgeschwindigkeit
BDSG	Bundesdatenschutzgesetz
BE	Betriebserlaubnis für Fahrzeuge
BegleitG	Begleitgesetz zum Telekommunikationsgesetz
Begr.	Begründung zur StVO
BEV	Battery Electric Vehicle = Batterie-/Akkumulatoren-Elektrofahrzeug
BfF	Begutachtungsstelle für Fahreignung
BFH	Bundesfinanzhof (München)
BFStrMG	Bundesfernstraßenmautgesetz
BGB	Bürgerliches Gesetzbuch
BGBl.	Bundesgesetzblatt (zitiert nach Jahr, Teil und Seite)
BGH	Bundesgerichtshof (Karlsruhe)
BGHSt	Entscheidungen des Bundesgerichtshofs in Strafsachen (zitiert nach Band und Seite)
BImSchG	Bundesimmissionsschutzgesetz
BKat	Bußgeldkatalog der Bußgeldkatalog-Verordnung
BKatV	Bußgeldkatalog-Verordnung
BLFA-StVO/OWiG	Bund-Länder-Fachausschuss für den Straßenverkehr, die Verkehrspolizei und Verkehrsordnungswidrigkeiten
BMVBS	Bundesministerium für Verkehr, Bau und Stadtentwicklung (bis 16.12.2013)
BMVI	Bundesministerium für Verkehr und digitale Infrastruktur (ab 17.12.2013 gemäß Organisationserlass der Bundeskanzlerin)
BNatSchG	Bundesnaturschutzgesetz
BNichtrSchG	Bundesnichtraucherschutzgesetz
BOKraft	Betriebsordnung für Kraftfahrunternehmen im Personenverkehr
BOStrab	Straßenbahn-Bau- und Betriebsordnung
BR	Bundesrat
BT	Bundestag
Burmann, Heß, Jahnke, Janker	Straßenverkehrsrecht, 23. Aufl. 2014 (zitiert nach Paragraph und Randnummer)
BVerfG	Bundesverfassungsgericht
BVerfGE	Entscheidungen des Bundesverfassungsgerichts (zitiert nach Band und Seite)
BVerwG	Bundesverwaltungsgericht
BWaldG	Bundeswaldgesetz
BZR	Bundeszentralregister
CEMT	Europäische Verkehrsministerkonferenz
COC	Übereinstimmungsbescheinigung (Certificate of Conformity)
CsgG	Carsharinggesetz vom 5.7.2017 (BGBl. I S. 2230)

DA	Dienstanweisung
DAR	Deutsches Autorecht (Zeitschrift, zitiert nach Jahr und Seite)
d.h.	das heißt
Drs.	Drucksache
DVBl	Deutsches Verwaltungsblatt (Zeitschrift, zitiert nach Jahr und Seite)
DVO	Durchführungsverordnung
EBE	Einzelbetriebserlaubnis für Fahrzeuge
EBO	Eisenbahn-Bau- und Betriebsordnung
ECE	Europäische Wirtschaftskommission der UN (Genf)
EG/EU	Europäische Gemeinschaft/Europäische Union
EG-FGV	EG-Fahrzeuggenehmigungsverordnung
EGMR	Europäischer Gerichtshof für Menschenrechte (Straßburg)
ehem.	ehemals
EichG	Eichgesetz
EKrG	Gesetz über die Kreuzung von Bahnen und Straßen
EmoG	Elektromobilitätsgesetz vom 5.6.2015 (BGBl. I S. 898)
EMRK	Europäische Menschenrechtskonvention vom 4.11.1950 (BGBl. II 1958 S. 210) i.d.F. vom 17.5.2002 (BGBl. II S. 1054)
ERA	Empfehlungen für Radverkehsanlagen (FGSV)
Erl.	Erläuterungen (ohne nähere Bezeichnung beziehen sie sich auf Kommentarstellen)
ESP	Elektronisches Stabilitätsprogramm
EuGeldG	Gesetz zur Umsetzung des EU-Rahmenbeschlusses 2005/ 214/JI vom 24.2.2005 über die gegenseitige Anerkennung von Geldstrafen und Geldbußen
EuGH	Gerichtshof der Europäischen Union (Luxemburg)
EV	Einigungsvertrag (Vertrag über die Herstellung der Deutschen Einheit)
EWR	Europäischer Wirtschaftsraum
f., ff.	folgende, fortfolgende
FAER	Fahreignungsregister
FaP	Fahrerlaubnis auf Probe
FBA	Fernstraßen-Bundesamt (Hauptsitz in Leipzig)
FCEV	Fuel Cell Electric Vehicle = Brennstoffzellenfahrzeug
FE	Fahrerlaubnis
FeV	Fahrerlaubnis-Verordnung
FGSV	Forschungsgesellschaft für Straßen- und Verkehrswesen (Köln)
FmH	Fahrrad mit Hilfsmotor
FPersV	Fahrpersonalverordnung
FreistellungsVO	Freistellungs-Verordnung
FStrG	Bundesfernstraßengesetz
FStrPrivFinG	Fernstraßenbauprivatfinanzierungsgesetz
FStrPrivFinÄndG	Fernstraßenbauprivatfinanzierungsänderungsgesetz
FZV	Fahrzeug-Zulassungsverordnung

GdB	Grad der Behinderung
GebOSt	Gebührenordnung für Maßnahmen im Straßenverkehr
GG	Grundgesetz der Bundesrepublik Deutschland
ggf.	gegebenenfalls
GGVSEB	Gefahrgutverordnung Straße, Eisenbahn und Binnenschifffahrt
GKG	Gerichtskostengesetz
GKVS	Gemeinsame Konferenz der Verkehrs- und Straßenbauabteilungsleiter
GMBl.	Gemeinsames Ministerialblatt
GPS	Global Positioning System
GüKG	Güterkraftverkehrsgesetz
GVBl.	Gesetz- und Verordnungsblatt
GVG	Gerichtsverfassungsgesetz
h.A./h.M.	herrschende Ansicht/Meinung
HAV	Hinweise für das Anbringen von Verkehrszeichen und Verkehrseinrichtungen, Kirschbaum Verlag Bonn
Hentschel/König/ Dauer	Straßenverkehrsrecht 43. Auflage (zitiert nach Paragraph und Randnummer)
HU	(technische) Hauptuntersuchung
i.d.F.	in der Fassung
i.d.R.	in der Regel
InfrAG	Infrastrukturabgabengesetz
i.S.d.	im Sinne des/der
i.V.m.	in Verbindung mit
JGG	Jugendgerichtsgesetz
JR	Juristische Rundschau (Zeitschrift, zitiert nach Jahr und Seite)
JZ	Juristenzeitung (zitiert nach Jahr und Seite)
KBA	Kraftfahrt-Bundesamt (Flensburg)
KfSachvG	Kraftfahrsachverständigengesetz
KFZ	Kraftfahrzeug
KG	Kammergericht (Berlin)
KOM	Kraftomnibus
KostREuroUG	Gesetz zur Umstellung des Kostenrechts auf Euro
Krad	Kraftrad
KrW-/AbfG	Kreislaufwirtschafts- und Abfallgesetz
LG	Landgericht
LKW	Lastkraftwagen
LSG	Landessozialgericht
LZA	Lichtzeichenanlage
MDR	Monatsschrift für Deutsches Recht (zitiert nach Jahr und Seite)
MessEG	Mess- und Eichgesetz
Mofa	Fahrrad mit Hilfsmotor (25 km/h)
MobHV	Mobilitätshilfenverordnung

MPG	Medizinisch-psychologisches Gutachten (Fahreignungsgutachten)
MRK	Menschenrechtskonvention
MtP	Mehrfachtäter-Punktsystem
m.w.N.	mit weiteren Nachweisen
NJW	Neue Juristische Wochenschrift (zitiert nach Jahr und Seite)
n.F.	neue Fassung
NJ	Neue Justiz – Zeitschrift für Anwalts- und Gerichtspraxis (zitiert nach Jahr und Seite)
NPoG	Niedersächsisches Polizei- und Ordnungsbehördengesetz
NStZ	Neue Zeitschrift für Strafrecht (zitiert nach Jahr und Seite)
NVwZ	Neue Zeitschrift für Verwaltungsrecht (zitiert nach Jahr und Seite)
NZV	Neue Zeitschrift für Verkehrsrecht (zitiert nach Jahr und Seite)
o.g.	oben genannt
OLG	Oberlandesgericht
ÖPNV	Öffentlicher Personennahverkehr
OVG	Oberverwaltungsgericht
OWiG	Ordnungswidrigkeitengesetz
PBefG	Personenbeförderungsgesetz
PersAuswG	Personalausweisgesetz
PKW	Personenkraftwagen
PflVG	Pflichtversicherungsgesetz
PHEV	Plug-in Hybrid Electric Vehicle = Hybridelektrofahrzeug
PostG	Postgesetz
PTB	Physikalisch-Technische Bundesanstalt (Berlin/Braunschweig)
PUDLV	Post-Universaldienstleistungs-Verordnung
PZU	Postzustellurkunde
RABT	Richtlinien für die Ausstattung und den Betrieb von Straßentunneln
R-FGÜ	Richtlinien für die Anlage und Ausstattung von Fußgängerüberwegen
RGBl.	Reichsgesetzblatt (zitiert nach Jahr und Seite)
RiLSA	Richtlinien für Lichtsignalanlagen
RL	Richtlinie
RMS	Richtlinien für die Markierung von Straßen
Rn.	Randnummer der VwV-StVO
R+S	Recht und Schaden (Zeitschrift, zitiert nach Jahr und Seite)
RSA	Richtlinien für die Sicherung von Arbeitsstellen an Straßen, Kirschbaum Verlag Bonn
RVO	Rechtsverordnung
RWB	Richtlinien für die wegweisende Beschilderung außerhalb von Autobahnen

RWBA	Richtlinien für die wegweisende Beschilderung auf Autobahnen
Rspr.	Rechtsprechung
s.a.	siehe auch
Schweizer BG	Schweizer Bundesgericht (Tribunal fédéral), Sitz Lausanne
SG	Sozialgericht
SGB	Sozialgesetzbuch
StA	Staatsanwaltschaft
StGB	Strafgesetzbuch
StPO	Strafprozessordnung
StrVollstrO	Strafvollstreckungsordnung
StVO	Straßenverkehrs-Ordnung
StrVRÄndV	Verordnung zur Änderung straßenverkehrsrechtlicher Vorschriften
StVG	Straßenverkehrsgesetz
StVUnfStatG	Straßenverkehrsunfallstatistikgesetz
StVZO	Straßenverkehrs-Zulassungs-Ordnung
SVR	Straßenverkehrsrecht (Zeitschrift, zitiert nach Jahr und Seite)
TB-Nr.	Tatbestands-Nummer
TKG	Telekommunikationsgesetz
TMG	Telemediengesetz
TÜV	Technischer Überwachungsverein
u.a.	und andere(s)
u.ä.	und ähnliche(s)
u.U.	unter Umständen
VA	Verwaltungsakt
VBA	Verkehrsbeeinflussungsanlage
VD	Verkehrsdienst (Zeitschrift, zitiert nach Jahr und Seite)
VDI	Verein Deutscher Ingenieure (Düsseldorf)
VE	Verkehrseinrichtung(en)
VdTÜV	Verband der Technischen Überwachungsvereine (Köln)
VerfGH	Verfassungsgerichtshof (der Länder)
VerkMitt	Verkehrsrechtliche Mitteilungen (Zeitschrift, zitiert nach Jahr und Nummer)
VersG	Versammlungsgesetz
VersR	Versicherungsrecht (Zeitschrift, zitiert nach Jahr und Seite)
VG	Verwaltungsgericht
VGH	Verwaltungsgerichtshof
VerfGH	Verfassungsgerichtshof (der Länder)
VkBl.	Verkehrsblatt (Amtsblatt des BMVI, zitiert nach Jahr und Seite)
VMK	Verkehrsministerkonferenz
VO	Verordnung
VO (EWG/EU)	EWG-Verordnung/EU-Verordnung
VRS	Verkehrsrechtssammlung (zitiert nach Band und Seite)
VU	Verkehrsunfall

VVG	Versicherungsvertragsgesetz
VwGO	Verwaltungsgerichtsordnung
VwKostG	Verwaltungskostengesetz
VwV-StVO	Allgemeine Verwaltungsvorschrift zur Straßenverkehrs-Ordnung
VwVfG	Verwaltungsverfahrensgesetz
VwVG	Verwaltungsvollstreckungsgesetz
VzKat	Verkehrszeichenkatalog
VZR	Verkehrszentralregister (jetzt Fahreignungsregister – FAER)
WRV	Weimarer Reichsverfassung
WÜ	Wiener Übereinkommen über den Straßenverkehr und über Verkehrszeichen vom 8.11.1968 (BGBl. II 1977 S. 811, 893 ff.)
WÜD/WÜK	Wiener Übereinkommen über diplomatische bzw. konsularische Beziehungen vom 18.4.1961 (BGBl. II 1964 S. 957; 1965 S. 147)
WVZ	Wechselverkehrszeichen
Z.	Verkehrszeichen der StVO (Angabe mit amtlicher Nummer, z.B. Z. 101 = Gefahrstelle)
z.B.	zum Beispiel
ZEVIS	Zentrales Verkehrsinformationssystem
ZfS	Zeitschrift für Schadensrecht (zitiert nach Jahr und Seite)
zGM	zulässige Gesamtmasse von Fahrzeugen
ZPO	Zivilprozessordnung
ZZ.	Zusatzzeichen

190 Jahre motorisierter Straßenverkehr

Mobilität ist immer ein entscheidender Faktor für die Fortentwicklung von Wirtschaft, Kultur und Wissenschaft gewesen. Soziales Wachstum und Wohlstand im 20. Jahrhundert sind eng mit den Innovationsschüben im Transport- und Verkehrswesen verbunden. Daran wird sich auch im 21. Jahrhundert trotz des „Global Warming“ nichts ändern.

Ausgewählte Verkehrszeichen bis 1970

Bild 18 b

Gebot für Fußgänger, Verbot für andere Verkehrsteilnehmer (1956–1972)

Bild 23

Parkverbot (1934–1970)

Bild 28

Einbahnstraße (1934–1970)

Bild 31

Droschkenplatz (1934–1970)

1830 Dampfbetriebene Lastwagen und Busse gehören zu den ersten Kraftfahrzeugen, die Zugtiere ersetzen.

1850 Entwicklung eines Verfahrens zur Verbesserung der Fahrbahnoberfläche durch Asphalt.

1868 Erste (gasbetriebene) Verkehrsampel wird in London auf dem Parliament Square aufgestellt.

1876 August Otto entwickelt den nach ihm benannten Otto-Motor (lexikalische Kommentierung bei Meyer, 5. Aufl. 1896: „Ganz aussichtslos erscheint die Idee der Personenbeförderung ... durch so genannte Benzinwagen.“). Der Viertaktmotor leistete 2,2 kW bei 180 min^{-1}.

1881 Aufhebung des letzten Straßenzolls im Deutschen Reich. Erstes dreirädriges Elektroauto mit wiederaufladbarem Blei-Akkumulator bis 12 km/h von Gustave Trouvé. Am 29.4.1882 führt Siemens in Berlin-Halensee einen elektrisch angetriebenen Oberleitungs-Kutschwagen (Elektromote) auf einer 540 m langen Versuchsstrecke vor, 1905 folgt das Elektro-Taxi „Viktoria“ mit 24 km/h. In New York werden 1899 90 % aller Taxis elektrisch angetrieben, vor allem Hansom-Taxis der Electric Vehicle Company mit separaten Motoren für jedes Rad.

1886 Carl Benz reicht am 29.1.1886 das Patent mit der Nr. 37435 für den von ihm entwickelten Patent-Motorwagen im Reichspatentamt Berlin ein. Das Datum gilt als „Geburtsstunde des Automobils“. Seitdem sind weltweit mehr als rd. 2,5 Milliarden Kraftfahrzeuge gebaut worden.

1888 Am 1.8.1888 erhält Carl Benz die Genehmigung für Versuchsfahrten für seinen Patent-Motorwagen im Raum Mannheim und damit die erste Fahrerlaubnis. Die in den einzelnen deutschen Ländern (Königreiche, Herzog- und Fürstentümer) erteilten Fahrberechtigungen gelten jeweils nur in dem ausstellenden Land und müssen ab 1.4.1911 gegen den neuen reichseinheitlichen Führerschein umgetauscht werden.

1892 Rudolf Diesel erhält das Patent für einen „rationellen Wärmemotor zum Ersatz der Dampfmaschine“ (Dieselmotor). Einbau von Spritzdüsenvergasern von Wilhelm Maybach statt der Oberflächenvergaser. Der mit Petroleum angetriebene Motor wird 1897 vorgestellt und leistet 13,1 kW bei 154 min^{-1} (Verbrauch 324 g Petroleum pro kW/h).

1894 Erstes Autorennen Paris–Rouen über 128 km.

1895 Inbetriebnahme des ersten Autoluftreifens durch die Brüder André und Edouard Michelin.

1896 Herstellung des ersten Motor-LKW (Daimler). Einsatz der ersten Kraftdroschke mit Taxameter in Stuttgart; es handelt sich um ein KFZ der Daimler-Motoren-Gesellschaft in Cannstatt.

1897 Erste deutsche Automobilausstellung in Berlin.

1899 Der erste tödliche Kraftfahrzeugunfall soll sich am 13.9.1899 in New York ereignet haben.

1901 Einführung einer amtlichen Bescheinigung in Preußen als Voraussetzung für die Benutzung von Automobilen. Bereits damals beklagten Bürger die unerträgliche Abgas- und Lärmbelastung sowie Unfallrisiken des Kraftfahrzeugbetriebes, was sich bis heute nicht geändert hat.

1902 Erstes Kraftfahrlehrbuch „Schule des Automobilfahrers“.

1904 Einrichtung der „ersten deutschen Autolenkerschule“ in Aschaffenburg zur Ausbildung „verständiger Autolenker“. Bis dahin erfolgte eine Ausbildung allenfalls durch technische Einweisung beim Autohändler oder dazu ermächtigten Fahrzeugfabriken.

1906 Einführung der KFZ-Haftpflicht durch das Gesetz über den Verkehr mit Kraftfahrzeugen vom 1.10.1906. „Geburtsstunde“ der Verkehrszeichen durch Erlass der „Grundzüge betreffend den Verkehr mit Kraftfahrzeugen“ durch den Bundesrat des Deutschen Reiches vom 3.5.1906 (Reichsanzeiger vom 28.5.1906), zunächst durch Texthinweise, erst später durch Symbole.

1908 Richard Radke erhält das Patent für einen Sicherheitsgurt. Serienmäßig wird der Sicherheitsgurt erstmals 1948 in einen „Tucker-Torpedo“ eingebaut. Ford führt in Detroit mit dem Model T („Tin Lizzie“) die Fließband-Massenproduktion von Automobilen ein; bis 1926 wird das Modell 15 Mio. Mal gebaut.

Geschwindigkeitsbeschränkung

1920

Bild 70

1934

Bild 21

1992

Zeichen 274

Gefahrzeichen Kinder

1926

Bild 1
Anl. V
StVO 1926

1934

Bild 33
Vorschriftzeichen
„Schule“
StVO 1934

1970

Zeichen 136
„Kinder“
StVO 1970

1992

Zeichen 136
„Kinder“
StVO 1992

1909 KFZ-Bestand 41727, Verkehrsunfälle: 6063 mit 194 Toten und 2945 Verletzten. Zur Beruhigung der Öffentlichkeit wurde bereits 1906 eine offizielle Unfallstatistik eingeführt. Erlass eines Gesetzes über den Verkehr mit Kraftfahrzeugen (RGBl. 1909 S. 437): **„Wir, Wilhelm von Gottes Gnaden Deutscher Kaiser, König von Preußen …“**: Einführung der Halterhaftung mit Haftpflichtversicherung. Fahrausbildung und einheitliche Führerscheine im Deutschen Reich, „Reichsstempelabgabe“ als Vorläufer der Kraftfahrzeugbesteuerung.

Erstes Pariser Übereinkommen über den internationalen Kraftfahrzeugverkehr vom 11.10.1909 (ratifiziert am 21.4.1910 – RGBl. S. 603) mit Einführung internationaler Verkehrszeichen zur Kennzeichnung gefährlicher Stellen.

1910 Rahmen-Gesetz über den Kraftfahrverkehr (wirksam seit dem 1.4.1910); Länderregelungen gelten aber weiter (Vorläufer der späteren StVO und StVZO), u.a. mit einheitlichem Führerschein für das Deutsche Reich. Die Fahrerlaubnis wird nur nach einer mündlichen und praktischen Prüfung erteilt (Mindestalter 18 Jahre). Die Durchführung der Prüfung wird den „Dampfkessel-Überwachungs-Vereinen“ (den späteren TÜV) übertragen.

1911 Aus der 1903 gegründeten „Deutschen Motorradfahrer-Vereinigung“ ging durch Umbenennung am 29.8.1911 der „Allgemeine Deutsche Automobil-Club“ (ADAC) hervor.

1912 Die erste elektrobetriebene Lichtsignalampel mit den Farben Rot und Grün wird in Cleveland (Ohio) in Betrieb genommen.

1914 KFZ-Bestand: Deutschland: 93000; Frankreich: 125000; England: 250000.

1919 Errichtung des Reichsverkehrsministeriums (Reichsanzeiger Nr. 250 vom 30.10.1919).

1921 Verordnung über die reichseinheitliche Ausbildung von Kraftfahrzeugführern, u.a. mit Einführung der Fahrlehrerprüfung und Kontrolle der Fahrschulausstattung durch „anerkannte“ Sachverständige.

Fertigstellung der ersten Autobahn in Deutschland: AVUS (Automobil-Verkehrs- und Übungsstrecke) in Berlin.

1922 Einführung der Kraftfahrzeugsteuer. Erste massive Tankstelle („Tankhaus“) am Raschplatz in Hannover. Aufstellung der ersten dreifarbigen, mechanischen Wechsellichtzeichenanlage in Paris (Rue de Rivoli/Boulevard de Sébastopol).

1923 Novellierung des Gesetzes von 1909 (RGBl. 1923 I S. 743) mit der Verpflichtung zur Kennzeichnung gefährlicher Stellen. Ländereigene Verkehrsordnungen übernehmen die Regelung, z.B. „Berliner Straßenordnung“ vom 15.1.1929 als klassische Polizeiverordnung oder „Preußische Straßenverkehrsordnung“ vom 20.3.1934. Innerorts gilt Tempo 30.

1924 Erste elektrische Wechsellichtzeichenanlage auf dem „Verkehrsturm“ am Potsdamer Platz in Berlin (Anordnung der Signale zunächst noch waagerecht; senkrechte Signale werden 1928 nach dem Vorbild der USA eingeführt, zuerst an der Kreuzung Voß-/Wilhelmstraße in Berlin); Vorläufer sind von der Polizei manuell betriebene Signalscheiben und „Heuer-Ampeln“ (Zeigerampel). Der „Verkehrsturm“ wird bei der Umgestaltung des Potsdamer Platzes aus Anlass der Olympiade 1936 entfernt (ein Modell steht heute wieder dort).

Entwicklung der hydraulischen Bremse durch Malcolm Loughead (späterer Name „Lockheed“). Mit dem Modell „Laubfrosch“ führt Opel die erste Fließbandproduktion in Deutschland ein.

1925 Verordnung über die Aufstellung von Warnungstafeln für den Kraftfahrzeugverkehr vom 25.4.1925 (RGBl. I S. 51) unter Berücksichtigung der international vereinbarten Zeichen (weiße Symbole auf dunkelblauen kreisrunden Schildern von 60 bis 70 cm Durchmesser).

Halt! Vorfahrt gewähren!

Ein entsprechendes Verkehrszeichen für nachgeordnete Straßen gab es vor 1939 nicht

1939

Bild 30 a

1971

Zeichen 206

1926 Zweites Pariser Abkommen unter dem Dach des Völkerbundes über den Internationalen Kraftfahrzeugverkehr vom 24.4.1926 (RGBl. II S. 1233), das das Abkommen von 1909 ersetzt (Einführung einheitlicher dreieckiger Gefahrzeichen und Symbole). Erste „Grüne Welle“ in der Leipziger Straße in Berlin; Vorläufer gab es bereits 1917 in Salt Lake City (Utah) und 1922 in Chicago (Illinois). Erste Ausgabe „Deutsches Autorecht“ (DAR) am 5.8.1926.

Piero Puricelli entwickelt als Tiefbauingenieur die erste kreuzungsfreie Autobahn mit zwei getrennten Fahrbahnen und jeweils zwei Fahrspuren als kreuzungsfreie „Autostrada“ von Mailand nach Varese und Como, obwohl es in Italien erst 90 000 Autos gibt. In Deutschland gibt es erst Planungen für eine Autobahn von Hamburg nach Basel. Gebaut wird 1921 die AVUS als private und gebührenpflichtige Teststrecke und 1932 die Autobahn von Köln nach Bonn (A 555) durch Dr. Konrad Adenauer als Wirtschaftsfördermaßnahme.

1927 Verordnung über Warnungstafeln für den Kraftfahrzeugverkehr vom 8.7.1927 (RGBl. I S. 177) mit Einführung dreieckiger Schilder und schwarzer Symbole.

Absolute Haltverbote

1928 Verordnung über Kraftfahrzeugverkehr vom 16.3.1928 u.a. mit Anweisung über die Prüfung eines Kraftfahrzeugführers in Theorie und Praxis durch „amtlich anerkannte Sachverständige".

1930 Preußischer Ministererlass vom 26.3.1930 (Ministerialblatt für die Preußische Innere Verwaltung S. 448) über „Vorschriften über Verkehrseinrichtungen": Einteilung der Verkehrszeichen in Richtungsschilder, Gefahrentafeln, Gebots- und Verbotstafeln, Signaleinrichtungen für die Verkehrssteuerung und Anlagen zur Sicherheit des Verkehrs. Einführung der Mineralölsteuer.

1931 Genfer Vereinbarung zur Vereinheitlichung der Verkehrszeichen vom 31.3.1931 („Convention sur l'unification de la signalisation routièr"), die zwar vom Deutschen Reich unterzeichnet, aber nicht ratifiziert wird. Dennoch werden die vereinbarten Verkehrszeichen 1934 in die Reichs-Straßenverkehrs-Ordnung übernommen.

1932 Eröffnung der 20 km langen Autobahn „Kraftwagenstraße Köln–Bonn" durch den damaligen Oberbürgermeister von Köln, Dr. Konrad Adenauer.

1933 Verordnung über die Ausbildung von Kraftfahrzeugführern. Verordnung über internationalen Kraftfahrzeugverkehr.

Kraftfahrzeugbestand: 1,8 Mio.; Bevölkerung: 66,4 Mio.; Verkehrsunfälle im statistischen Jahrbuch 1934 nicht erfasst (eine „aufstrebende Automobilnation" sollte sich nicht mit deren Negativerscheinungen konfrontiert sehen). Kostenbeispiele für Kraftfahrzeuge: Mercedes-Benz Limousine 7 655 ccm mit Kompressor und 150 PS = 41 000 Reichsmark (RM); Ford PKW 3 560 ccm mit 90 PS = 5 250 RM; BMW Tourenwagen 1 910 ccm mit 45 PS = 4 500 RM; Fiat Cabriolet 1 930 ccm mit 45 PS = 5 690 RM; Opel PKW 1 920 ccm mit 36 PS = 3 600 RM, Audi PKW 2 241 ccm mit 50 PS = 7 950 RM.

1934 Länderregelungen des Verhaltens- und Zulassungsrechts werden durch die Reichs-Straßenverkehrs-Ordnung vom 28.5.1934 nebst Ausführungsanweisung (AV-RStVO) vom 29.9.1934 (RGBl. I S. 455) abgelöst.

1935 Die erste Parkuhr wird am 16.7.1935 in Oklahoma City aufgestellt (genannt „Black Mary"); erste Parkuhr in Europa in Basel 1952.

1937 Änderung und Ergänzung der Reichs-Straßenverkehrs-Ordnung sowie Aufteilung in StVO (RGBl. 1937 I S. 1179) und StVZO. Entwicklung des ersten Diesel-PKW von Daimler-Benz („Mercedes 260 D"). KFZ-Bestand: 2,85 Mio. (in den USA bereits 24 Mio.); Verkehrsunfälle: 266 400 mit 7 636 Toten und 174 200 Verletzten; Bevölkerung: 67,8 Mio.

1938 Gebührenordnung für Maßnahmen im Straßenverkehr (Erteilung der Fahrerlaubnis: 3 RM, Zulassung eines KFZ: 3 RM, technische Überprüfung eines KFZ: 2 RM).

Vorgeschriebene Fahrtrichtung rechts

1926 1934 1970 1992

Bild 4 Bild 26 Zeichen 209 Zeichen 209

1940 Verordnung über Sachverständige für den Kraftfahrzeugverkehr. Infolge kriegsbedingten Kraftstoffmangels vermehrter Einsatz von Imbert-Generatorfahrzeugen („Holzvergaser"), die durch Schwelung von Feststoffen (Kohle, Holzspäne u.ä.) betrieben werden; erste Versuche reichen bis 1890 zurück, vor allem in Frankreich und Schweden.

1946 Entwicklung des ersten Radialreifens („Michelin X").

1949 Errichtung des Verkehrsministeriums der Bundesrepublik Deutschland am 20.9.1949; erster Verkehrsminister ist Dr.-Ing. Hans-Christoph Seebohm.
Abkommen der UN in Genf über den Straßenverkehr und Protokoll über Straßenverkehrszeichen vom 19.9.1949 der UN-Wirtschaftskommission für Europa (ECE). Deutschland kann dem Abkommen nicht beitreten, weil es noch nicht Mitglied der UN ist. Gründung der Bundesvereinigung der Fahrlehrerverbände (BVF).

1950 Kraftfahrzeugbestand Bundesrepublik: 2,5 Mio., DDR: 274 000; Verkehrsunfälle: 260 700 mit 6 428 Toten und 157 300 Verletzten; Bevölkerung: 50,2 Mio. (nur Bundesrepublik).

1951 Patent für einen Airbag an Walter Linderer; Einbau aber erst 1980 in einem Mercedes der S-Klasse. Einführung der „TÜV-Plakette".

1952 Erlass des (bereinigten) Straßenverkehrsgesetzes (StVG). Einführung des „Zebrastreifens" (erst ab 1964 haben Fußgänger dort Vorrang).

1953 Erlass der (neuen) StVO vom 24.8.1953 (BGBl. I S. 1131) auf der Grundlage des (bereinigten) StVG vom 19.12.1952 (BGBl. I S. 908). Für PKW werden die Höchstgeschwindigkeitsgrenzen aufgehoben, wodurch die Unfallzahlen dramatisch steigen.

Verbot für Fahrzeuge

1906 1920 1934 1992

Erste Verkehrszeichen enthielten keine Symbole, sondern Text
Bild 63 Bild 11 Zeichen 250

1953 Gründung der Europäischen Verkehrsministerkonferenz am 17.10.1953 (Conférence Européenne des Ministres des Transports – CEMT – oder European Conference of Ministers of Transport – ECMT). Der CEMT gehören alle europäischen Staaten der OECD (Sitz Schloss La Muette, Paris) sowie einige ost- und südosteuropäische Staaten an.

1954 Einführung der Parkuhr in Deutschland. Gründung der Europäischen Wirtschaftsgemeinschaft (EWG).

1956 Einbau von Blinkern als Fahrtrichtungsanzeiger; Nachrüstpflicht bis 1961 für Altfahrzeuge mit Winkern. Verbot des „Damensitzes" auf Motorrollern.

1957 Grundsteinlegung für eine moderne, auf den Massenverkehr zugeschnittene StVO durch die 4. Gemeinsame Straßenverkehrssicherheitskonferenz des Bundes und der Länder. Innerorts gilt Tempo 50. Außerorts richtet sich das Tempolimit nach dem zulässigen Gesamtgewicht des KFZ.

1958 Einrichtung des Verkehrszentralregisters beim Kraftfahrt-Bundesamt (KBA) in Flensburg – jetzt Fahreignungsregister.

1959 Beginn des serienmäßigen Einbaus von Sicherheitsgurten durch Volvo. Gestaltung der Fahrerlaubnis-Theorieprüfung als Multiple-Choice-Verfahren.

Verkehrsverbot für Kraftwagen

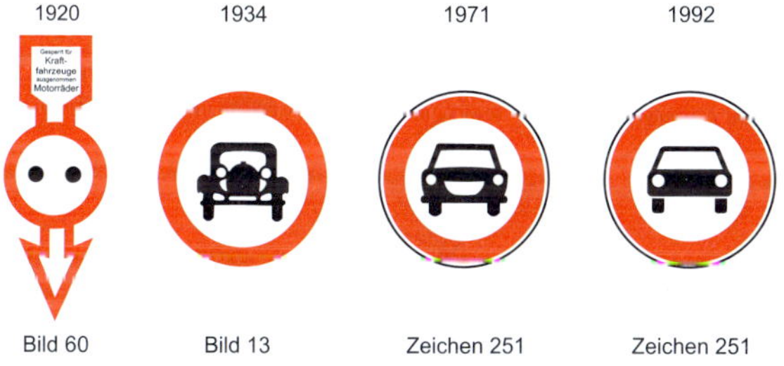

1961 Einführung der Parkscheibe in Deutschland; das erste Parkscheibensystem wurde 1957 in Paris eingeführt.

1964 Erster Serieneinsatz des Kreiskolbenmotors (Wankelmotor) im NSU Spider.

1967 Einführung des Rechtsverkehrs in Schweden am 3.9.1967, 1968 in Island.

1968 Wiener Übereinkommen über den Straßenverkehr und über Straßenverkehrszeichen (WÜ). Die Signatarstaaten verpflichten sich, nur die im „Weltabkommen" vorgesehenen Verkehrsregeln und Verkehrszeichen in ihren nationalen Verkehrsordnungen zu verankern (Ratifizierung in Deutschland 1977 – BGBl. II S. 809). Entkriminalisierung der Verkehrsverstöße durch Einführung des Ordnungswidrigkeitengesetzes: Strafverfügungen werden durch Bußgeldbescheide abgelöst; neben „Barverwarnungen" der Polizei sind auch Verwarnungsbescheide möglich.

1970 Neufassung der StVO auf der Grundlage des Wiener Übereinkommens („Weltabkommen“). Kraftfahrzeugbestand Bundesrepublik: 17,9 Mio., DDR: 2,6 Mio.; Verkehrsunfälle: 1,4 Mio. mit 21 332 (!) Toten und 531 700 Verletzten; Bevölkerung: 60,7 Mio. (nur Bundesrepublik).

1973 „Ölkrise“ (ausgelöst durch politisch motivierte Ölbeschränkungen der OPEC-Staaten) mit Fahrverboten an vier Sonntagen im November 1973 und Tempolimit 100 km/h auf Autobahnen bis Juni 1974. Folgen sind höhere Treibstoffkosten, höhere Verdichtung der Motoren und damit einhergehend höhere Stickoxid-Emissionen, die damals für das „Waldsterben“ verantwortlich gemacht wurden.

1974 Einführung des Mehrfachtäter-Punktsystems.

1976 Tempo 100 auf Landstraßen.

Bahnübergänge

Eisenbahn-Bau- und Betriebsordnung von **1904**.

Empfehlung des Kaiserlichen Automobil-Clubs für Bahnübergänge von **1907**.

Bahnübergänge sollen nach dem Internationalen Abkommen über den Verkehr mit Kraftfahrzeugen von **1909** mit einem „Gatter“ gekennzeichnet werden, während „Andreaskreuze“ für alle Kreuzungen gelten. Das „Andreaskreuz“ bezieht sich auf die Kreuzigung des Heiligen Andreas am 30.11.60 n. Chr. (Datierung: Konzil von Nicäa 787).

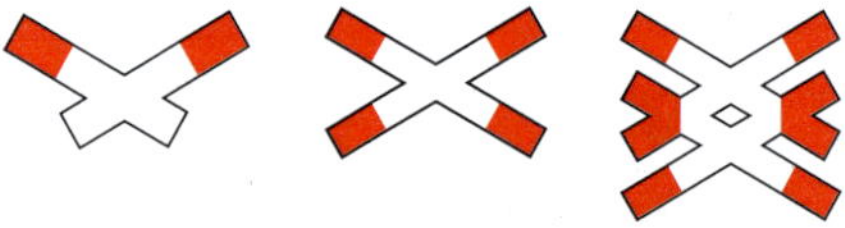
Warnkreuze vor Bahnübergängen nach der Eisenbahn-Bau- und Betriebsordnung von 1937. Die StVO von **1953** hat die Zeichen als Bilder 4c, 4d und 4f übernommen.

Bewachter Unbewachter
Eisenbahnübergang

Verordnung über Warnungstafeln für den Kraftfahrzeugverkehr von 1925 und 1927. Die Zeichen wurden als Bilder 5 und 6 in die StVO von **1937** übernommen.

Andreaskreuz des Internationalen Übereinkommens über den Straßenverkehr von **1949** (wurde von der StVO nicht übernommen).

Warnkreuz für Bahnübergänge nach der StVO **1960** als Bild 4e und von 1970 als Zeichen 201 für unbeschrankten Bahnübergang.

Vorschlag des Arbeitskreises Bahnsicherheit **2004** (Vorsitz MR Menge aus Mainz) für ein neues Andreaskreuz zur Verbesserung der Auffälligkeit von Bahnübergängen; bisher nicht umgesetzt.

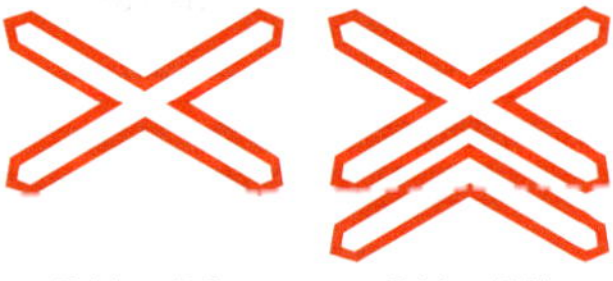
Zeichen B 7a Zeichen B 7b

Bahnkreuze nach dem Wiener Übereinkommen über den Straßenverkehr und über Verkehrszeichen von **1968**.
Die Innenfläche kann auch gelb sein.

1978 Einführung des von Bosch entwickelten Antiblockiersystems (ABS), zunächst für Mercedes der S-Klasse. Die Autobahn-Richtgeschwindigkeits-Verordnung mit 130 km/h tritt in Kraft. Der letzte „Käfer" von VW rollt vom Band (rd. 17 Mio. Käfer wurden produziert).

1981 Einführung des von Mooney und Keith entwickelten Drei-Wege-Katalysators zur Abgasminderung in Ottomotoren.

1990 Kraftfahrzeugbestand Bundesrepublik: 36,7 Mio., DDR 4,8 Mio.; Verkehrsunfälle: 2 Mio. mit 7 906 Toten und 340 000 Verletzten; Bevölkerung: 62,7 Mio. (nur Bundesrepublik).

1995 Einführung des Elektronischen Stabilitätsprogramms (ESP), zunächst bei Mercedes der A-Klasse, die vorher beim „Elch-Test" durchgefallen war.

1998 Mit der FeV wird die 2. EG-Führerschein-RL mit der Klasseneinteilung nach Buchstaben umgesetzt.

2000 Kraftfahrzeugbestand: 47,27 Mio.; Verkehrsunfälle: 2,35 Mio. mit 7 503 Toten und 504 000 Verletzten; volkswirtschaftliche Schäden durch Verkehrsunfälle: rd. 38 Mrd. €, davon 21 Mrd. € Personen- und 17 Mrd. € Sachschäden; Verkehrssünder im VZR des KBA: 6,63 Mio., davon 5,42 Mio. Männer und 1,21 Mio. Frauen; Bevölkerung: 81 Mio.; Straßennetz Gesamtlänge: 650 560 km, davon Autobahnnetz 10 700 km; Gesamtfahrleistung aller KFZ: 535 Mrd. km, davon 26 % auf Autobahnen, 39 % auf Außerortsstraßen und 35 % auf Innerortsstraßen.

2001 Einführung des Handyverbots in § 23 Abs. 1a StVO.

2006 Gründung des Weltverkehrsforums (International Transport Forum – ITF) zum globalen Dialog über alle verkehrspolitischen Fragen am 17.5.2006 durch die CEMT in Dublin.

2007 Einführung eines Alkoholverbots für Fahranfänger (Grenzwert 0,15 ‰).

2010 Kraftfahrzeugbestand: 50,18 Mio., davon 41,7 Mio. PKW. Niedrigste Anzahl von Verkehrstoten seit 1953: 3 648 Tote bei 2,41 Mio. Verkehrsunfällen mit rd. 374 000 Verletzten, davon 62 600 Schwer- und 308 500 Leichtverletzte; volkswirtschaftlicher Gesamtschaden: über 30 Mrd. €.

2013 Neufassung der StVO vom 6.3.2013 als sogenannte „Schildernovelle" mit dem Ziel der Durchforstung des deutschen Schilderwaldes sowie Einführung geschlechtsneutraler Bezeichnungen.

2020 Kraftfahrzeugbestand: rd. 64 Mio., davon 47 Mio. PKW. Niedrigste Anzahl von Verkehrstoten seit 1953: 3 275 Tote bei 2,64 Mio. Verkehrsunfällen mit rd. 396 000 Verletzten, davon 64 000 Schwer- und 35 000 Leichtverletzte; volkswirtschaftlicher Gesamtschaden: 31 Mrd. €; rd. 4.6 Mio. registrierte Verkehrsverstöße beim KBA über 55 €.

Straßenverkehrs-Ordnung (StVO)

vom 6.3.2013 (BGBl. I S. 367)[1]

geändert durch Art. 1 der 49. VO zur Änderung straßenverkehrsrechtlicher Vorschriften vom 22.10.2014 (BGBl. I S. 1635/VkBl. S. 933),[2] 50. VO zur Änderung straßenverkehrsrechtlicher Vorschriften vom 15.9.2015 (BGBl. I S. 1573),[3] 51. Verordnung zur Änderung straßenverkehrsrechtlicher Vorschriften vom 17.6.2016 (BGBl. I S. 1463),[4] Erste Verordnung zur Änderung der Straßenverkehrs-Ordnung vom 30.11.2016 (BGBl. I S. 2848/ VkBl. 2017 S. 231),[5] Art. 2 der Verordnung zur Änderung der BOStrab und StVO vom 16.12.2016 (BGBl. I S. 2938),[6] Art. 1 der 52. Verordnung zur Änderung straßenverkehrsrechtlicher Vorschriften vom 18.5.2017 (BGBl. I S. 1282),[7] 56. Strafrechtsänderungsgesetz vom 30.9.2017 (BGBl. I S. 3532),[8] 53. Verordnung zur Änderung straßenverkehrsrechtlicher Vorschriften vom 6.10.2017 (BGBl. I S. 3549)[9], Verordnung über die Teilnahme von Elektrokleinstfahrzeugen am Straßenverkehr und zur Änderung weiterer straßenverkehrsrechtlicher Vorschriften vom 6.6.2019 (BGBl. I S. 756)[10],

---

1 Gemäß § 53 Abs. 1 ist die Neufassung der StVO am 1.4.2013 in Kraft getreten.

2 In Art. 1 der 49. ÄndVO vom 22.10.2014 wird die UN/ECE-Regelung Nr. 129 für Kinderrückhalteeinrichtungen eingeführt, das Anschnallprivileg für Taxifahrer gestrichen und der (neue) Name des Bundesministeriums für Verkehr und digitale Infrastruktur (BMVI) dokumentiert. Die Regelung ist am 30.10.2014 in Kraft getreten.

3 In Art. 2 der 50. StrVRÄndV vom 15.9.2015 werden Regelungen zur Förderung der Elektromobilität eingeführt. Rechtsgrundlage ist neben dem StVG auch das Gesetz zur Bevorrechtigung der Verwendung elektrisch betriebener Fahrzeuge (Elektromobilitätsgesetz – EmoG) vom 5.6.2015 (BGBl. I S. 898).

4 In Art. 2 der 51. StrVRÄndV vom 17.6.2016 wird in § 21a i. V. m. § 35a StVZO die Verpflichtung von Rollstuhlnutzern zum Anlegen von Rollstuhl-Rückhaltesystemen eingeführt. Die Regelung ist gemäß Art. 5 am 30.6.2016 in Kraft getreten.

5 Die 1. VO zur Änderung der StVO ist gemäß Art. 5 am 14.12.2016 in Kraft getreten. In Art. 1 der 1. VO zur Änderung der StVO werden E-Bikes den Mofas gleichgestellt, Aufsichtspflichtige mit Rad fahrenden Kindern bis acht Jahren auf Gehwegen zugelassen, Vorschriften für die Rettungsgasse vereinfacht und Anordnungen von Tempo 30-Zonen auf Hauptverkehrsstraßen erleichtert.

6 Mit Art. 2 geht die Anordnungskompetenz nach § 45 Abs. 2 Satz 3 für Blinklicht- oder LZA, Schranken und Andreaskreuze für unabhängige Straßenbahn-Bahnübergänge von der Straßenverkehrsbehörde auf die Technische Aufsichtsbehörde des Staßenbahnunternehmens über.

7 Nach Art. 1 der am 1.6.2017 in Kraft getretenen 52. StrVRÄndV wird die Winterreifenpflicht in § 2 Abs. 3a präzisiert und auf die Mitführpflicht von aktiven lichttechnischen Einrichtungen an Fahrrädern in § 23 Abs. 1 verzichtet.

8 Mit Art. 4 des am 13.10.2017 in Kraft getretenen 56. Strafrechtsänderungsgesetzes werden § 29 Abs. 1 und dessen Bußgeldbewehrung in § 49 Abs. 2 Nr. 5 aufgehoben und ungenehmigte Kraftfahrzeugrennen nach § 315d strafbar.

9 Mit Art. 1 der am 19.10.2017 in Kraft getretenen 53. Änderungsverordnung werden das Handyverbot in § 23 Abs. 1a und 1b aktualisiert und ein Verhüllungsverbot für Fahrzeugführer in § 23 Abs. 4 geschaffen, die Fahrbahnquerung für Fußgänger in § 25 Abs. 3 präzisiert, das Sonn- und Feiertagsfahrverbot in § 30 Abs. 3 angepasst sowie die Darstellung bestimmter Streckenverbote auf Überleitungs-, Verschwenkungs- und Fahrstreifentafeln in der Anlage 2 erleichtert.

10 §§ 5 Abs. 4 Satz 2 und 9 Abs. 3 Satz 1 jeweils erweitert um „Elektrokleinstfahrzeuge“ durch Art. 4a Nr. 1 und 2.

durch Art. 1 der 54. Verordnung zur Änderung straßenverkehrsrechtlicher Vorschriften vom 20.4.2020 (BGBl. I S. 814)[11].

Allgemeine Verwaltungsvorschrift zur Straßenverkehrs-Ordnung (VwV-StVO)

Die mit Zustimmung des Bundesrates erlassene VwV-StVO enthält vor allem Anweisungen an die Verkehrsbehörde, wann, wie und wo Verkehrszeichen anzuordnen sind, sowie die Voraussetzungen für die Erteilung von Ausnahmegenehmigungen und Erlaubnissen.

VwV-StVO in der Fassung vom 22.10.1998 (Neubekanntmachung BAnz Nr. 246b vom 31.12.1998, bereinigt 1999 S. 947; VkBl. 1999, S. 290 ff.), in der Fassung vom 26.1.2001 (BAnz S. 1419, 5206; VkBl. S. 2000, S. 276), Änderung vom 18.1.2001 (BAnz S. 25513), vom 11.8.2005 (BAnz S. 12602; VkBl. S. 660), vom 10.4.2006 (BAnz S. 2968; VkBl. S. 477), vom 20.3.2008 (BAnz S. 1106; VkBl. S. 283), vom 4.6.2009 (BAnz S. 2050; VkBl. S. 368), vom 17.7.2009 (BAnz S. 2598; VkBl. S. 610), vom 11.11.2014 (BAnz AT 17.11.2014 B5/VkBl. S. 937), vom 22.9.2015 (BAnz AT 28.9.2015 B5), vom 22.5.2017 (BAnz AT 29.5.2017 B8/VkBl. S. 565).[12]

Ausnahmeverordnungen zur Straßenverkehrs-Ordnung

Allgemein gültige Ausnahmen von den Normen der StVO sind in Ausnahmeverordnungen geregelt. Die noch aktuellen Ausnahmeverordnungen sind in der folgenden Tabelle durch **Fettdruck** hervorgehoben.

Ausnahmeverordnungen zur StVO (mager gesetzte Texte sind nicht mehr wirksam)				
VO Nr.	**Ausnahmeregelung**	**VO vom**	**BGBl. I (VkBl.)**	**Bemerkung**
1.	Keine Helmtragepflicht bei Leichtmofas	26.2.1987	1987 S. 555 (VkBl. S. 231)	Ausnahme erneuert durch 6. Verordnung, die durch Änderung des § 21a Abs. 2 StVO obsolet geworden ist
2.	Verwendung nicht amtlicher Schutzhelme bis 31.12.1992, unbefristet verlängert durch Änderungsverordnung	19.3.1990	1990 S. 555 (VkBl. S. 230)	Regelung aufgehoben durch Art. 2 der 40. StrVRÄndV vom 22.12.2005 (BGBl. I S. 3716)

---

11 Im Vordergrund der 54. StrVRÄndV stehen Bemühungen um eine nachhaltige umwelt- und klimafreundliche Mobilität, insbesondere die Förderung des Radverkehrs, Carsharings und der Elektromobilität.

12 Mit der Änderung der VwV-StVO vom 22.5.2017 ist vor allem der VzKat neu gefasst worden sowie bei Großraum- und Schwertransporten nach §§ 29 Abs. 3 und 46 Abs. 1 Nr. 5 die Polizeibegleitung auf Fälle beschränkt worden, in denen eine polizeiliche Verkehrsregelung unabweisbar ist. Die Änderung der VwV-StVO ist nach Art. 2 am 30.5.2017 in Kraft getreten.

Ausnahmeverordnungen zur StVO (Fortsetzung) (mager gesetzte Texte sind nicht mehr wirksam)				
VO Nr.	**Ausnahmeregelung**	**VO vom**	**BGBl. I (VkBl.)**	**Bemerkung**
3.	Rechtsabbiegen bei Rot an LZA mit Grünpfeilschild	11.12.1990	1990 S. 2765 (VkBl. 1991 S. 6)	Regelung aufgehoben und in § 37 StVO übernommen
4.	Geltungsdauer für Verkehrszeichen vor dem 1.7.1992 bis 1.7.1994	23.6.1992	1992 S. 1124 (VkBl. S. 347)	Regelung ausgelaufen
5.	**Rückhalteeinrichtung für Kinder in Kraftfahrzeugen der Stationierungsstreitkräfte**	24.3.1994	1994 S. 623 (VkBl. S. 346)	
6.	Keine Helmtragepflicht bei Leichtmofas	24.3.1994	1994 S. 624 (VkBl. S. 346)	Aufgehoben durch Art. 3 der 40. StrVRÄndV vom 22.12.2005 (BGBl. I S. 3716) und in § 21a Abs. 2 StVO übernommen
7.	Kindersicherung in Taxen	17.12.1997 18.11.2002 21.12.2005	1997 S. 3190 (VkBl. 1998 S. 98) 2002 S. 4414 (VkBl. 2003 S. 3) 2005 S. 3631 (VkBl. 2006 S. 35)	Außer Kraft getreten am 31.12.2006 und in § 21 Abs. 1a Nr. 3a StVO übernommen
8.	**Keine Schutzhelmtragepflicht für bestimmte Krafträder mit Überrollbügel**	20.5.1998	1998 S. 1130 (VkBl. S. 556)	
9.	**Tempo 100 für PKW mit Anhänger auf Autobahnen und Kraftfahrstraßen bei bestimmter technischer Ausrüstung**	15.10.1998 5.8.2009 11.11.2010	1998 S. 3171 (VkBl. S. 1310) 2009 S. 2631 2010 S. 1624 (VkBl. S. 653)	Mit Streichung des Außerkrafttretens (31.12.2010) gilt die 9. AusnahmeVO unbefristet weiter
10.	Befahren von Fußgängerzonen zur Versorgung mit Euro-Bargeld	7.8.2001	2001 S. 2221 (VkBl. S. 406)	Außer Kraft getreten am 28.2.2002
11.	Zulassung elektronischer Parkzeiterfassungssysteme	28.1.2005	2005 S. 229 (VkBl. S. 140)	Außer Kraft getreten am 31.12.2007; Regelung in § 13 Abs. 3 StVO übernommen
12.	**100 km/h für Wohnmobile bis 7,5 t auf Autobahnen und Kraftfahrstraßen**	18.3.2005 26.10.2009	2005 S. 866 (VkBl. S. 364) 2009 S. 3678 (VkBl. S. 719)	Mit Streichung des Außerkrafttretens (31.12.2009) gilt die 12. AusnahmeVO unbefristet weiter
13.	LKW-Überlängen-AusnahmeVO	vom 19.12.2011 i. d. F. 17.9.2013	BAnz. AT 144 2011 V2 BAnz. AT 25.9.2013 V2	Geregelt werden die Voraussetzungen zum Betrieb überlanger Fahrzeugkombinationen (sog. Megaliner). Die AusnahmeVO ist am 31.12.2016 außer Kraft getreten

Sonstige verhaltensbezogene Rechtsverordnungen

Sonstige aktuell noch gültige Rechtsverordnungen sind in der folgenden Tabelle durch **Fettdruck** hervorgehoben.

Sonstige Rechtsverordnungen			
Rechtsverordnung	**vom**	**BGBl. I (VkBl.)**	**Bemerkungen**
Verordnung über eine allgemeine Richtgeschwindigkeit auf Autobahnen und ähnlichen Straßen (Autobahn-Richtgeschwindigkeits-Verordnung)	21.11.1978	1978 S. 1824	i. d. F. vom 7.8.1997 (BGBl. I S. 2028) und vom 5.8.2009 (BGBl. I S. 2631)
Verordnung zur Erleichterung des Ferienreiseverkehrs auf der Straße (Ferienreiseverordnung)	13.5.1985	1985 S. 774	in der jeweiligen aktuellen Fassung
Verordnung über die Teilnahme elektronischer Mobilitätshilfen am Verkehr (Mobilitätshilfenverordnung – MobHV) – siehe Erl. 2.7.6 zu § 2 StVO	16.7.2009	2009 S. 2097 (VkBl. 2009 S. 487)	Elektrobetriebene Kraftfahrzeuge mit zwei parallelen Rädern und max. 20 km/h dürfen Radverkehrsanlagen benutzen. Sind solche innerorts nicht vorhanden, dürfen sie auf der Fahrbahn fahren, außerorts nur auf Gemeindestraßen

I. Allgemeine Verkehrsregeln

§ 1 Grundregeln

(1) Die Teilnahme am Straßenverkehr erfordert ständige Vorsicht und gegenseitige Rücksicht.

(2) Wer am Verkehr teilnimmt hat sich so zu verhalten, dass kein Anderer geschädigt, gefährdet oder mehr, als nach den Umständen unvermeidbar, behindert oder belästigt wird.

VwV-StVO zu § 1 Grundregeln

1 I. Die Straßenverkehrs-Ordnung (StVO) regelt und lenkt den öffentlichen Verkehr.

2 II. Öffentlicher Verkehr findet auch auf nicht gewidmeten Straßen statt, wenn diese mit Zustimmung oder unter Duldung des Verfügungsberechtigten tatsächlich allgemein benutzt werden. Dagegen ist der Verkehr auf öffentlichen Straßen nicht öffentlich, solange diese, zum Beispiel wegen Bauarbeiten, durch Absperrschranken oder ähnlich wirksame Mittel für alle Verkehrsarten gesperrt sind.

3 III. Landesrecht über den Straßenverkehr ist unzulässig (vgl. Artikel 72 Abs. 1 in Verbindung mit Artikel 74 Nr. 22 des Grundgesetzes). Für örtliche Verkehrsregeln bleibt nur im Rahmen der StVO Raum.

1 Aus der amtlichen Begründung

1.1 Im Rahmen des Neuerlasses der StVO wird das Regelwerk an die sprachliche Gleichbehandlung von Frauen und Männern angepasst (Begr. 2011).

2 Erläuterungen

Die StVO dient primär der Unfallverhütung. Da Verkehrsunfälle fast ausschließlich auf menschliches Versagen zurückzuführen sind, will die StVO nicht nur verkehrliche Konfliktsituationen vermeiden, sondern strebt die Hebung der Verkehrsgesittung an.

Kein gesetztes Recht kann indes so präzise ausgestaltet werden, dass es dem Menschen nicht die Freiheit der Wahl in vielen Bereichen ließe. Entscheidender Gesichtspunkt für den verbleibenden Spielraum im Verkehrsverhalten bleibt die Wahrung von Leben, Gesundheit und Sachwerten.

Der Schwerpunkt der StVO liegt auf wenigen Regeln, deren Verletzung die häufigsten Unfallursachen darstellen. Die Betonung liegt nicht auf den Rechten der Verkehrsteilnehmer, sondern auf ihren Pflichten, die sie anderen gegenüber wahrzunehmen haben. Von den Kraftfahrern gehen die größeren Gefahren aus. Infolgedessen sind auch ihre Pflichten umfangreicher ausgeprägt als die der schwächeren Verkehrsteilnehmer.

Weitere wichtige Ziele der StVO sind die Aufrechterhaltung eines flüssigen Verkehrsablaufs, die Gewährleistung der Ordnung im Verkehrsraum und die Vermeidung von Umweltbeeinträchtigungen. Die Negativerscheinungen des motorisierten Verkehrs gehen vor allem von der Masse der Fahrzeuge aus.

Rechtsetzung im Verkehrsbereich

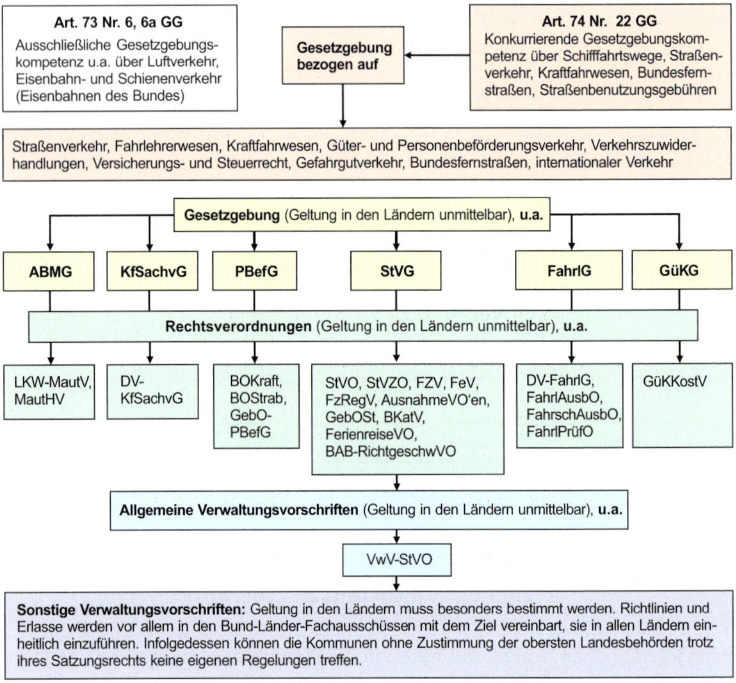

Sie zu mindern, ist Aufgabe einer vom Grundkonsens der Gesellschaft getragenen Verkehrsgestaltung, die sich in ständiger Rechtsfortbildung befindet. Die StVO kann mit ihren Eingriffsmöglichkeiten dazu einen Beitrag leisten; aus ihr kann aber nicht alles herausgepresst werden, was verkehrspolitisch wünschenswert erscheint. Eine Regelung, die losgelöst von der gesellschaftlichen Akzeptanz ein Verhalten der Bürger erzwingen will, das ohne faktische Wirkung lediglich massenhaft Verstöße provoziert, untergräbt die Verkehrsmoral und das Vertrauen in die Gewährleistung von Sicherheit und Ordnung.

2.1 Geltung der StVO

Der Geltungsbereich verkehrsrechtlicher Normen[1] erstreckt sich auf alle Flächen, auf denen öffentlicher Verkehr stattfindet, nicht aber auf abgegrenztes reines Privatgelände, zu dem nur bestimmbare Personen Zugang haben (z. B. abgeschlossenes Polizei-, Kasernen-, Fabrik- oder Schulgelände, Rollfelder, reservierte Mieter- und Firmenparkplätze).[2] Zu den öffentlichen

---

1 Insbesondere Normen der StVO, FZV, StVZO, FahrlG, FeV und der §§ 21, 24, 24a StVG, §§ 142, 315c, 316 StGB.

2 S.a. Wüstenberg NZV 2019, 76: Taxiverkehr ohne Straßenverkehrsrecht?

Verkehrsflächen gehören der gewidmete Straßenraum und solche Flächen, auf denen mit Duldung des Verfügungsberechtigten „faktisch öffentlicher Verkehr" stattfindet (Rn. 2 VwV-StVO zu § 1). Privatgelände ist dann öffentlicher Verkehrsraum, wenn jedermann zur verkehrlichen Nutzung zugelassen ist und das Gelände tatsächlich so genutzt wird, d. h. von einem zufälligen, **nicht bestimmbaren** Personenkreis (BGH VRS 107, 179; BGH NZV 2013, 508; OLG Hamm VerkMitt 2008 Nr. 62 = VRS 114, 273; OLG Düsseldorf VerkMitt 1988 Nr. 69 = VRS 75, 61; OLG Zweibrücken NZV 1990, 476; OVG Nordrhein-Westfalen VRS 98, 474).

Die Verkehrsregeln **gelten** deshalb (unabhängig von den Eigentumsverhältnissen) auch auf allgemein zugänglichen Privatparkplätzen (OLG Hamm NJW 2015, 413; KG VerkMitt 2003 Nr. 11 = NZV 2003, 381 = VRS 104, 24), in Parkhäusern (OLG Düsseldorf VRS 39, 204; OLG Stuttgart DAR 1966, 163; OLG Bremen VRS 33, 193), auf Parkflächen von Einkaufszentren (OLG Saarbrücken VerkMitt 1974 Nr. 104 = VRS 47, 54; OLG Stuttgart VerkMitt 1990 Nr. 104), der Öffentlichkeit zugänglichem Betriebsgelände eines Getränkemarktes (OLG Naumburg NZV 2014, 128), Parkflächen von Gaststätten (OLG Düsseldorf NZV 1992, 120), öffentlichen Freizeitflächen (KG SVR 2018, 30 = VD 2018, 26: ehemaliges Flugfeld Tempelhof in Berlin), Mülldeponien (OLG Zweibrücken VRS 60, 218), Autowaschanlagen (BGH VerkMitt 2018 Nr. 63; BayObLG VerkMitt 1980 Nr. 57 = VRS 58, 216; OLG Oldenburg VD 2018, 332 = SVR 2019, 29 mit Anm. Koehl: nur auf dem selbstständig befahrbaren Bereich der Waschstraße; OLG Karlsruhe

Abgrenzung reiner Privatfläche vom öffentlichen Verkehrsraum

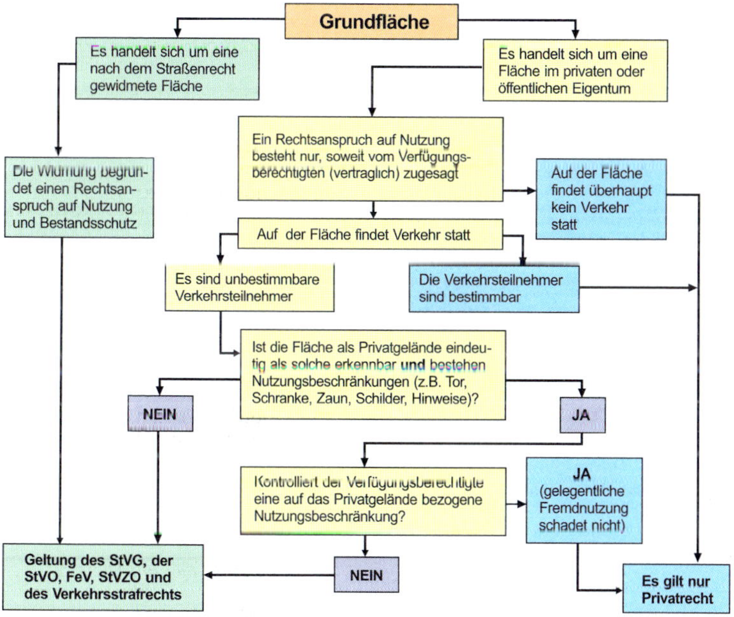

Richtlinien zur StVO		
Kurzbezeichnung	**Richtlinien**	**Verkehrsblatt Jahr/Seite**
R-FGÜ	für die Anlage und Ausstattung von Fußgängerüberwegen	2001, S. 474
RWBA	für wegweisende Beschilderung auf Autobahnen	2001, S. 125
RWVA	für Wechselverkehrszeichenanlagen an Bundesfernstraßen	1997, Sonderheft B 6740
RWVZ	für Wechselverkehrszeichen an Bundesfernstraßen	1997, Sonderheft B 6738
RMS	für die Markierung von Straßen	1993, S. 667
RSA	für die Sicherung von Arbeitsstellen an Straßen	1995, Sonderheft B 5707
RiLSA	für Lichtsignalanlagen (Lichtzeichenanlagen)	1992, S. 356
RUB	für Umleitungsbeschilderungen	1992, S. 218
RWB	für die wegweisende Beschilderung außerhalb von Autobahnen	1992, S. 218/ 1999, S. 781
RGST	für Großraum- und Schwertransporte	1992, S. 199
RATG	für die Anordnung von verkehrsregelnden Maßnahmen an Straßen für den Transport gefährlicher Güter	1987, S. 857/ 1988, S. 576
RtH	für touristische Hinweise an Straßen	1988, S. 488
MLC	für die Beschilderung von Brücken bei militärischem Verkehr	1982, S. 13
BÜSTRA	über die Abhängigkeit zwischen der technischen Sicherung von Bahnübergängen und der Verkehrsregelung an benachbarten Straßenkreuzungen	1972, S. 547/ 1984, S. 38

NZV 2015, 593: Haftung des Betreibers bei mangelnder Unterrichtung über Verhaltensregeln; LG Kleve NZV 2017, 235; LG Dortmund NZV 2019, 367 mit Anm. Exter; OLG Koblenz NZV 2020, 149 mit Anm. Exter: wird das KFZ auf dem Förderband gezogen, befindet es sich i.S.d. § 7 StVG nicht im Betrieb; OLG Celle DAR 2020, 26: wohl aber, wenn Bremsen und Lenkung zum Unfall führen; OLG Koblenz SVR 2020, 28; OLG Zweibrücken DAR 2020, 153: kein öffentlicher Verkehrsraum trotz schadhafter Schranke), Recyclinghöfen (KG VerkMitt 2004, 50) oder Tankstellen jeweils während der Öffnungszeiten (OLG Dresden NZV 2007, 152; OLG Düsseldorf VRS 76, 34 = NZV 1988, 231); **nicht aber** auf Betriebs- oder Werksgelände, wenn die Fläche nur bestimmten Firmenkunden offensteht (BGH VerkMitt 2004 Nr. 70 = DAR 2004, 399 = VRS 107, 35 = NZV 2004, 479 = NJW 2004, 1965; OLG Köln VRS 102, 432; OVG Münster VerkMitt 2000 Nr. 43 = DAR 2000, 91 = NZV 2000, 183), auf Privatparkplätzen mit geschlossener Schranke (BGH NZV 2013, 508), auf Hofgrundstücken (BGH NZV 1998, 418 = DAR 1998, 399), auf Zierrasenflächen ohne öffentliche Nutzung (BGH DAR 2004, 529 = NZV 2005, 50) oder Mieterparkplätzen mit ausgewiesenen Stellplätzen (OLG Rostock SVR 2004, 234). Für Wald- und Landschaftsflächen gelten das Bundeswald- und Bundesnaturschutzgesetz sowie die landesrechtlichen Waldgesetze und Landschafts- oder Naturschutzverordnungen, die meist nur das Betreten, nicht aber das Fahren mit Kraftfahrzeugen gestatten (VerfGH München DAR 2015, 134; s. a. Mitsch NZV 20134, 575).[3]

Die Beurteilung, ob ein Weg öffentlich im Sinne des Verkehrsrechts ist, muss der Kraftfahrer nach dem äußeren Gesamtbild treffen (BayObLG VRS 43, 134), z. B. ob Schranken die Zufahrt regeln, wie viele Häuser an die Grundstückszufahrt angeschlossen sind (OLG Düsseldorf VRS 74, 181), ob eine Zugangskontrolle stattfindet, die Fläche eingezäunt oder mit einem Hinweis auf die private Nutzung versehen ist. Auf reinem Privatgelände gilt das Hausrecht des Verfügungsberechtigten. Befinden sich dort Verkehrszeichen oder Schilder wie „Es gilt die StVO", haben diese nur Geltung innerhalb des Hausrechts; ein Verstoß ist eine Zuwiderhandlung gegen das Hausrecht. Der Eigentümer kann dort auch abweichende Regelungen für den (privaten) Verkehr treffen (OLG Köln VerkMitt 2002 Nr. 65).

2.2 Verkehrsflächen

2.2.1 Straße

Straßen sind alle für Verkehrsteilnehmer bestimmten Flächen, unabhängig von den Eigentumsverhältnissen oder einer straßenrechtlichen Widmung. Soweit die StVO den Begriff „Straße" verwendet, ist darunter nicht nur die Fahrbahn, sondern der gesamte öffentlich benutzbare Verkehrsraum zu verstehen, auch Seitenstreifen, Parkflächen, Tunnel, Brücken, Böschungen.

Die straßenrechtliche Widmung begründet einen Rechtsanspruch auf gemeingebräuchliche Nutzung, es sei denn, durch eine Teilentwidmung werden bestimmte Verkehrsarten oder zu bestimmten Zeiten ausgeschlossen oder die Inanspruchnahme der Straße durch Sondernutzungserlaubnisse geregelt.

2.2.2 Fahrbahn

Die Fahrbahn ist der Teil der Straße, der durch die Art seiner Befestigung (Schwarzdecke, Beton, Pflasterung) für den Fahrzeugverkehr erkennbar geeignet und für diesen freigegeben ist. Baulich getrennte „Nebenfahrbahnen" neben der „Hauptfahrbahn" gelten meist als selbstständige Straßen. Nicht zur Fahrbahn gehören Seitenstreifen, Rad- und Gehwege, Parkflächen, Bankette oder Böschungen. Die durchgezogene Linie in der Form einer „Fahrbahnbegrenzung" (Z. 295) hat nicht stets eine rechtsbegründende Wirkung in der Weise, dass rechts auch die Fahrbahn an der Markierung enden muss. Entscheidend sind vielmehr die tatsächlichen Verhältnisse, insbesondere die bauliche Ausgestaltung des Verkehrsraums rechts von einer durchgezogenen Linie. Ist dieser Raum z. B. eine befestigte Fläche, ähnlich der „Hauptfahrbahn", so endet die Fahrbahn im Rechtssinn nicht an der Markierung. Welche Bedeutung ein rechts von der ununterbrochenen Linie verbleibender Raum hat, hängt von seiner Zuordnung ab. Bei Ausweisung dieser Fläche durch Z. 245 oder Z. 237 handelt es sich um einen

3 Art. 72 Abs. 3 Nr. 2 GG erlaubt eine abweichende Regelung der Länder zur Gesetzgebungskompetenz des Bundes aus Art. 74 Nr. 29 GG. Für freie Landschaften gilt ein Betretungsrecht nach § 59 Abs. 1 BNatSchG, für Waldgebiete nach § 14 Abs. 1 BWaldG auf Waldwegen auch das Fahren mit Fahrrädern und Krankenfahrstühlen sowie das Reiten. Im Übrigen wird das Verhalten in Grün- und Erholungsanlagen durch Landesrecht geregelt, z. B. in Berlin das Grünanlagengesetz (GrünanlG).

Sonderfahrstreifen (dann gilt die durchgezogene Linie nicht als Fahrbahn-, sondern als Fahrstreifenbegrenzung). Meist ist dieser Raum Seitenstreifen und gehört somit nicht zur Fahrbahn (z.B. Standspuren, Parkbuchten).

2.2.3 Fahrstreifen

Fahrstreifen ist der Teil der Fahrbahn, den ein **mehrspuriges Fahrzeug** zum ungehinderten Fahren im Verlauf der Fahrbahn benötigt (§ 7 Abs. 1 Satz 2), und zwar unabhängig von einer Markierung; infolgedessen gibt es markierte und unmarkierte Fahrstreifen. Ein mehrspuriges Fahrzeug größter zulässiger Breite benötigt gemäß § 32 Abs. 1 Nr. 1 StVZO 2,55 m (bei Kühlfahrzeugen 2,60 m), zuzüglich eines geschwindigkeitsabhängigen Sicherheitsabstandes von mindestens 0,50 m, so dass innerorts von einer Mindestbreite eines Fahrstreifens von rd. 3 m auszugehen ist. Bei schnellem Verkehr außerorts müssen die Sicherheitsabstände nach rechts und links größer sein, so dass die Fahrstreifenbreite 3,5 bis 3,75 m beträgt. Wird dieses Maß unterschritten, liegt kein Fahrstreifen vor; die auf das Vorhandensein eines Fahrstreifens abhebenden Vorschriften (§§ 7, 7a) sind dann nicht anwendbar.

Fahrstreifenarten: **Einfädelungsstreifen** (Beschleunigungsstreifen) dienen im Schnellverkehr dem Eingliedern in den durchgehenden Verkehr. Auf ihnen darf schneller als auf der durchgehenden Fahrbahn gefahren werden (§ 7a Abs. 2). **Ausfädelungsstreifen** (Verzögerungsstreifen) dienen dem Ausgliedern aus dem durchgehenden Verkehr. Auf ihnen gilt Rechtsüberholverbot, d.h. es darf dort nicht schneller als auf der durchgehenden Fahrbahn gefahren werden (§ 7a Abs. 3). **Abbiegestreifen** sollen Behinderungen des Geradeausverkehrs durch Links- oder Rechtsabbieger vermeiden; eingeordnete Linksabbieger sind rechts zu überholen (§ 5 Abs. 7). **Kriechstreifen** sollen an Steigungsstrecken Behinderungen durch langsame KFZ ausschließen. Verbindlich ist die Benutzung, wenn Z. 211 („hier rechts") oder Z. 275 angeordnet ist (OLG Hamm VerkMitt 1973 Nr. 121 = DAR 1973, 279). Zum Rechtsüberholen darf der Kriechstreifen in der Regel nicht benutzt werden (BGH VRS 37, 443 = DAR 1970, 21). Am Ende hat sich der Verkehr nach dem Reißverschlussverfahren zu verflechten (§ 7 Abs. 4). **Sonderfahrstreifen** sind bestimmten Verkehrsarten zugeordnete und durch Markierungen (Z. 295, 340) und Verkehrszeichen gekennzeichnete Fahrbahnteile, z.B. Bussonderfahrstreifen (Z. 245), Radfahrstreifen (Z. 237).

2.2.4 Sonderwege

Sonderwege sind Straßenteile, die ausschließlich bestimmten Verkehrsarten dienen (Geh-, Reit-, Radwege, Straßenbahntrassen). Begrifflich gehören sie zu den „sonstigen Straßenteilen" (§ 10). Die nach Abschnitt 5 der Anl. 2 zu § 41 bezeichneten „Sonderwege" sind nach der systematischen Einordnung nur dann von der Fahrbahn abgesetzte Sonderwege, wenn sie durch bauliche Trennung räumlich von der Fahrbahn abgegrenzt und durch ihre Ausgestaltung oder Befestigung erkennbar sind; sonst bleiben sie Teil der Fahrbahn. Auch der Bürgersteig ist Sonderweg, weil er nur Fußgängern zur Verfügung steht. Eine Kennzeichnung durch Verkehrszeichen ist entbehrlich, wenn der Gehweg durch seine bauliche Gestaltung eindeutig bestimmt ist (Regelfall), z.B. durch Pflasterung, Plattenbelag. Zum Gehweg gehören auch Bordsteine, deren Überfahren unzulässig ist; wer dort parkt, verstößt gegen § 12 Abs. 4.

2.2.5 Sonstige Straßenteile

„**Andere**" **Straßenteile** (§ 10 Satz 1) sind Flächen, die nicht zur Fahrbahn gehören, wie Seitenstreifen, Sonderwege, Parkplätze, Mittelstreifen, Zufahrten über Gehwege oder Baustellenzufahrten (OLG Frankfurt VRS 87, 107). **Grünflächen** sind dann öffentlich, wenn sie allgemein zugänglich sind. Sind sie infolge des Bewuchses tatsächlich nicht nutzbar, gelten sie als Privatflächen (z.B. dicht mit Büschen bewachsene Mittelstreifen). Wird dort unzulässig geparkt, liegt kein Verstoß nach § 12 Abs. 4 vor, wohl aber eine Zuwiderhandlung gegen die Straßengesetze (OLG Düsseldorf VerkMitt 1993 Nr. 65; OLG Köln NZV 1997, 371 = DAR 1997, 286).

Seitenstreifen (auch Bankette) sind beidseitig der Fahrbahn verlaufende, mehr oder weniger befestigte Randstreifen des Straßenkörpers; sie dienen Ausweichmanövern und sind nicht für den schweren Fahrzeugverkehr bestimmt und geeignet (OLG Naumburg VerkMitt 2013 Nr. 8 = VRS 125, 132). Sie gehören somit weder zur Fahrbahn (§ 2 Abs. 1 Satz 2) noch unterliegen sie den für die Fahrbahn geltenden Regelungen.

Mehrzweckstreifen liegen jenseits der Fahrbahnrandlinie. Als außerhalb der Fahrbahn liegender Seitenstreifen dürfen sie nur benutzt werden, wenn es ausdrücklich vorgesehen ist, z.B. als Parkstreifen, sofern sie als solche deutlich erkennbar sind (§ 12 Abs. 4 Satz 1), für den Radfahrverkehr (§ 2 Abs. 4 Satz 2), für langsame Fahrzeuge, um anderen das Überholen zu ermöglichen (§ 5 Abs. 6 Satz 3), für Fußgänger, auch bei nur einseitig vorhandenen Seitenstreifen (§ 25 Abs. 1 Satz 1), für Land- und Forstwirtschaftsfahrzeuge sowie zum Halten oder als „Standspuren" der Autobahnen zum Halten bei Pannen (§ 18 Abs. 8; bei Freigabe der Standspuren für den durchgehenden Verkehr siehe Z. 223.1). Unzulässige Benutzung der

Einteilung der Verkehrsflächen

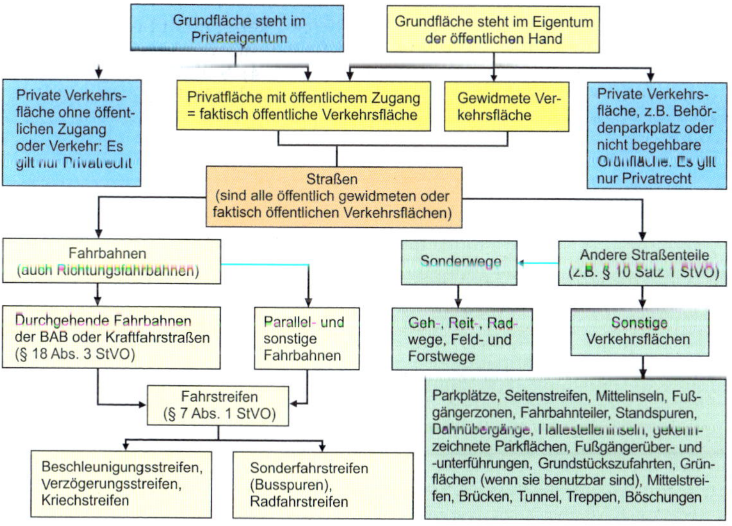

Seitenstreifen ist ein Verstoß gegen die Fahrbahnbenutzungspflicht (§§ 2 Abs. 1, 49 Abs. 1 Nr. 2).

2.3 Verkehrsteilnehmer

Verkehrsteilnehmer ist, wer sich verkehrserheblich verhält, d.h. wer körperlich und unmittelbar durch Handeln oder pflichtwidriges Unterlassen in Beteiligungsabsicht auf den Verkehrsvorgang einwirkt (KG VRS 18, 44; BGH VRS 18, 213 = DAR 1960, 79). Dazu gehört auch der Beifahrer eines Kraftrades, wenn er die Führung des Kraftrades durch seine Körperhaltung beeinflusst (BGH VRS 7, 68 = DAR 1954, 304), oder der Fahrlehrer, der das Eingreifen versäumt (OLG Stuttgart VerkMitt 2015 Nr. 28 = DAR 2015, 410 = VRS 128, 145 = SVR 2015, 314), nicht aber der sich passiv verhaltende Beifahrer, der auf einem Parkplatz im PKW Übernachtende (AG Verden NZV 2014, 378) oder der Fahrgast in Bussen oder Straßenbahnen. Zieht der Beifahrer die Handbremse, um den Fahrer zur Temporeduzierung zu bewegen, ist er Verkehrsteilnehmer (OLG Hamm NJW 2000, 2686). Auch eine juristische Person (GmbH, rechtsfähige Vereine, Stiftungen) ist im Regelfall keine Verkehrsteilnehmerin, weil sie sich selbst nicht verkehrserheblich verhalten kann. Ihr kann auch nicht das verkehrserhebliche Verhalten ihrer Organe, Vertreter und Hilfspersonen zugeordnet werden (VG Düsseldorf NZV 2017, 591 m. Anm. Schubert).

2.3.1 Fußgänger

Fußgänger sind Verkehrsteilnehmer, die sich zu Fuß oder mit besonderen Fortbewegungsmitteln fortbewegen. Auch wenn sie Fortbewegungsmittel benutzen (§§ 24, 31), müssen sie sich nach den Fußgängerregeln richten (§ 25).

2.3.2 Fahrzeugführer

Fahrzeugführer ist derjenige, der die tatsächliche Gewalt über das Fahrzeug hat, es lenkt oder dessen Bewegungsabläufe steuert; bei Kraftfahrzeugen auch durch Motorbetrieb. Bedienen zwei Personen das Fahrzeug gleichzeitig, sind beide auch Fahrzeugführer. Beim Fahrschulunterricht gilt der **Fahrlehrer** als Fahrzeugführer (§ 2 Abs. 15 StVG; BGH DAR 2015, 97, 211: das gilt nicht bei Fahrten mit fortgeschrittenen Fahrschülern, wo kein Anlass zum Eingreifen besteht).

2.3.3 Fahrzeughalter

Fahrzeughalter ist derjenige, der die Verfügungsgewalt über das Fahrzeug hat, es für eigene Rechnung gebraucht und für die Unterhaltskosten aufkommt, wie Steuern, Versicherung, Wartung, Reparaturen (BGH NJW 2017, 3075; KG VRS 132, 39; AG Zweibrücken SVR 2019, 108 = NZV 2019, 270). Bei KFZ ist das i.d.R. der bei der Zulassungsstelle und in den Zulassungsdokumenten eingetragene Halter.[4] Auch mehrere Personen oder juristische Personen (z.B. GmbH) können Halter sein. Die Eintragung in das Fahrzeugregister ist zwar ein wichtiges Indiz für die Haltereigenschaft; entscheidend sind jedoch die faktischen Verhältnisse. Hat ein anderer die

4 Die Zulassungsdokumente Teil I oder II bescheinigen lediglich, auf wen das KFZ zugelassen ist, aber nicht, wer Eigentümer ist (OLG Saarlouis NJW 2016, 344).

Verfügungsgewalt über das Fahrzeug und bestreitet die Unterhaltskosten, ist er trotz fehlender Eintragung Halter (BGH NZV 1997, 116 = VRS 93, 38; VGH Mannheim NZV 1992, 167; OVG Lüneburg NZV 2014, 485). Ihn trifft dann die Verantwortung eines Fahrzeughalters (z.B. Gefährdungshaftung nach § 7 StVG). Stimmen die tatsächlichen Verhältnisse nicht mit der Eintragung im Fahrzeugregister überein, müssen die Zulassungsdokumente berichtigt werden (§ 13 FZV). Neben dem Halter ist für das Fahrzeug der beauftragte Fuhrparkleiter verantwortlich, der vom Halter einzuweisen und zu überwachen ist (OLG Hamm NZV 2007, 156).

2.4 Verkehrsmittel

Verkehrsmittel sind alle straßen- und schienengebundenen Landfahrzeuge, die durch Motor- oder Muskelkraft angetrieben werden.

2.4.1 Fahrzeuge

Fahrzeuge sind alle straßengebundenen Verkehrsmittel zur Beförderung von Personen oder Gütern mit oder ohne Motorantrieb.[5] Mit Verkehrsmitteln sind die ihnen zugewiesenen Verkehrsflächen zu benutzen, z.B. mit Fahrzeugen die Fahrbahn (§ 2 Abs. 1). Im Prinzip gibt es keinen Vorrang bestimmter Verkehrsmittel gegenüber anderen (z.B. nicht von Straßenbahnen gegenüber Radfahrern). Die Verkehrsbehörden können jedoch die Benutzung von Flächen unter den Eingriffsvoraussetzungen des § 45 zugunsten oder zulasten bestimmter Verkehrsarten einschränken oder erweitern.

2.4.2 Kraftfahrzeuge

Kraftfahrzeuge (KFZ) sind Landfahrzeuge, die durch Maschinenkraft bewegt werden, ohne an Bahngleise gebunden zu sein (§ 1 Abs. 2 StVG; s.a. EU-Fahrzeugklassen Anl. XXIX StVZO – BGBl. I 2012, 931). Die maximal zulässigen Abmessungen und Gewichte der KFZ folgen aus §§ 32, 34 StVZO. Auf die Antriebsart kommt es nicht an (Otto-, Diesel-, Turbinen-, Flüssiggas-, Erdgas-, Elektro- oder Brennstoffzellenmotor).[6] Eine feste Verbindung zwischen Fahrgestell und Antriebsart ist nicht zwingend; auch

5 Der Fahrzeugbegriff in § 2 Nr. 3 FZV bezieht sich nur auf Kraftfahrzeuge (§ 1 FZV); s.a. Blum SVR 2013, 250. Die EU-Fahrzeugklassen der Anlage XXIX zu § 20 Abs. 3a Satz 4 StVZO sind nicht identisch mit den StVO-Begriffen.

6 KFZ werden auch mit Flüssiggas (Autogas) und Erdgas betrieben. Die Umrüstung eines Benzinmotors auf Gasbetrieb ist technisch vergleichsweise einfach: Zu den Einspritzdüsen für Benzin müssen Einblasventile für Flüssig- oder Erdgas installiert werden, wobei der Motor bivalent betrieben werden kann. Bei höherer Verdichtung oder Aufladung für den Erdgaseinsatz ist die Leistung bei beiden Antriebsarten vergleichbar. Die Kennzeichnung der **Tankstellen** erfolgt durch die **Z. 365-53** und **365-54**. **Erdgas** (– **CNG** – **C**ompressed **N**atural **G**as) besteht hauptsächlich aus Methan (CH_4) und enthält weniger Kohlen- und mehr Wasserstoff als Benzin; bei der Verbrennung wird 20 % weniger Kohlendioxid freigesetzt. Erdgas ist bis 2020 steuerbefreit und unterliegt nicht der Ökosteuererhöhung. Die Belieferung der Tankstellen erfolgt durch Erdgasleitungen, wobei erst dort das Erdgas bis 250 bar (!) Befülldruck komprimiert wird. Erdgas ist im Gegensatz zum Autogas leichter als Luft und kann sich nicht am Boden sammeln, so dass Erdgasautos auch in Parkhäusern und Tiefgaragen abgestellt werden dürfen. **Autogas** (= **LPG** – **L**iquefied **P**etroleum **G**as) besteht aus einem Gemisch von Propan (C_3H_8) und Butan (C_4H_{10}); die Belieferung der Tankstellen erfolgt durch Flüssiggastransporte. Die LPG-Tanks werden mit einem Befülldruck von (nur) ca. 8 bar betrieben.

ein durch Rucksackpropeller angetriebenes Fahrrad gilt als Kraftfahrzeug (OLG Oldenburg NZV 1999, 390 = VRS 97, 191 = DAR 2000, 373 = NZV 2000, 384). Der vorübergehende Ausfall des Motors beeinträchtigt nicht die Eigenschaft als Kraftfahrzeug.

Kraftfahrzeuge werden im Wesentlichen in sieben Gruppen unterteilt, und zwar in Krafträder, PKW, KOM, LKW, Zugmaschinen, selbstfahrende Arbeitsmaschinen und Sonderkraftfahrzeuge.

Zu den **Krafträdern** gehören Motorräder (über 50 cm^3 und 45 km/h)[7], einschließlich Beiwagen, Leichtkrafträder (max. 125 cm^3 und 11 kW), Kleinkrafträder (max. 50 cm^3 und 45 km/h) sowie Fahrräder mit Hilfsmotor (max. 50 cm^3 und 45 km/h) nebst den Untergruppen Mofas (bis 25 km/h) und Leichtmofas (bis 20 km/h). Dreirädrige Krafträder („Trikes") und vierrädrige Leichtkraftfahrzeuge („Quads") mit symmetrisch angeordneten Rädern werden den einspurigen KFZ zugeordnet (Richtlinie 92/61/EWG), fahrerlaubnisrechtlich gehören sie je nach Leistung zu den Klassen AM, A1 oder A. Zu den Krafträdern gehören auch „Pocketbikes", sie müssen je nach Leistung zugelassen sein, wenn sie im öffentlichen Verkehrsraum betrieben werden (OLG Dresden DAR 2014, 396 = SVR 2014, 109).

PKW[8] und **KOM** sind KFZ zur Personenbeförderung, und zwar PKW bis max. acht Fahrgastplätzen (zuzüglich Fahrersitz) und KOM mit mehr als acht Fahrgastplätzen, unabhängig von der zulässigen Gesamtmasse.[9] Hierzu zählen auch Obusse mit Elektroantrieb. PKW-Kombis dienen überwiegend der Personenbeförderung mit einem erweiterten Laderaum.

LKW sind KFZ, die nach Bauart und Einrichtung zur Güterbeförderung bestimmt sind, wobei es weder auf eine bestimmte zulässige Gesamtmasse oder die Anzahl der Achsen noch auf die Eintragung in den Zulassungsdokumenten ankommt (KG VRS 133, 85: Definition nach § 4 Abs. 4 Nr. 3 PBefG; OLG Düsseldorf NZV 1991, 483). Infolgedessen gibt es auch LKW und Minisattelzüge unter 3,5 t mit Ladefläche hinten. Sattelkraftfahrzeuge bestehen aus einer Zugmaschine und dem Sattelauflieger; sie gehören zu den LKW (VwV-StVO zu § 3). Gleiches gilt für Tankfahrzeuge und LKW-Kipper.

Zugmaschinen sind KFZ, die ohne oder nur mit Hilfsladefläche ausschließlich zum Ziehen von Anhängern bestimmt und somit keine LKW sind (OLG Hamm NZV 1997, 323). Zu den Zugmaschinen gehören Sattelzugmaschinen, Ackerschlepper, Geräteträger.

Selbstfahrende Arbeitsmaschinen sind KFZ, deren Aufbauten hauptsächlich aus Arbeitsgeräten bestehen, wie Müllfahrzeuge, Betonmischer, Mähdrescher, Asphaltkocher, Planiermaschinen, Bagger, Abschleppwagen, Autokräne, Tankfahrzeuge (BGH NJW 2016, 1162 = NZV 2016, 165). Soweit erforderlich, können selbstfahrende Arbeitsmaschinen nach § 32a StVZO auch Anhänger mitführen. Die Anhänger dürfen aber nicht der Güterbeförderung dienen (s. a. Rebler VD 2019, 164).

7 Auch Kleinstkrafträder („Pocketbikes") sind keine Spielgeräte, sondern Motorräder und unterliegen je nach Leistung der FE- und Zulassungspflicht (OLG Dresden VerkMitt 2013 Nr. 70).

8 PKW sind KFZ, die nach der Bauart und Ausstattung auf die Zweckbestimmung ausgerichtet sind, Personen zu befördern (§ 4 Abs. 4 Nr. 1 PBefG).

9 Ein als PKW zugelassenes KFZ wird auch fahrerlaubnisrechtlich nicht zum KOM, wenn (unzulässigerweise) mehr Personen mitgenommen werden, als Sitze mit Sicherheitsgurten vorhanden sind, z. B. 9 Personen (OLG München DAR 2010, 653 = NZV 2010, 527).

Zu den **Sonderkraftfahrzeugen** gehören u. a. Krankenfahrstühle, Wohnmobile[10], Amphibien-, Kriegs- und Kettenfahrzeuge, Einsatzfahrzeuge der Polizei, Feuerwehr, Rettungs-, Notarztdienste, Pannenhilfs-, Verkaufs-, Ausstellungsfahrzeuge.

2.4.3 Sonstige Fahrzeuge

Sonstige Fahrzeuge sind alle Landfahrzeuge ohne maschinellen Antrieb. Auch bei diesen Fahrzeugen werden die zulässigen Abmessungen und Gewichte durch §§ 32, 34 StVZO bestimmt. **Anhänger** sind Fahrzeuge, die über keinen Antriebsmotor verfügen und der Lastenbeförderung oder als Anhänger-Arbeitsmaschinen dienen.[11] Hierzu zählen auch Kipper, Nachläufer für Langmaterial, Tieflader, Baubuden, Wohnwagen, Sportanhänger (nicht aber „Mobilheime"). Zu den sonstigen Fahrzeugen gehören außerdem **Fahrräder**[12], auch Rikschas, Zweiräder mit elektrischer Tretunterstützung, Renn- und Liegefahrräder (BVerwG VRS 101, 310).

2.4.4 Schienenfahrzeuge

Schienenfahrzeuge (Straßenbahnen, Industriebahnen, S-/U-Bahnen, Draisinen) gehören begrifflich nicht zu den KFZ, unterliegen aber den für den Fahrzeugverkehr geltenden Regeln der StVO, wenn sie auf „straßenbündigem Gleiskörper" oder von Schienentrassen über Knotenpunkte fahren. Mangels Ausweichmöglichkeit müssen sie insbesondere durch Bremsen auf Gefahren reagieren (KG VRS 104, 35). Wegen ihrer Bindung an Gleise gelten teilweise

---

10 Wohnmobile sind weder PKW noch Bus oder LKW, selbst mit LKW-Fahrgestell (KG NZV 1992, 162; s. a. Scheidler SVR 2015, 411). Sofern sie Flüssiggasanlagen besitzen, müssen diese den Anforderungen der Deutschen Vereinigung des Gas- und Wasserfaches e. V. (DVGW-Arbeitsblatt G 607) und der DIN 3381 oder gleichwertiger Normen entsprechen (z. B. VdTÜV-Merkblatt 750). Für Gastanks gelten die Technischen Regeln Druckgas (TRG 380).

11 Der Anhängerbegriff in § 2 Nr. 2 FZV bezieht sich nur auf Kraftfahrzeuge (§ 1 FZV).

12 Nicht alle nach Art. 1 WÜ mit Muskelkraft über Pedale oder Handkurbeln angetriebenen Fahrzeuge mit mindestens zwei Rädern beliebiger Bauart und Größe sind „Fahrräder", sondern nur **einspurige** muskelbetriebene Fahrzeuge. Dazu können auch noch bestimmte dreirädrige Fahrräder gerechnet werden, z. B. wie sie Mr. Jim Stringer im Film „16 Uhr 50 ab Paddington" fährt. Es wäre zu begrüßen, wenn die CEMT den Fahrradbegriff angemessen anpasst. Fahrräder mit elektrischem Antrieb (Pedelecs = Pedal Electric Cycle) gelten als Kraftfahrzeuge, wenn sie allein mit Elektrokraft betrieben werden können. Noch zu den Fahrrädern zählen solche mit einer Tretunterstützung durch elektromotorischen Hilfsantrieb, wobei eine max. Nenndauerleistung von 0,25 kW nicht überschritten werden darf, die sich progressiv mit zunehmender Fahrgeschwindigkeit verringern und ab 25 km/h abschalten muss (Kap. 1 Art. 1h Abs. 1 der RL 2002/24/EG über die Typgenehmigung für zwei- und dreirädrige KFZ vom 9.5.2002 – ABl. EG L 124/2; s. a. DIN 15194 von 2009 über elektromotorisch unterstützte Räder). Gleiches gilt für Fahrräder mit einer elektrischen Anfahrhilfe, die sich ab 6 km/h abschaltet.
Hat ein Fahrrad einen tretunabhängigen elektrischen Zusatzantrieb (E-Bikes), gilt es je nach Geschwindigkeit als Leichtmofa bis 20 km/h, Mofa bis 25 km/h oder Kleinkraftrad bis 45 km/h (s. a. Empfehlungen des AK VI des 50. Verkehrsgerichtstages 2012; Huppertz DAR 2011, 561, NZV 2012, 23; Brockmann SVR 2012, 210). Kann das Fahrrad ohne Treten elektromotorisch in Bewegung gesetzt werden oder nimmt die Motorunterstützung nicht progressiv ab, handelt es sich um ein betriebserlaubnispflichtiges Kraftfahrzeug. Der Fahrer benötigt eine Haftpflichtversicherung, Mofa-Prüfbescheinigung oder Fahrerlaubnisklasse AM sowie einen Schutzhelm für Pedelecs ab 20 km/h (§ 21a Abs. 2).

Sonderregeln, insbesondere die §§ 5 Abs. 7, 9 Abs. 3, 11 Abs. 3, 12 Abs. 1 Nr. 4, 20 Abs. 1, 26 Abs. 1. Nehmen Schienenbahnen innerorts straßenbündig am allgemeinen Verkehr teil, gelten für sie die allgemeinen Tempogrenzen, wie 50 km/h oder Schrittgeschwindigkeit in Fußgängerzonen (§ 50 Abs. 3 BOStrab). Im Übrigen müssen sie die allgemeinen Verkehrsregeln beachten (§ 55 Abs. 1 BOStrab).[13] Verkehren Schienenfahrzeuge auf Straßen mit baulich von der Fahrbahn getrennten Gleiskörpern (Schienentrassen), handelt es sich um Sonderwege; hier gelten die Regeln des § 19 an den gekennzeichneten Bahnübergängen. Abweichend von der Innerortsgeschwindigkeit dürfen Straßenbahnen dann auch schneller fahren.[14]

2.4.5 Besondere Fortbewegungsmittel

Fortbewegungsmittel sind **keine Fahrzeuge** (somit gibt es keinen Fahrzeugführer) und dürfen nicht auf der Fahrbahn betrieben werden (§ 24). Da sie den Regeln für Fußgänger unterliegen (§ 25), müssen Gehwege benutzt werden, wenn der Fußgängerverkehr weder behindert noch gefährdet wird, in der Regel nur mit Schrittgeschwindigkeit (OLG Karlsruhe NZV 1999, 44). Zu den Fortbewegungsmitteln gehören solche Geräte, die wegen ihrer geringen Größe oder ihrer Bauart nicht in erster Linie dem Transport dienen. Infolgedessen dürfen sie auch nicht mit Motorkraft betrieben werden (§ 24 Abs. 1). Zu den Fortbewegungsmitteln gehören Gehhilfen wie Schiebe- oder Greifrollstühle (VwV-StVO zu § 24), Kinderwagen, Roller, Rollschuhe, Kinderfahrräder oder Dreiräder zum spielerischen Umherfahren für Kinder im Vorschulalter, Skateboards, Inline-Skates, Schlitten, Schub- oder Handkarren, Kofferroller, Bewegungsgeräte, meist im Zuge modischer Trends, wie Trailskater, Kick-Boards, nicht aber Segways[15] (s. a. zu §§ 24 und 31).

2.5 Verkehrsrechtliche Grundsätze

Das Verkehrsrecht enthält verschiedene, zum Teil ungeschriebene Grundsätze, die unmittelbar Anwendung finden und das Maß der verkehrlichen Pflichten bestimmen. Im Allgemeinen werden diese Grundsätze aus den §§ 1 und 11 und für das Zulassungsrecht aus § 30 StVZO abgeleitet.

2.5.1 Grundsatz der Verkehrsfreiheit

Grundsätzlich ist jeder Verkehrsteilnehmer zum Verkehr auf öffentlichen Straßen zugelassen (Folge aus der Handlungsfreiheit des Art. 2 GG und der Berufsausübung nach Art. 12 GG). Infolgedessen darf der Staat den individuellen Verkehrszweck nicht zum Gegenstand von Beschränkungen machen. Unzulässig wären Einschränkungen der Bewegungsfreiheit nur aus sozial- oder verkehrspolitisch für „sinnvoll" gehaltenen Gründen. Das Verbot des „unnützen Hin- und Herfahrens" nach § 30 Abs. 1 Satz 2 ist verfassungsrechtlich nur deshalb tragbar, weil es sich nicht auf einen bestimmten Verkehrs-

---

13 Die max. Länge der Straßenbahnzüge beträgt 75 m (§ 55 Abs. 2 BOStrab).

14 Auf Schienentrassen nehmen Straßenbahnen nicht am öffentlichen Straßenverkehr teil; die Höchstgeschwindigkeit wird durch die Technische Aufsichtsbehörde festgelegt (§§ 50 Abs. 2, 55 Abs. 3 BOStrab).

15 Segway HT (Human Transporter) sind einachsige selbstbalancierende KFZ mit parallelen Rädern, Elektroantrieb über 6 km/h, ohne Sitz. Wegen des Elektroantriebes sind sie Kraftfahrzeuge, keine Fortbewegungsmittel; s. a. Erl. 2.7.5b zur MobHV vom 16.7.2009 (BGBl. S. 2097); Janker SVR 2012, 101; Huppertz VD 2005, 150; Zunner VD 2009, 267; Scheidler DAR 2012, 103.

nutzen bezieht, sondern der Vermeidung von Lärm- und Abgasbelästigungen dient. Zulässig sind allerdings Beeinträchtigungen der Mobilität im Interesse anderer schützenswerter Rechte, insbesondere zugunsten der Verkehrssicherheit, des Immissions- (VG München DAR 1995, 417) oder Gesundheitsschutzes (s. a. Infektionsschutzgesetz – IfSG vom 20.7.2000, BGBl. I S. 1045 i.d.F. vom 10.2.2020, BGBl. I S. 148). So kann z. B. ungeeigneten oder verkehrsschwachen Personen das Führen von Fahrzeugen beschränkt oder untersagt, eine Fahrerlaubnispflicht vorgeschrieben oder auf bestimmten Straßen Verkehrs- oder Ausgehverbote erteilt werden (z. B. aus Anlass des Coronavirenschutzes).

Der Grundsatz der Verkehrsfreiheit begründet einen Anspruch auf Mobilität im Rahmen des straßenrechtlich zugelassenen Gemeingebrauchs,[16] d. h. so weit wie die Widmung und der Gemeingebrauch einer Straße reicht. Das Recht auf Anliegergebrauch an öffentlich gewidmeten Straßen ist durch Art. 14 Abs. 1 GG in seinem Kernbereich geschützt, insbesondere die angemessene Nutzung des Grundeigentums, die eine Inanspruchnahme der Straße erfordert. Gewährleistet wird aber nur die Verbindung mit dem öffentlichen Straßennetz, d. h. die Erreichbarkeit des Grundstücks mit Fahrzeugen. Einen Rechtssatz dahingehend, dass Anlieger Parkplätze im öffentlichen Straßenraum vorfinden müssen, gibt es ebenso wenig wie einen öffentlich-rechtlichen Anspruch auf Ausweisung von Verkehrsflächen oder den Bau von Straßen zur Gewährleistung der Mobilität (Brenner DAR 2001, 559). Bei Privatflächen mit faktisch öffentlichem Verkehr besteht die Bewegungsfreiheit nur in dem Rahmen, den der Verfügungsberechtigte (kann auch die Gemeinde sein) zugelassen hat.

2.5.2 Auslegungsgrundsätze, Präambel, Rangregeln

Die in der StVO enthaltenen unbestimmten Rechtsbegriffe (wie Vorsicht, Rücksicht, mäßige Geschwindigkeit, ausreichender Abstand) sind als Rechtsbegriffe nicht starr, sondern im Sinne der Grundregel des § 1 Abs. 1 anzuwenden. Klare Verkehrsregeln sind einfach auszulegen (BGH NZV 1997, 70 = VRS 91, 421). Maßgeblich sind der Wortlaut, der systematische Zusammenhang der einzelnen Vorschriften innerhalb des Regelwerkes, die Zielsetzung des Gesetzgebers und der objektive Gesetzeszweck.[17] Entscheidend ist dabei weniger die Absicht des Gesetzgebers als sein objektiver Wille, wie er sich aus dem konkreten Wortlaut der Bestimmungen und dem Sinnzusammenhang ergibt, in den diese hineingestellt worden sind (BVerfGE 33, 294).[18] Die subjektiven Vorstellungen der am Gesetzgebungsverfahren beteiligten Organe sind nur insoweit von Bedeutung, als sie die Richtigkeit einer nach den angegebenen Grundsätzen ermittelten Auslegung bestätigen oder Zweifel ausräumen.[19]

16 S.a. Erl. 2.1.5 zu § 12.

17 Teleologische Auslegung oder auch Reduktion (meist Kernstück der Auslegungsmethoden) erfordert, den Sinn des Gesetzes danach festzusetzen, was für ein Ziel mit der Norm erreicht werden soll. Teleologische Reduktion = Nichtanwendung einer Rechtsnorm auf einen Sachverhalt, der eigentlich vom Wortlaut der Norm erfasst wird, aber wegen des zu weiten Wortlauts durch den Normenzweck einzuschränken ist.

18 Im Ordnungsrecht besteht bei der Auslegung von Rechtsnormen Verbot der Analogie zulasten des Betroffenen. Analogie = Erstreckung der Rechtsfolge einer Norm auf einen Sachverhalt, der vom Wortsinn her nicht mehr erfasst wird („Gesetzeslücke").

19 Vor allem die amtlichen Begründungen der Gesetzesmaterialien (Drucksachen des BT oder BR).

Die **Präambel** des § 1 Abs. 1 enthält ein grundsätzliches Bekenntnis zur ständigen Vorsicht und gegenseitigen Rücksichtnahme im Verkehr; sie ist Verpflichtung für alle Verkehrsteilnehmer.

a. Jeder muss sich stets so sicher bewegen, dass Risiken vermieden werden und die Nutzung des Verkehrsraums verträglich und störungsfrei erfolgt. Rechtspositionen dürfen nur im verkehrs- und umweltverträglichen Maße ausgeschöpft werden; Ausfluss dieser Verpflichtung ist „partnerschaftliches Verhalten" im Verkehr, das auch durch Gesten und im Fahrverhalten zum Ausdruck kommt (Barthelmess NZV 2016, 462). Obwohl selbst nicht als Ordnungswidrigkeit qualifiziert, ist der Programmsatz ungeschriebenes Tatbestandsmerkmal aller Verkehrsvorschriften und enthält insoweit den Maßstab für die Beurteilung der Intensität der wahrzunehmenden Verhaltenspflichten. Wie schnell z. B. innerhalb der vorgegebenen Grenzen gefahren, wie weit vom Rechtsfahrgebot abgewichen werden darf oder welcher Abstand noch ausreichend ist, bestimmt sich danach, ob das Verhalten dem Gebot von Vorsicht und Rücksichtnahme entspricht. Dabei spielt es keine Rolle, ob sich andere verkehrswidrig verhalten (OLG Celle SVR 2004, 271; OLG Hamm NZV 2013, 190: Fußgängervorrang beim Queren einer auf eine T-Kreuzung zulaufenden Straße). Auch ein Motorradfahrer, der eine wartende Kolonne überholt, ohne dass ausreichend Verkehrsraum zur Verfügung steht, handelt rücksichtslos und haftet anteilig für Schäden, die durch einen Unfall mit einem PKW entstehen, der eine Fahrzeuglücke zum Abbiegen nutzt (LG Tübingen NZV 2014, 581).

b. **Sicherheit** geht **vor Flüssigkeit** des Verkehrs. Das Fahrverhalten ist so einzurichten, dass Gefährdungen vermieden werden. Mögliche Behinderungen müssen dabei in Kauf genommen werden, z. B. des nachfolgenden Verkehrs, wenn vor der Kreuzung aus Sicherheitsgründen abgebremst werden muss (die Behinderung ist somit unvermeidbar).

c. **Widersprechen** sich **Verkehrsregeln**, ohne dass eine der Rangregeln in §§ 36 Abs. 1, 37 Abs. 1, 39 Abs. 2 und 5 oder 43 Abs. 2 zur Anwendung kommt, ist derjenigen Verhaltensweise der Vorzug zu geben, die die Sicherheit oder Ordnung für alle am besten gewährleistet.

2.5.3 Vertrauensgrundsatz[20]

Auf das verkehrsgerechte Verhalten anderer darf vertraut werden. Mit fremden Verstößen braucht nicht gerechnet zu werden, wenn Zuwiderhandlun-

20 Zur Historie **Dr. Kirschbaum, Grundriss des Verkehrsrechts, S. 56**: „Der Vertrauensgrundsatz steht im Spannungsverhältnis zwischen Flüssigkeit und Sicherheit des Verkehrsablaufs. Im Vertrauensgrundsatz spiegelt sich ein Stück deutscher Geschichte – nicht nur der Verkehrsgeschichte. Heute erscheint es einigermaßen selbstverständlich, dass man sich auf verkehrsgerechtes Verhalten anderer verlassen darf. Unser Massenverkehr würde nicht laufen, müsste man stets damit rechnen, dass jedes entgegenkommende KFZ auf die falsche Seite gerät oder jeder Fußgänger blindlings auf die Straße läuft. Als selbstverständlich wird damit aber auch in Kauf genommen, dass sich zwangsläufig Unfälle ereignen müssen. Ein Blick zurück verdeutlicht, dass der Vertrauensgrundsatz so selbstverständlich nicht war. Noch 1931 erklärte das Reichsgericht (RGSt 65, 35), dass der Kraftfahrer ‚jederzeit' mit Unbesonnenheiten anderer rechnen müsse, soweit diese Unbesonnenheit nicht ‚außerhalb jeder Lebenserfahrung' läge. Und das Gericht zog aus dieser Ansicht auch die logische Konsequenz: Ist der seitlich an die Fahrbahn grenzende Raum nicht zu übersehen, müsse der Kraftfahrer auf alles gefasst sein, d. h. so langsam fahren, dass er ‚auf der Stelle' anhalten könne.

gen lediglich ausnahmsweise vorkommen oder außerhalb jeder Erfahrung liegen (BGH VRS 31, 37). So darf z.B. der Kraftfahrer auf Vorfahrtstraßen (Z. 306) auf die Beachtung seines Vorranges vertrauen, ebenso bei Grün an Signalanlagen, auf die Beibehaltung des Tempos des Überholten, auf die Einhaltung der Wartepflicht des Abbiegenden vor dem Gegenverkehr. Der Grundsatz findet dort seine **Grenze**, wo der Verkehrsteilnehmer zu einer gesteigerten Sorgfalt verpflichtet wird, er also der konkreten Verkehrssituation **misstrauen** muss („Misstrauensgrundsatz"):

---

20 *(Fortsetzung)*

Dann kam das Jahr 1933. Nun sollten Autobahnen und Volkswagen gebaut werden. ‚Die Förderung der Motorisierung ist das vom Führer gewiesene Ziel', heißt es im Vorspruch zur Reichs-StVO von 1934 und 1937 (RGBl. I S. 1179). Natürlich vertrug sich das nicht mit der restriktiven Rechtsprechung des Reichsgerichts. Aber die stammte ja auch aus der inzwischen überwundenen ‚Systemzeit' der Weimarer Republik. Jetzt wurde das ‚aus dem lebendigen Bewusstsein der Zusammengehörigkeit erwachsende gegenseitige Vertrauensverhältnis aller Volksgenossen' und damit die Überwindung des vom Reichsgericht aufgestellten ‚Misstrauensaxioms' gefordert. Und wie sollte das geschehen? Natürlich ‚im Geiste des Nationalsozialismus'!

So wurde von den Kündern der neuen Zeit der ‚Vertrauensgrundsatz' für den Straßenverkehr propagiert und langsam schwenkte die Rechtsprechung darauf ein. Das blieb auch nach dem Kriege so. Zwar wurde gelegentlich die ‚fragwürdige Herkunft' dieses Grundsatzes aus der Zeit des ‚Dritten Reiches' beanstandet, aber in der Sache war man sich einig. Es ging darum, den ‚Kraftfahrer von der Sorgfaltspflicht zu entlasten', wie es der für Verkehrsstrafrecht zuständige Senat beim BGH einmal formulierte. Ganz im Sinne schnelleren Fortkommens wollte der Senat damals das Sichtfahrgebot auf Autobahnen zur Nachtzeit mit der schlichten Begründung drastisch einschränken, dass dort i.d.R. nicht mit Hindernissen zu rechnen sei. Die Vereinigten Großen Senate des BGH entschieden aber 1964 gegen eine Ausweitung des Vertrauensgrundsatzes (BGHSt 16, 145): ‚Das Menschenleben ist unantastbar. Sein Schutz ist die wichtigste Aufgabe der Rechtsgemeinschaft. Er beansprucht daher auch im Straßenverkehr den Vorrang vor dem Wunsch des einzelnen, besonders rasch vorwärts zu kommen.' Mit § 18 Abs. 6 ist das heute indes etwas relativiert.

Im Zuge der Vorarbeiten zur StVO 1970 flammte die Diskussion um den ‚Vertrauens- und Misstrauensgrundsatz' noch einmal auf. Der VO-Geber sah schließlich davon ab, den Vertrauensgrundsatz ausdrücklich in der StVO zu verankern, weil dies psychologisch verfehlt und auch sachlich bedenklich' sei. Es sei zu befürchten, dass dies ‚als Lockerung der Pflichten zu ständiger Aufmerksamkeit' empfunden würde. Trotzdem ist der Vertrauensgrundsatz letztendlich in die StVO hineingeraten, allerdings an einigermaßen versteckter Stelle, und zwar in § 11 Abs. 3. Was hat dort das ‚vertrauen' nun mit dem Vertrauensgrundsatz zu tun? Die Antwort ist ein schönes Beispiel für die Denkweise von Juristen: Da der VO-Geber nichts Überflüssiges sagt, hat es seinen ganz besonderen Sinn, dass er einzig und allein an dieser Stelle die Pflicht zum Sich-Verständigen hervorhebt. Daraus könnte der Umkehrschluss gezogen werden, dass der Verkehrsteilnehmer überall sonst in der StVO (auf Vorfahrtstraßen, beim Gegenverkehr usw.) auf Respektierung seines Vorranges vertrauen darf, auch ohne vorherige Verständigung. Damit ist also indirekt die Geltung des Vertrauensgrundsatzes im Rahmen der StVO anerkannt, wie gesagt ein schönes Beispiel für juristisches Um-die-Ecke-Denken.

Rechtsprechung und VO-Geber haben den Vertrauensgrundsatz weiterentwickelt, so z.B. bei der doppelten Rückschaupflicht (§ 9 Abs. 1 Satz 4, § 5 Abs. 7), beim Abstandsverhalten (§ 4 Abs. 1), gegenüber Kindern, Hilfsbedürftigen, Senioren (§ 3 Abs. 2a) oder bei der Wartepflicht an Kreuzungen, wo nur ‚mit Misstrauen' herangefahren werden darf. Allerdings sollte sich der Vertrauensschutz weniger nach einem eher undurchsichtigen Regel-Ausnahme-Verhältnis richten, sondern durch Abwägung in einer konkreten Verkehrssituation, wessen Verhalten den Schutz der Rechtsordnung verdient."

a. Bei **eigenem fehlerhaftem** oder **riskantem Verhalten**, z. B. bei Tempoverstößen, unzureichenden Abständen, falscher Anzeige der Fahrtrichtung, falschem Überholen, Abbiegen im weiten Bogen, Missachtung von Verkehrszeichen. Wer eine Verkehrsgefahr herbeiführt, muss damit rechnen, dass andere darauf fehlerhaft reagieren; er kann sich nicht auf den Vertrauensgrundsatz berufen (OLG München VRS 31, 329).

b. In **Verkehrssituationen**, in denen **generell mit typischem Fehlerverhalten anderer Verkehrsteilnehmer** zu rechnen ist, z. B. bei Kindern, älteren Menschen und Hilfsbedürftigen, bei leichten Tempoüberschreitungen, bei Fußgängeransammlungen auf Gehwegen, bei Radfahrern innerorts, vor ungeregelten Kreuzungen, beim tangentialen Abbiegen.

c. In **erkennbaren Gefahrsituationen**, auch wenn das verkehrswidrige Verhalten aufgrund der Umstände hätte erkannt werden können (BGH VerkMitt 2004 Nr. 1; BayObLG VRS 60, 308; OLG Hamm VRS 98, 327), z. B. bei unklaren Straßen-, Verkehrs- oder Witterungsverhältnissen, im Bereich der Gefahrzeichen, vor Unfallstellen, bei offensichtlich alkoholisierten Kraftfahrern, bei sich unorientiert zeigenden ortsfremden Kraftfahrern, bei Wartepflichtigen, die zu schnell an die Kreuzung heranfahren, beim Abschleppen oder bei Rangiermanövern von LKW, bei Veranstaltungen auf der Straße, Großraum- und Schwertransporten. Gegenüber Kindern gilt der Vertrauensgrundsatz im Rahmen des § 3 Abs. 2a (BGH NJW 1986, 40 = VRS 69, 336). In solchen Situationen ist das eigene Verhalten so einzurichten, dass den möglichen Gefahren begegnet werden kann, vor allem durch Verminderung der Geschwindigkeit, Einhaltung des Rechtsfahrgebotes, Vergrößerung des Abstandes, Verzicht auf das Abbiegen, Überholen oder den Vorrang.

2.5.4 Grundsatz der doppelten Sicherung

Aus den Grenzen des Vertrauensgrundsatzes folgt der Grundsatz der doppelten Sicherung als elementares Gebot des sozialen Miteinanders (auch bekannt als Grundsatz des „defensiven Fahrens" oder „Gefahrenlehre"). Niemand darf erkennbar in eine Gefahrensituation hineinfahren, wenn er nicht sicher sein kann, dass er oder ein anderer sie rechtzeitig beseitigen wird; ob er Vorrang oder Vorfahrt hat, ist dabei unerheblich (§ 11 Abs. 3). Das gilt auch, wenn ein anderer Verkehrsteilnehmer die Gefahr verschuldet hat (BGH VRS 36, 356). Da diese Pflicht für alle gilt, besteht eine „doppelte Sicherheit". Bei Unklarheit der Verkehrs- oder Rechtslage hat jeder von der Alternative auszugehen, welche die größte Sorgfalt verlangt (OLG Köln VerkMitt 1964 Nr. 43; BayObLG VRS 30, 131). § 1 ist damit auch Grundlage für partnerschaftliches Verhalten im Verkehr. So müssen z. B. an einer Engstelle beide Fahrer einander das Vorbeikommen ermöglichen (OLG Bamberg VersR 1978, 351; KG VRS 91, 465); zu Silvester muss stets mit regelwidrigem Verhalten von Fußgängern gerechnet werden (OLG Düsseldorf VRS 91, 464).

2.5.5 Sichtbarkeitsgrundsatz

Verkehrszeichen, Markierungen oder Einrichtungen für den fließenden Verkehr müssen so angeordnet, aufgestellt und angebracht werden, dass sie bei zumutbarer Aufmerksamkeit eines durchschnittlichen Fahrers durch einen beiläufigen Blick erkannt werden können (OLG Celle VerkMitt 2019 Nr. 14; OLG Köln NZV 2019, 155 = NStZ 2019, 618 = SVR 2019, 190). Sind sie auch bei pflichtgemäßer Sorgfalt nicht zu erkennen, ist

Grundsatz der doppelten Sicherung bei abgesetzten Radwegen außerorts

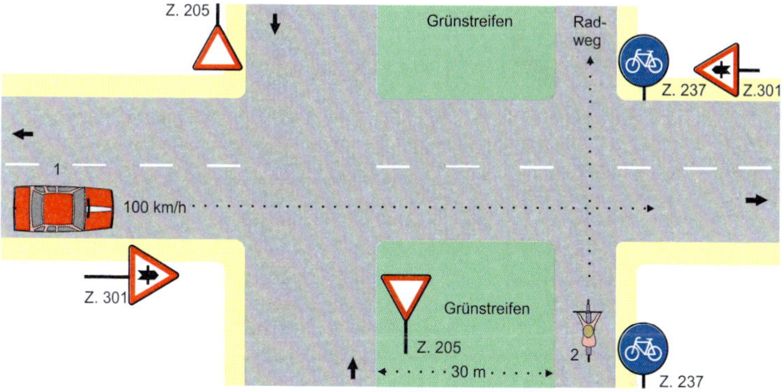

Beim Radwegebau werden Radwege oft abgesetzt von der Fahrbahn angelegt. KFZ 1 fährt außerorts mit etwa 100 km/h auf die Kreuzung zu. Infolge der Geschwindigkeit „wachsen" die Abstände so zusammen, dass KFZ 1 den Grünstreifen als schmal und den Radweg als zur Kreuzung gehörend ansieht (ähnlich wie das „Schrumpfen" der 5 m langen Leitlinien bei hohem Tempo). Radfahrer 2 fährt langsam; er ordnet deshalb das weit links von ihm stehende Z. 205 („Vorfahrt gewähren") den kreuzenden Straßen, nicht aber dem Radweg zu und geht deshalb von der Regelung „Rechts vor Links" aus. Beide Fahrer nehmen damit jeder für sich eine vermeintliche Vorfahrtberechtigung in Anspruch und würden zwangsläufig zusammenstoßen.

Bleiben infolge der Örtlichkeit oder der Verkehrsbeschilderung (hier fehlendes Z. 205 am Radweg) die Vorfahrtverhältnisse unklar, müssen sich alle Verkehrsteilnehmer nach der Regel richten, die für sie selbst und andere die größte Sicherheit gewährt. KFZ 1 muss deshalb am Radweg von der Vorfahrt „Rechts vor Links" (§ 8 Abs. 1) ausgehen, Radfahrer 2 von der Beachtung des Z. 205 („Vorfahrt gewähren"). Beachtet wenigstens einer der beiden Fahrzeugführer den Grundsatz der „doppelten Sicherung", kann der drohende Verkehrsunfall vermieden werden (unabhängig davon sind die Verkehrsbehörden verpflichtet, solche Zweifelsfälle durch eine eindeutige Beschilderung zu beseitigen, z.B. indem sie auch am Radweg ein Z. 205 anordnen – Rn. 16 VwV zu § 9).

der Verkehrsteilnehmer von deren Beachtung entbunden. Er muss sich aber nach dem Grundsatz der doppelten Sicherung besonders vorsichtig verhalten (s. a. Erl. 2.4 zu § 39). Nicht wirksam sind total verrostete, inhaltlich nicht mehr erfassbare Schilder oder Verkehrsschilder, deren Erkennbarkeit infolge von Witterungseinflüssen, Beschädigungen oder sonstigen Einwirkungen nicht mehr gewährleistet ist (BVerwG DAR 2008, 656; OLG Hamm NZV 2011, 94, BayObLG VerkMitt 1985 Nr. 1 = VRS 67, 233 = NJW 1984, 2110; OLG Schleswig VerkMitt 1987 Nr. 3: sie bleiben aber für den wirksam, der ihre ursprüngliche Bedeutung kennt; OLG Jena NZV 2011, 313), vom Laub vollständig verdeckte (OLG Hamm DAR 2011, 216 = SVR 2011, 112) oder infolge unzweckmäßiger Anbringung nachts nicht mehr erkennbare Schilder (OLG Stuttgart VRS 95, 441; BGH VRS 5, 309), ein auf einer Bundesstraße nur rechts aufgestelltes Temposchild, das beim Überholen eines LKW verdeckt wird (OLG Düsseldorf VerkMitt 2002 Nr. 52 = NZV 2002, 409 = VRS 103, 25). Bei nur noch in Resten vorhandenen Markierungen kommt es auf die Erkennbarkeit bei bestimmten Witterungsverhältnissen an (BGH VRS 41, 307: leichter Schneeregen bei Dunkelheit). Vorübergehend durch Schnee verdeckte Markierungen bleiben wirksam (OLG Oldenburg VRS 58, 285), auch Sperrflächen oder das Haltverbot bei Pfeilmarkierungen. Sind jedoch Markierungslinien durch starken Schneefall wochenlang auch nicht einmal ansatzweise oder durch äußere Umstände erkennbar, sind sie unwirksam, z. B. Parkflächenmar-

Negativbeispiel „Totempfahl"

Kraftfahrer sollen Verkehrszeichen schnell erfassen können. Zwar sind die Anforderungen an die Begreifbarkeit von Regelungen im ruhenden Verkehr wesentlich geringer als im fließenden Verkehr, wo deren Bedeutung mit einem Blick erkannt werden muss (OLG Münster NZV 1997, 366). Nach den verkehrspsychologischen Erfahrungen sind im Allgemeinen mehr als 3 Verkehrsschilder nicht mehr erfassbar. Bei der nebenstehenden Schilderkombination muss der Kraftfahrer längere Zeit in „tiefer Meditation" verharren, um die gewollte „Bewirtschaftung" des Verkehrsraumes zutreffend einordnen zu können: Die so ausgewiesene Straße darf von Montag bis Freitag in der Zeit von 19 bis 7 Uhr und zwischen 9 und 16 Uhr befahren werden. Wer als Nicht-Anwohner am Sonntag in die Straße einfährt, darf dort zwar bis Montag, 7 Uhr parken, zwischen 7 und 9 Uhr aber nicht mehr herausfahren. Ähnliche Schwierigkeiten bestehen für den Lieferverkehr: Be- und Entladen ist nur Montag bis Freitag zwischen 9 und 16 Uhr zulässig. Von 19 bis 22 Uhr darf auch ein- und ausgestiegen oder bis zu 3 Minuten gehalten werden. Wegen Verletzung des Sichtbarkeitsgrundsatzes ist bei dieser Schilderkombination ein möglicher Verkehrsverstoß nicht mehr vorwerfbar.

Derartige Schilderhäufungen „wachsen" oft mit spezifischen Verkehrsbedürfnissen. Dabei hilft es nicht, wenn die Schilder auf mehrere Maste hintereinander verteilt werden. Vielmehr müssen die Verkehrsbehörden für eine sparsame und leicht begreifbare Beschilderung sorgen. Ist das nicht möglich, muss auf die eine oder andere Beschränkung verzichtet werden.

kierungen infolge fehlender Straßenreinigung. Übernimmt der Beifahrer das Steuer auf einer Straße, auf der zuvor z. B. ein Überholverbot (Z. 276) angezeigt wurde, ist der Fahrer nicht verpflichtet, den neuen Fahrer über das Überholverbot zu unterrichten. Der Sichtbarkeitsgrundsatz greift insoweit auch hier, es sei denn, der das Steuer übernehmende Beifahrer hat das Verkehrszeichen vorher gesehen, kennt die Verkehrsregelung auf der Straße oder das Überholverbot hätte für ihn aufgrund der Örtlichkeiten nahegelegen (OLG Hamm NZV 2015, 457).

Die Anforderungen an die Zeichen des fließenden Verkehrs sind höher als an die für den ruhenden Verkehr (OVG Berlin-Brandenburg VerkMitt 2015 Nr. 43; VGH Mannheim NZV 2010, 533; OVG Hamburg NZV 2009, 524 = VRS 116, 464; OVG Münster DAR 2005, 169 und NZV 1997, 366; VG Berlin VD 2012, 213). Infolgedessen verliert ein mobiles, lediglich umgedreht aufgestelltes Haltverbot nicht seine Wirksamkeit, solange es einem bestimmten Straßenabschnitt zugeordnet werden kann (OVG Münster VerkMitt 1998 Nr. 20).[21] Sind mit Z. 290 drei weitere Zusatzzeichen verbunden (ein Zeichen für Kurzparkregelung mit Parkschein und zwei Zeichen für zeitlich begrenztes Bewohnerparken), ist der Sichtbarkeitsgrundsatz trotz Rn. 35 VwV-StVO zu § 39 noch gewahrt, weil dessen Anforderungen im ruhenden Verkehr geringer als im fließenden Verkehr sind (VGH Mannheim VerkMitt 2010 Nr. 85). Vorübergehend angeordnete Haltverbote für Umzüge, Veranstaltungen, Baumaßnahmen o. Ä. müssen so aufgestellt werden, dass während der Fahrt oder durch einfache Umschau beim Aussteigen erkennbar ist, dass überhaupt ein Verkehrsschild etwas mit einem Halt- oder Park-

21 Während beim fließenden Verkehr das Schild mit einem kurzen Blick erfasst werden muss, wird beim ruhenden Verkehr verlangt, dass sich der Fahrer nach dem Halt die Zeichen genauer ansieht.

verbot zu tun hat (BVerwG VerkMitt 2016 Nr. 39 = DAR 2016, 598 = NJW 2016, 2353 = NZV 2016, 539).

Verkehrszeichen müssen nicht nur stets gut sichtbar sein, sondern auch verständlich bleiben und dürfen Verkehrsteilnehmer weder verunsichern noch optisch überfordern (OLG Stuttgart VRS 95, 441; BGH DAR 1966, 218 = VRS 31, 84; OLG Stuttgart VerkMitt 1999 Nr. 45). Bei Schilderhäufungen oder widersprüchlicher Beschilderung kann das Verständnis für die gewollte Regelung verloren gehen.

Sind Verkehrszeichen trotz vernünftiger Auslegung aus sich heraus nicht eindeutig und geben sie zu Zweifeln Anlass, geht dies zulasten der Verkehrsbehörde, nicht zulasten des Betroffenen. Unzweckmäßige oder irreführende Beschilderung kann bei Missverständnissen die Schuld des Betroffenen mindern oder ausschließen sowie bei Schäden eine Haftung der Straßenverkehrs- oder Straßenbaubehörde begründen (OLG Jena VRS 119, 350 = DAR 2011, 37). Entsprechende Bußgeldverfahren sind daher einzustellen und evtl. entstandene Abschleppkosten zu übernehmen (BVerwG NJW 2003, 1408; OVG Münster VerkMitt 2005 Nr. 32 = DAR 2005, 169 = NZV 2005, 335). Siehe auch Erl. 2.4 zu § 39.

2.6 Geltung der VwV-StVO

Die Allgemeine Verwaltungsvorschrift zur StVO (VwV-StVO) beschreibt im Wesentlichen, welche Verkehrszeichen und Verkehrseinrichtungen wann, wie, wo und durch wen anzuordnen und aufzustellen sind.[22] Außerdem wird das Verfahren für Erlaubnisse (VwV-StVO zu § 29 Abs. 2) und Ausnahmegenehmigungen (VwV-StVO zu § 46) geregelt. Zur Zitierung der Vorschriften der VwV-StVO dienen Randnummern (z. B. Rn. 1 VwV-StVO zu § 1). Für die Anordnung und Aufstellung bestimmter Verkehrszeichengruppen und Lichtzeichenanlagen, Gestaltung von Straßenbaustellen, die Wegweisung, den Großraum- und Schwerverkehr und andere Regelungsbedürfnisse gelten daneben Richtlinien, die im Rahmen der VwV-StVO Anwendung finden. Ferner enthält die VwV-StVO auch Auslegungshilfen.[23] Als Verwaltungsvorschrift bindet die VwV-StVO nur die Verkehrsbehörden, nicht die Verkehrsteilnehmer. Werden verpflichtende Vorschriften der VwV-StVO missachtet oder infolge von Ermessensfehlgebrauch außer Acht gelassen, wird die durch die Verkehrsbehörde getroffene Regelung rechtswidrig und anfechtbar. Dadurch verursachte Schäden können Amtshaftungsansprüche nach § 839 BGB i. V. m. Art. 34 GG auslösen.

2.7 Begriffe des § 1 Abs. 2

§ 1 Abs. 2 entspricht den Anforderungen der Bestimmtheit ordnungsrechtlicher Tatbestände (Art. 103 Abs. 2 GG). BVerfG DAR 1968, 329. Verkehrsteilnehmer ist jede Person, die sich verkehrserheblich verhält, d. h. körperlich und unmittelbar durch Handeln oder pflichtwidriges Unterlassen auf einen Verkehrsvorgang einwirkt. Dies kann auch durch reflexartige Bewegungen erfolgen, z. B. durch Schreck oder eine Gefahrenlage (OLG Karlsruhe VRS 128, 113). Geschützt sind „Andere". Damit sind nicht nur Verkehrsteilnehmer, sondern alle Menschen gemeint, auch der Fahrgast

22 „Allgemeine" wird hier großgeschrieben, denn es gibt nur die eine **VwV-StVO**, die mit Zustimmung des Bundesrates in allen Bundesländern gleichermaßen gilt.
23 Z. B. VwV-StVO zu § 1.

in der Straßenbahn.[24] Nach der Rechtsprechung fällt auch die Gefährdung einer fremden Sache, die der Sicherheit des Straßenverkehrs dient oder sonst verkehrsbezogen ist, unter die Vorschrift, z.B. Verkehrszeichen, Leitpfosten, einparkender PKW (BGHSt 22, 368 = VRS 37, 383 = NJW 69, 1359; KG VRS 35, 455).

Schädigung, Gefährdung, Behinderung und Belästigung müssen **konkret** sein, d.h. nicht abstrakt. So ist z.B. die bloße Möglichkeit einer Gefährdung oder Behinderung abstrakt. Abstrakte Handlungen werden von der StVO nur in den ausdrücklich genannten Fällen erfasst, z.B. in den §§ 32, 33, wenn der Verkehr gefährdet oder erschwert werden „**kann**". Zwischen der Handlung und den Auswirkungen muss ein unmittelbarer Ursachenzusammenhang bestehen (Kausalität). Die Handlung (z.B. Fahrfehler) muss auf einer rechtswidrigen und vorwerfbaren Pflichtverletzung beruhen. Hierzu gehören auch Schäden, die ohne Berührung der Fahrzeuge entstehen, sofern über die bloße Anwesenheit am Unfallort durch die Fahrweise oder sonstige Verkehrsbeeinflussung hinaus ein Schadensbeitrag geleistet worden ist (BGH DAR 2017, 135; KG DAR 1999, 504: bei Ausweichreaktionen; LG Passau SVR 2017, 311). Der Zusammenhang ist dann zu verneinen, wenn z.B. der Schaden auch bei pflichtgemäßem Verhalten eingetreten wäre (BGH VRS 54, 436). Außerdem kommt nicht jeder weit entfernt liegende Ursachenverlauf in Betracht, sondern nur die vertretbare Zurechnung einer Ursache für eine Wirkung (kausale Adäquanz). So kann z.B. der Vorfahrtverpflichtete nicht geltend machen, der Unfall hätte sich nicht ereignet, wenn der Vorfahrtberechtigte nicht zuvor mit überhöhter Geschwindigkeit gefahren und nur deshalb zur gleichen Zeit an der Kreuzung gewesen wäre.

2.7.1 Schädigung

Eine Schädigung umfasst **fremde** Körper- oder Sachschäden. Ein **Sachschaden** liegt vor, wenn die Substanz einer Sache verletzt oder die Brauchbarkeit ihrer bestimmungsgemäßen Verwendung nicht unerheblich beeinträchtigt ist (BGH VerkMitt 2015 Nr. 39). Es muss somit mindestens ein **wirtschaftlich messbarer** Nachteil entstanden sein (KG VRS 72, 380), d.h. ein Schaden über 25 bis 50 €. So ist z.B. ein Lackkratzer an der Stoßstange, der leicht mit einem Lackstift im Wert von 10 € beseitigt werden kann, kein wirtschaftlich relevanter Schaden. Zum Schaden gehört auch die Heilbehandlung von Tieren, selbst wenn die Kosten den Wert des Tieres übersteigen (§ 251 Abs. 2 BGB). Der **Eigenschaden** wird von § 1 Abs. 2 **nicht** erfasst, auch nicht am gemieteten Fahrzeug oder an fremder Ladung. Ebenso werden Vermögensschäden nicht vom Schädigungsbegriff erfasst.

Der **Körperschaden** umfasst jede physische oder psychische Verletzung, wobei bloßer Schreck nicht dazu gehört, wohl aber ein pathologischer Schockzustand, posttraumatische Belastungsstörungen oder Brechreiz nach Anspucken (BGH NStZ 2016, 27; AG Hagen NZV 2013, 397: 4000 € für Beinaheunfall).[25] Kommt es zur Körperverletzung, liegen bei Fahrlässigkeit §§ 229, 230 StGB und bei Vorsatz §§ 223, 224 StGB vor, wobei die Verletzung auf unmittelbaren Kontakt zwischen Fahrzeug und Körper beruhen muss (BGH NStZ 3016, 724). Fahrlässige Körperverletzung erfordert

24 „Andere" wird deshalb im amtlichen Text großgeschrieben.

25 Bei Körperschäden liegt meist gleichzeitig eine Straftat wegen fahrlässiger Körperverletzung nach § 229 StGB vor, die einen Strafantrag nach § 230 StGB erfordert.

Gefährdung – Begriff

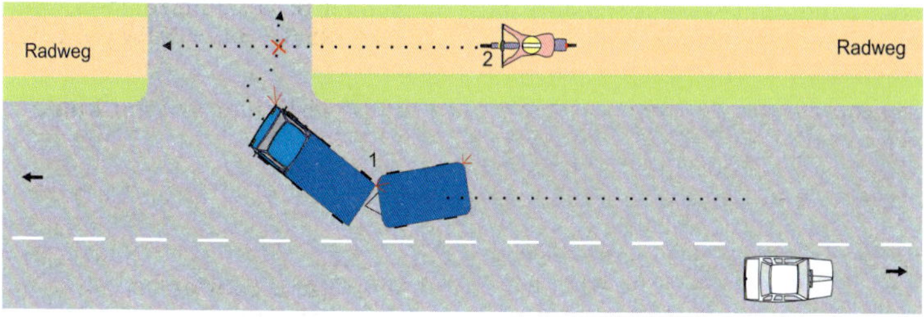

LKW 1 biegt – ohne anzuhalten – nach rechts ab, weil er den Radfahrer im toten Winkel seines Rückspiegels nicht bemerkt hat. Der geradeaus fahrende Radfahrer 2 wäre durch den LKW 1 angefahren worden, wenn der LKW ihn nicht im letzten Moment bemerkt und sofort abgebremst hätte. Eine Gefährdung i. S. d. § 1 Abs. 2 liegt nicht vor, weil der LKW zwar die Ursache für die Gefahr gesetzt, den möglichen Schaden jedoch durch eigenes Handeln (Bremsen) abgewendet hat. Reagiert jedoch nur der Radfahrer 2, indem er im letzten Moment seinerseits bremst oder ausweicht und dadurch die Unfallgefahr beseitigt, bleibt die Gefährdung nach § 1 Abs. 2 bestehen.

einen Strafantrag nach § 230 StGB. Verneint die Staatsanwaltschaft das öffentliche Interesse an der Strafverfolgung, ist der Verletzte auf das Privatklageverfahren nach § 374 Abs. 1 Nr. 4 StPO verwiesen.

§ 1 gilt auch zugunsten der Insassen des Fahrzeugs; deshalb haben Fahrer öffentlicher Verkehrsmittel ruckartige Fahrbewegungen, rasantes Anfahren oder abruptes Abbremsen zu vermeiden (OLG Karlsruhe VRS 54, 123). Bei typischen Auffahrunfällen spricht der Anscheinsbeweis dafür, dass der Auffahrende durch mangelnden Sicherheitsabstand, unangepasste Geschwindigkeit oder durch Unaufmerksamkeit den Unfall verursacht hat (BGH VerkMitt 1993 Nr. 118; KG VRS 106, 24; s. a. Benz DAR 2019, 474); anders bei ungeklärten Unfallumständen (OLG Naumburg DAR 20149, 463), bei Kollision des Vorfahrtberechtigten auf Autobahnen (KG VerkMitt 1996 Nr. 8)[26] oder beim Sturz eines Motorradfahrers, der durch heftiges Bremsen einen Auffahrunfall vermeiden will (AG Hoyerswerda NZV 2013, 449).

2.7.2 Gefährdung

Gefährdung bedeutet das Herbeiführen einer kritischen Verkehrslage mit einer derart stark beeinträchtigenden **konkreten** Gefahr für die Sicherheit, dass der Schadenseintritt für (fremdes) Leben, Gesundheit oder Sachwerte nur noch vom Zufall abhängt (BGH DAR 2013, 709; BGH NZV 1995, 325 = DAR 1995, 296 = NJW 1995, 3131; KG VRS 106, 3: keine abstrakte, sondern konkrete Gefahrenlage erforderlich; OLG Köln DAR 1996, 507). Eine nur abstrakte oder latente Gefahrenlage reicht nicht aus, selbst wenn sie besonders gefährlich ist, z. B. Fahren entgegen der Fahrtrichtung (BGH NZV 2010, 261). Eine Gefährdung bleibt bestehen, wenn der Schaden letztendlich durch das Verhalten eines Dritten verhindert wird; anders nur, wenn der Verursacher selbst zielgerichtet die Gefahr durch eigenes Verhalten beseitigt, z. B. im letzten Moment bremst oder ausweicht. Ein aufgebrachter Fußgänger,

26 In den Niederlanden gibt es bei Auffahrunfällen keinen Anscheinsbeweis gegen den Auffahrenden (AG Geldern DAR 2011, 210).

der verbal gegen einen anderen einschüchternd auftritt, dabei Tätlichkeiten gegen das fremde Fahrzeug verübt (gegen die Reifen tritt, auf die Karosserie oder Windschutzscheibe schlägt), muss damit rechnen, dass sich der Bedrohte dieser Situation durch Flucht entzieht. Erleidet der Bedrohende dabei selbst einen Schaden, kann er diesen nicht gegen den Bedrohten geltend machen.

Die gefährdete Person oder Sache muss **fremd** sein; eine Gefährdung des Täters selbst oder seines Fahrzeugs genügt somit nicht. Steht das vom Täter geführte Fahrzeug (auch mit Anhänger) nicht in seinem Eigentum, gilt es als nicht von § 1 Abs. 2 geschütztes Tatmittel. Geschützt ist die Sicherheit des Verkehrs, so dass auch die Mitfahrer (selbst Familienangehörige) zu den geschützten Personen gehören. Eine „Einwilligung" des Verletzten vermag deshalb die Gefährdung nicht zu beseitigen. Andererseits sind Mitfahrer nicht geschützt, wenn sie an der Tat durch Anstiftung, Beihilfe oder Mittäterschaft beteiligt sind.

Der Gefährdungsbegriff in §§ 315b, 315c StGB ist mit dem des § 1 Abs. 2 insoweit identisch, allerdings muss bei §§ 315b und 315c StGB für Sachschäden die Wertgrenze mind. 750 € betragen.

2.7.3 Behinderung

Behinderung ist die (vermeidbare) Veranlassung eines anderen zu einem Verhalten, zu dem er rechtlich nicht verpflichtet ist; z. B. kann schon Bremsen Behinderung sein. Die Tat muss jedenfalls mit einer Verhaltensänderung des Behinderten verbunden sein.

Behinderung des Fahrers in der Form einer strafbaren Nötigung (§ 240 StGB)[27] liegt dann vor, wenn erschwerende Umstände hinzutreten, die das Verhalten als sozial unerträglich qualifizieren. Entscheidend für die Gewalt ist weniger die Schwere der physischen Einwirkung als die Dauer und Auswirkung auf die Reaktion des Genötigten. So kann bereits ein leichter Druck auf das Gaspedal, eine Lenkbewegung oder die Betätigung der Lichthupe ausreichen, um die erstrebte Reaktion des Genötigten zu erzielen. Dabei muss die Einwirkung bei einem durchschnittlichen Fahrer einen psychischen Zwang zu einer willensbeugenden Verhaltensweise auslösen (Stangel DAR 2017, 233: aber keine gleichzeitige Nötigung des Beifahrers). Die Gewalteinwirkung muss außerdem in einem so auffallenden Missverhältnis zu dem angestrebten Zweck stehen, dass sie sozialethisch als verwerflich anzusehen ist. Beispiele für Nötigung: Grundloses Blockieren der Fahrbahn, um andere am Weiterfahren zu hindern (OLG Düsseldorf VerkMitt 2000 Nr. 70 = DAR 2000, 367 = VRS 99, 45), Ausbremsen, um einem anderen eine Lehre zu erteilen, aus Wut einen anderen schneiden, so dass dieser zur Vermeidung eines Auffahrunfalls mit einer Gefahrbremsung reagieren muss, dichtes Auffahren bei hohem Tempo unter Verwendung der Lichthupe, um einen Überholer zum Fahrstreifenwechsel zu zwingen. Keine Nötigung, sondern allenfalls Behinderung liegt vor, wenn bei ausreichendem Abstand

27 **§ 240 StGB Nötigung**

(1) Wer einen Menschen rechtswidrig mit Gewalt oder durch Drohung mit einem empfindlichen Übel zu einer Handlung, Duldung oder Unterlassung nötigt, wird mit Freiheitsstrafe bis zu drei Jahren oder mit Geldstrafe bestraft.

(2) Rechtswidrig ist die Tat, wenn die Anwendung der Gewalt oder die Androhung des Übels zu dem angestrebten Zweck als verwerflich anzusehen ist.

(3) Der Versuch ist strafbar.

(4) In besonders schweren Fällen ist die Strafe Freiheitsstrafe von …

ein Linksfahrer durch Antippen der Lichthupe zum Ausweichen oder der Nachfahrende durch kurzes Antippen der Bremsleuchte zum Einhalten des Sicherheitsabstandes aufgefordert wird. Eine kurzzeitige Unterschreitung des Sicherheitsabstandes allein ist noch keine Nötigung (OLG Köln VerkMitt 2013 Nr. 70 = NZV 2013, 454). Wer auf der Fahrbahnmitte läuft, um Kraftfahrer zu einer langsamen Fahrweise zu zwingen, begeht eine Behinderung, aber keine Nötigung, weil er als körperliches Hindernis nur eine psychische Zwangswirkung ausübt (BGH VRS 90, 31).

2.7.4 Belästigung

Belästigung bedeutet das (vermeidbare) Zufügen eines körperlichen oder geistigen Unbehagens (z.B. provozierendes Hupen, rücksichtsloses Durchfahren von Pfützen, Störungen der Nachtruhe; nicht dagegen Warmlaufenlassen des Motors, hier geht § 30 Abs. 1 vor). Notwendig ist eine objektive, nicht jedoch die bloße subjektiv empfundene Belästigung (z.B. bei Überempfindlichkeit).

Während das Schädigungs- und Gefährdungsverbot absolute Verbote sind, sind die Behinderungs- und Belästigungsverbote durch ihre Vermeidbarkeit relativiert, weil jede Verkehrsteilnahme letztlich zu einer Beeinträchtigung des Freiheitsraumes eines anderen führt. Folglich sind **nur** solche Behinderungen oder Belästigungen verboten, die nach den konkreten Umständen vermeidbar sind.

2.8 Verantwortlichkeit

Ein Verkehrsteilnehmer handelt fahrlässig, wenn der Regelverstoß von ihm verschuldet worden ist. Das ist dann der Fall, wenn er die im Verkehr erforderliche Sorgfalt, zu der er nach den Umständen, nach seinen Kenntnissen und Fähigkeiten verpflichtet ist, nicht beachtet. Fehlende Erfahrung, Fahren unter Zeitdruck, besondere Verkehrs- oder Witterungslagen sind keine Entschuldigung für Verkehrsverstöße (BGH DAR 1974, 294). Ebenso darf die Beseitigung einer gegenwärtigen Gefahr wegen der notwendigen Güterabwägung bei notstandsähnlichen Situationen nie zu einer Gefährdung Unbeteiligter führen, z.B. Ausweichen eines KFZ wegen eines Einsatzfahrzeugs auf den Gehweg mit Verletzungsgefahr für Fußgänger oder abruptes Lenkmanöver wegen eines Kleintieres auf der Fahrbahn bei hoher Fahrgeschwindigkeit (BGH VRS 1113, 254 = SVR 2008, 102; KG NZV 2003, 91 = VRS 104, 5 = DAR 2003, 64; OLG Frankfurt VerkMitt 1984 Nr. 41 = DAR 1984, 157; LG Koblenz DAR 2001, 227; OLG Nürnberg DAR 2001, 22).

Eine Schreckzeit wird nur zugebilligt (selten), wenn man von einem gefährlichen Ereignis überrascht wird, mit dem auch bei aller Erfahrung und Sorgfalt nicht zu rechnen war (BGH VRS 23, 375). Wer als Kraftfahrer unverschuldet in Gefahr, Schrecken oder Bestürzung gerät und dabei unzweckmäßig reagiert, z.B. durch einen schnell herankommenden „Drängler", verdient in der Regel nicht den Vorwurf der Fahrlässigkeit (OLG Karlsruhe VRS 50, 280). Ein Kraftfahrer muss jedoch innerorts, insbesondere an Kreuzungen, immer reaktionsbereit sein, falls andere Verkehrsteilnehmer sich verkehrswidrig verhalten und plötzlich ein Hindernis auftaucht; eine Schrecksekunde ist ihm in solchen Fällen nicht zuzubilligen (OLG Hamm, VRS 43, 184). Aus § 1 Abs. 2 folgt die Pflicht, nicht nur die vorausliegende Fahrbahn zu beobachten, sondern auch das Gelände rechts neben der Fahrbahn in einer Breite von mehreren Metern, vor allem bei der Vorbeifahrt an Fußgängern und Radfahrern (BGH VRS 16, 279). Wer zwar vorschriftsmäßig fährt, durch abruptes Bremsen aber einen Auffahrunfall herbeiführt, um Versicherungsleistungen in Anspruch zu nehmen, macht sich wegen Bereitens eines Hindernisses nach § 315b Abs. 1 Nr. 2 und 3 StGB strafbar (BGH VRS 98, 12).

2.9 Einzelfälle

2.9.1 Parkplätze und Tankstellen

Parkplätze dienen dem ruhenden Verkehr, so dass die für den fließenden Verkehr geltenden Vorfahrt- und Abbiegeregeln (§§ 9 bis 10) dort **nicht** unmittelbar Anwendung finden (BGH VerkMitt 2016 Nr. 17). Dabei bestimmt § 1 Abs. 2 das Maß der zu beobachtenden Sorgfalt. Kraftfahrer müssen dort den Pflichten des § 1 Abs. 2 genügen und langsam mit ständiger Bremsbereitschaft fahren (BGH NJW 2015, 1098 und 1100; OLG Hamm NZV 2015, 297; OLG Saarbrücken DAR 2014, 703: § 9 Abs. 5; KG VerkMitt 2003 Nr. 11 = VRS 104, 24 = NZV 2003, 381; OLG Hamm SVR 2013, 24). Gleiches gilt auf Tankstellen (LG Lübeck SVR 2018, 106; OLG Düsseldorf NZV 2002, 87 = DAR 2002, 68: missbräuchliche Nutzung von Tankstellen als Abkürzung). Das Maß der nach § 1 zu beachtenden Vorsicht und Rücksichtnahme bestimmt sich nach den eingeschliffenen Verhaltensweisen aus den Vorfahrt- und Vorrangregeln der §§ 8 bis 10 (OLG Hamm VRS 99, 70).

Zum Rückwärtsfahren auf Parkplätzen siehe Erl. 2.11.2 zu § 9.

Haben die Fahrgassen nach ihrer baulichen Anlage Straßencharakter und dienen der Zu- und Abfahrt, gilt die Vorfahrtregel „Rechts vor Links" als eingeschliffenes Verhalten sinngemäß (KG VRS 118, 348 = DAR 2010, 33 = NZV 2010, 4610). Sind Parklätze mit kreuzenden Fahrgassen ausgestattet, gilt weder die Vorfahrtregel „Rechts vor Links" noch § 10, sondern nur die allgemeine Pflicht zur Rücksichtnahme nach § 1 Abs. 1, sofern die Fahrgassen der Parkplatzsuche oder dem Ein- oder Ausparken dienen. Mündet eine Tiefgarage auf einen Parkplatz, muss der Ausfahrende den Vorrang entsprechend § 10 beachten (LG Regensburg NZV 2010, 254).

Beim „**Schwarztanken**" ohne zu bezahlen liegt Betrug nach § 263 StGB und nicht Diebstahl oder Unterschlagung vor, wenn durch tankübliches Verhalten konkludent der Irrtum erregt wird, den Treibstoff auch bezahlen zu wollen. Bemerkt der Tankstelleninhaber oder dessen Mitarbeiter den Täter nicht, liegt **versuchter Betrug** vor (BGH NStZ 2016, 216 = NJW 2016, 1109 = NZV 2016, 288; BGH DAR 2013, 158; BGH DAR 2012, 391 = NZV 2012, 248; BGH NJW 1983, 2827).

2.9.2 Rauchen am Steuer

Unvorsichtiges Aufheben einer herabgefallenen Zigarette kann grob fahrlässig sein (KG VerkMitt 1983 Nr. 54; nicht aber bei einer Reflexhandlung: OLG Dresden DAR 2001, 498), ebenso das Rauchen während der Fahrt ohne Vorkehrungen gegen das Herabfallen von Zigaretten (OLG Karlsruhe NZV 1992, 367). Der Verstoß gegen das Rauchverbot bei Gefahrguttransporten ist seit Neufassung der GGVSE[28] nicht mehr als Ordnungswidrigkeit qualifiziert (OLG Düsseldorf NZV 1997, 285). Rauchen am Steuer kann bei

28 GGVSEB (BGBl. I 1995, S.1025) i.d.F. vom 5.1.2005 (BGBl. I S. 36).

einer Verkehrslage, die besondere Aufmerksamkeit erfordert, fahrlässig sein (OLG Düsseldorf NJW 1980, 2262; KG VersR 1983, 494).[29] Im Übrigen soll nach einer vom Bundesrat am 10.11.2019 beschlossenen Änderung des § 3 Abs. 3b BNichtrSchG (BR-DS 435/19-B) das Rauchen in allen geschlossenen Fahrzeugen dann unzulässig sein, wenn sich dort Minderjährige oder Schwangere aufhalten. Das soll auch bei geöffneten Fenstern oder Schiebedächern gelten. Ausgenommen sind nur selbstfahrende Arbeitsmaschinen sowie (echte) Kabrio-Limousinen. Verstöße sollen mit Bußgeldern zwischen 500 und 3 000 € geahndet werden (§ 5 Abs. 2 BNichtrSchG). Die Änderung des BNichtrSchG war bei Drucklegung noch nicht vom BT verabschiedet worden (BT-DS 19/15276).

2.9.3 Fahren mit offenem Fenster

Beim Fahren mit offenem Fenster muss mit dem Eindringen von Fremdkörpern gerechnet und darf nicht falsch reagiert werden (OLG Hamm VRS 48, 21: Verkehrsunfall wegen Abwehrens einer Fliege).

2.9.4 Kolonnenverkehr

§ 1 Abs. 2 verpflichtet zu erhöhter Aufmerksamkeit im Kolonnenverkehr auf der Autobahn; mit plötzlichen Bremsmanövern oder Ausscheren von Fahrzeugen ist zu rechnen (OLG Celle NZV 1989, 36).

2.9.5 Maßregelung Dritter

Der Verkehrsteilnehmer muss grundsätzlich nicht dulden, dass ihn ein anderer an der Weiterfahrt hindert, um ihn wegen vorangegangenen fehlerhaften Verhaltens zur Rede zu stellen (BayObLG DAR 1993, 32 und NZV 1993, 37). Bedrängende Fahrweise oder gezieltes Ausbremsen kann strafbare Nötigung sein (OLG Köln NZV 1992, 371).

2.9.6 Küssen während der Fahrt

Küsst der Fahrer seine Beifahrerin während der Fahrt und kommt es dadurch zu einem tödlichen Unfall, haftet der Fahrer für die Folgen allein (LG Saarbrücken NZV 2012, 543).

2.9.7 Zurückrollen

Zurückrollen ist nicht „Rückwärtsfahren" nach § 9 Abs. 5. Kommt es dadurch zu einem Schaden, haftet der Zurückrollende. An einer Steigung muss aber auch der Nachfolgende zur Vermeidung einer Kollision einen angemessenen Mindestabstand einhalten (LG Saarbrücken NZV 2015, 244).

2.9.8 Schädigung durch Vorausfahrenden

Wird die Windschutzscheibe oder das Fahrzeug durch aufgewirbelte Steine oder herabfallende Gegenstände des Vorausfahrenden beschädigt, besteht volle (zivilrechtliche) Haftung des Vorausfahrenden (OLG Düsseldorf NZV 2020, 101 mit Anm. Pletter: herabfallende Fußmatte).

---

29 Das Rauchverbot bei Gefahrguttransporten ist seit Neufassung des GGVSEB (BGBl. I 1995, S.1025) i.d.F. vom 5.1.2005 (BGBl. I S. 36) nicht mehr bußgeldbewehrt (OLG Düsseldorf NZV 1997, 285).

2.10 Zivilrechtliche Haftung bei Schädigung

Wird beim Fahrzeugbetrieb ein Schaden verursacht, haftet der Halter nach der Gefährdungshaftung des § 7 StVG und der Fahrer nach § 18 StVG und § 823 BGB für seinen Schuldanteil. Ist auch der Geschädigte für den Schaden mit verantwortlich, muss er sich seinen Schuldanteil nach §§ 249, 254 BGB anrechnen lassen. Verhindert ein Kraftfahrer infolge verkehrswidrigen Verhaltens eines Dritten eine Kollision und kommt dabei selbst zu Schaden, haftet der Dritte nach den Grundsätzen der Geschäftsführung ohne Auftrag gemäß §§ 670, 683, 677 BGB, z. B. beim Ausweichen vor einem plötzlich über die Fahrbahn laufenden Kind (OLG Hamm DAR 2001, 127). Beschädigt eine herunterfallende Zapfpistole ein Fahrzeug, haftet nicht der Tankstelleninhaber, sondern nur derjenige, der die Zapfpistole falsch eingehängt hat (LG Limburg NZV 2012, 188).

3 Hinweise

3.1 Haftung von Kindern und Eltern im Straßenverkehr

3.1.1 Zivilrechtliche Haftung

Kinder unter sieben Jahren haften nicht für Schäden, die sie anderen zugefügt haben (§ 828 Abs. 1 BGB). **Eltern** haften für Schäden ihrer Kinder (auch unter **sieben** Jahren) dann, wenn sie ihre Aufsichtspflicht verletzt haben (§ 832 BGB).[30] Bei der Gewährleistung der Verkehrssicherungspflicht für Kinder gilt einerseits ein strenger Sicherheitsmaßstab, andererseits aber auch, dass eine vollständige Sicherheit nicht erreichbar ist, Kinder im Alter von sieben bis acht Jahren schon ein gewisses Maß an Selbstständigkeit haben und nicht „auf Schritt und Tritt" überwacht werden müssen (OLG München NJW 2020, 485). Dabei haben die Eltern bei der Ausübung der elterlichen Sorge dem Kind gegenüber für die Sorgfalt einzustehen, die sie in eigenen Angelegenheiten anzuwenden pflegen (OLG Köln BZV 2016, 276: Gleiches gilt für die Übernahme der Kinderbetreuung; OLG Karlsruhe NZV 2012, 443; OLG Düsseldorf DAR 2014, 701: Schulkinder müssen zwar nicht ständig beaufsichtigt werden, es ist aber damit zu rechnen, dass Kinder bei mehrstündigem Aufenthalt ohne Aufsicht Schäden begehen können, so dass eine regelmäßige Kontrolle notwendig ist; OLG München NJW 2020, 485: Verkehrssicherungspflicht ist verletzt, wenn einem neunjährigen Kind ein Schnitzmesser ohne Aufsicht und ohne Anleitung zum Rindenschälen überlassen wird; LG Köln NZV 2015, 43: Aufsichtspflicht über Sechsjährigen mit Kickboard im verkehrsberuhigten Bereich). Kinder zwischen sieben und unter zehn Jahren haften infolge kindlicher Überforderung nicht für Unfälle mit Kraftfahrzeugen im fließenden Verkehr, wohl aber bei Beschädigungen nicht motorisierter Fahrzeuge, für Schäden an geparkten Kraftfahrzeugen und bei vorsätzlicher Schadenverursachung (§ 828 Abs. 2 BGB). Kinder von zehn bis unter 18 Jahren haften, sofern die notwendige Einsichtsfähigkeit in die schadensbegründende Handlung vorhanden ist (OLG Hamm NZV

30 Verursachen mehrere Kinder einen Schaden, ohne dass festgestellt werden kann, wer für den Schaden verantwortlich ist, haften alle Kinder nach § 830 BGB. Kindergärtnerinnen und andere Betreuer haften ebenfalls bei Verletzung der Aufsichtspflicht nach §§ 830, 832 BGB (BGH DAR 2013, 108: Beweislastregel bei Amtshaftungsansprüchen; OLG Düsseldorf DAR 2014, 701).

2017, 335: Haftung eines elfjährigen Radfahrers). Die Haftung ist nur dann ausgeschlossen, wenn die Einsichtsfähigkeit in die schädigende Handlung fehlt (§ 828 Abs. 3 BGB). Dabei spielen Alter, Erfahrung und geistige Entwicklung des Minderjährigen eine entscheidende Rolle, die ggf. durch eine psychologische Begutachtung belegt werden können (OLG Karlsruhe NZV 2012, 596; AG Gießen SVR 2012, 428: Deliktsfähigkeit einer 13-jährigen Radfahrerin; s. a. Koehl SVR 2019, 255; Bernau DAR 2015, 192).

Die **Berechnung** des **Lebensalters** bestimmt sich nach §§ 186, 187 Abs. 2 Satz 2 und § 188 Abs. 2 BGB, wobei der Tag der Geburt mitgerechnet wird. Ein Siebenjähriger hat am Tag vor seinem siebten Geburtstag um 24 Uhr das siebte Lebensjahr vollendet. Seine generelle Haftungsfreiheit endet somit um 24 Uhr am Tag vor seinem siebten Geburtstag. Ist ein Kind an einem 29. Februar geboren, endet die Frist außerhalb eines Schaltjahres am 28. Februar (§ 188 Abs. 3 BGB). Die bedingte Haftung unter zehn Jahren endet somit für ein neunjähriges Kind um 24 Uhr am Tag vor seinem zehnten Geburtstag.

3.1.2 Ordnungsrechtliche Haftung

Ein Kind handelt weder vorwerfbar noch strafbar, wenn es bei Begehung einer Handlung noch nicht 14 Jahre alt ist (§ 12 Abs. 1 Satz 1 OWiG, § 19 StGB). Jugendliche sind für Ordnungsverstöße und Straftaten verantwortlich (§ 12 Abs. 1 Satz 2, § 3 JGG). Jugendlicher ist, wer zur Zeit der Tat 14, aber noch nicht 18 Jahre alt ist. Für die Berechnung des Lebensalters gilt das Gleiche wie zuvor. Er ist verantwortlich, wenn er zur Zeit der Tat nach seiner sittlichen und geistigen Entwicklung reif genug ist, das Unrecht der Tat einzusehen und nach dieser Einsicht zu handeln (§ 46 Abs. 1 OWiG, § 3 JGG). Heranwachsende sind für Straftaten verantwortlich, wenn sie zur Tatzeit 18, aber noch nicht 21 Jahre alt sind (§ 1 Abs. 2 JGG). Begeht ein Heranwachsender eine Straftat, unterliegt er nur dann dem Jugendstrafrecht, wenn die Gesamtwürdigung seiner Persönlichkeit und der Umweltbedingungen ergibt, dass er nach seiner sittlichen und geistigen Entwicklung noch einem Jugendlichen gleichstand, oder es sich nach der Art, den Umständen oder den Beweggründen der Tat um eine Jugendverfehlung handelt (§ 105 Abs. 1 JGG).

3.2 Zu Video-Aufnahmen durch **Dashcams** als Beweismittel bei Schadenfällen siehe Erl. 3.1 zu § 34.

§ 2 Straßenbenutzung durch Fahrzeuge

(1) Fahrzeuge müssen die Fahrbahnen benutzen, von zwei Fahrbahnen die rechte. Seitenstreifen sind nicht Bestandteil der Fahrbahn.

(2) Es ist möglichst weit rechts zu fahren, nicht nur bei Gegenverkehr, beim Überholtwerden, an Kuppen, in Kurven oder bei Unübersichtlichkeit.

(3) Fahrzeuge, die in der Längsrichtung einer Schienenbahn verkehren, müssen diese, soweit möglich, durchfahren lassen.

(3a) Der Führer eines Kraftfahrzeuges darf dies bei Glatteis, Schneeglätte, Schneematsch, Eisglätte oder Reifglätte nur fahren, wenn alle Räder mit Reifen ausgerüstet sind, die unbeschadet der allgemeinen Anforderungen an die Bereifung den Anforderungen des § 36 Absatz 4 der Straßenverkehrs-Zulassungs-Ordnung genügen. Satz 1 gilt nicht für

1. Nutzfahrzeuge der Land- und Forstwirtschaft,
2. einspurige Kraftfahrzeuge,
3. Stapler im Sinne des § 2 Nummer 18 der Fahrzeug-Zulassungsverordnung,
4. motorisierte Krankenfahrstühle im Sinne des § 2 Nummer 13 der Fahrzeug-Zulassungsverordnung,
5. Einsatzfahrzeuge der in § 35 Absatz 1 genannten Organisationen, soweit für diese Fahrzeuge bauartbedingt keine Reifen verfügbar sind, die den Anforderungen des § 36 Absatz 4 der Straßenverkehrs-Zulassungs-Ordnung genügen und
6. Spezialfahrzeuge, für die bauartbedingt keine Reifen der Kategorien C1, C2 oder C3 verfügbar sind.

Kraftfahrzeuge der Klassen M2, M3, N2, N3 dürfen bei solchen Wetterbedingungen auch gefahren werden, wenn mindestens die Räder

1. der permanent angetriebenen Achsen und
2. der vorderen Lenkachsen

mit Reifen ausgerüstet sind, die unbeschadet der allgemeinen Anforderungen an die Bereifung den Anforderungen des § 36 Absatz 4 der Straßenverkehrs-Zulassungs-Ordnung genügen. Soweit ein Kraftfahrzeug während einer der in Satz 1 bezeichneten Witterungslagen ohne eine den Anforderungen des § 36 Absatz 4 der Straßenverkehrs-Zulassungs-Ordnung genügende Bereifung geführt werden darf, hat der Führer des Kraftfahrzeuges über seine allgemeinen Verpflichtungen hinaus

1. vor Antritt jeder Fahrt zu prüfen, ob es erforderlich ist, die Fahrt durchzuführen, da das Ziel mit anderen Verkehrsmitteln nicht erreichbar ist,
2. während der Fahrt
   a) einen Abstand in Metern zu einem vorausfahrenden Fahrzeug von mindestens der Hälfte des auf dem Geschwindigkeitsmesser in km/h angezeigten Zahlenwertes der gefahrenen Geschwindigkeit einzuhalten,
   b) nicht schneller als 50 km/h zu fahren, wenn nicht eine geringere Geschwindigkeit geboten ist.[1]

Wer ein kennzeichnungspflichtiges Fahrzeug mit gefährlichen Gütern führt, muss bei einer Sichtweite unter 50 m, bei Schneeglätte oder Glatteis jede Gefährdung Anderer ausschließen und wenn nötig den nächsten geeigneten Platz zum Parken aufsuchen.

(4) Mit Fahrrädern darf nebeneinander gefahren werden, wenn dadurch der Verkehr nicht behindert wird; andernfalls muss einzeln hintereinander gefahren werden. Eine Pflicht, Radwege in der jeweiligen Fahrtrichtung zu benutzen, besteht nur, wenn dies durch Zeichen 237, 240 oder 241 angeordnet ist. Rechte Radwege ohne die Zeichen 237, 240 oder 241 dürfen benutzt werden. Linke Radwege ohne die Zeichen 237, 240 oder 241 dürfen nur benutzt werden, wenn dies durch das allein stehende Zusatzzeichen „Radverkehr frei" angezeigt ist. Wer mit dem Rad fährt, darf ferner rechte Seitenstreifen benutzen, wenn keine Radwege vorhanden sind und zu Fuß Gehende nicht behindert werden. Außerhalb geschlossener Ortschaften darf man mit Mofas und E-Bikes Radwege benutzen.

(5) Kinder bis zum vollendeten achten Lebensjahr müssen, Kinder bis zum vollendeten zehnten Lebensjahr dürfen mit Fahrrädern Gehwege benutzen. Ist ein baulich von der Fahrbahn getrennter Radweg vorhanden, so dürfen abweichend von Satz 1 Kinder bis zum vollendeten achten Lebensjahr auch diesen Radweg benutzen. Soweit ein Kind bis zum vollendeten achten Lebensjahr von einer geeigneten Aufsichtsperson begleitet wird, darf diese Aufsichtsperson für die Dauer der Begleitung den Gehweg ebenfalls mit dem Fahrrad benutzen; eine Aufsichtsperson ist insbesondere geeignet, wenn diese mindestens 16 Jahre alt ist. Auf zu Fuß Gehende ist besondere Rücksicht zu nehmen. Der Fußgängerverkehr darf weder gefährdet noch behindert werden. Soweit erforderlich, muss die Geschwindigkeit an den Fußgängerverkehr angepasst werden. Wird vor dem Überqueren einer Fahrbahn ein Gehweg benutzt, müssen die Kinder und die diese begleitende Aufsichtsperson absteigen.[2]

VwV-StVO zu § 2 Straßenbenutzung durch Fahrzeuge

Zu Absatz 1

1 I. Zwei Fahrbahnen sind nur dann vorhanden, wenn die Fahrstreifen für beide Fahrtrichtungen durch Mittelstreifen, Trenninseln, abgegrenzte Gleiskörper, Schutzplanken oder andere bauliche Einrichtungen getrennt sind.

2 Ist bei besonders breiten Mittelstreifen, Gleiskörpern und dergleichen der räumliche Zusammenhang zweier paralleler Fahrbahnen nicht mehr erkennbar, so ist der Verkehr durch Verkehrszeichen auf die richtige Fahrbahn zu leiten.

II. Für Straßen mit drei Fahrbahnen gilt Folgendes:

3 1. Die mittlere Fahrbahn ist in der Regel dem schnelleren Kraftfahrzeugverkehr aus beiden Richtungen vorzubehalten. Es ist zu erwägen, auf beiden äußeren Fahrbahnen jeweils nur eine Fahrtrichtung zuzulassen.

4 2. In der Regel sollte die Straße mit drei Fahrbahnen an den Kreuzungen und Einmündungen die Vorfahrt erhalten. Schwierigkeiten können sich dabei aber ergeben, wenn die kreuzende Straße eine gewisse Verkehrsbedeutung hat oder

1 § 2 Abs. 3a geändert durch die 52. StrVRÄndV vom 18.5.2017 (BGBl. I S. 1282).
2 § 2 Abs. 4 Satz 1 und Abs. 5 Satz 7 geändert durch Art. 1 der 54. StrVRÄndV vom 20.4.2020 (BGBl. I S. 814).

wenn der Abbiegeverkehr aus der mittleren der drei Fahrbahnen nicht ganz unbedeutend ist. In solchen Fällen kann es sich empfehlen, den äußeren Fahrbahnen an den Kreuzungen und Einmündungen die Vorfahrt zu nehmen. Das ist aber nur dann zu verantworten, wenn die Wartepflicht für die Benutzer dieser Fahrbahnen besonders deutlich zum Ausdruck gebracht werden kann. Auch sollen, wo möglich, die äußeren Fahrbahnen in diesen Fällen jeweils nur für eine Richtung zugelassen werden.

5 3. In vielen Fällen wird sich allein durch Verkehrszeichen eine befriedigende Verkehrsregelung nicht erreichen lassen. Die Regelung durch Lichtzeichen ist in solchen Fällen aber schwierig, weil eine ausreichende Leistungsfähigkeit kaum zu erzielen ist. Anzustreben ist daher eine bauliche Gestaltung, die eine besondere Verkehrsregelung für die äußeren Fahrbahnen entbehrlich macht.

6 III. Auf Straßen mit vier Fahrbahnen sind in der Regel die beiden mittleren dem schnelleren Fahrzeugverkehr vorzubehalten. Außerhalb geschlossener Ortschaften werden sie in der Regel als Kraftfahrstraßen (Z. 331.1) zu kennzeichnen sein. Ob das innerhalb geschlossener Ortschaften zu verantworten ist, bedarf gründlicher Erwägungen vor allem dann, wenn in kleineren Abständen Kreuzungen und Einmündungen vorhanden sind. Wo das Zeichen „Kraftfahrstraße" nicht verwendet werden kann, wird in der Regel ein Verkehrsverbot für Radfahrer und andere langsame Fahrzeuge (Z. 250 mit entsprechenden Sinnbildern) zu erlassen sein. Durch Z. 283 das Halten zu verbieten, empfiehlt sich in jedem Fall, wenn es nicht schon durch § 18 Abs. 8 verboten ist. Die beiden äußeren Fahrbahnen bedürfen, wenn die mittleren als Kraftfahrstraßen gekennzeichnet sind, keiner Beschilderung, die die Benutzung der Fahrbahn regelt; andernfalls sind sie durch Z. 251 für Kraftwagen und sonstige mehrspurige Kraftfahrzeuge mit Zusatzzeichen, z. B. „Anlieger oder Parken frei", zu kennzeichnen; zusätzlich kann es auch ratsam sein, zur Verdeutlichung das Z. 314 „Parkplatz" anzubringen. Im Übrigen ist auch bei Straßen mit vier Fahrbahnen stets zu erwägen, auf den beiden äußeren Fahrbahnen jeweils nur eine Fahrtrichtung zuzulassen.

Zu Absatz 3

7 Wo es im Interesse des Schienenbahnverkehrs geboten ist, den übrigen Fahrverkehr vom Schienenraum fernzuhalten, kann das durch einfache bauliche Maßnahmen, wie Anbringung von Bordsteinen oder durch Fahrstreifenbegrenzungen (Z. 295) oder Sperrflächen (Z. 298) oder durch geeignete Verkehrseinrichtungen, wie Geländer oder Absperrgeräte (§ 43 Abs. 1 und 3) erreicht werden.

Zu Absatz 4 Satz 2

I. Allgemeines

8 1. Benutzungspflichtige Radwege sind mit Zeichen 237 gekennzeichnete baulich angelegte Radwege und Radfahrstreifen, mit Zeichen 240 gekennzeichnete gemeinsame Geh- und Radwege sowie die mit Zeichen 241 gekennzeichneten für den Radverkehr bestimmten Teile von getrennten Rad- und Gehwegen.

9 2. Benutzungspflichtige Radwege dürfen nur angeordnet werden, wenn ausreichende Flächen für den Fußgängerverkehr zur Verfügung stehen. Sie dürfen nur dort angeordnet werden, wo es die Verkehrssicherheit oder der Verkehrsablauf erfordern. Innerorts kann dies insbesondere für Vorfahrtstraßen mit starkem Kraftfahrzeugverkehr gelten.

10 3. Ein Radfahrstreifen ist ein mit Zeichen 237 gekennzeichneter und durch Zeichen 295 von der Fahrbahn abgetrennter Sonderweg. Das Zeichen 295 ist in der Regel in Breitstrich (0,25 m) auszuführen. Zur besseren Erkennbarkeit des Radfahrstreifens kann in seinem Verlauf das Zeichen 237 in regelmäßigen Abständen markiert werden. Werden Radfahrstreifen an Straßen mit starkem Kraftfahrzeugverkehr angelegt, ist ein breiter Radfahrstreifen oder ein zusätzlicher Sicherheitsraum zum fließenden Verkehr erforderlich. Radfahrstreifen sind in Kreisverkehren nicht zulässig.

11 4. Ist ein Radfahrstreifen nicht zu verwirklichen, kann auf der Fahrbahn ein Schutzstreifen angelegt werden. Ist das nicht möglich, ist die Freigabe des Gehweges zur Mitbenutzung durch den Radverkehr in Betracht zu ziehen. Zum Gehweg vgl. zu Zeichen 239.

12 5. Ein Schutzstreifen ist ein durch Zeichen 340 gekennzeichneter und zusätzlich in regelmäßigen Abständen mit dem Sinnbild „Fahrräder“ markierter Teil der Fahrbahn. Er kann innerhalb geschlossener Ortschaften auf Straßen mit einer zulässigen Höchstgeschwindigkeit von bis zu 50 km/h markiert werden, wenn die Verkehrszusammensetzung eine Mitbenutzung des Schutzstreifens durch den Kraftfahrzeugverkehr nur in seltenen Fällen erfordert. Er muss so breit sein, dass er einschließlich des Sicherheitsraumes einen hinreichenden Bewegungsraum für den Radfahrer bietet. Der abzüglich Schutzstreifen verbleibende Fahrbahnteil muss so breit sein, dass sich zwei Personenkraftwagen gefahrlos begegnen können. Schutzstreifen sind in Kreisverkehren nicht zulässig. Zum Schutzstreifen vgl. Nummer II zu Zeichen 340; Rn. 2 ff.

13 Hinsichtlich der Gestaltung von Radverkehrsanlagen wird auf die Empfehlungen für Radverkehrsanlagen (ERA) der Forschungsgesellschaft für Straßen- und Verkehrswesen (FGSV) in der jeweils gültigen Fassung hingewiesen.

II Radwegebenutzungspflicht

14 Ist aus Verkehrssicherheitsgründen die Anordnung der Radwegebenutzungspflicht mit den Z. 237, 240 oder 241 erforderlich, so ist sie, wenn nachfolgende Voraussetzungen erfüllt sind, vorzunehmen.

Voraussetzung für die Kennzeichnung ist, dass

15 1. eine für den Radverkehr bestimmte Verkehrsfläche vorhanden ist oder angelegt werden kann. Das ist der Fall, wenn

a) von der Fahrbahn ein Radweg baulich oder ein Radfahrstreifen mit Z. 295 „Fahrbahnbegrenzung“ abgetrennt werden kann oder

b) der Gehweg von dem Radverkehr und dem Fußgängerverkehr getrennt oder gemeinsam benutzt werden kann,

16 2. die Benutzung des Radweges nach der Beschaffenheit und dem Zustand zumutbar sowie die Linienführung eindeutig, stetig und sicher ist. Das ist der Fall, wenn

17 a) er unter Berücksichtigung der gewünschten Verkehrsbedürfnisse ausreichend breit, befestigt und einschließlich eines Sicherheitsraumes frei von Hindernissen beschaffen ist. Dies bestimmt sich im Allgemeinen unter Berücksichtigung insbesondere der Verkehrssicherheit, der Verkehrsbelastung, der Verkehrsbedeutung, der Verkehrsstruktur, des Verkehrsablaufs, der Flächenverfügbarkeit und der Art und Intensität der Umfeldnutzung. Die lichte Breite (befestigter Verkehrsraum mit Sicherheitsraum) soll in der Regel dabei durchgehend betragen:

18 aa) Zeichen 237
– baulich angelegter Radweg
möglichst 2,00 m
mindestens 1,50 m

19 Radfahrstreifen (einschließlich Breite des Z. 295)
möglichst 1,85 m
mindestens 1,50 m

20 bb) Zeichen 240
– gemeinsamer Fuß- und Radweg
innerorts mindestens 2,50 m
außerorts mindestens 2,00 m

21 cc) Zeichen 241
– getrennter Fuß- und Radweg
für den Radweg mindestens 1,50 m

Zur lichten Breite bei der Freigabe linker Radwege für die Gegenrichtung vgl. Nr. II 3 zu § 2 Abs. 4 Satz 3.

22 Ausnahmsweise und nach sorgfältiger Überprüfung kann von den Mindestmaßen dann, wenn es auf Grund der örtlichen oder verkehrlichen Verhältnisse erforderlich und verhältnismäßig ist, an kurzen Abschnitten (z. B. kurze Engstelle) unter Wahrung der Verkehrssicherheit abgewichen werden.

23 Die vorgegebenen Maße für die lichte Breite beziehen sich auf ein einspuriges Fahrrad. Andere Fahrräder (vgl. Definition des Übereinkommens über den Straßenverkehr vom 8.11.1968, BGBl. 1977 II S. 809) wie mehrspurige Lastenfahrräder und Fahrräder mit Anhänger werden davon nicht erfasst. Die Führer anderer Fahrräder sollen in der Regel dann, wenn die Benutzung des Radweges nach den Umständen des Einzelfalles unzumutbar ist, nicht beanstandet werden, wenn sie den Radweg nicht benutzen;

24 b) die Verkehrsfläche nach den allgemeinen Regeln der Baukunst und Technik in einem den Erfordernissen des Radverkehrs genügenden Zustand gebaut und unterhalten wird und

25 c) die Linienführung im Streckenverlauf und die Radwegeführung an Kreuzungen und Einmündungen auch für den Ortsfremden eindeutig erkennbar, im Verlauf stetig und insbesondere an Kreuzungen, Einmündungen und verkehrsreichen Grundstückszufahrten sicher gestaltet sind.

26 Das Abbiegen an Kreuzungen und Einmündungen sowie das Einfahren an verkehrsreichen Grundstückszufahrten ist mit Gefahren verbunden. Auf eine ausreichende Sicht zwischen dem Kraftfahrzeugverkehr und dem Radverkehr ist deshalb besonders zu achten. So ist es notwendig, den Radverkehr bereits rechtzeitig vor der Kreuzung oder Einmündung im Sichtfeld des Kraftfahrzeugverkehrs zu führen und die Radwegeführung an der Kreuzung oder Einmündung darauf abzustimmen. Zur Radwegeführung vgl. zu § 9 Abs. 2 und 3; Rn. 3 ff.

27 3. und bei Radfahrstreifen die Verkehrsbelastung und Verkehrsstruktur auf der Fahrbahn sowie im Umfeld die örtlichen Nutzungsansprüche auch für den ruhenden Verkehr nicht entgegenstehen.

28 III. Über die Kennzeichnung von Radwegen mit den Z. 237, 240 oder 241 entscheidet die Straßenverkehrsbehörde nach Anhörung der Straßenbaubehörde und der Polizei. In die Entscheidung ist, soweit örtlich vorhanden, die flächenhafte Radverkehrsplanung der Gemeinden und Träger der Straßenbaulast einzubeziehen. Auch kann sich empfehlen, zusätzlich Sachkundige aus Kreisen der Radfahrer, der Fußgänger und der Kraftfahrer zu beteiligen.

29 IV. Die Straßenverkehrsbehörde, die Straßenbaubehörde sowie die Polizei sind gehalten, bei jeder sich bietenden Gelegenheit die Radverkehrsanlagen auf ihre Zweckmäßigkeit hin zu prüfen und den Zustand der Sonderwege zu überwachen. Erforderlichenfalls sind von der Straßenverkehrsbehörde sowie der Polizei bauliche Maßnahmen bei der Straßenbaubehörde anzuregen. Vgl. Nr. IV 1 zu § 45 Abs. 3; Rn. 56.

Zu Absatz 4 Satz 3 und Satz 4

I. Radwege ohne Benutzungspflicht

30 Radwege ohne Benutzungspflicht sind für den Radverkehr vorgesehene Verkehrsflächen ohne Zeichen 237, 240 oder 241. Dabei ist zu beachten, dass

31 1. der Radverkehr insbesondere an Kreuzungen, Einmündungen und verkehrsreichen Grundstückszufahrten durch Markierungen sicher geführt wird und

32 2. ausreichend Vorsorge getroffen ist, dass der Radweg nicht durch den ruhenden Verkehr genutzt wird.

II. Freigabe linker Radwege (Radverkehr in Gegenrichtung)

33 1. Die Benutzung von in Fahrtrichtung links angelegten Radwegen in Gegenrichtung ist insbesondere innerhalb geschlossener Ortschaften mit besonderen Gefahren verbunden und soll deshalb grundsätzlich nicht angeordnet werden.

34 2. Auf baulich angelegten Radwegen kann nach sorgfältiger Prüfung die Benutzungspflicht auch für den Radverkehr in Gegenrichtung mit Zeichen 237, 240 oder 241 oder ein Benutzungsrecht durch das Zusatzzeichen „Radverkehr frei" (1022-10) angeordnet werden.

35 3. Eine Benutzungspflicht kommt in der Regel außerhalb geschlossener Ortschaften, ein Benutzungsrecht innerhalb geschlossener Ortschaften ausnahmsweise in Betracht.

36 4. Am Anfang und am Ende einer solchen Anordnung ist eine sichere Querungsmöglichkeit der Fahrbahn zu schaffen.

37 5. Voraussetzung für die Anordnung ist, dass

a) die lichte Breite des Radweges einschließlich der seitlichen Sicherheitsräume durchgehend in der Regel 2,40 m, mindestens 2,0 m beträgt;

b) nur wenige Kreuzungen, Einmündungen und verkehrsreiche Grundstückszufahrten zu überqueren sind;

c) dort auch zwischen dem in Gegenrichtung fahrenden Radfahrer und dem Kraftfahrzeugverkehr ausreichend Sicht besteht.

38 6. An Kreuzungen und Einmündungen sowie an verkehrsreichen Grundstückszufahrten ist für den Fahrzeugverkehr auf der untergeordneten Straße das Zeichen 205 „Vorfahrt gewähren!" oder Zeichen 206 „Halt! Vorfahrt gewähren!" jeweils mit dem Zusatzzeichen mit dem Sinnbild eines Fahrrades und zwei gegengerichteten waagerechten Pfeilen (1000-32) anzuordnen. Zum Standort der Zeichen vgl. Nr. I zu Zeichen 205 und 206. Bei Zweifeln, ob der Radweg noch zu der vorfahrtsberechtigten Straße gehört vgl. Nr. I zu § 9 Abs. 3; Rn. 8.

Zu Absatz 4 Satz 5

39 I. Ein Seitenstreifen ist der unmittelbar neben der Fahrbahn liegende Teil der Straße. Er kann befestigt oder unbefestigt sein.

40 II. Radfahrer haben das Recht, einen Seitenstreifen zu benutzen. Eine Benutzungspflicht besteht dagegen nicht. Sollen Seitenstreifen nach ihrer Zweckbestimmung auch der Benutzung durch Radfahrer dienen, ist auf eine zumutbare Beschaffenheit und einen zumutbaren Zustand zu achten.

1 Aus der amtlichen Begründung

1.1 Aufsichtspersonen von Rad fahrenden Kindern bis acht Jahren dürfen diese auf Gehwegen mit dem Fahrrad begleiten. E-Bikes bis 25 km/h dürfen außerorts Radwege benutzen (Begr. 2016).

1.2 Alpinsymbol für Winterreifen; zur Gleichstellung von Mofas mit E-Bikes auf außerörtlichen Radwegen (Begr. 2017).

1.3 Klarstellung, dass auf Gehwegen Rad fahrende Kinder und Aufsichtspflichtige vor dem Queren einer Fahrbahn absteigen müssen (Begr. 2020).

2 Erläuterungen

Die übliche Aufteilung des gewidmeten Straßenlandes erfolgt durch das Bau- und Straßenrecht der Länder und des Bundes (dort für Bundesfernstraßen nach dem FStrG), wobei die Straßen nebst ihren Bestandteile, wie Geh- und Radwege, Mittel- und Seitenstreifen oder Parkplätze, für den „Verkehr" gewidmet werden. Eine Differenzierung zwischen Fußgänger-, Rad- oder Fahrzeugverkehr erfolgt im Allgemeinen nicht. Demgegenüber richtet sich das jeweilige Verhalten der Verkehrsteilnehmer nach dem verkehrsbezogenen Ordnungsrecht des Bundes (StVO, FeV, StVZO u.a.).

Fehlverhalten einzelner Verkehrsteilnehmer, wie unzulässiges Fahren oder Parken auf Geh- oder Radwegen, ist deshalb eine verkehrsrechtliche Ordnungswidrigkeit, aber keine straßenrechtlich unzulässige Sondernutzung (s. a. Erl. 2.1.5 zu § 12).

Wird die bauliche Trennung von Gehweg, Fahrbahn, Radweg, Mittelstreifen usw. aufgehoben, bestimmt sich das Verkehrsverhalten nach den sozialen Regeln des gegenseitigen Miteinanders nebst seinen eingeschliffenen Verhaltensweisen. Es gibt somit keinen regelungsfreien öffentlichen Raum.[3]

2.1 Fahrbahnbenutzungspflicht

Fahrbahn ist der Teil der Straße, der zur Benutzung für Fahrzeuge allgemein bestimmt ist (s. a. Erl. 2.2.2 und 2.2.3 zu § 1). Kraftfahrzeuge dürfen deshalb nicht Geh- oder Radwege, Mittelstreifen oder sonstige Straßenteile befahren, die weder Fahrbahn noch für den Fahrzeugverkehr durch Verkehrszeichen freigegeben sind. Die Regelung des § 2 bezieht sich auf den Fahrverkehr, so dass zwar das Befahren der Gehwege nach Abs. 1, das Parken dort aber nach § 12 Abs. 4 unzulässig ist (BVerwG VerkMitt 1993 Nr. 1 = VRS 84, 127 = DAR 92, 473 = NZV 1993, 456 = NJW 1993, 870). Als Verstoß gegen die Fahrbahnbenutzungspflicht gilt auch das unzulässige Befahren von Verkehrsflächen, denen ein bestimmter Verkehrszweck zugeordnet ist. Verteiler-, Ein- oder Ausfädelungsfahrbahnen dürfen infolgedessen nicht vom Durchgangsverkehr zur Stauumfahrung genutzt werden (OLG Düsseldorf VRS 53, 378; OLG Düsseldorf NZV 1990, 278). Eine Abweichung von der Fahrbahnbenutzungspflicht besteht für Rad fahrende Kinder bis zehn Jahre. Bis acht Jahre müssen sie Gehwege benutzen, bis zehn Jahre dürfen sie

Einteilung des Straßenraums

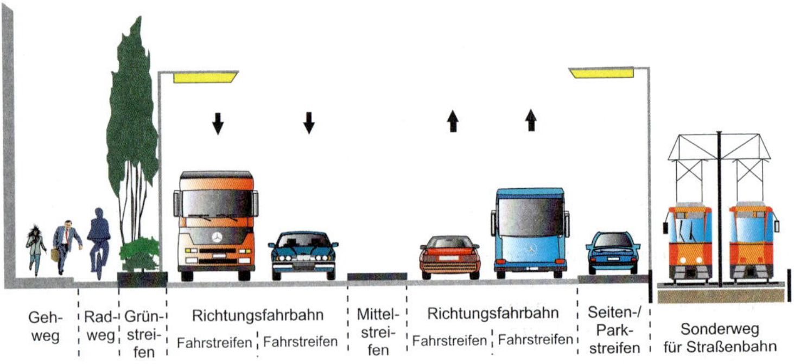

3 Das gilt auch in Begegnungszonen („Shared Space") bei fehlender Trennung der Verkehrsarten; s. a. Erl. 2.2.13 zu § 45. Für Wald- und Landschaftsflächen gelten das BWaldG und BNatSchG sowie die Waldgesetze und Landschaftsschutzverordnungen der Länder, die meist nur das Betreten, nicht aber das Fahren mit Kraftfahrzeugen gestatten.

es. Das gilt auch dann, wenn neben dem Gehweg Radwege vorhanden sind. Ferner dürfen Erwachsene, die Rad fahrende Kinder auf Gehwegen begleiten, diese ebenfalls befahren.

Grundstückszufahrten sind besonders befestigte Teile des Gehweges, die für die Überfahrt durch Fahrzeuge bestimmt sind. Das Verhalten auf Grundstückszufahrten bestimmt sich nach § 10. Zur Einfahrt in ein Grundstück darf der davor liegende Gehweg überfahren, nicht aber auf ihm geparkt werden (OLG Düsseldorf VerkMitt 1992 Nr. 33). Auf Gehwegniveau angehobene Straßenteile zur Einfahrt in verkehrsberuhigte Gebiete bleiben Fahrbahnen, Fußgänger haben hier (anders als bei Grundstückszufahrten) keinen Vorrang.

Ein weder baulich noch durch Fahrstreifenbegrenzung abgesperrter Gleisbereich der Straßenbahn darf vom Kraftverkehr mitbenutzt werden, wenn dadurch die Straßenbahn weder gefährdet noch behindert wird (OLG Karlsruhe VersR 1978, 871).

2.2 Rechtsfahrgebot und Seitenabstand

Das Rechtsfahrgebot (§ 2 Abs. 2) bezieht sich nur auf den Längsverkehr mit Fahrzeugen; für Fußgänger, auch mit Handkarren oder sonstigen Fortbewegungsmitteln, gilt § 25 (KG NZV 2007, 406). Es dient dem Schutz des Gegen- und Überholverkehrs, insbesondere in den beispielhaft aufgezählten Fällen bei Kurven und Kuppen, bei Überholvorgängen oder bei Unübersichtlichkeit, nicht jedoch dem Schutz des in die Fahrbahn Einbiegenden (LG Hamburg NZV 2018, 333).

Sind zwei durch bauliche Einrichtungen getrennte Fahrbahnen vorhanden, ist stets die rechte Fahrbahn in Fahrtrichtung rechts zu benutzen. Das Rechtsfahrgebot gilt auch in Einbahnstraßen (Z. 220) und im Kreisverkehr (Z. 215). Wird Z. 295 – ohne zu überholen – missachtet, handelt es sich um einen tateinheitlichen Verstoß sowohl gegen das Rechtsfahrgebot als auch gegen Z. 295. Erfolgt die Missachtung des Z. 295 jedoch infolge eines Überholvorganges durch Platzmangel, bleibt es wegen der spezielleren Regelung bei dem Verstoß gegen Z. 295, nicht aber gegen § 2 Abs. 2.[4] Im Übrigen ergeben sich zahlreiche Abweichungen vom Rechtsfahrgebot aus den Regelungen der §§ 2 Abs. 4, 7 und 7a, 9 Abs. 1, 37 Abs. 4 (siehe Tabelle).

Das Überwechseln auf den linken Autobahn-Fahrstreifen, um dem einmündenden Verkehr das Einfädeln zu erleichtern, ist zwar eine rücksichtsvolle Geste, bleibt aber ein Verstoß gegen das Rechtsfahrgebot. Sofern dadurch der nachfolgende Verkehr weder behindert noch gefährdet wird, kann dieses Verhalten als bedeutungslose Zuwiderhandlung gewertet werden.[5] Wer eine Fahrbahn entgegen der Fahrtrichtung befährt, verstößt (nur) gegen das Rechtsfahrgebot (OLG Frankfurt NZV 2012, 390: Fahren entgegen der Fahrtrichtung einer Busspur). Hingegen ist das grob verkehrswidrige und rücksichtslose Fahren auf Autobahnen und Kraftfahrstraßen entgegen der Fahrtrichtung („**Geisterfahrer**")

4 S. a. Hentschel/König/Dauer, Straßenverkehrsrecht, 42. Aufl. Rn. 73 zu § 2.

5 Andererseits begeht der einfließende Verkehr eine Vorfahrtverletzung, wenn er diese „partnerschaftliche Geste" erzwingt (§ 18 Abs. 3). Zieht er außerdem nach dem Einfädeln an dem KFZ auf dem linken Fahrstreifen vorbei, überholt er unzulässig rechts (§ 5 Abs. 1).

Abweichungen vom Rechtsfahrgebot				
Vorschriften der StVO	**Fahrstreifen mind.**	**Geltung für KFZ innerorts**	**Geltung für KFZ außerorts**	**Folge**
§ 2 Abs. 4 Nebeneinanderfahren von Radfahrern	1	nur Radfahrer		Es darf nebeneinander gefahren werden, wenn der Verkehr nicht behindert wird
§ 7 Abs. 1 wenn es die Verkehrsdichte rechtfertigt	2	alle KFZ		Es darf nebeneinander gefahren, aber nicht rechts überholt werden
§ 7 Abs. 2 bei Fahrzeugschlangen	2	alle KFZ		Rechts darf überholt werden
§ 7 Abs. 2a für Einzelfahrzeuge, wenn eine Fahrzeugschlange auf dem linken Fahrstreifen steht oder langsam fährt	2	alle KFZ		Rechts darf mit einer Differenzgeschwindigkeit von max. 20 km/h überholt werden, wenn die linke Fahrzeugschlange nicht schneller als 60 km/h fährt
§ 7 Abs. 3 bei freier Fahrstreifenwahl	2 markiert	KFZ bis 3,5 t	nein	Rechts darf überholt werden; gilt nicht auf BAB (auch nicht innerörtliche BAB)
§ 7 Abs. 4 Reißverschlussverfahren	2	alle KFZ		Wechselseitiges Einordnen auf einen Fahrstreifen
§ 7 Abs. 3c Satz 1 wenn rechts hin und wieder ein Fahrzeug hält oder fährt	3 markiert	nein	alle KFZ	Der mittlere Fahrstreifen darf durchgängig befahren werden
§ 7 Abs. 3c Satz 2 zum Linksabbiegen	3 markiert	nein	LKW über 3,5 t und 7 m lange Züge	Der linke Fahrstreifen darf nur zum Abbiegen benutzt werden
§ 7a Abs. 1 wenn ein Fahrstreifen auf einer BAB oder Außerortsstraße abgeht	2 markiert	alle KFZ		Abbieger dürfen ab der breiten Leitlinie (Blockmarkierung) rechts überholen; das gilt nicht für Ausfädelungsstreifen
§ 7a Abs. 2 auf Einfädelungsstreifen	1 markiert	alle KFZ		Rechts darf schneller gefahren werden
§§ 5 Abs. 7 und 9 Abs. 1 nach dem Einordnen zum Linksabbiegen	2	alle KFZ		Rechts darf überholt werden (auch bei Pfeilmarkierungen nach Z. 297)
§ 37 Abs. 4 vor Lichtzeichenanlagen	2	alle KFZ		Es darf nebeneinander gefahren werden (auch rechts schneller)

bei konkreter Gefährdung Dritter eine Straftat nach § 315c Abs. 1 Nr. 2f StGB (BGH NZV 2010, 261).[6] Zur Vermeidung von Falschfahrten entgegen der Fahrtrichtung sollen die bereits in Österreich eingeführten

6 Ursache für das Fahren entgegen der Fahrtrichtung als Geisterfahrer ist vor allem mangelnde Orientierung, besonders nachts bei schlechter Witterung. Da Verkehrswarnmeldungen über „Falschfahrer" sofort ungeprüft ausgestrahlt werden, missbrauchen auch verantwortungslose Jugendliche bewusst die Sender für extrem gefährliche „Mutproben als Geisterfahrer".

Schilder auch an gefährlichen Autobahnzufahrten in Deutschland angebracht werden.[7]

Wichtig beim **Rechtsfahrgebot** ist die Einhaltung eines ausreichenden **seitlichen Sicherheitsabstandes**; er richtet sich nach der Fahrzeugart, Geschwindigkeit, Fahrbahnbeschaffenheit, den Verkehrs-, Sicht- und Witterungsverhältnissen (OLG Frankfurt/M. DAR 1979, 336).[8] Auch Radfahrende müssen auf Radwegen untereinander einen angemessenen Seitenabstand einhalten (OLG Karlsruhe SVR 2017, 100 = VRS 130, 285: 32 cm sind beim Überholen zu gering). Ist der Radweg zu schmal, müssen sich Radfahrende mit den zu Überholenden verständigen. Zu parkenden Fahrzeugen muss stets ein angemessener Seitenabstand eingehalten werden, weil immer damit zu rechnen ist, dass Fahrer- oder Beifahrertüren geöffnet werden (LG München SVR 2013, 108: mehr als 50 cm; OLG Karlsruhe VRS 123, 201: Streifen eines in den PKW einsteigenden Fußgängers).

Verhinderung von Falschfahrten auf Autobahnen

Das Rechtsfahrgebot ist nicht starr, es verlangt, dass man „vernünftig" weit rechts fährt. Ein Abstand von 50 bis 80 cm vom rechten Fahrbahnrand ist auch in einer unübersichtlichen Kurve und bei Gegenverkehr zulässig, wenn zur Leitlinie in der Fahrbahnmitte ein Abstand von mindestens 50 cm eingehalten wird (BayObLG DAR 1981, 23, VRS 61, 55; OLG Rostock VRS 212, 321: weniger als 50 cm bei schmalen Straßen). Zu berücksichtigen sind auch Wasserpfützen, bei deren Durchfahren Fußgänger auf Gehwegen nass gespritzt werden können; notfalls ist dann langsamer zu fahren. Beim Vorbeifahren an einem haltenden Müllfahrzeug mit Warnblinklicht muss wegen der Gefährdung der Müllarbeiter ein Abstand von 2 m und Schrittgeschwindigkeit eingehalten werden (OLG Brandenburg VRS 115, 336). Bei Arbeitern auf Gehwegen muss mit dem unbeabsichtigten Betreten der Fahrbahn gerechnet und deshalb nicht nur die Geschwindigkeit vermindert, sondern auch der Seitenabstand vergrößert werden (OLG Köln VerkMitt 2010 Nr. 42: 50 % Mitverschuldensanteil). Andererseits muss äußerst rechts gefahren werden, wenn durch Unübersichtlichkeit der Strecke (Kuppen, Kurven) Gefahren nicht auszuschließen sind (BGH VRS 92, 189; OLG Hamm NZV 2000, 265; 2000, 372). Innerorts genügt ein Abstand von 0,50 m zum Bordstein (OLG Karlsruhe VRS 111, 257: bei LKW 0,35 m; OLG Bremen VerkMitt 1970 Nr. 106). Keinesfalls darf der Abstand aber so gering sein, dass ein Fußgänger an der Bordsteinkante vom Außenspiegel erfasst wird (OLG Düsseldorf VRS 83, 96). Bei besonders lebhaftem Fußgängerverkehr kann ein größerer Seitenabstand zum Gehweg nötig sein (OLG Düsseldorf VerkMitt 1975 Nr. 132; OLG Düsseldorf VRS 97, 97: 1 m). Je geringer die Geschwindigkeit ist, umso weiter rechts muss im Interesse des überholenden Verkehrs gefahren werden. Bei winterlich verschneiten Straßen darf bei Schneehaufen auch weiter links gefahren werden. Das Fahren in einer Kolonne auf der Mitte des rechten Fahrstreifens genügt diesem Gebot (BGH VRS 59, 324; OLG Zweibrücken NZV 1988, 22). Ob sich ein Motorradfahrer

7 Ein entsprechender Versuch wird vom BMVI mit neonfarbenen Warntafeln seit Dezember 2010 auf einem 37,6 km langen Abschnitt der BAB 3 und 8 mit 36 Warntafeln durchgeführt, der von der BASt wissenschaftlich begleitet wird. Die Schilder stehen dort, wo die letzte Möglichkeit zur Korrektur des Fahrfehlers besteht.

8 Der Abstand nach vorn und hinten richtet sich nach § 4.

so in eine Kurve legen darf, dass er sich weit vom Fahrbahnrand entfernt, hängt von der konkreten Verkehrssituation ab (BGH NZV 1990, 229). In schmalen Straßen kann das Fahren in der Straßenmitte zur Wahrung des Sicherheitsabstandes vom Fahrbahnrand erlaubt sein (BayObLG VerkMitt 1990 Nr. 75 = NZV 1990, 122 = VRS 78, 216); allerdings ist dann das Tempo nach § 3 Abs. 1 Satz 4 zu halbieren und der Gegenverkehr durchzulassen (OLG Schleswig NZV 1991, 431). Das Schneiden von Linkskurven über die Fahrbahnmitte hinaus ist auch dann unzulässig, wenn die Kurve übersichtlich ist und der Fahrzeugführer meint, dass er niemanden gefährdet oder behindert (BGH VRS 39, 367; DAR 1971, 25; vgl. jedoch BayObLG VRS 61, 141: Befahren einer Spitzkehre durch einen Bus).

2.3 Seitenstreifen

Seitenstreifen ist ein neben der Fahrbahn liegender Straßenteil, der durch andere Befestigung oder Markierung (Z. 295) deutlich abgegrenzt ist. Zu den Seitenstreifen gehören auch Bankette, Randstreifen,[9] Parkstreifen, Schotterstreifen (AG Schmallenberg NZV 2012, 256). **Bankette** dienen Ausweichmanövern, ohne Befestigung sind sie aber nicht befahrbar (OLG Naumburg VerkMitt 2014 Nr. 8 = VRS 125, 132), **Schotterstreifen** dienen (meist) beim Bremsversagen auf Gefällstrecken als Notfallspuren.[10] Die **Standspur** ist Seitenstreifen (keine Fahrbahn) und darf auf Autobahnen und Kraftfahrstraßen auch nicht von langsamen KFZ benutzt werden; gehalten werden darf dort nur in Notfällen, z.B. Pannen. Sie ist keine Verlängerung des Beschleunigungsstreifens (LG Gießen NZV 2003, 576). Wer verbotswidrig auf der Standspur fährt, verstößt gegen die Fahrbahnbenutzungspflicht (§ 2 Abs. 1), nicht aber gegen das Rechtsüberholverbot (§ 5 Abs. 1), weil Überholen nur zwischen Fahrzeugen auf „derselben Fahrbahn“ stattfindet. Mit dem Z. 223.1 (Anl. 2 lfd. Nr. 11) wird die Standspur zu einem Fahrstreifen der Fahrbahn, so dass dann Benutzungspflicht besteht und das Rechtsfahrgebot des § 2 Abs. 1 gilt. Die durchgehende Fahrbahnbegrenzungslinie rechts vom Seitenstreifen (Z. 295) erhält dann die Bedeutung einer „Leitlinie“ (Z. 340); sie darf beim Z. 223.1 überfahren werden. Das Ende der Benutzung des Seitenstreifens wird durch Z. 223.2 angeordnet (s. Erl. § 41 zu Z. 223.1).

2.4 Ausweichen

Auf engen Fahrbahnen gilt striktes Rechtsfahrgebot; beim Vorbeifahren ist gegenseitige Verständigung geboten. Muss auf einer Bergstrecke bei der Begegnung zweier Fahrzeuge einer auf einen rechten Seitenstreifen ausweichen, ist das vor allem demjenigen zuzumuten, dessen Seitenstreifen nicht am abfallenden Hang, sondern an der aufsteigenden Böschung verläuft (OLG Saarbrücken VerkMitt 1975 Nr. 46).

2.5 Vorrang von Schienenbahnen (§ 2 Abs. 3)

Die Regelung begünstigt im Interesse der Fahrdynamik und Fahrplangestaltung Schienenbahnen auf straßenbündigen Gleisen im Längsverkehr gegenüber geradeausfahrenden, links- bzw. rechtsabbiegenden oder wendenden

---

9 Markierte Schutzstreifen für Radfahrer sind im Regelfall keine Schutzstreifen, sondern Teil der Fahrbahn.

10 Eine für Notfallspuren auf Gefällstrecken vor Jahren angedachte Hinweisbeschilderung mit rot-weißen Quadraten ist mangels Bedarfs fallengelassen worden.

Fahrzeugen, insbesondere bei dichtem Verkehr oder an Engstellen (OLG Brandenburg SVR 2009, 423; OLG Dresden VRS 136, 253: der Vorrang der Schienenbahnen entfällt bei unklaren und dem Straßenbahnführer bekannten Verkehrssituationen; LG Dresden DAR 2002, 360); Straßenbahnen dürfen den Vorrang nicht erzwingen. Die Schienenbahn benötigt bei der Durchfahrt ausreichenden Seitenabstand, so dass der Mitverkehr das Rechtsfahrgebot besonders beachten muss. Bei mittig verlegten Gleisen und engem Verkehrsraum muss die Straßenbahn vorgelassen werden. Außerdem haben Schienenbahnen im Mitverkehr gegenüber Linksabbiegern Vorrang; für Linksabbieger besteht bei Behinderung von Straßenbahnen Einordnungsverbot auf Gleisen (§ 9 Abs. 1 Satz 3), auch vor LZA (LG Berlin NZV 2012, 186: keine Haftung der auf einen PKW auffahrenden Straßenbahn nach dessen Überholvorgang). Der Vorrang gilt nicht beim Einfahren in die Straße oder beim Abbiegen; hier müssen Straßenbahnen die Vorfahrt- und Abbiegeregeln beachten.

2.6 Straßenbenutzung im Winter und bei Sichtbehinderung

Die Regelung in § 2 Abs. 3a will Unfallgefahren und Staus durch liegen bleibende KFZ bei winterlichen Witterungs- und Straßenverhältnissen infolge unangepasster Bereifung verhindern.

2.6.1 Winterreifen

Winterreifenpflicht besteht (nur) bei den beschriebenen Witterungsverhältnissen (Glatteis, Schneematsch, Schnee-, Eis- oder Reifglätte) für Kraftfahrzeuge, somit **nicht** für Anhänger, Fahrräder und sonstige nicht motorisierte Fahrzeuge. **Ausgenommen** von der Winterreifenpflicht sind außerdem alle **einspurigen KFZ** (mangels geeigneter Winterreifen), Fahrzeuge der **Land- und Forstwirtschaft**, **Gabelstapler**, motorisierte **Krankenfahrstühle** (= Elektroantrieb, 15 km/h bbH, 500 kg zGM, 200 kg Leermasse, 110 cm Breite), **Einsatzfahrzeuge** mit Sonderrechten nach § 35 Abs. 1, wenn für diese keine Winterreifen verfügbar sind, sowie **Spezialfahrzeuge**, meist bis 40 km/h bbH, für die es keine Winterreifen gibt.[11] Fahrzeuge der Land- und Forstwirtschaft verfügen im Regelfall über grobstollige Reifen oder Ganzjahresreifen, die auch bei winterlichen Wetterverhältnissen ohne Gefahr für den übrigen Verkehr eingesetzt werden können. Die Freistellung von **Einsatzfahrzeugen** der Sonderrechtsinhaber nach § 35 Abs. 1 soll eine Verkehrsteilnahme auch dann ermöglichen, wenn dies zwar unterhalb der Schwelle eines dringenden Erfordernisses erfolgt, aber zur Erhaltung der öffentlichen Sicherheit und Ordnung geboten ist, insbesondere Spezialfahrzeuge (Kräne, Lösch- und Gerätewagen, Wasserwerfer). Voraussetzung ist allerdings, dass für Einsatzfahrzeuge bauartbedingt keine Winterreifen verfügbar sind; andernfalls müssen auch Einsatzfahrzeuge mit Winterreifen ausgerüstet sein.

11 S. a. Erläuterungen des BMVI vom 16.10.2018 zu technischen Anforderungen an Winterreifen für Spezialfahrzeuge – VkBl. 2018, 758.

Für **KOM** (mehr als acht Sitzplätze außer dem Fahrersitz) bis 5 t zGM (EU-Klasse M_2)[12] und über 5 t zGM (EU-Klasse M_3) sowie für LKW mit mehr als 3,5 t bis 12 t zGM (Klasse N_2) und über 12 t zGM (Klasse N_3) genügen Winterreifen an der Antriebs- und Lenkachse.

a. Winterreifen sind die nach § 36 Abs. 4 StVZO beschriebenen Reifen mit dem Alpine-Symbol (Bergpiktogramm mit Schneeflocke).[13] Für alte M+S-Reifen gilt nach § 52 Abs. 2 und 3 noch eine Übergangsfrist bis zum 30.9.2024 (s. § 52 Abs. 2). Fahrzeuge ohne Bereifung mit dem Alpine-Symbol des § 36 IV StVZO müssen dann bei den beschriebenen Witterungslagen vor Antritt jeder Fahrt prüfen, ob das Fahrtziel nicht mit anderen Verkehrsmitteln erreichbar ist.[14] Ist das nicht möglich, muss zu anderen Fahrzeugen ein Sicherheitsabstand von mindestens dem halben Tachowert und eine maximale Höchstgeschwindigkeit von **50 km/h** eingehalten werden.

§ 2 Abs. 3a StVO begründet keine allgemeine Ausrüstungspflicht mit Winterbereifung, verlangt sie aber bei Witterungsverhältnissen mit konkreter Schneeglätte, Eis- oder Reifglätte sowie bei Glatteis oder Schneematsch.[15] Die Regelung ist unabhängig von der Jahreszeit, so dass sie auch dann gilt, wenn z. B. im Frühling Bergregionen befahren werden, wo noch winterliche Witterungsverhältnisse anzutreffen sind. Auch Allwetter- bzw. Ganzjahresreifen gehören dazu, sofern sie mit dem Alpine-Symbol gekennzeichnet sind (s. a. Lippert VD 2018, 31).

Winterreifen haben eine kälteresistentere Gummimischung, die bei Minusgraden weniger verhärtet und damit eine bessere Verzahnung und Kraftübertragung ermöglicht („Grip"). Winterreifen haben zahlreiche Greifkanten (Rillen, Einschnitte in den Profilblöcken) und Lamellen, die sich beim Abrollen öffnen und so im Schnee zusätzlich für Traktion sorgen. Sie müssen deshalb eine ausreichende Profiltiefe von mindestens 4 mm haben, weil sich sonst die Hafteigenschaft auf Schnee deutlich verschlechtert. Reifen mit dem Mindestwert von 1,6 mm entsprechen nicht den Erfordernissen für Winterreifen. Bei höheren Temperaturen als 7 °C sollen Winterreifen wegen der weicheren Gummimischung zur Unterstützung der Karkasse mit einem höheren Reifendruck (0,2 bis 0,3 bar) gefahren werden. Auf schneefreiem

---

12 Zu den EU-Klassen siehe Anlage XXIX zu § 20 Abs. 3a Satz 4 StVZO.

13 **§ 36 Abs. 4 StVZO Bereifung und Laufflächen**
(4) Reifen für winterliche Wetterverhältnisse sind Luftreifen im Sinne des Abs. 2,
1. durch deren Laufflächenprofil, Laufflächenmischung oder Bauart vor allem die Fahreigenschaften bei Schnee gegenüber normalen Reifen hinsichtlich ihrer Eigenschaft beim Anfahren, bei der Stabilisierung der Fahrzeugbewegung und beim Abbremsen des Fahrzeugs verbessert werden, und
2. die mit dem Alpine-Symbol (Bergpiktogramm mit Schneeflocke) nach der Regelung Nr. 117 der Wirtschaftskommission der Vereinten Nationen für Europa (UNECE) – Einheitliche Bedingungen für die Genehmigung der Reifen hinsichtlich der Rollgeräuschemissionen und der Haftung auf nassen Oberflächen und/oder des Rollwiderstandes (ABl. L 218 vom 12.8.2016, S. 1) gekennzeichnet sind.

14 Eine wenig geglückte Verpflichtung, zumal die Transportwirtschaft bei extremen Witterungsverhältnissen schon immer entsprechende Alternativen ergriffen hat.

15 Das Schneeflockensymbol wird von der US-Bundesbehörde für Straßen- und Fahrzeugsicherung (NHTSA = **N**ational **H**ighways **T**raffic **S**afety **A**dministration) an Reifen vergeben, die auf Schnee und Eis eine Mindesttraktion erreichen. Das M+S-Symbol ist kein geschütztes Zeichen für Winterreifen und wird deshalb durch die Kennzeichnung mit dem Alpine-Symbol ersetzt.

Bremswegvergleich auf Eis und Schnee mit Sommer- und Winterreifen

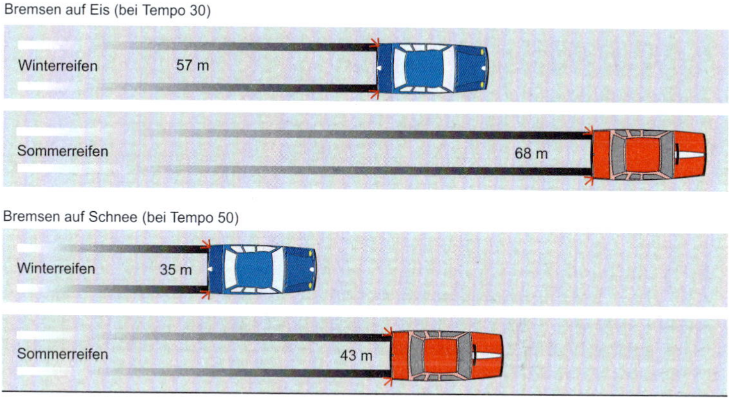

und trockenem Asphalt und bei höheren Temperaturen haben Winterreifen einen stärkeren Abrieb und teilweise auch eine reduzierte Tragfähigkeit.[16]

b. Nicht jede Schneeflocke löst die Ausrüstungspflicht aus, sondern nur solche winterlichen Verhältnisse, die Verkehrsbeeinträchtigungen als möglich erscheinen lassen. Hierzu gehören nach der Definition des Deutschen Wetterdienstes Glatteis, Schneeglätte, Schneematsch, Eis- und Reifglätte, die durch unterschiedliche Niederschlagsarten verursacht werden, wie Schneefall, Schneeregen, Schneegriesel, Eiskörner, Eisregen, gefrierender Nebel oder Schneeverwehungen (fallender oder abgesetzter Schnee mit starkem Wind). Diese bereits bei Lufttemperaturen mit einigen Grad über dem Gefrierpunkt auftretenden Wetterverhältnisse können regelmäßig bei Nutzung von Sommerreifen zu einer Beeinträchtigung der Verkehrssicherheit führen.[17] Insbesondere besteht die Gefahr, dass ein Fahrzeug mit Sommerreifen trotz angepasster Geschwindigkeit nicht mehr sicher beherrscht wird und schon geringe Steigungen dazu führen, dass sich das KFZ quer stellt und damit erhebliche Staus mit Unfallrisiken verursacht (AG Velbert DAR 2010, 594).

Auf der sicheren Seite ist der Kraftfahrer, wenn er ab Beginn der kalten Jahreszeit mit Winter- oder Ganzjahresreifen fährt. Kraftfahrer, die bei Beginn der kalten Jahreszeit Bergregionen befahren wollen, müssen dort bereits mit Schneefall rechnen und durch die Fahrzeugausrüstung auf die Witterungsverhältnisse reagieren. Wer noch mit Sommerreifen solche Regionen bei Schnee- und Eisglätte befährt, muss an geeigneter Stelle stehen bleiben, wenn eine Weiterfahrt zu einer Behinderung oder Gefährdung führen würde. Sind Straßen vom Winterdienst geräumt, muss zwar nicht

---

16 Wird ein Polizeifahrzeug auf Winterreifen umgerüstet, bleibt die Eichung eines Tempo-Messgerätes ProViDa 2000 Modular weiterhin gültig (OLG Hamm DAR 2011, 538).

17 Beispielsweise kann sich bereits bei starkem Schneefall bei 4 °C eine geschlossene Schneedecke ausbilden. Wer dann noch mit Sommerreifen fährt, erhöht die Betriebsgefahr und haftet für seinen Schadensanteil (AG Mannheim NZV 2016, 87).

Temperaturverhalten von Winterreifen

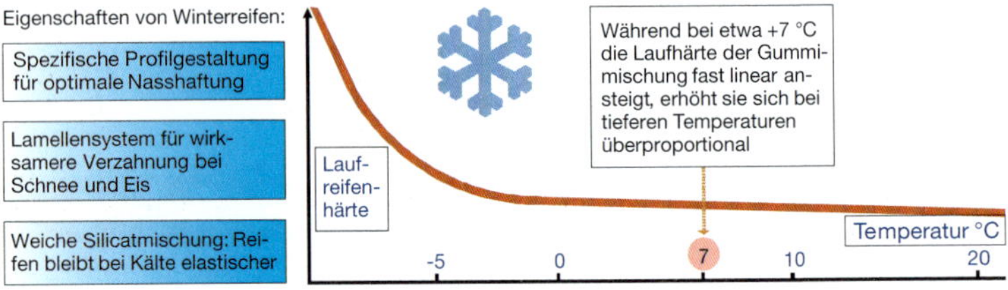

mit Winterreifen gefahren werden, weil nur Glätte oder Schneematsch die Verpflichtung auslösen. Es muss aber damit gerechnet werden, dass entlang der Fahrtstrecke Schnee- und Eisglätte anzutreffen sind.

c. Die **Missachtung** der Ausrüstung nach § 2 Abs. 3a trifft den **Fahrer** (Regelbuße 60 €, bei Behinderung 80 € sowie 1 Punkt im FAER) und den Fahrzeughalter, wenn dieser die Fahrt ohne Winterreifen angeordnet oder zugelassen hat (Regelbuße 75 €). Da die Vorschrift auf das „Fahren" abhebt, wird das **Parken** mit Sommerreifen **nicht** erfasst. Kommt es im Winter zu einem Unfall, weil der Halter noch mit Sommerreifen fährt, kann der Kaskoversicherer die Leistung wegen Gefahrerhöhung nach §§ 23, 26 VVG ablehnen (AG Mannheim DAR 2015, 653).

Bei Unfällen muss der mit Sommerreifen Fahrende mit einem haftungsrechtlichen Mitverschulden rechnen, wenn der Unfall mit Winterreifen hätte vermieden werden können. Entscheidend zur Verringerung von Staus und Unfällen aber bleibt eine den winterlichen Verhältnissen angepasste vorsichtige Fahrweise und die Befähigung, auf unvermutete Situationen angemessen zu reagieren, z.B. richtiges Bremsen, Kuppeln, Lenken beim Ausbrechen und Schleudern des Fahrzeugs.

d. Zur nicht in § 2 Abs. 3a, wohl aber allgemein nach § 30 Abs. 1 Nr. 1 StVZO vorgeschriebenen Winterausrüstung gehören auch funktionierende Scheibenwischer und frostsichere Scheibenwaschanlagen, die nach § 23 Abs. 1 StVO verpflichtend vorhanden sein müssen.[18] Die Schneekettenpflicht nach Z. 268 bleibt unberührt. Schneeketten ersetzen nicht Winterreifen, ergänzen sie aber dort, wo die Schnee- oder Eisverhältnisse ihren Einsatz erforderlich machen, insbesondere bei durchgängig geschlossener Schneedecke mit Steigungen oder Gefälle. Nach § 37 StVZO müssen Schneeketten so beschaffen und angebracht sein, dass sie die Fahrbahn nicht beschädigen können (s.a. Erl. § 41 zu Z. 268).

2.6.2 Sichtbeeinträchtigung bei Gefahrguttransporten

Um das Unfallrisiko und die damit verbundenen schweren Folgen bei Gefahrguttransporten (austretende Ladung, Entzündung, Bodenverunreinigung usw.) infolge Sichtbeeinträchtigung von weniger als 50 m oder bei Schnee- und Eisglätte zu mindern, sind Gefahrgutfahrer zu höchster Sorg-

18 Nicht dazu gehören Warnwesten. Eine Mitführpflicht von **Warnwesten** ist am 1.7.2014 durch § 53a Abs. 2 Nr. 3 StVZO eingeführt worden (48. StrVRÄndV vom 26.7.2013 – BGBl. I S. 2803). Siehe auch Erl. 2.3.2 zu § 15.

falt verpflichtet.[19] Kann der Gefährdungsausschluss auch durch besondere Vorsicht (strikte Beachtung des Rechtsfahrgebots, Verzicht auf Überholen oder Langsamfahren) nicht mehr gewährleistet werden (z. B. bei Glatteis auf abschüssiger Strecke), muss der Gefahrgutfahrer einen geeigneten Platz zum Parken aufsuchen. Kein verantwortungsbewusster Gefahrgutfahrer würde bei extremen Verhältnissen die Fahrt fortsetzen, wenn sich die Weiterfahrt zu einem unvertretbaren Risiko gestaltet. Geeignete Stelle kann auch der Fahrbahnrand oder ein Seitenstreifen sein; allerdings darf dann nicht die Gefahr von Auffahrunfällen entstehen. Notfalls müssen Fahrzeugbeleuchtung und Warnblinklicht eingeschaltet oder Warnleuchten aufgestellt werden. Voraussetzungen für die Pflicht zur Fahrtunterbrechung sind eine **tatsächlich** vorhandene Sichtbeeinträchtigung (Nebel, Regen) oder konkrete Gefahren durch Schnee- oder Eisglätte, nicht nur Schneematsch auf der vom Gefahrguttransport benutzten Spur (BayObLG NZV 1989, 443 = VRS 77, 458). Dies gilt auch dann, wenn durch eingeblendete Gefahrzeichen 113 an einer VBA auf drohende Glätte hingewiesen wird (OLG Hamm NZV 1998, 213). Ungeachtet dessen kann die Polizei aus dem Gesichtspunkt der Gefahrenabwehr eingreifen und Gefahrgutfahrzeuge aus dem Verkehr herauswinken, wenn sie nach Beurteilung der Straßen- und Witterungsverhältnisse das Unfallrisiko als unvertretbar hoch einschätzt. Solchen Weisungen haben Gefahrgutfahrer zu folgen (§ 36 Abs. 1).

2.7 Radfahrer (§ 2 Abs. 4)

Fahrräder sind Fahrzeuge mit mindestens zwei Rädern und Muskelkraftantrieb[20] (VGH Mannheim VerkMitt 2001 Nr. 16). Hierzu gehören auch Liegefahrräder (BVerwG NZV 2001, 494 = VerkMitt 2002 Nr. 2 = VRS 101, 310), dreirädrige „Rennstühle" als Behindertenfahrrad, die durch Treten oder Greifen fortbewegt werden. Hinter Fahrrädern dürfen auch Anhänger mitgeführt werden (s. a. Huppertz DAR 2016, 111). Dreirädrige Fahrradrikschas (OLG Dresden VRS 108, 53 = VD 2004, 332), Bier-, Party-, Coffee-, Betten-Bikes sind hingegen keine Fahrräder, sondern „andere Straßenfahrzeuge" i. S. d. §§ 63 ff. StVZO.

19 Bei witterungsbedingt schlechter Sicht siehe auch: Tempolimit nach § 3 Abs. 1, Überholverbot nach § 5 Abs. 3a und Benutzungsverbot des äußerst linken Fahrstreifens auf Autobahnen und Kraftfahrstraßen nach § 18 Abs. 11.

20 Nach der Begriffsbestimmung des Art. 11 WÜ ist Fahrrad „jedes Fahrzeug mit wenigstens zwei Rädern, das ausschließlich durch Muskelkraft auf ihm befindlicher Personen, insbesondere mit Hilfe von Pedalen oder Handkurbeln, angetrieben wird". Fahrräder mit drei oder mehr Rädern gehören aber eher zu den „anderen Straßenfahrzeugen" i. S. d. §§ 63 ff. StVZO, z. B. Rikschas, Conference-Bikes (OLG Dresden VRS 108, 53 = VD 2004, 332; dazu kritisch Müller VD 2005, 143). Party-, Coffee-, Bier- oder Betten-Bikes als „rollende Theken oder Schlafstätten" dienen im Regelfall nicht der Fortbewegung, sondern der geselligen Kommunikation mit Musik und alkoholischen Getränken; sie dürfen im öffentlichen Verkehrsraum wegen Überschreitens des Gemeingebrauchs nur mit einer straßenrechtlichen Sondernutzungserlaubnis betrieben werden (BVerfG VerkMitt 2013 Nr. 8 – DAR 2012, 654 = SVR 2013, 32 = VRS 124, 121; OVG Münster DAR 2012, 276 = SVR 2012, 155 = VRS 122, 236: Partybike; OVG Münster VRS 122, 240: Bierbike; VG Düsseldorf NZV 2011, 320 = VD 2010, 320; a. A. noch Klenner NZV 2011, 234: OVG Münster NZV 2012, 200: keine Entscheidung im Eilverfahren; s. a. Koehl VD 2013, 10/12). Da auch die Mitfahrer in die Pedale treten müssen, sind sie Fahrzeugführer und unterliegen bei Alkoholkonsum der Strafdrohung des § 316 StGB. Insoweit wäre es zu begrüßen, wenn die CEMT den Fahrradbegriff angemessen anpasst.

Zweiräder mit **Elektroantrieb** sind je nach Ausstattung Fahrräder oder Kraftfahrzeuge: Fahrräder mit elektrischer Tretunterstützung (**Pedelecs** = Pedal Electric Cycle) gelten nicht als motorisierte Fahrzeuge, wenn sie nicht allein mit Elektrokraft betrieben werden können (OLG Hamm DAR 2013, 712 und NZV 2014, 482; s.a. Kap. 1 Art. 1h Abs. 1 der RL 2002/24/EG über die Typgenehmigung für zwei- und dreirädrige KFZ i.d.F. vom 9.5.2002 – ABl. EG L 124/2; s.a. DIN 15194 von 2009 über elektromotorisch unterstützte Räder; s.a. Siemer DAR 2019, 715). Nach **§ 1 Abs. 3 StVG** sind keine Kraftfahrzeuge solche Fahrzeuge, die durch Muskelkraft fortbewegt werden und mit einem elektromotorischen Hilfsantrieb mit einer Nenndauerleistung von höchstens 0,25 kW ausgestattet sind, dessen Unterstützung sich mit zunehmender Fahrzeuggeschwindigkeit progressiv verringert und

Beispiel „Bierbike“

- beim Erreichen einer Geschwindigkeit von max. **25 km/h** oder
- wenn der Fahrer im Treten einhält,

unterbrochen wird. Gleiches gilt, wenn diese Fahrzeuge zusätzlich über eine elektromotorische Anfahr- oder Schiebehilfe verfügen, die eine Beschleunigung des Fahrzeuges auf eine Geschwindigkeit von bis zu **6 km/h**, auch ohne gleichzeitiges **Treten** des Fahrers, ermöglicht. Für diese Fahrzeuge sind die Vorschriften über Fahrräder anzuwenden.

Haben Fahrräder hingegen einen tretunabhängigen elektrischen Zusatzantrieb, eine Anfahrhilfe von mehr als 6 km/h oder nimmt die Motorunterstützung nicht progressiv ab und wird nicht bei 25 km/h abgeregelt, sind sie Kraftfahrzeuge (**E-Bikes** = nicht zulassungs-, aber versicherungspflichtige KFZ, die mit Hilfe des Elektroantriebs ohne Treten der Pedale durch einen Schalter in Betrieb gesetzt werden; s.a. Huppertz VD 2018, 189: Elektro-Tretroller).

Radfahrer ist jeder, der auf dem Fahrrad sitzt oder steht und das rollende Fahrrad lenkt (VGH München DAR 2015, 107 m. Anm. Scheidler). Jedenfalls dürfen die Füße keinen Bodenkontakt mehr haben und die Bewegung darf nicht den Charakter des „Schiebens" eines Fahrrades haben. Nur dann führt der Radfahrer ein Fahrzeug (bedeutsam für den Alkoholgrenzwert von 1,6‰ nach §§ 315c, 316 StGB; s.a. Scheidler VD 2016, 207).

Ein Radfahrhelm ist (zurzeit) nicht vorgeschrieben, aber sehr zu empfehlen. Beim Fehlen eines Radfahrhelms kann dem verletzten **Radfahrer** kein Mitverschulden für Kopfverletzungen nach § 254 BGB angerechnet werden (BGH VerkMitt 2014 Nr. 65 = VD 2014, 220 = DAR 2014, 520 = NZV 2014, 399 = VRS 126, 327; s.a. Rütten SVR 2014, 441; OLG Celle SVR 2014, 339; a.A. noch OLG Schleswig SVR 2014, 263; s.a. Huber NZV 2014, 489). Nur beim Radsport wird ein Mitverschulden bejaht, wenn mit gesteigertem Gefahrenpotential gefahren wird, z.B. hohes Tempo unter Radrennsportbedingungen (OLG Celle DAR 2014, 199 = NZV 2014, 305 = VD 2014, 101; OLG Karlsruhe NZV 1991, 25; OLG Nürnberg VerkMitt 2000 Nr. 22 = DAR 1991, 173; OLG Nürnberg DAR 1999, 507 und 2001, 35; OLG Saarbrücken DAR 2008, 210 = NZV 2008, 202; OLG Düsseldorf NZV 2007, 619 = DAR

2007, 704 = VD 2007, 305; OLG Düsseldorf DAR 2007, 458 = NZV 2007, 614; OLG Düsseldorf NZV 2007, 38; OLG Hamm NZV 2001, 86 und 2002, 129; LG München SVR 2013, 383; LG Koblenz DAR 2011, 395; AG Wesel DAR 2014, 535 = NZV 2014, 311; a. A. OLG Schleswig DAR 2013, 470 = SVR 2013, 304: Mitverschulden wird bejaht; LG Krefeld NZV 2006, 205: Haftung bei Kindern ohne Radfahrhelm; s. a. Scholten SVR 2012, 161).[21]

Mofas sind einspurige, einsitzige Kraftfahrzeuge mit Hilfs- oder Elektromotor und einer bauartbedingten Höchstgeschwindigkeit von 25 km/h (§ 4 Abs. 1 Nr. 1 StVZO); für Leichtmofas gilt max. 20 km/h. Mofas dürfen (nur) außerorts Radwege benutzen, wozu nach § 2 Abs. 6 Satz 2 und 3 auch die mit Z. 240 oder Z. 241 gekennzeichneten gemeinsamen oder getrennten Fuß- und Radwege gehören. Die Kennzeichnung eines durch Z. 237 ausgewiesenen außerörtlichen Radweges mit einem Zusatzzeichen „keine Mofas" ist unzulässig.[22] Innerorts ist die Benutzung der Radwege nur zulässig, wenn dies durch Zusatzzeichen erlaubt ist, auch wenn das Mofa nur durch Treten fortbewegt wird. Durch die Symbolik in § 39 Abs. 7 wird deutlich, dass auf außerörtlichen **Radwegen** nur solche E-Bikes zugelassen sind, deren Elektroantrieb sich bei 25 km/h abschaltet. Schnellere E-Bikes dürfen somit keine Radwege benutzen.

Radfahrer unterliegen dem Rechtsfahr- und Fahrbahnbenutzungsgebot (§ 2 Abs. 1 und 2) und müssen im Interesse der Verkehrssicherheit einzeln hintereinander fahren (§ 2 Abs. 4 Satz 1). Nur wenn der Verkehr dadurch nicht behindert wird, darf auch nebeneinander gefahren werden. Das Behinderungsverbot besteht auch auf Radwegen, gekennzeichneten Fahrradstraßen (Z. 244.1) und in Fahrradzonen (Z. 244.3).

Radfahrer dürfen bei Dunkelheit und Regen auf einer verkehrsreichen Straße nicht weiter als 1 m vom rechten Fahrbahnrand fahren (OLG Saarbrücken VerkMitt 1980 Nr. 53). Radfahrer handeln grob verkehrswidrig, wenn sie unzulässig Gehwege in Gegenrichtung befahren (OLG Hamm NZV 1995, 152; AG Hannover SVR 2011, 384). Zur Benutzung von Radwegen sind Radfahrer und Elektrokleinstfahrzeuge (s. a. Huppertz VD 2019, 269) nach der eKFV verpflichtet, wenn Z. 237, 240 oder 241 dies verbindlich vorschreiben, wobei dadurch gleichzeitig ein Fahrbahnbenutzungsverbot besteht (Anl. 2 lfd. Nr. 16, 19 und 20). Benutzungspflicht besteht ferner beim Abbiegen an Kreuzungen oder Einmündungen für Radverkehrsführungen (§ 9 Abs. 2 Satz 3). Auf allen Gehwegen dürfen Fahrräder geschoben und dort auch abgestellt werden (BVerwG VD 2004, 135 = NJW 2004, 1815; OVG Lüneburg VerkMitt 2003 Nr. 72 = VRS 106, 144; VG Lüneburg VerkMitt 2003 Nr. 33 = VRS 104, 236 = NZV 2003, 255).[23]

---

21 Bei Unfällen von Skifahrern ohne Helm wird im Gegensatz zu Radfahrern eine Mithaftung angenommen (OLG München DAR 2012, 335), weil Skifahren immer eine sportliche Betätigung ist, während Radfahren meist der bloßen Fortbewegung dient.

22 Ein solches Zusatzzeichen ist in der StVO nicht ausdrücklich vorgesehen. Nach § 41 Abs. 3 Satz 3 können andere Zusatzzeichen rechtsverbindlich nur Beschränkungen der Ge- oder Verbote oder Ausnahmen von ihnen enthalten. Das Zusatzzeichen „keine Mofas" schränkt aber nicht ein Ge- oder Verbot ein, sondern beseitigt die bestehende Erlaubnis für Mofas nach § 2 Abs. 4 Satz 6 und hätte damit eine unzulässige Ausweitung eines Verbots zur Folge.

23 Benutzen Radfahrer unzulässig Gehwege entgegen der Fahrtrichtung, haften sie bei einem Unfall mit dem Querverkehr allein (AG Starnberg NZV 2010, 152).

Die VwV-StVO zu § 2 Abs. 4 enthält eine Vielzahl von Möglichkeiten zur Gestaltung von Radverkehrsanlagen, um den Bedürfnissen der Radfahrer gerecht zu werden: Radwege, Radfahrstreifen, Schutzstreifen oder Fahrradstraßen (Z. 244.1), Freigabe von Radwegen in Gegenrichtung, Radfahren entgegen der Fahrtrichtung von Einbahnstraßen (s. a. Zusatzzeichen 1000-32 zu Z. 220), Einfahren entgegen Z. 267 mit Zusatzzeichen, vorgezogene Halt- oder Wartelinien zur Sichtverbesserung auf Radfahrer vor Kreuzungen und Einmündungen, Radfahren auf Busspuren. Zu Radverkehrsführungen an Lichtzeichenanlagen siehe § 37 Abs. 2 Nr. 6, zu Radverkehrsführungsmarkierungen siehe § 39 Abs. 5.

2.7.1 Radwege

Radwege sind verkehrsrechtlich Sonderwege. Entscheidend ist dabei die äußerliche Ausgestaltung (OLG Frankfurt DAR 2004, 393), wobei eine durchgezogene Linie mit Radfahrsymbolen auf der Fahrbahnoberfläche genügt (VG Düsseldorf VD 2017, 83: eine Kennzeichnung durch Z. 237 ist nicht erforderlich). Sie müssen so gebaut sein, dass spezifische Gefahren für Radfahrer vermieden werden (OLG Hamm NZV 2015, 393: Haftung bei Schäden durch 5 cm hohe, schräg verlaufende Asphaltkante). Die Kennzeichnung durch Z. 237, 240 oder 241 sowie Radverkehrsführungen in Knotenpunkten nach § 9 Abs. 2 Satz 3 begründen eine Benutzungspflicht unabhängig von der bautechnischen Ausführung. Sie darf nur erfolgen, wenn die Verkehrssicherheit nach § 45 Abs. 1 und 9 dies wegen einer über das Normalmaß hinausgehenden gesteigerten Gefahrenlage dringend erfordert (BVerwG VerkMitt 2011 Nr. 14 = SVR 2011, 118; OVG Bautzen VerkMitt 2019 Nr. 6 = VRS 134, 308 = SVR 2019, 154 mit Anm. Koehl: die Anordnung benutzungspflichtiger Radwege erfordert eine qualifizierte Gefahrenlage, wobei zu deren Einschätzung auf die ERA 2010 zurückgegriffen werden kann; VG Schleswig VerkMitt 2004 Nr. 28 = NZV 2005, 221; VG Hamburg NZV 2002, 288, 534; VG Berlin NZV 2001, 317; VG Berlin VRS 106, 153). Die Trennung der Verkehrsarten zur Gewährleistung der Verkehrsflüssigkeit ist dafür kein ausreichender Grund (VG Hannover NZV 2005, 223). Selbst wenn eine solche Kennzeichnung fehlt, dürfen Radwege nicht von anderen Verkehrsteilnehmern benutzt werden (Folge aus der Fahrbahn- (§ 2 Abs. 1 Satz 1) und Gehwegbenutzungspflicht (§ 25 Abs. 1 Satz 1)). Für die Benutzung linker Radwege gibt es **drei** Möglichkeiten: Einmal dürfen sie optional (müssen somit nicht) in Gegenrichtung des Radverkehrs benutzt werden, wenn dies durch ein isoliertes Zusatzzeichen 1022-10 zugelassen ist (§ 2 Abs. 4). Das bietet sich aus Sicherheitsgründen vor allem bei einseitigen Zweirichtungsradwegen oder dann an, wenn Radfahrer sonst mehrfach die Fahrbahn überqueren müssten. Zum anderen können benutzungspflichtige Radwege durch Zusatzzeichen auch in der Gegenrichtung zugelassen werden. Schließlich **müssen** linke Radwege verpflichtend benutzt werden, wenn auch in der Gegenrichtung Z. 237, 240 oder 241 stehen.[24] Befinden

24 Die Zeichen stehen dann sowohl am Beginn wie auch am Ende des Radweges. § 49 Abs. 1 Nr. 2 ist durch die 49. StrVRÄndV vom 22.10.2014 (BGBl. I S. 1635) um die bisher fehlende Ahndungsmöglichkeit des Befahrens eines linksseitigen Radweges ohne Beschilderung in nicht zulässiger Richtung bei gleichzeitig rechtsseitig vorhandenem nicht benutzungspflichtigem Radweg oder Seitenstreifen ergänzt worden. Das Befahren von Radwegen in nicht zulässiger Richtung ist ein häufiges Fehlverhalten mit hohem Unfallrisiko und Gefahrenpotential.

sich in der Gegenrichtung zugelassene Radwege auf vorfahrtberechtigten Straßen, ist dem nicht berechtigten Querverkehr am Z. 205 oder 206 durch das Zusatzzeichen 1000-32 zu signalisieren, dass bei der Vorfahrt auch auf Radverkehr von links **und** rechts zu achten ist (Anl. 2 lfd. Nr. 2.1 und 3.2). Wegen der Auffälligkeit steht das Zusatzzeichen über den Z. 205 oder 206. Wer einen Radweg ohne eine Kennzeichnung für die Gegenrichtung unzulässig befährt, haftet für die Folgen (OLG Bamberg SVR 2017, 460: bei Kollision mit Grundstücksausfahrer; OLG München SVR 2017, 462: bei Kollision mit Vorfahrtverpflichteten; OLG Celle SVR 2005, 306; AG Essen SVR 2014, 28). Das gilt auch dann, wenn rechte Radwege infolge von Schnee oder Baustellen nicht befahrbar sind (OLG Naumburg NZV 2012, 180).

Waldwege sind **keine** Radwege. Das Radfahren auf geeigneten Waldwegen ist aber im Regelfall zulässig, wenn es weder kommerziellen noch sportlichen Zwecken dient. Dabei darf keine spezifische örtliche Gefahrenlage bestehen, die das Risiko einer Beeinträchtigung der zu schützenden Rechtsgüter erheblich übersteigt (BayVerfGH NZV 2016, 149). Dazu gehören vor allem Fußgänger, schützenswerte Biotope und gefährliche Waldbereiche.

Fußgänger müssen beim Überqueren des Radweges auf Radfahrer achten (OLG Hamm VRS 97, 334). Radfahrer müssen beim Überwechseln vom Radweg auf die Fahrbahn die Sorgfaltspflichten nach § 10 Satz 1 beachten. Kann der Radweg wegen unzureichender Breite (z.B. für dreirädrige Fahrräder) oder der Beschaffenheit (z.B. Schlaglöcher, Schnee) faktisch nicht benutzt werden, darf auf der Fahrbahn gefahren werden, selbst wenn Radwegebenutzungspflicht durch Z. 237, 240 oder 241 besteht (OLG Jena SVR 2012, 343; OLG Naumburg DAR 2012, 146 = NZV 2012, 180).[25] Sind auf benutzungspflichtigen Radwegen Inline-Skates oder elektromotorisierte Mobilitätshilfen gemäß § 7 Abs. 2 MobHV zugelassen, dürfen Radfahrer zum schnelleren Vorankommen nicht einfach auf Fahrbahnen oder Gehwege ausweichen. Hier obliegt es den Verkehrsbehörden, für einen angemessenen Ausgleich zwischen den Interessen der Radwegenutzern zu sorgen. Gleiches gilt für Rennräder, da der benutzungspflichtige Radweg zwar für übliche Fahrräder, nicht aber für den Radrennsport geeignet ist (Schubert NZV 2006, 288; a.A. Scheidler SVR 2010, 368). Wollen Rennradsportler auf die Fahrbahn ausweichen, bedarf es einer verkehrsbehördlichen Ausnahme nach § 46 Abs. 1, die schon wegen des Haftungsrisikos nur unter engen Voraussetzungen erteilt werden darf. Da die Benutzungspflicht nach § 45 Abs. 9 nur für besonders gefährliche Straßenabschnitte angeordnet werden darf, würde die Erteilung von Ausnahmen für den Radrennsport die Anordnung der Benutzungspflicht in Frage stellen (s.a. Erl. 2.1.1 zu § 45).

2.7.2 Radfahrer auf Fahrbahnen

Sind keine durch Z. 237 gekennzeichneten Radwege vorhanden, müssen Radfahrer die Fahrbahn in Fahrtrichtung benutzen, die Einhaltung des Rechtsfahrgebotes (§ 2 Abs. 2) und insbesondere die Pflichten aus § 23 Abs. 3 und die Abbiegeregelungen aus § 9 Abs. 2 beachten. Eine Höchstgeschwindigkeit nach § 3 Abs. 3 ist weder inner- noch außerorts mit Ausnahme auf Fahrradstraßen (30 km/h) ausdrücklich vorgeschrieben. Radfahrer müssen aber die Temporegel des § 3 Abs. 1 i.V.m. § 1 Abs. 2 beachten und dürfen nur so schnell fahren, dass sie vor einer Gefahrenstelle recht-

25 Die StVO verlangt nichts Unmögliches.

zeitig anhalten können. Auf Gehwegen dürfen sie nur fahren, wenn dies durch die Z. 240 oder 241 (getrennter oder gemeinsamer Rad-/Gehweg) angeordnet ist. Wer als Radfahrer unzulässig Gehwege, Fußgängerfurten, Fußgängerüberwege oder Gehwege entgegen der Fahrtrichtung befährt, handelt grob fahrlässig und haftet allein (LG Lübeck SVR 2017, 308). Sind auf der Fahrbahn Radfahrstreifen oder Radfahrschutzstreifen vorhanden, müssen diese benutzt werden. Auf gekennzeichneten Radfahrstraßen mit Z. 244 dürfen Radfahrer auch nebeneinander fahren (Anl. 2 lfd. Nr. 23).

2.7.3 Radfahr- und Schutzstreifen

a. **Radfahrstreifen** werden durch Z. 295 als Fahrstreifenbegrenzung und Z. 237 gekennzeichnet.[26] Sie sind als Sonderfahrstreifen Teil der Fahrbahn; für Radfahrer besteht durch Z. 237 **Benutzungspflicht**, für KFZ Benutzungsverbot, auch für Ausweichmanöver oder zum **Halten oder Parken**.[27] Dagegen darf die durchgehende Linie (Z. 295) überfahren werden, wenn nur so Parkstände oder Grundstückszufahrten erreicht werden können (Anl. 2 lfd. Nr. 68, Spalte 3, Nr. 3b). Das Z. 295 braucht somit dort nicht unterbrochen werden. KFZ müssen links vom Radfahrstreifen fahren (§ 2 Abs. 2). Beim Rechtsabbiegen haben geradeaus fahrende Radfahrer Vorrang (§ 9 Abs. 3). Auf dem Radfahrstreifen darf schneller als auf der Fahrbahn gefahren werden, z.B. wenn sich links davon der Verkehr staut.

b. **Schutzstreifen** sind keine Seitenstreifen, sondern im Regelfall Teil der Fahrbahn und dienen der Verkehrssicherheit des Radverkehrs (s.a. Erl. Z. 240 zu § 41). Infolgedessen wirken sie nicht belastend für den Radverkehr und können von Radfahrern verwaltungsgerichtlich nicht angefochten werden (OVG Lüneburg NJW 2019, 455 = NZV 2019, 110 = VRS 134, 207). Die Anordnung von **Schutzstreifen** für den Radverkehr durch Z. 340 und weiße Markierungen „Fahrradsymbol" folgt aus § 45 Abs. 1 i.V.m. Abs. 9 Satz 4 Nr. 1 (s.a. Rn. 12 VwV-StVO zu § 2 Abs. 4 Satz 2).

Befinden sich Schutzstreifen in Randlage rechts, besteht für Radfahrer wegen des Rechtsfahrgebots des § 2 Abs. 2 **Benutzungspflicht**. Radfahrer dürfen aber bei Hindernissen oder schlechtem Zustand des Schutzstreifens über die linke Markierung ausweichen (OVG Lüneburg VerkMitt 2018 Nr. 72 mit Anm. Kettler = VRS 134, 24; OVG Oldenburg DAR 2018, 579 mit Anm. Kettler; s.a. Koehl SVR 2018, 177). Den links vom Schutzstreifen fahrenden Verkehr dürfen Radfahrer rechts überholen, weil die Abweichung vom Rechtsüberholverbot nach § 7 Abs. 3 für alle Fahrzeuge und nicht nur für diejenigen gilt, die an der freien Fahrstreifenwahl teilnehmen. Beim Überholen muss der notwendige Sicherheitsabstand gewahrt bleiben. Andere Fahrzeuge dürfen den Schutzstreifen nur bei **Bedarf** überfahren.

---

26 Der Text in der Rn. 11 der VwV-StVO zu § 2 Abs. 4 Satz 2 ist insofern missverständlich, als dass Z. 295 auf „Fahrbahnbegrenzung" bezogen wird; insoweit meint die VwV-StVO aber nur eine räumliche, nicht eine rechtliche „Abtrennung" des Radfahrstreifens von der Fahrbahn.

27 Eine durchgehende oder gestrichelte Linie nach Z. 295 grenzt den Radfahrstreifen – wie bei einem Bussonderfahrstreifen – von den übrigen Fahrstreifen der Fahrbahn ab. Die Linie markiert damit eine Fahrstreifenbegrenzung. Dass Z. 237 nach Anl. 2 lfd. Nr. 16 unter dem Abschnitt „Sonderwege" steht, bedeutet nicht, dass eine durchgehende Linie „Fahrbahnbegrenzung" ist und der Radfahrstreifen dann nicht mehr Bestandteil der Fahrbahn ist. Die Regelung nach Anl. 2 lfd. Nr. 68 zu 3b) greift nur dann, wenn ein baulich hervorgehobener Sonderweg (Geh-, Rad- oder Reitweg) durch Z. 295 von der Fahrbahn abgeteilt wird.

Radverkehrsführungen

Schutzstreifen

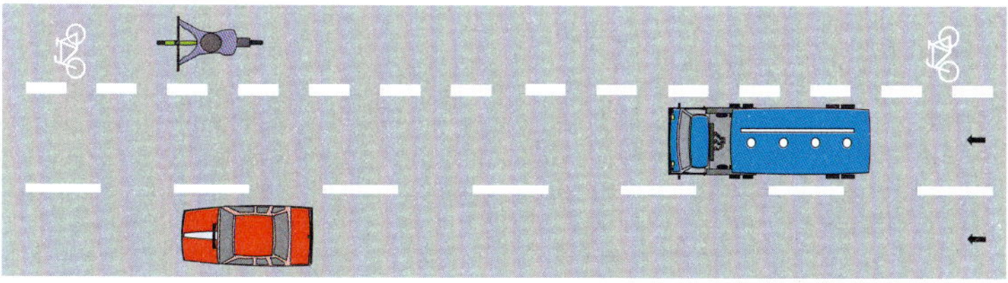

Schutzstreifen sind Bestandteile der Fahrbahn. Sie können angeordnet werden, wenn Straßenraum für die Anlage von Radwegen fehlt, eine ausreichende Fahrbahnbreite vorhanden ist, der Ver- und Entsorgungsverkehr gewährleistet ist und parkende Fahrzeuge anderweitig untergebracht werden können. Radfahrer müssen den Schutzstreifen benutzen (Folge aus dem Rechtsfahrgebot des § 2 Abs. 2). Sie dürfen den links vom Schutzstreifen fahrenden Verkehr rechts überholen. KFZ dürfen den Schutzstreifen „nur bei Bedarf" überfahren, z.B. beim Ausweichen vor Hindernissen, bei Baustellen, nicht jedoch bei Stau zum schnelleren Vorankommen. Beim Rechtsabbiegen haben geradeaus fahrende Radfahrer Vorrang (§ 9 Abs. 3). Auf Schutzstreifen besteht Haltverbot, wenn sie mit Z. 283 gekennzeichnet sind (s.a. Janker DAR 2006, 68), sonst Parkverbot nach Anl. 3 lfd. Nr. 22 zu § 42 – Z. 340.

Radfahrstreifen

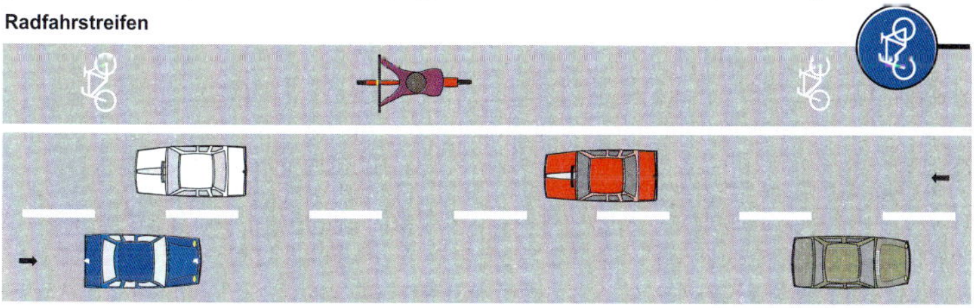

Radfahrstreifen sind für den Radverkehr bestimmte Straßenteile („Sonderfahrstreifen" für Radfahrer). Für Radfahrer besteht durch Z. 237 Benutzungspflicht, für KFZ Benutzungsverbot, auch für Ausweichmanöver, zum Halten oder Parken. KFZ müssen links vom Radfahrstreifen fahren (§ 2 Abs. 2). Auf dem Radfahrstreifen darf schneller als auf der Fahrbahn gefahren werden. Beim Rechtsabbiegen haben geradeaus fahrende Radfahrer Vorrang (§ 9 Abs. 3).

Bedarf bedeutet, dass das Befahren von Schutzstreifen nur bei unerwarteten Straßen- oder Verkehrsverhältnissen zulässig ist, z. B. beim Ausweichen vor Hindernissen, Baustellen oder Unfällen auf der Fahrbahn, bei Einsatzstellen von Sonderrechtsfahrzeugen, beim Rechtsüberholen von Linksabbiegern, zum Erreichen einer hinter dem Schutzstreifen befindlichen Grundstückszufahrt, Stellfläche oder Rechtsabbiegespur (AG Berlin-Mitte NZV 2012, 381).

Da die StVO nur von rechtmäßigen Anordnungen der Verkehrsbehörden ausgeht, ist ein Ausweichen auf den Schutzstreifen ferner zulässig, wenn nach Einrichtung der Schutzstreifen die Fahrbahnbreite entsprechend der Rn. 12 VwV-StVO zu § 2 Abs. 4 Satz 2 nur noch das gefahrlose Vorbeifahren von zwei PKW zulässt. Die max. Breite eines PKW beträgt nach § 32 Abs. 1 Nr. 3 StVZO 2,50 m, so dass die Fahrbahnbreite einschließlich seitlicher Sicherheitsabstände von mindestens 1 m bei Tempo 50 etwa 6 m betragen muss. Ist die Fahrbahn schmaler, ist die Anlage von Schutzstreifen unzulässig, insbesondere dann, wenn auf der Fahrbahn auch LKW und KOM zugelassen sind, so dass im Gegenverkehr zwangsläufig auf den Schutzstreifen ausgewichen werden muss und der „Bedarfsfall" faktisch zur Regel wird. Dass das so vom VO-Geber gewollt ist, folgt auch aus der Fassung des Satzes 2 der Anl. 3 lfd. Nr. 22 (Z. 340), Spalte 3, Nr. 2, nach dem der VO-Text durch ein Regelbeispiel konkretisiert wird. Danach darf der durch Z. 340

markierte Schutzstreifen auch überfahren werden, „um dem Gegenverkehr auszuweichen". Der Radverkehr darf allerdings nicht gefährdet werden. Infolge der oft unklaren Anordnungspraxis der Straßenverkehrsbehörden sollte die Polizei bei Verstößen auf eine angemessene Korrektur der Schutzstreifen hinwirken.

Im Übrigen ist das Be- oder Überfahren von Schutzstreifen zum schnelleren Vorankommen bei Stau oder sonstigen Verkehrsstockungen unzulässig. Geradeaus fahrende Radfahrer haben gegenüber Rechtsabbiegern Vorrang (§ 9 Abs. 3). Kurze Schutzstreifen vor Knotenpunkten sollen Radfahrern aus Sicherheitsgründen das Rechtsüberholen nach § 5 Abs. 8 ermöglichen, damit sie gefahrlos bis zur Haltlinie vorfahren können. Der Rechtsabbieger darf sich deshalb nicht auf diesen Schutzstreifen einordnen oder sie überfahren.

Befinden sich Schutzstreifen nicht rechts, sondern zwischen linken Fahrstreifen,[28] besteht keine Benutzungspflicht; Radfahrer dürfen auch auf den anderen Fahrstreifen fahren.

Auf Schutzstreifen gilt **Haltverbot** nach Anl. 3 lfd. Nr. 22 zu § 42 (Ge- oder Verbot Nr. 3); ausgenommen sind Elektrokleinstfahrzeuge, weil sie zur Nutzung von Radverkehrsanlagen verpflichtet sind. Kann auf Be- und Entladen wegen der Stärke des Lieferverkehrs nicht verzichtet werden, muss die Straßenverkehrsbehörde andere Lösungen finden. Durch Z. 286 StVO den Ladeverkehr zuzulassen, würde aber das Schutzbedürfnis der Radfahrer konterkarieren. Erfahrungsgemäß besteht dort, wo Ladebedürfnis herrscht, auch erhebliche Parkraumnot. Ein eingeschränktes Haltverbot würde dann geradezu eine Einladung zum verbotswidrigen Parken nach sich ziehen.

2.7.4 Rad fahrende Kinder (§ 2 Abs. 5)

Kinderfahrräder, die von Kindern im Vorschulalter (bis zum sechsten Lebensjahr)[29] zum spielerischen Umherfahren benutzt werden, sind keine Fahrzeuge, sondern besondere Fortbewegungsmittel i. S. d. § 24 Abs. 1, die nur auf Gehwegen, nicht auf Fahrbahnen betrieben werden dürfen.

Mit anderen Fahrrädern ist bei älteren Kindern bis acht Jahre die Benutzung des Gehweges **Pflicht**, sofern kein von der Fahrbahn baulich getrennter Radweg vorhanden ist. Ist ein solcher vorhanden, darf er alternativ auch

---

28 Wegen der Unfallrisiken auch „Suizidstreifen" genannt.

29 Die Berechnung des Lebensalters bestimmt sich nach §§ 186, 187 Abs. 2 Satz 2 und 188 Abs. 2, Alt. 2 BGB, wobei der Tag der Geburt mitgerechnet wird. Wer am 13.2.2008 um 7.05 Uhr geboren ist, hat am 12.2.2016 rechtlich das achte und am 12.2.2018 (jeweils um 24.00 Uhr) das zehnte Lebensjahr vollendet (ist ein Kind am 29. Februar geboren, endet die Frist nach § 188 Abs. 3 BGB außerhalb eines Schaltjahres am 28. Februar). Am 13.2.2016 feiert das Kind seinen achten Geburtstag und muss somit nicht mehr verpflichtend auf dem Gehweg Rad fahren, darf es aber noch bis zum vollendeten zehnten Lebensjahr, im Beispiel somit bis zum 12.2.2018. Ab dem zehnten Geburtstag, 0.00 Uhr, endet somit seine Berechtigung, Gehwege zu befahren. Die Altersregelung des § 2 Abs. 5 orientiert sich einerseits am Schutz der Kinder vor den Gefahren des Straßenverkehrs, andererseits am Schutz der Fußgänger vor Rad fahrenden älteren Kindern. Sie bleibt insoweit unbefriedigend, weil die schulische Verkehrserziehung im Regelfall mit einer Radfahrprüfung endet, die häufig erst nach dem zehnten Geburtstag erfolgt. Verstöße von zehnjährigen Kindern sollten deshalb im Wege der Opportunität als bedeutungslose Ordnungswidrigkeiten bewertet werden (s. a. Müller SVR 2011, 36).

von Kindern bis acht Jahre benutzt werden. Dadurch können Eltern mit unterschiedlich alten Kindern Radwege vor allem dann benutzen, wenn der Fußgängerverkehr dies nahelegt. Dies gilt nicht bei Radwegen ohne bauliche Trennung zum Gehweg. Kinder dürfen dann nur auf Gehwegen fahren. Weiterhin darf eine mindestens 16 Jahre alte und geeignete Aufsichtsperson auf dem Gehweg fahrende Kinder **bis** acht Jahre dort begleiten. Durch diese Ausnahme wird das früher verbotswidrige Verhalten von Eltern auf Gehwegen legalisiert. Zum Fußgängerverkehr muss dabei die höchstmögliche Sorgfalt und Rücksichtnahme gewahrt werden. Daraus folgt, dass nicht die ganze Familie das Kind auf dem Gehweg begleiten darf, sondern nur diejenige Aufsichtsperson, die für die Fahrradausbildung der Kinder bis zum achten Lebensjahr verantwortlich ist. Somit darf nicht Oma und Opa, sondern nur eine Aufsichtsperson das Kind auf dem Gehweg begleiten. Können das nur beide zusammen, bestehen Zweifel an der notwendigen Geeignetheit der Aufsichtspersonen. Kinder dürfen linke oder rechte Gehwege in beliebiger Richtung auch in Einbahnstraßen (wie Fußgänger) befahren. Soll eine Fahrbahn vom Gehweg aus überquert werden, müssen die Rad fahrenden Kinder **und** die diese begleitende Aufsichtsperson absteigen. Das gilt auch, wenn die Fahrbahnquerung vom Gehweg über einen Radweg oder sonstigen Straßenteil erfolgt.

Obwohl § 2 Abs. 5 nur „Gehwege" nennt, bestehen die die Regelung tragenden Sicherheitsgründe gleichermaßen auf Fußgängerzonen, selbst wenn sie nicht für den Fahrverkehr freigegeben sind. Infolgedessen dürfen auch Kinder bis zum achten Lebensjahr (und damit natürlich auch die Aufsichtspflichtigen) auf allen den Fußgängern vorbehaltenen Flächen fahren.

Neun bis zehn Jahre alte Kinder **dürfen** wahlweise Rad- oder Gehwege befahren. Fahren Kinder auf Gehwegen, gilt das Gebot der gegenseitigen Rücksichtnahme (§ 1 Abs. 1); bei Kleinkindern muss sich die Aufsichtsperson unfallverhütend in unmittelbarer Nähe befinden (OLG Koblenz NZV 2012, 181 = VRS 122, 9: nicht bei fünfjährigem Kind; AG München DAR 2007, 471: aber bei vierjährigem Kind; LG Osnabrück SVR 2008, 347: das Haftungsprivileg des § 828 Abs. 2 BGB führt nicht zu einer erhöhten Aufsichtspflicht).

Fußgänger dürfen beim Radfahren auf Gehwegen weder gefährdet noch behindert werden. Da das besondere Rücksichtnahmegebot des § 2 Abs. 5 Satz 4 auch bei unvermeidbaren Behinderungen gilt, muss der Radfahrer seine Geschwindigkeit dem Fußgängerverkehr anpassen oder notfalls auch absteigen, wenn anders eine Beeinträchtigung der Fußgänger nicht zu vermeiden ist, vor allem bei starkem Fußgängerverkehr. Das gilt auch für Aufsichtspersonen, die Kinder bis zu acht Jahren auf Gehwegen begleiten. Andererseits dürfen auch Fußgänger Rad fahrende Kinder nicht vermeidbar behindern. Beaufsichtigen die Eltern das auf dem Gehweg fahrende Kind in geringem Abstand, liegt bei einem Unfall keine Aufsichtspflichtverletzung nach § 832 BGB vor (LG Mönchengladbach VerkMitt 2004 Nr. 15 = DAR 2003, 562 – NZV 2004, 144).[30]

30 Eine Aufsichtspflichtverletzung der Eltern nach § 832 Abs. 2 BGB liegt auch dann nicht vor, wenn ein sieben- bis zehnjähriger Radfahrer ohne Vorliegen besonderer Umstände eine Straße unaufmerksam überquert oder zu schnell fährt und es dabei zu einem Unfall kommt (BGH VRS 113, 25: keine Verantwortlichkeit des Kindes nach § 828 BGB; OLG Oldenburg VerkMitt 2005 Nr. 59).

Vor Kreuzungen und Einmündungen müssen Kinder und begleitende Aufsichtspersonen vom Rad absteigen. Tun sie es nicht, nehmen sie allerdings an der Vorfahrt teil.

2.7.5 Radfahrer auf Einbahnstraßen

Die Einbahnstraßenregelung erstreckt sich auch auf Radwege an Einbahnstraßen (BGH DAR 1982, 14 = VersR 1982, 94). Ist die Benutzung für Radfahrer in der Gegenrichtung auf der Fahrbahn durch Zusatzzeichen zugelassen, hat die Einbahnstraße den Charakter einer Straße mit gegenläufigem Verkehr, beschränkt auf Radfahrer. An ungeregelten Knotenpunkten gilt für den ausfahrenden Radfahrer und den Querverkehr die Vorfahrtregel „Rechts vor Links“ (Anl. 2 lfd. Nr. 9.1). Mündet jedoch eine Einbahnstraße mit gegenläufigem Radverkehr in eine Vorfahrtstraße (Z. 306), hat der bevorrechtige Verkehr Vorfahrt; für den gegenläufigen Radverkehr ist dann vor der Einmündung Z. 205 anzuordnen.

Bei der Entscheidung über die Freigabe von Einbahnstraßen für den Radverkehr in Gegenrichtung ist § 45 Abs. 9 Satz 2 nicht einschlägig. Zu entscheiden ist darüber im Einzelfall und nach pflichtgemäßem Ermessen insbesondere bei vorliegendem oder anzunehmendem Verkehrsbedürfnis im Rahmen der allgemeinen Verkehrsregelungspflicht. Die Freigabe darf nur erfolgen, soweit keine erhebliche Beeinträchtigung der in § 45 Abs. 1–8 genannten Rechtsgüter zu besorgen ist und die Voraussetzungen der VwV-StVO zu Z. 220 erfüllt sind.

2.7.6 Mofas, E-Bikes und Elektrokleinstfahrzeuge

a. **Mofas** müssen als KFZ **innerorts** die Fahrbahn benutzen, sofern sie nicht durch Zusatzzeichen 1022-11/1022-13 („Mofas/E-Bikes frei“) Radwege befahren dürfen. **Außerorts** sind Radwege für Mofas und E-Bikes wegen der dort vergleichsweise geringen Verkehrsdichte und der geringen Geschwindigkeit freigegeben, wobei E-Bikes nur dann Radwege benutzen können, wenn sie „Mofas“ sind (max. 25 km/h). Bei Beschilderung mit Z. 237, 240 oder 241 wird eine Radwegebenutzungspflicht für Mofas jedoch nicht begründet. Soll Mofas die Benutzung außerörtlicher Radwege nicht gestattet werden, muss dies durch die Anordnung eines Zusatzzeichens „keine Mofas“ erfolgen. E-Bike- und Mofafahrer dürfen auch auf außerörtlichen gemeinsamen oder getrennten Radwegen fahren, denn „Radwege“ sind nach § 2 Abs. 4 Satz 2 und 3 solche mit oder ohne Z. 237, 240 oder 241. Das gilt jedoch nur für solche E-Bikes, deren Antrieb sich bei 25 km/h abschaltet. Die Fahrer müssen eine Mofa-Prüfbescheinigung haben. Die Pflicht zur Rücksichtnahme auf Fußgänger und Radfahrer nach Anl. 2 lfd. Nr. 16, 19 und 20 zu § 41 Abs. 1, jeweils Spalte 3, Nr. 3 besteht aber nur, wenn die Benutzung der Radwege für andere Verkehrsarten durch „Zusatzzeichen“ erlaubt ist. Folgt

Elektrokleinstfahrzeuge

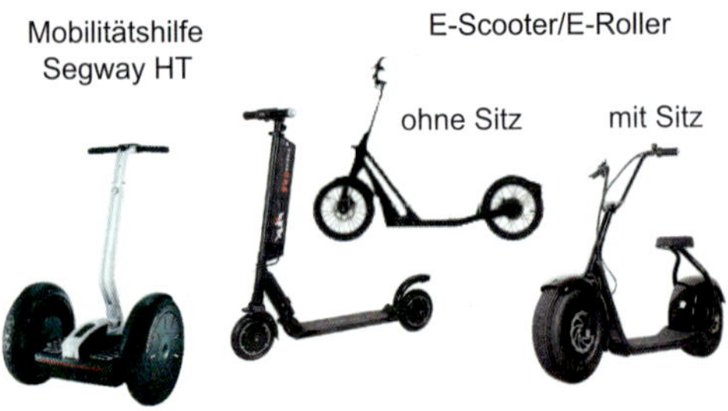

die Benutzung eines Radweges für Mofas und E-Bikes aus § 2 Abs. 6, ergibt sich die Rücksichtnahme nur aus dem Gefährdungs- oder Behinderungsverbot des § 1 Abs. 2.

b. Speed **E-Bikes** sind im Gegensatz zu Pedelecs (§ 1 Abs. 3 StVG) KFZ, die 45 km/h oder mehr erreichen und damit Leichtkrafträdern oder Krafträdern entsprechen, so dass die FE-Klasse AM, A1, A2 oder A erforderlich ist. Werden Pedelecs durch Tuning zu E-Bikes, gelten sie als Kraftfahrzeuge, wobei die Inbetriebnahme strafrechtliche Relevanz haben kann (s.a. Fusco VD 2015, 96; s.a. Empfehlungen des AK VI des 50. Verkehrsgerichtstages 2012; Janker SVR 2013, 215; Huppertz VD 2016, 329 und DAR 2011, 561, NZV 2012, 23; Brockmann SVR 2012, 210). Erforderlich sind amtliche Kennzeichen und Schutzhelm.

c. Elektrobetriebene Kleinstfahrzeuge über 6 bis max. 20 km/h ohne Sitz oder selbstbalancierend mit und ohne Sitz sind „Kraftfahrzeuge".[31] Sie müssen eine ABE oder EBE sowie eine Versicherungsplakette haben, über eine Halte- oder Lenkstange von 50 cm für Fahrzeuge mit und 70 cm für solche ohne Sitz verfügen sowie mit einer Bremse, Beleuchtung und Glocke ausgestattet sein. Sie dürfen nach § 3 eKFV[32] ab dem 14. Lebensjahr gefahren werden. Der Betrieb ist im öffentlichen Verkehrsraum nach § 10

---

31 Beim Fahren mit E-Scootern als KFZ gilt das Alkoholstrafrecht nach §§ 316, 315c, 232a StGB, der 0,5 ‰-Grenzwert nach § 24a StVG sowie die 0,15 ‰ -Grenze nach § 24c StVG für Fahranfänger (s.a. Kerkmann SVR 2019, 369).

32 **Verordnung über die Teilnahme von Elektrokleinstfahrzeugen am Straßenverkehr (Elektrokleinstfahrzeuge-Verordnung – eKFV)** vom 6.6.2019 (BGBl. I S. 756)

§ 1 Anwendungsbereich

(1) Elektrokleinstfahrzeuge i.S.d. Verordnung sind KFZ mit elektrischem Antrieb und einer bauartbedingten Höchstgeschwindigkeit von nicht weniger als 6 km/h und nicht mehr als 20 km/h, die folgende Merkmale aufweisen:
1. Fahrzeug ohne Sitz oder selbstbalancierendes Fahrzeug mit oder ohne Sitz,
2. eine Lenk- oder Haltestange von mindestens 500 mm für KFZ mit Sitz und von mindestens 700 mm für KFZ ohne Sitz,
3. eine Nenndauerleistung von nicht mehr als 500 Watt, oder von nicht mehr als 1400 Watt, wenn mindestens 60 % der Leistung zur Selbstbalancierung verwendet werden. …
4. eine Gesamtbreite von nicht mehr als 700 mm, eine Gesamthöhe von nicht mehr als 1400 mm und eine Gesamtlänge von nicht mehr als 2000 mm und
5. eine max. Fahrzeugmasse ohne Fahrer von nicht mehr als 55 kg.

(2) Ein Elektrokleinstfahrzeug ist selbstbalancierend, wenn es mit einer integrierten elektronischen Balance-, Antriebs-, Lenk- und Verzögerungstechnik ausgestattet ist, durch die es eigenständig in Balance gehalten wird.

(3) Elektrokleinstfahrzeuge i.S.d. Abs. 1 und 2 dürfen nur nach Maßgabe der folgenden Vorschriften auf öffentlichen Straßen verwendet werden.

§ 2 Anforderungen an das Inbetriebsetzen

(1) Ein Elektrokleinstfahrzeug darf auf öffentlichen Straßen nur in Betrieb gesetzt werden, wenn
1. es einem Typ entspricht, für den eine ABE … oder für das Fahrzeug eine EBE erteilt worden ist,
2. es eine gültige Versicherungsplakette für Elektrokleinstfahrzeuge nach § 29a FZV führt,
3. es entsprechend § 59 Abs. 1 Satz 1, Abs. 1a erster Hlbs., Abs. 1b oder 2 StVZO mit einer Fahrzeug-Identifizierungsnummer sowie einem Fabrikschild mit folgenden Maßgaben gekennzeichnet ist:
   a) … „Elektrokleinstfahrzeug" …,
   b) … bauartbedingte Höchstgeschwindigkeit und die Genehmigungsnummer der ABE oder EBE …

32 *(Fortsetzung)*

4. es
   a) den Anforderungen an die Verzögerungseinrichtung nach § 4,
   b) den Anforderungen an die lichttechnischen Einrichtungen nach § 5 Abs. 1 Satz 1 und Abs. 3,
   c) den Anforderungen an die Einrichtung für Schallzeichen nach § 6 Satz 1 sowie
   d) den sonstigen Sicherheitsanforderungen nach § 7

entspricht.

Die Datenbestätigung nach § 20 Abs. 3a Satz 1 bis 3 StVZO oder die Bescheinigung über die EBE muss für eine Inbetriebnahme aufbewahrt und zuständigen Personen auf Verlangen zur Prüfung ausgehändigt werden.

(2) Für Elektrokleinstfahrzeuge richtet sich die Erteilung
1. einer ABE nach den Anforderungen des § 20 StVZO,
2. einer EBE nach den Anforderungen des § 21 StVZO.

Die in Satz 1 bezeichneten Erlaubnisse werden erteilt, wenn das Fahrzeug die Anforderungen des § 1 Abs. 1 und der §§ 4 bis 7 erfüllt.

(3) Für die Wirksamkeit der ABE oder EBE gilt § 19 Abs. 2 und 3 StVZO. Ist die Betriebserlaubnis nach § 19 Abs. 2 Satz 2 StVZO erloschen, so darf das Elektrokleinstfahrzeug nicht auf öffentlichen Straßen in Betrieb gesetzt werden.

(4) Der Halter darf die Inbetriebnahme eines Elektrokleinstfahrzeugs auf öffentlichen Straßen nicht anordnen oder zulassen, wenn das Elektrokleinstfahrzeug die Voraussetzungen nach Abs. 1 nicht erfüllt oder die Betriebserlaubnis nach Abs. 3 Satz 2 i.V.m. § 19 Abs. 2 Satz 2 StVZO erloschen ist.

§ 3 Berechtigung zum Führen

Zum Führen eines Elektrokleinstfahrzeugs sind Personen berechtigt, die das 14. Lebensjahr vollendet haben.

§ 4 Anforderungen an die Verzögerungseinrichtung

(1) Ein Elektrokleinstfahrzeug muss mit zwei voneinander unabhängigen Bremsen i.S.d. § 65 Abs. 1 Satz 1 StVZO ausgerüstet sein, die
1. das Fahrzeug bis zum Stillstand abbremsen können,
2. bis zur Maximalgeschwindigkeit wirken,
3. mindestens einen Verzögerungswert von 3,5 m/s^2 erreichen und
4. jeweils einzeln bei Ausfall der jeweils anderen Bremse eine Mindestverzögerung von 44 % der Bremswirkung nach Nr. 3 erreichen, ohne dass das KFZ seine Spur verlässt.

(2) Ein drei- oder vierrädriges Elektrokleinstfahrzeug muss mit einer fest angebrachten Einrichtung ausgerüstet sein, die das Elektrokleinstfahrzeug festzustellen vermag.

§ 5 Anforderungen an die lichttechnischen Einrichtungen

(1) Ein Elektrokleinstfahrzeug muss mit lichttechnischen Einrichtungen ausgerüstet sein, die den Anforderungen des § 67 Abs. 1 Satz 3 und 5, Abs. 2 Satz 2 bis 7, Abs. 3, Abs. 4 Satz 1 und 4, Abs. 6 Satz 3 StVZO entsprechen und in einer amtlich genehmigten Bauart gemäß § 22a Abs. 1 Nr. 22 StVZO ausgeführt sind, soweit in den nachfolgenden Bestimmungen nichts Abweichendes geregelt ist. Die lichttechnischen Einrichtungen dürfen abnehmbar sein. Als lichttechnische Einrichtungen gelten auch Leuchtstoffe und rückstrahlende Mittel. Schlussleuchte und Rückstrahler dürfen in einem Gerät verbaut sein. Schlussleuchten dürfen zusätzlich mit einer Bremslichtfunktion für rotes Licht mit einer Lichtstärke und Lichtverteilung der Bremslichtfunktion entsprechend der ECE-Regelung Nr. 50 ... ausgerüstet sein.

(2) Die Versorgung der Beleuchtungsanlage kann über eine Kopplung an den Energiespeicher für den Antrieb erfolgen.

(3) Die seitliche Kennzeichnung hat mit gelben Rückstrahlern nach beiden Seiten wirkend gemäß Nr. 18 der Technischen Anforderungen an Fahrzeugteile bei der Bauartprüfung nach § 22a StVZO vom 5.7.1973 (VkBl. 558) i.d.F. vom 23.2.1994 (VkBl. 233) oder mit ringförmig zusammenhängenden retroreflektierenden weißen Streifen an den Reifen oder Felgen des Vorderrades und des Hinterrades zu erfolgen. Bei einachsigen Elektrokleinstfahrzeugen reicht die Kennzeichnung der außenliegenden Räder.

(4) Bei Elektrokleinstfahrzeugen ist die Ausrüstung mit nach vorne und nach hinten wirkenden Fahrtrichtungsanzeigern entsprechend § 67 Abs. 5 Satz 6 StVZO zulässig. Zusätzlich

32 *(Fortsetzung)*
1. dürfen auch die hinteren Fahrtrichtungsanzeiger mit der Lenkung mitschwenken,
2. darf der Abstand vom hintersten Punkt des Fahrzeugs zu den Fahrtrichtungsanzeigern mehr als 300 mm betragen,
3. darf die maximale Anbauhöhe der vorderen und hinteren Fahrtrichtungsanzeiger 1400 mm betragen,
4. darf bei den hinteren Fahrtrichtungsanzeigern die minimale Anbauhöhe 150 mm betragen, wenn der Vertikalwinkel der geometrischen Sichtbarkeit mindestens 25° über der Horizontalen beträgt.

§ 6 Anforderungen an die Einrichtung für Schallzeichen

Elektrokleinstfahrzeuge müssen mit mindestens einer helltönenden Glocke, die den Anforderungen des § 64a StVZO entspricht, ausgerüstet sein. Es dürfen auch andere Einrichtungen für Schallzeichen angebracht sein, die der ECE-Regelung Nr. 28 sowie dem Anhang II der … EU-Verordnung Nr. 3/2014 … entsprechen.

§ 7 Sonstige Sicherheitsanforderungen

Elektrokleinstfahrzeuge müssen
1. die Tests entsprechend den Prüfanforderungen und Anforderungen an die Fahrdynamik nach der Anlage zu dieser Verordnung erfüllen,
2. den Anforderungen der ECE-Regelung Nr. 10 … entsprechen,
3. den Maßnahmen zum Schutz vor Manipulation gemäß DIN EN 15194:2018-11 entsprechen,
4. einen wirksamen Schutz gegen das direkte Berühren aller spannungsführenden Bauteile aufweisen,
5. gegen unbeabsichtigtes Verstellen aller Bedien- und Bauteile gesichert sein,
6. sowohl im Betriebszustand als auch im ggf. abweichenden Transportzustand so beschaffen und ausgerüstet sein, dass sie sicher sind, ihr verkehrsüblicher Betrieb niemanden schädigt oder mehr als unvermeidbar gefährdet, behindert oder belästigt und der Fahrer insbesondere bei Unfällen vor Verletzungen möglichst geschützt ist sowie das Ausmaß und die Folgen von Verletzungen möglichst gering bleiben,
7. so beschaffen sein, dass sich das Bedienelement zur Steuerung der Motorleistung (z.B. ein Drehgriff oder Knopf) innerhalb einer Sekunde selbstständig in Nullstellung zurückstellt, wenn der Fahrer es loslässt. Abweichend davon muss sich der Fahrzeugantrieb bei selbstbalancierenden Fahrzeugen innerhalb einer Sekunde automatisch deaktivieren, wenn sich der Fahrer nicht auf dem Fahrzeug befindet. Dazu müssen selbstbalancierende Fahrzeuge mit einem System zur Zustandserkennung ausgerüstet sein, das erkennt, ob sich der Fahrer auf dem Fahrzeug befindet,
8. so beschaffen sein, dass ihre Batterien den Sicherheitsanforderungen des Kapitels 4.2.3 der DIN EN 15194:2018-11 entsprechen,
9. so beschaffen sein, dass vorhandene Standflächen aufgrund ihrer rutschhemmenden Oberfläche ausreichend Halt bieten.

§ 8 Personenbeförderung und Anhängerbetrieb

Die Personenbeförderung sowie der Anhängerbetrieb sind für Elektrokleinstfahrzeuge nicht gestattet.

§ 9 Anwendung der StVO

Wer ein Elektrokleinstfahrzeug im Straßenverkehr führt, unterliegt den Vorschriften der StVO nach Maßgabe der nachfolgenden §§ 10 bis 13.

§ 10 Zulässige Verkehrsflächen

(1) Innerhalb geschlossener Ortschaften dürfen Elektrokleinstfahrzeuge nur baulich angelegte Radwege, darunter auch gemeinsame Geh- und Radwege (Z. 240 der Anl. 2 StVO) und die dem Radverkehr zugeteilte Verkehrsfläche getrennter Rad- und Gehwege (Z. 241 der Anl. 2 StVO), sowie Radfahrstreifen (Z. 237 i. V. m. Z. 295 der Anl. 2 StVO) und Fahrradstraßen (Z. 244.1 der Anl. 2 StVO) befahren. Wenn solche nicht vorhanden sind, darf auf Fahrbahnen oder in verkehrsberuhigten Bereichen (Z. 325.1 der Anl. 3 StVO) gefahren werden. Anl. 3 lfd. Nr. 22 Nr. 2 StVO findet keine Anwendung.

(2) Außerhalb geschlossener Ortschaften dürfen Elektrokleinstfahrzeuge nur baulich angelegte Radwege, darunter auch gemeinsame Geh- und Radwege (Z. 240 der Anl. 2 StVO) und die dem Radverkehr zugeteilte Verkehrsfläche getrennter Rad- und

32 *(Fortsetzung)*

Gehwege (Z. 241 der Anl. 2 StVO), sowie Radfahrstreifen (Z. 237 i. V. m. Z. 295 der Anl. 2 StVO), Fahrradstraßen (Z. 244.1 der Anl. 2 StVO) und Seitenstreifen befahren. Wenn solche nicht vorhanden sind, darf auf Fahrbahnen gefahren werden.

(3) Für das Befahren von anderen Verkehrsflächen können die Straßenverkehrsbehörden abweichend von Abs. 1 und 2 Ausnahmen für bestimmte Einzelfälle oder allgemein für bestimmte Antragsteller zulassen. Eine allgemeine Zulassung von Elektrokleinstfahrzeugen auf solchen Verkehrsflächen kann durch Anordnung des Zusatzzeichens

„Elektrokleinstfahrzeuge frei"

bekannt gegeben werden.

§ 11 Allgemeine Verhaltensregeln

(1) Wer ein Elektrokleinstfahrzeug führt, muss einzeln hintereinander fahren, darf sich nicht an fahrende Fahrzeuge anhängen und nicht freihändig fahren.

(2) Mit Elektrokleinstfahrzeugen darf von dem Gebot, auf Fahrbahnen mit mehreren Fahrstreifen möglichst weit rechts zu fahren, nicht abgewichen werden.

(3) Sind an einem Elektrokleinstfahrzeug keine Fahrtrichtungsanzeiger vorhanden, so muss wer ein Elektrokleinstfahrzeug führt, die Richtungsänderung so rechtzeitig und deutlich durch Handzeichen ankündigen, dass andere Verkehrsteilnehmer ihr Verhalten daran ausrichten können.

(4) Wer ein Elektrokleinstfahrzeug auf Radverkehrsflächen führt, muss auf den Radverkehr Rücksicht nehmen und erforderlichenfalls die Geschwindigkeit an den Radverkehr anpassen. Wer ein Elektrokleinstfahrzeug führt, muss schnellerem Radverkehr das Überholen ohne Behinderung ermöglichen. Auf gemeinsamen Geh- und Radwegen (Z. 240 der Anl. 2 StVO) haben Fußgänger Vorrang und dürfen weder behindert noch gefährdet werden. Erforderlichenfalls muss die Geschwindigkeit an den Fußgängerverkehr angepasst werden.

(5) Für das Abstellen von Elektrokleinstfahrzeugen gelten die für Fahrräder geltenden Parkvorschriften entsprechend.

§ 12 Besonderheiten bei angeordneten Verkehrsverboten nach der StVO

(1) Ist ein Verbot für Fahrzeuge aller Art (Z. 250 der Anl. 2 StVO) angeordnet, so dürfen Elektrokleinstfahrzeuge dort geschoben werden.

(2) Ist ein Verbot für Kraftwagen (Z. 251 der Anl. 2 StVO), ein Verbot für Krafträder (Z. 255 der Anl. 2 StVO), ein Verbot für KFZ (Z. 260 der Anl. 2 StVO) oder ein Verbot der Einfahrt (Z. 267 der Anl. 2 StVO) angeordnet, so dürfen Elektrokleinstfahrzeuge dort nur fahren oder einfahren, wenn dies durch das Zusatzzeichen „Elektrokleinstfahrzeuge frei" erlaubt ist.

(3) Ist ein Verbot für den Radverkehr (Z. 254 der Anl. 2 StVO) angeordnet, so gilt dies auch für Elektrokleinstfahrzeuge.

§ 13 Lichtzeichen

Elektrokleinstfahrzeuge unterfallen der Lichtzeichenregelung des § 37 Abs. 2 Nr. 5 und 6 StVO. Dabei kommt das Sinnbild „Radverkehr" zur Anwendung.

§ 14 Ordnungswidrigkeiten

Ordnungswidrig i. S. d. § 24 Abs. 1 Satz 1 StVG handelt, wer vorsätzlich oder fahrlässig

1. entgegen § 2 Abs. 1 Satz 1 oder Abs. 3 Satz 2 ein Elektrokleinstfahrzeug in Betrieb setzt,
2. entgegen § 2 Abs. 1 Satz 2 eine dort genannte Bestätigung oder Bescheinigung nicht oder nicht rechtzeitig aushändigt,
3. entgegen § 2 Abs. 4 die Inbetriebnahme anordnet oder zulässt,
4. entgegen § 8 eine Person befördert oder einen Anhänger betreibt,
5. entgegen § 10 Abs. 1 Satz 1 oder Abs. 2 Satz 1 eine andere Verkehrsfläche befährt,
6. entgegen § 11 Abs. 1 nicht richtig fährt, sich an ein fahrendes Fahrzeug anhängt oder freihändig fährt,

eKFV inner- und außerorts nur auf Radwegen, gemeinsamen und getrennten Geh- und Radwegen (Z. 240, 241) sowie auf Radfahrstreifen (Z. 237 i.V.m. Z. 295) und Fahrradstraßen (Z. 244.1) zulässig. Keinesfalls darf auf Gehwegen gefahren werden, auch nicht mit abgeschaltetem Motor (s.a. Koehl SVR 2019, 415). Möglich ist das Fahren auf Busspuren, wenn dies durch Zusatzzeichen erlaubt wird. Sind solche nicht vorhanden, darf auf Fahrbahnen, innerorts auch in verkehrsberuhigten Bereichen (Z. 325.1) gefahren werden.[33] Durch Aufhebung der MobHV ist keine Begrenzung auf Gemeindestraßen und Wirtschaftswegen erfolgt, somit darf auch auf Kreis-, Landes- oder Bundesstraßen gefahren werden. Wird auf Fahrbahnen mit mehreren (markierten oder unmarkierten) Fahrstreifen gefahren, darf nicht vom Rechtsfahrgebot abgewichen werden, weder bei Verkehrsdichte, beim Linksabbiegen noch vor Signalanlagen. Nach links darf deshalb nur rechtwinklig unter Ausnutzung der Kreuzungskanten abgebogen werden (indirektes Abbiegen). Der Fahrer eines Elektrokleinstfahrzeugs gehört dann nicht mehr zum Linksabbiegeverkehr und muss wie bei einer Fahrbahnquerung den Verkehr aus beiden Richtungen beachten.[34]

Versicherungsplakette für Elektrokleinstfahrzeuge

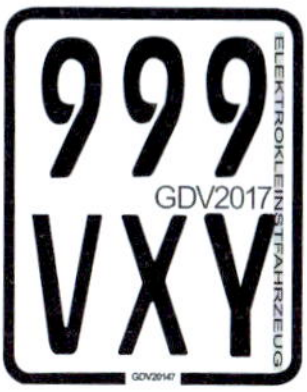

Da die max. Geschwindigkeit 20 km/h nicht übersteigen darf, gilt zwar keine Helmtragepflicht, ein Schutzhelm ist aber dringend empfohlen. Weiterhin gilt absolute (ab 1,1 ‰) und relative (ab 0,3 ‰) alkoholbedingte Fahruntüchtigkeit nach §§ 316 und 315c Abs. 1 Nr. 1 StGB sowie der 0,5-‰-Grenzwert

---

32 *(Fortsetzung)*

7. entgegen § 11 Abs. 3 eine Richtungsänderung nicht ankündigt,
8. entgegen § 11 Abs. 4 Satz 2 schnellerem Radverkehr das Überholen nicht ermöglicht oder
9. entgegen § 11 Abs. 4 Satz 3 einen Fußgänger behindert oder gefährdet.

§ 15 Übergangsbestimmungen

(1) Genehmigungen, die bis zum Außerkrafttreten der MobHV vom 16.7.2009 (BGBl. I S. 2097) erteilt wurden, bleiben gültig. Genehmigungen auf Basis der außer Kraft gesetzten MobHV dürfen nicht geändert werden.

(2) Für Elektrokleinstfahrzeuge, für die eine gültige Genehmigung durch eine Straßenverkehrsbehörde auf Grundlage anderer Vorschriften erteilt wurde und die den Anforderungen dieser Verordnung entsprechen, sind die Vorschriften dieser Verordnung nach ihrem Inkrafttreten maßgeblich.

(3) Versicherungskennzeichen, die auf Grundlage der MobHV vom 16.7.2009 (BGBl. I S. 2097) erteilt wurden, bleiben für das jeweilige Verkehrsjahr gültig.

(4) Das Bundesministerium für Verkehr und digitale Infrastruktur überprüft die vorliegende Verordnung hinsichtlich ihrer Wirksamkeit, Zielsetzung und Auswirkungen auf die Verkehrssicherheit, basierend insbesondere auf den Ergebnissen einer wissenschaftlichen Begleitung. Auf der Grundlage dieser Evaluierung wird das Bundesministerium für Verkehr und digitale Infrastruktur ggf. bis zum 1.9.2023 einen Vorschlag für die Änderung dieser Verordnung vorlegen.

Anlage (zu § 7 Nr. 1) enthält Prüfanforderungen und Anforderungen an die Fahrdynamik …

33 Die Regelung gilt nur für die beschriebene Fahrzeugart mit zwei parallelen Rädern; andere motorisierte Fortbewegungsmittel wie elektrobetriebene Postzustellwagen mit drei oder vier Rädern gehören nicht dazu. Der Fahrer eines Segways unterliegt dem Grenzwert für Kraftfahrzeuge von 1,1 ‰ bei Alkoholfahrten nach § 316 StGB (OLG Hamburg VRS 131, 4 = DAR 2047, 157).

34 S.a. Reformvorschläge zur eKFV des AK V des 58. Deutschen Verkehrsgerichtstages 2020.

nach § 24a Abs. 1 StVG (OLG Hamburg NZV 2017, 193 = SVR 2017, 152; s. a. Engel DAR 2020, 16). Wird das Elektrokleinstfahrzeug durch Manipulationen verändert (oft höhere Geschwindigkeit), kann Fahrerlaubnispflicht bestehen, meist AM, A1, A2 oder A (s. a. Koehl SVR 2020, 12; Huppertz SVR 2020, 81 und VD 2020, 1: schnellere E-Tretroller erfordern FE-Klasse B; s. a. Schäler VD 2019, 319). Die früher der MobHV unterliegenden Segways bis 25 km/h dürfen nach § 15 eKFV weiterhin nach den Bedingungen der eKFV gefahren werden (s. a. Koch NZV 2020, 183; 2019, 689: zur Opferschutzlücke bei E-Skooter- und E-Bike-Unfällen; Brockmann NZV 2020, 18; Huppertz NZV 2019, 558; Ternig DAR 2019, 595; Schäler SVR 2019, 292; Heßling VD 2019, 188; Huppertz NZV 2016, 513 und NZV 2019, 387; Ternig DAR 2016, 350; Grosskopf NZV 2015, 531).

Da die eKFV nur für KFZ mit Haltestange, integrierter elektronischer Balance-, Antriebs-, Lenk- und Verzögerungstechnik gilt, dürfen andere motorisierte Fahrzeuge ohne Haltestange die Regelung nicht in Anspruch nehmen (Hoverboards, Hovercarts, Monowheels u. ä. nicht zulassungsfähige KFZ). Ohne Rechtsänderung dürfen solche KFZ nicht im öffentlichen Verkehr betrieben werden, auch nicht auf Gehwegen, Ladenpassagen oder Parkplätzen (s. a. Heßling VD 2016, 188; Brockmann NZV 2020, 18). Für diese Fahrzeuge war vom BMVI zwar eine Ausnahmeverordnung zur eKFV geplant. Angesichts des Widerstandes im Bundesrat (DS DS158/19 (B) vom 17.5.2019) dürfte eine zeitnahe Ausnahmeverordnung nicht zu erwarten sein.

2.7.7 Abstellen von Fahrrädern

Bei der Fassung der StVO von 1970 spielte der Radverkehr nur eine geringe Rolle. So hatte der Verordnungsgeber weder das Schieben auf Gehwegen noch das Parken von Fahrrädern besonders geregelt, weil die polizeiliche Opportunitätspraxis ausreicht, um Auswüchse zu verhindern. Da **Fahrräder** auf Gehwegen geschoben werden dürfen, dürfen sie auch dort „abgestellt" werden; das Parkverbot des § 12 Abs. 4 greift hier nicht. Auch bei der Neufassung der StVO von 2013 wurde kein Bedarf gesehen, das Parken von Fahrrädern besonders zu regeln. Bei Dunkelheit dürfen Fahrräder nicht unbeleuchtet auf der Fahrbahn stehen gelassen werden (§ 17 Abs. 4), so dass sie auch auf Gehwege verbracht werden können. Darüber hinaus dürfen Fahrräder je nach Ortsüblichkeit überall dort abgestellt werden, wo sie andere weder gefährden noch wesentlich behindern, somit auch auf Gehwegen (BVerwG VD 2004, 135 = NJW 2004, 1815 = NZV 2005, 333; OVG Lüneburg VerkMitt 2003 Nr. 72 = VRS 106, 144; VG Lüneburg VerkMitt 2003 Nr. 33 = VRS 104, 236 = NZV 2003, 255; VG Hamburg NZV 2009, 312: auch mit Werbetafeln; LG Köln SVR 11/2015 III: Fahrräder müssen so sicher abgestellt werden, dass sie nicht umstürzen und Andere schädigen; s. a. Kettler NZV 2003, 209 und SVR 2006, 276; Schulze-Werner VD 2006, 236; Rebler DAR 2009, 12, 18). Ein Zonenhaltverbot mit dem Zusatzzeichen „auch Fahrräder" ist nicht geeignet, das Parken auf Gehwegflächen mit dem Ziel zu unterbinden, Fahrräder in eine kostenpflichtige Abstellanlage zu verweisen.

3 Hinweise

3.1 Bei Markierung von drei oder mehr Fahrstreifen für eine Richtung durch Begrenzungs- oder Leitlinien darf der zweite Fahrstreifen von rechts benutzt werden, wenn – auch nur hin und wieder – rechts davon ein Fahrzeug hält oder fährt. Sind für eine Fahrtrichtung drei oder mehr Fahrstreifen durch Leitlinien markiert, darf der linke Streifen mit Lastkraftwagen über 3,5 t oder Zügen über 7 m nur zum Einordnen beim Linksabbiegen benutzt werden: § 7 Abs. 3c.

3.2 Freiheits- oder Geldstrafe bei grob verkehrswidrigen und rücksichtslosen Verstößen gegen das Rechtsfahrgebot an unübersichtlichen Stellen mit konkreter Gefährdung von Personen oder erheblichen Sachwerten (ab 750 €): § 315c I Nr. 2e StGB.

3.3 Ständiges Linksfahren auf einer Autobahn ist strafbare Nötigung (§ 240 StGB), wenn durch langsame Fahrweise oder Lenkbewegungen gezielt das Überholen unter Inkaufnahme von Gefährdungen verhindert werden soll (OLG Düsseldorf VerkMitt 2000 Nr. 70 = DAR 2000, 367 = VRS 99, 45 = NZV 2000, 301). Bedrängende Fahrweise des Überholenden kann ebenso Nötigung sein (OLG Köln NZV 1992, 371), wobei der „Drängler" für Fehlreaktionen des Überholten strafrechtlich zur Verantwortung gezogen werden kann.

§ 3 Geschwindigkeit

(1) Wer ein Fahrzeug führt, darf nur so schnell fahren, dass das Fahrzeug ständig beherrscht wird. Die Geschwindigkeit ist insbesondere den Straßen-, Verkehrs-, Sicht- und Wetterverhältnissen sowie den persönlichen Fähigkeiten und den Eigenschaften von Fahrzeug und Ladung anzupassen. Beträgt die Sichtweite durch Nebel, Schneefall oder Regen weniger als 50 m, darf nicht schneller als 50 km/h gefahren werden, wenn nicht eine geringere Geschwindigkeit geboten ist. Es darf nur so schnell gefahren werden, dass innerhalb der übersehbaren Strecke gehalten werden kann. Auf Fahrbahnen, die so schmal sind, dass dort entgegenkommende Fahrzeuge gefährdet werden könnten, muss jedoch so langsam gefahren werden, dass mindestens innerhalb der Hälfte der übersehbaren Strecke gehalten werden kann.

(2) Ohne triftigen Grund dürfen Kraftfahrzeuge nicht so langsam fahren, dass sie den Verkehrsfluss behindern.

(2a) Wer ein Fahrzeug führt, muss sich gegenüber Kindern, hilfsbedürftigen und älteren Menschen, insbesondere durch Verminderung der Fahrgeschwindigkeit und durch Bremsbereitschaft, so verhalten, dass eine Gefährdung dieser Verkehrsteilnehmer ausgeschlossen ist.

(3) Die zulässige Höchstgeschwindigkeit beträgt auch unter günstigsten Umständen

1. innerhalb geschlossener Ortschaften für alle Kraftfahrzeuge — 50 km/h,
2. außerhalb geschlossener Ortschaften
   a) für
      aa) Kraftfahrzeuge mit einer zulässigen Gesamtmasse[1] über 3,5 t bis 7,5 t, ausgenommen Personenkraftwagen,
      bb) Personenkraftwagen mit Anhänger,
      cc) Lastkraftwagen und Wohnmobile jeweils bis zu einer zulässigen Gesamtmasse von 3,5 t mit Anhänger sowie
      dd) Kraftomnibusse, auch mit Gepäckanhänger, — 80 km/h,
   b) für
      aa) Kraftfahrzeuge mit einer zulässigen Gesamtmasse über 7,5 t,
      bb) alle Kraftfahrzeuge mit Anhänger, ausgenommen Personenkraftwagen, Lastkraftwagen und Wohnmobile jeweils bis zu einer zulässigen Gesamtmasse von 3,5 t, sowie
      cc) Kraftomnibusse mit Fahrgästen, für die keine Sitzplätze mehr zur Verfügung stehen, — 60 km/h,

1 Die StVO verwendet nur noch den Begriff „Masse", insbesondere zulässige oder tatsächliche Gesamtmasse eines Fahrzeugs. Obwohl sich „Masse" und „Gewicht" nicht wesentlich unterscheiden, ist der Begriff „Masse" physikalisch der richtigere. Das Gewicht hängt von der Gravitation ab, die Masse bleibt gleich. So hat z. B. ein Gegenstand auf dem Mond die gleiche Masse, ist aber infolge geringerer Gravitation leichter als auf der Erde.

c) für Personenkraftwagen sowie für andere Kraftfahrzeuge mit einer zulässigen Gesamtmasse bis 3,5 t 100 km/h.

Diese Geschwindigkeitsbeschränkung gilt nicht auf Autobahnen (Zeichen 330.1) sowie auf anderen Straßen mit Fahrbahnen für eine Richtung, die durch Mittelstreifen oder sonstige bauliche Einrichtungen getrennt sind. Sie gilt ferner nicht auf Straßen, die mindestens zwei durch Fahrstreifenbegrenzung (Zeichen 295) oder durch Leitlinien (Zeichen 340) markierte Fahrstreifen für jede Richtung haben.

(4) Die zulässige Höchstgeschwindigkeit beträgt für Kraftfahrzeuge mit Schneeketten auch unter günstigsten Umständen 50 km/h.

VwV-StVO zu § 3 Geschwindigkeit

1 Sattelkraftfahrzeuge zur Lastenbeförderung sind Lastkraftwagen im Sinne der StVO.

1 Aus der amtlichen Begründung

1.1 Anpassung der Gewichte an die durch EU-Recht vorgegebene Bezeichnung „Gesamtmasse" (Begr. 2012).

2 Erläuterungen

Die Missachtung vorgegebener Tempogrenzen ist eine der Hauptunfallursachen. Bei der Geschwindigkeitswahl ist zu beachten, dass es sich bei den Tempogrenzen um höchstzulässige Geschwindigkeiten handelt, die nur unter günstigsten Umständen gefahren werden dürfen. Das gilt auch, wenn die Geschwindigkeit durch Z. 274 begrenzt ist (OLG Hamm SVR 2005, 267: bei Gefahrenstellen). Aber auch die Missachtung der in der Generalklausel des § 3 Abs. 1 Satz 1 verankerten Verantwortung des Fahrzeugführers für die Wahl einer angemessenen Geschwindigkeit hat Auswirkungen auf fast jeden Verkehrsunfall.

2.1 Geschwindigkeitswahl

Die Wahl der Geschwindigkeit innerhalb normierter oder vorgeschriebener Grenzen sollte rational erfolgen. Einziger sinnvoller Zweck für schnelles Fahren ist der Zeitgewinn. Die Freude daran ist emotional bestimmt und findet im gesetzten Recht keine Berücksichtigung. Beim Vergleich von Geschwindigkeitsdifferenzen im Verhältnis zur gefahrenen Strecke spielt das Zeitmoment meist eine untergeordnete Rolle. Oft sind es nur Sekunden, die bei hohem Tempo unter Inkaufnahme von Unfallrisiken, höheren Haftungsquoten (OLG Koblenz DAR 2007, 463), Stress, größerem Treibstoffverbrauch und Fahrzeugverschleiß erzielt werden.[2] Sinnvoll ist die Zeitersparnis aber nur, wenn sie auch sinnvoll genutzt wird. Das ist häufig nicht der Fall, weil der Kraftfahrer, sobald er sein Fahrzeug verlassen hat, die eingesparte Zeit in seinem Verhalten unberücksichtigt lässt, d.h. schlicht „vertrödelt". Der Kraftfahrer sollte deshalb das Tempo entspannt dem Verkehrsfluss anpassen und nur so schnell fahren, dass Risiken und Treibstoffverbrauch auf das geringstmögliche Maß begrenzt bleiben.

2 So beträgt z.B. die Zeitdifferenz bei 120 und 150 km/h auf einer Strecke von 10 km nur 60 Sekunden (Berechnung: 3600 : km/h × Fahrtstrecke in km = Fahrtzeit in s).

2.2 Reaktions-, Brems-, Anhalteweg

Beim Fahren mit bestimmten Geschwindigkeiten sind vor allem Grundkenntnisse über Reaktions- und Bremswege wichtig.

a. Der **Reaktionsweg [V : 10 × 3]** beträgt knapp eine Sekunde (BGH VRS 38, 104; BGH NJW 2000, 3069 = DAR 200, 524; KG NZV 2003, 380; OLG Saarbrücken VRS 135, 184) und ist damit extrem kurz ausgelegt.[3] Läuft z. B. 30 m vor einem mit Tempo 70 heranfahrenden KFZ ein Kind über die Fahrbahn, wird in einer Sekunde ein Weg von rd. 20 m ungebremst zurückgelegt. Innerhalb der verbleibenden 10 m wird das Tempo sowohl bei einer Bremsverzögerung von 3,8 m/s^2 als auch von 8 m/s^2 nicht so weit herabgesetzt, dass beim Zusammenstoß schwere Verletzungsfolgen vermieden werden können.

b. Der **Bremsweg** kann sehr unterschiedlich sein; in der Regel wird bei einem PKW eine mittlere Verzögerung von 7 m/s^2 angenommen. Der allgemein üblichen **Faustformel** für den Bremsweg **[V : 10]**^{2} liegt eine mittlere Bremsverzögerung von rd. 3,8 m/s^2 zugrunde. Die mittlere Vollbremsverzögerung der Betriebsbremse beträgt mindestens 5 m/s^2.[4] Dennoch ist die Faustformel weiterhin aktuell, weil sich dieser Wert auf die technische

Brems- und Anhalteweg

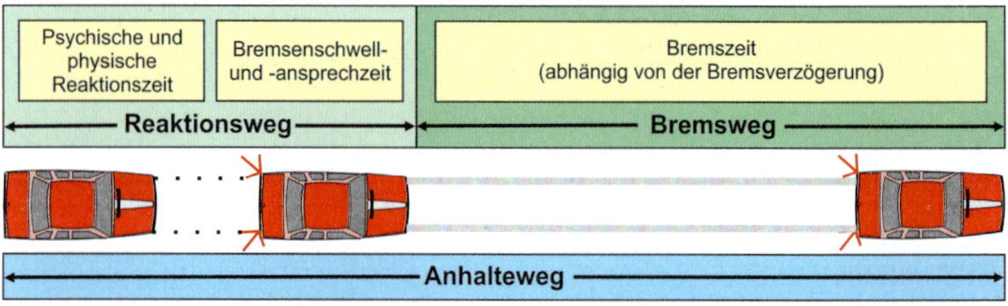

Die Summe der Reaktions-, Bremsenansprech- und Bremsenschwellzeiten ergeben den Reaktionsweg, Reaktionsweg und Bremsweg zusammen den Anhalteweg. Die subjektive Reaktionszeit beträgt bei angemessener Aufmerksamkeit etwa 0,6 s (Erkennen der Gefahr und Umsetzen des Fußes vom Gas auf die Bremse). Dazu kommt die Bremsenschwell- und Bremsenansprechzeiten von etwa je 0,2 s (Zeit bis Bremsverzögerung eintritt), so dass die Reaktionszeit etwa 1 s beträgt, innerhalb der das KFZ ungebremst weiterfährt. Eine zusätzliche Schreckzeit (1 bis 3 s) wird nur zugebilligt, wenn ein überraschendes Ereignis eintritt, mit dem der Kraftfahrer auch bei größter Sorgfalt nicht zu rechnen brauchte, z.B. Tiere auf der Autobahn. Muss hingegen mit Gefahren gerechnet werden (Regelfall), ist von einer Reaktionszeit von rd. 1 s auszugehen (BGH VerkMitt 1994, Nr. 33).

Wie schnell vom Einsetzen der Bremswirkung (d.h. nach dem Reaktionsweg) ein KFZ zum Stillstand gebracht werden kann, hängt von der Bremsverzögerung ab. Diese ist abhängig von der Fahrbahnbeschaffenheit, den Reifen und dem technischen Zustand der Bremsanlage. Bei trockener und griffiger Fahrbahn und guten Reifen muss die Betriebsbremse eine mittlere Vollbremsverzögerung von mind. 5 m/s^2 erreichen (§ 41 Abs. 4 StVZO). Bei geringeren Werten ist das KFZ nicht mehr verkehrstüchtig. Gute Bremsen erreichen eine Bremsverzögerung bis zu 9,8 m/s^2 (Erdbeschleunigung), im Allgemeinen 7 bis 9 m/s^2. Beispiel: Bei Tempo 70 fährt das KFZ 19,4 m/s (70 km/h : 3,6 m/s). Wird es mit einer Bremsverzögerung von 4 m/s^2 abgebremst, beträgt die Geschwindigkeit nach 1 s (19,4 – 4 = 15,4 m/s) rd. 56 km/h, nach 2 s (15,4 – 4 = 11,4 m/s) rd. 41 km/h, nach 3 s (11,4 – 4 = 7,4 m/s) rd. 27 km/h und nach 4 s (7,4 – 4 = 3,4 m/s) rd. 12 km/h. Die in m/s angegebene Geschwindigkeit verringert sich somit in jeder Sekunde des Bremsvorganges um die Größe der Bremsverzögerung.

---

3 Eine zusätzliche Schreckzeit wird nur in seltenen Fällen zugebilligt, wenn ein überraschendes Ereignis eintritt, mit dem auch bei größter Sorgfalt nicht gerechnet werden musste, z. B. Pferde oder Kühe auf einer Autobahn.

4 § 41 Abs. 4 StVZO: ECE-Regelung Nr. 13 bzw. RL 71/320/EWG. Bei anderen Bremsen mit einer bisher geltenden Mindestverzögerung von 1,5 m/s^2 beträgt die Vollbremsverzögerung mind. 3,5 m/s^2.

Gefahrbremsung und Bremstechnik

Fahranfänger sollen im Fahrschulunterricht die Gefahrbremsung üben, weil zaghaftes oder fehlerhaftes Bremsverhalten bei Gefahrsituationen häufig Ursache für schwere Verkehrsunfälle ist.

Blockierbremsung (sofort „voll in die Klötzer", dabei gleichzeitig Kupplung treten): Das KFZ ist nicht mehr lenkbar und bewegt sich unabhängig von der Radstellung in der vorherigen Richtung fort. Der Bremsweg ist bei trockener und griffiger Fahrbahn nur geringfügig länger als beim Anti-Blockier-System (ABS), aber deutlich kürzer als bei der Stotterbremse.

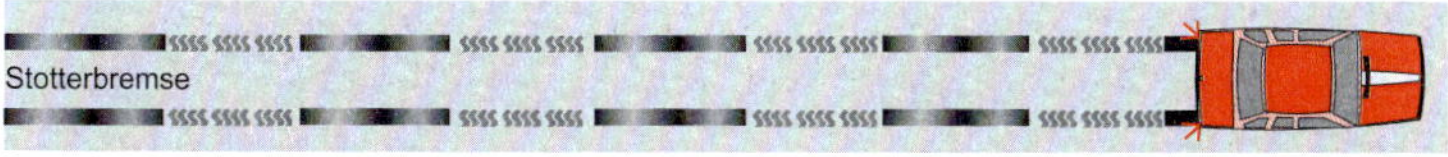

Stotterbremse: Das KFZ bleibt lenkbar, erreicht jedoch den längsten Bremsweg, weil nach jedem Lösen der Bremse das KFZ nur schwach verzögert weiterfährt. Die Stotterbremse sollte deshalb nur eingesetzt werden, wenn noch eine Chance besteht, um die Gefahrenstelle herumzulenken, d.h. meist nur bei geringer Geschwindigkeit. Besteht diese Chance nicht, sollte die Bremse sofort bis zur Blockierung eingesetzt werden, um wenigstens die Aufprallwucht und damit Schäden und Verletzungen in Grenzen zu halten.

Anti-Blockier-System (ABS): Das KFZ bleibt lenkbar und erreicht durch elektronische Steuerung einen Bremsweg mit fast idealer Bremsverzögerung; allerdings auf trockener und griffiger Fahrbahn oder mit Winterreifen nicht wesentlich besser als bei der Blockierbremsung. ABS darf deshalb nicht zu riskanter Fahrweise verleiten. Zur Vermeidung von Auffahrunfällen schlägt die BASt (23/02) vor, durch Änderung der ECE-Regelungen Nr. 7 und 48 sowie des WÜ beim Ansprechen des ABS oder eines Bremsassistenten (entsprechend einer Bremsverzögerung ab 7 m/s^2) die Gefahrbremsung über ein Blinken der dritten, hochgesetzten Bremsleuchte mit 3–5 Hz zu signalisieren.

Ausgestaltung der Bremse, die Faustformel hingegen auf die erreichbare Bremsverzögerung unter Berücksichtigung des Straßen- und Witterungszustandes bezieht. Bei einer **Gefahrbremsung** („Bremsschlag") ist der Bremsweg nach der Faustformel zu halbieren, wobei eine Bremsverzögerung von rd. 7,5 m/s^2 zugrunde gelegt wird: **[(V : 10)^2 : 2]**. Bremsspuren auf der Fahrbahn lassen Rückschlüsse auf die Geschwindigkeit zu, die das Fahrzeug mindestens gehabt hat; sie sind jedoch kürzer als der Bremsweg, weil sie sich erst bei stärkerem Bremsen abzeichnen. Ihre Auswertung ist ohne die Feststellung der konkreten Bremsverzögerung nicht möglich (OLG Hamm VRS 39, 295). Bei Antiblockiersystemen (ABS) entfallen Bremsspuren, so dass dann auch keine Aussagen zur Geschwindigkeit oder zum Bremsverhalten mehr möglich sind (OLG Naumburg VerkMitt 2014 Nr. 34 = VRS 126, 18).

c. Der **Anhalteweg** besteht aus der Summe des Reaktions- und des Bremsweges und ergibt sich aus der Faustformel **[(V : 10) × 3] + [(V : 10)^2]**; bei einer Gefahrbremsung aus der Faustformel **[(V : 10) × 3] + [(V : 10)^2 : 2]**.

2.3 Generalklausel der Fahrgeschwindigkeit

Innerhalb der normierten Tempogrenzen darf nach § 1 Abs. 1 im Hinblick auf die Straßen-, Verkehrs-, Sicht- und Wetterverhältnisse sowie die persönlichen Fähigkeiten und die Eigenschaften von Fahrzeug und Ladung nur so schnell gefahren werden, dass das Fahrzeug ständig beherrscht wird. Die dabei maßgebenden Umstände sind bei der Feststellung eines Geschwindigkeitsverstoßes genau zu erfassen (OLG Koblenz SVR 2020, 33).

2.3.1 Fahren auf Sicht

Nach der „**goldenen Regel**“ des Fahrens auf Sicht darf nur so schnell gefahren werden, dass innerhalb der übersehbaren Strecke vor einer Gefahrenstelle angehalten werden kann. Der Vertrauensgrundsatz wird durch das Gebot des Fahrens auf Sicht eingeschränkt (BGH VRS 64, 168 = VersR 83, 153; BGH NJW 1984, 2412). Das bedeutet nicht, dass stets nur so langsam gefahren werden darf, dass alle Gefahren vermieden werden, was letztlich zum Stillstand des Verkehrs führen würde (s. a. Ternig VD 2012, 290). Die sichtbedingte Herabsetzung der Geschwindigkeit ist aber dann zwingend, wenn der Fahrer aufgrund bestimmter Umstände den Verkehrsablauf nicht vollständig überblicken und deshalb auftretende Hindernisse oder Gefahren nicht so rechtzeitig bemerken kann, dass er ihnen mit Sicherheit begegnen kann (BGH VerkMitt 2002 Nr. 71 = VRS 103, 256; OLG Jena VRS 123, 217). So bleibt z. B. die Blickrichtung bei Dunkelheit meist auf den Scheinwerferkegel gerichtet, nicht aber auf die dunklen Fahrbahnbereiche (OLG Hamm NZV 2008, 411). Sprechen Anzeichen für unerwartet auf die Fahrbahn tretende Personen oder Hindernisse, muss dem durch Tempoverringerung Rechnung getragen werden, z. B. in der Nähe von Haltestellen, vor Schulen, Spielplätzen, bei Kindern oder Arbeitern auf Gehwegen (OLG Köln VerkMitt 2010 Nr. 42: 50 % Mitverschuldensanteil). Nicht angepasste Geschwindigkeit innerhalb des Rahmens zulässiger Höchstgeschwindigkeiten ist bei fast jedem Verkehrsunfall mitursächlich, obwohl dieser Umstand bei der Unfallaufnahme selten ausdrücklich erwähnt wird. Meist fehlen hierzu konkret überprüfbare Feststellungen (Krumm DAR 2018, 710).

Bei schmalen und engen Fahrbahnen, die einen unbehinderten Begegnungsverkehr nicht zulassen, gilt nach § 3 Abs. 1 **halbe Sichtweite**, auch für Fahrzeuge mit geringer Breite (OLG Jena DAR 2002, 166; BayObLG VerkMitt 1956 Nr. 110). Ob bei geringer Straßenbreite auf halbe Sicht gefahren werden muss, hängt davon ab, ob bei Begegnung mit einem anderen Fahrzeug bis zu 2,55 m Breite genügend Platz nebst ausreichendem Seitenabstand bleibt (OLG Jena NZV 2002, 125 = VRS 102, 25). Es braucht nicht damit gerechnet zu werden, dass ein noch unsichtbarer Fahrer das Rechtsfahrgebot grob missachtet; wichtig ist die Sicht auf den Fahrstreifen des Gegenverkehrs (BayObLG VRS 58, 366).

2.3.2 Straßenverhältnisse

Eine Straße darf nur so schnell befahren werden, wie es ihr Zustand erlaubt. Bei Straßenschäden (wellige, eingedellte, bucklige Oberflächen, Spurrillen) muss das Tempo auf ein verkehrssicheres Maß herabgesetzt werden (OLG Naumburg DAR 1995, 206).

2.3.3 Verkehrsverhältnisse

Auch bei Anpassung an den Verkehrsfluss darf die zulässige Höchstgeschwindigkeit nicht überschritten werden; kurzfristige unwesentliche Überschreitungen dürfen unbeanstandet bleiben. Die auf Landstraßen für PKW zulässige Höchstgeschwindigkeit von 100 km/h gilt nur unter besonders günstigen Umständen (OLG Oldenburg NZV 1990, 473). Die Geschwindigkeit ist bei haltenden Fahrzeugen mit Warnblinklicht angemessen herabzusetzen, weil mit Unfallfahrzeugen und Helfern auf der Fahrbahn gerechnet werden muss (OLG Stuttgart VRS 113, 86), ebenso bei unklarem Verhalten von Fußgängern (KG VRS 115, 255: Zeitung lesender Fußgänger).

2.3.4 Geschwindigkeit an schlecht einsehbaren Stellen

Eine Tempoverringerung ist geboten, wenn eine **Straßenstelle unübersichtlich** ist, insbesondere der Verkehrsablauf nicht vollständig überblickt und auf eine plötzliche Gefahr nicht rechtzeitig reagiert werden kann (OLG Hamburg VerkMitt 1954 Nr. 7). Der Begriff der Unübersichtlichkeit bezieht sich nur auf die Fahrbahn, nicht darauf, dass der Verkehrsablauf in der seitlichen Umgebung der Straße nicht voll überblickt werden kann. Parkende KFZ begründen im Stadtverkehr im Allgemeinen keine Unübersichtlichkeit. Wird jedoch durch Parkende eine **Engstelle** geschaffen, in der der gebotene Sicherheitsabstand nicht eingehalten werden kann, wird die Stelle dadurch unübersichtlich (BayObLG VRS 5, 147; BGH DAR 1986, 17; BGH VerkMitt 1999 Nr. 1 = NZV 1998, 369 = VRS 95, 161 = DAR 1998, 388: kein Verschulden beim Vorbeifahren an einer Verkehrsinsel mit Querungshilfe für Fußgänger mit 39 km/h und Sichteinschränkung durch zuvor geparktes KFZ). Unübersichtlich ist die Straße auch bei Nebel (BayObLG DAR 1988, 277 = VRS 75, 209 = NZV 1988, 277). Die Geschwindigkeit bei Annäherung an eine **Kreuzung** gleichrangiger Straßen richtet sich nach der Möglichkeit, durch Einblick nach rechts Gewissheit über den von dort nahenden Verkehr zu erlangen (OLG Hamm VRS 61, 283). Bei Sichtbehinderung muss sich der Kraftfahrer langsam und mit Bereitschaft zu sofortigem Anhalten vortasten. Hierauf kann auch der von links Kommende vertrauen (OLG Saarbrücken VersR 1981, 580). Im **Parkhaus** sind in der Regel nur 10 km/h vertretbar (KG VerkMitt 1983 Nr. 73 = VRS 64,163 = DAR 83, 80).

2.3.5 Gefahrenstellen und Wetterverhältnisse

Bei Gefahrenstellen und ungünstiger Witterung richtet sich die zulässige Geschwindigkeit nach der Sicht und der Verpflichtung, noch vor Hindernissen rechtzeitig anhalten zu können (OLG Köln VRS 95, 164; OLG Schleswig VRS 95, 166). Der Fahrer muss deshalb bei Gefahrzeichen, bei Fahrzeugen mit Warnblinklicht (OLG Celle VRS 130, 77) oder bei Baustellen sein Tempo so verringern, dass er jederzeit davor anhalten kann. Weiterhin muss sich der Fahrer mit besonderen Witterungsverhältnissen rechtzeitig vertraut machen (OLG München VRS 32, 93: Föhn). Bei dichtem Nebel können 25 bis 30 km/h

Fahrgeschwindigkeit auf schmalen Fahrbahnen

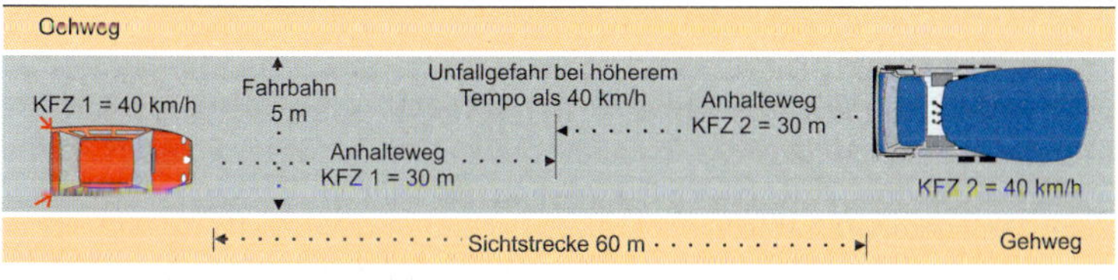

KFZ 1 und 2 fahren auf einer 5 m breiten Fahrbahn aufeinander zu. Die Sichtweite zwischen beiden KFZ beträgt 60 m. Nach § 3 Abs. 1 Satz 5 StVO darf auf schmalen Fahrbahnen nur so schnell gefahren werden, dass innerhalb der „halben Sichtweite“ angehalten werden kann. Schmal ist die Fahrbahn dann, wenn KFZ größtmöglicher Breite (2,55 m) und einem Sicherheitsabstand von etwa 20 cm (innerorts) nicht mehr gefahrlos aneinander vorbeifahren können, d.h. wenn der Fahrbahnquerschnitt weniger als 5,5 m beträgt (außerorts wegen des größeren Sicherheitsabstandes weniger als 7 m).

Obwohl die Sicht von KFZ 1 und 2 jeweils größer als der einzelne Anhalteweg ist, muss die Geschwindigkeit so gewählt werden, dass die Summe der Anhaltewege nicht größer als die Sichtweite beider Fahrzeuge ist. Beträgt die Sicht nur 60 m, darf der Anhalteweg von KFZ 1 und 2 nicht größer als 30 m sein, d.h. beide KFZ dürfen auf schmalen Feldbahnen nicht wesentlich schneller als 40 km/h fahren (bei Tempo 50 besteht bereits Kollisionsgefahr).

noch zu schnell sein. Bei Regen mit plötzlichem Temperaturanstieg nach Frost sowie auf feuchten Straßen bei Temperaturen um den Gefrierpunkt muss die Geschwindigkeit auf mögliche Vereisung eingestellt werden (BGH VRS 38, 48; OLG Frankfurt/M. NZV 2016, 315: der Beweis des ersten Anscheins spricht für zu schnelles Fahren, wenn das KFZ bei Eisglätte ins Schleudern gerät). Im Winter ist zu beachten, dass Schneepflüge und Streufahrzeuge unterwegs sind (LG München I DAR 2010, IV), dass innerorts nur an verkehrswichtigen und gefährlichen Stellen und außerorts nur an besonders gefährlichen Stellen gestreut sein kann. Bei Brücken und Waldschneisen ist nach allgemeiner Erfahrung mit Vereisungsgefahr zu rechnen (BGH DAR 1972, 183). Nach wolkenbruchartigem Regen kann auch auf der Autobahn eine Geschwindigkeit von 80 km/h zu schnell sein, wenn sich Wasserlachen (BGH DAR 1975, 95; BayObLG VRS 41, 65) oder Schmierfilm bei einsetzendem Regen mit Gefahr von **Aquaplaning**[5] gebildet haben (OLG Düsseldorf VerkMitt 1959 Nr. 23). Gleiches gilt bei Spurrillen (OLG Düsseldorf DAR 1999, 38) oder starkem Regen; gerät das Fahrzeug trotzdem ins Schleudern, spricht der erste Anschein für Verschulden (OLG Düsseldorf VersR 1975, 160). Beschlägt das Visier des Motorradhelms durch Regen, muss der Motorradfahrer auch innerorts so langsam fahren, dass er Gefahren vermeiden kann (OLG Hamm VRS 101, 25; OLG Hamm VersR 1990, 318).

Zur Vermeidung witterungsbedingter Unfälle sind für alle Fahrzeugführer als leicht merkbare Regel bei Sichtweiten unter 50 m (Regelabstand der Leitpfosten) höchstens 50 km/h vorgeschrieben, auch auf Autobahnen. Dass dort bei Dunkelheit mit Abblendlicht schneller gefahren werden darf, gilt nicht bei Sichtbeeinträchtigung durch Nebel, Regen oder Schneefall; § 3 Abs. 1 Satz 2 geht somit § 18 Abs. 6 vor.

Bei schlechter Sicht durch Nebel, Schneefall oder Regen von weniger als 50 m besteht nach § 5 Abs. 3a für alle KFZ über 7,5 t Überholverbot. Dadurch ist aber nicht zu verhindern, dass auf zweistreifigen Fahrbahnen von Autobahnen oder Kraftfahrstraßen LKW bei rechts meist witterungsbedingt stehenden Fahrzeugen auf den linken Fahrstreifen überwechseln und dort infolge extrem widriger Wetterverhältnisse selbst liegen bleiben, die ganze Fahrbahn blockieren und kilometerlange Staus verursachen. Das soll das Benutzungsverbot nach § 18 Abs. 11 für den äußerst linken Fahrstreifen für LKW über 7,5 t einschließlich ihrer Anhänger und Zugmaschinen verhindern. Zur Unterstützung des Überholverbots nach § 5 Abs. 3a gilt das Benutzungsverbot auch bei Sichtweiten unter 50 m.

2.3.6 Geschwindigkeit bei Dunkelheit

Bei nächtlicher Fahrt ist das Tempo der Sichtweite anzupassen (Scheinwerfer, Straßenbeleuchtung, Umgebungshelligkeit); dabei jeweils nach dem dunkelsten Teil der Fahrbahn. Zwischen den Dunkelzonen der Straßenleuchten sind Personen und Gegenstände, die sich farblich wenig von der Umgebung abheben, schwer erkennbar. Bei Blendung ist in der Regel damit zu rechnen, dass sich auf dem nicht einsehbaren Teil der Fahrbahn Fußgänger befinden (BGH VRS 32, 266). Außer der Blendung muss der Fahrer die Blendstörwirkung berücksichtigen. Bei nächtlichem Gegenverkehr tritt durch Abblendlicht für kurze Zeit eine Blendwirkung auf, die bei Regen durch die Spiegelung der nassen Windschutzscheibe oder der nas-

5 Auffahren auf einen Wasserkeil.

sen Fahrbahn verstärkt werden kann; auch hierauf ist die Geschwindigkeit einzurichten (OLG Oldenburg VRS 32, 270).

Der Fahrer muss nicht nur den Fahrraum, sondern auch den Geländestreifen neben der rechten Fahrbahnseite (Bürgersteig, Seitenstreifen) beachten. Die Geschwindigkeit ist der Reichweite des Abblendlichts angepasst, wenn am Ende der benötigten Anhaltestrecke außer dem benutzten Fahrstreifen beiderseits je ein Raum von 1 m Breite ausgeleuchtet ist (BayObLG VRS 59, 292). Wer das Abblendlicht einschaltet, gleichwohl aber eine Geschwindigkeit beibehält, die das Anhalten innerhalb der im Abblendlicht überschaubaren Strecke unmöglich macht, haftet für die Folgen (BGH VRS 30, 272; OLG Naumburg VerkMitt 2000 Nr. 13); auch beim Überholen oder entgegenkommendem betrunkenem Fußgänger (OLG Nürnberg VRS 104, 200; OLG Oldenburg NZV 1999, 466 = VRS 97, 241), bei schwarzer Kuh auf der Fahrbahn (OLG Jena NZV 2002, 464 = DAR 2003, 37; AG Coesfeld NZV 2002, 465) oder Fußgängern (OLG Köln VerkMitt 2003 Nr. 22 = VRS 104, 195: mehr als 40 km/h außerorts sind zu schnell; OLG Koblenz DAR 2003, 377: max. 50 km/h bei Soldatengruppe im Tarnanzug; OLG Hamm VerkMitt 2007 Nr. 5: 65 km/h sind bei Pferden auf der Straße zu schnell). Das Sichtfahrgebot wird durch § 18 Abs. 6 auf Autobahnen nicht eingeschränkt, sondern gewährt nur den Vertrauensschutz, dass sich in dem Zwischenraum zum Vorausfahrenden kein Hindernis befindet (OLG Bamberg NZV 2000, 49; OLG Hamm DAR 2000, 218). Der Überblick muss sich bei schmalen Straßen auf die volle Fahrbahnbreite erstrecken (BGH VersR 66, 763). Bei breiteren Straßen bezieht sich der erforderliche Überblick – wie der Grundsatz des Fahrens auf Sichtweite bei Dunkelheit – nur auf den vom Kraftfahrer in Anspruch genommenen Fahrstreifen, nicht auf die ganze Fahrbahn (OLG Hamm VRS 30, 227/228 f.; BGH VerkMitt 1985 Nr. 64 = DAR 1986, 17).

2.3.7 Geschwindigkeit bei unklaren Verkehrslagen

Eine unklare Verkehrslage ist zu bejahen, wenn die überschaubare Fahrstrecke das Vertrauen ausschließt, dass andere Verkehrsteilnehmer freie Durchfahrt einräumen werden (OLG Düsseldorf VerkMitt 1976 Nr. 96). Der Umstand allein, dass auf einer Parallelfahrbahn eine Fahrzeugschlange wegen Rotlichts hält, begründet keine unklare Verkehrslage. Der die Schlange auf der Linksabbiegespur überholende Kraftfahrer muss nicht damit rechnen, dass ein Fahrzeug unvermittelt und ohne rechtzeitiges Zeichen die Fahrspur wechselt. Beim Überholen einer Fahrzeugreihe, die vor einer Einmündung ins Stocken geraten ist, muss mit Hindernissen gerechnet und die Geschwindigkeit darauf eingestellt werden (BGH VersR 1970, 159). Mit der Möglichkeit, dass ein Kind plötzlich auf die übersichtliche Fahrbahn läuft, muss nicht gerechnet werden, wenn dazu kein „triftiger Anlass" besteht (BGH VerkMitt 1985 Nr. 64 = DAR 1986, 17), wohl aber, wenn schon ein Kind über die Fahrbahn gelaufen ist, dem ein weiteres folgen kann (OLG Hamburg NZV 1990, 71). Bleiben nach mehreren Tempobegrenzungen Zweifel an der zulässigen Geschwindigkeit, muss der Kraftfahrer sein Verhalten an der zuletzt gezeigten Tempobegrenzung ausrichten (KG VRS 89, 302). Der Radfahrer muss auf Radwegen bei entgegenkommender Radfahrergruppe seine Geschwindigkeit vermindern (OLG Oldenburg NZV 2008, 527).

2.3.8 Persönliche Fähigkeiten sowie Eigenschaften von Fahrzeug und Ladung

Der Fahrer ist zu gewissenhafter Selbstprüfung seiner Fahrfähigkeiten verpflichtet, vor allem bei altersbedingten Beeinträchtigungen (BGH DAR

1988, 54), Ablenkung, Ermüdung, Medikamentengebrauch. Zur Tempoherabsetzung zwingen u. a. Kippneigung in Kurvenfahrten, beschlagene oder vereiste Fenster (BayObLG VRS 35, 280), ferner Fahrzeugmängel wie schlechte Reifen (BGH VRS 37, 276), ausgeschlagene Schwingungsdämpfer, unzureichende Bremsen. Wird ein Mietwagen mit Automatikgetriebe gefahren, handelt der Fahrer grob pflichtwidrig, wenn er dessen Technik nicht beherrscht (BayObLG VRS 100, 199 = DAR 2001, 173). Bei tempobegrenzten Fahrzeugen (z. B. Anhänger mit Geschwindigkeitsschild nach § 58 StVZO) darf nicht schneller als auf dem Schild angegeben gefahren werden.

2.4 Verkehrsbehinderndes Langsamfahren

Die mit dem Verbot des Langsamfahrens ohne triftigen Grund nach § 3 Abs. 2 verbundene Behinderung muss konkret und mit einer deutlichen Geschwindigkeitsdifferenz verbunden sein (OLG Hamm VerkMitt 1972 Nr. 101: die Behinderung nach § 1 Abs. 2 tritt zurück). Voraussetzung ist nicht die Behinderung eines Einzelnen, sondern des Verkehrsflusses; z. B. Fahren mit 80 km/h, wenn sich der Verkehrsfluss bei 100 km/h bewegt. Andernfalls würden Verkehrsteilnehmer zu sonst nicht gebotener Temporeduzierung oder riskanten Überholmanövern genötigt.[6] „Triftig" ist ein Grund, wenn er subjektiv oder objektiv das Langsamfahren rechtfertigt, z. B. bei mangelhafter Motorleistung oder wegen Schonung eines kranken Mitfahrers, nicht aber zur Einhaltung des Fahrplans eines Linienbusses, um die Landschaft zu betrachten oder als subjektiver Beitrag zur Senkung der CO_2-Emission. Im Verhältnis zu § 5 Abs. 6 gilt § 3 Abs. 2 vor allem für solche KFZ, die bauartbedingt schneller fahren könnten. Die Verpflichtung aus § 5 Abs. 6 Satz 2 für langsame Fahrzeuge, das Überholen anderer Fahrzeuge zu ermöglichen, begründet keinen Verstoß nach § 3 Abs. 2, wenn das geringe Tempo fahrzeug- oder ladungsbedingt ist, somit ein „triftiger Grund" vorliegt. Andererseits müssen diese Fahrzeuge an geeigneter Stelle den rückwärtigen Verkehr vorbeilassen.

Gezieltes Langsamfahren aus verkehrsfremden Motiven, um nachfolgenden Verkehr zum Abbremsen zu zwingen („Ausbremsen"), ist strafbare Nötigung nach § 240 StGB (BayObLG VerkMitt 2001 Nr. 87 = DAR 2002, 79 = NJW 2002, 628; LG Mönchengladbach VerkMitt 2002 Nr. 60 = NJW 2002, 2186; OLG Köln DAR 2000, 84).

2.5 Gefährdungsausschluss bei Kindern, älteren Menschen und Hilfsbedürftigen (§ 3 Abs. 2a)[7]

Der eingeschränkte Vertrauensschutz gilt bei **Kindern**, die das 14. Lebensjahr nicht oder dem äußeren Anschein nach noch nicht vollendet haben (OLG München VRS 75, 93; s. a. Rebler VD 2011, 33; Strube VD 2015, 18). Je jünger Kinder sind, umso eher ist mit unerwarteten Reaktionen zu rech-

6 Die Regelung beruht auf Art. 13 Abs. 2 WÜ, wonach „kein Führer die normale Fahrt der anderen Fahrzeuge dadurch behindern darf, dass er ohne verkehrsbezogenen Grund mit ungewöhnlich niedrigem Tempo fährt".

7 Die Vorschrift des § 3 Abs. 2a gehört systematisch zu § 1, weil nicht nur die Geschwindigkeit, sondern auch der Abstand, das Überholen und andere Verhaltensweisen nicht zu einer Gefährdung verkehrsschwacher Personen führen darf. Ihren Standort bei § 3 Abs. 2a hat die Vorschrift nur deshalb, weil nicht angepasste Geschwindigkeit die häufigste Unfallursache für diesen Personenkreis ist.

nen.[8] Ist nach den gewöhnlichen Lebenserfahrungen und den Örtlichkeiten nicht mit einer konkreten Gefährdung zu rechnen, bestehen gegenüber Kindern keine überspannten Sorgfaltsanforderungen aus § 3 Abs. 2a (BGH NZV 2001, 35 = DAR 2001, 33; OLG Celle NZV 2019, 311 mit Anm. Riemer). So braucht nicht damit gerechnet zu werden, dass hinter jedem geparkten Fahrzeug ein Kind auf die Fahrbahn laufen könnte (OLG Köln DAR 2001, 510; OLG Hamm NZV 1991, 194) oder ein Kind wenige Meter hinter einer ampelgeregelten Kreuzung bei Grün oder bei Dunkelheit zwischen geparkten Fahrzeugen auf die Fahrbahn rennt (KG NZV 1988, 104 = VRS 75, 285; OLG Naumburg NZV 2013, 244). Sieht der Fahrer ein elfjähriges Kind auf der Mitte des Bürgersteigs gehen, braucht er auf einer Tempo 50-Straße nicht damit zu rechnen, dass dieses ohne konkrete Anhaltspunkte für ein Fehlverhalten plötzlich auf die Fahrbahn läuft (OLG Hamm DAR 2006, 272; OLG Hamm DAR 1991, 180); anders bei spielenden Kindern auf dem Gehweg oder mit Rollern vor einem abgesenkten Bordstein (OLG Hamm VerkMitt 2008 Nr. 43 = NZV 2008, 409), bei Kindergruppen (OLG Oldenburg DAR 2004, 706) oder einem siebenjährigen Kind bei Annäherung an den Fahrbahnrand: Hier muss das Tempo deutlich reduziert und zur Fahrbahnmitte hin ausgewichen werden (OLG Jena VRS 111, 180; OLG Frankfurt/M. VerkMitt 2001 Nr. 84 = DAR 2001, 217). Die Ersatzpflicht der Aufsicht führenden Eltern für einen Schaden, den ein Kind Dritten widerrechtlich zufügt, folgt aus § 832 Abs. 1 i.V.m. §§ 1626 Abs. 1, 1631 Abs. 1 BGB. Die Ersatzpflicht ist allerdings ausgeschlossen, wenn die Aufsichtspflicht erfüllt oder der Schaden auch bei gehöriger Aufsicht entstanden wäre (s.a. LG Oldenburg NZV 2011, 33; Pardey DAR 2001, 1).[9]

Ergeben sich aus dem Verhalten der Kinder oder aus der Verkehrssituation Auffälligkeiten, die zu Gefährdungen führen können, müssen alle Maßnahmen zur Abwendung der Gefahr getroffen werden. Wesentlich ist

---

8 Kinder erleben die Verkehrswelt physisch und psychisch anders. Schon durch ihre Größe können sie den Verkehr nur schlecht überblicken und durch ein eingeschränktes Sichtfeld werden seitlich herannahende Fahrzeuge erst spät erkannt, Gefahrsituationen selten voll übersehen. Dagegen werden Kinder von Kraftfahrern erst spät gesehen, weil sie hinter oder zwischen parkenden KFZ nicht auszumachen sind. Das Einschätzen von Geschwindigkeiten und Entfernungen und das Hörvermögen sind noch nicht ausgeprägt. Kinder bis ca. sechs Jahre verstehen nicht, warum ein Auto einen Bremsweg benötigt, während sie doch abrupt zum Stehen kommen können. Verkehrsumfeldgeräusche und Signale können nicht richtig zugeordnet werden. Bis zum Alter von ca. zehn Jahren überwiegen noch egoistische Verhaltensmuster. So glauben Kinder, wenn sie das Fahrzeug sehen, sieht der Fahrer sie auch und bezieht deren Verhalten in seine Reaktion ein. Kinder lassen sich leicht ablenken; der Freund auf der anderen Straßenseite ist wichtiger als der Blick auf die zu querende Fahrbahn. Die Fähigkeit, sich in andere hineinzuversetzen und alternative Perspektiven einzunehmen, erlangen Kinder erst im Teenager-Alter. Der Bewegungsdrang äußert sich durch Rennen, Drängeln, Schubsen. Kinder reagieren selten erwartungsgemäß. Bewegungsabläufe werden nicht gestoppt; im Zweifel rennen sie weiter. Eltern müssen deshalb möglichst frühzeitig richtiges Verhalten im Verkehr mit den Kindern üben (s.a. Iking VD 2017, 59).

9 **§ 832 BGB Haftung des Aufsichtspflichtigen**

(1) Wer kraft Gesetzes zur Führung der Aufsicht über eine Person verpflichtet ist, die wegen Minderjährigkeit oder wegen ihres geistigen oder körperlichen Zustands der Beaufsichtigung bedarf, ist zum Ersatz des Schadens verpflichtet, den diese Person einem Dritten widerrechtlich zufügt. Die Ersatzpflicht tritt nicht ein, wenn er seiner Aufsichtspflicht genügt oder wenn der Schaden auch bei gehöriger Aufsichtsführung entstanden sein würde.

(2) Die gleiche Verantwortlichkeit trifft denjenigen, welcher die Führung der Aufsicht durch Vertrag übernimmt.

zunächst die „erkennbare" Anwesenheit von Kindern (OLG Köln VRS 89, 430), ferner, ob nach dem Alter und dem Verhalten des Kindes mit einer Gefährdung zu rechnen ist (BGH NJW 1986, 183, 184 = DAR 1985, 313, 314; KG VRS 72, 250). Je jünger ein Kind ist, umso höher sind die Sorgfaltsanforderungen. Weiterhin kommt es auf die Örtlichkeiten an, an denen erfahrungsgemäß mit Kindern zu rechnen ist. So muss der Fahrer beim Anfahren auch den unmittelbar vor ihm befindlichen Raum beobachten, selbst wenn dies bei einem LKW und einem Kind schwierig ist (KG NZV 1999, 329). Zu berücksichtigen ist, dass Kinder noch im Alter von zwölf bis 14 Jahren vor allem bei größeren Entfernungen und hohen Geschwindigkeiten zu Fehleinschätzungen der Verkehrslage neigen und daher unbedacht die Fahrbahn betreten könnten (BGH VRS 45, 356). Das gilt besonders im Bereich des Gefahrzeichens 136 „Kinder" (OLG Koblenz VRS 48, 465), des Z. 356 „Verkehrshelfer", von Schulbushaltestellen oder von nicht amtlichen Hinweisschildern auf Kinder, in Tempo 30-Zonen, im Einzugsbereich von Spiel- und Sportplätzen, Kindergärten und Schulen. Stehen Kinder am Fahrbahnrand, muss der Fahrer die Geschwindigkeit so herabsetzen, dass er rechtzeitig anhalten kann, wenn sie plötzlich über die Fahrbahn laufen (OLG Hamm NZV 2000, 259: max. 20 km/h). Nähert sich der Fahrer dem Bereich eines Kindergartens, sollte seine Geschwindigkeit nicht mehr als 10 km/h betragen, wenn Kinder zu sehen sind (OLG Stuttgart VersR 1979, 1039), bei sonstigem Vorbeifahren an spielenden Kindern 20 km/h (OLG Hamm VRS 75, 84 = NZV 1988, 102; OLG Hamm VersR 1989, 97). Bewegt sich ein Rad fahrendes Kind auf die Fahrbahn zu, muss damit gerechnet werden, dass das Kind nicht mehr anhält (BGH VRS 94, 33; DAR 2001, 33).

Eine Altersgrenze gibt es weder für „**ältere Menschen**" noch für „**Hilfsbedürftige**". Der eingeschränkte Vertrauensschutz erfordert bei diesem Personenkreis, dass sie aufgrund äußerer Merkmale für den Fahrzeugführer erkennbar sind (OLG Hamm VerkMitt 2000 Nr. 11 = VRS 97, 334) und eine geordnete, verkehrssichere Reaktion nicht zu erwarten ist, z. B. bei erkennbar betagten Menschen, bei gebeugt, winkend oder unsicher Laufenden (OLG Frankfurt/M. NZV 2001, 218), bei Personen mit Gehhilfen oder Krücken, bei Sehbehinderten mit weißem Langstock, bei taumelnd die Fahrbahn überquerenden Alkoholisierten (BGH VerkMitt 2000 Nr. 58; NZV 2000, 120 = DAR 2000, 114 = VRS 98, 266). Für einen Unfall haftet der Fahrer aber nicht, wenn eine vorher nicht sichtbare betrunkene und dunkel gekleidete Person nachts um ein Uhr unvermutet auf die Fahrbahn läuft (OLG Köln NZV 2001, 43). Verunglückt ein alkoholisierter Fußgänger mit 2 ‰, spricht der Beweis des ersten Anscheins für eigenes Verschulden (OLG Jena NJW 2018, 77).

2.6 Geschwindigkeiten

Die geltenden Geschwindigkeitsgrenzen sind auch unter dem Gesichtspunkt des Lärm- und Abgasschutzes verfassungsgemäß (BVerfG DAR 1996, 92). Ob ein Tempoverstoß auf verkehrsarmer Straße begangen wird (OLG Bamberg VerkMitt 2007 Nr. 83), der Betroffene Berufskraftfahrer ist oder sich bisher verkehrsgerecht verhalten hat, bleibt bei der Höhe der Ahndungsbeträge außer Betracht (BayObLG VRS 92, 33; OLG Hamm VRS 98, 381; NZV 2000, 92 = VRS 97, 449; AG Kiel DAR 1999, 327; OLG Düsseldorf NZV 2000, 134 = DAR 2000, 127; OLG Hamm NZV 2003, 103; s. a. Hornof/Lippert VD 2014, 255). Mit Art. 3 der 54. StrVRÄndV sind in der BKatV die Sanktionen für Tempoverstöße erheblich angehoben worden. So werden für PKW und Krafträder bei Überschreitung der Geschwindigkeit innerorts um

21 km/h und 26 km/h außerorts ein Bußgeld von 80 € und bereits ein Fahrverbot fällig. Nach Pressemitteilungen erwägt das BMVI, diese Sanktionen aus „Verhältnismäßigkeitsgründen" zurückzunehmen, begegnet dabei aber heftiger Kritik aus Verkehrssicherheitsgründen.

Zulässige Höchstgeschwindigkeiten für Kraftfahrzeuge
(innerorts gilt 50 km/h für alle KFZ)

	Fahrzeugarten	Außerorts in km/h	Autobahn in km/h[1]	Besonderheiten
	**Krafträder**	100	ohne[2]	
	mit Anhänger	60	60	
	**PKW**	100	ohne[2]	
	mit Anhänger	80	80	100 km/h mit Plakette[5]
	**LKW** bis 3,5 t	100	ohne[2]	
	bis 3,5 t mit Anhänger	80	80	100 km/h mit Plakette[5]
	3,5 t bis 7,5 t	80	80	
	3,5 t bis 7,5 t mit Anhänger	60	80	
	über 7,5 t – auch mit Anhänger	60	80	
	**Wohnmobile** bis 3,5 t	100	ohne[2]	
	bis 7,5 t	80	100	Auf Autobahnen und Kraftfahrstraßen 100 km/h[6]
	über 7,5 t	60	80	
	bis 3,5 t mit Anhänger	80	80	100 km/h mit Plakette[5]
	über 3,5 t mit Anhänger	60[3]	80	
	**KOM** – auch mit Gepäckanhänger	80	80[4]	Auf Autobahnen 100 km/h[7]
	mit Stehplätzen bei Fahrgastbeförderung	60	60	
	**Zugmaschinen** bis 7,5 t	80	80	
	über 7,5 t	60	80	
	mit einem Anhänger	60	80	
	mit zwei Anhängern	60	60	
	Selbstfahrende Arbeitsmaschinen mit Anhänger	60	60	

1 Autobahngeschwindigkeit gilt gleichermaßen auf anderen außerörtlichen Straßen, wenn deren Richtungsfahrbahnen durch Mittelstreifen oder andere bauliche Einrichtungen getrennt sind (bloße Doppellinie nach Z. 295 reicht nicht aus) oder sie mindestens zwei durch Fahrstreifenbegrenzung (Z. 295) oder durch Leitlinien (Z. 340) markierte Fahrstreifen für jede Richtung haben. Innerorts gilt für alle Kraftfahrstraßen Tempo 50.

2 Im Übrigen gilt Richtgeschwindigkeit 130 km/h; als „PKW" zugelassene Kleintransporter über 3,5 t unterliegen der Temporegelung für LKW.

3 Wohnmobile über 3,5 t unterliegen im Anhängerbetrieb der Temporegelung des § 3 Abs. 3 Nr. 2b, selbst wenn das Zugfahrzeug nicht mehr als 3,5 t hat („… alle Kraftfahrzeuge mit Anhänger …").

4 § 18 Abs. 5 Nr. 2 sieht zwar eine Tempobegrenzung für KOM mit Anhänger vor; hinter KOM dürfen jedoch nur Gepäckanhänger mitgeführt werden (§ 32a Abs. 4 StVZO).

5 Tempo 100 auf Autobahnen und Kraftfahrstraßen bei Erfüllung der technischen Bedingungen der 9. Ausnahmeverordnung zur StVO.

6 12. Ausnahmeverordnung zur StVO vom 18.3.2005 (BGBl. I S. 866/VkBl. 2005 S. 454) i.d.F. vom 26.10.2009 (BGBl. I S. 3678/VkBl. S. 719).

7 Bei Erfüllung der technischen Voraussetzungen des § 18 Abs. 5 Nr. 3 (keine Plakette erforderlich).

2.6.1 Innerortsgeschwindigkeit

Innerorts beträgt die zulässige Höchstgeschwindigkeit 50 km/h und gilt für alle Kraftfahrzeuge (somit nicht für Fahrräder und sonstige unmotorisierte Fahrzeuge); mit Tempo 30-Zonen muss stets gerechnet werden (§ 39 Abs. 1a).[10] Die **Ortstafel** (Z. 310) weist nur auf die Ortschaft hin, das Tempolimit selbst folgt aus § 3 Abs. 3 Nr. 1. Fehlt die Ortstafel (Z. 310/311), beginnt oder endet die 50-km/h-Grenze dort, wo eine geschlossene Bauweise wahrnehmbar ist (OLG Köln VerkMitt 1980 Nr. 42). Ist die Ortstafel nicht rechtzeitig erkennbar, kann ein Tempoverstoß für eine „Toleranzstrecke" milder beurteilt werden (BayObLG NZV 2002, 576 = VRS 103, 385; OLG Bamberg VerkMitt 2017 Nr. 28: Absehen vom Fahrverbot; OLG Stuttgart VRS 59, 251). Wer innerorts auf einer **Vorfahrtstraße** unzulässig mit hohem Tempo auf eine Kreuzung zufährt, ist für den Unfall mit einem Wartepflichtigen auch dann verantwortlich, wenn er noch vor der Kreuzung auf 50 km/h abbremst (OLG Köln VRS 89, 345 = NZV 1995, 360: Tempo 100). Ist eine Tempobegrenzung nur nachts angeordnet, kann ein Verstoß nicht mit tagesüblicher Fahrpraxis entschuldigt werden (BayObLG DAR 2000, 577). Ebenso kann sich ein Betroffener nicht dadurch entlasten, dass er auf einer geschwindigkeitsbegrenzten Strecke auf einen Parkplatz fährt und nach der Ausfahrt geltend macht, das Tempolimit vergessen zu haben (OLG Oldenburg DAR 2012, 37).

Die Frage, ob Tempo 30 als Regelgeschwindigkeit eingeführt werden soll, wird seit Jahren unter verschiedenen Aspekten, wie Verkehrssicherheit, Lärm- und Abgasschutz, Schilderabbau, erörtert (s. a. Niebrügge VD 2019, 209). Eine solche Regelung setzt eine vorherige Änderung des WÜ voraus, so dass eine StVO-Änderung allein nicht möglich ist.

2.6.2 Außerortsgeschwindigkeit

Die Außerortsgeschwindigkeit von 100 km/h für alle PKW[11] und KFZ bis 3,5 t (§ 3 Abs. 3 Nr. 2c) gilt nur bei guten Straßen-, Verkehrs- und Wetterverhältnissen (OLG Oldenburg NZV 1990, 473).[12] Dienen zulassungsrechtlich als „PKW" zugelassene KFZ über 3,5 t durch Herausnahme der Sitze der Güterbeförderung, unterliegen sie der Temporegelung für LKW (80 km/h, im Anhängerbetrieb bis 60 km/h). Dabei kommt es **nicht** auf die Eintragung in den Zulassungsdokumenten, sondern auf die **tatsächliche Ausstattung** und **Verwendung** zur **Güterbeförderung** an (EuGH NJW 2006, 2539 = DAR 2006, 563 = NZV 2006, 552 = VD 2006, 247; BayObLG VerkMitt 2004 Nr. 12 = DAR 2003, 469 = VRS 105, 451 = VD 2003, 272 = NJW 2004, 306: „Sprinterbeschluss", OLG Karlsruhe DAR 2004, 715; OLG Hamm NJW 2006, 241; OLG Jena VRS 108, 49; OLG Düsseldorf NZV 1991, 483; Blümel DAR 2004, 39; a. A. AG Elmshorn SVR 2007, 275: es

10 Die Voraussetzungen für die Anordnung solcher Zonen folgen aus § 45 Abs. 1c.

11 PKW dürfen somit auch schwerer als 3,5 t sein, z. B. gepanzerte Limousinen, Geländefahrzeuge.

12 Wegen des hohen Unfallrisikos auf Landstraßen durch Bäume und andere Hindernisse sollen bei Neu-, Um- und Ausbauten von Straßen die einschlägigen Richtlinien konsequent angewendet werden (z. B. für den passiven Straßenschutz). Sofern das nicht möglich ist, fordert der AK IV des 53. Deutschen Verkehrsgerichtstages 2015 die Herabsetzung der Außerortsgeschwindigkeit auf 80 km/h (s. a. Schimmelpfennig NZV 2015, 23).

Geschwindigkeit auf autobahnähnlich ausgebauten Straßen

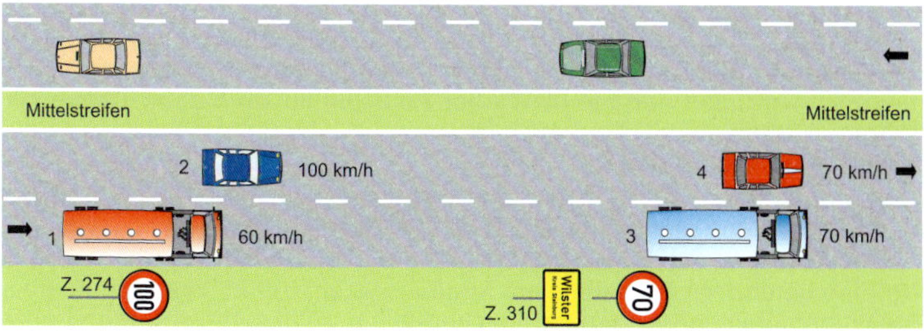

Bei autobahnähnlichen ausgebauten Straßen **außerorts** muss das rote Tankfahrzeug 1 wegen der zulässigen Gesamtmasse über 7,5 t Tempo 60 einhalten (§ 3 Abs. 3 Nr. 2b); PKW 2 unterliegt an sich keinem Tempolimit (§ 3 Abs. 3 Nr. 2c Satz 2 und 3), muss aber wegen Z. 274 100 km/h fahren (§ 41 Abs. 1 i. V. m. Anl. 2 lfd. Nr. 49, Spalte 3, Nr. 1). **Innerorts** gelten hingegen die Tempogrenzen für alle Fahrzeuge. Das blaue KFZ 3 und PKW 4 dürfen deshalb nach dem Ortseingangsschild ab Z. 274 max. 70 km/h fahren (§ 41 Abs. 1 i. V. m. Anl. 2 lfd. Nr. 49, Spalte 3, Nr. 3).

Ist die autobahnähnlich ausgebaute Straße hingegen durch Z. 331 als „Kraftfahrstraße" ausgewiesen, wurde für das Tankfahrzeug 1 außerorts Tempo 80 km/h gelten (§ 18 Abs. 5 Satz 2). PKW 2 würde an sich außerorts keinem Tempolimit unterliegen, dürfte aber wegen Z. 274 höchstens 100 km/h fahren. Innerorts bliebe es bei der Regelung des § 41 Abs. 1 i. V. m. Anl. 2 lfd. Nr. 49, Spalte 3, Nr. 3, d. h. das blaue KFZ 3 und PKW 4 dürften beide 70 km/h fahren.

komme auf die Zulassung als „PKW" an).[13] Gleiches gilt für KFZ mit EU-Betriebserlaubnis.[14]

Die vorgeschriebenen Höchstgeschwindigkeiten für LKW gelten auch für Arbeitsmaschinen (OLG Düsseldorf NZV 1999, 51). Die Ausnahme vom Tempolimit 100 km/h **außerorts** auf **Straßen mit Mittelstreifen** oder solchen mit baulich getrennten Fahrbahnen (autobahnähnlich ausgebauten Straßen) bezieht sich nur auf PKW und KFZ bis 3,5 t, nicht aber auf die in § 3 Abs. 3 Nr. 2a und b genannten Fahrzeuge (OLG Düsseldorf VerkMitt 2007 Nr. 91).[15] Die in § 18 Abs. 5 ebenfalls auf autobahnähnliche Straßen bezogenen Geschwindigkeitsgrenzen gelten jedoch nur für die mit Z. 331.1 gekennzeichneten außerörtlichen **Kraftfahrstraßen** (BayObLG VerkMitt 2000 Nr. 29 = DAR 1999, 411 = NZV 1999, 393 = VRS 98, 43).

Wird auf **autobahnähnlichen Straßen außerorts** (ohne Z. 331.1) die **Geschwindigkeit** durch Z. 274 **angehoben**, gilt diese nur für die in § 3 Abs. 3 Nr. 2c genannten KFZ, denn die für bestimmte Fahrzeugarten (§ 3 Abs. 2 Nr. 2a und b) geltenden Tempogrenzen bleiben unberührt (Anl. 2 lfd. Nr. 49, Spalte 3, Nr. 2). Infolgedessen darf z. B. ein LKW über 7,5 t dort nur Tempo 60 fahren, selbst wenn Z. 274 Tempo 80 erlaubt. Wird hingegen **innerorts** auf einer solchen Straße die **Geschwindigkeit** durch Z. 274 auf mehr als 50 km/h **angehoben**, gilt dies für alle Fahrzeuge (Anl. 2 lfd. Nr. 49, Spalte 3, Nr. 1). Daher darf ein LKW über 7,5 t dort 80 km/h fahren, wenn Z. 274

13 Der wahlweise Einsatz eines PKW als Kombinationskraftfahrzeug zur Personen- oder Güterbeförderung nach § 23 Abs. 6a StVZO bis 2,8 t ist mit der 27. VO zur Änderung der StVZO vom 2.11.2004 (BGBl. I S. 2712) entfallen.

14 Marquardt VD 2005, 264; zum Urteil des EuGH vom 13.7.2006 = NJW 2006, 2539 = DAR 2006, 563 = NZV 2006, 552 = VD 2006, 247, das die Auffassung bestätigt, dass die RL 92/53/EWG vom 18.6.1992 über die EU-Betriebserlaubnis nicht nationalen Temporegelungen entgegensteht.

15 Somit auch nicht für Kleintransporter über 3,5 t, die als „PKW" zugelassen sind.

Tempo 80 erlaubt. Damit trägt der Verordnungsgeber der Homogenität des meist starken innerörtlichen Verkehrsflusses Rechnung (der Verkehr soll nicht durch langsamere Einzelfahrzeuge behindert werden). Aus den gleichen Gründen gilt das für innerörtliche Autobahnen, bei denen allerdings die Geschwindigkeit nicht „angehoben", sondern durch Z. 274 auf 100 km/h begrenzt wird; hier darf ein LKW über 7,5 t statt 80 km/h dann Tempo 100 fahren. Allerdings gilt dann auch die innerörtliche Fahrverbotsgrenze der BKatV von 21 km/h (KG NZV 2002, 47).

Wohnmobile sind weder PKW noch LKW (KG NZV 1992, 162).[16] Bisher galten für Wohnmobile mit Anhänger außerorts max. 60 km/h, andererseits für LKW bis 3,5 t mit Anhänger 80 km/h. Die technischen Voraussetzungen für eine gefahrlose Teilnahme am Straßenverkehr mit 80 km/h gelten aber für Wohnmobile mit Anhänger gleichermaßen, so dass diese Tempogrenze auch für diese Fahrzeugkombination gilt.

Drei- oder **vierrädrige** KFZ gelten auch mit Anhängern oder mit höheren Geschwindigkeiten als 45 km/h als „Motorräder". Für die technischen Voraussetzungen des Anhängerbetriebs gelten die §§ 32 Abs. 1 Nr. 3, 42 Abs. 5 StVZO (s. a. EG-RL 97/24/EG Kap. 10). Da es fahrerlaubnisrechtlich keine Klasse „AE" gibt, unterliegen drei- oder vierrädrige KFZ mit Anhänger der Temporegelung mit 60 km/h (§§ 3 Abs. 3 Nr. 2b bb, 18 Abs. 5 Nr. 2).

2.6.3 Geschwindigkeit bei winterlichen Witterungsverhältnissen

a. **Winterreifen** sind die nach § 36 Abs. 4 StVZO beschriebenen Reifen mit dem Alpine-Symbol.[17] Für alte M+S-Reifen ohne Alpine-Symbol gilt nach § 52 Abs. 2 und 3 noch eine Übergangsfrist bis zum 30.9.2024. Führer von Fahrzeugen ohne die Bereifung mit dem Alpine-Symbol des § 36 IV StVZO müssen dann bei den in § 2 Abs. 3a beschriebenen Witterungslagen vor Antritt jeder Fahrt prüfen, ob das Fahrtziel nicht mit anderen Verkehrsmitteln erreichbar ist. Ist das nicht möglich, muss zu anderen Fahrzeugen ein Sicherheitsabstand von mindestens dem halben Tachowert und eine maximale Höchstgeschwindigkeit von **50 km/h** eingehalten werden, sofern die Witterungsverhältnisse ohnehin nicht eine noch geringere Geschwindigkeit gebieten. Gleiches gilt für alle Fahrzeuge bei Nebel, Schneefall oder Regen mit Sichtverhältnissen unter 50 m (Abstand der Leitpfosten) nach § 3 Abs. 1

16 Nach der EU-rechtlichen Klassifizierung der Nr. 5.1 der Anlage XXIX FZV gehören Wohnmobile zwar zu den „für die Personenbeförderung ausgelegten und gebauten Fahrzeugen" der **Klasse M**, somit zu den „Personenkraftwagen". Verhaltensrechtlich sind sie damit aber **nicht** vom Überholverbot des Z. 277 und vom Verkehrsverbot des Z. 253 oder Z. 273 ausgenommen. Würden sie als „PKW" gelten, wären sie auch vom Tempolimit des § 18 Abs. 5 Nr. 1 befreit, was der VO-Geber nicht gewollt hat.

17 **§ 36 Abs. 4 StVZO Bereifung und Laufflächen**

(4) Reifen für winterliche Wetterverhältnisse sind Luftreifen im Sinne des Abs. 2,

1. durch deren Laufflächenprofil, Laufflächenmischung oder Bauart vor allem die Fahreigenschaften bei Schnee gegenüber normalen Reifen hinsichtlich ihrer Eigenschaft beim Anfahren, bei der Stabilisierung der Fahrzeugbewegung und beim Abbremsen des Fahrzeugs verbessert werden, und
2. die mit dem Alpine-Symbol (Bergpiktogramm mit Schneeflocke) nach der Regelung Nr. 117 der Wirtschaftskommission der Vereinten Nationen für Europa (UNECE) – Einheitliche Bedingungen für die Genehmigung der Reifen hinsichtlich der Rollgeräuschemissionen und der Haftung auf nassen Oberflächen und/oder des Rollwiderstandes (ABl. L 218 vom 12.8.2016, S. 1) gekennzeichnet sind.

Satz 3. Außerdem gilt dann nach § 5 Abs. 3a für alle KFZ über 7,5 t zGM ein Überholverbot und für Gefahrguttransporte nach § 2 Abs. 3a Satz 5 ein Fahrverbot, wenn Gefahren anders nicht auszuschließen sind.

b. Für Reifen mit **Schneeketten** gilt ein Tempolimit von **50 km/h.** Dazu gehören alle Arten von Schneeketten, auch Anfahrhilfen (s. a. Anl. 2 lfd. Nr. 42 – Z. 268). Die bauartbedingte Mindestgeschwindigkeit von 60 km/h des § 18 Abs. 1 hat keine Auswirkungen auf das Tempolimit bei Schneeketten; auch dann darf nur max. 50 km/h gefahren werden. Nach § 37 StVZO müssen Schneeketten so beschaffen und angebracht sein, dass sie die Fahrbahn nicht beschädigen können.[18]

2.6.4 Schrittgeschwindigkeit

Schrittgeschwindigkeit ist vorgeschrieben für alle Fahrzeuge in verkehrsberuhigten Gebieten mit Z. 325 (OLG Hamm DAR 2001, 458: auch Radfahrer), soweit Fahrzeugverkehr durch Zusatzzeichen zugelassen ist, auf Gehwegen (Z. 239) und in Fußgängerzonen (Z. 242), beim Ein- und Aussteigen von Fahrgästen an Haltestellen rechts (§ 20 Abs. 2), bei der Vorbeifahrt an haltenden Schulbussen mit Warnblinklicht (§ 20 Abs. 4) und für alle KFZ über 3,5 t beim Rechtsabbiegen innerorts, sofern dort mit Fußgängerverkehr zu rechnen ist. Die Schrittgeschwindigkeit beträgt für alle Fahrzeuge, auch Radfahrer, 4–7 km/h (OLG Hamm NJW 2020, 351 mit Anm. Fromm: Begriff „Schrittgeschwindigkeit" genügt dem Bestimmtheitsgebot des Art. 103 Abs. 2 GG; OLG Köln VerkMitt 1985 Nr. 63 = VRS 68, 354; OLG Brandenburg DAR 2005, 570; AG Leipzig DAR 2005, 703: Tempo 4–10 km/h, aber deutlich unter 20 km/h; OLG Naumburg VD 2019, 26; KG VD 2018, 27: max. 10 km/h), auch bei starkem Gefälle (OLG Stuttgart NZV 1988, 30). Dass der Tachometer diese Geschwindigkeit nicht anzeigt, entbindet den Kraftfahrer nicht von der Einhaltung der Schrittgeschwindigkeit. Er muss sich dann an der Geschwindigkeit der zu Fuß Gehenden orientieren.

2.6.5 Mäßige Geschwindigkeit

Mäßige Geschwindigkeit bedeutet, so langsam zu fahren, dass – orientiert an der zulässigen Höchstgeschwindigkeit – jederzeit ohne Gefahrbremsung angehalten werden kann, innerorts zwischen 10 und 30 km/h, außerorts nicht mehr als 50 km/h. Mäßige Geschwindigkeit ist ausdrücklich vorgeschrieben für langsame Fahrzeuge zugunsten überholender Fahrzeuge (§ 5 Abs. 6) an Ausfädelungsstreifen bei stockendem oder stehendem Verkehr auf dem durchgehenden Fahrstreifen (§ 7a Abs. 3 StVO), vor Kreuzungen und Einmündungen (§ 8 Abs. 2), vor Bahnübergängen (§ 19 Abs. 1) und an Fußgängerüberwegen, wenn Fußgänger erkennbar den Zebrastreifen benutzen wollen (§ 26 Abs. 1).[19] Sind der Zebrastreifen und damit möglicherweise querende Fußgänger infolge parkender Fahrzeuge oder anderer Hindernisse nicht voll zu übersehen, muss der Kraftfahrer nach § 3 Abs. 1 das Tempo vermindern, bis er hinreichende Sicht hat; anschließend greift die Verpflichtung des § 26 Abs. 1 Satz 2.

---

18 Wegen der Gefahr von Fahrbahnschäden (Spurrillen) sind Spikereifen an Fahrzeugen schlechthin unzulässig.

19 Auf Fahrradstraßen gilt Tempo 30 (Anl. 2 lfd. Nr. 23 – Z. 244); s.a. Lorenz NZV 2014, 498.

2.6.6 Geschwindigkeit anderer Verkehrsarten in Fußgänger- und Radfahrbereichen

Werden durch Zusatzzeichen andere Verkehrsarten auf Gehwegen (Z. 239), Radwegen (Z. 237), auf gemeinsamen oder getrennten Rad- und Gehwegen (Z. 240 oder Z. 241) oder in Fußgängerzonen (Z. 242.1) zugelassen, muss jeweils auf Fußgänger und Radfahrer Rücksicht genommen werden; es darf nur mit Schrittgeschwindigkeit gefahren werden. Auf getrennten Geh- und Radwegen dürfen Mofas nur den für Radfahrer bestimmten Teil befahren. Auf Radfahrstraßen (Z. 244.1) und in Radfahrzonen (Z. 244.3) gilt für alle eine Höchstgeschwindigkeit von **30 km/h** (Anl. 2 lfd. Nr. 23, Spalte, Nr. 2).

2.6.7 Richtgeschwindigkeit[20]

Für PKW und andere KFZ bis zu 3,5 t gilt auf Autobahnen und autobahnähnlich ausgebauten Straßen außerorts eine empfohlene Höchstgeschwindigkeit von 130 km/h.[21] Die Regelung selbst ist nicht bußgeldbewehrt, kann jedoch einen Verstoß gegen § 3 Abs. 1 begründen. Wer die Richtgeschwindigkeit überschreitet, haftet zu 20 %, wenn der durch verkehrswidriges Verhalten eines anderen verursachte Unfall bei Einhaltung der Richtgeschwindigkeit vermieden worden wäre (OLG Hamm NZV 1995, 194; DAR 2000, 218; OLG Nürnberg VRS 119, 324 = DAR 2010, 707). Im Übrigen sind die Z. 380 und 381 (Anfang und Ende einer empfohlenen Richtgeschwindigkeit) ersatzlos entfallen; bestehende Zeichen waren aber noch bis 2019 gültig (§ 53 Abs. 4).

Ungeachtet dessen gilt auf Autobahnen und autobahnähnlichen Straßen die Geschwindigkeits-Generalklausel des § 3 Abs. 1. Wer danach zu schnell fährt, haftet für seinen Verschuldensanteil, wenn der durch verkehrswidriges Verhalten eines anderen verursachte Unfall bei Einhaltung einer niedrigeren Geschwindigkeit vermieden worden wäre (OLG Hamm NZV 1995, 194; DAR 2000, 218; OLG Nürnberg VRS 119, 324 = DAR 2010, 707).

2.7 Tachometer

Bei Ausfall des Geschwindigkeitsmessgeräts muss sich der Kraftfahrer anhand der Fahrgeräusche besonders sorgfältig vergewissern, dass er die erlaubte Geschwindigkeit nicht überschreitet (OLG Celle DAR 1978, 169); ein zusätzlicher „Toleranzabzug" wird nicht zugebilligt (OLG Köln DAR 2001, 135 = VRS 100, 204). Er darf sich auch nicht einfach dem mit unzulässig überhöhtem Tempo fahrenden Verkehrsfluss anpassen (BayObLG VerkMitt 2000 Nr. 50 = DAR 2000, 171 = NZV 2000, 216 = VRS 98, 288). Wesentlich sind der Abstand zum Vordermann, die Geschwindigkeit, die Sicht- und die Straßenverhältnisse (OLG Koblenz VRS 74, 196; ähnlich OLG Düsseldorf VRS 83, 216).

2.8 Geschwindigkeitskontrollen

Während sich Kraftfahrer anderer Länder im sozialen Konsens des „Citizenship" an die selbst gegebenen Regeln halten, gilt hier leider eher das

20 Das vom BR-Umweltausschuss am 30.1.2020 empfohlene Tempolimit von 130 km/h unter Aufhebung der Richtgeschwindigkeits-Verordnung auf allen Autobahnen ist im Plenum des Bundesrates am 14.2.2020 nicht übernommen worden (s. BR-DS 591/1/19 und 591/19-B).

21 Siehe Autobahn-Richtgeschwindigkeits-Verordnung 130 km/h: Erl. 3.1 zu § 18.

Prinzip: „Nur das wird beachtet, was auch kontrolliert wird." Die Einhaltung von Tempogrenzen muss deshalb durch aufwendige Geschwindigkeitskontrollen beweissicher überwacht werden, wobei teilweise Radiosender absurderweise meinen, die Bemühungen der Polizei durch Bekanntgabe der Kontrollstellen konterkarieren zu müssen.

a. Durchführung

Die Durchführung von Geschwindigkeitskontrollen ist eine hoheitliche Aufgabe von Polizei und Ordnungsbehörden und darf nicht auf Private delegiert werden (s. a. Erl. 2.2 zu § 49). Das betrifft vor allem die Beweiskette für Tempoverstöße durch Auswertung der Messergebnisse sowie das Anhalten betroffener Fahrzeugführer und die Einleitung von Verfolgungs- und Ahndungsmaßnahmen (OLG Frankfurt/M. NZV 2016, 591; s. a. Geißler DAR 2015, 361). Private können zwar für rein technische Hilfsdienste herangezogen werden, wie die Aufstellung von Geschwindigkeitskontrollgeräten, sie müssen selbst bei dieser Tätigkeit aber von Polizeibeamten oder kommunalen Ordnungskräften in fachlicher Hinsicht überwacht werden (s. a. zur Arbeitnehmerüberlassung Erl. 2.2 zu § 49). Unzulässige, von Privaten durchgeführte Maßnahmen bei Tempokontrollen unterliegen einem Beweisverwertungsverbot.

Tempoüberwachung ist allein zur Gewährleistung der Sicherheit des öffentlichen Verkehrs zulässig. Kommunen dürfen deshalb die Geschwindigkeitsüberwachung nicht gewinnorientiert betreiben, wie Aufstellung der Messgeräte dort, wo zwar keine Unfall- oder Gefahrenschwerpunkte bestehen, aber mit Tempoverstößen und Einnahmen nicht allein zur Deckung der Gerätekosten zu rechnen ist.

b. Nachweis durch Messungen

Gibt der Betroffene die Geschwindigkeitsüberschreitung nicht uneingeschränkt und glaubhaft zu (s. a. Grube DAR 2013, 601), müssen Tempoverstöße von der Polizei grundsätzlich durch **Messungen** mittels Radar, Laser, Tachometervergleich, Stoppuhr, Spiegelmessverfahren, Fahrtschreiber, Nach- oder Vorausfahren nachgewiesen werden.[22] Die Erfassung von Tempoverstößen durch Lichtbilder oder Videoaufzeichnung des Fahrzeugkennzeichens und des Fahrers darf nur erfolgen, wenn aufgrund des Messwertes der Verdacht eines Tempoverstoßes besteht (BVerfG NJW 2009, 3293; OLG Rostock VRS 118, 350; KG VRS 118, 366 und 367).[23] Werden hingegen Kraftfahrer **ohne** konkreten Anfangsverdacht durch Aufzeichnungen erfasst und gespeichert, liegt mangels gesetzlicher Grundlage ein Verstoß gegen das Grundrecht auf informationelle Selbstbestimmung nach Art. 1 Abs. 1 und Art. 2 Abs. 1 GG vor (BVerfG DAR 2011, 457: ein Beweisver-

22 Die Messgeräte müssen nach § 2 Abs. 2 EichG geeicht sein. Siehe auch Standards der Geschwindigkeitsüberwachung im Verkehr – Schriftenreihe „Berichte der Bundesanstalt für Straßenwesen", 2002, Heft 146 (s. a. kritisch Geißler DAR 2014, 717). Bei Anfechtung des Messergebnisses sind der Eichschein und das Messprotokoll durch Verlesung in die Hauptverhandlung einzuführen (OLG Düsseldorf DAR 2013, 93).

23 Rechtsgrundlage für die dazugeschaltete Kamera bei Verdacht eines Verkehrsverstoßes ist § 100h Abs. 1 Satz 1 Nr. 1 StPO i. V. m. § 46 Abs. 1 OWiG (BVerfG NJW 2009, 3293; BVerfG DAR 2010, 508 = NZV 2010, 582 = SVR 2010, 433; OLG Dresden DAR 2011, 216; OLG Düsseldorf DAR 2010, 393; OLG Stuttgart VerkMitt 2010 Nr. 34; OLG Brandenburg VerkMitt 2010 Nr. 36; OLG Bamberg NZV 2010, 98; OLG Jena NZV 2010, 266; OLG Celle NZV 2010, 363; SVR 2010, 273).

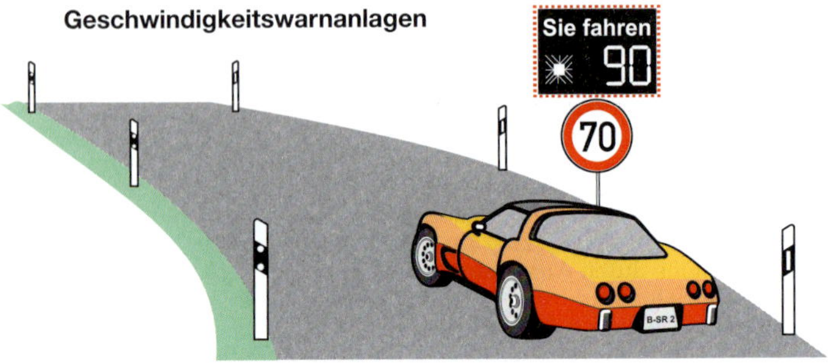

Automatische Geschwindigkeitswarnanlagen zeigen Tempoüberschreitungen an. Durch Anzeige der gefahrenen Geschwindigkeit sollen Kraftfahrer zur Temporeduzierung veranlasst werden. Beim sparsamen Einsatz an unfallträchtigen Strecken und Beachtung des Gewöhnungseffektes oder als Nebelwarnanlagen haben sich solche Einrichtungen durchaus als wirksam erwiesen. Obwohl der verkehrserzieherische Zweck der Anlagen im Vordergrund steht, können sie auch mit Blitzlicht und Fotokamera zur Erfassung von Verstößen kombiniert werden.

Im Innerortsbereich haben solche Anlagen wegen des Gewöhnungseffektes nur begrenzte Wirksamkeit; um nicht als „Tacho-Testanlagen" missbraucht zu werden, sollten sie mobil für unterschiedliche Standorte einsetzbar sein und nur auf eine Tempoüberschreitung hinweisen.

wertungsverbot ist vom Fachgericht zu prüfen; BVerfG NZV 2009, 56 = SVR 2009, 427 = DAR 2009, 577 = NJW 2009, 3293; BVerfG DAR 2008, 199 = NZV 2008, 362 = NJW 2008, 1505 und 2099; BVerfG SVR 2008, 344; OLG Dresden DAR 2011, 216; AG Demmin SVR 2011, 267; OLG Köln VerkMitt 2016 Nr. 64: aber nicht bei verdachtsabhängigen Messungen). Das gilt auch, wenn die Daten nach Abgleich mit Fahndungsdateien umgehend wieder gelöscht werden. Solchermaßen gewonnene Daten können einem Beweiserhebungsverbot unterliegen, dem ein Beweisverwertungsverbot folgt (OLG Oldenburg VerkMitt 2010 Nr. 29 = VRS 118, 13; AG Grimma VRS 118, 16 = SVR 2010, 145; OLG Hamm SVR 2010, 115; OLG Jena SVR 2010, 148).

Tempoverstöße müssen nach standardisierten Messverfahren durchgeführt werden. Hierbei handelt es sich um technische Verfahren, bei denen unter gleichen Voraussetzungen die Anwendung und der Ablauf der Messungen einheitliche Ergebnisse erbringen (BGH DAR 1998, 110 = NJW 1998, 321 = MDR 1998, 214; s. a. Quarch SVR 2013, 15; Rebler VD 2013, 76 und 2014, 264). Standardisierte Messverfahren erfordern den Betrieb des Messgeräts nach der Bauartzulassung im geeichten Zustand entsprechend der Bedienungsanleitung, auch beim vorangehenden Gerätetest (OLG Celle SVR 2012, 190; OLG Stuttgart DAR 2012, 274; OLG Koblenz DAR 2006, 101; s. a. Schlanstein und Roeßink VD 2016, 143 zur Konformitätsbewertung nach dem harmonisierten EU-Mess- und Eichwesen; Rothfuss DAR 2016, 257; Krumm SVR 2013, 18). Dann kann davon ausgegangen werden, dass die Messergebnisse korrekt ermittelt sind, wobei die Vermutung für die Richtigkeit und Genauigkeit der Messung spricht (OLG Bamberg DAR 2018, 93).

Bei der Ahndung von Tempoverstößen sind deshalb entsprechend dem aus Art. 20 Abs. 3 GG i. V. m. Art. 2 Abs. 1 GG, Art. 6 Abs. 1 Satz 1 MRK folgenden Gebot eines fairen Verfahrens Einsicht in die Messergebnisse zu gewähren sowie das angewandte Messverfahren und der berücksichtigte Toleranzabzug anzugeben (BayObLG DAR 2020, 145 mit Anm. Krenberger: auch ohne Rohmessdatenspeicherung; OLG Karlsruhe NStZ 2019, 620;

OLG Hamburg NZV 2019, 255; OLG Frankfurt/M. DAR 2018, 639 mit Anm. Fromm; OLG Koblenz NZV 2018, 531). Messergebnisse können nicht mit der Behauptung abstrakt möglicher Fehlerquellen angezweifelt werden; vielmehr sind konkrete Anhaltspunkte erforderlich (OLG Rostock SVR 2016, 470; OLG Naumburg DAR 2016, 403: Überprüfung der Messung unter Mitwirkung eines Sachverständigen bei Abweichung von der Gebrauchsanweisung; LG Wuppertal DAR 2019, 477: bei Verfahrenseinstellung oder Freispruch des Betroffenen sind auch die privaten Sachverständigenkosten zu erstatten; OLG Brandenburg VerkMitt 2017 Nr. 4 = NZV 2017, 144: Anspruch auf Einsicht in die Wartungs- und Reparaturunterlagen der Messgeräte; VerfGH Saarbrücken NZV 2018, 275 mit Anm. Krenberger: Verletzung des rechtlichen Gehörs bei Nichtzugänglichmachung der Token-Datei und Passwort; AG Prenzlau NZV 2017, 99: Einsicht in alle Messdaten des Tattages; OLG Jena DAR 2016, 399 = NJW 2016, 1457; AG Castrop-Rauxel DAR 2016, 597; OLG Frankfurt/M. DAR 2016, 713 und DAR 2017, 47; OLG Celle VerkMitt 2017 Nr. 70 = NZV 2017, 491: zur Einsicht in die „Lebensakte" eines Blitzgerätes nach § 31 Abs. 2 Nr. 4 MessEG; OLG Hamm NZV 2016, 595; AG Dortmund DAR 2019, 405: Messprotokolle müssen prozessordnungsgemäß in die Hauptverhandlung eingeführt werden, andernfalls droht eine Verfahrenseinstellung; VerfGH Saarbrücken DAR 2019, 500 = SVR 2019, 351 mit Anm. Hartmann = NZV 2019, 414 mit Anm. Krenberger; OLG Köln VerkMitt 2019 Nr. 74; AG Lörrach DAR 2019, 700: bei den Lasermessgeräten Riegl FG 21-P oder TraffiStar S350 besteht ein Beweisverwertungsverbot, wenn die erhobenen Rohmessdaten nicht gespeichert werden und keine bildliche Dokumentation der Messung erfolgt, weil sonst das Messergebnis nicht überprüfbar ist; a. A. OLG Stuttgart DAR 2019, 697; s. a. Peuker NZV 2019, 433; OLG Köln DAR 2019, 695: keine Verpflichtung zur anlasslosen Überlassung der Rohmessdaten an den Betroffenen; ebenso nicht bei digitalen Messdateien: OLG Stuttgart DAR 2019, 696; OLG Bamberg NZV 2018, 80 m. Anm. Krenberger; OLG Bamberg DAR 2017, 715 m. Anm. Bellardita; OLG Celle VerkMitt 2017 Nr. 2: Herausgabe und Entschlüsselung der Rohmessdaten; s. a. Röß NZV 2018, 507; OLG Celle DAR 2017, 715; KG DAR 2017, 593; OLG Bamberg NZV 2018, 425: keine Verletzung des rechtlichen Gehörs bei Ablehnung der Beiziehung der Lebensakte und Rohmessdaten des Messgerätes; a. A. VerfGH Saarbrücken DAR 2018, 557: Rechtsanspruch auf Einsicht in Messunterlagen; LG Trier DAR 2017, 721: Bereitstellung von Datensätzen, Eich- und Wartungsnachweisen bei Akteneinsicht; OLG Köln VerkMitt 2019 Nr. 61 = NZV 2019, 540 mit Anm. Krenberger zum Schlosssymbol bei TraffiStar S350;[24] OLG Naumburg DAR 2015, 405: durch Gutachten entstandene Zweifel an den Messergebnissen; OLG Hamm VRS 98, 305; OLG Zweibrücken DAR 2000, 225 = NZV 2001, 48; AG Mannheim DAR 2017, 213: Verfahrenseinstellung wegen Nichtangabe des Herstellers, ob die Gerätrohdaten die Bauartzulassung einhalten; s. a. Leichthammer NJW 2018, 3760; Wendt NZV 2018, 441; Cierniak/Niehaus DAR 2018, 541: Rechtsanspruch auf Einsicht in die Messunterlagen). Das gilt vor allem auch bei Tempomessgeräten mit einer Bauartzulassung der **PTB** (KG VRS 132, 27 und 29 sowie 31; KG VRS 136, 116: **Leivtec Typ XV**

24 Das Fehlen des Schlosssymbols auf der Bilddatei hat keine Auswirkungen auf die Messung oder Messdaten. Das Schlosssymbol taucht erst bei der Auswertung der Messdaten mittels einer Referenzsoftware auf, die überprüft, ob die Messdaten unverfälscht vorliegen. Das Schlosssymbol signalisiert dem Auswerter, dass die Authentizität und Integrität gewährleistet sind.

mit PTB-Zulassung als standardisiertes Messverfahren; KG VRS 136, 268: zum Messverfahren mit Leivtec XV3; OLG Celle VRS 133, 170; KG VRS 131, 308; OVG Bautzen VerkMitt 2017 Nr. 18 = VRS 131, 165; KG DAR 2017, 714: Verbindungskabel mehr als 3 m; VerfGH Mannheim VRS 125, 239; kritisch Wietschorke DAR 2014, 722). Kommt es bei einem Gerätetest zu Abweichungen von der Gebrauchsanweisung des Herstellers, liegt bei den nachfolgenden Messungen kein standardisiertes Messverfahren mehr vor (OLG Celle NZV 2010, 414).[25]

Ohne Sachverständigengutachten sind Messfehler gerichtlich meist kaum anfechtbar.[26] Bei Tempoverstößen genügt nicht allein die Angabe des konkreten Messwertes,[27] vielmehr sind auch die Messmethode, abzuziehende **Toleranzwerte** und mögliche Fehlerquellen im Bußgeldbescheid anzugeben (OLG Bamberg DAR 2016, 90; KG VRS 127, 295; OLG Hamm DAR 2004, 407; OLG Hamm VRS 93, 144; OLG Düsseldorf VerkMitt 1992 Nr. 7; OLG Köln VerkMitt 1991 Nr. 97), auch wenn der Betroffene die Überschreitung zugibt (OLG Düsseldorf VerkMitt 1991 Nr. 118). Üblich ist ein Toleranzabzug von drei Sekunden, der nur dann zu überschreiten ist, wenn es Hinweise auf technische Fehler gibt (AG Nauen DAR 2015, 95). Ferner erfolgen Tempokontrollen nach internen **Verwaltungsvorschriften** der Bundesländer (Richtlinien, Erlasse u.ä.; s.a. Weigel DAR 2017, 222 und DAR 2020, 62: Richtlinien der Bundesländer zur Geschwindigkeitsüberwachung), deren Einhaltung Auswirkungen auf die Verwertbarkeit einer Messung oder auf den Rechtsfolgenausspruch haben kann (OLG Bamberg DAR 2017, 384; OLG Frankfurt/M. DAR 2016, 395: Messung bei zu geringem Abstand zum Tempolimit hat keine Auswirkungen; Sobisch DAR 2013, 100 und 2015, 163). Ein Rechtsanspruch auf Einsicht in die Tagesmessdaten (auch anderer erfasster Verstöße) zur Feststellung eines Anfangsverdachts für Messfehler folgt weder aus § 147 StPO i.V.m. § 46 Abs. 1 OWiG noch aus dem Gebot eines fairen Verfahrens (OLG Düsseldorf NZV 2016, 140). **Schätzungen** (mit und ohne Messgeräte) können wegen der ihnen anhaftenden Ungenauigkeit nur bei besonderer Erfahrung und Schulung genügen, um einen Verkehrsverstoß nachzuweisen (BGH VRS 38, 104; OLG Oldenburg NZV 2016, 347: Angabe 63 km/h bei ungeeichtem Tacho; OLG Karlsruhe DAR 2008, 709; BayObLG DAR 1958, 338; OLG Hamm DAR 1974, 77; BayObLG DAR 2001, 37: Betroffener ist nicht mit Schrittgeschwindigkeit gefahren; AG Dortmund DAR 2018, 396; AG Haßfurt DAR 2013, 285 = SVR 2013, 275).

Die Einhaltung der Geschwindigkeit muss grundsätzlich **ab** der Tempogrenze erfolgen. Zur Vermeidung abrupter Bremsmanöver vor einer Tempogrenze sollen Geschwindigkeitsmessungen nach den Verkehrsüberwachungsrichtlinien der Länder im Regelfall nicht unmittelbar hinter der Tempogrenze (z.B. 150 m nach den Z. 274 oder 310) erfolgen. Nur wenn sich die Gefahrenstelle unmittelbar hinter dem Z. 274 befindet, kann eine Messung auch hinter der Geschwindigkeitsbegrenzung gerechtfertigt sein

25 S.a. die Forderung nach Kodifizierung der Messverfahren in Nr. 1 der Empfehlungen des AK IV des 58. Deutschen Verkehrsgerichtstages 2020.

26 Die Vergütung der Sachverständigen für die Nachprüfung einer Geschwindigkeitsmessung folgt aus Anl. 1 zu § 9 Justizvergütungs- und Entschädigungsgesetz – JVEG (KG NZV 2016, 143).

27 Die Angabe eines Geschwindigkeitsrahmens, wie 100 bis 120 km/h, genügt dabei nicht (BayObLG DAR 2005, 347).

(OLG Celle NZV 2012, 253 = SVR 2012, 429; OLG Stuttgart VerkMitt 2011 Nr. 76 = DAR 2012, 94 = NZV 2012, 96; OLG Celle VerkMitt 2011 Nr. 72 = DAR 2011, 597 = VRS 121, 342).

Werden während einer Fahrt mehrere Tempoverstöße festgestellt, liegt eine **Dauerordnungswidrigkeit** vor (OLG Koblenz DAR 2018, 695 mit Anm. Fromm, Caspersd/Mock: zwei Messungen durch Nachfahren; OLG Brandenburg DAR 2016, 594; OLG Düsseldorf VerkMitt 1997 Nr. 69; OLG Oldenburg NZV 1996, 83; OLG Hamm VRS 90, 435; BayObLG DAR 1995, 411). Bei Dauerordnungswidrigkeiten wird nur ein Bußgeldbescheid (für den schwersten Verstoß) erteilt.

c. Streckenbezogene Messungen („Section Control")

Die punktuelle Tempoüberwachung trägt auf gefährlichen Streckenabschnitten nur bedingt zur Risikominderung bei, weil Kraftfahrer nach dem Passieren der Kontrollstelle ihr Tempoverhalten häufig nicht ändern. Geeigneter erscheint deshalb eine streckenbezogene Tempoüberwachung („Section Control").[28] Dazu werden die KFZ-Kennzeichen am Anfang und am Ende einer tempolimitierten Strecke automatisch erfasst und aus der Zeit-Wege-Relation die Geschwindigkeit ermittelt (s. a. Märtens NZV 2019, 83; Brenner DAR 2019, 61 und 241). Aus datenschutzrechtlichen Gründen ist die Section Control mangels gesetzlicher Grundlage aber problematisch, weil auch solche Kraftfahrer erfasst werden, die sich ordnungsgemäß an die bestehenden Tempolimits halten (BVerfG NZV 2019, 827 = NZV 2019, 182 = DAR 2019, 256 und BVerfG 2019, 842 = DAR 2019, 256: automatisierte KFZ-Kennzeichenkontrollen in Bayern, Baden-Württemberg und Hessen trotz sofortiger Löschung der Daten bei Negativergebnissen ohne konkrete Gefahrenlage verfassungswidrig; BVerfG NZV 2009, 56 = SVR 2009, 427 = DAR 2009, 577; Arzt/Eier NZV 2010, 113; BVerfG DAR 2008, 199 = NZV 2008, 362 = NJW 2008, 1505; BVerfG NJW 2008, 2099; VG Hannover DAR 2019, 408 = SVR 2019, 193 mit Anm. Koehl: Fehlen einer Rechtsgrundlage kann auch nicht für den Pilotbetrieb in Niedersachsen hingenommen werden; a. A. OVG Lüneburg NJW 2019, 2951 = NZV 2020, 145 mit Anm. Müller: § 32 Abs. 7 NPOG ist eine ausreichende Rechtsgrundlage für die Tempoüberwachung durch Abschnittskontrolle; s. a. Roggan NVwZ 2019, 44; Müller NZV 2019, 279; Schlanstein VD 2015, 3). Gleiches gilt für ähnliche Tempokontrollen. Auch hier ist nur eine verdachtsabhängige Erfassung des Temposünders zulässig (OLG Jena SVR 2010, 148). Niedersachsen will das Problem mit einer Änderung des § 32 Abs. 7 des Niedersächsischen Polizei- und Ordnungsrechts lösen (OVG Lüneburg VerkMitt 2019 Nr. 71: keine verfassungsrechtlichen Vorbehalte gegen § 32 Abs. 7 NPOR). Besser wäre wohl eine im Einklang mit dem Verfassungsprinzip stehende bundesgesetzliche Regelung.

---

28 Beschluss des AK V („Tempoüberwachung") des 47. Verkehrsgerichtstages 2009, der sich nach heftigen Diskussionen für einen Test auf einem besonders gefährlichen Autobahnabschnitt ausgesprochen hat. Der Versuch sollte ab September 2015 in Niedersachsen auf der unfallträchtigen zweistreifigen Bundesstraße 6 südlich von Hannover auf einer Streckenlänge von 2,1 km durchgeführt werden (Deutsche Polizei Heft 5, Seite 19). Gleichzeitig sollten rechtliche Bedenken im Zusammenhang mit der Abschnittskontrolle möglichst belastbar ausgeräumt werden. Da sich die Zulassung der neuartigen Technik verzögert, ist der Versuch jedoch auf unbestimmte Zeit verschoben worden. In Österreich wird die Section Control bereits mit Erfolg praktiziert. S. a. Kupper NZV 2019, 233: Abschnittskontrolle auf der B6 bei Hannover; Albrecht SVR 2009, 161, der eine gesetzliche Ermächtigung im Rahmen der Gefahrenabwehr für erforderlich hält.

d. Radarwarngeräte

Radarwarngeräte sind nach § 23 Abs. 1b verboten (s. a. Erl. 2.5 zu § 23). Die **Warnung** an Kraftfahrer vor Tempokontrollen mit anderen Mitteln (z. B. hochgehaltenes Schild) beeinträchtigt die Durchführung der präventiv-polizeilichen Aufgabe und stellt deshalb eine Gefahr für die öffentliche Sicherheit dar; sie kann von der Polizei mit Anordnung der sofortigen Vollziehung untersagt werden (OVG Münster NZV 1997, 326; DÖV 1997, 512; VG Saarlouis VerkMitt 2004 Nr. 86 = DAR 2004, 668).[29] Ordnungswidrig sind solche Warnungen aber nur, wenn es dabei zu Behinderungen oder Belästigungen nach § 1 Abs. 2 kommt (OLG Stuttgart VerkMitt 1997 Nr. 50 = NZV 1997, 242 = VRS 93, 294). Wer zur erkannten Kamera einer Messstelle hin den „Stinkefinger" zeigt, macht sich auch dann wegen Beleidigung nach § 185 StGB strafbar, wenn die kontrollierenden Beamten selbst nicht sichtbar sind (BayObLG DAR 2000, 277 = VRS 98, 348 = NZV 2000, 337). Die Blockierung eines Tempomessgerätes durch ein unmittelbar davor geparktes Fahrzeug ist weder Nötigung nach § 240 StGB noch Betriebsstörung einer der öffentlichen Sicherheit dienenden Einrichtung nach § 316b Abs. 1 Nr. 3 StGB, wenn dabei nicht die Sachsubstanz des Messgerätes beeinträchtigt wird (BGH DAR 2013, 475).

Unzulässig ist ferner die Benutzung von Klebefolien oder Reflektoren, um die Erkennbarkeit des Kennzeichens zu erschweren (BGH NZV 2000, 47 = VRS 98, 129: Verstoß gegen § 60 StVZO, aber kein Verfälschen einer Urkunde; OLG München VerkMitt 2006 Nr. 60 = DAR 2006, 467 = VRS 111, 40 = NZV 2006, 435 = VD 2006, 190; LG Flensburg DAR 2000, 122: keine Fälschung technischer Aufzeichnungen nach § 268 Abs. 3 StGB). Unzulässig sind auch „Gegenblitzanlagen", um die Identifizierung des Fahrers zu erschweren.

2.8.1 Radarmessgeräte

Radargeräte sind mobil oder stationär („Starenkästen") einsetzbar. Dabei muss nachprüfbar sein, wie die Geschwindigkeit gemessen und ob ein zugelassenes und geeichtes Gerät zur „kostenpflichtigen Erleuchtung" verwendet worden ist (OLG Düsseldorf DAR 1988, 103; OLG Köln NZV 1991, 280). Die wesentlichen Identifizierungsmerkmale, Art des Messverfahrens und Messtoleranzen müssen dokumentiert sein (OLG Brandenburg NJ 2019, 536; OLG Brandenburg VRS 103, 131; OLG Düsseldorf DAR 2001, 516; OLG Hamm NZV 2001, 90 = DAR 2001, 85). Dass die Funktionsweise eines Messgerätes nicht genau bekannt ist, begründet allein keine Unverwertbarkeit des Messergebnisses (OLG Köln DAR 2013, 530 = NZV 2013, 459 = VRS 125, 48). Messfehler können auftreten, wenn der Messwinkel zu klein oder die Reflexionsgeschwindigkeit fehlerhaft eingestellt ist (OLG Hamm

Beispiel mobiles Radarmessgerät

29 Nach den Sicherheits- und Ordnungsgesetzen der Länder kann die Polizei die notwendigen Maßnahmen zur Abwehr von Gefahren für die öffentliche Sicherheit oder Ordnung treffen.

VRS 60, 135; OLG Koblenz DAR 2003, 474: Gerät **Multanova 6 F**; OLG Oldenburg DAR 2008, 37: Fehler bei Nahfeldmessung mit Ferneinstellung bei **Multanova 6 F-2** sind in dem 3-%-Sicherheitsabschlag einbezogen; OLG Düsseldorf NZV 1989, 202; OLG Hamm VRS 79, 45 = NZV 1990, 279 und 402; OVG Münster NJW 1995, 3336: bei **Multanova MU VR 6 F** Überprüfung durch Segment- und Quarztest), beim Handradargerät **Speedcontrol** darf sich nur ein Fahrzeug im wirksamen Strahlungsbereich befinden (BayObLG VerkMitt 1991 Nr. 72). Messungen mit Radargerät **MESTA 204** sind auch bei heißem Wetter beweiserheblich (OLG Hamm VRS 37, 450). Tempomessung durch nicht standardisiertes Verfahren mit Moving Radargerät **Traffipax Speedophot**: OLG Düsseldorf DAR 1995, 373 = VRS 89, 380; OLG Celle SVR 2014, 32 und 112: bei **TraffiPhot S** sind im Bußgeldverfahren notwendige Toleranzabzüge anzugeben. Beim **TraffiStar S350** sind höhere Toleranzabzüge vorzusehen, wenn aus weiteren Verfahren Messabweichungen bekannt sind (AG Jena SVR 2015, 266). Zur Messung mit **Radarpistole**: BayObLG VerkMitt 1992 Nr. 72 = VRS 82, 371 = NZV 1992, 161; zuverlässige Feststellung nur, wenn sich ein einzelnes Fahrzeug im Strahlungsbereich befindet; zum **HICO-NEAS**-Geschwindigkeitsmessgerät **Typ 468**: KG NZV 1990, 160. Bei der Tempomessung mit dem Einseitensensor **ES 3.0** der Firma ESO handelt es sich um ein standardisiertes Messverfahren, bei dem Messfoto und Fotolinie ausreichend sind; einer weiteren Erfassung des Messbereichs bedarf es nicht (AG Lüdinghausen NZV 2013, 309 und 406; OLG Bamberg VerkMitt 2018 Nr. 10: anders bei Funksteuerung). Die mangelnde Kenntnis der genauen Funktionsweise des Messgerätes mit Bauartzulassung der Physikalisch-Technischen Bundesanstalt (PTB) begründet keine Unverwertbarkeit der Messergebnisse (OLG Köln VerkMitt 2013 Nr. 62).

2.8.2 Lasermessgeräte

Lasermessgeräte sind als standardisierte Messverfahren zur Tempokontrolle geeignet (KG VRS 135, 29; OLG Hamm NZV 1997, 187; BayObLG VerkMitt 1997 Nr. 36 = VRS 92, 353 = NZV 1997, 372; BayObLG DAR 1999, 563; Thumm DAR 1998, 116; KG VRS 116, 446 und VRS 117, 197; AG Reutlingen DAR 2014, 155; KG NStZ 2018, 722 = SVR 2018, 472 mit Anm. Vogel: Laserpistole **FG21-P** bei Einhaltung der Gebrauchsanweisung und Funktionstests; OLG Bamberg DAR 2016, 146; OLG Düsseldorf NZV 2010, 262: kein Beweisverwertungsverbot; OLG Stuttgart VerkMitt 2015 Nr. 20 = VRS 128, 132 = DAR 2015, 477; OLG Düsseldorf VerkMitt 2013 Nr. 10 = VRS 124, 158: keine Kontrolle des Messprotokolls durch zweiten Polizisten). Beim Verdacht von technischen Fehlfunktionen muss dem nachgegangen werden (OLG Celle VRS 117, 206; OLG Hamm VerkMitt 2007 Nr. 56). Reflexionsfehler ergeben sich durch ungenaues Zielen auf das zu messende KFZ aus größerer Entfernung, wenn andere Fahrzeuge daneben oder dahinter fahren (AG Dortmund DAR 2018, 700: keine Zuordnung der Tempomessung bei 312 m Entfernung zum Tatfahrzeug). Zulasten des Betroffenen wirkt sich

Beispiel mobiles Lasermessgerät

dabei eine fehlende Fotodokumentation aus.[30] Bei der von der Physikalisch-Technischen Bundesanstalt zugelassenen Laserpistole **LASER-GMG LTI 20.20 TS/KM** muss eine eindeutige Zuordnung des Messwertes zum anvisierten KFZ sichergestellt sein (OLG Oldenburg VRS 88, 306). Dies ist im Allgemeinen bei Tageslicht und zu verkehrsarmer Zeit möglich (OLG Frankfurt/M. NZV 1995, 458; OLG Oldenburg DAR 1996, 291 = NZV 1996, 328; OLG Hamm VRS 111, 375 = DAR 2007, 217: auch bei Dunkelheit, sofern die Zuordnung zu dem gemessenen Fahrzeug keine Zweifel begründet). Bei dem Lasermessgerät **LAVEG**[31] ist eine Toleranz von 3 % abzuziehen (OLG Saarbrücken NZV 1996, 207 = VRS 91, 63). Das Lasermessgerät **Leivtec XV3** ist ein standardisiertes Messverfahren (AG Castrop-Rauxel DAR 2016, 283 = VRS 130, 31; s. a. Krumm NZV 2015, 174: Auswertung von Messungen, und Siegle DAR 2014, 55; KG VRS 131, 196 und 248: ein etwas mehr als 3 m langes Verbindungskabel hat keinen Einfluss auf das Messergebnis; KG VRS 131, 246: keine weitergehenden Toleranzabzüge als 3 km/h). Die Lasermessgeräte **PoliScan F1 HP** und **PoliScan Speed** sind standardisierte Messverfahren und erfassen nur verdachtsabhängige Aufzeichnungen (OLG Brandenburg NJ 2019, 498; KG NZV 2018, 585 = VRS 133, 138; OLG Zweibrücken DAR 2017, 211; OLG Karlsruhe SVR 2017, 435 = NZV 2018, 44; OLG Braunschweig SVR 2017, 437; OLG Saarbrücken NZV 2017, 393; OLG Frankfurt/M. DAR 2019, 160: in Hessen auch in mobilen Anhängern als „Enforcement Trailer" zulässig; Frankfurt/M. DAR 2015, 149 mit Anm. Deutscher: Rolle der **PTB** im Zulassungsverfahren; OLG Zweibrücken DAR 2017, 399; KG VRS 127, 178: auch wenn die Messung später nicht mehr in allen Einzelheiten nachzuvollziehen ist; OLG Karlsruhe NZV 2015, 150: Überprüfung der Messung nur bei konkretem Anhalt für Fehlmessung; OLG Stuttgart VerkMitt 2012 Nr. 45: Bauartzulassung; KG VRS 118, 366 und 367 = DAR 2010, 331 = SVR 2010, 274 = NZV 2010, 311; KG NZV 2010, 636; OLG Karlsruhe VRS 118, 294 = NZV 2010, 364 und 636; OLG Karlsruhe DAR 2014, 598 = NZV 2015, 148: **Smear-Effekt**[32]; AG Berlin-Tiergarten DAR 2014, 406: keine gerichtsverwertbare Messung bei Divergenzen zwischen der Tempoangabe auf dem Messfoto und den Rohdaten; s. a. Bladt DAR 2014, 604; Krumm DAR 2011, 46; s. a. Bladt DAR 2017, 290; Schmedding/Siemer DAR 2017, 229; Löhle DAR 2011, 48; Schlemm DAR 2011, 291: Softwarefehler). Problematisch ist, dass durch die Geheimhaltung der patentierten Gerätedaten bei der Version 1.5.5 auch für Sachverständige (der PTB) keine Möglichkeit zur Überprüfung von Messdaten besteht („Blackbox"). Während das OLG Karlsruhe (VRS 127, 241) die Messergebnisse anerkennt, wollen die AG Herford (DAR 2013, 399) und Rostock (DAR 2013, 717) keine „Verurteilungsautomaten" sein und haben deshalb den Betroffenen freigesprochen

30 Siehe auch Hoger, Knickstrahlreflektion bei Lasermessungen, DAR 2011, 105; OLG Hamm NZV 2015, 98: ob Leerfotos auf Reflexionsmessfehler hindeuten, ist jeweils im Einzelfall von einem Sachverständigen zu beurteilen.

31 LAVEG = Laser-operated Velocity Guard von Jenoptik GmbH.

32 Smear-Effekt = helle Streifen in digitalen Tempoüberwachungskameras, die bei der Bildauswertung durch CCD-Sensoren auftreten. Die CCD-Sensoren verschieben nach der Belichtung die im Speicher vorhandenen Ladungen schrittweise in vertikaler Richtung, bis sie den Ausleseverstärker erreichen. Hat die Lichtquelle keine Eigengeschwindigkeit, sind die Streifen senkrecht, bei Eigengeschwindigkeit verlaufen die Streifen hingegen in einem Winkel zur Senkrechten. Durch den Smear-Winkel sind Rückschlüsse auf die gefahrene Geschwindigkeit möglich.

(ähnlich auch AG Berlin-Tiergarten DAR 2013, 589; s. a. Schmedding DAR 2013, 726). Für ein Privatgutachten hat der Betroffene jedenfalls keinen Anspruch auf Mitteilung von digitalen Mess- oder Tuff-Dateien/Token und Passwörtern; diese stehen nur bei einem gerichtlich angeordneten Gutachten zur Verfügung (OLG Bamberg NStZ 2018, 724; AG Lüdenscheid VRS 127, 323; s. a. Leichthammer NJW 2018, 3760).

2.8.3 Funkstoppverfahren

Das Funkstoppverfahren ist eine anerkannte Messmethode, bei der ein gleichbleibender Abstand zwischen Fahrzeugen über eine Mindeststrecke von 150 m mit Anfangs- und Endpunkt erforderlich ist (OLG Koblenz VRS 55, 290). Zum Fehlerausgleich ist in der Regel ein Zuschlag von 0,7 s auf die längste der gemessenen Fahrzeiten vorzunehmen (OLG Hamburg VRS 74, 62). Bei Verwendung einer geeichten Stoppuhr ist ein Toleranzausgleich von 0,3 s vom Messwert erforderlich (KG NZV 2002, 334; BayObLG VRS 90, 230). Wegen des Messaufwandes wird das Funkstoppverfahren seltener betrieben.

2.8.4 Stationäre Tempomessgeräte

Stationäre Messgeräte können mittels Radarmessgeräten, Induktionsschleifen, Lichtschranken oder Drucksensoren betrieben werden. Die Messgeräte können sich dabei in unterschiedlichen Trägercontainern befinden („Starenkästen", Gerätesäulen u. Ä.)

Das mit **Drucksensoren** in der Fahrbahn nach der Weg-Zeit-Relation arbeitende Geschwindigkeitsmessgerät **TraffiStar S350** ist ein standardisiertes Messverfahren (OVG Münster VRS 133, 243; OLG Jena VRS 114, 464 = DAR 2009, 40: stationäre Tempomessung im Rennsteigtunnel/Thüringen). Wird nur die Funktionsweise des Messgerätes ohne konkrete Anhaltspunkte angezweifelt, muss Beweisanträgen nicht nachgegangen werden (OLG Braunschweig VerkMitt 2014 Nr. 30, AG Stralsund SVR 2017, 193: TraffiStar S350 sei kein standardisiertes Messverfahren, Messungen sind nicht beweistauglich; s. a. Rebler SVR 2019, 401).

Beispiel stationäre Tempomessgeräte

Tempomessungen mittels Induktionsschleifen oder durch Lichtschranken sind anerkannte Messmethoden, meist bei fest installierten Messanlagen, z. B. stationäre Messanlage **GTC-GS 11** (OLG Celle VerkMitt 2019 Nr. 62 = NZV 2019, 646: zur Konformitätsbewertung). Gemessen wird die Zeit-/Wegerelation, die ein KFZ zwischen den Messpunkten von zwei **Induktionsschleifen** oder **Lichtschranken** durchfährt. Während der Lichtschrankenmessung darf der Lichtstrahl nicht durch einen anderen Körper (Fahrzeug, Fußgänger) unterbrochen sein (BayObLG VRS 53, 298; BayObLG VRS 74, 384). Lichtschrankenmessungen mit dem Gerät **ESO uP 80/VI**, **ESO ES 1.0** oder **3.0** sind grundsätzlich zuverlässig und verstoßen nicht gegen den Subsidiaritätsgrundsatz des Art. 2 GG, auch wenn eine automatische Lichtbilderfassung erst nach einem Tempoverstoß erfolgt (OLG Hamm NZV 2017, 145: ESO ES mit Version 1.004 ist weiterhin ein standardisiertes Messverfahren; OLG Brandenburg NZV 2010, 318 =

VRS 118, 290; AG Mayen SVR 2010, 231; BayObLG DAR 1988, 211 = NZV 1988, 30; BayObLG DAR 1990, 394; OLG Stuttgart NZV 2008, 43 = VRS 113, 370); notwendig sind aber Anzeigen- und Dekodertest bei jedem Messeinsatz, nicht jedoch bei jedem Filmwechsel (BayObLG VerkMitt 1991 Nr. 19; OLG Zweibrücken DAR 2013, 38; AG Traunstein DAR 2013, 40; s. a. Smykowski/Buck/Bengler DAR 2013, 44; Wietschorke DAR 2013, 424: Messwertzuordnung bei ES-3.0-Funkkamera, und Bladt DAR 2013, 426: Dokumentation Fotolinie). Gleiches gilt für das stationäre Verfahren **TraffiPhot S**, bei dem das Messfoto bei Verstößen durch Sensoren auf der Fahrbahn ausgelöst wird (OLG Rostock VRS 120, 25). Trotz Eichung und Einhaltung der Bedienungsanleitung muss das Gerät **ES 3.0** bei gleichen Voraussetzungen nicht immer gleiche Messergebnisse erbringen (AG Meißen DAR 2015, 711; OLG Oldenburg DAR 2016, 404 = VRS 130, 61: Überprüfung der Messung unter Mitwirkung eines Sachverständigen nur bei konkreten Zweifeln an der richtigen Handhabung und Funktionstüchtigkeit des Messgerätes **ES 3.0**; OLG Dresden NZV 2016, 438: genaue Kenntnis der Funktionsweise nicht erforderlich; OLG Karlsruhe VRS 135, 34: keine Beeinträchtigung des **ES 3.0**, wenn das gemessene Fahrzeug mit LED-Tagfahrlicht fährt). Zum **Koaxialkabelverfahren** Truvelo M 4 Quadrat: OLG Zweibrücken NZV 1992, 375.

2.8.5 Tempokontrolle durch Nachfahren

Geschwindigkeitsmessungen durch Hinterherfahren sind zulässig (BGH NZV 1993, 485 = NJW 1993, 3081 = MDR 1993, 1107; KG VRS 137, 81; OLG Düsseldorf VerkMitt 1988 Nr. 44 = NZV 1988, 32), ohne geeichten Tachometer sind sie jedoch kein standardisiertes Messverfahren (KG DAR 2015, 99). Bei Messungen sind Messmethode und Fehlerquellen genau zu dokumentieren (OLG Hamm NZV 2002, 245 und 282). Neben der Geschwindigkeit sind die konkreten gleichbleibenden Abstände bei der Messung, die Beleuchtungsverhältnisse, die Sicht, Steigungen und der Kurvenverlauf genau festzuhalten (OLG Oldenburg DAR 2019, 586; KG VRS 132, 27: Messstrecke bei 100 km/h mind. 500 m; OLG Celle VerkMitt 2013 Nr. 44 = VRS 124, 336 = NZV 2013, 458 = VD 2013, 197: Messung zur Nachtzeit im Lichtkegel des Polizeifahrzeugs; OLG Hamm VRS 113, 112, 302 und 309; OLG Hamm VRS 110, 279; OLG Celle VRS 106, 460: Abstandschätzung von 100 m auch zur Nachtzeit genügt). Die Messstrecke muss mindestens 300 m, bei Geschwindigkeiten ab 100 km/h mindestens 500 m betragen (OLG Bamberg DAR 2006, 517: ab 90 km/h; AG Mettmann DAR 2013, 220: Messstrecke mit Kurven und Steigungen). Der Abstand sollte etwa der Hälfte der gefahrenen Geschwindigkeit in Metern entsprechen; ist er größer, muss die Messstrecke länger sein oder eine größere Toleranz eingeräumt werden (OLG Koblenz SVR 2016, 472: Länge der Messstrecke das Fünffache des Tachowertes; OLG Hamm DAR 2006, 31 = VRS 109, 373 = NZV 2006, 108: 27 %; OLG Celle 2004, 419: 17 %; OLG Hamm DAR 2003, 429: 15 %; OLG Düsseldorf VRS 92, 356; BayObLG DAR 1996, 288; OLG Braunschweig DAR 1989, 110; OLG Frankfurt DAR 1997, 285: bei Messstrecken von 250 m 20 % Toleranzabzug). Zur Messung durch Nachfahren im Bereich unterschiedlicher Höchstgeschwindigkeiten: OLG Hamm NZV 1992, 374; OLG Düsseldorf NZV 1993, 80. Anzeichen für einen Messfehler liegen vor, wenn eine Differenz von 20 km/h zur bauartbedingten Höchstgeschwindigkeit besteht (OLG Düsseldorf DAR 1999, 413).

Beim **nächtlichen** Hinterherfahren über 900 m und 60 m Abstand ist ein Sicherheitszuschlag von 17 % zulässig (OLG Hamm DAR 1995, 374; OLG Oldenburg DAR 1996, 291: bei 100 m sind für die Schätzung des Abstandes weitere Feststellungen erforderlich). Bei nächtlicher Sichtbeeinträchtigung sind neben der Messung genaue Angaben über die getroffenen Feststellungen erforderlich, wie Beleuchtungsverhältnisse, Erkennbarkeit der Rückleuchten und Umriss des Fahrzeugs (OLG Hamm DAR 2017, 389: je kürzer die Messstrecke, umso genauer die Messumstände; OLG Hamm NZV 2007, 257; OLG Hamm VRS 105, 229; BayObLG DAR 2000, 320); anders nur bei sehr langer Messstrecke und kurzem Abstand (OLG Hamm VRS 112, 40: 3 km und 75 m Abstand).

Das Eichgesetz verbietet nicht die Verwendung ungeeichter Tachometer (KG VRS 90, 62). Bei **nicht justiertem** Tachometer sind aber 7 % des Skalenendwerts und 12 % der abgelesenen Geschwindigkeit abzuziehen (OLG Köln DAR 2008, 654; OLG Stuttgart VerkMitt 2005 Nr. 19; OLG Celle NZV 2005, 158: 20 % des Messwertes; OLG Köln NZV 1991, 202: 7 %; OLG Düsseldorf NZV 1992, 496: 10 %; KG NZV 1995, 456: 20 km/h). Die Beweiskraft des Tachometervergleichs gilt auch, wenn zwischen dem zu prüfenden Fahrzeug und dem Polizeifahrzeug ein anderes Fahrzeug in dieselbe Richtung fährt (OLG Düsseldorf NZV 1990, 318). Wesentlich und daher festzustellen ist der Abstand zwischen dem zu prüfenden Fahrzeug und dem Polizeifahrzeug (KG NZV 1991, 119). Bei Tempomessungen durch Nachfahren unter Verwendung einer **GPS-basierten Dash-Cam** müssen die so erzielten Ergebnisse durch weitere Systeme, wie Dreh- oder Beschleunigungssensoren, zur Vermeidung von Signalausfällen oder -verfälschungen plausibilisiert werden (OLG Köln VerkMitt 2019 Nr. 3 = NZV 2019, 266 mit Anm. Krenberger). Bei der Tempomessung durch Nachfahren mittels eines anerkannten Messsystems ist ein Toleranzabzug von 5 % erforderlich (KG VRS 2011, 107). Bei Ermittlung der Durchschnittsgeschwindigkeit mit dem **HICO-NAES-System** (Weg-Zeit-Messung) auf über 500 m sind 10 % Sicherheitsabzug ausreichend (KG VerkMitt 1996 Nr. 50 = NZV 1996, 79); ebenso bei Messgerät **ProViDa Proof Electronic** (OLG Bamberg DAR 2012, 154; OLG Bamberg SVR 2017, 395: Angabe der konkreten Betriebsart und Toleranzwerte erforderlich; OLG Jena VRS 111, 211: 5 % ausreichend, BayObLG NZV 1998, 421; BayObLG VRS 105, 444 = DAR 2004, 37: 5 %, bei Beschleunigungsdifferenzen 10 %; OLG Hamm DAR 2004, 42 = VRS 106, 64: 5 % bei Tempo 100). Bei dem Verfahren **ProViDa 2000 Modular** handelt es sich um ein standardisiertes Messverfahren (KG VRS 133, 27), dessen Eichung nicht ungültig wird, wenn das Messfahrzeug auf Winterreifen umgerüstet wird (OLG Hamm DAR 2011, 538; OLG Bamberg VerkMitt 2016 Nr. 3 = DAR 2015, 704: kein eichrechtliches Verwertungsverbot bei fehlender eigener Untersuchung der Kabellänge durch die Eichbehörde). Zur Verwendung einer **Traffipax-Anlage** beim Messen durch Nachfahren: OLG Düsseldorf NZV 1986, 76: Abzug 15 %. Das **Police-Pilot-Steuergerät** (PPS) ist ein standardisiertes Messverfahren, Angabe der Art des Messverfahrens und der Toleranzabzug reichen aus (KG VD 2009, 18; KG NZV 2005, 654; OLG Celle VRS 92, 435 = NZV 1997, 188; OLG Braunschweig DAR 1995, 371 = NZV 1995, 367: Sicherheitsabzug von 5 %, ebenso OLG Düsseldorf DAR 2001, 374; KG VRS 88, 473; KG DAR 2009, 39: von 10 %).

2.8.6 Tempokontrolle durch Vorausfahren

Es gelten die gleichen Regeln wie bei Messungen durch Hinterherfahren; allerdings müssen die Einhaltung des Abstandes, die Länge der Messstrecke und die Geschwindigkeit des Messfahrzeugs noch sorgfältiger beobachtet und dokumentiert werden (BGH NZV 1993, 485 = NJW 1993, 3081 = MDR 1993, 1107; BayObLG VerkMitt 2001 Nr. 45 = VRS 92, 364 = NZV 1997, 322; NZV 2001, 271).

2.8.7 Tempokontrolle durch Videoaufzeichnung

Geschwindigkeitsmessungen mit Videokamera und gekoppeltem geeichtem Messgerät sind zulässig, erfordern aber Sicherheitszuschläge (BayObLG DAR 1998, 359, 360; BayObLG VRS 199, 378: bei **Proof-Speed**-Messgerät 10 %). Zur Geschwindigkeitskontrolle durch Videoaufnahmen und Computer: OLG Celle DAR 1990, 279 = NJW 1990, 1308; NZV 1991, 281; OLG Celle VerkMitt 1997 Nr. 79: 5 % Sicherheitsabschlag + 3 % bei Reifenmängeln. Beim Messgerät **ProViDa** sind das Messverfahren, die Auswertung und Berechnung darzulegen (OLG Jena VRS 2012, 68; OLG Jena DAR 2006, 163 = VRS 110, 45; OLG Düsseldorf VerkMitt 2001 Nr. 40); wegen der Fehlerfrequenz ab 100 km/h sind 5 % Toleranz erforderlich (OLG Naumburg VRS 100, 201). Zu Messfehlern bei Videostoppuhr **CG-P50E** siehe VD 2007, 275. Wird das Messgerät **Leivtec XV2** nicht bei konkreten Verkehrsverstößen, sondern für verdachtsunabhängige Messungen eingesetzt, dürfen die Aufzeichnungen wegen Verletzung des Rechts auf informationelle Selbstbestimmung (Art. 1 Abs. 1, 2 Abs. 1 GG) nicht verwertet werden (AG Prenzlau VRS 119, 219).

2.8.8 Kontrollen durch Hubschrauber

Tempomessungen durch Videofilmaufnahmen können vom **Hubschrauber** aus erfolgen (OLG Koblenz VerkMitt 1992 Nr. 96: 10 % Abzug der abgelesenen Geschwindigkeit).

2.8.9 Digitales Kontrollgerät (Fahrtschreiber)

Die Auswertung digitaler Aufzeichnungen der EU-Kontrollgeräte für Tempokontrollen ist zulässig (OLG Hamm VRS 82, 235; OLG Düsseldorf VRS 92, 446; NZV 1996, 503; OLG Köln VRS 93, 206).[33] Sind die Geräte nicht geeicht, ist ein ausreichender Sicherheitsabzug erforderlich (OLG Hamm DAR 2004, 42: Abzug von 6 km/h bei 126 km/h). Werden mehrere Tempoverstöße während einer Fahrt aufgezeichnet, kann jeder Verstoß gesondert geahndet werden, wenn die Fahrt dazwischen unterbrochen wurde.

Beispiel digitales Kontrollgerät

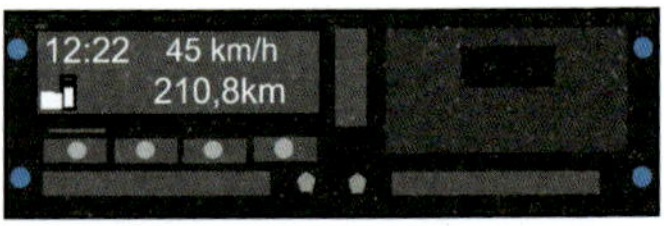

33 Mit Änderung der VO (EWG) Nr. 3821/85 durch die VO (EG) Nr. 2135/98 vom 24.9.1998 (ABl. EG 1998, L 274/1) über das Kontrollgerät werden die bisher mechanisch auf dem Schaublatt aufgezeichneten Daten in einem digitalen Kontrollgerät als „Blackbox" gespeichert. Zum Auslesen der Daten des Kontrollgeräts dienen verschiedene mit einem Mikrochip versehene scheckkartengroße Speicherkarten. Dadurch soll die Effizienz von Kontrollen gesteigert und Manipulationen des gegenwärtigen Systems entgegengewirkt werden. Der Kraftfahrer erhält eine beim Kraftfahrt-Bundesamt (KBA) registrierte personenbezogene „Fahrerkarte", die das bisherige Schaublatt ersetzt und auf fünf Jahre befristet wird. Die Überwachungsbehörden erhalten eine „Kontrollkarte", um die im digitalen Kontrollgerät gespeicherten Daten lesen, ausdrucken und übertragen zu können.

2.9 Tempoüberschreitung bei Notstand

In seltenen Fällen einer akuten Gefahrenlage kann die Überschreitung der zulässigen Höchstgeschwindigkeit gerechtfertigt sein (§ 16 OWiG), wobei die Gefahrenbeseitigung wegen der notwendigen Güterabwägung nie zu einer Gefährdung Unbeteiligter führen darf. Beispiele für Notstand: Fahrt bei Lebensgefahr zum Krankenhaus (OLG Schleswig VRS 30, 462) oder zum Arzt, wenn es auf jede Sekunde ankommt und Rettungsfahrzeuge mit Sonderrechten nicht rechtzeitig erreichbar sind (OLG Köln VerkMitt 2005 Nr. 66 = DAR 2005, 574 = VRS 109, 45 = NZV 2005, 595; OLG Düsseldorf VRS 30, 444; OLG Düsseldorf VRS 30, 444), bei einsetzenden Wehen im Taxi (OLG Düsseldorf VerkMitt 1995 Nr. 70 = VRS 88, 454 = NZV 1996, 122), bei schwerem Durchfall (OLG Düsseldorf VerkMitt 2008 Nr. 21 = VRS 113, 438 = DAR 2008, 156 = NZV 2008, 470), zur Vermeidung eines Auffahrunfalls (OLG Naumburg DAR 1997, 30) oder zur Beseitigung der Unfallgefahr eines das Rotlicht missachtenden Kraftfahrers. **Keine Rechtfertigung** besteht bei drohender Gallenkolik (OLG Düsseldorf VerkMitt 1998 Nr. 17), für eine Fahrt zum Tierarzt bei Lebensgefahr des Tieres (OLG Düsseldorf VRS 79, 144; NZV 1990, 483), bei starkem „Stuhldrang“ mit Magenkrämpfen (OLG Brandenburg NZV 2020, 106 mit Anm. Kerkmann; AG Lüdinghausen DAR 2014, 217 = VRS 126, 115 = NZV 2014, 481), um einen entlaufenen Affen einzufangen (OLG Naumburg DAR 2000, 131 = VRS 98, 205), um wartende Patienten mit akuten Leiden zu betreuen (BayObLG VerkMitt 2000 Nr. 28 = DAR 2000, 170 = NZV 2000, 214 = VRS 98, 294) oder um ein Taxi vom Erbrochenen eines Fahrgastes schnell zu reinigen (OLG Bamberg VerkMitt 2014 Nr. 40).

3 Hinweise

3.1 Geschwindigkeitsregelung auf **Autobahnen** und **Kraftfahrstraßen**: § 18 Abs. 5.

3.2 Verordnung über eine allgemeine Richtgeschwindigkeit 130 km/h auf Autobahnen und ähnlichen Straßen: Autobahn-Richtgeschwindigkeits-Verordnung vom 21.11.1978 (BGBl. I S. 1824) i. d. F. vom 5.8.2009 (BGBl. I S. 2531).

3.3 **Vorsatz** kann bei eklatanten Tempoverstößen angenommen werden, weil sich Kraftfahrer durch Fahr- und Motorgeräusche sowie vorbeiziehende Umgebung der erreichten Fahrgeschwindigkeit bewusst sind (BGH SVR 2019, 468: absichtliches Zufahren auf Fußgänger kann bei Gleichgültigkeit über die Folgen auch bedingten Tötungsvorsatz beinhalten; OLG Zweibrücken VerkMitt 2020 Nr. 35; OLG Zweibrücken DAR 2019, 218: 174 km/h statt Tempo 100 bei Elektroauto; OLG Bamberg DAR 2010, 389: bei Tempolimit auf Autobahn; OLG Celle NZV 2011, 618; KG VerkMitt 2004 Nr. 74 = NZV 2004, 598 = VRS 107, 213 und 316; KG NZV 2005, 159 und KG VerkMitt 2004 Nr. 74 = NZV 2004, 598 = VRS 107, 213 und 316; OLG Bamberg NZV 2014, 37: mehr als 100 km/h innerorts; KG VRS 113, 74 und 314: entscheidend ist die Kenntnis, zu schnell zu fahren, nicht die genaue Tempohöhe; OLG Hamm DAR 2016, 397 = NZV 2016, 439; OLG Celle VRS 129, 158; KG NStZ 2019, 530 = VRS 134, 152 = VD 2019, 53: Tempoüberschreitung von 40 %; OLG Celle VRS 125, 178 = DAR 2014, 150 = NZV 2014, 232; OLG Braunschweig NZV 2015, 98: mehrere Temposchilder vor der Messstelle allein begründen noch keinen Vorsatz bei einer Überschreitung; OLG Bamberg SVR 2015, 352: ebenso nicht bei häufiger Streckenbenutzung; OLG Düsseldorf DAR 2016, 149: kein Rückschluss auf bedingten Vorsatz bei 100 km/h innerorts auf vierspuriger Fahrbahn; OLG Koblenz NZV 2014, 589: mehr als 40 km/h zu schnell; OLG Karlsruhe VRS 110, 439 = NZV 2006, 437 = DAR 2007, 158 = VD 2006, 300: Tempoüberschreitung von 50 % außerorts; OLG Bamberg DAR 2006, 464: Tempoüberschreitung mehr als 60 %; OLG Hamm NZV 2007, 263 = SVR 2007, 186: um 116 %; OLG Jena DAR 2008, 35: bei häufigen Tempoverstößen und Überschreitung von ca. 23 %; OLG Brandenburg DAR 2008, 532: Vorsatz nicht bereits bei 32 % Tempoüberschreitung; OLG Hamm VRS 108, 447 = DAR 205, 407: 70 km/h mehr als erlaubt; KG VRS 109, 132; OLG Zweibrücken DAR 2011, 274: kein Vorsatz bei 45 km/h mehr als erlaubt; OLG Braunschweig DAR 2011, 406: auch nicht bei 40 % und Fehlen weiterer Anhaltspunkte; OLG Dresden SVR 2014, 111: gut sichtbares Temposchild ist allein kein Indiz für Vorsatz; Wozny VD 2019, 255).

3.4 **Freiheits- oder Geldstrafe** bei grob verkehrswidriger und rücksichtsloser Tempoüberschreitung an unübersichtlichen Stellen, Kreuzungen, Einmündungen sowie Bahnübergängen mit Gefährdung der Gesundheit oder bedeutender Sachwerte (ab 750 €): § 315c StGB (BGH VRS 134, 287: wer zu schnell fährt, wer seinen verkehrsrechtlichen Pflichten im Kreuzungsbereich nicht mehr entsprechen kann). Kurzes Antippen des Bremspedals, um durch das Aufleuchten der Bremsleuchten nachfolgende KFZ zur Einhaltung eines ausreichenden Abstandes zu veranlassen, ist keine Nötigung, wenn nicht mit Panikreaktionen zu rechnen ist (OLG Köln VRS 93, 338).

3.5 **Fahrverbote** als Regelfolge bei erheblicher Tempoüberschreitung: § 4 BKatV und Tabellen 1a), 1b) und 1c) BKat. Bereits ein einmaliger grober Verstoß kann ein Fahrverbot rechtfertigen, ohne dass ausdrücklich festgestellt werden muss, ob nicht eine erhöhte Geldbuße ausreicht (BGH VerkMitt 1992 Nr. 1; VerkMitt 1992 Nr. 11).

3.6 **Geschwindigkeitsbegrenzer** nach EU-Richtlinie 92/24/EWG gelten für LKW und Zugmaschinen ab 12 t, bei KOM ab 10 t (§ 57c Abs. 2 StVZO). Abgeregelt wird die Geschwindigkeit ab 90 km/h (V_{set} + Toleranz), bei Omnibussen ab 100 km/h. Unzulässige Manipulationen am Geschwindigkeitsbegrenzer sind nach § 22 Abs. 1 StVG Straftaten.

3.7 Kennzeichnung von **Fahrzeugen** mit **Tempobegrenzung**: Mit einem runden weißen Schild nach § 58 Abs. 3 StVZO oder mit einer Bremsverzögerung von weniger als 2,5 m/s^2 müssen Kraftwagen unter 60 km/h, Anhänger unter 100 km/h versehen sein (Schilddurchmesser 200 mm mit schwarzem Rand). Auf die Fahrzeugart kommt es nicht an, sondern allein auf die bauartbestimmte Höchstgeschwindigkeit; ausgenommen sind langsam fahrende Zweiräder. Langsame Fahrzeuge sind mit einer Kenn-

Kennzeichen nach § 58 Abs. 3 StVZO

Kennzeichen nach ECE-Regelung 69 – Anhang 12

Anbringung: Rückseite des Fahrzeugs
Außendreieck: Rote prismatische Rückstrahler oder retroreflektierende Folie
Innendreieck: Rote retroreflektierende Folie oder fluoreszierendes Material
Abmessung: Innendreieck: mind. 350 x 350 mm

zeichnungstafel nach ECE-Regelung 69 – Anhang 12 zu versehen, z.B. Krankenfahrstühle mit Elektroantrieb bis 15 km/h.

3.8 Sicherheitssysteme in Kraftfahrzeugen

Elektronisch gesteuerte Sicherheits- und Fahrerassistenzsysteme übernehmen zunehmend Fahreraufgaben, wobei problematisch ist, inwieweit die Technik die Verantwortlichkeit des Fahrers aushebeln darf. Bisher betonten die Art. 8 und 13 WÜ die Eigenverantwortlichkeit des Fahrers, Assistenzsysteme sind deshalb nur Hilfsmittel, bei deren Versagen der Fahrer verantwortlich bleibt (OLG Köln VD 2019, 305). Zu Notbremsassistenzsystemen s. Erl. 2.5 zu § 23.

Einige Fahrerassistenzsysteme (FAS)[1]

System	Bezeichnung	Wirkung
ABS	Antiblockiersystem	Bremssystem zur Verhinderung des Blockierens der Räder (auch ABV = Automatischer Blockierverhinderer)
ASR	Antriebs-Schlupf-Regelung	Verhinderung des Durchdrehens der Antriebsräder mittels elektronischer Steuerung bei unterschiedlichen Fahrbahnzuständen
ESP	Electronic Stability Program	Stabilisierung der Fahrdynamik in Verbindung mit ABS und ASR zur Verhinderung des Schleuderns bei Fahrspurwechsel in enger Kurvenfahrt („Elchtest")
EHB	Elektro-Hydraulische Bremse	Verkürzung der Bremsenansprechzeit durch elektronische Druckmodulation
ACC	Adaptive Cruise Control	Einhaltung eines ausreichenden Abstandes durch automatische Verzögerung bei zu dichtem Auffahren (Einwirkung auf Motordrehzahl und Bremse)
EVA	Emergency Valve Assistance („Bremsassistent")	System erkennt eine gewollte Gefahrbremsung und verstärkt den Bremsdruck durch Sensoren im Haupt-Bremszylinder automatisch bis zur Vollbremsung
ADAM	Advanced Dynamic Aid Mechanism („Bremsassistent")	System erkennt eine gewollte Gefahrbremsung und verstärkt den Bremsdruck durch die Trägheit beweglicher Teile im Bremskraftverstärker automatisch bis zur Vollbremsung
AFL	Assistent für Fernlicht	Das Fernlicht-Assistenzsystem schaltet automatisch von Abblendlicht auf Fernlicht um, auch unter Berücksichtigung des Lenkwinkels in Kurven
LKAS/LDW	Lane Keeping Assistance System/Lane Departure Warning (Spurhaltesystem)	Das Spurhaltesystem erkennt die Leitmarkierungen (Leit-/Fahrbahnbegrenzungslinien) auf der Straße und warnt vor dem Verlassen der Fahrspur
ANB	Automatischer Notbremsassistent	Der Notbremsassistent erkennt durch unzureichendes Bremsverhalten entstehende kritische Gefahrsituationen und reagiert darauf durch automatisches Bremsen
AFS	Autonome Fahrsysteme	Durch vielfältig integrierte und vernetzte Fahrsysteme werden Verkehrsinfrastrukturen, Verkehrszeichen und Verkehrslagen erkannt und auf Fahrsituationen selbstständig reagiert. Bei Bedarf wird der Fahrer zum Eingriff in das autonome Fahren aufgefordert

1 Brems- und Stabilisierungssysteme gehören zu den Fahrerassistenzsystemen (FAS), die bei bestimmten Gefahrsituationen automatisch in die Fahrzeugbedienung eingreifen (s. a. Albrecht VD 2006, 143)

Durch weitreichende Änderung des WÜ vom 7.12.2016 (BGBl. II S. 1306) wird die Einführung von Fahrerassistenzsystemen bis hin zu **selbstfahrenden Kraftfahrzeugen** ermöglicht (Franke DAR 2016, 61; Lutz DAR 2016, 55; von Bodungen und Hoffmann NZV 2015, 521 = SVR 2016, 41 und 93, sowie NZV 2016, 459: Haftung). Je tiefer Fahrerassistenzsysteme in die Fahrerentscheidung eingreifen, umso mehr muss aber dem Fahrer deutlich werden, in welchem Automatisierungsgrad sich das Fahrzeug befindet und welche Handlungs- und Überwachungsanforderungen bestehen. Dabei müssen die Assistenzsysteme vom Fahrer jederzeit übersteuerbar abzuschalten sein (Lutz DAR 2016, 506: Unfall mit Tesla-Autopiloten). Solange ein Fahrerassistenzsystem nicht selbstständig verkehrswidrige Fahrmanöver durchführt und auch die Geschwindigkeit nicht unerlaubt überschreitet, liegt nach dem technischen Standard von 2018 noch kein Mangel vor (AG Dortmund DAR 2018, 637). Fahrerassistenzsysteme müssen deshalb auch technische Mängel oder ihren Ausfall anzeigen und deutlich machen. Außerdem müssen die Fahrer geschult sein, automatische Systeme auch in psychischer Hinsicht bewältigen zu können (s. a. Weber NZV 2016, 249; Schrader DAR 2016, 242; Jähnich/Schrader/Reck NZV 2015, 313; Schlanstein VD 2015, 131; Strube VD 2015, 78; Lutz DAR 2014, 446; Gasser DAR 2015, 6; Jourdan NZV 2015, 26; Empfehlungen des AK II des 53. Deutschen Verkehrsgerichtstages 2015).

Durch Art. 1 des 8. Gesetzes zur Änderung des StVG vom 16.6.2017 (BGBl. I S. 1648) sind mit den §§ 1a, 1b und 1c sowie §§ 63a und 63b StVG einige rechtliche Grundlagen für das **autonome Fahren** und damit für den Aufbau einer intelligenten Straßeninfrastruktur geschaffen worden. Da bisher noch keine überzeugenden Systeme für den Massenverkehr verfügbar sind, dürfen kritische Stimmen und Hinweise zum autonomen Fahren nicht verwundern (s. a. Klink-Strauber/Kleber: Aktuelle Gesetzeslage zum automatisierten Fahren – eine Rechtsvergleichung; Will NZV 2020, 163: die innovative völkerrechtliche UNECE-Regelung für Automatisierte Spurhaltesysteme (ALKS); Gail SVR 2019, 321; Staub NZV 2019, 392; Lenk SVR 2019, 166: „Der programmierte Tod?"; Schubert SVR 2019, 124; Grunwald SVR 2019, 81: Technikfolgen, Ethik und Risiken; Steiner SVR 2019, 5; Ternig VD 2019, 73; Schuster DAR 2019, 6: strafrechtliche Verantwortlichkeit der Hersteller; Lüdemann, Sutter und Vogelpohl NZV 2018, 411; Buck-Heeb/Dieckmann NZV 2019, 213; Balke SVR 2018, 5; Greger NZV 2018, 1; Schulz NZV 2017, 548; Steege NZV 2017, 553 und NZV 2019, 459; Pataki DAR 2018, 133: aus Sicht der Versicherer; Bodungen und Hoffmann NZV 2018, 97: zur Herstellerhaftung; König NZV 2017, 123 und 249; Steiner DAR 2017, 359; Schirmer NZV 2017, 253; Singler NZV 2017, 353; Schmid/Wessels NZV 2017, 357). Die Möglichkeiten autonomer Fahrsysteme schlagen sich auch in anderen Vorschriften nieder, z. B. bei der Handynutzung in § 23 Abs. 1a Satz 5.

§ 4 Abstand

(1) Der Abstand zu einem vorausfahrenden Fahrzeug muss in der Regel so groß sein, dass auch dann hinter diesem gehalten werden kann, wenn es plötzlich gebremst wird. Wer vorausfährt, darf nicht ohne zwingenden Grund stark bremsen.

(2) Wer ein Kraftfahrzeug führt, für das eine besondere Geschwindigkeitsbeschränkung gilt, sowie einen Zug führt, der länger als 7 m ist, muss außerhalb geschlossener Ortschaften ständig so großen Abstand von dem vorausfahrenden Kraftfahrzeug halten, dass ein überholendes Kraftfahrzeug einscheren kann. Das gilt nicht,

1. wenn zum Überholen ausgeschert wird und dies angekündigt wurde,
2. wenn in der Fahrtrichtung mehr als ein Fahrstreifen vorhanden ist oder
3. auf Strecken, auf denen das Überholen verboten ist.

(3) Wer einen Lastkraftwagen mit einer zulässigen Gesamtmasse über 3,5 t oder einen Kraftomnibus führt, muss auf Autobahnen, wenn die Geschwindigkeit mehr als 50 km/h beträgt, zu vorausfahrenden Fahrzeugen einen Mindestabstand von 50 m einhalten.

(VwV-StVO zu § 4 nicht vorhanden)

1 Aus der amtlichen Begründung

(entfällt)

2 Erläuterungen

2.1 Sicherheitsabstand (§ 4 Abs. 1)

Durch einen ausreichenden Abstand nach vorn sollen nicht nur Auffahrunfälle[1] verhindert, sondern auch der Gegenverkehr, Überholer und Fußgänger gegen plötzliches Ausscheren von Fahrzeugen geschützt werden (Prell DAR 1999, 49). Der Abstand zur Seite richtet sich hingegen nach dem Rechtsfahrgebot des § 2 Abs. 2. Wie groß der Sicherheitsabstand zum Vorausfahrenden sein muss, hängt von der Geschwindigkeit, den Sicht-, Verkehrs- und Straßenverhältnissen ab.[2] Die **Faustregeln** des „Zwei-Sekun-

---

1 Ein Auffahrunfall liegt vor, wenn das nachfolgende Fahrzeug auf die Heckpartie des vorausfahrenden oder wartenden Fahrzeugs auffährt. Bei einem Auffahrunfall spricht der Beweis des ersten Anscheins (Typizität der Unfallkonstellation) bei einem typischen Geschehensablauf für das Verschulden des Auffahrenden (KG NZV 2014, 458; KG VRS 125, 287; KG VRS 106, 24; BGH NJW-RR 1989, 670; OLG Rostock VRS 123, 323). Das gilt nicht bei Auffahrunfällen durch grundloses Abbremsen des Vordermannes (OLG Frankfurt/M. NZV 2006, 585). In den Niederlanden gibt es bei Auffahrunfällen keinen Anscheinsbeweis gegen den Auffahrenden (AG Geldern DAR 2011, 210).

2 Dabei ist zu beachten, dass gegenüber der Generalklausel des § 3 Abs. 1 die Einhaltung eines ausreichenden Abstandes die speziellere Regel ist. Ein Tempoverstoß kann deshalb nicht daraus hergeleitet werden, dass langsamer zu fahren ist, um mehr Abstand zu gewinnen (OLG Hamm DAR 1973, 167 = VRS 44, 146). Tateinheitliche Verstöße gegen §§ 3 Abs. 1 und 4 Abs. 1 liegen nur dann vor, wenn die Gefahren eines Tempoverstoßes auf anderen Gründen als einem zu geringen Abstand beruhen, z. B. Geschwindigkeit ist insgesamt überhöht (OLG Jena VRS 110, 131).

den-Wegs" (BayObLG, DAR 1956, 333) oder des „**halben Tachoabstandes**" (OLG Hamm NZV 1994, 79) gelten für gewöhnliche Verhältnisse („in der Regel"); sie setzen Übung und Erfahrung im Entfernungsschätzen voraus (BGH DAR 1968, 50 = VRS 34, 89 = VkBl. 1968, 538; OLG Stuttgart VRS 45, 135; OLG Karlsruhe VerkMitt 1975 Nr. 47 = VRS 49, 448).[3] Anhaltspunkt für den notwendigen Sicherheitsabstand ist der Abstand der Leitpfosten von 50 m. Der Abstand muss größer als nach den Faustregeln sein, wenn mit hoher Bremsverzögerung des Vorausfahrenden, mit Glatteis, Nebel, schlechter Sicht oder nicht einschätzbaren Verkehrssituationen zu rechnen ist (OLG Hamm DAR 1969, 251). Andererseits braucht der Abstand auf Autobahnen ohne Anzeichen für Hindernisse generell nicht so groß zu sein, dass auch noch vor einem liegen gebliebenen KFZ gehalten werden kann, wenn es durch den Vorausfahrenden verdeckt wird und dieser erst unmittelbar davor die Spur wechselt und die Sicht freigibt (KG NZV 2003, 97 = VRS 104, 105). Im Großstadtverkehr kann der Abstand geringer sein (etwa drei PKW-Längen), doch muss er stets ausreichen, um ein Auffahren zu vermeiden, wenn der Vordermann plötzlich bremst (OLG Düsseldorf VerkMitt 1967 Nr. 35). Dabei spielt es für den Auffahrenden keine Rolle, aus welchem Grund der Vorausfahrende plötzlich bremst (OLG Karlsruhe NJW 2017, 2626 m. Anm. Jaeger). Ein voll beladener LKW muss einen größeren Abstand einhalten als ein leerer LKW (LG Koblenz VersR 1975, 480).

Eine konkrete **Gefährdung** des Vorausfahrenden ist anzunehmen, wenn der Sicherheitsabstand nach vorn nicht nur vorübergehend geringer ist als die in 0,8 Sekunden durchfahrene Strecke (OLG Karlsruhe VRS 43, 106).[4] Dabei darf der Kraftfahrer nicht auf einen mit dem Fahrerassistenzsystem verbundenen Abstandspiloten vertrauen, sondern muss selbst eingreifen (AG Bamberg VerkMitt 2019 Nr. 11). Beim **Überholen** muss der Mindestabstand zum vorausfahrenden Fahrzeug gewahrt bleiben, solange der Nachfolgende nicht zum Überholen ausschert (BayObLG VRS 40, 69 = VkBl. 1971, 439; OLG Hamm VRS 49, 58). Verdichtet sich die Gefahr durch einen Abstand auf einen Meter bei hoher Geschwindigkeit und gleichzeitigem Fahrstreifenwechsel, um den zu Überholenden zum Einscheren zu nötigen, kann bedingter Tötungsvorsatz i. S. d. § 212 StGB vorliegen (BGH DAR 2006, 284). Beim **Einscheren** in eine Lücke nach dem Überholen muss der Fahrer auch für Sicherheitsabstand nach hinten sorgen; der Überholte darf nicht „geschnitten" werden (OLG Naumburg VRS 129, 263; BayObLG VRS 23, 388; OLG Celle VRS 23, 143). Auch bei unerwartetem Spurwechsel des Vorausfahrenden und gleichzeitigem Auffahren des Nachfolgenden muss versucht werden, den Abstand zum Vorausfahrenden durch Tempoverringerung oder Ausweichen wiederherzustellen (OLG Bamberg VerkMitt 2016 Nr. 7). Im Bereich einer **Ampel** muss der Abstand so groß sein, dass nicht schon das plötzliche Bremsen des Vordermanns

3 Dem halben Tachoabstand entspricht eine Reaktionszeit von 1,8 s. Fährt ein Kraftfahrer z. B. mit 130 km/h, muss er einen Sicherheitsabstand von rd. 65 m zum Vorausfahrenden einhalten, was einer Geschwindigkeit von rd. 36 m/s (km/h : 3,6 = m/s) entspricht. Wird nur ein Abstand von 15 m (gut drei Fahrzeuglängen) eingehalten, beträgt die Reaktionszeit nur noch rd. 0,4 s (Abstand : m/s = s). Jedes Bremsmanöver des Vordermannes führt zwangsläufig zum Unfall.

4 Mit Art. 4 der 40. StVRÄndV sind die Sanktionen für Abstandsverstöße verschärft worden, z. B. bei Tempo 130 und 15 m Abstand = 200 € Bußgeld und zwei Monate Fahrverbot. Kein rechtfertigender Notstand für einen Abstandsverstoß, wenn ein Nachfolgender ebenfalls zu dicht auffährt: OLG Bamberg NZV 2015, 310 = DAR 2015, 396.

zum Auffahren führt (OLG Celle VersR 1976, 545). Beim Anfahren nach dem Umschalten auf Grün ist der erforderliche Sicherheitsabstand zum Vordermann herzustellen (KG VersR 1979, 234). Wird der Vordermann dabei durch Fehlverhalten eines Dritten zu plötzlichem scharfem Bremsen gezwungen, haftet allein der Dritte (KG VerkMitt 1993 Nr. 35). Beim Fahren in Gruppen unter verminderten Sicherheitsabständen oder im Pulk („Windschattenfahren") gilt stillschweigend ein Haftungsausschluss als vereinbart, wenn es dadurch zu einem Unfall kommt (OLG Frankfurt NZV 2016, 79: Motorradfahrer im Pulk; NZV 2015, 3522 m. Anm. Born; AG Nordhorn NZV 2016, 368 = NJW 2015, 3524: Radfahren im Pulk). Im Übrigen kann bei solchen Gruppenfahrten eine Erlaubnispflicht nach § 29 Abs. 2 erforderlich sein.

2.2 Abstand beim Bremsen des Vorausfahrenden

§ 4 Abs. 1 verdeutlicht den Grundsatz der doppelten Sicherung. Einerseits darf der Vorausfahrende nicht ohne zwingenden Grund stark bremsen, andererseits der Nachfolgende nicht darauf vertrauen. Er muss deshalb den Abstand so groß halten, dass er auch dann anhalten kann, wenn der Vorausfahrende stark abbremst (OLG Karlsruhe VRS 131, 231: grundloses Bremsen muss nachgewiesen werden). Bei gekennzeichneten Fahrschulfahrzeugen muss mit unangemessener Fahrweise gerechnet und deshalb der Abstand größer gewählt werden (LG Saarbrücken NJW 2019, 163: grundloses Abbremsen als Anfängerfehler). Eine „plötzliche" Bremsung ist nicht automatisch eine „starke" Bremsung (LG Hamburg NZV 2018, 584). Starkes Bremsen muss deutlich über das Maß des normalen Bremsvorganges hinausgehen; nicht erforderlich ist, dass das Fahrzeug zum Stillstand kommt. Bei Kettenunfällen spricht der Beweis des ersten Anscheins nicht gegen den Auffahrenden, wenn sich sein Bremsweg deshalb verkürzt, weil der Vorausfahrende selbst durch Auffahren zum Stillstand gekommen ist (OLG Hamm NZV 2016, 35).

Ein **zwingender Grund** für starkes Bremsen setzt eine plötzliche ernste Gefahr voraus (OLG Düsseldorf VerkMitt 1975 Nr. 9). Dabei müssen die Gründe, aus denen gebremst wird, in einem angemessenen Verhältnis zur Beeinträchtigung des nachfolgenden Verkehrs stehen. Ist nachfolgender Verkehr nicht vorhanden oder besteht zu ihm ein ausreichend großer Sicherheitsabstand, darf auch ohne Grund scharf gebremst werden (KG NZV 2003, 43 = VRS 103, 409; KG VerkMitt 2000 Nr. 88). Gefahr für ein Kleintier (Katze, Hund, Fuchs) rechtfertigt scharfes Bremsen nur, wenn das Bremsen weder Menschen noch bedeutende Sachwerte gefährdet (KG NZV 2003, 91 = VRS 104, 5 = DAR 2003, 64; OLG Frankfurt VerkMitt 1984 Nr. 41 = DAR 1984, 157; LG Koblenz DAR 2001, 227; OLG Nürnberg DAR 2001, 224; AG München NZV 2014, 418: Gefahrbremsung wegen Eichhörnchen; AG Dortmund VD 2018, 332 = NZV 2018, 433 mit Anm. Lempp: Bremsen für eine Taube unmittelbar nach dem Anfahren an einer Ampel ist i. S. d. Tierschutzes noch vertretbar; s. a. NZV Editorial 2018, Heft 9 und Koehl SVR Editorial 2018, Heft 8) oder wenn innerorts bei Tempo 50 das nachfolgende KFZ im Abstand von 25 m fährt (KG DAR 2001, 122). **Kein zwingender Grund** ist eine zu spät erkannte Parklücke (KG VerkMitt 2003 Nr. 1 = NZV 2003, 42 = VRS 104, 27), auch keine Abbiegemöglichkeit (KG NZV 2003, 41 = VRS 104, 103), die Aufnahme eines Taxifahrgastes, kurze Sichtbehinderung durch Spritzwasser auf der Windschutzscheibe (KG VerkMitt 1979 Nr. 83), eine plötzlich erkannte Verkehrsüberwachungsanlage (LG Dresden

NZV 2004, 367), um einem anderen eine Lehre zu erteilen (OLG Hamm SVR 2016, 181: erfolgt das Abbremsen in verkehrsfeindlicher Absicht durch Gebrauch des Fahrzeugs als Waffe mit Schädigungsvorsatz, kann eine Straftat nach § 315b Abs. 1 Nr. 2 StGB vorliegen), die Annäherung an eine Kurve (OLG Saarbrücken VerkMitt 1975 Nr. 71), die Verwechslung des Gas- oder Kupplungs- mit dem Bremspedal nach dem Anfahren an einer Ampel (AG Freiburg/Br. VRS 113, 31; LG München I DAR 2005, 690: hier haftet der Bremsende, nicht der Auffahrende) oder das Herannahen eines Blaulichtfahrzeugs, das durch das Abbremsen gefährdet wird (KG VRS 117, 324 = NZV 2010, 203). Kommt es infolge Bremsens ohne zwingenden Grund bei unzureichendem Sicherheitsabstand zu einem Auffahrunfall, haften beide Parteien nach ihrem Verursachensanteil (BGH VerkMitt 2007 Nr. 71; OLG Karlsruhe VRS 124, 226; KG VerkMitt 2006 Nr. 80 = DAR 2006, 506 = VRS 111, 29 = NZV 2007, 79: Haftung des Bremsenden zu 1/3 des Schadens). Ob die Gelbschaltung zu starkem Bremsen zwingt, hängt davon ab, in welcher Phase der Fahrer sich der Lichtzeichenanlage nähert (KG VerkMitt 1983 Nr. 15; AG Hildesheim NZV 2009, 38: beim Aufleuchten von Gelb muss immer mit scharfem Bremsen des Vorausfahrenden gerechnet werden; LG Heidelberg SVR 2014, 468: vor allem, wenn noch vor dem Lichtsignal gehalten werden kann). Mit Hindernissen, die erst sichtbar werden, wenn der Vordermann den Fahrstreifen wechselt, braucht man nicht ohne Weiteres zu rechnen (BGH VerkMitt 1987 Nr. 79; OLG Jena DAR 2007, 29: Haftung nur zu 30 %). Beim Anfahren vor einer Signalanlage ist ein verkürzter Abstand durch erhöhte Bremsbereitschaft auszugleichen (OLG Karlsruhe VRS 73, 334). Beim Unfall trifft den Auffahrenden die Beweislast, dass der Vordermann grundlos gebremst hat (BGH DAR 1989, 23). Absichtliches scharfes Bremsen, um dem Nachfolgenden eine „Lehre" für dessen Fehlverhalten zu erteilen, ist als unzulässiger Akt der Selbstjustiz ein so schwerwiegender Verstoß gegen das Gebot der Vorsicht und Rücksichtnahme, dass der Vorausfahrende allein haftet (LG Mönchengladbach DAR 2002, 319 = NZV 2002, 375).

2.3 Sicherheitsabstand bei LKW und KOM (§ 4 Abs. 3)

Jede Unterschreitung des Mindestabstandes von 50 m ist unzulässig (OLG Zweibrücken VerkMitt 1997 Nr. 91 = NZV 1997, 283; AG Lüdinghausen SVR 2016, 358). Voraussetzung ist, dass die Geschwindigkeit des LKW über 3,5 t oder des KOM mindestens 50 km/h beträgt. Fährt der LKW langsamer, muss der Mindestabstand nicht eingehalten werden, z. B. bei zähflüssigem Verkehr oder Stau. Die Tempofeststellung der Polizei aufgrund eines ungeeichten Tachos genügt zur Feststellung einer Geschwindigkeit von über 50 km/h nicht.

Der 50-m-Abstand dient nicht dazu, anderen das Einscheren zu ermöglichen, sondern es handelt sich um einen besonderen Sicherheitsabstand schwerer Fahrzeugeinheiten (OLG Saarbrücken VRS 110, 369). Infolgedessen muss der Abstand auch bei Überholverboten gewahrt sein. Eine Ausnahme gilt nur, wenn die Abstandsunterschreitung von dem LKW oder KOM nicht zu vertreten ist, z. B. wenn ein Fahrzeug sich in den 50-m-Abstand hineindrängelt (AG Lüdinghausen NZV 2013, 2036: Grenzfall bei Einhaltung des halben Tachoabstandes für PKW).

2.4 Abstandsmessung

Bei Abstandsmessungen müssen die Messstelle, die Entfernung und das Messverfahren dokumentiert werden (OLG Bamberg VerkMitt 2018 Nr. 29 =

DAR 2018, 279: Angaben reichen bei standardisierten Messverfahren). Im Allgemeinen müssen Abstandsmessungen über eine Fahrtstrecke von etwa 150 m und mit einer Mindestunterschreitungszeit des Abstandes von drei Sekunden dokumentiert werden (OLG Hamm NZV 2013, 203 und DAR 2013, 650: 140 m; AG Lüdinghausen NZV 2013, 355 = VRS 124, 164: 110 bis 120 m reichen nicht; OLG Oldenburg NZV 2018, 45: keine längere Dauer der Abstandsunterschreitung erforderlich). Die Ahndung erfordert somit einen nicht nur ganz vorübergehenden Abstandsverstoß (OLG Rostock NZV 2015, 405; s.a. Krumm NJW 2016, 3642).

Die im Interesse der Verkehrssicherheit notwendige Erfassung von Abstandsverstößen durch Lichtbilder oder Videoaufzeichnung des Fahrzeugkennzeichens und des Fahrers darf nur erfolgen, wenn aufgrund des Messwertes der Verdacht eines Abstandsverstoßes besteht (BVerfG DAR 2011, 457: ein Beweisverwertungsverbot ist vom Fachgericht zu prüfen; BVerfG DAR 2010, 574; BVerfG NJW 2009, 3293). Insoweit ist der Einsatz qualifizierter Messverfahren begrenzt (OLG Bamberg DAR 2012, 268). Dabei darf nicht nur der Messgerätehersteller Zugriff auf die Rohdaten haben, sondern auch Polizei, Bußgeldbehörde und Gerichte (AG Mannheim DAR 2016, 95).

Die Videoabstandsmessung **VAMA** ist als standardisiertes Messverfahren anerkannt (BGH DAR 1983, 56, OLG Bamberg VerkMitt 2013 Nr. 30; OLG Bamberg DAR 2011, 595; OLG Bamberg NZV 2010, 369; OLG Hamm NZV 1994, 120; OLG Hamm VRS 106, 466; kritisch Krumm SVR 2007, 479). Das Brücken-Abstandsmessverfahren **ViBrAM-BAMAS** erfasst nur die Abstände des laufenden Verkehrs. Erst bei einem Abstandsverstoß wird eine weitere Kamera[5] zur Erfassung von Fahrzeug und Fahrer hinzugeschaltet, so dass kein Verstoß gegen das Grundrecht auf informationelle Selbstbestimmung vorliegt (OLG Karlsruhe NZV 2011, 213; OLG Düsseldorf DAR 2010, 393 und 395 = NZV 2010, 474 = VRS 118, 284 = VD 2010, 198; OLG Stuttgart VerkMitt 2010 Nr. 34 = DAR 2010, 148 = VRS 118, 178 = NZV 2010, 317; OLG Stuttgart VerkMitt 2008 Nr. 14 = DAR 2007, 657 = NZV 2008, 40 = VRS 113, 124 = SVR 2008, 270; a.A. noch OLG Düsseldorf VerkMitt 2010 Nr. 35 = DAR 2010, 213 = NZV 2010, 263 = SVR 2010 149 = NJW 2010, 1216). Das Video-Überwachungsgerät **VKS 3.0**[6] und **3.01** von VIDIT ist zulässig, weil es erst bei Anfangsverdacht ausgelöst wird (OLG Bamberg VerkMitt 2015 Nr. 56; OLG Bremen DAR 2011, 35; OLG Jena VRS, 121, 32; OLG Dresden VerkMitt 2005 Nr. 75 = DAR 2005, 637; OLG Oldenburg VerkMitt 2010 Nr. 29; s.a. Löhle DAR 2016, 161). Das Abstandsmessgerät **JVC/Piller CG-P 50 E** ohne gleichzeitige Verwendung des JVC-Videogerätes ist unzulässig (OLG Bamberg DAR 2009, 98). **Traffipax-Verfahren**: Lichtbilder bei Beginn und am Ende einer Messstrecke, gleichzeitige Zeitfeststellung durch geeichte

5 Rechtsgrundlage für die hinzugeschaltete Kamera bei Verdacht eines Abstandsverstoßes ist § 100h Abs. 1 Satz 1 Nr. 1 StPO i.V.m. § 46 Abs. 1 OWiG (BVerfG DAR 2010, 574 = DAR 2010, 508 = NZV 2010, 582: Messverfahren stellen zwar einen Eingriff in das informationelle Recht auf Selbstbestimmung dar, sind aber wegen der Verkehrssicherheit verfassungskonform; BVerfG NJW 2009, 3293; OLG Dresden DAR 2011, 216; OLG Düsseldorf DAR 2010, 393; OLG Stuttgart VerkMitt 2010 Nr. 34; OLG Brandenburg VerkMitt 2010 Nr. 36; OLG Bamberg NZV 2010, 98; OLG Jena NZV 2010, 266).

6 Das VKS-Messsystem dient zu Abstands- und Geschwindigkeitsmessungen. Dabei wird eine vorher vermessene und markierte Strecke durch Videokameras von einem mindestens 3 m erhöhten Standort überwacht. Eine Kamera zeichnet den Tatvorgang auf, eine andere erfasst den Fahrer.

Stoppuhren (OLG Oldenburg VRS 67, 54; OLG Köln VRS 67, 286; OLG Düsseldorf VerkMitt 1983 Nr. 67; BGH VerkMitt 1983 Nr. 1; OLG Düsseldorf VRS 74, 449 = NZV 1988, 76: 15 % Abzug für Messfehler). **FESAM-Verfahren**: Kontrollaufnahme in bestimmtem Abstand vor der Messstelle, zweite Kontrollaufnahme nach 0,8 s (OLG Celle VerkMitt 1980 Nr. 17). **Distanova-Verfahren**: Kamera mit Teleobjektiv, Übersichtsaufnahme, manuelle Kontrollaufnahme, gefolgt von einer automatischen Kontrollaufnahme nach einem bestimmten Zeitintervall (OLG Stuttgart VRS 64, 145). Bei Messung durch Videofilmaufnahme vom Hubschrauber aus ist ein Zuschlag zum gemessenen Abstand von 10 % und ein Abschlag von 10 % der gemessenen Geschwindigkeit notwendig (OLG Koblenz VerkMitt 1992 Nr. 96). Abstandskontrollen durch Nachfahren erfordern eingehende Beobachtungen darin geübter Personen über eine längere Fahrstrecke, wobei nur deutliche Abstandsunterschreitungen und keine „Grenzfälle" beurteilt werden können (OLG Düsseldorf DAR 2000, 80); die Beobachtung des Abstandes muss dabei schräg versetzt auf dem gleichen Fahrstreifen erfolgen (OLG Düsseldorf VerkMitt 2003 Nr. 4 = NZV 2002, 519) und die Berechnungsgrundlage dokumentiert werden (OLG Hamm DAR 2009, 156). Abstandsschätzungen sind auch zur Nachtzeit möglich (OLG Celle VerkMitt 2004 Nr. 59). Die Abstandsmessung mit dem System **ProViDa** durch ein nachfahrendes Polizeifahrzeug ist kein standardisiertes Messverfahren, weil weder festgelegt ist, unter welchen Voraussetzungen ein Punkt als markant gilt, noch wie ein Fahrzeugschatten für die Abstandsberechnung beschaffen sein muss (OLG Jena VRS 119, 366 = DAR 2011, 413).

Für die Feststellung einer vorsätzlichen Abstandsunterschreitung sind nicht der Messwert allein, sondern auch kognitive und voluntative Vorsatzelemente zu ermitteln (BayObLG DAR 2020, 105: Vorsatz beim Unterschreiten des Sicherheitsabstandes um $^2/_{10}$ des halben Tachowertes; OLG Bamberg DAR 2010, 708 = SVR 2011, 76; s. a. Fromm DAR 2020, 115: zum subjektiven Tatbestand bei Abstandsverstößen). Bei Fehlern im Bußgeldverfahren kann das Verfahren nach § 47 eingestellt werden, z. B. bei Verstößen gegen datenschutzrechtliche Vorschriften (AG Landstuhl DAR 2016, 95: fehlerhafte Täterermittlung nach Abstandsverstoß mit weniger als $^2/_{10}$ des halben Tachowertes).

3 Hinweise

3.1 **Abstand** bei Abblendlicht auf Autobahnen: § 18 Abs. 6; Abblenden bei geringem Abstand des Vorausfahrenden: § 17 Abs. 2; Abstand innerhalb geschlossener Verbände: § 27 Abs. 2; Abstand beim Halten und Parken: § 12 Abs. 6. Seitenabstand beim Vorbeifahren an Haltestellen öffentlicher Verkehrsmittel mit ein- oder aussteigenden Fahrgästen: § 20 Abs. 1; Seitenabstand beim Überholen: § 5 Abs. 4.

3.2 Verbot für KFZ über 3,5 t und Zugmaschinen (ausgenommen PKW und KOM), den angegebenen **Mindestabstand** zu einem vorherfahrenden KFZ gleicher Art zu unterschreiten: Z. 273 (Anl. 2 lfd. Nr. 48).

3.3 Bedrängende Fahrweise durch zu dichtes Auffahren kann auch innerorts strafbare **Nötigung** nach § 240 StVG sein (BVerfG DAR 2007, 386 = VD 2007, 153 = SVR 2007, 269; OLG Köln VerkMitt 2006 Nr. 61 = VRS 110, 412 = NZV 2006, 386 = VD 2006, 302 = DAR 2007, 39). Voraussetzung dafür ist aber eine Zwangswirkung von gewisser Dauer und Intensität der Einwirkung auf den Genötigten (BVerfG DAR 2007, 386 = NZV 2007, 370; OLG Hamm NZV

2006, 388 = SVR 2007, 467: auf 2 km mehrfach bis auf 4 m Abstand an den Vorausfahrenden bei Tempo 120 mit Nebelscheinwerfern herangefahren; OLG Düsseldorf DAR 2007, 713 = VRS 113, 289 = NZV 2008, 46 = VD 2007, 299: nicht aber bloßes rücksichtsloses Überholen).

3.4 **Fahrverbote** als Regelfolge bei erheblicher Abstandsunterschreitung: § 4 BKatV und Tabelle 2 BKat (s. a. Erl. 2.8.1 zu § 49).

§ 5 Überholen

(1) Es ist links zu überholen.

(2) Überholen darf nur, wer übersehen kann, dass während des ganzen Überholvorgangs jede Behinderung des Gegenverkehrs ausgeschlossen ist. Überholen darf ferner nur, wer mit wesentlich höherer Geschwindigkeit als der zu Überholende fährt.

(3) Das Überholen ist unzulässig:

1. bei unklarer Verkehrslage oder

2. wenn es durch ein angeordnetes Verkehrszeichen (Zeichen 276, 277) untersagt ist.

(3a) Wer ein Kraftfahrzeug mit einer zulässigen Gesamtmasse über 7,5 t führt, darf unbeschadet sonstiger Überholverbote nicht überholen, wenn die Sichtweite durch Nebel, Schneefall oder Regen weniger als 50 m beträgt.

(4) Wer zum Überholen ausscheren will, muss sich so verhalten, dass eine Gefährdung des nachfolgenden Verkehrs ausgeschlossen ist. Beim Überholen muss ein ausreichender Seitenabstand zu den anderen Verkehrsteilnehmern eingehalten werden. Beim Überholen mit Kraftfahrzeugen von zu Fuß Gehenden, Rad Fahrenden und Elektrokleinstfahrzeug Führenden beträgt der ausreichende Seitenabstand innerorts mindestens 1,5 m und außerorts mindestens 2 m. An Kreuzungen und Einmündungen kommt Satz 3 nicht zur Anwendung, sofern Rad Fahrende dort wartende Kraftfahrzeuge nach Absatz 8 rechts überholt haben oder neben ihnen zum Stillstand gekommen sind.[1] Wer überholt, muss sich so bald wie möglich wieder nach rechts einordnen. Wer überholt, darf dabei denjenigen, der überholt wird, nicht behindern.

(4a) Das Ausscheren zum Überholen und das Wiedereinordnen sind rechtzeitig und deutlich anzukündigen; dabei sind die Fahrtrichtungsanzeiger zu benutzen.[2]

(5) Außerhalb geschlossener Ortschaften darf das Überholen durch kurze Schall- oder Leuchtzeichen angekündigt werden. Wird mit Fernlicht geblinkt, dürfen entgegenkommende Fahrzeugführende nicht geblendet werden.

(6) Wer überholt wird, darf seine Geschwindigkeit nicht erhöhen. Wer ein langsameres Fahrzeug führt, muss die Geschwindigkeit an geeigneter Stelle ermäßigen, notfalls warten, wenn nur so mehreren unmittelbar folgenden Fahrzeugen das Überholen möglich ist. Hierzu

---

1 § 5 Abs. 4 geändert durch Art. 1 der 54. StrVRÄndV vom 20.4.2020 (BGBl. I S. 814).

2 Fahrtrichtungsanzeiger sind die in § 54 StVZO vorgeschriebenen optisch wirkenden Blinkleuchten. Fahrzeuge ohne Fahrtrichtungsanzeiger (Fahrräder, Pferdekutschen) haben die Zeichen in anderer Weise zu geben (Handzeichen, Kellen o. Ä.). Das gilt auch beim Abschleppen, wenn auf das eingeschaltete Warnblinklicht nach § 15a Abs. 3 bei starkem Verkehr nicht verzichtet werden kann. Fahrräder mit Hilfsmotor, Klein- und Leichtkrafträder, offene Krankenfahrstühle, einachsige Zug- und Arbeitsmaschinen und andere Fahrzeuge nach § 54 Abs. 5 StVZO können, müssen aber nicht mit Fahrtrichtungsanzeiger ausgerüstet sein. Haben sie Fahrtrichtungsanzeiger, müssen diese auch benutzt werden.

können auch geeignete Seitenstreifen in Anspruch genommen werden; das gilt nicht auf Autobahnen.

(7) Wer seine Absicht, nach links abzubiegen, ankündigt und sich eingeordnet hat, ist rechts zu überholen. Schienenfahrzeuge sind rechts zu überholen. Nur wer das nicht kann, weil die Schienen zu weit rechts liegen, darf links überholen. Auf Fahrbahnen für eine Richtung dürfen Schienenfahrzeuge auch links überholt werden.

(8) Ist ausreichender Raum vorhanden, dürfen Rad Fahrende und Mofa Fahrende die Fahrzeuge, die auf dem rechten Fahrstreifen warten, mit mäßiger Geschwindigkeit und besonderer Vorsicht rechts überholen.

VwV-StVO zu § 5 Überholen und § 6 Vorbeifahren

1 An Teilnehmern des Fahrbahnverkehrs, die sich in der gleichen Richtung weiterbewegen wollen, aber warten müssen, wird nicht vorbeigefahren; sie werden überholt. Wer durch die Verkehrslage oder durch eine Anordnung aufgehalten ist, der wartet.

VwV-StVO zu § 5 Abs. 6 Satz 2

1 Wo es an geeigneten Stellen fehlt und der Verkehrsfluss wegen Lastkraftwagenverkehrs immer wieder leidet, ist der Bau von Haltebuchten anzuregen.

1 Aus der amtlichen Begründung

1.1 Gewährleistung eines ausreichenden Seitenabstandes beim Überholen auch für Elektrokleinstfahrzeuge nach der eKFV (Begr. 2019).

1.2 Festlegung von Mindestseitenabständen beim Überholen (Begr. 2020)

2 Erläuterungen

2.1 Überholen (§ 5 Abs. 1)

a. Überholen ist das Sichvorbeibewegen eines von hinten herankommenden Fahrzeugs an einem anderen, das auf derselben Fahrbahn in derselben Richtung fährt oder verkehrsbedingt wartet (BGH VRS 131, 83). Überholen liegt auch bei Abbiegern in die gleiche Straße vor, wobei der eine schneller als der andere ist. Überholt wird auch dann, wenn der mit gleicher Geschwindigkeit fahrende Mitverkehr an langsamer werdendem Verkehr vorbeizieht. Auch Fahrzeugschlangen, die mit unterschiedlicher Geschwindigkeit aneinander vorbeiziehen, überholen sich. Gleiches gilt bei der „freien Fahrstreifenwahl". Die in § 7 Abs. 2 und 3 mit den Worten „... darf rechts schneller als links fahren" beschriebenen Verkehrsvorgänge sind keine Regelungen eigener Art,[3] sondern gelten als Überholen (BGH VerkMitt 1975 Nr. 52 = DAR 1975, 165 = VRS 48, 281). Infolgedessen müssen Überholverbote auch bei freier Fahrstreifenwahl oder vor Lichtzeichenanlagen beachtet werden. Verkehrsbedingt wartende Fahrzeuge gehören zum fließenden Verkehr und werden im Rechtssinn überholt, z.B. beim Vorbeiziehen an stehenden Fahrzeugen im Stau (KG VRS 106, 173 = NZV 2004, 633; BGH VRS 88, 95), an wartender Kolonne vor Rotlicht (OLG Köln VersR 1989, 98) oder an einem stehenden Fahrzeug, das aus Gefälligkeit auf sei-

3 So noch Booß, StVO 3. Aufl., Anm. 2 zu § 7.

Abweichungen vom Rechtsüberholverbot				
Vorschriften der StVO	**Fahrbahnverhältnisse**	**Geltung für KFZ**		**Folge**
		innerorts	**außerorts**	
§ 5 Abs. 7 Satz 1 nach dem Einordnen zum Linksabbiegen	auf allen Fahrbahnen (außer BAB)	alle Fahrzeuge		Rechts darf überholt werden
§ 5 Abs. 7 Satz 2 bei Schienenfahrzeugen	auf Fahrbahnen mit Gleisen links oder in der Mitte	alle Fahrzeuge		Schienenfahrzeuge sind rechts zu überholen (nur in Einbahnstraßen darf links überholt werden)
§ 7 Abs. 2 bei Fahrzeugschlangen	mindestens 2 Fahrstreifen	alle KFZ		Rechts darf überholt werden
§ 7 Abs. 2a wenn eine Fahrzeugschlange auf dem linken Fahrstreifen steht oder langsam fährt	mindestens 2 Fahrstreifen	alle KFZ		Rechts darf bis zu einer Differenzgeschwindigkeit von max. 20 km/h überholt werden, wenn die Fahrzeugschlange nicht schneller als 60 km/h fährt
§ 7 Abs. 3 bei freier Fahrstreifenwahl	mindestens 2 markierte Fahrstreifen	nur KFZ bis 3,5 t	nein	Rechts darf innerorts überholt werden; gilt nicht auf BAB (auch nicht innerörtliche BAB)
§ 7 Abs. 3c Satz 2 zum Linksabbiegen	mindestens 3 markierte Fahrstreifen (Geltung nicht auf BAB)	nein	LKW über 3,5 t und 7 m lange Züge	Der linke Fahrstreifen darf nur zum Abbiegen benutzt werden; für den dritten Fahrstreifen gilt dann Überholverbot; rechts darf überholt werden
§ 7a Abs. 1 wenn ein Fahrstreifen auf einer BAB oder Außerortsstraße abgeht	mindestens 2 markierte Fahrstreifen	alle KFZ		Abbieger dürfen ab der breiten Leitlinie (Blockmarkierung) rechts überholen; das gilt nicht für Ausfädelungsstreifen
§ 7a Abs. 2 auf Einfädelungsstreifen	mindestens ein Fahrstreifen	alle KFZ		Der Verkehr auf der durchgehenden Fahrbahn darf rechts überholt werden
§ 37 Abs. 4 vor Lichtzeichenanlagen	mindestens 2 Fahrstreifen	alle KFZ		Es darf nebeneinander gefahren und rechts überholt werden

nen Vorrang verzichtet hat (OLG Köln VerkMitt 1999 Nr. 76). Auf die Dauer des Wartens kommt es nicht an (OLG Karlsruhe DAR 2003, 473 = NZV 2003, 493 = VRS 105, 367).[4] Demgegenüber wird an haltenden, parkenden oder liegen gebliebenen Fahrzeugen nach § 6 vorbeigefahren, z.B. an Bussen oder Straßenbahnen an Haltestellen.

Die Überholregeln gelten nur für die gleiche Fahrbahn oder auf Flächen, die mit der Fahrbahn einen einheitlichen Straßenraum bilden (BGH DAR 2016, 710 = NZV 2016, 585: Flucht mit PKW durch Überholen auf der Fahrbahn unter Mitbenutzung des Gehweges). Radfahrer oder Führer von Elektrokleinstfahrzeugen auf einem abgetrennten Radweg überholen nicht den Ver-

4 Nicht überholt werden hingegen Fahrzeuge, die angehalten haben („gewollte" Fahrtunterbrechung nach § 12); an ihnen wird „vorbeigefahren" (§ 6).

kehr auf der Fahrbahn. Gleiches gilt für baulich abgetrennte Neben- oder Parallelfahrbahnen oder Einfädelungsstreifen zur durchgehenden Fahrbahn.

b. Überholen beginnt mit dem Ausscheren und endet erst mit dem Wiedereingliedern nach rechts in ausreichendem Abstand (KG NZV 2007, 305). Daher liegt noch kein Überholen vor, wenn nach links zur Prüfung der Verkehrslage versetzt gefahren wird; wohl aber, wenn unter Verkürzung des Sicherheitsabstandes nach links ausgeschert wird (OLG Hamm VRS 43, 137). Andererseits dauert das Überholen noch an, wenn der Überholende zwar die anderen KFZ hinter sich gelassen, sich aber noch nicht wieder eingeordnet hat. Bei einer Fahrzeugkolonne hat derjenige den Vortritt, der sich als Erster dem Vordermann so weit genähert hat, dass er zum Überholen ausscheren kann (KG NZV 2002, 229 = DAR 2002, 265; KG VerkMitt 1995 Nr. 41). Dabei besteht aber eine gesteigerte Sorgfaltspflicht, weil immer damit gerechnet werden muss, dass in der Kolonne Vorausfahrende ihrerseits zum Überholen ausscheren wollen (AG Hamburg-Harburg SVR 2019, 307 mit Anm. Bachmor). Nach Wegfall des Überholhindernisses ist eine Kolonne dadurch aufzulösen, dass zunächst das unmittelbar hinter dem Spitzenfahrzeug befindliche Fahrzeug und die folgenden nacheinander überholen; der jeweils Vorausfahrende hat den Vortritt (OLG Schleswig VersR 1974, 109). Ein aus der Mitte Ausscherender verstößt gegen § 5 Abs. 4 Satz 1, wenn dabei andere gefährdet werden (OLG München VD 2018, 277). Ein Kraftfahrer, der innerorts eine Reihe wartender Fahrzeuge auf dem Fahrstreifen des Gegenverkehrs überholt, muss mit Fußgängern rechnen, die zwischen den wartenden Fahrzeugen hervortreten und nur auf den Gegenverkehr achten (KG VRS 49, 262).

c. Für das Überholen ist es gleichgültig, ob es rechts oder links erfolgt; ein Verstoß nach Z. 276 liegt deshalb auch dann vor, wenn unzulässig rechts überholt wird. Das Überholen setzt weiter voraus, dass die beteiligten Fahrzeuge dieselbe Fahrbahn benutzen. Fährt z. B. ein Fahrzeug auf dem Seitenstreifen an einem KFZ auf der Fahrbahn vorbei, liegt eine Verletzung der Fahrbahnbenutzungspflicht (§ 2 Abs. 1), nicht aber unzulässiges Überholen vor, selbst wenn für die Fahrbahn Überholverbot nach Z. 276 besteht.[5]

2.2 Linksüberholen (§ 5 Abs. 1)

Grundsätzlich ist links zu überholen; die Pflicht gilt für den Fahrverkehr auf allen Fahrbahnteilen, Sonderwegen und Autobahnen. Zweitüberholen ist auf zweistreifiger Autobahn unzulässig (OLG Düsseldorf VRS 22, 471), sonst ist es nur auf besonders breiter Straße und nur bei klarer und sicherer Verkehrslage gestattet (BGH DAR 1957, 186).

Vom Linksüberholgebot gibt es jedoch zahlreiche **Abweichungen** (s. Tabelle). Wer sich an einer Kreuzung oder Einmündung deutlich nach links zum Abbiegen eingeordnet hat, darf nur noch rechts überholt werden. Bei Fahrfehlern, wie Versäumung der doppelten Rückschaupflicht (§ 9 Abs. 1) oder der Fahrtrichtungsanzeige, haftet auch der Abbiegende (KG VRS 116, 191; BayObLG VerkMitt 1985 Nr. 71 = VRS 69, 23). Rechtsüberholen ist unter den Voraussetzungen des § 7 Abs. 2a (stockender Verkehr links) zulässig, keinesfalls jedoch auf der Standspur der Autobahn (Verstoß gegen Fahrbahnbenutzungspflicht – § 2 Abs. 1). Kein verbotenes Rechtsüberholen beim Schnellfahren auf Einfädelungsstreifen („Beschleu-

5 Nach § 2 Abs. 1 Satz 2 ist der Seitenstreifen nicht Bestandteil der Fahrbahn.

Pflichten beim Überholen

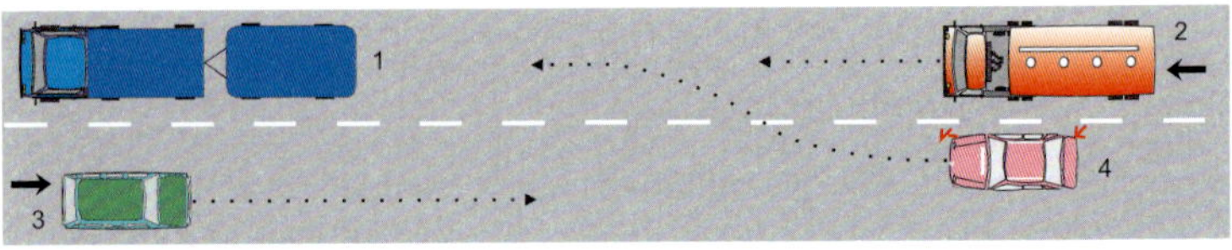

Verhaltenspflichten des Überholenden	Vorschriften der StVO	KFZ der Skizze
1. Behinderungsverbot gegenüber dem Gegenverkehr	§ 5 Abs. 2 Satz 1	KFZ 4 zu KFZ 3
2. Gefährdungsausschluss gegenüber dem nachfolgenden Verkehr	§ 5 Abs. 4 Satz 1	KFZ 6 zu KFZ 8
3. Wesentlich höheres Tempo als das zu überholende KFZ	§ 5 Abs. 2 Satz 2	KFZ 4 zu KFZ 2
4. Rechtzeitiges und deutliches Ankündigen des Überholens mit Fahrtrichtungsanzeiger	§ 5 Abs. 4a	KFZ 6
5. Ausreichender Seitenabstand zum überholten Fahrzeug und zu Fußgängern	§ 5 Abs. 4 Satz 2	KFZ 4 zu KFZ 2
6. Rechtzeitiges Wiedereinordnen nach Beendigung des Überholvorganges mit Ankündigen durch Fahrtrichtungsanzeiger	§ 5 Abs. 4 Satz 3	KFZ 7
7. Behinderungsverbot und Beachtung eines ausreichenden Sicherheitsabstandes gegenüber dem überholten Fahrzeug	§ 5 Abs. 4 Satz 4	KFZ 4 zu KFZ 2 KFZ 7 zu KFZ 5

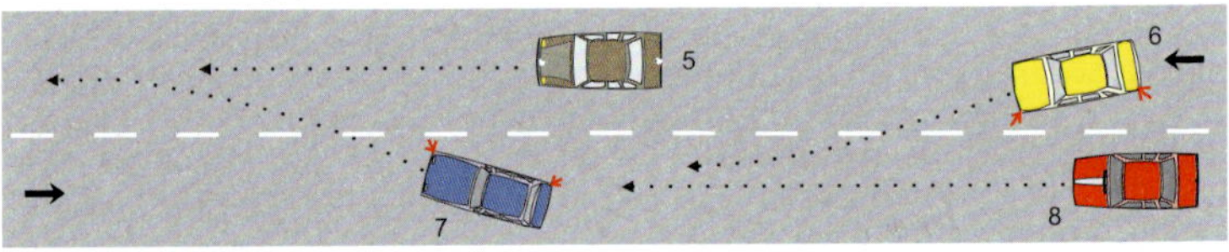

Verhaltenspflichten des Überholten	Vorschriften der StVO	KFZ der Skizze
1. Verbot der Tempoerhöhung gegenüber dem überholenden Fahrzeug	§ 5 Abs. 6 Satz 1	KFZ 2 zu KFZ 4
2. Strikte Einhaltung des Rechtsfahrgebots und des Verbots, nach links auszuscheren	§ 2 Abs. 2	KFZ 5 zu KFZ 7
3. Verpflichtung langsamer Fahrzeuge		
a. zur Einhaltung eines so großen Abstandes, dass ein überholendes Fahrzeug einscheren kann, auf Autobahnen mindestens 50 m	§ 4 Abs. 2 und 3	KFZ 6 zu KFZ 8
b. das Überholen zu ermöglichen	§ 5 Abs. 6 Satz 2 und 3	

nigungsstreifen“) (OLG Hamm DAR 1975, 277). Zweiradfahrer dürfen nicht zwischen den von KFZ besetzten „Fahrstreifen“ hindurchfahren und den Bereich der Trennlinie als weiteren Fahrstreifen benutzen (OLG Hamm NZV 1988, 105); sie überholen dann die links Befindlichen unzulässig rechts (KG VRS 112, 12; OLG Düsseldorf VerkMitt 1990 Nr. 121). Nur Rad- und Mofafahrer dürfen auf dem rechten Fahrstreifen wartende Kolonnen mit mäßiger Geschwindigkeit (8 bis 12 km/h) bei ausreichendem Platz rechts überholen (ca. 1,5 m Seitenabstand).[6] Links abbiegende Radfahrer dürfen die auf dem linken Fahrstreifen ebenfalls links abbiegenden KFZ auf der rechten Seite überholen (OLG Hamm NZV 2001, 39 = DAR 2001, 220). Auf Fahrbahnen mit mehreren Fahrstreifen für eine Richtung darf bei Lichtzeichenregelung auch rechts überholt werden (BayObLG VRS 58, 279 = NJW 1980, 1115); Überholverbotszeichen sind aber zu beachten (OLG Düsseldorf DAR 1986,

6 Das Rechtsüberholen ist nicht ungefährlich, weil Mofas und Radfahrer oft im toten Winkel rechts abbiegender LKW oder Busse bleiben. Die Gefahren lassen sich aber durch Markierung vorgezogener Radfahr-Aufstellflächen vor Lichtzeichenanlagen verringern.

93 = VRS 70, 41). Auf Autobahnanschlussstellen überholt trotz § 7a Abs. 1 im Vorsortierraum unzulässig rechts, wer nicht dem Verlauf der fahrstreifengegliederten Vorwegweiser folgt, sondern zum schnelleren Vorankommen nach dem Rechtsüberholen wieder nach links einschert (OLG Düsseldorf VRS 88, 467).

2.3 Rückschaupflicht und Ankündigung des Überholens (§ 5 Abs. 4a)

Vor dem Ansetzen zum Überholen und noch vor dem Blinken ist sorgfältige Rückschau zu halten (OLG Karlsruhe VRS 74, 166). Ankündigungspflichten bestehen beim Ausscheren und Wiedereinordnen mit dem Fahrtrichtungsanzeiger (§ 5 Abs. 4a); somit braucht nicht während des gesamten Überholweges geblinkt zu werden. Ausscheren ist eine Seitenbewegung, durch die die Fahrlinie so weit verlegt wird, dass die Benutzung des anliegenden Fahrstreifens für eine ungehinderte Weiterfahrt beeinträchtigt wird. Der Ausscherende darf den rückwärtigen Verkehr nicht gefährden; er muss sich deshalb vergewissern, ob nicht bereits ein anderes KFZ von hinten mit hoher Geschwindigkeit überholt (OLG Jena NZV 2006, 147: Verstoß grob fahrlässig; OLG Hamm DAR 2001, 165). Auch wenn der Überholvorgang abgebrochen wird, muss das Wiedereinordnen nach rechts durch Fahrtrichtungszeichen angekündigt werden (OLG Saarbrücken VerkMitt 1981 Nr. 41).

Außerorts dürfen auch maßvoll Schall- und Leuchtzeichen gegeben werden (§§ 5 Abs. 5, 16 Abs. 1 Nr. 1), wenn andere weder geblendet, noch Vorausfahrende genötigt werden. Um den Überholweg zu überblicken, ist kurzes Einschalten des Fernlichts zu Beginn des Überholvorganges auch dann zulässig, wenn der Vorausfahrende dadurch geblendet werden kann (OLG Hamm VRS 62, 214). Danach ist jedoch mit Abblendlicht zu fahren, bis beide Fahrzeuge auf gleicher Höhe sind; erst dann darf wieder Fernlicht eingeschaltet werden (BGH NZV 2000, 292).

2.4 Abstand beim Überholen

Die Einhaltung eines ausreichenden Sicherheitsabstandes nach vorn richtet sich nach § 4 Abs. 1: mindestens „halber Tachoabstand" oder „Zwei-Sekunden-Abstand" (OLG Köln VRS 40, 436). Die Unterschreitung des Abstandes auf ¼ des Tachoabstandes bei Tempo 80 wird mit Bußgeld geahndet, weil eine angemessene Reaktion beim Bremsen des Vorausfahrenden ohne abstrakte Gefährdung nicht mehr möglich ist (Abstand 20 m, Reaktionsweg aber mind. 24 m). Abstandsunterschreitungen sind eine der Hauptunfallursachen (vor allem außerorts) und tragen einen unverkennbar aggressiven Charakter. Für den **Seitenabstand** beim Überholen gab es bisher keinen allgemein gültigen Wert, doch musste er ausreichend und so bemessen sein, dass Gefahren vermieden werden (BGH VRS 8, 248: im Regelfall 1 m; OLG Karlsruhe SVR 2017, 100 = VRS 130, 285: 32 cm sind bei überholenden Radfahrern untereinander zu gering; KG VerkMitt 2007 Nr. 90 = VRS 113, 210 = NZV 2007, 626). Als Mindestmaß schreibt § 5 Abs. 4 (jetzt) beim Überholen von Fußgängern, Radfahrern und Elektrokleinstfahrzeugen innerorts einen **Mindestabstand** von 1,5 m und außerorts in der Regel von 2 m vor. Der Mindestabstand gilt auch, wenn Radfahrer auf Schutzstreifen (als Teil der Fahrbahn) überholt werden. Können diese Abstände infolge der Fahrbahngeometrie nicht eingehalten werden, führt das nur dann zu einem Überholverbot, wenn auch bei mäßiger Geschwindigkeit und besonderer Vorsicht ein gefahrloses Überholen nicht möglich ist. Der

Seitenabstand hängt weiterhin von der Geschwindigkeit und Fahrzeuggröße des Überholenden ab (BGH VersR 1959, 392); bei höherem Tempo muss der Abstand größer sein, insbesondere beim Überholen von großen LKW. Bei der Bemessung des Seitenabstandes gegenüber Radfahrern oder Reitern sind deren mögliche Seitwärtsbewegungen zu beachten (BGH VRS 27, 196); deshalb muss der Abstand von 1,5 bis 2 m bei Fahrradanfängern größer sein (OLG Frankfurt/M. DAR 1981, 18; KG NZV 2003, 30 = VRS 104, 9: Bus innerorts mindestens 1,50 m; OLG Brandenburg NZV 2011, 609: Scheuen eines Pferdes).

Im Übrigen bestehen durch § 5 Abs. 4 Satz 4 Ausnahmen für den Fall des Anfahrens von verkehrsbedingt haltenden Kraftfahrzeugen an Kreuzungen und Einmündungen, soweit Radfahrer diese zuvor rechts überholt haben oder neben ihnen zum Stillstand gekommen sind („warten"). Zum einen ist in diesen Fällen aufgrund der niedrigen Differenzgeschwindigkeit der festgeschriebene Mindestabstand von 1,5 bzw. 2 m nicht erforderlich. Zum anderen wäre der durch Radfahrer besetzte rechte Verkehrsraum vor Knotenpunkten für andere Fahrzeuge nicht mehr nutzbar und damit ein gleichzeitiges Anfahren von Kraftfahrzeugen und Fahrrädern nicht mehr möglich.

2.5 Pflichten gegenüber dem Gegenverkehr (§ 5 Abs. 2)

Während des gesamten Überholvorganges muss jede Behinderung und Gefährdung des Gegenverkehrs ausgeschlossen sein. Der Gegenverkehr darf nicht einmal zum Abbremsen gezwungen werden. Bei Missachtung haftet der Überholende auch dann, wenn es durch eine Gefahrbremsung des Gegenverkehrs zu einem Auffahrunfall des Nachfolgenden kommt (OLG Naumburg NZV 2016, 318: Haftung zu 60 %). Infolgedessen ist Überholen nur zulässig, wenn die Gegenfahrbahn bis zu dem Bereich hindernisfrei eingesehen werden kann, wo wieder ein gefahrloses Einordnen nach rechts möglich ist (BGH VerkMitt 2000 Nr. 84 = NZV 2000, 291). Taucht Gegenverkehr auf, ist scharf rechts zu fahren (§ 2 Abs. 2) und das Überholmanöver sofort abzubrechen (OLG Hamm NZV 2000, 265). Das gilt auch bei Dämmerung, wenn mit Abblendlicht gefahren wird und entgegenkommender Verkehr noch kein Licht eingeschaltet hat. Wer eine Kolonne auf der dem Gegenverkehr vorbehaltenen Fahrbahnseite überholt, verstößt gegen § 5 Abs. 2 Satz 1, nicht jedoch gegen § 5 Abs. 3 Nr. 1, wenn bei einsetzendem Gegenverkehr eine Einschermöglichkeit nicht zu übersehen ist (KG VRS 101, 56 = DAR 2001, 467; OLG Schleswig NZV 2017, 486).

2.6 Geschwindigkeit beim Überholen (§ 5 Abs. 2)

Durch § 5 Abs. 2 Satz 2 sollen Behinderungen und Überreaktionen Dritter durch lang andauernde Überholmanöver vermieden werden. Die **Überholgeschwindigkeit** sollte deshalb als Richtwert etwa 20 km/h betragen; die zulässige Höchstgeschwindigkeit darf aber nicht überschritten werden. Dabei kommt es auch auf die Straßen- und Verkehrsverhältnisse an. Auf drei- und mehrspurigen Autobahnen mit schwachem Verkehr kann die Überholgeschwindigkeit geringer als 10 km/h sein. Auf zweispurigen Autobahnen sind für das Überholen von LKW 45 s bei Tempodifferenz 70–80 km/h noch tolerabel (OLG Hamm NZV 2009, 302; OLG Zweibrücken VerkMitt 2010 Nr. 21 = VRS 118, 28 = SVR 2010, 66 = NZV 2010, 163; AG Lüdinghausen: bei hohem Verkehrsaufkommen auf Autobahnen sind 9,8 km/h unzureichend). Für das Überholen im Stadtverkehr auf hinreichend breiter Fahrbahn genügt eine Differenz von 10 km/h, sofern nicht ohnehin freie Fahrstreifenwahl besteht (BGH VersR 1968, 1040; OLG Köln VRS 87, 19). Dort, wo nebeneinander gefahren werden darf, z. B. bei Verkehrsdichte (§ 7 Abs. 1), Kolonnenverkehr (§ 7 Abs. 2) oder freier Fahrstreifenwahl (§ 7 Abs. 3), entfällt die Verpflichtung nach § 5 Abs. 2 Satz 2 (OLG Naumburg VerkMitt 2011 Nr. 16 = DAR 2011, 88), wobei jedoch eine Blockierung der Fahrbahn zu vermeiden ist.

2.7 Überholweg

Ist beim Überholen wegen der Enge der Fahrbahn eine Kollision mit dem Gegenverkehr nicht auszuschließen, muss nicht nur die gesamte zum Überholen benötigte Strecke eingesehen werden können, sondern auch der benötigte Weg, den ein entgegenkommendes KFZ mit zulässigem Tempo während des Überholens zurücklegt. Der einsehbare Weg ist von der Stelle aus zu bestimmen, an der der Überholvorgang nicht mehr gefahrlos abgebrochen werden kann (OLG Düsseldorf VerkMitt 1997 Nr. 88). So muss z. B. bei gleicher Geschwindigkeit und einer Überholstrecke von etwa 500 m die gesamte übersehbare Strecke rd. 1 000 m betragen.

2.8 Überholen von Straßenbahnen (§ 5 Abs. 7 Satz 2 bis 4)

Bei straßenbündig und mittig verlegten Gleisanlagen dürfen Straßenbahnen auf Straßen mit Gegenverkehr nicht links, sondern nur **rechts** überholt werden (§ 5 Abs. 7 Satz 2). Infolge der Länge von Straßenbahnen sollen dadurch lange Überholwege und Risiken für den Gegenverkehr vermieden werden. An Haltestellen haltende Straßenbahnen werden nicht überholt, an ihnen wird im Rechtssinn vorbeigefahren. Ob auch links an einer haltenden Straßenbahn vorbeigefahren werden darf, lässt die StVO offen; eine entsprechende Regelung wie § 5 Abs. 7 Satz 2 fehlt bei § 6. Wegen der besonderen Pflichten aus § 20 Abs. 2 und des Vorranges des Gegenverkehrs aus § 6 darf aber im Regelfall nicht links, sondern nur rechts an der haltenden Straßenbahn mit Schrittgeschwindigkeit in einem solchen Abstand vorbeigefahren werden, dass Fahrgäste weder behindert noch gefährdet werden. Ist das nicht möglich, muss gewartet werden (§ 20 Abs. 2). Die Wartepflicht orientiert sich dabei an der notwendigen Rücksichtnahme aus § 1 Abs. 1.

Ist Rechtsüberholen wegen rechts verlegter Gleise nicht möglich, darf links überholt werden. Befinden sich Schienengleise auf Straßen ohne Gegenverkehr in der Straßenmitte (echte oder unechte Einbahnstraßen), darf vorsichtig rechts oder links überholt werden.

2.9 Überholverbote

Überholverbote schützen den Gegen-, den vorausfahrenden und den nachfolgenden Verkehr, nicht aber den aus einer nachrangigen Straße einfahrenden Verkehr (KG VRS 115, 401). Der Überholvorgang darf nicht begonnen werden, wenn nur mit überhöhter Geschwindigkeit überholt (BGH VRS 12, 417 = DAR 1957, 186) oder der Überholvorgang nicht vor Beginn eines Überholverbots beendet werden kann (OLG Frankfurt DAR 1957, 218). Fehleinschätzungen gehen zulasten des Überholenden, weil er sich vorher darüber vergewissern muss, dass das Überholen ohne Verletzung von Verkehrsregeln durchgeführt werden kann; im Zweifel muss deshalb das Überholen unterbleiben (BGH VersR 1970, 62). Wird ein nur am rechten Fahrbahnrand stehendes Temposchild durch einen überholten LKW ver-

Berechnung der Länge des Überholweges
(bei konstanter Geschwindigkeit)

Die Überholstrecke (Üs) ist das Produkt des zurückgelegten Weges in Metern (m), der vom Überholenden (KFZ 1) vom Ausscheren nach links, während der Vorbeifahrt am Überholten (KFZ 2) bis zum Wiedereinscheren nach rechts bei einer bestimmten Geschwindigkeit benötigt wird. Grundsätzlich gilt, dass die Überholstrecke wegen des Gegenverkehrs und auf der Autobahn wegen der Flüssigkeit des Verkehrs möglichst kurz sein muss. Die Überholstrecke wird um so kürzer, je höher die Differenzgeschwindigkeit der beteiligten Fahrzeuge (zwischen KFZ1 und 2) ist. Infolgedessen darf nur überholt werden, wenn das Tempo des Überholenden wesentlich höher als das des Überholten ist (§ 5 Abs. 2 Satz 2), d. h. etwa 20 km/h.

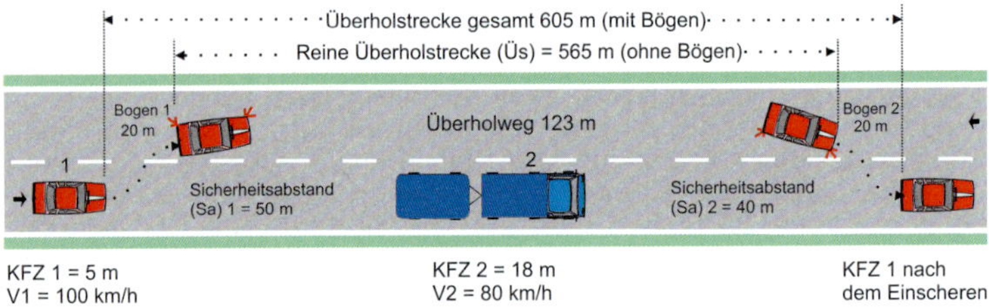

Bei der Berechnung der Überholstrecke (Üs) ist das Produkt aus dem Überholweg (Üw) und der Geschwindigkeit des Überholenden (KFZ 1) zu bilden, geteilt durch die Differenzgeschwindigkeit (V1 von KFZ 1 minus V2 von KFZ 2).

a. Der **Überholweg** (Üw) setzt sich aus der Summe der erforderlichen Sicherheitsabstände (½ Tachoabstand) und den Fahrzeuglängen (KFZ 1 = 5 m + KFZ 2 = 18 m) zusammen:

Üw = Sa 1 + Sa 2 + Länge von KFZ 1 + Länge von KFZ 2 = 50 m + 40 + 5 + 18 m = 113 m

b. Die **Überholstrecke** (Üs) berechnet sich dann wie folgt:

$$\textbf{Üs} = \frac{\text{Üw x V1}}{\text{V1} - \text{V2}} = \frac{\text{113 x 100 km/h}}{\text{100 km/h} - \text{80 km/h}} = \frac{11.300}{\text{20 km/h}} = \text{rd. } \textbf{565 m}$$

Zum gleichen Ergebnis kommt die Berechnung der Überholstrecke (Üs) durch Bildung des Produkts aus der Überholzeit (Üt) und der Geschwindigkeit des Überholenden (KFZ 1), geteilt durch 3,6 s. KFZ 1 muss eine Strecke von 113 m mit einer Differenzgeschwindigkeit von 20 km/h durchfahren. KFZ 1 fährt bei 20 km/h = 5,6 m/s (20 : 3,6 s). Für die Strecke von 113 m benötigt KFZ 1 bei 20 km/h (113 m : 5,6) = (20,18) = rd. **20 s Üt**. Die Überholstrecke (Üs) ist dann wie folgt zu ermitteln:

$$\frac{\text{Üt x V1}}{\text{3,6 s}} = \frac{\text{20 x 100 km/h}}{\text{3,6 s}} = \frac{2000}{\text{3,6 s}} = (555{,}5) = \text{rd. } \textbf{565 m}$$

In beiden Berechnungen sind außerdem die beiden rd. 20 m langen Bögen für das Ausweichen nach links und rechts einzubeziehen, so dass der gesamte Überholvorgang = 565 m + 20 m + 20 m = 605 m beträgt.

Vor dem Überholen muss sich KFZ 1 außerdem davon überzeugen, dass während des gesamten Überholvorganges der Gegenverkehr nicht beeinträchtigt wird. Die Einschätzung der Geschwindigkeit des Gegenverkehrs erfordert Erfahrung, um aus den größer werdenden KFZ auf deren Tempo zu schließen. Der Überholvorgang muss innerhalb der halben frei übersehbaren Strecke abgeschlossen sein. Die übersehbare Strecke muss so lang sein wie die doppelte Überholstrecke, und zwar von dem Punkt an, wo der Überholvorgang nicht mehr gefahrlos abgebrochen werden kann. KFZ 1 benötigt für die Strecke den Sicherheitsabstand Sa 2 von 40 m + Bogen 2 von 20 m + KFZ 2 von 18 m, insgesamt 78 m. Für diese Strecke braucht KFZ 1 bei 5,6 m/s = 13,9 s (78 m : 5,6 m/s). In der Zeit von 13,9 s durchfährt ein z.B. mit 100 km/h (d.h. mit 27,8 m/s) entgegenkommendes KFZ eine Strecke von 13,9 s x 27,8 s = 386 m. Die übersehbare Strecke beim Überholen muss daher für KFZ 1 mindestens 386 m + 605 m = rd. **1.000 m** betragen.

deckt, kann dem Überholenden ein Verstoß nur zur Last gelegt werden, wenn dafür Anzeichen erkennbar sind (OLG Düsseldorf VD 2002, 198). Sonstiges Fehlverhalten beim Überholen, wie Überfahren der durchgehenden Mittellinie (Z. 295), zu geringer Abstand, Tempoüberschreitung, ist nach diesen Vorschriften unzulässig, begründet aber kein sog. faktisches Überholverbot (OLG Hamm NZV 2014, 414).

2.9.1 Überholverbot bei unklarer Verkehrslage (§ 5 Abs. 3 Nr. 2)

Unklar ist eine Verkehrslage, wenn auf der gesamten Länge der Überholstrecke mit einem ungefährlichen Überholvorgang nicht gerechnet werden kann (KG VRS 118, 107; OLG Düsseldorf VRS 91, 142; OLG Hamm NZV 2000, 265). Die Regelung bezieht sich auf den Quer- und den zu überholenden Verkehr, nicht aber auf den Gegenverkehr; hier gilt § 5 Abs. 2 Satz 1 (KG VRS 115, 401; VRS 101, 56 = DAR 2001, 467). Eine bloß abstrakte Gefahr reicht allerdings nicht aus. Vielmehr muss die Verkehrslage konkrete Zweifel nahelegen, ob der Überholvorgang gefahrlos beendet werden kann. Dies kann sich aus dem **Verkehrsvorgang** (z. B. Verhalten oder Länge der vorausfahrenden Fahrzeuge), aus den **Fahrbahnverhältnissen** (z. B. nicht einsehbare Straßenführung, Kurven, Kuppen, Engstellen, Wechsel im Fahrbahnbelag), aus den **Witterungs-** und **Beleuchtungsverhältnissen** (z. B. Regen, Nebel, Schneeglätte, Dämmerung) oder aus dem nicht einschätzbaren Verhalten anderer **Verkehrsteilnehmer** ergeben (z. B. Radfahrer, Fußgänger, blinkende Fahrzeuge (LG Kiel SVR 2017, 274: links einordnen und rechts blinken), Anzeige der Fahrtrichtung erst links – dann rechts, Ausholbewegung nach links ist kein Abbiegemanöver mit Berechtigung zum Rechtsüberholen: AG Heinsberg SVR 2014, 193). Vor allem beim Überholen jugendlicher Radfahrer ist zu beachten, dass diese sich häufig verkehrswidrig verhalten (OLG Koblenz DAR 1973, 105).

Einzelfälle: Mündet auf der Überholstrecke eine untergeordnete Straße ein, muss der Überholende allein deshalb nicht mit Linksabbiegern rechnen (OLG Köln VerkMitt 2011 Nr. 52; OLG Nürnberg VRS 104, 177), auch nicht, wenn der Abbieger zum Wenden zunächst in eine rechts befindliche Haltebucht fährt (OLG Celle SVR 2005, 109; OLG Celle SVR 2006, 29). Der Überholende muss auch nicht mit Ausfahrenden aus einem Grundstück rechnen oder mit Fahrzeugen, die eine Kolonnenlücke ausnutzen und die Fahrbahn kreuzen (OLG Rostock VerkMitt 2010 Nr. 78 = VRS 119, 212). Eine Fahrzeugkolonne für sich allein begründet noch keine unklare Verkehrslage (OLG München VD 2018, 277). Das Überholen ist in der Regel nicht deshalb unzulässig, weil sich ein Fahrzeug ohne Fahrtrichtungsanzeige einem noch langsameren Vordermann nähert (OLG Hamburg NZV 2018, 475; KG NZV 2010, 298 und 507; BayObLG VerkMitt 1975 Nr. 38 = VRS 47, 379; BayObLG VRS 61, 63). Wegen unklarer Verkehrslage ist das Überholen jedoch **verboten**, wenn sich ein Linksabbieger ohne oder mit undeutlichem Fahrtrichtungszeichen einordnet (KG VRS 110, 8: Vorausfahrender blinkt links, der Überholende kann noch gefahrlos bremsen), zwischen links und rechts abbiegenden Fahrzeugen in einer Kreuzung überholt (OLG Schleswig SVR 2017, 24) oder sich nach links orientiert, um einen freien Parkstand anzusteuern (KG SVR 2004, 148; OLG Köln VerkMitt 1999 Nr. 75 = NZV 1999, 333 = DAR 1999, 548); wenn ein Vorausfahrender sich einem Hindernis nähert, das ihn zwingt, entweder scharf zu bremsen oder auszuweichen (KG VRS 52, 271; AG Hameln SVR 2013, 195: bei Warnbaken am Fahrbahnrand); wenn ein Fahrstreifen als Busspur weitergeführt wird und mit Fahrstreifenwechsel zu rechnen ist (LG Hamburg DAR 2016, 656); wenn ein Einweiser einen LKW dirigiert (OLG Hamm DAR 2001, 222); wenn sich hinter einem langsamen Fahrzeug eine Kolonne gebildet hat und mehrere Fahrzeuge gleichzeitig überholen wollen (OLG Weimar VRS 105, 49; DAR 2004, 43; OLG Karlsruhe DAR 2001, 459 = VRS 101, 84 = NZV 2001, 473; OLG Celle VerkMitt 1979

Unklare Verkehrslage trotz hellem Sonnenschein

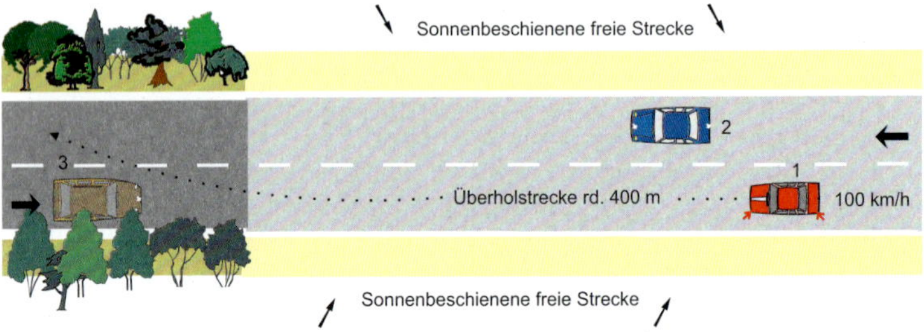

KFZ 1 überholt außerorts bei hellem Sonnenschein auf freier Strecke mit Tempo 100 km/h das mit 80 km/h fahrende KFZ 2. Das Auge stellt sich stets auf den hellsten Punkt ein (auf die sonnige Strecke). Anders als bei Bewölkung erscheint bei großem Hell-Dunkel-Kontrast der dicht mit Alleebäumen bewachsene Streckenabschnitt dunkel (wie in einem Tunnel), so dass KFZ 1 diesen Bereich nicht einsehen und entgegenkommendes KFZ 3 nur unzureichend wahrnehmen kann. Da der Bereich, wo sich KFZ 1 wieder gefahrlos nach rechts einordnen kann, nicht einsehbar ist, liegt wegen der Gefahrenlage eine unklare Verkehrslage vor, die das Überholen verbietet. KFZ 1 muss deshalb den Überholvorgang (bei einem Überholweg von etwa 600 m) noch vor den Alleebäumen abbrechen (§ 5 Abs. 3 Nr. 1).

Nr. 51 = VRS 56, 125; OLG Rostock VRS 112, 251 = SVR 2007, 462: keine unklare Verkehrslage beim Überholen einer Kolonne außerorts); wenn eine Fahrzeugkolonne durch Überfahren einer Fahrstreifenbegrenzung in Erwartung einer Lücke überholt (OLG Stuttgart DAR 2007, 597 = VRS 113, 131 = NZV 2007, 533). Ordnet sich ein Radfahrer nach links zum Abbiegen ein, entsteht eine unklare Verkehrslage, die das Linksüberholen verbietet (OLG Oldenburg DAR 2012, 641).

Der Kraftfahrer, der vor einer Kreuzung auffallend langsam fährt, schafft nicht schon dadurch eine unklare Verkehrslage (KG VRS 118, 107; OLG Koblenz VRS 105, 418; BayObLG VRS 59, 235; OLG Karlsruhe VRS 54, 68); anders, wenn er sich zur Mitte der Fahrbahn einordnet, ohne zu blinken, oder rechts bleibt und nach links blinkt (KG DAR 2002, 557; KG DAR 2002, 558 = NZV 2002, 567 = VRS 103, 350); durch Warnsignale muss der Hinterherfahrende dem Vordermann dann die Überholabsicht deutlich machen (OLG Karlsruhe DAR 2001, 473). Wer außerorts einen PKW überholen will, dessen linke Blinkleuchte durch ein anderes Fahrzeug verdeckt ist und der ungewöhnlich langsam fährt, muss vom Überholen absehen (OLG Hamm VRS 48, 461). Das Fortsetzen des Überholens kurz vor einer unübersichtlichen Kurve ist grob verkehrswidrig (OLG Koblenz VRS 49, 40).

2.9.2 Überholverbot durch Verkehrszeichen

a. Die bußgeldbewehrte Verpflichtung der Z. 276, 277 folgt allein aus der lfd. Nr. 53, 54 der Anlage 2 zu § 41, nicht aus § 5 Abs. 3 Nr. 2.[7]

Die **Z. 276, 277** beziehen sich nur auf die Fahrbahn und verbieten jedes Überholen sowohl rechts wie auch links (s. a. Erl. zu den Z. 276 und 277 in Anl. 2). Das Ende des Überholverbotes wird nicht angezeigt, wenn

7 Der Regelsatz für einen Überholverstoß gegen die Z. 276, 277 i. V. m. § 49 Abs. 3 Nr. 4 beträgt nach lfd. Nr. 153a BKat = 70 €.

die Gefahrstelle zweifelsfrei erkennbar ist, z. B. an Baustellen, bei Entfernungsangaben oder durch Gefahrzeichen. Ein außerörtliches Z. 276 endet aber nicht am Ortseingangszeichen 310 (VwV-StVO zu Z. 276 und 277; Rebler VD 2013, 263 und 291). Die Z. 276/277 verbieten nicht nur die Einleitung, sondern auch die Fortsetzung des Überholvorganges (OLG Schleswig VerkMitt 64 Nr. 28). Der Überholvorgang muss vor Beginn der Überholstrecke mit richtigem Sicherheitsabstand und Geschwindigkeit abgeschlossen sein. Die Z. 276/277 erlauben das Überholen nicht motorisierter Fahrzeuge und von Krafträdern ohne Beiwagen (nicht aber umgekehrt – OLG Koblenz VRS 59, 467; a. A. noch AG Düren NJW 1980, 1117). Wird das Überholen von langsamen Fahrzeugen durch Zusatzzeichen 1049-11 gestattet (Symbol „Traktor"), gilt das nicht für KFZ mit bauartbedingter höherer Geschwindigkeit, die infolge der Verkehrs- oder Straßenverhältnisse oder wegen einer Panne nicht schneller fahren können (BayObLG VRS 57, 213). Z. 277 erfasst auch Wohnmobile über 3,5 t.[8] Ist ein Überholverbot auf LKW beschränkt, gilt es nicht für selbstfahrende Arbeitsmaschinen (OLG Köln VRS 61, 51). Bei einem Zusatzzeichen mit Masseangabe (wie „7,5 t") kann das Überholverbot nach Z. 276 oder 277 eingeschränkt werden; es gilt dann nur für KFZ, einschließlich ihrer Anhänger, wenn die zulässige Gesamtmasse diese Grenze („7,5 t") überschreitet (Anl. 2 lfd. Nr. 53 und 54). Mit einem Zusatzzeichen zu Z. 277 und der Angabe „2,8 t" (Anl. 2 lfd. Nr. 54.1) kann das Überholverbot erweitert werden. Es gilt dann auch für KFZ über 2,8 t, einschließlich ihrer Anhänger.

Die Vorbeifahrt innerhalb einer durch Z. 276 gekennzeichneten Strecke an einer vor Rotlicht wartenden Fahrzeugschlange ist unzulässiges Überholen (BGH JZ 1975, 289), auch wenn es zum Linksabbiegen geschieht (OLG Köln VerkMitt 1975 Nr. 117). Wer nach Einleitung des Überholvorgangs, z. B. wegen dichten Verkehrs, nicht mehr vor Erreichen eines Überholverbotsschildes auf die rechte Seite seiner Fahrbahnhälfte zurückkehren kann, muss das Überholen abbrechen (OLG Düsseldorf VerkMitt 1975 Nr. 123; OLG Bamberg NZV 2018, 337: auch die Geschwindigkeit darf nicht überschritten werden). Das Z. 276 gilt für die Benutzer der beschilderten Straße auch dann weiter, wenn es an einer Straßeneinmündung nicht wiederholt wird (OLG Koblenz NZV 1988, 77 = VRS 75, 62; OLG Koblenz DAR 1976, 110).

b. Mit **Z. 277.1** können die Straßenverkehrsbehörden mehrspurigen Kraftfahrzeugen und Krafträdern mit Beiwagen das Überholen von ein- und mehrspurigen Fahrzeugen verbieten. Dies kann notwendig sein, wenn scharfe Kurven, Engstellen, Steigungen u. Ä. einen sicheren Überholvorgang nicht gewährleisten (z. B. Motorradfahrer verschätzen sich bei der Kurvenfahrt). Das Überholverbot bezieht sich auf alle ein- und mehrspurige Fahrzeuge. Verstöße können mit Geldbußen bis zu 300 € und Fahrverbot geahndet werden (lfd. Nr. 19.1 BKat).

---

8 Ob Wohnmobile dem Überholverbot nach Z. 277 unterliegen, ist strittig. Nach der zulassungsrechtlichen (EU-rechtlichen) Klassifizierung der Nr. 5.1 der Anlage XXIX FZV gehören Wohnmobile zu den für die Personenbeförderung ausgelegten und gebauten Fahrzeugen der Klasse M, somit zu den „PKW". Verhaltensrechtlich sind sie damit nicht nur vom Überholverbot des Z. 277, sondern auch vom Verkehrsverbot des Z. 253 ausgenommen. Da jedoch der Begriff „Personenkraftwagen" nicht ausdrücklich in der Anlage XXIX FZV erscheint, wäre es zu begrüßen, wenn der Verordnungsgeber die 12. Ausnahmeverordnung entsprechend anpassen würde.

c. Das **Z. 295** (Anl. 2 lfd. Nr. 68) darf als ununterbrochene Fahrstreifenbegrenzungslinie auch beim Überholen nicht überfahren werden. Auch ein **Tempolimit** kann den Überholvorgang unzulässig machen. Beide Regelungen enthalten aber faktisch kein Überholverbot. Wird beim Überholen die Markierung Z. 295 überfahren oder ein Tempolimit missachtet, verstößt der Fahrer gegen Z. 295 oder das Tempolimit, nicht aber gegen § 5 Abs. 3 Nr. 1 (OLG Hamm VRS 126, 22).

2.9.3 Überholverbot bei witterungsbedingter Sichtbeeinträchtigung (§ 5 Abs. 3a)

Häufig wird auch bei geringen Sichtweiten noch überholt und zu schnell gefahren. In vielen Fällen lösen LKW, auch wenn sie nicht den ersten Unfall in der Kette verursachen, schwerwiegende Folgen aus, wenn sie auf der Überholspur in die Unfallstelle hineinfahren. Deshalb gilt für KFZ über 7,5 t bei Nebel, Schneefall oder Regen mit Sichtweiten unter 50 m Überholverbot (**§ 5 Abs. 3a**). Die Vorschrift ist außerdem an das feste Tempolimit des **§ 3 Abs. 1 Satz 2** von **50 km/h** bei Sichtweiten unter 50 m gekoppelt und soll Massenunfällen entgegenwirken („Sicht 50 m – Tempo 50"). Dem Tempolimit unterliegen allerdings im Gegensatz zum Überholverbot alle Fahrzeuge.

Durch das Überholverbot nach § 5 Abs. 3a kann aber nicht verhindert werden, dass auf zweistreifigen Richtungsfahrbahnen von Autobahnen oder Kraftfahrstraßen LKW an rechts meist witterungsbedingt stehenden Fahrzeugen auf den linken Fahrstreifen überwechseln und dort infolge extrem widriger Wetterverhältnisse selbst liegen bleiben, die ganze Fahrbahn blockieren und kilometerlange Staus verursachen. Das soll das Benutzungsverbot nach **§ 18 Abs. 11** für den äußerst linken Fahrstreifen für LKW über 7,5 t, einschließlich ihrer Anhänger, und Zugmaschinen verhindern. Zur Vermeidung riskanter Überholmanöver nach § 5 Abs. 3a gilt das Benutzungsverbot auch bei Sichtweiten unter 50 m.

2.9.4 Überholverbot an Fußgängerüberwegen nach Z. 293 (§ 26 Abs. 3, Anl. 2 lfd. Nr. 66)

Das Überholverbot gilt auch, wenn keine Fußgänger den Überweg überqueren wollen. Ein vorher eingeleiteter Überholvorgang muss vor dem Überweg abgeschlossen sein, spätestens am Richtzeichen 350. Werden „Zebrastreifen" entgegen den R-FGÜ[9] über mehrstreifige Fahrbahnen geführt, darf sich der Verkehr auf dem freien Fahrstreifen schon wegen der Sichtverhältnisse auf Fußgänger nur mit äußerster Vorsicht und max. 10 km/h vorbeitasten, wenn der Verkehr auf dem anderen Fahrstreifen stockt (Rechtsanalogie aus dem Grundgedanken des § 7 Abs. 2a).

Das Überholverbot am Fußgängerüberweg gilt nur für den Verkehr auf der Fahrbahn. Parallel neben der Fahrbahn verlaufende Sonderwege oder abgetrennte Seitenstreifen gehören nicht dazu. Führt deshalb der Überweg auch über einen rechts verlegten Radweg, gilt das Überholverbot nicht zwischen Radfahrer und KFZ (wohl aber dort zwischen Radfahrern untereinander). Radfahrer müssen jedoch nach dem Prinzip der doppelten

---

9 R-FGÜ – Richtlinien für die Anlage und Ausstattung von Fußgängerüberwegen (VkBl. 2001 S. 474).

Sicherung auf Fußgänger besondere Rücksicht nehmen und Gefährdungen bei schnellerer Fahrweise vermeiden.

2.9.5 Überholverbot an Bussen mit Warnblinklicht (§ 20 Abs. 3)

Nähern sich Linienbusse oder (gekennzeichnete) Schulbusse mit Warnblinklicht einer Haltestelle (Z. 224), darf nicht überholt werden. Das Überholverbot gilt im unmittelbaren Einzugsbereich von Haltestellen von dem Punkt an, wo Warnblinklicht eingeschaltet wird. An Bussen mit Warnblinklicht, die an der Haltestelle stehen (halten), darf jedoch mit Schrittgeschwindigkeit vorbeigefahren werden (kein Überholen!); Schrittgeschwindigkeit gilt auch für den Gegenverkehr. Haltestellen, an denen Busse Warnblinklicht einschalten müssen, werden von der Straßenverkehrsbehörde gegenüber dem Personenbeförderungsunternehmen festgelegt (sie sind nicht am Z. 224 erkennbar).

2.9.6 Überholverbot auf Aus- und Einfädelungsstreifen (§ 7a Abs. 1 und 2)

Auf **Ausfädelungsstreifen** („Verzögerungsstreifen") darf weder rechts noch links überholt werden. Ausfädelungsstreifen leiten den Verkehr in regionale Straßennetze ab, wobei immer damit gerechnet werden muss, dass andere kurz vor dem Z. 333 („Rausschmeißer") noch ausscheren. Infolgedessen darf hier nicht schneller als auf der durchgehenden Fahrbahn gefahren werden. Ist der Ausfädelungsstreifen zweispurig, darf auch nicht rechts schneller als auf dem linken Fahrstreifen gefahren werden. Anders bei **Einfädelungsstreifen** („Beschleunigungsstreifen"), die der Eingliederung in den durchgehenden Verkehr dienen, darf hier der Verkehr auf der Hauptfahrbahn überholt werden. Bei zweispurigen Einfädelungsstreifen dürfen aber Fahrzeuge auf dem rechten Streifen die links Fahrenden **nicht** (mehr) rechts überholen (§ 7a Abs. 2).

2.9.7 Überholverbot an Bahnübergängen (§ 19 Abs. 1 Satz 2)

Da ein überholendes Fahrzeug eine deutlich höhere Geschwindigkeit haben muss als das überholte Fahrzeug, wäre eine Annäherung an den Bahnübergang mit nur mäßiger Geschwindigkeit regelmäßig ausgeschlossen. Aus Verkehrssicherheitsgründen ist deshalb das Überholen von Kraftfahrzeugen vor Bahnübergängen ab den Gefahrzeichen 151 oder 156 unzulässig. Fahrräder und andere **nicht** motorisierte Fahrzeuge dürfen aber weiterhin überholt werden.

2.9.8 Überholverbot bei mehrstreifigen Fahrbahnen (§ 7 Abs. 3a und Abs. 3b)

Bei breiten Fahrbahnen mit drei oder fünf markierten Fahrstreifen je Fahrtrichtung dient der mittlere Fahrstreifen dem Abbiegeverkehr: Er darf nicht zum Überholen benutzt werden (§ 7 Abs. 3a).[10] Bei vier oder sechs markierten Fahrstreifen je Richtung sind die beiden oder drei linken Fahrstreifen dem Gegenverkehr vorbehalten und dürfen nicht zum Überholen benutzt werden (§ 7 Abs. 3b).

---

10 Zum Beispiel wird auf der fünfstreifigen Heerstraße in Berlin der Verkehr durch eine Dauerlichtzeichenanlage mit grünen Pfeilen und rot gekreuzten Schrägbalken geregelt. Um das Linksabbiegen zu ermöglichen, werden die Dauerlichtzeichenportale vor der Kreuzung ausgeschaltet. Dann darf der mittlere Fahrstreifen nur zum Abbiegen benutzt werden (§ 7 Abs. 3a Satz 2).

2.10 Pflichten gegenüber dem Überholten (§ 5 Abs. 6)

Vor dem Ausscheren zum Überholen ist die rückwärtige Verkehrslage sorgfältig zu beobachten, insbesondere ob andere KFZ bereits zum Überholen angesetzt haben oder sich mit hoher Geschwindigkeit nähern. Leichtere Behinderungen, die nicht zu einer Gefährdung führen, muss der auf der Überholspur herannahende andere Fahrer in Kauf nehmen und sich durch Reaktionsbereitschaft und Fahrweise darauf einrichten (OLG Köln VRS 44, 436). Nähern sich zwei PKW mit etwa gleicher Geschwindigkeit einem vorausfahrenden LKW, darf der Fahrer des vorausfahrenden PKW als Erster überholen, auch wenn der zweite PKW bereits auf der linken Fahrbahnhälfte fährt (OLG Schleswig DAR 1975, 76; OLG Celle VersR 1979, 476). Anders ist es bei höherer Geschwindigkeit und erkennbarer Überholabsicht des nachfolgenden Fahrers (OLG Hamm VerkMitt 1986 Nr. 9). Das „Weghupen" eines überholungswilligen Vordermanns vom Überholstreifen mit dichtem Auffahren kann strafbare Nötigung sein (BGH VRS 26, 358 = DAR 1964, 167), ebenso absichtliches Langsamfahren zur Verhinderung des Überholens (BGH VRS 25, 117 = DAR 1963, 308 = VkBl. 1963, 475: „Ausbremsen"). Beim Überholen muss ein ausreichender Seitenabstand zum Überholten eingehalten werden, insbesondere zu einspurigen Fahrzeugen (OLG Hamburg NZV 2013, 541). Nach dem Überholen eines Kraftfahrzeugs muss beim Einscheren ein Sicherheitsabstand zum überholten Wagen eingehalten werden, der etwa der Strecke entspricht, die das überholte Fahrzeug in einer Sekunde zurücklegt (OLG Koblenz VRS 45, 209). Die Unsitte des Hineindrängelns in den Sicherheitsabstand des Überholten ist oft Anlass für ständiges Linksfahren auf der Überholspur.

Beim Wiedereinscheren dürfen nachfolgende Fahrzeuge auf dem gleichen Fahrstreifen oder der Überholspur nach § 5 Abs. 4 Satz 4 weder behindert noch zu einer raschen und erheblichen Geschwindigkeitsherabsetzung veranlasst werden (KG VerkMitt 2009 Nr. 12 = VRS 115, 282; OLG Hamm DAR 2001, 165). Ein zu knappes Einscheren („Schneiden") ist grob verkehrswidrig (OLG Düsseldorf VRS 64, 7).[11] Ist nur ein – wenn auch 5 m breiter – Fahrstreifen vorhanden, gilt im Verhältnis zu einem Überholenden nicht § 7 Abs. 5, sondern § 5 Abs. 4 Satz 4, wonach der Überholte nicht behindert werden darf (AG Hamburg SR 2018, 387).

Wer überholt wird, darf nach § 5 Abs. 6 Satz 1 vom Beginn bis zum Ende des Überholvorgangs seine Geschwindigkeit nicht mehr erhöhen (BayObLG VerkMitt 1978 Nr. 49 = VRS 55, 142); dies gilt auch, wenn der andere verbotswidrig überholt.

2.11 Verkehrsbehinderndes Langsamfahren (§ 5 Abs. 6)

Die Verpflichtung zum Ausweichen ergibt sich aus dem Interesse der Vermeidung gefahrträchtiger Überholmanöver, wenn das eingehaltene Tempo über eine längere Strecke zu Fahrzeugschlangen schnellerer KFZ führt. Im Verhältnis zu § 3 Abs. 2 gilt § 5 Abs. 6 vor allem für solche Fahrzeuge, die bauartbedingt nicht schneller fahren können. Um einer Fahrzeugschlange das Überholen zu ermöglichen, darf der Langsamfahrer kurzfristig auf einen

11 Häufig blinken überholte LKW-Fahrer kurz auf, um einem überholenden LKW anzuzeigen, dass er wieder einscheren kann. Selbst wenn dadurch der Mindestabstand kurz unterschritten wird, kann dieses Verhalten aus Opportunitätsgründen unbeanstandet bleiben, wenn es dem Verkehrsfluss dient.

rechten Seitenstreifen überwechseln. Den Seitenstreifen darf er jedoch nicht durchgängig befahren, weil er anderen langsamen Fahrzeugen vorbehalten ist. Auf Autobahnen darf nicht auf die Standspur gewechselt werden; hier müssen langsame KFZ auf Park- oder Rastplätze ausweichen. Langsam ist ein Fahrzeug, das mit geringerem Tempo als der übrige Verkehr fährt und dadurch den Verkehrsfluss behindern würde (ca. 30 statt 50 km/h). Hierzu gehören außerorts vor allem landwirtschaftliche Fahrzeuge oder selbstfahrende Arbeitsmaschinen, nicht aber LKW über 7,5 t, deren Tempo gemäß § 3 Abs. 2 auf 60 km/h begrenzt ist (a. A. OLG Karlsruhe NZV 1992, 122: Sattelschlepper mit 67 km/h).[12] Unberührt bleibt allerdings für solche KFZ die Empfehlung zum Ausweichen, wenn es ohne negative Folgen möglich ist.

3 Hinweise

3.1 Abstand für Fahrzeuge über 3,5 t und Züge von mehr als 7 m Länge zum Einscheren eines überholenden Fahrzeugs: § 4.

3.2 Freiheits- oder Geldstrafe für falsches Verhalten beim Überholen mit konkreter Gefährdung von Personen oder erheblichen Sachwerten: § 315c StGB. Der Begriff des „unzulässigen Überholens" reicht hier weiter als bei § 5 und erfasst alle Fälle, in denen auf der Straße an anderen Fahrzeugen in gleicher Richtung vorbeigezogen wird, auch auf Rad- oder Gehwegen im Verhältnis zum Verkehr auf Fahrbahnen oder auch bei Verstößen, die verkehrsrechtlich dem Vorbeifahren i. S. d. § 6 zuzurechnen sind (BGH VRS 134, 287 = NStZ 2019, 2015; BGH VerkMitt 2016 Nr. 55 = NJW 2016, 3462 = VRS 131, 302; BVerfG NZV 1995, 79 = DAR 1975, 154; VD 2004, 216; OLG Oldenburg SVR 2019, 189). Kurzes Aufleuchten der Bremslichter, um einen Drängler zur Einhaltung des Sicherheitsabstandes zu bewegen, ist kein „falsches Überholen".

12 Eine Verpflichtung zum Ausweichen an geeigneter Stelle für alle Fahrzeuge, die das gesetzliche Tempolimit von 100 km/h nicht einhalten „dürfen", würde zu einer unverhältnismäßigen Belastung des langsameren Wirtschaftsverkehrs führen. Diese KFZ müssten dann entgegen dem Prinzip der Erhaltung eines homogenen Verkehrsflusses jeweils auf Parkplätze oder Seitenstreifen ausweichen, um sich trotz ihres geringen Beschleunigungsvermögens wieder gefahrlos in den fließenden Verkehr einzufädeln.

§ 6 Vorbeifahren

Wer an einer Fahrbahnverengung, einem Hindernis auf der Fahrbahn oder einem haltenden Fahrzeug links vorbeifahren will, muss entgegenkommende Fahrzeuge durchfahren lassen. Satz 1 gilt nicht, wenn der Vorrang durch Verkehrszeichen (Zeichen 208, 308) anders geregelt ist. Muss ausgeschert werden, ist auf den nachfolgenden Verkehr zu achten und das Ausscheren sowie das Wiedereinordnen – wie beim Überholen – anzukündigen.

(VwV-StVO zu § 6 siehe zu § 5)

1 Aus der amtlichen Begründung

1.1 Erweiterung des Anwendungsbereichs des § 6 Satz 1 auf dauerhafte Fahrbahnverengungen (Begr. 2012).

2 Erläuterungen

2.1 Vorbeifahren und Überholen

Vorbeifahren ist die Änderung der Fortbewegungsrichtung bedingt durch ein stehendes Hindernis (haltendes, parkendes, liegen gebliebenes Fahrzeug, abgestellter Container oder Baubude). **Überholen** ist dagegen die Änderung der Fortbewegungsrichtung im fließenden Verkehr. Verkehrsbedingt wartende Fahrzeuge gehören zum fließenden Verkehr und werden deshalb überholt (Rn. 1 VwV-StVO zu §§ 5 und 6; BGH VerkMitt 1975 Nr. 52; BVerwG VerkMitt 1995 Nr. 18). Wer einen fahrplanbedingt haltenden Bus und dahinter befindliche Kraftwagen umfährt, fährt an dem „haltenden" Bus vorbei, **überholt** aber die „wartenden" Kraftwagen (OLG Düsseldorf VRS 59, 288).

2.2 Fahrbahnverengung

Engstellen sind dauerhafte oder vorübergehende Einengungen einer sonst ausreichend breiten Straße, die einander begegnende Fahrzeuge nicht gleichzeitig passieren können, z. B. durch vorgebaute Haltestellenkaps, Fahrbahnverschwenkungen, Baustellen, Torbögen oder vorübergehende Hindernisse, wie haltende oder parkende Fahrzeuge, Container, Schneeverwehungen.

Warten muss derjenige, der infolge der Fahrbahnenge die Gegenfahrbahn mitbenutzen muss. Kann die Engstelle zwar ohne Mitbenutzung der Gegenfahrbahn befahren werden, muss dennoch gewartet werden, wenn der Gegenverkehr nicht scharf rechts fährt, sondern erkennbar die Fahrbahnmitte berührt (OLG Saarbrücken SVR 2014, 226; KG VRS 91, 465). Gestattet der verbleibende Raum gerade noch das Vorbeifahren beider Fahrzeuge, muss jeder vorsichtig fahren und sich strikt an das Rechtsfahrgebot halten (§§ 1, 2 Abs. 2); ein Vorrang des Entgegenkommenden besteht dann nicht (OLG Köln VerkMitt 2010 Nr. 13 = SVR 2011, 141; OLG Karlsruhe DAR 2004, 648). Auch bei einer beidseitigen Fahrbahnverengung hat keiner Vorrang und es findet kein Spurwechsel i. S. d. § 7 Abs. 5 statt. Jeder ist zur Sorgfalt und Rücksichtnahme verpflichtet (LG Hamburg NZV 2019, 209: Verständigung der Betroffenen untereinander).

Engstellen sind vorsichtig mit angepasster Geschwindigkeit zu durchfahren (OLG Düsseldorf VRS 44, 228). Vorbeifahren an unübersichtlichen Stellen ist unter Beachtung des Gegenverkehrs gestattet, Überholen hingegen nicht. Auch in einer unübersichtlichen Kurve darf man an einem dort haltenden Fahrzeug auf der Gegenfahrbahn vorbeifahren, allerdings nur mit besonderer Vorsicht (BayObLG VRS 58, 450). Keine Engstellen sind Fahrbahnen, bei denen auf einer Seite geparkt wird. Derjenige, der die Parkreihe auf seiner Seite hat, muss dem Entgegenkommenden keinen Vorrang einräumen; beide müssen das Tempo herabsetzen, scharf rechts fahren und nach § 1 Abs. 2 vorsichtig vorbeifahren (OLG Köln SVR 2011, 141).

2.3 Ankündigen

Beim Vorbeifahren ergänzen sich **Rückschau** und **Fahrtrichtungszeichen**;[1] Blinken allein genügt nicht (OLG Stuttgart VRS 28, 40).

2.4 Abstand

Besondere Vorsicht ist beim Vorbeifahren an einem haltenden Kraftomnibus geboten; hier ist ein Seitenabstand von 2 m einzuhalten, um plötzlich hervortretende Fußgänger nicht zu erfassen (BGH VerkMitt 1968 Nr. 93; OLG Köln VRS 64, 434). Bei leicht geöffneter Fahrertür eines haltenden Fahrzeugs muss mit einer Vergrößerung des Öffnungswinkels gerechnet und deshalb beim Vorbeifahren ein Seitenabstand von mehr als 1 m eingehalten werden (OLG Hamm NZV 2004, 408).

2.5 Pflichten gegenüber dem Gegenverkehr

Den Vorrang muss derjenige beachten, auf dessen Seite sich die Engstelle befindet; durch Z. 208 und 308 kann der Vorrang anders geregelt sein.[2] Dabei muss der Wartepflichtige seine Geschwindigkeit bereits bei Annäherung an die Engstelle herabsetzen und beobachten, ob bevorrechtigter Verkehr herannaht (LG Hamburg NZV 2018, 432). Ermöglicht eine **Engstelle** zwei sich begegnenden Fahrzeugen das gleichzeitige Passieren, müssen beide ihre Geschwindigkeit verringern, um die Seitenabstände gefahrlos mindern zu können; reicht der Verkehrsraum für eine gefahrlose Begegnung nicht aus, hat Vorrang, wer auf seiner Fahrbahnhälfte bleiben kann (OLG Hamm VRS 52, 213). Müssen beide jeweils die Straßenmitte benutzen, hat Vorrang, wer die Engstelle deutlich zuerst erreicht hat. Erreichen beide sie gleichzeitig, müssen sie sich verständigen, d.h. keiner hat dann Vorrang (OLG Zweibrücken VerkMitt 1979 Nr. 115 = VRS 57, 134 = DAR 1980, 54). An Engstellen auf **Bergstrecken** muss der Fahrer ausweichen, dessen Seitenstreifen nicht am abfallenden Hang, sondern an der aufsteigenden Böschung verläuft; auch hier ist gegenseitige Verständigung geboten (OLG

1 Fahrtrichtungsanzeiger sind die in § 54 StVZO vorgeschriebenen optisch wirkenden Blinkleuchten. Fahrzeuge ohne Fahrtrichtungsanzeiger (Fahrräder, Pferdekutschen) haben die Zeichen in anderer Weise zu geben (Handzeichen, Kellen o.A.). Das gilt auch beim Abschleppen, wenn auf das eingeschaltete Warnblinklicht nach § 15a Abs. 3 wegen des starken Verkehrs nicht verzichtet werden kann. Fahrräder mit Hilfsmotor, Klein- oder Leichtkrafträder und andere Fahrzeuge nach § 54 Abs. 5 StVZO können, müssen aber nicht mit Fahrtrichtungsanzeigern ausgerüstet sein. Haben sie Fahrtrichtungsanzeiger, müssen diese auch benutzt werden.

2 Die Anordnung von Z. 208 und 308 verbietet sich dann, wenn bereits die Verhaltensregel den Vorrang bestimmt.

Vorrang beim Vorbeifahren

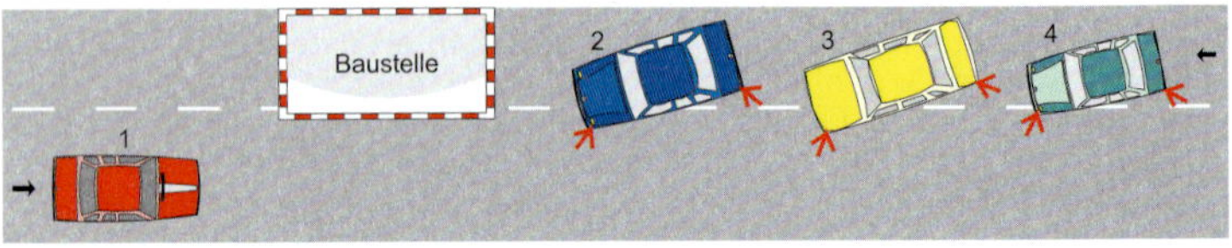

KFZ 2, 3 und 4 müssen den Vorrang des Gegenverkehrs (KFZ 1) beachten, weil sich das Hindernis auf ihrer Fahrbahnseite befindet und sie daran „vorbeifahren". Infolgedessen bedarf es keiner Beschilderung. Zur Optimierung des Verkehrsflusses bietet sich jedoch an, den Vorrang durch Z. 208 und 308 so zu regeln, dass die Richtung mit dem stärksten Verkehr bevorrechtigt wird (mittlere Skizze). Nach § 39 Abs. 2 gehen dann die Z. 208 und 308 der allgemeinen Regel des § 6 Abs. 1 vor. KFZ 6, 7 und 8 haben dann Vorrang vor KFZ 5. In allen Fällen bleiben die Sorgfaltspflichten nach § 6 Abs. 2 gegenüber dem nachfolgenden Verkehr erhalten. KFZ 6, 7 und 8 dürfen nur dann ausscheren, wenn der rückwärtige Verkehr nicht gefährdet wird. Das Ausscheren und das Wiedereinordnen ist mit dem Fahrtrichtungsanzeiger rechtzeitig und deutlich anzukündigen.

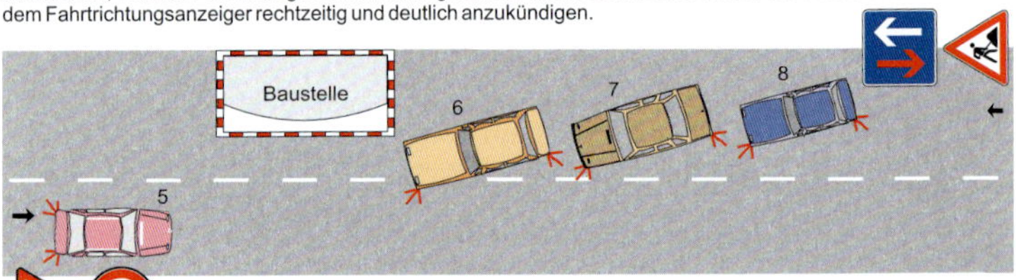

Befindet sich auf beiden Fahrbahnhälften je eine Engstelle, besteht kein Vorrang nach § 6 Abs. 1, und zwar weder für die eine (KFZ 9 und 10) noch für die andere Richtung (KFZ 11 und 12). Der Verkehr aus beiden Richtungen muss den Vorrang beachten und sich nach dem Gebot der „Rücksichtnahme" (§ 1 Abs. 1) verständigen. Die Engstelle darf nur dann durchfahren werden, wenn eine Gefährdung des Gegenverkehrs ausgeschlossen ist. Die Sorgfaltspflichten nach § 6 Satz 2 gegenüber dem nachfolgenden Verkehr bleiben bestehen. Durch negative und positive Beschilderung mit Z. 208 und 308 kann auch hier der Vorrang den Verkehrsbedürfnissen angepasst werden.

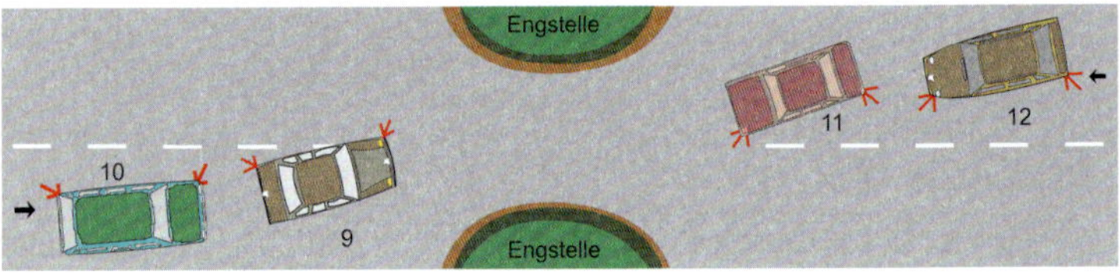

Saarbrücken VerkMitt 1975 Nr. 46). Der Wartepflichtige muss durch sein Fahrverhalten, vor allem durch mäßige Geschwindigkeit erkennen lassen, dass er warten wird. Wer die begründete Befürchtung erweckt, er werde den Vorrang nicht beachten, haftet für die Folgen (KG VerkMitt 1980 Nr. 58).

3 Hinweise

3.1 Schrittgeschwindigkeit bei der Vorbeifahrt an haltenden Linien- oder Schulbussen mit Warnblinklicht: § 20 Abs. 4.

3.2 Anwendung des Reißverschlussverfahrens an Hindernissen: § 7 Abs. 4.

3.3 Freiheits- oder Geldstrafe für falsches Verhalten beim Überholen mit konkreter Gefährdung von Personen oder erheblichen Sachwerten: § 315c

StGB. Der Begriff des „unzulässigen Überholens" reicht dort weiter und erfasst auch alle Fälle, die verkehrsrechtlich dem Vorbeifahren i. S. d. § 6 zuzurechnen sind (BGH VerkMitt 2016 Nr. 55 = NJW 2016, 3462 = VRS 131, 302; BVerfG NZV 1995, 79 = DAR 1975, 154; VD 2004, 216).

§ 7 Benutzung von Fahrstreifen durch Kraftfahrzeuge

(1) Auf Fahrbahnen mit mehreren Fahrstreifen für eine Richtung dürfen Kraftfahrzeuge von dem Gebot möglichst weit rechts zu fahren (§ 2 Absatz 2) abweichen, wenn die Verkehrsdichte das rechtfertigt. Fahrstreifen ist der Teil einer Fahrbahn, den ein mehrspuriges Fahrzeug zum ungehinderten Fahren im Verlauf der Fahrbahn benötigt.

(2) Ist der Verkehr so dicht, dass sich auf den Fahrstreifen für eine Richtung Fahrzeugschlangen gebildet haben, darf rechts schneller als links gefahren werden.

(2a) Wenn auf der Fahrbahn für eine Richtung eine Fahrzeugschlange auf dem jeweils linken Fahrstreifen steht oder langsam fährt, dürfen Fahrzeuge diese mit geringfügig höherer Geschwindigkeit und mit äußerster Vorsicht rechts überholen.

(3) Innerhalb geschlossener Ortschaften – ausgenommen auf Autobahnen (Zeichen 330.1) – dürfen Kraftfahrzeuge mit einer zulässigen Gesamtmasse bis zu 3,5 t auf Fahrbahnen mit mehreren markierten Fahrstreifen[1] für eine Richtung (Zeichen 296 oder 340) den Fahrstreifen frei wählen, auch wenn die Voraussetzungen des Absatzes 1 Satz 1 nicht vorliegen. Dann darf rechts schneller als links gefahren werden.

(3a) Sind auf einer Fahrbahn für beide Richtungen insgesamt drei Fahrstreifen durch Leitlinien (Zeichen 340) markiert, dann dürfen der linke, dem Gegenverkehr vorbehaltene, und der mittlere Fahrstreifen nicht zum Überholen benutzt werden. Dasselbe gilt für Fahrbahnen, wenn insgesamt fünf Fahrstreifen für beide Richtungen durch Leitlinien (Zeichen 340) markiert sind, für die zwei linken, dem Gegenverkehr vorbehaltenen, und den mittleren Fahrstreifen. Wer nach links abbiegen will, darf sich bei insgesamt drei oder fünf Fahrstreifen für beide Richtungen auf dem jeweils mittleren Fahrstreifen in Fahrtrichtung einordnen.

(3b) Auf Fahrbahnen für beide Richtungen mit vier durch Leitlinien (Zeichen 340) markierten Fahrstreifen sind die beiden in Fahrtrichtung linken Fahrstreifen ausschließlich dem Gegenverkehr vorbehalten; sie dürfen nicht zum Überholen benutzt werden. Dasselbe gilt auf sechsstreifigen Fahrbahnen für die drei in Fahrtrichtung linken Fahrstreifen.

(3c) Sind außerhalb geschlossener Ortschaften für eine Richtung drei Fahrstreifen mit Zeichen 340 gekennzeichnet, dürfen Kraftfahrzeuge, abweichend von dem Gebot möglichst weit rechts zu fahren, den mittleren Fahrstreifen dort durchgängig befahren, wo – auch nur hin und wieder – rechts davon ein Fahrzeug hält oder fährt. Dasselbe gilt auf Fahrbahnen mit mehr als drei so markierten Fahrstreifen für eine Richtung für den zweiten Fahrstreifen von rechts. Den linken Fahrstreifen dürfen außerhalb geschlossener Ortschaften Lastkraftwagen mit einer zulässigen Gesamtmasse von mehr als 3,5 t sowie alle Kraft-

1 Fahrstreifen können nur durch Z. 295, 296, 340 markiert werden.

fahrzeuge mit Anhänger nur benutzen, wenn sie sich dort zum Zwecke des Linksabbiegens einordnen.

(4) Ist auf Straßen mit mehreren Fahrstreifen für eine Richtung das durchgehende Befahren eines Fahrstreifens nicht möglich oder endet ein Fahrstreifen, ist den am Weiterfahren gehinderten Fahrzeugen der Übergang auf den benachbarten Fahrstreifen in der Weise zu ermöglichen, dass sich diese Fahrzeuge unmittelbar vor Beginn der Verengung jeweils im Wechsel nach einem auf dem durchgehenden Fahrstreifen fahrenden Fahrzeug einordnen können (Reißverschlussverfahren).

(5) In allen Fällen darf ein Fahrstreifen nur gewechselt werden, wenn eine Gefährdung anderer Verkehrsteilnehmer ausgeschlossen ist. Jeder Fahrstreifenwechsel ist rechtzeitig und deutlich anzukündigen; dabei sind die Fahrtrichtungsanzeiger zu benutzen.[2]

VwV-StVO zu § 7 Benutzung von Fahrstreifen durch Kraftfahrzeuge

Zu den Absätzen 1 bis 3

1 I. Ist auf einer Straße auch nur zu gewissen Tageszeiten mit so dichtem Verkehr zu rechnen, dass Kraftfahrzeuge vom Rechtsfahrgebot abweichen dürfen oder mit Nebeneinanderfahren zu rechnen ist, empfiehlt es sich, die für den gleichgerichteten Verkehr bestimmten Fahrstreifen einzeln durch Leitlinien (Z. 340) zu markieren. Die Fahrstreifen müssen so breit sein, dass sicher nebeneinander gefahren werden kann.

2 II. Wo auf einer Straße mit mehreren Fahrstreifen für eine Richtung wegen ihrer baulichen Beschaffenheit nicht mehr wie bisher nebeneinander gefahren werden kann, ist durch geeignete Markierungen, Leiteinrichtungen, Hinweistafeln oder dergleichen zu zeigen, welcher Fahrstreifen endet. Auf Straßen mit schnellem Verkehr ist zu prüfen, ob eine Geschwindigkeitsbeschränkung erforderlich ist.

Zu Absatz 3

3 Werden innerhalb geschlossener Ortschaften auf Straßen mit mehreren Fahrstreifen für eine Richtung Leitlinien markiert, so ist anzustreben, dass die Anzahl der dem geradeausfahrenden Verkehr zur Verfügung stehenden Fahrstreifen im Bereich von Kreuzungen und Einmündungen nicht dadurch verringert wird, dass ein Fahrstreifen durch einen Pfeil auf der Fahrbahn (Z. 297) nur einem abbiegenden Verkehrsstrom zugewiesen wird. Wenn das Abbiegen zugelassen werden muss, besondere Fahrstreifen für Abbieger aber nicht zur Verfügung stehen, so kommt unter Umständen die Anbringung kombinierter Pfeile, z. B. Geradeaus/Links, in Frage.

1 Aus der amtlichen Begründung

1.1 Im Interesse der Klarheit werden die Erläuterungen zur Leitlinie (Z. 340) bei den §§ 7 und 7a zusammengefasst (Begr. 2012).

---

2 Fahrtrichtungsanzeiger sind die in § 54 StVZO vorgeschriebenen optisch wirkenden Blinkleuchten. Fahrzeuge ohne Fahrtrichtungsanzeiger (Fahrräder, Pferdekutschen) haben die Zeichen in anderer Weise zu geben (Handzeichen, Kellen o. Ä.). Das gilt auch beim Abschleppen, wenn auf das eingeschaltete Warnblinklicht nach § 15a Abs. 3 bei starkem Verkehr nicht verzichtet werden kann. Fahrräder mit Hilfsmotor, Klein- und Leichtkrafträder, offene Krankenfahrstühle, einachsige Zug- und Arbeitsmaschinen und andere Fahrzeuge nach § 54 Abs. 5 StVZO können, müssen aber nicht mit Fahrtrichtungsanzeigern ausgerüstet sein. Haben sie Fahrtrichtungsanzeiger, müssen diese auch benutzt werden.

2 Erläuterungen

Durch das Fahren in Fahrstreifen wird aus Gründen der Verkehrssicherheit eine bestimmte Ordnung vorgegeben. **Fahrstreifen** (§ 7 Abs. 1 Satz 2) ist der Teil einer Fahrbahn, den ein mehrspuriges Fahrzeug, orientiert an der max. Breite von 2,55 m (§ 22 Abs. 1), zum unbehinderten Fahren mit angemessenen Sicherheitsabständen im Verlauf der Fahrbahn benötigt. Das gilt auch bei Fahrstreifen in Knotenpunkten (OLG Hamm NZV 2006, 584). Die Sicherheitsabstände nach rechts und links richten sich nach der Geschwindigkeit, den Straßenverhältnissen und anderen Verkehrsarten (z. B. Radfahrer). Innerorts kann von einer Fahrstreifenbreite von etwa 3 m, außerorts von etwa 3,50 m ausgegangen werden. Ob zwei Fahrstreifen vorhanden sind, hängt nicht von einer Markierung, sondern von der Fahrbahnbreite ab (KG VerkMitt 2009 Nr. 60; KG VRS 109, 10 = NZV 2005, 527 = VerkMitt 2005 Nr. 65; KG VerkMitt 2003 Nr. 36 = NZV 2003, 182 = VRS 104, 349 = MDR 2003, 626; LG Hamburg NZV 2018, 383 mit Anm. Bachmor). Eine 5 m breite Richtungsfahrbahn hat deshalb nur einen Fahrstreifen. Markierte Fahrstreifen werden durch die Z. 295, 296 oder 340 ausgewiesen.

2.1 Verkehrsdichte

§ 7 Abs. 1 ist eine Abweichung vom Rechtsfahrgebot (§ 2 Abs. 1). Eine das Nebeneinanderfahren zulassende Verkehrsdichte (zähflüssiger gestaffelter Verkehr) liegt vor, wenn infolge der geringeren Geschwindigkeit und Sicherheitsabstände das Einordnen nach dem Überholen kurz darauf erneut zum Überholen führt. Die nur außerorts geltende Regelung, dass bei drei Fahrstreifen je Richtung der mittlere durchgängig befahren werden darf, wenn rechts hin und wieder ein Fahrzeug hält oder fährt (§ 7 Abs. 3c), enthält zwar ebenfalls eine Abweichung vom Rechtsfahrgebot, erfordert aber keine „Verkehrsdichte".

2.2 Fahrzeugschlangen

§ 7 Abs. 2 weicht vom Rechtsfahr- und Linksüberholgebot (§§ 2 Abs. 1, 5 Abs. 1) ab. Es müssen mindestens zwei Fahrstreifen vorhanden sein (KG NZV 2005, 527 = VRS 109, 10 = VerkMitt 2005 Nr. 65). Eine Fahrzeugschlange erfordert mehr als zähflüssigen Verkehr und mehr als fünf Fahrzeuge hintereinander, die infolge des geringen Tempos mit verminderten

Fahren in Fahrstreifen nach § 7 Abs. 2 StVO

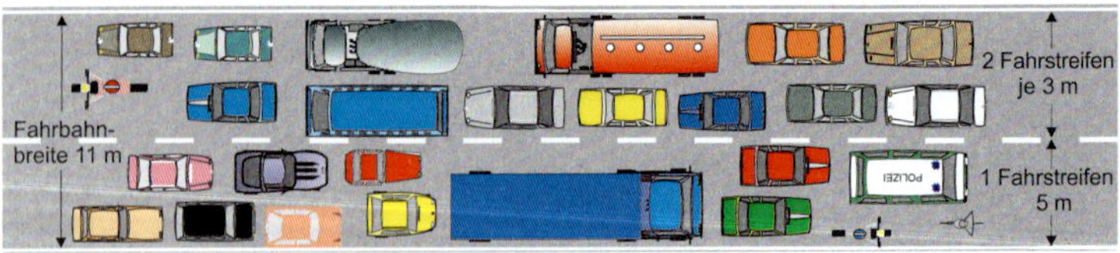

Das Fahren in „Fahrzeugschlangen" nach § 7 Abs. 2 setzt voraus, dass mindestens zwei Fahrstreifen für eine Richtung vorhanden sind. Nach der Definition in § 7 Abs. 1 Satz 2 müssen Fahrstreifen innerorts eine Breite von mindestens 3 m haben. Im oberen Teil der 11 m breiten Fahrbahn sind 2 Fahrstreifen von je 3 m vorhanden, so dass die rechte Fahrzeugschlange die linke, langsamere Kolonne überholen darf.

Im unteren Teil der Fahrbahn ist nur ein einziger, wenn auch sehr breiter Fahrstreifen von 5 m vorhanden. Wenn dort auch PKW in 2 Reihen versetzt fahren können, bleibt es bei nur einem Fahrstreifen. Die rechte Kolonne darf somit die linke, langsamere Fahrzeugschlage nicht überholen (Verstoß gegen das Rechtsüberholverbot des § 5 Abs. 1).

Rechtsüberholen von Fahrzeugschlangen auf dreistreifigen Richtungsfahrbahnen

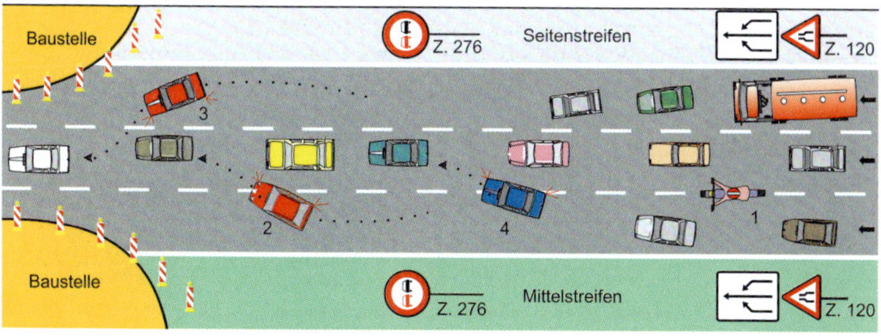

Haben sich auf einer Fahrbahn mit 3 Fahrstreifen Fahrzeugschlangen gebildet, darf jeweils die rechte Kolonne schneller als die linke fahren (Abweichung vom Rechtsüberholverbot – § 7 Abs. 2). Sind die jeweils linken Fahrzeugschlangen schneller als die rechte, liegt der Regelfall des (zulässigen) Linksüberholens vor (§ 5 Abs. 1). Motorradfahrer 1 darf hingegen (als Einzelfahrer) die linke Kolonne nicht rechts überholen. Er kann sich nicht auf § 7 Abs. 2a berufen, weil der von ihm genutzte Fahrraum keinen „Fahrstreifen" i.S.d. § 7 Abs. 1 Satz 2 bildet (OLG Düsseldorf VerkMitt 1990 Nr. 94). Auch das Überholen der rechten Fahrzeugschlange verbietet sich für ihn wegen der unklaren Verkehrslage infolge geringer Seitenabstände und der Gefahr nach rechts ausscherender KFZ (§ 5 Abs. 3 Nr. 1).

Wird durch Z. 276 das Überholen verboten, gilt das Verbot für das Rechts- und Linksüberholen ab dem Schild. Keine der Fahrzeugschlangen darf dann mehr schneller als die andere sein (BayObLG VerkMitt 1996 Nr. 51). KFZ 2 und 3 überholen deshalb die mittlere Kolonne unzulässig. Durch das Überholverbot soll der vordere Stauraum vor der Baustelle (z.B. für Baufahrzeuge) freigehalten und der Verkehr veranlasst werden, sich schon vorher nach dem Reißverschlussprinzip (§ 7 Abs. 4) aus der Bewegung heraus wechselseitig einzuordnen (KFZ 4). Hilfreich sind in diesem Fall weit vorher aufgestellte Verkehrslenkungstafeln.

Sicherheitsabständen fahren, so dass ein Einscheren nicht mehr möglich ist. Überholverbotszeichen (Z. 276, 277) müssen auch von der rechten Fahrzeugschlange beachtet werden, weil der Begriff „rechts schneller als links" als Überholen gilt.[3] Darf nebeneinander gefahren werden, gilt die Regelung **nicht**, dass der Überholende mit wesentlich höherer Geschwindigkeit fahren muss (OLG Naumburg VerkMitt 2011 Nr. 16 = DAR 2011, 88). Allerdings darf es nicht zu einer Blockierung der Fahrbahn kommen.

2.3 Rechtsüberholen linker Fahrzeugkolonnen

Die Abweichung vom Rechtsüberholverbot (§ 7 Abs. 2a) gilt inner- und außerorts (auch auf Autobahnen) für Einzelfahrzeuge, die linke Fahrzeugschlangen auf einem rechten, noch freien Fahrstreifen rechts überholen, sei es, um eine vor der Engstelle vorhandene Ausfahrt zu nutzen oder bis zur Engstelle aufzuschließen, um sich dort nach dem Reißverschlussverfahren nach links einzuordnen. Voraussetzung ist das Vorhandensein eines Fahrstreifens. Bleibt lediglich zwischen den Fahrzeugen rechts und links ausreichender Raum, liegt kein „Fahrstreifen" vor, so dass auch Motorräder dann die links fahrenden Fahrzeuge nicht rechts überholen dürfen. Auf der gesamten Überholstrecke muss wegen des Risikos rechts ausscherender KFZ vorsichtig gefahren werden. Deshalb darf die Differenzgeschwindigkeit zwischen der Fahrzeugschlange und dem Einzelfahrzeug höchstens 20 km/h betragen.[4] Durch die Formulierung, dass die linke Fahrzeug-

3 Die gegenteilige Auffassung von Booß (StVO 3. Aufl., Anm. 2 zu § 7), der den Begriff aus Art. 11 Abs. 6 WÜ ableitet, ist heute überholt.

4 Rechtsprechungswert (BGH VRS 35, 141).

Rechtsüberholen einer linken Fahrzeugkolonne

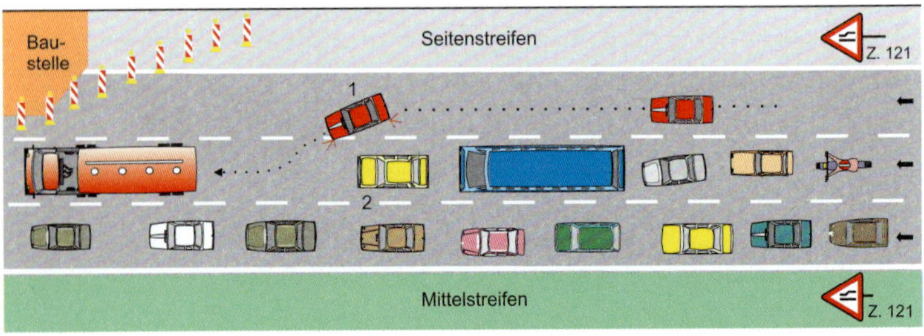

Fährt eine Fahrzeugschlange langsam auf dem linken Fahrstreifen, darf sie mit geringfügig höherer Geschwindigkeit und äußerster Vorsicht rechts überholt werden (§ 7 Abs. 2a). KFZ 1 darf deshalb die links von ihm befindliche Kolonne mit einer Differenzgeschwindigkeit von max. 20 km/h überholen. Fährt die Kolonne mit 55 km/h, darf KFZ 1 mit max. 75 km/h überholen. Fährt die Fahrzeugschlange hingegen schneller als 60 km/h, liegen die Voraussetzungen des § 7 Abs. 2a („langsam fährt") nicht mehr vor, rechts darf dann nicht mehr überholt werden (§ 5 Abs. 1). Das gilt auch auf Autobahnen. Beim Überwechseln auf den linken Fahrstreifen darf sich KFZ 1 nicht hineindrängeln, KFZ 2 somit nicht gefährdet werden (§ 7 Abs. 5).

schlange „steht oder langsam fährt", wird verdeutlicht, dass wegen der Unfallgefahr die Überholmöglichkeit auf eine Geschwindigkeit der Fahrzeugschlange von max. 60 km/h begrenzt ist, d. h. fährt sie schneller als 60 km/h, darf rechts nicht mehr überholt werden. Durch Einordnungstafeln mit Zusatzzeichen wie „Ausfahrtverkehr frei" können Fahrzeuge veranlasst werden, den Stauraum für den ausfahrenden Verkehr freizuhalten. Liegen jedoch die Voraussetzungen der „freien Fahrstreifenwahl" vor, richtet sich das Rechtsüberholen einer linken Fahrzeugkolonne nach § 7 Abs. 3 und nicht nach § 7 Abs. 2a (OLG Hamm NZV 2000, 85). Infolgedessen darf dann auch schneller als mit einer Differenzgeschwindigkeit von 20 km/h gefahren werden. Handelt es sich nicht um ein Einzelfahrzeug, sondern um eine Kolonne auf dem rechten Fahrstreifen, gilt die Regelung nach § 7 Abs. 2.

2.4 Befahren von Anschlussstellen

An Anschlussstellen von Autobahnen und ähnlichen Knotenpunkten darf im „Vorsortierraum" vom Beginn der breiten Leitlinie rechts schneller als auf der durchgehenden Fahrbahn gefahren werden (siehe zu § 7a Abs. 1).

2.5 Freie Fahrstreifenwahl

Die freie Fahrstreifenwahl gilt **innerorts** auf **markierten** Fahrstreifen (Z. 295, 296 oder 340), auch auf innerörtlichen Kraftfahrstraßen, nicht aber auf Autobahnen, auch nicht auf tempobegrenzten innerörtlichen Autobahnen. Entscheidend ist, dass sich markierte Fahrstreifen (mindestens zwei) auf Fahrbahnen für eine Richtung befinden, gleich ob die Fahrbahnen baulich getrennt sind oder nicht. Da sich die Regelung auf „Kraftfahrzeuge" bis 3,5 t bezieht, dürfen PKW, Motorräder, Kleinkrafträder oder LKW und KOM jeweils bis 3,5 t, nicht aber PKW **über** 3,5 t den Fahrstreifen frei wählen, z. B. Limousinen mit integrierter Sicherheitspanzerung.[5] Die Gewichtsbegren-

5 Es wäre zu begrüßen, wenn Bund und Länder die auf 3,5 t begrenzte Regelung durch Rechtsänderung für alle PKW entsprechend § 18 Abs. 5 Nr. 1, § 3 Abs. 3 Nr. 2a bis 2c oder Z. 277, Z. 253 erweitern würden.

zung von 3,5 t bezieht sich auf das Zugfahrzeug, so dass auch Fahrzeugkombinationen von mehr als 3,5 t an der freien Fahrstreifenwahl teilnehmen können, z.B. LKW mit 3,3 t und Anhänger mit 1,7 t = Gesamtmasse des Zuges von 5 t. Damit sich die freie Fahrstreifenwahl nicht zulasten des rechts verbleibenden Verkehrs auswirkt, darf auf dem rechten Fahrstreifen auch dann schneller als links gefahren werden, wenn es sich um nicht zur freien Fahrstreifenwahl zugelassene Fahrzeuge handelt (Fahrräder oder LKW über 3,5 t). Insoweit bezieht sich Satz 2 in § 7 Abs. 3 auf alle rechts fahrenden Verkehrsarten. Bei einem einzigen Abbiegefahrstreifen muss der Nachfolgende abwarten, bis sich der Vorausfahrende auf einen der weiterführenden Fahrstreifen in der abgebogenen Straße eingeordnet hat. Der Nachfolgende kann sich nicht auf die freie Fahrstreifenwahl berufen, sondern muss dem Vorausfahrenden das endgültige Einordnen ermöglichen, etwa 15–20 m nach Beginn der Fahrstreifenmarkierung (KG DAR 2020, 141).

2.6 Befahren von drei und mehr Fahrstreifen außerorts

a. Rechts davon hält oder fährt ein Fahrzeug

Für eine Abweichung vom Rechtsfahrgebot nach § 7 Abs. 3c reichen langsame Fahrzeuge, die im Abstand von etwa 300 bis 500 m fahren, aus (OLG Düsseldorf VerkMitt 1998 Nr. 50). Eine max. Zeit zum Befahren des mittleren Fahrstreifens gibt es nicht. Sinn der Regelung ist, dass riskante Überholmanöver mit ständigem Ausscheren und Wiedereinordnen vermieden werden sollen.

Das Befahren des mittleren Fahrstreifens außerorts darf so lange erfolgen, wie der spezifische Zustand, dass nach dem Überholen eines rechts fahrenden Fahrzeugs nach kurzer Zeit erneut ein Überholen erforderlich ist, anhält. Wann wieder nach rechts einzuscheren ist, hängt vor allem von den Abständen und der Geschwindigkeit der überholten Fahrzeuge ab. Müs-

Benutzung des linken Fahrstreifens einer dreispurigen Autobahn durch LKW

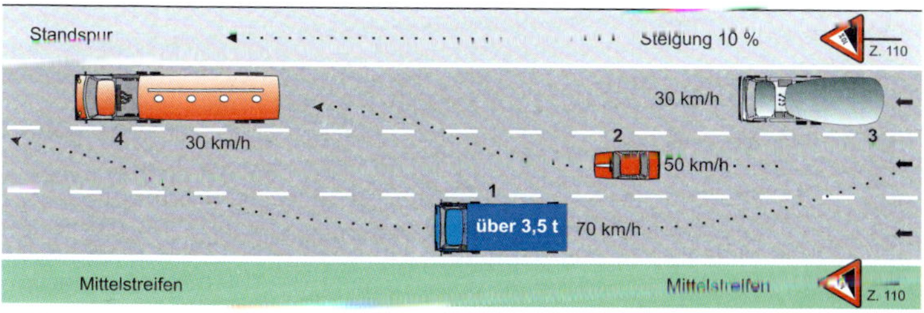

Auf der Steigungsstrecke einer dreispurigen Autobahn fahren rechts aufgelockert in größeren Abständen von 300 bis 400 m („hin und wieder") langsame KFZ 3 und 4. Der mittlere Fahrstreifen wird von KFZ 2 „durchgängig" befahren, ohne nach dem Überholen jeweils wieder nach rechts einzuscheren. Der stark motorisierte LKW 1 (über 3,5 t) ohne Ladung überholt KFZ 2 und 3 auf dem linken Fahrstreifen. Bei dreispurigen Autobahnen wird durch § 7 Abs. 3c kein Überholverbot („Benutzungsverbot") auf dem dritten, linken Fahrstreifen für LKW über 3,5 t und Züge über 7 m Länge begründet, weil sich die Regelung nicht auf Autobahnen bezieht. KFZ 1 darf deshalb KFZ 2 auf dem linken Fahrstreifen überholen. Soll das Überholen ausgeschlossen werden, müsste Z. 277 (Überholverbot für KFZ über 3,5 t) angeordnet sein. Im Übrigen besteht für den linken Fahrstreifen Benutzungsverbot für LKW über 7,5 t nur bei Sichtweiten von 50 m und weniger sowie bei Schnee- oder Eisglätte (§ 18 Abs. 11).

KFZ 2 darf die dreispurige Autobahn nicht auf dem mittleren Fahrstreifen durchgängig befahren, wenn auf dem rechten Fahrstreifen nur „hin und wieder ein KFZ fährt" (KFZ 3, 4). Eine die Verkehrsdichte rechtfertigende Abweichung vom Rechtsfahrgebot des § 2 Abs. 1 liegt dann nicht vor. KFZ 2 muss deshalb nach dem Überholen wieder auf den rechten Fahrstreifen überwechseln.

Fahren in Fahrstreifen nach § 7 Abs. 3b StVO

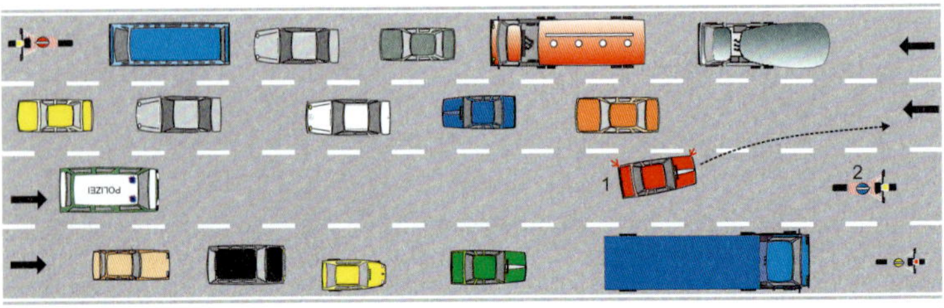

Auf Fahrbahnen mit insgesamt vier durch Leitlinien markierten Fahrstreifen sind nach § 7 Abs. 3a die beiden jeweils linken Fahrstreifen dem Gegenverkehr vorbehalten. Selbst bei geringem Verkehr dürfen diese Fahrstreifen nicht zum Überholen benutzt werden. Kraftfahrer 1 verstößt somit gegen das Überholverbot nach § 7 Abs. 3a, wenn er den Motorradfahrer 2 überholt.

sen bei Tempo 100 ständig land- oder forstwirtschaftliche Fahrzeuge oder LKW über 7,5 t bzw. über 3,5 t mit Anhänger überholt werden, darf auch bei Lücken von mehr als 100 m weiterhin links gefahren werden. Handelt es sich hingegen um etwa 90 km/h fahrende KFZ bis 3,5 t, beträgt die Differenzgeschwindigkeit unter 20 km/h (§ 5 Abs. 2 Satz 2), so dass nach den Regeln des Überholens dann auch Lücken von 100 m und mehr zum Einscheren nach rechts genutzt werden müssen.

b. Benutzung des linken Fahrstreifens außerorts durch LKW über 3,5 t

Bei dreistreifigen außerörtlichen **Autobahnen** wird durch § 7 Abs. 3c kein Überholverbot auf dem dritten linken Fahrstreifen für LKW über 3,5 t oder Züge über 7 m begründet. Hierbei ist vom Sinngehalt der Norm auszugehen, denn auf Autobahnen darf weder „links abgebogen" werden, noch „halten" dort Fahrzeuge „hin und wieder". Außerdem bezieht sich die Regelung nicht auf schwere KOM, Zug- oder selbstfahrende Arbeitsmaschinen, die auf der Überholspur schnellen Verkehr gleichermaßen wie LKW behindern würden. Andererseits gilt die Regelung nicht für innerörtliche dreispurige Autobahnen, wo sie infolge des starken Verkehrs sinnvoll wäre. § 7 Abs. 3c gilt somit insgesamt nicht für Autobahnen (a. A. OLG Düsseldorf VerkMitt 2018 Nr. 28; Bouska/Leue StVO, 24. Aufl. Erl. 12d zu § 7). Zur Unterbindung von „Elefantenrennen" auf Autobahnen reichen das Rechtsfahrgebot des § 2 Abs. 1 Satz 2 und die notwendige Geschwindigkeitsdifferenz in § 5 Abs. 2 Satz 2 völlig aus. Sofern nicht durch Z. 277 ohnehin ein Überholverbot für den äußersten linken Fahrstreifen besteht, gilt für LKW und Zugmaschinen über 7,5 t bei extremen Witterungslagen und Sichtbehinderung ein Benutzungsverbot nach § 18 Abs. 11.

2.7 Benutzung mehrstreifiger Fahrbahnen

Bei breiten Fahrbahnen mit insgesamt drei oder fünf markierten Fahrstreifen für beide Fahrtrichtungen dient der mittlere Fahrstreifen dem Abbiegeverkehr; er darf nicht zum Überholen benutzt werden (§ 7 Abs. 3a). Wird die Fahrbahn jedoch durch Dauerlichtzeichen einer Verkehrsbeeinflussungsanlage so bewirtschaftet, dass zu bestimmten Tageszeiten drei Fahrstreifen für die eine und zwei Fahrstreifen für die andere Richtung freigegeben werden, kann auch der mittlere Fahrstreifen durch grüne Pfeilsignale in die Regelung einbezogen werden. Dabei gehen Verkehrsbeeinflussungsanlagen als Verkehrseinrichtung allgemeinen Vorschriften (§ 43 Abs. 1 Satz 3 i. V. m. Abs. 2), somit auch der Regelung des § 7 Abs. 3a, vor.

Bei vier oder sechs markierten Fahrstreifen sind die zwei oder drei linken Fahrstreifen dem Gegenverkehr vorbehalten und dürfen nicht zum Überholen benutzt werden (§ 7 Abs. 3b).

2.8 Reißverschlussverfahren

Das Verfahren gilt bei Fahrbahnverengungen, auch durch Hindernisse, endenden Fahrstreifen, beim Ausweichen vor parkenden oder liegen gebliebenen Fahrzeugen (KG VRS 54, 215; KG VerkMitt 1990 Nr. 118), nicht aber beim Überwechseln vom Beschleunigungsstreifen auf die durchgehende Fahrbahn einer Autobahn oder Kraftfahrstraße (OLG Köln VerkMitt 2006 Nr. 37 = VRS 110, 181 = DAR 2006, 324: es gilt die Vorfahrt nach § 18 Abs. 3); ebenso nicht wegen Fehlens mehrerer Fahrstreifen für eine Richtung auf der Verteilerfahrbahn an BAB-Kreuzen oder -Dreiecken (OLG Hamm NZV 2007, 141). Es beginnt auf dem freien Fahrstreifen **unmittelbar vor** der Engstelle; das von dort kommende Fahrzeug fährt zuerst (KG VerkMitt 1980 Nr. 27 = VRS 57, 321), doch muss der Berechtigte auf den Vorrang verzichten, wenn er erkennbar nicht beachtet wird (KG VRS 68, 339 = VersR 1986, 60). Um einem zu frühen Fahrstreifenwechsel zu begegnen, kann das Zusatzzeichen 1005-30 („Reißverschluss erst in ... m") vor der Engstelle aufgestellt werden (VkBl. 2001, 47). Außerdem empfiehlt es sich vor einer Baustelle von längerer Dauer zwischen dem einzuziehenden und dem mittleren Fahrstreifen eine Fahrstreifenbegrenzung aufzubringen, um sicherheitskritische Spurwechsel zu verhindern und damit Verkehrsablauf und Verkehrssicherheit zu fördern.

Reißverschlussverfahren

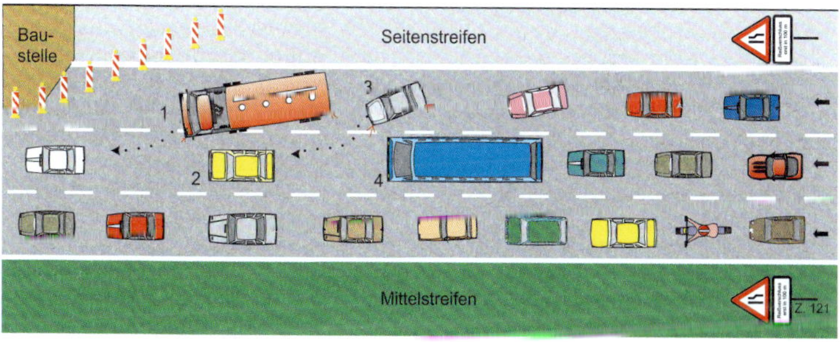

Beim Reißverschlussverfahren gilt nicht die Verpflichtung zum „rechtzeitigen" Einordnen wie beim Abbiegen nach § 9 Abs. 1. Zur Ausnutzung des Stauraumes ist vielmehr bis unmittelbar zur Engstelle vorzufahren und sich dort wechselseitig einzuordnen (§ 7 Abs. 4). Das Reißverschlussverfahren ist nur zwischen den Kolonnen des rechten und mittleren Fahrstreifens in der Fahrfolge der KFZ 1-2-3-4 zu vollziehen. Die auf der äußersten linken Spur befindliche Kolonne muss allerdings mit dem Einfädeln von Fahrzeugen aus der mittleren Spur rechnen und darf deshalb nur vorsichtig fahren.

Obwohl Verstöße gegen das Reißverschlussverfahren keine Ordnungswidrigkeiten sind, muss beim Einfädeln der Grundsatz der gegenseitigen Rücksichtnahme beachtet werden (§ 1 Abs. 1). Hat KFZ 1 bereits mit dem Einfädeln nach links begonnen und schließt nunmehr KFZ 2 gezielt nach vorn auf, um KFZ 1 nicht vor ihm in die Spur zu lassen, begeht KFZ 2 eine Behinderung (§ 1 Abs. 2). Drängelt sich KFZ 1 dennoch in die Lücke, so dass KFZ 2 bremsen muss, verstößt KFZ 1 gegen das Gefährdungsverbot beim Fahrstreifenwechsel (§ 7 Abs. 5).

Erfolgt ein Spurwechsel bereits mehrere hundert Meter vor dem Ende des Fahrstreifens, liegt kein Reißverschlussverfahren, sondern ein Fahrstreifenwechsel nach § 7 Abs. 5 vor (OLG Hamm VerkMitt 2020 Nr. 28).

Das Reißverschlussverfahren bedeutet keinen schematischen Wechsel; mehrere Fahrzeuge dürfen, ohne vom anderen Fahrstreifen her in ihrer Reihe unterbrochen zu werden, weiterfahren, wenn dadurch der Verkehrsraum hinter der Engstelle besser ausgenutzt wird, z. B. bei unterschiedlicher Beschleunigung von PKW und LKW (KG VRS 54, 217). Kommt es beim Einfädeln zu einer Kollision, muss der Spurwechsler beweisen, dass der auf dem Fahrstreifen Verbleibende für den Zusammenstoß verantwortlich ist (AG Dortmund NZV 2010, 509).

Bei trichterförmiger Verengung der Fahrbahn nach links hat der Fahrer auf dem linken Fahrstreifen Vorrang (OLG Stuttgart VRS 64, 296 = ZfS 83, 288). Das Reißverschlussverfahren selbst ist nicht bußgeldbewehrt (§ 49 Abs. 1). Beim Wechsel des Fahrstreifens muss jede Gefährdung anderer ausgeschlossen sein; § 7 Abs. 5 gilt somit auch beim Reißverschlussverfahren nach § 7 Abs. 4 (LG Hamburg SVR 2019, 262). Wird jedoch gezielt dicht aufgefahren, um den Berechtigten nicht in den befahrbaren Fahrstreifen einscheren zu lassen, liegt eine Behinderung nach § 1 Abs. 2 vor.[6] Kommt es zum Unfall, haftet auch der nicht Berechtigte für seinen Schuldanteil.

2.9 Gefährdungsverbot beim Fahrstreifenwechsel (§ 7 Abs. 5)

§ 7 Abs. 5 gilt auf allen inner- und außerörtlichen Verkehrsflächen mit markierten oder nicht markierten Fahrstreifen, auch auf Autobahnen. Beim Fahrstreifenwechsel muss jede **Gefährdung ausgeschlossen** sein, nicht aber jede Behinderung, weil andernfalls kaum ein Fahrstreifenwechsel möglich wäre (Grundsatz der Subsidiarität). Hierzu gehört auch die Beachtung eines ausreichenden Sicherheitsabstandes zum nachfolgenden Verkehr (OLG Düsseldorf SVR 2005, 27), der durch Rückschau vorher sorgfältig zu beobachten ist. Der den durchgehenden Fahrstreifen Befahrende hat somit Vorrang vor demjenigen, dessen Fahrstreifen endet oder eingeengt ist (KG VRS 118, 140 und 351 = NZV 2010, 507; LG Freiburg NZV 2013, 345). Dabei muss kein vollständiger Spurwechsel erfolgen, es genügt bereits, wenn auf einen Teil des anderen Fahrstreifens übergewechselt wird (OLG Saarbrücken VRS 136, 285: Fahrstreifenwechsel beim Reißverschlussverfahren spricht für Verschulden des Spurwechslers; OLG Celle NZV 2019, 640 mit Anm. Pletter). Bei Kollisionsgefahr muss aber auch der Vorrangberechtigte unfallverhütend reagieren. Wird z.B. ein Fahrstreifen als Busspur weitergeführt, muss mit Fahrstreifenwechsel gerechnet werden, so dass sich ein Überholen wegen unklarer Verkehrslage nach § 5 Abs. 3 Nr. 1 verbietet (LG Hamburg DAR 2016, 656; LG Leipzig SVR 2019, 184 mit Anm. Bachmor). Ist nur ein, wenn auch 5 m breiter Fahrstreifen vorhanden, gilt im Verhältnis zu einem Überholenden nicht § 7 Abs. 5, sondern § 5 Abs. 4 Satz 4, wonach der Überholte nicht behindert werden darf (AG Hamburg SVR 2018, 387).

Die gesteigerte Sorgfaltspflicht hängt nicht von der Markierung der Fahrstreifen ab (OLG Düsseldorf VRS 74, 216). Kann beim Hineindrängeln in die Lücke einer langsam fahrenden Fahrzeugschlange ein Auffahrunfall nur durch eine Vollbremsung vermieden werden, liegt im Regelfall Gefährdung, nicht aber strafbare Nötigung vor (OLG Köln VRS 98, 124). Kommt es

6 Ahndung nach TB-Nr. 101036 des Bundeseinheitlichen Tatbestandskataloges mit 20 €.

Gefährdung beim Fahrstreifenwechsel auf Autobahnen

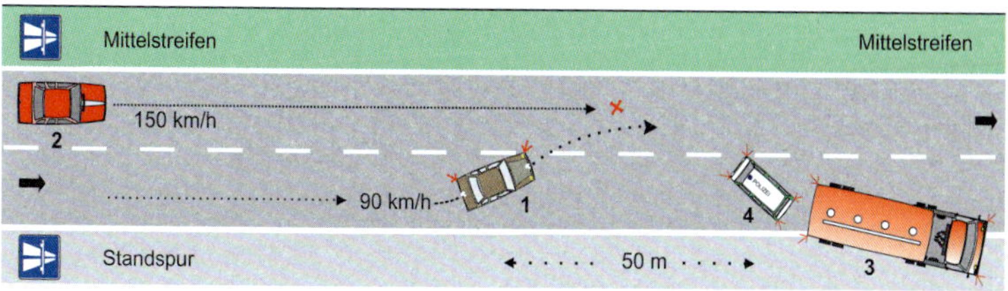

KFZ 1 wechselt mit Tempo 90 km/h kurz vor dem liegen gebliebenen LKW 3 und dem sichernden Polizeifahrzeug 4 mit Blaulicht auf den linken Fahrstreifen der Autobahn. KFZ 1 kann nicht darauf vertrauen, dass KFZ 2 seine Geschwindigkeit so verringert, dass KFZ 1 gefahrlos nach links ausscheren kann (KG VerkMitt 1990 Nr. 118). Kommt es zum Unfall, haftet KFZ 1 wegen Gefährdung beim Fahrstreifenwechsel (§ 7 Abs. 5, § 1 Abs. 1 und § 6). KFZ 2 kann wegen Überschreitens der Richtgeschwindigkeit (130 km/h) ebenfalls nicht darauf vertrauen, dass KFZ 1 noch vor dem LKW abbremst. KFZ 2 muss vielmehr damit rechnen, dass KFZ 1 infolge der geringen Entfernung noch vor dem Hindernis die Spur wechselt. Blaulicht allein verpflichtet die Kraftfahrer nicht zur „freien Bahn" (§ 38 Abs. 2), legt ihnen aber gesteigerte Sorgfaltspflichten auf. KFZ 2 muss deshalb sein Tempo so verringern, dass ein Auffahrunfall vermieden wird (BGH NJW 1992, 1684). Kommt es zum Unfall, kann KFZ 2 wegen nicht angepasster Geschwindigkeit mit zur Verantwortung gezogen werden (§ 3 Abs. 1 i.V.m. § 1 Abs. 2).

zum Unfall, spricht der **Beweis** des **ersten Anscheins** für das Verschulden desjenigen, der den Fahrstreifen gewechselt hat (OLG Köln VerkMitt 2017 Nr. 31 = NZV 2017, 285; OLG Hamburg NZV 2017, 436: lässt sich nicht klären, wer wegen der Fahrzeugbreite die Fahrbahnmarkierung überfahren hat, haften beide mit 50 % des Schadens; OLG Düsseldorf DAR 2020, 68: bei Spurwechsel des Vorausfahrenden auf der Autobahn besteht kein Anscheinsbeweis des Auffahrenden; OLG Saarbrücken NZV 2014, 569; KG VerkMitt 2004 Nr. 26 = VRS 105, 102; KG VRS 106, 23; OLG Oldenburg NZV 2012, 442; LG Hamburg SVR 2018, 343).

Das gilt aber nicht bei einem Auffahrunfall im zeitlichen Zusammenhang mit einem Fahrstreifenwechsel, vor allem dann nicht, wenn der Vorausfahrende nachweisbar kurz vorher in den Sicherheitsabstand des Nachfolgenden gewechselt ist (BGH VRS 120, 284; KG VerkMitt 2010 Nr. 80 = NZV 2011, 185: Auffahrunfall 5 s nach Fahrstreifenwechsel; LG Saarbrücken NZV 2011, 188: bei Ausweichreaktion ohne Fahrzeugberührung; KG NZV 2011, 291: hälftige Schadensteilung bei ungeklärtem Unfallhergang; AG Neumünster NZV 2012, 334).[7]

Wechselt auf einer dreispurigen Richtungsfahrbahn ein Kraftfahrer vom linken und gleichzeitig ein anderer vom rechten auf den mittleren Fahrstreifen, müssen beide den Gefährdungsausschluss beachten und sich notfalls verständigen. Die besondere Sorgfaltspflicht nach § 7 Abs. 5 gilt auch beim Ausweichen vor einem liegen gebliebenen Fahrzeug, auch auf der Autobahn (KG VerkMitt 1990 Nr. 118). Beim Rechtsabbiegen von einer mehrstreifigen in eine zweistreifige, rechts abgehende Fahrbahn liegt im Verhältnis zwischen einem aus dem rechten und dem zweiten Fahrstreifen Abbiegenden im Einmündungsbereich kein Fahrstreifenwechsel vor. Der aus dem rechten

7 In den Niederlanden gibt es bei Auffahrunfällen keinen Anscheinsbeweis gegen den Auffahrenden (AG Geldern DAR 2011, 210).

Fahrstreifen Abbiegende hat nach § 9 Abs. 1 Satz 2 selbst dann Vorrang, wenn er an der Einmündung vom rechten Fahrstreifen der Hauptfahrbahn in den linken Fahrstreifen der rechts abgehenden Straße überwechselt. Der Fahrstreifenwechsel auf der Verteilerfahrbahn von BAB-Kreuzen oder -Dreiecken regelt sich nach dem Prinzip der gegenseitigen Rücksichtnahme und Verständigung nach § 1 Abs. 2 und nicht nach § 7 Abs. 5, weil der Fahrspurwechsel dort typisch ist (OLG Hamm NZV 2007, 141).

Auf die rechtzeitige und deutliche **Fahrtrichtungsanzeige** beim Fahrstreifenwechsel dürfen andere Fahrer vertrauen (BayObLG VerkMitt 1985 Nr. 20 = DAR 1985, 88; KG VerkMitt 1988 Nr. 50). Bei Fahrzeugschlangen muss der Hintermann den angekündigten Fahrstreifenwechsel ermöglichen, wenn ein berechtigter Grund erkennbar ist (BayObLG DAR 1973, 166 = VRS 44, 453; vgl. auch § 11).

Wer die Richtgeschwindigkeit auf Autobahnen überschreitet, haftet zu 20 % bei einem Unfall durch fehlerhaften Fahrstreifenwechsel eines anderen, wenn die Kollision bei Einhaltung der Richtgeschwindigkeit von 130 km/h hätte vermieden werden können (OLG Hamm NZV 1995, 194). Lässt sich nicht klären, welches Fahrzeug den Fahrstreifen unzulässig gewechselt hat, trägt die beweispflichtige Partei den Schaden (KG NZV 2010, 395).

3 Hinweise

3.1 **Nebeneinanderfahren** vor Kreuzungen und Einmündungen mit Regelung durch Lichtzeichen: § 37 Abs. 4, auch bei Dauerlichtzeichen; an Stellen, wo Pfeile das Einordnen regeln: Anl. 2 lfd. Nr. 70 – Z. 297; Einordnen auf Einfädelungsstreifen: § 7a Abs. 2.

3.2 **Rechtsüberholen** von Fahrzeugen, die sich auf dem linken Fahrstreifen zum Abbiegen eingeordnet haben: § 5 Abs. 7 Satz 1; Rechtsüberholen von Schienenfahrzeugen mit Gleisen links oder in der Mitte: § 5 Abs. 7 Satz 2; Einordnen zum Linksabbiegen auf Gleisen: § 9 Abs. 1 Satz 3.

3.3 Verdichtet sich die Gefahr eines Unfalls durch einen Abstand auf einen Meter bei hoher Geschwindigkeit und gleichzeitigem Fahrstreifenwechsel, um den zu Überholenden zum Einscheren zu nötigen, kann bedingter **Tötungsvorsatz** i. S. d. § 212 StGB vorliegen (BGH DAR 2006, 284).

3.4 **Einengungstafel** Z. 531-21 (Anl. 3 lfd. Nr. 82) und Zusatzzeichen 1005-30 (Entfernungsangabe mit verbalem Zusatz): VkBl. 2001, 47.[8]

8 VkBl. 2001, S. 47: „... Häufig ordnet sich ein Großteil der Fahrzeugführer sehr frühzeitig, teilweise mehrere 100 m vor dem Ende eines Fahrstreifens auf dem durchgehenden Fahrstreifen ein, während nur wenige Fahrzeugführer bis zum Ende des Fahrstreifens durchfahren, um sich dann – vorschriftenkonform – in den Verkehr auf dem durchgehenden Fahrstreifen einzuordnen. Dieses Verfahren wird häufig von denjenigen Fahrzeugführern, die sich frühzeitig auf dem durchgehenden Fahrstreifen eingeordnet haben, als unsozial empfunden mit der Folge, dass sie die (am Fahrstreifenende) einscherenden Fahrzeuge behindern und nur erschwert einscheren lassen. Um das Verhalten der Verkehrsteilnehmer positiv im Sinn der Einhaltung des § 7 Abs. 4 zu beeinflussen, ist die Verwendung eines Zusatzzeichens mit den Worten ‚Reißverschluss erst in ... m' unter der Einengungstafel (Z. 531 ff. StVO) sinnvoll ..."

§ 7a Abgehende Fahrstreifen, Einfädelungs- und Ausfädelungsstreifen

(1) Gehen Fahrstreifen, insbesondere auf Autobahnen und Kraftfahrstraßen, von der durchgehenden Fahrbahn ab, darf beim Abbiegen vom Beginn einer breiten Leitlinie (Zeichen 340) rechts von dieser schneller als auf der durchgehenden Fahrbahn gefahren werden.

(2) Auf Autobahnen und anderen Straßen außerhalb geschlossener Ortschaften darf auf Einfädelungsstreifen schneller gefahren werden als auf den durchgehenden Fahrstreifen.

(3) Auf Ausfädelungsstreifen darf nicht schneller gefahren werden als auf den durchgehenden Fahrstreifen. Stockt oder steht der Verkehr auf den durchgehenden Fahrstreifen, darf auf dem Ausfädelungsstreifen mit mäßiger Geschwindigkeit und besonderer Vorsicht überholt werden.

(VwV-StVO zu § 7a nicht vorhanden)

1 Aus der amtlichen Begründung

1.1 § 7a fasst die bisherigen Erläuterungen zu Z. 340 ohne materielle Änderung zusammen (Begr. 2012).

2 Erläuterungen

2.1 Abgehende Fahrstreifen von Autobahnen und Kraftfahrstraßen

Vor allem an **Anschlussstellen** vor Autobahnkreuzen, Autobahndreiecken und ähnlichen Knotenpunkten von Kraftfahrstraßen, bei denen Fahrstreifen von durchgehenden Fahrbahnen abgehen, darf im „Vorsortierraum" ab Beginn der breiten Leitlinie (Z. 340) rechts schneller als auf der durchgehenden Fahrbahn gefahren werden (§ 7a Abs. 1). Voraussetzung ist allerdings, dass dann der Richtung der Vorwegweiser gefolgt wird; andernfalls liegt verbotswidriges Rechtsüberholen vor (OLG Düsseldorf VRS 88, 467). Bei solchen Anschlussstellen handelt es sich um die verbreiterte Fahrbahn der Hauptstrecke (kein Ausfädelungsstreifen), bei der ein Teil durch Leitlinien in Breitstrich („Blockmarkierungen") und meist kombinierte Wegweiserbrücken mit Richtungsangaben und Pfeilen gekennzeichnet ist. Da eine Vorsortierung stattfindet, darf dort rechts überholt werden. Dies gilt unabhängig von der Verkehrsdichte und der Fahrgeschwindigkeit auf dem durchgehenden Teil der Fahrbahn. Beachtet werden muss allerdings, dass sich Kraftfahrer plötzlich nach rechts einordnen können, um der abgehenden Richtung zu folgen, beim Rechtsüberholen ist deshalb vorsichtig und nur angemessen schnell zu fahren.

2.2 Einfädelungsstreifen

Einfädelungsstreifen („Beschleunigungsstreifen") dienen der Anpassung der Geschwindigkeit des Einfahrenden an den Verkehrsfluss der Hauptfahrbahn. Sie sind (wie auch Seitenstreifen) kein Bestandteil der Hauptfahrbahn von Autobahnen und Außerortsstraßen. Infolgedessen ist schnelleres Fahren

Fahrverhalten an Autobahnverteilern

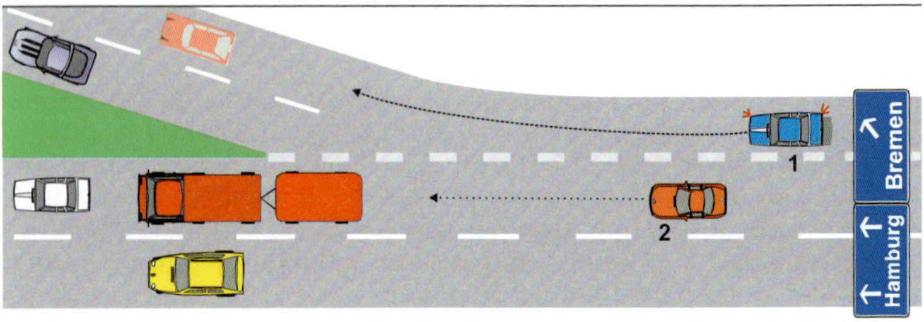

Beispiel für abgehende Fahrstreifen auf Autobahnen und Kraftfahrstraßen: Der rechte Fahrstreifen geht (hier) nach Bremen, die zwei linken Fahrstreifen (hier) nach Hamburg. Ab Beginn der breiten Leitlinie darf der rechte Verkehr (KFZ 1) den linken Verkehr (KFZ 2) rechts überholen (§ 7a Abs. 1).

auf Einfädelungsstreifen gegenüber der Hauptfahrbahn von Autobahnen und Außerortsstraßen kein unzulässiges Rechtsüberholen (BayObLG DAR 1970, 276; OLG Koblenz DAR 1987, 158; OLG Düsseldorf DAR 1981, 19; OLG Hamm DAR 1975, 277). Nicht jeder Zufahrtsweg zur Autobahn ist ab der Kennzeichnung mit Z. 330.1 in seiner gesamten Länge auch gleichzeitig „Einfädelungsstreifen". So gibt es längere, mit Z. 330.1 gekennzeichnete Zufahrtswege, die erst an ihrem Ende in einen Einfädelungsstreifen übergehen. Bei längeren Zufahrtswegen ist der Teil „Einfädelungsstreifen", der infolge seines Verlaufs dem Beschleunigen zur Eingliederung in die Hauptfahrbahn dient. Auf der Strecke davor gilt das übliche Fahrverhalten, selbst wenn sie zweistreifig ist; auf Autobahnen und Außerortsstraßen darf dann nicht rechts überholt werden. Gleiches gilt bei mehrspurigen Zufahrten insbesondere an Autobahnknotenpunkten; auch dort ist nur die Spur Einfädelungsstreifen, die dem Eingliedern in die durchgehende Fahrbahn dient. Während die StVO i. d. F. vor dem 1.9.2009 nach § 42 Abs. 6 Nr. 1e das Fahrverhalten auf mehrstreifigen „Beschleunigungsstreifen" regelte, bezieht sich § 7a Abs. 2 in der aktuellen Fassung nur auf das Verhältnis von Einfädelungsstreifen zu den durchgehenden Fahrstreifen der Hauptfahrbahn. Infolgedessen darf auf mehrstreifigen Einfädelungsstreifen nicht (mehr) rechts überholt werden.

Die Vorschrift des § 7a Abs. 2 ist wegen ihrer nur deklaratorischen Wirkung nicht unproblematisch. Dass auf Beschleunigungsstreifen gegenüber der durchgehenden Fahrbahn rechts überholt werden kann, folgt bereits daraus, dass sich die Überholregeln nur auf die gleiche Fahrbahn beziehen. Das eingeschliffene Verhalten aus der ehemaligen Vorschrift des § 42 Abs. 6 Nr. 1e (Z. 340) i. d. F. vom 26.3.2009 (BGBl. I S. 734, VkBl. S. 314), auf mehrstreifigen Einfädelungsstreifen rechts schneller als links fahren zu dürfen, gilt somit nicht mehr. Daraus kann aber nicht hergeleitet werden, Einfädelungsstreifen seien zu unselbstständigen Bestandteilen der Richtungsfahrbahn mutiert, für die eine gesonderte Überholregel geschaffen worden sei.

Wird eine zwei- oder dreispurige Autobahn in einen Autobahnknotenpunkt geführt, sind alle der Eingliederung in die durchgehende Fahrbahn dienenden Fahrstreifen „Einfädelungsstreifen", nicht nur der der durchgehenden Fahrbahn benachbarte und durch Blockmarkierungen getrennte Fahrstreifen. Endet der Einfädelungsstreifen nicht durch eine bauliche Eingliede-

Fahrverhalten an Einfädelungsstreifen (§ 7a Abs. 2)

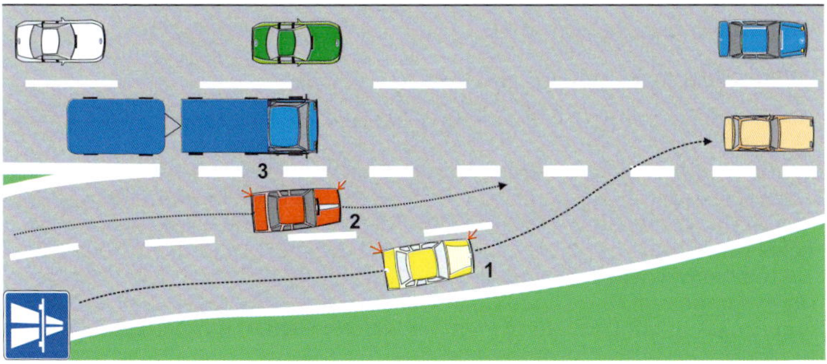

Einfädelungsstreifen dienen der Anpassung der Geschwindigkeit des Einfahrenden an den Verkehrsfluss auf der Hauptfahrbahn. § 7a Abs. 2 regelt nur das Verhältnis zwischen Einfädelungsstreifen und „durchgehenden" Fahrstreifen von Autobahnen und anderen Außerortsstraßen. KFZ 2 darf zwar schneller als LKW 3 auf dem durchgehenden Fahrstreifen der Autobahn fahren, um sich vor LKW 3 einzuordnen, nicht aber das gelbe KFZ 1 auf dem Einfädelungsstreifen rechts überholen.

rung, sondern wird nach einigen hundert Metern oder dem Ende der Blockmarkierung neben der bisher durchgehenden Fahrbahn weitergeführt, wird der Einfädelungsstreifen Bestandteil der durchgehenden Fahrbahn. Das Verhalten richtet sich dann nach den Regeln des Fahrens auf mehrstreifigen Fahrbahnen. Der Einfädelungsstreifen kann auch bei kurz aufeinander folgenden Zufahrten in einen Ausfädelungsstreifen übergehen. Dann gilt dort das Verhalten nach § 7a Abs. 3; auf Ausfädelungsstreifen darf rechts nicht überholt werden.

Beim Überwechseln ist die Vorfahrt der durchgehenden Fahrbahn zu beachten (§ 18 Abs. 3 oder Z. 205). Einfädelungsstreifen enden an der baulichen Einmündung in die durchgehende Fahrbahn. Ist bis dahin keine Eingliede-

Fahrverhalten an Ausfädelungsstreifen (§ 7a Abs. 3)

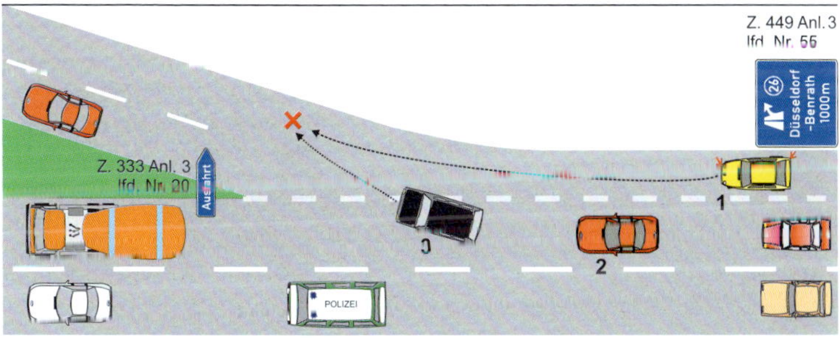

Ausfädelungsstreifen („Verzögerungsstreifen") leiten den Verkehr in regionale Netze ab, wobei immer damit gerechnet werden muss, dass andere kurz vor dem Z. 333 („Rausschmeißer") noch ausscheren (KFZ 3). Wegen der damit verbundenen Unfallrisiken darf KFZ 1 das KFZ 2 nicht rechts überholen. Stockt oder steht der Verkehr auf den durchgehenden Fahrstreifen, darf auf dem Ausfädelungsstreifen mit mäßiger Geschwindigkeit und besonderer Vorsicht überholt werden.

rung möglich gewesen, muss auf eine angemessene Lücke im Verkehrsfluss gewartet werden. Unzulässig ist das Einfahren auf die Autobahn über einen weiterführenden Standstreifen.

2.3 Ausfädelungsstreifen

Ausfädelungsstreifen („Verzögerungsstreifen") sind „andere" Straßenteile i.S.d. § 10 und leiten den Verkehr in regionale Straßennetze ab, wobei immer damit gerechnet werden muss, dass andere Fahrzeuge noch ausscheren. Zu Unfällen kommt es meist, wenn ein Fahrzeugführer im letzten Moment kurz vor dem Z. 333 (Anl. 3 lfd. Nr. 20 – „Rausschmeißer") nach rechts in die Ausfahrt zieht und mit dem schneller auf dem Ausfädelungsstreifen (verbotswidrig) überholenden Kraftfahrer kollidiert; § 7a Abs. 3 will das verhindern (OLG Düsseldorf VRS 135, 9 = NZV 2019, 259 mit Anm. Reimer). Infolgedessen gilt wegen der Unfallgefahren dort Rechtsfahrgebot und Linksüberholverbot (§ 7a Abs. 3).

Zieht ein Fahrer vom Ausfädelungsstreifen wieder auf die durchgehende Fahrbahn, muss er äußerste Vorsicht nach § 10 Satz 1 walten lassen (LG Saarbrücken NZV 2012, 542). Ist der Ausfädelungsstreifen zweistreifig, darf dort rechts nicht schneller als auf dem linken Fahrstreifen gefahren werden (Rechtsüberholverbot). Kommt es in der Ausfahrt zu einem Auffahrunfall, spricht der Beweis des ersten Anscheins zu Gunsten des Vorausfahrenden, wenn es sich um einen typischen Geschehensablauf handelt. Das gilt aber nicht bei einem Auffahrunfall im zeitlichen Zusammenhang mit einem Fahrstreifenwechsel (BGH VRS 120, 284: der Vorausfahrende wechselt kurz vorher in den Sicherheitsabstand des Nachfolgenden).

Satz 2 des § 7a Abs. 3 verdeutlicht einen häufigen Konfliktfall bei Überholverboten. Steht der Verkehr auf den durchgehenden Fahrstreifen stau- oder unfallbedingt, dürfte auch auf dem Ausfädelungsstreifen nicht mehr weitergefahren werden. Satz 2 trägt dem Rechnung, um den Verkehrsteilnehmern das Verlassen der Autobahn zu ermöglichen. Bei anderen Überholverboten gilt Entsprechendes, weil die StVO nichts „Unmögliches" verlangen kann, z.B. bei Stau auf dem Linksabbiegefahrstreifen, wenn Überholverbot besteht. Der auf dem rechten Fahrstreifen geradeaus fahrende oder rechts abbiegende Verkehr muss somit nicht warten, bis sich der Stau durch den Linksabbiegeverkehr aufgelöst hat.

3 Hinweise

3.1 Rechtsfahrgebot: § 2 Abs. 2; Rechtsüberholverbot: § 5 Abs. 1; Fahren in Fahrstreifen: § 7.

§ 8 Vorfahrt

(1) An Kreuzungen und Einmündungen hat die Vorfahrt, wer von rechts kommt. Das gilt nicht,

1. wenn die Vorfahrt durch Verkehrszeichen besonders geregelt ist (Zeichen 205, 206, 301, 306) oder

2. für Fahrzeuge, die aus einem Feld- oder Waldweg auf eine andere Straße kommen.

(1a) Ist an der Einmündung in einen Kreisverkehr Zeichen 215 (Kreisverkehr) unter dem Zeichen 205 (Vorfahrt gewähren) angeordnet, hat der Verkehr auf der Kreisfahrbahn Vorfahrt. Bei der Einfahrt in einen solchen Kreisverkehr ist die Benutzung des Fahrtrichtungsanzeigers unzulässig.

(2) Wer die Vorfahrt zu beachten hat, muss rechtzeitig durch sein Fahrverhalten, insbesondere durch mäßige Geschwindigkeit, erkennen lassen, dass gewartet wird. Es darf nur weitergefahren werden, wenn übersehen werden kann, dass wer die Vorfahrt hat, weder gefährdet noch wesentlich behindert wird. Kann das nicht übersehen werden, weil die Straßenstelle unübersichtlich ist, so darf sich vorsichtig in die Kreuzung oder Einmündung hineingetastet werden, bis die Übersicht gegeben ist. Wer die Vorfahrt hat, darf auch beim Abbiegen in die andere Straße nicht wesentlich durch den Wartepflichtigen behindert werden.

VwV-StVO zu § 8 Vorfahrt

Zu Absatz 1

Verkehrsregelung an Kreuzungen und Einmündungen

1 I. 1. Kreuzungen und Einmündungen sollten auch für den Ortsfremden schon durch ihre bauliche Beschaffenheit erkennbar sein. Wenn das nicht der Fall ist, sollten bei der Straßenbaubehörde bauliche Veränderungen angeregt werden.

2 2. Bei schiefwinkligen Kreuzungen und Einmündungen ist zu prüfen, ob für den Wartepflichtigen die Tatsache, dass er an dieser Stelle andere durchfahren lassen muss, deutlich erkennbar ist und ob die Sicht aus dem schräg an der Straße mit Vorfahrt wartenden Fahrzeug ausreicht. Ist das nicht der Fall, so ist mit den Maßnahmen zu Nr. I 1 und II zu helfen; des Öfteren wird es sich empfehlen, bei der Straßenbaubehörde eine Änderung des Kreuzungswinkels anzuregen.

3 II. Die Verkehrsregelung an Kreuzungen und Einmündungen soll so sein, dass es für den Verkehrsteilnehmer möglichst einfach ist, sich richtig zu verhalten. Es dient der Sicherheit, wenn die Regelung dem natürlichen Verhalten des Verkehrsteilnehmers entspricht. Unter diesem Gesichtspunkt sollte, wenn möglich, die Entscheidung darüber getroffen werden, ob an Kreuzungen der Grundsatz „Rechts vor Links" gelten soll oder eine Regelung durch Verkehrszeichen vorzuziehen ist und welche Straße dann die Vorfahrt erhalten soll. Bei jeder Regelung durch Verkehrszeichen ist zu prüfen, ob die Erfassbarkeit der Regelung durch Längsmarkierungen (Mittellinien und Randlinien, die durch retroreflektierende Markierungsknöpfe verdeutlicht werden können) im Verlauf der Straße mit Vorfahrt verbessert werden kann.

4 1. Im Verlauf einer durchgehenden Straße sollte die Regelung stetig sein. Ist eine solche Straße an einer Kreuzung oder Einmündung mit einer Lichtzeichenanlage versehen oder positiv beschildert, so sollte an der nächsten nicht „Rechts vor Links" gelten, wenn nicht der Abstand zwischen den Kreuzungen oder Einmündungen sehr groß ist oder der Charakter der Straße sich von einer Kreuzung oder Einmündung zur anderen grundlegend ändert.

5 2. Einmündungen von rechts sollte die Vorfahrt grundsätzlich genommen werden. Nur wenn beide Straßen überwiegend dem Anliegerverkehr dienen (z. B. Wohnstraßen) und auf beiden nur geringer Verkehr herrscht, bedarf es nach der Erfahrung einer Vorfahrtbeschilderung nicht.

6 3. An Kreuzungen sollte der Grundsatz ,,Rechts vor Links" nur gelten, wenn

a) die kreuzenden Straßen einen annähernd gleichen Querschnitt und annähernd gleiche, geringe Verkehrsbedeutung haben,

b) keine der Straßen, etwa durch Straßenbahngleise, Baumreihen, durchgehende Straßenbeleuchtung, ihrem ortsfremden Benutzer den Eindruck geben kann, er befinde sich auf der wichtigeren Straße,

c) die Sichtweite nach rechts aus allen Kreuzungszufahrten etwa gleich groß ist und

d) in keiner der Straßen in Fahrstreifen nebeneinander gefahren wird.

7 4. Müsste wegen des Grundsatzes der Stetigkeit die Regelung „Rechts vor Links" für einen ganzen Straßenzug aufgegeben werden, weil für eine einzige Kreuzung eine solche Regelung nicht in Frage kommt, so ist zu prüfen, ob nicht die hindernde Eigenart dieser Kreuzung, z. B. durch Angleichung der Sichtweiten, beseitigt werden kann.

8 5. Der Grundsatz „Rechts vor Links" sollte außerhalb geschlossener Ortschaften nur für Kreuzungen und Einmündungen im Verlauf von Straßen mit ganz geringer Verkehrsbedeutung gelten.

9 6. Scheidet die Regelung „Rechts vor Links" aus, so ist die Frage, welcher Straße die Vorfahrt zu geben ist, unter Berücksichtigung des Straßencharakters, der Verkehrsbelastung, der übergeordneten Verkehrslenkung und des optischen Eindrucks der Straßenbenutzer zu entscheiden. Keinesfalls darf die amtliche Klassifizierung der Straßen entscheidend sein.

10 a) Ist eine der beiden Straßen eine Vorfahrtstraße oder sind auf einer der beiden Straßen die benachbarten Kreuzungen positiv beschildert, so sollte in der Regel diese Straße die Vorfahrt erhalten. Davon sollte nur abgewichen werden, wenn die Verkehrsbelastung der anderen Straße wesentlich stärker ist oder wenn diese wegen ihrer baulichen Beschaffenheit dem, der sie befährt, den Eindruck vermitteln kann, er befände sich auf der wichtigeren Straße (z. B. Straßen mit Mittelstreifen oder mit breiter Fahrbahn oder mit Straßenbahngleisen).

11 b) Sind beide Straßen Vorfahrtstraßen oder sind auf beiden Straßen die benachbarten Kreuzungen positiv beschildert, so sollte der optische Eindruck, den die Fahrer von der von ihnen befahrenen Straße haben, für die Wahl der Vorfahrt wichtiger sein als die Verkehrsbelastung.

12 c) Wird entgegen diesen Grundsätzen entschieden oder sind aus anderen Gründen Missverständnisse über die Vorfahrt zu befürchten, so muss die Wartepflicht entweder besonders deutlich gemacht werden (z. B. durch Markierung, mehrfach wiederholte Beschilderung), oder es sind Lichtzeichenanlagen anzubringen. Erforderlichenfalls sind bei der Straßenbaubehörde bauliche Maßnahmen anzuregen.

13 7. Bei Kreuzungen mit mehr als 4 Zufahrten ist zu prüfen, ob nicht einzelne Kreuzungszufahrten verlegt oder gesperrt werden können. In anderen Fällen kann die Einrichtung von der Kreuzung wegführender Einbahnstraßen in Betracht kommen.

14 8. Bei der Vorfahrtregelung sind die Interessen der öffentlichen Verkehrsmittel besonders zu berücksichtigen; wenn es mit den unter Rn. 9 dargelegten Grundsätzen vereinbar ist, sollten diejenigen Kreuzungszufahrten Vorfahrt erhalten, in denen öffentliche Verkehrsmittel linienmäßig verkehren. Kann einer Straße, auf der eine Schienenbahn verkehrt, die Vorfahrt durch Verkehrszeichen nicht gegeben werden, so ist eine Regelung durch Lichtzeichen erforderlich; keinesfalls darf auf einer solchen Kreuzung die Regel „Rechts vor Links" gelten.

15 III. 1. Als Vorfahrtstraßen sollen nur Straßen gekennzeichnet sein, die über eine längere Strecke die Vorfahrt haben und an zahlreichen Kreuzungen bevorrechtigt sind. Dann sollte die Straße so lange Vorfahrtstraße bleiben, wie sich das Erscheinungsbild der Straße und ihre Verkehrsbedeutung nicht ändern. Bei der Auswahl von Vorfahrtstraßen ist der Blick auf das gesamte Straßennetz besonders wichtig.

16 a) Bundesstraßen, auch in ihren Ortsdurchfahrten, sind in aller Regel als Vorfahrtstraßen zu kennzeichnen.

17 b) Innerhalb geschlossener Ortschaften gilt das auch für sonstige Straßen mit durchgehendem Verkehr.

18 c) Außerhalb geschlossener Ortschaften sollten alle Straßen mit erheblicherem Verkehr Vorfahrtstraßen werden.

19 2. Im Interesse der Verkehrssicherheit sollten im Zuge von Vorfahrtstraßen außerhalb geschlossener Ortschaften Linksabbiegestreifen angelegt werden, auch wenn der abbiegende Verkehr nicht stark ist. Linksabbiegestreifen sind umso dringlicher, je schneller die Straße befahren wird.

20 3. Über die Beschilderung von Kreuzungen und Einmündungen vgl. Nr. VI zu den Zeichen 205 und 206 (Rn. 6), von Vorfahrtstraßen vgl. zu den Zeichen 306 und 307.

21 IV. Über die Verkehrsregelung durch Polizeibeamte und Lichtzeichen vgl. zu § 37 Abs. 2 und 4; Rn. 3 ff. sowie Nr. IV zu den Nr. 1 und 2 zu § 37 Abs. 2; Rn. 12.

1 Aus der amtlichen Begründung

1.1 § 8 gilt nur für Fahrzeuge. Die Regelung für den Kreisverkehr wird im Interesse der Übersichtlichkeit bei § 8 Abs. 1a und zu Z. 215 eingefügt (Begr. 2012).

2 Erläuterungen

2.1 Kreuzungen und Einmündungen

Die Vorfahrtregeln beziehen sich nur auf Kreuzungen und Einmündungen,[1] bei Autobahnen und Kraftfahrstraßen auf den Einmündungsbereich zur durchgehenden Fahrbahn (§ 18 Abs. 3).

Bei Zufahrten aus oder zu Fußgängerzonen, verkehrsberuhigten Bereichen, Parkplätzen und sonstigen Straßenteilen gilt § 10 (KG SVR 2018, 463 = NZV 2019, 42: beim Verlassen der durch Schranken begrenzten Parkbereiche in Parkhäusern gilt „Rechts vor Links" nach § 8 Abs. 1 für die dem Ausfahren dienenden Fahrbahnen des Parkhauses; OLG Naumburg VerkMitt 2007 Nr. 43 = SVR 2007, 61 = VRS 112, 199). Bei einer **Kreuzung** schneiden sich zwei oder mehrere Straßen aus verschiedenen Richtungen in der Weise, dass jede über den Schnittpunkt hinaus fortgesetzt wird. Bei einer **Einmündung** führen eine oder mehrere Straßen in eine durchgehende Straße hinein, ohne sich fortzusetzen. Zu den Kreuzungen und Einmündungen gehören die Fahrbahnen einschließlich der vom bevorrechtigten Verkehr zum Abbiegen benötigten Fahrbahnteile (KG NZV 2006, 202; KG VerkMitt 1984 Nr. 48; LG Hamburg VDS 2018, 335) sowie längs verlaufenden

1 Kreuzungen und Einmündungen werden verkehrstechnisch auch als „Knotenpunkte" bezeichnet.

Radwege, Straßenbahntrassen oder Seitenstreifen (BGH VRS 71, 383; OLG Hamm NZV 2019, 45: Vorfahrt gilt auch für Radfahrer auf Seitenstreifen). Da sich die Vorfahrtberechtigung auf die gesamte Fahrbahnbreite bezieht, kann der Wartepflichtige nicht darauf vertrauen, dass der Vorfahrtberechtigte die gewählte Fahrspur einhält (LG Wuppertal NZV 2019, 152).

Da Fußgänger mit oder ohne besondere Fortbewegungsmittel (§ 24 Abs. 1) **nicht** an der Vorfahrt teilnehmen, gehören Gehwege grundsätzlich nicht zum Vorfahrtbereich. Ob Gehwege mit ausdrücklich zugelassenem Fahrzeugverkehr zum geschützten Kreuzungsbereich gehören, z. B. gemeinsamer oder getrennter Fuß- und Radweg (OLG Karlsruhe DAR 2000, 307; OLG Düsseldorf NZV 2000, 506) oder Rad fahrende Kinder bis zehn Jahre, ist strittig (BayObLG VRS 71, 304: Kinder auf Gehwegen nehmen nicht an der Vorfahrt teil, sie müssen nach § 2 Abs. 5 Satz 3 vor dem Überqueren einer Fahrbahn absteigen; OLG Hamm VRS 98, 327: zu beachten ist

Geschützte Kreuzungsbereiche

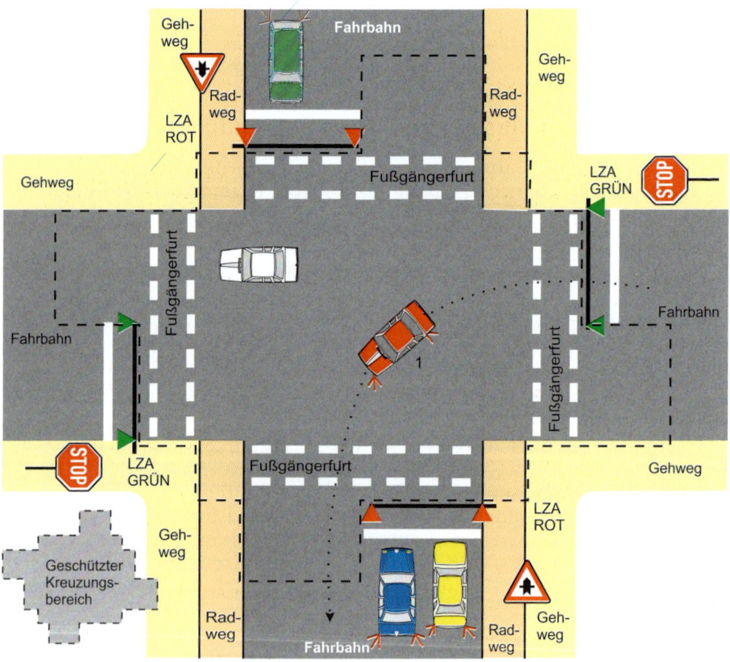

Der Kreuzungsbereich wird durch die Schnittkanten der Straßen bestimmt (BGH VRS 28, 44). Dazu gehören nicht nur die Fahrbahnen, sondern auch sonstige Teile der Straße, auf denen Fahrverkehr stattfindet, z.B. Radwege. Die Gehwege gehören im Allgemeinen nicht dazu, weil sich § 8 nur auf den Fahrverkehr bezieht; das Verhältnis Fußgänger-Fahrverkehr bestimmt sich nach § 25. Ferner gehören dazu die durch Lichtzeichen geschützten Fußgängerfurten, wenn sie räumlich dem Kreuzungsbereich zugeordnet sind. Außerdem bezieht sich die Vorfahrt auch auf die zur Weiterfahrt bestimmten Fahrbahnteile, die der bevorrechtigte Verkehr (KFZ 1) zum Einbiegen benötigt (KG VerkMitt 1984 Nr. 48; KG NZV 2006, 202).

Versetzte Kreuzungen und Doppelkreuzungen

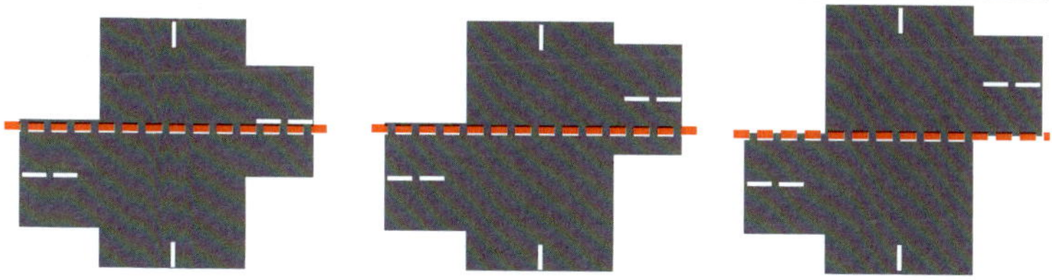

Versetzte Kreuzung   Versetzte Kreuzung   Doppelkreuzung

aber § 3 Abs. 2a). Andererseits regelt § 8 die Vorfahrt an Kreuzungen und Einmündungen für den Fahrzeugverkehr, wobei unerheblich ist, von welchen Straßenteilen Fahrzeugverkehr kommt. Infolgedessen nehmen auch Fahrzeuge an der Vorfahrt teil, wenn sie ausdrücklich für sie zugelassene Wege befahren, z. B. kreuzende Fahrradstraßen oder kreuzende Radwege (LG Wuppertal NZV 2016, 473). Das gilt im Prinzip auch für Kreuzungen mit Lichtzeichenanlagen. Sind dort Fußgängerfurten oder Zufahrten in die Signalsteuerung einbezogen, erstreckt sich der Schutzbereich auch auf diese, d. h. bei Rot ist spätestens vor der Furt an der Haltlinie anzuhalten (AG Celle VerkMitt 2000 Nr. 27, gegen OLG Celle VRS 94, 139). Das Umfahren des Rotsignals einer LZA über den Gehweg, um noch während der Rotphase rechts auf die Fahrbahn des Querverkehrs einzuschwenken, ist ein Rotlichtverstoß (OLG Karlsruhe NZV 1989, 158 = VRS 76, 390; OLG Köln VRS 61, 291).

Auf die bauliche Ausgestaltung des Knotenpunktes oder auf die Fahrbahnbeschaffenheit kommt es bei der Vorfahrt nicht an (OLG Frankfurt/M. VerkMitt 2004 Nr. 34).[2] Entscheidend ist die Verkehrsbedeutung, wie sie sich aus dem Gesamtbild der äußerlich erkennbaren Merkmale erschließt (LG Saarbrücken SVR 2018, 429). In welchem Winkel Straßen aufeinandertreffen, ist unerheblich. Auch seitlich versetzte Kreuzungen oder Einmündungen unterliegen den Vorfahrtregeln, solange sich die Einmündung noch in Höhe der Fahrbahn der anderen Einmündung befindet und noch als Fortsetzung der anderen Straße gewertet werden kann (AG Achim SVR 2019, 107). Andernfalls handelt es sich um zwei Kreuzungen bzw. Einmündungen. Zu weiträumigen Knotenpunkten siehe Erl. 2.1 zu § 9.

Bei der Vorfahrt „Rechts vor Links" sind alle Straßen gleichberechtigt, auch solche mit Aufpflasterungen innerhalb verkehrsberuhigter Bereiche (an der Ausfahrt nach Z. 325.2 gilt aber § 10); somit besteht kein Unterschied zwischen Haupt- und Nebenstraßen. Das gilt auch, wenn sich Radwege oder Fahrbahnen kreuzen (OLG Karlsruhe NZV 2012, 437). Münden zwei nachgeordnete Straßen von der gleichen Seite in eine bevorrechtigte Straße, gilt zwischen den nachgeordneten Straßen die Regel „Rechts vor Links" (KG DAR 2012, 252). Die Vorfahrt ist auch unabhängig vom Ausbauzustand der Straßen. Sie bleibt bestehen, wenn die Straße über mehrere Richtungsfahrbahnen verfügt oder ein Kiesweg mit Fahrzeugverkehr in eine gepflasterte

2 Befestigt, unbefestigt, als Fahrradstraße (Z. 244), Ausweisung mit Straßennamenschild (Z. 437) oder Querung nur als ausgewiesener Radweg (Z. 237).

Abbiegen und Vorfahrt im Kreuzungsbereich

Vorfahrt nach § 8 und Abbiegen nach § 9 sind vor und im Kreuzungsbereich gleichermaßen zu beachten (sie schließen sich nicht aus). Da sich rechts vom KFZ 1 kein Verkehr befindet, darf es als Erstes in die Kreuzung einfahren, allerdings nur bis zum Kreuzungsmittelpunkt. Dort hat KFZ 1 den Vorrang des Gegenverkehrs (KFZ 2) zu beachten. Befindet sich KFZ 1 bereits am Kreuzungsmittelpunkt, ist für KFZ 3 rechts kein Verkehr mehr vorhanden, so dass KFZ 3 als Erstes die Kreuzung verlassen darf. Anschließend fährt KFZ 2 und dann KFZ 1 (obwohl KFZ 1 somit als Erstes in die Kreuzung einfährt, verlässt es sie als Letztes).

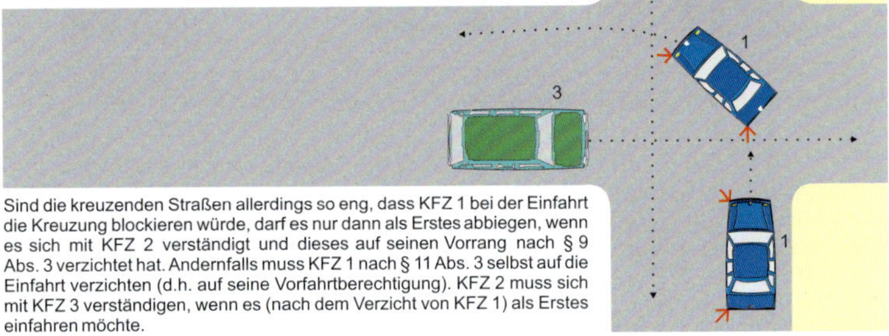

Sind die kreuzenden Straßen allerdings so eng, dass KFZ 1 bei der Einfahrt die Kreuzung blockieren würde, darf es nur dann als Erstes abbiegen, wenn es sich mit KFZ 2 verständigt und dieses auf seinen Vorrang nach § 9 Abs. 3 verzichtet hat. Andernfalls muss KFZ 1 nach § 11 Abs. 3 selbst auf die Einfahrt verzichten (d.h. auf seine Vorfahrtberechtigung). KFZ 2 muss sich mit KFZ 3 verständigen, wenn es (nach dem Verzicht von KFZ 1) als Erstes einfahren möchte.

Straße mündet; es sei denn, es handelt sich um einen Feld- oder Waldweg (§ 8 Abs. 1 Nr. 2). Im Zweifelsfall hat sich jeder an die für ihn strengeren Sorgfaltspflichten zu halten. Zu den Kreuzungs- und Einmündungsbereichen gehören auch trichterförmige Ausweitungen oder solche sich durch Verkehrsinseln in mehrere Straßenarme teilende Fahrbahnen (OLG Hamm NZV 1997, 180).

2.2 Geltungsbereich

Die Vorfahrt gilt nur für Fahrzeuge und diesen gleichgestellte Verkehrsteilnehmer, z.B. geschlossene Verbände, Reiter (§§ 27 Abs. 1, 28 Abs. 2). Fußgänger mit und ohne Fortbewegungsmittel (§ 24 Abs. 1) nehmen nicht an der Vorfahrt teil; sie müssen warten oder sich mit den Fahrzeugführern ebenso verständigen wie derjenige, der ein liegen gebliebenes Fahrzeug auf der Fahrbahn über die Kreuzung schiebt.

Die **Vorfahrtregeln** gelten, wenn an einer Kreuzung oder Einmündung mindestens zwei aus verschiedenen Richtungen kommende Fahrzeuge sich so zueinander bewegen, dass sich ihre Fahrlinien unter Berücksichtigung der Entfernung und Geschwindigkeit mit Kollisionsgefahr schneiden (BGH NZV 1991, 187). Ist im konkreten Bewegungsablauf hingegen eine Annäherung der Fahrlinien und damit jede Behinderung ausgeschlossen, liegt kein Vorfahrtfall vor. Ebenso nicht, wenn sich Fahrzeuge mit einer so großen Zeitdifferenz einem Knotenpunkt nähern, dass sie ohne Behinderung aneinander vorbeifahren können.

Für die Vorfahrt kommt es nicht darauf an, wohin der Kraftfahrer fahren will, sondern woher er kommt.[3] Vorfahrt besteht deshalb auch beim Rechts- oder Linksabbiegen. Biegt der Vorfahrtberechtigte ab, muss er die Fahrtrichtung rechtzeitig und deutlich anzeigen (§ 9 Abs. 1). Der Vorfahrtverpflichtete

3 Beim Abbiegen kommt es hingegen darauf an, wohin das Fahrzeug fahren will.

kann allerdings erst darauf vertrauen, dass der Berechtigte auch tatsächlich in die angegebene Richtung abbiegt, wenn das Blinken mit einer Temporeringerung, dem Einordnen oder sonstigen Anzeichen für das Abbiegen einhergeht (OLG Düsseldorf VD 2017, 21 = VRS 130, 225; OLG Dresden SVR 2014, 463; a. A. KG NZV 1990, 155; BayObLG VRS 59, 365; AG Frankenthal/Pfalz SVR 2017, 225).

Die Vorfahrt betrifft nur den **fließenden** Fahrzeugverkehr, wobei kurzes Anhalten zur Prüfung der Verkehrslage („Warten") den Berechtigten nicht von der Vorfahrtregelung ausschließt. Gegenüber dem ruhenden Verkehr besteht keine Vorfahrt, z.B. nicht zu einem in die Kreuzung hineinragenden Falschparker. Zum **vorfahrtberechtigten** Straßenteil gehört auch die Fläche, die vom abbiegenden Verkehr bis zum vollständigen Eingliedern in den Querverkehr benötigt wird (KG DAR 1978, 20; OLG Köln VRS 94, 249). Infolgedessen ist ein Vorfahrtfall erst dann beendet, wenn sich die Fahrzeuge wieder in einem solchen Abstand befinden, dass keine Gefährdung mehr besteht. Außerdem ist der Fahrer auf einer vorfahrtberechtigten Straße so lange gegenüber den Benutzern einer nachrangigen Straße vorfahrtberechtigt, bis er den Knotenpunkt mit der gesamten Fahrzeuglänge passiert hat (BGH DAR 2014, 457 = VRS 126, 370). Der Vorfahrtverpflichtete muss auch auf ausscherende Überholer einer Fahrzeugkolonne der bevorrechtigten Straße achten (OLG Hamm NZV 2002, 397). Die Vorfahrt bezieht sich aber nicht auf Straßenteile, die für den Fahrzeugverkehr gesperrt sind oder nicht von ihm benutzt werden dürfen (BGH NJW 1982, 334).

An Kreuzungen und Einmündungen innerhalb von Tempo 30-Zonen gilt grundsätzlich die Vorfahrtregel „Rechts vor Links". Innerhalb von Tempo 30-Zonen werden nur Straßenzüge bevorrechtigt, wenn die Bedürfnisse des Buslinienverkehrs dies erfordern (VwV-StVO zu § 45 Abs. 9 Nr. 3).

Bei Änderung der Vorfahrt ist der Verkehr für eine ausreichende Übergangszeit zu warnen, z.B. Z. 101 mit Zusatzzeichen 1008-30 „Vorfahrt geändert" (Rn. 1 VwV-StVO zu § 41).

2.3 Wartepflicht

Die Vorfahrt ist demjenigen einzuräumen, der von rechts kommt. Der Wartepflichtige darf dabei den Vorfahrtberechtigten weder gefährden noch wesentlich behindern. Er muss mit mäßiger Geschwindigkeit an den Knotenpunkt heranfahren und darf erst dann in den Kreuzungsbereich einfahren, wenn jede Beeinträchtigung eines sich nähernden Vorfahrtberechtigten ausgeschlossen ist. Mäßige Geschwindigkeit bedeutet, so langsam zu fahren, dass – orientiert an der zulässigen Höchstgeschwindigkeit – jederzeit ohne Gefahrbremsung angehalten werden kann, innerorts zwischen 10 und 30 km/h, außerorts nicht mehr als 50 km/h (OLG Düsseldorf VRS 75, 223). Durch die Fahrweise dürfen keine Zweifel an der Beachtung der Vorfahrt entstehen (OLG Hamm DAR 2000, 73 = NZV 2000, 178). Der Wartepflichtige kann auch nicht darauf vertrauen, dass der Vorfahrtberechtigte seine Fahrspur beibehält; vor allem dann nicht, wenn eine Fahrbahnverschwenkung einen Fahrspurwechsel nahe legt (LG Wuppertal SVR 2019, 141 mit Anm. Siegel). Kommt es zur Kollision, spricht der Beweis des ersten Anscheins für ein Verschulden des Wartepflichtigen (KG VRS 117, 74; KG DAR 2002, 161; OLG Hannover SVR 2017, 220: kein Anscheinsbeweis, wenn neben dem räumlichen der zeitliche Zusam-

Vorfahrt bei Feldwegen und Ausfahrt aus verkehrsberuhigtem Bereich

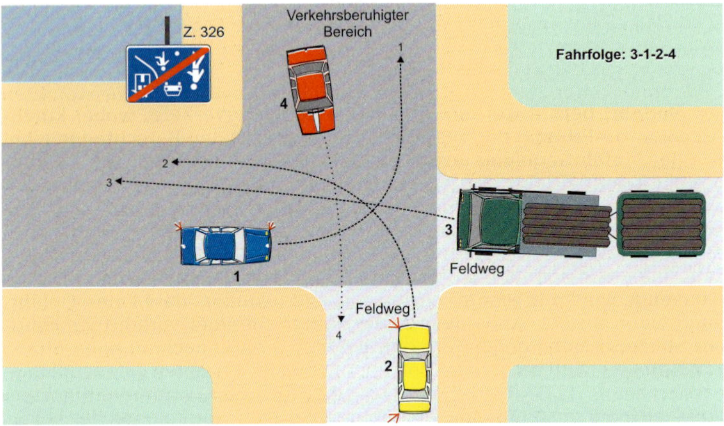

Bei der Ausfahrt aus einem verkehrsberuhigten Bereich ist der Vorrang gegenüber „allen" Fahrzeugen zu beachten; KFZ 4 fährt deshalb als Letztes. Gegenüber den beiden KFZ 2 und 3 aus den Feldwegen gilt untereinander „Rechts vor Links", so dass KFZ 3 vor KFZ 2 fahren darf. Da für Feldwege gegenüber anderen Straßen nicht die Vorfahrt „Rechts vor Links" gilt (§ 8 Abs. 1 Nr. 2), dürfte KFZ 1 zwar als Erstes fahren. Die Gegenverkehrsregel ist jedoch unabhängig von den Vorfahrtverhältnissen zu beachten. Infolgedessen darf KFZ 1 nur bis zur Mitte fahren, muss zunächst KFZ 3 durchfahren lassen und kann erst dann in den verkehrsberuhigten Bereich abbiegen. Gegenüber dem stringenten Gefährdungsverbot des § 10 ist die Gegenverkehrsregel des § 9 Abs. 3 nicht anwendbar, so dass KFZ 4 warten muss, bis KFZ 2 abgebogen ist.

Wegen der Kreuzungsgeometrie bietet sich in der Praxis allerdings eine Verständigung der Fahrzeugführer an.

menhang beim Einbiegen fehlt).[4] Das gilt auch, wenn der Bevorrechtigte wegen einer Vorfahrtverletzung dadurch verunglückt, dass er infolge einer objektiv nicht erforderlichen, aber subjektiv verständlichen Abwehrreaktion ins Schleudern gerät (OLG Naumburg VerkMitt 2012 Nr. 47).

Fährt der Wartepflichtige zu schnell heran, liegt ein Verstoß nach § 3 Abs. 1 in Tateinheit mit § 8 Abs. 2 Satz 2 vor, wenn es dabei zu einer konkreten Behinderung kommt (die Behinderung des § 1 Abs. 2 ist bereits in § 8 Abs. 2 Satz 2 einbezogen). **Fehlschätzungen** der Annäherungsgeschwindigkeit gehen zulasten des Wartepflichtigen (BGH VersR 1974, 719; BayObLG DAR 1975, 277; OLG Köln MDR 1975, 935). Kann der Wartepflichtige die Kreuzung nicht übersehen, darf er sich hineintasten, bis er **Sicht** hat. „Hineintasten" bedeutet zentimeterweises Vorwärtsbewegen mit mehrfachem Stopp, bis volle Sicht besteht, nicht dagegen Vorrollen ohne Unterbrechung über die Schnittkante der bevorrechtigten Straße und Blockierung der Fahrlinie des bevorrechtigten Verkehrs (KG VerkMitt 2010 Nr. 61; KG VRS 105, 104; KG NZV 2000, 377; OLG Saarbrücken VerkMitt 1980 Nr. 82).

Ob der Vorfahrtberechtigte vorschriftsmäßig fährt, ist für den Wartepflichtigen unwesentlich. Vorfahrt hat deshalb auch, wer gegen das Rechtsfahrgebot verstößt (OLG Jena DAR 2000, 570), falsch überholt (BGH VRS 11,

4 In den Niederlanden gibt es bei Auffahrunfällen keinen Anscheinsbeweis gegen den Auffahrenden (AG Geldern DAR 2011, 210).

177; KG VerkMitt 2009 Nr. 13), fehlerhaft abbiegt (BGH VersR 1977, 294), rückwärtsfährt (BGH VkBl. 1970, 392 = DAR 1970, 80 = VRS 18, 137; OLG Düsseldorf DAR 1984, 123), die Geschwindigkeit überschreitet (OLG Hamm DAR 2001, 507; OLG KG NZV 2000, 377; Köln VRS 99, 323; BGH DAR 1987, 142), eine Kurve schneidet (OLG Frankfurt/M. NZV 1990, 472), verbotswidrig den linken Radweg benutzt (OLG Düsseldorf DAR 2001, 78 = NZV 2000, 506), ohne Fahrerlaubnis fährt (KG NZV 2002, 80) oder sich beim Anfahren auf einer Vorfahrtstraße noch nicht vollständig in den fließenden Verkehr eingegliedert hat (LG Saarbrücken DAR 2017, 470). Zeigt der Vorfahrtberechtigte die Fahrtrichtung nicht oder falsch an, darf der Wartepflichtige auf die Fahrtrichtungsänderung erst vertrauen, wenn durch Tempoverminderung und Beginn des Abbiegens feststeht, dass eine Kollision ausgeschlossen ist (BGH DAR 1977, 23 = VkBl. 1977, 75 = VRS 30, 27; OLG München SVR 2018, 104; OLG Düsseldorf VD 2017, 21 = VRS 130, 225; OLG Celle DAR 2004, 390; OLG Hamm VRS 105, 180; BayObLG VerkMitt 1981 Nr. 11 = VRS 59, 375 = DAR 1980, 374; KG NZV 1990, 155 = DAR 1990, 142; OLG Hamm VRS 73, 289; s. a. Balke SVR 2015, 95). Die eigenen Verstöße muss sich der Vorfahrtberechtigte aber bei Unfällen haftungsmindernd anrechnen lassen (OLG Celle DAR 2018, 335: Quote von 50:50 bei frühzeitigem Erkennen der Kollisionsgefahr; KG DAR 2020, 23: aber Alleinhaftung des Berechtigten bei Tempoüberschreitung um das Doppelte, hier innerorts zwischen 85–105 km/h).

Der Wartepflichtige braucht aber **nicht** mit **groben Verstößen** des Vorfahrtberechtigten zu rechnen (OLG Düsseldorf VersR 1977, 841 = DAR 1977, 171), z. B. nicht mit eklatanten Tempoverstößen (OLG Naumburg VerkMitt 2015 Nr. 3 = DAR 2015, 146 = VRS 127, 281: Überschreitung um mehr als 50 %; OLG Hamm DAR 2001, 372: 30 km/h mehr als erlaubt; LG Berlin VRS 107, 13: 100 km/h innerorts). Fährt der Vorfahrtberechtigte innerorts unzulässig 100 km/h, bleibt er für den Unfall auch dann mitverantwort-

Vorfahrt beim Zusammenführen von Fahrbahnen

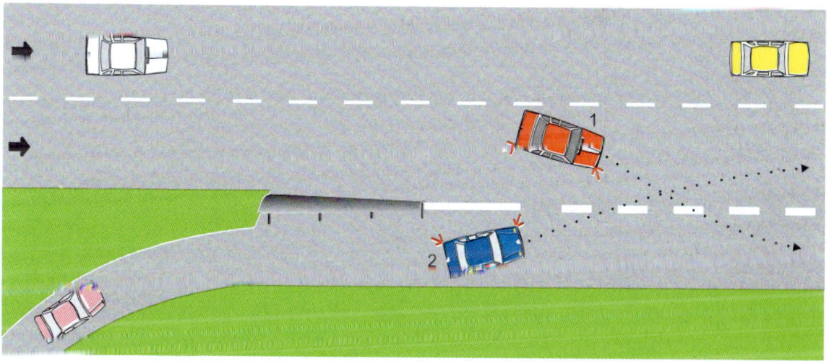

Vorfahrt ist stets dann gegeben, wenn sich Verkehrswege aus verschiedenen Richtungen kommend schneiden. Das gilt auch dann, wenn zwei Straßen trichterförmig zusammengeführt werden. Lässt der Schnittpunkt der Einmündung infolge straßenbaulicher Einrichtungen (Mittelstreifen, Gitter u. Ä.) eine Verflechtung nicht zu und setzen sich die beiden Verkehrswege als eine Straße fort (hier mit 3 Fahrstreifen), finden die Vorfahrtregeln dann keine Anwendung mehr, wo eine Verflechtung der Fahrzeuge tatsächlich möglich ist. Die Verflechtung richtet sich in diesem Fall nach den Regeln des Fahrstreifenwechsels, insbesondere des Gefährdungsverbots (§ 7 Abs. 5). Da KFZ 1 und 2 jeweils den Fahrstreifen wechseln, müssen beide den Gefährdungsausschluss beachten. KFZ 2 kann nicht geltend machen, es habe vor KFZ 1 nach der Regel „Rechts vor Links" die Vorfahrt.

lich, wenn er das Tempo vor der Kreuzung durch eine Gefahrbremsung auf 50 km/h ermäßigt (OLG Köln NZV 1995, 370). Will der Wartepflichtige den Vorfahrtberechtigten zur Mithaftung heranziehen, trifft ihn die Beweislast für einen Verstoß des Vorfahrtberechtigten (KG VRS 115, 17).

Die Vorfahrt endet für den zur Vorfahrt Verpflichteten erst, wenn er sich mit angepasster Geschwindigkeit in den vorfahrtberechtigten Verkehr eingegliedert hat (LG Hamburg NZV 2015, 132). Dabei muss er auch mit plötzlich den Fahrstreifen wechselnden Überholern rechnen.

Ist der Verkehr auf einer **Vorfahrtstraße** (Z. 306) zum Stehen gekommen, darf sich der Wartepflichtige durch eine für die Durchfahrt freie Lücke vortasten (BayObLG VerkMitt 1988 Nr. 95 = DAR 1988, 278 = NZV 1988, 77). Hat die Kolonne vor Kreuzungen oder Einmündungen eine Lücke gelassen, muss der die Kolonne Überholende so vorsichtig fahren, dass er vor einem aus der Lücke kommenden Wartepflichtigen anhalten kann (OLG Düsseldorf DAR 2017, 523: Fehler des Vorfahrtverpflichteten wiegen schwerer; OLG Hamm NZV 2014, 176; KG VerkMitt 2009 Nr. 13 = DAR 2009, 92). Bei einer Vorfahrtstraße mit Radweg muss er mit Radfahrern rechnen, die den Radweg in falscher Richtung benutzen (OLG Hamm NZV 1992, 374). Jeder nachfolgende Fahrer muss damit rechnen, dass der Wartepflichtige an der Sichtlinie einer bevorrechtigten Straße nochmals anhält, selbst wenn er vorher schon angehalten hat (OLG Koblenz VersR 1980, 753).

2.4 Vorfahrtberechtigung

Ein Vorfahrtrecht gibt es nicht, nur eine „Vorfahrtberechtigung". Sie reicht so weit, wie der Wartepflichtige die Vorfahrt beachtet (OLG Karlsruhe VerkMitt 2002 Nr. 12 = VRS 101, 470).[5] Der Vorfahrtberechtigte kann auf die Beachtung seiner Vorfahrt nur vertrauen, wenn keine Anhaltspunkte für eine Missachtung gegeben sind (OLG Karlsruhe NZV 2012, 229 = VRS 122, 266 = NZV 2012, 437). Im Zweifel muss er maßvoll bremsen, ausweichen oder auf die Vorfahrt verzichten (§§ 1, 11 Abs. 3). Das gilt auch beim Überholen an Lücken einer stehenden Kolonne, wo mit querenden nicht vorfahrtberechtigten Fahrzeugen zu rechnen ist (OLG Düsseldorf VerkMitt 2017 Nr. 53 = VRS 131, 225). Fährt der Wartepflichtige zu schnell an die Kreuzung heran, muss der Berechtigte mit einer Vorfahrtverletzung rechnen und selbst abbremsen (OLG Köln VRS 93, 44; KG VRS 107, 22); dies gilt ebenso bei langsam die Straße querenden Fußgängern (OLG Koblenz VRS 105, 414). Bei Knotenpunkten „Rechts vor Links" besteht wegen des Grundsatzes der doppelten Sicherung nur eine **„halbe Vorfahrtberechtigung"**, weil jeder gegenüber den von rechts Kommenden wartepflichtig ist und nur mit mäßiger Geschwindigkeit an den Knotenpunkt heranfahren darf (OLG Hamm NZV 2017, 282: Haftung des bevorrechtigten PKW zu 40 % und des wartepflichtigen Radfahrers zu 60 % in nicht beschildertem Rondell; KG NZV 2010, 255 = VRS 118, 84; LG Saarbrücken NZV 2012, 173: Haftung des Vorfahrtberechtigten zu 25 %). Dabei kommt es darauf an, ob der Vorfahrtberechtigte eine Kollisionsgefahr nach der von ihm zu fordernden Sorgfalt erkennen musste, und nicht, ob er sie tatsächlich erkennt (KG DAR 1973, 175). Erkennt der Vorfahrtberechtigte einen Verkehrsspiegel im nachgeordneten Bereich, deutet das auf schwierige Sichtverhältnisse hin, denen

5 Die StVO beschreibt deshalb nur die Rechtsstellung desjenigen, der die Vorfahrt zu beachten hat.

Einmündung einer Einbahn- in eine Vorfahrtstraße bei fehlendem Zeichen 306

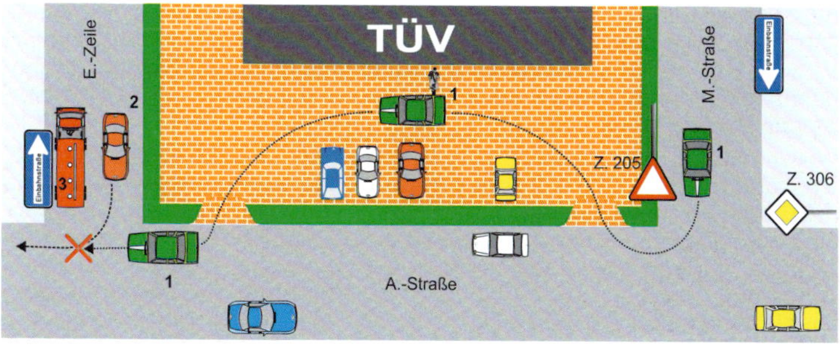

KFZ 1 kommt von einer Prüfungsfahrt über die M.-Straße und erhält auf dem TÜV-Gelände den Führerschein ausgehändigt. Anschließend geht die Fahrt zur Fahrschule zurück. KFZ 2 fährt verbotswidrig entgegen der Fahrtrichtung der E.-Zeile und stößt an der Einmündung E.-Zeile/A.-Straße mit KFZ 1 zusammen. KFZ 2 kann sich nicht auf die Vorfahrtregel „Rechts vor Links" berufen (§ 8 Abs. 1). Zwar hat KFZ 1, von der M.-Straße kommend, das Z. 306 auf der A.-Straße nicht gesehen. Die fehlende Sichtbarkeit des Z. 306 wirkt sich jedoch nicht zu seinen Lasten aus, weil die A.-Straße bis zu ihrer Aufhebung durch Z. 205 oder Z. 307 weiterhin Vorfahrtstraße bleibt, selbst wenn dazwischen ein Z. 306 fehlt. KFZ 2 ist deshalb für den Unfall allein verantwortlich.

auch er mit gesteigerter Vorsicht begegnen muss (LG Saarbrücken NZV 2014, 30). Schneidet der Vorfahrtberechtigte die Kurve einer trichterförmig erweiterten Kreuzung, haftet er anteilig für Schäden beim Unfall mit einem bis zur Sichtlinie vorgefahrenen Kraftfahrer (OLG Koblenz NZV 2015, 385).

Auf **Vorfahrtstraßen (Z. 306)** dürfen sich hingegen Fahrzeuge mit unverminderter Geschwindigkeit der Kreuzung nähern; sie genießen somit Vertrauensschutz in die Beachtung ihrer Vorfahrtberechtigung. Diese besteht so lange, bis sie die Vorfahrtstraße in der ganzen Länge ihres Fahrzeugs verlassen haben (BGH VRS 131, 259). Ist die Vorfahrt nur durch Z. 301 geregelt oder verhält sich der Berechtigte selbst verkehrswidrig, vermindert sich der Vertrauensschutz entsprechend (OLG Hamm VRS 93, 253).

Der Vorfahrtberechtigte sollte vor einer „Rechts-vor-Links-Kreuzung" stets bremsbereit sein, d.h. die Bremse so weit betätigen, dass durch Wegfall der Bremsenschwellzeit der Reaktionsweg bei einer Gefahrsituation extrem kurz ist. Besteht keine Sicht in die Kreuzung, ist das Fahrzeug nach den Sichtverhältnissen angemessen abzubremsen. Der Vorfahrtberechtigte muss vom Fahrbahnrand einen seitlichen Abstand halten, der für den Wartepflichtigen beim Hineintasten in die Vorfahrtstraße zur freien Sicht nötig ist; er muss auch reaktionsbereit sein (BGH VRS 70, 251 = DAR 1981, 87 = VersR 1981, 337; OLG Köln VRS 50, 114). Der Vorfahrtberechtigte kann nicht auf die Beachtung seiner Vorfahrt vertrauen, wenn er Kurven schneidet (BGH VRS 4, 458), links fährt (BGH VRS 11, 438; OLG Bremen DAR 1970, 97), eine nicht unterbrochene Leitlinie überfährt (OLG Oldenburg DAR 1974, 142), die Höchstgeschwindigkeit missachtet (KG NZV 2004, 576), verbotswidrig den linken Radweg benutzt (OLG Düsseldorf NZV 2000, 507) oder andere grobe Fahrfehler begeht, z.B. auf verkehrswidriges Verhalten des Wartepflichtigen erheblich zu spät reagiert (OLG Köln NZV 1992, 117). Er verliert dadurch zwar seine Vorfahrtberechtigung nicht, haftet aber für seinen Schuldanteil (OLG Hamm NZV 2017, 536: Radfahren in falscher Richtung).

Erkennt der andere Fahrer das regelwidrige Verhalten, muss er nach dem Grundsatz der „doppelten Sicherung" reagieren und abbremsen, um einen Unfall zu verhindern. Bei verbotener Fahrtrichtung in Einbahnstraßen oder bei der Ausfahrt aus einer für den gesamten Verkehr gesperrten Straße (Z. 250 ohne Zusatzzeichen) besteht keine Vorfahrtberechtigung mehr (BGH VRS 72, 93; NJW 1987, 2751). Ist jedoch gegenläufiger Radverkehr in Einbahnstraßen durch Zusatzzeichen zugelassen, gilt gegenüber dem ausfahrenden Radfahrer die Vorfahrtregel „Rechts vor Links" (Anl. 2 lfd. Nr. 9.1).

Wer die Vorfahrt missbraucht (d. h. sie erzwingt), verstößt nicht gegen § 8, wohl aber gegen § 1 Abs. 2 oder § 3 Abs. 1. Die Vorfahrt ist zwingend und darf keine Zweifelsfälle offen lassen. Der Vorfahrtberechtigte muss besonders aufmerksam auf Personen achten, bei denen häufig mit Verstößen zu rechnen ist (Radfahrer, Fußgänger). Überholt er eine Kolonne wartender Fahrzeuge, muss er auf den Querverkehr durch offen gelassene Lücken aus einmündenden Nebenstraßen achten (OLG Köln VerkMitt 2015 Nr. 12); ebenso, wenn er in der Kolonne fährt (BGH VerkMitt 1974 Nr. 57). Kein Fahrer darf darauf vertrauen, dass er die Vorfahrt an einer Kreuzung hat, nachdem sie an der vorhergehenden Kreuzung durch Z. 301 geregelt war (BGH VRS 38, 412). Bei besonderen Umständen muss stets mit der Verletzung der Vorfahrt gerechnet werden (BGH DAR 1971, 52), z. B. bei Glatteis, starkem Nebel (OLG Celle VRS 27, 470; OLG Nürnberg DAR 1989, 107), bei der Begegnung mit einem Rad fahrenden Kind (BGH VRS 45, 178), bei unübersichtlichen Einmündungen (OLG Celle DAR 1975, 273; LG Saarbrücken NZV 2011, 541) oder bei Einfahrt aus einem Nebenweg in eine Straße von größerer Verkehrsbedeutung (BayObLG VerkMitt 1989 Nr. 55 = VRS 77, 310). Bei unklaren und gefährlichen Knotenpunkten ist die Straßenverkehrsbehörde verpflichtet, für eine eindeutige Regelung durch Verkehrszeichen zu sorgen (OLG München NZV 2014, 221).

2.5 Vorfahrt durch Verkehrszeichen

2.5.1 Zeichen 205 und 206

Abweichend vom Grundsatz „Rechts vor Links" regeln die negativen Z. 205, 206 und die positiven Z. 301, 306 die Vorfahrt gesondert (§ 8 Abs. 1 Nr. 1). Im Interesse der Klarheit und Sicherheit des Verkehrs ist grundsätzlich eine Doppelbeschilderung mit positiven und negativen Vorfahrtzeichen geboten.[6] Wer in eine bevorrechtigte Straße einbiegt, muss so lange warten, bis das Einfahren ohne Gefährdung und Behinderung des bevorrechtigten Verkehrs möglich ist. Das gilt auch für Radfahrer, die vom Radweg in eine bevorrechtigte Straße einbiegen (OLG Oldenburg DAR 2015, 94: Haftung des Radfahrers zu 100 %; OLG Köln NZV 2008, 100). Will der Vorfahrtberechtigte vorher abbiegen, darf erst dann auf dessen Blinkzeichen vertraut werden, wenn durch Verminderung der Geschwindigkeit und Einlenken feststeht, dass die bisherige Richtung verlassen wird (OLG Düsseldorf VD 2017, 21 = VRS 130, 225; OLG München SVR 2014, 10; OLG Hamm NZV 2003, 414). Es ist auch darauf zu achten, dass der Bevorrechtigte nicht gerade überholt (OLG Hamm NZV 2001, 519; OLG Düsseldorf NZV 2002, 656). Es darf aber darauf vertraut werden, dass der Vorfahrtberechtigte an einer vorher Rot zeigenden Fußgängerampel anhält (OLG Köln DAR 2002, 316 = NZV 2003, 414).

6 Nur im Fall des § 10 Satz 3 genügt ein einseitig negatives Z. 205.

Am „Stoppschild“ (Z. 206) ohne Haltlinie ist dort zu halten, wo die bevorrechtigte Straße eingesehen werden kann; somit nicht vor dem Schild, sondern an der Sichtlinie, spätestens vor den Schnittkanten des Knotenpunktes. Kommt es zum Unfall, spricht der Beweis des ersten Anscheins für ein Verschulden des Wartepflichtigen (OLG Köln DAR 2001, 223). Die Missachtung des Stoppschildes ist grob fahrlässig (OLG Karlsruhe NZV 2003, 420).

Z. 301 regelt die Vorfahrt nur an der betreffenden Kreuzung/Einmündung, d.h. der Kraftfahrer muss am nächsten Knotenpunkt mit einer anderen Vorfahrtregelung rechnen und sein Fahrverhalten darauf einstellen. Z. 306 macht indes die Straße insgesamt bis zur Aufhebung durch die Z. 307, 205 oder 206 zur Vorfahrtstraße (außerorts wird die Vorfahrtstraße neben den Z. 205, 206 stets, innerorts nur in der Regel durch Z. 307 aufgehoben). Von der Vorfahrtstraße wegführende Einbahnstraßen müssen dann beschildert werden, wenn gegenläufiger Radverkehr zugelassen ist.

2.5.2 Halt- und Wartelinien

Soweit die Vorfahrt durch Halt- oder Wartegebote zu beachten ist (Z. 205, 206, Rot der LZA oder Weisungen der Polizei nach § 37 Abs. 2 Nr. 1), ordnet die **Haltlinie** (Z. 294) „ergänzend“ das Warten („Stopp“) vor der Linie an. Das Wartegebot der Haltlinie erstreckt sich auf den gesamten Bereich der geregelten Vorfahrt. Infolgedessen ist auch eine zurückgesetzte Haltlinie zu beachten, wenn sie objektiv erkennbar der dahinter liegenden Vorfahrtregelung dient. Zu halten ist „an“ der Linie, d.h. unmittelbar davor. Wartet eine Fahrzeugschlange vor der Haltlinie, brauchen die hinter der Linie wartenden Fahrzeuge beim Umschalten der LZA auf Grün nicht nochmals anzuhalten, weil die Haltlinie bei Grün kein Wartegebot mehr entfaltet (§ 37 Abs. 1). Bei Kombination der Haltlinie mit dem „Stoppschild“ (Z. 206) müssen hingegen alle KFZ der Fahrzeugschlange die Haltlinie beachten, weil das mit Z. 206 kombinierte Wartegebot für jedes Fahrzeug gesondert gilt. Ist die Fahrzeugschlange vor der Haltlinie zum Stillstand gekommen und der Knotenpunkt von dort einsehbar und frei, handelt es sich hingegen nur um eine geringfügige Ordnungswidrigkeit, wenn die Fahrzeuge nicht nochmals anhalten und die Linie „wie an einer Perlenschnur“ überfahren. Zwar soll die Haltlinie in Kombination mit Z. 206 dort angebracht sein, wo die Sicht in den bevorrechtigten Verkehr gegeben ist. Kann die andere Straße jedoch an der Haltlinie nicht eingesehen werden, weil z.B. geparkte LKW die Sicht beeinträchtigen, muss sich der Fahrer nach dem Stopp an der Linie mit äußerster Vorsicht in den bevorrechtigten Verkehrsraum zentimeterweise hineintasten, ohne dass es nochmals „zwingend“ zu einem Halt kommen muss. Nur wenn die Haltlinie weit hinter die Sichtlinie zurückgesetzt ist, z.B. wegen einer zu engen „Schleppkurve“ für einbiegende LKW-Züge, ist nach dem Halt am Z. 294 nochmals an der Sichtlinie anzuhalten. Die (durchbrochene) **Wartelinie** (Z. 341) empfiehlt hingegen nur das Anhalten. Bei Nichtbeachtung der Empfehlung ist besondere Vorsicht geboten (Folge aus dem Grundsatz der doppelten Sicherung).

2.5.3 Abknickende Vorfahrt

An Kreuzungen und Einmündungen wird die abknickende Vorfahrt durch die Zusatzzeichen 1002-10 bis 1002-24 zu Z. 306 positiv und an einmündenden (untergeordneten) Straßen negativ zu den Z. 205 oder 206 gekennzeichnet. Die abknickende Vorfahrtstraße gilt entgegen ihrem natürlichen Verlauf als einheitlicher Straßenzug. Dementsprechend finden an dem „Knick“

die Vorfahrt- und Abbiegeregelungen der §§ 8 und 9 Anwendung.[7] Vorfahrt haben diejenigen, die dem abknickenden Verlauf der Vorfahrtstraße folgen, selbst wenn sie über die unterbrochene bogenförmige Linie zur Verdeutlichung des Verlaufs des abknickenden Straßenzuges fahren (BGH NZV 2014, 507). Das dem Verlauf der abknickenden Vorfahrt folgende Fahrzeug biegt wegen der Sonderregelung nach Anl. 3 lfd. Nr. 2.1 nicht ab, obwohl es seine natürliche Fahrtrichtung ändert. Dennoch ist die Fahrtrichtung im abknickenden Straßenverlauf **anzuzeigen**; der Fahrer unterliegt aber nicht der doppelten Rückschaupflicht (OLG Rostock NZV 2011, 187; OLG Koblenz VRS 55, 294).

Wer dem natürlichen Straßenverlauf folgt und geradlinig aus dem Knick herausfährt, ist „**Abbieger**", obwohl er die Fahrtrichtung nicht ändert. Wegen der Verwechslungsgefahr mit „echten" Rechts- oder Linksabbiegern darf er die Fahrtrichtungsanzeiger nicht betätigen (OLG Oldenburg DAR 2000, 35). Obwohl der Wartepflichtige nicht darauf vertrauen darf, dass der Vorfahrtberechtigte ohne zu blinken geradeaus fährt, haftet der Vorfahrtberechtigte ebenfalls, wenn es infolge falschen Blinkens zum Missverständnis kommt (OLG München SVR 2014, 10; BayObLG VRS 47, 457; OLG Frankfurt/M. MDR 1977, 771). Als Abbieger müssen sich Fahrzeuge einordnen und auf den nachfolgenden Verkehr achten (§ 9 Abs. 1). Bei einer nach links abknickenden Vorfahrtstraße muss der sich rechts Einordnende und geradlinig aus dem Knick Herausfahrende als „Rechtsabbieger" auch den Vorrang der Rad- und Mofafahrer beachten, die dem Verlauf des Knicks folgen (§ 9 Abs. 3 Satz 1). Gegenüber dem von rechts einmündenden nicht bevorrechtigten Verkehr hat der Geradeausfahrer die Vorfahrt (BGH NJW 1983, 2939 = DAR 1983, 354). Bei einer nach rechts abknickenden Vorfahrtstraße gilt das für den von links einmündenden Verkehr entsprechend. Fahren auf der abknickenden Vorfahrtstraße jeweils Entgegenkommende geradlinig aus dem Knick heraus und folgen dem natürlichen Verlauf der Straße, sind sie zueinander Gegenverkehr (somit kein Vorfahrtfall „Rechts vor Links"). Schneiden sich ihre Fahrlinien, hat jeder den Gefährdungsausschluss des § 9 Abs. 3 zu beachten und sich notfalls zu verständigen. Die Rangfolge, dass der Rechtsabbiegende Vorrang vor dem Linksabbieger hat (§ 9 Abs. 4 Satz 1), ist in diesem Fall mangels Vertrauensschutzes nur bedingt anwendbar.

Querende **Fußgänger** haben gegenüber den Fahrzeugen, die dem Verlauf der abknickenden Vorfahrt folgen, keinen Vorrang. Fußgänger begreifen den Verkehr am „Knick" als „Abbiegen" im Wortsinn und meinen (wenn auch zu Unrecht), Vorrang zu haben. Infolgedessen soll der Knick durch Geländer oder Ketten so abgesichert werden, dass Fußgänger die Fahrbahn nicht am Knick selbst überqueren können. Dennoch muss der Kraftfahrer auf mögliche Fußgänger besondere Rücksicht nehmen und notfalls warten; er hat insoweit keinen Vertrauensschutz in die Abschirmung der Fußgänger. Lässt sich der Fußgängerquerverkehr nicht unterbinden, muss die Absicherung durch eine Lichtzeichenanlage erfolgen.

Die Fahrzeuge aus den einmündenden und nicht bevorrechtigten Straßen müssen die Vorfahrtregelung durch Z. 205 oder 206 beachten. Sind beide einmündenden Straßen mit Z. 205 oder 206 nebst Zusatzzeichen ausgewiesen, gilt für die einfahrenden Fahrzeuge untereinander die Regel „Rechts

---

7 Siehe auch Skizze „Abknickende Vorfahrt" bei den Erl. zu § 42.

Verzicht auf Vorfahrt

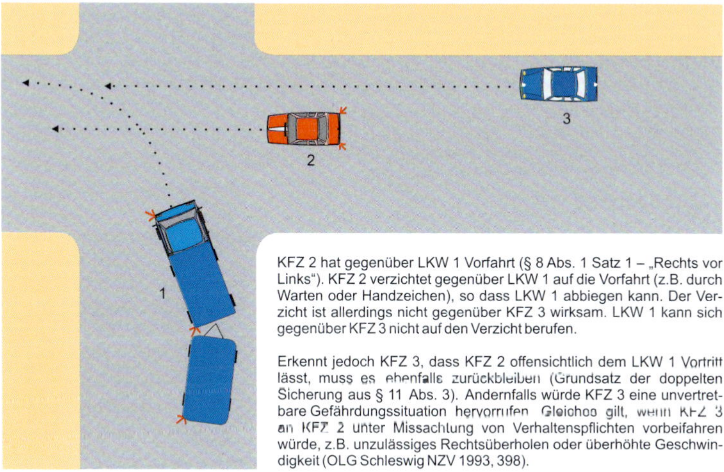

KFZ 2 hat gegenüber LKW 1 Vorfahrt (§ 8 Abs. 1 Satz 1 – „Rechts vor Links"). KFZ 2 verzichtet gegenüber LKW 1 auf die Vorfahrt (z.B. durch Warten oder Handzeichen), so dass LKW 1 abbiegen kann. Der Verzicht ist allerdings nicht gegenüber KFZ 3 wirksam. LKW 1 kann sich gegenüber KFZ 3 nicht auf den Verzicht berufen.

Erkennt jedoch KFZ 3, dass KFZ 2 offensichtlich dem LKW 1 Vortritt lässt, muss es ebenfalls zurückbleiben (Grundsatz der doppelten Sicherung aus § 11 Abs. 3). Andernfalls würde KFZ 3 eine unvertretbare Gefährdungssituation hervorrufen. Gleiches gilt, wenn KFZ 3 an KFZ 2 unter Missachtung von Verhaltenspflichten vorbeifahren würde, z.B. unzulässiges Rechtsüberholen oder überhöhte Geschwindigkeit (OLG Schleswig NZV 1993, 398).

vor Links" auch dann, wenn nur eine der Straßen mit Z. 206 („Halt. Vorfahrt gewähren.") und die andere mit Z. 205 ausgewiesen ist (BayObLG VerkMitt 1978 Nr. 75 = VRS 55, 222).

2.6 Verzicht auf Vorfahrt

Ein Verzicht darf nur angenommen werden, wenn der Berechtigte ihn unmissverständlich zum Ausdruck bringt (BGH VRS 18, 249 = DAR 1970, 137; KG NZV 2004, 576). Kurzes Halten des Vorfahrtberechtigten zur Prüfung der Verkehrslage oder um anderen Vorrang zu gewähren ist kein Verzicht auf die Vorfahrt (BGH VRS 14, 4; OLG Hamm SVR 2019, 342 mit Anm. Balke), ebenso wenig ein nicht eindeutiges Handzeichen (AG Dresden NZV 2004, 576). Die (unzulässige) Betätigung der Lichthupe darf nur bei deutlichem Anhalten, nicht aber bei bloßer Tempoherabsetzung als Vorfahrtverzicht verstanden werden (OLG Koblenz NZV 1991, 428; OLG Hamm NZV 2000, 415). Die höfliche Geste eines uniformierten Beamten in einem Polizeifahrzeug kann als „Weisung" i. S. d. § 36 Abs. 1 missverstanden werden.[8] Der Fahrer muss deshalb den Wartepflichtigen genau beobachten (OLG Saarbrücken VerkMitt 1982 Nr. 4); im Schadensfall besteht das Risiko der Mithaftung (KG VerkMitt 1980 Nr. 113 = VersR 1981, 485).

2.7 Sonderfälle der Vorfahrt

2.7.1 Gabelungen

Spitzwinklige oder trichterförmige Zusammenführungen von zwei Straßen sind im Regelfall Einmündungen im Sinne der Vorfahrtregeln. Nach der

8 Polizeibeamte machen deshalb von Gesten nur sparsam Gebrauch, obwohl sie genauso höflich wie andere sind.

Straßengeometrie setzt sich der Schnittpunkt der Einmündung über die Fläche hinaus fort, die nach allgemeiner Verkehrsauffassung für das Einbiegen erforderlich ist (KG DAR 2011, 394). Ist eine Verflechtung des Verkehrs durch bauliche Trennung mit Gittern, Mittelstreifen oder ähnlichen Elementen erst außerhalb des Einmündungsbereichs möglich, gelten dort die Regeln des Fahrstreifenwechsels (§ 7 Abs. 5). Versetzte Kreuzungen sind hingegen keine Einmündungen, sondern bleiben Kreuzungen, solange eine der zuführenden Straßen noch in den Kreuzungsbereich hineinführt; andernfalls sind sie zwei getrennte Kreuzungen.

2.7.2 Radwege

Ein Radfahrer auf der Vorfahrtstraße behält die Vorfahrt gegenüber kreuzenden und einbiegenden Fahrzeugen, auch wenn er den linken von zwei Radwegen benutzt, der nicht für die Gegenrichtung freigegeben ist (BGH VRS 71, 383 = NJW 1987, 2750 = DAR 1987). Er kann jedoch nicht auf seine Vorfahrtberechtigung vertrauen.

2.7.3 Kreisverkehr (§ 8 Abs. 1a)

Die besonderen Regeln des (echten) Kreisverkehrs gelten **nur** für die mit den beiden Z. 215 und 205 ausgeschilderten Knotenpunkte;[9] sie können sich auch in Tempo 30-Zonen befinden. Die Zonen-Geschwindigkeitsbegrenzung gilt dann bis zu ihrer Aufhebung durch Z. 274.2. Befindet sich ein durch Z. 274 angeordnetes Tempolimit unmittelbar vor den Z. 215 und 205, gilt es im gesamten Kreis, wenn das Z. 274 vor allen Zufahrten steht. Andernfalls hätte ein (isoliertes) Tempolimit wegen des Sichtbarkeitsgrundsatzes im Kreis keine Wirkung. Hat der Kraftfahrer den Kreis verlassen, gilt die übliche Geschwindigkeit, z. B. Tempo 50 innerorts. Innerhalb des Kreises ist das Rechtsfahrgebot zu beachten (§ 2 Abs. 2), weil schwere Fahrzeugeinheiten mit unzureichenden Schleppkurven die Mittelinsel überfahren dürfen; die Kreisbahn darf somit von anderen Fahrzeugen **nicht** geschnitten werden (OLG Hamm NZV 2004, 574). Bei anderen kreisförmigen Knotenpunkten ohne Z. 205, 215 oder mit Z. 209 oder 211 (unechte Kreisverkehre) gelten die allgemeinen Vorfahrt- und Abbiegeregeln.

a. Vorfahrt im Kreis

Z. 215[10] zeigt die im Kreis einzuhaltende Richtung an und hat allein **keine** vorfahrtregelnde Wirkung. Die **Kreisvorfahrt** gegenüber einmündenden Straßen folgt nur aus der **Kombination** mit dem Z. 205 („Vorfahrt gewähren."). Nähern sich Fahrzeuge im Kreis, haben diese Vorfahrt. Ist der Kreis frei oder ist das nächste Fahrzeug weit genug von der eigenen Einfahrt entfernt, darf in den Kreis eingefahren werden. Fahren mehrere Fahrzeuge gleichzeitig von mehreren Einmündungen in den Kreis und treffen dort aufeinander, müssen sie sich miteinander verständigen (§ 11 Abs. 3). Bei Missachtung der Vorfahrt wird gegen das Z. 205, nicht gegen § 8 Abs. 1a verstoßen. Eine Kombination von Z. 206 und 315 ist durch § 8 Abs. 1a nicht vorgesehen. Regeln Lichtzeichen die Zufahrten des Kreises, gehen

9 Siehe auch Merkblatt für die Anlage von kleinen Kreisverkehrsplätzen vom 16.6.1998 (VkBl. 571).

10 Z. 215 entspricht dem Verkehrszeichen „D 3" WÜ: Das Zeichen „KREISVERKEHR" hat keine andere Bedeutung als jene, die Richtung anzuzeigen, die der Verkehr im Kreis einzuhalten hat. Bei Linksverkehr sind die Pfeile umgekehrt.

Kreisverkehr

Ein Kreisverkehr setzt eine baulich oder durch Markierung hervorgehobene Mittelinsel voraus. Die um die Insel verlaufende Fläche muss den Charakter einer „Ringfahrbahn“ haben; die zulaufenden Straßen bilden Einmündungen.

Durch Z. 215 wird nur die Richtung des Kreisverkehrs (Fahrtrichtung rechts) gekennzeichnet, durch Z. 205 hat der Verkehr im Kreis Vorfahrt (KFZ 2, 3, 4), ohne dass die Vorfahrt im Kreis durch Z. 301 nochmals angezeigt wird.

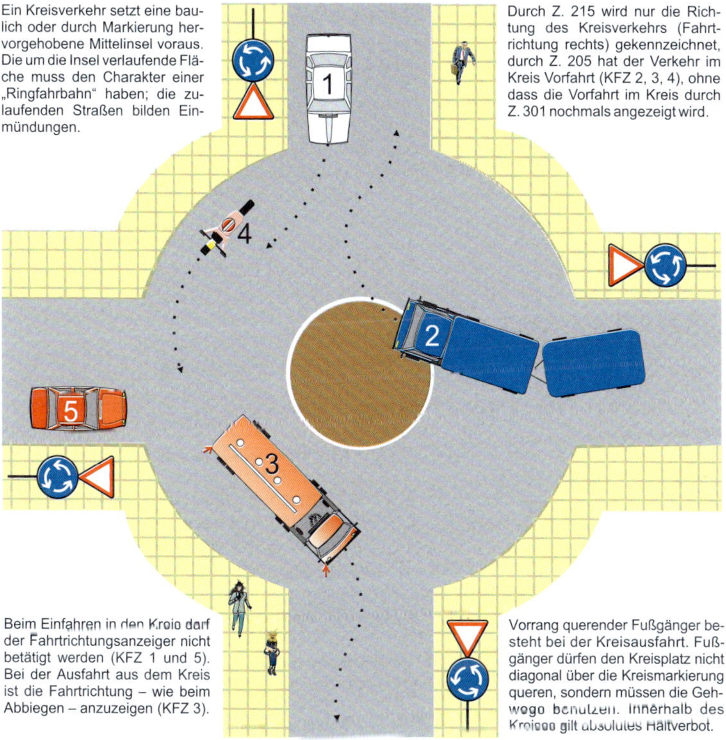

Beim Einfahren in den Kreis darf der Fahrtrichtungsanzeiger nicht betätigt werden (KFZ 1 und 5). Bei der Ausfahrt aus dem Kreis ist die Fahrtrichtung – wie beim Abbiegen – anzuzeigen (KFZ 3).

Vorrang querender Fußgänger besteht bei der Kreisausfahrt. Fußgänger dürfen den Kreisplatz nicht diagonal über die Kreismarkierung queren, sondern müssen die Gehwege benutzen. Innerhalb des Kreises gilt absolutes Haltverbot.

Insbesondere bei „Minikreisen“ mit einer Kreismarkierung (Fahrstreifenbegrenzungslinie) ist es wegen der Schleppkurven von LKW-Zügen meist nicht möglich, um den Kreis herumzufahren. In diesem Fall dürfen große KFZ (KFZ 2) den Kreis über die Kreismarkierung hinweg befahren. Dabei muss jede Gefährdung anderer Verkehrsteilnehmer ausgeschlossen werden.

die Lichtsignale der Vorfahrtregelung durch Z. 205 innerhalb des gesamten Kreises vor (§ 37 Abs. 1). Dem Kreisverkehr selbst wird die Vorfahrt nicht durch positive Vorfahrtzeichen angezeigt (Z. 301, 306). Soweit keine regelnde Beschilderung durch Z. 205 (auch in Kombination mit dem Z. 215) vorhanden ist, hat der Verkehr im Kreis gegenüber den von rechts einmündenden Straßen keine Vorfahrt (s. a. Siegel SVR 2019, 290).

Befindet sich um den mit Z. 205 und 215 gekennzeichneten Kreisverkehr ein Radweg, nehmen auch die Radfahrer an der Vorfahrt im Kreis teil. Etwas anderes gilt, wenn sich an dem Radweg vor einer Kreiszufahrt ein gesondertes Z. 205 befindet, das den Radverkehr zur Beachtung der Vorfahrt an der Kreiszufahrt verpflichtet (OLG Hamm VRS 126, 13). Fahren Straßenbahnen durch einen Kreis, dürfen Z. 215 nicht aufgestellt werden. Kommt es an einer vorfahrtgeregelten Kreiseinmündung zum Unfall, spricht der Anscheinsbeweis für ein Verschulden des Einfahrenden, wenn sich die Kollision im Einmündungsbereich ereignet (AG Hamburg-Barmbek SVR 2018, 350). Kollisionsgefahren können entstehen, wenn zwei Fahrzeuge mit unterschiedlichem Beschleunigungsvermögen zeitgleich aus kurz hintereinander folgenden Einmündungen in einen Minikreis einfahren. Das schnellere Fahrzeug kann sich dabei nicht auf die Vorfahrt berufen, sondern muss das Gefährdungsverbot des § 1 Abs. 2 beachten (OLG Hamm NZV 2000, 413). Verläuft ein Radweg um den Kreisplatz, gelten die Vorfahrtregeln auch für Radfahrer.

b. Ein- und Ausfahrt im Kreis

Bei der **Einfahrt** in den Kreis darf die Fahrtrichtung zur Vermeidung von Missverständnissen nicht angezeigt werden (OLG München SVR 2019, 62: kein Vertrauensschutz bei fehlerhaftem Blinken). Infolge der meist dicht aufeinanderfolgenden Ein- und Ausfahrten sollen Fehleinschätzungen darüber vermieden werden, ob der Einfahrende den Kreis bereits an der nächsten Ausfahrt wieder verlässt. Da bei Radfahrern diese Besorgnis weniger besteht, fällt ein Handzeichen nicht unter das Verbot; es ist auch kein „Fahrtrichtungsanzeiger" im technischen Sinne. Bei der **Ausfahrt** aus dem Kreis wird nach § 9 Abs. 1 „abgebogen", dem nachfolgenden Verkehr ist deshalb die Änderung der Fahrtrichtung rechtzeitig anzuzeigen, auch wenn der Kreis an der nächsten Zufahrt gleich wieder verlassen wird (KG VerkMitt 2008 Nr. 36 = VRS 114, 119 = NZV 2008, 412; KG VerkMitt 2009 Nr. 60 = VRS 116, 426 = NZV 2009, 498: bei markierten Richtungspfeilen; LG Saarbrücken SVR 2011, 108).[11] Vorsicht ist bei Kreisverkehrsplätzen ohne Fußgängerüberwege („Zebrastreifen" nach Z. 293) erforderlich, weil die Fußgängerquerung der Zu- und Abfahrten infolge häufiger Regelunkenntnis nicht einschätzbar ist. Bei der Kreiseinfahrt müssen **Fußgänger** warten, denn die Querung des Fußgängers erfolgt vor dem Abbiegevorgang (§ 9 Abs. 3 greift erst bei der Abbiegesituation selbst). Bei der Ausfahrt haben hingegen querende Fußgänger Vorrang (AG Kempten DAR 2008, 271). Zögern dort Fußgänger, verzichten sie nicht auf ihren Vorrang; infolgedessen ist zu warten.

c. Haltverbot im Kreis

Innerhalb des durch Z. 215 gekennzeichneten Kreisverkehrsplatzes besteht Haltverbot, und zwar sowohl rechts als auch links an und auf der Mittelinsel. Das gilt auch bei großen, durch Z. 215 gekennzeichneten Kreisplätzen. Ist die Mittelinsel baulich hervorgehoben, ist sie nicht „Fahrbahnrand", so dass dort ohnehin Halt- und Parkverbot nach § 12 Abs. 4 besteht (s. a. Erl. 2.3.19 zu § 12).

d. Durchfahren von Kreismarkierungen

Innerhalb des Kreises gilt Rechtsfahrgebot (§ 2 Abs. 2). Durchfahren einspurige Fahrzeuge den Kreisverkehr tangential, können sie bei einem Unfall keine Verletzung der Verkehrssicherungspflicht wegen mangelnder Griffigkeit der Fahrbahn im Bereich vor der Kreismitte geltend machen (OLG Hamm NZV 2009, 453).

Sind durch Z. 215 ausgewiesene Kreisverkehrsplätze in der Mitte mit Kreismarkierungen ausgestattet, dürfen (nur) Fahrzeuge, deren Abmessungen das Umfahren des Kreises infolge der benötigten Kurvenradien sonst nicht

---

11 Rechtzeitig ist die Fahrtrichtung angezeigt, wenn sich der nachfolgende Verkehr unter Berücksichtigung der im Kreis gefahrenen Geschwindigkeit auf das Abbiegen einstellen kann.

zulassen würden, diese Markierungen überfahren (Anl. 2 lfd. Nr. 8 – Z. 215 Nr. 2 und lfd. Nr. 68 – Z. 295 Nr. 2b). Das gilt auch für Fahrzeugkombinationen, z. B. Klein-LKW mit langem Anhänger. In solchen Fällen darf nach dem Überfahren des Kreises zur Vermeidung von Missverständnissen der Fahrtrichtungsanzeiger nicht betätigt werden. Wird die Kreismarkierung unter Abweichung vom Rechtsfahrgebot unberechtigt überfahren, spricht der Anscheinsbeweis bei einem Unfall gegen den pflichtwidrig handelnden Kraftfahrer (OLG Saarbrücken NZV 2013, 38).

Die Kreisinsel kann auch durch hervorhebende Farbgebung oder andere Pflasterung deutlich gemacht werden. Muss der innere Kreis durchfahren werden, ist höchste Sorgfalt geboten und jede Gefährdung anderer Verkehrsteilnehmer zu vermeiden, insbesondere der Fahrzeuge auf der Kreisfahrbahn (Radfahrer!). Die Verkehrs- und Straßenbaubehörden müssen darauf achten, dass Mittelinseln so befestigt sind, dass sie das Befahren schwerer Fahrzeugeinheiten ermöglichen. Ist die Mittelinsel hingegen infolge baulicher Gestaltung faktisch nicht überfahrbar, müssen die zuführenden Straßen unter Ausweisung von Umleitungsstrecken für längere Fahrzeuge gesperrt werden. Für alle anderen Fahrzeuge folgt das Verbot zum Überfahren der Kreisinsel aus der Fahrbahnbenutzungspflicht (§ 2 Abs. 1).

Fußgänger dürfen den Kreisverkehrsplatz nicht diagonal queren, sondern müssen sich auf Gehwegen bewegen, die um den Platz herumführen. Queren sie den Kreisverkehrsplatz unzulässig diagonal, müssen auch LKW, die den Mittelkreis überfahren dürfen, auf sie achten.

2.7.4 Feld- und Waldwege

Feld- und Waldwege sind Fahrwege, die ohne überörtliche Bedeutung überwiegend land- oder forstwirtschaftlichen Zwecken dienen (BGH DAR 1977, 77 = VRS 50, 174 = VersR 1977, 375; OLG Rostock VRS 112, 256). Dazu gehören auch befestigte oder unbefestigte Parzellenwege aus einem Kleingartengebiet (OLG Bremen NZV 1991, 472) sowie Wiesen-, Moor-, Weinberg- und ähnliche Wege. Wesentlich für die Beachtung der Vorfahrt ist die Verkehrsbedeutung, weniger das äußere Erscheinungsbild und die Art der Befestigung (OLG Rostock VerkMitt 2007 Nr. 100; OLG München VersR 1981, 571; BGH VRS 73, 437). Auch ein mit einer Schwarzdecke, Pflasterung oder Kies versehener Weg bleibt ein Feld- oder Waldweg, wenn er erkennbar diesen Zwecken dient. Kann die Bedeutung als Feld- oder Waldweg nicht eindeutig zugeordnet werden, hat sich jeder nach der Regel zu richten, die ihm und anderen die größte Sicherheit bietet (Beachtung des § 8 Abs. 1 Satz 2 Nr. 2 bzw. § 8 Abs. 1 Satz 1).

2.7.5 Nebenwege

Bei der Einfahrt aus Nebenwegen, die keine Feld- oder Waldwege sind, gilt die Vorfahrtregel des § 8. Kann der von links kommende Benutzer der Durchgangsstraße den Nebenweg nicht einsehen, muss der Vorfahrtberechtigte entsprechend vorsichtig fahren, sich also wie ein Wartepflichtiger verhalten (§ 1 Abs. 2; OLG Düsseldorf VRS 73, 299).

2.7.6 Privatstraßen

Die Regel „Rechts vor Links“ gilt auch im Verhältnis zwischen einer öffentlichen Straße und einem der Allgemeinheit zugänglichen Privatweg. Der bevorrechtigte Benutzer einer solchen Privatstraße muss beim Einbiegen in die öffentliche Straße besonders vorsichtig sein, wenn die Gestaltung des Einmündungsbereichs und die Beschilderung als Privatstraße zu einer irrtümlichen Beurteilung der Vorfahrt führen (OLG Koblenz VersR 1979, 1157).

2.7.7 Parkplätze, Parkhäuser und Tiefgaragen

Auf allgemein zugänglichen **Park- oder Rastflächen** gilt weder die Vorfahrtregel „Rechts vor Links" noch § 10, sondern die allgemeine Pflicht zur Rücksichtnahme nach § 1 Abs. 1 und 2, sofern die Fahrgassen der Parkplatzsuche oder dem Ein- oder Ausparken dienen (BGH NJW 1963, 152; KG NZV 2003, 381; OLG Düsseldorf SVR 2017, 271; OLG Düsseldorf VerkMitt 2000 Nr. 53 = DAR 2000, 175 = NZV 2000, 273 = VRS 98, 387; OLG Oldenburg ZfS 1999, 235; OLG Hamburg DAR 2000, 41; OLG Köln VRS 89, 97; KG NZV 1988, 75 = DAR 1988, 272 = VRS 75, 95; KG VerkMitt 1977 Nr. 29 = DAR 1977, 47; OLG Düsseldorf VRS 57, 294; a. A. LG Koblenz SVR 2016, 30: mittelbare Geltung der Regel „Rechts vor Links"; LG Frankfurt/O. DAR 2014, 390; s. a. Scheidler VD 2014, 180). Haben die Fahrgassen jedoch nach ihrer baulichen Anlage Straßencharakter und dienen der Zu- und Abfahrt, gilt die Vorfahrtregel „Rechts vor Links" als eingeschliffenes Verhalten sinngemäß (OLG Düsseldorf VerkMitt 2017 Nr. 26; KG VRS 118, 348 = DAR 2010, 33 = NZV 2010, 461; LG Detmold NZV 2012, 592). Rückwärtsfahren aus einer Parkbucht richtet sich nach § 9 Abs. 5, wobei das Gefährdungsverbot auch gegenüber demjenigen gilt, der seinerseits rückwärts aus einer Parkbucht gefahren, aber zum Stehen gekommen ist. Hat der Ausparkende angehalten, ist das Rückwärtsfahren beendet (KG VRS 118, 354 = NZV 2010, 462; OLG Köln VerkMitt 1999 Nr. 90). Wer rückwärts aus einer Parkbucht oder einem Seitenstreifen (= anderer Straßenteil) auf die Straße einfährt, hat das Gefährdungsverbot des § 10 zu beachten. „Rechts vor Links" gilt nicht beim Einfahren von einer Parkfläche in einen Fahrstreifen oder beim Überfahren markierter Parkflächen (OLG Nürnberg NJW 1977, 1888 = VersR 1977, 1059). Auch für den „Vorrangberechtigten" gilt auf dem Parkplatz wegen der ständig wechselnden Verkehrsverhältnisse die Pflicht zum Langsamfahren bei steter Bremsbereitschaft; er kann nicht darauf vertrauen, dass die Regel „Rechts vor Links" beachtet wird; im Zweifel sind beide verantwortlich.

3 Hinweise

3.1 Vorfahrt des durchgehenden Verkehrs auf Autobahnen und Kraftfahrstraßen gegenüber einfahrenden Fahrzeugen: § 18 Abs. 3; Verhalten an Aus- und Einfahrten: § 10.

3.2 Die grob verkehrswidrige und rücksichtslose Verkehrsgefährdung durch Missachtung der Vorfahrt nach § 315c Abs. 1 Nr. 2a StGB umfasst nicht nur Vorfahrt-, sondern auch alle Vorrangfälle des § 10 Satz 1 (BGH NZV 2009, 350). Für die Strafbarkeit ist aber mind. eine konkrete Gefährdung von Personen oder bedeutenden Sachwerten (über 750 €) erforderlich. Grob verkehrswidriges und rücksichtsloses zu schnelles Fahren an Kreuzungen und Einmündungen mit konkreter Gefährdung ist eine Straftat nach § 315c Abs. 1 Nr. 2d StGB.

§ 9 Abbiegen, Wenden und Rückwärtsfahren

(1) Wer abbiegen will, muss dies rechtzeitig und deutlich ankündigen; dabei sind die Fahrtrichtungsanzeiger zu benutzen. Wer nach rechts abbiegen will, hat sein Fahrzeug möglichst weit rechts, wer nach links abbiegen will, bis zur Mitte, auf Fahrbahnen für eine Richtung möglichst weit links, einzuordnen, und zwar rechtzeitig. Wer nach links abbiegen will, darf sich auf längs verlegten Schienen nur einordnen, wenn kein Schienenfahrzeug behindert wird. Vor dem Einordnen und nochmals vor dem Abbiegen ist auf den nachfolgenden Verkehr zu achten; vor dem Abbiegen ist es dann nicht nötig, wenn eine Gefährdung nachfolgenden Verkehrs ausgeschlossen ist.

(2) Wer mit dem Fahrrad nach links abbiegen will, braucht sich nicht einzuordnen, wenn die Fahrbahn hinter der Kreuzung oder Einmündung vom rechten Fahrbahnrand aus überquert werden soll. Beim Überqueren ist der Fahrzeugverkehr aus beiden Richtungen zu beachten. Wer über eine Radverkehrsführung abbiegt, muss dieser im Kreuzungs- oder Einmündungsbereich folgen.

(3) Wer abbiegen will, muss entgegenkommende Fahrzeuge durchfahren lassen, Schienenfahrzeuge, Fahrräder mit Hilfsmotor und Fahrräder und Elektrokleinstfahrzeuge auch dann, wenn sie auf oder neben der Fahrbahn in der gleichen Richtung fahren.[1] Dies gilt auch gegenüber Linienomnibussen und sonstigen Fahrzeugen, die gekennzeichnete Sonderfahrstreifen benutzen. Auf zu Fuß Gehende ist besondere Rücksicht zu nehmen; wenn nötig, ist zu warten.

(4) Wer nach links abbiegen will, muss entgegenkommende Fahrzeuge, die ihrerseits nach rechts abbiegen wollen, durchfahren lassen. Einander entgegenkommende Fahrzeuge, die jeweils nach links abbiegen wollen, müssen voreinander abbiegen, es sei denn, die Verkehrslage oder die Gestaltung der Kreuzung erfordern, erst dann abzubiegen, wenn die Fahrzeuge aneinander vorbeigefahren sind.

(5) Wer ein Fahrzeug führt, muss sich beim Abbiegen in ein Grundstück, beim Wenden und beim Rückwärtsfahren darüber hinaus so verhalten, dass eine Gefährdung anderer Verkehrsteilnehmer ausgeschlossen ist; erforderlichenfalls muss man sich einweisen lassen.

(6) Wer ein Kraftfahrzeug mit einer zulässigen Gesamtmasse über 3,5 t innerorts führt, muss beim Rechtsabbiegen mit Schrittgeschwindigkeit fahren, wenn auf oder neben der Fahrbahn mit geradeaus fahrendem Radverkehr oder im unmittelbaren Bereich des Einbiegens mit die Fahrbahn überquerendem Fußgängerverkehr zu rechnen ist.[2]

VwV-StVO zu § 9 Abbiegen, Wenden und Rückwärtsfahren

Zu Absatz 1

1 I. Wo erforderlich und möglich, sind für Linksabbieger besondere Fahrstreifen zu markieren. Auf Straßen innerhalb geschlossener Ortschaften mit auch nur tages-

1 „Elektrokleinstfahrzeuge" eingefügt durch Art. 4a Nr. 2 der Verordnung über die Teilnahme von Elektrokleinstfahrzeugen am Straßenverkehr und zur Änderung weiterer straßenverkehrsrechtlicher Vorschriften vom 6.6.2019 (BGBl. I S. 756).

2 § 9 Abs. 6 eingefügt durch Art. 1 der 54. StrVRÄndV vom 20.4.2020 (BGBl. I S. 814).

zeitlich starkem Verkehr und auf Straßen außerhalb geschlossener Ortschaften sollte dann der Beginn der Linksabbiegestreifen so markiert werden, dass Fahrer, die nicht abbiegen wollen, an dem Linksabbiegestreifen vorbeigeleitet werden. Dazu eignen sich vor allem Sperrflächen; auf langsamer befahrenen Straßen genügen Leitlinien.

2 II. Es kann sich empfehlen, an Kreuzungen Abbiegestreifen für Linksabbieger so zu markieren, dass aus entgegengesetzten Richtungen nach links abbiegende Fahrzeuge voreinander vorbeigeführt werden (tangentiales Abbiegen). Es ist dann aber immer zu prüfen, ob durch den auf dem Fahrstreifen für den nach links abbiegenden Gegenverkehr Wartenden nicht die Sicht auf den übrigen Verkehr verdeckt wird.

Zu Absatz 2

3 I. Als Radverkehrsführung über Kreuzungen und Einmündungen hinweg dienen markierte Radwegefurten. Radverkehrsführungen können ferner das Linksabbiegen für den Radverkehr erleichtern. Das Linksabbiegen im Kreuzungsbereich kann durch Abbiegestreifen für den Radverkehr, aufgeweitete Radaufstellstreifen und Radfahrerschleusen gesichert werden. Das Linksabbiegen durch Queren hinter einer Kreuzung/Einmündung kann durch Markierung von Aufstellbereichen am Fahrbahnrand bzw. im Seitenraum gesichert werden.

4 II. Im Fall von Radverkehrsanlagen im Zuge von Vorfahrtstraßen (Zeichen 306) sind Radwegefurten stets zu markieren. Sie dürfen nicht markiert werden an Kreuzungen und Einmündungen mit Vorfahrtregelung „Rechts vor Links", an erheblich (mehr als ca. 5 m) abgesetzten Radwegen im Zuge von Vorfahrtstraßen (Zeichen 306) sowie dort nicht, wo dem Radverkehr durch ein verkleinertes Zeichen 205 eine Wartepflicht auferlegt wird. Die Sätze 1 und 2 gelten sinngemäß, wenn im Zuge einer Vorfahrtstraße ein Gehweg zur Benutzung durch den Radverkehr freigegeben ist.

5 III. Eigene Abbiegefahrstreifen für den Radverkehr können neben den Abbiegestreifen für den Kraftfahrzeugverkehr mit Fahrstreifenbegrenzung (Zeichen 295) markiert werden. Dies kommt jedoch nur dann in Betracht, wenn zum Einordnen

1. an Kreuzungen und Einmündungen von gekennzeichneten Vorfahrtstraßen nur ein Fahrstreifen zu überqueren ist,
2. an Kreuzungen und Einmündungen mit Lichtzeichenanlage nicht mehr als zwei Fahrstreifen zu überqueren sind oder
3. Radfahrschleusen vorhanden sind.

6 IV. Bei aufgeweiteten Radaufstellstreifen wird das Einordnen zum Linksabbiegen in Fortsetzung einer Radverkehrsanlage dadurch ermöglicht, dass für den Kraftfahrzeugverkehr auf der Fahrbahn durch eine zusätzliche vorgelagerte Haltlinie (Zeichen 294) mit räumlichem und verkehrlichem Bezug zur Lichtzeichenanlage das Haltgebot angeordnet wird.

7 V. Bei Radfahrschleusen wird das Einordnen zum Linksabbiegen in Fortsetzung einer Radverkehrsanlage dadurch ermöglicht, dass dem Hauptlichtzeichen in ausreichendem Abstand vorher ein weiteres Lichtzeichen vorgeschaltet wird.

Zu Absatz 3

8 I. Der Radverkehr fährt nicht mehr neben der Fahrbahn, wenn ein Radweg erheblich (ca. 5 m) von der Straße abgesetzt ist. Können Zweifel aufkommen oder ist der abgesetzte Radweg nicht eindeutig erkennbar, so ist die Vorfahrt durch Verkehrszeichen zu regeln.

9 II. Über Straßenbahnen neben der Fahrbahn vgl. Nummer VI zu Zeichen 201; Rn. 11 bis 13.

1 Aus der amtlichen Begründung

1.1 Klarstellung des Abbiegeverhaltens für den Radverkehr (Begr. 2012).

1.2 Aus Sicherheitsgründen sollen auch geradeaus fahrende Elektrokleinstfahrzeuge nach der eKFV gegenüber Abbiegern Vorrang haben (Begr. 2019).

1.3 Schrittgeschwindigkeit für schwere Kraftfahrzeuge über 3,5 t soll beim Rechtsabbiegen Unfälle mit Fußgängern und Radfahrern verringern (Begr. 2020).

2 Erläuterungen

2.1 Abbiegen

Die Abbiegeregelung des § 9 gilt nur für den **Fahrzeugverkehr**. Soweit Fußgänger Fahrzeuge auf der Fahrbahn schieben, müssen sie vor abbiegendem Gegenverkehr warten; Abbieger müssen aber Rücksicht nehmen. **Abbiegen** ist jede Richtungsänderung, bei der die bisher benutzte Fahrbahn verlassen und aus dem gleichgerichteten Verkehr herausgefahren wird, z.B. Autobahnausfahrt über kombinierten Ein- oder Ausfädelungsstreifen, in eine andere Straße, auf einen Parkplatz oder in ein Grundstück, nicht aber beim Umrunden auf einem Parkplatz. Nicht erforderlich ist, dass der Straßenraum selbst verlassen wird; so liegt Abbiegen auch vor, wenn von der Fahrbahn in einen Parkstand, auf einen Mittelstreifen oder auf eine nicht gewidmete Privatstraße übergewechselt wird. Auch das Abbiegen an Autobahnknotenpunkten, aus Kreisverkehren (BGH NZV 2002, 376), unbefestigten Feld-, Wald- oder Sonderwegen wird von § 9 erfasst. Dagegen biegt nicht ab, wer dem natürlichen Straßenverlauf trotz Kurven oder einer abknickenden Vorfahrtstraße folgt.[3] Ebenso biegt nicht ab, wer lediglich den Fahrstreifen wechselt, den Fahrbahnrand zum Halten ansteuert, auf einen Seitenstreifen oder von einem parallelen Radweg auf die Fahrbahn überwechselt. Beim Abbiegen in eine Grundstückszufahrt gelten die strengeren Sorgfaltsanforderungen des § 9 Abs. 5 („jede" Gefährdung muss ausgeschlossen sein).

Im **Verhältnis** zur **Vorfahrt** kommt es beim Abbiegen nicht darauf an, woher das Fahrzeug kommt, sondern **wohin** es fährt (bei der Vorfahrt hingegen darauf, woher das Fahrzeug kommt, und nicht, wohin es fährt). Der Abbiegende muss zunächst die Vorfahrt beachten. Befindet er sich auf der Kreuzung, muss er seinen Vorpflichtungen gegenüber dem Mit- und Gegenverkehr auch dann genügen, wenn der Gegenverkehr wegen eigener Beachtung der Vorfahrt nicht weiterfahren kann; d.h. der Abbiegende muss warten.

Biegt der Vorfahrtberechtigte ab, muss er die Fahrtrichtung rechtzeitig und deutlich anzeigen (§ 9 Abs. 1). Der Vorfahrtverpflichtete kann allerdings erst darauf vertrauen, dass der Berechtigte auch tatsächlich in die angegebene Richtung abbiegt, wenn das Blinken mit einer Tempoverringerung, dem Einordnen oder sonstigen Anzeichen für das Abbiegen einhergeht (OLG Dresden SVR 2014, 463 = NZV 2015, 246; a.A. KG NZV 1990, 155; BayObLG VRS 59, 365). Ebenso darf der Wartepflichtige nicht darauf vertrauen, dass der Vorfahrtberechtigte seine Absicht zum Abbiegen durch Blinken anzeigt (LG Saarbrücken NZV 2004, 174; LG Halle NZV 2003, 34).

Auch weiträumige Knotenpunkte bilden eine Kreuzung, selbst wenn die zuführenden Fahrbahnen der Straßen durch Mittelstreifen getrennt sind. Nur wenn die Fahrbahnen räumlich so weit auseinanderliegen, dass sie

---

3 Obwohl bei einer abknickenden Vorfahrtstraße im Rechtssinn nicht abgebogen wird, muss dennoch wegen Anl. 3 lfd. Nr. 2.1 der Fahrtrichtungsanzeiger betätigt werden.

als selbstständige Straßen anzusehen sind, handelt es sich um zwei Kreuzungsbereiche („Doppelkreuzung"). Die zwischen den Fahrbahnen befindliche Fläche (Mittel- oder Grünstreifen) muss eine Breite von 30 m und mehr haben; nur dann gelten die Vorfahrt- und Abbiegeregeln für jede Kreuzung gesondert.[4] Dagegen gilt an einer einheitlichen Kreuzung, die durch Mittelstreifen getrennte Richtungsfahrbahnen aufweist, grundsätzlich der Vorrang des Geradeausverkehrs vor dem Abbiegenden. Im Verhältnis zur Vorfahrt ist der Fall zu unterscheiden, dass ein Linksabbieger von einer durch Z. 205 gekennzeichneten „untergeordneten" Straße in eine Vorfahrtstraße (Z. 306) abbiegt. Zum Gegenverkehr hat der Abbieger dann die Vorfahrtberechtigung, wenn er sich links in die Kreuzung so eingeordnet hat, dass er sich mit der gesamten Länge seines KFZ oder KFZ-Zuges, gedeckt durch die Breite des Mittelstreifens, auf der Vorfahrtstraße befindet (BGH VRS 18, 252; OLG Nürnberg VerkMitt 2009 Nr. 41 = NZV 2009, 209; BayObLG VkBl. 1963, 218; OLG Düsseldorf VRS 55, 376). In diesem Fall soll sich quasi die Vorrangverpflichtung aus § 9 Abs. 3 Satz 1 in eine Vorfahrtberechtigung „umdrehen".

Diese von der Rechtsprechung im Interesse der Flüssigkeit des Verkehrs entwickelte Lösung kommt allerdings nur auf weiträumigen Kreuzungen mit solchen Mittelstreifen zum Tragen, die wegen ihrer Breite ein vollständiges Einordnen der KFZ auf der Vorfahrtstraße zulassen. Ist der Mittelstreifen schmaler oder wird nach § 9 Abs. 4 Satz 2 voreinander abgebogen und ist deshalb ein vollständiges Einordnen auf der Vorfahrtstraße nicht möglich, bleibt es bei der Vorrangverpflichtung des Abbiegenden zum Gegenverkehr. Wenn aber die Abbiege- oder Vorfahrtregeln weitgehend von der Ausgestaltung der Kreuzung, der Länge der KFZ, der Breite der Mittelstreifen oder der Abbiegeart (tangential oder im weiten Bogen) abhängen sollen, bleibt die Anwendbarkeit der sich aus den örtlichen Verkehrsverhältnissen ergebenden „Vorrangberechtigung" in der täglichen Praxis problematisch. Die **Vorfahrt** sollte stets **eindeutig** sein, **nicht** zu **Zweifeln** Anlass geben und auch nicht von der subjektiven Einschätzung abhängen. Daraus folgt zunächst, dass die Verkehrsbehörden solche Kreuzungen weitgehend so abzusichern haben, dass keine Zweifel auftreten können. Außerdem ist bei der Auslegung von Rechtsnormen der Grundsatz zu beachten, dass die Sicherheit der Flüssigkeit des Verkehrs vorgeht; eine solche „Umdrehung" der Vorrangverpflichtung in eine „Vorfahrtberechtigung" ist deshalb abzulehnen.

2.2 Fahrtrichtungsanzeige

Die Anzeigepflicht beim Abbiegen mit Fahrtrichtungsanzeiger[5] soll andere auf das Bevorstehen eines besonderen Fahrmanövers hinweisen. Die Pflicht

4 Anders bei Kreisverkehrsplätzen, in denen der Verkehr innerhalb des Kreises Vorfahrt hat, somit auch der im Kreis als Gegenverkehr Fahrende.

5 Die Anzeigepflicht mit Fahrtrichtungsanzeiger gilt nur für Fahrzeuge, bei denen diese „vorgeschrieben" sind. Fahrtrichtungsanzeiger sind die in § 54 StVZO vorgeschriebenen optisch wirkenden Blinkleuchten. Fahrzeuge ohne Fahrtrichtungsanzeiger (Fahrräder, Pferdekutschen) haben die Zeichen in anderer Weise zu geben (Handzeichen, Kellen o.Ä.). Das gilt auch beim Abschleppen, wenn auf das eingeschaltete Warnblinklicht nach § 15a Abs. 3 bei starkem Verkehr nicht verzichtet werden kann. Fahrräder mit Hilfsmotor, Klein- und Leichtkrafträder, offene Krankenfahrstühle, einachsige Zug- und Arbeitsmaschinen und andere Fahrzeuge nach § 54 Abs. 5 StVZO können, müssen aber nicht mit Fahrtrichtungsanzeigern ausgerüstet sein. Haben sie Fahrtrichtungsanzeiger, müssen diese auch benutzt werden.

richtet sich an alle im fließenden Verkehr abbiegenden Fahrzeuge. Die Anzeigepflicht folgt aus dem abstrakten Gefährdungsverbot und besteht unabhängig davon, ob jemand durch die Verletzung der Pflicht möglicherweise gefährdet wird. Bei fehlerhafter Betätigung der Fahrtrichtungsanzeiger haftet der Fahrer für die Unfallfolgen (LG Saarbrücken SVR 2014, 20: Mithaftung von 20 %; LG Detmold SVR 2014, 24: Mithaftung von 25 %). Die Fahrtrichtung ist deshalb (als eingeschliffene Verhaltensweise) selbst dann anzuzeigen, wenn kein Verkehr herrscht, somit niemand da ist, dem etwas „anzuzeigen" ist. Wer gefahrbedingt Warnblinklicht eingeschaltet hat, muss es beim Abbiegen ausschalten, wenn die Anzeige der Fahrtrichtung dringlicher ist als die Warnung vor anderen Gefahren (OLG Düsseldorf VRS 130, 293: Abbiegen einer Straßenkehrmaschine mit Warnblinklicht).

Rechtzeitig ist die **Fahrtrichtungsanzeige**, wenn sich andere auf die Richtungsänderung unter Berücksichtigung der gefahrenen Geschwindigkeit und Sicherheitsabstände auf das Abbiegen in Ruhe einstellen können; die verbleibende Zeitspanne vom Anzeige- bis zum Abbiegebeginn ist wichtiger als die noch bestehende Entfernung zum Abbiegepunkt (BGH VRS 24, 15; (KG DAR 2019, 83: die Beweislast für die rechtzeitige Fahrtrichtungsanzeige trägt der Abbiegende; KG VerkMitt 2008 Nr. 36 = VRS 113, 119; KG NZV 2005, 413). Der Nachfolgende darf darauf vertrauen, dass ein Abbieger seine Absicht rechtzeitig ankündigen wird. Wer zwei Mal in kurzem Zeitabstand abbiegt, muss dies durch die Fahrtrichtungsanzeige erkennen lassen; d. h. kein ununterbrochenes Blinken (KG VRS 31, 381; KG VerkMitt 1979 Nr. 35). Je weniger sinnfällig das Abbiegeziel ist, umso sorgfältiger muss der Abbiegende sein. Wer dem Verlauf der abknickenden Vorfahrtstraße folgt, nimmt keine „Richtungsänderung" vor, dennoch ist die Anzeige der Fahrtrichtung erforderlich (Anl. 3 lfd. Nr. 2.1 zu Zusatzzeichen zu Z. 306). Wer die abknickende Vorfahrtstraße geradlinig verlässt, darf zur Vermeidung von Fehleinschätzungen des nachfolgenden Verkehrs nicht blinken, obwohl er im Rechtssinn „abbiegt".

Die Fahrtrichtung ist **„richtig"** anzuzeigen. Wer nach rechts oder nach links blinkt und dennoch geradeaus fährt, haftet anteilig für die Unfallfolgen (OLG München SVR 2014, 105; LG Saarbrücken NZV 2004, 174; LG Halle NZV 2003, 34; LG Rostock DAR 2001, 227). Andererseits darf auf die Änderung der Fahrtrichtung trotz Blinkens erst dann vertraut werden, wenn durch Tempoverminderung und Beginn des Abbiegens feststeht, dass eine Kollision ausgeschlossen ist (OLG Dresden SVR 2014, 463; OLG Hamm VRS 105, 180). Die Fahrtrichtung ist so lange anzuzeigen, bis der Abbiegevorgang beendet, somit die bisher befahrene Straße nicht bloß verlassen, sondern der neue Verkehrsraum erreicht ist. Damit sollen Zweifel vermieden werden, ob das Abbiegemanöver aufgegeben worden ist. Notfalls ist bei automatischer Rückstellung der Fahrtrichtungsanzeiger nochmals zu betätigen.

2.3 Einordnen und Rückschaupflicht

Das Einordnen ist nur zulässig, wenn auch abgebogen werden darf und das Abbiegen nicht durch Abbiegeverbote nach Z. 209 bis 214, Z. 267 oder Fahrbahnmarkierungen nach Z. 295, 297 unterbunden ist. Gleiches gilt, wenn die Straße, in die abgebogen wird, durch entgegenkommende oder parkende KFZ blockiert ist. Das Einordnungsgebot soll den Verkehr flüssig halten. Deshalb muss derjenige, der sich falsch eingeordnet hat, in die angezeigte Richtung weiterfahren. Auch das Einordnen muss (wie das vorherige

Ankündigen) so rechtzeitig erfolgen, dass sich der rückwärtige Verkehr darauf einstellen kann; kommt es zu einer Kollision mit einem Linksüberholer, spricht der Beweis des ersten Anscheins gegen den Linksabbiegenden (KG VRS 108, 410). Bei starkem mehrstreifigem Verkehr innerorts muss deshalb bereits weit vorher der für das Abbiegen erforderliche Fahrstreifen gewählt werden („vorausschauendes Fahren"). Beim Fahrstreifenwechsel ist das Gefährdungsverbot des § 7 Abs. 5 zu beachten.

Wer **rechts** abbiegen will, muss schon beim Warten vor einer Ampel durch Rückschau prüfen, ob sich rechts neben der Fahrbahn Radfahrer nähern (OLG Celle NZV 1990, 481; OLG Düsseldorf VerkMitt 1975 Nr. 111; BayObLG VRS 74, 134; OLG Hamm VRS 73, 280). Wer nach **links** abbiegen will, unterliegt der „**doppelten Rückschaupflicht**"; er muss sich vor dem Einordnen **und** nochmals vor dem Abbiegen vergewissern, ob ein schnelleres Fahrzeug zum Überholen nach links ausscheren wird (BayObLG VerkMitt 1975 Nr. 55 = DAR 1975, 192 = VRS 49, 64; OLG Jena NZV 2017, 50; OLG Oldenburg DAR 2012, 641 = VRS 123, 156: Regelung gilt auch für Radfahrer; LG Kassel SVR 2017, 309: Verstoß gegen zweite Rückschaupflicht). Versäumt er dies, haftet er für die Unfallfolgen anteilmäßig (KG VRS 116, 191: gegenüber dem Rechtsüberholer zu 1/3). Korrektes Einordnen und Fahrtrichtungsanzeige ersetzen nicht die nochmalige Umsicht (KG NZV 2009, 39 = VRS 115, 21); auch nicht ein zuvor aufgestelltes Überholverbot nach Z. 276 (OLG Düsseldorf VerkMitt 2018 Nr. 52 = DAR 2018, 622 = VRS 134, 1 = NZV 2019, 44). Der Einordnende muss andere passieren lassen, die mit dem Überholen begonnen haben oder beim Verzicht auf das Überholen scharf bremsen müssten (KG VRS 117, 326: bei Unfällen spricht der Anscheinsbeweis gegen den Abbiegenden; LG Halle/Saale mit Anm. Balke SVR 2007, 384; OLG Karlsruhe VRS 47, 105).[6]

Die Pflicht, nochmals vor dem Abbiegen auf den nachfolgenden Verkehr zu achten (OLG Köln VRS 89), gilt auch beim Abbiegen in ein Grundstück (OLG Düsseldorf VRS 95, 180). Je nach Fahrweise und Verkehrslage kann es ausreichen, wenn sich der Abbiegende schon eine gewisse, wenn auch nicht lange Strecke (z. B. 10 m) vor dem Abbiegemanöver letztmalig nach hinten orientiert hat (OLG Düsseldorf VerkMitt 1975 Nr. 8). Von der Rückschaupflicht unmittelbar vor dem Abbiegen ist der Linksabbieger nur befreit, wenn ein Überholen faktisch nicht mehr möglich ist, z. B. an Mittelstreifen (OLG Stuttgart VerkMitt 1972 Nr. 91 = VRS 44, 149) oder bei Überholverboten, wenn Überholen so grob verkehrswidrig wäre, dass damit nicht zu rechnen ist (OLG Frankfurt NZV 2017, 438 = SVR 2018, 27; KG VerkMitt 1977 Nr. 70; OLG Düsseldorf DAR 1980, 157; a. A. BayObLG VRS 47, 462).

2.4 Paarweises Abbiegen

Abbiegende müssen sich „möglichst weit" rechts oder links einordnen. Daraus folgt jedoch nicht, dass bei mehrstreifigen Fahrbahnen und starkem Abbiegeverkehr stets nur aus dem rechten bzw. linken Fahrstreifen abgebogen werden darf. Das Einordnungsgebot dient dem behinderungsfreien Verkehrsfluss der Geradeausfahrenden (OLG Hamm VRS 21, 290). Wird dieser nicht beeinträchtigt, ist paarweises Abbiegen zulässig, wenn es zur Ausnutzung des Verkehrsraums zweckmäßig ist und die örtlichen Verhält-

6 In den Niederlanden gibt es bei Auffahrunfällen keinen Anscheinsbeweis gegen den Auffahrenden (AG Geldern DAR 2011, 210).

nisse oder die Verkehrslage es zulassen (KG VerkMitt 2005 Nr. 17; NZV 2005, 91 = VRS 107, 421; BayObLG VRS 60, 391; KG VRS 77, 237 = NZV 1989, 363). Allerdings darf dabei der auf dem jeweils ganz rechten oder ganz linken Fahrstreifen Abbiegende nicht gefährdet werden (BayObLG VerkMitt 1975 Nr. 21). Sind keine Abbiegemarkierungen (Leitlinien, Abbiegepfeile) vorhanden, hat der aus dem rechten Fahrstreifen Abbiegende wegen des Einordnungsgebots Vorrang vor dem aus dem zweiten Fahrstreifen Abbiegenden, selbst wenn er im Einmündungsbereich in den linken bzw. rechten Fahrstreifen der abgehenden Straße überwechselt (KG DAR 2019, 83; KG VerkMitt 1991 Nr. 48; s.a. Kuhnke NZV 2019, 223). Das gilt auch im Kreisverkehr (KG VerkMitt 2009 Nr. 60 = VRS 116, 426). Befinden sich markierte Rechtsabbiegepfeile im rechten und mittleren Fahrstreifen vor der Einmündung oder Kreisausfahrt, besteht für beide paarweise Abbiegenden die Pflicht zur Spurhaltung; der aus dem rechten Fahrstreifen Abbiegende muss einen engen, der vom mittleren Fahrstreifen Abbiegende einen weiten Bogen fahren. Insoweit gilt nicht die freie Fahrstreifenwahl nach § 7 Abs. 3 (OLG München DAR 2017, 148 = NJW 2018, 960 = NZV 2018, 190). Weder im Einmündungsbereich noch in der abgehenden Straße darf die Spur gewechselt werden, wenn es dabei zu Gefährdungen kommt. Das Gefährdungsverbot beim Spurwechsel folgt im Einmündungsbereich aus § 1 Abs. 2, in der abgehenden Straße aus § 7 Abs. 5 (BGH NZV 2007, 183 = VRS 112, 197 = DAR 2007, 329 = SVR 2007, 221; OLG Hamm VRS 108, 253 = DAR 2005, 285).

2.5 Art des Abbiegens

2.5.1 Linksabbiegen

Beim **Abbiegen nach links** ist das Fahrzeug bis zur Mitte, auf Richtungsfahrbahnen und Einbahnstraßen möglichst weit links einzuordnen. Der Fahrer hat rechts der Linie zu bleiben, die zum Schnittpunkt der Mittellinien der beiden Fahrbahnen führt; dies gilt auch bei einer trichterförmig erweiterten Straßeneinmündung (BayObLG VerkMitt 1981 Nr. 2 = DAR 1981, 21; BayObLG VerkMitt 1977 Nr. 2 = VRS 51, 373). Der Gegenverkehr hat gegenüber dem Linksabbieger Vorrang; bei einer Kollision spricht der Beweis des ersten Anscheins gegen den Abbiegenden (KG VRS 118, 163: auch gegenüber einem links überholenden Fahrzeug; KG NZV 2010, 156 = VRS 118, 80).[7] Kollidiert ein Linksabbieger mit einem das Rotsignal der Ampelanlage missachtenden entgegenkommenden Radfahrer, liegt kein Verstoß gegen § 9 Abs. 3, sondern allenfalls eine Sorgfaltspflichtverletzung nach § 1 Abs. 2 vor (OLG Jena SVR 2016, 38; AG Hamburg SVR 2016, 434; LG Hamburg SVR 2017, 469; s.a. Lamberz NZV 2019, 610: Linksabbiegen unter Berücksichtigung unterschiedlicher Vorrangfälle).

Im Verhältnis zum ebenfalls links abbiegenden Gegenverkehr ist grundsätzlich **tangential** (voreinander) abzubiegen. Diese Abbiegeart hat sich bei großräumigen Kreuzungen mit mehreren Fahrstreifen zur Verbesserung des Verkehrsflusses als geeignet erwiesen. Oft wird das tangentiale Abbiegen durch Markierungen nach Z. 340 oder gelegentlich durch (nicht amtliche) Hinweisschilder vorgegeben. Nachteil des tangentialen Abbiegens ist die verminderte Sicht auf den geradeaus durchfahrenden Gegenverkehr. Bei

7 Der Anscheinsbeweis kann durch unstreitige oder bewiesene Tatsachen, die einen atypischen Verlauf möglich erscheinen lassen, widerlegt werden.

Kreuzungen mit Mittelinseln oder Mittelstreifen ist auch das Abbiegen im weiten Bogen gestattet. Der Mittelstreifen muss dann aber mindestens so breit sein, wie das KFZ lang ist (damit es vom Gegenverkehr abgeschirmt ist). Beim Abbiegen im weiten Bogen ist im Allgemeinen eine Verständigung mit dem ebenfalls links abbiegenden Gegenverkehr erforderlich (z. B. durch Ansetzen zum weiten Bogen). Ein Dissens bei der Verständigung geht zulasten des im weiten Bogen Abbiegenden. Beim tangentialen Abbiegen ist **Vorsicht** geboten, weil das Abbiegen im weiten Bogen als eingeschliffene Verhaltensweise noch einige Zeit erhalten bleiben wird. Der tangential Abbiegende darf darauf aber nicht vertrauen; er muss das Verhalten des links abbiegenden Gegenverkehrs sorgfältig beobachten und im Zweifel erst dann abbiegen, wenn der Gegenverkehr selbst abgebogen ist.

Nicht jeder Abbiegevorgang kann in der durch § 9 Abs. 1 und 4 beschriebenen Weise durchgeführt werden. Vor allem beim Einfahren von LKW in Grundstückszufahrten oder in enge Nebenstraßen ist das Abbiegen oft nur mit atypisch weitem Bogen oder durch Rangieren möglich. Bei links abbiegenden langen Sattelzügen kann der Auflieger nach rechts ausschwenken und dadurch vorbeifahrenden Mitverkehr gefährden.[8] Das Abbiegen wird dadurch nicht unzulässig, jedoch sind die Sorgfaltsanforderungen gegenüber dem Normalfall erheblich gesteigert; so muss der Sattelzug so lange auf das Abbiegen verzichten, bis der rechte Fahrstreifen frei ist (KG VerkMitt 2010 Nr. 26 = DAR 2010, 88 = NZV 2010, 206 = VRS 118, 87). Auch beim atypischen Abbiegevorgang muss jede Gefährdung des bevorrechtigten Verkehrs ausgeschlossen und eine Behinderung so weit herabgesetzt sein, dass entsprechend reagiert werden kann. Hieraus folgt die Notwendigkeit, sich notfalls durch Hilfspersonen einweisen zu lassen.

2.5.2 Rechtsabbiegen

Beim Abbiegen nach rechts gilt das Einordnungsgebot „möglichst weit rechts". Daraus folgt ein möglichst enger Bogen, weil nach § 2 Abs. 1 in der Abbiegerichtung wieder rechts gefahren werden muss. Im weiten Bogen ist rechts abzubiegen, wenn die Fahrzeugart (Schleppkurve eines LKW) oder die Verkehrsverhältnisse (parkende KFZ in der Abbiegerichtung) es erfordern. Der Rechtsabbiegende hat **Vorrang** vor dem Linksabbiegenden (BayObLG VRS 28, 230). Allerdings darf er seinen Vorrang nicht erzwingen und muss auf Linksabbieger Rücksicht nehmen (§ 11 Abs. 3), wenn sie „Kreuzungsräumer" sind (KG NJ 2019, 167 = NZV 2019, 310 mit Anm. Bachmor). Der Busfahrer muss das Rechtsabbiegen im Kreuzungsbereich abbrechen, wenn ein links daneben in derselben Richtung abbiegendes KFZ gefährdet wird, das nicht ausweichen kann (KG VerkMitt 1991 Nr. 81). Beim Rechtseinbiegen in eine Straße mit Radweg ist auch mit Radfahrern zu rechnen, die den Radweg in falscher Richtung benutzen (OLG Hamm NZV 1992, 364). Gleiches gilt, wenn ein Radfahrer unzulässig eine vor der Kreuzung befindliche Fußgängerfurt befährt und dabei mit einem Rechtsabbieger kollidiert (KG NZV 2010, 255 = VRS 118, 91: aber Mithaftung des Radfahrers zu 50 %).

Wer rechts abbiegt, muss Fahrräder, Fahrräder mit Hilfsmotor und Schienenfahrzeuge auch dann durchfahren lassen, wenn sie auf oder neben der

8 Befindet sich der nach links abbiegende Sattelzug bereits in einer ampelgeregelten Kreuzung, darf er bei Gefahr des Rechtsausschwenkens des Aufliegers erst anfahren, wenn der Mitverkehr durch Rot angehalten wird (KG VerkMitt 2004 Nr. 58 = VRS 107, 11).

Vorrang beim Rechtsabbiegen

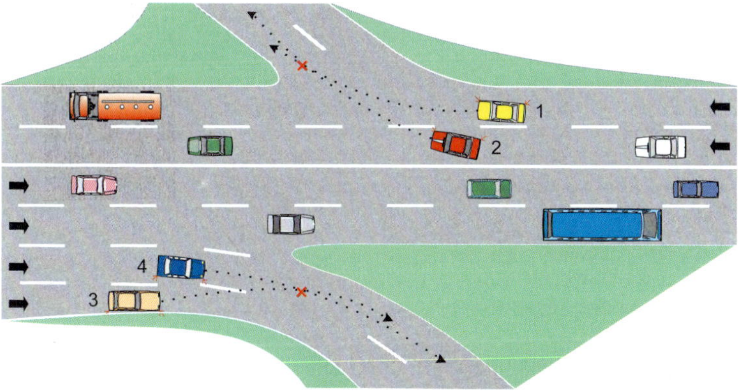

Wer nach rechts abbiegt, muss sich „möglichst weit rechts" einordnen (§ 9 Abs. 1 Satz 1). Aus dieser (strikten) Regel folgt der Vorrang von KFZ 1 gegenüber KFZ 2, das sich nicht rechts, sondern im 2. Fahrstreifen zum Rechtsabbiegen eingeordnet hat (obere Richtungsfahrbahn). KFZ 2 genießt auch keinen Vertrauensschutz, dass KFZ 1 im rechten Fahrstreifen verbleibt. Vielmehr obliegt KFZ 2 eine gesteigerte Sorgfaltspflicht, es muss KFZ 1 den Vortritt lassen, wenn KFZ 1 auf den linken Fahrstreifen der abgehenden Fahrbahn überwechselt (keine Anwendung des Gefährdungsausschlusses beim Fahrstreifenwechsel nach § 7 Abs. 5). Kommt es zum Unfall, muss KFZ 2 den gesamten Schaden tragen (KG VerkMitt 1991 Nr. 48). Das gilt selbst dann, wenn KFZ 1 die Fahrtrichtung zwar rechts anzeigt, dann aber geradeaus weiterfährt (KG VerkMitt 1986 Nr. 82 = VRS 69, 305: kein Vertrauensschutz).

Sind hingegen die Fahrstreifen zur abgehenden Fahrbahn hin als „Abbiegespuren" markiert (untere Richtungsfahrbahn) oder befinden sich Rechtsabbiegepfeile vor der Einmündung, darf sich der aus dem 2. Fahrstreifen Abbiegende (KFZ 4) darauf verlassen, dass der aus dem rechten Fahrstreifen Herankommende seine Fahrtrichtung beibehält (KFZ 3). Wechselt KFZ 3 dennoch über, gilt zu seinen Lasten der Gefährdungsausschluss beim Fahrstreifenwechsel (BGH NZV 2007, 185). Für einen unfallbedingten Schaden wäre KFZ 3 verantwortlich.

Fahrbahn in gleicher Richtung fahren (§ 9 Abs. 3). Obwohl LKW zunehmend mit verbesserten Spiegelsystemen ausgerüstet sind, kommt es immer wieder zu schweren Abbiegeunfällen mit Radfahrern und Fußgängern. Mit § 9 Abs. 6 sollen durch Schrittgeschwindigkeit (4–7 km/h) für alle KFZ über 3,5 t Unfälle vor allem mit Radfahrern und Fußgängern beim Rechtsabbiegen verhindert werden. Schrittgeschwindigkeit gilt aber nicht stets, sondern dann, wenn mit Rad- oder Fußgängerverkehr zu rechnen ist. Infolgedessen darf auf innerörtlichen Autobahnen, bei rechtsweisenden Lichtsignalen oder dort, wo kein Fußgänger- oder Radverkehr herrscht, rechts schneller abgebogen werden. Die Verpflichtung gilt auch für PKW, die durch Elektroantrieb (Gewicht der Batterien) oder andere alternative Antriebe die Grenze von 3,5 Tonnen überschreiten. Zu den alternativen Antriebsformen gehören Antriebe mit Strom, Wasserstoff, Erdgas (einschließlich Biomethan, gasförmig (komprimiertes Erdgas – CNG) und flüssig (Flüssigerdgas – LNG)), Flüssiggas (LPG) sowie mechanische Energie aus bordeigenen Speichern oder bordeigenen Quellen, einschließlich Abwärme. Obwohl bei solchen Fahrzeugen das Sichtfeld nicht wie bei LKW vergleichbar eingeschränkt ist, unterliegen auch sie der Verpflichtung, nach rechts nur mit Schrittgeschwindigkeit abzubiegen.

Rechtsabbiegeunfälle sind meist darauf zurückzuführen, dass Radfahrer und Fußgänger vor oder während des Abbiegevorgangs trotz umfangreicher Spiegelausstattung und Einbau von elektronischen Abbiegeassistenten mit Notbremssystemen häufig übersehen werden.[9] Durch Reduktion der Geschwindigkeit während des Abbiegevorgangs sollen die Zeitspanne zum Überblicken der Verkehrsfläche verlängert und Folgen einer möglichen Kollision abgemindert werden. Gleichzeitig vergrößert sich eine mögliche Reaktionszeit von Betroffenen und Helfenden nach einer bereits erfolgten Kollision, so dass auch dadurch sinkende Unfallzahlen zu erwarten sind. Ein Tempoverstoß mit Gefährdung von Fußgängern wird mit einer Regelgeldbuße von 70 € (bei Vorsatz 140 €) nebst 1 Punkt im FAER geahndet.

Kann beim Rechtsabbiegen der geradeaus fahrende Verkehr aber trotzdem nicht voll übersehen werden, reicht auch Schrittgeschwindigkeit nicht aus. Hier muss sich der Fahrer, wie bei allen anderen Vorrangfällen, besonders vorsichtig zentimeterweise, jeweils mit Stopps in die Einmündung **hineintasten** (OLG Hamm DAR 2014, 278).

2.6 Vorrang des Gegenverkehrs

Der geradeaus fahrende **Mitverkehr** hat gegenüber allen Abbiegenden Vorrang; er darf weder beim Rechts- noch beim Linksabbiegen gefährdet werden; der Abbiegende muss somit warten (BGH DAR 2012, 42; BGH VRS 123, 140; KG NZV 2010, 508: Beweis des ersten Anscheins spricht gegen den Abbiegenden; OLG München NZV 2016, 270: Alleinhaftung des Linksabbiegenden ohne Rücksicht auf einen überholenden Elektroroller). Dabei ist es gleich, ob der Geradeausverkehr auf der Fahrbahn, Sonderwegen (Radweg) oder Sonderfahrstreifen fährt. Die Wartepflicht zum **Gegenverkehr** besteht dann, wenn sich beide Fahrlinien kreuzen oder der Gegenverkehr so nah herangekommen ist, dass er durch das Abbiegen gefährdet oder an der zügigen Weiterfahrt wesentlich behindert werden könnte. Sie entfällt nur dann, wenn der Linksabbieger mit Sicherheit damit rechnen

9 Der bei vielen LKW noch vorhandene tote Winkel wird durch die Umsetzung der EU-Richtlinie 2003/97/EG über die Typgenehmigung von Einrichtungen für indirekte Sicht und Umrüstung der Rückspiegelsysteme von Nutzfahrzeugen weitgehend beseitigt. Wichtig ist dabei, dass LKW-Fahrer auch in die Spiegel sehen und sehr vorsichtig abbiegen. Oft sind LKW- oder KOM-Fahrer aber durch die Abbiegesituation oder auch durch Kamera-Monitor-Systeme, Annäherungssysteme mit Ton- oder Leuchtsignal (VkBl. 2018, 719; s. a. Brenner SVR 2018, 441) überfordert, so dass es trotzdem immer noch zu tödlichen Unfällen mit Radfahrern und Fußgängern kommt. Mit der VO (EG) Nr. 661/2009 über die Typgenehmigung von Kraftfahrzeugen, Kraftfahrzeuganhängern und von Systemen, Bauteilen und selbstständigen technischen Einheiten für diese Fahrzeuge hinsichtlich ihrer allgemeinen Sicherheit sind Notbremsassistenzsysteme für bestimmte LKW und bestimmte Busse (Fahrzeuge der Klassen N_2, N_3, M_2 und M_3) verpflichtend vorgeschrieben. Notbremsassistenzsysteme werden für diese Klassen bei neuen Fahrzeugtypen nach einem festgelegten Zeitschema abhängig von der Fahrzeugkategorie und Fahrzeugbauart schrittweise seit dem 1.11.2013 eingeführt. Die Einführung ist mit dem 1.11.2018 abgeschlossen. Gemäß den vorgenannten EU-Verordnungen ist es jedoch zulässig, dass Notbremssysteme manuell deaktiviert werden können. Dies gilt ebenso für die ECE-Regelung Nr. 131 über einheitliche Bedingungen für die Genehmigung von Kraftfahrzeugen hinsichtlich des Notbremsassistenzsystems, die die EU-Kommission künftig verpflichtend anstelle der EU-Verordnungen zur Anwendung bringen will. Dass Notbremssysteme durch den Fahrer abgeschaltet werden können, widerspricht dem Sinn der Einführung solcher Systeme, denn diese können ihren Nutzen nur entfalten, wenn sie aktiv sind. Das Verhaltensrecht im Straßenverkehr unterfällt dem Subsidiaritätsprinzip, so dass es unter Verkehrssicherheitsaspekten geboten ist, eine verhaltensrechtliche Vorschrift in § 9 Abs. 6 zu verankern, die hier für Inländer und Ausländer gleichermaßen zur Anwendung kommt.

kann, dass er die Fahrbahn vor dem Entgegenkommenden schon verlassen hat.[10] Andererseits muss auch der Gegenverkehr nach dem Grundsatz der doppelten Sicherung seine Geschwindigkeit verringern, wenn er schon von weitem nicht ausschließen kann, dass der Linksabbieger seine Fahrlinie kreuzt (OLG Koblenz SVR 2019, 259). Der Vorrang bezieht sich nicht auf Straßenteile, die für den Fahrzeugverkehr gesperrt sind oder von ihm nicht benutzt werden dürfen, z. B. Radfahrer auf einem Gehweg, nicht aber ein achtjähriges Rad fahrendes Kind bei zulässiger Benutzung des Gehwegs (OLG Frankfurt NZV 1999, 138). Der Gegenverkehr darf grundsätzlich darauf vertrauen, dass sein Vorrang beachtet wird, auch bei schlechten Sichtverhältnissen (BGH VerkMitt 2005 Nr. 55) oder wenn er sich selbst verkehrswidrig verhält, z. B. bei Gelb oder frühem Rot in die Kreuzung einfährt oder zu schnell fährt (KG NZV 2019, 425 mit Anm. Lempp: ab Tempo 80 2/3 zulasten des Gegenverkehrs; KG VD 2009, 194; KG NZV 2009, 458; OLG Hamm NZV 2001, 520 = DAR 2002, 126: „Blutorange"; OLG Zweibrücken NZV 2017, 80: die Verpflichtung aus § 9 Abs. 3 wird aber durch den grünen Diagonalpfeil aufgehoben, es gilt dann § 37 Abs. 1 Nr. 1 Satz 3), mit überhöhtem Tempo fährt (KG VRS 116, 183; KG VRS 113, 28; OLG Zweibrücken DAR 2000, 312; BGH DAR 1984, 220; OLG Hamm NZV 2002, 367; KG VRS 100, 279: bei extrem überhöhter Geschwindigkeit haftet er aber zu 50 bis 75 % für die Unfallfolgen) oder unzulässig eine Busspur benutzt (KG SVR 2016, 380: unzulässig die Busspur Nutzende haften aber nach § 254 BGB für ihren Schuldanteil; KG VerkMitt 2010 Nr. 55 = VRS 118, 153 = NZV 2010, 345; KG VRS 114, 8). Im Interesse einer möglichst raschen Räumung der Kreuzung muss der Gegenverkehr unwesentliche Behinderungen hinnehmen, z. B. wenn er zu Reaktionen veranlasst wird, die er ohne Gefahr für sich und andere ausführen kann, wie Tempoverringerung (OLG Hamm SVR 2019, 299: auf 35 km/h), Gaswegnehmen oder leichtes Ausweichen. Weiterhin muss der Gegenverkehr auf schwierige Abbiegevorgänge Rücksicht nehmen, z. B. an engen oder unübersichtlichen Bereichen, an Baustellen, bei Großraum- oder Schwertransporten, bei Rangiermanövern von LKW, bei Stau vor einer Kreuzung, an stark befahrenen Einmündungen mit Lücken für Abbiegende oder als Linksabbieger in eine Grundstückszufahrt gegenüber dem Rechtsüberholer einer Kolonne (OLG Köln VerkMitt 2015 Nr. 12; KG VerkMitt 2001 Nr. 81 = DAR 2001, 399; KG NZV 2007, 524: „Lückenrechtsprechung"), nicht aber an signalisierten Knotenpunkten mit freiem Fahrstreifen neben stehender Kolonne (KG NZV 2003, 378) oder als Rechtsabbieger von einer untergeordneten Straße (KG NZV 2003, 575). Solche Verkehrsverhältnisse können aber einen Verzicht auf den Vorrang nach § 11 Abs. 3 begründen.

Wer an einer unübersichtlichen Stelle nach links abbiegen will, muss sich vorsichtig in die Gegenfahrbahn hineintasten (BGH NZV 2005, 249 = VRS 108, 241 = DAR 2005, 260; OLG Celle NZV 1994, 193; BGH VersR 1958, 220), vor allem bei Ausnutzung der Lücke einer stehenden Kolonne (OLG Düsseldorf DAR 1980, 117 = VersR 1980, 634 = MDR 1980, 405; BayObLG VRS 60, 133). Wer unberechtigt eine Busspur befährt, verliert den Vorrang nach § 9 Abs. 3 auch vor dem begegnenden Linksverkehr (KG VerkMitt 1991 Nr. 23; a. A. OLG Stuttgart DAR 1995, 32). Ebenso gilt der Vorrang nicht gegenüber einem Rad fahrenden Kind oder einem Mofa, das im Gegenverkehr (unzu-

10 Das gilt nicht, wenn dies nur mit extremer Beschleunigung dergestalt möglich ist, dass ein leichter „Gummigeruch" zurückbleibt.

lässig) vom Gehweg auf die Fahrbahn fährt (KG VerkMitt 1990 Nr. 44). Ein Linksabbieger muss in einer signalgeregelten Kreuzung ohne besondere Linksabbiegespur unabhängig von den Farbzeichen der Ampel entgegenkommende Fahrzeuge durchfahren lassen (OLG Düsseldorf VersR 1980, 1029 = VRS 59, 408). Dabei ist damit zu rechnen, dass der Gegenverkehr während der Gelbphase oder bei Beginn der Rotphase noch durchfährt (OLG Hamm VersR 1980, 722). Abbiegen darf man erst, wenn man sicher ist, dass kein Fahrzeug im Gegenverkehr die Fahrlinie mehr kreuzen kann (OLG Köln VersR 1992, 1016). Kommt es zum Unfall, spricht der Beweis des ersten Anscheins für ein Fehlverhalten des Abbiegenden (BGH VRS 112, 445 = NZV 2007, 294; BGH NZV 2005, 249; KG VerkMitt 1998 Nr. 43).

2.7 Pflichten gegenüber nachfolgendem Verkehr

Eine allgemeine Pflicht des Abbiegenden, den nachfolgenden Verkehr erst vorbeifahren zu lassen, besteht nicht (BGH VRS 27, 268). Der nachfolgende Verkehr muss deshalb so lange warten, bis der Abbiegevorgang beendet ist. Andererseits besteht die Pflicht, vor dem Einordnen auf den nachfolgenden Verkehr zu achten (§ 9 Abs. 1 Satz 3 und 4), vor allem auf überholende Fahrzeuge (KG VRS 110, 8: der Linksabbieger haftet bei einer Kollision mit einem Überholer allein; OLG Nürnberg VRS 104, 177) oder auf den Seitenabstand beim Ausschwenken von Anhängern oder Ladungsbrücken (KG DAR 2010, 88; KG NZV 2005, 419 und 420: selbst bei rückwärtigen Warnschildern) oder Straßenbahnen, die nach § 2 Abs. 3 Vorrang haben (OLG Brandenburg SVR 2009, 423). Im Übrigen gilt der Vorrang des § 9 Abs. 3 für Schienenfahrzeuge, Busspuren und Radfahrer. Vor allem beim Rechtsabbiegen muss sich der Kraftfahrer durch den „Schulterblick" davon überzeugen, dass kein Radfahrer (auch auf Radwegen) in gleicher Richtung weiterfährt. Wer auf einer mit Z. 245 ausgewiesenen Busspur unzulässig fährt, hat keinen Vorrang vor dem Rechtsabbieger (KG VerkMitt 2000 Nr. 87). Kann ein LKW-Fahrer trotz Rückspiegel den rückwärtigen Radfahrverkehr nicht ausreichend beobachten, darf er sich höchstens mit Schrittgeschwindigkeit zentimeterweise nach rechts hineintasten.

2.8 Vorrang der Fußgänger

Beim Einbiegen in eine andere Straße ist nach § 9 Abs. 3 Satz 3 auf Fußgänger links wie rechts besondere Rücksicht zu nehmen, sie sind vorbeizulassen, notfalls ist anzuhalten (AG Straubing SVR 2015, 66). Diese Verpflichtung besteht nicht erst dann, wenn Fußgänger sichtbar sind und sie direkt am Fahrbahnrand stehen, sondern wenn mit ihnen gerechnet werden muss (KG NZV 2005, 94; OLG Hamm NZV 2005, 94; LG Saarbrücken SVR 2011, 108; OLG Karlsruhe NZV 2013, 544 = VRS 125, 95), sie teilweise verdeckt sind (OLG München DAR 2006, 394) oder sie die Straße einige Meter neben der Einmündung überqueren (KG VerkMitt 1975 Nr. 2). Weichen Fußgänger vor einem unzulässig bedrängenden Abbieger zurück, verzichten sie nicht auf ihren Vorrang.

Der Vorrang der Fußgänger besteht auch beim Queren einer auf eine T-Kreuzung zulaufenden Straße, die sich nicht fortsetzt (OLG Hamm NZV 2013, 190). Nach § 25 Abs. 3 müssen Fußgänger die Fahrbahn im Kreuzungs- oder Einmündungsbereich überqueren. Dementsprechend müssen Fahrzeugführer aus dem Prinzip der Rücksichtnahme (§§ 1 Abs. 1 und 11 Abs. 3) allen Fußgängern Vorrang auch dann einräumen, wenn sie in seiner

Längsrichtung die Fahrbahn überschreiten, unabhängig davon, welchen Gehweg Fußgänger vorher benutzt haben.

2.9 Sonderfälle des Abbiegens

2.9.1 Abknickende Vorfahrt

Bei der abknickenden Vorfahrt wird zwar die Fahrtrichtung im Wortsinn geändert, jedoch nicht i.S.d. § 9 abgebogen; trotzdem ist die Änderung der Fahrtrichtung wegen der Sonderregelung nach Anl. 3 lfd. Nr. 2.1 anzuzeigen. Außerdem ist das Einordnen zur Mitte der Fahrbahn wegen des Rechtsfahrgebots unzulässig (BayObLG VRS 42, 301). Für alle anderen Verkehrsvorgänge im Bereich der abknickenden Vorfahrt gilt § 9 uneingeschränkt, sofern sie mit einer Fahrtrichtungsänderung an den einmündenden Straßen verbunden sind (s.a. Erl. zu Z. 306 in § 42 nebst Skizze „Abknickende Vorfahrt"). Wer eine nach links abknickende Vorfahrtstraße geradeaus fahrend verlässt, „biegt" nach rechts ab und muss sich ganz rechts einordnen (BayObLG VerkMitt 1986 Nr. 79 = VRS 70, 377); da er aber seine natürliche Fahrtrichtung nicht ändert, darf zur Vermeidung von Fehleinschätzungen des nachfolgenden Verkehrs nicht rechts geblinkt werden. Etwas anderes gilt bei Straßengabelungen mit abknickender Vorfahrt; wird hier die Fahrtrichtung geändert, ist sie anzuzeigen. Wer die nach rechts abknickende Vorfahrtstraße geradeaus verlässt, biegt nach links ab (OLG Hamm VRS 51, 73).

Fußgänger, die eine Kreuzung mit abknickender Vorfahrt überqueren, sind gegenüber Fahrzeugen, die dem Verlauf der Vorfahrtstraße folgen, nicht nach § 9 Abs. 3 Satz 3, wohl aber nach Anl. 3 lfd. Nr. 2.1 – Zusatzzeichen zu Z. 306 bevorrechtigt (Im Interesse der Fußgängersicherheit sollen die Straßenverkehrsbehörden die Überquerung von Kreuzungen mit abknickender Vorfahrt durch Geländer u.Ä. absichern).

Abbiegen an abknickender Vorfahrt mit platzartigen Einmündungen

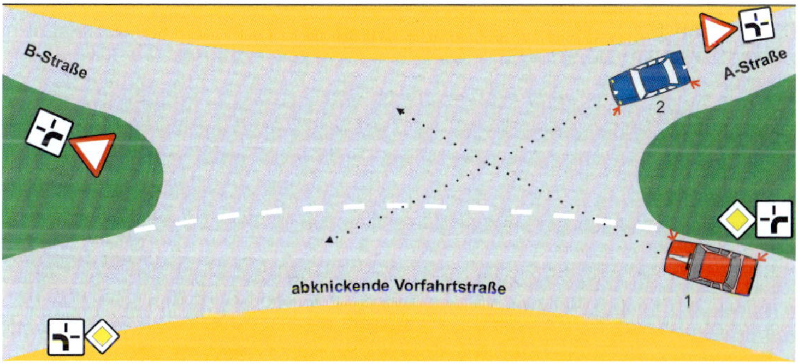

Die durch eine trichterförmige Erweiterung entstehende platzartige Fläche bildet mit der Vorfahrtstraße eine Einheit, so dass sich die Vorfahrtberechtigung auch auf diesen Bereich erstreckt. Der von der nachgeordneten Straße auf die platzartige Fläche einfahrende Verkehr (KFZ 2) muss deshalb die Vorfahrt des von der abknickenden Vorfahrtstraße abbiegenden Verkehrs (KFZ 1) beachten. Das gilt selbst dann, wenn der Verlauf der Vorfahrtstraße durch eine seitliche bogenförmige Markierung („Würfelkette") gekennzeichnet ist. Wegen des atypischen Straßenverlaufs muss der nach rechts („geradeaus" zur B-Straße) abbiegende Verkehr (KFZ 1) besonders vorsichtig fahren und darf nicht darauf vertrauen, dass der nach links abbiegende Verkehr (KFZ 2) die Vorfahrt beachtet (OLG Hamm NZV 1997, 180).

2.9.2 Straßengabel

Teilt sich die bisher befahrene Straße in eine Straßengabel, biegt ab, wer seine Fahrbahn verlassen muss, um in die gewünschte Richtung zu gelangen. Ist einer der Äste der Straßengabelung nach allgemeiner Verkehrsauffassung als Fortsetzung der bisherigen Fahrtrichtung anzusehen, wird dort nicht abgebogen. Beim anderen Straßenast der Gabelung ist dann die Fahrtrichtung anzuzeigen (OLG Hamm DAR 2017, 83 = SVR 2017, 60). Bleibt zweifelhaft, ob einer der beiden Äste eine Fortsetzung der Fahrtrichtung darstellt, müssen sich beide am Verkehr Teilnehmenden so verhalten, dass Risiken vermieden werden (Grundsatz der doppelten Sicherung). Beim Einfahren in eine der beiden Straßen ist die Fahrtrichtungsänderung anzuzeigen (OLG Oldenburg DAR 1954, 117). Für beide Straßen gelten die Vorfahrtregeln (BGH VRS 27, 74).

2.9.3 Kreisverkehr

Bei der Einfahrt in den Kreis (mit Ein-Richtungsverkehr) wird zwar der gleichgerichtete Verkehr nicht verlassen, weil eine andere Fahrtrichtung meist nicht möglich ist. Dennoch wird die Fahrtrichtung geändert, weil der natürliche Verlauf der Straße regelmäßig am Kreis endet. Infolgedessen wird dort mit den Pflichten gegenüber dem Gegen- und nachfolgenden Verkehr abgebogen.[11] Querende Fußgänger haben deshalb auch Vorrang (AG Kempten DAR 2008, 271). Der Verkehr innerhalb des Kreises hat Vorfahrt (§ 8a), somit auch der im Kreis als Gegenverkehr Fahrende. Wird der Kreis nach rechts verlassen, wird abgebogen (KG VerkMitt 2009 Nr. 60) und die Fahrtrichtung ist anzuzeigen. Sind im Kreis Pfeilmarkierungen zwischen Fahrstreifenmarkierungen vorhanden, ist ihnen zu folgen. Das Einordnungsgebot gilt hier gleichermaßen (§ 9 Abs. 1 und 3). Auch wenn der Kreis in beiden Richtungen befahrbar ist (selten), wird bei der Einfahrt und beim Verlassen abgebogen (s. a. Erl. 2.8.3 zu § 8).

2.9.4 Richtungspfeile auf der Straße

Pfeile ohne Fahrstreifenmarkierungen (Z. 295 oder 340) haben zwar nur Empfehlungscharakter. Der Fahrtrichtung auf der folgenden Kreuzung/Einmündung muss jedoch dann gefolgt werden, wenn infolge des falschen Einordnens die Geradeausfahrt oder das Abbiegen nicht ohne Behinderung oder Gefährdung des nachfolgenden Verkehrs möglich ist. Befinden sich jedoch Pfeile zwischen Fahrstreifenmarkierungen, **muss** der Pfeilrichtung auf der folgenden Kreuzung/Einmündung gefolgt werden. Das gilt auch auf Fahrbahnen mit mehreren Fahrstreifen, von denen nur zwei mit Pfeilen markiert sind. Die StVO spricht in Anl. 2 lfd. Nr. 70 – Z. 297 zwar von „Pfeilen", gemeint ist jedoch im Einklang mit dem WÜ,[12] dass der Fahrtrichtung gefolgt werden muss, wenn sich auch nur ein Pfeil zwischen den Fahrstreifenmarkierungen befindet. Wird der Pfeilrichtung in diesem Fall nicht gefolgt, besteht kein Vertrauensschutz gegenüber anderen Fahrzeugen, die von einem Abbiegen ausgehen (s. a. Erl. zu Z. 297 in § 41).

---

11 Für den lichtzeichengeregelten Kreisverkehr mit Grünpfeilschild Strausberger Platz in Berlin: KG NZV 1994, 159.

12 Nach Art. 28 Abs. 1 Satz 3 WÜ „müssen Führer der Fahrtrichtung folgen, wenn sie sich auf einer durch Längsmarkierung in Fahrstreifen aufgeteilten Fahrbahn befinden, auf der ein Pfeil aufgetragen ist".

Soweit keine Behinderung oder Gefährdung des nachfolgenden Verkehrs zu erwarten ist, darf der innerhalb des Pfeilbereichs falsch eingeordnete Kraftfahrer den Fahrstreifen noch wechseln, wenn sich zwischen den Pfeilen Leitlinien (Z. 340) befinden. Sind zwischen den Pfeilen durchgehende Linien (Z. 295) markiert, darf das falsche Einordnen nicht mehr korrigiert werden. Der Kraftfahrer muss dann der Pfeilrichtung folgen (OLG Bremen VerkMitt 1993 Nr. 60; OLG Düsseldorf VRS 89, 138).

2.9.5 Straßenbahngleise und Busspuren

Beim Linksabbiegen ist das Einordnen auf Gleisen nur zulässig, wenn kein Schienenfahrzeug behindert wird, somit eine Straßenbahn alsbald nicht herankommt (BGH VerkMitt 1976 Nr. 117 = VRS 51, 337 = DAR 1976, 271 = VersR 1976, 932; KG NZV 2005, 416; OLG Hamm VRS 61, 353; OLG Brandenburg SVR 2009, 423). Gemeint ist hier eine konkrete Behinderung, d.h. bei Verstößen ist die Behinderung aus § 1 Abs. 2 subsidiär und tritt zurück. Eine Straßenbahn wird bereits dann behindert, wenn sie ihre Fahrt verringern muss (KG SVR 2004, 427; KG VRS 106, 356).

Für Rechtsabbieger enthält § 9 kein dem Abs. 1 Satz 3 entsprechendes Verbot, sich auf rechts verlegten Gleisen einzuordnen. Das Verbot, Schienenbahnen zu behindern, folgt jedoch aus §§ 9 Abs. 3 und 2 Abs. 3. Danach sind Schienenfahrzeuge durchfahren zu lassen. Entsprechendes gilt für die auf Sonderfahrstreifen durch Zusatzzeichen zu Z. 245 zugelassenen Fahrzeuge, die sich in gleicher Richtung fortbewegen (Linienbusse, Taxen, Fahrräder usw.).

2.9.6 Abbiegender Radverkehr und Radwegeführung

Links abbiegende Radfahrer müssen sich nach § 9 Abs. 1 Satz 2 bis zur Mitte, auf Fahrbahnen für eine Richtung möglichst links einordnen (direktes Abbiegen, d.h. wie der übrige Kraftfahrzeugverkehr). Sie müssen dabei nicht – dem Rechtsfahrgebot des § 2 Abs. 2 folgend – an der rechten Seite der in gleicher Richtung abbiegenden KFZ bleiben, sondern können einen angemessenen Teil des Abbiege-Fahrstreifens nutzen. Fährt ein Radfahrer über die ununterbrochene Linie eines Radweges auf die Fahrbahn oder von einem Radfahrstreifen, um nach links abzubiegen, haftet er bei mangelnder Sorgfalt für die Unfallfolgen allein (OLG Hamm DAR 2016, 265).

Beim Linksabbiegen darf der Radfahrer alternativ auch rechtwinklig unter Ausnutzung der Kreuzungskanten abbiegen (indirektes Abbiegen). Auch beim „indirekten Linksabbiegen" bleibt der Radfahrer „Abbieger" im Sinne der Fahrverkehrsvorschrift und unterfällt so lange nicht den für querende Fußgänger geltenden Vorschriften, bis er verkehrsbedingt absteigt. Erfordert die Verkehrslage ein Absteigen des Radfahrers, wird der schiebende Radfahrer mit der Folge zum Fußgänger, dass er den Verkehr aus beiden Richtungen und auch vorhandene Fußgängersignale beachten muss. Erst nach dem Überqueren der Kreuzung werden schiebende Radfahrer mit dem Aufsteigen auf das Rad wieder zu Radfahrern und müssen sich an die für den Fahrverkehr geltenden Regeln halten.

Von dem „indirekten Abbiegen" hinter dem Kreuzungsbereich ist das Abbiegen über Radverkehrsführungen zu unterscheiden. Ist die Linienführung an Knotenpunkten durch Radverkehrsanlagen (Radfahrmarkierungen, Radwege, Radaufstellflächen) oder durch Z. 237 verbindlich vorgegeben, müssen Radfahrer dieser Wegführung folgen und dürfen sie nicht verlassen, d.h. es besteht „Benutzungspflicht". Radfahrer dürfen die Radverkehrs-

Abbiegen von Radfahrern

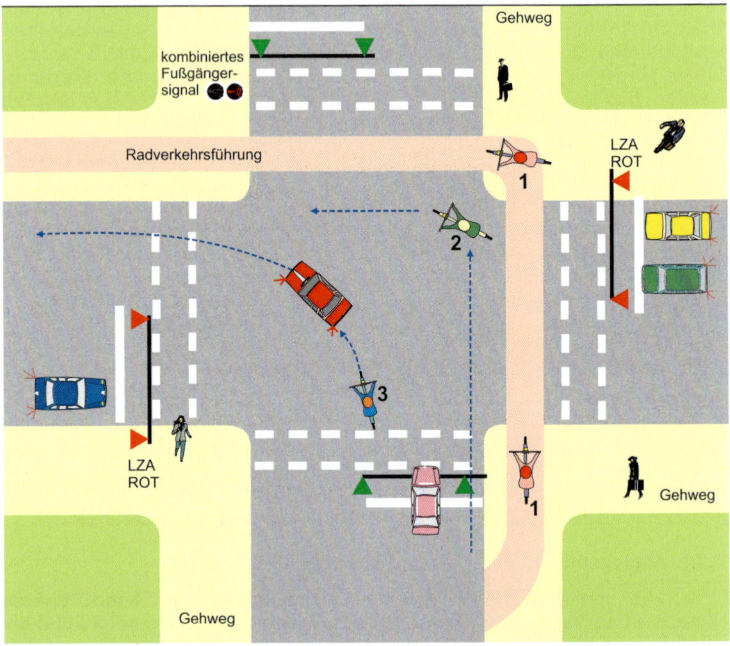

Sind an Knotenpunkten Radverkehrsführungen vorhanden (Radwege, Radfahrstreifen, Schutzstreifen, Leitmarkierungen), müssen Radfahrer der vorgegebenen Wegführung auch dann folgen, wenn keine Z. 237, 240 oder 241 angeordnet sind (Radfahrer 1). Dabei haben sie sich an die Radfahrsignale des Fahrverkehrs zu halten. Sind keine vorhanden, müssen sie die mit dem Radfahrsymbol kombinierten Fußgängersignale beachten. Fehlt eine Radverkehrsführung, sollen Radfahrer möglichst rechtwinklig abbiegen (Radfahrer 2). Dabei haben sie den Verkehr aus beiden Richtungen zu beachten. Bei der Weiterfahrt können sie sich nach dem Grün der Lichtzeichenanlage richten. Diese Abbiegeart gilt als Empfehlung und sollte vor allem bei starkem Verkehr gewählt werden. Sind keine Radverkehrsführungen vorhanden, können Radfahrer (wenn sie nicht rechtwinklig abbiegen) einen angemessenen Teil des Abbiegestreifens nutzen und sich zum Linksabbiegen (wie der Kraftfahrzeugverkehr) einordnen (Radfahrer 3).

anlagen auch nicht zum direkten Linksabbiegen auf der Fahrbahn verlassen. Bei **signalgeregelten Kreuzungen** müssen sich Radfahrer dann nach den mit Radfahrsymbolen kombinierten Lichtzeichen für Fußgänger richten, wenn die Radverkehrsführung neben einer Fußgängerfurt verläuft, andernfalls nach dem Hauptsignal für den Fahrverkehr (§ 37 Abs. 2 Nr. 6). Missachtet ein Radfahrer das Rotsignal einer Lichtzeichenanlage und kollidiert mit einem links abbiegenden KFZ, verstößt das KFZ nicht gegen § 9 Abs. 3, sondern allenfalls gegen § 1 Abs. 2 (OLG Jena NZV 2016, 390).

2.10 Verzicht auf Vorrang

Verzichtet ein Fahrer auf den Vorrang, muss dies unmissverständlich zum Ausdruck kommen. Auch dann muss der Linksabbieger die Fahrzeuge durchfahren lassen, die ihm noch außer dem Fahrzeug des verzichtenden

Verzicht beim Abbiegen

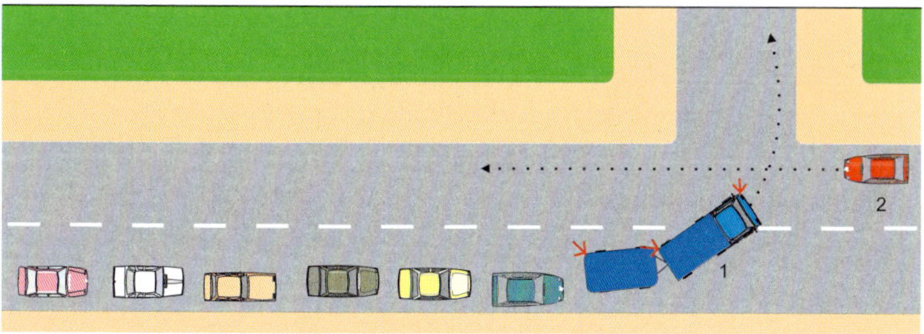

Der abbiegende Verkehr muss sich möglichst weit links einordnen. LKW 1 benötigt jedoch für das Abbiegen einen größeren Radius. Der verbleibende Raum reicht häufig nicht aus, damit der nachfolgende Verkehr den LKW rechts überholen kann. Die nachfolgenden KFZ haben keinen Vorrang vor dem Abbiegenden – sie müssen warten. Der LKW braucht seinen Abbiegevorgang nicht abzubrechen (aber gesteigerte Sorgfalt, sofern in ein „Grundstück" abgebogen wird – § 9 Abs. 5).

KFZ 2 hat als Gegenverkehr Vorrang vor LKW 1. Aus §§ 1 Abs. 1, 11 Abs. 3 kann sich jedoch die Pflicht ergeben, auf den Vorrang zu verzichten. Ob sich die Rücksichtnahme aus § 1 Abs. 1 zu einer Verpflichtung nach § 11 Abs. 3 verdichtet, hängt davon ab, wie weit sich der LKW bereits in der Einmündung befindet oder wie stark sich hinter dem LKW der Verkehr aufstaut. Für KFZ 2 empfiehlt sich mangels rückwärtigen Verkehrs, vor der Einmündung zu warten und den LKW durchfahren zu lassen, damit dahinter der Stau abgebaut wird. Andererseits hat der LKW 1 keinen Anspruch auf einen Verzicht. Er muss deshalb warten, bis ihn der Gegenverkehr durchfahren lässt. Muss der LKW wegen starken Gegenverkehrs unvertretbar lange warten, kann sich für ihn aus dem Behinderungsverbot des § 1 Abs. 2 die Verpflichtung ergeben, auf das Abbiegen zu verzichten und durch Blockumfahrung von anderer Seite sein Ziel zu erreichen.

Fahrers entgegenkommen (OLG Düsseldorf VerkMitt 1973 Nr. 85). Der Linksabbieger darf keinen Verzicht annehmen, wenn das entgegenkommende KFZ lediglich das Tempo herabsetzt oder (unzulässig) die Lichthupe betätigt (OLG Hamm DAR 2000, 163 = NZV 2000, 415).

2.11 Abbiegen in ein Grundstück, Wenden und Rückwärtsfahren (§ 9 Abs. 5)

Beim **Abbiegen in ein Grundstück, Wenden und Rückwärtsfahren** gelten durch die Worte „darüber hinaus" die Abbiegepflichten des § 9 Abs. 1 bis 4 gleichermaßen, insbesondere das Einordnungsgebot, Behinderungsverbot von Schienenfahrzeugen und Anzeigen der Fahrtrichtung. Außerdem gilt ein stringentes Gefährdungsverbot gegenüber allen anderen Verkehrsteilnehmern, auch Fußgängern.[13] Bei Unfällen spricht in der Regel der Beweis des ersten Anscheins (Umkehr der Beweislast) gegen den in ein Grundstück Abbiegenden, Wendenden oder Rückwärtsfahrer (BGH VerkMitt 1986 Nr. 3 = VRS 69, 345; OLG München NZV 2016, 32; KG VRS 116, 198; KG NZV 2009, 393; KG DAR 2007, 408; KG NZV 2007, 306; OLG Düsseldorf NZV 2006, KG VerkMitt 2002 Nr. 51 = NZV 2002, 230; KG VerkMitt 2003 Nr. 20; LG Karlsruhe NZV 2011, 391).

2.11.1 Abbiegen in ein Grundstück

Die **Einfahrt** in ein Grundstück regelt sich nach § 9 Abs. 5, die **Ausfahrt** hingegen nach § 10. Beim Abbiegen in einen neben der Fahrbahn liegen-

13 Anderer Verkehrsteilnehmer ist jeder, der sich verkehrserheblich verhält, somit körperlich unmittelbar auf einen Verkehrsvorgang einwirkt, nicht aber der rein passive Beifahrer oder Fahrgast (BGH DAR 2018, 562 = VRS 134, 121).

den Parkstand sind die Sorgfaltspflichten nach § 9 Abs. 1, nicht die nach § 9 Abs. 5 zu beachten (OLG Hamm SVR 2014, 184 = NZV 2014, 262).

Grundstücke i. S. d. § 9 Abs. 5 sind nicht nur reine Privatflächen (so noch OLG Köln VRS 58, 22; OLG Düsseldorf NZV 1993, 360; LG Saarbrücken NZV 2015, 247), sondern nach h. A. alle nicht dem fließenden Verkehr dienenden Flächen, auch Baustellen oder Parkplätze (OLG Stuttgart VerkMitt 2012 Nr. 23 = DAR 2012, 93 = VRS 122, 230; OLG Frankfurt DAR 1988, 243; KG VerkMitt 1974 Nr. 47; OLG Celle DAR 1973, 306; OLG Köln VRS 89, 432) oder Tankstellenflächen, nicht aber Feld- und Waldwege (OLG Nürnberg DAR 2001, 170).

Beim Links- oder Rechtsabbiegen **in** ein **Grundstück** (§ 9 Abs. 5) muss sich der Fahrer so rechtzeitig einordnen, dass sich der nachfolgende Verkehr gefahrlos darauf einstellen kann; notfalls muss er warten, bis alle Nachfolgenden vorbeigefahren sind, auch Radwegbenutzer (OLG Köln VRS 99, 39; OLG Düsseldorf VersR 1983, 40; KG VRS 89, 260; LG Hamburg NZV 2016, 81) und Überholer (LG Hamburg NZV 2016, 433). Dabei gelten die allgemeinen Abbiegeregeln, insbesondere das Einordnen, die Anzeige der Fahrtrichtung nach § 9 Abs. 1 und doppelte Rückschau. Wird vorher Warnblinklicht verwendet, muss dieses ausgeschaltet werden, wenn die Fahrtrichtungsanzeige dringlicher ist (OLG Düsseldorf VerkMitt 2016 Nr. 50; LG Hamburg NZV 2018, 584: das Abbiegemanöver in ein Grundstück beginnt nicht mit dem Abbremsen, sondern erst mit der Kurvenfahrt). Darüber hinaus besteht die Pflicht, dem fließenden Mitverkehr Vortritt zu lassen und – wie beim Wenden und Rückwärtsfahren – äußerste Sorgfalt gegenüber allen Verkehrsteilnehmern anzuwenden, auch gegenüber sich verkehrswidrig verhaltenden Fahrzeugen (OLG Hamburg NZV 2018, 475; KG DAR 2002, 557 = VRS 103, 403; KG DAR 2002, 558 = NZV 2002, 567 = VRS 103, 350; OLG München DAR 2005, 287 = NZV 2005, 249: Beachtung auch der Anfahrenden; KG VRS 114, 409: bei einer Kollision aber Haftung 50:50; OLG Düsseldorf VerkMitt 2015 Nr. 5: es gilt nicht ohne Weiteres der Beweis des ersten Anscheins; a. A. LG Nürnberg-Fürth SVR 3/2015 zu IV; LG Saarbrücken NZV 2014, 218; LG Lübeck NZV 2014, 219).

Hat sich der Abbiegende vorsichtig eingeordnet, rechtzeitig den Fahrtrichtungsanzeiger betätigt, durch Tempoverminderung seine Abbiegeabsicht verdeutlicht und legt die Dichte und Fahrgeschwindigkeit des Verkehrsflusses keinen Abbiegeverzicht nahe, kann sich ein unaufmerksamer Auffahrender nicht auf den Anscheinsbeweis zulasten des Abbiegenden berufen (OLG Hamm NZV 2016, 125; OLG Düsseldorf SVR 2015, 419). Wer von der Durchgangsfahrbahn über eine Beschleunigungsspur in eine Tankstelle fahren will, muss den Verkehr auf dem Einfädelungsstreifen vorbeilassen (OLG Braunschweig VerkMitt 1976 Nr. 53 = VRS 50, 386). Geschützt wird der Folge- und Gegenverkehr (OLG Düsseldorf VRS 76, 35), nicht Personen, die sich auf oder neben dem Grundstück befinden (OLG Düsseldorf VerkMitt 1993 Nr. 37).

Der aus einem Grundstück Ausfahrende ist gegenüber dem Einfahrenden „Abbieger", nicht „Gegenverkehr" (OLG Düsseldorf NZV 1991, 342). Lässt der aufgestaute Gegenverkehr vor einer Zufahrt eine Lücke, kann der Abbieger nicht darauf vertrauen, dass rechts vom Gegenverkehr niemand mehr überholt; insoweit gilt die „Lückenrechtsprechung" des KG nicht beim Abbiegen in Grundstückszufahrten (KG VerkMitt 2003 Nr. 36 = NZV 2003, 182 = VRS 104, 349).

2.11.2 Rückwärtsfahren

Rückwärtsfahren ist gewolltes Fahren im Rückwärtsgang entgegen der Fahrtrichtung des **fließenden Verkehrs** nach hinten, **nicht** Vorwärtsfahren in verbotener Richtung. Wer rückwärts aus einer Parkbucht oder einem Seitenstreifen (= anderer Straßenteil) auf die Straße einfährt, hat das Gefährdungsverbot des § 10 zu beachten (OLG Köln VerkMitt 2011 Nr. 77 = DAR 2011, 640 = NZV 2011, 606) und haftet im Regelfall für Schäden allein (OLG Hamburg SVR 2017, 273; OLG Saarbrücken NZV 2015, 240; OLG München SVR 2014, 462; OLG Saarbrücken DAR 2014, 703).

Unbeabsichtigtes Zurückrollen, Zurücksetzen an einer Tankstelle, Rangieren in oder Rückwärtsfahren aus einer **Parklücke** fällt hingegen **nicht** unmittelbar unter das Gefährdungsverbot des § 9 Abs. 5, sondern unter das des § 1 Abs. 2. Dabei bestimmen die **Rechtspflichten** des **§ 9 Abs. 5** das Maß der **Sorgfalt** nach **§ 1 Abs. 2** (BGH NZV 2017, 140; BGH VerkMitt 2016 Nr. 16 = DAR 2016, 260 = VRS 130, 14 = NJW 2016, 1098 und 1100 = NZV 2016, 168 und 169; OLG Düsseldorf VerkMitt 2000 Nr. 103 = NZV 2000, 303 = DAR 2000, 367 = VRS 99, 69; OLG Koblenz DAR 2000, 84; OLG Saarbrücken DAR 2014, 703: § 9 Abs. 5 schützt den fließenden Verkehr; OLG Hamm NZV 2020, 204 mit Anm. Felz: die Sorgfaltspflichten gelten auch beim Rückwärtsfahren im Baustellenverkehr; OLG Dresden VerkMitt 2007 Nr. 21 = NZV 2007, 152: nur Verwarngeld; OLG Jena VRS 108, 294 = NZV 2005, 432; OLG Stuttgart DAR 2004, 542 = NZV 2004, 420 = VRS 107, 131; LG Osnabrück SVR 2019, 460: der Ausparkende haftet überwiegend auch bei Kollision mit einem zu schnell Fahrenden; LG Hamburg NZV 2017, 238; LG Saarbrücken NZV 2013, 249; AG Dortmund SVR 2014, 191: Rangieren auf Tankstellengelände – Verstoß nach § 9 Abs. 5 bleibt offen; s. a. Brock DAR 2011, 663; Rebler SVR 2013, 458; Burmann, 23. Aufl., § 9, Rn. 97; Scheidler VD 2014, 180; Freymann DAR 2018, 242: Haftungsverteilung bei Parkplatzunfällen). Fahren zwei Ausparkende gleichzeitig rückwärts, haften sie hälftig für die Unfallfolgen

Rückwärtsfahren

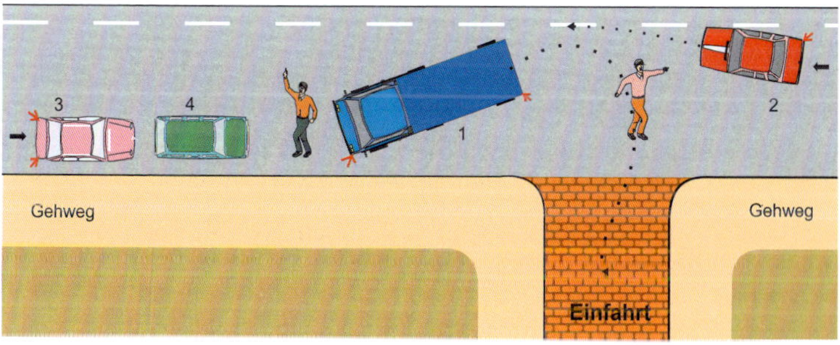

Atypische Fahrmanöver, wie Rückwärtsfahren in eine Einfahrt, sind nicht unzulässig. Allerdings muss dabei äußerste Vorsicht gewahrt und jede Gefährdung vermieden werden. Da meist keine Sicht nach hinten besteht, muss sich LKW 1 einweisen lassen (gegenüber KFZ 2). Beim Ausscheren im weiten Bogen ist auch der Verkehr in Gegenrichtung abzusichern (KFZ 3 und 4). Der Einweiser hat zwar keine Befugnis, den Verkehr anzuhalten; andere Verkehrsteilnehmer müssen aber auf das atypische Fahrmanöver durch Rücksichtnahme reagieren und notfalls anhalten. Für KFZ 2 besteht wegen unklarer Verkehrslage Überholverbot nach § 5 Abs. 3 Nr. 1 (OLG Hamm DAR 2001, 222). Andererseits darf LKW 1 erst dann nach links ausholen, wenn jede Gefährdung ausgeschlossen ist.

(BGH NJW 2018, 3095: Ausparken und Anfahren rückwärts; BGH SVR 2017, 142; BGH SVR 2017, 214; BGH DAR 2016, 197 = SVR 2016, 142 = VRS 131, 174: Anscheinsbeweis bei Parkplatzunfall; OLG Saarbrücken NZV 2020, 103 mit Anm. Bachmor: bei Unübersichtlichkeit 80 zu 20 %; KG DAR 2011, 23; KG VerkMitt 2010 Nr. 48; OLG Düsseldorf VerkMitt 2000 Nr. 53 = DAR 2000, 175 = NZV 2000, 273 = VRS 98, 387; OLG Köln VRS 89, 97; KG NZV 1988, 75 = DAR 1988, 272 = VRS 75, 95; KG VerkMitt 1977 Nr. 29 = DAR 1977, 47; OLG Düsseldorf VRS 57, 294; s. a. Rebler SVR 2017, 172). Hat der Ausparkende angehalten, ist das Rückwärtsfahren beendet (KG VerkMitt 2010 Nr. 70 = VRS 118, 348 = DAR 2010, 330; LG Saarbrücken SVR 2010, 386 und NZV 2013, 493; LG Karlsruhe SVR 2016, 428; s. a. Freymann DAR 2013, 73: „Wer steht, gewinnt"; so auch LG Saarbrücken NZV 2013, 491; LG Heidelberg SVR 2016, 429: Gleiches gilt beim Rückwärtsausparken vom Fahrbahnrand). § 9 Abs. 5 gilt nicht bei Parkplätzen ohne eindeutigen Straßencharakter; auch hier bestimmt § 1 Abs. 2 das Maß der zu beachtenden Sorgfalt (BGH VerkMitt 2016 Nr. 17).

Beim **Rückwärtsfahren** ist jede Gefährdung anderer Verkehrsteilnehmer auszuschließen. Dabei darf nur der vom Fahrer aus sichtbare oder mindestens von einer Hilfsperson beobachtete Straßenteil befahren werden (OLG Oldenburg NZV 2001, 377; LG Hamburg SVR 2018, 386: Mithaftungsquote 30 % bei erkennbarer Gefahrenlage). Im Verhältnis zum Rückwärtsfahren auf einer Vorfahrtstraße und einem rechts von einer nachgeordneten Straße Abbiegenden sind die Sorgfaltsanforderungen an den Rückwärtsfahrenden höher (OLG Zweibrücken NZV 2017, 488: 70 zu 30 %). Das Fahrzeug ist möglichst nahe am rechten Fahrbahnrand mit sehr geringer Geschwindigkeit und in ständiger Bremsbereitschaft zurückzusetzen. Der von rückwärts nahende Verkehr ist sorgfältig zu beobachten; das gilt auch beim korrigierenden Rücksetzen des Fahrzeugs im Hinblick auf einen Überholer (OLG Hamburg NZV 2017, 387) oder beim Rückwärtsfahren auf den Zufahrten öffentlicher Tiefgaragen (OLG Karlsruhe NZV 2012, 435: die Pflicht hinzuschauen, wo man sich hinbewegt, ist ein elementares Gebot des sozialen Miteinanders; OLG Hamburg VerkMitt 2000 Nr. 52 = DAR 2000, 41). Der Fahrer muss sofort anhalten, wenn ein Fahrzeug in den Gefahrenbereich gerät (OLG Hamm DAR 1970, 103). Besondere Vorsicht ist beim Rückwärtsfahren in einer Straße geboten, in der mit spielenden Kindern (OLG Hamm VRS 42, 422), mit Fußgängern (OLG Hamm NZV 1998, 372) oder mit ausfahrenden KFZ zu rechnen ist (KG DAR 1996, 366). Der Fahrer muss die Hindernisfreiheit auch im Bereich des toten Winkels feststellen oder sich notfalls einweisen lassen (OLG Düsseldorf VerkMitt 1994 Nr. 82). Ist der tote Winkel nicht mit Gewissheit leer und steht kein Einweiser zur Verfügung, muss das Zurücksetzen unterbleiben (OLG Schleswig VerkMitt 1973 Nr. 73). Im Übrigen muss der Fahrer bei der Rückschau die Fahrbahn umso länger nach hinten beobachten, je größer der tote Winkel seines Rückspiegels ist (OLG Düsseldorf VerkMitt 1973 Nr. 107).

Aus dem Gefährdungsausschluss folgt, dass nur über kurze Strecken rückwärts gefahren werden darf; andernfalls ist zu wenden. Rückwärtsfahren entgegen der Fahrtrichtung in Einbahnstraßen ist unzulässig (Anl. 2 lfd. Nr. 9 – Z. 220), auch zu einer entfernteren Parklücke hin; Rückwärts**einparken** ist jedoch erlaubt (OLG Karlsruhe VerkMitt 1978 Nr. 13 = VRS 54, 150 = DAR 1978, 171). Wer rückwärts **ausparkt**, haftet für einen Unfall mit einem vor dem Parkstand stehenden Fahrzeug allein (BGH VerkMitt 2017

Nr. 15 = DAR 2017, 74: Anscheinsbeweis; LG Limburg NZV 2013, 547). Wer wegen einer Parklücke auf einer Vorfahrtstraße über eine längere Strecke rückwärts fährt, handelt grob verkehrswidrig und genießt auch keinen Vertrauensschutz gegenüber einem aus einem Grundstück Ausfahrenden (KG DAR 1996, 366). Eine Mithaftung für die Unfallfolgen kommt indes für den Vorwärtsfahrenden in Betracht, wenn er sieht, dass der Rückwärtsfahrende möglicherweise keine volle Sicht hat, z. B. im Verhältnis des vorwärts Ein- gegenüber einem rückwärts Ausparkenden (LG Osnabrück SVR 2019, 460; LG Saarbrücken NZV 2012, 288).

Auf **Autobahnen und Kraftfahrstraßen** ist Rückwärtsfahren generell unzulässig (§ 18 Abs. 7). Bei Gefährdung oder Unfällen handelt es sich um eine Straftat (§ 315c Abs. 1 Nr. 2f StGB), ohne Gefährdung um eine Zuwiderhandlung gegen die Benutzungspflicht rechter Fahrbahnen (§ 2 Abs. 1). „Geisterfahrer" auf Autobahnen fahren nicht rückwärts, sondern vorwärts in verbotener Richtung. Wird vor einem „Geisterfahrer" im Autoradio gewarnt, müssen Kraftfahrer auf dem gefährdeten Streckenabschnitt strikt rechts fahren und dürfen nicht mehr überholen. Das Einschalten des Warnblinklichts ist geboten, auch um andere zu warnen, die die Meldung nicht gehört haben.

2.11.3 Wenden

Wenden[14] ist ein Fahrmanöver „eigener" Art, bei dem das Fahrzeug von der bisherigen in die entgegengesetzte Richtung derselben Straße gebracht wird (KG VerkMitt 1981 Nr. 67; OLG Hamburg DAR 1981, 327; OLG Hamm 1997, 438). Es beginnt mit dem Eindrehen des Lenkrades und Anfahren in die neue Fahrtrichtung; es endet mit der Ausführung des Bogens und dem Eingliedern in den Verkehr der Gegenrichtung (KG

Wenden auf der Vorfahrtstraße

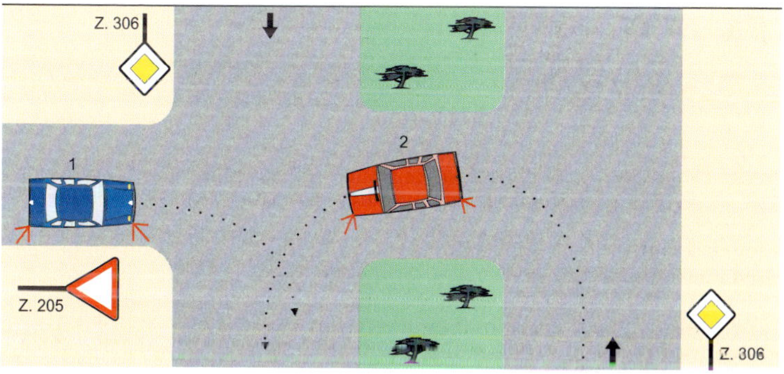

KFZ 2 wendet am Mittelstreifen auf der Vorfahrtstraße in Höhe der Einmündung. Wenden ist nicht doppeltes Abbiegen, sondern ein Verkehrsvorgang eigener Art. KFZ 2 hat zwar wegen Z. 306 „Vorfahrt". Da jedoch beim Wenden jede Gefährdung anderer Verkehrsteilnehmer ausgeschlossen sein muss (§ 9 Abs. 5), gilt das auch gegenüber KFZ 1. KFZ 2 kann sich nicht auf eine Bevorrechtigung gegenüber KFZ 1 berufen, sondern muss KFZ 1 vorfahren lassen, wenn nur dadurch eine Gefährdung vermieden werden kann (LG Berlin VerkMitt 2000 Nr. 16 = NZV 1999, 515 = DAR 1999, 363).

---

14 Zum Wenden auf Autobahnen oder Kraftfahrstraßen siehe Erl. 2.10 zu § 18.

Überholen eines Wendenden

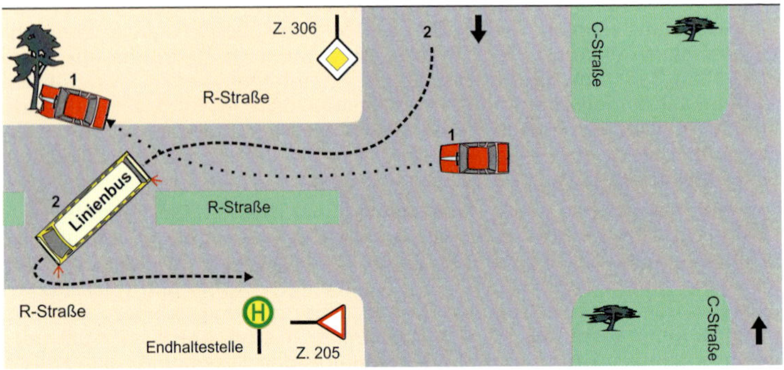

KOM 2 biegt von der Vorfahrtstraße (C-Straße) nach rechts ab und wendet in einem Zuge über den Mittelstreifen der R-Straße, um zur Endhaltestelle zu gelangen. KFZ 1 glaubt irrig, KOM 2 fahre geradeaus weiter und will den KOM überholen. Als KOM 2 zum Wenden ansetzt, reißt KFZ 1 das Steuer nach rechts, kommt ins Schleudern und kollidiert mit einem Baum.

Beim Wenden wird das Fahrzeug von der bisherigen in die entgegengesetzte Richtung gebracht (KG VerkMitt 1981 Nr. 67). Wenden beginnt mit dem Eindrehen des Lenkrades in die neue Fahrtrichtung und endet mit dem Eingliedern in den Verkehr der Gegenrichtung. Ob die Fahrt danach fortgesetzt wird oder nicht, ist unerheblich (BayObLG VRS 92, 37). Wenden liegt auch bei Benutzung eines Mittelstreifendurchbruchs vor, wenn der Wendende mit einem Teil des Fahrzeugs auf der Fahrbahn bleibt (OLG Köln VerkMitt 2000 Nr. 42 = DAR 2000, 120). KOM 2 muss beim Wenden jede Gefährdung anderer vermeiden. „Höchster Grad der Sorgfalt" bedeutet bei einem Unfall Anscheinsbeweis für Fehlverhalten des Wendenden mit Umkehr der Beweislast (KG NZV 2007, 306; KG VerkMitt 2002 Nr. 51 = NZV 2002, 230; KG VerkMitt 2003 Nr. 20; KG VerkMitt 2011 Nr. 21), auch gegenüber dem Überholenden. KOM 2 haftet deshalb für den unfallbedingten Schaden des KFZ 1.

NZV 2009, 597 = VRS 116, 198). Dabei ist es gleich, ob das Wenden mit einem Zwischenstopp erfolgt oder die Fahrt danach fortgesetzt wird oder nicht (OLG Saarbrücken DAR 2014, 209; BayObLG VRS 92, 37). Strittig ist, ob § 9 Abs. 1 bis 4 auch beim Wenden gilt (so OLG Düsseldorf VerkMitt 2016 Nr. 2; KG VerkMitt 1981 Nr. 67; a. A. OLG Hamburg VerkMitt 1981 Nr. 116 = DAR 1981, 327).

Wenden unterscheidet sich vom Abbiegen dadurch, dass der Fahrer auf derselben Fahrbahn bleibt (BGH NJW 1982, 2454). Wenden ist nicht doppeltes Abbiegen, so dass nur Z. 272, nicht aber Z. 209, 214 das Wenden verbieten (KG VerkMitt 1975 Nr. 106; KG VerkMitt 2005 Nr. 3 = VRS 107, 270 = NZV 2005, 95 = DAR 2004, 700: doppeltes Abbiegen, aber bei sehr breiten Mittelstreifen von 12 m und mehr). Wegen des Gefährdungs- und Behinderungsverbots aus § 1 Abs. 2 muss bei starkem Verkehr das Wenden bei den Z. 209 bis 214 aber unterbleiben. Ein Wendeverbot über Straßenbahngleise folgt aus dem Einordnungsverbot des § 2 Abs. 3 und § 9 Abs. 1, wenn der Wendende infolge des Verkehrsaufkommens auf den Gleisen warten muss und dadurch den Schienenverkehr beeinträchtigt (OLG Brandenburg VerkMitt 2009 Nr. 51).

Wenden liegt auch bei Benutzung eines Mittelstreifendurchbruchs oder einer Grundstückseinfahrt vor, wenn der Wendende mit einem Teil des Fahrzeugs auf der Fahrbahn bleibt (KG NZV 2010, 395; KG VRS 118, 110 und 168; OLG Köln VerkMitt 2000 Nr. 42 = DAR 2000, 120; OLG Koblenz DAR 1986, 155 = VRS 71, 58). Dabei wird der Wendevorgang nicht dadurch unterbrochen, dass der Wendende im Mittelstreifendurchbruch warten muss

(KG NZV 2010, 513). Anders dagegen, wenn das Fahrzeug in voller Länge in eine Grundstückszufahrt abbiegt, um dann durch Rückwärtsfahren in die Gegenrichtung zu gelangen (OLG Düsseldorf VRS 2018, 289: kein Wenden). Wegen der besonderen Sorgfaltspflichten beim Wenden hat der aus einer durch Z. 205 gekennzeichneten untergeordneten Straße rechts Abbiegende Vorrang vor dem über einen Mittelstreifendurchbruch einer Vorfahrtstraße Wendenden (OLG Düsseldorf VerkMitt 2000 Nr. 6; LG Berlin VerkMitt 2000 Nr. 16 = DAR 1999, 363; LG Karlsruhe DAR 2000, 123; OLG Hamm NZV 1997, 438; KG VerkMitt 1993 Nr. 34). Beim Wenden auf Parkplätzen findet § 9 Abs. 5 sinngemäß Anwendung (LG Wuppertal NZV 2016, 183).

Wendet ein Vorfahrtberechtigter, kann er sich nicht auf den Beweis des ersten Anscheins berufen, wenn es zum Unfall mit einem Wartepflichtigen kommt (KG NZV 2004, 355; KG NZV 2009, 598). Gleiches gilt bei einem Auffahrunfall, bei dem sich der Wendende nicht auf ein Verschulden des Auffahrenden berufen kann (OLG Düsseldorf VerkMitt 2016 Nr. 2; AG Frankenthal NJW 2018, 177: Kollision mit einem Überholer). Die Pflichten des Wendenden zum Gefährdungsausschluss bestehen auch zu einem die Höchstgeschwindigkeit Überschreitenden (OLG Düsseldorf NZV 2016, 429), zum Mit- oder Gegenverkehr (AG Leverkusen SVR 2019, 461: aber auch ausreichender Seitenabstand zum erkennbar Wendenden erforderlich, andernfalls Haftung zu 25 %). Dagegen hat ein vom Fahrbahnrand Anfahrender (= ruhender Verkehr) gegenüber einem Wendenden (= fließender Verkehr) Vorrang (KG VerkMitt 1984 Nr. 52). Wendet ein Fahrzeug erkennbar über die Fahrbahn und drängelt sich ein anderer trotzdem vorbei, muss auch der Drängler für sein Verhalten einstehen (AG Leverkusen SVR 2019, 461: ¾ der Wendende, ¼ der Drängler).

Mangels Durchquerung des Längsverkehrs wendet nicht, wer den Wendekopf einer Sackgasse umrundet, um in der Gegenrichtung weiterzufahren (OLG Köln VRS 96, 345 = DAR 1999, 314 = NZV 1999, 373). Da beim Wenden äußerste Sorgfalt erforderlich ist, sollte im Übrigen nur in gut übersehbaren Verkehrsbereichen gewendet werden (AG Borna SVR 2013, 191).

Die besonderen Sorgfaltspflichten beim Wenden sollen den fließenden Mit- und Gegenverkehr vor den Gefahren seiner Durchquerung schützen. Der Wendende muss deshalb jede Gefährdung anderer Verkehrsteilnehmer vermeiden („höchster Grad der Sorgfalt"). Kann ein Busfahrer beim Wenden über einen Mittelstreifen Risiken infolge des ausschwenkenden Hecks nicht vermeiden, muss er sich einweisen lassen (KG VerkMitt 2011 Nr. 21). Allerdings will das OLG Saarbrücken (NZV 2013, 489) den Auffahrenden allein haften lassen, wenn dieser mit einem an einer Verkehrsinsel Wendenden kollidiert.

Strikte Wendeverbote bestehen bei den Z. 272 und 327 (Tunnel) sowie auf Autobahnen und Kraftfahrstraßen (§ 18 Abs. 7).

3 Hinweise

3.1 Rechtsüberholen beim Linksabbiegen: § 5 Abs. 7 Satz 1; kein Einordnen von Fußgängern mit Fahrzeugen vor dem Linksabbiegen: § 25 Abs. 2; Wartelinie für Linksabbieger: Z. 341.

3.2 Freiheitsstrafe oder Geldstrafe für grob verkehrswidriges und rücksichtsloses Wenden, Rückwärtsfahren oder Fahren entgegen der Fahrtrichtung auf Autobahnen oder Kraftfahrstraßen, wenn Personen oder erhebliche

Sachwerte (mind. 750 €) konkret gefährdet werden: § 315c Abs. 1 Nr. 2f StGB. An der Rücksichtslosigkeit kann es fehlen, wenn das Wenden allein dazu dient, wieder auf die richtige Fahrbahn zu gelangen (LG Kiel NZV 2018, 482). Die Strafdrohung des § 315 Abs. 1 Nr. 2a umfasst auch die Vorrangfälle beim Abbiegen nach § 9 Abs. 3.

§ 10 Einfahren und Anfahren

Wer aus einem Grundstück, aus einer Fußgängerzone (Zeichen 242.1 und 242.2), aus einem verkehrsberuhigten Bereich (Zeichen 325.1 und 325.2) auf die Straße oder von anderen Straßenteilen oder über einen abgesenkten Bordstein hinweg auf die Fahrbahn einfahren oder vom Fahrbahnrand anfahren will, hat sich dabei so zu verhalten, dass eine Gefährdung anderer Verkehrsteilnehmer ausgeschlossen ist; erforderlichenfalls muss man sich einweisen lassen. Die Absicht einzufahren oder anzufahren ist rechtzeitig und deutlich anzukündigen; dabei sind die Fahrtrichtungsanzeiger zu benutzen.[1] Dort, wo eine Klarstellung notwendig ist, kann Zeichen 205 stehen.

(VwV-StVO zu § 10 nicht vorhanden)

1 Aus der amtlichen Begründung

(entfällt)

2 Erläuterungen

§ 10 begründet ein Gefährdungsverbot anderer Verkehrsteilnehmer beim Ausfahren aus einem Grundstück, verkehrsberuhigten Bereich oder einer Fußgängerzone, beim Einfahren auf die Fahrbahn von anderen Straßenteilen oder abgesenkten Bordsteinen oder beim Anfahren vom Fahrbahnrad. Anderer Verkehrsteilnehmer ist jeder, der sich verkehrserheblich verhält, somit körperlich unmittelbar auf einen Verkehrsvorgang einwirkt, nicht aber der rein passive Beifahrer oder Fahrgast (BGH DAR 2018, 562 = RS 134, 121).

2.1 Ausfahrt aus einem Grundstück (§ 10 Satz 1)

Die **Einfahrt** in ein Grundstück regelt sich nach § 9 Abs. 5, die **Ausfahrt** nach **§ 10**. In beiden Fällen ist die Fahrtrichtung rechtzeitig und deutlich anzuzeigen (§ 11 Satz 2) und ein Höchstmaß an Sorgfalt aufzubringen. Im Vergleich zum Einfahrenden sind die Sorgfaltsanforderungen an den Ausfahrenden höher, weil er in den **fließenden** Verkehr einfährt (VGH Mannheim VerkMitt 2017 Nr. 19 = NZV 2015, 101: auch beim Ausfahren rückwärts in einen gekennzeichneten Kreisverkehr; OLG Karlsruhe VRS 130, 281: Schadenteilung bei Kollision mit falsch fahrendem Radfahrer; OLG Saarbrücken NJW 2018, 315: Haftung eines 15-jährigen Mofafahrers; LG Karlsruhe VerkMitt 2003 Nr. 48; LG Kiel SVR 2017, 1445). Vorrangberechtigt gegenüber dem Ausfahrenden sind vor allem auch Fußgänger auf Gehwegen, selbst wenn die Ausfahrt über einen Gehweg führt und sie das dort stehende Fahrzeug

1 Fahrtrichtungsanzeiger sind die in § 54 StVZO vorgeschriebenen optisch wirkenden Blinkleuchten. Fahrzeuge ohne Fahrtrichtungsanzeiger (Fahrräder, Pferdekutschen) haben die Zeichen in anderer Weise zu geben (Handzeichen, Kellen o. Ä.). Das gilt auch beim Abschleppen, wenn auf das eingeschaltete Warnblinklicht nach § 15a Abs. 3 bei starkem Verkehr nicht verzichtet werden kann. Fahrräder mit Hilfsmotor, Klein- und Leichtkrafträder, offene Krankenfahrstühle, einachsige Zug- und Arbeitsmaschinen und andere Fahrzeuge nach § 54 Abs. 5 StVZO können, müssen aber nicht mit Fahrtrichtungsanzeigern ausgerüstet sein. Haben sie Fahrtrichtungsanzeiger, müssen diese auch benutzt werden.

im Frontbereich umrunden müssen (AG Hamburg SVR 2019, 142 mit Anm. Bachmor). Vorrang haben auch Radfahrer auf Radwegen und Gehwegen, wenn sie dort zugelassen sind (OLG Düsseldorf VerkMitt 1979 Nr. 29). Der Ausfahrende muss den Vorrang anderer auch auf der linken Fahrbahnseite beachten und darf sie nicht behindern (BGH VerkMitt 2012 Nr. 6 = DAR 2011, 696 = VRS 122, 68; BGH NZV 1991, 187). Wer rückwärts aus einer Ausfahrt fährt, muss den Vorrang des fließenden Verkehrs beachten. Bei Unfällen spricht der Beweis des ersten Anscheins für ein Verschulden des Ausfahrenden (OLG Köln NZV 2012, 540; OLG Köln VerkMitt 2006 Nr. 19 = DAR 2006, 27 = VRS 109, 323; OLG Hamm NZV 2014, 409: wenn nach der Grundstücksausfahrt gleich nach links abgebogen wird). Das gilt auch dann, wenn sich der Vorrangberechtigte selbst verkehrswidrig verhält, nicht aber, wenn dieser unzulässig den Gehweg vor der Grundstücksausfahrt befährt (OLG Düsseldorf VerkMitt 2018 Nr. 51 = VRS 133, 303).

Das Ausfahren aus einem Grundstück beginnt mit Erreichen der öffentlichen Verkehrsfläche und dauert so lange an, bis der Fahrer tempoangepasst selbst **zum fließenden Verkehr gehört** (OLG Hamm VRS 126, 20; KG VRS 114, 405; KG VerkMitt 2007 Nr. 41 = VRS 112, 17; KG VRS 112, 332; OLG Köln DAR 2006, 27; OLG Düsseldorf VRS 60, 420). Der Ausfahrende haftet auch dann für die Unfallfolgen, wenn er eine Kolonnenlücke bei einer Fahrzeugschlange ausnutzt (OLG Hamm SVR 2019, 299; OLG Rostock

Vorrang bei Ausfahrt über abgesenkten Bordstein

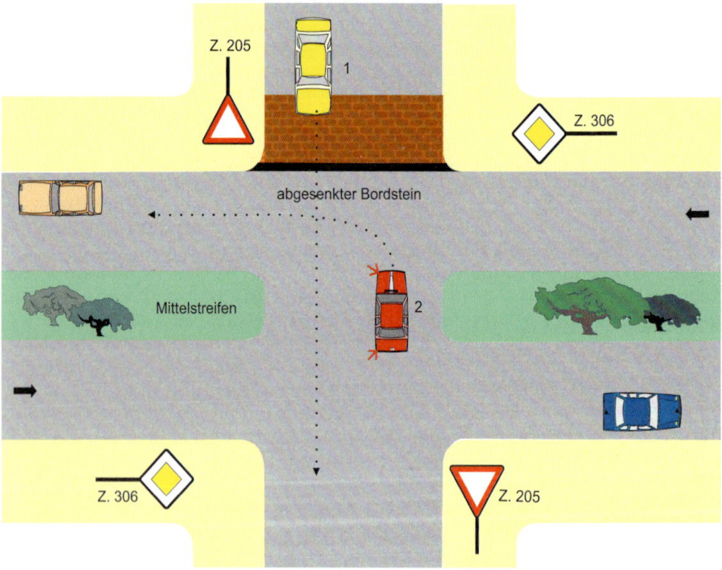

Obwohl KFZ 1 über einen abgesenkten Bordstein auf die Vorfahrtstraße einfährt, bleibt es für KFZ 2 „Gegenverkehr". KFZ 1 darf deshalb nach § 9 Abs. 3 vor KFZ 2 fahren. Nach § 39 Abs. 2 gehen Verkehrszeichen allgemeinen Regeln vor. Durch Z. 205 („Vorfahrt gewähren") wird die allgemeine Vorrangregel des § 10 aufgehoben, so dass KFZ 2 als Abbieger den Vorrang von KFZ 1 beachten muss.

VerkMitt 2010 Nr. 78 = VRS 119, 212; AG Bochum SVR 2014, 25) oder auf der Fahrbahn wartet, um sich in den Verkehr einzugliedern (OLG Rostock NZV 2006, 289: Ausfahrt nach links; KG NZV 2007, 359 = VRS 112, 332). Mit Verkehrszuwiderhandlungen Dritter ist jederzeit zu rechnen, z. B. Radfahrer auf Gehwegen und Tempoüberschreitung (OLG Karlsruhe DAR 1977, 109; s. a. Koehl SVR 2019, 139) oder verkehrswidriges Überholen (KG NZV 1998, 376), nicht aber mit groben Verstößen (OLG Celle VRS 51, 305; OLG Dresden NZV 2006, 149: auf Gehwegen unzulässig schnell fahrender Radfahrer).

Besteht keine Sicht, muss sich der Ausfahrende **einweisen lassen** oder sich zentimeterweise in den Verkehrsraum hineintasten, damit andere nach dem Grundsatz der doppelten Sicherung darauf reagieren können (OLG Frankfurt/M. DAR 2006, 156: Lücke vor Tankstellenausfahrt; OLG Celle DAR 1991, 181 = NZV 1991, 195). Ein Einweisen kann bei geringer Sicht oder nächtlicher Ausfahrt aus einem Grundstück erforderlich sein (OLG Saarbrücken VerkMitt 1980 Nr. 116). Der Einweiser haftet hierbei ebenso (auch bei Gefälligkeit), wenn er dem Fahrer falsche Zeichen gibt (AG Lahnstein NZV 2000, 379); daher sind Handzeichen vorher zu vereinbaren. Gelbes Rundumlicht und Einweiser mit kreisender Blinkleuchte sind beim Einfahren eines Treckergespanns bei Dunkelheit auf einer Außerortsstraße mit schnellem Verkehr unerlässlich (OLG Hamm NZV 1997, 267)

2.2 Fußgängerzone (§ 10 Satz 1)

Fußgängerzonen sind die mit Z. 242.1 und 242.2 gekennzeichneten Gebiete, auch wenn zu bestimmten Zeiten Lieferverkehr zugelassen ist. Bei der Ausfahrt ist die Fahrtrichtung rechtzeitig und deutlich anzuzeigen (§ 10 Satz 2) und das höchstmögliche Maß an Sorgfalt zu beachten; das gilt auch für Straßenbahnen ohne Signalregelung (LG Karlsruhe NZV 1992, 241). Verbotswidriges Fahren auf Gehwegen oder sonstigen Fußgängerflächen ist ein Verstoß gegen die Fahrbahnbenutzungspflicht (§ 2 Abs. 1); beim Einfahren vom Gehweg auf die Fahrbahn gilt § 10 („anderer Straßenteil") und striktes Gefährdungsverbot.

Durch Zusatzzeichen kann in Fußgängerzonen Fahrzeugverkehr zugelassen werden, wobei dieser die Verhaltenspflichten nach Anl. 2 lfd. Nr. 21 zu beachten hat. Obwohl die Ausweisung von Fußgängerzonen mit Straßenbahnverkehr aus Verkehrssicherheitsgründen unglücklich ist, gibt es solche Bereiche (z. B. in Würzburg oder Berlin). Auch Straßenbahnen unterliegen dabei der Schrittgeschwindigkeit[2] und müssen auf Fußgänger Rücksicht nehmen. Fußgänger dürfen allerdings nach § 1 Abs. 2 den Straßenbahnverkehr nicht unnötig behindern (VGH München VRS 126, 247 und VRS 126, 307).

Die Absicherung einer Fußgängerfläche mit schwer erkennbaren niedrigen Ketten zwischen Pfosten kann bei Stürzen Amtshaftungsansprüche nach § 839 BGB, Art. 34 GG wegen Verletzung der Verkehrssicherungspflicht auslösen (OLG Hamm VerkMitt 2009 Nr. 56).

2.3 Anderer Straßenteil (§ 10 Satz 1)

Andere Straßenteile sind alle Verkehrsflächen, die nicht dem durchgehenden allgemeinen Verkehr dienen, insbesondere Geh- und Radwege (OLG Hamm DAR 2016, 265), Seitenstreifen, Parkstreifen, Taxenstände außerhalb der Fahrbahn (LG Köln VersR 1990, 285), Parallelfahrbahnen, **Parkplätze**

2 Nach § 50 Abs. 3 BOStrab müssen Straßenbahnen die für den übrigen Verkehr geltende Höchstgeschwindigkeit beachten.

Vorrang bei einmündenden Radwegen

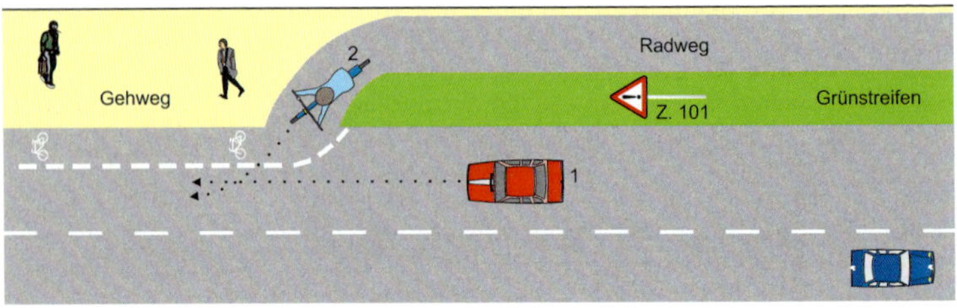

Der Radweg ist als Sonderweg „anderer Straßenteil" nach § 10, der in die Fahrbahn („Straße") einmündet. KFZ 1 hat daher Vorrang vor Radfahrer 2 (KG VerkMitt 2003 Nr. 12 = NZV 2003, 30 = VRS 104, 9). KFZ 1 kann (schon wegen Gefahrzeichen 101) nicht darauf vertrauen, dass Radfahrer 2 den Vorrang beachtet; es muss deshalb das Tempo verringern und bremsbereit sein, um einen Unfall zu vermeiden (BGH VRS 62, 93; BayObLG VRS 18, 315).

Im Übrigen gilt: KFZ 1 fährt nicht „vorbei" (§ 6), weil der kreuzende Radfahrer 2 kein „Hindernis" ist. Es liegt auch kein Vorfahrtfall „Rechts vor Links" vor (§ 8), weil Radweg und Fahrbahn nicht aus „verschiedenen" Richtungen zusammentreffen. Radfahrer 2 „biegt vom Radweg nicht ab" (§ 9), weil er keine Änderung der Fahrtrichtung vornimmt, sondern nach dem Bogen in gleicher Richtung weiterfährt. Radfahrer 2 wechselt nicht den Fahrstreifen (§ 7 Abs. 5), weil der Radweg Sonderweg und kein Fahrstreifen ist (§ 7 Abs. 1 Satz 2). Die markierte Radfahrerfurt ist Schutzstreifen und darf von KFZ 1 nicht überfahren werden; Radfahrer 2 muss den Schutzstreifen benutzen (Folge aus dem Rechtsfahrgebot des § 2 Abs. 2). Will er später nach links abbiegen, darf er die Leitlinie überfahren.

(OLG Saarbrücken NZV 2015, 492; OLG Karlsruhe VerkMitt 1989 Nr. 9 = NZV 1989, 116; OLG Celle DAR 2000, 216: Ausfahrt auf angrenzenden Zufahrtsweg); nicht aber Feld- oder Waldwege, weil diese dem Verkehr für die dort zugelassenen Fahrzeugarten dienen.[3] Ob es sich um einen anderen Straßenteil oder um eine Straßeneinmündung mit Vorfahrt nach § 8 handelt, bestimmt sich nach dem Gesamtbild der äußerlich erkennbaren Merkmale wie Pflasterung, Begrenzungen, Straßenlänge, Verkehrsbedeutung (OLG Karlsruhe DAR 2015, 464: kein anderer Straßenteil, wenn eine Straße baustellenbedingt zeitweise nur dem Anliegerverkehr dient; OLG Rostock VerkMitt 2007 Nr. 89). Bei der Ausfahrt ist die Fahrtrichtung rechtzeitig und deutlich anzuzeigen (§ 10 Satz 2).

Das Ausfahren beginnt mit Erreichen der öffentlichen Verkehrsfläche und dauert so lange an, bis der Fahrer tempoangepasst selbst zum fließenden Verkehr gehört (KG VRS 113, 33: Ausfahrt vom Mittelstreifenparkplatz; OLG Köln VerkMitt 2011 Nr. 77 = DAR 2011, 640 = NZV 2011, 606: Rückwärtsfahren aus einer Parkbucht auf die Straße). Fahren zwei Kraftfahrer aus gegenüberliegenden Parkplätzen gleichzeitig auf dieselbe Straße, wobei der eine nach rechts, der andere nach links abbiegt, hat keiner von beiden Vorrang (BGH DAR 2016, 197 m. Anm. Engel: Anscheinsbeweis bei Parkplatzunfall; OLG Karlsruhe NZV 2016, 184 = SVR 2016, 2/II: die Regel des § 9 Abs. 4 findet auch nicht sinngemäß Anwendung). Zum Rückwärtsfahren auf Parkplätzen siehe Erl. 2.11.2 zu § 9.

Beim Einfahren auf die Fahrbahn ohne ausreichende Sicht ist u. U. ein Einweiser notwendig (OLG München NZV 1990, 274). Auf Fahrgassen von Parkflächen gilt der Vorrang nach § 10 als eingeschliffene Verhaltensweise sinngemäß nur dann, wenn sich die Fahrgasse in ihrer Erscheinung, Gestal-

3 Andernfalls hätte es der Sonderregelung für die Vorfahrt nach § 8 Abs. 1 Nr. 2 nicht bedurft.

tung oder Markierung als übergeordnete Verkehrsfläche mit nachgeordneten Fahrwegen darstellt (OLG Hamm NJW 2015, 413; OLG Nürnberg NZV 2014, 574 = SVR 2014, 465; OLG Köln VerkMitt 1999 Nr. 90). Sofern jedoch die Fahrgassen lediglich der Parkplatzsuche oder dem Ein- oder Ausparken dienen, gilt nicht § 10, sondern nur die allgemeine Pflicht zur Rücksichtnahme nach § 1 Abs. 1 (KG VerkMitt 2010 Nr. 48; OLG Hamm SVR 2013, 24; OLG Nürnberg VerkMitt 2014 Nr. 60 = VRS 1426, 269: überdachter Großparkplatz; LG München NZV 2012, 591; OLG Düsseldorf VerkMitt 2000 Nr. 53 = DAR 2000, 175 = NZV 2000, 273 = VRS 98, 387; OLG Köln VRS 89, 97; KG NZV 1988, 75 = DAR 1988, 272 = VRS 75, 95; KG VerkMitt 1977 Nr. 29 = DAR 1977, 47; OLG Düsseldorf VRS 57, 294). Erhöhte Sorgfalt besteht bei Ausfahrt von einem Parkplatz oder einer Parkbucht, besonders rückwärts (OLG München VersR 1990, 1159 = VRS 78, 421: auf eine Bundesstraße; OLG Saarbrücken SVR 2014, 459), ebenso bei Zufahrt eines Radweges auf die Fahrbahn (KG VerkMitt 2003 Nr. 12 = NZV 2003, 30 = VRS 104, 9) oder über einen abgesenkten Bordstein in den Wendekopf einer Sackgasse (OLG Köln VRS 96, 345). Wird ein Radweg über einen abgesenkten Bordstein auf den Fahrradschutzstreifen einer Fahrbahn geleitet, muss zwar der Radfahrer eine Gefährdung anderer vermeiden, andererseits der Fahrbahnverkehr den Vorrang des Schutzstreifens beachten und auf einfahrende Radfahrer Rücksicht nehmen (KG NZV 2020, 203 mit Anm. Bachmor). Bei der Ausfahrt aus einem Parkstreifen gilt die Pflicht zu besonderer Vorsicht auch gegenüber anderen Benutzern des Parkstreifens (OLG Zweibrücken VerkMitt 1976 Nr. 126); auch gegenüber einem Wendenden (KG VerkMitt 1984 Nr. 52).

2.4 Verkehrsberuhigter Bereich (§ 10 Satz 1)

Hierzu gehören die durch die Z. 325.1 und 325.2 gekennzeichneten Verkehrsflächen mit den dort beschriebenen Verhaltensregeln. Verkehrsberuhigte Bereiche sind Mischflächen, die von Fußgängern, Fahrzeugen und spielenden Kindern gleichzeitig benutzt werden. Infolgedessen haben sie keine „Fahrbahn“ im Rechtssinn.

Z. 325.2 erschöpft sich nicht nur in der Kennzeichnung des Endes, sondern betont primär die vorrangregelnde Wirkung. Infolgedessen gelten die besonderen Sorgfaltspflichten bei der Ausfahrt und nicht die Vorfahrtregeln, wenn der verkehrsberuhigte Bereich durch Z. 325.2 einige Meter vor einer Kreuzung oder Einmündung aufgehoben wird. Entscheidend kommt es darauf an, wo sich nach objektiver Betrachtung der Örtlichkeit die Merkmale des Gefährdungsverbots eines Ausfahrtbereiches realisieren (BGH VerkMitt 2008 Nr. 26 = DAR 2008, 137 = NZV 2008, 193 = VRS 114, 122 = SVR 2008, 181: 30 m vorher; LG Gießen DAR 1996, 25: 17 m vorher; AG Sömmerda DAR 1999, 78: steht Z. 325.2 ca. 24 m vor der Einmündung, gilt „Rechts vor Links“). Endet der verkehrsberuhigte Bereich mit Z. 325.2 mehr als 30 m vorher, gelten an der folgenden Einmündung die Vorfahrtregeln des § 8. Bei der Ausfahrt ist die Fahrtrichtung rechtzeitig und deutlich anzuzeigen (§ 10 Satz 2). Der aus einem verkehrsberuhigten Bereich Ausfahrende muss auch mit Radfahrern rechnen, die einen hinter dem Z. 325.2 verlaufenden Radweg entgegen der Fahrtrichtung benutzen (OLG Hamm NZV 2015, 188: Haftung zu $^{2}/_{3}$ für Verletzungsfolgen).

2.5 Abgesenkter Bordstein (§ 10 Satz 1)

Beim Einfahren in eine Straße über einen abgesenkten Bordstein gelten die gesteigerten Sorgfaltsanforderungen des § 10 (OLG Koblenz VRS 104, 353).

Vorrang bei Einmündungen mit abgesenktem Bordstein

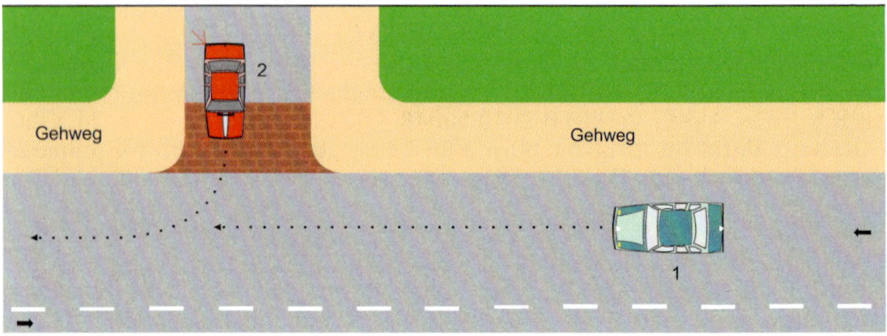

Bestehen aufgrund der bautechnischen Ausgestaltung von Einmündungen Zweifel über das Vorhandensein eines abgesenkten Bordsteins und an der Vorfahrt, hat sich jeder nach derjenigen Regel zu richten, die für ihn und andere die größte Sicherheit bringt (OLG Rostock VerkMitt 2007 Nr. 89 m.w.N.). KFZ 2 muss sich so verhalten, als ob es über einen abgesenkten Bordstein einfährt (also Beachtung des „Vorranges" von KFZ 1). KFZ 1 hat sich hingegen so zu verhalten, als ob die Vorfahrtregel „Rechts vor Links" gilt (also Beachtung der „Vorfahrt" des KFZ 2). Beachtet wenigstens einer der beiden Kraftfahrer den aus § 1 Abs. 1 folgenden Grundsatz der „doppelten Sicherung", lassen sich Gefährdungen vermeiden. Um diesen Schwierigkeiten zu begegnen, sollten die Verkehrsbehörden nicht genau definierbare Knotenpunkte mit einseitig negativen Vorfahrtzeichen 205 (notfalls auch positiven Z. 301) beschildern, wenn Gefährdungen nicht auszuschließen sind (§ 10 Satz 3).

Eine Bordsteinabsenkung liegt vor, wenn das Niveau des Bordsteins auf Fahrbahnhöhe abgesenkt wird und nach einigen Metern wieder ansteigt. Ergibt sich der Höhenunterschied über eine längere Strecke allein aus einer Fahrbahnanhebung oder Absenkung des Gehweges, liegt im Regelfall keine Bordsteinabsenkung vor.

Mangels bautechnischer Normung gibt es keinen einheitlichen Typ des „abgesenkten Bordsteins" (LG Paderborn NZV 2003, 40: auch abgeflachte oder geringfügig niedrigere Bordsteine sind „abgesenkt"). Infolge der unterschiedlichen baulichen Gestaltungselemente kann es zwischen Ausfahrenden und Querverkehr auch wegen anderer Blickwinkel zu unterschiedlicher Beurteilung des Vorranges und der Vorfahrt kommen. Werden Fahrbahnen höhengleich in andere Verkehrswege überführt, ohne dass es sich um einen verkehrsberuhigten Bereich (Z. 325.1/325.2) oder eine Bordsteinabsenkung handelt, bleibt es auch dann bei den Vorfahrt- und Abbiegeregeln der §§ 8, 9 und 25 Abs. 3, wenn die Knotenpunkte lediglich mit anderen Baumaterialien, Anrampungen, Aufpflasterungen, Markierungen oder atypischen Farbanstrichen („Haifischzähne") hervorgehoben sind (s. a. Rebler NZV 2020, 137; Lamberz NZV 2010, 547). Entsprechendes gilt, wenn der gesamte Kreuzungs- oder Einmündungsbereich höhengleich aufgepflastert ist, auch innerhalb verkehrsberuhigter Bereiche. Bleiben aufgrund der bautechnischen Ausgestaltung Zweifel an den Vorrangverhältnissen, hat sich jeder nach der Regel zu richten, die für ihn und andere Verkehrsteilnehmer die größtmögliche Sicherheit gewährleistet (Grundsatz der doppelten Sicherung). Der Ausfahrende muss deshalb die Fahrtrichtung rechtzeitig und deutlich anzeigen (§ 10 Satz 2) und einen (möglichen) Vorrang des Querverkehrs beachten, während der Querverkehr von der Vorfahrtregel „Rechts vor Links" ausgehen muss (OLG Rostock VerkMitt 2007 Nr. 89 = VRS 112, 336). Ein Vertrauensschutz in das verkehrsgerechte Verhalten anderer besteht insoweit nicht.

Um Unsicherheiten vorzubeugen, können solche Bereiche für den Ausfahrenden mit einseitig negativen Vorfahrtzeichen 205 (ohne positive Zeichen

301 oder 306) gekennzeichnet werden (§ 10 Satz 3). Abweichend von BGH DAR 1988, 269 unterstützt dabei die negative Beschilderung nur die Verhaltensregel des § 10 Satz 1, begründet aber kein Vorfahrtrecht für den Querverkehr. Der Querverkehr wird allerdings nicht von seiner Verpflichtung zur Beachtung einer möglichen Vorfahrt entbunden. Für den links abbiegenden Querverkehr ist der Ausfahrende Gegenverkehr.

2.6 Anfahrt vom Fahrbahnrand (§ 10 Satz 1)

Die Verpflichtung zum Gefährdungsausschluss bezieht sich auf den fließenden, nicht auf den ruhenden Verkehr[4] und gilt beim Anfahren vom Fahrbahnrand oder Parkstreifen, auch wenn das Fahrzeug von dort aus einer Parklücke geschoben wird (KG VerkMitt 1990 Nr. 105), nicht aber nach einer Verkehrsstockung (KG VRS 106, 173 = NZV 2004, 633), auch nicht bei Weiterfahrt nach verkehrsbedingtem Warten am Straßenrand (BayObLG VerkMitt 1984 Nr. 55 = DAR 1984, 31; AG Bad Segeberg NZV 2013, 497) oder nach dem Halten in zweiter Spur (LG Saarbrücken NZV 2013, 594).[5] Fährt ein Fahrzeug mit Sonderrechten (Müllfahrzeug) aus der zweiten Spur an, gelten nicht die Sorgfaltspflichten des § 35 Abs. 8, sondern § 10 (OLG Karlsruhe SVR 2019, 217; KG VRS 115, 24 = NZV 2008, 625).

Der Anfahrende muss die Fahrtrichtung rechtzeitig und deutlich anzeigen (§ 10 Satz 2) und sich vergewissern, dass hinter ihm niemand gefährdet wird (BGH VRS 13, 220) und der rückwärtige Verkehr sich auf das Anfahren einstellen kann (KG DAR 2004, 387 = VRS 104, 443; BayObLG VkBl. 1956, 230 = VRS 10, 303 = DAR 1956, 133; OLG Hamburg VerkMitt 1969 Nr. 28). Der Gefährdungsausschluss dauert räumlich und zeitlich so lange an, bis sich der Anfahrende in den Verkehrsfluss eingegliedert hat. Der Anfahrende

Anfahren vom Fahrbahnrand

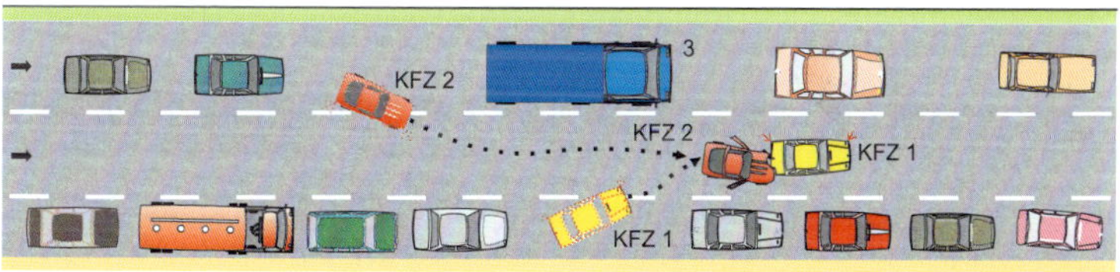

KFZ 1 fährt aus der Parkreihe in den rechten freien Fahrstreifen, als KFZ 2 den LKW 3 rechts überholt. Infolge der noch geringen Geschwindigkeit des anfahrenden KFZ 1 kollidiert KFZ 2 mit KFZ 1. Beim Anfahren vom Fahrbahnrand muss jede Gefährdung des fließenden Verkehrs ausgeschlossen sein (§ 10 Satz 1). Infolge des strikten Vorranges des fließenden vor dem ruhenden Verkehr kann der Anfahrende nicht darauf vertrauen, dass der rechte Fahrstreifen frei bleibt; er muss auch mit Überholern rechnen (KG NZV 2009, 413 = VRS 114, 204; KG VerkMitt 2006 Nr. 64 = VRS 110, 343 = DAR 2006, 454 = NZV 2006, 371; KG VRS 110, 346 = DAR 2006, 454 = NZV 2006, 369). Die Verpflichtung zum Gefährdungsausschluss (KFZ 1) dauert räumlich und zeitlich so lange an, bis sich der Anfahrende in den Verkehrsfluss eingegliedert hat. Das ist nicht bereits der Fall, wenn sich KFZ 1 auf dem rechten Fahrstreifen befindet, sondern erst, wenn infolge der Beschleunigung eine Gefahrbremsung des nachfolgenden Verkehrs nicht mehr zu besorgen ist.

---

4 Nach KG VerkMitt 1986 Nr. 103 auch auf Fußgänger. Wer sein Fahrzeug bereits geparkt hat, aber noch in der offenen Fahrertür steht, unterliegt dem ruhenden Verkehr (KG DAR 2004, 585 = VRS 107, 96).

5 Fährt der in zweiter Spur Haltende an, muss er jedoch darauf achten, dass nicht ein anderes Fahrzeug gleichzeitig vom Fahrbahnrand anfährt (KG VerkMitt 2001 Nr. 31 = DAR 2001, 34 = VRS 100, 286).

Gefährdungsausschluss beim Anfahren vom Fahrbahnrand und Wenden

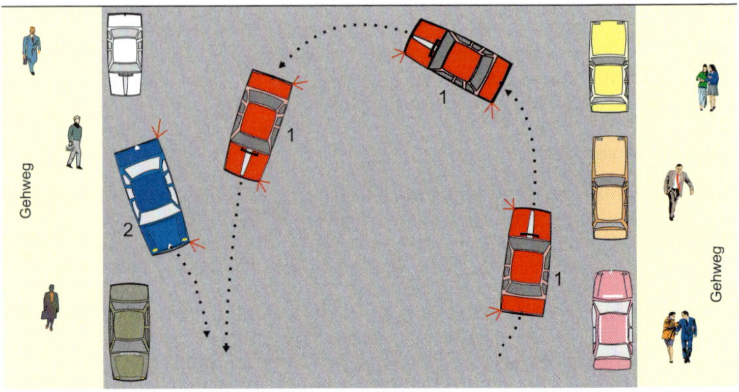

KFZ 1 wendet, während KFZ 2 gleichzeitig vom Fahrbahnrand anfährt. Beide KFZ sind zum Gefährdungsausschluss verpflichtet, und zwar KFZ 1 aus § 9 Abs. 5 und KFZ 2 aus § 10. Im Verhältnis beider Verpflichtungen zum Gefährdungsausschluss hat das wendende KFZ 1 Vorrang vor dem vom Fahrbahnrand anfahrenden KFZ 2, weil sich KFZ 1 im fließenden Verkehr befindet, KFZ 2 sich hingegen vom ruhenden Verkehr in den fließenden Verkehr eingliedern will.

muss deshalb auch mit Spurwechslern und Überholern rechnen, die auf seinen Fahrstreifen überwechseln (OLG Naumburg VerkMitt 2013 Nr. 22 = NZV 2013, 394; KG NZV 2008, 413 = VRS 114, 204; KG VerkMitt 2006 Nr. 64 = VRS 110, 343 = DAR 2006, 454 = NZV 2006, 371; KG VRS 110, 346 = DAR 2006, 454 = NZV 2006, 369). Kommt es zum Unfall, spricht der Beweis des ersten Anscheins für ein Verschulden des Anfahrenden (KG DAR 2004, 585 = VRS 107, 96; OLG Brandenburg DAR 2002, 307; LG Hamburg NZV 2018, 476).

Der Vorrang des fließenden Verkehrs, der auch beim Rückwärtsfahren und beim Wenden gegenüber dem Anfahrenden gilt (KG VerkMitt 1984 Nr. 52), darf nicht erzwungen werden; notfalls ist das Anfahren durch Gaswegnehmen oder leichtes Abbremsen zu ermöglichen (OLG Oldenburg DAR 1960, 366). Abweichend von § 10 haben Linienbusse nach § 20 Abs. 5 beim Anfahren von Haltestellen Vorrang vor dem fließenden Verkehr. Auch hier darf der Vorrang nicht erzwungen werden und erlischt, wenn die Anfahrabsicht nicht rechtzeitig und deutlich angezeigt wird oder das Anfahren den fließenden Verkehr gefährdet (BayObLG NZV 1990, 402).

Anders als beim Anfahren bestehen keine gesteigerten Pflichten beim **Ausgliedern** aus dem fließenden Verkehr, z.B. zum Parken. Es hat nach § 1 Abs. 2 unter Vermeidung von Gefährdungen und unvertretbaren Behinderungen zu erfolgen; die Benutzung des Fahrtrichtungsanzeigers ist empfehlenswert, um dem Mitverkehr das Ausweichen zu ermöglichen.

3 Hinweise

3.1 Einfahrt in ein Grundstück: § 9 Abs. 5.

3.2 Vorrang beim Anfahren von Omnibussen an Haltestellen: § 20 Abs. 5.

3.3 Die strafbewehrte grob verkehrswidrige und rücksichtslose Verkehrsgefährdung durch Missachtung der Vorfahrt nach § 315c Abs. 1 Nr. 2a umfasst auch alle Vorrangfälle des § 10 Satz 1 (BGH NZV 2009, 350). Erforderlich ist eine konkrete Gefährdung von Personen oder bedeutenden Sachwerten (ab 750 €).

§ 11 Besondere Verkehrslagen

(1) Stockt der Verkehr, darf trotz Vorfahrt oder grünem Lichtzeichen nicht in die Kreuzung oder Einmündung eingefahren werden, wenn auf ihr gewartet werden müsste.

(2) Sobald Fahrzeuge auf Autobahnen sowie auf Außerortsstraßen mit mindestens zwei Fahrstreifen für eine Richtung mit Schrittgeschwindigkeit fahren oder sich die Fahrzeuge im Stillstand befinden, müssen diese Fahrzeuge für die Durchfahrt von Polizei- und Hilfsfahrzeugen zwischen dem äußerst linken und dem unmittelbar rechts daneben liegenden Fahrstreifen für eine Richtung eine freie Gasse bilden.[1]

(3) Auch wer sonst nach den Verkehrsregeln weiterfahren darf oder anderweitig Vorrang hat, muss darauf verzichten, wenn die Verkehrslage es erfordert; auf einen Verzicht darf man nur vertrauen, wenn man sich mit dem oder der Verzichtenden verständigt hat.

(VwV-StVO zu § 11 nicht vorhanden)

1 Aus der amtlichen Begründung

1.1 Einführung einer „einprägsameren" Regelung für freie Gassen (Begr. 2016).

2 Erläuterungen

2.1 Verkehrsstockung (§ 11 Abs. 1)

Der Verkehr stockt, wenn eine Kreuzung oder Einmündung durch Fahrzeuge bereits so überfüllt ist, dass mit Sicherheit nicht alle diesen Bereich wieder verlassen können, sobald sie freie Fahrt erhalten (BayObLG DAR 1989, 112; KG VerkMitt 1977 Nr. 30 = VersR 1977, 377), nicht aber schon dann, wenn sich in einer geräumigen Kreuzung mehrere Linksabbieger befinden, die wegen des Gegenverkehrs anhalten mussten (KG VRS 48, 462; OLG Düsseldorf VRS 76, 312). Der Vorrang des Nachzüglers bei einer signalgeregelten Kreuzung besteht auch gegenüber dem Gegenverkehr, doch darf der Nachzügler nicht ohne Weiteres auf die Einräumung des Vorrangs vertrauen (KG VerkMitt 2004 Nr. 41 = VRS 106, 165; OLG Hamm NZV 1991, 31; OLG Karlsruhe NZV 2913, 188: Sorgfaltsanforderungen bei Einfahrt in Kreuzung mit Stau). Wer bei Grün losfährt, aber noch vor der Kreuzung infolge einer Stockung warten muss, ist kein „Kreuzungsräumer"; er darf nicht in den signalgeregelten Knotenpunkt einfahren, wenn sein Lichtsignal inzwischen auf Rot gewechselt hat (OLG Hamburg DAR 2001, 217).

---

1 § 11 Abs. 2, geändert durch die 1. VO zur Änderung der StVO vom 30.11.2016 (BGBl. I S. 2848). Die Regelung folgt der verständlicheren Praxis in Österreich, wo die Rettungsgasse ebenfalls zwischen dem äußerst linken und dem danebenliegenden rechten Fahrstreifen zu bilden ist.

2.2 Stau

Bewegt sich der Verkehr sehr langsam („Stop-and-go") oder kommt zum Stillstand, ist zur Warnung des nachfolgenden Verkehrs Warnblinklicht einzuschalten (§ 16 Abs. 2). Weder Fahrer noch Beifahrer dürfen im Stau aussteigen, auch nicht für einen Toilettengang ins Gebüsch oder zum Wickeln eines Kindes (keine Rechtfertigungsgründe). Auf Stand- oder Mittelstreifen darf nicht gehalten oder geparkt werden. Dort darf auch nicht gefahren werden, um eine Ausfahrt, einen Park- oder Rastplatz zu erreichen. Der im Stau stehende Verkehr „wartet" verkehrsbedingt, „hält" oder parkt" aber nicht im Rechtssinn. Ist der Motor abgestellt, ist daher die Handynutzung zulässig (s. a. Erl. 2.3 zu § 23). Auf Autobahnen oder Kraftfahrstraßen darf zum Verlassen des Staus nicht rückwärts gefahren oder gewendet werden, sonst nur wenn niemand gefährdet wird. Es ist geduldig bis zur nächsten Ausfahrt abzuwarten. Über den Verkehrsfunk können Informationen für Ausweichstrecken eingeholt werden. Weiterhin ist eine Rettungsgasse zu bilden (s. Erl. 2.3 zu § 11).

2.3 Freie Gasse (§ 11 Abs. 2)

Die Rettungsgasse dient der Polizei und allen Hilfsfahrzeugen (Feuerwehr, Katastrophenschutz, Notarzt-, Krankentransport-, Berge-, Abschlepp- und Räumfahrzeuge) dem schnellen Erreichen von Unfall- oder sonstigen Einsatzstellen.

Infolgedessen ist nicht nur eine freie Gasse zu bilden, sondern die freie Gasse darf auch nicht von anderen unberechtigt benutzt werden. Hat sich bei Verkehrsstau eine freie Gasse zwischen den Fahrstreifen gebildet, darf dieser Raum somit nicht von anderen Fahrzeugen zum Vordrängeln oder schnelleren Vorankommen missbraucht werden, auch nicht von Motorrädern (AG Köln DAR 2017, 277). Da die freie Gasse keinen „Fahrstreifen" (§ 7 Abs. 1) bildet, liegt bei solchem Verhalten unzulässiges Rechtsüberholen der linken Fahrzeugschlange vor (§ 5 Abs. 1).

Bildung einer freien Gasse auf einer dreispurigen Richtungsfahrbahn

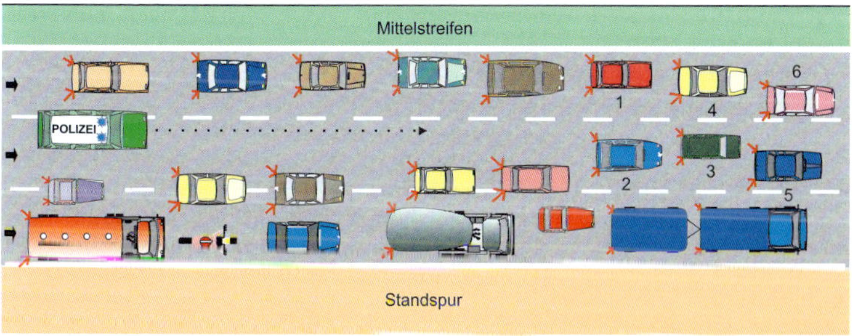

Die freie Gasse für Hilfsfahrzeuge (Polizei, Rettungswagen, Feuerwehr) ist bei 3 Fahrstreifen zwischen dem mittleren und linken Fahrstreifen zu bilden (bei 2 Fahrstreifen in der Mitte). Die Fahrzeuge auf dem linken Fahrstreifen haben sich dabei möglichst weit links, die auf dem mittleren und rechten Fahrstreifen möglichst weit rechts so einzuordnen, dass eine Gasse von mindestens 3 m entsteht. Die freie Gasse muss dabei noch vor dem Stillstand der KFZ zustande kommen, weil beim Stopp infolge der engen Abstände zu den vorderen Fahrzeugen ein Rangieren weder nach links noch nach rechts möglich ist (KFZ 1 bis 6) und Hilfsfahrzeuge zwangsläufig in eine „Sackgasse" fahren würden.

Die Regelung gilt nicht nur auf außer- und innerörtlichen Autobahnen, sondern auf allen Außerortsstraßen mit mindestens zwei Fahrstreifen für eine Richtung, wenn sich der Verkehr aufstaut, auch auf Straßenbaustellen mit verengten Fahrstreifen (s. a. Lippert VD 2016, 334). Kommt der Verkehr zum Erliegen, entweder bei **Schrittgeschwindigkeit** (OLG Köln VerkMitt 1985 Nr. 63 = VRS 68, 354: 4–7 km/h; AG Leipzig DAR 2005, 703: 4–10 km/h, aber deutlich unter 20 km/h; OLG Stuttgart NZV 1988, 30: auch bei starkem Gefälle) oder **Stillstand** (Stau), muss zur Durchfahrt von Polizei- und Hilfsfahrzeugen eine freie Gasse gebildet werden. Das gilt auch dann, wenn keine Hilfsfahrzeuge erkennbar herannahen. Dass sich Fahrzeugschlangen bilden, wird zwar nicht vorausgesetzt, ist aber eine zwangsläufige Folge. Ergänzt wird die Regelung durch § 16 Abs. 2 Satz 2, dass bei Annäherung an einen Stau Warnblinklicht einzuschalten ist (s. Erl. 2.2.1 zu § 16).

Die Rettungsgasse ist vorausschauend bereits beim Entstehen eines Staus zu bilden, weil beim Stillstand ein Ausweichen infolge geringer Fahrzeugabstände nicht mehr möglich ist. Da der Grund für einen Stau im Vorfeld meist nicht erkennbar ist, müssen die Abstände zum vorderen Fahrzeug schon vorher so gewählt werden, dass ab ca. 20 km/h problemlos noch eine Gasse gebildet werden kann. Die freie Gasse ist immer zwischen dem äußerst linken und dem unmittelbar rechts daneben liegenden Fahrstreifen zu bilden, somit bei zweistreifigen Richtungsfahrbahnen in der Mitte, bei dreistreifigen zwischen dem äußerst linken und mittleren Fahrstreifen. Entsprechendes gilt für vier-, fünf- oder sechsstreifige Richtungsfahrbahnen: Bei vier Fahrstreifen ist die Gasse zwischen dem äußerst linken vierten und dritten Fahrstreifen zu bilden,[2] bei fünf bzw. sechs Fahrstreifen zwischen dem fünften und vierten bzw. sechsten und fünften Fahrstreifen. Die Gasse ist so zu bilden, dass die Durchfahrt von Sonderrechts- und Hilfsfahrzeugen behinderungsfrei ermöglicht ist. Das setzt auch voraus, dass keine Fahrzeugteile in die Rettungsgasse hineinragen (OLG Braunschweig SVR 2018, 428) und Engstellen vom Fahrzeugverkehr frei bleiben. Reicht der Platz infolge enger Fahrstreifen nicht zur Durchfahrt der Hilfsfahrzeuge aus, muss bei deren Herannahen unter dem Notstandsgesichtspunkt (§ 16 OWiG) vorsichtig auf Seiten- und Mittelstreifen ausgewichen werden. Einsatzfahrzeuge dürfen den Standstreifen unter Wahrnehmung von Sonderrechten nach § 35 auch dann befahren, wenn der übrige Verkehr eine freie Gasse gebildet hat (OLG Frankfurt NZV 2016, 426).

Die vorsätzliche oder fahrlässige Missachtung der Verpflichtung zur Bildung oder unberechtigte Benutzung einer freien Rettungsgasse stellt eine grobe und beharrliche Verletzung der Pflichten eines Kraftfahrzeugführers dar und ist mit erheblichen Geldbußen und Regelfahrverbot bewehrt: lfd. Nr. 50a BKat der BKatV = 240 €, bei Behinderung 280 €, bei Gefährdung 300 € und bei Sachbeschädigung 320 €, jeweils mit einem Regelfahrverbot von einem Monat und zwei Punkten im FAER.[3] Bei vorsätzlicher Missachtung erfolgt eine Verdopplung der Regelsätze gemäß § 3 Abs. 4a BKatV. Das vorsätzliche Behindern von Rettungskräften bei Unglücksfällen ist

2 Also nicht mehr wie früher in der Mitte.

3 Die erhöhten Sanktionen sind durch Art. 3 der 53. und 55. StrVRÄndV vom 6.10.2017 (BGBl. I S. 3549) und durch Art. 3 der 54. StrVRÄndV vom 20.4.2020 (BGBl. I S. 814) eingeführt worden und sollen eine deutlich höhere Beachtung zur Bildung einer Rettungsgasse erreichen.

hingegen eine Straftat nach **§ 323c Abs. 2 StGB** („**Gafferunwesen**" bei Unglücksunfällen).[4] Dazu gehört auch das Blockieren einer Notfallgasse. Als Ordnungswidrigkeit tritt § 11 II gemäß § 21 I OWiG zurück, wenn mit der Missachtung der freien Gasse eine strafbare Behinderung der Hilfsfahrzeuge i. S. d. § 323c II StGB verbunden ist. Strafbar ist weiterhin der tätliche Angriff gegen Vollstreckungsbeamte nach §§ 114, 115 StGB sowie die Verletzung des höchstpersönlichen Lebensbereichs durch Bildaufnahmen nach § 201a StGB, z. B. von Unfallopfern, die ins Netz gestellt werden (s. a. Schiemann NJW 2017, 1846).

2.4 Verzicht auf Vorrang (§ 11 Abs. 3)

Die Regelung verdeutlicht den Grundsatz der doppelten Sicherung i. S. d. § 1 Abs. 1. Die Verpflichtung zum Verzicht auf den Vorrang erfasst nicht nur die Vorfahrt, sondern alle Verkehrslagen, die ein für die Sicherheit oder Flüssigkeit des Verkehrs sinnvolles Verhalten erfordern, z. B. gegenüber Kreuzungsräumern, die bei Grün eingefahren sind, bis zum Umschalten der Signalanlage den Knotenpunkt aber noch nicht verlassen konnten (OLG Köln VerkMitt 2015 Nr. 13; OLG Karlsruhe NZV 2013, 188; KG VRS 119, 86), beim Nebeneinanderfahren für denjenigen, der „seine Fahrspur hält", um anderen das Überwechseln in seinen Fahrstreifen zu ermöglichen; ferner für den Gegenverkehr, um Fahrzeugen mit geringer Beschleunigung das Abbiegen oder Rangieren in eine Parklücke zu ermöglichen, bei langsam die Fahrbahn querenden Fußgängern (OLG Koblenz VRS 105, 414) oder beim Queren einer auf eine T-Kreuzung zulaufenden Straße, die sich nicht fortsetzt (OLG Hamm NZV 2013, 190). Die durch den Verzicht Benachteiligten müssen die damit verbundene Behinderung hinnehmen. Andererseits muss der Verzichtende wegen der durch den Verzicht geschaffenen atypischen Verkehrslage auch den rückwärtigen Verkehr beachten (OLG Köln NZV 1994, 110). Übersteigerte Rücksichtnahme gegenüber den Begünstigten kann jedoch Unfallrisiken hervorrufen.

Der Verzicht erfordert neben einem deutlichen Fahrverhalten eine Geste des Verzichtenden, aus der unmissverständlich zu entnehmen ist, dass er den anderen Verkehrsteilnehmer vorbeilässt (OLG Hamm NZV 1988, 24). Ein Verzicht kann daher nicht schon dann angenommen werden, wenn der Vorfahrtberechtigte an einer Einmündung oder Kreuzung gleichberechtigter Straßen anhält, um den für ihn von rechts kommenden Verkehr vorbeizulassen (KG VerkMitt 1973 Nr. 66). Geben die örtlichen Verhältnisse und das Verhalten anderer Verkehrsteilnehmer Anlass zur Befürchtung, ein Wartepflichtiger werde die Vorfahrt verletzen, muss der Berechtigte besondere Vorsicht walten lassen und erforderlichenfalls auf die Vorfahrt verzichten (OLG Köln VerkMitt 1975 Nr. 10). Der Verzicht gilt nur bilateral zwischen den Fahrzeugen, die sich verständigt haben, nicht zulasten Dritter.

4 52. Gesetz zur Änderung des StGB – Stärkung des Schutzes von Vollstreckungsbeamten und Rettungskräften vom 23.5.2017 (BGBl. I S. 1226).

§ 323c StGB Unterlassene Hilfeleistung; Behinderung von hilfeleistenden Personen

(1) Wer bei Unglücksfällen oder gemeiner Gefahr oder Not nicht Hilfe leistet, obwohl dies erforderlich und ihm den Umständen nach zuzumuten, insbesondere ohne erhebliche eigene Gefahr und ohne Verletzung anderer wichtiger Pflichten möglich ist, wird mit Freiheitsstrafe bis zu einem Jahr oder mit Geldstrafe bestraft.

(2) Ebenso wird bestraft, wer in diesen Situationen eine Person behindert, die einem Dritten Hilfe leistet oder leisten will.

Der durch den Verzicht Begünstigte darf deshalb nur weiterfahren, wenn die Verkehrslage es zulässt. Er haftet allein, wenn er im Vertrauen auf den Verzicht weiterfährt und es zu einem Unfall mit einem Dritten kommt.

Die Vorschrift des § 11 Abs. 3 ist nicht als Ordnungswidrigkeit qualifiziert. Eine Ahndung folgt aber aus der Verletzung anderer Pflichten, z.B. bei Behinderung oder Schädigung nach § 1 Abs. 2.

3 Hinweise

3.1 Unzulässig ist das Befahren von Bahnübergängen (§ 19 Abs. 3) oder Fußgängerüberwegen (§ 26 Abs. 2), wenn wegen stockenden Verkehrs gewartet werden müsste.

3.2 Einschalten des Warnblinklichts bei Stau: § 16 Abs. 2.

§ 12 Halten und Parken

(1) Das Halten ist unzulässig
1. an engen und an unübersichtlichen Straßenstellen,
2. im Bereich von scharfen Kurven,
3. auf Einfädelungs- und auf Ausfädelungsstreifen,
4. auf Bahnübergängen,
5. vor und in amtlich gekennzeichneten Feuerwehrzufahrten.

(2) Wer sein Fahrzeug verlässt oder länger als drei Minuten hält, der parkt.

(3) Das Parken ist unzulässig
1. vor und hinter Kreuzungen und Einmündungen bis zu je 5 m von den Schnittpunkten der Fahrbahnkanten, soweit in Fahrtrichtung rechts neben der Fahrbahn ein Radweg baulich angelegt ist, vor Kreuzungen und Einmündungen bis zu je 8 m von den Schnittpunkten der Fahrbahnkanten,[1]
2. wenn es die Benutzung gekennzeichneter Parkflächen verhindert,
3. vor Grundstücksein- und -ausfahrten, auf schmalen Fahrbahnen auch ihnen gegenüber,
4. über Schachtdeckeln und anderen Verschlüssen, wo durch Zeichen 315 oder eine Parkflächenmarkierung (Anlage 2 Nummer 74) das Parken auf Gehwegen erlaubt ist,
5. vor Bordsteinabsenkungen.

(3a) Mit Kraftfahrzeugen mit einer zulässigen Gesamtmasse über 7,5 t sowie mit Kraftfahrzeuganhängern über 2 t zulässiger Gesamtmasse ist innerhalb geschlossener Ortschaften
1. in reinen und allgemeinen Wohngebieten,
2. in Sondergebieten, die der Erholung dienen,
3. in Kurgebieten und
4. in Klinikgebieten

das regelmäßige Parken in der Zeit von 22.00 bis 06.00 Uhr sowie an Sonn- und Feiertagen unzulässig. Das gilt nicht auf entsprechend gekennzeichneten Parkplätzen sowie für das Parken von Linienomnibussen an Endhaltestellen.

(3b) Mit Kraftfahrzeuganhängern ohne Zugfahrzeug darf nicht länger als zwei Wochen geparkt werden. Das gilt nicht auf entsprechend gekennzeichneten Parkplätzen.

(4) Zum Parken ist der rechte Seitenstreifen, dazu gehören auch entlang der Fahrbahn angelegte Parkstreifen, zu benutzen, wenn er dazu ausreichend befestigt ist, sonst ist an den rechten Fahrbahnrand heranzufahren. Das gilt in der Regel auch, wenn man nur halten will; jedenfalls muss man auch dazu auf der rechten Fahrbahnseite rechts bleiben. Taxen dürfen, wenn die Verkehrslage es zulässt, neben anderen Fahrzeugen, die auf dem Seitenstreifen oder am rechten Fahrbahnrand halten oder parken, Fahrgäste ein- oder aussteigen lassen. Soweit auf der rechten Seite Schienen liegen sowie in Einbahnstraßen (Zeichen 220) darf links gehalten und geparkt werden. Im Fahrraum von Schienenfahrzeugen darf nicht gehalten werden.

---

1 § 12 Abs. 3 Nr. 1 erweitert durch Art. 1 der 54. StrVRÄndV vom 20.4.2020 (BGBl. I S. 814).

(4a) Ist das Parken auf dem Gehweg erlaubt, ist hierzu nur der rechte Gehweg, in Einbahnstraßen der rechte oder linke Gehweg, zu benutzen.

(5) An einer Parklücke hat Vorrang, wer sie zuerst unmittelbar erreicht; der Vorrang bleibt erhalten, wenn der Berechtigte an der Parklücke vorbeifährt, um rückwärts einzuparken oder wenn sonst zusätzliche Fahrbewegungen ausgeführt werden, um in die Parklücke einzufahren. Satz 1 gilt entsprechend, wenn an einer frei werdenden Parklücke gewartet wird.

(6) Es ist platzsparend zu parken; das gilt in der Regel auch für das Halten.

VwV-StVO zu § 12 Halten und Parken

Zu Absatz 1

1 Halten ist eine gewollte Fahrtunterbrechung, die nicht durch die Verkehrslage oder eine Anordnung veranlasst ist.

Zu Absatz 3 Nr. 1

2 Wo an einer Kreuzung oder Einmündung die 5-Meter-Zone ausreichende Sicht in die andere Straße nicht schafft oder das Abbiegen erschwert, ist die Parkverbotsstrecke z. B. durch die Grenzmarkierung (Z. 299) angemessen zu verlängern. Da und dort wird auch die bloße Markierung der 5-Meter-Zone zur Unterstreichung des Verbots ratsam sein.

Zu Absatz 3a

3 I. Die Straßenverkehrsbehörden sollten bei den Gemeinden die Anlage von Parkplätzen anregen, wenn es für ortsansässige Unternehmer unmöglich ist, eigene Betriebshöfe zu schaffen. Bei Anlage derartiger Parkplätze ist darauf zu achten, dass von ihnen keine Störung der Nachtruhe der Wohnbevölkerung ausgeht.

4 II. Wirkt sich das regelmäßige Parken schwerer Kraftfahrzeuge oder Anhänger in anderen als den aufgeführten Gebieten, z. B. in Mischgebieten, störend aus, kommen örtliche, zeitlich beschränkte Parkverbote in Betracht (§ 45 Abs. 1).

Zu Absatz 4

5 Wo es nach dem äußeren Anschein zweifelhaft ist, ob der Seitenstreifen für ein auf der Fahrbahn parkendes Fahrzeug fest genug ist, darf wegen Nichtbenutzung des Seitenstreifens nicht eingeschritten werden.

Im Interesse der Übersichtlichkeit sind alle Halt- und Parkverbote zusammenhängend in den Erläuterungen zu § 12 dargestellt.

1 Aus der amtlichen Begründung

1.1 Zur Vermeidung doppelter Halt- und Parkverbote sind die mit Verkehrszeichen verbundenen Halt- und Parkverbote in den Anlagen 2 und 3 geregelt (Begr. 2012).

1.2 Das Parkverbot vor Kreuzungen und Einmündungen wird bei rechten Radwegen auf 8 m erweitert (Begr. 2020).

2 Erläuterungen

Der ruhende Verkehr steht in seiner Bedeutung dem fließenden Verkehr nicht nach, weil die Transportfunktion nur dann aufrechterhalten werden kann, wenn am Ziel auch Parkraum verfügbar ist. Beschränkungen des

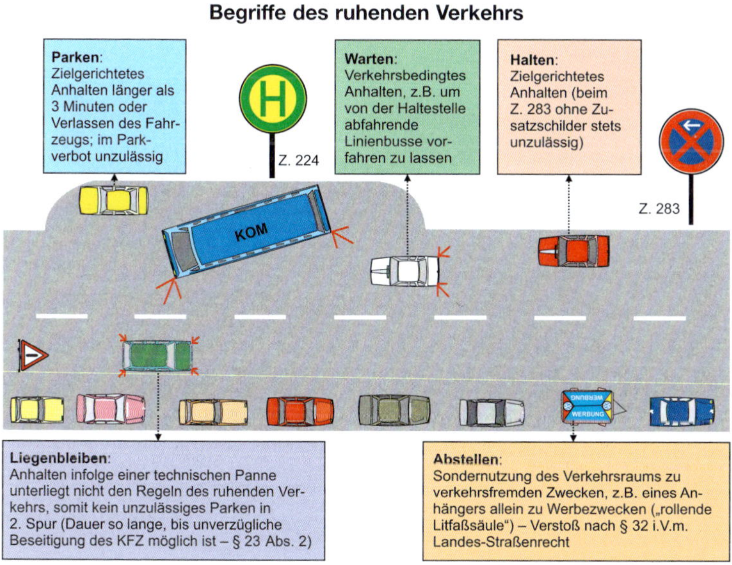

ruhenden Verkehrs sind deshalb auch verkehrspolitische Steuerungsmittel für den fließenden Verkehr, wie Zonenhaltverbote zur Verkehrsverdünnung in Kernstadtgebieten oder Parkraumbewirtschaftung zur Begrenzung des Berufspendlerverkehrs und Förderung des ÖPNV.

2.1 Begriffe des ruhenden Verkehrs

2.1.1 Halten

Halten ist eine gewollte Fahrtunterbrechung, die nicht durch die Verkehrslage oder eine verkehrspolizeiliche Anordnung veranlasst worden ist (Rn. 1 VwV-StVO zu § 12). Halten wird dem **ruhenden Verkehr** zugerechnet und umfasst Anhalten, Sicherung des Fahrzeugs und Stillstand im Verkehrsraum. Halten ist unzulässig bei Haltverboten.

2.1.2 Warten

Warten ist (ungewollter) verkehrsbedingter, vorübergehender Stillstand aus Verkehrsgründen und wird dem **fließenden Verkehr** zugerechnet, z.B. bei Stau, Ampelrot, vor Zebrastreifen. Auf die Dauer des Wartens kommt es nicht an (OLG Karlsruhe DAR 2003, 473 = NZV 2003, 493 = VRS 105, 367). Der am Z. 283 „Wartende" verstößt deshalb nicht gegen das Haltverbot. Es liegt auch kein Halten beim Aussteigen aus dem verkehrsbedingt wartenden Fahrzeug vor (OLG Düsseldorf NZV 1989, 81).

2.1.3 Parken

Das länger als drei Minuten dauernde (gewollte) Halten oder das Verlassen des Fahrzeugs innerhalb dieser Zeit führt zum Parken. Parken ist unzuläs-

3 Minuten Halten oder Verlassen des Fahrzeugs

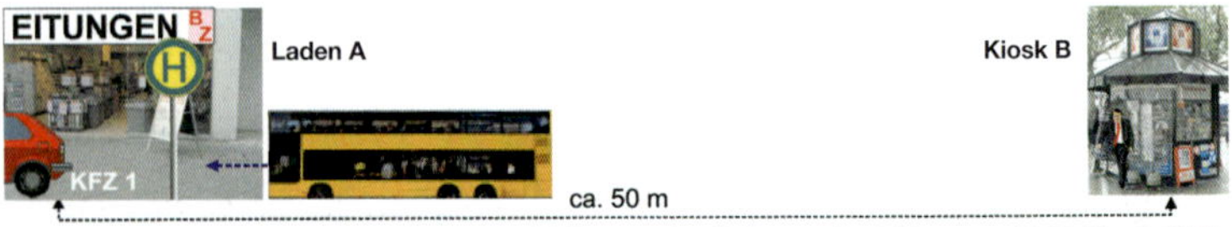

Parken ist zielgerichtetes Anhalten länger als 3 Minuten oder Verlassen des Fahrzeuges (§ 12 Abs. 2 StVO). Dort, wo Parkverbot besteht, darf bis zu 3 Minuten gehalten werden. Innerhalb der 3 Minuten darf das Fahrzeug aber nicht „verlassen" werden, andernfalls liegt „Parken" vor. Verlassen bedeutet, nicht mehr unmittelbar auf das Fahrzeug einwirken zu können, z. B. bei herannahendem Bus an die Haltestelle. Kann das KFZ 1 vom Laden A aus nicht mehr beobachtet werden, liegt trotz der Nähe bereits „Verlassen" vor, ebenso bei Kiosk B wegen der Entfernung, selbst wenn von dort das KFZ 1 gut beobachtet werden kann.

sig bei Park- und Haltverboten. Das bedeutet aber nicht, dass bei einem Parkverbot stets drei Minuten gehalten werden darf. Dient das Parkverbot dem Schutz bestimmter Verkehrsarten oder -teilnehmer muss der Bereich auch vor Ablauf der drei Minuten geräumt werden, wenn der Berechtigte erscheint, z. B. Linienbusse an Haltestellen, auf Zufahrten zu Grundstücken oder Parkplätzen (BGH NZV 2011, 604).

Halten ist kein Parken, wenn der Fahrer zwar aus dem Fahrzeug ausgestiegen ist, aber in der Nähe bleibt und jederzeit den Fahrersitz wieder einnehmen und wegfahren kann (BayObLG VRS 51, 459; OLG Stuttgart VersR 1974, 1133; 1975, 190). Wer sich indes von seinem Fahrzeug so weit entfernt, dass er die Verkehrslage nicht mehr übersehen kann, parkt, auch wenn er vor Ablauf von drei Minuten davonfährt (KG VRS 59, 228). Das gilt auch, wenn er sich zwar in der Nähe des Fahrzeugs befindet, dieses jedoch nicht mehr im Auge hat. Beim Halten bis zu drei Minuten auf einem Behindertenparkplatz liegt bereits bei kurzer Entfernung unzulässiges Parken vor, weil ein Behinderter jederzeit die Einfahrmöglichkeit auf den Parkplatz haben und auch kurze Zeit nicht warten muss (OLG Düsseldorf VerkMitt 1996 Nr. 86 = NZV 1996, 161; BVerwG VRS 103, 309).

2.1.4 Liegenbleiben

Bleibt das Fahrzeug infolge eines technischen Defektes stehen, liegt weder Halten noch Parken oder Warten vor. Vielmehr ist das Fahrzeug zu sichern und gemäß §§ 15, 15a, 16, 23 Abs. 2 unverzüglich auf dem kürzesten Weg aus dem Verkehr zu ziehen (OLG Frankfurt NJV 1988, 1803). Verbleibt das Fahrzeug aber im Halt- oder Parkverbot, obwohl die Beseitigung möglich wäre, wird aus dem „**Liegenbleiben**" unzulässiges Halten oder Parken (je nach Örtlichkeit meist bereits nach ein bis drei Stunden).

2.1.5 Parken und Gemeingebrauch

Parken ist zulässig, wo es **nicht** durch Halt- oder Parkverbote eingeschränkt wird (OLG Düsseldorf VerkMitt 1986 Nr. 52 = DAR 1986, 157). Das bedeutet aber nicht, dass das Parken dort, wo es nicht ausdrücklich verboten ist, unbeschränkt erlaubt ist. Die Zulässigkeit des Parkens wird auch vom Gemeingebrauch nach Maßgabe der straßenrechtlichen Widmung bestimmt. Zum Gemeingebrauch gehört die Verkehrsüblichkeit und

Gemeinverträglichkeit, d.h. die Bereitstellung eines KFZ zum Verkehr (ruhender Verkehr) und die Inbetriebnahme zur Ortsveränderung (fließender Verkehr). Es kommt hierbei entscheidend darauf an, zu welchem Zweck das Fahrzeug im öffentlichen Straßenraum stehen gelassen wird. Ist die Motivation darauf gerichtet, das Fahrzeug wieder in den fließenden Verkehr zu bringen, und ist das dem Fahrzeugführer auch tatsächlich möglich, bleibt das Parken gemeingebräuchlich. Erstreckt sich die straßenrechtliche Widmung für den Verkehr über die gesamte Straße (Regelfall), wäre z.B. unzulässiges Gehwegparken zwar nach § 12 Abs. 4 verboten, jedoch keine unzulässige Sondernutzung (OVG Münster NZV 2017, 576 mit Anm. Rebler).

Kein Gemeingebrauch liegt hingegen vor, wenn die Straße **nicht** zu **Verkehrszwecken** benutzt wird. **Einzelfälle**: Lagerung von Gegenständen (§ 32 Abs. 1), Anbieten von Waren und Leistungen (§ 33 Abs. 1), Verteilen von Kaufangeboten auf öffentlichen Parkplätzen für Gewerbezwecke (OLG Düsseldorf DAR 2010, 589), Abstellen eines betriebsunfähigen oder nicht zugelassenen Fahrzeugs (OVG Münster VRS 107, 152: nicht mehr zugelassene „Rostlauben" sind darüber hinaus mit einem „roten Punkt" zu kennzeichnen und als Abfall zu entfernen; VG Ansbach SVR 2017, 74: Abschleppen eines betriebsunfähigen Anhängers), Umherfahren oder Parken allein zu Werbezwecken (OVG Hamburg VRS 98, 396: auch mit drehbarem halbkugelförmigem Dachaufsatz oder Schildern), Abstellen eines zugelassenen Anhängers allein zum Freihalten einer Grundstückszufahrt (VG Braunschweig DAR 2006, 351), Nutzung des Fahrzeugs als „rollende Litfaßsäule" (selbst wenn es alle zwei Wochen an einem anderen Ort abgestellt wird), Abstellen eines nur zum Urlaub in Betrieb genommenen Wohnwagens oder eines nicht fahrberechtigten KFZ in einer Umweltzone nach Z. 270.1; hier wird die Straße als „Abstellplatz" zulasten der Parksuchenden missbraucht. Kein Gemeingebrauch liegt auch trotz gelegentlicher Verkehrsteilnahme mit zeitweiliger Parkaufstellung bei mobilen Werbeanlagen vor (OVG Hamburg NZV 2004, 544; OVG Münster NZV 2004, 430 = DÖV 2004, 170; OVG Hamburg VRS 107, 73) oder beim campingähnlichen Übernachten im Fahrzeug (OLG Schleswig-Holstein VerkMitt 2003 Nr. 4 = NZV 2003, 347 = DAR 2003, 426: Wohnwagen; BayObLG VerkMitt 1983 Nr. 58; OLG Hamm DAR 1999, 226).

Die Nutzung des Liegeraumes eines Wohnmobils für eine Ruhepause im Zuge der Fahrt ist jedoch noch gemeingebräuchlich, selbst wenn es sich um eine Übernachtung handelt. Auch das Parken von Fahrzeugen einer Vermietfirma gehört zur Verkehrsüblichkeit, denn das Firmeninteresse ist gerade auf den Verkehrszweck „Inbetriebnahme" gerichtet (BVerwG VerkMitt 1983 Nr. 21 = VRS 63, 229 = NJW 1982, 2332; OVG Hamburg VerkMitt 2009 Nr. 86 = VRS 117, 252 = NZV 2010, 222: auch kein unzulässiges Anbieten von Waren nach § 33 Abs. 1 Nr. 2). Gleiches gilt für ein Fahrzeug mit einer Verkaufsofferte, es sei denn, es wird ausschließlich zu diesem Zweck abgestellt, z.B. mit rotem Kennzeichen oder abseits vom Wohnort mit Verkaufsanzeige (KG VRS 111, 452; OVG Münster VerkMitt 2001 Nr. 51 = VRS 100, 228 = DAR 2001, 184 = NZV 2001, 533; OVG Koblenz DAR 1983, 30). Auch das überschaubare Dauerparken eines Fahrzeugs gehört zum Parken (BVerwG VRS 30, 468; VG Hamburg SVR 2016, 396: vier Monate Dauerparken in Flughafennähe noch zulässig), z.B. während einer mehrwöchigen oder sogar mehrmonatigen

Urlaubsfahrt (die Grenze dürfte bei max. einem halben Jahr liegen). Wird ein Wohnmobil jedoch jährlich nur einmal während einer drei- oder vierwöchigen Urlaubszeit benutzt oder ist dem (alleinigen) Fahrer die Fahrerlaubnis entzogen worden und die Inbetriebnahme seines auf der Straße geparkten Fahrzeuges (rechtlich) unmöglich, wird aus dem Parken unzulässiges Abstellen.[2]

Ist das Parken nicht mehr gemeinverträglich, liegt unzulässige **Sondernutzung** nach den Straßengesetzen der Länder oder des Bundes (FStrG) vor. Außerdem wird das Fahrzeug zum „Gegenstand" i. S. d. § 32 Abs. 1. Ist der Abstellvorgang mit einer abstrakten Behinderung verbunden, ist der Tatbestand des § 32 erfüllt. Die unzulässige Sondernutzung steht in Tateinheit mit § 32. Die Ahndung richtet sich dabei nach der Rechtsnorm, die die höchste Bußgelddrohung entfaltet (§ 19 Abs. 2 OWiG); das ist im Regelfall das Straßenrecht. Da die StVO und das Straßenrecht unterschiedliche Zielsetzungen haben, liegt keine Kollision mit Art. 31 GG vor (BGH VerkMitt 2002 Nr. 55 = NZV 2002, 238 = VRS 102, 220 = DAR 2002, 224).

2.2 Parkaufstellung und Vorrang

Das Ausgliedern aus dem fließenden Verkehr zum Halten oder Parken muss unter Vermeidung von Gefährdungen und unvertretbaren Behinderungen erfolgen (§ 1 Abs. 2); die Benutzung des Fahrtrichtungsanzeigers ist empfehlenswert, um dem Mitverkehr das Ausweichen zu ermöglichen.

2.2.1 Rechtsparkgebot

Zum Parken ist möglichst **weit rechts** anzuhalten, und zwar auf dem rechten Seitenstreifen (wozu auch der Parkstreifen gehört), sonst am rechten Fahrbahnrand in Fahrtrichtung (§ 12 Abs. 4 Satz 1);[3] beim Halten „in der Regel" gleichfalls. Dementsprechend ist das Parken auf Geh- und Radwegen, Mittelstreifen, Grünstreifen[4] oder sonst nicht für den Fahrzeugverkehr zugelassenen Flächen unzulässig (BVerwG VerkMitt 1993 Nr. 1 = VRS 84, 127 = DAR 92, 473 = BVerwG NJW 1993, 870; VGH München VerkMitt 2017 Nr. 40: unzulässiges Parken auf gepflastertem Randstreifen neben Gehweg; VG Düsseldorf NZV 2017, 150). Das Gebot zum Parken auf

---

2 Die Feststellung, ob ein Fahrzeug noch gemeingebräuchlich parkt oder „abgestellt" ist, bereitet in der polizeilichen Praxis häufig Schwierigkeiten. Infolgedessen sind objektive Anhaltspunkte zu ermitteln, die auf eine Sondernutzung hindeuten, wie Gestaltung des Fahrzeugs (Werbeaufbauten), Wahl des Abstellortes (zentrale Lage), Abstelldauer (Kreidestriche am Reifen – VG Freiburg DAR 1997, 503), Art und Weise der Aufstellung (Sicht zum fließenden Verkehr), Entfernung zur Halterwohnung, Alter des Fahrzeugs („Rostlaube"), Verschmutzung, fehlender Reifendruck (OLG Münster VRS 109, 385).

3 Im Regelfall ist an die Bordsteinkante heranzufahren; „schlampiges" Einparken mit Abstand zur Bordsteinkante von 50 cm und mehr ist ein Verstoß gegen § 12 Abs. 4, vor allem dann, wenn der Verkehr dadurch behindert oder gefährdet wird. Weiterer Abstand zum Bordstein ist zulässig, wenn der Fahrbahnrand erheblich verschmutzt ist, Schlaglöcher aufweist oder die Fahrzeugtüren infolge von Hindernissen (z. B. Höhe des Bordsteins, Baumschutzbügel, Schneehaufen) nicht geöffnet werden können.

4 Handelt es sich bei einem Grünstreifen um einen durch Sträucher nicht einmal Fußgängern zugänglichen Bereich, liegt eine „Privatfläche" vor, so dass unzulässiges Parken (nur) mit Mitteln des Privatrechts (§ 859 BGB) oder als Verstoß gegen kommunale Pflanzenschutznormen zu beanstanden ist (OLG Karlsruhe NZV 1993, 38).

Seitenstreifen gilt für alle Fahrzeuge, somit auch für Motorräder.[5] Seitenstreifen dürfen nur dann zum Halten und Parken benutzt werden, wenn sie ausreichend befestigt sind. Da **Fahrräder** auf Gehwegen geschoben werden dürfen, dürfen sie auch dort abgestellt werden (zum Abstellen von Miet-Fahrrädern und Miet-E-Scootern s. a. Erl. 2.2.5 zu § 29). Dabei darf allerdings der Fußgängerverkehr weder gefährdet noch behindert werden. Ist das nicht zu gewährleisten, sind Fahrräder am Fahrbahnrand, auf Parkflächen oder anderweitig abzustellen, notfalls auch außerhalb des Verkehrsraumes.[6] Ausgenommen sind Lastenfahrräder und Fahrräder mit Anhänger, die wegen ihres größeren Flächenbedarfs im Regelfall am Fahrbahnrand geparkt werden müssen. Im Übrigen gilt für Fahrräder, dass sie nachts nicht unbeleuchtet auf der Fahrbahn geparkt werden dürfen (§ 17 Abs. 4 Satz 4). Parken Fahrzeuge neben Schneewällen auf der Fahrbahn, liegt kein Verstoß gegen das Rechtsparkgebot vor; es kann aber bei engen Straßenstellen nach § 12 Abs. 1 Nr. 1 oder bei Behinderung nach § 1 Abs. 2 unzulässig sein (BayObLG VRS 64, 380).

2.2.2 Parken in Fahrtrichtung

Entsprechend der internationalen Regelung des Art. 23 Abs. 2 WÜ muss regelmäßig **parallel** (in Fahrtrichtung) zum Fahrbahnrand geparkt werden, weil dadurch beim Ein- und Ausparken die geringste Beeinträchtigung des fließenden Verkehrs eintritt; außerdem bleiben nachts die roten Rückstrahler erkennbar. Das gilt für alle Verkehrsarten, auch für Kleinst-PKW, Motorräder oder Mofas (KG NZV 1992, 249 = VRS 82, 374; s. a. Janeczek NZV 2020, 139), selbst wenn sie beim unzulässigen Querparken nicht über die Kanten der längs aufgestellten Fahrzeuge in die Fahrbahn hineinragen. Schräg-, Quer- oder Senkrechtparken ist auch für Krafträder, außer bei Markierungen nach Anl. 2 lfd. Nr. 74, nur auf sehr breiten Straßen, Park- und Seitenstreifen zulässig, wenn der fließende Verkehr nicht behindert wird und die Verkehrsverhältnisse diese Aufstellungsart gestatten (KG NZV 1992, 249; KG VRS 82, 371: Folge aus dem Gebot des Platz sparenden Parkens nach § 12 Abs. 6). In solchen Bereichen dürfen auch Kleinst-PKW geringer Länge (z. B. Smart mit rd. 2,50 m) senkrecht zum Fahrbahnrand parken oder markierte Restflächen

5 Das Abstellen motorisierter Zweiradfahrzeuge auf ausreichend breiten Gehwegen wird häufig im Wege der polizeilichen Opportunität geduldet, wenn weder Gefährdungen noch Behinderungen zu besorgen sind (§ 53 Abs. 1 OWiG).

6 Bei der Fassung der StVO von 1970 spielte der Radverkehr nur eine untergeordnete Rolle; der Verordnungsgeber hatte deshalb weder das Schieben von Fahrrädern auf Gehwegen noch das Abstellen besonders geregelt, weil die polizeiliche Opportunitätspraxis ausreicht, um Auswüchse zu verhindern. Fahrräder dürfen deshalb je nach Ortsüblichkeit überall dort abgestellt werden, wo sie andere weder gefährden noch wesentlich behindern, somit auch auf Gehwegen (BVerwG VD 2004, 135 = NJW 2004, 1815 = NZV 2005, 333; OVG Lüneburg VerkMitt 2003 Nr. 72 = VRS 106, 144; VG Lüneburg VerkMitt 2003 Nr. 33 = VRS 104, 236 = NZV 2003, 255; VG Hamburg NZV 2009, 312; auch mit Werbetafeln, LG Köln NZV 2010, 331. Fahrräder müssen so sicher abgestellt werden, dass sie nicht umstürzen und Andere schädigen; s. a. Kettler NZV 2003, 209 und SVR 2006, 276; Schulze-Werner VD 2006, 236; Rebler DAR 2009, 12, 18). Ein Zonenhaltverbot mit dem Zusatzzeichen „auch Fahrräder" ist nicht geeignet, das Parken auf Gehwegflächen mit dem Ziel zu unterbinden, Fahrräder in eine kostenpflichtige Abstellanlage zu verweisen. Da Fahrräder nach § 17 Abs. 4 bei Dunkelheit nicht unbeleuchtet auf der Fahrbahn stehen gelassen werden dürfen, folgt auch daraus die Zulässigkeit des Abstellens auf Gehwegen.

ausnutzen. Dort, wo auch Kleinst-PKW zulässigerweise nur in Längsrichtung geparkt werden dürfen, ist allerdings bei der Verkehrsüberwachung Augenmaß erforderlich, weil andernfalls eine rein formale Betrachtung schikanös wirken kann (AG Viechtach DAR 2005, 704).

Weiterhin ist am rechten Fahrbahnrand zu parken. Abweichungen vom **Rechtsparkgebot** gelten bei Einbahnstraßen und bei rechts verlegten Straßenbahnschienen. Bei Einbahnstraßen darf rechts und links am Fahrbahnrand geparkt und gehalten werden, natürlich nur in Fahrtrichtung. Nur bei rechts verlegten Gleisen darf entgegen der Fahrtrichtung links geparkt werden. Bei rechts oder links verlegten Gleisen darf dort generell nicht geparkt oder gehalten werden (somit auch nicht in der Mitte). Außerdem gilt § 12 Abs. 4 nicht bei Mischflächen verkehrsberuhigter Gebiete nach Z. 325, weil dort keine „Fahrbahnen" vorhanden sind; es darf somit auf den gekennzeichneten Flächen entgegen der Fahrtrichtung geparkt werden (OLG Köln NZV 1997, 449 = VRS 94, 136 = DAR 1997, 411).

Der **Ausparkende** muss erst den fließenden Verkehr vorbeifahren lassen, ehe er anfahren darf. Kommt es zu einem Unfall, haftet der Ausparkende für den Schaden, da der Anscheinsbeweis für ein Fehlverhalten des Ausparkenden spricht (s. a. Erl. 2.6 zu § 10). Der Ausfahrende kann sich dabei auch nicht auf einen hinter ihm auf die frei werdende Parklücke Wartenden und ihn Abschirmenden verlassen (OLG Naumburg VerkMitt 2013 Nr. 22 = NZV 2013, 394).

2.2.3 Parken auf Seitenstreifen

Befindet sich rechts von der Fahrbahn ein ausreichend befestigter Seiten- oder Parkstreifen (Parkbucht), ist dort zu parken (§ 12 Abs. 4). Die Art der Befestigung richtet sich nach dem Parkzweck („dazu" in § 12 Abs. 4 Satz 1). Für PKW reicht auch eine Fläche, die mit Kies oder Schotter eine so genügende Tragfähigkeit besitzt, dass keine Schäden entstehen können (Pflasterung, Asphalt oder Beton ist nicht zwangsläufig notwendig). Die Art der Befestigung muss aber erkennbar dem Parken dienen, was nach der Örtlichkeit zu bestimmen ist. Randstreifen, die der **Straßenentwässerung** dienen, sind keine Seitenstreifen.[7] Das Parken rechts auf der Fahrbahn links eines befestigten Seitenstreifens ist selbst dann unzulässig, wenn dadurch keine Parkstände verstellt werden. Ist auf der rechten Seite der Fahrbahn eine **durchgehende** Linie (Z. 295) aufgetragen, handelt es sich i. d. R. um eine **Fahrbahnbegrenzung**. Bleibt rechts vom Z. 295 Straßenraum frei, darf nicht links davon gehalten werden (Anl. 2 lfd. Nr. 68). Rechts von der Linie darf geparkt werden, wenn dieser Raum zum Parken vorgesehen ist oder langsame Fahrzeuge (z. B. Radfahrer) nicht behindert werden.

2.2.4 Parken an Mittelstreifen oder Verkehrsinseln

Mittelstreifendurchlässe auf Straßen sind weder Seitenstreifen noch Fahrbahnränder. Infolgedessen ist dort das Parken nach § 12 Abs. 4 unzulässig. Diese Durchlässe sind zwar Teil der Fahrbahn; rechter Fahrbahnrand ist jedoch nur der in Längsrichtung vorgesehene Straßenteil (KG VRS 72, 87; 80, 223). Das gilt auch für die Mittelstreifenköpfe oder Mittelinseln in Kreuzungsbereichen (auch hier ist somit das Parken unzulässig).

---

7 Zur Vermeidung von Bodenverdichtung empfiehlt es sich für den Baulastträger, das Parken notfalls durch Pfosten, Baumstämme o. ä. Materialien zu unterbinden.

Parkverbot an Mittelstreifen und innerhalb von Kreuzungen

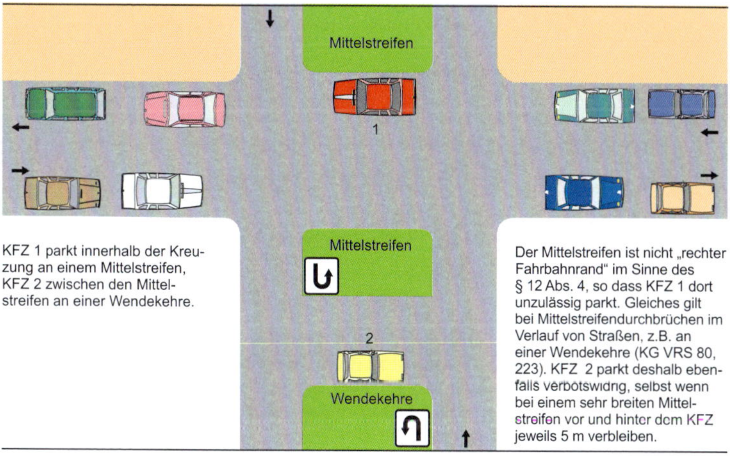

KFZ 1 parkt innerhalb der Kreuzung an einem Mittelstreifen, KFZ 2 zwischen den Mittelstreifen an einer Wendekehre.

Der Mittelstreifen ist nicht „rechter Fahrbahnrand" im Sinne des § 12 Abs. 4, so dass KFZ 1 dort unzulässig parkt. Gleiches gilt bei Mittelstreifendurchbrüchen im Verlauf von Straßen, z.B. an einer Wendekehre (KG VRS 80, 223). KFZ 2 parkt deshalb ebenfalls verbotswidrig, selbst wenn bei einem sehr breiten Mittelstreifen vor und hinter dem KFZ jeweils 5 m verbleiben.

2.2.5 Rückwärtsparken

Parkplätze dienen dem ruhenden Verkehr, so dass beim Rückwärtsparken das Gefährdungsverbot des § 9 Abs. 5 nicht gilt, wohl aber die Sorgfaltspflichten nach § 1 Abs. 2. Wer in eine Parklücke rückwärts ein- oder ausparkt, muss äußerste Vorsicht walten lassen. Das gilt beim Einparken besonders dann, wenn ein neben der Parklücke stehendes Fahrzeug zur gleichen Zeit rückwärts ausparken will (OLG Hamm NJW 2015, 414 = SVR 2015, 27 = NZV 2015, 297; OLG Hamm SVR 2013, 24; KG DAR 2011, 23; OLG Hamm VRS 99, 70; LG Saarbrücken SVR 2013, 345; s.a. Rebler SVR 2014, 332; Freymann DAR 2013, 73), oder beim Ausparken, wenn ein anderer mit Schrittgeschwindigkeit und 2 bis 3 m Abstand an dem rückwärts Ausparkenden vorbeifährt (OLG Saarbrücken NZV 2015, 240; OLG Hamm NZV 2015, 297). Der Beweis des ersten Anscheins spricht gegen den rückwärts Ausparkenden, der nur erschüttert werden kann, wenn er beweist, dass sein Verhalten unter keinem Gesichtspunkt für den Schaden ursächlich gewesen sein kann (OLG München NZV 2014, 416).

Ist Senkrechtparken zulässig, sollte vor allem an Parkbuchten entlang der Straße wegen der vermeidbaren **Abgasbelästigung** von Fußgängern nur mit der Vorderseite des KFZ zum Gehweg hin geparkt werden (§ 30 Abs. 1 Satz 1). Das ist insbesondere geboten, wenn Abgase in Souterrainwohnungen dringen können oder sich auf dem Gehweg spielende Kinder, Personen mit Kinderwagen, Rollstuhlfahrer oder Haustiere aufhalten. Mögliche Schwierigkeiten beim Ausparken müssen dann in Kauf genommen werden.[8]

2.2.6 Halten und Parken in zweiter Spur/Reihe (§ 12 Abs. 4)

Parken in zweiter Spur ist schlechthin **unzulässig**, auch wenn es dem Be- und Entladen dient (OLG Düsseldorf VerkMitt 1988 Nr. 41; BGH VerkMitt

8 Ein nicht amtliches Hinweisschild ist oft hilfreich, um Kraftfahrer zum Vorwärtsparken zu veranlassen.

1979 Nr. 4 = VRS 55, 462). Dasselbe gilt für Parken links neben einem befestigten Seitenstreifen oder einer Parkbucht (OLG Düsseldorf NZV 1989, 82), nicht jedoch bei Unbenutzbarkeit des Seitenstreifens, z. B. wegen Lagerung von Baumaterial (OLG Düsseldorf VRS 78, 218). Allerdings gibt es zwei Ausnahmen: So ist **Taxen** das Parken in zweiter Spur gestattet, um Fahrgäste ein- oder aussteigen zu lassen, sofern dadurch nicht der Verkehrsfluss behindert wird (§ 12 Abs. 4 Satz 3). Dazu gehören auch Nebenverrichtungen, z. B. Gepäckausladen. Ferner dürfen **Postfahrzeuge**[9] im unmittelbaren Nahbereich eines Briefkastens (10 m davor bis 10 m dahinter), der von einem Haltverbot nach Z. 283, Z. 286 oder Z. 290.1 überlagert wird, auf der Fahrbahn zu dessen Leerung auch in zweiter Reihe parken, sofern kein Parkraum anderweitig verfügbar ist (§ 35 Abs. 7a). Voraussetzung ist, dass eine Kopie der Postlizenz (§ 36 PostG) oder die Subdelegation durch ein lizenziertes Unternehmen hinter der Windschutzscheibe deutlich sichtbar ausgelegt wird.

Demgegenüber ist das **Halten** für alle anderen Fahrzeuge nur **„in der Regel"** verboten. Von der Regelfolge darf dann abgewichen werden, wenn in zumutbarer Entfernung kein Parkraum vorhanden ist, durch die Aufstellung in zweiter Reihe der Verkehrsfluss nicht behindert wird und das Interesse des Haltenden gegenüber der Regelabweichung überwiegt, z. B. bei Lieferung schwerer Güter (BGH VRS 38, 228 = DAR 1970, 110), dringender Verständigung über einen Fahrzeugmangel (KG VerkMitt 1973 Nr. 52), zur Orientierung auf einem Stadtplan (BayObLG VerkMitt 1972 Nr. 68; KG VerkMitt 1974 Nr. 15). **Außerdem** darf das Halten in zweiter Spur **nicht** länger als **drei Minuten** dauern, weil sonst aus dem Halten unzulässiges Parken wird. Bei extremem Parkdruck in Innenstädten wird Lieferverkehr außerhalb der Verkehrsspitzen in zweiter Reihe häufig von der Polizei aus Opportunitätserwägungen geduldet (§ 53 Abs. 1 OWiG), wenn der Verkehrsfluss nicht behindert wird. Andernfalls wären ausreichend große Lieferzonen durch Z. 286 auszuweisen, deren Überwachung meist an Personalengpässen der Polizei oder Ordnungsbehörden scheitert. Unzulässiges Halten oder Parken in zweiter Spur wird nicht mehr mit 15 €, sondern mit 55 €, bei Behinderung mit 80 € und bei Gefährdung mit 90 € Bußgeld geahndet. Dadurch will der VO-Geber ein deutliches Signal für mehr Ordnung im Verkehrsraum setzen.

2.2.7 Platz sparendes Parken und Halten (§ 12 Abs. 6)

Platz sparendes Parken erfordert eine angemessene Ausnutzung des Verkehrsraums dort, wo er knapp ist. Mehrmaliges Vor- und Zurücksetzen, um aus einer Parklücke herauszukommen, ist dabei zumutbar. Bloße Unbequemlichkeiten müssen in Kauf genommen werden. Die Grenze liegt bei vermeidbarer Blockierung des Ausparkenden (OLG Düsseldorf VerkMitt 1973 Nr. 108); 20 cm vorn und hinten kann zu gering sein. Die Vorschrift ist als Ordnungswidrigkeit qualifiziert. Das Gebot gilt in der Regel auch für den, der nur halten will. Innerhalb der kurzen Zeit bis zum Parken (§ 12 Abs. 2 – drei Minuten) darf dann auch etwas großzügiger gehalten werden, wenn abzusehen ist, dass niemand behindert wird.

---

9 Hierbei handelt es sich um Fahrzeuge von Unternehmen, die Grundversorgungsleistungen nach dem Postgesetz erbringen, sowie von deren beauftragten Subunternehmen.

2.2.8 Vorrang an einer Parklücke (§ 12 Abs. 5)

Der Vorrang an einer freien oder frei werdenden Parklücke steht dem zu, der sie zuerst **unmittelbar** erreicht, gleich ob er vorwärts oder rückwärts einparken will. Unmittelbar erreicht hat die Parklücke, wer sich mit seinem Fahrzeug, zumindest mit dem vorderen Teil, in gleicher Höhe mit der in seiner Fahrtrichtung liegenden Parklücke befindet. Der Vorrang bleibt selbst dann erhalten, wenn ein anderer auf der gegenüberliegenden Seite eher da war. Ebenso geht der Vorrang nicht verloren, wenn der Berechtigte an der Lücke vorbeifährt, um rückwärts einzuparken oder sonst unmittelbar mit dem Einparken zusammenhängende Fahrmanöver ausführt, z.B. zum Schräg- oder Senkrechtparken.

Der Vorrang besteht nicht beim **Warten** auf einen frei werdenden Parkstand auf der gegenüberliegenden Seite, weil von dort nicht unmittelbar eingeparkt werden kann (OLG Düsseldorf VerkMitt 1992 Nr. 59 = NZV 1992, 199). Hierbei ist Rücksichtnahme geboten (§ 1 Abs. 1), denn der Vorrang darf nicht zu einem „Kampf um den Parkplatz" eskalieren. Reserviert ein Fußgänger eine Parklücke, liegt Behinderung, aber keine strafbare Nötigung nach § 240 StGB vor, da der am Einparken gehinderte Fahrer nicht zu einem unangemessenen Handeln veranlasst wird (BayObLG NZV 1995, 327; OLG Köln NJW 1979, 2056). Die Behinderung rechtfertigt keine Notwehrhandlung, denn auch der Berechtigte muss wegen der Verpflichtung zur Rücksichtnahme aus § 1 Abs. 1 Defizite anderer Verkehrsteilnehmer durch eigenes Handeln ausgleichen (AG Villingen-Schwenningen DAR 2018, 701). Wird ein vermeintlicher Parkvorrang erzwungen, kann dies verwerflich und Nötigung nach § 240 StGB sein (AG Villingen-Schwenningen SVR 2019, 227 mit Anm. Koehl). Wer deshalb die Einfahrt dadurch erzwingt, dass er auf den die Parklücke freihaltenden Fußgänger in gefährdender Weise zufährt oder ihn anfährt, begeht eine strafbare **Nötigung** (OLG Hamm NJW 1970, 74; OLG Düsseldorf VerkMitt 1978 Nr. 68; Rebler NZV 2011, 372; nicht aber bei sanftem Wegdrängeln, wenn der Fußgänger ausreichend Zeit zum Verlassen der Parklücke hat: OLG Naumburg VerkMitt 1998 Nr. 37 = VRS 94, 338 = NZV 1998, 163 = DAR 1998, 28).

Vorrang an einer Parklücke

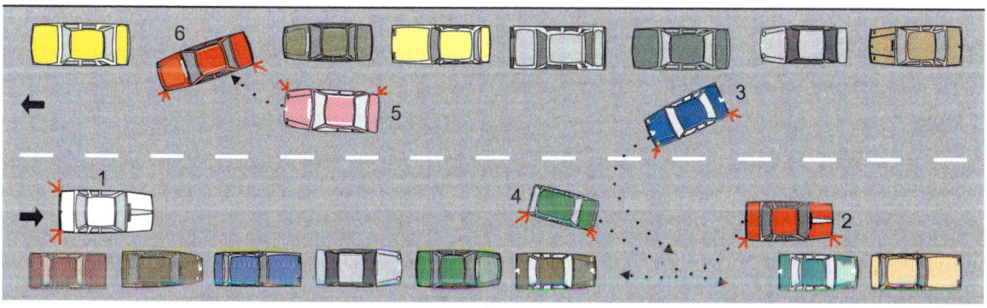

KFZ 1 wartet auf einen möglicherweise frei werdenden Parkstand. Sofern KFZ 1 länger als 3 Minuten hält, parkt es unzulässig in 2. Spur (§ 12 Abs. 4)

KFZ 2 „wartet", um rückwärts einparken zu können. Da es die Parklücke als Erster erreicht hat, muss KFZ 4 ihm das Einparken selbst dann ermöglichen, wenn **KFZ 4** aus der Fahrbewegung heraus „zuerst" einfahren könnte (§ 12 Abs. 5).

KFZ 3 hat die Parklücke zwar eher als KFZ 2 erreicht, jedoch nicht „unmittelbar zuerst" (§ 12 Abs. 5 Satz 1). KFZ 2 darf deshalb vor KFZ 3 in die Parklücke einfahren.

KFZ 5 wartet, um in die frei werdende Parklücke von **KFZ 6** einfahren zu können. Die Aufstellung zum unmittelbaren Einparken ist verkehrsrechtlich „Warten", selbst wenn das Einparken länger als 3 Minuten dauert. Wird jedoch der Verkehrsfluss unvertretbar behindert, muss KFZ 5 auf das Einparken verzichten (§ 1 Abs. 2).

2.3 Haltverbote

2.3.1 Enge und unübersichtliche Straßenstellen (§ 12 Abs. 1 Nr. 1)

Das Haltverbot dient der Sicherheit und Leichtigkeit des Verkehrs. Die StVO unterscheidet zwischen Straßenstellen (§§ 8 Abs. 2, 12 Abs. 1 Nr. 1, 15, 27 Abs. 2, 36 Abs. 4) und Straßenstrecken (z.B. § 3 Abs. 1). In allen Fällen sind die Begriffe im natürlichen Wortsinn zu verstehen. **Eng** ist eine Straßenstelle, wenn durch haltende Fahrzeuge die Durchfahrt eines Fahrzeugs größtmöglicher Breite (2,55 m) zuzüglich eines Sicherheitsabstandes von mind. 0,5 m (je 0,25 m rechts und links) unter Berücksichtigung des Gegenverkehrs nicht mehr gewährleistet ist (OLG Düsseldorf VerkMitt 2000 Nr. 71 = NZV 2000, 340; VRS 98, 299; VerkMitt 1988 Nr. 41 = VRS 75, 66). KFZ, die dort unzulässig parken, können auch ohne konkrete Behinderung abgeschleppt werden (VG Berlin VerkMitt 1998 Nr. 80), auch dann, wenn der verbleibende Raum zwar für PKW, nicht aber für LKW ausreicht. Ist der zwischen zwei parkenden KFZ verbleibende Fahrraum geringer als 3 m, muss auch der zuerst dort Parkende den Raum freimachen (OLG Köln VRS 34, 312).[10] Die Kennzeichnung einer engen Straße durch Anordnung von Z. 283 nur auf einer Seite ist schon deshalb unzulässig, da bei Fahrzeugführern der Eindruck erweckt wird, auf der anderen Straßenseite dürfe gehalten werden (VGH München SVR 2013, 317).

Unübersichtlichkeit ist dann gegeben, wenn aus der Sicht des fließenden Verkehrs nicht zuverlässig beurteilt werden kann, ob der davor befindliche Verkehrsraum frei ist, z.B. an Gefällstrecken hinter Straßenkuppen, bei Fahrbahnverschwenkungen, engen Kurven, Baustellen.

2.3.2 Bereich scharfer Kurven (§ 12 Abs. 1 Nr. 2)

Ob eine Kurve scharf ist, hängt vom Radius der Krümmung ab, die eine Behinderung bewirken kann (insbesondere bei langen LKW mit unterschiedlichen Schleppkurven).

Das Verbot gilt für die Außen- und Innenseite sowie vor und hinter („im Bereich") der Kurve. Dass die Kurve selbst unübersichtlich ist, wird nicht gefordert. Der Wendekopf einer Sackgasse ist keine Kurve nach § 12 Abs. 1 Nr. 2, so dass ein Haltverbot nur nach § 12 Abs. 1 Nr. 1 bei engen oder unübersichtlichen Wendeschleifen in Betracht kommt (OLG Brandenburg VerkMitt 2004 Nr. 35 = DAR 2004, 282 = VRS 106, 307 = NJW 2004, 961 = VD 2004, 76); andernfalls muss Z. 286 oder Z. 283 angeordnet werden, wenn Müll- und sonstige Ent- oder Versorgungsfahrzeuge in der Sackgasse nicht mehr wenden können.

2.3.3 Auf Einfädelungs- und Ausfädelungsstreifen (§ 12 Abs. 1 Nr. 3)

Einfädelungs- und Ausfädelungsstreifen entsprechen den Begriffen Beschleunigungs- und Verzögerungsstreifen.[11] Das Verbot gilt für alle Straßen

---

10 Das vor allem in Altstadtgebieten mit hoher Parknachfrage geduldete beidseitige Parken, wenn unter Ausschluss des Gegenverkehrs dazwischen nur noch eine Fahrgasse verbleibt, ist eine Frage der polizeilichen Opportunität, nicht der Rechtsanwendung.

11 Die StVO verwendet hier die eingeführten verkehrstechnischen Begriffe der Einfädelungs- und Ausfädelungsstreifen; materiell-rechtliche Änderungen sind damit nicht verbunden.

Haltverbot in scharfen Kurven

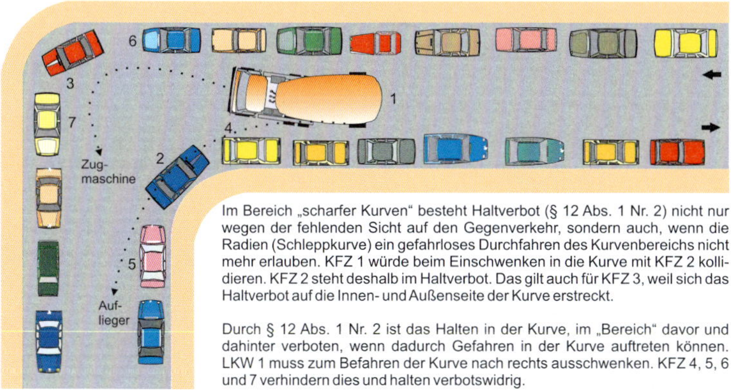

Im Bereich „scharfer Kurven" besteht Haltverbot (§ 12 Abs. 1 Nr. 2) nicht nur wegen der fehlenden Sicht auf den Gegenverkehr, sondern auch, wenn die Radien (Schleppkurve) ein gefahrloses Durchfahren des Kurvenbereichs nicht mehr erlauben. KFZ 1 würde beim Einschwenken in die Kurve mit KFZ 2 kollidieren. KFZ 2 steht deshalb im Haltverbot. Das gilt auch für KFZ 3, weil sich das Haltverbot auf die Innen- und Außenseite der Kurve erstreckt.

Durch § 12 Abs. 1 Nr. 2 ist das Halten in der Kurve, im „Bereich" davor und dahinter verboten, wenn dadurch Gefahren in der Kurve auftreten können. LKW 1 muss zum Befahren der Kurve nach rechts ausschwenken. KFZ 4, 5, 6 und 7 verhindern dies und halten verbotswidrig.

mit Einfädelungs- oder Ausfädelungsstreifen. Auf Autobahnen oder Kraftfahrstraßen ist nach den Z. 330.1 oder 331.1 das Halten nach § 18 Abs. 8 ohnehin unzulässig; § 12 Abs. 1 Nr. 3 tritt dort zurück.

2.3.4 Auf und 5 m vor Fußgängerüberwegen nach Z. 293 (Anl. 2 lfd. Nr. 66)

Das Haltverbot dient der **Sicht** auf den Fußgängerüberweg („Zebrastreifen") und gilt **auf** und 5 m **vor** dem Überweg (§ 26, Z. 293); nicht dahinter und auch nicht für sonstige Überquerungsmöglichkeiten für Fußgänger, wie Fußgängerfurten vor LZA. Die Entfernung ist von der Markierung ab rückwärts zu messen; bei schräg verlaufenden Überwegen von der Fahrbahnkante aus. Sofern Überwege entgegen den R-FGÜ noch über Gleise verlaufen, ist das

Haltverbot an Fußgängerüberwegen

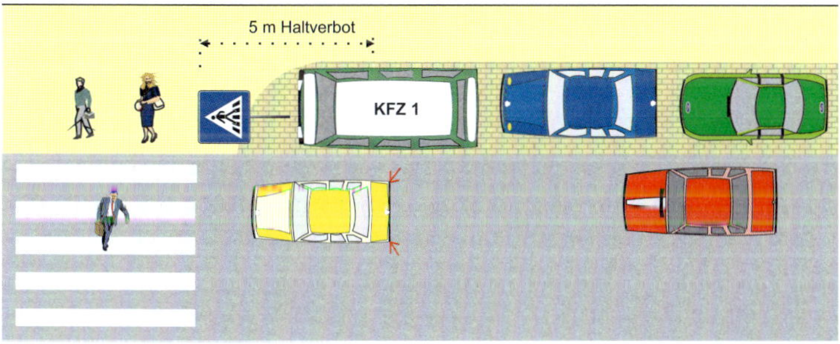

Auf und 5 m vor Fußgängerüberwegen (Z. 293) gilt zur besseren Sicht auf querende Fußgänger Haltverbot (§ 26 Abs. 3). Das Haltverbot bezieht sich auf die Fläche unmittelbar vor der „Markierung", somit nicht auf den Parkstreifen unmittelbar vor dem Überweg. Sofern dort durch parkende Fahrzeuge (KFZ 1) die Sicht auf Fußgänger beeinträchtigt ist, müsste die Verkehrsbehörde das Parken durch eine Sperrfläche nach Z. 298 auf dem Parkstreifen unterbinden.

Halt- oder Parkverbot auf Fußgängerfurten

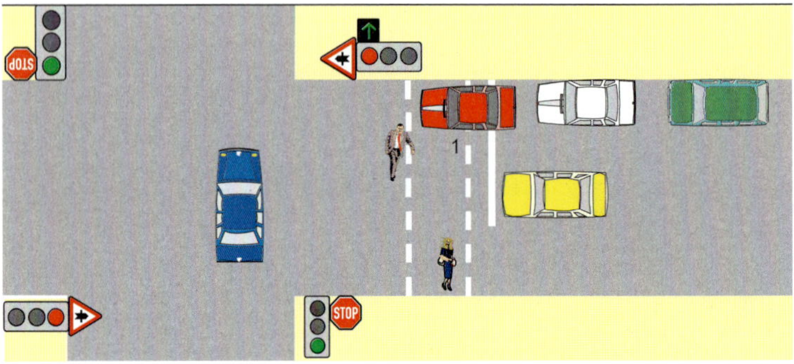

Auf und 5 m vor Fußgängerüberwegen besteht Haltverbot (Anl. 2 lfd. Nr. 66). Ein entsprechendes Verbot für Fußgängerfurten gibt es nicht. Parkt KFZ 1 zwar auf der Fußgängerfurt, aber noch vor dem 5-Meter-Bereich der Kreuzung, kann ein Parkverbot nur aus dem Behinderungs- oder Gefährdungsverbot des § 1 Abs. 2 StVO hergeleitet werden. Die Behinderung/Gefährdung muss dabei aber konkret festgestellt werden. Die abstrakte Möglichkeit reicht nicht. Auch aus der LZA-Regelung (Rot) folgt kein Parkverbot (s. zu § 37 StVO).

Halten auf Zebrastreifen auch für Straßenbahnen verboten (BGH VerkMitt 1975 Nr. 98 = VRS 49, 243).

Für **Fußgängerfurten**, die sich außerhalb der Fünf-Meter-Grenze vor Kreuzungen oder Einmündungen (§ 12 Abs. 3 Nr. 1) befinden, gibt es **kein** besonderes Halt- oder Parkverbot. Das Halten ist dann unzulässig, wenn dadurch Fußgänger (konkret) behindert werden (§ 1 Abs. 2).

2.3.5 Auf Bahnübergängen (§ 12 Abs. 1 Nr. 4)

Haltverbot besteht „auf" den nach § 19 bezeichneten höhengleichen Übergängen und folgt nicht aus dem Zeichen 201, weil das Andreaskreuz nicht den „Bahnübergang", sondern nur den Vorrang des Schienenverkehrs regelt; das Haltverbot ist deshalb weiterhin in § 12 Abs. 1 Nr. 4 verankert. Das Haltverbot gilt auch dann, wenn die Gleise Bestandteil der Fahrbahn sind und dieser Raum durch Andreaskreuze abgesichert ist.

2.3.6 In absoluten Haltverboten nach Z. 283 (Anl. 2 lfd. Nr. 62)

Das Z. 283 dient nicht nur der Flüssigkeit, sondern auch der Sicherheit des Verkehrs, z.B. dem Schutz querender Fußgänger (BGH VerkMitt 1983 Nr. 57). Das Haltverbot gilt nur für die Fahrbahnseite des fließenden Verkehrs, nicht aber für Haltbuchten, Parkstreifen oder sonstige für den ruhenden Verkehr bestimmte Flächen (KG VRS 122, 157).

Das Haltverbot beginnt ab dem Schild und endet an der nächsten Kreuzung oder Einmündung der gleichen Straßenseite; ebenso beim eingeschränkten Haltverbot nach Z. 286 (Anl. 2 lfd. Nr. 61, Spalte 3, Nr. 1, Satz 2). Enden kann das Haltverbot auch ohne Zusatzzeichen „Ende", wenn der Grund für die Freihaltung der Verkehrsfläche eindeutig erkennbar ist, z.B. im Kurvenbereich, an Baustellen. Notfalls ist der Haltverbotsbereich durch weiße Anfangs- und Endpfeile im Z. 283 zu kennzeichnen. Befindet sich auf der Fahrbahn vor einer Parkplatzzufahrt ein Haltverbot, kann sich der Ausfahrende nicht

Geltungsbereich des Haltverbots

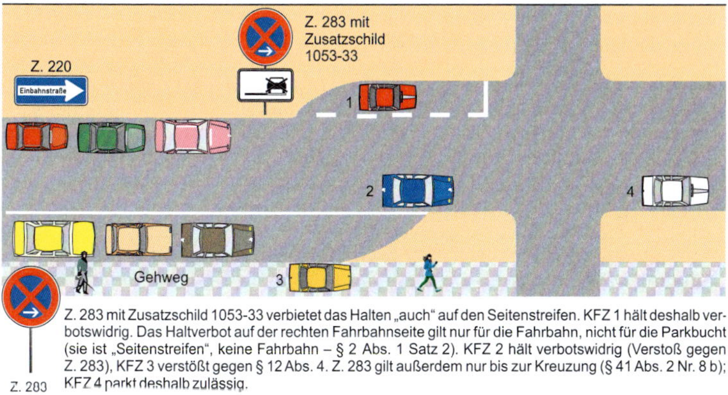

Z. 283 mit Zusatzschild 1053-33 verbietet das Halten „auch" auf den Seitenstreifen. KFZ 1 hält deshalb verbotswidrig. Das Haltverbot auf der rechten Fahrbahnseite gilt nur für die Fahrbahn, nicht für die Parkbucht (sie ist „Seitenstreifen", keine Fahrbahn – § 2 Abs. 1 Satz 2). KFZ 2 hält verbotswidrig (Verstoß gegen Z. 283), KFZ 3 verstößt gegen § 12 Abs. 4. Z. 283 gilt außerdem nur bis zur Kreuzung (§ 41 Abs. 2 Nr. 8 b); KFZ 4 parkt deshalb zulässig.

damit entlasten, das Haltverbot nicht gesehen zu haben. Bei längeren Haltverbotsstrecken sollte innerorts das Haltverbot im Interesse der Sichtbarkeit nach 100 m, außerhalb nach 200 m wiederholt werden (weißer Doppelpfeil im Z. 283). Das Verbot bezieht sich nur auf Haltvorgänge auf der für den fließenden Verkehr bestimmten Fahrbahn und nur auf die Straßenseite, auf der das Schild steht; auf Seitenstreifen, Park- oder Ladebuchten darf somit gehalten werden (KG DAR 2012, 32). Soll auch der Seitenstreifen in das Haltverbot einbezogen werden, muss das Zusatzzeichen 1053-33 (Symbol eines durchgestrichenen PKW) mit Z. 283 kombiniert werden (Anl. 2 lfd. Nr. 63.1).

Durch Zusatzzeichen 1053-34 „auf dem Seitenstreifen" wird das Haltverbot auf diesen Straßenteil beschränkt, nicht aber auf sonstige Flächen außerhalb der Fahrbahn, wie Parkflächen oder Ladebuchten (OLG Jena DAR 2008, 156 = NZV 2008, 215 = OLG Jena VRS 113, 368: Schotterfläche; OLG Jena VerkMitt 1998 Nr. 46 = NZV 1998, 166). Wird im Bereich eines Z. 283 auf dem Gehweg unzulässig geparkt, liegt ein Verstoß nach § 12 Abs. 4 Satz 1, nicht aber gegen Z. 283 vor (BGH VRS 84, 127).

Fahrzeuge von Universaldienstleistenden nach § 11 PostG i. V. m. § 1 Nr. 1 Post-UniversaldienstleistungsVO oder von ihnen beauftragten Unternehmen dürfen bei Z. 283, 286 oder 290.1 im unmittelbaren Nahbereich eines **Briefkastens** (10 m davor bis 10 m dahinter) auf der Fahrbahn zum Zwecke der Leerung auch in zweiter Reihe kurzfristig parken, soweit dies mangels geeigneter anderweitiger Parkmöglichkeiten in diesem Bereich zum Zwecke der Leerung von Briefkästen erforderlich ist (§ 35 Abs. 7a).

Bei vorübergehend angeordneten Haltverboten für Baustellen, Straßenreinigung, Umzüge und sonstige Veranstaltungen ist es nicht (mehr) erforderlich, während der Geltungsdauer auch die dort befindlichen Parkverbote und Parkmarkierungen abzudecken oder durchzukreuzen, was die Verkehrsbehörden entlastet und den Veranstalter oder die Straßenbaufirmen von zusätzlichen Kosten befreit (Anl. 2 lfd. Nr. 61).

Z. 283 kann auch aus Gründen der öffentlichen Sicherheit angeordnet sein, z. B. zur Verhütung von Brandanschlägen auf Gebäude. In solchen Fällen ist die Umsetzung (Abschleppen) des KFZ zulässig. Haltverbote sind keine enteignungsgleichen Eingriffe, gegen die Anlieger klagen können (VGH Mannheim NZV 1990, 406).

2.3.7 In eingeschränkten Haltverboten nach Z. 286 (Anl. 2 lfd. Nr. 63)

Im eingeschränkten Haltverbot darf **bis zu drei Minuten** gehalten werden, wobei es auf den Zweck des Haltens nicht ankommt. Anders als bei § 12 Abs. 2 darf das Fahrzeug auch „verlassen" werden, denn § 12 Abs. 2 grenzt nur das Halten zum Parken ab, während Z. 286 das **zweckfreie Halten** bis zu drei Minuten erlaubt.

Das Z. 286 erlaubt das **Aus- oder Einsteigen**(-lassen!) sowie das **Be- oder Entladen**, einschließlich **Nebenverrichtungen**. Das sind solche Tätigkeiten, die wegen der notwendigen Zugehörigkeit zum Be- oder Entladen bzw. zur Aufnahme oder zum Absetzen von Fahrgästen als Bestandteil des Haltens erscheinen, z.B. Bezahlen und Kontrolle der Waren oder des Fahrpreises, Abschluss von Bestellungen, Begleitung behinderter Personen bis zur Haustür (BGH VRS 40, 180; BayObLG VerkMitt 1979 Nr. 59 = DAR 1979, 138 = VRS 57, 140). Die Dauer der Nebenverrichtungen darf **15–20 Minuten** nicht übersteigen. Da sich das Ein- und Aussteigen nur auf Fahrgäste bezieht, verstößt der Fahrer gegen Z. 286, wenn nur er „aussteigt" und später als drei Minuten wieder „einsteigt". Andererseits ist das Ein- oder Aussteigen, Be- oder Entladen zeitlich nicht beschränkt, es muss nur ohne Verzögerung durchgeführt werden (Anl. 2 lfd. Nr. 63). Hinsichtlich der transportierten Sachen muss deren **Größe und Gewicht** die Beförderung mit einem KFZ erforderlich machen; d.h. leichte gewöhnliche Gegenstände rechtfertigen nicht die Inanspruchnahme der Ladezone (OLG Karlsruhe VerkMitt 1975 Nr. 26 = VRS 49, 216). Auch die physische Leistungsfähigkeit des Transporteurs, der besondere **Wert** oder die **Empfindlichkeit** der Gegenstände (z.B. hohe Geldbeträge, medizinische Präparate) sind zu berücksichtigen. Zu unterscheiden von der „Ladeerlaubnis" ist die Erlaubnis „Lieferverkehr frei", die durch Zusatzzeichen 1026-35 in Fußgängerbereichen gewährt wird. Sie gestattet Fahrzeugverkehr zur Ver- und Entsorgung der Geschäfte und Betriebe (OVG Lüneburg VerkMitt 1981 Nr. 61; OLG Jena VD 2012, 298).[12]

Zum zulässigen Be- und Entladen gehört auch der Austausch von Ladungsträgern (OLG Frankfurt/M. DAR 1995, 457). Das Zusatzzeichen 1042-30 „**werktags**" schließt auch den **Sonnabend** ein (OLG Hamm VerkMitt 2001 Nr. 91 = NZV 2001, 355 = DAR 2001, 376 = VRS 100, 468; OLG Hamburg VerkMitt 1984 Nr. 73 = DAR 1984, 157 = VRS 66, 379; kritisch Ortbauer DAR 1995, 463).

Problematisch ist die Freihaltung der Ladezonen von unzulässig parkenden Fahrzeugen. Die Kombination von Z. 286 mit dem Zusatzzeichen 1012-30 (Ladezone) beschränkt oder erweitert nicht die Bedeutung des Hauptzeichens. Infolgedessen dürfen dort weiterhin Fahrzeuge bis zu drei Minuten halten oder auch Schwerbehinderte parken. Das Zusatzzeichen 1012-30 hat insoweit lediglich hinweisenden Charakter, dass an diesen Stellen stän-

12 OLG Jena SVR 2013, 307 (s.a. VD 2012, 298): Lieferverkehr ist der zur Führung und Aufrechterhaltung eines Geschäfts- oder Gewerbebetriebes erforderliche geschäftsmäßige Transport von Gegenständen von oder zu anderen Gewerbetreibenden oder Kunden. Dazu gehört auch der Transport von Werbeplakaten. Mit dieser umfassenden Definition ist fast jeder Verkehr gestattet, soweit er gewerbs- oder geschäftsmäßig erfolgt. Nicht dazu gehört „privater" Lieferverkehr.

dig Ladebedarf herrscht, die Z. 286 konsequent überwacht und Falschparker umgesetzt werden. Im Übrigen ist das Straßenverkehrsrecht privilegienfeindliches Polizei- und Ordnungsrecht, auf dessen Grundlage keine Privilegierung des Ladeverkehrs erfolgen kann. Deshalb darf auch keine Verkehrsfläche exklusiv dem Ladeverkehr zur Verfügung gestellt werden.

2.3.8 In eingeschränkten Zonenhaltverboten nach Z. 290.1 (Anl. 2 lfd. Nr. 64)

Das eingeschränkte **Zonenhaltverbot** enthält zur Vermeidung von Schilderhäufungen die flächendeckende Regelung des Haltverbots. Anders als bei Z. 283/286 endet es somit nicht an jedem Knotenpunkt, sondern gilt vom Beginn bis zu seiner Aufhebung durch das Z. 290.2 (Anl. 2 lfd. Nr. 65) innerhalb des gesamten gekennzeichneten Gebietes. Wegen des Sichtbarkeitsgrundsatzes sollte das Gebiet aber überschaubar bleiben, weil eine Wiederholung des Z. 290.1 rechtlich ausgeschlossen ist. Die zusätzliche Verdeutlichung flächendeckender Parkverbote durch farbige Bordsteinmarkierungen (z.B. in Blau) kann die notwendige Bestimmbarkeit des Verbotsgebietes beeinträchtigen (Verletzung des Sichtbarkeitsgrundsatzes) und deshalb zur Rechtswidrigkeit führen (BVerwG DAR 1993, 191). Das Zeichen steht meist in Verbindung mit einer Parkscheibe (Anl. 3 lfd. Nr. 22 – Bild 318).

Ist der zeitliche Aufenthalt durch Zusatzzeichen beschränkt, z.B. Z. 290.1 mit Parkscheibe „3 Stunden", muss der Bereich danach verlassen werden; das „Umparken" lediglich auf einen anderen Parkstand oder in eine andere Straße innerhalb des Gebietes ist unzulässig. Sind mit dem Z. 290.1 weitere drei Zusatzzeichen verbunden (ein Zeichen für Kurzparkregelung mit Parkschein und zwei Zeichen für zeitlich begrenztes Bewohnerparken), ist der Sichtbarkeitsgrundsatz trotz Rn. 35 VwV-StVO zu § 39 noch gewahrt, weil dessen Anforderungen im ruhenden Verkehr geringer als im fließenden Verkehr sind (VGH Mannheim VerkMitt 2010 Nr. 85). Z. 290.1 kann auch ohne „Kurzparkregelung" angeordnet werden. In diesem Fall ist die Bedeutung mit Z. 286 deckungsgleich. Innerhalb der Zone bleiben die sonstigen Halt- und Parkverbote unberührt (§ 13 Abs. 2 Satz 2 und 3); deshalb müssen evtl. vorhandene Parkuhren bedient und sonstige Halt- oder Parkverbote respektiert werden.

2.3.9 An Fahrbahnbegrenzungen nach Z. 295 (Anl. 2 lfd. Nr. 68)

Bei Z. 295 besteht links von der **Fahrbahnbegrenzung** Haltverbot, wenn sich rechts vom Z. 295 ein Seitenstreifen oder Sonderweg (z.B. Rad- oder Gehweg, Busspur) befindet. Damit soll vor allem das Halten links unterbunden werden, wenn rechts ein mit Z. 237 gekennzeichneter Radfahrstreifen oder ein Bussonderfahrstreifen vorhanden ist. Ist Z. 295 hingegen **Fahrstreifenbegrenzung**, darf nur dann auf der Fahrbahn **geparkt** werden, wenn zwischen dem KFZ und Z. 295 mindestens 3 m verbleiben. Entsprechendes gilt bei der Ausgestaltung des Z. 295 als **Doppellinie** (Anl. 2 lfd. Nr. 69).

2.3.10 Auf markierten Richtungspfeilen nach Z. 297 (Anl. 2 lfd. Nr. 70)

Das Haltverbot bei Richtungspfeilen auf der Fahrbahn (Z. 297) gilt für alle Fahrstreifen und **beginnt** mit dem Ende des vom Fahrer zuerst erreichten Richtungspfeils. Dem Haltverbot unterliegen allerdings nur Markierungen, bei denen sich Pfeile zwischen Leitlinien (Z. 340) oder Fahrstreifenbegrenzungen (Z. 295) befinden, nicht jedoch bei empfehlenden Pfeilmarkierungen (s. § 41 Erl. zu Z. 297).

2.3.11 Auf Radfahrschutzstreifen nach Z. 340 (Anl. 3 lfd. Nr. 22, Spalte 3, Nr. 3)

Radfahrschutzstreifen (Z. 340 und Markierungen „Fahrradsymbol") sind Teil der Fahrbahn und dienen dem Radverkehr und Elektrokleinstfahrzeugen nach der eKFV. Auf Schutzstreifen gilt **Haltverbot** nach Anl. 3 lfd. Nr. 22, Spalte 3, Nr. 3; auch ohne Kennzeichnung durch Z. 283. Das Haltverbot gilt nicht nur für Kraftfahrzeuge, sondern auch für Anhänger und sonstige nicht motorisierte Fahrzeuge. Nur Fahrräder und Elektrokleinstfahrzeuge dürfen dort halten und, da für sie kein Parkverbot besteht, dort auch parken.[13]

2.3.12 Auf Grenzmarkierungen nach Z. 299 (Anl. 2 lfd. Nr. 73)

Eine Grenzmarkierung für Halt- (und Park-)Verbote bezeichnet, verlängert oder verkürzt **bestehende** Haltverbote. Sie hat deshalb nur Wirkung in Verbindung mit einem Haltverbot; isoliert ist die Grenzmarkierung unbeachtlich (OLG Düsseldorf VRS 74, 68).

2.3.13 An Dauerlichtzeichenanlagen (§ 37 Abs. 5)

Dauerlichtzeichen wechseln je nach den Verkehrsbedürfnissen. Vor grünen oder gelb blinkenden Pfeilen besteht aber weder Halt- noch Parkverbot.

Durch Dauerlichtzeichen werden wechselseitig Fahrstreifen je nach den spezifischen Verkehrsbedürfnissen (Spitzenzeiten) freigegeben oder gesperrt. Im Interesse der Verkehrsflüssigkeit darf dort nicht gehalten werden (§ 37 Abs. 5). Das Haltverbot bezieht sich auf die gesamte Strecke der Dauerlichtzeichenanlage, die durch rote Kreuze, gelb blinkende Pfeile und grüne Pfeile „bewirtschaftet" wird. Ohne Haltverbote wäre eine schnelle verkehrstechnische Regelung nicht realisierbar, weil vor jedem Signalwechsel der Dauerlichtzeichenanlage zuerst die Fahrstreifen bzw. Fahrbahn von haltenden oder parkenden Fahrzeugen freizumachen wäre. Das früher in § 37 Abs. 3 Satz 2 vorhandene Haltverbot **außerhalb** der Dauerlichtzeichenanlage vor den rot gekreuzten Balken ist entfallen, so dass bei Bedarf (unnötigerweise) dort jeweils Z. 283 aufgestellt werden müsste, wenn diese Fläche im Interesse der Leichtigkeit des Verkehrs vom ruhenden Verkehr freizuhalten ist.

2.3.14 Vor Licht- und Vorfahrtzeichen nach den Z. 201, 205 und 206 (§ 37 Abs. 1 Satz 2; Anl. 2 lfd. Nr. 1; Anl. 2 lfd. Nr. 2; Anl. 2 lfd. Nr. 3, jeweils Nr. 2 der Spalte 3)

Das Haltverbot gilt nur, wenn Lichtsignale sowie die Zeichen 201 (Andreaskreuz), 205 (Vorfahrt gewähren) oder 206 (Stoppschild) **konkret** verdeckt werden, z.B. durch LKW, KOM. Die LZA muss betriebsbereit sein, d.h. Lichtsignale abstrahlen. Ist die LZA außer Betrieb (z.B. nachts oder während Wartungsarbeiten), besteht zwar kein Haltverbot. Zu beachten ist jedoch, dass sich am Signalmast meist auch die vorfahrtregelnden Zeichen befinden können, die ebenso wenig verdeckt werden dürfen wie die Signale, wenn

13 Bis zur Änderung der Anl. 3 lfd. Nr. 22 (2020) galt auf Schutzstreifen Parkverbot. Sollten Parkvorgänge von Radfahrern und Elektrokleinstfahrzeugen dort zur Behinderung des Radverkehrs führen, müsste das Haltverbot auch auf sie ausgedehnt werden.

Dauerlichtzeichen

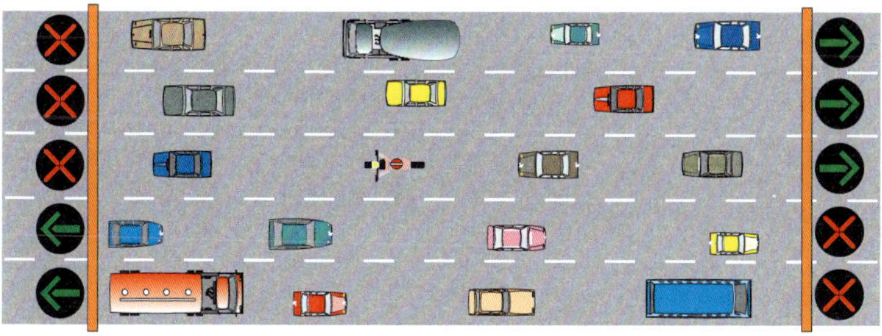

Die wechselseitige „Bewirtschaftung" von Fahrstreifen je Fahrtrichtung mit der größten Verkehrsdichte erfolgt durch Dauerlichtzeichen (§ 37 Abs. 3), z.B. in der Frühspitze 3 Fahrstreifen für eine Richtung, nachmittags im Berufsverkehr umgekehrt. Grüne Pfeile geben den Verkehr für den betreffenden Fahrstreifen frei, rote gekreuzte Signalbalken sperren den Fahrstreifen, schräg nach unten gerichtete gelbe Pfeile gebieten, den Fahrstreifen in Pfeilrichtung zu wechseln; dabei ist das Gefährdungsverbot des § 7 Abs. 5 zu beachten. Zur Aufrechterhaltung der Flüssigkeit des Verkehrs besteht Haltverbot auf allen Fahrstreifen mit Dauerlichtzeichen (§ 37 Abs. 5).

die Anlage wieder eingeschaltet wird. Auch Sondersignale für Radfahrer oder an Busspuren, die meist niedriger angebracht sind, sowie bahntechnische Signalanlagen gehören zu den Lichtzeichenanlagen und dürfen nicht verdeckt werden. Stehen Fahrzeuge weiter als 10 m entfernt, besteht kein Haltverbot, selbst wenn sie Lichtsignale, die Z. 201, 205 oder 206 verdecken. Nach § 1 Abs. 2 StVO darf jedoch niemand gefährdet werden. Würde es deshalb, z.B. bei einer besonders niedrigen Ampel oder Beschilderung, zu einer Sichtbehinderung kommen, kann sich daraus die Pflicht ergeben, das Fahrzeug weiter entfernt abzustellen.

2.3.15 Vor und in Feuerwehrzufahrten (§ 12 Abs. 1 Nr. 5)

Feuerwehrzufahrten sind (meist) befestigte Flächen, deren Freihaltung aus Gründen des Brandschutzes notwendig ist. Haltverbot besteht nur **vor** und **in amtlich gekennzeichneten** Zufahrten (eine bauliche Hervorhebung ist nicht erforderlich). Hierzu gehören auch Durchfahrten, die sonst nicht vom Fahrzeugverkehr benutzt werden (z.B. Feuerwehrzufahrten zu Hinterhöfen). Das Haltverbot gilt jedoch nur für denjenigen Teil der Feuerwehrzufahrt, der mindestens faktisch öffentlich ist. Auf Verstöße wird meist mit Umsetzen des Fahrzeugs reagiert. Wird hingegen der private Teil der Feuerwehrzufahrt verstellt, kann nur privatrechtlich gegen den „Falschparker" vorgegangen werden (OLG Köln NZV 1994, 121: Beseitigung einer Besitzstörung – § 859 BGB).

Amtliche Schilder sind nur solche, die nach den landesrechtlichen Bauordnungen oder den Vorschriften der örtlichen Gemeinde von den Brandschutzbehörden angeordnet werden. „Feuerwehraufstellflächen" begründen ebenso wie private Schilder deshalb keine Haltverbote, auch wenn sie ähnlich wie amtliche Schilder aussehen (KG NZV 92, 291; KG VRS 88, 215).

Beispiel amtlicher Kennzeichnung

Feuerwehrzufahrt	Feuerwehrzufahrt

2.3.16 An Taxenständen nach Z. 229 (Anl. 2 lfd. Nr. 15)

Z. 229 begründet an Taxenständen Haltverbot. Es dient der Gewährleistung eines möglichst reibungslosen Taxenverkehrs vor unberechtigt haltenden oder parkenden Fahrzeugen. Das Zeichen ist am Anfang der Verbotsstelle, bei mehr als fünf Taxenständen auch am Ende (jeweils mit Anfangs- und Endpfeilen) aufzustellen. Steht das Z. 229 nur am Beginn, sind die Taxenstände zu markieren. Das Verbot gilt nicht für betriebsbereite Taxen, wohl aber für Taxen, die nach Schichtende keine Fahrgäste mehr aufnehmen.

2.3.17 Auf Autobahnen und Kraftfahrstraßen (§ 18 Abs. 8)

Haltverbot besteht auf allen der Sicherheit und Leichtigkeit des Autobahnverkehrs dienenden Flächen (OLG Braunschweig VRS 32, 475), somit nicht nur auf den Fahrbahnen, sondern auch auf den Anschlussstellen, den Zu- und Ausfahrten und den Seitenstreifen (OLG Düsseldorf VRS 135, 9; BayObLG VerkMitt 1980 Nr. 75 = DAR 1980, 246; LG Hamburg DAR 2013, 472). „Standspuren" dürfen nur unter Notgesichtspunkten benutzt werden, z.B. bei einer Panne oder zur Unfallhilfe (BGH VerkMitt 1975 Nr. 125 = DAR 1975, 304 = VRS 49, 327). Dann ist das Fahrzeug durch Warnblinklicht, Warndreieck, ggf. auch Warnposten abzusichern (§ 15). Gegen das Haltverbot verstößt auch, wer auf einer Anschlussstelle zur Orientierung stehen bleibt (OLG Frankfurt VRS 102, 344) oder ein Fahrzeug mit Motorschaden länger als nötig auf der Standspur belässt, obwohl es hätte entfernt werden können (OLG Düsseldorf VRS 58, 281). Kein Haltverbot besteht auf den gekennzeichneten Flächen von Rast- oder Parkplätzen (OLG Koblenz NZV 1994, 83), selbst wenn nur ein Teil der Flächen gesondert zum Parken ausgewiesen ist (BGH VerkMitt 1980 Nr. 33; OLG Düsseldorf 1995, 347). In Nothaltebuchten darf nur bei Pannen oder Notfällen gehalten werden. Gleiches gilt bei den mit Z. 328 in Tunneln gekennzeichneten Flächen (Anl. 3 lfd. Nr. 15).

2.3.18 Taxen auf Bussonderfahrstreifen nach Z. 245 (Anl. 2 lfd. Nr. 25, Spalte 3, Nr. 2)

Soweit Taxen das Befahren der durch Z. 245 ausgewiesenen „Busspuren" gestattet ist, dürfen sie nur zum sofortigen Ein- oder Aussteigen von Fahrgästen an den mit Z. 224 gekennzeichneten Haltestellen halten (Anl. 2 lfd. Nr. 25, Spalte 3, Nr. 2). Zulässig sind dabei nur die unbedingt notwendigen Nebenverrichtungen (Bezahlen und Gepäckausladen). Taxen, die als Kurier-, Lotsen- oder Mietfahrzeuge eingesetzt werden, dürfen weder Busspuren benutzen noch an Haltestellen halten. Soweit Busse des Gelegenheitsverkehrs oder Krankenkraftwagen durch Zusatzzeichen auf Busspuren zugelassen sind, dürfen sie generell dort **nicht** halten, weil lange Aus- und Einsteigvorgänge selbst an Haltestellen zu erheblichen Störungen des Linienverkehrs führen.

2.3.19 Im Fahrbereich von Schienenfahrzeugen (§ 12 Abs. 4)

Es handelt sich hierbei um solche Bereiche, wo sich Straßenbahngleise am linken oder rechten Fahrbahnrand befinden. Dort verkehren Straßenbahnen auch außerhalb der Betriebszeiten (z.B. Werkstattwagen), so dass das Haltverbot stets zu beachten ist.

Haltverbot auf rechts verlegten Gleisen

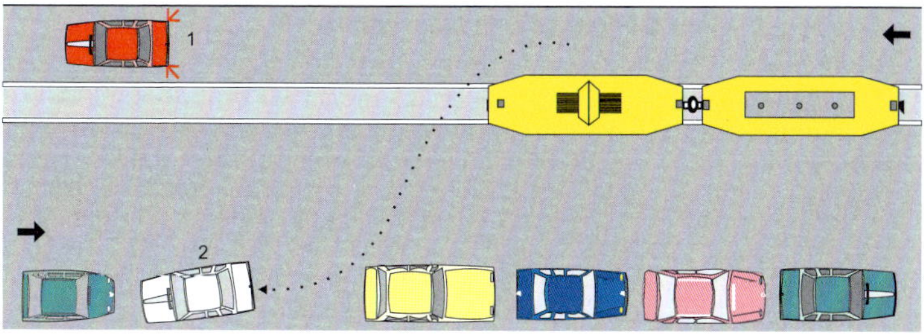

Bei rechts verlegten Gleisen besteht im Fahrraum von Schienenfahrzeugen Haltverbot (§ 12 Abs. 4 Satz 4). Der Fahrraum besteht aus den Schienen sowie einem angemessenen (seitlichen) Sicherheitsabstand von etwa 1,5 m rechts und links. Am rechten Fahrbahnrand darf deshalb nur gehalten werden, wenn zwischen den Schienen und der rechten Fahrbahnkante ein Raum von mindestens 1,5 m verbleibt. Da Betriebsfahrten der Straßenbahnen auch nachts stattfinden können, muss der Fahrraum auch außerhalb der Betriebszeiten öffentlicher Verkehrsmittel frei bleiben. KFZ 1 darf auf den Schienen auch zur Aufnahme von Fahrgästen nicht kurzfristig halten, selbst wenn keine Straßenbahn in Sicht ist.

Bei rechts verlegten Gleisen darf links gehalten und geparkt werden (§ 12 Abs. 4 Satz 4). Abgesehen von verkehrsberuhigten Bereichen (Z. 325) handelt es sich um den einzigen Fall, wo entgegen der Fahrtrichtung geparkt werden darf (KFZ 2).

2.3.20 In Kreisverkehrsplätzen nach Z. 205 und 215 (Anl. 2 lfd. Nr. 2 und 8)

Haltverbot auf den Fahrbahnflächen innerhalb eines Kreisverkehrsplatzes besteht nur, wenn vor dem Kreis das Z. 215 steht. Auf anderen Kreisplätzen ohne Z. 215 darf geparkt werden, sofern die Fahrbahnbreite dies zulässt.

2.3.21 Halten bei Verkehrsverboten

Dort, wo Verkehrsverbote (**Benutzungsverbote**) für bestimmte Straßenteile angeordnet sind, darf weder gehalten noch geparkt werden, z. B. Sperrflächen (Z. 298), Busspuren (Z. 245), Straßenbaustellen, Radfahrstreifen, durch Z. 250 bis 266 (s. a. § 41 Erl. zu Z. 250) oder Sperreinrichtungen (§ 43 Abs. 3, Anl. 4 lfd. Nr. 1 bis 7) gesperrte Straßenflächen, Umweltzonen nach Z. 270.1; s. a. Erl. 2.4.18 zu § 12 (OLG Hamm DAR 2014, 153). Das Schieben eines Motorrades in eine durch Z. 250 gesperrte Straße ist zwar zulässig, nicht aber ein anschließendes Parken, weil der Begriff „Verkehrsteilnahme" in Anl. 2 lfd. Nr. 26 auch den ruhenden Verkehr erfasst. In durch Z. 327 gekennzeichneten Tunneln folgt das Haltverbot aus der Verweisung auf Nothalte- oder Pannenbuchten (Anl. 3 lfd. Nr. 15). Entsprechendes gilt in Landschaftsschutz- und Waldgebieten, sofern landesrechtliche Regelungen die Benutzung durch KFZ verbieten (OLG Düsseldorf NZV 1997, 189).[14] Halt- oder Parkverbote können auch bei Störungen der **öffentlichen Sicherheit** erlassen und über die Medien bekannt gemacht werden, z. B. zum Schutz von Objekten oder bei allgemeiner Gefahrenlage, wie Überschwemmungen oder Pandemien. Hier bedarf es keiner gesonderten Beschilderung; das Haltverbot ergibt sich dann unmittelbar aus der veröffentlichten Anordnung (§ 45 Abs. 1b Nr. 4 i. V. m. Abs. 4).

14 Freie Landschaften dürfen nur betreten (§ 59 Abs. 1 BNatSchG), in Waldgebieten darf nur auf Waldwegen mit Fahrrädern und Krankenfahrstühlen gefahren sowie geritten werden (§ 14 Abs. 1 BWaldG).

2.4 Parkverbote

2.4.1 Vor und hinter Kreuzungen und Einmündungen (§ 12 Abs. 3 Nr. 1)

Das Parkverbot dient der Sicht auf den Knotenpunkt sowie der unbehinderten Fußgängerquerung. Die Berechnung der 5-m-Grenze erfolgt von den **Schnittkanten** aus. Bei abgerundeten Einmündungen, deren Bogen weiter als 5 m vom Schnittpunkt der gedachten Verlängerung der Fahrbahnkanten beginnt oder endet, darf nicht näher als 5 m am verlängerten Fahrbahnrand einer der beiden Straßen geparkt werden (BayObLG VerkMitt 1981 Nr. 21 = VRS 59, 375 = DAR 1981, 22). Das Parkverbot gilt wegen der Zufahrt von Sonderrechtsfahrzeugen auch an Einmündungen von Straßen, die für alle Fahrzeuge gesperrt sind (OLG Oldenburg VRS 48, 146). Ebenso für Kreuzungen und Einmündungen mit Vorrang aus § 10. Mündet z.B. ein verkehrsberuhigter Bereich (Z. 325/326) in eine andere Straße, gilt dort die 5-m-Grenze; für die zuführende verkehrsberuhigte Straße gilt das Parkverbot des Z. 325. Parkverbot gilt auch beim zugelassenen Gehwegparken durch Z. 315, wenn der Parkbereich bis an die Schnittkanten des Knotenpunktes reicht. Bei abgerundeten Einmündungen, deren Bogen weiter vom Schnittpunkt der gedachten Verlängerung der Fahrbahnkanten beginnt oder endet, darf nicht näher am verlängerten Fahrbahnrand einer der beiden Straßen geparkt werden (BayObLG VerkMitt 1981 Nr. 21 = VRS 59, 375 = DAR 1981, 22).

Ist in Fahrtrichtung rechts neben der Fahrbahn ein Radweg baulich angelegt, besteht im Interesse der Verbesserung der Sichtbeziehungen ein erweitertes Parkverbot vor Kreuzungen und Einmündungen bis zu je 8 m von den Schnittpunkten der Fahrbahnkanten aus. Dies gilt unabhängig davon, ob der Radweg durch Z. 237 benutzungspflichtig ist oder nicht.

Parkverbot nach § 12 Abs. 3 Nr. 1

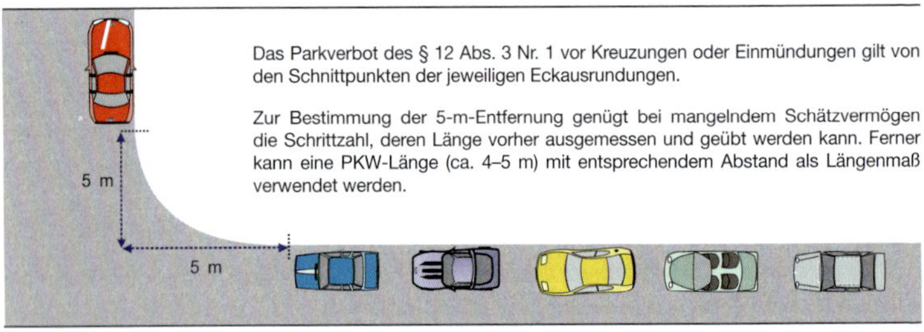

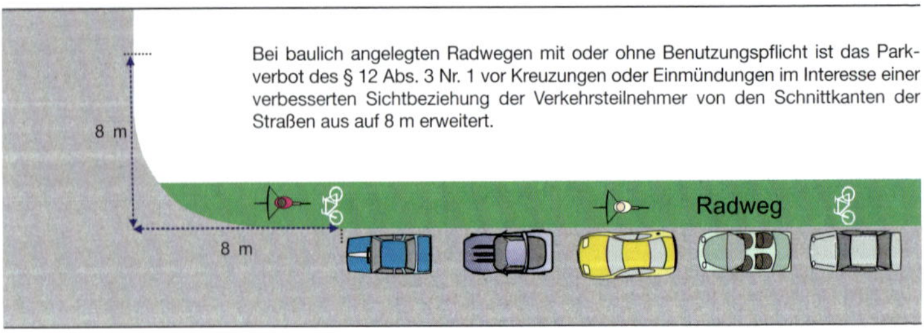

Parken ist nicht nur 5 bzw. 8 m vor und hinter Kreuzungen oder Einmündungen, sondern (natürlich) auch **in** ihnen unzulässig (OLG Düsseldorf VerkMitt 1988 Nr. 22; KG VRS 72, 127; 80, 334). Andererseits wird ein Parkverbot weder in der Kreuzung selbst noch gegenüber von Einmündungen begründet. Wird der Verkehr trotz Einhaltung der Parkbegrenzung beeinträchtigt, ist das Parken als unvermeidbare Behinderung zulässig; allerdings können die Verkehrsbehörden durch Beschilderung (Z. 283) oder Markierung (Z. 299) den notwendigen Raum schaffen.

2.4.2 Bei Verhinderung der Benutzung gekennzeichneter Parkflächen (§ 12 Abs. 3 Nr. 2)

Gekennzeichnete Parkflächen sind diejenigen Teile öffentlicher Verkehrsflächen, die mit Z. 314/315, durch Parkstandmarkierung nach Anl. 2 lfd. Nr. 74, durch Parkuhren oder mit Z. 286 nebst Zusatzzeichen zugunsten Schwerstgehbehinderter oder Anwohner ausgewiesen sind. Durch das Parkverbot soll die Benutzung dieser Parkflächen gewährleistet werden. Hinsichtlich des Begriffs „Verhinderung" ist § 12 Abs. 3 Nr. 2 Spezialregelung, so dass die konkrete Behinderung nach § 1 Abs. 2 zurücktritt. Sofern keine Verkehrsbehinderung eintritt und keine ausschließende Beschilderung vorhanden ist, darf außerhalb der gekennzeichneten Parkflächen geparkt werden, z. B. auf Restflächen von Parkstandmarkierungen, auch bei Z. 283 mit Zusatzzeichen „außerhalb gekennzeichneter Parkflächen" (OLG Hamm DAR 2005, 523).

2.4.3 Vor Grundstückszufahrten und gegenüber schmalen Fahrbahnen (§ 12 Abs. 3 Nr. 3)

Das Verbot dient dem **Schutz** des Ein- und Ausfahrt**berechtigten**; ihm und den von ihm Ermächtigten (z. B. Mietern des Grundstücks) gegenüber gilt es mangels eines Schutzbedürfnisses nicht, d. h. sie dürfen vor der Grundstückszufahrt parken (BayObLG VerkMitt 1975 Nr. 65; DAR 1992, 270). Steht eine Grundstückszufahrt allen Mietern eines Hauses zur Verfügung, dürfen sie auf der Zufahrt jedoch nicht zulasten anderer Mieter parken. Gleiches gilt, wenn sich die Grundstückszufahrt innerhalb eines Zonenhaltverbots (Z. 290) befindet.[15]

Eine Grundstückszufahrt setzt eine örtliche Gestaltung voraus, die erkennbar der befahrbaren Verbindung zwischen dem Grundstück und dem öffentlichen Verkehrsraum dient. Dazu gehören meist Oberflächenbefestigungen und abgesenkte Bordsteine (KG VRS 68, 297). Wird die Zufahrt erkennbar nicht benutzt (z. B. nicht mehr zu öffnendes Tor), greift das Parkverbot nicht (KG VRS 62, 142).

Nur unmittelbar vor der Zufahrt gilt das Verbot (**nicht daneben**), somit nur auf einer Strecke, die so lang wie das Tor zur Einfahrt breit ist (KG VRS 53, 302; OLG Düsseldorf VRS 78, 367); allerdings unter Berücksich-

15 Die Regelung hat die Wirkung eines „persönlichen Parkreservats" für den Grundeigentümer bzw. seinen Beauftragten. Wird die Grundstückszufahrt durch Z. 286 überlagert, besteht nach Hess. VGH VRS 76, 52 Parkverbot (a. A. OLG Düsseldorf NZV 1994, 162: bei Z. 286 mit Parkberechtigung für Bewohner). Vor Grundstückszufahrten innerhalb verkehrsberuhigter Gebiete (Z. 325.1) darf auch der Grundeigentümer nicht parken, wenn diese Fläche nicht zum Parken ausgewiesen ist (Anl. 3 lfd. Nr. 12 – Z. 325).

Parkverbot an Grundstückszufahrten

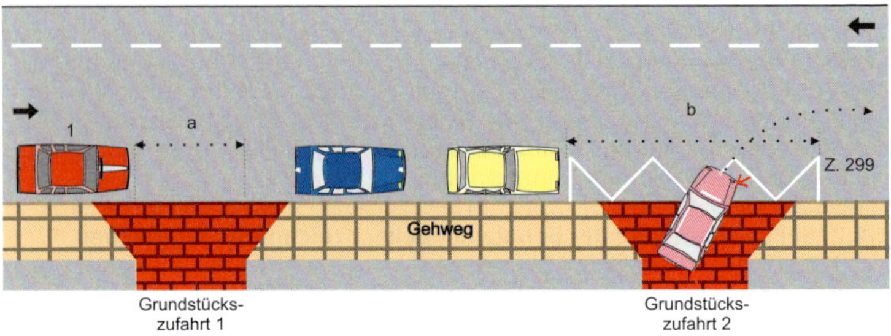

Das Parkverbot an Grundstückszufahrten dient dem Schutz des Zufahrtberechtigten. Es gilt nur unmittelbar für die Grundstückszufahrt selbst, somit auf einer Strecke, die so lang wie die Breite der Zufahrt oder des Tores ist (Strecke a). KFZ 1 steht somit noch nicht im Parkverbot. Allerdings gilt auch hier § 1 Abs. 1: Ist ausreichender Parkraum vorhanden, gebietet die Rücksichtnahme die Freihaltung des schwalbenschwanzförmig abgesenkten Bereichs.

Wird die gesamte Länge des schwalbenschwanzförmig abgesenkten Zufahrtsbereichs zum Aus- und Einfahren benötigt, muss das Parkverbot durch eine Grenzmarkierung nach Z. 299 (Strecke b) oder durch eingeschränkte Haltverbote nach Z. 286 mit Anfangs- und Endpfeilen verlängert werden. Das Parkverbot des § 12 Abs. 3 Nr. 3 gilt dann für die gesamte Strecke b.

tigung der Art des zu erwartenden Ausfahrtverkehrs (z.B. Schwerlastverkehr). Das gilt unbeschadet der Regelung nach § 12 Abs. 3 Nr. 5, weil die dort genannten Bordsteinabsenkungen nur so freizuhalten sind, dass der begünstigte Verkehr (somit auch ein Behinderter) von und zur Fahrbahn überwechseln kann. Deshalb begründen Bordsteinabsenkungen auch weiterhin nicht in voller Länge ein Parkverbot. Soll das Parkverbot verlängert werden, ist Z. 299 oder 286 anzuordnen (OLG Zweibrücken VerkMitt 2020 Nr. 29: das Z. 286 gilt vor Grundstückszufahrten auch mit Zusatzzeichen „Parken in gekennzeichneten Flächen erlaubt"). Der Grundeigentümer darf auf der Grenzmarkierung (Z. 299) parken, wenn sie allein zur Verlängerung, Verkürzung oder Bezeichnung des Parkverbots nach § 12 Abs. 3 Nr. 3 vor seiner Zufahrt angeordnet worden ist. Parken im Bereich einer Grundstückseinfahrt auf dem Gehweg ist auch für den Grundeigentümer oder mit dessen Zustimmung nach § 12 Abs. 4 Satz 1 unzulässig (KG VRS 73, 473). Beharrliches Blockieren der Ausfahrt durch abgestellte KFZ kann strafbare Nötigung sein (OLG Koblenz VRS 49, 32). Auf ordnende Maßnahmen der Verkehrsbehörde vor seiner Zufahrt hat der Grundeigentümer keinen Rechtsanspruch, aber ein subjektiv öffentliches Recht auf fehlerfreie Ermessensentscheidung (Hess. VGH VerkMitt 1977 Nr. 112). Bei Blockierung der Grundstückszufahrt kann er polizeiliches Einschreiten verlangen und muss kein dringendes Interesse an der sofortigen Nutzung glaubhaft machen.

Parkverbot **gegenüber** Grundstückszufahrten bei **schmalen Fahrbahnen**[16] besteht dann, wenn die Zufahrt konkret so erschwert ist, dass das Ein-

16 BVerwG DAR 2019, 641 = VRS 136, 16 = NZV 2019, 598: Der Begriff „schmale Fahrbahn" in § 12 Abs. 3 Nr. 3 Hlbs. 2 genügt dem verfassungsrechtlichen Bestimmtheitsgebot; VGH Mannheim (SVR 2017, 279 = DAR 2017, 652 mit Anm. König) bemängelt mit wenig überzeugender Begründung den Begriff „schmale" Fahrbahn als nicht den aus Art. 20 GG abzuleitende Anforderung an die hinreichende Bestimmtheit von Normen (s.a. Ternig SVR 2017, 280).

oder Ausfahren in oder aus dem Grundstück unzumutbar behindert ist, z. B. infolge eines verbleibenden Verkehrsraums weniger als 3,5 m (BVerwG VRS 136, 16 = SVR 2020, 35). Der Benutzer der Einfahrt muss nach ein- bis zweimaligem Rangieren die Einfahrt erreichen oder verlassen können (VGH Mannheim VerkMitt 2003 Nr. 15 = VRS 104, 71; OLG Frankfurt VerkMitt 1980 Nr. 71; OVG Koblenz DAR 1999, 421), in Altstadtquartieren wegen des begrenzten Parkraums auch nach mehrmaligem Rangieren (VGH München DAR 1998, 207 = VRS 95, 157). Gegen verkehrswidriges Parken auf schmaler Straße gegenüber einer Grundstückszufahrt kann der Eigentümer gegen den Falschparker auf Unterlassung klagen (OLG Karlsruhe NJW 1978, 274 = VRS 55, 249).

2.4.4 15 m vor und hinter Haltestellen nach Z. 224 (Anl. 2 lfd. Nr. 14)

Das Verbot greift nur bei Haltestellen, die durch Z. 224 (auch mit Zusatzzeichen „Schulbus") ausgewiesen sind, nicht jedoch bei Haltbereichen (ohne Z. 224) privater Busunternehmer (Militär- oder Werkverkehr). Das am Fahrbahnrand aufgestellte Z. 224 begründet auch ein Verbot, wenn Straßenbahnen auf der Fahrbahnmitte halten. Steht das Zeichen jedoch auf einer Haltestelleninsel, besteht kein Parkverbot am Fahrbahnrand rechts von der Mittelinsel (möglicherweise jedoch Haltverbot, wenn der verbleibende Raum weniger als 3 m beträgt). Die durch Z. 224 begünstigten Verkehrsmittel dürfen beim Betriebseinsatz parken, weil mit den Zeichen ein Platz nicht nur für das Aufnehmen/Absetzen von Fahrgästen, sondern auch für die Bereitstellung zum Betrieb zur Verfügung gestellt wird. Bei Überlagerung eines Haltestellenbereichs durch Z. 283 begründet das Z. 224 eine verkehrsbehördliche Ausnahme zum Halten für öffentliche Verkehrsmittel.

2.4.5 Vor und hinter Bahnübergängen nach Z. 201 (Anl. 2 lfd. Nr. 1)

Mit dem Parkverbot innerorts (je 5 m) sowie außerorts (je 50 m) soll die **Sicht** auf die Bahnanlagen gewährleistet werden. Handelt es sich um eine **Vorfahrtstraße** außerorts, besteht unabhängig von der 50-m-Grenze generell Parkverbot (Anl. 3 lfd. Nr. 2 – Z. 306).

2.4.6 Über Schachtdeckeln nach Z. 315 (§ 12 Abs. 3 Nr. 4, Anl. 3 lfd. Nr. 10)

Das Parkverbot soll den Zugang zu unterirdisch verlegten Leitungen ermöglichen, wenn das Parken auf Gehwegen durch Z. 315 oder Parkflächenmarkierungen (Anl. 2 lfd. Nr. 74) gestattet ist. Infolgedessen darf dort nicht über Schachtdeckeln und anderen Verschlüssen (Gullys, Unterflurhydranten, Notausstiege von U-Bahnen, Kabelschächte) geparkt werden. Voraussetzung ist, dass solche Verschlüsse noch eine technische Funktion haben. Versorgungsleitungen für Telefon, Strom, Gas und Wasser zu den Grundstücken befinden sich meist im Gehwegbereich. Dementsprechend soll das Gehwegparken nur zugelassen werden, wenn diese Flächen ausreichend befestigt sind und durch Erdverdichtung keine Beschädigung der Leitungen zu besorgen ist. Ein Parkverbot über Schachtdeckeln, Hydranten und anderen Verschlüssen auf Fahrbahnen besteht nicht.

2.4.7 Auf Vorfahrtstraßen nach Z. 306 (Anl. 3 lfd. Nr. 2)

Das Parkverbot bezieht sich auf **beide** Fahrbahnränder **außerörtlicher** Vorfahrtstraßen (Z. 306), nicht aber auf Seitenstreifen, wenn diese nach

Befestigung oder Breite zum Parken geeignet sind (BGH VRS 72, 38). Der Sichtbarkeitsgrundsatz ist beim Einfahren von einer mit Z. 205/206 ausgewiesenen untergeordneten Straße auf die Vorfahrtstraße hinsichtlich des Z. 306 eingeschränkt; der Kraftfahrer darf deshalb auch dann nicht parken, wenn Z. 306 erst an der nächsten Einmündung erneut aufgestellt ist.

2.4.8 An Fahrstreifenbegrenzungen nach Z. 295 (Anl. 2 lfd. Nr. 68)

Das Parkverbot (Anl. 2 lfd. Nr. 68, Spalte 3, Nr. 1d) besteht dann, wenn zwischen dem parkenden Fahrzeug und der durchgehenden Linie (Z. 295 und 296) **weniger als 3 m** verbleiben, d.h. weniger als ein Fahrstreifen für den fließenden Verkehr (§ 7 Abs. 1 Satz 2). Bei Z. 296 (Anl. 2 lfd. Nr. 69) gilt das Verbot nur für die Seite der ununterbrochenen Linie. Auf der Seite der unterbrochenen Linie müssen dann Z. 283 oder Z. 286 angeordnet werden, wenn dort der Verkehrsraum ein Parken nicht zulässt.

2.4.9 Parken auf Gehwegen nach Z. 315 (Anl. 3 lfd. Nr. 10)

Das Verbot bezieht sich **nur** auf die Missachtung der mit dem Z. 315 beschriebenen Aufstellungsart (z.B. mehr als 2,8 t, mit vier statt zwei Rädern entgegen der angegebenen Aufstellung, bei Beschränkung auf PKW; s.a. § 42 Erl. zu Z. 315), begründet jedoch **kein** isoliertes **Parkverbot** auf der **Fahrbahn**; die gegenteilige Auffassung des BGH (VerkMitt 1976 Nr. 118 = DAR 1976, 307 = VRS 51, 232) ist überholt.[17] Parkt hingegen ein KFZ am Fahrbahnrand und verstellt dadurch die Gehwegparkfläche, greift das Verbot nach § 12 Abs. 3 Nr. 2. Erforderlich ist allerdings eine konkrete Behinderung, sofern für die Fahrbahn wegen ihrer Enge ohnehin nicht Haltverbot nach § 12 Abs. 1 besteht. Bei Längsaufstellung auf dem Gehweg darf nach § 12 Abs. 4a dort nur der rechte, in Einbahnstraßen auch der linke Gehweg (in Fahrtrichtung) benutzt werden.

Parken auf dem Gehweg ohne Z. 315 oder Parkstandmarkierungen (ohne Z. 315) begründet einen Verstoß nach § 12 Abs. 4 Satz 1, nicht aber eine Zuwiderhandlung gegen die Fahrbahnbenutzungspflicht (OLG Düsseldorf VerkMitt 1992 Nr. 87; BVerwG VerkMitt 1993 Nr. 1). Gleiches gilt, wenn das Fahrzeug außerhalb der Parkmarkierungen steht. Ist Gehwegparken mit zwei Rädern auf der Fahrbahn zugelassen, unterbricht ein Haltverbot nach Z. 283 mit Zusatzzeichen 1001-30 „auf … m" die Parkerlaubnis auf dem Gehweg nur für diese angegebene Strecke; danach darf wieder auf dem Gehweg geparkt werden (OLG Stuttgart VRS 123, 179). Andererseits hätte eine entsprechende Beschilderung keine Wirkung, wenn Z. 315 das Parken mit vier Rädern gestattet, weil sich Z. 283 nur auf die Fahrbahn bezieht (Anl. 2 lfd. Nr. 62). Da auch unzulässiges Gehwegparken in der Regel der „Bereitstellung" zum Verkehr dient, liegt keine Überschreitung

17 In dem Beschluss des BGH vom 25.5.1976 (4 StR 461/75) ging es um die vom KG vorgelegte Rechtsfrage, ob Z. 315 entgegen OLG Düsseldorf auch dann wirksam ist, wenn es mit weißen Pfeilen versehen ist; dies hatte der BGH bejaht. Zur Klarstellung wurde die StVO später ergänzt: 11. VO zur Änderung der StVO vom 19.3.1992 (BGBl. I S. 678; VkBl. S. 165). Gelegentlich des Beschlusses hatte der BGH am Rande bemerkt, dass Z. 315 zur Folge habe, dass dort das Parken auf der Fahrbahn verboten sei. Eine Begründung hat der BGH dafür nicht geliefert; die Auffassung ist in der späteren Rechtsprechung nie wiederholt worden, weil andernfalls Lieferverkehr mit KFZ über 2,8 t unterbunden, außerdem bei hohen Bordsteinen eine Verletzung der Verkehrssicherung zu besorgen wäre. Siehe auch zu Z. 315.

Parken vor Parkbuchten und Parkaufstellung

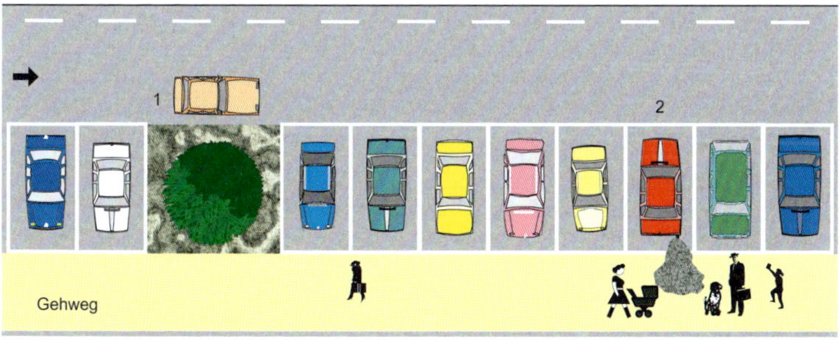

Nach § 12 Abs. 4 darf nicht am Fahrbahnrand geparkt werden, wenn rechts ein Parkstreifen vorhanden ist. Der Parkstreifen wird nicht unterbrochen, wenn (nur) ein Parkstand durch Bäume oder Straßenbegleitgrün ausgespart worden ist. KFZ 1 parkt deshalb verbotswidrig.

Die Art der Parkaufstellung ist in der StVO nicht vorgeschrieben. Infolgedessen kann sowohl vor- als auch rückwärts eingeparkt werden. Werden allerdings durch die Fahrzeugabgase (KFZ 2) Fußgänger, Tiere oder Kleinkinder in Kinderwagen betroffen, handelt es sich um eine vermeidbare Abgasbelästigung i.S.d. § 30 Abs. 1 Satz 1. Der Kraftfahrer ist dann verpflichtet, nur vorwärts einzuparken.

des Gemeingebrauchs vor. Eine nach den Straßengesetzen der Länder unzulässige Sondernutzung öffentlicher Straßen ist aber dann anzunehmen, wenn das Gehwegparken verkehrsfremden Zwecken dient, z. B. Abstellen allein zur Werbung oder von „Rostlauben" oder zur Nutzung des Fahrzeuges als Werkstattwagen.

2.4.10 Auf Grenzmarkierungen nach Z. 299 (Anl. 2 lfd. Nr. 73)

Z. 299 begründet selbst kein Parkverbot, sondern verlängert, verkürzt oder bezeichnet ein **bestehendes** Parkverbot. Befindet sich die Grenzmarkierung („Zickzacklinie") auf der Fahrbahn, ohne dass dort sonst ein Halt- oder Parkverbot besteht, ist die Markierung allein unbeachtlich (z. B. bei Verlegung einer dort vorher vorhandenen Haltestelle). Befindet sich eine Grenzmarkierung vor einer Grundstückszufahrt, darf dort der Grundstücksinhaber parken, weil das Parkverbot nach § 12 Abs. 3 Nr. 3 allein seinem Schutz dient.

2.4.11 Auf Parkplätzen nach Z. 314 (Anl. 3 lfd. Nr. 7)

Z. 314 erlaubt das Parken. Das Verbot wird infolgedessen nur durch Parkbeschränkungen bei angeordneten Zusatzzeichen wirksam, z. B. „nur innerhalb markierter Parkstände" oder für bestimmte Fahrzeugarten (z. B. „nur PKW"), bei Gewichtsgrenzen (z. B. 2,8 t), zu bestimmten Zeiten, für Anwohner oder Schwerstbehinderte. Ein Be- und Entladen durch Nichtberechtigte auf den reservierten Flächen darf nur entsprechend der Drei-Minuten-Regelung des § 12 Abs. 2 erfolgen (OLG Köln VRS 88, 289).

„Parken" soll auch bei der Kombination von Z. 314 mit einer Parkscheibenanordnung (Bild 318) gegeben sein, obwohl (genau genommen) der Wortlaut des § 13 Abs. 2 Satz 1 nur das „Halten" unter den dort genannten Voraussetzungen gestattet (OLG Oldenburg NZV 1994, 491). Ein Drei-Minuten-Stopp ohne Parkscheibe wäre demnach an sich unzulässig (§ 12 Abs. 2); hier ist polizeiliches Augenmaß notwendig (§ 53 Abs. 1 OWiG).

2.4.12 Vor Bordsteinabsenkungen (§ 12 Abs. 3 Nr. 5)

Das Parkverbot soll vor allem Rollstuhlfahrern und mobilitätsbehinderten Menschen die Querung der Fahrbahn an abgesenkten Gehwegen ermöglichen. Da es keine bautechnische Normung des Typs „abgesenkter Bordstein" gibt, fallen nicht alle Bordsteinabsenkungen unter das Parkverbot des § 12 Abs. 3 Nr. 5. Eine Bordsteinabsenkung liegt vor, wenn sich das Niveau auf Fahrbahnhöhe absenkt und nach einigen Metern wieder ansteigt. Schwindet dagegen der Höhenunterschied über eine längere Strecke wegen einer Fahrbahnoberflächensanierung, liegt im Regelfall keine Bordsteinabsenkung vor. Weiterhin gibt es Straßenstrecken, wo die Fahrbahn höhengleich für andere Zwecke an Gehwege grenzt, z. B. Grundstückszufahrten, Gehwegparkflächen, Gehwege mit danebenliegenden Seitenstreifen. Hier gelten die für solche Bereiche vorgesehenen spezifischen Regelungen, nicht aber das Parkverbot für Rollstuhlfahrer (OLG Köln VRS 92, 439).

Andererseits gilt das Parkverbot nicht nur vor Bordsteinabsenkungen im Bereich der Kreuzungen oder Einmündungen, sondern auf allen Gehwegstrecken, die zugunsten Mobilitätsbehinderter Absenkungen auf Fahrbahnniveau enthalten. Eine Längenbegrenzung gibt es nicht (KG NZV 2016, 439: auf vier PKW-Längen; KG DAR 2015, 534 = VRS 128, 299 = SVR 2016, 36 = NStZ 2016, 161; a. A. noch OLG Köln DAR 1997, 79: nur eine PKW-Länge; s. a. Rebler NZV 2020, 137). Es kommt also darauf an, ob die Absenkung nach ihrer baulichen Ausgestaltung auch tatsächlich von hilfsbedürftigen Personen benutzt werden kann. Bei Grundstückszufahrten ist das dann nicht gegeben, wenn zu große Höhenunterschiede bestehen, auf der gegenüberliegenden Straßenseite eine korrespondierende Absenkung fehlt oder Rollstuhlfahrer ohne Schwierigkeiten vor oder hinter dem vor der Zufahrt geparkten Fahrzeug die Fahrbahn überqueren können. In solchen Fällen bleibt das Vorrecht des Grundeigentümers zum Parken in seiner Zufahrt erhalten. Bestehen Zweifel über die Zweckbestimmung der Bordsteinabsenkung, können eine Fahrbahnmarkierung in der Form eines Rollstuhlfahrersymbols, eine Sperrfläche (Z. 298) oder Poller hilfreich sein.

2.4.13 Nacht- und Sonntagsparkverbot für schwere Fahrzeuge (§ 12 Abs. 3a)

Das Parkverbot dient vor allem dem Schutz der Wohnbevölkerung vor Lärm und Abgasen schwerer Fahrzeugeinheiten über 7,5 t und Anhänger über 2 t. Nicht unter das Verbot fallen Linienbusse an Endhaltestellen sowie KFZ über 7,5 t auf ausgewiesenen Parkplätzen mit Z. 314 und Zusatzzeichen, z. B. 1024-13 „LKW mit Anhänger frei", innerhalb der bezeichneten Gebiete. Die Verbotsgebiete bestimmen sich zwar nach der planerischen Ausweisung der Kommunen aufgrund der **Baunutzungsordnung**;[18] entscheidend ist jedoch die tatsächliche Bebauung (OLG Hamm VRS 66, 53; BayObLG NZV 1990, 282). Infolgedessen greift z. B. das Parkverbot auch in einem solchen Gebiet, das nach der Bauweise dem Gebietscharakter der Baunutzungsverordnung entspricht, aber formell nicht als „allgemeines Wohngebiet" ausgewiesen ist. Zu den Erholungsgebieten gehören auch innerörtliche Wochenendhaus-, Ferienhaus- und Campingplatzgebiete. Nicht betroffen sind Kern-, Gewerbe-, Industrie- und Mischgebiete.

Erforderlich ist **regelmäßiges Parken** während der angegebenen Zeiten; gelegentliches Parken (ein- oder zweimaliges Parken innerhalb dessel-

18 Neufassung der Baunutzungsverordnung vom 21.11.2017 (BGBl. I S. 3786).

ben Gebietes während einiger Nächte oder Wochenenden) kann somit noch nicht die Verbotswirkung auslösen. Zu den KFZ über 7,5 t gehören auch Sattelzugmaschinen ohne Auflieger (BayObLG NZV 1997, 530). Ist der Gebietstyp nicht erkennbar, kann er durch Beschilderung verdeutlicht werden (z.B. Z. 253 mit Zusatzzeichen). Als Feiertage gelten die in § 30 Abs. 4 bezeichneten Tage; die Nachtzeit erstreckt sich von 22 bis 6 Uhr.

2.4.14 Parken von Anhängern über zwei Wochen (§ 12 Abs. 3b)

Der Missbrauch des öffentlichen Verkehrsraums durch „Abstellen“ von Anhängern ohne Zugfahrzeug wird durch das Parkverbot überlagert. § 12 Abs. 3b geht deshalb der straßenrechtlichen Sondernutzung vor, allerdings nur so weit, als der Anhänger noch gemeingebräuchlich genutzt wird, d.h. zu Verkehrszwecken. Wird der Anhänger zu anderen Zwecken genutzt (z.B. Werbung, Überwintern von Wohnwagen), liegt unzulässige Sondernutzung bereits vom Beginn des Abstellens an vor.

Das Parkverbot gilt inner- und außerorts für alle Anhänger ohne Gewichtsbegrenzung innerhalb der Zwei-Wochen-Frist, auch für das bloße „Umparken“ des Anhängers von einem Parkstand zu einem anderen, sofern der Parkvorgang innerhalb desselben Bereichs erfolgt. Die Zwei-Wochen-Frist wird auch nicht dadurch unterbrochen, dass mit dem Anhänger eine kurze Fahrt außerhalb des Gebietes nur zu dem Zweck unternommen wird, den Anhänger anschließend wieder im gleichen Bereich zu parken (OLG Frankfurt DAR 1992, 305), sondern sie ist nur dann wirksam unterbrochen, wenn andere eine reelle Chance erhalten, auf dem bisher genutzten Parkstand zu parken. Nur dann liegt bei Rückkehr ein „neuer Parkvorgang“ mit der Folge vor, dass die Zwei-Wochen-Frist erneut beginnt.

2.4.15 In verkehrsberuhigten Bereichen nach Z. 325 (Anl. 3 lfd. Nr. 12)

Das Parken ist nur auf den ausgewiesenen Flächen zulässig (Z. 314/315, Markierung nach Anl. 2 lfd. Nr. 74). Außerhalb dieser Flächen darf nur bis zu drei Minuten (§ 12 Abs. 2) sowie zum Be- oder Entladen, Aus- oder Einsteigen(-lassen) unter den gleichen Bedingungen wie beim Z. 286 (Anl. 2 lfd. Nr. 63) gehalten werden. Das Parkverbot dient nur den Bedürfnissen von Fußgängern und Kindern, nicht dem durchfahrenden Verkehr (LG Saarbrücken DAR 2015, 343 = NZV 2015, 387). Grundstückszufahrten sind keine „gekennzeichneten“ Parkflächen. Z. 325 geht nach § 39 Abs. 3 dem Parkverbot des § 12 Abs. 3 Nr. 3 vor und damit auch der Privilegierung des Grundeigentümers, weil Grundstückszufahrten in verkehrsberuhigten Bereichen häufig als Ausweichstellen benötigt werden (notfalls kann dem Grundeigentümer mit einer Ausnahmegenehmigung geholfen werden). Fehlt in den mit Z. 325 gekennzeichneten Mischgebieten eine „Fahrbahn“, darf auf den ausgewiesenen Parkflächen auch links entgegen der Fahrtrichtung geparkt werden (OLG Köln NZV 1997, 449 = VRS 94, 136). Das Umsetzen von Falschparkern ist bei Beeinträchtigung der Gebietsfunktion zulässig.

2.4.16 Parkflächenmarkierungen (Anl. 2 lfd. Nr. 74)

Parkflächenmarkierungen können durch Linien, Markierungsknopfreihen, abgesetzte Pflasterlinien oder Kennzeichnung nur der Eckpunkte dargestellt werden (Rn. 1 VwV-StVO zu Anl. 2 lfd. Nr. 74).[19] Parkflächenmarkierungen erlauben das Parken und schreiben vor, wie Fahrzeuge aufzustellen sind. Infolgedessen darf nicht zwischen, sondern nur innerhalb der Markierungen in Fahrtrichtung geparkt werden (OLG Frankfurt NZV 1993, 243). Ragen Fahrzeuge wegen ihrer Länge oder Breite über die Markierung hinaus (z.B. bei angekuppelten Anhängern), dürfen sie dort nicht geparkt werden.[20] Mehrere Motorräder innerhalb eines Parkstandes dürfen jedoch abgestellt werden; bei Bewirtschaftung durch Parkscheinautomaten muss aber für jedes Motorrad ein Parkschein gelöst werden. Besteht die Parkfläche nur aus einer durchgehenden Linie auf der Fahrbahn, darf die Linie überfahren werden (Anl. 2 lfd. Nr. 74, Spalte 3, Satz 3). Das Parken **außerhalb** der **Markierungen** oder daneben ist zulässig, sofern andere dadurch nicht behindert werden (z.B. nach § 1 Abs. 2 oder Nutzung von Parkflächen oder Zufahrten) oder Z. 314 mit Zusatzzeichen „nur innerhalb markierter Parkstände" (BayObLG VerkMitt 1978 Nr. 59; BayObLG VRS 82, 228)[21] oder Z. 286 mit Zusatzzeichen 1053-30 „Parken in gekennzeichneten Flächen erlaubt" dies verbieten. Im Übrigen wird durch Anl. 2 lfd. Nr. 74 **kein** Verbot für das Parken außerhalb oder neben diesen Markierungen auf sog. Restflächen begründet (BGH VerkMitt 1980 Nr. 33 = NJW 1980, 845; OLG Düsseldorf DAR 1995, 457), auch nicht bei Z. 283 mit Zusatzzeichen „außerhalb gekennzeichneter Parkflächen" (OLG Hamm DAR 2005, 523).

2.4.17 Parken bei Benutzungsverboten

Wo Haltverbote bestehen, darf auch nicht geparkt werden. Dort, wo die Benutzung von Verkehrsflächen verboten ist, darf weder geparkt noch gehalten werden, so in Fußgängerzonen nach Z. 242.1 (OLG Köln NZV 1997, 191 = VRS 92, 362), auf **Busspuren** (Z. 245), **Sperrflächen** (Z. 298), in **Umweltzonen** nach Z. 270.1 für KFZ ohne Feinstaubplakette (OLG Hamm DAR 2014, 153; AG Tiergarten DAR 2008, 409; a.A. AG Hannover NZV 2011, 53; Janker, Straßenverkehrsrecht, 21. Aufl., Rn. 2 zu § 25a StVG; Stollenwerk VD 2011, 239; Hentschel/König, Straßenverkehrsrecht, 41. Aufl., Rn. 5 zu § 25a StVG), auf durch Z. 250 bis 266 (s.a. § 41 Erl. zu Z. 250) oder Sperreinrichtungen (§ 43 Abs. 3, Anl. 4 lfd. Nr. 1 bis 7) gesperrten Straßenflächen. Gleiches gilt in **Landschaftsschutz**- oder **Waldgebieten**, wenn landesrechtliche Normen das Befahren dort verbieten (OLG Düsseldorf VerkMitt 1997 Nr. 60 = NZV 1997, 189).[22]

Radfahrstreifen als Teil der Fahrbahn werden durch Z. 295 als Fahrstreifenbegrenzung und Z. 237 gekennzeichnet. Auf Radfahrstreifen besteht für

---

19 Markierungen in der Form eines Briefkuverts sind in der StVO nicht vorgesehen und somit keine Parkmarkierungen (OLG Stuttgart VRS 74, 222); sie können aber auf ein anderes Parkverbot hinweisen, z.B. vor Grundstücksein- oder -ausfahrten (§ 12 Abs. 3 Nr. 3).

20 Parkflächenmarkierungen auf Privatparkplätzen mit faktisch öffentlichem Verkehr, z.B. vor Geschäften oder Märkten, müssen formell durch die Straßenverkehrsbehörde angeordnet sein, andernfalls kann dagegen nicht „verstoßen" werden.

21 Obwohl sich ein solches Zusatzzeichen nicht im VzKat befindet, hält das BayObLG die Regelung als hinreichend deutliche Einschränkung der Parkberechtigung für zulässig.

22 Freie Landschaften dürfen nur betreten (§ 59 Abs. 1 BNatSchG), in Waldgebieten darf nur auf Waldwegen mit Fahrrädern und Krankenfahrstühlen gefahren sowie geritten werden (§ 14 Abs. 1 BWaldG).

Radfahrer Benutzungspflicht, für KFZ Benutzungsverbot, somit auch zum Halten oder Parken. Anders bei Fahrradschutzstreifen, die als Teil der Fahrbahn bei Bedarf überfahren werden dürfen; dort besteht aber Haltverbot (Anl. 3 lfd. Nr. 22, Spalte 3, Nr. 3).

2.4.18 Parkverbot bei Gefährdung, Behinderung oder Belästigung (§ 1 Abs. 2)

An sich erlaubtes Parken kann unter besonderen Umständen nach § 1 Abs. 2 unzulässig sein, wenn dadurch **konkrete**, nicht abwendbare Gefahren für andere entstehen (BayObLG VRS 59, 219, 375), z.B. auf stark befahrenen Ausfallstraßen (BGH VRS 19, 170 = DAR 1960, 290; BayObLG VRS 28, 140), bei mittig verlegten Gleisen, wenn zwischen Straßenbahnen und geparkten Fahrzeugen kein Fahrstreifen mehr bleibt, wenn das Fahrzeug in den Fahrraum hineinragt, auf Fußgängerfurten mit Behinderung des Fußgängerverkehrs, gegenüber von Einmündungen bei engen Straßen, bei unzumutbarer Geruchsbelästigung (OLG Saarbrücken VRS 22, 62). Bloße Sichtbeeinträchtigungen durch parkende LKW oder Wohnmobile unterliegen als Belästigung des ästhetischen Empfindens indes **nicht** dem Verbot des § 1 Abs. 2, selbst wenn es sich um stark verschmutzte Fahrzeuge handelt. Bei vermeidbarer Lärm- oder Abgasbeeinträchtigung gilt aber § 30 Abs. 1.

Park- oder Haltverbote können auch bei Störungen der öffentlichen Sicherheit erlassen und über die Medien bekannt gemacht werden; das Haltverbot ergibt sich dann unmittelbar aus der veröffentlichten Anordnung (§ 45 Abs. 1b Nr. 4 i.V.m. Abs. 4).

2.5 Parkprivilegien

Die StVO sieht allgemeine **Parkerleichterungen** in der Form von Ausnahmegenehmigungen nach § 46 Abs. 1 **nur** zugunsten von **Schwerstbehinderten, Blinden** und **Anwohnern** vor. Hingegen sind Parksonderrechte für Behörden (BVerwG VerkMitt 1968 Nr. 1 = VRS 33, 149 = DAR 1967, 226), Diplomaten (VerkMitt 1971 Nr. 40 = VRS 40, 381 = DAR 1971, 166), Ärzte oder Firmen wegen fehlender verkehrsrechtlicher Ermächtigung nach § 6 StVG unzulässig.[23]

2.5.1 Schwerstbehinderte

Die Straßenverkehrsbehörden können schwerbehinderten Menschen Ausnahmen von bestimmten Halt- und Parkverboten erteilen (§ 46 Abs. 1 Nr. 11).

Schwerstbehinderte Menschen sind (nur) solche Personen, die wegen der Schwere ihrer Leiden dauernd auf fremde Hilfe angewiesen sind und sich nur mit großer Anstrengung außerhalb ihrer Kraftfahrzeuge bewegen können (VwV-StVO zu § 46 Rn. 129). Die nach Rn. 130 VwV-StVO zu § 46 Abs. 1 Nr. 11 aufgeführten Erkrankungen sind nur Beispielfälle, die die Art der Leiden charakterisieren.[24] Infolgedessen gehören auch solche Personen dazu, deren Leiden zu einer ähnlichen Behinderung führt (OVG Münster

23 Auch im Ausland gibt es weitgehend keine gesetzlichen Parksonderrechte. Solche sind dem Auswärtigen Amt nur aus Chile und Bosnien-Herzegowina bekannt.

24 Der Kreis der Schwerstbehinderten ist durch Änderung des StVG vom 3.2.2009 (BGBl. I S. 150), der StVO vom 26.3.2009 (BGBl. I S. 734) und der VwV-StVO vom 4.6.2009 (BAnz 2009, 2050; VkBl. 2009, 386) erweitert worden.

Eintragungen im Schwerbehindertenausweis für Parkerleichterungen			
Eintrag	**Bedeutung/ Parkausweis**	**GdB**	**Betroffene Personen**
aG	außergewöhnliche Gehbehinderung (blauer Ausweis)	100 %	Schwerstgehbehinderte Menschen, die sich wegen der Schwere ihres Leidens dauernd nur mit fremder Hilfe oder nur mit großer Anstrengung außerhalb ihres Kraftfahrzeuges bewegen können: Querschnittsgelähmte, Doppeloberschenkelamputierte, Doppelunterschenkelamputierte, Hüftexartikulierte und einseitig Oberschenkelamputierte, die dauernd außer Stande sind, ein Kunstbein zu tragen, oder nur eine Beckenkorbprothese tragen können oder zugleich unterschenkel- oder armamputiert sind, sowie andere schwerbehinderte Menschen, die nach versorgungsärztlicher Feststellung dem vorstehend angeführten Personenkreis gleichzustellen sind.
Bl	Blind (blauer Ausweis)	100 %	Blinde oder sehbehinderte Menschen.
div.	Contergan- oder vergleichbar Geschädigte (blauer Ausweis)	100 %	Unabhängig von dem Merkzeichen im Behindertenausweis = behinderte Menschen mit beidseitiger Amelie oder Phokomelie oder vergleichbaren Erkrankungen.
G und B	Gehbehinderung mit Begleitperson (orangefarbener Ausweis)	80 %	Allein 80 % für Funktionsstörungen der unteren Gliedmaße und der Lendenwirbelsäule, soweit sich diese auf das Gehvermögen auswirken.
G und B	Gehbehinderung mit Begleitperson (orangefarbener Ausweis)	70 %	Allein 70 % für Funktionsstörungen der unteren Gliedmaße und der Lendenwirbelsäule, soweit sich diese auf das Gehvermögen auswirken, und gleichzeitig 50 % für Funktionsstörungen des Herzens und der Atmungsorgane.
G	Gehbehinderung (orangefarbener Ausweis)	60 %	Schwerbehinderte Menschen, die mit einem Behinderungsgrad von 60 % an Morbus Crohn oder Colitis ulcerosa (chronisch entzündliche Darmerkrankung) erkrankt sind.
G	Gehbehinderung (orangefarbener Ausweis)	70 %	Schwerbehinderte Menschen, die mit einem Behinderungsgrad von 70 % mit einem künstlichen Darmausgang und zugleich künstlicher Harnableitung leben müssen.

Muster eines EU-einheitlichen Parkausweises für Behinderte (VkBl. 2000, 64)

Format DIN A6, Material Karton (plastifiziert mit Aussparung für Unterschriftenzeile)

Vorderseite Rückseite

DAR 2011, 654 = NZV 2011, 624; VG Düsseldorf DAR 2011, 344; SG Dresden DAR 2001, 476: 8–10 Min. für Wegstrecke von 50 m unter Schmerzen und Mühen mit Sturzgefahr; LSG Halle DAR 2013, 345: keine Ausnahme für Behinderte, die wegen weiten Öffnens der Fahrertür einen größeren Parkstand benötigen; s. a. Dahm NZV 2012, 424). Zu den Schwerstbehinderten zählen somit auch solche, die zwar nicht außergewöhnlich gehbehindert sind, aber doch unter sehr starken Einschränkungen beim Gehen leiden, insbesondere Menschen mit beidseitiger Amelie (Fehlgestaltung eines Organs durch Mutation oder Umwelteinflüsse) oder Phokomelie (Fehlbildung von Gliedmaßen durch Vererbung oder Medikamente, z. B. Thalidomid des Präparats „Contergan").

Die Feststellung des Leidens erfolgt durch die Versorgungsämter und führt zu dem Eintrag „**aG**", „**Bl**", „**G** und **B**", „**G**" im Schwerbehindertenausweis (siehe Tabelle).

Aufgrund dieser Eintragungen stellen die **Verkehrsbehörden** für Schwerbehinderte den hellblauen europäisch-einheitlichen Parkausweis aus. Zur Fälschungssicherheit und Verhinderung des Missbrauchs kann der Ausweis bis zu einer Regelung durch die EU-Kommission mit einem Hologramm- oder Klebesiegel (Zulassungssiegel) versehen werden.[25]

Die Straßenverkehrsbehörden sind bei ihren Entscheidungen nur an die Feststellungen der Versorgungs- oder Sozialämter für die Zuordnung von Merkzeichen im Behindertenausweis gebunden, nicht aber an darüber hinausgehende Erkenntnisse. Das gilt insbesondere, wenn Äußerungen der Versorgungs- oder Sozialämter unvollständige oder nicht nachvollziehbare Angaben enthalten (OVG Münster VerkMitt 2012 Nr. 39; VG Frankfurt NZV 2014, 191; SG Augsburg NZV 2015, 263: Merkzeichen G und B bei Angsterkrankung; s. a. Dahm NZV 2012, 163 und NZV 2015, 223).

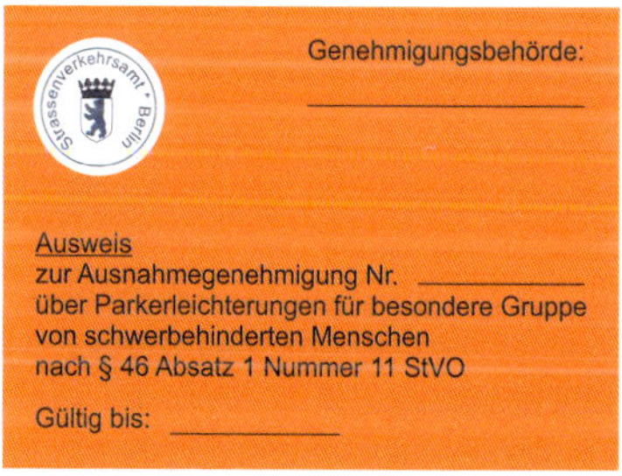

Von einigen Bundesländern wurden früher Parkerleichterungen für Personen gewährt, die das Merkzeichen „aG" knapp verfehlten und damit nicht zu dem Kreis der Schwerstgehbehinderten zählen. Ihnen kann (seit 2009) eine bundesweit gültige Ausnahme erteilt werden, dass sie Parkgebühren nicht entrichten müssen und in eingeschränkten Haltverboten (Z. 286) oder in verkehrsberuhigten Gebieten außerhalb der ausgewiesenen Flächen parken dürfen (Rn. 136 bis 139 VwV-StVO zu § 46 Abs. 1 Nr. 11).[26] Die für den Kreis der Schwerstbehinderten ausgewiesenen Flächen mit dem Zusatzzeichen 1020-11 oder 1044-10 und -11 (Symbol

25 Beschluss des BLFA-StVO vom 25./26.9.2013 zu TOP 3.4; s. a. Verlautbarung über gegenseitige Anerkennung von Parkerleichterungen für Schwerbehinderte im Bereich der CEMT-Länder vom 25.1.1982 (VkBl. S. 27).

26 Anders als beim Z. 286 dürfen Schwerstbehinderte mit einem blauen oder orangefarbenen Parkausweis beim Z. 283 mit dem Zusatzzeichen „Lieferverkehr frei" dort nicht parken. Solche Ladezonen dienen ausschließlich den Lieferbedürfnissen und sollen durch jeglichen Ausschluss von Fremdparkern verhindern, dass der Ladeverkehr in der zweiten Spur abgewickelt werden muss und dort den Verkehrsfluss erheblich beeinträchtigt.

Parken mit Behindertenparkausweis in der Europäischen Union Parken ist überall auf gekennzeichneten Behindertenparkflächen erlaubt, nicht aber auf personenbezogenen Parkständen (gekennzeichnet mit Nummer/Name) und auf Straßen mit Haltverboten mit und ohne Beschränkungen; im Übrigen gelten die nachstehenden Regelungen in den EU/EWR-Mitgliedstaaten.				
EU/EWR-Mitgliedstaat	Parken auf Verkehrsflächen			Befahren von Fußgängerzonen zu bestimmten Zeiten
	mit Parkverboten (eingeschränktem Haltverbot)	mit zeitlich beschränkter Parkerlaubnis	an Parkuhren/Parkscheinautomaten ohne Bezahlung	
Belgien	nein	ja	ja[1]	nein
Dänemark	max. 15 Min.	ja[5]	nein	ja
Deutschland	max. 3 Std.[3]	ja	ja	nein[1]
Finnland	ja	ja	ja	ja[1]
Frankreich	nein	ja[1]	nein (ja in Paris)	nein
Griechenland	nein	nein	nein	nein
Großbritannien	max. 3 Std.[4]	ja[4]	ja[4]	nein[1, 4]
Irland	nein	nein	ja[1]	nein
Island	nein	nein	ja[1]	nein
Italien	nein[1]	ja	ja	nein[1]
Liechtenstein	nein	nein	nein	nein
Luxemburg	nein	nein	nein	nein
Niederlande	max. 3 Std.	ja	nein[1]	nein
Norwegen	nein	ja	ja	nein
Österreich	nein	ja	nein[1]	ja
Portugal	nein	nein	nein	nein
Schweden	max. 3 Std.	ja[4]	ja[1]	max. 3 Std.
Spanien	nein[1]	ja[1]	ja[1]	nein[1]

1 Lokale Beschränkungen oder Ausnahmen möglich (Angabe auf Verkehrsschildern)
2 Bei Parkzeitbeschränkung bis 30 Minuten darf bis zu einer Stunde, bei Parkzeitbeschränkung bis zu drei Stunden darf bis zu 24 Stunden geparkt werden
3 Nur in Bereichen mit eingeschränktem Haltverbot oder Zonenhaltverbot
4 Nicht bei Angabe „No loading or unloading"; außerdem gelten in London besondere Regelungen
5 Bei Parkzeitbeschränkung unter drei Stunden darf bis zu drei Stunden, bei Parkzeitbeschränkung über drei Stunden bis zu 24 Stunden geparkt werden

„Rollstuhlfahrer") dürfen sie jedoch **nicht** benutzen.[27] Sie erhalten einen orangefarbenen bundeseinheitlichen Parkausweis („light") nach VkBl. 2009, 390 (s. a. Erl. 3.5 zu § 46).

Gehören Schwerbehinderte mit dem Merkzeichen „G" nicht zu dem speziellen Personenkreis, gelten die Parkerleichterungen grundsätzlich nicht,

27 Ungeachtet dessen darf dieser Kreis der Behinderten in einigen wenigen Bundesländern (z. B. Berlin, Brandenburg) auch die ausgewiesenen Behindertenparkplätze nutzen.

selbst wenn ihnen 100 % GdB zuerkannt worden ist. Ebenso können keine Ausnahmen für Behinderte erteilt werden, für die das Zurücklegen längerer Wegstrecken aufgrund von Erkrankungen eine Härte darstellt (OVG Münster DAR 2011, 654 = NZV 2011, 624).

Für einen Antrag auf Einrichtung eines personengebundenen Parkstandes nach § 45 Abs. 1b Satz 1 Nr. 2 besteht ein subjektiv-öffentliches Recht auf fehlerfreie Ermessensentscheidung (OVG Hamburg DAR 2012, 416 = VRS 123, 101). Dabei ist jeder Einzelfall in Bezug auf die Art und den Umfang der Behinderung sowie die Bewegungsmöglichkeit des Behinderten hinsichtlich der örtlichen Parkverhältnisse zu bewerten (OVG Hamburg NZV 2013, 359). Die Sonderparkberechtigung gilt für den Behinderten persönlich und ist nicht an ein bestimmtes Fahrzeug gebunden. Infolgedessen dürfen die Parkprivilegien auch dann in Anspruch genommen werden, wenn der Behinderte mit einer Taxe oder dem Fahrzeug der Begleitperson befördert wird (Rn. 126 VwV-StVO zu § 46 Abs. 1 Nr. 11). Fährt der Behinderte selbst, kann vor Erteilung der Parkberechtigung die Fahreignung geprüft werden; dabei sind die Datenschutzgesetze der Länder zu beachten. Kommt ein behinderter Rollstuhlfahrer auf einem ausgewiesenen Behindertenparkplatz wegen unebener Pflasterung zu Fall, scheitert die Einrede eines möglichen Mitverschuldens nach § 254 BGB an § 3 Abs. 3 Satz 2 GG[28] (BVerfG DAR 2016, 645). Ein personengebundener Schwerbehindertenparkplatz darf anderen nicht überlassen werden (VG Berlin NZV 1996, 48).

Behindertenparkplätze dürfen nur benutzt werden, wenn der (gültige) Parkausweis im Fahrzeug von außen gut lesbar ausgelegt oder angebracht wird (OVG Münster VerkMitt 2009 Nr. 37 = VRS 116, 294 = NZV 2009, 412). Problematisch ist das Auslegen einer Kopie des Parkausweises, wenn das Fahrzeug des Behinderten auf dem personengebundenen Parkstand verbleibt, der Behinderte selbst aber mit einem weiteren Fahrzeug Parkerleichterungen anderweitig in Anspruch nehmen will. Da von der Straßenverkehrsbehörde zur Vermeidung von Missbrauch kein Doppel des Behindertenparkausweises ausgestellt wird, ist die Fotokopie des Parkausweises[29] lediglich eine Bitte an die Ordnungskräfte, von einer Anzeige wegen des Formalverstoßes abzusehen (Opportunität). Soll jedoch mit der Kopie des Parkausweises der Anschein erweckt werden, es handele sich um das Originaldokument, kann Urkundenfälschung nach § 267 StGB vorliegen (OLG Stuttgart NZV 2007, 99).

Wird der Parkausweis unberechtigt benutzt (z. B. ohne den Berechtigten oder nach dessen Tode), kann ein strafbarer Missbrauch von Ausweispapieren i. S. d. § 281 StGB vorliegen (OLG Stuttgart NZV 2014, 783; s. a. Metz NZV 2015, 503; AG Nürnberg DAR 2005, 410; OLG Stuttgart VerkMitt 2013 Nr. 73 = DAR 2014, 213 = VRS 125, 122 = SVR 2014, 107 = NZV 2014, 483: keine Strafbarkeit, wenn der Ausweis nur ausgelegt, nicht aber über die Personenidentität getäuscht wird, denn der Behinderte muss als Ausweisinhaber nicht der Fahrer sein; s. a. Metz NZV 2014, 503), aber keine strafbare Erschleichung von Leistungen nach § 265a StGB, weil sich der Täter bei gebührenpflichtigen Parkplätzen nicht den

28 Art. 3 Abs. 2 Satz 2 GG: „Niemand darf wegen seiner Behinderung benachteiligt werden."

29 In einem solchen Fall sollte die Fotokopie deutlich als solche erkennbar sein, z. B. durch Aufdruck „Fotokopie".

Parksonderrechte

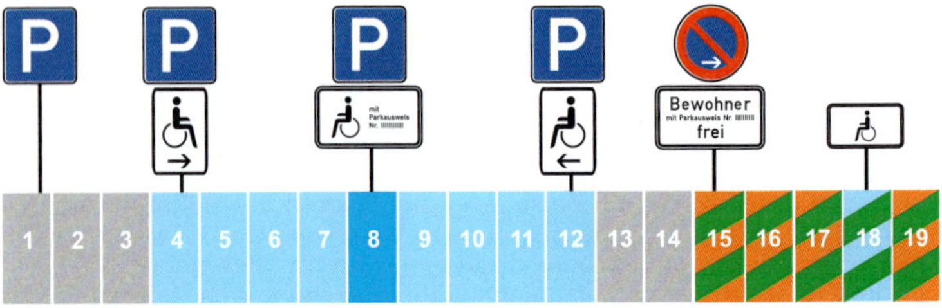

Auf den Parkständen 1 bis 3 und 13, 14 dürfen alle parken. Die Parkstände 4 bis 12 und 18 sind für Schwerbehinderte mit außergewöhnlicher Gehbehinderung und Blinde mit hellblauem europäisch-einheitlichem Parkausweis reserviert. Der Parkstand 8 ist nur demjenigen Behinderten personengebunden vorbehalten, der Inhaber eines Parkausweises mit der auf dem Zusatzschild angegebenen Registrier-Nr. ist (andere Behinderte dürfen dort nicht parken). Die Parkstände 15 bis 19 stehen nur Bewohnern mit der auf dem Zusatzschild angegebenen Registrier-Nr. zu. Auf den Parkständen 15, 16, 17 und 19 dürfen auch Schwerbehinderte mit orangenem Behindertenausweis bis zu 3 Stunden parken (müssen nicht Bewohner sein), außerdem dürfen dort alle zum Be- oder Entladen, Ein- oder Aussteigen halten. Die privilegiert Parkenden müssen die jeweiligen Parkausweise von außen gut sichtbar im Fahrzeug auslegen oder anbringen.

Zutritt, sondern das unbehelligte Stehenlassen erschleicht (Mitsch NZV 2012, 153).[30]

Mit dem besonderen Parkausweis (nicht mit dem Schwerbehindertenausweis) darf auf ausgewiesenen Behindertenparkplätzen mit Rollstuhlfahrersymbol unbeschränkt und im eingeschränkten Haltverbot (Z. 286) sowie auf Bewohnerparkflächen bis zu drei Stunden geparkt werden; dabei ist neben dem Parkausweis die Ankunftszeit auf einer Parkscheibe anzugeben.

Ferner erstreckt sich die Parkerlaubnis auf Zonenhaltverbote (Z. 290) und Parkflächen (Z. 314/315) mit begrenzter Zeit (max. 24 Stunden), in verkehrsberuhigten Bereichen außerhalb gekennzeichneter Parkflächen, auf Fußgängerzonen während der Ladezeit und an Parkuhren oder Parkscheinautomaten ohne Gebührenentrichtung; auch hier ist die höchstzulässige Parkzeit durch eine Parkscheibe nachzuweisen (VGH Mannheim VerkMitt 2002 Nr. 27 = DAR 2002, 92 = VRS 101, 472 = DÖV 2002, 215).

Der am 1.1.2001 eingeführte EU-einheitliche Parkausweis gilt unmittelbar (ohne weitere Formalitäten) in allen EU- und EWR-Mitgliedstaaten[31] (VkBl. 2000, 624). Die in diesen Ländern bestehenden Parkerleichterungen sind zu beachten (siehe Tabelle).

Ab 1.1.2011 gilt nur noch das mit Verlautbarung vom 24.10.2000 (VkBl. 2000, 624) bekannt gegebene Muster des EU-einheitlichen Parkausweises für Behinderte.[32] Keine Parkerleichterungen können Behinderte mit Parkausweisen aus anderen Staaten in Anspruch nehmen (z.B. aus den

30 Um einen Missbrauch auszuschließen, ist die Ausnahmegenehmigung angemessen zu befristen; Geltungsdauer max. fünf Jahre (Rn. 141 VwV-StVO zu § 46).

31 EWR-Mitgliedstaaten sind neben den EU-Staaten auch Island, Liechtenstein und Norwegen.

32 Der alte nationale (dunkelblaue) Parkausweis für Behinderte ist am 31.12.2010 ungültig geworden und musste bis dahin kostenfrei umgetauscht werden. Wer die Frist versäumt hatte, konnte auch danach noch das ungültige Dokument umtauschen, durfte bis dahin allerdings keine Parkerleichterungen in Anspruch nehmen.

Bundesstaaten der USA, weil diese nicht dem WÜ beigetreten sind). In Härtefällen kann hier aber mit einer Ausnahmegenehmigung nach § 46 Abs. 1 geholfen werden.

2.5.2 Bewohner

Die Ausweisung von **Bewohnerparkflächen** erfolgt durch eingeschränktes Haltverbot (Z. 286) mit dem Zusatzzeichen 1020-32 „Bewohner mit Parkausweis Nr. ... frei", um anderen hier das Ein- und Aussteigen sowie Be- und Entladen weiterhin zu ermöglichen (VkBl. 2002, 147). Die Kennzeichnung dieser Bereiche kann aber auch durch Z. 314 und dem einschränkenden Zusatzzeichen 1044-30 „Nur Bewohner mit Parkausweis Nr. ..." erfolgen (§ 45 Abs. 1b Nr. 2). Andere dürfen dann dort bis zu max. drei Minuten halten (§ 12 Abs. 2).

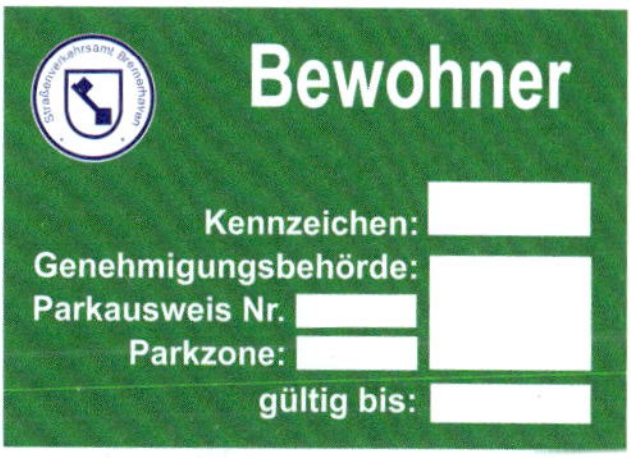

Beispiel eines Bewohnerparkausweises mit Parkzonenfeld; Format DIN A6, Karton

Ein Anspruch der Bewohner auf Anordnung von Parkerleichterungen besteht nicht (BVerwG NJW 63, 770). Ebenso wenig gibt es personengebundene Parkstände für Bewohner, so dass sie auch keinen Anspruch auf einen „bestimmten" Parkstand innerhalb der privilegierten Parkzonen haben. Sind alle Parkstände besetzt, muss das KFZ anderweitig (ordnungsgemäß) geparkt werden. Bewohner sind nur diejenigen Personen, die in dem ausgewiesenen Gebiet **tatsächlich** wohnen. Der enge Begriff „Bewohner" ist deshalb nicht identisch mit „Anlieger". Grundsätzlich erhält der Bewohner die Sonderparkberechtigung nur, wenn er Halter eines KFZ ist; ob er außerdem über einen Privatparkplatz verfügt, ist unerheblich. Die Parkberechtigung für das Kraftfahrzeug erstreckt sich auch nicht auf einen angekuppelten **Anhänger**. Ist der Bewohner Halter eines Anhängers, kann ihm dafür keine Parkberechtigung erteilt werden (Rn. 29 VwV-StVO zu § 45). Nach Rn. 35 VwV-StVO zu § 45 Abs. 1 bis 1e können auch Mitglieder von **Carsharing**-Organisationen eine Parkberechtigung erhalten. Wegen der Missbrauchsgefahr besteht keine Gleichbehandlung des „Familien-Carsharings" (Familienangehörige ohne KFZ) und des „Vertrags-Carsharings". Der Halter mehrerer KFZ erhält einen Parkausweis nur für ein Fahrzeug; in dem Ausweis können aber mehrere KFZ-Kennzeichen aufgenommen werden, wobei nur eines der KFZ jeweils in der privilegierten Zone geparkt werden darf. Eine Sonderparkberechtigung kann auch für ein nicht auf den Bewohner zugelassenes KFZ erteilt werden, wenn es von ihm ständig von seinem Wohnsitz aus benutzt wird, z. B. dauernd überlassenes Firmenfahrzeug (VGH München NZV 1995, 501). Nicht zu den Bewohnern gehören Geschäftsinhaber, Rechtsanwälte oder Ärzte mit Sitz in dem Gebiet (BVerwG VerkMitt 1995 Nr. 27 = NJW 1995, 473); für deren Parkbedürfnisse kann in Härtefällen eine Ausnahmegenehmigung nach § 46 Abs. 1 erteilt werden.

Nach der Gebühren-Nr. 265 der GebOSt beträgt die Gebühr für die Erteilung eines Bewohnerparkausweises zwischen 10 und 240 € pro Jahr. Mit dem erweiterten Gebührenrahmen bis 240 € sollen der wirtschaftliche Wert und der Nutzen für die begünstigten Bewohner je nach den örtlichen Verhältnissen angemessen berücksichtigt werden.

Nicht amtlicher Ausweis der Ärztekammer
nach VkBl. 1977, 408 und 643
zum Auslegen hinter der Windschutzscheibe
Format DIN A6, Karton

2.5.3 Ärzte

Ärzte genießen keine Parksonderrechte. Der von der Ärztekammer ausgegebene Ausweis zeigt an, dass der Arzt einen Notfallpatienten behandelt und sich für sein verbotswidrig abgestelltes Fahrzeug auf den Notstand nach § 16 OWiG beruft. Bei der Verkehrsüberwachung sollte das berücksichtigt werden (keine Anzeige ohne Nachfrage vor Ort).

Auch die nicht amtliche Fahrbahnmarkierung „ARZT" enthält **kein** Parkreservat. Sie empfiehlt lediglich anderen Parkplatzsuchenden, diesen Platz für den häufig Notfallpatienten behandelnden Arzt frei zu lassen.[33]

2.5.4 Parksonderrechte für Elektrofahrzeuge

Das **Elektromobilitätsgesetz** (EmoG)[34] enthält die Rechtsgrundlage für eine Förderung elektrisch betriebener Fahrzeuge im öffentlichen Verkehrsraum. Die **Förderung** erfolgt gemäß § 3 Abs. 4 und 5 EmoG unter anderem durch Parkvorrechte, insbesondere an Ladestationen und auf Parkflächen an Verkehrsknotenpunkten, wo der Anschluss an den ÖPV, Carsharing oder andere umweltfreundliche Verkehrsmittel erleichtert wird, ferner durch Freistellung von Parkgebühren in Parkraumbewirtschaftungszonen nach Z. 314.1 (s.a. Korsch DAR 2019, 191). Bei den begünstigten Elektrofahrzeugen handelt es sich nach § 2 EmoG um Batterie-Elektro-, Hybrid-Elektro- und Brennstoffzellen-Fahrzeuge, die im amtlichen Kennzeichen hinter der Erkennungsnummer mit einem „E" ausgewiesen sind, bei ausländischen Elektrofahrzeugen durch eine blaue Plakette an der Rückseite des Fahrzeugs (§ 9a und Anl. 3a FZV). Da zu erwarten ist, dass der Anteil der Elektrofahrzeuge im Laufe der Jahre ansteigt, ist die Förderung nach § 8 EmoG bis zum 31.12.2026 befristet.

33 Ein Notfall kann ja auch den Parkplatzsuchenden selbst einmal treffen.

34 Gesetz zur Bevorrechtigung der Verwendung elektrisch betriebener Fahrzeuge (Elektromobilitätsgesetz – EmoG) vom 5.6.2015 (BGBl. I S. 898). Zur Historie des Elektromobilitätsgesetzes siehe Schubert VD 2015, 325.

Kennzeichnung von „Elektrotankstellen“

Durch Zusatzzeichen zu den Z. 286, 314 oder 315 können Flächen an Ladestationen zugunsten von Fahrzeugen mit Batterieelektro-, Hybridelektro- oder Brennstoffzellenantrieb freigehalten werden. An den Z. 314, 315 oder 286 dürfen dann nur Elektrofahrzeuge und diese an Ladestellen nur während der Stromladung innerhalb der angegebenen Zeitspanne parken. Die Parkerlaubnis zur Stromladung sollte höchstens 4 Stunden betragen. Zum Nachweis der Parkzeit ist die Parkscheibe deutlich sichtbar auszulegen. Batterieelektro-, Hybridelektro- und Brennstoffzellenfahrzeuge sind an der „E“-Kennung im amtlichen Kennzeichen, ausländische Elektrofahrzeuge durch eine blaue Plakette an der Rückseite erkennbar. Beim Z. 286 ist weiterhin das Be- und Entladen, Ein- und Aussteigen erlaubt. Bei den Z. 314 und 315 dürfen auch andere Fahrzeuge bis zu 3 Minuten halten.

Werden Elektrofahrzeuge von den Parkgebühren an Parkscheinautomaten oder in Parkraumbewirtschaftungszonen (Z. 314.1) freigestellt, erfolgt dies durch eine Änderung der jeweiligen Parkgebührenordnung.

Begünstigt werden Elektrofahrzeuge vor allem an Ladestationen, um während des Parkens mit Elektrizität aufgeladen zu werden. Diese Parkflächen sind mit Z. 286, Z. 290.1 und einer zeitlichen Befristung für den Ladevorgang nebst Zusatzzeichen ausgewiesen. Zum Nachweis der Parkbefristung muss in Elektrofahrzeugen eine Parkscheibe (Bild 318) von außen deutlich sichtbar ausgelegt sein. Sind alle Elektroanschlüsse besetzt, darf das Elektrofahrzeug dort nicht parken, um auf einen freien Anschluss zu warten (AG Charlottenburg DAR 2017, 151). Sind Parkraumbewirtschaftungsmaßnahmen mit Z. 314/315 angeordnet, können Elektrofahrzeuge dort mit Zusatzzeichen freigestellt werden. Die Anordnung von Z. 314/315 mit Zusatzzeichen kommt ohne Parkraumbewirtschaftungsmaßnahmen nur in Ausnahmefällen in Betracht (s. a. Rn. 45b bis 45d VwV-StVO zu § 45 Abs. 1g).

Bei Parkflächen mit Ladestationen für Elektrofahrzeuge handelt es sich um Verkehrsbeschränkungen zugunsten einer bestimmten **Fahrzeugart** mit Elektro-, Hybrid-Elektro- oder mit Brennstoffzellen-Antrieb.[35] Unzulässiges Parken an Elektrotankstellen wird mit 55 € Verwarngeld geahndet.

2.5.5 Parkraum für Carsharing

Beim Carsharing handelt es sich um keine „Fahrzeugart“, sondern um eine spezifische Fahrzeugnutzung, bei der sich mehrere Kraftfahrer für ihre Bedürfnisse ein Fahrzeug „teilen“. Die Kraftfahrzeuge werden meist von

35 Parken nicht berechtigte KFZ an Ladestationen, können sie umgesetzt (abgeschleppt) werden (s. a. Maslaton NJ 2019, 11: Abschleppen im Wege der Geschäftsführung ohne Auftrag, wenn hoheitliche Hilfe nicht rechtzeitig zu erlangen ist).

Carsharing-Firmen (ähnlich wie bei Mietwagen) bereitgestellt und die Nutzung durch auf Dauer gerichtete Einzelverträge geregelt. Nach Schaffung der gesetzlichen Ermächtigung im Carsharinggesetz (CsgG) vom 5.7.2017 (BGBl. I S. 2230) können Parkflächen für Carsharing-Fahrzeuge unter Ausschluss anderer Kraftfahrzeuge im öffentlichen Verkehrsraum eingerichtet werden. Erforderlich ist jedoch, dass der Bund die notwendigen Regelungen für die Ausweisung von Carsharing-Parkplätzen und die Kennzeichnung von Carsharing-Fahrzeugen schaffen muss.[36]

Die Länder (z.B. Berlin) behelfen sich meist damit, dass sie Straßenraum teilentwidmen und diese Fläche dann Carsharing-Fahrzeugen zur Verfügung stellen. Diese Lösung ist allerdings problematisch, weil nach dem Landesstraßenrecht die Teileinziehung einer Verkehrsfläche unzulässig ist, wenn die Fläche anschließend wieder dem gleichen Verkehrszweck „Parken" zugewiesen wird. Sind solche Parkstände außerdem durch Haltverbote mit einem Zusatzzeichen „Carsharing-Fahrzeuge frei" ausgewiesen (z.B. in Berlin), stellt sich diese Beschilderung als eine Umgehung der noch fehlenden Regelung dar, was die Anordnung der Verkehrszeichen rechtswidrig macht.

2.6 Ausnahmen im ruhenden Verkehr

Freistellungen von den Halt- und Parkverboten dürfen die Straßenverkehrsbehörden nach § 46 Abs. 1 nur in Einzelfällen bei begründeten Anliegen genehmigen (z.B. zur Aufrechterhaltung des Zugangs zu Grundstücken, Hotelgäste zur Übernachtung (VG München NZV 2019, 319 mit Anm. Ternig: Urlauberparkausweise auch ohne vorherige Benennung der Gäste), zur Belieferung, Entsorgung u.Ä.). Voraussetzung ist allerdings, dass der Antragsteller gegenüber anderen Verkehrsteilnehmern unverhältnismäßig stark belastet wird, die Verweigerung der Ausnahme sich somit als eine unbillige, nicht von der StVO gewollte Härte erweisen würde. Das ist bei dem Begehren vieler **Berufsgruppen** auf Freistellung von den Halt- und Parkverboten grundsätzlich nicht der Fall. Vielmehr müssen die beruflichen Belastungen durch Parkraummangel von allen gleichermaßen getragen werden. Das gilt auch für technische Notdienste sowie wichtige ärztliche, soziale und sonstige Berufssparten wie Handwerker, Schlüsseldienste, fahrbarer Mittagstisch, Hebammen, Rechtsanwälte (VG Berlin NZV 2011, 575), Notare, Gerichtsvollzieher, Journalisten, Diplomaten usw. Würden all diesen Personen „Parkerleichterungen" genehmigt werden, müssten meist mehr Ausnahmen erteilt werden, als überhaupt Parkraum verfügbar ist. Eine Umgehung der fehlenden Freistellung durch Haltverbote mit Zusatzzeichen für bestimmte Berufsgruppen oder Institutionen ist unzulässig, z.B. „Behördenfahrzeuge frei" (BVerwG VerkMitt 1968 Nr. 1 = VRS 33, 149).

2.7 Verfolgung von Parkverstößen

Grundsätzlich ist der **Fahrer** für Halt- und Parkverstöße verantwortlich. Die Ahndung richtet sich nach dem bundeseinheitlichen Bußgeldkatalog (BKatV).[37] Überwiegend handelt es sich dabei um Kennzeichenanzeigen.

---

36 Die Schaffung von Regelungen zur Förderung des Carsharings ist im Koalitionsvertrag der CDU, CSU und SPD vom 14.12.2013 zu Nr. 1.3 „ÖPNV in Stadt und Land", S. 32, vereinbart worden.

37 Ahndung nach der BKatV und dem darauf beruhenden Bundeseinheitlichen Tatbestandskatalog des KBA.

Lässt sich der schuldige Fahrer nicht ermitteln, können dem Halter durch Kostenbescheid die Verfahrenskosten auferlegt werden (§ 25a StVG). Andererseits kann aber auch der **Halter** des Fahrzeugs unmittelbar für die Parkverstöße des Fahrers zur Verantwortung gezogen werden, wenn er Kenntnis von der verbotswidrigen Aufstellungsart seines Fahrzeugs hat und es unterlässt, das Fahrzeug ordnungsgemäß zu parken (BGH DAR 2013, 141 = VRS 124, 6).

Halt- und Parkverstöße sind **Dauerordnungswidrigkeiten**, solange keine Unterbrechung eintritt. Infolgedessen darf ein solcher Verstoß nicht mehrfach geahndet werden (OLG Jena DAR 2006, 162; OLG Düsseldorf NZV 1996, 251); bei eklatanter Parkdauerüberschreitung kann das Fahrzeug aber kostenpflichtig abgeschleppt werden. Eine Unterbrechung ergibt sich, wenn das Fahrzeug z. B. auch am nächsten Tag oder nach Ablauf eines zeitlich befristeten Haltverbots weiterhin falsch geparkt bleibt. In solchen Fällen besteht Tatmehrheit, so dass der Betroffene erneut ein Verwarnungs- bzw. Bußgeld erhält.

Die Beschimpfung eines Falschparkers auf einem Behindertenparkplatz als „Parkplatzschwein" ist eine Meinungsäußerung, aber keine Beleidigung i. S. d. § 185 StGB (AG Rostock DAR 2012, 711 = NZV 2013, 251).

2.8 Abschleppen (Umsetzen) verbotswidrig abgestellter Fahrzeuge

2.8.1 Auf öffentlichen Verkehrsflächen

Der verkehrswidrige Zustand eines verbotswidrig geparkten Fahrzeugs kann neben der Ahndung als Ordnungsverstoß von der Polizei durch Abschleppen[38] beseitigt werden. Es handelt sich dabei um eine Maßnahme zur allgemeinen Gefahrenabwehr für die öffentliche Sicherheit oder Ordnung nach den Polizeigesetzen der Länder (Weber DAR 2018, 109 und NZV 2012, 212; Weber DAR 2019, 63; Rebler SVR 2014, 420; Koehl DAR 2015, 224). Das Abschleppen ist materiell eine polizeiliche Vollstreckungsmaßnahme als Ersatzvornahme zulasten des an sich pflichtigen Fahrzeughalters (BGH NZV 2013, 75 = SVR 2013, 140; OVG Hamburg DAR 1994, 290).[39] Das Abschleppprotokoll ist eine öffentliche Urkunde i. S. d. §§ 415 Abs. 1, 417, 418 Abs. 1 ZPO, deren voller Beweis nur durch einen Gegenbeweis nach §§ 415 Abs. 1, 418 Abs. 2 ZPO widerlegt werden kann (OVG Berlin-Brandenburg DAR 2019, 164 = NJW 2018, 3470).[40]

---

38 Abschleppen = Umsetzen, sofern das Fahrzeug auf einen freien ordnungsgemäßen Parkstand verbracht wird. Über die Rufnummer 110 kann der Standplatz bei der Polizei abgefragt werden, insbesondere beim Fehlen zentraler Abstellplätze zur Optimierung der Abschleppvorgänge. Zulässig ist aber auch, das Fahrzeug auf einen zentralen polizeilichen Sicherstellungsplatz („Autoknast") zu verbringen und die Herausgabe von der Zahlung der Abschleppkosten abhängig zu machen (z. B. in Hamburg; OVG Hamburg NZV 2010, 51 und VRS 117, 123).

39 Die Abschleppmaßnahme richtet sich primär gegen den Fahrzeughalter als „Zustandsstörer", nicht gegen den schuldigen Fahrer als „Handlungsstörer" (LG München DAR 2006, 217); der Halter kann natürlich Kostenersatz vom Fahrer verlangen.

40 **§ 415 ZPO Beweiskraft öffentlicher Urkunden über Erklärungen**
(1) Urkunden, die von einer öffentlichen Behörde innerhalb der Grenzen ihrer Amtsbefugnisse oder von einer mit öffentlichem Glauben versehenen Person innerhalb des ihr zugewiesenen Geschäftskreises in der vorgeschriebenen Form aufgenommen sind (öffentliche Urkunden), begründen, wenn sie über eine vor der Behörde oder der Urkundsperson abgegebene Erklärung errichtet sind, vollen Beweis des durch die Behörde oder die Urkundsperson beurkundeten Vorganges.
(2) Der Beweis, dass der Vorgang unrichtig beurkundet sei, ist zulässig.

Beauftragt die Polizei oder ein kommunales Ordnungsamt eine private **Abschleppfirma**, handelt diese **hoheitlich** als „verlängerter Arm" des Auftraggebers (BGH VerkMitt 2014 Nr. 33 = DAR 2014, 259 = SVR 2014, 261 und 298 = NZV 2014, 303 = VRS 126, 68; BGH DAR 2006, 387 = VRS 111, 132 = SVR 2006, 309).[41] Schäden, die durch unsachgemäße Durchführung des Abschleppvorgangs, auch Dritten gegenüber, verursacht werden, können Amtshaftungsansprüche gegen den Auftraggeber nach § 839 BGB i. V. m. Art. 34 GG auslösen (LG Frankfurt/M. DAR 2000, 268). Ersatzansprüche des Verkehrsunternehmens gegen den Falschparker auf einer Busspur für Kosten eines betrieblichen Busspurbetreuers, der die polizeiliche Abschleppmaßnahme veranlasst, bestehen nicht (LG Potsdam NZV 2006, 480). Zusätzliche Standkosten für die Zeit der Aufbewahrung eines abgeschleppten PKW kann die Abschleppfirma nicht verlangen (OLG Düsseldorf VerkMitt 2014 Nr. 46 = DAR 2014, 322).

Die Beseitigung des verkehrswidrig abgestellten Fahrzeugs steht unter dem Grundsatz der **Verhältnismäßigkeit**.[42] Die Länder entwickeln auf der Grundlage der Rechtsprechung „Abschleppkataloge", die den Vollzug erleichtern. Abschleppen kommt bei groben Verstößen gegen Halt- oder Parkverbote dann in Betracht, wenn die Verkehrsstörung nicht auf andere Weise zu beseitigen ist. Eine konkrete Gefährdung oder Behinderung ist nicht erforderlich, weil die Polizei nicht warten muss, bis sich die Störung unmittelbar auswirkt (VGH München SVR 2007, 196; OVG Greifswald = NJW 2015, 2514 = VRS 129, 33 = NZV 2015, 568 = DAR 2015, 715: es genügt eine Funktionsbeeinträchtigung, z. B. bei absoluten Haltverboten, Fußgängerzonen oder Grünanlagen; VG Düsseldorf SVR 2017, 157; VG Schleswig

---

40 *(Fortsetzung)*

§ 416 ZPO Beweiskraft von Privaturkunden

Privaturkunden begründen, sofern sie von den Ausstellern unterschrieben oder mittels notariell beglaubigten Handzeichens unterzeichnet sind, vollen Beweis dafür, dass die in ihnen enthaltenen Erklärungen von den Ausstellern abgegeben sind.

...

§ 417 ZPO Beweiskraft öffentlicher Urkunden über amtliche Anordnung, Verfügung oder Entscheidung

Die von einer Behörde ausgestellten, eine amtliche Anordnung, Verfügung oder Entscheidung enthaltenden öffentlichen Urkunden begründen vollen Beweis ihres Inhalts.

§ 418 ZPO Beweiskraft öffentlicher Urkunden mit anderem Inhalt

(1) Öffentliche Urkunden, die einen anderen als den in den §§ 415, 417 bezeichneten Inhalt haben, begründen vollen Beweis der darin bezeugten Tatsachen.

(2) Der Beweis der Unrichtigkeit der bezeugten Tatsachen ist zulässig, sofern nicht die Landesgesetze diesen Beweis ausschließen oder beschränken.

(3) Beruht das Zeugnis nicht auf eigener Wahrnehmung der Behörde oder der Urkundsperson, so ist die Vorschrift des ersten Absatzes nur dann anzuwenden, wenn sich aus den Landesgesetzen ergibt, dass die Beweiskraft des Zeugnisses von der eigenen Wahrnehmung unabhängig ist.

41 Die Abschleppfirma ist berechtigt, die Herausgabe des Fahrzeugs gegen Barzahlung der Abschleppkosten zu verlangen. Dadurch wird ein öffentlich-rechtliches Verwahrungsverhältnis begründet, auf das die §§ 276, 278, 280 ff. BGB entsprechend anzuwenden sind (BGH DAR 2014, 259). Sie verstößt durch den geschäftsmäßigen Einzug der der Polizei zustehenden Kosten weder gegen das Rechtsberatungsgesetz noch gegen das Gesetz über den unlauteren Wettbewerb (BGH DAR 2006, 387 gegen LG Düsseldorf VerkMitt 2002 Nr. 77). „Standgebühren" während der Sicherungsverwahrung kann sie allerdings nicht verlangen (OLG Düsseldorf VerkMitt 2014 Nr. 46).

42 Die mit dem Abschleppen verbundenen Nachteile dürfen nicht außer Verhältnis zu dem erzielten Erfolg stehen (s. a. Koehl VD 2016, 3).

VerkMitt 2015 Nr. 56). Die polizeiliche Prognose muss aber eine bevorstehende Behinderung oder Beeinträchtigung eines reibungslosen Verkehrsablaufs ergeben (BVerwG SVR 2014, 436 = NZV 2014, 589: Abschleppen vom Taxenstand; VG Berlin DAR 1997, 366; VG Düsseldorf NZV 2017, 150: Abschleppen vom Radweg bei Funktionsbeeinträchtigung). Ob ein Halt- oder Parkverbot rechtmäßig besteht, ist unerheblich (VGH Düsseldorf VD 2013, 230). Ebenso wenig bedarf es einer vorherigen Androhung (BVerwG VerkMitt 1978 Nr. 28; OVG Bremen VerkMitt 1985 Nr. 86 = DAR 1985, 127; VGH Mannheim NZV 1990, 286; Helle-Meyer/Ernst DAR 2005, 495), einer Halterabfrage, um den Betroffenen zur Entfernung seines Fahrzeugs aufzufordern (BVerwG VerkMitt 2003 Nr. 1), oder bei abgelaufenen Parkausweisen, ob die Voraussetzungen für eine Verlängerung noch bestehen (OVG Hamburg VerkMitt 2012 Nr. 24: Parkausweis für Behinderte).

Die Polizei kann, muss aber nicht den Halter anrufen, selbst wenn im Fahrzeug eine Mitteilung über die Erreichbarkeit mit Telefonnummer ausliegt (BVerwG VerkMitt 2002 Nr. 50 = NZV 2002, 285 = DAR 2002, 424 = NJW 2002, 2122; VGH Mannheim VerkMitt 2003 Nr. 58 = DAR 2003, 329; VG Karlsruhe VerkMitt 2002 Nr. 54, OVG Hamburg DAR 2002, 41 = NZV 2002, 52 = VRS 101, 464 = DÖV 2001, 207; VG Berlin DAR 2002, 189). Kann der Betroffene indes ohne Schwierigkeiten und ohne Verzögerung zur Beseitigung seines Fahrzeugs veranlasst werden, ist vom Abschleppen abzusehen (OVG Hamburg NZV 2012, 200; OVG Münster NZV 2018, 94), z. B. bei Hinweis im Fahrzeug über die Erreichbarkeit im Nahbereich des Abstellortes; die Polizei kann dann aber von vorsätzlichem Parkverstoß unter Erhöhung des Verwarnungsgeldes ausgehen (OVG Hamburg NZV 2012, 200; OVG Hamburg VRS 108, 470; BVerwG DAR 2002, 470 = VRS 103, 309). Abschleppen ist auch zulässig, wenn eine negative Beispielwirkung zu befürchten ist (BVerwG VerkMitt 1990 Nr. 53 = VRS 79, 79; VG Berlin DAR 1997, 366) oder Abschleppkosten die Parkgebühr und das Verwarnungsgeld weit übersteigen (VGH München NJW 1999, 1130), nicht aber zur Disziplinierung von Parksündern i. S. d. General- oder Spezialprävention (OVG Hamburg DVBl. 2011, 1114 = DAR 2012, 105 = SVR 2012, 69).

Abgeschleppt werden **dürfen** nicht zugelassene Fahrzeuge (OVG Münster 2019, 271 mit Anm. Koehl), Falschparker aus einer **Feuerwehrzufahrt** (VGH Mannheim VerkMitt 2002 Nr. 82), einer Fußgängerzone (OLG Koblenz NZV 1989, 46), von Behindertenparkplätzen, selbst wenn ein Berechtigter seinen Parkausweis nicht gut lesbar auslegt oder nicht konkret am Einparken gehindert wird (OVG Koblenz DAR 2005, 291 = NZV 2005, 551; VGH Mannheim VerkMitt 2003 Nr. 58; OVG Schleswig DAR 2002, 330; OVG Münster NZV 2000, 310; OVG Münster VRS 69, 475; OVG Hamburg NZV 2001, 52 = DAR 2001, 42 = NJW 2001, 168: auch bei sehr kurzer Parkdauer; VG Mainz NZV 2013, 56: auch Motorräder), von **Taxenständen**, auch ohne konkrete Behinderung betriebsbereiter Taxen (VG Düsseldorf SVR 2015, 191; VGH Kassel VerkMitt 2013 Nr. 45 = VRS 124, 314: nach 30 Minuten; BVerwG NZV 2014, 589: von Abschleppmaßnahmen ist jedoch abzusehen, wenn der Taxenverkehr nicht beeinträchtigt wird oder zu erwarten ist, dass der Falschparker kurzfristig erscheinen wird; VGH München SVR 2007, 196; OVG Hamburg VRS 111, 231), von **Geh- oder Radwegen** (VGH München DAR 2017, 480 m. Anm. Koehl: Abschleppen eines Vespa-Motorrollers; OVG Münster NZV 2013, 55; OVG Münster VerkMitt 2011 Nr. 80 = DAR 2012, 44 = VRS 122, 50: bei wesentlicher Einengung; OVG Hamburg VRS 99, 380; VG Berlin DAR 2000, 182; BayVGH DAR 1989, 154), aus gekennzeichneten **Sicher-**

heitsräumen (VGH München NZV 2017, 244); aus durch **Z. 250** gesperrten Straßen (VG Düsseldorf SVR 2017, 157); bei **Haltverboten** nach Z. 283 oder Z. 286 (OVG Bremen NZV 2015, 359; OVG Schleswig DAR 2001, 475; OVG Münster DAR 1998, 365: aus einer **Ladezone** mit Z. 286 bereits nach einer halben Std.), aus **Busspuren** (VG Berlin VerkMitt 2001 Nr. 93), von einem Busparkplatz (OVG Münster VRS 97, 400), bei **Pfeilmarkierungen** nach Z. 297, aus **Einfädelungs**- und **Ausfädelungsstreifen**, bei Blockierung des **Schienenverkehrs** (AG Frankfurt/M. DAR 2018, 449 mit Anm. Engel = NZV 2018, 334: Haftung für Kosten eines Schienenersatzverkehrs mit Anm. Vyvers), aus dem 5-m-Haltverbot vor **Zebrastreifen**, von **abgesenkten Bordsteinen** für Rollstuhlfahrer (VG Potsdam NZV 2014, 55: auch ohne konkrete Behinderung; VG Schwerin DAR 1998, 405), aus dem **5-m-Bereich** vor Einmündungen (OVG Münster VerkMitt 2001 Nr. 8 = NJW 2001, 172 = VRS 99, 380), aus **Grundstückszufahrten** auf Anzeige des Berechtigten, bei erheblicher Überschreitung der **Höchstparkdauer** an Parkscheinautomaten (VG Hamburg NZV 2010, 535: bei Überschreitung der Höchstparkdauer um mind. 1 Std., nicht aber bereits nach 10 Min.; OVG Hamburg NZV 2010, 219: mehr als 2 Std.; VG Bremen SVR 2009, 254), beim verbotswidrigen Parken an Elektroladestationen (VG Hamburg DAR 2019, 222; s.a. Maslaton DAR 2019, 187; Koehl SVR 2019, 24); aus einer **Bewohnerparkzone** ohne ausgelegten Parkausweis, selbst bei Parkberechtigung (OVG Münster VerkMitt 2010 Nr. 6 = OVG Münster VRS 117, 319). Bei **Blockierung** einer **Fahrbahn** durch zwei gegenüber parkende KFZ haftet der zuerst Parkende nicht für die Abschleppkosten des später geparkten Fahrzeugs (OVG Münster VerkMitt 2001 Nr. 41 = NZV 2001, 94).

Da der Halter für den verkehrswidrigen Zustand seines KFZ verantwortlich ist, darf das KFZ auch dann abgeschleppt werden, wenn das Fahrzeug **zunächst ordnungsgemäß** geparkt war, **später** aber durch **Aufstellen** von (meist mobilen) Haltverboten hätte entfernt werden müssen, z.B. wegen Baumaßnahmen, Umzugs, Filmaufnahmen, Sportveranstaltungen, Straßenfesten, Baumschnittarbeiten, auch auf Parkplätzen, wenn drei Tage vorher dort Haltverbote aufgestellt worden sind (BVerwG VerkMitt 2019 Nr. 2 = VRS 134, 198 = SVR 2018, 356 = NZV 2018, 438 m. Anm. Schubert; VG München SVR 2017, 399; s.a. Weber NZV 2019, 399). Entscheidend ist, dass das Haltverbotsschild von der Verkehrsbehörde angeordnet[43] und rechtzeitig, mindestens drei volle Tage vorher, aufgestellt wird (BVerwG NZV 1997, 246 = VRS 93, 149 = DAR 1997, 199; OVG Münster VerkMitt 2017 Nr. 13 = VD 2017, 48: 48 Std. genügen; OVG Hamburg VerkMitt 2009 Nr. 52 = DAR 2009, 215; OVG Bautzen DAR 2009, 471; VGH Mannheim NZV 2008, 263 = DAR 2008, 721; VG Neustadt SVR 2015, 118; VG Berlin DAR 2001, 234; OVG Münster NZV 1995, 460: mind. drei Tage; VG Münster VD 2007, 281: keine Fristverlängerung in der Ferienzeit; VGH Mannheim VerkMitt Nr. 84 = DAR 2007, 534 = NZV 2004, 487; OVG Bautzen NZV 2009, 528: nach vier Tagen; OVG Hamburg VRS 100, 478: nicht aber bei

43 Ohne straßenverkehrsbehördliche Anordnung ist das Haltverbot nichtig (VGH Mannheim VerkMitt 2010 Nr. 66 = DAR 2010, 537 = VD 2010, 113). Bei vorübergehend angeordneten Haltverboten für Baustellen, Straßenreinigung, Umzüge und sonstige Veranstaltungen ist es nicht (mehr) erforderlich, während der Geltungsdauer auch die dort befindlichen Parkverbote und Parkmarkierungen abzudecken oder durchzukreuzen, was die Verkehrsbehörden entlastet und den Veranstalter oder die Straßenbaufirmen von zusätzlichen Kosten befreit (Anl. 2 zu § 41 lfd. Nr. 61, Erl. zu 2).

Verkehrsführung über den Parkstreifen infolge plötzlich auftretender Fahrbahnschäden). Weiterhin müssen vorübergehend angeordnete Haltverbote so aufgestellt werden, dass während der Fahrt oder durch einfache Umschau beim Aussteigen erkennbar ist, dass überhaupt ein Verkehrsschild etwas mit einem Halt- oder Parkverbot zu tun hat (BVerwG VerkMitt 2016 Nr. 39 = DAR 2016, 598 = NJW 2016, 2353 = NZV 2016, 539). Andernfalls geht eine Abschleppmaßnahme zulasten der Verkehrsbehörde. Ein Vertrauensschutz des Parkenden, dass sich die Verhältnisse während der Parkdauer nicht ändern, besteht selbst auf Dauerparkplätzen nicht (OVG Berlin-Brandenburg DAR 2015, 712; VG Neustadt a. d. W. SVR 4/2015 zu III). Haltverbote zum Zwecke von Filmaufnahmen bleiben auch dann wirksam, wenn sie während einer Drehpause am Wochenende abgedeckt werden (OVG Hamburg NZV 2008, 313 = VRS 114, 316 = VD 2008, 374). Ob der Halter eine Bewohnerparkberechtigung hat, ist unerheblich (VGH Mannheim NJW 2003, 3363). Auch in solchen Fällen muss der Halter und nicht der Begünstigte die Abschleppkosten tragen.[44]

Der Bußgeldverstoß gegen das Haltverbot selbst kann aber dem Fahrer oder Halter nicht zur Last gelegt werden (hier wirkt der **Sichtbarkeitsgrundsatz** weiter). Ferner bestehen keine zivilrechtlichen Ersatzansprüche des Begünstigten wegen Blockierens der für ihn vorgehaltenen Verkehrsfläche, weil Haltverbote nicht sein Vermögen schützen (BGH VerkMitt 2004 Nr. 30 = VRS 105, 334; OVG Hamburg DAR 2004, 543).[45]

Das Abschleppen ist ein **Verwaltungsakt**; die Kosten trägt der Halter des KFZ als Verhaltens- oder Zustandsverantwortlicher. Die Kostenfolge greift aber nur, wenn die vorausgehende Abschlepp- oder Umsetzmaßnahme rechtmäßig erfolgt ist. Dabei ist unerheblich, ob der Halter oder der Fahrer für den Verstoß verantwortlich ist (OVG Hamburg VRS 89, 68; BVerwG NZV 1997, 245; VG Cottbus NZV 2017, 544). Selbst wenn das Fahrzeug veräußert wurde, haftet der Halter für die Abschleppkosten weiterhin, sofern der Halterwechsel nicht eingetragen worden ist, andernfalls der neue Halter (OVG Münster VRS 104, 318; Hess. VGH VRS 97, 473). Die Erhebung von Kosten ist auch bei Leerfahrten zulässig, wenn nach einem Abschleppauftrag der Halter das KFZ selbst wegfährt und eine rechtzeitige Stornierung des Auftrages nicht mehr möglich war (OVG Hamburg VRS 115, 315: selbst wenn in 75 m Entfernung weitere Umsetzungen durchzuführen sind; VGH Mannheim VerkMitt 2002 Nr. 82 = DAR 2002, 473), nicht dagegen, wenn das Abschleppunternehmen am gleichen Ort ohne Einbußen anderweitig eingesetzt werden kann (OVG Münster VerkMitt 2013 Nr. 74 = DAR 2014, 222 = NZV 2014, 334 = VRS 125, 191 = VD 2014, 80; OVG Münster VRS 100, 234 = NVwZ 2001, 954; OVG Hamburg VRS 99, 381 = NZV 2001, 52 = DAR 2001, 42 = NJW 2001, 168: Verstoß gegen das Äquivalenzprinzip). Gibt der Halter als Täter des Parkverstoßes eine im Ausland lebende Person an, können bei schwierigen Vollstreckungsverhältnissen die Kosten weiterhin

44 Somit z. B. nicht die Umzugs- oder Filmfirma, zu deren Gunsten die Haltverbote angeordnet worden sind, sondern der Halter des Fahrzeugs, das die freizuhaltende Fläche blockiert (OVG Hamburg VRS 107, 159).

45 Im Rahmen des § 823 BGB ist die StVO nicht im Ganzen Schutzgesetz für das Vermögen des Geschädigten. Da die StVO allein der Sicherheit und Ordnung des Verkehrs dient, bestehen keine Individualansprüche bei Parkverstößen. Der Bauunternehmer, der bis zum Abschleppen warten muss und durch den Zeitverlust einen Vermögensschaden erleidet, kann diesen nicht gegen den Falschparker geltend machen.

dem Halter auferlegt werden. Können die Abschleppkosten nicht beigetrieben werden, haftet der Veranlasser eines Haltverbots (z. B. Umzugsfirma) nicht ersatzweise für den pflichtigen Halter des verbotswidrig geparkten Fahrzeugs (VGH München VerkMitt 2016 Nr. 65).

Die Höhe der Abschleppkosten ist in den Kommunen unterschiedlich; sie richtet sich nach Gebührenordnungen für die Benutzung polizeilicher Einrichtungen. Abschleppgebühren sind verfassungsgemäß (OVG Münster VRS 100, 234 = NVwZ 2001, 954). Dabei steht ein Zurückbehaltungsrecht des sichergestellten Fahrzeugs bis zur Bezahlung der Abschleppkosten nach den Sicherheits- und Ordnungsgesetzen der Länder im Ermessen der Behörde (VGH Mannheim NJW 2020, 701; OVG Hamburg VRS 113, 132 = DAR 2008, 225: Beachtung des Verhältnismäßigkeitsgrundsatzes, wenn das KFZ dringend benötigt, die Abschleppkosten aber nicht kurzfristig bezahlt werden können; OVG Hamburg VRS 118, 304; s. a. Weber SVR 2012, 241). Über Widersprüche entscheidet die Fachaufsichtsbehörde der Polizei; gegen ablehnende Widerspruchsbescheide kann das **Verwaltungsgericht** angerufen werden. Neben dem Kostenbescheid ergeht ein Verwarnungs- oder Bußgeldbescheid wegen des Parkverstoßes durch die Bußgeldbehörde. Hiergegen kann der betroffene Fahrer Einspruch einlegen, über den das örtlich zuständige **Amtsgericht** entscheidet.

Im Gegensatz zum Abschleppen wird bei Verwendung einer „**Radkralle**" der verkehrswidrige Zustand „zementiert". Die Radkralle dient nicht der Beseitigung einer Störung, sondern der Feststellung des schuldigen Fahrers (das „An-den-Pranger-Stellen" des Schuldigen ist nur ein Nebeneffekt). Ihre Anwendung ist keine polizeiliche „Ersatzmaßnahme", so dass die Kosten nicht dem Halter auferlegt werden können. Da der Radkralleneinsatz fast ebenso aufwendig wie ein Abschleppvorgang ist, nehmen Polizei bzw. Kommunen schon wegen der sie treffenden Kosten davon Abstand.

2.8.2 Auf Privatgelände

Das **Abschleppen** auf **Privatflächen** kann hingegen **nur** durch den Eigentümer oder Verfügungsberechtigten veranlasst werden. Die Polizei wird hier nicht tätig (ausgenommen bei unmittelbarer Gefahrenlage). Das gilt sowohl für reine Privatflächen als auch für solche mit faktisch öffentlichem Verkehr, bei denen die Nutzung auf einen unbestimmbaren Personenkreis beschränkt ist, z. B. „nur für Kunden der Firma XY bis 1 Std.". Das kostenfreie Parken auf privaten Parkflächen ist rechtlich als Leihverhältnis anzusehen; werden Parkgebühren erhoben, handelt es sich um einen Mietvertrag. Zur Vermeidung unzulässiger Parkplatznutzung durch Nichtberechtigte werden zunehmend private Unternehmen als „Parkraumbewirtschafter" eingesetzt, deren Geschäftsgewinne vor allem aus erhobenen Vertragsstrafen und Abschleppgebühren bestehen (Quad/Keilholz NJW 2020, 270: Einsatz von Bodensensoren). So darf der Privateigentümer oder dessen Beauftragter als Selbsthilfemaßnahme wegen verbotener Eigenmacht das rechtswidrig abgestellte Fahrzeug unter dem Gesichtspunkt der „Besitzstörung" nach §§ 823, 858, 859 Abs. 1 und 3, 249 BGB beseitigen (abschleppen) (BGH DAR 2016, 387 = NZV 2016, 172 = NJW 2016, 863 = VRS 2016, 179; BGH NJW 2016, 2407 = NZV 2016, 468; AG München SVR 2017, 223: Abschleppen trotz Auslegens der Handynummer). Das gilt auch, wenn Nutzungsvoraussetzungen nicht erfüllt werden, wie Zahlung einer Gebühr, Auslegen eines Parkscheins, Parkzeitüberschreitung (LG Kaiserslautern NZV 2016, 483 =

DAR 2018, 213 m. Anm. Heimgärtner: Geltendmachung einer Vertragsstrafe; s.a. Rebler DAR 2018, 228).[46]

Bei **privaten Parkplätzen** (mit und ohne faktisch öffentlichen Verkehr) trifft die Verantwortlichkeit zunächst nur den **Fahrer** und nicht automatisch auch den Halter, denn nur zwischen den Parkplatzbetreibern und dem Fahrer kommt bei deutlichem Aushang der Nutzungsbedingungen und die Inanspruchnahme des Parkplatzes ein Vertrag zustande („Leihvertrag" über die zeitlich befristete und an die Einhaltung der Parkbedingungen gebundene Überlassung der Stellflächen). Bei Verstoß gegen die Nutzungsbedingungen (meist unberechtigte Nutzung oder Parkzeitüberschreitung) kann der Parkplatzeigentümer oder seine beauftragte Parküberwachungsfirma eine Vertragsstrafe als pauschalierten Schadenersatz („erhöhtes Parkentgelt") erheben, sofern die Entgelthöhe nicht außer Verhältnis zum Gewicht des Parkverstoßes steht (BGH NJW 2017, 3145; s.a. BGH DAR 2014, 584; LG Schweinfurt DAR 2018, 518 mit Anm. Stamer: keine Halterhaftung). Da es keinen gesicherten Erfahrungssatz gibt, dass der Halter eines KFZ stets auch der Fahrer sein muss, gibt es keinen Anscheinsbeweis dafür, dass der Fahrzeughalter auch der Fahrzeugführer ist. Der Parkplatzbetreiber hat ferner keinen Auskunftsanspruch aus §§ 242, 280 Abs. 1 und 3, 281 Abs. 1, 249 BGB gegen den Fahrzeughalter auf Benennung des Fahrers. Der Halter kann sich jedoch nicht auf einfaches Bestreiten zur Person des Fahrers beschränken, sondern ihn trifft eine **sekundäre Darlegungslast**, wer Nutzer des Fahrzeugs im fraglichen Zeitpunkt war, sofern ihm die Benennung des Fahrers möglich und zumutbar ist (Regelfall). Eine solche Erklärungspflicht folgt aus § 138 Abs. 2 ZPO,[47] wenn einerseits der Parkplatzbetreiber keine nähere Kenntnis über den Fahrer hat, dem Halter aber die Angabe des Fahrers leicht möglich und zumutbar ist. Genügt der Halter seiner sekundären Darlegungslast nicht, gilt die Behauptung des Parkplatzbetreibers nach § 138 Abs. 3 ZPO, der Halter sei auch gefahren, als zugestanden. Infolgedessen können ein angemessenes erhöhtes Parkentgelt, die Halterermittlungs-, Mahn- und Abschleppkosten dem Halter auch dann auferlegt werden, wenn dieser nicht der schuldige Fahrer war (BGH NJW 2020, 755: jedenfalls bei kurzzeitiger unentgeltlicher Parknutzung im anonymen Massengeschäft – sog. Leihverhältnis).

Ob ein Abschleppen des Falschparkers notwendig ist, ist nach dem Gesichtspunkt der Mittel-Zweck-Relation (§ 242 BGB) zu entscheiden, insbesondere ob das Abschleppen die einzige Möglichkeit zur Beseitigung der Besitzstörung darstellt und für die Gegenseite keine unzumutbare Belastung bedeutet (AG Köpenick NZV 2009, 609; Goering DAR

46 Bei Beeinträchtigungen von Privatparkflächen durch Nachbarn kann auf Unterlassung nach § 1004 BGB analog geklagt werden, wobei hier ggf. auch auf den Regelungsinhalt des Grundbuchs abzustellen ist (LG Hamburg NZV 2019, 99).

47 **§ 138 ZPO Erklärungspflicht über Tatsachen; Wahrheitspflicht**

(1) Die Parteien haben ihre Erklärungen über tatsächliche Umstände vollständig und der Wahrheit gemäß abzugeben.

(2) Jede Partei hat sich über die von dem Gegner behaupteten Tatsachen zu erklären.

(3) Tatsachen, die nicht ausdrücklich bestritten werden, sind als zugestanden anzusehen, wenn nicht die Absicht, sie bestreiten zu wollen, aus den übrigen Erklärungen der Partei hervorgeht.

(4) Eine Erklärung mit Nichtwissen ist nur über Tatsachen zulässig, die weder eigene Handlungen der Partei noch Gegenstand ihrer eigenen Wahrnehmung gewesen sind.

2009, 603). Ferner steht dem Betroffenen ein Unterlassungsanspruch für künftige Verstöße nach § 1004 BGB zu (BGH NZV 2013, 75 = SVR 2013, 140; OLG Karlsruhe DAR 2017, 198: auf konkrete Nachteile kommt es nicht an; AG Suhl DAR 2002, 461). Unzulässig ist aber die Blockierung des widerrechtlich geparkten Fahrzeugs, weil dadurch keine Beseitigung der Besitzstörung erfolgt. Die meist zur „Erteilung einer Lehre" vorgenommene Blockierung kann strafrechtlich Nötigung nach § 240 StGB sein (vor allem dann, wenn ein Hinweis auf die Erreichbarkeit des Verfügungsberechtigten zur Aufhebung der Blockade an dem betroffenen Fahrzeug fehlt; s. a. Schünemann DAR 1997, 267). Weiterhin kann eine strafrechtliche Erpressung nach § 253 StGB vorliegen, wenn durch Abschleppen oder Anbringung einer Parkkralle überhöhte oder unberechtigte Parkentgelte eingetrieben werden sollen (BGH NJW 2017, 1487 = NStZ 2017, 284 mit Anm. Wittig).

Die Abschleppkosten kann der Grundeigentümer oder Verfügungsberechtigte im Wege der Geschäftsführung ohne Auftrag (§§ 670, 683 BGB) gegenüber dem Falschparker oder Halter geltend machen (BGH DAR 2016, 387 = NZV 2016, 172 = NJW 2016, 863; BGH DAR 2009, 515 = VRS 117, 23; LG München I DAR 2011, 333; AG Berlin-Mitte NZV 2011, 261; AG Erkelenz NZV 2007, 467; AG Essen DAR 2002, 131; s. a. Koch NZV 2010, 336; Stöber DAR 2006, 486). Die Halterhaftung nach § 25a StVG ist jedoch nicht anwendbar (Stollenwerk VD 2017, 128). Die Höhe der Abschleppkosten richtet sich nach der Ortsüblichkeit (BGH NZV 2015, 230 = NJW 2014, 3727). Dazu gehört auch der angemessene Aufwand für die Veranlassung, Vorbereitung und Abwicklung des Abschleppens, nicht aber ein Kostenanteil für die Abwicklung des Abschleppvorganges, der Parküberwachung oder Halterabfrage; diese gehören zur Sphäre des Grundeigentümers, die er selbst zu tragen hat (BGH VerkMitt 2016 Nr. 22; BGH DAR 2014, 584 = VRS 127, 125 = DAR mit Anm. Gründler: Parkplatz Fitness-Studio; BGH DAR 2012, 330 = VRS 122, 333; BGH DAR 2012, 78 = NZV 2012, 127). Der Eigentümer oder die von ihm beauftragte Firma kann außerdem ein Zurückbehaltungsrecht nach § 273 BGB (bzw. § 398 BGB bei übergegangenem Recht) bis zur vollständigen Bezahlung der Abschlepp- und Durchführungskosten geltend machen und ist deshalb nicht verpflichtet, den Standort des abgeschleppten Fahrzeugs nach § 986 BGB vorher mitzuteilen (KG DAR 2011, 323; LG Berlin DAR 2010, 645; LG München NZV 2016, 482: einstweilige Verfügung auf Herausgabe; s. a. Koch NZV 2016, 356: Rechte des Fahrzeughalters). Das Zurückbehaltungsrecht erstreckt sich aber nicht auf die Beweissicherungskosten des Abschleppvorganges selbst; wird die Bekanntgabe des Fahrzeugstandortes bis zur Bezahlung auch dieser Kosten verweigert, kann strafbare Nötigung nach § 240 StGB vorliegen (AG München DAR 2010, 650).

3 Hinweise

3.1 Verbot des nächtlichen Stehenlassens unbeleuchteter und leicht von der Fahrbahn entfernbarer Fahrzeuge: § 17 Abs. 4. Kennzeichnung auf der Fahrbahn haltender Fahrzeuge über 3,5 t und Anhänger (ausgenommen PKW) innerhalb geschlossener Ortschaften mit Parkwarntafel: Z. 630 (VkBl. 1980, 737 und 1981, 276). Kennzeichnung von Laternen, die nicht die ganze Nacht brennen: Z. 394 (Anl. 3 lfd. Nr. 38).

3.2 Haltverbote durch Verkehrszeichen gelten nur auf der Seite, auf der sie stehen, wenn nichts anderes angeordnet ist, nur bis zur nächsten Kreuzung oder Einmündung: Anl. 2 lfd. Nr. 61, Erl. Nr. 1 zu Z. 283 und Z. 286.

3.3 Wer ständig und hartnäckig gegen Halt- und Parkverbote verstößt (z. B. 20 bis 30 Zuwiderhandlungen innerhalb eines halben Jahres) und deshalb bei der Bußgeldbehörde auffällt, muss damit rechnen, dass ihm wegen fehlender charakterlicher Eignung die Fahrerlaubnis entzogen wird.

3.4 Verstöße gegen Halt- und Parkverbote begründen keine zivilrechtlichen Ersatzansprüche nach § 823 BGB desjenigen, zu dessen Gunsten ein Halt- oder Parkverbot angeordnet worden ist, z. B. Lohnausfall des Unternehmers für die Zeit bis zur Entfernung des unzulässig geparkten KFZ (BGH NZV 2004, 136; a. A. AG Waiblingen DAR 2002, 273 = NZV 2002, 272). Mithaftung des Falschparkers kommt hingegen in Betracht, wenn es an einem schwer einsehbaren Haltverbot zu einem Unfall kommt (AG Hannover SVR 2014, 190; LG Karlsruhe VRS 102, 387 = NZV 2002, 322; LG Kiel DAR 2002, 318; AG Hildesheim DAR 1992, 322: nicht jedoch, wenn das verkehrswidrig abgestellte Fahrzeug gut erkennbar ist).

3.5 Grob verkehrswidriges und rücksichtsloses Halten oder Liegenbleiben ohne ausreichende und dringend erforderliche Sicherung auf ausreichende Entfernung ist eine Straftat nach § 315c Abs. 1 Nr. 2g StGB, wenn es dadurch zu einer konkreten Gefährdung von Personen oder bedeutenden Sachwerten (ab 750 €) kommt.

§ 13 Einrichtungen zur Überwachung der Parkzeit

(1) An Parkuhren darf nur während des Laufens der Uhr, an Parkscheinautomaten nur mit einem Parkschein, der am oder im Fahrzeug von außen gut lesbar angebracht sein muss, für die Dauer der zulässigen Parkzeit gehalten werden. Ist eine Parkuhr oder ein Parkscheinautomat nicht funktionsfähig, darf nur bis zur angegebenen Höchstparkdauer geparkt werden. In diesem Fall ist die Parkscheibe zu verwenden (Absatz 2 Satz 1 Nummer 2). Die Parkzeitregelungen können auf bestimmte Stunden oder Tage beschränkt sein.

(2) Wird im Bereich eines eingeschränkten Haltverbots für eine Zone (Zeichen 290.1 und 290.2) oder einer Parkraumbewirtschaftungszone (Zeichen 314.1 und 314.2) oder bei den Zeichen 314 oder 315 durch ein Zusatzzeichen die Benutzung einer Parkscheibe (Bild 318) vorgeschrieben, ist das Halten und Parken nur erlaubt

1. für die Zeit, die auf dem Zusatzzeichen angegeben ist, und,
2. soweit das Fahrzeug eine von außen gut lesbare Parkscheibe hat und der Zeiger der Scheibe auf den Strich der halben Stunde eingestellt ist, die dem Zeitpunkt des Anhaltens folgt.

Sind in einem eingeschränkten Haltverbot für eine Zone oder einer Parkraumbewirtschaftungszone Parkuhren oder Parkscheinautomaten aufgestellt, gelten deren Anordnungen. Im Übrigen bleiben die Vorschriften über die Halt- und Parkverbote unberührt.

(3) Die in den Absätzen 1 und 2 genannten Einrichtungen zur Überwachung der Parkzeit müssen nicht betätigt werden, soweit die Entrichtung der Parkgebühren und die Überwachung der Parkzeit auch durch elektronische Einrichtungen oder Vorrichtungen, insbesondere Taschenparkuhren oder Mobiltelefone, sichergestellt werden kann. Satz 1 gilt nicht, soweit eine dort genannte elektronische Einrichtung oder Vorrichtung nicht funktionsfähig ist.[1]

(4) Einrichtungen und Vorrichtungen zur Überwachung der Parkzeit brauchen nicht betätigt zu werden

1. beim Ein- oder Aussteigen sowie
2. zum Be- oder Entladen.

(5) Wer ein elektrisch betriebenes Fahrzeug im Sinne des Elektromobilitätsgesetzes[2] **oder ein Carsharingfahrzeug im Sinne des Carsharinggesetzes**[3] **und der entsprechenden Länderregelungen führt, muss Einrichtungen und Vorrichtungen zur Überwachung der Parkzeit nicht betätigen, soweit dies durch bevorrechtigende Zusatzzeichen zu Zeichen 290.1, 314, 314.1 oder 315 angeordnet ist. Sind im Geltungsbereich einer Anordnung im Sinne des Satzes 1 Parkuhren oder Park-**

---

1 Mit Art. 2 und 3 der 17. VO zur Änderung der StVO vom 28.11.2007 (BGBl. I S. 2774) ist der Abs. 3 des § 13 am 1.1.2008 in Kraft getreten und hat die am 31.12.2007 ausgelaufene 11. Ausnahme-VO vom 28.1.2005 (BGBl. I S. 229/VkBl. S. 140) abgelöst.
2 Abgedruckt bei Erl. 2.7.6 zu § 45.
3 Abgedruckt bei Erl. 2.2.4 zu § 45.

scheinautomaten aufgestellt, gelten deren Anordnungen. Im Übrigen bleiben die Vorschriften über die Halt- und Parkverbote unberührt.[4]

VwV-StVO zu § 13 Einrichtungen zur Überwachung der Parkzeit

Zu Absatz 1

1 I. Wo Parkuhren aufgestellt sind, darf das Zeichen 286 nicht angeordnet werden.

2 II. Parkuhren und Parkscheinautomaten sind vor allem dort anzuordnen, wo kein ausreichender Parkraum vorhanden ist und deshalb erreicht werden muss, dass möglichst viele Fahrzeuge nacheinander für möglichst kurze genau begrenzte Zeit parken können.

3 III. Vor der Anordnung von Parkuhren und Parkscheinautomaten sind die Auswirkungen auf den fließenden Verkehr und auf benachbarte Straßen zu prüfen.

4 IV. Parkraumbewirtschaftung empfiehlt sich nur dort, wo eine wirksame Überwachung gewährleistet ist.

5 V. Über Parkuhren und Parkscheinautomaten in Haltverbotszonen vgl. Nummer II zu Zeichen 290.1 und 290.2, Rn. 2.

VI. Der Parkschein soll mindestens folgende, gut lesbare Angaben enthalten:

6 1. Standort des Parkscheinautomaten

7 2. Datum und

8 3. Ende der Parkzeit.

9 VII. Für die Festlegung und die Höhe der Parkgebühren gelten die Parkgebührenordnungen (§ 6a Abs. 6 StVG).

Zu Absatz 2

10 I. Das Parken mit Parkscheibe darf nur in Haltverbotszonen (Zeichen 290.1) und Parkraumbewirtschaftungszonen (Zeichen 314.1) sowie in Verbindung mit Zeichen 314 oder 315 angeordnet werden. Zur Anordnung des Parkens mit Parkscheibe in Haltverbotszonen vgl. Nummer II zu Zeichen 290.1 und 290.2; Rn. 2.

11 II. Auf der Vorderseite der Parkscheibe sind Zusätze, auch solche zum Zwecke der Werbung, nicht zulässig.

1 Aus der amtlichen Begründung

1.1 Einführung der Parkraumbewirtschaftungszone mit flächenhafter Beschilderung durch Z. 314.1 und 314.2 nach Anl. 3 lfd. Nr. 8 und 9 (Begr. 2012).

1.2 § 13 Abs. 5 ermöglicht Elektro- und Carsharingfahrzeugen durch Zusatzzeichen das gebührenfreie Parken an Parkuhren und Parkscheinautomaten (Begr. 2020).

2 Erläuterungen

2.1 Parkuhren und Parkscheinautomaten

Parkuhren und Parkscheinautomaten[5] sind Verkehrseinrichtungen nach § 43 Abs. 1. Obwohl es kein normiertes Muster gibt, muss die technische

4 § 13 Abs. 5 eingefügt durch Art. 1 der 54. StrVRÄndV vom 20.4.2020 (BGBl. I S. 814).

5 Parkuhren gibt es in Deutschland seit 1956, Parkscheinautomaten seit 1980 und Parkscheiben seit 1970.

Gestaltung der Zweckbestimmung entsprechen. Parkuhren werden wegen der Kosten-Nutzen-Bilanz kaum noch verwendet, allenfalls noch dort, wo die Bewirtschaftung einzelner Parkstände unabweisbar ist. Parkuhren unterliegen nicht der Eichpflicht.[6] Parkscheinautomaten sind heute die vorherrschende Bewirtschaftungsart, um ganze Gebiete oder Straßenzüge in eine gebührenpflichtige Parkregelung einzubeziehen. Parkscheinautomaten werden in der Eichordnung zwar nicht ausdrücklich erwähnt, erfüllen aber als „Sammelparkuhren" rechtlich den gleichen Zweck. Zulässig sind Einzel- und Doppelparkuhren auf einem Mast für zwei Parkstände, nicht aber für mehrere (nummerierte) Parkstände. Läuft eine Parkuhr infolge **technischer Störung** zu schnell ab, darf dies nicht zu Lasten des Parkenden gehen; es gilt die richtige Zeit. Schaltet das Uhrwerk nicht mit dem Erreichen der Minute Null aus, sondern erst nach fünf oder zehn Minuten, kommt diese „Karenzzeit" dem Parkenden zugute (OLG Hamm VerkMitt 1984 Nr. 61). Ein Erstattungsanspruch für zu viel entrichtete Gebühren besteht nur bei Gerätestörungen, nicht aber bei Überzahlung, z. B. bezahlter Parkschein für zwei Stunden, benötigte Parkzeit aber nur eine halbe Stunde.

Parkuhren und Parkscheinautomaten verbieten das „**Halten**" (nicht das „Parken") mit der Folge, dass nur während des Laufs der Geräte „gehalten" werden darf.[7] Das Halten in der Zeit bis zum Lösen des Parkscheins ist „systembedingt" zulässig, nicht aber Halten bis zu drei Minuten, weil Parkeinrichtungen nicht mit der Regelung nach Z. 286 identisch sind. Die Drei-Minuten-Grenze des § 12 Abs. 2 ist ebenfalls nicht anwendbar, weil sich diese auf Parkverbote bezieht, Parkuhren oder Parkscheinautomaten aber Haltverbote begründen. Halten ohne Betätigung der Parkeinrichtungen zum Ein- oder Aussteigen(-lassen), Be- oder Entladen, einschließlich Nebenverrichtungen, ist hingegen nach § 13 Abs. 4 zulässig (OLG Düsseldorf VerkMitt 1991 Nr. 117). Allerdings ist dabei die insgesamt angegebene Höchstparkdauer einzuhalten, weil § 13 Abs. 4 nur von der Bedienung („betätigt") der Parkeinrichtungen freistellt, nicht aber von den übrigen Verhaltenspflichten. An Parkuhren oder Parkscheinautomaten darf deshalb nicht unbegrenzt geladen werden, sondern nur bis zur Höchstparkdauer.

Ein Parkscheinautomat längs der bewirtschafteten Straße gilt für mehrere Parkstände bis zum nächsten Automaten, nicht aber für die gesamte Parkzone. Die Wirkung des Parkscheinautomaten bezieht sich nur auf die Straßenseite, wo der Automat steht.[8] Wegen des Sichtbarkeitsgrundsatzes dürfen Parkscheinautomaten nicht in einem so großen Abstand aufgestellt werden, dass der Bezug zwischen den Automaten verloren geht (z. B. mehr als 100 m zur Minimierung von Investitions- und Wartungskosten). Da Grundstückszufahrten freizuhalten sind (§ 12 Abs. 3 Nr. 3), führt die entlang der Fahrbahn geltende Parkscheinregelung **nicht** zu einem Parkverbot für den berechtigten Grundeigentümer; er darf dort ohne Parkschein parken.

---

6 Zwar müssen Einrichtungen zur amtlichen Überwachung des Straßenverkehrs geeicht sein (§ 25 Abs. 1 Nr. 3 Eichgesetz), Parkuhren sind davon jedoch ausgenommen (Anhang A Nr. 26 zu § 8 Eichordnung).

7 „**Park**uhr" und „**Park**scheinautomat" sind sprachliche Begriffe; rechtlich ist der Vorgang aber „**Halten**", solange die Uhr läuft oder der Parkschein gelöst ist. Daher wird auch nicht nach drei Minuten aus dem Halten ein „Parken".

8 Strittig ist, ob Parkscheinautomaten auf der gegenüberliegenden Straßenseite verwendet werden können, weil auch Haltverbote nach Anl. 2 lfd. Nr. 61 dort nicht gelten. Meist werden aber bei ausgedünnten Parkscheinautomaten längs der bewirtschafteten Strecke auch Parkscheine aus gegenüberliegenden Automaten akzeptiert.

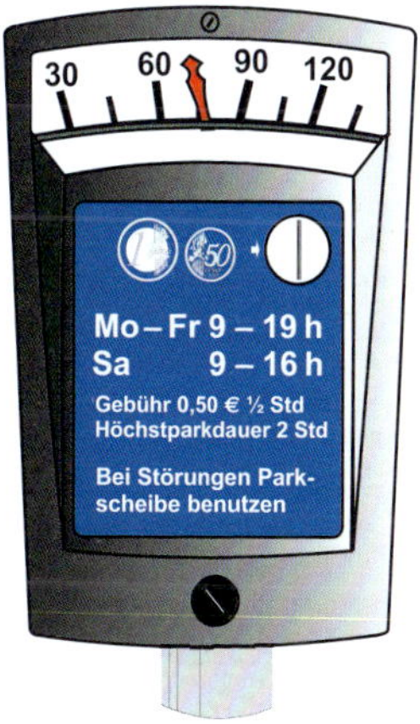

Beispiel Parkuhr

Die Bauart einer Parkuhr ist nicht vorgeschrieben, sie muss nur deutlich als amtliche Verkehrseinrichtung nach § 43 erkennbar sein und die Höchstparkzeit, die Gebührenhöhe und die Geltungszeit anzeigen. Eine Eichpflicht besteht nicht. Die Gebühr richtet sich nach der kommunalen Parkgebühren-Ordnung. Eine lokale farbige Kennzeichnung der Parkuhr bei unterschiedlicher Gebührenhöhe ist zulässig. Wer keine geeigneten Münzen hat, darf nicht parken; auch nicht mit Parkscheibe. Parkuhren kennzeichnen einen oder als Doppelparkuhr zwei Parkstände. Bei Störungen ist die Parkscheibe zu verwenden. Läuft die Uhr zu schnell ab, gilt die richtige Zeit, läuft sie zu langsam ab, ist die an der Parkuhr angezeigte Zeit maßgebend. Eine Karenzzeit bei abgelaufener Parkuhr wird nicht zugebilligt.

Be- und Entladen, Aus- und Einsteigen(-lassen) ist ohne Betätigung der Parkuhr oder des Parkscheinautomaten zulässig; hierzu gehören auch Nebenverrichtungen (max. 20 Minuten). Die angegebene Höchstparkdauer insgesamt darf aber nicht überschritten werden. Kleinwüchsige Menschen, Schwerstgehbehinderte, Blinde und Ohnhänder dürfen mit Ausnahmegenehmigung ohne Betätigung der Parkuhr bzw. des Parkscheinautomaten parken, auch über die Höchstparkzeit hinaus.

Durch die flächendeckenden Zeichen 314.1 und 314.2 wird die **Parkraumbewirtschaftungszone** eingeführt. Damit steht den Verkehrsbehörden ein flächenwirksames Instrument zur Regulierung des Parkdruckes zur Verfügung. Die Ausweisung dieser Zonen bietet insbesondere den Vorteil, dass lediglich Beginn und Ende der jeweiligen Zone zu beschildern sind (Anl. 3, lfd. Nr. 8 und 9), so dass eine Verringerung der Beschilderung in diesen Zonen erfolgen kann. Im Übrigen bleiben die Vorschriften über die Halt- und Parkverbote unberührt.

2.1.1 Parkdauer

Mit Parkuhren oder Parkscheinautomaten soll die Nutzung des knappen Verkehrsraums durch eine möglichst große Zahl parkender Fahrzeuge ermöglicht werden (Rn. 2 VwV-StVO zu § 13 Abs. 1).[9] Infolgedessen ist eine Höchstparkdauer festzusetzen. Ohne eine solche Höchstparkdauer hätte die Parkraumbewirtschaftung den Charakter einer „Parkraumsteuer“ oder „Straßenbenutzungsgebühr“ (City-Maut), die mangels gesetzlicher Grundlage rechtswidrig wäre.[10]

Die an den Parkscheinautomaten oder durch Zusatzzeichen angegebene **Höchstparkdauer** darf nicht überschritten werden. Nach Ablauf der Parkzeit ist der Parkstand zu verlassen. Bloßes Vor- und Zurückbewegen genügt nicht; vielmehr muss das KFZ so weit entfernt werden, dass andere die Chance zum Einparken haben. Ein daneben befindlicher freier Parkstand

9 Die Kombination von Parkscheinautomaten mit Bewohnerparkzonen ist möglich. Dann hat die Bewohnerparkberechtigung den Charakter einer Ausnahme zum kostenfreien Parken an den Parkscheinautomaten (VGH Baden-Württemberg NJW 2003, 3363).

10 So lässt sich der Verzicht auf eine Höchstparkdauer in Berlin nicht damit rechtfertigen, dass allein die Gebühr die Parkzeit wirksam begrenzt. Insoweit verschärft diese Praxis die soziale Ungleichbehandlung, weil sich „gut Betuchte“ unbegrenzt Parkzeit erkaufen können.

Beispiel Parkscheinautomat und Parkschein

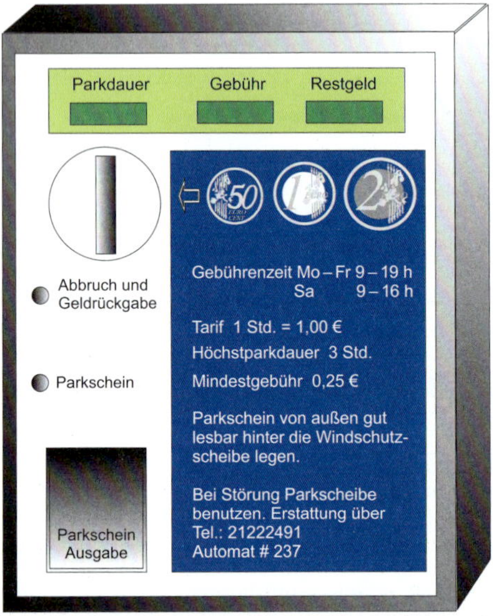

Mit Parkscheinautomaten (Verkehrseinrichtungen nach § 43 Abs. 1) werden Parkplätze, Parkstreifen und Parkstände längs am Fahrbahnrand durch Ausweisung mit Z. 314.1 („Parkraumbewirtschaftungszone“) und Zusatzzeichen 1053-31 „mit Parkschein“ bewirtschaftet.

Parkscheinautomaten unterliegen nicht der Eichpflicht, sie sollten aber genau gehen. Bei Funktionsbeeinträchtigungen ist die Parkscheibe zu benutzen.

Bei Aufstellung am Fahrbahnrand sollte ein Automat für max. 20 bis 30 Parkstände vorgehalten werden (je 50 bis 75 m rechts und links des Automaten). Die Nutzung eines Automaten auf der gegenüberliegenden Straßenseite ist unzulässig, kann aber im Wege polizeilicher Opportunität geduldet werden.

Die Parkgebühren richten sich nach kommunalen Parkgebühren-Ordnungen. Eine farbige Kennzeichnung der Automaten unterschiedlicher Gebührenhöhe innerhalb einer Parkzone ist zulässig.

Be- und Entladen, Ein- und Aussteigen (-lassen) darf ohne Betätigung des Parkscheinautomaten erfolgen; hierzu gehören auch Nebenverrichtungen (max. 20 Minuten). Die angegebene Höchstparkdauer insgesamt darf aber nicht überschritten werden.

darf aber benutzt werden. Die Ausnutzung von **Restparkzeiten** des Vorgängers durch Übergabe des nicht ausgenutzten Parkscheins oder das Nachwerfen von Münzen ist zulässig, darf jedoch **nur** bis zur Höchstparkdauer erfolgen. Wer versehentlich einen Parkschein für eine Stunde löst, kann eine Höchstparkdauer von z. B. zwei Stunden nicht dadurch ausnutzen, dass er zur gleichen Zeit einen zweiten Parkschein für eine weitere Stunde zieht und beide Parkscheine im Fahrzeug auslegt (OLG Bremen DAR 1997, 454). Obwohl der Betroffene die Parkgebühr für 2 × 1 Stunde entrichtet hat, wird bei der Überwachung eine rein formale Handhabung praktiziert. Bei **Funktionsstörungen** der Automaten oder Parkuhren (Einfrieren im Winter, Stromausfall) ist der Nachweis der Höchstparkdauer durch die Parkscheibe zu erbringen (§ 13 Abs. 1 Satz 3). Die Funktionsstörung muss an dem Gerät selbst auftreten, nicht infolge defekter Münzen. Bei Bewirtschaftung eines gesamten Straßenzuges durch Parkscheinautomaten ist bei Ausfall eines Automaten der Parkschein am nächstgelegenen zu lösen. Befindet sich dieser Automat weiter als etwa 150 m entfernt, darf die Parkscheibe verwendet werden. Werden mehrere Motorräder innerhalb eines gebührenpflichtigen

Parkstandes abgestellt, muss für jedes Fahrzeug ein Parkschein erworben werden; bei einer Parkuhr braucht allerdings nur einer zu bezahlen (die StVO verlangt nichts Unmögliches).

2.1.2 Gebühren

Die Höhe der Parkgebühr als Benutzungsgebühr für die Inanspruchnahme des Parkraums richtet sich aufgrund der Ermächtigung des § 6a Abs. 6 und 7 StVG nach den landesrechtlichen bzw. kommunalen Parkgebühren-Ordnungen.[11]

Die Gebühr ist dem Wert des Parkraums für den Benutzer angemessen anzupassen. Infolgedessen darf die Gebühr nicht so hoch angesetzt werden, dass Parkstände leer bleiben, andererseits nicht so niedrig, dass der angestrebte Parkplatzwechsel nicht erreicht wird (Beachtung des Äquivalenzprinzips). Zulässig ist es auch, die Gebührenpflicht erst nach einer Karenzzeit wirksam werden zu lassen („Brötchentarif").[12] Unzulässig wäre es, die Gebührenerhebung oder deren Höhe vom Schadstoffgehalt eines KFZ abhängig zu machen.[13]

Carsharingfahrzeuge frei

Zulässig ist aber nach § 13 Abs. 5, **Elektrofahrzeuge** (Batterie-, Hybrid- und Brennstoffzellenfahrzeuge mit „E"-Kennzeichen) nach § 3 Abs. 4 Nr. 4 EmoG[14] und gekennzeichnete **Carsharingfahrzeuge** (blaue Plakette) nach dem CsgG von der landesrechtlichen Parkgebührenpflicht an Parkuhren und Parkscheinautomaten auszunehmen, wenn dies durch Zusatzzeichen zu den Z. 290.1, 314, 314.1 oder 315 angeordnet wird. Die Freistellung von der Parkgebührenpflicht für diese Fahrzeuge kann aber auch durch Anordnung direkt auf den Parkscheinautomaten erfolgen, so dass maßgeschneiderte

Kennzeichnung von Carsharing-Fahrzeugen

Elektrofahrzeuge frei

11 Durch Rechtsverordnung erheben Kommunen Parkgebühren je nach Parkdruck zwischen 0,25 und 3,00 € je halbe Stunde.

§ 6a StVG (Gebühren) – Auszug

(6) Für das Parken auf öffentlichen Wegen und Plätzen können in Ortsdurchfahrten die Gemeinden, im Übrigen die Träger der Straßenbaulast, Gebühren erheben. Für die Festsetzung der Gebühren werden die Landesregierungen ermächtigt, Gebührenordnungen zu erlassen. In diesen kann auch ein Höchstsatz festgelegt werden. Die Ermächtigung kann durch Rechtsverordnung weiter übertragen werden.

(7) Die Regelung des Absatzes 6 Satz 2 bis 4 ist auf die Erhebung von Gebühren für die Benutzung gebührenpflichtiger Parkplätze im Sinne des § 6 Abs. 1 Nr. 13 entsprechend anzuwenden.

12 Mit dem „Brötchentarif" sollen zur Stärkung der örtlichen Wirtschaft kurzfristige Besorgungen erleichtert werden (Zeitungholen, Brötchenkauf). Der Parkende muss nach dem Einparken einen kostenlosen Parkschein ziehen und ihn im Fahrzeug auslegen oder für die Karenzzeit die Parkscheibe benutzen. Wegen des Missbrauchsrisikos ist der „Brötchentarif" umstritten; s. a. Krumm SVR 11/2016, I „Sanduhr"; VG Gelsenkirchen NZ 2018, 440.

13 Für eine solche Privilegierung wäre die Schaffung einer Rechtsgrundlage im StVG erforderlich, die auch nicht durch Ausnahmegenehmigungen ausgehebelt werden kann.

14 Gesetz zur Bevorrechtigung der Verwendung elektrisch betriebener Fahrzeuge (Elektromobilitätsgesetz – EmoG) vom 5.6.2015 (BGBl. I S. 898).

Lösungen ohne Beschilderungsaufwand möglich werden (Anl. 3 lfd. Nr. 7, Spalte 3, Nr. 3b). Das gilt nicht nur für Parkraumbewirtschaftungszonen, sondern auch für isolierte Parkscheinautomaten, z.B. auf einem Parkplatz. Hier ist die Gebührenfreiheit zur Vermeidung eines Schilderaufwandes an dem einzelnen Automaten direkt zu kennzeichnen. Die Gebührenfreiheit gilt sowohl für Straßen nach Landesrecht (Landes-, Kreis-, Gemeinde- und sonstige Straßen) als auch für Ortsdurchfahrten von Bundesstraßen. Im Übrigen kann eine Bevorrechtigung bei den Parkgebühren für Bewohner ebenfalls unmittelbar an Parkuhren oder Parkscheinautomaten erfolgen, so dass auch in dem Fall bevorrechtigende Zusatzzeichen als Schilder entbehrlich sind.[15]

Die Gebührenhöhe und zeitliche Staffelung ist auf den Parkuhren und Parkscheinautomaten anzugeben. Die rein technische Art der Gebührenerhebung ist bei Parkscheinautomaten nicht beschrieben. Infolgedessen ist neben der Zahlung von Münzen auch der Betrieb mit Kreditkarten („elektronische Geldbörse") oder beim Handyparken durch Kontoabbuchung zulässig. Wer nicht über geeignete Münzen verfügt, darf nicht parken. Der Einwurf ausländischer passender Münzen ist weder Betrug (§ 263 StGB) noch Leistungserschleichung (§ 265a StGB), wohl aber eine Ordnungswidrigkeit.

Die Einnahmen der Parkgebühren stehen den Kommunen zu.[16] Dabei dürfen als Nebeneffekt auch Gewinne erzielt werden. Die Gebührenfestsetzung allein aus fiskalischen Gründen zur Stützung der Kommunalhaushalte oder zur Förderung gemeinnütziger Einrichtungen, ohne dass ein Kurzparkbedürfnis besteht, ist aber ebenso rechtswidrig wie eine pauschale Gebührenfestsetzung für bestimmte Nutzerkreise (z.B. Autovermieter).[17]

Für **private Entgelte** auf faktisch öffentlichen Verkehrsflächen (Parkhäuser, Tiefgaragen, Plätze) stellt § 52 klar, dass diese der gebührenrechtlichen Vorschrift des § 6a Abs. 6, 7 StVG nicht entgegenstehen. Dementsprechend ist auch die Erhebung privatrechtlicher Entgelte für die Benutzung von Privatstraßen (sog. Mautgebühr) zulässig. Werden auf Privatflächen ähnliche Geräte wie Parkuhren verwendet, handelt es sich um „Inkassogeräte" (nicht um Parkscheinautomaten i.S.d. §§ 13, 43). Bei Verstößen gilt dann nur das Privatrecht, z.B. Verstoß gegen Benutzungsordnungen von Parkhäusern.

2.1.3 Parkscheine

Parkscheine sind gut lesbar auszulegen (Anl. 3 lfd. Nr. 7 zu § 42), nicht nur vor der Windschutzscheibe, auch auf der Abdeckplatte des Gepäckraums in PKW (BayObLG VRS 90, 64). Bei Schneefall muss die Windschutzscheibe nicht ständig freigehalten werden.[18] Das Auslegen eines gültigen Parkscheins neben vielen anderen ungültigen beeinträchtigt die „Lesbarkeit" und ist unzulässig. Auch Motorräder müssen auf gebührenpflichtigen

15 Diese im Interesse der Lichtung des Schilderwaldes stehende Handhabung mit Zusatzzeichen-Aufklebern in den Maßen von etwa 11 × 8 cm hat sich zum Beispiel in Hamburg seit vielen Jahren bewährt, ohne dass es in irgendeiner Form zu Missbrauchsproblemen gekommen wäre.

16 Die frühere (in § 6a Abs. 6 StVG enthaltene) Zweckbindung der Einnahmen zu Gunsten von Parkeinrichtungen ist gestrichen worden (BGBl. I 1994, S. 2047), weil der Bund nicht vorschreiben darf, wie die Kommunen in den Ländern die ihnen zustehenden Gebühren zu verwenden haben.

17 Eine solche Gebührenordnung hätte den Charakter einer Parksteuer, für die eine Rechtsgrundlage fehlt.

18 Zum Nachweis sollte aber der Parkschein vorsorglich aufgehoben werden.

Parkständen Parkscheine lösen (Befestigung in einer Klarsichthülle auf dem Tank oder dem Top-Case). Parkscheine sind Urkunden, die bestätigen, dass eine Parkgebühr entrichtet und die Berechtigung erworben worden ist, für eine bestimmte Zeitspanne im Bereich des Parkscheinautomaten zu „halten". Wer das Datum oder die Ablaufzeit des Parkscheins verändert, begeht eine strafbare Urkundenfälschung (§ 267 StGB), aber keinen Betrug (OLG Köln VerkMitt 2002 Nr. 24 = NZV 2001, 481 = DAR 2001, 520 = VRS 101, 197).[19]

2.1.4 Elektronische Parkraumbewirtschaftungssysteme

Zur Verbesserung des Bedienungskomforts und zur Kostenminimierung des Parkraumbewirtschaftungsbetriebs sind neben Parkscheinautomaten, Parkuhren und Parkscheiben auch elektronische Parksysteme zulässig. Vorteile bestehen in der minutengenauen Abrechnung, eine Prognose der zu erwartenden Parkzeit entfällt ebenso wie der Gang zur Parkuhr, das Vorhalten von Münzgeld und das Lösen eines Parkscheins. Hierbei sind im Wesentlichen zwei Systeme zu unterscheiden:[20]

a. **Monofunktionales System** durch elektronisches Gerät im Fahrzeug („Taschenparkuhr"): Das Gerät wird mittels einer vorausbezahlten Geldkarte durch Knopfdruck aktiviert und zeigt auf einem Display die Parkzeit (ähnlich dem Parkschein) an. Da Kraftfahrer nicht gezwungen werden können, sich beim Parken in einer anderen Kommune jeweils eine andere „Taschenparkuhr" zuzulegen, können diese Geräte die vorhandenen Parkscheinautomaten nicht ersetzen. Problematisch ist die Missbrauchsgefahr, weil – ähnlich wie bei „mitlaufenden" Parkscheiben – der Erwerb baugleicher „Taschenparkuhren" mit programmierbarer Manipulationsmöglichkeit nicht ausgeschlossen werden kann.

b. **Multifunktionales System** in Kombination mit der Nutzung eines Mobiltelefons („Handyparken"): Nach Anmeldung bei einer Parkzentrale[21] wird über Handy der Parkvorgang automatisch registriert. Bei Park-Ende ist erneut ein Anruf oder eine SMS erforderlich. Die Bezahlung der Parkgebühren erfolgt ähnlich wie bei der Telefonrechnung durch Abbuchung vom Bankkonto des Nutzers. Die polizeiliche Kontrolle der Parkzeit erfolgt mittels eines elektronischen Überwachungsgerätes, mit dem über Funk die Registrierung des Parkvorganges bestätigt werden kann. Bei Nichtbestätigung wird ein Ordnungswidrigkeitenverfahren eingeleitet.[22]

Die elektronische Parkraumbewirtschaftung kann Parkuhren, Parkscheinautomaten oder Parkscheiben nicht ersetzen, weil sonst der Gemeingebrauch der dem öffentlichen Verkehr gewidmeten Straße unvertretbar eingeschränkt würde. Ob für die Kommunen infolge des parallelen Betriebs herkömmlicher Parkuhren und Parkscheinautomaten faktisch eine Kostenminimierung erreicht wird, hängt entscheidend von den Vereinbarungen mit den Betreibern elektronischer Parksysteme ab, weil die für elektronische

19 Da die staatliche Maßregelung eine Unrechtsfolge eigener Art ist, begründet die Manipulation am Parkschein zur Vermeidung eines Verwarnungsgeldes keinen Vermögensnachteil des Staates i. S. d. Betrugstatbestandes (§ 263 StGB).

20 Siehe auch Forschungsbericht der TU Darmstadt – Fachbereich Verkehrsplanung und Verkehrstechnik vom 7.4.2004 (Prof. Dr.-Ing. Boltze).

21 Ggf. auch Ausgabe einer an der Windschutzscheibe anzubringenden Kennung (Barcode), die bei der Kontrolle des Parkvorganges abgescannt werden kann.

22 Der Einsatz solcher Systeme erfordert die Beachtung datenschutzrechtlicher Vorschriften.

Parkmanagementsysteme

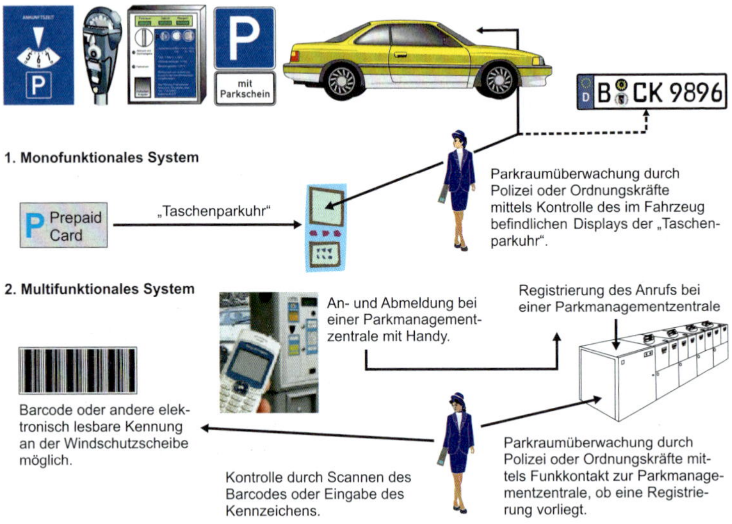

Systeme zu zahlenden Entgelte nicht auf höhere Parkgebühren umgelegt werden können.

Eine besondere Beschilderung neben dem Zusatzzeichen „nur mit Parkschein“ ist nicht erforderlich, weil § 13 Abs. 3 Satz 1 unmittelbar gilt. Empfehlenswert ist ein Hinweis am Parkscheinautomaten, dass in diesem Bereich Handyparken möglich ist.

c. Auch die **Parkscheibe** kann in **elektronische** Systeme eingebunden werden. Elektronische Parkscheiben sollen auf der Vorderseite ein Genehmigungszeichen des KBA tragen (VkBl. 2013, 1046 – Ausgestaltung von elektronischen Parkscheiben).[23] Obwohl sie nach dem Abstellen des Motors gegen Eingriffe gesichert sein müssen, ist der Ersatz herkömmlicher Parkscheiben durch elektronische Geräte wegen der einfachen Handhabung, Kostenneutralität und Manipulationsrisiken bei elektronischen Parkscheiben eher sinnlos (s. a. Lippert VD 2016, 243).

d. Sind die elektronischen Parkzeiterfassungssysteme **nicht funktionsfähig** oder nicht betriebsbereit, müssen die vorhandenen Parkscheinautomaten

23 Die Verlautbarung des BMVBS vom 26.10.2013 (VkBl. S. 1046) aktualisiert die Regelung über elektronische Parkscheiben vom 12.6.2012 (VkBl. S. 502): Elektronische Parkscheiben müssen der Regelung Nr. 10 UN/ECE oder der RL 72/245/EWG i. d. F. der RL 2009/19/EG über die elektromagnetische Verträglichkeit entsprechen. Im digitalen Display muss auf der Vorderseite eine 24-Stunden-Zeitangabe mit einer Zahlenhöhe von mind. 20 mm vorhanden sein, die von außen gut und zweifelsfrei lesbar ist. Elektronische Parkscheiben müssen manipulationssicher sein und dürfen auf der Vorderseite keine Werbung tragen.

mit Münzgeld bedient bzw. die übliche Parkscheibe verwendet werden (§ 13 Abs. 3 Satz 2).

2.2 Parkscheiben nach Bild 318 (Anl. 3 lfd. Nr. 11)

Bei der durch Bild 318 in den Zusatzzeichen zu den Z. 290.1, 314.1, 314 oder 315 ausgewiesenen und kostenneutralen Beschränkung der Parkdauer ist die Parkscheibe zu verwenden.[24] Der Zeiger der Parkscheibe ist auf den Strich der nächsten halben Stunde einzustellen, die dem Zeitpunkt des Anhaltens folgt (§ 13 Abs. 2 Nr. 2). Beispiel: Beginn der Parkregelung 13.00 Uhr, Ankunft 13.35 Uhr – Zeigereinstellung auf 14.00 Uhr. Die Parkscheibe ist damit ungenauer als die Parkuhr und kommt im Regelfall dort zum Einsatz, wo die Parkdauer mehr als eine Stunde betragen kann.[25] Wird im vorherigen Beispiel vor 13.00 Uhr geparkt, ist die Parkscheibe auf 13.00 Uhr einzustellen, z.B. Ankunft um 12.45 Uhr – Zeigereinstellung auf 13.00 Uhr. Da sich die Regelung in § 13 Abs. 2 Nr. 2 nur auf die Zeit ab Beginn der Parkregelung bezieht, ist es auch zulässig, die Parkscheibe auf einen Zeitraum vor Beginn der Parkregelung einzustellen, z.B. Zeigerstellung auf 11.00 Uhr. Beträgt die Höchstparkdauer zwei Stunden, darf dennoch bis 15.00 Uhr geparkt werden. Dies folgt daraus, dass mit der Parkscheibenregelung ein zeitlich begrenztes Parken gestattet wird, das durch eine Parkscheibe nachzuweisen ist. Liegt die Zeigereinstellung vor Beginn der Parkregelung, ist damit der Parkbeginn für die Überwachungskräfte hinreichend genau nachgewiesen.[26]

Wohin die Parkscheibe auszulegen ist, wird nicht ausdrücklich vorgeschrieben; sie muss aber von außen gut lesbar sein (Anl. 3 lfd. Nr. 7), d.h. im Allgemeinen auf dem Armaturenbrett vor der Windschutzscheibe (OLG Naumburg VerkMitt 1998 Nr. 49 = VRS 94, 357 = NZV 1998, 165; OLG Köln DAR 1993, 70: auch auf der Hutablage). Soweit eine Parkbeschränkung auch für Motorräder gilt, kann die Parkscheibe auf dem Tank (Kartenfach) befestigt werden. Die Auslage mehrerer Parkscheiben mit unterschiedlichen Zeitangaben beeinträchtigt die Lesbarkeit und begründet einen Parkverstoß (OLG Köln VRS 58, 154). Bei Schneefall muss die Windschutzscheibe nicht ständig freigehalten werden. Ein „Nachstellen" der Parkscheibe nach Ablauf der Höchstparkdauer ist unzulässig. Wo Parkscheiben vorgeschrieben sind, darf zum Be- oder Entladen, Aus- oder Einsteigen nach § 13 Abs. 4 auch ohne ihre Verwendung gehalten werden, allerdings nur bis zur Höchstparkdauer (BayObLG VRS 55, 464; VerkMitt 1979 Nr. 6 = DAR 1979, 27).

Das **Zonenhaltverbot**, verbunden mit der Parkscheibe, ist für Fälle bestimmt, in denen das „Dauerparken" unterbunden werden muss, Parkzeiten von mehr als einer Stunde aber noch hinnehmbar sind. Muss die Parkzeit strenger begrenzt werden, empfehlen sich Parkscheinautomaten. Innerhalb

24 Parkscheiben müssen entsprechend dem Z. 316 ausgestaltet und 11 × 15 cm groß sein. Die Verwendung einer Parkscheibe mit geringfügig abweichenden Maßen kann als bedeutungslose Ordnungswidrigkeit bewertet werden, sofern dadurch die Lesbarkeit nicht beeinträchtigt ist; nicht jedoch Mini-Parkscheiben (OLG Brandenburg NZV 2012, 97).

25 Die Rn. 12-alt der VwV-StVO zu § 13, wonach die Parkdauer bei Parkscheiben nicht unter einer Stunde liegen darf, ist 2007 aufgehoben worden.

26 Die gegenteilige Auffassung (Zeigerstellung auf den Strich des Beginns der Parkregelung) wäre zu formalistisch und würde der von der StVO gewollten einfachen Handhabung der Parkscheibenregelung nicht gerecht.

der Zone gelten die gleichen Regelungen wie bei der Einzelausweisung einer Parkscheibe. Parken vor einer Grundstückseinfahrt innerhalb eines Zonenhaltverbots, die beiderseits von Parkstreifen begrenzt wird, ist mit Genehmigung des Grundstückseigentümers zulässig (BayObLG VerkMitt 1992 Nr. 92 = NZV 1992, 417). Auch Krafträder dürfen nur mit Parkscheibe parken (OLG Koblenz VRS 54, 302).

2.3 Parkraumbewirtschaftungszonen

Durch die Zeichen 314.1 und 314.2 wird die flächenwirksame Parkraumbewirtschaftungszone eingeführt. Die Ausweisung dieser Zonen bietet den Vorteil, dass lediglich Beginn und Ende der jeweiligen Zone zu beschildern sind und die bisherige Einzelbeschilderung entfallen kann. Im Interesse der Regelbeachtung sollte aber die Zahl der Parkscheinautomaten im bisherigen Umfang beibehalten werden.

2.4 Ordnungswidrigkeiten

Parkzeitüberschreitungen werden als Ordnungswidrigkeiten geahndet, wobei die Höhe der Verwarnungsgelder von der Dauer der Überschreitung abhängt. Rechtsbegründend für eine Ordnungswidrigkeit ist der Verstoß gegen das Haltverbot am Parkscheinautomaten durch Nichtentrichtung der Gebühr, nicht die Zuwiderhandlung gegen Z. 315 mit Zusatzzeichen „nur mit Parkschein".[27] Duldet der Fahrzeughalter Parkuhrverstöße des Fahrers, beteiligt er sich an diesen Ordnungswidrigkeiten (OLG Koblenz VerkMitt 1986 Nr. 95 = NJW 1986, 1003). Die Überwachung des ruhenden Verkehrs durch staatlich beauftragte Firmen ist rechtswidrig (KG NZV 1997, 48 = DAR 1996, 504; BayObLG VerkMitt 1998 Nr. 13). Wird die Parkzeit an der Parkuhr überschritten, kann das Fahrzeug auf Kosten des Fahrers oder Halters **abgeschleppt** (umgesetzt) werden; in hochbelasteten Kerngebieten bereits nach einer Stunde, denn Parkuhren ordnen nach Ablauf der Parkzeit das sofortige Wegfahren an (BVerwG VRS 74, 397 = NZV 1988, 38; BVerwG DAR 1983, 398; OVG Hamburg DAR 1989, 475).

3 Hinweise

3.1 **Ausnahmen** von der Benutzung von Parkuhren und Parkscheinautomaten: § 46 Abs. 1, im Regelfall für Schwerstbehinderte sowie für kleinwüchsige Menschen unter 1,39 m: Rn. 10, 11, 118 ff. VwV-StVO zu § 46.

3.2 Befinden sich Parkscheinautomaten auf Flächen ohne Gemeingebrauch, handelt es sich um die Erhebung von privaten Entgelten durch Parkzeiterfassungsgeräte; die Aufhebung des § 52 ist ohne Belang. Beim Parken wird nur ein Benutzungsvertrag mit dem Fahrer und nicht mit dem Halter abgeschlossen, so dass geschuldete Parkentgelte auch nicht vom Fahrzeughalter eingefordert werden können (AG Bremen NZV 2012, 340; AG Osterholz-Scharmbeck NZV 2012, 340).

27 Dementsprechend hebt auch lfd. Nr. 63 BKatV auf das Haltverbot nach § 13 Abs. 1 ab.

§ 14 Sorgfaltspflichten beim Ein- und Aussteigen

(1) Wer ein- oder aussteigt, muss sich so verhalten, dass eine Gefährdung anderer am Verkehr Teilnehmenden ausgeschlossen ist.

(2) Wer ein Fahrzeug führt, muss die nötigen Maßnahmen treffen, um Unfälle oder Verkehrsstörungen zu vermeiden, wenn das Fahrzeug verlassen wird. Kraftfahrzeuge sind auch gegen unbefugte Benutzung zu sichern.

VwV-StVO zu § 14 Sorgfaltspflichten beim Ein- und Aussteigen

Zu Absatz 2

1 Wenn der Führer eines Kraftfahrzeugs sich in solcher Nähe des Fahrzeugs aufhält, dass er jederzeit eingreifen kann, ist nichts dagegen einzuwenden, wenn eine besondere Maßnahme gegen unbefugte Benutzung nicht getroffen wird. Andernfalls ist darauf zu achten, dass jede vorhandene Sicherung verwendet, insbesondere auch bei abgeschlossenem Lenkradschloss das Fahrzeug selbst abgeschlossen wird; wenn die Fenster einen Spalt offen bleiben oder wenn das Verdeck geöffnet bleibt, ist das nicht zu beanstanden.

1 Aus der amtlichen Begründung

(entfällt)

2 Erläuterungen

2.1 Ausgliedern aus dem Verkehrsraum

Anders als beim Anfahren nach § 10 bestehen beim Ausgliedern zum Zweck des Anhaltens keine besonderen Pflichten; es hat vorsichtig und rücksichtsvoll sowie unter Beachtung des Gefährdungsverbots nach § 1 Abs. 2 gegenüber dem fließenden Verkehr zu erfolgen. Bei starkem oder schnellem Verkehr muss notfalls auf das Anhalten und Rückwärtseinparken verzichtet und das Ziel durch Blockumfahrung erneut angesteuert werden.

2.2 Gefährdungsausschluss beim Ein- und Aussteigen (§ 14 Abs. 1)

Der Ein- oder Aussteigende hat ein Höchstmaß an Sorgfalt zu beachten. Dies gilt für Fahrer, Beifahrer und Fahrgäste während der gesamten Dauer des Ein- und Aussteigens, das erst dann beendet ist, wenn die Fahrzeugtür geschlossen und die Fahrbahn verlassen worden ist (LG Hagen SVR 2018, 345; LG Saarbrücken NZV 2016, 128 – DAR 2016, 704 und SVR 2017, 140; AG München NZV 2014, 417). Zum Ein- und Aussteigen gehört auch das Anschnallen eines Kindes auf dem Kindersitz bei geöffneter Tür (OLG Düsseldorf SVR 2014, 423 = NZV 2015, 85). Der Gefährdungsausschluss gilt gegenüber dem Gegen- und Mitverkehr sowie Fußgängern und Radfahrern (BGH NZV 2007, 451; OLG Jena VD 2009, 187; OLG Frankfurt NZV 2009, 499; LG Saarbrücken NZV 2009, 501: auch auf Parkplätzen).

Beim Aussteigen ist zunächst der rückwärtige Verkehr zu beobachten; ist das nicht hinreichend möglich, darf die linke Tür nur zentimeterweit geöffnet werden.[1] Bei dichtem Verkehr ist vor dem Aussteigen stets damit zu rechnen, dass vor allem Radfahrer mit zu geringem Seitenabstand fahren (KG VRS 2011, 147; OLG Hamm VRS 46, 222) oder rechts überholen (OLG Hamm NZV 2000, 126). Kommt es zum Unfall, spricht der Beweis des ersten Anscheins gegen den Aussteigenden (OLG Frankfurt/M. SVR 2014, 231; KG VerkMitt 2010 Nr. 25 = VRS 118, 73 = NZV 2010, 343: Kollision mit geöffneter Tür eines von der Haltestelle anfahrenden Linienbusses; OLG Frankfurt/M. SVR 2017, 27; LG Saarbrücken SVR 2018, 341: Mithaftung des Auffahrenden, wenn die Fahrertür erkennbar schon vorher geöffnet war; LG Saarbrücken SVR 2019, 26: auch auf Parkplätzen gelten die Sorgfaltspflichten für das Öffnen der Fahrzeugtüren; EuGH DAR 2019, 75: zum Fahrzeuggebrauch gehört auch das Türöffnen durch Beifahrer, wenn dadurch ein daneben geparktes Fahrzeug beschädigt wird; OLG Karlsruhe SVR 2011, 376: anders auf einem Parkplatz beim Ausparken; KG VRS 115, 263; KG NZV 2008, 245 = VRS 114, 15; KG VRS 107, 96; LG Hagen NJW 2018, 1698: Alleinhaftung des Aussteigenden bei Seitenabstand von 80 cm; LG Kleve SVR 2016, 384; LG Stuttgart NZV 2015, 497 = NJW 2015, 2593; LG Wiesbaden VRS 2012, 185; AG Westerburg SVR 2017, 113: Haftung wegen Beschädigung eines einparkenden Fahrzeugs durch aufschwingende Tür; AG Saarlouis 2011, 184; AG Bottrop SVR 2015, 345).

Andererseits darf beim Vorbeifahren an parkenden Fahrzeugen nur darauf vertraut werden, dass deren Tür nicht plötzlich mit einem Ruck weit geöffnet wird; mit einem geringen Öffnen muss gerechnet werden, weil ein solches Verhalten häufig ist (BGH VerkMitt 1981 Nr. 55 = DAR 1981, 148; KG VerkMitt 1985 Nr. 75 = DAR 1986, 88; LG Dessau-Roßlau VRS 2011, 339). Beim Vorbeifahren an einer Parkreihe ist deshalb ein ausreichender Seitenabstand einzuhalten (OLG Karlsruhe NZV 2012, 593: beim Einsteigen in PKW; KG NZV 2009, 502 = VRS 116, 429; LG München SVR 2013, 108: mind. 50 cm; KG DAR 2006, 149 = NZV 2006, 258 = VRS 110, 98; OLG Karlsruhe NZV 2007, 81: 35 cm reicht; LG Berlin VerkMitt 2001 Nr. 79). Auf Parkplätzen gilt primär das Gebot der allgemeinen Rücksichtnahme nach § 1 Abs. 2, wobei § 14 hinsichtlich der Haftungsbewertung mit zu berücksichtigen ist (AG Raststatt SVR 2016, 388). In eine Parklücke darf deshalb nicht eingefahren werden, wenn ersichtlich bei einem daneben geparkten Fahrzeug die Fahrzeugtür geöffnet werden könnte (LG Saarbrücken NZV 2016, 317).

Beim Vorbeifahren links an einem anhaltenden Müllfahrzeug in zweiter Reihe muss mit dem Öffnen der Fahrertür gerechnet und größerer Abstand gewahrt werden (KG VRS 108, 25), ebenso bei geöffneter Tür eines parkenden PKW zum Abschnallen eines Kindes auf der Fahrerseite (BGH NZV 2010, 24 = SVR 2010, 55 = DAR 2010, 134 = VRS 118, 95; OLG Hamburg SVR 2009, 188; OLG Bremen SVR 2009, 261).

2.3 Sicherungspflichten beim Verlassen des Fahrzeugs (§ 14 Abs. 2)

Der Begriff „Verlassen“ des Fahrzeugs ist enger als der Begriff des Parkens in § 12 Abs. 2, denn Gefahren können z.B. durch Wegrollen schon beim Aussteigen entstehen. Beim Verlassen sind alle vorhandenen Sicherungseinrichtungen zu betätigen, vor allem die Handbremse anzuziehen, auch

1 Empfehlenswert ist das Türöffnen mit dem „holländischen Griff“, d.h. mit der Hand, die am weitesten von der Fahrzeugtür entfernt ist. Durch diese Bewegung wird der Kopf gezwungen, sich nach hinten zur Beobachtung des rückwärtigen Verkehrs zu drehen.

bei Automatikfahrzeugen (OLG Düsseldorf DAR 2001, 504). Grob fahrlässig ist die Vernachlässigung der Sicherung auf abschüssigem Gelände (AG Frankfurt NZV 2003, 242 mit Anm. Mecklenbrauck NZV 2003, 387). Hier ist eine mehrfache Sicherung nötig: Feststellbremse, gegenläufiger Gang, Einschlagen der Räder zum Bordstein hin, bei starkem Gefälle auch Unterlegkeile (BGH VRS 22, 351 = DAR 1962, 186; OLG Karlsruhe NZV 2007, 473 = DAR 2007, 646: bei 10 % Gefälle).[2] Besondere Umsicht ist beim Halten von Kühlfahrzeugen nötig, wenn der Motor wegen der Kühlaggregate weiterlaufen muss.

2.4 Sicherungspflichten gegen unbefugtes Benutzen des Fahrzeugs (§ 14 Abs. 2)

Mit den Sicherungspflichten sollen Gefahren für andere durch den unbefugten Fahrzeugbetrieb vermieden werden.[3] Kurzzeitiges Verlassen des KFZ ohne Sicherung ist grob fahrlässig (OLG Hamm NZV 1991, 195). Das Abziehen des Zündschlüssels und die Sperrung des Lenkradschlosses sind auch dann notwendig, wenn das Fahrzeug im Blickfeld bleibt (LG Itzehoe DAR 2004, 154: auch in ländlicher Gegend). Fenster, Schiebedach und Türen sind zu schließen (VG Frankfurt VRS 99, 389), selbst bei Abwesenheit von nur zwei Minuten (OLG Hamm VRS 31, 283; OLG Düsseldorf VerkMitt 1986 Nr. 104 und VRS 70, 379). Das Fenster darf einen Spalt offen bleiben (Rn. 1 VwV-StVO zu § 14). Ein Kabriolett darf ohne Schließen des Verdecks und der Fenster, aber mit abgeschlossenen Türen geparkt werden. Die Polizei darf ein ungesichert abgestelltes KFZ auf Kosten des Halters nach den Sicherheits-, Polizei- oder Ordnungsgesetzen der Länder abschleppen und sicherstellen (VG Münster NZV 2018, 392 mit Anm. Koehl: bei KFZ mit eingeschlagenen Fenstern). Ob die im Eigentümerinteresse vorgenommene Sicherung verhältnismäßig ist, hängt von der Gefahr für Verlust oder Beschädigung des Fahrzeugs ab, wie Wert des Fahrzeugs, Ort, Zeit oder Dauer des Parkens (BVerwG NZV 2000, 514). Die Kosten dafür sind dem Halter aufzuerlegen, ähnlich der Geschäftsführung ohne Auftrag nach § 677 ff. BGB (OVG Bautzen NJW 2016, 181).

Verbleibt im KFZ ein nicht fahrberechtigter Beifahrer, muss der Zündschlüssel mitgenommen werden (BGH VersR 1960, 695). Haben Personen, deren Zuverlässigkeit zweifelhaft ist, zu einer geschlossenen Garage Zutritt, sind zusätzliche Sicherungsmaßnahmen geboten. Fahrzeug, Fahrzeugschlüssel und Fahrzeugpapiere (Zulassungsdokumente) dürfen Unbefugten nicht zugänglich sein, auch nicht in einer vom Fahrzeughersteller im Motorraum angebrachten Schlüsselbox (OLG Frankfurt VRS 104, 273; OLG Nürnberg NZV 1995, 154; OLG Oldenburg NZV 2011, 36: zum Fahrzeugschein im

2 Gilt auch beim Abstellen eines Fahrzeugs auf Privatgelände; bei Vernachlässigung der Sicherungspflichten haftet der Halter zivilrechtlich für Schäden Dritter (BGH VRS 20, 135 = DAR 1961, 149; BGH VersR 1971, 1019).

3 Siehe auch Strafbarkeit des **unzulässigen Fahrzeuggebrauchs** nach **§ 248b StGB**:
(1) Wer ein Kraftfahrzeug oder ein Fahrrad gegen den Willen des Berechtigten in Gebrauch nimmt, wird mit Freiheitsstrafe bis zu drei Jahren oder mit Geldstrafe bestraft, wenn die Tat nicht in anderen Vorschriften mit schwerer Strafe bedroht ist.
(2) Der Versuch ist strafbar.
(3) Die Tat wird nur auf Antrag verfolgt.
(4) Kraftfahrzeug i.S.d. Vorschrift sind die Fahrzeuge, die durch Maschinenkraft bewegt werden, Landfahrzeuge nur insoweit, als sie nicht an Bahngleise gebunden sind.

Handschuhfach). Besondere Vorsicht ist gegenüber Kindern und Jugendlichen sowie gegenüber Personen angebracht, die schon früher ein KFZ unbefugt benutzt und seither keine Fahrerlaubnis erworben haben (OLG Nürnberg VerkMitt 1980 Nr. 60). Bei ungeklärtem Verlust der Fahrzeugschlüssel ist ein Auswechseln des Zündschlosses nicht unverhältnismäßig (OLG Hamm NZV 1990, 470). Der Ausbau der Batterie genügt als Diebstahlsicherung für ein im verschlossenen Schuppen stehendes Fahrzeug (OLG Karlsruhe NZV 1992, 485). Bei Missachtung der Sicherungspflichten haftet der Halter auch zivilrechtlich für Schäden des Diebes nach § 7 Abs. 3 StVG (BGH VRS 60, 85 = DAR 1981, 50).[4]

3 Hinweise

3.1 Ein- und Aussteigen von Fahrgästen an gekennzeichneten Haltestellen: § 20 Abs. 1; Einschalten von Warnblinklicht an Haltestellen, die von der Straßenverkehrsbehörde dafür vorgesehen sind: § 16 Abs. 2 Nr. 2.

3.2 Beleuchtung haltender Fahrzeuge: § 17 Abs. 4; Warntafeln an Fahrzeugen über 3,5 t und Anhängern (ausgenommen PKW), die innerhalb geschlossener Ortschaften nachts parken: Anl. 4 lfd. Nr. 12 – Z. 630; § 51c Abs. 2 Nr. 4 und Abs. 5 StVZO.

3.3 Einrichtungen zur Sicherung von PKW und Krafträdern: § 38a StVZO.

3.4 Reißt ein Beifahrer gezielt die Wagentür auf, um einen Radfahrer auffahren zu lassen, kommt Strafbarkeit wegen gefährlichen Eingriffs in den Straßenverkehr nach § 315b Abs. 1 StGB in Tateinheit mit gefährlicher Körperverletzung nach § 224 StGB in Betracht (OLG Hamm DAR 2017, 391).

---

4 **§ 7 Abs. 3 StVG Haftung des Halters, Schwarzfahrt**
(3) Benutzt jemand das Fahrzeug ohne Wissen und Willen des Fahrzeughalters, so ist er an Stelle des Halters zum Ersatz des Schadens verpflichtet; daneben bleibt der Halter zum Ersatz verpflichtet, wenn die Benutzung des Fahrzeugs durch sein Verschulden ermöglicht worden ist. Satz 1 findet keine Anwendung, wenn der Benutzer vom Fahrzeughalter für den Betrieb des Kraftfahrzeugs angestellt ist oder wenn ihm das Fahrzeug vom Halter überlassen worden ist. Die Sätze 1 und 2 sind auf die Benutzung eines Anhängers entsprechend anzuwenden.

§ 15 Liegenbleiben von Fahrzeugen

Bleibt ein mehrspuriges Fahrzeug an einer Stelle liegen, an der es nicht rechtzeitig als stehendes Hindernis erkannt werden kann, ist sofort Warnblinklicht einzuschalten. Danach ist mindestens ein auffällig warnendes Zeichen gut sichtbar in ausreichender Entfernung aufzustellen, und zwar bei schnellem Verkehr in etwa 100 m Entfernung; vorgeschriebene Sicherungsmittel, wie Warndreiecke, sind zu verwenden. Darüber hinaus gelten die Vorschriften über die Beleuchtung haltender Fahrzeuge.

(VwV-StVO zu § 15 nicht vorhanden)

1 Aus der amtlichen Begründung

(entfällt)

2 Erläuterungen

2.1 Warneinrichtungen

Mehrspurige Fahrzeuge mit Fahrtrichtungsanzeigern müssen mit Warnblinklicht,[1] Kraftwagen bis 3,5 t außerdem mit einem tragbaren und standsicheren Warndreieck und über 3,5 t neben einem Warndreieck zusätzlich mit einer Warn- oder Blinkleuchte ausgerüstet sein.[2] Eine Mitführungspflicht von Warnwesten folgt aus § 53a Abs. 2 Nr. 3 StVZO.[3]

2.2 Liegenbleiben (§ 15 Satz 1)

Liegenbleiben bedeutet Stillstand des Fahrzeugs infolge einer technischen Panne oder Beeinträchtigung der Fahrtüchtigkeit.[4] Liegen geblieben ist ein Fahrzeug auch dann, wenn die Ladung herabzufallen droht, nicht aber bei bloßer Überprüfung der Ladungssicherheit auf dem Standstreifen einer Autobahn (OLG Celle SVR 2008, 304). Das Liegenbleiben dauert nur so lange, bis das Fahrzeug repariert oder aus dem Verkehrsraum abgeschleppt werden kann; je nachdem, was schneller geht. Wird die (zumutbare) Entfernung aus dem Verkehrsraum oder Instandsetzung versäumt, wird aus dem „Liegenbleiben“ eine „gewollte“ Fahrtunterbrechung, so dass Halt- oder Parkverbote zu beachten sind (OLG Düsseldorf VerkMitt 1980 Nr. 49; OLG Frankfurt DAR 1988, 245).

1 Ausrüstungspflicht mit gelbem Warnblinklicht: § 53a Abs. 4 StVZO. Der Blinkimpuls muss 90 ± 30 pro Minute betragen.
2 Ausrüstungspflicht mit Warndreieck besteht für PKW bis 3,5 t sowie land- oder forstwirtschaftliche Zug- und Arbeitsmaschinen (§ 53a Abs. 2 Nr. 1 StVZO); Kraftwagen über 3,5 t müssen neben dem Warndreieck außerdem eine Warn- oder tragbare Blinkleuchte mitführen (§ 53 Abs. 2 Nr. 2 und Abs. 3), KOM zusätzlich eine windsichere Handlampe (§ 54b StVZO).
3 Regelung eingeführt durch die 48. VO zur Änderung straßenverkehrsrechtlicher Vorschriften vom 26.7.2013 (BGBl. I S. 2803).
4 Z.B. dem Fahrer wird schlecht oder er kann infolge Alkoholgenusses nicht weiterfahren.

Innerorts muss das Fahrzeug aus dem Fahrraum kurzfristig (in max. 1 bis 3 Std.) entfernt werden, bei schnellem Verkehr **unverzüglich** (OLG Saarbrücken VerkMitt 1980 Nr. 51). Wer das Liegenbleiben verschuldet, haftet für Auffahrunfälle, sofern nicht alle nötigen Sicherheitsmaßnahmen getroffen sind (OLG Karlsruhe VersR 1979, 1013). Dies ändert nichts an der Mitschuld eines Auffahrenden, der unachtsam oder zu schnell gefahren ist (OLG Düsseldorf VersR 1977, 186). § 15 gilt nicht für Fahrzeuge von **Hilfeleistenden**, doch müssen diese ähnlich gesichert werden wie liegen gebliebene Fahrzeuge (OLG Saarbrücken VerkMitt 1981 Nr. 25). Verletzt der Helfer fahrlässig den Pannenverursacher, kann dieser keinen Schadenersatz gegen den Verursacher geltend machen (OLG Düsseldorf VD 2012, 265).

2.3 Sicherungspflichten beim Liegenbleiben eines Fahrzeugs (§ 15 Satz 2)

Schutzzweck ist die Sicherung anderer Verkehrsteilnehmer vor Gefahren, die von stehenden Fahrzeugen ausgehen. Kann das Fahrzeug auf ausreichende Entfernung rechtzeitig und deutlich als stehendes Hindernis erkannt werden, sind Sicherungsmaßnahmen zwar empfehlenswert, aber nicht verpflichtend (OLG Hamm VRS 126, 136 = NZV 2014, 573).

Warndreieck

Bei einer abstrakten Gefahrenlage sind Sicherungsmaßnahmen primär zu treffen; sie gehen der Behebung von Pannen oder dem Wegschaffen des KFZ vor. Daher sind die Sicherungspflichten bei einem Notfall oder Verkehrsunfall vordringlich zu erfüllen. Versäumt der Betroffene die Aufstellung eines Warndreiecks, haftet er auch zivilrechtlich nach § 254 BGB für die dadurch entstehenden Schäden (OLG Hamm DAR 2014, 30 = VD 2014, 136: Mithaftungsquote 50 %).

Die Angabe von „100 m" für das Warndreieck ist nur ein Näherungswert. Bei schnellerem Verkehr muss das Warndreieck in größerer Entfernung aufgestellt werden, auf Autobahnen ohne Tempolimit und Standspur je nach Sichtverhältnissen bis zu 200 m (Anpassung an den Brems- und meist verlängerten Reaktionsweg). Dabei soll sich der Kraftfahrer strikt an den Leitpfosten orientieren, weil beim plötzlichen Anhalten aus schneller Fahrt der Fußweg bis zum Aufstellpunkt meist unterschätzt wird. Ist die Beseitigung des liegen gebliebenen Fahrzeugs eher als die Absicherung möglich und eine Warnung des Verkehrs nicht geboten, kann auf die Aufstellung des Warndreiecks verzichtet werden (OLG Karlsruhe DAR 2002, 34; OLG Köln NZV 1995, 159 = VRS 88, 433). Bloßes Schwenken einer Taschenlampe kann zur Sicherung unzureichend sein (BGH VerkMitt 1969 Nr. 70). Wer wegen blockierten Motors liegen bleibt, darf nicht warten, bis ihn Rauchentwicklung zum Aussteigen zwingt. Trotz des Qualms muss er sich beim Öffnen der Tür vergewissern, dass er den nachfolgenden Verkehr nicht gefährdet (KG VerkMitt 1974 Nr. 125). Fehlende Eigensicherung führt zum Mitverschulden bei Unfällen (OLG Hamm NZV 2001, 260 = VD 2001, 150).

2.3.1 Warnblinklicht

Das Warnblinklicht ist nach Eintritt einer Panne inner- oder außerorts schon beim Ausrollen einzuschalten (BGH VerkMitt 1973 Nr. 5). Es muss auch dann eingeschaltet bleiben, wenn Warndreiecke und Warnleuchten aufgestellt sind (OLG Hamburg DAR 1981, 156). Das Warnblinklicht befreit den Fahrer nicht

Sicherungspflichten bei Pannen

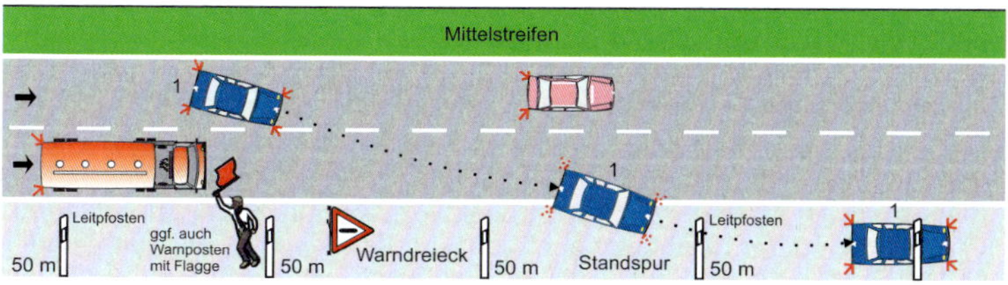

Beim ersten Anzeichen für eine Fahrzeugpanne ist noch während der Fahrt das Warnblinklicht einzuschalten und sofort möglichst weit rechts heranzufahren. Anschließend ist das Fahrzeug auf dem Seitenstreifen (Standspur) zum Stillstand zu bringen. Bei schnellem Verkehr ist das Warndreieck im Abstand von mindestens 150 bis 200 m aufzustellen (Anhalteweg bei 130 km/h wegen verlängertem Reaktionsweg rd. 170 m). Warndreiecke werden häufig in zu kurzem Abstand aufgestellt, weil nach einer schnellen Fahrt die subjektive Einschätzung der Entfernung täuscht. KFZ 1 muss sich deshalb an den Leitpfosten in je 50 m orientieren. Auf dem Weg zum Aufstellungsort ist das Warndreieck zur Eigensicherung voranzutragen. Anschließend ist über Nottelefon Hilfe herbeizuholen (Pfeile an den Leitpfosten weisen auf die nächste Meldestelle hin). Bei schnellem Verkehr oder fehlenden Seitenstreifen ist der Verkehr zusätzlich durch einen Warnposten mit Flagge, Tuch o.ä. zu warnen; dabei ist auch hier auf Eigensicherung zu achten (OLG Hamm NZV 2001, 260). Bei Dunkelheit ist Beleuchtung einzuschalten. Ist die Lichtanlage ausgefallen, muss das KFZ anderweitig beleuchtet werden, z.B. Handlampe, notfalls Signalfeuer. Alle Sicherungspflichten gehen dem Beheben der Panne oder der Hilfeleistung bei Unfällen vor. Nach Beheben der Panne ist das Warndreieck zu entfernen (um das nicht zu vergessen, sollte die Hülle vorher auf den Fahrersitz gelegt werden).

von weiteren Sicherungspflichten, wenn damit zu rechnen ist, dass das Warnblinklicht noch vor dem Abtransport des Fahrzeugs wegen Stromverbrauchs ausfallen wird (BGH VerkMitt 1988 Nr. 26 = DAR 1988, 129 = VRS 74, 245). Wer auf Unregelmäßigkeiten an seinem Fahrzeug hingewiesen wird, darf auch bei Dunkelheit auf einer Schnellstraße anhalten; er muss Warnblinklicht einschalten und – wenn er nicht sogleich weiterfahren kann – Warndreieck und Warnleuchte aufstellen (BayObLG VRS 70, 461). Das Warnblinklicht ist auszuschalten, wenn das Fahrzeug nach Behebung des Schadens wieder in Bewegung gesetzt wird. Besonders langsame Fahrzeuge haben bei schnellem Verkehr außerorts und bei Dunkelheit während der Fahrt Warnblinklicht einzuschalten (OLG Düsseldorf NZV 2000, 164).

2.3.2 Warndreiecke, Warnleuchten und Warnwesten

Bei der rückwärtigen Sicherung eines liegen gebliebenen Fahrzeugs sind die Sicherungseinrichtungen (Warndreieck, Warnleuchte) am Fahrbahnrand aufzustellen. Wird das aufgestellte Warndreieck zerstört, muss der Fahrer den Verkehr in anderer geeigneter Weise vor dem Hindernis warnen, z.B. durch Ablegen von Gegenständen am Fahrbahnrand, Handzeichen vom Fahrbahnrand; auf Autobahnen sollte er dabei hinter der Schutzplanke stehen (OLG Saarbrücken VerkMitt 1974 Nr. 62).

Warnweste

Für **Warnwesten** folgt die Mitführungspflicht für alle **mehrspurigen** KFZ aus § 53a Abs. 2 Nr. 3 StVZO (s.a. Rebler VD 2014, 143).[5] Eine Pflicht zum Anle-

5 Neue Warnwesten müssen der Norm DIN EN ISO 20471:2017-03 (Schutzklasse 2) entsprechen (gelb oder orangefarbenes fluoreszierendes Material mit retroreflektierenden hellen Streifen). Seit 1.7.2014 gilt das Fehlen einer Warnweste als Ordnungswidrigkeit und als HU-Mangel.

gen von Warnwesten ist aus der Pflicht zur Verwendung vorgeschriebener Sicherungsmittel nach § 15 herzuleiten. Das gilt auch für ausländische KFZ, bei denen Ausrüstungspflicht besteht.[6]

2.4 Beleuchtung (§ 15 Satz 3)

Bei Dämmerung, Dunkelheit oder Sichtbeeinträchtigungen (§ 17 Abs. 1) sind die Beleuchtungseinrichtungen, wie beim Halten, einzuschalten (außerorts nach hinten Schlusslicht, nach vorn Standlicht; innerorts genügt bei unzureichender Straßenbeleuchtung die Parkleuchte). Bei Nebel oder Schneefall ist eine zusätzliche Sicherung durch Abblendlicht und Nebelschlussleuchte erforderlich. Brennen Schlusslicht und Standlicht nicht oder ist die Batterie schwach, ist das Fahrzeug anderweitig so zu beleuchten, dass wenigstens die Fahrzeugumrisse erkennbar sind, sonst ist das Fahrzeug von der Fahrbahn zu entfernen.

3 Hinweise

3.1 Ausrüstungspflicht für KFZ über 2,8 t mit zusätzlicher Warnleuchte, auch als tragbare Blinkleuchte: § 53a Abs. 2 Nr. 2 StVZO.

3.2 Freiheits- oder Geldstrafe für Verstöße mit konkreter Gefährdung gegen Sicherungspflichten liegen gebliebener Fahrzeuge: § 315c StGB.

3.3 Absicherung von Unfallstellen durch Pannendienstleister mit Leitkegeln (Anl. 4 lfd. Nr. 5 – Z. 610): § 45 Abs. 7a.

3.4 Auf den mit Z. 328 in Tunneln gekennzeichneten Flächen darf nur bei Pannen oder Notfällen gehalten werden.

3.5 Freiheits- oder Geldstrafe bei Verstößen gegen unterlassene Hilfeleistung bei Unglücksfällen **und** Behinderung der Hilfeleistenden nach § 323c Abs. 1 und Abs. 2 StGB sowie bei Straftat nach § 315c Abs. 1 Nr. 2f StGB, wenn grob verkehrswidrig und rücksichtslos haltende oder liegen gebliebene Fahrzeuge nicht auf ausreichende Entfernung kenntlich gemacht werden, obwohl das zur Sicherung des Verkehrs erforderlich ist, und dadurch Personen oder Sachen von bedeutendem Wert (ab 750 €) gefährdet werden.

6 Ausrüstungspflicht u. a. in Belgien, Frankreich, Italien, Montenegro, Österreich, Portugal, Slowakei, Spanien.

§ 15a Abschleppen von Fahrzeugen

(1) Beim Abschleppen eines auf der Autobahn liegen gebliebenen Fahrzeugs ist die Autobahn (Zeichen 330.1) bei der nächsten Ausfahrt zu verlassen.

(2) Beim Abschleppen eines außerhalb der Autobahn liegen gebliebenen Fahrzeugs darf nicht in die Autobahn (Zeichen 330.1) eingefahren werden.

(3) Während des Abschleppens haben beide Fahrzeuge Warnblinklicht einzuschalten.

(4) Krafträder dürfen nicht abgeschleppt werden.

(VwV-StVO zu § 15a nicht vorhanden)

1 Aus der amtlichen Begründung

(entfällt)

2 Erläuterungen

2.1 Abschleppen und Schleppen

Das **Abschleppen** erfolgt als **Nothilfemaßnahme**, um ein liegen gebliebenes Fahrzeug infolge einer technischen und nicht vor Ort behebbaren Panne rasch aus dem Verkehr zu ziehen. Dabei soll einerseits ein defektes Fahrzeug den Verkehr nicht unnötig beeinträchtigen, andererseits die Betriebsfähigkeit auf möglichst einfache Weise und ohne größeren Kostenaufwand wiederhergestellt werden. Die Betriebsunsicherheit muss nicht zwangsläufig im öffentlichen Verkehr eingetreten sein; Abschleppen liegt auch dann vor, wenn das Fahrzeug von einem Privatgelände zur Instandsetzung in eine Werkstatt gebracht wird. Zulässig ist auch, das Fahrzeug zu einem Park-, Schrott- oder Abstellplatz abzuschleppen. Welche Entfernung dabei noch zulässig ist, hängt von der spezifischen Infrastruktur, der Anzahl der Werkstätten oder dem Reparaturumfang, nicht aber von der Billigkeit einer Werkstatt ab. Längere Überführungsfahrten als 50 km übersteigen im Regelfall den Nothilfegesichtspunkt, so dass aus dem Abschleppen ein genehmigungspflichtiges Schleppen nach §§ 33, 70 StVZO wird (OLG Celle NZV 1994, 242: max. 45 km).

Ob und wie (mit Seil oder Abschleppstange) ein Fahrzeug abgeschleppt werden kann, richtet sich nach den technischen Anweisungen der Betriebsanleitung, insbesondere bei Automatikfahrzeugen (LG München NZV 2015, 251).

Das ziehende und das betriebsunfähige Fahrzeug bilden beim Abschleppen auch fahrerlaubnisrechtlich **keine** Fahrzeugkombination (Zug), so dass nur die Fahrerlaubnis für das ziehende KFZ erforderlich ist (z.B. bei einem PKW die FE-Klasse B). Der Fahrer des gezogenen KFZ braucht keine Fahrerlaubnis; er muss aber zum sicheren Fahren in der Lage sein.[1] Da

1 Zweifelt der Betroffene, ob es sich um Abschleppen oder Schleppen handelt, liegt ein vermeidbarer und damit unbeachtlicher Verbotsirrtum nach § 11 Abs. 2 OWiG oder – bezogen auf die Fahrerlaubnispflicht – nach § 17 StGB vor.

sich ein abgeschlepptes Fahrzeug, das gelenkt werden muss, „in Betrieb" befindet, unterliegt der Fahrer den gleichen strafrechtlichen Alkoholgrenzwerten wie der Kraftfahrer[2] (OLG Hamm VerkMitt 2000 Nr. 21; BGH NZV 1990, 157 = NJW 1990, 1245). Auch die zivilrechtliche Gefährdungshaftung des § 7 Abs. 1 StVG bleibt bestehen (OLG Celle NZV 2013, 292 = SVR 2013, 143: ein abgeschlepptes Fahrzeug bildet eine eigenständige Gefahrenquelle und befindet sich deshalb „in Betrieb"; OLG Köln DAR 1986, 321). Entsprechendes gilt für das Anschleppen oder Anschieben zum Starten des Motors. Springt der Motor an und stoppt der Fahrer sofort, benötigt er keine Fahrerlaubnis (OLG Celle DAR 1977, 219; a. A. OLG Koblenz VRS 49, 366). Abschleppen kann auch durch Verladen des betriebsunfähigen KFZ auf einen Anhänger erfolgen, wobei nach § 42 Abs. 2a StVZO dann die Anhängelast überschritten werden darf (OLG Jena VRS 112, 365). **Krafträder** dürfen wegen der Instabilität und Unfallgefahr nicht abgeschleppt werden; sie sind zu verladen.[3]

Schleppen i. S. d. § 33 StVZO ist die Verwendung eines Kraftfahrzeugs als „**Anhänger**" und ist nur mit einer zulassungsrechtlichen Ausnahme nach § 70 i. V. m. § 33 StVZO[4] gestattet (selten). So sind z. B. das Verbringen eines betriebsfähigen KFZ vom Händler zum Kunden, Überführungsfahrten mittels Schleppachse oder Ziehen eines betriebsunfähigen Kraftfahrzeugs über längere Strecken „Schleppen" und kein „Abschleppen" (OLG Celle NZV 1994, 242: Schleppen bei mehr als 45 km). Dabei bilden beide Fahrzeuge auch fahrerlaubnisrechtlich einen Zug, so dass der Fahrer des ziehenden KFZ zusätzlich eine Fahrerlaubnis der Anhänger-Klassen „E" benötigt, z. B. für das Schleppen eines PKW von 2,1 t durch einen anderen PKW von 2,3 t (Zuggewicht von 4,4 t = FE-Klasse BE); das geschleppte Fahrzeug gilt dann als Anhänger. Wird das gezogene Kraftfahrzeug mit eigener Motorkraft betrieben, ist außerdem die entsprechende FE-Klasse für das geschleppte Fahrzeug erforderlich (im Beispiel oben Klasse B).[5] Hinsichtlich der Alkoholgrenzen gilt das Gleiche wie beim Abschleppen, selbst wenn das geschleppte Kraftfahrzeug nicht mehr mit eigener Motorkraft fahrfähig ist.[6]

2.2 Pflichten vor dem Abschleppen

Vor Beginn des Abschleppens müssen beide Fahrer vereinbaren, wie sie sich während der Abschleppfahrt verständigen und welche Geschwindig-

---

2 Strafdrohung nach §§ 315c Abs. 1 Nr. 1a, 316 StGB bei Alkoholgenuss; nicht jedoch nach § 24a StVG, weil sich die 0,5-Promille-Regelung nur auf das Führen eines „Kraftfahrzeugs" mit dessen eigenem Antrieb bezieht.

3 Das Abschleppverbot gilt für alle betriebsunfähigen einspurigen Kraftfahrzeuge, auch mit Beiwagen (Motorräder, Leicht- und Kleinkrafträder, Mofas). Das Schleppverbot für betriebsfähige Motorräder folgt aus § 33 StVZO. Auch mit einem Slipstek, der sich beim Ziehen an den Enden sofort löst, darf das Kraftrad nicht abgeschleppt werden.

4 Die Streichung des Satzes 2 des Abs. 1 sowie des Abs. 2 des § 33 StVZO durch die 48. StVRÄndV vom 26.7.2013 (BGBl. I S. 2803) ist der Föderalismusreform geschuldet. Ausnahmen vom Verbot des § 33 Abs. 1 StVZO sind aber weiterhin nach § 70 StVZO möglich.

5 Ist das Fahrzeug nicht zugelassen, ist meist ein Kurzkennzeichen (§ 16 Abs. 2 FZV) oder ein rotes Kennzeichen (§ 16 Abs. 3 FZV – nur zuverlässige Hersteller, Händler, Werkstätten) erforderlich.

6 Weist z. B. der Alkoholspiegel des Fahrers des geschleppten und betriebsunfähigen Kraftfahrzeugs eine Blutalkoholkonzentration (BAK) von 1,4 ‰ auf, ist er wegen des Grenzwertes von 1,1 ‰ absolut fahrunsicher i. S. d. §§ 316 oder 315c StGB.

Abschleppen

Pflichten vor dem Abschleppen
- Absicherung des Verkehrsraums bei Rangiermanöver durch Warndreieck und Warnposten
- Verständigung über Fahrweg, Bremsmanöver, Abbiegen, Geschwindigkeit
- Vereinbarung von Zeichen bei unvorhersehbaren Störungen
- Hinweis auf das Nichtfunktionieren von Servobremse und Servolenkung bei Motorausfall
- Einschalten des Zündschlosses, weil sonst Lenkung blockiert
- Sichere Befestigung des Abschleppseils (max. 5 m) an Schleppösen oder Abschleppstange (mit roter Fahne in der Mitte)
- Bei Ausfall der Lichtanlage für anderweitige Beleuchtung sorgen (Warnlampe)

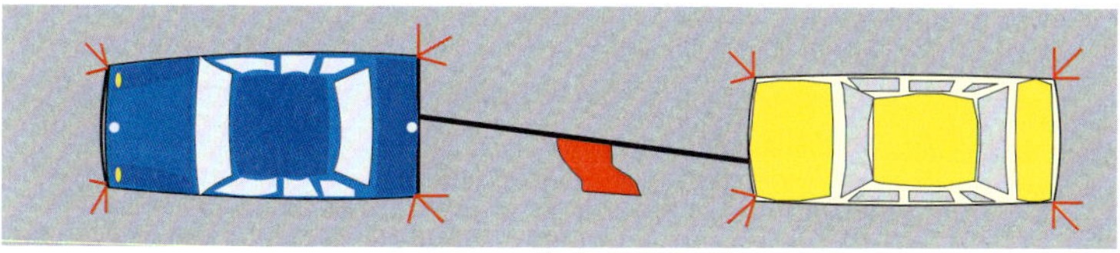

Pflichten während des Abschleppens
- Einschalten des Warnblinklichts an beiden Fahrzeugen
- Der Abschleppende muss – wie auch der Abgeschleppte – weit vorausschauend reagieren
- Einhalten einer angemessenen Geschwindigkeit, außerorts nicht über 60 km/h, innerorts max. Tempo 50
- Abschleppseil straff halten; der Abgeschleppte muss wegen des verminderten Reaktionsweges vor dem Schleppfahrzeug bremsen
- Kurven sind weit auszufahren, ähnlich wie beim Anhängerbetrieb
- Abschleppverbot über die Autobahn beachten

keit sie fahren wollen (OLG Koblenz VRS 42, 474). Hierzu gehören vor allem Hinweise auf die Hilfsbremsanlage und Servolenkung, die bei ausgefallenem Motor ungewohnt schwer zu bedienen sind. Der Abschleppende muss deshalb besonders langsam fahren. Außerdem muss bei der vereinbarten Geschwindigkeit der infolge des nur 5 m langen Abschleppseils verkürzte Reaktionsweg berücksichtigt werden (Abbremsen zuerst durch gezogenes Fahrzeug, auch um das Abschleppseil straff zu halten). Zu vereinbaren ist ferner, wie beim Abbiegen zu verfahren ist, weil durch das Warnblinklicht die Anzeige der Fahrtrichtung nicht möglich ist. So ist das Warnblinklicht kurz auszuschalten, wenn die Anzeige der Fahrtrichtung dringender als die Warnung vor dem Abschleppvorgang ist; andernfalls ist besonders vorsichtig mit Handzeichen abzubiegen (OLG Hamm NZV 2012, 73; OLG Düsseldorf VRS 130, 293: hier Abbiegen einer Kehrmaschine mit Warnblinklicht). Der Abgeschleppte soll sich dabei nach dem Verhalten des Abschleppenden richten. Fallen die Bremsen des abzuschleppenden Fahrzeugs aus oder ist dieses schwerer als 4 t, ist eine Abschleppstange (kein Abschleppseil) zu benutzen (vgl. OLG Hamm VRS 30, 137).

2.3 Pflichten beim Abschleppen

Der Abschleppende muss mit Fehlern des Abgeschleppten rechnen, wenn er die Geschwindigkeit erhöht (BGH VRS 15, 268). Er hat auf sorgfältige Abstimmung der Fahrweise beider Fahrzeuge zu achten (OLG Celle DAR 1961, 280). Er muss außerdem bedenken, ob und wie sich der Abgeschleppte auf die Fahrweise einstellen kann, vor allem bei Ausfall von Hilfsbremse und Servolenkung bei einer Motorpanne. Der Abgeschleppte muss sich auf das schleppende Fahrzeug konzentrieren und Gegenlenkung vermeiden. Bei Straßenglätte kann die Übernahme dieser Aufgaben die Fahrer überfordern und daher rechtswidrig sein (OLG Schleswig VRS 82, 259 = NZV 1992,

319). Wer noch nie beim Abschleppen eines KFZ mitgewirkt hat, handelt fahrlässig, wenn er seinen PKW über eine schneeglatte Straße abschleppen lässt (OLG Schleswig DAR 1992, 465).

Während des Abschleppens ist an beiden Fahrzeugen Warnblinklicht einzuschalten. Muss abgebogen werden, kann das Warnblinklicht kurz ausgeschaltet werden, wenn die Anzeige der Fahrtrichtung dringender als die Warnung vor dem Abschleppvorgang ist; andernfalls ist die Fahrtrichtung durch Handzeichen und rechtzeitiges Einordnen dem nachfolgenden Verkehr zu verdeutlichen (OLG Hamm NZV 2012, 73). Der Abgeschleppte muss sich dabei nach dem Verhalten des Abschleppenden richten. Bei Ausfall der Lichtanlage ist das abgeschleppte Fahrzeug durch andere Warn- oder Blinkleuchten zu sichern. Alle Sicherungspflichten gehen dem Interesse am schnellen Weiterkommen vor.

Über eine Autobahn darf nicht abgeschleppt werden (§ 15a Abs. 2). Von Autobahnen (nicht Kraftfahrstraßen) darf das liegen gebliebene KFZ nur bis zur nächsten Ausfahrt abgeschleppt werden (§ 15a Abs. 1).[7] Ist der Verbringungsort weiter entfernt, muss der Abschleppvorgang auf Landstraßen weitergeführt werden.

2.4 Haftung bei Unfällen

Kommt es zum Unfall zwischen dem schleppenden und dem abgeschleppten Fahrzeug, haften beide im Rahmen ihrer Betriebsgefahren nach §§ 7, 19 StVG, 670 BGB, sofern der Fahrer des abgeschleppten Fahrzeugs durch Lenkung oder Bremsen auf den Abschleppvorgang einwirkt (OLG Hamm VerkMitt 2009 Nr. 49; OLG Hamm NZV 2009, 456: nur Haftung des Abgeschleppten).

3 Hinweise

3.1 Mit Abschleppwagen oder Abschleppachsen abgeschleppte Fahrzeuge müssen Schlussleuchten, Bremsleuchten, Rückstrahler und Fahrtrichtungsanzeiger haben. Diese Beleuchtungseinrichtungen dürfen auf einem Leuchtenträger hinten angebracht sein und müssen vom abschleppenden Fahrzeug aus betätigt werden können: § 53 Abs. 8 StVZO.

7 Gewerbliche Abschleppfirmen können für das Abschleppen über Autobahnen eine auf bestimmte Entfernungen (z. B. 100 km) begrenzte Ausnahmegenehmigung nach § 46 Abs. 1 erhalten.

§ 16 Warnzeichen

(1) Schall- und Leuchtzeichen darf nur geben,

1. wer außerhalb geschlossener Ortschaften überholt (§ 5 Absatz 5) oder

2. wer sich oder Andere gefährdet sieht.

(2) Wer einen Omnibus des Linienverkehrs oder einen gekennzeichneten Schulbus führt, muss Warnblinklicht einschalten, wenn er sich einer Haltestelle nähert und solange Fahrgäste ein- oder aussteigen, soweit die für den Straßenverkehr nach Landesrecht zuständige Behörde (Straßenverkehrsbehörde) für bestimmte Haltestellen ein solches Verhalten angeordnet hat. Im Übrigen darf außer beim Liegenbleiben (§ 15) und beim Abschleppen von Fahrzeugen (§ 15a) Warnblinklicht nur einschalten, wer Andere durch sein Fahrzeug gefährdet oder Andere vor Gefahren warnen will, zum Beispiel bei Annäherung an einen Stau oder bei besonders langsamer Fahrgeschwindigkeit auf Autobahnen und anderen schnell befahrenen Straßen.

(3) Schallzeichen dürfen nicht aus einer Folge verschieden hoher Töne bestehen.

(4) Keine Schallzeichen im Sinne der Absätze 1 und 3 sind akustische Fahrzeugwarnsysteme im Sinne der Artikel 3 Satz 2 Nummer 22, Artikel 8 und Anhang VIII der Verordnung (EU) Nr. 540/2014 des Europäischen Parlaments und des Rates vom 16. April 2014 über den Geräuschpegel von Kraftfahrzeugen und von Austauschschalldämpferanlagen sowie zur Änderung der Richtlinie 2007/46/EG und zur Aufhebung der Richtlinie 70/157/EWG (ABl. L 158 vom 27.5.2014, S. 131) in der jeweils geltenden Fassung.[1]

VwV-StVO zu § 16 Warnzeichen

Zu Absatz 1 Nr. 2

1 Gegen missbräuchliche Benutzung des Warnblinklichts ist stets einzuschreiten. Das ist immer der Fall, wenn durch ein Fahrzeug der Verkehr nicht gefährdet, sondern nur behindert wird, z. B. ein Fahrzeug an übersichtlicher Stelle be- oder entladen wird.

Zu Absatz 2

2 Die Straßenverkehrsbehörden haben sorgfältig zu prüfen, an welchen Haltestellen von Schulbussen sowie von Omnibussen des Linienverkehrs der Fahrer des Busses das Warnblinklicht einzuschalten hat. Maßgebliches Kriterium sind dabei die Belange der Verkehrssicherheit.

3 Dort, wo sich in der Vergangenheit bereits Unfälle zwischen Fahrgästen und dem Kraftfahrzeugverkehr an der Haltestelle ereignet haben, ist die Anordnung, das Warnblinklicht einzuschalten, indiziert. Andererseits spricht das Nichtvorkommen von Unfällen, vor allem bei Vorhandensein von Querungshilfen für Fußgänger (z. B. Fußgängerüberweg, Lichtsignalanlage) in unmittelbarer Nähe der Haltestelle, gegen eine entsprechende Anordnung. Auch die Höhe des Verkehrsaufkommens, das Vorhandensein baulich getrennter Richtungsfahrbahnen, insbesondere bei mehrstreifiger Fahrbahnführung, sowie die bauliche Ausgestaltung der Haltestelle selbst (z. B. Absperrgitter zur Fahrbahn) sind in die Entscheidung einzubeziehende Abwägungskriterien. Die Lage der Haltestelle in unmittelbarer Nähe einer Schule oder

1 § 16 Abs. 4 eingefügt durch Art. 1 der 54. StrVRÄndV vom 20.4.2020 (BGBl. I S. 814).

eines Altenheimes spricht für das Einschalten des Warnblinklichts. Unter Umständen kann es auch in Betracht kommen, das Einschalten des Warnblinklichtes nur zu bestimmten Zeiten, gegebenenfalls auch für bestimmte Tagesstunden, anzuordnen.

4 Maßgeblich für die Entscheidung, an welcher Haltestelle die Anordnung, das Warnblinklicht einzuschalten, erforderlich ist, ist in jedem Fall die Sachkunde und die Ortskenntnis der Straßenverkehrsbehörden. Entsprechendes gilt für die Anordnung, in welcher Entfernung von der Haltestelle das Warnblinklicht eingeschaltet werden soll.

5 Die Anordnung, wo das Warnblinklicht eingeschaltet werden muss, ist gegenüber den Busbetreibern und den Fahrern der Busse auszusprechen.

1 Aus der amtlichen Begründung

1.1 Klarstellung, dass akustische Warnsysteme zur Wahrnehmung von leisen Elektrofahrzeugen keine „Warnzeichen" i.S.d. § 16 Abs. 1 sind (Begr. 2020).

2 Erläuterungen

2.1 Warnzeichen

Die Abgabe von Warnzeichen[2] erfordert eine **konkrete** Gefahrenlage, der nicht anders mehr begegnet werden kann, etwa durch Bremsen, Langsamfahren, Ausweichen. Ohne eine solche Gefahrenlage sind Warnzeichen unzulässig, insbesondere um sich „Gehör" zu verschaffen, zum schnelleren Vorankommen, zum Schneiden von Kurven, um andere zum Verzicht auf ihren Vorrang zu bewegen oder ähnliche Verhaltensweisen (BGH VerkMitt 2007 Nr. 68 = VRS 113, 36: Behinderung beim Parken). Warnzeichen sind inner- und außerorts geboten, wenn die Gefahr anders nicht mehr gebannt werden kann und die Abgabe eines Warnzeichens noch Erfolg verspricht.[3] Insoweit folgt die Pflicht zur Warnung aus § 1 Abs. 2, nicht aus § 16 (OLG Köln NZV 1992, 32). Warnzeichen müssen gegeben werden, wenn sich die Fahrt durch einen Motordefekt wesentlich verlangsamt (KG VRS 115, 273 = NZV 2009, 292) oder zur Warnung eines die Fahrbahn zeitungslesend überschreitenden Fußgängers (KG NZV 2009, 292: bei Nichtreagieren ist Schrittgeschwindigkeit erforderlich). Warnzeichen dürfen aber nicht gegeben werden, wenn sie die Gefahr lediglich vergrößern, z.B. Erschrecken, Verunsicherung oder eine falsche Reaktion des Gewarnten hervorrufen. Wer durch ein unrichtiges Warnzeichen andere verwirrt und zu unrichtigen Reaktionen veranlasst, hat für die Folgen einzustehen (OLG Hamm DAR 1961, 24).

Mit Warnblinklicht darf vor einem Falschfahrer gewarnt werden, jedoch nicht durch sonstige Leucht- oder Schallquellen. Beim Abbiegen ersetzen Warnzeichen nicht die Fahrtrichtungsanzeige (BGH VRS 9, 121). Das Verbot der Benutzung von Mehrklanghupen nach § 16 Abs. 3 gilt auch für Ausländer, an deren Fahrzeugen nach den Vorschriften für den internationalen Verkehr Mehrklanghupen zulässig sind.

2.1.1 Warnzeichen beim Überholen (§ 16 Abs. 1 Nr. 2)

Nur **außerorts** darf das Überholen durch kurze Schall- oder Leuchtzeichen angekündigt werden. Wird mit Fernlicht geblinkt („Lichthupe"), dürfen ent-

2 Hupe, Lichthupe, Warnblinklicht, Warnleuchte.

3 Durch die Worte „sich oder Andere gefährdet sieht" in § 16 Abs. 1 Nr. 2 wird deutlich, dass Warnzeichen auch derjenige geben darf, der einen Dritten vor einer Gefahr warnen will.

gegenkommende Fahrzeugführer nicht geblendet werden. Wer mehrere vor ihm auf dem Überholstreifen einer Autobahn fahrende KFZ überholen will, braucht die Überholabsicht nicht durch Schall- oder Leuchtzeichen anzukündigen (BayObLG VerkMitt 1980 Nr. 3 = VRS 57, 209). Wer auf der Autobahn überholen will, darf einen Vordermann, der unzulässig auf dem Überholstreifen fährt, durch kurzes Warnzeichen zur Freigabe auffordern (BayObLG VRS 62, 218), das Ausweichen damit aber nicht erzwingen. Längeres Aufblenden und dichtes Auffahren kann strafbare Nötigung sein (§ 240 StGB).

2.1.2 Warnzeichen bei Gefährdung (§ 16 Abs. 1 Nr. 1)

Warnzeichen dürfen nur bei fremder oder eigener Gefährdung gegeben werden. Fährt ein PKW langsam aus einer Grundstücksausfahrt auf die Straßenmitte, muss ein auf der anderen Straßenseite nahender PKW-Fahrer Warnzeichen geben, wenn eine drohende Kollision durch eigenes Bremsen nicht mehr verhindert werden kann (OLG Celle VersR 1978, 873). Mit Warnzeichen darf auch ein **Anderer** i. S. d. Abs. 1 Nr. 2 vor einem Falschfahrer gewarnt werden. Fußgänger dürfen durch „Lichthupe" nur gewarnt werden, wenn sie gefährdet sind und die Warnung für sie eindeutig ist. Andernfalls muss ein Kraftfahrer damit rechnen, dass sein Leuchtzeichen als Einräumung des Vorrangs oder Aufforderung zum Überqueren der Fahrbahn missdeutet wird (BGH VerkMitt 1977 Nr. 62 = VersR 1977, 434 = DAR 1977, 157).

2.1.3 Warnzeichen bei Elektrofahrzeugen „AVAS" (§ 16 Abs. 4)

Fahrzeuge mit Elektroantrieb führen zu einer deutlichen Senkung des Geräuschpegels, so dass andere Verkehrsteilnehmer, insbesondere blinde und sehbehinderte Fußgänger oder Radfahrer, nicht mehr durch kraftfahrzeugtypische Geräusche gewarnt werden. Neue Typen von Hybridelektro- und reinen Elektrofahrzeugen sind daher nach der VO (EU) Nr. 540/2014 ab 1.7.2019 (neue Fahrzeuge ab 1.7.2021) verpflichtend mit akustischen Fahrzeug-Warnsystemen (**A**coustic **V**ehicle **A**lerting **S**ystem – AVAS) auszurüsten, um die fehlende akustische Wahrnehmung auszugleichen. Nach der genannten EU-Verordnung muss das Elektroauto-Fahrgeräusch AVAS im Geschwindigkeitsbereich zwischen dem Anfahren und einer Geschwindigkeit von etwa 20 km/h sowie beim Rückwärtsfahren automatisch ein als „Schallzeichen" benanntes Geräusch erzeugen. Dies darf aber nicht dazu führen, dass bis etwa 20 km/h kein Lärmunterschied zwischen motorisiertem und Elektroverkehr besteht. Ist ein Hybridfahrzeug mit einem Verbrennungsmotor ausgestattet, der innerhalb des Tempobereichs bis 20 km/h in Betrieb ist, darf das AVAS kein solches Geräusch erzeugen. Dass das System in der Begriffsbestimmung des Art. 3 Satz 2 Nr. 22 VO (EU) Nr. 540/2014 als Schallzeichen bezeichnet wird, hat angesichts des Subsidiaritätsgrundsatzes in der StVO keine Bindungswirkung, weil harmonisierte technische Begriffsbestimmungen nicht auf nationale verhaltensrechtliche Definitionen durchgreifen. Da das AVAS nicht im Zusammenhang mit dem Schutzzweck des § 16 StVO steht (Verhinderung der missbräuchlichen Abgabe von Warnzeichen), wird in § 16 Abs. 4 klargestellt, dass es sich hierbei nicht um ein Schallzeichen in diesem Sinne handelt und es daher nicht den dort genannten Beschränkungen unterliegt.

2.2 Warnblinklicht

Warnblinklicht kann bereits bei **abstrakten** Gefahrenlagen eingeschaltet werden.

2.2.1 Warnblinklicht bei Stau oder langsamem Verkehr (§ 16 Abs. 2 Satz 2)

Das Gebot zum Einschalten von Warnblinklicht besteht – wie auch bei Schallzeichen – nur bei einer anders nicht mehr vermeidbaren Gefahrensituation. Das „Dürfen" verdichtet sich wegen des Gefährdungsausschlusses dann zur Pflicht. Wer gefahrbedingt Warnblinklicht eingeschaltet hat, muss es beim Abbiegen ausschalten, wenn die Anzeige der Fahrtrichtung dringlicher ist als die Warnung vor anderen Gefahren (OLG Düsseldorf VRS 130, 293: Abbiegen einer Kehrmaschine mit Warnblinklicht). Bei Annäherung an einen **Stau** liegt nicht immer eine besondere Gefahrensituation vor, sondern nur dann, wenn es sich um einen außerörtlichen und schwer erkennbaren Stau handelt oder infolge zuvor hoher Geschwindigkeit das Stauende schnell erreicht wird (OLG Zweibrücken NZV 1998, 24). Die Vorschrift des § 16 Abs. 2 Satz 2 enthält insoweit kein stringentes Gebot, sondern nur eine der Verkehrslage angepasste Pflicht, bei solchen Gefahrensituationen Warnblinklicht einzuschalten. Wer das Warnblinklicht übersieht und auf das Stauende auffährt, verstößt nicht nur gegen § 16 Abs. 2, sondern auch gegen § 3 Abs. 1 Satz 2 (OLG Celle VerkMitt 2016 Nr. 28). Der nicht blinkende Kraftfahrer haftet bei einem Stau aus der Betriebsgefahr seines Fahrzeugs für den dadurch verursachten Auffahrunfall (LG Memmingen DAR 2007, 709: zu 25 % des Schadens; s. a. Scheidler VD 2013, 275/277). Ergänzt wird die Regelung durch § 11 Abs. 2 zur Bildung einer Rettungsgasse bei Stau (s. Erl. 2.2 zu § 11).

Langsam fahrende Bagger oder landwirtschaftliche Fahrzeuge müssen nachts auf einer Bundesstraße außerorts zusätzlich Warnblinklicht einschalten (OLG Düsseldorf DAR 1999, 543). Gleiches gilt für tempobegrenzte Kleinst- und andere Kraftfahrzeuge, z. B. max. 25 km/h.[4] Liegt keine Gefährdung vor, darf Warnblinklicht nicht eingeschaltet werden, z. B. beim Halten in zweiter Spur, um Behinderung des rückwärtigen Verkehrs zu vermeiden; der rückwärtige Verkehr muss darauf nicht zwangsläufig

Kennzeichnungstafel für langsame Fahrzeuge nach ECE-Regelung Nr. 69 – Anhang 12
(hier: Krankenfahrstühle mit Elektroantrieb bis 15 km/h)

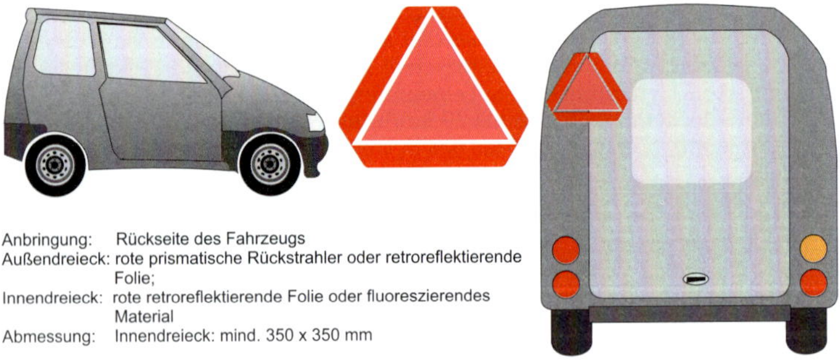

4 Krankenfahrstühle und ähnlich langsame KFZ müssen außerdem mit einer dreieckigen **rot reflektierenden Kennzeichnungstafel** nach ECE-Regelung Nr. 69 Anhang 12 versehen sein.

reagieren (BGH VerkMitt 2007 Nr. 68 = VRS 113, 36 = NZV 2007, 451 = DAR 2007, 390).

2.2.2 Warnblinklicht bei Schulbussen (§ 16 Abs. 2 Satz 1)

Die Regelung gilt **nur** für Linien- und Schulbusse,[5] nicht für PKW, die im Linienersatzdienst oder freigestellten Schüler- und Behindertenverkehr eingesetzt werden. Voraussetzung für die Verpflichtung zum Einschalten des Warnblinklichts an Haltestellen ist eine Anordnung der Straßenverkehrsbehörde gegenüber dem Träger des Linien- und Schulbusverkehrs. Eine **Kennzeichnung** dieser Haltestellen ist **nicht** vorgesehen; empfehlenswert bei Schulbussen ist aber die Ausweisung als Schulbushaltestelle (Z. 224-51). Da Schulkinder, ältere und hilflose Personen auch in Linienbussen befördert werden, gilt das auch für die Träger dieser Verkehrsart (nicht aber bei Straßenbahnen). Das Warnblinklicht ist bereits bei Annäherung an die Haltestelle einzuschalten (etwa 50 bis 100 m davor, außerorts mind. 150 m). Da stets mit unüberlegtem Verkehrsverhalten einzelner Kinder zu rechnen ist (OLG Stuttgart VRS 43, 136), darf – unbeschadet der Verpflichtung aus § 3 Abs. 2a – nicht mehr überholt (§ 20 Abs. 3) und an den Haltestellen nur noch mit Schrittgeschwindigkeit vorbeigefahren werden (§ 20 Abs. 4). Schrittgeschwindigkeit gilt dann auch für den Gegenverkehr. Das Warnblinklicht ist so lange einzuschalten, bis die Aus- und Einsteigvorgänge beendet sind und die Kinder eine sichere Position im Verkehrsraum erreicht haben.

Überholverbot an Linien- und Schulbussen mit Warnblinklicht

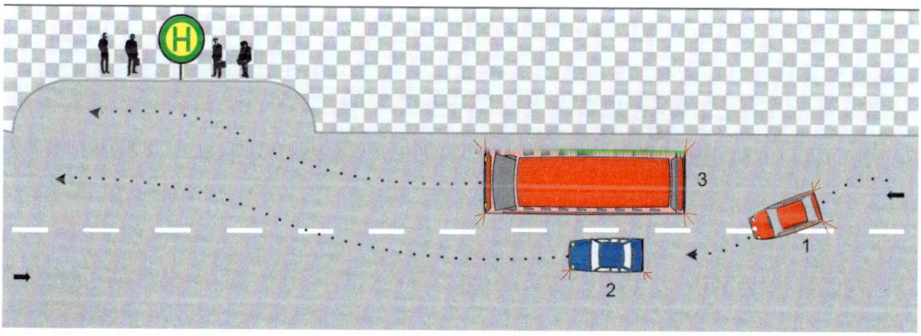

Linienbusse und gekennzeichnete Schulbusse, die sich mit Warnblinklicht einer Haltestelle (Z. 224) nähern, dürfen nicht mehr überholt werden (§ 20 Abs. 3). Das Überholverbot gilt somit nicht bei Bussen des Gelegenheitsverkehrs oder Straßenbahnen. Bei den Haltestellen handelt es sich um solche, an denen die Straßenverkehrsbehörde das Einschalten des Warnblinklichts gegenüber dem Träger des Busverkehrs angeordnet hat (§ 16 Abs. 2 Satz 1). Eine Kennzeichnung der Haltestelle ist nicht vorgesehen.

KFZ 1 hat den Überholvorgang eingeleitet, befindet sich aber seitlich versetzt noch hinter dem Bus, als dieser Warnblinklicht einschaltet, um die Haltestelle anzufahren. Da das Überholverbot vom Ausscheren nach links bis zum Wiedereinordnen reicht, muss KFZ 1 den Überholvorgang abbrechen.

KFZ 2 befindet sich beim Überholen des Busses bereits seitlich daneben, als dieser Warnblinklicht einschaltet. Da aus dieser Position nicht zwischen Warnblinklicht und Fahrtrichtungsanzeige unterschieden werden kann, kommt das Überholverbot wegen des Sichtbarkeitsgrundsatzes nicht zum Tragen. KFZ 2 begeht somit keine Ordnungswidrigkeit, wenn der Überholvorgang vollendet wird. Da in Verbindung mit einer Haltestelle aber mit Warnblinklicht zu rechnen ist, empfiehlt sich für KFZ 2, den Überholvorgang abzubrechen, wenn dies ohne Gefährdung des Busses oder nachfolgender Fahrzeuge möglich ist.

5 Schulbusse nach § 33 BOKraft; Kennzeichnung nach Anlage 4 BOKraft.

3 Hinweise

3.1 Beachtung des Überholverbots bei Linien- und Schulbussen mit Warnblinklicht: § 20 Abs. 3. Verpflichtung zum Einhalten der Schrittgeschwindigkeit: § 20 Abs. 4. Ist die Fahrbahn durch einen Mittelstreifen getrennt, gilt die Regelung des § 20 Abs. 4 nur für die Richtungsfahrbahn, an der sich die Haltestelle befindet. Der Gegenverkehr auf der anderen Richtungsfahrbahn muss daher sein Tempo nicht auf Schrittgeschwindigkeit reduzieren.

3.2 Warnblinkanlage, Warndreiecke und Warnleuchten: § 53a StVZO.

3.3 Warnung durch blaues Blinklicht (Rundumlicht), Einsatzhorn (Schallzeichen mit einer Folge verschieden hoher Töne), gelbes Blinklicht: § 38.

§ 17 Beleuchtung

(1) Während der Dämmerung, bei Dunkelheit oder wenn die Sichtverhältnisse es sonst erfordern, sind die vorgeschriebenen Beleuchtungseinrichtungen zu benutzen. Die Beleuchtungseinrichtungen dürfen nicht verdeckt oder verschmutzt sein.

(2) Mit Begrenzungsleuchten (Standlicht) allein darf nicht gefahren werden. Auf Straßen mit durchgehender, ausreichender Beleuchtung darf auch nicht mit Fernlicht gefahren werden. Es ist rechtzeitig abzublenden, wenn ein Fahrzeug entgegenkommt oder mit geringem Abstand vorausfährt oder wenn es sonst die Sicherheit des Verkehrs auf oder neben der Straße erfordert. Wenn nötig ist entsprechend langsamer zu fahren.

(2a) Wer ein Kraftrad führt, muss auch am Tag mit Abblendlicht oder eingeschalteten Tagfahrleuchten fahren. Während der Dämmerung, bei Dunkelheit oder wenn die Sichtverhältnisse es sonst erfordern, ist Abblendlicht einzuschalten.

(3) Behindert Nebel, Schneefall oder Regen die Sicht erheblich, dann ist auch am Tage mit Abblendlicht zu fahren. Nur bei solcher Witterung dürfen Nebelscheinwerfer eingeschaltet sein. Bei zwei Nebelscheinwerfern genügt statt des Abblendlichts die zusätzliche Benutzung der Begrenzungsleuchten. An Krafträdern ohne Beiwagen braucht nur der Nebelscheinwerfer benutzt zu werden. Nebelschlussleuchten dürfen nur dann benutzt werden, wenn durch Nebel die Sichtweite weniger als 50 m beträgt.

(4) Haltende Fahrzeuge sind außerhalb geschlossener Ortschaften mit eigener Lichtquelle zu beleuchten. Innerhalb geschlossener Ortschaften genügt es, nur die der Fahrbahn zugewandte Fahrzeugseite durch Parkleuchten oder auf andere zugelassene Weise kenntlich zu machen, eigene Beleuchtung ist entbehrlich, wenn die Straßenbeleuchtung das Fahrzeug auf ausreichende Entfernung deutlich sichtbar macht. Auf der Fahrbahn haltende Fahrzeuge, ausgenommen Personenkraftwagen, mit einer zulässigen Gesamtmasse von mehr als 3,5 t und Anhänger sind innerhalb geschlossener Ortschaften stets mit eigener Lichtquelle zu beleuchten oder durch andere zugelassene lichttechnische Einrichtungen kenntlich zu machen. Fahrzeuge, die ohne Schwierigkeiten von der Fahrbahn entfernt werden können, wie Krafträder, Fahrräder mit Hilfsmotor, Fahrräder, Krankenfahrstühle, einachsige Zugmaschinen, einachsige Anhänger, Handfahrzeuge oder unbespannte Fuhrwerke, dürfen bei Dunkelheit dort nicht unbeleuchtet stehen gelassen werden.

(4a) Soweit bei Militärfahrzeugen von den allgemeinen Beleuchtungsvorschriften abgewichen wird, sind gelb-rote retroreflektierende Warntafeln oder gleichwertige Absicherungsmittel zu verwenden. Im Übrigen können sie an diesen Fahrzeugen zusätzlich verwendet werden.

(5) Wer zu Fuß geht und einachsige Zug- oder Arbeitsmaschinen an Holmen oder Handfahrzeuge mitführt, hat mindestens eine nach vorn und hinten gut sichtbare, nicht blendende Leuchte mit weißem Licht auf der linken Seite anzubringen oder zu tragen.

(6) Suchscheinwerfer dürfen nur kurz und nicht zum Beleuchten der Fahrbahn benutzt werden.

VwV-StVO zu § 17 Beleuchtung

Zu Absatz 1

1 Es ist zu beanstanden, wenn der, welcher sein Fahrzeug schiebt, Beleuchtungseinrichtungen durch seinen Körper verdeckt; zu den Beleuchtungseinrichtungen zählen auch die Rückstrahler (§ 49a Abs. 1 Satz 2 StVZO).

Zu Absatz 2

2 I. Es ist darauf hinzuwirken, dass der Abblendpflicht auch gegenüber Radfahrern auf Radwegen sowie bei der Begegnung mit Schienenfahrzeugen und gegenüber dem Schiffsverkehr, falls die Führer dieser Fahrzeuge geblendet werden können, genügt wird. Einzelner entgegenkommender Fußgänger wegen muss dann abgeblendet werden, wenn sie sonst gefährdet wären (§ 1 Abs. 2).

3 II. Nicht nur die rechtzeitige Erfüllung der Abblendpflicht und die darauf folgende Pflicht zur Mäßigung der Fahrgeschwindigkeit sind streng zu überwachen; vielmehr ist auch darauf zu achten, dass nicht

4 1. Standlicht vorschriftswidrig verwendet wird,

5 2. Blendwirkung trotz Abblendens bestehen bleibt,

6 3. die vordere Beleuchtung ungleichmäßig ist,

7 4. Nebelscheinwerfer, Nebelschlussleuchten oder andere zusätzliche Scheinwerfer oder Leuchten vorschriftswidrig verwendet werden.

Zu Absatz 4

8 Andere zugelassene lichttechnische Einrichtungen zur Kennzeichnung sind Park-Warntafeln nach Anlage 4 Abschnitt 4. Einzelheiten über die Verwendung ergeben sich aus § 51c Abs. 5 StVZO. Die Park-Warntafeln unterliegen einer Bauartgenehmigung nach § 22a StVZO.

Zu Absatz 4a

9 Machen Militärfahrzeuge, insbesondere Panzer, von den Sonderrechten nach § 35 Gebrauch und fahren ohne Beleuchtung, so sind sie mit gelb-roten retroreflektierenden Warntafeln oder gleichwertigen Absicherungsmitteln zu kennzeichnen.

1 Aus der amtlichen Begründung

1.1 Alternative Verwendung von Abblendlicht oder Tagfahrleuchten bei Krafträdern (Begr. 2012).

2 Erläuterungen

2.1 Beleuchtungseinrichtungen

Welche Beleuchtungseinrichtung zulässig ist, bestimmt sich nach den Ausrüstungs- und Bauvorschriften der §§ 49a bis 54b, 66a, 67 StVZO; hierzu gehört auch **Reflexmaterial** wie Kennzeichenschilder, seitliche Konturmarkierungen an LKW. Zu unterscheiden sind vorgeschriebene und zugelassene Beleuchtungseinrichtungen. Nicht zugelassene Beleuchtungen sind unzulässig, z. B. blaue, nach vorn wirkende Leuchten. Fehlen vorgeschriebene Beleuchtungseinrichtungen oder funktionieren sie nicht, ist das Fahrzeug mangelhaft. Das gilt auch für Radfahrer, die bei fehlender oder mangelhafter Beleuchtung besonders gefährdet sind (OLG Hamburg NZV 2017, 534).

Wann Beleuchtungseinrichtungen zu benutzen sind, richtet sich nach den Verhaltensregeln der StVO. Beleuchtungseinrichtungen müssen die gebotene Lichtstärke abstrahlen und dürfen weder verdeckt noch verschmutzt sein; ausgenommen sind versenkbare Scheinwerfer sowie Nebelscheinwerfer.[1] Weiterhin sind die Beleuchtungseinrichtungen bei KFZ, Anhängern und Fahrrädern auch am Tage nicht nur wegen der Witterung, sondern auch wegen örtlicher Gegebenheiten (Tunnel, Unterführungen) betriebsbereit zu halten (§ 23 Abs. 1 Satz 4). Dies ist vor Fahrtantritt zu prüfen; nach Fahrtantritt nur bei besonderem Anlass (KG VRS 39, 29). Mängel an den Beleuchtungseinrichtungen beeinträchtigen stets die Verkehrssicherheit. Fallen sie aus, ist unverzüglich abzubremsen und notfalls anzuhalten (BGH VersR 1964, 621); anschließend ist das Fahrzeug auf kürzestem Weg aus dem Verkehr zu ziehen (§ 23 Abs. 2). Ob dabei noch bis zur nächsten Werkstatt oder Tankstelle gefahren werden darf, hängt vom Umfang der Störung, von den Lichtverhältnissen, der Verkehrsstärke und -geschwindigkeit ab. Nach dem Vertrauensgrundsatz dürfen sich andere darauf verlassen, dass entgegenkommende Fahrzeuge beleuchtet sind. Das gilt jedoch nicht bei Dämmerung, solange ein Teil der Fahrzeuge noch unbeleuchtet fährt.

2.1.1 Abblendlicht

Im Fahrverkehr ist Abblendlicht zusammen mit dem Standlicht (Begrenzungsleuchten) zu benutzen. Abgesehen von modernen Laser- oder LED-gesteuerten Beleuchtungseinrichtungen darf die Leuchtweite des Abblendlichtes wegen der Blendwirkung des Gegenverkehrs in 25 m und 15 cm Höhe von der Fahrbahn max. 1 Lux[2] betragen (§ 50 Abs. 6 StVZO). Dementsprechend ist auch die zulassungsrechtlich vorgeschriebene Leuchtweiteregelung im KFZ so einzustellen, dass eine Blendung ausgeschlossen ist. Werden andere dennoch geblendet, müssen diese ihr Tempo so verringern, dass sie noch vor möglichen Hindernissen zum Stehen kommen (AG Dortmund DAR 2017, 400 = SVR 2017, 319: Ohne Sicht darf nicht in der Hoffnung weitergefahren werden, hinter dem blendenden Licht werde schon nichts passieren).

Bei asymmetrischen Scheinwerfern darf die 1-Lux-Grenze von der Scheinwerfermitte in einem Winkel von 15° nach rechts ansteigen.[3] In der Fahrbahnmitte bleibt deshalb auch bei asymmetrischen Scheinwerfern nach links ein Dunkelfeld ab 25 m. Abgesehen von der Sonderregelung auf Autobahnen (§ 18 Abs. 6) darf daher bei Nacht und dunkler Fahrbahn außerorts nicht schneller gefahren werden, als die Sichtweite reicht (§ 3 Abs. 1 Satz 4). In extremen Fällen kann Tempo 60 bereits grobes Verschulden sein (OLG Hamm NZV 2007, 143; OLG Frankfurt DAR 1991, 99; OLG Naumburg VerkMitt 2000 Nr. 13). Entsprechendes gilt auf schwach ausgeleuchteten Straßen innerorts für die durch Scheinwerfer erfasste Strecke (KG VerkMitt 1996 Nr. 26). Allerdings ist die sichtbedingte Herabsetzung der Geschwindigkeit nur dann zwingend, wenn der Fahrer den Verkehrsablauf nicht vollständig überblicken und deshalb auftretende Hindernisse oder Gefahren nicht so

---

1 Wegen der tiefen Anbringung dürfen sie zum Schutz gegen Steinschlag bei Nichtbenutzung abgedeckt werden (VkBl. 1966, 123).

2 Etwa Helligkeit einer Kerze (heute: Maßeinheit = Lumen).

3 Der asymmetrische Lichtkegel selbst entsteht bei Halogenlampen durch eine um 15° geneigte Abdeckplatte bzw. Kerbe in der Abdeckpfanne unter dem Glühwendel für das Abblendlicht; die Streuscheibe enthält ein 15°-Segment, so dass der asymmetrische Lichtkegel nach rechts vorn unzerstreut geworfen werden kann.

Abblendlicht und Fahrgeschwindigkeit

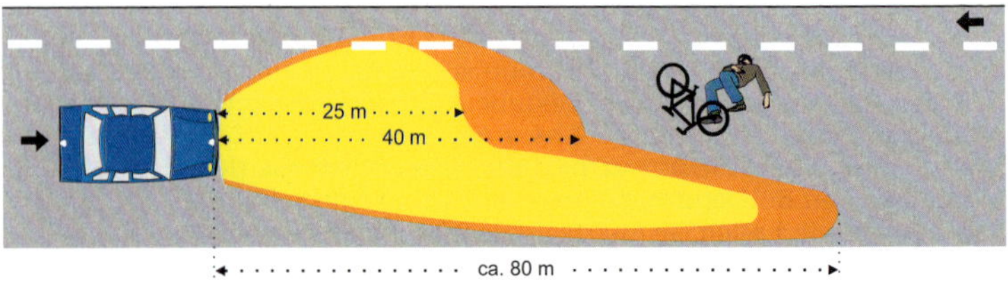

Unkenntnis über die Reichweite des Abblendlichtes und des Anhalteweges erhöht das Risiko nächtlicher Unfälle. Abgesehen von modernen Laser- oder LED-gesteuerten Beleuchtungssystemen hat das Abblendlicht nach § 50 Abs. 6 StVZO in 25 m nur noch 1 Lux in Höhe der Scheinwerfermitte (etwa Helligkeit einer Kerze). Ausgeleuchtet wird die linke Fahrbahnseite bis etwa 40 m. Das asymmetrische Abblendlicht reicht zwar rechts mindestens 80 m, die linke Seite bleibt aber dunkel. Da sich das Auge auf die hellste Stelle ausrichtet (Scheinwerferkegel), ist der Bereich hinter der 40-Meter-Grenze nur einsehbar, wenn andere Lichtquellen diesen Teil ausleuchten, wie Straßenlaternen, Gegenverkehr, Mondlicht. Bei stockdunkler Nacht und dunkler Fahrbahn ist der Bereich hinter der 40-Meter-Grenze nicht erkennbar. Nach § 3 Abs.1 darf nur so schnell gefahren werden, wie die Sicht auf der befahrenen Strecke reicht. Bei einer Bremsverzögerung von rd. 7 m/s² beträgt der Bremsweg bei 70 km/h rd. 27 m, der Reaktionsweg 20 m und der Anhalteweg 47 m. Reicht die Sicht auf den linken Fahrbahnteil einer außerörtlichen Landstraße bei stockdunkler Nacht nicht weiter als 40 m, ist eine Geschwindigkeit von rd. 70 km/h zu hoch, um möglichen Hindernissen auf der Fahrbahn rechtzeitig auszuweichen oder vor ihnen anhalten zu können (OLG Hamm NZV 2007, 143; OLG Koblenz DAR 2003, 377; OLG Köln VerkMitt 2003 Nr. 22; OLG Oldenburg NZV 1999, 466 = VRS 97, 241; OLG Jena NZV 2002, 464 = DAR 2003, 37; OLG Naumburg VerkMitt 2000 Nr. 13; OLG Frankfurt DAR 1991, 99). Nur auf Autobahnen darf schneller gefahren werden, weil dort mit Hindernissen im Regelfall nicht gerechnet zu werden braucht (§ 18 Abs. 6).

rechtzeitig erkennen kann, dass er ihnen mit Sicherheit begegnen kann (BGH VerkMitt 2002 Nr. 71 = VRS 103, 256). So muss z. B. die Blickrichtung bei Dunkelheit in Fahrtrichtung auf den Scheinwerferkegel gerichtet sein, nicht aber auf die dunklen Seitenbereiche (OLG Hamm NZV 2008, 411). Sprechen Anzeichen für unerwartet auf die Fahrbahn tretende Personen, muss dem durch Tempoverringerung Rechnung getragen werden, z. B. vor Haltestellen, Schulen, bei Kindern auf Gehwegen.

Xenonscheinwerfer mit automatischer Leuchtweiteregelung können mit **adaptiver Lichtleistung** kombiniert werden, wobei sich das Licht an unterschiedlichen Parametern orientiert und stets für eine optimale Fahrbahnausleuchtung sorgt, wie inner- oder außerorts, auf Autobahnen oder den Wetterverhältnissen angepasst.[4] Das **dynamische Kurvenlicht** errechnet aus Geschwindigkeit, Lenkwinkel und Gierrate[5] die günstigste Lichtverteilung beim Durchfahren von Kurven. Beim **Abbiegelicht** werden seitliche Fahrbahnteile bei geringem Tempo besser ausgeleuchtet.

Abblend- oder Tagfahrlicht muss **tagsüber** nur an Krafträdern eingeschaltet werden (§ 17 Abs. 2a).[6] Für andere Fahrzeuge ist Abblend- oder Tagfahr-

4 Sollen Fahrzeuge mit Xenonscheinwerfern nachgerüstet werden, müssen auch Scheinwerferreinigungsanlagen und automatische Leuchtweiteregulierung installiert werden (OLG Jena VD 2013, 174).

5 Gierrate bezeichnet die Drehgeschwindigkeit des Fahrzeuges um seine Hochachse.

6 Die Verpflichtung gilt auch für Kleinkrafträder und Mofas. Die Möglichkeit, tagsüber statt Abblendlicht Tagfahrlicht zu benutzen, entspricht der geänderten Rechtslage innerhalb der EU. Tagfahrlicht ist vom Weltforum für die Harmonisierung kraftfahrzeugtechnischer Vorschriften bei der Europäischen Wirtschaftskommission der UN (ECE) durch Änderung der ECE-Regelung Nr. 53 (Anbau/Licht/Krad) und Nr. 87 (Tagfahrleuchten) am 24.10.2009 eingeführt worden. Mit § 17 Abs. 2a wurde diese Alternative den Motorradfahrern zur Verfügung gestellt, sofern keine Notwendigkeit zum Einschalten des Abblendlichtes besteht.

licht am Tage zwar nicht verboten, aber auch nicht verpflichtend.[7] **Tagfahrlicht** ist nicht identisch mit Abblendlicht. Bei Tagfahrlicht handelt es sich um eigene Leuchten mit geringem Energiebedarf nach ECE-Regelung Nr. 87 mit modifizierter Fahrlichtschaltung ohne Schluss-, Armaturen- und Kennzeichenleuchten. Dort, wo Abblendlicht vorgeschrieben ist, darf aber nicht isoliert mit Tagfahrlicht gefahren werden, z. B. in mit Z. 327 gekennzeichneten Tunneln.[8] Bei Dämmerung, Dunkelheit oder wenn die Sichtverhältnisse es sonst erfordern (§ 17 Abs. 1), müssen auch Motorräder tagsüber Abblendlicht und nicht Tagfahrlicht einschalten.

2.1.2 Fernlicht

Fernlicht soll zur Verbesserung der Sichtverhältnisse bei Dunkelheit stets verwendet werden.[9] Eine allgemeine Pflicht zur Benutzung des Fernlichts besteht aber nicht, der Kraftfahrer muss dann den Sichtverhältnissen angepasst langsamer fahren (OLG Hamm DAR 2008, 527). Verboten ist die Benutzung des Fernlichts inner- oder außerorts bei durchgehender ausreichender Straßenbeleuchtung zur Vermeidung unnötiger Blendwirkung (§ 17 Abs. 2 Satz 2). Notfalls muss dann langsamer gefahren werden (§ 17 Abs. 2 Satz 4). Ausreichend ist eine Straßenbeleuchtung dann nicht, wenn auf längerer Strecke (mehr als 100 m) die Lichtkegel unbeleuchtete Fahrbahnflächen übrig lassen. In mit Z. 327 gekennzeichneten Tunneln ist Abblendlicht einzuschalten (Anl. 3 lfd. Nr. 14), so dass Fernlicht auch dann unzulässig ist, wenn dort weder durchgehende Beleuchtung noch Gegenverkehr vorhanden ist. Fernlicht darf außerdem nicht bei Blendung entgegenkommenden oder vorausfahrenden Verkehrs verwendet werden (§ 17 Abs. 2 Satz 3). Wird ein Fahrer durch ein anderes KFZ aber unzulässig geblendet, muss er seine Fahrweise den schlechteren Sichtverhältnissen anpassen und darf nicht darauf vertrauen, dass die Fahrbahn frei sei (AG Dortmund VRS 131, 206). Das gilt auch bei Blendgefahr überholender Fahrzeuge. Wird von Fern- auf Abblendlicht umgeschaltet, muss der Fahrer sein Tempo so rechtzeitig der Sichtweite des Abblendlichtes anpassen, dass er

---

7 Im Zusammenhang mit der Diskussion zur Einführung des Fahrens mit Licht auch am Tage für alle KFZ hatten sich die Motorradfahrer wegen des Verlustes ihrer Auffälligkeit ablehnend positioniert. Die BASt hatte sich daraufhin mit Tagfahrleuchten auch für Motorradfahrer eingesetzt. Ein entsprechender Vorschlag wurde von dem Weltforum für die Harmonisierung kraftfahrzeugtechnischer Vorschriften bei der Europäischen Wirtschaftskommission der Vereinten Nationen (UNECE) angenommen (Änderung der ECE-Regelung Nr. 53 (Anbau/Licht/Krad) und Nr. 87 (Tagfahrleuchten), Inkrafttreten am 24.10.2009). Der Vorschlag wurde auch von den Motorradverbänden begrüßt (weniger Kraftstoffverbrauch und verbesserte Verkehrssicherheit).

8 Nach Erkenntnissen der BASt hat das Tagfahrlicht Vorteile für die Verkehrssicherheit. Von daher ist das Einschalten von Tagfahrleuchten auch am Tage zu empfehlen (BASt-Studie 2005, S. 19; s. a. Dauer VD 2006, 255). Tagfahrleuchten sind nach vorn gerichtete, lichtschwache (max. 15–21 Watt), langlebige Leuchten mit geringerer Leuchtkraft als Abblendlicht, aber viermal intensiver als Standlicht (ca. 400 Candela pro Leuchte). Nach der RL **2008/89/EG** vom 24.9.2008 zur Änderung der RL 76/756/EWG und zur Anpassung an die ECE-Regelung Nr. 87 müssen seit dem **7.2.2011** alle neu in den Verkehr gekommenen PKW der EU-Klasse M_1 und LKW bis 3,5 t zGM (= LKW der EU-Klasse N_1) mit Tagfahrlicht ausgerüstet sein. Eine Verpflichtung zum Einschalten des Tagfahrlichtes steht (außer bei Motorrädern) in Deutschland noch aus.

9 Fernlicht muss in 100 m eine Leuchtstärke von mindestens noch 1 Lux haben; bei Krafträdern über 100 ccm Hubraum noch 0,5 Lux (§ 50 Abs. 5 StVZO).

Beleuchtungseinrichtungen am PKW

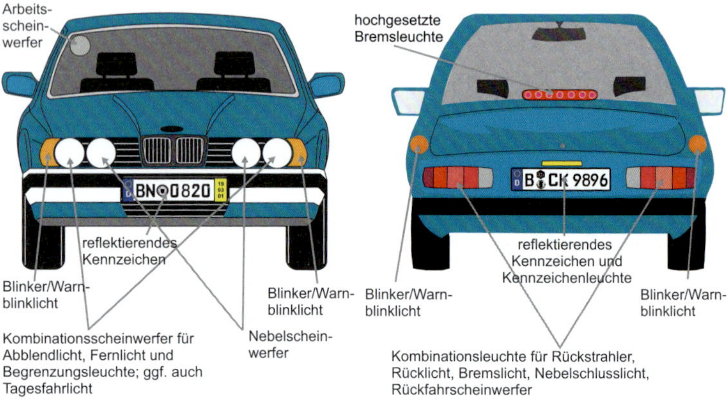

noch vor einem Hindernis auf seiner Fahrbahnseite anhalten kann (OLG Köln VerkMitt 2010 Nr. 57 = DAR 2010, 337).

2.1.3 Standlicht

Mit Standlicht (Begrenzungsleuchten) allein darf bei Beleuchtungspflicht **nicht** gefahren werden (§ 17 Abs. 2 Satz 1). Beim verkehrsbedingten Warten mit abgestelltem Motor muss wegen der Kopplung mit den rückwärtigen Beleuchtungseinrichtungen und der Gefahr von Auffahrunfällen Standlicht eingeschaltet bleiben, z. B. an Bahnübergängen, Baustellen, bei längerem Ampelrot.[10]

2.1.4 Nebelscheinwerfer

Nebelscheinwerfer dürfen nur (müssen aber nicht) bei sichtbeeinträchtigendem Nebel, Regen oder Schneefall eingeschaltet werden (zusammen mindestens mit den Begrenzungsleuchten).[11] Die Aufzählung ist nicht abschließend, so dass auch bei ähnlichen Sichtbeeinträchtigungen die Benutzung von Nebelscheinwerfern zulässig ist, z. B. bei starkem Dunst oder Rauch. Wird die Sicht wieder frei, sind die Nebelscheinwerfer auszuschalten.

2.1.5 Nebelschlussleuchte

Die Benutzung von Nebelschlussleuchten ist **nur** bei **Nebel** inner- und außerorts mit Sichtweiten **unter 50 m** zulässig (Orientierung an den Leitpfosten). Bei unzulässiger Benutzung besteht für den Mitverkehr Blendgefahr und Gefahr

---

10 Nach OLG Köln (DAR 1975, 307) soll bei nächtlichem Warten vor einer roten Ampel Standlicht unzureichend sein. Die Entscheidung berücksichtigt allerdings nicht § 17 Abs. 2 Satz 1, wonach Abblend- oder Fernlicht nur im Fahrbetrieb zwingend ist. Außerdem gibt es Fahrzeuge, bei denen mit Ausschalten des Motors automatisch von Abblend- auf Standlicht umgeschaltet wird.

11 Zu abgedeckten Leuchten bei Oldtimern s. a. Klarstellung des BMVI vom 19.12.2019 (VkBl. 2020, 9).

der Überstrahlung der Bremsleuchten.[12] Infolgedessen ist die Nebelschlussleuchte auszuschalten, wenn die Sichtweite auf mehr als 50 m ansteigt.[13]

2.1.6 Such- und Arbeitsscheinwerfer

Such- oder Arbeitsscheinwerfer sind nicht mit den Schlussleuchten verbunden. Sie dürfen weder isoliert noch in Verbindung mit dem Fahrlicht zur Fahrbahnbeleuchtung verwendet werden.

2.2 Beleuchtungspflichten

2.2.1 Dämmerung und Dunkelheit

Dämmerung beginnt mit Sonnenuntergang, bei Bewölkung, Regen oder Dunst auch früher. Entscheidend ist, dass man selbst gesehen wird; infolgedessen ist Beleuchtung auch dann einzuschalten, wenn Gegenstände zwar noch erkennbar sind, andere KFZ aber bereits mit Licht fahren. Entsprechendes gilt bei Dämmerung zum Sonnenaufgang. Bei Dämmerung besteht kein Vertrauensschutz, dass bereits alle Fahrzeuge Licht eingeschaltet haben (BGH VerkMitt 2005 Nr. 55; AG Bad Segeberg NZV 2016, 129). **Dunkelheit** herrscht beim Fehlen von Tageslicht, auch bei hellem Mondlicht oder ausreichender Fremdbeleuchtung, z. B. durch Straßenlaternen, Leuchtreklame (KG VerkMitt 1975 Nr. 68). Bei Dunkelheit darf (abgesehen von § 18 Abs. 6 auf Autobahnen) nur so schnell gefahren werden, wie die Sicht durch Scheinwerfer reicht; auch auf schlecht ausgeleuchteten Straßen innerorts (KG VerkMitt 1996 Nr. 10).

2.2.2 Sichtbeeinträchtigungen

Unzureichende Sichtverhältnisse liegen vor bei mangelnder Erkennbarkeit von Fahrzeugen und Fußgängern, orientiert an einer möglichen Verkehrsgefährdung, insbesondere bei Regen, Nebel, Schneefall, Industrieabgasen, aufziehenden Unwettern (innerorts ca. 60 m, außerorts ca. 100 m), beim Abbiegen, wenn die Lichtkegel (ohne Kurvenlicht) den einzufahrenden Raum noch nicht erfassen, oder bei diffusen Lichtverhältnissen, die das Adaptionsvermögen der Augen beeinträchtigen, z. B. heller Himmel (Abendrot) und dunkle Fahrbahn, dichter Wald bei hellem Himmel, Bergschluchten, Tunnel, Unterführungen. Bei starkem **Regen** ist Abblendlicht einzuschalten, wenn die Sicht auf 80 m begrenzt ist (OLG Hamm VerkMitt 1973 Nr. 9), auf Autobahnen bei einer Sichtweite von 150 m (OLG Hamm VRS 59, 379). **Nebel** mit einer Sichtweite von 100 m bedeutet auf einer Bundesstraße außerorts eine erhebliche Sichtbehinderung (OLG Koblenz VRS 64, 305).

Wer die Fahrzeugbeleuchtung ausschaltet, um das Ablesen des hinteren Kennzeichens zu verhindern, begeht strafbaren Kennzeichenmissbrauch nach § 22 Abs. 1 Nr. 3 StVG (OLG Stuttgart NZV 2011, 542 = VRS 121, 146 = VD 2011, 316).

---

12 Während die Leistungsstärke der Glühbirnen für Nebelschlussleuchte und Bremsleuchte mit 21 W gleich ist, befindet sich in der Nebelschlussleuchte zusätzlich ein Reflektor. Daher beträgt die Leuchtstärke der Nebelschlussleuchte mind. 150, max. 300 Candela: Richtlinie des BMVI über Technische Anforderungen an Fahrzeugteile bei der Bauartprüfung nach § 22a StVZO (VkBl. 1973, 558). Die Leuchtstärke der Bremsleuchte beträgt demgegenüber (nur) mind. 30, max. 100 Candela.

13 Bei kurzen Streckenabschnitten zwischen dichten Nebelbänken kann die Nebelschlussleuchte aber eingeschaltet bleiben.

Scheinwerfer und asymmetrisches Abblendlicht

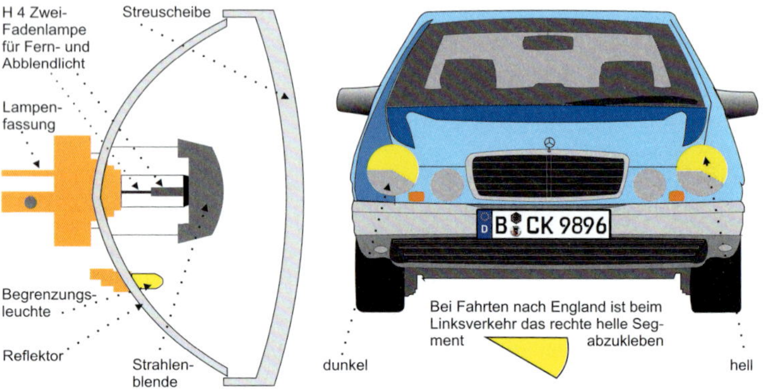

Bei dem mit hoher Spannung betriebenen Xenonlicht wird die Hell-Dunkel-Grenze durch eine automatische Leuchtweiteregelung erzeugt.

2.2.3 Abblenden

Abzublenden ist stets dann, wenn andere KFZ in den Lichtkegel des Scheinwerfers gelangen. Da Fernlicht meist mehrere hundert Meter weit reicht, ist so rechtzeitig abzublenden, dass andere nicht verunsichert werden. Schon bei der Gefahr alsbaldiger **Blendung** muss die Geschwindigkeit herabgesetzt werden (BGH VRS 24, 287 = DAR 1963, 193); nicht erst, wenn entgegenkommender Verkehr auf Blinkzeichen hin abblendet (BGH DAR 1954, 69). Im Übrigen muss nachts jeder Fahrer mit plötzlicher Blendung rechnen und deshalb vorsichtig fahren (OLG Düsseldorf DAR 1974, 74 = VersR 1974, 657). Beim Abblenden muss die Geschwindigkeit der geringeren Reichweite des Abblendlichts dann angepasst werden, wenn nicht innerhalb des vorher durch Fernlicht übersehenen Raumes wieder aufgeblendet werden kann (OLG Köln VD 2010, 315). Keinesfalls darf blindlings in einen nicht mehr einsehbaren Raum weitergefahren werden (BGH VersR 1972, 258).

Vor erhöhten Bahnübergängen kann auch Abblendlicht blenden; beim Warten auf der zuführenden Rampe ist Standlicht einzuschalten.

2.2.4 Militärfahrzeuge

Fahrzeuge der Bundeswehr und der NATO-Vertragsstaaten dürfen in Wahrnehmung von Sonderrechten bei dringenden Einsätzen (auch bei Manövern) von den Beleuchtungsvorschriften abweichen (§ 35 Abs. 1 und 5). Wegen der notwendigen Verkehrssicherung nach § 35 Abs. 8 müssen sie aber andere geeignete und ausreichende Beleuchtungseinrichtungen verwenden (§ 17 Abs. 4a), z. B. gelb-rot reflektierende Warntafeln, Tarnleuchten (§ 53c StVZO), Blinklichter, notfalls durch Warnposten mit Handlampen. Beim Parken können Park-Warntafeln ausreichen.

2.2.5 Fußgänger

Die Beleuchtungspflicht des § 17 Abs. 5 mit einer weißen Leuchte nach vorn und hinten besteht nur beim Mitführen der genannten Fahrzeuge, nicht bei besonderen Fortbewegungsmitteln (§ 24 Abs. 1). Sie bezieht sich nur auf inner- oder außerörtliche Fahrbahnen, nicht auf Gehwege. Für einzelne Fußgänger besteht keine Beleuchtungspflicht, zu empfehlen ist aber helle Kleidung und Reflexmaterial, wenn sie auf der Fahrbahn laufen. Geschlossene Fußgängerverbände sind mit weißem Licht nach vorn und mit rotem Licht oder gelbem Blinklicht nach hinten abzusichern (§ 27 Abs. 4).

2.3 Beleuchtung im ruhenden Verkehr

Fahrzeuge, die ohne Schwierigkeiten von der Fahrbahn entfernt werden können, dürfen bei Dunkelheit dort nicht stehen gelassen werden (§ 17 Abs. 4 Satz 4). Die Vorschrift enthält im Prinzip ein nächtliches Parkverbot auf Fahrbahnen für leichte Fahrzeuge (Fahrräder, Mofas, Kleinkrafträder). Entscheidend ist hier, ob eine Entfernung von der Fahrbahn zumutbar ist. Das gilt auch für die beispielhaft aufgeführten Fahrzeuge. Bei einem schweren Motorrad moderner Bauart mit 200 kg und mehr trifft dies kaum zu, so dass es nachts am Fahrbahnrand ohne Eigenbeleuchtung (aber mit Fremdbeleuchtung durch Straßenlaternen) geparkt werden darf.

2.3.1 Außerhalb geschlossener Ortschaften

Außerorts sind alle haltenden und parkenden Fahrzeuge mit eigener (vorgeschriebener) Lichtquelle zu beleuchten (§ 17 Abs. 4 Satz 1) – natürlich nur, wenn die Voraussetzungen des § 17 Abs. 1 (Dämmerung, Dunkelheit oder wenn es die Sichtverhältnisse sonst erfordern) vorliegen. Dazu reichen im Allgemeinen das Standlicht (Begrenzungsleuchten) und die Schlussleuchten aus; Anhänger ohne eigene Lichtquelle sind durch geeignete Beleuchtungskörper kenntlich zu machen. Der Betrieb von Parkleuchten außerorts ist unzulässig. Eigenbeleuchtung haltender Fahrzeuge ist auch in mondhellen Nächten erforderlich (OLG Düsseldorf VerkMitt 1957 Nr. 145). Bei extremen Witterungsverhältnissen, z. B. Nebel und starkem Verkehr, müssen zusätzliche Sicherungen durch Abblendlicht und Nebelschlussleuchte erfolgen; reicht das nicht aus, sind die Fahrzeuge von der Fahrbahn zu entfernen. Bei liegen gebliebenen Fahrzeugen sind neben der Beleuchtung Sicherungsmaßnahmen nach § 15 erforderlich. Dem Fahrzeugführer obliegen ferner Überwachungspflichten der Beleuchtungsanlage, z. B. bei schwacher Batterie. Da sich die Regelung auf Flächen des fließenden Verkehrs bezieht, besteht keine Beleuchtungspflicht auf ausgewiesenen außerörtlichen Parkplätzen.

2.3.2 Innerhalb geschlossener Ortschaften

Innerorts auf der Fahrbahn[14] haltende und parkende PKW und KFZ bis 3,5 t brauchen nur dann mit eigener Lichtquelle beleuchtet zu werden, wenn sie durch die Straßenbeleuchtung auf ausreichende Entfernung nicht deutlich sichtbar sind; dabei ist auch Anl. 3 lfd. Nr. 38 Z. 394 zu beachten (roter Ring = Laterne brennt nicht die ganze Nacht). In diesem Fall genügen Parkleuchten auf der der Fahrbahn zugewandten Seite oder Park-Warntafeln (vorn und hinten) nach Z. 630 (Anl. 4 lfd. Nr. 12). Schaufenster-, Reklame- oder andere Fremdbeleuchtung ersetzen nicht die Straßenbeleuchtung. Die Straßenbeleuchtung ist nur dann ausreichend, wenn sie mindestens der

14 Somit keine Beleuchtungspflicht auf Parkplätzen und Parkbuchten; auch nicht für LKW, KOM und Anhänger.

Eigenbeleuchtung entspricht und die Fahrzeugumrisse auf 35 bis 40 m so deutlich macht, dass andere KFZ innerorts mit Tempo 50 gefahrlos ausweichen können (OLG Hamm VRS 21, 56; OLG Hamburg VerkMitt 1956 Nr. 12; OLG Hamburg VersR 1976, 595).

Fahrzeuge über 3,5 t und alle Anhänger müssen hingegen auch **innerorts** stets mit **Eigenbeleuchtung** versehen sein.[15] Zur Eigenbeleuchtung genügt vorn und hinten die rot-weiße Park-Warntafel (Z. 630), die zur Fahrbahn hin mit dem Umriss des Fahrzeugs oder der Ladung abschließen muss (Abweichungen bis zu 100 mm nach innen sind zulässig). Ist der Anhänger an einen PKW angekuppelt, ist die Park-Warntafel am Anhänger vorn und hinten, nicht aber vorn am PKW anzubringen. Park-Warntafeln müssen bauartgenehmigt und mit dem nationalen Prüfzeichen nach der Fahrzeugteile-VO gekennzeichnet sein. Warntafeln, die nur während des Haltens angebracht sein dürfen (rot-weiße Schraffen zur Fahrbahn weisend), müssen möglichst niedrig, keinesfalls aber höher als 100 cm (Oberkante Warntafel) über der Fahrbahn angebracht sein; Rückstrahler und Kennzeichen dürfen nicht verdeckt werden.[16] Da § 17 Abs. 4 Satz 3 eine besondere Beleuchtungsvorschrift ist, müssen mit Park-Warntafeln versehene Fahrzeuge auch innerorts nicht zusätzlich durch Straßenlaternen ausgeleuchtet werden (OLG Celle VRS 98, 5 = NZV 1999, 469).

3 Hinweise

3.1 Sicherung liegen gebliebener Fahrzeuge durch Beleuchtung und Warnblinklicht: §§ 15, 16 Abs. 2. Beleuchtungseinrichtungen zur Ladungssicherung: § 22 Abs. 5. Beleuchtung zur Sicherung reitender oder marschierender Verbände: § 27 Abs. 4; beim Treiben und Führen von Tieren: § 28. Beleuchtung von Verkehrshindernissen: § 32 Abs. 1 Satz 2.

3.2 Verbot des Blendens beim Warten vor Bahnübergängen: § 19 Abs. 7; vorgeschriebene betriebsfertige Beleuchtungseinrichtungen auch bei Tage: § 23 Abs. 1 Satz 4.

3.3 Freiheits- oder Geldstrafe für unzureichende Sicherung haltender oder liegen gebliebener Fahrzeuge gegen Auffahren, wenn Personen oder erhebliche Sachwerte konkret gefährdet werden: § 315c StGB.

3.4 Hinweis an Laternen, die nicht die ganze Nacht leuchten: Z. 394; als Schild an Laternenpfählen: Z. 394-50.

3.5 Unbeschadet der bestehenden Lichtverhältnisse ist bei Z. 327 in Tunneln stets Abblendlicht einzuschalten. Soweit Z. 327 fehlt, wird mit isoliert aufgestellten Zusatzzeichen das Einschalten des Abblendlichtes vor Tunneln oder Unterführungen auf Autobahnen (Piktogramm eines PKW mit Scheinwerfern) und auf sonstigen Straßen („Licht/Licht?") empfohlen. Selbst wenn Tunnel oder Unterführungen ausreichend beleuchtet sind, ist

---

15 Diese Fahrzeuge ragen wegen ihrer Breite meist aus der parkenden PKW-Reihe in die Fahrbahn hinein. Da die Straßenbeleuchtung ihre Umrisse nur unzureichend deutlich macht, besteht vor allem für alkoholisierte Kraftfahrer, die sich an der PKW-Parkreihe entlangtasten, die Gefahr nächtlicher Auffahrunfälle. Ragen Anhänger nicht aus der Parkreihe heraus, sind fehlende Park-Warntafeln unbedeutende Ordnungswidrigkeiten, die im Wege der Opportunität unbeanstandet bleiben können.

16 Siehe auch § 51c Abs. 5 StVZO; Kennzeichnung auf der Fahrbahn haltender Fahrzeuge über 3,5 t und Anhänger: VkBl. 1980, 737.

der Empfehlung wegen der Sichtverhältnisse (§ 17 Abs. 1 Satz 1) stets zu folgen, weil ein dunkles Fahrzeug innerhalb beleuchteter Fahrzeugreihen nur schwer erkennbar ist.

3.6 Die **Fahrradbeleuchtung** muss nach Änderung des § 67 StVZO nicht mehr durch einen Dynamo, sondern darf auch durch einen Akku oder Batterien gewährleistet werden.

§ 18 Autobahnen und Kraftfahrstraßen

(1) Autobahnen (Zeichen 330.1) und Kraftfahrstraßen (Zeichen 331.1) dürfen nur mit Kraftfahrzeugen benutzt werden, deren durch die Bauart bestimmte Höchstgeschwindigkeit mehr als 60 km/h beträgt; werden Anhänger mitgeführt, gilt das Gleiche auch für diese. Fahrzeug und Ladung dürfen zusammen nicht höher als 4 m und nicht breiter als 2,55 m sein. Kühlfahrzeuge dürfen nicht breiter als 2,60 m sein.

(2) Auf Autobahnen darf nur an gekennzeichneten Anschlussstellen (Zeichen 330.1) eingefahren werden, auf Kraftfahrstraßen nur an Kreuzungen oder Einmündungen.

(3) Der Verkehr auf der durchgehenden Fahrbahn hat die Vorfahrt.

(4) (weggefallen)

(5) Auf Autobahnen darf innerhalb geschlossener Ortschaften schneller als 50 km/h gefahren werden. Auf ihnen sowie außerhalb geschlossener Ortschaften auf Kraftfahrstraßen mit Fahrbahnen für eine Richtung, die durch Mittelstreifen oder sonstige bauliche Einrichtungen getrennt sind, beträgt die zulässige Höchstgeschwindigkeit auch unter günstigsten Umständen

1. für
   - **a) Kraftfahrzeuge mit einer zulässigen Gesamtmasse von mehr als 3,5 t, ausgenommen Personenkraftwagen,**
   - **b) Personenkraftwagen mit Anhänger, Lastkraftwagen mit Anhänger, Wohnmobile mit Anhänger und Zugmaschinen mit Anhänger sowie**
   - **c) Kraftomnibusse ohne Anhänger oder mit Gepäckanhänger — 80 km/h,**[1]

2. für
   - **a) Krafträder mit Anhänger und selbstfahrende Arbeitsmaschinen mit Anhänger,**
   - **b) Zugmaschinen mit zwei Anhängern sowie**
   - **c) Kraftomnibusse mit Anhänger oder mit Fahrgästen, für die keine Sitzplätze mehr zur Verfügung stehen, — 60 km/h,**

3. für Kraftomnibusse ohne Anhänger, die
   - **a) nach Eintragung in der Zulassungsbescheinigung Teil I für eine Höchstgeschwindigkeit von 100 km/h zugelassen sind,**
   - **b) hauptsächlich für die Beförderung von sitzenden Fahrgästen gebaut und die Fahrgastsitze als Reisebestuhlung ausgeführt sind,**
   - **c) auf allen Sitzen sowie auf Rollstuhlplätzen, wenn auf ihnen Rollstuhlfahrer befördert werden, mit Sicherheitsgurten ausgerüstet sind,**

---

1 **Neunte Ausnahmeverordnung zur StVO** vom 15.10.1998 (BGBl. I S. 3171), i.d.F. vom 11.11.2010 (BGBl. I S. 1624/VkBl. S. 653), zuletzt geändert durch Art. 481 der Verordnung vom 31.8.2015 (BGBl. I S. 1474): 100 km/h für KFZ-Kombinationen bis 3,5 t mit besonderer technischer Ausstattung auf Autobahnen und Kraftfahrstraßen. **Zwölfte Ausnahmeverordnung zur StVO** vom 18.3.2005 (BGBl I S. 866/VkBl. S. 364), i.d.F. vom 26.10.2009 (BGBl. I S. 3678): 100 km/h für Wohnmobile über 3,5 t bis 7,5 t auf Autobahnen und Kraftfahrstraßen.

d) mit einem Geschwindigkeitsbegrenzer ausgerüstet sind, der auf eine Höchstgeschwindigkeit von maximal 100 km/h (V_{set})[2] eingestellt ist,
e) den Vorschriften der Richtlinie 2001/85/EG des Europäischen Parlaments und des Rates vom 20. November 2001 über besondere Vorschriften für Fahrzeuge zur Personenbeförderung mit mehr als acht Sitzplätzen außer dem Fahrersitz und zur Änderung der Richtlinien 70/156/EWG und 97/27/EG (ABl. L 42 vom 13.2.2002, S. 1) in der jeweils zum Zeitpunkt der Erstzulassung des jeweiligen Kraftomnibusses geltenden Fassung entsprechen und
f) auf der vorderen Lenkachse nicht mit nachgeschnittenen Reifen ausgerüstet sind, oder
g) für nicht in Mitgliedstaaten der Europäischen Union oder in Vertragsstaaten des Abkommens über den Europäischen Wirtschaftsraum zugelassene Kraftomnibusse, wenn jeweils eine behördliche Bestätigung des Zulassungsstaates in deutscher Sprache über die Übereinstimmung mit den vorgenannten Bestimmungen und über jährlich stattgefundene Untersuchungen mindestens im Umfang der Richtlinie 96/96/EG des Rates vom 20. Dezember 1996 zur Angleichung der Rechtsvorschriften der Mitgliedstaaten über die technische Überwachung der Kraftfahrzeuge und Kraftfahrzeuganhänger (ABl. L 46 vom 17.2.1997, S. 1) in der jeweils geltenden Fassung vorgelegt werden kann, 100 km/h.

(6) Wer auf der Autobahn mit Abblendlicht fährt, braucht seine Geschwindigkeit nicht der Reichweite des Abblendlichts anzupassen, wenn

1. die Schlussleuchten des vorausfahrenden Kraftfahrzeugs klar erkennbar sind und ein ausreichender Abstand von ihm eingehalten wird oder
2. der Verlauf der Fahrbahn durch Leiteinrichtungen mit Rückstrahlern und, zusammen mit fremdem Licht, Hindernisse rechtzeitig erkennbar sind.

(7) Wenden und Rückwärtsfahren sind verboten.

(8) Halten, auch auf Seitenstreifen, ist verboten.

(9) Zu Fuß Gehende dürfen Autobahnen nicht betreten. Kraftfahrstraßen dürfen sie nur an Kreuzungen, Einmündungen oder sonstigen dafür vorgesehenen Stellen überschreiten; sonst ist jedes Betreten verboten.

(10) Die Ausfahrt von Autobahnen ist nur an Stellen erlaubt, die durch die Ausfahrttafel (Zeichen 332) und durch das Pfeilzeichen (Zeichen 333) oder durch eins dieser Zeichen gekennzeichnet sind. Die Ausfahrt von Kraftfahrstraßen ist nur an Kreuzungen oder Einmündungen erlaubt.

---

2 Nach § 57c StVZO müssen seitdem (auch) KOM über 3,5 t mit einem Geschwindigkeitsbegrenzer ausgerüstet sein, der durch Steuerung der Kraftstoffzufuhr zum Motor die Fahrzeughöchstgeschwindigkeit auf den eingestellten Wert (V_{set} = 100 km/h) begrenzt.

(11) Lastkraftwagen mit einer zulässigen Gesamtmasse über 7,5 t, einschließlich ihrer Anhänger, sowie Zugmaschinen dürfen, wenn die Sichtweite durch erheblichen Schneefall oder Regen auf 50 m oder weniger eingeschränkt ist, sowie bei Schneeglätte oder Glatteis den äußerst linken Fahrstreifen nicht benutzen.[3]

VwV-StVO zu § 18 Autobahnen und Kraftfahrstraßen

1 Vgl. zu den Zeichen 330.1, 331.1, 333, zu den Zeichen 330.2 und 331.2 und zu den Zeichen 330.1, 331.1, 330.2 und 331.2.

1 Aus der amtlichen Begründung

1.1 Anpassung der Gewichte an die durch EU-Recht vorgegebene Bezeichnung „Gesamtmasse" (Begr. 2012).

2 Erläuterungen

2.1 Autobahnen und Kraftfahrstraßen (§ 18 Abs. 1)

Zur Autobahn gehören alle zwischen den Z. 330.1 und Z. 330.2, zur Kraftfahrstraße alle zwischen den Z. 331.1 und Z. 331.2 befindlichen Flächen.[4] Soweit die Vorschriften des § 18 weder Autobahnen noch Kraftfahrstraßen nennen, gelten sie für beide Straßenarten. Die durch die Bauart bestimmte Höchstgeschwindigkeit von mindestens 60 km/h folgt aus den Zulassungsdokumenten (BGH VRS 27, 412 = VkBl. 1965, 177). Die Ausweisung einer Bundes- als Kraftfahrstraße ist geboten, wenn aus Verkehrssicherheitsgründen langsamer Verkehr ausgeschlossen werden soll und Alternativstrecken vorhanden sind (OVG Koblenz VerkMitt 2016 Nr. 61). Das Benutzungsverbot für langsamere Fahrzeuge als 60 km/h gilt auch, wenn diese tatsächlich schneller fahren können, z. B. auf Gefällstrecken mit Rückenwind oder wenn die Geschwindigkeit durch Z. 274 auf weniger als 60 km/h verringert und diese Geschwindigkeit erreicht wird. Übersteigen die Abmessungen der Fahrzeuge die zulässigen Werte (4 m Höhe und 2,55 m Breite), dürfen sie auch dann nicht auf Autobahnen und Kraftfahrstraßen fahren, wenn sie schneller als 60 km/h sind, insbesondere land- und forstwirtschaftliche Fahrzeuge. Großraum- und Schwertransporte benötigen eine Ausnahmegenehmigung nach § 46 Abs. 1 Nr. 5 oder eine Erlaubnis nach § 29 Abs. 3, um auf Autobahnen oder Kraftfahrstraßen fahren zu dürfen.

„Klimatisierte" KFZ sind keine Kühlfahrzeuge, so dass deren zulässige Breite 2,55 m nicht überschreiten darf.[5]

---

3 § 18 Abs. 11 eingefügt durch die 45. StVRÄndVO vom 26.3.2009 (BGBl. I S. 734).

4 Haupt-, Parallel- und Nebenfahrbahnen, Mittelstreifen, Seitenstreifen, Beschleunigungs- und Verzögerungsstreifen, Parkplätze, Rast- und Tankanlagen nebst deren Zu- und Abfahrten, Nothaltebuchten, Wirtschaftsanlagen der Autobahnmeisterei und Polizei, Böschungen.

5 Die Fahrzeugbreite nach § 32 Abs. 1 StVZO ist nach der ISO-Norm 612-1978, Def. Nr. 6.2 zu ermitteln. Abweichend von dieser Norm sind bei der Messung der Fahrzeugbreite u. a. Einrichtungen wie Leuchten, Ladebrücken sowie Spiegel und andere Systeme für indirekte Sicht nicht zu berücksichtigen. Soll auf Fahrstreifen von Autobahnbaustellen die tatsächliche Breite einschließlich Außenspiegel gelten, ist Z. 264 anzuordnen.

2.2 Einfahrt (§ 18 Abs. 2)

Kraftfahrer haben sich bei der Einfahrt in die Autobahn nach den mit Z. 330.1 gekennzeichneten Anschlussstellen zu richten (OLG Hamm VRS 43, 311), bei Kraftfahrstraßen nach den mit Z. 331.1. Auf einem Einfädelungsstreifen („Beschleunigungsstreifen" – s. a. § 7a Abs. 2) darf auch dann rascher als auf der durchgehenden Fahrbahn gefahren werden, wenn für die durchgehende Fahrbahn ein Überholverbot gilt (OLG Düsseldorf DAR 1981, 19). Fahren mehrere Kraftfahrer von dem Einfädelungsstreifen auf die durchgehende Fahrbahn, müssen sie sich in der Reihenfolge nacheinander einordnen (OLG Hamburg NZV 2000, 507). Kann der Kraftfahrer bis zum Ende des Einfädelungsstreifens nicht auf die durchgehende Fahrbahn überwechseln, muss er so lange warten, bis er dies gefahrlos tun kann (OLG Naumburg NZV 2008, 25; OLG Hamm NZV 2001, 85). Standspuren sind keine Verlängerung des Einfädelungsstreifens und dürfen auch dann nicht benutzt werden, wenn ein Überwechseln auf die durchgehende Fahrbahn vorher nicht möglich war (LG Gießen NZV 2003, 576). Vom Einfädelungsstreifen darf nicht in einem Zug auf die Überholspur der Autobahn gefahren werden; man muss sich zunächst in den Verkehrsfluss auf der Normalspur einfügen (BGH NJW 1986, 1044 = VRS 70, 184). Der Fahrstreifenwechsel auf der **Verteilerfahrbahn** einer Autobahn beim Aus- oder Einfahren in die Autobahn, an BAB-Kreuzen oder BAB-Dreiecken wird weder durch § 18 Abs. 3 noch durch § 7 Abs. 5 geregelt, sondern unterliegt dem Prinzip der gegenseitigen Rücksichtnahme und Verständigung nach § 1 (OLG Hamm NZV 2007, 141; OLG Düsseldorf VerkMitt 1989 Nr. 101 = VRS 77, 300 = NZV 1989, 404 = DAR 1990, 269). Kann der Fahrstreifen nur mit Gefährdung anderer gewechselt werden, muss auf die Eingliederung verzichtet werden.

2.3 Vorfahrt (§ 18 Abs. 3)

Zur vorfahrtberechtigten Fahrbahn von Autobahnen und Kraftfahrstraßen gehören alle dem Längsverkehr dienenden Fahrstreifen der Hauptrichtung einschließlich Kriechstreifen, nicht aber Einfädelungs- und Ausfädelungsstreifen, Parallel- oder Verteilerfahrbahnen an Knotenpunkten sowie Abfahrten von Park- und Rastplätzen. Soweit für den Autobahnverkehr relevant, gelten ergänzend die Vorfahrtregeln des § 8, z. B. beim Zusammentreffen von Einfädelungs- und Parallelfahrstreifen.

Der Einfahrende kann sich weder auf das Reißverschlussverfahren des § 7 Abs. 4 berufen (OLG Köln VerkMitt 2006 Nr. 37 = VRS 110, 181 = DAR 2006, 324 = NZV 2006, 420 = SVR 2006, 304), noch darf er die Vorfahrt erzwingen oder sich in die Fahrbahn hineindrängeln, auch wenn auf der Autobahn staubedingt Stop-and-go-Verkehr herrscht. Nur wenn der durchgehende Verkehr zum Stehen gekommen und nicht gleich mit dem Wiederanfahren zu rechnen ist, muss auch der Vorfahrtberechtigte auf einfahrende Fahrzeuge Rücksicht nehmen (OLG Hamm NStZ 2018, 723). Der Einfahrende muss sich zunächst in den Verkehrsfluss des rechten Fahrstreifens einfügen, auch um sein Vorfahrtverhalten für andere berechenbar zu machen (LG Kempten DAR 2016, 142). Der Vorfahrtberechtigte darf auf die Beachtung seiner Vorfahrt vertrauen. Kommt es zum Unfall, trägt der Vorfahrtverpflichtete den vollen Schaden (KG VerkMitt 2008 Nr. 28 = DAR 2008, 87 = VRS 113, 413 = NZV 2008, 244). Andererseits spricht nicht der Anscheinsbeweis gegen den Vorfahrtverpflichteten, wenn unklar bleibt, ob der Unfall durch dessen Einfahrt auf die Autobahn oder durch das Überwechseln des Vorfahrtberechtigten auf den Ausfädelungsstreifen verursacht worden ist (OLG Frankfurt NZV 2016, 471).

Dem Vorfahrtverpflichteten kann das Eingliedern in die Autobahn durch Ausweichen auf den Überholstreifen erleichtert werden, sofern es die Verkehrslage zulässt, insbesondere wenn der Berechtigte sein Tempo nicht wesentlich verringern muss und das Ausweichen gefahrlos möglich ist (OLG Naumburg VerkMitt 2007 Nr. 50 = VRS 112, 187 = DAR 2008, 210; OLG Celle VRS 52, 450: Einfahren in die Fahrbahn aus einem Parkplatz).[6] Beim Ausweichen des Vorfahrtberechtigten auf die Überholspur darf keinesfalls der überholende Mitverkehr oder der Hinterherfahrende behindert oder gefährdet werden. Der Ausweichende haftet wegen Verstoßes gegen § 7 Abs. 5 auch dann, wenn ein überholendes KFZ auf den Mittelstreifen gerät und dadurch verunglückt (OLG Saarbrücken NZV 2010, 77).

Bei typischen Auffahrunfällen spricht der Anscheinsbeweis zwar dafür, dass der Auffahrende durch mangelnden Sicherheitsabstand, unangepasste Geschwindigkeit oder durch Unaufmerksamkeit den Unfall verursacht hat (BGH DAR 2017, 196 = SVR 2017, 215; BGH VerkMitt 1993 Nr. 118; OLG Hamm NZV 2010, 79), nicht jedoch bei Besonderheiten, wie Auffahrunfall des Vorfahrtberechtigten gegenüber dem Einfahrenden (KG VerkMitt 2001 Nr. 88; KG VerkMitt 1996 Nr. 8), Hineindrängeln in den Sicherheitsabstand nach Überholen oder vorangegangenem Spurwechsel. Es obliegt dem geschädigten Vorausfahrenden, eine abweichende Besonderheit beim Auffahrunfall zu beweisen (BGH NZV 2017, 276).

2.4 Geschwindigkeit auf Autobahnen (§ 18 Abs. 5)

Für Kraftfahrzeuge bis 3,5 t, auch Minisattelzugmaschinen bis 3,5 t (s. a. Huppertz NZV 2013, 530), Krafträder und alle PKW (auch solche mit mehr als 3,5 t, wie gepanzerte oder überlange Limousinen) gilt auf Autobahnen und autobahnähnlich ausgebauten Außerortsstraßen kein festes Tempolimit; sie müssen sich an die Richtgeschwindigkeit 130 km/h halten (s. Erl. 3.2 zu § 18).[7] Hierbei kommt es nicht auf die Eintragung in den Zulassungsdokumenten, sondern auf die tatsächliche Ausstattung und Verwendung als KFZ zur Personenbeförderung an.[8] Dienen zulassungsrechtlich als „PKW" eingestufte KFZ von mehr als 3,5 t nach ihrer Bauart und Einrichtung der Güterbeförderung, beträgt die Höchstgeschwindig-

---

6 Die partnerschaftliche Geste beim Überwechseln auf die Überholspur darf vom Einfahrenden nicht eingefordert oder erzwungen werden; die Regeln des Reißverschlussverfahrens finden hier keine Anwendung. Die Anordnung innenliegender Linksabbiegepfeile zur Erleichterung der Einfahrt stiften eher Verwirrung bei den Kraftfahrern, als dass sie im Interesse der Verkehrsflüssigkeit hilfreich sind. Das gilt vor allem dann, wenn wegen überholender Fahrzeuge ein Ausweichen nach links nicht möglich ist, der Einfahrende sich aber auf die Wirkung von Linksabbiegepfeilen verlässt.

7 Der Umweltausschuss des BR hatte am 4.2.2020 empfohlen, Autobahnen und ähnliche Außerortsstraßen in ein festes Tempolimit von 130 km/h einzubinden. Der Beschluss des Umweltausschusses hat im BR am 14.2.2020 keine Mehrheit gefunden; s. BR-Drucksachen 591/1/19 und 591/19(B).

8 KFZ bis max. acht Sitzplätze außer dem Fahrersitz.

keit 80 km/h. Gleiches gilt für PKW mit einer EU-Betriebserlaubnis.[9] Auf Autobahnen und Kraftfahrstraßen dürfen PKW im Anhängerbetrieb ohne, andere KFZ bis **3,5 t** mit bestimmter technischer Ausstattung nach der 9. Ausnahmeverordnung[10] max. 100 km/h fahren. Die Regelung gilt nicht auf den nach § 3 Abs. 3 Nr. 2c genannten anderen Straßen mit

---

9 Der wahlweise Einsatz eines PKW als Kombinationskraftfahrzeug zur Personen- oder Güterbeförderung ist durch Streichung des § 23 Abs. 6a StVZO-alt mit Art. 1 der 27. VO zur Änderung der StVZO vom 2.11.2004 (BGBl. I S. 2712) entfallen (OLG Brandenburg NZV 2005, 651; BayObLG VerkMitt 2004 Nr. 12 = DAR 2003, 469 = VRS 105, 451 = VD 2003, 272 = NJW 2004, 306; OLG Düsseldorf NZV 1991, 483; Blümel DAR 2004, 39); s.a. Marquardt VD 2005, 264: zum Urteil des EuGH vom 13.7.2006 = NZV 2006, 552 = VD 2006, 247, das die Auffassung bestätigt, dass die RL 92/53/EWG vom 18.6.1992 über die EG-Betriebserlaubnis nicht nationalen Temporegelungen entgegensteht.

10 **Neunte Ausnahmeverordnung zur StVO** vom 15.10.1998 (BGBl. I S. 3171) i.d.F. vom 11.11.2010 (BGBl. I S. 1624/VkBl. S. 653), zuletzt geändert durch Art. 481 der Verordnung vom 31.8.2015 (BGBl. I S. 1474)

§ 1

Abweichend von § 18 Abs. 5 Nr. 1 StVO beträgt auf Autobahnen (Z. 330.1) und Kraftfahrstraßen (Z. 331.1) die zulässige Höchstgeschwindigkeit auch unter günstigsten Umständen für PKW mit Anhänger (Kombination) und für sonstige mehrspurige KFZ mit einer zulässigen Gesamtmasse bis zu 3,5 t mit Anhänger (Kombination), für KOM-Anhänger-Kombinationen jedoch nur, wenn der KOM mit einer zulässigen Gesamtmasse bis zu 3,5 t als Zugfahrzeug eine Tempo-100 km/h-Zulassung nach § 18 Abs. 5 Nr. 3 StVO hat, 100 km/h, wenn

1. das Zugfahrzeug mit einem automatischen Blockierverhinderer ausgestattet und die zulässige Gesamtmasse des Anhängers ≤ X mal Leermasse des Zugfahrzeugs ist, dabei gelten folgende Bedingungen:
   a) für alle Anhänger ohne Bremse und für Anhänger mit Bremse, aber ohne hydraulische Schwingungsdämpfer: X = 0,3;
   b) für Wohnanhänger mit starrem Aufbau und hydraulischen Schwingungsdämpfern: X = 0,8;
   c) für andere Anhänger mit hydraulischen Schwingungsdämpfern: X = 1,1, wobei als Obergrenze in jedem Fall der jeweils kleinere Wert der beiden folgenden Bedingungen gilt:
   aa) zulässige Gesamtmasse Anhänger ≤ zulässige Gesamtmasse Zugfahrzeug,
   bb) zulässige Gesamtmasse Anhänger ≤ zulässige Anhängelast;
   d) für Anhänger, die den Anforderungen des § 30a Abs. 2 StVZO entsprechen, eine Erhöhung des Faktors nach Nr. 1b auf X = 1,0 und nach Nr. 1c auf X = 1,2, wenn
   aa) der Anhänger mit einer Zugkugelkupplung mit Stabilisierungseinrichtung für Zentralachsanhänger (gemäß ISO 11555-1 i.d.F. vom 1.7.2003 (als Fundstelle und Bezugsquelle der ISO-Norm 11555-1 gilt § 73 StVZO)) oder
   bb) mit einem anderen Bauteil oder einer selbstständigen technischen Einheit ausgestattet ist, wodurch der Betrieb einer Kombination bis Tempo 120 km/h im Vergleich zur Nichtausstattung verbessert wird; nachgewiesen werden muss dies mit einem Teilegutachten nach Anl. XIX StVZO, einer ABE nach § 22 StVZO oder einer Betriebserlaubnis nach § 20 oder 21 StVZO oder einem Nachtrag dazu;
2. im Falle einer nachträglichen Berichtigung der Fahrzeugpapiere des Anhängers ein amtlich anerkannter Sachverständiger oder Prüfer oder ein Prüfingenieur einer amtlich anerkannten Überwachungsorganisation mit einem Formblatt, das vom BMVI im VkBl. bekannt gegeben wird, einen Vorschlag für die Berichtigung nach § 13 Abs. 1 der Fahrzeug-Zulassungsverordnung in den Fällen der Nr. 1, ausgenommen Nr. 1d bb, erstellt, oder, wenn eine Änderung nach Nr. 1d bb vorliegt, er den vom Fahrzeugführer nach § 19 Abs. 4 Satz 1 Nr. 2 StVZO mitzuführenden Nachweis erstellt und bestätigt, dass die Voraussetzungen dieser Verordnung vorliegen und dem Verfügungsberechtigten ein Informationsblatt für die Einhaltung der Bedingungen nach § 4 dieser Verordnung ausgehändigt worden ist;

durch Mittelstreifen oder sonstige bauliche Einrichtungen getrennten Fahrbahnen oder mindestens zwei markierten Fahrstreifen je Richtung.

Im Übrigen gelten die Regeln für die Höchstgeschwindigkeiten nach § 18 Abs. 5 für die dort genannten Fahrzeugarten für Autobahnen und außerörtliche Kraftfahrstraßen mit zwei Richtungsfahrbahnen, die durch Mittelstreifen oder sonstige bauliche Einrichtungen (z. B. Schutzplanken) getrennt sind.

Drei- oder **vierrädrige** KFZ gelten auch mit Anhängern als „Motorräder". Die technischen Voraussetzungen des Anhängerbetriebs folgen aus §§ 32 Abs. 1 Nr. 3, 42 Abs. 5 StVZO (s. a. EG-RL 97/24/EG Kap. 10). Fahrerlaubnisrechtlich gibt es keine Klasse „AE"; drei- oder vierrädrige

---

10 *(Fortsetzung)*

3. die nach Landesrecht zuständige untere Verwaltungsbehörde auf der Grundlage einer Bestätigung nach Nr. 2 mit einem Eintrag in die Fahrzeugpapiere des Anhängers, im Fall des Satzes 2 auch des Zugfahrzeugs, die zulässige Höchstgeschwindigkeit einer Kombination unter Berücksichtigung der Bedingungen dieser Verordnung von 100 km/h bescheinigt;
4. die von der nach Landesrecht zuständige untere Verwaltungsbehörde gemäß § 5 ausgegebene und gesiegelte Tempo-100 km/h-Plakette an der Rückseite des Anhängers angebracht ist.

Im Falle des Satzes 1 Nr. 1d ist die Erhöhung der Faktoren auch zulässig, wenn das Zugfahrzeug mit einem speziellen fahrdynamischen Stabilitätssystem für den Anhängerbetrieb ausgestattet ist und eine Bestätigung des Herstellers für die in Satz 1 Nr. 1d bb genannten Bedingungen vorliegt und dies in den Fahrzeugpapieren eingetragen ist.

§ 2

Der Bestätigung eines amtlich anerkannten Sachverständigen oder Prüfers oder eines Prüfingenieurs einer amtlich anerkannten Überwachungsorganisation nach § 1 Nr. 2 dieser Verordnung ist die Bestätigung einer in anderen EU-Mitgliedstaaten oder der Türkei oder in anderen Vertragsstaaten des Abkommens über den Europäischen Wirtschaftsraum zugelassenen Stelle gleichwertig, wenn die der Bestätigung dieser Stellen zugrunde liegenden technischen Anforderungen, Prüfungen und Prüfverfahren denen der deutschen Stellen gleichwertig sind und die Bestätigung in deutscher Sprache erstellt wurde oder eine amtlich beglaubigte Übersetzung in deutscher Sprache vorgelegt und während der Fahrt mitgeführt und zuständigen Personen auf Verlangen zur Prüfung ausgehändigt wird.

§ 3

Die Reifen des Anhängers müssen zum Zeitpunkt der jeweiligen Fahrt, erkennbar am eingeprägten Herstellungsdatum, jünger als 6 Jahre und mindestens mit der Geschwindigkeitskategorie L (= 120 km/h) gekennzeichnet sein.

§ 4

Die Stützlast der Kombination ist an der größtmöglichen Stützlast des Zugfahrzeugs oder des Anhängers zu orientieren, wobei als Obergrenze in jedem Fall der kleinere Wert gilt.

§ 5

Die Ausführung der großen Tempo-100 km/h-Plakette nach § 1 Nr. 4 bestimmt sich nach § 58 Abs. 2 StVZO.

§ 6

Bei allen Veränderungen, die dazu führen, dass den Anforderungen dieser Verordnung nicht mehr entsprochen wird, richtet sich die zulässige Höchstgeschwindigkeit nach der StVO.

§ 7

Bescheinigungen, die nach § 1 Nr. 5 in der bis zum 21. Oktober 2005 geltenden Fassung ausgestellt worden sind, behalten in Bezug auf die darin zum Anhänger der Kombination enthaltenen Angaben weiterhin ihre Gültigkeit.

§ 8

Diese Verordnung tritt am Tage nach der Verkündung in Kraft.

Zulässige Höchstgeschwindigkeiten auf Autobahnen

Fahrzeugarten		Autobahnen in km/h[1]	Besonderheiten
	**Krafträder**	ohne[1]	
	mit Anhänger	60	
	**PKW**	ohne[2]	
	mit Anhänger	80	100 km/h mit Plakette[3]
	**LKW** bis 3,5 t	ohne[2]	
	bis 3,5 t mit Anhänger	80	100 km/h mit Plakette[4]
	3,5 t bis 7,5 t	80	
	3,5 t bis 7,5 t mit Anhänger	80	
	über 7,5 t – auch mit Anhänger	80	
	**Wohnmobile** bis 3,5 t	ohne[2]	
	bis 7,5 t	100	auf Autobahnen und Kraftfahrstraßen 100 km/h[4]
	über 7,5 t	80	
	bis 3,5 t mit Anhänger	80	100 km/h mit Plakette[3]
	über 3,5 t mit Anhänger	80	
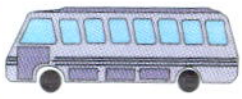	**KOM** – auch mit Gepäckanhänger	80[5]	100 km/h[6]
	mit Stehplätzen bei Fahrgastbeförderung	60	
	**Zugmaschinen** über 3,5 t	80	
	mit einem Anhänger	80	
	mit zwei Anhängern	60	
	Selbstfahrende Arbeitsmaschinen mit Anhänger	60	

1 Autobahngeschwindigkeit gilt gleichermaßen auf anderen außerörtlichen Straßen, wenn deren Richtungsfahrbahnen durch Mittelstreifen oder andere bauliche Einrichtungen getrennt sind (bloße Doppellinie nach Z. 295 reicht nicht aus) oder sie mindestens zwei durch Fahrstreifenbegrenzung (Z. 295) oder durch Leitlinien (Z. 340) markierte Fahrstreifen für jede Richtung haben. Innerorts gilt für alle Kraftfahrstraßen Tempo 50.

2 Im Übrigen gilt Richtgeschwindigkeit 130 km/h; Kleintransporter über 3,5 t, die als „PKW" zugelassen sind, aber allein der Güterbeförderung dienen, unterliegen der Temporegelung für LKW über 3,5 t.

3 Tempo 100 auf Autobahnen und Kraftfahrstraßen bei Erfüllung der technischen Bedingungen der 9. Ausnahmeverordnung.

4 12. Ausnahmeverordnung zur StVO vom 18.3.2005 (BGBl. I S. 866/VkBl. 2005, S. 454) i. d. F. vom 26.10.2009 (BGBl. I, S. 3678/VkBl. S. 719).

5 § 18 Abs. 5 Nr. 2 sieht zwar eine Tempobegrenzung für KOM mit Anhänger vor; hinter KOM dürfen jedoch nur Gepäckanhänger mitgeführt werden (§ 32a Abs. 4 StVZO).

6 Bei Erfüllung der technischen Voraussetzungen des § 18 Abs. 5 Nr. 3.

KFZ mit Anhänger unterliegen auf Autobahnen und Außerortsstraßen der Höchstgeschwindigkeit von **60 km/h** (§§ 3 Abs. 3 Nr. 2b bb, 18 Abs. 5 Nr. 2).

Wohnmobile bis 7,5 t dürfen auf Autobahnen und Kraftfahrstraßen 100 km/h fahren.[11] Die Ausnahme für Wohnmobile bis 7,5 t gilt nicht für das Überholverbot des Z. 277 oder für die Verkehrsverbote nach den Z. 253 und 273. Nach der zulassungsrechtlichen (EU-rechtlichen) Klassifizierung der Nr. 5.1 der Anlage XXIX FZV gehören Wohnmobile zwar zu den für die Personenbeförderung ausgelegten und gebauten Fahrzeugen der Klasse M, somit zu den „PKW". Verhaltensrechtlich sind sie damit aber **nicht** vom Überholverbot des Z. 277 und vom Verkehrsverbot des Z. 253 oder Z. 273 ausgenommen, denn diese Zeichen stellen auf die Tonnage und nicht auf die Geschwindigkeit ab. Würden sie als „PKW" gelten, wären sie auch vom Tempolimit des § 18 Abs. 5 Nr. 1 befreit, was der VO-Geber nicht gewollt hat.[12]

Zugmaschinen mit zwei Anhängern dürfen nach § 18 Abs. 5 Nr. 2 nur 60 km/h fahren. Wird einem Sattelzug jedoch nach §§ 70, 32, 32a, 34 StVZO durch Ausnahmegenehmigung gestattet, einen weiteren Anhänger anzuhängen (Lang-LKW oder Gigaliner), gilt der Triebwagen nicht als Zugmaschine i. S. d. § 18 Abs. 5 Nr. 2, so dass mit dieser Fahrzeugkombination 80 km/h gefahren werden darf (§ 18 Abs. 5 Nr. 1); auch eine Erlaubnis nach § 29 Abs. 3 ist für diese Fahrzeugkombination nicht erforderlich.

Die in § 18 Abs. 5 auf autobahn**ähnliche** Straßen bezogenen Geschwindigkeitsgrenzen sind nur für die mit Z. 331.1 gekennzeichneten außerörtlichen **Kraftfahrstraßen** anwendbar (BayObLG VerkMitt 2000 Nr. 29 = DAR 1999, 411 = NZV 1999, 393 = VRS 98, 43). Sind die Richtungsfahrbahnen ohne bauliche Elemente nur durch eine Doppellinie nach Z. 295 getrennt, gilt die Temporegelung nicht (OLG Düsseldorf VRS 112, 287). Im Übrigen gilt eine empfohlene Höchstgeschwindigkeit von 130 km/h (siehe Erl. zu 3.2).

Bei **Dunkelheit** und ausreichendem Abstand darf auf Autobahnen nach **§ 18 Abs. 6** auch schneller als die Reichweite des Abblendlichtes gefahren werden, wenn sich der Fahrer an den Schlussleuchten des Vorausfahrenden klar orientieren kann (BGH VerkMitt 1984 Nr. 19 = DAR 1984, 283 = VRS 67, 161). Da das Sichtfahrgebot des § 3 Abs. 1 Satz 4 auch bei § 18 Abs. 6 gilt, besteht lediglich Vertrauensschutz, dass sich in dem Zwischenraum zum Vorausfah-

---

11 **Zwölfte Ausnahmeverordnung zur StVO** vom 18.3.2005 (BGBl. I S. 866; VkBl. S. 364) i. d. F. vom 26.10.2009 (BGBl. I S. 3678: durch Streichung des Außerkrafttreten-Datums „31.12.2009" in § 3 Satz 2 gilt die Ausnahmeverordnung unbefristet weiter).

§ 1

Abweichend vom § 18 Abs. 5 Satz 2 Nr. 1 StVO beträgt die zulässige Höchstgeschwindigkeit für Kraftfahrzeuge mit einem zulässigen Gesamtgewicht von über 3,5 t bis 7,5 t, die im Fahrzeugschein als **Wohnmobil** bezeichnet sind, auf Autobahnen (Z. 330.1) und Kraftfahrstraßen (Z. 331.1) 100 km/h.

§ 2

Aus den Fahrzeugpapieren von im Ausland zugelassenen Wohnmobilen i. S. d. § 1 muss eindeutig zu ersehen sein, dass diese das zulässige Gesamtgewicht von 7,5 t nicht überschreiten.

§ 3

Die Verordnung tritt am Tage nach der Verkündung in Kraft.

12 Da der Begriff „Personenkraftwagen" nicht ausdrücklich in der Anlage XXIX FZV erscheint, wäre es zu begrüßen, wenn der Verordnungsgeber das Verkehrs- und Überholverbot der Z. 253, 273 und 277 an die Wohnmobile anpassen würde.

renden kein Hindernis befindet. Sind Anhaltspunkte für eine Gefahrenlage vorhanden, muss die Geschwindigkeit auch auf Autobahnen der Sichtweite angepasst werden, z.B. bei auf der Fahrbahn **verunglückten** KFZ oder bei Fußgängern, die bei einer Panne Hilfe holen (OLG Frankfurt/M. NZV 2016, 222; OLG Düsseldorf VerkMitt 1979 Nr. 84). Ist ein Vorausfahrender nicht vorhanden, darf bei Dunkelheit nur so schnell gefahren werden, dass ein Anhalten unter Berücksichtigung sonstiger Lichtquellen und Leiteinrichtungen vor Hindernissen möglich ist (OLG Hamm NZV 2000, 369; OLG Frankfurt/M. NZV 1990, 154; OLG Bamberg NZV 2000, 49: Gefahr von Massenunfällen bei Nebel). Das gilt auch für ungesichert und unbeleuchtet liegen gebliebene Fahrzeuge mit Tarnanstrich (OLG Celle SVR 2008, 183; LG Freiburg SVR 2009, 192: 45 km/h bei nur 30 m Sicht durch Abblendlicht).

Im Kolonnenverkehr ist wegen des Auffahrrisikos erhöhte Aufmerksamkeit notwendig (OLG Celle VRS 75, 313). Mit verdeckten Hindernissen, die erst erkennbar werden, wenn der Vorausfahrende, ohne abzubremsen, unmittelbar davor den Fahrstreifen wechselt, braucht nicht gerechnet zu werden (KG VRS 74, 251 = NZV 1988, 270).

Deutsche und ausländische **KOM** (nicht aber umgebaute Konferenzbusse) dürfen auf Autobahnen 100 km/h fahren, sofern sie die technischen Voraussetzungen nach § 18 Abs. 5 Nr. 3 erfüllen.[13] Die Ausrüstung mit Sicherheitsgurten gilt nach der Klasseneinteilung des § 30d StVZO bzw. der Richtlinie 2001/85/EG für KOM der Klasse III oder Überlandlinienbusse der Klasse II (§ 35a Abs. 6 StVZO) sowie für KOM, die eine Genehmigung sowohl für Klasse III als auch für Klasse II haben. Die Forderung nach Reisebestuhlung folgt daraus, dass Busse über 3,5 t (nur) mit Beckengurten ausgerüstet werden müssen. Um den bei einem Frontalcrash eintretenden Klappmessereffekt für die Insassen zu mildern, werden hohe Rückenlehnen als Aufprallschutz für die dahinter Sitzenden genutzt. Außerdem sollen mitreisende Rollstuhlfahrer mit Sicherheitsgurten gesichert werden und nicht nur durch gepolsterte Aufprallflächen, wie dies bei KOM der Klasse I (Linienbusse) und Klasse II möglich ist. Mit der Forderung zur Einhaltung der Richtlinie 2001/85/EG sollen Notausstiegssysteme (Öffnen der Fahrgasttüren in Notfällen, Nottüren, Notfenster, Notluken) bei KOM aus Nicht-EU/EWR-Staaten gewährleistet werden. Um wirtschaftlich nicht darstellbare Nachrüstungen zu vermeiden, ist die jeweils zum Zeitpunkt der Erstzulassung des Kraftomnibusses geltende Fassung der EG-Richtlinie maßgebend.

Die Temporegelung des § 18 Abs. 5 gilt zwar auch für innerörtliche Autobahnen; wegen der größeren abstrakten Gefahren infolge höherer Ver-

---

13 Die technischen Voraussetzungen werden – mit Ausnahme der Regelung für nachgeschnittene Reifen – von den in Deutschland und in den EU-/EWR-Staaten zugelassenen KOM erfüllt. KOM müssen von der Bauart her für Tempo 100 geeignet sein, insbes. Motorleistung mind. 11 kW/t, Bremsanlage nach EG-RL 71/320/EWG, Reifen nach ECE Nr. 54 oder EG-RL 92/23 EWG, gepolsterte Reisebestuhlung, Sicherheitsgurte, Eintrag im Zulassungsdokument: „F. 100 km/h GEEIG“. Eine Tempo-100-Plakette muss – unabhängig davon, wo der KOM zugelassen ist künftig nicht mehr an der Rückseite angebracht werden. Für im **Ausland** zugelassene KOM ist sowohl die Vorführung bei einem aaS in Deutschland als auch die bisher notwendige Ausnahme nach § 46 Abs. 2 Satz 1 entfallen. Für noch im Verkehr befindliche ausländische KOM sind nach der Richtlinie 96/96/EG, die europaweit die Voraussetzungen für die technische Hauptuntersuchung definiert, Gutachten technischer Überwachungsorganisationen anderer EU-Mitgliedstaaten zur Erlangung der Tempo-100-Zulassung anzuerkennen.

kehrsdichte und der Gewährleistung eines homogenen Verkehrsflusses unterliegen sie aber bei Verstößen den innerörtlichen Bußgeldsätzen, z.B. Fahrverbot bei Tempoverstößen von 31 km/h und mehr (KG NZV 2005, 160 = DAR 2005, 635; KG NZV 2002, 47). Obwohl bei innerörtlichen Autobahnen die Geschwindigkeit durch Z. 274 nicht erhöht, sondern begrenzt wird, gilt der Grundsatz der Anl. 2 lfd. Nr. 49 auch hier. Ein LKW über 3,5 t darf deshalb statt 80 Tempo 100 fahren, wenn diese Geschwindigkeit durch Z. 274 auf der innerörtlichen Autobahn zugelassen ist und nach der Bauart gefahren werden darf.

Bei einem Tempoverstoß ist es für die Ahndungshöhe und Nebenfolgen unerheblich, ob er auf verkehrsarmer Autobahn begangen wird (OLG Bamberg VerkMitt 2007 Nr. 83), der Betroffene ein Berufskraftfahrer ist oder sich bisher verkehrsgerecht verhalten hat (BayObLG VRS 92, 33; OLG Hamm VRS 97, 207; OLG Hamm VRS 98, 381; NZV 2000, 92 = VRS 97, 449; AG Kiel DAR 1999, 327; OLG Düsseldorf NZV 2000, 134 = DAR 2000, 127; OLG Hamm NZV 2003, 103).

2.5 Überhol- und Benutzungsverbote

2.5.1 Überholverbote

Der Schnellfahrende auf Autobahnen oder Kraftfahrstraßen hat beim Überholen gegenüber einem langsamer fahrenden Vordermann, der ebenfalls überholen will, keinen Vorrang (OLG Celle VRS 40, 218). Vor dem Ausscheren zum Überholen muss man sich durch Blick in die Rückspiegel und „Schulterblick" nach hinten sorgfältig vergewissern, dass nachfolgende Fahrzeuge nicht gefährdet werden. Leichte Behinderungen, die sich nicht zu einer Gefährdung ausweiten können, muss der auf der Überholspur herannahende andere Fahrer in Kauf nehmen, z.B. Gas wegnehmen, nicht aber scharfes Bremsen (OLG Köln VRS 44, 43; OLG Celle VRS 40, 218; BayObLG VerkMitt 1982 Nr. 24). Hierbei ist in Betracht zu ziehen, dass nachfolgende KFZ die empfohlene Richtgeschwindigkeit auf Autobahnen von 130 km/h erheblich überschreiten können (OLG Köln VersR 1978, 143; ähnlich OLG Karlsruhe VRS 74, 166); zivilrechtliche Haftung des Schnellfahrers bei Unfällen ist möglich (BGH NJW 1992, 1684; OLG Nürnberg VerkMitt 2011 Nr. 24 = NZV 2011, 246; OLG Hamm NZV 2011, 248: Tempo 160; OLG Nürnberg VRS 119, 324 = DAR 2010, 707; OLG Stuttgart NZV 2010, 346: mehr als 130 km/h bei Dunkelheit; OLG München DAR 2007, 465: nicht bereits bei 150 km/h; OLG Koblenz DAR 2007, 463: wohl aber 50 % bei 200 km/h; OLG Hamm NZV 1994, 193; LG Karlsruhe NZV 2009, 558; AG Halle NZV 2013, 82: keine Haftung des Schnellfahrers bei erheblichem Verschulden durch Fahrstreifenwechsel). Bleibt man auf der Autobahn nach dem Überholen zunächst auf der Überholspur, muss man sich bei späterem **Einscheren** nach **rechts** vergewissern, dass ein nachfolgendes Fahrzeug durch den Fahrstreifenwechsel nicht gefährdet wird (BayObLG VerkMitt 1975 Nr. 104).

Eine links nicht schneller als 60 km/h fahrende Fahrzeugschlange darf von einzelnen Fahrzeugen rechts überholt werden, wenn die Mehrgeschwindigkeit 20 km/h nicht übersteigt und größte Vorsicht angewandt wird, nicht aber auf der Standspur (§ 7 Abs. 2a). Ein Kraftfahrer überholt unerlaubt, wenn er im Stau zwischen zwei Fahrzeugkolonnen in der „freien Gasse" nach vorn fährt (OLG Stuttgart VRS 57, 364). Für das Vorbeifahren an vorübergehenden Hindernissen gilt § 6 (OLG Hamm VerkMitt 1973 Nr. 47).

Benutzung der Standspur von Autobahnen

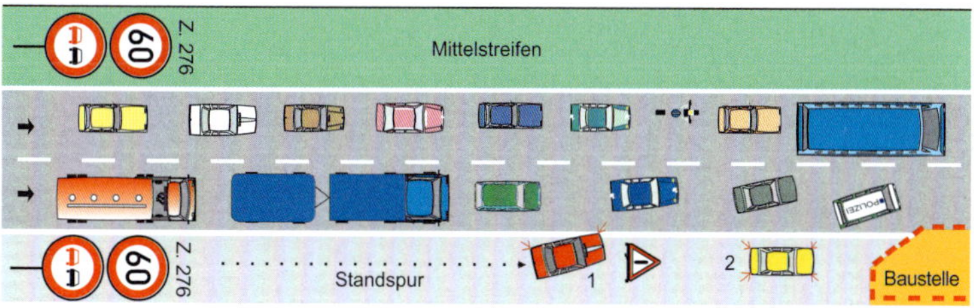

Die Standspur ist Seitenstreifen, gehört somit nicht zur Fahrbahn (§ 2 Abs. 1 Satz 2). Wer unzulässig die Standspur befährt, z.B. um einen Stau zu umgehen (KFZ 1), verstößt gegen die Fahrbahnbenutzungspflicht. Das Überholverbot (Z. 276) bezieht sich nur auf die Fahrbahn (OLG Düsseldorf VRS 91, 387). Infolgedessen verstößt KFZ 1 weder gegen § 5 Abs. 3 Nr. 2 noch gegen das Rechtsüberholverbot des § 5 Abs. 1. Auch die Regelung in § 7 Abs. 2a, wonach Fahrzeugschlangen rechts überholt werden dürfen, gilt nur für den rechten (freien) Fahrstreifen der Fahrbahn, nicht aber für die Standspur.

Auf der Standspur darf nur in Notfällen angehalten werden, z.B. beim „Liegenbleiben" (KFZ 2). § 18 Abs. 8 verbietet das „Halten auf Seitenstreifen". Halten ist eine „gewollte" Fahrtunterbrechung. „Liegenbleiben" zählt nicht dazu, denn der Kraftfahrer möchte weiterfahren, kann es infolge einer Panne aber nicht. Beim zulässigen Anhalten auf der Standspur ist der Verkehr abzusichern, mindestens durch Warnblinklicht und Warndreieck (§ 15). Das KFZ ist dann unverzüglich aus dem Verkehrsraum zu entfernen. Die Standspur darf außerdem zur Hilfestellung bei Verkehrsunfällen oder zur Zeugenfeststellung benutzt werden (die Sicherungspflichten gelten auch hier).

Zum Rechtsüberholen bei fahrstreifengegliederten Vorwegweisern nach § 7a Abs. 1: OLG Düsseldorf NZV 1990, 281.

2.5.2 Benutzungsverbote (§ 18 Abs. 11)

Bei schlechter Sicht von weniger als 50 m durch Nebel, Schneefall oder Regen besteht nach § 5 Abs. 3a für alle KFZ **über 7,5 t Überholverbot**. Dadurch kann aber nicht verhindert werden, dass auf mehrstreifigen Richtungsfahrbahnen von Autobahnen oder Kraftfahrstraßen schwere LKW an rechts meist witterungsbedingt stehenden Fahrzeugen auf den linken Fahrstreifen überwechseln und dort infolge extrem widriger Wetterverhältnisse selbst liegen bleiben, die ganze Fahrbahn blockieren und kilometerlange Staus verursachen. Dem soll mit einem Benutzungsverbot für den äußerst linken Fahrstreifen für LKW über 7,5 t, einschließlich ihrer Anhänger, und Zugmaschinen bei Schnee- und Eisglätte oder witterungsbedingt schlechter Sicht (50 m oder weniger) begegnet werden (§ 18 Abs. 11). Das vom VO-Geber zusätzlich eingeführte Benutzungsverbot nach § 18 Abs. 11 ist rechtsdogmatisch umstritten, weil auch stehende („wartende") Kolonnen auf dem rechten Fahrstreifen im Rechtssinn überholt werden, so dass bereits § 5 Abs. 3a das Überwechseln auf den linken Fahrstreifen verbietet. Der Verstoß ist mit einer Regelgeldbuße von 80 € bewehrt.[14]

14 Ein Verstoß gegen § 18 Abs. 11 ist in etwa vergleichbar mit einer Missachtung der Winterreifenpflicht nach § 2 Abs. 3a Satz 1 und 2. In beiden Fällen soll dem bei winterlichen Straßenverhältnissen auftretenden Missstand begegnet werden, dass KFZ liegen bleiben und damit erhebliche Verkehrsgefährdungen und Behinderungen verursachen. Für Verstöße gegen § 18 Abs. 11 ist nach der lfd. Nr. 87a BKatV eine Regelgeldbuße von 80 € vorgesehen. Da der Anwendungsbereich des § 18 Abs. 11 auf schwere Nutzfahrzeuge begrenzt ist, § 2 Abs. 3a aber auch PKW umfasst, von denen weitaus weniger Behinderungen ausgehen, ist dort nur eine Regelgeldbuße von 40 € und bei Behinderung von 80 € vorgesehen.

2.6 Benutzung von Kriechstreifen

Der Kriechstreifen ist Teil der Fahrbahn (anders die Standspur: Sie ist Seitenstreifen – § 2 Abs. 1). Ein verbindliches Gebot zur Benutzung des Kriechstreifens folgt aus dem Rechtsfahrgebot des § 2 Abs. 2, im Übrigen aus der Beschilderung mit einer Mindestgeschwindigkeit. Das Gebot beginnt am Z. 275 (OLG Hamm DAR 1973, 275).

2.7 Haltverbot (§ 18 Abs. 8)

Haltverbot nach § 18 Abs. 8 gilt für den gesamten Bereich von Autobahnen und Kraftfahrstraßen, somit auch für Anschlussstellen und Zu- und Abfahrten zu Parkplätzen, Tank- oder Rastanlagen (BayObLG VerkMitt 1980 Nr. 75 = DAR 1980, 246; LG Hamburg DAR 2013, 472); s. a. Erl. 2.3.16 zu § 12. Ausgenommen sind nur die ausgewiesenen Park- und Rastplätze (OLG Düsseldorf DAR 2019, 147 = VRS 135, 9 = NZV 2019, 259 mit Anm. Reimer: Verstöße sind trotz erheblicher Parkplatznot zur Einhaltung der Lenk- und Ruhezeiten oder des Sonntagsfahrverbots nicht gerechtfertigt).

Da die Standspur keine Fahrbahn ist, gilt für sie Benutzungsverbot, so dass dort weder gefahren noch gehalten werden darf, außer in Notfällen, z. B. bei Pannen, Unfällen oder zur Hilfeleistung (BGH VerkMitt 1975 Nr. 125 = DAR 1975, 304 = VRS 49, 327; OLG Frankfurt DAR 2016, 330; LG Bochum NZV 2016, 427: Benutzungsverbot besteht auch bei Stau, selbst wenn viele dagegen verstoßen). Dann ist das Fahrzeug durch Warnblinklicht, Warndreieck, ggf. auch Warnposten abzusichern (§ 15). Gegen das Haltverbot verstößt, wer auf einer Anschlussstelle zur Orientierung stehen bleibt (OLG Frankfurt VRS 102, 344) oder ein Fahrzeug mit Motorschaden länger als nötig auf der Standspur belässt, obwohl es hätte entfernt werden können (OLG Düsseldorf VRS 58, 281). Dagegen dürfen polizeiliche Einsatzfahrzeuge Standspuren unter Wahrnehmung von Sonderrechten nach § 35 auch dann befahren, wenn der übrige Verkehr eine freie Gasse nach § 11 Abs. 2 gebildet hat (OLG Frankfurt NZV 2016, 426).

2.8 Pannen (§ 18 Abs. 8)

Standspuren der Autobahn und Kraftfahrstraßen sind Seitenstreifen und dürfen nur beim Liegenbleiben infolge technischer Pannen, bei Not- und Unglücksfällen oder polizeilicher Weisung benutzt werden (BGH VerkMitt 1981 Nr. 64 = DAR 1981, 295 = VRS 61, 57), ebenso zur Sicherung der Ladung, wenn sie herabzufallen droht, nicht aber bei bloßer Überprüfung der Ladungsfestigkeit (OLG Celle SVR 2008, 304), wegen verschütteter Getränke oder zur Orientierung über den Autobahnverlauf. Das Rückwärtsfahrverbot gilt auch hier (OLG Düsseldorf DAR 1985, 261).

Standspuren sind keine Verlängerung des Beschleunigungsstreifens und dürfen auch dann nicht benutzt werden, wenn ein Überwechseln auf die durchgehende Fahrbahn vorher nicht möglich war (LG Gießen NZV 2003, 576). Muss der Fahrer bei Dunkelheit seine Fahrt wegen Motorschadens erheblich verlangsamen, ist er aus § 1 Abs. 2 verpflichtet, den nachfolgenden Verkehr durch mehrfaches Antippen der Bremse oder Warnblinklicht aufmerksam zu machen und notfalls auf die Standspur zu wechseln (BGH VersR 1972, 10, 71). Für einen ausreichenden Vorrat an **Kraftstoff** ist der Fahrer vor allem auf der Autobahn nach § 23 Abs. 1 verantwortlich, um nicht liegen zu bleiben (OLG Hamm DAR 1961, 176; KG VRS 47, 315). Bleibt das Fahrzeug auf der Überholspur liegen, muss es sofort, sonst nach vorheriger Absicherung so

Autobahnausfahrt über kombinierten Beschleunigungs- und Verzögerungsstreifen

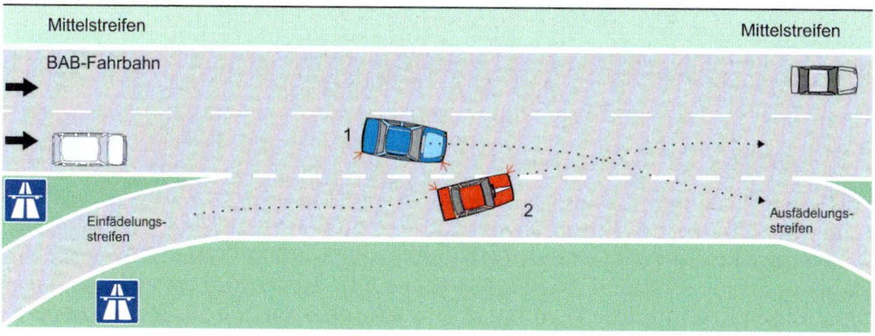

Der vom Einfädelungsstreifen kommende Verkehr (KFZ 2) muss die Vorfahrt auf der durchgehenden Fahrbahn der Autobahn beachten (§ 18 Abs. 3). Daran ändert sich auch nichts, wenn Einfädelungs- und Ausfädelungsstreifen ineinander übergehen, ohne dass deren Beginn und Ende deutlich werden (meist auf innerstädtischen Autobahnen mit kurz aufeinander folgenden Zu- und Abfahrten). Der besondere Charakter des Fahrstreifens wird durch Breitstrichmarkierung hervorgehoben. Wer aus der Autobahn ausfährt, wechselt nicht den Fahrstreifen, sondern biegt ab und hat deshalb die sich aus § 9 Abs. 1 ergebenden Pflichten zu beachten. Er kann sich nicht auf die Vorfahrt des § 18 Abs. 3 für den durchgehenden Verkehr berufen (LG Berlin VerkMitt 2000, Nr. 25 = DAR 1999, 507 = NZV 2000, 45; OLG Düsseldorf NZV 1989, 404). KFZ 1 fährt als Rechtsabbieger von der durchgehenden Fahrbahn ab und darf das rechts von ihm auf dem kombinierten Fahrstreifen befindliche KFZ 2 nicht gefährden (OLG Hamm VerkMitt 1968, Nr. 16), notfalls müssen sich beide verständigen.

Etwas anderes gilt nur dann, wenn Einfädelungs- und Ausfädelungsstreifen so lang sind, dass sie zum einheitlichen Bestandteil der durchgehenden Fahrbahn werden und sich die Autobahn mit einem drei- oder mehrstreifigen Fahrbahnteil fortsetzt (in der Skizze müsste diese Strecke mehr als 1000 m betragen). In diesem Fall fänden beim Überwechseln die Regeln des Fahrstreifenwechsels und des Überholens Anwendung. KFZ 1 und KFZ 2 müssten das Gefährdungsverbot des § 7 Abs. 5 beachten; KFZ 2 als Überholter dürfte seine Geschwindigkeit nicht erhöhen (§ 5 Abs. 6), KFZ 1 als Überholender KFZ 2 nicht behindern (§ 5 Abs. 4 Satz 4).

bald als möglich von der Fahrbahn entfernt werden (Pfälzisches OLG VRS 102, 388; OLG Köln VRS 45, 233). Stehen mehrere KFZ mit Warnblinklicht auf der Standspur, müssen die Kraftfahrer mit Personen auf der Fahrbahn rechnen und das Tempo herabsetzen (OLG Stuttgart DAR 2008, 29). Pannendienstleister dürfen zur Absicherung Leitkegel aufstellen (§ 45 Abs. 7a).

Bei ausdrücklicher **Freigabe** durch **Z. 223.1** müssen Standspuren wegen des Rechtsfahrgebots (§ 2 Abs. 1 Satz 1) bis zur Aufhebung durch Z. 223.2 befahren werden.

2.9 Rückwärtsfahren (§ 18 Abs. 7)

Das **Rückwärtsfahrverbot** auf Autobahnen und Kraftfahrstraßen gilt auch für die Standspur (OLG Oldenburg VRS 60, 312), den Einfädelungs- und Ausfädelungsstreifen (OLG Bamberg DAR 2008, 218; OLG Köln VerkMitt 1980 Nr. 28 = VRS 59, 53) und die Zu- und Abfahrten von Raststätten (BayObLG DAR 1980, 91 = NJW 1980, 1639 = VRS 58, 154); nicht aber auf den Rast-, Tank- oder Parkplätzen selbst. Kein Wenden, wohl aber unzulässiges Rückwärtsfahren liegt vor, wenn auf einer Kraftfahrstraße rückwärts in einem Bogen in einen Forst- oder Privatweg vollständig eingefahren und anschließend die Fahrt in der Gegenrichtung fortgesetzt wird (BayObLG DAR 1996, 104).

2.10 Wenden (§ 18 Abs. 7)

Wenden beginnt mit dem Eindrehen des Lenkrades und Anfahren in die neue Fahrtrichtung und ist mit der Ausführung des Bogens vollendet, gleich ob die Fahrt danach fortgesetzt wird oder nicht (BGH DAR 1977, 306 = VRS 53, 307 = NJW 1977, 2085). Bloßes Abbremsen oder Anhalten gehört noch nicht zum Wenden, wenn das Wendemanöver anschließend unterbleibt (BayObLG VRS 92, 37; NZV 1997, 366). Das Wendeverbot auf Autobahnen und Kraftfahrstraßen gilt auch auf Autobahntangenten (vgl. OLG Celle VerkMitt 1980 Nr. 102), gesperrten Autobahnteilstücken (OLG Hamm VerkMitt 1998 Nr. 28 = NZV 1998, 40 = VRS 94, 307), beim Wenden von einer Haltebucht oder einem Seitenstreifen über die Kraftfahrstraße (BayObLG VerkMitt 2003 Nr. 35 = DAR 2001, 128 = VD 2003, 53 = NZV 2003, 201 = VRS 104, 231), beim Wenden über einen Mittelstreifendurchbruch für den Querverkehr einer Kraftfahrstraße (OLG Hamm VRS 45, 256; OLG Düsseldorf VerkMitt 2000 Nr. 6 = VRS 97, 269 = NZV 2000, 176), nicht aber auf Park- und Rastplätzen (OLG Celle VRS 61, 66). Wer zunächst auf den Parkplatz einer Kraftfahrstraße abbiegt, um von dort aus die entgegengesetzte Fahrbahn zu erreichen, wendet nicht (BGH VerkMitt 2002 Nr. 79 = NZV 2002, 376 = VRS 103, 216 = NJW 2002, 2332; OLG Stuttgart VerkMitt 2001 Nr. 15 = DAR 2000, 58 = VRS 99, 376). Unzulässiges Wenden zur Bergung einer verlorenen Brieftasche ist keine Notstandshandlung i. S. d. § 16 OWiG. Bei Tunneln folgt das Verbot aus Z. 327 (§ 39 Abs. 3).

Fahren in die falsche Richtung („**Geisterfahrer**") ist kein Verstoß gegen § 18 Abs. 7, sondern gegen die Fahrbahnbenutzungspflicht des § 2 (OLG Düsseldorf NZV 1992, 82; BayObLG NZV 1997, 499 = VRS 94, 295), bei Rücksichtslosigkeit und konkreter Gefährdung anderer aber eine Straftat nach § 315c Abs. 1 Nr. 2 f StGB. An der Rücksichtslosigkeit kann es fehlen, wenn das Wenden allein dazu dient, wieder auf die richtige Fahrbahn zu gelangen (LG Kiel NZV 2018, 482).

2.11 **Betretungsverbot** (§ 18 Abs. 9)

Autobahnen und Kraftfahrstraßen dürfen von Fußgängern nicht betreten werden, auch nicht, wenn der Verkehr bei Stau zum Stehen gekommen ist oder sich ein Motorradfahrer wegen Regens unter einer Autobahnbrücke aufhält. Nur bei Notfällen (Pannen, Unfälle) darf mit äußerster Vorsicht ganz rechts auf der Standspur bis zur nächsten Notrufsäule gegangen werden (OLG Karlsruhe NZV 2014, 405: aber i. d. R. nicht zur Besichtigung eines geringfügigen Blechschadens). Kraftfahrstraßen dürfen nur an Kreuzungen, Einmündungen oder ausgewiesenen Querungsstellen überschritten werden.

2.12 **Ausfahrt** (§ 18 Abs. 10)

Die Ausfahrt ist nur an den durch Z. 333 gekennzeichneten Stellen erlaubt. Infolgedessen darf die Autobahn auch zur Vermeidung von Staus nicht über Wirtschaftswege von Raststätten, Polizeistationen, Autobahnmeistereien oder sonstigen möglichen Stellen verlassen werden. Bei der Ausfahrt aus einer Autobahn wird beim Überwechseln auf den Ausfädelungsstreifen „abgebogen", nicht der Fahrstreifen gewechselt. Infolgedessen muss der Ausfahrende die Verhaltenspflichten des § 9 beachten (LG Berlin VerkMitt 2000 Nr. 25). Stockt der Verkehr kurz vor einer Autobahnausfahrt, darf die „Standspur" nicht zum Erreichen der Ausfahrt benutzt werden (OLG Düsseldorf DAR 1974, 192). Wer auf einer Autobahn den linken oder den mittleren Fahrstreifen befährt und sich rechts zur Ausfahrt einordnen will, darf den Verkehr nicht durch Langsamfahren oder Anhalten behindern; notfalls ist bis zur nächsten Ausfahrt weiterzufahren (OLG Köln VRS 47, 23). Beim Verlassen der Autobahn braucht man nicht schon am Anfang des Ausfädelungsstreifens in diesen einzufahren. Man darf jedoch andere beim Ausfahren nicht behindern und muss sich auf dem Ausfädelungsstreifen eingeordnet haben, bevor die durchgezogene Linie erreicht wird (OLG Düsseldorf VerkMitt 1976 Nr. 125). Auf Ausfädelungsstreifen darf aus Verkehrssicherheitsgründen nicht schneller als auf der durchgehenden Fahrbahn gefahren werden, weil oft Ausfahrende im letzten Moment in die Ausfahrt überwechseln (§ 7a Abs. 3).

3 Hinweise

3.1 Dichtes Auffahren mit Lichthupe, um andere von der Überholspur abzudrängen oder zum Schnellerfahren zu veranlassen, ist strafbare **Nötigung** (§ 240 StGB); nicht jedoch kurzes Antippen des Bremspedals, um durch das Aufleuchten der Bremsleuchten nachfolgende KFZ zur Einhaltung eines ausreichenden Abstandes zu veranlassen (OLG Köln VRS 93, 338). Verbleibt ein Langsamfahrer grundlos auf dem linken Fahrstreifen, um den von hinten herankommenden Schnellfahrer unter Inkaufnahme einer Gefährdung zum Abbremsen zu zwingen („Ausbremsen"), liegt strafbare Nötigung vor (BayObLG VerkMitt 2001 Nr. 87 – DAR 2002, 79; OLG Köln DAR 2000, 84; OLG Düsseldorf VerkMitt 2000 Nr. 70 = DAR 2000, 367 = VRS 99, 45).

3.2 Verordnung über eine allgemeine **Richtgeschwindigkeit auf Autobahnen** und ähnlichen Straßen (Autobahn-Richtgeschwindigkeits-V) vom 21.11.1978 (BGBl. I S. 1824) i.d.F. vom 7.8.1997 (BGBl. I S. 1177).[15] Die Überschreitung der Richtgeschwindigkeit von 130 km/h ist nicht als Ordnungswidrigkeit qualifiziert. Allerdings ist die Einhaltung der Richtgeschwindigkeit nicht völlig in das Belieben der Kraftfahrer gestellt, sondern eine Rechtspflicht, deren Missachtung haftungsrechtliche Folgen haben kann. Kraftfahrer unterliegen der zivilrechtlichen **Gefährdungshaftung** nach §§ 7, 18 StVG und müssen bei einem Geschwindigkeitsunfall mit einem Mitverschuldensanteil nach § 254 BGB rechnen (OLG Hamm DAR 2002, 313 = VRS 103, 23; NZV 2000, 373; BGH VerkMitt 1992 Nr. 56 = NJW 1992, 1684 = NZV 1992, 229; OLG Köln NZV 1993, 34; OLG Nürnberg VRS 119, 324; LG Lüneburg SVR 2019, 27: kein Anscheinsbeweis bei Kollision mit mehr als 130 km/h infolge eines überhol-

---

15 **Autobahn-Richtgeschwindigkeits-Verordnung** (Verordnung über eine allgemeine Richtgeschwindigkeit auf Autobahnen und ähnlichen Straßen) vom 21.11.1978 (BGBl. I S. 1824) i.d.F. vom 7.8.1997 (BGBl. I S. 2028) und vom 5.8.2009 (BGBl. I S. 2631)

§ 1

Den Führern von Personenkraftwagen sowie von anderen Kraftfahrzeugen mit einem zulässigen Gesamtgewicht bis zu 3,5 t wird empfohlen, auch bei günstigen Straßen-, Verkehrs-, Sicht- und Wetterverhältnissen

1. auf Autobahnen (Zeichen 330.1),
2. außerhalb geschlossener Ortschaften auf anderen Straßen mit Fahrbahnen für eine Richtung, die durch Mittelstreifen oder sonstige bauliche Einrichtungen getrennt sind, und
3. außerhalb geschlossener Ortschaften auf Straßen, die mindestens zwei durch Fahrstreifenbegrenzung (Zeichen 295) oder durch Leitlinien (Zeichen 340) markierte Fahrstreifen für jede Richtung haben,

nicht schneller als 130 km/h zu fahren (Autobahn-Richtgeschwindigkeit). Das gilt nicht, soweit nach der StVO oder nach deren Zeichen Höchstgeschwindigkeiten (Zeichen 274) bestehen.

§ 2

Im Übrigen bleiben die Vorschriften der Straßenverkehrs-Ordnung unberührt und gelten entsprechend für diese Verordnung. Die in § 1 genannten Zeichen sind die der Straßenverkehrs-Ordnung.

bedingten Fahrstreifenwechsels; s. a. Rebler SVR 2017, 408). Die **Mithaftquote** nach § 254 BGB ist nach den Umständen des Einzelfalles festzulegen (OLG Hamm NZV 2018, 330; OLG Düsseldorf VerkMitt 2018 Nr. 8 = DAR 2018, 202 = VRS 132, 225: 30 % bei Fahrstreifenwechsel; OLG Nürnberg VerkMitt 2019 Nr. 56 = VRS 135, 241: Tempo 200 erfordert besondere Aufmerksamkeit, die bei Navibedienung auch nicht durch einen Spurhalteassistenten ersetzt werden kann; OLG Koblenz NZV 2014, 84: bei Tempo 200 = 40 %; LG Aachen NZV 2016, 323: Schaden durch Bodenwelle bei 200 km/h = 50 %); sie kann bei eklatanten Verstößen des Unfallgegners zurücktreten (OLG Jena NZV 2010, 29: Überwechseln des vom Einfädelungsstreifen Kommenden direkt auf die Überholspur).

3.3 Das Verbot der Verkehrsbehinderung durch Langsamfahren ohne triftigen Grund (§ 3 Abs. 2) gilt auch auf Autobahnen.

3.4 Rechtsüberholen linker Fahrzeugkolonnen als Einzelfahrzeug: § 7 Abs. 2a.

3.5 Keine Abschleppfahrten über die Autobahn: § 15a.

3.6 In **Nothalte- und Pannenbuchten** darf nur bei Notfällen oder Pannen gehalten werden; in Tunneln siehe Z. 328 (Anl. 3 lfd. Nr. 15). Eine Kennzeichnung der Notrufsäulen erfolgt, soweit notwendig, durch Z. 365-51, z. B. in Tunneln. Pfeilmarkierungen auf **Leitpfosten** zum Hinweis auf den nächstgelegenen Notrufmelder (die Notrufmelder befinden sich etwa im Abstand von 2 km).[16]

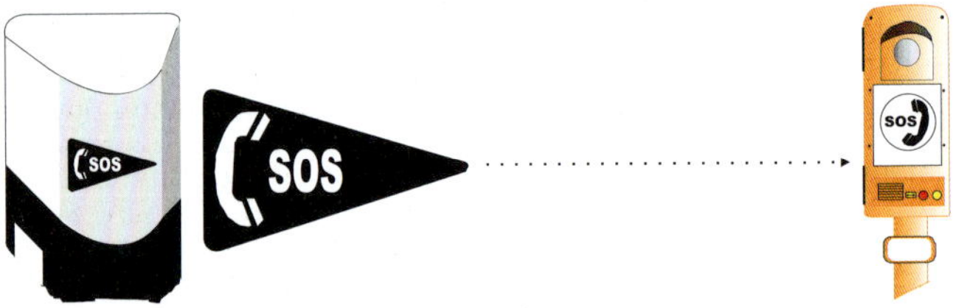

Notrufsäulen an Autobahnen werden von einem „Callcenter" betrieben (Dienstleistungs-GmbH des Gesamtverbandes der Versicherungswirtschaft). Moderne Rufsäulen haben einen gelben Schalter für Pannen und einen roten für Unfälle (RWBA 2000). Die Notrufzentrale nimmt die Daten des Anrufers auf und organisiert die Pannen- oder Unfallhilfe über Abschlepp- und Rettungsdienste, Feuerwehr, Krankenwagen, Polizei. Der Notruf ist kostenfrei. Auf den Autobahnen sind die Notrufsäulen geovermessen, so dass der Standort des Meldenden lokalisiert werden kann. Wo Notrufsäulen fehlen, kann Hilfe von der Notrufzentrale der Autoversicherer durch das Mobiltelefon unter der gebührenfreien Rufnummer 0800-6683663 (Notfon D) organisiert werden, wobei der Standort über die Funkzelle des Mobiltelefons mit Zustimmung des Meldenden automatisch bestimmt werden kann.[17]

---

16 S.a. Pfeilzeichen auf Leitpfosten vom 15.11.1980 (VkBl. S. 795).

17 Mit der Verordnung 2015/758 des Europäischen Parlaments und des Rates vom 29.4.2015 hat die EU die Einführung eines lebensrettenden, auf dem 112-Notruf basierenden bordeigenen eCall-Systems beschlossen, das bei einem Crash über die Mobilfunknetze den Unfallort automatisch an eine Notrufzentrale übermittelt. Die Autohersteller sind seit dem 31.3.2018 dazu verpflichtet, alle neuen Modelle von PKW und leichten Nutzfahrzeugen (Fahrzeugklassen M1 und N1) mit dem eCall-System auszustatten.

Befindet sich die nächste Rufsäule rückwärts in Fahrtrichtung, darf dorthin nur gelaufen, nicht gefahren werden, auch nicht bei Notfällen. Notfalls sollte ein anderer Fahrer mit der Alarmierung zur nächsten Rufsäule in Fahrtrichtung beauftragt werden. Vorher ist das mit Blinklichtern so weit wie möglich rechts abgestellte KFZ durch Warndreieck zu sichern (Abstand mind. 100–200 m). Mitfahrer sollten das Fahrzeug zur Sicherheit verlassen und sich hinter der Schutzplanke aufhalten; auf Kinder ist besonders zu achten.

Bei Betätigung der Notrufsäule sind der Name des Meldenden, Marke, Typ und Kennzeichen des KFZ, Ort und Art des Unfalls, Zahl der Verletzten und Verletzungsart anzugeben. Zur Beantwortung möglicher Nachfragen soll das Gespräch nie vom Anrufer beendet werden.[18]

3.7 **Autohöfe** entlang der Autobahn sind Serviceeinrichtungen für den LKW-Verkehr und dienen als Rast- und Tankanlagen auch der Einhaltung der Lenk- und Ruhezeiten. Die Anlagen können auch von KOM und PKW in Anspruch genommen werden (VkBl. 1994, 699). Die Kosten für die Beschilderung trägt der Autohof als „sonstige Anlage" i. S. d. Kostenbestimmung des § 5b Abs. 2e StVG (VG München VerkMitt 1998 Nr. 10).

3.8 Für schwere Nutzfahrzeuge ab 12 t werden auf Autobahnen zweckgebunden zur Finanzierung von Verkehrsinfrastrukturmaßnahmen seit dem 1.1.2005 **Benutzungsgebühren** (Maut) erhoben.[19] Hierzu gehören auch der Güterbeförderung dienende Sattelzugmaschinen über 12 t (OLG Köln NZV 2001, 393), nicht aber KOM, Sonderrechts- und Schaustellerfahrzeuge. Die Höhe der Gebühr richtet sich nach den zurückgelegten Kilometern, der Zahl der Achsen (vier Achsen sind teurer als zwei, wobei eine Doppel- oder Tandemachse mit einem Achsabstand bis 1 m als „zwei Achsen" zählt: OLG Köln VRS 110, 453 = NZV 2006, 437) und der Emissionsklasse des KFZ nach § 48 i. V. m. Anl. XIV StVZO. Die Gebührenerfassung erfolgt im Regelfall elektronisch mittels On-Bord-Units (OBU). Da sich die Mauterhebung auf gewidmete Bundesfernstraßen bezieht, findet § 52 keine Anwendung.[20] Die Erhebung und Abrechnung der Maut sowie der Betrieb des Mautsystems sind der Firma Toll Collect GmbH vom Bundesamt für Güterverkehr (BAG) übertragen worden (§ 6 ABMG). Ihr obliegt auch die Baulastträgeraufgabe für die zur Mauterhebung von den Verkehrsbehörden anzuordnenden Verkehrszeichen und Verkehrseinrichtungen (Z. 390). Ein eigenständiges Anordnungsrecht (wie der Baulastträger nach § 45 Abs. 2) hat die Betreiberfirma aber nicht. Zur Kontrolle der Gebührenentrichtung sind das BAG und die Zollbehörden ermächtigt. Bei Verstößen können Bußgelder bis zu 10 000 € erhoben werden (OLG Köln VRS 100, 388: Befahren einer Autobahn, ohne die Gebühr bezahlt zu haben).

18 Im Übrigen ist die einheitliche europäische Notrufnummer „112".

19 **Autobahnmautgesetz** (ABMG) i. d. F. der Neubekanntmachung vom 2.12.2004 (BGBl. I S. 3122, 3123 f.) für schwere Nutzfahrzeuge gemäß Art. 2d der Richtlinie 1999/02/EG (ABl. EG Nr. L 187 S. 42); ersetzt durch das Bundesfernstraßenmautgesetz (BFStrMG) vom 12.7.2011 (BGBl. I S. 1387).

20 Für gewidmete Autobahnen, die nicht durch die blaue Autobahnbeschilderung als solche erkennbar sind, steht vor der letzten Abfahrtsmöglichkeit Z. 390. Im Gegensatz dazu bezieht sich Z. 391 auf privat finanzierte Straßen mit Benutzungsentgelten für alle KFZ (VkBl. 2003, S. 430).

3.9 Im Gegensatz zu § 30 Abs. 4 bestehen nach der **Ferienreiseverordnung**[21] Fahrverbote auch an Sonnabenden zur Zeit des Ferienreiseverkehrs vom 1. Juli bis zum 31. August in der Zeit von 7.00 bis 20.00 Uhr auf bestimmten Autobahnstrecken und einigen Bundesstraßen in der jeweils gültigen Fassung. Das Verbot gilt nur für LKW über 7,5 t sowie alle LKW mit Anhänger zur geschäftsmäßigen oder entgeltlichen Beförderung von Gütern einschließlich damit verbundener Leerfahrten.

3.10 Grob verkehrswidriges und rücksichtsloses Wenden, Rückwärtsfahren oder Fahren entgegen der Fahrtrichtung („Geisterfahrer") sind bei Gefährdung Dritter oder Sachen von bedeutendem Wert (ab 750 €) Straftaten nach § 315c Abs. 1 Nr. 2f StGB. An der Rücksichtslosigkeit kann es aber fehlen, wenn das Wenden allein dazu dient, wieder auf die richtige Fahrbahn zu gelangen (LG Kiel NZV 2018, 482). Bei grob verkehrswidriger und rücksichtsloser Verletzung der Vorfahrt auf Autobahnen (§ 18 Abs. 3) richtet sich die Strafbarkeit nach § 315c Abs. 1 Nr. 2a StGB.

---

21 **Verordnung zur Erleichterung des Ferienreiseverkehrs auf der Straße** (Ferienreiseverordnung –FerReiseV) vom 13.5.1985 (BGBl. I S. 774) zuletzt geändert am 6.10.2017 (BGBl. I S. 3549) (Auszug)

§ 1

(1) LKW mit einer zulässigen Gesamtmasse über 7,5 Tonnen sowie LKW mit Anhänger dürfen zur geschäftsmäßigen oder entgeltlichen Beförderung von Gütern einschließlich damit verbundener Leerfahrten auf den in Absatz 2 genannten Autobahnen (Z. 330.1) und den in Absatz 3 genannten Bundesstraßen an allen Samstagen vom 1. Juli bis einschließlich 31. August eines Jahres jeweils in der Zeit von 7.00 Uhr bis 20.00 Uhr nicht geführt werden.

(2) Das Verbot des Absatzes 1 gilt für folgende Autobahnstrecken in beiden Fahrtrichtungen …

§ 2 … (freigestellte Fahrzeuge und Fahrten)

§ 3 … (ausgenommene Verkehre und Transportgüter)

§ 4 … (Ausnahmegenehmigungen durch die Straßenverkehrsbehörden)

§ 5 … (Ordnungswidrigkeiten)

§ 6 (weggefallen)

§ 7 (Inkrafttreten)

§ 19 Bahnübergänge

(1) Schienenfahrzeuge haben Vorrang

1. auf Bahnübergängen mit Andreaskreuz (Zeichen 201),
2. auf Bahnübergängen über Fuß-, Feld-, Wald- oder Radwege und
3. in Hafen- und Industriegebieten, wenn an den Einfahrten das Andreaskreuz mit dem Zusatzzeichen „Hafengebiet, Schienenfahrzeuge haben Vorrang“ oder „Industriegebiet, Schienenfahrzeuge haben Vorrang“ steht.

Der Straßenverkehr darf sich solchen Bahnübergängen nur mit mäßiger Geschwindigkeit nähern. Wer ein Fahrzeug führt, darf an Bahnübergängen vom Zeichen 151, 156 an bis einschließlich des Kreuzungsbereichs von Schiene und Straße Kraftfahrzeuge nicht überholen.[1]

(2) Fahrzeuge haben vor dem Andreaskreuz, zu Fuß Gehende in sicherer Entfernung vor dem Bahnübergang zu warten, wenn

1. sich ein Schienenfahrzeug nähert,
2. rotes Blinklicht oder gelbe oder rote Lichtzeichen gegeben werden,
3. die Schranken sich senken oder geschlossen sind,
4. ein Bahnbediensteter Halt gebietet oder
5. ein hörbares Signal, wie ein Pfeifsignal des herannahenden Zuges, ertönt.

Hat das rote Blinklicht oder das rote Lichtzeichen die Form eines Pfeils, hat nur zu warten, wer in die Richtung des Pfeils fahren will. Das Senken der Schranken kann durch Glockenzeichen angekündigt werden.

(3) Kann der Bahnübergang wegen des Straßenverkehrs nicht zügig und ohne Aufenthalt überquert werden, ist vor dem Andreaskreuz zu warten.

(4) Wer einen Fuß-, Feld-, Wald- oder Radweg benutzt, muss sich an Bahnübergängen ohne Andreaskreuz entsprechend verhalten.

(5) Vor Bahnübergängen ohne Vorrang der Schienenfahrzeuge ist in sicherer Entfernung zu warten, wenn ein Bahnbediensteter mit einer weiß-rot-weißen Fahne oder einer roten Leuchte Halt gebietet. Werden gelbe oder rote Lichtzeichen gegeben, gilt § 37 Absatz 2 Nummer 1 entsprechend.[2]

(6) Die Scheinwerfer wartender Kraftfahrzeuge dürfen niemanden blenden.

VwV-StVO zu § 19 Bahnübergänge

Zu Absatz 1

1 Sofern auf Straßen mit nur einem Fahrstreifen je Richtung das Überholverbot häufig missachtet werden sollte, ist seine Unterstützung durch die Anordnung einer einseitigen Fahrstreifenbegrenzung (Zeichen 295) in Betracht zu ziehen.

---

1 Das Überholverbot beschränkt sich nicht nur auf den Bahnübergang selbst (vgl. § 1 EBO), sondern auf den räumlichen Geltungsbereich zwischen den Gefahrzeichen 156 mit Bake, 151 und dem Bahnübergang.

2 Bei Gelb ist vor dem Bahnübergang auf das nächste Zeichen, bei Rot ist vor dem Bahnübergang zu warten.

1 Aus der amtlichen Begründung

1.1 Mäßige Geschwindigkeit bei Annäherung an einen Bahnübergang wird häufig missachtet. Zur Verminderung schwerer Bahnunfälle ist deshalb ein Überholverbot erforderlich (Begr. 2013).

2 Erläuterungen

2.1 Vorrang an Bahnübergängen

Bahnübergänge setzen voraus, dass Schienenfahrzeuge auf gesonderten Trassen öffentliche Wege oder Verkehrsflächen höhengleich kreuzen.[3] Schienenfahrzeuge haben auf gekennzeichneten Bahnübergängen (Z. 201 „Andreaskreuz") uneingeschränkten Vorrang; bei querenden Feld-, Wald-, Fuß- oder Radwegen auch ohne Andreaskreuz. Die Vorfahrtregelung des § 8 ist auf Bahnübergänge nicht anwendbar (OLG Düsseldorf VerkMitt 1990 Nr. 46 = NZV 1989, 482).

Mit Schienenverkehr muss der Fahrzeugführer auf Bahnübergängen stets rechnen und seine Fahrweise so einstellen, dass auf kürzester Entfernung angehalten werden kann. Ein Radfahrer muss darauf achten, dass er mit den Rädern nicht in die Schienenspur gerät (OLG Hamm VerkMitt 2016 Nr. 63). Der Übergang darf erst dann überquert werden, wenn man sich, auch bei offener Schranke, davon überzeugt hat, dass sich kein Zug nähert (OLG Oldenburg VRS 103, 354; BGH VRS 4, 131).[4] Das Überqueren ist bereits dann verboten, wenn das Schienenfahrzeug noch eine größere Strecke entfernt ist (BayObLG DAR 1972, 221; VRS 43, 222). Dementsprechend darf der Lokführer darauf vertrauen, dass der Vorrang der Schienenbahn beachtet wird (OLG München SVR 2006, 267). Der Vorrang gilt auch dann, wenn Schienenbahnen vor dem Bahnübergang warten, z. B. zum Fahrgastwechsel.

Das Umfahren geschlossener Halbschranken ist grob verkehrswidrig und wird mit hohen Geldbußen und Regelfahrverbot geahndet (AG Dortmund NZV 2018, 292).[5] Von einem Fahrverbot kann abgesehen werden, wenn der Zug den Bahnübergang passiert hat und die sich öffnenden Schranken signalisieren, dass kein weiterer Zug folgt (OLG Naumburg SVR 2017, 477). Eine infolge Blockierung des Bahnüberganges eingeleitete Gefahrbremsung („Schnellbremsung") des Zuges hat im Regelfall eine konkrete Gefährdung der Zuginsassen zur Folge (OLG Oldenburg VRS 108, 263).

---

3 Beim Kreuzen straßenbündiger Gleise gelten hingegen die allgemeinen Vorfahrt- und Vorrangregeln, insbesondere Lichtsignale nach § 37.

4 Die Missachtung des Andreaskreuzes (Z. 201) – meist infolge des Gewöhnungseffektes – ist häufigste Unfallursache an Bahnübergängen mit Toten und schweren Verletzungsfolgen. Der Vorschlag des Verkehrsausschusses des Bundestages, das Andreaskreuz zur Erhöhung der Bahnsicherheit mit einem „Stoppschild" (Z. 201) zu kombinieren, führt lediglich zu einer Doppelbeschilderung der gleichen Verhaltenspflichten, wobei zweifelhaft ist, ob sich das in der Praxis unfallmindernd auswirken würde. Vorteilhafter wäre eher der Vorschlag des Arbeitskreises „Bahnsicherheit", den Auffälligkeitswert des Andreaskreuzes selbst durch Verwendung gelb reflektierender statt weißer Flächen zu erhöhen.

5 Ohne Gefährdung des Zugverkehrs wird der Verstoß nach lfd. Nr. 244 BKatV mit 700 € Geldbuße und drei Monaten Fahrverbot geahndet (zu schnelles Fahren an Bahnübergängen mit Gefährdung ist nach § 315c Abs. 1 Nr. 2d StGB strafbar).

2.2 Geschwindigkeit und Überholverbot

Bei Annäherung an einen Bahnübergang ist mäßige Geschwindigkeit geboten, d. h. ein Tempo, das sofortiges Anhalten ohne Gefahrbremsung ermöglicht (§ 19 Abs. 1 Satz 2).[6]

Aus Verkehrssicherheitsgründen ist das **Überholen** von Kraftfahrzeugen an Bahnübergängen **unzulässig** (§ 19 Abs. 1 Satz 3).[7] Das Überholverbot gilt vom Z. 151 („Bahnübergang") oder 156 („Bahnübergang mit dreistreifiger Bake") bis zum Übergang. Befindet sich allerdings vor dem Bahnübergang eine Einmündung, darf derjenige, der sich zum Abbiegen vor dem Bahnübergang links eingeordnet hat, noch **rechts** überholt werden, um zum Bahnübergang vorzufahren. Der Geradeausfahrer muss somit nicht warten, bis der Abbiegevorgang beendet ist. Andererseits gilt das Überholverbot für Linksabbieger uneingeschränkt, so dass vor dem Bahnübergang wartende KFZ auch dann nicht links überholt werden dürfen, um in eine Einmündung vor dem Bahnübergang abzubiegen. Zur Beobachtung des Gleiskörpers sind Verkehrsteilnehmer im Rahmen ihrer Möglichkeiten verpflichtet.[8] An einen unübersichtlichen, nur durch Warnkreuz gesicherten Bahnübergang muss ferner so vorsichtig herangefahren werden, dass beim plötzlichen Erscheinen eines Zuges rechtzeitig vor dem Gleis angehalten werden kann, notfalls durch zentimeterweises Vortasten (Züge haben Bremswege von 1 km und mehr). Dabei ist zu beachten, dass die Sicht auf die Bahntrasse durch Vegetation häufig erheblich erschwert ist. Kommt selten ein Zug, ist der Gewöhnungseffekt bei häufiger Trassenquerung unfallträchtig, wenn trotz fehlender Sicht zu schnell gefahren wird. Fehlen Anhaltspunkte für eine besondere Gefahr und ist der Bahnübergang außerdem durch eine Lichtsignalanlage gesichert, darf innerorts bei Grün auch mit 50 km/h gefahren werden (BayObLG VerkMitt 1985 Nr. 66 = DAR 1985, 277 = VRS 68, 472).

2.3 Signale

2.3.1 Lichtsignale

Rotes Blinklicht ist eine Sonderregelung gegenüber dem Rot einer Kreuzungsampel und bedeutet absolutes Wartegebot, auch wenn der Zug bereits vorbeigefahren und ein weiterer Zug nicht zu sehen ist (OLG Köln VRS 94, 291). Beim Aufleuchten des Blinklichts ist spätestens vor dem Andreaskreuz anzuhalten, sofern dies durch mittelstarkes Bremsen (etwa 4 m/s^2) möglich

6 Mit der mäßigen Geschwindigkeit soll dem Vorrang des Schienenverkehrs Rechnung getragen werden, um die Wartepflicht erfüllen zu können; innerorts max. 30 km/h, außerorts max. 50 km/h.

7 Da Überholen eine deutlich höhere Geschwindigkeit erfordert, ist für überholende Fahrzeuge eine Annäherung an den Bahnübergang mit nur mäßiger Geschwindigkeit regelmäßig ausgeschlossen, wobei außerdem die Sicht auf den Schienenweg durch das überholte Fahrzeug versperrt wird. Zudem hat das bisherige Wartegebot für KFZ über 7,5 t in der Praxis nicht zu einer Verbesserung der Verkehrsflüssigkeit vor Bahnübergängen geführt. Zur Vermeidung einer Rechtskollision zwischen Wartegebot und Überholverbot ist das Wartegebot für KFZ über 7,5 t nach Abs. 3 alt entfallen. Das Überholverbot für Kraftfahrzeuge ist damit die im Interesse der Verkehrssicherheit klarere Regelung. Fahrräder und andere nicht motorisierte Fahrzeuge dürfen aber weiterhin überholt werden.

8 Sie müssen jedenfalls bei Sichtbeeinträchtigungen durch mangelhaft zurückgeschnittene Büsche nicht das Ohr auf die Schienen legen, um herankommende Züge zu lokalisieren. Wohl aber ist das Autoradio leise zu drehen und das Fenster zum besseren Hören zu öffnen.

Z. 201 in Kombination mit Lichtsignalanlagen an Bahnübergängen

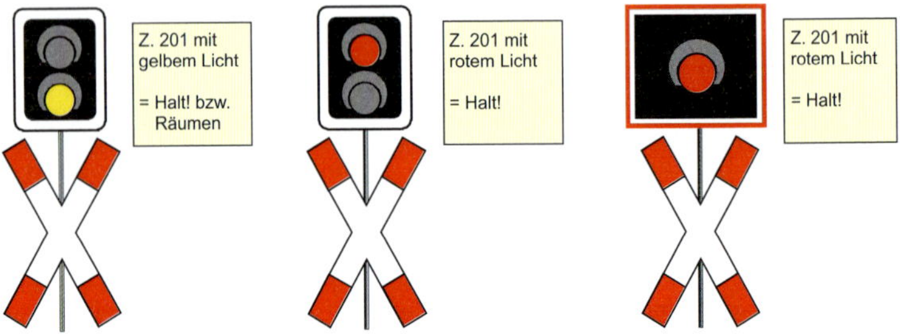

ist; andernfalls darf der Bahnübergang noch überquert werden (OLG Celle NZV 2019, 485 mit Anm. Rinio; OLG Jena VRS 120, 34; OLG Schleswig DAR 1985, 291; BayObLG VerkMitt 1981 Nr. 57 = DAR 1981, 153). Ist dem Senken der Schranken rotes Blinklicht vorgeschaltet, kann darauf vertraut werden, dass drei Sekunden zum Halten vor dem Andreaskreuz verbleiben (OLG Köln VRS 58, 455). Wer (auch wegen tief stehender Sonne) das rote Blinklicht übersieht oder missachtet, handelt grob verkehrswidrig, wenn er weiterfährt (OLG München DAR 2002, 43; OLG Köln VRS 93, 40; NZV 1997, 365; OLG Jena VRS 119, 346).

Dient eine Lichtzeichenanlage der Absicherung sowohl des Bahnüberganges als auch des Querverkehrs einer davor befindlichen Einmündung, liegt tateinheitlich ein qualifizierter Rotlichtverstoß auch gegen § 37 Abs. 2 Nr. 1 vor, wenn eine Sekunde nach dem Aufleuchten des roten Signals in die Einmündung abgebogen wird (BayObLG VerkMitt 2001 Nr. 75). Reichen rotes Blinklicht und Andreaskreuz zur Verhütung von Unfällen auf Bahnübergängen mit erheblichem Verkehr nicht aus, muss der Bahnunternehmer weitere Sicherungsmaßnahmen durch Schranken treffen; andernfalls haftet er anteilig für Unfallrisiken (OLG Oldenburg NZV 1999, 419; OLG Naumburg NZV 2015, 596: keine Haftung bei erkennbaren Spurrillen an Bahngleisen; OLG Hamm NZV 2016, 370: Haftung für Nachlässigkeit des Schrankenwärters).

2.3.2 Akustische Signale

§ 7 Eisenbahnbetriebsordnung (EBO) schreibt vor, dass bestimmte Bahnübergänge ohne Schranken durch hörbare Signale der Züge gesichert werden müssen. Wenn auch das Pfeifsignal der häufigste Anwendungsfall ist, beschränkt sich die Sicherung nach dem Eisenbahnrecht nicht nur darauf; auch andere akustische Signale begründen deshalb eine Wartepflicht vor dem Bahnübergang, z. B. Hupsignale.

2.4 Warten vor und auf Bahnübergängen

In den Fällen des § 19 Abs. 2 Nr. 1 bis 5 ist in sicherer Entfernung vor dem Bahnübergang, spätestens aber am Z. 201 oder vor einer Haltlinie nach Z. 294 zu warten (verkehrsbedingtes Anhalten). Wartepflicht besteht auch bei Pfeifsignalen eines Zuges, weil nach § 7 EBO bestimmte Bahnübergänge durch hörbare Signale der Schienenfahrzeuge gesichert werden müssen (§ 19 Abs. 2 Nr. 5). Glocken- oder Läutzeichen beim Senken der

Schranken (§ 19 Abs. 2 Satz 3) bedeuten das Nahen eines Zuges und verlangen erhöhte Aufmerksamkeit (OLG Jena VRS 120, 36; OLG Braunschweig VRS 54, 222); infolgedessen ist vor dem Andreaskreuz auch dann anzuhalten, wenn sich die Schranken infolge eines technischen Defektes nicht oder nicht völlig schließen (§ 19 Abs. 2 Nr. 1). Eine Verletzung der Wartepflicht begeht, wer trotz möglicher mittlerer Bremsverzögerung von 4 m/s^2 nicht mehr vor dem Bahnübergang anhält. Ein Anhalten durch Gefahrbremsung wird beim Erscheinen von roten oder gelben Lichtsignalen nicht verlangt (OLG Celle VerkMitt 2019 Nr. 24 = VRS 135, 37: es sind Feststellungen zur Entfernung zum Andreaskreuz zu Beginn der Gelbphase und zur Geschwindigkeit erforderlich).

Stockt der Verkehr oder kann der Gleisbereich wegen eines Hindernisses jenseits der Gleise nicht zügig überquert werden, darf wegen des tödlichen Unfallrisikos niemals **auf** dem Bahnübergang gewartet werden. Dabei darf ein zur Weiterfahrt aufforderndes Handzeichen Dritter ohne eigene Prüfung einer sicheren Gleisquerung nicht beachtet werden (OLG Naumburg VerkMitt 2015 Nr. 33). Bei Dunkelheit muss wegen der Auffahrgefahr von hinten herankommender Fahrzeuge die Beleuchtung (Abblendlicht oder Standlicht) auch dann eingeschaltet bleiben, wenn der Motor abgestellt wird. Die Verpflichtung zum Abschalten des Motors beim Warten vor dem Bahnübergang folgt aus § 30 Abs. 1 (unnötiges Laufenlassen des Fahrzeugmotors).

Standlicht ist einzuschalten, wenn es infolge von Anrampung des Übergangs zur Blendung des Gegenverkehrs kommt; weder der Lokomotivführer noch der Gegenverkehr dürfen geblendet werden. Mehrspuriges Auffahren vor einer geschlossenen Bahnschranke ist wegen des Überholverbots nach § 19 Abs. 1 Satz 2 unzulässig (BGH VRS 48, 381: bei Überholverbotszeichen 276). Kann der Nachfolgende infolge eines unvorhersehbaren Fahrzeugdefektes des Vordermannes den Bahnübergang nicht räumen, liegt kein Verstoß gegen § 19 Abs. 3 vor (LG Limburg DAR 2006, 330); ungeachtet dessen muss er versuchen, den Bahnübergang sofort freizumachen.

2.5 Halt- und Parkverbot

Haltverbot besteht „auf" den nach § 19 bezeichneten höhengleichen Übergängen; es folgt nicht aus Z. 201, weil das Andreaskreuz nicht den „Bahnübergang", sondern nur den Vorrang des Schienenverkehrs regelt; das Haltverbot ist deshalb weiterhin in § 12 Abs. 1 Nr. 4 verankert. Das Haltverbot gilt auch dann, wenn die Gleise Bestandteil der Fahrbahn sind und dieser Raum durch Andreaskreuze abgesichert ist. Haltverbot besteht außerdem bis zu 10 m vor dem Andreaskreuz (Z. 201), wenn es verdeckt wird (Anl. 2 lfd. Nr. 1 – Z. 201). Ist der Bahnübergang durch eine Signalanlage abgesichert, darf 10 m davor nicht gehalten werden, wenn das Signal verdeckt wird (§ 37 Abs. 1 Satz 2; s. a. Erl. 2.3.12 zu § 12).

Parkverbot besteht vor und hinter Andreaskreuzen, und zwar **innerorts** bis zu **5 m**, **außerorts** bis zu **50 m** (Anl. 2 lfd. Nr. 1 – Z. 201; s. a. Erl. 2.4.5 zu § 12).

3 Hinweise

3.1 Rot-weiße Schranken an **Bahnübergängen**: § 43 Abs. 1. Richtlinien über die Abhängigkeit zwischen der technischen Sicherung von Bahnübergängen und der Verkehrsregelung an benachbarten Straßenkreuzungen und

-einmündungen: VkBl. 1972, 547; 1977, 90; 1984, 38 (BÜStRA). Bahnübergänge nach der Straßenbahn-Bau- und Betriebsordnung siehe BOStrab.[9]

An Bahnübergängen von Privatwegen müssen nicht bahnbediente Schranken verschlossen bleiben (BGH DAR 1955, 199 = VRS 9, 202).

3.2 Weiß-rot-weiße Warnfahne für Bahnbedienstete: § 19 Abs. 5.

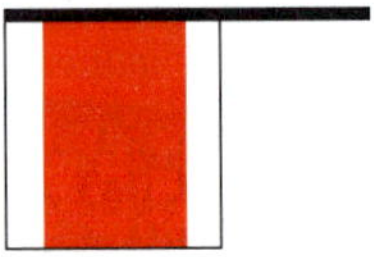

3.3 Die vorderen drei **Scheinwerfer** eines **Zuges** haben die Form eines Dreiecks (Signalordnung der Bahn). Das gilt auch für den ICE, bei dem am Tage allerdings nur zwei weiße Scheinwerfer sichtbar sind; der dritte, obere Scheinwerfer befindet sich verdeckt in Höhe des Lokführerstandes. Kraftfahrer können deshalb bei Dunkelheit aus dem Signalbild das Herannahen eines Zuges erkennen. Hinten haben Züge zwei rote Leuchten.

Beispiel dreieckiges Signalbild von Schienenbahnen (Vorderansicht)

9 **Verordnung über den Bau und Betrieb der Straßenbahnen (Straßenbahn-Bau- und Betriebsordnung – BOStrab)** vom 11.12.1987 (BGBl. I S. 2648) i.d.F. vom 1.10.2019 (BGBl. I S. 1410)

§ 20 Bahnübergänge (Auszug)

(1) Die Straßenbahn hat an höhengleichen Kreuzungen von besonderen und unabhängigen Bahnkörpern mit Straßen, Wegen und Plätzen (Bahnübergängen) Vorrang, soweit die Straßenverkehrs-Ordnung dies bestimmt. Bahnübergänge über unabhängige Bahnkörper sind nach den nachfolgenden Vorschriften zu sichern. An anderen Bahnübergängen oder an Kreuzungen im Bereich straßenbündiger Bahnkörper ist darauf hinzuwirken, dass der Straßenbahnverkehr durch den übrigen Verkehr nicht mehr als unvermeidbar beeinträchtigt wird.

(2) Bahnübergänge im Sinne des Absatzes 1 Satz 2 mit Vorrang für die Straßenbahn sind durch Übersicht auf die Bahnstrecke zu sichern. Diese ist vorhanden, wenn die übrigen Verkehrsteilnehmer die Bahnstrecke so weit und aus einem solchen Abstand einsehen können, dass sie bei Anwendung der im Verkehr erforderlichen Sorgfalt den Bahnübergang ungefährdet überqueren oder vor ihm anhalten können. Die Übersicht kann nur durch eine technische Sicherung im Sinne des Absatzes 5 ersetzt werden. Bei Bahnübergängen von Fuß- und Radwegen auf Streckenabschnitten mit Fahren auf Sicht genügt eine Lichtzeichenanlage.

(3) Bahnübergänge im Sinne des Absatzes 1 Satz 2 mit Vorrang für die Straßenbahn müssen nach Absatz 5 technisch gesichert sein, wenn auf dem Bahnübergang Straßenbahnen auf Zugsicherung fahren, auf der kreuzenden Straße schneller als 50 km/h gefahren werden darf oder der Bahnübergang innerhalb eines Tages in der Regel von mehr als 100 Kraftfahrzeugen überquert wird.

[(4) und (5) regeln die technische Sicherung.]

3.4 Freiheitsstrafe oder Geldstrafe bei grob verkehrswidrigem und rücksichtslosem zu schnellem Fahren an Bahnübergängen mit konkreter Gefährdung von Personen oder bedeutenden Sachwerten (ab 750 €) und Gefährdung des Schienenverkehrs durch Hindernisse: §§ 315, 315c StGB.

3.5 Hinweis zum **Abstellen des Motors** beim Warten vor geschlossenen Schranken oder rotem Lichtsignal; die Verpflichtung folgt nicht aus dem Schild selbst, wohl aber aus § 30 Abs. 1 (vermeidbare Abgas- oder Lärmbelästigung).

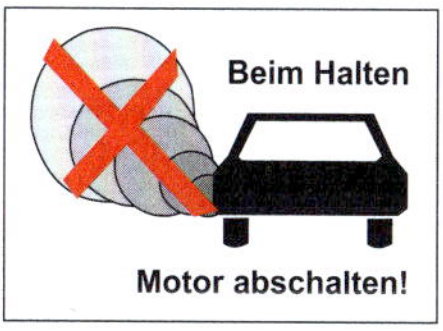

3.6 Der Betriebsunternehmer einer Bahnstrecke haftet für Schäden bei unzureichend gesicherten Bahnübergängen oder Nachlässigkeiten des Schrankenwärters (OLG Hamm NJW 2016, 332).

§ 20 Öffentliche Verkehrsmittel und Schulbusse

(1) An Omnibussen des Linienverkehrs, an Straßenbahnen und an gekennzeichneten Schulbussen, die an Haltestellen (Zeichen 224) halten, darf, auch im Gegenverkehr, nur vorsichtig vorbeigefahren werden.

(2) Wenn Fahrgäste ein- oder aussteigen, darf rechts nur mit Schrittgeschwindigkeit und nur in einem solchen Abstand vorbeigefahren werden, dass eine Gefährdung von Fahrgästen ausgeschlossen ist. Sie dürfen auch nicht behindert werden. Wenn nötig, muss, wer ein Fahrzeug führt, warten.

(3) Omnibusse des Linienverkehrs und gekennzeichnete Schulbusse, die sich einer Haltestelle (Zeichen 224) nähern und Warnblinklicht eingeschaltet haben, dürfen nicht überholt werden.

(4) An Omnibussen des Linienverkehrs und an gekennzeichneten Schulbussen, die an Haltestellen (Zeichen 224) halten und Warnblinklicht eingeschaltet haben, darf nur mit Schrittgeschwindigkeit und nur in einem solchen Abstand vorbeigefahren werden, dass eine Gefährdung von Fahrgästen ausgeschlossen ist. Die Schrittgeschwindigkeit gilt auch für den Gegenverkehr auf derselben Fahrbahn. Die Fahrgäste dürfen auch nicht behindert werden. Wenn nötig, muss, wer ein Fahrzeug führt, warten.

(5) Omnibussen des Linienverkehrs und Schulbussen ist das Abfahren von gekennzeichneten Haltestellen zu ermöglichen. Wenn nötig, müssen andere Fahrzeuge warten.

(6) Personen, die öffentliche Verkehrsmittel benutzen wollen, müssen sie auf den Gehwegen, den Seitenstreifen oder einer Haltestelleninsel, sonst am Rand der Fahrbahn erwarten.

VwV-StVO zu § 20 Öffentliche Verkehrsmittel und Schulbusse

Zu Absatz 4

1 I. Vor der Festlegung von Haltestellen von Schulbussen sind von der Straßenverkehrsbehörde neben Polizei und Straßenbaubehörde auch Schule, Schulträger und Schulbusunternehmer zu hören. Dabei ist darauf zu achten, dass die Schulbusse möglichst – gegebenenfalls unter Hinnahme eines Umwegs – so halten, dass die Kinder die Fahrbahn nicht überqueren müssen.

2 II. Es ist vorzusehen, dass Schulbusse nur rechts halten. Die Mitbenutzung der Haltestellen öffentlicher Verkehrsmittel ist anzustreben.

1 Aus der amtlichen Begründung

(entfällt)

2 Erläuterungen

2.1 Vorrang öffentlicher Verkehrsmittel

Der Vorrang öffentlicher Verkehrsmittel und der Schulbusse ist beim Überholen von Linienbussen mit Warnblinklicht für den Mitverkehr (§ 20 Abs. 3), beim Halten an Haltestellen für den Gegen- und Mitverkehr (§ 20 Abs. 1, 2

Vorbeifahren an Haltestellen öffentlicher Verkehrsmittel

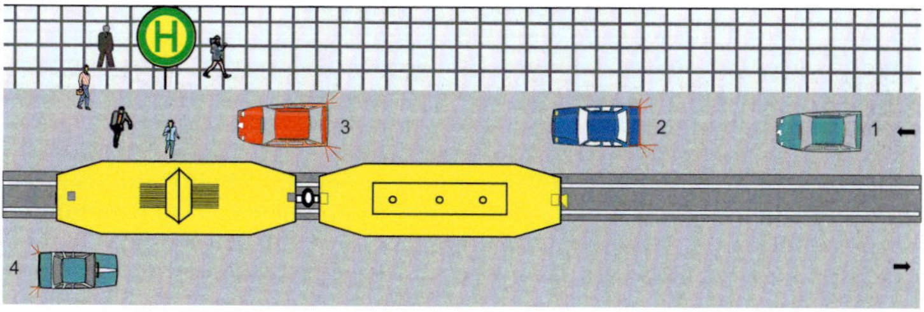

An Haltestellen (Z. 224) haltenden Straßenbahnen, Linien- und Schulbussen darf der Mit- und Gegenverkehr nur vorsichtig vorbeifahren (§ 20 Abs. 1). Diese Verpflichtung gilt auch, wenn keine Fahrgäste ein- oder aussteigen. Die Geschwindigkeit muss spätestens beim Erreichen der öffentlichen Verkehrsmittel (KFZ 1 und 2) so herabgesetzt werden, dass jederzeit ohne Gefahrbremsung angehalten werden kann (max. 10–20 km/h).

Steigen Fahrgäste ein oder aus, darf das zulässige Tempo rechts nur noch Schrittgeschwindigkeit (5–7 km/h) betragen (KFZ 2). Ist trotz Schrittgeschwindigkeit eine Behinderung der Fahrgäste nicht auszuschließen, muss gewartet werden (KFZ 3). Der Gegenverkehr (KFZ 4) muss hingegen sein Tempo lediglich so herabsetzen, dass jederzeit angehalten werden kann (max. Tempo 30).

und 4) sowie für den Mitverkehr beim Abfahren von Haltestellen (§ 20 Abs. 5) zu beachten. Andererseits dürfen abfahrende Linienbusse den fließenden Verkehr nicht gefährden (OLG Düsseldorf VRS 82, 373). Ihr Vorrang erlischt, wenn sie nach rechtzeitiger und deutlicher Anzeige angefahren sind und sich in den fließenden Verkehr eingegliedert haben (BayObLG VRS 79, 302). Der Vorrang gilt nicht beim Wenden der Busse (KG VerkMitt 1991 Nr. 2). Die Regelung gilt nicht für PKW im Linienersatzdienst oder freigestellten Schüler- und Behindertenverkehr. Zu beachten ist dabei aber der Gefährdungsausschluss bei verkehrsschwachen Personen (§ 3 Abs. 2a). Steht ein PKW mit Warnblinklicht an einer Haltestelle, ist deshalb Vorsicht geboten.

2.2 Überholverbot (§ 20 Abs. 3)

Linienbusse und gekennzeichnete Schulbusse, die von der Verkehrsbehörde für sie bezeichnete Haltestellen anfahren, müssen Warnblinklicht einschalten (§ 16 Abs. 2). Sie dürfen dann nicht mehr überholt werden. Eine Kennzeichnung solcher Haltestellen ist nicht vorgesehen. Kraftfahrer müssen den Überholvorgang abbrechen, wenn Warnblinklicht eingeschaltet wird. Befinden sie sich links neben dem noch fahrenden Bus, sind meist nur die linken Blinkleuchten sichtbar. Ist anzunehmen, dass es sich um Warnblinklicht handelt, sollte der Überholvorgang abgebrochen werden, wenn dies ohne Gefährdung des Mitverkehrs möglich ist. Haben Linien- und Schulbusse an Haltestellen angehalten, werden sie nicht „überholt", sondern es wird an ihnen i. S. d. § 6 vorbeigefahren. Fahrzeuge, die hinter Linien- und Schulbussen ihrerseits angehalten haben, warten verkehrsbedingt, so dass diese Fahrzeuge „überholt" werden.[1]

1 Anders dagegen bei grob verkehrswidrigen und rücksichtslosen Straftaten nach § 315c Abs. 1 Nr. 2b StGB. Dort unterliegen dem Begriff „Überholen" – anders als in der StVO – alle Verkehrsvorgänge, bei denen an einem anderen Fahrzeug vorbeigezogen wird, gleich ob das Fahrzeug hält oder sich auf einer anderen Ebene der Straße befindet, z. B. Radweg, Seitenstreifen. Hinzukommen muss dann noch eine Gefährdung von Personen oder bedeutenden Sachgütern (ab 750 €).

Bei straßenbündig und mittig verlegten Gleisanlagen dürfen Straßenbahnen auf Straßen mit Gegenverkehr nicht links, sondern nur **rechts** überholt werden (§ 5 Abs. 7 Satz 2). Infolge der Länge von Straßenbahnen sollen dadurch lange Überholwege und Risiken für den Gegenverkehr vermieden werden. An Haltestellen haltende Straßenbahnen werden nicht überholt, sondern an ihnen wird im Rechtssinn vorbeigefahren. Ob auch links an einer haltenden Straßenbahn vorbeigefahren werden darf, lässt die StVO offen; eine entsprechende Regelung wie § 5 Abs. 7 Satz 2 fehlt bei § 6. Wegen der besonderen Pflichten aus § 20 Abs. 2 und gegenüber dem Gegenverkehr darf aber im Regelfall nicht links, sondern nur rechts an der haltenden Straßenbahn mit Schrittgeschwindigkeit in einem solchen Abstand vorbeigefahren werden, dass Fahrgäste weder behindert noch gefährdet werden. Ist das nicht möglich, muss gewartet werden (§ 20 Abs. 2). Die Wartepflicht orientiert sich dabei an der notwendigen Rücksichtnahme aus § 1 Abs. 1.

Ist Rechtsüberholen wegen rechts verlegter Gleise nicht möglich, darf links überholt werden. Befinden sich Schienengleise auf Straßen ohne Gegenverkehr in der Straßenmitte (echte oder unechte Einbahnstraßen), darf vorsichtig rechts oder links überholt werden.

2.3 Sorgfaltspflichten bei öffentlichen Verkehrsmitteln

Die besonderen Sorgfaltspflichten des § 20 beziehen sich nicht nur auf Fahrgäste, sondern auf **alle** Fußgänger, die die Fahrbahn im Bereich eines an der Haltestelle haltenden öffentlichen Verkehrsmittels überqueren (BGH VerkMitt 2006 Nr. 58 = DAR 2006, 442 = VRS 111, 117 = NZV 2006, 465 = SVR 2006, 380: auf die Fahrgasteigenschaft kommt es nicht an; OLG Koblenz NZV 2014, 31; OLG Köln NZV 2003, 189; OLG Köln VerkMitt 2002 Nr. 80 = VRS 102, 436 = NZV 2002, 356). Auch der Busfahrer selbst muss bei der Annäherung an eine Schulbushaltestelle mit atypischem Verhalten wartender Schulkinder rechnen und darf deshalb an die Haltestelle nur vorsichtig heranfahren (LG Aachen SVR 2011, 180). Andererseits dürfen Fußgänger die Straße nur unter Beachtung des Fahrzeugverkehrs überqueren (§ 25 Abs. 3 Satz 1). Aussteigende Fahrgäste müssen deshalb zunächst den Fahrverkehr vorbeilassen, ehe sie die Fahrbahn vor oder hinter öffentlichen Verkehrsmitteln überschreiten dürfen (OLG Stuttgart DAR 2017, 709).

Bei mittig verlegten Gleisen darf an Haltestellen von Straßenbahnen rechts nur vorsichtig mit max. Schrittgeschwindigkeit mit einem solchen Abstand vorbeigefahren werden, dass Fahrgäste weder behindert noch gefährdet werden; notfalls ist zu warten (§ 20 Abs. 2). Die Wartepflicht orientiert sich dabei an der notwendigen Rücksichtnahme aus § 1 Abs. 1 (d. h., im Regelfall ist zu warten). Unzulässig ist auch, noch schnell an der bremsenden Straßenbahn vorbeizukommen, wenn der Überholvorgang nicht vor Stillstand der Straßenbahn beendet werden kann und Fahrgäste dadurch beim Aussteigen belästigt oder behindert werden (§ 1 Abs. 2).[2]

Schienenbahnen sind durch § 2 Abs. 3 im Interesse der Fahrdynamik und Fahrplangestaltung auf straßenbündigen Gleisen im Längsverkehr gegenüber geradeausfahrenden, links- bzw. rechtsabbiegenden oder wendenden

2 Hilfreich kann hier die deutliche Hervorhebung der Haltestelle durch großflächige Markierung des Haltestellenzeichens 224 auf der Fahrbahn sein, damit Fahrzeuge den Haltestellenbereich besser übersehen können.

Fahrzeugen begünstigt (OLG Brandenburg SVR 2009, 423; LG Dresden DAR 2002, 360). Die Schienenbahn benötigt bei der Durchfahrt ausreichenden Seitenabstand, so dass der Mitverkehr das Rechtsfahrgebot besonders beachten muss. Bei mittig verlegten Gleisen und engem Verkehrsraum muss die Straßenbahn vorgelassen werden. Außerdem haben Schienenbahnen im Mitverkehr gegenüber Linksabbiegern Vorrang; für Linksabbieger besteht bei Behinderung von Straßenbahnen Einordnungsverbot auf Gleisen (§ 9 Abs. 1 Satz 3), auch vor LZA (LG Berlin NZV 2012, 186: keine Haftung der auf einen PKW auffahrenden Straßenbahn nach dessen Überholvorgang). Der Vorrang gilt nicht beim Einfahren in die Straße oder beim Abbiegen; hier müssen Straßenbahnen die Vorfahrt- und Abbiegeregeln beachten. Außerdem dürfen Straßenbahnen den Vorrang nicht erzwingen.

An einem rechts haltenden Linienbus darf ein Kraftfahrer nur vorsichtig mit einem Seitenabstand von 2 m links vorbeifahren. Sind Kinder ausgestiegen, muss der Abstand größer sein und Schrittgeschwindigkeit eingehalten werden (§ 20 Abs. 2). Mit plötzlich die Fahrbahn querenden Fußgängern, die den ankommenden oder schon haltenden Bus erreichen wollen, ist stets zu rechnen (KG VerkMitt 1974 Nr. 15), ebenso mit ausgestiegenen und hinter dem Linienbus über die Fahrbahn laufenden Fahrgästen, wenn die Haltestelle nicht in unmittelbarer Nähe einer ampelgeregelten Kreuzung liegt (OLG Hamm NZV 2010, 566; KG VerkMitt 1987 Nr. 101). Ist der Bus oder die Straßenbahn von der Haltestelle abgefahren, endet die besondere Sorgfaltspflicht (KG VerkMitt 2010 Nr. 10 = NZV 2010, 200). An Haltestellen hat auch der Gegenverkehr auf Fußgänger am Straßenrand zu achten (OLG Celle NZV 1991, 228).[3]

Fahrgäste dürfen beim Aus- und Einsteigen nicht behindert werden (OLG Düsseldorf VerkMitt 1998 Nr. 26 = VRS 94, 292). Das gilt auch für Radfahrer auf Radwegen, die entlang der Haltestelle angelegt sind. Radfahrer müssen dann auf aus- und einsteigende Fahrgäste von Bussen oder Bahnen besondere Rücksicht nehmen und notfalls warten (KG NZV 2015, 187 = SVR 3/2015 zu III: Haftung des Radfahrers zu 80 %).

Fährt der Kraftfahrer an einem in der Gegenrichtung haltenden Bus ohne Warnblinklicht mit einem Abstand von 1,50 m vorbei, hat er die Fahrgeschwindigkeit auf weniger als 30 km/h herabzusetzen, um sofort anhalten zu können (OLG Köln VRS 102, 436).

Hält der Bus **mit Warnblinklicht** an der Haltestelle, darf im Mit- und Gegenverkehr nur mit Schrittgeschwindigkeit (5–7 km/h) vorbeigefahren werden. Auf die Fahrbahn querende Kinder ist besonders zu achten (OLG Koblenz NZV 2014, 31). Deshalb ist bei Annäherung das Tempo so weit zu verringern, dass innerhalb der Sichtstrecke spätestens in Höhe des Busses ohne Gefahrbremsung jederzeit angehalten werden kann. Kann bei der Vorbeifahrt auch mit Schrittgeschwindigkeit eine Gefährdung nicht ausgeschlossen werden, ist vor dem Bus zu warten.

2.4 Vorrang beim Abfahren von einer Haltestelle

Der Busfahrer hat beim Abfahren von der Haltestelle Vorrang vor dem fließenden Verkehr (KG DAR 2019, 83). Insoweit geht der Vorrang nach § 20 Abs. 5 der Verpflichtung zum Gefährdungsausschluss beim Anfahren

3 Die besondere Sorgfaltspflicht bezieht sich nicht auf die durch Mittelstreifen getrennte Richtungsfahrbahn des Gegenverkehrs.

nach § 10 Satz 1 vor. Der Busfahrer muss dabei seine Abfahrabsicht von der Haltestelle rechtzeitig (3–5 s vorher) und deutlich i. S. d. § 10 Satz 2 ankündigen (OLG Köln VerkMitt 1984 Nr. 74 = VRS 67, 59). Vorbeifahrende Kraftfahrer müssen sich schon vorher darauf einstellen und eine mit dem Anfahren verbundene Behinderung hinnehmen (OLG Düsseldorf VRS 65, 336). Der Vorrang ändert aber nichts an der allgemeinen Sorgfaltspflicht, so dass der Busfahrer nicht blindlings ohne Rücksicht auf Gefahren für den fließenden Verkehr einfahren darf (OLG Düsseldorf DAR 1983, 301; OLG Bremen VersR 1976, 545). Er darf einen nahe herangekommenen PKW nicht zu gefährlichem Bremsen oder Ausweichen zwingen (OLG Hamm VRS 53, 377 = DAR 1978, 82). Im Zweifel kann er sich darauf verlassen, dass die Teilnehmer am fließenden Verkehr ihrer Wartepflicht nachkommen (BGH VerkMitt 1979 Nr. 57 = VRS 56, 202 = MDR 1979, 332 = DAR 1979, 224 = NJW 1979, 1894; KG VerkMitt 2009 Nr. 12 = VRS 115, 283 = NZV 2009, 237). Bleibt strittig, ob der Busfahrer beim Abfahren von der Haltestelle den Fahrtrichtungsanzeiger betätigt hat, kann daraus allein kein Verschulden des mit dem Bus kollidierten Fahrers aus § 20 Abs. 5 hergeleitet werden (LG Saarbrücken NZV 2013, 35).

Der Bus muss u. U. warten, wenn ein soeben bei Grün losgefahrener Fahrzeugpulk von hinten herankommt (§ 11 Abs. 3). Vom Abbiegen nach rechts muss er absehen, wenn ein daneben abbiegendes Fahrzeug nicht auswei-

Geschwindigkeit beim Vorbeifahren an haltendem Schulbus mit Warnblinklicht

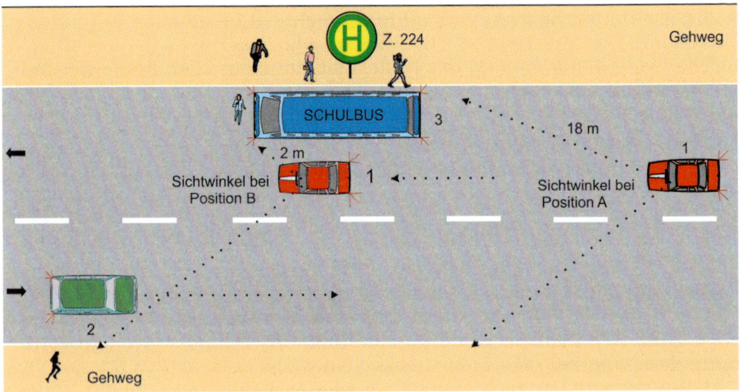

Bei Annäherung an einen an der Haltestelle stehenden Bus mit Warnblinklicht muss KFZ 1 zunächst sein Tempo so herabsetzen, dass Gefährdungen von Kindern vermieden werden (§ 3 Abs. 2a). KFZ 1 hat bei Position A nach rechts 18 m Sicht. Der Anhalteweg darf deshalb bei Position A nicht länger als 18 m sein. Nach der Faustformel beträgt der Reaktionsweg bei 30 km/h = 9 m, der Bremsweg = 9 m und der Anhalteweg (9 + 9 m) = 18 m. KFZ 1 muss daher bei der Annäherung die Geschwindigkeit innerorts etwa ab der doppelten Buslänge deutlich auf 30 km/h (außerorts von 100 auf 30 km/h) verringern. Beim Erreichen des Busses darf KFZ 1 nur noch mit Schrittgeschwindigkeit (5–7 km/h) und in einem solchen Abstand vorbeifahren, dass eine Gefährdung oder Behinderung vermieden wird. Bei Position B muss KFZ 1 wegen des geringen Sichtwinkels noch langsamer fahren oder anhalten.

KFZ 2 hat sein Tempo ebenfalls bei Annäherung an den Schulbus der geringsten Sichtstrecke anzupassen. Nach § 20 Abs. 4 darf es nur mit Schrittgeschwindigkeit und in einem gefährdungsausschließenden Abstand so vorbeifahren, dass eine Behinderung der Schulkinder ausgeschlossen ist. Die Regelung gilt unabhängig von sichtbar ein- und aussteigenden Fahrgästen.

Signalisierung von Fußgängerfurten über Gleisanlagen von Straßenbahnen

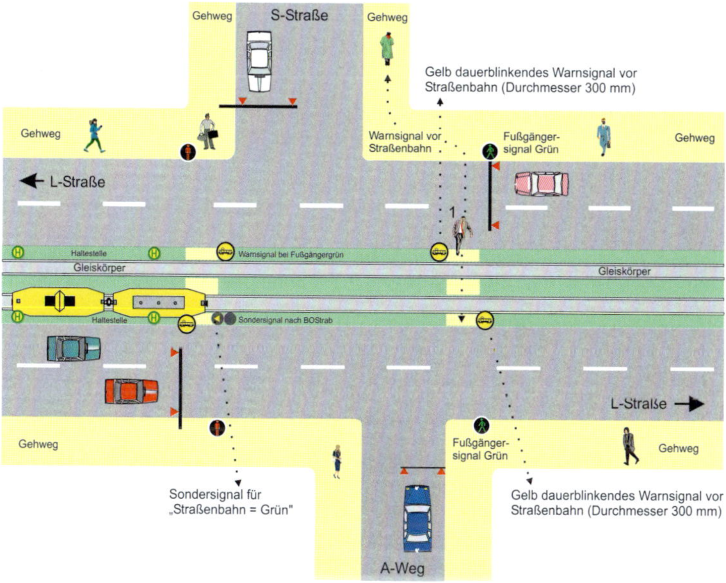

Fußgänger 1 quert bei Fußgängergrün die L-Straße über die Straßenbahngleise in Richtung A-Weg. An der Fußgängerfurt befindet sich am Gleiskörper ein bei Fußgängergrün gelb dauerblinkendes Warnsignal mit Straßenbahnsymbol, das nicht durch eine herannahende Straßenbahn ausgelöst wird. Straßenbahn 2 fährt auf Grund des BOStrab-Sondersignals „Grün" von der Haltestelle ab und erreicht die Fußgängerfurt mit etwa 30 km/h. Dort erfasst sie Fußgänger 1, der schwer verletzt wird.

Fußgängerfurten, die über Gleisbereiche führen, müssen auf dem Gleiskörper zusätzlich signaltechnisch abgesichert werden. Ein bei Fußgängergrün dauernd blinkendes Signal reicht dabei zur Warnung vor herannahenden Straßenbahnen nicht aus. Ein zeitliches Übermaß an Signalen stumpft ab und verhindert die gezielte, zeitlich auf die tatsächliche Annäherung der Bahn konzentrierte Warnung der Fußgänger (OLG Köln VerkMitt 2001 Nr. 77). Begnügen sich Straßenverkehrsbehörden und Bahnunternehmer mit solchen Signalen, haften sie für Schäden aus Art. 34 GG, §§ 839, 847 BGB und § 1 HaftPflG.

chen kann und gefährdet würde (KG VerkMitt 1991 Nr. 81 = NZV 1991, 193). Kein Vorrang des Linienbusses beim Anfahren aus einer Wendeschleife; hier gilt § 10 (OLG Düsseldorf VersR 1983, 542).

2.5 Sorgfaltspflichten bei Schulbussen

Ob ein Bus tatsächlich als Schulbus eingesetzt wird, ist unerheblich; stets ist damit zu rechnen, dass hinter ihm Kinder über die Fahrbahn laufen (OLG Koblenz NZV 2014, 31; OLG Oldenburg NZV 1991, 468). Wird beim Zusatzzeichen „Schulbus" zu Z. 224 die tageszeitliche Benutzung der Haltestelle angegeben, ist zu diesen Zeiten dort mit verminderter Geschwindigkeit und erhöhter Reaktionsbereitschaft zu fahren. Auch der Schulbus muss die Geschwindigkeit an der Haltestelle auf Schrittgeschwindigkeit reduzieren (OLG Köln VRS 89, 93).

2.6 Sicherheit der Fahrgäste

Der Busfahrer braucht vor dem Anfahren nicht festzustellen, ob alle Fahrgäste einen sicheren Halt haben (OLG Köln VRS 71, 96); auf stark behinderte Fahrgäste muss er aber besondere Rücksicht nehmen (BGH NZV 1993, 108 = DAR 1993, 103; OLG Hamm NZV 1993, 26). Bei Straßenbahnen oder Linienbussen muss immer mit ruckartigen Fahrbewegungen gerechnet werden. Fahrgäste sind deshalb auch beim Einsteigen selbst für festen Halt und ihre Standsicherheit verantwortlich; der Beweis des ersten Anscheins spricht deshalb für ein Eigenverschulden (OLG Dresden NZV 2018, 76; OLG Hamm NZV 2017, 377 m. Anm. Filthaut S. 379: erhebliches Mitverschulden des Fahrgastes bei mangelnder Eigensicherung; OLG Hamm NZV 2018, 373 mit Anm. Filthaut: Eigensicherung gilt auch für Schwerbehinderte; OLG Frankfurt NZV 2016, 272: Anscheinsbeweis ist bei Bremsmanöver erschüttert, bei denen alle Fahrgäste von den Sitzen rutschen; OLG Naumburg VerkMitt 2013 Nr. 78 = NZV 2014, 356; OLG Frankfurt NZV 2013, 77; KG NZV 2013, 78; KG SVR 2011, 224 und SVR 2011, 66 = NZV 2011, 197; OLG Frankfurt NZV 2011, 199; OLG Bremen NZV 2011, 540; LG Dresden NZV 2014, 227: Sturz am Fahrkartenautomaten in der Straßenbahn; AG Potsdam NZV 2014, 358: Sturz beim Suchen nach dem Fahrschein; LG Wiesbaden NZV 2011, 201; LG Dresden NZV 2011, 202; OLG Karlsruhe NZV 2011, 141: Haftung bei Sturz durch nachdrängende Fahrgäste; OLG Düsseldorf NZV 2011, 393: Kostenersatz bei Verhinderung des Sturzes eines Fahrgastes; OLG Naumburg VerkMitt 2011 Nr. 71 = DAR 2012, 84 = NZV 2012, 76: keine schuldhafte Verletzung der Eigensicherung; OLG Frankfurt a. M. NZV 2015, 442: zur Unfallversion des Fahrgastes). Nur bei erkennbaren mobilitätsbehinderten oder hilflosen Fahrgästen muss der Busfahrer auf deren Sicherung achten.

3 Hinweise

3.1 Verhalten von Abbiegern gegenüber Schienenfahrzeugen, die neben der Fahrbahn in gleicher Richtung fahren: § 9 Abs. 3. Besondere Lichtzeichen für Schienenbahnen sowie für Linienomnibusse, die einen vom übrigen Fahrverkehr freigehaltenen Verkehrsraum benutzen: § 37 Abs. 2 Nr. 4.

3.2 Warnblinklicht bei Linien- und Schulbussen: § 16 Abs. 2.

3.3 „Schwarzfahren" in öffentlichen Verkehrsmitteln ist eine Straftat nach § 256a StGB[4] (OLG Köln VerkMitt 2016 Nr. 13 = NZV 2016, 192). Diskutiert wird aber seit 2017, die Strafbarkeit des Schwarzfahrens zu streichen (Mitsch NZV 2019, 70, s. a. Sasse NJ 2019, 59).

3.4 Kennzeichnung und Beschilderung von Linienomnibussen: § 33 BOKraft; von Schulbussen: Anl. 4 zu § 33 Abs. 4 BOKraft (orangefarbenes

4 **§ 265a StGB Erschleichen von Leistungen** (Auszug)
(1) Wer die ... Beförderung durch ein Verkehrsmittel ... in der Absicht erschleicht, das Entgelt nicht zu entrichten, wird mit Freiheitsstrafe bis zu einem Jahr oder mit Geldstrafe bestraft, wenn die Tat nicht in anderen Vorschriften mit schwererer Strafe bedroht ist.
(2) Der Versuch ist strafbar.
(3) Die §§ 247 und 248a gelten entsprechend.

Schild „Schulbus", quadratisch 60 × 60 cm); Anforderungen an Straßenbahnhaltestellen: § 31 BOStrab.

Schulbus-Schild
(Anlage 4)

Sinnbild für Sitzplätze
für behinderte und andere
sitzplatzbedürftige Personen
(Anlage 5)

3.5 Kennzeichnung von Linienbussen des ÖPNV mit Beförderungsmöglichkeit von E-Scootern (VkBl. 2017, 935, s. a. VkBl. 2018, 282).

Kennzeichnung als zur
Beförderung von E-Scootern
geeigneter Linienbus

Kennzeichnung als zur
Beförderung in Linienbussen
geeigneter E-Scooter

§ 21 Personenbeförderung

(1) In Kraftfahrzeugen dürfen nicht mehr Personen befördert werden, als mit Sicherheitsgurten ausgerüstete Sitzplätze vorhanden sind. Abweichend von Satz 1 dürfen in Kraftfahrzeugen, für die Sicherheitsgurte nicht für alle Sitzplätze vorgeschrieben sind, so viele Personen befördert werden, wie Sitzplätze vorhanden sind. Die Sätze 1 und 2 gelten nicht in Kraftomnibussen, bei denen die Beförderung stehender Fahrgäste zugelassen ist. Es ist verboten, Personen mitzunehmen

1. **auf Krafträdern ohne besonderen Sitz,**
2. **auf Zugmaschinen ohne geeignete Sitzgelegenheit oder**
3. **in Wohnanhängern hinter Kraftfahrzeugen.**

(1a) Kinder bis zum vollendeten 12. Lebensjahr, die kleiner als 150 cm sind, dürfen in Kraftfahrzeugen auf Sitzen, für die Sicherheitsgurte vorgeschrieben sind, nur mitgenommen werden, wenn Rückhalteeinrichtungen für Kinder benutzt werden, die den in Artikel 2 Absatz 1c der Richtlinie 91/671/EWG des Rates vom 16. Dezember 1991 über die Gurtanlegepflicht und die Pflicht zur Benutzung von Kinderrückhalteeinrichtungen in Kraftfahrzeugen (ABl. L 373 vom 31.12.1991, S. 26), der zuletzt durch Artikel 1 Absatz 2 der Durchführungsrichtlinie 2014/37/EU vom 27. Februar 2014 (ABl. L 59 vom 28.2.2014, S. 32) neu gefasst worden ist, genannten Anforderungen genügen[1] und für das Kind geeignet sind.[2] Abweichend von Satz 1

1. **ist in Kraftomnibussen mit einer zulässigen Gesamtmasse von mehr als 3,5 t Satz 1 nicht anzuwenden,**
2. **dürfen Kinder ab dem vollendeten dritten Lebensjahr auf Rücksitzen mit den vorgeschriebenen Sicherheitsgurten gesichert werden, soweit wegen der Sicherung anderer Kinder mit Kinderrückhalteeinrichtungen für die Befestigung weiterer Rückhalteeinrichtungen für Kinder keine Möglichkeit besteht,**
3. **ist**
   a) **beim Verkehr mit Taxen und**
   b) **bei sonstigen Verkehren mit Personenkraftwagen, wenn eine Beförderungspflicht im Sinne des § 22 des Personenbeförderungsgesetzes besteht,**

   auf Rücksitzen die Verpflichtung zur Sicherung von Kindern mit amtlich genehmigten und geeigneten Rückhalteeinrichtungen auf zwei Kinder mit einem Gewicht ab 9 kg beschränkt, wobei wenigstens für ein Kind mit einem Gewicht zwischen 9 und 18 kg eine Sicherung möglich sein muss; diese Ausnahmeregelung gilt nicht, wenn eine regelmäßige Beförderung von Kindern gegeben ist.

---

1 Die Regelung ist nach Art. 3 der 16. VO zur Änderung der StVO vom 11.5.2006 (BGBl. I S. 1160/VkBl. S. 466) am 8.4.2008 in Kraft getreten. Bis dahin genügten die bisher „amtlich genehmigten" Rückhalteeinrichtungen.

2 **Siebte Ausnahmeverordnung** zur StVO vom 17.12.1997 (BGBl. I S. 3196 = VkBl. 1998, S. 98) i.d.F. vom 18.11.2002 (BGBl. I S. 4414 = VkBl. 2003, S. 3) und vom 21.12.2005 (BGBl. I S. 3631 = VkBl. 2006, S. 35) über Kindersicherung in Taxen, außer Kraft getreten am 31.12.2006; die Regelung wurde in § 21 Abs. 1a Nr. 3a StVO übernommen.

(1b) In Fahrzeugen, die nicht mit Sicherheitsgurten ausgerüstet sind, dürfen Kinder unter drei Jahren nicht befördert werden. Kinder ab dem vollendeten dritten Lebensjahr, die kleiner als 150 cm sind, müssen in solchen Fahrzeugen auf dem Rücksitz befördert werden. Die Sätze 1 und 2 gelten nicht für Kraftomnibusse.

(2) Die Mitnahme von Personen auf der Ladefläche oder in Laderäumen von Kraftfahrzeugen ist verboten. Dies gilt nicht, soweit auf der Ladefläche oder in Laderäumen mitgenommene Personen dort notwendige Arbeiten auszuführen haben. Das Verbot gilt ferner nicht für die Beförderung von Baustellenpersonal innerhalb von Baustellen. Auf der Ladefläche oder in Laderäumen von Anhängern darf niemand mitgenommen werden.[3] Jedoch dürfen auf Anhängern, wenn diese für land- oder forstwirtschaftliche Zwecke eingesetzt werden, Personen auf geeigneten Sitzgelegenheiten mitgenommen werden. Das Stehen während der Fahrt ist verboten, soweit es nicht zur Begleitung der Ladung oder zur Arbeit auf der Ladefläche erforderlich ist.

(3) Auf Fahrrädern dürfen Personen von mindestens 16 Jahre alten Personen nur mitgenommen werden, wenn die Fahrräder auch zur Personenbeförderung gebaut und eingerichtet sind.[4] Kinder bis zum vollendeten siebten Lebensjahr dürfen auf Fahrrädern von mindestens 16 Jahre alten Personen mitgenommen werden, wenn für die Kinder besondere Sitze vorhanden sind und durch Radverkleidungen oder gleich wirksame Vorrichtungen dafür gesorgt ist, dass die Füße der Kinder nicht in die Speichen geraten können. Hinter Fahrrädern dürfen in Anhängern, die zur Beförderung von Kindern eingerichtet sind, bis zu zwei Kinder bis zum vollendeten siebten Lebensjahr von mindestens 16 Jahre alten Personen mitgenommen werden. Die Begrenzung auf das vollendete siebte Lebensjahr gilt nicht für die Beförderung eines behinderten Kindes.

VwV-StVO zu § 21 Personenbeförderung

Zu den Absätzen 1 und 2

1 „Besonderer Sitz“ ist eine Vorrichtung, die nach ihrer Bauart dazu bestimmt ist, als Sitz zu dienen, mag diese Zweckbestimmung auch nicht die ausschließliche sein. Geeignet ist eine Sitzgelegenheit nur dann, wenn man auf ihr sicher sitzen kann; bei Anhängern, die für land- oder forstwirtschaftliche Zwecke verwendet werden, kann das auch die Ladefläche sein.

Zu Absatz 1a

2 Geeignet sind Rückhalteeinrichtungen für Kinder, die entsprechend der UNECE-Regelung Nr. 44 (BGBl. 1984 II S. 458, mit weiteren Änderungen) oder der UNECE-Regelung Nr. 129 (ABl. L 97 vom 29.3.2014, S. 21) gebaut, geprüft, genehmigt und entweder mit dem nach der UNECE-Regelung Nr. 44 oder Nr. 129 vorgeschriebenen Genehmigungszeichen oder mit dem nationalen Prüfzeichen nach der Fahrzeugteileverordnung gekennzeichnet sind. Dies gilt entsprechend für Rückhalte-

---

3 Beförderung auf Anhängern möglich bei Brauchtumsveranstaltungen nach der 2. AusnahmeVO von straßenverkehrsrechtlichen Vorschriften i. d. F. vom 13.6.2013 (BGBl. I S. 1609/VkBl. 2013, S. 739).

4 § 21 Abs. 3 Satz 1 ergänzt durch Art. 1 der 54. StrVRÄndV vom 20.4.2020 (BGBl. I S. 814).

einrichtungen für Kinder der Klasse 0 (geeignet für Kinder bis zu einem Gewicht von 9 kg), wenn für sie eine Betriebserlaubnis nach § 22 StVZO vorliegt.[5]

3 Die Eignung der Rückhalteeinrichtungen für Kinder und deren jeweilige Verwendung auf Vordersitzen ergibt sich aus der Genehmigung sowie der Anweisung, die vom Hersteller der Rückhalteeinrichtung für Kinder beizufügen ist. So ist zum Beispiel bei Verwendung von Rückhalteeinrichtungen für Kinder nach der UNECE-Regelung Nr. 129 für Kinder bis zu einem Alter von 15 Monaten eine Beförderung nur entgegen der Fahrtrichtung oder seitlich gerichtet zur Fahrtrichtung möglich.[6]

1 Aus der amtlichen Begründung

1.1 Zulassung der Kinderbeförderung auf Kinderanhängern hinter Fahrrädern (Begr. 2012).

1.2 Einführung der UNECE-Regelung Nr. 129 für verbesserte Kinderrückhalteeinrichtungen (Begr. 2014).

1.3 Klarstellung zur Mitnahme von Kindern auf entsprechenden ein- oder zweispurigen Fahrrädern (Begr. 2020).

2 Erläuterungen

2.1 Mitnahme von Personen in Kraftfahrzeugen

Die Abs. 1, 1a und 1b des § 21 regeln vor allem **fünf Fälle**:

2.1.1 In KFZ dürfen nur so viele Personen befördert werden, wie **Sitzplätze mit Sicherheitsgurten** vorhanden sind (§ 21 Abs. 1); ausgenommen sind KOM mit Stehplätzen (meist Linienbusse). Da übliche PKW meist mit fünf Sicherheitsgurten ausgerüstet sind, dürfen somit nur fünf Personen (einschließlich des Fahrers) befördert werden, selbst wenn nach dem verfügbaren Innenraum weitere Personen Platz hätten.[7] Andererseits gilt auch

---

5 Durch die Änderung der Abs. 1 und 1a sowie die Ergänzung um einen neuen Absatz 1b ist die Vorschrift ein besonderes Negativbeispiel für unübersichtliche, nicht aus sich heraus verständliche Verhaltenspflichten. Die 16. VO zur Änderung der StVO dient der Umsetzung der EU-Richtlinie 2003/20/EG vom 8.4.2003 (ABl. EU Nr. L 115 S. 63). Die Richtlinie 91/671/EWG vom 16.12.1991 (ABl. EG Nr. L 373 S. 26) über die Gurtanlegepflicht in KFZ bis 3,5 t erfasste im Wesentlichen nur KFZ der Typen M_1 (PKW bis acht Sitzplätze außer dem Fahrersitz) und M_2 (KOM mit mehr als acht Sitzplätzen und bis zu 5 t). Diese Richtlinie wurde am 8.4.2003 durch die Richtlinie 2003/20/EG (ABl. EU Nr. L 115/63 vom 9.5.2003) geändert, die die Anlegepflicht auf alle KFZ mit Sicherheitsgurten und Kinderrückhaltesystemen ausdehnte. Weiterhin müssen Kinder bis 150 cm mit Kinderrückhalteeinrichtungen (gemäß ECE-Regelung 44/03 oder der Richtlinie 77/541/EWG) gesichert werden. Die Festlegung des Alters der Kinder ist den Mitgliedstaaten überlassen. Bei den KOM konnte hinsichtlich der Kindersicherung unter drei Jahren keine Einigkeit erzielt werden, so dass diese Altersgruppe vom Anwendungsbereich der Richtlinie ausgenommen bleibt.

6 Die am 31.12.2006 außer Kraft getretene Ausnahme für Taxen zum Mitführen von nur zwei Kindersitzen ist durch Art. 1 der 44. Verordnung zur Änderung straßenverkehrsrechtlicher Vorschriften vom 18.12.2006 (BGBl. I S. 3226) in § 21 Abs. 1a verankert worden.

7 Bis 2006 durften auch mehr Personen befördert werden, als Sitzplätze in den Zulassungsdokumenten angegeben waren, solange das zulässige Gesamtgewicht eingehalten und der Fahrer nicht in der Bedienung behindert wurde. Reichte die Zahl der Sicherheitsgurte nicht für alle aus, durften Fahrgäste auch ohne Gurte befördert werden. In diesem Fall musste allerdings besonders vorsichtig gefahren werden. Durch Änderung des § 21 Abs. 1 ist nunmehr die Zahl der beförderten Fahrgäste durch die Zahl der Sitzplätze mit Sicherheitsgurten begrenzt.

Personenbeförderung in PKW und KOM

		Mitnahme von nur so vieler Personen, wie Sitzplätze mit Sicherheitsgurten verfügbar sind.
		„Oldtimerprivileg“ = Mitnahme von nur so vieler Personen, wie Sitzplätze verfügbar sind; Kinderbeförderung ab 3 Jahre bis 1,50 m Größe nur auf den Rücksitzen.
		Kinderbeförderung nur mit Kindersitzen und nur auf Sitzen mit Sicherheitsgurten. Können nicht mehr Kindersitze eingebaut werden, dürfen Kinder (nur) ab 3 Jahre auch auf Sitzen mit Sicherheitsgurten mitgenommen werden. („Familienprivileg“).
		Bis 2008 genügten amtlich genehmigte Sitze nach der ECE-Regelung 44/02. Seit 2008 müssen Kindersitze der EU-RL 2003/20/EG entsprechen und der ECE-RL **44/03** genügen (Stand der Technik).
		KOM bis 3,5 t müssen mit 3-Punkt-Gurten ausgerüstet sein; Kindersicherung und Anschnallpflicht wie bei PKW.
		KOM über 3,5 t müssen mit 2-Punkt-Gurten ausgerüstet sein, für Beckengurte besteht Anschnallpflicht. Kinderrückhalteeinrichtungen sind nicht erforderlich.

hier § 23 Abs. 1, so dass weniger Personen befördert werden dürfen, wenn der Fahrer bei voller Besetzung in der Bedienung des Fahrzeugs behindert würde oder die zulässige Gesamtmasse, bei mehreren schwergewichtigen Personen, nicht mehr ausreicht, z. B. bei Kleinst-PKW. Werden mehr Personen befördert, als zulassungsrechtlich Sitzplätze verfügbar sind, wird ein PKW weder zum KOM, noch ist bei Mitnahme von mehr als acht Personen eine Fahrerlaubnis der Klasse D1 erforderlich (OLG München DAR 2010, 653 mit Anm. Sandherr).[8]

Nur wenn zulassungsrechtlich keine Sicherheitsgurte vorgeschrieben sind (Oldtimer-Fahrzeuge), richtet sich die Zahl der beförderten Personen nach den vorhandenen Sitzplätzen („**Oldtimerprivileg**“).[9] Somit dürfen auch hier nicht mehr Personen befördert werden, als Sitzplätze verfügbar sind, selbst wenn es sich um schlanke Beifahrer handelt. Kinder **ab** drei Jahren und kleiner als 150 cm dürfen in solchen KFZ nur auf den **Rücksitzen** befördert werden (§ 21 Abs. 1b). Ohne Nachrüstung mit Sicherheitsgurten können Kinder unter drei Jahren nicht mitgenommen werden.

2.1.2 Kinder bis zwölf Jahre und kleiner als 150 cm dürfen nur mit Rückhalteeinrichtungen auf Sitzplätzen mit Sicherheitsgurten befördert werden (§ 21 Abs. 1a); ausgenommen sind KOM über 3,5 t.[10] Kinder dürfen sich während der Fahrt somit nicht außerhalb der Sitzplätze aufhalten, z. B. zwischen den Sitzen. Auf die Einhaltung der Kindersicherung muss gemäß § 23

8 Im Gegensatz zu dem parallelen Fall der Nutzung eines PKW als LKW durch Herausnahme von Sitzen (BayObLG VerkMitt 2004 Nr. 12 = DAR 2003, 469 = VRS 105, 451 = VD 2003, 272 = NJW 2004, 306: „Sprinterbeschluss“; s. a. Erl. 2.5.2 zu § 3) werden hier keine Veränderungen am Fahrzeug vorgenommen.

9 Die Regelung gilt nur für wenige KFZ, weil in Deutschland für PKW die Ausrüstungspflicht mit Sicherheitsgurten seit 1973 besteht.

10 Da auf das „vollendete zwölfte Lebensjahr“ abgestellt wird, gilt die Regelung somit bis zum zwölften Geburtstag.

Abs. 1 Nr. 2 i.V.m. § 3 Abs. 2a auf der gesamten Fahrt geachtet werden (OLG Hamm DAR 2014, 150 = VD 2014, 105). Bis zum 7.4.2008 mussten Rückhalteeinrichtungen „amtlich" genehmigt und für Kinder geeignet sein. Ab 8.4.2008 dürfen nur noch Kinderrückhalteeinrichtungen verwendet werden, die dem Stand der Technik entsprechen (UNECE-Regelung Nr. **44/03** oder 129; s.a. Erl. 2.2). Sind Kinder jünger, aber größer als 150 cm, benötigen sie keine Kinderrückhalteeinrichtung mehr.[11] Sie müssen sich dann mit den Sicherheitsgurten anschnallen (§ 21a Abs. 1 Satz 1).

2.1.3 Sind alle Sitze durch Kindersitze bereits voll belegt, dürfen Kinder ab drei Jahren auch auf den Rücksitzen mit Sicherheitsgurten mitgenommen werden („**Familienprivileg**" – § 21 Abs. 1a Nr. 2).

2.1.4 Verboten ist weiterhin die Personenbeförderung in Wohnanhängern sowie auf Sattelzugmaschinen ohne geeigneten Sitz (§ 21 Abs. 2). Das Verbot für Wohnanhänger hat nur klarstellenden Charakter und ist an sich entbehrlich, weil in oder auf Anhängern nach § 21 Abs. 2 Satz 4 ohnehin niemand mitgenommen werden darf.

2.1.5 Auf **Motorrädern** ohne Beiwagen dürfen Personen nur auf einem nach der Bauart dafür bestimmten Sitz mit Handgriff und beidseitig vorhandenen Fußstützen in Fahrtrichtung mitgenommen werden (§ 35a Abs. 9 StVZO). Unzulässig ist die Beförderung auf dem Tank, Gepäckträger oder auf dem Soziussitz mit beiden Beinen nur zu einer Seite, weil dabei keine sichere Positionierung des Mitfahrers möglich ist. Eine Altersbeschränkung für ein mitgenommenes Kind ist nicht vorgeschrieben; das Kind muss aber körperlich in der Lage sein, die Beschleunigungs-, Verzögerungs- und Seitenführungskräfte zu bewältigen. Ist das nicht möglich, darf der Motorradfahrer kein Kind als Sozius befördern (Folge aus der Verpflichtung nach § 23 Abs. 1 Satz 2).

2.2 Kindersicherung

Mehr als die Hälfte aller Kinder, die bei Verkehrsunfällen verletzt oder getötet werden, verunglückt im PKW; die Kindersicherung ist deshalb ebenso wichtig wie der Sicherheitsgurt für Erwachsene. Kindersicherungen sind Rückhalteeinrichtungen, die altersgerecht den größtmöglichen Schutz für Kinder gewährleisten. Die Rückhalteeinrichtungen (Babyschalen, Kindersitze und Befestigungen) werden in vier Klassen eingeteilt und richten sich nach dem Körpergewicht der Kinder. In KFZ mit einem aktiven Beifahrer-**Airbag** dürfen wegen der Verletzungsgefahr beim Auslösen des Airbags keine nach hinten gerichteten Kindersitze angebracht werden (§ 35a Abs. 10 StVZO).[12] Diese Beifahrersitze sind mit einem dauerhaft deutlich sichtbaren Warnhinweis zu versehen.

Rückhalteeinrichtungen für Kinder müssen nicht nur „amtlich" genehmigt, sondern auch geeignet sein, d.h. angepasst an das Alter, die Kör-

---

11 Bei der Kindersicherung kommt es nicht auf eine geistige Reife, sondern auf die körperliche Konstitution an. Der VO-Geber hat die Grenze bei zwölf Jahren angesetzt, so dass auch ältere Kinder, die kleiner als 150 cm sind, nicht der Kindersicherungspflicht unterliegen; sie müssen sich mit den üblichen Sicherheitsgurten anschnallen.

12 In einigen KFZ kann der Airbag durch einen besonderen Schalter außer Betrieb gesetzt werden, wenn auf dem Vordersitz ein nach hinten gerichteter Kindersitz verwendet werden muss; andernfalls ist der Airbag in der Werkstatt zu deaktivieren.

Hinweis auf Airbag

Warnhinweis bei Verwendung einer nach hinten gerichteten Rückhalteeinrichtung für Kinder auf Beifahrerplätzen mit Airbag nach Anhang 2 zur Anlage XXVIII zu § 35 a Abs. 10 StVZO. Der Durchmesser des Piktogramms beträgt mindestens 60 mm.

Verzichtet der Halter durch Ausbau auf den Airbag für Beifahrer, muss die technische Veränderung durch einen aaSoP oder Prüfingenieur abgenommen und auf einem Formblatt gemäß § 27 Abs. 1 StVZO bestätigt werden (VkBl. 2000, S. 124).

pergröße und das Gewicht des Kindes. Hierbei ist darauf zu achten, dass die Kopfabstützung ausreichend ist und die Gurte über die Schultermitte verlaufend straff anliegen (Bedienungsanleitung beachten). Die Zulässigkeit der Rückhalteeinrichtung folgt aus dem Prüfzeichen am Kindersitz.[13] Reine Sitzerhöhungen für Kinder ab 15 kg sind zwar zulässig, bieten aber mangels Rückenlehne und Seitenstützen keinen ausreichenden Seitenaufprallschutz.[14]

Ältere Systeme nach der ECE-Regelung 44/02 vom 12.9.1995 waren nur noch bis zum 8.4.2008 zulässig. Danach müssen sie der moderneren Fassung der ECE-Regelung Nr. **44/03** oder **129** entsprechen.[15] Die Eignung und der Einsatz der jeweiligen Kinderrückhalteeinrichtungen folgt aus den Anleitungen des Herstellers.[16]

Sind die Sitzplätze und die Befestigungen für Kindersitze durch andere bereits belegt, können Kinder ab drei Jahren und älter auch ohne Kindersitze bei angepasster Fahrweise auf den Rücksitzen befördert werden

---

13 Seit dem 8.4.2008 müssen Kindersitze den Vorschriften der **ECE-Regelung Nr. 44** in der Fassung der Änderungsserie 44/03 (VkBl. 2003, 372) oder der EU-Richtlinie 77/541/EWG vom 28.6.1977 über Sicherheitsgurte und Haltesysteme für KFZ (ABl. EG Nr. L 220 S. 95), zuletzt geändert durch die Richtlinie 2000/3/EG vom 22.2.2000 (ABl. EG Nr. L 53 S. 1), entsprechen.

14 S. a. Stiftung Warentest Heft 2/2020 S. 72.

15 2014 hatte die ECE der UN eine neue Regelung für technisch verbesserte Kinderrückhalteeinrichtungen erarbeitet (ECE-Regelung Nr. 129), die von der EU aufgegriffen und als Durchführungsrichtlinie 2014/37/EU nebst der Pflicht zur Benutzung von Kinderrückhalteeinrichtungen am 28.2.2014 veröffentlicht worden ist. Dies war geboten, weil die RL 91/671/EWG i. d. F. der RL 2003/20/EG nur die Verwendung der bisher bestehenden Kinderrückhaltesystem-Regelung nach der ECE-Regelung Nr. 44 vorsieht. Es dürfen beide Systeme verwendet werden. Parallel dazu ist § 35 Abs. 13 StVZO für Kinder bis zu einem Alter von 15 Monaten ergänzt worden, wonach Kinderrückhalteeinrichtungen nach der neuen ECE-Regelung Nr. 129 nur nach hinten oder seitlich gerichtet angebracht sein dürfen (s. a. VwV-StVO zu § 21 Abs. 1a).

Die neue ECE-Regelung Nr. 129 vereinfacht die Verwendung von Kinderrückhalteeinrichtungen. Dazu werden mit Inkrafttreten am 9.7.2013 sog. Universal-IsoFix-Systeme (genannt „I-Size") eingeführt, so dass danach genehmigte Kinderrückhalteeinrichtungen mit Anpassung des § 21 Abs. 1a in den Handel gebracht werden können.

16 Die BKatV enthält den Tatbestand der falschen Anbringung einer Kinderrückhalteeinrichtung nach der ECE-Regelung Nr. 129 für Kinder bis zu einem Alter von 15 Monaten, die nur rückwärts oder seitlich gerichtet eingesetzt werden darf. Der Regelsatz von 25 € entspricht dem bestehenden Regelsatz zur lfd. Nr. 203.1 (Verbot der Anbringung von nach hinten gerichteten Kinderrückhalteeinrichtungen auf Beifahrerplätzen mit Airbag).

(„**Familienprivileg**"). Häufig können in einem PKW auf den Rücksitzen nur zwei Kindersitze untergebracht werden. Das weitere Kind ist dann mit dem Sicherheitsgurt abzusichern. Ist das Kind jünger als zwölf Jahre, aber größer als 150 cm, genügt ohnehin die Sicherung mit dem Gurt. Die enge Fassung des Familienprivilegs nach § 21 Abs. 1a Nr. 2 lässt es somit nicht zu, jüngere Kinder als drei Jahre ohne Kindersitz oder mehr als drei Kinder wegen des fehlenden Sicherheitsgurtes zu befördern.[17] Ebenso ist es unzulässig, Kinder auf dem Schoß einer angeschnallten Person mitzunehmen. Die Fahrt mit mehreren Kindern muss somit vorher geplant werden.

Nach der 3. Ausnahme-VO können für **behinderte Kinder** bedarfsgerechte Kindersitze verwendet werden, wenn sie dem Stand der Technik entsprechen (sie müssen nicht „amtlich" genehmigt sein). Hierbei handelt es sich um besondere, für das behinderte Kind angepasste Sitze. Eine von jedem Arzt auszustellende Bescheinigung (nicht älter als vier Jahre) ist während der Fahrt mitzuführen.

Auch in **Taxen** sind bei der Beförderung von Kindern Rückhalteeinrichtungen zu verwenden. Nach § 21 Abs. 1a Nr. 3a genügen jedoch max. zwei Kindersitze, und zwar ein Sitz der Gewichtsklasse I (9 bis 18 kg) sowie ein weiterer Sitz der Klasse III (22 bis 36 kg – Sitzkissen reicht). Kinder der Gewichtsklasse 0 (Babyschale) dürfen somit ungesichert befördert werden.[18] Bei regelmäßiger Kinderbeförderung in Taxen gelten jedoch die Sicherungspflichten uneingeschränkt. Werden Kinder aber von Aufsichtspflichtigen begleitet, muss der Taxifahrer weder die Kindersicherung betätigen noch das Kind ständig beobachten (LG Würzburg SVR 2013, 185). Eine Verpflichtung zum Mitführen von Kindersitzen in Taxen besteht zwar nicht. Wird jedoch die Beförderung wegen fehlender Kindersitze abgelehnt, liegt ein Verstoß gegen die Beförderungspflicht nach § 13 BOKraft vor.

KOM unter 3,5 t[19] müssen mit Dreipunktgurten ausgerüstet werden; die Anlegepflicht folgt aus § 21a Abs. 1 Satz 1. Dort können auch Kinder unter 10 kg mit einem Kinderrückhaltesystem der ECE-Klasse 0, verbun-

Kindersitze

Klasse	Körpergewicht	Alter	Sitzart
0	Kinder bis max. 10 kg	0 bis ca. 9 Monate	meist gesicherte Babyschale
0+	Kinder bis max. 13 kg	0 bis ca. 2 Jahre	gesicherte Babyschale
I	Kinder von 9 bis 18 kg	bis ca. 4 Jahre	Hosenträgergurt
II	Kinder zwischen 15 und 25 kg	3 bis 7 Jahre	Hosenträgergurt
III	Kinder zwischen 22 und 36 kg	ca. 5 bis 12 Jahre	Sitzschale mit Dreipunktgurt

17 Sollen dennoch mehr Kinder befördert werden, ist eine Ausnahmegenehmigung der Verkehrsbehörde nach § 46 Abs. 1 notwendig.

18 Die Entwicklung eines integrierten Kindersitzes für alle Gewichts- und Altersgruppen ist technisch schwierig und wirtschaftlich problematisch.

19 Fahrzeuge zur Personenbeförderung mit mehr als acht Sitzplätzen außer dem Fahrersitz. Bis 16 Sitzplätze (Regelfall) ist die FE-Klasse D1, bei Leichtbauweise und mehr als 16 Sitzen die Klasse D erforderlich.

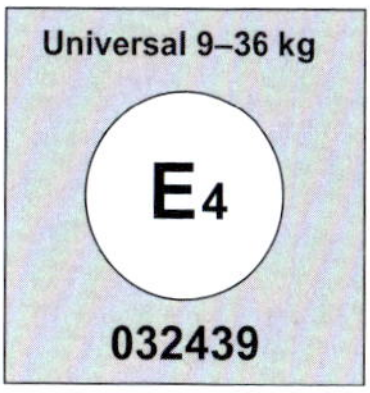

Beispiel ECE-Prüfzeichen für Kindersitze

„Universal" = Handelsname/Einsatzbereich
„0–36 kg" = Gewichtsklasse des Kindersitzes
„E 4" = Genehmigungsland (4 = Niederlande)
„032439" = Genehmigungsnummer

Der mit dem Prüfzeichen gekennzeichnete Kindersitz ist für Kinder von 9 bis 36 kg (Gewichtsklasse I bis III) geeignet und darf in jedes beliebige Fahrzeug eingebaut werden. Der Kindersitz ist somit nicht für Kleinkinder der Klasse 0 (bis 9 Monate) geeignet.

den mit einem Dreipunktgurt, gesichert werden. **KOM über 3,5 t** sind mit Beckengurten auszurüsten. Das Herausschleudern der Kinder bis ca. 10 kg mit Sicherung durch Beckengurte bei Unfällen kann auch ohne Kinderrückhaltesysteme wirkungsvoll verhindert werden, so dass auf spezielle Rückhaltesysteme verzichtet wird. Für Kinder unter 10 kg gibt es andererseits keine Rückhaltesysteme, die mit Beckengurten befestigt werden können. Infolgedessen ist auch eine Verpflichtung zur Kindersicherung mit Rückhalteeinrichtungen nicht vorgeschrieben. Fahrgäste, außer Kinder in Kinderwagen, dürfen in KOM nach § 35i Abs. 2 StVZO nicht liegend befördert werden (OVG Münster VerkMitt 2011 Nr. 5 = VRS 119, 246).[20]

Bei KOM und Straßenbahnen mit Stehplätzen müssen die Fahrgäste jederzeit mit ruckartigen Bewegungen oder scharfem Bremsen rechnen; sie müssen sich deshalb ausreichend Standsicherheit und Halt verschaffen, um bei unvorhersehbaren Bewegungen nicht zu Fall zu kommen (KG NZV 2012, 182; KG NZV 2010, 570; OLG Frankfurt NZV 2002, 367). Das gilt auch für Mobilitätsbehinderte, die für die Sicherheit des Rollstuhls selbst sorgen müssen (LG Berlin NZV 2012, 184). Erkennt ein Busfahrer beim Ausfahren der Laderampe eine falsche Positionierung des Rollstuhls, muss er den Behinderten darauf hinweisen (OLG Saarbrücken NZV 2014, 519).

2.3 Mitnahme von Personen auf Ladeflächen und Anhängern

2.3.1 Personen auf Ladeflächen von Kraftfahrzeugen

Auf der **Ladefläche** oder in **Laderäumen** von Kraftfahrzeugen dürfen nur Personen mitgenommen werden, die dort Arbeiten auszuführen haben, z. B. bei Streu- oder Räumfahrzeugen. Ladeflächen und Laderäume sind die der Güterbeförderung dienenden Fahrzeugflächen, z. B. auch Kofferräume, nicht aber die Schlafkabinen in KOM und LKW, der hintere Standplatz eines Müllfahrzeugs, die Liegetragen und Krankensitze in Krankentransportfahrzeugen oder hinteren Sitze in Wohnmobilen.[21]

20 Zulässig ist aber die liegende Beförderung von Beifahrern in besonderen Schlafkabinen von LKW oder KOM zur Gewährleistung der Lenk- und Ruhezeiten, wenn die Schlafplätze durch Gurte besonders gesichert sind.

21 Der hintere Standplatz eines Müllfahrzeugs mit Handgriffen ist meist Bestandteil der Betriebserlaubnis. Im Übrigen lassen die einschlägigen Unfallverhütungsvorschriften für Müllarbeiter die Inanspruchnahme des Standplatzes nur im Haus-zu-Haus-Verkehr bei geringem Tempo zu.

Personenbeförderung auf Ladeflächen und Anhängern

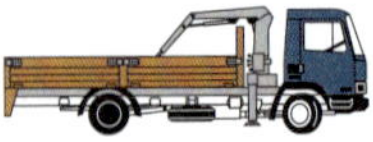

Mitnahme von Personen auf der Ladefläche nur, wenn dort Arbeiten ausgeführt werden müssen (Räum-, Streu-, Straßenbaufahrzeuge).

Der hintere Standplatz des Müllfahrzeugs ist keine Ladefläche. Als Bestandteil der Betriebserlaubnis darf dort nach den einschlägigen Unfallverhütungsvorschriften im Haus-zu-Haus-Verkehr bei geringem Tempo ein Arbeiter stehen.

Fahrradanhänger zur Kinderbeförderung, maximale Länge 2 m, Breite 1 m, Höhe 1,40 m, Gesamtmasse 40 kg (80 kg bei Anhängern mit eigener Bremsanlage). Dagegen dürfen in Gepäckanhängern hinter Fahrrädern keine Kinder befördert werden.

Mitnahme von Personen auf Pferdekutschen ist zulässig, wenn geeignete Sitze vorhanden sind.

Personenbeförderung in KFZ-Anhängern ist grundsätzlich unzulässig, auch bei Kremserfahrten zum Vatertag.

Mitnahme von Personen auf Anhängern in der Land- und Forstwirtschaft und bei Brauchtumsfahrten ist zulässig, sofern geeignete Sitze vorhanden sind.

Das Verbot des Abs. 2 Satz 1 gilt ferner nicht bei der Beförderung von Baustellenpersonal innerhalb von Baustellen, auch wenn sie weiterhin zum öffentlichen Straßenraum gehören (z.B. keine Begrenzung durch Bauzäune).[22] Beim Transport eines PKW auf der Ladefläche eines Pannenhilfsfahrzeugs darf der Fahrer des PKW nicht in seinem Wagen sitzen bleiben (OLG Hamm VRS 53, 384). Ist jedoch die Mitnahme der Insassen eines liegen gebliebenen Fahrzeugs anders nicht möglich, kann die Beförderung auf der Ladefläche gerechtfertigt sein, z.B. nachts auf der Autobahn bei Regen oder Schneefall. Das Verbot besteht auch bei Kremserfahrten auf LKW am „Vatertag". Mannschaftstransportwagen[23] der Polizei, der Bundeswehr oder des Bundesgrenzschutzes sind keine Busse, sondern zulassungsrechtlich „Sonstige Kraftfahrzeuge"; für sie gilt das Verbot auf den dafür vorgesehenen Sitzbänken des Laderaumes nicht.

2.3.2 Personen auf Ladeflächen von Anhängern

Das Verbot der Personenbeförderung auf **Anhängern** mit Ladeflächen oder Laderäumen bezieht sich auf alle Fahrzeuge (OLG Bremen Verk-Mitt 1981 Nr. 102 = VRS 61, 465 = DAR 1881, 265). Darunter fallen auch ausschließlich dem Gepäcktransport dienende **Fahrradanhänger**, nicht aber solche, die der Kinderbeförderung dienen (§ 21 Abs. 3 Satz 2 –

22 Andernfalls hätte es der Ausnahme nach § 22 Abs. 2 Satz 2 nicht bedurft, weil Baustellen mit fester Umgrenzung nicht zum öffentlichen Verkehrsraum gehören (II. VwV-StVO zu § 1). Sind Baustellen nur mit Baken, Schranken oder Flatterleinen abgesichert, bleiben sie weiterhin öffentlicher Verkehrsraum, wenn auch dort Verkehrsverbot besteht (§ 43 Abs. 3).

23 Der Fahrer muss Inhaber der FE-Klasse D1 oder D sein, je nach Gewicht des Mannschaftstransportwagens.

s. Erl. 2.4.2). Unter das Verbot fällt auch nicht die Personenbeförderung auf land- und forstwirtschaftlichen Anhängern sowie in Pferdekutschen, wenn der Anhänger über geeignete Sitze verfügt. Der Begriff der Land- und Forstwirtschaft ist in Anlehnung an § 6 Abs. 5 FeV weit zu fassen. Darunter können auch Landschaftssäuberungsaktionen fallen, weil sie meist der Landschaftspflege im Sinne des Natur- und Umweltschutzes dienen. Altmaterialsammlungen auf land- oder forstwirtschaftlichen Anhängern gehören hingegen im Regelfall nicht dazu. Hier wäre eine Ausnahmegenehmigung nach § 46 Abs. 1 Nr. 5a notwendig.

Außerdem dürfen abweichend von § 21 Abs. 2 Satz 4 beim Einsatz von land- und forstwirtschaftlichen Zugmaschinen auf örtlichen **Brauchtumsveranstaltungen**, nicht jedoch auf den An- und Abfahrten, Personen auf Anhängern befördert werden, wenn deren Ladefläche eben, tritt- und rutschfest ist, für jeden Sitz- und Stehplatz eine ausreichende Sicherung gegen Verletzungen und Herunterfallen des Platzinhabers besteht und die Aufbauten sicher gestaltet und am Anhänger fest angebracht sind.[24] Brauchtumsveranstaltungen sind weit auszulegen. Darunter fallen auch Feld- und Weinbergfahrten, selbst wenn sie gegen geringes Entgelt zur Kostendeckung durchgeführt werden.

2.4 Mitnahme von Personen auf Fahrrädern, Kinderanhängern

2.4.1 Mitnahme auf Fahrrädern

Das Verbot der Mitnahme älterer Personen als sieben Jahre bezog sich bisher nach dem Normensinn wegen der Instabilität der Beförderungsart nur auf einspurige Fahrräder. Für mehrspurige Fahrräder und ältere Personen i. S. d. Art. 1 WÜ[25] enthielt § 21 Abs. 3 keine Regelung, so dass die Mitnahme von Personen nur über eine Ausnahmegenehmigung möglich war. § 21 Abs. 3 stellt jetzt klar, dass die Mitnahme von über siebenjährigen Personen auf entsprechend gebauten und eingerichteten ein- oder zweispurigen Fahrrädern ohne Ausnahmegenehmigung nach § 46 Abs. 1 Nr. 5a zulässig ist. Diese Voraussetzungen zur Personenmitnahme können insbesondere Rikschas (VkBl. 2003 S. 429) und Lastenfahrräder erfüllen, die neben dem Transport von Gütern auch (oder ausschließlich) für den Transport von Personen gebaut sind und daher über entsprechende eigene Sitzgelegenheiten für jede Person verfügen. Im Übrigen bleibt es bei der Regelung der Mitnahme von Kindern bis sieben Jahre durch Personen über 16 Jahre, sofern das Fahrrad über einen besonderen Sitz und Radverkleidungen verfügt.

Fahrradtaxis („Velotaxi") sind für die Beförderung von ein oder zwei Personen besonders konstruierte Fahrzeuge, meist mit einer elektrischen Tretunterstützung, Fahrtrichtungsanzeiger und einer offenen Wetterschutzkabine, die gleichzeitig als Werbeträger genutzt werden kann. Da sie keine KFZ sind, unterliegen sie keiner beförderungsrechtlichen Genehmigungspflicht

---

24 Art. 1 Abs. 3 der 2. VO zur Änderung der 2. AusnahmeVO von straßenverkehrsrechtlichen Vorschriften vom 13.6.2013 (BGBl. I S. 1609/VkBl. 2013, 739). Es handelt sich dabei vor allem um Karnevals-, Kirmes-, Volksfestumzüge.

25 Nach Art. 27 Abs. 3 ist zwar die Personenbeförderung auf Fahrrädern grundsätzlich untersagt; die Vertragsparteien des WÜ können hier jedoch nationale Ausnahmen zulassen. Deutschland hat davon durch § 21 Abs. 3 StVO Gebrauch gemacht, allerdings nur für Kinder bis sieben Jahre auf einem besonderen Sitz und mit Speichenschutz (s. a. Kramer VD 2002, 143).

(§ 1 PBefG). Wegen ihrer Ausstattung und Abmessungen gehören sie aber nicht mehr zu den „Fahrrädern", sondern sind eher andere Straßenfahrzeuge i. S. d. § 63 StVZO (streitig).

2.4.2 Mitnahme auf Kinderanhängern

Kinder bis zum vollendeten siebten Lebensjahr dürfen auf Kinderanhängern hinter Fahrrädern von einer mindestens 16 Jahre alten Person mitgenommen werden (§ 7 Abs. 3 Satz 2). Die Altersbegrenzung gilt nicht für die Mitnahme behinderter Kinder; sie können auch älter sein. Das ziehende Rad muss nach § 67 StVZO in seiner technischen Ausführung eine verkehrssichere Beförderung von Kindern gewährleisten (Kindersitze, Bremsen, Rahmen, Kupplung, Rückspiegel) und der Radfahrer nach § 23 Abs. 1 körperlich zur Bewältigung des Hängerbetriebes befähigt sein (s. a. Huppertz DAR 2016, 111). Der Kinderanhänger sollte in amtlich genehmigter Bauart ausgeführt, nicht länger als 2 m, nicht breiter als 1 m und nicht höher als 1,40 m sein; die max. Gesamtmasse darf 40 kg nicht übersteigen, 80 kg bei Anhänger mit eigener Bremsanlage.[26]

2.4.3 Mitnahme auf Mofas und Kleinkrafträdern

Für **Mofas** bis 25 km/h (mit Prüfbescheinigung) und **Kleinkrafträder** bis 50 cm^3 und 45 km/h (FE-Klasse AM) gilt Entsprechendes wie für Fahrräder. Mitgenommen werden dürfen nur Kinder bis zum vollendeten siebten Lebensjahr von mindestens 16 Jahre alten Personen (§ 4 Abs. 1 Nr. 1 FeV). Mofas und Kleinkrafträder müssen besondere Sitze haben und Radverkleidungen oder gleich wirksame Vorrichtungen, damit die Füße der Kinder nicht in die Speichen geraten können. Die Mitnahme von Kindern oder sonstigen Personen auf **E-Scootern** ist unzulässig (§ 8 eKFV). Die Berechnung des genauen Lebensalters für das Lebensalter von Kindern und Jugendlichen bestimmt sich nach §§ 186, 187 Abs. 2 Satz 2 und 188 Abs. 2 BGB (s. Erl. 3.1.1 zu § 1).

3 Hinweise

3.1 Richtlinien für die Beschaffenheit und Anbringung von Kindersitzen und Fußstützen an Fahrrädern und Mofas: VkBl. 1980, 788.

3.2 Beschaffenheit der Sitze, Handgriffe und Fußstützen für den Beifahrer auf Krafträdern: § 35a Abs. 4 StVZO.

3.3 Die über Mobiltelefone unter der Applikation „uber pop" betriebene Personenmitnahme unterliegt als entgeltliche Personenbeförderung in der Form des Gelegenheitsverkehrs der Genehmigungspflicht nach dem PBefG (EuGH NZV 2018, 589 mit Anm. Vyvers: Uber erbringt Verkehrsdienstleistungen; OVG Hamburg VerkMitt 2014 Nr. 69 = NZV 2014, 600 = SVR 2015, 222; OVG Hamburg SVR 2016, 222). Entsprechendes gilt für ähnlich betriebene Ridesharing-Modelle wie „Lyft", „BlaBlaCar".

3.4 Zum Rauchen am Steuer s. Erl. 2.9.2 zu § 1.

26 Merkblatt für das Mitführen von Anhängern hinter Fahrrädern vom 6.11.1999 (VkBl. S. 703).

§ 21a Sicherheitsgurte, Rollstuhl-Rückhaltesysteme, Rollstuhlnutzer-Rückhaltesysteme, Schutzhelme

(1) Vorgeschriebene Sicherheitsgurte müssen während der Fahrt angelegt sein; dies gilt ebenfalls für vorgeschriebene Rollstuhl-Rückhaltesysteme und vorgeschriebene Rollstuhlnutzer-Rückhaltesysteme.[1] Das gilt nicht für

1. (weggefallen)[2]
2. **Personen beim Haus-zu-Haus-Verkehr, wenn sie im jeweiligen Leistungs- oder Auslieferungsbezirk regelmäßig in kurzen Zeitabständen ihr Fahrzeug verlassen müssen,**
3. **Fahrten mit Schrittgeschwindigkeit wie Rückwärtsfahren, Fahrten auf Parkplätzen,**
4. **Fahrten in Kraftomnibussen, bei denen die Beförderung stehender Fahrgäste zugelassen ist,**
5. **das Betriebspersonal in Kraftomnibussen und das Begleitpersonal von besonders betreuungsbedürftigen Personengruppen während der Dienstleistungen, die ein Verlassen des Sitzplatzes erfordern,**
6. **Fahrgäste in Kraftomnibussen mit einer zulässigen Gesamtmasse von mehr als 3,5 t beim kurzzeitigen Verlassen des Sitzplatzes.**

(2) Wer Krafträder oder offene drei- oder mehrrädrige Kraftfahrzeuge mit einer bauartbedingten Höchstgeschwindigkeit von über 20 km/h führt sowie auf oder in ihnen mitfährt, muss während der Fahrt einen geeigneten Schutzhelm tragen. Dies gilt nicht, wenn vorgeschriebene Sicherheitsgurte angelegt sind.[3]

VwV-StVO zu § 21a Sicherheitsgurte, Schutzhelme

(aufgehoben)

---

1 Geändert durch Art. 2 der Verordnung zur Änderung straßenverkehrsrechtlicher Vorschriften vom 17.6.2016 (BGBl. I S. 1463).

2 Taxi- und Mietwagenfahrer waren früher während der Fahrgastbeförderung von der Anschnallpflicht befreit, um bei gewalttätigen Übergriffen reaktionsfähig zu bleiben. Hintergrund waren einige Überfälle auf Taxifahrer mit Todesfolge, die zur Ausrüstungspflicht der Taxis mit Trennscheiben zum hinteren Fahrgastraum geführt hatten. Diese sehr teuren Einrichtungen hatten sich nicht bewährt, so dass nur die Freistellung von der Anschnallpflicht übrig blieb. Durch elektronische Überwachung der Taxis per Fernübertragung ist die Gefahr von Überfällen weniger häufig als das Risiko, bei Unfällen verletzt zu werden. Wie in der Schweiz wird deshalb die Freistellung nicht mehr für sinnvoll gehalten, so dass sie mit der 49. VO zur Änderung straßenverkehrsrechtlicher Vorschriften vom 22.10.2014 (BGBl. I S. 1635) abgeschafft wurde.

3 **Achte Ausnahmeverordnung** zur StVO („Krafträder mit Überrollbügel") vom 20.5.1998 (BGBl. I S. 1130)

§ 1

Abweichend von § 21a Abs. 2 StVO ..., brauchen die Führer von Krafträdern während der Fahrt keinen Schutzhelm zu tragen, wenn

1. das Kraftrad den Anforderungen der Anlage zu dieser Verordnung entspricht und
2. die vorhandenen Rückhaltesysteme angelegt sind.

§ 2

Diese Verordnung tritt am Tage nach der Verkündung in Kraft (30.5.1998).

1 Aus der amtlichen Begründung

1.1 Anpassung des § 21a Abs. 1 an EU-Recht über Rollstuhl-Rückhaltesysteme (Begr. 2016).

2 Erläuterungen

2.1 Sicherheitsgurte

Die Gurtanlegepflicht dient der Verkehrssicherheit und ist verfassungsgemäß (BVerfG VerkMitt 1986 Nr. 97 = DAR 1987, 16). Sie bewahrt nicht nur den Betroffenen selbst vor Schaden, sondern er bleibt auch unfallmindernd für Dritte reaktionsfähig. Der Nutzen moderner Sicherheitsgurte überwiegt gegenüber denkbaren Nachteilen, dass sich ein verantwortungsbewusster Kraftfahrer anschnallt (BGH VerkMitt 1979 Nr. 67 = DAR 1979, 182 = VRS 56, 416). Die Meinung, das Nichtanlegen des Gurtes durch eine Frau sei anders zu beurteilen, ist ebenso unbegründet wie die Besorgnis, Sicherheitsgurte könnten die Entstehung von Brustkrebs begünstigen (BGH VersR 1981, 548 = VRS 61, 81). Ein **„Airbag"** ergänzt den Sicherheitsgurt, ersetzt ihn aber nicht (OLG Celle VerkMitt 1990 Nr. 38 = VRS 79, 15 = NZV 1990, 81).

Sicherheitsgurte sind vorgeschrieben für Fahrzeuge aus der Zeit **ab 1.4.1970** (§§ 35a, 72 Abs. 2 StVZO). Sind sie vor dem 30.4.1979 in den Verkehr gekommen, genügt die Ausrüstung der unmittelbar hinter der Windschutzscheibe befindlichen Außensitze. Funktioniert der Gurt nicht, ist § 35a StVZO, nicht § 21a StVO verletzt (BayObLG NZV 1990, 360 = VRS 79, 382).

Nach der EU-RL 91/671/EWG über die Gurtanlegepflicht in KFZ unter 3,5 t i. d. F. der EU-RL 2003/20/EG sowie der Durchführungs-RL 2014/37/EU über die Pflicht zur Benutzung von Kinderrückhalteeinrichtungen in KFZ müssen alle Insassen von KFZ mit mind. vier Rädern und max. acht Sitzplätzen außer dem Fahrersitz (EU-Klasse M_1)[4] vorgeschriebene Sicherheitssysteme benutzen. Die Ausrüstungspflicht folgt aus § 35a StVZO. Aus der Belegung eines Rollstuhlplatzes mit einem Rollstuhlnutzer folgt die Anlegepflicht. Die Beförderung von Rollstuhlnutzern ohne Anlegen von Rückhaltesystemen ist als Ordnungswidrigkeit qualifiziert (§ 49 Abs. 1 Nr. 20a).

2.1.1 Gurtanlegepflicht

Die Anschnallpflicht besteht – abgesehen von den Ausnahmen nach § 21a Abs. 1 Nr. 1 bis 6 – für alle KFZ mit vorgeschriebenen Sicherheitsgurten[5] während der **gesamten** Fahrt, somit auch bei Stop-and-go-Verkehr, Langsamfahren (KG VRS 70, 299) oder verkehrsbedingtem Warten (BGH VerkMitt 2001 Nr. 53 = DAR 2001, 117 = VRS 100, 161 = NZV 2001, 130 = NJW 2001, 1485; OLG Celle VRS 109, 449 = DAR 2006, 159 = NJW

4 Siehe Anlage XXIX zur FZV.

5 Für die Bußgeldbewehrung kommt es darauf an, dass Sicherheitsgurte zulassungsrechtlich vorgeschrieben sind (§ 35a Abs. 4 StVZO i. V. m. Anh. I und XV der RL 77/541/EWG vom 28.6.1977, ABl. EG Nr. L 220, S. 95 – später mehrfach geändert), nicht darauf, ob sie „vorhanden" sind. Infolgedessen besteht keine Anschnallverpflichtung z. B. bei Krafträdern, land- und forstwirtschaftlichen Arbeitsmaschinen und einigen Oldtimerwagen (s. a. Rebler VD 2009, 3).

2006, 710; OLG Celle VerkMitt 1986 Nr. 22 = DAR 1986, 28 = VRS 70, 50; a. A. OLG Düsseldorf VRS 72, 211). Gleiches gilt für Rückhalteeinrichtungen der Rollstuhlnutzer. Schnallt sich der Fahrer nach einem Unfall zur Verkehrssicherung ab, liegt kein Verstoß gegen § 21a Abs. 1 vor, wenn es nach dem Wiedereinstieg in das Fahrzeug zu einem weiteren Auffahrunfall kommt. „**Angelegt**" ist der Sicherheitsgurt nur, wenn er der Körperbeschaffenheit des Trägers entsprechend so benutzt wird, dass er durch die Rückhaltewirkung die Schutzfunktion im Schulter- und Beckenbereich erfüllen kann. Ist das Gurtschloss zwar verriegelt, der Gurt aber nicht über die Schulter, sondern unter dem Arm geführt, wird gegen die Anschnallpflicht verstoßen (OLG Hamm VerkMitt 2008 Nr. 39 = DAR 2008, 34 = VRS 113, 373; OLG Düsseldorf VerkMitt 1991 Nr. 41 = NZV 1991, 241). Infolgedessen ist eine Beförderung liegender Fahrgäste oder Beifahrer in KOM, LKW oder Wohnmobilen unzulässig. Abgesehen von der Krankenbeförderung ist die Frage, ob sich der Beifahrer von Bussen oder LKW während der Fahrt in der Schlafkabine aufhalten darf, nicht geregelt. Die **Schlafkabine** gehört nicht zum Laderaum, sie gilt auch nicht als Sitzplatz und hat meist keine Sicherheitsgurte. Ist der Beifahrer dort aber durch Rückhalteeinrichtungen so gesichert, dass das Verletzungsrisiko selbst bei einer Gefahrbremsung ausgeschlossen ist, kann die Nutzung der Schlafkabine zulässig sein. Gurtanlegepflicht besteht auch für **Fahrlehrer** bei Übungs- oder Prüfungsfahrten (OLG Hamm VerkMitt 1986 Nr. 38), für Fahrer bei Krankentransporten (KG VRS 70, 294) sowie bei Leerfahrten von Taxis und Mietwagen (OLG Düsseldorf NZV 1999, 259). In Bussen sind die Fahrgäste vor Fahrtantritt auf die Anschnallpflicht hinzuweisen.[6]

2.1.2 Ausnahmen von der Gurtanlegepflicht

Durch Streichung der Nr. 1 des § 21a Abs. 1 sind (jetzt) auch **Taxi- und Mietwagenfahrer** während der Fahrgastbeförderung verpflichtet, den Sicherheitsgurt anzulegen.[7]

Die Ausnahme beim **Haus-zu-Haus-Verkehr** setzt kürzeste Entfernungen zwischen der Verrichtung, Lieferung, Abholung u. ä. voraus (OLG Zweibrücken VRS 77, 302). Dabei spielt es keine Rolle, ob Dienstleistungen zu erbringen (z. B. Schornsteinfeger), Sendungen und Waren zu liefern oder schwere oder leichte Gegenstände zu transportieren sind. Entscheidend ist allein, ob in Ausübung einer Tätigkeit gleich welcher Art nach jeweils sehr kurzen Fahrstrecken mit geringem Tempo immer wieder aus- und eingestiegen werden muss. Die Befreiung gilt nicht für die Fahrt zum Leistungs- oder Auslieferungsziel und für die Rückfahrt (OLG Düsseldorf VerkMitt 1991 Nr. 106; OLG Düsseldorf NZV 1993, 40).

Die Ausnahme bei **Schrittgeschwindigkeit** gilt nicht **nur** in Bereichen, wo dieses Tempo ausdrücklich vorgeschrieben ist, wie in verkehrsberuhigten Bereichen (Z. 325), in Fußgängerzonen oder auf Gehwegen für den jeweils zugelassenen Fahrzeugverkehr (Anl. 2 lfd. Nr. 18 und 21), sondern auch dort, wo in konkreten Verkehrssituationen nur sehr langsam gefahren wer-

6 § 8 Abs. 2a BOKraft.

7 Die Regelung korrespondiert mit § 31 Abs. 4 der Unfallverhütungsvorschrift (UVV) der Berufsgenossenschaft für Taxi- und Mietwagenfahrer. Gurten sich die Fahrer entgegen der UVV nicht an, können sie von der Berufsgenossenschaft mit einem Bußgeld belegt werden.

den kann. Dort sieht der Verordnungsgeber keine Veranlassung, Fahrer und Insassen der besonderen Schutzwirkung von Sicherheitsgurten verpflichtend zu unterwerfen. Entscheidend ist, dass es sich um kurze Bereiche handelt, die den Beispielfällen („Rückwärtsfahren", „Fahren auf Parkplätzen") entsprechen, so beim Rangieren in einer Parklücke, Ankuppeln von Anhängern, nicht aber, wenn bloß der Verkehrsfluss zur Schrittgeschwindigkeit zwingt (KG VRS 70, 299).

Bei **Nahverkehrsbussen** (§ 35a Abs. 6 StVZO) mit zugelassenen Stehplätzen[8] sind auch sitzende Fahrgäste von der Anschnallpflicht befreit. In **anderen Bussen** mit Ausrüstungspflicht für Sicherheitsgurte (§§ 35a Abs. 2 und 4, 72 Abs. 2 StVZO) müssen sich das Begleitpersonal nur bei Dienstleistungen sowie die Fahrgäste in Bussen über 3,5 t bei kurzzeitigem Verlassen der Sitze nicht anschnallen (z. B. zum Sitzplatzwechsel, Aufsuchen der Bustoilette, Versorgung an der Bordbar). Nicht zugelassen sind jedoch längeres Stehen zur Unterhaltung mit anderen Fahrgästen oder für ausgedehnte Gelage an der Bordbar.

Eine **individuelle Ausnahme** nach § 46 Abs. 1 von der Anschnallpflicht erfordert im Einzelfall eine erhebliche, durch ärztliche Bescheinigung nachgewiesene Gesundheitsgefährdung **durch** den Gurt, der auf anderem Wege nicht vorgebeugt werden kann, z. B. auch durch Hosenträgergurte.[9] Solche Gesundheitsgefahren sind im Regelfall so schwerwiegend, dass die Fahreignung berührt sein kann (BGH NZV 1993, 23). Infolgedessen kommen Ausnahmen meist nur für schwerbehinderte Beifahrer in Betracht. Dabei ist allerdings auch der anerkannte Nutzen des Sicherheitsgurtes in Relation zu dem Verletzungsrisiko bei unangeschnallten Beifahrern zu setzen. Bloße Unbequemlichkeiten oder Gurtanlegeschwierigkeiten rechtfertigen jedenfalls keine Ausnahme (OLG Lüneburg DAR 2015, 218 = NJW 2015, 1467).

2.1.3 Mithaftung bei Missachtung der Anschnallpflicht

Wer die Anschnallpflicht missachtet, haftet zivilrechtlich nach den Grundsätzen des Mitverschuldens (§ 254 BGB) anteilig für diejenigen Verletzungsfolgen, die durch die fehlende Sicherung entstehen (BGH VerkMitt 2012 Nr. 42 = DAR 2012, 386 = NJW 2012, 2027 = VRS 123, 65 = VD 2012, 239; BGH VerkMitt 2001 Nr. 53 = DAR 2001, 117; OLG München SVR 2014, 138; LG Meiningen DAR 2007, 708). Die Mithaftquote ist nach den Umständen des Einzelfalles festzulegen; sie kann auch bei eklatanten Verstößen des Unfallgegners zurücktreten (OLG Karlsruhe NZV 2010, 27 = SVR 2010, 180: Frontalcrash innerorts mit 90 km/h). Haftet der Schädiger, weil er in einer leichten Linkskurve mit seinem Fahrzeug von der Fahrbahn abgekommen ist, muss sich der nicht angegurtete Geschädigte für Gesichtsverletzungen eine Kürzung seiner Ansprüche um 25 %, bei erheblichen Verletzungen um 50 % gefallen lassen (KG VerkMitt 1981 Nr. 6 = DAR 1980, 341 = MDR 1980, 933 = VersR 1981, 64; BGH NZV 1990, 386: Anscheinsbeweis für Nichtangurten). Bei Aufprall des nicht gesicherten Fahrers auf den Airbag bei einem Frontalcrash kann die Kausalität der Verletzungen nicht vermutet werden, vielmehr trifft den Schädiger die Beweislast (OLG Naumburg SVR 2010, 60).

8 Höchstgeschwindigkeit 60 km/h: § 3 Abs. 3 Nr. 2b.

9 S. a. Erteilung von Ausnahmegenehmigungen von der Gurtanlege- und Helmtragepflicht vom 16.6.1976 (VkBl. S. 437).

Zwar ist die Mitnahme von Kindern über drei Jahre auch dann zulässig, wenn Rückhalteeinrichtungen nicht für alle ausreichen (§ 21 Abs. 1a Nr. 2 „Familienprivileg"); der Fahrer haftet dann aber für nicht gesicherte Kinder und muss deshalb besonders vorsichtig fahren. Entsprechendes gilt bei der Mitnahme nicht angeschnallter Personen in KFZ ohne vorgeschriebene Sicherheitsgurte (§ 21 Abs. 1 Satz 2 „Oldtimerprivileg").

Ordnungsrechtlich ist das Anlegen des Sicherheitsgurtes eine eigenständige Verpflichtung, so dass jeder Insasse allein für die Anschnallpflicht verantwortlich ist. Dementsprechend scheidet grundsätzlich eine Teilnahme des Fahrers nach § 14 OWiG am Gurtverstoß des Beifahrers aus, darf aber das Nichtanschnallen der Insassen weder fördern, noch erleichtern (KG VRS 70, 294 und 469; BayObLG NZV 1996, 491). Für alkoholisierte Mitfahrer, Kinder und Familienangehörige, hilflose oder ältere Personen besteht jedoch eine **Garantenpflicht** des Fahrers (Unterlassungspflicht nach § 8 OWiG); er muss somit darauf achten, dass sich der Beifahrer anschnallt und angeschnallt bleibt (OLG Hamm SVR 2014, 311; OLG Hamm VerkMitt 1997 Nr. 49 = NZV 1996, 33 = DAR 1996, 24: Haftung des Fahrers für 70 % der Verletzungsfolgen).

2.2 Schutzhelme

Schutzhelme müssen geeignet sein. Geeignet sind sie dann, wenn sie der **ECE-Regelung Nr. 22** (BGBl. II 1984, S. 746; s. a. ECE-Regelung Nr. 22 vom 21.6.2005 – VkBl. S. 611) entsprechen. Schutzhelme ohne amtlich genehmigte Bauart dürfen aber weiterhin verwendet werden, wenn sie „geeignet" sind.[10] Verkauft werden dürfen allerdings nur neue Schutzhelme, die der ECE-Regelung Nr. 22 entsprechen und vom KBA genehmigt worden sind (Verlautbarung des BMVBS – BMVI – vom 21.6.2005, VkBl. S. 611). Geeignet sind Schutzhelme, wenn sie speziell für das Motorradfahren mit ausreichender Schutzwirkung gebaut worden sind.[11] Das gilt auch für Motorradklapphelme nach ECE-Regelung 22.05, bei denen der Kinnbügel mit Visier hochgeklappt werden kann (Prüfzeichen „P" für Helm mit und „J" ohne Kinnbügel). Bau-, Stahl- oder Radfahrhelme sind auch mit Kinnriemenbefestigung jedenfalls keine geeigneten Motorradschutzhelme, weil sie die Verletzungsgefahren eher erhöhen als vermindern (OLG Düsseldorf VRS 75, 226).

---

10 Als 1988 der „amtlich" genehmigte Schutzhelm in § 21a Abs. 2 und in der VwV-StVO nach ECE-Regelung Nr. 22 (BGBl. II 1984, S. 746) bestimmt wurde, hatte die EU parallel dazu eine RL über Schutzausrüstungen erlassen (ABl. EG Nr. L 399 vom 30.12.1989), in der auch Anforderungen für den Motorradhelm enthalten waren. Infolge der Diskrepanz zwischen der ECE-Regelung und EU-RL war der ECE-Hinweis auf dem Helm kein ausreichendes Identifizierungsmerkmal mehr, so dass mit der 2. Ausnahme-VO vom 19.3.1990 (BGBl. I S. 550/VkBl. S. 230) auch andere Motorradhelme zugelassen wurden, zunächst bis 31.12.1992 und durch Änderung der 2. Ausnahme-VO vom 22.12.1992 (BGBl. I S. 2481) dann unbefristet. Die Änderung des Begriffes „amtlich" in „geeignet" trägt dem Umstand Rechnung, dass nur noch Helme nach ECE-Regelung Nr. 22 verkauft, Helme älterer Bauart mit ausreichender Schutzwirkung aber weiter verwendet werden dürfen, sofern sie speziell für das Motorradfahren konstruiert und gebaut sind. Dadurch ist die 2. Ausnahme-VO obsolet und durch Art. 2 der 40. StrVRÄndV vom 22.12.2005 (BGBl. I S. 3716/VkBl. 2006, 39) aufgehoben worden. Bau-, Feuerwehr-, Radfahr oder militärische Stahlhelme sind weiterhin nicht „geeignet" und unzulässig.

11 Leider ist immer noch die Fälschungssicherheit der ECE-Helme nicht gewährleistet, weil ECE-Aufnäher leicht herauszutrennen und durch gefälschte ersetzt werden können, was die Kontrollmöglichkeiten der Polizei erheblich erschwert.

Motorradschutzhelme

Geeignet sind nur speziell für das Motorradfahren hergestellte Schutzhelme (ECE-RL Nr. 22). Bau-, Stahl-, Radfahr-, Ski- und Feuerwehrhelme oder Pickelhauben sind keine geeigneten Schutzhelme.

2.2.1 Helmtragepflicht

Der Helmtragepflicht unterliegen alle Fahrer von Krafträdern sowie ihre Beifahrer auf dem Sozius oder im Beiwagen.[12] Durch die Bindung der Helmtragepflicht an eine Geschwindigkeit von mehr als 20 km/h ist die Freistellung von der Helmtragepflicht für Leichtmofas durch die 6. Ausnahme-VO entbehrlich geworden.[13]

Im Übrigen gilt die Helmtragepflicht auch für Mofas bis 25 km/h und Kleinkrafträder bis 45 km/h sowie offene[14] drei- oder vierrädrige Kleinkraftfahrzeuge mit mehr als 20 km/h. Hierbei handelt es sich vor allem um betriebserlaubnispflichtige, aber zulassungsfreie „Trikes" und „Quads", aber auch um schnellere mehrspurige offene kraftradähnliche Fahrzeuge.[15] Diese Fahrzeuge unterliegen zwar formal der Ausrüstungspflicht mit Sicherheitsgurten; durch die offene kraftradähnliche Konstruktion ist aber weder ein sinnvoller Gurteinbau möglich, noch ist ohne Knautschzonen oder Überrollbügel ein ausreichender Schutz von Fahrer und Mitfahrer zu gewährleisten. Infolgedessen wurden bisher schon für diese Fahrzeuge Ausnahmen von der Ausrüstungspflicht mit Sicherheitsgurten nach § 70 StVZO mit Auflage zum Tragen von Schutzhelmen erteilt. Da eine erhebliche Zahl dieser KFZ mit einer EG-Typgenehmigung nach der Rahmenrichtlinie 2002/24/EG versehen ist, entfällt eine Ausnahme nach § 70 StVZO, so dass die Helmtragepflicht über das Verhaltensrecht in § 21a Abs. 2 verankert worden ist.

Fahrräder mit einem tretunabhängigen elektrischen Zusatzantrieb sind je nach Geschwindigkeit Leichtmofas (bis 20 km/h), Mofas (bis 25 km/h) oder Kleinkrafträder (bis 45 km/h), so dass bei Geschwindigkeiten von mehr als 20 km/h

12 Siehe aber 8. Ausnahmeverordnung zur StVO vom 20.5.1998 (BGBl. I S. 1130): keine Schutzhelmtragepflicht für Motorräder mit Überrollbügel und Sicherheitsgurt.

13 Leichtmofas bis 20 km/h waren bisher durch die 1. Ausnahme-VO vom 26.3.1993 (BGBl. I S. 394) von der Schutzhelmtragepflicht ausgenommen. Die 1. Ausnahme-VO wurde durch die 6. Ausnahme-VO vom 24.3.1994 (BGBl. I S. 624/VkBl. S. 346) erneuert, die nunmehr infolge Änderung des § 21a Abs. 2 Satz 1 (Schutzhelmtragepflicht erst ab 20 km/h) durch Art. 3 der 40. StrVRÄndV vom 22.12.2005 (BGBl. I S. 3716/VkBl. 2006, 39) aufgehoben worden ist.

14 Für drei- oder vierrädrige Kleinstkraftwagen mit geschlossenen Aufbauten (bis 25 km/h oder mehr) gilt die Gurtanlegepflicht, sofern die Betriebserlaubnis Sicherheitsgurte vorschreibt.

15 Die Regelung bezieht sich auf KFZ nach Art. 1 Abs. 2 und 3 der RL 2002/24/EG über die Typgenehmigung für zwei- oder dreirädrige KFZ (Aufhebung der RL 92/61/EWG vom 18.3.2002 – ABl. EG Nr. L 124 S. 1) und ist für offene land- und forstwirtschaftliche Zugmaschinen, offene Oldtimer und ähnliche Fahrzeuge nicht gewollt. Im Wege der polizeilichen Opportunität kann hier die Helmtragepflicht vernachlässigt werden, wenn eine vergleichbare Schutzwirkung durch Überrollbügel oder Anschnallen mit Sicherheitsgurten erzielt wird.

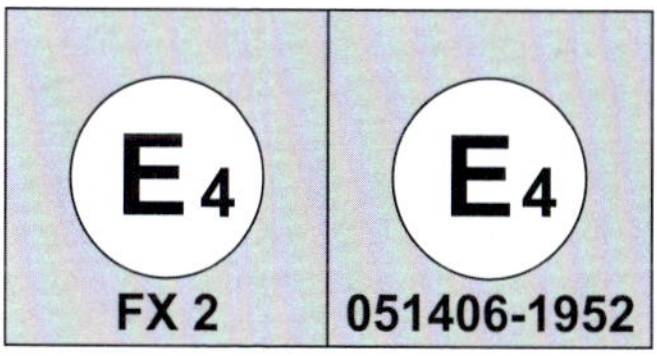

Beispiel ECE-Prüfzeichen für Schutzhelme und Helmvisiere

„E 4“	=	Genehmigungsland (4 = Niederlande)
„FX 2“	=	Genehmigungszeichen für Visier
„051406“	=	Genehmigungsnummer für Helm
„1952“	=	Produktionsserie

Helmtragepflicht besteht. Elektrobetriebene Mobilitätshilfen („Segway“) haben nach § 1 Abs. 1 MobHV eine Geschwindigkeit von nicht mehr als 20 km/h, so dass ein Schutzhelm zwar empfehlenswert, aber nicht Pflicht ist.

2.2.2 Ausnahmen von der Helmtragepflicht

In seltenen, meist nur medizinisch indizierten Fällen kann es für einen Motorradfahrer unzumutbar sein, einen Schutzhelm zu tragen, er muss sich dann unter Vorlage einer ärztlichen Bescheinigung bei der Straßenverkehrsbehörde um eine Ausnahmegenehmigung bemühen (VG Augsburg DAR 2001, 233). Bei der Entscheidung muss die Straßenverkehrsbehörde das öffentliche Interesse zur Vermeidung schwerer Kopfverletzungen gegen das private Interesse an einer Freistellung abwägen. Neben der ärztlichen Indikation hat die Verkehrsbehörde somit weiterhin einen Ermessensspielraum für die Erteilung einer Ausnahmegenehmigung (BVerwG NJW 2017, 1691 = NZV 2017, 396). Zu berücksichtigen sind neben persönlichen Gründen, z. B. einziges Verkehrsmittel zur Arbeitsstelle, auch Freistellungsdauer, Fahrtstrecke, Motorradart und auch religiös motivierte Gründe (BVerwG NJW 2019, 3466; VGH Mannheim VRS 132, 41 = NZV 2017, 496: kein Turban statt Schutzhelm; wenn die religiöse Überzeugung das nicht zulässt, muss auf das Motorradfahren verzichtet werden). Bei bestimmter medizinischer Indikation stellt sich dann aber die Frage der **Fahreignung**. Für Brillenträger ist eine Ausnahme selbst bei einem Kopfumfang von 60 cm nicht gerechtfertigt (BGH VerkMitt 1983 Nr. 70 = VRS 64, 240). Die Freistellung von der Helmtragepflicht nach der **8. Ausnahme-VO** betrifft nur Neukonstruktionen von zwei- oder dreirädrigen Fahrzeugen, die über versteifte Rollbügel und Anschnallgurte mit Warnlampe verfügen.

2.2.3 Mithaftung bei Missachtung der Helmtragepflicht

Wer als Kraftradfahrer keinen **Schutzhelm** trägt, ist für den ihm entstehenden Schaden nach § 254 BGB mitverantwortlich (BGH VkBl. 1965, 123 = DAR 1965, 124 = NJW 1965, 1075 = VRS 28, 242; BGH VerkMitt 1990 Nr. 96; VRS 64, 390; LG Bonn DAR 2015, 340 = NZV 2015, 397 = SVR 2015, 304: Mithaftung zu 50 %). Bei Kopfverletzungen spricht der Ursachenzusammenhang beim Fehlen des Helms für die Verletzungsfolge. Obwohl **Motorrad-Schutzkleidung** nicht vorgeschrieben ist, wird auch beim Nichttragen für dadurch bedingte Verletzungen teilweise ein Mitverschulden nach § 254 BGB angenommen (OLG Brandenburg DAR 2009, 649 = SVR 2010, 21 = VRS 117, 129; OLG Nürnberg VerkMitt 2013 Nr. 56 = DAR 2013, 332 = VRS 124, 277 = NZV 2013, 556 = SVR 2013, 421: nicht aber bei fehlenden Motorradschuhen; OLG München SVR 2017, 423 = VD 2018, 55 = NJW 2017, 2838 mit Anm. Schroeder: Fahren eines Leichtkraftrades mit Turnschuhen; a. A. OLG Düsseldorf VerkMitt 2020, Nr. 3 = NZV 2020, 260 = VRS 137, 169: gesicherte Erkenntnisse zur Wirkung von Schutzkleidung fehlen; LG Frankfurt/M. NJW 2019, 531 = DAR 2019, 271 = SVR 2019, 202 mit Anm. Balke: keine Mitschuld eines Harley-Fahrers ohne Protektoren in Lederhosen, wenn kein allgemeines Verkehrsbewusstsein zum Tragen besteht; LG Heidelberg NZV 2014, 466 = SVR 2014, 385 und AG Weißwasser SVR 2015, 67 mit Anm. Balke: für Leichtkraftrad- und Mofafahrer mangels Verpflichtung kein Mitverschulden; LG Köln DAR 2013, 382 = SVR 2014, 142; s. a. Balke SVR 2014, 287). Für die Verletzung der Schutzhelmpflicht durch den Beifahrer ist der Motorradfahrer mitverantwortlich, wenn er diesen Verstoß gefördert hat. Dem verletzten **Radfahrer** kann beim Fehlen des nicht vorgeschriebenen **Radfahrhelms** (gegenwärtig) kein Mitverschulden für Kopfverletzungen nach § 254 BGB angerechnet werden (BGH VerkMitt 2014 Nr. 65 = VD 2014, 220 = DAR 2014, 520 = NZV 2014, 399 = VRS 126, 327; LG Kiel SVR 2020, 138 = NZV 2019, 262 mit Anm. Bachmor; s. a. Rütten SVR 2014, 441; OLG Celle SVR 2014, 339; a. A. noch OLG Schleswig SVR 2014, 263; s. a. Huber NZV 2014, 489). Nur beim Radsport wird ein Mitverschulden bejaht, wenn mit gesteigertem Gefahrenpotenzial gefahren wird, z. B. hohes Tempo unter Radrennsportbedingungen (OLG Celle DAR 2014, 199 = NZV 2014, 305 = VD 2014, 101; OLG Karlsruhe NZV 1991, 25; OLG Nürnberg VerkMitt 2000 Nr. 22 = DAR 1991, 173; OLG Nürnberg DAR 1999, 507 und 2001, 35; OLG Saarbrücken DAR 2008, 210 = NZV 2008, 202; OLG Düsseldorf NZV 2007, 619 = DAR 2007, 704 = VD 2007, 305; OLG Düsseldorf DAR 2007, 458 = NZV 2007, 614; OLG Düsseldorf NZV 2007, 38; OLG Hamm NZV 2001, 86 und 2002, 129; LG München SVR 2013, 383; LG Koblenz DAR 2011, 395; AG Wesel DAR 2014, 535 = NZV 2014, 311; a. A. OLG Schleswig DAR 2013, 470 = SVR 2013, 304: Mitverschulden wird bejaht; LG Krefeld NZV 2006, 205: Haftung bei Kindern ohne Radfahrhelm; s. a. Scholten SVR 2012, 161).[16]

3 Hinweise

3.1 Ausnahmegenehmigungen richten sich nach der VwV-StVO zu § 46 Abs. 1 Nr. 5b. Die Ausnahme gilt in allen CEMT-Mitgliedstaaten (VkBl. 1986, 206, 558 und 1988, 183).

Vorderseite

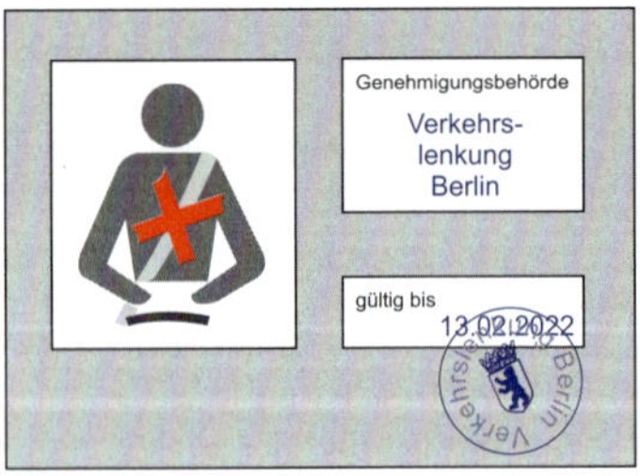

16 Bei Unfällen von Skifahrern ohne Helm wird im Gegensatz zu Radfahrern eine Mithaftung angenommen (OLG München DAR 2012, 335), weil Skifahren immer eine sportliche Betätigung ist, während Radfahren meist der bloßen Fortbewegung dient.

Rückseite

Inhaber:

Name: Musterfrau Vorname: Simone

Wohnort: 14624 Dallgow Straße, Nr. Lindenplatz 3

Land: (D) Unterschrift: Musterfrau

Der Inhaber dieses Ausweises ist von der Pflicht, den Sicherheitsgurt anzulegen, entbunden worden.

The holder of this document ist except from compulsory seat belt.

Le titulaire de cette carte est dispensé du port obligatoire de la ceinture de securité.

Format DIN A 6, Material: Karton, Grund grau (z.B. RAL 7011), Symbol- und Schriftfelder weiß, Schrift und grafisches Symbol schwarz

3.2 **Bauartgenehmigung** für Sicherheitsgurte: § 22a Abs. 1 Nr. 25 StVZO, Richtlinien 76/115/EWG und 77/541/EWG für Sicherheitsgurte, Anhang der StVZO; ECE-Regelung Nr. 16.

§ 22 Ladung

(1) Die Ladung einschließlich Geräte zur Ladungssicherung sowie Ladeeinrichtungen sind so zu verstauen und zu sichern, dass sie selbst bei Vollbremsung oder plötzlicher Ausweichbewegung nicht verrutschen, umfallen, hin- und herrollen, herabfallen oder vermeidbaren Lärm erzeugen können. Dabei sind die anerkannten Regeln der Technik zu beachten.

(2) Fahrzeug und Ladung dürfen zusammen nicht breiter als 2,55 m und nicht höher als 4 m sein. Fahrzeuge, die für land- oder forstwirtschaftliche Zwecke eingesetzt werden, dürfen, wenn sie mit land- oder forstwirtschaftlichen Erzeugnissen oder Arbeitsgeräten beladen sind, samt Ladung nicht breiter als 3 m sein. Sind sie mit land- oder forstwirtschaftlichen Erzeugnissen beladen, dürfen sie samt Ladung höher als 4 m sein. Kühlfahrzeuge dürfen nicht breiter als 2,60 m sein.

(3) Die Ladung darf bis zu einer Höhe von 2,50 m nicht nach vorn über das Fahrzeug, bei Zügen über das ziehende Fahrzeug hinausragen. Im Übrigen darf der Ladungsüberstand nach vorn bis zu 50 cm über das Fahrzeug, bei Zügen bis zu 50 cm über das ziehende Fahrzeug betragen.

(4) Nach hinten darf die Ladung bis zu 1,50 m hinausragen, jedoch bei Beförderung über eine Wegstrecke bis zu einer Entfernung von 100 km bis zu 3 m; die außerhalb des Geltungsbereichs dieser Verordnung zurückgelegten Wegstrecken werden nicht berücksichtigt. Fahrzeug oder Zug samt Ladung darf nicht länger als 20,75 m sein. Ragt das äußerste Ende der Ladung mehr als 1 m über die Rückstrahler des Fahrzeugs nach hinten hinaus, so ist es kenntlich zu machen durch mindestens

1. eine hellrote, nicht unter 30 × 30 cm große, durch eine Querstange auseinandergehaltene Fahne,
2. ein gleich großes, hellrotes, quer zur Fahrtrichtung pendelnd aufgehängtes Schild oder
3. einen senkrecht angebrachten zylindrischen Körper gleicher Farbe und Höhe mit einem Durchmesser von mindestens 35 cm.

Diese Sicherungsmittel dürfen nicht höher als 1,50 m über der Fahrbahn angebracht werden. Wenn nötig (§ 17 Absatz 1), ist mindestens eine Leuchte mit rotem Licht an gleicher Stelle anzubringen, außerdem ein roter Rückstrahler nicht höher als 90 cm.

(5) Ragt die Ladung seitlich mehr als 40 cm über die Fahrzeugleuchten, bei Kraftfahrzeugen über den äußeren Rand der Lichtaustrittsflächen der Begrenzungs- oder Schlussleuchten hinaus, so ist sie, wenn nötig (§ 17 Absatz 1), kenntlich zu machen, und zwar seitlich höchstens 40 cm von ihrem Rand und höchstens 1,50 m über der Fahrbahn nach vorn durch eine Leuchte mit weißem, nach hinten durch eine mit rotem Licht. Einzelne Stangen oder Pfähle, waagerecht liegende Platten und andere schlecht erkennbare Gegenstände dürfen seitlich nicht herausragen.

VwV-StVO zu § 22 Ladung

Zu Absatz 1

1 I. Zu verkehrssicherer Verstauung gehört sowohl eine die Verkehrs- und Betriebssicherheit nicht beeinträchtigende Verteilung der Ladung als auch deren sichere Verwahrung, wenn nötig Befestigung, die ein Verrutschen oder gar Herabfallen unmöglich machen.

2 II. Schüttgüter, wie Kies, Sand, aber auch gebündeltes Papier, die auf Lastkraftwagen befördert werden, sind in der Regel nur dann gegen Herabfallen besonders gesichert, wenn durch überhohe Bordwände, Planen oder ähnliche Mittel sichergestellt ist, dass auch nur unwesentliche Teile der Ladung nicht herabfallen können.

3 III. Es ist vor allem verboten, Kanister oder Blechbehälter ungesichert auf der Ladefläche zu befördern.

4 IV. Vgl. auch § 32 Abs. 1.

1 Aus der amtlichen Begründung

1.1 Anpassung der Gewichte an die durch EU-Recht vorgegebene Bezeichnung „Gesamtmasse" (Begr. 2012).

2 Erläuterungen

2.1 Verantwortlichkeit des Fahrers und Halters

Die Verantwortung für die Einhaltung der Achslasten und Gesamtgewichte trägt primär der **Fahrer**; aber auch alle sonstigen für die Ladungssicherheit Verantwortlichen, insbesondere der Fahrzeughalter, Fuhrparkleiter, Disponent oder Versender (OLG Düsseldorf VRS 74, 69; OLG Celle VRS 112, 289 = VD 2008, 110; AG Weilheim NZV 2013, 161; s. a. Krumm SVR 2018, 450). Übernimmt der Fahrer ein bereits beladenes Fahrzeug ohne Ladungsüberprüfung,[1] folgt seine Verantwortung für mangelnde Ladungssicherung aus § 23. Dabei ist hinsichtlich seiner Verantwortlichkeit ein strenger Maßstab anzulegen, der besondere Sorgfalt in der Auswahl und Schulung des beauftragten Personals wie auch unerwartete Kontrollen einschließt (OLG Bamberg VerkMitt 2013 Nr. 51; OLG Bamberg NZV 2018, 289). Lässt der Halter die Fahrt in Kenntnis der Überladung zu, verstößt er gegen § 31 Abs. 2 StVZO (OLG Düsseldorf NZV 1990, 323; Rebler SVR 2012, 214). Für Schäden durch herabfallende Ladung während der Fahrt haften Fahrer und Halter (OLG Köln VRS 88, 171). Wird die Ladung infolge mangelnder Sicherung bei einer Gefahrbremsung beschädigt, kann nicht der Verursacher des Bremsvorgangs verantwortlich gemacht werden (AG Recklinghausen NZV 2003, 421).

2.2 Einhaltung der max. Achslasten, Gewichte und Abmessungen

Fahrzeug **und** Ladung dürfen zusammen die in § 22 Abs. 2 genannten Maße nicht überschreiten. Ladung sind dabei zu befördernde Sachen, die nicht zur Fahrzeugausrüstung gehören (Krumm SVR 2015, 456: abgeschlepptes Fahrzeug ist keine Ladung). Für Autobahnen und Kraftfahrstraßen gilt § 18 Abs. 1 Satz 2, so dass 3 m breite oder höher als 4 m beladene Fahrzeuge im

---

1 Übernahme z. B. verplombter Fahrzeuge, Wechselbrücken oder Auflieger bei Streckenübernahme.

landwirtschaftlichen Einsatz dort nicht verkehren dürfen, selbst wenn sie bauartbestimmt schneller als 60 km/h fahren können.

2.2.1 Zulässige Gesamtmasse

Die max. zulässigen Gesamtmassen für Fahrzeuge folgen aus § 34 StVZO, Verstöße aus § 69a Abs. 3 Nr. 4 StVZO. Wegen der Gefahren durch überladene KFZ sind an den Fahrer strenge Anforderungen zu stellen. Bei Anhaltspunkten für eine Überladung muss er alle ihm zur Verfügung stehenden Möglichkeiten zur Prüfung ausnutzen, notfalls die nächstgelegene Waage aufsuchen (OLG Stuttgart VRS 121, 248 = DAR 2011, 711: Messtoleranzen können berücksichtigt werden, z. B. pauschal 5 % des Bruttomessergebnisses). Anhaltspunkte können sich aus Umfang, Höhe oder Art der Ladung ergeben, z. B. frisch geschlagenes oder feuchtes Holz (OLG Stuttgart VRS 104, 65; OLG Düsseldorf VerkMitt 1999 Nr. 44), nasse Schüttgüter, niedergedrückte Reifen (AG Eggenfeld DAR 2003, 478), durchbiegende Federn, erschwerte Lenkung, Überlastung der Hinterachse mit Blendgefahr. Der Fahrer kann sich auf die Gewichtsangaben des Verladers nur verlassen, wenn kein Anlass zu Zweifeln besteht (OLG Düsseldorf VRS 64, 462).

2.2.2 Höhen (§ 22 Abs. 2)

Die Höhe eines Fahrzeugs darf einschließlich Ladung max. 4 m nicht überschreiten (auch nicht um wenige Zentimeter). Ist sich der Fahrer unsicher über die genaue Höhe von Fahrzeug und Ladung, muss er nachmessen. Brücken, Tunnel, Straßenbahnoberleitungen und Lichtraumprofile haben im Regelfall eine Höhe von 4,50 m. Davon dienen 0,50 m als Sicherheitsabstand für das Aufschwingen des Fahrzeugs bei Fahrbahnunebenheiten. Durchfahrtshöhen unter 4,50 m sind mit Z. 265 (Anl. 2 lfd. Nr. 39 zu § 41) zu kennzeichnen.[2] Wegen der Unfallgefahren bei Höhenüberschreitungen sind an die Einhaltung der 4-m-Grenze strenge Anforderungen zu stellen. Ausnahmen dürfen nur unter eng begrenzten örtlichen Voraussetzungen mit Fahrwegbestimmung erteilt werden. Problematisch ist dies beim Transport von High-Cube-Containern auf üblichen Sattelaufliegern, wobei es zu Höhenüberschreitungen bis zu 4,20 m und mehr kommen kann. Gleiches gilt bei Mega-Trailern, die den dreilagigen Transport von Gitterboxpaletten ermöglichen, sowie bei Sattelaufliegern, bei denen durch Stützen (Rungen) die obere Ladungsabdeckung angehoben werden kann. Obwohl dies nur der leichteren Beladung dient, werden bei hohen Ladungsgütern häufig die Stützen nicht wieder eingefahren (Kramer VD 2002, 363). Nur beim Transport land- oder forstwirtschaftlicher Erzeugnisse darf die 4-m-Höhengrenze überschritten werden, vor allem beim Einbringen der Ernte. Ungeachtet dessen müssen Höhenbegrenzungen beachtet werden.

2.2.3 Längen

Die max. Länge von Fahrzeugen und Fahrzeugkombinationen folgt aus § 32 Abs. 3 bis 7 StVZO, Verstöße aus § 69a Abs. 3 Nr. 2 StVZO. Die max. Länge einer Fahrzeugkombination beträgt 18,75 m; zuzüglich eines Ladungsüberhangs (auch nach vorn) darf die Kombination insgesamt eine Länge von 20,75 m nicht übersteigen. Ausgezogene Ladeflächen bei Autotransportern

---

2 RL für die Kennzeichnung von Ingenieurbauwerken mit beschränkter Durchfahrtshöhe über Straßen (VkBl. 2000, 337).

über die höchstzulässige Länge hinaus sind keine Ladestützen.[3] Da die höchstzulässige Länge eines LKW oder KOM mit Anhänger 18,75 m beträgt, ist ein hinterer Ladungsüberhang nur bis 2 m zulässig.[4]

2.2.4 Breiten (§ 22 Abs. 2)

Fahrzeuge dürfen einschließlich der Ladung nicht breiter als 2,55 m sein. Abweichungen ergeben sich nur für Kühlfahrzeuge wegen der zusätzlichen Isolierung von 4,5 cm (= 2,60 m), für Fahrzeuge der Land- und Forstwirtschaft und für Straßenunterhaltungsfahrzeuge mit Anbaugeräten (= 3 m). Die Breitenangaben beziehen sich auf die in den Fahrzeugdokumenten angegebenen Abmessungen (§ 32 StVZO/ISO-Normen), wobei Außenspiegel nicht berücksichtigt werden.[5] Ist die Breite auf Fahrbahnen jedoch durch Z. 264 begrenzt, bezieht sich die Angabe auf die tatsächliche Breite, einschließlich der Außenspiegel und sonstiger Anbauten.

2.3 Beladung und deren Sicherung (§ 22 Abs. 1)

Die Sicherungspflichten für die Ladung dienen primär der Verkehrssicherheit, nicht dem Schutz der Ladung. Ergänzt wird die Ladungssicherheit nach § 22 durch die Pflichten nach § 23 Abs. 1. Für die Ladungssicherung von KFZ mit mehr als 3,5 t zGM ist die DIN EN 12195-1:2011 als Regel der Technik und für Kontrollen anerkannt. Ferner müssen bei der Beförderung gefährlicher Güter beachtet werden: **ADR** (Europäisches Übereinkommen über die internationale Beförderung gefährlicher Güter auf der Straße nebst den Anlagen A und B), **GGBefG** (Gefahrgutbeförderungsgesetz), **GGVSEB** (Gefahrgutverordnung Straße, Eisenbahn und Binnenschifffahrt), **GbV** (Gefahrgutbeauftragtenverordnung) und **RSEB** (Durchführungsrichtlinien – Gefahrgut). Im Verhältnis zu § 22 Abs. 1 sind die Gefahrgutbestimmungen die speziellere Regelung, wenn andere Ladungsteile die Sicherheit des Gefahrgutes gefährden (OLG Karlsruhe VerkMitt 2015 Nr. 59).

Verantwortlich für die Ladungssicherheit ist primär der Fahrer, daneben auch der Halter für die Bereitstellung der Ladungssicherungsmittel und der Leiter der Ladearbeiten für die Pflichten nach § 31 Abs. 2 StVZO i. V. m. § 9 OWiG (s. a. Borzym SVR 2012, 204).

Zur Ladung gehören alle Gegenstände, die in Fahrzeugen befördert werden, so auch Tiere und Gepäckstücke der Insassen. Fahrzeugteile, die der

---

3 Siehe Klarstellung des BMVI vom 19.12.2019 (VkBl. 2020, 9).

4 Mit der Verordnung **Ausnahmen von straßenverkehrsrechtlichen Vorschriften für Fahrzeuge und Fahrzeugkombinationen mit Überlänge** vom 19.12.2011 (eBAnz AT144 2011 V2) i. d. F. der 5. Änderungsverordnung vom 15.7.2015 (eBAnz AT22.07.2015 V1) werden in einem Großversuch die Auswirkungen von Lang-LKW bis 25,25 m, allerdings unter Einhaltung der maximal zulässigen Gewichte, untersucht. An dem Versuch unter Beteiligung der BASt sind zwölf Bundesländer auf rd. 90 in der Anlage aufgeführten Streckenabschnitten beteiligt. Festgestellt wurden vom BMVI u. a. Effizienzgewinne und Kraftstoffersparnisse zwischen 15 und 25 %, zwei Lang-LKW können drei reguläre LKW ersetzen, kein erhöhter Erhaltungsaufwand für die Infrastruktur, keine Hinweise auf größeren Stress oder eine erhöhte psychologische Beanspruchung der Fahrer.

5 Die Fahrzeugbreite nach § 32 Abs. 1 StVZO ist nach der ISO-Norm 612-1978, Def. Nr. 6.2 zu ermitteln. Abweichend von dieser Norm sind bei der Messung der Fahrzeugbreite u. a. Einrichtungen nicht zu berücksichtigen, wie lichttechnische Einrichtungen, Ladebrücken sowie Spiegel und andere Systeme für indirekte Sicht.

Ladungssicherheit und Geschwindigkeit bei Kleintransportern

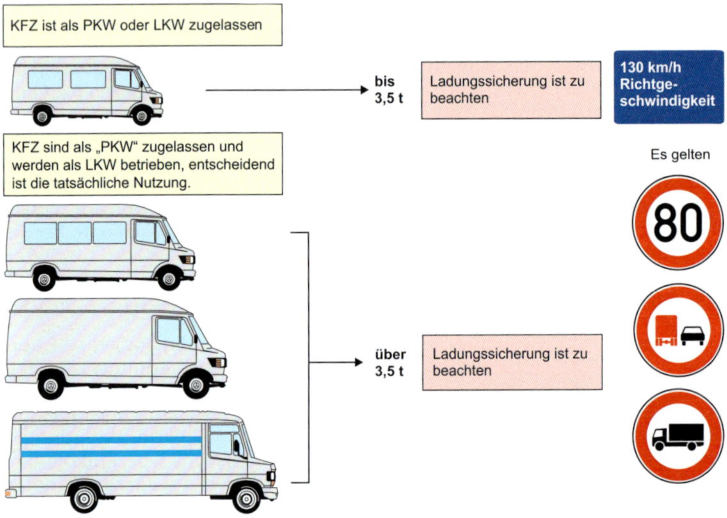

Sicherung, Verwahrung oder dem Heben der Ladung dienen, sind Ausrüstungsgegenstände und gehören nicht zur Ladung.[6]

Eine ungesicherte Ladung oder deren ungleichmäßige Verteilung beeinträchtigt die Verkehrssicherheit, führt zu Verkehrsbehinderungen und Schäden an Straßen, Brücken oder Tunneln. Vor allem wird dadurch die Schleudergefahr erhöht und das gleichmäßige Abbremsen aller Räder erschwert, wobei der Bremskraftregler die fehlerhafte Lastverteilung nicht ausgleichen kann (OLG Hamm VRS 20, 462). Die Ladung ist deshalb nur dann verkehrssicher verstaut, wenn die in der Praxis anerkannten Regeln der Technik des Speditions- und Fuhrbetriebes beachtet werden. Anerkannte Regeln der Technik enthält die VDI-Richtlinie 2700 „Ladungssicherung auf Straßenfahrzeugen" (BayObLG VRS 104, 62), die im Wesentlichen inhaltsgleich mit den international abgestimmten CEN-Normen (Europäisches Komitee für Normung) ist.[7]

6 Wie Zurrgurte, Ratschen, Spannketten, Antirutschmatten, Krananlagen, Planen, Gitterboxen, Paletten, Sicherungskeile; ein gelegentlich mitgeführter Gabelstapler kann aber als Ladung gelten (BayObLG VerkMitt 1999 Nr. 92 = VRS 97, 379). Wichtig ist auch eine saubere Ladefläche zur Gewährleistung der Rutschfestigkeit der Ladungsteile.

7 Zwar strebt die EU-Kommission zu Vereinheitlichung der Ladungssicherungsvorschriften die Einführung des Leitfadens „Best Practice Guidelines on Cargo Securing for Road Transport" als neue EN-Norm 12195-1:2010 an, der auf der europäischen CEN-Norm EN 12195 oder alternativ den für die Seeschifffahrt entwickelten IMO-Ladungsvorschriften beruht. Solange hier jedoch keine bindende Verpflichtung, z. B. durch eine EU-Richtlinie, besteht, gilt weiterhin die VDI-Richtlinie 2700.

Die Sicherung der Ladung muss auch einer Gefahrbremsung oder plötzlichen Ausweichbewegung standhalten (OLG Düsseldorf MDR 1984, 945). Der Umstand, dass eine Vorsichtsmaßnahme unüblich ist, schließt nicht aus, dass sie erforderlich ist. Die ordnungsgemäße Beladung des Fahrzeugs ist vom Fahrer vor Antritt der Fahrt zu prüfen und während der Fahrt zu überwachen. Das gilt auch für einen Ablösungsfahrer (BGH VRS 29, 26; BGH VRS 17, 46), wenn Anzeichen für Überladung oder ungenügende Ladungssicherung vorliegen (BayObLG NZV 1988, 192). Hohe und schwere Lasten müssen wegen der **Kippgefahr** notfalls mit Tiefladern befördert werden. Nasser Kies darf bei Frost nicht auf die Fahrbahn abtropfen (OLG Celle DAR 1957, 245), trockener Sand nicht vom Fahrtwind auf die Straße geweht werden (KG VRS 49, 295). Nach hinten überstehende Baustahlmatten müssen gegen Verletzungen an den scharfen Spitzen ummantelt sein (BayObLG VRS 47, 130). Verschiebeplanen haben nur eine begrenzte Zugfestigkeit (AG Eggenfelden DAR 2006, 165). Bereits eine abstrakte Gefahr reicht für einen Verstoß nach §§ 22 Abs. 1, 49 Abs. 1 Nr. 21 aus. Ladung und Ladeausrüstung müssen auch gegen vermeidbares Lärmen besonders gesichert sein. Der dabei anzulegende Maßstab richtet sich nach dem Stand der technischen Möglichkeiten.

Dienen zulassungsrechtlich als „PKW" zugelassene KFZ über 3,5 t durch Herausnahme der Sitze der Güterbeförderung, unterliegen sie den Verhaltenspflichten für LKW, insbesondere deren Höchstgeschwindigkeiten und Verboten der Z. 253, 277 (s. a. Erl. 2.5.2 zu § 3 mit Rspr.-Hinweisen).

2.4 Hinausragende Ladung (§ 22 Abs. 3 bis 5)

Der Abstand der nach **hinten** hinausragenden Ladung ist von den **Rückstrahlern**, nicht von der hinteren Fahrzeugkante zu messen. Der 40-cm-Abstand bei **seitlich** hinausragender Ladung bestimmt sich von den Begrenzungs- und Schlussleuchten, **nicht** vom Fahrzeugumriss. Anbaugeräte sind wie hinausragende Ladung zu kennzeichnen. Werbeaufschriften (auch in anderer Farbe) sind auf der roten Fahne zulässig, sofern die Warnfunktion für den übrigen Verkehr nicht beeinträchtigt wird.

Grundsätzlich darf die Ladung nicht über die **vordere** Fahrzeugkante, bei Zügen nicht über das ziehende Fahrzeug hinausragen, um Fußgänger, Rad- und Motorradfahrer sowie vorausfahrende Fahrzeuge nicht zu gefährden. Erst ab **2,5 m Höhe** (gemessen von der Fahrbahn bis zur Unterkante der Ladungsteile) ist ein geringfügiger Ladungsüberhang **nach vorn** von höchstens 50 cm ohne besondere Kennzeichnung zugelassen. Wegen des Begriffs „Wegstrecke" bezieht sich die 100-km-Grenze beim 3-m-Ladungsüberhang nach hinten auf die tatsächliche Fahrtstrecke, nicht auf die Luftlinie zwischen Transportbeginn und Zielort.

3 Hinweise

3.1 Verantwortung des Fahrers für die Ladung: § 23 Abs. 1; Verbot des Liegenlassens herabgefallener Gegenstände auf der Straße: § 32; kein Verkehrsunfall nach § 34, wenn Gegenstände beim Beladen auf Personen oder Fahrzeuge herabfallen; Sicherung von Anbaugeräten: § 53b StVZO; Berücksichtigung von Ladestützen bei Feststellung der Abmessungen: VkBl. 1980, 354.

3.2 Verbot für Fahrzeuge bei Überschreiten angegebener Gewichte: Z. 262; Achslasten: Z. 263; Breite: Z. 264; Höhe: Z. 265; Länge: Z. 266. Verbot für Fahrzeuge mit wassergefährdender Ladung: Z. 269; Vorsicht bei Beförderung wassergefährdender Stoffe: Z. 354 (Anl. 3 lfd. Nr. 23).

3.3 Tiertransporte

Für Tiertransporte gilt die Tierschutztransportverordnung (TierSchTrV) vom 11.2.2009 (BGBl. I S. 375) i.d.F. vom 3.12.2015 (BGBl. I S. 2178).[8] Geregelt werden dort vor allem: Beförderungsverbot für verletzte Tiere, Mitführen besonderer Transportdokumente, Stellflächenvorgabe für Tierarten, Kennzeichnung der Transporte, Befähigungsnachweis des Fahrers, Ausstattung der Transportfläche, Umgang mit Tieren während des Transports (Füttern, Tränken), Transportdauer, Ausstattung mit Navigationsgeräten.

3.4 Kennzeichnungstafeln an Kraftfahrzeugen

3.4.1 Warntafel für Abfalltransporte

Die Kennzeichnung der Fahrzeuge folgt aus § 13b Abfallgesetz und soll dem „Abfalltourismus" vorbeugen. Besteht der zu befördernde Abfall ganz oder zum Teil aus Gefahrgut, sind zusätzlich Gefahrgutwarntafeln anzubringen.

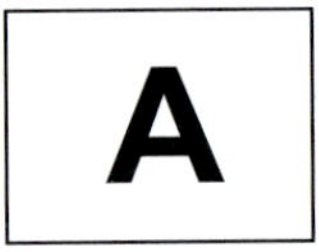

3.4.2 Tafeln für lärm- und abgasarme Fahrzeuge

Grünes Schild mit weißem „G" oder „S" (Ø 20 cm). Das Schild muss an der Vorderseite und darf zusätzlich an der Rückseite befestigt sein. Mit dem „G" gekennzeichnete Fahrzeuge sind von Lärmschutz-Beschränkungen ausgenommen, z.B. Z. 250 mit Zusatzzeichen „lärmarme KFZ frei". Entsprechendes gilt für ausländische KFZ. KFZ mit dem „S" („supergrüne Fahrzeuge") erfüllen die EU-Geräuschgrenzwerte und zugleich die Abgasnorm „EURO 2".

8 Mit der TierSchTrV wird die Richtlinie 91/496/EWG des Rates vom 15.7.1991 zur Festlegung von Grundregeln für die Veterinärkontrollen von aus Drittländern in die Gemeinschaft eingeführten Tieren und zur Änderung der Richtlinien 89/662/EWG, 90/425/EWG und 90/675/EWG (ABl. EG Nr. L 268 S. 56), zuletzt geändert durch die Richtlinie 2006/104/EG des Rates vom 20.11.2006 (ABl. EU Nr. L 363 S. 352), umgesetzt.

3.4.3 Tafel für kombinierten Verkehr Straße/Schiene/Hafen

Kennzeichnung eines steuerbefreiten Fahrzeugs, das ausschließlich im „kombinierten Verkehr“ Straße/Schiene/Hafen eingesetzt wird. Das KFZ führt außerdem das grüne amtliche Fahrzeug-Kennzeichen.

3.4.4 Tafel im Gütertransit

Im internationalen Gütertransit fahrende KFZ im Zollverschluss müssen Zollbegleitpapiere mitführen und sind vorn und hinten mit je einer blauen „TIR“-Tafel gekennzeichnet. An den Grenzen brauchen sie keine Warenzölle zu entrichten. Die Abkürzung „TIR“ steht für die französische Bezeichnung „**T**ransport **I**nternational des marchandises par vehicle **R**outier“. Rechtsgrundlage sind Zollabkommen zwischen ausländischen Staaten und Deutschland.

3.4.5 Kennzeichnung für langsame Fahrzeuge

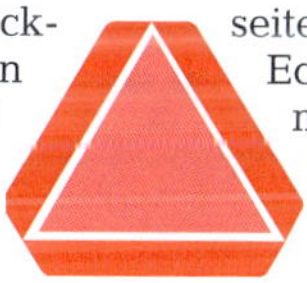

Langsame Kraftfahrzeuge, die bauartbestimmt nicht schneller als 30 km/h fahren können, sind an der Rückseite mit einer roten dreieckigen Warntafel mit abgeflachten Ecken nach Anhang 12 der ECE-Richtlinie Nr. 69 vom 15.5.1987 mit den Maßen 350 × 350 mm zu kennzeichnen. Das äußere Dreieck besteht aus prismatischen Rückstrahlern (ähnlich dem Warndreieck), das Innendreieck aus roter retroreflektierender Folie.

3.4.6 Warntafeln für Gefahrguttransporte

Kennzeichnung der Gefahrguttransporte mit orangefarbenen Warntafeln nebst Nummern vorn, hinten und ggf. seitlich an Tankfahrzeugen und Fahrzeugen mit Aufsetztanks:

Orangefarbene Warntafel an Fahrzeugen mit Gefahrgut, Mindestgröße 10 × 30 cm

Bei den orangefarbenen Warntafeln mit Nummern an Tankfahrzeugen oder Tankcontainern (vorn, hinten und ggf. seitlich) geben die oberen Ziffern („Kemler-Nummer“) Auskunft über die Gefahr des transportierten Stoffes, wie Entzündbarkeit, Oxidation, Giftigkeit. Bestimmte Ziffernkombinationen haben eine besondere Bedeutung; z. B. „22“ tiefgekühltes Flüssiggas, erstickend; ein „X“ vor der ersten Ziffer bedeutet, dass der Stoff gefährlich mit Wasser reagiert.
Die unteren Ziffern („UN-Nummer“) kennzeichnen den transportierten Stoff, wie Benzin, Heizöl, Schwefelsäure.

Die orangefarbene, geteilte Warntafel mit Ziffern dient den Hilfsorganisationen (Feuerwehr, Katastrophenschutz) bei Unfällen zum sofortigen Erkennen des mitgeführten Gefahrgutes. Die oberen Ziffern kennzeichnen die Gefahr, z. B. Entzündbarkeit von Flüssigkeiten oder Gasen (die Verdopplung der Ziffer weist auf die Zunahme der Gefahr hin, z. B. leicht entzündbare Flüssigkeit). Die unteren Ziffern kennzeichnen den Gefahrgutstoff entsprechend der internationalen Stoffliste. Warntafeln für Gefahrgut sind zu entfernen, sobald sie nicht mehr erforderlich sind (BayObLG NZV 1990, 485). Ordnungsverstöße wegen fehlerhafter Beladung oder Handhabung von Gefahrgut richten sich nach § 37 der Verordnung über die innerstaatliche und grenzüberschreitende Beförderung gefährlicher Güter auf der Straße, mit Eisenbahnen und auf Binnengewässern (GGVSEB).

Folgende Kennzeichnungen für die jeweilige Ladung können angebracht sein:

Explosionsgefährlich

Explosionsgefährlich Unterklasse 1.4

Explosionsgefährlich Unterklasse 1.6

Nichtbrennbare Gase

Entzündbare flüssige Stoffe

Entzündbare feste Stoffe

Selbstentzündlich

Entzündliches Gas bei Berührung mit Wasser

Entzündend wirkende Stoffe

Giftig

Ansteckungsgefährlich

Radioaktiv, nicht lagern bei Fotomaterial

Radioaktiv, Gefahr bei Beschädigung der Verpackung

Radioaktiv, Abstand von Personen und Fotomaterial

Radioaktiv, größerer Abstand von Personen und Fotomaterial

Ätzende Stoffe

Verschiedene gefährliche Stoffe

Stoff, erwärmt

Umweltgefährdende Stoffe

Meeresschadstoffe

§ 23 Sonstige Pflichten von Fahrzeugführenden

(1) Wer ein Fahrzeug führt, ist dafür verantwortlich, dass seine Sicht und das Gehör nicht durch die Besetzung, Tiere, die Ladung, Geräte oder den Zustand des Fahrzeugs beeinträchtigt werden. Wer ein Fahrzeug führt, hat zudem dafür zu sorgen, dass das Fahrzeug, der Zug, das Gespann sowie die Ladung und die Besetzung vorschriftsmäßig sind und dass die Verkehrssicherheit des Fahrzeugs durch die Ladung oder die Besetzung nicht leidet. Ferner ist dafür zu sorgen, dass die vorgeschriebenen Kennzeichen stets gut lesbar sind. Vorgeschriebene Beleuchtungseinrichtungen müssen an Kraftfahrzeugen und ihren Anhängern auch am Tage vorhanden und betriebsbereit sein.

(1a)[1] Wer ein Fahrzeug führt, darf ein elektronisches Gerät, das der Kommunikation, Information oder Organisation dient oder zu dienen bestimmt ist, nur benutzen, wenn

1. hierfür das Gerät weder aufgenommen noch gehalten wird und
2. entweder
   a) nur eine Sprachsteuerung und Vorlesefunktion genutzt wird oder
   b) zur Bedienung und Nutzung des Gerätes nur eine kurze, den Straßen-, Verkehrs-, Sicht- und Wetterverhältnissen angepasste Blickzuwendung zum Gerät bei gleichzeitig entsprechender Blickabwendung vom Verkehrsgeschehen erfolgt oder erforderlich ist.

Geräte im Sinne des Satzes 1 sind auch Geräte der Unterhaltungselektronik oder Geräte zur Ortsbestimmung, insbesondere Mobiltelefone oder Autotelefone, Berührungsbildschirme, tragbare Flachrechner, Navigationsgeräte, Fernseher oder Abspielgeräte mit Videofunktion oder Audiorekorder. Handelt es sich bei dem Gerät im Sinne des Satzes 1, auch in Verbindung mit Satz 2, um ein auf dem Kopf getragenes visuelles Ausgabegerät, insbesondere eine Videobrille, darf dieses nicht benutzt werden. Verfügt das Gerät im Sinne des Satzes 1, auch in Verbindung mit Satz 2, über eine Sichtfeldprojektion, darf diese für fahrzeugbezogene, verkehrszeichenbezogene, fahrtbezogene oder fahrtbegleitende Informationen benutzt werden. Absatz 1c und § 1b des Straßenverkehrsgesetzes bleiben unberührt.

(1b) Absatz 1a Satz 1 bis 3 gilt nicht für

1. ein stehendes Fahrzeug, im Falle eines Kraftfahrzeuges vorbehaltlich der Nummer 3 nur, wenn der Motor vollständig ausgeschaltet ist,
2. den bestimmungsgemäßen Betrieb einer atemalkoholgesteuerten Wegfahrsperre, soweit ein für den Betrieb bestimmtes Handteil aufgenommen und gehalten werden muss,
3. stehende Straßenbahnen oder Linienbusse an Haltestellen (Zeichen 224).

---

1 Das bisherige Verbot der Handynutzung ist durch Art. 1 der 53. StrVRÄndV vom 6.10.2017 (BGBl. I S. 3549) in ein Gebot für alle Geräte der Kommunikations-, Informations- und Unterhaltungselektronik umgewandelt worden, unter welchen Voraussetzungen eine Gerätenutzung zulässig ist.

Das fahrzeugseitige automatische Abschalten des Motors im Verbrennungsbetrieb oder das Ruhen des elektrischen Antriebes ist kein Ausschalten des Motors in diesem Sinne. Absatz 1a Satz 1 Nummer 2b gilt nicht für

1. **die Benutzung eines Bildschirms oder einer Sichtfeldprojektion zur Bewältigung der Fahraufgabe des Rückwärtsfahrens oder Einparkens, soweit das Fahrzeug nur mit Schrittgeschwindigkeit bewegt wird, oder**
2. **die Benutzung elektronischer Geräte, die vorgeschriebene Spiegel ersetzen oder ergänzen.**

(1c) Wer ein Fahrzeug führt, darf ein technisches Gerät nicht betreiben oder betriebsbereit mitführen, das dafür bestimmt ist, Verkehrsüberwachungsmaßnahmen anzuzeigen oder zu stören. Das gilt insbesondere für Geräte zur Störung oder Anzeige von Geschwindigkeitsmessungen (Radarwarn- oder Laserstörgeräte). Bei anderen technischen Geräten, die neben anderen Nutzungszwecken auch zur Anzeige oder Störung von Verkehrsüberwachungsmaßnahmen verwendet werden können, dürfen die entsprechenden Gerätefunktionen nicht verwendet werden.[2]

(2) Wer ein Fahrzeug führt, muss das Fahrzeug, den Zug oder das Gespann auf dem kürzesten Weg aus dem Verkehr ziehen, falls unterwegs auftretende Mängel, welche die Verkehrssicherheit wesentlich beeinträchtigen, nicht alsbald beseitigt werden; dagegen dürfen Krafträder und Fahrräder dann geschoben werden.

(3) Wer ein Fahrrad oder ein Kraftrad fährt, darf sich nicht an Fahrzeuge anhängen. Es darf nicht freihändig gefahren werden. Die Füße dürfen nur dann von den Pedalen oder den Fußrasten genommen werden, wenn der Straßenzustand das erfordert.

(4) Wer ein Kraftfahrzeug führt, darf sein Gesicht nicht so verhüllen oder verdecken, dass er nicht mehr erkennbar ist. Dies gilt nicht in Fällen des § 21a Absatz 2 Satz 1.

VwV-StVO zu § 23 Sonstige Pflichten des Fahrzeugführers

Zu Absatz 1

1 I. Bei Kraftwagen, die neben dem Innenspiegel nur einen Außenspiegel haben, ist gegen sichtbehinderndes Bekleben und Verstellen der Rückfenster mit Gegenständen einzuschreiten. Zu beanstanden ist das Fehlen eines zweiten Außenspiegels auch dann, wenn ein mitgeführter Anhänger die Sicht beim Blick in den Außen- oder Innenspiegel wesentlich beeinträchtigt. Auch der sichtbehindernde Zustand der Fenster (z. B. durch Beschlagen oder Vereisung) ist zu beanstanden.

2 II. Fußgänger, die Handfahrzeuge mitführen, sind keine Fahrzeugführer.

---

2 § 23 Abs. 1c Satz 3 eingefügt durch Art. 1 der 54. StrVRÄndV vom 20.4.2020 (BGBl. I S. 814).

1 Aus der amtlichen Begründung

1.1 In Abs. 1 Satz 4 ist die Mitführpflicht aktiver lichttechnischer Einrichtungen für Radfahrer gestrichen und in die StVZO aufgenommen worden (Begr. 2017).[3]

1.2 Änderung der Nutzung von Handys sowie anderer elektronischer Geräte nach § 23 Abs. 1a und 1b sowie im Interesse der Verkehrssicherheit Einführung eines Verhüllungsverbotes nach Abs. 4 (Begr. 2017).

1.3 Klarstellung, dass Verkehrswarneinrichtungen auch bei Geräten mit anderen Funktionen nicht verwendet werden dürfen (Begr. 2020).

2 Erläuterungen

2.1 Verantwortlichkeit des Fahrzeugführenden (§ 23 Abs. 1)

Für den Fahrbetrieb ist in erster Linie der Fahrer verantwortlich. Das ist derjenige, der die tatsächliche Gewalt über das Fahrzeug hat, es lenkt oder dessen Bewegungsabläufe steuert.[4] Wenn der Motor bei stehendem Fahrzeug läuft, liegt noch kein „Führen" vor (BGH DAR 2019, 386). Bedienen zwei Personen das KFZ gleichzeitig (selten), sind beide als Fahrzeugführer verantwortlich und müssen die Fahrerlaubnis besitzen. Bei Übungs- und Prüfungsfahrten eines Fahrschülers gilt der Fahrlehrer als Fahrzeugführer (§ 2 Abs. 15 StVG), allerdings nur insoweit, als er den Fahrschüler praktisch ausbildet. Infolgedessen gilt die Fiktion des § 2 Abs. 15 StVG dann nicht, wenn der Ausbildungsstand des Fahrschülers kein Anlass zum Eingreifen des Fahrlehrers gibt (BGH VRS 131, 317: Handynutzung durch Fahrlehrer). Ist ein Lastzug mit zwei Fahrern besetzt, ist während der Fahrt verantwortlich, wer am Steuer sitzt, sonst derjenige, der die erforderlichen Verrichtungen vornimmt (OLG Köln DAR 1957, 53). Auch bei fahrerlaubnisfreien Fahrzeugen ist der Fahrzeugführer verantwortlich; er muss deshalb die notwendigen Fertigkeiten besitzen, z. B. bei Krankenfahrstühlen, Fahrrädern, Pferdekutschen (§ 31 Abs. 1 StVZO). Die Pflichten des Fahrzeugführers bestehen vor der Inbetriebnahme, während der Fahrt und beim Parken. Für das Be- und Entladen ist er jedoch nur insoweit verantwortlich, als es verkehrsbezogen erfolgt (z. B. für eine abstrakt gefährliche Lastverteilung). Auf die Einhaltung der Kindersicherung (§ 21a Abs. 1a) muss gemäß § 23 Abs. 1 Nr. 2 i. V. m. § 3 Abs. 2a auf der gesamten Fahrt geachtet werden (OLG Hamm DAR 2014, 150).

2.1.1 Verantwortlichkeit des Fahrzeughalters (§ 23 Abs. 1)

Neben dem Fahrer ist auch der Halter verantwortlich (OLG Düsseldorf VRS 74, 69), wenn er Kenntnis von Mängeln oder unzureichender Sicherung seines Fahrzeugs hat (§ 31 Abs. 2 StVZO). Er darf die Inbetriebnahme weder anordnen noch zulassen, solange die Mängel nicht beseitigt sind. Außerdem muss der Halter den Fahrer zur Einhaltung der Verkehrsregeln anhalten und ihm, falls er beharrlich dagegen verstößt, das Fahren verbieten. Als Beifahrer ist er jedoch weder verpflichtet, mit der gleichen Sorgfalt wie der Fahrer auf Verkehrszeichen zu achten (OLG Zweibrücken 1974, VRS 48,

---

3 Art. 1 Nr. 2 der 52. StrVRÄndV vom 18.5.2017 (BGBl. I S. 1282).
4 Zum Abschleppen und Schleppen siehe Erl. 2.1 zu § 15a.

152), noch darf er den Fahrer durch ständige Belehrungen verunsichern. Wer Halter ist, richtet sich nach der Eintragung in den Zulassungsdokumenten; abweichend davon kann jedoch auch derjenige Halter sein, der die tatsächliche Verfügungsgewalt über das KFZ hat und es für eigene Rechnung gebraucht (BGH NZV 1997, 116).

2.1.2 Technischer Zustand des Fahrzeugs (§ 23 Abs. 1)

Das Führen eines fehlerhaften Fahrzeugs verstößt im Regelfall nicht gegen § 23 Abs. 1 Satz 2, sondern gegen Ausrüstungs- und Betriebsvorschriften der StVZO, z. B. bei Reifenmängeln nach § 36 StVZO (OLG Düsseldorf VerkMitt 1988 Nr. 62; VRS 90, 200). § 23 hat jedoch die Bedeutung eines Auffangtatbestandes, wenn spezielle Regelungen in der StVZO fehlen (BGH NJW 1974, 1663; s. a. Rebler SVR 2016, 102). So muss der Fahrer über die Wirkungsweise serienmäßiger Sicherheitseinrichtungen (z. B. Zweikreisbremse) unterrichtet sein (OLG Düsseldorf VerkMitt 1975 Nr. 107). Er hat vor Antritt der Fahrt und nach jeder Umstellung des Bremskraftreglers eine **Bremsprobe** durchzuführen, um die volle Funktionsfähigkeit der Bremse festzustellen (OLG Koblenz 1976, VRS 51, 98). Ohne konkreten Anlass ist aber eine Sichtkontrolle der Bremsscheiben eines LKW nicht erforderlich (OLG Düsseldorf DAR 2014, 475 = NZV 2014, 425). KFZ mit roten Kennzeichen sind zwar von der HU befreit, müssen aber den technischen Vorschriften entsprechen (KG VRS 126, 154). Bei einer wirkungslosen PKW-Handbremse (Einsetzen der Bremswirkung erst beim Anziehen des Betätigungshebels auf etwa 60 Grad oder Wegfall der Feststellbarkeit) ist auch eine Fahrt zur Reparaturwerkstatt nicht mehr zulässig (OLG Hamm VRS 56, 135). Wer trotz verkehrsunsicherer Handbremse weiterfährt, nimmt eine Gefahrenerhöhung vor, die den Versicherer berechtigt, den für die Schadensregulierung verauslagten Betrag zurückzuverlangen (BGH VRS 1972, 872). Darüber hinaus muss der Fahrer alle vorgeschriebenen Einrichtungen funktionell ausreichend benutzen können (OLG Oldenburg VRS 16, 297).

Bei Fahrzeugen im Schwerverkehr (z. B. Transport schwerer Steine) muss die **Bereifung** täglich kontrolliert werden (OLG Koblenz 1974, VRS 47, 446). Nach einer Reifenpanne darf ein Notrad nur benutzt werden, um das Fahrzeug auf dem kürzesten Weg aus dem Verkehr zu ziehen (BGH NJW 1977, 114; BayObLG VerkMitt 1988 Nr. 83 = VRS 75, 133; NZV 1988, 154). Zur Vorschriftsmäßigkeit gehört ausreichender **Kraftstoff**, weil das KFZ nicht gefährdend liegen bleiben darf, z. B. auf Autobahnen (KG VRS 47, 313; OLG Düsseldorf VerkMitt 2000 Nr. 79 = DAR 2000, 223 = VRS 98, 302 = NZV 2000, 338). Nur die vorgeschriebenen, nicht aber auch die für zulässig erklärten **lichttechnischen Einrichtungen** (z. B. Nebelleuchten) müssen (unbeschadet der §§ 31b, 67 StVZO – Überprüfung mitzuführender Gegenstände) auch am Tage betriebsbereit sein (OLG Celle VerkMitt 1979 Nr. 45 = VRS 56, 137; DAR 1979, 77). Der Fahrer hat zu beachten, dass die **Betriebserlaubnis** durch Änderungen am Fahrzeug wegfallen kann, wie nachträglicher An- oder Einbau einer nicht zugelassenen Felge oder eines anders gearteten **Lenkrades** (BGH VerkMitt 2020 Nr. 19 = VRS 137, 257: nur bei möglicher Gefährdung anderer; BayObLG VerkMitt 1975 Nr. 4 = VRS 48, 153) oder Aufkleben von Folien auf die **Windschutzscheibe** (OLG Koblenz VRS 47, 225; OLG Hamm DAR 1975, 193). § 23 gilt auch im internationalen Verkehr für außerdeutsche Fahrzeuge (KG 1985 VRS 69, 309).

2.1.3 Fahrsicherheit (§ 23 Abs. 1)

Der Fahrzeugführer ist (neben dem Halter) für die Verkehrs- und Fahrsicherheit des Fahrzeugs verantwortlich. Insbesondere hat er dafür zu sorgen, dass seine Sicht und das Gehör nicht durch die Besetzung, Tiere, die Ladung, Geräte oder den Zustand des Fahrzeugs beeinträchtigt werden.

Das **Hörvermögen** des Fahrers darf nicht durch Tonübertragungsgeräte vermindert sein, z. B. überlautes Autoradio, Walkman oder MP3-Player mit Kopfhörer (OLG Köln 1987 VRS 73, 148).[5] Müssen während der Fahrt aus arbeitsschutzrechtlichen Gründen Gehörschutzkapseln getragen werden (z. B. bei Arbeitsmaschinen in der Landwirtschaft), darf die Geräuschdämpfung nur so weit herabgesetzt sein, dass Verkehrsumfeldgeräusche noch wahrgenommen werden können. § 23 Abs. 1 erfasst auch solche Gefahren, die bei Einhaltung der zulassungsrechtlichen Ausrüstungs- und Bauvorschriften durch sonstige fahrzeugbezogene Umstände für Dritte ausgehen. So ist eine ausreichende Sicht nach vorn und rückwärts stets zu gewährleisten, insbesondere bei vereisten und beschlagenen Scheiben oder bei möglicher Sichtbehinderung durch die Ladung. Mögliche Sichtbehinderungen können aber durch rechte und linke Außenspiegel kompensiert werden (OLG Karlsruhe VRS 71, 305).

Schnee, Eis und auch **Wasser** sind gegen Herabfallen während der Fahrt zu beseitigen, nicht nur bei PKW, sondern vor allem bei LKW auf der Dachplane (OLG Bamberg VerkMitt 2011 Nr. 57 = NZV 2012, 256; s. a. Lipinski VD 2016, 43). Zum Rauchen am Steuer siehe Erl. 2.9.2 zu § 1.

Andere verkehrsgefährdende Verhaltensweisen sind dagegen von § 23 Abs. 1 nicht erfasst, wie Fahren ohne oder mit ungeeigneten Schuhen (OLG Celle NZV 2007, 532; OLG Bamberg VerkMitt 2007 Nr. 58 = DAR 2007, 338 = VRS 112, 363 = VD 2007, 183: bei Missachtung von Unfallverhütungsvorschriften ist Verstoß gegen § 1 Abs. 2 möglich), Kaffeekochen, Zeitunglesen oder Fernsehen während der LKW-Fahrt, Steuern des Fahrschulwagens vom Beifahrersitz aus, bei Motorrädern Fahren nur auf dem Hinterrad („Wheely").[6]

2.1.4 Besetzung des Fahrzeugs (§ 23 Abs. 1)

Die höchstzulässige Zahl der in einem PKW zu befördernden Personen richtet sich nach der Anzahl der Sitze mit Sicherheitsgurten (§ 21 Abs. 1); außerdem darf das zulässige Gesamtgewicht nicht überschritten und der Fahrer nicht in der Bedienung des KFZ behindert werden, vor allem bei alkoholisierten oder hilflosen Mitfahrern (OLG Karlsruhe VerkMitt 1981 Nr. 40). Bloßes unvorschriftsmäßiges Verhalten der Mitfahrer ist noch keine unvorschriftsmäßige Besetzung, z. B. erhöhen nicht angeschnallte Insassen nicht die Gefahren für andere (KG VRS 70, 294 und 469; BayObLG NZV 1996, 491). Die Mitnahme von Personen im Kofferraum ist aber nach § 21 Abs. 2 unzulässig (OLG Köln VerkMitt 1988 Nr. 72 = VRS 75, 131), ebenso weites Hinauslehnen aus einem Autofenster (OLG Karlsruhe NZV 1999, 292: Mithaftung des Fahrers zu 50 %). Der Motorradfahrer darf erst dann rasch beschleunigen, wenn sich

5 Zielrichtung des § 23 Abs. 1 ist die Verkehrssicherheit, nicht der Lärmschutz. Bei Störung Dritter durch unnötige Lärmentwicklung mittels Tonübertragungsgeräten im Fahrzeug gilt § 30 Abs. 1.

6 Um auch solche Verhaltensweisen zu erfassen, wäre eine Ergänzung des § 23 sinnvoll. Bei konkreter Gefährdung haftet der Fahrer aber nach § 1 Abs. 2.

der Sozius an ihm festgehalten hat (KG VerkMitt 1996 Nr. 107 = VRS 91, 444). Das Motorrad muss mit einem nach der Bauart dafür bestimmten Sitz, beidseitigen Fußrasten und einem Handgriff ausgerüstet sein. Die Mitnahme eines Kindes ist nach Abs. 1 Satz 2 erst zulässig, wenn es körperlich in der Lage ist, Bewegungskräfte des Motorrades auszugleichen.

2.1.5 Beladung des Fahrzeugs (§ 23 Abs. 1)

Der Fahrer hat die ordnungsgemäße Beladung des Fahrzeugs nach § 22 bei Fahrtantritt oder Übernahme zu prüfen und während der Fahrt zu überwachen (BGH 1965 VRS 29, 26), vor allem wenn nicht seiner Aufsicht unterstehende Personen das Fahrzeug beladen haben (OLG Düsseldorf VerkMitt 1967 Nr. 87). Der Fahrer kann sich jedoch im Allgemeinen auf die Gewichtsangaben des Verladers verlassen (BayObLG VerkMitt 1970 Nr. 6). Die Verantwortlichkeit erstreckt sich auch auf mitgeführte Tiere, die möglichst in Transportbehältern oder mit Sicherheitsnetzen im Heck zu befördern sind. Wird eine Ausnahmegenehmigung von den Lademaßen des § 22 nach § 46 Abs. 1 Nr. 5 erteilt, befreit das den Fahrer nicht von seiner Verantwortung für Sichtbeeinträchtigungen nach § 23 Abs. 1 (OLG Düsseldorf SVR 2016, 183).

2.2 Radfahrsicherheit (§ 23 Abs. 3)

Radfahrer[7] und Motorradfahrer dürfen sich nicht an Fahrzeuge anhängen. Eine entsprechende Vorschrift für Inline-Skater fehlt, weil Inline-Skates als besondere Fortbewegungsmittel nicht auf Fahrbahnen fahren dürfen. Hängen sich Inline-Skater auf der Fahrbahn an KFZ an („Surfen"), verstoßen sie nicht nur gegen das Fahrbahnbenutzungsverbot des § 2 Abs. 1, sondern bei konkreter Gefahr auch gegen § 1 Abs. 2. Freihändiges Radfahren ist auch dann unzulässig, wenn das Fahrrad mit Rücktrittbremse ausgestattet ist. Hat das Fahrrad nur Handbremsen, darf mit einer Hand am Lenker gefahren werden, wenn dadurch ein ausreichendes Abbremsen möglich ist.

2.3 Nutzung von Kommunikations-, Informations- und Organisationsgeräten (§ 23 Abs. 1a und 1b)

Die Vorschriften des § 23 Abs. 1a und 1b dienen der Verkehrssicherheit (s. a. Rebler SVR 2018, 241). Abs. 1a enthält die Voraussetzungen, unter denen Kommunikations-, Informations- und Organisationsgeräte genutzt werden dürfen, Abs. 1b Ausnahmen von diesen Voraussetzungen.

2.3.1 Regelungsbereich

Die Regelungen beziehen sich nur auf den fließenden Verkehr, wozu auch das verkehrsbedingte Warten gehört.[8] Grund für das Verbot der Gerätenutzung ist die abstrakt vorhandene Ablenkung des Fahrers vom Verkehrsgeschehen und von Fahraufgaben durch das technische Handling mit Kommunikations-, Informations- und Unterhaltungsgeräten. Das gilt auch beim Einklemmen des Telefonhörers zwischen Kopf und Schulter (AG Coesfeld DAR 2018, 640), auch wenn der Fahrer das

---

7 Zum Begriff „Fahrrad" siehe Erl. 2.7 zu § 2.

8 Verunglücken Fußgänger infolge Handynutzung, wird das von Unfallversicherern nicht als Wegerisiko i. S. eines Arbeitsunfall anerkannt (SG Frankfurt/M. VD 2019, 17: Queren eines ungesicherten Bahnüberganges mit Handynutzung).

vom Beifahrer gereichte Gerät aufnimmt (OLG Oldenburg = SVR 2018, 434 = NZV 2017, 212 mit Anm. Balschun: auf den Grund des Haltens des Gerätes kommt es nicht an; OLG Köln VerkMitt 2015 Nr. 6 = DAR 2015, 104 = NZV 2015, 252 = VRS 127, 254 = NJW 2015, 361 mit Anm. Krumm; OLG Oldenburg VerkMitt 2018 Nr. 59 = DAR 2018, 577 = SVR 2018, Heft 9/III: Halten des Handys und Blick auf das Display für mehrere Sekunden; OLG Oldenburg NZV 2019, 648 mit Anm. Will: Nutzung liegt auch vor, wenn das Smartphone während des Wartens vor einer roten Ampel in die Hand genommen, in das Sichtfeld gehalten und auf das Display geschaut wird; s. a. Staub DAR 2019, 412; Termig VD 2018, 300). Dementsprechend liegt kein Verstoß vor, wenn das elektronische Gerät nur gehalten, nicht aber benutzt wird (OLG Hamm NStZ 2019, 531) oder ohne zu halten benutzt wird, z. B. der Beifahrer das Handy an das Ohr des Fahrers hält, Weglegen des herunterfallenden Handys auf den Beifahrersitz oder das während des Parkens auf den Schoß gelegte Smartphone dort noch liegt, wenn der Fahrer anfährt, das Gerät aber nicht hält; anders dagegen, wenn durch Tippen das Gerät bedient wird (OLG Köln DAR 2019, 398 = NZV 2019, 373 mit Anm. Will: Tippen auf das Gerät ist keine kurze Blickabwendung mehr).

Da das Benutzungsverbot das „Führen" eines Fahrzeugs erfordert,[9] ist die Gerätenutzung im ruhenden Verkehr zulässig, gleich ob der Motor läuft oder der Fahrer verbotswidrig hält oder parkt (a. A. OLG Düsseldorf VerkMitt 2008 Nr. 77 mit zutreffender Anm. Thubauville = VD 2009, 307 = NZV 2008, 584 = VRS 115, 144 = DAR 2008, 708 = SVR 2009, 323: Telefonieren beim „Halten" auf Standspur mit laufendem Motor); s. a. § 23 Abs. 1b, Erl. 2.3.4.

2.3.2 Kommunikations-, Informations-, Organisations- und Unterhaltungsgeräte

Zu den Geräten gehören insbesondere **sämtliche Handys und Smartphones**, auch solche ohne Simkarte oder Notruffunktion (OLG Hamm SVR 2017, 396; a. A. Krumm SVR 2019, 209; Will NJW 2019, 1633; Sprißler DAR 2017, 730), aber nur sofern sie mit den Ladegeräten verbunden sind, BOS- und CB-**Funkgeräte**[10] und Amateurfunkgeräte,[11] auch mit reinem Push-to-talk-Modus, **Tablet**-Computer, mobile und fest eingebaute **Navigationsgeräte** (KG NZV 2020, 209 mit Anm. Will), Touchscreens, elektronische **Terminplaner**, **Diktiergeräte**, **E-Book-Reader**, **MP3-Player**, Personal **Computer,** Laptops und Notebooks (OLG Köln VerkMitt 2019 Nr. 38: „Aufnehmen" eines Laptops; OLG Stuttgart VerkMitt 2019 Nr. 15 = DAR 2019, 103 = SVR 2019, 151 mit Anm. Ternig), alle **Video-Abspielgeräte** (DVD-, Blu-ray- und CD-ROM-Player, **Smartwatches**, **Audiorekorder** (Walk-/Discmans), **Laserentfernungsmessgeräte** mit Messwertespeicher (OLG Karlsruhe NZV 2019, 210 = NStZ 2019, 292 = DAR 2018, 692 mit Anm. Engelbrecht = VRS 134, 194 = SVR 2019, 152 mit Anm. Ternig), **Auto-**

---

9 Ein Fahrzeug führt, wer es in Bewegung setzt (die Räder müssen sich drehen), es lenkt und die Bewegungsabläufe steuert. Der Begriff ist mit dem bei §§ 315c Abs. 1, 316 Abs. 1 StGB identisch.

10 Zu Freistellungen für **BOS-Funkberechtigte** siehe § 35 Abs. 9 und Übergangsregelung in § 52 Abs. 4 (s. a. Wozny VD 2019, 311).

11 Gegenwärtig gibt es für Funkanlagen noch nicht in ausreichendem Maße Freisprecheinrichtungen, so dass für sie eine Übergangsfrist bis zum 1.7.2020 gilt; s. dazu **§ 52 Abs. 4**.

radios und ähnliche Geräte mit all ihren Funktionen. Die Aufzählung der Geräte in Abs. 1a Satz 2 enthält einen technikoffenen Ansatz und ist nicht abschließend, um etwaige Neuentwicklungen ebenfalls einzubeziehen. Werden diese Geräte mit der Hand aufgenommen oder gehalten, unterliegen sie dem **Benutzungsverbot** (s. a. Sprißler DAR 2017, 727). Auf die bloße Größe des Gerätes kommt es nicht an, ebensowenig ob es mobil oder fest im Fahrzeug eingebaut ist (KG VRS 135, 300). Ladekabel oder Batterie-Powerbanks, reine Taschenrechner, Adressbücher oder Landkarten sind hingegen keine Informations-, Kommunikations- oder Organisationsgeräte, so dass sie nicht dem Benutzungsverbot unterliegen (OLG Hamm DAR 2019, 693; OLG Hamm VD 2020, 110), anders aber bei Taschenrechnern mit Speicherfunktion: OLG Hamm DAR 2019, 695; so auch AG Helmstedt NZV 2020, 109 mit Anm. Krenberger oder wenn das Ladekabel oder Powerbank mit dem Mobiltelefon verbunden sind und Handyfunktionen benutzt werden (OLG Hamm DAR 2019, 632 = NZV 2019, 647 mit Anm. Krenberger; OLG Hamm DAR 2019, 695; OLG Oldenburg SVR 2018, 353 = NZV 2018, 533 mit Anm. Merz SVR 2019, 441).

Nicht erfasst sind weiterhin **atemalkoholgesteuerte Wegfahrsperren** (nach Abs. 1b Nr. 2),[12] Bildschirme zur Beobachtung des Rückwärtsfahrens, Einparkens oder Rangierens mit Schrittgeschwindigkeit sowie Geräte, die vorgeschriebene Spiegel ersetzen oder ergänzen (Abs. 1b Nr. 1 und 2). Diese dürfen auch benutzt werden, wenn dabei das Gerät in der Hand gehalten werden muss oder eine längere Beobachtung erforderlich ist. Ausnahmslos unzulässig ist hingegen die Nutzung einer Videobrille (z. B. Virtual-Reality-Brille oder Google-Glass-Brille), weil sich der Fahrzeugführer durch das Aufsetzen einer solchen Brille in Funktion vollständig vom Verkehrsgeschehen abkoppelt (Abs. 1a Satz 3).

Demgegenüber ist die Nutzung eines Head-up-Displays für Daten, die der Verkehrssicherheit zuträglich sind, zulässig (Abs. 1a Satz 4), weil dadurch die Blickabwendung auf das förderliche Maß reduziert bleibt. Das Zeigen von Verkehrszeichenanordnungen im Blickfeld und von Informationen zum Zustand des Fahrzeugs sowie zum Fahrtweg ist geeignet, den Fahrzeugführer bei der sicheren Verkehrsteilnahme zu unterstützen.

Unter fahrtbegleitenden Informationen ist die Angabe des Radiosenders oder des aktuell abgespielten Musiktitels zu verstehen. Das Ablesen dieser Informationen im Head-up-Display erscheint bei Einhaltung der in Abs. 1a Satz 1 festgelegten Dauer des Blickes weniger ablenkend, als wenn der Fahrzeugführer zum Ablesen seinen Blick erst auf das Autoradio in der Mittelkonsole richten muss. Weitergehende Daten dürften im Gegensatz dazu wiederum den Blick unnötig binden, was der Verkehrssicherheit abträglich wäre. So ist die Anzeige von Verkehrsüberwachungsmaßnahmen keine verkehrszeichen- oder fahrtbezogene Information. Diese Regelung bildet auch keine Ausnahme von Abs. 1c.

2.3.3 Umfang des Benutzungsverbots

Entscheidend für das **Benutzungsverbot** ist nicht, zu welchem Zweck das Gerät benutzt wird, sondern dass es während der Fahrt mit dem

12 Atemalkoholgesteuerte Wegfahrsperren wirken durch Hineinblasen in ein Mundstück (meist) auf die Zündvorrichtung des KFZ, um diese erst bei zulässigen Atemalkoholwerten des Fahrers freizugeben; s. a. Ternig SVR 2019, 15.

Ziel der Bedienung, Nutzung oder Wartung aufgenommen, gehalten oder für die Bedienfunktionen vorbereitet wird (OLG Oldenburg DAR 2019, 404: sekundenlanges Betrachten des Displays; OLG Stuttgart VerkMitt 2019 Nr. 23 = DAR 2019, 217 = VRS 135, 101 = NZV 2019, 374 mit Anm. Pletter; OLG Köln VerkMitt 2009 Nr. 78 = NZV 2009, 304: auch bei leerem Akku; Hamm VerkMitt 2007 Nr. 98 = SVR 2008, 113; OLG Hamm VRS 113, 75: bei fehlender Gesprächsverbindung; OLG Bamberg VerkMitt 2007 Nr. 62 = DAR 2007, 395; OLG Hamm VerkMitt 2005 Nr. 68 = VRS 109, 129 = NZV 2005, 548 = DAR 2005, 639; s. a. Will NZV 2019, 331; Beck SVR 2012, 335). Kein Verstoß liegt aber vor, wenn das (ausgeschaltete) Gerät wie ein sonstiger Gegenstand nur an eine andere Stelle gelegt wird (OLG Celle VerkMitt 2019 Nr. 32 = VRS 135, 157). Anders dagegen, wenn das Handy aufgenommen und in Höhe des Lenkrades für längere Zeit in den Sichtbereich gehalten wird (OLG Düsseldorf DAR 2019, 395), zur Kühlung an den Fahrzeuglüfter gehalten oder ein heruntergefallenes Handy aufgehoben und die Funktion mit Tastendruck überprüft wird (KG DAR 2019, 641).

Das Verbot umfasst alle Aktivitäten mit den Gerätefunktionen, soweit sie der Kommunikation, Information oder Organisation dienen und das Gerät dabei mit der Hand aufgenommen oder **ohne** Sprachsteuerung oder Vorlesefunktion mit mehr als einer nur kurzen Blickzuwendung bedient werden muss, wie Anwählen, Eingabe und Abrufen von Daten, Verbindungsherstellung, Terminabfragen, SMS-Eintippen, Gesprächsführung, Wegdrücken, eines Handyanrufs (OLG Hamm NZV 2020, 268 mit Anm. Ugur). Anschluss von Kabeln oder Verbindung mit einer Aufladestation, Gebrauch als Diktiergerät, Speichern von Rufnummern und Daten oder zur Funktionsprüfung (KG NZV 2020, 105 mit Anm. Will).

Bei einem im Fahrzeug fest installierten Navigationsgerät darf dieses zwar eingeschaltet, nicht aber die Zieleingabe auf einer Displaytastatur während der Fahrt vorgenommen werden. Dient ein Smartphone mit einer „Blitzer-App" gleichzeitig als Radarwarngerät, liegt Tateinheit zwischen § 23 Abs. 1a und 1c vor, wenn es während der Fahrt für diesen Zweck gehalten oder aufgenommen wird. Ist das Smartphone betriebsbereit fest installiert, wird (nur) gegen § 23 Abs. 1c verstoßen (OLG Celle VerkMitt 2016 Nr. 11 = DAR 2015, 705 = NJW 2015, 3733). Zeitung- oder Kartenlesen während der Fahrt ist zwar nicht unmittelbar verboten, wohl aber mittels eines Smartphones oder ähnlicher Kommunikationsgeräte.

Sind Fahrzeuge entsprechend §§ 1a und 1b StVG (i. d. F. des Gesetzes vom 16.6.2017 – BGBl I S, 1648)[13] mit hoch- oder **vollautomatisierten**

---

13 **StVG § 1a Kraftfahrzeuge mit hoch- oder vollautomatisierter Fahrfunktion**

(1) Der Betrieb eines Kraftfahrzeugs mittels hoch- oder vollautomatisierter Fahrfunktion ist zulässig, wenn die Funktion bestimmungsgemäß verwendet wird.

(2) Kraftfahrzeuge mit hoch- oder vollautomatisierter Fahrfunktion im Sinne dieses Gesetzes sind solche, die über eine technische Ausrustung verfügen,

1. die zur Bewältigung der Fahraufgabe – einschließlich Längs- und Querführung – das jeweilige Kraftfahrzeug nach Aktivierung steuern (Fahrzeugsteuerung) kann,
2. die in der Lage ist, während der hoch- oder vollautomatisierten Fahrzeugsteuerung den an die Fahrzeugführung gerichteten Verkehrsvorschriften zu entsprechen,
3. die jederzeit durch den Fahrzeugführer manuell übersteuerbar oder deaktivierbar ist,
4. die die Erforderlichkeit der eigenhändigen Fahrzeugsteuerung durch den Fahrzeugführer erkennen kann,

Fahrfunktionen versehen, könnte sich der Fahrzeugführer während der Verwendung dieser Fahrfunktionen vom Verkehrsgeschehen und der Fahrzeugsteuerung abwenden und sich mit anderen, fahrfremden Tätigkeiten beschäftigen. In solchen Fällen lässt § 23 Abs. 1b Satz 5 es zu, dass Fahrer Geräte der Information, Kommunikation und Organisation auch dann nutzen können, wenn sie in der Hand gehalten werden (s. a. Eckel NZV 2019, 336).

Durch § 23 werden keine weitergehenden **sozialadäquaten** Tätigkeiten während der Fahrt untersagt, wie **Rauchen, Essen, Trinken, Radio-** oder **CD-Hören** und **Unterhaltung** mit anderen Fahrzeuginsassen, obwohl auch hier durch verkehrsfremde Emotionen (Ärger, Angst, Streit, Trauer, Erfolg, Freude) Gefahren für den Straßenverkehr entstehen können. Insoweit bleibt der Fahrer für sein Verhalten aus der Verpflichtung des § 1 selbst verantwortlich.

2.3.4 Ausnahmen

Zulässig ist die Bedienung der Kommunikations-, Informations- und Organisationsgeräte entweder über eine **Sprachsteuerung** und **Vor-**

---

13 (*Fortsetzung*)

5. die dem Fahrzeugführer das Erfordernis der eigenhändigen Fahrzeugsteuerung mit ausreichender Zeitreserve vor der Abgabe der Fahrzeugsteuerung an den Fahrzeugführer optisch, akustisch, taktil oder sonst wahrnehmbar anzeigen kann und
6. die auf eine der Systembeschreibung zuwiderlaufende Verwendung hinweist.

Der Hersteller eines solchen Kraftfahrzeugs hat in der Systembeschreibung verbindlich zu erklären, dass das Fahrzeug den Voraussetzungen des Satzes 1 entspricht.

(3) Die vorstehenden Absätze sind nur auf solche Fahrzeuge anzuwenden, die nach § 1 Absatz 1 zugelassen sind, den in Absatz 2 Satz 1 enthaltenen Vorgaben entsprechen und deren hoch- oder vollautomatisierte Fahrfunktionen

1. in internationalen, im Geltungsbereich dieses Gesetzes anzuwendenden Vorschriften beschrieben sind und diesen entsprechen oder
2. eine Typgenehmigung gemäß Artikel 20 der Richtlinie 2007/46/EG des Europäischen Parlaments und des Rates vom 5. September 2007 zur Schaffung eines Rahmens für die Genehmigung von Kraftfahrzeugen und Kraftfahrzeuganhängern sowie von Systemen, Bauteilen und selbstständigen technischen Einheiten für diese Fahrzeuge (Rahmenrichtlinie) (ABl. L 263 vom 9.10.2007, S. 1) erteilt bekommen haben.

(4) Fahrzeugführer ist auch derjenige, der eine hoch- oder vollautomatisierte Fahrfunktion im Sinne des Absatzes 2 aktiviert und zur Fahrzeugsteuerung verwendet, auch wenn er im Rahmen der bestimmungsgemäßen Verwendung dieser Funktion das Fahrzeug nicht eigenhändig steuert.

StVG § 1b Rechte und Pflichten des Fahrzeugführers bei Nutzung hoch- oder vollautomatisierter Fahrfunktionen

(1) Der Fahrzeugführer darf sich während der Fahrzeugführung mittels hoch- oder vollautomatisierter Fahrfunktionen gemäß § 1a vom Verkehrsgeschehen und der Fahrzeugsteuerung abwenden; dabei muss er derart wahrnehmungsbereit bleiben, dass er seiner Pflicht nach Absatz 2 jederzeit nachkommen kann.

(2) Der Fahrzeugführer ist verpflichtet, die Fahrzeugsteuerung unverzüglich wieder zu übernehmen,

1. wenn das hoch- oder vollautomatisierte System ihn dazu auffordert oder
2. wenn er erkennt oder auf Grund offensichtlicher Umstände erkennen muss, dass die Voraussetzungen für eine bestimmungsgemäße Verwendung der hoch- oder vollautomatisierten Fahrfunktionen nicht mehr vorliegen.

lesefunktion oder durch eine **kurze**, den Straßen-, Verkehrs-, Sicht- und Wetterverhältnissen angepasste **Blickzuwendung**, die dem Blick in den Rückspiegel oder Schulterblick beim Abbiegen vergleichbar ist (s. a. Agel SVR 2019, 408). Eine solche kurze mentale Ablenkung ist nach Untersuchungen der BASt und DEKRA[14] noch mit der Verkehrssicherheit verträglich, wenn bei der Blickabwendung auch Geschwindigkeit und Verkehrsdichte berücksichtigt werden, so z. B. nicht länger als der vergleichbare Blick in den Rückspiegel, jedenfalls unter Berücksichtigung des Verkehrs und der gefahrenen Geschwindigkeit nicht länger als 1 s.

Das gilt auch für Autoradios mit seinen Funktionen, bei denen weder Einstellungen noch ein Handling mit mehr als einer kurzen Blickabwendung vom Verkehrsgeschehen erfolgen. Wird ein Gerät weder aufgenommen noch gehalten, sondern am Armaturenbrett fest fixiert, ist die Nutzung von Handyfunktionen während der Fahrt zulässig, wenn dafür nur noch ein **Knopf gedrückt** werden muss. Gleiches gilt für **Freisprechanlagen**, Headsets,[15] Bluetooth-Verbindungen oder ähnliche technische Lösungen, bei denen kein Hörer in die Hand genommen werden muss. Wird hingegen beim Anwählen das Telefon in die Hand genommen, bleibt das Verbot auch bei Headset-Betrieb ebenso wirksam wie bei anderen technischen Geräten, die eine Gesprächsführung über eine drahtlose Verbindung zu einem im Fahrzeug befindlichen Mobiltelefon möglich machen (z. B. iPod mit App zum Telefonieren).

Kopfhörer dürfen dabei nur einseitig verwendet werden, weil andernfalls gegen das Verbot des § 23 Abs. 1 (Beeinträchtigung des Gehörs) verstoßen wird. Daher ist auch der Taxi- oder Mietwagenfunk zulässig. Ebenfalls können Funkanlagen im Fahrschulunterricht betrieben werden, weil für die Verbindung zwischen Fahrlehrer und Schulungsfahrzeug (Motorräder oder land-/forstwirtschaftliche Zugmaschinen) kein Handling mit dem Gerät erforderlich ist. Dagegen bleibt es bei einem Verstoß, wenn zwar eine Freisprecheinrichtung besteht, der Fahrer aber das Gerät für eine andere Nutzung in der Hand hält (OLG Köln NZV 2017, 195).

Zum Begriff „Fahrt" gehört der fließende Verkehr, somit grundsätzlich auch verkehrsbedingtes **Warten**, z. B. vor Ampelanlagen (OLG Hamm VRS 110, 43; OLG Celle VRS 109, 449 = DAR 2006, 159; a. A. OLG Bamberg VerkMitt 2007 Nr. 62 = DAR 2007, 395; OLG Bamberg VerkMitt 2006 Nr. 12 = NZV 2007, 49 = SVR 2007, 153: Verstoß gegen Willkürverbot nach Art. 103 Abs. 2 GG). Nur bei **längerem** verkehrsbedingtem **Warten** mit **abgeschaltetem Motor**, z. B. vor Bahnübergängen, Baustellenampeln oder im Stau, ist aus Gründen der Verhältnismäßigkeit die Gerätenutzung mit der Hand zulässig; bei Radfahrern genügt Anhalten. § 23 Abs. 1b Nr. 1 bezieht sich nur auf „Warten" im Rechtssinn (OLG Hamm VerkMitt 2008 Nr. 13 = VRS 113, 379 = SVR 2008, 312). Fährt der Verkehr wieder an, muss die Gerätenutzung beendet werden, auch wenn das KFZ mit ausgeschaltetem Motor auf einer Gefällstrecke nur rollt.

Durch § 23 Abs. 1b Satz 2 wird klargestellt, dass eine Gerätenutzung bei kurzem Stillstand des Motors von KFZ mit **Start-Stopp-Automatik** oder

14 Forschungsprojekt der BASt – FE 82.0551/12 – Risikoabschätzung der Ablenkung durch fahrfremde Tätigkeiten mit vorausgegangener Machbarkeitsstudie FE 82.376/2009; DEKRA Verkehrssicherheitsreport 2016.

15 Bei Headsets sind Mikrofon und Hörer am Kopf oder Ohr befestigt und durch Leitungen oder schnurlos mit dem Telefon verbunden.

Elektroantrieb unzulässig ist (KG VRS 134, 155: auch bei manueller Abschaltung des Motors; AG Essen DAR 2019, 219 mit Anm. Engel: aber Reduzierung der Geldbuße i. S. d. § 1 Abs. 2 BKatV bei Handyverstoß bei aktivierter Start-Stopp-Automatikphase vor roter Ampel). Bei kurzem Warten muss der Fahrer das Umfeld für die zu erwartende Weiterfahrt im Interesse der Sicherheit und Flüssigkeit des Verkehrs im Auge behalten und darf sich nicht mit Kommunikations- oder anderen Geräten beschäftigen. So sind an Ampelanlagen Nachzügler zu beobachten und ebenso, ob Fahrzeuge noch bei spätem Grün in den Knotenpunkt einfahren, Radfahrer rechts überholen, Fußgänger noch die Fahrbahn queren usw. Infolgedessen ist die Gerätenutzung nur bei längerem Warten mit abgeschaltetem Motor vertretbar. Dass stehende Straßenbahnen oder Linienbusse für das Ein- und Aussteigen der Fahrgäste Kommunikations-, Informations- und Organisationsgeräte auch ohne die Voraussetzungen des Abs. 1a Nr. 1 und 2 nutzen können, ist nur eine deklaratorische Feststellung, denn diese Verkehrsmittel befinden sich beim Halt an Haltestellen im ruhenden Verkehr, während das Verbot nach Abs. 1a Satz 1 nur für den fließenden Verkehr gilt.

2.3.5 Verfolgung und Ahndung von Verstößen

Das Verbot ist ein eigenhändiges Delikt, so dass Mittäterschaft eines nicht das Fahrzeug führenden Beifahrers ausscheidet (Mitsch NZV 2011, 281). Dem Verbot unterliegen alle Fahrzeugführer, somit auch Radfahrer. Der Fahrlehrer gilt als Führer des Schulungsfahrzeugs (§ 2 Abs. 15 Satz 2 StVG) und hat das Telefonierverbot mit der Hand zu beachten, sofern er während des praktischen Unterrichts Fahranweisungen geben oder eingreifen muss (OLG Bamberg NZV 2009, 517). Infolge seiner Garantenstellung muss der Fahrlehrer auch die Handynutzung durch den Fahrschüler unterbinden, weil er sich andernfalls durch Unterlassen an der Ordnungswidrigkeit **beteiligt**.[16] Bei fortgeschrittenen Fahrschülern, wo kein Anlass zum Eingreifen besteht, gilt der Fahrlehrer insoweit nicht (mehr) als Fahrzeugführer und dürfte infolgedessen während der Ausbildungsfahrt das Mobiltelefon benutzen (BGH DAR 2015, 97, 211 = VRS 131, 317 = NZV 2015, 145 = NJW 2015, 1124 mit Anm. Gübner; OLG Düsseldorf NZV 2014, 40; OLG Karlsruhe VRS 126, 152). Andererseits hat der Fahrlehrer aber auch eine Vorbildfunktion und sollte deshalb die Handynutzung möglichst unterlassen.

Die für den Fahrzeugverkehr einheitlich bestehenden Verkehrsregeln gelten auch für geschlossene Verbände und Reiter (§§ 27 Abs. 1, 28 Abs. 2), so dass auch sie dem Verbot unterliegen.

Da der Fahrer weiß, dass er das Gerät in der Hand hält oder eine Gerätefunktion betätigt, kann ein Verstoß **nur vorsätzlich** und nicht fahrlässig begangen werden (OLG Bamberg VerkMitt 2019 Nr. 29; OLG Hamm NZV 2007, 483 und NZV 2008, 582 = VRS 115, 207).[17] Dabei stellt die nicht rechtskonforme Nutzung der Geräte eine grobe und beharrliche Verletzung der Pflichten eines Kraftfahrzeugführers dar, die objektiv immer wieder Ursache schwerer Unfälle ist und subjektiv auf besonders großem Leichtsinn, grober

16 Keine Beteiligung an der Ordnungswidrigkeit liegt vor, wenn ein Dritter den Fahrer anruft, das Handy aber nicht aufgenommen wird.

17 Somit grundsätzlich keine Erhöhung des Bußgeldes wegen „Vorsatzes". Kommt es zum Unfall, kann der Fahrer den Kaskoschutz der Versicherung verlieren (AG Berlin-Mitte NZV 2005, 157).

Nachlässigkeit oder Gleichgültigkeit beruht. Insoweit ist die unzulässige Gerätenutzung ein besonders verantwortungsloses Verhalten des Fahrzeugführers, vor allem in Verkehrslagen, in denen es auf die Beachtung der Vorschrift besonders ankommt. Verstöße werden deshalb nach Abschnitt II lfd. Nr. 246 BKat mit erheblichen Bußgeldern geahndet: 100 € für den Regelverstoß; 150 € und 1 Monat Fahrverbot bei Gefährdung. 200 € und 1 Monat Fahrverbot bei Sachschaden (BayObLG NZV 2020, 321 mit Anm. Will: Fahrverbot bei wiederholtem Verstoß; OLG Stuttgart DAR 2019, 103 = VRS 135, 38: Regelbuße von 100 € für ein auf dem Schoß bedienten Laptop während der Fahrt; OLG Köln SVR 2019, 310 mit Anm. Rinio: Tippen auf einem vor Fahrtantritt auf den Schoß gelegten Laptop an einer roten Ampel ist keine kurze Blickabwendung i. S. d. § 23 Abs. 1a Nr. 2). Fehlen die Voraussetzungen eines Fahrverbots mangels grober und beharrlicher Verletzung der Pflichten eines Kraftfahrers nach § 25 Abs. 1 Satz 1 StVG, kann wegen der besonderen Gefährlichkeit eines „Handyverstoßes" bei Vorbelastung des Betroffenen im FAER auch für den Regelverstoß ein Fahrverbot von einem Monat oder länger auferlegt werden (BayObLG DAR 2019, 630). Wird während der verbotenen Gerätenutzung tateinheitlich außerdem eine grobe Verkehrszuwiderhandlung begangen, kann auch für diese Tat bedingter Vorsatz angenommen werden (OLG Jena VRS 117, 352; OLG Celle VerkMitt 2002 Nr. 10 = NZV 2002, 196 = DAR 2001, 415: Rotlichtverstoß). Bei **Radfahrern** wird (noch) ein Verwarnungsgeld von 55 € erhoben.

Im **Interesse** der polizeilichen **Feststellungen** kommt es nicht darauf an, ob tatsächlich Gerätefunktionen benutzt werden, sondern dass das Handling mit den Geräten eine Benutzung indiziert. Daher muss nicht festgestellt werden, ob Sprechbewegungen wahrgenommen wurden oder welche der Bedienfunktionen benutzt worden sind (KG DAR 2019, 631). Deshalb darf die Polizei nicht nur auf die Anzeige Bezug nehmen, sondern muss auch inhaltlich verantwortungsbewusst zu ihr stehen (OLG Düsseldorf NZV 2015, 203). Bei Verkehrskontrollen ist somit der Verstoß beweissicher zu dokumentieren (s. a. Wozny VD 2016, 235; Will NZV 2020, 266: wird ein Handy mit leuchtendem Display und rotem Punkt vor sich zugewandt gehalten, kann daraus auf ein Benutzen des Handys i. S. d. § 23 Abs. 1a geschlossen werden). Auch eine Sicherstellung des Mobiltelefons kann zum Nachweis eines schweren Verstoßes durch Auslesen der gespeicherten Gerätedaten unter Verhältnismäßigkeitserwägungen zulässig sein (Ternig & Lellmann NZV 2016, 454).

2.4 Radarwarn- und Laserstörgeräte (§ 23 Abs. 1c)

Das Verbot für Geräte zur Warnung vor oder Störung von Verkehrskontrollen dient der Verkehrssicherheit.[18] Die von der Polizei durchgeführ-

18 Da sich das Verbot einer technischen Einrichtung als „Handelshemmnis" darstellt, ist die Regelung bei der EU-Kommission nach der RL 98/34/EG notifiziert worden. Der Erwerb eines Radarwarngerätes ist sittenwidrig und nichtig, wenn nach dem Willen beider Parteien der Einsatz des Gerätes nur auf deutschen Straßen erfolgen soll, z. B. bei Basis-Codierung auf Deutschland. Die Rückforderung des Kaufpreises nach § 812 Abs. 1 Satz 1 BGB scheitert zwar an § 817 Satz 2 BGB, wenn beiden Parteien ein Verstoß gegen die guten Sitten zur Last fällt (BGH DAR 2005, 330 = VRS 109, 81). Bei Fernabsatzverträgen kommt aber ein Widerrufsrecht nach § 312d BGB auch bei Nichtigkeit in Betracht, so dass ein Rückabwicklungsanspruch nach §§ 346 Abs. 1, 433, 312b, 312d, 355 BGB besteht (BGH DAR 2010, 136).

ten Kontrollen sollen von den Kraftfahrern durch mitgeführte technische Apparate weder konterkariert noch sonst beeinträchtigt werden. Das Verbot richtet sich nur an den Fahrzeugführer.[19] Zur Verkehrsüberwachung zählen alle Maßnahmen, die der Feststellung von Verkehrsverstößen dienen; nicht aber Tempomessungen zu wissenschaftlichen Zwecken.[20] Das Verbot erfasst vor allem Radarwarn- und Laserstörgeräte, aber auch sonstige nicht ausdrücklich zur Anzeige oder Störung von Überwachungsmaßnahmen bestimmte Apparate, die aber einen vergleichbaren Effekt erzielen, z. B. Autoradios und Navigationssysteme mit technischen Komponenten zur Warnung vor Tempo- oder Rotlichtkontrollen oder sog. Blitzer-Apps in Smartphones. Das gilt nach § 23 Abs. 1c Satz 3 allerdings nicht, wenn die Funktion an den Smartphones oder Navigationsgeräten deaktiviert ist.[21] (OLG Rostock NZV 2017, 241; OLG Celle VerkMitt 2016 Nr. 11 = DAR 2015, 705 = NJW 2015, 3733 = NZV 2016, 192; s. a. Sprißler DAR 2017, 727; Albrecht DAR 2006, 481; Schubert VD 2013, 166 zur „Transparenz in der Geschwindigkeitsüberwachung"; Sprißler NZV 2016, 160: Smartphone-Apps fallen nicht unter § 23 Abs. 1c, sofern sie nur vor geografisch gespeicherten festen Messpunkten in räumlicher Nähe zum Navigationsgerät warnen).[22]

Auf dem Armaturenbrett angebrachte Verkehrsüberwachungskameras („Dashcams") gehören nicht dazu; diese zeichnen das Verkehrsgeschehen auf und sollen bei Unfällen als Beweismittel dienen (s. a. Erl. 3.1 zu § 34).[23] Auf die Wirksamkeit der Geräte kommt es ebenso wenig an wie auf eine nachweisbare konkrete Anzeige der Kontrolle oder Störung der polizeilichen Messung im Einzelfall.[24] Es genügt, dass z. B. ein betriebsbereites Handy oder Navigationsgerät mit Blitzer-App während der Fahrt mitgeführt wird (OLG Rostock DAR 2017, 718). Erforderlich ist somit die

---

19 Betreibt nur der Beifahrer ein Radarwarngerät, ohne dass der Fahrer Ergebnisse direkt von dem Gerät erhält, liegt auch dann kein Verstoß vor, wenn der Beifahrer dem Fahrer seine Erkenntnisse mitteilt.

20 Die Regelung beruht auf einem unzureichenden Verbot für Radarwarngeräte nach dem TKG vom 22.6.2004 (BGBl. S. 1190). Nach §§ 89, 148 TKG ist es strafbar, mit einer Funkanlage Nachrichten abzuhören, die für die Funkanlage nicht bestimmt sind. Die Signale des Radarmessgerätes sind „Nachrichten", die vom Radarwarngerät „abgehört" werden (LG Cottbus DAR 1999, 466). Die Gleichstellung des Begriffs „Abhören" mit dem „Empfang" von Signalen durch das Radarwarngerät nebst optischer oder akustischer Warnung für den Betroffenen ist jedoch zu weitgehend, so dass aus dem TKG selbst keine Strafbarkeit begründet werden kann (LG Berlin DAR 1997, 501; LG München I NJW 1999, 2600).

21 Mit dieser Regelung soll die Nutzung von Smartphones und Navigationsgeräten gewährleistet werden, da diese häufig schon beim Kauf über entsprechende sog. Blitzer-Apps verfügen.

22 Sofern die Polizei Radiosendern (noch) Standorte von Tempokontrollen übermittelt, können diese abgespeichert auch als Radarwarnungen verwendet werden; mit dieser Praxis konterkariert die Polizei das Verbot des § 23 Abs. 1c, selbst wenn sie damit nur auf die ständige Verkehrsüberwachungspräsenz hinweisen und Kraftfahrer zur Einhaltung der Tempolimits bewegen will.

23 Der Einsatz sog. Dashcams (VG Ansbach NZV 2014, 663; s. a. Klann DAR 2014, 451) ist aus datenschutzrechtlichen Gründen umstritten, weil mit der Videokamera überwiegend anlasslos und verdeckt gefilmt wird.

24 Problematisch sind technische Einrichtungen im KFZ, die mit der gleichen Frequenz wie Radargeräte (24-GHz-Band) betrieben werden, aber anderen Zwecken dienen, z. B. Distanzmessgeräte in KFZ, Geräte zur Kontrolle automatischer Garagentüren. Können damit auch Radarmessstrahlen erfasst und angezeigt werden, fallen sie unter das Verbot des § 23 Abs. 1c (s. a. Albrecht SVR 2005, 455).

„Betriebsbereitschaft“ am oder im Fahrzeug, wobei der bloße Transport ausgeschalteter Geräte nicht unter das Verbot fällt.

Medienberichte über Standorte von Tempokontrollen der Polizei werden durch das Verbot (leider) nicht erfasst, selbst wenn sie nur höheren Einschaltquoten dienen.[25] Werden solche Medienberichte aber in technische Geräte überspielt, z.B. Navigationsgeräte, die an den kritischen Örtlichkeiten im Fahrzeug Warnmeldungen abgeben, fallen sie unter die Verbotsnorm.

Im Übrigen können betriebsbereite Radarwarngeräte bei Polizeikontrollen gemäß §§ 94 Abs. 1, 98 StPO beschlagnahmt oder nach den landesrechtlichen Sicherheits- und Ordnungsgesetzen sichergestellt werden, weil sie ausschließlich der Förderung von Tempoverstößen dienen (VGH München DAR 2008, 103 = NZV 2008, 375: auch wenn das eingebaute Gerät zwar nicht betriebsbereit ist, aber durch Anschluss an einen Adapter ohne größeren technischen Aufwand eingesetzt werden kann; VG Trier DAR 2004, 172; VGH Baden-Württemberg VerkMitt 2003 Nr. 8 = DAR 2003, 89; VG München DAR 1998, 366 = NZV 1998, 520; VG Schleswig NZV 2000, 103; VG Berlin DAR 2000, 282). Die anschließende Vernichtung der Geräte ist verhältnismäßig, weil eine Unbrauchbarmachung oder Verwertung ausscheidet.

Die **Warnung** an Kraftfahrer vor **Tempokontrollen** mit anderen Mitteln (z.B. hochgehaltenes Schild) beeinträchtigt die Durchführung der präventivpolizeilichen Aufgabe und stellt deshalb eine Gefahr für die öffentliche Sicherheit dar; sie kann von der Polizei mit Anordnung der sofortigen Vollziehung untersagt werden (OVG Münster NZV 1997, 326; DÖV 1997, 512; VG Saarlouis DAR 2004, 668). Andererseits sind solche Warnungen nur dann Ordnungswidrigkeiten, wenn es dabei zu Behinderungen oder Belästigungen nach § 1 Abs. 2 kommt (OLG Stuttgart VerkMitt 1997 Nr. 50 = NZV 1997, 242 = VRS 93, 294). Wer zur erkannten Kamera einer Messstelle hin den „Stinkefinger“ zeigt, macht sich auch dann wegen Beleidigung nach § 185 StGB strafbar, wenn die kontrollierenden Beamten selbst nicht sichtbar sind (BayObLG DAR 2000, 277 = VRS 98, 348 = NZV 2000, 337). Die Warnung mittels Lichthupe verstößt gegen § 16 Abs. 1. Die Blockierung eines Tempomessgerätes durch ein unmittelbar davor geparktes Fahrzeug ist weder Nötigung nach § 240 StGB noch Betriebsstörung einer der öffentlichen Sicherheit dienenden Einrichtung nach § 316b Abs. 1 Nr. 3 StGB, wenn dabei nicht beeinträchtigend in die Sachsubstanz des Messgerätes eingegriffen wird (BGH DAR 2013, 475 = NZV 2013, 559).

2.5 Einschalten des Notbremsassistenzsystems

Notbremsassistenzsysteme warnen den Kraftfahrer bei drohenden Auffahrunfällen und verringern automatisch die Geschwindigkeit. Mit einem Notbremsassistenzsystem kann die Anzahl und Schwere von Auffahrunfällen mit schweren Nutzfahrzeugen verringert werden. Mit der Verordnung (EG) Nr. 661/2009 über die Typgenehmigung von KFZ, KFZ-Anhängern und von Systemen, Bauteilen und selbstständigen technischen Einhei-

25 Häufig beziehen Sender ihre Informationen durch Aufforderung an die Kraftfahrer, Einsatzstellen von Tempokontrollen telefonisch an sie zu übermitteln. Dieses Senderverhalten ist im Sinne der Verkehrssicherheit, insbesondere für Unfallopfer, unverantwortlich, zumal die Sender diese Mitteilungen nicht einmal als „eigene“ Erkenntnisse übermitteln. Es wäre zu begrüßen, wenn dieses Medienverhalten vom Gesetzgeber unterbunden würde.

ten für diese Fahrzeuge hinsichtlich ihrer allgemeinen Sicherheit wurden Notbremsassistenzsysteme für bestimmte LKW und bestimmte KOM (Fahrzeuge der Klassen N_2, N_3, M_2 und M_3) verpflichtend vorgeschrieben. Notbremsassistenzsysteme wurden für die genannten Klassen bei neuen Fahrzeugtypen nach einem festgelegten Zeitschema abhängig von der Fahrzeugkategorie und -bauart schrittweise seit dem 1.11.2013 eingeführt. Die Einführung ist mit dem 1.11.2018 abgeschlossen.

Nach den EU-Verordnungen ist es jedoch zulässig, dass Notbremsassistenzsysteme über eine Vorrichtung manuell deaktiviert werden können. Dies gilt ebenso für die ECE-Regelung Nr. 131 über einheitliche Bedingungen für die Genehmigung von KFZ hinsichtlich des Notbremsassistenzsystems, die die EU künftig verpflichtend anstelle der vorgenannten EU-Verordnungen zur Anwendung bringen will.

Dass Notbremsassistenzsysteme durch den Fahrer abgeschaltet werden können, widerspricht jedoch dem Sinn der Einführung solcher Systeme, denn diese können ihren Nutzen nur entfalten, wenn sie aktiv sind. Deutschland hat daher bei der UNECE einen Vorschlag zur Anpassung der ECE-Regelung Nr. 131 eingebracht, der die Abschaltbarkeit von Notbremsassistenzsystemen ab einer Geschwindigkeit von 30 km/h nicht mehr zulassen soll. Darüber hinaus sollen sich Notbremsassistenzsysteme, die bei niedrigen Geschwindigkeiten (z. B. beim Rangieren) deaktiviert wurden, gemäß dem Vorschlag bei Erreichen einer Geschwindigkeit von 30 km/h automatisch wieder aktivieren.

Wegen der zeitlichen Unsicherheit bei der Überarbeitung der technischen Abschaltvorschriften von Notbremsassistenzsystemen ist das BMVI durch Entschließung des Bundesrates vom 14.2.2020 – DS 591/19(B) – angehalten möglichst bald ein bußgeldbewehrtes verhaltensrechtliches Verbot der Abschaltung von Notbremsassistenzsystemen durch den Fahrer ab einer Geschwindigkeit von über 30 km/h vorzuschreiben.

2.6 Gesichtsverhüllungs- und -verdeckungsverbot (§ 23 Abs. 4)

Das Verbot trägt dem Umstand Rechnung, dass Polizei und Bußgeldbehörden bei der Verfolgung von Verkehrsverstößen mangels ordnungsrechtlicher Halterhaftung die persönliche Schuld des Fahrers feststellen müssen. Bei der automatisierten Verkehrsüberwachung genügt deshalb nicht allein die Feststellung des KFZ-Kennzeichens, sondern es ist auch der Fahrer durch Blitzfoto beweissicher zu ermitteln (s. a. Erl. 2.4.3 zu § 49). Dies führt jedoch dann nicht zum Erfolg, wenn der Fahrer sein Gesicht verdeckt oder verhüllt. Zur Gewährleistung einer effektiven Verkehrsüberwachung ist es daher verboten, dass Kraftfahrer zur Verschleierung ihrer Identität das Gesicht verhüllen oder verdecken. Zur Verhüllung gehören Schleier, Burka, Niqab, Mützen oder Schals, zur Verdeckung Sonnenblenden mit Sehschlitzen oder sonstige Gegenstände, die geeignet sind, wesentliche Gesichtsmerkmale unkenntlich zu machen (s. a. Schäler NZV 2018, 351; Rebler VD 2018, 143 und DAR 2018, 713). Zu Fasching oder Halloween darf zwar kostümiert gefahren werden, zu beachten ist aber neben dem Verhüllungs- und Verdeckungsverbot des Abs. 4 durch Masken, Gesichtsbemalung, Kopfbedeckungen oder Gesichtsschmuck das Verbot der Beeinträchtigung von Sicht und Gehör (§ 23 Abs. 1) sowie das Gefährdungsverbot nach § 1 Abs. 2 durch Clownsschuhe oder Monsterfüße, wenn dadurch das Bremspedal nicht mehr ausreichend betätigt werden kann. Dem Verhüllungsverbot unterliegen auch Mund/Nase-Schutzmasken, wie sie zur Eindämmung von Epi- oder Pandemien vorgeschrieben sind, wenn im Fahrzeug selbst keine Ansteckungsgefahr droht. Anders kann es im gewerblichen Taxen-, Mietwagen- oder Busverkehr sein, wenn eine Ansteckungsgefahr der Fahrgäste durch den Fahrer nicht völlig auszuschließen ist. Abgesehen davon, dass Erkrankte ohnehin nicht KFZ fahren sollten, geht hier der Gesundheitsschutz vor. Dann müssen aber die Augen frei bleiben und dürfen nicht durch Sonnenbrillen o. Ä. verdeckt sein (Rebler NZV 2020, 273 hält die Einführung einer Maskenpflicht durch Landesverordnung oder Gemeindesatzung wegen Verstoßes gegen Bundesrecht für verfassungswidrig).

Ausgenommen von dem Verhüllungsverbot sind Kraftradfahrer, die einen geeigneten Schutzhelm (meist Integralhelm mitsamt dem darunter befindlichen Kälteschutz) tragen müssen. Verkehrsverstöße von Motorradfahrern werden von der Polizei meist durch Anhaltekontrollen festgestellt. In (geschlossenen) **Kraftfahrzeugen besteht dieses Schutzbedürfnis** aber nicht, auch nicht für offene Kabrioletts, so dass dort das Tragen solcher Helme unter das Verhüllungsverbot des Abs. 4 fällt (zulässig sind aber nicht das Gesicht verdeckende Helme). Da Leichtmofas (max. 20 km/h) und Motorräder mit Überrollbügel ohne Schutzhelm gefahren werden dürfen, gilt das Verhüllungsverbot für sie dann, wenn damit gezielt das Gesicht verdeckt werden soll. Das freiwillige Tragen eines Schutzhelms wird jedenfalls dadurch nicht „verboten".

Verstöße gegen § 23 Abs. 4 können nur vorsätzlich begangen werden und unterliegen nach lfd. Nr. 247a BKat einer Regelbuße von 60 €, aber keiner Punktbewertung nach Anl. 13 FeV (Stand: 2020).

3 Hinweise

3.1 Verantwortung des Führers von geschlossenen Verbänden: § 27 Abs. 5.

3.2 Mitführen der Zulassungsdokumente (Zulassungsbescheinigung Teil I): § 11 Abs. 5 FZV.

3.3 Ständige Betriebsbereitschaft der **Beleuchtungseinrichtungen** an Kraftfahrzeugen und Kraftfahrzeuganhängern: § 49a StVZO; an Fahrrädern: § 67 Abs. 4 StVZO.

3.4 Eine Mitführungspflicht von **Warnwesten** besteht nach §§ 31b Nr. 4, 53a Abs. 1 Satz 3 und Abs. 2 Nr. 3 StVZO (48. VO zur Änderung straßenverkehrsrechtlicher Vorschriften vom 26.7.2013 – BGBl. I S. 2803). Warnwesten müssen der Norm EN 471 entsprechen. Eine Pflicht zum Anlegen von **Warnwesten** wird nicht durch § 23, sondern (gegenwärtig nur) aus dem Gefährdungsverbot des § 1 Abs. 2 begründet. Seit dem 1.7.2014 gilt das Fehlen einer Warnweste als HU-Mangel.

3.5 Zur Frage des Urheberschutzes bei der öffentlichen Wiedergabe von Musik während Auto-, Bus- und Taxifahrten mit Fahrgästen s. Bleckat SR 2018, 325.

§ 24 Besondere Fortbewegungsmittel

(1) Schiebe- und Greifreifenrollstühle, Rodelschlitten, Kinderwagen, Roller, Kinderfahrräder, Inline-Skates, Rollschuhe und ähnliche nicht motorbetriebene Fortbewegungsmittel sind nicht Fahrzeuge im Sinne der Verordnung. Für den Verkehr mit diesen Fortbewegungsmitteln gelten die Vorschriften für den Fußgängerverkehr entsprechend.

(2) Mit Krankenfahrstühlen oder mit anderen als in Absatz 1 genannten Rollstühlen darf dort, wo Fußgängerverkehr zulässig ist, gefahren werden, jedoch nur mit Schrittgeschwindigkeit.

VwV-StVO zu § 24 Besondere Fortbewegungsmittel

Zu Absatz 1

1 I. Solche Fortbewegungsmittel unterliegen auch nicht den Vorschriften der StVZO.

2 II. Schieberollstühle sind Rollstühle mit Schiebeantrieb nach Nr. 2.1.1, Greifreifenrollstühle sind Rollstühle mit Greifreifenantrieb nach Nr. 2.1.2 der DIN 13240 Teil 1.

3 III. Kinderfahrräder sind solche, die üblicherweise zum spielerischen Umherfahren im Vorschulalter verwendet werden.

4 IV. Zur Freigabe von Fahrbahnen, Seitenstreifen und Radwegen für Inline-Skates und Rollschuhe vgl. VwV zu § 31 Abs. 2.

Zu Absatz 2

5 Krankenfahrstühle sind Fahrzeuge.

1 Aus der amtlichen Begründung

1.1 Klarstellung, dass Inline-Skates und Rollschuhe keine Fahrzeuge, sondern Fortbewegungsmittel sind (Begr. 2012).

2 Erläuterungen

2.1 Besondere Fortbewegungsmittel (§ 24 Abs. 1)

Besondere Fortbewegungsmittel sind **keine** Fahrzeuge, somit gibt es auch keine Fahrzeugführer.[1] Hierzu gehören solche Geräte, die von Fußgängern bewegt oder mitgeführt werden. Wegen ihrer geringen Größe oder unsicheren Bauart dürfen sie nicht auf der Fahrbahn betrieben werden. Fortbewegungsmittel dürfen **nicht** mit Motorkraft ausgestattet sein, andernfalls sind sie (nicht zulassungsfähige) Kraftfahrzeuge.[2] Zu den besonderen Fortbewe-

1 Da es sich nicht um Fahrzeuge handelt, ist bei Nutzung unter Alkoholeinwirkung auch keine Straftat nach §§ 315c oder 316 StGB gegeben (LG Landshut DAR 2016, 537 mit Anm. König).

2 Bei diesen Geräten fehlen regelmäßig vorgeschriebene Betriebs- und Ausrüstungsgegenstände (Bremsen, Lenkung, Beleuchtung). Bekannt sind motorbetriebene Rollbretter (Grams NZV 1994, 172), Rollschuhe mit Elektroantrieb oder mit Rucksack-Propeller sowie Kombinationen von Luftkissen-, Gleit- oder einachsigen Rollgeräten mit Elektroantrieb. Abgesehen von der Fahrerlaubnispflicht scheitert ihre Zulassung an den Betriebs- und Ausrüstungsbestimmungen der StVZO. Ohne Ausnahme nach § 70 StVZO und § 46 StVO oder Erlaubnis nach § 29 Abs. 1 oder 2 StVO ist ihr Betrieb im öffentlichen Verkehrsraum unzulässig.

gungsmitteln gehören Gehhilfen wie Schiebe- oder Greifreifenrollstühle, Kinderwagen, Roller,[3] Dreiräder oder Kinderfahrräder zum spielerischen Umherfahren von Kindern im Vorschulalter, Schlitten zum Transport von Kleinkindern zur Rodelbahn, Sackkarren, kleine Handkarren, Kofferroller sowie Bewegungsgeräte nach sportlichem Trend, wie Skateboards, Trailskater, Kickboards, Powerskip, Rollschuhe oder Inlineskater,[4] sofern sie zur üblichen Ortsveränderung benutzt werden (BGH VerkMitt 2002 Nr. 49 = NZV 2002, 225 = DAR 2002, 262 = VRS 102, 441 = VD 2002, 152 = NJW 2002, 1955).[5] Andernfalls gehören sie zu den Sportgeräten (§ 31).

Die Nutzung solcher Fortbewegungsmittel unterliegt den Regelungen für Fußgänger nach § 25. Auf Gehwegen und in Fußgängerzonen dürfen sie benutzt werden, wenn dadurch andere weder gefährdet noch unvermeidbar behindert werden. Inlineskater müssen sich mit der üblichen Gehwegbeschaffenheit abfinden (OLG Celle NZV 1999, 509), ebenso Skiroller-Fahrer (OLG Braunschweig NZV 2005, 581). Werden jedoch Verkehrswege für Inlineskater oder Rollschuhfahrer ausdrücklich freigegeben (z. B. gesperrte oder Tempo 30-Straßen, nicht benutzungspflichtige Radwege – s. a. § 31), muss der Baulastträger durch Straßenanpassung für einen verkehrssicheren Betrieb sorgen (OLG Koblenz VD 2003, 78). Fehlen außerorts Gehwege, dürfen sich Skater oder Rollschuhfahrer wie Fußgänger am linken Fahrbahnrand fortbewegen. Bei schnellem Verkehr sollten besondere Fortbewegungsmittel wegen der damit verbundenen Unfallgefahren außerorts nicht benutzt werden.[6]

Häufig werden besondere Fortbewegungsmittel auch als **Sportgeräte** ohne Motorantrieb[7] eingesetzt. Sportgeräte dürfen bestimmungsgemäß nach § 31 nur auf den (durch Zusatzzeichen) besonders ausgewiesenen Straßen oder im Rahmen einer Veranstaltung nach § 29 Abs. 2, sonst nur außerhalb öffentlicher Verkehrsflächen betrieben werden (Grams NZV 1997, 65). Ihre Nutzung im öffentlichen Verkehrsraum wäre unzulässige Sondernutzung nach

---

3 Tretroller für Erwachsene, die durch Abstoßen mit dem Fuß bewegt werden, sind auch dann keine Fahrzeuge, wenn sie mit Vorder- und Hinterradbremsen versehen sind (OLG Oldenburg VerkMitt 1997 Nr. 5).

4 Das Gesetz über technische Arbeitsmittel regelt in § 2 Abs. 2 Nr. 4 auch das Inverkehrbringen u. a. von Sport- und Freizeitgeräten. So dürfen nach § 3 Abs. 1 Satz 1 dieses Gesetzes technische Arbeitsmittel und damit auch Inlineskater „nur in den Verkehr gebracht werden, wenn sie den in den Rechtsverordnungen nach diesem Gesetz enthaltenen sicherheitstechnischen Anforderungen für ihr Inverkehrbringen entsprechen und Leben und Gesundheit oder sonstige Rechtsgüter der Benutzer oder Dritter bei bestimmungsgemäßer Verwendung nicht gefährden"; s. a. Scheidler DAR 2010, 174.

5 Die gegenteilige Auffassung des OLG Oldenburg (NZV 2000, 470 = DAR 2000, 528 = VRS 99, 337) ist überholt.

6 Inlineskaten ist wegen der Seitenbewegung und unzureichenden Ausweichmöglichkeit eine verletzungsträchtige Sportart (OLG Celle VRS 105, 167 = NZV 2004, 143). Selbst mit routinierter Bremstechnik („Hell-Stopp" oder „Schneepflug") erzielt ein erfahrener Skater nur eine Bremsverzögerung im Mittel von 2,1 m/s², so dass eine Fortbewegung auf der Fahrbahn extrem gefährlich ist (Niklas NZV 1999, 278); bei 30 km/h beträgt der Bremsweg etwa 16 m. In Österreich dürfen seit 1998 Inlineskater auch Radwege benutzen (§ 88a österr. StVO – BGBl. I 92/1988); Fahrbahnen können für Inlineskater freigegeben werden. Fahren Inlineskater auf Gehwegen, ist die Geschwindigkeit der der Fußgänger anzupassen.

7 Mit Motorantrieb gehören sie nicht mehr zu den Fortbewegungsmitteln (§ 31 Abs. 1 Satz 1), z. B. Segway (Human Transporter) als zweirädriges, einachsiges Kraftfahrzeug mit Elektroantrieb bis etwa 25 km/h oder sonstige Geräte, meist als exotische Ergebnisse erfindungsreicher Tüftler; s. a. MobHV bei § 2.

den Straßengesetzen der Länder; in Wintersportgebieten kann allerdings der Betrieb von Sportgeräten dem Gemeingebrauch zugerechnet werden.

2.2 Kinderfahrräder

Der Begriff „Kinderfahrrad" wird durch Rn. 3 VwV-StVO zu § 24 bestimmt. Benutzen ältere Kinder ihrer Größe angepasste Fahrräder, handelt es sich um straßenübliche Fahrräder, d. h., bis zum vollendeten achten Lebensjahr müssen sie, bis zum vollendeten zehnten Lebensjahr dürfen sie Gehwege benutzen (§ 2 Abs. 5). Nach ihrem zehnten Geburtstag müssen Kinder Radwege oder Fahrbahnen benutzen (s. a. Erl. 2.7.3 zu § 2). Die zivilrechtliche Haftung eines Rad fahrenden Kindes bei Verstößen richtet sich nach § 828 BGB (OLG Köln NZV 1992, 320).

2.3 Krankenfahrstühle (§ 24 Abs. 1)

Während muskelbetriebene Rollstühle den Fortbewegungsmitteln zugeordnet werden, sind Krankenfahrstühle mit Motorantrieb fahrerlaubnisfreie Kraftfahrzeuge[8] (BayObLG VRS 99, 367; s. a. Huppertz VD 2015, 13). Auf Gehwegen darf mit Schrittgeschwindigkeit gefahren werden, auf Fußgänger ist Rücksicht zu nehmen (§ 1 Abs. 1). Voraussetzung ist allerdings, dass Krankenfahrstühle technisch „besonders" für die Benutzung (nur) durch Behinderte ausgestattet sind (Elektroantrieb max. 15 km/h).[9] Bei Unfällen mit Fußgängern ist eine Gefährdungshaftung des Fahrers von Krankenfahrstühlen wegen der geringen bauartbedingten Geschwindigkeit gemäß §§ 7, 8 StVG ausgeschlossen. Werden jedoch technische Veränderungen vorgenommen (z. B. als Kleinst-PKW), müssen diese Fahrzeuge die Fahrbahn benutzen; außerdem ist dann die Fahrerlaubnis-Klasse AM oder B erforderlich.

3 Hinweise

3.1 Fußgängerverkehr beim Mitführen sperriger Gegenstände: § 25 Abs. 2; Spielen mit Rollern: § 31; Zulassung des Wintersports: Zusatzzeichen 1010-11 oder 1040-10 zu Z. 101 und 250.

---

8 Hinsichtlich der Fahrerlaubnisfreiheit spielt es keine Rolle, ob Krankenfahrstühle mit Elektroantrieb und max. 15 km/h von gesunden oder behinderten Personen gefahren werden (BVerwG NZV 2002, 246 = VD 2002, 157). Für Krankenfahrstühle älteren Rechts über 10 bis 25 km/h ist eine fahrerlaubnisrechtliche Prüfbescheinigung erforderlich.

9 Einsitzige, nach der Bauart zum Gebrauch durch körperlich Behinderte bestimmte zulassungsfreie Kraftfahrzeuge mit Elektroantrieb, max. 15 km/h, Breite max. 110 cm, Leergewicht 300 kg (mit Batterien, aber ohne Fahrer), zulässige Gesamtmasse 500 kg, Heckmarkierungstafel nach ECE-Regelung Nr. 69 oben an der Fahrzeugrückseite. Das Mindestalter beträgt 15 Jahre; in Härtefällen sind Ausnahmen mit entsprechenden Auflagen möglich, sofern der Krankenfahrstuhl schneller als 10 km/h fährt. Behinderte Kinder unter 15 Jahren dürfen Krankenfahrstühle bis max. 10 km/h ohne Ausnahmegenehmigung fahren. Für den Betrieb der Krankenfahrstühle (nach neuem FE-Recht) ist weder eine Ausbildung noch eine Prüfbescheinigung vorgeschrieben.

§ 25 Fußgänger

(1) Wer zu Fuß geht, muss die Gehwege benutzen. Auf der Fahrbahn darf nur gegangen werden, wenn die Straße weder einen Gehweg noch einen Seitenstreifen hat. Wird die Fahrbahn benutzt, muss innerhalb geschlossener Ortschaften am rechten oder linken Fahrbahnrand gegangen werden; außerhalb geschlossener Ortschaften muss am linken Fahrbahnrand gegangen werden, wenn das zumutbar ist. Bei Dunkelheit, bei schlechter Sicht oder wenn die Verkehrslage es erfordert, muss einzeln hintereinander gegangen werden.

(2) Wer zu Fuß geht und Fahrzeuge oder sperrige Gegenstände mitführt, muss die Fahrbahn benutzen, wenn auf dem Gehweg oder auf dem Seitenstreifen andere zu Fuß Gehende erheblich behindert würden. Benutzen zu Fuß Gehende, die Fahrzeuge mitführen, die Fahrbahn, müssen sie am rechten Fahrbahnrand gehen; vor dem Abbiegen nach links dürfen sie sich nicht links einordnen.

(3) Wer zu Fuß geht, hat Fahrbahnen unter Beachtung des Fahrzeugverkehrs zügig auf dem kürzesten Weg quer zur Fahrtrichtung zu überschreiten. Wenn die Verkehrsdichte, Fahrgeschwindigkeit, Sichtverhältnisse oder der Verkehrsablauf es erfordern, ist eine Fahrbahn nur an Kreuzungen oder Einmündungen, an Lichtzeichenanlagen innerhalb von Markierungen, an Fußgängerquerungshilfen oder auf Fußgängerüberwegen (Zeichen 293) zu überschreiten. Wird die Fahrbahn an Kreuzungen oder Einmündungen überschritten, sind dort vorhandene Fußgängerüberwege oder Markierungen an Lichtzeichenanlagen stets zu benutzen.

(4) Wer zu Fuß geht, darf Absperrungen, wie Stangen- oder Kettengeländer, nicht überschreiten. Absperrschranken (Zeichen 600) verbieten das Betreten der abgesperrten Straßenfläche.

(5) Gleisanlagen, die nicht zugleich dem sonstigen öffentlichen Straßenverkehr dienen, dürfen nur an den dafür vorgesehenen Stellen betreten werden.

VwV-StVO zu § 25 Fußgänger

Zu Absatz 3

1 I. Die Sicherung des Fußgängers beim Überqueren der Fahrbahn ist eine der vornehmsten Aufgaben der Straßenverkehrsbehörden und der Polizei. Es bedarf laufender Beobachtungen, ob die hierfür verwendeten Verkehrszeichen und Verkehrseinrichtungen den Gegebenheiten des Verkehrs entsprechen und ob weitere Maßnahmen sich als notwendig erweisen.

2 II. Wo der Fahrzeugverkehr so stark ist, dass Fußgänger die Fahrbahn nicht sicher überschreiten können, und da, wo Fußgänger den Fahrzeugverkehr unzumutbar behindern, sollten die Fußgänger entweder von der Fahrbahn ferngehalten werden (Stangen- oder Kettengeländer), oder der Fußgängerquerverkehr muss unter Berücksichtigung zumutbarer Umwege an bestimmten Stellen zusammengefasst werden (z. B. Markierung von Fußgängerüberwegen oder Errichtung von Lichtzeichenanlagen). Erforderlichenfalls ist bei der Straßenbaubehörde der Einbau von Inseln anzuregen.

3 III. 1. Die Markierungen an Lichtzeichenanlagen für Fußgänger, so genannte Fußgängerfurten, bestehen aus zwei in der Regel 4 m voneinander entfernten,

unterbrochenen Quermarkierungen. Einzelheiten ergeben sich aus den Richtlinien für die Markierung von Straßen (RMS). Vgl. zu § 41 Abs. 1, Anlage 2 Abschnitt 9.

4 2. Wo der Fußgängerquerverkehr dauernd oder zeitweise durch besondere Lichtzeichen geregelt ist, sind Fußgängerfurten zu markieren. Sonst ist diese Markierung, mit Ausnahme an Überwegen, die durch Schülerlotsen, Schulweghelfer oder sonstige Verkehrshelfer gesichert werden, unzulässig.

5 3. Mindestens 1 m vor jeder Fußgängerfurt ist eine Haltlinie (Z. 294) zu markieren; nur wenn die Furt hinter einer Kreuzung oder Einmündung angebracht ist, entfällt selbstverständlich eine Haltlinie auf der der Kreuzung oder Einmündung zugewandten Seite.

6 IV. Über Fußgängerüberwege vgl. zu § 26.

7 V. Wenn nach den dort genannten Grundsätzen die Anlage von Fußgängerüberwegen ausscheidet, der Schutz des Fußgängerquerverkehrs aber erforderlich ist, muss es nicht immer geboten sein, Lichtzeichen vorzusehen. In vielen Fällen wird es vielmehr genügen, die Bedingungen für das Überschreiten der Straße zu verbessern (z. B. durch Einbau von Inseln, Haltverbote, Überholverbote, Geschwindigkeitsbeschränkungen, Beleuchtung).

8 VI. Die Straßenverkehrsbehörde hat bei der Straßenbaubehörde anzuregen, die in § 11 Abs. 4 BOStrab vorgesehene Aufstellfläche an den für das Überschreiten durch Fußgänger vorgesehenen Stellen zu schaffen; das bloße Anbringen einer Fahrstreifenbegrenzung (Z. 295) wird nur ausnahmsweise den Fußgängern ausreichenden Schutz geben.

Zu Absatz 5

9 Das Verbot ist bußgeldbewehrt durch § 63 Abs. 2 Nr. 1 BOStrab; wenn es sich um Eisenbahnanlagen handelt, durch § 64b der Eisenbahn-Bau- und -Betriebsordnung (EBO).

1 Aus der amtlichen Begründung

1.1 Anpassung der Fußgängerquerung an Kreuzungen/Einmündungen oder geschützten Stellen nur bei besonderen Verkehrs- und Sichtverhältnissen (Begr. 2017).

2 Erläuterungen

2.1 Gehwegbenutzung

2.1.1 Gehwegbenutzungsgebot (§ 25 Abs. 1)

Das Gehwegbenutzungsgebot bezieht sich nicht nur auf Gehwege, sondern auf alle den Fußgängern vorbehaltenen Flächen. Dazu gehören auch die durch Z. 239, 240, 241 und 242.1 gekennzeichneten Flächen. Gehwege sind als Sonderwege von der Fahrbahn durch bauliche Einrichtungen abgegrenzte Straßenteile, die durch Pflasterung, Gehwegplatten, Kies oder in sonstiger Weise erkennbar für Fußgänger bestimmt sind (OLG Karlsruhe VRS 106, 397; OLG Düsseldorf VerkMitt 1996 Nr. 119 = VRS 91, 309 = DAR 1996, 244 = NZV 1996, 374). Zum Gehweg gehören auch der Bordstein sowie die Fläche zwischen Bordstein und Gehwegbefestigung, die von Fußgängern zur Straßenquerung benutzt wird. Eine Kennzeichnung der Gehwege ist entbehrlich, wenn aus der baulichen Gestaltung die Zweckbestimmung erkennbar ist (Regelfall).

Fußgänger dürfen Gehwege in ihrer gesamten Breite und den von ihnen bevorzugten Gehwegteil benutzen; ein Rechtsgehgebot gibt es nicht. Das gilt auch für Fußgänger mit besonderen Fortbewegungsmitteln (OLG Düsseldorf DAR 2012, 82: Inlineskater). Gehwege sind auch dann zu benutzen, wenn solche nur auf einer Straßenseite vorhanden sind. Hört auf einer Straßenseite ein Gehweg auf, muss der Fußgänger auf den Gehweg der anderen Seite überwechseln (BGH VersR 1964, 1203). Für Fußgänger gibt es auf Gehwegen zwar kein „Rechtsgehgebot", wohl aber die Pflicht zur Rücksichtnahme (KG VerkMitt 2007 Nr. 79). Dass Fahrzeuge auf Gehflächen nicht fahren dürfen, folgt aus der Fahrbahnbenutzungspflicht (§ 2 Abs. 1), dass dort nicht geparkt werden darf aus § 12 Abs. 4.

Müssen Fußgänger nach kommunalen Ortssatzungen nicht nur Gehwege, sondern auch Straßen reinigen, sind sie während dieser Tätigkeit keine Fußgänger, sondern nehmen eingeschränkte Sonderrechte nach § 35 Abs. 6 wahr. Dabei müssen sie auffällige Warnwesten tragen (BVerwG SVR 2015, 392).

2.1.2 Gehwege nach Z. 239 (Anl. 2 lfd. Nr. 18)

Sind Gehflächen als solche nicht eindeutig erkennbar, sind sie zur Klarstellung mit Z. 239 zu kennzeichnen. Fußgänger müssen dann diese Flächen benutzen. Wird Fahrzeugverkehr bei Z. 239 durch Zusatzzeichen zugelassen (z.B. durch 1022-10 „Radverkehr frei"), muss dieser auf Fußgänger Rücksicht nehmen und darf ihn weder gefährden noch behindern; wenn nötig, muss er warten. Fahrzeuge dürfen dort nur mit Schrittgeschwindigkeit fahren (Anl. 2 lfd. Nr. 18 zu Z. 239).

2.1.3 Fußgängerzonen nach Z. 242.1 und 242.2 (Anl. 2 lfd. Nr. 21 und 22)

In Fußgängerzonen haben Fußgänger absoluten Vorrang. Werden in Fußgängerzonen durch Zusatzzeichen andere Verkehrsarten zugelassen, z.B. Radverkehr oder Lieferverkehr zu bestimmten Zeiten, müssen diese auf Fußgänger Rücksicht nehmen und dürfen sie weder gefährden noch behindern; wenn nötig, muss der Fahrzeugverkehr warten. Die zugelassenen Verkehrsarten dürfen nur Schrittgeschwindigkeit fahren, weil jederzeit aus Häusern, Geschäften oder nicht einsehbaren Bereichen Fußgänger hervortreten können.

2.1.4 Gemeinsame und getrennte Geh- und Radwege nach Z. 240 und 241 (Anl. 2 lfd. Nr. 19 und 20)

Bei **gemeinsamen** Geh- und Radwegen (Z. 240) besteht Radwegebenutzungspflicht. Radfahrer und andere, durch Zusatzzeichen zugelassene Fahrzeugarten (z.B. durch 1022-11 „Mofas frei") müssen auf Fußgänger Rücksicht nehmen und erforderlichenfalls ihre Geschwindigkeit an den Fußgängerverkehr anpassen. Entsprechendes gilt bei **getrennten** Geh- und Radwegen. Sind Mofas oder andere Fahrzeugarten zugelassen, müssen sie den für den Radverkehr vorgesehenen Gehwegteil nutzen und ihre Geschwindigkeit dem Radverkehr anpassen.

2.2 Fahrbahnbenutzung durch Fußgänger (§ 25 Abs. 1)

Fußgänger dürfen nicht auf Fahrbahnen laufen, selbst wenn das schnelle Fortkommen wegen anderer Fußgänger auf Gehwegen schwierig ist (AG Dortmund NZV 2017, 243: Gruppen von Fußballfans). Gleiches gilt für sportliche Betätigungen auf Fahrbahnen ohne Erlaubnis oder Ausnahme der Verkehrsbehörden. Nur wenn **keine** Gehwege oder Seitenstreifen vorhanden oder diese durch Schnee, Eisglätte, Schlamm, Bauschutt faktisch blockiert sind, dürfen Fußgänger **innerorts** auf der rechten oder linken Fahrbahnseite laufen. Bei Dunkelheit oder starkem Verkehr müssen sie die äußersten Fahrbahnseiten benutzen. Ist neben der Fahrbahn nur ein Sommerweg oder schmaler Trampelpfad vorhanden, muss dieser benutzt werden (OLG Hamm DAR 1971, 336).

Außerorts müssen sie die linke Fahrbahnseite benutzen, um entgegenkommenden schnellen Verkehr rechtzeitig wahrnehmen und ihm notfalls ausweichen zu können (BGH NZV 1995, 144). Kraftfahrer dürfen allerdings darauf nicht vertrauen, weil die Benutzung der linken Fahrbahnseite von der Zumutbarkeit für Fußgänger abhängt (§ 25 Abs. 1 Satz 3), d.h., ob die Fahrbahn oder die Verkehrsverhältnisse links ein sicheres Gehen zulassen, z.B. durch scharfe Linkskurven mit Sichtbeeinträchtigungen oder Mauern, die kein Ausweichen mehr zulassen. Insoweit gibt es keinen Vorrang des Fahrzeuglängsverkehrs gegenüber Fußgängern. Kraftfahrer müssen stets mit Fußgängern rechnen, auf sie Rücksicht nehmen und dürfen sie nicht beiseite drängen. Bewegen sich Fußgänger am Rand einer Landstraße, sind sie nicht verpflichtet, die Fahrbahn bei Annäherung eines Fahrzeugs zu verlassen (BGH VersR 1967, 706); sie müssen aber zur Gefahrenvermeidung auf den Fahrverkehr Rücksicht nehmen (BGH VRS 13, 90 = DAR 1957, 235; OLG Düsseldorf DAR 1977, 268) und ausweichen, wenn ihnen das ohne Schwierigkeiten möglich ist, z.B. auf eine Böschung (OLG Hamm DAR 2001, 166). Zur Nachtzeit müssen sie auf die äußerste Straßenseite und bei erkennbarer Gefahr rechtzeitig auch auf einen angrenzenden Randstreifen ausweichen (BGH VersR 1972, 258). Laufen Fußgänger nachts mit dunkler Kleidung auf einer unbeleuchteten Landstraße im alkoholisierten Zustand, handelt es sich um einen groben Verstoß (OLG Jena SVR 2017, 350).

Nebeneinandergehen auf der Fahrbahn ist nicht allgemein verboten, sondern nur bei Dunkelheit, schlechter Sicht, hoher Verkehrsdichte oder Fahrgeschwindigkeit, z.B. bei starkem oder schnellem Verkehr, an Straßenengstellen. Wie viele Personen nebeneinander gehen dürfen, richtet sich nach der Verkehrslage und der Straßenbreite.

Eine **Beleuchtung** ist bei Dunkelheit nicht vorgeschrieben; dennoch müssen zumutbare Sicherungsmöglichkeiten in Anspruch genommen werden, z.B. möglichst helle Kleidung oder Reflexmaterial.[1] Die in Kleidungsstücken, z.B. in Schuhen, angebrachten elektronisch gesteuerten roten Blinkleuchten (Dioden) sind mehr eine Modeerscheinung und mangels Leuchtwirkung wenig zum Schutz der Fußgänger geeignet. Bei größerer Leuchtdichte wären sie außerdem unzulässig (§ 33 Abs. 2), weil nur gelbes Blinklicht und das nur bei geschlossenen Fußgängerverbänden zugelassen ist (§ 27 Abs. 4). Fußgänger dürfen zwar darauf vertrauen, dass Kraftfahrer einen genügenden Abstand zu ihnen einhalten; sie sind aber zu erhöhter Aufmerksamkeit verpflichtet, wenn schlechte Sichtverhältnisse herrschen oder zu befürchten ist, dass sie wegen der Blendwirkung entgegenkommender KFZ nicht rechtzeitig wahrgenommen werden.

Besteht eine (satzungsrechtliche) Straßenreinigungspflicht der Anlieger, dürfen Fußgänger die Fahrbahn auch zur Reinigung betreten; sie nehmen in diesem Fall eingeschränkte Sonderrechte nach § 35 Abs. 5 Satz 4 wahr

1 In vergangenen Jahrhunderten, als es noch keine Straßenbeleuchtung gab, wurden Fußgänger von manchen Landesherren verpflichtet, Laternen zu tragen.

und müssen dabei auffällige Warnkleidung tragen, und zwar mindestens eine gelbe oder orange Warnweste mit hellen retroreflektierenden Streifen i. S. d. § 53a Abs. 2 Nr. 3 StVZO nach EN ISO 20471 Schutzklasse 2 (OVG Berlin-Brandenburg VerkMitt 2015 Nr. 16).

2.3 Fußgänger mit Handfahrzeugen (§ 25 Abs. 2)

Fußgänger mit Handfahrzeugen oder besonderen Fortbewegungsmitteln müssen sich nach den Fußgängerregeln richten. Ist eine unvertretbare Behinderung anderer Fußgänger durch sperrige Gegenstände, breite Handkarren oder große Fahrzeuge nicht auszuschließen, muss die Fahrbahn (ggf. mit Absicherung) benutzt werden. Da eine abstrakte Behinderung anderer Fußgänger genügt, darf auf die Fahrbahn auch dann ausgewichen werden, wenn zwar keine Fußgänger zu sehen sind, mit solchen aber zu rechnen ist.

Für die Änderung der Gehrichtung hat das Einordnungsverbot des § 25 Abs. 2 Satz 2 nur deklaratorische Bedeutung; es folgt bereits aus dem Gebot, stets am Fahrbahnrand zu gehen. Es stellt auch keine Ausnahme von § 9 Abs. 1 Satz 2 dar, weil diese Vorschrift nur für den Fahrverkehr gilt. Fußgänger mit sperrigen Gegenständen dürfen sich deshalb nicht „einordnen". Beim „Abbiegen" müssen Fußgänger mit Fahrzeugen die Fahrbahnen oder Kreuzungen unter Beachtung des Vorranges des Fahrzeugverkehrs rechtwinklig überqueren. Das gilt auch dann, wenn Fußgänger ein liegen gebliebenes KFZ schieben. Wollen sie nach links abbiegen, dürfen sie sich nur dann einordnen, wenn der Mitverkehr durch deutliche Zeichen auf diesen atypischen Verkehrsvorgang hingewiesen worden ist. Der Verkehr muss darauf Rücksicht nehmen.

Fußgänger, die Fahrzeuge schieben und die Fahrbahn benutzen müssen, haben innerorts und (abweichend von § 25 Abs. 1 Satz 3 zweiter Halbsatz) außerorts stets am rechten Fahrbahnrand zu gehen. Sie müssen bei Dunkelheit mindestens auf der linken Seite eine nach vorn und hinten gut sichtbare, nicht blendende Leuchte mit weißem Licht anbringen oder tragen (§ 17 Abs. 5). Die Leuchte darf nicht durch den Körper verdeckt werden. Auch auf der Fahrbahn geschobene Fahrräder oder Kleinkrafträder müssen bei Dunkelheit beleuchtet sein. Für mitgeführte sperrige Gegenstände folgt die Beleuchtungspflicht aus § 1 Abs. 2.

2.4 Fußgängerverkehr

2.4.1 Überqueren der Straße (§ 25 Abs. 3)

Aus dem Gehwegbenutzungsgebot folgt, dass Fußgänger die Fahrbahn (abgesehen von den Fällen der Abs. 1 und 2) nur zum Überqueren benutzen dürfen. Außerhalb geschützter Querungsstellen dürfen sie die Fahrbahn an beliebiger Stelle überschreiten, es muss nicht die schmalste Stelle der Fahrbahn sein (LG Nürnberg-Fürth SVR 2014, 265). Dabei müssen Fußgänger dem Fahrzeugverkehr Vorrang einräumen und dürfen ihn nicht behindern (OLG Brandenburg SVR 2019, 220: Alleinhaftung einer 15-jährigen Fußgängerin, die, durch ein Handy abgelenkt, unvermittelt auf die Fahrbahn tritt). Das gilt auch beim Überqueren breiter Straßen für die Straßenmitte (OLG Hamburg SVR 2019, 60; LG Hamburg SVR 2018, 464 mit Anm. Bachmor). Die Querung sollte möglichst nur an Stellen erfolgen, wo Fußgänger den Fahrzeugverkehr beobachten können und dieser sie wiederum auch als Fußgänger wahrnehmen kann, z. B. nicht in Kurven oder an Fahrbahnrändern mit dichtem Straßenbegleitgrün. Diese Verpflichtung gilt umso mehr

Fußgängervorrang gegenüber abbiegenden Fahrzeugen

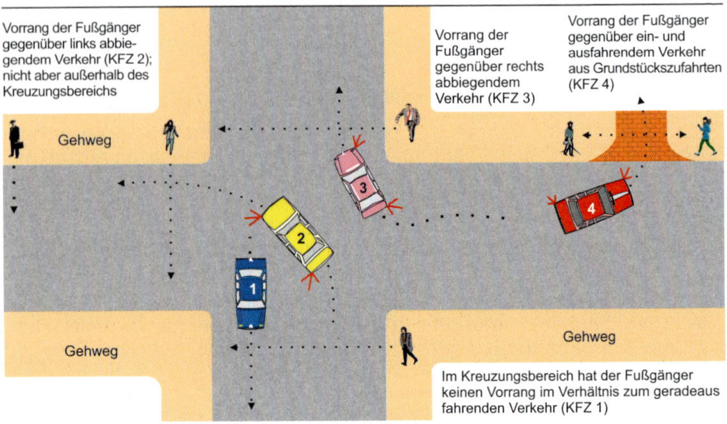

für Fußgänger, die infolge ihrer Kleidung und der Lichtverhältnisse nur schwer erkennbar sind (OLG Saarbrücken NZV 2014, 563). Beim Überqueren von Rad- oder anderen Sonderwegen gilt das Gleiche wie für Fahrbahnen (s. a. Bohne NZV 2018, 127). Fußgängerzonen (Zeichen 242.1) und verkehrsberuhigte Bereiche (Zeichen 325.1) verfügen über keine Fahrbahn im engeren Sinne. Hier ist Fußgängerverkehr überall möglich.

Fußgänger haben den Vorrang des Fahrverkehrs zu beachten. Durch sorgfältige Beobachtung des fließenden Verkehrs müssen sie vor dem Betreten und beim Überschreiten der Fahrbahn auf herannahende Fahrzeuge achten, sie vorbeifahren lassen und dürfen sie nicht behindern (BGH NJW 1984, 50 = VRS 65, 338; OLG Hamm SVR 2017, 465: Rechtsblick bei Straßenmitte erforderlich; OLG Düsseldorf NZV 2018, 474: zivilrechtliche Mithaftung des KFZ nur aus allgemeiner Betriebsgefahr; OLG Hamm NZV 2017, 142: Unfälle sprechen für ein Verschulden des Fußgängers; OLG Hamm 2012, 595; KG VerkMitt 2010 Nr. 77 = VRS 119, 89; KG VRS 117, 35 = NZV 2010, 149; KG VRS 111, 166 = NZV 2007, 80; KG VerkMitt 2004 Nr. 73 = VRS 107, 23 = NZV 2004, 579; OLG Brandenburg DAR 2008, 520: auch nicht mit einem Bein auf der Fahrbahn; LG Schwerin SVR 2013, 225; LG Halle/Saale SVR 2014, 305; Scheidler DAR 2011, 452; Rebler NZV 2011, 223). Auch auf verdeckt im linken Fahrstreifen herannahende Fahrzeuge müssen Fußgänger achten (KG VRS 117, 35 = NZV 2010, 149). Das gilt auch gegenüber Radfahrern auf Radwegen (OLG Hamm NZV 1999, 418) und fahrenden Straßenbahnen (BGH DAR 1885, 56 = VRS 68, 192: hier ist ausreichender Abstand erforderlich). Kommt es zum Unfall, spricht insoweit der Beweis des ersten Anscheins für ein Verschulden des Fußgängers, wenn die Fahrbahn geradlinig und überschaubar verläuft (OLG Saarbrücken DAR 2011, 330).

Andererseits haben Fußgänger nach § 9 Abs. 3 Satz 3 an Kreuzungen und Einmündungen vor abbiegenden Fahrzeugen Vorrang (AG Straubing SVR 2015, 66). Fahrzeugführer müssen deshalb auf Fußgänger links wie rechts besondere Rücksicht nehmen; sie sind vorbeizulassen, notfalls ist anzuhalten. Darüber hinaus wird im Interesse der Verkehrssicherheit der schwächeren Verkehrsteilnehmenden in § 25 Abs. 3 Satz 3 klargestellt, welche Verkehrsteilnehmenden wartepflichtig sind. Danach haben Fußgänger Vorrang, und zwar gegenüber Fahrzeugen, die in wartepflichtige Straßen abbiegen, gegenüber Fahrzeugen, die wartepflichtig sind (Z. 205 und 206) oder wenn die Vorfahrt nicht durch Verkehrszeichen geregelt ist („Rechts vor Links"). In diesen Fällen (= alle Abbiegefälle) hat der Fahrverkehr besondere Rücksicht auf zu Fuß Gehende zu nehmen; wenn nötig, muss er warten. Fußgänger verzichten nicht auf ihren Vorrang, wenn sie am Fahrbahnrand abwarten, ob das Fahrzeug bremst und ihren Vorrang respektiert. Abbiegende Fahrzeuge müssen stets mit der Querung der Fußgänger rechnen, wenn diese mit Blickrichtung zur gegenüberliegenden Straßenseite am Fahrbahnrand stehen (OLG Karlsruhe VRS 125, 95).

Der Vertrauensschutz in das verkehrsgerechte Verhalten der Fußgänger ist bei dem in § 3 Abs. 2a genannten Personenkreis, bei Fußgängergruppen, starkem Fußgängerverkehr oder bei Fußgängern auf der Fahrbahn eingeschränkt (OLG Rostock VRS 110, 102 = DAR 2006, 278: Gebot der Temporeduzierung, notfalls Abgabe von Schallzeichen). Voraussetzung ist, dass aufgrund konkreter Anhaltspunkte mit der Annäherung an die Fahrbahn zu rechnen ist, z.B. in Tempo 30-Zonen, im Einzugsbereich von Schulen, Kindergärten, Spiel- und Sportplätzen, Altenheimen, Krankenhäusern (OLG Hamm DAR 2006, 278).

Im Übrigen muss der Fahrzeugverkehr stets mit atypischem und unbesonnenem Fußgängerverhalten rechnen, vor allem wenn er selbst zu schnell fährt oder sich sonst verkehrswidrig verhält (LG Mönchengladbach NZV 2012, 280). Sind Anzeichen dafür erkennbar, muss er Gefahren durch Abbremsen und größeren Seitenabstand begegnen und darf nicht darauf vertrauen, dass Fußgänger Fahrzeugen schon ausweichen werden (OLG Koblenz NZV 2012, 177; OLG Karlsruhe NZV 2015, 443: Betreten der Fahrbahn infolge Schreckreaktion). Bei Kindern, älteren Menschen und Hilfsbedürftigen gilt ohnehin der Gefährdungsausschluss § 3 Abs. 2a. Andererseits wird vom Kraftfahrer nichts Unmögliches verlangt. Auf Vorfahrtstraßen mit normalem Fußgängerverkehr auf Gehwegen darf im Allgemeinen darauf vertraut werden, dass Fußgänger nicht unvermutet über die Fahrbahn laufen (BGH DAR 1977, 98; BayObLG NJW 1978, 1491). Fußgänger dürfen sich nicht darauf verlassen, dass andere KFZ bremsen, wenn sie zwischen zwei im Stau stehenden LKW den angrenzenden Fahrstreifen betreten (OLG Hamm NZV 2000, 371), sie vor der Front eines haltenden Busses die Fahrbahn queren, ohne sich zu vergewissern, dass kein Fahrzeug an dem Bus vorbeifährt (KG VerkMitt 2009 Nr. 4), oder nur ein KFZ aus Gefälligkeit zur Querung der Fahrbahn angehalten hat (OLG Köln VerkMitt 1999 Nr. 76).

Die Fahrbahn ist auf dem **kürzesten Weg** quer zur Fahrtrichtung grundsätzlich rechtwinklig (und nicht im Bogen oder diagonal) zügig zu überschreiten, nicht aber unbedingt an der schmalsten oder übersichtlichsten Stelle (OLG Celle VRS 11, 173 = NJW 1956, 1044). „Zügig" bedeutet in angemessener Eile, so schnell, wie es dem Fußgänger subjektiv möglich ist; einerseits muss er weder hasten noch rennen, andererseits ist die Fahrbahn kein „Laufsteg", auf dem „getrödelt" werden darf. Ferner ist die Fahrbahn in einem Zuge zu überschreiten, weil die Fahrbahnmitte (beim Fehlen von Mittelinseln) keinen Schutzbereich für Fußgänger darstellt. Das Verschulden der Fußgänger beim unachtsamen oder alkoholisierten Überschreiten der Fahrbahn wiegt ebenso schwer wie das der Kraftfahrer, die auf Fußgänger keine Rücksicht nehmen (OLG Celle NZV 2016, 522; KG VRS 104, 1; KG VerkMitt 2001 Nr. 12 = DAR 2001, 122; KG NZV 2003, 380).

Kann die Fahrbahn wegen schnellen oder starken Verkehrs, des Verkehrsablaufs, der Straßenbreite oder der Sichtverhältnisse nicht in einem Zuge überschritten werden, darf sie nur an den in § 25 Abs. 3 Satz 1 genannten Kreuzungen, Einmündungen, Markierungen, signalisierten Furten, Fußgängerüberwegen oder Mittelinseln überquert werden, wobei ein Umweg bis zu 200 m bei besonders bedrohlicher Verkehrslage geboten sein kann (BGH DAR 2000, 524; KG NZV 2009, 343: Zebrastreifen in 43 m; OLG Dresden NZV 2001, 378; OLG Hamm NZV 2015, 537: Eigenverschulden eines mit 2,49 ‰ alkoholisierten Fußgängers; LG Frankfurt/O. DAR 2015, 468: Alleinhaftung des Radfahrers bei Unfall infolge Straßenquerung über Fußgängerfurt). Auch hier gilt das Gebot des zügigen Überquerens. Der Vorrang der Fußgänger besteht auch beim Queren einer auf eine T-Kreuzung zulaufenden Straße, die sich nicht fortsetzt (OLG Hamm NZV 2013, 190). Baulich abgegrenzte Gleiskörper dürfen nach § 25 Abs. 5 nur an den dafür vorgesehenen Stellen überschritten werden.[2] Durch die Worte „an" bzw. „auf" (Gegensatz „im" Bereich) wird deutlich, dass die bezeichnete Straßenstelle nur dort überquert werden soll und nicht z. B. 40 m hinter einer signalgeregelten Fußgängerfurt (BGH VRS 99, 328). Fehlen sichere Querungsstellen und sind weite Umwege unzumutbar, darf auf einer mehrspurigen Fahrbahn auch in der Mitte gewartet werden, wenn infolge des Gegenverkehrs eine Querung in einem Zuge nicht möglich ist (OLG Nürnberg DAR 2001, 170). Mitte bedeutet zwischen dem Längs- und Gegenverkehr, nicht aber auf den Fahrstreifen; Kraftfahrer müssen dann ihr Tempo deutlich herabsetzen (OLG Hamm NZV 2001, 41).

Absperrungen wie Gitter, Stangen- oder Kettengeländer dürfen Fußgänger nach § 25 Abs. 4 nicht überklettern, Absperrschranken (Z. 600) verbieten das Betreten der abgesperrten Straßenflächen. Bei Verstößen haften Fußgänger für ihren Verschuldensanteil (KG SVR 2011, 104).

Der Fußgänger hat zwar bei der Straßenquerung auf den Fahrverkehr zu achten, braucht aber mit einem von links aus einer unübersichtlichen Kurve kommenden und unzulässig schnellen Fahrzeug nicht ohne weiteres zu rechnen. Das gilt vor allem zu Gunsten von Kindern, die daran gewöhnt sind, nach Betreten der Fahrbahn zunächst nach rechts zu sehen. Die Regel, dass der Kraftfahrer hinter einem die Straße überquerenden Fußgänger vorbeizufahren hat, gilt zwar primär bei einem von rechts kommenden Fußgänger (BGH 1980, VRS 59, 163 = VersR 1980, 868). Überschreitet der Fußgänger jedoch die Straße von links nach rechts und bleibt auf der Gegenfahrbahn genügend Raum für die Vorbeifahrt, sollte sich der Kraftfahrer entsprechend verhalten (OLG Düsseldorf VersR 1979, 649). Überholverbote schützen einen Fußgänger nicht.

Wer aus Höflichkeit eine alte, nicht mehr verkehrssichere Person über die Fahrbahn führt, ist zur Vorsicht verpflichtet (OLG Hamm VRS 12, 45). Überquert der Fußgänger nachts eine Straße in der Dunkelzone zwischen zwei Straßenlaternen, muss er bedenken, dass er schwer zu erkennen ist (BGH VersR 1961, 856 und 996; BGH VRS 23, 333). Dunkle Kleidung des Fußgängers bei Nacht kann die Unfallgefahr erhöhen, ist aber nicht schuldhaft (OLG Karlsruhe VerkMitt 1989 Nr. 71 = DAR 1989, 146).

2 Das Betretungsverbot abgesonderter Gleisanlagen (baulich getrennte Trassen) folgt aus § 68 BOStrab und § 62 EBO.

2.4.2 Überqueren der Straße an Kreuzungen und Einmündungen

Gegenüber **abbiegenden** Fahrzeugen hat der Fußgänger Vorrang (§ 9 Abs. 3 Satz 3). Das gilt auch an Kreisverkehrsplätzen. Beim Überschreiten der Fahrbahn hinter einer Kreuzung oder Einmündung darf der Fußgänger in der Regel darauf vertrauen, dass der Fahrer in der angezeigten Richtung abbiegen wird. Er braucht den Beginn des Abbiegens nicht abzuwarten, muss jedoch den Fahrzeugverkehr beobachten, um nötigenfalls rechtzeitig zu reagieren (KG VerkMitt 1980 Nr. 10 = VRS 57, 173 = VersR 1979, 1031 = DAR 1980, 22). Bei bedrängender Fahrweise verzichten Fußgänger **nicht** auf ihren Vorrang, wenn sie zurückweichen; vielmehr verstößt der Fahrer gegen § 9 Abs. 3 Satz 3 (in krassen Fällen liegt strafbare Nötigung vor).

2.4.3 Überqueren der Straße an Lichtzeichenanlagen

Das Gebot zur Fahrbahnquerung nur innerhalb der Markierungen an Lichtzeichenanlagen („Fußgängerfurt") gilt, wenn die Verkehrsdichte, Fahrgeschwindigkeit oder Sichtverhältnisse dies erfordern (OLG München VRS 78, 187), z. B. bei Dunkelheit, Nässe oder starkem Verkehr (OLG Celle VRS 78, 324). Jedenfalls wird der Schutzzweck bei einem abweichenden Überqueren jenseits der Markierung auf der dem nahenden Verkehr abgewandten Seite nicht unterlaufen (BGH NZV 1990, 150 = VersR 1990, 99). Der Fußgänger kann nach Betreten der Fahrbahn das Überqueren fortsetzen, wenn die Fußgängerampel von Grün auf Rot umschaltet; die Ampelregelung enthält eine „**Schutzzeit**" für Fußgänger. Die Schutzzeit entspricht der Gehgeschwindigkeit, wenn die Fahrbahn noch bei grünem Fußgängersignal betreten wird, und reicht bis zur gegenüberliegenden Straßenseite oder bis zur nächsten Fußgängerampel (OLG Oldenburg VRS 31, 131 = NJW 1966, 1236 und 2026). Wer bei spätem Grün die Fahrbahn betritt und bei beginnendem Rot aus besonderen Gründen seinen Weg über die Fahrbahn nicht fortsetzen kann, muss auf einer Verkehrsinsel oder einem Mittelstreifen die nächste Grünphase abwarten (OLG Saarbrücken VerkMitt 1980 Nr. 35; OLG Köln SVR 2012, 346). Fußgänger, die bei Dunkelheit, Regen, lebhaftem Verkehr und in dunkler Kleidung die Fahrbahn in einer Entfernung von etwa 20 m zur nächsten ampelgesicherten Furt oder bei Fußgängerrot überschreiten, handeln grob fahrlässig (KG VerkMitt 1979 Nr. 96; OLG München DAR 2001, 407; OLG Saarbrücken SVR 2011, 422). Ein Fußgänger, der erkennbar die Furt bei Grün betritt, hat Vorrang vor dem Kraftfahrer, der bei Grün auf diese Fußgängerfurt abbiegen will. Befindet sich der Fußgänger in angeregter Unterhaltung mit anderen Fußgängern oder liest Zeitung, muss der Kraftfahrer besonders vorsichtig sein (KG VRS 115, 255; OLG Köln VerkMitt 1980 Nr. 87). Überqueren von Fußgängerüberwegen: siehe zu § 26.

3 Hinweise

3.1 Gefährdungsausschluss gegenüber Kindern, Hilfsbedürftigen und älteren Menschen: § 3 Abs. 2a; Mitführen von Leuchten mit weißem Licht, wenn Fußgänger Fahrzeuge auf der Fahrbahn führen: § 17 Abs. 5; Fußgänger als Führer von Pferden und Treiber von Vieh: § 28; Sport und Spiel auf Straßen: § 31 (Zusatzzeichen 1010-10 zu Z. 101 oder Z. 250), Lichtzeichen für Fußgänger: § 37 Abs. 2 Nr. 5.

3.2 Benutzung und Betreten von Bahnanlagen: §§ 58, 63 BOStrab; § 62 EBO.

§ 26 Fußgängerüberwege

(1) An Fußgängerüberwegen haben Fahrzeuge mit Ausnahme von Schienenfahrzeugen den zu Fuß Gehenden sowie Fahrenden von Krankenfahrstühlen oder Rollstühlen, welche den Überweg erkennbar benutzen wollen, das Überqueren der Fahrbahn zu ermöglichen. Dann dürfen sie nur mit mäßiger Geschwindigkeit heranfahren; wenn nötig, müssen sie warten.

(2) Stockt der Verkehr, dürfen Fahrzeuge nicht auf den Überweg fahren, wenn sie auf ihm warten müssten.

(3) An Überwegen darf nicht überholt werden.

(4) Führt die Markierung über einen Radweg oder einen anderen Straßenteil, gelten diese Vorschriften entsprechend.

VwV-StVO zu § 26 Fußgängerüberwege

I. Örtliche Voraussetzungen

1 1. Fußgängerüberwege dürfen nur innerhalb geschlossener Ortschaften und nicht auf Straßen angelegt werden, auf denen schneller als 50 km/h gefahren werden darf.

2 2. Die Anlage von Fußgängerüberwegen kommt in der Regel nur in Frage, wenn auf beiden Straßenseiten Gehwege vorhanden sind.

3 3. Fußgängerüberwege dürfen nur angelegt werden, wenn nicht mehr als ein Fahrstreifen je Richtung überquert werden muss. Dies gilt nicht an Kreuzungen und Einmündungen in den Straßen mit Wartepflicht.

4 4. Fußgängerüberwege müssen ausreichend weit voneinander entfernt sein; das gilt nicht, wenn ausnahmsweise zwei Überwege hintereinander an einer Kreuzung oder Einmündung liegen.

5 5. Im Zuge von Grünen Wellen, in der Nähe von Lichtzeichenanlagen oder über gekennzeichnete Sonderfahrstreifen nach Z. 245 dürfen Fußgängerüberwege nicht angelegt werden.

6 6. In der Regel sollen Fußgängerüberwege zum Schutz der Fußgänger auch über Radwege hinweg angelegt werden.

II. Verkehrliche Voraussetzungen

7 Fußgängerüberwege sollten in der Regel nur angelegt werden, wenn es erforderlich ist, dem Fußgänger Vorrang zu geben, weil er sonst nicht sicher über die Straße kommt. Dies ist jedoch nur dann der Fall, wenn es die Fahrzeugstärke zulässt und es das Fußgängeraufkommen nötig macht.

III. Lage

8 1. Fußgängerüberwege sollten möglichst so angelegt werden, dass die Fußgänger die Fahrbahn auf dem kürzesten Wege überschreiten.

9 2. Fußgängerüberwege sollten in der Gehrichtung der Fußgänger liegen. Wo Umwege für Fußgänger zum Erreichen des Überwegs unvermeidbar sind, empfehlen sich z. B. Geländer.

10 3. Bei Fußgängerüberwegen an Kreuzungen und Einmündungen ist zu prüfen, ob es nicht ausreicht, über die Straße mit Vorfahrt nur einen Fußgängerüberweg anzulegen. Bei Einbahnstraßen sollte dieser vor der Kreuzung oder Einmündung liegen. An Kreuzungen und Einmündungen mit abknickender Vorfahrt darf ein Fußgängerüberweg auf der bevorrechtigten Straße nicht angelegt werden.

11 4. Vor Schulen, Werksausgängen und dergleichen sollten Fußgänger nicht unmittelbar auf den Fußgängerüberweg stoßen, sondern durch Absperrungen geführt werden.

12 5. Im Zuge von Straßen mit Straßenbahnen ohne eigenen Bahnkörper sollen Fußgängerüberwege nicht angelegt werden. Fußgängerüberwege über Straßen mit Schienenbahnen auf eigenem Bahnkörper sollen an den Übergängen über den Gleisraum mit versetzten Absperrungen abgeschrankt werden.

IV. Markierung und Beschilderung

13 1. Die Markierung erfolgt mit Z. 293.

14 Auf Fußgängerüberwege wird mit Z. 350 hingewiesen. In wartepflichtigen Zufahrten ist dies in der Regel entbehrlich.

V. Beleuchtung

15 Die Straßenverkehrsbehörden müssen die Einhaltung der Beleuchtungskriterien nach den Richtlinien für die Anlage und Ausstattung von Fußgängerüberwegen (R-FGÜ) gewährleisten und gegebenenfalls notwendige Beleuchtungseinrichtungen anordnen (§ 45 Abs. 5 Satz 2).

VI. Richtlinien

16 Das Bundesministerium für Verkehr und digitale Infrastruktur gibt im Einvernehmen mit den zuständigen obersten Landesbehörden Richtlinien für die Anlage und Ausstattung von Fußgängerüberwegen (R-FGÜ) im Verkehrsblatt bekannt.[1]

1 Aus der amtlichen Begründung

(entfällt)

2 Erläuterungen

2.1 Fußgängerüberweg

Fußgängerüberwege („Zebrastreifen") sind **nur** die durch Markierung nach Z. 293 (Anl. 2 lfd. Nr. 66) gekennzeichneten Überwege (OLG Stuttgart SVR 2015, 105). Sie führen im Regelfall über die Fahrbahn, markierte Zebrastreifen auf öffentlichen Parkplätzen sind aber ebenso zu beachten (OLG Celle NZV 2001, 79). Ob Fußgängerüberwege auf faktisch öffentlichen Parkplätzen von Supermärkten i. S. d. § 35 VwVerfG auch stets straßenverkehrsbehördlich angeordnet sind, erscheint infolge oft abweichender Ausführung fraglich. Die Anlage und Ausstattung der Fußgängerüberwege richtet sich nach § 45 Abs. 1 und 9, der VwV-StVO zu § 26 sowie nach den in den Bundesländern geltenden Richtlinien für die Anlage und Ausstattung von Fußgängerüberwegen (R-FGÜ).[2] Die Verhaltenspflichten folgen aus der Markierung, nicht aus dem blauen Richtzeichen 350 (Anl. 3 lfd. Nr. 24).[3] Die an Lichtzeichenanlagen (LZA) aus der Sicht der Fußgänger längs markierten Bereiche sind hingegen „Fußgängerfurten"; an ihnen gilt die Signalregelung. Ist die LZA außer Betrieb, müssen sich Fußgänger nach den Regeln des § 25 richten. Fußgängerüberwege dürfen sich nicht in der Nähe von

1 VkBl. 2001, S. 474.

2 Richtlinien für die Anlage und Ausstattung von Fußgängerüberwegen vom 22.10.2001 (VkBl. S. 474). Eine optionale 3-D-Darstellung der Zebrastreifenmarkierung sieht die StVO nicht vor, denn die Schaffung einer „Zweiklassengesellschaft" von Verkehrszeichen ist weder gewollt noch zulässig. Wo ein Fußgängerüberweg schlecht erkennbar ist, kann ergänzend Z. 350 angeordnet werden.

3 Sind zwar die Z. 350 an einem angeordneten Überweg montiert, die Zebrastreifenmarkierungen infolge der Witterung aber noch nicht auf der Fahrbahn aufgetragen, liegt noch kein Fußgängerüberweg i. S. d. § 26 vor.

Überholen an Fußgängerüberwegen

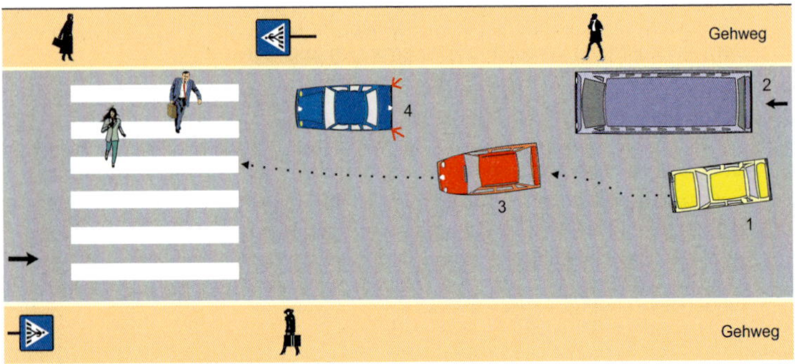

An Fußgängerüberwegen (Z. 293) darf auch dann nicht überholt werden, wenn keine Fußgänger die Straße überqueren, Fahrzeug 4 steht vor dem Überweg = wartet. Warten ist verkehrsbedingtes Anhalten (Rn. 1 VwV zu §§ 5 und 6) = Zuordnung zum fließenden Verkehr. Folge: Fahrzeug 3 überholt Fahrzeug 4 verbotswidrig (§§ 5, 26 Abs. 3, 49 Abs. 1 Nr. 24 b).

KFZ 2 steht = hält. Halten ist gewollte Fahrtunterbrechung, die nicht durch die Verkehrslage bedingt ist (Rn. 1 VwV zu § 12) = Zuordnung zum ruhenden Verkehr. Folge: KFZ 1 fährt vorbei, § 6 (kein Überholen!).

LZA befinden; auch nicht an Signalanlagen, an denen Fußgänger durch Knopfdruck Grün anfordern (Rn. 5 VwV-StVO zu § 26).

Fußgängerüberwege sind, wie schon der Begriff deutlich macht, allein den Fußgängern vorbehaltene geschützte Querungsstellen und keine Radverkehrsanlagen. Infolgedessen müssen Radfahrer auch dann absteigen, wenn weder Fußgänger- noch Fahrzeuglängsverkehr vorhanden ist. Als Folge von § 26 Abs. 1 Satz 1 bezieht sich der Begriff „Fahrräder" in Satz 2 nur auf die in § 24 Abs. 1 genannten „Kinderfahrräder". Benutzen Radfahrer den Zebrastreifen unzulässig, verstoßen sie gegen die Fahrbahnbenutzungspflicht (§ 2 Abs. 1), weil sie die Fahrbahn nicht in Richtung ihres Verlaufs befahren.[4] Die Schutzwirkung des Überweges erstreckt sich dementsprechend auch nur auf Fußgänger,[5] Rollstuhl- oder Krankenfahrstuhlfahrer,[6] nicht aber auf Radfahrer oder sonstige Fahrzeuge (OLG Hamm NZV 2020, 102 mit Anm. Riemer; LG Frankenthal SVR 2011, 182; AG Wetzlar NZV 2011, 28: bei Unfällen haftet der Radfahrer allein; s. a. Krumm SVR 2019, 452); anders nur, wenn das Fahrrad geschoben oder mit einem Fuß auf dem Pedal gerollt wird (KG NZV 2005, 92; OLG Düsseldorf VerkMitt 1998 Nr. 86 = NZV 1998, 296 = DAR 1998, 280 = VD 1998, 188). Das gilt auch für Mobilitätshilfefahrzeuge (zweispuriges Kraftfahrzeug mit zwei parallel angeordneten Rädern), die nach § 7 Abs. 2 MobHV nur Radwege, nicht

4 Es wäre zu begrüßen, wenn der VO-Geber § 26 Abs. 1 gelegentlich um den Satz ergänzen würde: „Radfahrer müssen absteigen."

5 Auch beim Mitführen von Fortbewegungsmitteln (§ 24), wie Handkarren, Rollern, Inlineskates oder motorisierten Kranken- und Behindertenfahrstühlen.

6 Krankenfahrstühle sind Kraftfahrzeuge bis 15 km/h (§ 4 Abs. 1 Nr. 2 FeV). Ungeachtet dessen dürfen sie nach § 24 Abs. 2 auch dort, wo Fußgängerverkehr zulässig ist, mit Schrittgeschwindigkeit gefahren werden. Weiterhin erstreckt sich die Schutzwirkung von Zebrastreifen auf alle Fahrer der „besonderen" Fortbewegungsmittel nach § 24 (Inlineskater, Rollstuhlfahrer u. a.).

aber Gehwege und damit auch nicht Fußgängerüberwege befahren dürfen (siehe Erl. 2.7.5 zu § 2). Problematisch sind baulich abgesetzte Radwege neben Fußgängerüberwegen; während Fußgänger auf Zebrastreifen Vorrang haben, gilt dies nicht für den Radverkehr auf Radwegen.

Kraftfahrer müssen anhalten, wenn Fußgänger den Überweg erkennbar betreten. Nur bei sehr breiten Überwegen oder solchen mit Mittelstreifen darf vorsichtig weitergefahren werden, wenn Fußgänger im Weitergehen keinesfalls beeinträchtigt werden oder sich mit dem Fahrer verständigt haben (OLG Jena VRS 122, 123). Kraftfahrer haben an Überwegen keinen Vertrauensschutz in das verkehrsgerechte Verhalten der Fußgänger; sie müssen sich darauf einstellen, dass Fußgänger nicht genau auf dem Überweg, sondern einige Meter davor oder dahinter die Fahrbahn überqueren, und deshalb auch die Umgebung beobachten (OLG Karlsruhe VRS 44, 370; VRS 45, 140). Der Schutzbereich reicht mindestens 4 m über die mit „Zebrastreifen" gekennzeichnete Verkehrsfläche hinaus (OLG Hamm VRS 54, 223). Fußgänger, die 6 bis 8 m von einem Überweg entfernt die Straße überschreiten wollen, haben keinen Vorrang mehr vor dem Fahrverkehr (BayObLG VerkMitt 1978 Nr. 76 – NJW 1978, 1491 = DAR 1978, 253 = VRS 55, 183). Fußgänger müssen bei starkem Verkehr Fußgängerüberwege benutzen, selbst wenn der Überweg 40 bis 50 m entfernt ist (KG VerkMitt 2009 Nr. 4 = VRS 115, 289). Bei Markierungsresten ehemaliger Überwege müssen Kraftfahrer damit rechnen, dass Fußgänger dort gewohnheitsmäßig noch auf die Schutzwirkung vertrauen (BGH VRS 41, 307; OLG Koblenz VRS 44, 68 = DAR 1972, 50; OLG Düsseldorf DAR 1974, 160). Die Markierung eines Fußgängerüberweges ist auch dann wirksam, wenn sie durch eine feste Schneedecke verdeckt ist (OLG Oldenburg VerkMitt 1980 Nr. 8 = VRS 58, 285).

2.2 Vorrang der Fußgänger

Ein Fußgänger, der am Bordstein eines Überweges stehend auf die Fahrbahn blickt, gibt zu erkennen, dass er die Fahrbahn überschreiten will (OLG Düsseldorf NZV 2000, 382; VRS 98, 373; OLG Schleswig VerkMitt 1976 Nr. 56), nicht aber bereits bei bloßer Annäherung an einen Überweg parallel zur Fahrbahn (OLG Hamm NZV 2004, 577). Ein kurzes Verharren des Fußgängers am Fahrbahnrand genügt nicht zur Annahme, der Fußgänger verzichte auf das Überqueren (BGH VRS 38, 278; KG NZV 1993, 40). Der Fußgänger darf nicht belästigend oder durch zu hohe Geschwindigkeit in seinem Vorrang beeinträchtigt werden (OLG Düsseldorf VerkMitt 1993 Nr. 39).

Andererseits darf der Fußgänger auf sein Vorrecht am Überweg **nicht blindlings** vertrauen (BGH VerkMitt 1983 Nr. 30 = VersR 1982, 876 = VRS 63, 255; OLG Celle NZV 2001, 79; OLG München VD 2018, 164). Er muss deshalb vor dem Betreten der Fahrbahn innehalten und sich mindestens durch einen beiläufigen Blick auf beide Fahrbahnseiten vergewissern, ob er den Überweg gefahrlos queren kann, notfalls auch Handzeichen geben (BGH VersR 1983, 667 = VRS 65, 94). Seinen Vorrang darf er jedenfalls nicht erzwingen und dadurch Auffahrunfälle provozieren.

Alle Fußgänger, auch solche, die den Überweg i. S. d. § 24 zulässigerweise fahrend benutzen dürfen (Inlineskater, Rollschuhfahrer, Kinderfahrräder, Krankenfahrstühle), müssen sich ihm mit Schrittgeschwindigkeit nähern. Zur Erhöhung der Verkehrssicherheit wird damit klargestellt, dass der Fahrbahnverkehr die Möglichkeit haben muss, auf solche meist von Gehwegen schnell herankommende Verkehrsteilnehmer reagieren zu können.

Fußgängerüberweg bei Dunkelheit

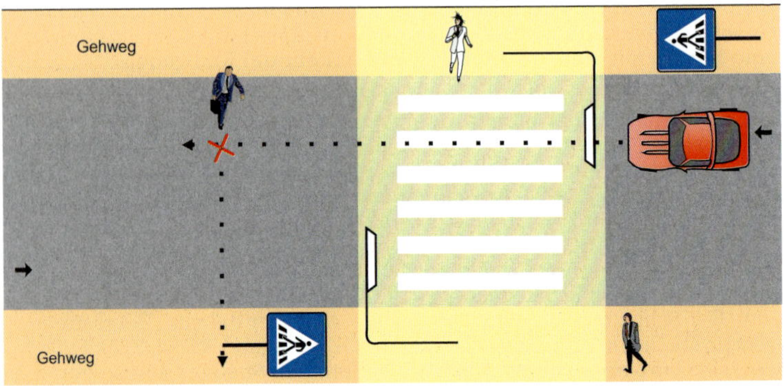

Fußgängerüberwege sind nach den R-FGÜ bei Dunkelheit zu beleuchten (Rn. 15 VwV-StVO zu § 26). Das Auge stellt sich auf den hellsten Teil der Fahrbahn ein. Wird der Fußgängerüberweg bei Dunkelheit durch Punktstrahler stark ausgeleuchtet, erscheint dieser Raum wie eine „Lichtschleuse", der Raum hinter dem Zebrastreifen aber extrem dunkel. Fußgänger, die dort die Straße überqueren, sind stark gefährdet. Infolgedessen müssen Kraftfahrer nach dem Passieren des Fußgängerüberweges den Fahrraum aufmerksam beobachten und dürfen erst dann wieder schneller fahren, wenn sie sich überzeugt haben, dass kein Fußgänger mehr auf der Fahrbahn ist.

Auf einem entgegen den R-FGÜ 2001 noch über Gleise führenden Überweg haben Fußgänger keinen Vorrang und müssen herannahende Straßenbahnen vorbeifahren lassen; andererseits müssen Straßenbahnen vor allem bei schlecht einsehbaren Überwegen die Geschwindigkeit verringern und dürfen nicht auf dem Zebrastreifen halten.

2.3 Verzicht auf den Vorrang

Der Fußgänger kann auf den Vorrang aus § 26 verzichten, bei Kindern jedoch nur, wenn er deren Verhalten beherrscht (OLG Düsseldorf VRS 63, 472). Ein Verzicht muss deutlich und unmissverständlich sein, z. B. durch Handzeichen. Der Verzicht gilt nur persönlich, nicht gegenüber anderen, die den Übergang überqueren wollen. Warten Fußgänger zu schnell herankommende oder sie bedrängende Fahrzeuge ab, liegt darin ebenso wenig ein Verzicht auf ihren Vorrang wie bei einem kurzen Verharren am Fahrbahnrand (BGH VRS 38, 278; KG NZV 1993, 40).

2.4 Mäßige Geschwindigkeit vor dem Überweg

Mäßige Geschwindigkeit ist (nur dann) erforderlich, wenn erkennbare Anzeichen dafür bestehen, dass Fußgänger den Überweg überqueren wollen (OLG Stuttgart SVR 2017, 305; OLG Stuttgart DAR 2014, 536). Dann darf nur so langsam an den Überweg herangefahren werden, dass jederzeit ohne Gefahrbremsung angehalten werden kann (OLG Stuttgart VRS 41, 265; OLG Koblenz VRS 44, 99). Für den Fußgänger muss aus dem Fahrtempo die Beachtung seines Vorrangs erkennbar sein (OLG Karlsruhe VRS 45, 40; OLG Düsseldorf DAR 1974, 160; OLG Hamm VRS 54, 223: 30 km/h kann eine mäßige Geschwindigkeit sein). Sind der Zebrastreifen und damit möglicherweise querende oder herannahende Fußgänger infolge parkender Fahrzeuge, Straßenbegleitgrün oder sonstiger Hindernisse nicht voll zu

Haltverbot an Fußgängerüberwegen mit Parkbuchten

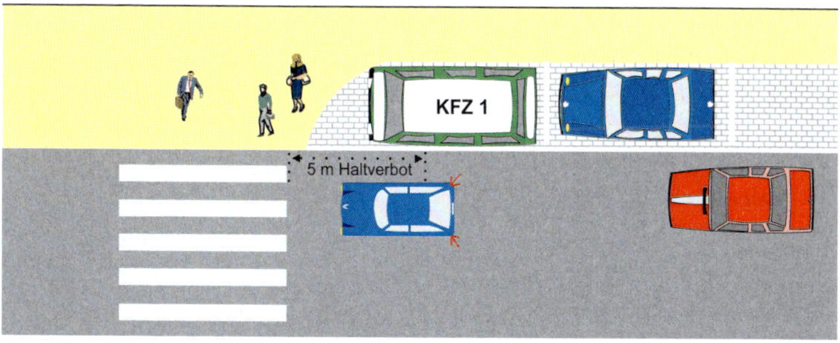

Das Haltverbot auf und 5 Meter vor dem Fußgängerüberweg (Z. 293) dient der besseren Sicht auf querende Fußgänger und bezieht sich auf die Fläche unmittelbar vor der „Markierung", somit nicht auf den Parkstreifen unmittelbar vor dem Überweg. Sofern dort durch parkende Fahrzeuge (KFZ 1) die Sicht auf Fußgänger beeinträchtigt ist, müsste die Verkehrsbehörde das Parken durch eine Sperrfläche nach Z. 298 auf dem Parkstreifen unterbinden.

übersehen, muss der Kraftfahrer das Tempo nach § 3 Abs. 1 so weit vermindern, bis er hinreichende Sicht hat; anschließend greift die Verpflichtung des § 26 Abs. 1 Satz 2 (BGH NJW 1961, 1622). Kommt ein Kraftfahrzeug nur noch mit scharfem Bremsen und quietschenden Reifen unmittelbar vor Fußgängern am Überweg zum Stehen, verstößt der Fahrer gegen §§ 26 Abs. 1 und 1 Abs. 2. Wer bewusst am Überweg riskant fährt, handelt grob rücksichtslos (OLG Düsseldorf VerkMitt 1974 Nr. 50).

2.5 Überholverbot

Das Überholverbot vor dem Fußgängerüberweg wird ab dem Z. 350 (Anl. 3 lfd. Nr. 24) wirksam; spätestens dort muss der Überholvorgang beendet oder abgebrochen werden. Hierbei spielt es keine Rolle, ob Fußgänger den Überweg überqueren wollen oder nicht. Das Überholverbot gilt auch, wenn ein Fahrzeug aus anderen Gründen vor dem Überweg verkehrsbedingt wartet. Sofern auf den Überweg noch durch Gefahrzeichen 134 hingewiesen wird, empfiehlt es sich, Überholvorgänge bereits ab diesem Zeichen zu beenden oder abzubrechen.[7] Führt ein Fußgängerüberweg über einen Radweg, gilt das Überholverbot nicht zwischen Radfahrern und Kraftfahrzeugen, da es sich nicht um dieselbe Fahrbahn handelt. Radfahrer müssen jedoch untereinander das Überholverbot beachten.

2.6 Behinderungs- und Gefährdungsverbot der Fußgänger

Kraftfahrer dürfen Fußgänger am Überweg weder gefährden noch behindern oder belästigen (OLG Celle NZV 1992, 122). § 26 Abs. 1 ist bereits verletzt, wenn der Fußgänger in seinem Verhalten durch das herannahende Fahrzeug beeinflusst wird (OLG Düsseldorf VRS 59, 381). Der sich einem Fußgängerüberweg nähernde Kraftfahrer ermöglicht einem am linken Fahrbahnrand wartenden Schulkind bereits dann nicht das Überschreiten des

7 Das Gefahrzeichen 134 ist als Verkehrszeichen in der Anlage 1 zu § 40 entfallen. Nur bei unabweisbarem Bedarf, z. B. bei schlecht einsehbaren Zebrastreifen, kann es nach der Symbolreihe gemäß § 39 Abs. 7 angeordnet werden. Zuvor ist die Lage des Fußgängerüberweges nach den R-FGÜ zu überprüfen.

Überwegs, wenn er auf erkennbare Anzeichen des Kindes nicht reagiert (OLG Oldenburg VRS 58, 286). Das Vorrecht des Fußgängers auf dem Überweg muss allerdings merkbar beeinträchtigt sein (OLG Stuttgart VRS 61, 67). § 26 verbietet dem Kraftfahrer nicht, auf einer hinreichend breiten Straße vor dem Fußgänger vorsichtig vorbeizufahren, wenn der Fußgänger dadurch weder behindert noch erschreckt wird (OLG Stuttgart VRS 61, 67; OLG Düsseldorf VRS 64, 461).

2.7 Haltverbot am Überweg

Die Markierung Z. 293 (Anl. 2 lfd. Nr. 66) begründet zur besseren Sicht ein **Haltverbot** auf und 5 m vor (nicht hinter) dem Überweg; bei Verstoß kann das Fahrzeug auf Kosten des Halters umgesetzt werden (VGH Kassel NVwZ 1988, 657). Das Haltverbot bezieht sich nur auf die Fahrbahn. Befindet sich eine Parkbucht unmittelbar vor dem Zebrastreifen, kann die Verkehrsbehörde zur Sichtverbesserung eine Sperrfläche (Z. 298) von mindestens einer Fahrzeuglänge anordnen. Auch eine Straßenbahn darf auf einem (dort entgegen den R-FGÜ 2001 noch vorhandenen) Fußgängerüberweg nicht halten (BGH VerkMitt 1975 Nr. 98 = VRS 49, 243 = VersR 1975, 1007). S. a. Erl. 2.3.4 zu § 12.

3 Hinweise

3.1 Vorschriftzeichen „Fußgängerüberweg“: Z. 293; Richtzeichen „Fußgängerüberweg“: Z. 350.

3.2 **Ahndung von Verstößen**: Unzulässiges Überholen, Missachtung des Fußgängervorranges oder keine mäßige Geschwindigkeit = 80 € Bußgeld, bei Gefährdung 100 €, bei Unfall 120 € sowie vier Punkte.

3.3 Freiheitsstrafe oder Geldstrafe für grob verkehrswidriges und rücksichtsloses falsches Fahren an Fußgängerüberwegen, wenn Personen oder erhebliche Sachwerte (ab 750 €) konkret gefährdet werden: § 315c Abs. 1 Nr. 2c StGB (BGH DAR 2015, 702 mit Anm. Ternig; OLG Celle VerkMitt 2013 Nr. 23 = DAR 2013, 213 = NZV 2013, 252 = VRS 124, 324 = VD 2013, 113: betroffen sind nur die mit Z. 293 markierten Zebrastreifen, keine sonstigen Fußgängerquerungsstellen, wie Fußgängerfurten, Mittelinseln).

§ 27 Verbände

(1) Für geschlossene Verbände gelten die für den gesamten Fahrverkehr einheitlich bestehenden Verkehrsregeln und Anordnungen sinngemäß. Mehr als 15 Rad Fahrende dürfen einen geschlossenen Verband bilden. Dann dürfen sie zu zweit nebeneinander auf der Fahrbahn fahren. Kinder- und Jugendgruppen zu Fuß müssen, soweit möglich, die Gehwege benutzen.

(2) Geschlossene Verbände, Leichenzüge und Prozessionen müssen, wenn ihre Länge dies erfordert, in angemessenen Abständen Zwischenräume für den übrigen Verkehr frei lassen; an anderen Stellen darf dieser sie nicht unterbrechen.

(3) Geschlossen ist ein Verband, wenn er für andere am Verkehr Teilnehmende als solcher deutlich erkennbar ist. Bei Kraftfahrzeugverbänden muss dazu jedes einzelne Fahrzeug als zum Verband gehörig gekennzeichnet sein.

(4) Die seitliche Begrenzung geschlossen reitender oder zu Fuß marschierender Verbände muss, wenn nötig (§ 17 Absatz 1), mindestens nach vorn durch nicht blendende Leuchten mit weißem Licht, nach hinten durch Leuchten mit rotem Licht oder gelbem Blinklicht kenntlich gemacht werden. Gliedert sich ein solcher Verband in mehrere deutlich voneinander getrennte Abteilungen, dann ist jede auf diese Weise zu sichern. Eigene Beleuchtung brauchen die Verbände nicht, wenn sie sonst ausreichend beleuchtet sind.

(5) Wer einen Verband führt, hat dafür zu sorgen, dass die für geschlossene Verbände geltenden Vorschriften befolgt werden.

(6) Auf Brücken darf nicht im Gleichschritt marschiert werden.

VwV-StVO zu § 27 Verbände

Zu Absatz 1

1 Abweichend von den (nur sinngemäß geltenden) allgemeinen Verkehrsregeln ist darauf hinzuwirken, dass zu Fuß marschierende Verbände, die nach links abbiegen wollen, sich nicht nach links einordnen, sondern bis zur Kreuzung oder Einmündung am rechten Fahrbahnrand geführt werden.

Zu Absatz 2

2 Leichenzügen und Prozessionen ist, soweit erforderlich, polizeiliche Begleitung zu gewähren. Gemeinsam mit den kirchlichen Stellen ist jeweils zu prüfen, wie sich die Inanspruchnahme stark befahrener Straßen einschränken lässt.

Zu Absatz 3

3 Bei geschlossenen Verbänden ist besonders darauf zu achten, dass sie geschlossen bleiben; bei Verbänden von Kraftfahrzeugen auch darauf, dass alle Fahrzeuge die gleichen Fahnen, Drapierungen, Sonderbeleuchtungen oder ähnlich wirksame Hinweise auf ihre Verbandszugehörigkeit führen.

Zu Absatz 4

4 Bedarf ein zu Fuß marschierender Verband eigener Beleuchtung, so ist darauf zu achten, dass die Flügelmänner des ersten und des letzten Gliedes auch dann Leuchten tragen, wenn ein Fahrzeug zum Schutze des Verbandes vorausfährt oder ihm folgt.

1 Aus der amtlichen Begründung

(entfällt)

2 Erläuterungen

2.1 Geschlossener Verband

Ein geschlossener Verband ist eine nach außen erkennbare geordnete Personen- oder Fahrzeugkolonne mit einheitlicher Führung, Kennzeichnung und Bewegung in gleicher Richtung, Geschwindigkeit und im Wesentlichen gleichen Mindestabständen (OLG Karlsruhe NZV 1991, 155; Krumm SVR 2013, 418). Auf die Fortbewegungsart kommt es nicht an; geschlossene Verbände können von Fußgängern, Kutschen, Fahrrädern oder Kraftfahrzeugen gebildet werden, sofern sie als Verband deutlich erkennbar sind (§ 27 Abs. 3). Ob eine Fahrzeugkolonne einen Verband bildet, hängt von der Zahl (bei KFZ mind. drei, Radfahrern mind. 16), der Kennzeichnung jedes einzelnen Fahrzeugs und vom Fortbewegungszweck ab. Kraftfahrzeugverbände nehmen die Straßen stets mehr als verkehrsüblich in Anspruch und unterliegen deshalb der Erlaubnispflicht nach § 29 Abs. 2. Das gilt auch für Kolonnen von Fußgängern, Radfahrern oder Reitern, sofern sportliche, darstellende, werbende oder ähnliche Zwecke überwiegen. Steht die Ortsveränderung im Vordergrund, ist eine Erlaubnis nach § 29 Abs. 2 entbehrlich. Leichenzüge und Prozessionen sind infolge ihres Charakters und mangels „Verbandsführers" häufig keine geschlossenen Verbände, sondern „Veranstaltungen"; ob dabei eine Erlaubnispflicht nach § 29 Abs. 2 besteht, hängt von der Ortsüblichkeit ab (oft nur Mitteilung an die Polizei zur Absicherung).

Ein geschlossener Verband ist als „ein Verkehrsteilnehmer" anzusehen, der nicht unnötig zerrissen werden darf. Geschlossene Verbände müssen, wenn ihre Länge es erfordert, angemessene Zwischenräume für anderen Verkehr einhalten (§ 27 Abs. 2). An anderen Stellen darf der Verband nicht unterbrochen werden. Für die Zwischenräume kommt es auf die Geschwindigkeit, die Fahrzeugart und die Gesamtlänge des Verbandes an. Bei Fahrzeugverbänden ist nach jeweils etwa 300 bis 500 m eine Lücke von mind. 50 m zu lassen.

Wird in einem so großen Abstand hintereinander gefahren, dass sich andere Fahrzeuge beim Überholen und Wiedereinordnen gefahrlos in die Lücken der Kolonne einschieben können, geht der Charakter als Verband verloren (KG VerkMitt 2007 Nr. 21 = VRS 111, 411 = DAR 2007, 84 = NZV 2007, 142: kein geschlossener Verband bei 50 m Abstand innerorts; OLG Schleswig NZV 1992, 321 = VersR 1992, 1017). Löst sich ein Verband auf, muss sich jeder nach den für ihn geltenden Verkehrsregeln richten. Ein spontaner Hochzeitskorso mit Kraftfahrzeugen ist trotz Kennzeichnung mit einem Stück Brautschleier kein Verband, weil ihm der Verbandsführer fehlt. Das Hochzeitspaar am Anfang kümmert sich nicht um eine einheitliche Führung und ist deshalb nicht Verbandsführer. Lautes Hupen der Hochzeitsgäste ist eine Ordnungswidrigkeit nach § 30 Abs. 1.

2.2 Verbandsführer

Der **Verbandsführer** hat seine Hilfspersonen nach Zuverlässigkeit auszuwählen und zu überwachen (OLG Oldenburg VerkMitt 1971 Nr. 6 = VRS 40, 148). Er ist auch für die Einhaltung der Verbandsvorschriften (Kennzeichnung, Abstände und Zwischenräume, Beleuchtung) verantwortlich. Andererseits entbindet das die einzelnen Teilnehmer nicht von ihren eigenen Verpflichtungen (Beachtung der Verkehrsregeln). Bei Leichenzügen und Prozessionen ist der Pfarrer nicht der Verbandsführer; bei Bedarf sollte eine Absicherung durch die (vorher zu unterrichtende) Polizei erfolgen.

2.3 Kennzeichnung und Beleuchtung des Verbandes

Die Kennzeichnung kann durch die Fahrzeugart, die Fahrzeugfarbe, Fahnen, Tafeln und ähnliche Merkmale erfolgen. Abblendlicht allein reicht bei Tage nicht aus, um einen Fahrzeugverband als geschlossen zu kennzeichnen (BayObLG VRS 47, 391). Das Einschalten der Warnblinkanlage am Schlussfahrzeug einer Militärkolonne liegt im pflichtgemäßen Ermessen des Kolonnenführers (OLG Hamm NZV 1991, 430). Das letzte Fahrzeug einer Kolonne, die bei Dunkelheit die Autobahn mit sehr geringer Geschwindigkeit befährt, muss den nachfolgenden schnellen Verkehr mindestens durch Warnblinklicht auf diese ungewöhnliche Fahrweise aufmerksam machen (a. A. OLG Celle VersR 1977, 454). Geschlossene Verbände unterliegen nach § 27 Abs. 1 Satz 1 den für den Fahrverkehr geltenden Regeln; d. h., die Beleuchtungsvorschriften des § 17 kommen bei KFZ-Verbänden uneingeschränkt zur Anwendung. Für andere Verbände empfiehlt sich eine angemessene Absicherung durch geeignete Beleuchtung, z. B. Handlaternen und Reflexfolien. Geschlossen reitende oder zu Fuß marschierende Verbände müssen seitlich nach vorn mit einer weißen, nach hinten mit einer roten oder gelb blinkenden Leuchte abgesichert werden (§ 27 Abs. 4), wenn sie nicht sonst ausreichend beleuchtet sind (z. B. durch Straßenbeleuchtung).

2.4 Beachtung der Verkehrsregeln

Die Verhaltensregeln gelten nur für solche Verkehrswege sinngemäß, die von **allen** Fahrzeugen gleichermaßen benutzt werden dürfen. Marschierende Kolonnen dürfen deshalb weder Radwege noch Kraftfahrstraßen oder Autobahnen benutzen. Auf anderen Straßen müssen geschlossene Verbände die Fahrbahn benutzen und sich dort möglichst weit rechts bewegen. Für motorisierte Verbände gelten die Regeln über die Fahrgeschwindigkeit und das Überholen, für alle Verbände die Vorrangregelung an Hindernissen. Der Fahrer in einer langsam fahrenden Kolonne muss nicht scharf rechts ausweichen, um vorschriftswidrige Überholmanöver zu ermöglichen (BGH VersR 1980, 849 = VRS 59, 324). Beim Einfahren oder Einmarschieren in eine Straße gelten grundsätzlich dieselben Sorgfaltspflichten wie beim Fahrverkehr. An Kreuzungen und Einmündungen dürfen von rechts kommende Verbände Vorfahrt beanspruchen. Fährt der Verband bei Lichtsignalgrün in den Knotenpunkt, dürfen die anderen Verbandsmitglieder folgen, selbst wenn die Anlage zwischenzeitlich auf Rot schaltet; bei langen Kolonnen ist aber eine Absicherung zum Querverkehr durch einen Warnposten oder Polizei stets zu empfehlen. Beim Abbiegen muss der Fahrer des ersten Kolonnenfahrzeugs § 9 beachten und das Abbiegen deutlich ankündigen (OLG Karlsruhe NZV 1991, 155); allerdings nicht gleichsam „blind", weil das Verbandsvorrecht weder bei der Vorfahrt noch beim Vorrang erzwungen werden darf. Zu Fuß marschierende Verbände, die nach links einbiegen wollen, sollten sich nicht nach links einordnen, sondern bis zur Kreuzung oder Einmündung am rechten Fahrbahnrand bleiben („indirektes" Abbiegen). Auch die Vorschriften über das Halten und Parken sind sinngemäß anzuwenden. Die Sicherung reitender oder marschierender Verbände nach § 27 Abs. 4

ist auch nötig, wenn ein Fahrzeug zum Schutze des Verbandes vorausfährt oder folgt. Die Sorgfaltspflicht aus § 35 Abs. 8 obliegt allen Fahrern (OLG München VRS 72, 170); mögliche Vorrechte anderer Verkehrsteilnehmer sind zu beachten (OLG Karlsruhe VersR 1992, 108).

Zur Vermeidung von Schwingungen gilt das Verbot des **Gleichschritts** auf Brücken (§ 27 Abs. 6) nicht nur für Verbände, sondern auch für unorganisierte Menschenmengen.

3 Hinweise

3.1 Verhalten gegenüber geschlossenen Verbänden der **Bundeswehr**: Verlautbarung des BMVBS (BMVI) vom 4.10.1971 (VkBl. S. 538) und vom 12.3.1987 (VkBl. S. 282) für ausländische **Stationierungsstreitkräfte**.

3.2 **Erlaubnispflicht** aller geschlossenen Fahrzeugverbände bei übermäßiger Straßenbenutzung: § 29 Abs. 2; blaues Blinklicht bei Begleitung von geschlossenen Verbänden: § 38 Abs. 2; keine besondere Erlaubnis für geschlossene Verbände von nicht mehr als 30 Kraftfahrzeugen der Bundeswehr, Bundes- und Landespolizei, Feuerwehr, des Katastrophenschutzes und Zolldienstes: § 35 Abs. 2 Nr. 1.

§ 28 Tiere

(1) Haus- und Stalltiere, die den Verkehr gefährden können, sind von der Straße fernzuhalten. Sie sind dort nur zugelassen, wenn sie von geeigneten Personen begleitet sind, die ausreichend auf sie einwirken können. Es ist verboten, Tiere von Kraftfahrzeugen aus zu führen. Von Fahrrädern aus dürfen nur Hunde geführt werden.

(2) Wer reitet, Pferde oder Vieh führt oder Vieh treibt, unterliegt sinngemäß den für den gesamten Fahrverkehr einheitlich bestehenden Verkehrsregeln und Anordnungen. Zur Beleuchtung müssen mindestens verwendet werden:

1. **beim Treiben von Vieh vorn eine nicht blendende Leuchte mit weißem Licht und am Ende eine Leuchte mit rotem Licht,**
2. **beim Führen auch nur eines Großtieres oder von Vieh eine nicht blendende Leuchte mit weißem Licht, die auf der linken Seite nach vorn und hinten gut sichtbar mitzuführen ist.**

VwV-StVO zu § 28 Tiere

Zu Absatz 1

1 I. Die Halter von Federvieh sind erforderlichenfalls dazu anzuhalten, die notwendigen Vorkehrungen zur Fernhaltung ihrer Tiere von der Straße zu treffen.

2 II. Wenn Hunde auf Straßen mit mäßigem Verkehr nicht an der Leine, sondern durch Zuruf und Zeichen geführt werden, so ist das in der Regel nicht zu beanstanden.

3 III. Solange Beleuchtung nicht erforderlich ist, genügt zum Treiben einer Schafherde in der Regel ein Schäfer, wenn ihm je nach Größe der Herde ein Hund oder mehrere zur Verfügung stehen.

1 Aus der amtlichen Begründung

(entfällt)

2 Erläuterungen

2.1 Tiere auf Straßen

Bei Haus- und Stalltieren[1] muss bei einer möglichen Verkehrsgefährdung Vorsorge getroffen werden, dass sie nicht auf die Straße laufen.[2] Verpflichtet dazu sind nicht nur die Tierhalter,[3] sondern alle Personen, die die tatsächliche Sachherrschaft über die Tiere ausüben, auch diejenigen, die Tiere vom Privatgelände in den Verkehrsraum gelangen lassen (Siegel SVR 2015,

1 Auch Federvieh gehört nach der amtlichen Begründung zu den „Haustieren" (Rn. 1 VwV-StVO zu § 28), nicht aber Katzen, Bienen und sonstige nicht der Führung zugängliche Tiere, die weder dauernd eingesperrt noch an der Leine geführt werden können.

2 Zum Begriff „Straße" gehören alle öffentlichen Verkehrsflächen, somit auch Geh- und Radwege oder Parkplätze.

3 Halter ist, wer über das Tier die Verfügungsgewalt hat, für die Kosten, Pflege und Unterbringung aufkommt, den Nutzen des Tieres in Anspruch nimmt und das Risiko seines Verlustes trägt.

445). Infolgedessen haftet auch der Hundehalter, dessen Tier sich in einem Jagdspiel mit einem anderen Hund befindet, der z.B. auf einem Radweg den Sturz eines Radfahrers verursacht (OLG München NJW 2017, 6964).

Es besteht keine allgemeine Pflicht, im öffentlichen Straßenverkehr **Hunde** stets an der Leine zu führen, sofern sie auf Zuruf oder Zeichen richtig reagieren (BayObLG VerkMitt 1980 Nr. 13 = NJW 1980, 299; OLG München VerkMitt 2000 Nr. 23; LG Tübingen NZV 2015, 599; AG Bad Kreuznach, Urt. v. 19.5.2014, Az. 23 C 428/13: Haftung für freilaufenden Hund; s.a. Koehl SVR 2020, 19). Dabei sind sie zu überwachen und so abzusichern, dass Verletzungen und Schäden Dritter verhindert werden (OLG Brandenburg DAR 2008, 647; BayObLG VRS 74, 360; LG Tübingen SVR 2015, 382; LG Hamburg NZV 2019, 644 mit Anm. Bachmor: kommt es bei einem gemeinsamen Hundespaziergang einschließlich „Stockwurfspiel" zu einem Schadenfall, weil das Stöckchen versehentlich das Auge der sich gerade zur Werferin umdrehenden Hundebesitzerin trifft, ist eine Haftungsverteilung von 80:20 zugunsten der Getroffenen gerechtfertigt). Leinen- und Maulkorbzwang für Hunde kann landesrechtlich aus anderen als verkehrsrechtlichen Gründen vorgeschrieben sein, z.B. bei Kampfhunden (BGH NZV 1991, 277; VGH Mannheim NZV 1990, 446). Unbeaufsichtigt ist der Hund, wenn er die Nähe des Hundeführers verlässt oder aus dessen Blick und Einwirkungsmöglichkeit entschwindet (BayObLG VRS 72, 336 = OLG Düsseldorf VRS 71, 436). Für eine freilaufende Katze ist mangels menschlicher Einwirkung und Leitung eine Haftung wegen ihres artspezifischen Verhaltens nur bedingt gegeben, z.B. wenn der Katzenhalter das Tier bewusst in Gefahrensituationen bringt. Bei Schäden durch Haus- und Stalltiere haftet der Tierhalter oder Tierhüter nach § 833 BGB (BGH DAR 2019, 77: bei Tierhalterhaftung nach § 833 Satz 1 BGB ist für § 830 Abs. 1 Satz 2 BGB Voraussetzung, dass sich eine spezifische und für den Schaden kausalgeeignete Tiergefahr gezeigt hat; BGH DAR 2017, 318 = VRS 133, 74: beim Haftungsprivileg des § 833 Satz 2 BGB muss die Erwerbstätigkeit auf Gewinnerzielung gerichtet sein; BGH VRS 117, 151 = NZV 2010, 135: § 833 Satz 2 BGB genügt den Anforderungen des Art. 3 Abs. 1 GG; OLG Schleswig NZV 2014, 32: 80 % Haftung für Schäden bei ausgebrochener Schafherde infolge unzureichender Umzäunung; OLG Karlsruhe VRS 2009, 28 = NZV 2010, 80; OLG Frankfurt/M. SVR 2013, 424: Haftung für Unfall zwischen Mountainbiker und Reitgruppe; BGH NZV 2014, 403: Tierhalterhaftung bleibt auch bei Verbleib des Tieres in einer Hundepension bestehen; BGH DAR 2015, 327: mittelbare Gefahrenverursachung durch den Tierhalter reicht aus; s.a. Siegel SVR 2017, 81; Marburger NZV 2016, 509; Burmann DAR 2015, 313).[4]

Der Kraftfahrer muss bei Tieren auf oder neben der Fahrbahn die Geschwindigkeit angemessen herabsetzen und darf nur mit größerem Abstand und besonders vorsichtig vorbeifahren (s.a. Siegel SVR 2016, 281). Andererseits darf bei Kleintieren nicht unfallgefährdend ausgewichen werden (BGH

4 **§ 833 BGB Haftung des Tierhalters**
Wird durch ein Tier ein Mensch getötet oder der Körper oder die Gesundheit eines Menschen verletzt oder eine Sache beschädigt, so ist derjenige, welcher das Tier hält, verpflichtet, dem Verletzten den daraus entstehenden Schaden zu ersetzen. Die Ersatzpflicht tritt nicht ein, wenn der Schaden durch ein Haustier verursacht wird, das dem Beruf, der Erwerbstätigkeit oder dem Unterhalt des Tierhalters zu dienen bestimmt ist, und entweder der Tierhalter bei der Beaufsichtigung des Tieres die im Verkehr erforderliche Sorgfalt beobachtet oder der Schaden auch bei Anwendung dieser Sorgfalt entstanden sein würde.

NJW 1997, 1012). Die Gefahr für ein Kleintier (z. B. Katze, Hund, Hase) rechtfertigt Ausweichen und scharfes Bremsen nur, wenn dadurch weder Menschen noch bedeutende Sachwerte gefährdet werden (KG NZV 2003, 91 = VRS 104, 5 = DAR 2003, 64; OLG Frankfurt VerkMitt 1984 Nr. 41 = DAR 1984, 157; LG Koblenz DAR 2001, 227; OLG Nürnberg DAR 2001, 224; Apitz NZV 2019, 166: kritisch „Bremsen für alle Tiere"). Beim Ausweichen vor einem Fuchs handelt der Fahrer aber nicht grundsätzlich grob fahrlässig (BGH VRS 113, 254 = SVR 2008, 102). Dass sich Katzen häufig auf geparkten PKW aufhalten, ist noch kein Beweis für dort entstandene Kratzer (AG Aachen NZV 1997, 413).

2.2 Reiten, Führen und Treiben von Tieren

Beim Reiten, Führen oder Treiben von Tieren finden nur die Regeln, Zeichen und Einrichtungen sinngemäß Anwendung, die sich auf den gesamten Fahrzeugverkehr beziehen. Infolgedessen darf dort nicht geritten werden, wo Regelungen ausschließlich für bestimmte Verkehrsarten gelten, z. B. auf Kraftfahrstraßen oder Autobahnen, Geh- und Radwegen.[5] Z. 250 gilt weder für Reiter noch Führer oder Treiber von Vieh. Reiter unterliegen keiner Tempobeschränkung, weil sich § 3 Abs. 3 nur auf KFZ bezieht. Verkehrsungewohnte Pferde dürfen im Straßenverkehr nur geführt, nicht geritten werden (OLG Hamm VerkMitt 1971 Nr. 63; s. a. Göbel DAR 2010, 191). Kommt es infolge ungenügender Einwirkung auf Tiere zu Schäden, richtet sich die Verantwortung nach § 1 Abs. 2. Sind Reitwege (Z. 238) vorhanden, müssen diese auch bei geführten Pferden benutzt werden (Anl. 2 lfd. Nr. 17). Ein Pferdeführer darf nicht mehr als zwei ungekoppelte oder vier gekoppelte Pferde führen, ein Reiter nicht mehr als zwei Pferde an der Hand. Verunglückt ein Pferd bei einem Verkehrsunfall, kann der geschädigte Tierhalter keinen Nutzungsausfallschaden bis zur Gesundung des Pferdes geltend machen (OLG Karlsruhe SVR 2012, 342).

Für das **Viehtreiben** quer über Straßen gelten die §§ 1 und 10; dabei ist äußerste Sorgfalt geboten; u. U. müssen die Tiere einzeln über die Straße geführt werden (BayObLG DAR 1973, 110 = VRS 44, 366). In der Regel ist es unzulässig, Tiere entlang einer stark befahrenen Straße mit Fahrstreifenbegrenzung zu treiben. Zum Treiben einer Rinder- oder Schafherde (z. B. Almabtrieb) müssen ausreichend Hilfskräfte eingesetzt werden; deren Zahl ist aber nicht schon deshalb zu gering, weil sie nicht ausreicht, um die Tiere auf der rechten Fahrbahnhälfte zu halten (BayObLG VerkMitt 1980 Nr. 2 = VRS 57, 211). Für den Schäfer, der seine Herde auf einer Straße treibt, gilt das Rechtsfahrgebot des § 2 Abs. 2 sinngemäß. Abweichungen sind nur erlaubt, wenn der Gegenverkehr nicht gefährdet wird (BayObLG VerkMitt 1990 Nr. 15 = NZV 1989, 482).

Tiere dürfen nicht von Kraftfahrzeugen (auch nicht von Mofas) aus geführt werden. Dagegen können Radfahrer Hunde mit der Leine in einer Hand führen (§ 28 Abs. 1 Satz 4), wodurch sie auch einhändig fahren dürfen, wenn sie sowohl die Hunde als auch das Fahrrad ohne Gefährdung anderer fest in der Hand behalten. Andernfalls muss beidhändig gefahren und die Leine am Fahrrad befestigt werden. Dabei ist auf das Tierwohl besonders zu achten.

5 In Waldgebieten ist das Reiten nur auf Waldwegen gestattet (§ 14 Abs. 1 BWaldG). Freie Landschaften dürfen nur betreten, nicht aber beritten werden (§ 59 Abs. 1 BNatSchG).

2.3 Beleuchtungspflichten

Viehtreiber müssen bei Dämmerung und Dunkelheit oder wenn es die Sichtverhältnisse sonst erfordern (§ 17 Abs. 1), die Herde mit einer nicht blendenden weißen Leuchte nach vorn und einer roten am Ende ausreichend absichern, d.h., es sind mindestens zwei Treiber erforderlich. Beim Führen einzelner Großtiere reicht eine weiße Leuchte nach vorn aus. Eine rückwärtige Absicherung kann sich aus dem Gefährdungsverbot des § 1 Abs. 2 dann ergeben, wenn bei starkem oder schnellem Verkehr Gefahren nicht auszuschließen sind. Für Reiter ist keine Beleuchtung vorgesehen; allerdings gilt die Verpflichtung aus § 1 Abs. 2 auch für sie, wobei geeignetes Reflexmaterial an der Kleidung genügen kann. Pferdekutschen müssen nach § 66a Abs. 1 StVZO nach vorn mit einer nicht blendenden weißen Leuchte (möglichst weit links und nicht mehr als 40 cm von der Fahrzeugkante) und nach hinten mit rotem Licht in max. 1,5 m Höhe von der Fahrbahn abgesichert sein (OLG Oldenburg NZV 1998, 410). Wegen der notwendigen Reaktionsfähigkeit sind Fahrer von Pferdekutschen mit 1,1 ‰ BAK absolut fahruntüchtig (OLG Oldenburg DAR 2014, 397 = SVR 2014, Seite IV).

3 Hinweise

3.1 Beim Reiten, Führen und Treiben von Vieh auf Straßen sind auch die Verpflichtungen aus dem Tierschutzgesetz (TierSchG) zu beachten (BVerfG NZV 2017, 1229: zur Verfassungsmäßigkeit des TierSchG).

3.2 Haftung des Tierhalters bei unzureichend gesicherten Weidezäunen: §§ 823, 833 BGB.

3.3 Tiertransporte

Für Tiertransporte gilt die Tierschutztransportverordnung (TierSchTrV) vom 11.2.2009 (BGBl. I S. 375) i.d.F. des Art. 8 Abs. 14 vom 3.12.2015 (BGBl. I S. 2178).[6] Geregelt werden dort vor allem: Befähigungsnachweis des Fahrers, Beförderungsverbot für verletzte Tiere, Mitführen besonderer Transportdokumente, Stellflächenvorgabe für Tierarten, Kennzeichnung der Transporte, Ausstattung der Transportfläche, Umgang mit Tieren während des Transports (Füttern, Tränken), Transportdauer, Ruhezeiten (s.a. EuGH NZV 2016, 596), Ausstattung mit Navigationsgeräten.

6 Mit der TierSchTrV wird die Richtlinie 91/496/EWG des Rates vom 15.7.1991 zur Festlegung von Grundregeln für die Veterinärkontrollen von aus Drittländern in die Gemeinschaft eingeführten Tieren und zur Änderung der Richtlinien 89/662/EWG, 90/425/EWG und 90/675/EWG (ABl. EG Nr. L 268 S. 56), zuletzt geändert durch die Richtlinie 2006/104/EG des Rates vom 20.11.2006 (ABl. EU Nr. L 363 S. 352), umgesetzt.

§ 29 Übermäßige Straßenbenutzung

(1) (weggefallen)[1]

(2) Veranstaltungen, für die Straßen mehr als verkehrsüblich in Anspruch genommen werden, insbesondere Kraftfahrzeugrennen, bedürfen der Erlaubnis. Das ist der Fall, wenn die Benutzung der Straße für den Verkehr wegen der Zahl oder des Verhaltens der Teilnehmenden oder der Fahrweise der beteiligten Fahrzeuge eingeschränkt wird; Kraftfahrzeuge in geschlossenem Verband nehmen die Straße stets mehr als verkehrsüblich in Anspruch. Veranstaltende haben dafür zu sorgen, dass die Verkehrsvorschriften sowie etwaige Bedingungen und Auflagen befolgt werden.

(3) Einer Erlaubnis bedarf der Verkehr mit Fahrzeugen und Zügen, deren Abmessungen, Achslasten oder Gesamtmassen die gesetzlich allgemein zugelassenen Grenzen tatsächlich überschreiten. Das gilt auch für den Verkehr mit Fahrzeugen, deren Bauart den Fahrzeugführenden kein ausreichendes Sichtfeld lässt.

VwV-StVO zu § 29 Übermäßige Straßenbenutzung

Zu Absatz 1

1 I. Rennen sind Wettbewerbe oder Teile eines Wettbewerbes (z. B. Sonderprüfung mit Renncharakter) sowie Veranstaltungen zur Erzielung von Höchstgeschwindigkeiten oder höchsten Durchschnittsgeschwindigkeiten mit Kraftfahrzeugen (z. B. Rekordversuch). Auf die Art des Starts (gemeinsamer Start, Gruppen- oder Einzelstart) kommt es nicht an.

Indizien für das Vorliegen eines Wettbewerbs sind die Verwendung renntypischer Begriffe, die Beteiligung von Sponsoren, gemeinsame Start-, Etappen- und Zielorte, der nahezu gleichzeitige Start aller Fahrzeuge, Startnummern, besondere Kennzeichnung und Werbung an den Fahrzeugen sowie vorgegebene Fahrtstrecken und Zeitnahmen (auch verdeckt) und die Verbindung zwischen den einzelnen Teilnehmern, bzw. zwischen den Teilnehmern und dem Veranstalter (per Funk, GPS o. ä.). Die Einhaltung der geltenden Verkehrsregeln oder das Fahren im Konvoi widerspricht dem Renncharakter nicht.

2 II. Das Verbot [§ 29 Absatz 1 aufgehoben] gilt auch für nichtorganisierte Rennen.

3 III. Zur Ausnahmegenehmigung [obsolet] vgl. § 46 Absatz 2 Satz 1 und Satz 3, 2. Halbsatz StVO sowie VwV zu § 46 Absatz 2.

Zu Absatz 2

I. Erlaubnispflichtige Veranstaltungen

1. Motorsportliche Veranstaltungen

4 Mit erteilter Ausnahmegenehmigung nach Absatz 1 i. V. m. § 46 Absatz 2 wird ein Rennen nach Absatz 1 zur erlaubnispflichtigen Veranstaltung nach Absatz 2.

5 Darüber hinaus sind nicht genehmigungsbedürftige motorsportliche Veranstaltungen dann erlaubnispflichtig, wenn 30 Kraftfahrzeuge und mehr am gleichen Platz starten oder ankommen oder

6 unabhängig von der Zahl der teilnehmenden Fahrzeuge, wenn wenigstens eines der folgenden Kriterien gegeben ist:

- vorgeschriebene Durchschnitts- oder Mindestgeschwindigkeit,
- vorgeschriebene Fahrtzeit (auch ohne Bewertung der Fahrtzeit),

1 Weggefallen mit Einführung der §§ 315d und 315f StGB des 56. Strafrechtsänderungsgesetzes vom 30.9.2017 (BGBl. I S. 3532).

- vorgeschriebene Streckenführung,
- Ermittlung des Siegers nach meistgefahrenen Kilometern,
- Durchführung von Sonderprüfungen,
- Fahren im geschlossenen Verband.

7 Ballon-Begleitfahrten, Fahrten mit Motorschlitten, Stockcarrennen, Autovernichtungs- oder Karambolagerennen sowie vergleichbare Veranstaltungen[2] dürfen nicht erlaubt werden.

8 Eine Veranstaltung nach Rn. 4 erfordert die Sperrung der in Anspruch genommenen Straßen für den allgemeinen Verkehr. Dies kommt nur für Straßen mit untergeordneter Verkehrsbedeutung in Betracht und setzt eine zumutbare Umleitungsstrecke voraus.

2. Weitere Veranstaltungen

9 Erlaubnispflichtig sind

a) Radrennen, Mannschaftsfahrten und vergleichbare Veranstaltungen;

b) Radtouren, wenn mehr als 100 Personen teilnehmen oder wenn mit erheblichen Verkehrsbeeinträchtigungen (i. d. R. erst ab Landesstraßen der Fall) zu rechnen ist;

10 c) Volkswanderungen und Volksläufe, wenn mehr als 500 Personen teilnehmen oder das überörtliche Straßennetz (ab Kreisstraße) beansprucht wird,

11 d) Umzüge bei Volksfesten u. ä., es sei denn, es handelt sich um ortsübliche Prozessionen und andere ortsübliche kirchliche Veranstaltungen sowie kleinere örtliche Brauchtumsveranstaltungen.

12 e) Nicht erlaubnispflichtig sind Versammlungen und Aufzüge im Sinne des § 14 des Versammlungsgesetzes.

II. Allgemeine Grundsätze

13 Die Erlaubnisbehörde ordnet alle erforderlichen Maßnahmen an und knüpft die Erlaubnis insbesondere an folgende Auflagen und Bedingungen:

14 1. Veranstaltungen sollen grundsätzlich auf abgesperrtem Gelände durchgeführt werden. Ist eine vollständige Sperrung wegen der besonderen Art der Veranstaltung nicht erforderlich und nicht verhältnismäßig, dürfen nur Straßen benutzt werden, auf denen die Sicherheit oder Ordnung des allgemeinen Verkehrs nicht beeinträchtigt wird. Zu Rennveranstaltungen vgl. Rn. 4 und 8.

15 2. Die Erlaubnispflicht erstreckt sich auch auf Straßen mit tatsächlich öffentlichem Verkehr; für deren Benutzung ist zusätzlich die Zustimmung des Verfügungsberechtigten erforderlich.

16 3. Auf das Erholungs- und Ruhebedürfnis der Bevölkerung ist besonders Rücksicht zu nehmen. Veranstaltungen, die geeignet sind, die Nachtruhe der Bevölkerung zu stören, dürfen für die Zeit von 22.00 bis 6.00 Uhr nicht erlaubt werden.

17 4. Eine Erlaubnis darf nur Veranstaltern erteilt werden, die die Gewähr dafür bieten, dass die Veranstaltung entsprechend den Bedingungen und Auflagen der Erlaubnisbehörde abgewickelt wird. Diese Gewähr bietet ein Veranstalter in der Regel nicht, wenn er eine erlaubnispflichtige Veranstaltung ohne Erlaubnis durchgeführt oder die Nichtbeachtung von Bedingungen und Auflagen einer erlaubten Veranstaltung zu vertreten hat.

18 5. Die Erlaubnisbehörde hat sich vom Veranstalter schriftlich seine Kenntnis darüber bestätigen zu lassen, dass die Veranstaltung eine Sondernutzung i. S. d. § 8 des Bundesfernstraßengesetzes bzw. der entsprechenden Bestimmungen in den Straßengesetzen der Länder darstellt. In der Erklärung ist insbesondere die Kenntnis über die straßenrechtlichen Erstattungsansprüche zu bestätigen, wonach der Erlaubnisnehmer alle Kosten zu ersetzen hat, die dem Träger der Straßenbaulast durch die Sondernutzung entstehen. Das zuständige Bundes-

---

2 Z. B. Motoball.

ministerium gibt ein Muster einer solchen Erklärung nach Anhörung der obersten Landesbehörden im Verkehrsblatt bekannt. Diese ist bei allen Veranstaltungen mit der Antragstellung zu verlangen. Im Übrigen bleiben die gesetzlichen Vorschriften über die Haftpflicht des Veranstalters unberührt. Hierauf ist im Erlaubnisbescheid hinzuweisen.

19 6. In den Erlaubnisbescheid ist zudem aufzunehmen, dass der Straßenbaulastträger und die Erlaubnisbehörde keinerlei Gewähr dafür übernehmen, dass die Straßen samt Zubehör durch die Sondernutzung uneingeschränkt benutzt werden können und den Straßenbaulastträger im Rahmen der Sondernutzung keinerlei Haftung wegen Verletzung der Verkehrssicherungspflicht trifft.

20 7. Die Erlaubnisbehörde hat den Abschluss von Versicherungen zur Abdeckung gesetzlicher Haftpflichtansprüche (vgl. Rn. 18) mit folgenden Mindestversicherungssummen zu verlangen:

21 – Bei Veranstaltungen mit Kraftwagen und bei gemischten Veranstaltungen

500 000 € für Personenschäden (für die einzelne Person mindestens 150 000 €),
100 000 € für Sachschäden,
20 000 € für Vermögensschäden;

22 – bei Veranstaltungen mit Motorrädern und Karts

250 000 € für Personenschäden (für die einzelne Person mindestens 150 000 €),
50 000 € für Sachschäden,
5 000 € für Vermögensschäden;

23 – bei Radsportveranstaltungen, anderen Veranstaltungen mit Fahrrädern (Rn. 9) und sonstigen Veranstaltungen (Rn. 10)

250 000 € für Personenschäden (für die einzelne Person mindestens 100 000 €),
50 000 € für Sachschäden,
5 000 € für Vermögensschäden.

24 8. Unabhängig von Nummer 7 muss bei motorsportlichen Veranstaltungen, die auf nicht abgesperrten Straßen stattfinden, für jedes Fahrzeug der Abschluss eines für die Teilnahme an der Veranstaltung geltenden Haftpflichtversicherungsvertrages mit folgenden Mindestversicherungssummen verlangt werden:

– bei Veranstaltungen mit Kraftwagen 1 000 000 € pauschal;
– bei Veranstaltungen mit Motorrädern und Karts 500 000 € pauschal.

25 9. Es ist darauf hinzuweisen, dass bei Rennen und Sonderprüfungen mit Renncharakter Veranstalter, Fahrer und Halter für die Schäden, die durch die Veranstaltung an Personen und Sachen verursacht worden sind, nach Maßgabe der gesetzlichen Bestimmungen über Verschuldens- und Gefährdungshaftung herangezogen werden. Haftungsausschlussvereinbarungen sind zu untersagen, soweit sie nicht Haftpflichtansprüche der Fahrer, Beifahrer, Fahrzeughalter, Fahrzeugeigentümer sowie der Helfer dieser Personen betreffen. Dem Veranstalter ist ein ausreichender Versicherungsschutz zur Deckung von Ansprüchen aus vorbezeichneten Schäden aufzuerlegen. Mindestversicherungssummen sind:

26 – für jede Rennveranstaltung mit Kraftwagen

500 000 € für Personenschäden pro Ereignis,
150 000 € für die einzelne Person,
100 000 € für Sachschäden,
20 000 € für Vermögensschäden;

27 – für jede Rennveranstaltung mit Motorrädern und Karts

250 000 € für Personenschäden pro Ereignis,
150 000 € für die einzelne Person,
50 000 € für Sachschäden,
10 000 € für Vermögensschäden.

28 Außerdem ist dem Veranstalter der Abschluss einer Unfallversicherung für den einzelnen Zuschauer in Höhe folgender Versicherungssummen aufzuerlegen:

15 000 € für den Todesfall,
30 000 € für den Invaliditätsfall (Kapitalzahlung je Person).

29 Hierbei muss sichergestellt sein, dass die Beträge der Unfallversicherung im Schadensfall ohne Berücksichtigung der Haftungsfrage an die Geschädigten gezahlt werden. In den Unfallversicherungsbedingungen ist den Zuschauern ein unmittelbarer Anspruch auf die Versicherungssumme gegen die Versicherungsgesellschaften einzuräumen.

30 Dem Veranstalter ist ferner aufzuerlegen, dass er Sorge zu tragen hat, dass an der Veranstaltung nur Personen als Fahrer, Beifahrer oder deren Helfer teilnehmen, für die einschließlich etwaiger freiwilliger Zuwendungen der Automobilklubs folgender Unfallversicherungsschutz besteht:

7 500 € für den Todesfall,
15 000 € für den Invaliditätsfall (Kapitalzahlung je Person).

Die Nummern 7 und 8 bleiben unberührt.

31 10. Bei Bedarf ist im Streckenverlauf, insbesondere an Gefahrenstellen, der Einsatz zuverlässiger, kenntlich gemachter Ordner (z. B. durch Armbinden oder Warnwesten) aufzuerlegen. Diese sind darauf hinzuweisen, dass ihnen keine polizeilichen Befugnisse zustehen und dass sie den Weisungen der Polizei unterliegen.

32 11. Soweit es die Art der Veranstaltung zulässt, ist zudem zu verlangen, Anfang und Ende der Teilnehmerfelder durch besonders kenntlich gemachte Fahrzeuge (Spitzen- und Schlussfahrzeug) oder Personen anzuzeigen.

33 12. Dem Veranstalter kann aufgegeben werden, in der Tagespresse und in sonst geeigneter Weise rechtzeitig auf die Veranstaltung hinzuweisen.

34 13. Im Erlaubnisbescheid ist darauf hinzuweisen, dass die Teilnehmer an einer Veranstaltung kein Vorrecht im Straßenverkehr genießen und, ausgenommen auf gesperrten Straßen, die Straßenverkehrsvorschriften zu beachten haben.

III. Erlaubnisverfahren

35 1. Allgemeines

a) Für das Verfahren werden im zuständigen Bundesministerium nach Anhörung der zuständigen obersten Landesbehörden Formblätter (z. B. für die Erklärungen) herausgegeben und im Verkehrsblatt veröffentlicht.[3]

36 b) Autorennen, Motorradrennen und Sonderprüfungen mit Renncharakter betreffende Anträge sind nur zu bearbeiten, wenn zugleich Gutachten von Sachverständigen insbesondere die Geeignetheit der Fahrtstrecken und die gebotenen Sicherungsmaßnahmen betreffend vorgelegt werden. Streckenabnahmeprotokolle von bundesweiten Motorsportdachorganisationen (z. B. DMSB, DAM und DASV) sind Gutachten in diesem Sinne.

37 c) Es sind die Polizei, die Straßenverkehrsbehörden, die Behörden der Straßenbaulastträger, die Forstbehörden und die Naturschutzbehörden zu hören, soweit ihr Zuständigkeitsbereich berührt wird. Werden Bahnstrecken höhengleich (Bahnübergänge) gekreuzt, sind die betroffenen Eisenbahninfrastrukturunternehmen anzuhören.

38 d) Werden Forderungen von den nach Buchstabe c gehörten Stellen erhoben, sollen diese im Erlaubnisbescheid durch entsprechende Bedingungen und Auflagen berücksichtigt werden. Forderungen des Straßenbaulastträgers und des Eisenbahninfrastrukturunternehmens sind zwingend zu berücksichtigen. Können

3 Formblatt für das Erlaubnisverfahren der übermäßigen Straßenbenutzung: VkBl. 2010, S. 179.

Behörden die Erstattung von Aufwendungen für besondere Maßnahmen aus Anlass der Veranstaltung verlangen, so hat sich der Antragsteller schriftlich zu deren Erstattung zu verpflichten (vgl. Rn. 18). Eine vom Straßenbaulastträger geforderte Sondernutzungsgebühr ist im Erlaubnisbescheid gesondert festzusetzen.

39 e) Die Erlaubnis soll erst dann erteilt werden, wenn die beteiligten Behörden und Stellen gegen die Veranstaltung keine Bedenken geltend gemacht haben.

2. Rennen mit Kraftfahrzeugen

40 a) Rennen nach Nr. I zu Absatz 1 (Rn. 1) dürfen nur auf abgesperrten Straßen erlaubt werden.

41 b) Bevor die Erlaubnis erteilt wird, müssen

- die Ausnahmegenehmigung von § 29 Absatz 1,
- das Gutachten (Rn. 36) über die Eignung der Strecke für das Rennen und
- der Nachweis des Abschlusses der in den Nummern II.7, 8 und 9 (Rn. 20 ff.) genannten Versicherungen vorliegen. Ein Gutachten ist entbehrlich bei Wiederholung eines Rennens auf gleicher Strecke. Dann genügt eine rechtsverbindliche Erklärung des Gutachters (vgl. Rn. 36), dass sich die Strecke seit der letzten rennbedingten Streckenabnahme weder in baulicher noch in rennmäßiger Hinsicht verändert hat.

c) Die Erteilung der Erlaubnis ist insbesondere an folgende Bedingungen und Auflagen zu knüpfen:

aa) zur Vorbereitung/Durchführung des Rennens

42 – Dem Rennen hat ein Training vorauszugehen, das Teil des Wettbewerbs ist; das gilt nicht für Sonderprüfungen mit Renncharakter.

43 – Beginn und Ende des Rennens sind bekannt zu geben, damit die erforderlichen Sicherheitsmaßnahmen der zuständigen Behörden oder Stellen eingeleitet und wieder aufgehoben werden können.

44 – Vor und während des Rennens ist eine Verbindung mit der Polizeieinsatzleitung herzustellen und zu halten. Besondere Vorkommnisse während des Rennens sind dieser Einsatzleitung sofort bekannt zu geben. Dabei ist zu berücksichtigen, dass der Veranstalter für die Sicherheit der Teilnehmer, Sportwarte und Zuschauer innerhalb des Sperrbereichs zu sorgen hat. Die Polizei hat lediglich die Aufgabe, verkehrsregelnde Maßnahmen außerhalb des Sperrbereichs – soweit erforderlich – zu treffen, es sei denn, dass ausnahmsweise (z. B. weil die Zuschauer den Anordnungen der Ordner nicht nachkommen) auf ausdrückliche Weisung ihres Leiters ein Einsatz innerhalb des Sperrbereichs erforderlich ist.

45 – Auf Verlangen ist eine Lautsprecheranlage um die Rennstrecke aufzubauen und während des Rennens in Betrieb zu halten; diese Anlage und andere vorhandene Verständigungseinrichtungen müssen der Polizei zur Verfügung gestellt werden, falls das im Interesse der öffentlichen Sicherheit oder Ordnung notwendig ist.

46 – Entlang der Absperrung ist eine ausreichende Zahl von Ordnern vorzuhalten. Umfang, Art und Beschaffenheit der Sicherungen ergeben sich aus den örtlichen Verhältnissen. Dabei sind die Auflagen im Gutachten (vgl. Rn. 36) zu beachten. Insbesondere sind die bei der Abnahme der Rennstrecke festgesetzten Sperrzonen abzugrenzen, zu beschildern und mit eigenen Kräften zu überwachen.

47 – Es ist ein Sanitätsdienst mit den erforderlichen Ärzten, Unfallstationen und Krankentransportwagen einzurichten. Zudem ist für ausreichenden Feuerschutz zu sorgen und die notwendigen hygienischen Anlagen sind bereitzustellen.

48 – Vor dem Start des Rennens ist die Rennstrecke durch den Veranstalter freizugeben.

49 – Die Rennstrecke darf während des Wettbewerbs nicht betreten werden. Ausgenommen davon sind Sportwarte mit besonderem Auftrag der Rennleitung und Personen, die von der Rennleitung zur Beseitigung von Ölspuren und sonstigen Hindernissen sowie für den Sanitäts- und Rettungsdienst eingesetzt werden; sie müssen eine auffällige Warnkleidung tragen.

50 – Die Fahrzeuge der Rennleitung sind deutlich kenntlich zu machen.

bb) zu den an dem Rennen teilnehmenden Fahrern und Fahrzeugen

51 – Die Fahrer müssen eine gültige anerkannte Fahrerlizenz (z. B. des DMSB, DAM, DASV oder einer vergleichbaren ausländischen Organisation) besitzen und an dem Pflichttraining (vgl. Rn. 42) teilgenommen haben.

52 – Die Rennfahrzeuge dürfen nur im verkehrssicheren Zustand an dem Rennen teilnehmen. Dazu sind sie durch Sachverständige insbesondere hinsichtlich der Fahrzeugteile, die die Verkehrssicherheit beeinträchtigen können, zu untersuchen.

3. Sonstige motorsportliche Veranstaltungen

Die Erteilung der Erlaubnis ist insbesondere an folgende Bedingungen und Auflagen zu knüpfen:

a) zur Vorbereitung/Durchführung der Veranstaltung

53 – Jedem Teilnehmer ist eine Startnummer zuzuteilen, die deutlich sichtbar rechts oder links am Fahrzeug anzubringen ist. Von dieser Auflage kann abgesehen werden, wenn die Art der Veranstaltung diese Kennzeichnung entbehrlich macht. Die Startnummernschilder dürfen erst bei der Fahrzeugabnahme (vgl. Rn. 60) angebracht und müssen nach Beendigung des Wettbewerbs oder beim vorzeitigen Ausscheiden sofort entfernt werden.

54 – Der Abstand der Fahrzeuge beim Start darf eine Minute nicht unterschreiten.

55 – Im Rahmen einer Veranstaltung dürfen je 30 km Streckenlänge je eine, insgesamt jedoch nicht mehr als fünf Sonderprüfungen mit Renncharakter auf öffentlichen Straßen durchgeführt werden. Der Veranstalter kann nach Maßgabe landesrechtlicher Vorschriften abseits öffentlicher Straßen weitere Sonderprüfungen mit Renncharakter abhalten. Sonderprüfungsstrecken auf öffentlichen Straßen dürfen in der Regel während einer Veranstaltung nur einmal durchfahren werden.

56 – Kontrollstellen dürfen nur abseits von bewohnten Grundstücken an geeigneten Stellen eingerichtet werden. Der allgemeine Verkehr darf durch die Kontrollstellen nicht beeinträchtigt werden.

57 – Die Fahrzeugbesatzung muss aus mindestens zwei Personen bestehen, wenn die Art der Veranstaltung (z. B. Suchfahrt) dies erfordert. Bei Wettbewerben, die ohne Fahrerwechsel über mehr als 450 km geführt werden oder die mehr als acht Stunden Fahrzeit erfordern, muss eine Zwangspause von mindestens 30 Minuten eingelegt werden.

58 – Die Fahrzeiten sind unter Berücksichtigung der Straßenverhältnisse so zu bemessen, dass jeder Teilnehmer in der Lage ist, die Verkehrsvorschriften zu beachten. Der Veranstalter hat die Teilnehmer zu verpflichten, Bordbücher oder -karten auf Verlangen der Polizeibeamten zur Eintragung festgestellter Verstöße gegen straßenverkehrsrechtliche Bestimmungen auszuhändigen. Bei Feststellung solcher Eintragungen sind die betreffenden Teilnehmer aus der Wertung zu nehmen.

b) zu den an der Veranstaltung teilnehmenden Fahrern und Fahrzeugen

59 – Es dürfen nur solche Fahrer zum Start zugelassen werden, die eine gültige Fahrerlaubnis besitzen und nachweisen können, dass ihr Fahrzeug ausreichend versichert ist.

60 – Fahrzeuge, die nicht den Vorschriften der StVZO entsprechen oder nicht für den öffentlichen Verkehr zugelassen sind, sind von der Teilnahme auszuschließen. Werden nach dem Start Veränderungen an Fahrzeugen vorgenommen oder werden während der Fahrt Fahrzeuge verkehrs- oder betriebsunsicher, führt dies unverzüglich zum Ausschluss aus dem Wettbewerb.

4. Radrennen, Mannschaftsfahrten und vergleichbare Veranstaltungen

61 a) Sie sollen möglichst nur auf Straßen mit geringer Verkehrsbedeutung erlaubt werden.

62 b) Die Zahl der zur Sicherung der Veranstaltung erforderlichen Begleitfahrzeuge ist im Erlaubnisbescheid festzulegen, sie sind besonders kenntlich zu machen.

63 c) Die jeweiligen Streckenabschnitte müssen in der Regel vom übrigen Fahrverkehr freigehalten werden. Dies ist entweder durch Sperrungen oder durch Weisungen der Polizei sicherzustellen.

5. Sonstige Veranstaltungen

64 a) Volkswanderungen, Volksläufe und Radtouren sollen nur auf abgelegenen Straßen (Gemeindestraßen, Feld- und Waldwegen) zugelassen werden.

65 b) Vom Veranstalter ist ausreichender Feuerschutz (wegen evtl. Waldbrandgefahr), die Vorhaltung eines Sanitätsdienstes und von hygienischen Anlagen zu verlangen.

66 In der Regel ist zu verlangen, dass die Teilnehmer in Gruppen starten.

(Randnummern **67** bis **78** aufgehoben)

Zu Absatz 3[4]

Zu Absatz 3 Großraum- und Schwerverkehr

79 I. Unbeschadet des Erfordernisses einer Erlaubnis nach § 29 Absatz 3 Satz 1 StVO (vgl. dazu Rn. 80) bedürfen Fahrzeuge und Fahrzeugkombinationen, deren Abmessungen, Achslasten oder Gesamtmassen die nach den §§ 32 und 34 StVZO zulässigen Grenzen überschreiten oder bei denen das Sichtfeld (§ 35b Absatz 2 StVZO) eingeschränkt ist oder von denen das Kurvenlaufverhalten (§ 32d StVZO) nicht eingehalten wird, einer fahrzeugtechnischen Ausnahmegenehmigung nach § 70 Absatz 1 Nummer 1 oder 2 StVZO.

80 II. Einer Erlaubnis nach § 29 Absatz 3 bedürfen Fahrzeuge und Fahrzeugkombinationen, die einer fahrzeugtechnischen Ausnahmegenehmigung im Sinne der Nummer I bedürfen und die diese Grenzen tatsächlich überschreiten. Erlaubte Abweichungen von den Grenzen der StVZO, Geltungsbereich und Geltungsdauer der Erlaubnis müssen von der fahrzeugtechnischen Ausnahmegenehmigung gedeckt sein, innerhalb des Geltungsbereichs und der Geltungsdauer der Ausnahmegenehmigung nach § 70 StVZO liegen (vgl. dazu Rn. 79). Die Geltungsdauer der Erlaubnis nach § 29 Absatz 3 darf dabei einen Zeitraum von drei Jahren nicht überschreiten.

81 Die Erteilung einer Erlaubnis nach § 29 Absatz 3 ersetzt nicht das Erfordernis einer Ausnahmegenehmigung nach § 46 im Übrigen (z. B. bei bestehenden Durchfahrtverboten oder Transporten an Sonn- und Feiertagen).

III. Eine Erlaubnis nach § 29 Absatz 3 ist nicht erforderlich,

82 1. wenn Fahrzeuge oder die Fahrzeugkombinationen nur aufgrund ihrer Ladung die Abmessungen nach § 18 Absatz 1 Satz 2 oder § 22 Absatz 2 bis 4 überschreiten; diese bedürfen einer Ausnahmegenehmigung nach § 46 Absatz 1 Nummer 5,

83 2. wenn eine konstruktiv vorgesehene Verlängerung oder Verbreiterung des Fahrzeugs oder der Fahrzeugkombination (z. B. durch Ausziehen der Ladefläche oder Ausklappen oder Anstecken von Konsolen) nicht oder nur teilweise erfolgt und das Fahrzeug in diesem Zustand den Bestimmungen des § 32 StVZO entspricht oder

4 Mit der Änderung der VwV-StVO zu § 46 Abs. 1 Nr. 5 und zu § 29 Abs. 3 (BAnz AT 29.5.2017 B8) wird die Polizeibegleitung auf Fälle beschränkt, in denen verkehrsbezogene Ermessensentscheidungen vor Ort unabweisbar sind.

84 3. bei einem Fahrzeug, dessen Zulassung wegen der Überschreitung zulässiger Achslasten und Gesamtmassen einer Ausnahmegenehmigung nach § 70 StVZO bedarf, im Verkehr dann aber die tatsächliche Gesamtmasse und die tatsächlichen Achslasten die in § 34 StVZO festgelegten Grenzen nicht überschreitet.

IV. Voraussetzungen der Erlaubnis

1. Eine Erlaubnis darf nur erteilt werden, wenn

85 a) der Verkehr nicht – wenigstens zum größten Teil der Strecke – auf der Schiene oder auf dem Wasser möglich ist oder wenn durch einen Verkehr auf dem Schienen- oder Wasserweg unzumutbare Mehrkosten (auch andere als die reinen Transportmehrkosten) entstehen würden und

86 b) für den gesamten Fahrtweg Straßen zur Verfügung stehen, deren baulicher Zustand durch den Verkehr nicht beeinträchtigt wird und für deren Schutz keine besonderen Maßnahmen erforderlich sind, oder wenn wenigstens die spätere Wiederherstellung der Straßen oder die Durchführung jener Maßnahmen, vor allem aus verkehrlichen Gründen, nicht zu zeitraubend oder zu umfangreich wäre.

2. Eine Erlaubnis darf außerdem nur für den Transport folgender Ladungen erteilt werden:

87 a) einer unteilbaren Ladung; unteilbar ist eine Ladung, wenn ihre Zerlegung aus technischen Gründen unmöglich ist oder unzumutbare Kosten verursachen würde; als unteilbar gelten auch das Zubehör eines Kranes und die Gewichtsstücke eines Eichfahrzeuges;

88 b) einer aus mehr als einem Teil bestehenden Ladung, wenn die Teile aus Festigkeitsgründen nicht als Einzelstücke befördert werden können und diese unteilbar sind (dies ist durch eine Bestätigung eines amtlich anerkannten Sachverständigen mit Fachverstand für das Ladungsgut oder eines Prüfingenieurs einer amtlich anerkannten Überwachungsorganisation mit Fachverstand für das Ladungsgut nachzuweisen); für den Transport abmontierter Räder selbstfahrender Arbeitsmaschinen, wenn sich dadurch die Abmessungen des erlaubten Transports nicht vergrößert und die nach § 34 StVZO zulässigen Achslasten und Gesamtmassen eingehalten werden;

89 c) mehrerer einzelner unteilbarer Teile, die je für sich wegen ihrer Länge, Breite oder Höhe die Benutzung eines Fahrzeugs mit einer Ausnahmegenehmigung nach § 70 StVZO erfordern und unteilbar sind, jedoch unter Einhaltung der nach § 34 StVZO zulässigen Gesamtmasse und Achslasten;

90 d) Zubehör zu unteilbaren Ladungen; es darf 10 % der Gesamtmasse der Ladung nicht überschreiten und muss in dem Begleitpapier mit genauer Bezeichnung aufgeführt sein.

91 3. Eine Erlaubnis darf weiterhin erteilt werden für die Überführung eines unbeladenen Fahrzeugs oder einer unbeladenen Fahrzeugkombination, dessen oder deren tatsächliche Abmessungen, Achslasten, Gesamtmasse oder Kurvenlaufverhalten die nach den §§ 32, 34 und 35b StVZO zulässigen Grenzen überschreiten oder bei dem oder der das Sichtfeld nach § 35b Absatz 2 StVZO eingeschränkt ist.

92 4. Hat der Antragsteller oder die tansportdurchführende Person vorsätzlich oder grob fahrlässig zuvor einen erlaubnispflichtigen Verkehr ohne die erforderliche Erlaubnis durchgeführt oder gegen die Bedingungen und Auflagen einer Erlaubnis verstoßen, so soll ihm oder ihr für einen angemessenen Zeitraum keine Erlaubnis mehr erteilt werden.

93 5. Haben Absender und Empfänger Gleisanschlüsse, ist die Erteilung einer Erlaubnis nur zulässig, wenn nachgewiesen ist, dass eine Schienenbeförderung nicht möglich oder unzumutbar ist. Von dem Nachweis darf nur in dringenden Fällen abgesehen werden.

V. Das Verfahren für die Erteilung einer Erlaubnis

94 1. Erklärung des Antragstellers

Die Erlaubnisbehörde hat sich vom Antragsteller schriftlich seine Kenntnis darüber bestätigen zu lassen, dass

a) ein Großraum- oder Schwertransport eine Sondernutzung im Sinne des § 8 des Bundesfernstraßengesetzes und der entsprechenden straßenrechtlichen Vorschriften der Länder darstellt; in der Erklärung ist insbesondere die Kenntnis der straßenrechtlichen Erstattungsansprüche zu bestätigen, wonach der Antragsteller alle Kosten zu übernehmen hat, die dem Träger der Straßenbaulast durch die Sondernutzung entstehen;

b) der Träger der Straßenbaulast und die Straßenverkehrsbehörde keinerlei Gewähr dafür übernehmen, dass die Straßen samt Zubehör durch die Sondernutzung uneingeschränkt benutzt werden können; den Träger der Straßenbaulast oder denjenigen, der im Auftrag des Trägers der Straßenbaulast die Straße verwaltet, trifft im Rahmen der Sondernutzung keinerlei Haftung wegen Verletzung der Verkehrssicherungspflicht.

95 2. Für Großraum- oder Schwertransporte können Einzelerlaubnisse oder Dauererlaubnisse erteilt werden. Sie sind unter dem Vorbehalt des Widerrufs zu erteilen.

96 a) Einzelerlaubnis

Die Einzelerlaubnis ist auf höchstens drei Monate zu befristen und kann im Rahmen der zeitlichen Gültigkeit einmal um drei Monate verlängert werden. Zulässig ist die Erlaubnis eines Transportumlaufs: Leerfahrt (Standort oder Firmensitz des Fahrzeugs zum Beladeort) mit anschließender Lastfahrt (vom Belade- zum Zielort) und abschließender Leerfahrt (vom Zielort zurück zum Firmensitz). Je Bescheid ist nur ein zusammenhängender Fahrtweg zulässig. In einen Bescheid können höchstens fünf baugleiche Fahrzeugkombinationen aufgenommen werden. Als baugleich gelten Fahrzeugkombinationen, deren Maße (Länge, Breite, Höhe), Kurvenlaufverhalten, Sichtfeld, Gesamtmassen, Achslasten und Achsabstände übereinstimmen.

97 b) Dauererlaubnis

Eine Dauererlaubnis kann für bestimmte Fahrtwege oder flächendeckend erteilt werden. Sie darf nur erteilt werden, wenn polizeiliche Maßnahmen zur Verkehrssicherung oder -regelung nicht erforderlich sind. Polizeiliche Maßnahmen sind stets erforderlich, wenn Ermessensentscheidungen vor Ort getroffen werden müssen oder bei sonstigen schwierigen Straßen- oder Verkehrsverhältnissen. In einen Bescheid können höchstens fünf baugleiche Fahrzeugkombinationen aufgenommen werden. Zur Baugleichheit vgl. Rn. 96.

98 aa) Streckenbezogene Dauererlaubnis

Die Dauererlaubnis ist auf Fahrten zwischen bestimmten Orten zu beschränken.

Bis zu einer tatsächlichen Gesamtmasse von 60 t oder einer Achslast von weniger als 12 t können in einem Bescheid bis zu fünf Fahrtwege festgelegt werden. Die Fahrauflagen (Anlage 3 des Bescheides) sind dann im Erlaubnisbescheid getrennt nach Fahrtweg fahrtwegteilchronologisch zu gliedern. Bei höherer Gesamtmasse oder Achslast kann nur ein Fahrtweg genehmigt werden.

99 bb) Flächendeckende Dauererlaubnis

Eine Dauererlaubnis kann für alle Straßen im Zuständigkeitsbereich der Erlaubnisbehörde und der benachbarten Erlaubnisbehörde erteilt werden. Für Straßenverkehrsbehörden mit kleinen räumlichen Zuständigkeitsbereichen und für bestimmte qualifizierte Straßen können die obersten Landesbehörden Sonderregelungen treffen.

100 Für eine Überschreitung bis zu den in Nummer V.4.f (Rn. 109 ff.) genannten Abmessungen, Achslasten und Gesamtmassen (anhörfreier Bereich) kann eine allgemeine Dauererlaubnis für den gesamten Geltungsbereich der StVO erteilt werden. Neben den nach Landesrecht zuständigen Erlaubnisbehörden kann auch die Verwaltungsbehörde, die nach § 70 Absatz 1 Nummer 1 StVZO eine Ausnahmegenehmigung von den Vorschriften der §§ 32 und 34 StVZO erteilt, innerhalb der Anhörfreigrenzen nach Nummer V.4.f (Rn. 109 ff.) zugleich eine allgemeine Dauererlaubnis erteilen. Entsprechendes gilt, wenn das Sichtfeld (§ 35 Absatz 2 StVZO) eingeschränkt ist.

Zur Gewährleistung der Standsicherheit und Dauerhaftigkeit der Brückenbauwerke im Zuge von Bundesfernstraßen ist eine flächendeckende Dauererlaubnis unter Einschluss der Brücken im Zuge von Bundesfernstraßen nur für Kranfahrzeuge bis 48 t und für andere Fahrzeuge oder Fahrzeugkombinationen bis 60 t möglich. Alle Bauwerke, für die im Rahmen der flächendeckenden Dauererlaubnis das Befahren nicht erlaubt werden kann, sind in einer Liste („Negativliste") aufzuführen. Die Negativliste muss hinsichtlich der Anzahl der aufgelisteten Bauwerke überschaubar und nachvollziehbar sein. In der Negativliste sind die Bauwerke nach Straßenzügen zu ordnen und innerhalb einer Straße fortlaufend aufzuführen. Trotz Negativliste müssen im Bundesfernstraßennetz noch ausreichend Strecken zur Verfügung stehen, welche die Erteilung einer flächendeckenden Dauererlaubnis rechtfertigen.

3. Antragsdaten

101 In dem Antrag müssen der beabsichtigte Fahrtweg und mindestens folgende tatsächliche technische Daten angegeben sein:

102 Länge, Breite, Höhe, zulässige und tatsächliche Gesamtmasse, zulässige und tatsächliche Achslasten, Anzahl der Achsen, Achsabstände, Anzahl der Räder je Achse, Art und Bezeichnung der Ladung und Angaben zur Unteilbarkeit der Ladung, Abmessungen und Gewicht der Ladung, bauartbedingte Höchstgeschwindigkeit des Transports, amtliche Kennzeichen und Fahrzeugidentifikationsnummern von Zugfahrzeugen und Anhängern und Kurvenlaufverhalten sowie die Bodenfreiheit.

103 Die Angaben zum Achsbild sind entbehrlich, wenn die Gesamtmasse, Achslasten und Achsabstände nach § 34 StVZO nicht überschritten sind.

104 4. Anhörverfahren

a) Außer im anhörfreien Bereich nach Nummer V.4.f (Rn. 109 ff.) hat die zuständige Erlaubnisbehörde für den beantragten Fahrtweg die nach § 8 Absatz 6 des Bundesfernstraßengesetzes oder nach den entsprechenden straßenrechtlichen Vorschriften der Länder zu beteiligenden Straßenbaulastträger und, wenn Bahnstrecken höhengleich (Bahnübergänge) gekreuzt oder nicht höhengleich (Überführungen) überfahren bzw. (Unterführungen) unterfahren oder Bahnanlagen berührt (Unterschreitung eines Sicherheitsabstandes) werden, auch die Eisbahninfrastrukturunternehmen zu hören. Des Weiteren ist auch die Wasserstraßen- und Schifffahrtsverwaltung des Bundes (WSV) anzuhören, soweit Kreuzungsbauwerke mit einer Bundeswasserstraße (Über- oder Unterführungen) genutzt werden und die WSV Baulastträger ist. Geht die Fahrt über den Zuständigkeitsbereich einer Erlaubnisbehörde hinaus, so sind außerdem die Straßenverkehrsbehörden zu hören, durch deren Zuständigkeitsbereich der Fahrtweg führt; diese verfahren für ihren Zuständigkeitsbereich nach Satz 1. Die Polizei ist in den Fällen, in denen polizeiliche Maßnahmen (vgl. Rn. 97, 134 ff.) in Betracht kommen, anzuhören.

105 b) Ist die zeitweise Sperrung einer Autobahn oder einer Richtungsfahrbahn einer Autobahn erforderlich, bedarf es der Zustimmung der nach Landesrecht zuständigen Behörde. Den beteiligten Behörden sind die in Nummer V.3 (Rn. 102 und 103) aufgeführten technischen Daten des Fahrzeugs oder der Fahrzeugkombination mitzuteilen.

106 c) Geht die Fahrt über das Gebiet eines Landes hinaus, so ist unter Mitteilung der in Nummer V.3 (Rn. 102 und 103) aufgeführten technischen Daten des Fahrzeugs oder der Fahrzeugkombination die Zustimmung der nach Landesrecht zuständigen Behörde einzuholen, durch deren Zuständigkeitsbereich die Fahrt in den anderen Ländern jeweils zuerst geht. Diese Behörden führen entsprechend Nummer V.4.a (Rn. 104) ein Anhörverfahren durch und fassen die Stellungnahmen zu einer Stellungnahme des Landes zusammen. In einer Zustimmung sind etwaige Bedingungen und Auflagen fahrtwegteilchronologisch getrennt nach Last- und Leerfahrt zu gliedern. Die Stellungnahme und die Zustimmung sind bei Einzelerlaubnissen grundsätzlich für einen Zeitraum von drei Monaten und bei Dauererlaubnissen für einen Zeitraum von drei Jahren abzugeben. Eine zeitliche Begrenzung auf einen kürzeren Zeitraum ist besonders zu begründen. Die Zustimmung darf nur mit der Begründung versagt werden, dass die Voraussetzungen nach Nummer IV.1.b (Rn. 86) in ihrem Zuständigkeitsbereich nicht vorliegen.

107 d) Führt die Fahrt nur auf kurzen Strecken in ein anderes Land, so genügt es, statt mit der dortigen nach Landesrecht zuständigen Behörde unmittelbar mit der örtlich zuständigen Straßenverkehrsbehörde und der örtlichen Straßenbaubehörde des Nachbarlandes Verbindung aufzunehmen und Einvernehmen herzustellen.

108 e) Jede Änderung eines Antrages oder Bescheides erfordert eine erneute Anhörung der betroffenen Stellen. Ausgenommen hiervon sind Änderungen von Kennzeichen bei Verwendung baugleicher Fahrzeuge.

109 f) Von dem in Nummer V.4. (Rn. 104 ff.) angeführten Anhörverfahren ist abzusehen, wenn folgende tatsächliche Abmessungen, Achslasten und Gesamtmassen im Einzelfall nicht überschritten werden und Zweifel an der Geeignetheit des Fahrtweges, insbesondere der Tunnelanlagen und der Tragfähigkeit der Brücken, nicht bestehen:

Höhe über alles	4 m
Breite über alles	3 m

110 Länge über alles:

– Einzelfahrzeuge (ausgenommen Sattelanhänger)	15 m
– Sattelkraftfahrzeuge	20 m
– Züge	23 m
– wenn das Kurvenlaufverhalten des Sattelkraftfahrzeugs in einer Teilkreisfahrt eingehalten wird (§ 32d StVZO)	23 m

111 Achslasten

– Einzelachsen	11,5 t
– Doppelachsen Achsabstand: 1,0 m bis weniger als 1,3 m	17,6 t
1,3 m bis 1,8 m	20,0 t

Gesamtmasse

112 – Einzelfahrzeuge

Fahrzeuge mit zwei Achsen (ausgenommen Sattelanhänger)	18,0 t
Kraftfahrzeuge mit drei Achsen	27,5 t
Anhänger mit drei Achsen	25,0 t
Kraftfahrzeuge mit zwei Doppelachsen, deren Mitten mindestens 4,0 m voneinander entfernt sind sowie Sattelzugmaschinen und Zugmaschinen mit mehr als 3 Achsen	33,0 t

113 – Fahrzeugkombinationen (Züge und Sattelkraftfahrzeuge)

mit drei Achsen	29,0 t
mit vier Achsen	38,0 t
mit mehr als vier Achsen	41,8 t.

114 Dies gilt auch, wenn das Sichtfeld des Fahrzeugführers (§ 35 b Absatz 2 StVZO) eingeschränkt ist.

Betreiber der Schienenwege sind erst ab einer Länge von über 25,00 m, einer Breite von über 3,50 m oder einer Höhe von über 4,50 m oder einer Achslast von über 12 t zu hören.

Auf die Anhörung kann verzichtet werden, wenn der Antragsteller im Rahmen des Antragsverfahrens den Nachweis geführt hat, dass ein Überqueren des höhengleichen Bahnübergangs mit dem vorgesehenen Fahrzeug oder der vorgesehenen Fahrzeugkombination gefahrlos und ohne Beeinträchtigungen möglich ist. Von der Anhörung kann ebenfalls abgesehen werden, wenn nachgewiesen werden kann, dass mit baugleichen Fahrzeugen oder Fahrzeugkombinationen bereits entsprechende Transporte sicher durchgeführt wurden. In diesen Fällen reicht eine Information der Erlaubnis- und Genehmigungsbehörde an den Betreiber des Schienennetzes über die Erlaubniserteilung aus.

Zu den Fahrauflagen vgl. Rn. 146.

115 5. An den Nachweis der Voraussetzungen der Erlaubniserteilung nach Nummer IV. (Rn. 85 ff.) sind strenge Anforderungen zu stellen. Zum Verlangen von Sachverständigengutachten vgl. § 46 Absatz 3 Satz 2. Die Erteilungsvoraussetzungen dürfen nur dann als amtsbekannt behandelt werden, wenn in den Akten dargelegt wird, worauf sich diese Kenntnis gründet. Der für die Fahrzeuge und Fahrzeugkombinationen gültige fahrzeugtechnische Genehmigungsbescheid nach § 70 Absatz 1 Nummer 1 oder 2 StVZO ist beizufügen (vgl. Rn. 80).

116 a) Die Erlaubnisbehörde hat, wenn es sich um einen Verkehr über einen Fahrtweg von mehr als 250 km handelt, nach Nummer V.4 ein Anhörverfahren vorgeschrieben ist und eine Gesamtbreite von 4,20 m oder eine Gesamthöhe von 4,80 m (jeweils von Fahrzeug und Ladung) nicht überschritten wird, sich vom Antragsteller nachweisen zu lassen, dass eine Schienenbeförderung oder eine gebrochene Beförderung Schiene/Straße nicht möglich ist oder unzumutbare Mehrkosten verursachen würde.

117 b) Die Erlaubnisbehörde hat, wenn es sich um einen Verkehr über einen Fahrtweg von mehr als 250 km handelt und eine Gesamtbreite von 4,20 m oder eine Gesamthöhe von 4,80 m (jeweils von Fahrzeug und Ladung) oder eine Gesamtmasse von 72 t überschritten wird, sich vom Antragsteller nachweisen zu lassen, dass eine Beförderung auf dem Wasser oder eine gebrochene Beförderung Wasser/Straße nicht möglich ist oder unzumutbare Mehrkosten verursachen würde.

118 c) In geeigneten Fällen kann die Erlaubnisbehörde die Bescheinigung auch für Transporte mit weniger als 250 km Fahrtweg verlangen. Ein Nachweis nach Buchstabe b ist nicht erforderlich, wenn ein Transport auf dem Wasserweg offensichtlich nicht in Betracht kommt.

VI. Inhalt des Erlaubnisbescheides

1. Allgemeines

119 Der Fahrtweg ist festzulegen, wenn nach Nummer V.4 (Rn. 104 ff.) ein Anhörverfahren vorgeschrieben ist. Dabei müssen sämtliche Möglichkeiten des gesamten Straßennetzes bedacht werden. Eine Beeinträchtigung des Verkehrsflusses in den Hauptverkehrszeiten ist zu vermeiden. Dabei soll der Fahrtweg so festgelegt werden, dass vor Ort eine Ermessensentscheidung zur Verkehrsregelung nicht erforderlich ist.

120 Soweit es die Sicherheit oder Ordnung des Verkehrs oder der Schutz der Straßeninfrastruktur erfordert, sind die erforderlichen Auflagen zu erteilen und Bedingungen zu stellen. Die im Anhörverfahren mitgeteilten Bedingungen oder Auflagen sind getrennt nach Last- und Leerfahrt fahrtwegteilchronologisch zusammenzustellen.

2. Bedingungen und Auflagen

121 a) Kenntnisnahmebescheinigung

Wird der Transport nicht durch den Antragsteller (Bescheidinhaber) selbst durchgeführt, muss die durchführende Person oder das durchführende Unternehmen vor Beginn des Transportes in einer Bescheinigung bestätigen, dass der Inhalt des Bescheids einschließlich der Bedingungen und Auflagen zur Kenntnis genommen wurde. Diese Bescheinigung ist beim Antragsteller mindestens ein Jahr aufzubewahren und zuständigen Behörden auf Anfrage auszuhändigen. Eine Kopie der Bescheinigung ist beim Transport mitzuführen und auf Verlangen zuständigen Personen auszuhändigen. Es genügt dessen digitalisierte Form auf einem Speichermedium, wenn diese derart mitgeführt wird, dass sie bei einer Kontrolle auf Verlangen zuständigen Personen lesbar gemacht werden kann.

122 b) Begleitung durch Verwaltungshelfer

Für alle im Vorhinein planbaren und regelbaren Streckenabschnitte mit Standardsituationen und -fällen, bei denen vor Ort keine Ermessensentscheidung der Polizei zur Gewährleistung eines sicheren und flüssigen Verkehrsablaufs in Abhängigkeit des jeweiligen Verkehrsgeschehens erforderlich ist, kann die Polizeibegleitung entfallen. Für diese Fälle gilt: Es kann eine im Vorhinein getroffene verkehrsrechtliche Anordnung der für diesen Streckenabschnitt zuständigen Straßenverkehrsbehörde in den Erlaubnisbescheid als Bestimmung aufgenommen werden, welche dem Erlaubnisinhaber (oder dem den Transport durchführenden Unternehmen oder der den Transport durchführenden Person) für den jeweils betreffenden Streckenabschnitt das Visualisieren von Verkehrszeichen vorschreibt (Auflage). Diese Auflage ist dann mit der weiteren Auflage zu verbinden, dass der Bescheidinhaber (oder die den Transport durchführende Person oder das den Transport durchführende Unternehmen) als Verwaltungshelfer der Straßenverkehrsbehörde oder ein von diesem (oder diesen) beauftragter und namentlich der Straßenverkehrsbehörde benannter Unternehmer als Verwaltungshelfer der Straßenverkehrsbehörde die von der Straßenverkehrsbehörde erlassene verkehrsrechtliche Anordnung entsprechend der im Vorhinein getroffenen verkehrsrechtlichen Anordnung mit einem oder mehreren Begleitfahrzeugen mit Wechselverkehrszeichen-Anlage zu visualisieren hat. Dem Verwaltungshelfer der Straßenverkehrsbehörde steht kein eigenständiges Ermessen zu. Rn. 121 gilt für die Begleitung durch Verwaltungshelfer entsprechend.

123 In den Fällen der Rn. 122 kann ein oder können mehrere Begleitfahrzeuge mit einer nach hinten oder nach hinten, vorn und seitlich wirkenden Wechselverkehrszeichen-Anlage angeordnet werden, wenn der Gegenverkehr, der nachfolgende Verkehr oder der Querverkehr durch das Zeigen von Verkehrszeichen angehalten oder auf andere Art und Weise beschränkt oder beeinflusst werden muss. Entsprechendes gilt

- bei einer Durchfahrt unter einem Überführungsbauwerk oder durch sonstige feste Straßenüberbauten, wenn der Transport nur in abgesenktem Zustand erfolgen kann oder
- wenn im Richtungsverkehr aufgrund der Masse des Transportes nur eine Einzelfahrt, Fahrt im Alleingang oder die Fahrt unter Ausschluss von sonstigem LKW-Verkehr über Brücken mit einer Geschwindigkeit von maximal 5 km/h durchgeführt werden darf.

Zur Ausrüstung der Fahrzeuge vgl. Rn. 132.

124 c) Fahrtunterbrechung

Es ist als Auflage vorzuschreiben, dass die Fahrt bei erheblicher Sichtbehinderung durch Nebel, Schneefall oder Regen oder bei Schneeglätte, Schneematsch, Eis, Reifglätte oder Glatteis zu unterbrechen und der nächstgelegene geeignete Platz zum Parken aufzusuchen und das Fahrzeug zu sichern ist.

125 d) Kenntlichmachung

Die Auflage, das Fahrzeug oder die Fahrzeugkombination besonders kenntlich zu machen, ist in der Regel geboten, beispielsweise durch Verwendung von Kennleuchten mit gelbem Blinklicht (§ 38 Absatz 3) oder durch Anbringung weiß-rot-weißer Warntafeln am Fahrzeug oder an der Fahrzeugkombination selbst oder an einem begleitenden Fahrzeug. Auf die „Richtlinien für die Kenntlichmachung überbreiter und überlanger Straßenfahrzeuge sowie bestimmter hinausragender Ladungen“ wird verwiesen.[5]

126 e) Abfahrtkontrolle

Außerdem ist die Auflage aufzunehmen, dass durch die transportdurchführende Person oder das transportdurchführende Unternehmen vor Fahrtantritt zu prüfen ist, ob die im Erlaubnisbescheid festgelegten Abmessungen eingehalten werden.

127 f) Sachverständigengutachten

Transporte mit einer Gesamtmasse von mehr als 100 t (ausgenommen Autokrane, selbstfahrende Arbeitsmaschinen, Eichfahrzeuge und andere Fahrzeuge jeweils ohne Ladung) dürfen nur durchgeführt werden, wenn unmittelbar vor Fahrtantritt durch einen amtlich anerkannten Sachverständigen oder Prüfer mit Fachverstand für das Fahrzeug, die Fahrzeugkombination und das Ladungsgut oder einen Prüfingenieur einer amtlich anerkannten Überwachungsorganisation mit Fachverstand für das Fahrzeug, die Fahrzeugkombination und das Ladungsgut die Einhaltung der im Erlaubnisbescheid genannten Abmessungen, Gesamtmasse, Achslasten, die Lastverteilung und die Ladungssicherung entsprechend den anerkannten Regeln der Technik geprüft wurden. Die Feststellungen sind durch ein Gutachten nachzuweisen. Dieses ist beim Transport mitzuführen.

128 g) Bei wiederkehrenden Transporten, bei denen das gleiche Fahrzeug oder die gleiche Fahrzeugkombination oder ein baugleiches Fahrzeug oder eine baugleiche Fahrzeugkombination eingesetzt und die gleiche Ladung oder die gleiche Ladungsart transportiert werden und ein beanstandungsfreies Erstgutachten nach Nummer VI.2.f (Rn. 127) vorliegt, ist ab dem zweiten Transport ein Gutachten eines amtlich anerkannten Sachverständigen oder Prüfers mit Fachverstand für das Fahrzeug, die Fahrzeugkombination und das Ladungsgut oder eines Prüfingenieurs einer amtlich anerkannten Überwachungsorganisation mit Fachverstand für das Fahrzeug, die Fahrzeugkombination und das Ladungsgut, der die Übereinstimmung des Transports mit dem beanstandungsfreien Erstgutachten nach Kontrolle des Transports bestätigt, ausreichend. Die Bestätigung und das Erstgutachten sind beim Transport mitzuführen.

129 Prüfung des Fahrtweges

Unmittelbar vor der Durchführung des Verkehrs ist in eigener Verantwortung zu prüfen, ob der genehmigte Fahrtweg für die Durchführung des Transportes tatsächlich geeignet ist.

3. Besondere Auflagen für anhörpflichtige Transporte

a) Beifahrer oder private Begleitfahrzeuge

130 Es kann auch in anderen Fällen als in den in Rn. 122 und 123 genannten geboten sein, einen Beifahrer, weiteres Begleitpersonal oder private Begleitfahrzeuge mit oder ohne Wechselverkehrszeichen-Anlage vorzuschreiben.

---

5 VkBl. 2019, 192: Änderung der Richtlinie für die Kenntlichmachung überbreiter und überlanger Straßenfahrzeuge.

131 Begleitfahrzeuge mit nach hinten oder mit nach hinten, vorn und seitlich wirkender Wechselverkehrszeichen-Anlage sind gemäß „Merkblatt über die Ausrüstung von privaten Begleitfahrzeugen zur Absicherung von Großraum- und Schwertransporten“ auszurüsten.

132 Ein Begleitfahrzeug mit einer nach hinten wirkenden Wechselverkehrszeichen-Anlage darf in diesen Fällen nur vorgeschrieben werden, wenn wegen besonderer Umstände zur Verdeutlichung der Gefahr, die mit dem Großraum- und Schwertransport einhergeht, das Zeigen von Zeichen 101 geboten erscheint. Zudem ist dies erforderlich, um die allgemeinen Verhaltensregeln zum Überholen und Vorbeifahren an solchen Transporten zu verdeutlichen (Zeichen 276, 277).

133 Ein Begleitfahrzeug mit einer nach hinten wirkenden Wechselverkehrszeichen-Anlage ist anzuordnen, wenn der Transport auf

aa) Autobahnen und Straßen, die wie eine Autobahn ausgebaut sind,

- bei zwei oder mehr Fahrstreifen plus Seitenstreifen je Richtung die Breite über alles von 4,50 m oder
- bei zwei Fahrstreifen ohne Seitenstreifen je Richtung die Breite über alles von 4,00 m oder

bb) außerhalb von Autobahnen und Straßen, die wie eine Autobahn ausgebaut sind, die Breite von 3,50 m

überschreitet.

cc) Dies gilt ebenfalls für Straßen, auf denen der Sicherheitsabstand von 10 cm unter Überführungsbauwerken nicht eingehalten werden kann. Und bei Überschreitung einer Länge von 27,00 m, soweit sich Kreisverkehre im Streckenverlauf befinden.

134 b) Polizei

Polizeiliche Begleitung oder polizeiliche Maßnahmen (vgl. Rn. 97) sind nur erforderlich, wenn der Einsatz von Begleitfahrzeugen nach Nummer VI.2.b (Rn. 122 und 123) oder nach Nummer VI.3 (Rn. 130 bis 133) nicht ausreicht. Das kann insbesondere der Fall sein wenn

135 aa) auf der Autobahn oder auf Straßen, die wie eine Autobahn ausgebaut sind, der Verkehr auf der Gegenfahrbahn oder der Gegenverkehr angehalten werden muss oder

136 bb) auf anderen Straßen bei sonstigen außergewöhnlichen Straßen- oder Verkehrsverhältnissen eine Breite über alles von 3,50 m überschritten wird und die oben genannten Begleitfahrzeuge ein sicheres Anhalten oder Passieren des Gegenverkehrs nicht gewährleisten können oder

137 cc) bei sonstigen schwierigen Straßen- oder Verkehrsverhältnissen, soweit in diesen Fällen nicht der Verkehr durch im Vorhinein planbare Verkehrszeichenanordnungen der örtlich zuständigen Straßenverkehrsbehörden wirksam sicher und geordnet geregelt werden kann, insbesondere wenn eine Ermessensentscheidung der Polizei vor Ort in Abhängigkeit der jeweiligen Situation erforderlich ist.

138 Sofern eine polizeiliche Begleitung oder polizeiliche Maßnahme (vgl. Rn. 97) erforderlich ist, ist der Transport frühzeitig, mindestens 48 Werktagsstunden vor Fahrtantritt, bei allen im Bescheid genannten Polizeidienststellen anzumelden.

c) Fahrzeitbeschränkungen

139 Eine Fahrzeitbeschränkung darf nur angeordnet werden, wenn nach Nummer V.4 (Rn. 104) ein Anhörverfahren vorgeschrieben ist und wenn bei Transporten auf Grund der Abmessungen, der Geschwindigkeit oder wegen der Fahrauflagen eine Beeinträchtigung des übrigen Verkehrs zu erwarten ist. Liegen diese Voraussetzungen vor, soll die Benutzung

140 aa) von Autobahnen und Straßen, die wie eine Autobahn ausgebaut sind,

- von Samstag 6.00 Uhr bis Sonntag 22.00 Uhr und, falls diese starken Berufsverkehr aufweisen, von Montag bis Freitag von jeweils 6.00 Uhr bis 9.00 Uhr und von jeweils 16.00 Uhr bis 19.00 Uhr und
- von Gründonnerstag 22.00 Uhr bis Dienstag nach Ostern 6.00 Uhr und von Freitag 22.00 Uhr vor Pfingsten bis Dienstag danach 6.00 Uhr nicht erlaubt werden. Gegebenenfalls kommt auch ein Verbot der Autobahnbenutzung an anderen Feiertagen (z. B. Weihnachten) sowie an den Tagen davor und danach in Betracht.

Eine Zulassung ist dort in der Regel in verkehrsarmen Zeiten von 22.00 Uhr bis 6.00 Uhr möglich.

141 bb) von anderen Straßen

- von Samstag 6.00 Uhr bis Sonntag 22.00 Uhr und bei
- starkem Berufsverkehr in der Regel auch werktags von 6.00 Uhr bis 9.00 Uhr und von 16.00 Uhr bis 19.00 Uhr nicht erlaubt werden.

142 Transporte mit erheblichen Abmessungen können in Absprache mit den dafür zuständigen Stellen ausnahmsweise auch tagsüber erlaubt werden. Es gilt das Prinzip „Sicherheit vor Leichtigkeit des Verkehrs".

143 Ist die Sperrung einer Autobahn, einer Fahrbahn einer Autobahn oder die teilweise Sperrung einer Straße mit erheblichem Verkehr notwendig, so ist das in der Regel nur in der Zeit von 22.00 Uhr bis 6.00 Uhr zu erlauben.

144 Um einen reibungslosen Ablauf des Großraum- und Schwerverkehrs sicherzustellen, kann die zuständige Polizeidienststelle im Einzelfall von der im Erlaubnisbescheid festgesetzten zeitlichen Beschränkung eine Abweichung zulassen, wenn es die Verkehrslage erfordert oder gestattet.

145 Zur Gewährleistung eines sicheren und geordneten Verkehrsablaufs ist es erforderlich, dass bei anhörpflichtigen Transporten während des gesamten Transports eine Person anwesend ist, die sich hinreichend in der deutschen Sprache verständigen kann, insbesondere mit begleitenden Polizeibeamten.[6]

4. Besondere Auflagen für die Kreuzung von Bahnübergängen im anhörungsfreien Bereich

146 Beim Überqueren des Bahnübergangs im anhörungsfreien Bereich ist bei Bedarf durch Zuwarten auf eine Lücke im Verkehrsfluss sicherzustellen, dass im Bereich des Bahnübergangs auf einer Länge von 50 m vor und hinter dem Bahnübergang kein Gegenverkehr stattfindet. Die Querung des Bahnübergangs darf nur im Alleingang unter Ausschluss des gesamten Gegenverkehrs erfolgen. Das Überqueren des Bahnübergangs muss mit einer Mindesträumgeschwindigkeit von 20 km/h ohne Rangieren erfolgen. Beim Befahren des Bahnübergangs an elektrifizierten Strecken muss sichergestellt sein, dass sich keine Personen auf dem Fahrzeug befinden, noch Gegenstände, Fahrzeugteile (z. B. Antennen) oder Ladungsteile über die zugelassene Fahrzeughöhe von 4,50 m hinausragen. Auch etwaige Begleitfahrzeuge dürfen auf dem Bahnübergang nicht zum Stehen kommen.

147 VII. Sonderbestimmungen für Autokrane, selbstfahrende Arbeitsmaschinen und Eichfahrzeuge

Die Vorschriften in Nummer IV.1.a (Rn. 85) sind nicht anzuwenden.

Die Vorschriften über Fahrzeitbeschränkungen in Nummer VI.3.d (Rn. 139 ff.) sind nicht anzuwenden, wenn eine Gesamtmasse von 54 t nicht überschritten wird.

148 Im Übrigen gelten die Vorschriften in Nummer I. bis VI.

6 Saller VD 2019, 87: Auflage im anhörfreien Bereich entbehrlich.

1 Aus der amtlichen Begründung

1.1 Änderung der VwV-StVO zu § 29 Abs. 3 zur Entlastung der Polizei von Begleitaufgaben (Begr. 2017).

1.2 Infolge vieler ungenehmigter Kraftfahrzeugrennen mit Toten und Verletzten werden §§ 29 Abs. 1 und 49 Abs. 2 Nr. 5 aufgehoben und illegale Rennen nach § 315d StGB strafbar (Begr. 2017).

2 Erläuterungen

2.1 Motorsport

Alle motorsportlichen Veranstaltungen mit und ohne Renncharakter sind erlaubnispflichtig, wenn sie im öffentlichen Verkehrsraum stattfinden. Nicht betroffen sind private Motorsporteinrichtungen unter Ausschluss des öffentlichen Verkehrs (z. B. Nürburg-, Noris-, Lausitzring). Wird auf solchen Strecken mit zugelassenen KFZ gefahren, besteht kein Versicherungsschutz aus der KFZ-Versicherung; ausgenommen sind nur Schäden bei einem Verkehrssicherheitstraining auf einer privaten Rennstrecke (OLG Hamm VRS 2017, 233 = NZV 2017, 333; OLG Düsseldorf NZV 2017, 234).

2.1.1 Kraftfahrzeugrennen

Autorennen sind Wettbewerbe zur Erzielung von Höchstgeschwindigkeiten (KG VRS 131, 328 = SVR 2017, 396) oder auch zum Vergleich des Beschleunigungsvermögens (KG VRS 132, 61). Hierzu gehören auch Sonderprüfungen mit Renncharakter, wie Leistungsprüfungen oder Beschleunigungsfahrten (OLG Braunschweig NZV 1995, 38; s. a. Preuß NZV 2018, 537). Eine Siegerermittlung muss nicht vorgesehen sein (OLG Oldenburg DAR 2017, 94; OLG Hamm NZV 2013, 403).[7]

Im öffentlichen Verkehrsraum sind Kraftfahrzeugrennen nur nach vorheriger verkehrsbehördlicher Erlaubnis **und** einer straßenrechtlichen Sondernutzungserlaubnis zulässig, weil Straßen zu verkehrsfremden Zwecken benutzt werden (s. a. § 46 Abs. 3 Satz 1 bis 3; Rn. 4 VwV-StVO zu § 29 Abs. 2). Die Genehmigung steht im pflichtgemäßen Ermessen der Verkehrsbehörden (BVerwG VerkMitt 1998 Nr. 24). Dabei sind das Interesse der Motorsportveranstalter sowie die Mobilitäts- und Immissionsschutzbedürfnisse der Verkehrsteilnehmer und Straßenanlieger gegeneinander abzuwägen. Weiterhin ist die Absicherung der Rennstrecke und der Zuschauer durch ausreichende Auflagen sicherzustellen (OLG Karlsruhe NZV 2015, 126: Zulässigkeit des Haftungsausschlusses; OLG Frankfurt DAR 2006, 271: Haftung bei ungesicherten Pfosten; VG Berlin NJ 2019, 537: Gebührenerhebung für Sondernutzung nach objektiviertem Nutzen). Antragsteller und Verkehrsbehörden sollten sich hierzu der fachkundigen Hilfe von Automobil-Verbänden bedienen (z. B. ADAC, AvD, DMV).

Ohne vorherige Erlaubnis gemäß § 29 Abs. 2 ist eine Teilnahme an Autorennen („Streetracing") nach § 315d StGB strafbar, wobei auch die Fahrzeuge nach § 315f StGB eingezogen werden können (LG Berlin NZV 209,

7 Bei Teilnahme an genehmigten oder unzulässigen Autorennen kann der Versicherungsschutz ausgeschlossen sein (OLG Hamm VerkMitt 2017 Nr. 27: Fahren auf dem Nürburgring; OLG Karlsruhe DAR 2014, 464 = SVR 2014, 432 = VRS 125, 325: „freies Fahren" auf dem Nürburgring).

541 mit Anm. Winkelmann).[8] Dazu gehört die Verabredung oder Willensübereinstimmung der beteiligten Fahrer zur Durchführung eines Wettkampfes mit Kraftfahrzeugen (Sprintrennen), bei dem es um größtmögliche Beschleunigungen oder Höchstgeschwindigkeiten auch über kurze Strecken geht (OLG Hamburg NZV 2018, 478; LG Stade NZV 2018, 486 = DAR 2018, 577 mit Anm. Fromm: Ausfahren des KFZ bis an die physikalisch-technischen Grenzen; s. a. Barthelmess NZV 2019, 289; Jansen NZV 2019, 285). Einer vorherigen Planung bedarf es ebenso wenig wie einer verbalen Vereinbarung. Der spontane Entschluss von Kraftfahrern durch ausgetauschte Blicke oder konkludente Handlungen (Gasgeben im Stand) oder schlichte Teilnahme an einem wilden Rennen anderer reichen aus. Auf die öffentliche Verkehrsfläche (Parkplatz, befestigte Straße, Schotterweg) oder die Länge der Strecke kommt es nicht an. Unter die Strafnorm des § 315d StGB fällt deshalb auch die Flucht vor polizeilichen Einsatzfahrzeugen mit Höchstgeschwindigkeit (AG Waldbröl NZV 2019, 317 mit Anm. Krenberger; LG Berlin NZV 2019, 315 mit Anm. Winkelmann) oder auch die Teilnahme an extrem gefährlichen Rennen als wilde Wettfahrten oder spontanes „Kräftemessen" von Ampel zu Ampel im allgemeinen Verkehr unter Missachtung aller Verkehrsregeln (OLG Saarbrücken NZV 2017, 96: beidseitige Überholmanöver bei unzulässigem Wettrennen) mit teilweise unzulässig „frisierten" Fahrzeugen unter Ausnutzung der höchsten Motorleistung[9] oder „Cannonball-Rallyes"[10] und ähnliche Veranstaltungen quer durch Europa (OLG Bamberg VerkMitt 2011 Nr. 39 = DAR 2011, 93 = NZV 2011, 208; OLG Karlsruhe VRS 1966, 84; s. a. Steinert SVR 2019, 130; Rebler SVR 2018, 415; Müller/Rebler VD 2018, 260).

Zu den unzulässigen Rennen nach § 315d Abs. 1 Nr. 3 StGB gehören auch „Rennen gegen sich selbst", d. h. wenn ein einzelnes KFZ ein Rennen nach-

---

8 **§ 315d StGB Verbotene Kraftfahrzeugrennen** und **§ 315f** (eingeführt durch das 56. Strafrechtsänderungsgesetz vom 30.9.2017 – BGBl. I S. 3532)

(1) Wer im Straßenverkehr
1. ein nicht erlaubtes Kraftfahrzeugrennen ausrichtet oder durchführt,
2. als Kraftfahrzeugführer an einem nicht erlaubten Kraftfahrzeugrennen teilnimmt oder
3. sich als Kraftfahrzeugführer mit nicht angepasster Geschwindigkeit und grob verkehrswidrig und rücksichtslos fortbewegt, um eine höchstmögliche Geschwindigkeit zu erreichen,

wird mit Freiheitsstrafe bis zu 2 Jahren oder mit Geldstrafe bestraft.

(2) Wer in den Fällen des Abs. 1 Nr. 2 oder 3 Leib oder Leben eines anderen Menschen oder fremde Sachen von bedeutendem Wert gefährdet, wird mit Freiheitsstrafe bis zu 5 Jahren oder mit Geldstrafe bestraft.

(3) Der Versuch ist in den Fällen des Abs. 1 Nr. 1 strafbar.

(4) Wer in den Fällen des Abs. 2 die Gefahr fahrlässig verursacht, wird mit Freiheitsstrafe bis zu 3 Jahren oder mit Geldstrafe bestraft.

(5) Verursacht der Täter in den Fällen des Abs. 2 durch die Tat den Tod oder eine schwere Gesundheitsschädigung eines anderen Menschen oder eine Gesundheitsschädigung einer großen Zahl von Menschen, so ist die Strafe Freiheitsstrafe von einem Jahr bis zu 10 Jahren, in minder schweren Fällen Freiheitsstrafe von 6 Monaten bis zu 5 Jahren.

§ 315f StGB Einziehung

Kraftfahrzeuge, auf die sich eine Tat nach § 315d Abs. 1 Nrn. 2 oder 3, Abs. 2, 4 oder 5 bezieht, können eingezogen werden. § 74a ist anzuwenden.

9 Hier kann auch eine Straftat nach § 315c Abs. 1 Nr. 2d StGB in Betracht kommen.

10 Benannt nach dem Erfinder solcher Rennen von der Ost- zur Westküste der USA; bewertet wird die kürzeste Zeit.

stellt und dabei grob verkehrswidrig und rücksichtslos die in der konkreten Situation erzielbaren höchstmöglichen Spitzengeschwindigkeit ausreizt (KG VRS 135, 267 NZV 2019, 314 mit Anm. Quarch; AG Villingen-Schwenningen DAR 2000, 218 = SVR 2020, 146 hält § 315d Abs. 1 Nr. 3 StGB wegen Verstoßes gegen § 103 Abs. 2 GG für verfassungswidrig). „Grob verkehrswidrig" bezieht sich vor allem auf einen besonders eklatanten Tempoverstoß, z. B. Motorradfahrer innerorts mit 100 km/h („Speeding") durch Tempo 30-Zonen. „Rücksichtslos" ist ein Verstoß unter eigensüchtigen Motiven, z. B. „Geschwindigkeitsrausch", anderen „zeigen, wo der Hammer hängt". Insoweit sind die Begriffe identisch wie bei den „sieben Todsünden" des § 315c Abs. 1 Nr. 2 StGB. Hinzu kommen muss bei § 315d Abs. 1 Nr. 3 StGB außerdem der Beweggrund, ein möglich hohes Tempo zu erzielen, auch bei Flucht vor verfolgenden Einsatzfahrzeugen der Polizei (OLG Stuttgart NJW 2019, 2787 = SVR 2019, 349 mit Anm. Steinert). Bloße Tempoüberschreitungen werden dagegen nicht von § 315d StGB umfasst, selbst wenn sie erheblich sind (KG DAR 2020, 149 = NZV 2020, 210 mit Anm. Winkelmann: kein Fahrzeugrennen bei innerörtlicher „sportlicher" Fahrt mit teilweise nur mäßiger Tempoüberschreitung).

Veranstalten zwei Kraftfahrer spontan ein wildes Autorennen, sind beide strafbar und für die Folgen verantwortlich.[11] Das gilt auch für geschädigte Beifahrer, selbst wenn sie infolge eines Fahrfehlers des eigenen Fahrers verletzt werden (OLG Celle VerkMitt 2012 Nr. 67 = NZV 2012, 345 = VRS 123, 48). Beteiligen sich Dritte ohne Absprache an solchen Rennen, unterliegen sie ebenfalls der Strafbarkeit (OLG Hamm NZV 1997, 367). Wird bei einem illegalen Autorennen ein Unbeteiligter getötet, kann außerdem bedingter Tötungsvorsatz nach §§ 211 oder 212 StGB vorliegen, wenn der Täter den Tod als nicht ganz fern liegende Folge seines Handelns erkennt und dies billigt oder sich mit dem Tode abfindet, mag ihm das auch gleichgültig oder unerwünscht sein (BGH Urteil vom 18.6.2020 – 4 StR 482/19: Mord nach § 211 StGB infolge illegalen Autorennen mit tödlichem Ausgang auf der Tauentzienstraße in Berlin; LG Berlin Urteil vom 26.3.2019 – 532 Ks 9/18; BGH DAR 2018, 216 = SVR 2018, 192 = NJW 2018, 1621 = VRS 134, 256 = NStZ 2018, 409 mit Anm. Schneider NStZ 2018, 528: mangels erwiesenen Vorsatzes bei einem illegalen Autorennen mit tödlichem Ausgang auf der Tauentzienstraße in Berlin kein Mord nach § 211 StGB, sondern nur fahrlässige Tötung nach § 222 StGB; s. a. BGH NJW SVR 2017, 358 = 2017, 3011 mit Anm. Esposito: bewusste Gefahrschaffung durch aggressive Fahrweise; BGH NZV 2019, 306 mit Anm. Preuß: „Hamburger Raserfall" mit Suizidmotiv; LG Berlin NStZ 2017, 471; s. a. Zopfs DAR 2020, 16: Autorennen/Alleinraser; Krumm SVR 2020, 8: Alleinraser; Steinert SVR 2019, 326; Heß/Burmann NJW 2018, 3067, 3071; Preuß NZV 2018, 345; Ruhs SVR 2018, 286; Kusche NZV 2017, 416; Preuß NZV 2017, 303). Veranstalter ist dabei derjenige, der ein Autorennen vorbereitet, plant, organisiert und durchführt (OLG Karlsruhe VerkMitt 2011 Nr. 38 = DAR 2011, 273 = VRS 120, 317). Das Verbot von Autorennen in § 29 Abs. 1 ist mit Rücksicht auf die Strafbarkeit nach § 315d StGB aufgehoben worden.

Die für illegale Rennen benutzten Kraftfahrzeuge können nach § 315f StGB eingezogen werden (s. a. Niehaus DAR 2018, 247).

11 Ein Haftungsausschluss nach den für gefährliche Sportarten entwickelten Grundsätzen kommt bei grob fahrlässiger Handlungsweise nicht in Betracht (OLG Karlsruhe VerkMitt 2012 Nr. 59 = DAR 2012, 519 = NZV 2012, 585).

2.1.2 Motorsportliche Veranstaltungen ohne Renncharakter

Andere motorsportliche Veranstaltungen ohne Renncharakter sind ebenso erlaubnispflichtig (z. B. finden keine Sonderprüfungen statt).[12] Zur Genehmigungspflicht mit entsprechenden Auflagen gelten die Vorschriften der VwV-StVO zu § 29 Abs. 2, so bei Wertungen nach gefahrenen Kilometern, bei vorgeschriebenen Durchschnitts- bzw. Mindestgeschwindigkeiten, Fahrzeiten, Streckenführungen, Fahren im geschlossenen Verband (§ 27) oder bei Teilnahme von 30 oder mehr KFZ. Im Gegensatz zu geschlossenen Verbänden nach § 27 überwiegt bei solchen Veranstaltungen der motorsportliche Zweck, nicht die Ortsveränderung.

Jeder Veranstalter eines motorsportlichen Wettbewerbs ist verkehrssicherungspflichtig; Auflagen der Polizei befreien ihn nicht von der Prüfung, ob weitergehende Sicherungsmaßnahmen zu treffen sind (BGH DAR 1975, 127 = VRS 48, 251). Auch hier sind die Interessen des Veranstalters gegen die der Verkehrsteilnehmer und Straßenanlieger abzuwägen (VG Koblenz DAR 1992, 394; OVG Münster 1996, 369). Hinsichtlich der für den Motorsport eingesetzten Fahrzeuge gelten die Empfehlungen vom 10.11.2014 für die Erteilung von Ausnahmen nach § 70 StVZO für die Genehmigung von KFZ der Klassen M_1 und N, die für registrierte und genehmigte Motorsportveranstaltungen (Rallyesport-, Cross-Country-Veranstaltungen) bestimmt sind (VkBl. 2014, 843).

2.2 Sonstige Veranstaltungen

Veranstaltungen sind auf Verkehrsflächen organisierte, zweckbestimmte Ereignisse mit einem begrenzten Zeitumfang, an denen Menschengruppen[13] teilnehmen und deren primäre Zielsetzung nicht der Ortsveränderung oder dem Transport von Menschen und Gütern dient. Im Gegensatz zu einer (politischen) Versammlung ist die Zielsetzung nicht auf eine gemeinsame Meinungsbildung oder -kundgabe gerichtet, sondern auf das Konsumieren, Feiern, Darstellen oder die Teilnahme an Ereignissen (Sport-, Musik-, Festveranstaltungen, Flashmobs oder Ähnlichem). Eine **Ansammlung** als zufällige Zusammenkunft mehrerer Menschen anlässlich eines Ereignisses ist weder Veranstaltung noch Versammlung, z. B. Autokorso nach einem gewonnenen Fußballspiel, Menschenansammlung nach einem Unfall, Bergsturz, Hochwasser oder sonstigen Schadereignissen. Nicht jede Veranstaltung im öffentlichen Verkehrsraum ist erlaubnispflichtig, sondern nur solche, bei denen eine (abstrakte) Verkehrsbeeinträchtigung zu besorgen ist, z. B. Straßenfeste, Umzüge, Sportveranstaltungen, Konzerte, nicht aber Laternenumzüge von Kindergärten auf Gehwegen. Näheres regelt die VwV-StVO zu § 29 Abs. 2.[14] Wird eine erlaubnispflichtige Veranstaltung ohne Genehmigung der Straßenverkehrsbehörde durchgeführt, ist neben dem Veranstalter auch ein Sportleiter über § 14 OWiG bußgeldpflichtig, der sich an der Veranstaltung in herausgehobener

12 Der Begriff „Motorsport" i. S. d. Anhangs 1 Nr. 10.17.2 der 4. BImSchV ist weit auszulegen und umfasst jede Fortbewegung mit motorischer Hilfe unter angestrengtem körperlichem und geistigem Einsatz (OVG Münster VerkMitt 2017 Nr. 54).

13 Menschengruppen müssen mindestens zwei Personen umfassen. Ein auf Privatgelände stattfindender Weihnachtsmarkt ist nicht genehmigungspflichtig nach § 29 Abs. 2, selbst wenn er mehr als 10000 Besucher anzieht (OVG Münster NZV 2016, 400).

14 Zur Haftung und Verkehrssicherung bei Festveranstaltungen siehe Jahnke NZV 2019, 57.

Veranstaltererklärung
(VkBl. 2012, 729)

....

(Veranstalter)

...., den ....

(Ort) (Datum)

An
Straßenverkehrsbehörde
Musterstraße
11111 Musterstadt

Hinsichtlich der von mir beantragten Veranstaltung

....

(Bezeichnung und Datum der Veranstaltung)

erkläre ich Folgendes:

1. Mir ist bekannt, dass die Veranstaltung eine Sondernutzung im Sinne des § 8 Bundesfernstraßengesetz (FStrG) bzw. ... (ggf. einfügen: §§ des Straßengesetzes des Landes) darstellt und ich als Erlaubnisnehmer alle Kosten zu ersetzen habe, die dem Träger der Straßenbaulast durch die Sondernutzung entstehen.
2. Mir ist bekannt, dass der Träger der Straßenbaulast und die Straßenverkehrsbehörde keinerlei Gewähr dafür übernehmen, dass die Straßen samt Zubehör durch die Sondernutzung uneingeschränkt benutzt werden können. Den Träger der Straßenbaulast trifft im Rahmen der Sondernutzung keinerlei Haftung wegen Verletzung der Verkehrssicherungspflicht.
3. Soweit die zuständigen Behörden aus Anlass der Veranstaltung Aufwendungen für besondere Maßnahmen verlangen können, verpflichte ich mich, diese zu erstatten.
4. Über den nach der Allgemeinen Verwaltungsvorschrift zu § 29 Abs. 2 Straßenverkehrs-Ordnung (StVO) für Veranstaltungen vorgeschriebenen Umfang von Haftpflichtversicherungen sowie ggf. notwendigen Unfallversicherungsschutz bin ich informiert. Mir ist bekannt, dass es sich bei den in der vorgenannten Verwaltungsvorschrift aufgeführten Versicherungssummen lediglich um Mindestversicherungssummen handelt. Eine Bestätigung zu dem von der Erlaubnisbehörde verlangten Versicherungsschutz stelle ich zur Verfügung bzw. habe ich bereits zur Verfügung gestellt. Mir ist bekannt, dass ohne eine solche Bestätigung die Erlaubnis nicht erteilt werden kann.

....

(Unterschrift) (Name in Druckschrift oder Stempel)

Stellung beteiligt, z. B. bei der Endkontrolle (OLG Düsseldorf VerkMitt 1979 Nr. 94 = DAR 1979, 106 = VRS 56, 365).

Wesentlicher Inhalt der Erlaubnis ist die Gewährleistung der Sicherheit und Ordnung für Dritte durch Nebenbestimmungen der Erlaubnis (s. a. Roeßink VD 2013, 298: „Love Parade"-Tragödie am 24.7.2010 in Duisburg). Infolgedessen darf nicht nur das Interesse des Veranstalters gegenüber den Belangen der Allgemeinheit überwiegen, sondern es müssen auch angemessene Verkehrsumleitungen erfolgen sowie die Anliegerinteressen und vor allem die Sicherheit für die Teilnehmer innerhalb des Veranstaltungsraums berücksichtigt werden (OLG Koblenz DAR 2014, 145: Absperrgitter bei Rosenmontagsumzug). Dazu sind sorgfältige Planungen erforderlich, die alle Sicherheitsaspekte berücksichtigen. Der Umstand, dass eine geforderte Sicherheitsmaßnahme unüblich ist, schließt nicht aus, dass sie erforderlich ist.[15]

Werden Straßen durch Veranstaltungen mehr als verkehrsüblich in Anspruch genommen und wird dadurch der nach den Straßengesetzen

15 So ist z. B. bei einer städtischen Silvesterparty das Mitbringen von Feuerwerkskörpern zu unterbinden, bei anderen Großveranstaltungen sind ausreichende Rettungswege, Brandschutzmaßnahmen und ärztliche Sofortmaßnahmen zu gewährleisten.

bestimmte Widmungsinhalt (Verkehr und Gemeingebrauch) überschritten, ist neben der ordnungsrechtlichen Erlaubnis nach § 29 Abs. 2 auch eine **Sondernutzungserlaubnis** erforderlich.[16] Berührungspunkte hat das Straßenverkehrsrecht zum Straßenrecht stets dort, wo Verhaltensweisen durch Ausnahmen oder Erlaubnisse zugelassen werden, die den Gemeingebrauch an öffentlichen Straßen übersteigen. Das gilt insbesondere im öffentlichen Verkehrsraum bei Autorennen (§ 29 Abs. 1), bei Veranstaltungen (§ 29 Abs. 2), beim Lagern von Gegenständen (§ 32) und beim Anbieten von Waren und Leistungen (§ 33 Abs. 1).

Der Veranstalter haftet für die Einhaltung von Sicherungspflichten und Auflagen der Veranstaltungserlaubnis gemäß §§ 280, 278 oder 823, 831 BGB (OLG Hamm NZV 2014, 359: keine Haftung für Nachzügler einer Fahrradtour). Er muss Erklärungen über Sondernutzung, Aufwendungserstattung, Haftpflicht- und Unfallversicherungsschutz in einem Formblatt abgeben (Muster nach Rn. 35 VwV-StVO zu § 29 Abs. 2: VkBl. 2012, 729). Als Versicherungsnachweis der Versicherungsgesellschaften dient das im VkBl. 2012, 730 abgedruckte Formblatt. Die nach Rn. 20 bis 30 VwV-StVO zu § 29 ausgewiesenen Versicherungssummen sind Mindestbeträge, wobei die vor den Klammerzusätzen stehenden Summen jeweils als die für Personenschäden insgesamt zur Verfügung stehenden Versicherungssummen anzusehen sind. Die Summen im Klammerzusatz selbst stellen eine Art Verteilerschlüssel dar, die keine Multiplikation mit der Zahl der Teilnehmer zulässt. Bei Großveranstaltungen mit Tausenden von Teilnehmern (Rn. 11 VwV-StVO zu § 29) reicht die Gesamtversicherungssumme aber meist nicht aus. Die Straßenverkehrsbehörde muss deshalb bei der Genehmigung von Massenveranstaltungen auch darauf achten, dass die Versicherungsbeträge dem Veranstaltungsrisiko angemessen sind, andernfalls die Straßenverkehrsbehörde für Ausfälle selbst haftet.[17]

Von den Veranstaltungen sind politische und kirchliche Versammlungen zu unterscheiden.

2.2.1 Politische Versammlungen

Bei Veranstaltungen politischer Parteien oder Vereinigungen tritt das Erlaubnis- oder Ausnahmegenehmigungsverfahren hinter das Grundrecht der Versammlungsfreiheit (Art. 8 GG) zurück (BVerwG NZV 1989, 325; s. a. Weber NJ 2019, 472); es gelten nur die Vorschriften des **Versammlungsgesetzes** (VersG). Im Verfahren sind die politischen Parteien nach § 3 Parteiengesetz aktiv und passiv legitimiert. Eine (politische) Versammlung besteht in der gezielten Zusammenkunft von Personen, die durch Meinungsbildung oder Meinungsäußerung in öffentlichen Angelegenheiten eine kollektive Aussage machen. Entscheidend ist eine beabsichtigte Gruppenbildung mit politischem Bezug und Überindividualität, die durch Diskussion und Demonstration ein „Wir-Gefühl" vermittelt. Zufällige Ansammlungen oder Darbietungen mit politischem Bezug stellen hingegen keine Versammlung

16 Erlaubnis nach den Straßengesetzen der Länder, bei Bundesfernstraßen nach dem FStrG. Vor Erteilung einer Sondernutzungserlaubnis ist eine sorgfältige Ermessensausübung der Straßenbaubehörden erforderlich. Dabei dürfen keine Gesichtspunkte einer Wirtschaftsförderung oder Gewinnmaximierung zugunsten von Unternehmen berücksichtigt werden (OVG Münster VRS 127, 215).

17 Es wäre zu begrüßen, wenn Bund und Länder die VwV-StVO nebst den notwendigen Versicherungssummen an stationäre Großveranstaltungen anpassen würde.

dar. Deshalb unterliegen sonstige Aktivitäten politischer Gremien im Straßenraum den allgemeinen Gesetzen, somit auch der Genehmigungspflicht nach der StVO, z.B. für einen politisch orientierten Info-Stand nach § 32.[18] Gleiches gilt für Sport-, Party- oder ähnliche Veranstaltungen im Straßenraum, denen lediglich zur Umgehung der sonst notwendigen Kostentragungspflicht[19] ein „politisches Mäntelchen" umgehängt wird, z.B. Veranstaltung von Inline-Skatern („Skaternights"), ein von einer politischen Partei ausgerichtetes Schülerfest (VG Braunschweig NZV 2000, 143), ein Trauerkorso für ein verstorbenes Sportidol, die „Love-Parade". Werden solche Veranstaltungen unter einer politischen Grundidee durchgeführt (z.B. „Friede, Freude, Eierkuchen"), stehen Musik und Tanz nicht für eine kollektive politische Aussage, sondern für den Fun am Happening einer öffentlichen Massenparty (BVerfG NJW 2001, 2459). Eine politische Versammlung in einer überdachten Bahnsteighalle findet i.S.d. § 26 Nr. 2 VersammlG nicht „unter freiem Himmel" statt (OLG Köln VerkMitt 2019 Nr. 44).[20]

Verkehrsbeschränkungen durch einen (rechtmäßigen) Aufzug müssen als sozial-adäquate Nebenfolgen des Demonstrationsrechts (Art. 5 GG) hingenommen werden, weil andernfalls Versammlungen auf öffentlichen Straßen nicht möglich wären. Das gilt auch bei Versammlungen von Minderheiten, denen sonst die öffentliche Aufmerksamkeit verschlossen ist. Auf den Inhalt der Botschaften kommt es nicht an. Auch Andersdenkende dürfen an einer Versammlung teilnehmen. Nicht geschützt sind dagegen Personen, die die Versammlung mit Gewalt stören, sprengen oder vereiteln wollen; sie machen sich nach §§ 2 Abs. 2, 21 VersG strafbar. Außerdem darf niemand die Aufmerksamkeit für sein Demonstrationsanliegen dadurch erhöhen, dass er absichtlich und gezielt Gefährdungen oder Behinderungen unbeteiligter Dritter herbeiführt. Liegt der Hauptzweck im „Selbstvollzug" des Gewollten, liegt regelmäßig ein Grundrechtsmissbrauch vor, so dass die Versammlung untersagt werden kann (§ 15 Abs. 1 VersG). Das BVerfG hat zwar in seinen Blockadebeschlüssen festgestellt, dass die Versammlungsfreiheit auch an verkehrskritischen Orten gilt (BVerfG NJW 1985, 2395; NZV 1991, 157; NJW 1995, 1141). Unzulässig bleiben jedoch Versammlungen an Orten, an denen sie Gefahren für die öffentliche Sicherheit begründen können. Eine Sitzblockade oder Laufen auf der Fahrbahn zur Verkehrsbehinderung ist zwar keine Nötigung i.S.d. § 240 StGB (BVerfG NJW 1995, 1141; BGH NJW 1996, 203), die Grenzen des Versammlungsrechts überschreiten sie jedoch allemal. Werden außerdem Hindernisse aufgestellt, um den Verkehr gezielt anzuhalten, kann auch strafbare Nötigung vorliegen (BGH VerkMitt 1996 Nr. 1 = NZV 1995, 453 = DAR 1995, 453 = VRS 90, 382; OLG Stuttgart VRS 89, 288; Rebler DAR 2011, 372).

18 Parallel dazu auch Genehmigungen nach den landesrechtlichen Straßen- und Lärmschutzbestimmungen.

19 Genehmigungsgebühren, Sicherung des Verkehrsraums, Absperrungen, Umleitungsbeschilderung, Straßenreinigung, Schadensbeseitigung am Straßenzubehör.

20 **§ 26 VersammlG**

Wer als Veranstalter oder Leiter

1. eine öffentliche Versammlung oder einen Aufzug trotz vollziehbaren Verbots durchführt oder trotz Auflösung oder Unterbrechung durch die Polizei fortsetzt oder
2. eine öffentliche Versammlung unter freiem Himmel oder einen Aufzug ohne Anmeldung (§ 14) durchführt,

wird mit Freiheitsstrafe bis zu einem Jahr oder mit Geldstrafe bestraft.

Eine Freiheitsberaubung nach § 239 StGB liegt nicht vor, wenn bei einer Straßenblockade der Bereich ohne Gefahr noch zu Fuß verlassen werden kann (OLG Hamm VRS 92, 208). Versammlungen auf Autobahnen oder Kraftfahrstraßen (z. B. Fahrradkorso) sind grundsätzlich unzulässig und nach § 15 Abs. 1 VersG zu verbieten. Autobahnen und Kraftfahrstraßen dienen nach ihrem eingeschränkten Widmungszweck dem Schnellverkehr und stehen – anders als sonstige Straßen – nicht der Kommunikation zur Verfügung (OVG Münster NJW 2018, 1118; OVG Lüneburg DAR 1994, 507 und NZV 1995, 332; a. A. VGH Kassel NJW 2009, 312;[21] s. a. Scheidler VD 2011, 243 und NZV 2015, 166). Gleiches gilt für Spontanversammlungen, deren Entschluss und Durchführung zusammenfallen, so dass eine Anmeldung zeitlich nicht mehr möglich ist. Anders bei Eilversammlungen, die der Anmeldungspflicht, nicht aber der 48-Stunden-Frist unterliegen.

Die für eine politische Versammlung mitgeführten Gegenstände sind Bestandteile der Demonstration und unterliegen nicht den Verbotsnormen der §§ 32, 33 oder landesrechtlichen Straßen- und Lärmschutzbestimmungen, sofern sie für die kollektive Aussage wesensnotwendig sind, wie Lautsprecher zur verbalen Ansprache großer Teilnehmergruppen, Spruchbänder. Dienen solche Gegenstände indes nur dem wesensfremden Nebengeschehen, kann ihre Nutzung untersagt bzw. bei geringer Beeinträchtigung der Öffentlichkeit eine verkehrs- oder lärmrechtliche Ausnahme oder Sondernutzungserlaubnis erteilt werden, z. B. Zelte als reiner Witterungsschutz für Mahnwachen oder Hungerstreik, Tische zum Straßenverkauf von Informationsmaterial, Tonübertragungsgeräte zur bloßen Unterhaltung der Teilnehmer (VG Berlin NZV 2004, 761).

2.2.2 Arbeitskampfmaßnahmen

Arbeitskampfmaßnahmen der Tarifpartner im öffentlichen Verkehrsraum fallen ebenfalls unter das Versammlungsrecht, so dass § 29 Abs. 2 zurücktritt. Der Umstand, dass eine Aktivität im Verkehrsraum ohne vorherige Anmeldung nach § 14 VersG erfolgt, macht die Arbeitskampfmaßnahme allein deswegen nicht unzulässig (insoweit gelten hier die gleichen Grundsätze wie bei Spontandemonstrationen). Die damit einhergehenden Beeinträchtigungen des Verkehrs müssen von Unbeteiligten wegen des Stellenwertes der Grundrechte aus Art. 5 und 8 GG im Regelfall hingenommen werden. Das gilt auch für Verluste von Handels- oder Gewerbebetrieben durch Blockierung der Kundenzugänge. Die Grenze liegt jedoch dort, wo durch Arbeitskampfmaßnahmen zielgerichtet in andere Grundrechte, z. B. Art. 2 (Handlungsfreiheit), Art. 12 GG (Berufsausübung), eingegriffen wird, ohne dass die Meinungsäußerung dies zwingend erfordert. Derartige Aktionen sind dann nicht mehr als „friedliche Versammlung" i. S. d. Art. 8 Abs. 1 GG anzusehen und deshalb rechtswidrig, z. B. Blockierung des Verkehrs durch quergestellte Fahrzeuge, um am Streik Unbeteiligte die Auswirkungen des Arbeitskampfes spüren zu lassen und dadurch öffentliches Aufsehen zu erregen; die Polizei kann diese Fahrzeuge entfernen.

---

21 Das FStrG gestattet auch Sondernutzungserlaubnisse für andere Zwecke, dementsprechend sind auch Demonstrationen nicht auszuschließen.

2.2.3 Religiöse Versammlungen

Die Grundsätze für politische Versammlungen gelten im Prinzip auch für Religionsgemeinschaften, die sich die Pflege des religiösen Lebens ihrer Mitglieder zum Ziel gesetzt haben. Zwar enthält das Grundrecht der Religionsfreiheit nach Art. 4 GG keinen ausdrücklichen Gesetzesvorbehalt, wie er noch in Art. 135 Satz 3 WRV normiert war. Die Grenzen der Religionsfreiheit im Rahmen der allgemeinen Gesetze folgen jedoch aus Art. 140 GG i. V. m. Art. 136 WRV, jedenfalls aus den immanenten Schranken des Grundrechtes selbst. Dementsprechend steht die Notwendigkeit von Erlaubnissen und Ausnahmegenehmigungen nach der StVO für den organisatorischen Ablauf kirchlicher oder sonstiger weltanschaulicher Aktivitäten nicht in Kollision zu Art. 4 GG (z. B. bei karitativen Sammlungen). Für kirchliche Feiern und Prozessionen im Verkehrsraum findet das Versammlungsgesetz keine Anwendung, weil es insoweit an einer Meinungsbildung in „öffentlichen Angelegenheiten" fehlt.[22] Anwendbar ist aber § 29 Abs. 2, wobei eine Genehmigungspflicht dann entfällt, wenn sich die Veranstaltung im ortsüblichen Rahmen hält (meist besteht nur Mitteilungspflicht an die Ortspolizei zur verkehrlichen Absicherung). Sofern wegen der Größe der Veranstaltung und des in Anspruch genommenen Verkehrsraums eine Genehmigungspflicht nach § 29 Abs. 2 und nach dem Landesstraßenrecht (Sondernutzung) besteht, ist bei der Ermessensentscheidung den Grundrechten der Art. 4 und 8 GG im Rahmen der öffentlichen Sicherheit und Ordnung Rechnung zu tragen, d. h. sie ist im Regelfall zu genehmigen.

2.2.4 Plakatwerbung politischer Parteien

Die Aufstellung von Werbeplakaten durch politische Parteien erfordert eine Ausnahme nach §§ 32, 46 Abs. 1, sofern **abstrakt** eine Verkehrserschwerung eintreten kann. Außerdem bedarf es einer Sondernutzungserlaubnis nach den (landesrechtlichen) Straßengesetzen. Die Erteilung beider Genehmigungen steht im pflichtgemäßen Ermessen der Verkehrsbehörden (BVerfG NZV 1995, 85; VRS 89, 55) und ist am Grundrecht der freien Meinungsäußerung (Art. 5 GG) zu orientieren. Eine Versagung der Genehmigung ist nur gerechtfertigt, wenn Plakate wichtige öffentliche Belange beeinträchtigen, insbesondere die Verkehrssicherheit oder das (historische) Stadtbild (OVG Berlin-Brandenburg NZV 2020, 158 mit Anm. Koehl). Vertretbar ist es jedoch, das ortsübliche Plakatieren unmittelbar vor Bundestags-, Landtags- oder Kommunalwahlen (sechs Wochen vorher) als Gemeingebrauch anzusehen, so dass es weder einer Ausnahme- noch einer Sondernutzungsgenehmigung bedarf. Voraussetzung ist dabei, dass Art, Umfang und Ausmaß der Plakate keine unverhältnismäßigen Störungen im Verkehrsablauf bewirken.

2.2.5 Abstellen von Miet-E-Scootern im Verkehrsraum

Die gewerbliche Nutzung vor allem von Fußverkehrsflächen durch kommerzielle Anbieter von Miet-Elektro-Scootern (Elektrokleinstfahrzeuge) und Miet-E-Bikes führt in Städten und Kommunen zunehmend zu Problemen, insbesondere für Fußgänger und mobilitätseingeschränkte Personen.

---

22 Nach § 17 VersG gelten die §§ 14 bis 16 (Anmeldepflicht, Auflagen, Auflösung, Bannkreise) nicht für Gottesdienste unter freiem Himmel, kirchliche Prozessionen, Bittgänge und Wallfahrten, gewöhnliche Leichenbegängnisse, Züge von Hochzeitsgesellschaften und hergebrachte Volksfeste.

Beim Anbieten solcher Fahrzeuge zum Anmieten steht nicht mehr der Verkehrszweck (ruhender Verkehr) im Vordergrund, sondern das gewerbliche Anbieten einer Dienstleistung. Zwar hält die Rechtsprechung das Parken von Vermietfahrzeugen noch für gemeingebräuchlich (BVerwG VerkMitt 1983 Nr. 21 = VRS 63, 229 = NJW 1982, 2332; OVG Hamburg VerkMitt 2009 Nr. 86 = VRS 117, 252 = NZV 2010, 222). Bei dem Massenphänomen der Miet-E-Scooter dürfte aber die Grenze überschritten sein. Das massenhafte und wilde Parken dieser Fahrzeuge vor allem auf Gehwegen ist nicht mehr vom erlaubnisfreien Gemeingebrauch umfasst. Dies gilt auch bei stationslosen Angeboten, sogenannten Freefloating-Vermietmodellen, bei denen die Fahrzeuge der Vermietflotten lediglich einzeln im Straßenland zur Anmietung abgestellt werden. Es wäre deshalb zu begrüßen, wenn eine allgemeine Erlaubnispflicht zum Parken dieser Fahrzeuge eingeführt würde. Unbeschadet dessen können bereits jetzt schon die Straßenbaulastträger eine Sondernutzungspflicht nach den landesrechtlichen Straßengesetzen von den Betreibern einfordern.

2.3 Großraum- und Schwertransporte

Großraum- und Schwertransporte nach **§ 29 Abs. 3** weichen hinsichtlich der Kraftfahrzeuge und Anhänger sowie der Ladung von den höchstzulässigen Abmessungen und Gewichten der §§ 22 Abs. 2 StVO und 34 StVZO ab, insbesondere mit mehr als 2,55 m Breite (bei Kühlfahrzeugen: 2,60 m), 4 m Höhe, 18,75 m Länge (ohne Ladungsüberhang), 40 t bei Zügen oder 44 t bei Sattelkraftfahrzeugen (Rebler SVR 2012, 299). Die Gewichtsgrenzen dienen der Schonung von Straßen- und Ingenieurbauten, so dass für höhere Gewichte und Abmessungen Ausnahmegenehmigungen von den Verbotstatbeständen §§ 22 Abs. 2 StVO und 34 StVZO (OLG Celle VerkMitt 2013 Nr. 64 = VRS 124, 353) und Erlaubnisse nach § 29 Abs. 3 StVO erforderlich sind. Im Verhältnis zum **Straßenrecht** des Bundes und der Länder gilt Folgendes: Auch Großraum- und Schwertransporte dienen dem straßenrechtlichen Widmungszweck der Ortsveränderung. Andererseits bezieht sich die Widmung nur auf die verkehrsübliche Inanspruchnahme von Verkehrsflächen, denn Straßen- und Ingenieurbauten orientieren sich an den maximalen zulassungsrechtlichen Werten nebst Toleranzen. Daher sind Großraum- und Schwertransporte straßenrechtlich sondernutzungspflichtig. Das Erlaubnisverfahren nach § 29 Abs. 3 dient der Verzahnung des Straßen- mit dem Straßenverkehrsrecht insoweit, als es nicht nur die ordnungsrechtliche Funktion eines sicheren Verkehrs gewährleisten soll, sondern auch mit dem Anhörverfahren bei den Straßenbaubehörden die sonst notwendige straßenrechtliche Erlaubnis miteinbezieht.[23] Einer zusätzlichen Erlaubnis der Straßenbaubehörde bedarf es im Regelfall somit nicht.

Zunächst muss das Transportfahrzeug oder der Zug selbst unter Erteilung einer Ausnahmegenehmigung von den Bau- und Betriebsvorschriften (insbesondere §§ 32, 34 StVZO) nach § 70 StVZO zugelassen werden (s. a. Rebler SVR 2016, 161; Rebler/Borzym VD 2016, 87 und Rebler VD 2016, 99). Diese Ausnahmegenehmigung erteilt die für das Zulassungsverfahren zuständige höhere Verwaltungsbehörde (meist der Regierungspräsident oder die Bezirksregierung) aufgrund eines Gutachtens einer Technischen Prüfstelle

23 S.a. Rn. 94 VwV-StVO zu § 29 Abs. 3; im Ergebnis auch Kodal/Krämer, Straßenrecht, 6. Aufl. 1999, S. 622.

für den Kraftfahrzeugverkehr (z.B. TÜV, DEKRA). Mit der Zulassung (Erteilung der Betriebserlaubnis und Zuteilung des amtlichen Kennzeichens) darf das Großraum- und Schwertransportfahrzeug nur ohne Ladung fahren. In die zulassungsrechtliche Ausnahme kann aber bereits eine zehnprozentige Ladungsüberschreitung einbezogen werden (s.a. Rebler VD 2013, 35).[24] Andererseits darf von der zulassungsrechtlichen Ausnahmegenehmigung dann nicht Gebrauch gemacht werden, wenn diese als Bedingung die Erteilung einer Erlaubnis nach § 29 Abs. 3 voraussetzt (OLG Celle VerkMitt 2011 Nr. 64 = NZV 2011, 311). Überschreitet bereits allein das Einzelfahrzeug oder die Fahrzeugkombination ohne Ladung die zulässigen Gewichte oder Abmessungen, ist für den Betrieb stets eine straßenverkehrsbehördliche Erlaubnis nach § 29 Abs. 3 erforderlich.

Für die Durchführung eines Großraum- und Schwertransports **mit Ladung** ist eine zusätzliche Erlaubnis der Straßenverkehrsbehörde (am Standort des KFZ oder am Ort der Ladungsaufnahme) nach § 29 Abs. 3 erforderlich; s.a. Richtlinien für Großraum- und Schwertransporte (**RGST**) nebst Formblättern für Anträge und Bescheide i.d.F. vom 27.1.2014 (VkBl. S. 154); s.a. Hornof VD 2014, 205.[25] Die Erlaubnis wird für jede Fahrt oder für gleichartig wiederkehrende Transporte als Dauererlaubnis erteilt. Voraussetzung ist, dass es sich um eine **unteilbare Ladung** (und nicht um Stückgüter) handelt.[26] Müssen bei der Beförderung übergroßer selbstfahrender land- oder forstwirtschaftlicher Arbeitsmaschinen die Räder abgenommen werden, gelten das Fahrwerk und das Zubehör als eine unteilbare Ladung; sie können mit dem Großraumtransportfahrzeug mitgenommen werden. Außerdem muss der Transporteur bei bestimmten Fahrten durch eine **Negativbescheinigung** nachweisen, dass der Transport weder mit der Eisenbahn noch auf Wasserstraßen möglich ist.

Außerdem muss der Fahrweg für den Transport geeignet sein, d.h. Straßen, Brücken und Tunnel müssen die Last aushalten und die Abmessung zulassen. Dies wird durch Anhörung der Straßenbaubehörden entlang der vorgesehenen Transportstrecke durch die Verkehrsbehörde mit den Baulastträgern geklärt (oft wird der Fahrweg vorgeschrieben). Für das Anhörverfahren soll das internetbasierte „Verfahrensmanagement für die Durchführung des Verfahrens zur Erlaubnis von Großraum- und Schwertransporten" (VEMAGS) angewendet werden (s.a. Saller VD 2018, 215 zur Fahrtwegeerkundung). Dabei können die Bescheide nach § 46 Abs. 3 Satz 4 auch in elektronischer Form mit Signatur übermittelt werden. Zur Vermeidung von Verkehrsstörungen werden die Fahrzeiten durch Nebenbestimmungen der Erlaubnis festgelegt (z.B. nur über die Autobahn außerhalb der Verkehrsspitzenzeiten) und eine evtl. notwendige Begleitung durch Sicherungsfahrzeuge oder Polizei vorgeschrieben (s.a Erl. 3.4 zu § 29). Der Beförderungsunternehmer

---

24 Wird die durch die Ausnahme nach § 70 StVZO zugelassene Höchstmasse überschritten, orientiert sich die Überschreitung nicht an der gesetzlichen, sondern an der zugelassenen Höchstmasse (OLG Schleswig DAR 2016, 93).

25 Die RGST orientieren sich eng am bewährten Aufbau der RGST 1992 (VkBl. 1992, 199 i.d.F. 1996, 238, 1997, Nr. 70 und VkBl. 2003, 786). Die Neufassung der RGST sind beim Verkehrsblatt-Verlag als Sonderdruck B 3420 zu beziehen.

26 Unteilbar ist eine Ladung, wenn sie technisch nicht zerlegt werden kann oder die Zerlegung und der Zusammenbau unzumutbare Kosten verursachen würde (VGH Mannheim VerkMitt 2010 Nr. 43 = VRS 130, 148). Genehmigungsfähig ist auch eine Ladung, die aus zwei jeweils unteilbaren Stücken besteht, die aus Festigkeitsgründen nicht als Einzelteile befördert werden können (s.a. Rn. 87 bis 90 VwV-StVO zu § 29 Abs. 3).

Begleitfahrzeuge für Großraum- und Schwertransporte

Die Ausrüstung von Begleitfahrzeugen für den Großraum- und Schwertransport soll die Polizei in standardisierten Begleitfällen entlasten. Die Fahrer der Begleitfahrzeuge gelten als beauftragte „Verwaltungshelfer" und können über angeordnete unterschiedliche Wechselverkehrszeichen den übrigen Verkehr lenken.

muss dem Fahrpersonal Sicherheitsanweisungen geben, wenn ein Transport eine besondere Verkehrsgefahr bedeutet (BGH VRS 10, 252). Erst dann kann der Transport durchgeführt werden. Zulässig ist auch eine Auflage, dass während des gesamten Transports eine sachkundige Person anwesend ist, die die deutsche Sprache beherrscht (VGH Mannheim VerkMitt 2019 Nr. 67 = VRS 133, 259 = NZV 2018, 522 mit Anm. Rebler). Im Übrigen haftet die durchführende Firma für alle Schäden, die auf den Transport zurückzuführen sind, an Straßen und deren Einrichtungen sowie gegenüber anderen Verkehrsteilnehmern. Zur Schadenabdeckung sind entsprechende Versicherungen nachzuweisen.

§ 29 Abs. 3 gilt nicht für eine lediglich ladungsbedingte Überschreitung der zulässigen Abmessungen; hier ist eine **Ausnahmegenehmigung** nach § 46 Abs. 1 Nr. 5 erforderlich (OLG Düsseldorf VerkMitt 1991 Nr. 3). Näheres regelt die VwV-StVO zu § 46 Abs. 5. Das Verfahren entspricht im Wesentlichen dem der VwV-StVO zu § 29 Abs. 3. § 29 Abs. 3 gilt auch nicht für Sattelzugkombinationen, für die nach §§ 32, 32a, 34, 70 StVZO durch Ausnahmegenehmigung gestattet worden ist, einen weiteren Anhänger anzuhängen (**Lang-LKW** oder Gigaliner).[27]

27 Dabei gilt der Triebwagen nicht als Zugmaschine i. S. d. § 18 Abs. 5 Nr. 2, so dass mit dieser Fahrzeugkombination 80 km/h gefahren werden darf (§ 18 Abs. 5 Nr. 1). Mit der Verordnung Ausnahmen von straßenverkehrsrechtlichen Vorschriften für Fahrzeuge und Fahrzeugkombinationen mit Überlänge vom 19.12.2011 (eBAnz AT144 2011 V2) i.d.F der 5. Änderungsverordnung vom 15.7.2015 (eBAnz AT22.07.2015 V1) werden in einem Großversuch die Auswirkungen von Lang-LKW bis 25,25 m, allerdings unter Einhaltung der maximal zulässigen Gewichte, untersucht. An dem Versuch unter Beteiligung der BASt sind zwölf Bundesländer auf rd. 90 in der Anlage aufgeführten Streckenabschnitten beteiligt. Festgestellt wurden vom BMVI u. a. Effizienzgewinne und Kraftstoffersparnisse zwischen 15 und 25 %, zwei Lang-LKW könnten drei reguläre LKW ersetzen, kein erhöhter Erhaltungsaufwand für die Infrastruktur, keine Hinweise auf größeren Stress oder eine erhöhte psychologische Beanspruchung der Fahrer.

Für die **Durchführung** von **Großraum- und Schwertransporten** gilt das Merkblatt über die Ausrüstung von privaten Begleitfahrzeugen zur Absicherung von Großraum- und Schwertransporten vom 29.5.2015 (VkBl. S. 404 i.d.F. vom 9.10.2015 – VkBl. S. 685) nebst Veröffentlichung von Regelplänen für straßenverkehrsrechtliche Anordnungen der Straßenverkehrsbehörde zwecks Verlagerung der Standardbegleitfälle der Polizei unter Zuhilfenahme privater Verwaltungshelfer zur Visualisierung der Verkehrszeichenanordnungen im Rahmen der Begleitung von Großraum- und Schwertransporten vom 9.10.2015 (VkBl. S. 989).[28] Die Regelpläne beziehen sich auf Autobahnen und andere autobahnähnlich ausgebaute (zweistreifige) Straßen. Eine Polizeibegleitung der Transporte erfolgt nur dann, wenn polizeiliche Weisungen und Ermessensentscheidungen im Interesse der Sicherheit und Ordnung sowie zum Schutz der Infrastruktur unersetzlich sind.

Dabei werden von den Transportunternehmen **Begleitfahrzeuge** mit aufgesetzten Verkehrszeichenträgern eingesetzt, die für die Absicherung derartiger Transporte aufgrund einer Anordnung der Straßenverkehrsbehörde aufzublenden sind. Mit dem Aufsatz können unterschiedliche Verkehrszeichen dargestellt werden, z.B. Z. 101 (Gefahrstelle), Z. 276 (Überholverbote), Z. 274 (Höchstgeschwindigkeit). Die Verkehrszeichenträger müssen von der BASt technisch überprüft und freigegeben sein (Typen-Freigabe). Nach **§ 39 Abs. 1a** gehen diese Verkehrszeichen ortsfest angebrachten Zeichen vor. Voraussetzung für die Berechtigung zur Inbetriebnahme von Begleitfahrzeugen ist eine vorherige Schulung des Fahrpersonals in deren sicherer Bedienung und verkehrsgerechtem Einsatz (s.a. Rebler VD 2005, 204). Diese Schulungen werden durch die Bundesfachgruppe Schwertransporte und Kranarbeiten (BSK im BDI) durchgeführt. Die Schulungsteilnehmer erhalten einen mit Lichtbild versehenen Berechtigungsausweis. Bei groben Verfehlungen kann der Ausweis durch die BSK entzogen werden.

2.4 Sichtfeldbeeinträchtigung

Auch der Verkehr mit Fahrzeugen ohne ausreichendes Sichtfeld bedarf der verkehrsbehördlichen Erlaubnis nach § 29 Abs. 3. Hierbei handelt es sich meist um selbstfahrende Arbeitsmaschinen mit Anbaueinrichtungen, die eine Sichtfeldeinschränkung für den Fahrer bewirken. Im Regelfall werden Sichtbeeinträchtigungen im Zulassungsverfahren durch geeignete technische Einrichtungen kompensiert (Spiegelanordnung und/oder Kamera-Monitor-Systeme: VkBl. 2016, 719). Soweit das bei Spezialfahrzeugen nicht möglich ist, sind im Rahmen des Erlaubnisverfahrens geeignete Auflagen zu erteilen, z.B. Beschränkung auf bestimmte Strecken, Einweisung durch Beifahrer, Fahrzeiten und Geschwindigkeiten (RL zur Beurteilung des Sichtfeldes selbstfahrender Arbeitsmaschinen vom 25.4.2005, VkBl. S. 274; s.a. Rebler SVR 2014, 87 und 121). So darf ein entmilitarisierter Panzerspähwagen, der aufgrund einer EU-Betriebserlaubnis in Deutschland zugelassen wird, bei weiterhin vorhandener Sichtbeeinträchtigung nur mit einer Erlaubnis nach § 29 Abs. 3 Satz 2 am Verkehr teilnehmen. Da die Vorschrift auf die „Bauart" abhebt, fallen Sichtfeldbeeinträchtigungen durch die Ladung oder Besetzung des Fahrzeugs nicht unter den Erlaubnisvorbehalt, wohl aber unter § 23 Abs. 1.

---

28 Hierzu gilt auch die Verordnungsermächtigung im Gesetz zur Änderung des StVG u.a. Gesetze vom 28.11.2016 (BGBl. I S. 2722). Dadurch soll die Polizei möglichst weitgehend von Begleitaufgaben entlastet werden, die von beliehenen Verwaltungshelfern übernommen werden können (s.a. Hornof VD 2018, 41).

3 Hinweise

3.1 Erlaubnispflichtige Veranstaltungen mit Kraftfahrzeugen, wenn die **Nachtruhe** gestört werden kann: § 30; meist sind auch Erlaubnisse nach landesrechtlichen Straßengesetzen und Lärmverordnungen erforderlich.

3.2 Die Genehmigungsgebühren für die Entscheidung über eine Erlaubnis oder Ausnahme bei Großraum- oder Schwertransporten nach § 29 Abs. 3 oder § 46 Abs. 1 Satz 1 Nr. 5 StVO richten sich nach den Gebühren-Nrn. 259, 263.1 bis 263.1.3.2 nebst Anhang zu Gebühren-Nr. 263.1.1 GebOSt und betragen 40 bis 1300 €, je nach Umfang und Aufwand.

3.3 Die Genehmigungsgebühren für Veranstaltungen nach § 29 Abs. 2 richten sich nach Gebühren-Nr. 263 und betragen je nach Umfang und Bedeutung der angeordneten Maßnahmen zwischen 10,20 bis 767 €; bei Großveranstaltungen mit außergewöhnlichem Verwaltungsaufwand bis 2301 € (GebOSt i. d. F. vom 25.1.2011 – BGBl. I S. 98/111).

3.4 Blaues Blinklicht bei Begleitung von geschlossenen Verbänden, gelbes Blinklicht bei ungewöhnlich breiten oder langen Fahrzeugen: § 38 Abs. 2 und 3.

3.5 Zuständigkeit für überregionale Veranstaltungen: § 44 Abs. 3.

§ 30 Umweltschutz, Sonn- und Feiertagsfahrverbot

(1) Bei der Benutzung von Fahrzeugen sind unnötiger Lärm und vermeidbare Abgasbelästigungen verboten. Es ist insbesondere verboten, Fahrzeugmotoren unnötig laufen zu lassen und Fahrzeugtüren übermäßig laut zu schließen. Unnützes Hin- und Herfahren ist innerhalb geschlossener Ortschaften verboten, wenn Andere dadurch belästigt werden.

(2) Veranstaltungen mit Kraftfahrzeugen bedürfen der Erlaubnis, wenn sie die Nachtruhe stören können.

(3) An Sonntagen und Feiertagen dürfen in der Zeit von 0.00 bis 22.00 Uhr zur geschäftsmäßigen oder entgeltlichen Beförderung von Gütern einschließlich damit verbundener Leerfahrten Lastkraftwagen mit einer zulässigen Gesamtmasse über 7,5 t sowie Anhänger hinter Lastkraftwagen nicht geführt werden. Das Verbot gilt nicht für

1. kombinierten Güterverkehr Schiene-Straße vom Versender bis zum nächstgelegenen geeigneten Verladebahnhof oder vom nächstgelegenen geeigneten Entladebahnhof bis zum Empfänger, jedoch nur bis zu einer Entfernung von 200 km,

1a. kombinierten Güterverkehr Hafen-Straße zwischen Belade- oder Entladestelle und einem innerhalb eines Umkreises von höchstens 150 Kilometer gelegenen Hafen (An- oder Abfuhr),

2. die Beförderung von
   a) frischer Milch und frischen Milcherzeugnissen,
   b) frischem Fleisch und frischen Fleischerzeugnissen,
   c) frischen Fischen, lebenden Fischen und frischen Fischerzeugnissen,
   d) leicht verderblichem Obst und Gemüse,

3. die Beförderung von Material der Kategorie 1 nach Artikel 8 und Material der Kategorie 2 nach Artikel 9 Buchstabe f Ziffer i der Verordnung (EG) Nr. 1069/2009 des Europäischen Parlaments und des Rates vom 21. Oktober 2009 mit Hygienevorschriften für nicht für den menschlichen Verzehr bestimmte tierische Nebenprodukte und zur Aufhebung der Verordnung (EG) Nr. 1774/2002 (Verordnung über tierische Nebenprodukte) (ABl. L 300 vom 14.11.2009, S. 1; L 348 vom 4.12.2014, S. 31),

4. den Einsatz von Bergungs-, Abschlepp- und Pannenhilfsfahrzeugen im Falle eines Unfalles oder eines sonstigen Notfalles,

5. den Transport von lebenden Bienen,

6. Leerfahrten, die im Zusammenhang mit Fahrten nach den Nummern 2 bis 5 stehen,

7. Fahrten mit Fahrzeugen, die nach dem Bundesleistungsgesetz[1] herangezogen werden. Dabei ist der Leistungsbescheid mitzufüh-

---

1 Das **Bundesleistungsgesetz** (BLG) vom 19.10.1956 (BGBl. I S. 815) i.d.F. vom 11.8.2009 (BGBl. I S. 2723) dient der Heranziehung Privater bei militärischen Manövern sowie in Krisen- und Spannungsfällen, z.B. für Transportleistungen der Bundeswehr.

ren und auf Verlangen zuständigen Personen zur Prüfung auszuhändigen.

(4) Feiertage im Sinne des Absatzes 3 sind Neujahr; Karfreitag; Ostermontag; Tag der Arbeit (1. Mai); Christi Himmelfahrt; Pfingstmontag; Fronleichnam, jedoch nur in Baden-Württemberg, Bayern, Hessen, Nordrhein-Westfalen, Rheinland-Pfalz und im Saarland; Tag der deutschen Einheit (3. Oktober); Reformationstag (31. Oktober) in Brandenburg, Bremen, Hamburg, Mecklenburg-Vorpommern, Niedersachsen, Sachsen, Sachsen-Anhalt, Schleswig-Holstein und Thüringen; Allerheiligen (1. November), jedoch nur in Baden-Württemberg, Bayern, Nordrhein-Westfalen, Rheinland-Pfalz und im Saarland; 1. und 2. Weihnachtstag.[2]

VwV-StVO zu § 30 Umweltschutz und Sonntagsfahrverbot

Zu Absatz 1

1 I. Unnötiger Lärm wird auch verursacht durch

1. unnötiges Laufenlassen des Motors stehender Fahrzeuge,

2 2. Hochjagen des Motors im Leerlauf und beim Fahren in niedrigen Gängen,

3 3. unnötig schnelles Beschleunigen des Fahrzeugs, namentlich beim Anfahren,

4 4. zu schnelles Fahren in Kurven,

5 5. unnötig lautes Zuschlagen von Wagentüren, Motorhauben und Kofferraumdeckeln.

6 II. Vermeidbare Abgasbelästigungen treten vor allem bei den in Nr. 1 bis 3 aufgeführten Ursachen auf.

Zu Absatz 2

7 I. Als Nachtzeit gilt die Zeit zwischen 22.00 Uhr und 6.00 Uhr.

8 II. Nur Veranstaltungen mit nur wenigen Kraftfahrzeugen und solche, die weitab von menschlichen Behausungen stattfinden, vermögen die Nachtruhe nicht zu stören.

9 III. Die Polizei und die betroffenen Gemeinden sind zu hören.

Zu Absatz 3

10 Vom Sonn- und Feiertagsfahrverbot erfasst ist die geschäftsmäßige oder entgeltliche Beförderung von Gütern mit LKW (gewerblicher Güterverkehr) einschließlich der damit verbundenen Leerfahrten. Hierunter fällt auch der Werkverkehr nach § 1 Absatz 2 des Güterkraftverkehrsgesetzes (GüKG). Anhänger (z. B. Wohnwagen oder Pferdeanhänger), die ausschließlich zu Sport- und Freizeitzwecken und weder gewerblich noch entgeltlich hinter LKW geführt werden, unterfallen nicht dem Sonn- und Feiertagsfahrverbot. Dies gilt auch für Fahrten mit Oldtimer-Lastkraftwagen zu Oldtimerveranstaltungen, soweit keine gewerblichen Zwecke verfolgt werden und diese nicht entgeltlich erfolgen.

11 LKW im Sinne des Sonn- und Feiertagsfahrverbotes sind Kraftfahrzeuge, die nach Bauart und Einrichtung zur Beförderung von Gütern bestimmt sind. Sattelkraftfahrzeuge zur Lastenbeförderung sind Lastkraftwagen in diesem Sinne; selbstfahrende Arbeitsmaschinen wie Bagger, Betonpumpen, Teermaschinen, Autokrane, Eichfahrzeuge oder Mähdrescher fallen nicht darunter.

12 Vom Sonn- und Feiertagsfahrverbot sind weiterhin nicht betroffen Zugmaschinen, die ausschließlich dazu dienen, andere Fahrzeuge zu ziehen, ferner Zugmaschinen mit Hilfsladefläche, deren Nutzlast nicht mehr als das 0,4fache

2 § 30 Abs. 4 ergänzt durch Art. 1 der 54. StrVRÄndV vom 20.4.2020 (BGBl. I S. 814).

der zulässigen Gesamtmasse beträgt. Das Sonn- und Feiertagsfahrverbot gilt ebenfalls nicht für Kraftfahrzeuge, bei denen die beförderten Gegenstände zum Inventar der Fahrzeuge gehören (z. B. Ausstellungs-, Film- oder Fernsehfahrzeuge, bestimmte Schaustellerfahrzeuge und Fahrzeuge zur Beschickung von Märkten, soweit es sich um mobile Verkaufsstände handelt, jeweils auch mit Anhänger).

1 Aus der amtlichen Begründung

1.1 Anpassung der Gewichte an die durch EU-Recht vorgegebene Bezeichnung „Gesamtmasse" (Begr. 2012).

1.2 Änderung der VwV-StVO zur Gewährleistung eines einheitlichen Verwaltungsvollzuges (Begr. 2017).

1.3 Änderungen des Abs. 3 aufgrund des Art. 1 der 53. StrVRÄndV vom 6.10.2017 (BGBl. I S. 3549).

1.4 Änderung des Abs. 4, weil auch Bremen, Hamburg und Niedersachsen den 31. Oktober als Reformationstag landesrechtlich als Feiertag bestimmt haben (Begr. 2020).

2 Erläuterungen

2.1 Lärmschutz

Lärm bei bestimmungsgemäßem Gebrauch von Fahrzeugen wird durch § 30 Abs. 1 nicht erfasst, nur unnötiger **Fahrzeuglärm**, der bei sachgerechter Nutzung das für den Verkehr notwendige Maß übersteigt und andere (abstrakt) beeinträchtigen kann (OLG Köln VRS 56, 471). Hier ist es vor allem Aufgabe der Polizei und Ordnungskräfte, gegen unnötige Lärmeinwirkung einzuschreiten (Huppertz DAR 2017, 110). Unzulässig ist das Laufenlassen von Motoren an Taxenständen oder Endhaltestellen öffentlicher Verkehrsmittel bei starkem Frost, wenn der Einbau einer Standheizung möglich und zumutbar ist. Ebenso darf ein Dieselmotor nicht während des Ein- und Aussteigens in Ausflugsbussen betrieben werden oder nachts in Wohngebieten zum Auffüllen des Druckluftbehälters der Bremsanlage, wenn das schon tagsüber möglich gewesen wäre (vgl. OLG Düsseldorf VerkMitt 1975 Nr. 50 = VRS 47, 262; VRS 47, 445). Der Versuch, den Motor eines Kraftrades nachts in einer Wohnstraße zehn Minuten lang durch Betätigung des Anlasserpedals zu starten, ist ebenso ruhestörender Lärm wie das unnötige Fahren mit lärmintensiven Drehzahlen (OLG Braunschweig VRS 47, 262; BayObLG VerkMitt 1984 Nr. 54 = VRS 66, 29: auch bei kürzerer Dauer). Bei Fahrzeugveränderungen, wie Manipulationen an Schalldämpferanlagen, erlischt im Regelfall die Typgenehmigung, so dass vor allem Maßnahmen nach der FZV bzw. der StVZO zu ergreifen sind. Unnötig sind Reifenquietschen in Kurven (OLG Köln VerkMitt 1982 Nr. 91 = DAR 1983, 87), Quietschen der Keilriemen, ständiges Umfahren eines Platzes, sog. Kavalierstarts mit durchdrehenden Reifen oder mit voll durchgetretenem Gaspedal (OLG Koblenz VRS 47, 445), Betrieb eines lauten Autoradios bei offenem Fenster (OLG Koblenz VRS 71, 238)[3] oder des Kühlaggregats eines Sattelaufliegers,

3 Zielrichtung des § 30 Abs. 1 ist der Emissionsschutz, nicht die Verkehrssicherheit. Bei Beeinträchtigung des Gehörs des Fahrers durch Tonübertragungsgeräte im Fahrzeug gilt § 23 Abs. 1.

wenn unbeteiligte Personen gestört werden können. Die Feststellung, dass die Geräuschentwicklung „das nach dem jeweiligen Stand der Technik unvermeidbare Maß" übersteigt, setzt keine exakte Messung voraus; sie kann auch aufgrund von Zeugenaussagen getroffen werden (BGH VRS 53, 224; BGH VerkMitt 1978 Nr. 1). Fahrzeuglärm außerhalb des Verkehrsraumes (z. B. auf privaten Abstellflächen) wird durch § 117 OWiG, nicht durch § 30 Abs. 1 erfasst.[4]

2.2 Abgasschutz

Abgasbelästigungen sind verboten, wenn sie über das verkehrsbedingt notwendige Maß andere (abstrakt) beeinträchtigen können; eine konkrete Beeinträchtigung braucht nicht festgestellt zu werden (OLG Köln VRS 72, 384), z. B. Rückwärtseinparken trotz spielender Kinder auf dem Gehweg, laufender Motor bei längerem Halt vor Bahnübergängen, bei Ampelrot an Baustellen, Warten auf eine Fähre oder Aufwärmen des Reisebusses vor Fahrtantritt.

2.3 Unnützes Hin- und Herfahren

Das Verbot des unnützen Hin- und Herfahrens erfordert eine konkrete (tatsächliche) Belästigung anderer durch Lärm oder Abgase bei ständiger Benutzung derselben Straßenzüge (auch ständiges Fahren im Karree) ohne vernünftigen verkehrsbezogenen Grund (OLG Stuttgart VerkMitt 1972 Nr. 123 = NJW 1972, 1147 = VRS 23, 311; OLG Bremen VerkMitt 1997 Nr. 118 = DAR 1997, 282), z. B. Fahren im Rotlichtviertel zur Kontaktaufnahme (OLG Köln VRS 36, 365), Autocruising, Reklamefahrten, nicht aber zur Parkplatzsuche oder zum Auffinden einer Hausnummer. Zu den Verhaltensverstößen gehört auch das „Autoposing" als Schaustellung und Demonstrieren meist unzulässig „aufgemotzter" Autos durch gezieltes Aufheulenlassen des Motors, Durchdrehen der Reifen, Beschleunigungssprints mit hoher Drehzahl, Tempoüberschreitungen und als Folge unnötiger Lärm und Abgasausstoß mit hohem Belästigungseffekt.[5]

„Andere" sind nicht nur Verkehrsteilnehmer, sondern alle Personen. Die bloße Vermutung, dass unnützes Herumfahren zu später Stunde die Anwohner belästigen könnte, reicht nicht aus (OLG Hamm VRS 46, 396). Das nur innerorts geltende Verbot schließt eine Ahndung bei belästigendem Hin- und Herfahren außerorts nach § 1 Abs. 2 nicht aus (BayObLG DAR 2001, 84).

Die Vorschrift ist verfassungsrechtlich nicht unproblematisch, weil die StVO die Mobilität nicht an Zweckmäßigkeitserwägungen oder von der Gesell-

---

4 **§ 117 OWiG Unzulässiger Lärm**
(1) Ordnungswidrig handelt, wer ohne berechtigten Anlass oder in einem unzulässigen oder nach den Umständen vermeidbaren Ausmaß Lärm erregt, der geeignet ist, die Allgemeinheit oder die Nachbarschaft erheblich zu belästigen oder die Gesundheit eines anderen zu schädigen.
(2) Die Ordnungswidrigkeit kann mit einer Geldbuße bis zu fünftausend Euro geahndet werden, wenn die Handlung nicht nach anderen Vorschriften geahndet werden kann.

5 Die (bisher geringen) Ahndungsbeträge (10 €) für Verstöße gegen § 30 werden durch Änderung der BKatV deutlich angehoben. Im Übrigen kann auch eine auf das Polizeirecht im Hinblick auf § 30 Abs. 1 gestützte Untersagungsverfügung erlassen werden (VG Karlsruhe SVR 2019, 315 mit Anm. Koehl).

schaft für sinnvoll gehaltenen verkehrlichen Motivationen ausrichten darf (AG Cochem VerkMitt 1986 Nr. 54). Wegen des Belästigungseffektes durch unnötige Lärm- oder Abgasbeeinträchtigung dürfte das Verbot verfassungsrechtlich zu bejahen sein (s. a. Metz NZV 2019, 170).

2.4 Sonn- und Feiertagsfahrverbot

Das Sonn- und Feiertagsfahrverbot[6] erfasst nur den fließenden **gewerblichen Verkehr**[7] mit LKW über 7,5 t, dazu sämtliche LKW (auch unter 7,5 t) **mit** Anhängern. Auf die Art des Anhängers kommt es nicht an, so dass auch Wohnwagen hinter LKW dem Sonntagsfahrverbot unterliegen. LKW sind KFZ, die nach Bauart und Einrichtung zur Güterbeförderung bestimmt sind, wobei es weder auf die Anzahl der Räder (drei oder mehr) noch auf die Eintragung in den Zulassungsdokumenten ankommt (OLG Düsseldorf NZV 1991, 483). **Sattelkraftfahrzeuge** gehören zu den LKW und unterliegen dem Sonn- und Feiertagsfahrverbot, sofern ihre zulässige Gesamtmasse über 7,5 t beträgt.[8] Gleiches gilt für Tankfahrzeuge und LKW-Kipper. Nicht unter das Verbot fallen Fahrschul-LKW, da es sich bei der Schulung weder um geschäftsmäßigen noch entgeltlichen Güterverkehr handelt, selbst wenn das Beladen der Fahrzeuge zu Ausbildungszwecken erfolgt. Nicht zu den LKW gehören Zugmaschinen, deren wirtschaftlicher Wert allein in der Zugleistung besteht (OLG Hamm NZV 1997, 323). Zugmaschinen mit Hilfsladefläche unterliegen aber dann dem Verbot, wenn die zulässige Nutzlast mehr als 40 % des zulässigen Gesamtgewichts beträgt (OLG Celle VRS 73, 220; OLG Düsseldorf NZV 1991, 483). PKW unter 7,5 t mit Personenkabine und anschließender Ladefläche oder als PKW zugelassene Kleintransporter, die ausschließlich der Güterbeförderung dienen, sind LKW und unterliegen bei **Anhängerbetrieb** dem Fahrverbot (BayObLG NZV 1997, 449 = VRS 94, 138);

6 Die Regelung wurde durch die VO vom 14.3.1956 (BGBl. I S. 199, 206) eingeführt und 1970 in die StVO übernommen. Das Verbot diente damals vor allem der Flüssigkeit des Sonn- und Feiertagsverkehrs, daneben aber auch der Verlagerung von LKW-Transporten auf die Eisenbahn. Infolge Entzerrung der Arbeitszeiten, veränderter Freizeitaktivitäten sowie der gestiegenen Bedeutung des Wirtschaftsverkehrs und der europaweiten Transportverbindungen hat das Verbot heute an Aktualität verloren; zu einer Aufhebung des Verbots konnten sich jedoch bisher weder Bund noch die Mehrheit der Länder entschließen. Innerhalb Europas gelten Sonn- und Feiertagsfahrverbote zu unterschiedlichen Zeiten auf unterschiedlichen Strecken für unterschiedliche LKW-Klassen. Keine Verbote gelten in Belgien, Dänemark, Estland, Finnland, Lettland, Litauen, den Niederlanden, Norwegen, Schweden, Zypern und in den Staaten Armenien, Aserbaidschan, Bosnien-Herzegowina, Kasachstan, Kirgisien, Mazedonien, Moldau, Montenegro, Russland, Serbien, Tadschikistan, Ukraine, Usbekistan, Weißrussland.

7 Zum gewerblichen Verkehr gehört auch der Werkverkehr nach § 1 Abs. 2 des Güterkraftverkehrsgesetzes (GüKG). Anhänger (z. B. Wohnwagen oder Pferdeanhänger), die ausschließlich zu Sport- und Freizeitzwecken und weder gewerblich noch entgeltlich hinter Lastkraftwagen geführt werden, unterfallen nicht dem Sonn- und Feiertagsfahrverbot. Dies gilt auch für Fahrten mit Oldtimer-Lastkraftwagen zu Oldtimerveranstaltungen, soweit damit weder entgeltliche noch gewerbliche Zwecke verfolgt werden.

8 Sattelkraftfahrzeuge zur Lastenbeförderung bestehen aus einer Zugmaschine und dem Sattelauflieger. Während die Zugmaschine alleine nicht dem Sonntagsfahrverbot unterliegt, gelten Zugmaschine und Sattelauflieger insgesamt als „LKW“, nicht als LKW mit „Anhänger“ (VwV-StVO zu § 3). Infolgedessen unterliegen Sattelkraftfahrzeuge dann dem Sonntagsfahrverbot, wenn Zugmaschine + Auflieger eine zulässige Gesamtmasse von mehr als 7,5 t haben (AG Siegen NZV 2013, 565; s. a. Huppertz NZV 2013, 529).

ebenso Wohnanhänger hinter LKW (OLG Stuttgart VerkMitt 1981 Nr. 62). Für die Einhaltung des Fahrverbots ist auch der Fahrzeughalter verantwortlich (BayObLG VerkMitt 1998 Nr. 3; VerkMitt 1986 Nr. 56 = DAR 1986, 231).

Nach § 30 Abs. 3 dürfen die dort genannten Fahrzeugarten nicht an Sonn- und Feiertagen „geführt" werden.[9] Verantwortlich für die Einhaltung des Fahrverbots ist damit der Fahrer, denn der nicht am Steuer sitzende Fahrzeughalter führt die Fahrzeuge nicht selbstständig und eigenverantwortlich. Veranlasst er den Fahrer, gegen das Sonn- und Feiertagsfahrverbot zu verstoßen, kommt bei ihm allerdings eine Teilnahme an der Tat des Fahrers nach § 14 OWiG in Betracht (OLG Köln VerkMitt 2019 Nr. 69).

§ 30 Abs. 3 Satz 2 Nr. 1 bis 4 enthält normative **Ausnahmen** vom Sonntagsfahrverbot, insbesondere für den kombinierten Verkehr zu Bahnhöfen und Seehäfen sowie für bestimmte leicht verderbliche Produkte, wobei für Leerfahrten nach Nr. 4 auch wirtschaftliche Aspekte berücksichtigt werden können (OLG Celle VerkMitt 2016 Nr. 52 = DAR 2016, 661 = VRS 130, 253 = NZV 2017, 492: Leerfahrt am Sonntag, Lastfahrt erst am Montag). Frische Milch- oder Fleischerzeugnisse sind Produkte aus der Bearbeitung von Milch und Fleisch, die überwiegend auch daraus bestehen und ständig kühlungsbedürftig sind (OLG Celle VerkMitt 2017 Nr. 68 = VRS 131, 321). Dazu gehören nicht Fertiglebensmittel, die unter anderem Milch oder Fleisch enthalten, etwa Fertiggerichte mit Milch oder Fleischanteilen, wie Lasagne (OLG Celle VRS 131, 243). Weiterhin bestehen Ausnahmen für die Tierkörperbeseitigung und tierische Nebenprodukte aus seuchenhygienischen Gründen[10] sowie für Bergungs-, Abschlepp- und Pannenhilfsfahrzeuge im Falle eines Unfalles oder eines sonstigen Notfalles. Ferner besteht für die Bestäubung von Kultur- und Wildpflanzen sowie im Interesse des Bienenschutzes eine generelle und unbefristete Freistellung vom Sonn- und Feiertagsfahrverbot für den Transport lebender Bienen.

Darüber hinaus können auch Einzelausnahmen nach § 46 Abs. 1 Nr. 7 durch die Straßenverkehrsbehörden erteilt werden, z. B. für Bienentransporte von Imkern. Die Voraussetzungen und das Verfahren richten sich nach den Rn. 101 bis 115 der VwV-StVO zu § 46 (s. a. Rebler VD 2004, 259).[11] Bei unterschiedlichen Feiertagsregelungen in den Ländern[12] können Straßenverbindungen durch Ländervereinbarung vom Verbot ausgenommen werden (§ 46 Abs. 2 Satz 2).[13] Gütertransporte von Flughäfen zu

9 Die frühere Fassung sah den Begriff „nicht verkehren" vor und erfasst neben dem ruhenden Verkehr auch den Fahrzeughalter bei Verstößen. Damit die betroffenen Fahrzeuge in der Verbotszeit geparkt werden dürfen, hat der Verordnungsgeber mit der 53. StrVRÄndV vom 6.10.2019 (BGBl. I S. 3549) den Begriff in „nicht geführt" geändert.

10 Nach dem Tierische-Nebenprodukte-Beseitigungsgesetz (TierNebG), der VO (EG) Nr. 1069/2009 und der darauf gestützten VO (EU) Nr. 142/2011 Material der Kategorie 1 oder 2. Es handelt sich dabei aber nur um solche Tierkörper oder Teile toter Tiere, die zum Zeitpunkt der Beseitigung spezifiziertes Risikomaterial enthalten (Kategorie 1), oder um andere Tierkörper oder Teile von Tieren, die auf anderem Weg zu Tode kamen als durch Schlachtung oder Tötung zum menschlichen Verzehr, einschließlich der Tiere, die zum Zweck der Seuchenbekämpfung getötet werden. Nicht hierunter fällt z. B. der Transport von Gülle.

11 So gehören auch vorgewaschene Kartoffeln zum leicht verderblichen Gemüse (OLG Celle VRS 2009, 126).

12 Nur die Länder selbst können ländereigene Feiertage festlegen.

13 Beispiel: Berlin und Brandenburg zum Reformationstag.

Verteilstationen sind keine durch Dauerausnahmen genehmigungsfähigen Anschlusstransporte.

Der Katalog der Feiertage in § 30 Abs. 4 ist abschließend und kann nicht erweitert werden. Soweit es sich um nicht-bundesweite Feiertage handelt (Fronleichnam, Reformationstag, Allerheiligen), gilt das Fahrverbot nur in den Ländern, die im Abs. 4 ausdrücklich benannt sind. Für andere, dort nicht aufgeführte regionale Feiertage, gilt das Fahrverbot nicht (z. B. Dreikönigstag am 6. Januar).[14]

3 Hinweise

3.1 Verbot des Lärmens durch Schallzeichen: § 16; Ladungssicherung gegen Lärm: § 22; Störungen durch Lautsprecher: § 33 Abs. 1.

3.2 Kennzeichnung lärmarmer KFZ: Grünes (nicht reflektierendes) Schild mit weißem „G“ (Ø 20 cm). So gekennzeichnete Fahrzeuge sind von Verkehrsbeschränkungen aus Lärmschutzgründen ausgenommen (z. B. Z. 253 mit Zusatzzeichen „lärmarme Kraftfahrzeuge frei“).

3.3 Während an allen Sonn- und Feiertagen ein Fahrverbot für den gewerblichen LKW-Verkehr über 7,5 t gilt, bestehen darüber hinaus Fahrverbote auch an Sonnabenden für bestimmte Strecken zur Zeit des **Ferienreiseverkehrs** nach der Ferienreiseverordnung (s. a. Erl. 3.9 zu § 18).

3.4 Hinweise für Wohnwagen hinter LKW beim Sonn- und Feiertagsfahrverbot: VkBl. 1980, 678.

3.5 Richtlinien für straßenverkehrsrechtliche Maßnahmen zum Schutze der Nachtruhe: Richtlinien für straßenverkehrsrechtliche Maßnahmen zum Schutz der Bevölkerung vor Lärm (Lärmschutz-Richtlinien-StV) vom 23.11.2007 (VkBl. S. 767); s. a. Erl. 2.2.6 zu § 45.

3.6 Verkehrsbeschränkungen aus **Immissionsschutzgründen**: siehe Erl. 2.2.7 zu § 45.

---

14 Bei den regionalen Fahrverboten in den bei § 30 Abs. 4 aufgeführten nicht bundesweiten Feiertagen sieht die Verkehrswirtschaft beträchtliche Nachteile. Schleswig-Holstein möchte deshalb durch einen Antrag im Bundesrat vom 7.5.2020 (BG-DS 224/20) erreichen, dass die regionalen Fahrverbote durch Streichung der nicht-bundesweiten Feiertage entfallen. Eine Entscheidung des BR über den Antrag lag bei Drucklegung noch nicht vor.

§ 31 Sport und Spiel

(1) Sport und Spiel auf der Fahrbahn, den Seitenstreifen und auf Radwegen sind nicht erlaubt. Satz 1 gilt nicht, soweit dies durch ein die zugelassene Sportart oder Spielart kennzeichnendes Zusatzzeichen angezeigt ist.

(2) Durch das Zusatzzeichen[1]

wird das Inline-Skaten und Rollschuhfahren zugelassen. Das Zusatzzeichen kann auch allein angeordnet sein. Wer sich dort mit Inline-Skates oder Rollschuhen fortbewegt, hat sich mit äußerster Vorsicht und unter besonderer Rücksichtnahme auf den übrigen Verkehr am rechten Rand in Fahrtrichtung zu bewegen und Fahrzeugen das Überholen zu ermöglichen.

VwV-StVO zu § 31 Sport und Spiel

Zu Absatz 1

1 Auch wenn Spielplätze und sonstige Anlagen, wo Kinder spielen können, zur Verfügung stehen, muss geprüft werden, wie Kinder auf den Straßen geschützt werden können, auf denen sich Kinderspiele erfahrungsgemäß nicht unterbinden lassen.

Zu Absatz 2

2 I. Die Anordnung des Zusatzzeichens mit dem Sinnbild eines Inline-Skaters und dem Wortzusatz „frei“ kommt vor allem an Aufkommensschwerpunkten des Inline-Skatens/Rollschuhfahrens in Betracht, wenn die Beschaffenheit (Belag und Breite) der Fußgängerverkehrsanlage für diese besonderen Fortbewegungsmittel (vgl. § 24) nicht geeignet ist. Soll ein nicht benutzungspflichtiger Radweg für das Fahren mit Inline-Skates/Rollschuhen freigegeben werden, kann das Zusatzzeichen allein ohne ein entsprechendes „Hauptverkehrszeichen“ angeordnet werden.

3 II. Radwege müssen ausreichend breit sein, um auch in Stunden der Spitzenbelastung ein gefahrloses Miteinander von Radfahrern und Inline-Skatern/Rollschuhfahrern zu gewährleisten.

4 III. Auf Fahrbahnen und Fahrradstraßen darf der Kraftfahrzeugverkehr nur gering sein (z. B. nur Anliegerverkehr). Die zugelassene Höchstgeschwindigkeit darf nicht mehr als 30 km/h betragen.

1 Aus der amtlichen Begründung

1.1 Mit einem Zusatzzeichen wird die Möglichkeit eröffnet, das Skaten auf Radwegen und Tempo 30-Fahrbahnen mit geringem Verkehr zuzulassen. Als die Spielart kennzeichnendes Zusatzzeichen können auch Spielstraßen eingerichtet werden (Begr. 2012).

---

1 Zusatzzeichen 1020-13 „Inline-Skaten und Rollschuhfahren zugelassen“.

2 Erläuterungen

2.1 Spielen auf Straßen

Auf Fahrbahnen, Seitenstreifen und Radwegen ist Spielen und Sport ohne ausdrückliche Zulassung durch Zusatzzeichen verboten. Das Verbot bezieht sich nicht auf Gehwege, verkehrsberuhigte Wohngebiete (Z. 325)[2] und sonstige Fußgängerflächen. Werden dort Fußgänger mehr als vermeidbar behindert oder gefährdet, gilt § 1 Abs. 2. Spielen Kindergruppen beiderseits der Fahrbahn, muss der Kraftfahrer damit rechnen, dass auch Kinder mittleren Alters über die Fahrbahn von Gruppe zu Gruppe laufen, ohne auf den Verkehr zu achten (OLG Hamm VRS 40, 267). Im Winter besteht besondere Gefahr durch Kindergruppen, die sich in einer Schneeballschlacht befinden (KG VersR 1975, 77), zu anderer Jahreszeit durch Inline-Skater und Rollschuhfahrer (OLG Stuttgart VerkMitt 1977 Nr. 32 = DAR 1977, 297 = VersR 1977, 456). Eltern und Aufsichtspflichtige haben Kinder über die Gefahren beim Rad- und Rollerfahren zu belehren (BGH VersR 1965, 385, 906) und sie hinreichend zu beaufsichtigen (BGH VersR 1968, 301). Sie haften wegen Verletzung der Aufsichtspflicht nach § 832 Abs. 1 BGB nicht, wenn sie das Spielen normal entwickelter Kinder im Freien überblicken (BGH VRS 115, 329: 7½-jährige Kinder). Kleinere Kinder müssen aber in regelmäßigen Abständen alle 30 Minuten kontrolliert werden (BGH VRS 116, 333; 5½ Jahre).

Fahrbahnen können als sog. „Spielstraßen" ausgewiesen werden, bei denen durch Z. 250 mit Zusatzzeichen 1010-10 (Symbol „Kind mit Ball") jeglicher Verkehr ausgeschlossen ist.[3]

2.2 Sport auf Straßen

2.2.1 Wintersport

In Gegenden, in denen sich die Bevölkerung auf Schlitten oder Skiern ortsüblich fortzubewegen pflegt, handelt es sich um Verkehr; dabei müssen Gehwege benutzt werden. In Wintersportgebieten ist auch auf Fahrbahnen stets mit Skifahrern zu rechnen.

Sportliches Fahren auf Skiern, Schlitten oder Gleitschuhen ist Wintersport und darf nur auf besonders ausgewiesenen und gesperrten Straßen erfolgen.[4] Für solche Aktivitäten können Straßen mit geringem Verkehr (Z. 250 und Zusatzzeichen 1020-30 „Anlieger frei") mit Zusatzzeichen 1010-11 (Symbol eines Skifahrers) freigegeben werden.

2.2.2 Inline-Skater und Rollschuhfahrer

Skaten und Rollschuhfahren dient primär der Sport- und Freizeitgestaltung, weniger der Fortbewegung. Bei mangelnder Beschaffenheit (Belag und Breite) des Fußgängerbereichs für diese Fortbewegungsmittel (Rn. 4 VwV-

---

2 In verkehrsberuhigten Gebieten gibt es keine „Fahrbahnen" im Rechtssinn, sondern Mischflächen für spielende Kinder, Fußgänger- und Fahrzeugverkehr.

3 Spielstraßen haben sich wegen der pädagogischen Anforderungen an Spielplätze bisher nicht durchgesetzt.

4 Das Ziehen eines Schlittens oder langsames Gleiten auf Skiern ist dem Fußgängerverkehr zuzurechnen.

StVO zu § 31) können **Inline-Skater** und **Rollschuhfahrer**[5] für Sportzwecke auf tempobegrenzten **Fahrbahnen** (max. 30 km/h), **Seitenstreifen**, **Radfahrstraßen** (Z. 244) oder **Radwegen** mit dem Zusatzzeichen 1020-13 (Symbol eines Inline-Skaters – auch tageszeitlich begrenzt) zugelassen werden, wenn der Verkehr gering ist, möglichst nur Anliegerverkehr herrscht und das Miteinander von Fahrzeugen, Skatern oder Rollschuhfahrern gefahrlos bleibt. Insoweit ist die Kombination des Zusatzzeichens 1020-13 mit Verkehrszeichen 244, 260 oder 250 und Zusatzzeichen 1020-30 („Anlieger frei") möglich. Radverkehrsanlagen müssen dabei ausreichend breit und ohne Benutzungspflicht sein. Die Zulassung setzt die straßenbauliche Eignung der Oberflächen für diese Sportarten voraus, die qualitativ höher ist als für den üblichen Fahrzeugverkehr. Wird dies missachtet, haftet der Baulastträger bei Unfällen wegen Verletzung seiner Verkehrssicherungspflicht.

Auf **Radwegen** erfolgt die Zulassung des Skatens oder Rollschuhfahrens durch ein isoliert aufgestelltes Zusatzzeichen 1020-13. Zwar sollte sich ein Zusatzzeichen stets auf ein darüber angebrachtes (Haupt-)Verkehrszeichen beziehen, das hätte hier aber zur Folge, dass Radfahrer allein wegen der Sportbedürfnisse von Inline-Skatern in eine Benutzungspflicht der Radwege eingebunden würden, selbst wenn dafür die Voraussetzungen fehlen. Da auch Zusatzzeichen Verkehrszeichen sind (§ 39 Abs. 3 Satz 1), genügt es jedoch, die Zulassung von Skatern und Rollschuhfahrern auf Radverkehrsanlagen durch ein isoliertes Zusatzzeichen anzuzeigen. Dabei hat das Zusatzzeichen die Bedeutung, dass der Baulastträger die Geeignetheit der Strecke für Sportzwecke geprüft hat und die Straßenverkehrsbehörde deren verkehrliche Unbedenklichkeit mit Anordnung des Zusatzzeichens dokumentiert. Auf getrennten Geh- und Radwegen sind Inline-Skater nicht auf den Radverkehrsteil beschränkt, sondern dürfen die gesamte Breite nutzen. Radfahrer müssen auf Skater Rücksicht nehmen und dürfen sie nur mit ausreichendem Seitenabstand und notfalls Klingelzeichen überholen (OLG Düsseldorf NZV 2012, 129).

Die Regelung gilt nach dem Wortlaut des § 31 Abs. 2 nur für Inline-Skater und Rollschuhfahrer. Andere Trendsportarten dürfen die durch Zusatzzeichen 1020-13 freigegebenen Verkehrsflächen nicht benutzen. Sofern sich dort auch Skateboardfahrer bewegen, hängt es von der polizeilichen Opportunität ab, dies zu dulden, z.B. bei ganz geringem Verkehr. Andernfalls muss die Verkehrsbehörde prüfen, ob auch andere Trendsportarten durch erweiterte Zusatzzeichen zugelassen werden können.

2.2.3 Verhaltenspflichten

Inline-Skater und Rollschuhfahrer müssen auf den zugelassenen Flächen auf den Verkehr, vor allem auf Fußgänger und Radfahrer, besondere Rücksicht nehmen. Für sie gilt äußerste Vorsicht. Auf Radwegen, Fahrradstraßen und Fahrbahnen dürfen sie sich nur am rechten Rand und nur in Fahrtrichtung des Verkehrs bewegen. Fahrzeugen müssen sie das Überholen ermöglichen und dabei ausweichen. Sie dürfen insbesondere nicht in der Mitte von Radwegen oder Fahrbahnen fahren, sich nicht an Fahrzeuge anhängen („Surfen") oder andere Verkehrsteilnehmer bedrängen oder belästigen. Wegen

5 Inline-Skaten im öffentlichen Verkehrsraum erfolgt überwiegend zu Sport-, Fitness- und Freizeitzwecken als Gemeinschaftserlebnis von Gruppen an relativ wenigen Aufkommensschwerpunkten (s.a. Forschungsvorhaben BASt „Nutzung von Inline-Skates im Straßenverkehr").

der Risiken, in Unfälle verwickelt zu werden, empfiehlt sich für Skater und Rollschuhfahrer reflektierende Kleidung bei Dämmerung und Dunkelheit sowie der Abschluss einer Haftpflichtversicherung.

2.3 Motorbetriebene Sportgeräte

Soweit Sport- oder Bewegungsgeräte mit Motorkraft im öffentlichen Verkehrsraum eingesetzt werden (meist als exotische Erscheinung erfindungsreicher Tüftler), gelten sie als „nicht zulassungsfähige Kraftfahrzeuge" und **nicht** als „Fortbewegungsmittel" (§ 24 Abs. 1). Bei diesen Geräten fehlen regelmäßig die für Fahrzeuge vorgeschriebenen Betriebs- und Ausrüstungsgegenstände (Bremsen, Lenkung, Beleuchtung). Bekannt sind motorbetriebene Rollbretter (Grams NZV 1994, 172), Kleinstmotorräder, Rollschuhe mit Elektroantrieb oder mit Rucksack-Propeller sowie Kombinationen von Luftkissen- und Gleitgeräten. Abgesehen von der Fahrerlaubnispflicht, scheitert ihre Zulassung an den Betriebs- und Ausrüstungsbestimmungen der StVZO.[6] Ohne Ausnahme nach § 70 StVZO, verkehrsbehördliche Erlaubnis nach § 29 Abs. 2 oder Ausnahme nach § 46 Abs. 1 oder 2 (z.B. für Rennwagen) ist ihr Betrieb im öffentlichen Verkehrsraum unzulässig.

3 Hinweise

3.1 Schiebe- und Greifreifenrollstühle, Rodelschlitten, Kinderwagen, Roller, Kinderfahrräder, Inline-Skates, Rollschuhe und ähnliche nicht motorbetriebene Fortbewegungsmittel sind keine Fahrzeuge: § 24 Abs. 1.

3.2 Haftung der Aufsichtspflichtigen für Schäden durch Kinderspiele: § 832 BGB.[7]

---

6 Siehe aber bei § 2: MobHV vom 16.7.2009 (BGBl. S. 2097) für einachsige Rollgeräte mit Elektroantrieb (Segway). Einachsige Rollgeräte mit Elektroantrieb sind Kraftfahrzeuge, sofern sie der Fortbewegung dienen. Werden sie als „Sportgeräte" benutzt, dürfen Fahrbahnen, Rad- oder Gehwege nicht benutzt werden.

7 **§ 832 BGB Haftung des Aufsichtspflichtigen**

(1) Wer kraft Gesetzes zur Führung der Aufsicht über eine Person verpflichtet ist, die wegen Minderjährigkeit oder wegen ihres geistigen oder körperlichen Zustands der Beaufsichtigung bedarf, ist zum Ersatz des Schadens verpflichtet, den diese Person einem Dritten widerrechtlich zufügt. Die Ersatzpflicht tritt nicht ein, wenn er seiner Aufsichtspflicht genügt oder wenn der Schaden auch bei gehöriger Aufsichtsführung entstanden sein würde.

(2) Die gleiche Verantwortlichkeit trifft denjenigen, welcher die Führung der Aufsicht durch Vertrag übernimmt.

§ 32 Verkehrshindernisse

(1) Es ist verboten, die Straße zu beschmutzen oder zu benetzen oder Gegenstände auf Straßen zu bringen oder dort liegen zu lassen, wenn dadurch der Verkehr gefährdet oder erschwert werden kann. Wer für solche verkehrswidrigen Zustände verantwortlich ist, hat diese unverzüglich zu beseitigen und diese bis dahin ausreichend kenntlich zu machen. Verkehrshindernisse sind, wenn nötig (§ 17 Absatz 1), mit eigener Lichtquelle zu beleuchten oder durch andere zugelassene lichttechnische Einrichtungen kenntlich zu machen.

(2) Sensen, Mähmesser oder ähnlich gefährliche Geräte sind wirksam zu verkleiden.

VwV-StVO zu § 32 Verkehrshindernisse

Zu Absatz 1

1 I. Insbesondere in ländlichen Gegenden ist darauf zu achten, dass verkehrswidrige Zustände infolge von Beschmutzung der Fahrbahn durch Vieh oder Ackerfahrzeuge möglichst unterbleiben (z. B. durch Reinigung der Bereifung vor Einfahren auf die Fahrbahn), jedenfalls aber unverzüglich beseitigt werden.

2 II. Zuständige Stellen dürfen nach Maßgabe der hierfür erlassenen Vorschriften die verkehrswidrigen Zustände auf Kosten des Verantwortlichen beseitigen.

III. Kennzeichnung von Containern und Wechselbehältern

3 Die Aufstellung von Containern und Wechselbehältern im öffentlichen Verkehrsraum bedarf der Ausnahmegenehmigung durch die zuständige Straßenverkehrsbehörde.

4 Als „Mindestvoraussetzung“ für eine Genehmigung ist die sachgerechte Kennzeichnung von Containern und Wechselbehältern erforderlich.

5 Einzelheiten hierzu gibt das Bundesministerium für Verkehr und digitale Infrastruktur im Einvernehmen mit den zuständigen obersten Landesbehörden im Verkehrsblatt bekannt.

1 Aus der amtlichen Begründung

(entfällt)

2 Erläuterungen

Die Vorschriften des § 32 gelten nicht nur auf Fahrbahnen, sondern auch auf Gehwegen und sonstigen Verkehrsflächen (OLG Köln VerkMitt 1982 Nr. 88; s. a. Scheidler DAR 2014, 481).[1] Während die straßenrechtliche Verpflichtung zur Vermeidung von Verunreinigungen auf die Gewährleistung des Gemeingebrauchs abhebt,[2] will § 32 durch das Verschmutzungsverbot

1 Soweit der Begriff „Straße“ verwendet wird, sind damit alle dem Verkehr dienenden Flächen gemeint.

2 § 7 Abs. 3 Bundesfernstraßengesetz sowie entsprechende Vorschriften in den Straßen- oder Straßenreinigungsgesetzen der Länder. Kommt der Verursacher seiner Reinigungspflicht nicht nach, kann die Straßenbaubehörde die Beseitigung der Verunreinigung auf dessen Kosten veranlassen. Außerdem kann der Halter des verursachenden Fahrzeugs nach § 7 Abs. 1 StVG zum Kostenersatz verpflichtet werden (BGH VD 2011, 225: Beseitigung einer Ölspur).

Gefahren für andere Verkehrsteilnehmer vermeiden. Verpflichtungen aus § 32 richten sich allerdings nicht nur an die am Verkehr Teilnehmenden, sondern auch an Nichtverkehrsteilnehmer (BVerwG NJW 2015, 2056).

2.1 Verschmutzen oder Benetzen der Straße

Das Verbot gilt für abgefallene Fahrzeugteile, herabfallende Ladung, trockenen, durch den Fahrtwind herabwehenden Sand oder sonstige nicht gesicherte Schüttgüter, Baumaterial (BGH VRS 20, 337), Laub, Ackerschmutz, Dung, Gülle, Tierkot durch Viehtrieb, Futterreste oder Kleie von Rädern (BGH VerkMitt 2007 Nr. 53 = DAR 2007, 389 = NZV 2007, 352 = VRS 112, 439), abtropfende Flüssigkeiten wie Seifenlauge, Öl, Kühlflüssigkeiten (BGH VRS 30, 135, 225; BGH NZV 2012, 535; BGH NZV 2015, 587 = VRS 129, 180: Angemessenheit einer Ölspurbeseitigung), Wasser bei Frostgefahr (OLG Köln VkBl. 1956, 70; OLG Hamm VRS 21, 232; BayObLG VRS 30, 135). Verunfalltes Wild kann zwar als Gegenstand ein Hindernis sein, stellt aber keine Verunreinigung der Fahrbahn dar (OVG Lüneburg DAR 2018, 281). In gewissem Umfang müssen Kraftfahrer zwar mit Straßenverschmutzung rechnen, z. B. an Baustellen, nicht aber mit einer gefährlichen Ölspur (OLG Bamberg VersR 1987, 465). Wer durch Bauarbeiten eine erhebliche Fahrbahnverschmutzung verursacht hat, genügt seiner Sicherungspflicht nicht durch oberflächliche Reinigung oder durch Aufstellen eines Hinweisschildes „Baustelle" (BGH VersR 1975, 714). Kann die Verschmutzung nicht alsbald beseitigt werden, ist die Gefahrenstelle durch Polizei, Verkehrs- oder Straßenbaubehörden mit Z. 101 (ggf. mit Zusatzzeichen) kenntlich zu machen und abzusichern (OLG Düsseldorf DAR 2001, 401). Bei starker Verschmutzung müssen Verkehrsteilnehmer zusätzlich gewarnt werden (OLG Schleswig NZV 1993, 31). Auf Wirtschaftswegen besteht keine Pflicht, Verschmutzungen zu beseitigen, die mit dem forst- oder landwirtschaftlichen Betrieb üblicherweise verbunden sind (Feld-, Wald-, Zufahrtswege). Welche Straße Wirtschaftsweg ist, richtet sich nach den örtlichen Verhältnissen (OLG Düsseldorf VersR 1981, 659). Die landesrechtlichen Straßenreinigungsgesetze ergänzen die Regelung i. S. d. Hygiene öffentlicher Verkehrsflächen, während § 32 auf die Verkehrssicherheit abhebt, so dass Art. 31 GG („Bundesrecht bricht Landesrecht") nicht berührt ist (KG VRS 130, 81).

2.2 Gegenstände auf der Straße

Unter das Verbot fallen auch Bauwagen, Fahrradständer, Container, Baugeräte (OLG Hamm in VRS 17, 309; OLG Düsseldorf VRS 74, 232), Warenautomaten (BayObLG MDR 1969, 71), in die Fahrbahn ragende Markisen (OLG Hamm VRS 17, 309), Plakatständer (OLG Münster VRS 48, 389), in zu geringer Höhe über die Straße gespannte Kabel (OLG Hamm VRS 41, 396; BayObLG VRS 36, 464), Seilwinden (OLG Koblenz VRS 72, 128), abgefallene Auspuffteile, Laufflächen von Reifen, Öllachen (BayObLG VRS 72, 88), herabfallende oder herabwehende Ladung, Ackererde in der Landwirtschaft während der Erntezeit (Gefahr von „Bauern-Glatteis"), verunfalltes Wild auf der Fahrbahn (OVG Lüneburg DAR 2018, 281) und sonstige Hindernisse, auch auf Gehwegen (OVG Lüneburg DAR 2013, 223: Absperrung wegen Brandschadens). Feste Straßeneinbauten, wie Poller zur Verhinderung unzulässigen Parkens, sind keine Gegenstände, sondern als Anlagen Bestandteile der Straße (OLG Düsseldorf NJW 1995, 2171; OLG Koblenz VRS 99, 241). Verboten ist das Abstellen betriebsunfähiger oder abgemeldeter Fahrzeuge sowie von betriebsfähigen Fahrzeugen, die zu verkehrsfremden Zwecken (z.B. Reklame, ausschließlich zum Verkauf oder zum Freihalten einer Grundstückszufahrt) abgestellt werden (KG VRS 111, 452; VG Braunschweig DAR 2006, 351; OLG Düsseldorf VRS 74, 286; VerkMitt 1988 Nr. 55; KG VRS 45, 73). Unzulässig ist auch wochenlanges Parken mit roten Überführungs- oder abgelaufenen Saison-Kennzeichen (OLG Koblenz DAR 1983, 302). Der Besitzer eines ausgedienten Fahrzeugs, der dieses irgendwo im Stich lässt, statt es zu verschrotten, verstößt gegen seine Halterpflichten zur Gefahrenabwehr, insbesondere auch bei auslaufenden Flüssigkeiten (BayObLG VRS 90, 238). Dieses Risiko wird von der Privathaftpflichtversicherung nicht gedeckt (BGH VersR 1977, 468 = MDR 1977, 737 = VRS 53, 90 = DAR 1977, 243). Wer ein unbefugt auf seinem Grundstück abgestelltes Autowrack auf die Straße schiebt und dort störend belässt, verstößt gegen § 32 Abs. 1 (BayObLG NJW 1979, 1314 = VRS 57, 60 = DAR 1980, 61).

Leitelemente, wie sie von **Fahrschulen** für Grundfahrübungen im Verkehrsraum verwendet werden, sind zwar Gegenstände nach § 32, nicht aber „Leitkegel" nach Anl. 4 lfd. Nr. 5 – Z. 610. Sie entfalten keine Wirkung für andere Verkehrsteilnehmer und sind infolgedessen nicht „anordnungsfähig". Da Fahrschulen ihre Grundfahrübungen nur in verkehrsarmen Räumen durchführen, ist eine Ausnahme für das Aufstellen von Gegenständen nach § 46 Abs. 1 entbehrlich, weil das Verbot nach § 32 nur bei einer – wenn auch abstrakten – Verkehrsbeeinträchtigung zum Tragen kommt.[3]

2.2.1 Sondernutzung

Das Abstellen von Krafträdern oder Wohnwagen zum „Überwintern", von LKW als Verkaufswagen oder von Anhängern zur Werbung ist neben dem Verbot nach § 32 eine verkehrsfremde Sondernutzung, die straßenrechtlich erlaubnispflichtig ist („Missbrauch" der Straße als Abstellfläche), sofern das Landesstraßenrecht nichts anderes vorsieht. Neben der Ausnahmegenehmigung nach §§ 32, 46 Abs. 1 Nr. 8 kann auch eine straßenrechtliche Sondernutzungserlaubnis erforderlich sein (OVG Münster DAR 2005, 709). Das gilt auch bei Widmungseinschränkungen, z.B. bei Fußgängerzonen. Ausnahmegenehmigungen und Sondernutzungserlaubnisse dürfen nur in besonders gelagerten Einzelfällen erteilt werden; sie dürfen jedenfalls nicht dazu führen, dass der Kerngehalt der Widmung bzw. der eingeschränkten Widmung (auf Dauer) beseitigt wird.

Die verkehrsrechtliche Ausnahmegenehmigung nach der StVO (Bundesrecht) und die auf Landesrecht beruhende straßenrechtliche Sondernutzung haben unterschiedliche Zielsetzungen, so dass Art. 31 GG („Bundesrecht bricht Landesrecht") beim Zusammentreffen beider Genehmigungsformen nicht berührt ist (BGH VerkMitt 2002 Nr. 55 = NZV 2002, 238 = VRS 102, 220 = DAR 2002, 224). Bei verkehrsbehördlichen Ausnahmen für Bundesfernstraßen bedarf es wegen des Konzentrationsprinzips des § 8 Abs. 6 FStrG regelmäßig keiner Sondernutzungserlaubnis (BVerwG VerkMitt

3 Als Rechtsgrundlage für das Aufstellen solcher Leitkegel durch Fahrschulen auf öffentlichen Straßen kann weder die FahrschAusbO noch Anl. 7 FeV herangezogen werden, weil diese Regelungen keine Ausnahme von § 32 enthalten (a.A. Tschöpe VD 2010, 340). Eine allgemeine Ausnahmegenehmigung für „alle" Fahrschulen ist rechtswidrig (z.B. in Berlin – Amtsblatt 2011, 1483 – oder auch Brandenburg), weil sie nur für „einzelne" Antragsteller, nicht aber pauschal für ganze Personengruppen erteilt werden darf (BVerwG VerkMitt 2008 Nr. 68 = NZV 2008, 476 = VRS 115, 66; BVerwG VerkMitt 1994 Nr. 80).

1989 Nr. 27).[4] Allerdings sind die von der Straßenbaubehörde für erforderlich gehaltenen Bedingungen, Auflagen und Gebühren in die Ausnahmegenehmigung einzubeziehen.

2.2.2 Rostlauben

Die Altfahrzeug-Verordnung (AltfahrzeugV) vom 21.6.2002 (BGBl. I S. 2199)[5] regelt die Entsorgung der Kraftfahrzeuge (Verschrottung). Wer sich seines Altfahrzeugs entledigen will, ist verpflichtet, dieses einem vom Fahrzeughersteller „anerkannten" Verwertungsbetrieb oder einer Annahmestelle zu übergeben (nicht einer beliebigen Verschrottungsstelle). Annahmestellen und Verwertungsbetriebe müssen die Altautos umwelt- und gemeinwohlverträglich entsorgen (recyceln). Im Anhang zur AltfahrzeugV sind Anforderungen zur Beseitigung und Verwertung der „Rostlauben" geregelt. Der für die zulassungsrechtliche Außerbetriebsetzung erforderliche Verwertungsnachweis richtet sich nach § 15 FZV.

Nicht zugelassene oder betriebsunfähige Fahrzeuge sind Gegenstände und dürfen nicht im Verkehrsraum abgestellt werden. Neben einem Verstoß gegen § 32 Abs. 1 liegt unzulässige Sondernutzung nach den Straßengesetzen der Länder vor (BGH NZV 2002, 238 = VRS 102, 220 = DAR 2002, 224). Die Ahndung richtet sich nach den mit höherem Bußgeld bedrohten Straßengesetzen bzw. nach dem Kreislaufwirtschaftsgesetz (KrWG).[6] „Rostlauben" werden ferner als Abfall nach dem KrWG behandelt und nach Aufforderung zur Beseitigung (z.B. durch eine rote oder gelbe Plakette an der Windschutzscheibe) auf Kosten des Halters entsorgt (OLG Düsseldorf NZV 1989, 40; BayObLG VRS 90, 238; VG Düsseldorf SVR 2017, 236: die Beseitigungs-Plakette ersetzt nicht eine Ordnungsverfügung zum Abschleppen

Abfallbeseitigungsplakette

Sicherstellungsplakette

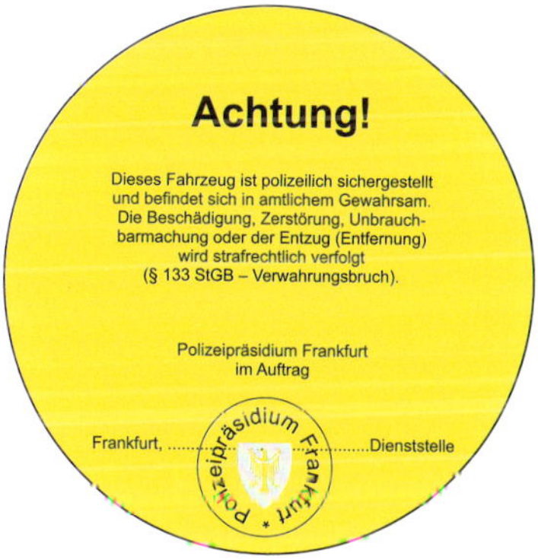

4 Das Konzentrationsprinzip ist weitgehend auch in den landesrechtlichen Straßengesetzen verankert.

5 Durch Art. 3 des Altfahrzeug-Gesetzes vom 21.6.2002 (BGBl. I S. 2199) hat die Altauto-Verordnung vom 4.7.1997 (BGBl. I S. 1666) die neue Bezeichnung „Altfahrzeug-Verordnung" erhalten.

6 Bußgelddrohung bis 10 000 € (§ 69 Abs. 3 KrWG).

eines nicht verkehrsbehindernd abgestellten Fahrzeugs). Ob das amtliche Kennzeichen entstempelt oder entfernt wurde, ist nicht entscheidend; unbeaufsichtigtes monatelanges Aufstellen in unbeleuchteter, einsamer Gegend genügt (KG VRS 83, 296). Fahrzeuge können außerdem nach den Sicherheits- und Ordnungsgesetzen der Länder zu Beweiszwecken bei technischen Mängeln, nach Straftaten oder bei Gefährdung infolge mangelnder Sicherung (§ 14 Abs. 2) polizeilich sichergestellt werden („Autoknast"); die Kennzeichnung erfolgt (meist) durch eine gelbe Plakette.

2.3 Straßenmöblierung zur Verkehrsberuhigung

Das Aufstellen von Blumenkübeln auf der Fahrbahn verstößt gegen § 32, weil die Möglichkeit, Straßen gefahrlos mit der zulässigen Geschwindigkeit zu befahren, erhalten bleiben muss (OLG Köln VRS 83, 113; OLG Frankfurt NJW 1992, 318; LG Koblenz DAR 1991, 456: Beleuchtungspflicht von Fahrbahnhindernissen). Das gilt auch bei Verwendung von Metallhöckern auf der Fahrbahn wie „Kölner Teller" (OLG Frankfurt/M. NZV 1993, 38). In Tempo 30-Zonen oder verkehrsberuhigten Bereichen muss aber mit solchen geschwindigkeitshemmenden Einrichtungen gerechnet werden.

2.4 Verkehrserschwerung

Die Verkehrsbehinderung muss nicht konkret vorliegen, es reicht die **abstrakte** Möglichkeit einer Erschwerung aus, z. B. Wegfall von Parkraum, selbst wenn noch einige Parkstände frei sind oder der Verkehr erst später einsetzt (OLG Düsseldorf VerkMitt 1975 Nr. 90). Wer ein abgemeldetes, nicht zugelassenes oder nicht betriebsbereites Fahrzeug auf einem öffentlichen Parkplatz stehen lässt, erschwert den Verkehr (OLG Düsseldorf VerkMitt 1988 Nr. 55; OLG Karlsruhe VRS 59, 153). Fehlt eine abstrakte Verkehrserschwerung, liegt kein Verstoß gegen § 32 vor, wohl aber gegen andere Vorschriften (z. B. Sondernutzung nach den Landesstraßengesetzen).

2.5 Bereiten von Hindernissen

Wer bei einer politischen Demonstration Fahrzeuge als Hindernisse aufstellt, um gezielt die Durchfahrt zu versperren, begeht eine strafbare Nötigung (BGH VerkMitt 1996 Nr. 1 = NZV 1995, 453 = DAR 1995, 453; OLG Stuttgart VRS 89, 288). Nur die schlichte Sitzblockade auf Straßen wird nicht als Nötigung angesehen (BVerfG NJW 1985, 2395; 1995, 1141; NVwZ 1991, 157), ebenso nicht das bloße Laufen auf der Fahrbahn (BGH NJW 1996, 203: „Münchner Fahrbahngeher"), das aber einen Verstoß gegen das Gehwegbenutzungsgebot nach § 25 Abs. 1 darstellt.

Wer gezielt Gegenstände auf Fahrbahnen oder vorbeifahrende Fahrzeuge wirft, begeht neben Körperverletzungs- oder Tötungsdelikten auch einen gefährlichen Eingriff in den Straßenverkehr nach § 315b StGB, wenn die Tat zu einer unmittelbaren (konkreten) Gefahr für die Verkehrssicherheit führt (BGH VerkMitt 2003 Nr. 61 = NZV 2003, 196 = VRS 104, 216 = NJW 2003, 836).

2.6 Beseitigungspflicht

Nicht nur der für die Verkehrserschwerung Verantwortliche hat Verschmutzungen oder Gegenstände unverzüglich zu beseitigen, sondern auch derjenige, der den gefährlichen Zustand in seinem Verantwortungsbereich andauern lässt, z. B. Baustellenbetreiber, Landwirt (OLG Celle SVR 2007,

22; s.a. Dahm NZV 2013, 170). Ist die Beseitigung nicht sofort möglich, muss die Gefahrenstelle ausreichend kenntlich gemacht werden. Daneben gehört es zur Amtspflicht der Polizei, Verkehrsbehörden und Baulastträger, vor gefährlichen Gegenständen auf der Straße zu warnen und für deren Beseitigung zu sorgen (OLG Frankfurt/M. VerkMitt 2004 Nr. 13). Für die Kosten der polizeilichen Sicherstellung eines betriebsunfähigen Fahrzeugs haftet der Halter (s.a. Erl. 2.8 zu § 12). Die Straßenbaubehörden dürfen Hindernisse auf Kosten des Verantwortlichen entfernen.

2.7 Verkleidung gefährlicher Geräte

Die Verpflichtung zur Sicherung gegen Verletzungsgefahren nach § 32 Abs. 2 gilt auch für hervorstehende scharfkantige Teile selbstfahrender Arbeitsmaschinen, beim Transport von Arbeitsgeräten oder für Schiffsschrauben von Booten auf Sportanhängern. Die vorstehende Haspel an einem Mähdrescher ist keine wirksame Verkleidung (OLG Hamm VRS 48, 385).

3 Hinweise

3.1 Kennzeichnung von Containern und Wechselbehältern vom 28.4.1982 (VkBl. S. 186) i.d.F. vom 11.1.1984 (VkBl. S. 23).

3.2 Verbot des Hinausragens schlecht erkennbarer Ladung: § 22 Abs. 5 Satz 2; innerörtliche Beleuchtungspflicht schwerer Fahrzeuge und Anhänger: § 17 Abs. 4.

§ 33 Verkehrsbeeinträchtigungen

(1) Verboten ist

1. der Betrieb von Lautsprechern,

2. das Anbieten von Waren und Leistungen aller Art auf der Straße,

3. außerhalb geschlossener Ortschaften jede Werbung und Propaganda durch Bild, Schrift, Licht oder Ton,

wenn dadurch am Verkehr Teilnehmende in einer den Verkehr gefährdenden oder erschwerenden Weise abgelenkt oder belästigt werden können. Auch durch innerörtliche Werbung und Propaganda darf der Verkehr außerhalb geschlossener Ortschaften nicht in solcher Weise gestört werden.

(2) Einrichtungen, die Zeichen oder Verkehrseinrichtungen (§§ 36 bis 43 in Verbindung mit den Anlagen 1 bis 4) gleichen, mit ihnen verwechselt werden können oder deren Wirkung beeinträchtigen können, dürfen dort nicht angebracht oder sonst verwendet werden, wo sie sich auf den Verkehr auswirken können. Werbung und Propaganda in Verbindung mit Verkehrszeichen und Verkehrseinrichtungen sind unzulässig.

(3) Ausgenommen von den Verboten des Absatzes 1 Satz 1 Nummer 3 und des Absatzes 2 Satz 2 sind in der Hinweisbeschilderung für Nebenbetriebe an den Bundesautobahnen und für Autohöfe die Hinweise auf Dienstleistungen, die unmittelbar den Belangen der am Verkehr Teilnehmenden auf den Bundesautobahnen dienen.

VwV-StVO zu § 33 Verkehrsbeeinträchtigungen

Zu Absatz 1 Nr. 1

1 Lautsprecher aus Fahrzeugen erschweren den Verkehr immer.

Zu Absatz 1 Nr. 2

2 Das Ausrufen von Zeitungen und Zeitschriften wird den Verkehr nur unter außergewöhnlichen Umständen gefährden oder erschweren.

Zu Absatz 2

3 I. Schon bei nur oberflächlicher Betrachtung darf eine Einrichtung nicht den Eindruck erwecken, dass es sich um ein amtliches oder sonstiges zugelassenes Verkehrszeichen oder eine amtliche Verkehrseinrichtung handelt. Verwechselbar ist eine Einrichtung auch dann, wenn (nur) andere Farben gewählt werden.

4 II. Auch Beleuchtung im Umfeld der Straße darf die Wirkung der Verkehrszeichen und Verkehrseinrichtungen nicht beeinträchtigen.

5 III. Wenn auf Grundstücken, auf denen kein öffentlicher Verkehr stattfindet, z. B. auf Fabrik- oder Kasernenhöfen, zur Regelung des dortigen Verkehrs den Verkehrszeichen oder Verkehrseinrichtungen gleiche Einrichtungen aufgestellt sind, darf das auch dann nicht beanstandet werden, wenn diese Einrichtungen von einer Straße aus sichtbar sind. Denn es ist wünschenswert, wenn auf nicht-öffentlichem Raum sich der Verkehr ebenso abwickelt wie auf öffentlichen Straßen.

Zu Absatz 3

6 I. Die Hinweise auf Dienstleistungen erfolgen durch Firmenlogos der Anbieter von Serviceleistungen. Sie sind durch § 33 Abs. 3 straßenverkehrsrechtlich zugelassen und werden von der Straßenbaubehörde als Zusätze zu den amtlichen Hinweisschildern angebracht.

7 II. Hinsichtlich der Beschaffenheit, Gestaltung und Anbringung solcher Zusätze sind die Vorschriften der Richtlinien für die wegweisende Beschilderung auf Autobahnen (RWBA) entsprechend zu beachten. Die Schilder richten sich nach der Breite der Ankündigungstafel und haben eine Höhe von 800 mm.

8 III. Hinsichtlich der Größe und Anzahl der auf dem Schild erscheinenden Firmenlogos gelten die Vorschriften der Richtlinien für die wegweisende Beschilderung auf Autobahnen (RWBA) für graphische Symbole entsprechend.

1 Aus der amtlichen Begründung

(entfällt)

2 Erläuterungen

Für die Verbote des § 33 genügt bereits eine **abstrakte** Beeinträchtigung oder Gefährdung des Straßenverkehrs. Der Begriff „Straße" bezieht sich auf alle Verkehrsflächen. Eine abstrakte Beeinträchtigung liegt vor, wenn die Benutzung der Verkehrsflächen wegen des Umfangs der Lautsprecher-, Waren oder Leistungsangebote nicht unbeträchtlich eingeschränkt wird, sich somit Angebote verkehrsstörend auswirken können, z. B. durch Ablenkung der Kraftfahrer, Blockierung von Parkraum, Verkehrsbehinderung durch Kunden, Belästigung von Passanten (BVerwG VRS 87, 77; NZV 1994, 126). Selbst ohne Verkehrsbeeinträchtigung sind die zu beanstandenden Verhaltensweisen meist wegen Sondernutzung des Verkehrsraums nach den Straßengesetzen der Länder unzulässig (OLG Düsseldorf VRS 79, 51 = NZV 1990, 282). Beim Zusammentreffen von Verstößen nach § 33 Abs. 1 Nr. 2 StVO und solchen nach den Straßengesetzen gehen Letztere regelmäßig vor, weil sie nach § 19 Abs. 2 OWiG die höhere Bußgelddrohung enthalten (BGH NZV 2002, 238 = VRS 102, 220 = DAR 2002, 224).

2.1 Lautsprecher und Straßenmusik (§ 33 Abs. 1 Nr. 1)

Schalltrichter ohne elektrische Verstärker sind keine Lautsprecher (OVG Münster VkBl. 1972, 539).[1] **Lautsprecher** können ohne Ausnahmegenehmigung in Fällen des Notrechts (z. B. bei Katastrophen) eingesetzt werden, nicht aber zur politischen Werbung (OVG Münster VkBl. 1972, 539). Der Einsatz eines Lautsprecherwagens in einem Demonstrationszug kann verboten werden, wenn die Beeinträchtigung des Verkehrs über die Störung hinausgeht, die der Demonstrationszug ohnehin bedeutet. Je nach den örtlichen Belangen kann **Straßenmusik** auch in Fußgängerzonen erlaubnispflichtige Sondernutzung sein (BVerwG VRS 72, 388).[2]

2.2 Anbieten von Waren und Leistungen (§ 33 Abs. 1 Nr. 2)

„Anbieten" ist jede Kundgabe der Bereitschaft, Waren zu liefern oder Leistungen zu erbringen; die bloße Werbung für Produkte, auch durch Handzettel, gehört jedoch nicht dazu, ebenso nicht das Parken von Vermietfahrzeugen (BVerwG VerkMitt 1983 Nr. 21 = VRS 63, 229 = NJW 1982, 2332: Mietwagen; OVG Hamburg VerkMitt 2009 Nr. 86 = VRS 117, 252 =

1 Flüstertüten oder Tröten (auch „Vuvuzelas").
2 Werden z. B. Instrumente auf der Straße aufgestellt, ist Straßenmusik nach dem Berliner Straßengesetz Sondernutzung.

NZV 2010, 222: Mietfahrräder). Da das Interesse der Vermietfirmen gerade auf den Verkehrszweck „Inbetriebnahme" gerichtet ist, gehört das Parken noch zur Verkehrsüblichkeit. Infolgedessen liegt auch kein unzulässiges Anbieten von Leistungen vor, wenn Telefonangaben an den Fahrzeugen auf diesen Zweck hinweisen; anders nur, wenn sie allein als Werbeträger für Vermietfirmen abgestellt werden. Gegen das Anbietungsverbot können auch Parkplatzüberwachungs- oder Hilfsdienste verstoßen (BVerwG NJW 1974, 1781; OVG Münster VRS 41, 472). Ob **Straßenkunst**, z. B. Silhouettenschneiden oder Pflastermalen, als Gemeingebrauch einzustufen ist, richtet sich nach dem örtlichen Gemeingebrauch; im Zweifel ist sie Sondernutzung (BVerwG NZV 1990, 286). So auch für Geld sich fotografieren lassende Komparsen und Kleindarsteller oder das Anbringen von Werbekarten einer Gebrauchtwagenfirma an geparkten Fahrzeugen wegen unzulässiger Sondernutzung (OLG Düsseldorf DAR 2010, 589). Straßenprostitution fällt hingegen nicht unter das Anbieten von Leistungen – nicht, weil die Damen nichts „leisten", sondern weil hier § 120 Abs. 1 Nr. 1 OWiG vorgeht.

2.3 Werbung und Propaganda (§ 33 Abs. 1 Nr. 3)

Das Verbot der Werbung[3] und Propaganda bezieht sich **nur** auf Verkehrsflächen **außerorts**. Innerorts sind Werbung und Propaganda grundsätzlich zulässig; zu beachten sind jedoch § 32 Abs. 1 und vor allem die straßenrechtlichen Bestimmungen der Länder oder des Bundes (FStrG) über die Sondernutzung, z. B. Plakatständer zur politischen Werbung außerhalb von Wahlzeiten (OLG Münster VRS 45, 389) oder Umherlaufen mit auf dem Rücken befestigten Werbeträgern als Moving Boards (OVG Münster VerkMitt 2015 Nr. 9: kein kommunikativer Gemeingebrauch).[4] Die Begriffe umfassen die Wirtschaftswerbung und die Propaganda für kulturelle, weltanschauliche oder politische Ziele. Für das Verbot reicht die (abstrakte) **Möglichkeit** einer **Verkehrsbeeinträchtigung** aus, z. B. auf den Verkehr ausgerichtete und ablenkende stationäre Leuchtreklame (BVerwG NZV 1994, 126; VGH München VerkMitt 2015 Nr. 49 = DAR 2016, 104 mit Anm. Schneider: Ablehnung einer Ausnahme für Werbung an einer Autobahnausfahrt; VG Ansbach VerkMitt 1999 Nr. 71; BVerfG NJW 1972, 859; BVerwG NJW 1976, 559) oder eine 40 m^2 große Prismenwendeanlage im Abstand von 140 m zur Autobahn (OVG Münster NZV 2000, 310 = VRS 99, 472; VRS 103, 396), Hinweise auf gastronomische Einrichtungen, Plakatierungen an Brücken. Unzulässig sind ebenso Lauflichtbänder, Scroller-Anlagen, Werbung auf beweglichen Rotorblättern von Windkraftanlagen, Filmwände, Licht- und Laserkanonen, akustische Beschallung, Werbepuppen oder -ballons sowie Anzeigetafeln auf Fahrzeugen oder Strohballen mit Qualitätsaussagen, Preisangaben, Telefonnummern oder Internetadressen. Plakatträger mit Werbung im Straßenland sind zudem meist baugenehmigungs- und

3 Das frühere in der StVO vorhandene strikte Verbot des Umherfahrens und Parkens nur zur Werbung auch ohne Verkehrsbeeinträchtigung ist vom BVerfG als nichtig aufgehoben (BVerfG 40, 371 = VerkMitt 1976 Nr. 65 = NJW 1976, 559 = VRS 50, 241 = MDR 1976, 553) und durch die 8. VO zur Änderung der StVO vom 22.3.1988 (BGBl. I S. 405) gestrichen worden. Da Werbevorgänge im Straßenraum jedoch den Gemeingebrauch einschränken, sind solche Fahrten oder Parkvorgänge nach den Straßengesetzen der Länder unzulässig.

4 Größere Werbeanlagen unterliegen außerdem der Baugenehmigungspflicht nach den Landesbauordnungen. Hierzu auch RL zur Werbung an Autobahnen aus straßenverkehrs- und straßenrechtlicher Sicht: VkBl. 2001, 463.

sondernutzungspflichtig, z. B. nach § 8 Abs. 1 FStrG (OLG Hamm NZV 1991, 252). Das Verbot umfasst auch Werbung, die von Kraftfahrzeugen ausgeht und ausschließlich diesem Zweck dient (VkBl. 1962, 112). Ist der Hauptzweck die Beförderung von Personen oder Gegenständen, fällt an Fahrzeugen angebrachte Werbung jedoch nicht unter das Verbot, z. B. Werbung an Fernverkehrsbussen, Linienbussen, Firmenwerbung an LKW oder Sattelkraftfahrzeugen. Retroreflektierende Werbung an den Seitenflächen von Fahrzeugen als Konturmarkierung ist nur im Rahmen des § 53 Abs. 10 StVZO zulässig; an der Heckseite ist solche Werbung unzulässig.

2.4 Beeinträchtigung von Verkehrszeichen und Verkehrseinrichtungen (§ 33 Abs. 2 und 3)

Das Verbot dient dem Sichtbarkeitsgrundsatz und der Verkehrssicherheit. Es bezieht sich auch auf Verkehrszeichen, die infolge fehlender Anordnung nach § 45 nichtig und damit unbeachtlich sind. Wer amtlich angeordnete und aufgestellte Verkehrszeichen verändert oder verrückt, verstößt gegen § 304 StGB (gemeinschädliche Sachbeschädigung) und § 132 StGB (Amtsanmaßung), begeht aber keine Urkundenfälschung nach § 267 StGB (OLG Köln VerkMitt 1999 Nr. 5 = VRS 96, 23). Da Verkehrszeichen durch die Straßenbaubehörde anzubringen sind (§ 5b StVG i. V. m. § 45 Abs. 3 StVO), kann ein Verstoß gegen § 132 StGB vorliegen, wenn die Baubehörde die Ausführung einer Anordnung der Straßenverkehrsbehörde verweigert und daraufhin die von der Regelung begünstigten Bürger die Verkehrsschilder selbst anbringen. Zeichen, die keine auf das Straßenverkehrsrecht gestützte Anordnung oder Erklärung enthalten, aber mit amtlichen Zeichen des Straßenverkehrsrechts verwechselt werden können, sind unzulässig, wenn sie sich auf den Straßenverkehr (abstrakt) auswirken können (BVerwG VerkMitt 1980 Nr. 95); ebenso Verkehrszeichen auf Privatgelände mit Auswirkung auf den öffentlichen Verkehr. Durch den Klammerzusatz „(§§ 36 bis 43)" fallen auch Zeichen und Weisungen der Polizei unter das Verbot, z. B. Aufstellung einer Polizistenattrappe mit erhobenem Arm.

Beispiel eines verkehrsbeeinträchtigenden Wahlplakats anlässlich der Wahlen zum Berliner Abgeordnetenhaus

Hinsichtlich der Verwechslungsgefahr mit amtlichen Verkehrszeichen ist auf das gesamte Erscheinungsbild der Schilder und Markierungen nach dem flüchtigen Eindruck abzustellen (VGH Kassel VerkMitt 1970 Nr. 91). Beispiele: Blaue oder grüne Fahrbahnmarkierung in der Nähe von Leitlinien, leuchtende Ampel als Blickfang im Schaufenster einer Fahrschule oder gelbes Blinklicht am Hoteleingang (OLG Koblenz VRS 66, 221), Vorschriftzeichen auf Wahlplakaten im Fahrbahnverlauf. Der Schutz gegen Werbung ist eng auszulegen; er gilt auch für die Rückseite von Verkehrszeichen und -einrichtungen, z. B. an Parkscheinautomaten oder auf der Vorderseite von Parkscheiben (Bild 318).

Abweichend von den stringenten Werbeverboten nach § 33 Abs. 1 Nr. 3 (Außerortswerbung) und Abs. 2 Satz 2 (Werbung auf Verkehrszeichen) dürfen nach Abs. 3 in der Hinweisbeschilderung für Autohöfe, Rast- und Tankanlagen Zusätze mit privaten Firmenlogos über spezifische Dienstleistungsangebote gezeigt werden, z. B. Mineralölfirmen, Hotelbetriebe,

Fastfood-Ketten.[5] Das gilt nur für die Beschilderung an Autobahnen, nicht aber für sonstige Bundesstraßen. Durch Bindung solcher Zusatzschilder an die RWBA 2000 vom 28.12.2000 (VkBl. 2001, 39) soll sich deren Inhalt, Größe und Anzahl in vertretbaren Grenzen halten. Die Kosten der Zusatzschilder tragen die Betreiber der Anlagen (s. a. Rn. 6 bis 8 VwV-StVO zu § 33).

3 Hinweise

3.1 Übermäßige Straßenbenutzung: § 29 Abs. 2; Schutz der Nachtruhe: § 30 Abs. 1; Verkehrshindernisse: § 32; zum Verbot von Aufklebern an Taxen mit politischen und religiösen Inhalten nach § 26 Abs. 4 BOKraft: BVerwG VerkMitt 2000 Nr. 46.

3.2 Ausnahmen von § 33: § 46 Abs. 1 Nr. 9 (Lautsprecher) und Nr. 10 i. V. m. § 9 Abs. 8 FStrG (Werbung und Propaganda in Verbindung mit Leuchtsäulen für Haltestellenschilder). Ausnahmegenehmigungen nach § 46 Abs. 2 von § 33 Abs. 2 sind schon aus Verkehrssicherheitsgründen unzulässig.

3.3 Werbeverbot an Brücken über Bundesfernstraßen außerhalb der zur Erschließung anliegender Grundstücke bestimmten Teile der Ortsdurchfahrten sowie längs von Autobahnen bis zu 40 m: § 9 Abs. 1 Nr. 1, Abs. 6 FStrG. Werbeanlagen von mehr als 40 bis 100 m Entfernung von Autobahnen bedürfen der Zustimmung der Straßenbaubehörde: § 9 Abs. 2 FStrG.

---

5 Autohöfe, Rast- und Tankanlagen, die jährlich von fast 500 Mio. Kraftfahrern angefahren werden, haben ihr Warensortiment erheblich ausgedehnt. Die zusätzlichen Piktogramme in der Hinweisbeschilderung tragen dem Informationsbedürfnis der Kraftfahrer Rechnung.

§ 34 Unfall

(1) Nach einem Verkehrsunfall hat, wer daran beteiligt ist,

1. unverzüglich zu halten,
2. den Verkehr zu sichern und bei geringfügigem Schaden unverzüglich beiseite zu fahren,
3. sich über die Unfallfolgen zu vergewissern,
4. Verletzten zu helfen (§ 323c des Strafgesetzbuchs),[1]
5. anderen am Unfallort anwesenden Beteiligten und Geschädigten
   a) anzugeben, dass man am Unfall beteiligt war und
   b) auf Verlangen den eigenen Namen und die eigene Anschrift anzugeben sowie den eigenen Führerschein und den Fahrzeugschein vorzuweisen und nach bestem Wissen Angaben über die Haftpflichtversicherung zu machen,
6. a) so lange am Unfallort zu bleiben,[2] bis zugunsten der anderen Beteiligten und Geschädigten die Feststellung der Person, des

---

1 Obwohl § 323c StGB durch Art. 1 des 52. Gesetzes zur Änderung des StGB – Stärkung des Schutzes von Vollstreckungsbeamten und Rettungskräften vom 23.5.2017 (BGBl. I S. 1226) in Abs. 2 um die Behinderung von hilfeleistenden Personen erweitert wurde, ist das Zitat des § 323c StGB in § 34 Abs. 1 Nr. 7 unverändert geblieben:

§ 323c StGB Unterlassene Hilfeleistung; Behinderung von hilfeleistenden Personen

(1) Wer bei Unglücksfällen oder gemeiner Gefahr oder Not nicht Hilfe leistet, obwohl dies erforderlich und ihm den Umständen nach zuzumuten, insbesondere ohne erhebliche eigene Gefahr und ohne Verletzung anderer wichtiger Pflichten möglich ist, wird mit Freiheitsstrafe bis zu einem Jahr oder mit Geldstrafe bestraft.
(2) Ebenso wird bestraft, wer in diesen Situationen eine Person behindert, die einem Dritten Hilfe leistet oder leisten will.

2 **§ 142 StGB Unerlaubtes Entfernen vom Unfallort**

(1) Ein Unfallbeteiligter, der sich nach einem Unfall im Straßenverkehr vom Unfallort entfernt, bevor er
1. zu Gunsten der anderen Unfallbeteiligten und der Geschädigten die Feststellung seiner Person, seines Fahrzeugs und der Art seiner Beteiligung durch seine Anwesenheit und durch die Angabe, dass er an dem Unfall beteiligt ist, ermöglicht hat oder
2. eine nach den Umständen angemessene Zeit gewartet hat, ohne dass jemand bereit war, die Feststellungen zu treffen,
wird mit Freiheitsstrafe bis zu drei Jahren oder mit Geldstrafe bestraft.
(2) Nach Absatz 1 wird auch ein Unfallbeteiligter bestraft, der sich
1. nach Ablauf der Wartefrist (Absatz 1 Nr. 2) oder
2. berechtigt oder entschuldigt
vom Unfallort entfernt hat und die Feststellungen nicht unverzüglich nachträglich ermöglicht.
(3) Der Verpflichtung, die Feststellungen nachträglich zu ermöglichen, genügt der Unfallbeteiligte, wenn er den Berechtigten (Absatz 1 Nr. 1) oder einer nahe gelegenen Polizeidienststelle mitteilt, dass er an dem Unfall beteiligt gewesen ist, und wenn er seine Anschrift, seinen Aufenthalt sowie das Kennzeichen und den Standort seines Fahrzeugs angibt und dieses zu unverzüglichen Feststellungen für eine ihm zumutbare Zeit zur Verfügung hält. Dies gilt nicht, wenn er durch sein Verhalten die Feststellungen absichtlich vereitelt.
(4) Das Gericht mildert in den Fällen der Absätze 1 und 2 die Strafe (§ 49 Absatz 1) oder kann von der Strafe nach diesen Vorschriften absehen, wenn der Unfallbeteiligte innerhalb von 24 Stunden nach einem Unfall außerhalb des fließenden Verkehrs, der ausschließlich nicht bedeutenden Sachschaden zur Folge hat, freiwillig die Feststellungen nachträglich ermöglicht (Absatz 3).
(5) Unfallbeteiligter ist jeder, dessen Verhalten nach den Umständen zur Verursachung des Unfalls beigetragen haben kann.

Fahrzeugs und der Art der Beteiligung durch eigene Anwesenheit ermöglicht wurde oder

b) eine nach den Umständen angemessene Zeit zu warten und am Unfallort den eigenen Namen und die eigene Anschrift zu hinterlassen, wenn niemand bereit war, die Feststellung zu treffen,

7. unverzüglich die Feststellungen nachträglich zu ermöglichen, wenn man sich berechtigt, entschuldigt oder nach Ablauf der Wartefrist (Nummer 6 Buchstabe b) vom Unfallort entfernt hat. Dazu ist mindestens den Berechtigten (Nummer 6 Buchstabe a) oder einer nahe gelegenen Polizeidienststelle mitzuteilen, dass man am Unfall beteiligt gewesen ist, und die eigene Anschrift, den Aufenthalt sowie das Kennzeichen und den Standort des beteiligten Fahrzeugs anzugeben und dieses zu unverzüglichen Feststellungen für eine zumutbare Zeit zur Verfügung zu halten.

(2) Beteiligt an einem Verkehrsunfall ist jede Person, deren Verhalten nach den Umständen zum Unfall beigetragen haben kann.

(3) Unfallspuren dürfen nicht beseitigt werden, bevor die notwendigen Feststellungen getroffen worden sind.

(VwV-StVO zu § 34 nicht vorhanden)

1 Aus der amtlichen Begründung

(entfällt)

2 Erläuterungen

Während das strafbewehrte Verbot der Unfallflucht nach § 142 StGB der Hilfe für verletzte Unfallopfer sowie dem zivilrechtlichen Beweissicherungsinteresse und der Schadensregulierung dient (OLG Hamm NZV 2011, 356; OLG Koblenz NZV 1989, 200),[3] begründet § 34 ergänzend weitergehende (aktive) **Pflichten**. Es handelt sich um eine Art „Checkliste" als Hilfe für Unfallbeteiligte in einer Stresssituation, das Richtige in einer sinnvollen Reihenfolge zu tun. Die Begriffe in § 142 StGB (z. B. „Verkehrsunfall", „Schaden", „Unfallbeteiligte") sind mit denen in § 34 identisch.

Die Unfallflucht nach § 142 StGB ist nur als Vorsatzdelikt strafbar;[4] demgegenüber können Ordnungsverstöße nach § 34 auch fahrlässig begangen werden (s. a. Krumm NZV 2016, 362; Staub DAR 2014, 744). Als **Ordnungswidrigkeit** qualifiziert ist jeweils der Verstoß gegen die Pflichten zum Anhalten (§ 34 Abs. 1 Nr. 1), zur Verkehrssicherung (§ 34 Abs. 1 Nr. 2), zur Vorstellung als Unfallbeteiligter (§ 34 Abs. 1 Nr. 5a), zur Angabe von Name, Anschrift sowie Vorweisen des Führerscheins und Fahrzeugdokuments (§ 34

---

3 Als Strafvorschrift wurde die Unfallflucht 1940 in das StGB eingestellt. Sie sollte die Rechtsstellung des Geschädigten durch verkehrsbezogene Handlungen, die infolge von Geschwindigkeit und Anonymität im Straßenverkehr schnell ablaufen, verbessern.

4 Problematisch ist dabei die Feststellung einer Vorsatztat bei Bagatelldelikten, wenn der Täter behauptet, den Anstoß nicht bemerkt zu haben oder es sei kein wirtschaftlich relevanter Schaden entstanden (KG NZV 2016, 392). Es reicht nicht aus, dass ein erheblicher Schaden hätte erkannt werden können, sondern es sind Tatumstände und Vorstellungen festzustellen, die eindeutig auf Vorsatz gerichtet sind.

Abs. 1 Nr. 5b), zum Hinterlassen von Name und Anschrift am Unfallort (§ 34 Abs. 1 Nr. 6b) und zur Erhaltung der Unfallspuren (§ 34 Abs. 3). Soweit die Verletzung dieser Pflichten unter den Straftatbestand des § 142 StGB fällt (Regelfall), geht dieser vor (§ 21 OWiG). Dass Bußgeldverfahren wegen Verletzung dieser Pflichten eingeleitet werden, kommt nur in seltenen Fallkonstellationen in Betracht, wenn § 142 StGB nicht zum Zuge kommt, z. B. bei Verfahrenseinstellung nach § 153a StPO (mit Strafklageverbrauch), wobei allerdings die kurze dreimonatige Verjährungsfrist nach § 26 Abs. 3 StVG meist Bußgeldverfahren nach §§ 34, 49 Abs. 1 Nr. 29 verhindert.

2.1 Verkehrsunfall (§ 34 Abs. 1)

Verkehrsunfall ist ein plötzliches Ereignis im Straßenverkehr, das mit dessen typischen Gefahren in ursächlichem Zusammenhang steht und einen fremden Personen- oder einen nicht völlig belanglosen Sachschaden zur Folge hat (BGH VerkMitt 2002 Nr. 15 = VRS 102, 52 = DAR 2002, 132 = VD 2002, 87; BGH NZV 2002, 236 = VD 2002, 162; BGH VRS 9, 23; OLG Köln VerkMitt 2011 Nr. 66 = DAR 2011, 541 = NZV 2011, 619 = VD 2011, 258).[5] Der Schaden muss auf den Gebrauch eines Fahrzeugs oder auf einen Verkehrsvorgang zurückzuführen sein. Dazu gehört jede Handlung, bei der sich ein verkehrstypisches Unfallrisiko verwirklicht, das mit dem Verwendungszweck des Fahrzeugs oder seiner Einrichtungen in unmittelbarem Zusammenhang steht (BGH NZV 2000, 626; BGH DAR 2013, 261 = NZV 2013, 279 = VRS 124, 215: haftungsrechtlicher Zusammenhang besteht auch beim Sturz nach Aussteigen durch Glatteis; BGH VRS 131, 57 = NZV 2017, 176 = SVR 2017, 143; BGH SVR 2017, 181: Verkehrsunfall durch berührungslosen Schadenbeitrag; OLG Bamberg SVR 2017, 185; OLG Koblenz DAR 2015, 460). **Beispiele**: Abschleppkosten nach Verkehrsunfall (AG Stade SVR 2015, 343; AG Heidenheim SVR 2015, 346; Otting SVR 2015, 334), bei Beladung fällt ein Gegenstand auf einen Fußgänger oder beschädigt ein anderes Fahrzeug (OLG Köln VerkMitt 2011, 78; LG Aachen NZV 2013, 306: keine Unfallflucht wegen Tatbestandsirrtums nach § 16 StGB; AG Berlin-Tiergarten DAR 2009, 45 = VRS 115, 300 = NZV 2009, 94; BGH NZV 2010, 612: auch bei nicht unbedingt notwendigen, aber schadensbegründenden Ausweichreaktionen), Vorbeischrammen von Mülltonnen an parkenden KFZ (LG Berlin NZV 2007, 322), aus einem fahrenden Fahrzeug wird mutwillig eine Flasche gegen ein geparktes Fahrzeug geschleudert, beim Radwechsel rollt das KFZ vom Wagenheber und stößt gegen ein anderes Fahrzeug, verrutschte Ladung verursacht Schaden am Transportfahrzeug (LG Duisburg NZV 2010, 576). Wer mit einem schlecht gesicherten Einkaufswagen[6] auf dem Parkplatz eines Supermarktes gegen einen PKW prallt, ist Verkehrsteilnehmer und verursacht einen Unfallschaden (OLG Düsseldorf NZV 2012, 350; AG München DAR 2015, 655; a. A. LG Düsseldorf NZV 2012, 194: keine verkehrstypische Gefahr; AG München SVR 2015, 103 mit Anm. Flamming; Lenhart NZV

5 Verkehrsunfälle werden ganz überwiegend durch menschliches Versagen verursacht. Hauptunfallursachen sind nicht angepasste Geschwindigkeit (57,7 %), Alkohol- und Drogenkonsum (13,1 %), Vorfahrtverletzung (11,2 %), mangelnder Sicherheitsabstand (9 %), Übermüdung (4 %).

6 Der Ladenbetreiber muss seine Einkaufswagen zur Verhinderung des Wegrollens und einer unbefugten Nutzung sichern; andernfalls haftet er für Schäden nach §§ 823, 249 BGB (OLG Hamm NJW 2016, 505 = NZV 2016, 278).

2013, 270). Liegt kein Verkehrsvorgang vor, löst der entstandene Schaden keine Pflichten als „Verkehrsunfall" aus, z. B. Kosten der Feuerwehr für Beseitigung auslaufender Flüssigkeiten aus einem geparkten Tankfahrzeug (VGH München DAR 2013, 721).

2.1.1 Öffentlicher Verkehrsraum (§ 34 Abs. 1)

Der Unfall muss sich auf einer **öffentlichen** oder zumindest faktisch öffentlichen Verkehrsfläche ereignet haben. Dabei ist es unerheblich, ob sich der Schaden erst auf Privatgelände auswirkt. Auch auf dem Hof eines Supermarktes, einer Autowaschanlage (OLG Oldenburg NZV 2018, 532) oder einer Tankstelle während der Betriebszeit kann deshalb Unfallflucht begangen werden, wenn dieser Verkehrsraum einem unbestimmten Personenkreis offen steht. Ein Unfall auf reinem **Privatgelände** wird hingegen weder durch § 142 StGB noch durch § 34 erfasst, wenn sich der Schaden auch nur dort auswirkt.

2.1.2 Schaden (§ 34 Abs. 1)

Voraussetzung für den Verkehrsunfall ist ein wirtschaftlich nicht nur „belangloser" Schaden, der an fremden Sachen oder Personen entstanden ist. Ob ein Schaden belanglos ist, beurteilt sich danach, ob ein „verständiger" Halter den Schaden ausbessern lassen würde. Dies hängt von dem jeweiligen Wert der Sache und der Kostenentwicklung ab: Wertgrenze etwa 25 bis 50 € (OLG Brandenburg DAR 2007, 643: Grenze bei ca. 20 €; LG Gießen NZV 1997, 364: kein Schaden bei 27 €; OLG Nürnberg DAR 2007, 530: Schaden 50 €; OLG Hamm NZV 2001, 37: kein Schaden bei Betonabplatzung an einer Brücke von 10 × 10 cm unter 2 cm Tiefe; s. a. Geppert DAR 2014, 737). Bei körperlichen Beeinträchtigungen bleiben ganz unerhebliche, nur vorübergehende Beeinträchtigungen außer Betracht, wenn sie keine Körperverletzungen i. S. d. §§ 223, 230 StGB darstellen (z. B. Schreck, kurzer Schmerz, Ekel). Körperverletzungen sind hingegen bereits Schädigungen, wie Schleudertrauma bei Auffahrunfällen, psychisch-vegetative Schockzustände, blaue Flecke (Hämatome), Hauteinrisse oder Schnittwunden, auch wenn keine ärztliche Behandlung erforderlich wird.

Geschädigt ist jeder, der durch den Unfall einen Ersatzanspruch erlangt. Beim Schaden muss es sich um einen **Fremdschaden** handeln (OLG Celle VerkMitt 1985 Nr. 94 = NJW 1986, 861 = VRS 69, 394). Dementsprechend ist nicht wartepflichtig, wer nur sich selbst geschädigt hat. Das gilt auch für das vom Unfallverursacher gelenkte, nicht jedoch ihm gehörende Fahrzeug (Miet- oder Leasingfahrzeug), wohl aber für eine beförderte Fremdladung. Fremd bleibt das vom Verursacher gesteuerte Fahrzeug nur, wenn es gestohlen, unterschlagen oder sonst unbefugt benutzt wird. Weitergehende Vermögensschäden Dritter, die durch einen unfallbedingten Stau oder andere Umstände entstehen, sind ersatzlos hinzunehmen, z. B. Kosten eines Schienenersatzverkehrs (LG Hannover NZV 2006, 660), zu spätes Erreichen des Arbeitsplatzes, entgangene Gewinne, Sturz bei Verfolgung des flüchtenden Unfallgegners (AG Bremen NZV 2015, 445). Bei Verletzungen von Haustieren (rechtlich leider immer noch „Sachen") fehlt es im Regelfall an einem Schaden, weil der Tierhalter dafür Sorge tragen muss, dass der Verkehr nicht durch Haustiere gefährdet wird. Ungeachtet dessen ist der Fahrer bei einem Unfall mit Haustieren zur Absicherung der Unfallstelle und nach dem Tierschutzgesetz zur Hilfeleistung verpflichtet.

Verhalten und Pflichten nach einem Verkehrsunfall

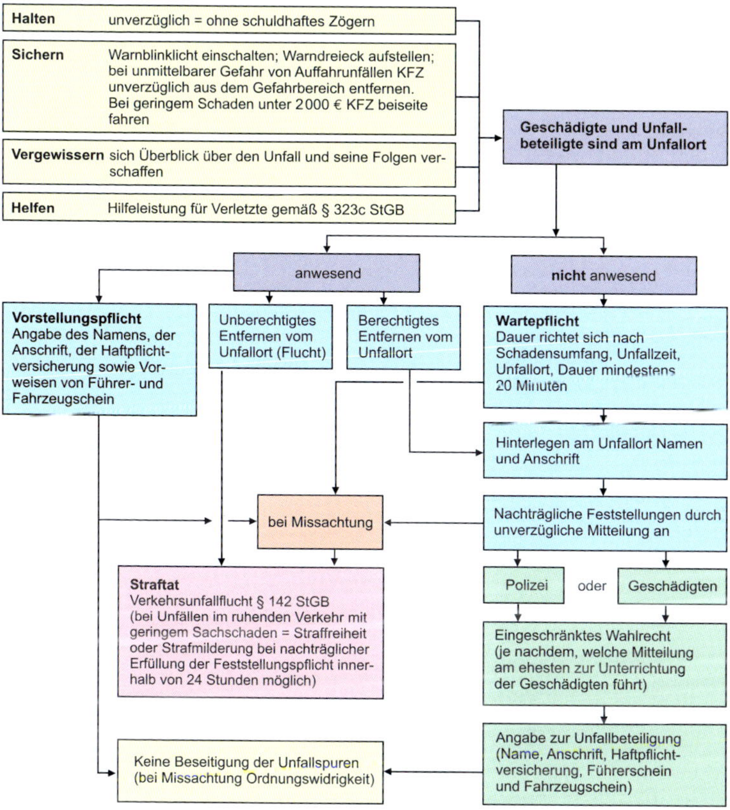

2.1.3 Unfallbeteiligte (§ 34 Abs. 2)

Unfallbeteiligt ist jeder, der zum Unfallzeitpunkt am Unfallort **anwesend** ist (OLG Jena DAR 2004, 599; BayObLG VRS 72, 72) **und** dessen Verhalten nach den Umständen zum Unfall beigetragen haben **kann**. Dabei genügt der äußere Anschein, den Unfall mitverursacht zu haben. Aus Beweissicherungsgründen zugunsten des Verletzten ist auf die **vermutliche** Unfallbeteiligung abzuheben, weil vor Ort nicht erst die Beteiligung nach dem Kausalverlauf festgestellt werden kann. Infolgedessen kann auch Unfallbeteiligter sein, wer bei der späteren Beurteilung des Unfalls keinen relevanten Tatbeitrag zum Unfall geleistet hat (OLG Zweibrücken VRS 75, 292; OLG Koblenz NZV 1989, 200). Wer zwar den Anlass für ein unfallbedingtes Fehlverhalten anderer gibt (mittelbare Unfallbeteiligung), sich selbst aber weder verkehrswidrig verhält noch einen über das normale Verkehrsverhalten hinausgehenden Kausalbeitrag leistet, ist nicht unfallbeteiligt (OLG Stuttgart VerkMitt 2004 Nr. 6 = DAR 2003, 475 = VRS 105, 294). Unfallbeteiligung kann auch vorliegen, wenn es nicht zur Berührung der Beteiligten gekommen ist. Voraussetzung ist jedoch, dass der Beteiligte durch seine Fahrweise oder sonstige Verkehrsbeeinflussung zur Entstehung des Schadens beigetragen hat. Die bloße Anwesenheit an der Unfallstelle reicht nicht (LG Kiel NZV 2016, 435).

Beifahrer sind nur Unfallbeteiligte, wenn sie auf den Verkehrsvorgang eingewirkt haben, z.B. als Sozius beim Motorrad oder durch Eingriff in die Lenkung. Unfallbeteiligt ist auch der am Unfallort anwesende **Fahrzeughalter** oder der **Ehepartner**, wenn nicht geklärt ist, wer das Fahrzeug geführt hat (BayObLG VerkMitt 2000 Nr. 19 = DAR 2000, 79 = NZV 2000, 133 = VRS 98, 193; NZV 1993, 35 = DAR 1993, 31); ebenso wenn der Verdacht besteht, der Mit- oder Beifahrer habe den Unfall beeinflusst, z.B. als Begleitperson beim „Fahren ab 17 Jahren" (OLG Stuttgart VRS 72, 186). Auch eine mögliche Alkoholisierung ist für die Feststellungen relevant. Für den notwendigen Vorsatz bei der Unfallflucht, auch bedingten Vorsatz, ist in Abgrenzung zur bewussten Fahrlässigkeit wichtig, dass gerade der Unfallbeteiligte seinen möglichen Tatbeitrag nachweisbar erkannt hat (KG VRS 129, 4 = SVR 2016, 35; KG NZV 2012, 497).

2.1.4 Unfallort (§ 34 Abs. 1 Nr. 6a)

Unfallort ist die Stelle, an der sich der Schaden ereignet hat oder wo der Geschädigte die Unfallbeteiligten suchen wird (OLG Karlsruhe DAR 1988, 281). Vom Unfallort hat sich entfernt, wessen Beziehung zum Unfall nach den örtlichen Umständen unter enger Abgrenzung nicht mehr ohne Weiteres erkennbar ist (OLG Jena DAR 2004, 599; OLG Stuttgart DAR 1980, 248 = MDR 1980, 935). Das trifft schon beim Aufsuchen einer nahe gelegenen Gaststätte zu, aber auch dann, wenn sich der Unfallbeteiligte am Unfallort in der Zuschauermenge verbirgt (OLG Koblenz VRS 49, 259), selbst wenn er nach Verletzung der Vorstellungspflicht die Unfallstelle als Letzter verlässt (BGH VRS 135, 91). Ein Unfallbeteiligter, der sich von der Unfallstelle entfernt hat und danach vom Unfall Kenntnis erlangt, muss zur Unfallstelle zurückkehren, wenn zwischen Kenntnis und Unfallgeschehen noch ein räumlicher und zeitlicher Zusammenhang besteht, z.B. 500 m und wenige Minuten nach dem Unfall (BVerfG DAR 2007, 258 = NZV 207, 368 = NJW 2007, 1666; OLG Düsseldorf VerkMitt 2008 Nr. 30 = DAR 2008, 154 = NZV 2008, 107 = VRS 113, 429: nicht aber bei 3 km oder fünf bis zehn Minuten Fahrtzeit). Er muss zu einem vereinbarten Treffpunkt in der Nähe der Unfallstelle gehen, wenn alle Beteiligten die eigentliche Unfallstelle wegen Verkehrsbehinderung einverständlich verlassen (OLG Frankfurt VRS 49, 23). Versäumt er dies, liegt strafbare „Unfallflucht" nach § 142 Abs. 1 Nr. 1 StGB vor.

2.2 Anhalten (§§ 34 Abs. 1 Nr. 1, 49 Abs. 1 Nr. 29)

Nach einem Verkehrsunfall ist „unverzüglich" anzuhalten, und zwar sofort, unter Beachtung der Verkehrssicherheit, so rasch und so nahe am Unfallort wie möglich, an einer Stelle, wo eine Verkehrsgefährdung nicht zu erwarten ist, z.B. auf Seitenstreifen, jedenfalls möglichst weit rechts.

2.3 Absicherung des Verkehrs (§§ 34 Abs. 1 Nr. 2, 49 Abs. 1 Nr. 29)

Die **Absicherung** des Verkehrs dient der Vermeidung weiterer Unfälle und ist eine vordringliche Pflicht. Die Sicherungsmaßnahmen richten sich nach § 15. Soweit diese Sicherung nicht ausreicht, insbesondere bei schnellem Verkehr, sind zusätzliche Maßnahmen (z. B. Warnposten mit Flagge, Signallampen) so lange durchzuführen, bis Polizei oder Feuerwehr die weitere Sicherung übernimmt (LG Dortmund NZV 2007, 571: bei beschädigtem Verkehrsschild). Stellt das verunfallte KFZ selbst eine unmittelbare Gefahr für Auffahrunfälle dar, muss es unabhängig von der Schadenhöhe unverzüglich aus dem Gefahrenbereich entfernt werden;[7] das Feststellungsinteresse am Unfallhergang ist dabei nachrangig (OLG Zweibrücken NZV 2001, 387). Bei Verletzung der Sicherungspflicht liegt nur ein Verstoß nach § 15 vor (der Verstoß nach §§ 34 Abs. 1 Nr. 2, 49 Abs. 1 Nr. 29 tritt zurück). Verstöße gegen die Sicherungspflichten mit weiterem kausalem Schadenverlauf können auch Straftaten nach §§ 222, 230 StGB begründen.

Die Pflicht zum Beiseitefahren bei **geringfügigem** Schaden dient der Sicherheit und Flüssigkeit des übrigen Verkehrs und geht dem Beweissicherungsinteresse der Unfallbeteiligten vor. Geringfügiger Sachschaden liegt unterhalb von 2000 €. Die Vorschrift des § 34 Abs. 1 Nr. 2 setzt damit voraus, dass sich die Unfallbeteiligten über die Unfallfolgen vergewissert haben (§ 34 Abs. 1 Nr. 3), weil sonst eine Schadenfeststellung nicht möglich wäre. Soweit erforderlich, ist der Verkehr auch nach dem Beiseitefahren zu sichern (wegen Fahrzeugteilen auf der Fahrbahn, Unfallspuren, in den Fahrraum hineinragender Fahrzeuge). Die Verletzung der Pflicht ist nach § 49 Abs. 1 Nr. 29 bußgeldbewehrt.

2.4 Vergewisserung über Unfallfolgen (§ 34 Abs. 1 Nr. 3)

Die Vergewisserungspflicht weist auf die Wartepflicht des § 142 StGB am Unfallort hin, um die notwendigen Feststellungen zu ermöglichen. Gegen § 34 verstößt, wer sich als Unfallbeteiligter zwar über die Unfallfolgen informiert, jedoch nicht sorgfältig genug ist, um weiteren Verpflichtungen zu genügen (KG VRS 45, 179 = DAR 1973, 272).

2.5 Hilfe für Verletzte (§ 34 Abs. 1 Nr. 4)

Der Hilfspflicht ist nach § 323c Abs. 1 StGB im Rahmen der subjektiven Möglichkeiten nachzukommen. Dabei sind auch die Fahrausbildung durch Unterweisung in lebensrettenden Sofortmaßnahmen, die Ausbildung in Erster Hilfe (§ 19 FeV) und die Ausrüstung mit Erste-Hilfe-Material (§ 35h StVZO) maßgebend. Da die Verletzung der Hilfspflicht strafbewehrt ist, entfällt eine Ordnungswidrigkeit. Ansprüche des Hilfspflichtigen für eigene Schäden während einer Hilfeleistung können nach den Vorschriften der „Geschäftsführung ohne Auftrag" des BGB gegen den Verletzten geltend gemacht werden, insbesondere bei Hilfeleistung mit gesteigertem Risiko (BGH VRS 24, 65 = NJW 1965, 112; BGH VerkMitt 1981 Nr. 47 = DAR 1981, 53; OLG Köln VersR 1991, 1367). Sind mehrere andere für den Schaden des Verletzten verantwortlich, besteht volle Haftung nach § 823 Abs. 1 BGB, § 3 Nr. 1 PflVG, ohne dass einer der Verantwortlichen auf den Tatbeitrag des anderen verweisen kann; ein Haftungsausschluss nach § 8 Nr. 2 scheidet aus (BGH VRS 120, 74).

7 Gleiches gilt für ein angefahrenes Reh nach einem Wildunfall (LG Saarbrücken NZV 2010, 569).

2.6 Vorstellungspflicht (§§ 34 Abs. 1 Nr. 5a, 49 Abs. 1 Nr. 29)

Jeder Unfallbeteiligte muss sich aktiv als solcher zu erkennen geben. Die Pflicht erfüllt nicht, wer sich zwar zu erkennen gibt, die Unfallbeteiligung aber wahrheitswidrig leugnet (OLG Frankfurt/M. NJW 1977, 1833) oder den Unfallort als Letzter verlässt, ohne sich als Unfallbeteiligter zu erkennen zu geben (BGH VerkMitt 2018 Nr. 49 = NJW 2018, 2341 = DAR 2018, 523). Aussagen zum Hergang des Unfalls oder zur Schuldfrage werden nicht erwartet und sollten auch nicht abgegeben werden. Demgegenüber ist bei § 142 StGB streitig, ob sich der am Unfallort anwesende Unfallbeteiligte als solcher zu erkennen geben muss oder ob er sich so lange passiv verhalten darf, bis er angesprochen wird (OLG Hamm NZV 2016, 582: auch die Pflichten aus den AKB[8] gehen nicht über die des § 142 StGB hinaus). Strafbar wäre jedoch das (passive) Verbergen in einer Zuschauermenge, so dass der Geschädigte den Unfallbeteiligten nicht identifizieren kann.

Neben der Pflicht des § 142 StGB, die Feststellungen zur Person zu ermöglichen, konkretisiert § 34 Abs. 1 Nr. 5b die (positive) Pflicht zur Angabe des Namens, der Anschrift, der Haftpflichtversicherung und zur Vorlage von Führer- und Fahrzeugschein. Die Visitenkarte, Telefon- oder Taxinummer allein reichen nicht (OLG Nürnberg DAR 2007, 530 = SVR 2008, 75). Die Verweigerung dieser Angaben oder Übergabe falscher Daten kann deshalb eine Ordnungswidrigkeit nach § 49 Abs. 1 Nr. 29 darstellen. Verzichtet der Geschädigte auf die Herbeirufung der Polizei (z. B. bei eigener Alkoholisierung), entfällt sein Feststellungsinteresse, wenn der Unfallverursacher seine Personalien nur der Polizei geben will (OLG Hamburg DAR 2018, 388 = SVR 2017, 392 = VRS 131, 297 = NZV 2018, 33 mit Anm. Preuß). Beihilfe zur Unfallflucht ist so lange möglich, bis sich der Unfallbeteiligte endgültig in Sicherheit gebracht hat (OLG Karlsruhe NZV 2018, 43 = DAR 2018, 157).

2.7 Wartepflicht (§§ 34 Abs. 1 Nr. 6a, 49 Abs. 1 Nr. 29)

Die Wartepflicht gilt bei allen Beziehungen zwischen den Unfallbeteiligten wegen des Unfalls (OLG Koblenz DAR 1977, 76), auch beim bloßen Verdacht der Unfallbeteiligung (BayObLG DAR 1972, 75). Die Pflicht besteht so lange, bis die notwendigen Feststellungen getroffen sind; hierzu gehört auch die Entscheidung der Polizei, ob bei Alkoholverdacht statt des Atemtests eine Blutprobe erforderlich ist (OLG Köln VerkMitt 1999 Nr. 62 = VRS 96, 359; LG Saarbrücken SVR 2019, 66). Ein pauschales Schuldanerkenntnis mit Angabe der Personalien ist keine ausreichende Klärung des Unfallhergangs (OLG Stuttgart NJW 1978, 900) und rechtfertigt kein Verlassen des Unfallorts. Eine Verpflichtung, auf Wunsch des Geschädigten zur Polizeiwache zu fahren, besteht nicht. Verlangt ein Unfallbeteiligter aber die Beiziehung der Polizei, besteht die Wartepflicht bis zu deren Eintreffen, selbst bei geringfügigem Schaden (KG VRS 63, 40; OLG Köln DAR 1989, 151; OLG Zweibrücken NZV 1992, 371 = DAR 1992, 389) oder wenn der Unfallgegner zur Bekanntgabe seiner Personalien bereit ist (LG Saarbrücken NZV 2018, 436). Den Unfallort dürfen die Beteiligten nur mit Einverständnis des Geschädigten verlassen. Wird zur Verschleierung der Identität ein falscher Name oder eine falsche Anschrift angegeben, liegt kein wirksames tatbestandsausschließendes Einverständnis zum Verlassen des Unfallortes vor.

---

8 AKB = Allgemeine Bedingungen für die Kraftfahrtversicherung.

2.7.1 Verlassen des Unfallortes (§ 34 Abs. 1 Nr. 7)

Berechtigt darf sich der Unfallbeteiligte nur mit Einverständnis der anderen Beteiligten entfernen, ferner zur Versorgung von Verletzungen oder Meldungen an die Polizei, Feuerwehr oder Hilfskräfte (BGH NZV 2014, 534: berechtigtes Verlassen der Unfallstelle bei stark blutendem Finger). Die Einwilligung zum Verlassen der Unfallstelle kommt in Betracht, wenn nur Sachschaden entstanden ist oder zum Unfallverursacher nähere persönliche Beziehungen bestehen, z.B. Verwandter, Freund, Nachbar, Arbeitskollege (BayObLG NZV 1992, 413). Entfernt sich der Geschädigte vom Unfallort und verzichtet auf weitere Feststellungen, entfällt die Wartepflicht (OLG Oldenburg NZV 1995, 159). Im Übrigen ist es eine Obliegenheit aus der KFZ-Versicherung, den Unfallort erst zu verlassen, wenn alle notwendigen Feststellungen getroffen sind. Die Verletzung dieser Pflicht kann nach § 28 VVG[9] i. V.m. den AKB zur Leistungsfreiheit der Versicherung führen (BGH DAR 2013, 79; OLG Stuttgart VRS 135, 261: ob Unfallflucht zu Leistungseinbußen führt, hängt von den Umständen des Einzelfalles ab; OLG Hamm DAR 2017, 36: bei Unfall mit Leitplanke ohne Fremdschaden; OLG Frankfurt NZV 2016, 477; s.a. Staudinger/Friesen DAR 2014, 757).

Zwischen den zum Unfall führenden Verstößen und einer Unfallflucht nach § 142 StGB besteht Tatmehrheit (OLG Koblenz SVR 2016, 395). Gleiches gilt für Verstöße nach § 34. Flieht der Täter zunächst mit dem Unfallfahrzeug und entfernt sich dann weiterhin zu Fuß vom Unfallort, liegt tatmehrheitliches Verhalten vor (BGH DAR 2018, 90).

2.7.2 Dauer der Wartepflicht (§ 34 Abs. 1 Nr. 6b)

Die Wartepflicht hängt davon ab, ob feststellungsbereite Personen am Unfallort vorhanden sind. Sind **keine** vorhanden, bestimmt sich die Wartefrist nach der Möglichkeit, dass der Geschädigte am Unfallort alsbald erscheinen könnte (OLG Hamm VRS 18, 199). Dies ist abhängig von der Tageszeit, der Lage des Unfallortes, der Schadenshöhe und der Verkehrsdichte (OLG Düsseldorf VerkMitt 1972 Nr. 77). Die rein subjektive Zumutbarkeit (z.B. bei Regen, Schneefall, Kälte) spielt jedenfalls für die Dauer der Wartefrist keine Rolle. Mindestens muss der Unfallbeteiligte bei geringem Schaden 20 Minuten warten, bei schwerem Schaden bis zu einer Stunde (OLG Stuttgart VRS 73, 191; OLG Karlsruhe DAR 2003, 38: bei Beschädigung der Leitplanke 30 Minuten; OLG Köln VerkMitt 2001 Nr. 82 = DAR 2001, 377; OLG Hamm VRS 41, 28: 45 Minuten im Stadtgebiet).

Im Übrigen ist die Wartefrist nach oben nicht begrenzt. Die Verletzung der Wartepflicht allein begründet bereits Strafbarkeit wegen Unfallflucht, selbst wenn sich der Verursacher nachträglich zu erkennen gibt (s.a. § 142 Abs. 4 StGB: innerhalb von 24 Stunden). Bei Verletzung der Wartepflicht droht außerdem Leistungsverweigerung[10] der Kaskoversicherung (OLG Dresden SVR 2019, 148 mit Anm. Schulz-Merkel; LG Krefeld SVR 2013, 145).

2.7.3 Angaben am Unfallort (§§ 34 Abs. 1 Nr. 6b, 49 Abs. 1 Nr. 29)

Der Unfallbeteiligte muss nach Ablauf der Wartefrist Name und Anschrift am Unfallort hinterlassen, wenn er sich entfernen will. An welcher Stelle das

9 VVG = Gesetz über den Versicherungsvertrag (Versicherungsvertragsgesetz).
10 Leistungsfreiheit der Kaskoversicherung nach § 6 VVG i. V.m. § 7 AKB.

zu erfolgen hat, lässt § 34 Abs. 6 offen. Die Nachricht muss jedoch so hinterlegt werden, dass der Geschädigte sie auch wahrnehmen kann, z. B. hinter dem Scheibenwischer oder an der Fahrzeugtür. Die Verletzung der Pflicht ist eine Ordnungswidrigkeit nach § 49 Abs. 1 Nr. 29. Wartet der Unfallbeteiligte nicht, entfällt auch das Hinterlassen von Name und Anschrift.

2.8 Nachträgliche Feststellungen (§ 34 Abs. 1 Nr. 7)

Hat sich der Unfallbeteiligte nach Ablauf der Wartefrist vom Unfallort entfernt, muss er die notwendigen Feststellungen **nachträglich** ermöglichen. Hierbei hat er ein eingeschränktes **Wahlrecht**. Er kann eine nahe gelegene Polizeidienststelle oder den Geschädigten selbst (Ermittlung der Adresse über das KFZ-Kennzeichen) unterrichten. Wegen des Beweissicherungsinteresses muss jedoch diejenige Feststellungsart gewählt werden, die am **schnellsten** zur Unterrichtung des Geschädigten führt (BayObLG VerkMitt 1977 Nr. 47 = VRS 53, 348 = MDR 1977, 596 = NJW 1977, 2274; BGH VerkMitt 1980 Nr. 32 = VRS 58, 200 = MDR 1980, 328 = NJW 1980, 896 = JR 1980, 521). Die Unterrichtung muss nach erfolgter „Wahl" ohne schuldhaftes Zögern erfolgen (**unverzüglich**). Die Mitteilung kann auch telefonisch oder durch einen beauftragten Dritten (Rechtsanwalt) erfolgen. Der Unfallbeteiligte, der sich in Unkenntnis des Unfalls vom Unfallort entfernt, aber noch innerhalb eines zeitlichen und räumlichen Zusammenhangs von dem Unfall Kenntnis erlangt, hat die erforderlichen Feststellungen unverzüglich nachträglich zu ermöglichen (BGH VRS 55, 266; VerkMitt 1978 Nr. 103 = MDR 1978, 1034 = NJW 1979, 434). Je größer der Unfallschaden ist, umso eher wird der „zeitliche und räumliche Zusammenhang" angenommen und umso kürzer ist die Zeit, die dem Unfallbeteiligten für die Herbeiführung der erforderlichen Feststellungen zur Verfügung steht (BayObLG VerkMitt 1981 Nr. 1). Bei geringfügigem, in der Nachtzeit verursachtem Schaden reicht die Unterrichtung des Geschädigten am nächsten Morgen aus (OLG Hamm NZV 2003, 424).

Mögliche strafrechtliche Konsequenzen, die sich anlässlich der nachträglichen Feststellungen ergeben (z. B. Alkoholtest), muss der Unfallbeteiligte gegen sich gelten lassen.[11] Das „Recht zur straflosen Selbstbegünstigung" tritt gegenüber der Feststellungspflicht zugunsten des Geschädigten zurück.

2.9 Tätige Reue (24-Stunden-Regelung)

Verstößt der Unfallbeteiligte gegen die Warte- oder nachträgliche Feststellungspflicht, macht er sich wegen Verkehrsunfallflucht strafbar (§ 142 StGB). Nur bei Unfällen im ruhenden Verkehr mit geringem Sachschaden besteht hier die Möglichkeit zur Strafmilderung oder zum Straferlass (§ 142 Abs. 4), wenn die erforderliche Feststellung innerhalb von 24 Stunden nach dem Unfallereignis nachgeholt wird.[12] Dabei handelt es sich meist um Schäden beim Ein- oder Ausparken von nicht mehr als 1 300 bis 1 400 € (Janker DAR 2014, 750; LG Berlin NZV 2006, 108; OLG Dresden NZV 2006, 104: 1 300 €; LG Köln DAR 2006, 289; LG Paderborn DAR 2006, 290; AG Bielefeld

11 Da die Wartepflicht nach oben nicht begrenzt ist, kann ein alkoholisierter Kraftfahrer, der beim Ausparken einen Unfall verursacht hat, so lange am Unfallort warten, bis der Geschädigte erscheint.

12 Sechstes Gesetz zur Reform des Strafrechts (6. StrRG) vom 26.1.1998 (BGBl. I S. 164).

DAR 2014, 4701). Entscheidend ist, dass die Feststellungen **freiwillig** nachgeholt werden. Ist der Verursacher des Unfalls bereits als Täter ermittelt und räumt daraufhin seine Beteiligung ein, fehlt es an der Freiwilligkeit. Die Strafbarkeit bleibt bestehen, wenn sich der Unfall aus dem fließenden Verkehr heraus ereignet, selbst wenn dabei ein parkendes Fahrzeug beschädigt wird oder nur geringfügiger Sachschaden entsteht, z. B. an einem Leitpfosten (OLG Köln VRS 98, 122). Für die tätige Reue verbleiben somit vor allem Fälle von Parkkarambolagen während des Ein- und Ausparkens. Wird von der Strafe abgesehen, bleiben dennoch die im Zusammenhang mit dem Verkehrsunfall begangenen Ordnungswidrigkeiten bestehen, z. B. Schadensverursachung nach § 1 Abs. 2 oder Nichthinterlassen von Name und Anschrift am Unfallort nach § 34 Abs. 1 Nr. 6b.

2.10 Unfallspuren (§§ 34 Abs. 3, 49 Abs. 1 Nr. 29)

Unfallspuren sind alle Beweisanzeichen, die zur Klärung des Schadenherganges für die zivilrechtliche Ersatzpflicht von Bedeutung sind. Die Verletzung der Pflicht ist gemäß § 49 Abs. 1 Nr. 29 bußgeldbewehrt. Bei der Aufnahme des Unfalls durch die Beteiligten oder Polizei sind die zur Feststellung des Unfallherganges erforderlichen Spuren zu sichern, z. B. Bremsspuren, abgefallene Fahrzeugteile auf der Straße, Fahrzeugschäden, Lackabrieb. Aus den Unfallspuren kann auch die Aufprallgeschwindigkeit durch einen Kraftfahr-Sachverständigen ermittelt werden. Nach § 34 Abs. 3 dürfen **Unfallspuren nicht beseitigt** werden, bevor die notwendigen Feststellungen getroffen worden sind. Das Verbot richtet sich nur an die Unfallbeteiligten (OLG Karlsruhe NJW 1985, 1480 = VRS 68, 233).

2.11 Pflichten der Polizei bei Verkehrsunfällen

Aus den allgemeinen Sicherheits- und Ordnungsgesetzen der Länder ist die Polizei zur Gefahrenabwehr verpflichtet und hat deshalb die Unfallstelle (ergänzend) abzusichern, notwendige Hilfeleistung anzufordern, den Unfallhergang festzustellen und danach die Unfallstelle von Glassplittern, Ölverlust, abgefallenen Fahrzeugteilen hinreichend säubern zu lassen (OLG Koblenz VRS 102, 161). Zur Unfallaufnahme ist die Polizei, abgesehen von der Wahrnehmung des staatlichen Verfolgungsanspruchs bei unfallauslösenden Verkehrsverstößen und der Führung der Unfallstatistik nach dem StVUnfStatG,[13] nur nach Maßgabe der in den Ländern erlassenen Richtlinien verpflichtet (z. B. Beseitigung unfallbedingter Verkehrsstörungen), nicht jedoch zur Beweisaufnahme für die Sicherstellung privatrechtlicher Ansprüche der Unfallbeteiligten (diese obliegt ihnen selbst). Wenn sich auch die Haftpflichtversicherungen häufig auf eine polizeiliche Unfallaufnahme verlassen, erwächst den Betroffenen durch diese „Serviceleistung"

13 Nach § 2 Abs. 1 StVUnfStatG sind alle Unfälle mit Verletzten und Getöteten sowie schwerwiegende Unfälle mit Sachschaden zu erfassen. Bei Verletzten und Getöteten wird jeder Unfall erfasst. Als Schwerverletzte werden alle Personen gezählt, die sich mindestens 24 Stunden in stationärer Behandlung befinden, als Getötete, die innerhalb von 30 Tagen an den Unfallfolgen versterben (§ 2 Abs. 3 StVUnfStatG). Ein schwerwiegender Unfall mit Sachschaden liegt vor, wenn als Unfallursache eine bußgeldbedrohte Ordnungswidrigkeit oder eine Straftat festgestellt wird und mindestens ein KFZ unfallbedingt abgeschleppt werden muss (d. h. KFZ ist nicht mehr fahrbereit); ferner, wenn unabhängig von der Art des Sachschadens ein Unfallbeteiligter unter Alkoholeinwirkung gestanden hat (VO vom 21.12.1994 – BGBl. I S. 3970).

kein Anspruch gegen die Polizei, es sei denn, die Unfallaufnahme kann nur durch die Polizei erfolgen (OLG Hamm NZV 2000, 414). Nimmt dabei die herbeigerufene Polizei weder die Personaldaten des Unfallbeteiligten noch das amtliche Kennzeichen auf, kommen Ersatzansprüche aus **Amtshaftung** nur in Betracht, wenn dadurch die Unfallregulierung vereitelt wird (OLG Celle NZV 1997, 354).

3 Hinweise

3.1 Dashcams, Video-Aufzeichnungen und Unfalldatenspeicher

Ob der Geschädigte Ersatz von dem am Verkehrsunfall Schuldigen erhalten kann, ist häufig eine Frage der **Beweispflichten**. Insoweit hat der Spruch durchaus seine Berechtigung, dass „auf hoher See und vor Gericht alles in Gottes Hand liegt". „Recht haben und Recht bekommen" sind somit zwei unterschiedliche Sichtweisen. Um die eigene Beweisführung für das Unfallgeschehen zu verbessern, werden oft ständige **Video-Aufzeichnungen** vom Fahrzeug aus mittels On-Board-Kameras oder **Dashcams** verwendet. Problematisch ist dabei, dass Videoaufzeichnungen für die Beweisbeschaffung aus Datenschutzgründen nach dem Bundesdatenschutzgesetz (BDSG) nur begrenzt zulässig sind. Der **BGH** bewertet solche Aufzeichnungen zwar als Ordnungsverstoß gegen §§ 1 Abs. 2 Nr. 3, 43 Abs. 2 Nr. 1 BDSG, lässt sie aber dennoch als Beweismittel bei Verkehrsunfällen zu (BGH NJW 2018, 2883 = NZV 2018, 367 = VRS 134, 126 = DAR 2018, 498 mit Anm. Greger = VD 2018; OLG Celle SVR 2019, 441: nicht aber zur Dokumentation beliebiger Verkehrsverstöße und Anzeige bei Bußgeldbehörden; OLG Celle SVR 2019, 471; OLG Celle VerkMitt 2018 Nr. 1 = NZV 2018, 146 = VD 2018, 78; OLG Nürnberg VerkMitt 2017 Nr. 69 = NZV 2017, 584 = NJW 2017, 3597 = VRS 132, 1 = DAR 2017, 635 mit Anm. Buchner; OLG Stuttgart VerkMitt 2016 Nr. 51 = DAR 2016, 408 = NZV 2016, 589 = NJW 2016, 2280 = SVR 2016, 270 = VRS 130, 84; AG Kassel NZV 2017, 490; AG München DAR 2016, 275; AG Nürnberg DAR 2015, 472; AG Bergisch Gladbach NJW 2015, 3729; LG Memmingen DAR 2016, 143; a. A. noch VG Göttingen NJW 2017, 1336 = DAR 2017, 658 mit Anm. Nugel; LG Heilbronn DAR 2015, 211 = SVR 4/2015 zu III; VG Ansbach SVR 2016, 235 und SVR 2015, 235; a. A. Schweizer BG DAR 2019, 702; in der Literatur besteht eine breite Diskussion zu Dashcams: Giesen NZV 2020, 70: Dashcam-Aufnahmen im Zivilprozess; Strauß NZV 2018, 554; Ahrens NJW 2018, 2837; Metz NZV 2018, 419; Krämer NZV 2018, 372; Schwenke NJW 2018, 823; Kaiser NJW 2016, 2790; Greger NZV 2015, 114; Froitzheim NZV 2018, 109; Niehaus NZV 2016, 551; Richter SVR 2016, 15; Klann DAR 2016, 8; Wirsching NZV 2016, 13; Allendorf SVR 2015, 171; Stöber NJW 2015, 3681; Empfehlungen des AK VI des 54. Deutschen Verkehrsgerichtstages 2016: gesetzliche Regelung nach europäischem Datenschutzrecht für anlassbezogene Aufzeichnungen). Wird die Dashcam jedoch nicht ständig betrieben, sondern nur mittels Überschreibens in kurzen Abständen und Auslösens der dauerhaften Speicherung erst bei Kollision oder starker Verzögerung des Fahrzeugs, um eine bestimmte Verkehrs- oder Unfallsituation zu Beweiszwecken zu dokumentieren, treten datenschutzrechtliche Probleme zurück (OVG Lüneburg NJW 2015, 502; AG Nienburg DAR 2015, 280 = SVR 2015, 348). Private Videoaufzeichnungen mittels Dashcams können somit trotz weiterhin bestehender datenschutzrechtlicher Vorbehalte als Beweismittel bei Verkehrsunfällen **zugelassen** werden.

Demgegenüber sind **Unfalldatenspeicher** (UDS) rechtlich unproblematisch, weil dort nur relevante Fahrzeugdaten (z. B. Tempo, Bewegung, Beleuchtung, Bremsen) aufgezeichnet und später automatisch gelöscht werden. Bei einem Unfall können die Daten ausgelesen und zur Unfallrekonstruktion verwendet werden (s. a. Schlanstein NZV 2016, 201). Den Geschehensablauf bei Verkehrsunfällen können UDS aber nicht dokumentieren.

Geeignet sind weiterhin die Daten von Fahrerassistenzsystemen in KFZ, die bei weniger sichtbaren Unfallspuren zur Analyse des Unfallherganges und der Ursachen mit herangezogen werden können. Bei hoch- und vollautomatisierter Fahrfunktion können im Fahrzeug gespeicherte Daten nach § 63a Abs. 2 StVG auch durch die Verfolgungsbehörden ausgelesen werden (s. a. Berndt NZV 2018, 249).

3.2 Der Versicherungsnehmer ist nach den AKB bei Unfällen verpflichtet, nach Möglichkeit zur Abwendung und Verringerung des Schadens beizutragen. Wird die Schadensminderungspflicht verletzt, verliert der Versicherungsnehmer seinen Versicherungsschutz. Bei grober Fahrlässigkeit können die Leistungen des Versicherers entsprechend der Schwere des Verschuldens gekürzt werden (AKB E.6.1). Begeht der Versicherungsnehmer Unfallflucht, verletzt er seine Obliegenheitspflicht aus dem Versicherungsvertrag (LG Detmold NZV 2014, 312; AG Berlin-Mitte NZV 2014, 314: nicht bei Unfallflucht nach Parkunfall). Gleiches gilt bei Verletzung der Aufklärungspflichten durch unrichtige Angaben über Schadensfolgen (OLG München DAR 2014, 469).

3.3 Bei leichten Schäden, insbesondere bei Parkkarambolagen, behauptet der Schädiger häufig, den Anstoß nicht bemerkt zu haben, obwohl selbst leichteste Berührungen bemerkbar sind. Im Streitfall sind dann unfallanalytische und biomechanische Bewertungen zur Tatfeststellung einer Unfallflucht hilfreich (Buck DAR 2014, 766).

3.4 Bildung einer **freien Gasse** zur Durchfahrt von Polizei- und Hilfsfahrzeugen: § 11 Abs. 2; Strafbarkeit bei Behinderung von Rettungsarbeiten an Unfallstellen: § 323c Abs. 2 StGB; Warnung vor der Unfallstelle durch blaues oder gelbes Blinklicht: § 38 Abs. 2 und 3; Sicherung liegen gebliebener Fahrzeuge: § 15; Abschleppen: § 15a; Absicherung von Unfallstellen durch Pannendienstleister mit Leitkegeln (Z. 610): § 45 Abs. 7a.

3.5 Bei einem Verkehrsunfall steht dem Geschädigten eine Unkostenpauschale von 25 € zu (AG Brandenburg NZV 2012, 339 m.w.N.). Das Ansprechen von Unfallbeteiligten am Unfallort zur Werbung für Reparatur oder Autovermietung verstößt gegen das Gesetz über unlauteren Wettbewerb (BGH VRS 48, 326 und 329; BGH VRS 59, 22).

3.6 Bei einer strafbaren Unfallflucht gemäß § 142 StGB im Zusammenhang mit Kraftfahrzeugen kann die FE nach § 69 Abs. 2 Nr. 3 StGB entzogen werden, wenn dabei ein Mensch getötet oder nicht unerheblich verletzt wurde oder ein bedeutender Fremdschaden entstanden ist (s. a. Dronkovic DAR 2014, 761). Anders als bei § 315c Abs. 1 Nr. 1 StGB wird hier die Wertgrenze (2014) bei etwa 1300 € angesetzt (s. a. Geppert DAR 2014, 737 m.w.N.). Bei geringerem Schaden kann auch ein Fahrverbot nach § 44 verhängt werden.

3.7 Verunglückt ein Pferd bei einem Verkehrsunfall, kann der geschädigte Tierhalter keinen Nutzungsausfallschaden bis zur Gesundung des Pferdes geltend machen (OLG Karlsruhe SVR 2012, 342).

3.8 Häufig wird bei Unfällen, statt Hilfe zu leisten, das Unfallgeschehen selbst bei Behinderung der Rettungskräfte oder der Polizei mit dem Handy gefilmt und die Aufnahmen ins Netz gestellt. Darüber hinaus entstehen auf der Gegenfahrbahn ebenfalls Staus, die häufig zu Auffahrunfällen führen. Um dem „Gafferunwesen" entgegenzuwirken, ist mit dem 52. Gesetz zur Änderung des Strafgesetzbuches – Stärkung des Schutzes von Vollstreckungsbeamten und Rettungskräften – vom 23.5.2017 (BGBl. I S. 1226) der § 323c StGB um einen Abs. 2 erweitert worden, der eine Behinderung der Hilfeleistenden unter Strafe stellt (dazu Mitsch DAR 2017, 677).[14] Dazu gehört auch das Blockieren einer Notfallgasse im Unglücksfall. Außerdem können Aufnahmen von Unfallopfern gegen die Verletzung des höchstpersönlichen Lebensbereichs durch Bildaufnahmen nach § 201a StGB verstoßen (s.a. Schiemann NJW 2017, 1846).[15] Widersetzen sich Gaffer den Anordnungen der Polizei, machen sie sich weiterhin des tätlichen Angriffs gegen Vollstreckungsbeamte nach §§ 114, 115 StGB strafbar.

3.9 Die **volkswirtschaftlichen Unfallkosten** einschließlich Sachkosten betragen pro Unfall mit einem Getöteten rd. 1 170 300 €, Schwerverletzten 96 600 €, Leichtverletzten 13 390 €, schwerem Sachschaden 12 600 €, leichtem Sachschaden 4 500 € (Quelle: BASt Info 7/03). Die Unfallkosten werden von der BASt in der Reihe „Forschung kompakt" (www.bast.de) fortgeschrieben.

---

14 **§ 323c Abs. 2 StGB Unterlassene Hilfeleistung; Behinderung von hilfeleistenden Personen**
(1) ...
(2) Ebenso wird bestraft, wer in diesen Situationen eine Person behindert, die einem Dritten Hilfe leistet oder leisten will.

15 Das BMJ bereitet weiterhin eine Gesetzesinitiative gegen das Gafferunwesen zum Persönlichkeitsschutz Verstorbener vor (Hinweis DAR 2019, 659).

§ 35 Sonderrechte

(1) Von den Vorschriften dieser Verordnung sind die Bundeswehr, die Bundespolizei,[1] die Feuerwehr, der Katastrophenschutz, die Polizei und der Zolldienst befreit, soweit das zur Erfüllung hoheitlicher Aufgaben dringend geboten ist.

(1a) Absatz 1 gilt entsprechend für ausländische Beamte, die auf Grund völkerrechtlicher Vereinbarungen zur Nacheile oder Observation im Inland berechtigt sind.

(2) Dagegen bedürfen diese Organisationen auch unter den Voraussetzungen des Absatzes 1 der Erlaubnis,

1. wenn sie mehr als 30 Kraftfahrzeuge im geschlossenen Verband (§ 27) fahren lassen wollen,
2. im Übrigen bei jeder sonstigen übermäßigen Straßenbenutzung mit Ausnahme der nach § 29 Absatz 3 Satz 2.

(3) Die Bundeswehr ist über Absatz 2 hinaus auch zu übermäßiger Straßenbenutzung befugt, soweit Vereinbarungen getroffen sind.

(4) Die Beschränkungen der Sonderrechte durch die Absätze 2 und 3 gelten nicht bei Einsätzen anlässlich von Unglücksfällen, Katastrophen und Störungen der öffentlichen Sicherheit oder Ordnung sowie in den Fällen der Artikel 91 und 87a Absatz 4 des Grundgesetzes sowie im Verteidigungsfall und im Spannungsfall.

(5) Die Truppen der nichtdeutschen Vertragsstaaten des Nordatlantikpaktes sowie der Mitgliedstaaten der Europäischen Union ausgenommen Deutschland sind im Falle dringender militärischer Erfordernisse von den Vorschriften dieser Verordnung befreit, von den Vorschriften des § 29 allerdings nur, soweit für diese Truppen Sonderregelungen oder Vereinbarungen bestehen.[2]

(5a) Fahrzeuge des Rettungsdienstes sind von den Vorschriften dieser Verordnung befreit, wenn höchste Eile geboten ist, um Menschenleben zu retten oder schwere gesundheitliche Schäden abzuwenden.

(6) Fahrzeuge, die dem Bau, der Unterhaltung oder Reinigung der Straßen und Anlagen im Straßenraum oder der Müllabfuhr dienen und durch weiß-rot-weiße Warneinrichtungen gekennzeichnet sind, dürfen auf allen Straßen und Straßenteilen und auf jeder Straßenseite in jeder Richtung zu allen Zeiten fahren und halten, soweit ihr Einsatz dies erfordert, zur Reinigung der Gehwege jedoch nur, wenn die zulässige Gesamtmasse bis zu 2,8 t beträgt. Dasselbe gilt auch für Fahrzeuge zur Reinigung der Gehwege, deren zulässige Gesamtmasse 3,5 t nicht übersteigt und deren Reifeninnendruck nicht mehr als 3 bar beträgt. Dabei ist sicherzustellen, dass keine Beschädigung der Gehwege und der darunter liegenden Versorgungsleitungen erfolgen kann. Personen, die hierbei eingesetzt sind oder Straßen oder in deren Raum befindliche Anlagen zu beaufsichtigen haben, müssen bei ihrer Arbeit außerhalb von Gehwegen und Absperrungen auffällige Warnkleidung tragen.

---

1 Der Bundesgrenzschutz ist durch Art. 99 des Gesetzes vom 21.6.2005 (BGBl. I S. 1836) in Bundespolizei umbenannt worden.

2 § 35 Abs. 5 ergänzt durch Art. 1 der 54. StrVRÄndV vom 20.4.2020 (BGBl. I S. 814).

(7) Messfahrzeuge der Bundesnetzagentur für Elektrizität, Gas, Telekommunikation, Post und Eisenbahn (§ 1 des Gesetzes über die Bundesnetzagentur) dürfen auf allen Straßen und Straßenteilen zu allen Zeiten fahren und halten, soweit ihr hoheitlicher Einsatz dies erfordert.

(7a) Fahrzeuge von Unternehmen, die Universaldienstleistungen nach § 11 des Postgesetzes in Verbindung mit § 1 Nummer 1 der Post-Universaldienstleistungsverordnung erbringen oder Fahrzeuge von Unternehmen, die in deren Auftrag diese Universaldienstleistungen erbringen (Subunternehmer), dürfen abweichend von Anlage 2 Nummer 21 (Zeichen 242.1) Fußgängerzonen auch außerhalb der durch Zusatzzeichen angeordneten Zeiten für Anlieger- und Anlieferverkehr benutzen, soweit dies zur zeitgerechten Leerung von Briefkästen oder zur Abholung von Briefen in stationären Einrichtungen erforderlich ist. Ferner dürfen die in Satz 1 genannten Fahrzeuge abweichend von § 12 Absatz 4 Satz 1 und Anlage 2 Nummer 62 (Zeichen 283), Nummer 63 (Zeichen 286) und Nummer 64 (Zeichen 290.1) in einem Bereich von 10 m vor oder hinter einem Briefkasten auf der Fahrbahn auch in zweiter Reihe kurzfristig parken, soweit dies mangels geeigneter anderweitiger Parkmöglichkeiten in diesem Bereich zum Zwecke der Leerung von Briefkästen erforderlich ist. Die Sätze 1 und 2 gelten nur, soweit ein Nachweis zum Erbringen der Universaldienstleistung oder zusätzlich ein Nachweis über die Beauftragung als Subunternehmer im Fahrzeug jederzeit gut sichtbar ausgelegt oder angebracht ist. § 2 Absatz 3 in Verbindung mit Anhang 3 Nummer 7 der Verordnung zur Kennzeichnung der Kraftfahrzeuge mit geringem Beitrag zur Schadstoffbelastung vom 10. Oktober 2006 (BGBl. I S. 2218), die durch Artikel 1 der Verordnung vom 5. Dezember 2007 (BGBl. I S. 2793) geändert worden ist, ist für die in Satz 1 genannten Fahrzeuge nicht anzuwenden.

(8) Die Sonderrechte dürfen nur unter gebührender Berücksichtigung der öffentlichen Sicherheit und Ordnung ausgeübt werden.

(9) Wer ohne Beifahrer ein Einsatzfahrzeug der Behörden und Organisationen mit Sicherheitsaufgaben (BOS) führt und zur Nutzung des BOS-Funks berechtigt ist, darf unbeschadet der Absätze 1 und 5a abweichend von § 23 Absatz 1a ein Funkgerät oder das Handteil eines Funkgerätes aufnehmen und halten.

VwV-StVO zu § 35 Sonderrechte

Zu den Absätzen 1 und 5

1 I. Bei Fahrten, bei denen nicht alle Vorschriften eingehalten werden können, sollte, wenn möglich und zulässig, die Inanspruchnahme von Sonderrechten durch blaues Blinklicht zusammen mit dem Einsatzhorn angezeigt werden. Bei Fahrten im geschlossenen Verband sollte mindestens das erste Kraftfahrzeug blaues Blinklicht verwenden.

II. Das Verhalten geschlossener Verbände mit Sonderrecht

2 Selbst hoheitliche Aufgaben oder militärische Erfordernisse rechtfertigen es kaum je, und zudem ist es mit Rücksicht auf die öffentliche Sicherheit (Abs. 8) auch dann wohl nie zu verantworten, dass solche geschlossenen Verbände auf Weisung eines Polizeibeamten (§ 36 Abs. 1) nicht warten oder Kraftfahrzeugen, die mit blauem Blinklicht und Einsatzhorn (§ 38 Abs. 1) fahren, nicht freie Bahn schaffen.

Zu Absatz 2

3 I. Die Erlaubnis (§ 29 Abs. 2 und 3) ist möglichst frühzeitig vor Marschbeginn bei der zuständigen Verwaltungsbehörde zu beantragen, in deren Bezirk der Marsch beginnt.

4 II. Die zuständige Verwaltungsbehörde beteiligt die Straßenbaubehörden und die Polizei. Geht der Marsch über den eigenen Bezirk hinaus, so beteiligt sie die anderen zuständigen Verwaltungsbehörden. Berührt der Marsch Bahnanlagen, so sind zudem die Bahnunternehmen zu hören. Alle beteiligten Behörden sind verpflichtet, das Erlaubnisverfahren beschleunigt durchzuführen.

5 III. Die Erlaubnis kann auch mündlich erteilt werden. Wenn es die Verkehrs- und Straßenverhältnisse dringend erfordern, sind Bedingungen zu stellen oder Auflagen zu machen. Es kann auch geboten sein, die Benutzung bestimmter Straßen vorzuschreiben.

6 IV. Wenn der Verkehr auf der Straße und deren Zustand dies zulassen, kann eine Dauererlaubnis erteilt werden. Sie ist zu widerrufen, wenn der genehmigte Verkehr zu unerträglichen Behinderungen des anderen Verkehrs führen würde.

Zu Absatz 3

7 In die Vereinbarungen sind folgende Bestimmungen aufzunehmen:

1. Ein Verkehr mit mehr als 50 Kraftfahrzeugen in geschlossenem Verband (§ 27) ist möglichst frühzeitig – spätestens 5 Tage vor Marschbeginn – der zuständigen Verwaltungsbehörde anzuzeigen, in deren Bezirk der Marsch beginnt. Bei besonders schwierigen Verkehrslagen ist die zuständige Verwaltungsbehörde berechtigt, eine kurze zeitliche Verlegung des Marsches anzuordnen.

8 2. Ein Verkehr mit Kraftfahrzeugen, welche die in der Vereinbarung bestimmten Abmessungen und Gewichte überschreiten, bedarf der Erlaubnis. Diese ist möglichst frühzeitig zu beantragen. Auflagen können erteilt werden, wenn es die Verkehrs- oder Straßenverhältnisse dringend erfordern. Das Verfahren richtet sich nach Nr. II zu Abs. 2 (Rn. 4)

Zu Absatz 4

9 Es sind sehr wohl Fälle denkbar, in denen schon eine unmittelbar drohende Gefahr für die öffentliche Sicherheit oder Ordnung einen jener Hoheitsträger zwingt, die Beschränkungen der Sonderrechte nicht einzuhalten. Dann darf das nicht beanstandet werden.

Zu Absatz 5

10 I. Das zu Abs. 2 Gesagte gilt entsprechend.

11 II. In Vereinbarungen über Militärstraßen nach Artikel 57 Abs. 4b des Zusatzabkommens zum NATO-Truppenstatut (BGBl. 1961 II S. 1183), zuletzt geändert durch Artikel 2 des Gesetzes vom 28.9.1994 (BGBl. 1994 II S. 2594), in der jeweils geltenden Fassung, sind die zu Abs. 3 erwähnten Bestimmungen (Rn. 7 und 8) aufzunehmen.

12 III. Die Truppen können sich der zuständigen militärischen Verkehrsdienststelle der Bundeswehr bedienen, welche die erforderliche Erlaubnis einholt oder die erforderliche Anzeige übermittelt.

Zu Absatz 6

13 I. Satz 1 gilt auch für Fahrzeuge des Straßenwinterdienstes, die zum Schneeräumen, Streuen usw. eingesetzt sind.

14 II. Die Fahrzeuge sind nach DIN 30710 zu kennzeichnen.

15 III. Nicht gekennzeichnete Fahrzeuge dürfen die Sonderrechte nicht in Anspruch nehmen.

16 IV. Die Warnkleidung muss der EN 471 entsprechen. Folgende Anforderungsmerkmale der EN 471 müssen hierbei eingehalten werden:

17 1. Warnkleidungsausführung (Abs. 4.1) mindestens die Klasse 2 gemäß Tabelle 1,

18 2. Farbe (Abs. 5.1) fluoreszierendes Orange-Rot oder fluoreszierendes Gelb gemäß Tabelle 2,[3]

19 3. Mindestrückstrahlwerte (Abs. 6.1) die Klasse 2 gemäß Tabelle 5.

20 Warnkleidung, deren Warnwirkung durch Verschmutzung, Alterung oder Abnahme der Leuchtkraft der verwendeten Materialien nicht mehr ausreicht, darf nicht verwendet werden.

1 Aus der amtlichen Begründung

1.1 Nach Abs. 7 haben Messfahrzeuge der Bundesnetzagentur für Elektrizität, Gas, Telekommunikation, Post und Eisenbahn eingeschränkte Sonderrechte (Begr. 2012).

1.2 Nach Abs. 7a dürfen Fahrzeuge zur Grundversorgung nach dem Postgesetz Fußgängerbereiche befahren und an Briefkästen im absoluten Haltverbot in zweiter Reihe kurzfristig halten (Begr. 2012).

1.3 Abs. 9 eingefügt durch Art. 1 der 53. StrVRÄndV vom 6.10.2017 (BGBl. I S. 3549).

1.4 Ergänzung der militärischen Sonderrechte für EU-Mitgliedstaaten (Begr. 2020).

2 Erläuterungen

2.1 Sonderrechte und Wegerechte

Verkehrliche Sonderrechte nach § 35 und „Wegerechte“ nach § 38 sind in ihrer Auswirkung **nicht** deckungsgleich (s. a. Koehl SVR 2018, 249).

2.1.1 Sonderrechte

Unabhängig von der Fahrzeugart gewährt § 35 den genannten **Hoheitsträgern** und Institutionen Befreiung von Verhaltensnormen der StVO, ohne den übrigen Verkehrsteilnehmern spezifische Pflichten aufzuerlegen. Solche Pflichten können sich aber aus dem polizeilichen Weisungsrecht nach § 36 oder der Verpflichtung zur Gefahrenabwehr nach § 1 Abs. 2 ergeben. Die Befreiung von Verhaltensnormen gibt somit keinen Vorrang gegenüber anderen Verkehrsteilnehmern, sondern nur die Berechtigung, sich unter größtmöglicher Vorsicht über Verkehrsregeln hinwegsetzen zu dürfen. Da sich Sonderrechte auf die Funktion des Hoheitsträgers und nicht auf die benutzte Fahrzeugart beziehen, kann ein Mitglied der Polizei oder Feuerwehr die Vorrechte des § 35 auch ohne Blaulicht und Einsatzhorn in Anspruch nehmen (KG VerkMitt 1985 Nr. 105 = VRS 68, 299; Wozny VD 2019, 31: „Stille Anfahrt“), auch als Fußgänger (KG NZV 2005, 417), selbst mit seinem privaten PKW, z. B. Zivilfahrzeuge von Kriminalbeamten oder bei Fahrten nach

3 Neben Orange-Rot ist auch fluoreszierendes Gelb zugelassen. Zwar sind beide Farben hinsichtlich ihrer Auffälligkeit und Sichtbarkeit gleichwertig; Warnkleidung in fluoreszierendem Orange-Rot kann jedoch nicht flammhemmend hergestellt werden. Daher ist Warnkleidung in fluoreszierendem Gelb z. B. bei Arbeiten mit explosiven Stoffen vorzuziehen.

Alarmierung direkt zum Einsatz, nicht aber zur Einholung weiterer Weisungen (OLG Stuttgart VerkMitt 2003 Nr. 5 = NZV 2002, 410, 522 = NJW 2002, 2118 = VRS 103, 445; s.a. Bernstrauch NZV 2020, 243: Hoheitsträger haften bei Ausübung ihrer Tätigkeit für Schäden mit ihren Privatfahrzeugen nach Amtshaftungsgrundsätzen i.S.d. § 839 BGB i.V.m. Art. 34 GG; Schneider NZV 2003, 244; Müller SVR 2011, 321; a.A. noch OLG Frankfurt NZV 1992, 334). In solchen Fällen sind die Sorgfaltspflichten des § 35 Abs. 8 besonders zu beachten, weil das Fahrzeug nicht als „Einsatzfahrzeug" erkennbar ist und weder über Blaulicht noch Einsatzhorn oder pulsierendes Fernlicht verfügt.[4] Die bei Überschreiten der Höchstgeschwindigkeit eingesparte Zeit ist stets in Relation zum erhöhten Unfallrisiko und zur Sicherstellung des Einsatzziels zu setzen, so dass im Allgemeinen nur mäßige Regelüberschreitungen zu rechtfertigen sind.

2.1.2 Wegerechte

Der Begriff „Wegerechte" folgt aus der Verpflichtung aller Verkehrsteilnehmer nach § 38 Abs. 1, bei Blaulicht **und** Martinshorn **freie Bahn** zu schaffen und den Weg freizugeben. Von Normen der StVO dürfen Wegerechtsfahrzeuge (d.h. gemäß §§ 52 Abs. 3, 55 Abs. 3 oder § 70 StVZO mit blauem Blinklicht und Martinshorn ausgerüstete Fahrzeuge) aber nur dann abweichen, wenn sie zum Kreis der in § 35 genannten Hoheitsträger oder Institutionen gehören. Bis auf die über eine zulassungsrechtliche Ausnahme nach §§ 70, 52 Abs. 3, 55 Abs. 3 StVZO mit Blaulicht und Martinshorn ausgerüsteten Fahrzeuge der technischen Notdienste (Gas-, Elektrizitäts-, Wasserwerke) sind das alle in § 52 Abs. 3 StVZO genannten Fahrzeugarten. Die Berechtigung zur Benutzung von Blaulicht und Martinshorn besteht nur unter den engen Voraussetzungen des § 38 Abs. 1. Während sich die Führer von Sonderrechtsfahrzeugen über Verkehrsnormen auch dann hinwegsetzen dürfen, wenn diese Warneinrichtungen nicht betätigt werden (z.B. verdeckter Einsatz der Kriminalpolizei oder polizeiliche Zivilstreifen), müssen mit Blaulicht und Martinshorn ausgerüstete KFZ **ohne** Sonderrechte (z.B. Einsatzfahrzeug der Gaswerke) auch im Einsatz grundsätzlich alle Verkehrsvorschriften beachten. Allerdings gelten hier die Regeln des Notstandsrechts nach § 34 StGB oder § 16 OWiG[5] und die von der Rechtsprechung entwickelten Grundsätze: Haben andere Kraftfahrer freie Bahn geschaffen und auf ihren Vorrang verzichtet, darf das Wegerechtsfahrzeug in den Freiraum einfahren, auch bei Rot einer Signalanlage (**BGH VRS 48, 260 = NJW 1975, 648**; BVerwG VRS 98, 458; OVG Hamburg NZV 2001, 447 = DAR 2001, 470 = VRS 101, 309). Daher ist bei einer Ausnahme nach § 70 StVZO zur Ausrüstung mit Blaulicht und Martinshorn eine gleichzeitige Ausnahme für Sonderrechte nach §§ 35, 46 Abs. 2 entbehrlich.

---

4 Infolgedessen kann sich der Einsatzfahrer natürlich auch keine Wegerechte nach § 38 Abs. 1 verschaffen.

5 **§ 16 OWiG Rechtfertigender Notstand** (bei Straftaten siehe § 34 StGB)
Wer in einer gegenwärtigen, nicht anders abwendbaren Gefahr für Leben, Leib, Freiheit, Ehre, Eigentum oder ein anderes Rechtsgut eine Handlung begeht, um die Gefahr von sich oder einem anderen abzuwenden, handelt nicht rechtswidrig, wenn bei Abwägung der widerstreitenden Interessen, namentlich der betroffenen Rechtsgüter und des Grades der ihnen drohenden Gefahren, das geschützte Interesse das Beeinträchtigte wesentlich überwiegt. Dies gilt jedoch nur, soweit die Handlung ein angemessenes Mittel ist, die Gefahr abzuwenden.

2.2 Sonderrechte und Straßenrecht

§ 35 befreit nur von den Verhaltensnormen der StVO, nicht von den straßenrechtlichen Widmungsbeschränkungen durch Sondernutzung (Eiffler NZV 2000, 319). Ungeachtet dessen gehören die Sonderrechte zum wegerechtlichen Gemeingebrauch, weil andernfalls der Schutzzweck der Aufgaben von Polizei und Feuerwehr leerlaufen würde.[6] Infolgedessen darf ein polizeiliches Einsatzfahrzeug eine teilentwidmete Fußgängerzone selbst dann befahren, wenn weder im Landesstraßenrecht noch in der Widmungseinschränkung eine Nutzungserlaubnis statuiert ist. Außerdem sind Einsatzfahrten unter dem Gesichtspunkt der polizei- oder feuerwehrrechtlichen Gefahrenabwehr ohnehin gerechtfertigt, letztlich auch nach dem gesetzlichen Notstandsrecht des § 16 OWiG oder § 34 StGB.

2.3 Dringende Einsatzfahrten

Abweichungen von den Verkehrsregeln sind unterhalb des Notstandsrechts bei Wahrnehmung von hoheitlichen, unaufschiebbaren Dienstaufgaben und bei sorgfältiger Beachtung der Verkehrslage zulässig (BGH VRS 4, 260; BGH VRS 36, 40; OLG Frankfurt NZV 2016, 426: Nutzung der Standspur einer Autobahn zur Unfallsicherung). So müsste ohne Inanspruchnahme von Sonderrechten der Einsatzerfolg infrage stehen, vor allem bei unverzichtbaren Personen des Einsatzteams, wie Fahrern oder technischem Personal. Dabei sind nur solche Regelverletzungen zulässig, die der Sicherstellung des Einsatzerfolges dienen, wie moderate Tempo- oder Rotlichtüberschreitungen, nicht aber das Fahren ohne Sicherheitsgurte. Dem Einsatzfahrer steht außerdem ein Beurteilungsspielraum hinsichtlich der Bedeutung des Einsatzes gegenüber einer Regelverletzung zu (KG NZV 2000, 510). Je dringender und wichtiger eine Dienstaufgabe ist, umso stärker ist eine Regelabweichung gerechtfertigt. Gleichzeitig ist eine Abwägung zwischen dem Einsatzzweck und den Gefahren für Dritte vorzunehmen. Entscheidend ist, dass Einsatzzweck und Einsatzziel nicht durch unvertretbare Risiken infrage gestellt werden. Werden diese Grenzen überschritten, dürfen keine Sonderrechte in Anspruch genommen werden. Keine Sonderrechte bestehen im Allgemeinen bei schlichter Verkehrsbeobachtung, Verfolgung von Verstößen im ruhenden Verkehr, bei Begleitfahrten von Politikern oder Werttransporten. Verfolgungsfahrten müssen abgebrochen werden, wenn für die Verfolgenden oder für den Verfolgten bei Panik durch unkontrollierbare Reaktionen Gefahren mit schweren Verletzungsfolgen drohen.[7] Das Rammen des Fluchtfahrzeugs kann aber zulässig sein, wenn Gefahren für die Öffentlichkeit anders nicht beseitigt werden können (BGH VerkMitt 2012 Nr. 57 = NZV 2012, 325 = NJW 2012, 1951: Blockieren des Fluchtweges). Der Halter des Fluchtfahrzeugs haftet dann auch für die Schäden am Polizeifahrzeug, sofern das Fluchtfahrzeug nicht gestohlen wurde (BGH DAR 2012, 384 = NZV 2011, 603). Ebenso darf die Polizei wegen der Gefahren für Dritte keinen Verkehrsstau künstlich herbeiführen, um ein verfolgtes Fahrzeug anhalten zu können (LG Bückeburg VRS 109, 174).[8]

6 Kodal/Krämer, Straßenrecht, 9. Aufl. 1999, S. 629.
7 Die Verfolgungsfahrt darf nicht zur „Hinrichtung" des Betroffenen eskalieren.
8 Z. B. durch eine Alles-Rot-Schaltung der Signalanlagen rund um den Einsatzort, um einem flüchtigen Straftäter das Entkommen zu erschweren.

Bei Fahrten des Rettungsdienstes muss neben der „höchsten Eile" die Motivation „zur Rettung von Menschenleben" oder Abwendung „schwerer Gesundheitsschäden" hinzutreten; auf den Einsatzbefehl einer Rettungsleitstelle kommt es nicht an (BayObLG VRS 59, 385). Der normale Krankentransport eines behinderten Patienten von einem Arzt zum Zahnarzt rechtfertigt grundsätzlich keine Sonderrechte oder Blaulichteinsatz.

Die in Abs. 1 genannten Organisationen haben Sonderrechte auch bei **Rückfahrten** vom Einsatz, wenn weiterhin Eile geboten ist (BGH NJW 1956, 1633; Müller VD 2006, 199); ebenso unter besonderer Beachtung der Verkehrssicherheit bei **Übungs- und Ausbildungsfahrten**, die in Ausübung eines öffentlichen Amtes erfolgen (OLG Naumburg VerkMitt 2018 Nr. 60 = DAR 2018, 631 = VRS 133, 308; OLG Naumburg NZV 2011, 189; Müller SVR 2019, 86), nicht aber bei der Rückfahrt von der Übung. Sie haften bei Missbrauch (OLG Düsseldorf VersR 1971, 185; Müller SVR 2006, 250).

2.4 Berücksichtigung der öffentlichen Sicherheit und Ordnung (§ 35 Abs. 8)

Alle Sonderrechte dürfen nur unter gebührender Berücksichtigung der öffentlichen Sicherheit und Ordnung ausgeübt werden. Dabei hat eine Abwägung stattzufinden, ob die Inanspruchnahme von Sonderrechten mit den Sicherheits- und Ordnungsbelangen des Verkehrs und dem Übermaßverbot (Verhältnismäßigkeitsgrundsatz) vereinbar ist. Die Intensität der Beeinträchtigung des öffentlichen Verkehrs hängt nicht nur vom Einsatzzweck ab, sondern auch von den Gefahren für Unbeteiligte. Schäden zulasten Dritter sind daher stets zu vermeiden.[9] Je größer das Unfallrisiko ist, umso vorsichtiger muss gefahren werden (OLG HH SVR 2019, 183 mit Anm. Bachmor; KG SVR 2011, 228; KG VRS 113, 39 = NZV 2008, 147; OLG Brandenburg NZV 2011, 26: Vorfahrt- und Vorrangverhältnisse bleiben unverändert; KG VerkMitt 2005 Nr. 45 = NZV 2005, 636; VRS 108, 418; OLG Celle VersR 1975, 1052; Müller NZV 2015, 428); notfalls nur mit Blaulicht und Martinshorn. Das gilt vor allem dann, wenn zwar mit Blaulicht, aber ohne Einsatzhorn in die Kreuzung eingefahren wird (KG VerkMitt 2005 Nr. 71; OLG Köln NZV 1996, 237). Fährt ein Einsatzfahrzeug bei Rot in die Kreuzung ein, muss auch auf solche Fahrzeuge Rücksicht genommen werden, die als Folge des Blaulichts dort warten (OLG Nürnberg DAR 2000, 69) oder auf Sondersignale nicht reagieren (OLG Celle DAR 2005, 283; LG Hof DAR 2000, 362). Infolgedessen muss sich der Einsatzfahrer vor dem Überqueren einer Kreuzung bei Rot davon überzeugen, dass alle Verkehrsteilnehmer das Sondersignal beachten (KG NZV 2009, 143). Er darf nur vorsichtig einfahren, bei einer unübersichtlichen Kreuzung nur mit Schrittgeschwindigkeit, notfalls muss er vorher anhalten (KG VRS 105, 107; KG VerkMitt 2001 Nr. 76). Eine Weiterfahrt mit 40 km/h kann u. U. grob verkehrswidrig sein. Nimmt ein Amtsträger Sonderrechte in Anspruch, haftet sein Dienstherr für die dadurch entstehenden Schäden (Art. 34 GG), bei fahrlässiger Schädigung jedoch nur subsidiär (§ 839 Abs. 1 Satz 2 BGB), z. B. bei Schmerzensgeldansprüchen (BGH VRS 81, 4; KG VerkMitt 1992 Nr. 64 = VRS 82, 408).[10]

---

9 Eine Güterabwägung „Leben gegen Leben" oder „Leben gegen Gesundheit" ist schlechthin unzulässig.

10 Die Haftung kann sich auch aus den landesrechtlichen Sicherheits- und Ordnungsgesetzen ergeben, z. B. §§ 59, 60 ASOG Berlin (KG VerkMitt 2005 Nr. 38 = VRS 108, 421).

2.5 Sonderrechtsinhaber

Wegen des Ausnahmecharakters der Sonderrechtsinanspruchnahme sowie der Gefahren für Dritte ist der Anwendungsbereich des § 35 eng auszulegen (OLG Celle NZV 2012, 171). Begünstigt sind deshalb nur die genau bezeichneten Institutionen, nicht aber weitere Einrichtungen, wie Unfallforschung oder Verkehrserhebungen.

2.5.1 Polizei

Der Polizeibegriff ist weit auszulegen; dazu gehört nicht nur die Polizei im „formellen" (uniformierte Schutzpolizei oder Bundespolizei), sondern auch im „materiellen" Sinn, wie Forstbeamte, Jagd- und Fischereiaufseher, Steuerfahnder (OLG Celle VRS 74, 220; Kullik NZV 1994, 59), Kontrollbeauftragte des BAG,[11] der kommunale Vollzugsdienst und Ordnungskräfte, soweit ihnen nach den Polizeiaufgabengesetzen der Länder materielle Polizeiaufgaben übertragen sind (Kaps VD 2016, 255: HIPO Niedersachsen). Sonderrechte gelten auch für mobile polizeiliche Einsatzkommandos und Eskorten der Polizei zur Begleitung von **Staatsbesuchen**[12] (KG NZV 2003, 481). Wer vor einem Polizeifahrzeug verkehrsgefährdend flieht, haftet für einen dadurch verursachten Unfall des verfolgenden Polizeibeamten (BGH VRS 32, 321 = VersR 1967, 580 = MDR 1967, 663; OLG Köln VerkMitt 2001 Nr. 50).

Da das Bundesamt für Verfassungsschutz (BfV) und der Bundesnachrichtendienst (BND) keine Aufgaben der unmittelbaren Gefahrenabwehr wahrnehmen, gehören sie nicht zum Bereich der Polizei. Für spezielle Bedürfnisse können ihnen aber Ausnahmegenehmigungen nach § 46 Abs. 2 erteilt werden.

Soweit aufgrund völkerrechtlicher Verträge die Verfolgung oder die Observation über die Grenzen hinweg vereinbart worden ist, können Sonderrechte unter den Voraussetzungen des § 35 Abs. 1 auch von **ausländischen Polizisten** im Bundesgebiet in Anspruch genommen werden (§ 35 Abs. 1a). Das gilt umgekehrt mangels Gegenseitigkeitsvereinbarung für die Inanspruchnahme von Sonderrechten in den ausländischen Staaten nur, wenn dort die nationale Gesetzgebung dies gestattet. Auch in den Fällen der Nacheile darf die Überschreitung der Verkehrsregeln Gesundheit und Leben anderer Verkehrsteilnehmer nicht gefährden (OLG Stuttgart NZV 1992, 123 = NJW 1992, 993; VerkMitt 1992 Nr. 34 = DAR 1992, 153).

2.5.2 Feuerwehr

Sonderrechte haben die Berufs-, Werk-, Flughafen- und freiwillige Feuerwehr[13] nicht nur zur Brandbekämpfung, sondern für alle Einsatzarten, wie Hilfeleistung bei Unfällen, Wassereinbrüchen, herabfallenden Schnee- und

---

11 Sonderrechte nach § 35 Abs. 1 StVO stehen dem Kontrollpersonal des BAG insoweit zu, als es zur Erfüllung hoheitlicher Aufgaben im Straßen- und Mautkontrolldienst Vorschriften der StVO missachten muss, um überhaupt eine Kontrolle durchführen und damit dem gesetzlichen Auftrag nach §§ 11, 12 GüKG und § 7 ABMG nachkommen zu können (z. B. Halten und Betreten der Autobahn zum Aufklappen der Beschilderung vor Standkontrollen oder zur Einweisung von Fahrzeugen zur Kontrolle).

12 Verfahren bei „Protokollfahrten" für polizeiliche Eskorten: VkBl. 1973, 292 und 501.

13 Abweichendes Mindestalter für Feuerwehrfahrer der Klasse C (18 Jahre) und Klasse D (21 Jahre) nach § 10 Abs. 1 FeV.

Eismassen. Außerdem ist die Feuerwehr nach den Sicherheits- und Ordnungsgesetzen der Länder teilweise auch berechtigt, bis zum Eintreffen der Polizei oder bei deren Fehlen vor Ort Maßnahmen zur Sicherheit und Ordnung durchzuführen. Der Führer eines Einsatzfahrzeugs der Feuerwehr darf im innerstädtischen Verkehr darauf vertrauen, dass noch mindestens 50 m von der Kreuzung entfernte Fahrzeuge auf ihr Vorfahrtsrecht verzichten, wenn sie das Einsatzfahrzeug bemerken (OLG Köln VerkMitt 1977 Nr. 67).

2.5.3 Zoll

Sonderrechte haben nicht nur der Zolldienst, sondern auch der Zollgrenzdienst und die Zollfahndung.

2.5.4 Militärischer Verkehr

Für die Truppen der nichtdeutschen Vertragsstaaten des Nordatlantikpaktes sieht § 35 Abs. 5 im Falle dringender militärischer Erfordernisse bereits eine Befreiung von den Vorschriften der StVO vor; bei übermäßiger Straßenbenutzung nach § 29 allerdings nur, soweit für diese Truppen und für die der nichtdeutschen EU Mitgliedstaaten Sonderregelungen oder Vereinbarungen bestehen. Auf der Grundlage des Maastrichter Vertrags haben die europäischen Staaten eine „Ständige strukturierte Zusammenarbeit" (**Pe**rmanent **S**tructured **Co**operation – PESCO) vereinbart, die u. a. gemeinsame Einsätze der teilnehmenden Staaten beinhaltet. Dabei sind auch Staaten betroffen, die nicht Mitglied der NATO sind (z. B. Schweden). Die verbündeten Streitkräfte aus EU-Staaten haben damit die gleichen Möglichkeiten, Sonderrechte in Anspruch zu nehmen oder Vereinbarungen über eine übermäßige Straßenbenutzung abzuschließen.

Ob dringende **militärische Erfordernisse** gebieten, von Verkehrsvorschriften abzuweichen, entscheidet die militärische Dienststelle allein (BayObLG NJW 1960, 1070 = VRS 18, 316). Das gilt auch für NATO-Truppen (§ 35 Abs. 5). Im Übrigen finden die Bestimmungen des NATO-Truppenstatuts Anwendung.[14]

2.5.5 Katastrophenschutz

Zum Katastrophenschutz gehören alle Einheiten, denen diese Aufgabe durch die Katastrophenschutzgesetze der Länder[15] hoheitlich übertragen ist.[16]

2.5.6 Rettungsdienst (§ 35 Abs. 5a)

Sonderrechte haben nur „Fahrzeuge" des Rettungsdienstes, nicht dagegen die Rettungsdienstorganisation selbst.[17] Welche Fahrzeuge zum Rettungs-

---

14 NATO-Truppenstatut vom 19.6.1951 (BGBl. II 1961 S. 1190 und 1215) nebst Art. 57 des Zusatzvertrages vom 3.8.1959 (BGBl. II 1961 S. 1218 i. d. F. vom 18.3.1993 – BGBl. II 1994 S. 2594 und 1989).

15 Z. B. Katastrophenschutzgesetz Berlin vom 11.2.1999 (GVBl. S. 78) i. d. F. vom 26.1.2004 (GVBl. S. 25).

16 Z. B. Technisches Hilfswerk (THW), Deutsches Rotes Kreuz (DRK), Deutsche Lebens-Rettungs-Gesellschaft (DLRG), Malteser Hilfsdienst, meist auch Feuerwehr.

17 Somit anders als bei Abs. 1, wo es auf die Institution, nicht auf die in Anspruch genommenen Fahrzeuge ankommt. Infolgedessen darf der Angehörige des Rettungsdienstes mit seinem Privatwagen keine Sonderrechte in Anspruch nehmen, selbst wenn er sich im Rettungsdiensteinsatz befindet. Aus dieser „Ungleichbehandlung" folgert Lehmann NZV 2011, 228 einen Verfassungsverstoß gegen Art. 3 GG.

dienst gehören, richtet sich nach den Rettungsdienstgesetzen der Länder.[18] Entscheidend ist dabei die funktionelle Zuordnung zum Rettungsdienst sowie die Ausrüstung und Zweckbestimmung für den Rettungsdiensteinsatz (OLG Düsseldorf VerkMitt 2010 Nr. 50 = NZV 2010, 267 = VRS 118, 301).[19] Halter des Einsatzfahrzeuges muss nicht der Rettungsdienst sein, das mit Blaulicht und Martinshorn ausgestattete Rettungsfahrzeug kann auch angemietet sein (BVerwG NZV 2012, 454). Auch Fahrzeuge für Organ- oder Bluttransporte können Rettungsfahrzeuge sein, wenn sie speziell für diesen Zweck eingesetzt werden. Reine Privatfahrzeuge von **Notärzten** gehören wegen des strengen Regel-Ausnahme-Verhältnisses aber nicht dazu, selbst wenn sie infolge geringer Finanzkraft der Kommunen gelegentlich als Rettungsfahrzeuge verwendet werden (s.a. Cimolino NZV 2008, 118). Solche Fahrzeuge können aber mit einem blinkenden Dachaufsatz „Arzt Notfalleinsatz" versehen werden (§ 52 Abs. 6 StVZO). Anders bei Rendezvous-Systemen, wo der Notarzt mit einem anderen Fahrzeug des Rettungsdienstes (Notarzteinsatzfahrzeug) erst am Notfallort auf das Rettungsdienstfahrzeug trifft. Beide Fahrzeuge bilden dann eine gefahrenabwehrtaktische Einheit und können zur Lebensrettung oder Abwendung schwerer Gesundheitsschäden Sonderrechte in Anspruch nehmen.[20] Unbeschadet dessen haben Notarzteinsatzfahrzeuge aber bei der Rückfahrt zum Krankenhaus ohne konkreten Anlass keine Sonderrechte. Auch **ausländische** Rettungsfahrzeuge können bei grenzüberschreitender Nothilfe mit Sondersignalen einbezogen werden (s.a. Erl. 2.3 zu § 38). Obwohl Tiere nicht als „Sachen" angesehen werden und bei Unglücksfällen ebenso leiden, ist eine Gleichstellung von Tier-Rettungsfahrten (leider) ausgeschlossen.

Da die Inanspruchnahme von Sonderrechten stets ein Risiko für Unbeteiligte darstellt, dürfen Sonderrechte nur bei höchster Eile zur Rettung von Menschenleben oder zur Abwendung schwerer Gesundheitsschäden in Anspruch genommen werden. Im Regelfall sind dazu Blaulicht und Martinshorn (§ 38 Abs. 1) einzuschalten. Ungeachtet der Sondersignale muss der Rettungsdienstfahrer vorsichtig fahren und sich davon überzeugen, dass andere auf die Inanspruchnahme des Vorrangs reagiert haben und ihm freie Bahn einräumen. Er darf nur so schnell in die für ihn durch Rot gesperrte Kreuzung einfahren, dass er noch rechtzeitig anhalten kann (BGH VerkMitt 1975 Nr. 33 = DAR 1975, 111 = VRS 48, 260 = MDR 1975, 392; OLG Düsseldorf VerkMitt 2017 Nr. 16 = VRS 131, 61 = NZV 2017, 233). Von der Einschaltung der Sondersignale kann in besonders gelagerten Notfällen abgesehen werden; mangels Warnfunktion ist dann aber besonders vorsichtig zu fahren, z.B. bei der Rettung Lebensmüder. Eine Ausdehnung der

18 Rettungsdienst ist nach DIN 13050:2002-09 (Rettungswesen) Nr. 3.38 eine öffentliche Aufgabe der Gesundheitsvorsorge, die sich in Notfallrettung und Krankentransport gliedert. Notfallrettung ist die organisierte Hilfe in ärztlicher Aufsicht. Das gilt auch für Rettungsdienstfahrzeuge privater Träger (OLG Düsseldorf NZV 2010, 267; BGH NJW 1991, 2954; OLG Köln VRS 59, 382). Bei der Ausstattung von Notarzteinsatzfahrzeugen mit Blaulicht und Martinshorn muss der Halter ein Träger des Rettungsdienstes sein; für Autovermieter gilt das selbst dann nicht, wenn das Fahrzeug ausschließlich von Rettungsdienstorganisationen genutzt wird (OVG Hamburg VerkMitt 2011 Nr. 55 = NZV 2011, 319).

19 § 52 Abs. 3 Nr. 4 StVZO umschreibt die Fahrzeuge des Rettungsdienstes nicht abschließend, weil solche Fahrzeuge nicht nur als Krankenwagen, sondern auch mit technischer Ausrüstung zur Notfallrettung eingesetzt werden können. Die Trägerschaft des Rettungsdienstes ist nachrangig.

20 Die Frage ist strittig (s. Klenk NZV 2010, 593).

Sonderrechte auf andere bedeutsame medizinische oder soziale Notlagen ist im Einzelfall nur unter den Einschränkungen des § 16 OWiG möglich, z.B. wenn während des Krankentransports ein Notfall eintritt.

2.5.7 Bau-, Unterhaltungs-, Reinigungs-, Müllfahrzeuge

Sonderrechte nach § 35 Abs. 6 sind auf Fahrzeuge bezogen, die dem Bau, der Unterhaltung oder Reinigung der Straßen und Anlagen oder der Müllabfuhr[21] dienen. Auch Fahrzeuge von Subunternehmen sind von dieser Regelung erfasst, soweit sie eine entsprechende (weiß-rot-weiße) Kennzeichnung tragen. Soweit der öffentlichen Hand die Straßenreinigung obliegt, kann sie diese Aufgabe privatrechtlich oder hoheitlich erfüllen. Wird sie Anliegern übertragen, können diese bei der Arbeit eingeschränkte Sonderrechte nach § 35 Abs. 6 in Anspruch nehmen (BVerwG SVR 2015, 392; OVG Berlin-Brandenburg SVR 2015, 151).

Eingeschränkte Sonderrechte bedeuten keine allgemeine Freistellung von den Verkehrsvorschriften, sondern nur insoweit, wie der Einsatzzweck dies erfordert, insbesondere von den Straßenbenutzungs-, Halt- und Parkverboten, nicht aber von der Beachtung der Tempolimits oder des Rotlichts. Der Unterhaltung von Straßen dienen alle Fahrzeuge, die für Arbeiten unter, auf oder neben der Fahrbahn eingesetzt werden; vor allem selbstfahrende Bau- und Straßenreinigungsmaschinen, Hebebühnen, Fahrzeuge zur Kanalinstandsetzung, Mäh-, Kehr- und Häckselmaschinen für das Straßenbegleitgrün oder Gleisunterhaltungsmaschinen für Straßenbahnen (Rebler VD 2016, 264). Mittels Verkehrszeichenplan nach § 45 Abs. 6 kann die Aufstellung von Leitkegeln zur Absicherung angeordnet werden.

Eingeschränkte Sonderrechte dürfen auch wahrgenommen werden, wenn der Verkehr dies nicht zwingend erfordert (OLG Saarbrücken NZV 2014, 27: Müllfahrzeug; s.a. Ternig DAR 2014, 105). Fährt ein Müllfahrzeug vom Fahrbahnrand oder aus zweiter Spur an, gelten nicht die Sorgfaltspflichten des § 35 Abs. 8, sondern der Gefährdungsausschluss nach § 10 (OLG Karlsruhe SVR 2019, 217; KG VRS 115, 24 = NZV 2008, 625). Fährt ein langsames Straßenreinigungsfahrzeug bei Grün in die Kreuzung ein, darf der Reinigungsvorgang fortgesetzt werden, wenn die Signalanlage inzwischen auf Rot schaltet; andere KFZ müssen darauf Rücksicht nehmen (OLG Jena DAR 2000, 65 = NZV 200, 210). Mit Müllfahrzeugen, die auf der linken Straßenseite halten oder fahren, muss stets gerechnet werden (OLG Saarbrücken NZV 2013, 395: Alleinhaftung bei Kollision).

Der weiß-rote Warnanstrich der Straßen- und Straßenwinterdienstfahrzeuge kann auch durch Folien, nicht aber durch andere Kennzeichnung ersetzt werden, z.B. nicht durch orangefarbene Sicherheitslackierung oder gelbe Rundumleuchten (OLG Oldenburg VerkMitt 1980 Nr. 68). Gelbe Rundumleuchten (Blinkleuchten) können aber nach § 57 Abs. 4 StVZO zusätzlich angebracht und zur Warnung eingeschaltet werden. Müssen Fußgänger nach kommunalen Ortssatzungen nicht nur Gehwege, sondern auch Straßen reinigen, sind sie während dieser Tätigkeit keine Fußgänger, sondern nehmen eingeschränkte Sonderrechte nach § 35 Abs. 6 wahr. Dabei müssen sie auffällige Warnkleidung tragen (BVerwG SVR 2015, 392). Die „auffällige

21 Müllfahrzeuge sind nur die zur Abfallentsorgung eingesetzten Fahrzeuge öffentlich-rechtlicher Entsorgungsträger oder deren beauftragter Unternehmen, nicht aber Schrott- oder Laubsammelfahrzeuge (BVerwG NJW 2014, 328).

Warnkleidung" muss nach Rn. 18 VwV-StVO zu § 35 Abs. 6 fluoreszierendes Orange-Rot oder Gelb haben (OLG Düsseldorf VerkMitt 1975 Nr. 11: weiße Warnkleidung ist nicht mehr aktuell); s. a. Rn. 17 bis 20 VwV-StVO zu § 35 Abs. 6.

Wegen der geringen Tragkraft der Gehwege und darunter liegender Versorgungsleitungen ist das **Befahren** der **Gehwege** für Fahrzeuge mit eingeschränkten Sonderrechten auf 2,8 t begrenzt,[22] für spezielle Reinigungsfahrzeuge mit Reifen bis 3 bar auf 3,5 t; bei höherer Gesamtmasse benötigen sie eine Ausnahme nach § 46 Abs. 1 mit Auflagen zur Vermeidung von Gehwegschäden. Zu den Anlagen im Straßenraum gehören auch unterirdische Kabel-, Rohr- und Kanalleitungen, so dass Ver- und Entsorgungs- sowie Reinigungsfahrzeuge (Strom, Gas, Wasser, Telekommunikation, Abwasser, Fett- und Ölabscheidungen, Wartung und Pflege von Werbeanlagen im Straßenraum) mit einem weiß-roten Warnanstrich eingeschränkte Sonderrechte wahrnehmen können. Gleiches gilt für Arbeiten von der Straße aus, wenn sich Anschlüsse auf Privatgelände befinden. Keine Sonderrechte haben hingegen Fahrzeuge der gewerbsmäßigen Abfuhr von Produkten, die betriebswirtschaftlich Abfall, volkswirtschaftlich aber Rohstoffe sind (z. B. Schrott).

2.5.8 Bundesnetzagentur

Eingeschränkte Sonderrechte haben nach § 35 Abs. 7 die Messfahrzeuge der hoheitlich handelnden Bundesnetzagentur für Elektrizität, Gas, Telekommunikation, Post und Eisenbahn. Deren Fahrzeuge dürfen auf allen Straßen und Straßenteilen zu allen Zeiten halten und fahren, soweit ihr hoheitlicher Einsatz dies erfordert. Keine Sonderrechte hat die Telekom selbst, auch nicht für die Wartung und Unterhaltung der Telefonverteilerkästen. Soweit es sich dabei allerdings um Anlagen im Straßenraum handelt, kann die Telekom eingeschränkte Sonderrechte nach § 35 Abs. 6 in Anspruch nehmen, wenn ihre Fahrzeuge durch weiß-rot-weiße Warneinrichtungen gekennzeichnet sind (Fahren und Halten auf allen Straßen und Straßenseiten, in jeder Richtung und zu allen Zeiten, soweit der Einsatz dies erfordert). Hierzu gehören insbesondere die überirdischen Telefonverteiler, aber auch Kabel-, Rohrleitungen und Schächte unter der Straße. Die Messfahrzeuge dürfen das Vorrecht aus § 35 Abs. 7 nur unter Berücksichtigung der örtlichen Situation (§ 35 Abs. 8) und in Abstimmung mit dem Träger der Straßenbaulast ausüben.

2.5.9 Postverkehr

Mit § 35 Abs. 7a wird dem Infrastrukturauftrag des Bundes hinsichtlich der Grundversorgung der Bevölkerung mit Universaldienstleistungen durch Ergänzung von gewissen Sonderrechten für gewisse Postdienstleistungsunternehmen Rechnung getragen. Nach Art. 87f GG hat der Bund u. a. im Postwesen flächendeckend angemessen ausreichende Dienstleistungen zu gewährleisten. Diese Dienstleistungen können als privatwirtschaftliche Tätigkeiten der aus dem Sondervermögen Deutsche Bundespost hervorgegangenen Unternehmen auch durch andere private Anbieter erbracht werden. Der Bund bleibt für die hoheitlichen Aufgaben im Postbereich

22 Nicht aber für Fahrzeuge mit uneingeschränkten Sonderrechten (Polizei, Feuerwehr), wenn der Einsatz dies erfordert.

aber ausschließlich zuständig. Der staatliche Handlungsauftrag zielt auf die Gewährleistung einer flächendeckenden Grundversorgung für das Anbieten und Erbringen der Dienste nach §§ 11 ff. PostG i. V. m. der Post-Universaldienstleistungs-Verordnung (PUDLV), die Inhalt und Umfang des Universaldienstes festlegt. Die postalischen Grundversorgungsleistungen beziehen sich auf alle Universaldienste nach § 1 Abs. 1 Nr. 1 bis 3 PUDLV für Briefsendungen bis zu 2.000 g, Pakete bis zu 20 kg sowie Zeitschriften und Zeitungen.[23]

Die eingeschränkten Sonderrechte umfassen zum einen das Befahren von Fußgängerzonen (Z. 242.1) auch außerhalb der angeordneten Zeiten für Anlieger- und Lieferverkehr, soweit dies zur zeitgerechten Leerung von Briefkästen oder zur Abholung von **Briefen** in Postfilialen erforderlich ist (Pakete und andere Postsachen sind nicht einbezogen). Zum anderen darf im unmittelbaren Nahbereich eines Briefkastens (10 m davor bis 10 m dahinter), der von einem Haltverbot nach Z. 283, Z. 286 oder Z. 290.1 überlagert wird, auf der Fahrbahn zu dessen Leerung auch in zweiter Reihe kurzfristig geparkt werden. Voraussetzung ist, dass eine Kopie der Postlizenz (§ 36 PostG) oder die Subdelegation durch ein lizenziertes Unternehmen hinter der Windschutzscheibe deutlich sichtbar ausgelegt wird. Ohne Z. 283 dürfen Postfahrzeuge nur unter den Voraussetzungen nach § 12 Abs. 4 in zweiter Spur halten (max. drei Minuten).

Im Übrigen muss sich die Post an die allgemeinen Verkehrsregeln halten. Das gilt auch für die Nutzung schadstoffarmer Fahrzeuge innerhalb gekennzeichneter Umweltzonen (Z. 270.1); insoweit bestehen keine Ausnahmen.[24]

---

23 Die 2001 erfolgte Streichung des § 35 Abs. 7 und das Auslaufen der bis Ende 2009 befristeten bundesweiten Ausnahmegenehmigung für die Deutsche Post AG hatte dazu geführt, dass der Bund seiner hoheitlichen Aufgabe, im Bereich des Postwesens und der Telekommunikation flächendeckend angemessene und ausreichende Dienstleistungen zu gewährleisten, nicht mehr gerecht werden konnte. Der staatliche Handlungsauftrag nach Art. 87f GG zielt auf die Gewährleistung einer flächendeckenden Grundversorgung durch Sicherung der aus Sicht der Benutzer angemessenen und ausreichenden Dienstleistung. Gemeint sind das Anbieten und Erbringen der Dienste nach §§ 11 ff. PostG i. V. m. der PUDLV, die Inhalt und Umfang des Universaldienstes festlegt. Die postalischen Grundversorgungsleistungen beziehen sich auf alle Universaldienste nach § 1 Abs. 1 Nr. 1 bis 3 PUDLV. Bei der Briefbeförderung wird dabei durch § 2 Nr. 3 zudem das Qualitätsmerkmal festgelegt, dass mit einer Ausnahme im Jahresdurchschnitt mindestens 80 % an dem ersten auf den Einlieferungstag folgenden Werktag ausgeführt werden müssen. Anfang 2010 gab es bundesweit über 2.500 Lizenznehmer im Postbereich. Von diesen Lizenzen machen aber nur 840 Unternehmen tatsächlich Gebrauch. Briefkästen oder eigenständige stationäre Einrichtungen mit integrierter Abgabemöglichkeit im öffentlichen Verkehrsraum halten nur vereinzelte Unternehmen vor. Im Rahmen des § 35 Abs. 7a sind deshalb weiterhin eingeschränkte Sonderrechte erforderlich. Die Inanspruchnahme dieser Sonderrechte ist zur Verhinderung von Missbrauch und angesichts des grundsätzlichen Ausnahmecharakters der Vorschrift nachzuweisen durch die sichtbare Auslage des Nachweises der Erbringung der Universaldienstleistung (§ 5 PostG) oder zusätzlich bei Unterbeauftragung eines Subunternehmens hinter oder an der Windschutzscheibe. Ausnahmen von der Kennzeichnungspflicht nach § 2 Abs. 1 der Verordnung zur Kennzeichnung der Kraftfahrzeuge mit geringem Beitrag zur Schadstoffbelastung sollen für die infrage kommenden Fahrzeuge nicht gelten.

24 Keine Ausnahmen für Sonderrechtsfahrzeuge i. S. d. § 2 Abs. 3 i. V. m. Anh. 3 Nr. 7 der Verordnung zur Kennzeichnung der Kraftfahrzeuge mit geringem Beitrag zur Schadstoffbelastung vom 10.10.2006 (BGBl. I S. 2218) i. d. F. vom 5.12.2007 (BGBl. I S. 2793).

Für weitergehende Halt- und Parkbedürfnisse ist die Post in Härtefällen auf Einzelausnahmen der Verkehrsbehörden oder auf polizeiliche Opportunität angewiesen.[25]

2.6 BOS-Funkberechtigte (§ 35 Abs. 9)

Die **B**ehörden und **O**rganisationen mit **S**icherheitsaufgaben (BOS) sind nicht mit dem Kreis der Sonderrechtsinhaber identisch und sollen nicht durch das Verbot der Nutzung eines Funkgerätes nach **§ 23 Abs. 1** und **1b** beeinträchtigt werden. Wer BOS-funkberechtigt ist, richtet sich nach § 4 der Bestimmungen für Frequenzzuteilungen zur Nutzung für das Betreiben von Funkanlagen der Behörden und Organisationen mit Sicherheitsaufgaben (BOS-Funkrichtlinie).[26]

Berechtigte des BOS-Funks nach § 4 Abs. 1 BOS-Funkrichtlinie sind die

- Polizei des Bundes und der Länder,
- Bundesanstalt Technisches Hilfswerk (THW),
- Bundeszollverwaltung,
- kommunalen Feuerwehren, staatlich anerkannten Werkfeuerwehren sowie sonstige nichtöffentliche Feuerwehren, wenn sie auftragsgemäß auch außerhalb ihrer Liegenschaft eingesetzt werden können,
- Katastrophen- und Zivilschutzbehörden des Bundes und der Länder, öffentliche Einrichtungen des Katastrophenschutzes und nach Landesrecht im Katastrophenschutz mitwirkende Organisationen, soweit sie Zivilschutzaufgaben wahrnehmen,
- behördlichen Träger der Notfallrettung nach landesrechtlichen Bestimmungen und die Leistungserbringer, die mit der Durchführung der Aufgabe „Notfallrettung" von den jeweiligen Trägern der Notfallrettung beauftragt wurden,
- mit Sicherheits- und Vollzugsaufgaben gesetzlich beauftragten Behörden und Dienststellen, für die das BMI im Benehmen mit dem BMF und den zuständigen obersten Landesbehörden die Notwendigkeit bestätigt hat, mit den Berechtigten über BOS-Funk zusammenzuarbeiten,
- Verfassungsschutzbehörden des Bundes und der Länder.

Insbesondere sind in § 35 StVO nicht die Verfassungsschutzbehörden des Bundes und der Länder benannt, welche indes Berechtigte des BOS-Funks sind und diesen auch nutzen. Um sämtliche Berechtigten des BOS-Funks in ihrer Funktionsweise nicht zu beeinträchtigen, knüpft Abs. 9 nicht an die Berechtigung zur Nutzung von Sonderrechten an, sondern an die Berechtigung zur Nutzung des BOS-Funks (s. a. Wozny VD 2019, 311).

3 Hinweise

3.1 Blaues Blinklicht und Einsatzhorn bei Wegerechtsfahrzeugen: § 38; Ausrüstung der Fahrzeuge: §§ 52 Abs. 3, 55 Abs. 3 StVZO. Wegen der Anhaltesignale i. S. d. Art. 1 der 48. VO zur Änderung straßenverkehrsrechtlicher Vorschriften vom 26.7.2013 (BGBl. I S. 2803 – „Yelp-Signal") siehe Erl. 2.5 zu § 38.

25 Dabei ist zu hoffen, dass das ohnehin schon stark ausgedünnte Postbriefkastennetz letztlich nicht im „Nirwana" verschwindet.

26 Bekanntmachung des Bundesministeriums des Innern vom 7.9.2009 (B 5 – 670 001/1).

3.2 Nach §§ 35 Abs. 1a, 36 Abs. 3c StVG[27] dürfen die Zentralen Leitstellen für Brandschutz, Katastrophenschutz und Rettungswesen Fahrzeugdaten im automatisierten Verfahren vom KBA abrufen, um bei Rettungseinsätzen einen schnelleren Zugriff auf die Rettungsdatenblätter zu ermöglichen. Die von Automobilherstellern zur Verfügung gestellten Rettungsdatenblätter enthalten feuerwehrrelevante technische Fahrzeugdaten, mit denen die Unfallrettung erleichtert werden kann, z. B. Ansatzstellen für Rettungsscheren, Druckpunkte, Gastanks, Airbagauslöser (s. a. Scheidler NZV 2011, 481).

3.3 Bei **Fehlalarm**, z. B. durch eine Diebstahlwarnanlage, können dem Halter nach den landesrechtlichen Kostengesetzen die Kosten des Polizeieinsatzes auferlegt werden (VG Hannover NZV 2011, 471).

3.4 Verantwortung der Unternehmer für die Verkehrsregelung bei Arbeiten auf der Fahrbahn: § 45 Abs. 6.

3.5 Vereinbarungen mit den Vertragsstaaten des Zusatzabkommens zum NATO-Truppenstatut über ein Militärstraßennetz: Art. 57 des Zusatzabkommens. Verlautbarung des BMVBS (BMVI) zur militärischen Beschilderung für Brücken vom 20.12.1982 (VkBl. S. 13). Die Brückenbeschilderung nach militärischen Lastenklassen (MLC = Military Load Class) hat keine unmittelbare Bedeutung für den zivilen Verkehr und ist inzwischen durch Erlass des Bundesministeriums der Verteidigung vom 12.8.2010 aufgehoben worden. Die Beschilderung wird im Zuge von Unterhaltungsarbeiten an den Brücken entfernt.

Militärische Brückenbeschilderung

50 t bei Gegenverkehr,
80 t im Einrichtungsverkehr
für Radfahrzeuge

50 t bei Gegenverkehr,
100 t im Einrichtungsverkehr
für Kettenfahrzeuge

27 Drittes Gesetz zur Änderung des StVG und anderer Gesetze vom 20.6.2011 (BGBl. I S. 1124).

II. Zeichen und Verkehrs-einrichtungen

§ 36 Zeichen und Weisungen der Polizeibeamten

(1) Die Zeichen und Weisungen der Polizeibeamten sind zu befolgen. Sie gehen allen anderen Anordnungen und sonstigen Regeln vor, entbinden den Verkehrsteilnehmer jedoch nicht von seiner Sorgfaltspflicht.

(2) An Kreuzungen ordnet an:

1. Seitliches Ausstrecken eines Armes oder beider Arme quer zur Fahrtrichtung: „Halt vor der Kreuzung".
Der Querverkehr ist freigegeben.
Wird dieses Zeichen gegeben, gilt es fort, solange in der gleichen Richtung gewinkt oder nur die Grundstellung beibehalten wird. Der freigegebene Verkehr kann nach den Regeln des § 9 abbiegen, nach links jedoch nur, wenn er Schienenfahrzeuge dadurch nicht behindert.

2. Hochheben eines Arms:
„Vor der Kreuzung auf das nächste Zeichen warten",
für Verkehrsteilnehmer in der Kreuzung: „Kreuzung räumen".

(3) Diese Zeichen können durch Weisungen ergänzt oder geändert werden.

(4) An anderen Straßenstellen, wie an Einmündungen und an Fußgängerüberwegen, haben die Zeichen entsprechende Bedeutung.

(5) Polizeibeamte dürfen Verkehrsteilnehmer zur Verkehrskontrolle einschließlich der Kontrolle der Verkehrstüchtigkeit und zu Verkehrserhebungen anhalten. Das Zeichen zum Anhalten kann auch durch geeignete technische Einrichtungen am Einsatzfahrzeug, eine Winkerkelle oder eine rote Leuchte gegeben werden. Mit diesen Zeichen kann auch ein vorausfahrender Verkehrsteilnehmer angehalten werden. Die Verkehrsteilnehmer haben die Anweisungen der Polizeibeamten zu befolgen.

VwV-StVO zu § 36 Zeichen und Weisungen der Polizeibeamten

Zu Absatz 1

1 I. Dem fließenden Verkehr dürfen nur diejenigen Polizeibeamten, die selbst als solche oder deren Fahrzeuge als Polizeifahrzeuge erkennbar sind, Zeichen und Weisungen geben. Das gilt nicht bei der Verfolgung von Zuwiderhandlungen.

2 II. Weisungen müssen klar und eindeutig sein. Es empfiehlt sich, sie durch Armbewegungen zu geben. Zum Anhalten kann der Beamte eine Winkerkelle benutzen oder eine rote Leuchte schwenken.

Zu den Absätzen 2 und 4

3 I. Ist der Verkehr an Kreuzungen und Einmündungen regelungsbedürftig, so sollte er vorzugsweise durch Lichtzeichenanlagen geregelt werden; selbst an besonders

schwierigen und überbelasteten Kreuzungen werden Lichtzeichenanlagen im Allgemeinen den Anforderungen des Verkehrs gerecht. An solchen Stellen kann es sich empfehlen, Polizeibeamte zur Überwachung des Verkehrs einzusetzen, die dann erforderlichenfalls in den Verkehrsablauf eingreifen.

4 II. Wenn besondere Verhältnisse es erfordern, kann der Polizeibeamte mit dem einen Arm „Halt" anordnen und mit dem anderen abbiegenden Verkehr freigeben.

5 III. Bei allen Zeichen sind die Arme so lange in der vorgeschriebenen Haltung zu belassen, bis sich der Verkehr auf die Zeichen eingestellt hat. Die Grundstellung muss jedoch bis zur Abgabe eines neuen Zeichens beibehalten werden.

6 IV. Die Zeichen müssen klar und bestimmt, aber auch leicht und flüssig gegeben werden.

Zu Absatz 5

7 I. Verkehrskontrollen sind sowohl solche zur Prüfung der Fahrtüchtigkeit der Führer oder der nach den Verkehrsvorschriften mitzuführenden Papiere als auch solche zur Prüfung des Zustandes, der Ausrüstung und der Beladung der Fahrzeuge.

8 II. Straßenkontrollen des Bundesamtes für Güterverkehr (§ 12 Abs. 1 und 2 GüKG) sollen in Zusammenarbeit mit der örtlich zuständigen Polizei durchgeführt werden

1 Aus der amtlichen Begründung

(entfällt)

2 Erläuterungen

2.1 Zeichen und Weisungen der Polizei

Zeichen der Polizei sind (wie Verkehrs- und Lichtzeichen) Verwaltungsakte in der Gestalt von Allgemeinverfügungen, Weisungen sind Einzelverfügungen an bestimmte Verkehrsteilnehmer. Beide sind sofort zu beachten und vollstreckbar, wenn sich der Verkehrsteilnehmer ihnen gegenübersieht.[1] Die Feuerwehr oder technische Hilfsdienste (THW) haben ohne besondere Länderregelung (z. B. Bayern durch § 7a des Gesetzes über Zuständigkeiten im Verkehrswesen) keine eigene Regelungskompetenz, selbst wenn sie Unfallstellen absichern und den Verkehr um Einsatzstellen leiten. Die Hinweise der Feuerwehr oder des THW sind aber gemäß § 1 bzw. im Rahmen des Grundsatzes der doppelten Sicherung zu beachten. Im Wege der Amtshilfe darf die Polizei die Feuerwehr oder das THW für verkehrshinweisende Zwecke einsetzen.

Zeichen und Weisungen gehen allen Verkehrsregeln, Verkehrszeichen/-einrichtungen und anderen Anordnungen vor, entbinden die Verkehrsteilnehmer aber nicht von ihren Sorgfaltspflichten, z. B. Vorrang der Fußgänger oder des Gegenverkehrs beim Abbiegen. Eine konkrete Gefahr muss mit den Zeichen und Weisungen nicht verbunden sein. Einzelweisungen gehen den Zeichen der Polizei vor, z. B. kann die Polizei trotz durch die Grundstellung freigegebener Fahrtrichtung mit der Hand einen Abbieger anhalten.

1 Richten sich Zeichen oder Weisungen nur an eine Person, sind sie Einzelverwaltungsakte.

Zeichen der Polizei

Es gilt der Fahrschulspruch: „Siehst du Brust oder Rücken, musst du auf die Bremse drücken." In allen Fällen können die Zeichen durch verbale Weisungen oder gezielte Handzeichen ergänzt oder geändert werden, z.B. Halt vor dem Abbiegen oder trotz erhobenen rechten Arms „weiterfahren".

Entspricht dem Rot der Ampel = **„Halt vor der Kreuzung."**

Der Querverkehr ist freigegeben. Die Regelung gilt, solange die Grundstellung beibehalten wird oder der Polizist in der gleichen Richtung winkt.

Entspricht dem Gelb der Ampel = **„Vor der Kreuzung auf das nächste Zeichen warten."**

Fahrzeuge müssen die Kreuzung räumen.

Entspricht dem Grün der Ampel = **„Der Verkehr ist freigegeben."**

Es darf nach den Regeln des § 9 abgebogen werden, wenn Schienenfahrzeuge nicht behindert werden.

2.1.1 Weisungen

Weisungen der Polizei richten sich an bestimmte einzelne Verkehrsteilnehmer und sind unverzüglich[2] zu befolgen; auf ihre Berechtigung oder Zweckmäßigkeit kommt es nicht an (OLG Düsseldorf DAR 1980, 378 = VRS 60, 149: keine Überprüfung im Bußgeldverfahren). Weisungen können durch Handbewegung, Polizeikelle,[3] Zuruf, Pfeifen, Blaulicht und Einsatzhorn erfolgen (OLG Köln VerkMitt 1984 Nr. 91 = VRS 67, 295); auch vom Einsatzfahrzeug aus (BGH VerkMitt 1967 Nr. 41), wobei Dienstkleidung nicht zwingend ist (OLG Celle VRS 28, 130); die Annahme des Betroffenen, es handele sich dabei um den Scherz eines Unbefugten, kann jedoch entschuldbar sein (BayObLG VRS 48, 232 = DAR 1975, 137). Weisungen können auch telefonisch gegeben werden, z. B. zum Verbleib an der Unfallstelle (OLG Hamm DAR 1972, 223 = VRS 44, 373). Die Weisung eines Polizeibeamten an einen LKW-Fahrer, wegen Lenkzeitüberschreitung die Fahrt nicht fortzusetzen, kann auf § 36 gestützt werden (OLG Hamm VRS 46, 397). Demgegenüber ist die Aufforderung, die Auflagen einer Ausnahmegenehmigung einzuhalten, keine Weisung im Sinne des § 36 (OLG Köln VerkMitt 1984 Nr. 84).

Weisungen sind nur wirksam, wenn sie klar und verständlich sind (OLG Karlsruhe VerkMitt 1996 Nr. 12). Kein Verstoß gegen § 36, sondern allenfalls eine Verletzung des § 1 Abs. 2 liegt vor, wenn auf die Weisung verspätet reagiert, jedoch noch vor dem Polizeibeamten angehalten wird (OLG Köln VRS 59, 462). Die Handbewegung eines Polizeikraftfahrers, um einem Fußgänger die Querung der Straße zu ermöglichen, dient der Rücksichtnahme und ist keine Weisung.

2 Unverzüglich = ohne schuldhaftes Zögern (§ 121 Abs. 1 BGB).
3 Dabei muss der Verkehrsteilnehmer damit rechnen, dass die Polizeikelle in die Fahrbahn hineinragt, und dem durch größeren Seitenabstand und Abbremsen Rechnung tragen (OLG Saarbrücken NZV 2016, 366).

2.1.2 Zeichen zur Verkehrsregelung

Zeichen richten sich an alle Verkehrsteilnehmer, die es angeht. Regelt die Polizei den Verkehr, gehen deren Anordnungen den Verkehrs- und Lichtzeichen vor. Die allgemeinen Verkehrsregeln, insbesondere beim Abbiegen und der Gefährdungsausschluss nach § 1 Abs. 2, sind jedoch weiterhin zu beachten. Der Polizeibeamte braucht nicht in der Mitte der Kreuzung oder Einmündung in Grundhaltung zu stehen, er muss jedoch als Verkehrsleiter klar erkennbar sein (OLG Düsseldorf VerkMitt 1969 Nr. 39 = VersR 1968, 1095). Ein kurz hinter einer Kreuzung erteiltes Haltgebot ist auch von einem Fahrer zu befolgen, der auf der Kreuzung abbiegen will (BayObLG VerkMitt 1978 Nr. 38 = NJW 1978, 1537 = DAR 1978, 280 = VRS 55, 229).

2.1.3 Beachtung des übrigen Verkehrs

Die Weisungen und Zeichen der Polizeibeamten dürfen nicht blindlings befolgt werden; Verkehrsteilnehmer müssen selbst Umschau halten und die notwendige Vorsicht walten lassen. Auf andere Verkehrsteilnehmer ist weiterhin Rücksicht zu nehmen (BGH VersR 1961, 255 = VRS 20, 166). Ein Kraftfahrer, der von der Polizei angehalten wird, darf nicht scharf bremsen, wenn dadurch ein Nachfolgender gefährdet wird. Die Weisung, in einen nicht einsehbaren Raum zurückzustoßen, braucht nicht befolgt zu werden, wenn zweifelhaft bleibt, ob dieser hindernisfrei ist (BayObLG VerkMitt 1980 Nr. 106 = VRS 59, 234 = DAR 1980, 347). Die Weisung selbst darf nicht den Eindruck erwecken, ihre Befolgung sei risikolos. Beim Anhalten eines Kraftfahrzeugs auf einer Schnellstraße hat die Polizei zu prüfen, ob das Auffahren nachfolgender Fahrzeuge zu befürchten ist; notfalls ist auf das Anhalten zu verzichten.

2.2 Weisungen bei Verkehrskontrollen

Im Rahmen des polizeilichen Weisungsrechts haben Verkehrsteilnehmer die Anordnungen der Polizei zu befolgen. Eine polizeiliche Weisung erfolgt zur Regelung eines akuten Verkehrsbedürfnisses, zur Beseitigung einer unmittelbaren Störung der Sicherheit oder Ordnung des Verkehrs, zur Verkehrskontrolle, nicht aber allein zur allgemeinen Verfolgung von Straftaten oder Ordnungswidrigkeiten.[4] Zu unterscheiden ist eine Weisung nach § 36 Abs. 1 Satz 1 von der schlichten Aufforderung zur Beseitigung oder Verhütung eines Verkehrsverstoßes. So liegt keine (bußgeldbewehrte) Weisung in der Aufforderung, das Fahrzeug aus einem Haltverbot zu entfernen, wohl aber, wenn die Aufforderung der Auflösung eines dahinter entstandenen Verkehrsstaus dient.

2.2.1 Anhalterecht (§ 36 Abs. 5)

Grundsätzlich darf nach § 36 Abs. 5 **nur** die Polizei[5] Verkehrsteilnehmer zur Verkehrskontrolle anhalten. Ohne Anlass oder konkrete Gefahr ist das Anhalten wegen des Verhältnismäßigkeitsgrundsatzes auf Stichproben von

---

4 Unzulässig ist auch die Herbeiführung eines künstlichen Staus zur Ergreifung eines flüchtenden Verkehrssünders (LG Bückeburg DAR 2006, 103); kommt es dabei zu einem Auffahrunfall, haftet die Polizei (OLG Bamberg NZV 2007, 241).

5 Hinsichtlich des Anhalterechts der Polizei (auch Bundespolizei) nach den allgemeinen Sicherheits- und Ordnungsgesetzen der Länder geht § 36 Abs. 5 vor. Zur Polizei gehört auch die Militärpolizei („Feldjäger"), deren Anhalterechte sich aber in Friedenszeiten auf militäreigene Belange beziehen.

Regelplan der Beschilderung einer Kontrollstelle des Bundesamtes für Güterverkehr (BAG) nach VkBl. 2011, S. 9

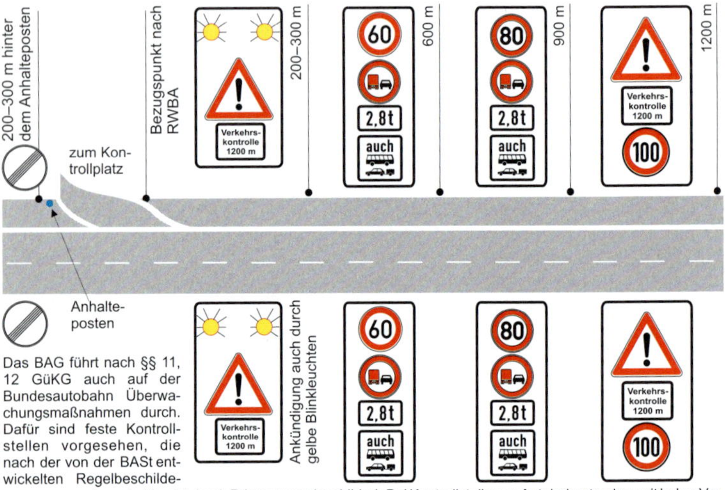

Das BAG führt nach §§ 11, 12 GüKG auch auf der Bundesautobahn Überwachungsmaßnahmen durch. Dafür sind feste Kontrollstellen vorgesehen, die nach der von der BASt entwickelten Regelbeschilderung auszuweisen sind (meist durch Prismenwendeschilder). Bei Kontrollstellen an Autobahnstrecken mit hoher Verkehrsdichte können auch ferngesteuerte Wechselverkehrszeichen zum Einsatz kommen. Die Beschilderung ist sichtbar, wenn die Kontrollstelle besetzt ist. Die Einweisung der Kraftfahrzeuge auf den Kontrollplatz erfolgt durch die Polizei. Alternativ kann die Kontrollstelle auch mit 100 km/h-Beschränkung, Überholverbot und Zusatzzeichen beginnen. Die Ankündigung der Kontrollstelle erfolgt dann ab 1500 m ohne Z. 274 „100" km/h.

kurzfristiger Dauer zu beschränken.[6] Die Überprüfung erstreckt sich auf die Fahrtüchtigkeit, den Führerschein, die mitzuführenden Fahrzeugdokumente, Verkehrserhebungen sowie Zustand und Beladung des Fahrzeugs. Wegen des Gebotes zur Gefahrvermeidung müssen Kraftfahrer allerdings auf Hinweise z. B. von Feuerwehrbeamten[7], Feldjägern der Bundeswehr oder sonstigen Hilfspersonen reagieren.

Mobile Kontrollgruppen der **Zollverwaltung** besitzen ein eigenständiges **Anhalterecht** gegenüber dem Straßenverkehr aus § 10 Zollverwaltungsgesetz i. V. m. § 210 Abs. 3 Abgabenordnung. Zur materiellen Polizei gehören auch Beauftragte des **BAG** in Wahrnehmung ihrer Kontrollaufgaben; sie haben deshalb eine Anhaltebefugnis und können insoweit auch Sonderrechte nach § 35 Abs. 1 StVO in Anspruch nehmen (s. Erl. 2.5.1 zu § 35).[8] Bußgeldbewehrt sind alle Weisungen der Polizei, die aus einem Verkehrsbedürfnis heraus zur Regelung und Sicherung des Straßenverkehrs oder zur Feststellung eines

---

6 Wegen des geringfügigen Eingriffs in die Freiheitsrechte der Verkehrsteilnehmer ist das Anhalterecht nach § 36 Abs. 5 durch Art. 2 GG noch gedeckt (strittig, s. a. Barcak NZV 2010, 598). Entscheidend ist, dass die Kontrolltätigkeit mit dem Gefahrenabwehrrecht vereinbar ist.

7 Die Feuerwehr ist nach den Sicherheits- und Ordnungsgesetzen der Länder meist auch berechtigt, bis zum Eintreffen der Polizei oder bei deren Fehlen vor Ort Maßnahmen zur Sicherheit und Ordnung zu ergreifen.

8 Anhalte- und Kontrollrechte nach §§ 11, 12 GüKG und § 7 ABMG (s. a. VkBl. 2014, 687). Auch die Weiterfahrt kann untersagt werden.

Verkehrsverstoßes erteilt werden. Hierzu gehören auch die Aufgaben nach §§ 11, 12 GüKG, die meist durch Einweisung der Fahrzeuge auf Kontrollstellen des BAG erfolgen (siehe Grafik „Regelplan" nach VkBl. 2011, 9).

Verkehrskontrollen dürfen **nicht ohne konkreten Verdacht** „ausschließlich" der Verfolgung von Ordnungswidrigkeiten oder Straftaten dienen (BGH VerkMitt 1984 Nr. 80 = DAR 1984, 258 = VRS 68, 310; OLG Köln VerkMitt 1981 Nr. 43). Das Anhalterecht der Polizei zur Gefahrenabwehr nach den Sicherheits- und Ordnungsgesetzen der Länder bleibt dabei unberührt; insoweit gibt es auch keinen Vorrang des Strafprozessrechts. Das Gefahrenabwehrrecht darf aber nicht zur rechtsmissbräuchlichen Legitimation einer Strafverfolgungsmaßnahme vorgeschoben werden (BGH NZV 2017, 566). Wird ein Kraftfahrer von der Polizei wegen eines Verkehrsverstoßes angehalten, muss er der Weisung schon wegen der Kontrolle der Fahrzeugpapiere folgen; er kann Mitteilung darüber verlangen, welches Fehlverhalten man ihm vorwirft (OLG Düsseldorf NJW 1980, 251 = VRS 58, 318; OLG Celle VerkMitt 2013 Nr. 5 = DAR 2012, 644 = NZV 2013, 409: keine Verkehrskontrolle bei bloßem Verdacht; a.A. Ternig DAR 2012, 730).

Eine Mitwirkung des Betroffenen bei Verkehrskontrollen ist außer für das Anhalten und Aussteigen nur für das Aushändigen von Führerschein und Fahrzeugdokumenten (§ 4 Abs. 2 FeV, § 31b StVZO), Vorzeigen des Feuerlöschers (§ 35g Abs. 1 StVZO), Erste-Hilfe-Materials (§ 35h StVZO), der Unterlegkeile (§ 41 Abs. 14 StVZO), Warndreiecke/Warnleuchten (§ 53a Abs. 2 StVZO), Handlampen (§ 54b StVZO) und der Berechtigung und Nachweise im gewerblichen Güterkraftverkehr (Aushändigungspflicht nach § 7 GüKG) vorgeschrieben. Zu weiteren Handlungen ist der Fahrer nicht verpflichtet, auch nicht zur Fahrt zu einer entfernteren Kontrollstelle (OLG Koblenz VRS 61, 68) oder dazu, an einem Atemalkoholtest aktiv mitzuwirken. Die Weigerung kann für die Polizei aber Anlass sein, das Fahrzeug genauer zu untersuchen oder eine Blutentnahme nach § 81a StPO anzuordnen. Verriegelt der Fahrer die Türen, macht er sich wegen Widerstandes gegen Vollstreckungsbeamte nach § 113 StGB strafbar (OLG Düsseldorf VRS 92, 9; VerkMitt 1997 Nr. 28 = DAR 1996, 367 = NZV 1996, 458).

Zum Anhalten kann die Polizei blaues Blinklicht, Anhaltehorn, Winkerkellen, Anhaltesignalgeber, geschwenkte rote Leuchten, nach vorn oder hinten wirkende Leuchtschrift verwenden, z.B. „STOPP POLIZEI" oder „BITTE FOLGEN" (§ 36 Abs. 5 i.V.m. § 52 Abs. 11 und § 55 Abs. 3a StVZO)[9]. Das gilt auch vom fahrenden Einsatzfahrzeug aus, und zwar für den vorausfahrenden oder auch nachfolgenden Verkehr. Bei der mobilen Verkehrsüberwachung kann dadurch das Überholen des anzuhaltenden KFZ vermieden werden. Durch Leuchtschrift von einem am Polizeifahrzeug angebrachten Signalfeld nach vorn oder hinten kann die Polizei dem betreffenden Kraftfahrer außerdem spezifische Weisungen erteilen.[10]

Polizeikelle

9 Art. 1 Nr. 15 der 48. VO zur Änderung straßenverkehrsrechtlicher Vorschriften vom 26.7.2013 (BGBl. I S. 2803).

10 Technische Möglichkeiten für das Anhalten unwilliger Kraftfahrer mittels ferngesteuerten Eingriffs in die Autoelektronik werden im Rahmen des Projekts „SAVELEC" (= **Sa**fe control of non cooperative **ve**hicles through **e**lectromagnetic means) geprüft.

Die Missachtung polizeilicher Weisungen ist eine Ordnungswidrigkeit nach § 49 Abs. 3 Nr. 1. Das Zufahren auf einen Weisungen gebenden Polizeibeamten kann aber auch als gefährlicher Eingriff in den Straßenverkehr nach § 315b StGB strafbar sein, wenn es konkret in verkehrsfeindlicher Absicht geschieht, um das Anhalten zu verhindern (BGH NZV 2016, 345).

2.2.2 Warnung vor Verkehrskontrollen

Die **Warnung** anderer Kraftfahrer vor **Verkehrskontrollen** ist nach § 1 Abs. 2 dann unzulässig, wenn es dabei zu Gefährdungen oder Behinderungen kommt, z. B. abruptes Bremsen, Spurwechsel oder Ausweichen ohne Rücksicht auf den Verkehrsfluss (OLG Stuttgart VerkMitt 1997 Nr. 50); s. a. Erl. 2.4 zu § 23.

2.3 Verkehrshelfer und Einweiser

Verkehrshelfer (z. B. Eltern- oder Schülerlotsen – Z. 356 in Anl. 3 lfd. Nr. 26) erteilen weder Zeichen noch Weisungen, sondern machen warnend auf Gefahren aufmerksam (OLG Düsseldorf VerkMitt 1969 Nr. 29), ebenso Einweiser bei Rangiermanövern. Winken Bauarbeiter an einer Straßenbaustelle den Verkehr ein, werden Verkehrszeichen nicht unwirksam (OLG Hamm VRS 41, 148). Wer solche Warnzeichen missachtet, kann gegen § 1 Abs. 2 verstoßen, wenn es dadurch zu konkreten Behinderungen oder Gefährdungen kommt.

3 Hinweise

3.1 **Sonderrechte** der Bundes- und Länderpolizei: § 35; Wegerechte: § 38; Verfahren bei „Protokollfahrten“ für polizeiliche Eskorten: VkBl. 1973, 292 und 501.

3.2 Verbot von **Radarwarngeräten**: § 23 Abs. 1b.

3.3 Zeichen von **Bahnbediensteten** an Bahnübergängen: § 19 Abs. 5.

3.4 Verpflichtung zur Angabe der **Personalien** bei Verkehrskontrollen: § 111 OWiG; Identitätsfeststellung bei Straftatverdacht: §§ 163, 163b StPO.

3.5 Das unberechtigte Auftreten als polizeilicher Funktionsträger ist strafbare Amtsanmaßung nach § 132 StGB. Dabei genügt es, dass konkludent auf die Eigenschaft als Funktionsträger hingewiesen wird (BGH NJW 2016, 3111).

§ 37 Wechsellichtzeichen, Dauerlichtzeichen und Grünpfeil

(1) Lichtzeichen gehen Vorrangregeln und Vorrang regelnden Verkehrszeichen vor. Wer ein Fahrzeug führt, darf bis zu 10 m vor einem Lichtzeichen nicht halten, wenn es dadurch verdeckt wird.

(2) Wechsellichtzeichen haben die Farbfolge Grün – Gelb – Rot – Rot und Gelb (gleichzeitig) – Grün. Rot ist oben, Gelb in der Mitte und Grün unten.

1. An Kreuzungen bedeuten:
   Grün: „Der Verkehr ist freigegeben".
   Er kann nach den Regeln des § 9 abbiegen, nach links jedoch nur, wenn er Schienenfahrzeuge dadurch nicht behindert.
   Grüner Pfeil: „Nur in Richtung des Pfeils ist der Verkehr freigegeben".
   Ein grüner Pfeil links hinter der Kreuzung zeigt an, dass der Gegenverkehr durch Rotlicht angehalten ist und dass, wer links abbiegt, die Kreuzung in Richtung des grünen Pfeils ungehindert befahren und räumen kann.
   Gelb ordnet an: „Vor der Kreuzung auf das nächste Zeichen warten".
   Keines dieser Zeichen entbindet von der Sorgfaltspflicht.
   Rot ordnet an: „Halt vor der Kreuzung".
   Nach dem Anhalten ist das Abbiegen nach rechts auch bei Rot erlaubt, wenn rechts neben dem Lichtzeichen Rot ein Schild mit grünem Pfeil auf schwarzem Grund (Grünpfeil) angebracht ist. Durch das Zeichen

   wird der Grünpfeil auf den Radverkehr beschränkt.
   Wer ein Fahrzeug führt, darf nur aus dem rechten Fahrstreifen abbiegen. Soweit der Radverkehr die Lichtzeichen für den Fahrverkehr zu beachten hat, dürfen Rad Fahrende auch aus einem am rechten Fahrbahnrand befindlichen Radfahrstreifen oder aus straßenbegleitenden, nicht abgesetzten, baulich angelegten Radwegen abbiegen.[1] Dabei muss man sich so verhalten, dass eine Behinderung oder Gefährdung anderer Verkehrsteilnehmer, insbesondere des Fußgänger- und Fahrzeugverkehrs der freigegebenen Verkehrsrichtung, ausgeschlossen ist.
   Schwarzer Pfeil auf Rot ordnet das Halten, schwarzer Pfeil auf Gelb das Warten nur für die angegebene Richtung an.

1 § 37 Abs. 2 Nr. 1 Satz 9 und 11 eingefügt durch Art. 1 der 54. StrVRÄndV vom 20.4.2020 (BGBl. I S. 814).

Ein einfeldiger Signalgeber mit Grünpfeil zeigt an, dass bei Rot für die Geradeaus-Richtung nach rechts abgebogen werden darf.

2. **An anderen Straßenstellen, wie an Einmündungen und an Markierungen für den Fußgängerverkehr, haben die Lichtzeichen entsprechende Bedeutung.**
3. **Lichtzeichenanlagen können auf die Farbfolge Gelb – Rot beschränkt sein.**
4. **Für jeden von mehreren markierten Fahrstreifen (Zeichen 295, 296 oder 340) kann ein eigenes Lichtzeichen gegeben werden. Für Schienenbahnen können besondere Zeichen, auch in abweichenden Phasen, gegeben werden; das gilt auch für Omnibusse des Linienverkehrs und nach dem Personenbeförderungsrecht mit dem Schulbus-Zeichen zu kennzeichnende Fahrzeuge des Schüler- und Behindertenverkehrs, wenn diese einen vom übrigen Verkehr freigehaltenen Verkehrsraum benutzen; dies gilt zudem für Krankenfahrzeuge, Fahrräder, Taxen und Busse im Gelegenheitsverkehr, soweit diese durch Zusatzzeichen dort ebenfalls zugelassen sind.**
5. **Gelten die Lichtzeichen nur für zu Fuß Gehende oder nur für Rad Fahrende, wird das durch das Sinnbild „Fußgänger" oder „Radverkehr" angezeigt. Für zu Fuß Gehende ist die Farbfolge Grün – Rot – Grün; für Rad Fahrende kann sie so sein. Wechselt Grün auf Rot, während zu Fuß Gehende die Fahrbahn überschreiten, haben sie ihren Weg zügig fortzusetzen.**
6. **Wer ein Rad fährt, hat die Lichtzeichen für den Fahrverkehr zu beachten. Davon abweichend sind auf Radverkehrsführungen die besonderen Lichtzeichen für den Radverkehr zu beachten. An Lichtzeichenanlagen mit Radverkehrsführungen ohne besondere Lichtzeichen für Rad Fahrende müssen Rad Fahrende bis zum 31. Dezember 2016 weiterhin die Lichtzeichen für zu Fuß Gehende beachten, soweit eine Radfahrerfurt an eine Fußgängerfurt grenzt.**

(3) Dauerlichtzeichen über einem Fahrstreifen sperren ihn oder geben ihn zum Befahren frei.

Rote gekreuzte Schrägbalken ordnen an:
„Der Fahrstreifen darf nicht benutzt werden".
Ein grüner, nach unten gerichteter Pfeil bedeutet:
„Der Verkehr auf dem Fahrstreifen ist freigegeben".
Ein gelb blinkender, schräg nach unten gerichteter Pfeil ordnet an:
„Fahrstreifen in Pfeilrichtung wechseln".

(4) Wo Lichtzeichen den Verkehr regeln, darf nebeneinander gefahren werden, auch wenn die Verkehrsdichte das nicht rechtfertigt.

(5) Wer ein Fahrzeug führt, darf auf Fahrstreifen mit Dauerlichtzeichen nicht halten.

VwV-StVO zu § 37 Wechsellichtzeichen, Dauerlichtzeichen und Grünpfeil

1 Die Gleichungen der Farbgrenzlinien in der Farbtafel nach DIN 6163 Blatt 5 sind einzuhalten.

Zu Absatz 1

2 So bleiben z. B. die Z. 209 ff. „Vorgeschriebene Fahrtrichtung" neben Lichtzeichen gültig, ebenso die die Benutzung von Fahrstreifen regelnden Längsmarkierungen (Z. 295, 296, 297, 340).

Zu Absatz 2

3 I. Die Regelung des Verkehrs durch Lichtzeichen setzt eine genaue Prüfung der örtlichen Gegebenheiten baulicher und verkehrlicher Art voraus und trägt auch nur dann zu einer Verbesserung des Verkehrsablaufs bei, wenn die Regelung unter Berücksichtigung der Einflüsse und Auswirkungen im Gesamtstraßennetz sachgerecht geplant wird. Die danach erforderlichen Untersuchungen müssen von Sachverständigen durchgeführt werden.

4 II. Wechsellichtzeichen dürfen nicht blinken, auch nicht vor Farbwechsel.

5 III. Die Lichtzeichen sind rund, soweit sie nicht Pfeile oder Sinnbilder darstellen. Die Unterkante der Lichtzeichen soll in der Regel 2,10 m und, wenn die Lichtzeichen über der Fahrbahn angebracht sind, 4,50 m vom Boden entfernt sein.

6 IV. Die Haltlinie (Z. 294) sollte nur so weit vor der Lichtzeichenanlage angebracht werden, dass die Lichtzeichen aus einem vor ihr wartenden Personenkraftwagen noch ohne Schwierigkeit beobachtet werden können (vgl. aber Nr. III 3 zu § 25; Rn. 5). Befindet sich z. B. die Unterkante des grünen Lichtzeichens 2,10 m über einem Gehweg, so sollte der Abstand zur Haltlinie 3,50 m betragen, jedenfalls über 2,50 m. Sind die Lichtzeichen wesentlich höher angebracht oder muss die Haltlinie in geringerem Abstand markiert werden, so empfiehlt es sich, die Lichtzeichen verkleinert weiter unten am gleichen Pfosten zu wiederholen.

Zu den Nummern 1 und 2

7 I. An Kreuzungen und Einmündungen sind Lichtzeichenanlagen für den Fahrverkehr erforderlich,

1. wo es wegen fehlender Übersicht immer wieder zu Unfällen kommt und es nicht möglich ist, die Sichtverhältnisse zu verbessern oder den kreuzenden oder einmündenden Verkehr zu verbieten,

8 2. wo immer wieder die Vorfahrt verletzt wird, ohne dass dies mit schlechter Erkennbarkeit der Kreuzung oder mangelnder Verständlichkeit der Vorfahrtregelung zusammenhängt, was jeweils durch Unfalluntersuchungen zu klären ist,

9 3. wo auf einer der Straßen, sei es auch nur während der Spitzenstunden, der Verkehr so stark ist, dass sich in den wartepflichtigen Kreuzungszufahrten ein großer Rückstau bildet oder einzelne Wartepflichtige unzumutbar lange warten müssen.

10 II. Auf Straßenabschnitten, die mit mehr als 70 km/h befahren werden dürfen, sollen Lichtzeichenanlagen nicht eingerichtet werden; sonst ist die Geschwindigkeit durch Z. 274 in ausreichender Entfernung zu beschränken.

11 III. Bei Lichtzeichen, vor allem auf Straßen, die mit mehr als 50 km/h befahren werden dürfen, soll geprüft werden, ob es erforderlich ist, durch geeignete Maßnahmen (z. B. Blenden hinter den Lichtzeichen, übergroße oder wiederholte Lichtzeichen, entsprechende Gestaltung der Optik) dafür zu sorgen, dass sie auf ausreichende Entfernung erkennbar sind. Ferner ist die Wiederholung von Lichtzeichen links von der Fahrbahn, auf Inseln oder über der Straße zu erwägen, weil nur rechts stehende Lichtzeichen durch voranfahrende größere Fahrzeuge verdeckt werden können.

12 IV. Sind im Zuge einer Straße mehrere Lichtzeichenanlagen eingerichtet, so empfiehlt es sich in der Regel, sie aufeinander abzustimmen (z. B. auf eine Grüne Welle). Jedenfalls sollte dafür gesorgt werden, dass bei dicht benachbarten Kreuzungen der Verkehr, der eine Kreuzung noch bei „Grün" durchfahren konnte, auch an der nächsten Kreuzung „Grün" vorfindet.

13 V. Häufig kann es sich empfehlen, Lichtzeichenanlagen verkehrsabhängig so zu schalten, dass die Stärke des Verkehrs die Länge der jeweiligen Grünphase bestimmt. An Kreuzungen und Einmündungen, an denen der Querverkehr schwach ist, kann sogar erwogen werden, der Hauptrichtung ständig Grün zu geben, das von Fahrzeugen und Fußgängern aus der Querrichtung erforderlichenfalls unterbrochen werden kann.

14 VI. Lichtzeichenanlagen sollten in der Regel auch nachts in Betrieb gehalten werden; ist die Verkehrsbelastung nachts schwächer, so empfiehlt es sich, für diese Zeit ein besonderes Lichtzeichenprogramm zu wählen, das alle Verkehrsteilnehmer möglichst nur kurz warten lässt. Nächtliches Ausschalten ist nur dann zu verantworten, wenn eingehend geprüft ist, dass auch ohne Lichtzeichen ein sicherer Verkehr möglich ist. Solange die Lichtzeichenanlagen, die nicht nur ausnahmsweise in Betrieb sind, nachts abgeschaltet sind, soll in den wartepflichtigen Kreuzungszufahrten gelbes Blinklicht gegeben werden. Darüber hinaus kann es sich empfehlen, negative Vorfahrtzeichen (Z. 205 und 206) von innen zu beleuchten. Solange Lichtzeichen gegeben werden, dürfen diese Vorfahrtzeichen dagegen nicht beleuchtet sein.

15 VII. Bei der Errichtung von Lichtzeichenanlagen an bestehenden Kreuzungen und Einmündungen muss immer geprüft werden, ob neue Markierungen (z. B. Abbiegestreifen) anzubringen sind oder alte Markierungen (z. B. Fußgängerüberwege) verlegt oder aufgehoben werden müssen, ob Verkehrseinrichtungen (z. B. Geländer für Fußgänger) anzubringen oder ob bei der Straßenbaubehörde anzuregende bauliche Maßnahmen (Verbreiterung der Straßen zur Schaffung von Stauraum) erforderlich sind.

16 VIII. Die Schaltung von Lichtzeichenanlagen bedarf stets gründlicher Prüfung. Dabei ist auch besonders auf die sichere Führung der Abbieger zu achten.

17 IX. Besonders sorgfältig sind die Zeiten zu bestimmen, die zwischen dem Ende der Grünphase für die eine Verkehrsrichtung und dem Beginn der Grünphase für die andere (kreuzende) Verkehrsrichtung liegen. Die Zeiten für Gelb und Rot-Gelb sind unabhängig von dieser Zwischenzeit festzulegen. Die Übergangszeit Rot und Gelb (gleichzeitig) soll für Kraftfahrzeugströme eine Sekunde dauern, darf aber nicht länger als zwei Sekunden sein. Die Übergangszeit Gelb richtet sich bei Kraftfahrzeugströmen nach der zulässigen Höchstgeschwindigkeit in der Zufahrt. In der Regel beträgt die Gelbzeit 3 s bei zul. V = 50 km/h, 4 s bei zul. V = 60 km/h und 5 s bei zul. V = 70 km/h. Bei Lichtzeichenanlagen, die im Rahmen einer Zuflussregelungsanlage aufgestellt werden, sind abweichend hiervon für Rot mindestens 2 s und für die Übergangssignale Rot und Gelb (gleichzeitig) bzw. Gelb mindestens 1 s zu wählen. Bei verkehrsabhängigen Lichtzeichenanlagen ist beim Rücksprung in die gleiche Phase eine Alles-Rot-Zeit von mindestens 1 s einzuhalten, ebenso bei Fußgänger-Lichtzeichenanlagen mit der Grundstellung Dunkel für den Fahrzeugverkehr. Bei Fußgänger-Lichtzeichenanlagen soll bei Ausführung eines Rücksprungs in die gleiche Fahrzeugphase die Mindestsperrzeit für den Fahrzeugverkehr 4 s betragen.

X. Pfeile in Lichtzeichen

18 1. Solange ein grüner Pfeil gezeigt wird, darf kein anderer Verkehrsstrom Grün haben, der den durch den Pfeil gelenkten kreuzt; auch darf Fußgängern, die in der Nähe den gelenkten Verkehrsstrom kreuzen, nicht durch Markierung eines Fußgängerüberwegs Vorrang gegeben werden. Schwarze Pfeile auf Grün dürfen nicht verwendet werden.

19 2. Wenn in einem von drei Leuchtfeldern ein Pfeil erscheint, müssen auch in den anderen Feldern Pfeile gezeigt werden, die in die gleiche Richtung weisen. Vgl. Nr. X 6.

20 3. Darf aus einer Kreuzungszufahrt, die durch ein Lichtzeichen geregelt ist, nicht in allen Richtungen weitergefahren werden, so ist die Fahrtrichtung durch die Z. 209 bis 214 vorzuschreiben. Vgl. dazu Nr. III zu den Zeichen 209 bis 214 (Rn. 3). Dort, wo Missverständnisse sich auf andere Weise nicht beheben lassen, kann es sich empfehlen, zusätzlich durch Pfeile in den Lichtzeichen die vorgeschriebene Fahrtrichtung zum Ausdruck zu bringen; dabei sind schwarze Pfeile auf Rot und Gelb zu verwenden.

21 4. Pfeile in Lichtzeichen dürfen nicht in Richtungen weisen, die durch die Z. 209 bis 214 verboten sind.

22 5. Werden nicht alle Fahrstreifen einer Kreuzungszufahrt zur gleichen Zeit durch Lichtzeichen freigegeben, so kann auf Pfeile in den Lichtzeichen dann verzichtet werden, wenn die in die verschiedenen Richtungen weiterführenden Fahrstreifen baulich so getrennt sind, dass zweifelsfrei erkennbar ist, für welche Richtung die verschiedenen Lichtzeichen gelten. Sonst ist die Richtung, für die die Lichtzeichen gelten, durch Pfeile in den Lichtzeichen zum Ausdruck zu bringen.

23 Hierbei sind Pfeile in allen Lichtzeichen nicht immer erforderlich. Hat z. B. eine Kreuzungszufahrt mit Abbiegestreifen ohne bauliche Trennung ein besonderes Lichtzeichen für den Abbiegeverkehr, so genügen in der Regel Pfeile in diesen Lichtzeichen. Für den anderen Verkehr sollten Lichtzeichen ohne Pfeile gezeigt werden. Werden kombinierte Pfeile in solchen Lichtzeichen verwendet, dann darf in keinem Fall gleichzeitig der zur Hauptrichtung parallel gehende Fußgängerverkehr freigegeben werden (vgl. Nr. XI; Rn. 27 ff.).

24 6. Wo für verschiedene Fahrstreifen besondere Lichtzeichen gegeben werden sollen, ist die Anbringung der Lichtzeichen besonders sorgfältig zu prüfen (z. B. Lichtzeichenbrücken, Peitschenmasten, Wiederholung am linken Fahrbahnrand). Wo der links abbiegende Verkehr vom übrigen Verkehr getrennt geregelt ist, sollte das Lichtzeichen für den Linksabbieger nach Möglichkeit zusätzlich über der Fahrbahn angebracht werden; eine Anbringung allein links ist in der Regel nur bei Fahrbahnen für eine Richtung möglich, wenn es für Linksabbieger lediglich einen Fahrstreifen gibt.

25 7. Wo der Gegenverkehr durch Rotlicht aufgehalten wird, um Linksabbiegern, die sich bereits auf der Kreuzung oder Einmündung befinden, die Räumung zu ermöglichen, kann das diesen durch einen nach links gerichteten grünen Pfeil, der links hinter der Kreuzung angebracht ist, angezeigt werden. Gelbes Licht darf zu diesem Zweck nicht verwendet werden.

26 8. Eine getrennte Regelung des abbiegenden Verkehrs setzt in der Regel voraus, dass für ihn auf der Fahrbahn ein besonderer Fahrstreifen mit Richtungspfeilen markiert ist (Z. 297).

XI. Grünpfeil

27 1. Der Einsatz des Schildes mit grünem Pfeil auf schwarzem Grund (Grünpfeil) kommt nur in Betracht, wenn der Rechtsabbieger Fußgänger- und Fahrzeugverkehr der freigegebenen Verkehrsrichtungen ausreichend einsehen kann, um die ihm auferlegten Sorgfaltspflichten zu erfüllen. Es darf nicht verwendet werden, wenn

28 a) dem entgegenkommenden Verkehr ein konfliktfreies Abbiegen nach links signalisiert wird,

29 b) für den entgegenkommenden Linksabbieger der grüne Pfeil gemäß § 37 Abs. 2 Nr. 1 Satz 4 verwendet wird,

30 c) Pfeile in den für den Rechtsabbieger gültigen Lichtzeichen die Fahrtrichtung vorschreiben,

31 d) beim Rechtsabbiegen Gleise von Schienenfahrzeugen gekreuzt oder befahren werden müssen,

32 e) der freigegebene Fahrradverkehr auf dem zu kreuzenden Radweg für beide Richtungen zugelassen ist oder der Fahrradverkehr trotz Verbotes in der Gegenrichtung in erheblichem Umfang stattfindet und durch geeignete Maßnahmen nicht ausreichend eingeschränkt werden kann,

33 f) für das Rechtsabbiegen mehrere markierte Fahrstreifen zur Verfügung stehen oder

34 g) die Lichtzeichenanlage überwiegend der Schulwegsicherung dient.

35 2. An Kreuzungen und Einmündungen, die häufig von seh- oder gehbehinderten Personen überquert werden, soll die Grünpfeil-Regelung nicht angewandt werden. Ist sie ausnahmsweise an Kreuzungen oder Einmündungen erforderlich, die häufig von Blinden oder Sehbehinderten überquert werden, so sind Licht-

zeichenanlagen dort mit akustischen oder anderen geeigneten Zusatzeinrichtungen auszustatten.

36 3. Für Knotenpunktzufahrten mit Grünpfeil ist das Unfallgeschehen regelmäßig mindestens anhand von Unfallsteckkarten auszuwerten. Im Falle einer Häufung von Unfällen, bei denen der Grünpfeil ein unfallbegünstigender Faktor war, ist der Grünpfeil zu entfernen, soweit nicht verkehrstechnische Verbesserungen möglich sind. Eine Unfallhäufung liegt in der Regel vor, wenn in einem Zeitraum von drei Jahren zwei oder mehr Unfälle mit Personenschaden, drei Unfälle mit schwerwiegendem oder fünf Unfälle mit geringfügigem Verkehrsverstoß geschehen sind.

37 4. Der auf schwarzem Grund ausgeführte grüne Pfeil darf nicht leuchten, nicht beleuchtet sein und nicht retroreflektieren. Das Schild hat eine Breite von 250 mm und eine Höhe von 250 mm.

Zu Nummer 2

38 Vgl. für verengte Fahrbahn Nr. II zu Z. 208 (Rn. 2); bei Festlegung der Phasen ist sicherzustellen, dass auch langsamer Fahrverkehr das Ende der Engstelle erreicht hat, bevor der Gegenverkehr freigegeben wird.

Zu Nummer 3

39 Die Farbfolge Gelb-Rot darf lediglich dort verwendet werden, wo Lichtzeichenanlagen nur in größeren zeitlichen Abständen in Betrieb gesetzt werden müssen, z. B. an Bahnübergängen, an Ausfahrten aus Feuerwehr- und Straßenbahnhallen und Kasernen. Diese Farbfolge empfiehlt sich häufig auch an Wendeschleifen von Straßenbahnen und Oberleitungsomnibussen. Auch an Haltebuchten von Oberleitungsomnibussen und anderen Linienomnibussen ist ihre Anbringung zu erwägen, wenn auf der Straße starker Verkehr herrscht. Sie oder Lichtzeichenanlagen mit drei Farben sollten in der Regel da nicht fehlen, wo Straßenbahnen in eine andere Straße abbiegen.

Zu Nummer 4

40 I. Vgl. Nr. X 6 bis 8 zu den Nrn. 1 und 2; Rn. 24 bis 26.

41 II. Besondere Zeichen sind die in der Anlage 4 der Straßenbahn-Bau- und Betriebsordnung aufgeführten. Zur Markierung vorbehaltener Fahrstreifen vgl. zu Z. 245.

Zu Nummer 5

42 I. Im Lichtzeichen für Fußgänger muss das rote Sinnbild einen stehenden, das grüne einen schreitenden Fußgänger zeigen.

43 II. Lichtzeichen für Radfahrer sollten in der Regel das Sinnbild eines Fahrrades zeigen. Besondere Lichtzeichen für Radfahrer, die vor der kreuzenden Straße angebracht werden, sollten in der Regel auch Gelb sowie Rot und Gelb (gleichzeitig) zeigen. Sind solche Lichtzeichen für einen abbiegenden Radfahrverkehr bestimmt, kann entweder in den Lichtzeichen zusätzlich zu dem farbigen Sinnbild des Fahrrades ein farbiger Pfeil oder über den Lichtzeichen das leuchtende Sinnbild eines Fahrrades und in den Lichtzeichen ein farbiger Pfeil gezeigt werden.

Zu Nummer 6

44 Zur gemeinsamen Signalisierung des Fußgänger- und Radverkehrs gilt Folgendes: In den roten und grünen Lichtzeichen der Fußgängerlichtzeichenanlage werden jeweils die Sinnbilder für Fußgänger und Radfahrer gemeinsam gezeigt oder neben dem Lichtzeichen für Fußgänger wird ein zweifarbiges Lichtzeichen für Radfahrer angebracht; beide Lichtzeichen müssen jeweils dieselbe Farbe zeigen. Vgl. im Übrigen zur Signalisierung für den Radverkehr die Richtlinien für Lichtsignalanlagen (RiLSA).

Zu Absatz 3

45 I. Dauerlichtzeichen dürfen nur über markierten Fahrstreifen (Z. 295, 296, 340) gezeigt werden. Ist durch Z. 223.1 das Befahren eines Seitenstreifens angeordnet, können Dauerlichtzeichen diese Anordnung und die Anordnungen durch Z. 223.2 und 223.3 unterstützen, aber nicht ersetzen (vgl. Nr. V zu den Zeichen 223.1 bis 223.3; Rn. 5).

46 II. Die Unterkante der Lichtzeichen soll in der Regel 4,50 m vom Boden entfernt sein.

47 III. Die Lichtzeichen sind an jeder Kreuzung und Einmündung und erforderlichenfalls auch sonst in angemessenen Abständen zu wiederholen.

IV. Umkehrstreifen im Besonderen

48 Wird ein Fahrstreifen wechselweise dem Verkehr der einen oder der anderen Fahrtrichtung zugewiesen, müssen die Dauerlichtzeichen für beide Fahrtrichtungen über allen Fahrstreifen gezeigt werden. Bevor die Fahrstreifenzuweisung umgestellt wird, muss für eine zur Räumung des Fahrstreifens ausreichende Zeit das Zeichen gekreuzte rote Balken für beide Richtungen gezeigt werden.

1 Aus der amtlichen Begründung

1.1 Klarstellung der zu beachtenden Signale bei Radverkehrsanlagen (Begr. 2012).

1.2 Die Regelung des Grünpfeilschildes wird auf den Radverkehr ausgedehnt (Begr. 2020).

2 Erläuterungen

2.1 Lichtsignale

Die von der Straßenverkehrsbehörde angeordneten Signalzeitenpläne bestimmen die Dauer der von den Verkehrsteilnehmern zu beachtenden Ver- und Gebote.[2] Ist die Lichtzeichenanlage in Betrieb, werden den Lichtsignalen entgegenstehende vorrangregelnde Verkehrszeichen (Z. 205, 206, 301, 306, 208, 308), einschließlich Fahrbahnmarkierungen (z. B. Halt- oder Wartelinie bei Grün), und Vorrangregeln, nicht aber Abbiegeverbote aufgehoben (§ 37 Abs. 1 Satz 1). Zeichen und Weisungen von Polizeibeamten gehen aber Lichtzeichen vor (§ 38 Abs. 1). Sind die Signale infolge Blendung durch tief stehende Sonne oder Einstrahlung auf die Streuscheiben schwer erkennbar, muss besonders vorsichtig gefahren werden; im Zweifel ist anzuhalten (OLG Karlsruhe DAR 1997, 29; OLG Hamm NZV 1999, 302 = DAR 1999, 326 = VRS 97, 197).

Problematisch ist die Ausführung der Lichtsignale, abweichend von den RiLSA bzw. Sinnbildern nach § 39 Abs. 7 (schreitender Fußgänger), durch sog. **Ampelmännchen** oder Ampelfrauen. Das Land Berlin hatte schon in den 90er Jahren das „DDR-Ampelmännchen" übernommen, später kamen die „Mainzelmännchen-Ampel", „Kasperl-Ampel", „Äffle-und-Pferdle-Ampel", „Elvis-Ampel" in Friedberg, „Karl-Marx-Ampel" in Trier, „Bergwerkskumpel-Ampel" in Duisburg oder „Ampel mit schwul-lesbischen Pärchen" in Frankfurt/M. hinzu. Brandenburg denkt über ein „Fontane-

2 Sie (und nicht die Lichtzeichenanlage als solche) sind Verwaltungsakte in der Gestalt von Allgemeinverfügungen.

Männchen" nach, usw. Durch die Verfremdung der Lichtsignale mit beliebigen Phantasie-Sinnbildern leidet die Einheitlichkeit und Verständlichkeit der Symbolik und damit die Verkehrssicherheit. Die Verkehrsbehörden sollten deshalb wieder zu dem einheitlichen Symbol des neutral schreitenden bzw. stehenden Fußgängers i. S. d. §§ 37 und 39 Abs. 7 zurückkehren.

2.1.1 Störungen an Lichtzeichenanlagen (LZA)

Die Lichtzeichenregelung befreit nicht von der allgemeinen Sorgfaltspflicht (§§ 1, 11). Es braucht nicht damit gerechnet zu werden, dass einzelne Lichtzeichen ausfallen, ohne dass ihr Versagen zum Abschalten der ganzen Anlage oder gelbem Blinklicht führt (KG VerkMitt 1977 Nr. 65; Rösrath DAR 2015, 727: Störung bei Tempoanzeige einer Wechselverkehrszeichenanlage). Der Wechsel der Lichtzeichen ist so abzustimmen, dass Verkehrsgefahren vermieden werden (BGH VRS 27, 350). **Dauerrot** an einer Kreuzung wegen Ampeldefekts bedeutet kein Dauerwartegebot; im Regelfall ist fünf Minuten zu warten, ehe mit äußerster Vorsicht in den Knotenpunkt eingefahren werden kann (OLG Köln VerkMitt 1980 Nr. 123 = VRS 59, 454).

Fehlerhafte Signalschaltungen können Amtshaftungsansprüche nach § 839 BGB i. V. m. Art. 34 GG begründen, z. B. Grün für alle Seiten = „feindliches Grün" (BGH VRS 73, 271; OLG Hamm NZV 2003, 577 = VRS 105, 334: fehlende Dokumentation des Ist-Zustandes der Hard- und Software mit dem Soll-Zustand; OLG Karlsruhe VRS 125, 206 = NZV 2014, 266: bei Unfallschaden infolge fehlerhafter Signalschaltung Haftung des Baulastträgers nach den Grundsätzen des enteignungsgleichen Eingriffs mit angemessener Entschädigung; LG Essen VRS 76, 21). Für Fehler infolge unzureichender Wartung der Signalanlagen und somit für die Verletzung der Verkehrssicherungspflicht nach § 823 BGB haftet der Baulastträger.

2.1.2 Nachtabschaltung von Lichtzeichenanlagen

Nachts in Betrieb gehaltene LZA wirken temporeduzierend. Bei der Abschaltung muss deshalb im Einzelfall geprüft werden, ob sich dadurch das Unfallrisiko erhöht (Rn. 14 VwV-StVO zu § 37, RiLSA Ziff. 1.4). Offensichtlich entwickelt geringe Verkehrsdichte nachts magische Anziehungskräfte auf das Gaspedal, so dass Kraftfahrer fast immer bei Rot landen. Anfahrgeräusche haben für Bewohner höhere Lärmimmissionen zur Folge. Um dies zu vermeiden, hätte die durch Nachtabschaltung bedingte „Freischaltung von Strecken" den Effekt noch höherer Geschwindigkeiten und damit eines Anstiegs der Lärmpegel durch Reifengeräusche. Ein 1983 durchgeführter Großversuch in Duisburg ergab keine Vorteile einer ausgedehnten Nachtabschaltung.[3] Die Ergebnisse sind auch heute noch aktuell,

---

3 HUK Verband Köln, Nr. 4 „Betrieb von Lichtsignalanlagen bei Nacht, Empfehlungen", Mai 1983 (Pfundt, Mewis, Maier). Von 421 Anlagen wurden in Duisburg für ein Jahr 153 mit folgenden Ergebnissen abgeschaltet:

- **Lärm**: Die Belastung an Knotenpunkten mit Dauerbetrieb ist gegenüber nachts abgeschalteten Anlagen nicht signifikant höher und liegt meist unterhalb der Hörschwelle von 3 dB/A; bei Langzeitmessungen an einigen Anlagen sogar höher als bei Dauerbetrieb.
- **Kraftstoffverbrauch**: Verbrauchsmessungen ergaben keine signifikanten Einsparungen (3 000 km Fahrstrecke und 7 000 Knotenpunktüberfahrten bei Nachtabschaltung).

wenn sich auch einzelne Parameter verändert haben. Häufige im politischen Raum pauschal erhobene Forderungen nach einer Nachtabschaltung sind jedenfalls im Interesse der Verkehrssicherheit ebenso wenig zu rechtfertigen wie eine Orientierung an der Breite der „Blutspur" auf den Straßen. Es würde darauf hinauslaufen, dass diejenigen, die mit Ellenbogen und Bleifuß fahren und sich nur noch durch Signalrot aufhalten lassen, für ihr Tempoverhalten „belohnt" werden und auf freier Strecke das nächtliche Geschwindigkeitsniveau innerorts auf 80 km/h und mehr „hochjubeln". Dies kann aber nicht Gegenstand einer ernsthaften, der Sicherheit und Umwelt verpflichteten Verkehrspolitik sein. Infolgedessen muss vor einer Nachtabschaltung eine Einzelfallprüfung der jeweils in Betracht kommenden Anlagen durchgeführt werden. Werden LZA nachts oder zu bestimmten Zeiten außer Betrieb gesetzt, kann dies, muss aber nicht, durch gelbes Blinklicht angezeigt werden (LG Braunschweig NZV 2001, 262).

2.1.3 Geschwindigkeit vor Lichtzeichenanlagen

Im Großstadtverkehr darf die Geschwindigkeit bei Annäherung an eine Ampelanlage nur so hoch sein, dass der Anhalteweg der Strecke entspricht, die das Fahrzeug in drei Sekunden (Dauer der Gelbphase) zurücklegt (KG VerkMitt 1981 Nr. 48). Bei Tempo 50 fährt das KFZ 13,9 m/s. Wird das KFZ mit einer Bremsverzögerung von 7 m/s² abgebremst, kommt das Fahrzeug unter Berücksichtigung der Reaktionszeit von 0,8 s nach rd. 3 s zum Stehen. Fahrzeuge mit geringerer Bremsverzögerung oder längerem Bremsweg müssen deshalb bei Annäherung an die Lichtzeichenanlage das Tempo schon bei Grün herabsetzen, um noch innerhalb der Gelbphase anhalten zu können (OLG Oldenburg VRS 114, 471: Gefahrguttransport; OLG Düsseldorf VRS 65, 62). Wer mit einer Gefahrbremsung auf das erste Aufleuchten von Gelb reagiert, um einen Auffahrunfall zu provozieren, macht sich nach § 315b Abs. 1 Nr. 2 und 3 StGB strafbar (BGH NZV 1992, 157; BGH DAR 1999, 511).

2.2 Grünlicht

Grün bedeutet, dass der Verkehr vor jedem Seitenverkehr abgeschirmt und in der geregelten Richtung freigegeben ist (OLG Düsseldorf NZV 1993, 243). Bei Grün darf, muss aber nicht zwingend gefahren oder gegan-

---

3 *(Fortsetzung)*

- **Stromeinsparung**: Bezogen auf 153 Knotenpunkte wurde bei Nachtabschaltung eine Energieeinsparung von 249 400 kWh Strom erzielt (Kostenminimierung zwischen 150 bis 700 DM/Jahr/Anlage).
- **Fahrtzeiteinsparung**: Bei Abschaltung der Hälfte aller Anlagen ergaben sich nur minimale Fahrtzeitverkürzungen (max. 3,5 s/km); d. h. bei 15 km Stadtfahrt = 53 Sekunden. Verkehrsverlagerungen konnten nicht festgestellt werden.
- **Unfallgeschehen**: Gegenüber dem Dauerbetrieb ergab die Nachtabschaltung zunehmend riskanteres Fahren mit höheren Geschwindigkeiten und Anstieg der Unfallzahlen um das Zwei- bis Vierfache mit deutlich höherer Unfallschwere (nächtliche Unfallrate bei 153 Anlagen im Dauerbetrieb = 11 Unfälle/Jahr, bei 153 abgeschalteten Anlagen = 46 Unfälle/Jahr!). Die volkswirtschaftlichen Schäden stiegen infolge höherer Unfallschwere um das Sechsfache (Kostenbasis von 1983: 46 × 52 000 DM = 2,39 Mio. DM/Jahr).
- **Akzeptanz**: Eine Bevölkerungsbefragung ergab zunächst 90 % für die Nachtabschaltung; bei der Fragestellung, ob dies auch bei erhöhtem Unfallrisiko gelte, nur noch 25 %.

gen werden, solange der Verkehrsfluss nicht behindert wird. Grundloses Anhalten oder Nichtweiterfahren bei Grün ist eine vermeidbare Behinderung des nachfolgenden Verkehrs; für Schäden haftet der bei Grün grundlos Anhaltende (KG NZV 2013, 80; OLG Frankfurt/M. NZV 2006, 372; KG VRS 47, 317; KG VRS 106, 354 = NZV 2004, 527; LG Saarbrücken NZV 2016, 223 = VD 2016, 83). Kraftfahrer sind **nicht** von ihrer Sorgfaltspflicht entbunden; sie müssen damit rechnen, dass sich noch Nachzügler in der Kreuzung befinden oder entgegenkommende Verkehrsteilnehmer während der Gelbphase und auch noch zu Beginn der Rotphase in die Kreuzung einfahren (BGH VRS 55, 226; KG VerkMitt 2004 Nr. 41 = VRS 106, 165 = DAR 2004, 711; OLG Hamm NZV 1991, 31). Bei stockendem Verkehr darf trotz Grün niemand in den Knotenpunkt einfahren, wenn dort gewartet werden müsste (§ 11 Abs. 2).

Grün befreit nicht von der Wartepflicht zum Gegenverkehr (KG NZV 2004, 574; OLG Karlsruhe DAR 1974, 223 = VRS 7, 464). Der Linksabbieger darf auch dann bei Grün in die Kreuzung einfahren, wenn dort schon ein anderer Linksabbieger wartet und es wegen der Stärke des Gegenverkehrs ungewiss ist, ob das Linksabbiegen noch vor dem Phasenwechsel möglich ist (BayObLG VerkMitt 1979 Nr. 13 = VRS 56, 126 = DAR 1978, 322). Wer bei Grün in eine Kreuzung einfährt, ist gemäß § 11 Abs. 1 und 3 verpflichtet, Nachzüglern das Verlassen zu ermöglichen (OLG Karlsruhe NZV 2013, 188: Sorgfaltsanforderungen bei Einfahrt in Kreuzung mit Stau). Das gilt auch, wenn die Fahrbahnen der sich kreuzenden Straßen durch Mittelstreifen getrennt sind und Linksabbieger dies ausnutzen (BGH VerkMitt 1977 Nr. 16 = VersR 1977, 154 = VRS 52, 104).

2.3 Umschalten der Lichtzeichenanlagen von Grün auf Gelb

Schaltet die Ampel auf **Gelb**, ist vor der Kreuzung anzuhalten, wenn keine Gefahrbremsung nötig ist; sonst ist weiterzufahren (OLG Frankfurt DAR 1972, 83; OLG Hamm VRS 57, 146). Das Anhaltegebot bei Gelb gilt somit für Fahrer, die mit normaler Bremsverzögerung (4–7 m/s^2) noch vor der Ampel zum Stehen kommen (OLG Jena 2006, 164; BayObLG VerkMitt 1986 Nr. 80). Dabei ist innerorts von der zulässigen Höchstgeschwindigkeit von 50 km/h und einer Gelbphase von drei Sekunden auszugehen (KG VRS 135, 398). Kann der Fahrer nicht vor der Haltlinie, wohl aber noch zwischen der Haltlinie und der Kreuzung anhalten, muss er dies tun, vor allem bei Einfahrt mit „spätem" Gelb, bei Stau in der Kreuzung und Umschalten auf Gelb, selbst wenn die LZA bereits passiert wurde, oder wenn ein Vorsignal bereits Gelb zeigt (OLG Hamm VerkMitt 2016 Nr. 48 = DAR 2016, 653; OLG Hamm NZV 2003, 574). Wer in der ersten Gelbphase in die Kreuzung einfährt, darf darauf vertrauen, dass er bei normaler Geschwindigkeit die Kreuzung geräumt hat, bevor der Querverkehr freie Fahrt bekommt (KG VerkMitt 1975 Nr. 75). Wer „in" der Kreuzung aufgehalten wird, darf auch dann vorsichtig weiterfahren und die Kreuzung räumen, wenn seine Fahrtrichtung inzwischen Rot hat (KG NZV 2004, 574; KG SVR 2004, 148; OLG Köln VRS 36, 72); er muss aber jederzeit reaktionsbereit sein (OLG Köln VRS 54, 101) und als Linksabbieger auch auf Fahrzeuge achten, die bei beginnendem Rot einfahren (OLG Düsseldorf NZV 2003, 379).

Einen Vorrang des **Kreuzungsräumers** gibt es nicht (Kuhnke NZV 2019, 803). Der bei Grün einfahrende Verkehr muss jedoch den noch in der Kreuzung stehenden Fahrzeugen nach §§ 1 Abs. 2, 11 Abs. 3 die Räumung des

Knotenpunktes ermöglichen. Je länger der Kreuzungsräumer im Knotenpunkt verharrt, desto vorsichtiger muss er die Kreuzung verlassen (KG VerkMitt 2009 Nr. 18 = VRS 115, 338). Wer bei Grün einfährt, jedoch vor der eigentlichen Kreuzung verkehrsbedingt warten muss, ist „Nachzügler", dem die Räumung der Kreuzung ermöglicht werden muss (KG NZV 2010, 568; OLG Koblenz VRS 68, 419). Andererseits darf der Nachzügler bei einsetzendem Querverkehr nicht mehr weiterfahren, wenn er sich zwar hinter der auf Rot geschalteten Ampel, aber noch vor den Schnittkanten der Kreuzung befindet (LG Hamburg SVR 2018, 344).

2.4 Grüner diagonaler Räumpfeil

Wird durch einen grünen leuchtenden Räumpfeil links hinter der Kreuzung das Abbiegen gestattet, darf der Fahrer auf die Sperrung des Gegenverkehrs durch Rot vertrauen (BGH NZV 1992, 108 = DAR 1992, 143; VerkMitt 1992 Nr. 27 = VRS 82, 286). Infolgedessen gelten für ihn auch nicht die besonderen Pflichten des Linksabbiegers aus § 9 Abs. 3 (OLG Zweibrücken NZV 2017, 80). Er muss aber nach Aufleuchten des Räumpfeils auf Nachzügler des Gegenverkehrs Rücksicht nehmen (KG VRS 59, 367; OLG Köln VRS 72, 212). Kommt es zum Unfall, spricht der Beweis des ersten Anscheins für ein Verschulden des Gegenverkehrs. Kann nicht geklärt werden, ob der Linksabbieger oder der Gegenverkehr noch bei Grün eingefahren ist, haften beide für den Schaden zur Hälfte (KG VRS 103, 412; KG VerkMitt 1999 Nr. 93; KG VerkMitt 2000 Nr. 2 = NZV 1999, 512 = DAR 1999, 504; BGH NZV 1996, 231).

2.5 Rotlicht

Rot bedeutet striktes Halt „vor" der Kreuzung oder vor der Haltlinie (Z. 294) der durch Rotsignal geschützten Fußgängerfurt. Eine Wartelinie (Z. 341) empfiehlt (nur) ein solches Verhalten. Eine signalisierte Fußgängerfurt (§ 37 Abs. 2 Nr. 2) dient dem Schutz der Fußgänger, nicht dem der kreuzenden oder einbiegenden Fahrzeuge (KG VRS 117, 38 = NZV 2010, 148). Wer bei Rot zum Anhalten bremst, braucht dabei nicht den Abstand des nächsten folgenden Fahrzeugs zu prüfen (BGH NZV 1992, 157: für den Abstand ist der nachfolgende Fahrer allein verantwortlich). Als Reaktions- und Bremsenansprechzeit dürfen 0,8 s angenommen werden (BayObLG VRS 60, 381).

Ein Linksabbieger darf in der Regel darauf vertrauen, dass ein im Gegenverkehr nahender Verkehrsteilnehmer das Rotlicht beachtet (BGH DAR 1982, 226 = VersR 1982, 701).

Die Annahme eines **Rotlichtverstoßes** setzt voraus, dass der Betroffene bereits „in" den geschützten Kreuzungs- oder Einmündungsbereich eingefahren ist.[4] Hierzu gehören auch signalgeregelte Fußgängerfurten, wenn Fußgänger dort Rot haben (AG Celle VerkMitt 2006 Nr. 40; BayObLG VerkMitt 1984 Nr. 100 = DAR 1984, 327). Das Überfahren der Haltlinie ohne Fußgängerfurt, aber Anhalten noch vor den Schnittkanten der Kreuzung ist zwar ein Verstoß gegen Z. 294 (Anl. 2 lfd. Nr. 67), nicht aber gegen das Rotlicht (OLG Frankfurt DAR 1980, 221; NJW 1980, 1586; VRS 59, 385). Wer das rote Signal unter Missachtung der Fahrbahnbenutzungspflicht über

4 Für die Feststellung eines einfachen Rotlichtverstoßes genügen hinsichtlich des Bremsvermögens Tempo 50 und drei Sekunden nach Beginn der Rotphase.

Rotlichtverstoß beim Überfahren der Haltlinie

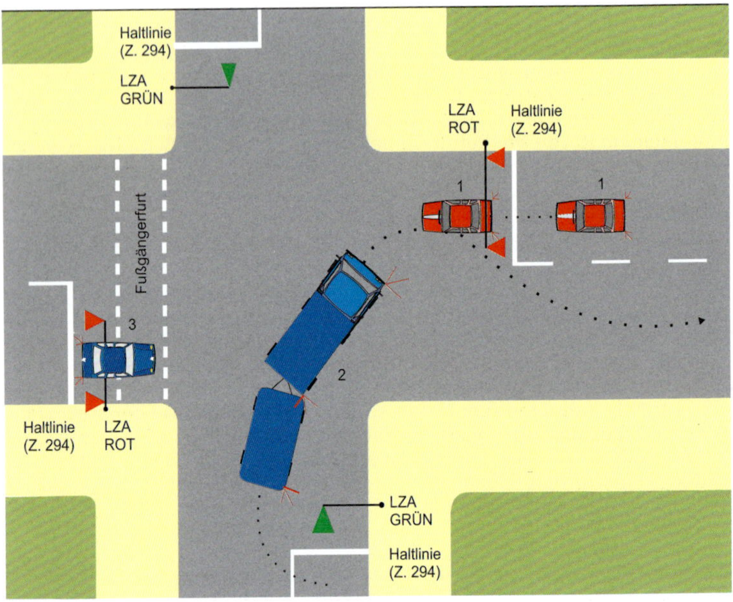

Ein Rotlichtverstoß (Zuwiderhandlung gegen §§ 37 Abs. 2, 49 Abs. 3 Nr. 2) liegt nur vor, wenn vor der Kreuzung oder Einmündung bei Rot nicht angehalten wird. Ist die Lichtzeichenanlage zurückgesetzt, z.B. um LKW das ungehinderte Abbiegen zu ermöglichen, wird erst gegen das Rotlicht verstoßen, wenn in den durch die Fluchtlinien begrenzten Bereich der sich kreuzenden oder einmündenden Straßen eingefahren wird.

KFZ 1 überfährt zwar die Haltlinie (Z. 294) und das Rot der LZA, hält aber noch vor der einmündenden Straße an. Ein immerhin mit erheblicher Geldbuße und Fahrverbot bedrohter Verstoß bei 1 Sekunde nach Beginn der Rotphase liegt nicht vor. Mit Überfahren der Haltlinie hat KFZ 1 jedoch einen Verstoß nach Z. 294 begangen (§§ 42 Abs. 3 Nr. 1, 49 Abs. 3 Nr. 4). Da LKW 2 nicht ungehindert abbiegen kann, hat KFZ 1 außerdem gegen das Behinderungsverbot verstoßen (§§ 1 Abs. 2, 49 Abs. 1 Nr. 1). Diese beiden in Tateinheit begangenen Ordnungswidrigkeiten werden jedoch nur mit Verwarngeld geahndet.

KFZ 3 ist bei Rot in die durch die LZA geschützte Fußgängerfurt eingefahren. Hier liegt deshalb bereits ein bußgeldbewehrter Rotlichtverstoß vor, selbst wenn KFZ 3 noch vor der Fahrbahnkante anhält.

einen nicht zum geschützten Kreuzungsbereich gehörenden Gehweg oder ein Tankstellengelände umfährt, begeht nur dann einen Rotlichtverstoß, wenn er von dort noch innerhalb des Kreuzungsbereichs wieder auf die Fahrbahn einfährt (OLG Hamm VerkMitt 2002 Nr. 59 = NZV 2002, 408 = VRS 103, 135 = VD 2002, 227 = DAR 2002, 465; OLG Hamm NZV 2013, 512 = VD 2014, 27; OLG Karlsruhe NZV 1989, 158; OLG Hamm VRS 65, 158; s. a. Lorenz NZV 2015, 575).

Wer bei Grün die Haltlinie überquert, infolge einer Verkehrsstockung aber nicht in den Knotenpunkt einfahren kann, muss warten, wenn die Ampel zwischenzeitlich auf Rot umspringt (BGH VerkMitt 2000 Nr. 18 = NZV 1999, 430 = DAR 1999, 463 = NJW 1999, 2978; OLG Oldenburg DAR 2003, 574; OLG Hamburg DAR 2001, 217). Ein Rotlichtverstoß liegt vor, wenn zwar auf einen Fahrstreifen bei Grün eingefahren, dann aber in die durch roten Pfeil gesperrte Fahrtrichtung abgebogen wird (BGH VerkMitt 1998 Nr. 22 = VRS 94, 365 = NZV 1998, 119 = DAR 1998, 107; BayObLG VerkMitt 2000 Nr. 85 = VRS 99, 291 = NZV 2000, 533; OLG Bamberg VerkMitt 2019 Nr. 39; BayObLG DAR 2002, 78 und 173: auch als qualifizierter Rotlichtverstoß, länger als 1 s Rot; OLG Köln VerkMitt 2016 Nr. 8 = NZV 2016, 192: auch wenn der Entschluss zum Abbiegen erst nach Passieren der Haltlinie gefasst worden ist; a. A. KG DAR 2001, 467). Gleiches gilt, wenn der durch Z. 297 ausgewiesene linke Fahrstreifen durch einen roten Pfeil gesperrt ist und über diesen Fahrstreifen in die Kreuzung eingefahren, dann aber geradeaus in die durch Grün freigegebene Fahrtrichtung weitergefahren wird oder in der Kreuzung der durch Rot gesperrte Fahrstreifen benutzt wird (BGH VerkMitt 1998 Nr. 22; KG NZV 2010, 361; OLG Hamm VRS 93, 210; BayObLG NZV 2000, 422; Anm. Herrmann NZV 2001, 387; OLG Hamm VerkMitt 1998 Nr. 74; KG VRS 117, 168).

Befindet sich ein Nachzügler nach dem Umschalten auf Rot bereits „in" der Kreuzung, darf er diese nur unter besonderer Vorsicht und Beobachtung des einsetzenden Querverkehrs verlassen, wobei kein Vertrauensschutz besteht, ob der Nachzügler vorgelassen wird (OLG Köln NZV 2012, 276).

Die Signale der Anlage 4 BOStrab sind keine „Wechsellichtzeichen"; ihre Missachtung löst aber die gleichen bußgeldbedrohten Rechtsfolgen aus wie

Doppelte Haltlinie bei Teilsignalisierung

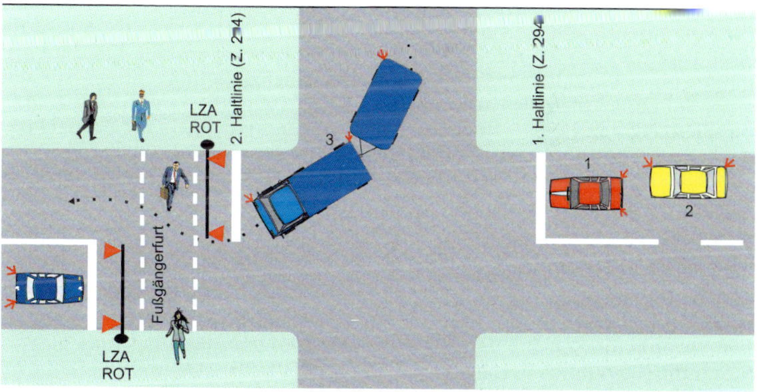

Bei Teilsignalisierung eines Knotenpunktes besteht oft das Bedürfnis, den Verkehr noch vor der Einmündung durch eine Haltlinie (Z. 204) anzuhalten (KFZ 1 und 2), um von rechts (oder links) kommendem Verkehr das Abbiegen zu ermöglichen (LKW 3). Der Raum zwischen der 1. Haltlinie und der unmittelbar vor der Einmündung befindlichen Lichtzeichenanlage (LZA) gehört zum Schutzbereich des Rotsignals (OLG Karlsruhe DAR 2001, 417; OLG Hamm NZV 1998, 246). Einen Rotlichtverstoß begeht deshalb, wer zwar an der 1. Haltlinie anhält, aber noch während der Rotphase zur 2. Haltlinie vorfährt oder noch vor der LZA abbiegt. Voraussetzung ist allerdings, dass die 1. Haltlinie eindeutig dem Rot der LZA zugeordnet werden kann. Das ist dann gewährleistet, wenn sich die Haltlinie in enger räumlicher und verkehrlicher Beziehung zur LZA befindet (max. 20–25 m); andernfalls wäre sie unbeachtlich.

Soll auch dem Verkehr vor der 1. Haltlinie bei Rot das Abbiegen ermöglicht werden, ist vor der Einmündung eine Wartelinie (Z. 341) als unterbrochene Breitstrichmarkierung mit Empfehlungscharakter anzuordnen (Regelfall z.B. in Berlin).

ein Rotlichtverstoß (BayObLG VerkMitt 2005 Nr. 16 = DAR 2005, 288 = VRS 108, 381; OLG Köln DAR 2001, 87 = VRS 100, 58).

Ein Rotlichtverstoß wird mit einem Bußgeld von **90 € geahndet**; bei Kennzeichenanzeigen ist die Auflage eines Fahrtenbuches nach § 31a StVZO möglich, wenn der schuldige Fahrer nicht feststellbar ist (VG NZV 1997, 327).

Ein erhöhtes Bußgeld (200 €) nebst einem Monat **Fahrverbot** kommen als Regelfolge bei einem qualifizierten Rotlichtverstoß in Betracht, wenn **eine Sekunde** nach Rot in die Kreuzung eingefahren wird, gleich ob das am Anfang oder während der Dauer der Rotphase erfolgt (OLG Hamm VerkMitt 1997 Nr. 100; OLG Karlsruhe DAR 2019, 215: auch bei Verwechslung mit anderem Grünsignal; KG DAR 2014, 395: KG NStZ 2019, 291 = DAR 2019, 394: Absehen vom Fahrverbot bei atypischem Rotlichtverstoß möglich, wie Halt an der Haltlinie, danach aber infolge Sogwirkung anderer Fahrzeuge langsames Vorrollen; KG NZV 2016, 442 und NZV 2016, 490: Begründungserfordernis des Tatrichters beim Abweichen vom Regelfahrverbot; OLG Hamm SVR 2018, 36: bei Feststellung eines qualifizierten Rotlichtverstoßes ohne technische Hilfsmittel ist besondere Sorgfalt erforderlich; KG VRS 132, 302: Feststellungen zur Dauer der Gelbphase; KG VRS 128, 302; OLG Frankfurt NZV 2016, 444: Fahrverbot auch bei Abweichen von Überwachungsrichtlinien; AG Dortmund NZV 2017, 196 = DAR 2017, 282 = VRS 131, 154 = SVR 2017, 479: Ahndung nur als einfacher Rotlichtverstoß mit 90 € ohne Fahrverbot, wenn der Täter infolge von Dauerrot über die Funktionsfähigkeit der Anlage irrt; KG NZV 2017, 340: bei Beschränkung der Rechtsbeschwerde auf den Rechtsfolgenausspruch „Fahrverbot" erwächst das übrige Verfahren in Rechtskraft, so dass das Vorliegen eines qualifizierten Rotlichtverstoßes nicht mehr anfechtbar ist). Gerechnet wird die Sekundenregelung von der Haltlinie (KG NZV 2015, 203; KG VRS 129, 333). Das gilt auch, wenn zunächst die Haltlinie bei Grün überfahren wird, infolge einer Verkehrsstockung durch den „Nachzieheffekt" aber erst nach einer Sekunde Rot in die Kreuzung eingefahren wird (BGH VRS 98, 50; OLG Bamberg NZV 2016, 195: Beobachtung durch Zeugen, wenn die Ampel kurz nach dem Überfahren des Rotlichts auf Grün umschaltet; OLG Köln VRS 98, 389; einschränkend OLG Hamm VerkMitt 2000 Nr. 78 = VRS 98, 392). Ob der Betroffene das Rotlicht nach mehr als einer Sekunde missachtet oder zunächst anhält und danach bei Rot weiterfährt, spielt für die Höhe des Bußgeldes und Nebenfolgen keine Rolle, weil bei der Regelahndung die abstrakte Gefahr einer langen Rotlichtphase bereits mit erfasst ist (KG VRS 118, 187 = NZV 2010, 584; OLG Köln VerkMitt 2011 Nr. 59). Bei Handmessung mit einer Stoppuhr muss zur Beseitigung möglicher Fehlerquellen ein angemessener Toleranzabzug erfolgen, vor allem bei ungeeichter Stoppuhr (BayObLG VerkMitt 2020 Nr. 2; KG VRS 133, 141: Berechnung des Toleranzabzugs).

Von der Regelfolge des Fahrverbots kann nur bei besonders gelagerten Fällen abgewichen werden, in denen sich das Verhalten des Betroffenen **nicht** als abstrakt gefährlich oder grob fahrlässig erweist (KG VRS 136, 302: Mitzieheffekt beim Frühstart, nicht aber wegen Blickrichtung auf eine Radfahrerin; KG VRS 118, 369; KG VRS 114, 90; OLG Hamm NZV 2005, 95 m.w.N.). Die Berufung auf ein „Augenblicksversagen" ist nur bei außergewöhnlichen Umständen gerechtfertigt, wie verwirrende Signalanordnung bei hoher Verkehrsdichte, unübersichtliche Verkehrsführung und Beschilderung, nicht aber Verwechslung des Fahrzeug- mit dem Fußgängersignal (OLG Bamberg NZV 2016, 243; OLG Düsseldorf DAR 2015, 213).[5]

Die Feststellung eines **qualifizierten Rotlichtverstoßes** (Rot länger als eine Sekunde) erfolgt meist durch eine automatische Rotlichtüberwachungsanlage („Starenkasten");[6] die bloße gefühlsmäßige Schätzung eines beobachtenden Polizeibeamten reicht indes nicht aus, vielmehr sind Tatsachen erforderlich, auf die sich die Aussage stützt (OLG Düsseldorf DAR 2020, 46; OLG Jena VRS 136, 60; OLG Köln NZV 2004, 651; BayObLG VerkMitt 1996 Nr. 70; OLG Jena NZV 1999, 304; LG Lüdinghausen NZV 2015, 255); wohl aber bei weiteren Feststellungen (OLG Köln DAR 2012, 271: Beweiswürdigung der polizeilichen Feststellungen; OLG Hamm NZV 2010, 44; OLG Köln VRS 107, 384; OLG Köln VRS 106, 214: Zählweise der Sekunden, Geschwindigkeit und Abstände; BayObLG VRS 103, 449: Bewertung der Messmethode; KG NZV 2004, 652: Zeitfeststellung mit Armbanduhr; OLG Hamm VRS 92, 441 = VerkMitt 1997 Nr. 101; AG Lüdinghausen VRS 127, 256) oder mit geeichter **Stoppuhr**, wobei eine Fehlertoleranz von 0,3 Sekunden abzuziehen ist (BayObLG DAR 1995, 299). Bei der Berechnung eines qualifizierten Rotlichtverstoßes ist von der unmittelbar davor befindlichen Haltlinie, nicht von den Fluchtlinien der Kreuzung auszugehen, wenn sie den geschützten Kreuzungsbereich begrenzt (KG VRS 126, 120); OLG Bremen NZV 2010, 42; OLG Hamm NZV 2008, 309; OLG Frankfurt/M. NZV 1995, 36; BayObLG VRS 87, 151; OLG Köln NZV 1995, 327; OLG Karlsruhe VRS 89, 140; OLG Dresden VRS 95, 54; OLG Hamm DAR 1999, 226). Befindet sich eine Induktionsschleife zur Auslösung der Rotlichtüberwachungskamera hinter der Haltlinie, muss bei Berechnung eines Rotlichtverstoßes die Entfernung der Induktionsschleife zur Haltlinie ermittelt werden (KG VRS 129, 155: keine Angaben zum Toleranzabzug erforderlich; OLG Düsseldorf DAR 2017, 594: zur Ermittlung der Rotzeit sind nicht nur die Messbilder der Rotlichtüberwachungsanlage – Traffiphot III – beizuziehen, sondern auch die Entfernung der Induktionsschleife zur Haltlinie zu bestimmen; OLG Hamm SVR 2007, 270: innerorts ist ein Abzug von 0,1 Sekunden pro Meter bis zur Haltlinie vorzunehmen; OVG Berlin NZV 2000, 387; OLG Schleswig NZV 2015, 45: erforderlich sind Angaben des Überwachungsgerätes, Mess- und Toleranzwertes sowie Abstandes der Induktionsschleifen; s. a. Busch DAR 2015, 48). Fehlt eine Haltlinie, ist die Zeit maßgebend, von der an der Betroffene in den durch Rot gesperrten Kreuzungsbereich einfährt. Dient eine Signalanlage der Absicherung sowohl des Bahnüberganges als auch des Querverkehrs einer davor befindlichen Einmündung, liegt tateinheitlich ein qualifizierter Rotlichtverstoß vor, wenn eine Sekunde nach dem Aufleuchten des roten Signals in die Einmündung abgebogen wird (BayObLG VerkMitt 2001 Nr. 75).

Auf der inneren Tatseite kommen bei qualifizierten Rotlichtverstößen für die Ahndung nach der BKatV sowohl bewusste wie auch unbewusste Fahrlässigkeit in Betracht (KG VRS 136, 185). Bewusste Fahrlässigkeit liegt vor,

5 „Augenblicksversagen" = der am Verkehr Teilnehmende lässt nur für eine kurze Zeit die im Verkehr notwendige Sorgfalt und Vorsicht außer Acht, so dass ein Fahrverbot als grober und beharrlicher Pflichtenverstoß i. S. d. § 25 Abs. 1 StVG nicht gerechtfertigt erscheint, allerdings nur, wenn keine weiteren Umstände hinzukommen.

6 Eichpflicht bei automatischen Rotlichtkameras (§ 2 Abs. 2 EichG): KG NZV 1992, 251. Rotlichtüberwachungskameras sind zulässige Beweismittel (KG NZV 1992, 251).

Missachtung des roten Pfeilsignals einer Lichtzeichenanlage

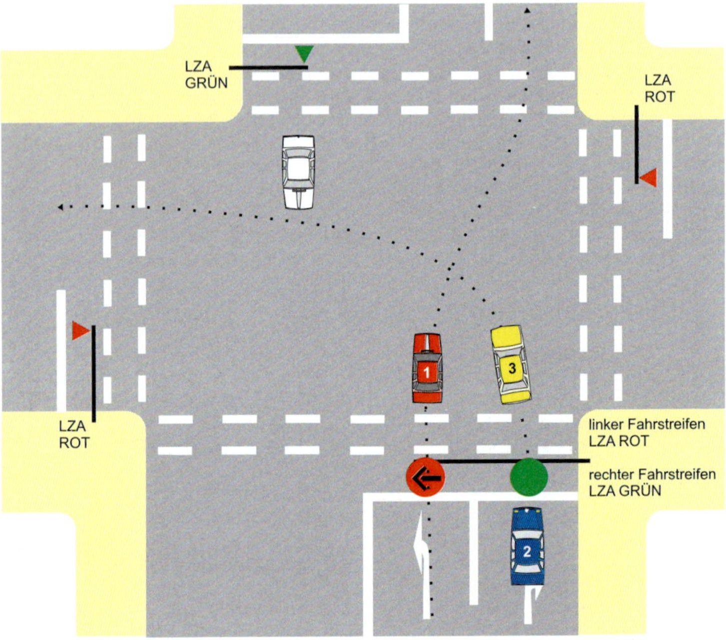

An einer LZA ist die Fahrtrichtung geradeaus und rechts durch Grün freigegeben, der Fahrstreifen für Linksabbieger durch roten Pfeilsignalgeber „gesperrt". KFZ 1 überholt KFZ 2 und 3 auf dem linken Fahrstreifen unter Missachtung des links weisenden roten Lichtsignals, fährt aber geradeaus in die durch Grün freigegebene Fahrtrichtung weiter. KFZ 1 hat damit verbotswidrig bei unklarer Verkehrslage überholt (§ 5 Abs. 3 Nr. 1) und gegen Z. 297 verstoßen. Außerdem liegt ein Rotlichtverstoß vor.

Ein schwarzer Pfeil auf Rot ordnet „das Halten nur für die angegebene Richtung" an (§ 37 Abs. 2 Nr. 1 Satz 11). Der Rotpfeil verbietet damit die Fortsetzung der Fahrt in die gesperrte Richtung. Das gilt auch, wenn der durch Rot gesperrte Fahrstreifen benutzt und anschließend in die durch Grün freigegebene Fahrtrichtung weitergefahren wird (BGH VerkMitt 1998 Nr. 22 = DAR 1998, 107 = NZV 1998, 119; KG NZV 2010, 361; OLG Hamm VRS 93, 210; BayObLG NZV 2000, 422; KG VRS 117, 168; Anm. Herrmann NZV 2001, 387). Ein Rotlichtverstoß liegt aber auch vor, wenn zwar über den rechten Fahrstreifen bei Grün in die Kreuzung eingefahren, dann aber in die durch roten Pfeil gesperrte Fahrtrichtung nach links abgebogen wird (BGH a. a. O.; OLG Hamm VerkMitt 1998 Nr. 74). Rotlicht für die Linksabbieger verbietet nicht nur die Einfahrt in die Kreuzung, es untersagt auch die Benutzung dieser Spur im gesamten Kreuzungsbereich. KFZ 3 verstößt deshalb ebenfalls gegen das Rotlicht, wenn es nach Einfahrt bei Grün anschließend nach links abbiegt.

wenn der Kraftfahrer bei Gelb an der Kreuzung ankommt und irrig glaubt, die Haltlinie noch vor dem Umschalten auf Rot passieren zu können. Unbewusste Fahrlässigkeit ist gegeben, wenn beim Überqueren der Haltlinie das gelbe oder rote Signal übersehen wird.

Das Nichtbeachten von Rotlicht kann in seltenen Fällen eine **Notstandshandlung** im Sinne des § 16 OWiG sein, etwa wenn ein drohender Auffahrunfall anders nicht hätte vermieden werden können (OLG Düsseldorf VerkMitt 1992 Nr. 61 = VRS 82, 204). Der Hinweis auf Straßenglätte allein genügt zur Rechtfertigung jedoch nicht (OLG Düsseldorf VerkMitt 1992 Nr. 75 = VRS 82, 369).

2.6 Grünpfeilschild[7]

Das Grünpfeilschild gestattet das Rechtsabbiegen bei Rot. Es ist kein vorfahrtregelndes Verkehrszeichen, so dass es nicht gemäß § 37 Abs. 1 Satz 1 aufgehoben wird. Während beim grün „leuchtenden" Pfeilsignal der Rechtsabbieger vom querenden Verkehr abgeschirmt ist (Fußgänger und Querverkehr haben Rot), muss der Rechtsabbieger beim Grünpfeilschild jederzeit mit Querverkehr rechnen. Vor dem Rechtsabbiegen ist deshalb beim Grünpfeilschild das **Anhalten zwingend** vorgeschrieben.[8] Das Wartegebot ist (wie auch sonst bei Rot) so zu praktizieren, dass zunächst an der Haltlinie anzuhalten ist (OLG Karlsruhe DAR 2005, 167). Das gilt auch, wenn schon weit vor der LZA infolge anderer rechts abbiegender Fahrzeuge gewartet werden musste (KG NZV 1995, 199 = VRS 89, 378; AG Pinneberg DAR 2004, 667; a.A. Schulz-Arenstorff NZV 2008, 67 mit wenig überzeugenden Argumenten). Nach dem

Lichtzeichenanlage mit Grünpfeilschild – Verhaltenspflichten

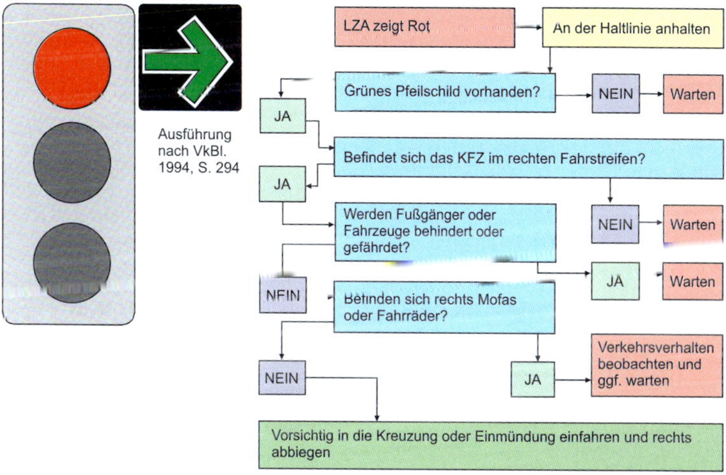

7 Die 1994 eingeführte Kombination zwischen dem Rotsignal und einem Schild mit grünem Pfeil auf schwarzem Untergrund richtet sich nach der Verlautbarung des BMVBS (BMVI) vom 10.3.1994 (VkBl. S. 294): Schwarzes quadratisches Schild mit 25 cm Seitenlänge, mittelgrüner Pfeil mit weißem Rand. Das grüne Pfeilschild ist im WÜ (Teil II Art. 23 Abs. 1a – „nicht blinkende Lichter") nicht vorgesehen und deshalb problematisch. Mit dem WÜ hat sich die Bundesrepublik verpflichtet, nur die dort vorgesehenen Verkehrsregelungen einzuführen. Der Grundsatz der Vertragstreue ist über Art. 25 GG als allgemeine Regel des Völkerrechts Bestandteil des Bundesrechts. Allenfalls lässt sich die Einführung des Pfeilschildes dadurch rechtfertigen, dass Art. 23 Abs. 1a WÜ nur das Anhalten bei Rot vorschreibt, es aber der nationalen Regelungskompetenz überlässt, unter welchen Modalitäten nach dem Halt weitergefahren werden darf. Ob diese Hilfskonstruktion einer gerichtlichen Überprüfung standhält, dürfte zweifelhaft sein, weil das WÜ eine Weiterfahrt bei Rot nur mit einem grün leuchtenden Rechtsabbiegepfeil zulässt; s.a. Albrecht DAR 1994, 89.

8 Dauerrot mit Grünpfeilschild, um nur das Rechtsabbiegen zu erlauben, ist unsinnig: siehe dazu den humorvollen Beitrag vom 11.6.2015 „Realer Irrsinn: 25 Jahre dauerrote Ampel in der Ziegelstraße/Günsplatz in Dresden" von extra 3 (NDR).

Grünpfeil-schild – Rechtsabbiegen bei Rot nur für den Radverkehr

Halt darf nur vom **rechten Fahrstreifen** aus weitergefahren und trotz Rot rechts abgebogen werden, wenn es die Verkehrslage zulässt; notfalls ist nochmals an der **Sichtlinie** anzuhalten. Entsprechendes gilt für Radfahrer, die nicht auf der Fahrbahn, sondern auf einem am rechten Fahrbahnrand befindlichen Radfahrstreifen, der nicht Teil der Fahrbahn ist, oder auf einem begleitenden, nicht abgesetzten, baulich angelegten Radweg fahren. Sie dürfen von dort ebenfalls bei Rot nach vorherigem Anhalten rechts abbiegen.[9] Außerdem kann durch das (neue) Zusatzzeichen nach § 37 Abs. 2 Nr. 1 Satz 9 das Rechtsabbiegen ausschließlich für Rad Fahrende gestattet werden. Das Zusatzzeichen ermöglicht damit dem Radverkehr, von einem Schutzstreifen, einem Radfahrstreifen oder einem baulich angelegten Radweg während einer Rotphase rechts abzubiegen, soweit die Verkehrslage dies zulässt. Das Zeichen setzt voraus, dass Radfahrer zunächst bei Rot anhalten müssen und nach Prüfung der Verkehrslage erst abbiegen dürfen, wenn keine Gefahren für andere erkennbar sind.[10] Die die Radverkehrsanlagen benutzenden Elektrokleinstfahrzeuge sind zwar nicht ausdrücklich genannt. Es wäre aber unsinnig, diese trotz der Beschilderung vor dem Rotsignal warten zu lassen, während Rad Fahrende rechts abbiegen.

Beim Rechtsabbiegen dürfen andere **weder gefährdet noch behindert** werden, d. h. nicht nur der durch Grün freigegebene Fußgänger- und Fahrzeugverkehr, sondern auch der bis zur Haltlinie rechts überholende Mitverkehr, vor allem auch Rad- und Mofafahrer. Ist das Rechtsabbiegen aus beiden Fahrstreifen durch Pfeile vorgeschrieben, darf das grüne Pfeilschild nicht angebracht werden. Wer nicht aus dem rechten, sondern vom mittleren oder linken Fahrstreifen abbiegt, begeht einen Rotlichtverstoß (KG VRS 101, 307 = NZV 2002, 49). Ist dagegen der rechte Fahrstreifen durch parkende Fahrzeuge bis zur Kreuzung oder Einmündung besetzt, darf aus dem linken Fahrstreifen nach rechts abgebogen werden; die StVO meint hier den „befahrbaren" rechten Fahrstreifen, andernfalls wäre das Pfeilschild an solchen Stellen unsinnig. Ist ein Kreisverkehr durch Lichtsignale geregelt, erlaubt ein Grünpfeilschild nur die Ausfahrt an der ersten Möglichkeit, nicht aber die Weiterfahrt im Kreis (KG NZV 2002, 49: Strausberger Platz Berlin). Das Grünpfeilschild begründet keine Pflicht zum Rechtsabbiegen; wer seine Berechtigung nicht in Anspruch nehmen will und (vorsichtshalber) auf Grün wartet, behindert andere nicht, die ihrerseits bei Rot abbiegen möchten (das Warten darf allerdings nicht schikanös erfolgen).[11]

Abgesehen von den in den Rn. 27 ff. VwV-StVO zu § 37 aufgeführten Ausschlussgründen, ist bei der Anordnung von Grünpfeilschildern vor allem auf die Belange der Sehbehinderten Rücksicht zu nehmen, weil sich diese meist

9 Fahrradspezifisches Rechtsabbiegen bei Rot gibt es seit 1990 auch in den Niederlanden „rechtsaf voor fietsers vrij" (Rechtsabbiegen für Radfahrer frei) und seit 2012 in Frankreich „tourne à droite cycliste". Belgien hat die französische Regelung übernommen und in der Schweiz laufen in Basel entsprechende Regelungen als „velofreundliche Lichtsignalanlage".

10 Angesichts des StVO-Mottos „weniger Verkehrszeichen – bessere Beschilderung" handelt es sich hier um noch so ein Schild, „auf das die Rad Fahrenden gewartet haben, um es dann wie alle anderen Schilder ebenso wenig zu beachten".

11 Im Übrigen ist nach den Erkenntnissen der BASt die Unfallhäufigkeit beim Grünpfeilschild nicht höher als beim Rechtsabbiegen bei Grün (BASt Oktober 1999, Verkehrstechnik, Heft 72).

nach den Verkehrsumfeldgeräuschen orientieren. Die bei Grünpfeilschildern entstehenden Anfahrgeräusche können bei Sehbehinderten zu dem Irrtum führen, ihre Gehrichtung sei durch Grün freigegeben, so dass sie mit dem Querverkehr kollidieren. Infolgedessen sollten Grünpfeilschilder nur an Signalanlagen mit Blindenakustik angeordnet werden.

2.7 Haltlinie vor Lichtzeichenanlagen

Befinden sich vor einer Fußgängerampel zwei aufeinanderfolgende Haltlinien, ist bei Aufleuchten von Gelb vor der ersten Linie anzuhalten (OLG Hamm NZV 1992, 409). Wer bei Rot nicht mehr an der Haltlinie vor der Kreuzung anhalten kann, muss vor der zweiten Haltlinie zum Stehen kommen (OLG Celle VerkMitt 1983 Nr. 14). Soll das Rechtsabbiegen an der ersten Haltlinie zugelassen werden, muss diese als Wartelinie (Z. 341) ausgeführt sein.

2.8 Fußgänger- und Radfahrsignale

Fußgängersignale berücksichtigen die Räumgeschwindigkeit von Fußgängern, die nach den RiLSA (recht knappe) 1,5 m pro Sekunde beträgt. Betreten Fußgänger die Fahrbahn bei Grün, sind sie durch Rot für den Fahrzeugverkehr geschützt, bis sie den gegenüberliegenden Gehweg erreichen.[12] Haben sich Fußgänger vor dem Betreten der Fußgängerfurt bei Grün durch einen beiläufigen Blick davon überzeugt, dass der Fahrzeugverkehr das Grün respektiert, dürfen sie im weiteren Verlauf auf die Beachtung ihres Vorranges vertrauen (OLG Dresden NZV 2016, 181). Andererseits dürfen Kraftfahrer darauf vertrauen, dass bei Grün für den Fahrzeugverkehr und Fußgängerrot die Fußgänger warten werden, wenn keine konkreten Anhaltspunkte für die gegenteilige Annahme vorliegen (OLG Hamm VRS 68, 321). Eine neben der Fahrbahnampel im Kreuzungsbereich angebrachte Fußgänger- und Radfahrerampel ist für alle Fußgänger und Radfahrer im Kreuzungsbereich maßgebend, auch auf Radverkehrsanlagen (OLG Köln VRS 73, 144). Ist an Knotenpunkten ein Radfahrsignal vorhanden, gilt das für Radfahrer auf der Fahrbahn auch dann, wenn keine Benutzungspflicht für den angrenzenden Radweg besteht. Die Straßenverkehrsbehörde muss dann allerdings bei den Räumzeiten den Radverkehr berücksichtigen. Will der Radfahrer dort nach links abbiegen, muss er als Folge der Verpflichtung aus § 9 Abs. 2 Satz 3 den neben der Fahrbahn befindlichen Radweg benutzen. Ist kein Radfahrsignal vorhanden, müssen sich Radfahrer nach dem Hauptsignal für den Kraftfahrzeugverkehr richten. Ist bei Radverkehrsführungen (meist mit vorgelagerter Haltlinie) neben der Fahrbahn weder ein Radfahrsignal vorhanden noch das Hauptsignal für Radfahrer sichtbar, müssen sich Radfahrer nach dem Fußgängersignal richten, wobei die Verkehrsbehörden bis zum 31.12.2016 dafür sorgen mussten, dass durch veränderte Signalmasken dieses Signal als kombiniertes Fußgänger-/Radfahrsignal ausgestattet wird (§ 37 Abs. 2 Nr. 6).[13] Fehlt ein kombiniertes Fußgänger-/Radfahrsignal, verbleibt nur

---

12 Teilweise wird die Räumzeit an den Fußgängersignalmasten in Ziffern oder als Grafik angezeigt. Entscheidend bleiben aber die Lichtsignale.

13 Die bisherige Regelung, dass Radfahrer das Fußgängersignal beachten müssen, wenn ein Radweg an eine Fußgängerfurt grenzt, war unbefriedigend, weil viele Radverkehrsanlagen an Knotenpunkten anders geführt werden oder Haltlinien keine Sicht auf das Hauptsignal für den Fahrzeugverkehr gaben. Fehlt ein kombiniertes Fußgänger-/Radfahrsignal, müssen Radfahrer weiterhin die Lichtzeichen für Fußgänger beachten. Die Übergangsregelung für eine Umrüstung galt bis zum 31.12.2015.

Sondersignale

Signal entspricht dem Grün der LZA: „Der Verkehr ist unter Beachtung der Abbiegeregelung freigegeben“

Signal entspricht dem Gelb der LZA: „Halt zu erwarten“

Signal entspricht dem Rot der LZA: „Halt!“

Signal entspricht dem grünen Geradeauspfeil der LZA: „Fahrt nur geradeaus freigegeben“

Signal entspricht dem grünen Rechtsabbiegepfeil der LZA: „Fahrt nur nach rechts freigegeben“

Signal entspricht dem grünen Linksabbiegepfeil der LZA: „Fahrt nur nach links freigegeben“

die Orientierung an dem Fußgängersignal; dabei ist das Verkehrsumfeld zu beobachten und besonders vorsichtig zu fahren (§ 53 Abs. 6).

2.9 Sonderlichtzeichen

Für Schienenbahnen (Straßenbahnen) und zugelassene Fahrzeuge auf Busspuren (Z. 245) können Signale auch in abweichenden Phasen von dem Hauptsignal der Lichtzeichenanlage gegeben werden (§ 37 Abs. 2 Nr. 4). Solche Signale sind die nach Anlage 4 zu § 51 BOStrab aufgeführten Lichtzeichen. Linienbusse, Taxen und andere auf Busspuren zugelassene Fahrzeuge, die das Signal „Halt“ (weißer Balken) nicht beachten, verstoßen mit den gleichen Rechtsfolgen gegen § 37 Abs. 2 wie bei einem Rotlichtverstoß (OLG Köln DAR 2001, 87 = VRS 100, 58). Benutzt ein Fahrer eine Busspur oder Bushaltebucht unzulässig, gelten diese Zeichen für ihn nicht; er muss sich nach dem Hauptsignal richten (BayObLG VerkMitt 2005 Nr. 16 = DAR 2005, 288 = VRS 108, 381; OLG Oldenburg NZV 2001, 389; KG VerkMitt 2000 Nr. 87; BayObLG VRS 67, 84; OLG Hamburg VRS 100, 205; a. A. OLG Düsseldorf VRS 68, 70). Missachtet er das Rot, weil das Sondersignal die Busspur freigibt, begeht er einen Rotlichtverstoß.

2.10 Nebeneinanderfahren an Lichtzeichenanlagen

Als Abweichung vom Rechtsfahrgebot (§ 2 Abs. 2) gilt Nebeneinanderfahren auch, wenn keine Fahrstreifen markiert sind. Im Zuge der Grünen Welle ist Nebeneinanderfahren von Lichtzeichen zu Lichtzeichen auch für KFZ über 3,5 t zulässig (OLG Düsseldorf VerkMitt 1976 Nr. 136); ebenso wegen der Funktionsgleichheit bei Regelung der Knotenpunkte durch Polizeibeamte.

2.11 Ortsfestes gelbes Blinklicht

Gelbes stationäres Blinklicht setzt die Vorschriftzeichen und Verkehrsregeln an der betreffenden Straßenkreuzung nicht außer Kraft (OLG Düsseldorf DAR 1960, 25; OLG Köln VRS 53, 309). Sie sind dann besonders sorgfältig zu beachten.

Dauerlichtzeichenanlage

2.12 Dauerlichtzeichen

Dauerlichtzeichen an Verkehrsbeeinflussungsanlagen sind Verkehrseinrichtungen nach § 43 Abs. 1 Satz 3. Mit Dauerlichtzeichen können Fahrstreifen nach den tageszeitlich unterschiedlichen Verkehrsstärken, bei Unfällen oder Straßenbauarbeiten oder auch in Straßentunneln wechselseitig freigegeben oder gesperrt werden (Umkehrstreifen zur „Bewirtschaftung" der Fahrbahn).[14] Dabei gehen Dauerlichtzeichen den allgemeinen Vorschriften vor (§ 43 Abs. 1 Satz 3 i. V. m. Abs. 2), somit auch der Regelung des § 7 Abs. 3a. Ferner kann auch ein beidseitig gesperrter Fahrstreifen durch Zusatzschild bestimmten Verkehrsarten (Abbiegeverkehr, Linienbussen, Taxen u.a.) vorbehalten werden (BayObLG VerkMitt 1978 Nr. 33). Rote gekreuzte Schrägbalken sperren den Fahrstreifen (Benutzungsverbot). Ein für die freigegebenen Fahrstreifen geltendes Tempolimit durch Z. 274 gilt nicht auf den durch rote Kreuze gesperrten Fahrstreifen (OLG Celle DAR 2020, 43 = NZV 2020, 155 mit Anm. Richter; OLG Celle VerkMitt 2019 Nr. 73 = VRS 136, 256 = DAR 2019, 689: bei Missachtung der roten Kreuze kann aber von der Regelsanktion der BKatV durch ein höheres Bußgeld abgewichen werden, wenn gleichzeitig zu schnell gefahren wird). Gelb blinkende Pfeile verpflichten zum Wechsel auf den durch grüne Pfeile freigegebenen Fahrstreifen. Befindet sich auf einer Schilderbrücke über den Dauerlichtzeichen das Z. 274 nur über einem von mehreren Fahrstreifen, gilt das Tempolimit nicht für die anderen Fahrstreifen (OLG Braunschweig NZV 2015, 47).

2.13 Haltverbote an Lichtzeichenanlagen

2.13.1 Bei Sichtbehinderung (§ 37 Abs. 1 Satz 2)

Fahrzeugführer dürfen bis zu 10 m vor einem Lichtzeichen nicht halten, wenn dieses dadurch verdeckt wird. Da die Verhaltenspflicht von dem Lichtsignal ausgeht, muss dieses und nicht allein der Signalträger verdeckt sein. Hierzu gehören auch die Sondersignale nach Anlage 4 BOStrab sowie

14 Ein Beispiel ist die Heerstraße in Berlin mit fünf Fahrstreifen, die jeweils drei zu zwei in der Früh- und umgekehrt in der Spätspitze freigegeben werden. Bei Ausfall oder Wartung der Anlage darf wegen § 7 Abs. 3a der mittlere Fahrstreifen nicht zum Überholen benutzt werden.

Bahnsignale. Die 10-m-Grenze gilt von dem verdeckten Signal an. Wer zwar weiter als 10 m hält oder parkt, aber dennoch das Signal verdeckt, verstößt nicht gegen das Haltverbot (s. a. Erl. 2.3.13 zu § 12).

2.13.2 Bei Dauerlichtzeichen (§ 37 Abs. 3 Satz 2 und Abs. 5)

a. Dauerlichtzeichen wechseln je nach den Verkehrsbedürfnissen. Das früher in § 37 Abs. 3 Satz 2 vorhandene Haltverbot **außerhalb** der Dauerlichtzeichenanlage vor den rot gekreuzten Balken ist leider entfallen, so dass bei Bedarf (unnötigerweise) dort jeweils wieder Z. 283 aufgestellt werden müsste, wenn diese Fläche im Interesse der Leichtigkeit des Verkehrs vom ruhenden Verkehr freizuhalten ist.

b. Durch Dauerlichtzeichen werden wechselseitig Fahrstreifen je nach den Verkehrsbedürfnissen (Spitzenzeiten) freigegeben oder gesperrt. Auf der gesamten Strecke der Dauerlichtzeichenanlage, die durch rote Kreuze, gelb blinkende und grüne Pfeile „bewirtschaftet" wird, besteht deshalb Haltverbot (§ 37 Abs. 5). Ohne Haltverbote wäre die verkehrstechnische Regelung nicht realisierbar, weil vor jedem Signalwechsel der Dauerlichtzeichenanlage zuerst der rechte Fahrstreifen von haltenden oder parkenden Fahrzeugen freizumachen wäre (s. a. Erl. 2.3.12 zu § 12).[15] Ist die Anlage nicht in Betrieb, z. B. bei Wartungsarbeiten, gilt auch das Haltverbot nicht. Da der Haltende aber mit der jederzeitigen Inbetriebnahme rechnen muss, darf dann dort nur kurzfristig gehalten werden.

3 Hinweiswe

3.1 LZA sind Verkehrseinrichtungen nach § 43 Abs. 1; Richtlinien für Lichtsignalanlagen (RiLSA);[16] Hinweis auf eine LZA: Z. 131 (Anl. 1 lfd. Nr. 15) – Kraftfahrer müssen ab dem Schild die Fahrgeschwindigkeit vermindern; Lichtzeichen an Bahnübergängen: § 19 Abs. 2.

3.2 Haltlinie vor LZA: Z. 294 (Ausführung: Rn. 6 VwV-StVO zu § 37 und Rn. 5 VwV-StVO zu § 25). Zur Verdeutlichung des Anhalteortes kann ein nicht amtliches Schild „Bei Rot hier halten!" angebracht werden.

---

15 Im Übrigen dient das Haltverbot dem Abbau des Schilderwaldes und macht die Aufstellung von Z. 283 entbehrlich.

16 Richtlinien für Lichtsignalanlagen (RiLSA) der Forschungsgesellschaft für Straßen- und Verkehrswesen (FGSV), Ausgabe 2015, ARS-Verlautbarung des BMVI vom 4.9.2015 (VkBl. S. 635). Die Ausgabe 2015 der RiLSA steht im Einklang mit der Neufassung der StVO vom 6.3.2013 sowie der VwV-StVO i. d. F. vom 11.11.2014 und ersetzt die RiLSA Ausgabe 1992 nebst der Teilfortschreibung 2003. Herstellung und Vertrieb durch FGSV Verlag GmbH, Wesselinger Str. 17, 50999 Köln, Tel.: (0 22 36) 38 46 30, E-Mail: info@fgsv-verlag.de

§ 38 Blaues Blinklicht und gelbes Blinklicht

(1) Blaues Blinklicht zusammen mit dem Einsatzhorn darf nur verwendet werden, wenn höchste Eile geboten ist, um Menschenleben zu retten oder schwere gesundheitliche Schäden abzuwenden, eine Gefahr für die öffentliche Sicherheit oder Ordnung abzuwenden, flüchtige Personen zu verfolgen oder bedeutende Sachwerte zu erhalten.

Es ordnet an:

„Alle übrigen Verkehrsteilnehmer haben sofort freie Bahn zu schaffen".

(2) Blaues Blinklicht allein darf nur von den damit ausgerüsteten Fahrzeugen und nur zur Warnung an Unfall- oder sonstigen Einsatzstellen, bei Einsatzfahrten oder bei der Begleitung von Fahrzeugen oder von geschlossenen Verbänden verwendet werden.

(3) Gelbes Blinklicht warnt vor Gefahren. Es kann ortsfest oder von Fahrzeugen aus verwendet werden. Die Verwendung von Fahrzeugen aus ist nur zulässig, um vor Arbeits- oder Unfallstellen, vor ungewöhnlich langsam fahrenden Fahrzeugen oder vor Fahrzeugen mit ungewöhnlicher Breite oder Länge oder mit ungewöhnlich breiter oder langer Ladung zu warnen.

VwV-StVO zu § 38 Blaues Blinklicht und gelbes Blinklicht

Zu den Absätzen 1 bis 3

1 Gegen missbräuchliche Verwendung von gelbem und blauem Blinklicht an damit ausgerüsteten Fahrzeugen ist stets einzuschreiten.

Zu Absatz 3

2 I. Gelbes Blinklicht darf auf der Fahrt zur Arbeits- oder Unfallstelle nicht verwendet werden, während des Abschleppens nur, wenn der Zug ungewöhnlich langsam fahren muss oder das abgeschleppte Fahrzeug oder seine Ladung genehmigungspflichtige Übermaße hat. Fahrzeuge des Straßendienstes der öffentlichen Verwaltung dürfen gelbes Blinklicht verwenden, wenn sie Sonderrechte (§ 35 Abs. 6) beanspruchen oder vorgebaute oder angehängte Räum- oder Streugeräte mitführen.

3 II. Ortsfestes gelbes Blinklicht sollte nur sparsam verwendet werden und nur dann, wenn die erforderliche Warnung auf andere Weise nicht deutlich genug gegeben werden kann. Empfehlenswert ist vor allem, es anzubringen, um den Blick des Kraftfahrers auf Stellen zu lenken, die außerhalb seines Blickfeldes liegen, z. B. auf ein negatives Vorfahrtzeichen (Z. 205 und 206), wenn der Kraftfahrer wegen der baulichen Beschaffenheit der Stelle nicht ausreichend klar erkennt, dass er wartepflichtig ist. Aber auch auf eine Kreuzung selbst kann so hingewiesen werden, wenn diese besonders schlecht erkennbar oder aus irgendwelchen Gründen besonders gefährlich ist. Vgl. auch Nr. VI zu § 37 Abs. 2 Nr. 1 und 2; Rn. 14. Im gelben Blinklicht dürfen nur schwarze Sinnbilder für einen schreitenden Fußgänger, ein Fahrrad, eine Straßenbahn, einen Kraftomnibus, einen Reiter oder ein schwarzer Pfeil gezeigt werden.

4 III. Fahrzeuge und Ladungen sind als ungewöhnlich breit anzusehen, wenn sie die gesetzlich zugelassenen Breiten überschreiten (§ 32 Abs. 1 StVZO und § 22 Abs. 2).

1 Aus der amtlichen Begründung

(entfällt)

2 Erläuterungen

2.1 Blaulicht und Martinshorn

Blaues Blinklicht und Martinshorn begründen keine Sonderrechte (§ 35 Abs. 1), verpflichten aber die Verkehrsteilnehmer, auch Fußgänger, den damit ausgerüsteten Fahrzeugen bei deren Betrieb den Weg freizugeben („**Wegerechte**"). Nur die Betätigung **beider Signale zusammen** gibt den Vorrang für das Einsatzfahrzeug (OLG Düsseldorf VerkMitt 2017 Nr. 16 = VRS 131, 61 = NZV 2017, 233: der Beweis für beide Sondersignale obliegt dem Einsatzfahrer; KG VerkMitt 2005 Nr. 71 = VRS 110, 11 = DAR 2006, 211 = SVR 2006, 181). Das Einschalten von **Blaulicht und Martinshorn** ist **nur zulässig**, wenn eine der in § 38 Abs. 1 beschriebenen Notlagen vorliegt **und** höchste Eile geboten ist (LG Coburg NZV 2010, 204: Transport wegen akuter offener Tuberkulose in eine Spezialklinik). Andererseits ist eine ohne einen solchen Notfall durchgeführte Einsatzfahrt mit eingeschaltetem Blaulicht und Martinshorn unzulässig; z.B. Transport eines Zeugen zum Vernehmungstermin im Polizeiwagen mit Sondersignalen (OLG Dresden DAR 2001, 214). Bei den „bedeutenden Sachwerten" ist unter wirtschaftlicher Betrachtung (ähnlich wie bei § 315c Abs. 1 StGB) von einer Wertgrenze von mind. 750 € auszugehen.

Welche Fahrzeuge mit Blaulicht und Martinshorn versehen werden dürfen, bestimmt sich nach den Ausrüstungsvorschriften der §§ 52 Abs. 3, 55 Abs. 3 StVZO.[1] Unfallwagen öffentlicher Verkehrsbetriebe sind keine

---

1 **§ 52 Abs. 3, 3a StVZO Zusätzliche Scheinwerfer und Leuchten**

(3) Mit einer oder mehreren Kennleuchten für blaues Blinklicht (Rundumlicht) dürfen ausgerüstet sein:

1. Kraftfahrzeuge, die dem Vollzugsdienst der Polizei, der Militärpolizei, der Bundespolizei, des Zolldienstes, des Bundesamtes für Güterverkehr oder der Bundesstelle für Flugunfalluntersuchung dienen, insbesondere Kommando-, Streifen-, Mannschaftstransport-, Verkehrsunfall-, Mordkommissionsfahrzeuge,
2. Einsatz- und Kommando-Kraftfahrzeuge der Feuerwehren und der anderen Einheiten und Einrichtungen des Katastrophenschutzes und des Rettungsdienstes,
3. Kraftfahrzeuge, die nach dem Fahrzeugschein als Unfallhilfswagen öffentlicher Verkehrsbetriebe mit spurgeführten Fahrzeugen, einschließlich Oberleitungsomnibussen, anerkannt sind,
4. Kraftfahrzeuge des Rettungsdienstes, die für den Krankentransport oder Notfallrettung besonders eingerichtet und nach dem Fahrzeugschein als Krankenkraftwagen anerkannt sind.

Kennleuchten für blaues Blinklicht mit einer Hauptabstrahlrichtung nach vorne oder nach hinten sind an Kraftfahrzeugen nach Satz 1 zulässig, jedoch bei mehrspurigen Fahrzeugen nur in Verbindung mit Kennleuchten für blaues Blinklicht (Rundumlicht).

(3a) Kraftfahrzeuge des Vollzugsdienstes der Militärpolizei, der Polizeien des Bundes und der Länder sowie des Zollfahndungsdienstes dürfen folgende Kennleuchten und Signalgeber haben:

1. Anhaltesignal,
2. nach vorn wirkende Signalgeber für rote Lichtschrift sowie
3. nach hinten wirkende Signalgeber für rote oder gelbe Lichtschrift.

Kraftfahrzeuge des Vollzugsdienstes des Bundesamtes für Güterverkehr dürfen mit einem nach hinten wirkenden Signalgeber für rote Lichtschrift ausgerüstet sein. Die Kennleuchten für rotes Blinklicht und blaues Blinklicht dürfen nicht gemeinsam betrieben werden können. Ergänzend zu den Signalgebern dürfen fluoreszierende oder retroreflektierende Folien verwendet werden.

„Managementwagen" der Leitungsebene, sondern nur KFZ mit spezifischer technischer Ausrüstung. Rettungswagen sind keine Notarztwagen, die weder über eine Genehmigung zur Notfallrettung verfügen, noch in ein Rendezvouz-System mit Rettungswagen einbezogen sind (OVG Hamburg VRS 108, 458).[2] Auch ausrangierte Wasserwerfer der Polizei oder entmilitarisierte Schützenpanzer dürfen nicht auf Privatpersonen zugelassen werden, selbst wenn diese den Fahrzeugen eine andere Zweckbestimmung geben möchten, z.B. als Bewässerungs- oder Abschleppfahrzeug (OVG Münster NZV 2015, 159: von nicht für zivile Zwecke gebauten Fahrzeugen geht eine erhöhte Gefährdung aus).

Andere Fahrzeuge können durch eine **Ausnahme** nach **§§ 52, 55, 70 StVZO** mit Blaulicht und Martinshorn ausgerüstet werden, vor allem Einsatzfahrzeuge technischer Notdienste der Gas-, Elektrizitäts-, Wasser- und Entwässerungswerke (VGH Mannheim DAR 1999, 41), zivile Einsatz- oder Kommandofahrzeuge der freiwilligen Feuerwehren oder Rettungsdienst (Lippert VD 2017, 87), Fahrzeuge für Organtransplantationen (OLG Münster NZV 2000, 514) oder zur Unfallforschung (OLG Celle VD 2011, 265). Fahrzeuge des Blutspendedienstes gehören nicht zu den Wegerechtsfahrzeugen.[3] Wenn gelegentlich Blutkonserven unter Notgesichtspunkten befördert werden müssen, rechtfertigt dies allein keine Ausnahme, weil in solchen Fällen Rettungsfahrzeuge mit Sondersignalen eingesetzt werden können (BVerwG VerkMitt 2002 Nr. 64 = DAR 2002, 281 = VRS 103, 311; OVG Münster VerkMitt 2009 Nr. 83), sofern solche ständig verfügbar sind (OVG Münster VRS 110, 455). Zulassungsrechtliche Ausnahmen für Rettungsfahrten von Tieren sind begrifflich ausgeschlossen, weil das Einschalten von Blaulicht und Martinshorn zur Erhaltung des Lebens von Tieren (leider) nicht zugelassen ist (§ 38 Abs. 1). Unzulässig ist die Zulassung privater Feuerwehrfahrzeuge, weil solche nur von öffentlich-rechtlichen Feuerwehren der Gemeinden oder Kreise oder staatlich anerkannten oder angeordneten Werkfeuer-

1 *(Fortsetzung)*

§ 55 Abs. 3 bis 4 StVZO Einrichtungen für Schallzeichen

(3) Kraftfahrzeuge, die auf Grund des § 52 Abs. 3 Kennleuchten für blaues Blinklicht führen, müssen mit mindestens einer Warneinrichtung mit einer Folge von Klängen verschiedener Grundfrequenz (Einsatzhorn) ausgerüstet sein. Ist mehr als ein Einsatzhorn angebracht, so muss sichergestellt sein, dass jeweils nur eines betätigt werden kann.

(3a) Kraftfahrzeuge, die auf Grund des § 52 Abs. 3a mit Anhaltesignal und mit Signalgebern für rote Lichtschrift ausgerüstet sind, dürfen neben der in Abs. 3 vorgeschriebenen Warneinrichtung, dem Einsatzhorn, mit einer zusätzlichen Warneinrichtung, dem Anhaltehorn, ausgerüstet sein. Es muss sichergestellt sein, dass das Anhaltehorn nur in Verbindung mit dem Anhaltesignal und dem Signalgeber für rote Lichtschrift aktiviert werden kann. Es darf nicht möglich sein, die Warneinrichtungen gemeinsam zu betreiben.

(4) Ausschließlich die in den Abs. 1 bis 3a beschriebenen Einrichtungen für Schallzeichen sowie Sirenen dürfen an Kraftfahrzeugen, mit Ausnahme von Kraftfahrzeugen nach Abs. 3a Satz 1, angebracht sein. Nur die in Satz 1 der Abs. 3 und 3a genannten Kraftfahrzeuge dürfen mit dem Einsatzhorn oder zusätzlich mit dem Anhaltehorn ausgerüstet sein.

2 Bei der Ausstattung von Notarzteinsatzfahrzeugen mit Blaulicht und Martinshorn muss der Halter ein Träger des Rettungsdienstes sein; für Autovermieter gilt das selbst dann nicht, wenn das Fahrzeug ausschließlich von Rettungsdienstorganisationen genutzt wird (OVG Hamburg VerkMitt 2011 Nr. 55 = NZV 2011, 319).

3 Änderung des § 52 Abs. 3 StVZO durch Verordnung vom 23.3.2000 (BGBl. I S. 310).

Sonderrechte – Wegerechte	
Sonderrechte nach § 35 StVO Befreiung bestimmter Institutionen von Verkehrsverboten	**Wegerechte nach § 38 StVO** Ausrüstung von Fahrzeugen mit Blaulicht und Martinshorn nach §§ 52 Abs. 3, 55 Abs. 3 StVZO
Bei Inanspruchnahme sind die genannten Institutionen nebst ihren Bediensteten freigestellt. Die Einrichtungen nach § 35 Abs. 6, 7 und 7a haben nur eingeschränkte Sonderrechte.	Bei Inanspruchnahme von Blaulicht und Martinshorn haben andere Verkehrsteilnehmer nach § 38 Abs. 1 „freie Bahn" zu schaffen und bei Stau eine freie Gasse zu bilden (§ 11 Abs. 2).
Polizei	Polizei
Feuerwehr	Feuerwehr
Zolldienst	Zolldienst
Katastrophenschutz	Katastrophenschutz
Bundespolizei	Bundespolizei
Bundeswehr, NATO-Truppen	Militärpolizei
Befreiung bestimmter Fahrzeuge von Verkehrsverboten: Rettungsfahrzeuge Straßenbau-, Straßenunterhaltungs-, Straßenreinigungsfahrzeuge, Fahrzeuge der Müllabfuhr, Fahrzeuge der Regulierungsbehörde	Unfallhilfswagen öffentlicher Verkehrsbetriebe mit spezifischer technischer Ausrüstung, Krankenkraftwagen, Rettungsfahrzeuge
Ausnahmen für Gehwegreinigungsfahrzeuge über 3,5 t mit besonders breiten Niederdruckreifen	Aufgrund einer Ausnahmegenehmigung nach § 70 StVZO mit Blaulicht und Martinshorn ausgerüstete Fahrzeuge: Technische Einsatzfahrzeuge der Gaserzeugungs-, Elektrizitäts-, Wassergewinnungs- oder Entwässerungsunternehmen

wehren betrieben werden dürfen (OVG Münster VRS 2010, 379 = DAR 2010, 416). Auch für Hausrufnotdienste (Krankentransporte, Schlüssel-, Elektronik- oder Wassernotdienste) besteht kein Anspruch auf Erteilung einer zulassungsrechtlichen Ausnahme nach § 70 Abs. 1 Nr. 1 StVZO zur Ausrüstung mit blauem Blinklicht und Martinshorn (VGH Mannheim VerkMitt 2015 Nr. 10 = NZV 2016, 152).

Wer sein Fahrzeug **unzulässig** mit Blaulicht und/oder Martinshorn **ausrüstet**, verstößt nicht nur gegen §§ 49a Abs. 1 Satz 1, 55 Abs. 3, 69a Abs. 6 Nr. 18 und 22 StVZO, sondern kann sich bei deren Inbetriebnahme auch wegen Amtsanmaßung nach § 132 StGB strafbar machen. Dies setzt aber voraus, dass das Erscheinungsbild des Fahrzeugs und das Verkehrsverhalten einem Fahrzeug ähnelt, das als Hoheitsträger Blaulicht und Martinshorn führen darf (BGH NStZ 2016, 721; OLG Celle DAR 2014, 97 = NZV 2014, 188 = VD 2014, 133; KG NZV 2013, 405; OLG Celle VerkMitt 2013 Nr. 81 = VRS 125, 169).

2.2 Schaffung freier Bahn

„Freie Bahn" schaffen bedeutet, ungehinderte Durch- und Weiterfahrt unter Berücksichtigung der Verkehrsverhältnisse zu ermöglichen (OLG Köln VerkMitt 1984 Nr. 91). Wird das Martinshorn zwar gehört, aber die Richtung noch nicht erkannt, aus der das Wegerechtsfahrzeug kommt, darf nur so vorsichtig und langsam gefahren werden, dass jederzeit eine freie Bahn geschaffen werden kann. Andere Verkehrsteilnehmer müssen sich darauf einstellen und dürfen eine Behinderung vermuten, auch wenn sie selbst das Martinshorn noch nicht gehört haben. Da jederzeit mit Einsatzfahrzeugen gerechnet werden muss, sind Tonübertragungsgeräte nach § 23 Abs. 1 nur so laut zu betreiben, dass Verkehrsumfeldgeräusche wahrgenommen werden. Zur Schaffung einer freien Durchfahrt ist auszuweichen, beiseite, scharf rechts und langsam zu fahren, notfalls anzuhalten, aber nicht blindlings abrupt so zu bremsen, dass Dritte gefährdet oder Einsatzfahrzeuge durch Staubildung behindert werden (KG VRS 117, 324 = NZV 2010, 203; BayObLG VRS 16, 393; LG Hamburg NZV 2013, 81: Haftung für Unfall durch Fahrstreifenwechsel). Abbieger müssen warten, solange sie die mögliche Fahrlinie des Wegerechtsfahrzeugs nicht einschätzen können (LG Saarbrücken NZV 2012, 132 = VD 2012, 213). Das kurze Auffahren auf Geh- oder Radwege ist nach dem Nothilfeprinzip gerechtfertigt, wenn das Wegerechtsfahrzeug wegen Staus blockiert würde und weder Fußgänger noch Radfahrer gefährdet werden. Die Sondersignale müssen wahrnehmbar sein (BGH VerkMitt 1975 Nr. 33 = DAR 1975, 111) und zur Reaktion muss eine kurz bemessene, aber ausreichende Zeit zur Verfügung stehen (KG VerkMitt 1981 Nr. 119; 2001 Nr. 76). Auf die Vorfahrt ist vorübergehend zu verzichten, wenn Blaulicht sichtbar ist und das Einsatzhorn ertönt; auch bei grüner Ampel (KG VRS 76, 266).

Die Pflicht, sofort freie Bahn zu schaffen, hängt weder von der Eilbedürftigkeit der Einsatzfahrt (KG VerkMitt 1982 Nr. 41) noch von der Zulässigkeit der Inbetriebnahme der Sondersignale ab (KG VerkMitt 1998 Nr. 19 = NZV 1998, 27 = MDR 1997, 1121); sie ist deshalb unbedingt zu beachten. Kraftfahrer müssen zwar nicht ständig mit Wegerechtsfahrzeugen rechnen, aber dafür sorgen, dass etwaige Signale wahrgenommen werden können (OLG Hamm VerkMitt 1972 Nr. 37).

2.3 Einsatzfahrten mit Blaulicht und Martinshorn

Im Einsatz darf das Wegerechtsfahrzeug die geschaffene freie Bahn auch dann ausnutzen, wenn keine Sonderrechte bestehen, z. B. Fahrzeug der Gasversorgung bei Ausrüstung mit Blaulicht und Martinshorn im Wege einer Ausnahme nach § 70 StVZO (**BGH VRS 48, 260 = NJW 1975, 648**: Weiterfahrt bei Rot; BVerwG VRS 98, 458; OVG Hamburg NZV 2001, 447 = DAR 2001, 470 = VRS 101, 309; kritisch Müller VD 2002, 368). Gleiches gilt für den Einsatz eines Krankenwagens aus einem EU-Mitgliedstaat im Bundesgebiet. Nach dem WÜ werden die Ausrüstungsbestimmungen der Fahrzeuge gegenseitig anerkannt, somit auch von Blaulicht und Martinshorn. Der Einsatzfahrer hat zwar keine Sonderrechte nach § 35 Abs. 1; unter den Voraussetzungen des § 38 Abs. 1 darf er jedoch bei Notfällen Blaulicht und Martinshorn in Betrieb nehmen und sich freie Bahn verschaffen.

Der Einsatzfahrer muss Sondersignale rechtzeitig und so lange betätigen, bis er die Gefahrenstelle oder Kreuzung verlassen hat (BGH VerkMitt 2007 Nr. 72: 10 s vor Erreichen der Haltlinie bei Rot; KG VRS 113, 205 = NZV 2008, 149). Nur dann darf er annehmen, dass im Umkreis von 50 m die Zeichen wahrgenommen werden (BGH VRS 28, 208). Bei zivilen Einsatzfahrzeugen ist die geringere Lautstärke des im Motorraum angebrachten Martinshorns zu berücksichtigen (KG NZV 2004, 85; KG VRS 105, 174 = KG NZV 2004, 86; KG VRS 104, 115 = NZV 2003, 126 = DAR 2003, 376). Der Einsatzfahrer hat sich davon zu überzeugen, dass sich andere auf die Inanspruchnahme des Vorrangs eingestellt haben und ihm freie Bahn einräumen. Er darf nur so schnell in die für ihn durch **Ampelrot** gesperrte Kreuzung einfahren, dass er noch rechtzeitig anhalten kann (BGH VerkMitt 1975 Nr. 33 = DAR 1975, 111 = VRS 48, 260 = MDR 1975, 392; KG SVR 2011, 228; OLG Düsseldorf VerkMitt 2018 Nr. 24 = VRS 2018, 285; OLG Naumburg DAR 2013, 468 = NZV 2013, 394 und 2014, 26; KG VRS 113, 39 = NZV 2008, 147; OLG Brandenburg NZV 2011, 26: Vorfahrt- und Vorrangverhältnisse bleiben unverändert; OLG Naumburg VerkMitt 2009 Nr. 57: Tempo 55 bei roter Ampel ist zu schnell; LG Hamburg SVR 2018, 301: 50 km/h bei mehrspuriger Innerortskreuzung ist zu schnell; VG Potsdam NZV 2012, 310: Kreuzungseinfahrt bei Rot ohne Martinshorn ist selbst mit Schrittgeschwindigkeit grob fahrlässig; KG VerkMitt 2005 Nr. 45 = NZV 2005, 636 und VRS 108, 418; KG VerkMitt 2001 Nr. 76 = VRS 100, 329; KG NZV 1992, 456; OLG Celle VersR 1975, 1052; VG Neustadt/Weinstraße VRS 126, 185; VG Gelsenkirchen NZV 2018, 152: eine typische Einsatzfahrt ist nicht zwangsläufig mit Lebensgefahr verbunden; AG Gotha mit Anm. Dickmann NZV 2020, 104: Sorgfaltspflicht bei Notarzteinsatz). Je größer das Unfallrisiko ist oder je stärker von Verkehrsregeln abgewichen wird, umso vorsichtiger muss gefahren und darauf geachtet werden, dass andere die Sondersignale auch tatsächlich beachten (BGH VerkMitt 2007 Nr. 72; OLG Naumburg NZV 2012, 277; KG DAR 2010, IV; LG Halle SVR 2013, 26). An einer verkehrsreichen Kreuzung darf nicht darauf vertraut werden, dass sofort freie Bahn eingeräumt wird (OLG Brandenburg SVR 2010, 61: bei Kollision ½ Schadensteilung). Bei schlechter Übersicht ist die Geschwindigkeit stark zu vermindern, notfalls in den Fahrbereich des durch Ampelsignal freigegebenen Gegenverkehrs hineinzutasten (KG NZV 2004, 84: Haftung zu ⅔ beim Einfahren in eine Kreuzung mit Rot ohne Halt; KG NZV 1989, 192). Auch wenn der Einsatz der Rettung von Menschenleben dient, dürfen andere Personen während der Fahrt nicht gefährdet werden (KG VRS 83, 288). Bestimmend muss für den Einsatzfahrer bleiben, das Einsatzziel nicht durch unfallbedingte Verzögerungen infrage zu stellen. Bei Unfällen trifft den Halter des Einsatzfahrzeugs die Darlegungs- und Beweislast (KG NZV 2003, 126). Andererseits haften diejenigen allein, wenn sie entgegen § 38 Abs. 1 Sondersignale missachten (OLG Frankfurt/M. NZV 2013, 396). Besonders vorsichtig muss gefahren werden, wenn wegen besonderer Umstände (Suizidgefahr, Verfolgung von Straftätern) auf Blaulicht und Martinshorn verzichtet wird, andererseits aber Sonderrechte weiterhin in Anspruch genommen werden (s. a. Wozny VD 2019, 59).

2.4 Blaues Blinklicht

Blaues Blinklicht allein ohne Einsatzhorn verpflichtet zwar nicht zur Schaffung freier Bahn (KG VRS 2003, 355 = NZV 2003, 382), signalisiert aber eine **Einsatzfahrt**.[4] Kraftfahrer sind deshalb zu besonderer Vorsicht und Rücksicht durch Tempoverringerung (§ 3 Abs. 1), Einhaltung des Rechtsfahrgebots (§ 2 Abs. 1) und Überholverzicht (§ 5 Abs. 3 Nr. 1) verpflichtet (OLG Koblenz DAR 2004, 146 = NZV 2004, 525). Das gilt auch für Protokollfahrten von Staatsgästen mit Begleitung durch polizeiliche Blaulichtfahrzeuge, weil der Verband als geschlossene Einheit auch Sonderrechte

4 Z.B. bei verdeckten Einsätzen der Kriminalpolizei, bei heiklen Rettungssituationen oder aus Lärmschutzgründen.

nach § 35 Abs. 1 in Anspruch nimmt, meist keinen Spurwechsel vornimmt und seine Geschwindigkeit aus Sicherheitsgründen nicht vermindert (KG NZV 2003, 481).[5]

2.5 Anhaltesignal („Yelp-Signal“)

Nach § 38 Abs. 5 können Anhaltesignale auch durch technische Einrichtungen am Einsatzfahrzeug oder durch eine rote Leuchte gegeben werden. Nach §§ 52 Abs. 3a, 55 Abs. 3a StVZO[6] dürfen Einsatzfahrzeuge mit nach vorn gerichteten Leuchten für rotes Blinklicht und Signalgeber für rote Leuchtschrift („STOPP POLIZEI“ oder „BITTE FOLGEN“) sowie mit einem akustischen Anhaltehorn und auch reflektierendem Material (meist Gelb/Rot) ausgestattet werden. Ein Anhalte-Tonsignal darf nur mit rotem Blinklicht oder roter Leuchtschrift aktiviert werden. Andererseits dürfen blaues sowie rotes Blinklicht, Martins- und Anhaltehorn nicht zusammen betrieben werden, weil das beim Betroffenen zu Verwirrung führen würde.[7] Verkehrsteilnehmer müssen die Anweisungen der Polizei befolgen (§ 38 Abs. 5 Satz 4).

Die Pflicht zur Beachtung des Anhaltesignals folgt nicht aus § 38 Abs. 1, sondern aus der Verpflichtung des § 36 Abs. 1, Weisungen von Polizeibeamten zu befolgen.[8]

2.6 Gelbes Blinklicht

Mobiles gelbes Blinklicht (Rundumlicht)[9] nach § 38 Abs. 3 Satz 2 warnt vor Risiken, die von dem Fahrzeug selbst oder von ausgeführten Arbeiten **ausgehen.** Es darf nur auf Fahrzeugen angebracht werden, die in § 52

5 S.a. Rundschreiben des Auswärtigen Amtes vom 10.9.2015 (GMBl. vom 19.11.2015, 1200) zur Behandlung von Diplomaten und anderen bevorrechtigten Personen in der Bundesrepublik Deutschland (VkBl. 2016, 302) und Empfehlungen des Bundesinnenministeriums für das Verfahren bei polizeilichen Eskorten von Staatsbesuchen (VkBl. 1973, 594 – Abschnitt XII „Ehrung und Schutz von Besuchern“).

6 I.d.F. des Art. 1 der 48. VO zur Änderung straßenverkehrsrechtlicher Vorschriften vom 26.7.2013 (BGBl. I S. 2803).

7 Im Gegensatz dazu sind US-Polizeieinsatzfahrzeuge mit blauen, roten und unterschiedlichen Tonsignalen („Yelp-Signale“) ausgestattet.

8 Auf EU-Ebene werden technische Möglichkeiten für das **Anhalten** unwilliger Kraftfahrer durch **ferngesteuerte Eingriffe** in die Autoelektronik geprüft: Projekt „**SAVELEC**“ (= **Sa**fe control of non cooperative **ve**hicles through **e**lectromagnetic means). Ergebnisse liegen noch nicht vor.

9 **§ 52 Abs. 4 StVZO Zusätzliche Scheinwerfer und Leuchten**

(4) Mit einer oder, wenn die horizontale und vertikale Sichtbarkeit (geometrische Sichtbarkeit) es erfordert, mehreren Kennleuchten für gelbes Blinklicht (Rundumlicht) dürfen ausgerüstet sein:

1. Fahrzeuge, die dem Bau, der Unterhaltung oder Reinigung von Straßen oder von Anlagen im Straßenraum oder die der Müllabfuhr dienen und durch rot-weiße Warnmarkierungen (Sicherheitskennzeichnung), die dem Normblatt DIN 30710, Ausgabe März 1990, entsprechen müssen, gekennzeichnet sind,
2. Kraftfahrzeuge, die nach ihrer Bauart oder Einrichtung zur Pannenhilfe geeignet und nach dem Fahrzeugschein als Pannenhilfsfahrzeug anerkannt sind. Die Zulassungsbehörde kann zur Vorbereitung ihrer Entscheidung die Beibringung des Gutachtens eines amtlich anerkannten Sachverständigen oder Prüfers für den Kraftfahrzeugverkehr darüber anordnen, ob das Kraftfahrzeug nach seiner Bauart oder Einrichtung zur Pannenhilfe geeignet ist. Die Anerkennung ist nur zulässig für Fahrzeuge von Betrieben, die gewerblich oder innerbetrieblich Pannenhilfe leisten, von Automobilclubs und von Verbänden des Verkehrsgewerbes und der Autoversicherer,

Abs. 4 StVZO genannt werden, z. B. Großraum- und Schwertransportfahrzeuge, Müllfahrzeuge öffentlich-rechtlicher Versorgungsträger (BVerwG NJW 2014, 328), Bau-, Streu-, Schneeräum- oder Abschleppfahrzeuge (OLG Düsseldorf NZV 1992, 188; OVG Lüneburg VerkMitt 2014 Nr. 38; BVerwG NJW 2014, 328: keine Ausnahme für gelbes Rundumlicht bei Schrottsammelwagen).[10]

Eine Verpflichtung zum Einschalten des Blinklichts folgt nicht aus § 38, wohl aber aus dem Gefährdungs- und Behinderungsverbot des § 1 Abs. 2. Die Warnung selbst enthält keine Vorrechte, verpflichtet nur andere Verkehrsteilnehmer zur Vorsicht, Temporeduzierung und zum Rechtsfahrgebot (OLG Düsseldorf VD 2018, 276: gelbes Blinklicht begründet keine unklare Verkehrslage i. S. d. § 5 Abs. 3 Nr. 1; LG Saarbrücken NZV 2014, 412: größerer Seitenabstand bei der Vorbeifahrt erforderlich, weil mit weitem Öffnen der Tür gerechnet werden muss; OLG Düsseldorf DAR 2017, 463: keine unklare Verkehrslage durch gelbes Blinklicht).

Stationäres gelbes Blinklicht als Verkehrseinrichtung nach § 43 warnt vor örtlichen Gefahrenstellen und soll die Aufmerksamkeit bei schwieriger Straßenführung auf Verkehrszeichen und Verkehrseinrichtungen lenken (Rn. 3 VwV-StVO zu § 38). Es setzt weder Verkehrs- noch Lichtzeichen außer Kraft, sondern weist auf deren besondere Beachtung hin (BGH SVR 2005, 424; OLG Köln VRS 53, 309). Die Anordnung von Blinklicht in Verbindung mit Verkehrszeichen ist nicht unproblematisch, weil solche Signale zu Fehleinschätzungen und Fehlreaktionen führen können.[11] Gefahrzeichen 131 mit gelbem Blinklicht weist auf eine schlecht einsehbare Wechsellichtzeichenanlage hin und verpflichtet für sich allein ohne weitergehende Gefahren noch nicht dazu, die Geschwindigkeit herabzusetzen (BGH VerkMitt 2005 Nr. 78 = NZV 2005, 407 = VRS 109, 92). Gelbes Blinklicht in Signalanlagen weist darauf hin, dass die Lichtzeichenanlage außer Betrieb ist.

3 Hinweise

3.1 Gelbes Blinklicht zur Sicherung geschlossen reitender oder marschierender Verbände: § 27 Abs. 4 Satz 1.

---

9 *(Fortsetzung)*

3. Fahrzeuge mit ungewöhnlicher Breite oder Länge oder mit ungewöhnlich breiter oder langer Ladung, sofern die genehmigende Behörde die Führung der Kennleuchten vorgeschrieben hat,
4. Fahrzeuge, die auf Grund ihrer Ausrüstung als Schwer- und Großraumtransport-Begleitfahrzeuge ausgerüstet und nach dem Fahrzeugschein anerkannt sind. Andere Begleitfahrzeuge dürfen mit abnehmbaren Kennleuchten ausgerüstet sein, sofern die genehmigende Behörde die Führung der Kennleuchten vorgeschrieben hat.

10 S. a. Klarstellung des BMVI vom 19.12.2019 (VkBl. 2020, 9).

11 Gefahrzeichen auf (nicht zugelassenen) gelben reflektierenden Tafeln, verbunden mit Blink- oder Blitzsignalen. Die Auffälligkeit solcher Anlagen sinkt bei Gewöhnung und führt an benachbarten Knoten zu verminderter Aufmerksamkeit und Unfallanstieg. Gelbe reflektierende Tafeln sind daher nicht zugelassen.

§ 39 Verkehrszeichen

(1) Angesichts der allen Verkehrsteilnehmern obliegenden Verpflichtung, die allgemeinen und besonderen Verhaltensvorschriften dieser Verordnung eigenverantwortlich zu beachten, werden örtliche Anordnungen durch Verkehrszeichen nur dort getroffen, wo dies auf Grund der besonderen Umstände zwingend geboten ist.

(1a) Innerhalb geschlossener Ortschaften ist abseits der Vorfahrtstraßen (Zeichen 306) mit der Anordnung von Tempo 30-Zonen (Zeichen 274.1) zu rechnen.

(1b) Innerhalb geschlossener Ortschaften ist abseits der Vorfahrtstraßen (Zeichen 306) mit der Anordnung von Fahrradzonen (Zeichen 244.3) zu rechnen.[1]

(2) Regelungen durch Verkehrszeichen gehen den allgemeinen Verkehrsregeln vor. Verkehrszeichen sind Gefahrzeichen, Vorschriftzeichen und Richtzeichen. Als Schilder stehen sie regelmäßig rechts. Gelten sie nur für einzelne markierte Fahrstreifen, sind sie in der Regel über diesen angebracht.

(3) Auch Zusatzzeichen sind Verkehrszeichen. Zusatzzeichen zeigen auf weißem Grund mit schwarzem Rand schwarze Sinnbilder, Zeichnungen oder Aufschriften, soweit nichts anderes bestimmt ist.[2] Sie sind unmittelbar, in der Regel unter dem Verkehrszeichen, auf das sie sich beziehen, angebracht.

(4) Verkehrszeichen können auf einer weißen Trägertafel aufgebracht sein. Abweichend von den abgebildeten Verkehrszeichen können in Wechselverkehrszeichen die weißen Flächen schwarz und die schwarzen Sinnbilder und der schwarze Rand weiß sein, wenn diese Zeichen nur durch Leuchten erzeugt werden.

(5) Auch Markierungen und Radverkehrsführungsmarkierungen sind Verkehrszeichen. Sie sind grundsätzlich weiß. Nur als vorübergehend gültige Markierungen sind sie gelb; dann heben sie die weißen Markierungen auf. Gelbe Markierungen können auch in Form von Markierungsknopfreihen, Markierungsleuchtknopfreihen oder als Leitschwellen oder Leitborde ausgeführt sein. Leuchtknopfreihen gelten nur, wenn sie eingeschaltet sind. Alle Linien können durch gleichmäßig dichte Markierungsknopfreihen ersetzt werden. In verkehrsberuhigten Geschäftsbereichen (§ 45 Absatz 1d) können Fahrbahnbegrenzungen auch mit anderen Mitteln, insbesondere durch Pflasterlinien, ausgeführt sein. Schriftzeichen und die Wiedergabe von Verkehrszeichen auf der Fahrbahn dienen dem Hinweis auf ein angebrachtes Verkehrszeichen.

(6) Verkehrszeichen können an einem Fahrzeug angebracht sein. Sie gelten auch während das Fahrzeug sich bewegt. Sie gehen den Anordnungen der ortsfest angebrachten Verkehrszeichen vor.

---

1 § 39 Abs. 1b eingefügt durch Art. 1 der 54. StrVRÄndV vom 20.4.2020 (BGBl. I S. 814).
2 Art. 2 der Verordnung zum Erlass und zur Änderung von Vorschriften über die Kennzeichnung emissionsarmer Kraftfahrzeuge vom 10.10.2006 (BGBl. I S. 2218).

(7) Werden Sinnbilder[3] auf anderen Verkehrszeichen als den in den Anlagen 1 bis 3 zu den §§ 40 bis 42 dargestellten gezeigt, so bedeuten die Sinnbilder:[4]

Kraftwagen und sonstige mehrspurige Kraftfahrzeuge

Kraftfahrzeuge mit einer zulässigen Gesamtmasse über 3,5 t, einschließlich ihrer Anhänger, und Zugmaschinen, ausgenommen Personenkraftwagen und Kraftomnibusse

Radverkehr

Fahrrad zum Transport von Gütern oder Personen – Lastenfahrrad

Fußgänger

Reiter

Viehtrieb

Straßenbahn

Kraftomnibus

Personenkraftwagen

Personenkraftwagen oder Krafträder mit Beiwagen, die mit mindestens drei Personen besetzt sind – mehrfachbesetzte Personenkraftwagen

Personenkraftwagen mit Anhänger

Lastkraftwagen mit Anhänger

Wohnmobil

Kraftfahrzeuge und Züge, die nicht schneller als 25 km/h fahren können oder dürfen

3 Das Sinnbild „Gespannfuhrwerke" ist im Vorgriff auf eine Änderung des § 39 Abs. 4 durch Verlautbarung des BMVBS (BMVI) vom 18.10.2004 (VkBl. S. 542) eingeführt worden. Im Z. 250 kann damit auch ein Verkehrsverbot für Pferdekutschen erlassen werden, z. B. für Weihnachtsmärkte oder andere touristische Ereignisse. Wird ein solches Verbot erlassen, muss die Entscheidung besonderen Gefahren für die öffentliche Sicherheit oder Ordnung i. S. d. § 45 Abs. 9 Rechnung tragen, weil andernfalls in die Rechte von eingerichteten und ausgeübten Gewerbebetrieben der betroffenen Fuhrunternehmen eingegriffen wird (VGH München VD 2010, 288 = NZV 2011, 104).

4 Symbole Lastenfahrrad, mehrfachbesetzte PKW, Wohnmobil und Elektrokleinstfahrzeug in § 39 Abs. 7 eingefügt durch Art. 1 der 54. StrVRÄndV vom 20.4.2020 (BGBl. I S. 814).

Krafträder, auch mit Beiwagen, Kleinkrafträder und Mofas

Mofas

Einsitzige zweirädrige Kleinkrafträder mit elektrischem Antrieb, der sich auf eine bauartbedingte Geschwindigkeit von nicht mehr als 25 km/h selbsttätig abregelt – E-Bikes

Elektrokleinstfahrzeug im Sinne der Elektrokleinstfahrzeuge-Verordnung (eKFV)

Gespannfuhrwerke

(8) Bei besonderen Gefahrenlagen können als Gefahrzeichen nach Anlage 1 auch die Sinnbilder „Viehtrieb" und „Reiter" und Sinnbilder mit folgender Bedeutung angeordnet sein:[5]

Schnee- oder Eisglätte

Steinschlag

Splitt, Schotter

Bewegliche Brücke

Ufer

Fußgängerüberweg

Amphibienwanderung

Unzureichendes Lichtraumprofil

Flugbetrieb

(9) Die in den Anlagen 1 bis 4 abgebildeten Verkehrszeichen und Verkehrseinrichtungen können auch mit den im Verkehrszeichenkatalog dargestellten Varianten angeordnet sein.[6] **Der Verkehrszeichenkatalog**

---

5 Merkblatt zum Amphibienschutz an Straßen vom 31.1.2000 (VkBl. S. 171).

6 Der Verkehrszeichenkatalog (VzKat) ist als Anlage zur VwV-StVO im BAnz AT 29.5.2017 B8 veröffentlicht und kann von der Bundesanstalt für Straßenwesen (BASt) bezogen werden: Brüderstraße 53, 51427 Bergisch Gladbach, Tel. 02204/43-185, Fax 02204/43-674, http://www.bast.de/Verkehrszeichen.

wird vom Bundesministerium für Verkehr und digitale Infrastruktur im Verkehrsblatt veröffentlicht.

(10) Zur Bevorrechtigung elektrisch betriebener Fahrzeuge kann das Sinnbild

als Inhalt eines Zusatzzeichens angeordnet sein. Zur Unterstützung einer Parkflächenvorhaltung für elektrisch betriebene Fahrzeuge kann das Sinnbild zusätzlich auf der Parkfläche aufgebracht sein. Elektrisch betriebene Fahrzeuge sind die nach § 9a Absatz 2 und 4, jeweils auch in Verbindung mit Absatz 5, der Fahrzeug-Zulassungsverordnung gekennzeichneten Fahrzeuge.

(11) Zur Parkbevorrechtigung von Carsharingfahrzeugen kann das Sinnbild

Carsharing

als Inhalt eines Zusatzzeichens zu Zeichen 314 oder 315 angeordnet sein. Carsharingfahrzeuge sind Fahrzeuge im Sinne des § 2 Nummer 1 und des § 4 Absatz 1 und 2 des Carsharinggesetzes, in denen die Plakette

deutlich sichtbar auf der Innenseite der Windschutzscheibe anzubringen ist.[7]

VwV-StVO zu den §§ 39 bis 43
Allgemeines über Verkehrszeichen und Verkehrseinrichtungen

1 I. Die behördlichen Maßnahmen zur Regelung und Lenkung des Verkehrs durch Verkehrszeichen und Verkehrseinrichtungen sollen die allgemeinen Verkehrsvorschriften sinnvoll ergänzen. Dabei ist nach dem Grundsatz zu verfahren, so wenig Verkehrszeichen wie möglich anzuordnen. Bei der Straßenbaubehörde ist gegebenenfalls eine Prüfung anzuregen, ob an Stelle von Verkehrszeichen und Verkehrseinrichtungen vorrangig durch verkehrstechnische oder bauliche Maßnahmen eine Verbesserung der Situation erreicht werden kann.

---

7 § 39 Abs. 10 ergänzt und Abs. 11 eingefügt durch Art. 1 der 54. StrVRÄndV vom 20.4.2020 (BGBl. I S. 814). Zur Kennzeichnung und Ausgabe der Plaketten gelten § 3 Abs. 1 Satz 1, Abs. 2 Satz 1 und 2 und § 4 der Verordnung zur Kennzeichnung der Kraftfahrzeuge mit geringem Beitrag zur Schadstoffbelastung entsprechend § 4 Abs. 1 CsgG. Die Ausgabe erfolgt vor allem durch die Zulassungsbehörden (das Verfahren selbst ist noch nicht geregelt).

2 Verkehrszeichen, die lediglich die gesetzliche Regelung wiedergeben, sind nicht anzuordnen. Dies gilt auch für die Anordnung von Verkehrszeichen einschließlich Markierungen, deren rechtliche Wirkung bereits durch ein anderes vorhandenes oder gleichzeitig angeordnetes Verkehrszeichen erreicht wird. Abweichungen bedürfen der Zustimmung der obersten Landesbehörde.

3 Verkehrszeichen dürfen nur dort angebracht werden, wo dies nach den Umständen geboten ist. Über die Anordnung von Verkehrszeichen darf in jedem Einzelfall und nur nach gründlicher Prüfung entschieden werden; die Zuziehung ortsfremder Sachverständiger kann sich empfehlen.

4 1. Beim Einsatz moderner Mittel zur Regelung und Lenkung des Verkehrs ist auf die Sicherheit besonders Bedacht zu nehmen. Verkehrszeichen, Markierungen, Verkehrseinrichtungen sollen den Verkehr sinnvoll lenken, einander nicht widersprechen und so den Verkehr sicher führen. Die Wahrnehmbarkeit darf nicht durch Häufung von Verkehrszeichen beeinträchtigt werden.

5 2. Die Flüssigkeit des Verkehrs ist mit den zur Verfügung stehenden Mitteln zu erhalten. Dabei geht die Verkehrssicherheit aller Verkehrsteilnehmer der Flüssigkeit des Verkehrs vor. Der Förderung der öffentlichen Verkehrsmittel ist besondere Aufmerksamkeit zu widmen.

6 II. Soweit die StVO und diese Allgemeine Verwaltungsvorschrift für die Ausgestaltung und Beschaffenheit, für den Ort und die Art der Anbringung von Verkehrszeichen und Verkehrseinrichtungen nur Rahmenvorschriften geben, soll im Einzelnen nach dem jeweiligen Stand der Wissenschaft und Technik verfahren werden, den das Bundesministerium für Verkehr und digitale Infrastruktur nach Anhörung der zuständigen obersten Landesbehörden im Verkehrsblatt erforderlichenfalls bekannt gibt.

III. Allgemeines über Verkehrszeichen

7 1. Es dürfen nur die in der StVO abgebildeten Verkehrszeichen verwendet werden oder solche, die das Bundesministerium für Verkehr und digitale Infrastruktur nach Anhörung der zuständigen obersten Landesbehörden durch Verlautbarung im Verkehrsblatt zulässt.

Die Formen der Verkehrszeichen müssen den Mustern der StVO entsprechen.

Mehrere Verkehrszeichen oder ein Verkehrszeichen mit wenigstens einem Zusatzzeichen dürfen gemeinsam auf einer weißen Trägertafel aufgebracht werden. Die Trägertafel hat einen schwarzen Rand und einen weißen Kontraststreifen. Zusatzzeichen werden jeweils von einem zusätzlichen schwarzen Rand gefasst. Einzelne Verkehrszeichen dürfen nur auf einer Trägertafel aufgebracht sein, wenn wegen ungünstiger Umfeldbedingungen eine verbesserte Wahrnehmbarkeit erreicht werden soll.

8 2. Allgemeine Regeln zur Ausführung der Gestaltung von Verkehrszeichen sind als Anlage zu dieser Verwaltungsvorschrift im Katalog der Verkehrszeichen in der aktuellen Ausgabe (VzKat) ausgeführt.

9 Gefahrzeichen können spiegelbildlich dargestellt werden (die einzelnen Varianten ergeben sich aus dem VzKat),

10 a) wenn dadurch verdeutlicht wird, wo die Gefahr zu erwarten ist (Zeichen 103, 105, 117, 121), oder

11 b) wenn sie auf der linken Fahrbahnseite wiederholt werden (Zeichen 117, 133 bis 142); die Anordnung von Gefahrzeichen für beide Fahrbahnseiten ist jedoch nur zulässig, wenn nach den örtlichen Gegebenheiten nicht ausgeschlossen werden kann, dass Verkehrsteilnehmer das nur rechts befindliche Gefahrzeichen nicht oder nicht rechtzeitig erkennen können.

3. Größe der Verkehrszeichen

12 a) Die Ausführung der Verkehrszeichen und Verkehrseinrichtungen ist auf das tatsächliche Erfordernis zu begrenzen; unnötig groß dimensionierte Zeichen sind zu vermeiden.

13 b) Sofern in dieser Vorschrift nichts anderes bestimmt wird, erfolgt die Wahl der benötigten Verkehrszeichengröße – vor dem Hintergrund einer sorgfältigen Abwägung – anhand folgender Tabellen:

Verkehrszeichen	Größe 1 (70 %)	Größe 2 (100 %)	Größe 3 (125 bzw. 140 %)
Ronde (Ø)	420	600	750 (125 %)
Dreieck (Seitenl.)	630	900	1 260 (140 %)
Quadrat (Seitenl.)	420	600	840 (140 %)
Rechteck (H × B)	630 × 420	900 × 600	1 260 × 840 (140 %)

Maße in mm

Zusatzzeichen	Größe 1 (70 %)	Größe 2 (100 %)	Größe 3 (125 %)
Höhe 1	231 × 420	330 × 600	412 × 750
Höhe 2	315 × 420	450 × 600	562 × 750
Höhe 3	420 × 420	600 × 600	750 × 750

Maße der Zusatzzeichen in mm

14 c) Größenangaben für Sonderformen (z. B. Z. 201 „Andreaskreuz"), die in dieser Vorschrift nicht ausgeführt werden, sind im VzKat festgelegt.

15 d) In der Regel richtet sich die Größe nach der am Aufstellungsort geltenden zulässigen Höchstgeschwindigkeit:

Größen der Verkehrszeichen für Dreiecke, Quadrate und Rechtecke

Geschwindigkeitsbereich (km/h)	Größe
20 bis weniger als 50	1
50 bis 100	2
mehr als 100	3

Größen der Verkehrszeichen für Ronden

Geschwindigkeitsbereich (km/h)	Größe
0 bis 20	1
mehr als 20 bis 80	2
mehr als 80	3

16 e) Auf Autobahnen und autobahnähnlich ausgebauten Straßen ohne Geschwindigkeitsbeschränkung werden Verbote und vergleichbare Anordnungen zunächst durch Verkehrszeichen der Größe 3 nach den Vorgaben des VzKat angekündigt, Wiederholungen erfolgen bei zweistreifigen Fahrbahnen in der Regel in der Größe 2.

17 f) Kleinere Ausführungen als Größe 1 kommen unter Berücksichtigung des Sichtbarkeitsgrundsatzes nur für den Fußgänger- und Radverkehr sowie die Regelungen des Haltens und Parkens in Betracht. Das Verhältnis der vorgeschriebenen Maße soll auch dann gegeben sein. Im Übrigen sind bei allen Verkehrszeichen kleine Abweichungen von den Maßen zulässig, wenn dies aus besonderen Gründen notwendig ist und die Wahrnehmbarkeit und Lesbarkeit der Zeichen nicht beeinträchtigt.

17a g) Die Größe von Zonenzeichen, z. B. Zeichen 270.1, sollte sich nach dem darauf enthaltenen Hauptzeichen richten.

18 4. Die Ausführung der Verkehrszeichen darf nicht unter den Anforderungen anerkannter Gütebedingungen liegen.

19 5. Als Schrift ist die Schrift für den Straßenverkehr gemäß DIN 1451, Teil 2 zu verwenden.

20 6. Die Farben müssen den Bestimmungen und Abgrenzungen des Normblattes „Aufsichtsfarben für Verkehrszeichen – Farben und Farbgrenzen“ (DIN 6171) entsprechen.

21 7. Verkehrszeichen, ausgenommen solche für den ruhenden Verkehr, müssen rückstrahlend oder von außen oder innen beleuchtet sein. Das gilt auch für Verkehrseinrichtungen nach § 43 Abs. 3 Anlage 4 und für Zusatzzeichen. Werden Zusatzzeichen verwendet, müssen sie wie die Verkehrszeichen rückstrahlend oder von außen oder innen beleuchtet sein. Hinsichtlich lichttechnischer Anforderungen wird auf die EN 12899-1 „Ortsfeste, vertikale Straßenverkehrszeichen“ sowie die einschlägigen Regelwerke der Forschungsgesellschaft für Straßen- und Verkehrswesen (FGSV) verwiesen.

22 Ein Verkehrszeichen ist nur dann von außen beleuchtet, wenn es von einer eigenen Lichtquelle angeleuchtet wird.

23 Verkehrszeichen können auch lichttechnisch erzeugt als Wechselverkehrszeichen in Wechselverkehrszeichengebern dargestellt werden. Einzelheiten enthalten die „Richtlinien für Wechselverkehrszeichen an Bundesfernstraßen (RWVZ)“ und die „Richtlinien für Wechselverkehrszeichenanlagen an Bundesfernstraßen (RWVA)“, die das Bundesministerium für Verkehr und digitale Infrastruktur im Einvernehmen mit den zuständigen obersten Landesbehörden im Verkehrsblatt bekannt gibt.

24 8. Die Verkehrszeichen müssen fest eingebaut sein, soweit sie nicht nur vorübergehend aufgestellt werden. Pfosten, Rahmen und Schilderrückseiten sollen grau sein.

25 Strecken- und Verkehrsverbote für einzelne Fahrstreifen sind in der Regel so über den einzelnen Fahrstreifen anzubringen, dass sie dem betreffenden Fahrstreifen zweifelsfrei zugeordnet werden können (Verkehrszeichenbrücken oder Auslegermaste).

26 Muss von einer solchen Anbringung abgesehen werden oder sind die Zeichen nur vorübergehend angeordnet, z. B. bei Arbeitsstellen, sind die Ge- oder Verbotszeichen auf einer Verkehrslenkungstafel (Zeichen 501 ff.) am rechten Fahrbahnrand anzuzeigen (vgl. VwV zu den Zeichen 501 bis 546 Verkehrslenkungstafeln, Rn. 7). Insbesondere außerhalb geschlossener Ortschaften sollen die angeordneten Ge- oder Verbotszeichen durch eine gleiche Verkehrslenkungstafel mit Entfernungsangabe auf einem Zusatzzeichen angekündigt werden.

27 Bei den Zeichen 209 bis 214 und 245 reicht eine Aufstellung rechts neben dem Fahrstreifen, für den sie gelten, aus.

28 9. Verkehrszeichen sind gut sichtbar in etwa rechtem Winkel zur Fahrbahn rechts daneben anzubringen, soweit nicht in dieser Verwaltungsvorschrift anderes gesagt ist.

29 a) Links allein oder über der Straße allein dürfen sie nur angebracht werden, wenn Missverständnisse darüber, dass sie für den gesamten Verkehr in einer Richtung gelten, nicht entstehen können und wenn sichergestellt ist, dass sie auch bei Dunkelheit auf ausreichende Entfernung deutlich sichtbar sind.

30 b) Wo nötig, vor allem an besonders gefährlichen Straßenstellen, können die Verkehrszeichen auf beiden Straßenseiten, bei getrennten Fahrbahnen auf beiden Fahrbahnseiten, aufgestellt werden.

31 c) Verkehrszeichen können so gewölbt sein, dass sie auch seitlich erkennbar sind, wenn dies nach ihrer Zweckbestimmung geboten erscheint und ihre Sichtbarkeit von vorn dadurch nicht beeinträchtigt wird. Dies gilt insbesondere für die Zeichen 250 bis 267, nicht jedoch für vorfahrtregelnde Zeichen.

32 10. Es ist darauf zu achten, dass Verkehrszeichen nicht die Sicht behindern, insbesondere auch nicht die Sicht auf andere Verkehrszeichen oder auf Blinklicht- oder Lichtzeichenanlagen verdecken.

11. Häufung von Verkehrszeichen

33 Weil die Bedeutung von Verkehrszeichen bei durchschnittlicher Aufmerksamkeit zweifelsfrei erfassbar sein muss, sind Häufungen von Verkehrszeichen zu vermeiden. Es ist daher stets vorrangig zu prüfen, auf welche vorgesehenen oder bereits vorhandenen Verkehrszeichen verzichtet werden kann.

34 Sind dennoch an einer Stelle oder kurz hintereinander mehrere Verkehrszeichen unvermeidlich, muss dafür gesorgt werden, dass die für den fließenden Verkehr wichtigen besonders auffallen. Kann dies nicht realisiert werden oder wird ein für den fließenden Verkehr bedeutsames Verkehrszeichen an der betreffenden Stelle nicht erwartet, ist jene Wirkung auf andere Weise zu erzielen (z. B. durch Übergröße oder gelbes Blinklicht).

35 a) Am gleichen Pfosten oder sonst unmittelbar über- oder nebeneinander dürfen nicht mehr als drei Verkehrszeichen angebracht werden; bei Verkehrszeichen für den ruhenden Verkehr kann bei besonderem Bedarf abgewichen werden.

36 aa) Gefahrzeichen stehen grundsätzlich allein (vgl. Nummer I zu § 40; Rn. 1).

37 bb) Mehr als zwei Vorschriftzeichen sollen an einem Pfosten nicht angebracht werden. Sind ausnahmsweise drei solcher Verkehrszeichen an einem Pfosten vereinigt, dann darf sich nur eins davon an den fließenden Verkehr wenden.

38 cc) Vorschriftzeichen für den fließenden Verkehr dürfen in der Regel nur dann kombiniert werden, wenn sie sich an die gleichen Verkehrsarten wenden und wenn sie die gleiche Strecke oder den gleichen Punkt betreffen.

39 dd) Verkehrszeichen, durch die eine Wartepflicht angeordnet oder angekündigt wird, dürfen nur dann an einem Pfosten mit anderen Verkehrszeichen angebracht werden, wenn jene wichtigen Zeichen besonders auffallen.

40 b) Dicht hintereinander sollen Verkehrszeichen für den fließenden Verkehr nicht folgen. Zwischen Pfosten, an denen solche Verkehrszeichen gezeigt werden, sollte vielmehr ein so großer Abstand bestehen, dass der Verkehrsteilnehmer bei der dort gefahrenen Geschwindigkeit Gelegenheit hat, die Bedeutung der Verkehrszeichen nacheinander zu erfassen.

41 12. An spitzwinkligen Einmündungen ist bei der Aufstellung der Verkehrszeichen dafür zu sorgen, dass Benutzer der anderen Straße sie nicht auf sich beziehen, auch nicht bei der Annäherung; erforderlichenfalls sind Sichtblenden oder ähnliche Vorrichtungen anzubringen.

42 13. a) Die Unterkante der Verkehrszeichen sollte sich, soweit nicht bei einzelnen Zeichen anderes gesagt ist, in der Regel 2 m über Straßenniveau befinden, über Radwegen 2,20 m, an Schilderbrücken 4,50 m, auf Inseln und an Verkehrsteilern 0,60 m.

43 b) Verkehrszeichen dürfen nicht innerhalb der Fahrbahn aufgestellt werden. In der Regel sollte der Seitenabstand von ihr innerhalb geschlossener Ortschaften 0,50 m, keinesfalls weniger als 0,30 m betragen, außerhalb geschlossener Ortschaften 1,50 m.

44 14. Sollen Verkehrszeichen nur zu gewissen Zeiten gelten, dürfen sie sonst nicht sichtbar sein. Nur die Geltung der Zeichen 224, 229, 245, 250, 251, 253, 255, 260, 261, 270.1, 274, 276, 277, 283, 286, 290.1, 314, 314.1 und 315 darf stattdessen auf einem Zusatzzeichen, z. B. „8–16 h“, zeitlich beschränkt werden. Vorfahrtregelnde Zeichen vertragen keinerlei zeitliche Beschränkungen.

45 15. Besteht bei Verkehrszeichen an einem Pfosten kein unmittelbarer Bezug, ist dies durch einen Abstand von etwa 10 cm zu verdeutlichen.

16. Zusatzzeichen im Besonderen

46 a) Sie sollten, wenn irgend möglich, nicht beschriftet sein, sondern nur Sinnbilder zeigen. Wie Zusatzzeichen auszugestalten sind, die in der StVO oder in dieser Vorschrift nicht erwähnt, aber häufig notwendig sind, gibt das Bundesministerium für Verkehr und digitale Infrastruktur nach Anhörung der zuständigen obersten Landesbehörden im amtlichen Katalog der Verkehrszeichen (VzKat) im Verkehrsblatt bekannt. Abweichungen von den in diesem Verzeichnis aufgeführten Zusatzzeichen sind nicht zulässig; andere Zusatzzeichen bedürfen der Zustimmung der zuständigen obersten Landesbehörde oder der von ihr bestimmten Stelle.

47 b) Mehr als zwei Zusatzzeichen sollten an einem Pfosten, auch zu verschiedenen Verkehrszeichen, nicht angebracht werden. Die Zuordnung der Zusatzzeichen zu den Verkehrszeichen muss eindeutig erkennbar sein (§ 39 Abs. 3 Satz 3).

48 c) Entfernungs- und Längenangaben sind auf- oder abzurunden. Anzugeben sind z. B. 60 m statt 63 m, 80 m statt 75 m, 250 m statt 268 m, 800 m statt 750 m, 1,2 km statt 1235 m.

IV. Allgemeines über Markierungen

49 1. Markierungen sind nach den Richtlinien für die Markierung von Straßen (RMS) auszuführen. Das Bundesministerium für Verkehr und digitale Infrastruktur gibt die RMS im Einvernehmen mit den zuständigen obersten Landesbehörden im Verkehrsblatt bekannt.

50 2. Die auf den fließenden Verkehr bezogenen Markierungen sind retroreflektierend auszuführen.

51 3. Markierungsknöpfe sollen nur dann anstelle der Markierungslinien verwendet werden, wenn dies aus technischen Gründen zweckmäßig ist, z. B. auf Pflasterdecken.

52 4. Dagegen können Markierungen aller Art durch das zusätzliche Anbringen von Markierungsknöpfen in ihrer Wirkung unterstützt werden; geschieht dies an einer ununterbrochenen Linie, dürfen die Markierungsknöpfe nicht gruppenweise gesetzt werden. Zur Kennzeichnung gefährlicher Kurven und zur Verdeutlichung des Straßenverlaufs an anderen unübersichtlichen Stellen kann das zusätzliche Anbringen von Markierungsknöpfen auf Fahrstreifenbegrenzungen, auf Fahrbahnbegrenzungen und auf Leitlinien nützlich sein.

53 5. Markierungsknöpfe müssen in Grund und Aufriss eine abgerundete Form haben. Der Durchmesser soll nicht kleiner als 120 mm und nicht größer als 150 mm sein. Die Markierungsknöpfe dürfen nicht mehr als 25 mm aus der Fahrbahn herausragen.

54 6. Nach Erneuerung oder Änderung einer dauerhaften Markierung darf die alte Markierung nicht mehr sichtbar sein, wenn dadurch Zweifel über die Verkehrsregelung entstehen könnten.

55 7. Durch Schriftzeichen, Sinnbilder oder die Wiedergabe eines Verkehrszeichens auf der Fahrbahn kann der Fahrzeugverkehr lediglich zusätzlich auf eine besondere Verkehrssituation aufmerksam gemacht werden. Von dieser Möglichkeit ist nur sparsam Gebrauch zu machen. Sofern dies dennoch in Einzelfällen erforderlich sein sollte, sind die Darstellungen ebenfalls nach den RMS auszuführen.

56 8. Pflasterlinien in verkehrsberuhigten Geschäftsbereichen (vgl. § 39 Abs. 5 letzter Satz) müssen ausreichend breit sein, in der Regel mindestens 10 cm, und einen deutlichen Kontrast zur Fahrbahn aufweisen.

V. Allgemeines über Verkehrseinrichtungen

57 Für Verkehrseinrichtungen gelten die Vorschriften der Nummern I, III 1, 2, 4, 5, 6, 10 und 13 sinngemäß.

VwV-StVO zu § 39 Verkehrszeichen

Zu Absatz 1

1 Auf Nr. I zu den §§ 39 bis 43 wird verwiesen; Rn. 1.

Zu Absatz 2

2 Verkehrszeichen, die als Wechselverkehrszeichen aus einem Lichtraster gebildet werden (so genannte Matrixzeichen), zeigen die sonst schwarzen Symbole, Schriften und Ziffern durch weiße Lichter an, der sonst weiße Untergrund bleibt als Hintergrund für die Lichtpunkte schwarz. Diese Umkehrung für Weiß und Schwarz ist nur solchen Matrixzeichen vorbehalten.

Zu Absatz 5

Vorübergehende Markierungen

3 I. Gelbe Markierungsleuchtknöpfe dürfen nur in Kombination mit Dauerlichtzeichen oder Wechselverkehrszeichen (z. B. Verkehrslenkungstafel, Wechselwegweiser) angeordnet werden. Als Fahrstreifenbegrenzung (Zeichen 295) sollte der Abstand der Leuchtknöpfe auf Autobahnen 6 m, auf anderen Straßen außerorts 4 m und innerorts 3 m betragen. Werden gelbe Markierungsleuchtknöpfe als Leitlinie angeordnet, muss der Abstand untereinander deutlich größer sein.

4 II. Nach den RSA können gelbe Markierungen oder gelbe Markierungsknopfreihen auch im Sockelbereich von temporär eingesetzten transportablen Schutzwänden als Fahrstreifenbegrenzung angebracht werden.

Zu Absatz 8

5 Vor Anordnung eines Gefahrzeichens mit einem Sinnbild aus § 39 Abs. 8 ist zu prüfen, ob vor der besonderen Gefahrenlage nicht mit dem Zeichen 101 und einem geeigneten Zusatzzeichen gewarnt werden kann.

1 Aus der amtlichen Begründung

1.1 Die Durchforstung des „Schilderwaldes" wird mit dem Ziel „weniger Verkehrszeichen – bessere Beschilderung" umgesetzt und ein Teil kaum benötigter Verkehrszeichen gestrichen (Begr. 2012).

1.2 Einführung eines Sinnbildes für Zusatzzeichen zur Förderung von Elektrofahrzeugen (Begr. 2015).

1.3 Einführung eines Sinnbildes für E-Bikes (Begr. 2016).

1.4 Einführung neuer Sinnbilder für Lastenfahrrad, Wohnmobil, Fahrgemeinschaften durch mehrfach besetzte PKW, Elektrokleinst- und Carsharingfahrzeuge nebst einer Carsharing-Plakette (Begr. 2020).

2 Erläuterungen

Auch wenn innerhalb von **Tempo 30-Zonen** auf die Wiederholung der Zeichen 274.1 verzichtet wird, können sich Kraftfahrer durch den Hinweis in § 39 Abs. 1a nicht darauf berufen, eine Geschwindigkeitsbegrenzung nicht wahrgenommen zu haben. Mit der Betonung des Sichtbarkeitsgrundsatzes ist auch das Zonenbewusstsein verbunden, sich in einem besonders geschützten Bereich zu befinden. Ferner wird in § 39 Abs. 1b auf die Möglichkeit hingewiesen, abseits von Vorfahrtstraßen **Fahrradzonen** vorzufinden. Auch hier ist es erforderlich, durch planerische Vorgaben der Kommune ein Zonenbewusstsein als Pendant zur Anordnungsbefugnis für die Straßenverkehrsbehörden auszubilden.

2.1 Verkehrszeichen, Zusatzzeichen und Markierungen

2.1.1 Verkehrszeichen

Die Verkehrsbehörden dürfen den Verkehr nur mit amtlichen Verkehrszeichen und -einrichtungen oder durch Bekanntmachungen nach § 45 Abs. 4 regeln. Die durch Verkehrszeichen und -einrichtungen getroffenen Anordnungen sind (Dauer-)**Verwaltungsakte** in Form von Allgemeinverfügungen nach § 35 VwVfG[8] (BVerfG NJW 1965, 2395; BVerwG VerkMitt 1994 Nr. 6; BGH VerkMitt 1965 Nr. 15; VG Lüneburg NZV 2016, 446 mit Anm. Kettler). Verkehrsschilder sind keine Urkunden (OLG Köln VerkMitt 1999 Nr. 5 = VRS 96, 23 = NZV 1999, 134). Sie müssen den amtlichen Mustern und Varianten des Verkehrszeichenkataloges (VzKat) entsprechen (§ 39 Abs. 9);[9] andere als die durch den VzKat zugelassenen Verkehrszeichen und -einrichtungen dürfen nicht verwendet werden (Ausschließlichkeitsgrundsatz). Verkehrszeichen müssen von der zuständigen Verkehrsbehörde angeordnet worden sein (§ 45 Abs. 3); ihre Anordnung kann nach § 38 VwVfG wirksam zugesichert werden (BVerwG VerkMitt 1994 Nr. 67). Der VzKat ist Teil der VwV-StVO; er wird durch die Bundesregierung mit Zustimmung der Länder im Bundesanzeiger verkündet und im Verkehrsblatt veröffentlicht.[10] Zu den Verkehrszeichen gehören auch ihre Varianten, z.B. Z. 211-10 (hier links), 222-10 (links vorbei), 286-10 (mit einem weißen Pfeil oben nach links) oder 350-20 (Fußgänger nach rechts laufend).

§ 39 Abs. 1 erinnert Verkehrsteilnehmer an die eigenverantwortliche Respektierung allgemeiner Verkehrsregeln und den Umstand, dass mit Verkehrszeichen dort gerechnet werden muss, wo dies aufgrund der besonderen Umstände erforderlich ist. § 45 Abs. 9 wendet sich dagegen an die Straßenverkehrsbehörde, die verpflichtet wird, Verkehrszeichen nur dort anzuordnen, wo dies aufgrund der besonderen Umstände zwingend geboten ist (s. a. Erl. 2.1 zu § 45). Infolgedessen dürfen keine Verkehrszeichen angeordnet werden, die lediglich allgemeine Verkehrsregeln wiederholen oder deren Regelung sich bereits aus einem Verkehrszeichen ergibt, z.B. Kombination von Z. 331.1 und 254. Andererseits darf die Straßenverkehrsbehörde die Anordnung zwingend gebotener Verkehrszeichen nicht deshalb ablehnen, weil deren Beachtung wegen polizeilicher Kontrolldefizite nicht zu gewährleisten ist. Vielmehr muss in solchen Fällen dafür gesorgt werden, dass die Kontrolldichte so erhöht wird, dass die Befolgung der Verkehrsverbote gewährleistet bleibt (OVG Münster SVR 137, 124).

---

8 **§ 35 VwVfG Begriff des Verwaltungsaktes**
Verwaltungsakt ist jede Verfügung, Entscheidung oder andere hoheitliche Maßnahme, die eine Behörde zur Regelung eines Einzelfalls auf dem Gebiet des öffentlichen Rechts trifft und die auf unmittelbare Rechtswirkung nach außen gerichtet ist. Allgemeinverfügung ist ein Verwaltungsakt, der sich an einen nach allgemeinen Merkmalen bestimmten oder bestimmbaren Personenkreis richtet oder die öffentlich-rechtliche Eigenschaft einer Sache oder ihre Benutzung durch die Allgemeinheit betrifft.

9 Siehe auch Technische Liefer- und Prüfbedingungen für vertikale Verkehrszeichen (TLP VZ), Zusätzliche Technische Vertragsbedingungen und Richtlinien für vertikale Verkehrszeichen (ZTV VZ) und Merkblatt für die Wahl der lichttechnischen Leistungsklasse von vertikalen Verkehrszeichen und Verkehrseinrichtungen (ML V) vom 21.7.2011 (VkBl. 2012, 42).

10 Anlage zur VwV-StVO im BAnz vom 29.5.2017 (BAnz AT 29.5.2017 B8); der VzKat wird von der BASt fortgeschrieben.

Werden Verkehrszeichen oder -einrichtungen entgegen der VwV-StVO oder dort angeordnet, wo keine besondere örtliche, das allgemeine Risiko erheblich übersteigende Gefahrenlage vorliegt (s. a. Erl. 2.1.1 zu § 45), sind sie **rechtswidrig**, müssen aber bis zu ihrer Beseitigung **beachtet** werden (OLG Düsseldorf SVR 2015, 107; OLG Celle DAR 2011, 597; KG VRS 107, 217; OLG Koblenz DAR 1999, 419; VG Hannover NZV 2017, 42). **Nichtig** und unbeachtlich für jedermann sind Verkehrszeichen und -einrichtungen aber nur bei offensichtlicher Willkür, Sinnwidrigkeit oder objektiver Unklarheit, die sich auch im Wege der Auslegung nicht beheben lässt (selten). Dabei muss der Mangel so schwerwiegend und bei verständiger Würdigung so offenkundig sein, dass die Fehlerhaftigkeit der Aufstellung des Zeichens sich ohne Weiteres aufdrängt (OLG Düsseldorf VRS 96, 143; OLG Zweibrücken VRS 51, 138). Ist eine Anordnung nicht aus sich heraus eindeutig und gibt es bei vernünftiger Auslegung berechtigten Anlass zum Zweifel, so geht diese Unklarheit zulasten der Behörde (BayObLG VRS 69, 64; OLG Karlsruhe DAR 2015, 646 = VRS 129, 116 = NJW 2016, 1106: Sackgasse mit Z. 250 und Zusatzzeichen „Anlieger frei", die Ausfahrt bleibt aber gesperrt). Werden Verkehrszeichen oder -einrichtungen von **privater Seite** oder nicht autorisierten Institutionen **ohne** verkehrsbehördliche Anordnung aufgestellt, angebracht oder aufgetragen, sind sie nichtig, auch auf Privatgelände mit faktisch öffentlichem Verkehr (OLG Brandenburg VRS 93, 28; AG Lüdinghausen DAR 2015, 479: Verwendung nicht amtlicher Zusatzzeichen „Elektrofahrzeuge"). Wer ohne verkehrsbehördliche Anordnung für den öffentlichen Verkehr Verkehrszeichen oder -einrichtungen aufstellt oder Markierungen aufträgt, kann sich wegen Amtsanmaßung nach § 132 StGB[11] strafbar machen. Das Gleiche gilt bei Veränderungen an Verkehrszeichen oder Markierungen, wobei außerdem eine Sachbeschädigung nach § 303 StGB[12] vorliegen kann. Werden dadurch Dritte oder fremde Sachen von bedeutendem Wert (ab 750 €) gefährdet, kommt bei verkehrsfeindlicher Zielsetzung außerdem ein gefährlicher Eingriff in den Straßenverkehr nach § 315b StGB[13] in Betracht. Polizeibeamte, die vermeintliche Verstöße gegen nichtige Verkehrszeichen verfolgen, handeln unter dem Risiko des § 344 Abs. 2 Satz 1 Nr. 2 StGB (Verfolgung Unschuldiger). Im Zweifel muss sich deshalb die Polizei bei der Straßenverkehrsbehörde Gewissheit über

---

11 **§ 132 StGB Amtsanmaßung**
Wer unbefugt sich mit der Ausübung eines öffentlichen Amtes befasst oder eine Handlung vornimmt, welche nur kraft eines öffentlichen Amtes vorgenommen werden darf, wird mit Freiheitsstrafe bis zu zwei Jahren oder mit Geldstrafe bestraft.

12 **§ 303 StGB Sachbeschädigung**
(1) Wer rechtswidrig eine fremde Sache beschädigt oder zerstört, wird mit Freiheitsstrafe bis zu zwei Jahren oder mit Geldstrafe bestraft.
(2) Ebenso wird bestraft, wer unbefugt das Erscheinungsbild einer fremden Sache nicht nur unerheblich und nicht nur vorübergehend verändert.
(3) Der Versuch ist strafbar.

13 **§ 315b StGB Gefährliche Eingriffe in den Straßenverkehr**
(1) Wer die Sicherheit des Straßenverkehrs dadurch beeinträchtigt, dass er
1. Anlagen oder Fahrzeuge zerstört, beschädigt oder beseitigt,
2. Hindernisse bereitet oder
3. einen ähnlichen, ebenso gefährlichen Eingriff vornimmt,
und dadurch Leib oder Leben eines anderen Menschen oder fremde Sachen von bedeutendem Wert gefährdet, wird mit Freiheitsstrafe bis zu fünf Jahren oder mit Geldstrafe bestraft.
(2) bis (5) …

die Rechtmäßigkeit von Verkehrszeichen und -einrichtungen verschaffen. Obwohl nicht angeordnete Verkehrszeichen nichtig sind, muss der Betroffene aber damit rechnen, dass sich andere Verkehrsteilnehmer nach diesen Schildern oder Markierungen richten. Er muss deshalb nach dem Grundsatz der doppelten Sicherung vorsichtig und rücksichtsvoll fahren.

Verkehrszeichen werden mit **Aufstellung** der Schilder **wirksam** (BVerwG NJW 1976, 2175; OVG Lüneburg VerkMitt 2017 Nr. 74; s. a. Rebler VD 2018, 290).[14] Eine subjektive (tatsächliche) Kenntnisnahme durch den Verkehrsteilnehmer[15] ist nicht erforderlich; der Verkehrsteilnehmer muss auch nicht ständig oder nachhaltig von der Regelung betroffen sein (BVerwG DAR 2004, 45 = NJW 2004, 698 = DÖV 2004, 166: Radwegebenutzungspflicht durch Z. 237). Infolgedessen steht z. B. ein Fahrzeug auch dann im Haltverbot und kann nach den Ordnungsgesetzen der Länder abgeschleppt werden, wenn das Zeichen erst nach dem zulässigen Parkvorgang aufgestellt worden ist (BVerwG VerkMitt 1997 Nr. 34 = NZV 1997, 246 = DÖV 1997, 507: bereits nach vier Tagen). Wegen des Sichtbarkeitsgrundsatzes kann aber eine Missachtung nur vorgeworfen werden, wenn der Fahrer dem Schild vor dem Parken gegenübersteht. Irrt der Fahrzeugführer über die rechtliche Bedeutung eines Verkehrszeichens oder einer Schilderkombination, liegt ein (meist) vermeidbarer und damit unbeachtlicher Verbotsirrtum vor, wenn er auf mangelnder Kenntnis der Verkehrszeichen beruht (BayObLG VerkMitt 2003 Nr. 75 = NZV 2003, 430 = VRS 105, 309 = NJW 2003, 2253).

Aufgestellt werden Verkehrszeichen und -einrichtungen meist von der Straßenbaubehörde, die auch die Kosten trägt. Sie kann die damit verbundenen Arbeiten auch privaten Firmen übertragen. Handelt die Firma fehlerhaft, ist die Anbringung defekt oder das Verkehrszeichen entgegen der verkehrsbehördlichen Anordnung falsch, haftet in Schadenfällen nicht die Firma wegen Verletzung der Verkehrssicherungspflicht nach § 823 BGB, sondern die Verkehrs- bzw. Straßenbaubehörde nach Amtshaftungsgrundsätzen nach § 839 BGB i.V.m. Art. 34 GG (BGH NZV 2020, 195).

Die Verkehrszeichenanordnung kann durch **Klage** angefochten oder erzwungen werden (BVerwG VRS 52, 316), angefochten allerdings erst, wenn sie durch Aufstellung der Schilder wirksam geworden ist (OVG Lüneburg VerkMitt 2017 Nr. 74; VGH Mannheim NZV 1996, 167). Die einjährige Anfechtungsfrist bei Verwaltungsakten ohne Rechtsbehelfsbelehrung nach § 58 Abs. 2 VwGO beginnt nicht mit der Aufstellung, sondern zur Wahrung der Rechtswegegarantie des Art. 19 Abs. 4 GG, wenn das **Verkehrszeichen erstmals** zur **Kenntnis genommen** wird oder sich der Betroffene dem Zeichen erstmals gegenüber sieht (BVerwG VerkMitt 2011 Nr. 8 = DAR 2011, 39 = NZV 2011, 156 = VRS 120, 113 = SVR 2010, 476; BVerwG VerkMitt 1997 Nr. 34 = NZV 1997, 246 = DÖV 1997, 507; BVerfG NZV 2009, 622; OVG Münster NZV 2020, 216 mit Anm. Rebler: die Aufhebung eines Verkehrszeichens wird erst mit Entfernung der

---

14 Als Verwaltungsakt beginnt die Anfechtungsfrist (ein Jahr) erst, wenn sich der Verkehrsteilnehmer erstmals dem Verkehrszeichen oder der Verkehrseinrichtung gegenübersieht, nicht bereits, wenn sie für jedermann erkennbar aufgestellt sind (BVerfG NZV 2010, 165; VGH Kassel VerkMitt 2009 Nr. 72).

15 Eine juristische Person (GmbH, rechtsfähiger Verein, Stiftung) ist im Regelfall keine Verkehrsteilnehmerin, weil sie sich selbst nicht verkehrserheblich verhalten kann. Ihr kann auch nicht das verkehrserhebliche Verhalten ihrer Organe, Vertreter und Hilfspersonen zugeordnet werden (VG Düsseldorf NZV 2017, 591 mit Anm. Schubert). S. a. Erl. 2.6 zu § 1.

Beschilderung wirksam; unklar noch VGH Kassel VerkMitt 2008 Nr. 16 = VRS 113, 397 = NZV 2008, 423; VGH Kassel DAR 1999, 328 = VerkMitt 2000 Nr. 7 = NZV 1999, 397; s.a. Schubert VD 2011, 3).[16] Wurde z.B. das Verkehrszeichen am 4.11.2010 von der Straßenverkehrsbehörde angeordnet, am 9.2.2011 von der Straßenbaubehörde aufgestellt und am 25.2.2011 erstmals von dem Betroffenen bemerkt, kann es noch bis zum 24.2.2012 angefochten werden. Der Betroffene hat somit zwar genug Zeit, um sich gegen unerwünschte Verkehrszeichen zu wehren, der Erfolg seiner Anfechtung hängt aber allein davon ab, ob das Verkehrszeichen rechtswidrig ist oder nicht. Die Frist des § 58 Abs. 2 VwGO beginnt aber nicht erneut zu laufen, wenn sich der gleiche Betroffene dem Verkehrszeichen ein weiteres Mal gegenübersieht. Im Interesse der Verkehrssicherheit bleiben Verkehrszeichen bis zu ihrer Entfernung auch während des Anfechtungsverfahrens wirksam und sind zu beachten; wer dagegen verstößt, begeht eine Ordnungswidrigkeit (BGH VerkMitt 1969 Nr. 128 = NJW 1969, 2023; KG VerkMitt 2004 Nr. 79; OLG Düsseldorf VerkMitt 1999 Nr. 42).

2.1.2 Zusatzzeichen

Zusatzzeichen sind ebenfalls Verkehrszeichen (§ 39 Abs. 3) und enthalten Beschränkungen, Ausnahmen oder Hinweise auf bestimmte Gefahren (OLG Köln NZV 2014, 332; VGH Kassel VerkMitt 1981 Nr. 28; s.a. Metz NZV 2018, 60). Durch Zusatzzeichen kann der Geltungsbereich der Verkehrszeichen beschränkt oder erweitert werden, z.B. Anordnung von Haltverboten außerhalb der Fahrbahn (nur) für Seitenstreifen (§ 41 Abs. 2 Satz 4). Eine Tempobeschränkung „bei Nässe" (ZZ. 1053-35) gilt dann, wenn die gesamte Fahrbahn mindestens mit einem dünnen Wasserfilm überzogen ist, nicht aber bei nur feuchter Fahrbahn (OLG Koblenz 1999, 419; OLG Hamm NZV 2001, 90 = DAR 2001, 85). Die Tempobegrenzung mit dem Zusatz „Luftreinhaltung" gilt auch für Elektrofahrzeuge (OLG Stuttgart NZV 1998, 422). Fällt ein durch Zusatzzeichen auf Wochentage begrenztes Tempolimit auf einen gesetzlichen Feiertag, gilt das Tempolimit nicht, wenn die Regelung offensichtlich nur für Werktage gedacht ist, z.B. Zusatzzeichen „Mo–Fr 7–15 h an Schultagen" am Ostermontag (König DAR 2020, 182; Janker NZV 2004, 120; a.A. OLG Brandenburg DAR 2013, 711 = VRS 125, 126 = NZV 2014, 103 = VD 2014, 111: bezogen auf zeitliche Tempogrenzen nach Z. 274 greifen keine Erwägungen zum Schutzzweck der verkehrsbehördlichen Anordnung; OLG Brandenburg DAR 2020, 208; s.a. OLG Saarbrücken DAR 2020; 216). Tempobegrenzungen mit dem Zusatzzeichen (1012-50) „Schule" haben nur hinweisenden Charakter und gelten infolge Multinutzung von Schulgelände auch während der Ferienzeit. Im Übrigen können mit den Sinnbildern nach § 39 Abs. 7 Zusatzzeichen bedarfsgerecht gestaltet werden (z.B. Parkflächen für Lastenfahrräder, Elektromobile oder Wohnmobile, Zulassung von Elektrokleinstfahrzeugen, Ausweisung von Carsharing-Parkflächen).

Zusatzzeichen müssen den amtlichen Mustern des VzKat der BASt entsprechen, der Bestandteil der VwV-StVO ist.[17] Der VzKat ist allerdings keine abschließende Regelung, sondern kann bedarfsgerecht ergänzt werden (VGH Mannheim VRS 136, 215: Zusatzzeichen für Diesel-Fahrverbot unterhalb

16 Durch die Kenntnisnahme des Schildes erfolgt die „Bekanntgabe" nach § 70 Abs. 2 VwGO eines nicht mit Rechtsmittelbelehrung versehenen Verwaltungsaktes, der von diesem Zeitpunkt an noch ein Jahr lang angefochten werden kann (§ 58 Abs. 2 VwGO).

17 VzKat als Anlage zur VwV-StVO im BAnz AT 29.5.2017 B8; der VzKat wird von der BASt fortgeschrieben.

Euro 5). So können die obersten Landesbehörden – anders als bei Verkehrszeichen – auch abweichende Zusatzzeichen zulassen (VwV-StVO zu § 46 Abs. 2). Wird die zeitliche Geltung durch Zusatzzeichen wie „Mo–Fr 19–24 h" eingeschränkt, gilt die Regelung bis Mitternacht. Zwar wird Mitternacht nach dem Deutschen Zeitgesetz[18] mit „0 Uhr" angegeben, die Bezeichnung „24 h" ist aber allgemein verständlich und berührt den Sichtbarkeitsgrundsatz nicht.

Soweit bei Verkehrsverboten freigegebener Fahrzeugverkehr ausdrücklich durch Zusatzzeichen erlaubt wird, können die freigegebenen Verkehrsarten im Interesse der Schilderminimierung auch auf einem Zusatzzeichen gemeinsam abgebildet werden (z.B. bei Gehwegen, Fahrradstraßen).

Beispiel eines kombinierten Zusatzzeichens

Von einem Verkehrsverbot freigegebene Verkehrsarten können auch auf einem gemeinsamen Zusatzzeichen dargestellt werden; s. Anl. 2 lfd. Nr. 23 oder 24.1

Zusatzzeichen sind in der Regel unmittelbar **unter** dem Verkehrszeichen, auf das sie sich beziehen, anzubringen (§ 39 Abs. 3 Satz 3). Steht ein Zusatzzeichen unter mehreren Verkehrszeichen, gilt es grundsätzlich nur für das unmittelbar darüber befindliche Zeichen (OLG Bamberg DAR 2012, 475; BayObLG VRS 105, 309; OLG Hamm VD 2009, 318). Nur bei der Vorfahrt für Straßenbahnen oder Linienbusse und bei gegenläufigem Radverkehr stehen Zusatzzeichen wegen der notwendigen Auffälligkeit über den Z. 205 und 206 (Anl. 2 lfd. Nr. 2.2 und 3.2). Zwar muss sich ein Zusatzzeichen im Regelfall auf ein darüber befestigtes (Haupt-)Verkehrszeichen beziehen; es gibt jedoch auch davon einige Abweichungen, wie die isolierte Anordnung von Zusatzzeichen bei Zulassung von Radverkehr auf linken Radwegen (ZZ. 1022-10), Mofafahrern auf Radwegen innerorts (ZZ. 1022-11) oder von Inline-Skatern auf Radwegen. Abweichungen von der Regelbeschilderung können sich schließlich auch bei Anordnungen der Straßenverkehrsbehörde nach Rn. 148 VwV-StVO zu § 46 Abs. 2 ergeben. Wer ein Zusatzzeichen falsch zuordnet, befindet sich nicht im Tatbestands-, sondern im Verbotsirrtum, der aber meist vermeidbar und damit unbeachtlich ist (OLG Bamberg VerkMitt 2017 Nr. 25).

Zur Bevorrechtigung von gekennzeichneten **Elektrofahrzeugen** i.S.d. § 2 EmoG[19] i.V.m. § 9a FZV kann für Zusatzzeichen das neue Sinnbild nach § 39 Abs. 10 angeordnet werden, z.B. auf Bussonderfahrstreifen (Z. 245), bei Verkehrs- und Durchfahrtverboten (Z. 250, 251, 253, 255, 260), auf Parkflächen (Z. 314, 315) und in besonderen Fällen auch an eingeschränkten Haltverboten und Haltverbotszonen (Z. 286, 290.1). Für zeitlich befristete Parkprivilegien ist der Nachweis durch Auslegen der Parkscheibe zu erbringen (Anl. 3 lfd. Nr. 11, Spalte 3; s.a. Rn. 45b bis 45c VwV-StVO zu § 45 Abs. 1g).

2.1.3 Markierungen

Auch Markierungen sind Verkehrszeichen (§ 39 Abs. 4), vorausgesetzt, sie entfalten eine regelnde Wirkung.[20] Zu den Markierungen gehören auch Rad-

18 § 1 des Deutschen Zeitgesetzes vom 25.7.1978 (BGBl. I S. 1110) i.d.F. vom 13.9.1994 (BGBl. I S. 2322).

19 Gesetz zur Bevorrechtigung der Verwendung elektrisch betriebener Fahrzeuge (Elektromobilitätsgesetz – EmoG) vom 5.6.2015 (BGBl. I S. 898) i.V.m. der 50. StrVRÄndV vom 15.9.2015 (BGBl. I S. 1573).

20 Siehe auch Drewes/John/Meseberg, ZTV M – Handbuch und Kommentar für Markierungen auf Straßen, Kirschbaum Verlag Bonn.

verkehrsführungen mit unterschiedlichen Markierungsausführungen, z.B. als Radwegefurten über Kreuzungen und Einmündungen, als aufgeweitete Radaufstellstreifen oder Radfahrerschleusen zur Erleichterung des Linksabbiegens. Nicht die Radverkehrsführung als solche ist ein Verkehrszeichen, sondern nur die entsprechende Markierung für den Radverkehr. Entscheidend ist dabei, dass diese durch Markierungen nach Z. 295 oder 340 ausgeführt sind. Der Radverkehr muss diesen Radverkehrsführungen nach § 9 Abs. 2 Satz 3 folgen. Keine Verkehrszeichen sind Radwegeführungen, die lediglich mit andersfarbiger Fahrbahnoberfläche oder baulichen Elementen hervorgehoben werden.

Markierungen sind grundsätzlich weiß. Nur als vorübergehend gültige Markierungen sind sie gelb und heben dann die weißen Markierungen auf. Gleiches gilt für gelbe Leitschwellen oder Leitborde im Hinblick auf weiße Markierungen. Gelbe Markierungen können auch in Form von Markierungsknopfreihen oder in den nach Abs. 4 vorgesehenen Gestaltungselementen ausgeführt sein. Die Verwendung andersfarbiger Markierungen (z.B. blaue, grüne oder rote Linien) führt zu deren Unwirksamkeit (BVerwG DAR 1993, 191).

In verkehrsberuhigten Bereichen (Z. 325.1, 325.2) können die zum Parken bestimmten Flächen statt durch **Parkmarkierungslinien** auch durch einen deutlichen **Pflasterwechsel** kenntlich gemacht werden (Rn. 5 VwV-StVO zu den Z. 325.1 und 325.2). Die Darstellung von **Fahrbahnbegrenzungslinien** durch **Pflastersteine** oder ähnliche Mittel ist hingegen nur in verkehrsberuhigten **Geschäftsbereichen** zulässig (§§ 39 Abs. 5, 45 Abs. 1d; Rn. 56 VwV-StVO zu den §§ 39 bis 43). Bei verkehrsberuhigten Geschäftsbereichen sind wegen des Rechtsfahrgebots des § 2 Abs. 2 StVO stets abgetrennte Freiräume für Fußgänger erforderlich, weil andernfalls die gesamte Verkehrsfläche „Fahrbahn" wäre und Fußgänger eng an der Baufluchtlinie entlanggehen müssten (§ 25 Abs. 1 StVO). Pflasterlinien müssen ausreichend breit sein (im Regelfall mind. 10 cm) und einen hinreichenden Kontrast zur Fahrbahn aufweisen. Andere Gestaltungselemente, wie Fahrbahndecken, Metallschienen oder Rinnen, müssen so ausgeführt sein, dass sie als ausreichende Trennung des Fußgängerbereichs zum Fahrraum erkannt werden, die auch bei Dunkelheit oder schlechter Sicht die gewollte Trennung der Verkehrsflächen verdeutlicht. Zusätzlich sind meist kontrastreiche und taktile Verkehrsführungen für Blinde und Sehbehinderte notwendig.

Schriftzeichen oder Verkehrszeichen auf der Fahrbahn (z. B. „BUS") enthalten keine selbstständigen Ge- oder Verbote (§ 39 Abs. 5 Satz 8). Sie dienen allein als Hinweis auf ein vertikales Verkehrszeichen. Im Übrigen sind Einfärbungen auf der Fahrbahn oder das Auftragen von Figuren oder Mustern zur Verdeutlichung von Kiezstrukturen oder örtlichen Besonderheiten nicht unproblematisch, weil sie zur Verunsicherung der Verkehrsteilnehmer über deren Bedeutung, über den Straßenverlauf oder zu erhöhter Rutschgefahr für Zweiradfahrer führen können.

2.2 Anordnung und Aufstellung von Verkehrszeichen

2.2.1 Kombination von Verkehrszeichen

Bei mehreren Schildern an einem Mast müssen die Verkehrsbehörden auf eine sachgemäße Kombination achten.[21] So werden Verkehrszeichen nur durch Zusatzzeichen, nicht durch Gefahrzeichen eingeschränkt (z.B. wäre bei der

21 Siehe auch „Hinweise für das Anbringen von Verkehrszeichen und Verkehrseinrichtungen" (HAV), Verkehrstechnischer Kommentar, Kirschbaum Verlag Bonn.

Kombination von Verkehrszeichen

Bei der Anordnung mehrerer Verkehrszeichen auf einem Pfosten ist auf eine sachgerechte Kombination zu achten.

Verkehrszeichen dürfen nur durch Zusatzzeichen, nicht durch Gefahrzeichen eingeschränkt werden. Im Beispiel würde das Tempolimit auch auf trockener Fahrbahn gelten.

Tempobegrenzungen müssen über dem Überholverbot stehen und nicht umgekehrt.

Einschränkende Zusatzzeichen sind unter und nicht über dem Verkehrszeichen anzubringen. Nur die Kombination von Z. 205 mit Zusatzzeichen „Straßenbahn“ ist wegen der Auffälligkeit zulässig.

Befindet sich ein Zusatzzeichen unter oder zwischen mehreren Verkehrszeichen, bezieht sich das Zusatzzeichen nur auf das darüber angebrachte Schild.

Die Aufhebung eines Streckenverbots darf nicht mit anderen Streckenverboten kombiniert werden.

Wegweisende Zeichen dürfen nicht in Richtungen weisen, die durch Verkehrs- oder Einfahrtverbote gesperrt sind.

Kombination von Z. 274 mit Z. 114 ohne Zusatzzeichen „bei Nässe“ das Tempolimit auch bei trockener Fahrbahn wirksam). Einschränkende Zusatzzeichen sind unter und nicht über dem Verkehrszeichen anzubringen. Nur bei der Vorfahrt für Straßenbahnen steht das Zusatzzeichen wegen der notwendigen Auffälligkeit über dem Z. 205 (Anl. 2 lfd. Nr. 2.2). Befindet sich ein Zusatzzeichen unter mehreren Verkehrszeichen, gilt das Zusatzzeichen grundsätzlich nur für das unmittelbar darüber befindliche Schild (BVerwG VerkMitt 2004 Nr. 11 = DAR 2003, 328 = VRS 105, 474; OLG Bamberg DAR 2012, 475).[22] Sind an einem Pfosten untereinander zwei Verkehrszeichen angebracht und befindet sich ein Zusatzzeichen mit Entfernungsangabe dazwischen, bezieht sich dieses nur auf das darüber befindliche Schild (BayObLG NZV 1989, 38).

Wegweisende Schilder dürfen nicht in Richtungen weisen, die durch Verbote gesperrt sind; unzulässig sind z. B. Bedarfsumleitungen für alle KFZ durch Umweltzonen. Tempobegrenzungen müssen über dem Überholverbot stehen und nicht umgekehrt. Die Aufhebung eines Streckenverbots darf nicht mit anderen Streckenverboten kombiniert werden. Der Sinngehalt mehrerer Zeichen darf sich nicht widersprechen (z. B. wäre die Kombination von Z. 274 „30 km/h“ mit Z. 325 „Schrittgeschwindigkeit“ im verkehrsberuhigten Bereich verwirrend). Verkehrszeichen mit dem Kraftradsymbol erfassen auch Fahrräder mit Hilfsmotor und Kleinkrafträder. Das Zusatzzeichen 1026-35 „Lieferverkehr frei“ gestattet in Fußgängerbereichen nicht, Geldbomben zum Nachttresor zu fahren (OVG Lüneburg VerkMitt 1981 Nr. 61). Verkehrszeichen stehen im Allgemeinen rechts. Sollen sie nur für einzelne markierte Fahrstreifen gelten, müssen sie darüber angebracht sein, z. B. bei Z. 275 auf Steigungsstrecken (§ 39 Abs. 2). Links aufgestellte Verkehrszeichen gelten für die gesamte Fahrbahnbreite (OLG Düsseldorf VerkMitt 1962 Nr. 35).

22 Befindet sich am Mast oben Z. 283 und darunter Z. 286 mit Zusatzschild „Mo–Fr 8–18 h“, bezieht sich die zeitliche Begrenzung nur auf das Z. 286, nicht auf das Z. 283; Ladevorgänge sind innerhalb der angegebenen Dauer gestattet, für die übrige Zeit besteht absolutes Haltverbot. Bei Z. 274 und 276 mit darunter befindlichem Zusatzzeichen „Beschränkung für Busse, LKW, Wohnwagengespanne“ gilt das Tempolimit für alle Fahrzeuge, das Überholverbot nur für die auf dem Zusatzzeichen angegebenen Fahrzeugarten.

2.2.2 Transportable Verkehrszeichen

Eine feste Verankerung der Verkehrsschilder im Boden ist nicht zwingend, Bedarfsschilder können auch transportabel mit einem Sockel aufgeständert sein (OLG Hamburg NZV 1999, 376), insbesondere für Straßenbaustellen, Veranstaltungen auf der Straße oder Demonstrationen. Sie sind ebenso beachtlich wie ortsfeste Verkehrszeichen. Die Verkehrsbehörden müssen dabei darauf achten, dass transportable Schilder nicht widersprüchlich aufgestellt, durch Unbefugte verändert, verschoben oder entfernt werden. Veränderung an Verkehrszeichen kann strafbare Amtsanmaßung und Sachbeschädigung sein (s. a. Erl. 2.1.1).

2.2.3 Verkehrszeichen auf Fahrzeugen

Verkehrszeichen auf Fahrzeugen müssen von den Verkehrsbehörden angeordnet und für bestimmte Verkehrszustände zugelassen sein, z. B. auf Begleit- oder Sicherungsfahrzeugen an Straßenbaustellen oder bei Großraum- und Schwertransporten. Ob das Fahrzeug steht oder sich bewegt, ist unerheblich. Solche Zeichen gehen stationären Schildern dann vor, wenn der Regelungsinhalt an der konkreten Stelle abweicht, eingeschränkt oder erweitert wird (§ 39 Abs. 6).

2.2.4 Wechselverkehrszeichen.

Wechselverkehrszeichen dienen der schnellen Reaktion auf sich verändernde Verkehrsverhältnisse. Es gibt mechanisch-elektrische und elektronische Wechselverkehrszeichen mit Lichtrastertechnik. Bei Matrixzeichen können weiße Verkehrszeichenflächen schwarz und schwarze Sinnbilder weiß sein (§ 39 Abs. 4). Sie befinden sich oft an Verkehrsbeeinflussungsanlagen und können unterschiedliche Wechselverkehrszeichen für bestimmte Verkehrszustände mittels Lichtrastertechnik darstellen, z. B. bei Stau oder Nebel.[23]

Wechsellichtzeichen, elektrisch

Die „Schwarz-Weiß-Umkehrung" der Zeichen ist rechtlich ebenso verbindlich wie die übliche Darstellung mit schwarzen Zahlen und Symbolen auf weißem Hintergrund. Die Steuerung von Matrixzeichen vor Ort erfolgt meist automatisch nach den Verkehrsstärken durch eine Leitzentrale über Kontaktschleifen oder Verkehrsdetektoren mittels Glasfasertechnik oder Leuchtdioden.[24] Hierbei muss sichergestellt bleiben, dass das Aufblenden von Verkehrszeichen oder die Wirksamkeit einer automatischen Routine durch die Polizei oder Verkehrsbehörden als straßenverkehrsbehördliche „Anordnung" vorgegeben ist.

---

23 Richtlinien für Wechselverkehrszeichen (RWVZ) und -anlagen (RWVA) an Bundesfernstraßen: VkBl. 1997, Heft 15 – Dokument Nr. B 6738 und B 6740.

24 In der Verkehrsbeeinflussung spielt die Umfelddatenerfassung mittels Streckenbeeinflussungsanlagen (SBA) eine bedeutende Rolle. Auf Basis aktueller Verkehrs- und Umfelddaten (Witterungsdaten) werden auf Bundesfernstraßen Schaltungen zur Erhöhung der Verkehrssicherheit generiert. Mittels dynamischer Wechselverkehrszeichen (WVZ) werden die Verkehrsteilnehmer vor Umfeldbedingungen, die zu gefährlichen Situationen führen können, gewarnt. Umfeldbedingte Schaltungen können jedoch nur dann positiven Einfluss auf die Verkehrssicherheit erzielen, wenn die Anzeigen von den Verkehrsteilnehmern befolgt werden.

Matrixzeichen in Verkehrsbeeinflussungsanlagen

Höchstgeschwindigkeit 100 km/h	Stau	Überholverbot für KFZ über 3,5 t, einschl. ihrer Anhänger, und Zugmaschinen, ausgenommen PKW und KOM	Gefahrstelle hier: Nebel	Verbot für Fahrzeuge über 3 m Breite

Wechselverkehrszeichen entfalten ihre Wirkung mit dem Aufleuchten oder Aufblenden und sind wie Verkehrszeichen zu beachten (s.a. Rösrath DAR 2015, 727: Störung bei Tempoanzeige einer Wechselverkehrszeichenanlage).

2.2.5 Verkehrszeichen auf Tafeln

Werden Verkehrszeichen auf einer Tafel angebracht, muss diese weiß sein. Der Auffälligkeitswert von Verkehrszeichen auf Trägertafeln ist ebenso umstritten wie z.B. auf gelb fluoreszierenden Hintergrundtafeln. Nach wissenschaftlichen Erkenntnissen der BASt sind solche Trägertafeln an Gefahrstellen nur vorübergehend wirksam und bringen infolge des Gewöhnungseffektes auf Dauer keine Sicherheitsvorteile. Hinzu kommen Sicherheitsdefizite andernorts, wo solche Tafeln fehlen. Zur Vermeidung eines Zweiklassensystems mit einhergehendem Bedeutungsverlust für weniger auffällige Verkehrszeichen sind deshalb **weiße Trägertafeln** nur für zwei Verkehrszeichen zu verwenden. Gelbe oder gelb-grüne fluoreszierende Hintergrundtafeln sind unzulässig (§ 39 Abs. 4 Satz 1).

2.2.6 Geltungsbereich von Verkehrszeichen

Verkehrszeichen gelten ab dem Schild für alle Verkehrsteilnehmer, die von der Regelung betroffen sind. Wie weit Verkehrszeichen ihre Wirkung entfalten, ist hingegen unterschiedlich geregelt. So gelten **Gefahrzeichen** ab dem aufgestellten Schild bis zum Ende der Gefahrstelle, die entweder durch die Örtlichkeit (z.B. Baustelle, Schule, Bahnübergang) oder durch Zusatzzeichen mit Entfernungsangabe oder dem Zusatz „Ende" (ZZ. 1012-31) deutlich wird. Gleiches gilt für Vorschrift- und Richtzeichen, wobei für Haltverbote, flächendeckende Verkehrszeichen und Streckenverbote besondere Regelungen gelten. Im Übrigen enden Verkehrszeichen, sofern die Länge vorgegeben ist, z.B. bei **Haltestellen** (Z. 224) nach 15 m. Beginn und Ende von **Autobahnen** werden durch die Z. 330.1/330.2, von **Kraftfahrstraßen** durch die Z. 331.1/331.2 und von **mautpflichtigen Strecken** durch die Z. 390/390.2 gekennzeichnet. **Vorfahrtstraßen** (Z. 306) behalten ihre Wirkung bis zu ihrer Aufhebung durch die Z. 205, 206 oder durch Z. 307.

Haltverbote nach Z. 283/286 gelten nur auf der Straßenseite, auf der sie angebracht sind und nur bis zur nächsten Kreuzung oder Einmündung (Anl. 2 lfd. Nr. 61). Aufgehoben werden diese Zeichen außerdem durch andere Regelungen für den ruhenden Verkehr (z. B. Z. 314 oder Parkscheinautomat). Weiterhin können der Anfang und das Ende von Haltverboten nach Z. 283/286 durch weiße Pfeile in den Zeichen verdeutlicht werden. Entsprechendes gilt für Parkerlaubnisse nach den Z. 314/315 (BGH VerkMitt 1976 Nr. 118 = DAR 1976, 307 = VRS 51, 232).

Flächendeckende Verkehrszeichen gelten vom Beginn des Zeichens bis zum Aufhebungszeichen: Fußgängerzonen (Z. 242.1/242.2), Fahrradstraßen (Z. 244.1/244.2), Umweltzonen (Z. 270.1/270.2), Tempo 30-Zonen (274.1/274.2), Haltverbotszonen (Z. 290.1/290.2), Parkraumbewirtschaftungszonen (Z. 314.1/314.2) und verkehrsberuhigte Zonen (Z. 325.1/325.2). Innerhalb der Zone wird das Zeichen nicht wiederholt.

Streckenverbote (Geschwindigkeitsbeschränkungen und Überholverbote durch Z. 274, 276, 277) gelten ab dem Zeichen bis zur Aufhebung durch die Z. 278, 280, 281 oder 282 oder mit dem Ende der Strecke selbst, z. B. beim Abbiegen, aber auch bei Straßengabelungen. Ein Aufhebungszeichen ist entbehrlich, wenn Überholverbote und Tempolimits nur für eine kurze Strecke gelten und die Länge des Streckenverbots durch Zusatzzeichen mit Längenangaben gekennzeichnet ist. Sind Tempolimits und Überholverbote mit einem Gefahrzeichen nach Anl. 1 zu § 40 kombiniert, muss das Ende des Streckenverbots nicht gekennzeichnet werden, wenn deutlich ist, von wo ab die Gefahr nicht mehr besteht (Anl. 2 lfd. Nr. 55). Bei längeren Tempolimits und Überholverboten ist die Länge durch Zusatzzeichen anzugeben (Rn. 4 VwV-StVO zu § 41 Zu den Z. 274, 276 und 277). Hinter Kreuzungen und Einmündungen sind die Z. 274, 276, 277 nach Rn. 5 VwV-StVO zu § 41 Zu den Z. 274, 276 und 277 nur zu wiederholen, wenn mit dem Einbiegen ortsunkundiger Verkehrsteilnehmer zu rechnen ist (a. A. LG Bonn NZV 2004, 98). Es ist Aufgabe der Straßenverkehrsbehörden, Zweifel über die Weitergeltung von Streckenverboten zu beseitigen (s. a. Rebler NZV 2018, 549). Wird ein Tempolimit durch ein anderes als Z. 274 ersetzt, endet die vorher angezeigte Geschwindigkeitsbegrenzung und nur die neue gilt. Gilt ein Tempolimit über eine weite Strecke, z. B. auf einer Autobahn, sollte das Tempolimit in angemessenen Abständen wiederholt werden.

Bei **Parkscheinautomaten** können die von dem Haltverbot freigestellten Fahrzeuge (vor allem Elektro- oder Carsharingfahrzeuge) ohne Beschilderungsaufwand auch am Automaten selbst angegeben werden (Anl. 3 lfd. Nr. 7, Spalte 3, Nr. 3b).

2.2.7 Verkehrszeichen auf Fahrbahnen

Schriftzeichen oder die Wiedergabe von Verkehrsschildern auf der Fahrbahn dienen dem Hinweis auf ein entsprechendes Verkehrszeichen, ersetzen somit nicht vertikale Schilder (§ 39 Abs. 4).[25]

Wer Verkehrszeichen auf der Fahrbahn missachtet, verstößt gegen ein vertikal angebrachtes Ge- oder Verbot, sofern nicht das vertikale Verkehrs-

25 Beispiele: „BUS" in Haltestellen als Hinweis auf Z. 224 oder in Busspuren auf einen Bussonderfahrstreifen nach Z. 245; „SCHULE" als Hinweis auf ein Gefahrzeichen 136 (Kinder); Stoppzeichen auf der Fahrbahn als Hinweis auf Z. 206.

zeichen zwischenzeitlich entfernt, aus Kostengründen die Markierung aber weiter dort belassen worden ist. Wenn auch auf der Fahrbahn wiederholte Verkehrszeichen keine eigenständige Rechtswirkung entfalten, so verdeutlichen sie wegen häufiger Missachtung vertikaler Schilder eine besondere Gefahren- oder Unfallstelle; es ist deshalb dort besonders vorsichtig zu fahren.

Einfärbungen auf der Fahrbahn oder das Auftragen von Figuren oder Mustern zur Verdeutlichung örtlicher Besonderheiten können zur Verunsicherung der Verkehrsteilnehmer über deren Bedeutung führen.

2.2.8 Nicht amtliche Schilder

Die Straßenverkehrsbehörden verwenden teilweise auch nicht amtliche Schilder und Markierungen, wenn dadurch eine gewollte Regelung verständlicher wird. Solche Schilder oder Markierungen haben zwar keine unmittelbare Geltung; sie gewinnen jedoch ihre Bedeutung im Rahmen der allgemeinen Verkehrsregeln. So kann sich z. B. der Kraftfahrer nicht auf Unkenntnis berufen, wenn ihm das Abstellen des Motors empfohlen und er so auf seine Verpflichtung nach § 30 hingewiesen wird. Eine Briefkuvertmarkierung oder senkrechte Linien an einer Haltestelle können auf

Beispiele nicht amtlicher Hinweisschilder und Markierungen

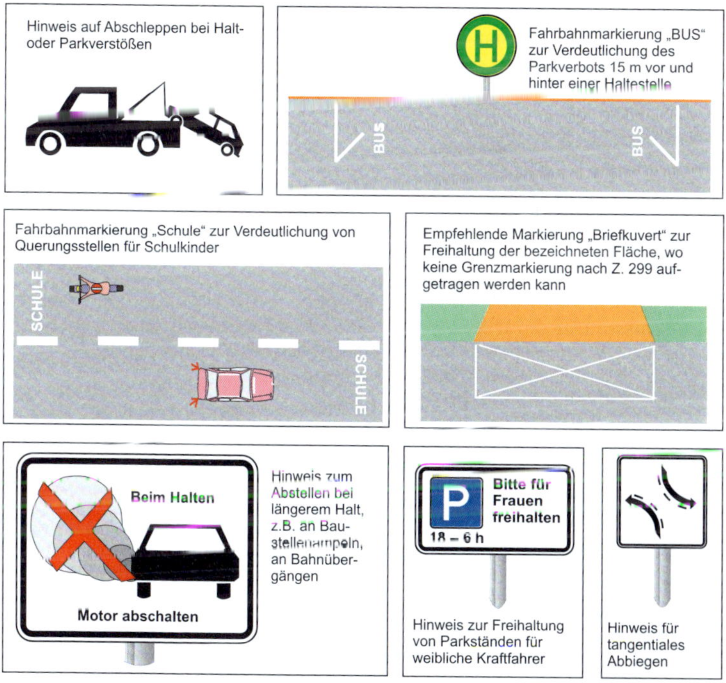

ein bestehendes Parkverbot hinweisen. Ein Hinweis auf tangentiales Abbiegen kann Zweifel beim Abbiegen im weiten Bogen beseitigen.

Andererseits sind oft in privaten Parkhäusern oder auf Parkplätzen mit faktisch öffentlichem Verkehr angebrachte Verkehrsschilder weder straßenverkehrsbehördlich angeordnet noch wirksam, z. B. Parkplätze für „Frauen", „Mutter mit Kind". Solche Schilder können allenfalls im Rahmen der privatrechtlichen Benutzungs- oder Hausordnung Bedeutung haben.

Soll mit solchen Schildern bei der Öffentlichkeit der Eindruck amtlicher Regelungen erweckt werden, kann strafbare Amtsanmaßung nach § 132 StGB vorliegen.

2.3 Schilderhäufung

2.3.1 Überbeschilderung

Obwohl die Verkehrsbehörden verpflichtet sind, Verkehrszeichen nur anzuordnen, wenn dies unumgänglich notwendig ist (§ 45 Abs. 9), stellen sie sich in ihrer Gesamtheit aufgrund vielfältiger örtlicher und individueller Regelungsbedürfnisse als ein mehr oder weniger überschaubarer Schilderwald dar.[26] Dem zunehmenden Trend zur Regelung aller Verkehrssituationen und Bedürfnisse durch Verkehrszeichen wirkt § 39 Abs. 1 entgegen und betont die Verpflichtung zum eigenverantwortlichen Verkehrsverhalten.

Können Gefahren bei zweckgerechter Straßennutzung und gebotener Aufmerksamkeit vermieden werden, sind selbst bei schwierigen Verkehrslagen zusätzliche oder erläuternde Hinweise durch Verkehrsschilder entbehrlich (BGH NZV 1988, 58). Die Verkehrsbehörden müssen ferner auf die Subsidiarität der Verkehrszeichenanordnung, auf die Vermeidung von Doppelbeschilderungen (z. B. Überlagerung allgemeiner Haltverbote mit Z. 283) und auf den Sinngehalt und die Aktualität der Verkehrszeichen achten.[27]

So entsteht z. B. bei Anordnung von Z. 283 nur auf einer Seite einer schmalen Straße mit gesetzlichem Haltverbot i. S. d. § 12 Abs. 1 Nr. 1 bei Fahrzeugführern der Eindruck, auf der anderen Straßenseite dürfe gehalten werden (VGH München SVR 2013, 317). Die VwV-StVO enthält in den Rn. 33 ff. entsprechende Hinweise (s. a. Erl. 2.1.2 zu § 45). Dabei genügt es nicht, ein Verkehrsschild schlicht abzuschrauben, sondern erforderlich ist die Überprüfung des Anordnungsgrundes und der aktuellen örtlichen Verhältnisse. Der dafür benötigte Zeitaufwand ist meist ebenso hoch wie der für die Anordnung des Verkehrszeichens selbst.[28]

---

26 Eine Übersicht über die Zahl der auf den Verkehrsflächen vorhandenen Verkehrszeichen und Verkehrseinrichtungen in Deutschland haben weder das BMVBS (BMVI) noch die Länder. Es gibt auch keine belastbaren Schätzungen.

27 Bund und Länder haben sich dem Problem der Überbeschilderung ebenfalls gestellt und den Regelungsinhalt der StVO einer kritischen Durchsicht unterzogen. Der vom BLFA-StVO beauftragte Arbeitskreis „Weniger Verkehrszeichen – bessere Beschilderung" hat hierzu normative Vorschläge mit dem Ziel entwickelt, den Schilderwald zu lichten und für die Verkehrsteilnehmer verständlichere und nachvollziehbarere Regelungen zu schaffen. Die Arbeiten sind 2004 abgeschlossen worden und haben zu der Änderung der StVO und VwV-StVO 2009 geführt (46. StrVRÄndV).

28 Es ist deshalb verständlich, wenn die notorisch überlasteten Straßenverkehrsbehörden zu solchen Überprüfungen nur selten die Zeit aufbringen. Außerdem wird es verkehrspolitisch kaum vermeidbar sein, nach spektakulären Unfällen der Forderung nach einem – wenn auch überflüssigen – Verkehrszeichen zu widerstehen.

2.3.2 Wegfallende Verkehrszeichen

a. **Gefahrzeichen** (Anl. 1 zu § 40)

Einige selten verwendete Gefahrzeichen mit nur lokalem Bezug sind mit der Anl. 1 zu § 40 entfallen: Gefahrzeichen 113 (Schnee- oder Eisglätte), Z. 115 (Steinschlag), Z. 116 (Splitt, Schotter), Z. 128 (Bewegliche Brücke), Z. 129 (Ufer), Z. 134 (Fußgängerüberweg), Z. 140 (Viehtrieb, Tiere), Z. 144 (Flugbetrieb). Sofern diese Verkehrszeichen ohnehin nicht überflüssig sind, können die Straßenverkehrsbehörden bei weiterhin bestehenden Risiken mit Z. 101 nebst geeigneten Zusatzzeichen auf die Gefahren hinweisen. Reicht das nicht aus, können Gefahrzeichen bei unabweisbarem Bedarf auch mit den Sinnbildern des § 39 Abs. 8 als Gefahrzeichen angeordnet („generiert") werden. Während die Sinnbilder des § 39 Abs. 8 nur für Gefahrzeichen verwendet werden können, stehen die Sinnbilder des § 39 Abs. 7 für alle Verkehrszeichen zur Verfügung. Infolgedessen kann auch ein Gefahrzeichen „Tiere" aus der Symbolreihe des § 39 Abs. 7 generiert werden.

Ersatzlos entfallen sind die **Gefahrzeichen** 150 und 153 (beschrankter Bahnübergang), weil die Verhaltenspflichten an Bahnübergängen durch das Andreaskreuz (Z. 201) und § 19 begrundet werden, wobei es unerheblich ist, ob es sich um einen beschrankten oder unbeschrankten Übergang handelt.

b. **Vorschriftzeichen** (Anl. 2 zu § 41)

In der Anlage 2 zu § 41 ist nur das Z. 256 entfallen, das aber bei Bedarf mit dem Symbol „Mofa" nach § 39 Abs. 7 angeordnet werden kann. Werden Sinnbilder nach Abs. 7 verwendet, müssen die so angeordneten Verkehrszeichen den Voraussetzungen des § 45 Abs. 9 entsprechen (VGH München SVR 2010, 390: Verbot für Gespannfuhrwerke). Die Parkscheibe (bisher Bild 291) befindet sich aus systematischen Gründen bei den Richtzeichen als neues „Bild 318". Eine bereinigte VwV-StVO ermöglicht es den Verkehrsbehörden, die stärkere Betonung der Eigenverantwortung der Verkehrsteilnehmer durch eine sinnvolle Ausforstung des Schilderwaldes zu unterstützen. Neu hinzugekommen sind Beginn und Ende einer Fahrradzone (Z. 244.3 und 244.4), Überholverbote von einspurigen durch mehrspurige Fahrzeuge (Z. 277.1 und 281.1). Mit den Symbolen nach § 39 Abs. 7 können für spezifische Bedürfnisse weitere Verkehrszeichen generiert werden. Die (frühere) Kombinationsmöglichkeit von Z. 201 (Andreaskreuz) mit Z. 294 (Haltlinie) ist nach Anl. 2 lfd. Nr. 67 ebenso entfallen wie für Z. 205.[29] Sie ist weiterhin zulässig am Stoppzeichen (Z. 206), an Schranken und Lichtzeichenanlagen.

c. **Richtzeichen** (Anl. 3 zu § 42)

Die bei den Richtzeichen (Anl. 3 zu § 42) weggefallenen Z. 316 (Parken und Reisen), Z. 317 (Wandererparkplatz), Z. 355 (Fußgängerunter- oder -überführung), Z. 359 (Pannenhilfe), Z. 375 (Autobahnhotel), Z. 376 (Autobahngasthaus), Z. 377 (Autobahnkiosk) haben keinen regelnden Inhalt und sind als Varianten des Z. 365 in den VzKat verschoben worden, so dass sie bei Bedarf weiterhin verwendet werden können (Anl. 3 lfd. Nr. 28 und 29). Ersatzlos weggefallen sind (nur) das Z. 353 (Einbahnstraße), weil Verwechslungsgefahr mit einem Richtungspfeil besteht und zur Kennzeichnung von Einbahnstraßen Z. 220 ausreicht. Weggefallen sind weiterhin die Z. 380/381

29 Zum Vorschlag der Kombination von Z. 201 mit einem Stoppschild: Marquardt VD 2005, 87.

(Richtgeschwindigkeit) und Z. 388, wofür kein Bedarf mehr gesehen wird; auf einen schlechten Fahrbahnrand (Z. 388) kann bei Bedarf auch mit dem Gefahrzeichen 101 hingewiesen werden. Die Z. 314.1/314.2 (Beginn/Ende) sind als Zonenbeschilderung für Parkraumbewirtschaftungsgebiete mit der Option ausgestaltet, eine Vielzahl von Einzelbeschilderungen zu entfernen. Hinzugekommen ist die Kennzeichnung von Radschnellwegen (Z. 350.1 und 350.2) sowie die Markierung „Haifischzähne" (Z. 342) zur Absicherung des Radverkehrs an Kreuzungen und Einmündungen.

Die **Wegweiser** sowie Verkehrsführungs- und Umleitungsbeschilderung der Anl. 3 zu § 42 sind systematischer geordnet und zusammengefasst worden. Nicht erreicht werden konnte in der Anlage 3 eine durchgehende **Zeichennummerierung**, weil diese noch mit anderen Regelwerken (VzKat, RWB und RWBA) abgestimmt werden muss. Infolgedessen ergeben sich einige „Brüche" bei der Zeichennummerierung, z.B. Z. 450 vor Z. 340 oder Z. 415, 418, 430, 432 erst nach Z. 441. Die durchgehende Nummerierung soll zu einem späteren Zeitpunkt erfolgen.

d. **Verkehrseinrichtungen** (Anl. 4 zu § 43)

Die Verkehrseinrichtungen sind zur besseren Verständlichkeit neu geordnet worden. Leitbaken übernehmen eine Absperrfunktion, um die für den Verkehr nicht freigegebenen Flächen (z.B. Arbeitsstelle) optisch und räumlich abzugrenzen. Um neben der Absperrfunktion einer Leitbake auch deren Leitfunktion zu vermitteln, ist der Verkehr an der gesperrten Fläche vorbeizuleiten. Neu hinzugekommen sind Leitschwellen und Leitbaken sowie Leitplatten und Leitmale (s. Anl. 4 lfd. Nr. 3 und 4 und Z. 626/627). Auch Verkehrseinrichtungen dürfen nur sparsam angeordnet werden.

2.4 Sichtbarkeitsgrundsatz

Verkehrszeichen und Zusatzzeichen müssen klar und deutlich erkennbar sein, dürfen nicht irreführen und müssen bei durchschnittlicher Aufmerksamkeit durch einen raschen, beiläufigen Blick aus Sicht eines durchschnittlichen Kraftfahrers, auch von einem Ortsunkundigen, richtig erfasst werden können (VGH Mannheim SVR 136, 215; OLG Celle VerkMitt 2019 Nr. 14; OLG Köln NZV 2019, 155 = NStZ 2019, 618 = SVR 2019, 190; VGH München SVR 2013, 398; VerfGHBln SVR Heft 2/2015 III: es obliegt nur dem obersten Bundesgericht, seine Rechtsprechung zu korrigieren). Werden Verkehrszeichen so angebracht oder aufgestellt, dass sie ein durchschnittlicher Verkehrsteilnehmer bei Beachtung der Sorgfaltspflichten nach § 1 mit einem raschen und beiläufigen Blick erfassen kann, äußern sie nach dem Sichtbarkeitsgrundsatz ihre Rechtswirkung gegenüber jedem, der davon betroffen ist, gleich ob das Verkehrszeichen wahrgenommen worden ist oder nicht (BVerwG NJW 2016, 2353; OVG Berlin-Brandenburg NJW 2018, 3470).

Ein Tempolimit nach Z. 274 mit einem von der Verkehrsbehörde zugelassenen (erklärenden) Zusatzzeichen „Baumunfall" ist zwar unnötig, aber allgemein verständlich (OLG Oldenburg DAR 2016, 664). Bei ordnungsgemäß aufgestellten Verkehrszeichen kann angenommen werden, dass sie in aller Regel von den Verkehrsteilnehmern wahrgenommen werden (OLG Celle VRS 125, 178). Dagegen ist das z.B. bei einem Verbotszeichen mit vier Zusatzzeichen nicht mehr gewährleistet (BVerwG VerkMitt 2008 Nr. 68 = NZV 2008, 476 = DAR 2008, 656); ebenso nicht bei im Winter aufgestellten Verkehrszeichen, die im Sommer dann im Straßenbegleitgrün verschwinden (OLG Hamm DAR 2011, 216 = SVR 2011, 112), oder bei

Sichtbarkeitsgrundsatz bei irreführender Beschilderung durch Haltverbote

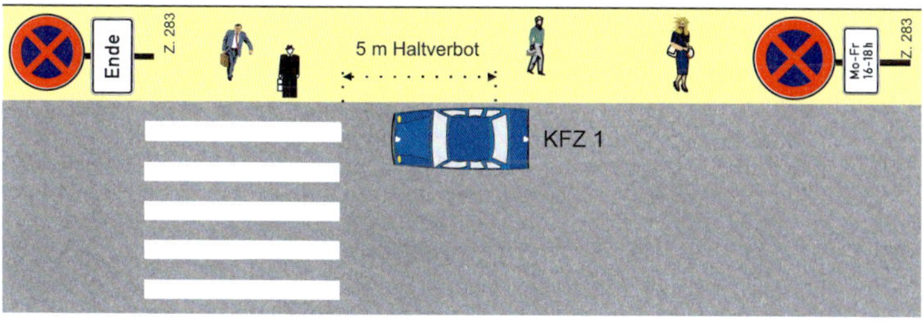

Verkehrszeichen müssen so angeordnet werden, dass niemand zu Fehlhandlungen verleitet wird. KFZ 1 parkt am Sonntag außerhalb der Geltungszeit des Z. 283, aber unzulässig innerhalb des Haltverbots von 5 m vor dem Fußgängerüberweg. Da das Ende des Z. 283 erst nach dem Zebrastreifen angezeigt wird, glaubt KFZ 1 irrtümlich, es dürfe innerhalb des 5 m Raumes außerhalb des angegebenen Zeitraums parken (Fehlschluss aus § 39 Abs. 2 StVO, wonach Verkehrszeichen allgemeine Verkehrsregeln aufheben). Folge: Eine solche Beschilderung berührt den Sichtbarkeitsgrundsatz und wäre unwirksam. Besteht aus Sicherheitsgründen dennoch ein Bedürfnis, das Halten weit vor dem Fußgängerüberweg zu verbieten, sollte es ohne einschränkende Zusatzschilder angeordnet werden.

Verkehrszeichen, deren Erkennbarkeit infolge von Witterungseinflüssen, Beschädigungen oder sonstigen Einwirkungen nicht mehr gewährleistet ist (OLG Hamm NZV 2011, 94; s. a. Richter DAR 2016, 167). Unzweckmäßige oder irreführende Beschilderung kann bei Missverständnissen die Schuld des Betroffenen mindern oder ausschließen sowie bei Schäden eine Haftung der Straßenverkehrs- oder Straßenbaubehörde begründen (OLG Jena VRS 119, 350 = DAR 2011, 37). Genügen Verkehrszeichen nicht den Anforderungen an die Sichtbarkeit und Verständlichkeit, sind sie unwirksam (BVerwG DAR 2009, 656).[30]

Diese Anforderungen sind bei Zeichen für den ruhenden Verkehr geringer als bei denen für den fließenden Verkehr. Vom Kraftfahrer wird hier erwartet, dass er notfalls aus seinem Fahrzeug aussteigt und sich eingehend über die Park- und Haltmöglichkeiten an den Schildern orientiert (OVG Berlin-Brandenburg VerkMitt 2015 Nr. 43; VGH Mannheim NZV 2010, 533; OVG Hamburg NZV 2009, 524 = VRS 116, 464; VG Koblenz VD 2018, 334: Rückschau 30 m hinter dem geparkten PKW sind nicht unangemessen; VG Berlin VD 2012, 213). So berühren auch drei Zusatzzeichen mit dem Zeichen 290 (ein Zeichen für Kurzparkregelung mit Parkschein und zwei Zeichen für zeitlich begrenztes Bewohnerparken) den Sichtbarkeitsgrundsatz trotz Rn. 35 VwV-StVO zu § 39 noch nicht (VGH Mannheim VerkMitt 2010 Nr. 85). Vorübergehend angeordnete Haltverbote für Umzüge, Veranstaltungen, Baumaßnahmen o. Ä. müssen so aufgestellt werden, dass während der Fahrt oder durch einfache Umschau beim Aussteigen erkennbar ist, dass überhaupt ein Verkehrsschild etwas mit einem Halt- oder Parkverbot zu tun hat (BVerwG VerkMitt 2016 Nr. 39 = DAR 2016, 598 = NJW 2016, 2353 = NZV 2016, 539).

30 Zu berücksichtigen ist allerdings, dass der Sichtbarkeitsgrundsatz durch den Grundsatz der doppelten Sicherung eingeschränkt ist. Bei abnehmender Finanzkraft der Kommunen sind auch Verkehrszeichen zu beachten, bei denen das Rot langsam in „Rosa" oder das Blau in „Himmelblau" übergeht. Erst wenn der Inhalt der gewollten Regelung überhaupt nicht mehr erfasst werden kann (vor allem bei Dunkelheit), werden solche Verkehrszeichen unwirksam.

Eingeschränkt wird der Sichtbarkeitsgrundsatz durch den Grundsatz der doppelten Sicherung, wenn Anzeichen dafür sprechen, dass eine gewollte Regelung weiter gelten soll (siehe auch Erl. 2.5.5 zu § 1 und Erl. zu Z. 274 in § 41). Übernimmt der Beifahrer das Steuer auf einer Straße, auf der zuvor z.B. ein Überholverbot (Z. 276) angezeigt wurde, ist der Fahrer nicht verpflichtet, den neuen Fahrer über das Überholverbot zu unterrichten. Der Sichtbarkeitsgrundsatz greift insoweit auch hier, es sei denn, der das Steuer übernehmende Beifahrer hat das Verkehrszeichen vorher gesehen, kennt die Verkehrsregelung auf der Straße oder die Kenntnis des Überholverbots hätte für ihn aufgrund der Örtlichkeit nahe gelegen. Nach § 39 Abs. 1a muss außerdem der Kraftfahrer innerorts abseits von Vorfahrtstraßen stets mit Tempo 30-Zonen rechnen (VGH München DAR 2015, 600). Das gilt auch, wenn er als Fußgänger in eine tempobeschränkte Zone gelangt ist und dort ein Fahrzeug übernimmt. Siehe auch Erl. 2.5.5 zu § 1.

2.5 Rangfolge von Verkehrszeichen

Regelungen durch Verkehrszeichen gehen nach § 39 Abs. 2 den allgemeinen Verkehrsregeln nur insoweit vor, als sie sich inhaltlich widersprechen. So hebt z.B. Z. 205 die Vorfahrtregel „Rechts vor Links" auf, nicht aber die Pflichten beim Abbiegen. Gleiches gilt für Verkehrseinrichtungen (§ 43 Abs. 2), gelbe Markierungen zu weißen Linien (§ 39 Abs. 5), Verkehrszeichen auf Begleit- oder Sicherungsfahrzeugen. Diese Zeichen gehen stationären Schildern dann vor, wenn der Regelungsinhalt an der konkreten Stelle abweicht, eingeschränkt oder erweitert wird.

Das Grünpfeilschild gestattet das Rechtsabbiegen bei Rot. Es ist kein vorfahrtregelndes Verkehrszeichen, so dass es nicht gemäß § 37 Abs. 1 Satz 1 aufgehoben wird. Zeichen und Weisungen der Polizei gehen allen Verkehrsregeln, Verkehrszeichen/-einrichtungen und anderen Anordnungen vor, entbinden die Verkehrsteilnehmer aber nicht von ihren Sorgfaltspflichten, z.B. Vorrang der Fußgänger oder des Gegenverkehrs beim Abbiegen. Einzelweisungen gehen den Zeichen der Polizei vor, z.B. kann die Polizei

Rangregeln der StVO	
Regelungen durch Verkehrszeichen gehen allgemeinen Verkehrsregeln vor	§ 39 Abs. 2 StVO
Regelungen durch Verkehrseinrichtungen gehen allgemeinen Verkehrsregeln vor	§ 43 Abs. 2 StVO
Gelbe Markierungen, gelbe Markierungsknopfreihen oder rot-weiße Leitmarken und Markierungsleuchtknöpfe heben Fahrstreifenbegrenzungen (Z. 295) und Leitlinien (Z. 340) auf	§ 39 Abs. 5 StVO
Lichtzeichen gehen Verkehrsregeln, vorrangregelnden Verkehrszeichen und Fahrbahnmarkierungen vor	§ 37 Abs. 1 StVO
Zeichen und Weisungen von Polizeibeamten gehen allen anderen Anordnungen und sonstigen Regeln vor, entbinden die Verkehrsteilnehmer jedoch nicht von ihrer Sorgfaltspflicht	§ 36 Abs. 1 StVO
Halt vor Bahnübergang; wenn Bahnbediensteter z.B. mit roter Flagge Halt gebietet	§ 19 Abs. 2 StVO
Verkehrszeichen auf Fahrzeugen gehen ortsfest angebrachten Verkehrszeichen vor	§ 39 Abs. 6 StVO
Vorübergehend angeordnete Haltverbote durch Z. 283 und 286 heben Verkehrszeichen oder Markierungen auf, die das Parken erlauben	Anl. 2 lfd. Nr. 61 Erl. 2
Widersprechen sich Weisungen, Lichtzeichen, Verkehrszeichen, Verkehrseinrichtungen oder Verkehrsregeln, hat sich jeder nach den Regeln, Zeichen, Markierungen, Einrichtungen, Lichtzeichen oder Weisungen zu richten, die für ihn und andere Verkehrsteilnehmer die größte Sicherheit gewähren	Folge aus §1 StVO (ungeschriebene Rangregel)

trotz durch die Grundstellung freigegebener Fahrtrichtung mit der Hand einen Abbieger anhalten (s. a. Erl. 2.1 zu § 36).

Eine Rangfolge zwischen den Verkehrszeichen selbst gibt es nicht. Nur bei vorübergehend angeordneten Haltverboten nach Z. 283 oder 286 (für Baustellen, Veranstaltungen, Demonstrationen) wird (nur) das durch Verkehrszeichen oder Markierungen erlaubte Parken suspendiert (Anl. 2 lfd. Nr. 61 Erl. 2). Damit soll der Aufwand zur vorübergehenden Außerkraftsetzung von Parkflächen (z. B. für Behinderte oder Reisebusse) vermindert werden. Im Übrigen heben aber dauerhafte Haltverbote keine Parkverbote auf, selbst wenn sie sich überlagern. Hier ist es Aufgabe der Verkehrsbehörden, für eine eindeutige Beschilderung zu sorgen.

3 Hinweise

3.1 Kostentragung von Verkehrszeichen und -einrichtungen: § 5b StVG, § 45 Abs. 5.

3.2 Richtlinien für Wechselverkehrszeichen an Bundesfernstraßen (RWVZ) vom 10.4.1997 (VkBl. S. 520); Grundsätze für die Aufstellung von Verkehrsschildern an Bundesfernstraßen vom 21.8.2000 (VkBl. S. 511); Richtlinien für wegweisende Beschilderung außerhalb von Autobahnen (RWB): VkBl. 1992, 218; Richtlinien für Umleitungsbeschilderungen (RUB): VkBl. 1992, 218; Richtlinien für touristische Hinweise an Straßen (RtH): VkBl. 1988, 488; Richtlinien für die Markierung von Straßen (RMS): VkBl. 1993, 667.

3.3 Verlautbarung des BMV (BMVI) über Reflexfolien für Verkehrszeichen und Verkehrseinrichtungen: VkBl. 1992, 266.

4 Zusatzzeichen nach Teil 7 des Verkehrszeichenkataloges (VzKat)

Zusatzzeichen nach § 39 Absatz 3 StVO: Allgemeine Zusatzzeichen

Zusatzzeichen 1000 Richtungsangaben durch Pfeile

1000-10

Richtung, linksweisend

1000-20

Richtung, rechtsweisend

1000-11

Richtung der Gefahrstelle, linksweisend

1000-21

Richtung der Gefahrstelle, rechtsweisend

1000-12

Fußgänger Gehweg gegenüber benutzen, linksweisend

1000-22

Fußgänger Gehweg gegenüber benutzen, rechtsweisend

1000-13

Umleitungsbeschilderung Dreiviertelkreis

1000-23

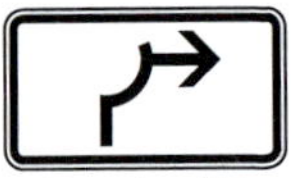

Umleitungsbeschilderung Viertelkreis

1000-30

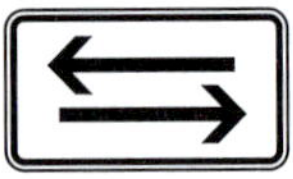

Beide Richtungen, zwei gegengerichtete waagerechte Pfeile

1000-31

Beide Richtungen, zwei gegengerichtete senkrechte Pfeile

1000-34

Umleitungsbeschilderung Halbkreis

1000-32

Radverkehr kreuzt von links und rechts

1000-33

Radverkehr im Gegenverkehr

Zusatzzeichen 1000-33 gemäß § 53 Absatz 2 Nummer 3 StVO gültig bis zum 1. April 2017

Zusatzzeichen 1001 Länge einer Strecke

1001-30

Auf ... m

1001-31

Auf ... km

1001-32

1001-33

gemäß VwV-StVO in Tunneln -32: Noch ... m
-33: Noch ... km

1001-34

1001-35

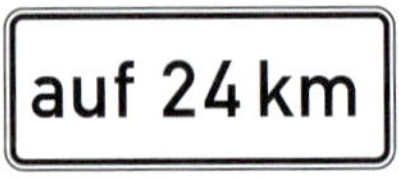

500 × 1250 mm

in Verbindung mit Fahrstreifentafeln (Zeichen 521 ff.) -34: Auf ... m
-35: Auf ... km

Zusatzzeichen 1002 Verlauf der Vorfahrtstraße

Verlauf der Vorfahrtstraße an Kreuzungen

1002-10

von unten nach links

1002-20

von unten nach rechts

1002-11

von oben nach links

1002-21

von oben nach rechts

Verlauf der Vorfahrtstraße an Einmündungen

1002-12

von unten nach links,
Einmündung von oben

1002-22

von unten nach rechts,
Einmündung von oben

1002-14

von oben nach links,
Einmündung von unten

1002-24

von oben nach rechts,
Einmündung von unten

1002-13

von unten nach links,
Einmündung von rechts

1002-23

von unten nach rechts,
Einmündung von links

Zusatzzeichen 1004 Entfernungsangaben

1004-30[1), 2)]

Entfernungsangabe
in … m

1004-31

Entfernungsangabe
in … km

1004-32

Stop in 100 m

1) in Verbindung mit Verkehrslenkungstafeln (Zeichen 501 ff.) auch in 500 × 1250 mm
2) nur volle 50er

Zusatzzeichen 1005 Entfernungsangaben mit verbalem Zusatz

1005-30

500 × 1 250 mm

Reißverschluss erst in … m

Zusatzzeichen 1005-30 in Verbindung mit Einengungstafel (Zeichen 531 ff.)

Zusatzzeichen 1006 Hinweis auf Gefahren durch Sinnbild

1006-30

Schleudergefahr für Wohnwagengespanne an Gefällestrecken mit starkem Seitenwind auf Autobahnen

1006-31

Unfallgefahr

Zusatzzeichen 1007 Hinweis auf Gefahren durch verbale Angabe

1007-30

Ölspur

1007-31

Rauch

1007-32

Rollsplitt

1007-33

Baustellenausfahrt

1007-34

Straßenschäden

1007-35

Verschmutzte Fahrbahn

1007-36

Sprengarbeiten

1007-37

Ausfahrt

1007-38

Baustellenverkehr

1007-39

Fehlende Fahrbahnmarkierung

1007-50

Unfall

1007-51

Hochwasser

Zusatzzeichen 1007 Hinweis auf Gefahren durch verbale Angabe

1007-52

Neuer Fahrbahnbelag

1007-53

Spurrinnen

1007-54

Linksabbieger

1007-55

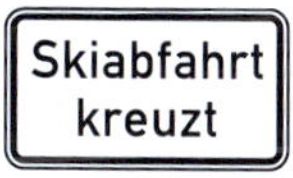

Skiabfahrt kreuzt

1007-56

Skiwanderweg kreuzt

1007-57

Kuppe

1007-58

Polizeikontrolle (Anordnung auch in Verbindung mit Zeichen 274, möglichst mit Zeitangabe)

1007-59

Ende Seitenstreifen in 200 m

1007-60

Seitenstreifen nicht befahrbar

1007-61

Nebel (Ausführung nach RWVZ 1997)

1007-62

Zufahrt

Zusatzzeichen 1008 Hinweis auf geänderte Vorfahrt, Verkehrsführung oder besondere Verkehrsregelung

1008-30

Vorfahrt geändert

1008-31

Verkehrsführung geändert

1008-32

Industriegebiet Schienenfahrzeuge haben Vorrang (zu Zeichen 201 StVO)

1008-33

Hafengebiet Schienenfahrzeuge haben Vorrang (zu Zeichen 201 StVO)

1008-34

Keine Wendemöglichkeit

Zusatzzeichen 1010 Hinweis durch Sinnbild

1010-10

Erlaubt Kindern auch auf der Fahrbahn und dem Seitenstreifen zu spielen

1010-11

Wintersport erlaubt

1010-12

Kennzeichnung von Parkflächen, auf denen Anhänger auch länger als 14 Tage parken dürfen

1010-13

Kennzeichnung von Parkflächen, auf denen Wohnwagen auch länger als 14 Tage parken dürfen

1010-14

Information Rollende Landstraße

1010-15

Information Leistungsumfang (zu Zeichen 448.1) (Ausführung nach RWBA)

1010-50

Kraftwagen und sonstige mehrspurige Fahrzeuge

1010-51[1]

Kraftfahrzeuge mit einer zulässigen Gesamtmasse über 3,5 t, einschließlich ihrer Anhänger, und Zugmaschinen, ausgenommen Personenkraftwagen und Kraftomnibusse

1010-52[1]

Radverkehr

1010-53

Fußgänger

1010-54

Reiter

1010-55

Viehtrieb

1010-56[1]

Straßenbahn

1010-57[1]

Kraftomnibus

1010-58[1]

Personenkraftwagen

1010-59[1]

Personenkraftwagen mit Anhänger

1010-60[1]

Lastkraftwagen mit Anhänger

1010-61[1]

Kraftfahrzeuge und Züge, die nicht schneller als 25 km/h fahren können oder dürfen

1) Kann auch Teil eines beschränkenden Zusatzzeichen nach § 41 Absatz 2 StVO sein

Zusatzzeichen 1010 Hinweis durch Sinnbild

1010-62[1)]

Krafträder, auch mit Beiwagen, Kleinkrafträder und Mopeds

1010-63[1)]

Mofas

1010-64

Gespannfuhrwerk

1010-65[1)]

E-Bikes

1010-66

Elektrisch betriebene Fahrzeuge (nach EmoG)

1010-67[1)]

Wohnmobile

Zusatzzeichen 1012 Hinweis durch verbale Angabe

1012-30

Ladezone

1012-31

Ende

1012-32

Radfahrer absteigen

1012-33

Keine Mofas

1012-34

Grüne Welle bei XX km/h

1012-35

Bei Rot hier halten

1012-36

Lärmschutz

1012-37

Zuflussregelung

1012-38

Nebenstrecke (Ausführung nach RWB)

1012-50

Schule

1012-51

Kindergarten

1012-52

Altenheim

1012-53

Krankenhaus

1) Kann auch Teil eines beschränkenden Zusatzzeichen nach § 41 Absatz 2 StVO sein

Zusatzzeichen 1013 Besondere Hinweise zur Seitenstreifenfreigabe

1013-50

Seitenstreifen befahren
800 × 2250 mm

1013-51

Seitenstreifen räumen
800 × 2250 mm

1013-52

Ende in … m
500 × 2250 mm

Zusatzzeichen 1013 in Verbindung mit Zeichen 223.1 bis 223.3

Zusatzzeichen 1014 Tunnelkategorien gemäß ADR-Übereinkommen

1014-50

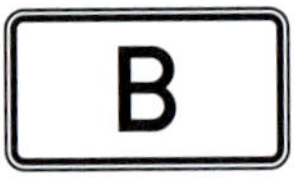

Tunnelkategorie B

1014-51

Tunnelkategorie C

1014-52

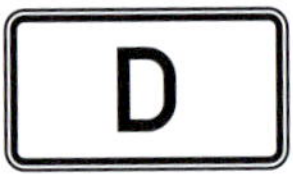

Tunnelkategorie D

1014-53

Tunnelkategorie E

Tunnelkategorien gemäß ADR-Übereinkommen (Ausführung nach VkBl. 2007 S. 703)

Zusatzzeichen nach § 41 Absatz 2 StVO: Zusatzzeichen mit Ausnahmen „frei“

Zusatzzeichen 1020 Personengruppen frei (verbale Angabe oder mit Sinnbild)

1020-11

Schwerbehinderte mit Parkausweis Nr. … frei

1020-12

Radverkehr und Anlieger frei

1020-13

Inline-Skaten und Rollschuhfahren zugelassen

1020-14

Wintersport frei

1020-30

Anlieger frei

1020-31

Anlieger oder Parken frei

1020-32

Bewohner mit Parkausweis Nr. … frei

Zusatzzeichen 1022 Einspurige Fahrzeuge frei

1022-10

Radverkehr frei

1022-11

Mofas frei

1022-12

Krafträder, auch mit Beiwagen, Kleinkrafträder und Mofas frei

1022-13

E-Bikes frei

1022-14

Radverkehr und Mofas frei

1022-15

E-Bikes und Mofas frei

Zusatzzeichen 1024 Mehrspurige Fahrzeuge frei

1024-10

Personenkraftwagen frei

1024-11

Personenkraftwagen mit Anhänger frei

1024-12

Kraftfahrzeuge mit einer zulässigen Gesamtmasse über 3,5 t, einschließlich ihrer Anhänger, und Zugmaschinen, ausgenommen Personenkraftwagen und Kraftomnibusse frei

1024-13

Lastkraftwagen mit Anhänger frei

1024-14

Kraftomnibus frei

1024-15

Schienenbahn frei

1024-16

Straßenbahn frei

1024-17

Kraftfahrzeuge und Züge, die nicht schneller als 25 km/h fahren können oder dürfen frei

Zusatzzeichen 1024 Mehrspurige Fahrzeuge frei

1024-18

Gespannfuhrwerke frei

1024-19

Wohnmobile mit einer zulässigen Gesamtmasse bis 7,5 t ausgenommen

1024-20

Elektrisch betriebene Fahrzeuge frei (nach EmoG)

Zusatzzeichen 1026 Besondere Fahrzeuge und Transportgüter frei (verbale Angabe)

1026-30

Taxi frei

1026-31

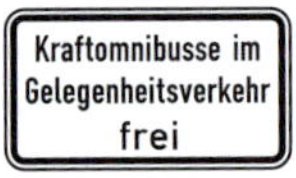

Kraftomnibusse im Gelegenheitsverkehr frei

1026-32

Linienverkehr frei

1026-33

Einsatzfahrzeuge frei

1026-34

Krankenfahrzeuge frei

1026-35

Lieferverkehr frei

1026-36

Landwirtschaftlicher Verkehr frei

1026-37

Forstwirtschaftlicher Verkehr frei

1026-38

Land- und forstwirtschaftlicher Verkehr frei

1026-39

Betriebs- und Versorgungsdienst frei

1026-60

Elektrofahrzeuge während des Ladevorgangs frei (nach StVG)

1026-61

Elektrofahrzeuge frei (nach StVG)

1026-62

Gülletransport frei

1026-63

E-Bikes frei

Zusatzzeichen 1028 Sonstige Fahrzeug-, Personengruppen frei (verbale Angabe)

1028-30

Baustellenfahrzeuge frei

1028-31

Bis Baustelle frei

1028-32

Anlieger bis Baustelle frei

1028-33

Zufahrt bis ... frei

1028-34

Fährbenutzer frei

Zusatzzeichen 1031 Freistellung vom Verkehrsverbot nach § 40 Absatz 1 BImSchG

1031-50

Freistellung vom Verkehrsverbot nach § 40 Absatz 1 BImSchG – rote, gelbe und grüne Plakette

1031-51

Freistellung vom Verkehrsverbot nach § 40 Absatz 1 BImSchG – gelbe und grüne Plakette

1031-52

Freistellung vom Verkehrsverbot nach § 40 Absatz 1 BImSchG – grüne Plakette

Zusatzzeichen 1031 in Verbindung mit Zeichen 270.1

Zusatzzeichen nach § 41 Absatz 2 StVO: Beschränkende Zusatzzeichen

Zusatzzeichen 1040 Zeitangaben ohne Beschränkung auf Wochentage

1040-10

Wintersport erlaubt, zeitlich beschränkt (10–16 h)

1040-30

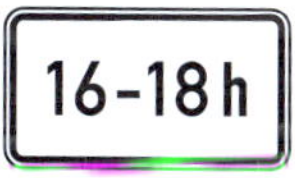

Zeitliche Beschränkung (16–18 h)

1040-31

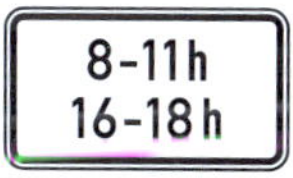

Zeitliche Beschränkung (8–11 h, 16–18 h)

1040-32

Parkscheibe 2 Stunden

1040-33

Parken mit Parkscheibe in gekennzeichneten Flächen 2 Stunden

1040-34

Ab Zeitpunkt

1040-35

Lärmschutz (mit Zeitangabe)

1040-36

Schulweg i. V. m. zeitlicher Begrenzung (zu Zeichen 101 oder 274)

Zusatzzeichen 1042 Zeitangaben mit Beschränkung auf Wochentage

1042-30

Zeitliche Beschränkung (werktags)

1042-31

Zeitliche Beschränkung (werktags 18–19 h)

1042-32

Zeitliche Beschränkung (werktags 8.30–11.30 h, 16–18 h)

1042-33

Zeitliche Beschränkung (Mo–Fr, 16–18 h)

1042-34

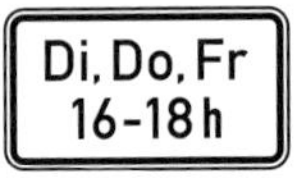

Zeitliche Beschränkung (Di, Do, Fr, 16–18 h)

1042-35

Zeitliche Beschränkung (6–22 h an Sonn- und Feiertagen)

1042-36

Schulbus (tageszeitliche Benutzung)

1042-37

Parken Sa und So erlaubt

1042-38

Werktags außer samstags

1042-50

Straßenreinigung (mit Zeit- und Datumsangabe)

1042-51

Sa und So

1042-52

Sa, So und an Feiertagen

1042-53

Schulweg i. V. m. zeitlicher Begrenzung an Werktagen (zu Zeichen 101 oder 274)

Zusatzzeichen 1044 Personengruppen

1044-10

Nur Schwerbehinderte mit außergewöhnlicher Gehbehinderung und Blinde

1044-11

Nur Schwerbehinderte mit Parkausweis Nr. ...

1044-12

Nur Schwerbehinderte mit außergewöhnlicher Gehbehinderung und Blinde, mit Anzahl der Parkstände

1044-30

Nur Bewohner mit Parkausweis Nr. ...

Zusatzzeichen 1046 Einspurige Fahrzeuge

Als beschränkende Zusatzzeichen nach § 41 Absatz 2 StVO können für einspurige Fahrzeuge die ZZ 1010-52, 1010-62, 1010-63 und 1010-65 angeordnet werden.

Zusatzzeichen 1048 Mehrspurige Fahrzeuge

1048-14

Nur Sattelkraftfahrzeuge

1048-15

Nur Sattelkraftfahrzeuge und Lastkraftwagen mit Anhänger

1048-18

Nur Schienenbahnen

1048-20

Nur Personenkraftwagen mit Anhänger und Kraftfahrzeuge mit einer zulässigen Gesamtmasse über 3,5 t, einschließlich ihrer Anhänger, und Zugmaschinen, ausgenommen Personenkraftwagen und Kraftomnibusse

Als beschränkende Zusatzzeichen nach § 41 Absatz 2 StVO können für mehrspurige Fahrzeuge außerdem die ZZ 1010-51, 1010-56, 1010-57, 1010-58, 1010-59, 1010-60 und 1010-67 angeordnet werden.

Zusatzzeichen 1049 Sonstige oder mehrere mehrspurige Fahrzeuge

1049-11

Kraftfahrzeuge und Züge, die nicht schneller als 25 km/h fahren können oder dürfen, dürfen überholt werden

1049-12

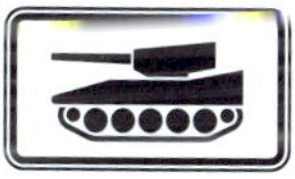

Nur militärische Kettenfahrzeuge

1049-13

Nur Lkw (ZZ 1010-51), Kraftomnibus (ZZ 1010-57) und Pkw mit Anhänger (ZZ 1010-59)

Als beschränkendes Zusatzzeichen nach § 41 Absatz 2 StVO kann für sonstige oder mehrere mehrspurige Fahrzeuge außerdem das ZZ 1010-61 angeordnet werden.

Zusatzzeichen 1050 Fahrzeuge (verbale Angabe)

1050-30

Taxi

1050-31

… Taxen

1050-32

Elektrofahrzeuge während des Ladevorgangs (nach StVG)

1050-33

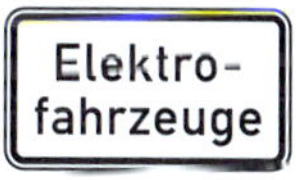

Elektrofahrzeuge (nach StVG)

Zusatzzeichen 1052 Fahrzeuge mit besonderer Ladung

1052-30

Nur kennzeichnungspflichtige Kraftfahrzeuge mit gefährlichen Gütern

1052-31

Nur Fahrzeuge mit wassergefährdender Ladung

Zusatzzeichen 1053 Sonstige Beschränkungen

1053-30

Parken in gekennzeichneten Flächen erlaubt

1053-31

Mit Parkschein

1053-32

Gebührenpflichtig

1053-33

Massenangabe 7,5 t

1053-34

Auf dem Seitenstreifen

1053-35

Bei Nässe

1053-36

Durchgangsverkehr

1053-37

Massenangabe 12 t

(Anordnung als Kombination der ZZ 1053-36 und -37 nur in Verbindung mit Zeichen 253)

1053-38

Querparken als Sinnbild

1053-39

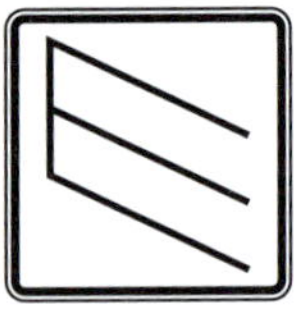

Schrägparken als Sinnbild

1053-52

Nur innerhalb gekennzeichneter Parkflächen

1053-53

Parken mit Parkschein in gekennzeichneten Flächen

Zusatzzeichen nach § 41 Absatz 2 StVO: Erweiternde Zusatzzeichen

Zusatzzeichen 1060 Erweiternde Zusatzzeichen

1060-31

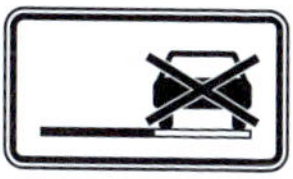

Haltverbot auch
auf dem Seitenstreifen

1060-32

Auch Kraftomnibusse
und Pkw mit Anhängern
(im Bereich von Lkw-
Kontrollen)

1060-33

Massenangabe 2,8 t
(Anordnung nur in Verbindung
mit Zeichen 277)

§ 40 Gefahrzeichen

(1) Gefahrzeichen mahnen zu erhöhter Aufmerksamkeit, insbesondere zur Verringerung der Geschwindigkeit im Hinblick auf eine Gefahrsituation (§ 3 Absatz 1).

(2) Außerhalb geschlossener Ortschaften stehen sie im Allgemeinen 150 bis 250 m vor den Gefahrstellen.[1] Ist die Entfernung erheblich geringer, kann sie auf einem Zusatzzeichen angegeben sein, wie[2]

(3) Innerhalb geschlossener Ortschaften stehen sie im Allgemeinen kurz vor der Gefahrstelle.

(4) Ein Zusatzzeichen wie

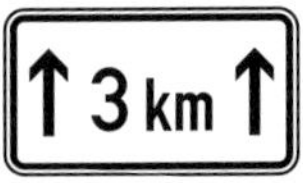

kann die Länge der Gefahrstrecke angeben.

(5) Steht ein Gefahrzeichen vor einer Einmündung, weist auf einem Zusatzzeichen ein schwarzer Pfeil in die Richtung der Gefahrstelle, falls diese in der anderen Straße liegt.

(6) Allgemeine Gefahrzeichen ergeben sich aus der Anlage 1 Abschnitt 1.

(7) Besondere Gefahrzeichen vor Übergängen von Schienenbahnen mit Vorrang ergeben sich aus der Anlage 1 Abschnitt 2.

1 Auf Autobahnen 400 m.
2 Zusatzzeichen 1004-30.
3 Varianten der Gefahrzeichen folgen aus dem Verkehrszeichenkatalog (VzKat), der als Anlage zur VwV-StVO im BAnz AT 29.5.2017 B8 veröffentlicht ist. Der VzKat kann von der Bundesanstalt für Straßenwesen (BASt) bezogen werden: Brüderstraße 53, 51427 Bergisch Gladbach, Tel. 02204/43-185, Fax 02204/43-674, http://www.bast.de/Verkehrszeichen

Allgemeine und Besondere Gefahrzeichen[3]

1	2	3
lfd. Nr.	**Zeichen**	**Erläuterungen**
Abschnitt 1 Allgemeine Gefahrzeichen (zu § 40 Absatz 6)		
1	Zeichen 101  Gefahrstelle	Ein Zusatzzeichen kann die Gefahr näher bezeichnen.
2	Zeichen 102  Kreuzung oder Einmündung	Kreuzung oder Einmündung mit Vorfahrt von rechts
3	Zeichen 103  Kurve	
4	Zeichen 105  Doppelkurve	

1	2	3
lfd. Nr.	**Zeichen**	**Erläuterungen**
5	Zeichen 108  Gefälle	
6	Zeichen 110  Steigung	
7	Zeichen 112  Unebene Fahrbahn	
8	Zeichen 114  Schleuder- oder Rutschgefahr	Schleuder- oder Rutschgefahr bei Nässe oder Schmutz

1	2	3
lfd. Nr.	**Zeichen**	**Erläuterungen**
9	Zeichen 117  Seitenwind	
10	Zeichen 120  Verengte Fahrbahn	
11	Zeichen 121  Einseitig verengte Fahrbahn	
12	Zeichen 123  Arbeitsstelle	

1	2	3
lfd. Nr.	Zeichen	Erläuterungen
13	Zeichen 124  Stau	
14	Zeichen 125  Gegenverkehr	
15	Zeichen 131  Lichtzeichenanlage	
16	Zeichen 133  Fußgänger	

1	2	3
lfd. Nr.	**Zeichen**	**Erläuterungen**
17	Zeichen 136  Kinder	
18	Zeichen 138  Radverkehr	
19	Zeichen 142  Wildwechsel	
Abschnitt 2 Besondere Gefahrzeichen vor Übergängen von Schienenbahnen mit Vorrang (zu § 40 Absatz 7)		
20	Zeichen 151  Bahnübergang	

1	2	3
lfd. Nr.	**Zeichen**	**Erläuterungen**
21	Zeichen 156  Bahnübergang mit dreistreifiger Bake	Bahnübergang mit dreistreifiger Bake etwa 240 m vor dem Bahnübergang. Die Angabe erheblich abweichender Abstände kann an der dreistreifigen, zweistreifigen und einstreifigen Bake oberhalb der Schrägstreifen in schwarzen Ziffern erfolgen.[4]
22	Zeichen 159  Zweistreifige Bake	Zweistreifige Bake etwa 160 m vor dem Bahnübergang
23	Zeichen 162  Einstreifige Bake	Einstreifige Bake etwa 80 m vor dem Bahnübergang

4 Die Angabe abweichender Abstände lässt bei seitlich einmündenden Straßen eine flexiblere Ankündigung des Bahnübergangs zu und soll dazu beitragen, den Beschilderungsaufwand zu verringern.

VwV-StVO zu § 40 Gefahrzeichen

1 I. Gefahrzeichen sind nach Maßgabe des § 45 Abs. 9 Satz 4 anzuordnen. Nur wenn sie als Warnung oder Aufforderung zur eigenverantwortlichen Anpassung des Fahrverhaltens nicht ausreichen, sollte stattdessen oder bei unabweisbarem Bedarf ergänzend mit Vorschriftzeichen (insbesondere Zeichen 274, 276) auf eine der Gefahrsituation angepasste Fahrweise hingewirkt werden; vgl. hierzu I. zu den Zeichen 274, 276 und 277.

2 II. Die Angabe der Entfernung zur Gefahrstelle oder der Länge der Gefahrstrecke durch andere als die in Abs. 2 und 4 bezeichneten Zusatzzeichen ist unzulässig.

Zu Zeichen 101 Gefahrstelle

1 I. Das Zeichen darf nicht anstelle der Zeichen 102 bis 151 dauerhaft verwendet werden.

2 II. Vor Schienenbahnen ohne Vorrang darf nur durch dieses Zeichen samt einem Zusatzzeichen z. B. mit dem Sinnbild „Straßenbahn" (1048-19) oder dem Sinnbild aus Zeichen 151 gewarnt werden, bei nicht oder kaum benutzten Gleisen auch durch Zeichen 112.

Zu Zeichen 102 Kreuzung oder Einmündung mit Vorfahrt von rechts

1 Das Zeichen darf nur angeordnet werden vor schwer erkennbaren Kreuzungen und Einmündungen von rechts, an denen die Vorfahrt nicht durch Vorfahrtzeichen geregelt ist. Innerhalb geschlossener Ortschaften ist das Zeichen im Allgemeinen entbehrlich.

Zu den Zeichen 103 Kurve und 105 Doppelkurve

1 I. Die Zeichen sind nur dort anzuordnen, wo die Erforderlichkeit einer erheblichen Reduzierung der Geschwindigkeit in einem Kurvenbereich nicht rechtzeitig erkennbar ist, obwohl Richtungstafeln aufgestellt sind (vgl. Nr. II VwV zu § 43 Abs. 3 Anlage 4 Abschnitte 2 und 3; Rn. 6).

2 II. Es dürfen nur die im Katalog der Verkehrszeichen aufgeführten Varianten der Zeichen 103 und 105 angeordnet werden. Eine nähere Darstellung des Kurvenverlaufs auf den Zeichen ist unzulässig.

3 III. Mehr als zwei gefährliche Kurven im Sinne der Nummer I sind durch ein Doppelkurvenzeichen mit einem Zusatzzeichen, das die Länge der kurvenreichen Strecke angibt, anzukündigen. Vor den einzelnen Kurven ist dann nicht mehr zu warnen.

Zu den Zeichen 108 Gefälle und 110 Steigung

1 Die Zeichen dürfen nur dann angeordnet werden, wenn der Verkehrsteilnehmer die Steigung oder das Gefälle nicht rechtzeitig erkennen oder wegen besonderer örtlicher Verhältnisse oder des Streckencharakters die Stärke oder die Länge der Neigungsstrecke unterschätzen kann. Die Länge der Gefahrstrecke kann auf einem Zusatzzeichen angegeben werden.

Zu Zeichen 112 Unebene Fahrbahn

1 I. Das Zeichen ist nur für sonst gut ausgebaute Straßen und nur dann anzuordnen, wenn Unebenheiten bei Einhaltung der jeweils zulässigen Höchstgeschwindigkeit oder der Richtgeschwindigkeit auf Autobahnen eine Gefahr für den Fahrzeugverkehr darstellen können.

2 II. Es ist empfehlenswert, die Entfernung zwischen dem Standort des Zeichens und dem Ende der Gefahrstelle anzugeben, wenn vor einer unebenen Fahrbahn von erheblicher Länge gewarnt werden muss.

3 III. Vgl. auch Nummer II zu Zeichen 101; Rn. 2.

Zu Zeichen 114 Schleuder- oder Rutschgefahr bei Nässe oder Schmutz

1 I. Das Zeichen ist nur dort anzuordnen, wo die Gefahr nur auf einem kurzen Abschnitt besteht. Besteht die Gefahr auf längeren Streckenabschnitten häufiger, ist stattdessen die zulässige Höchstgeschwindigkeit bei Nässe zu beschränken. Innerhalb geschlossener Ortschaften ist das Zeichen in der Regel entbehrlich.

2 II. Vor der Beschmutzung der Fahrbahn ist nur zu warnen, wenn die verkehrsgefährdende Auswirkung schwer erkennbar ist und nicht sofort beseitigt werden kann; vgl. Nummer I zu § 32 Abs. 1; Rn. 1.

Zu den Zeichen 120 und 121 Verengte Fahrbahn

1 Verengt sich die Fahrbahn nur allmählich oder ist die Verengung durch horizontale und vertikale Leiteinrichtungen ausreichend gekennzeichnet, bedarf es des Zeichens nicht. Innerhalb geschlossener Ortschaften sollen die Zeichen nur bei Baustellen angeordnet werden.

Zu Zeichen 123 Arbeitsstelle

1 Zur Ausführung von Straßenarbeitsstellen vgl. Richtlinien für die Sicherung von Arbeitsstellen an Straßen (RSA).

Zu Zeichen 125 Gegenverkehr

1 Das Zeichen ist nur dann anzuordnen, wenn eine Fahrbahn mit Verkehr in einer Richtung in eine Fahrbahn mit Gegenverkehr übergeht und dies nicht ohne Weiteres erkennbar ist.

Zu Zeichen 131 Lichtzeichenanlage

1 Das Zeichen ist innerhalb geschlossener Ortschaften nur anzuordnen, wenn die Lichtzeichenanlage für die Fahrzeugführer nicht bereits in so ausreichender Entfernung erkennbar ist, dass ein rechtzeitiges Anhalten problemlos möglich ist. Außerhalb geschlossener Ortschaften ist das Zeichen stets in Verbindung mit einer Geschwindigkeitsbeschränkung vor Lichtzeichenanlagen anzuordnen; vgl. III. zu Zeichen 274.

Zu Zeichen 133 Fußgänger

1 Das Zeichen ist nur dort anzuordnen, wo Fußgängerverkehr außerhalb von Kreuzungen oder Einmündungen über oder auf die Fahrbahn geführt wird und dies für den Fahrzeugverkehr nicht ohne Weiteres erkennbar ist.

Zu Zeichen 136 Kinder

1 I. Das Zeichen darf nur angeordnet werden, wo die Gefahr besteht, dass Kinder häufig ungesichert auf die Fahrbahn laufen und eine technische Sicherung nicht möglich ist. Die Anordnung des Zeichens ist in Tempo 30-Zonen in der Regel nicht erforderlich (vgl. Nummer XI zu § 45 Abs. 1 bis 1e).

2 II. Vgl. auch zu § 31; Rn. 1.

Zu Zeichen 138 Radfahrer

1 Das Zeichen ist nur dort anzuordnen, wo Radverkehr außerhalb von Kreuzungen oder Einmündungen die Fahrbahn quert oder auf sie geführt wird und dies für den Kraftfahrzeugverkehr nicht ohne Weiteres erkennbar ist. Vgl. III zu den Zeichen 237, 240 und 241.

Zu Zeichen 142 Wildwechsel

1 I. Das Zeichen darf nur für Straßen mit schnellem Verkehr für bestimmte Streckenabschnitte angeordnet werden, in denen Wild häufig über die Fahrbahn wechselt. Diese Gefahrstellen sind mit den unteren Jagd- und Forstbehörden sowie den Jagdausübungsberechtigten festzulegen.

2 II. Auf Straßen mit Wildschutzzäunen ist das Zeichen entbehrlich.

Zu den Zeichen 151 bis 162 Bahnübergang

1 I. Die Zeichen sind außerhalb geschlossener Ortschaften in der Regel für beide Straßenseiten anzuordnen.

2 II. In der Regel sind die Zeichen 156 bis 162 anzuordnen. Selbst auf Straßen von geringer Verkehrsbedeutung genügt das Zeichen 151 allein nicht, wenn dort schnell gefahren wird oder wenn der Bahnübergang zu spät zu erkennen ist.

3 Innerhalb geschlossener Ortschaften genügt das Zeichen 151, wenn nicht schneller als 50 km/h gefahren werden darf und der Bahnübergang gut erkennbar ist.

1 Aus der amtlichen Begründung

1.1 Die an Gefahrzeichen geknüpften allgemeinen Verhaltenspflichten sollen zu einem restriktiveren Einsatz von Gefahrzeichen führen (Begr. 2012).

2 Erläuterungen

Gefahrzeichen ergeben sich aus Anlage 1 zu § 40.

2.1 Wirkung der Gefahrzeichen

Gefahrzeichen enthalten keine Einschränkung für Vorschriftzeichen, erfordern aber entsprechend der Gefahrenlage die Beachtung allgemeiner Verkehrsregeln, wie Einhaltung des Rechtsfahrgebots (§ 2 Abs. 2), Herabsetzung der Geschwindigkeit (§ 3 Abs. 1), größerer Sicherheitsabstand (§ 4 Abs. 1), Überholverbot bei unklarer Verkehrslage (§ 5 Abs. 3 Nr. 1). Die Missachtung eines Gefahrzeichens wird als Verstoß gegen die allgemeinen Verkehrsregeln geahndet. Beim Eintritt der Gefahr wird **keine** „Schreckzeit" zugebilligt (BGH VRS 15, 276).

2.2 Pflicht zur Warnung vor Gefahrstellen

Gefahrzeichen sind nach § 45 Abs. 9 nur anzuordnen, wenn sich die Gefahr den Verkehrsteilnehmern trotz der im Verkehr gebotenen Sorgfalt nicht ohne Weiteres oder nicht rechtzeitig erschließt (BGH VRS 60, 251; OLG Hamm VerkMitt 1975 Nr. 135; s.a. Rebler DAR 2014, 287). Ebenso sind Entfernungsangaben auf Zusatzzeichen (§ 40 Abs. 2 Satz 2, Abs. 4, 5) bis zur Gefahrstelle oder zu deren Länge entbehrlich, wenn der Grund selbst für ortsfremde Kraftfahrer eindeutig ist. Die Pflicht der zuständigen Behörden, vor Gefahren auf der Straße zu warnen, besteht auch gegenüber Personen, die sich verkehrswidrig verhalten (BGH DAR 1966, 218 = VRS 31, 84). Andererseits entlassen Gefahrzeichen die Verkehrsteilnehmer nicht aus ihrer Verantwortung zur Beachtung der allgemeinen Verkehrsregeln und einer der Gefahrsituation angepassten Fahrweise. Reichen Gefahrzeichen als Warnung und Aufforderung zur eigenverantwortlichen Anpassung des Fahrverhaltens nicht aus, kann das geforderte Verhalten durch Vorschriftzeichen erzwungen werden, z.B. Tempobeschränkung nach Z. 274. Außerdem kann sich der Straßenbaulastträger bei besonders gravierenden Straßenschäden nicht mit der Aufstellung von Gefahrzeichen begnügen, sondern muss die Schäden beseitigen (OLG Saarbrücken DAR 2010, 23). Andernfalls haftet er wegen Verletzung der Verkehrssicherungspflicht nach § 839 BGB i.V.m. Art. 34 GG.

Beim **Winterdienst** ist im Rahmen der Verkehrssicherungspflicht auf Außerortsstraßen nur an besonders witterungsempfindlichen Stellen das Gefahrzeichen 101 51 mit dem Schneeflockensymbol anzuordnen (§ 39 Abs. 8). Gefahrzeichen können auch vor Stellen warnen, bei denen Anlage und Zustand der Straße die Bildung von Glatteis begünstigen oder die Gefahr von Schnee oder Glatteis in einer Weise erhöhen, dass diese besonderen Verhältnisse von Kraftfahrern trotz der erhöhten Sorgfalt auf winterlichen Straßen nicht oder nicht rechtzeitig zu erkennen sind (BGH VersR 1979, 1055). Brücken sind im Allgemeinen keine „besonders gefährlichen Stellen", weil jedem Kraftfahrer bekannt sein muss, dass darüber führende Fahrbahnen schneller vereisen als andere Straßenstellen.

2.3 Erläuterungen zu einzelnen Zeichen

Gefahrzeichen ergeben sich aus Anlage 1 Abschnitt 1, für Bahnübergänge aus Abschnitt 2 (§ 40 Abs. 6 und 7). Zu **weggefallenen Gefahrzeichen** siehe Erl. 2.3.2 a. zu § 39.

Zeichen 108 und 110 (Gefälle, Steigung)

Die Prozentzahlen in den Zeichen weisen auf die notwendige Wahl des Getriebeganges hin. Wird ein KFZ auf einer Gefällstrecke von 10 % ohne eingelegten ersten Gang bzw. Rückwärtsgang abgestellt, handelt der Fahrer grob fahrlässig (OLG Karlsruhe NZV 2007, 473 = DAR 2007, 646).

Zeichen 114 (Schleuder- oder Rutschgefahr)

Infolge spezifischer Baumaterialien gibt es Fahrbahnoberflächen, bei denen der Kraftschlusswert bei Nässe so vermindert ist, dass Rutschgefahren entstehen können. Infolgedessen muss bei Z. 114 die Geschwindigkeit der Gefahrenlage angepasst werden (§ 3 Abs. 1). Ein Tempolimit durch Z. 274 (ohne Z. 114) kommt in Betracht, wenn Schleudergefahr nicht durch Nässe, sondern durch die Straßenführung oder den Straßenbelag besteht. Sind die Z. 114 und 274 entgegen Rn. 2 VwV-StVO zu Z. 114 und Rn. 9 zu Z. 274 an einem Mast angebracht, gilt die Geschwindigkeitsbegrenzung dauernd und nicht nur bei Nässe. Zur Zeit der Rübenernte muss nicht zwingend vor ländlichen Fahrbahnverschmutzungen gewarnt werden (OLG Frankfurt VersR 1978, 158; jedoch zu anderer Zeit: OLG Bamberg VersR 1981, 66).

Zeichen 123 (Arbeitsstelle)

Das Zeichen kennzeichnet nicht nur Baustellen, sondern alle Arbeitsstellen. Für die Anordnung und Ausführung von Straßenarbeits- und Baustellen gelten die Richtlinien für die Sicherung von Arbeitsstellen an Straßen (RSA).[5] Der Verkehrssicherungspflichtige einer Straßenbaustelle muss Gefahren ausräumen, die für die Verkehrsteilnehmer nicht oder nicht rechtzeitig erkennbar sind und auf die sie sich nicht oder nicht rechtzeitig einstellen können (KG VerkMitt 2010 Nr. 40: bei einer 20 cm tiefen und 2 m langen Baugrube reicht auch innerorts die Absicherung durch Z. 123, Tempolimit oder Überholverbot nicht aus; erforderlich sind außerdem Warnbaken mit Signalleuchten).

Zeichen 136 (Kinder)

Die Höchstgeschwindigkeit im Schutzbereich des Gefahrzeichens „Kinder" muss so gewählt werden, dass unter Berücksichtigung der Reaktionszeit ohne Gefahrbremsung angehalten werden kann, wenn plötzlich ein Kind auftaucht (innerorts nicht mehr als 30 km/h).

Der Schutzbereich des Z. 136 bestimmt sich auch nach der Art und Ausdehnung der betreffenden Gefahrstelle, meist der Einzugsbereich sozialer und kultureller Einrichtungen (Kindergarten, Spiel- oder Sportplatz, Schulbushaltestelle, auf Kinder hinweisende nicht amtliche Schilder), sowie der Zahl der Ein- und Ausgänge, aus denen Kinder auf die Fahrbahn laufen können (OLG Karlsruhe VerkMitt 1986 Nr. 63 = DAR 1986, 328). Auf eine konkrete Gefahrenlage durch Kinder kommt es nicht an (OLG Düsseldorf NZV 2001, 82).

---

5 Rn. 1 VwV-StVO zu Z. 123; s. a. Schönborn/Schulte, RSA Handbuch, Kirschbaum Verlag.

Aufprallgeschwindigkeit bei 50 km/h im Verhältnis zu 30 km/h

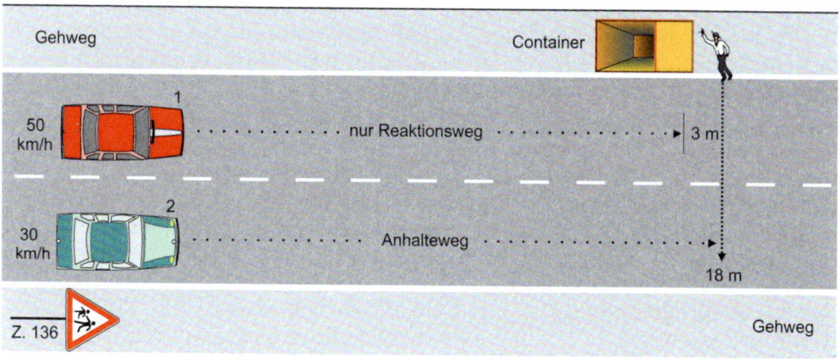

Bei dem Gefahrzeichen 136 muss der Kraftfahrer mit plötzlich auf die Fahrbahn laufenden Kindern rechnen. Mit welcher Geschwindigkeit erfasst das mit „nur“ 50 km/h fahrende KFZ 1 ein in 18 m plötzlich hinter einem Container über die Fahrbahn laufendes Kind, wenn KFZ 2 mit 30 km/h gerade noch vor dem Kind zum Stehen kommt (beide KFZ reagieren und bremsen gleichzeitig)?

1. KFZ 2: Der Reaktionsweg beträgt nach der Faustformel bei 30 km/h = 9 m, der Bremsweg ebenfalls 9 m und der Anhalteweg (9 + 9) = 18 m. KFZ 2 kommt somit in 18 m noch vor dem Kind zum Stehen.
2. KFZ 1: Der Reaktionsweg bei 50 km/h beträgt 15 m, KFZ 1 durchfährt diese Strecke fast ungebremst. Die Bremswirkung setzt erst 3 m vor dem Kind ein. Innerhalb der 3 m wird das KFZ nur um etwa 6 km/h abgebremst. KFZ 1 erfasst das Kind noch mit rd. 44 km/h! Bei dieser Geschwindigkeit kommt es zum tödlichen Unfall, mindestens aber zu schweren Verletzungen.

§ 3 Abs. 1 und Abs. 2a verpflichten deshalb den Kraftfahrer, mit Tempoverringerung auf die durch Z. 136 angezeigte Gefahr zu reagieren.

Zeichen 138 (Radverkehr)

Das Zeichen weist generell auf Radfahrer hin. Es verlangt vom Kraftfahrer erhöhte Aufmerksamkeit und merklich geringere Geschwindigkeiten als sonst möglich (OLG Düsseldorf VRS 60, 265). Ist Z. 138 außerorts aufgestellt, ist die Geschwindigkeit so deutlich herabzusetzen, dass unter Berücksichtigung der Bremsverzögerung Kollisionen vermieden werden (OLG Hamm VerkMitt 2009 Nr. 54 = NZV 2009, 391: Tempo 65 ist zu hoch).

Zeichen 142 (Wildwechsel)

Z. 142 ist zur Gewährleistung der Verkehrssicherungspflicht nur an schlecht erkennbaren Stellen mit schnellem Verkehr ohne Wildschutzzäune und einer gesteigerten Gefahr von Wildunfällen, insbesondere bei deren Häufung, aufzustellen (VwV-StVO zu Z. 142).[6] Sonst ist mit Wild auf Straßen das ganze Jahr über (vor allem in der Morgen- und Abenddämmerung) zu

6 Die von der Rechtsprechung teilweise geforderte Aufstellung von Z. 142 bei Unfallhäufung geht zu weit (OLG Braunschweig NZV 1995, 501: bei mehr als einem Unfall pro Jahr innerhalb von drei Jahren; LG Stade DAR 2004, 528: bei drei Unfällen pro Jahr und Kilometer). Um einen unvertretbaren Schilderwald zu vermeiden, sollte Z. 142 nur bei Unfallhäufungsstellen von drei oder mehr Unfällen mit schwerem Personenschaden in drei Jahren oder fünf gleichartigen Unfällen mit Personen- oder Sachschaden pro Jahr oder bei Unfallhäufungslinien je Kilometer von drei oder mehr Unfällen mit schwerem Personenschaden angeordnet werden. Ohne besondere Gefahrenlage ist auch bei möglicher Wildflucht infolge von Erntearbeiten die Anordnung von Z. 142 entbehrlich.

rechnen;[7] die leichte Steigerung von Wildunfällen im Frühjahr und Herbst beruht auf der späteren bzw. früheren Morgen- und Abenddämmerung. Bei Z. 142 ist die Reaktionsbereitschaft der Gefahrenlage anzupassen, die Geschwindigkeit zu verringern, Fahrbahnränder sind verstärkt zu beobachten und Überholmanöver zu vermeiden (OLG Köln DAR 1976, 48; LG Coburg DAR 2002, 129; s.a. Siegel SVR 2016, 281).

Bei Kleintieren dürfen Ausweichreaktionen nicht zur Gefährdung Dritter führen, d.h. notfalls muss der Tod des Tieres in Kauf genommen werden, so schmerzlich das für Tierfreunde auch ist (BGH DAR 2007, 641; BGH VRS 113, 254 = SVR 2008, 102: keine grobe Fahrlässigkeit bei Ausweichen vor einem Fuchs; s.a. OLG Koblenz DAR 2011, 467). Ist die Größe eines Tieres nicht feststellbar, muss im Regelfall mit einer Minderung der Versicherungsersatzleistung gerechnet werden (OLG Saarbrücken SVR 2011, 23: nur 50 % Rettungskostenersatz). Die Kosten der Beseitigung eines durch Unfall verendeten Wildes trägt der Jagdberechtigte (AG Gießen NZV 1998, 509).

Bei Treib- und Drückjagden obliegt dem Jagdverantwortlichen meist auch die Verkehrssicherungspflicht für den Straßenverkehr. Hierzu können nichtamtliche Warndreiecke mit Zusatzschildern „Treibjagd" oder „Vorsicht, Jagd" aufgestellt werden. Genügt das nicht, muss der Jagdverantwortliche im Einvernehmen mit der Straßenverkehrsbehörde weitergehende Absicherungen treffen, z.B. Tempolimits, Überholverbote.

Zeichen 151 (Bahnübergang)

Die Pflichten an einem Bahnübergang folgen aus § 19 und Z. 201. Dabei ist es gleich, ob es sich um einen beschrankten oder unbeschrankten Übergang handelt.[8]

3 Hinweise

3.1 Leittafeln oder Leitmale an gefährlichen Stellen (z.B. Richtungstafeln in Kurven): Anl. 4 zu § 43.

3.2 Richtlinien für die Sicherung von Arbeitsstellen an Straßen (RSA): Textausgabe und Kommentarband, Schönborn/Schulte, Kirschbaum Verlag Bonn.

3.3 Verstöße gegen die Gefahrzeichen selbst sind nicht als Ordnungswidrigkeiten qualifiziert (§ 49 Abs. 3). Zu ahndende Verstöße sind jedoch Verhaltensweisen, die sich gegen eine durch die Verkehrszeichen signalisierte Gefahr richten. Wer z.B. das Z. 136 (Kinder) oder 151 (Bahnübergang) missachtet, **verstößt** nicht gegen das Zeichen selbst, wohl aber u.a. gegen § 1 Abs. 2 (Gefährdung), § 3 Abs. 1 (Generalklausel über das Geschwindigkeitsverhalten), § 3 Abs. 2a (verkehrsschwache Personen), § 5 Abs. 3 Nr. 1 (Überholverbot bei unklarer Verkehrslage) oder gegen § 19 (Verhalten an Bahnübergängen).

---

7 Wildunfälle in Deutschland 2014: rd. 268000; s.a. Richtlinien für Wildschutzzäune an Bundesfernstraßen (Wildschutzzaun-Richtlinien – WSchuZR) vom 10.7.1985 (VkBl. S. 453) i.d.F. vom 4.4.2005 (VkBl. S. 354).

8 Die bisherigen Verkehrszeichen 150 und 153 sind 2009 ersatzlos entfallen.

§ 41 Vorschriftzeichen

(1) Wer am Verkehr teilnimmt, hat die durch Vorschriftzeichen nach Anlage 2 angeordneten Ge- oder Verbote zu befolgen.

(2) Vorschriftzeichen stehen vorbehaltlich des Satzes 2 dort, wo oder von wo an die Anordnung zu befolgen ist. Soweit die Zeichen aus Gründen der Leichtigkeit oder der Sicherheit des Verkehrs in einer bestimmten Entfernung zum Beginn der Befolgungspflicht stehen, ist die Entfernung zu dem maßgeblichen Ort auf einem Zusatzzeichen angegeben. Andere Zusatzzeichen enthalten nur allgemeine Beschränkungen der Gebote oder Verbote oder allgemeine Ausnahmen von ihnen. Die besonderen Zusatzzeichen zu den Zeichen 283, 286, 277, 290.1 und 290.2 können etwas anderes bestimmen, zum Beispiel den Geltungsbereich erweitern.

Vorschriftzeichen[1]

1	2	3
lfd. Nr.	**Zeichen und Zusatzzeichen**	**Ge- oder Verbote Erläuterungen**
Abschnitt 1 Wartegebote und Haltgebote		
1	Zeichen 201  Andreaskreuz	**Ge- oder Verbot** 1. Wer ein Fahrzeug führt, muss dem Schienenverkehr Vorrang gewähren. 2. Wer ein Fahrzeug führt, darf bis zu 10 m vor diesem Zeichen nicht halten, wenn es dadurch verdeckt wird. 3. Wer ein Fahrzeug führt, darf vor und hinter diesem Zeichen a) innerhalb geschlossener Ortschaften (Zeichen 310 und 311) bis zu je 5 m, b) außerhalb geschlossener Ortschaften bis zu je 50 m nicht parken. 4. Ein Zusatzzeichen mit schwarzem Pfeil zeigt an, dass das Andreaskreuz nur für den Straßenverkehr in Richtung dieses Pfeils gilt. **Erläuterung** Das Zeichen (auch liegend) befindet sich vor dem Bahnübergang, in der Regel unmittelbar davor. Ein Blitzpfeil in der Mitte des Andreaskreuzes zeigt an, dass die Bahnstrecke eine Spannung führende Fahrleitung hat.
2	Zeichen 205  Vorfahrt gewähren.	**Ge- oder Verbot** 1. Wer ein Fahrzeug führt, muss Vorfahrt gewähren. 2. Wer ein Fahrzeug führt, darf bis zu 10 m vor diesem Zeichen nicht halten, wenn es dadurch verdeckt wird. **Erläuterung** Das Zeichen steht unmittelbar vor der Kreuzung oder Einmündung. Es kann durch dasselbe Zeichen mit Zusatzzeichen, das die Entfernung angibt, angekündigt sein.

1	2	3
lfd. Nr.	Zeichen und Zusatzzeichen	Ge- oder Verbote Erläuterungen
2.1		**Ge- oder Verbot** Ist das Zusatzzeichen[2] zusammen mit dem Zeichen 205 angeordnet, bedeutet es: Wer ein Fahrzeug führt, muss Vorfahrt gewähren und dabei auf Radverkehr und Elektrokleinstfahrzeuge im Sinne der eKFV von links und rechts achten.[3, 4] **Erläuterung** Das Zusatzzeichen steht über dem Zeichen 205.
2.2		**Ge- oder Verbot** Ist das Zusatzzeichen[5] zusammen mit dem Zeichen 205 angeordnet, bedeutet es: Wer ein Fahrzeug führt, muss der Straßenbahn Vorfahrt gewähren. **Erläuterung** Das Zusatzzeichen steht über dem Zeichen 205.
3	Zeichen 206[6]  Halt. Vorfahrt gewähren.	**Ge- oder Verbot** 1. Wer ein Fahrzeug führt, muss anhalten und Vorfahrt gewähren. 2. Wer ein Fahrzeug führt, darf bis zu 10 m vor diesem Zeichen nicht halten, wenn es dadurch verdeckt wird. 3. Ist keine Haltlinie (Zeichen 294) vorhanden, ist dort anzuhalten, wo die andere Straße zu übersehen ist.

1 Varianten der Vorschriftzeichen folgen aus dem Verkehrszeichenkatalog (VzKat), der als Anlage zur VwV-StVO im BAnz AT 29.5.2017 B8 veröffentlicht ist. Der VzKat kann 51427 Bergisch Gladbach, Tel. 02204/43-185, Fax 02204/43-674, http://www.bast.de/Verkehrszeichen 2. Zusatzzeichen 1000-32.
2 Zusatzzeichen 1000-32.
3 Mit der Ergänzung um „Elektrokleinstfahrzeuge" soll eine aufwendige Umbeschilderung der Knotenpunkte vermieden werden.
4 Geändert durch Art. 1 der 54. StrVRÄndV vom 20.4.2020 (BGBl. I S. 814).
5 Zusatzzeichen 1010-56.
6 Das Z. 206 entspricht dem WÜ-Signal B 2a, so dass die Schreibweise „STOP" und nicht „STOPP" ist.

1	2	3
lfd. Nr.	**Zeichen und Zusatzzeichen**	**Ge- oder Verbote Erläuterungen**
3.1		**Erläuterung** Das Zusatzzeichen[7] kündigt zusammen mit dem Zeichen 205 das Haltgebot in der angegebenen Entfernung an.
3.2		**Ge- oder Verbot** Ist das Zusatzzeichen[2] zusammen mit dem Zeichen 206 angeordnet, bedeutet es: Wer ein Fahrzeug führt, muss anhalten und Vorfahrt gewähren und dabei auf Radverkehr und Elektrokleinstfahrzeuge im Sinne der eKFV von links und rechts achten.[3, 4] **Erläuterung** Das Zusatzzeichen steht über dem Zeichen 206.
zu 2 und 3		**Erläuterung** Das Zusatzzeichen[8] gibt zusammen mit den Zeichen 205 oder 206 den Verlauf der Vorfahrtstraße (abknickende Vorfahrt) bekannt.
4	Zeichen 208  Vorrang des Gegenverkehrs	**Ge- oder Verbot** Wer ein Fahrzeug führt, hat dem Gegenverkehr Vorrang zu gewähren.

1	2	3
lfd. Nr.	**Zeichen und Zusatzzeichen**	**Ge- oder Verbote Erläuterungen**
Abschnitt 2 Vorgeschriebene Fahrtrichtungen		
zu 5 bis 7		**Ge- oder Verbot** Wer ein Fahrzeug führt, muss der vorgeschriebenen Fahrtrichtung folgen. **Erläuterung** Andere als die dargestellten Fahrtrichtungen werden entsprechend vorgeschrieben. Auf Anlage 2 laufende Nummer 70 wird hingewiesen.
5	Zeichen 209  Rechts	
6	Zeichen 211  Hier rechts	
7	Zeichen 214  Geradeaus oder rechts	

7 Zusatzzeichen 1004-32.
8 Varianten der Zusatzzeichen 1002-10 bis 1002-24.

1	2	3
lfd. Nr.	**Zeichen und Zusatzzeichen**	**Ge- oder Verbote Erläuterungen**
8	Zeichen 215[9]  Kreisverkehr	**Ge- oder Verbot** 1. Wer ein Fahrzeug führt, muss der vorgeschriebenen Fahrtrichtung im Kreisverkehr rechts folgen. 2. Wer ein Fahrzeug führt, darf die Mittelinsel des Kreisverkehrs nicht überfahren. Ausgenommen von diesem Verbot sind nur Fahrzeuge, denen wegen ihrer Abmessungen das Befahren sonst nicht möglich wäre. Mit ihnen darf die Mittelinsel und Fahrbahnbegrenzung überfahren werden, wenn eine Gefährdung anderer am Verkehr Teilnehmenden ausgeschlossen ist. 3. Es darf innerhalb des Kreisverkehrs auf der Fahrbahn nicht gehalten werden.
9	Zeichen 220  Einbahnstraße	**Ge- oder Verbot** Wer ein Fahrzeug führt, darf die Einbahnstraße nur in Richtung des Pfeils befahren. **Erläuterung** Das Zeichen schreibt für den Fahrzeugverkehr auf der Fahrbahn die Fahrtrichtung vor.
9.1		**Ge- oder Verbot** Ist Zeichen 220 mit diesem Zusatzzeichen[2] angeordnet, bedeutet dies: Wer ein Fahrzeug führt, muss beim Einbiegen und im Verlauf einer Einbahnstraße auf Radverkehr und Elektrokleinstfahrzeuge im Sinne der eKFV entgegen der Fahrtrichtung achten.[3, 4] **Erläuterung** Das Zusatzzeichen zeigt an, dass Radverkehr in der Gegenrichtung zugelassen ist. Beim Vorbeifahren an einer für den gegenläufigen Radverkehr freigegebenen Einbahnstraße bleibt gegenüber dem ausfahrenden Radfahrer der Grundsatz, dass Vorfahrt hat, wer von rechts kommt (§ 8 Absatz 1 Satz 1), unberührt. Dies gilt auch für den ausfahrenden Radverkehr. Mündet eine Einbahnstraße für den gegenläufig zugelassenen Radverkehr in eine Vorfahrtstraße, steht für den aus der Einbahnstraße ausfahrenden Radverkehr das Zeichen 205.

1	2	3
lfd. Nr.	**Zeichen und Zusatzzeichen**	**Ge- oder Verbote Erläuterungen**
Abschnitt 3 Vorgeschriebene Vorbeifahrt		
10	Zeichen 222  Rechts vorbei	**Ge- oder Verbot** Wer ein Fahrzeug führt, muss der vorgeschriebenen Vorbeifahrt folgen. **Erläuterung** „Links vorbei“ wird entsprechend vorgeschrieben.
Abschnitt 4 Seitenstreifen als Fahrstreifen, Haltestellen und Taxenstände		
zu 11 bis 13		**Erläuterung** Wird das Zeichen 223.1, 223.2 oder 223.3 für eine Fahrbahn mit mehr als zwei Fahrstreifen angeordnet, zeigen die Zeichen die entsprechende Anzahl der Pfeile.
11	Zeichen 223.1  Seitenstreifen befahren	**Ge- oder Verbot** Das Zeichen gibt den Seitenstreifen als Fahrstreifen frei; dieser ist wie ein rechter Fahrstreifen zu befahren.
11.1	Ende in .... m	**Erläuterung** Das Zeichen 223.1 mit dem Zusatzzeichen[10] kündigt die Aufhebung der Anordnung an.

9 Das noch in der StVO-alt von 1956 (BGBl. I 1956 S. 199 = VkBl. 1956, 389/412) als „Bild 27b“ enthaltene Zeichen gab dem Kreisverkehr Vorfahrt (§ 13 Abs. 1 StVO-alt) und wurde damals wegen der noch heute geltenden internationalen Bedeutung im WÜ „nur Richtungsbezeichnung des Kreises“ abgeschafft.

10 Zusatzzeichen 1013-52.

1	2	3
lfd. Nr.	**Zeichen und Zusatzzeichen**	**Ge- oder Verbote Erläuterungen**
12	Zeichen 223.2  Seitenstreifen nicht mehr befahren	**Ge- oder Verbot** Das Zeichen hebt die Freigabe des Seitenstreifens als Fahrstreifen auf.
13	Zeichen 223.3  Seitenstreifen räumen	**Ge- oder Verbot** Das Zeichen ordnet die Räumung des Seitenstreifens an.
14	Zeichen 224  Haltestelle	**Ge- oder Verbot** Wer ein Fahrzeug führt, darf bis zu 15 m vor und hinter dem Zeichen nicht parken. **Erläuterung** Das Zeichen kennzeichnet eine Haltestelle des Linienverkehrs und für Schulbusse. Das Zeichen mit dem Zusatzzeichen „Schulbus" (Angabe der tageszeitlichen Benutzung) auf einer gemeinsamen weißen Trägerfläche kennzeichnet eine Haltestelle nur für Schulbusse.

1	2	3
lfd. Nr.	**Zeichen und Zusatzzeichen**	**Ge- oder Verbote Erläuterungen**
15	Zeichen 229  Taxenstand	**Ge- oder Verbot** Wer ein Fahrzeug führt, darf an Taxenständen nicht halten, ausgenommen sind für die Fahrgastbeförderung bereitgehaltene Taxen. **Erläuterung** Die Länge des Taxenstandes wird durch die Angabe der Zahl der vorgesehenen Taxen oder das am Anfang der Strecke aufgestellte Zeichen mit einem zur Fahrbahn weisenden waagerechten weißen Pfeil und durch ein am Ende aufgestelltes Zeichen mit einem solchen von der Fahrbahn wegweisenden Pfeil oder durch eine Grenzmarkierung für Halt- und Parkverbote (Zeichen 299) gekennzeichnet.
Abschnitt 5 Sonderwege		
16	Zeichen 237  Radweg	**Ge- oder Verbot** 1. Der Radverkehr darf nicht die Fahrbahn, sondern muss den Radweg benutzen (Radwegbenutzungspflicht). 2. Anderer Verkehr darf ihn nicht benutzen. 3. Ist durch Zusatzzeichen die Benutzung eines Radwegs für eine andere Verkehrsart erlaubt, muss diese auf den Radverkehr Rücksicht nehmen und der andere Fahrzeugverkehr muss erforderlichenfalls die Geschwindigkeit an den Radverkehr anpassen. 4. § 2 Absatz 4 Satz 6 bleibt unberührt.
17	Zeichen 238  Reitweg	**Ge- oder Verbot** 1. Wer reitet, darf nicht die Fahrbahn, sondern muss den Reitweg benutzen. Dies gilt auch für das Führen von Pferden (Reitwegbenutzungspflicht). 2. Anderer Verkehr darf ihn nicht benutzen. 3. Ist durch Zusatzzeichen die Benutzung eines Reitwegs für eine andere Verkehrsart erlaubt, muss diese auf den Reitverkehr Rücksicht nehmen und der Fahrzeugverkehr muss erforderlichenfalls die Geschwindigkeit an den Reitverkehr anpassen.

1	2	3
lfd. Nr.	**Zeichen und Zusatzzeichen**	**Ge- oder Verbote Erläuterungen**
18	Zeichen 239  Gehweg	**Ge- oder Verbot** 1. Anderer als Fußgängerverkehr darf den Gehweg nicht nutzen. 2. Ist durch Zusatzzeichen die Benutzung eines Gehwegs für eine andere Verkehrsart erlaubt, muss diese auf den Fußgängerverkehr Rücksicht nehmen. Der Fußgängerverkehr darf weder gefährdet noch behindert werden. Wenn nötig, muss der Fahrverkehr warten; er darf nur mit Schrittgeschwindigkeit fahren. **Erläuterung** Das Zeichen kennzeichnet einen Gehweg (§ 25 Absatz 1 Satz 1), wo eine Klarstellung notwendig ist.
19	Zeichen 240  Gemeinsamer Geh- und Radweg	**Ge- oder Verbot** 1. Der Radverkehr darf nicht die Fahrbahn, sondern muss den gemeinsamen Geh- und Radweg benutzen (Radwegbenutzungspflicht). 2. Anderer Verkehr darf ihn nicht benutzen. 3. Ist durch Zusatzzeichen die Benutzung eines gemeinsamen Geh- und Radwegs für eine andere Verkehrsart erlaubt, muss diese auf den Fußgänger- und Radverkehr Rücksicht nehmen. Erforderlichenfalls muss der Fahrverkehr die Geschwindigkeit an den Fußgängerverkehr anpassen. 4. § 2 Absatz 4 Satz 6 bleibt unberührt.[11] **Erläuterung** Das Zeichen kennzeichnet auch den Gehweg (§ 25 Absatz 1 Satz 1).[12]

1	2	3
lfd. Nr.	Zeichen und Zusatzzeichen	Ge- oder Verbote Erläuterungen
20	Zeichen 241  Getrennter Rad- und Gehweg	**Ge- oder Verbot** 1. Der Radverkehr darf nicht die Fahrbahn, sondern muss den Radweg des getrennten Rad- und Gehwegs benutzen (Radwegbenutzungspflicht). 2. Anderer Verkehr darf ihn nicht benutzen. 3. Ist durch Zusatzzeichen die Benutzung eines getrennten Geh- und Radwegs für eine andere Verkehrsart erlaubt, darf diese nur den für den Radverkehr bestimmten Teil des getrennten Geh- und Radwegs befahren. 4. Die andere Verkehrsart muss auf den Radverkehr Rücksicht nehmen. Erforderlichenfalls muss anderer Fahrzeugverkehr die Geschwindigkeit an den Radverkehr anpassen. 5. § 2 Absatz 4 Satz 6 bleibt unberührt. **Erläuterung** Das Zeichen kennzeichnet auch den Gehweg (§ 25 Absatz 1 Satz 1) [13]
21	Zeichen 242.1  Beginn einer Fußgängerzone	**Ge- oder Verbot** 1. Anderer als Fußgängerverkehr darf die Fußgängerzone nicht benutzen. 2. Ist durch Zusatzzeichen die Benutzung einer Fußgängerzone für eine andere Verkehrsart erlaubt, dann gilt für den Fahrverkehr Nummer 2 zu Zeichen 239 entsprechend.

11 Außerorts dürfen Mofas Radwege benutzen, innerorts nur, wenn ein Zusatzzeichen das erlaubt.

12 Das Zitat des § 25 Abs. 1 Satz 1 stellt sicher, dass Fußgänger bei den Z. 240 und 241 nicht als „andere" Verkehrsteilnehmer eingestuft werden.

13 Für Radfahrer folgt das Benutzungsgebot aus den Z. 240 und 241, für Fußgänger aus § 25 Abs. 1. Verstoßen Fußgänger gegen das Z. 241, richtet sich die Ahndung nur nach §§ 25 Abs. 1, 49 Abs. 1 Nr. 24a.

1	2	3
lfd. Nr.	**Zeichen und Zusatzzeichen**	**Ge- oder Verbote Erläuterungen**
22	Zeichen 242.2  Ende einer Fußgängerzone	
23	Zeichen 244.1  Beginn einer Fahrradstraße	**Ge- oder Verbot** 1. Anderer Fahrzeugverkehr als Radverkehr sowie Elektrokleinstfahrzeuge im Sinne der eKFV darf Fahrradstraßen nicht benutzen, es sei denn, dies ist durch Zusatzzeichen erlaubt. Die freigegebenen Verkehrsarten können auch gemeinsam auf einem Zusatzzeichen abgebildet sein. Das Überqueren einer Fahrradstraße durch anderen Fahrzeugverkehr an einer Kreuzung zum Erreichen der weiterführenden Straße ist gestattet.[4] 2. Für den Fahrverkehr gilt eine Höchstgeschwindigkeit von 30 km/h. Der Radverkehr darf weder gefährdet noch behindert werden. Wenn nötig, muss der Kraftfahrzeugverkehr die Geschwindigkeit weiter verringern. 3. Das Nebeneinanderfahren mit Fahrrädern ist erlaubt. 4. Im Übrigen gelten die Vorschriften über die Fahrbahnbenutzung und über die Vorfahrt.
24	Zeichen 244.2  Ende einer Fahrradstraße	

1	2	3
lfd. Nr.	**Zeichen und Zusatzzeichen**	**Ge- oder Verbote Erläuterungen**
24.1	Zeichen 244.3  Beginn einer Fahrradzone	**Ge- oder Verbot** 1. Anderer Fahrzeugverkehr als Radverkehr sowie Elektrokleinstfahrzeuge im Sinne der eKFV darf Fahrradzonen nicht benutzen, es sei denn, dies ist durch Zusatzzeichen erlaubt. Die freigegebenen Verkehrsarten können auch gemeinsam auf einem Zusatzzeichen abgebildet sein. 2. Für den Fahrverkehr gilt eine Höchstgeschwindigkeit von 30 km/h. Der Radverkehr darf weder gefährdet noch behindert werden. Wenn nötig, muss der Kraftfahrzeugverkehr die Geschwindigkeit weiter verringern. 3. Das Nebeneinanderfahren mit Fahrrädern und Elektrokleinstfahrzeugen im Sinne der eKFV ist erlaubt.[14] 4. Im Übrigen gelten die Vorschriften über die Fahrbahnbenutzung und über die Vorfahrt.[4]
24.2	Zeichen 244.4  Ende einer Fahrradzone	
25	Zeichen 245[15]  Bussonder-fahrstreifen	**Ge- oder Verbot** 1. Anderer Fahrverkehr als Omnibusse des Linienverkehrs sowie nach dem Personenbeförderungsrecht mit dem Schulbus-Schild zu kennzeichnende Fahrzeuge des Schüler- und Behindertenverkehrs dürfen Bussonderfahrstreifen nicht benutzen. 2. Mit Krankenfahrzeugen, Taxen, Fahrrädern und Bussen im Gelegenheitsverkehr darf der Sonderfahrstreifen nur benutzt werden,

14 Somit dürfen auch Fahrräder und Elektrokleinstfahrzeuge nebeneinander fahren.
15 Aufstellung am Anfang und Ende der Straße; die Anbringung an nicht ausgebauten einmündenden Nebenwegen ist entbehrlich (BayObLG DAR 1986, 63).

1	2	3
lfd. Nr.	**Zeichen und Zusatzzeichen**	**Ge- oder Verbote Erläuterungen**
25	Zeichen 245 *(Fortsetzung)*	wenn dies durch Zusatzzeichen angezeigt ist.[16] 3. Taxen dürfen an Bushaltestellen (Zeichen 224) zum sofortigen Ein- und Aussteigen von Fahrgästen halten. 4. Mit elektrisch betriebenen Fahrzeugen darf der Bussonderfahrstreifen nur benutzt werden, wenn dies durch Zusatzzeichen angezeigt ist.
25.1		**Ge- oder Verbot** Mit diesem Zusatzzeichen[17] sind elektrisch betriebene Fahrzeuge auf dem Bussonderfahrstreifen zugelassen.
Abschnitt 6 Verkehrsverbote		
26		**Ge- oder Verbot** Die nachfolgenden Zeichen 250 bis 261 (Verkehrsverbote) untersagen die Verkehrsteilnahme ganz oder teilweise mit dem angegebenen Inhalt.[18] **Erläuterung** Für die Zeichen 250 bis 259 gilt: 1. Durch Verkehrszeichen gleicher Art mit Sinnbildern nach § 39 Absatz 7 können andere Verkehrsarten verboten werden. 2. Zwei der nachstehenden Verbote können auf einem Schild vereinigt sein.
27	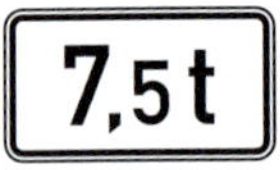	**Ge- oder Verbot** Ist auf einem Zusatzzeichen[19] eine Masse, wie „7,5 t", angegeben, gilt das Verbot nur, soweit die zulässige Gesamtmasse dieser Verkehrsmittel einschließlich ihrer Anhänger die angegebene Grenze überschreitet.
27.1		**Ge- oder Verbot** Mit diesem Zusatzzeichen[20] sind elektrisch betriebene Fahrzeuge von Verkehrsverboten (Zeichen 250, 251, 253, 255, 260) ausgenommen.

1	2	3
lfd. Nr.	Zeichen und Zusatzzeichen	Ge- oder Verbote Erläuterungen
28	Zeichen 250  Verbot für Fahrzeuge aller Art	**Ge- oder Verbot** 1. Verbot für Fahrzeuge aller Art. Das Zeichen gilt nicht für Handfahrzeuge, abweichend von § 28 Absatz 2 auch nicht für Reiter, Führer von Pferden sowie Treiber und Führer von Vieh. 2. Krafträder und Fahrräder dürfen geschoben werden.
29	Zeichen 251  Verbot für Kraftwagen	**Ge- oder Verbot** Verbot für Kraftwagen und sonstige mehrspurige Kraftfahrzeuge
30	Zeichen 253  Verbot für Kraftfahrzeuge über 3,5 t	**Ge- oder Verbot** Verbot für Kraftfahrzeuge mit einer zulässigen Gesamtmasse über 3,5 t, einschließlich ihrer Anhänger, und für Zugmaschinen. Ausgenommen sind Personenkraftwagen und Kraftomnibusse. **Erläuterung** Das Zeichen kann in einer Überleitungstafel oder in einer Verschwenkungstafel oder in einer Fahrstreifentafel integriert sein. Dann bezieht sich das Verbot nur auf den jeweiligen Fahrstreifen, für den das Verbot angeordnet ist.

16 Mehrfachbesetzte PKW und Krafträder mit Beiwagen können noch nicht auf Busspuren zugelassen werden, weil dafür noch eine gesetzliche Ermächtigung fehlt, die eine Privilegierung dieser Fahrzeuge gegenüber anderen erlaubt.
17 Zusatzzeichen 1024-20 (nach EmoG).
18 Durch den Begriff „Verkehrsteilnahme" wird verdeutlicht, dass Verstöße gegen die Z. 250 bis 259 sowohl im fließenden als auch im ruhenden Verkehr erfasst sind, einschließlich der Kostentragungspflicht des Halters nach § 25a StVG.
19 Zusatzzeichen 1053-33.
20 Zusatzzeichen 1024-20 (nach EmoG).

1	2	3
lfd. Nr.	**Zeichen und Zusatzzeichen**	**Ge- oder Verbote Erläuterungen**
30.1	 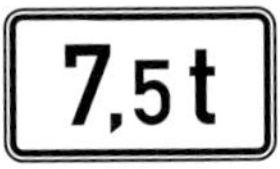	**Ge- oder Verbot** Wird Zeichen 253 mit diesen Zusatzzeichen[21] angeordnet, bedeutet dies: 1. Das Verbot ist auf den Durchgangsverkehr mit Nutzfahrzeugen, einschließlich ihrer Anhänger, mit einer zulässigen Gesamtmasse ab 7,5 t beschränkt. 2. Durchgangsverkehr liegt nicht vor, soweit die jeweilige Fahrt a) dazu dient, ein Grundstück an der vom Verkehrsverbot betroffenen Straße oder an einer Straße, die durch die vom Verkehrsverbot betroffene Straße erschlossen wird, zu erreichen oder zu verlassen, b) dem Güterverkehr im Sinne des § 1 Absatz 1 des Güterkraftverkehrsgesetzes in einem Gebiet innerhalb eines Umkreises von 75 km, gerechnet in der Luftlinie vom Mittelpunkt des zu Beginn einer Fahrt ersten Beladeorts des jeweiligen Fahrzeugs (Ortsmittelpunkt), dient; dabei gehören alle Gemeinden, deren Ortsmittelpunkt innerhalb des Gebietes liegt, zu dem Gebiet,[22] oder c) mit im Bundesfernstraßenmautgesetz bezeichneten Fahrzeugen, die nicht der Mautpflicht unterliegen, durchgeführt wird. 3. Ausgenommen von dem Verkehrsverbot ist eine Fahrt, die auf ausgewiesenen Umleitungsstrecken (Zeichen 421, 442, 454 bis 457.2 oder Zeichen 460 und 466) durchgeführt wird, um besonderen Verkehrslagen Rechnung zu tragen. **Erläuterung** Diese Kombination ist nur mit Zeichen 253 zulässig.

1	2	3
lfd. Nr.	**Zeichen und Zusatzzeichen**	**Ge- oder Verbote Erläuterungen**
31	Zeichen 254  Verbot für Radverkehr	**Ge- oder Verbot** Verbot für den Radverkehr und den Verkehr mit Elektrokleinstfahrzeugen im Sinne der eKFV.[23]
32	Zeichen 255  Verbot für Krafträder	**Ge- oder Verbot** Verbot für Krafträder, auch mit Beiwagen, Kleinkrafträder und Mofas
33	Zeichen 259  Verbot für Fußgänger	**Ge- oder Verbot** Verbot für den Fußgängerverkehr
34	Zeichen 260  Verbot für Kraftfahrzeuge	**Ge- oder Verbot** Verbot für Krafträder, auch mit Beiwagen, Kleinkrafträder und Mofas sowie für Kraftwagen und sonstige mehrspurige Kraftfahrzeuge

21 Zusatzzeichen 1053-36 und 1053-33.
22 Wird der Umkreis von 75 km verlassen, endet die Privilegierung des Güterverkehrs (OLG Frankfurt NZV 2012, 606).
23 Das gleiche Verbot für Elektrokleinstfahrzeuge befindet sich in § 12 Abs. 3 eKFV und wird deshalb in die StVO übernommen.

1	2	3
lfd. Nr.	**Zeichen und Zusatzzeichen**	**Ge- oder Verbote Erläuterungen**
35	Zeichen 261  Verbot für kennzeichnungspflichtige Kraftfahrzeuge mit gefährlichen Gütern	**Ge- oder Verbot** Verbot für kennzeichnungspflichtige Kraftfahrzeuge mit gefährlichen Gütern
zu 36 bis 40		**Ge- oder Verbot** Die nachfolgenden Zeichen 262 bis 266 verbieten die Verkehrsteilnahme für Fahrzeuge, deren Maße oder Massen, einschließlich Ladung, eine auf dem jeweiligen Zeichen angegebene tatsächliche Grenze überschreiten.[24] **Erläuterung** Die angegebenen Grenzen stellen nur Beispiele dar.
36	Zeichen 262  Tatsächliche Masse	**Ge- oder Verbot** Die Beschränkung durch Zeichen 262 gilt bei Fahrzeugkombinationen für das einzelne Fahrzeug, bei Sattelkraftfahrzeugen gesondert für die Sattelzugmaschine einschließlich Sattellast und für die tatsächlich vorhandenen Achslasten des Sattelanhängers. **Erläuterung** Das Zeichen kann in einer Überleitungstafel oder in einer Verschwenkungstafel oder in einer Fahrstreifentafel integriert sein. Dann bezieht sich das Verbot nur auf den jeweiligen Fahrstreifen, für den das Verbot angeordnet ist.

1	2	3
lfd. Nr.	**Zeichen und Zusatzzeichen**	**Ge- oder Verbote Erläuterungen**
37	Zeichen 263  Tatsächliche Achslast[25]	**Erläuterung** Das Zeichen kann in einer Überleitungstafel oder in einer Verschwenkungstafel oder in einer Fahrstreifentafel integriert sein. Dann bezieht sich das Verbot nur auf den jeweiligen Fahrstreifen, für den das Verbot angeordnet ist.
38	Zeichen 264  Tatsächliche Breite[26]	**Erläuterung** Die tatsächliche Breite gibt das Maß einschließlich der Fahrzeugaußenspiegel an. Das Zeichen kann in einer Überleitungstafel oder in einer Verschwenkungstafel oder in einer Fahrstreifentafel integriert sein. Dann bezieht sich das Verbot nur auf den jeweiligen Fahrstreifen, für den das Verbot angeordnet ist.
39	Zeichen 265  Tatsächliche Höhe	**Erläuterung** Das Zeichen kann in einer Überleitungstafel oder in einer Verschwenkungstafel oder in einer Fahrstreifentafel integriert sein. Dann bezieht sich das Verbot nur auf den jeweiligen Fahrstreifen, für den das Verbot angeordnet ist.

24 Auch hier wird durch den Begriff „Verkehrsteilnahme" verdeutlicht, dass Verstöße gegen die Z. 262 bis 266 sowohl im fließenden als auch im ruhenden Verkehr erfasst sind, einschließlich der Kostentragungspflicht des Halters nach § 25a StVG.

25 Die Tragfähigkeit von Brücken ist nach den Brückenklassen der DIN 1072 in der jeweils gültigen Fassung festzulegen.

26 Zur tatsächlichen Breite gehören auch die Außenspiegel, so dass sich die Fahrzeugbreite nicht aus den Fahrzeugdokumenten, sondern aus der Betriebserlaubnis ergibt.

1	2	3
lfd. Nr.	**Zeichen und Zusatzzeichen**	**Ge- oder Verbote Erläuterungen**
40	Zeichen 266  Tatsächliche Länge	**Ge- oder Verbot** Das Verbot gilt bei Fahrzeugkombinationen für die Gesamtlänge.
41	Zeichen 267  Verbot der Einfahrt	**Ge- oder Verbot** Wer ein Fahrzeug führt, darf nicht in die Fahrbahn einfahren, für die das Zeichen angeordnet ist. **Erläuterung** Das Zeichen steht auf der rechten Seite der Fahrbahn, für die es gilt, oder auf beiden Seiten dieser Fahrbahn.
41.1		**Ge- oder Verbot** Durch das Zusatzzeichen[27] zu dem Zeichen 267 ist die Einfahrt für den Radverkehr und Elektrokleinstfahrzeuge im Sinne der eKFV zugelassen.[4]
42	Zeichen 268  Schneeketten vorgeschrieben	**Ge- oder Verbot** Wer ein Fahrzeug führt, darf die Straße nur mit Schneeketten befahren.

1	2	3
lfd. Nr.	**Zeichen und Zusatzzeichen**	**Ge- oder Verbote Erläuterungen**
43	Zeichen 269  Verbot für Fahrzeuge mit wassergefährdender Ladung	**Ge- oder Verbot** Wer ein Fahrzeug führt, darf die Straße mit mehr als 20 l wassergefährdender Ladung nicht benutzen.[28]
44	Zeichen 270.1  Beginn einer Verkehrsverbotszone zur Verminderung schädlicher Luftverunreinigungen in einer Zone	**Ge- oder Verbot** 1. Die Teilnahme am Verkehr mit einem Kraftfahrzeug innerhalb einer so gekennzeichneten Zone ist verboten. 2. § 1 Absatz 2 sowie § 2 Absatz 3 in Verbindung mit Anhang 3 der Verordnung zur Kennzeichnung der Kraftfahrzeuge mit geringem Beitrag zur Schadstoffbelastung vom 10. Oktober 2006 (BGBl. I S. 2218), die durch Artikel 1 der Verordnung vom 5. Dezember 2007 (BGBl. I S. 2793) geändert worden ist, bleiben unberührt. Die Ausnahmen können im Einzelfall oder allgemein durch Zusatzzeichen oder Allgemeinverfügung zugelassen sein. 3. Von dem Verbot der Verkehrsteilnahme sind zudem Kraftfahrzeuge zur Beförderung

27 Zusatzzeichen 1022-10.

28 Flüssigkeiten, die die physikalische, chemische oder biologische Beschaffenheit des Wassers nachhaltig gefährden können, z. B. Benzin, Petroleum, Heizöl, Teeröl, Säuren, Laugen, Gifte, aber auch Jauche und Gülle (Lippert VD 2011, 331). Nach den RL für Trinkwasserschutzgebiete „DVGW-LAWA Arbeitsblatt W 101" ist der Transport aller wassergefährdenden Stoffe in der Wasserschutzzone II und I gefährlich. Wassergefährdende Stoffe und Gefahrgüter sind zwar im Wesentlichen identisch; es gibt aber auch wassergefährdende Stoffe, die keine Gefahrgüter nach der GGVSE darstellen, z. B. Motoröle mit hohem Flammpunkt. Die Kennzeichnungspflicht der GGVSE orientiert sich an den Mengen 0, 20, 333 oder 1000 Liter, jeweils bezogen auf bestimmte Stoffe. In den RVO für Schutzzonen wird meist der Anliegertransport von wassergefährdenden Stoffen erlaubt, i. d. R. Heizöl. Mit der Begrenzung des Zeichens 269 auf „20 Liter" entsteht im Regelfall weder ein höherer Beschilderungsaufwand noch ein höheres Risiko, weil Feuerwehren stets Ölbindemittel in dieser Menge mitführen, um auslaufende Treibstoffe zu binden. Bei unabweisbarem Bedarf kann aber durch Zusatzzeichen eine höhere Ladungsbegrenzung angeordnet werden (VkBl. 1988, S. 226).

1	2	3
lfd. Nr.	**Zeichen und Zusatzzeichen**	**Ge- oder Verbote Erläuterungen**
44	Zeichen 270.1 *(Fortsetzung)*	schwerbehinderter Menschen mit außergewöhnlicher Gehbehinderung, beidseitiger Amelie oder Phokomelie oder mit vergleichbaren Funktionseinschränkungen sowie blinde Menschen ausgenommen.[29] **Erläuterung** Die Umweltzone ist zur Vermeidung von schädlichen Umwelteinwirkungen durch Luftverunreinigungen in einem Luftreinhalteplan oder einem Plan für kurzfristig zu ergreifende Maßnahmen nach § 47 Absatz 1 oder 2 des Bundes-Immissionsschutzgesetzes festgesetzt und auf Grund des § 40 Absatz 1 des Bundes-Immissionsschutzgesetzes angeordnet. Die Kennzeichnung der Umweltzone erfolgt auf Grund von § 45 Absatz 1f.
45	Zeichen 270.2  Ende einer Verkehrsverbotszone zur Verminderung schädlicher Luftverunreinigungen in einer Zone	
46	 Freistellung vom Verkehrsverbot nach § 40 Absatz 1 des Bundes-Immissionsschutzgesetzes	**Ge- oder Verbot** Das Zusatzzeichen[30] zum Zeichen 270.1 nimmt Kraftfahrzeuge vom Verkehrsverbot aus, die mit einer auf dem Zusatzzeichen in der jeweiligen Farbe angezeigten Plakette nach § 3 der Verordnung zur Kennzeichnung der Kraftfahrzeuge mit geringem Beitrag zur Schadstoffbelastung ausgestattet sind.[31]

1	2	3
lfd. Nr.	**Zeichen und Zusatzzeichen**	**Ge- oder Verbote Erläuterungen**
47	Zeichen 272  Verbot des Wendens	**Ge- oder Verbot** Wer ein Fahrzeug führt, darf hier nicht wenden.
48	Zeichen 273  Verbot des Unterschreitens des angegebenen Mindestabstandes	**Ge- oder Verbot** Wer ein Kraftfahrzeug mit einer zulässigen Gesamtmasse über 3,5 t oder eine Zugmaschine führt, darf den angegebenen Mindestabstand zu einem vorausfahrenden Kraftfahrzeug gleicher Art nicht unterschreiten. Personenkraftwagen und Kraftomnibusse sind ausgenommen.

29 Das Verkehrsverbot erfasst den ruhenden und fließenden Kraftfahrzeugverkehr.
30 Zusatzzeichen 1031-50 mit Varianten 1031-52 (nur grüne Plakette) und 1031-51 (gelbe und grüne Plakette).
31 Art. 2 der Verordnung zur Kennzeichnung der Kraftfahrzeuge mit geringem Beitrag zur Schadstoffbelastung vom 10.10.2006 (BGBl. I S. 2218, ber. S. 2543). Die Regelung gilt seit dem 1.3.2007.

1	2	3
lfd. Nr.	**Zeichen und Zusatzzeichen**	**Ge- oder Verbote Erläuterungen**
Abschnitt 7 Geschwindigkeitsbeschränkungen und Überholverbote		
49	Zeichen 274  Zulässige Höchst-geschwindigkeit	**Ge- oder Verbot** 1. Wer ein Fahrzeug führt, darf nicht schneller als mit der jeweils angegebenen Höchstgeschwindigkeit fahren. 2. Sind durch das Zeichen innerhalb geschlossener Ortschaften bestimmte Geschwindigkeiten über 50 km/h zugelassen, gilt das für Fahrzeuge aller Art. 3. Außerhalb geschlossener Ortschaften bleiben die für bestimmte Fahrzeugarten geltenden Höchstgeschwindigkeiten (§ 3 Absatz 3 Nummer 2a und b und § 18 Absatz 5) unberührt, wenn durch das Zeichen eine höhere Geschwindigkeit zugelassen ist. **Erläuterung** Das Zeichen kann in einer Fahrstreifentafel oder einer Einengungstafel oder einer Aufweitungstafel integriert sein. Dann bezieht sich die zulässige Höchstgeschwindigkeit nur auf den jeweiligen Fahrstreifen, für den die Höchstgeschwindigkeit angeordnet ist.
49.1		**Ge- oder Verbot** Das Zusatzzeichen[32] zu dem Zeichen 274 verbietet Fahrzeugführenden, bei nasser Fahrbahn die angegebene Geschwindigkeit zu überschreiten.
50	Zeichen 274.1  Beginn einer Tempo 30-Zone[33]	**Ge- oder Verbot** Wer ein Fahrzeug führt, darf innerhalb dieser Zone nicht schneller als mit der angegebenen Höchstgeschwindigkeit fahren. **Erläuterung** Mit dem Zeichen können in verkehrsberuhigten Geschäftsbereichen auch Zonengeschwindigkeitsbeschränkungen von weniger als 30 km/h angeordnet sein.

1	2	3
lfd. Nr.	**Zeichen und Zusatzzeichen**	**Ge- oder Verbote Erläuterungen**
51	Zeichen 274.2  Ende einer Tempo 30-Zone	
52	Zeichen 275  Vorgeschriebene Mindest-geschwindigkeit	**Ge- oder Verbot** Wer ein Fahrzeug führt, darf nicht langsamer als mit der angegebenen Mindestgeschwindigkeit fahren, sofern nicht Straßen-, Verkehrs-, Sicht- oder Wetterverhältnisse dazu verpflichten. Es verbietet, mit Fahrzeugen, die nicht so schnell fahren können oder dürfen, einen so gekennzeichneten Fahrstreifen zu benutzen. **Erläuterung** Das Zeichen kann in einer Fahrstreifentafel oder einer Aufweitungstafel integriert sein. Dann bezieht sich die vorgeschriebene Mindestgeschwindigkeit nur auf den jeweiligen Fahrstreifen, für den die Mindestgeschwindigkeit angeordnet ist.
zu 53, 54 und 54.4		**Ge- oder Verbot** Die nachfolgenden Zeichen 276 und 277 verbieten Kraftfahrzeugen das Überholen von mehrspurigen Kraftfahrzeugen und Krafträdern mit Beiwagen.[34] Ist auf einem Zusatzzeichen eine Masse, wie „7,5 t" angegeben, gilt das Verbot nur, soweit die zulässige Gesamtmasse dieser Kraftfahrzeuge, einschließlich ihrer Anhänger, die angegebene Grenze überschreitet. Soll mehrspurigen Kraftfahrzeugen und Krafträdern mit Beiwagen das Überholen von einspurigen Fahrzeugen verboten werden, ist Zeichen 277.1 angeordnet.[4]

32 Zusatzzeichen 1053-35.
33 Bei verkehrsberuhigten Geschäftsbereichen als Tempo 20-Zone nach Z. 274.1-41 VzKat.
34 Solokrafträder, Fahrräder mit Hilfsmotor, Straßenbahnen und nichtmotorisierte Fahrzeuge dürfen überholt werden.

1	2	3
lfd. Nr.	**Zeichen und Zusatzzeichen**	**Ge- oder Verbote Erläuterungen**
53	Zeichen 276  Überholverbot für Kraftfahrzeuge aller Art	
54	Zeichen 277  Überholverbot für Kraftfahrzeuge über 3,5 t	**Ge- oder Verbot** Überholverbot für Kraftfahrzeuge mit einer zulässigen Gesamtmasse über 3,5 t, einschließlich ihrer Anhänger, und für Zugmaschinen. Ausgenommen sind Personenkraftwagen und Kraftomnibusse.
54.1	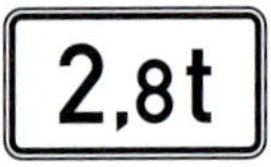	**Ge- oder Verbot** Mit dem Zusatzzeichen[35] gilt das durch Zeichen 277 angeordnete Überholverbot auch für Kraftfahrzeuge über 2,8 t, einschließlich ihrer Anhänger.
54.2		**Ge- oder Verbot** Mit dem Zusatzzeichen[36] gilt das durch Zeichen 277 angeordnete Überholverbot auch für Kraftomnibusse und Personenkraftwagen mit Anhänger.
54.3	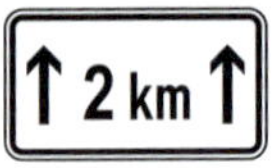	**Erläuterung** Das Zusatzzeichen[37] zu dem Zeichen 274, 276, 277 oder 277.1 gibt die Länge einer Geschwindigkeitsbeschränkung oder eines Überholverbots an.

1	2	3
lfd. Nr.	**Zeichen und Zusatzzeichen**	**Ge- oder Verbote Erläuterungen**
54.4	Zeichen 277.1  Verbot des Überholens von einspurigen Fahrzeugen für mehrspurige Kraftfahrzeuge und Krafträder mit Beiwagen	**Ge- oder Verbot** Wer ein mehrspuriges Kraftfahrzeug führt, darf ein- und mehrspurige Fahrzeuge nicht überholen.[4]
55		**Erläuterung** Das Ende einer streckenbezogenen Geschwindigkeitsbeschränkung oder eines Überholverbots ist nicht gekennzeichnet, wenn das Verbot nur für eine kurze Strecke gilt und auf einem Zusatzzeichen die Länge des Verbots angegeben ist. Es ist auch nicht gekennzeichnet, wenn das Verbotszeichen zusammen mit einem Gefahrzeichen angebracht ist und sich aus der Örtlichkeit zweifelsfrei ergibt, von wo an die angezeigte Gefahr nicht mehr besteht. Sonst ist es gekennzeichnet durch die Zeichen 278 bis 282.
56	Zeichen 278  Ende der zulässigen Höchstgeschwindigkeit	**Erläuterung** Das Zeichen kann in einer Fahrstreifentafel oder einer Einengungstafel oder Aufweitungstafel integriert sein. Dann bezieht sich das Zeichen nur auf den jeweiligen Fahrstreifen, für den die zulässige Höchstgeschwindigkeit vorher angeordnet worden war.

35 Zusatzzeichen 1060-33 (Anordnung nur in Verbindung mit Z. 277).
36 Zusatzzeichen 1060-32.
37 Zusatzzeichen 1001-31 mit Längenangabe 2 km.

1	2	3
lfd. Nr.	**Zeichen und Zusatzzeichen**	**Ge- oder Verbote Erläuterungen**
57	Zeichen 279  Ende der vorgeschriebenen Mindest-geschwindigkeit	**Erläuterung** Das Zeichen kann in einer Fahrstreifentafel oder einer Einengungstafel integriert sein. Dann bezieht sich das Zeichen nur auf den jeweiligen Fahrstreifen, für den die vorgeschriebene Mindestgeschwindigkeit vorher angeordnet worden war.
58	Zeichen 280  Ende des Überholverbots für Kraftfahrzeuge aller Art	
59	Zeichen 281  Ende des Überholverbots für Kraftfahrzeuge über 3,5 t	

1	2	3
lfd. Nr.	**Zeichen und Zusatzzeichen**	**Ge- oder Verbote Erläuterungen**
59.1	Zeichen 281.1  Ende des Verbots des Überholens von einspurigen Fahrzeugen für mehrspurige Kraftfahrzeuge und Krafträder mit Beiwagen	
60	Zeichen 282  Ende sämtlicher streckenbezogener Geschwindigkeits-beschränkungen und Überholverbote	**Erläuterung** Das Zeichen kann in einer Fahrstreifentafel oder einer Aufweitungstafel integriert sein. Dann bezieht sich das Zeichen nur auf den jeweiligen Fahrstreifen, für den die streckenbezogenen Geschwindigkeitsbeschränkungen und Überholverbote vorher angeordnet worden waren.

1	2	3
lfd. Nr.	**Zeichen und Zusatzzeichen**	**Ge- oder Verbote Erläuterungen**
Abschnitt 8 Halt- und Parkverbote		
61		**Ge- oder Verbot** 1. Die durch die nachfolgenden Zeichen 283 und 286 angeordneten Haltverbote gelten nur auf der Straßenseite, auf der die Zeichen angebracht sind. Sie gelten bis zur nächsten Kreuzung oder Einmündung auf der gleichen Straßenseite oder bis durch Verkehrszeichen für den ruhenden Verkehr eine andere Regelung vorgegeben wird. 2. Mobile, vorübergehend angeordnete Haltverbote durch Zeichen 283 und 286 heben Verkehrszeichen auf, die das Parken erlauben.[38] **Erläuterung** Der Anfang der Verbotsstrecke kann durch einen zur Fahrbahn weisenden waagerechten weißen Pfeil im Zeichen, das Ende durch einen solchen von der Fahrbahn wegweisenden Pfeil gekennzeichnet sein. Bei in der Verbotsstrecke wiederholten Zeichen weist eine Pfeilspitze zur Fahrbahn, die zweite Pfeilspitze von ihr weg.
62	Zeichen 283  Absolutes Haltverbot	**Ge- oder Verbot** Das Halten auf der Fahrbahn ist verboten.
62.1	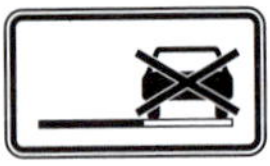	**Ge- oder Verbot** Das mit dem Zeichen 283 angeordnete Zusatzzeichen[39] verbietet das Halten von Fahrzeugen auch auf dem Seitenstreifen.
62.2	 	**Ge- oder Verbot** Das mit dem Zeichen 283 angeordnete Zusatzzeichen[40] verbietet das Halten von Fahrzeugen nur auf dem Seitenstreifen.

1	2	3
lfd. Nr.	Zeichen und Zusatzzeichen	Ge- oder Verbote Erläuterungen
63	Zeichen 286  Eingeschränktes Haltverbot	**Ge- oder Verbot** 1. Wer ein Fahrzeug führt, darf nicht länger als drei Minuten auf der Fahrbahn halten, ausgenommen zum Ein- oder Aussteigen oder zum Be- oder Entladen. 2. Ladegeschäfte müssen ohne Verzögerung durchgeführt werden.
63.1	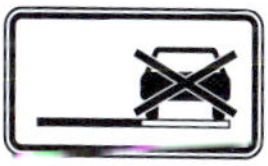	**Ge- oder Verbot** Mit dem Zusatzzeichen[39] zu Zeichen 286 darf auch auf dem Seitenstreifen nicht länger als drei Minuten gehalten werden, ausgenommen zum Ein- oder Aussteigen oder zum Be- oder Entladen.
63.2		**Ge- oder Verbot** Mit dem Zusatzzeichen[40] zu Zeichen 286 darf nur auf dem Seitenstreifen nicht länger als drei Minuten gehalten werden, ausgenommen zum Ein- oder Aussteigen oder zum Be- oder Entladen.
63.3		**Ge- oder Verbot** 1. Das Zusatzzeichen[41] zu Zeichen 286 nimmt schwerbehinderte Menschen mit außergewöhnlicher Gehbehinderung, beidseitiger Amelie oder Phokomelie oder mit vergleichbaren Funktionseinschränkungen sowie blinde Menschen, jeweils mit besonderem Parkausweis Nummer …, vom Haltverbot aus. 2. Die Ausnahme gilt nur, soweit der Parkausweis gut lesbar ausgelegt oder angebracht ist.

38 Bei vorübergehenden Haltverboten für Baustellen, Straßenreinigung, Umzüge und sonstige Veranstaltungen ist es nicht (mehr) erforderlich, während der Geltungsdauer die dort befindlichen Parkverbote und Parkmarkierungen abzudecken oder durchzukreuzen, was die Verkehrsbehörden entlastet und den Veranstalter oder die Straßenbaufirmen von zusätzlichen Kosten befreit.

39 Zusatzzeichen 1060-31.

40 Zusatzzeichen 1053-34.

41 Zusatzzeichen 1020-11.

1	2	3
lfd. Nr.	**Zeichen und Zusatzzeichen**	**Ge- oder Verbote Erläuterungen**
63.4		**Ge- oder Verbot** 1. Das Zusatzzeichen[42] zu Zeichen 286 nimmt Bewohner mit besonderem Parkausweis vom Haltverbot aus. 2. Die Ausnahme gilt nur, soweit der Parkausweis gut lesbar ausgelegt oder angebracht ist.
63.5		**Ge- oder Verbot** Durch das Zusatzzeichen[43] zu Zeichen 286 wird das Parken für elektrisch betriebene Fahrzeuge innerhalb der gekennzeichneten Flächen erlaubt.[38]
63.6		**Ge- oder Verbot** Durch das Zusatzzeichen[4] zu Zeichen 286 wird das Parken für Carsharingfahrzeuge (§ 39 Absatz 11) innerhalb der gekennzeichneten Flächen erlaubt.[44]
64	Zeichen 290.1  Beginn eines eingeschränkten Haltverbots für eine Zone	**Ge- oder Verbot** 1. Wer ein Fahrzeug führt, darf innerhalb der gekennzeichneten Zone nicht länger als drei Minuten halten, ausgenommen zum Ein- oder Aussteigen oder zum Be- oder Entladen. 2. Innerhalb der gekennzeichneten Zone gilt das eingeschränkte Haltverbot auf allen öffentlichen Verkehrsflächen, sofern nicht abweichende Regelungen durch Verkehrszeichen oder Verkehrseinrichtungen getroffen sind. 3. Durch Zusatzzeichen kann das Parken für Bewohner mit Parkausweis oder mit Parkschein oder Parkscheibe (Bild 318) innerhalb gekennzeichneter Flächen erlaubt sein. 4. Durch Zusatzzeichen kann das Parken mit Parkschein oder Parkscheibe (Bild 318) innerhalb gekennzeichneter Flächen erlaubt sein. Dabei ist der Parkausweis, der Parkschein oder die Parkscheibe gut lesbar auszulegen oder anzubringen.

1	2	3
lfd. Nr.	Zeichen und Zusatzzeichen	Ge- oder Verbote Erläuterungen
64.1		**Ge- oder Verbot** Durch das Zusatzzeichen[43] zu Zeichen 290.1 wird das Parken für elektrisch betriebene Fahrzeuge innerhalb der gekennzeichneten Flächen erlaubt.[38]
64.2		**Ge- oder Verbot** Durch das Zusatzzeichen[4] zu Zeichen 290.1 wird das Parken für Carsharingfahrzeuge (§ 39 Absatz 11) innerhalb der gekennzeichneten Flächen erlaubt.[44]
65	Zeichen 290.2  Ende eines eingeschränkten Haltverbots für eine Zone	
Abschnitt 9 Markierungen		
66	Zeichen 293[45] 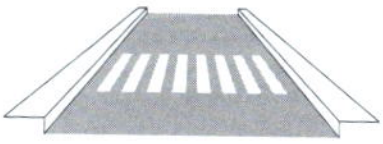 Fußgängerüberweg	**Ge- oder Verbot** Wer ein Fahrzeug führt, darf auf Fußgängerüberwegen sowie bis zu 5 m davor nicht halten.

42 Zusatzzeichen 1020-32.
43 Zusatzzeichen 1024-20 (nach EmoG).
44 Die Kennzeichnung der Parkflächen kann auch durch Markierung als Umrandung oder nur als Eckmarkierung erfolgen.
45 S. a. „Richtlinien für die Anlage und Ausstattung von Fußgängerüberwegen (R-FGÜ)" vom 31.10.2001 (VkBl. S. 474). Eine optionale 3D-Darstellung der Zebrastreifenmarkierung sieht die StVO nicht vor, denn die Schaffung einer „Zweiklassengesellschaft" von Verkehrszeichen ist nicht gewollt und daher unzulässig.

1	2	3
lfd. Nr.	**Zeichen und Zusatzzeichen**	**Ge- oder Verbote Erläuterungen**
67	Zeichen 294 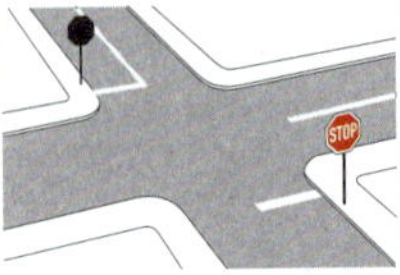 Haltlinie	**Ge- oder Verbot** Ergänzend zu Halt- oder Wartegeboten, die durch Zeichen 206, durch Polizeibeamte, Lichtzeichen oder Schranken gegeben werden, ordnet sie an: Wer ein Fahrzeug führt, muss hier anhalten. Erforderlichenfalls ist an der Stelle, wo die Straße eingesehen werden kann, in die eingefahren werden soll (Sichtlinie), erneut anzuhalten.
68	Zeichen 295 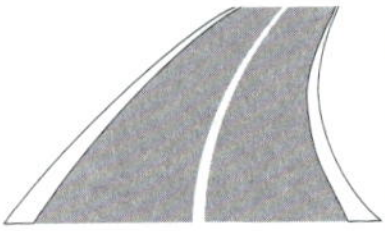 Fahrstreifenbegrenzung, Begrenzung von Fahrbahnen und Sonderwegen	**Ge- oder Verbot** 1. a) Wer ein Fahrzeug führt, darf die durchgehende Linie auch nicht teilweise überfahren. b) Trennt die durchgehende Linie den Teil der Fahrbahn oder des Sonderwegs für den Gegenverkehr ab, ist rechts von ihr zu fahren. c) Grenzt sie einen befestigten Seitenstreifen ab, müssen außerorts landwirtschaftliche Zug- und Arbeitsmaschinen, Fuhrwerke und ähnlich langsame Fahrzeuge möglichst rechts von ihr fahren. d) Wer ein Fahrzeug führt, darf auf der Fahrbahn nicht parken, wenn zwischen dem abgestellten Fahrzeug und der Fahrstreifenbegrenzungslinie kein Fahrstreifen von mindestens 3 m mehr verbleibt. 2. a) Wer ein Fahrzeug führt, darf links von der durchgehenden Fahrbahnbegrenzungslinie nicht halten, wenn rechts ein Seitenstreifen oder Sonderweg vorhanden ist. b) Wer ein Fahrzeug führt, darf die Fahrbahnbegrenzung der Mittelinsel des Kreisverkehrs nicht überfahren. c) Ausgenommen von dem Verbot zum Überfahren der Fahrbahnbegrenzung der Mittelinsel des Kreisverkehrs sind nur Fahrzeuge, denen wegen ihrer Abmessungen das Befahren sonst nicht möglich wäre. Mit ihnen darf die Mittelinsel überfahren werden, wenn eine Gefährdung anderer am Verkehr Teilnehmenden ausgeschlossen ist.

1	2	3
lfd. Nr.	**Zeichen und Zusatzzeichen**	**Ge- oder Verbote Erläuterungen**
68	Zeichen 295 *(Fortsetzung)*	3. a) Wird durch Zeichen 223.1 das Befahren eines Seitenstreifens angeordnet, darf die Fahrbahnbegrenzung wie eine Leitlinie zur Markierung von Fahrstreifen einer durchgehenden Fahrbahn (Zeichen 340) überfahren werden. b) Grenzt sie einen Sonderweg ab, darf sie nur überfahren werden, wenn dahinter anders nicht erreichbare Parkstände angelegt sind oder sich Grundstückszufahrten befinden und das Benutzen von Sonderwegen weder gefährdet noch behindert wird. c) Die Linie zur Begrenzung von Fahrbahnen oder Sonderwegen darf überfahren werden, wenn sich dahinter eine nicht anders erreichbare Grundstückszufahrt befindet. **Erläuterung** 1. Als Fahrstreifenbegrenzung trennt das Zeichen den für den Gegenverkehr bestimmten Teil der Fahrbahn oder mehrere Fahrstreifen für den gleichgerichteten Verkehr voneinander ab. Die Fahrstreifenbegrenzung kann zur Abtrennung des Gegenverkehrs aus einer Doppellinie bestehen. Die Doppellinie kann voneinander abgesetzt aufgebracht sein, dann kann der verbleibende Zwischenraum in grüner Farbe ausgefüllt sein, was weder einen Mittelstreifen noch eine bauliche Trennung darstellt.[46] 2. Als Fahrbahnbegrenzung kann die durchgehende Linie auch einen Seitenstreifen oder Sonderweg abgrenzen. 3. Als Begrenzung eines Sonderwegs kennzeichnet sie den Verlauf des für den Radverkehr bestimmten Teils des Sonderwegs

46 Die Gestaltung der Doppellinie ermöglicht die Markierung von Straßen der Entwurfsklasse 1 (EKL 1) entsprechend den Vorgaben der „Richtlinien für die Anlage von Landstraßen (RAL)" im Sinne einer selbsterklärenden Straße.

1	2	3
lfd. Nr.	**Zeichen und Zusatzzeichen**	**Ge- oder Verbote Erläuterungen**
69	Zeichen 296 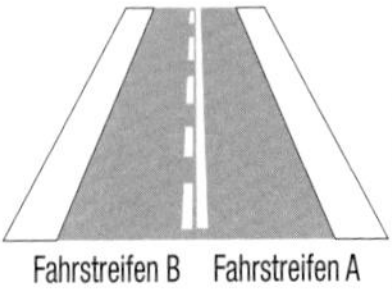 Einseitige Fahrstreifen-begrenzung	**Ge- oder Verbot** 1. Wer ein Fahrzeug führt, darf die durchgehende Linie nicht überfahren oder auf ihr fahren. 2. Wer ein Fahrzeug führt, darf nicht auf der Fahrbahn parken, wenn zwischen dem parkenden Fahrzeug und der durchgehenden Fahrstreifenbegrenzungslinie kein Fahrstreifen von mindestens 3 m mehr verbleibt. 3. Für Fahrzeuge auf dem Fahrstreifen B ordnet die Markierung an: Fahrzeuge auf dem Fahrstreifen B dürfen die Markierung überfahren, wenn der Verkehr dadurch nicht gefährdet wird.
70	Zeichen 297  Pfeilmarkierungen	**Ge- oder Verbot** 1. Wer ein Fahrzeug führt, muss der Fahrtrichtung auf der folgenden Kreuzung oder Einmündung folgen, wenn zwischen den Pfeilen Leitlinien (Zeichen 340) oder Fahrstreifenbegrenzungen (Zeichen 295) markiert sind. 2. Wer ein Fahrzeug führt, darf auf der mit Pfeilen markierten Strecke der Fahrbahn nicht halten (§ 12 Absatz 1). **Erläuterung** Pfeile empfehlen, sich rechtzeitig einzuordnen und in Fahrstreifen nebeneinander zu fahren. Fahrzeuge, die sich eingeordnet haben, dürfen auch rechts überholt werden.
71	Zeichen 297.1 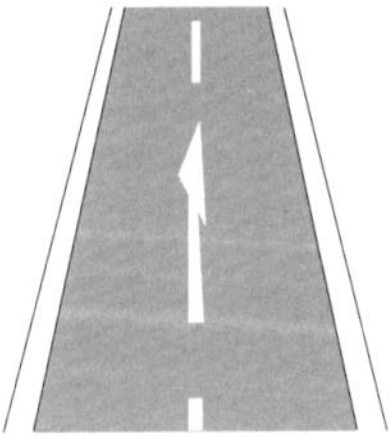 Vorankündigungspfeil	**Erläuterung** Mit dem Vorankündigungspfeil wird eine Fahrstreifenbegrenzung angekündigt oder das Ende eines Fahrstreifens angezeigt. Die Ausführung des Pfeils kann von der gezeigten abweichen.

1	2	3
lfd. Nr.	**Zeichen und Zusatzzeichen**	**Ge- oder Verbote Erläuterungen**
72	Zeichen 298 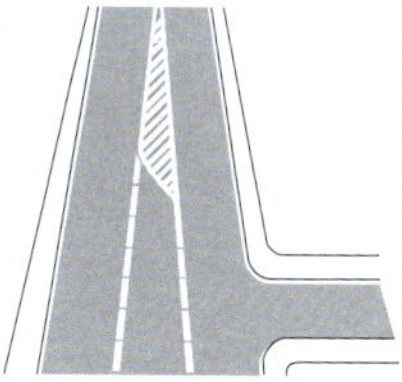 Sperrfläche	**Ge- oder Verbot** Wer ein Fahrzeug führt, darf Sperrflächen nicht benutzen.
73	Zeichen 299 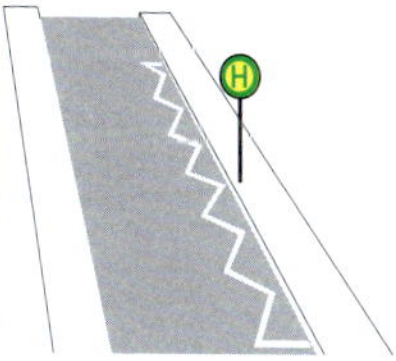 Grenzmarkierung für Halt- oder Parkverbote	**Ge- oder Verbot** Wer ein Fahrzeug führt, darf innerhalb einer Grenzmarkierung für Halt- oder Parkverbote nicht halten oder parken. **Erläuterung** Grenzmarkierungen bezeichnen, verlängern oder verkürzen ein an anderer Stelle vorgeschriebenes Halt- oder Parkverbot.
74	Parkflächen-markierung	**Ge- oder Verbot** Eine Parkflächenmarkierung erlaubt das Parken; auf Gehwegen aber nur Fahrzeugen mit einer zulässigen Gesamtmasse bis zu 2,8 t. Die durch die Parkflächenmarkierung angeordnete Aufstellung ist einzuhalten. Wo sie[47] mit durchgehenden Linien markiert ist, darf diese überfahren werden. **Erläuterung** Sind Parkflächen auf Straßen erkennbar abgegrenzt, wird damit angeordnet, wie Fahrzeuge aufzustellen sind.

47 Gemeint sind „Parkflächen", die durch eine durchgehende Linie umrandet sein können. Meist reicht aber eine Kennzeichnung der Parkstandsecken aus.

VwV-StVO zu § 41 Vorschriftzeichen

1 I. Bei Änderungen von Verkehrsregeln, deren Missachtung besonders gefährlich ist, z. B. bei Änderung der Vorfahrt, ist für eine ausreichende Übergangszeit der Fahrverkehr zu warnen.

2 II. Wenn durch Verbote oder Beschränkungen einzelne Verkehrsarten ausgeschlossen werden, ist dies in ausreichendem Abstand vorher anzukündigen und auf mögliche Umleitungen hinzuweisen.

3 III. Für einzelne markierte Fahrstreifen dürfen Fahrtrichtungen (Zeichen 209 ff.) oder Höchst- oder Mindestgeschwindigkeiten (Zeichen 274 oder 275) vorgeschrieben oder das Überholen (Zeichen 276 oder 277) oder der Verkehr (Zeichen 245 oder 250 bis 266) verboten werden.

4 IV. Soll die Geltung eines Vorschriftzeichens auf eine oder mehrere Verkehrsarten beschränkt werden, ist die jeweilige Verkehrsart auf einem Zusatzzeichen unterhalb des Verkehrszeichens sinnbildlich darzustellen. Soll eine Verkehrsart oder sollen Verkehrsarten von der Beschränkung ausgenommen werden, ist der sinnbildlichen Darstellung das Wort „frei" anzuschließen.

Zu Zeichen 201 Andreaskreuz

1 I. Die Andreaskreuze sind in der Regel möglichst nahe, aber nicht weniger als 2,25 m vor der äußeren Schiene aufzustellen.

2 II. Andreaskreuze sind am gleichen Pfosten wie Blinklichter oder Lichtzeichen anzubringen. Mit anderen Verkehrszeichen dürfen sie nicht kombiniert werden.

3 III. Wo in den Hafen- und Industriegebieten den Schienenbahnen Vorrang gewährt werden soll, müssen Andreaskreuze an allen Einfahrten angeordnet werden. Vorrang haben dann auch Schienenbahnen, die nicht auf besonderem Bahnkörper verlegt sind. Für Industriegebiete kommt eine solche Regelung nur in Betracht, wenn es sich um geschlossene Gebiete handelt, die als solche erkennbar sind und die nur über bestimmte Zufahrten erreicht werden können.

IV. Weitere Sicherung von Übergängen von Schienenbahnen mit Vorrang

4 1. Wegen der ständig zunehmenden Verkehrsdichte auf den Straßen ist die technische Sicherung der bisher nicht so gesicherten Bahnübergänge anzustreben. Besonders ist darauf zu achten, ob Bahnübergänge infolge Zunahme der Verkehrsstärke einer technischen Sicherung bedürfen. Anregungen sind der höheren Verwaltungsbehörde vorzulegen.

5 2. Auf die Schaffung ausreichender Sichtflächen an Bahnübergängen ohne technische Sicherung ist hinzuwirken. Wo solche Übersicht fehlt, ist die zulässige Höchstgeschwindigkeit vor dem Bahnübergang angemessen zu beschränken. Das Zeichen 274 ist über den ein- oder zweistreifigen Baken (Zeichen 159 oder 162) anzubringen.

6 3. Dort, wo Längsmarkierungen angebracht sind, empfiehlt es sich, auch eine Haltlinie (Zeichen 294), in der Regel in Höhe des Andreaskreuzes, zu markieren. Zur Anordnung einer einseitigen Fahrstreifenbegrenzung (Zeichen 296) vgl. zu § 19 Abs. 1.

7 4. Vgl. auch zu den Zeichen 151 bis 162.

8 5. Bevor ein Verkehrszeichen oder eine Markierung angeordnet oder entfernt wird, ist der Betreiber des Schienennetzes zu hören.

V. Straßenbahnen und die übrigen Schienenbahnen (Privatanschlussbahnen)

9 1. Über die Zustimmungsbedürftigkeit der Aufstellung und Entfernung von Andreaskreuzen vgl. Nummer III. zu § 45 Abs. 1 bis 1 e; Rn. 3 ff. Außerdem sind, soweit die Aufsicht über die Bahnen nicht bei den obersten Landesbehörden liegt, die für die Aufsicht zuständigen Behörden zu beteiligen; sind die Bahnen Zubehör einer bergbaulichen Anlage, dann sind auch die obersten Bergbaubehörden zu beteiligen.

10 2. Der Vorrang darf nur gewährt werden, wenn eine solche Schienenbahn auf besonderem oder unabhängigem Bahnkörper verlegt ist, dies auch dann, wenn der besondere Bahnkörper innerhalb des Verkehrsraums einer öffentlichen Straße liegt. Eine Schienenbahn ist schon dann an einem Übergang auf besonderem Bahnkörper verlegt, wenn dieser an dem Übergang endet. Ein besonderer Bahnkörper setzt mindestens voraus, dass die Gleise durch ortsfeste, körperliche Hindernisse vom übrigen Verkehrsraum abgegrenzt und diese Hindernisse auffällig kenntlich gemacht sind; abtrennende Bordsteine müssen weiß sein.

11 VI. 1. Straßenbahnen auf besonderem oder unabhängigem Bahnkörper, der nicht innerhalb des Verkehrsraums einer öffentlichen Straße liegt, ist in der Regel durch Aufstellung von Andreaskreuzen der Vorrang zu geben. An solchen Bahnübergängen ist schon bei mäßigem Verkehr auf der querenden Straße oder wenn auf dieser Straße schneller als 50 km/h gefahren wird, die Anbringung einer straßenbahnabhängigen, in der Regel zweifarbigen Lichtzeichenanlage (vgl. § 37 Abs. 2 Nr. 3) oder von Schranken zu erwägen. Auch an solchen Bahnübergängen über Feld- und Waldwege sind Andreaskreuze dann erforderlich, wenn der Bahnübergang nicht ausreichend erkennbar ist; unzureichende Übersicht über die Bahnstrecke kann ebenfalls dazu Anlass geben.

12 2. a) Liegt der besondere oder unabhängige Bahnkörper innerhalb des Verkehrsraums einer Straße mit Vorfahrt oder verläuft er neben einer solchen Straße, bedarf es nur dann eines Andreaskreuzes, wenn der Schienenverkehr für den kreuzenden oder abbiegenden Fahrzeugführer nach dem optischen Eindruck nicht zweifelsfrei zu dem Verkehr auf der Straße mit Vorfahrt gehört. Unmittelbar vor dem besonderen Bahnkörper darf das Andreaskreuz nur dann aufgestellt werden, wenn so viel Stauraum vorhanden ist, dass ein vor dem Andreaskreuz wartendes Fahrzeug den Längsverkehr nicht stört. Wird an einer Kreuzung oder Einmündung der Verkehr durch Lichtzeichen geregelt, muss auch der Straßenbahnverkehr auf diese Weise geregelt werden, und das auch dann, wenn der Bahnkörper parallel zu einer Straße in deren unmittelbarer Nähe verläuft. Dann ist auch stets zu erwägen, ob der die Schienen kreuzende Abbiegeverkehr gleichfalls durch Lichtzeichen zu regeln oder durch gelbes Blinklicht mit dem Sinnbild einer Straßenbahn zu warnen ist.

13 b) Hat der gleichgerichtete Verkehr an einer Kreuzung oder Einmündung nicht die Vorfahrt, ist es nur in Ausnahmefällen möglich, der Straßenbahn Vorrang zu gewähren.

Zu Zeichen 205 Vorfahrt gewähren.

1 I. Ist neben einer durchgehenden Fahrbahn ein Fahrstreifen vorhanden, welcher der Einfädelung des einmündenden Verkehrs dient, ist das Zeichen am Beginn dieses Fahrstreifens anzuordnen. Vgl. Nummer I zu § 7 Abs. 1 bis 3; Rn. 1. An Einfädelungsstreifen auf Autobahnen und Kraftfahrstraßen ist das Zeichen im Regelfall nicht erforderlich (vgl. § 18 Abs. 3).

2 II. Über Kreisverkehr vgl. zu Zeichen 215.

3 III. Nur wenn eine Bevorrechtigung der Schienenbahn auf andere Weise nicht möglich ist, kann in Ausnahmefällen das Zeichen 205 mit dem Zusatzzeichen mit Straßenbahnsinnbild (1010-56) angeordnet werden, insbesondere wo Schienenbahnen einen kreisförmigen Verkehr kreuzen oder wo die Schienenbahn eine Wendeschleife oder ähnlich geführte Gleisanlagen befährt. Für eine durch Zeichen 306 bevorrechtigte Straße darf das Zeichen mit Zusatzzeichen nicht angeordnet werden.

Zu Zeichen 206 Halt. Vorfahrt gewähren.

I. Das Zeichen 206 ist nur dann anzuordnen, wenn

1 1. die Sichtverhältnisse an der Kreuzung oder Einmündung es zwingend erfordern,

2 2. es wegen der Örtlichkeit (Einmündung in einer Innenkurve oder in eine besonders schnell befahrene Straße) schwierig ist, die Geschwindigkeit der Fahrzeuge auf der anderen Straße zu beurteilen, oder

3 3. es sonst aus Gründen der Sicherheit notwendig erscheint, einen Wartepflichtigen zu besonderer Vorsicht zu mahnen (z. B. in der Regel an der Kreuzung zweier Vorfahrtstraßen).

4 II. Zusätzlich ist im Regelfall eine Haltlinie (Zeichen 294) dort anzubringen, wo der Wartepflichtige die Straße übersehen kann. Bei einem im Zuge der Vorfahrtstraße (306) verlaufenden Radweg ist die Haltlinie unmittelbar vor der Radwegefurt anzubringen.

Zu den Zeichen 205 und 206 Vorfahrt gewähren und Halt. Vorfahrt gewähren

1 I. Die Zeichen sind unmittelbar vor der Kreuzung oder Einmündung anzuordnen.

2 II. Die Zeichen sind nur anzukündigen, wenn die Vorfahrtregelung aufgrund der örtlichen Gegebenheiten (Straßenverlauf, Geschwindigkeit, Verkehrsstärke) anderenfalls nicht rechtzeitig erkennbar wäre. Innerhalb geschlossener Ortschaften ist die Ankündigung in der Regel nicht erforderlich. Außerhalb geschlossener Ortschaften soll sie 100 bis 150 m vor der Kreuzung oder Einmündung erfolgen. Die Ankündigung erfolgt durch Zeichen 205 mit der Entfernungsangabe auf einem Zusatzzeichen. Bei der Ankündigung des Zeichens 206 enthält das Zusatzzeichen neben der Entfernungsangabe zusätzlich das Wort „Stop".

3 III. Das Zusatzzeichen mit dem Sinnbild eines Fahrrades und zwei gegenläufigen waagerechten Pfeilen (1000-32) ist anzuordnen, wenn der Radweg im Verlauf der Vorfahrtstraße für den Radverkehr in beide Richtungen freigegeben ist.

4 IV. Wo eine Lichtzeichenanlage steht, sind die Zeichen in der Regel unter oder neben den Lichtzeichen am gleichen Pfosten anzubringen.

5 V. Nur wo eine Straße mit Wartepflicht in einem großräumigen Knoten eine Straße mit Mittelstreifen kreuzt und für den Verkehrsteilnehmer schwer erkennbar ist, dass es sich um die beiden Richtungsfahrbahnen derselben Straße handelt, ist zusätzlich auf dem Mittelstreifen eines der beiden Zeichen aufzustellen.

6 VI. Jede Kreuzung und Einmündung, in der vom Grundsatz „Rechts vor Links" abgewichen werden soll, ist sowohl positiv als auch negativ zu beschildern, und zwar sowohl innerhalb als auch außerhalb geschlossener Ortschaften. Ausgenommen sind Ausfahrten aus verkehrsberuhigten Bereichen (Zeichen 325.1, 325.2) sowie Feld- und Waldwege, deren Charakter ohne Weiteres zu erkennen ist. Straßeneinmündungen, die wie Grundstückszufahrten aussehen, sowie Einmündungen von Feld- oder Waldwegen können einseitig mit Zeichen 205 versehen werden.

7 VII. Zusatzzeichen „abknickende Vorfahrt". Über die Zustimmungsbedürftigkeit vgl. Nummer III 1 Buchstabe a zu § 45 Abs. 1 bis 1 e, Rn. 4; über abknickende Vorfahrt vgl. ferner zu den Zeichen 306 und 307 und Nummer III zu Zeichen 301; Rn. 3.

Zu Zeichen 208 Dem Gegenverkehr Vorrang gewähren.

I. Das Zeichen ist nur dann anzuordnen, wenn

1 1. bei einseitig verengter Fahrbahn dem stärkeren Verkehrsfluss abweichend von § 6 Vorrang eingeräumt werden muss oder

2 2. bei beidseitig verengter Fahrbahn für die Begegnung mehrspuriger Fahrzeuge kein ausreichender Raum vorhanden und der Verengungsbereich aus beiden Fahrtrichtungen überschaubar ist. Welcher Fahrtrichtung der Vorrang einzuräumen ist, ist auf Grund der örtlichen Verhältnisse und der beiderseitigen Verkehrsstärke zu entscheiden.

3 II. Am anderen Ende der Verengung muss für die Gegenrichtung das Zeichen 308 angeordnet werden.

4 III. In verkehrsberuhigten Bereichen ist auf die Regelung stets, in geschwindigkeitsbeschränkten Zonen in der Regel zu verzichten.

Zu den Zeichen 209 bis 214 Vorgeschriebene Fahrtrichtung

1 I. In Abweichung von den abgebildeten Grundformen dürfen die Pfeilrichtungen dem tatsächlichen Verlauf der Straße, in die der Fahrverkehr eingewiesen wird, nur dann angepasst werden, wenn dies zur Klarstellung notwendig ist.

2 II. Die Zeichen „Hier rechts“ und „Hier links“ sind hinter der Stelle anzuordnen, an der abzubiegen ist, die Zeichen „Rechts“ und „Links“ vor dieser Stelle. Das Zeichen „Geradeaus“ und alle Zeichen mit kombinierten Pfeilen müssen vor der Stelle stehen, an der in eine oder mehrere Richtungen nicht abgebogen werden darf.

3 III. In Verbindung mit Lichtzeichen dürfen die Zeichen nur dann angebracht sein, wenn für den gesamten Richtungsverkehr ein Abbiegever- oder -gebot insgesamt angeordnet werden soll. Sie dürfen nicht nur fahrstreifenbezogen zur Unterstützung der durch die Fahrtrichtungspfeile oder Pfeile in Lichtzeichen vorgeschriebenen Fahrtrichtung angeordnet werden.

4 IV. Vgl. auch Nummer IV zu § 41; Rn. 4 und über die Zustimmungsbedürftigkeit Nummer III 1 Buchstabe d zu § 45 Abs. 1 bis 1 e; Rn. 7.

Zu Zeichen 215 Kreisverkehr

1 I. Ein Kreisverkehr darf nur angeordnet werden, wenn die Mittelinsel von der Kreisfahrbahn abgegrenzt ist. Dies gilt auch, wenn die Insel wegen des geringen Durchmessers des Kreisverkehrs von großen Fahrzeugen überfahren werden muss. Zeichen 295 als innere Fahrbahnbegrenzung ist in Form eines Breitstrichs auszuführen (vgl. RMS).

2 II. Außerhalb geschlossener Ortschaften ist der Kreisverkehr mit Vorwegweiser (Zeichen 438) anzukündigen.

3 III. Die Zeichen 205 und 215 sind an allen einmündenden Straßen anzuordnen. Ist eine abweichende Vorfahrtregelung durch Verkehrszeichen für den Kreisverkehr erforderlich, ist Zeichen 209 (Rechts) anzuordnen.

4 IV. Die Anordnung von Zeichen 215 macht eine zusätzliche Anordnung von Zeichen 211 (Hier rechts) auf der Mittelinsel entbehrlich. Außerhalb geschlossener Ortschaften empfiehlt es sich, auf baulich angelegten, nicht überfahrbaren Mittelinseln gegenüber der jeweiligen Einfahrt vorrangig Zeichen 625 (Richtungstafel in Kurven) anzuordnen.

5 V. Wo eine Straßenbahn die Mittelinsel überquert, darf Zeichen 215 nicht angeordnet werden. Der Straßenbahn ist regelmäßig Vorfahrt zu gewähren; dabei sind Lichtzeichen vorzusehen.

6 VI. Der Fahrradverkehr ist entweder wie der Kraftfahrzeugverkehr auf der Kreisfahrbahn zu führen oder auf einem baulich angelegten Radweg (Zeichen 237, 240, 241). Ist dieser baulich angelegte Radweg eng an der Kreisfahrbahn geführt (Absatzmaß max. 4–5 m), so sind in den Zufahrten die Zeichen 215 (Kreisverkehr) und 205 (Vorfahrt gewähren) vor der Radfahrerfurt anzuordnen. Ist der baulich angelegte Radweg von der Kreisfahrbahn abgesetzt oder liegt der Kreisverkehr außerhalb bebauter Gebiete, ist für den Radverkehr Zeichen 205 anzuordnen.

7 VII. Zur Anordnung von Fußgängerüberwegen auf den Zufahrten vgl. R-FGÜ.

Zu Zeichen 220 Einbahnstraße

1 I. Das Zeichen 220 ist stets längs der Straße anzubringen. Es darf weder am Beginn der Einbahnstraße noch an einer Kreuzung oder Einmündung in ihrem Verlauf fehlen. Am Beginn der Einbahnstraße und an jeder Kreuzung ist das Zeichen dergestalt anzubringen, dass es aus beiden Richtungen wahrgenommen werden kann.

2 II. Bei Einmündungen (auch bei Ausfahrten aus größeren Parkplätzen) empfiehlt sich die Anbringung des Zeichens 220 gegenüber der einmündenden Straße, bei Kreuzungen hinter diesen. In diesem Fall soll das Zeichen in möglichst geringer Entfernung von der kreuzenden Straße angebracht werden, damit es vom kreuzenden Verkehr leicht erkannt werden kann.

3 III. Geht im Verlauf eines Straßenzuges eine Einbahnstraße in eine Straße mit Gegenverkehr über, s. zu Zeichen 125.

4 IV. 1. Beträgt in Einbahnstraßen die zulässige Höchstgeschwindigkeit nicht mehr als 30 km/h, kann Radverkehr in Gegenrichtung zugelassen werden, wenn

5 a) eine ausreichende Begegnungsbreite vorhanden ist, ausgenommen an kurzen Engstellen; bei Linienbusverkehr oder bei stärkerem Verkehr mit Lastkraftwagen muss diese mindestens 3,5 m betragen,

6 b) die Verkehrsführung im Streckenverlauf sowie an Kreuzungen und Einmündungen übersichtlich ist,

7 c) für den Radverkehr dort, wo es orts- und verkehrsbezogen erforderlich ist, ein Schutzraum angelegt wird.

8 2. Das Zusatzzeichen 1000-32 ist an allen Zeichen 220 anzuordnen. Wird durch Zusatzzeichen der Fahrradverkehr in der Gegenrichtung zugelassen, ist bei Zeichen 267 das Zusatzzeichen 1022-10 (Sinnbild eines Fahrrades und „frei“) anzubringen. Vgl. zu Zeichen 267.

Zu Zeichen 222 Rechts vorbei

1 I. Das Zeichen ist anzuordnen, wo nicht zweifelsfrei erkennbar ist, an welcher Seite vorbeizufahren ist.

2 II. Wenn das Zeichen angeordnet wird, ist in der Regel auf eine Kenntlichmachung der Hindernisse durch weitere Verkehrszeichen und Verkehrseinrichtungen zu verzichten. Die zusätzliche Anordnung von Zeichen 295 ist außerorts vor Inseln erforderlich, innerorts kann sie sich außerhalb von Tempo 30-Zonen empfehlen.

3 III. Kann an einem Hindernis sowohl rechts als auch links vorbeigefahren werden, verbietet sich die Anordnung des Zeichens. In diesen Fällen kommt die Anordnung von Leitplatten (Zeichen 626) und/oder von Fahrbahnmarkierungen in Betracht.

Zu den Zeichen 223.1 bis 223.3 Befahren eines Seitenstreifens als Fahrstreifen

1 I. Die Zeichen dürfen nur für die Tageszeiten angeordnet werden, zu denen auf Grund der Verkehrsbelastung eine erhebliche Beeinträchtigung des Verkehrsablaufs zu erwarten ist. Sie sind deshalb als Wechselverkehrszeichen auszubilden. Die Anordnung darf nur erfolgen, wenn der Seitenstreifen von den baulichen Voraussetzungen her wie ein Fahrstreifen (vgl. § 7 Abs. 1 Satz 2 StVO) befahrbar ist. Vor jeder Anordnung ist zu prüfen, ob der Seitenstreifen frei von Hindernissen ist. Während der Dauer der Anordnung ist die Prüfung regelmäßig zu wiederholen.

2 II. Die Zeichen sind beidseitig anzuordnen. Die Abmessung der Zeichen beträgt 2,25 m × 2,25 m.

3 III. Das Zeichen 223.1 soll durch ein Zusatzzeichen „Seitenstreifen befahren“ unterstützt werden. Das Zusatzzeichen soll dann zu jedem Zeichen angeordnet werden.

4 IV. Das Zeichen 223.1 darf nur in Kombination mit einer Beschränkung der zulässigen Höchstgeschwindigkeit (Zeichen 274) auf nicht mehr als 100 km/h angeordnet werden. Zusätzlich empfiehlt sich bei starkem Lastkraftwagenverkehr die Anordnung von Zeichen 277.

5 V. Das Zeichen 223.1 ist je nach örtlicher Situation in Abständen von etwa 1000 bis 2000 m aufzustellen. Die Standorte sind mit einer Verkehrsbeeinflussungsanlage abzustimmen. Im Bereich einer Verkehrsbeeinflussungsanlage können die Abstände zwischen zwei Zeichen vergrößert werden.

6 VI. Das Zeichen 223.2 ist in der Regel im Bereich einer Anschlussstelle anzuordnen. Wenigstens 400 m vorher ist entweder Zeichen 223.3 oder 223.1 mit dem Zusatz „Ende in … m“ anzuordnen. Die Anordnung von Zeichen 223.1 mit dem Zusatz „Ende in … m“ empfiehlt sich nur, wenn der befahrbare Seitenstreifen in einer Anschlussstelle in den Ausfädelungsstreifen übergeht und nur noch vom ausfahrenden Verkehr benutzt werden kann. Zeichen 223.3 soll durch ein Zusatzzeichen „Seitenstreifen räumen“ unterstützt werden.

7 VII. Im Bereich von Ausfahrten ist die Nutzung des Seitenstreifens als Fahrstreifen in der Wegweisung zu berücksichtigen. Vorwegweiser und Wegweiser sind dann fahrstreifenbezogen als Wechselwegweiser auszuführen.

8 VIII. Zur Markierung vgl. zu Zeichen 295 Nummer 2 (lfd. Nummer 68 der Anlage 2); Rn. 9.

9 IX. Die Zeichen können durch Dauerlichtzeichen unterstützt werden. Dies empfiehlt sich besonders für Zeichen 223.2; vgl. Nr. I. zu § 37 Abs. 3; Rn. 45.

Zu Zeichen 224 Haltestelle

1 I. Abweichend von Nummer III. 3. b) zu §§ 39 bis 43; Rn. 13 darf das Zeichen einen Durchmesser von 350 bis 450 mm haben.

2 II. Auch Haltestellen für Fahrzeuge des Behindertenverkehrs können so gekennzeichnet werden.

3 III. Über die Verkehrsbedienung und die Linienführung sowie den Fahrplan mit Angabe der Haltestellen wird von der nach dem Personenbeförderungsrecht zuständigen Behörde entschieden. Über die Festlegung des Ortes der Haltestellenzeichen vgl. die Straßenbahn-Bau- und Betriebsordnung und die Verordnung über den Betrieb von Kraftfahrunternehmen im Personenverkehr.

4 IV. Im Orts- und Nachbarorts-Linienverkehr gehört zu dem Zeichen ein Zusatzzeichen mit der Bezeichnung der Haltestelle (Haltestellenname). Darüber hinaus kann die Linie angegeben werden.

5 Bei Bedarf können dazu das Symbol der Straßenbahn und/oder des Kraftomnibusses gezeigt werden.

6 V. Schulbushaltestellen werden mit einem Zusatzzeichen „Schulbus (Angabe der tageszeitlichen Benutzung)" gekennzeichnet.

7 VI. Auch andere Haltestellen können insbesondere bei erheblichem Parkraummangel mit einem Zusatzzeichen, auf dem die tageszeitliche Benutzung angegeben ist, gekennzeichnet werden.

8 VII. Soweit erforderlich, kann der Anfang und das Ende eines Haltestellenbereichs durch Zeichen 299 gekennzeichnet werden.

Zu Zeichen 229 Taxenstand

1 I. Das Zeichen darf nur angeordnet werden, wo zumindest während bestimmter Tageszeiten regelmäßig betriebsbereite Taxen vorgehalten werden.

2 II. Für jedes vorgesehene Taxi ist eine Länge von 5 m zugrunde zu legen. Die Markierung durch Zeichen 299 empfiehlt sich nur, wenn nicht mehr als fünf Taxen vorgesehen sind. Dann ist das Zeichen 229 nur am Anfang der Strecke aufzustellen.

Zu den Zeichen 237, 240 und 241 Radweg, gemeinsamer und getrennter Geh- und Radweg

1 I. Zur Radwegebenutzungspflicht vgl. zu § 2 Abs. 4 Satz 2; Rn. 8 ff.

2 II. Zur Radverkehrsführung vgl. zu § 9 Abs. 2; Rn. 3 ff.

3 III. Wo das Ende eines Sonderweges zweifelsfrei erkennbar ist, bedarf es keiner Kennzeichnung. Ansonsten ist das Zeichen mit dem Zusatzzeichen „Ende" anzuordnen.

4 IV. Die Zeichen können abweichend von Nr. III. 3 zu den §§ 39 bis 43; Rn. 12 ff. bei baulich angelegten Radwegen immer, bei Radfahrstreifen in besonders gelagerten Fällen, in der Größe 1 aufgestellt werden.

Zu Zeichen 237 Radweg

1 Zur Radwegebenutzungspflicht und zum Begriff des Radweges vgl. zu § 2 Abs. 4 Satz 2; Rn. 8 ff.

Zu Zeichen 238 Reitweg

1 Der Klarstellung durch das Zeichen bedarf es nur dort, wo die Zweckbestimmung eines Straßenteils als Reitweg sich nicht aus dessen Ausgestaltung ergibt.

Zu Zeichen 239 Gehweg

1 I. Der Klarstellung durch das Zeichen bedarf es nur dort, wo die Zweckbestimmung des Straßenteils als Gehweg sich nicht aus dessen Ausgestaltung ergibt.

Soll ein Seitenstreifen den Fußgängern allein vorbehalten werden, so ist das Zeichen zu verwenden.

2 II. Die Freigabe des Gehweges zur Benutzung durch Radfahrer durch das Zeichen 239 mit Zusatzzeichen „Radfahrer frei" kommt nur in Betracht, wenn dies unter Berücksichtigung der Belange der Fußgänger vertretbar ist.

3 III. Die Beschaffenheit und der Zustand des Gehweges sollen dann auch den gewöhnlichen Verkehrsbedürfnissen des Radverkehrs (z. B. Bordsteinabsenkung an Einmündungen und Kreuzungen) entsprechen.

Zu Zeichen 240 Gemeinsamer Geh- und Radweg

1 I. Die Anordnung dieses Zeichens kommt nur in Betracht, wenn dies unter Berücksichtigung der Belange der Fußgänger vertretbar und mit der Sicherheit und Leichtigkeit des Radverkehrs vereinbar ist und die Beschaffenheit der Verkehrsfläche den Anforderungen des Radverkehrs genügt.

2 II. An Lichtzeichenanlagen reicht im Regelfall eine gemeinsame Furt für Fußgänger und Radverkehr aus.

Zu Zeichen 241 Getrennter Rad- und Gehweg

1 I. Die Anordnung dieses Zeichens kommt nur in Betracht, wenn die Belange der Fußgänger ausreichend berücksichtigt sind und die Zuordnung der Verkehrsflächen zweifelsfrei erfolgen kann. Zur Radwegebenutzungspflicht vgl. zu § 2 Abs. 4 Satz 2; Rn. 8 ff.

2 II. An Lichtzeichenanlagen ist in der Regel auch eine Führung der Fußgänger durch eine Fußgängerfurt (vgl. Nr. III. zu § 25 Abs. 3; Rn. 3 und 5) erforderlich. Zur Lichtzeichenregelung vgl. zu § 37 Abs. 2 Nr. 5 und 6; Rn. 42 ff.

Zu den Zeichen 242.1 und 242.2 Beginn und Ende eines Fußgängerbereichs

1 I. Die Zeichen dürfen nur innerhalb geschlossener Ortschaften angeordnet werden. Fahrzeugverkehr darf nur nach Maßgabe der straßenrechtlichen Widmung zugelassen werden.

2 II. Auf Nummer XI zu § 45 Abs. 1 bis 1 e wird verwiesen.

Zu den Zeichen 244.1 und 244.2 Beginn und Ende einer Fahrradstraße

1 I. Fahrradstraßen kommen dann in Betracht, wenn der Radverkehr die vorherrschende Verkehrsart ist oder dies alsbald zu erwarten ist.

2 II. Anderer Fahrzeugverkehr als der Radverkehr darf nur ausnahmsweise durch die Anordnung entsprechender Zusatzzeichen zugelassen werden (z. B. Anliegerverkehr). Daher müssen vor der Anordnung die Bedürfnisse des Kraftfahrzeugverkehrs ausreichend berücksichtigt werden (alternative Verkehrsführung).

Zu Zeichen 245 Bussonderfahrstreifen

1 Durch das Zeichen werden markierte Sonderfahrstreifen den Omnibussen des Linienverkehrs sowie des Schüler- und Behindertenverkehrs vorbehalten.

2 I. Der Sonderfahrstreifen soll im Interesse der Sicherheit oder Ordnung des Verkehrs Störungen des Linienverkehrs vermeiden und einen geordneten und zügigen Betriebsablauf ermöglichen. Er ist damit geeignet, den öffentlichen Personenverkehr gegenüber dem Individualverkehr zu fördern (vgl. Nummer I 2 letzter Satz zu den §§ 39 bis 43; Rn. 5).

3 II. 1. Die Anordnung von Sonderfahrstreifen kommt dann in Betracht, wenn die vorhandene Fahrbahnbreite ein ausgewogenes Verhältnis im Verkehrsablauf des öffentlichen Personenverkehrs und des Individualverkehrs unter Berücksichtigung der Zahl der beförderten Personen nicht mehr zulässt. Auch bei kurzen Straßenabschnitten (z. B. vor Verkehrsknotenpunkten) kann die Anordnung von Sonderfahrstreifen gerechtfertigt sein. Die Anordnung von Sonderfahrstreifen kann sich auch dann anbieten, wenn eine Entflechtung des öffentlichen Personenverkehrs und des Individualverkehrs von Vorteil ist oder zumindest der Verkehrsablauf des öffentlichen Personennahverkehrs verbessert werden kann.

4 2. Vor der Anordnung des Zeichens ist stets zu prüfen, ob nicht durch andere verkehrsregelnde Maßnahmen (z. B. durch Zeichen 220, 253, 283, 301, 306, 421) eine ausreichende Verbesserung des Verkehrsflusses oder eine Verlagerung des Verkehrs erreicht werden kann.

5 3. Sonderfahrstreifen dürfen in Randlage rechts, in Einbahnstraßen rechts oder links, in Mittellage allein oder im Gleisraum von Straßenbahnen sowie auf baulich abgegrenzten Straßenteilen auch entgegengesetzt der Fahrtrichtung angeordnet werden.

6 4. Die Sicherheit des Radverkehrs ist zu gewährleisten. Kann der Radverkehr nicht auf einem gesonderten Radweg oder Radfahrstreifen geführt werden, sollte er im Benehmen mit den Verkehrsunternehmen auf dem Sonderfahrstreifen zugelassen werden. Ist das wegen besonderer Bedürfnisse des Linienverkehrs nicht möglich und müsste der Radverkehr zwischen Linienbus- und dem Individualverkehr ohne Radfahrstreifen fahren, ist von der Anordnung des Zeichens abzusehen.

7 5. Werden Krankenfahrzeuge, Fahrräder, Busse im Gelegenheitsverkehr oder elektrisch betriebene Fahrzeuge zugelassen, dürfen auf dem Sonderfahrstreifen keine besonderen Lichtzeichen (§ 37 Absatz 2 Nummer 4 Satz 2, 2. Halbsatz) für den öffentlichen Personenverkehr (Anlage 4 der BOStrab) gezeigt werden, es sei denn, für diese Verkehre werden eigene Lichtzeichen angeordnet.

8 6. Taxen sollen grundsätzlich und elektrisch betriebene Fahrzeuge dürfen auf Sonderfahrstreifen zugelassen werden, wenn dadurch der Linienverkehr nicht wesentlich gestört wird. Satz 1 gilt nicht für Sonderfahrstreifen im Gleisraum von Schienenbahnen. Insbesondere für den Übergang der Sonderfahrstreifen zum allgemeinen Verkehrsraum gilt für die Zulassung von elektrisch betriebenen Fahrzeugen auf diesen Sonderfahrstreifen, dass die Gewährleistung eines sicheren und flüssigen allgemeinen Verkehrsablaufs stets vorgeht.

9 7. Gegenseitige Behinderungen, die durch stark benutzte Zu- und Abfahrten (z. B. bei Parkhäusern, Tankstellen) hervorgerufen werden, sind durch geeignete Maßnahmen, wie Verlegung der Zu- und Abfahrten in Nebenstraßen, auf ein Mindestmaß zu beschränken.

10 8. Sonderfahrstreifen ohne zeitliche Beschränkung in Randlage dürfen nur dort angeordnet werden, wo kein Anliegerverkehr vorhanden ist und das Be- und Entladen, z. B. in besonderen Ladestraßen oder Innenhöfen, erfolgen kann. Sind diese Voraussetzungen nicht gegeben, sind für die Sonderfahrstreifen zeitliche Beschränkungen vorzusehen.

11 9. Zur Befriedigung des Kurzparkbedürfnisses während der Geltungsdauer der Sonderfahrstreifen sollte die Parkzeit in nahegelegene Nebenstraßen beschränkt werden.

12 10. Sonderfahrstreifen im Gleisraum von Straßenbahnen dürfen nur im Einvernehmen mit der Technischen Aufsichtsbehörde nach § 58 Abs. 3 der Straßenbahn-, Bau- und Betriebsordnung angeordnet werden.

13 11. Die Zeichen sind auf die Zeiten zu beschränken, in denen Linienbusverkehr stattfindet. Dies gilt nicht, wenn sich der Sonderfahrstreifen in Mittellage befindet und baulich oder durch Zeichen 295 von dem Individualverkehr abgegrenzt ist. Dann soll auf eine zeitliche Beschränkung verzichtet werden. Die Geltungsdauer zeitlich beschränkter Sonderfahrstreifen sollte innerhalb des Betriebsnetzes einheitlich angeordnet werden.

14 12. Die Anordnung von Sonderfahrstreifen soll in der Regel nur dann erfolgen, wenn mindestens 20 Omnibusse des Linienverkehrs pro Stunde der stärksten Verkehrsbelastung verkehren

15 III. 1. Zur Aufstellung vgl. Nummer III 8 zu §§ 39 bis 43. Das Zeichen ist an jeder Kreuzung und Einmündung zu wiederholen. Zur Verdeutlichung kann die Markierung „BUS“ auf der Fahrbahn aufgetragen werden.

16 2. Ist das Zeichen zeitlich beschränkt, ist der Sonderfahrstreifen durch eine Leitlinie (Zeichen 340) ansonsten grundsätzlich durch eine Fahrstreifenbegrenzung (Zeichen 295) zu markieren. Auch Sonderfahrstreifen ohne zeitliche Beschränkung sind dort mit Zeichen 340 zu markieren, wo ein Überqueren zugelassen werden muss (z. B. aus Grundstücksein- und -ausfahrten). Die Ausführung der Markierungen richtet sich nach den Richtlinien für die Markierung von Straßen (RMS).

17 3. Sonderfahrstreifen in Einbahnstraßen entgegen der Fahrtrichtung, die gegen die Fahrbahn des entgegengerichteten Verkehrs baulich abzugrenzen sind, sollen auch am Beginn der Einbahnstraße durch das Zeichen kenntlich gemacht werden. Es kann sich empfehlen, dem allgemeinen Verkehr die Führung des Busverkehrs anzuzeigen.

18 4. Kann durch eine Markierung eine Erleichterung des Linienverkehrs erreicht werden (Fahrstreifen in Mittellage, im Gleisraum von Straßenbahnen oder auf baulich abgesetzten Straßenteilen), empfiehlt es sich, auf das Zeichen zu verzichten. Die Voraussetzungen für die Einrichtung eines Sonderfahrstreifens gelten entsprechend.

19 5. Die Flüssigkeit des Verkehrs auf Sonderfahrstreifen an Kreuzungen und Einmündungen kann durch Abbiegeverbote für den Individualverkehr (z. B. Zeichen 209 bis 214) verbessert werden. Notfalls sind besondere Lichtzeichen (§ 37 Abs. 2 Nr. 4) anzuordnen. Die Einrichtung von Busschleusen oder die Vorgabe bedarfsgerechter Vor- und Nachlaufzeiten an Lichtzeichenanlagen wird empfohlen.

20 6. Ist die Kennzeichnung des Endes eines Sonderfahrstreifens erforderlich, ist das Zeichen mit dem Zusatzzeichen „Ende“ anzuordnen.

21 IV. Die Funktionsfähigkeit der Sonderfahrstreifen hängt weitgehend von ihrer völligen Freihaltung vom Individualverkehr ab.

Zu Zeichen 251 Verbot für Kraftwagen

1 Das Zeichen kann zur Gewährleistung der sicheren Befahrbarkeit der Infrastruktur, insbesondere sanierungsbedürftiger Brücken, vor oder während der Bauphase zur Aufrechterhaltung der Befahrbarkeit der Brücke zumindest für Teilmengen des Verkehrs zusammen mit einem die Gesamtmasse beschränkenden Zusatzzeichen zur Gewährleistung eines geringstmöglichen Eingriffs in den Verkehr angeordnet werden. Bei einer Anordnung des Zeichens nach Satz 1 ist die Straßenfläche zusätzlich durch Verkehrseinrichtungen (Anlage 4 lfd. Nummer 1 bis 4 zu § 43 Absatz 3, Leitbake, Leitschwelle, Leitbord und gegebenenfalls Absperrschranke zur Höhenbeschränkung für besonders hohe und damit großen Fahrzeugen) zu kennzeichnen, um die tatsächliche Befahrbarkeit nur für den zugelassenen Kraftfahrzeugverkehr zu verdeutlichen. Im unmittelbaren Zulauf empfiehlt sich zudem die Aufbringung von überfahrbaren Warnschwellen zwecks Ausschluss eines fahrlässigen Übersehens der Verkehrszeichen und -einrichtungen. Die Sätze 2 und 3 gelten nicht, soweit das Zeichen 251 aus anderen als den in Satz 1 genannten Gründen oder ohne ein die Gesamtmasse beschränkendes Zusatzzeichen angeordnet wird. Mit der Anordnung des Durchfahrtverbotes geht in diesem Fall stets ein räumlich weit gestaffeltes Hinweis- und Umleitungskonzept für den ausgeschlossenen Verkehr einher. Es empfiehlt sich zudem, das Verbot im Vorhinein rechtzeitig medial zu begleiten.

Zu Zeichen 261 Verbot für kennzeichnungspflichtige Kraftfahrzeuge mit gefährlichen Gütern

1 I. Gefährliche Güter sind die Stoffe und Gegenstände, deren Beförderung auf der Straße und Eisenbahn nach § 2 Nr. 9 der Gefahrgutverordnung Straße und Eisenbahn (GGVSE) in Verbindung mit den Anlagen A und B des Europäischen Übereinkommens über die internationale Beförderung auf der Straße (ADR) verboten oder nur unter bestimmten Bedingungen gestattet ist. Die Kennzeichnung von Fahrzeugen mit gefährlichen Gütern ist in Kapitel 5.3 zum ADR geregelt.

2 II. Das Zeichen ist anzuordnen, wenn zu besorgen ist, dass durch die gefährlichen Güter infolge eines Unfalls oder Zwischenfalls, auch durch das Undicht-

werden des Tanks, Gefahren für das Leben, die Gesundheit, die Umwelt oder Bauwerke in erheblichem Umfang eintreten können. Hierfür kommen z. B. Gefällstrecken in Betracht, die unmittelbar in bebaute Ortslagen führen. Für die Anordnung entsprechender Maßnahmen erlässt das Bundesministerium für Verkehr und digitale Infrastruktur im Einvernehmen mit den obersten Landesbehörden Richtlinien, die im Verkehrsblatt veröffentlicht werden.

Zu den Zeichen 262 bis 266

1 Die betroffenen Fahrzeuge sind rechtzeitig auf andere Straßen umzuleiten (Zeichen 421 und 442).

Zu den Zeichen 264 und 265

1 I. Bei Festlegung der Maße ist ein ausreichender Sicherheitsabstand zu berücksichtigen.

2 II. Muss das Zeichen 265 bei Ingenieurbauwerken angebracht werden, unter denen der Fahrdraht einer Straßenbahn oder eines Oberleitungsomnibusses verlegt ist, so ist wegen des Sicherheitsabstandes der Verkehrsunternehmer zu hören.

3 III. Siehe auch Richtlinien für die Kennzeichnung von Ingenieurbauwerken mit beschränkter Durchfahrtshöhe über Straßen.

Zu Zeichen 267 Verbot der Einfahrt

1 Für Einbahnstraßen vgl. zu Zeichen 220.

Zu Zeichen 268 Schneeketten sind vorgeschrieben

1 Das Zeichen darf nur zu den Zeiten sichtbar sein, in denen Schneeketten wirklich erforderlich sind.

Zu Zeichen 269 Verbot für Fahrzeuge mit wassergefährdender Ladung

1 I. Das Zeichen ist nur im Benehmen mit der für die Reinhaltung des Wassers zuständigen Behörde anzuordnen.

2 II. Wassergefährdende Stoffe sind feste, flüssige und gasförmige Stoffe, insbesondere

3 – Säuren, Laugen,

4 – Alkalimetalle, Siliciumlegierungen mit über 30 Prozent Silicium, metallorganische Verbindungen, Halogene, Säurehalogenide, Metallcarbonyle und Beizsalze,

5 – Mineral- und Teeröle sowie deren Produkte,

6 – flüssige sowie wasserlösliche Kohlenwasserstoffe, Alkohole, Aldehyde, Ketone, Ester, halogen-, stickstoff- und schwefelhaltige organische Verbindungen,

7 – Gifte,

8 die geeignet sind, nachhaltig die physikalische, chemische oder biologische Beschaffenheit des Wassers nachteilig zu verändern.

9 III. Vgl. auch zu Zeichen 354 und über die Zustimmungsbedürftigkeit Nr. III 1 a zu § 45 Abs. 1 bis 1 e; Rn. 4.

10 IV. Auf die zu Zeichen 261 erwähnten Richtlinien wird verwiesen.

Zu Zeichen 272 Wendeverbot

1 Nr. III zu Zeichen 200 bis 214; Rn. 3 gilt entsprechend.

Zu Zeichen 273 Verbot des Fahrens ohne einen Mindestabstand

1 Das Zeichen darf dort angeordnet werden, wo Überbeanspruchungen von Brücken oder sonstigen Ingenieurbauwerken mit beschränkter Tragfähigkeit dadurch auftreten können, dass mehrere schwere Kraftfahrzeuge dicht hintereinander fahren. Die Anordnung kommt ferner vor Tunneln in Betracht, bei denen das Einhalten eines Mindestabstandes aus Verkehrssicherheitsgründen besonders geboten ist. In der Regel ist die Länge der Strecke durch Zusatzzeichen anzugeben.

Zu Zeichen 274 Zulässige Höchstgeschwindigkeit

1 I. Geschwindigkeitsbeschränkungen aus Sicherheitsgründen sollen auf bestehenden Straßen angeordnet werden, wenn Unfalluntersuchungen ergeben haben, dass häufig geschwindigkeitsbedingte Unfälle aufgetreten sind. Dies gilt jedoch nur dann, wenn festgestellt worden ist, dass die geltende Höchstgeschwindigkeit von der Mehrheit der Kraftfahrer eingehalten wird. Im anderen Fall muss die geltende zulässige Höchstgeschwindigkeit durchgesetzt werden. Geschwindigkeitsbeschränkungen können sich im Einzelfall schon dann empfehlen, wenn aufgrund unangemessener Geschwindigkeiten häufig gefährliche Verkehrssituationen festgestellt werden.

II. Außerhalb geschlossener Ortschaften können Geschwindigkeitsbeschränkungen nach Maßgabe der Nr. I erforderlich sein,

2 1. wo Fahrzeugführer insbesondere in Kurven, auf Gefällstrecken und an Stellen mit besonders unebener Fahrbahn (vgl. aber Nr. I zu § 40; Rn. 1), ihre Geschwindigkeit nicht den Straßenverhältnissen anpassen; die zulässige Höchstgeschwindigkeit soll dann auf diejenige Geschwindigkeit festgelegt werden, die vorher von 85 Prozent der Fahrzeugführer von sich aus ohne Geschwindigkeitsbeschränkungen, ohne überwachende Polizeibeamte und ohne Behinderung durch andere Fahrzeuge eingehalten wurde,

3 2. wo insbesondere auf Steigungs- und Gefällstrecken eine Verminderung der Geschwindigkeitsunterschiede geboten ist; die zulässige Höchstgeschwindigkeit soll dann auf diejenige Geschwindigkeit festgelegt werden, die vorher von 85 Prozent der Fahrzeugführer von sich aus ohne Geschwindigkeitsbeschränkungen, ohne überwachende Polizeibeamte und ohne Behinderung durch andere Fahrzeuge eingehalten wurde,

4 3. wo Fußgänger oder Radfahrer im Längs- oder Querverkehr in besonderer Weise gefährdet sind; die zulässige Höchstgeschwindigkeit soll auf diesen Abschnitten in der Regel 70 km/h nicht übersteigen.

4a Liegt zwischen zwei Geschwindigkeitsbeschränkungen auf einer einbahnigen Landstraße ohne Überholfahrstreifen nur ein kurzer Streckenabschnitt (unter 600 Meter) und wäre deshalb ein Überholvorgang infolge der geringen Überholstrecke mit erheblichen Risiken verbunden, so kommt zur Verstetigung des Verkehrsflusses eine Absenkung der Geschwindigkeit auch zwischen den beiden in der Geschwindigkeit beschränkten Streckenabschnitten in Betracht. Die Anordnung der abgesenkten Geschwindigkeit in diesem Bereich setzt voraus, dass die Anordnung eines Überholverbotes als milderes Mittel für diesen Abschnitt nicht ausreicht.

5 III. Außerhalb geschlossener Ortschaften ist die zulässige Höchstgeschwindigkeit vor Lichtzeichenanlagen auf 70 km/h zu beschränken.

6 IV. Das Zeichen soll so weit vor der Gefahrstelle aufgestellt werden, dass eine Gefährdung auch bei ungünstigen Sichtverhältnissen ausgeschlossen ist. Innerhalb geschlossener Ortschaften sind im Allgemeinen 30 bis 50 m, außerhalb geschlossener Ortschaften 50 bis 100 m und auf Autobahnen und autobahnähnlichen Straßen 200 m ausreichend.

7 V. Vor dem Beginn geschlossener Ortschaften dürfen Geschwindigkeitsbeschränkungen zur stufenweisen Anpassung an die innerorts zulässige Geschwindigkeit nur angeordnet werden, wenn die Ortstafel (Zeichen 310) nicht rechtzeitig, im Regelfall auf eine Entfernung von mindestens 100 m, erkennbar ist.

8 VI. Auf Autobahnen und autobahnähnlichen Straßen dürfen nicht mehr als 130 km/h angeordnet werden. Nur dort darf die Geschwindigkeit stufenweise herabgesetzt werden. Eine Geschwindigkeitsstufe soll höchstens 40 km/h betragen. Der Mindestabstand in Metern zwischen den unterschiedlichen Höchstgeschwindigkeiten soll das 10-fache der Geschwindigkeitsdifferenz in km/h betragen. Nach Streckenabschnitten ohne Beschränkung soll in der Regel als erste zulässige Höchstgeschwindigkeit 120 km/h angeordnet werden.

9 VII. Das Zeichen 274 mit Zusatzzeichen „bei Nässe“ soll statt des Zeichens 114 dort angeordnet werden, wo das Gefahrzeichen als Warnung nicht ausreicht.

10 VIII. Innerhalb geschlossener Ortschaften kommt eine Anhebung der zulässigen Höchstgeschwindigkeit auf höchstens 70 km/h grundsätzlich nur auf Vorfahrtstraßen (Zeichen 306) in Betracht, auf denen benutzungspflichtige Radwege vorhanden sind und der Fußgängerquerverkehr durch Lichtzeichenanlagen sicher geführt wird. Für Linksabbieger sind Abbiegestreifen erforderlich.

11 IX. Zur Verwendung des Zeichens an Bahnübergängen vgl. Nr. IV 2 zu Zeichen 201; Rn. 5 und an Arbeitsstellen vgl. die Richtlinien für die Sicherung von Arbeitsstellen an Straßen (RSA), die das Bundesministerium für Verkehr und digitale Infrastruktur im Einvernehmen mit den obersten Landesbehörden im Verkehrsblatt bekannt gibt.

12 X. Geschwindigkeitsbeschränkungen aus Gründen des Lärmschutzes dürfen nur nach Maßgabe der Richtlinien für straßenverkehrsrechtliche Maßnahmen zum Schutz der Bevölkerung vor Lärm (Lärmschutz-Richtlinien-StV) angeordnet werden. Zur Lärmaktions- und Luftreinhalteplanung siehe Bundes-Immissionsschutzgesetz.

13 XI. Innerhalb geschlossener Ortschaften ist die Geschwindigkeit im unmittelbaren Bereich von an Straßen gelegenen Kindergärten, -tagesstätten, -krippen, -horten, allgemeinbildenden Schulen, Förderschulen für geistig oder körperlich behinderte Menschen, Alten- und Pflegeheimen oder Krankenhäusern in der Regel auf Tempo 30 km/h zu beschränken, soweit die Einrichtungen über einen direkten Zugang zur Straße verfügen oder im Nahbereich der Einrichtungen starker Ziel- und Quellverkehr mit all seinen kritischen Begleiterscheinungen (z. B. Bring- und Abholverkehr mit vielfachem Ein- und Aussteigen, erhöhter Parkraumsuchverkehr, häufige Fahrbahnquerungen durch Fußgänger, Pulkbildung von Radfahrern und Fußgängern) vorhanden ist. Dies gilt insbesondere auch auf klassifizierten Straßen (Bundes-, Landes- und Kreisstraßen) sowie auf weiteren Vorfahrtstraßen (Zeichen 306). Im Ausnahmefall kann auf die Absenkung der Geschwindigkeit verzichtet werden, soweit etwaige negative Auswirkungen auf den ÖPNV (z. B. Taktfahrplan) oder eine drohende Verkehrsverlagerung auf die Wohnnebenstraßen zu befürchten ist. In die Gesamtabwägung sind dann die Größe der Einrichtung und Sicherheitsgewinne durch Sicherheitseinrichtungen und Querungshilfen (z. B. Fußgängerüberwege, Lichtzeichenanlagen, Sperrgitter) einzubeziehen. Die streckenbezogene Anordnung ist auf den unmittelbaren Bereich der Einrichtung und insgesamt auf höchstens 300 m Länge zu begrenzen. Die beiden Fahrtrichtungen müssen dabei nicht gleich behandelt werden. Die Anordnungen sind, soweit Öffnungszeiten (einschließlich Nach- und Nebennutzungen) festgelegt wurden, auf diese zu beschränken.

Zu den Zeichen 274.1 und 274.2 Tempo 30-Zone

1 I. Vgl. Nummer XI zu § 45 Abs. 1 bis 1 e.

2 II. Am Anfang einer Zone mit zulässiger Höchstgeschwindigkeit ist Zeichen 274.1 so aufzustellen, dass es bereits auf ausreichende Entfernung vor dem Einfahren in den Bereich wahrgenommen werden kann. Dazu kann es erforderlich sein, dass das Zeichen von Einmündungen oder Kreuzungen abgesetzt oder beidseitig aufgestellt wird. Abweichend von Nummer III 9 zu §§ 39 bis 43; Rn. 28 empfiehlt es sich, das Zeichen 274.2 auf der Rückseite des Zeichens 274.1 aufzubringen.

3 III. Das Zeichen 274.2 ist entbehrlich, wenn die Zone in einen Fußgängerbereich (Zeichen 242.1) oder in einen verkehrsberuhigten Bereich (Zeichen 325.1) übergeht. Stattdessen sind die entsprechenden Zeichen des Bereichs anzuordnen, in den eingefahren wird.

4 IV. Zusätzliche Zeichen, die eine Begründung für die Zonengeschwindigkeitsbeschränkung enthalten, sind unzulässig.

Zu Zeichen 275 Vorgeschriebene Mindestgeschwindigkeit

1 I. Das Zeichen darf nur fahrstreifenbezogen, niemals aber auf dem rechten von mehreren Fahrstreifen, angeordnet werden.

2 II. Die vorgeschriebene Mindestgeschwindigkeit muss bei normalen Straßen-, Verkehrs- und Sichtverhältnissen unbedenklich sein.

3 III. Innerhalb geschlossener Ortschaften dürfen die Zeichen nicht angeordnet werden.

4 IV. Die Anordnung kann insbesondere auf drei oder mehrstreifigen Richtungsfahrbahnen von Autobahnen aus Gründen der Leichtigkeit des Verkehrs in Betracht kommen.

Zu Zeichen 276 Überholverbot

1 I. Das Zeichen ist nur dort anzuordnen, wo die Gefährlichkeit des Überholens für den Fahrzeugführer nicht ausreichend erkennbar ist.

2 II. Wo das Überholen bereits durch Zeichen 295 unterbunden ist, darf das Zeichen nicht angeordnet werden.

3 III. Außerhalb geschlossener Ortschaften ist das Zeichen in der Regel auf beiden Straßenseiten aufzustellen.

4 IV. Zur Verwendung des Zeichens an Gefahrstellen vgl. Nummer I zu § 40; Rn. 1.

Zu Zeichen 277 Überholverbot für Kraftfahrzeuge über 3,5 t

1 I. Das Zeichen soll nur auf Straßen mit erheblichem und schnellem Fahrverkehr angeordnet werden, wo der reibungslose Verkehrsablauf dies erfordert. Das kommt z. B. an Steigungs- und Gefällstrecken in Frage, auf denen Lastkraftwagen nicht mehr zügig überholen können; dabei ist maßgeblich die Stärke und Länge der Steigung oder des Gefälles; Berechnungen durch Sachverständige empfehlen sich.

II. Bei Anordnung von Lkw-Überholverboten auf Autobahnen und autobahnähnlich ausgebauten Straßen ist ergänzend Folgendes zu beachten:

2 1. Bei Anordnung von Lkw-Überholverboten auf Landesgrenzen überschreitenden Autobahnen müssen die Auswirkungen auf den im anderen Bundesland angrenzenden Streckenabschnitt berücksichtigt werden.

3 2. Auf Autobahnen empfehlen sich LKW-Überholverbote an unfallträchtigen Streckenabschnitten (z. B. an Steigungs- oder Gefällstrecken, Ein- und Ausfahrten oder vor Fahrstreifeneinziehung von links).

4 3. Auf zweistreifigen Autobahnen können darüber hinaus Überholverbote – auch z. B. auf längeren Strecken – in Betracht kommen, wenn bei hohem Verkehrsaufkommen durch häufiges Überholen von LKW die Geschwindigkeit auf dem Überholstreifen deutlich vermindert wird und es dadurch zu einem stark gestörten Verkehrsfluss kommt, durch den die Verkehrssicherheit beeinträchtigt werden kann.

5 4. Unter Beachtung des Grundsatzes der Verhältnismäßigkeit kann das Überholverbot auf Fahrzeuge mit einem höheren zulässigen Gesamtgewicht als 3,5 t beschränkt werden, insbesondere an Steigungsstrecken. Wenn das Verkehrsaufkommen und die Fahrzeugzusammensetzung kein ganztägiges Überholverbot erfordern, kommt eine Beschränkung des Überholverbots auf bestimmte Tageszeiten in Betracht. Von dem Überholverbot können auf Autobahnen und Kraftfahrstraßen Wohnmobile mit einer zulässigen Gesamtmasse über 3,5 t bis 7,5 t auf Steigungsstrecken ausgenommen werden, auf denen der durch die 12. Ausnahmeverordnung zur StVO eingeräumte Geschwindigkeitsvorteil besonders zum Tragen kommt.

6 III. Aufgrund der bei Überholmanövern in Tunneln von LKW ausgehenden Gefahr sollte in Tunneln mit mehr als einem Fahrstreifen in jeder Richtung ein LKW-Überholverbot angeordnet werden. Von einer Anordnung des Zeichens kann abgesehen werden, wenn nachgewiesen wird, dass hiervon keine negativen Auswirkungen auf die Verkehrssicherheit ausgehen.

Zu den Zeichen 274, 276 und 277

1 I. Die Zeichen sind nur dort anzuordnen, wo Gefahrzeichen oder Richtungstafeln (Zeichen 625) nicht ausreichen würden, um eine der Situation angepasste Fahrweise zu erreichen. Die Zeichen können dann mit Gefahrzeichen kombiniert werden, wenn

2 1. ein zusätzlicher Hinweis auf die Art der bestehenden Gefahr für ein daran orientiertes Fahrverhalten im Einzelfall unerlässlich ist oder

3 2. aufgrund dieser Verkehrszeichenkombination eine Kennzeichnung des Endes der Verbotsstrecke entbehrlich wird (vgl. Erläuterung zu den Zeichen 278 bis 282).

4 II. Gelten diese Verbote für eine längere Strecke, kann die jeweilige Länge der restlichen Verbotsstrecke auf einem Zusatzzeichen 1001 angegeben werden.

5 III. Die Zeichen 274, 276 und 277 sollen hinter solchen Kreuzungen und Einmündungen wiederholt werden, an denen mit dem Einbiegen ortsunkundiger Kraftfahrer zu rechnen ist. Wo innerhalb geschlossener Ortschaften durch das Zeichen 274 eine Geschwindigkeit über 50 km/h zugelassen ist, genügt dagegen dessen Wiederholung in angemessenen Abständen. Grundsätzlich richten sich die Abstände, in denen die Zeichen zu wiederholen sind, nach den jeweiligen Verkehrsverhältnissen und der Verkehrssituation. Auf Autobahnen empfiehlt es sich in der Regel, die Zeichen nach 1 000 m zu wiederholen.

6 IV. Vgl. auch Nummer IV zu § 41; Rn. 4 und über die Zustimmungsbedürftigkeit Nummer III 1 c und e zu § 45 Abs. 1 bis 1 e; Rn. 6 und 8.

Zu Zeichen 283 Absolutes Haltverbot

1 I. Das Haltverbot darf nur in dem Umfang angeordnet werden, in dem die Verkehrssicherheit, die Flüssigkeit des Verkehrs oder der öffentliche Personennahverkehr es erfordert. Deshalb ist stets zu prüfen, ob eine tages- oder wochenzeitliche Beschränkung durch Zusatzzeichen anzuordnen ist.

2 II. Befindet sich innerhalb einer Haltverbotsstrecke eine Haltestelle (Zeichen 224), ist ein Zusatzzeichen, das Linienomnibussen das Halten zum Fahrgastwechsel erlaubt, überflüssig.

Zu Zeichen 286 Eingeschränktes Haltverbot

1 I. Das Zeichen ist dort anzuordnen, wo das Halten die Sicherheit und Flüssigkeit des Verkehrs zwar nicht wesentlich beeinträchtigt, das Parken jedoch nicht zugelassen werden kann, ausgenommen für das Be- und Entladen sowie das Ein- und Aussteigen. Das Verbot ist in der Regel auf bestimmte Zeiten zu beschränken (z. B. „9–12 h“ oder „werktags“).

2 II. Durch ein Zusatzzeichen können bestimmte Verkehrsarten vom Haltverbot ausgenommen werden.

3 III. Zum Bewohnerbegriff vgl. Nummer X 7 zu § 45 Abs. 1 bis 1e; Rn. 35.

4 IV. Zur Bevorrechtigung von elektrisch betriebenen Fahrzeugen wird auf die VwV zu § 45 Absatz 1g verwiesen. Zeichen 286 soll nur in begründeten Einzelfällen angeordnet werden.

Zu den Zeichen 283 und 286

1 I. Den Anfang einer Verbotsstrecke durch einen zur Fahrbahn weisenden Pfeil zu kennzeichnen, ist zumindest dann zweckmäßig, wenn wiederholte Zeichen aufgestellt sind oder das Ende der Verbotsstrecke gekennzeichnet ist. Eine Wiederholung innerhalb der Verbotsstrecke ist nur angezeigt, wenn ohne sie dem Sichtbarkeitsprinzip nicht Rechnung getragen würde.

2 II. Das Ende der Verbotsstrecke ist zu kennzeichnen, wenn Verbotszeichen wiederholt aufgestellt sind oder wenn die Verbotsstrecke lang ist. Das gilt nicht, wenn die Verbotsstrecke an der nächsten Kreuzung oder Einmündung endet oder eine andere Regelung für den ruhenden Verkehr durch Verkehrszeichen unmittelbar anschließt.

3 III. Verbotszeichen mit Pfeilen sind im spitzen Winkel zur Fahrbahn anzubringen.

Zu den Zeichen 290.1 und 290.2 Beginn und Ende eines eingeschränkten Haltverbotes für eine Zone

1 I. Die Zeichen sind so aufzustellen, dass sie auch für den einbiegenden Verkehr sichtbar sind, ggf. auf beiden Straßenseiten.

2 II. Soll das Kurzzeitparken in der gesamten Zone oder in ihrem überwiegenden Teil zugelassen werden, sind nicht Zeichen 290.1, 290.2, sondern Zeichen 314.1, 314.2 anzuordnen.

Zu Anlage 2 Abschnitt 9 Markierungen

1 Vgl. § 39 und VwV zu den §§ 39 bis 43, insbesondere Rn. 49 ff.

Zu Zeichen 293 Fußgängerüberweg

1 Vgl. zu § 26.

Zu Zeichen 295 Fahrstreifenbegrenzung und Fahrbahnbegrenzung

Zu Nummer 1 Fahrstreifenbegrenzung

1 I. Das Zeichen ist zur Trennung des für den Gegenverkehr bestimmten Teils der Fahrbahn in der Regel dann anzuordnen, wenn die Straße mehr als einen Fahrstreifen je Richtung aufweist. In diesen Fällen ist die Fahrstreifenbegrenzung in der Regel als Doppellinie auszubilden. Auf Straßen mit nur einem Fahrstreifen je Richtung ist das Zeichen nur dann anzuordnen, wenn das Befahren des für den Gegenverkehr bestimmten Teils der Fahrbahn aus Verkehrssicherheitsgründen nicht zugelassen werden kann. In diesen Fällen soll zuvor eine Leitlinie von ausreichender Länge angeordnet werden, deren Striche länger sein müssen als ihre Lücken (Warnlinie). Die durchgehende Linie ist dort zu unterbrechen, wo das Linksab- und -einbiegen zugelassen werden soll. Soll das Linksab- oder -einbiegen nur aus einer Fahrtrichtung zugelassen werden, ist an diesen Stellen die einseitige Fahrstreifenbegrenzung (Zeichen 296) anzuordnen.

2 II. Zeichen 295 ist außerdem anzuordnen, wenn mehrere Fahrstreifen für den gleichgerichteten Verkehr vorhanden sind, ein Fahrstreifenwechsel jedoch verhindert werden soll. Die Fahrstreifen müssen dann mindestens 3 m breit sein.

3 III. In den übrigen Fällen reicht eine Abgrenzung vom Gegenverkehr durch eine Leitlinie (Zeichen 340) aus.

4 IV. Wegen der Zustimmungsbedürftigkeit vgl. Nummer III 1 c zu § 45 Abs. 1 bis 1 e; Rn. 6.

Zu Nummer 2 Fahrbahnbegrenzung

5 Außerhalb geschlossener Ortschaften ist auf Straßen zumindest bei starkem Kraftfahrzeugverkehr der Fahrbahnrand zu markieren.

Zu Zeichen 297.1 Vorankündigungspfeil

1 I. Aus Gründen der besseren Erkennbarkeit für den Kraftfahrer wird empfohlen, zur Ankündigung des Endes eines Fahrstreifens eine abweichende Ausführung des Pfeils zu verwenden. Diese gibt das Bundesministerium für Verkehr und digitale Infrastruktur nach Anhörung der zuständigen obersten Landesbehörden im Verkehrsblatt bekannt.

2 II. Auf Nummer IV zu §§ 39 bis 43 Allgemeines über Verkehrszeichen und Verkehrseinrichtungen wird verwiesen.

Zu Anlage 2 lfd. Nummer 74 Parkflächenmarkierungen

1 I. Eine Parkflächenmarkierung ist an Parkuhren vorzunehmen und überall dort, wo von der vorgeschriebenen Längsaufstellung abgewichen werden soll oder das Gehwegparken ohne Anordnung des Zeichens 315 zugelassen werden soll. Die erkennbare Abgrenzung der Parkflächen kann mit Markierungen, Markierungsknopfreihen oder durch eine abgesetzte Pflasterlinie erfolgen. In der Regel reicht eine Kennzeichnung der Parkstandsecken aus.

2 II. Das Parken auf Gehwegen darf nur zugelassen werden, wenn genügend Platz für den unbehinderten Verkehr von Fußgängern gegebenenfalls mit Kinderwagen

oder Rollstuhlfahrern auch im Begegnungsverkehr bleibt, die Gehwege und die darunter liegenden Leitungen durch die parkenden Fahrzeuge nicht beschädigt werden können und der Zugang zu Leitungen nicht beeinträchtigt werden kann sowie die Bordsteine ausreichend abgeschrägt und niedrig sind. Die Zulassung des Parkens durch Markierung auf Gehwegen ist dort zu erwägen, wo nur wenigen Fahrzeugen das Parken erlaubt werden soll; sonst ist die Anordnung des Zeichens 315 ratsam.

Zu Zeichen 299 Grenzmarkierung für Halt- und Parkverbote

1 I. Vgl. zu § 12 Abs. 3 Nummer 1; Rn. 2.

2 II. Die Markierung kann auch vor und hinter Kreuzungen oder Einmündungen überall dort angeordnet werden, wo das Parken auf mehr als 5 m verboten werden soll. Sie kann ferner angeordnet werden, wo ein Haltverbot an für die Verkehrssicherheit bedeutsamen Stellen verlängert werden muss, z. B. an Fußgängerüberwegen. Die Markierung ist nicht an Stellen anzuwenden, an denen sich Halt- und Parkverbote sonst nicht durchsetzen lassen.

3 III. Bei gesetzlichen Halt- oder Parkverboten reicht es in der Regel aus, nur den Beginn und das Ende bzw. den Bereich der Verlängerung durch eine kombinierte waagerechte und abgeknickte Linie zu markieren.

1 Aus der amtlichen Begründung

1.1 Früher in der StVO enthaltene doppelte Ge- und Verbote sind durch Verlagerung in die Anlagen 2 und 3 bereinigt worden (Begr. 2013).

1.2 Zulassung von Elektrofahrzeugen auf Busspuren sowie an Ladestationen in gesperrten Bereichen und eingeschränkten Haltverboten (Begr. 2015).

1.3 Ergänzungen der VwV-StVO, insbesondere zu den Z. 274, für die erleichterte Anordnung von Tempobegrenzungen an sozialen und kulturellen Einrichtungen, zu Klarstellungen beim Überholverbot für Wohnmobile über 7,5 t (Begr. 2017).

1.4 Darstellung von Verkehrszeichen auf Fahrstreifentafeln nach Art. 1 Nr. 7 der 53. StrVRÄndV vom 6.10.2017 – BGBl. I S. 3549 (Begr. 2017).

1.5 Einführung einer Fahrradzone mit Z. 244.3/244.4 und eines Überholverbots einspuriger durch mehrspurige Fahrzeuge mit Z. 277.1/281.1 (Begr. 2020).[48]

2 Erläuterungen

Vorschrift- und Zusatzzeichen ergeben sich aus Anl. 2 zu § 41.

2.1 Vorschrift- und Zusatzzeichen

Die Beachtung der Vorschriftzeichen folgt aus § 41 Abs. 1. Vorschriftzeichen stehen grundsätzlich dort, von wo an die Anordnung zu befolgen ist, andernfalls ist die Entfernung auf einem Zusatzzeichen angezeigt (§ 41 Abs. 2).

Grundsätzlich kann die Bedeutung der Verkehrszeichen durch Zusatzzeichen eingeschränkt und nur im Ausnahmefall erweitert werden. Die Anordnung von besonderen Zusatzzeichen ist bei den Verkehrszeichen oder den jeweiligen Vorschriften (z. B. § 31 Abs. 2 „Skater frei") aufgeführt und damit

48 Geändert durch Art. 1 der 54. StrVRÄndV vom 20.4.2020 (BGBl. I S. 814).

abschließend. Durch unzulässige Zusatzzeichen werden Verkehrszeichen nicht unwirksam (BayObLG VRS 60, 152). Nicht der StVO entsprechende Vorschriftzeichen sind ungültig und unbeachtlich (OLG Düsseldorf VerkMitt 1973 Nr. 110; OLG Hamm NJW 1953, 1886: Aufschrift „Schrittgeschwindigkeit"); ebenso Zeichen, die unbefugt von Privaten aufgestellt werden (OLG Hamm VkBl. 1965, 15: Aufstellung eines Verbotszeichens durch Gastwirt).[49] Verkehrszeichen, die wegen der Art ihrer Aufstellung ihre Bedeutung nicht klar erkennen lassen, sind rechtswidrig (OLG Düsseldorf VerkMitt 1988 Nr. 100: Z. 314 vor einer Stelle, an der Poller das Parken verhindern). In anderen Fällen ist jedes Vorschriftzeichen verbindlich, das zweckmäßig, gut sichtbar und nicht irreführend aufgestellt ist (BGH DAR 1966, 218 = VRS 31, 84). Die Aufhebung einer Verkehrszeichenanordnung wird erst mit dem Entfernen des Schildes oder der Markierung wirksam; bis dahin muss es beachtet werden, selbst wenn es rechtswidrig (aber nicht „nichtig") ist.

Die Ahndung von Verstößen nach § 49 Abs. 3 Nr. 4 bis 6 gegen die Ge- und Verbote der Anlagen 2 bis 4 folgt nicht unmittelbar aus den Anlagen, sondern aus dem sachlich-rechtlichen Teil der Vorschriftentexte der §§ 41 bis 43. In den Anlagen sind die bußgeldbewehrten Ge- und Verbote zu den jeweiligen Verkehrszeichen konkret und handlungsbezogen formuliert. Dort, wo ein Verstoß gegen die StVO nur aus der Erlaubnis abgeleitet werden kann, ist der Verstoß in den einzelnen Vorschriften ausdrücklich geregelt.

2.2 Erläuterungen zu einzelnen Zeichen

Vorschriftzeichen ergeben sich aus Anl. 2 zu § 41.

Zeichen 201 (Andreaskreuz)

Das Andreaskreuz regelt nicht den „Bahnübergang", sondern den Vorrang des Schienenverkehrs. Die (frühere) Kombinationsmöglichkeit von Z. 201 mit Z. 294 (Haltlinie) ist nach Anl. 2 lfd. Nr. 67 ebenso entfallen wie für Z. 205.[50] An beschrankten Bahnübergängen ist sie aber zulässig. Sofern solche Haltlinien noch vorhanden sind und die Bahntrasse von dort nicht zu übersehen ist, empfiehlt sich für den Fahrer das Vortasten, bis er volle Sicht von mind. 500 bis 900 m hat. Bei Umleitung des Verkehrs von einer Hauptverkehrsstraße über eine Nebenstraße mit unbeschranktem Bahnübergang ist die Aufstellung von Z. 201 beidseitig sowie Gefahrzeichen 151 erforderlich (OLG München NZV 2000, 206).

Zeichen 205 (Vorfahrt gewähren.)

Z. 205 und 206 sind von der Form her unverwechselbar, so dass sie auch erkennbar bleiben und zu beachten sind, wenn sie durch Schnee verdeckt sind. Z. 205 steht unmittelbar vor der Kreuzung oder Einmündung. Isoliert kann es – ohne positive Vorfahrtzeichen (Z. 301 oder 306) – dann angeordnet

49 Stellen Private Verkehrszeichen im öffentlichen Verkehrsraum auf, kann eine strafbare Amtsanmaßung nach § 132 StGB vorliegen; werden angeordnete Verkehrszeichen verändert, zusätzlich Sachbeschädigung nach § 303 StGB.

50 Der Verzicht auf die Kombination von Z. 201 mit Z. 294 steht allerdings im Widerspruch zu Rn. 6 Satz 1 VwV-StVO zu Z. 201, wonach es sich dort, wo Längsmarkierungen angebracht sind, empfiehlt, auch eine Haltlinie (Z. 294), in der Regel in Höhe des Andreaskreuzes, zu markieren. Zum Vorschlag der Kombination von Z. 201 mit einem Stoppschild: Marquardt VD 2005, 87.

Vorfahrt an Kreuzungen
mit vorgelagerter Fußgängerampel

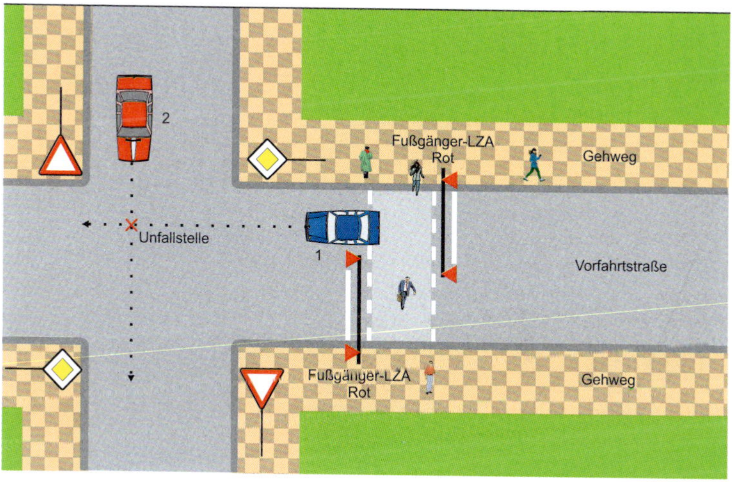

KFZ 1 fährt bei Rot über die Fußgängerampel und stößt mit KFZ 2 zusammen. Die Lichtzeichen einer von der Kreuzung abgesetzten Fußgängerampel dienen dem Fußgängerschutz, nicht aber dem Schutz des die Vorfahrtstraße (Z. 306) kreuzenden (untergeordneten) Querverkehrs (Z. 205). Infolgedessen begeht KFZ 1 zwar einen Rotlichtverstoß, aber keine Vorfahrtverletzung (anders nur, wenn sich die Signalanlage unmittelbar vor der Kreuzung befindet). Ungeachtet dessen ist aber die Vorfahrt kein Recht, sondern nur die Berechtigung, als Erster fahren zu dürfen, wenn die Verkehrslage eine gefahrlose Weiterfahrt zulässt. Wer verkehrswidrig das Rotlicht der Fußgängerampel missachtet, muss auf seine Vorfahrt verzichten, wenn er vorausschauend in der weiteren Entwicklung der Verkehrslage damit rechnen muss, dass der Querverkehr (KFZ 2) im Vertrauen auf das Rotlicht davon ausgeht, der Vorfahrtberechtigte (KFZ 1) werde bei Rot der Fußgängerampel warten (OLG Karlsruhe VerkMitt 2002 Nr. 12 = VRS 100, 460). Andererseits darf KFZ 2 mangels Verständigung mit KFZ 1 nicht auf den Verzicht vertrauen und muss seinerseits die Vorfahrt beachten. Beide sind somit für den Unfall verantwortlich: KFZ 1 aus §§ 37 Abs. 2 Nr. 1, 11 Abs. 3, 1 Abs. 2 und KFZ 2 aus §§ 8 Abs. 1 Nr. 1, 1 Abs. 2.

werden, wenn aufgrund der straßenbaulichen Gestaltung einer Einmündung die Vorfahrtverhältnisse Zweifel begründen können (§ 10 Satz 3). Bei unklaren und gefährlichen Knotenpunkten ist die Straßenverkehrsbehörde verpflichtet, für eine eindeutige Regelung durch Verkehrszeichen zu sorgen (OLG München NZV 2014, 221). Bei Änderung der Vorfahrt ist der Fahrverkehr für eine ausreichende Übergangszeit zu warnen, z.B. Z. 101 mit Zusatzzeichen 1008-30 „Vorfahrt geändert" (Rn. 1 VwV-StVO zu § 41). Zur Kreisverkehrsregelung mit Z. 205, 215 s. Erl. 2.7.3 zu § 8. Verstöße gegen Z. 205 und 206 sind konkrete Erfolgsdelikte, die mindestens eine Behinderung des Vorfahrtberechtigten erfordern.

Zeichen 206 (Halt. Vorfahrt gewähren.)

Das Zeichen hat eine doppelte Bedeutung, und zwar „Anhalten", um sich über die Vorfahrtverhältnisse zu orientieren, und „Vorfahrt gewähren". Das strikte Haltgebot ist als eingeschliffene Verhaltensweise auch dann zu befolgen, wenn weit und breit kein Fahrzeug sichtbar ist. Die Rechtswirksamkeit des Z. 206 wird durch ein einige Meter vor ihm aufgestelltes Z. 205 (Vorfahrt gewähren.) nicht beeinträchtigt (OLG Saarbrücken VRS 47, 387).

Anhaltepunkt beim Z. 206 ohne Haltlinie

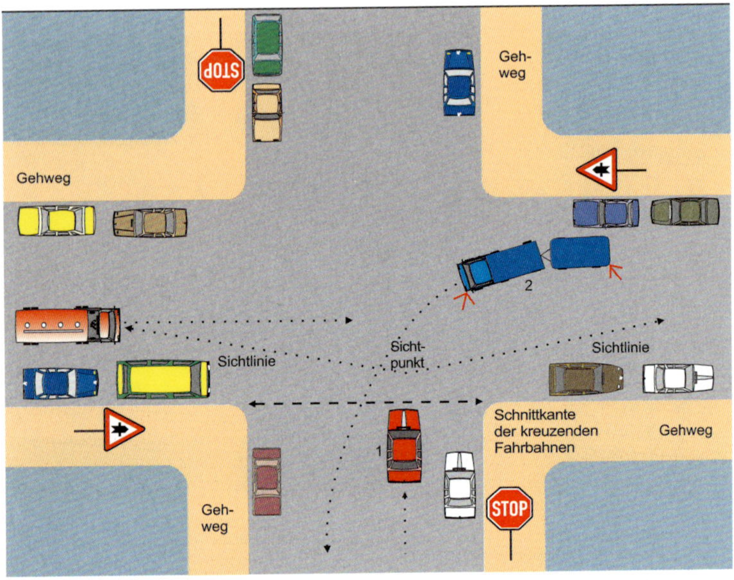

Überall dort, wo die StVO eine Wartepflicht zugunsten des bevorrechtigten Verkehrs vorsieht, ist das Anhalten „vor" der Schnittkante zur bevorrechtigten Straße zu befolgen (§§ 36 Abs. 1 Satz 1, 37 Abs. 1 Satz 6, bei Z. 294 mit 201). Nichts anderes gilt beim Z. 206 ohne Haltlinie. Das unbedingte Haltgebot ist dort zu befolgen, „wo die andere Straße zu übersehen ist" (§ 41 Abs. 2 Nr. 1 b Satz 3), somit nicht „in" der Kreuzung, sondern „vor" der bevorrechtigten Straße. Das Z. 206 hat eine doppelte Bedeutung, und zwar „Anhalten" und „Vorfahrt gewähren". Durch das Anhalten soll sich der Kraftfahrer über die Vorfahrtverhältnisse vergewissern, anschließend hat er die Vorfahrt zu beachten.

Das strikte Haltgebot spätestens an der Schnittkante der sich kreuzenden Fahrbahnen (bei Radwegen davor) ist auch dann zu befolgen, wenn von dieser Stelle wegen parkender Fahrzeuge keine volle Sicht in die Kreuzung besteht (KFZ 1). Anschließend darf sich KFZ 1 bis zum tatsächlichen Sichtpunkt vortasten (KG NZV 2000, 377). Ein nochmaliges Anhalten an der Sichtlinie ist zwar empfehlenswert, jedoch nicht zwingend. Eine Behinderung des abbiegenden KFZ 2 am Sichtpunkt ist dann keine Vorfahrtverletzung. Ist beim Vortasten erkennbar, dass bevorrechtigter Verkehr nicht vorhanden ist, darf die Kreuzung auch ohne nochmaliges striktes Anhalten überquert werden.

Ist ein Z. 206 mit einer **Haltlinie** (Z. 294) verbunden, ist zunächst an der Haltlinie anzuhalten, selbst wenn faktisch von dort keine volle Sicht auf den Querverkehr besteht. Wer bei gelb blinkendem Lichtsignal die Haltlinie und ein Stoppschild überfährt, handelt grob fahrlässig, zwangsläufig aber nicht auch im Hinblick auf einen anschließenden Unfall (OLG Köln NZV 2002, 374). Nach dem Halt darf sich der Kraftfahrer in die Kreuzung hineintasten. Ein nochmaliges Anhalten ist zwar empfohlen, jedoch nicht vorgeschrieben. Beim Fehlen einer Haltlinie muss an der **Sichtlinie** angehalten werden, sofern Z. 206 nicht mit der Sichtlinie identisch ist (BayObLG VerkMitt 1986 Nr. 31). Sichtlinie ist der Bereich „vor" den Schnittkanten der kreuzenden oder einmündenden Straße (nicht „in" der Kreuzung). Kann von dort aus der Querverkehr faktisch nicht beobachtet werden, gebietet Z. 206 dennoch, dort das strikte Haltgebot zu beachten. Anschließend darf sich der Kraftfahrer in den Knotenpunkt hineintasten, bis er volle Sicht auf den Querverkehr hat; ein nochmaliges Anhalten ist empfehlenswert, jedoch nicht strikt vorgeschrieben.

Zeichen 209 (Vorgeschriebene Fahrtrichtung: Rechts)

Auch an Kreuzungen oder Einmündungen, an denen Z. 209 gebietet, rechts abzubiegen, ist die Abbiegeabsicht rechtzeitig und deutlich anzuzeigen (OLG Celle VRS 52, 219). Das Zeichen verhindert nicht das Einfahren in ein davor links befindliches Grundstück (OLG Frankfurt VRS 46, 64). In einer Einbahnstraße ohne markierte Fahrstreifen gilt das durch Z. 209 angeordnete Rechtsabbiegen für die gesamte Straße, auch wenn das Zeichen nur am rechten Fahrbahnrand angebracht ist (OLG Düsseldorf VerkMitt 1991 Nr. 64 = NZV 1991, 204).

Zeichen 211 (Hier rechts)

Das Zeichen untersagt nicht, nach dem Abbiegen zu wenden und in entgegengesetzter Richtung zu fahren (KG VerkMitt 1960 Nr. 29). Soll das Wenden verboten sein, ist Z. 272 aufzustellen.

Zeichen 215 (Kreisverkehr)

Z. 215 gilt nur für den fließenden Verkehr (VGH Mannheim VerkMitt 2017 Nr. 19 = NZV 2015, 101) und gibt die Fahrtrichtung durch die Pfeile vor. Infolgedessen darf auf der Fahrbahn innerhalb des Kreisverkehrs nicht gehalten werden. Zusammen mit Z. 205 regeln die Zeichen den Vorrang in einem Kreisverkehr. Wer aus einer Grundstückszufahrt in den Kreis einfährt, hat daher keinen Vorrang.

Beim Kreisverkehr darf die baulich oder durch andere Fahrbahnbefestigung hervorgehobene Mittelinsel nicht überfahren werden, es sei denn, die Schleppkurve großer Fahrzeuge würde ein Durchfahren des Kreises nicht zulassen. Dabei muss dann eine Gefährdung anderer ausgeschlossen sein (s.a. Erl. 2.7.3 zu § 8).

Zeichen 220 (Einbahnstraße)

Das Zeichen weist sog. echte Einbahnstraßen aus und verbietet, in der Gegenrichtung zu fahren, auch zu einem mehr als drei PKW-Längen zurückliegenden freien Parkstand, nicht aber das unmittelbare Rückwärtseinparken bei sofortiger Anhaltebereitschaft (OLG Düsseldorf VerkMitt 2018 Nr. 16 = DAR 2018, 204 = NZV 2018, 237 = VRS 132, 230: im Verhältnis zu einem vom Fahrbahnrand Anfahrenden haftet der unzulässig Rückwärtsfahrende grundsätzlich allein; OLG Frankfurt VersR 1973, 868; s.a. Ternig VD 2018, 208). Radwege an Einbahnstraßen dürfen nur in der vorgeschriebenen Richtung der Einbahnstraße befahren werden (BGH DAR 1982, 14 = NJW 1982, 334).

Bei unechten Einbahnstraßen handelt es sich um durch Mittelstreifen, Straßenbahngleise auf gesonderten Trassen oder andere straßenbauliche Elemente getrennte Fahrbahnen ohne Gegenverkehr; eine Ausweisung mit Z. 220 ist hier entbehrlich. Z. 267 („Sparbüchse" oder „Tomate") verbietet nur die Einfahrt in die gesperrte Richtung, nicht aber das Fahren in Gegenrichtung nach Z. 267.

Ist in Einbahnstraßen Radverkehr aus der Gegenrichtung durch Zusatzzeichen zugelassen, hat die Straße den Charakter einer Fahrbahn mit gegenläufigem Verkehr. Infolgedessen gilt das Rechtsfahrgebot. Da beim Linksabbiegen entgegenkommende Radfahrer Vorrang haben, darf das Einordnen nur bis zur Mitte der Einbahnstraße erfolgen. An ungeregelten

Radverkehr in Gegenrichtung der Einbahnstraße

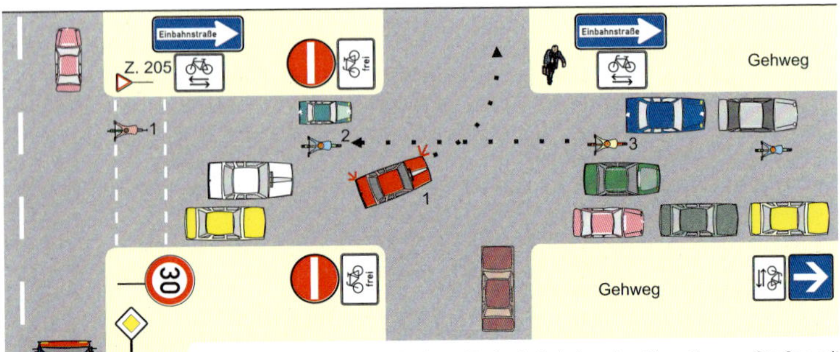

Einbahnstraßen mit gegenläufigem Radverkehr haben den Charakter von Straßen mit Zweirichtungsverkehr, allerdings nur bezogen auf Radfahrer. Infolgedessen gilt das Rechtsfahrgebot (§ 2 Abs. 2), weil mit Radfahrern aus der Gegenrichtung zu rechnen ist (Radfahrer 2 und 3). Gleiches gilt für die in Gegenrichtung zugelassenen Radfahrer. Ferner besteht keine Einordnungsverpflichtung ganz links (§ 9 Abs. 1 Satz 2), weil eine solche Einbahnstraße keine „Fahrbahn für (nur) eine Richtung" hat (KFZ 1). Führt die Einbahnstraße von einer Vorfahrtstraße (Z. 306) weg, muss für den gegenläufigen Radverkehr (Radfahrer 1) ein Z. 205 (auch in verkleinerter Ausführung) aufgestellt sein.

Die Voraussetzungen für die Einrichtung von Einbahnstraßen mit Radverkehr in Gegenrichtung folgen aus den Rn. 8 VwV-StVO zu Z. 220. Eine flächenhafte Radverkehrsplanung ist nicht (mehr) notwendig.

Knotenpunkten gilt für den ausfahrenden Radfahrer und den Querverkehr die Vorfahrtregel „Rechts vor Links". Mündet jedoch eine Einbahnstraße mit gegenläufigem Radverkehr in eine Vorfahrtstraße (Z. 306), hat der bevorrechtigte Verkehr Vorfahrt. Für den gegenläufigen Radverkehr ist dann vor der Einmündung Z. 205 anzuordnen.

Zeichen 222 (Rechts vorbei)

Wird das vor einer Mittelinsel oder einem Hindernis angeordnete Z. 222 beschädigt, muss der Baulastträger aufgrund seiner Verkehrssicherungspflicht (§ 823 BGB) oder die Polizei bei Gefahr im Verzug Sicherungsmaßnahmen nach dem ASOG i. V. m. § 44 Abs. 2 treffen (KG SVR 2012, 226).

Zeichen 223.1 (Seitenstreifen befahren)

Auf hoch belasteten Autobahnen, Kraftfahrstraßen und anderen Strecken mit regelmäßigem Stau zu bestimmten Zeiten kann durch Z. 223.1 das vorübergehende Befahren von Seitenstreifen („Standspuren") zugelassen werden.[51] Voraussetzung ist, dass der Seitenstreifen nach Bauart, Tragfähigkeit und Breite das Befahren wie auf der Fahrbahn zulässt. Außerdem müssen die positiven Auswirkungen eines Stauabbaus mit der dadurch bedingten Unfallminimierung gegenüber den Sicherheitsvorteilen eines Seitenstreifens überwiegen. Vor und während der Freigabe des Seitenstreifens muss die Strecke überprüft werden, ob sie frei von Hindernissen (liegen gebliebene Fahrzeuge oder Personen auf dem Seitenstreifen) ist, z. B. durch Videoüberwachung. Es gilt dann das Rechtsfahrgebot mit der

51 Das bietet sich insbesondere dort an, wo der Ausbau einer Autobahn durch Planfeststellungsverfahren erheblich erschwert ist.

Ausschilderung für die Benutzung von Standstreifen

(Z. 223.1) (Z. 223.3) (Z. 223.2)

Verpflichtung, auf den Seitenstreifen zu wechseln.[52] Die (durchgehende) Fahrbahnbegrenzungslinie erhält die Bedeutung einer Leitlinie (Z. 340), wobei wegen des vorübergehenden Charakters darauf verzichtet werden kann, die Fahrbahnbegrenzungslinie durch eine andere Markierung zu ersetzen. Die Linie darf somit überfahren werden; beim Fahrstreifenwechsel ist das Gefährdungsverbot des § 7 Abs. 5 zu beachten.

Das Z. 223.1 ist mit einer Tempobegrenzung (100 km/h oder weniger) zu versehen, um die Leistungsfähigkeit der Strecke zu erhöhen. Das Ende ist durch Z. 223.2 und der Hinweis zum Überwechseln durch Z. 223.3 anzuzeigen. Eine fehlerhafte Beschilderung kann Amtshaftungsansprüche auslösen (OLG Celle DAR 2006, 267 = VRS 110, 406: fehlendes Z. 223.2). Hinter dem Z. 223.2 darf der Seitenstreifen nicht mehr befahren werden; die durchgehende Linie begrenzt wieder die Fahrbahn.

Zeichen 229 (Taxenstand)

Die Regelungen für das Betriebsverhalten von Taxen folgt aus den Vorschriften der BOKraft. Daneben können kommunale Taxenordnungen regionale Bedürfnisse bei der Personenbeförderung regeln, z. B. Einzelheiten der Fahrgastaufnahme (s. a. Wüstenberg DAR 2017, 251). Für eine verpflichtende Bereitstellung von Taxen nur an Taxenhalteplätzen fehlt es im PBefG an einer Ermächtigungsgrundlage für kommunale Taxenordnungen (VGH München VerkMitt 2018 Nr. 55 = DAR 2018, 525 = VRS 133, 231 = NZV 2019, 528).

Zeichen 237 (Radweg)

Radwegebenutzungspflicht besteht nur auf Flächen, die mit Z. 237, 240 oder 241 gekennzeichnet sind (§ 2 Abs. 4); ohne Kennzeichnung nur auf Radverkehrsanlagen an Knotenpunkten (§ 9 Abs. 2 Satz 3). Sind linke Radwege nur in Fahrtrichtung durch Z. 237 ausgewiesen, dürfen sie in Gegenrichtung

52 Bei Autobahnen gilt die Regelung des § 7 Abs. 3c nicht (s. Erl. 2.6b zu § 7).

nur benutzt werden, wenn sie für diese Richtung durch Z. 237, 240, 241 oder durch ein isoliertes Zusatzzeichen „Radverkehr frei" (§ 2 Abs. 4) zugelassen sind (OLG Düsseldorf NZV 1992, 290). Wer in eine Vorfahrtstraße mit Radweg einbiegt, muss aber mit Radverkehr rechnen, die den Radweg in falscher Richtung benutzen, auch auf Ortsstraßen mit begrüntem Mittelstreifen (LG Schwerin NZV 2004, 581; OLG Hamm NZV 1992, 364). Da Radwege meist keiner uneingeschränkten Reinigungspflicht unterliegen, darf mit gebotener Vorsicht auf der Fahrbahn gefahren werden, wenn die Benutzung infolge von Schnee- und Eisglätte faktisch unmöglich ist. Gleiches gilt für „Rikschas", wenn die Radwegebreite ein Befahren nicht zulässt.[53]

Aufgrund der geringen Geschwindigkeit von **Mofas** und der vergleichsweise geringen Verkehrsdichte auf Radwegen sind Radwege **außerorts** generell für Mofas freigegeben (§ 2 Abs. 4 Satz 6). Die Rücksichtnahme auf den Radverkehr folgt dabei aus § 1, weil sich das Gebot nach Anl. 2 lfd. Nr. 16, Spalte 3, Nr. 3 nur auf durch Zusatzzeichen zugelassene andere Verkehrsarten bezieht. Eine Radwegebenutzungspflicht bei Beschilderung mit Z. 237, 240 oder 241 wird für Mofas dadurch nicht begründet. Soll entgegen der allgemeinen Praxis Mofas die Benutzung außerörtlicher Radwege nicht gestattet werden, muss dies durch die Anordnung des Zusatzzeichens „keine Mofas" erfolgen. Innerorts müssen Mofas als KFZ weiterhin die Fahrbahn benutzen, sofern sie nicht auf Radwegen durch Zusatzzeichen „Mofas frei" ausdrücklich zugelassen sind.

Bei durch Zusatzzeichen zugelassenen anderen Verkehrsarten auf Radwegen (z. B. Mofas innerorts oder Kleinkrafträder) müssen diese auf Radfahrer Rücksicht nehmen und ihre Geschwindigkeit dem Radverkehr anpassen.

Zeichen 240 und 241 (Gemeinsamer und getrennter Geh- und Radweg)

Für Radfahrer gelten auf einem **gemeinsamen** Geh- und Radweg die Radwegebenutzungspflicht und das Rechtsfahrgebot (§ 2 Abs. 2), nicht jedoch für Fußgänger (KG VerkMitt 2007 Nr. 79). E-Bike- und Mofafahrer dürfen auch auf außerörtlichen gemeinsamen oder getrennten Radwegen fahren, denn „Radwege" sind nach § 2 Abs. 4 Satz 2 und 3 solche mit oder ohne Z. 237, 240, 241. Die Pflicht zur Rücksichtnahme auf Fußgänger und Radfahrer nach Anl. 2 lfd. Nr. 16, 19 und 20, jeweils Spalte 3, Nr. 3 besteht aber nur, wenn die Benutzung der Radwege für andere Verkehrsarten durch „Zusatzzeichen" erlaubt ist. Folgt die Benutzung eines Radweges für Mofas und E-Bikes aus § 2 Abs. 6, ergibt sich die Rücksichtnahme nur aus dem Gefährdungs- oder Behinderungsverbot des § 1 Abs. 2 (OLG Nürnberg DAR 2019, 331 = VRS 135, 238: bei Annäherung an Fußgänger aber keine Pflicht, stets Klingelzeichen zu geben oder Schrittgeschwindigkeit einzuhalten; s. a. Balke SVR 2019, 454: Fußgänger haben vor Elektrokleinstfahrzeugen Vorrang).

Radfahrer müssen mit Schreckreaktionen älterer Menschen rechnen und durch Langsamfahren Rücksicht nehmen; erforderlichenfalls müssen sie die Geschwindigkeit dem Fußgängerverkehr anpassen (OLG Oldenburg DAR 2004, 588 = NZV 2004, 360 = NJW 2004, 890). Das gilt auch bei einem **getrennten** Geh- und Radweg, der nur mit anderer Fahrbahnoberfläche neben dem Gehweg verläuft (BGH VRS 116, 20 = NZV 2009, 177). Bei Dunkelheit dürfen sie dort nur so schnell fahren, wie ihr Fahrlicht reicht (OLG Nürnberg VRS 107, 6 = SVR 2004, 429). Fußgänger können bei getrennten

53 Siehe auch Kettler NZV 2004, 61.

Geh- und Radwegen den von ihnen bevorzugten Wegteil frei wählen. Sie brauchen, da dort Radfahrer keinen Vorrang haben, nicht fortwährend nach herankommenden Radfahrern Umschau zu halten (OLG Düsseldorf DAR 2012, 82). Sie dürfen darauf vertrauen, dass Radfahrer auf sie Rücksicht nehmen und notfalls rechtzeitig durch Glockenzeichen auf sich aufmerksam machen; erst dann müssen sie eine Passage freigeben (BGH DAR 2009, 81; LG Hannover NZV 2006, 418). Entsprechendes gilt im Verhältnis Radfahrer zu Inline-Skater (OLG Düsseldorf NZV 2012, 129 = VD 2012, 154). Zur Verdeutlichung der Trennung zwischen Geh- und Radweg können durchgezogene Linien (Z. 295) als verkehrstechnische Elemente und/oder Radfahrpiktogramme dienen.

Stürzt ein Radfahrer bei Glatteis auf einem gemeinsamen Geh- und Radweg, ist der Räumpflichtige zum Schadenersatz selbst dann verpflichtet, wenn sich die Streupflicht nur auf den Gehweg erstreckt. Da für Radwege keine umfassende Räumpflicht besteht, müssen Schnee- und Eisglätte auf gemeinsamen Geh- und Radwegen nur in dem Umfang beseitigt werden, wie es für Fußgänger erforderlich ist; wird das missachtet, kann auch der Radfahrer bei einem Sturz Ersatzansprüche geltend machen (BGH NZV 2003, 570 = DAR 2004, 26 = VRS 106, 14 = NJW 2003, 3622 = SVR 2004, 106).

Wird durch Zusatzzeichen auf gemeinsamen oder getrennten Geh- und Radwegen anderer Fahrzeugverkehr zugelassen, muss dieser auf Radfahrer und Fußgänger besondere Rücksicht nehmen. Vor allem bei starkem Fußgänger- oder Radverkehr, Gehwegeinengungen, schlechten Gehwegflächen, Schnee- und Eisglätte, witterungsbedingten Sichtbeeinträchtigungen, Dunkelheit oder nicht einschätzbarem Fußgängerverhalten (Alkoholisierte, Behinderte, Kinder, Inline-Skater) müssen Radfahrer und zugelassene andere Fahrzeuge ihre Geschwindigkeit dem Fußgängerverkehr anpassen und dürfen nicht schneller als Schrittgeschwindigkeit fahren (OLG Koblenz DAR 2020, 36; Segway-Fahrer müssen jede Gefährdung oder Behinderung von Fußgängern ausschließen). Entsprechendes gilt auf nicht gekennzeichneten Waldwegen, wenn dort Fußgänger- und Radverkehr zulässig ist (LG Lübeck NZV 2012, 175). Auf **getrennten** Geh- und Radwegen dürfen durch Zusatzzeichen zugelassene Fahrzeuge (z. B. Mofas, Kleinkrafträder) nur den für den Radverkehr vorgesehenen Teil des Gehweges benutzen und müssen ihre Geschwindigkeit – wenn nötig – an den Radverkehr anpassen.

Zeichen 239 (Gehweg) und 242.1 (Fußgängerzone)

Die Einrichtung einer Fußgängerzone erfordert im Regelfall eine vorherige straßenrechtliche Teileinziehung zugunsten des Fußgängerverkehrs nebst dem erforderlichen Liefer- und Versorgungsverkehr. Z. 239 und 242.1 begründen ein Benutzungsverbot für Fahrzeuge, infolgedessen ist dort auch das Parken von Motorrädern unzulässig (OLG Köln VRS 92, 362), nicht aber von Fahrrädern (VG Braunschweig VerkMitt 2017, 74). Das Abschleppen verbotswidrig abgestellter Fahrzeuge ist zulässig (OVG Koblenz NVwZ 1988, 658). Ist in Fußgängerzonen durch Zusatzzeichen zu Z. 242.1 Anliegerverkehr für bestimmte Zeiten freigegeben, bedeutet dies für Anlieger keine Parkerlaubnis in der übrigen Zeit (OLG Oldenburg VerkMitt 1990 Nr. 79 = VRS 79, 219 = NZV 1990, 361 = DAR 1990, 271).

Durch Zusatzzeichen zu Z. 242.1 kann in Fußgängerzonen Fahrzeugverkehr zugelassen werden, wobei dieser die Verhaltenspflichten nach Anl. 2 lfd. Nr. 21 zu beachten hat. Fußgänger dürfen darauf vertrauen, nicht durch verbotswidrigen Fahrzeugverkehr gefährdet oder behindert zu werden; das gilt auch für Fußgänger in durch Z. 250 gesperrten Straßen (OLG München NZV 2014, 360). Ist Lieferverkehr freigegeben, gilt dies für alle gewerblichen Lieferungen, insbesondere den Transport von Gegenständen, Waren und Gütern (OLG Jena VRS 123, 235 = SVR 2013, 307: auch für Werbeplakate für Schaukästen), nicht aber für private Transporte (KG VRS 62, 65), auch nicht für das Abholen oder Bringen von Personen (OLG Bamberg VerkMitt 2018 Nr. 58). Sind Taxen zugelassen, gilt das nicht für Mietwagen (VG Braunschweig NZV 2001, 140). Obwohl die Ausweisung von Fußgängerzonen mit Straßenbahnverkehr aus Verkehrssicherheitsgründen unglücklich ist, gibt es solche Bereiche (z. B. in Würzburg oder Berlin). Auch Straßenbahnen unterliegen dabei der Schrittgeschwindigkeit,[54] müssen auf Fußgänger Rücksicht nehmen und dürfen sie weder gefährden noch behindern; wenn nötig, ist zu warten. Andererseits dürfen Fußgänger nach § 1 Abs. 2 den Straßenbahnverkehr nicht unnötig behindern (VGH München VRS 126, 247 und VRS 126, 307). Die Absicherung einer Fußgängerzone mit schwer erkennbaren niedrigen Ketten zwischen Pfosten kann bei Stürzen Amtshaftungsansprüche nach § 839 BGB, Art. 34 GG wegen Verletzung der Verkehrssicherungspflicht auslösen (OLG Hamm VerkMitt 2009 Nr. 56 = NZV 2009, 450).

Zeichen 244.1 und 244.2 (Beginn und Ende einer Fahrradstraße)

Fahrradstraßen dienen der Förderung des Radverkehrs in städtischen Bereichen. War vorher allgemeiner Verkehr zugelassen, muss die Straße vor ihrer Einrichtung als Fahrradstraße durch Teilentwidmung dem Radverkehr angepasst werden. Bei Einrichtung von Fahrradstraßen gilt das Prinzip der selbsterklärenden Straße (dazu kritisch Koehl SVR 2018, 421 und 340). Es gelten die allgemeinen Vorschriften über die Fahrbahnbenutzung, an Kreuzungen und Einmündungen die Vorfahrtregeln (Anl. 2 lfd. Nr. 23). Der Rückbau eines noch vorhandenen Radweges ist zwar nicht zwingend, die parallele Vorhaltung eines Radweges sollte aus Verkehrssicherheitsgründen aber vermieden oder er sollte als Gehweg (Z. 239) ausgewiesen werden. Gehwege neben Fahrradstraßen dürfen weder von Radfahrern noch von Kraftfahrern benutzt werden. Durch Zusatzzeichen zu Z. 244.1 können auch andere Verkehrsarten zugelassen werden, vor allem KFZ der Anlieger. Müllfahrzeuge dürfen Fahrradstraßen mit eingeschränkten Sonderrechten nach § 35 Abs. 6 befahren.

Auf Fahrradstraßen dürfen Radfahrer abweichend vom Rechtsfahrgebot (§ 2 Abs. 2) nebeneinander fahren; für ein sicheres Aneinandervorbeifahren ist deshalb eine Mindestbreite pro Fahrtrichtung von 2,50 m erforderlich. Fahrradstraßen stehen auch Fußgängern zur Verfügung, ohne dass es einer besonderen Beschilderung bedarf. Die Anlage von Fußgängerüberwegen (FGÜ) ist meist nicht erforderlich, aber bei entsprechender Verkehrsdichte des Radverkehrs zulässig.

Für den Radverkehr und alle durch Zusatzzeichen zugelassenen Fahrzeuge gilt höchstens Tempo 30. Fahrradstraßen sind keine Trainingsstrecken für den Radsport. Auch Radrennfahrer unterliegen dem Gebot der gegenseitigen Rücksichtnahme (§ 1 Abs. 1) und dürfen nur max. 30 km/h fahren (OLG Karlsruhe VRS 111, 447 = NZV 2007, 47 = DAR 2007, 98). Da eine Tempo

54 Nach § 50 Abs. 3 BOStrab müssen Straßenbahnen die für den übrigen Verkehr geltende Höchstgeschwindigkeit beachten.

30-Zonenbeschilderung durch Z. 244.1 nicht aufgehoben wird, sind die Z. 274.1 bei Einrichtung einer Fahrradstraße zu entfernen. Der Radverkehr darf durch andere weder gefährdet noch behindert werden; erforderlichenfalls ist die Geschwindigkeit weiter zu verringern.

Zeichen 244.3 und 244.4 (Beginn und Ende einer Fahrradzone)

Abseits des Hauptverkehrs- und Vorfahrtstraßennetzes kann sich das Bedürfnis ergeben, flächendeckende Schutzzonen für den Radverkehr durch die Z. 244.3 und 244.4 einzurichten. Verhaltensrechtlich orientieren sich Fahrradzonen an Fahrradstraßen (Z. 244.1). In ihnen ist anderer Verkehr als Radverkehr nur nach gesonderter Freigabe durch ein Zusatzzeichen zulässig. Da Fahrzeuge im Sinne der eKFV grundsätzlich auch Radverkehrsflächen nutzen sollen, besteht eine Ausnahme für diese Verkehrsart, weil diese Fahrzeuge wie der Radverkehr die Fahrbahn benutzen dürfen. Sollen weitere Verkehrsarten zugelassen werden, bedarf es einer Kennzeichnung mittels Zusatzzeichen, z. B. für KFZ der Bewohner, Lieferverkehr. Innerhalb der Zone gilt Tempo 30, wobei der Radverkehr weder gefährdet noch behindert werden darf. Wenn nötig, muss die Geschwindigkeit weiter verringert werden. Das Nebeneinanderfahren mit Fahrrädern ist erlaubt. Im Übrigen gelten die allgemeinen Vorschriften über die Fahrbahnbenutzung und Vorfahrt. Innerorts muss abseits von Vorfahrtstraßen (Z. 306) mit Fahrradzonen gerechnet werden (§ 39 Abs. 1b). Wegen des fehlenden Sichtbarkeitsprinzips – keine Wiederholung des Z. 244.3 „Fahrradzone" an Kreuzungen und Einmündungen – muss zur Verdeutlichung des Zonenbewusstseins innerhalb der Fahrradzone in regelmäßigen Abständen das Z. 244.3 auf der Fahrbahn aufgebracht werden.

Zeichen 245 (Bussonderfahrstreifen)

Mit Z. 245 wird ein Sonderfahrstreifen für **Linienbusse** („Busspur") angeordnet. Der **Schüler**- und **Behindertenverkehr** gilt als Linienverkehr (§§ 42, 43 PBefG). Umfasst wird neben der Schüler- und Behindertenbeförderung auch der Transport zum und vom Kindergarten. Die Kennzeichnung richtet sich nach § 33 Abs. 4 BOKraft bzw. § 1 Abs. 2 BOKraft i. V. m. § 1 Nr. 4d, g und i der Verordnung über die Befreiung bestimmter Beförderungsfälle von den Vorschriften des PBefG.

Weiterhin können je nach den örtlichen Bedürfnissen auf Busspuren **Taxen**, **Radfahrer**, **Krankenfahrzeuge** und **Busse im Gelegenheitsverkehr** zugelassen werden. Dies gilt nicht für Sonderfahrstreifen im Gleisraum von Schienenbahnen. Auch **Elektrofahrzeuge** i. S. d. § 2 EmoG[55] oder **Elektrokleinstfahrzeuge** nach der eKFV[56] dürfen auf Busspuren zugelassen werden, wenn dadurch der Linienverkehr nicht wesentlich beeinträchtigt wird, wobei auch an den Nahtstellen zum allgemeinen Verkehr die Gewährleistung eines sicheren und flüssigen Verkehrsablaufs stets vorgeht (Rn. 8 VwV-StVO zu Z. 245). Elektrokleinstfahrzeuge sind verhaltensrechtlich nahe am Fahrrad positioniert, Ziel ist hier eine Gleichbehandlung mit dem Radverkehr. Diese Option soll mithin unter den gleichen Voraussetzungen wie für den

55 Gesetz zur Bevorrechtigung der Verwendung elektrisch betriebener Fahrzeuge (Elektromobilitätsgesetz – EmoG) vom 5.6.2015 (BGBl. I S. 898).

56 Verordnung über die Teilnahme von Elektrokleinstfahrzeugen am Straßenverkehr (Elektrokleinstfahrzeuge-Verordnung – eKFV) vom 6.6.2019 (BGBl. I S. 756).

Radverkehr erfolgen, da Elektrokleinstfahrzeuge vorwiegend auf Radverkehrsflächen fahren sollen. Eine Nutzung des Bussonderfahrstreifens ist nur dann erlaubt, wenn die Freigabe durch Zusatzzeichen von der Straßenverkehrsbehörde angeordnet wird. Dies bedarf wie bei allen Verkehrszeichen einer Prüfung im Einzelfall; eine Verpflichtung der Straßenverkehrsbehörde besteht nicht. Von dieser Freigabemöglichkeit sollte grundsätzlich nur dann Gebrauch gemacht werden, wenn der Linienverkehr gering ist und Störungen nicht zu besorgen sind (s. a. VwV-StVO zu § 41, zu Z. 245). Im Übrigen sind vor jeder Entscheidung die Straßenbaubehörde, die Polizei und das Linienverkehrsunternehmen zu hören (s. a. Rn. 45b bis 45d VwV-StVO zu § 45 Abs. 1g). Eine weitergehende Ausdehnung auf andere Verkehrsarten ist jedenfalls mit dem Sinn und Zweck der Busspur, Störungen des Linienverkehrs zu vermeiden und dessen geordneten und zügigen Betriebsablauf mit Taktfahrplänen zu gewährleisten, kaum zu vereinbaren.

Mehrfach besetzte (mindestens drei Personen) PKW oder Krafträder mit Beiwagen dürfen wegen Fehlens einer gesetzlichen Privilegierungsermächtigung (noch) nicht auf Busspuren zugelassen werden.

Werden auf Busspuren **Sondersignale** oder Vorrangregeln (§ 37 Abs. 2 Nr. 4 Satz 2 i. V. m. Anl. 4 BOStrab) verwendet, z. B. an Busschleusen, gelten diese **nur** für die dort zugelassenen Verkehrsarten, nicht aber für diejenigen, die eine Busspur unzulässig befahren (OLG Oldenburg NZV 2001, 389; KG VerkMitt 2000 Nr. 87; BayObLG VRS 67, 84; OLG Hamburg VRS 100, 205; a. A. OLG Düsseldorf VRS 68, 70). Infolgedessen liegt ein Rotlichtverstoß vor, wenn zwar der Verkehr auf der Busspur durch Sondersignale, nicht aber der für die übrige Fahrbahn freigegeben ist. Andererseits muss abbiegender Gegenverkehr den Vorrang der unberechtigt die Busspur benutzenden Fahrzeuge beachten, denn der Gegenverkehr ist auch dann wartepflichtig, wenn andere sich verkehrswidrig verhalten (KG SVR 2016, 380: unzulässig die Busspur Nutzende haften aber nach § 254 BGB für ihren Schuldanteil; KG VerkMitt 2010 Nr. 55 = VRS 118, 153 = NZV 2010, 345 = VD 2010, 294; KG VerkMitt 2008 Nr. 45 = VRS 114, 8 = NZV 2008, 297; a. A. noch OLG Hamm DAR 2001, 429, 505). Etwas anderes gilt für Rechtsabbieger gegenüber nicht berechtigt die Busspur Befahrenden; hier haben Rechtsabbieger Vorrang, die sich ordnungsgemäß links neben der Busspur in Randlage eingeordnet haben. Linienbusse oder Taxen, die das Sondersignal „Halt" (weißer Balken) nicht beachten, verstoßen mit ähnlichen Rechtsfolgen gegen § 37 Abs. 2 wie bei einem Rotlichtverstoß (OLG Köln DAR 2001, 87 = VRS 100, 58). Auch wenn die Voraussetzungen der freien Fahrstreifenwahl nach § 7 Abs. 3 nicht vorliegen, dürfen Linienbusse den links von der Busspur fahrenden Verkehr rechts überholen (Folge aus dem Rechtsgedanken des § 7 Abs. 2a).

Bei zugelassenem **Taxenverkehr** dürfen Fahrgäste nur an Haltestellen (Z. 224) aufgenommen oder abgesetzt werden (Anl. 2 lfd. Nr. 25). Wegen des „sofortigen" Ein- und Aussteigenlassens sind Nebenverrichtungen auf das unumgänglich notwendige Maß zu beschränken (Bezahlung, Gepäckausladen) und dürfen nicht zu Behinderungen des Busverkehrs führen. Dürfen Taxen Busspuren benutzen, gilt das nicht für Taxen, die als Kurier-, Lotsen- oder Mietfahrzeuge eingesetzt werden. Ist Gelegenheitsbusverkehr[57] durch ein Zusatzzeichen zugelassen, besteht wegen Behinderung des Linienverkehrs Haltverbot, auch an den Haltestellen (§ 1 Abs. 2). Wird auf breiten Busspuren

57 Stadtrundfahrt-, Miet-, Ausflugs- und Ferienzielreisebusse (§ 46 PBefG).

Radverkehr zugelassen, können Radfahrer, müssen aber nicht die Busspur benutzen. Ist auf einem durch Leitlinien getrennten Fahrstreifen die Markierung „BUS" aufgetragen, fehlt aber das Z. 245, besteht kein ausdrückliches Verbot für andere zur Benutzung des Fahrstreifens (BayObLG VRS 59, 236).

Zeichen 250 (Verbot für Fahrzeuge aller Art)

Das Verkehrsverbot gilt auch für nicht motorisierte Fahrzeuge, Verbände und Fuhrwerke, nicht aber für Reiter, Führer von Pferden sowie Treiber oder Führer von Vieh. Das Verkehrsverbot beseitigt die Öffentlichkeit der Straße nicht; die Vorfahrtregeln bleiben anwendbar (vgl. BGH VRS 24, 175 = DAR 1963, 113). Ein Mopedfahrer darf auch nicht mit abgestelltem Motor durchfahren (BayObLG VRS 17, 303; OLG Bremen DAR 1959, 139). Ist eine Straße für den Durchgangsverkehr mit Ausnahme der **Anlieger** gesperrt, gilt dies nicht nur für Bewohner.[58] „Anlieger" ist jeder, der dort etwas privat, geschäftlich oder dienstlich zu besorgen hat, z. B. Kunde eines Geschäfts, Hotelgast, Besucher einer Arzt- oder Anwaltspraxis, eines Restaurants, eines Bewohners (OLG Hamm DAR 1961, 120; OLG Celle VRS 25, 36; OLG Bremen DAR 1960, 268), Abholen eines Bewohners oder dessen Besucher (OLG Hamm VerkMitt 1972 Nr. 94 = VRS 43, 313), eines Fahrgastes am Bahnhof (BayObLG DAR 1975, 250). Der Anliegerbegriff ist räumlich auf die gesperrte Straße bezogen. Sind weitere „Anliegerstraßen" nur über eine völlig gesperrte Straße zu erreichen, erstreckt sich die Anliegerberechtigung nicht für diese Straßen (BVerwG NZV 2000, 435); dieser Konfliktfall ist von der Verkehrsbehörde durch eine den Anliegerbegriff tragende Verkehrsgestaltung aufzulösen, d. h. die (einzige) Zufahrtstraße darf dann nicht gesperrt werden.

Durch den Begriff „Verkehrsteilnahme" in lfd. Nr. 26 Anl. 2 zu § 41 umfasst das Z. 250 ein Verbot sowohl für den fließenden als auch den ruhenden Verkehr, so dass während der Geltungszeit weder gehalten noch geparkt werden darf. Ist das Z. 250 zeitlich befristet, z. B. durch Zusatzzeichen „22 bis 6 h", darf außerhalb der Verbotszeit dort gefahren oder geparkt werden. Wird die zeitliche Befristung wirksam und versäumt es der Kraftfahrer, vorher aus der gesperrten Straße auszufahren, darf er dann weder parken noch wegfahren. Er muss das Fahrzeug aus dem Verkehrsraum entfernen, will er kein Verwarnungsgeld oder ein ordnungsbehördliches Umsetzen riskieren.[59] Die Entscheidung des BGH (BGHSt 34, 194 = DAR 1987, 23 = NJW 1987, 198), die noch das Parken während des befristeten Verbots zuließ, ist durch die Rechtsänderung in Anl. 2 lfd. Nr. 26 überholt (s. a. Schubert DAR 2010, 226/229).[60] Ist in der angegebenen Zeit ein Parkscheinautomat wirksam und fährt der Betroffene z. B. vor 20 Uhr ein, muss er die Parkgebühr selbst

58 Soll auch der Verkehr von Anliegern unterbunden werden, ist strittig, ob dafür das Zusatzzeichen „Bewohner frei" reicht (BayObLG VRS 60, 152: keine Einschränkung nur für Bewohner).

59 Entsprechendes gilt für die Z. 251 bis 266 (Anl. 2 lfd. Nr. 26 und lfd. Nr. zu 36 bis 40).

60 Die Rechtsfolge ist unbefriedigend, weil ein zeitlich befristetes Verkehrsverbot aus unterschiedlichen Gründen erlassen werden kann und weitergehende Auslegungen nach dem Sinn und Zweck der Regelung offen lässt (teleologische Reduktion). Dient z. B. die Befristung dem Lärmschutz, würde Parken innerhalb der Verbotszeit einer Lärmminderung nicht entgegenstehen. Soll hingegen die Straße zu bestimmten Zeiten für Bauarbeiten, für einen Wochenmarkt oder ein Straßenfest gesperrt werden, muss auch das Parken unterbunden sein. Es obliegt letztlich der Straßenverkehrsbehörde, für eine dem Zweck des Verbotes geeignete Beschilderung zu sorgen.

dann entrichten, wenn er nach 20 Uhr infolge des wirksam gewordenen Verkehrsverbots nicht mehr ausfahren darf (OLG Dresden NZV 1996, 80). Will die Verkehrsbehörde nur den fließenden Verkehr zu bestimmten Zeiten ausschließen, muss sie statt der Zeichen 250 bis 261 zeitlich begrenzte Einfahrtverbote durch Z. 267 anordnen.

Die Kombination von Z. 250 mit dem Sinnbild eines Gespannfuhrwerkes (§ 39 Abs. 7) muss besonderen Gefahren für die öffentliche Sicherheit oder Ordnung i. S. d. § 45 Abs. 9 Rechnung tragen, weil andernfalls in die Rechte von eingerichteten und ausgeübten Gewerbebetrieben der betroffenen Fuhrunternehmen eingegriffen wird (VGH München VD 2010, 288 = NZV 2011, 104). Das Zusatzzeichen 1026-36 nimmt den landwirtschaftlichen, nicht aber den hobbygärtnerischen Verkehr oder Sportfischer vom Verbot des Z. 250 aus (OVG Münster VerkMitt 2002 Nr. 75 = VRS 104, 75; s. a. Stollenwerk VD 2019, 102: maßgeblich ist der Fahrzweck, nicht das Ziel).[61] Hierbei kommt es nicht auf die Fahrzeugart (Landmaschinen), sondern auf die Zweckbestimmung der Fahrt an (OLG Celle NZV 1990, 441; BayObLG VRS 62, 381; OLG Koblenz VRS 68, 234). Auch die PKW-Fahrt zur Versorgung des Viehs auf der Weide ist deshalb zulässig. Durch Zusatzzeichen können auch Elektrofahrzeuge i. S. d. § 2 EmoG von den Verboten der Z. 250, 251, 253, 255, 260 ausgenommen werden. Das ist insbesondere dann erforderlich, wenn sich in der gesperrten Straße Ladestationen für Elektrofahrzeuge befinden und anderer Verkehr nicht beeinträchtigt wird. Der Bevorrechtigung von Elektrofahrzeugen geht die Gewährleistung eines sicheren und flüssigen Verkehrsablaufs aller Verkehrsteilnehmer vor. Vor jeder Entscheidung über eine Bevorrechtigung von elektrisch betriebenen Fahrzeugen sind die Straßenbaubehörde und die Polizei zu hören (s. a. Rn. 45b bis 45d VwV-StVO zu § 45 Abs.1g).

Zeichen 251 (Verbot für Kraftwagen)

Das Zeichen verbietet den fließenden und ruhenden Verkehr mehrspuriger KFZ innerhalb des gesperrten Verkehrsraums, auch für Nebenstraßen, die nur über die gesperrte Straße erreicht werden können. Krafträder mit Beiwagen sowie nicht motorisierte Fahrzeuge werden durch das Zeichen nicht erfasst (s. a. Anl. 2 lfd. Nr. 26 und Erl. zu Z. 250 bis 259). Das Zusatzzeichen 1053-33 zur Anl. 2 lfd. Nr. 27 gilt einschließlich der KFZ-Anhänger. „Einschließlich" bedeutet, dass beide Verkehrsmittel zusammen mit ihrer jeweiligen zulässigen Gesamtmasse zu berechnen sind. Ist die Straße nicht nur durch Z. 251, sondern auch durch Schranken, Leitborde, Leitschwellen u. Ä. gesperrt, muss der Kraftfahrer mit einem qualifizierten Bußgeld von 500 € und 1 Monat Fahrverbot rechnen (lfd. Nr. 250a Abschnitt II BKat), wenn er nicht nur das Z. 251, sondern auch die Verkehrseinrichtungen missachtet (OLG Köln VerkMitt 2019 Nr. 9 = NZV 2014, 211: keine teleologische Reduktion).

Zeichen 253 (Verbot für Kraftfahrzeuge über 3,5 t)

Das Verbot gilt für den fließenden und ruhenden Verkehr (Anl. 2 lfd. Nr. 26 und Erl. zu Z. 250 bis 259), nicht aber für PKW und KOM, auch mit Anhänger, selbst wenn die zulässige Gesamtmasse der Fahrzeugkombination 3,5 t übersteigt. Dienen zulassungsrechtlich als „PKW" zugelassene KFZ

61 Der fahrerlaubnisrechtliche Begriff der „Landwirtschaft" in § 6 Abs. 5 FeV ist weiter gefasst.

über 3,5 t durch Herausnahme der Sitze der Güterbeförderung, unterliegen sie den Verhaltenspflichten für LKW, insbesondere dem Verbot des Z. 253 sowie deren Höchstgeschwindigkeiten (s. a. Erl. 2.5.2 zu § 3 mit Rspr.-Hinweisen).[62] Im Übrigen gilt die Gewichtsgrenze auch für Fahrzeugkombinationen, selbst wenn das Zugfahrzeug oder der Anhänger jeweils unter dem Wert liegen; beide Gewichte sind somit zusammenzuziehen. Die zulässige Gesamtmasse eines Sattelzuges ergibt sich aus der Summe der zulässigen Gesamtgewichte der Zugmaschine und des Aufliegers, abzüglich der zulässigen Sattellast der Zugmaschine (die max. auf der Sattelplatte lagern darf) oder der zulässigen Aufliegelast des Sattelanhängers (die max. auf die Sattelplatte drücken darf), je nachdem, welcher Wert größer ist; ist der Wert gleich, wird er nur einmal abgezogen. Beträgt z. B. das Gesamtgewicht der Zugmaschine 10 t mit einer Sattellast von 6 t, das Gesamtgewicht des Aufliegers 16 t mit einer Aufliegelast von 12 t, beträgt das zulässige Gesamtgewicht des Sattelzuges 10 + 16 – 12 = 14 t. Soweit PKW von den Beschränkungen des Z. 253 ausgenommen sind, kommt es nicht auf die Eintragung als „PKW" in den Zulassungsdokumenten, sondern auf die tatsächliche Ausstattung und Verwendung als „PKW" an. Dienen zulassungsrechtlich als „PKW" eingestufte KFZ über 3,5 t ausschließlich der Güterbeförderung, gelten sie als LKW und die Höchstgeschwindigkeit beträgt 80 km/h (BayObLG VerkMitt 2004 Nr. 12 = DAR 2003, 469 = VRS 105, 451 = VD 2003, 272 = NJW 2004, 306). Ist das Zeichen auf Überleitungs-, Verschwenkungs- oder Fahrstreifentafeln integriert, gilt es nur für den jeweiligen Fahrstreifen, für den das Verbot angeordnet ist.

Die Zeichen-Kombination „Durchgangsverkehr" und „7,5 t" zu Z. 253 dient der Beschränkung des mautpflichtigen **Ausweichverkehrs ab** 7,5 t[63] auf Bundes-, Landes- und Kreisstraßen (bei Bundesstraßen, sofern sie nicht in die Mautregelung nach dem BFStrMG einbezogen sind). Sie kann auch im Wege des Sofortvollzuges angeordnet werden (VGH München VerkMitt 2009 Nr. 23). Im Übrigen unterliegen dem Verbot nicht die nach § 1 Abs. 1 BFStrMG[64] ohnehin freigestellten und als solche erkennbaren KFZ ab 7,5 t (KOM, Sonderrechtsfahrzeuge, LKW des Schausteller- und Zirkusgewerbes, humanitäre Transporte). Von dem Verbot ausgenommen ist außerdem der Andienungsverkehr von und zu Grundstücken; insoweit ist der Begriff enger als der des „Anliegerverkehrs" (OLG Frankfurt SVR 2010, 270: auf den kürzestmöglichen Weg kommt es nicht an); ferner der LKW-Verkehr innerhalb eines Umkreises von 75 km vom ersten Beladeort sowie auf ausgewiesenen Umleitungsstrecken (Z. 421, 442, 454 bis 459 oder Z. 460 und 466) bei besonderen Verkehrslagen (Stau, Unfälle).

Die Anordnung der Kombination der Zusatzzeichen ist nur in der dargestellten Form möglich; andere, dem BFStrMG zuwiderlaufende Zusatzzeichen

62 Gleiche Regelung wie bei Z. 277. Der Verstoß wird nach lfd. Nr. 141.1 BKatV mit 100 € geahndet (Stand: 20.4.2020).

63 Der Mautpflicht unterliegen nach § 1 Abs. 1 Nr. 2 BFStrMG ausschließlich zur Güterbeförderung eingesetzte KFZ oder KFZ-Kombinationen, deren zulässige Gesamtmasse „mindestens" 7,5 t beträgt. Daraus folgt, dass solche KFZ dem Verbot des Z. 253 nebst Zusatzzeichen „7,5 t" unterliegen, wenn sie 7,5 t und mehr erreichen.

64 Gesetz über die Erhebung von streckenbezogenen Gebühren für die Benutzung von Bundesautobahnen und Bundesfernstraßen (Bundesfernstraßenmautgesetz – BFStrMG) vom 12.7.2011 (BGBl. I S. 1387) i. d. F. des Art. 143 des Gesetzes vom 20.11.2019 (BGBl. I S. 1626). Das am 19.7.2011 in Kraft getretene BFStrMG ersetzt das ABMG.

sind unzulässig (BVerwG VerkMitt 2008 Nr. 68 = NZV 2008, 476: vier Zusatzzeichen). Die Zeichenkombination erweitert nicht die Eingriffsbefugnis aus § 45, auch nicht als allgemeine Umweltvorsorge oder zur Erzielung höherer Mauteinnahmen. Infolgedessen ist eine solche verkehrsbehördliche Anordnung dann unzulässig, wenn Mautausweichverkehre weder zu einer erheblichen Erhöhung der Lärm- oder Abgasimmission noch der Unfallgefahren führen (VRS 112, 152 = DAR 2007, 223). Hinsichtlich der Lärmerhöhung gelten die allgemeinen Grundsätze der Lärmberechnung (VGH München VRS 115, 463).

Die Schilderkombination 253 nebst Zusatzzeichen „Durchgangsverkehr" und „7,5 t" bezieht sich auf parallele Autobahnmaut-Ausweichstrecken. Die LKW-Maut wurde durch das 3. Gesetz zur Änderung des Bundesfernstraßenmautgesetzes vom 10.6.2015 (BGBl. I S. 922) zum 1.7.2018 auf sämtliche Bundesstraßen ausgeweitet, so dass sich die Durchgangsbeschilderung nur noch auf wenige Ausweichstraßen erstrecken wird. Auch die Beschilderung sog. Insellagen ist jetzt hinfällig. Dies hat zur Folge, dass auf Bundesstraßen Durchfahrtverbote, die auf Grundlage von § 45 Abs. 1 Satz 1 oder 2 Nr. 3 jeweils in Verbindung mit Abs. 9 Satz 5 zur Vermeidung von Mautausweichverkehr angeordnet wurden, überprüft werden müssen. Die eigens geschaffene Anordnungserleichterung des § 45 Abs. 9 Satz 5 zur Beseitigung oder Abmilderung von erheblichen Auswirkungen veränderter Verkehrsverhältnisse, die durch die Mauterhebung hervorgerufen worden sind, greift dort nicht mehr. Verkehrszeichen und -einrichtungen sind nach § 45 Abs. 9 Satz 1 nur dort anzuordnen, wo dies aufgrund der besonderen Umstände zwingend geboten ist. Insbesondere Beschränkungen und Verbote des fließenden Verkehrs dürfen nach Satz 3 nur angeordnet werden, wenn aufgrund der besonderen örtlichen Verhältnisse eine Gefahrenlage besteht, die das allgemeine Risiko z. B. einer Lärmbeeinträchtigung, welche mit dem normalen Straßenverkehr auf solchen Straßen im Allgemeinen verbunden ist, erheblich übersteigt. Sind diese Voraussetzungen nicht erfüllt, so ist das Durchfahrtverbot zwingend aufzuheben, der zuständigen Behörde steht dabei kein Ermessen zu.

Zeichen 255 (Verbot für Krafträder)

Das Verbot gilt nicht nur für Krafträder mit Beiwagen, Kleinkrafträder und Mofas, sondern auch für Anhänger hinter Krafträdern sowie für drei- und vierrädrige Krafträder mit Verbrennungsmotor oder Elektroantrieb.

Zeichen 260 (Verbot für Kraftfahrzeuge)

Das Verbot gilt für den fließenden und ruhenden Verkehr (Anl. 2 lfd. Nr. 26). Krafträder unterliegen nicht dem Verbot des Z. 260, wenn sie nur geschoben werden (OLG Karlsruhe NZV 2009, 521; OLG Karlsruhe VerkMitt 2009 Nr. 28 = VRS 2009, 124 = DAR 2009, 340).

Zeichen 262 (Tatsächliche Masse)

Das Verbot gilt für den fließenden und ruhenden Verkehr (Anl. 2 lfd. Nr. 36 bis 40). Die in den Fahrzeugpapieren eingetragene zulässige Gesamtmasse ist unerheblich, weil sich die Gewichtsangabe nur auf die **tatsächliche** Masse von motorisierten oder nicht motorisierten Fahrzeugen[65] einschließ-

65 Z. B. Pferdefuhrwerke, Anhänger.

lich der mitgenommenen Ladung bezieht. Ein Fahrzeug, dessen zulässige Gesamtmasse 12 t beträgt, darf deshalb auch dann den mit einer Gewichtsbegrenzung von 9 t gesperrten Bereich befahren, wenn die Leermasse 5,5 t und die Ladung 3,5 t = 9 t beträgt. Ist das Zeichen auf Überleitungs-, Verschwenkungs- oder Fahrstreifentafeln integriert, gilt es nur für den jeweiligen Fahrstreifen, für den das Verbot angeordnet ist.

Ist beim Z. 262 durch Zusatzzeichen 1026-36/-37 der land- und/oder forstwirtschaftliche Verkehr freigestellt, gilt das auch für Baufahrzeuge, die zur Straßensanierung eingesetzt sind. Der Begriff „Land- oder Forstwirtschaft" umfasst insoweit auch die zur Straßenunterhaltung dienenden Fahrzeuge (OLG Naumburg VerkMitt 2018 Nr. 66 = VRS 134, 8).

Bei **Fahrzeugkombinationen** verteilt sich das Gewicht auf das Zugfahrzeug und den Anhänger; infolgedessen gilt die Gewichtsangabe des Z. 262 jeweils gesondert für das einzelne Fahrzeug (Zugfahrzeug oder Anhänger). Hat z.B. die Zugmaschine bei einem Gliederzug eine tatsächliche Masse (nebst Ladung) von 4,5 t und der Anhänger von 2,5 t (Kombination = 7 t), darf die Fahrzeugkombination auch dann in den Verbotsbereich einfahren, wenn das Z. 262 die Masse auf 5,5 t begrenzt. Beträgt die Masse des Zugfahrzeugs 4 t und die des Anhängers 6 t, darf nur mit dem Zugfahrzeug, nicht aber mit dem Anhänger eingefahren werden. Durch Lastverteilung kann allerdings der gesperrte Bereich befahren werden, wenn 1 t der Ladung des Zugfahrzeugs auf den Anhänger verladen wird (beide Fahrzeuge haben dann ein tatsächliches Gewicht von 5 t).

Bei **Sattelkraftfahrzeugen** gilt im Prinzip das Gleiche. Während die StVO Sattelkraftfahrzeuge als Lastkraftwagen ansieht (Rn. 1 VwV-StVO zu § 3), werden sie zulassungsrechtlich als Züge behandelt (§§ 32 Abs. 4, 34 Abs. 6 StVZO), bestehend aus der Zugmaschine und dem Anhänger.[66] Für die Sattelzugmaschine gelten ihre tatsächliche Masse einschließlich der Sattellast und für den Sattelanhänger die tatsächlich vorhandenen Achslasten.[67] Begrenzt z.B. das Z. 262 das Gewicht auf 12 t und hat die Sattelzugmaschine eine tatsächliche Masse von 5,5 t nebst einer Sattellast von 6 t (= 11,5 t) und der Sattelanhänger (Auflieger) eine tatsächliche Achslast von 14 t, darf nur die Zugmaschine, nicht aber der Sattelzug den gesperrten Bereich befahren.[68]

Zeichen 264 (Tatsächliche Breite)

Das Verbot gilt für den fließenden und ruhenden Verkehr (Anl. 2 lfd. Nr. 36 bis 40). Während sich die Breitenangaben in §§ 18 Abs. 1 und 22 Abs. 2 auf die bauartbedingten Breiten nach § 32 Abs. 1 StVZO ohne Rückspiegel beziehen, gilt die tatsächliche Breite nach Z. 264 einschließlich der Außenspiegel.[69] Die Breitenangabe bezieht sich auf motorisierte oder nicht motori-

---

66 Sattelauflieger müssen deshalb auch dreieckige Rückstrahler haben.

67 Die Sattellast ist derjenige Wert, der max. auf der Sattelplatte lagern darf. Die Achslast ist die Gesamtlast, die von den Rädern einer Achse oder einer Achsgruppe auf die Fahrbahn übertragen wird.

68 Eine Ladungsverteilung auf die Zugmaschine ist hier nicht möglich.

69 Die Fahrzeugbreite nach § 32 Abs. 1 StVZO ist nach der ISO-Norm 612-1978, Def. Nr. 6.2 zu ermitteln. Abweichend von dieser Norm sind bei der Messung der Fahrzeugbreite u.a. Einrichtungen nicht zu berücksichtigen, wie lichttechnische Einrichtungen, Ladebrücken sowie Spiegel und andere Systeme für indirekte Sicht. Bei Anordnung von Z. 264 müssen als Folge die bei Straßenbaustellen oft nur 2,50 m breiten Überholstreifen auf mindestens 2,60 m verbreitert werden.

sierte Fahrzeuge einschließlich deren Ladung. Bei Fahrzeugkombinationen bezieht sich die max. Breitenangabe sowohl auf das Einzelfahrzeug wie auch auf den Anhänger einschließlich der Ladung (Anl. 2 lfd. Nr. 38). Ist das Zeichen auf Überleitungs-, Verschwenkungs- oder Fahrstreifentafeln integriert, gilt es nur für den jeweiligen Fahrstreifen, für den das Verbot angeordnet ist.

Zeichen 265 (Tatsächliche Höhe)

Das Verbot gilt für den fließenden und ruhenden Verkehr (Anl. 2 lfd. Nr. 36 bis 40), wobei sich die Höhenangabe auf motorisierte und nicht motorisierte Fahrzeuge einschließlich deren Ladung bezieht sowie auf die tatsächliche und nicht auf die in den Fahrzeugpapieren eingetragene Höhe (Anl. 2 lfd. Nr. 39). Bei geringeren Durchfahrtshöhen als 4 m muss die Verkehrsbehörde auf die Gefahr durch Z. 265 hinweisen (OLG Stuttgart NZV 2004, 96). Dabei ist ein Sicherheitszuschlag von mind. 20 cm erforderlich (LG Osnabrück NZV 2004, 534). Ein Verstoß wegen Missachtung der Höhenbegrenzung kann grob fahrlässig sein (KG DAR 2004, 585; OLG Karlsruhe DAR 2004, 585 = NZV 2004, 532; LG Hagen SVR 2013, 390). Ist das Zeichen auf Überleitungs-, Verschwenkungs- oder Fahrstreifentafeln integriert, gilt es nur für den jeweiligen Fahrstreifen, für den das Verbot angeordnet ist.

Zeichen 266 (Tatsächliche Länge)

Das Verbot gilt für den fließenden und ruhenden Verkehr (Anl. 2 lfd. Nr. 36 bis 40). Die Längenangabe bezieht sich auf die tatsächliche und nicht auf die in den Fahrzeugpapieren eingetragene Länge von motorisierten und nicht motorisierten Fahrzeugen, auch von Fahrzeugkombinationen (Zugfahrzeug und Anhänger) einschließlich ihrer hinausragenden Ladung (Anl. 2 lfd. Nr. 40).

Zeichen 267 (Verbot der Einfahrt)

Das Zeichen untersagt nur die Einfahrt in der gesperrten Richtung, auch zum Parken hinter dem Zeichen (OLG Hamburg VRS 30, 382). Durch Zusatzzeichen können Anlieger, Radfahrer oder öffentliche Verkehrsmittel von dem Verbot ausgenommen werden. Ist die Straße hinter dem Z. 267 nicht als Einbahnstraße ausgewiesen, darf dort in beiden Richtungen gefahren werden.

Zeichen 268 (Schneeketten vorgeschrieben)

Das Zeichen verpflichtet zur Benutzung von Schneeketten, verbietet sie aber nicht an anderen Stellen, wo die Schneeverhältnisse ihren Einsatz erforderlich machen. Die Höchstgeschwindigkeit von 50 km/h folgt aus § 3 Abs. 4. Z. 268 gilt auch für Motorräder. Nach § 37 StVZO müssen Schneeketten so beschaffen und angebracht sein, dass sie die Fahrbahn nicht beschädigen können. Vorgeschrieben sind Schneeketten nicht auf allen vier Reifen, sondern nur für die Antriebsräder bei Vorder- oder Hinterradantrieb. Bei Allradantrieb genügen Schneeketten an einer Achse. Allerdings sind bei schwierigen Talfahrten, wo es auf die Übertragung von Brems- und Lenkkräften ankommt, Schneeketten auch auf den gelenkten Rädern zu montieren. Richtig gespannte Ketten sollten sich etwa 1 cm von der Reifenlauffläche abheben lassen. Abgesehen von der Beachtung der Hinweise des Kettenherstellers sind bei festem Fahrbahnuntergrund gespannte Ketten und bei lockerem Fahrbahnuntergrund locker gespannte Ketten zu verwenden.

Zeichen 269 (Verbot für Fahrzeuge mit wassergefährdender Ladung)

Die Richtlinien vom 9.12.1987 (VkBl. S. 857) i.d.F. vom 21.7.1988 (VkBl. S. 576) regeln die Anordnung von Verkehrszeichen für Gefahrguttransporte auf Straßen.

Zeichen 270.1 (Verkehrsverbotszone zur Verminderung schädlicher Luftverunreinigungen in einer Zone)

Flächenhafte Verkehrsverbote nach Z. 270.1 für schadstoffarme Fahrzeuge sind in der Ermächtigung des § 40 Abs. 3 BImSchG enthalten. Dabei stehen das StVG und das BImSchG gleichberechtigt auf einer Ebene. Für die Verkehrszeichen 270.1 und 270.2 ist die StVO „Platzhalter" für das BImSchG; für alle anderen Verkehrszeichen bleibt das StVG Rechtsgrundlage.

Das Zeichen nebst Zusatzzeichen mit Angabe der freigestellten Schadstoffgruppen kennzeichnet flächendeckend ein Gebiet, in dem zur Minderung von Mikrostaub- und Stickoxidbelastungen ein Verkehrsverbot für **nicht** schadstoffarme Fahrzeuge bis zur Aufhebung durch das Z. 270.2 gilt (siehe auch Erl. 2.2.7 zu § 45).[70] Kann in eine Umweltzone über einen sonstigen Straßenteil oder Parkplatz eingefahren werden, ohne dass dort Z. 270.1 angeordnet ist, hat der Betroffene eines nicht schadstoffarmen KFZ eine Erkundigungspflicht, ob er die vor ihm liegende Verkehrsfläche zulässigerweise befahren darf (AG Magdeburg NZV 2019, 108). Die Regelung genügt dem Gleichbehandlungsgrundsatz des Art. 3 Abs. 1 GG (OLG Hamm NZV 2014, 52). Das Zeichen kann nur derjenige nach § 45 anfechten, der über ein KFZ verfügt, das von dem Verbot betroffen ist (VG München SVR = DAR 2009, 167).

Von dem Verkehrsverbot ausgenommen sind mit einer Plakette zu kennzeichnende emissionsarme KFZ der auf dem Zusatzzeichen korrespondierenden Schadstoffgruppen 2 bis 4.[71] KFZ mit Dreiwege-Katalysatoren, die vor Umsetzung der EURO-1-Norm zugelassen worden sind, haben keine schlechteren Abgaswerte als die späteren EURO-1-Fahrzeuge; sie sind durch die 35. BImSchV den schadstoffarmen Fahrzeugen gleichgestellt.[72]

---

70 Das international (WÜ) eingeführte ehemalige Z. 270 („Smog") wurde am 15.3.1974 in die StVO übernommen (BGBl. I S. 721). Das Zeichen beinhaltete ein flächendeckendes Fahrverbot bei austauscharmen Wetterlagen mit hoher Luftschadstoffkonzentration für alle nicht freigestellten KFZ innerhalb des gesamten Gebietes (KG NZV 1988, 232). Die Änderung des Zeichens (als 270.1 und 270.2) für Mikrostaub- und Stickoxidbelastungen durch die Verordnung nach § 40 Abs. 3 BImSchG zum Erlass und zur Änderung von Vorschriften über die Kennzeichnung emissionsarmer Kraftfahrzeuge vom 10.10.2006 (BGBl. I S. 2218) trägt dem Wort „Umwelt" besser Rechnung als dem Wort „Smog" (zusammengesetzt aus smoke und fog = Rauch und Nebel).

71 Ein Verstoß gegen Z. 270.1 bei Fahrten ohne Plakette wird nach Nr. 153 BKat mit 100 € Bußgeld und einem Punkt geahndet. Der Verstoß erfasst (nur) das Fahren ohne erteilte Plakette, nicht aber das Nichtanbringen der erteilten Plakette an der Windschutzscheibe. Diese Verpflichtung folgt aus § 3 Abs. 2 Satz 2 der Kennzeichnungsverordnung vom 10.10.2006 (BGBl. I S. 2218), die aber durch Nr. 153 BKat nicht erfasst wird; zur Ahndung s.a. Hertel SVR 2015, 121.

72 35. Verordnung zur Durchführung des Bundes-Immissionsschutzgesetzes (Verordnung zur Kennzeichnung der Kraftfahrzeuge mit geringem Beitrag zur Schadstoffbelastung) vom 10.10.2006 (BGBl. I S. 2218) i.d.F. der 1. Verordnung zur Änderung der Verordnung zur Kennzeichnung der Kraftfahrzeuge mit geringem Beitrag zur Schadstoffbelastung vom 5.12.2007 (BGBl. I S. 2793).

Feinstaubplaketten

Kennzeichnung schadstoffarmer Kraftfahrzeuge durch farbige, beim Ablösen selbstzerstörende Plaketten

Entspricht in etwa Einstufung nach EURO II

Entspricht in etwa Einstufung nach EURO III

Entspricht in etwa Einstufung nach EURO IV und höher; außerdem KFZ mit Ottomotor und geregeltem Katalysator, KFZ mit Elektro- oder Brennstoffzellenantrieb

Nachweis der Schadstoffklasse erfolgt durch emissionsbezogene Schlüsselnummern der Zulassungsbescheinigung, bei mautpflichtigen LKW auch durch die Gebühreneinstufung. Die Zuordnung der in den Fahrzeugdokumenten eingetragenen Schlüsselnummern zu den einzelnen Schadstoffgruppen ergibt sich aus der Bekanntmachung des BMVBS (BMVI) vom 15.12.2006 im VkBl. S. 867. Plakettenausgabe erfolgt durch Zulassungsbehörden, Technische Prüfstellen, Überwachungsorganisationen, amtlich anerkannte AU-Werkstätten oder sonstige nach Landesrecht bestimmte Stellen.

Ohne Plaketten-Kennzeichnung sind vor allem ausgenommen: Arbeitsmaschinen, land- und forstwirtschaftliche Zugmaschinen, zwei- und dreirädrige KFZ, Krankenwagen und Arztwagen im Einsatz, KFZ zur Beförderung gehbehinderter, hilfloser oder blinder Personen mit Merkzeichen „aG", „H" oder „Bl" im Behindertenausweis, Sonderrechtsfahrzeuge nach § 35 StVO, KFZ der Truppen von Nichtvertragsstaaten der NATO bei dringenden militärischen Fahrten, zivile KFZ im Auftrag der Bundeswehr bei unaufschiebbaren Fahrten zur Erfüllung hoheitlicher Aufgaben sowie KFZ mit Einzelausnahmen für lebensnotwendige Transporte und Dienstleistungen oder zur Aufrechterhaltung von Fertigungs- und Produktionsprozessen.

Die im Durchmesser 80 mm großen Plaketten bestehen aus nicht wiederverwendbaren und fälschungserschwerenden Materialien mit Sicherheitsmerkmalen (flexibler, lichtechter Kunststoffaufbau). In das weiße Feld ist das amtliche KFZ-Kennzeichen von der Ausgabestelle mit lichtechtem Stift einzutragen (Zulassungsbehörden, Technische Prüfstellen, anerkannte Abgaswerkstätten).[73]

Die Farbe der Plakette richtet sich nach der Emissionseinstufung durch die Schadstoff-Schlüsselnummer in den Fahrzeugdokumenten.[74] Die Schlüsselnummer bestimmt sich jeweils nach den letzten beiden Ziffern im alten Fahrzeugschein zu Nr. 1, in der (neuen) Zulassungsbescheinigung Teil I zu Nr. 14.1. Schwieriger ist die Zuordnung der Schadstoffgruppen für ausländische KFZ. Sofern die Fahrzeuge mit **neuen** EU-einheitlichen Fahrzeug-

73 Siehe auch Bekanntmachung der Maßgaben zur Verordnung zum Erlass und zur Änderung von Vorschriften über die Kennzeichnung emissionsarmer Kraftfahrzeuge vom 19.12.2006 (VkBl. 2007, 3) i.d.F. vom 5.12.2007 (VkBl. 2007, 771). Die Kosten der Plakette einschließlich Feststellung der Schadstoff-Schlüsselnummer, Eintragung des Kennzeichens und Aufkleben des Siegels der Ausgabestelle richten sich nach den Umweltschutzgebührenordnungen der Länder (z.B. Berlin 5 € pro Plakette nach Tarifstelle 2131).

74 Bekanntgabe der Emissionsschlüsselnummern für die Kennzeichnung der Kraftfahrzeuge mit geringem Beitrag zur Schadstoffbelastung – 35. BImSchV vom 15.12.2006 (VkBl. S. 867).

Emissionsschlüsselnummern (VkBl. 2006, 867 i.d.F. 2007, 771)						
Schadstoff-plakette	Ottomotor		Dieselmotor			
	PKW[1]	LKW[4] KOM[2, 3]	PKW[1] mit nachgerüstetem Rußpartikelfilter auf	PKW[1]	LKW[4] KOM[2, 3]	LKW[4], KOM[2, 3] mit nachgerüstetem Rußpartikelfilter auf
			Stufe PM[1] 01: 19, 20, 23, 24 Stufe PM 0: 14, 16, 18, 21, 22, 34, 40, 77	25–29, 35, 41, 71	20, 21, 22, 33, 43, 53, 60, 61	Stufe PMK[6] 01: 40–42, 50–52 Stufe PMK 0: 10–12, 30–32, 40–42, 50–52
			Stufe PM 0: 28, 29 Stufe PM 1: 14, 16, 18, 21, 22, 25–27, 34, 35, 40, 41, 71, 77	30, 31, 36, 37, 42, 44–52, 72	34, 44, 54, 70, 71	Stufe PMK 0: 43, 53 Stufe PMK 1: 10–12, 20–22, 30–33, 40–43, 50–53, 60, 61
	01, 02, 14, 16, 18–70, 71–75, 77 bei Gasfahrzeugen nach RL 2005/55/EG (vorm. 88/77/EWG)	30–55, 60, 61–70, 71, 80, 81, 83, 84, 90, 91 bei Gasfahrzeugen nach RL 2005/55/EG (vorm. 88/77/EWG)	Stufe PM 1: 27[5], 49–52 Stufe PM 2: 30, 31, 36, 37, 42, 44–48, 67–70 Stufe PM 3: 32, 33, 38, 39, 43, 53–66 und Stufe PM 4: 44–70	32, 33, 38, 39, 43, 53–70, 73–75 PM 5	35, 45, 55, 80, 81, 83, 84, 90, 91	Stufe PMK 1: 44, 54 Stufe PMK 2: 10–12, 20–22, 30–34, 40–45, 50–55, 60, 61, 70, 71 Stufe PMK 3: 33–35, 44, 45, 54, 55, 60, 61 Stufe PMK 4: 33–35, 44, 45, 54, 55, 60, 61

1 EU-Klasse M_1 = KFZ zur Personenbeförderung bis 8 Sitzplätze, ohne Fahrersitz
2 EU-Klasse M_2 = KFZ bis 5 t zur Personenbeförderung mit mehr als 8 Sitzplätzen, ohne Fahrersitz
3 EU-Klasse M_3 = KFZ über 5 t zur Personenbeförderung mit mehr als 8 Sitzplätzen, ohne Fahrersitz
4 EU-Klasse N = KFZ zur Güterbeförderung
5 PKW mit Schlüsselnummer „27“ bzw. „0427“ und der Klartextangabe „96/69/EG I“ mit mehr als 2 500 kg ist nach Anhang 2 Abs. 1 Nr. 4n) der Kennzeichnungsverordnung eine grüne Plakette zuzuteilen. Dies dann, wenn nachgewiesen wird, dass der PKW die Anforderungen der Stufe PM 1 der Anlage XXVI StVZO einhält.
6 PM = Partikelminderungsstufe; PMK = Partikelminderungsklasse

Fahrzeugschein-alt O = Emissionsschlüssel-Nr. **(neues) Fahrzeugdokument – Teil I**

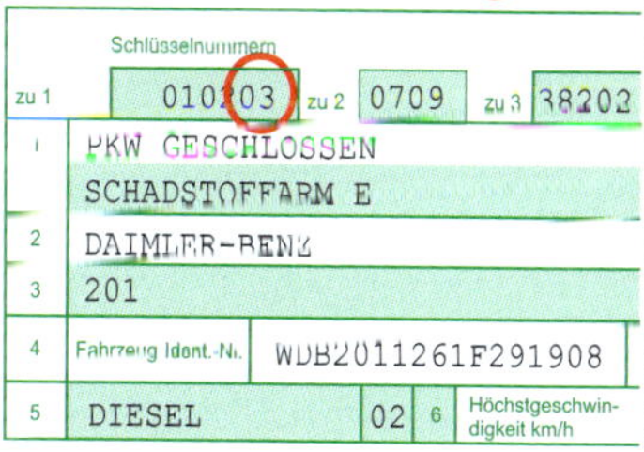
Schlüsselnummern
zu 1 010203 zu 2 0709 zu 3 38202
1 PKW GESCHLOSSEN
SCHADSTOFFARM E
2 DAIMLER-BENZ
3 201
4 Fahrzeug Ident.-Nr. WDB2011261F291908
5 DIESEL 02 6 Höchstgeschwindigkeit km/h

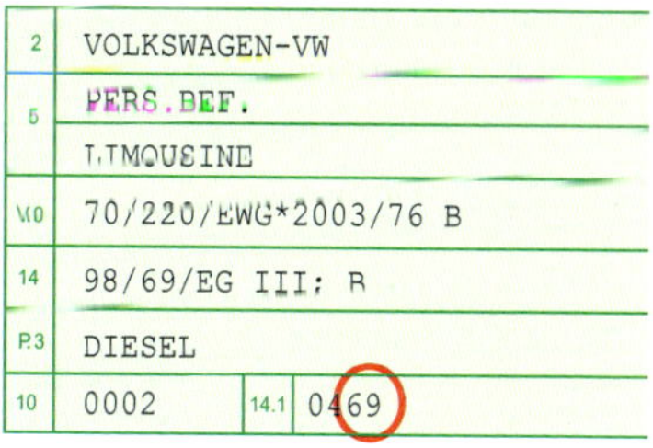
2 VOLKSWAGEN-VW
5 PERS.BEF.
LIMOUSINE
V.0 70/220/EWG*2003/76 B
14 98/69/EG III; B
P.3 DIESEL
10 0002 14.1 0469

dokumenten ausgestattet sind, kann die Schadstoffeinstufung nach den dort vermerkten EU-Richtlinien erfolgen, z.B. Ziff. V.9 70/220/EWG. Bei **alten** ausländischen Dokumenten muss hingegen ermittelt werden, ob sich das dort vermerkte Datum auf die Erstzulassung oder auf die Ausstellung des Dokuments bezieht. Bei Erstzulassungsdatum kann eine der EU-Richtlinien nach den Stichtagen des § 6 der 35. BImSchV zugeordnet werden. Handelt es sich jedoch um das Ausstellungsdatum, ist eine Zuordnung der Schadstoffgruppe nur über eine Herstellerbescheinigung oder über das Typenschild am Fahrzeug zur Typdatenbank des KBA möglich. Gleiches gilt bei KFZ aus Nicht-EU-Mitgliedstaaten (Herstellerbescheinigung oder über die Typdatenbank des KBA). Hierbei wird es immer Fälle geben, bei denen eine Schadstoffeinstufung nicht möglich ist. In solchen Fällen kann dem Betroffenen nur noch über eine Ausnahme nach § 46 geholfen werden, wenn er die Voraussetzungen dafür erfüllt.[75]

Auf dem **Zusatzzeichen** zu Z. 270.1 werden die Plaketten dargestellt, die die entsprechend gekennzeichneten Fahrzeuge vom Verbot freistellen. Je nach der Luftschadstoffbelastung können nur grüne, gelbe oder auch rote Plaketten Freistellungen von dem Verbot begründen, z.B. Außenring einer Kommune alle, Innenstadt nur grüne Plaketten. KFZ der Schadstoffgruppe 1 erhalten keine Plaketten; infolgedessen gibt es auch keine weißen Plaketten „1".[76] Zur Schadstoffgruppe 1 gehören vor allem KFZ mit Dieselmotoren vor 1994 ohne Nachrüstmöglichkeit mit Rußpartikelfiltern, ferner mit Benzinmotoren ohne geregelten Katalysator.[77] Diese KFZ unterliegen dem Verbot des Z. 270.1 uneingeschränkt (sofern es sich nicht um freigestellte „Oldtimer" handelt).

Nur die in Anh. 3 der 35. BImSchV aufgeführten Fahrzeuge sind von der Plakettenpflicht ausgenommen: zwei- und dreirädrige KFZ, nicht aber vierrädrige KFZ, die somit nicht in die Umweltzone fahren dürfen (Huppertz DAR 2019, 107), Kranken-, Notarztwagen mit Notfall-Dachaufsatz (§ 52 Abs. 6 StVZO) im Einsatz, KFZ zur Beförderung Gehbehinderter, Hilfloser, Blinder (Merkzeichen „aG", „H" oder „Bl" im Schwerbehindertenausweis), Sonderrechtsfahrzeuge nach § 35, zivile KFZ im Auftrag der Bundeswehr bei unaufschiebbaren Fahrten zur Erfüllung hoheitlicher Aufgaben, KFZ der Truppen von Nichtvertragsstaaten der NATO bei dringenden militärischen Fahrten, Arbeitsmaschinen, land- und forstwirtschaftliche Zugmaschinen, Oldtimerfahrzeuge (mind. 30 Jahre alte KFZ mit „H"-Kennzeichen oder mit „07" beginnender Erkennungsnummer – rotes Kennzeichen). Darüber hinaus können für nicht schadstoffarme KFZ bei unabweisbarem Bedarf Einzel-Ausnahmegenehmigungen nach § 46 Abs. 1 erteilt werden.

Auch **ausländische KFZ** unterliegen der Regelung des Z. 270.1. Für die Anerkennung ausländischer Umweltplaketten wird langfristig eine Regelung in der 35. BImSchV zu treffen sein.[78]

Z. 270.1 erfasst als „Verkehrsverbot" (wie auch Z. 250) nicht nur den fließenden, sondern auch den ruhenden Verkehr (OLG Hamm NZV 2014, 53 =

---

75 Durch Vereinbarung zwischen EU-Staaten können deren Schadstoffplaketten-Regelungen gegenseitig anerkannt werden (z.B. mit Tschechien: VkBl. 2014, 498).

76 Die Schadstoffgruppe 1 umfasst die Schlüsselnummern 0 bis 13, 15, 17, 77, 88, 98 für Benzin- und 0 bis 24, 35, 40, 77, 88, 98 für Dieselmotoren.

77 Rund 4,5 Mio. KFZ in Deutschland.

78 Bereits jetzt entspricht die Umweltplaketten-Regelung in Tschechien im Wesentlichen der in Deutschland.

DAR 2014, 153; a. A. Koch NZV 2014, 385). Nur bei zeitlicher Einschränkung (selten), wie „Mo–Fr 9–19 h“, begründet Z. 270.1 kein Haltverbot, wenn das KFZ ohne Schadstoffplakette während der Geltungsdauer innerhalb der Umweltzone geparkt wird (BGH DAR 1987, 23). Ist Z. 270.1 auf Dauer gerichtet (Regelfall), dürfen KFZ ohne Plakette weder mit eigener Motorkraft bewegt noch geparkt werden, denn die Umweltzone ist nur verbotenerweise zu erreichen. Bei Kennzeichenanzeigen wegen eines Halt- oder Parkverstoßes können dann auch dem Halter nach dem Sinn und Zweck des § 25a StVG[79] die Verfahrenskosten auferlegt werden, wenn der Fahrer nicht zu ermitteln ist (AG Köln NZV 2019, 651 mit w. N. und Anm. Sandherr; AG Tiergarten DAR 2008, 409; s. a. Erl. 2.10 zu § 49; a. A. AG Hannover NZV 2011, 53; Janker, Straßenverkehrsrecht, 21. Aufl., Rn. 2 zu § 25a StVG; Hentschel/König, Straßenverkehrsrecht, 41. Aufl., Rn. 5 zu § 25a StVG). Neben der Bußgeldahndung kann zwar nach § 29a Abs. 1 OWiG der durch die Tathandlung erzielte Vorteil abgeschöpft werden, bei einer unzulässigen Nutzung der Umweltzone bezieht sich das aber mangels Kausalität nicht auf die Kosten eines Partikelfilters (OLG Stuttgart DAR 2017, 476 mit Anm. Weigel).

Zeichen 273 (Verbot des Unterschreitens des angegebenen Mindestabstandes)

Das Zeichen bezieht sich nur auf den Mindestabstand „fahrender“ KFZ. Bei Staus schließen langsam fahrende schwere KFZ meist eng auf, so dass Brückenbauwerke übermäßig stark belastet werden. Das Zeichen ist deshalb weiter zu fassen, so dass der angegebene Mindestabstand auch zu einem vorausfahrenden oder wartenden KFZ gleicher Art nicht unterschritten werden darf.

Zeichen 274 (Zulässige Höchstgeschwindigkeit)

Die durch Z. 274 ausgewiesene Höchstgeschwindigkeit gilt nur für optimale Bedingungen, so dass davon auszugehen ist, dass ordnungsgemäß aufgestellte Verkehrszeichen 274 im Regelfall auch wahrgenommen werden (OLG Celle VRS 131, 310). Witterungs-, Verkehrs- und Sichtverhältnisse können nach § 3 Abs. 1 eine geringere Geschwindigkeit erfordern. Z. 274 wird ab den aufgestellten Schildern wirksam, auch für Schnellfahrer auf Autobahnen (OLG Düsseldorf NZV 1996, 209). Gleiches gilt bei Matrixzeichen auf Verkehrsleitportalen mit wechselnder Tempoanzeige; nach einer Fahrtunterbrechung auf einer Tank- oder Rastanlage ist deshalb das Tempo bis zum nächsten Portal dem Verkehrsfluss anzupassen (BayObLG NZV 1998, 386 = DAR 1998, 358).

Das Ende einer streckenbezogenen Geschwindigkeitsbeschränkung (Z. 274) ist nach der Erläuterung zur lfd. Nr. 55 der Anl. 2 nicht gekennzeichnet, wenn das Verbot nur für eine kurze Strecke gilt **und** auf einem

---

79 **§ 25a Abs. 1 StVG Kostentragungspflicht des Halters eines KFZ**
(1) Kann in einem Bußgeldverfahren wegen eines Halt- oder Parkverstoßes der Führer des Kraftfahrzeugs, der den Verstoß begangen hat, nicht vor Eintritt der Verfolgungsverjährung ermittelt werden oder würde seine Ermittlung einen unangemessenen Aufwand erfordern, so werden dem Halter des Kraftfahrzeugs oder seinem Beauftragten die Kosten des Verfahrens auferlegt; er hat dann auch seine Auslagen zu tragen. Von einer Entscheidung nach Satz 1 wird abgesehen, wenn es unbillig wäre, den Halter des Kraftfahrzeugs oder seinen Beauftragten mit den Kosten zu belasten.

Zusatzzeichen die Länge des Verbots angegeben ist. Es ist ferner nicht gekennzeichnet, wenn das Verbotszeichen zusammen mit einem Gefahrzeichen angebracht ist **und** sich aus der Örtlichkeit zweifelsfrei ergibt, von wo an die angezeigte Gefahr nicht mehr besteht. Sonst ist das Ende durch die Zeichen 278, 279 oder 282 gekennzeichnet (OLG Celle VerkMitt 2019 Nr. 4 = VRS 134, 290 = DAR 2019, 279 = NZV 2019, 265 mit Anm. Ternig). Ist somit das Ende einer kurzen Baustelle, Kurve oder Engstelle überschaubar, muss ein Tempolimit nicht ausdrücklich aufgehoben werden. Z. 274 kann auch mit einer anderen Geschwindigkeitsangabe enden, z. B. innerorts mit Tempo 50. Steht vor einer Parkplatzzufahrt ein Tempolimit nach Z. 274, kann sich der Ausfahrende nicht damit entlasten, das Haltverbot nicht gesehen zu haben (OLG Oldenburg VRS 122, 41 = SVR 2012, 32 = NZV 2012, 193). Ist das Zeichen auf Fahrstreifen-, Einengungs- oder Aufweitungsstafeln integriert, gilt es nur für den jeweiligen Fahrstreifen, für den das Verbot angeordnet ist. Das Streckenverbot nach Z. 274 muss nicht zwingend an jeder Einmündung oder auf einem neuen Streckenabschnitt wiederholt werden. Der Sichtbarkeitsgrundsatz wird durch das Prinzip der doppelten Sicherung eingeschränkt, wenn Anzeichen dafür sprechen, dass das Tempolimit weiter gelten soll, z. B. an unbedeutenden Nebenstraßen. Fehlt das Z. 274, darf der Geradeausfahrende infolgedessen nicht darauf vertrauen, dass das Tempolimit aufgehoben ist (OLG Köln DAR 2017, 647; OLG Hamm VerkMitt 2002 Nr. 13 = NZV 2001, 489 = DAR 2001, 517 = VRS 191, 226; OLG Hamm DAR 1996, 416). Die Straßenverkehrsbehörde sollte aber ein Tempolimit nach einer Kreuzung oder Einmündung wiederholen, wenn mit dem Einbiegen ortsunkundiger Kraftfahrer zu rechnen ist (Rn. 5 VwV-StVO Zu den Zeichen 274, 276 und 277). Nur wenn solche Anhaltspunkte fehlen, darf der Geradeausfahrende nach einer Einmündung ohne Z. 274 schneller fahren (LG Bonn NZV 2004, 98). Ein Tempolimit kurz vor dem Kreisverkehr gilt nicht für die Strecke nach Verlassen des Kreises (OLG München DAR 2010, 206; Lippert VD 2010, 222). Auch über längere Autobahnstrecken ist eine Tempobegrenzung möglich, ohne dass eine besondere, über den Durchschnitt hinausgehende Gefährlichkeit der Strecke erkennbar sein muss (OVG Koblenz DAR 1995, 173). Die Ortstafel Z. 310 selbst begründet kein Tempolimit (KG VRS 111, 443), die Geschwindigkeit von 50 km/h folgt vielmehr aus § 3 Abs. 3 Nr. 1 ab der Ortstafel, auch wenn vorher durch Z. 274 eine höhere oder niedrigere Geschwindigkeit zulässig war. Soll eine solche Geschwindigkeit weiter gelten, muss Z. 274 an der Ortstafel wiederholt werden.

Zusatzzeichen „Baumunfälle“

Ein nicht im VzKat vorgesehenes, aber von der Straßenverkehrsbehörde angeordnetes Zusatzzeichen zu einer Geschwindigkeitsbegrenzung weist auf das Risiko von Baumunfällen hin und ist zulässig.

Auf den Grund eines Tempolimits kommt es nicht an; infolgedessen unterscheidet die Sanktionshöhe nicht danach, ob Z. 274 aus Verkehrssicherheits- oder Lärmschutzgründen wirksam ist (KG NZV 2005, 596; OLG Karlsruhe NZV 2004, 369 = DAR 2004, 408 = VRS 106, 465).

Eine Tempobeschränkung durch Z. 274 mit dem Zusatz „Luftreinhaltung" oder „Lärmschutz" gilt auch für geräuscharme Elektrofahrzeuge (KG DAR 2019, 214; OLG Stuttgart NZV 1998, 422; s.a. Koehl SVR 2019, 81; Janker SVR 8/2016-I). Die Tempobegrenzung „bei Nässe" (Zusatzzeichen 1053-35) gilt demgegenüber dann, wenn die gesamte Fahrbahn mindestens mit einem dünnen Wasserfilm überzogen ist, nicht aber bei nur feuchter Fahrbahn (OLG Koblenz 1999, 419; OLG Hamm NZV 2001, 90 = DAR 2001, 85). Ist hingegen Z. 274 unzulässigerweise noch mit einem Zusatzzeichen mit Symbol „Schneeflocke" versehen, stellt dies lediglich eine (überflüssige) Begründung für das Tempolimit dar, entfaltet aber keine Wirkung außerhalb winterlicher Straßenverhältnisse, d.h. das Tempolimit gilt auch bei trockener Fahrbahn (OLG Hamm NZV 2014, 534 = DAR 2014, 709 mit ablehnender Anm. Staudinger in DAR 2015, 153). Ob eine solche Zeichenkombination mit dieser Wirkung noch dem Sichtbarkeitsgrundsatz entspricht, erscheint zweifelhaft. Ein Tempolimit mit einem atypischen Zusatzzeichen zum Risiko von Baumunfällen ist verständlich und zulässig (OLG Oldenburg VRS 130, 83 = SVR 2016, 309 = NZV 2016, 488).

Fällt ein durch Zusatzzeichen auf Wochentage begrenztes Tempolimit auf einen gesetzlichen Feiertag, gilt das Tempolimit nicht, wenn die Regelung offensichtlich nur für Werktage gedacht ist, z.B. Zusatzzeichen „Mo–Fr 7–15 h an Schultagen" am Karfreitag (König DAR 2020, 182; Janker NZV 2004, 120; a.A. OLG Brandenburg NZV 2020, 323 mit Anm. Rinio: 9 km/h mehr am Karfreitag; OLG Brandenburg DAR 2013, 711 = VRS 125, 126 = NZV 2014, 103 = VD 2014, 111: Donnerstag als Himmelfahrtstag; bezogen auf zeitliche Tempogrenzen nach Z. 274 greifen keine Erwägungen zum Schutzzweck

Straßeneinbauten bei Tempo 30-Zonen

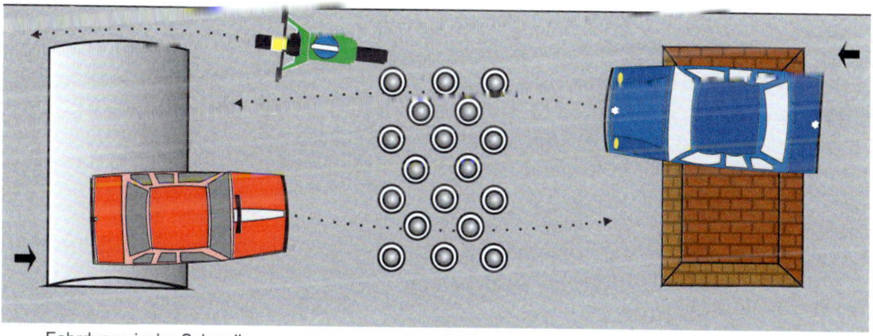

Fahrdynamische Schwelle „Delfter Hügel" | Nagelreihe „Kölner Teller" | Plateaupflasterung „Moabiter Kissen"

Kraftfahrer müssen in Tempo 30-Zonen auch mit straßenbaulichen Einrichtungen zur Temporeduzierung rechnen, ohne dass Gefahrzeichen 101 oder 112 auf eine „unebene Fahrbahn" hinweisen. Solche Einrichtungen müssen in der Höhe, Breite und Länge so ausgeführt sein, dass die Straße bei Einhaltung der vorgegebenen Geschwindigkeit von allen Fahrzeugen (Fahrräder, Krafträder, PKW, LKW, Krankenwagen) gefahrlos durchfahren werden kann. Außerdem dürfen Straßenaufpflasterungen nicht zu einer Erhöhung des Lärmpegels führen (OVG Koblenz DAR 1999, 422 = NVwZ 2000, 215). Infolgedessen dürfen Schwellen, Nagelreihen oder Aufpflasterungen nicht höher als 10 cm und mindestens 3,60 m lang sein, müssen flache Rampen und seitlichen Raum zur Durchfahrt von 80 bis 100 cm für Krafträder und Radfahrer haben (OLG Saarbrücken NZV 1998, 284). Bei Dunkelheit müssen die Einrichtungen erkennbar beleuchtet sein. Nur dann muss die Straße so hingenommen werden, wie sie sich erkennbar darbietet (OLG Düsseldorf NZV 1993, 231). Ist das nicht mehr der Fall, können sich bei Fahrzeugschäden Ersatzansprüche wegen Verletzung der Verkehrssicherungspflicht nach § 823 BGB ergeben. Tiefer gelegte KFZ müssen beim Überfahren der Schwellen besonders vorsichtig fahren. Ein Anspruch auf uneingeschränkte Nutzung aufgepflasterter Straßenteile kann aus der Fahrzeugzulassung mit abweichendem technischen Standard nicht hergeleitet werden.

der verkehrsbehördlichen Anordnung; OLG Brandenburg DAR 2020, 208; s.a. OLG Saarbrücken DAR 2020, 216). Befindet sich auf einer Schilderbrücke das Z. 274 nur über einem von mehreren Fahrstreifen, gilt das Tempolimit nicht für andere Fahrstreifen (OLG Braunschweig NZV 2015, 47).

Werden **innerorts** nach § 45 Abs. 8 Satz 1 Geschwindigkeiten von **mehr als 50 km/h** zugelassen, gilt das für **alle** Fahrzeuge (Z. 274 Satz 2). Damit soll vor allem auf Durchgangs- oder Ausfallstraßen ein homogener Verkehrsfluss auch für solche KFZ gewährleistet werden, die sonst den Tempobeschränkungen des § 3 Abs. 3 außerorts unterliegen. Wer schneller als mit Z. 274 ausgewiesen fährt, verstößt gegen das angezeigte Tempo, nicht aber gegen die Innerortsgeschwindigkeit (Ahndung nach § 49 Abs. 3 Nr. 4, nicht nach Abs. 1 Nr. 3; somit auch kein Fahrverbot bei Tempo 81 und Z. 274 mit Tempo 70). Um andererseits Unfallrisiken für diese KFZ in Grenzen zu halten, dürfen die Straßenverkehrsbehörden innerorts keine höheren Geschwindigkeiten als 70 km/h anordnen (Rn. 10 VwV-StVO zu Z. 274). Diese Regelung bezieht sich nicht auf innerörtliche Autobahnen, weil hier die Tempogrenze des § 3 Abs. 3 Nr. 1 ohnehin nicht gilt (§ 18 Abs. 5 Satz 1). Sind innerörtliche Autobahnen auf 80 km/h begrenzt, muss der Kraftfahrer mit einem Fahrverbot nach der Innerortsregelung rechnen, wenn er 111 km/h oder schneller fährt.

Sind Tempolimits ordnungsgemäß aufgestellt, kann als Regelvermutung davon ausgegangen werden, dass sie auch für jeden Fahrzeugführer sichtbar sind, so dass bei Verstößen Vorsatz in Betracht kommt. Daran kann es fehlen, wenn besondere Umstände eine Beeinträchtigung der Sichtbarkeit nahelegen (OLG Celle VerkMitt 2017 Nr. 62).

Zeichen 274.1 (Tempo 30-Zone)

Der Kraftfahrer muss innerorts abseits von Vorfahrtstraßen stets mit Tempo 30-Zonen rechnen.[80] Die Geschwindigkeitsbeschränkung gilt bis zur Aufhebung durch Z. 274.2. Innerhalb der Zone darf das Z. 274.1 nicht wiederholt werden; der Sichtbarkeitsgrundsatz ist bei dem Zeichen eingeschränkt (KG VRS 89, 302). Bei großen Zonen kann die Fortgeltung durch eine Fahrbahnmarkierung „30" unterstützt werden. Ist der Kraftfahrer in die Zone mit öffentlichen Verkehrsmitteln oder als Beifahrer eingefahren, um dort ein KFZ zu übernehmen, und konnte er auch aus den Örtlichkeiten und Straßenverhältnissen eine Tempo 30-Zone nicht erkennen, trifft ihn kein Verschulden für einen Tempoverstoß; insoweit bleibt der Sichtbarkeitsgrundsatz hier wirksam (OLG Düsseldorf VerkMitt 1997 Nr. 87 = DAR 1997, 283 = VRS 93, 469; OLG Hamm SVR 2006, 192).

Weiterhin können solche Zonen auch mit geringeren Geschwindigkeiten (z.B. 10 km/h) ausgewiesen sein, insbesondere beim Charakter des Gebietes als verkehrsberuhigter Geschäftsbereich. Unzulässig ist jedoch die Anordnung von Tempo 10-Zonen, weil diese nach dem Ausschließlichkeitsgrundsatz gemäß § 39 Abs. 9 Satz 1 im VzKat nicht ausdrücklich vorgesehen sind (OVG Berlin-Brandenburg NJW 2020, 634 = DAR 2020, 156 = SVR 2020, 196). Obwohl in solchen Zonen im Allgemeinen die Vorfahrtregel „Rechts vor Links" gilt, muss der Kraftfahrer auch mit negativen Vorfahrt-

80 Die Voraussetzung der Überschaubarkeit einer Tempo 30-Zone im Sinne eines „Zonenbewusstseins" (BVerwG DAR 1995, 170 = NZV 1995, 165 = NJW 1995, 1371) ist seit Änderung der §§ 39 Abs. 1a, 45 Abs. 1c nicht mehr erforderlich. Kraftfahrer müssen deshalb auch mit weit ausgedehnten Tempo 30-Zonen rechnen.

zeichen 205, 206 und Fußgängerüberwegen (Zebrastreifen) rechnen. Lichtzeichenanlagen sollten jedoch möglichst nicht (mehr) vorhanden sein (§ 45 Abs. 1c). Der Fahrer darf in Tempo 30-Zonen nicht darauf vertrauen, diese Höchstgeschwindigkeit gefahrlos nutzen zu können, vor allem dann nicht, wenn Z. 112 (unebene Fahrbahn) auf Teilaufpflasterung oder Bodenschwellen hinweist (VGH Mannheim NZV 1992, 465).

Zeichen 275 (Vorgeschriebene Mindestgeschwindigkeit)

Das Zeichen verbietet die Benutzung eines Fahrstreifens, wenn der Fahrzeugführer nicht mindestens so schnell wie angegeben fahren kann. Ist das Zeichen auf Fahrstreifen- oder Aufweitungstafeln integriert, gilt es nur für den jeweiligen Fahrstreifen, für den die Mindestgeschwindigkeit angeordnet ist.

Zeichen 276 (Überholverbot für Kraftfahrzeuge aller Art)

Zeichen 276 und 277 beziehen sich nur auf die Fahrbahn und verbieten jedes Überholen (rechts oder links); sie verbieten nicht nur die Einleitung, sondern auch die Fortsetzung des Überholvorganges (OLG Schleswig VerkMitt 1964 Nr. 28). Sie erlauben ferner das Überholen nicht motorisierter Fahrzeuge und Krafträder ohne Beiwagen durch mehrspurige Kraftfahrzeuge (nicht aber umgekehrt: OLG Koblenz VRS 59, 467). Somit darf ein PKW ein Motorrad ebenso überholen wie ein Motorrad ohne Beiwagen ein anderes einspuriges Kraftfahrzeug. Nach OLG Koblenz (NZV 1992, 198) verbietet Z. 276 nicht das Rechtsüberholen von Linksabbiegern bei ausreichender Straßenbreite. Z. 276 ist auch beim Verkehr auf mehreren Fahrstreifen für eine Richtung sowie bei freier Fahrstreifenwahl zu beachten.

Das Überholverbot **beginnt** ab dem Z. 276. Bis dahin muss der Überholende das überholte Fahrzeug mindestens so weit hinter sich gelassen haben, dass er sich ohne Gefährdung vor diesem einordnen kann (BGH VRS 47, 218 = DAR 1974, 250).[81] Das Verbot **endet** nicht an der nächsten Kreuzung oder Einmündung, sondern dort, wo das Aufhebungszeichen 280 oder 282 steht (OLG Düsseldorf NZV 1988, 77). Ist ein Z. 276 außerorts angeordnet, endet es nicht am Ortseingang am Z. 310. Das Ende des Überholverbotes anzuzeigen, ist dann entbehrlich, wenn die Gefahrstelle zweifelsfrei erkennbar ist, z. B. an Baustellen, bei Entfernungsangaben oder durch Gefahrzeichen. Wird das Überholen von langsamen Fahrzeugen durch Zusatzzeichen mit Symbol „Traktor" gestattet, gilt das nicht für KFZ mit bauartbedingter höherer Fahrgeschwindigkeit, die infolge der Verkehrs- oder Straßenverhältnisse oder wegen einer Panne nicht schneller fahren können (BayObLG VRS 57, 213). Z. 276 mit Zusatzzeichen „nur KFZ ab 3,5 t, KOM, PKW mit Anhänger" gilt auch für Wohnmobile (BayObLG VerkMitt 1998 Nr. 4 = VRS 92, 437) nicht aber für Klein-LKW mit Anhänger unter 3,5 t.

Sollen auch Klein-LKW mit Anhänger wegen geringer Fahrstreifenbreite von dem Überholverbot erfasst werden, müsste das Zusatzzeichen um die Symbolik des Zusatzzeichens „LKW mit Anhänger" ergänzt werden. Möglich wäre auch die Anordnung von Z. 277 mit Zusatzzeichen „2,8 t", weil dann das Überholverbot für alle KFZ über 2,8 t einschließlich ihrer Anhänger und damit für die Masse der Klein-LKW gilt (Anl. 2 lfd. Nr. 54.1).

---

81 Die Ahndung bei einem Verstoß gegen das Z. 276 richtet sich **nicht** nach § 49 Abs. 1 Nr. 5, sondern nach lfd. Nr. 153a BKat (Regelsatz 2020 = 70 €) nach §§ 49 Abs. 3 Nr. 4, 41 Abs. 1 i. V. m. Anl. 2 lfd. Nr. 53 und 54 (Z. 276, 277).

Zeichen 277 (Überholverbot für Kraftfahrzeuge über 3,5 t)[82]

Die Angabe „3,5 t" bezieht sich auf die zulässige Gesamtmasse von Zugfahrzeug **und** Anhänger. So unterliegt z.B. ein LKW von 3,5 t mit einem 2-t-Anhänger dem Überholverbot, während ein PKW oder KOM mit Anhänger selbst dann überholen darf, wenn die zulässige Gesamtmasse der Fahrzeugkombination mehr als 3,5 t beträgt.[83] Dienen zulassungsrechtlich als „PKW" zugelassene KFZ über 3,5 t durch Herausnahme der Sitze der Güterbeförderung, unterliegen sie den Verhaltenspflichten für LKW, insbesondere den Verboten der Z. 253 und 277 sowie deren Höchstgeschwindigkeiten (s.a. § 4 Abs. 4 PBefG[84] und Erl. 2.5.2 zu § 3 mit Rspr.-Hinweisen). Wohnmobile bis 7,5 t dürfen auf Autobahnen und Kraftfahrstraßen 100 km/h fahren.[85] Die Ausnahme für Wohnmobile bis 7,5 t nach der 12. Ausnahme-VO erstreckt sich nicht auf das Überholverbot des Z. 277 (s.a. Erl. 2.4 zu § 18). Nach der zulassungsrechtlichen (EU-rechtlichen) Klassifizierung der Nr. 5.1 der Anlage XXIX FZV[86] gehören Wohnmobile zwar zu den für die Personenbeförderung ausgelegten und gebauten Fahrzeugen der **Klasse M**, somit zu den PKW. Verhaltensrechtlich sind sie damit aber **nicht** vom Überholverbot des Z. 277 und vom Verkehrsverbot des Z. 253 oder 273 ausgenommen (s.a. Scheidler SVR 2015, 411/413). Würden sie als PKW gelten, wären sie auch vom Tempolimit des § 18 Abs. 5 Nr. 1 befreit, was der VO-Geber nicht gewollt hat. Allerdings können Wohnmobile auf Steigungsstrecken vom Überholverbot des Z. 277 durch Zusatzzeichen ausgenommen werden, sofern der Tempovorteil der 12. Ausnahme-VO gewährleistet bleiben soll (Rn. 5 VwV-StVO zu Z. 277).

Mit einem Zusatzzeichen mit Masseangabe, wie „7,5 t", kann das Überholverbot nach Z. 276 oder 277 eingeschränkt werden. Es gilt dann nur für KFZ einschließlich ihrer Anhänger, wenn die zulässige Gesamtmasse diese Grenze („7,5 t") überschreitet (Anl. 2 lfd. Nr. 53 und 54). Mit einem Zusatzzeichen zu Z. 277 und der Angabe „2,8 t" (Anl. 2 lfd. Nr. 54.1) kann das Überholverbot erweitert werden. Es gilt dann auch für KFZ über 2,8 t einschließlich ihrer Anhänger.

Die Anordnung von Z. 277 ist gemäß § 45 Abs. 9 bei übermäßiger Verkehrsbelastung mit hohem Schwerlastanteil zulässig (BVerwG DAR 2007,

---

82 Die Ahndung bei einem Verstoß gegen das Z. 277 richtet sich **nicht** nach § 49 Abs. 1 Nr. 5, sondern nach lfd. Nr. 153a BKat (Regelsatz 2020 = 70 €) nach §§ 49 Abs. 3 Nr. 4, 41 Abs. 1 i.V.m. Anl. 2 lfd. Nr. 53 und 54 (Z. 276, 277).

83 Gleiche Regelung wie bei Z. 253.

84 **§ 4 Abs. 4 PBefG Straßenbahnen, Obusse, Kraftfahrzeuge**

(4) Kraftfahrzeuge i.S.d. Gesetzes sind Straßenfahrzeuge, die durch eigene Maschinenkraft bewegt werden, ohne an Schienen oder eine Fahrleitung gebunden zu sein, und zwar sind

1. Personenkraftwagen: Kraftfahrzeuge, die nach ihrer Bauart und Ausstattung zur Beförderung von nicht mehr als neun Personen (einschließlich Führer) geeignet und bestimmt sind,
2. Kraftomnibusse: Kraftfahrzeuge, die nach ihrer Bauart und Ausstattung zur Beförderung von mehr als neun Personen (einschließlich Führer) geeignet und bestimmt sind,
3. Lastkraftwagen: Kraftfahrzeuge, die nach ihrer Bauart und Einrichtung zur Beförderung von Gütern bestimmt sind.

85 Zwölfte Ausnahmeverordnung vom 18.3.2005 (BGBl. I S. 866; VkBl. S. 364) i.d.F. vom 5.8.2009 (BGBl. I S. 2631).

86 Die Fahrzeug-Zulassungsverordnung vom 25.4.2006 (BGBl. I S. 988; VkBl. S. 535) ist am 1.3.2007 in Kraft getreten.

662; s.a. Schubert VD 2011, 69). Streckenverbote gelten nicht nur bis zur nächsten Kreuzung oder Einmündung, sondern darüber hinaus, wenn nichts anderes angeordnet ist (OLG Düsseldorf VerkMitt 1962 Nr. 114).

Die Zusatzzeichen zu Z. 277 (Anl. 2 lfd. Nr. 54.1 und 54.2) dienen vor allem der Ankündigung von Fahrzeugkontrollen des BAG. Mit diesem Zeichen wird das Überholverbot auch auf Fahrzeuge mit einer zulässigen Gesamtmasse von über 2,8 t ausgedehnt. Darüber hinaus werden durch Zusatzzeichen auch Busse und PKW mit Anhängern erfasst, soweit diese ab einer Gesamtmasse von 2,8 t ebenfalls unter den Regelungsbereich der Fahrpersonalverordnung (§ 1 Abs. 1 Nr. 1 FPersV) fallen.

Zeichen 277.1 und 281.1 (Anfang und Ende des Überholverbots von ein- und mehrspurigen Fahrzeugen)

Das (neue) Zeichen 277.1 ergänzt die bestehenden Überholverbote (Z. 276 und 277) durch den Sonderfall, dass ein- und mehrspurige Fahrzeuge (z.B. Fahrräder, Elektrokleinstfahrzeuge, Motorräder) nicht durch mehrspurige Kraftfahrzeuge und Krafträder mit Beiwagen überholt werden dürfen. Das Verbot soll dort angeordnet werden, wo dies aufgrund der besonderen örtlichen Verhältnisse aus Verkehrssicherheitsgründen erforderlich ist, insbesondere an besonders gefahrenträchtigen Fahrbahnabschnitten, Engstellen, scharfen Kurven sowie an Gefäll- und Steigungsstrecken mit einspurigem Verkehr. Das Überholen von Fahrrädern und sonstigen einspurigen Fahrzeugen durch mehrspurige Kraftfahrzeuge weist aufgrund der unterschiedlichen Größen und Geschwindigkeiten beider Fahrzeuge bereits eine grundsätzliche Gefährlichkeit auf. Treten weitere Umstände, wie z.B. eine besonders gefahrenträchtige Fahrbahnbeschaffenheit hinzu, kann aufgrund des abermals gestiegenen Risikos das Überholverbot durch Z. 277.1 angezeigt sein. Durch Zeichen 281.1 wird das Ende des Streckenverbots angezeigt. Verstöße können mit Geldbußen bis zu 300 € und Fahrverbot geahndet werden (lfd. Nr. 19.1 BKat).

Zeichen 282 (Ende Streckenverbote)

Das Ende von Streckenverboten wird durch die Z. 278, 280, 282 nur gekennzeichnet, wenn es sich nicht um eine kurze Verbotsstrecke mit Entfernungsangabe auf einem Zusatzzeichen handelt oder das Streckenverbot durch ein Gefahrzeichen verdeutlicht wird und sich aus der Örtlichkeit zweifelsfrei ergibt, wo die Gefahr endet (s.a. Anl. 2 lfd. Nr. 55), z.B. bei einer Baustelle mit Z. 123 (OLG Köln DAR 2017, 467 mit Anm. Engel).

Zeichen 283 (Absolutes Haltverbot)

Das Haltverbot gilt auf Fahrbahnen. Das sind die Teile der Straße, die durch die Art ihrer Befestigung (Schwarzdecke, Beton, Pflasterung) für den Fahrzeugverkehr erkennbar geeignet und für diesen freigegeben sind (s.a. Erl. 2.2.2 zu § 1). Entscheidend sind dabei die tatsächlichen Verhältnisse, insbesondere die bauliche Ausgestaltung des Verkehrsraums. Haltverbote können deshalb auch in Fußgängerzonen für den zugelassenen Ladeverkehr oder auf Parkplätzen oder Zufahrten angeordnet werden, wo aus bestimmten Gründen keine Fahrzeuge halten sollen und dürfen. Das Haltverbot gilt nur für die Fahrbahnseite des fließenden Verkehrs, nicht aber für Haltbuchten, Parkstreifen oder sonstige für den ruhenden Verkehr bestimmte Flächen (KG VRS 122, 157). Das Haltverbot gilt nur für die

Straßenseite, auf der das Schild steht; es beginnt ab dem Schild und endet an der nächsten Kreuzung oder Einmündung der gleichen Straßenseite; ebenso beim eingeschränkten Haltverbot nach Z. 286 (Anl. 2 lfd. Nr. 61, Erl. Nr. 1 Satz 2). Enden kann das Haltverbot auch ohne Zusatzzeichen „Ende", wenn der Grund für die Freihaltung der Verkehrsfläche eindeutig erkennbar ist, z.B. im Kurvenbereich, an Baustellen. Notfalls ist der Haltverbotsbereich durch weiße Anfangs- und Endpfeile im Z. 283 zu kennzeichnen. Das Zusatzzeichen „auf dem Seitenstreifen" erfasst nur die sich unmittelbar an die Fahrbahn anschließende Fläche des Seitenstreifens, nicht aber den hinter einer Baumreihe befindlichen Streifen oder sonstige außerhalb der Fahrbahn befindliche Flächen, selbst wenn das Zeichen dort aufgestellt wird (OLG Jena DAR 2008, 156 = NZV 2009, 215: Schotterfläche; OLG Jena VerkMitt 1998 Nr. 46 = NZV 1998, 166). Abgesehen von tages- oder wochenzeitlichen Begrenzungen ist auch die Kombination von Z. 283 mit einem Zusatzzeichen „Be- oder Entladen/Ein- oder Aussteigen frei" zulässig,[87] wenn die Drei-Minuten-Halterlaubnis des Z. 286 ausgeschlossen bleiben muss (Beschluss OVG Berlin vom 12.5.2000 – OVG 1 N 34.07). Mit dem Zusatzzeichen „Lieferverkehr frei" wird eine Ladezone begründet, in der nur zu diesem Zweck dort gehalten werden darf. Anders als beim Z. 286 dürfen auch Schwerstbehinderte mit einem blauen oder orangefarbenen Parkausweis dort nicht parken. Im absoluten Haltverbot parkende Fahrzeuge können abgeschleppt werden, wenn sie für die Verkehrssicherheit eine Gefahr darstellen (s. Erl. 2.3.6 zu § 12).

Bei vorübergehend angeordneten Haltverboten für Baustellen, Umzüge und sonstige Veranstaltungen ist es nicht (mehr) erforderlich, während der Geltungsdauer die dort befindlichen Parkhinweise und Parkmarkierungen abzudecken oder durchzukreuzen, was die Verkehrsbehörden entlastet und den Veranstalter oder die Straßenbaufirmen von zusätzlichen Kosten befreit (Anl. 2 lfd. Nr. 61, Erl. zu 2).

Zeichen 286 (Eingeschränktes Haltverbot)

Das Zeichen muss sich am Anfang der Verbotsstrecke befinden; es genügt nicht, dass es mit **weißem Endpfeil** am Ende der Verbotsstrecke steht (KG VRS 47, 313). Obwohl das Haltverbot nur bis zum nächsten Knotenpunkt reicht, ist bei weißem Anfangspfeil wegen des Sichtbarkeitsgrundsatzes auch das Ende durch einen weißen Pfeil zu kennzeichnen.[88] Das Haltverbot gilt nur auf der Straßenseite, auf der das Zeichen steht (OLG Hamm MDR 1992, 278); s.a. Erl. 2.3.7 zu § 12. Das Zusatzzeichen „**werktags**" zu Z. 283 oder 286 schließt auch den Samstag ein (OLG Hamm VerkMitt 2001 Nr. 91 = NZV 2001, 355 = DAR 2001, 376 = VRS 100, 468; OLG Hamburg VerkMitt 1984 Nr. 73 = DAR 1984, 157 = VRS 66, 379; kritisch Ortbauer DAR 1995, 463). Fällt ein Wochentag auf einen gesetzlichen Feiertag, gilt das Haltverbot nicht, wenn die Regelung offensichtlich nur für Werktage gedacht ist (Janker NZV 2004, 120; a.A. OLG Brandenburg DAR 2013, 711: bezogen auf zeitliche Tempogrenzen nach Z. 274 greifen keine Erwägungen zum Schutzzweck verkehrsbehördlicher Anordnung). Befindet sich ein Z. 283

87 Nach Rn. 142 VwV-StVO zu § 46 Abs. 2 können nur die obersten Landesbehörden abweichende Zusatzzeichen zulassen.

88 VwV-StVO zu Z. 283 und 286 ist bindend, damit sich Kraftfahrer nicht bezüglich des Geltungsbereichs irren.

über einem Z. 286[89] mit Zusatzzeichen „Mo–Fr 9 bis 24 h“, gilt die zeitliche Begrenzung nur für das Z. 286, weil Zusatzzeichen nach § 39 Abs. 3 Satz 2 dicht unter den Zeichen angebracht werden müssen (BVerwG VRS 105, 474). Zwar wird Mitternacht nach dem Deutschen Zeitgesetz[90] mit „0 Uhr“ angegeben, die Bezeichnung „24 h“ ist jedoch allgemein verständlich und berührt nicht den Sichtbarkeitsgrundsatz.

Durch Zusatzzeichen können Elektrofahrzeuge i. S. d. § 2 EmoG von eingeschränkten Haltverboten (Z. 286) oder Haltverbotszonen (Z. 290.1) ausgenommen werden. Das ist insbesondere dann erforderlich, wenn sich in Haltverbotsräumen oder am Fahrbahnrand Ladestationen für Elektrofahrzeuge befinden. Damit auch andere Elektrofahrzeuge Ladestationen nutzen können, ist die Parkzeit auf max. vier Stunden zu begrenzen (s. a. Rn. 45b bis 45d VwV-StVO zu § 45 Abs. 1g). Der Nachweis der Parkzeit ist dann durch eine Parkscheibe (Bild 318) zu erbringen, die im Fahrzeug gut lesbar auszulegen ist (Anl. 3 lfd. Nr. 11, Spalte 3). Sind alle Elektroanschlüsse besetzt, darf auch ein Elektrofahrzeug dort nicht parken, um auf einen freien Anschluss zu warten (AG Charlottenburg DAR 2017, 151).

Bevor flächendeckende Parkbevorrechtigungen in Gemeindegebieten oder Stadtteilen geschaffen werden, sind Stellplatz-Konzepte zu erarbeiten, um ein möglichst gleichmäßiges Netz von Stellplätzen, das dem tatsächlichen Bedarf an Ladestationen Rechnung trägt, zu gewährleisten. Vor jeder Entscheidung über eine Bevorrechtigung von elektrisch betriebenen Fahrzeugen sind die Straßenbaubehörden und die Polizeien zu hören. Der Bevorrechtigung von Elektrofahrzeugen geht die Gewährleistung eines sicheren und flüssigen Verkehrsablaufs aller Verkehrsteilnehmer vor.

Die für die Z. 286 und 290.1 vorgesehenen (neuen) Zusatzzeichen ermöglichen die Anordnung auch reiner Carsharing-Parkplätze (allgemein für Carsharingfahrzeuge oder für Fahrzeuge bestimmter Carsharing-Unternehmen) sowie auch die Mitnutzung bestimmten Gruppen vorbehaltener Parkplätze (z. B. Besucherparkplätze in Bewohnerparkzonen).

Zeichen 290.1 (Eingeschränktes Haltverbot für eine Zone)

Anders als die nur auf Fahrbahnen geltenden Z. 283 und 286 beziehen sich Zonenhaltverbote auf alle dem allgemeinen Fahrzeugverkehr dienenden Flächen, wie Park- und Ladebuchten, Seitenstreifen (s. a. Erl. 2.3.8 zu § 12). Nicht erfasst werden Flächen, die dem Fahrzeugverkehr nicht zugänglich sind (Geh- und Radwege), weil sie nur einer speziellen Verkehrsart dienen. Parken auf Geh- und Radwegen ist deshalb nach § 12 Abs. 4, nicht aber nach Z. 290 unzulässig. Z. 290 kann nicht durch Zusatzzeichen (z. B. „auch Radfahrer“) auf Gehwege erweitert werden (BVerwG VD 2004, 135; OVG Lüneburg VerkMitt 2003 Nr. 72 = VRS 106, 144; VG Lüneburg VerkMitt 2003 Nr. 33 = VRS 104, 236 = NZV 2003, 255). Zur Förderung von Elektrofahrzeugen s. Erl. zu Z. 286.

Mit den Zusatzzeichen 1040-32 oder 1040-33 wird das Parken zeitlich befristet zugelassen (OVG Bremen VerkMitt 1988 Nr. 19). Die Parkscheibe ist von außen gut lesbar auszulegen (Armaturenbrett); auf der Hutab-

89 Bei der Kombination von Z. 283 und Z. 286 muss sich das Z. 283 stets über dem Z. 286 befinden.

90 § 1 des Deutschen Zeitgesetzes vom 25.7.1978 (BGBl. I S. 1110) i. d. F. vom 13.9.1994 (BGBl. I S. 2322).

lage im KFZ genügt, wenn sie dort gut sichtbar ist (OLG Köln NZV 1992, 376). Die Parkscheibe ist nicht mehr „gut lesbar", wenn sie sich zwischen mehreren Parkscheiben mit unterschiedlich eingestellten Zeiten befindet. Im Zonenhaltverbot ist das Parken vor einer Grundstückszufahrt für den Eigentümer oder seinen Beauftragten zulässig, wenn die Zufahrt beiderseits von Parkstreifen begrenzt wird (BayObLG DAR 1992, 270 = NZV 1992, 417). Sind mit dem Z. 290 weitere drei Zusatzzeichen verbunden (ein Zeichen für Kurzparkregelung mit Parkschein und zwei Zeichen für zeitlich begrenztes Bewohnerparken), ist der Sichtbarkeitsgrundsatz trotz Rn. 35 VwV-StVO zu § 39 noch gewahrt, weil dessen Anforderungen im ruhenden Verkehr geringer als im fließenden Verkehr sind (VGH Mannheim VerkMitt 2010 Nr. 85).

Markierungen

Auch Markierungen sind Verkehrszeichen und ordnen Verhaltenspflichten an. Zu den Markierungen gehören als Vorschriftzeichen die Z. 293 bis 299 und Parkflächenmarkierungen (Anl. 2 lfd. Nr. 74) sowie als Richtzeichen die Z. 340 und 341 und Radverkehrsführungsmarkierungen (§ 39 Abs. 5). Markierungen sind weiß (meist ausgeführt in Heiß- oder Kaltplastik, selten mit weißer Farbe), können aber auch durch gleichmäßig dichte Markierungsknopfreihen ersetzt werden. Markierungen als Leuchtknopfreihen (selten) gelten nur, wenn sie eingeschaltet sind. Vorübergehende gelbe Markierungen heben die weißen Linien auf. Schriftzeichen oder Wiedergabe von Verkehrszeichen auf Fahrbahnen verweisen auf vertikale Verkehrszeichen; nur diese gelten. Andersfarbige Markierungen, z.B. für Radschnellwege, dienen nur der Kenntlichmachung für die Verkehrsteilnehmer und haben keine verhaltensrechtliche Relevanz.

Zeichen 293 (Fußgängerüberweg)

Die Schutzwirkung am Fußgängerüberweg geht von der Markierung des Z. 293 aus, nicht vom Richtzeichen 350.[91] Bei dem „Fußgängerüberweg" nach § 315c Abs. 1 Nr. 2c StGB handelt es sich nur um die mit Z. 293 markierten Zebrastreifen, keine sonstigen Fußgängerquerungsstellen (OLG Celle VerkMitt 2013 Nr. 23 = DAR 2013, 213 = NZV 2013, 252 = VRS 124, 324 = VD 2013, 113). Die Schutzwirkung erstreckt sich nicht auf Radfahrer, die den Zebrastreifen befahren; anders nur, wenn das Rad zu Fuß geschoben wird (KG NZV 2005, 92; OLG Düsseldorf VerkMitt 1998 Nr. 86 = NZV 1998, 296 = DAR 1998, 280 = VD 1998, 188; AG Wetzlar NZV 2011, 28: bei Unfällen haftet der Radfahrer allein). Benutzen Radfahrer den Zebrastreifen unzulässig, verstoßen sie gegen die Fahrbahnbenutzungspflicht (§ 2 Abs. 1), weil sie die Fahrbahn nicht in Richtung ihres Verlaufs befahren. Auf sowie 5 m vor dem Fußgängerüberweg besteht Haltverbot;

---

91 Fußgängerüberweg, auch „Zebrastreifen" oder „Dickstrichkette" genannt. Die Bezeichnung „Zebrastreifen" geht auf eine Hamburger Aktion „**Z**eichen **E**ines **B**esonders **R**ücksichtsvollen **A**utofahrers" zurück. Die „Richtlinien für die Anlage von Fußgängerüberwegen (R-FGÜ)" vom 31.10.2001 (VkBl. S. 474) regeln die Voraussetzungen und Ausgestaltung von Zebrastreifen und tragen den Besonderheiten in den Bundesländern Rechnung. Eine optionale 3D-Darstellung der Zebrastreifenmarkierung sieht die StVO nicht vor, denn die Schaffung einer „Zweiklassengesellschaft" von Verkehrszeichen ist weder gewollt noch zulässig. Wo ein Fußgängerüberweg schlecht erkennbar ist, kann ergänzend Z. 350 angeordnet werden.

s. a. Erl. 2.3.4 zu § 12. Bei starkem Verkehr sind Fußgängerüberwege zu benutzen, selbst wenn der Überweg 40 bis 50 m entfernt ist (KG VerkMitt 2009 Nr. 4 = VRS 115, 289).

Für Fußgängerfurten (keine Zebrastreifen), die sich außerhalb der Fünf-Meter-Grenze vor Kreuzungen oder Einmündungen (§ 12 Abs. 3 Nr. 1) befinden, gibt es hingegen kein besonderes Halt- oder Parkverbot. Das Halten und Parken ist aber unzulässig, wenn Fußgänger (konkret) behindert werden (§ 1 Abs. 2).

Zeichen 294 (Haltlinie)

Eine Haltlinie ist nach Rn. 4 VwV-StVO zum Z. 206 dort anzubringen, wo der andere Verkehr übersehen werden kann (Sichtlinie), d. h. vor den Schnittkanten der einmündenden Straßen.

Da aber zum Vorfahrtbereich auch der zur Weiterfahrt bestimmte Fahrbahnteil gehört, den der bevorrechtigte Verkehr zum Einbiegen benötigt (KG VerkMitt 1984 Nr. 48), ist die Haltlinie oft zurückgesetzt, um abbiegendem Verkehr infolge unzureichender Radien das Einfahren zu ermöglichen. Weiterhin dienen solche Haltlinien der Absicherung von Radverkehrsanlagen, unmittelbar vor der Kreuzung befindlichen Grundstücksausfahrten oder der Fußgängerquerung, wenn durch das Warten unmittelbar vor der Kreuzung infolge starken Verkehrs die Straße versperrt würde. Nicht verbindlich ist das Zusatzzeichen „bei Rot hier halten"; es kann aber auf ein Halt- oder Wartegebot hinweisen (OLG Hamm VRS 49, 220).

Vorgezogene Haltlinie mit Stoppschild
ohne Sicht in die Einmündung

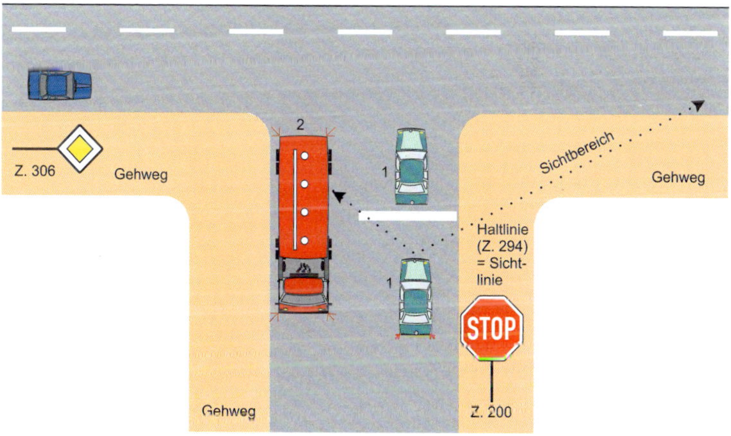

Die Haltlinie befindet sich in der Regel dort, wo die Sicht in den bevorrechtigten Verkehr möglich ist. Dann ist an der Haltlinie (Z. 294) anzuhalten (somit nicht am „Stoppschild" selbst). Ist an der Haltlinie die bevorrechtigte Straße faktisch nicht einsehbar, z.B. wegen des stehenden LKW 2, darf sich PKW 1 nach dem Halt am Z. 294 vorsichtig in den Kreuzungsbereich hineintasten. Ein nochmaliges (striktes) Anhalten wird nicht gefordert. Gleiches gilt, wenn zweifelhaft bleibt, ob die Haltlinie eine ausreichende Sicht gewährt. Auch in diesem Fall ist ein nochmaliges (striktes) Anhalten an der Sichtlinie nicht vorgeschrieben.

Zurückgesetzte Haltlinie in Verbindung mit einer signalisierten Fußgängerfurt

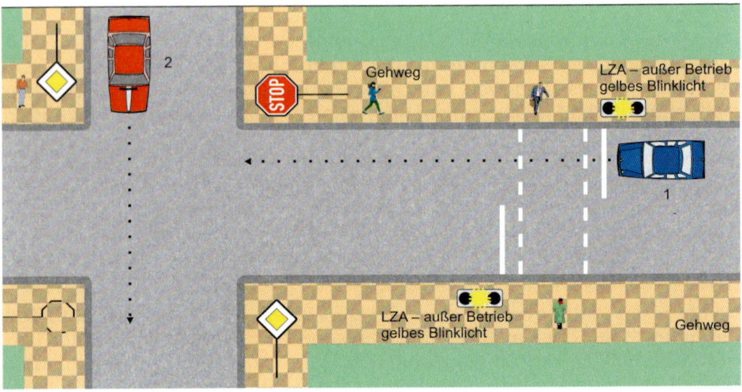

Etwa 30 m vor der Kreuzung mit einem Stoppschild (Z. 206) befindet sich eine durch Lichtzeichen signalisierte Fußgängerfurt. Die Lichtzeichenanlage ist außer Betrieb und strahlt nur gelbes Blinklicht ab. Die Haltlinie in Verbindung mit der Fußgängerfurt hat infolge ihrer räumlichen Entfernung keinen Bezug mehr zum bevorrechtigten Knotenpunkt (Z. 206), so dass KFZ1 erst an der Sichtlinie der Kreuzung, nicht aber bereits an der Haltlinie anhalten muss, um KFZ 2 die Vorfahrt einzuräumen.

Würde sich hingegen die signalisierte Fußgängerfurt unmittelbar vor der Kreuzung befinden, müsste KFZ 1 auch dann an der Haltlinie anhalten, wenn die Anlage außer Betrieb ist.

Ist die Haltlinie mit einer LZA, einem Stoppschild (Z. 206) oder einer Fußgängerfurt kombiniert, ist auch dann am Z. 294 anzuhalten, wenn die LZA außer Betrieb ist. Eine rechtliche Differenzierung als „Haltlinie einer Ampel“, als „Haltlinie zum Z. 206“ oder als „Haltlinie einer Fußgängerfurt“ erfolgt weder nach der verkehrsbehördlichen Anordnung noch nach der Erläuterung zu Z. 294. Entscheidend ist, dass sich Z. 294 in enger räumlicher Beziehung zur Signalanlage oder dem Z. 206 befindet und jeweils ein Wartegebot entfaltet. Z. 206 hat eine doppelte Bedeutung, und zwar sich über die Vorfahrtverhältnisse zu vergewissern und die Vorfahrt zu gewähren. Bei einer davor befindlichen Haltlinie ist das Wartegebot (Vergewisserung über die Vorfahrtverhältnisse) dort zu beachten. Nach dem Halt darf weitergefahren werden, wobei nunmehr die Vorfahrt zu beachten ist, und zwar nicht erst an der faktischen Sichtlinie, sondern wegen einbiegender Fahrzeuge bereits vorher (KG VerkMitt 1984 Nr. 48). Dabei ist erforderlichenfalls nochmals an der Sichtlinie anzuhalten, wenn von der Haltlinie aus der Knotenpunkt nicht völlig übersehen werden kann. Eine Pflicht zum doppelten Halten besteht aber nicht (Rebler VD 2015, 315).

Ein Zusammenhang mit der Vorfahrtregelung fehlt nur dann, wenn sich die Haltlinie in einer so großen Entfernung zur Einmündung befindet (etwa 30 m), dass sie räumlich nicht mehr dem Z. 206 zuzuordnen ist. In solchen Fällen ist die Haltlinie nicht mehr „ergänzend“ einem Halt- oder Wartegebot zuzuordnen, und aus der Markierung der Fußgängerfurt allein folgt kein Haltgebot. Eine isolierte Haltlinie **ohne** Halt- und Wartegebote ist somit unbeachtlich.

Bei der Berechnung eines qualifizierten Rotlichtverstoßes (länger als eine Sekunde Rot) ist von der unmittelbar davor befindlichen Haltlinie auszugehen (OLG Frankfurt/M. NZV 1995, 36; BayObLG VRS 87, 151; OLG Köln NZV 1995, 327; OLG Karlsruhe VRS 89, 140).

Zeichen 295 (Fahrstreifenbegrenzung und Fahrbahnbegrenzung)

Z. 295 dient der Sicherheit des Gegenverkehrs, nicht dem Schutz des nachfolgenden Verkehrs (OLG Hamm VRS 126, 136). Nach den „Richtlinien für die Anlage von Landstraßen (RAL)" kann das Z. 295 auch als Doppellinie voneinander abgesetzt aufgebracht sein und der verbleibende Zwischenraum in grüner Farbe ausgefüllt sein. In Anl. 2 lfd. Nr. 68, Spalte 3, Nr. 1 wird klargestellt, dass es sich dann weder um einen Mittelstreifen noch um eine bauliche Trennung handelt.

Wird die Fahrspur durch verbotswidrig parkende Fahrzeuge blockiert, darf die links befindliche durchgehende Linie mit Vorsicht überfahren werden, um sich unmittelbar hinter dem Fahrzeug wieder nach rechts einzugliedern (BayObLG VRS 70, 55). Das Überfahren der Fahrbahnbegrenzung einer Mittelinsel des Kreisverkehrs ist für große Fahrzeuge nach Anl. 2 lfd. Nr. 8 – Z. 215 Nr. 2 und lfd. Nr. 68 – Z. 295 Nr. 2b mit Gefährdungsausschluss anderer zulässig. Wird Z. 295 – ohne zu überholen – missachtet, handelt es sich um einen Verstoß sowohl gegen das Rechtsfahrgebot wie auch gegen Z. 295. Erfolgt die Missachtung des Z. 295 jedoch infolge eines Überholvorganges durch Platzmangel, bleibt es wegen der spezielleren Regelung bei dem Verstoß gegen Z. 295, nicht aber gegen § 2 Abs. 2.[92]

Z. 295 hat nicht stets eine rechtsbegründende Wirkung in der Weise, dass rechts auch die Fahrbahn an der Markierung enden muss. Entscheidend sind vielmehr die tatsächlichen Verhältnisse, insbesondere die bauliche Ausgestaltung des Verkehrsraums rechts von der durchgezogenen Linie. Ist dieser Raum z.B. eine befestigte Fläche, ähnlich der „Hauptfahrbahn", endet die Fahrbahn im Rechtssinn nicht an der Markierung. Welche Bedeutung der rechts von der ununterbrochenen Linie verbleibende Raum hat, hängt von seiner Zuordnung ab. Bei Ausweisung dieser Fläche durch Z. 245 oder 237 handelt es sich um einen Sonderfahrstreifen für Linienbusse oder Radfahrstreifen (dann gilt die durchgezogene Linie nicht als Fahrbahn-, sondern als Fahrstreifenbegrenzung). Auch bei Abgrenzung eines Sonderweges darf sie überfahren werden, wenn Parkbereiche oder Grundstückszufahrten anders nicht erreicht werden können (Anl. 2 lfd. Nr. 68, Spalte 3, Nr. 3b).

Als Fahrbahnbegrenzung darf Z. 295 nach rechts überfahren werden, insbesondere zu einer anders nicht erreichbaren Grundstückszufahrt (Anl. 2 lfd. Nr. 68, Spalte 3, Nr. 3c). Befindet sich rechts ein befestigter Seitenstreifen (§ 2 Abs. 1 Satz 2), müssen langsame Fahrzeuge dort fahren. Langsam sind Fahrzeuge, deren bauartbedingte Höchstgeschwindigkeit auf etwa 32 km/h begrenzt ist, insbesondere land- oder forstwirtschaftliche Zug- und Arbeitsmaschinen, Fahrräder, Mofas, Kutschen, Fuhrwerke. Der Begriff „langsame Fahrzeuge" in § 5 Abs. 6 Satz 2 ist nicht identisch mit den Fahrzeugen in Anl. 2 lfd. Nr. 68, Spalte 3, Nr. 1c, Satz 2, denn diese müssen grundsätzlich die Fahrbahn benutzen. Allerdings dürfen diese Fahrzeuge (kurzfristig) auf den Seitenstreifen überwechseln, um die hinter ihnen befindlichen Schnellfahrer vorbeizulassen. Ist der Seitenstreifen als Parkstreifen angelegt (meist nur innerorts), darf rechts von der Linie geparkt werden. Zu den Halt- und Parkverboten bei Z. 295 s. Erl. 2.3.9 und Erl. 2.4.8 zu § 12.

---

92 S.a. Hentschel/König/Dauer, Straßenverkehrsrecht, 42. Aufl., Rn. 73 zu § 2.

Zum Anwendungsbereich des Z. 295 gehört auch die Kennzeichnung des Verlaufs von Sonderwegen, was insbesondere für Außerortsbereiche, in denen Sonderwege in der Regel ohne eigene Straßenbeleuchtung geführt werden, vor allem für die Radverkehrsführung zweckmäßig ist. Verbote für die Zufahrt zu land- und forstwirtschaftlichen Flächen sind mit Aufbringen der Kennzeichnung nicht verbunden, weil das Überfahren der Kennzeichnung für alle Arten von Grundstückszufahrten und somit z.B. auch für Feldzufahrten erlaubt ist. Auch für überbreite land- und forstwirtschaftliche Fahrzeuge ergeben sich beim Befahren entsprechender Sonderwege keine Einschränkungen, wenn sie sich auf solchen nicht innerhalb der Begrenzungslinien bewegen können, da insoweit nur der Verlauf des für den Radverkehr bestimmten Teils gekennzeichnet wird und sie nicht Adressat der Begrenzung sind.

Zeichen 297 (Pfeilmarkierungen)

Markierte Pfeile auf der Fahrbahn schreiben die Fahrtrichtung auf der nächsten Kreuzung oder Einmündung dann vor, wenn sich dazwischen **Leitlinien** (Z. 340) oder **Fahrstreifenbegrenzungen** (Z. 295) befinden (OLG Karlsruhe VerkMitt 1981 Nr. 40). Dann gilt **Haltverbot** auf der von Pfeilen belegten Strecke; s.a. Erl. 2.3.10 zu § 12. Die Regelung gilt auch dann, wenn sich der Pfeil zwischen der Bordsteinkante und einer Leitlinie oder Fahrstreifenbegrenzung befindet.[93] Vor der Kreuzung darf der mit Pfeilen versehene Fahrstreifen noch gewechselt werden, wenn sich dazwischen eine unterbrochene Linie (Leitlinie) befindet; dabei muss eine Gefährdung ausgeschlossen sein (OLG Hamm NZV 2013, 247). Ist hingegen eine durchgehende Linie (Fahrstreifenbegrenzung) vorhanden, muss der Fahrer in seiner Spur bleiben (OLG Düsseldorf VRS 89, 138).

Der Pfeilrichtung ist ferner zu folgen, wenn sich Pfeile zwischen Leitlinien oder Fahrstreifenbegrenzungen in einem **Kreisverkehr** befinden. Sind hier Rechtsabbiegepfeile vor einer durch Mittelstreifen getrennten Zufahrt einer Richtungsfahrbahn angebracht, gilt die **verpflichtende Fahrtrichtung** für die nächstfolgende Abbiegung im Kreisverkehr (BGH DAR 2014, 258 = NZV 2014, 208 = VRS 126, 85: Fall Falkenseer Platz in Berlin-Spandau). Auf die Anzahl der Pfeile kommt es nicht an. Zwar spricht Anl. 2 lfd. Nr. 70 von „Pfeilen", gemeint ist aber, dass der Fahrzeugführer auch der durch einen Pfeil vorgegebenen Fahrtrichtung folgen muss, wenn sich dazwischen Fahrstreifenbegrenzungslinien befinden.[94] Das gilt auch, wenn ein Pfeil für die gleiche Richtung einem weiteren in einem größeren Abstand folgt. Wer bei einer Pfeilmarkierung den Fahrstreifen für Rechtsabbieger benutzt, jedoch verbotswidrig geradeaus fährt, darf die richtig Eingeordneten nicht rechts überholen (OLG Hamm VRS 53, 380). Andererseits verstößt der auf dem linken Pfeil eingeordnete Kraftfahrer nur gegen Z. 297, nicht aber gegen das Überholverbot nach § 5 Abs. 3 Nr. 1, wenn er verbotswidrig links an

93 Die sprachliche Fassung des Ge- oder Verbots bei Z. 297 ist leider wenig gelungen, weil der Fall, dass sich ein Pfeil nicht zwischen Markierungslinien, sondern zwischen Bordstein und einer Markierung befindet, zu Zweifeln Anlass geben kann. Es steht aber außer Frage, dass mit der Neufassung des Z. 297 die Bedeutung des Zeichens erweitert und die bisher geltende Regelung bei Pfeilen zwischen Bordstein und einer Markierungslinie nicht verändert werden sollte.

94 Die bisher auf nur „einen" Pfeil, „nebeneinander" liegende oder auf Pfeile für nur „eine Richtung" bezogene Rechtsprechung (OLG Schleswig VerkMitt 1966 Nr. 50; BayObLG VerkMitt 1975 Nr. 42 = DAR 1974, 305 = VRS 47, 394) ist durch materielle Änderung zu Z. 297 in Anl. 2 lfd. Nr. 70 überholt.

Richtungspfeile zwischen markierten Fahrstreifen

Bei Z. 297 (vorgeschriebene Fahrtrichtung) muss sich mindestens ein Pfeil zwischen Leitlinien (Z. 340) oder Fahrstreifenbegrenzungen (Z. 295) befinden, um eine Verpflichtung zur Folge der Fahrtrichtung auszulösen. Dann besteht Haltverbot auf den Pfeilmarkierungen.

Empfehlung, weil neben dem Pfeil keine Leitlinie (Z. 340) oder Fahrstreifenbegrenzung (Z. 295) markiert ist. Der Pfeil dient nur zur Verkehrslenkung.

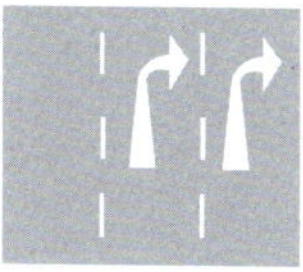

Verpflichtung, da sich zwischen den Pfeilen Leitlinien befinden. Dass die Pfeile nebeneinander liegen und nicht in verschiedene Richtungen weisen, ist unerheblich.

Nur für den rechtsweisenden Pfeil besteht eine **Verpflichtung,** nicht für den linksweisenden Pfeil, weil sich dieser nicht zwischen Leitlinien befindet. Der linksweisende Pfeil enthält insoweit nur eine **Empfehlung**.

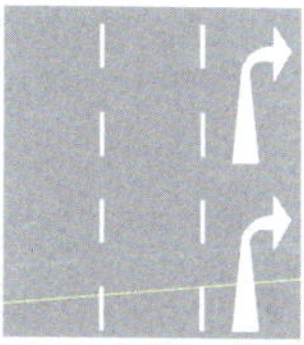

Verpflichtung. Dass die Pfeile hinter- und nicht nebeneinander markiert sind und auch nicht in verschiedene Richtungen weisen, ist unerheblich.

anderen Geradeausfahrern vorbeifährt (OLG Düsseldorf NZV 1996, 208). Das nach links weisende Z. 297 bedeutet für die folgende Kreuzung oder Einmündung kein Wendeverbot (OLG Düsseldorf VRS 54, 465; OLG Koblenz VRS 48, 71); notfalls ist Z. 272 anzuordnen. Wird ein Richtungspfeil durch bloßes Überstreichen mit grauer Farbe entfernt, haftet der Baulastträger nicht nur für die Rutschfestigkeit, sondern auch für die Festigkeit des Farbanstriches (OLG Hamm DAR 1999, 70).

Pfeile auf der Fahrbahn ohne Fahrstreifenbegrenzungen durch Z. 340 oder 295 empfehlen dem Fahrzeugführer, der Fahrtrichtung zu folgen. Wer sich bei nur empfohlenem Pfeil falsch einordnet, muss aber die richtig Eingeordneten nach § 1 Abs. 2 vorbeifahren lassen (KG SVR 2009, 111). Er hat keinen Vertrauensschutz, dass andere die Fahrtrichtung entgegen der Pfeilmarkierung respektieren.

Zeichen 297.1 (Vorankündigungspfeil)

Der Vorankündigungspfeil zeigt das Ende eines Fahrstreifens, einer Fahrstreifenbegrenzung oder auch das Ende eines Überholstreifens an. Pfeilmarkierungen empfehlen, sich rechtzeitig in die gewünschte Fahrtrichtung einzuordnen. Die Ausführung des Pfeiles kann von der gezeigten abweichen.

Zeichen 298 (Sperrfläche)

Sperrflächen schaffen Sicherheitszonen zwischen den Fahrspuren oder zwischen diesen und Flächen außerhalb des fließenden Verkehrs (OLG Köln NZV 1991, 483). Auf ihnen darf weder gefahren noch gehalten oder geparkt werden (Anl. 2 lfd. Nr. 72). Abgefahrene Markierungen bleiben wirksam, solange sie noch das Bild einer Sperrfläche bieten. Der Vertrauensgrundsatz gilt für alle Verkehrsteilnehmer, die mit der Beachtung der Markierung rechnen dürfen (OLG Köln VerkMitt 1990 Nr. 60).

Zeichen 299 (Grenzmarkierung für Halt- und Parkverbote)

Die Markierung bezeichnet, verlängert oder verkürzt **bestehende** Halt- oder Parkverbotsstrecken. Der Berechtigte darf auf der Grenzmarkierung vor seiner Grundstückszufahrt parken, denn das Parkverbot des § 12 Abs. 3 Nr. 3 schützt allein den Grundstücksinhaber. Ohne Halt- oder Parkverbot ist die „Zickzacklinie“ allerdings ohne Bedeutung (BayObLG VerkMitt 1982 Nr. 45 = VRS 62, 145; OLG Düsseldorf VRS 74, 68). Solche „isolierten“ Markierungen sind dann vorzufinden, wenn z. B. Haltestellen verlegt oder Grundstückszufahrten entfernt worden sind, der Baulastträger aber aus Kostengründen die Grenzmarkierung noch nicht entfernt hat.

Parkflächenmarkierung (Anl. 2 lfd. Nr. 74)

Parkflächenmarkierungen erlauben das Parken, auf Gehwegen aber nur Fahrzeugen bis 2,8 t. Ihre Anordnung ist nur zulässig, wenn sie gemäß § 45 Abs. 9 zwingend geboten sind (VG Schleswig-Holstein VerkMitt 2007 Nr. 44 = NZV 2007, 270; Rebler VD 2015, 255/257). Das Parken außerhalb markierter Parkflächen ist **nicht** durch Anl. 2 lfd. Nr. 74 verboten, kann aber nach anderen Bestimmungen untersagt sein (BGH VerkMitt 1980 Nr. 33 = VRS 58, 225 = MDR 1980, 333 = NJW 1980, 845; ähnlich OLG Stuttgart VRS 74, 223; OLG Düsseldorf DAR 1995, 457 = VRS 90, 66); s. a. Erl. 2.4.16 zu § 12. Der Begriff „Straße“ (Anl. 2 lfd. Nr. 74 – Erl.) bezieht sich auf alle öffentlichen Verkehrsflächen (nicht nur auf Fahrbahnen und Sonderwege), somit auch auf Parkplätze. Markierungen in X-Form (sog. „Briefkuverts“) sind (amtlich) nicht vorgesehen und begründen daher kein Parkverbot (KG VRS 65, 297); sie können aber auf ein anderes Parkverbot hinweisen, z. B. Grundstückszufahrt, abgesenkter Bordstein. Grüne oder blaue Parkflächenmarkierungen sind rechtswidrig und unbeachtlich (BVerwG DAR 1993, 191). Zu witterungsverdeckten Markierungen siehe Erl. 2.5.5 zu § 1.

3 Hinweise

3.1 Verbot des Zweitüberholens bei Markierung von insgesamt drei oder vier Fahrstreifen für beide Fahrtrichtungen, ferner Benutzungsverbot des linken von drei Fahrstreifen durch LKW über 3,5 t oder Züge mit einer Länge über 7 m: § 42 Abs. 6 Nr. 1.

3.2 Richtlinien für die Markierung von Straßen (RMS): VkBl. 1993, 667.

§ 42 Richtzeichen

(1) Richtzeichen geben besondere Hinweise zur Erleichterung des Verkehrs. Sie können auch Ge- oder Verbote enthalten.[1]

(2) Wer am Verkehr teilnimmt, hat die durch Richtzeichen nach Anlage 3 angeordneten Ge- oder Verbote zu befolgen.

(3) Richtzeichen stehen vorbehaltlich des Satzes 2 dort, wo oder von wo an die Anordnung zu befolgen ist. Soweit die Zeichen aus Gründen der Leichtigkeit oder der Sicherheit des Verkehrs in einer bestimmten Entfernung zum Beginn der Befolgungspflicht stehen, ist die Entfernung zu dem maßgeblichen Ort auf einem Zusatzzeichen angegeben.

1 Die Ahndung von Verstößen nach § 49 Abs. 3 Nr. 4 bis 6 gegen die Ge- und Verbote der Anl. 2 bis 4 folgt nicht unmittelbar aus den Anlagen, sondern aus dem sachlich-rechtlichen Teil der Vorschriftentexte der §§ 41 bis 43. In den Anlagen sind die bußgeldbewehrten Ge- und Verbote zu den jeweiligen Verkehrszeichen konkret und handlungsbezogen formuliert. Dort, wo ein Verstoß gegen die StVO nur aus der Erlaubnis abgeleitet werden kann, ist der Verstoß in den einzelnen Vorschriften ausdrücklich geregelt.

Richtzeichen[2]

1	2	3
lfd. Nr.	**Zeichen und Zusatzzeichen**	**Ge- oder Verbote Erläuterungen**
Abschnitt 1 Vorrangzeichen		
1	Zeichen 301  Vorfahrt	**Ge- oder Verbot** Das Zeichen zeigt an, dass an der nächsten Kreuzung oder Einmündung Vorfahrt besteht.
2	Zeichen 306  Vorfahrtstraße	**Ge- oder Verbot** Wer ein Fahrzeug führt, darf außerhalb geschlossener Ortschaften auf Fahrbahnen von Vorfahrtstraßen nicht parken. Das Zeichen zeigt an, dass Vorfahrt besteht bis zum nächsten Zeichen 205 „Vorfahrt gewähren.“, 206 „Halt. Vorfahrt gewähren.“ oder 307 „Ende der Vorfahrtstraße“.
2.1		**Ge- oder Verbot** 1. Wer ein Fahrzeug führt und dem Verlauf der abknickenden Vorfahrtstraße folgen will, muss dies rechtzeitig und deutlich ankündigen; dabei sind die Fahrtrichtungsanzeiger zu benutzen. 2. Auf den Fußgängerverkehr ist besondere Rücksicht zu nehmen. Wenn nötig, muss gewartet werden. **Erläuterung** Das Zusatzzeichen zum Zeichen 306 zeigt den Verlauf der Vorfahrtstraße an.
3	Zeichen 307  Ende der Vorfahrtstraße	

1	2	3
lfd. Nr.	**Zeichen und Zusatzzeichen**	**Ge- oder Verbote Erläuterungen**
4	Zeichen 308  Vorrang vor dem Gegenverkehr	**Ge- oder Verbot** Wer ein Fahrzeug führt, hat Vorrang vor dem Gegenverkehr.
Abschnitt 2 Ortstafel		
zu 5 und 6		**Erläuterung** Ab der Ortstafel gelten jeweils die für den Verkehr innerhalb oder außerhalb geschlossener Ortschaften bestehenden Vorschriften.
5	Zeichen 310  Ortstafel Vorderseite	Die Ortstafel bestimmt: Hier beginnt eine geschlossene Ortschaft.
6	Zeichen 311  Ortstafel Rückseite	Die Ortstafel bestimmt: Hier endet eine geschlossene Ortschaft.[3]

2 Varianten der Richtzeichen folgen aus dem Verkehrszeichenkatalog (VzKat), der als Anlage zur VwV-StVO im BAnz AT 29.5.2017 B8 veröffentlicht ist. Der VzKat kann von der Bundesanstalt für Straßenwesen (BASt) bezogen werden: Brüderstraße 53, 51427 Bergisch Gladbach, Tel. 0 22 04/43-185, Fax 0 22 04/43-674, http://www.bast.de/Verkehrszeichen

3 Der obere Teil des Zeichens ist nach den RWB gelb und nicht weiß. Die Regelung, dass der obere Teil des Z. 311 weiß sei, wenn die Ortschaft zu derselben Gemeinde wie die soeben durchfahrene gehört, ist nach RWB nicht vorgesehen. Ortstafeln nach Z. 310 und 311 sind deshalb immer gelb.

1	2	3
lfd. Nr.	**Zeichen und Zusatzzeichen**	**Ge- oder Verbote Erläuterungen**
Abschnitt 3 Parken		
7	Zeichen 314  Parken	**Ge- oder Verbot** 1. Wer ein Fahrzeug führt, darf hier parken. 2. a) Durch ein Zusatzzeichen kann die Parkerlaubnis insbesondere nach der Dauer, nach Fahrzeugarten, zugunsten der mit besonderem Parkausweis versehenen Bewohner oder auf das Parken mit Parkschein oder Parkscheibe beschränkt sein. b) Ein Zusatzzeichen mit Bild 318 (Parkscheibe) und Angabe der Stundenzahl schreibt das Parken mit Parkscheibe und dessen zulässige Höchstdauer vor. c) Durch Zusatzzeichen können Bewohner mit Parkausweis von der Verpflichtung zum Parken mit Parkschein oder Parkscheibe freigestellt sein. d) Durch ein Zusatzzeichen mit Rollstuhlfahrersinnbild kann die Parkerlaubnis beschränkt sein auf schwerbehinderte Menschen mit außergewöhnlicher Gehbehinderung, beidseitiger Amelie oder Phokomelie oder mit vergleichbaren Funktionseinschränkungen sowie auf blinde Menschen. e) Die Parkerlaubnis gilt nur, wenn der Parkschein, die Parkscheibe oder der Parkausweis gut lesbar ausgelegt oder angebracht ist. f) Durch Zusatzzeichen kann ein Parkplatz als gebührenpflichtig ausgewiesen sein. 3. a) Durch Zusatzzeichen kann die Parkerlaubnis zugunsten elektrisch betriebener Fahrzeuge beschränkt sein. b) Durch Zusatzzeichen können elektrisch betriebene Fahrzeuge von der Verpflichtung zum Parken mit Parkschein oder Parkscheibe freigestellt sein. Sind Parkscheinautomaten aufgestellt, kann die Freistellung auch allein am Automaten angegeben sein.[4] c) Durch Zusatzzeichen kann die Parkerlaubnis für elektrisch betriebene Fahrzeuge nach der Dauer beschränkt

1	2	3
lfd. Nr.	**Zeichen und Zusatzzeichen**	**Ge- oder Verbote Erläuterungen**
7	Zeichen 314 *(Fortsetzung)*	sein. Der Nachweis zur Einhaltung der zeitlichen Dauer erfolgt durch Auslegen der Parkscheibe. Die Parkerlaubnis gilt nur, wenn die Parkscheibe gut lesbar ausgelegt oder angebracht ist. 4. a) Durch Zusatzzeichen kann die Parkerlaubnis zugunsten von mit einem Carsharingausweis[5] versehenen Carsharingfahrzeugen beschränkt sein. Eine Beschränkung auf Fahrzeuge nur eines Carsharingunternehmens oder auf bestimmte Carsharingunternehmen ist nach Maßgabe des Carsharinggesetzes zulässig. Die Beschränkung erfolgt durch die Angabe der entsprechenden Firmenbezeichnung in schwarzer Schrift auf weißem Grund auf einem weiteren Zusatzzeichen. Die Parkerlaubnis gilt nur, wenn der Carsharingausweis im Fahrzeug gut lesbar ausgelegt oder angebracht ist. b) Durch Zusatzzeichen können Carsharingfahrzeuge von der Verpflichtung zum Parken mit Parkschein oder Parkscheibe freigestellt sein. Sind Parkscheinautomaten aufgestellt, kann die Freistellung auch allein am Automaten angegeben sein.[4] **Erläuterung** 1. Der Anfang des erlaubten Parkens kann durch einen zur Fahrbahn weisenden waagerechten weißen Pfeil im Zeichen, das Ende durch einen solchen von der Fahrbahn wegweisenden Pfeil gekennzeichnet sein. Bei in der Strecke wiederholten Zeichen weist eine Pfeilspitze zur Fahrbahn, die zweite Pfeilspitze von ihr weg. 2. Das Zeichen mit einem Zusatzzeichen mit schwarzem Pfeil weist auf die Zufahrt zu größeren Parkplätzen oder Parkhäusern hin. Das Zeichen kann auch durch Hinweise ergänzt werden, ob es sich um ein Parkhaus handelt.

4 Geändert durch Art. 1 der 54. StrVRÄndV vom 20.4.2020 (BGBl. I S. 814).
5 Blaue Carsharing-Plakette nach § 39 Abs. 11.

1	2	3
lfd. Nr.	**Zeichen und Zusatzzeichen**	**Ge- oder Verbote Erläuterungen**
8	Zeichen 314.1  Beginn einer Parkraum-bewirtschaftungs-zone[6]	**Ge- oder Verbot** 1. Wer ein Fahrzeug führt, darf innerhalb der Parkraumbewirtschaftungszone nur mit Parkschein oder mit Parkscheibe (Bild 318) parken, soweit das Halten und Parken nicht gesetzlich oder durch Verkehrszeichen verboten ist. 2. Durch Zusatzzeichen können Bewohner mit Parkausweis von der Verpflichtung zum Parken mit Parkschein oder Parkscheibe freigestellt sein. 3. Die Parkerlaubnis gilt nur, wenn der Parkschein, die Parkscheibe oder der Parkausweis gut lesbar ausgelegt oder angebracht ist. 4. a) Durch Zusatzzeichen kann die Parkerlaubnis zugunsten elektrisch betriebener Fahrzeuge beschränkt sein. b) Durch Zusatzzeichen können elektrisch betriebene Fahrzeuge von der Verpflichtung zum Parken mit Parkschein oder Parkscheibe freigestellt sein. Sind Parkscheinautomaten aufgestellt, kann die Freistellung auch allein am Automaten angegeben sein.[4] c) Durch Zusatzzeichen kann die Parkerlaubnis für elektrisch betriebene Fahrzeuge nach der Dauer beschränkt sein. Der Nachweis zur Einhaltung der zeitlichen Dauer erfolgt durch Auslegen der Parkscheibe. Die Parkerlaubnis gilt nur, wenn die Parkscheibe gut lesbar ausgelegt oder angebracht ist. 5. a) Durch Zusatzzeichen kann die Parkerlaubnis zugunsten von mit einem Carsharingausweis versehenen Carsharingfahrzeugen beschränkt sein. Eine Beschränkung auf Fahrzeuge nur eines Carsharingunternehmens oder auf bestimmte Carsharingunternehmen ist nach Maßgabe des Carsharinggesetzes zulässig. Die Beschränkung erfolgt durch eine zusätzliche Angabe der entsprechenden Firmenbezeichnung in schwarzer Schrift auf weißem Grund auf einem weiteren Zusatz-

1	2	3
lfd. Nr.	**Zeichen und Zusatzzeichen**	**Ge- oder Verbote Erläuterungen**
8	Zeichen 314.1 *(Fortsetzung)*	zeichen. Die Parkerlaubnis gilt nur, wenn der Carsharingausweis gut lesbar im Fahrzeug ausgelegt oder angebracht ist. b) Durch Zusatzzeichen können Carsharingfahrzeuge von der Verpflichtung zum Parken mit Parkschein oder Parkscheibe freigestellt sein. Sind Parkscheinautomaten aufgestellt, kann die Freistellung auch allein am Automaten angegeben sein.[4] **Erläuterung** Die Art der Parkbeschränkung wird durch Zusatzzeichen angezeigt.
9	Zeichen 314.2  Ende einer Parkraum-bewirtschaftungs-zone	
10	Zeichen 315  Parken auf Gehwegen	**Ge- oder Verbot** 1. Wer ein Fahrzeug führt, darf auf Gehwegen mit Fahrzeugen mit einer zulässigen Gesamtmasse über 2,8 t nicht parken. Dann darf auch nicht entgegen der angeordneten Aufstellungsart des Zeichens oder entgegen Beschränkungen durch Zusatzzeichen geparkt werden. 2. a) Durch ein Zusatzzeichen kann die Parkerlaubnis insbesondere nach der Dauer, nach Fahrzeugarten, zugunsten der mit besonderem Parkausweis versehenen Bewohner oder auf das Parken mit Parkschein oder Parkscheibe beschränkt sein.

6 Die Z. 314.1 und 314.2 enthalten eine flächenwirksame Regelung und machen eine aufwendige Einzelbeschilderung von Parkraumbewirtschaftungsgebieten entbehrlich.

1	2	3
lfd. Nr.	**Zeichen und Zusatzzeichen**	**Ge- oder Verbote Erläuterungen**
10	Zeichen 315 *(Fortsetzung)*	b) Ein Zusatzzeichen mit Bild 318 (Parkscheibe) und Angabe der Stundenzahl schreibt das Parken mit Parkscheibe und dessen zulässige Höchstdauer vor. c) Durch Zusatzzeichen können Bewohner mit Parkausweis von der Verpflichtung zum Parken mit Parkschein oder Parkscheibe freigestellt sein. d) Durch ein Zusatzzeichen mit Rollstuhlfahrersinnbild kann die Parkerlaubnis beschränkt sein für schwerbehinderte Menschen mit außergewöhnlicher Gehbehinderung, beidseitiger Amelie oder Phokomelie oder mit vergleichbaren Funktionseinschränkungen sowie für blinde Menschen. e) Die Parkerlaubnis gilt nur, wenn der Parkschein, die Parkscheibe oder der Parkausweis gut lesbar ausgelegt oder angebracht ist. 3. a) Durch Zusatzzeichen kann die Parkerlaubnis zugunsten elektrisch betriebener Fahrzeuge beschränkt sein. b) Durch Zusatzzeichen können elektrisch betriebene Fahrzeuge von der Verpflichtung zum Parken mit Parkschein oder Parkscheibe freigestellt sein. Sind Parkscheinautomaten aufgestellt, kann die Freistellung auch allein am Automaten angegeben sein.[4] c) Durch Zusatzzeichen kann die Parkerlaubnis für elektrisch betriebene Fahrzeuge nach der Dauer beschränkt sein. Der Nachweis zur Einhaltung der zeitlichen Dauer erfolgt durch Auslegen der Parkscheibe. Die Parkerlaubnis gilt nur, wenn die Parkscheibe gut lesbar ausgelegt oder angebracht ist. 4. a) Durch Zusatzzeichen kann die Parkerlaubnis zugunsten von mit einem Carsharingausweis versehenen Carsharingfahrzeugen beschränkt sein. Eine Beschränkung auf Fahrzeuge nur eines Carsharingunternehmens oder auf bestimmte Carsharingunternehmen ist nach Maßgabe des Carsharinggesetzes zulässig. Die Beschränkung

1	2	3
lfd. Nr.	**Zeichen und Zusatzzeichen**	**Ge- oder Verbote Erläuterungen**
10	Zeichen 315 *(Fortsetzung)*	erfolgt durch eine zusätzliche Angabe der entsprechenden Firmenbezeichnung in schwarzer Schrift auf weißem Grund auf einem weiteren Zusatzzeichen. Die Parkerlaubnis gilt nur, wenn der Carsharingausweis gut lesbar im Fahrzeug ausgelegt oder angebracht ist. b) Durch Zusatzzeichen können Carsharingfahrzeuge von der Verpflichtung zum Parken mit Parkschein oder Parkscheibe freigestellt sein. Sind Parkscheinautomaten aufgestellt, kann die Freistellung auch allein am Automaten angegeben sein.[4] **Erläuterung** 1. Der Anfang des erlaubten Parkens kann durch einen zur Fahrbahn weisenden waagerechten weißen Pfeil im Zeichen, das Ende durch einen solchen von der Fahrbahn wegweisenden Pfeil gekennzeichnet sein. Bei in der Strecke wiederholten Zeichen weist eine Pfeilspitze zur Fahrbahn, die zweite Pfeilspitze von ihr weg. 2. Im Zeichen ist bildlich dargestellt, wie die Fahrzeuge aufzustellen sind.
11	Bild 318  Parkscheibe	**Ge- oder Verbot** Ist die Parkzeit bei elektrisch betriebenen Fahrzeugen beschränkt, so ist der Nachweis durch Auslegen der Parkscheibe zu erbringen.

1	2	3
lfd. Nr.	**Zeichen und Zusatzzeichen**	**Ge- oder Verbote Erläuterungen**
Abschnitt 4 Verkehrsberuhigter Bereich		
12	Zeichen 325.1  Beginn eines verkehrsberuhigten Bereichs	**Ge- oder Verbot** 1. Wer ein Fahrzeug führt, muss mit Schrittgeschwindigkeit fahren. 2. Wer ein Fahrzeug führt, darf den Fußgängerverkehr weder gefährden noch behindern; wenn nötig, muss gewartet werden. 3. Wer zu Fuß geht, darf den Fahrverkehr nicht unnötig behindern. 4. Wer ein Fahrzeug führt, darf außerhalb der dafür gekennzeichneten Flächen nicht parken, ausgenommen zum Ein- oder Aussteigen und zum Be- oder Entladen. 5. Wer zu Fuß geht, darf die Straße in ihrer ganzen Breite benutzen; Kinderspiele sind überall erlaubt.
13	Zeichen 325.2  Ende eines verkehrsberuhigten Bereichs	**Erläuterung** Beim Ausfahren ist § 10 zu beachten.
Abschnitt 5 Tunnel		
14	Zeichen 327  Tunnel	**Ge- oder Verbot** 1. Wer ein Fahrzeug führt, muss beim Durchfahren des Tunnels Abblendlicht benutzen und darf im Tunnel nicht wenden. 2. Im Falle eines Notfalls oder einer Panne sollen nur vorhandene Nothalte- und Pannenbuchten genutzt werden.

1	2	3
lfd. Nr.	**Zeichen und Zusatzzeichen**	**Ge- oder Verbote Erläuterungen**
Abschnitt 6 Nothalte- und Pannenbucht		
15	Zeichen 328  Nothalte- und Pannenbucht	**Ge- oder Verbot** Wer ein Fahrzeug führt, darf nur im Notfall oder bei einer Panne in einer Nothalte- und Pannenbucht halten.
Abschnitt 7 Autobahnen und Kraftfahrstraßen		
16	Zeichen 330.1  Autobahn	**Erläuterung** Ab diesem Zeichen gelten die Regeln für den Verkehr auf Autobahnen.
17	Zeichen 330.2  Ende der Autobahn	
18	Zeichen 331.1  Kraftfahrstraße	**Erläuterung** Ab diesem Zeichen gelten die Regeln für den Verkehr auf Kraftfahrstraßen.

1	2	3
lfd. Nr.	**Zeichen und Zusatzzeichen**	**Ge- oder Verbote Erläuterungen**
19	Zeichen 331.2  Ende der Kraftfahrstraße	
20	Zeichen 333  Ausfahrt von der Autobahn	**Erläuterung** Auf Kraftfahrstraßen oder autobahnähnlich ausgebauten Straßen weist das entsprechende Zeichen mit schwarzer Schrift auf gelbem Grund auf die Ausfahrt hin. Das Zeichen kann auch auf weißem Grund ausgeführt sein.
21	Zeichen 450  Ankündigungsbake	**Erläuterung** Das Zeichen steht 300 m, 200 m (wie abgebildet) und 100 m vor einem Autobahnknotenpunkt (Autobahnanschlussstelle, Autobahnkreuz oder Autobahndreieck). Es steht auch vor einer bewirtschafteten Rastanlage. Vor einem Knotenpunkt kann auf der 300 m-Bake die Nummer des Knotenpunktes angezeigt sein.
Abschnitt 8 Markierungen		
22	Zeichen 340 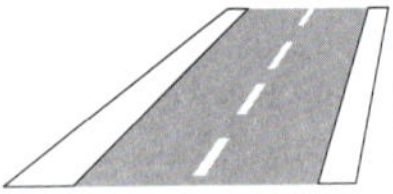 Leitlinie	**Ge- oder Verbot** 1. Wer ein Fahrzeug führt, darf Leitlinien nicht überfahren, wenn dadurch der Verkehr gefährdet wird. 2. Wer ein Fahrzeug führt, darf auf der Fahrbahn durch Leitlinien markierte Schutzstreifen für den Radverkehr nur bei Bedarf überfahren, insbesondere um dem Gegenverkehr auszuweichen. Der Radverkehr darf dabei nicht gefährdet werden. 3. Auf durch Leitlinien markierten Schutzstreifen für den Radverkehr darf nicht gehalten werden. Satz 1 gilt nicht für Fahrräder und Elektrokleinstfahrzeuge im Sinne der eKFV.[4]

1	2	3
lfd. Nr.	**Zeichen und Zusatzzeichen**	**Ge- oder Verbote Erläuterungen**
22	Zeichen 340 *(Fortsetzung)*	**Erläuterung** Der Schutzstreifen für den Radverkehr ist in regelmäßigen Abständen mit dem Sinnbild „Radverkehr" auf der Fahrbahn gekennzeichnet.
23	Zeichen 341 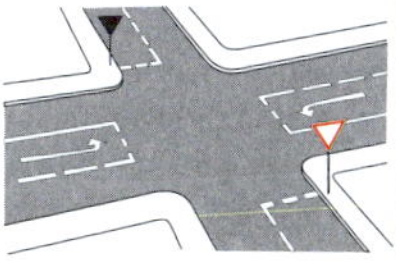 Wartelinie	**Erläuterung** Die Wartelinie empfiehlt dem Wartepflichtigen, an dieser Stelle zu warten.
23.1	Zeichen 342 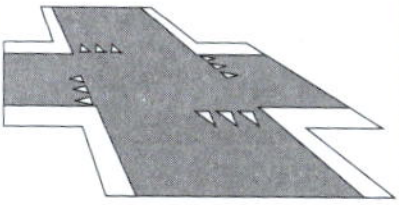 Haifischzähne	**Erläuterung** Die Markierung hebt eine Wartepflicht infolge einer bestehenden Rechts-vor-links-Regelung abseits der Bundes-, Landes- und Kreisstraßen sowie weiterer Hauptverkehrsstraßen und eine durch Zeichen 205 oder 206 angeordnete Vorfahrtberechtigung des Radverkehrs im Zuge von Kreuzungen oder Einmündungen von Radschnellwegen hervor. Im Fall dieser Vorfahrtberechtigung des Radverkehrs sind die Markierungen auf beiden Seiten entlang der Fahrbahnkanten des Radschnellwegs mit den Spitzen in Richtung des wartepflichtigen Verkehrs anzuordnen.[4]
Abschnitt 9 Hinweise		
24	Zeichen 350  Fußgängerüberweg	

1	2	3
lfd. Nr.	**Zeichen und Zusatzzeichen**	**Ge- oder Verbote Erläuterungen**
24.1	Zeichen 350.1  Radschnellweg	**Erläuterung** Das Zeichen steht an Radschnellwegen. Es dient der Unterrichtung über den Beginn von Radschnellwegen und der Führung von Radschnellwegen an Knotenpunkten.[4]
24.2	Zeichen 350.2  Ende des Radschnellwegs	
25	Zeichen 354  Wasserschutzgebiet	
26	Zeichen 356  Verkehrshelfer	

1	2	3
lfd. Nr.	**Zeichen und Zusatzzeichen**	**Ge- oder Verbote Erläuterungen**
27	Zeichen 357  Sackgasse	**Erläuterung** Im oberen Teil des Verkehrszeichens kann die Durchlässigkeit der Sackgasse für den Radverkehr und/oder Fußgängerverkehr durch Piktogramme angezeigt sein.
zu 28 und 29		**Erläuterung** 1. Durch solche Zeichen mit entsprechenden Sinnbildern können auch andere Hinweise gegeben werden, wie auf Fußgängerunter- oder -überführung, Fernsprecher, Notrufsäule, Pannenhilfe, Tankstellen, Zelt- und Wohnwagenplätze, Autobahnhotel, Autobahngasthaus, Autobahnkiosk. 2. Auf Hotels, Gasthäuser und Kioske wird nur auf Autobahnen und nur dann hingewiesen, wenn es sich um Autobahnanlagen oder Autohöfe handelt.
28	Zeichen 358  Erste Hilfe	
29	Zeichen 363  Polizei	
30	Zeichen 385  Ortshinweistafel	

1	2	3
lfd. Nr.	Zeichen und Zusatzzeichen	Ge- oder Verbote Erläuterungen
zu 31 und 32		**Erläuterung** Die Zeichen stehen außerhalb von Autobahnen. Sie dienen dem Hinweis auf touristisch bedeutsame Ziele und der Kennzeichnung des Verlaufs touristischer Routen. Sie können auch als Wegweiser ausgeführt sein.[7]
31	Zeichen 386.1  Touristischer Hinweis	
32	Zeichen 386.2  Touristische Route	
33	Zeichen 386.3  Touristische Unterrichtungstafel	**Erläuterung** Das Zeichen steht an der Autobahn. Es dient der Unterrichtung über touristisch bedeutsame Ziele.[8]
34	Zeichen 390  Mautpflicht nach dem Bundesfernstraßenmautgesetz[9]	

1	2	3
lfd. Nr.	**Zeichen und Zusatzzeichen**	**Ge- oder Verbote Erläuterungen**
35	Zeichen 391  Mautpflichtige Strecke[10]	
36	Zeichen 392  Zollstelle	

---

7 Bei der Anordnung der Z. 386.1, 386.2 und 386.3 sind auch die „Richtlinien für die touristische Beschilderung" zu beachten, die von der Forschungsgesellschaft für Straßen- und Verkehrswesen Köln (FGSV e.V.) am 15.1.2009 veröffentlicht worden sind (VkBl. 2009, 228). Nach Rn. 11a VwV-StVO zu § 45 Abs. 1 bis 1e ist für die Anordnung der Z. 386.1, 386.2 und 386.3 die Zustimmung der obersten Landesbehörde oder der von ihr dafür beauftragten Stelle erforderlich. Aufgestellt werden die Zeichen durch die zuständige Straßenbaubehörde. Die Kostentragung obliegt demjenigen, der die Beschilderung beantragt hat (§ 51).

8 Anbringung von Zusatzzeichen mit näheren Erläuterungen, wie „Metropolregion", ist unzulässig.

9 Das Zeichen gilt nur für nicht erkennbare LKW-Mautstrecken nach dem Gesetz über die Erhebung von streckenbezogenen Gebühren für die Benutzung von Bundesautobahnen und Bundesfernstraßen (Bundesfernstraßenmautgesetz – BFStrMG) vom 12.7.2011 (BGBl. I S. 1387) i. d. F. vom 10.5.2015 (BGBl. I S. 922). Das im VzKat enthaltene Aufhebungszeichen 390.2 wurde 2015 eingeführt, weil nach Erweiterung der LKW-Maut auf weitere 1 100 km die Mautpflicht durch Beschilderung mit Z. 390 und 390.2 eindeutig erkennbar sein muss (VkBl. 2015, 90).

10 Das Zeichen gilt nur für privat finanzierte Straßen mit Benutzungsentgelten für alle KFZ nach dem Fernstraßenbauprivatfinanzierungs-Änderungsgesetz (FStrPrivFinÄndG) vom 1.9.2002 (BGBl. I S. 3442).

1	2	3
lfd. Nr.	**Zeichen und Zusatzzeichen**	**Ge- oder Verbote Erläuterungen**
37	Zeichen 393  Informationstafel an Grenzübergangsstellen	
38	Zeichen 394  Laternenring	**Erläuterung** Das Zeichen kennzeichnet innerhalb geschlossener Ortschaften Laternen, die nicht die ganze Nacht leuchten. In dem roten Feld kann in weißer Schrift angegeben sein, wann die Laterne erlischt.
Abschnitt 10 Wegweisung		
		1. Nummernschilder
39	Zeichen 401  Bundesstraßen	
40	Zeichen 405  Autobahnen	
41	Zeichen 406  Knotenpunkte der Autobahnen	**Erläuterung** So sind Knotenpunkte der Autobahnen (Autobahnausfahrten, Autobahnkreuze und Autobahndreiecke) beziffert.

1	2	3
lfd. Nr.	**Zeichen und Zusatzzeichen**	**Ge- oder Verbote Erläuterungen**
42	Zeichen 410  Europastraßen	
		2. Wegweiser außerhalb von Autobahnen
		a) Vorwegweiser
43	Zeichen 438 	
44	Zeichen 439 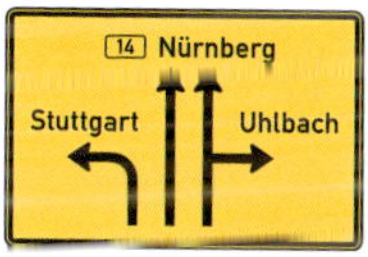	
45	Zeichen 440 	
46	Zeichen 441 	

1	2	3
lfd. Nr.	**Zeichen und Zusatzzeichen**	**Ge- oder Verbote Erläuterungen**
		b) Pfeilwegweiser
zu 47 bis 49		**Erläuterung** Das Zusatzzeichen „Nebenstrecke“ oder der Zusatz „Nebenstrecke“ im Wegweiser weist auf eine Straßenverbindung von untergeordneter Bedeutung hin.
47	Zeichen 415 	**Erläuterung** Pfeilwegweiser auf Bundesstraßen
48	Zeichen 418 	**Erläuterung** Pfeilwegweiser auf sonstigen Straßen
49	Zeichen 419 	**Erläuterung** Pfeilwegweiser auf sonstigen Straßen mit geringerer Verkehrsbedeutung
50	Zeichen 430 	**Erläuterung** Pfeilwegweiser zur Autobahn
51	Zeichen 432 	**Erläuterung** Pfeilwegweiser zu Zielen mit erheblicher Verkehrsbedeutung.
		c) Tabellenwegweiser
52	Zeichen 434 	**Erläuterung** Der Tabellenwegweiser kann auch auf einer Tafel zusammengefasst sein. Die Zielangaben in einer Richtung können auch auf separaten Tafeln gezeigt werden.

1	2	3
lfd. Nr.	**Zeichen und Zusatzzeichen**	**Ge- oder Verbote Erläuterungen**
		d) Ausfahrttafel
53	Zeichen 332.1 	**Erläuterung** Ausfahrt von der Kraftfahrstraße oder einer autobahnähnlich ausgebauten Straße. Das Zeichen kann innerhalb geschlossener Ortschaften auch mit weißem Grund ausgeführt sein.
		e) Straßennamensschilder
54	Zeichen 437 	**Erläuterung** Das Zeichen hat entweder weiße Schrift auf dunklem Grund oder schwarze Schrift auf hellem Grund. Es kann auch an Bauwerken angebracht sein.
		3. Wegweiser auf Autobahnen
		a) Ankündigungstafeln
zu 55 und 58		**Erläuterung** Die Nummer (Zeichen 406) ist die laufende Nummer der Autobahnausfahrten, Autobahnkreuze und Autobahndreiecke der gerade befahrenen Autobahn. Sie dient der besseren Orientierung.
55	Zeichen 448 	**Erläuterung** Das Zeichen weist auf eine Autobahnausfahrt, ein Autobahnkreuz oder Autobahndreieck hin. Es schließt Zeichen 406 ein.

1	2	3
lfd. Nr.	**Zeichen und Zusatzzeichen**	**Ge- oder Verbote Erläuterungen**
56		**Erläuterung** Das Sinnbild weist auf eine Ausfahrt hin.
57		**Erläuterung** Das Sinnbild weist auf ein Autobahnkreuz oder Autobahndreieck hin; es weist auch auf Kreuze und Dreiecke von Autobahnen mit autobahnähnlich ausgebauten Straßen des nachgeordneten Netzes hin.
58	Zeichen 448.1  	**Erläuterung** 1. Mit dem Zeichen wird ein Autohof in unmittelbarer Nähe einer Autobahnausfahrt angekündigt. 2. Der Autohof wird einmal am rechten Fahrbahnrand 500 bis 1 000 m vor dem Zeichen 448 angekündigt. Auf einem Zusatzzeichen wird durch grafische Symbole der Leistungsumfang des Autohofs dargestellt.
		b) Vorwegweiser
59	Zeichen 449  	
		c) Ausfahrttafel
60	Zeichen 332  	

1	2	3
lfd. Nr.	**Zeichen und Zusatzzeichen**	**Ge- oder Verbote Erläuterungen**
		d) Entfernungstafel
61	Zeichen 453 	**Erläuterung** Die Entfernungstafel gibt Fernziele und die Entfernung zur jeweiligen Ortsmitte an. Ziele, die über eine andere als die gerade befahrene Autobahn zu erreichen sind, werden unterhalb des waagerechten Striches angegeben.
Abschnitt 11 Umleitungsbeschilderung		
		1. Umleitung außerhalb von Autobahnen
		a) Umleitungen für bestimmte Verkehrsarten
62	Zeichen 442  Vorwegweiser	**Erläuterung** Vorwegweiser für bestimmte Verkehrsarten
63	Zeichen 421 	**Erläuterung** Pfeilwegweiser für bestimmte Verkehrsarten
64	Zeichen 422 	**Erläuterung** Wegweiser für bestimmte Verkehrsarten

1	2	3
lfd. Nr.	**Zeichen und Zusatzzeichen**	**Ge- oder Verbote Erläuterungen**
		b) Temporäre Umleitungen (z. B. infolge von Baumaßnahmen)
65		**Erläuterung** Der Verlauf der Umleitungsstrecke kann gekennzeichnet werden durch
66	Zeichen 454 	**Erläuterung** Umleitungswegweiser oder
67	Zeichen 455.1 	**Erläuterung** Fortsetzung der Umleitung
zu 66 und 67		**Erläuterung** Die Zeichen 454 und 455.1 können durch eine Zielangabe auf einem Schild über den Zeichen ergänzt sein. Werden nur bestimmte Verkehrsarten umgeleitet, sind diese auf einem Zusatzzeichen über dem Zeichen angegeben.
68		**Erläuterung** Die temporäre Umleitung kann angekündigt sein durch Zeichen 455.1 oder
69	Zeichen 457.1 	**Erläuterung** Umleitungsankündigung
70		**Erläuterung** jedoch nur mit Entfernungsangabe auf einem Zusatzzeichen und bei Bedarf mit Zielangabe auf einem zusätzlichen Schild über dem Zeichen. Soll die Ankündigung nur für bestimmte Verkehrsarten gelten, sind diese auf einem Zusatzzeichen über dem Zeichen angegeben.[4]

1	2	3
lfd. Nr.	**Zeichen und Zusatzzeichen**	**Ge- oder Verbote Erläuterungen**
71		**Erläuterung** Die Ankündigung kann auch erfolgen durch
72	Zeichen 458 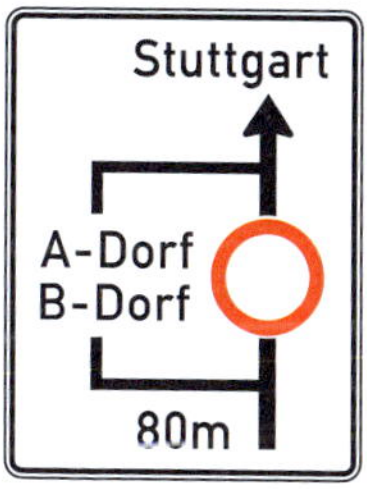	**Erläuterung** eine Planskizze
73		**Erläuterung** Das Ende der Umleitung kann angezeigt werden durch
74	Zeichen 457.2 	**Erläuterung** Ende der Umleitung oder
75	Zeichen 455.2 	**Erläuterung** Ende der Umleitung
		2. Bedarfsumleitung für den Autobahnverkehr
76	Zeichen 460  Bedarfsumleitung	**Erläuterung** Das Zeichen kennzeichnet eine alternative Streckenführung im nachgeordneten Straßennetz zwischen Autobahnanschlussstellen.

1	2	3
lfd. Nr.	**Zeichen und Zusatzzeichen**	**Ge- oder Verbote Erläuterungen**
77	Zeichen 466 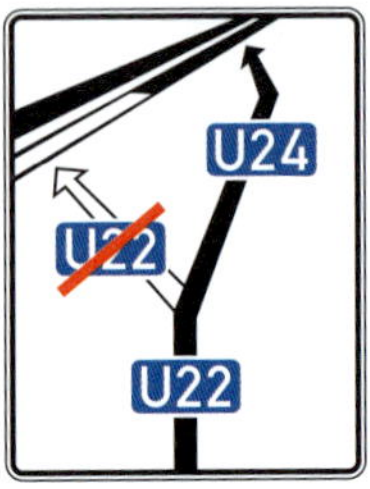 Weiterführende Bedarfsumleitung	**Erläuterung** Kann der umgeleitete Verkehr an der nach Zeichen 460 vorgesehenen Anschlussstelle noch nicht auf die Autobahn zurückgeleitet werden, wird er durch dieses Zeichen über die nächste Bedarfsumleitung weitergeführt.
Abschnitt 12 Sonstige Verkehrsführung		
		1. Umlenkungspfeil
78	Zeichen 467.1 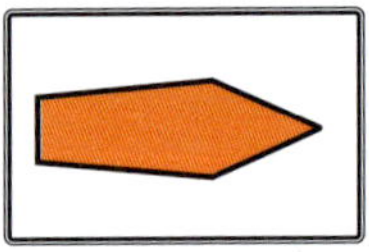 Umlenkungspfeil	**Erläuterung** Das Zeichen kennzeichnet Alternativstrecken auf Autobahnen, deren Benutzung im Bedarfsfall empfohlen wird (Streckenempfehlung).
79	Zeichen 467.2 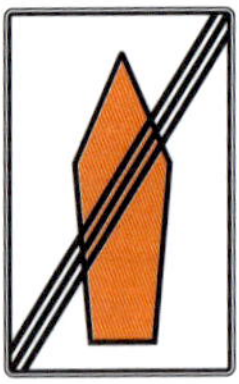	**Erläuterung** Das Zeichen kennzeichnet das Ende einer Streckenempfehlung.
		2. Verkehrslenkungstafeln
80		**Erläuterung** Verkehrslenkungstafeln geben den Verlauf und die Anzahl der Fahrstreifen an, wie beispielsweise:

1	2	3
lfd. Nr.	**Zeichen und Zusatzzeichen**	**Ge- oder Verbote Erläuterungen**
81	Zeichen 501 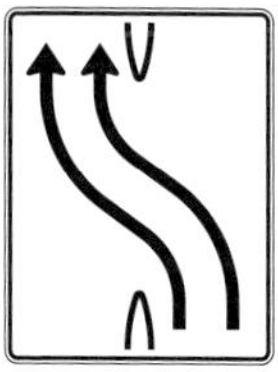 Überleitungstafel	**Erläuterung** Das Zeichen kündigt die Überleitung des Verkehrs auf die Gegenfahrbahn an.
82	Zeichen 531  Einengungstafel	
82.1		**Erläuterung** Bei Einengungstafeln wird mit dem Zusatzzeichen[11] der Ort angekündigt, an dem der Fahrstreifenwechsel nach dem Reißverschlussverfahren (§ 7 Absatz 4) erfolgen soll.
		3. Blockumfahrung
83	Zeichen 590 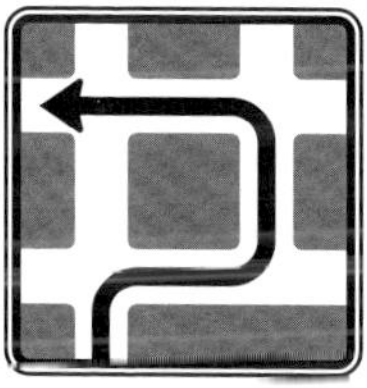 Blockumfahrung	**Erläuterung** Das Zeichen kündigt eine durch die Zeichen „Vorgeschriebene Fahrtrichtung“ (Zeichen 209 bis 214) vorgegebene Verkehrsführung an.

11 Zusatzzeichen 1005-30.

VwV-StVO zu § 42 Richtzeichen

Zu Zeichen 301 Vorfahrt

1 I. Das Zeichen steht unmittelbar vor der Kreuzung oder Einmündung.

2 II. An jeder Kreuzung und Einmündung, vor der das Zeichen steht, muss auf der anderen Straße das Zeichen 205 oder das Zeichen 206 angeordnet werden.

3 III. Das Zusatzzeichen für die abknickende Vorfahrt (hinter Zeichen 306) darf nicht zusammen mit dem Zeichen 301 angeordnet werden.

4 IV. Das Zeichen ist für Ortsdurchfahrten und Hauptverkehrsstraßen nicht anzuordnen. Dort ist das Zeichen 306 zu verwenden. Im Übrigen ist innerhalb geschlossener Ortschaften das Zeichen 301 nicht häufiger als an drei hintereinander liegenden Kreuzungen oder Einmündungen zu verwenden. Sonst ist das Zeichen 306 zu verwenden. Eine Abweichung von dem Regelfall ist nur angezeigt, wenn die Bedürfnisse des Buslinienverkehrs in Tempo 30-Zonen dies zwingend erfordern.

5 V. Über Kreisverkehr vgl. zu Zeichen 215.

Zu den Zeichen 306 und 307 Vorfahrtstraße und Ende der Vorfahrtstraße

1 I. Innerhalb geschlossener Ortschaften ist die Vorfahrt für alle Straßen des überörtlichen Verkehrs (Bundes-, Landes- und Kreisstraßen) und weitere für den innerörtlichen Verkehr wesentliche Hauptverkehrsstraßen grundsätzlich unter Verwendung des Zeichens 306 anzuordnen (vgl. zu § 45 Abs. 1 bis 1e).

2 II. Das Zeichen 306 steht in der Regel innerhalb geschlossener Ortschaften vor der Kreuzung oder Einmündung, außerhalb geschlossener Ortschaften dahinter.

3 III. An jeder Kreuzung und Einmündung im Zuge einer Vorfahrtstraße muss für die andere Straße das Zeichen 205 oder Zeichen 206 angeordnet werden; siehe aber auch § 10.

4 IV. 1. Das Zeichen 306 mit dem Zusatzzeichen „abknickende Vorfahrt" ist immer vor der Kreuzung oder Einmündung anzubringen. Über die Zustimmungsbedürftigkeit vgl. Nummer III 1 Buchstabe a zu § 45 Abs. 1 bis 1e; Rn. 4.

5 2. Die abknickende Vorfahrt ist nur anzuordnen, wenn der Fahrzeugverkehr in dieser Richtung erheblich stärker ist als in der Geradeausrichtung. Der Verlauf der abknickenden Vorfahrt muss deutlich erkennbar sein (Markierungen, Vorwegweiser).

6 3. Treten im Bereich von Kreuzungen oder Einmündungen mit abknickender Vorfahrt Konflikte mit dem Fußgängerverkehr auf, ist zum Schutz der Fußgänger das Überqueren der Fahrbahn durch geeignete Maßnahmen zu sichern, z. B. durch Lichtzeichenregelung für die Kreuzung oder Einmündung oder Geländer.

7 4. Wird eine weiterführende Vorfahrtstraße an einer Kreuzung oder Einmündung durch Zeichen 205 oder 206 unterbrochen, darf das Zeichen 307 nicht aufgestellt werden. Zeichen 306 darf in diesem Fall erst an der nächsten Kreuzung oder Einmündung wieder angeordnet werden.

8 V. Endet eine Vorfahrtstraße außerhalb geschlossener Ortschaften, sollen in der Regel sowohl das Zeichen 307 als auch das Zeichen 205 oder das Zeichen 206 angeordnet werden. Innerhalb geschlossener Ortschaften ist das Zeichen 307 entbehrlich. Anstelle des Zeichens 307 kann auch das Zeichen 205 mit Entfernungsangabe als Vorankündigung angeordnet werden.

Zu Zeichen 308 Vorrang vor dem Gegenverkehr

1 Das Zeichen steht vor einer verengten Fahrbahn. Am anderen Ende der Verengung muss das Zeichen 208 angeordnet werden (vgl. zu Zeichen 208, Rn. 3).

Zu den Zeichen 310 und 311 Ortstafel

1 I. Die Zeichen sind ohne Rücksicht auf Gemeindegrenze und Straßenbaulast in der Regel dort anzuordnen, wo ungeachtet einzelner unbebauter Grundstücke die geschlossene Bebauung auf einer der beiden Seiten der Straße für den ortsein-

wärts Fahrenden erkennbar beginnt. Eine geschlossene Bebauung liegt vor, wenn die anliegenden Grundstücke von der Straße erschlossen werden.

2 II. Die Zeichen sind auf der für den ortseinwärts Fahrenden rechten Straßenseite so anzuordnen, dass sie auch der ortsauswärts Fahrende deutlich erkennen kann. Ist das nicht möglich, ist die Ortstafel auch links anzubringen.

3 III. Die Ortstafel darf auch auf unbedeutenden Straßen für den allgemeinen Verkehr nicht fehlen.

4 IV. Das Zeichen 310 nennt den amtlichen Namen der Ortschaft und den Verwaltungsbezirk. Die Zusätze „Stadt“, „Kreisstadt“, „Landeshauptstadt“ sind zulässig. Die Angabe des Verwaltungsbezirks hat zu unterbleiben, wenn dieser den gleichen Namen wie die Ortschaft hat (z. B. Stadtkreis). Ergänzend auch den höheren Verwaltungsbezirk zu nennen, ist nur dann zulässig, wenn dies zur Vermeidung einer Verwechslung nötig ist. Andere Zusätze sind nur zulässig, wenn es sich um Bestandteile des amtlichen Ortsnamens oder Titel handelt, die auf Grund allgemeiner kommunalrechtlicher Vorschriften amtlich verliehen worden sind.

5 V. Das Zeichen 311 nennt auf der unteren Hälfte den Namen der Ortschaft oder des Ortsteils, die oder der verlassen wird. Angaben über den Verwaltungsbezirk sowie die in Nummer IV genannten zusätzlichen Bezeichnungen braucht das Zeichen 311 nicht zu enthalten. Die obere Hälfte des Zeichens 311 nennt den Namen der nächsten Ortschaft bzw. des nächsten Ortsteiles. An Bundesstraßen kann stattdessen das nächste Nahziel nach dem Fern- und Nahzielverzeichnis gewählt werden. Unter dem Namen der nächsten Ortschaft bzw. des nächsten Ziels ist die Entfernung in ganzen Kilometern anzugeben.

6 VI. Durch die Tafel können auch Anfang und Ende eines geschlossenen Ortsteils gekennzeichnet werden. Sie nennt dann am Anfang entweder unter dem Namen der Gemeinde den des Ortsteils in verkleinerter Schrift, z. B. „Stadtteil Pasing“, „Ortsteil Parksiedlung“ oder den Namen des Ortsteils und darunter in verkleinerter Schrift den der Gemeinde mit dem vorgeschalteten Wort: „Stadt“ oder „Gemeinde“. Die zweite Fassung ist dann vorzuziehen, wenn zwischen den Ortsteilen einer Gemeinde eine größere Entfernung liegt. Die erste Fassung sollte auch dann, wenn die Straße nicht unmittelbar dorthin führt, nicht gewählt werden.

7 VII. Gehen zwei geschlossene Ortschaften ineinander über und müssen die Verkehrsteilnehmer über deren Namen unterrichtet werden, sind die Ortstafeln für beide etwa auf gleicher Höhe aufzustellen. Deren Rückseiten sind freizuhalten.

8 VIII. Andere Angaben als die hier erwähnten, wie werbende Zusätze, Stadtwappen, sind auf Ortstafeln unzulässig.

Zu Zeichen 314 Parken

1 I. Das Zeichen ist bei der Kennzeichnung von Parkplätzen im Regelfall an deren Einfahrt anzuordnen.

2 II. Zur Kennzeichnung der Parkerlaubnis auf Seitenstreifen oder am Fahrbahnrand ist es nur anzuordnen, wenn

3 a) dort das erlaubte Parken durch Zusatzzeichen beschränkt werden soll oder

b) für Verkehrsteilnehmer nicht erkennbar ist, dass dort geparkt werden darf, und eine Parkflächenmarkierung nicht in Betracht kommt.

4 III. Als Hinweis auf größere öffentlich oder privat betriebene Parkplätze und Parkhäuser ist es nur dann anzuordnen, wenn deren Zufahrt für die Verkehrsteilnehmer nicht eindeutig erkennbar ist, aber nur im unmittelbaren Bereich dieser Zufahrt. Durch zwei weiße dachförmig aufeinander zuführende Schrägbalken über dem „P“ kann angezeigt werden, dass es sich um ein Parkhaus handelt. Nicht amtliche Zusätze im unteren Teil des Zeichens mit der Angabe „frei“, „besetzt“ oder der freien Zahl von Parkständen bzw. Stellplätzen sind zulässig.

5 IV. Durch Zusatzzeichen mit dem Sinnbild eines Fahrrades kann auf Parkflächen für Fahrräder hingewiesen werden.

6 V. Zur Bevorrechtigung von elektrisch betriebenen Fahrzeugen wird auf die VwV zu § 45 Absatz 1g verwiesen.

Zu den Zeichen 314.1 und 314.2 Parkraumbewirtschaftungszone

1 Das Zeichen ist dann anzuordnen, wenn in einem zusammenhängenden Bereich mehrerer Straßen ganz oder überwiegend das Parken nur mit Parkschein oder mit Parkscheibe zugelassen werden soll. Die Art des zulässigen Parkens ist durch Zusatzzeichen anzugeben. Innerhalb der Zone kann an einzelnen bestimmten Stellen das Halten oder Parken durch Zeichen 283 oder 286 verboten werden. Vgl. auch Nummer II zu den Zeichen 290.1 und 290.2; Rn. 2.

Zu Zeichen 315 Parken auf Gehwegen

1 I. Das Parken auf Gehwegen darf nur zugelassen werden, wenn genügend Platz für den unbehinderten Verkehr von Fußgängern gegebenenfalls mit Kinderwagen oder Rollstuhlfahrern auch im Begegnungsverkehr bleibt, die Gehwege und die darunter liegenden Leitungen durch die parkenden Fahrzeuge nicht beschädigt werden können und der Zugang zu Leitungen nicht beeinträchtigt werden kann.

2 II. Im Übrigen vgl. II zu Parkflächenmarkierungen (lfd. Nummer 74 der Anlage 2).

3 III. Zur Bevorrechtigung von elektrisch betriebenen Fahrzeugen wird auf die VwV zu § 45 Absatz 1g verwiesen.

Zu Bild 318 Parkscheibe

1 Einzelheiten über die Ausgestaltung der Parkscheibe gibt das Bundesministerium für Verkehr und digitale Infrastruktur im Einvernehmen mit den zuständigen obersten Landesbehörden im Verkehrsblatt bekannt.

Zu den Zeichen 325.1 und 325.2 Verkehrsberuhigter Bereich

1 I. Ein verkehrsberuhigter Bereich kann für einzelne Straßen oder Bereiche in Betracht kommen. Die Straßen oder Bereiche dürfen nur von sehr geringem Verkehr frequentiert werden, und sie müssen über eine überwiegende Aufenthaltsfunktion verfügen. Solche Straßen oder Bereiche können auch in Tempo 30-Zonen integriert werden.

2 II. Die mit Zeichen 325.1 gekennzeichneten Straßen oder Bereiche müssen durch ihre besondere Gestaltung den Eindruck vermitteln, dass die Aufenthaltsfunktion überwiegt und der Fahrzeugverkehr eine untergeordnete Bedeutung hat. In der Regel wird ein niveaugleicher Ausbau für die ganze Straßenbreite erforderlich sein.

3 III. Zeichen 325.1 darf nur angeordnet werden, wenn Vorsorge für den ruhenden Verkehr getroffen ist.

4 IV. Zeichen 325.1 ist so aufzustellen, dass es aus ausreichender Entfernung wahrgenommen werden kann; erforderlichenfalls ist es von der Einmündung in die Hauptverkehrsstraße abzurücken oder beidseitig aufzustellen.

5 V. Mit Ausnahme von Parkflächenmarkierungen sollen in verkehrsberuhigten Bereichen keine weiteren Verkehrszeichen angeordnet werden. Die zum Parken bestimmten Flächen sollen nicht durch Zeichen 314 gekennzeichnet werden, sondern durch Markierung, die auch durch Pflasterwechsel erzielt werden kann.

Zu Zeichen 327 Tunnel

1 I. Das Zeichen ist an jeder Tunneleinfahrt anzuordnen. Bei einer Tunnellänge von mehr als 400 m ist der Name des Tunnels und die Tunnellänge mit „... m (km)" anzugeben. In der Regel erfolgt dies durch Angabe im Zeichen unterhalb des Sinnbildes. Bei einer Tunnellänge von weniger als 400 m ist die Angabe des Namens nur notwendig, wenn besondere Umstände dies erfordern.

2 II. Bei einem Tunnel von mehr als 3 000 m Länge ist alle 1 000 m die noch zurückzulegende Tunnelstrecke durch die Angabe „noch ... m" anzuzeigen.

3 III. Das Zeichen kann zusätzlich in ausreichendem Abstand vor dem Tunnel mit einem Hinweis „Tunnel in ... m" in dem Zeichen oder durch Zusatzzeichen 1004 angeordnet werden.

Zu Zeichen 328 Nothalte- und Pannenbucht

1 I. Das Zeichen steht am Beginn einer Nothalte- und Pannenbucht. Bei besonderen örtlichen und verkehrlichen Gegebenheiten kann Zeichen 328 auch als Vorankündigung in ausreichendem Abstand (z. B. in Tunnel ca. 300 m) vor einer Nothalte- und Pannenbucht aufgestellt werden; dann ist zum Zeichen 328 das Zusatzzeichen 1004 (in … m) anzubringen.

2 II. Hinsichtlich der Anordnung des Zeichens Notrufsäule (Zeichen 365-51) wird auf die Richtlinien für die Ausstattung und den Betrieb von Straßentunneln (RABT) verwiesen.[12]

Zu Zeichen 330.1 Autobahn

1 I. Das Zeichen ist sowohl am Beginn der Autobahn als auch an jeder Anschlussstellenzufahrt aufzustellen. In der Regel muss es am Beginn der Zufahrt aufgestellt werden.

2 II. Das Zeichen darf auch an Straßen aufgestellt werden, die nicht als Bundesautobahnen nach dem Bundesfernstraßengesetz gewidmet sind, wenn diese Straßen für Schnellverkehr geeignet sind, frei von höhengleichen Kreuzungen sind, getrennte Fahrbahnen für den Richtungsverkehr haben und mit besonderen Anschlussstellen für die Zu- und Ausfahrten ausgestattet sind. Voraussetzung ist aber, dass für den Verkehr, der Autobahnen nicht befahren darf, andere Straßen, deren Benutzung zumutbar ist, und für die Anlieger anderweitige Ein- und Ausfahrten zur Verfügung stehen.

Zu den Zeichen 330.1, 331.1, 330.2 und 331.2

1 Über die Zustimmungsbedürftigkeit vgl. Nummer III 1 a zu § 45 Abs. 1 bis 1 e; Rn 4. Ist die oberste Landesbehörde nicht zugleich oberste Landesbehörde für den Straßenbau, muss auch diese zustimmen.

Zu den Zeichen 330.2 und 331.2 Ende der Autobahn und Kraftfahrstraße

1 I. Das jeweilige Zeichen ist am Ende der Autobahn oder der Kraftfahrstraße und an allen Ausfahrten der Anschlussstellen anzuordnen, wobei eine Vorankündigung in aller Regel entbehrlich ist.

2 II. Das jeweilige Zeichen entfällt, wenn die Autobahn unmittelbar in eine Kraftfahrstraße übergeht oder umgekehrt. Dann ist stattdessen Zeichen 330.1 oder 331.1 anzuordnen.

Zu Zeichen 331.1 Kraftfahrstraße

1 I. Voraussetzung für die Anordnung des Zeichens ist, dass für den Verkehr, der Kraftfahrstraßen nicht befahren darf, andere Straßen, deren Benutzung zumutbar ist, zur Verfügung stehen.

2 II. Das Zeichen ist an allen Kreuzungen und Einmündungen zu wiederholen.

Zu Zeichen 332.1 Ausfahrt von der Kraftfahrstraße

1 Vgl. Nummer III VwV zu den Zeichen 332, 448, 449 und 453, Rn. 4.

Zu Zeichen 333 Ausfahrt von der Autobahn

1 Außerhalb von Autobahnen darf das Zeichen nur an einer autobahnähnlich ausgebauten Straße (vgl. Nummer II zu Zeichen 330.1, Rn. 2) angeordnet werden. Dann hat das Zeichen entweder einen gelben oder – sofern es Zeichen 332 in weiß mit Zielen gemäß Zeichen 432 folgt – weißen Grund. Die Schrift und der Rand sind schwarz.

Zu Anlage 3 Abschnitt 8 Markierungen

1 Vgl. § 39 und VwV zu den §§ 39 bis 43.

12 RABT vom 27.4.2006 (VkBl. S. 471).

Zu Zeichen 340 Leitlinie

1 I. Der für den Gegenverkehr bestimmte Teil der Fahrbahn ist in der Regel durch Leitlinien (Zeichen 340) zu markieren, auf Fahrbahnen mit zwei oder mehr Fahrstreifen für jede Richtung durch Fahrstreifenbegrenzungen (Zeichen 295). Die Fahrstreifenbegrenzung sollte an Grundstückszufahrten nur dann unterbrochen werden, wenn andernfalls für den Anliegerverkehr unzumutbare Umwege oder sonstige Unzuträglichkeiten entstehen; wenn es erforderlich ist, das Linksabbiegen zu einem Grundstück zuzulassen, das Linksabbiegen aus diesem Grundstück aber verboten werden soll, kommt gegebenenfalls die Anbringung einer einseitigen Fahrstreifenbegrenzung (Zeichen 296) in Frage. Fahrstreifenbegrenzungen sind nicht zweckmäßig, wenn zu gewissen Tageszeiten Fahrstreifen für den Verkehr aus der anderen Richtung zur Verfügung gestellt werden müssen. Vgl. § 37 Abs. 3.

II. Schutzstreifen für Radfahrer

2 1. Die Leitlinie für Schutzstreifen ist im Verhältnis Strich/Lücke 1 : 1 zu markieren und auf vorfahrtberechtigten Straßen an Kreuzungen und Einmündungen als Radverkehrsführung fortzusetzen.

3 2. Auf die Markierung einer Leitlinie in Fahrbahnmitte ist zu verzichten, wenn abzüglich Schutzstreifen der verbleibende Fahrbahnanteil weniger als 5,50 m breit ist.

4 3. Zu Schutzstreifen vgl. auch zu Nummer I 5 zu § 2 Abs. 4 Satz 2.

5 III. Leitlinien sind nach den Richtlinien für die Markierung von Straßen (RMS) auszuführen. Vgl. zu Markierungen (Anlage 3).

6 IV. Vgl. auch Nummer I zu § 7 Abs. 1 bis 3.

Zu Zeichen 341 Wartelinie

Die Wartelinie darf nur dort angeordnet werden,

1 1. wo das Zeichen 205 anordnet: „Vorfahrt gewähren!“,

2 2. wo Linksabbieger den Gegenverkehr durchfahren lassen müssen,

3 3. wo vor einer Lichtzeichenanlage, vor dem Z. 294 oder vor einem Bahnübergang eine Straße oder Zufahrt einmündet; in diesen Fällen ist die Anordnung des Zusatzzeichens „bei Rot hier halten“ im Regelfall entbehrlich.

Zu Zeichen 350 Fußgängerüberweg

1 Das Zeichen darf nicht in Kombination mit anderen Zeichen aufgestellt werden.

Zu Zeichen 354 Wasserschutzgebiet

1 I. Es ist an den Grenzen der Einzugsgebiete von Trinkwasser und von Heilquellen auf Straßen anzuordnen, auf denen Fahrzeuge mit wassergefährdender Ladung häufig fahren. In der Regel ist die Länge der Strecke, die durch das Wasserschutzgebiet führt, auf einem Zusatzzeichen (§ 40 Abs. 4) anzugeben.

2 II. Nr. I zu Zeichen 269 (Rn. 1) gilt auch hier.

3 III. Vgl. auch Nr. II zu Zeichen 269 (Rn. 2 bis 8).

4 IV. Es empfiehlt sich, das Zeichen voll rückstrahlend auszuführen.

Zu Zeichen 356 Verkehrshelfer

1 I. Verkehrshelfer sind Schülerlotsen, Schulweghelfer oder andere Helfer für den Fußgängerverkehr.

2 II. An Lichtzeichenanlagen und Fußgängerüberwegen ist das Zeichen nicht anzuordnen.

Zu Zeichen 357 Sackgasse

1 I. Das Zeichen ist nur anzuordnen, wenn die Straße nicht ohne Weiteres als Sackgasse erkennbar ist.

2 II. Ist die Durchlässigkeit einer Sackgasse für Radfahrer und Fußgänger nicht ohne Weiteres erkennbar, ist im oberen Teil des Zeichens je nach örtlicher Gegebenheit ein Sinnbild für „Fußgänger“ oder „Fahrrad“ in verkleinerter Ausführung in das Zeichen zu integrieren.

Zu Zeichen 358 Erste Hilfe

1 I. Das Zeichen zeigt stets das rote Kreuz ohne Rücksicht darauf, wer den Hilfsposten eingerichtet hat.

2 II. Es darf nur verwendet werden zum Hinweis auf regelmäßig besetzte Posten.

Zu Zeichen 363 Polizei

1 Das Zeichen darf nur für Straßen mit einem erheblichen Anteil ortsfremden Verkehrs und nur dann angeordnet werden, wenn die Polizeidienststelle täglich über 24 Stunden besetzt oder eine Sprechmöglichkeit vorhanden ist.

Zu Zeichen 385 Ortshinweistafel

1 Das Zeichen ist nur dann anzuordnen, wenn der Name der Ortschaft nicht bereits aus der Wegweisung ersichtlich ist.

Zu den Zeichen 386.1, 386.2 und 386.3 Touristischer Hinweis, touristische Route und touristische Unterrichtungstafel

1 I. Touristische Beschilderungen mit den Zeichen 386.1 bis 386.3 dürfen nur äußerst sparsam angeordnet werden. Durch sie darf die Auffälligkeit, Erkennbarkeit und Lesbarkeit anderer Verkehrszeichen nicht beeinträchtigt werden. Die Zeichen 386.2 und 386.3 dürfen nicht zusammen mit anderen Verkehrszeichen aufgestellt werden.

2 II. Die Zeichen 386.1 und 386.2 können neben einer kennzeichnenden auch eine wegweisende Funktion erfüllen. Als Wegweiser soll Zeichen 386.2 nur dazu eingesetzt werden, den Verlauf touristischer Routen zu kennzeichnen, dem Prinzip von Umleitungsbeschilderungen entsprechend.

3 III. Im Hinblick auf die Anordnung touristischer Beschilderung sollen die touristisch bedeutsamen Ziele und touristischen Routen unter Beteiligung von Interessenvertretern des Tourismus und anderen interessierten Verbänden von der Straßenverkehrsbehörde festgelegt werden. Zu beteiligen sind von Seiten der Behörden vor allem die Straßenbaubehörde, die für den Tourismus zuständige Behörde, die Denkmalbehörde, die Forstbehörde.

4 IV. Die Ausgestaltung und Aufstellung der Zeichen richtet sich nach den Richtlinien für touristische Beschilderung (RtB). Die Fundstelle gibt das zuständige Bundesministerium bekannt.

Zu Zeichen 390.1 Mautpflicht nach dem Bundesfernstraßenmautgesetz

1 I. Die Anordnung des Verkehrszeichens ist nur an den der Mautpflicht unterliegenden Straßenabschnitten erforderlich, welche nicht unmittelbar an eine Bundesautobahn oder mittelbar über eine andere mautpflichtige Bundesstraße an eine Bundesautobahn angebunden sind oder unmittelbar oder mittelbar an solche anschließen („Insellage“).

2 II. Das Zeichen ist beidseitig am Beginn der mautpflichtigen Strecke und zusätzlich ca. 800 m vor der letzten Ausfahrt vor Beginn der mautpflichtigen Strecke mit dem Zusatzzeichen 1004 unter Angabe der Entfernung bis zum Beginn der mautpflichtigen Strecke anzuordnen. Die Anordnung an einmündenden oder kreuzenden Straßen kann zusätzlich mit der entsprechenden Richtungsangabe durch Zusatzzeichen 1000 versehen werden. Das Zusatzzeichen 1004 gibt dann die Entfernung bis zum Entscheidungspunkt an.

3 III. Zur besseren Orientierung bei der Annäherung an den Beginn einer mautpflichtigen Strecke kann das Zeichen in verkleinerter Form in den Pfeilen der Vorwegweiser Zeichen 438, 430 oder Zeichen 440, 449 dargestellt werden. Dabei richtet sich die Ausführung auch für Zeichen 440, 449 nach den RWB.

Zu Zeichen 390.2 Ende der Mautpflicht nach dem Bundesfernstraßenmautgesetz

1 I. Die Anordnung des Verkehrszeichens ist dort erforderlich, wo die Mautpflicht nach dem Bundesfernstraßenmautgesetz endet.

2 II. Das Zeichen ist am Ende der mautpflichtigen Strecke einmal am rechten Fahrbahnrand anzuordnen. Die Anordnung an einmündenden oder kreuzenden Straßen kann zusätzlich mit der entsprechenden Richtungsangabe durch Zusatzzeichen 1000 versehen werden. Das Zusatzzeichen 1004 gibt dann die Entfernung bis zum Entscheidungspunkt an.

Zu Zeichen 391 Mautpflichtige Strecke

1 I. Die Anordnung des Verkehrszeichens kommt nur für Straßenabschnitte von Bundesfernstraßen in Betracht, deren Bau, Erhaltung, Betrieb und Finanzierung Privaten nach Maßgabe des Fernstraßenbauprivatfinanzierungsgesetzes (FStrPrivFinG) zur Ausführung übertragen wurden und sofern für die Benutzung dieser Straßenabschnitte eine Gebühr oder ein Entgelt von dem Privaten erhoben wird.

2 II. Das Zeichen ist beiderseitig am Beginn der mautpflichtigen Strecke aufzustellen, bei der es sich nur um Brücken, Tunnel und Gebirgspässe im Zuge von Bundesautobahnen oder Bundesstraßen oder mehrstreifigen Bundesstraßen mit getrennten Fahrbahnen für den Richtungsverkehr mit Kraftfahrzeugen handeln kann. Zusätzlich ist das Zeichen ca. 800 m vor der letzten Ausfahrt vor Beginn der mautpflichtigen Strecke mit dem Zusatzzeichen 1004 unter Angabe der Entfernung bis zum Beginn der mautpflichtigen Strecke anzuordnen. Die Anordnung an einmündenden oder kreuzenden Straßen ist zusätzlich mit der entsprechenden Richtungsangabe durch Zusatzzeichen 1000 zu versehen. Das Zusatzzeichen 1004 gibt dann die Entfernung bis zum Entscheidungspunkt an.

3 III. Zur besseren Orientierung bei der Annäherung an den Beginn einer mautpflichtigen Strecke kann das Zeichen in verkleinerter Form in den Pfeilen der Vorwegweiser Zeichen 438, 439 oder Zeichen 440, 449 dargestellt werden. Dabei richtet sich die Ausführung auch für Zeichen 440, 449 nach den RWB.

Zu Zeichen 392 Zollstelle

1 Das Zeichen sollte in der Regel 150 bis 250 m vor der Zollstelle aufgestellt werden. Die Zollbehörden sind zu hören.

Zu Zeichen 394 Laternenring

1 Ringe und Schilder sind 70 mm hoch, Schilder 150 mm breit.

Zu Anlage 3 Abschnitt 10 Wegweisung

1 I. Die Wegweisung soll den ortsunkundigen Verkehrsteilnehmer über ausreichend leistungsfähige Straßen zügig, sicher und kontinuierlich leiten. Hierbei sind die tatsächlichen Verkehrsbedürfnisse und die Bedeutungen der Straßen zu beachten. Eine Zweckentfremdung der Wegweisung aus Gründen der Werbung ist unzulässig.

2 II. Die Ausgestaltung und Aufstellung der wegweisenden Zeichen richten sich nach den Richtlinien für wegweisende Beschilderung außerhalb von Autobahnen (RWB) und den Richtlinien für wegweisende Beschilderung auf Autobahnen (RWBA). Das Bundesministerium für Verkehr und digitale Infrastruktur gibt die RWB und RWBA im Einvernehmen mit den zuständigen obersten Landesbehörden im Verkehrsblatt bekannt.

Zu den Zeichen 415 bis 442 Wegweiser außerhalb von Autobahnen

1 Für Bundesstraßen gibt das Bundesministerium für Verkehr und digitale Infrastruktur das Bundesstraßenverzeichnis heraus. Es enthält u. a. die Fern- und Nahziele der Bundesstraßen sowie die Entfernungen benachbarter Ziele auf der Bundesstraße. Das Bundesstraßenverzeichnis sowie die entsprechenden Verzeichnisse der obersten Landesbehörden für die übrigen Straßen sind bei der Auswahl der Ziele zu beachten.

Zu den Zeichen 421, 422, 442 und 454 bis 466 Umleitungsbeschilderung

1 I. Umleitungen, auch nur von Teilen des Fahrverkehrs, und Bedarfsumleitungen sind in der Regel in einem Umleitungsplan festzulegen. Die zuständige Behörde hat sämtliche beteiligten Behörden und die Polizei, gegebenenfalls auch die

Bahnunternehmen, Linienverkehrsunternehmen und die Versorgungsunternehmen zur Planung heranzuziehen. Dabei sind die Vorschriften des Straßenrechts, insbesondere des § 14 des Bundesfernstraßengesetzes und die entsprechenden Vorschriften der Landesstraßengesetze zu berücksichtigen. Bei allen in den Verkehrsablauf erheblich eingreifenden Umleitungsplänen empfiehlt es sich, einen Anhörungstermin anzuberaumen.

2 II. Die Ausgestaltung und Aufstellung der Umleitungsbeschilderung richtet sich nach den Richtlinien für Umleitungsbeschilderungen (RUB). Das Bundesministerium für Verkehr und digitale Infrastruktur gibt die RUB im Einvernehmen mit den zuständigen obersten Landesbehörden im Verkehrsblatt bekannt.

Zu Zeichen 432 Wegweiser zu Zielen mit erheblicher Verkehrsbedeutung

1 I. Ziele mit erheblicher Verkehrsbedeutung können sein:

- Ortsteile (z. B. Parksiedlung, Zentrum, Kurviertel),
- öffentliche Einrichtungen (z. B. Flughafen, Bahnhof, Rathaus, Messe, Universität, Stadion),
- Industrie- und Gewerbegebiete,
- Erholungs- und Freizeitgebiete oder -einrichtungen.

2 II. Zu anderen Zielen darf nur dann so gewiesen werden, wenn dies wegen besonders starken auswärtigen Zielverkehrs unerlässlich ist und auch nur, wenn allgemeine Hinweise wie „Industriegebiet Nord“ nicht ausreichen. Die Verwendung von Logos oder anderen privaten Zusätzen ist nicht zulässig. (Vgl. VwV zu Anlage 3 Abschnitt 10 Wegweisung; Rn. 1.)

3 III. Bei touristisch bedeutsamen Zielen ist vorzugsweise eine Beschilderung mit Zeichen 386.1 vorzunehmen, sofern die Richtlinien für touristische Beschilderung (RtB) dies zulassen.

Zu Zeichen 434

1 In dem Zeichen kann durch Einsätze auf Verkehrszeichen hingewiesen werden, die im weiteren Verlauf der Strecke gelten. Dafür wird das entsprechende Verkehrszeichen verkleinert zentral auf dem jeweiligen Pfeilschaft dargestellt. Die Ausführung entspricht den Vorgaben der RWB.

Zu Zeichen 437 Straßennamensschilder

1 I. Die auf die gezeigte Weise aufgestellten Straßennamensschilder sind beiderseits zu beschriften.

2 II. Die Zeichen sollen für alle Kreuzungen und Einmündungen und müssen für solche mit erheblichem Fahrverkehr angeordnet werden.

Zu den Zeichen 438 bis 441

1 In den Zeichen kann durch Einsätze auf Verkehrszeichen hingewiesen werden, die im weiteren Verlauf der Strecke gelten. Dafür wird das entsprechende Verkehrszeichen verkleinert zentral auf dem jeweiligen Pfeilschaft dargestellt. Die Ausführung entspricht den Vorgaben der RWB.

Zu Zeichen 442 Vorwegweiser für bestimmte Verkehrsarten

1 Das Zeichen 442 kann mit Entfernungsangabe auf einem Zusatzzeichen auch den Beginn einer Umleitung kennzeichnen.

Zu den Zeichen 332, 448, 449 und 453 Wegweiser auf Autobahnen

1 I. 1. Auf Autobahnen darf nur in den Zeichen 332 und 449 auf folgende Ziele hingewiesen werden:

- Flughäfen, Häfen,
- Industrie- und Gewerbegebiete, Plätze für Parken und Reisen (P+R), Güterverkehrszentren,
- Einrichtungen für Großveranstaltungen (z. B. Messe, Stadion, Multifunktionsarena),
- Nationalparks.

2 2. Voraussetzung ist, dass eine Wegweisung zu diesen Zielen aus Gründen der Verkehrslenkung dringend geboten ist.

3 II. Zur Begrenzung der Zielangaben vgl. RWBA.

4 III. Auf autobahnähnlich ausgebauten Straßen sind die Zeichen 332, 448, 449 und ggf. 453 gemäß den Richtlinien für die wegweisende Beschilderung außerhalb von Autobahnen (RWB) auszuführen.

Zu Zeichen 448.1 Autohof

1 I. Die Abmessung des Zeichens beträgt 2,0 m x 2,8 m.

II. Zeichen 448.1 ist nur anzuordnen, wenn folgende Voraussetzungen erfüllt sind:

2 1. Der Autohof ist höchstens 1 km von der Anschlussstelle entfernt.

3 2. Die Straßenverbindung ist für den Schwerverkehr baulich und unter Berücksichtigung der Anliegerinteressen Dritter geeignet.

4 3. Der Autohof ist ganzjährig und ganztägig (24 h) geöffnet.

5 4. Es sind mindestens 50 LKW-Stellplätze an schwach frequentierten (DTV bis 50 000 Kfz) und 100 LKW-Stellplätze an stärker frequentierten Autobahnen vorhanden. PKW-Stellplätze sind davon getrennt ausgewiesen.

6 5. Tankmöglichkeit besteht rund um die Uhr; für Fahrzeugreparaturen werden wenigstens Fachwerkstätten und Servicedienste vermittelt.

7 6. Von 11 bis 22 Uhr wird ein umfassendes Speiseangebot, außerhalb dieser Zeit werden Getränke und Imbiss angeboten.

8 7. Sanitäre Einrichtungen sind sowohl für Behinderte als auch für die besonderen Bedürfnisse des Fahrpersonals vorhanden.

9 III. Die Abmessung des Zusatzzeichens beträgt 0,8 m × 2,8 m, die der in einer Reihe anzuordnenden grafischen Symbole 0,52 m × 0,52 m. Sollen mehr als vier (maximal sechs) Symbole gezeigt werden, sind diese entsprechend zu verkleinern.

10 IV. Das Zusatzzeichen enthält nur grafische Symbole für rund um die Uhr angebotene Leistungen. Es dürfen die Symbole verwendet werden, die auch das Leistungsangebot von bewirtschafteten Rastanlagen beschreiben (vgl. RWBA 2000, Kap. 8.1.2). Zusätzlich kann auch das Symbol „Autobahnkapelle“ verwendet werden, wenn ein jederzeit zugänglicher Andachtsraum vorhanden ist. Zur Verwendung des Symbols „Werkstatt“ vgl. RWBA 2000, Kap. 15.1 (5).

11 V. Die Autohof-Hinweiszeichen, deren Aufstellung vor der Aufnahme des Zeichens 448.1 (Autohof) in die StVO erfolgte und deren Maße nicht den Vorgaben (2,0 m x 2,8 m) entsprechen, sind bis zum 1. Januar 2006 gegen die entsprechenden Zeichen auszutauschen.

Zu den Zeichen 454 und 455.1

1 I. Das Zeichen 454 oder 455.1 muss im Verlauf der Umleitungsstrecke an jeder Kreuzung und Einmündung angeordnet werden, wo Zweifel über den weiteren Verlauf entstehen können.

2 II. Zusätzliche Zielangaben sind nur anzuordnen, wo Zweifel entstehen können, zu welchem Ziel die Umleitung hinführt.

3 III. Das Zeichen 455.1 kann im Verlauf der Umleitungsstrecke anstelle von Zeichen 454 angeordnet werden. Wo eine Unterscheidung mehrerer Umleitungsstrecken erforderlich ist, kann es mit einer Nummerierung versehen werden.

4 IV. Das Zeichen 455.1 kann als Vorwegweiser wie auch als Wegweiser eingesetzt werden.

5 V. Zum Einsatz als Ankündigung einer Umleitung siehe VwV zu Zeichen 457.1 und 458.

Zu den Zeichen 455.2 und 457.2 Ende der Umleitung

1 Das Zeichen ist dann anzuordnen, wenn das Ende der Umleitungsstrecke nicht aus der folgenden Wegweisung erkennbar ist.

Zu den Zeichen 457.1 und 458

1 I. Größere Umleitungen sollten immer angekündigt werden, und zwar in der Regel durch die Planskizze.

2 II. Kleinere Umleitungen auf Straßen mit geringer Verkehrsbedeutung bedürfen der Ankündigung nur, wenn das Zeichen 454 oder 455.1 nicht rechtzeitig gesehen wird.

3 III. Bei Umleitungen für eine bestimmte Verkehrsart ist in Zeichen 458 das entsprechende Verkehrszeichen nach § 41 Abs. 1 (Anlage 2) anstatt Zeichen 250 anzuzeigen.

Zu Zeichen 467.1 Umlenkungspfeil

1 I. Das Zeichen wird entweder zusätzlich oder in den Schildern gezeigt, die der Ankündigung, Vorwegweisung, Wegweisung und Bestätigung einer empfohlenen Umleitungsstrecke dienen. Sie sind zusätzlich zur blauen Autobahnwegweisung aufgestellt.

2 II. Die Umlenkungsbeschilderung zeigt den Umlenkungspfeil und etwaige schwarze Symbole und Aufschriften auf weißem Grund.

3 III. Der umzulenkende Verkehr wird am Beginn der Umlenkung durch entsprechende Ziele und den orangefarbenen Umlenkungspfeil geführt. Im Verlauf der Umlenkungsroute brauchen die Ziele nicht erneut ausgeschildert zu werden. Der Umlenkungspfeil als Leitsymbol übernimmt die weitere Wegführung.

4 IV. Bei Überschneidungen von umgelenkten Routen kann es zweckmäßig sein, die Routen regional zu nummerieren. Die Nummer kann in schwarzer Schrift in dem Pfeilzeichen eingesetzt werden.

5 V. Einzelheiten werden in den „Richtlinien für Wechselverkehrszeichen an Bundesfernstraßen (RWVZ)“ festgelegt, die das Bundesministerium für Verkehr und digitale Infrastruktur im Einvernehmen mit den zuständigen obersten Landesbehörden im Verkehrsblatt bekanntgibt.

Zu den Zeichen 501 bis 546 Verkehrslenkungstafeln

1 1. Verkehrslenkungstafeln umfassen Überleitungstafeln (Zeichen 501 und 505), Verschwenkungstafeln (Zeichen 511 bis 515), Fahrstreifentafeln (Zeichen 521 bis 526), Einengungstafeln (Zeichen 531 bis 536), Aufweitungstafeln (Zeichen 541 bis 546), Trennungstafeln (Zeichen 533) und Zusammenführungstafeln (Zeichen 543 und 544). Die Zeichen sind im amtlichen Katalog der Verkehrszeichen (VzKat) dargestellt.

2 2. Verkehrslenkungstafeln werden 200 m vor dem Bezugspunkt aufgestellt. Abweichend davon beträgt der Abstand zum Bezugspunkt auf Straßen innerhalb geschlossener Ortschaften mit einem Fahrstreifen pro Richtung zwischen 50 und 100 m. Bei Straßen innerhalb und außerhalb geschlossener Ortschaften mit mehr als einen Fahrstreifen pro Richtung wird eine weitere Verkehrslenkungstafel etwa 400 m vor dem Bezugspunkt angeordnet. Auf Straßen mit baulich getrennten Richtungsfahrbahnen sind Verkehrslenkungstafeln beidseitig der Fahrbahn aufzustellen.

3 3. Der Abstand zum Bezugspunkt ist durch ein Zusatzzeichen (Zeichen 1004 „Entfernungsangabe“) anzuzeigen.

4 4. Fahrstreifentafeln können mit dem Zusatzzeichen Zeichen 1001 „Länge einer Strecke“ versehen werden. Sie sind dann in Abständen von 1 000 bis 2 000 m zu wiederholen.

5 5. Den Einsatz von Verkehrslenkungstafeln bei Arbeitsstellen an Straßen regeln die RSA.

6 6. Die Standardgröße beträgt 1600 × 1250 mm (Höhe × Breite). Bei einer Aufstellung innerorts kann das Maß auf 70 % der Standardgröße verringert werden (1120 × 875 mm).

7 7. Verkehrslenkungstafeln können fahrstreifenbezogene verkehrsrechtliche Anordnungen beinhalten. Die Vorschriftzeichen werden verkleinert zentral auf dem Pfeilschaft dargestellt. Liegen die Pfeile dicht nebeneinander, werden Vorschriftzeichen vertikal versetzt dargestellt. Die Ausführung entspricht den Vorgaben der RWB. Gilt die gleiche verkehrsrechtliche Anordnung für benachbarte Fahrstreifen, ist nur ein Vorschriftzeichen auf den Pfeilschäften darzustellen. Ein Vorschriftzeichen, das für mehr als zwei Fahrstreifen gilt, wird nicht auf der Tafel angezeigt.

1 Aus der amtlichen Begründung

1.1 Abbau überflüssiger Verkehrszeichen und systematische Neuordnung der Wegweiser (Begr. 2012).

1.2 Einführung von Parksonderrechten für Elektrofahrzeuge durch Z. 314, 315 (Begr. 2015).

1.3 Ergänzung der VwV-StVO für Hinweise zu den Z. 390, 390.2, 391 (Begr. 2017).

1.4 Einführung neuer Zeichen für Radschnellwege (Z. 350.1) und Markierung Haifischzähne (Z. 342) (Begr. 2020).

2 Erläuterungen

Richtzeichen ergeben sich aus Anl. 3 zu § 42.

2.1 Richtzeichen

Die Pflicht zur Beachtung der Richtzeichen folgt aus § 42 Abs. 2. Richtzeichen stehen grundsätzlich dort, von wo an die Anordnung zu befolgen ist, andernfalls ist die Entfernung auf einem Zusatzzeichen angezeigt (§ 42 Abs. 3).

Richtzeichen enthalten Verhaltenspflichten („Ge- und Verbote", z.B. bei den Z. 301, 306, 308, 314, 314.1, 315, 325, 327, 328, 340), Erlaubnisse, Hinweise zur Beachtung von Verkehrsvorschriften, Orientierungshilfen und die Wegweisung. Sie müssen als Verwaltungsakte von der Verkehrsbehörde nach § 45 angeordnet sein, selbst wenn sie weder „Ge- und Verbote" noch „Erläuterungen" enthalten. Ist ein Richtzeichen bindend vorgeschrieben, haftet die Behörde für pflichtwidriges Nichtanbringen. Deshalb dürfen z.B. Laternen, an denen das Z. 394 (roter Ring) fehlt, nachts nicht ausgeschaltet werden (BayObLG VRS 12, 456). Zahlreiche Varianten der Richtzeichen befinden sich im Verkehrszeichenkatalog (VzKat) und können angeordnet werden, z.B. Hinweise des Abschnittes 9 der Anl. 3 zu § 42, Varianten zu den Z. 365, wie Z. 365-62 (Pannenhilfe), Z. 365-53 (Autogastankstelle), Z. 365-54 (Erdgastankstelle).

Wegweisungsinhalte müssen richtig, durchgängig und unmissverständlich sein; es dürfen nur so viele Ziele benannt werden, wie ein Kraftfahrer je nach der zugelassenen Geschwindigkeit beim Vorbeifahren auch erfassen kann. Wegweisungsschilder aus rein plakativen Gründen aufzustellen, ist unzulässig, wenn das Ziel vom Fahrverkehr überhaupt nicht erreicht werden kann.

2.2 Erläuterungen zu den einzelnen Zeichen

Richtzeichen ergeben sich aus Anl. 3 zu § 42. Soweit sie Ge- oder Verbote enthalten, sind diese (wie auch bei Vorschriftzeichen) zu befolgen.

Zeichen 301 (Vorfahrt)

Das Zeichen steht nur an der einzelnen Kreuzung oder Einmündung, so dass nicht darauf vertraut werden kann, dass Vorfahrt auch an der nächsten Kreuzung oder Einmündung besteht. Dort kann die Vorfahrtregel „Rechts vor Links" gelten. Bei Änderung der Vorfahrt ist der Fahrverkehr für eine ausreichende Übergangszeit zu warnen, z.B. Z. 101 mit Zusatzzeichen 1008-30 „Vorfahrt geändert" (Rn. 1 VwV-StVO zu § 41).

Zeichen 306 (Vorfahrtstraße nebst Zusatzzeichen[13])

Das Zeichen gewährt die Vorfahrt ohne Rücksicht darauf, ob es an jeder Kreuzung oder Einmündung wiederholt wird. Die Vorfahrtberechtigung besteht so lange, bis die Vorfahrtstraße in der ganzen Länge des Fahrzeugs verlassen worden ist (BGH VRS 131, 259). Ist eine Straße durch Z. 306 als vorfahrtberechtigt gekennzeichnet, begründet dies für die auf kreuzenden oder einmündenden Straßen herannahenden Verkehrsteilnehmer auch dann eine Wartepflicht, wenn auf ihrer Straße negative Vorfahrtzeichen fehlen, doch wird ihnen aus der Verletzung ihrer Wartepflicht kein Vorwurf gemacht werden können (BGH VerkMitt 1977 Nr. 91 = DAR 1977, 72 = VRS 52, 168 = NJW 1977, 632 = MDR 1977, 484 = VersR 1977, 1052).

Wer einer **abknickenden Vorfahrt** folgt (Zusatzzeichen zu Z. 306), biegt nicht ab und hat sich daher nicht links einzuordnen (BayObLG DAR 1972, 250 = VRS 43, 301). Trotzdem ist die **Fahrtrichtung** anzuzeigen (OLG Rostock NZV 2011, 187). Fußgänger begreifen den Verkehr am „Knick" oft als Abbiegen im Wortsinn und meinen (wenn auch zu Unrecht), Vorrang zu haben. Nach dem Grundsatz der doppelten Sicherung ist darauf Rücksicht zu nehmen und notfalls zu warten. Wegen der Unfallgefahren sind die Verkehrsbehörden gehalten, den Fußgängerverkehr im Bereich einer abknickenden Vorfahrt durch Geländer u.ä. sowie Wegführung über sichere Querungsstellen abzusichern; s.a. Rn. 6 VwV-StVO zu den Z. 306 und 307.

Zeichen 310 und 311 (Ortstafel)

Mit der Ortstafel ist der Bereich zu kennzeichnen, der eine ortstypische Bebauung enthält, aus der sich in Verbindung mit der Straße relevante Verkehrslagen ergeben können (VG Braunschweig VerkMitt 2012 Nr. 26 und 27). Die Ortstafel 310 kennzeichnet den Beginn einer Ortschaft,[14] begründet selbst aber kein Tempolimit (KG VRS 111, 443). Das Tempo-

---

13 Zusatzzeichen 1002-10 bis 1002-24.

14 Der obere Teil des Zeichens ist gelb, nicht weiß; so sehen es auch die RWB vor. Die Regelung, dass der obere Teil des Z. 311 weiß sei, wenn die Ortschaft, auf die hingewiesen wird, zu derselben Gemeinde wie die soeben durchfahrene Ortschaft gehört, ist nach den RWB nicht vorgesehen. Hiernach sind die Ortstafeln nach Z. 310 und 311 immer gelb.
Auf einigen Ortstafeln befinden sich historische Zusätze (z.B. „Barbarossastadt", „Lutherstadt", „Universitätsstadt"), die Gemeinden auf Antrag durch das jeweilige Innenministerium verliehen werden. Solche Namenszusätze sind problematisch, weil sie die „Innerörtlichkeit" und damit das innerörtliche Tempolimit in Frage stellen. Sie sind nur dann zulässig, wenn es sich um Bestandteile des amtlichen Ortsnamens oder Titel handelt, die aufgrund kommunalrechtlicher Vorschriften amtlich verliehen worden sind (Rn. 4 VwV-StVO zu den Z. 310 und 311).

Abknickende Vorfahrt

(Fahrfolge
1–3–2–5–4–7–6)

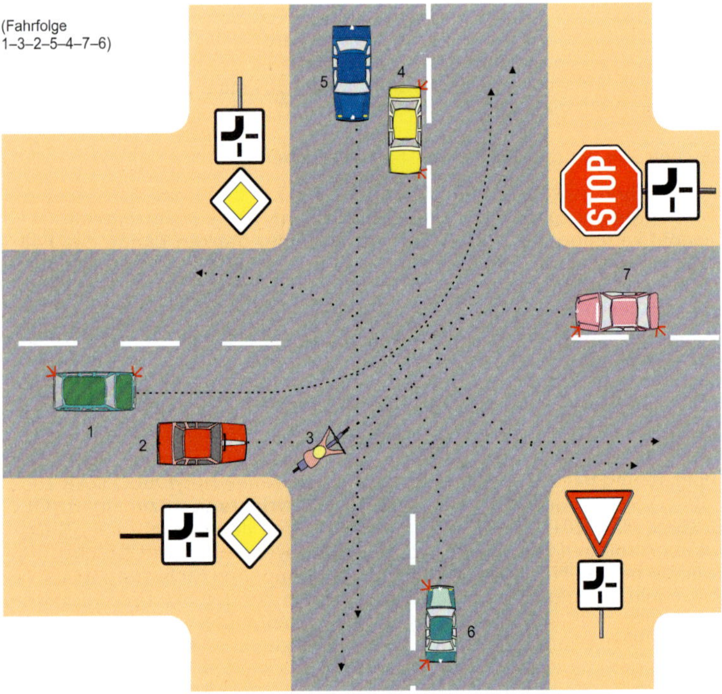

KFZ 1 und Radfahrer 3 folgen dem Verlauf der abknickenden Vorfahrtstraße und haben Vorfahrt vor KFZ 6 und 7. Das den Knick geradlinig verlassende KFZ 5 und das links abbiegende KFZ 4 sind zu KFZ 1, Radfahrer 3 (und KFZ 2) „Gegenverkehr". KFZ 1 und Radfahrer 3 müssen die Fahrtrichtung nach links anzeigen.

KFZ 2 hat Vorfahrt gegenüber KFZ 6 und 7. Als „Abbieger" muss KFZ 2 Radfahrer 3 durchfahren lassen (§ 9 Abs. 3 Satz 1). KFZ 2 ist zu KFZ 5 „Gegenverkehr", so dass hier die Abbiegeregel zwischen Rechts- (KFZ 2) und Linksabbiegern (KFZ 5) gilt (und nicht „Rechts vor Links"). KFZ 2 darf nach § 9 Abs. 4 vor KFZ 5 fahren. Da ihre natürlichen Fahrbewegungen aber nur schwer einem „Rechts- und Linksabbieger" zugeordnet werden können, darf KFZ 2 nicht auf seinen Vorrang vertrauen. KFZ 2 darf wegen der Verwechslungsgefahr nicht den rechten Blinker betätigen.

KFZ 4 hat Vorfahrt vor KFZ 6 und 7. Zu KFZ 1, 2 und Radfahrer 3 ist KFZ 4 als Linksabbieger Gegenverkehr. KFZ 1 und Radfahrer 3 haben als „Geradeausverkehr", KFZ 2 als „Rechtsabbieger" Vorrang. KFZ 4 muss die Fahrtrichtung nach links anzeigen.

KFZ 5 hat Vorfahrt vor KFZ 6 und 7. Zu KFZ 1, 2 und Radfahrer 3 ist KFZ 5 „Gegenverkehr". KFZ 2 ist als „Rechtsabbieger", KFZ 5 als „Linksabbieger" anzusehen. Mangels eindeutiger Zuordnung ihrer Fahrbewegungen als „Rechts- und Linksabbieger" ist die Vorrangregel des § 9 Abs. 4 nur vorsichtig anwendbar (sie müssen sich verständigen). KFZ 5 darf nicht den linken Blinker betätigen.

KFZ 6 hat die Vorfahrt von KFZ 1, 2, 4, 5 und Radfahrer 3 zu beachten. Obwohl KFZ 7 das Z. 206 beachten muss, gilt zu KFZ 7 die Regel „Rechts vor Links", KFZ 6 muss somit auch hier vorfahrtbedingt warten. KFZ 6 muss die Fahrtrichtung links anzeigen.

KFZ 7 hat die Vorfahrt von KFZ 1, 2, 4, 5, 6 und Radfahrer 3 zu beachten (trotz des Haltgebots gilt zu KFZ 6 die Regel „Rechts vor Links"). KFZ 7 muss die Fahrtrichtung anzeigen.

limit von 50 km/h folgt aus § 3 Abs. 3 Nr. 1 ab der Ortstafel, selbst wenn vorher durch Z. 274 eine höhere Geschwindigkeit zulässig war.[15] Ein vorher angeordnetes Überholverbot wird jedoch durch die Ortseingangstafel nicht aufgehoben; es gilt somit ebenso weiter wie ein vor der Ortsausgangstafel bestehendes Überholverbot. Ist das Ortseingangsschild nur rechts auf einem zweistreifigen Verzögerungsstreifen aufgestellt, gilt Tempo 50 auch für Abbieger (OLG Köln VRS 89, 304). Ist die Ortstafel nicht rechtzeitig erkennbar, kann ein Tempoverstoß für eine „Toleranzstrecke“ entschuldigt sein oder milder beurteilt werden (OLG Stuttgart VRS 59, 251; OLG Stuttgart VRS 121, 149: Tempomessung innerhalb von 150 m von der Ortstafel). Erfolgt eine Geschwindigkeitskontrolle unmittelbar an der Ortstafel, ist bei einem erheblichen Tempoverstoß ein Fahrverbot nur beim Vorliegen besonderer Umstände zu rechtfertigen (BayObLG NZV 2002, 576 = VRS 103, 385; OLG Bamberg DAR 2017, 384).

Z. 310 oder 311 an Stadtautobahnen haben keine geschwindigkeitsmindernde Wirkung, weil dort das innerstädtische Tempolimit von 50 km/h nach § 18 Abs. 5 nicht gilt (KG VRS 131, 95).

Zeichen 314 (Parken)

Die auf Parkplätzen zwischen Parkständen vorhandenen Fahrgassen sind keine „Straßen“, so dass bei kreuzenden Gassen die Vorfahrtregel „Rechts vor Links“ nicht gilt (OLG Koblenz DAR 1999, 406). Als eingeschliffene Verhaltensweise hat jedoch derjenige besondere Vorsicht walten zu lassen, der von links kommt. Im Zweifel müssen sich beide verständigen (OLG Köln NZV 1994, 438). Ein Zusatzzeichen „Parken in gekennzeichneten Flächen“ schließt das Parken außerhalb der Parkstände (BayObLG NZV 1991, 83), das Schild „nur für PKW“ LKW oder Wohnmobile (OLG Schleswig NZV 1991, 163) und das Schild „nur für Bewohner“ Nichtberechtigte aus (BayObLG NZV 1992, 83; a. A. OLG Hamm VRS 43, 213: das Schild gilt auch für Besucher; BayObLG DAR 1981, 18: auch für „Anlieger“). Ein verbotswidrig auf einem Bewohnerparkplatz abgestelltes Fahrzeug darf auf Kosten des Verantwortlichen auch dann abgeschleppt werden, wenn kein Berechtigter konkret behindert wird (VGH Mannheim NZV 1995, 488). Kommt ein behinderter Rollstuhlfahrer auf einem ausgewiesenen Behindertenparkplatz wegen unebener Pflasterung zu Fall, scheitert die Einrede eines möglichen Mitverschuldens nach § 254 BGB an § 3 Abs. 3 Satz 2 GG[16] (BVerfG DAR 2016, 645). Das Zusatzzeichen mit „Rollstuhlfahrersymbol“ bezeichnet nicht nur Rollstuhlfahrer, sondern alle außergewöhnlich gehbehinderten Personen mit besonderem Parkausweis, z. B. auch Personen mit hochgradiger Demenz (BayObLG VerkMitt 1985 Nr. 40 = BayObLG ZfS 1985, 287). Ein durch Z. 314 mit Zusatzzeichen ausgewiesener personenbezogener Parkstand für Schwerstgehbehinderte darf von dem Berechtigten nicht anderen Kraftfahrern überlassen werden (VG Berlin NZV 1996, 48).

Die Nutzung des Behindertenparkplatzes setzt die Auslegung eines Parkausweises voraus; der Behindertenausweis genügt nicht (OVG Münster VerkMitt 2009 Nr. 37). **Parkausweise** können auch auf der Abdeckplatte des Gepäckraums (OLG Köln NZV 1992, 376) oder der Hutablage (BayObLG

15 Soll eine höhere Geschwindigkeit weiter gelten, muss das Z. 274 an der Ortstafel wiederholt werden.

16 Art. 3 Abs. 2 Satz 2 GG: Niemand darf wegen seiner Behinderung benachteiligt werden.

VRS 90, 64) abgelegt oder angebracht werden, sofern sie dort von außen sichtbar sind.[17]

Durch Zusatzzeichen zu den Z. 314 oder 315 kann das Parken nur für **Elektrofahrzeuge** i. S. d. § 2 EmoG[18] gestattet werden (s. a. Rn. 45b bis 45d VwV-StVO zu § 45 Abs. 1g). Das ist insbesondere dann erforderlich, wenn das Parken nur Elektrofahrzeugen ermöglicht werden soll, weil sich dort Ladestationen befinden. Das Zusatzzeichen enthält dann das Symbol nach § 39 Abs. 10. Damit auch andere Elektrofahrzeuge die Ladestation benutzen können, ist die Parkzeit durch Zusatzzeichen 1040-32 auf max. vier Stunden zu begrenzen. Der Nachweis der Parkzeit ist dann durch die Parkscheibe (Bild 318) zu erbringen (Anl. 3 lfd. Nr. 11, Spalte 3). Außerdem können Elektrofahrzeuge nach den landesrechtlichen Parkgebührenverordnungen von der Gebührenpflicht in Parkraumbewirtschaftungsgebieten freigestellt werden (§ 6a Abs. 6 StVG).

Durch die Vorschriften wird außerdem auf der Grundlage des § 3 Abs. 3 CsgG die Voraussetzung für die Anordnung der Parkbevorrechtigung für Carsharingfahrzeuge näher bestimmt. So sind Freistellungen von der Verpflichtung zum Parken mit Parkschein oder Parkscheibe möglich. Auch wenn die Landesregierungen nach § 6a Abs. 6 StVG allein zum Erlass von Gebührenordnungen ermächtigt sind, so ist gemäß § 6 Abs. 1 Nr. 3, 1. Halbs. StVG eine Regelung erforderlich, um entsprechende Verkehrszeichen zur Verfügung stellen zu können. Sind Parkscheinautomaten aufgestellt, kann die Freistellung auch allein am Automaten angegeben sein.

Bevor flächendeckende Parkbevorrechtigungen in Gemeindegebieten oder Stadtteilen geschaffen werden, sind Stellplatzkonzepte zu erarbeiten, um ein möglichst gleichmäßiges Netz von Stellplätzen, das dem Bedarf an Ladestationen Rechnung trägt, zu gewährleisten. Parkprivilegien sollen ferner an Verkehrsknotenpunkten eingerichtet werden, wo der Anschluss an den ÖPNV, Carsharing oder andere umweltfreundliche Verkehrsmittel erleichtert wird. Dabei geht die Gewährleistung eines sicheren und flüssigen Verkehrsablaufs aller Verkehrsteilnehmer der Bevorrechtigung vor. In diesem Zusammenhang ist insbesondere die Verträglichkeit der Bevorrechtigung mit den Anforderungen des Öffentlichen Personennahverkehrs zu berücksichtigen. In dem Konzept sind sowohl Stellflächen an Ladestationen als auch nicht stationsbasierte Stellflächen ausgewogen zu berücksichtigen. Vor jeder Entscheidung über eine Bevorrechtigung von elektrisch betriebenen Fahrzeugen sind die Straßenbaubehörde und die Polizei anzuhören.

Zeichen 315 (Parken auf Gehwegen)

Die Anordnung von Z. 315 kommt vor allem bei hohem Parkdruck auf schmalen Fahrbahnen in Betracht, wenn die Unterbringung des ruhenden Verkehrs auf ausreichend breiten Gehwegflächen möglich ist. Wegen der Bordsteinhöhe „erlaubt" das Zeichen das Parken auf dem Gehweg, begründet aber kein Parkverbot für die Fahrbahn. Ein Halt- bzw. Parkverbot für die Fahrbahn kann sich aus § 12 Abs. 1 Nr. 1 wegen der Enge der Straße

17 S. a. Anl. 3 lfd. Nr. 7, Spalte 3, Nr. 2e.
18 Gesetz zur Bevorrechtigung der Verwendung elektrisch betriebener Fahrzeuge (Elektromobilitätsgesetz – EmoG) vom 5.6.2015 (BGBl. I S. 898).

Parken auf Gehwegen

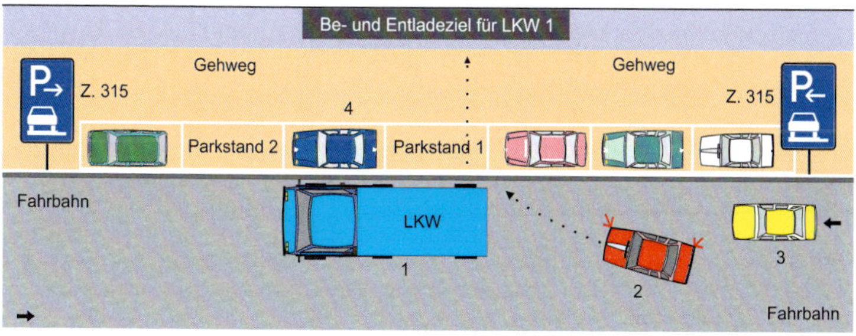

Z. 315 „erlaubt“ das Parken auf Gehwegen. Aus der Erlaubnis ergibt sich weder eine Parkverpflichtung (schon wegen unterschiedlicher Bordsteinhöhen) noch ein Parkverbot für die Fahrbahn. Das Parkverbot nach Anl. 3 lfd. Nr. 10 bezieht sich nur auf die Parkmodalitäten des Z. 315: auf Gewichtsgrenzen (z.B. „2,8“ t), zeitliche Beschränkungen (z.B.„7–19 h“), den Ausschluss von KFZ-Arten (z.B. „nur PKW“), die Aufstellungsart nach der durch Z. 315 vorgegebenen Symbolik (z.B. nur „mit den rechten Rädern”) oder auf Parkreservate (nur für „Bewohner“). Ein Halt- bzw. Parkverbot für die Fahrbahn kann sich nur dann ergeben, wenn Z. 283 oder 286 für die Fahrbahn angeordnet ist, wenn wegen der Straßenenge Haltverbot besteht (§ 12 Abs. 1 Nr. 1) oder wenn die „Benutzung gekennzeichneter Parkflächen verhindert wird“ (§ 12 Abs. 3 Nr. 2).

Neben Parkplätzen nach Z. 314, Parkmarkierungen oder Parkreservaten für Schwerstgehbehinderte oder Bewohner sind auch die durch Z. 315 ausgewiesenen Bereiche längs am Fahrbahnrand „gekennzeichnete Parkflächen“. Ein Parkverbot für LKW 1 am Fahrbahnrand kann sich nicht aus § 12 Abs. 4 ergeben, weil der Gehweg Sonderweg bleibt und auch bei Ausweisung mit Z. 315 nicht zum Seitenstreifen wird.

LKW 1 parkt zum Be- oder Entladen auf der Fahrbahn, weil er wegen der Gewichtsgrenze von 2,8 t nicht auf den Gehweg fahren darf. Er verhindert damit die Benutzung des freien Parkstandes 1 für PKW 2. Da PKW 2 aber keinen Anspruch auf einen bestimmten Parkstand hat, das Parkverbot des § 12 Abs. 3 Nr. 2 sich auf die gesamte Fläche bezieht und nicht auf den einzelnen Parkstand, steht LKW 1 noch nicht im Parkverbot. PKW 2 kann darauf verwiesen werden, den Parkstand 2 zu nutzen. Erst wenn alles zugeparkt ist und Parklücke 1 die letze Möglichkeit darstellt, würde LKW 1 gegen § 12 Abs. 3 Nr. 2 verstoßen, z.B. wenn nach Besetzung von Parkstand 2 sich PKW 3 auf den (blockierten) Parkstand 1 stellen möchte. Gleiches gilt, wenn die Ausfahrt, z.B. von PKW 4, verhindert würde. Da das Behinderungsverbot des § 1 Abs. 2 bereits mit erfasst wird, verstößt LKW 1 in diesem Fall nur gegen § 12 Abs. 3 Nr. 2.

---

oder aus § 12 Abs. 3 Nr. 2 wegen Verhinderung der Benutzung der Gehwegparkfläche ergeben.

Das Parkverbot nach § 42 Abs. 2 i.V.m. Anl. 3 lfd. Nr. 10, Spalte 3, Nr. 1 bezieht sich nur auf die Parkmodalitäten beim Z. 315, wie Gewichtsgrenzen (z.B. „2,8 t“), Zusatzzeichen mit zeitlichen Beschränkungen (z.B. „7–19 h“), Ausschluss von KFZ-Arten (wie „nur PKW“), die Aufstellungsart nach der durch Z. 315 vorgegebenen Symbolik (z.B. nur „mit den rechten Rädern”) oder auf Parkreservate (nur für „Bewohner“, „Carsharingfahrzeuge“, „Elektrofahrzeuge“ oder „Schwerstgehbehinderte“).

Ausgesparte Baumscheiben gehören nicht zum Gehweg, so dass dort auch nicht auf der Bordsteinkante geparkt werden darf (§ 12 Abs. 4). Würde hingegen aus Anl. 3 lfd. Nr. 10 ein Parkverbot auch für die Fahrbahn begründet (Hentschel/König/Dauer, 43. Aufl., Rn. 55 zu § 12), müssten die Baulastträger schon aus Haftungsgründen die Bordsteinkanten wie Grundstückszufahrten gestalten, um Fahrzeugschäden zu verhindern. Das wäre für die Baulastträger aus Kostengründen nicht leistbar.

Ist Gehwegparken mit zwei Rädern auf der Fahrbahn zugelassen, unterbricht ein Haltverbot nach Z. 283 mit Zusatzzeichen 1001-30 „Auf … m“ die Parkerlaubnis auf dem Gehweg nur für die angegebene Strecke; danach darf wieder auf dem Gehweg geparkt werden (OLG Stuttgart VRS 123, 179).

Andererseits hätte eine entsprechende Beschilderung keine Wirkung, wenn Z. 315 das Parken mit vier Rädern gestattet, weil sich das Z. 283 nur auf die Fahrbahn bezieht (Anl. 2 lfd. Nr. 62). Der Anlieger hat keinen Anspruch darauf, dass das Gehwegparken vor seinem Grundstück zugelassen wird (BVerwG VerkMitt 1980 Nr. 97 = VRS 59, 312 = MDR 1980, 963 = DAR 1980, 350).

Soll das Parken auf Gehwegen nur bestimmten Personengruppen gestattet werden (z.B. nur Bewohnern), ist eine eindeutige Zusatzbeschilderung erforderlich, wie Zusatzzeichen 1044-30 (Nur Bewohner mit Parkausweis Nr. ...). Eine Beschilderung mit dem Zusatzzeichen 1020-32 (Bewohner mit Parkausweis Nr. ... frei) hätte keine einschränkende Wirkung, so dass dann auch Nichtbewohner dort parken dürften (OLG Hamm DAR 2009, 281). Zu den Parkvorrechten für Elektrofahrzeuge s. Erl. zu Z. 314 und Z. 286.

Gehwegparken kann auch durch eine Parkmarkierung **ohne** Z. 315 zugelassen werden (Erl. zu Anl. 2 lfd. Nr. 74). Das Parken ist dann nur Fahrzeugen bis 2,8 t gestattet. Durch die Parkmarkierung kann auch die Aufstellungsart der Fahrzeuge (z.B. mit vier Rädern) verdeutlicht werden. Die Abgrenzung der Parkflächen kann neben weißen Markierungslinien oder Markierungsknopfreihen auch durch eine abgesetzte Pflasterlinie erfolgen; meist reicht aber eine Kennzeichnung der Parkstandsecken aus (VwV-StVO zu Anl. 2 lfd. Nr. 74).

Zeichen 325.1 und 325.2 (Verkehrsberuhigter Bereich)

Schrittgeschwindigkeit bedeutet 4–7 km/h (OLG Köln VerkMitt 1985 Nr. 63 = VRS 68, 354; AG Leipzig DAR 2005, 703: 4–10 km/h, aber deutlich unter 20 km/h), auch bei starkem Gefälle (OLG Stuttgart NZV 1988, 30); Radfahrer sind daran ebenfalls gebunden (OLG Hamm DAR 2001, 458).[19] Bei Schrittgeschwindigkeit ist ein Überholen grundsätzlich nicht zulässig (LG Saarbrücken DAR 2008, 216; Dortmund DAR 2006, 281). Mit dem plötzlichen Auftauchen spielender Kinder oder von Fußgängern ist jederzeit zu rechnen, so dass eine gesteigerte Sorgfaltspflicht auch beim Abbiegen in ein Grundstück besteht (OLG Frankfurt DAR 1999, 54: auch doppelte Rückschaupflicht; LG Saarbrücken NZV 2015, 686; AG Mönchengladbach NZV 2012, 387: keine Aufsichtsverletzung der Eltern, wenn ein verkehrserfahrenes sechsjähriges Kind dort mit einem PKW kollidiert).

Sind solche Bereiche nicht einsehbar, dürfen sich Fahrzeugführer nur noch zentimeterweise vortasten (OLG Karlsruhe DAR 2004, 538 = NZV 2004, 421). Sofern in verkehrsberuhigten Bereichen Straßenbahnen zugelassen sind, unterliegen auch sie der Schrittgeschwindigkeit.[20] Da Fußgänger den Fahrverkehr nicht unnötig behindern dürfen, müssen sie beiseite gehen und dürfen den Fahrraum nicht blockieren, wenn ein Fahrzeug naht.

Geparkt werden darf nur auf dafür gekennzeichneten Flächen, z.B. durch Parkstandmarkierungen oder Z. 314. Das Parkverbot dient nur den Bedürf-

---

19 Die Ahndung eines Tempoverstoßes bei Geschwindigkeitsmessungen erfolgt nach dem Beschluss des BLFA-OWiG vom 29./30.9.1998 (Magdeburg) zu TOP 5.2 häufig erst bei höheren Geschwindigkeiten (19 km/h – 3 km/h Toleranzabzug = 16 km/h). Dies ist nicht unproblematisch, weil eine Verdopplung der Schrittgeschwindigkeit die Vorgabe des Z. 325 (Anl. 3 lfd. Nr. 12) konterkariert.

20 Nach § 50 Abs. 3 BOStrab müssen Straßenbahnen die für den übrigen Verkehr geltende Höchstgeschwindigkeit beachten.

nissen von Fußgängern und Kindern, nicht dem durchfahrenden Verkehr (LG Saarbrücken DAR 2015, 343). Außerhalb dieser Flächen darf nur bis zu drei Minuten (§ 12 Abs. 2) sowie zum Be- oder Entladen, Aus- oder Einsteigen(lassen) unter den gleichen Bedingungen wie beim Z. 286 (Anl. 2 lfd. Nr. 63) gehalten werden. Die Fahrgassen verkehrsberuhigter Bereiche haben infolge ihrer Mischfunktion keine „Fahrbahnen" und keinen „rechten Fahrbahnrand" i.S.d. § 12 Abs. 4, so dass in den ausgewiesenen Parkbereichen auch entgegen der Fahrtrichtung geparkt werden darf (OLG Köln NZV 1997, 449 = VRS 94, 136 = DAR 1997, 411). Schwerbehinderte mit hellblauem Parkausweis dürfen auch außerhalb der gekennzeichneten Parkflächen parken. Falschparker dürfen abgeschleppt werden, wenn sie die Funktion eines verkehrsberuhigten Bereichs beeinträchtigen (OVG Münster VRS 98, 159). Der Grundeigentümer kann jedoch von der Verkehrsbehörde nicht die Anordnung von Pollern zur Verhinderung verbotswidrigen Parkens vor seinem Grundstück verlangen (OVG Bremen NZV 2018, 246).

Das Z. 325.2 erschöpft sich nicht nur in der Kennzeichnung des Endes, sondern betont primär die vorrangregelnde Wirkung. Infolgedessen gelten die besonderen Sorgfaltspflichten bei der Ausfahrt des § 10 und nicht die Vorfahrtregeln, wenn der verkehrsberuhigte Bereich durch Z. 325.2 einige Meter vor einer Kreuzung oder Einmündung aufgehoben wird. Entscheidend kommt es darauf an, wo sich nach objektiver Betrachtung der Örtlichkeit die Merkmale des Gefährdungsverbots eines Ausfahrtbereiches realisieren (BGH VerkMitt 2008 Nr. 26 = NZV 2008, 193: 30 m vorher; LG Gießen DAR 1996, 25: 17 m vorher; AG Sömmerda DAR 1999, 78: steht Z. 325.2 ca. 24 m vor der Einmündung, gilt „Rechts vor Links"). Endet der verkehrsberuhigte Bereich mit Z. 325.2 mehr als 30 Meter vorher, gelten an der folgenden Einmündung die Vorfahrtregeln des § 8. Gleiches gilt, wenn der verkehrsberuhigte Bereich statt des Z. 325.2 durch eine Tempo 30-Zone (Z. 274.1) aufgehoben wird (OLG Celle SVR 2005, 108).

Zeichen 327 und 328 (Tunnel, Nothalte- und Pannenbucht)

Z. 327 zeigt an, dass ein Tunnel beginnt;[21] bei Tunneln ab 3 km Länge ist alle 1 km die noch zurückzulegende Strecke anzuzeigen.[22] Aus Sicherheitsgründen steht unter Z. 327 teilweise ein Zusatzzeichen „Radio ein" (nach RABT), mit dem Kraftfahrer das Einschalten des Verkehrswarnfunks empfohlen wird. Beim Durchfahren des Tunnels ist **Abblendlicht** (kein Tagfahrlicht) einzuschalten, selbst wenn der Tunnel ausreichend beleuchtet ist (die gelegentlich noch vorhandenen Schilder mit Piktogramm „PKW mit Scheinwerfern" oder „Licht an/Licht?" sind bei Z. 327 entbehrlich).[23] Auf Autobahnen

---

21 Zu Beschränkungen für Gefahrguttransporte siehe „Die Ausgestaltung von Zusatzzeichen mit Tunnelkategorie nach ADR Übereinkommen", VkBl. 2007, 703.

22 Zwar verlangt die RL 2004/54/EG das Z. 327 nur für Tunnel ab 500 m Länge auf dem Transeuropäischen Straßennetz. Im Interesse einer einheitlichen Beschilderung aller Tunnel wird in Deutschland jedoch auf eine Unterscheidung der Tunnel nach Länge und Straßentyp verzichtet, zumal eine Kennzeichnung des Transeuropäischen Straßennetzes nicht vorgesehen ist. Die Tunnelkategorie nach dem ADR-(Gefahrgut-)Übereinkommen folgt aus der Buchstabenkennung der Zusatzzeichen 1014-50 bis 1014-53.

23 In den „Richtlinien für die Ausstattung und den Betrieb von Straßentunneln" (RABT) ist in Abschn. 5.3 „Beschreibung der Ausstattung" der frühere Hinweis auf die nichtamtliche Beschilderung „Licht ein"/„Licht aus" gestrichen worden.

und Kraftfahrstraßen wird das **Wendeverbot** des § 18 Abs. 7 durch Z. 327 überlagert (§ 39 Abs. 2 Satz 1). Wegen des in Tunneln vorhandenen Risikos eingeschränkter Ausweichmöglichkeit sind bei Notfällen oder Pannen die mit Z. 328 gekennzeichneten Haltebuchten zu benutzen; sonst darf weder dort noch im Tunnel gehalten werden.[24] Die Missachtung der Pflichten bei der Tunnelbenutzung ist als Ordnungswidrigkeit qualifiziert.[25]

Zeichen 330.2 (Ende der Autobahn)

Das Z. 330.2 bedeutet, dass hinter dem Schild die besonderen Autobahnregelungen nicht mehr gelten; es ordnet aber keine Geschwindigkeitsbeschränkung an (OLG Düsseldorf VRS 64, 460).

Zeichen 331.1 (Kraftfahrstraße)

Eine Straße ist Kraftfahrstraße, wenn das Z. 331.1 an ihrem Anfang steht; Z. 331.1 mit dem Zusatz „50 m" allein genügt nicht (OLG Karlsruhe VRS 60, 227). Z. 331.1 bedeutet den Ausschluss nicht motorisierter Fahrzeuge und KFZ bauartbedingt unter 60 km/h, selbst wenn sie faktisch schneller fahren könnten, z.B. bei Gefälle. Kein Tempolimit, aber Richtgeschwindigkeit (130 km/h) besteht nur auf außerörtlichen Kraftfahrstraßen mit Richtungsfahrbahnen, die durch Mittelstreifen getrennt sind (§ 18 Abs. 5 Satz 2).

Zeichen 340 (Leitlinie)[26]

Leitlinien heben das Rechtsfahrgebot des § 2 Abs. 2 auch dann nicht auf, wenn sie auf einer Richtungsfahrbahn angebracht sind (OLG Düsseldorf VerkMitt 1990 Nr. 56). Die von einer Leitlinie (Z. 340) begleiteten **Pfeilmarkierungen** schreiben die Fahrtrichtung nur für die folgende Kreuzung oder Einmündung vor. Für die davor liegende Strecke wird der Fahrstreifenwechsel nicht verboten, soweit durchgezogene Linien fehlen (OLG Düsseldorf VRS 42, 435). Ist von mehreren dem gleichgerichteten Verkehr dienenden, durch Leitlinien (Z. 340) getrennten Fahrstreifen nur einer mit Richtungspfeilen versehen, bedeutet diese Markierung eine Verpflichtung, der Pfeilrichtung zu folgen (a.A. BayObLG DAR 1974, 305 ist durch Rechtsänderung überholt); s.a. Erl. Z. 297 zu § 41.

Schutzstreifen für Radfahrer (s.a. Erl. 2.7.3 b. zu § 2) werden meist dort eingerichtet, wo Straßen so schmal sind, dass weder Radwege noch Radfahrstreifen angelegt werden können. Schutzstreifen dürfen andererseits nicht auf schmalen Fahrbahnen angeordnet werden, wenn der Gegenverkehr stets zum Ausweichen auf den Schutzstreifen zwingt. Auch wenn die Voraussetzungen der freien Fahrstreifenwahl nach § 7 Abs. 3 nicht vorliegen, dürfen Radfahrer den links vom Schutzstreifen fahrenden Verkehr rechts überholen (Folge aus dem

24 Bei Brandgefahr im Tunnel oder Warntönen müssen die Insassen das Fahrzeug sofort verlassen und sich über ausgewiesene Evakuierungsstrecken in Sicherheit bringen.

25 Zur Videoüberwachung von Tunnelanlagen siehe Ruth-Schumacher und Dr. Arzt in NZV 2012, 313, die vor allem bei Datenaufzeichnungen einen Verstoß gegen das Recht auf informationelle Selbstbestimmung sehen. Die RABT 2006 sind jedenfalls keine ausreichende Rechtsgrundlage für die Datenerhebung, wobei die Sicherheits- und Ordnungsgesetze der Länder unberücksichtigt bleiben.

26 Die bisherigen Vorschriften über das Fahren in Fahrstreifen sind mit der 46. VO zur Änderung verkehrsrechtlicher Vorschriften in die §§ 7 und 7a überführt und dort einheitlich geregelt worden.

Rechtsgedanken des § 7 Abs. 2a). Wegen des Rechtsfahrgebots (§ 2 Abs. 2) besteht Benutzungspflicht (s.a. Janker DAR 2005, 68). Radfahrer dürfen aber bei Hindernissen oder schlechtem Zustand des Schutzstreifens über die linke Markierung ausweichen (OVG Lüneburg VRS 134, 24; OVG Oldenburg DAR 2018, 579 mit Anm. Kettler; s.a. Koehl SVR 2018, 177). Auf Schutzstreifen für Radfahrer besteht Haltverbot; ausgenommen davon sind Radfahrer und Elektrokleinstfahrzeuge (Anl. 3 lfd. Nr. 22, Spalte 3, Nr. 3).[27] Zum Überfahren von Schutzstreifen siehe Erl. 2.7.3 zu § 2.

Zeichen 341 (Wartelinie)

Wartelinien empfehlen demjenigen, der warten muss, hier zu halten (z.B. bei Rot einer LZA). Das Überfahren der vorgezogenen Wartelinie begründet selbst dann keinen Rotlichtverstoß, wenn sich an der Linie das Zusatzzeichen 1012-35 „Bei Rot hier halten" befindet (die Wartelinie wird dadurch nicht zu einer „Haltlinie" nach Z. 294). Wer die Wartelinie überfährt, muss allerdings mit querendem Verkehr aus einer dazwischen liegenden Einmündung oder Grundstückszufahrt rechnen und sich darauf einstellen. Kommt es zum Unfall, haftet der die Wartelinie Überfahrende für seinen Schuldanteil (OLG Celle NZV 2007, 77 = VRS 111, 413; LG Berlin NZV 2000, 472).

Zeichen 342 (Haifischzähne)

Die Markierung hebt eine Wartepflicht infolge einer bestehenden „Rechts vor Links"-Regelung bei Radschnellwegen hervor. Durch entgegengesetzt zur Fahrrichtung angeordnete Dreiecke wird auf eine Wartepflicht infolge einer „Rechts vor Links"-Regelung aufmerksam gemacht. Das Protokoll über Straßenmarkierungen zum Europäischen Zusatzübereinkommen zum Übereinkommen über Straßenverkehrszeichen (BGBl. II 1977, S. 1076) lässt zur Markierung an einer Kreuzung mit einer Vorfahrtstraße gestrichelte Wartelinien und die Haifischzahnmarkierung zu. In beiden Anwendungsfällen ist das Z. 205 „Vorfahrt gewähren." darzustellen. Bei der „Rechts vor Links"-Regelung fehlt jedoch das Z. 205.

Die „Rechts vor Links"-Regelung findet sich dagegen innerorts in allen Tempo 30-Zonen, also in rund 90 % aller innerörtlichen Straßen. Dort, wo es die örtlichen Umstände erfordern, auf die Vorfahrt von rechts ausnahmsweise hinzuweisen, dürfte wie bisher das Z. 102 „Kreuzung oder Einmündung" genügen. Andernfalls besteht die Gefahr, dass auf die Kommunen in vielfältiger Weise Markierungsforderungen zukommen. Im Fall von Verkehrsunfällen wird möglicherweise auch Rechtfertigungsbedarf ausgelöst, wenn die Markierung gefehlt haben sollte. Hinzu kommen neben der erstmaligen Aufbringung der Markierung laufende Unterhaltsaufwände durch die Straßenbaubehörden. Die Anwendung der Haifischzahnmarkierung soll daher auf den vorgesehenen Anwendungsfall „Radschnellweg" begrenzt werden. Sie hat dort ein Alleinstellungsmerkmal. Dies wäre auch geeignet, die Bedeutung des Radschnellwegs hervorzuheben.

---

27 Das neu eingeführte Haltverbot auf Schutzstreifen trägt der Tatsache Rechnung, dass der Radverkehr immer wieder durch haltende Kraftfahrzeuge behindert wird. Radfahrer sind in diesen Fällen zum Ausweichen gezwungen und müssen sich meist gefahrträchtig in den motorisierten Verkehr einreihen. Dadurch wird der Zweck des Schutzstreifens, einen Schutzraum für die Sicherheit des Radverkehrs zu gewährleisten, regelmäßig unterlaufen. Das Haltverbot bezieht sich auf alle Fahrzeuge mit Ausnahme von Fahrrädern und Elektrokleinstfahrzeugen.

Zeichen 350.1 und 350.2 (Beginn und Ende eines Radschnellwegs)

Radschnellwege sind Radverkehrsverbindungen, die über größere Entfernungen ein möglichst sicheres Befahren ermöglichen sollen. Kreuzen Radschnellwege Fahrbahnen und muss der übrige Verkehr die Vorfahrt beachten, kann darauf durch die „Haifischzahn"-Markierung hingewiesen werden (s.a. Erl. Z. 342). Die Kennzeichnung von Radschnellwegen erfolgt unabhängig von der Fahrbahnbeschaffenheit (z.B. bei sandigem Untergrund) durch die Z. 350.1 und 350.2. Wie auch bei Radfahrstraßen muss der Verkehrsflächenzuweisung allein für den Radverkehr eine straßenrechtliche Widmung für den Radverkehr (und ggf. für weiteren zugelassenen Verkehr) vorausgehen.

Bei Radschnellwegen handelt es sich um Sonderwege für den Radverkehr; andere am Verkehr Teilnehmende dürfen dort i.d.R. nicht verkehren. Da Elektrokleinstfahrzeuge nach § 10 eKFV Radverkehrsanlagen befahren dürfen, können sie auch Radschnellwege benutzen. Wird anderer Verkehr durch Zusatzzeichen zugelassen, muss dieser auf den Radverkehr Rücksicht nehmen und erforderlichenfalls die Geschwindigkeit an den Radverkehr anpassen. Das Ende des Radschnellweges wird durch Z. 350.2 angezeigt. Sind weitergehende Regelungen im Interesse der Fahrradsicherheit erforderlich, kann dies durch die bestehenden Verkehrszeichen erfolgen.

Zeichen 356 (Verkehrshelfer)

Verkehrshelfer (Schülerlotsen, Verkehrskadetten) sind Jugendliche (14 bis 16 Jahre), die die Polizei bei der Verkehrsregelung unterstützen, insbesondere bei der Absicherung der Schulwege. Sie sind an einer meist von den Verkehrswachten gestifteten Sicherheitsausrüstung und einer Kelle erkennbar. Verkehrshelfer haben keine hoheitlichen Befugnisse und dürfen den Verkehr weder lenken noch anstelle der Polizei regeln. Kraftfahrer müssen jedoch aus dem Prinzip der Rücksichtnahme und dem Gefährdungsverbot des § 3 Abs. 2a bei Fußgängergrün, auf Zebrastreifen oder sonstigen Querungsstellen die Zeichen der Verkehrshelfer beachten. An Stellen mit Verkehrshelfern müssen sie besonders vorsichtig fahren und notfalls anhalten.

Zeichen 357 (Sackgasse)

Mündet ein Radweg am Wendekopf über einen abgesenkten Bordstein in die Sackgasse ein, handelt es sich um eine Zufahrt aus einem anderen Straßenteil, nicht um eine Einmündung. Infolgedessen muss der Radfahrer den Vorrang des Verkehrs in der Sackgasse beachten. Er kann sich nicht auf die besonderen Sorgfaltspflichten beim Wenden berufen, weil bei der Umrundung des Wendekopfes einer Sackgasse weder Mit- noch Gegenverkehr durchquert wird (OLG Köln VRS 96, 345 = DAR 1999, 314 = NZV 1999, 373). Der Wendekopf einer Sackgasse ist keine Kurve nach § 12 Abs. 1 Nr. 2, so dass ein Haltverbot nur nach § 12 Abs. 1 Nr. 1 bei engen oder unübersichtlichen Wendeschleifen in Betracht kommt (OLG Brandenburg VerkMitt 2004 Nr. 35 = DAR 2004, 282 = VRS 106, 307 = NJW 2004, 961). Sofern Sackgassen für Fußgänger oder Radfahrer durchlässig sind, kann dies durch Symbole auf dem Z. 357 angezeigt werden (Anl. 3 lfd. Nr. 27). In den wenigen Fällen, in denen eine Sackgasse nur für Fußgänger durchlässig ist, wird dem Radverkehr durch Z. 357 mit integriertem Piktogramm für Fußgänger ein unnötiges Einfahren in die Sackgasse erspart.

Zeichen 365-53 und 365-54 (Autogas- und Erdgastankstelle) sowie Zeichen 365-65 und 365-66 (Elektro- und Wasserstofftankstelle)[28]

Die Z. 365-53 und 365-54 kennzeichnen Autogas- (LPG) oder Erdgastankstellen (CNG).[29] Sie sind im Interesse der Förderung alternativer Energien durch Verlautbarung des BMVBS (BMVI) vom 27.6.2006 (VkBl. 2006, 633) in den VzKat eingeführt worden und dienen der Erkennbarkeit bewirtschafteter Autogas- und Erdgastankstellen auf Autobahnen. Bei Bedarf kann die deutsche Bezeichnung in einem Zusatzzeichen ergänzt werden. Außerhalb von Autobahnen ist die Beschilderung nur am Ort der Tankstelle zulässig; abseits gelegene Tankstellen können aber im Nahbereich mit Zusatzzeichen 1000-10 bis 1000-31 (Pfeilhinweis) in die wegweisende Beschilderung aufgenommen werden.

Z. 365-53

Tankstelle mit Autogas

Z. 365-54

Tankstelle mit Erdgas

Z. 365-65

Ladestation für Elektrofahrzeuge

Z. 365-66

Wasserstofftankstelle

---

28 Die Verkehrszeichen entsprechen den Vorgaben der UNECE. Das Symbol orientiert sich an den empfohlenen Piktogrammen der konsolidierten Resolution über Straßenverkehrszeichen. Dabei symbolisiert die schwarze Tanksäule (entsprechend Zeichen F 4 WÜ) die herkömmlichen Kraftstoffe und die blaue Tanksäule die gasförmigen Kraftstoffe.

29 **Autogas** (LPG – **L**iquefied **P**etroleum **G**as) besteht aus einem Gemisch von Propan (C_3H_8) und Butan (C_4H_{10}); Belieferung der Tankstelle durch Flüssiggastransporte. Für Autogas galt bis 2009 ein ermäßigter Steuersatz. Die LPG-Tanks werden mit einem Befülldruck von ca. 8 bar betrieben. **Erdgas** (CNG – **C**ompressed **N**atural **G**as) besteht v. a. aus Methan (CH_4) und enthält weniger Kohlen- und mehr Wasserstoff als Benzin; bei der Verbrennung wird ca. 20 % weniger Kohlendioxid (CO_2) freigesetzt. Erdgas ist bis 2020 steuerbefreit und unterliegt nicht der Ökosteuer. Die Belieferung der Tankstellen erfolgt durch Erdgasleitungen, wobei das Erdgas erst dort bis 250 bar (!) Befülldruck komprimiert wird. Erdgas ist im Gegensatz zum Autogas leichter als Luft und kann sich nicht am Boden sammeln, so dass Erdgasautos auch in Parkhäusern und Tiefgaragen abgestellt werden dürfen. Die Umrüstung eines Benzinmotors auf Gasbetrieb ist technisch vergleichsweise einfach. Zu den Einspritzdüsen für Benzin müssen Einblasventile für Erd- oder Flüssiggas installiert werden, wobei der Motor bivalent betrieben werden kann. Bei höherer Verdichtung oder Aufladung für den Erdgaseinsatz ist die Leistung bei beiden Antriebsarten vergleichbar.

Die Z. 365-65 und 365-66 kennzeichnen Ladestationen für Elektrofahrzeuge und Wasserstofftankstellen. Auf Autobahnen wird mit den Symbolen auf Rastanlagen und Autohöfe mit Elektro- und Wasserstoffladestationen hingewiesen (VkBl. 2014, 132). Außerhalb von Autobahnen soll nur in Ausnahmefällen in der Wegweisung mit Pfeilschildern (Zusatzzeichen 1000) im Nahbereich auf abseits gelegene Ladestationen hingewiesen werden.[30]

Zeichen 386.1, 386.2 und 386.3 (Touristische Hinweise)

Die Zeichen stehen an Autobahnen und sollen auf touristisch bedeutsame Ziele und Routen aufmerksam machen (s.a. „Richtlinien für die touristische Beschilderung – RtB"; VkBl. 2009, 228). Nach Rn. 11a VwV-StVO zu § 45 Abs. 1 bis 1e ist für die Anordnung der Z. 386.1, 386.2 und 386.3 die Zustimmung der obersten Landesbehörde oder der von ihr dafür beauftragten Stelle erforderlich. Aufgestellt werden die Zeichen durch die zuständige Straßenbaubehörde. Die Kostentragung obliegt nach § 51 demjenigen, der die Beschilderung beantragt, z.B. Fremdenverkehrsverbände. Nicht verkannt werden darf, dass die Beschilderung oft die Erwartung einer bedeutsamen Sehenswürdigkeit weckt, die nicht selten enttäuscht wird. Zur Vermeidung einer ausufernden Beschilderung ist es deshalb ratsam, vor einer verkehrsbehördlichen Anordnung zu prüfen, ob im konkreten Fall tatsächlich eine solche Sehenswürdigkeit vorliegt, die von allgemeinem Interesse ist.

Zeichen 390, 390.2 und 391 (Mautpflicht und Mautpflichtige Strecke)

a. Das **Z. 390** bezieht sich auf die Mautpflicht für schwere Nutzfahrzeuge zur Güterbeförderung ab 7,5 t; hierzu gehören auch Sattelzugmaschinen über 7,5 t ohne Auflieger, wenn sie ausschließlich der Güterbeförderung dienen (OLG Köln VerkMitt 2008 Nr. 76 = VRS 115, 147; s.a. Rebler VD 2011, 335), sowie LKW-Verkaufsfahrzeuge (OVG Münster VerkMitt 2009 Nr. 80), nicht aber KOM, Sonderrechtsfahrzeuge und humanitäre Gütertransporte.[31]

Das Bundesfernstraßenmautgesetz (BFStrMG) vom 12.7.2011 (BGBl. I S. 1387) i.d.F. vom 10.5.2015 (BGBl. I S. 922)[32] erstreckt sich auf alle nach dem FStrG gewidmeten Autobahnen, sofern sie nicht ausdrücklich vom BFStrMG ausgenommen worden sind, ferner auf mehrspurige Bundesstraßen mit und ohne Autobahnanschluss.[33] Die Z. 390 und 390.2 (Beginn und Ende der Mautpflicht) dienen der Kennzeichnung derjenigen Mautstrecken mit zwei oder mehr Fahrstreifen je Richtung, die von der Beschilderung her nicht als Autobahn erkennbar sind. Da auch solche Autobahnstrecken dem BFStrMG unterliegen, sind die Z. 390 und 390.2 zur Unterrichtung der Betroffenen anzuordnen (VkBl. 2004, 543, ber. 2004, 686 und VkBl. 2015, 90). Die Verwendung des LKW-Symbols im Z. 390 ist missglückt und rechtlich problematisch, weil es sich nach der Symbolik des § 39 Abs. 4 auf KFZ über 3,5 t bezieht, das BFStrMG aber (zur Zeit noch) LKW ab 7,5 t erfasst.

---

30 Nach BMVI wurde die Zahl der Wasserstofftankstellen deutschlandweit von nur 15 im Jahr 2014 auf über 50 Ende 2015 erhöht. Bis 2023 soll ein flächendeckendes H_2-Netzwerk von 400 Tankstellen in ganz Deutschland aufgebaut werden.

31 Zur Mautgebührenberechnung siehe auch BVerwG DAR 2011, 156; DAR 2014, 102 (Achsklassen).

32 Das BFStrMG beruht auf der Eurovignetten-Richtlinie RL 1999/62/EG.

33 Mautpflicht für Bundesstraßen ab 1.7.2018. Mautpflichtiges Bundesfernstraßennetz = rd. 52 000 km; s.a. Mauttabelle der BASt unter www.mauttabelle.de

Mautverkehre

Z. 390

Z. 390.2

Beginn und Ende der Mautpflicht für LKW über 7,5 t nach dem Bundesfernstraßenmautgesetz (BFStrMG). Die Zeichen stehen nur an (gewidmeten) Autobahnen und Bundesstraßen, die durch die Beschilderung nicht als mautpflichtige Strecken erkennbar sind.

Z. 253

Z. 253 mit Zusatzzeichen verbietet den Durchgangsverkehr für mautpflichtige KFZ über 7,5 t. Ausgenommen sind
- Zufahrten zu einem Grundstück,
- Güterverkehr im Umkreis von 75 km vom Belade- zum Zielort,
- vom BFStrMG nicht erfasste KFZ (KOM, Sonderrechtsfahrzeuge, Feuerwehr, Streitkräfte usw., Schausteller, humanitäre Transporte der Hilfsdienste),
- ausgewiesene Umleitungsstrecken.

Z. 391

Mautpflichtige Strecke für alle Fahrzeuge auf privat finanzierten Straßen nach dem Fernstraßenbauprivatfinanzierungs-Änderungsgesetz (FStrPrivFinÄndG). Die Zeichen stehen vor der letzten möglichen Abfahrt.

Die Mauterhebung, Mautabrechnung, Vertrieb der Onboard Units, Aufstellung der Kontrollbrücken und angeordneter Verkehrszeichen erfolgt durch die (private) Firma Toll Collect GmbH, die vom Bundesamt für Güterverkehr (BAG) beauftragt worden ist. Toll Collect selbst hat keine hoheitlichen Aufgaben. Dem BAG obliegen hingegen die hoheitlichen Aufgaben nach dem BFStrMG, insbesondere Anhalterechte und Kontrolle der Mautentrichtung.

b. Das **Z. 391** bezieht sich hingegen **nur auf privat finanzierte Straßen** mit Benutzungsentgelten für alle KFZ und hat mit der Mautregelung nach dem BFStrMG nichts gemein. Das beidseitig und 750 m vor der letzten Ausfahrt aufzustellende Zeichen kennzeichnet den Beginn der mautpflichtigen Strecke (VkBl. 2003, 430). Mit dem Fernstraßenbauprivatfinanzierungs-Änderungsgesetz (FStrPrivFinÄndG) vom 1.9.2002 (BGBl. I S. 3442) wurde auf privat finanzierten Straßen die Mauterhebung durch beliehene Private zugelassen und zugleich in § 45 Abs. 1e geregelt, dass die Straßenverkehrsbehörden die für den Betrieb erforderliche Beschilderung auf der Grundlage des vom Konzessionsnehmer vorgelegten Verkehrszeichenplans anordnen. In verkleinerter Form wird das Zeichen in den jeweiligen Vorwegweiser (Z. 438 oder 449) integriert, um vor Beginn der mautpflichtigen Strecke die Entscheidung über die Wahl einer alternativen, nicht mautpflichtigen Strecke zu ermöglichen.

c. Die von der CSU favorisierte **Mauterhebung** für **PKW**, Gelände PKW und Wohnmobile (EU-Klassen M_1 und M_1G) auf Autobahnen und Bundesstraßen[34] sollte mit dem Gesetz zur Einführung einer Infrastrukturabgabe für die Benutzung von Bundesfernstraßen (Infrastrukturabgabengesetz – InfrAG) vom 8.6.2015 (BGBl. I S. 904) sowie dem Gesetz zur Änderung des 2. Verkehrssteueränderungsgesetzes vom 6.6.2017 (BGBl. I S. 1493) und dem 5. Gesetz zur Änderung des Kraftfahrzeugsteuergesetzes vom

34 Streckenumfang: Autobahnnetz = rd. 13 000 km, Bundesstraßennetz = rd. 38 000 km.

6.6.2017 (BGBl. I S. 1491) ohne besondere Verkehrszeichen erfolgen. Das Vorhaben ist an der Entscheidung der Großen Kammer des EuGH vom 18.6.2019 (NZV 2019, 636 = NJW 2019, 2369) gescheitert (s.a. Kahl/Hafner NJW 2019, 2353; Kruhl NZV 2017, 168; Brenner DAR 2019, 443; Seyfarth SVR 2019, 285).

Zeichen 432 (Wegweiser zu Zielen mit erheblicher Verkehrsbedeutung)

Hingewiesen werden darf auf die in der VwV-StVO zu Z. 432 beispielhaft aufgeführten Ziele. Entscheidend ist dabei die Verkehrsbedeutung zur Vermeidung von Fehl- und Suchfahrten, weniger die städtebauliche Funktion. Der Hinweis auf private Einrichtungen allein zu Werbezwecken ist unzulässig (BVerwG NZV 1989, 486).

Zeichen 460 (Bedarfsumleitung für den Autobahnverkehr)

Die Ziffern auf dem Zeichen kennzeichnen die Nummer der Umleitungsstrecke. Entsprechendes gilt bei Z. 466 (Weiterführende Bedarfsumleitung).

3 Hinweise

3.1 Hinweisbeschilderung auf Einrichtungen mit besonderem Verkehrsbedürfnis außerhalb des Erschließungsbereichs der Ortsdurchfahrten von Bundesstraßen: VkBl. 1985, 145.

3.2 Richtlinien für

- wegweisende Beschilderung auf Autobahnen (RWBA): VkBl. 2001, 125;
- wegweisende Beschilderung außerhalb von Autobahnen (RWB): VkBl. 1992, 218; 1999, 781; s.a. Piktogramm „Zentrum“ nach Kap. 5.7 RWB 2000 (VkBl. 2007, 245): das Piktogramm kennzeichnet in der wegweisenden Beschilderung die Wegführung zum Zentrum einer Kommune;

- touristische Beschilderung (RtB): VkBl. 2009, 228; Kostentragung: § 51;
- die Sicherung von Arbeitsstellen an Straßen (RSA – VkBl. 1995, Sonderheft B 5707): Textausgabe und Kommentarband, Kirschbaum Verlag, Bonn;
- Umleitungsbeschilderung (RUB): VkBl. 1992, 218.

3.3 Verlautbarungen des BMVI (BMVBS) über

- Zwischenquerschnitte für Bundesfernstraßen: VkBl. 1993, 756;
- Wegweisung zu Verkehrsflughäfen: VkBl. 1992, 771;
- Kennzeichnung von Sonderparkplätzen sowie besondere Ausweise für schwerbehinderte Menschen mit außergewöhnlicher Gehbehinderung, beidseitiger Amelie, Phokomelie oder mit vergleichbaren Funktionseinschränkungen und blinde Menschen: VkBl. 1980, 527; europäisch-einheitlicher Parkausweis: VkBl. 2000, 625.

§ 43 Verkehrseinrichtungen

(1) Verkehrseinrichtungen sind Schranken, Sperrpfosten, Absperrgeräte sowie Leiteinrichtungen, die bis auf Leitpfosten, Leitschwellen und Leitborde rot-weiß gestreift sind. Leitschwellen und Leitborde haben die Funktion einer vorübergehend gültigen Markierung und sind gelb. Verkehrseinrichtungen sind außerdem Absperrgeländer, Parkuhren, Parkscheinautomaten, Blinklicht- und Lichtzeichenanlagen sowie Verkehrsbeeinflussungsanlagen. § 39 Absatz 1 gilt entsprechend.

(2) Regelungen durch Verkehrseinrichtungen gehen den allgemeinen Verkehrsregeln vor.

(3) Verkehrseinrichtungen nach Absatz 1 Satz 1 ergeben sich aus Anlage 4. Die durch Verkehrseinrichtungen (Anlage 4 Nummer 1 bis 7) gekennzeichneten Straßenflächen darf der Verkehrsteilnehmer nicht befahren.[1, 2]

(4) Zur Kennzeichnung nach § 17 Absatz 4 Satz 2 und 3 von Fahrzeugen und Anhängern, die innerhalb geschlossener Ortschaften auf der Fahrbahn halten, können amtlich geprüfte Park-Warntafeln verwendet werden.[3]

1 Das Betretungsverbot für Fußgänger folgt aus § 25 Abs. 4.
2 Die Ahndung von Verstößen nach § 49 Abs. 3 Nr. 4 bis 6 gegen die Ge- und Verbote der Anl. 2 bis 4 folgt nicht unmittelbar aus den Anlagen, sondern aus dem sachlichrechtlichen Teil der Vorschriftentexte der §§ 41 bis 43. In den Anlagen sind die bußgeldbewehrten Ge- und Verbote zu den jeweiligen Verkehrszeichen konkret und handlungsbezogen formuliert. Dort, wo ein Verstoß gegen die StVO nur aus der Erlaubnis abgeleitet werden kann, ist der Verstoß in den einzelnen Vorschriften ausdrücklich geregelt.
3 Die Parkwarntafel ist als Z. 630 in Anl. 4 lfd. Nr. 12 abgebildet.

Verkehrseinrichtungen[4]

1	2	3
lfd. Nr.	**Zeichen**	**Ge- oder Verbot Erläuterungen**
Abschnitt 1	**Einrichtungen zur Kennzeichnung von Arbeits- und Unfallstellen oder sonstigen vorübergehenden Hindernissen**	
1	Zeichen 600  Absperrschranke	
2	Zeichen 605  Leitbake[5] Pfeilbake Schraffenbake	
3	Zeichen 628  Leitschwelle mit Pfeilbake Schraffenbake	

1	2	3
lfd. Nr.	**Zeichen**	**Ge- oder Verbot Erläuterungen**
4	Zeichen 629  Leitbord mit Pfeilbake Schraffen- bake	
5	Zeichen 610  Leitkegel[6]	

4 Varianten der Verkehrseinrichtungen folgen aus dem Verkehrszeichenkatalog (VzKat), der als Anlage zur VwV-StVO im BAnz AT 29.5.2017 B8 veröffentlicht ist. Der VzKat kann von der Bundesanstalt für Straßenwesen (BASt) bezogen werden: Brüderstraße 53, 51427 Bergisch Gladbach, Tel. 02204/43-185, Fax 02204/43-674, http://www.bast.de/verkehrszeichen

5 Leitbaken dienen der optischen und räumlichen Abgrenzung zwischen gesperrten und freigegebenen Verkehrsflächen. Das folgt auch durch den Hinweis, dass der Verkehr an der gesperrten Fläche vorbeigeleitet wird. Leitbaken übernehmen die Aufgabe, die für den Verkehr freigegebene Fläche von einem nicht freigegebenen bzw. gesperrten Bereich (z. B. Arbeitsstelle) optisch und räumlich abzugrenzen. Daher war in § 43 Abs. 3 Satz 2 darauf hinzuweisen, dass Leitbaken eine Absperrfunktion übernehmen. Um dem Verkehrsteilnehmer neben der Absperrfunktion einer Leitbake auch deren Leitfunktion zu vermitteln, wurde der ergänzende Hinweis aufgenommen.

6 Auch transportable „Faltleitkegel" zum vorübergehenden Einsatz von Pannenhilfsdiensten sind zulässig, wenn sie den verkehrlichen Anforderungen nach Bestimmung durch die BASt entsprechen (DAR 2013, 675).

1	2	3
lfd. Nr.	**Zeichen**	**Ge- oder Verbot Erläuterungen**
6	Zeichen 615  Fahrbare Absperrtafel	
7	Zeichen 616 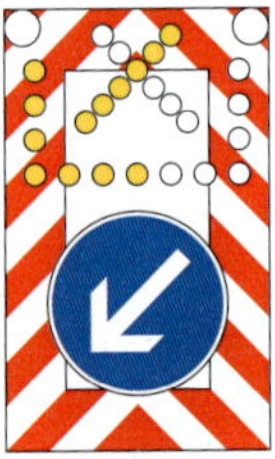 Fahrbare Absperrtafel mit Blinkpfeil	
zu 1 bis 7		**Ge- oder Verbot** Die Einrichtungen verbieten das Befahren der so gekennzeichneten Straßenfläche und leiten den Verkehr an dieser Fläche vorbei.[7] **Erläuterung** 1. Warnleuchten an diesen Einrichtungen zeigen rotes Licht, wenn die ganze Fahrbahn gesperrt ist, sonst gelbes Licht oder gelbes Blinklicht. 2. Zusammen mit der Absperrtafel können überfahrbare Warnschwellen verwendet sein, die quer zur Fahrtrichtung vor der Absperrtafel ausgelegt sind.

1	2	3
lfd. Nr.	**Zeichen**	**Ge- oder Verbot Erläuterungen**
Abschnitt 2	**Einrichtungen zur Kennzeichnung von dauerhaften Hindernissen oder sonstigen gefährlichen Stellen**	
8	Zeichen 625  Richtungstafel in Kurven	Die Richtungstafel in Kurven kann auch in aufgelöster Form angebracht sein.
9	Zeichen 626  Leitplatte	
10	Zeichen 627 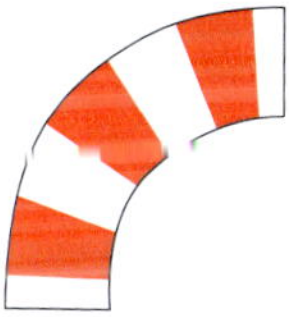 Leitmal	Leitmale kennzeichnen in der Regel den Verkehr einschränkende Gegenstände. Ihre Ausführung richtet sich nach der senkrechten, waagerechten oder gewölbten Anbringung beispielsweise an Bauwerken, Bauteilen und Gerüsten.
Abschnitt 3	**Einrichtung zur Kennzeichnung des Straßenverlaufs**	
11	Zeichen 620 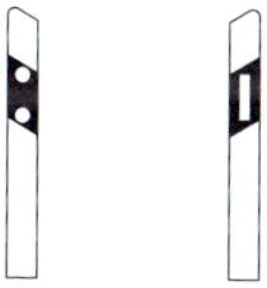 Leitpfosten (links) (rechts)	Um den Verlauf der Straße kenntlich zu machen, können an den Straßenseiten Leitpfosten in der Regel im Abstand von 50 m und in Kurven verdichtet stehen.

7 Das Betretungsverbot für Fußgänger folgt aus § 25 Abs. 4.

1	2	3
lfd. Nr.	Zeichen	Ge- oder Verbot Erläuterungen
Abschnitt 4 Warntafel zur Kennzeichnung von Fahrzeugen und Anhängern bei Dunkelheit		
12	Zeichen 630  Parkwarntafel	

VwV-StVO zu § 43 Verkehrseinrichtungen (Anlage 4)

Zu Absatz 1

1 Auf Nr. I zu den §§ 39 bis 43 (Rn. 1) wird verwiesen.

2 Schranken, Sperrpfosten und Absperrgeländer sind nur dann als Verkehrseinrichtung anzuordnen, wenn sie sich regelnd, sichernd oder verbietend auf den Verkehr auswirken.

Zu Absatz 3 Anlage 4 Abschnitt 1

3 I. Die Sicherung von Arbeitsstellen und der Einsatz von Absperrgeräten erfolgt nach den Richtlinien für die Sicherung von Arbeitsstellen an Straßen (RSA), die das Bundesministerium für Verkehr und digitale Infrastruktur im Einvernehmen mit den zuständigen obersten Landesbehörden im Verkehrsblatt bekannt gibt.[8]

Zu Absatz 3 Anlage 4 Abschnitte 2 und 3

5 I. Leitplatten werden angeordnet bei Hindernissen auf oder neben der Fahrbahn. Statt Leitplatten können auch Leitbaken (Zeichen 605) verwendet werden. Die Zeichen sind so aufzustellen, dass die Streifen nach der Seite fallen, auf der an dem Hindernis vorbeizufahren ist.[9]

6 II. Richtungstafeln sind nur dann anzuordnen, wenn der Fahrer bei der Annäherung an eine Kurve den weiteren Straßenverlauf nicht rechtzeitig sehen kann oder die Kurve deutlich enger ist, als nach dem vorausgehenden Straßenverlauf zu erwarten ist. Die Anordnung in aufgelöster Form (Zeichen 625) ist vorzuziehen.

7 III. Zu Leitmalen vgl. Richtlinien für die Kennzeichnung von Ingenieurbauwerken mit beschränkter Durchfahrtshöhe über Straßen.

8 IV. Leitpfosten sollen nur außerhalb geschlossener Ortschaften angeordnet werden.

Zu Anlage 4 Abschnitt 4

9 Die Park-Warntafeln müssen nach § 22a StVZO bauartgenehmigt und mit dem nationalen Prüfzeichen nach der Fahrzeugteileverordnung gekennzeichnet sein.

1 Aus der amtlichen Begründung

1.1 Zur besseren Systematik werden Verkehrseinrichtungen neu geordnet (Begr. 2012).

2 Erläuterungen

Verkehrseinrichtungen ergeben sich aus Anl. 4 zu § 43.

Verkehrseinrichtungen wirken sich regelnd, sichernd oder verbietend auf den Verkehr aus und müssen als Verwaltungsakte von der Verkehrsbehörde nach § 45 angeordnet sein. Durch den Verweis des § 43 Abs. 1 Satz 2 auf § 39 Abs. 1 gilt auch bei Verkehrseinrichtungen der Grundsatz, dass sie nur bei dringender Notwendigkeit anzuordnen sind (§ 45 Abs. 9). Inhalt der Anordnung bei Lichtzeichenanlagen ist nicht die Anlage als solche, sondern die Schaltung und Dauer des abgestrahlten Lichtsignals, denn nur diese Zeichen enthalten Anordnungen an die Verkehrsteilnehmer.

8 Rn. 4 fehlt, weil der Änderungsbefehl der VwV-StVO-Änderung vom 17.6.2009 (BAnz. S. 2598/VkBl. S. 610) zur lfd. Nr. 161 b) den gesamten Text der VwV-StVO zu Abs. 3 Anl. 4 Abschnitt 1 erfasst. Die in der ehemaligen Rn. 4 enthaltene retroreflektierende Ausführung folgt aus den RSA, Teil A 2.0.

9 Bei der Anordnung von Leitplatten oder Leitbaken, vor allem zur Kenntlichmachung von Mittel- oder Dreiecksinseln, ist darauf zu achten, dass sie nicht sichtbehindernd wirken; notfalls sind verkleinerte Leitplatten oder weiße Schrägbordsteinmarkierungen zu verwenden.

Verkehrseinrichtungen gehen allgemeinen Verkehrsregeln vor (§ 43 Abs. 2).[10] Dienen Leitschwellen oder Leitborde (Anl. 4 lfd. Nrn. 3, 4 – Z. 628, 629) als gelbe Fahrbahnmarkierungen, heben sie weiße Markierungen auf (§ 39 Abs. 5).

2.1 Verkehrsverbote

Verkehrseinrichtungen nach § 43 Abs. 1 Satz 1 ergeben sich aus Anl. 4.

Sperreinrichtungen nach Anl. 4 lfd. Nr. 1 bis 7 kennzeichnen die gesperrten Straßenflächen, leiten den Verkehr an dieser Fläche vorbei und verbieten das Befahren (§ 43 Abs. 3, Anl. 4 lfd. Nr. 1 bis 7).[11] Infolgedessen besteht dort auch Halt- und Parkverbot. Das Betretungsverbot für Fußgänger folgt unmittelbar aus § 25 Abs. 4. Ist die ganze Fahrbahn gesperrt, befindet sich an den Sperreinrichtungen rotes Licht, bei Teilsperrungen gelbes Blinklicht.

2.2 Sichtbarkeit von Verkehrseinrichtungen

Die Einrichtungen zur Regelung des fließenden Verkehrs müssen für einen Verkehrsteilnehmer mit durchschnittlicher Aufmerksamkeit durch einen beiläufigen Blick deutlich erkennbar und unmissverständlich sein (BGH VRS 21, 91 = DAR 1961, 280). Die Anforderungen sind umso höher, je schneller sich der Verkehr bewegt. Verkehrseinrichtungen **auf** der Fahrbahn müssen auch bei ungünstiger Sicht rechtzeitig zu erkennen sein (OLG Düsseldorf DAR 1968, 133 = VersR 1968, 752). Bei Verkehrseinrichtungen für den ruhenden Verkehr genügen geringere Anforderungen (s.a. Erl. 2.5.5 zu § 1).

2.3 Verkehrssicherungsanlagen

Von den Verkehrseinrichtungen sind die **Verkehrssicherungsanlagen** und sonstige Anlagen im Straßenraum zu unterscheiden (z. B. Schutz-/Leitplanken, Wild- und Blendschutzzäune, Lärmschutzwände, Brückengeländer, Punktstrahler an Fußgängerüberwegen, Litfaßsäulen, Kilometerschilder, Nottelefone, Verkehrsspiegel). Sie sind technische Mittel ohne regelnde Bedeutung. Deshalb wird z. B. die Sperrung eines Straßenanschlusses durch Schutzplanken nicht formal von der Straßenverkehrsbehörde angeordnet, kann aber von ihr gegenüber der Straßenbaubehörde empfohlen werden (VGH Kassel VerkMitt 1978 Nr. 89). Demgegenüber sind Poller als bauliche Anlagen zur Verhinderung der Durchfahrt oder unzulässiger Parkvorgänge weder Anlagen noch Hindernisse im Sinne des § 32, sondern anordnungspflichtige Sperrpfosten (OLG Naumburg VerkMitt 2012 Nr. 58 = DAR 2012, 523; LG Stralsund VRS 101, 17; OLG Rostock DAR 2001, 408; a. A. VG Koblenz VD 2010, 116: Poller sind keine Sperrpfosten).

Hierzu gehören auch fern- oder automatisch gesteuerte **versenkbare Poller** im Verkehrsraum. Für deren Betrieb sind Gefahren auch für Ortskundige durch Einfahrverbote, Ampelanlagen oder deutliche Warnhinweise zu vermeiden. Der für die Poller Verkehrssicherungspflichtige muss beim Hochfahren gewährleisten, dass sich darüber kein Fahrzeug befindet, andernfalls haftet er für Schäden (OLG Nürnberg VerkMitt 2013 Nr. 71 = VRS 125, 6 = NZV 2014, 177; OLG Saarland SVR 2005, 34; OLG Brandenburg DAR 2004,

---

10 So dürfen beispielsweise durch Dauerlichtzeichen freigegebene mittlere Fahrstreifen einer drei- oder fünfstreifigen Fahrbahn entgegen § 7 Abs. 3a benutzt werden.

11 Leitbaken sollen die für den Verkehr freigegebene Fläche von dem gesperrten Bereich (z. B. Arbeitsstelle) optisch und räumlich abgrenzen und haben daher eine Absperrfunktion.

389; LG Bonn VD 2004, 223; OLG Hamm VerkMitt 2010 Nr. 12 = DAR 2010, 202 = NZV 2010, 353: unauffällige und zu hoch angebrachte Warnhinweise oder kleine, in einer Säule integrierte rote und grüne Lichtsignale genügen allein nicht). Den Fahrzeugführer trifft ein Mitverschulden, wenn er sich über ein Durchfahrtsverbot hinwegsetzt und bei abgesenktem Poller in die gesperrte Straße einfährt. Auch Poller zur Fahrbahnverengung müssen deutlich gekennzeichnet sein (OLG Nürnberg NZV 1990, 433).

2.4 Richtungstafel 625 in Kurven und in „aufgelöster" Form

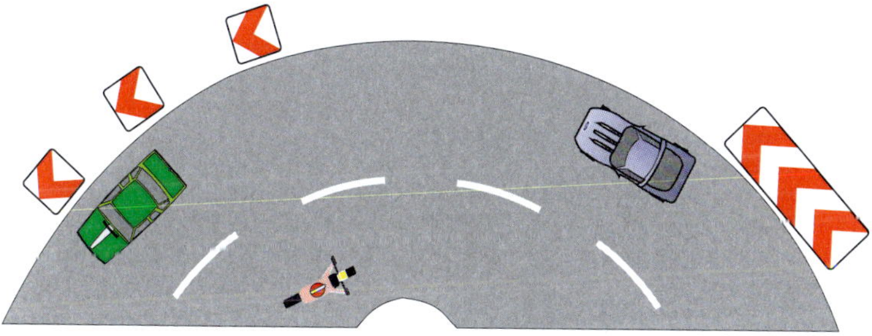

2.5 Absperrgeräte

Absperrgeräte sind Schranken, Warnbaken, Leitkegel, Absperrtafeln nach Z. 615/616, auch auf fahrbaren Warnleitanhängern. Sie sind verkehrsbehördlich anzuordnen, auch wenn sie der Verkehrsberuhigung oder nachts dem Lärmschutz in Kurgebieten dienen (OVG Saarlouis VerkMitt 2003 Nr. 47). Auf der dadurch bezeichneten Fläche darf weder gefahren noch gehalten oder geparkt werden (§ 43 Abs. 3, Anl. 4 lfd. Nr. 1 bis 7); sind Absperrschranken vorhanden, dürfen auch Fußgänger nicht auf der gesperrten Straßenfläche laufen (§ 25 Abs. 4). Personen, die Absperrmaßnahmen missachten, sind nicht geschützt (OLG Koblenz SVR 2016, 466; OLG Hamm NZV 2015, 446). Soll dennoch Anliegerverkehr stattfinden, muss die Wirkung der Absperrgeräte durch Verkehrszeichen und Zusatzzeichen eingeschränkt werden.

Bei Absperrgeräten muss nicht nur der Beginn, sondern auch das Ende der abgesperrten Fläche zweifelsfrei erkennbar sein (OLG Karlsruhe VRS 50, 318). Rot-weiße Markierungen stellen keine über eine Absperrschranke (Z. 600) nach lfd. Nr. 1 Anl. 4 hinausgehende Beschränkung dar. Vielmehr handelt es sich lediglich um ein Leitmal i.S.d. Z. 627 nach Anl. 4 lfd. Nr. 10 und damit um eine Einrichtung zur Kennzeichnung von dauerhaften Hindernissen oder sonst gefährlichen Stellen an Bauwerken, Bauteilen und Gerüsten (BayObLG VerkMitt 2020 Nr. 27).

Sperrgitter der Polizei sind keine Verkehrseinrichtungen, sondern dienen der Gefahrenabwehr (z. B. bei Demonstrationen) oder dem Bauunternehmer zur Sicherung von Arbeitsstellen. Werden daran jedoch Schranken (Z. 600) befestigt, erhält die Kombination den Charakter einer anordnungspflichtigen Verkehrseinrichtung. Leitkegel (Z. 610) dürfen auch Pannendienstleister zur Absicherung von Gefahrenstellen aufstellen (§ 45 Abs. 7a).[12]

12 Es handelt sich hier um den einzigen Fall, in dem Privaten die Ermächtigung zur Aufstellung von Verkehrseinrichtungen nach § 45 Abs. 7a erteilt worden ist.

Leitelemente, wie sie von **Fahrschulen** für Grundfahrübungen im Verkehrsraum verwendet werden, sind zwar Gegenstände nach § 32, nicht aber „Leitkegel" nach Anl. 4 lfd. Nr. 5 (Z. 610). Sie entfalten keine Wirkung für andere Verkehrsteilnehmer und sind infolgedessen nicht „anordnungsfähig". Da Fahrschulen ihre Grundfahrübungen nur in verkehrsarmen Räumen durchführen dürfen, ist eine Ausnahme für das Aufstellen von Gegenständen nach § 46 Abs. 1 entbehrlich, weil das Verbot nach § 32 nur bei einer – wenn auch abstrakten – Verkehrsbeeinträchtigung zum Tragen kommt.[13]

2.6 Parkuhren und Parkscheinautomaten

Parkuhren[14] und Parkscheinautomaten sind Verkehrseinrichtungen, wobei deren Bauart zwar nicht vorgeschrieben ist, ihr Verwendungszweck sich aber für die Verkehrsteilnehmer eindeutig ergeben muss. Parkscheinautomaten und Parkuhren unterliegen der Anordnungs-, nicht aber der Eichpflicht (siehe Erl. zu § 13). Die Bewirtschaftung privater Flächen mit faktisch öffentlichem Verkehr (Parkhäuser, Tiefgaragen) erfolgt – unbeschadet der Aufhebung des § 52 – mittels Parkzeiterfassungsgeräten.

2.7 Verkehrsspiegel

Verkehrsspiegel sind weder Verkehrszeichen noch Verkehrseinrichtungen, sondern Sicherungsmittel zur Entschärfung von Gefahrstellen (Stollenwerk VD 2012, 286). Sie können bei sehr schwer einsehbaren Knotenpunkten als Verkehrssicherungsmaßnahme angeordnet oder vom Baulastträger aufgestellt werden.[15] Verkehrsspiegel sollen dem Wartepflichtigen das Hineintasten in eine Kreuzung oder einen Einmündungsbereich erleichtern, befreien ihn jedoch nicht davon, sich unmittelbar vor der Einfahrt in die Vorfahrtstraße über die Verkehrslage zu orientieren (OLG Karlsruhe VersR 1980, 1172). Maßnahmen gegen Beschlagen oder Vereisung der Spiegel sind nicht vorgeschrieben (OLG Frankfurt NZV 1989, 191). Verkehrsspiegel müssen aber standfest und funktional so angebracht sein, dass sie das Einsehen in die Gefahrstelle ermöglichen. Werden sie beschädigt oder verdreht, haften Straßenbau- und/oder Verkehrsbehörde bei Schäden wegen Verletzung der Verkehrssicherungspflicht, sofern der Mangel nicht innerhalb angemessener Zeit (ca. drei bis sieben Tage) beseitigt wird (OLG Saarbrücken NZV 2011, 29). Entsprechendes gilt für den vor Kreuzungen (gelegentlich) angebrachten „Trixi-Spiegel"[16]

---

13 Als Rechtsgrundlage für das Aufstellen solcher Leitkegel durch Fahrschulen auf öffentlichen Straßen kann weder die FahrschAusbO noch Anl. 7 FeV herangezogen werden, weil diese Regelungen keine Ausnahme von § 32 enthalten (a. A. Tschöpe VD 2010, 340). Allgemeine Ausnahmegenehmigungen an „alle" Fahrschulen sind rechtswidrig (z. B. in Berlin – Amtsblatt 2011, 1483 – oder auch Brandenburg), weil sie nur „einzelnen" Antragstellern, nicht aber ganzen Personengruppen erteilt werden (BVerwG VerkMitt 2008 Nr. 68 = NZV 2008, 476 = VRS 115, 66; BVerwG VerkMitt 1994 Nr. 80).

14 Parkuhren gibt es in den USA seit 1935, in Deutschland seit 1956.

15 Soll der Verkehrsspiegel das Einfahren von einer schwierig gestalteten Grundstückszufahrt auf die Straße erleichtern, trifft die Kostenpflicht den Grundeigentümer, d. h. er muss ihn bezahlen.

16 Benannt im Andenken an Trixi Willburger aus Seehausen, die von einem rechts abbiegenden LKW überrollt wurde. Durch verbesserte Rückspiegelsysteme an schweren Nutzfahrzeugen ist das Bedürfnis für „Trixi-Spiegel" gemindert, vorausgesetzt, die LKW-Fahrer sehen vor dem Abbiegen in die verbesserten Spiegelsysteme, beachten Abbiegeassistenten und halten Schrittgeschwindigkeit ein.

für rechts abbiegende LKW und KOM zur Sichtverbesserung auf geradeaus fahrende Radfahrer im toten Winkel.

2.8 Warnschwellen

Warnschwellen und Rüttelstreifen

Warnschwellen Rüttelstreifen

Quer zur Fahrtrichtung ausgelegte Warnschwellen sollen Kraftfahrer ergänzend zu den bisher im Vorfeld von Tagesbaustellen üblichen optischen Sicherungsmaßnahmen (Vorwarntafel, blinkender Ankündigungspfeil) etwa 100 bis 150 m vor der Baustelle mechanisch auf einem gesperrten Fahrstreifen „wachrütteln", um Auffahrunfälle auf Sicherungsfahrzeuge mit angehängter Absperrtafel (Z. 615, 616) oder Kollisionen mit Straßenwärtern und Arbeitern zu verhindern.[17] Warnschwellen sind aus flexiblem Kunststoff, 3 cm hoch, 23 cm breit, 2 m lang und mit Reflektoren ausgestattet, so dass sie auch bei Dunkelheit gut zu sehen sind (Konstruktion und Einsatz von Warnschwellen sowie Regelpläne D III/1–6 s.a. VkBl. 2015, 91 f.). Sie können schnell verlegt und wieder abgebaut werden, sind jedoch ebenso wenig Verkehrseinrichtungen i.S.d. § 43 wie Rüttelstreifen zur Tempoverminderung an gefährlichen Straßenabschnitten.

3 Hinweise

3.1 Betretungsverbot für Fußgänger: § 25 Abs. 4; Leitkegel für Pannenhilfsfahrzeuge: § 45 Abs. 7a, Lichtzeichenanlagen: § 37; Sondersignale für Busspuren: § 37 Abs. 2 Nr. 4; Regelung des Baustellenverkehrs: § 45 Abs. 6.

3.2 Verlautbarung des BMVBS (BMVI) über Pfeilzeichen auf Leitpfosten: VkBl. 1980, 795.

3.3 Gelbe Markierungen, Markierungsknopfreihen, Leitborde, Leitschwellen heben weiße Fahrstreifenbegrenzungen und Leitlinien auf: § 39 Abs. 5.

3.4 Richtlinien für passive Schutzeinrichtungen an Straßen („Schutzplanken"): VkBl. 1989, 489. Schutzplanken sind **keine** Verkehrseinrichtungen und unterliegen deshalb auch nicht der straßenverkehrsbehördlichen Anordnungskompetenz.

3.5 **Straßenwärter** erfüllen wichtige Aufgaben für die Verkehrssicherheit, wie Streckenkontrolle, Beseitigung von Fahrbahnschäden und Unfallspuren, Pflanzrückschnitte (s.a. Schwab SVR 2016, 454).

17 Warnschwellen sind Verkehrssicherungsanlagen. Sie werden seit Jahren in den Niederlanden mit Erfolg eingesetzt. Die positive Bewertung des Forschungsprojekts der RWTH Aachen im Auftrag der BASt, „Einsatz neuer Methoden zur Sicherung von Arbeitsstellen kürzerer Dauer" vom Mai 2004, hat zu der Empfehlung geführt, Warnschwellen auch in Deutschland einzuführen (s.a. Schubert DAR 2008, 130).

III. Durchführungs-, Bußgeld- und Schlussvorschriften

§ 44 Sachliche Zuständigkeit

(1) Zuständig zur Ausführung dieser Verordnung sind, soweit nichts anderes bestimmt ist, die Straßenverkehrsbehörden. Nach Maßgabe des Landesrechts kann die Zuständigkeit der obersten Landesbehörden und der höheren Verwaltungsbehörden im Einzelfall oder allgemein auf eine andere Stelle übertragen werden.

(2) Die Polizei ist befugt, den Verkehr durch Zeichen und Weisungen (§ 36) und durch Bedienung von Lichtzeichenanlagen zu regeln. Bei Gefahr im Verzug kann zur Aufrechterhaltung der Sicherheit oder Ordnung des Straßenverkehrs die Polizei an Stelle der an sich zuständigen Behörden tätig werden und vorläufige Maßnahmen treffen; sie bestimmt dann die Mittel zur Sicherung und Lenkung des Verkehrs.

(3) Die Erlaubnis nach § 29 Absatz 2[1] und nach § 30 Absatz 2[2] erteilt die Straßenverkehrsbehörde, dagegen die höhere Verwaltungsbehörde, wenn die Veranstaltung über den Bezirk einer Straßenverkehrsbehörde hinausgeht, und die oberste Landesbehörde, wenn die Veranstaltung sich über den Verwaltungsbezirk einer höheren Verwaltungsbehörde hinaus erstreckt. Berührt die Veranstaltung mehrere Länder, ist diejenige oberste Landesbehörde zuständig, in deren Land die Veranstaltung beginnt. Nach Maßgabe des Landesrechts kann die Zuständigkeit der obersten Landesbehörden und der höheren Verwaltungsbehörden im Einzelfall oder allgemein auf eine andere Stelle übertragen werden.

(3a) Die Erlaubnis nach § 29 Absatz 3[3] erteilt die Straßenverkehrsbehörde, dagegen die höhere Verwaltungsbehörde, welche Abweichungen von den Abmessungen, den Achslasten, den zulässigen Gesamtmassen und dem Sichtfeld des Fahrzeugs über eine Ausnahme zulässt, sofern kein Anhörverfahren stattfindet; sie ist dann auch zuständig für Ausnahmen nach § 46 Absatz 1 Nummer 2 und 5 im Rahmen einer solchen Erlaubnis. Dasselbe gilt, wenn eine andere Behörde diese Aufgaben der höheren Verwaltungsbehörde wahrnimmt.

(4) Vereinbarungen über die Benutzung von Straßen durch den Militärverkehr werden von der Bundeswehr oder den Truppen der nichtdeutschen Vertragsstaaten des Nordatlantikpaktes oder der Mitgliedstaaten der Europäischen Union ausgenommen Deutschland mit der obersten Landesbehörde oder der von ihr bestimmten Stelle abgeschlossen.[4]

1 Übermäßige Straßenbenutzung durch Kolonnenverkehr und sonstige Veranstaltungen.
2 Erlaubnisse für Veranstaltungen, die die Nachtruhe stören können.
3 Erlaubnisse für Großraum- und Schwerverkehr.
4 § 44 Abs. 4 und 5 geändert durch Art. 1 der 54. StrVRÄndV vom 20.4.2020 (BGBl. I S. 814).

(5) Soweit keine Vereinbarungen oder keine Sonderregelungen für ausländische Streitkräfte bestehen, erteilen die höheren Verwaltungsbehörden oder die nach Landesrecht bestimmten Stellen die Erlaubnis für übermäßige Benutzung der Straße durch die Bundeswehr oder durch die Truppen der nichtdeutschen Vertragsstaaten des Nordatlantikpaktes oder der Mitgliedstaaten der Europäischen Union ausgenommen Deutschland;[4] sie erteilen auch die Erlaubnis für die übermäßige Benutzung der Straße durch die Bundespolizei,[5] die Polizei und den Katastrophenschutz.

VwV-StVO zu § 44 Sachliche Zuständigkeit

1 I. Zur Bekämpfung der Verkehrsunfälle haben Straßenverkehrsbehörde, Straßenbaubehörde und Polizei eng zusammenzuarbeiten, um zu ermitteln, wo sich die Unfälle häufen, worauf diese zurückzuführen sind und welche Maßnahmen ergriffen werden müssen, um unfallbegünstigende Besonderheiten zu beseitigen. Hierzu sind Unfallkommissionen einzurichten, deren Organisation, Zuständigkeiten und Aufgaben Ländererlasse regeln. Für die örtliche Untersuchung von Verkehrsunfällen an Bahnübergängen gelten dabei wegen ihrer Besonderheiten ergänzende Bestimmungen.

2 II. Das Ergebnis der örtlichen Untersuchungen dient der Polizei als Unterlage für zweckmäßigen Einsatz, den Verkehrsbehörden für verkehrsregelnde und den Straßenbaubehörden für straßenbauliche Maßnahmen.

3 III. Dazu bedarf es der Anlegung von Unfalltypensteckkarten oder vergleichbarer elektronischer Systeme, wobei es sich empfiehlt, bestimmte Arten von Unfällen in besonderer Weise, etwa durch die Verwendung verschiedenfarbiger Nadeln, zu kennzeichnen. Außerdem sind Unfallblattsammlungen zu führen oder Unfallstraßenkarteien anzulegen. Für Straßenstellen mit besonders vielen Unfällen oder mit Häufungen gleichartiger Unfälle sind Unfalldiagramme zu fertigen. Diese Unterlagen sind sorgfältig auszuwerten; vor allem Vorfahrtunfälle, Abbiegeunfälle, Unfälle mit kreuzenden Fußgängern und Unfälle infolge Verlustes der Fahrzeugkontrolle weisen häufig darauf hin, dass die bauliche Beschaffenheit der Straße mangelhaft oder die Verkehrsregelung unzulänglich ist.

4 IV. Welche Behörde diese Unterlagen zu führen und auszuwerten hat, richtet sich nach Landesrecht. Jedenfalls bedarf es engster Mitwirkung auch der übrigen beteiligten Behörden.

5 V. Wenn örtliche Unfalluntersuchungen ergeben haben, dass sich an einer bestimmten Stelle regelmäßig Unfälle ereignen, ist zu prüfen, ob es sich dabei um Unfälle ähnlicher Art handelt. Ist das der Fall, so kann durch verkehrsregelnde oder bauliche Maßnahmen häufig für eine Entschärfung der Gefahrenstelle gesorgt werden. Derartige Maßnahmen sind in jedem Fall ins Auge zu fassen, auch wenn in absehbarer Zeit eine völlige Umgestaltung geplant ist.

Zu Absatz 1

6 Müssen Verkehrszeichen und Verkehrseinrichtungen, insbesondere Fahrbahnmarkierungen, aus technischen oder wirtschaftlichen Gründen über die Grenzen der Verwaltungsbezirke hinweg einheitlich angebracht werden, sorgen die zuständigen obersten Landesbehörden oder die von ihnen bestimmten Stellen für die notwendigen Anweisungen

5 Der Bundesgrenzschutz ist durch Art. 99 des Gesetzes vom 21.6.2005 (BGBl. I S. 1836) in Bundespolizei umbenannt worden.

Zu Absatz 2 Aufgaben der Polizei

7 I. Bei Gefahr im Verzug, vor allem an Schadenstellen, bei Unfällen und sonstigen unvorhergesehenen Verkehrsbehinderungen ist es Aufgabe der Polizei, auch mit Hilfe von Absperrgeräten und Verkehrszeichen den Verkehr vorläufig zu sichern und zu regeln. Welche Verkehrszeichen und Absperrgeräte im Einzelfall angebracht werden, richtet sich nach den Straßen-, Verkehrs- und Sichtverhältnissen sowie nach der Ausrüstung der eingesetzten Polizeikräfte.

8 Auch am Tage ist zur rechtzeitigen Warnung des übrigen Verkehrs am Polizeifahrzeug das blaue Blinklicht einzuschalten. Auf Autobahnen und Kraftfahrstraßen können darüber hinaus zur rückwärtigen Sicherung besondere Sicherungsleuchten verwendet werden.

9 II. Einer vorherigen Anhörung der Straßenverkehrsbehörde oder der Straßenbaubehörde bedarf es in den Fällen der Nummer I nicht. Dagegen hat die Polizei, wenn wegen der Art der Schadenstelle, des Unfalls oder der Verkehrsbehinderung eine länger dauernde Verkehrssicherung oder -regelung notwendig ist, die zuständige Behörde zu unterrichten, damit diese die weiteren Maßnahmen treffen kann. Welche Maßnahmen notwendig sind, haben die zuständigen Behörden im Einzelfall zu entscheiden.

1 Aus der amtlichen Begründung

1.1 Nach dem mit der Föderalismusreform eingefügten Art. 84 Abs. 1 Satz 7 GG dürfen durch Bundesgesetz keine Aufgaben an Gemeinden und Gemeindeverbände übertragen werden. Es ist Sache der Länder und Gemeinden, diejenigen Behörden zu bestimmen, die Aufgaben der Straßenverkehrsbehörde wahrzunehmen haben (Begr. 2012).

1.2 Zuständigkeitsregelung für die EU-Mitgliedstaaten (Begr. 2020).

2 Erläuterungen

2.1 Zuständigkeit für die Verkehrsregelung

Der Vollzug des Verkehrsrechts obliegt den Ländern, die die verkehrsrechtlichen Gesetze und Verordnungen als eigene Angelegenheiten ausführen (Art. 83 Abs. 1 GG). Dabei regeln die Länder und Gemeinden die Einrichtung der Behörden und das Verwaltungsverfahren selbst (Art. 84 Abs. 1 GG). Die Bundesregierung übt die Aufsicht darüber aus, dass die Länder das geltende Verkehrsrecht zutreffend ausführen (Art. 83 Abs. 3). Missachten Länder geltendes Verkehrsrecht,[6] kann mit Beschluss des Bundesrates „Bundeszwang“ angeordnet werden (ist wegen Gesetzestreue der Länder bisher noch nie erfolgt). Eine ergänzende Gesetzgebungszuständigkeit der Länder besteht angesichts der umfassenden Regelung des Verkehrsrechts durch den Bund nicht.[7] Zur einheitlichen Rechtsanwendung tragen die regelmäßig zusammentretenden Bund-Länder-Fachausschüsse (BLFA), Verkehrsabteilungsleiter- und Verkehrsministerkonferenzen bei, deren

6 Beispiel: Einführung von Parksonderrechten für Diplomaten oder Konsuln durch Landesrecht.

7 Ausgenommen sind nur solche gesetzlichen Regelungen, die den Ländern ausdrücklich durch Bundesrecht zugewiesen sind, z. B. Parkgebührenordnungen nach § 6a Abs. 6 Satz 2 StVG.

Verkehrsorganisation auf Bundes- und Landesebene

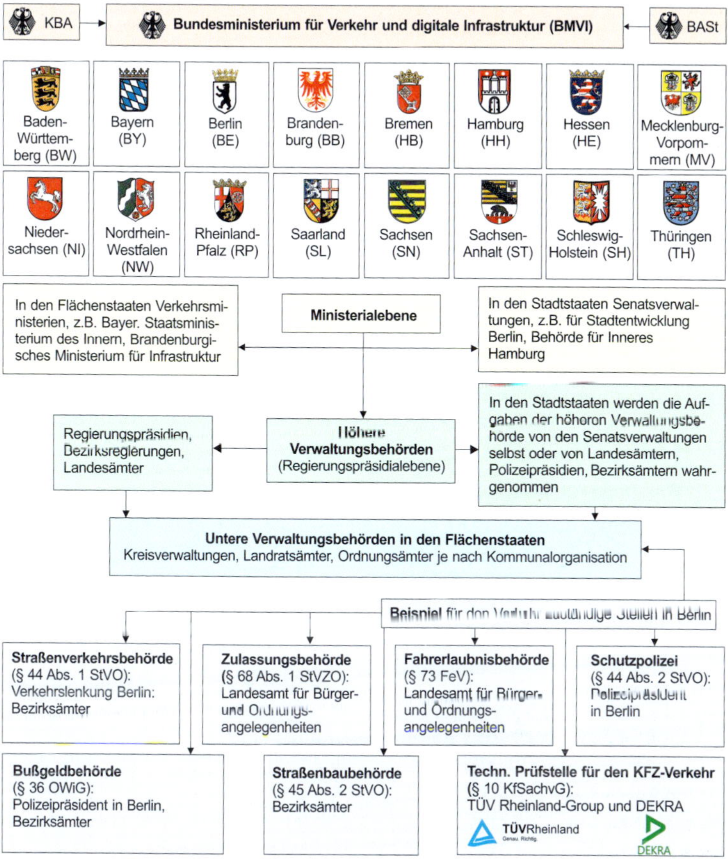

vordringliche Aufgabe die Gewährleistung eines gleichartigen bundesweiten Vollzugs des Verkehrswesens ist.

2.1.1 Straßenverkehrsbehörde

Wer Straßenverkehrsbehörde ist, bestimmt sich nach den Zuständigkeitsgesetzen der Länder (i. d. R. Kreisverwaltungen, Landratsämter, Bürgermeister oder Stadtdirektoren kreisfreier Städte). Höhere Verwaltungsbehörden sind Regierungspräsidien, Bezirksregierungen oder Landesämter. In den Stadtstaaten Berlin, Bremen, Hamburg fehlt diese Ebene. Deren Aufgaben

8 In Berlin sind das die Bezirksämter und die „Verkehrslenkung Berlin (VLB)", wobei die VLB als höhere Landesbehörde ein den Bezirksämtern übergeordnetes Amt ist.

werden entweder durch die obersten oder bei Zuweisung von den unteren Verwaltungsbehörden wahrgenommen.[8] Oberste Landesbehörden sind die Verkehrs- oder Innenministerien der Länder.[9]

Die Delegation hoheitlicher Aufgaben der Straßenverkehrsbehörde auf private Institutionen ist unzulässig, (VGH München VerkMitt 1992 Nr. 67 = VRS 83, 226 = DAR 1992, 272). So sind Verkehrszeichen an einem Waldweg unwirksam, wenn deren Aufstellung eine Forsteinrichtung, nicht aber die Straßenverkehrsbehörde angeordnet hat (BayObLG VRS 66, 383).

Auch die Verlagerung verkehrlicher Aufgaben auf Verwaltungseinheiten, die aufgrund von Kommunalrechten nicht der Fachaufsicht der obersten oder höheren Verkehrsbehörden unterstehen, ist unzulässig. Unzulässig ist schließlich auch, wenn die Straßenverkehrsbehörde nur Rahmenanordnungen erteilt, deren nähere Ausgestaltung aber Privatunternehmen oder nicht anordnungsbefugten Stellen überlässt, z. B. bei der Einrichtung von Straßenbaustellen. Bei Vereinbarungen für eine Verwaltungsgemeinschaft dürfen keine Zuständigkeiten verändert werden, die bereits durch Rechtsnormen festgeschrieben sind (Bölck NZV 2015, 171).

Die Aufstellung und Unterhaltung der von den Straßenverkehrsbehörden angeordneten Verkehrszeichen und -einrichtungen obliegt dem Straßenbaulastträger (§ 5b StVG, § 45 Abs. 5 StVO).

2.2 Weisungs- und Selbsteintrittsrecht

Da die Länder Bundesrecht aufgrund verfassungsrechtlicher Zuweisung nach Art. 83 GG als eigene Angelegenheiten ausführen, sind sie für die rechtmäßige Anwendung verkehrsrechtlicher Normen unmittelbar verantwortlich. In den Zuständigkeitsgesetzen der Länder und Gemeinden sollte auch das (früher in § 44 Abs. 1 enthaltene) Weisungs- und Selbsteintrittsrecht der obersten Landesbehörden oder der von ihnen bestimmten Stellen verankert werden. Der Bund selbst sieht sich bisher gemäß Art. 84 Abs. 1 GG wegen der fehlenden Ermächtigungsgrundlage im StVG außer Stande, ein Weisungs- und Selbsteintrittsrecht im Verhaltensrecht zu begründen.[10] Infolgedessen müssen die Länder dies in ihrer eigenen Gesetzgebung vorsehen, sofern verkehrspolitisch dafür ein Bedarf besteht.

Je nach der Zuständigkeitsregelung und Verwaltungsstruktur der Länder können die obersten und höheren Verkehrsbehörden Weisungen an die

---

9 Welche Ministerien mit welcher Bezeichnung die Aufgaben der obersten Straßenverkehrsbehörde wahrnehmen, bestimmt sich nach der landeseigenen Geschäftsverteilung, z. B. Senatsverwaltung für Stadtentwicklung in Berlin oder Bayerisches Staatsministerium des Innern.

10 Der Bund würde die Schaffung einer Ermächtigungsgrundlage allenfalls in Erwägung ziehen, wenn es sich um Angelegenheiten der Bundesauftragsverwaltung handelt, was beim Bundesfernstraßen-, nicht aber beim Verhaltensrecht der Fall ist (Maunz-Dürig/Kirchhoff, Grundgesetz, Art. 84 Rn. 58 f.). Entsprechend dem Prüfauftrag des Bundesrates (BR-DS 428/12/B) sollte das Weisungs- und das Selbsteintrittsrecht der obersten Landes- und höheren Verwaltungsbehörden bundeseinheitlich erhalten bleiben. Die umfassende Eingriffsbefugnis dieser Behörden ist zur effektiven Sicherstellung der straßenverkehrsrechtlichen Anforderungen geboten und darf deshalb nicht zur Disposition der einzelnen Landesgesetzgeber gestellt bleiben. Andernfalls ist die gebotene Rechtseinheitlichkeit und Gleichartigkeit des Straßenverkehrsrechts nicht hinreichend zu gewährleisten, wenn Länder mit Weisungsrecht korrigierend auf die Kommunen einwirken können, Länder ohne Weisungsrecht aber nicht.

unteren Verkehrsbehörden erteilen oder Aufgaben an sich ziehen und die notwendigen Anordnungen im Wege des Selbsteintrittsrechts treffen. Eine straßenverkehrsbehördliche Weisung zur Anordnung von Verkehrszeichen kann von der Gemeinde nur dann angefochten werden, wenn die Maßnahme „im Einvernehmen" mit der Kommune getroffen werden muss und dadurch Außenwirkung entfaltet (BVerwG VRS 89, 305) oder in Angelegenheiten der kommunalen Selbstverwaltung eingreift (BVerwG VerkMitt 1995 Nr. 59 = NZV 1995, 232; Steiner NZV 1995, 209).

2.3 Aufgaben der Verkehrspolizei

Zur Abwendung unmittelbarer Gefahren obliegen den mit materiellen Polizeiaufgaben befassten Dienststellen nicht nur die Rechte und Pflichten nach den allgemeinen Sicherheits- und Ordnungsgesetzen der Länder (s. a. Rebler SVR 2017, 1; Müller NZV 2016, 254; Schlanstein NZV 2015, 105). Durch § 44 Abs. 2 sind sie bei Gefahr im Verzug unmittelbar ermächtigt, sich des Verkehrszeichen-Instrumentariums zu bedienen, um im Interesse der Sicherheit oder Ordnung ihren Schutzaufgaben zu genügen (Anordnungs- und Aufstellungsrecht der Polizei).[11] Wird z. B. das vor einer Mittelinsel oder einem Hindernis angeordnete Z. 222 beschädigt, muss die Polizei neben dem Baulastträger bei Gefahr im Verzug Sicherungsmaßnahmen nach dem ASOG i. V. m. § 44 Abs. 2 treffen (KG SVR 2012, 226). Die sachliche **Zuständigkeit** des Polizeibeamten hängt nicht davon ab, ob er Dienstkleidung trägt und sich vor dem Einschreiten „im Dienst" befindet (OLG Celle VRS 28, 130). Daneben kann die Polizei im Rahmen ihrer Aufgaben zur Regelung des Verkehrs **Zeichen und Weisungen** nach § 36 Abs. 1 erteilen und die Signalanlagen steuern (VGH Mannheim VRS 104, 389). Bei nicht nur vorübergehenden Maßnahmen besteht auch für die Polizei die Pflicht zur Unterrichtung der Straßenverkehrsbehörde (oder Straßenbaubehörde), die dann endgültige Regelungen zu veranlassen hat.

Die Feuerwehr oder technischen Hilfsdienste (z. B. THW) haben ohne besondere Länderregelung (wie z. B. in Berlin, Thüringen oder Bayern durch § 7a des Gesetzes über Zuständigkeiten im Verkehrswesen) keine eigene Regelungskompetenz, selbst wenn sie Unfallstellen absichern und den Verkehr um Einsatzstellen leiten (BGH VRS 114, 355; s. a. Lippert VD 2012, 229). Die Hinweise der Feuerwehr oder des THW sind aber gemäß § 1 Abs. 2 bzw. im Rahmen des Grundsatzes der doppelten Sicherung zu beachten. Im Wege der Amtshilfe darf die Polizei die Feuerwehr oder das THW für verkehrsregelnde Zwecke einsetzen.

2.3.1 Gefahr im Verzug

Bei Gefahr im Verzug muss die Polizei tätig werden (Amtspflicht); Gefahrenstellen sind abzusichern und Verkehrsteilnehmer zu warnen (OLG Frankfurt/M. VD 2003, 306 = DAR 2003, 556). Gefahr im Verzug bedeutet die dringende Notwendigkeit und Unaufschiebbarkeit von Maßnahmen (OVG Münster MDR 1974, 170). Die Mittel beim polizeilichen Einschreiten müssen dem Grundsatz der **Verhältnismäßigkeit** entsprechen. Wird durch Polizeifahrzeuge abrupt ein künstlicher Stau zur Ergreifung eines im Auto flüchtenden Straftäters verursacht, haftet der Staat für Auffahrunfälle (OLG

11 Laub, Allgemeines Polizeirecht und Verkehrsrecht als Eingriffsgrundlage im Straßenverkehr, SVR 2006, 281.

Bamberg NZV 2007, 241). Maßnahmen, die die Polizei bei Gefahr im Verzug getroffen hat, sind von den Verkehrsteilnehmern auch dann zu beachten, wenn für sie keine erkennbare Gefahr (mehr) besteht (OLG Stuttgart VRS 60, 464). Ob betrunkene Kraftfahrer nötigenfalls gewaltsam am Weiterfahren gehindert (BGH VRS 39, 184) oder falsch geparkte Fahrzeuge auf Kosten des Halters abgeschleppt werden dürfen, richtet sich indes nach den Sicherheits- und Ordnungsgesetzen (OLG Münster DAR 1973, 334).[12]

2.3.2 Verkehrssicherung

Aus dem Auftrag aus § 53 OWiG und § 163 StPO folgt die Verpflichtung der Polizei zur Gewährleistung der Sicherheit und Ordnung des Verkehrs. Hierzu gehören auch die Unfallprävention und die Führung der Unfallstatistik[13] sowie die Verfolgung von Verkehrszuwiderhandlungen (s. a. Gettmann VD 2015,124). Dabei ist das Augenmerk vordringlich auf unfallträchtige Verstöße zu legen. Bei besonderem Anlass muss sie eingreifen (pflichtgemäßes Ermessen).

Die regelmäßige Kontrolle der Verkehrssicherheit von Straßen obliegt der Straßenaufsichts- oder Straßenbaubehörde; hierzu ist die Polizei nur im Rahmen ihrer Kräftelage verpflichtet. Nach § 45 Abs. 7a dürfen Pannendienstleister zur Absicherung von Gefahrstellen Leitkegel (Z. 610) aufstellen. Die Kosten für Verkehrssicherungs- und Absperrmaßnahmen können als Anspruch für Aufwendungen über das Rechtsinstitut der Geschäftsführung ohne Auftrag nach §§ 683, 670 BGB bei den Haftpflichtversicherern nach § 10 Abs. 1 der Allgemeinen Bedingungen für die Kraftfahrtversicherung (AKB) geltend gemacht werden (BGH NZV 2012, 34).

3 Hinweise

3.1 Örtliche Zuständigkeit: § 47. **Sachliche** Zuständigkeit für die Anordnung von Verkehrszeichen und Verkehrseinrichtungen: § 45; für die Erlaubniserteilung: §§ 29 Abs. 2 und 3, 30 Abs. 3; für das Ausnahmegenehmigungsverfahren: § 46.

3.2 Durchführung von **Verkehrsschauen**: Rn. 57 VwV-StVO zu § 45; s. a. FGSV-Merkblatt zur Durchführung von Verkehrsschauen (M DV).

3.3 Verhalten der Polizei gegenüber Personen mit diplomatischen oder konsularischen Vorrechten: Gemeinsames Ministerialblatt 1975, S. 347. In eiligen Zweifelsfällen Anfrage beim Auswärtigen Amt – Protokoll; zu „Protokollfahrten" mit polizeilicher Eskorte: VkBl. 1973, 494 (504).

3.4 Finanzielle Zuwendungen für Verkehrssicherheitsmaßnahmen an gemeinnützige Vereine (z. B. Deutscher Verkehrssicherheitsrat, Deutsche Verkehrswacht, Bund gegen Alkohol und Drogen im Straßenverkehr): Richtlinien des BMVBS (BMVI) über die Förderung von Aufklärungs- und Erziehungsmaßnahmen zur Bekämpfung der Verkehrsunfälle (Straße) – FöRilVuSt – vom 10.7.2005 (VkBl. 485).

---

12 Unzulässig wäre die Herbeiführung eines künstlichen Staus zur Ergreifung eines flüchtenden Verkehrssünders (LG Bückeburg DAR 2006, 103).

13 Gesetz über die Statistik der Straßenverkehrsunfälle – Straßenverkehrsunfallstatistikgesetz – StVUnfStatG vom 5.6.1990 (BGBl. I S. 1078) i. d. F. vom 29.10.2001 (BGBl. I S. 2785).

§ 45 Verkehrszeichen und Verkehrseinrichtungen

(1) Die Straßenverkehrsbehörden können die Benutzung bestimmter Straßen oder Straßenstrecken aus Gründen der Sicherheit oder Ordnung des Verkehrs beschränken oder verbieten und den Verkehr umleiten. Das gleiche Recht haben sie

1. zur Durchführung von Arbeiten im Straßenraum,
2. zur Verhütung außerordentlicher Schäden an der Straße,
3. zum Schutz der Wohnbevölkerung vor Lärm und Abgasen,
4. zum Schutz der Gewässer und Heilquellen,
5. hinsichtlich der zur Erhaltung der öffentlichen Sicherheit erforderlichen Maßnahmen sowie
6. zur Erforschung des Unfallgeschehens, des Verkehrsverhaltens, der Verkehrsabläufe sowie zur Erprobung geplanter verkehrssichernder oder verkehrsregelnder Maßnahmen.

(1a) Das gleiche Recht haben sie ferner

1. in Bade- und heilklimatischen Kurorten,
2. in Luftkurorten,
3. in Erholungsorten von besonderer Bedeutung,
4. in Landschaftsgebieten und Ortsteilen, die überwiegend der Erholung dienen,

4a. hinsichtlich örtlich begrenzter Maßnahmen aus Gründen des Arten- oder Biotopschutzes,

4b. hinsichtlich örtlich und zeitlich begrenzter Maßnahmen zum Schutz kultureller Veranstaltungen, die außerhalb des Straßenraums stattfinden und durch den Straßenverkehr, insbesondere durch den von diesem ausgehenden Lärm, erheblich beeinträchtigt werden,

5. in der Nähe von Krankenhäusern und Pflegeanstalten sowie
6. in unmittelbarer Nähe von Erholungsstätten außerhalb geschlossener Ortschaften,

wenn dadurch anders nicht vermeidbare Belästigungen durch den Fahrzeugverkehr verhütet werden können.

(1b) Die Straßenverkehrsbehörden treffen auch die notwendigen Anordnungen

1. im Zusammenhang mit der Einrichtung von gebührenpflichtigen Parkplätzen für Großveranstaltungen,
2. im Zusammenhang mit der Kennzeichnung von Parkmöglichkeiten für schwerbehinderte Menschen mit außergewöhnlicher Gehbehinderung, beidseitiger Amelie oder Phokomelie oder mit vergleichbaren Funktionseinschränkungen sowie für blinde Menschen,

2a. im Zusammenhang mit der Kennzeichnung von Parkmöglichkeiten für Bewohner städtischer Quartiere mit erheblichem Parkraummangel durch vollständige oder zeitlich beschränkte Reservierung des Parkraums für die Berechtigten oder durch Anordnung der Freistellung von angeordneten Parkraumbewirtschaftungsmaßnahmen,

3. zur Kennzeichnung von Fußgängerbereichen[1] und verkehrsberuhigten Bereichen,
4. zur Erhaltung der Sicherheit oder Ordnung in diesen Bereichen sowie
5. zum Schutz der Bevölkerung vor Lärm und Abgasen oder zur Unterstützung einer geordneten städtebaulichen Entwicklung.

Die Straßenverkehrsbehörden ordnen die Parkmöglichkeiten für Bewohner, die Kennzeichnung von Fußgängerbereichen, verkehrsberuhigten Bereichen und Maßnahmen zum Schutze der Bevölkerung vor Lärm und Abgasen oder zur Unterstützung einer geordneten städtebaulichen Entwicklung im Einvernehmen mit der Gemeinde an.

(1c) Die Straßenverkehrsbehörden ordnen ferner innerhalb geschlossener Ortschaften, insbesondere in Wohngebieten und Gebieten mit hoher Fußgänger- und Fahrradverkehrsdichte sowie hohem Querungsbedarf, Tempo 30-Zonen im Einvernehmen mit der Gemeinde an. Die Zonen-Anordnung darf sich weder auf Straßen des überörtlichen Verkehrs (Bundes-, Landes- und Kreisstraßen) noch auf weitere Vorfahrtstraßen (Zeichen 306) erstrecken. Sie darf nur Straßen ohne Lichtzeichen geregelte Kreuzungen oder Einmündungen, Fahrstreifenbegrenzungen (Zeichen 295), Leitlinien (Zeichen 340) und benutzungspflichtige Radwege (Zeichen 237, 240, 241 oder Zeichen 295 in Verbindung mit Zeichen 237) umfassen. An Kreuzungen und Einmündungen innerhalb der Zone muss grundsätzlich die Vorfahrtregel nach § 8 Absatz 1 Satz 1 („Rechts vor Links") gelten. Abweichend von Satz 3 bleiben vor dem 1. November 2000 angeordnete Tempo 30-Zonen mit Lichtzeichenanlagen zum Schutz der Fußgänger zulässig.

(1d) In zentralen städtischen Bereichen mit hohem Fußgängeraufkommen und überwiegender Aufenthaltsfunktion (verkehrsberuhigte Geschäftsbereiche) können auch Zonen-Geschwindigkeitsbeschränkungen von weniger als 30 km/h angeordnet werden.

(1e) Die Straßenverkehrsbehörden ordnen die für den Betrieb von mautgebührenpflichtigen Strecken erforderlichen Verkehrszeichen und Verkehrseinrichtungen auf der Grundlage des vom Konzessionsnehmer vorgelegten Verkehrszeichenplans an. Die erforderlichen Anordnungen sind spätestens drei Monate nach Eingang des Verkehrszeichenplans zu treffen.[2]

(1f) Zur Kennzeichnung der in einem Luftreinhalteplan oder einem Plan für kurzfristig zu ergreifende Maßnahmen nach § 47 Absatz 1 oder 2 des Bundes-Immissionsschutzgesetzes festgesetzten Umweltzonen ordnet die Straßenverkehrsbehörde die dafür erforderlichen Verkehrsverbote mittels der Zeichen 270.1 und 270.2 in Verbindung mit dem dazu vorgesehenen Zusatzzeichen an.

---

1 Die Kennzeichnung erfordert im Regelfall eine vorherige straßenrechtliche Teilentwidmung.

2 § 45 Abs. 1e eingefügt durch Art. 3 FStrPrivFinÄndG vom 1.9.2002 (BGBl. I S. 3442); Kennzeichnung der mautpflichtigen Strecke durch Z. 391 (VkBl. 2003, 430).

(1g) Zur Bevorrechtigung elektrisch betriebener Fahrzeuge ordnet die Straßenverkehrsbehörde unter Beachtung der Anforderungen des § 3 Absatz 1 des Elektromobilitätsgesetzes[3] die dafür erforderlichen Zeichen 314, 314.1 und 315 in Verbindung mit dem dazu vorgesehenen Zusatzzeichen an.[4]

(1h) Zur Parkbevorrechtigung von Carsharingfahrzeugen ordnet die Straßenverkehrsbehörde unter Beachtung der Anforderungen der §§ 2 und 3 des Carsharinggesetzes[5] die dafür erforderlichen Zeichen

---

3 Gesetz zur Bevorrechtigung der Verwendung elektrisch betriebener Fahrzeuge (Elektromobilitätsgesetz – EmoG) vom 5.6.2015 (BGBl. I S. 898).

4 § 45 Abs. 1g eingefügt durch die 50. Verordnung zur Änderung straßenverkehrsrechtlicher Vorschriften vom 15.9.2015 (BGBl. I S. 1573).

5 **Gesetz zur Bevorrechtigung des Carsharing (Carsharinggesetz – CsgG)** vom 5.7.2017 (BGBl. I S. 2230)

§ 1 Anwendungsbereich

Mit diesem Gesetz werden Maßnahmen zur Bevorrechtigung des Carsharing ermöglicht, um die Verwendung von Carsharingfahrzeugen im Rahmen stationsunabhängiger oder stationsbasierter Angebotsmodelle zur Verringerung insbesondere klima- und umweltschädlicher Auswirkungen des motorisierten Individualverkehrs zu fördern.

§ 2 Begriffsbestimmungen

Im Sinne dieses Gesetzes ist

1. ein Carsharingfahrzeug ein KFZ, das einer unbestimmten Anzahl von Fahrern/-innen auf der Grundlage einer Rahmenvereinbarung und einem die Energiekosten mit einschließenden Zeit- oder Kilometertarif oder Mischformen solcher Tarife angeboten und selbstständig reserviert und genutzt werden kann,
2. ein Carsharinganbieter ein Unternehmen unabhängig von seiner Rechtsform, das Carsharingfahrzeuge stationsunabhängig oder stationsbasiert zur Nutzung für eine unbestimmte Anzahl von Kunden und Kundinnen nach allgemeinen Kriterien anbietet, wobei Mischformen der Angebotsmodelle möglich sind,
3. stationsunabhängiges Carsharing ein Angebotsmodell, bei dem die Nutzung des Fahrzeugs ohne Rücksicht auf vorab örtlich festgelegte Abhol- und Rückgabestellen begonnen und beendet werden kann und
4. stationsbasiertes Carsharing ein Angebotsmodell, das auf vorab reservierbaren Fahrzeugen und örtlich festgelegten Abhol- oder Rückgabestellen beruht.

§ 3 Bevorrechtigungen

(1) Wer ein Fahrzeug i.S.d. § 2 Nr. 1 führt, kann nach Maßgabe der folgenden Vorschriften Bevorrechtigungen bei der Teilnahme am Straßenverkehr erhalten, soweit dadurch die Sicherheit und Leichtigkeit des Verkehrs nicht beeinträchtigt werden.

(2) Bevorrechtigungen sind möglich

1. für das Parken auf öffentlichen Straßen oder Wegen,
2. im Hinblick auf das Erheben von Gebühren für das Parken auf öffentlichen Straßen oder Wegen.

(3) In RVO nach § 6 Abs. 1 StVG können

1. die Bevorrechtigungen näher bestimmt werden,
2. die Einzelheiten der Anforderungen an deren Inanspruchnahme festgelegt werden,
3. die erforderlichen straßenverkehrsrechtlichen Anordnungen, insbesondere Verkehrszeichen und Verkehrseinrichtungen, für stationsunabhängiges und stationsbasiertes Carsharing bestimmt werden und
4. die Einzelheiten zur Regelung des Verkehrs zu Gunsten von Fahrzeugen eines oder mehrerer bestimmter Carsharinganbieter, die ein stationsbasiertes Angebot zur Verfügung stellen, festgelegt werden, soweit der jeweilige Carsharinganbieter im Rahmen der wegerechtlichen Vorschriften zur Sondernutzung des öffentlichen Straßenraums berechtigt ist.

RVO mit Regelungen i.S.d. Satzes 1 erlässt das BMVI gemeinsam mit dem BMWi und dem BMU. § 6 Abs. 3 StVG ist auf eine RVO mit Regelungen nach Satz 1 nicht anzuwenden.

5 (*Fortsetzung*)

(4) In RVO nach § 6a Abs. 6 Satz 2, auch i.V.m. Satz 4 StVG können als Bevorrechtigungen Ermäßigungen oder Befreiungen von der Gebührenpflicht vorgesehen werden.

§ 4 Kennzeichnung

(1) Bevorrechtigungen nach § 3 dürfen nur für Fahrzeuge gewährt werden, die mit einer deutlich sichtbaren Kennzeichnung als Carsharingfahrzeug versehen sind.

(2) In einer RVO nach § 6 Abs. 1 Nr. 3 StVG können das BMVI, BMWi und BMU gemeinsam

1. die Art und Weise der Kennzeichnung i.S.d. Abs. 1,
2. die für das Erteilen der Kennzeichnung erforderlichen Angaben und
3. das Verfahren für das Erteilen der Kennzeichnung

näher bestimmen. Das Verfahren kann auch über eine einheitliche Stelle nach § 71a des VwVfG abgewickelt werden. § 6 Abs. 3 StVG ist auf RVO'en nach Satz 1 nicht anzuwenden.

(3) Für individuell zurechenbare öffentliche Leistungen nach Abs. 1 i.V.m. RVO'en nach Abs. 2 werden Gebühren und Auslagen erhoben. § 6a Abs. 2 bis 5 und 8 StVG gilt entsprechend.

§ 5 Sondernutzung öffentlichen Straßenraums

(1) Unbeschadet der sonstigen straßenrechtlichen Bestimmungen zur Sondernutzung an Bundesfernstraßen kann die nach Landesrecht zuständige Behörde zum Zwecke der Nutzung als Stellflächen für stationsbasierte Carsharingfahrzeuge dazu geeignete Flächen einer Ortsdurchfahrt im Zuge einer Bundesstraße bestimmen. Ist die nach Landesrecht zuständige Behörde nicht der Straßenbaulastträger, darf sie die Flächen nur mit Zustimmung der Straßenbaubehörde bestimmen. Die Flächen sind so zu bestimmen, dass die Funktion der Bundesstraße und die Belange des ÖPNV nicht beeinträchtigt werden sowie die Anforderungen an die Sicherheit und Leichtigkeit des Verkehrs gewahrt sind.

(2) Die Flächen sind von der nach Landesrecht zuständigen Behörde im Wege eines diskriminierungsfreien und transparenten Auswahlverfahrens einem Carsharinganbieter nach Maßgabe der folgenden Vorschriften zum Zwecke der Nutzung für stationsbasierte Carsharingfahrzeuge für einen Zeitraum von längstens acht Jahren zur Verfügung zu stellen (Sondernutzungserlaubnis). Abs. 1 Satz 2 gilt entsprechend. Nach Ablauf der Geltungsdauer der Sondernutzungserlaubnis ist eine Verlängerung oder Neuerteilung nur nach Durchführung eines erneuten Auswahlverfahrens nach Satz 1 möglich. Das Verfahren nach Satz 1 kann für einzelne Flächen getrennt durchgeführt werden.

(3) In dem Auswahlverfahren nach Maßgabe der Abs. 5 bis 7 wird die Sondernutzung der nach Abs. 1 ausgewählten Flächen einem geeigneten und zuverlässigen Carsharinganbieter erlaubt. Geeignet ist ein Carsharinganbieter, der die nach Abs. 4 festgelegten Anforderungen an die von ihnen im Rahmen der Sondernutzung zu erbringende Leistung (Eignungskriterien) erfüllt. Unzuverlässig ist ein Carsharinganbieter, der bei der Erbringung von Carsharingdienstleistungen wiederholt in schwerwiegender Weise gegen Pflichten aus der StVZO verstoßen hat sowie in den in § 123 GWB genannten Fällen. Erfüllen mehrere Carsharinganbieter die Anforderungen des Satzes 1, ist durch Los zu entscheiden.

(4) Das BMVI, BMWi und BMU werden ermächtigt, gemeinsam durch RVO mit Zustimmung des Bundesrates die Eignungskriterien festzulegen und an den aktuellen Stand der Technik anzupassen. Die Eignungskriterien sind mit dem Ziel festzulegen, dass sie geeignet sind, durch die von dem jeweiligen Carsharinganbieter angebotene Leistung

1. zu einer Verringerung des motorisierten Individualverkehrs, insbesondere durch eine Vernetzung mit dem ÖPNV, und
2. zu einer Entlastung von straßenverkehrsbedingten Luftschadstoffen, insbesondere durch das Vorhalten elektrisch betriebener Fahrzeuge i. S. d. EmoG,

am besten beizutragen. Bis zum erstmaligen Inkrafttreten einer RVO nach Satz 1 bestimmen sich die Eignungskriterien nach der Anlage.

(5) Die Bekanntmachung über das vorgesehene Auswahlverfahren muss allen interessierten Unternehmen kostenfrei und ohne Registrierung zugänglich sein. Sie ist

5 (*Fortsetzung*)
auf der Internetseite www.bund.de und nach Maßgabe des Rechts der EU im Amtsblatt der EU zu veröffentlichen. Die Bekanntmachung muss alle für die Teilnahme an dem Auswahlverfahren erforderlichen Informationen enthalten, insbesondere Informationen über den vorgesehenen Ablauf des Auswahlverfahrens, Anforderungen an die Übermittlung von Unterlagen sowie die Eignungskriterien. Sie muss zudem die vorgesehene Dauer der Sondernutzung enthalten. Fristen sind angemessen zu setzen. Das Auswahlverfahren ist von Beginn an fortlaufend zu dokumentieren. Alle wesentlichen Entscheidungen sind zu begründen.

(6) Die Frist für die Erteilung der Sondernutzungserlaubnis im Rahmen des Auswahlverfahrens nach Abs. 2 beträgt drei Monate. Die Frist beginnt mit Ablauf der Einreichungsfrist. Sie kann einmal verlängert werden, wenn dies wegen der Schwierigkeit der Angelegenheit gerechtfertigt ist. Die Fristverlängerung ist zu begründen und rechtzeitig allen teilnehmenden Anbietern mitzuteilen. Das Verfahren kann auch über eine einheitliche Stelle nach § 71a VwVfG abgewickelt werden.

(7) Die nach Landesrecht zuständige Behörde hat jeden nicht berücksichtigten Bewerber unverzüglich in dem jeweils ablehnenden Bescheid über die Gründe für seine Nichtberücksichtigung sowie über den Namen des ausgewählten Bewerbers zu unterrichten. Die nach Landesrecht zuständige Behörde hat bei ihren Entscheidungen das Benehmen mit dem für die Aufstellung des Nahverkehrsplans zuständigen Aufgabenträger i.S.d. § 8 Abs. 3 PBefG herzustellen.

(8) Eine nach den vorstehenden Abs. erteilte Sondernutzungserlaubnis kann auch die Befugnis verleihen, dass der Sondernutzungsberechtigte geeignete bauliche Vorrichtungen für das Sperren der Fläche für Nichtbevorrechtigte anbringen kann. Der Sondernutzungsberechtigte hat sich bei dem Anbringen geeigneter Fachunternehmen zu bedienen.

(9) § 8 Abs. 1 Satz 1 und 6 und Abs. 2, 2a, 3, 7a und 8 FStrG gilt entsprechend.

§ 6 Berichterstattung

über Evaluation …

§ 7 Inkrafttreten

(das CsgG ist am 1.9.2017 in Kraft getreten)

Anlage (zu § 5 Abs. 4 Satz 3) – Eignungskriterien

Teil 1 Allgemeine Anforderungen an das Angebot und die Fahrzeugflotte

1.1 Carsharinganbieter gewähren im Rahmen der vorhandenen Kapazität grundsätzlich jeder volljährigen Person mit einer für das entsprechende KFZ gültigen und vorgelegten Fahrerlaubnis diskriminierungsfrei eine Teilnahmeberechtigung. Einschränkungen hinsichtlich der Dauer des Besitzes der Fahrerlaubnis, des Mindestalters sowie einer Bonitätsprüfung sind möglich.

1.2 Carsharinganbieter bieten ihren Kunden folgenden Mindestleistungsumfang:

1.2.1 Die Fahrzeugbuchung, -abholung und -rückgabe ist an 24 Stunden täglich möglich.

1.2.2 Kurzzeitnutzungen ab einer Stunde sind möglich, der Stundentarif darf 20 Prozent des Tagespreises nicht überschreiten.

1.2.3 Die Berücksichtigung von Freikilometern ist mit Ausnahme der Wege für die Tank- und Batteriebeladung, der Fahrzeugpflege oder für Maßnahmen der Kundenbindung oder der Kundengewinnung nicht zulässig. Die Betriebsmittelkosten je Kilometer müssen über den marktüblichen Energiekosten (Kraftstoff und Strom) liegen.

1.2.4 Die Wartung der Fahrzeuge wird regelmäßig, entsprechend den Herstellerempfehlungen durchgeführt.

1.2.5 Den Kunden sollen Informationen über umweltschonende und lärmarme Fahrweise für die Fahrer/-innen zur Verfügung gestellt werden, in dem Carsharinganbieter mittels ihrer Internetseite oder auf anderen geeigneten Informationsmaterialien auf die Möglichkeit von Schulungen zur umweltschonenden Fahrweise (etwa von Fahrschulen oder anderen Anbietern) hinweisen.

1.2.6 Inhabern von Dauer- oder Vergünstigungskarten des Öffentlichen Personenverkehrs (z.B. für Besitzer von Ermäßigungskarten oder Dauerkartenbesitzer des ÖPNV) sollen Vergünstigungen gewährt werden, sofern die Anbieter dieser Karten kein eigenes Carsharingangebot betreiben.

314, 314.1 und 315 in Verbindung mit dem dazu vorgesehenen Zusatzzeichen mit dem Carsharingsinnbild nach § 39 Absatz 11 an. Soll die Parkfläche nur für ein bestimmtes Carsharingunternehmen vorgehalten werden, ist auf einem weiteren Zusatzzeichen unterhalb dieses Zusatzzeichens die Firmenbezeichnung des Carsharingunternehmens namentlich in schwarzer Schrift auf weißem Grund anzuordnen.[6]

(1i) Die Straßenverkehrsbehörden ordnen ferner innerhalb geschlossener Ortschaften, insbesondere in Gebieten mit hoher Fahrradverkehrsdichte, Fahrradzonen im Einvernehmen mit der Gemeinde an. Die Zonen-Anordnung darf sich weder auf Straßen des überörtlichen Verkehrs (Bundes-, Landes- und Kreisstraßen) noch auf weitere Vorfahrtstraßen (Zeichen 306) erstrecken. Sie darf nur Straßen ohne Lichtzeichen geregelte Kreuzungen oder Einmündungen, Fahrstreifenbegrenzungen (Zeichen 295), Leitlinien (Zeichen 340) und benutzungspflichtige Radwege (Zeichen 237, 240, 241 oder Zeichen 295 in Verbindung mit Zeichen 237) umfassen. An Kreuzungen und Einmündungen innerhalb der Zone muss grundsätzlich die Vorfahrtregel nach § 8 Absatz 1 Satz 1 („rechts vor links") gelten. Die Anordnung einer Fahrradzone darf sich nicht mit der Anordnung einer Tempo 30-Zone überschneiden. Innerhalb der Fahrradzone ist in regelmäßigen Abständen das Zeichen 244.3 als Sinnbild auf der Fahrbahn aufzubringen.[7]

---

5 (*Fortsetzung*)
1.3 Carsharinganbieter mit Fahrzeugflotten bis zu fünf Fahrzeugen weisen mindestens zehn registrierte Fahrberechtigte pro Fahrzeug auf und solche mit einem Angebot von mehr als fünf Fahrzeugen mindestens 15 registrierte Fahrberechtigte pro Fahrzeug. Als Fahrzeugflotte gilt die Gesamtheit der Fahrzeuge des jeweiligen Anbieters in der jeweiligen Gemeinde. Davon ausgenommen sind solche Anbieter, die mit einem entsprechenden Angebot erstmalig in der jeweiligen Gemeinde tätig werden wollen.
1.4 Der Carsharinganbieter informiert im Falle der Nutzung elektrisch betriebener Fahrzeuge in geeigneter Weise (insbesondere über allgemeine Verbraucherinformationen, Internet, seine Allgemeinen Geschäftsbedingungen) – soweit verfügbar – über die Standorte der für das Carsharingfahrzeug geeigneten Ladestationen, die Art der Stromversorgung an diesen Ladestationen und die Herkunft der bezogenen Elektrizität. Dafür benennt er den Anbieter und den Stromtarif.
1.5 Soweit der Schutz geistigen Eigentums sowie von Betriebs- oder Geschäftsgeheimnissen nicht entgegenstehen, sollen zum Zwecke der Förderung der Multimodalität Daten bezüglich des Status von Carsharingfahrzeugen freigegeben werden. Personenbezogene Daten dürfen nicht freigegeben werden.
Teil 2 Nachweise
Der Carsharinganbieter kann die Einhaltung der Anforderungen gemäß den Nrn. 1.2.5, 1.2.6 und 1.4 durch die Vorlage der Vertragsbedingungen, Tarife (einschließlich Vergünstigungen für Besitzer von Ermäßigungskarten oder Dauerkartenbesitzer des ÖPNV) und seiner Kundeninformation (insbesondere über allgemeine Verbraucherinformationen, den Internetauftritt oder die Allgemeinen Geschäftsbedingungen) über umweltschonende und lärmarme Fahrweise und Angebote für Schulungen nachweisen.
Teil 3 Abweichungsmöglichkeit
Die nach Landesrecht zuständige Behörde kann, soweit ihr Zuständigkeitsbereich nicht mehr als 50 000 Einwohner umfasst, in ihren Auswahlverfahren von einzelnen Anforderungen abweichen, wenn dies aufgrund besonderer örtlicher Umstände gerechtfertigt ist und ein Interessenbekundungsverfahren ergeben hat, dass andernfalls kein Carsharinganbieter einen Antrag stellt. Dies ist näher zu begründen.

6 § 45 Abs. 1h eingefügt durch Art. 1 der 54. StrVRÄndV vom 20.4.2020 (BGBl. I S. 814).

7 § 45 Abs. 1i eingefügt durch Art. 1 der 54. StrVRÄndV vom 20.4.2020 (BGBl. I S. 814).

(2) Zur Durchführung von Straßenbauarbeiten und zur Verhütung von außerordentlichen Schäden an der Straße, die durch deren baulichen Zustand bedingt sind, können die nach Landesrecht für den Straßenbau bestimmten Behörden (Straßenbaubehörde) – vorbehaltlich anderer Maßnahmen der Straßenverkehrsbehörden – Verkehrsverbote und -beschränkungen anordnen, den Verkehr umleiten und ihn durch Markierungen und Leiteinrichtungen lenken. Für Bahnübergänge von Eisenbahnen des öffentlichen Verkehrs können nur die Bahnunternehmen durch Blinklicht- oder Lichtzeichenanlagen, durch rot-weiß gestreifte Schranken oder durch Aufstellung des Andreaskreuzes ein bestimmtes Verhalten der Verkehrsteilnehmer vorschreiben. Für Bahnübergänge von Straßenbahnen auf unabhängigem Bahnkörper gilt Satz 2 mit der Maßgabe entsprechend, dass die Befugnis zur Anordnung der Maßnahmen der nach personenbeförderungsrechtlichen Vorschriften zuständigen Technischen Aufsichtsbehörde des Staßenbahnunternehmens obliegt.[8] Alle Gebote und Verbote sind durch Zeichen und Verkehrseinrichtungen nach dieser Verordnung anzuordnen.

(3) Im Übrigen bestimmen die Straßenverkehrsbehörden, wo und welche Verkehrszeichen und Verkehrseinrichtungen anzubringen und zu entfernen sind, bei Straßennamensschildern nur darüber, wo diese so anzubringen sind, wie Zeichen 437 zeigt. Die Straßenbaubehörden legen – vorbehaltlich anderer Anordnungen der Straßenverkehrsbehörden – die Art der Anbringung und der Ausgestaltung, wie Übergröße, Beleuchtung fest; ob Leitpfosten anzubringen sind, bestimmen sie allein. Sie können auch – vorbehaltlich anderer Maßnahmen der Straßenverkehrsbehörden – Gefahrzeichen anbringen, wenn die Sicherheit des Verkehrs durch den Zustand der Straße gefährdet wird.

(4) Die genannten Behörden dürfen den Verkehr nur durch Verkehrszeichen und Verkehrseinrichtungen regeln und lenken; in dem Fall des Absatzes 1 Satz 2 Nummer 5 jedoch auch durch Anordnungen, die durch Rundfunk, Fernsehen, Tageszeitungen oder auf andere Weise bekannt gegeben werden, sofern die Aufstellung von Verkehrszeichen und -einrichtungen nach den gegebenen Umständen nicht möglich ist.

(5) Zur Beschaffung, Anbringung, Unterhaltung und Entfernung der Verkehrszeichen und Verkehrseinrichtungen und zu deren Betrieb einschließlich ihrer Beleuchtung ist der Baulastträger verpflichtet, sonst der Eigentümer der Straße. Das gilt auch für die von der Straßenverkehrsbehörde angeordnete Beleuchtung von Fußgängerüberwegen.[9]

8 Die Sicherung von unabhängigen Bahnkörpern geht auch für Straßenbahnen von den Straßenverkehrsbehörden in die Kompetenz der technischen Aufsichtsbehörde der Straßenbahnunternehmen über (Art. 2 der VO zur Änderung der BOStrab und StVO vom 16.12.2016 – BGBl. I S. 2938).

9 Die Kostenübernahme für Verkehrszeichen u. a. bei Veranstaltungen nach § 29 Abs. 2 durch die Gemeinde ist gestrichen worden, weil die Regelung dem Landes- und nicht dem Bundesrecht obliegt.

(6) Vor dem Beginn von Arbeiten, die sich auf den Straßenverkehr auswirken, müssen die Unternehmer – die Bauunternehmer unter Vorlage eines Verkehrszeichenplans – von der zuständigen Behörde Anordnungen nach den Absätzen 1 bis 3 darüber einholen, wie ihre Arbeitsstellen abzusperren und zu kennzeichnen sind, ob und wie der Verkehr, auch bei teilweiser Straßensperrung, zu beschränken, zu leiten und zu regeln ist, ferner ob und wie sie gesperrte Straßen und Umleitungen zu kennzeichnen haben. Sie haben diese Anordnungen zu befolgen und Lichtzeichenanlagen zu bedienen.

(7) Sind Straßen als Vorfahrtstraßen oder als Verkehrsumleitungen gekennzeichnet, bedürfen Baumaßnahmen, durch welche die Fahrbahn eingeengt wird, der Zustimmung der Straßenverkehrsbehörde; ausgenommen sind die laufende Straßenunterhaltung sowie Notmaßnahmen. Die Zustimmung gilt als erteilt, wenn sich die Behörde nicht innerhalb einer Woche nach Eingang des Antrags zu der Maßnahme geäußert hat.

(7a) Die Besatzung von Fahrzeugen, die im Pannenhilfsdienst, bei Bergungsarbeiten und bei der Vorbereitung von Abschleppmaßnahmen eingesetzt wird, darf bei Gefahr im Verzug zur Eigensicherung, zur Absicherung des havarierten Fahrzeugs und zur Sicherung des übrigen Verkehrs an der Pannenstelle Leitkegel (Zeichen 610) aufstellen.

(8) Die Straßenverkehrsbehörden können innerhalb geschlossener Ortschaften die zulässige Höchstgeschwindigkeit auf bestimmten Straßen durch Zeichen 274 erhöhen. Außerhalb geschlossener Ortschaften können sie mit Zustimmung der zuständigen obersten Landesbehörden die nach § 3 Absatz 3 Nummer 2c zulässige Höchstgeschwindigkeit durch Zeichen 274 auf 120 km/h anheben.

(9) Verkehrszeichen und Verkehrseinrichtungen sind nur dort anzuordnen, wo dies auf Grund der besonderen Umstände zwingend erforderlich ist. Dabei dürfen Gefahrzeichen nur dort angeordnet werden, wo es für die Sicherheit des Verkehrs erforderlich ist, weil auch ein aufmerksamer Verkehrsteilnehmer die Gefahr nicht oder nicht rechtzeitig erkennen kann und auch nicht mit ihr rechnen muss. Insbesondere Beschränkungen und Verbote des fließenden Verkehrs dürfen nur angeordnet werden, wenn auf Grund der besonderen örtlichen Verhältnisse eine Gefahrenlage besteht, die das allgemeine Risiko einer Beeinträchtigung der in den vorstehenden Absätzen genannten Rechtsgüter erheblich übersteigt. Satz 3 gilt nicht für die Anordnung von

1. Schutzstreifen für den Radverkehr (Zeichen 340),
2. Fahrradstraßen (Zeichen 244.1),
3. Sonderwegen außerhalb geschlossener Ortschaften (Zeichen 237, Zeichen 240, Zeichen 241) oder Radfahrstreifen innerhalb geschlossener Ortschaften (Zeichen 237 in Verbindung mit Zeichen 295),
4. Tempo 30-Zonen nach Absatz 1c,
5. verkehrsberuhigten Geschäftsbereichen nach Absatz 1d,
6. innerörtlichen streckenbezogenen Geschwindigkeitsbeschränkungen von 30 km/h (Zeichen 274) nach Absatz 1 Satz 1 auf Straßen des überörtlichen Verkehrs (Bundes-, Landes- und Kreisstraßen)

oder auf weiteren Vorfahrtstraßen (Zeichen 306) im unmittelbaren Bereich von an diesen Straßen gelegenen Kindergärten, Kindertagesstätten, allgemeinbildenden Schulen, Förderschulen, Alten- und Pflegeheimen oder Krankenhäusern,

7. **Erprobungsmaßnahmen nach Absatz 1 Satz 2 Nummer 6 zweiter Halbsatz,**
8. **Fahrradzonen nach Absatz 1i.**[10, 12]

Satz 3 gilt ferner nicht für Beschränkungen oder Verbote des fließenden Verkehrs nach Absatz 1 Satz 1 oder 2 Nummer 3 zur Beseitigung oder Abmilderung von erheblichen Auswirkungen veränderter Verkehrsverhältnisse, die durch die Erhebung der Maut nach dem Bundesfernstraßenmautgesetz hervorgerufen worden sind. Satz 3 gilt zudem nicht zur Kennzeichnung der in einem Luftreinhalteplan oder einem Plan für kurzfristig zu ergreifende Maßnahmen nach § 47 Absatz 1 oder 2 des Bundes-Immissionsschutzgesetzes festgesetzten Umweltzonen nach Absatz 1f.[11]

(10) Absatz 9 gilt nicht, soweit Verkehrszeichen angeordnet werden, die zur Förderung der Elektromobilität nach dem Elektromobilitätsgesetz oder zur Förderung des Carsharing nach dem Carsharinggesetz getroffen werden dürfen.[12]

VwV-StVO zu § 45 Verkehrszeichen und Verkehrseinrichtungen

Zu Absatz 1 bis 1e

1 I. Vor jeder Entscheidung sind die Straßenbaubehörde und die Polizei zu hören. Wenn auch andere Behörden zu hören sind, ist dies bei den einzelnen Zeichen gesagt.

2 II. Vor jeder Entscheidung sind erforderlichenfalls zumutbare Umleitungen im Rahmen des Möglichen festzulegen.

3 III. 1. Die Straßenverkehrsbehörde bedarf der Zustimmung der obersten Landesbehörde oder der von ihr bestimmten Stelle zur Anbringung und Entfernung folgender Verkehrszeichen:

4 a) auf allen Straßen der Z. 201, 261, 269, 275, 279, 290.1, 290.2, 330.1, 330.2, 331.1, 331.2, 363, 460 sowie des Zusatzzeichens „abknickende Vorfahrt" (Zusatzzeichen zu Zeichen 306),

5 b) auf Autobahnen, Kraftfahrstraßen und Bundesstraßen: des Z. 250, auch mit auf bestimmte Verkehrsarten beschränkenden Sinnbildern, wie der Z. 251 oder 253, sowie der Z. 262 und 263,

---

10 Fahrradzonen dürfen sich zwar nicht mit Tempo 30-Zonen überschneiden. Andererseits haben Fahrradzonen eine vergleichbare Wirkung. Sie fördern den Radverkehr und dienen verstärkt der Verkehrsberuhigung und Verkehrsvermeidung durch KFZ. Je mehr Radfahrer Fahrradzonen befahren, umso mehr stellen sich Fragen zur Neuaufteilung des Straßenraums. Dabei ist zu erwarten, dass sie ebenso wie die 1985 zunächst nur versuchsweise eingeführten Tempo 30-Zonen die städtebauliche Entwicklung in den Gemeinden beeinflussen werden. Zur Förderung dieser Entwicklung, auch im Interesse des Klimaschutzes, sowie aufgrund der rechtlich parallelen Ausgestaltung ist es nötig, die Anordnungsvoraussetzungen hinsichtlich der Vorgaben des § 45 Abs. 9 Satz 4 StVO den Tempo 30-Zonen gleichzustellen.

11 § 45 Abs. 9 geändert und Abs. 10 eingefügt durch die 1. VO zur Änderung der StVO vom 30.11.2016 (BGBl. I S. 2848).

12 § 45 Abs. 9, 10 geändert durch Art. 1 der 54. StrVRÄndV vom 20.4.2020 (BGBl. I S. 814).

6 c) auf Autobahnen, Kraftfahrstraßen sowie auf Bundesstraßen außerhalb geschlossener Ortschaften: der Z. 276, 277, 280, 281, 295 als Fahrstreifenbegrenzung und 296,

7 d) auf Autobahnen und Kraftfahrstraßen: der Z. 209 bis 214, 274 und 278,

8 e) auf Bundesstraßen: des Z. 274 samt dem Z. 278 dann, wenn die zulässige Höchstgeschwindigkeit auf weniger als 60 km/h ermäßigt wird.

9 2. Die obersten Landesbehörden sollten jedenfalls für Straßen von erheblicher Verkehrsbedeutung, die in Nr. 1 Buchstabe b bis e nicht aufgeführt sind, entsprechende Anweisungen geben.

10 3. Der Zustimmung bedarf es nicht, wenn jene Maßnahmen zur Durchführung von Arbeiten im Straßenraum oder zur Verhütung außerordentlicher Schäden an den Straßen getroffen werden oder durch unvorhergesehene Ereignisse wie Unfälle, Schadenstellen oder Verkehrsstauungen veranlasst sind.

11 4. Die Straßenverkehrsbehörde bedarf der Zustimmung der obersten Landesbehörde oder der von ihr beauftragten Stelle außerdem für die Anordnung des Schildes nach § 37 Abs. 2 Nr. 1 Satz 8 („Grünpfeil").

11a 5. Die Straßenverkehrsbehörde bedarf der Zustimmung der obersten Landesbehörde oder der von ihr dafür beauftragten Stelle zur Anordnung der Zeichen 386.1, 386.2 und 386.3. Die Zeichen werden durch die zuständige Straßenbaubehörde aufgestellt.

12 IV. Die Straßenverkehrsbehörde bedarf der Zustimmung der höheren Verwaltungsbehörde oder der von ihr bestimmten Stelle zur Aufstellung und Entfernung folgender Verkehrszeichen auf allen Straßen: der Z. 293, 306, 307 und 354 sowie des Zusatzzeichens „Nebenstrecke".

13 V. Die Straßenverkehrsbehörde bedarf der Zustimmung der obersten Landesbehörde oder der von ihr bestimmten Stelle zur Anordnung von Maßnahmen zum Schutz der Bevölkerung vor Lärm und Abgasen. Das Bundesministerium für Verkehr und digitale Infrastruktur gibt im Einvernehmen mit den zuständigen obersten Landesbehörden „Richtlinien für straßenverkehrsrechtliche Maßnahmen zum Schutz der Bevölkerung vor Lärm (Lärmschutz-Richtlinien-StV)" im Verkehrsblatt bekannt.

14 VI. Der Zustimmung bedarf es in den Fällen der Nr. III bis V nicht, wenn und soweit die oberste Landesbehörde die Straßenverkehrsbehörde vom Erfordernis der Zustimmung befreit hat.

15 VII. Unter Landschaftsgebieten, die überwiegend der Erholung der Bevölkerung dienen, sind z. B. Naturparks zu verstehen.

16 VIII. Maßnahmen zum Schutz kultureller Veranstaltungen (z. B. bedeutende Musik- oder Theaterdarbietungen, insbesondere auf Freilichtbühnen) kommen nur in Betracht, wenn diese erheblich durch vom Straßenverkehr ausgehende Lärmemissionen beeinträchtigt werden. Insbesondere kann sich für die Dauer der Veranstaltungen eine Umleitung des Schwerverkehrs empfehlen.

IX. Parkmöglichkeiten für schwerbehinderte Menschen mit außergewöhnlicher Gehbehinderung, beidseitiger Amelie oder Phokomelie oder mit vergleichbaren Funktionseinschränkungen sowie für blinde Menschen.

17 Der begünstigte Personenkreis ergibt sich aus Nr. II 1, 2 und 3a und b zu § 46 Abs. 1 Nr. 11 (Rn. 129 bis 135).

18 Wegen der Ausgestaltung der Parkplätze wird auf die DIN 18024-1 „Barrierefreies Bauen, Teil 1: Straßen, Plätze, Wege, öffentliche Verkehrs- und Grünanlagen sowie Spielplätze; Planungsgrundlagen" verwiesen.

19 1. a) Parkplätze, die allgemein dem erwähnten Personenkreis zur Verfügung stehen, kommen, gegebenenfalls mit zeitlicher Beschränkung, insbesondere dort in Betracht, wo der erwähnte Personenkreis besonders häufig auf einen derartigen Parkplatz angewiesen ist, z. B. in der Nähe von Behörden, Krankenhäusern, orthopädischen Kliniken.

20 b) Zur Benutzung von speziell durch Verkehrszeichen gekennzeichneten Parkplätzen für schwerbehinderte Menschen berechtigt der EU-einheitliche Parkausweis, den das zuständige Bundesministerium im Verkehrsblatt bekannt gibt.

21 c) Die Kennzeichnung dieser Parkplätze erfolgt in der Regel durch die Z. 314 oder 315 mit dem Zusatzzeichen „Rollstuhlfahrersymbol".

22 Ausnahmsweise kann eine Bodenmarkierung „Rollstuhlfahrersymbol" (lfd. Nr. 74 der Anlage 2) genügen.

23 2. a) Parkplätze für bestimmte schwerbehinderte Menschen des oben erwähnten Personenkreises, z. B. vor der Wohnung oder in der Nähe der Arbeitsstätte, setzen eine Prüfung voraus, ob

24 – ein Parksonderrecht vertretbar ist. Das ist z. B. nicht der Fall, wenn Parkraummangel nicht besteht oder der schwerbehinderte Mensch in zumutbarer Entfernung eine Garage oder einen Abstellplatz außerhalb des öffentlichen Verkehrsraumes hat,

25 – ein Parksonderrecht vertretbar ist. Das ist z. B. nicht der Fall, wenn ein Haltverbot (Z. 283) angeordnet wurde,

26 – ein zeitlich beschränktes Parksonderrecht genügt.

[27 b) (weggefallen)]

28 c) Die Kennzeichnung dieser Parkplätze erfolgt durch die Z. 314, 315 mit dem Zusatzzeichen „(Rollstuhlfahrersymbol) mit Parkausweis Nr. ...".

X. Sonderparkberechtigung für Bewohner städtischer Quartiere mit erheblichem Parkraummangel (Bewohnerparkvorrechte)

29 1. Die Anordnung von Bewohnerparkvorrechten ist nur dort zulässig, wo mangels privater Stellflächen und auf Grund eines erheblichen allgemeinen Parkdrucks die Bewohner des städtischen Quartiers regelmäßig keine ausreichende Möglichkeit haben, in ortsüblich fußläufig zumutbarer Entfernung von ihrer Wohnung einen Stellplatz für ihr Kraftfahrzeug zu finden.

30 2. Bewohnerparkvorrechte sind vorrangig mit Z. 286 oder Z. 290.1 mit Zusatzzeichen „Bewohner mit Parkausweis ... frei", in den Fällen des erlaubten Gehwegparkens mit Z. 315 mit Zusatzzeichen „nur Bewohner mit Parkausweis ..." anzuordnen. Eine bereits angeordnete Beschilderung mit Z. 314 (Anwohnerparkvorrecht nach altem Recht) bleibt weiter zulässig. Werden solche Bewohnerparkvorrechte als Freistellung von angeordneten Parkraumbewirtschaftungsmaßnahmen angeordnet (vgl. Nr. 6), kommen nur Z. 314, 315 in Betracht. Die Bezeichnung des Parkausweises (Buchstabe oder Nummer) auf dem Zusatzzeichen kennzeichnet zugleich die räumliche Geltung des Bewohnerparkvorrechts.

31 3. Die Bereiche mit Bewohnerparkvorrechten sind unter Berücksichtigung des Gemeingebrauchs (vgl. dazu Nr. 4), des vorhandenen Parkdrucks (vgl. dazu Nr. 1) und der örtlichen Gegebenheiten festzulegen. Dabei muss es sich um Nahbereiche handeln, die von den Bewohnern dieser städtischen Quartiere üblicherweise zum Parken aufgesucht werden. Die maximale Ausdehnung eines Bereiches darf auch in Städten mit mehr als 1 Mio. Einwohnern 1 000 m nicht übersteigen. Soweit die Voraussetzungen nach Nr. 1 in einem städtischen Gebiet vorliegen, dessen Größe die ortsangemessene Ausdehnung eines Bereiches mit Bewohnerparkvorrechten übersteigt, ist die Aufteilung des Gebietes in mehrere Bereiche mit Bewohnerparkvorrechten (mit verschiedenen Buchstaben oder Nummern) zulässig.

32 4. Innerhalb eines Bereiches mit Bewohnerparkvorrechten dürfen werktags von 9.00 bis 18.00 Uhr nicht mehr als 50 %, in der übrigen Zeit nicht mehr als 75 % der zur Verfügung stehenden Parkfläche für die Bewohner reserviert werden. In kleinräumigen Bereichen mit Wohnbebauung, in denen die ortsangemessene Ausdehnung (vgl. Nr. 3) wesentlich unterschritten wird, können diese Prozentvorgaben überschritten werden, wenn eine Gesamtbetrachtung der ortsangemessenen Höchstausdehnung wiederum die Einhaltung der Prozentvorgaben ergibt.

33 5. Für Parkflächen zur allgemeinen Nutzung empfiehlt sich die Parkraumbewirtschaftung (Parkscheibe, Parkuhr, Parkscheinautomat). Nicht reservierte Parkflächen sollen möglichst gleichmäßig und unter besonderer Berücksichtigung ansässiger Wirtschafts- und Dienstleistungsunternehmen mit Liefer- und Publikumsverkehr sowie des Publikumsverkehrs von freiberuflich Tätigen in dem Bereich verteilt sein.

34 6. Bewohnerparkvorrechte können in Bereichen mit angeordneter Parkraumbewirtschaftung (vgl. zu § 13) auch als Befreiung von der Pflicht, die Parkscheibe auszulegen oder die Parkuhr/den Parkscheinautomat zu bedienen, angeordnet werden. Zur Anordnung der Zusatzzeichen vgl. Nr. 2.

35 7. Bewohnerparkausweise werden auf Antrag ausgegeben. Einen Anspruch auf Erteilung hat, wer in dem Bereich meldebehördlich registriert ist und dort tatsächlich wohnt. Je nach örtlichen Verhältnissen kann die angemeldete Nebenwohnung ausreichen. Die Entscheidung darüber trifft die Straßenverkehrsbehörde ebenfalls im Einvernehmen mit der Stadt. Jeder Bewohner erhält nur einen Parkausweis für ein auf ihn als Halter zugelassenes oder nachweislich von ihm dauerhaft genutztes Kraftfahrzeug. Nur in begründeten Einzelfällen können mehrere Kennzeichen in dem Parkausweis eingetragen oder der Eintrag „wechselndes Fahrzeug“ vorgenommen werden. Ist der Bewohner Mitglied einer Car-Sharing-Organisation, wird deren Name im Kennzeichenfeld des Parkausweises eingetragen. Das Bewohnerparkvorrecht gilt dann nur für das Parken eines von außen deutlich erkennbaren Fahrzeugs dieser Organisation (Aufschrift, Aufkleber am Fahrzeug); darauf ist der Antragsteller schriftlich hinzuweisen.

36 8. Der Bewohnerparkausweis wird von der zuständigen Straßenverkehrsbehörde erteilt. Dabei ist das Muster zu verwenden, das das Bundesministerium für Verkehr und digitale Infrastruktur im Verkehrsblatt bekannt gibt.

XI. Tempo 30-Zonen

37 1. Die Anordnung von Tempo 30-Zonen soll auf der Grundlage einer flächenhaften Verkehrsplanung der Gemeinde vorgenommen werden, in deren Rahmen zugleich das innerörtliche Vorfahrtstraßennetz (Zeichen 306) festgelegt werden soll. Dabei ist ein leistungsfähiges, auch den Bedürfnissen des öffentlichen Personennahverkehrs und des Wirtschaftsverkehrs entsprechendes Vorfahrtstraßennetz (Zeichen 306) sicherzustellen. Der öffentlichen Sicherheit und Ordnung (wie Rettungswesen, Katastrophenschutz, Feuerwehr) sowie der Verkehrssicherheit ist vorrangig Rechnung zu tragen.

38 2. Zonen-Geschwindigkeitsbeschränkungen kommen nur dort in Betracht, wo der Durchgangsverkehr von geringer Bedeutung ist. Sie dienen vorrangig dem Schutz der Wohnbevölkerung sowie der Fußgänger und Fahrradfahrer. In Gewerbe- oder Industriegebieten kommen sie daher in der Regel nicht in Betracht.

39 3. Durch die folgenden Anordnungen und Merkmale soll ein weitgehend einheitliches Erscheinungsbild der Straßen innerhalb der Zone sichergestellt werden:

40 a) Die dem fließenden Verkehr zu Verfügung stehende Fahrbahnbreite soll erforderlichenfalls durch Markierung von Senkrecht- oder Schrägparkständen, wo nötig auch durch Sperrflächen (Zeichen 298) am Fahrbahnrand, eingeengt werden. Werden bauliche Maßnahmen zur Geschwindigkeitsdämpfung vorgenommen, darf von ihnen keine Beeinträchtigung der öffentlichen Sicherheit oder Ordnung, keine Lärmbelastung für die Anwohner und keine Erschwerung für den Buslinienverkehr ausgehen.

41 b) Wo die Verkehrssicherheit es wegen der Gestaltung der Kreuzung oder Einmündung oder die Belange des Buslinienverkehrs es erfordern, kann abweichend von der Grundregel „Rechts vor Links“ die Vorfahrt durch Zeichen 301 angeordnet werden; vgl. zu Zeichen 301 Vorfahrt Rn. 4 und 5.

42 c) Die Fortdauer der Zonen-Anordnung kann in großen Zonen durch Aufbringung von „30“ auf der Fahrbahn verdeutlicht werden. Dies empfiehlt sich auch dort, wo durch Zeichen 301 Vorfahrt an einer Kreuzung oder Einmündung angeordnet ist.

43 4. Zur Kennzeichnung der Zone vgl. zu Zeichen 274.1 und 274.2.

44 5. Die Anordnung von Tempo 30-Zonen ist auf Antrag der Gemeinde vorzunehmen, wenn die Voraussetzungen und Merkmale der Verordnung und dieser Vorschrift vorliegen oder mit der Anordnung geschaffen werden können, indem vorhandene aber nicht mehr erforderliche Zeichen und Einrichtungen entfernt werden.

45 6. Lichtzeichenanlagen zum Schutz des Fußgängerverkehrs, die in bis zum Stichtag angeordneten Tempo 30-Zonen zulässig bleiben, sind neben den Fußgänger-Lichtzeichenanlagen auch Lichtzeichenanlagen an Kreuzungen und Einmündungen, die vorrangig dem Schutz des Fußgängerquerungsverkehrs dienen. Dies ist durch Einzelfallprüfung festzustellen.

45a XII. Vor der Anordnung von Verkehrsverboten für bestimmte Verkehrsarten durch Verkehrszeichen, wie insbesondere durch Zeichen 242.1 und 244.1, ist mit der für das Straßen- und Wegerecht zuständigen Behörde zu klären, ob eine straßenrechtliche Teileinziehung erforderlich ist. Diese ist im Regelfall notwendig, wenn bestimmte Verkehrsarten auf Dauer vollständig oder weitestgehend von dem durch die Widmung der Verkehrsfläche festgelegten verkehrsüblichen Gemeingebrauch ausgeschlossen werden sollen. Durch Verkehrszeichen darf kein Verkehr zugelassen werden, der über den Widmungsinhalt hinausgeht.

Zu Absatz 1g Parkbevorrechtigungen für elektrisch betriebene Fahrzeuge

45b I. Sollen für elektrisch betriebene Fahrzeuge in einem Gemeindegebiet oder in Stadtteilen flächendeckend Parkbevorrechtigungen geschaffen werden, so sind vor der Anordnung zumindest für das jeweilige Gebiet verkehrliche Auswirkungen zu berücksichtigen (z. B. durch ein Stellplatz-Konzept), um ein möglichst gleichmäßiges Netz von Stellplätzen, das dem tatsächlichen Bedarf insbesondere an Ladestationen Rechnung trägt, zu gewährleisten. Parkprivilegien sollen insbesondere an Verkehrsknotenpunkten eingerichtet werden, wo der Anschluss an den ÖPV, Carsharing oder andere umweltfreundliche Verkehrsmittel erleichtert wird. Dabei geht die Gewährleistung eines sicheren und flüssigen Verkehrsablaufs aller Verkehrsteilnehmer der Bevorrechtigung vor. In diesem Zusammenhang ist insbesondere die Verträglichkeit der Bevorrechtigung mit den Anforderungen des Öffentlichen Personennahverkehrs zu berücksichtigen. In dem Konzept sind sowohl Stellflächen an Ladestationen als auch nicht stationsbasierte Stellflächen zu berücksichtigen. Die Ausweisung von Stellflächen kommt insbesondere in Innenstadtlagen in Betracht.

45c II. Parkbevorrechtigungen für elektrisch betriebene Fahrzeuge sind mit Zeichen 314, 315 mit Zusatzzeichen anzuordnen. Sind Parkraumbewirtschaftungsmaßnahmen mit Zeichen 314.1 und 315.1 angeordnet, können elektrisch betriebene Fahrzeuge von diesen mit Zusatzzeichen freigestellt werden.

45d III. Die Erlaubnis zum Parken von elektrisch betriebenen Fahrzeugen soll tagsüber zeitlich beschränkt werden. Die maximale Parkdauer an Ladesäulen soll tagsüber in der Zeit von 8 bis 18 Uhr vier Stunden nicht überschreiten.

Zu Absatz 2

Zu Satz 1

46 I. Die Straßenverkehrsbehörde ist mindestens zwei Wochen vor der Durchführung der in Satz 1 genannten Maßnahmen davon zu verständigen; sie hat die Polizei rechtzeitig davon zu unterrichten; sie darf die Maßnahmen nur nach Anhörung der Straßenbaubehörde und der Polizei aufheben oder ändern. Ist von vornherein mit Beschränkungen oder Verboten von mehr als drei Monaten Dauer zu rechnen, so haben die Straßenbaubehörden die Entscheidung der Straßenverkehrsbehörden über die in einem Verkehrszeichenplan vorgesehenen Maßnahmen einzuholen.

II. Schutz gefährdeter Straßen

47 1. Straßenbau- und Straßenverkehrsbehörden und die Polizei haben ihr Augenmerk darauf zu richten, dass frostgefährdete, hitzegefährdete und abgenutzte Straßen nicht in ihrem Bestand bedroht werden.

48 2. Für Verkehrsbeschränkungen und Verkehrsverbote, welche die Straßenbaubehörde zum Schutz der Straße außer wegen Frost- oder Hitzegefährdung erlassen hat, gilt Nr. I entsprechend. Die Straßenverkehrsbehörde darf Verkehrsbeschränkungen und Verkehrsverbote, welche die Straßenbaubehörde zum Schutz der Straße erlassen hat, nur mit Zustimmung der höheren Verwaltungsbehörde aufheben oder einschränken. Ausnahmegenehmigungen bedürfen der Anhörung der Straßenbaubehörde.

49 3. Als vorbeugende Maßnahmen kommen in der Regel Geschwindigkeitsbeschränkungen (Z. 274) und beschränkte Verkehrsverbote (z. B. Z. 262) in Betracht. Das Z. 274 ist in angemessenen Abständen zu wiederholen. Die Umleitung der betroffenen Fahrzeuge ist auf Straßen mit schnellerem oder stärkerem Verkehr in der Regel 400 m vor dieser durch einen Vorwegweiser, je mit einem Zusatzzeichen, das die Entfernung, und einem zweiten, das die betroffenen Fahrzeugarten angibt, anzukündigen. Auf Straßen, auf denen nicht schneller als 50 km/h gefahren wird, genügt der Vorwegweiser; auf Straßen von geringerer Verkehrsbedeutung entfällt auch er.

50 4. Für frostgefährdete Straßen stellt die Straßenbaubehörde alljährlich frühzeitig im Zusammenwirken mit der Straßenverkehrsbehörde und der Polizei einen Verkehrszeichenplan auf. Dabei sind auch Vertreter der betroffenen Straßenbenutzer zu hören. Auch die technischen Maßnahmen zur Durchführung sind rechtzeitig vorzubereiten. Die Straßenbaubehörde bestimmt bei eintretender Frostgefahr möglichst drei Tage zuvor den Tag des Beginns und der Beendigung dieser Maßnahmen, sorgt für rechtzeitige Beschilderung, teilt die Daten der Straßenverkehrsbehörde und der Polizei mit und unterrichtet die Öffentlichkeit.

Zu Satz 3

51 I. Dazu müssen die Bahnunternehmen die Straßenverkehrsbehörde, die Straßenbaubehörde und die Polizei hören. Das gilt nicht, wenn ein Planfeststellungsverfahren vorausgegangen ist.

52 II. Für Übergänge anderer Schienenbahnen vgl. Nr. VI zu Zeichen 201; Rn. 11 ff.

Zu Absatz 3

53 I. Zu den Verkehrszeichen gehören nicht bloß die in der StVO genannten, sondern auch die nach Nr. III 1 zu den §§ 39 bis 43 (Rn. 7) vom Bundesministerium für Verkehr und digitale Infrastruktur zugelassenen Verkehrszeichen.

54 II. Vor der Entscheidung über die Anbringung oder Entfernung jedes Verkehrszeichens und jeder Verkehrseinrichtung sind die Straßenbaubehörden und die Polizei zu hören, in Zweifelsfällen auch andere Sachverständige. Ist nach § 5b StVG ein Dritter Kostenträger, so soll auch er gehört werden.

55 III. Bei welchen Verkehrszeichen die Zustimmung nicht übergeordneter anderer Behörden und sonstiger Beteiligter einzuholen ist, wird bei den einzelnen Verkehrszeichen gesagt.

IV. Überprüfung der Verkehrszeichen und Verkehrseinrichtungen

56 1. Die Straßenverkehrsbehörden haben bei jeder Gelegenheit die Voraussetzungen für einen reibungslosen Ablauf des Verkehrs zu prüfen. Dabei haben sie besonders darauf zu achten, dass die Verkehrszeichen und die Verkehrseinrichtungen, auch bei Dunkelheit, gut sichtbar sind und sich in gutem Zustand befinden, dass die Sicht an Kreuzungen, Bahnübergängen und Kurven ausreicht und ob sie sich noch verbessern lässt. Gefährliche Stellen sind darauf zu prüfen, ob sie sich ergänzend zu den Verkehrszeichen oder an deren Stelle durch Verkehrseinrichtungen wie Leitpfosten, Leittafeln oder durch Schutzplanken oder durch bauliche Maßnahmen ausreichend sichern lassen. Erforderlichenfalls sind

solche Maßnahmen bei der Straßenbaubehörde anzuregen. Straßenabschnitte, auf denen sich häufig Unfälle bei Dunkelheit ereignet haben, müssen bei Nacht besichtigt werden.

57 2. a) Alle zwei Jahre haben die Straßenverkehrsbehörden zu diesem Zweck eine umfassende Verkehrsschau vorzunehmen, auf Straßen von erheblicher Verkehrsbedeutung und überall dort, wo nicht selten Unfälle vorkommen, alljährlich, erforderlichenfalls auch bei Nacht. An den Verkehrsschauen haben sich die Polizei und die Straßenbaubehörden zu beteiligen; auch die Träger der Straßenbaulast, die öffentlichen Verkehrsunternehmen und ortsfremde Sachkundige aus Kreisen der Verkehrsteilnehmer sind dazu einzuladen. Bei der Prüfung der Sicherung von Bahnübergängen sind die Bahnunternehmen, für andere Schienenbahnen gegebenenfalls die für die technische Bahnaufsicht zuständigen Behörden hinzuzuziehen. Über die Durchführung der Verkehrsschau ist eine Niederschrift zu fertigen.

58 b) Eine Verkehrsschau darf nur mit Zustimmung der höheren Verwaltungsbehörde unterbleiben.

59 c) Die zuständigen obersten Landesbehörden sorgen dafür, dass bei der Verkehrsschau überall die gleichen Maßstäbe angelegt werden. Sie führen von Zeit zu Zeit eigene Landesverkehrsschauen durch, die auch den Bedürfnissen überörtlicher Verkehrslenkung dienen.

60 V. Den obersten Landesbehörden wird empfohlen, in Übereinstimmung mit den Fern- und Nahzielverzeichnissen für die wegweisende Beschilderung an Bundesfernstraßen entsprechende Verzeichnisse für ihre Straßen aufzustellen.

61 VI. Von der Anbringung von Gefahrzeichen aus Verkehrssicherheitsgründen wegen des Straßenzustandes sind die Straßenverkehrsbehörde und die Polizei unverzüglich zu unterrichten.

Zu Absatz 5

62 Wer zur Unterhaltung der Verkehrszeichen und Verkehrseinrichtungen verpflichtet ist, hat auch dafür zu sorgen, dass diese jederzeit deutlich sichtbar sind (z. B. durch Reinigung, durch Beschneiden oder Beseitigung von Hecken und Bäumen).

Zu Absatz 6

63 I. Soweit die Straßenbaubehörde zuständig ist, ordnet sie die erforderlichen Maßnahmen an, im Übrigen die Straßenverkehrsbehörde. Vor jeder Anordnung solcher Maßnahmen ist die Polizei zu hören.

64 II. Straßenverkehrs- und Straßenbaubehörde sowie die Polizei sind gehalten, die planmäßige Kennzeichnung der Verkehrsregelung zu überwachen und die angeordneten Maßnahmen auf ihre Zweckmäßigkeit zu prüfen. Zu diesem Zweck erhält die Polizei eine Abschrift des Verkehrszeichenplans von der zuständigen Behörde.

65 III. Die Straßenbaubehörden prüfen die für Straßenbauarbeiten von Bauunternehmern vorgelegten Verkehrszeichenpläne. Die Prüfung solcher Pläne für andere Arbeiten im Straßenraum obliegt der Straßenverkehrsbehörde, die dabei die Straßenbaubehörde, gegebenenfalls die Polizei zu beteiligen hat.

66 IV. Der Vorlage eines Verkehrszeichenplans durch den Unternehmer bedarf es nicht,

1. bei Arbeiten von kurzer Dauer und geringem Umfang der Arbeitsstelle, wenn die Arbeiten sich nur unwesentlich auf den Straßenverkehr auswirken,

67 2. wenn ein geeigneter Regelplan besteht oder

68 3. wenn die zuständige Behörde selbst einen Plan aufstellt.

Zu Absatz 7

69 I. Zur laufenden Straßenunterhaltung gehört z. B. die Beseitigung von Schlaglöchern, die Unterhaltung von Betonplatten, die Pflege der Randstreifen und Verkehrssicherungsanlagen, in der Regel dagegen nicht die Erneuerung der Fahrbahndecke.

70 II. Notmaßnahmen sind z. B. die Beseitigung von Wasserrohrbrüchen und von Kabelschäden.

Zu Absatz 8

71 Die Zustimmung der höheren Verwaltungsbehörde oder der von ihr bestimmten Stelle ist erforderlich. Nr. VI zu Absatz 1 bis 1e (Rn. 14) gilt auch hier.

Zu Absatz 9

72 Auf Nr. I zu den §§ 39 bis 43 (Rn. 1) wird verwiesen.

1 Aus der amtlichen Begründung

1.1 Verkehrszeichen dürfen nach § 45 Abs. 9 nur angeordnet werden, wenn dies zwingend erforderlich ist, um den angestrebten Zweck zu erreichen; ausgenommen sind Radfahrschutzstreifen, Fahrradstraßen und tempobegrenzte Zonen (Begr. 2013).

1.2 Verkehrsmaßnahmen für mautpflichtige Strecken nach dem Bundesfernstraßenmautgesetz ordnen die Verkehrsbehörden an (Begr. 2013).

1.3 Die Regelung des § 40 Abs. 1 BImSchG, nach der der KFZ-Verkehr auf Grund eines Luftreinhalteplans oder Plans für kurzfristig zu ergreifende Maßnahmen nach § 47 BImSchG beschränkt oder verboten werden kann, enthält eine Rechtsfolgenverweisung (Begr. 2013).

1.4 Schaffung einer Eingriffsbefugnis zur Förderung der Elektromobilität (Begr. 2015).

1.5 Erleichterte Einrichtung von Tempo 30-Regelungen auf Hauptverkehrsstraßen (Begr. 2016).

1.6 Übergang der Anordnungskompetenz nach § 45 Abs. 2 Satz 3 für unabhängige Bahnkörper von der Straßenverkehrsbehörde auf die Technische Aufsichtsbehörde des Straßenbahnunternehmens (Begr. 2016).

1.7 Erweiterung der Eingriffsbefugnisse der Straßenverkehrsbehörden für Maßnahmen zur Förderung des Carsharing und Radverkehrs (Begr. 2020).

2 Erläuterungen

Wegen der Zielrichtung „**Gefahrenabwehr**" dient die Verkehrsregelungspflicht vordringlich der Sicherheit und Ordnung des Verkehrs sowie dem Schutz vor verkehrsbezogenen Emissionen. Andererseits ist die StVO kein Mittel der kommunalen Selbstverwaltung, die alles ermöglicht, was im Sinne einer Stadtgestaltung wünschenswert wäre. Die verkehrliche Stadtgestaltung muss deshalb im Einklang mit den Eingriffsbefugnissen aus § 45 stehen. Die StVO kann auch die häufig auf fehlenden Finanzmitteln beruhenden verkehrs- oder raumplanerischen Defizite nicht lösen. Eine Verkehrsregelung, die losgelöst von der gesellschaftlichen Akzeptanz ein bestimmtes Verhalten der Bürger erzwingen soll, das ohne faktische Wirkung lediglich massenhaft Verkehrsverstöße provoziert, wäre nicht nur rechtswidrig, sondern würde auch das Vertrauen der Bürger in die Gewährleistung von Sicherheit und Ordnung untergraben.

2.1 Eingriffsbefugnisse der Verkehrsbehörden

§ 45 stellt im Regelfall nur auf die Belange der Allgemeinheit und nicht auf die Interessen Einzelner ab. Bei ausnahmsweise geschützten Individualinteressen muss eine Abwägung gegenüber den Allgemeininteressen erfolgen. Die Verkehrsbehörden dürfen den Verkehr nur mit amtlichen Verkehrszeichen/-einrichtungen oder durch die in § 45 Abs. 4 genannten Bekanntmachungen und nur aus den in § 45 enumerativ genannten Gründen beschränken, verbieten oder umleiten. Andere als die dort aufgeführten Gründe oder außerhalb der straßenverkehrsrechtlichen Gefahrenabwehr liegende Ziele rechtfertigen eine Anordnung nicht. So sind Maßnahmen unzulässig aus Gründen des Gemeinwohls, weltanschaulicher oder religiöser Gedenktage, der Förderung einer Verkehrsart als „Belohnung" für den Verzicht auf Kraftfahrzeuge,[13] des Schutzes von Privatinteressen, wie karitative Parkuhren,[14] des Denkmalschutzes oder Parkreservate für Dienstleistende (OVG Bremen NZV 2000, 140). Die Zulassung oder Beschränkung des Verkehrs darf außerdem nicht zu einer auf Dauer gerichteten Beeinträchtigung des **Widmungsgehalts** öffentlicher Verkehrsflächen führen, z. B. Anordnung einer Fußgängerzone entgegen der Straßenwidmung; hier muss eine straßenrechtliche Teileinziehung vorangehen (VGH München VerkMitt 2010 Nr. 14 = VRS 117, 381 = SVR 2010, 31). Vorübergehende Beeinträchtigungen der Widmung sind jedoch zulässig.

Die Eingriffsbefugnis aus § 45 kann nicht weiter reichen, als die Rechtsetzungsermächtigung des § 6 StVG es vorsieht. Hat der Bund im Rahmen seiner konkurrierenden Gesetzgebungszuständigkeit (Art. 74 Abs. 1 Nr. 22 GG) davon abgesehen, eine Materie zu regeln, besteht eine **Sperre** nicht nur für den Landesgesetzgeber (Art. 31 GG), sondern auch für die Verkehrsbehörde. Da der Gesetzgeber z. B. Privilegien weder für Verwaltungen noch für ausländische Vertretungen zugelassen hat, dürfen auch keine Sonderrechte für Behörden (BVerwG VerkMitt 1968 Nr. 1 = VRS 33, 149 = DAR 1967, 226) oder Diplomaten (BVerwG VerkMitt 1971 Nr. 40 = VRS 40, 381 = DAR 1971, 166) angeordnet werden. Die Eingriffsbefugnis des § 45 darf zudem nicht für eine vermeintlich „fehlende" Ermächtigung „umgebogen" werden, z. B. Fahrverbot zur Luftreinhaltung aus Anlass „autofreier Sonntage". Solche Anordnungen wären rechtswidrig. Gleiches gilt für faktisch öffentliche Verkehrsflächen, nimmt aber nicht dem Eigentümer die Befugnis zu Nutzungsbeschränkungen (VGH Kassel VerkMitt 1989 Nr. 63 = NZV 1989, 406). Verkehrszeichen, die durch Privatpersonen ohne verkehrsbehördliche Anordnung im faktisch öffentlichen Verkehrsraum aufgestellt werden, sind nichtig (VGH Mannheim VD 2010, 113; VG Neustadt/Weinstraße NZV 2018, 199; OLG Brandenburg VerkMitt 1997 Nr. 81).[15]

Die Eingriffsbefugnisse reichen im Wesentlichen aus, um den praktischen Bedarf der Kommunen zur Sicherung und Lenkung des Verkehrs abzudecken. Allerdings ist dabei jede Verkehrsfläche gesondert daraufhin zu prüfen, ob die Voraussetzungen der Eingriffsbefugnisse aus § 45 dort vorliegen. Gebietsbezogene Anordnungen sind nur begrenzt in den ausdrücklich dafür vorgesehenen Fällen möglich, z. B. bei Z. 270.1, 274.1, 290.1, 325.1. Insbesondere zur Verminderung von Lärm oder Kohlenstoffdioxid-Emis-

13 Beispielsweise Parkreservate für Carsharing-Organisationen oder die Mitbenutzung von Busspuren zur Förderung von Elektrofahrzeugen.

14 Beispielsweise Parkreservate für Hotelgäste an öffentlichen Zufahrten. Erlöse karitativer Parkuhren sollen gemeinnützigen Vereinen zufließen.

15 Ggf. kann hier Amtsanmaßung nach § 132 StGB vorliegen; außerdem haftet der Aufsteller von Verkehrszeichen für dadurch verursachte Schäden (LG Saarbrücken NZV 2013, 83).

sionen (CO_2) fehlen gebietsbezogene Regelungen, die flächendeckende Fahr- und Parkverbote ermöglichen. Zudem ist das Verhältnis zu Verkehrsabgaben („Road-Pricing" oder „City-Maut") sowie den damit zusammenhängenden Rechtsgarantien der straßenrechtlichen Widmung weitgehend ungeklärt. Die seit 1995 eingeführte **Bundesfernstraßengebühr** (Maut) für schwere Nutzfahrzeuge erfolgt nicht aus Verkehrsgründen, sondern dient der Harmonisierung der Maut in den EU-Mitgliedstaaten (BFStrMG).[16] Mit der Mauterhebung hat das Bundesamt für Güterverkehr (BAG) die Firma Toll Collect GmbH beauftragt (§ 4 Abs. 2 ABMG). Der Firma obliegt auch die Baulastträgeraufgabe für die zur Mauterhebung von der Straßenverkehrsbehörde anzuordnenden Verkehrszeichen und -einrichtungen (§ 6 Abs. 2 ABMG). Ein eigenständiges Anordnungsrecht (wie das des Baulastträgers nach § 45 Abs. 2) hat der Betreiber aber nicht. Außerdem dürfen die zum Mautbetrieb erforderlichen Anlagen auf den Bundesfernstraßen nur im „Einvernehmen" mit den Straßenbaubehörden der Länder errichtet werden.

2.1.1 Rechtmäßigkeit der Anordnung

Für die Rechtmäßigkeit der Beschilderung ist die Straßenverkehrsbehörde verantwortlich (BVerwG NZV 1999, 309; VRS 98, 455). Ihr Handeln wird durch die bindenden Vorgaben der StVO und der VwV-StVO sowie darauf beruhender Richtlinien bestimmt, um im gesamten Bundesgebiet einheitliche und vergleichbare Verkehrsverhältnisse zu gewährleisten (VG Hamburg NZV 2002, 534; Rebler DAR 2013, 348). Die Anordnung darf nicht auf bloßen Druck Dritter hin erfolgen, z. B. parlamentarischer Verkehrs- oder Petitionsausschüsse (VGH Kassel DAR 2016, 341 mit Anm. Koehl DAR 2016, 343). Soweit ihr danach ein Ermessen zusteht, hat sie einen Beurteilungsspielraum, „ob" (Entschließungsermessen) und „wie" (Auswahlermessen) eine Maßnahme anzuordnen ist. Innerhalb des Beurteilungsspielraums muss die Entscheidung nach den Grundsätzen des allgemeinen Verwaltungsrechts „pflichtgemäß" erfolgen.[17] Aufgrund ihrer Sachkenntnis und Erfahrung steht der Straßenverkehrsbehörde eine Einschätzungsprärogative (Vorrecht) zu, welche Maßnahme die geeignetste ist (OVG Münster VRS 135, 315). Entscheidungen dürfen aber weder von persönlichen Auffassungen noch von sachfremden Erwägungen getragen werden. Sie sind unter Beachtung der Grundsätze des Vertrauensschutzes, der Gleichbehandlung und der Verhältnismäßigkeit zu treffen (Folge aus Art. 20 Abs. 3 GG, wonach die Verwaltung an Gesetz und Recht gebun-

16 Das Autobahnmautgesetz (ABMG) vom 5.4.2002 (BGBl. I S. 1234) i. d. F. vom 1.2.2004 (BGBl. I S. 3122) nebst LKW-Maut-Verordnung vom 24.6.2003 (BGBl. I S. 1003) beruht auf der EU-Wegekostenrichtlinie 1999/62 EG, die es den Mitgliedstaaten gestattet, an der Länge der genutzten Strecke und den Emissionsklassen orientierte Abgaben zu erheben. Das ABMG ist ersetzt worden durch das am 19.7.2011 in Kraft getretene Bundesfernstraßenmautgesetz (BFStrMG) vom 12.7.2011 (BGBl. I S. 1387) i. d. F. vom 10.6.2015 (BGBl. I S. 922). Bei der Bestimmung der Gesamtmasse ist die Eintragung im Fahrzeugschein maßgebend, auch wenn das Fahrzeug „abgelastet" worden ist (OVG Münster VRS 118, 61). Kostenschuldner der Mautgebühr ist der Eigentümer oder Halter des KFZ (s. a. Lüdemann NZV 2004, 381; OVG Münster DAR 2013, 98).

17 Maßnahmen der Verkehrsbehörden dürfen auch nicht allein politisch bestimmt sein, z. B. weil der Gemeinderat oder Bürgermeister eine bestimmte Entscheidung wünscht (VGH Mannheim DAR 2010, 152).

den ist). Der Vorbehalt des Gesetzes (Gesetzmäßigkeit) bedeutet, dass die Verkehrsbehörde nur dann in Rechte der Bürger eingreifen darf, wenn sie dazu durch ein Gesetz befugt ist (wie StVG nebst seinen Rechtsverordnungen). Die Gesetzmäßigkeit verpflichtet die Verkehrsbehörde, die Gesetze und Rechtsverordnungen auch anzuwenden und durchzusetzen. So muss die Verkehrsbehörde eingreifen, wenn angeordnete Verbote häufig missachtet werden (VG Würzburg NZV 2010, 111: Schleichverkehr über einen Feldweg). Dabei muss die Verkehrsbehörde nicht nur rechtstreu, sondern auch glaubwürdig handeln. So wären Anordnungen unzulässig, die durch rechtmäßiges Verhalten nicht befolgt werden können, z. B. darf das Parken auf schmalen Straßen nicht zugelassen werden, wenn dadurch der fließende Verkehr in den Gegenverkehr ausweichen muss (OVG Bremen VRS 66, 232). Verletzt die Straßenverkehrsbehörde ihre Regelungspflicht, haftet sie für Schäden nach § 839 BGB i. V. m. Art. 34 GG (s. a. Rebler DAR 2015, 285).

Der **Grundsatz der Verhältnismäßigkeit** („Übermaßverbot") erfordert, dass Maßnahmen aufgrund einer Interessen- und Rechtsgüterabwägung nicht zu Nachteilen führen dürfen, die zum erstrebten Erfolg erkennbar außer Verhältnis stehen. Der Grundsatz ist gewahrt, wenn die Maßnahme möglich und geeignet ist, den gelindesten Eingriff darstellt und nicht länger als notwendig aufrechterhalten bleibt. Möglich ist jede Maßnahme, die rechtlich zulässig und tatsächlich durchführbar ist. Geeignet ist sie dann, wenn sie der Sicherheit oder Ordnung des Verkehrs dient. Dabei kommt es nicht darauf an, dass Gefahren- oder Ordnungsdefizite vollständig beseitigt werden; entscheidend ist vielmehr, dass die Maßnahme objektiv geeignet ist. Die gelindeste Maßnahme wird getroffen, wenn von mehreren geeigneten Möglichkeiten diejenige gewählt wird, die sowohl den Einzelnen als auch die Allgemeinheit am wenigsten beeinträchtigt. Das Verbot des zeitlichen Übermaßes bedeutet, dass eine Maßnahme nur so lange zulässig ist, bis der Zweck erreicht ist oder sich zeigt, dass er nicht erreicht werden kann. So ist z. B. eine Lieferzone nach Z. 286 zu entfernen, wenn der Bedarf durch Wegzug von Firmen entfallen ist. Eine Signalregelung ist aufzuheben, wenn ein verkehrsberuhigter Bereich eingerichtet wurde.

Außerdem dürfen Verkehrszeichen nur angeordnet werden, wenn dies **zwingend geboten** ist, um den angestrebten Zweck zu erreichen (**§ 45 Abs. 9**). Das ist nur dann der Fall, wenn erstens aufgrund der besonderen örtlichen Verhältnisse eine Gefahrenlage besteht, die zweitens das allgemeine Risiko einer Beeinträchtigung des Lebens und der Gesundheit der Verkehrsteilnehmer sowie des privaten und öffentlichen Sacheigentums erheblich übersteigt. Eine solche Gefahrenlage ist dann anzunehmen, wenn es ohne verkehrsbehördlichen Eingriff mit an Sicherheit grenzender Wahrscheinlichkeit zu Unfällen oder Schäden kommt. In jedem Einzelfall ist somit eine sorgfältige Prüfung der Verkehrssituation und des Unfallrisikos erforderlich, z. B. muss die Unfallrate 30 % über der vergleichbarer Strecken liegen (BVerwG VerkMitt 2011 Nr. 8 = DAR 2011, 39 = NZV 2011, 156 = VRS 120, 113 = SVR 2010, 476: LKW-Überholverbot; BVerwG DAR 2011, 39; BVerwG DAR 2007, 662 = NZV 2007, 643; OVG Münster VerkMitt 2019 Nr. 65: die Straßenverkehrsbehörde hat dabei aufgrund ihres Sachverstandes und Erfahrungswissens eine Einschätzungsprärogative; VGH München VerkMitt 2015 Nr. 66 = VRS 128, 308: Radfahren auf Waldwegen; VG Hannover NZV 2017, 42 = VRS 130, 274; VG Würzburg SVR 2008, 434; VG Hamburg NZV 2002, 534; VGH München NZV 2009, 624 = VRS 117, 360 =

DAR 2010, 40). Während § 39 Abs. 1 an die Verkehrsteilnehmer adressiert ist, konkretisiert § 45 Abs. 9 das Maß der erforderlichen Abwägung bei Verkehrsbeschränkungen, z.B. durch Streckenführung (Kurven, Gefälle, nicht einsehbare Stellen), Verkehrsbelastung (DTV[18]), hohen Schwerlastanteil, hohes Unfallrisiko (BVerwG VerkMitt 2002 Nr. 8 = DAR 2001, 424 = NZV 2001, 528 = VRS 101, 472 = NJW 2001, 3139: Tempobegrenzung auf Autobahnen; OVG Münster NZV 2019, 487 mit Anm. Koehl: Beachtung des Verhältnismäßigkeitsgrundsatzes bei Tempolimit auf Autobahnen; OVG Münster VerkMitt 2020 Nr. 4: bei Lärmschutzmaßnahmen müssen konkrete Feststellungen zu Art, Intensität, Häufigkeit, Dauer und Vorbelastung getroffen werden; VG Schleswig VerkMitt 2006 Nr. 23 und VRS 109, 202; VGH München SVR, 347: Überholverbot auf Autobahnen mit überdurchschnittlicher Verkehrsbelastung, schwieriger Streckenführung, schlechten Witterungsverhältnissen oder zur Verbesserung des Verkehrsflusses). Anordnungen sind im Regelfall unzulässig, wenn Verkehrsteilnehmer bei zweckgerechter Benutzung der Straße unter Anwendung der gebotenen Aufmerksamkeit etwaige Schäden selbst abwenden können, wobei auch in schwierigen Verkehrslagen eine gesteigerte Aufmerksamkeit erwartet werden kann. Da auch Kenntnisse über besondere Verkehrsgefahren vorausgesetzt werden können, sind Verkehrszeichen entbehrlich, weil Kraftfahrer mit der erforderlichen Sorgfalt etwaige Risiken durch vorsichtiges Fahren selbst abwehren können.

Von der strengen Regelung des **§ 45 Abs. 9** Satz 3 sind ausgenommen: Maßnahmen zur Bevorrechtigung des **Carsharing** und **für Elektrofahrzeuge, Maut-Ausweichverkehre,** innerörtliche **Radfahrstreifen** (Z. 237 i.V.m. Z. 295), **Radfahrschutzstreifen,**[19] **Fahrradstraßen** und außerörtliche **Sonderwege** (Z. 237, 240, 241), **nicht** aber Radwege[20], Radverkehr in Gegenrichtung von Einbahnstraßen, Radfahrverbote (VG Düsseldorf NZV 2017, 400: Verbot nach Z. 254 auf Fahrbahn mit starkem Verkehr, links von einer Busspur zu fahren). So darf eine Radwegebenutzungspflicht nicht bloß wegen geringer Fahrbahnbreite oder allgemeiner Schulwegsicherung angeordnet werden, weil es sich dabei nicht um eine konkrete, weit überdurchschnittliche Gefahr handelt (BVerwG VerkMitt 2011 Nr. 14 = SVR 2011, 118 = VRS 120, 207 = DAR 2011, 277 = NZV 2011, 363 mit Anm. Kettler: Fahrbahnbreite 5,50 m; VG Schleswig VRS 130, 93; VGH Mannheim VerkMitt 2010 Nr. 52 = VRS 118, 40 = NZV 2010, 323: Aufhebung der Radwegebenutzungspflicht im Kreisverkehr mangels besonderer Gefahrenlage; VGH München VerkMitt 2011 Nr. 79 = DAR 2011, 426 = VRS 1022, 111 = SVR 2011, 354: Radwegebenutzungspflicht trotz geringer

18 DTV = durchschnittlicher täglicher Verkehr über das Jahr.

19 Die Anordnung von Radfahrschutzstreifen enthält keine belastende Regelung für Radfahrer, so dass Radfahrer keine Klagebefugnis haben (OVG Oldenburg DAR 2018, 579). Die vom VG Saarlouis in SVR 2011, 272 beanstandete Anordnung von Radfahrschutzstreifen entgegen § 45 Abs. 9-alt ist obsolet. Radfahrverbote nach Z. 254 sind nach § 45 Abs. 9 weder bei Fahrbahnbreiten von 5,50 m noch bei Verkehrsbelastungen von 4 600 KFZ/Tag oder spitzwinkligem Queren von Straßenbahngleisen gegeben (VGH Mannheim VerkMitt 2012 Nr. 10 = VRS 120, 355 = NZV 2011, 460).

20 Die Anlage benutzungspflichtiger Radwege erfordert deshalb eine qualifizierte Gefahrenlage, die sich aus den besonderen örtlichen Verhältnissen ergibt. Zur Einschätzung der Gefahrenlage kann auf die ERA 2010 (Empfehlungen für Radverkehrsanlagen) zurückgegriffen werden (OVG Bautzen VerkMitt 2019 Nr. 6 = VRS 134, 308 = SVR 2019, 154 mit Anm. Koehl).

Radwegebreite bei gesteigerter Gefahrenlage). Gleiches gilt für Radverkehrsverbote nach Z. 254 (OLG Mannheim DAR 2011, 280; VG Saarlouis DAR 2011, 281 mit Anm. Schubert).[21] Innerhalb geschlossener Ortschaften haben Radfahrstreifen die gleichen Anordnungsvoraussetzungen wie Schutzstreifen. Werden Radfahrstreifen mit durchgehenden Markierungen nach Z. 295 vor Grundstücks- oder Parkzufahrten angelegt, dürfen Kraftfahrer die durchgezogene Linie überfahren, um zu anders nicht erreichbaren Grundstückszufahrten oder Parkständen zu gelangen.

Ausgenommen von Abs. 9 Satz 3 sind weiterhin Anordnungen zur Förderung der Elektromobilität (§ 45 Abs. 10) sowie für **tempobegrenzte Zonen** nach § 45 Abs. 1c (BVerwG SVR 2018, 68), **verkehrsberuhigte Geschäftsbereiche** nach § 45 Abs. 1d sowie **innerörtliche streckenbezogene Tempolimits** durch **Z. 274** auch auf Straßen des überörtlichen Verkehrs (Bundes-, Landes-, Kreisstraßen) sowie Vorfahrtstraßen (Z. 306) im **unmittelbaren** Bereich von allgemeinbildenden Schulen, Förderschulen, Kindergärten, Kindertagesstätten (auch Ganztageseinrichtungen, Kinderkrippen, Schulhorte u.ä.), Alten- und Pflegeheimen (auch Seniorenheime, Feierabendhäuser u.ä.) sowie Krankenhäusern. In diesen sensiblen Bereichen soll der Schutz schwacher Verkehrsteilnehmer auch ohne aufwendige Prüfung der Gefahrenlage und Unfallrate ermöglicht werden. Der unmittelbare Bereich der geschützten Einrichtungen erstreckt sich auf die unmittelbaren Zugänge und kann auf einen Einzugsbereich bis etwa 300 m je nach den Örtlichkeiten erweitert sein (Rn. 13 VwV-StVO zu Z. 271). Das Tempolimit kann durch Zusatzzeichen auf die jeweiligen Öffnungs- und Zugangszeiten beschränkt werden. Anzuordnende Verkehrszeichen erfordern somit weiterhin eine Einzelfallprüfung i.S.d. § 45 Abs. 9 Satz 1, ob Gründe der Sicherheit und Ordnung dies zwingend notwendig machen, wobei auch die Belange des ÖPNV zu berücksichtigen sind. Auf das tatsächliche Verhältnis von Durchgangs- und Anliegerverkehr kommt es insoweit nicht an. Auch Beschränkungen aus Lärmschutzgründen erfordern von der Straßenverkehrsbehörde eingehende Feststellungen über Vorbelastungen, Art, Umfang, Häufigkeit und Dauer der Lärmimmissionen (OVG Münster VRS 136, 147 = NZV 2019, 655 mit Anm. Schubert: Straßensperrung nur für Motorräder).

Verkehrsbeschränkungen durch vermeintliche „Geßlerhüte"[22] bleiben auch dann verhältnismäßig, wenn sie außerhalb des eigentlichen Zweckes fortwirken sollen, z.B. zur Gewährleistung eingeschliffener Verhaltensweisen oder Vermeidung ordnungswidriger Verkehrsgewohnheiten. So dient ein Stoppschild auch nachts bei geringem Verkehr der Verkehrssicherheit, eine Ampel wirkt geschwindigkeitsmindernd. Zulässig ist es auch, die Geltungsdauer eines Haltverbots oder einer Busspur außerhalb der Betriebszeiten von Linienbussen bestehen zu lassen, wenn andernfalls zu Betriebsbeginn die Verkehrsfläche durch ständiges Abschleppen verbotswidrig parkender Fahrzeuge freigehalten werden müsste.

---

21 Eine Bindung der Radwegebenutzungspflicht an § 45 Abs. 9 wäre für den Bau außerörtlicher Radwege in den Ländern problematisch, weil Radwegebauprogramme meist nur finanziell gefördert werden, wenn sie einer Benutzungspflicht unterworfen werden. Andererseits darf die Benutzungspflicht nicht allein deshalb angeordnet werden, um die finanzielle Förderung zu sichern.

22 In Schillers „Wilhelm Tell" die Verbeugung vor dem auf der Stange aufgesteckten Hut als reinem Machtsymbol des Landvogts Geßler.

Zur Vermeidung unvertretbarer Belastungen der Bewohner an Bundes-, Landes-, Kreis- und Gemeindestraßen durch stark angestiegenen LKW-Verkehr, der aus Kostengründen **mautpflichtige Bundesfernstraßen** umfährt, können Verbote durch Z. 253 nebst der Zusatzzeichen-Kombination „Durchgangsverkehr“ und „12 t“ auch dann angeordnet werden, wenn weder Lärm- noch Abgasgrenzwerte weitergehende Verbote rechtfertigen. Hierbei genügt eine über das übliche Maß hinausgehende Störung des Verkehrsablaufs, eine Erhöhung des Unfallrisikos oder Belästigung der Wohnbevölkerung durch den mautpflichtigen Ausweichverkehr (§ 45 Abs. 9). Zu berücksichtigen sind dabei aber auch die wirtschaftlichen Belastungen der Transportunternehmen (BVerwG VerkMitt 2012 Nr. 50 = DAR 2012, 412 = NZV 2012, 355 = VRS 122, 302). Regionaltransporte im Umkreis von 75 km und Andienungsverkehre zu Grundstücken sind nach Anl. 2 lfd. Nr. 30.1 ausgenommen. Die Verkehrsbehörden müssen zuvor für die in Betracht kommenden Straßen notwendige Verkehrsstrukturdaten erheben, Verkehrsbeobachtungen durchführen und die Interessen der Bewohner mit der Verkehrsbedeutung der Straße im Einzelfall abwägen. Durch das 3. Gesetz zur Änderung des Bundesfernstraßenmautgesetzes vom 10.6.2015 (BGBl. I S. 922) sind nicht nur Autobahnen, sondern auch weitgehend die Bundesstraßen in die Mautpflicht eingebunden worden, so dass kaum noch Bedarf für eine Umleitungsbeschilderung bestehen wird. Unzulässig wäre es aber, Verkehrsverbote allein mit dem Ziel anzuordnen, das Mautaufkommen zu erhöhen.

Sichert die Straßenverkehrsbehörde die Anordnung von Verkehrszeichen zu, z. B. Tempobegrenzung zum Lärmschutz, ist sie nach § 38 VwVfG an die Zusage gebunden. Nur bei wesentlicher Änderung der Sach- und Rechtslage entfällt die Verbindlichkeit (BVerwG VRS 89, 391).

Bestimmte Anordnungen der Verkehrsbehörde erfordern als formelle Voraussetzung das **Einvernehmen** mit der Gemeinde. Vorgesehen ist dies bei der Einrichtung von Bewohnerparkzonen, Fußgänger- und verkehrsberuhigten Bereichen, Tempo 30-Zonen, beim Lärm- und Abgasschutz für die Bevölkerung, zur Unterstützung einer geordneten städtebaulichen Entwicklung sowie bei der Übertragung von Veranstaltungen nach § 29 Abs. 2 auf die Gemeinde (§ 45 Abs. 1b, 1c und 5). Die Gemeinden erhalten dadurch einen ihren spezifischen Interessen entsprechenden Gestaltungsspielraum bei verkehrsbehördlichen Maßnahmen. Ohne förmliche Zustimmung der Gemeinde wären Anordnungen rechtswidrig (BVerwG NZV 1994, 493).

Werden die Grenzen des Ermessens nicht eingehalten (z. B. Ermessensüberschreitung, Ermessensmissbrauch, Ermessensmangel), liegt ein **Ermessensfehlgebrauch** vor (§ 114 VwGO). Die Entscheidung ist dann **rechtswidrig** und kann, sofern sie von der Verkehrsbehörde nicht selbst geändert wird, durch Widerspruch und Klage beim Verwaltungsgericht angefochten werden (§ 113 VwGO). Dass Anordnungen von einer Vielzahl Betroffener[23] angefochten werden können, liegt in der Natur der Massenverwaltungsakte begründet und hat mit sog. „Popularklagen“ nichts zu tun (VG Schleswig-Holstein VerkMitt 2007 Nr. 44 = NZV 2007, 270). Ebenso ist unerheblich, ob der Betroffene nachhaltig oder wiederkehrend von dem angeordneten

23 Eine juristische Person (GmbH, rechtsfähiger Verein, Stiftung) ist im Regelfall keine Verkehrsteilnehmerin, weil sie sich selbst nicht verkehrserheblich verhalten kann. Ihr kann auch nicht das verkehrserhebliche Verhalten ihrer Organe, Vertreter und Hilfspersonen zugeordnet werden (VG Düsseldorf NZV 2017, 591 mit Anm. Schubert). S. a. Erl. 2.6 zu § 1.

Verkehrszeichen beeinträchtigt wird. Klagebefugnis gegen ein Verkehrszeichen oder eine Verkehrseinrichtung besteht allerdings nicht ab dem Anordnungsdatum der Verkehrsbehörde, sondern erst ab Aufstellung des Verkehrszeichens (OVG Lüneburg VerkMitt 2017 Nr. 74). Als Verwaltungsakt beginnt die Anfechtungsfrist (§ 58 Abs. 2 VwGO: 1 Jahr) erst, wenn sich der Verkehrsteilnehmer erstmals dem Verkehrszeichen oder der Verkehrseinrichtung gegenübersieht, nicht bereits dann, wenn sie für jedermann erkennbar aufgestellt sind (BVerwG NZV 2004, 541; VGH Kassel VerkMitt 2009 Nr. 72). Außerdem können rechtswidrige Anordnungen Ersatzansprüche der Betroffenen gegen die Verwaltung auslösen. Anordnungen, deren Rechtswidrigkeit sich später herausstellt, sind aber zunächst gültig und müssen bis zu ihrer Aufhebung beachtet werden; Verstöße begründen Ordnungswidrigkeiten (KG NZV 1990, 441; VGH München VRS 82, 388).

2.1.2 Schilderhäufung

Zur Vermeidung einer „Inflation" der Verkehrsschilder und damit einhergehend einer nachlassenden Beachtung allgemeiner Verkehrsregeln betont § 45 Abs. 9 den Grundsatz der sparsamen Verwendung von Verkehrszeichen. Nach verkehrspsychologischen Erkenntnissen können i. d. R. nur etwa drei Schilder gleichzeitig erfasst werden. Eine Häufung von Schildern mag zwar „beeindrucken" und möglicherweise zu einer etwas vorsichtigeren Fahrweise führen; der Inhalt eines solchen „Schilderwäldchens" kann jedoch nicht mehr erfasst werden. Die Durchforstung von Schilderhäufungen und ständige Überprüfung auf ihre Notwendigkeit ist daher eine vordringliche Aufgabe der Straßenverkehrsbehörden. Das gilt auch für Verkehrszeichen, die nur zu ganz bestimmten Zeiten ihre Berechtigung haben, z. B. zum Schulbeginn. Hier muss die Straßenverkehrsbehörde durch Wechselverkehrszeichen, Zusatzzeichen oder Abschaltung der LZA die Regelungen auf die tatsächlich notwendigen Betriebszeiten beschränken.

Akzeptanz und Eindeutigkeit von Verkehrsregeln sind Grundvoraussetzungen für die Sicherheit des Straßenverkehrs. Der Schwerpunkt liegt bei den allgemeinen Verkehrsregeln, dem Straßenraum als dafür primärer Informationsquelle und der Eigenverantwortung der Verkehrsteilnehmer. Daher ist es geboten, über die „Grundausstattung" einer Straße hinaus den Verkehrsteilnehmern nur dort, wo es zwingend ist, weitergehende Informationen durch Verkehrszeichen zukommen zu lassen und eine Reizüberflutung durch eine Beschränkung auf das Wesentliche zu vermeiden. Hinsichtlich des (oft verkehrspolitisch geforderten) Abbaus von Verkehrszeichen ist allerdings zu beachten, dass hinter jedem Verkehrszeichen an einem konkreten Aufstellort eine Begründung steht, die eine bestimmte Rechtssituation dokumentiert. Das Wegnehmen von Verkehrszeichen schafft in vielen Fällen eine neue Rechtssituation mit möglicherweise negativen Auswirkungen andernorts. Indem aber von den Verkehrsteilnehmern mehr Eigenverantwortung eingefordert wird, ist die Lichtung der Schilderwälder für die Sicherheit und Ordnung des massenhaften Straßenverkehrs zielführender als nur punktuell wirksame Verkehrszeichenregelungen. Gleichzeitig bedeutet dies aber auch, dass die baulichen und gestalterischen Merkmale des Straßenraums als primäre Informationsgrundlage für die Verkehrsteilnehmer an Bedeutung gewinnen werden. Zu bedenken ist deshalb auch, dass Verkehrszeichen nicht oder allenfalls nur vorübergehend zum Ausgleich von baulichen Problemen dienen dürfen. Außerdem erfordert die Abordnung von Verkehrszeichen meist den gleichen Überprüfungsaufwand für die Verkehrsbehörde wie die Anordnung. Insoweit muss bei der Durchforstung des Schilderwaldes nicht nur der Aufwand zur Entfernung des Schildes, sondern auch der Personalaufwand der Verkehrsbehörde mit in die Betrachtung einbezogen werden.

2.1.3 Planfeststellungsverfahren

Anordnungsbedürfnisse für Verkehrszeichen und -einrichtungen können sich auch in einem Planfeststellungsverfahren ergeben, z. B. Anordnung von Signalanlagen bei der Planfeststellung für einen Straßenbahnbau. Das Planfeststellungsverfahren entfaltet dabei eine **Konzentrationswirkung** in der Weise, dass alle für das Vorhaben notwendigen öffentlich-rechtlichen Entscheidungen in der Planfeststellung zusammengefasst werden (BVerwG NVwZ 1985, 414). So kann auch die Verkehrsbehörde ihre Zuständigkeit für die Anordnung von Verkehrszeichen und -einrichtungen an die Planfeststellungsbehörde „verlieren". Sie wirkt zwar im Planfeststellungsverfahren mit, ihre Maßnahmen werden jedoch durch die Planfeststellungsbehörde festgeschrieben. Die Planfeststellungsbehörde muss sich dabei an die sich aus § 45, der VwV-StVO zu § 45 oder aus Richtlinien ergebenden materiellen Voraussetzungen halten. Sie kann jedoch den Ermessensspielraum im Sinne des Planvorhabens ausgestalten, selbst wenn die Straßenverkehrsbehörde dem widersprechen sollte. Abweichungen von den materiellen Voraussetzungen des § 45 können zur Rechtswidrigkeit des Planfeststellungsbeschlusses führen.

2.1.4 Verkehrsschauen

Um ein einheitliches Erscheinungsbild und eine einheitliche Anordnungspraxis zu gewährleisten, sind alle zwei Jahre Verkehrsschauen durch die Straßenverkehrsbehörden durchzuführen (Rn. 57 VwV-StVO zu § 45 Abs. 3). An den Verkehrsschauen sollen sich Polizei, Straßenbaubehörden, öffentliche Verkehrsunternehmen, Verkehrsverbände u. a. beteiligen. Außerdem sollen von Zeit zu Zeit (z. B. im Fünfjahreszeitraum) Landesverkehrsschauen durchgeführt werden, um den Bedürfnissen der überörtlichen Verkehrsregelung Rechnung zu tragen. Verkehrsschauen in der Form eines Qualitätsmanagements sind allerdings recht aufwendig. Dort, wo sich Verkehrsbehörden und Verkehrspolizei mit ingenieurtechnischem und verkehrsrechtlichem Sachverstand dauernd (und nicht nur gelegentlich) um die Verkehrsregelung in ihrem Bereich kümmern, kann mit Zustimmung der höheren oder obersten Landesbehörde auf solche Veranstaltungen verzichtet werden, z. B. bei großstädtischen Verkehrsbehörden.

2.1.5 Ausführung und Kostentragung

Verkehrsbehördliche Anordnungen ergehen nach Durchführung des Anhörverfahrens (Rn. 1 VwV-StVO zu § 45 Abs. 1 bis 1e) schriftlich unter Hinweis auf die Rechtsgrundlage nebst den (meist) dazu erforderlichen Verkehrszeichenplänen.[24] Die Ausführung und Kostentragungspflicht für Verkehrszeichen und -einrichtungen wird durch § 5b StVG i. V. m. § 45 Abs. 5 bestimmt. Grundsätzlich ist hierzu der jeweilige Baulastträger verpflichtet; das ist für gewid-

24 Wegen der Ausführung wird auf den verkehrstechnischen Kommentar „Hinweise für das Anbringen von Verkehrszeichen und Verkehrseinrichtungen" (HAV), Kirschbaum Verlag Bonn, verwiesen.

metes Straßenland die Straßenbaubehörde, für Privatstraßen der Eigentümer, für Bahnübergänge der Unternehmer der Schienenbahn, für Haltestellen der Betreiber des Linienverkehrs, für Baustellen der Bauunternehmer, für Tankstellen und Rastanlagen der Inhaber, für Mautanlagen der beauftragte Betreiber. Zu den Straßenunterhaltungskosten gehören auch Verkehrszählungen, Lärm- und Abgasgutachten. Bei Lichtzeichenanlagen gehört die Signalplanung durch Festlegung der Phasenfolgen zu den Aufgaben der Straßenverkehrsbehörde nach § 45 Abs. 3, die Programmierung der Anlage aber zu den Ausführungsaufgaben der Straßenbaubehörde nach § 5b Abs. 1 StGB (OVG Münster VRS 121, 252). Die Kosten für touristische Beschilderungen trägt nach § 51, abweichend von § 5b Abs. 1 StVG, derjenige, der die Aufstellung dieses Zeichens beantragt. Die Kostentragungspflicht ist allerdings in § 5b StVG nicht abschließend geregelt (BVerwG NJW 1980, 852). Deshalb ist auch bei einer erlaubnispflichtigen Sondernutzung nach § 29 Abs. 2 eine Kostenübernahme für die Aufstellung der Verkehrszeichen durch den Veranstalter durch Auflage weiterhin möglich. Wer zur Unterhaltung der Verkehrszeichen und -einrichtungen verpflichtet ist (§ 5b StVG), hat auch dafür zu sorgen, dass diese jederzeit deutlich sichtbar sind (Reinigung, Wartung, Beschneiden sichtbehindernder Hecken). Können Verkehrszeichen/-einrichtungen auf öffentlichem Straßenland aus technischen Gründen oder wegen der Sicherheit oder Ordnung des Verkehrs nicht angebracht werden, müssen die Privateigentümer von Anliegergrundstücken das Anbringen dort dulden (eine angemessene Entschädigung sieht § 5b Abs. 6 StVG vor).

Wird die Aufstellung von Verkehrszeichen und -einrichtungen auf private Firmen übertragen, handeln diese in Verantwortung der Straßenverkehrsbehörde. Bei fehlerhafter Anbringung von Verkehrsschildern haftet in Schadenfällen nicht die Firma wegen Verletzung der Verkehrssicherungspflicht nach § 823 BGB, sondern die Verkehrs- bzw. Straßenbaubehörde nach Amtshaftungsgrundsätzen nach § 839 BGB i. V. m. Art. 34 GG.

2.1.6 Verkehrs- und Straßendaten

Die Straßenverkehrs- und Straßenbaubehörden verfügen zum Teil über erhebliche Datenmengen, die für kommerzielle Unternehmen erhebliche Bedeutung haben (Hersteller von Navigations-, Logistik- und Kartensystemen, Verkehrsunternehmen, Straßenbaufirmen u.a.). Diese Daten unterliegen dem Urheberrechtsgesetz, können aber den interessierten Unternehmen durch Vereinbarungen mit der öffentlichen Hand zur Verfügung gestellt werden (s. a. Müller DAR 2016, 71).

2.2 Pflichten der Verkehrsbehörde

2.2.1 Sicherheit oder Ordnung (§ 45 Abs. 1 Satz 1)

Die häufigsten verkehrsbehördlichen Anordnungen erfolgen aus Gründen der **Sicherheit oder Ordnung** des Verkehrs (§ 45 Abs. 1). Die Begriffe gelten alternativ (nicht kumulativ), d. h. jeder Begriff rechtfertigt für sich Eingriffe in den Verkehr. Dabei geht die Sicherheit grundsätzlich der Ordnung des Verkehrs vor. Maßnahmen zur Gewährleistung der Flüssigkeit des Verkehrs dürfen deshalb nicht zu einem unvertretbaren Sicherheitsdefizit führen.

Die Begriffe „Sicherheit oder Ordnung" sind kein Ersatz für Eingriffe, die nicht im Katalog des § 45 aufgeführt sind. Zwar hat die Rechtsprechung die Begriffe weit ausgedehnt, so dass auch Gesundheitsgefahren durch Lärm

Eingriffsbefugnisse nach der StVO				
Gründe	**Polizei**	**Straßenverkehrsbehörde**	**Straßenbaubehörde**	**Bahnunternehmer**
Sicherheit oder Ordnung des Verkehrs	§ 44 Abs. 2	§ 45 Abs. 1 Satz 1		§ 45 Abs. 2 (nur für Bahnübergänge)[1]
Straßenbauarbeiten, Verhütung von Straßenschäden		§ 45 Abs. 1 Nr. 1 und Abs. 6	§ 45 Abs. 2[1]	
Schutz der Anwohner sowie der Bevölkerung vor Lärm und Abgasen		§ 45 Abs. 1 Nr. 3, Abs. 1b Nr. 5[2]		
Schutz der Gewässer und Heilquellen		§ 45 Abs. 1 Nr. 4		
Erhaltung der öffentlichen Sicherheit		§ 45 Abs. 1 Nr. 5[3]		
Versuchszwecke		§ 45 Abs. 1 Nr. 6		
Arten- und Biotopschutz		§ 45 Abs. 1a Nr. 4a		
Vermeidung von Belästigungen durch den Fahrzeugverkehr in – Kurorten – Erholungsgebieten – der Nähe von Krankenhäusern oder Pflegeeinrichtungen		§ 45 Abs. 1a Nr. 1, 2 Nr. 3, 4, 6 Nr. 5		
Schutz kultureller Veranstaltungen vor Verkehrslärm		§ 45 Abs. 1a Nr. 4b		
Unterstützung einer geordneten städtebaulichen Entwicklung		§ 45 Abs. 1b Nr. 5[2]		
Beeinträchtigung durch Maut-Ausweichverkehre		§ 45 Abs. 9 Satz 3		
Verkehrsbeschränkungen durch Luftreinhaltepläne		§ 40 Abs. 1 BImSchG		

1 Vorbehaltlich anderer Maßnahmen der Straßenverkehrsbehörde
2 Nur im Einvernehmen mit der Gemeinde
3 Anordnung auch über Medien (Zeitung, Rundfunk, Fernsehen)

und Abgase in die Abwägung der geeigneten Maßnahmen einzubeziehen sind (BVerwG NJW 1987, 1096). Schon wegen der Grundrechtsschranken (z.B. Art. 12, 14 Abs. 1 GG) können aber nicht alle sonstigen Einzelermächtigungen zur Gefahrenabwehr aus dem Begriff Sicherheit „herausgepresst" werden (VG München DAR 2005, 654). Andere, nicht genannte Schutzgüter werden deshalb von § 45 nicht erfasst, z.B. Verkehrsbeschränkungen zur Verhinderung einer sozialen Erosion von Stadtregionen. Fehlt es an einer verfassungsrechtlich zulässigen Schutznorm im StVG, sind Exekutive und Rechtsprechung regelmäßig gehindert, durch unmittelbaren Rückgriff auf die Eingriffsbefugnis „Sicherheit oder Ordnung“ vermeintliche Lücken des gesetzlichen Regelwerks zu schließen. Das gilt insbesondere für den Immissionsschutz im Verkehr. Einen Anspruch auf einen immissionsfreien Lebensraum gibt es nicht. Vielmehr müssen gewisse Verkehrsbeeinträchtigungen als untrennbare sozialadäquate Lasten getragen werden. Infolgedessen ist § 45 auch grundsätzlich auf den Schutz der Allgemeininteressen und nicht auf die Wahrung von Einzelinteressen ausgerichtet. Gehen jedoch Beeinträchtigungen durch den Verkehr über das ortsübliche Maß hinaus, besteht ein subjektiv-öffentliches Recht auf fehlerfreie Ermessensausübung für verkehrsbeschränkende Eingriffe. Erforderlich ist eine in den örtlichen Verhältnissen begründete Beeinträchtigung, die das im Straßenverkehr allgemein bestehende Gefahren- und Belästigungsrisiko deutlich übersteigt (VGH Mannheim VD 2002, 187 = VRS 102, 472).

Die Eingriffsbefugnis erstreckt sich auf „bestimmte Straßen oder Straßenstrecken“, somit nicht auf flächendeckende Beschränkungen, wenn auf einzelnen Straßen die Sicherheit oder Ordnung nicht beeinträchtigt ist. So wäre z. B. die Parkraumbewirtschaftung einer gesamten Gemeinde unzulässig, wenn nur auf einem Teil der Straßen die Voraussetzungen vorliegen.

a. Sicherheit

Maßnahmen aus Gründen der Verkehrssicherheit setzen eine Gefahrenlage voraus, die bei durchschnittlichen Verkehrsverhältnissen die Unfallsituation negativ beeinflussen kann. Nicht erforderlich ist eine unmittelbare (konkrete) Gefahr, vielmehr reicht die (abstrakte) Gefährlichkeit von Verkehrssituationen zu bestimmten Zeiten aus, um Eingriffe der Verkehrsbehörde auszulösen, z. B. durch den Ausbauzustand der Straßen, Kurven, Steigungen, Gefälle, häufigen Nebel, dichte Folge von Autobahnzu- und -abfahrten, erhebliche Verkehrsdichte (BVerwG DAR 2001, 121, NZV 1996, 86), auch bei rechtswidrigem Verkehr (VG Würzburg VRS 115, 385), nicht aber bei jeder Änderung der Vorfahrt (OLG Brandenburg VRS 102, 336). Hierbei ist auch **§ 45 Abs. 9** zu beachten, wobei nach § 45 Abs. 1 zunächst das Verkehrsregelungsbedürfnis und erst danach die Anordnung von Verkehrszeichen nach § 45 Abs. 9 zu bestimmen ist (nicht umgekehrt). Die Verkehrsbehörde hat deshalb vor einer Anordnung die Unfallentwicklung, die Verkehrsstärke, das Verkehrsverhalten und das Umfeld zu prüfen. Bei der Frage der geeigneten Maßnahmen ist dasjenige Mittel zu wählen, das unter Akzeptanzgesichtspunkten am besten die Verkehrssicherheit gewährleistet (BVerwG VerkMitt 1999 Nr. 66). Fiskalische oder finanzielle Überlegungen müssen dabei grundsätzlich außer Betracht bleiben. So darf z. B. die Anordnung einer Signalanlage oder eines Tempolimits nicht deshalb unterbleiben, weil gegenwärtig dem Baulastträger dafür keine Mittel oder der Polizei keine Überwachungskräfte zur Verfügung stehen. Andernfalls würde die Verkehrssicherheit der kommunalen Finanzkraft unzulässig untergeordnet werden. Bei Umleitung des Verkehrs über eine Nebenstraße mit unbeschranktem Bahnübergang muss die Verkehrsbehörde beidseitig Z. 201 und Gefahrzeichen 151 aufstellen (OLG München NZV 2000, 206).

b. Ordnung

Zur Ordnung gehören der ruhende Verkehr sowie die Flüssigkeit und Leichtigkeit des **fließenden Verkehrs**. Mittels Parkraumbewirtschaftung, Lieferzonen oder P+R-Plätzen kann in belasteten Gebieten eine bestimmte Ordnung vorgegeben werden, die auch Einfluss auf den Ziel- und Quellverkehr haben kann. So steht der ruhende Verkehr in seiner Bedeutung dem fließenden Verkehr nicht nach, weil die Transportfunktion nur dann aufrechterhalten werden kann, wenn am Ziel auch Parkraum verfügbar ist. Beschränkungen des ruhenden Verkehrs sind deshalb auch verkehrspolitische Steuerungsmittel für den fließenden Verkehr, wie Zonenhaltverbote zur Verkehrsverdünnung in Kernstadtgebieten oder Parkraumbewirtschaftung zur Begrenzung des Berufspendlerverkehrs. Vor allem die Parkraumbewirtschaftung ist für Kommunen ein wichtiges Instrument zur Steuerung und Gestaltung des Verkehrs. Es kann damit auch Einfluss auf die Verkehrsmittelwahl genommen und der Umstieg auf umweltverträgliche Verkehrsmittel gefördert werden. Da oft nur eine weiträumige Parkraumbewirtschaftung sinnvoll ist, können bei Bedarf auch flächenhafte Parkraumbewirtschaftungsmaßnahmen angeordnet werden. Entscheidend ist dabei weniger die Gewährleistung der Schnelligkeit als die Bewältigung des Massenverkehrs. Hierzu gehört vor allem eine homogene Verkehrsregelung in der Weise, dass möglichst viele KFZ den knappen Straßenraum benutzen können. Als Reflex ordnender Maßnahmen wird häufig auch eine Verbesserung der Verkehrssicherheit erreicht.

c. Wegweisung

Unterstützt wird die Flüssigkeit und Leichtigkeit des Verkehrs durch die Wegweisung, die nicht nur wichtige Orientierungshilfe für Ortsunkundige, sondern zugleich Instrument zur Verkehrslenkung ist. Ziele sind so auszuwählen, dass sie möglichst viele Verkehrsteilnehmer ansprechen. Gleichzeitig ist die Zahl der Ziele zur Gewährleistung der Übersichtlichkeit gering zu halten. Die Wegweisung ist mittels Zielspinnen im Einklang mit den übrigen Verkehrsschildern und Markierungen als Einheit darzustellen, wobei auf Eindeutigkeit, Kontinuität, Verständlichkeit und leichte Erfassbarkeit zu achten ist.[25] Ein Gewerbetreibender hat keinen Anspruch auf innerörtliche Wegweiser zu seinem Betrieb (BVerwG VerkMitt 1990 Nr. 35 = NZV 1989, 486).

2.2.2 Straßenanlieger

Der Schutz der Interessen der Straßenanlieger an der Nutzung des öffentlichen Verkehrsraumes ist rechtlich stärker ausgeprägt als der Schutz der Interessen anderer Verkehrsteilnehmer. Er folgt unmittelbar aus der Eigentumsgarantie des Art. 14 Abs. 1 GG und ist eine wichtige Schranke für überzogene verkehrsplanerische Eingriffe durch die Kommunen. Der Status quo der Anliegernutzung durch den ruhenden und fließenden Verkehr ist aber keineswegs so abgesichert, dass der zeitlich unbeschränkte Zugang zum Grundstück und die Parkmöglichkeiten stets gewährleistet bleiben. Der Anliegergebrauch ist aber insoweit abgesichert, wie die angemessene Nutzung des Grundeigentums eine Inanspruchnahme der öffentlichen Straße erfordert, bei einem Gewerbegrundstück auch die Erreichbarkeit mit LKW (OVG Bremen VerkMitt 2016 Nr. 37; OVG Bremen NZV 1991, 125). Anlieger müssen den Verkehr dulden, der der funktionsgerechten Inanspruchnahme der Straße dient (OLG Münster VRS 112, 223); Verkehrsbeschränkungen müssen sie für vertretbare Zeiträume hinnehmen, solange die Verbindung des Grundstücks mit dem öffentlichen Wegenetz ausreichend erhalten bleibt (BVerwG VRS 60, 399). Gesichert ist eine den Umständen angemes-

25 S.a. Richtlinien für die wegweisende Beschilderung außerhalb von Autobahnen (RWB – VkBl. 1999, 781).

sene, aber keine optimale Erreichbarkeit des Grundstücks (BVerwG NZV 1999, 438; OVG Magdeburg NJW 2015, 2381; OVG Lüneburg VerkMitt 2013 Nr. 13). Beschränkende Anordnungen unter den Voraussetzungen des § 45 Abs. 1 müssen die Interessen Betroffener berücksichtigen, z. B. Inhaber anliegender Geschäfte (VGH Kassel VerkMitt 1973 Nr. 123). Die Entfernung eines im Interesse der Anlieger angeordneten Haltverbots kann durch Verpflichtungsklage auf Wiederanbringung des Zeichens angegriffen werden (BVerwG VRS 52, 316; OVG Münster VRS 52, 235).

Anlieger in einem ausgewiesenen **Gewerbegebiet** haben keinen Anspruch auf verkehrsregelnde Maßnahmen zum Schutz vor den üblichen Verkehrsemissionen, die von den Gewerbebetrieben ausgehen (VG Wiesbaden NZV 2017, 56).

2.2.3 Tempo 30-Zone (§ 45 Abs. 1c)

Die Entscheidung über die Einrichtung oder Ausdehnung von Tempo 30-Zonen nach § 45 Abs. 1c ist im Rahmen einer flächenhaften kommunalen Verkehrsplanung nach der Charakteristik eines Gebietes mit Fußgänger- und Radverkehrsdichte sowie hohem Querungsbedarf zu treffen.[26] Innerhalb des Gebietes sind Lichtzeichenanlagen, benutzungspflichtige Radwege, Radfahrstreifen, Fahrstreifenbegrenzungen und Leitlinien unzulässig. „Rechts vor Links" ist die vorherrschende Vorfahrtregelung. Da sich in bestehenden Tempo 30-Zonen teilweise noch Lichtzeichenanlagen befinden, dürfen diese beibehalten werden, sofern sie dem Fußgängerschutz dienen und vor dem 1.11.2000 angeordnet wurden. Andernfalls müssen die Anlagen abgebaut oder auf die Tempo 30-Zone verzichtet werden. Die Ausweisung der Zonen erfolgt im Einvernehmen mit der Kommune mit den Z. 274.1 und 274.2. Bei großen Zonen kann die Fortgeltung durch eine Fahrbahnmarkierung „30" verdeutlicht werden, straßenbauliche Veränderungen zur Temporeduzierung (Schwellen, Moabiter Kissen, Kölner Teller) sind aus Verkehrssicherungsgründen kritisch zu sehen (s. Erl. 2.3.1). Da sich die Tempo 30-Zonen nicht auf Straßen des überörtlichen Verkehrs (Bundes-, Landes- und Kreisstraßen) und auf Vorfahrtstraßen (Z. 306) erstrecken dürfen, müssen die Kommunen ein leistungsfähiges übergeordnetes Verkehrsnetz vorhalten, auf dem der Verkehr gebündelt werden kann.

Das Verbot, Hauptverkehrsstraßen in Tempo 30-Zonen einzubeziehen, bedeutet nicht, dass dort keine Geschwindigkeitsbegrenzungen bestehen dürfen. Einzelbeschränkungen sind weiterhin aus Gründen der Verkehrssicherheit (z. B. vor Schulen, Kindertagesstätten, Spielplätzen), des Lärmschutzes oder der Luftreinhaltung möglich. Während Tempo 30-Zonen nicht dem strengen Postulat des § 45 Abs. 9 unterliegen, sind bei sonstigen Tempobegrenzungen besondere örtliche Verhältnisse und Gefahrenlagen erforderlich (VG Düsseldorf VD 2011, 319; OLG Saarbrücken NZV 2015, 492).

---

26 Tempo 30-Zonen sind vor dem Hintergrund einer Forderung des Deutschen Städtetages zu sehen, die Innerortsgeschwindigkeit generell auf 30 km/h mit der Maßgabe herabzusetzen, dass Hauptverkehrsstraßen durch Z. 274 auf Tempo 50 angehoben werden können. Diese Forderung hat sich nicht durchgesetzt. Gleichzeitig hat die Rechtsprechung betont, dass nur solche Gebiete in eine zonenwirksame Tempobegrenzung einbezogen werden können, die dem Verkehrsteilnehmer nach Größe und Ausmaß noch ein Bewusstsein vermitteln, sich in einem geschützten Bereich zu befinden (BVerwG DAR 1995, 170 = NZV 1995, 165 = NJW 1995, 1371). Durch die Änderung der §§ 39 Abs. 1a und 45 Abs. 1c ist die Rechtsprechung des BVerwG überholt.

2.2.4 Förderung von Verkehrsarten

Das Regelwerk der StVO ist grundsätzlich privilegienfeindlich und behandelt alle Verkehrsteilnehmer gleich. Zugunsten bestimmter Verkehrsarten sind jedoch Maßnahmen zulässig, um das Gleichgewicht der unterschiedlichen Verkehrsträger zu wahren und Nachteile durch den individuellen KFZ-Verkehr zu verhindern. Andernfalls sind besondere gesetzliche Regelungen erforderlich, um Bevorrechtigungen zu **gewährleisten,** wie das **Elektromobilitätsgesetz** (**EmoG**) oder das **Carsharinggesetz** (**CsgG**).[27]

a. Fußgänger- und Radverkehr, Öffentlicher Personennahverkehr

Im Rahmen des StVG ist die Förderung des Fußgänger- und Radverkehrs sowie der öffentlichen Verkehrsmittel möglich, wie Busspuren, Fahrradstraßen, Vorrang von Linienbussen. Eine dem öffentlichen Personennahverkehr vergleichbare Förderung des Wirtschaftsverkehrs sieht das StVG bisher nicht vor; infolgedessen dürfen keine „Wirtschaftsspuren" durch Z. 245 mit einem „LKW-Symbol" oder Fahrradparkplätze auf der Fahrbahn allein zur Verdrängung des motorisierten Verkehrs ausgewiesen werden (OVG Bremen VRS 98, 53). Die Entscheidung der Straßenverkehrsbehörde, von Beschränkungen Linienbusse und Taxen, nicht aber Mietwagen (§ 49 PBefG) auszunehmen, verletzt nicht den Gleichbehandlungsgrundsatz; sie ist im Einzelfall auf ihre Vereinbarkeit mit der Berufsfreiheit, der Eigentumsgarantie und dem Grundsatz der Verhältnismäßigkeit zu überprüfen (BVerwG VRS 59, 306; VerkMitt 1980 Nr. 108 = DAR 1980, 381 = MDR 1981, 76 = NJW 1981, 184).

b. Fahrradzonen

Fahrradzonen stellen eine flächenmäßige Erweiterung der nur streckenmäßig anzuordnenden Fahrradstraßen dar und dienen der Sicherheit und Leichtigkeit des Radverkehrs. Die (neuen) Verkehrszeichen 244.3 und 244.4 ermächtigen die Straßenverkehrsbehörden, Fahrradzonen anzuordnen. Hinsichtlich der konkreten Anordnungsvoraussetzungen orientiert sich die Regelung an den für die Anordnung von Tempo 30-Zonen geltenden Bestimmungen. Infolge der Abkehr von der generellen Innerortshöchstgeschwindigkeit darf es sich nur um Straßen handeln, die nicht Teil des Hauptverkehrsstraßennetzes sind, auf denen ca. $^2/_3$ des innerörtlichen Verkehrs abgewickelt werden und bei denen es sich infolge ihrer Verkehrsfunktion zur Abwicklung des überörtlichen Verkehrs um klassifizierte Straßen oder wesentliche innerörtliche Verbindungsstraßen handelt. Wegen des fehlenden Sichtbarkeitsprinzips (keine regelmäßige Wiederholung des Verkehrszeichens „Fahrradstraße") ist zur Verdeutlichung des Zonenbewusstseins innerhalb der Fahrradzone in regelmäßigen Abständen das Z. 244.3 als Sinnbild auf der Fahrbahn aufzubringen.

Bei den Anordnungsvoraussetzungen für Fahrradzonen (neues Z. 244.3) sind alle innerörtlichen Straßen ausgenommen, die sich angesichts besonderer Regelungsgehalte nicht mit Fahrradzonen überschneiden dürfen. Dies sind Tempo 30-Zonen, Tempo 20-Zonen, verkehrsberuhigte Bereiche, aber auch Fahrradstraßen und Radschnellwege, die insbesondere der linienhaften Beschleunigung des Radverkehrs auf Radhauptrouten dienen und somit nicht mit Fahrradzonen gleichzusetzen sind.

---

27 Das EmoG ist hier auszugsweise abgedruckt bei der Erl. 2.2.4 b., das CsgG beim VO-Text zu § 45 Abs. 1h.

Kennzeichen und Plakette für Elektrofahrzeuge

E-Kennzeichen für inländische Elektrofahrzeuge.

Die blaue E-Plakette (Durchmesser 8 cm) für ausländische Elektrofahrzeuge ist an der Rückseite des KFZ deutlich sichtbar zu befestigen. In das Schriftfeld ist das Fahrzeugkennzeichen einzutragen.

c. Elektrofahrzeuge

Mit dem Gesetz zur Bevorrechtigung der Verwendung elektrisch betriebener Fahrzeuge (**Elektromobilitätsgesetz – EmoG**) vom 5.6.2015 (BGBl. I S. 898)[28] wird die (unselbstständige) Rechtsgrundlage für eine (Anschub-)

---

28 **Gesetz zur Bevorrechtigung der Verwendung elektrisch betriebener Fahrzeuge (Elektromobilitätsgesetz – EmoG)** vom 5.6.2015 (BGBl. I S. 898)

§ 1 Anwendungsbereich

Mit diesem Gesetz werden Maßnahmen zur Bevorrechtigung der Teilnahme elektrisch betriebener Fahrzeuge

1. der Klassen M1 und N1 i. S. d. Anhangs II Teil A der RL 2007/46/EG des Europäischen Parlaments und des Rates vom 5.9.2007 zur Schaffung eines Rahmens für die Genehmigung von KFZ und KFZ-Anhängern sowie von Systemen, Bauteilen und selbstständigen technischen Einheiten für diese Fahrzeuge (ABl. L 263 vom 9.10.2007, S. 1), die zuletzt durch die RL 2013/15/EU (ABl. L 158 vom 10.6.2013, S. 172) geändert worden ist, und
2. der Klassen L3e, L4e, L5e und L7e i. S. d. Anhangs I der VO (EU) Nr. 168/2013 des Europäischen Parlaments und des Rates vom 15.1.2013 über die Genehmigung und Marktüberwachung von zwei- oder dreirädrigen und vierrädrigen Fahrzeugen (ABl. L 60 vom 2.3.2013, S. 52)

am Straßenverkehr ermöglicht, um deren Verwendung zur Verringerung insbesondere klima- und umweltschädlicher Auswirkungen des motorisierten Individualverkehrs zu fördern. Satz 1 gilt auch für ein elektrisch betriebenes Fahrzeug der Klasse N2 i. S. d. Anhangs II Teil A der Richtlinie 2007/46/EG, soweit es im Inland mit der FE der Klasse B geführt werden darf.

§ 2 Begriffsbestimmungen

Im Sinne dieses Gesetzes sind

1. ein **elektrisch betriebenes Fahrzeug**: ein reines Batterieelektrofahrzeug, ein von außen aufladbares Hybridelektrofahrzeug oder ein Brennstoffzellenfahrzeug,
2. ein reines **Batterieelektrofahrzeug**: ein Kraftfahrzeug mit einem Antrieb,
   a) dessen Energiewandler ausschließlich elektrische Maschinen sind und
   b) dessen Energiespeicher zumindest von außerhalb des Fahrzeuges wieder aufladbar sind,
3. ein von außen aufladbares **Hybridelektrofahrzeug**: ein Kraftfahrzeug mit einem Antrieb, der über mindestens zwei verschiedene Arten von
   a) Energiewandlern, davon mindestens ein Energiewandler als elektrische Antriebsmaschine, und
   b) Energiespeichern, davon mindestens einer von einer außerhalb des Fahrzeuges befindlichen Energiequelle elektrisch wieder aufladbar,
   verfügt,
4. ein **Brennstoffzellenfahrzeug**: ein Kraftfahrzeug mit einem Antrieb, dessen Energiewandler ausschließlich aus den Brennstoffzellen und mindestens einer elektrischen Antriebsmaschine bestehen,
5. **Energiewandler**: die Bauteile des Kraftfahrzeugantriebes, die dauerhaft oder zeitweise Energie von einer Form in eine andere umwandeln, welche zur Fortbewegung des Kraftfahrzeuges genutzt werden,

28 (*Fortsetzung*)

6. **Energiespeicher**: die Bauteile des Kraftfahrzeugantriebes, die die jeweiligen Formen von Energie speichern, welche zur Fortbewegung des Kraftfahrzeuges genutzt werden.

§ 3 Bevorrechtigungen

(1) Wer ein Fahrzeug i. S. d. § 2 führt, kann nach Maßgabe der folgenden Vorschriften Bevorrechtigungen bei der Teilnahme am Straßenverkehr erhalten, soweit dadurch die Sicherheit und Leichtigkeit des Verkehrs nicht beeinträchtigt werden.

(2) Im Falle eines von außen aufladbaren Hybridelektrofahrzeuges dürfen Bevorrechtigungen nur für ein Fahrzeug in Anspruch genommen werden, wenn sich aus der Übereinstimmungsbescheinigung nach Anhang IX der RL 2007/46/EG oder aus der Übereinstimmungsbescheinigung nach Artikel 38 der Verordnung (EU) Nr.168/2013 ergibt, dass das Fahrzeug

1. eine CO_2-Emission von höchstens 50 Gramm je gefahrenen Kilometer hat oder
2. dessen Reichweite unter ausschließlicher Nutzung der elektrischen Antriebsmaschine mindestens 40 km beträgt.

(3) Kann das Vorliegen der Anforderungen des Abs. 2 nicht über die Übereinstimmungsbescheinigung nachgewiesen werden oder gibt es für ein Fahrzeug keine Übereinstimmungsbescheinigung, kann der Nachweis auch in anderer geeigneter Weise erbracht werden.

(4) Bevorrechtigungen sind möglich

1. für das Parken auf öffentlichen Straßen oder Wegen,
2. bei der Nutzung von für besondere Zwecke bestimmten öffentlichen Straßen oder Wegen oder Teilen von diesen,
3. durch das Zulassen von Ausnahmen von Zufahrtbeschränkungen oder Durchfahrtverboten,
4. im Hinblick auf das Erheben von Gebühren für das Parken auf öffentlichen Straßen oder Wegen.

(5) In Rechtsverordnungen nach § 6 Abs. 1 StVG können

1. die Bevorrechtigungen näher bestimmt werden,
2. die Einzelheiten der Anforderungen an deren Inanspruchnahme festgelegt werden,
3. die erforderlichen straßenverkehrsrechtlichen Anordnungen, insbesondere Verkehrszeichen und -einrichtungen, bestimmt werden.

RVO mit Regelungen nach Satz 1 erlässt das BMVI gemeinsam mit dem BMU. § 6 Abs. 3 StVG ist auf eine RVO mit Regelungen nach Satz 1 nicht anzuwenden.

(6) In RVO nach § 6a Abs. 6 Satz 2, auch i. V. m. Satz 4 StVG können als Bevorrechtigungen Ermäßigungen der Gebühren oder Befreiungen von der Gebührenpflicht vorgesehen werden.

§ 4 Kennzeichnung

(1) Bevorrechtigungen nach § 3 dürfen nur für Fahrzeuge gewährt werden, die mit einer deutlich sichtbaren Kennzeichnung versehen sind.

(2) In Rechtsverordnungen nach § 6 Abs. 1 Nr. 2 StVG können die Art und Weise der Kennzeichnung i. S. d. Abs. 1 näher bestimmt werden, insbesondere können

1. die für das Erteilen der Kennzeichnung erforderlichen Angaben,
2. die Art und Weise der Anbringung der Kennzeichnung und
3. das Verfahren für das Erteilen der Kennzeichnung

geregelt werden. In RVO nach Satz 1 kann die Kennzeichnung im Inland gehaltener Fahrzeuge durch das Zuteilen eines für den Betrieb des Fahrzeuges auf öffentlichen Straßen erforderlichen Kennzeichens geregelt werden. RVO mit Regelungen nach Satz 1 erlässt das BMVI gemeinsam mit dem BMU. § 6 Abs. 3 StVG ist auf RVO mit Regelungen nach Satz 1 nicht anzuwenden.

(3) Für individuell zurechenbare öffentliche Leistungen nach Abs. 1 i. V. m. RVO nach Abs. 2 werden Gebühren und Auslagen erhoben. § 6a Abs. 2 bis 5 und 8 StVG gilt entsprechend.

§ 5 Übergangsregelung …

§ 6 Verkündung von Rechtsverordnungen …

§ 7 Berichterstattung …

§ 8 Inkrafttreten, Außerkrafttreten

(1) Dieses Gesetz tritt am Tag nach der Verkündung in Kraft.

(2) Dieses Gesetz tritt mit Ablauf des 31.12.2026 außer Kraft.

Förderung elektrisch betriebener Fahrzeuge im Sinne des Klimaschutzes zur Verminderung von CO_2-Immissionen und der Luftreinhaltung geschaffen (s. a. Engelmann NZV 2018, 563; Schubert SVR 2016, 135; Lippert VD 2015, 293).[29] Infolge dieser Zielsetzung sind Privilegierungen von Elektrofahrzeugen im StVG wegen der dort bestehenden verkehrsordnungsrechtlichen Grundausrichtung und Privilegienfeindlichkeit nicht möglich. Soweit rein verkehrsbezogene Maßnahmen im Sinne der Sicherheit und Ordnung erforderlich sind, stützt sich die Ermächtigung aber weiterhin auf § 6 Abs. 1 StVG. Da zu erwarten ist, dass der Anteil der Elektrofahrzeuge im Laufe der Jahre erheblich ansteigt, ist die Förderung bis zum **31.12.2026 befristet** (s. a. zu § 52). Mit dem Auslaufen des EmoG am **31.12.2026** werden deshalb verkehrsbezogene Privilegien obsolet und sind aufzuheben.

Die **Förderung** von Elektrokraftfahrzeugen erfolgt gemäß § 3 Abs. 4 und 5 EmoG vor allem durch Parkvorrechte, insbesondere an Ladestationen, Freistellung von Parkgebühren, Ausnahmen von Zufahrtbeschränkungen (z. B. Nutzung von Busspuren) oder Verkehrsverboten (Z. 250, 251, 253, 255, 260), sofern Elektrofahrzeuge durch Zusatzzeichen dort ausdrücklich zugelassen werden.[30]

Zuständig für verkehrsbezogene Maßnahmen sind die Straßenverkehrsbehörden. Die Eingriffsbefugnis gemäß § 45 Abs. 1g enthält ausreichend Spielraum für das Ermessen der Verkehrsbehörden. Parksonderrechte und Ausnahmen von Beschränkungen oder Durchfahrtverboten durch Zusatzzeichen sind nur dort anzuordnen, wo die Begünstigung von Elektrofahrzeugen die Sicherheit und Ordnung des allgemeinen Verkehrs nicht beeinträchtigt. Insoweit empfiehlt sich ein verkehrsbezogenes Gesamtkonzept, das die Verkehrsbelange mit dem Fördergedanken für die Elektromobilität in Einklang bringt. Das gilt vor allem bei flächenhaften Parkbevorrechtigungen in Stadtteilen oder Gemeindegebiet durch ein Stellplatz-Konzept (s. a. Rn. 45b bis 45d VwV-StVO zu § 45 Abs. 1g). Die Parkbevorrechtigungen sind in der Regel mit Z. 314, 315 mit Zusatzzeichen anzuordnen. Dort, wo Ladestationen für Elektrofahrzeuge am Fahrbahnrand errichtet werden, können Z. 314, 315

29 Deutschland hat sich zum Ziel gesetzt, die Treibhausgasemissionen bis 2050 um mindestens 80 % gegenüber 1990 zu senken. Gleichzeitig soll der Primärenergieverbrauch bis 2050 um 50 % gegenüber 2008 gesenkt werden. Für den Verkehrssektor wird eine Reduktion des Endenergieverbrauchs um rund 40 % bis 2050 gegenüber 2005 angestrebt. Die Förderung einer nachhaltigen umwelt- und klimafreundlichen Mobilität, die Wahrung des wirtschaftlichen Wachstums und der Erhalt des Innovationsstandorts Deutschland sind wesentliche politische Ziele der Bundesregierung. Eine gesetzliche Verankerung der Elektromobilität kann nicht im StVG erfolgen, weil eine Berufung auf die konkurrierende Gesetzgebungszuständigkeit des Art. 74 Abs. 1 Nr. 22 GG infolge der Privilegienfeindlichkeit des StVG ausscheidet (s. a. Schubert VD 2015, 324 und 2016, 22 und 31).

30 Weiterhin dürfen nach der **4. FeV-AusnahmeVO** vom 23.12.2014 (BGBl. I S. 2432) mit der FE-Klasse B abweichend von § 6 Abs. 1 FeV Elektrofahrzeuge bis 4,25 t zGM gefahren werden, allerdings ohne Anhänger. Dadurch soll das Batteriegewicht bei der sonst geltenden fahrerlaubnisrechtlichen Gewichtsgrenze von 3,5 t unberücksichtigt bleiben. Im Kartenführerschein erfolgt nach Erteilung einer Teilnahmebescheinigung aufgrund einer Fahrzeugeinweisung in der Spalte 12 der Eintrag der Schlüsselnummer „192.31.12.2019“, wobei die Zahlen hinter der Ziffer „192“ das Ablaufdatum der Ausnahme-VO kennzeichnen (§ 4 Abs. 2 FeV-AusnahmeVO). Das Ablaufdatum der 4. FeV-AusnahmeVO am 31.12.2019 divergiert (noch) mit dem Datum des Außerkrafttretens des EmoG am 31.12.2026 und müsste dort noch angepasst werden. Die Ausnahme gilt nur für Fahrten im Inland (Deutschland), somit nicht innerhalb der gesamten EU (s. a. Huppertz VD 2015, 79).

mit dem Zusatzzeichen „Elektrofahrzeuge" auch dann angeordnet werden, wenn der Parkraum knapp ist. Das Z. 286 kommt nur in Ausnahmefällen in Betracht. Entscheidend ist dabei, dass sich längere Be- und Entladetätigkeit oder Parken von Schwerbehinderten (bis zu drei Stunden) nicht störend auf die Stromabnahme an den Ladestationen auswirkt.

Zu den **begünstigten Fahrzeugen** zählen nach § 2 EmoG reine Batterie-Elektrofahrzeuge (BEV),[31] von außen aufladbare Hybrid-Elektrofahrzeuge (PHEV)[32] sowie Brennstoffzellenfahrzeuge (FCEV).[33] Elektrisch betriebene Fahrzeuge sind gegenüber Fahrzeugen mit Verbrennungsmotor wesentlich effizienter und stoßen lokal und bei Nutzung erneuerbarer Energien keine Treibhausgas- oder Luftschadstoff-Emissionen aus. Bei geringerem Tempo sind sie zudem leiser als KFZ mit Verbrennungsmotoren.

Elektrofahrzeuge nach § 2 EmoG sind erkennbar am amtlichen Kennzeichenschild, das am Schluss der Kennzahlen ein „**E**" zeigen muss (§ 9a FZV).[34] Bei Fahrzeugen mit Wechselkennzeichen erfolgt die Kennzeichnung auf dem fahrzeugbezogenen Teil des Kennzeichens, bei den übrigen Fahrzeugen (auch mit Saison- oder grünen Kennzeichen) immer direkt hinter der Erkennungsnummer. Ohne eine solche Kennzeichnung dürfen Elektrofahrzeuge i. S. d. § 2 EmoG keine verkehrsbezogenen Begünstigungen in Anspruch nehmen.

Ausländische Elektrofahrzeuge sind durch eine blaue **Plakette** nach Anl. 3a FZV auf der Fahrzeugrückseite gut sichtbar zu kennzeichnen.[35] Die Plakette enthält einen irreversiblen Öffnungsnachweis beim Abziehen einer einmal verklebten Plakette. Das Druckbild zerstört sich in diesem Fall selbst und kann nicht durch Zurückkleben wiederhergestellt werden. Die Plakette enthält ein Farbkippelement als Echtheitsmerkmal zur Sofortprüfung durch die Ordnungskräfte. Die E-Kennzeichen und die E-Plaketten werden von den Zulassungsbehörden aufgrund von Schlüsselzahlen im Zulassungsschein oder der Übereinstimmungsbescheinigung ausgegeben. Sofern im Ausland ähnliche Kennzeichen oder Plaketten für elektrisch betriebene Fahrzeuge erteilt werden, stehen sie den inländischen Kennzeichen oder Plaketten gleich (§ 9a Abs. 5 FZV). Die Regelung zur Kennzeichnung elektrisch betriebener Fahrzeuge läuft am 31.12.2026 aus (§ 5 Abs. 10 FZV).

d. Carsharing

Beim Carsharing handelt es sich um eine Fahrzeugnutzung, bei der sich mehrere Kraftfahrer ein Fahrzeug „teilen". Die Kraftfahrzeuge werden meist von stationsbasierten oder stationsungebundenen Carsharingfirmen (ähnlich wie bei Mietwagen) bereitgestellt und die zeitliche Nutzung mittels auf Dauer gerichteter Einzelverträge geregelt.[36] Die Kennzeichnung im Inland zuge-

31 BEV = **B**attery **E**lectric **V**ehicle = Batterie-(Akkumulatoren-)Elektrofahrzeug.

32 PHEV = **P**lug-in **H**ybrid **E**lectric **V**ehicle = Hybrid-Elektrofahrzeug.

33 FCEV = **F**uel **C**ell **E**lectric **V**ehicle = Brennstoffzellenfahrzeug.

34 Ähnlich wie die „H-Kennzeichnung" für historische Fahrzeuge (Oldtimer).

35 Die Plakette für ausländische elektrisch betriebene Fahrzeuge lehnt sich an die Feinstaubplakette für Umweltzonen an. Die Plakette hat 8 cm Durchmesser, auf dem weißen Feld ist das ausländische Kennzeichen einzutragen. Anders als die Feinstaubplakette ist die E-Plakette an der **Rückseite** des Fahrzeugs zu befestigen. Die Ausgabe der Plaketten erfolgt in jeder Zulassungsbehörde. Für die Zuteilung der Plakette beträgt die Gebühr 11 € (Gebühren-Nr. 258 GebOSt).

36 Hinzu kommen viele, auf elektronischer Smartphone-Nutzung beruhende, alternative Fahrgemeinschaften wie Ride-Sharing: Linke und Jürschik NZV 2018, 496.

lassener Carsharingfahrzeuge erfolgt durch Einführung einer Carsharingplakette. Ausländische Kraftfahrzeuge können die Privilegierungen ebenfalls in Anspruch nehmen, wenn sie mit einer Plakette versehen sind.

Das Verfahren für die Ausgabe der Plaketten erfolgt entsprechend der Ausgabe von Schadstoffplaketten nach der 35. BImSchV für Umweltzonen (Kennzeichen-Verordnung). Damit werden bundeseinheitlich auch die konkrete Ausgestaltung der Plaketten wie Material, Größe und Beschriftung geregelt sowie die zuständigen Ausgabestellen bestimmt. Da Carsharingfahrzeuge nicht über eine fest am Fahrzeug angebrachte Plakette verfügen sollen, muss diese nur deutlich sichtbar auf der Windschutzscheibe angebracht sein (z. B. durch Einstecken in eine geeignete Plastikhalterung). Eine dauerhafte Verbindung mit ihr ist hingegen nicht erforderlich, da sich nur durch einen flexibel einsetzbaren Ausweis der von einigen Anbietern verfolgte Mischbetrieb (Carsharing/klassisches Mietmodell) aufrechterhalten lässt. Dies wird sichergestellt, indem § 3 Abs. 2 Satz 3 der 35. BImSchV nicht in die Verweisung aufgenommen wird. Zuständig für die Beschriftung und Ausgabe der Plaketten sind die Zulassungsbehörden oder die nach Landesrecht sonst zuständigen Behörden (meist Technische Prüfstellen). Den Zulassungsbehörden sind die Carsharingfahrzeuge bekannt; sie unterliegen als „Mietfahrzeug für Selbstfahrer" (§ 13 Abs. 2 Satz 2 FZV) deren besonderer Überwachung (s. § 23 Abs. 2 Satz 4 Nr. 2 i. V. m. § 6 Abs. 4 Nr. 1 FZV).

Kennzeichnung von Carsharingfahrzeugen nach § 39 Abs. 11

Mit Gebühren-Nr. 260 der GebOSt wird auf der Grundlage des § 4 Abs. 3 CsgG die Gebühr für die Erteilung der Plakette auf 11 € festgelegt.

Da Carsharing als umweltfreundlich gilt, wird diese Art der Fahrzeugnutzung durch das **Carsharinggesetz** (CsgG) gefördert.[37] Das CsgG dient als Ermächtigungsgrundlage für weitergehende straßenverkehrsrechtliche Vorschriften, um die Straßen von individuellen Fahrzeugflotten zu entlasten und den Unternehmenszweig „Carsharing" zu fördern (s. a. Brenner SVR 2017, 361).[38] Notwendig ist dafür eine Kennzeichnung der privilegierten Carsharingfahrzeuge als Voraussetzung für weitergehende verkehrsbezogene Vorteile wie Stellplatzausweisung. Die blaue Plakette für Carsharingfahrzeuge i. S. d. §§ 2 Nr. 1 und 4 Abs. 1 richtet sich nach § 39 Abs. 11 und ist von außen gut lesbar auszulegen oder anzubringen. Weiterhin sollen die Carsharinganbieter durch den Einsatz umweltfreundlicher Antriebstechniken wie Elektroantrieb einen Beitrag zur Verbesserung straßenverkehrsbedingter Luftschadstoff- und Klimagasemissionen leisten.

---

37 Die Schaffung von Regelungen zur Förderung des Carsharings hat der Bund mit dem **Gesetz zur Bevorrechtigung des Carsharing** (Carsharinggesetz – CsgG) vom 5.7.2017 (BGBl. I S. 2230) umgesetzt. Das CsgG ist erforderlich, weil eine Berufung auf die Gesetzgebungszuständigkeit nach Art. 74 Abs. 1 Nr. 22 GG infolge der Privilegienfeindlichkeit des StVG ausscheidet.

38 Die Kommunen (z. B. Berlin) behelfen sich oft damit, dass sie Straßenraum teilentwidmen und diese Fläche dann Carsharingfahrzeugen zur Verfügung stellen. Diese Lösung ist rechtlich umstritten, weil nach dem Landesstraßenrecht die Teileinziehung von Straßenland dann unzulässig ist, wenn die Verkehrsfläche in Umgehung der fehlenden gesetzlichen Ermächtigung dem gleichen Verkehrszweck „Parken" wieder zugewiesen wird.

Kennzeichnung von Parkplätzen für Carsharingfahrzeuge

Carsharingfahrzeuge sind Kraftfahrzeuge, die einer unbestimmten Anzahl selbständiger Nutzer auf der Grundlage einer Rahmenvereinbarung und eines die Energiekosten mit einschließenden Zeit- oder Kilometertarifs oder Mischformen solcher Tarife angeboten werden (s. a. Teil I der Anlage zu § 5 Abs. 4 Satz 3 CsgG). Carsharinganbieter sind Unternehmen, die Carsharingfahrzeuge stationsunabhängig oder stationsbasiert zur Nutzung für eine unbestimmte Anzahl von Fahrern anbieten. Bei stationsbasiertem Carsharing werden Fahrzeuge für örtlich festgelegte Abhol- oder Rückgabestellen vorab reserviert. Demgegenüber erfolgt stationsunabhängiges Carsharing über Telekommunikationsmittel ohne vorab örtlich festgelegte Abhol- und Rückgabestellen für die Fahrzeuge.

Den Nutzern von Carsharingfahrzeugen können reservierte Parkflächen im öffentlichen Verkehrsraum sowie Befreiung oder Minderung von Parkgebühren gewährt werden. Insoweit müssen die Parkgebührenordnungen in den Bundesländern angepasst werden. Privilegierungen erfordern ferner ein Auswahlverfahren für Carsharingflächen und Carsharinganbieter sowie Regelungen im Verhältnis zur Sondernutzung nach den Straßengesetzen des Bundes und der Länder.

Durch § 45 Abs. 1h wird auf Grundlage des § 3 Abs. 3 CsgG die Befugnis zur Anordnung einer Parkflächenreservierung für Carsharingfahrzeuge, auch mit der Möglichkeit der Reservierung für Fahrzeuge nur eines bestimmten Carsharingunternehmens, geschaffen. Firmenlogos sind in diesem Fall nicht auf dem Zusatzzeichen oder auf der Verkehrsfläche abbildbar. Dies würde § 33 StVO widersprechen, wenn sie sich als Werbung für das Carsharingunternehmen darstellen. Auch im Ausland zugelassene Carsharingfahrzeuge können in den Genuss der Bevorrechtigungen kommen, wenn sie die entsprechenden Voraussetzungen erfüllen.

2.2.5 Städtebauliche Entwicklung (§ 45 Abs. 1b Nr. 5)

Verkehrsbehördliche Maßnahmen zur Unterstützung einer geordneten städtebaulichen Entwicklung setzen eine städtebauliche Gesamtplanung der Kommune voraus und müssen sich an deren Zielvorgaben orientieren (BVerwG NZV 1994, 493; VGH Mannheim NZV 1996, 253). Die Planung muss dabei möglichst konkret, von der zuständigen Kommune beschlossen und hinsichtlich Verkehrsbeschränkungen ausgewogen sein. Der Begriff der „städtebaulichen Entwicklung" ist nicht gleichzusetzen mit der fehlenden Eingriffsbefugnis „Denkmalpflege". Fehlen in dem kommunalen Konzept denkmalpflegerische Ziele, können Verkehrsbeschränkungen nicht isoliert zur Freihaltung der Sicht auf Baudenkmäler angeordnet werden, wenn sich dadurch Unfallrisiken ergeben (Kraftfahrer blicken auf die Sehenswürdigkeit und nicht auf die Straße). Die Maßnahmen können nur im Einvernehmen mit der Gemeinde angeordnet werden. Sind sie gegen die Interessen der Kommune gerichtet, können sie verwaltungsgerichtlich angefochten werden (BVerwG VRS 89, 305).

2.2.6 Lärmschutz (§ 45 Abs. 1 Nr. 3 und Abs. 1b Nr. 5)

§ 45 Abs. 1 Nr. 3 ermächtigt die Verkehrsbehörden nur zu Lärmschutzmaßnahmen für die Wohnbevölkerung gegen den Kraftfahrzeugverkehr,[39] nicht aber gegen den sonstigen Fahrzeugverkehr (z.B. Pferdekutschen). Unter dem Begriff „Wohnbevölkerung" sind nur natürliche Personen und nicht Verbände, Vereine, Unternehmen o.ä. zu verstehen, so dass daraus keine Verbandsklagen abgeleitet werden können.

Nehmen Straßenbahnen straßenbündig am Verkehr teil, gelten vorrangig die Vorschriften der §§ 16, 55 BOStrab (BVerwG VerkMitt 2000 Nr. 75 = NZV 2000, 309; OVG Münster VRS 97, 149). Eine Verkehrssperrung für einen Bahnübergang, um die Bahn von der Verpflichtung zur Abgabe von Pfeifsignalen zu entbinden, wäre deshalb rechtswidrig (VGH München DAR 1996, 112).

Auf Lärmschutzmaßnahmen besteht kein Rechtsanspruch; verlangt werden kann aber eine fehlerfreie Ermessensentscheidung (OVG Bremen VRS 2010, 172; VGH Kassel VerkMitt 1989 Nr. 93 = NZV 1990, 46; VG Braunschweig VerkMitt 2014 Nr. 56). Die Straßenverkehrsbehörde darf nicht erst tätig werden, wenn ein bestimmter Schallpegel überschritten wird, sondern bereits dann, wenn der Lärm Beeinträchtigungen mit sich bringt, die jenseits dessen liegen, was im konkreten Fall als ortsüblich hinzunehmen ist (BVerwG NZV 1994, 244; BVerwG VerkMitt 1986 Nr. 108; VG Bremen DAR 2016, 344 mit Anm. Koehl 346). Liegen solche Lärmverhältnisse vor, sind auch die Voraussetzungen nach § 45 Abs. 9 erfüllt (VG Cottbus VRS 131, 265). Das gilt auch für unangenehm hohe Frequenzen oder Geräuschsprünge (OVG Köln VRS 102, 427: bei Buslinienverkehr). Anlieger müssen den Verkehr dulden, der der funktionsgerechten Inanspruchnahme der Straße dient; je weniger Alternativen aber zur Verfügung stehen, umso mehr müssen Anlieger im Gesamtinteresse Lärm- und Abgasbelastungen hinnehmen (OLG Münster VRS 112, 223). Zu prüfen sind dabei vorrangig planerische und straßenbauliche Maßnahmen (Umgehungsstraßen, lärmarme Fahrbahnoberflächen); diese haben Vorrang vor verkehrsbehördlichen Eingriffen. Sind solche Eingriffe nicht möglich oder ungeeignet, ist eine Lärmsanierung mittels vertretbarer passiver Lärmschutzmaßnahmen (Lärmschutzwände, Lärmschutzfenster mit Belüftung) anzustreben (BVerwG NVwZ 1996, 901).

Weiterhin müssen Lärmschutzmaßnahmen tatsächlich geeignet sein, den damit erstrebten Zweck zu erreichen (§ 45 Abs. 9). Dies ist nicht bereits dann gegeben, wenn zwar rein rechnerisch eine geringe Reduzierung des Schallpegels erreicht werden kann, diese aber für das menschliche Ohr nicht wahrnehmbar ist, z.B. bei Lärmdifferenzen unterhalb von 3 dB(A) (VGH Kassel VerkMitt 2000 Nr. 7 = NZV 1999, 397 = VD 1999, 265).[40] Weiterhin müssen Prognosen über das Ausmaß von Lärmverminderungen auch fehlerfrei sein (OVG Bremen VerkMitt 2011 Nr. 6 = DAR 2011, 600: unzureichend ermittelte Lärmsanierung). Die Bestimmung des Verkehrslärms erfolgt nach

39 S.a. Gesetz zur Umsetzung der EG-Richtlinie über die Bewertung und Bekämpfung von Umgebungslärm vom 24.6.2005; Richtlinie 2002/49/EG des Europäischen Parlaments und des Rates vom 25.6.2002 über die Bewertung und Bekämpfung von Umgebungslärm; 34. DVO BImSchG (Verordnung über die Lärmkartierung – 34. BImSchV) vom 6.3.2006.

40 Die Frage, welche Pegeldifferenz nicht mehr für das menschliche Ohr wahrnehmbar ist, scheint offen. Die vom OVG Kassel zitierte Verweiskette der Entscheidungen des BVerwG führt hinsichtlich der wissenschaftlichen Erkenntnisse letztlich ins Leere (VG Berlin Urteil vom 10.4.2003 – VG 11 A 835.02). Nach neueren Erkenntnissen kann auch eine am subjektiven Empfinden orientierte Lärmverringerung unterhalb von 3 dB(A) erfolgversprechend sein.

Werte nach den Lärmschutz-Richtlinien – StV (VkBl. 2007, S. 767)		
Gebiete	**Tageszeit**	**Lärmwerte**
Reine und allgemeine Wohngebiete, Kleinsiedlungsgebiete sowie an Krankenhäusern, Schulen, Kur- und Altenheimen	Tagsüber[1]	70 dB(A)
	Nachts[2]	60 dB(A)
Kern-, Dorf-, Mischgebiete	Tagsüber[1]	72 dB(A)
	Nachts[2]	62 dB(A)
Gewerbegebiete	Tagsüber[1]	75 dB(A)
	Nachts[2]	65 dB(A)

1 Tagsüber von 6.00 bis 22.00 Uhr
2 Nachts von 22.00 bis 6.00 Uhr

den Lärmschutz-Richtlinien-StV[41] auf der Grundlage von aktuellen Lärmberechnungen (VGH Mannheim VRS 94, 151), wobei Lärmmessungen nicht mit Lärmberechnungen vergleichbar sind (OVG Münster VerkMitt 2003 Nr. 66 = VRS 105, 233).[42] Die Lärmberechnungen sind vom Baulastträger oder anderen nach Landesrecht bestimmten Stellen durchzuführen. Beim Erreichen der in den Richtlinien festgesetzten Werte verdichtet sich das Ermessen der Straßenverkehrsbehörde zu einer Pflicht zum Einschreiten, z.B. durch Nachtfahrverbote für bestimmte Verkehrsarten, Verkehrsverlagerungen, Tempobeschränkungen, Lichtzeichenregelung (Grüne Wellen, Nachtabschaltung). Ergänzend können die für die Betroffenen günstigeren Lärmwerte des § 2 der 16. BImSchV (betrifft an sich nur den Verkehrslärmschutz bei Neubau oder wesentlicher Änderung von Straßen) als Orientierung für die Zumutbarkeitsgrenze in Wohngebieten herangezogen werden (BVerwG NZV 2005, 549). Werden diese Werte überschritten, liegt ein Indiz dafür vor, dass die Schwelle zur Ermessensausübung erreicht ist, d.h. die Straßenverkehrsbehörde muss Maßnahmen prüfen (OVG Münster VerkMitt 2003 Nr. 66; VGH München VRS 103, 34; NZV 1999, 269; VG Berlin Urteil vom 10.4.2003 – VG 11 A 835.02).

Verkehrsbeschränkungen müssen nicht nur zweckmäßig, sondern nach § 45 Abs. 9 auch zwingend geboten sein, um eine wirksame Lärmminderung zu erreichen (VG Berlin NVwZ 1996, 257). Dabei sind die Straßenverkehrsbehörden an die in Lärmaktionsplänen der Kommunen festgelegten Lärmminderungsmaßnahmen gebunden (VGH Mannheim VRS 134, 81). In den Lärmaktionsplänen sind nicht nur die Schutzbedürftigkeit der Bewohner, die Versorgung der Bevölkerung, die Funktion der Straße, der Gebietscharakter, die Lärmvorbelastung und die Bedeutung des Gesamtverkehrs gegeneinander abzuwägen, sondern auch die Folgen einer Lärmverlagerung und Besonderheiten des Einzelfalls, wie Belastung einer Ortserschließungsstraße entgegen ihrer Funktion mit überörtlichem Verkehr (Schleichverkehr) oder die Interessen von Anwohnern, in deren Straße aus Lärmschutzgründen verdrängter Verkehr verlagert wird (BVerwG VerkMitt 2000 Nr. 98 = NZV

41 Richtlinien für straßenverkehrsrechtliche Maßnahmen zum Schutz der Bevölkerung vor Lärm (Lärmschutz-Richtlinien-StV) vom 23.11.2007 (VkBl. S. 767); die vorläufigen RL vom 6.11.1981 (VkBl. S. 428) sind aufgehoben.

42 Lärmberechnungen erfolgen nach den Richtlinien für den Lärmschutz an Straßen (RLS-90), zu beziehen über FGSV Verlag GmbH, Wesselinger Str. 17, 50999 Köln.

2000, 386, 435 = DAR 2000, 423 = NJW 2000, 2121; OVG Münster VerkMitt 2006 Nr. 22; OVG Bremen NZV 1990, 367; BVerwG VerkMitt 1986 Nr. 108 = VRS 71, 468 = NJW 1986, 2655). Auch der Vorbehalt des Straßenrechts muss beachtet werden; Lärmschutzmaßnahmen dürfen deshalb nicht den Widmungsinhalt der Straße für die zugelassenen Verkehrsarten beseitigen. Auch Umleitungsstrecken infolge von Baumaßnahmen unterliegen dem Lärmschutz, so dass vor der Ableitung des Verkehrs Minderungsmaßnahmen zugunsten der betroffenen Bewohner zu prüfen sind (BVerwG NZV 2005, 549). Das Ergebnis von Lärmschutzmaßnahmen darf die Lärmbilanz insgesamt nicht verschlechtern und keine schwerwiegenderen Probleme in anderen Straßen verursachen. Die nach § 45 Abs. 2 Satz 2 Nr. 3 zu treffende Ermessensentscheidung setzt somit voraus, dass nicht nur die widerstreitenden Belange in tatsächlicher Hinsicht sorgfältig ermittelt werden, sondern auch eine Prognose über den Erfolg der Lärmminderung vorliegt (VG Bremen VerkMitt 2011 Nr. 6). Eine Ermessensentscheidung ist fehlerhaft und damit rechtswidrig, wenn sie von einem unzutreffenden oder unzureichend ermittelten Sachverhalt ausgeht oder das Ergebnis der Lärmprognose im Hinblick auf das Ausmaß der verkehrlichen Eingriffe unzutreffend bewertet.

Nach der EU-RL 2002/49/EG vom 25.6.2002 (Umgebungslärmrichtlinie) und deren Umsetzung in den §§ 47a bis 47f BImSchG i. V. m. der 34. BImSchV vom 24.6.2005 sind Lärmbelastungen systematisch zu erfassen und durch **Lärmminderungspläne** eine Reduzierung zu hoher Lärmbelastungen zu erreichen, vor allem Lärm durch den Straßen-, Schienen- und Flugverkehr, aber auch durch Baustellen, Gewerbe und Industrie. Mangels Einigung hat die EU bisher **keine** festen **Grenzwerte** vorgegeben. Für den Straßenverkehr sind Maßnahmen vorzusehen:

- Ausarbeitung strategischer Lärmkarten zur Ermittlung der Belastung durch Umgebungslärm
- Ausarbeitung von **Lärmminderungsplänen**, mit denen Lärmprobleme gemindert werden können, z. B. Ausbau der Radwege, Förderung des ÖPNV, Anordnung von Tempo 30-Nachtfahrzonen, verkehrslenkende Maßnahmen zur Ausdünnung des Verkehrs aus der Innenstadt (OVG Bremen VRS 130, 51)
- Übermittlung von Ergebnissen aus den strategischen Lärmkarten und den Lärmminderungsplänen an die EU mit dem Ziel der Einführung weiterer Gemeinschaftsmaßnahmen.

Eine Lärmminderungsplanung ist aber keine eigenständige Rechtsgrundlage für verkehrsbezogene Regelungen, sondern sie verweist auf § 45 Abs. 1 Satz 2 Nr. 3 i. V. m. den Lärmschutz-Richtlinien-StV.

Zum Schutz kultureller Veranstaltungen außerhalb des Verkehrsraums (z. B. Freiluftkonzerte in Kurorten) können Beschränkungen angeordnet werden, sofern Verkehrslärm die Veranstaltung insgesamt in Frage stellen würde. Eine Abschirmung wie im Konzertsaal kann nicht verlangt werden. Die Anordnungskompetenz aus § 45 Abs. 1a Nr. 4a gilt nicht für Veranstaltungen nach § 29 Abs. 2 im öffentlichen Verkehrsraum; hier folgt eine verkehrliche Abschirmung unmittelbar aus dem Erlaubnisverfahren.

2.2.7 Abgasschutz und Luftreinhaltung (§ 45 Abs. 1 Nr. 3, Abs. 1b Nr. 5 und Abs. 1f)

§ 45 Abs. 1 Nr. 3 ermächtigt die Verkehrsbehörden nur zu Abgasschutzmaßnahmen für die Wohnbevölkerung gegen den Kraftfahrzeugverkehr. Unter

Gasförmige Emissionen durch den Kraftfahrzeugverkehr		
Chem. Bez.	**Emissionsart**	**Entstehung – Wirkung**
CO_2	Kohlendioxid	Als ungiftiges Gas Bestandteil jeder Verbrennung. Natürlicher Luftbestandteil; durch übermäßige Anreicherung mit ursächlich für globale Erderwärmung. Abgasanteil bei Verbrennungsmotoren: 18,1 % (abnehmend nur durch treibstoffarme Motoren).
N_2	Stickstoff	Natürlicher Luftbestandteil (78 %). Abgasanteil von Verbrennungsmotoren: 70,9 %.
O_2	Sauerstoff	Natürlicher Luftbestandteil (21 %). Geringer Anteil im Abgas von Verbrennungsmotoren.
H_2O	Wasserdampf	Natürlicher Luftbestandteil. Abgasanteil von Verbrennungsmotoren: 9,2 % (abhängig vom verwendeten Treibstoff).
NO_x	Stickoxid	Stechend riechendes, giftiges Gas. In Verbindung mit Wasser (Regen, Nebel) entstehen leicht salpetrige Säuren, bei Sonneneinstrahlung über fotochemische Oxidation Ozon. Abgasanteil hochverdichteter Verbrennungsmotoren: 0,12 %.
CO	Kohlenmonoxid	Farbloses, brennbares und giftiges Gas. Beim Einatmen durch Verbindung mit dem Hämoglobin des Blutes Gefährdung der Sauerstoffversorgung. Abgasbestandteil von Verbrennungsmotoren: 0,9 % (abnehmend durch Abgasreinigungsanlagen bzw. moderne Motoren und besseren Treibstoff).
SO_2	Schwefeldioxid	Stechend riechendes, giftiges Gas. In Verbindung mit Wasser (Regen, Nebel) entstehen leicht schweflige Säuren. Es entsteht fast nur beim Dieselbetrieb durch schwefelhaltige Treibstoffe. Der Hauptteil der Schwefeldioxid-Immission wird durch Großfeuerungsanlagen erzeugt (abnehmend durch „Entgiftungsanlagen" und Verwendung von Erdgas).
CH	Kohlenwasserstoffe	Geringfügig giftiges und aromatisches („stinkendes") Gas, reizt Schleimhäute und kann karzinogene Wirkung entfalten (Benzole gelten als krebserregend). Abgasbestandteil von Verbrennungsmotoren: 0,08 % (abnehmend durch Abgasreinigungsanlagen, moderne Motoren und besseren Treibstoff).
PbO_2	Bleioxid	Giftiger Stoff, der im Organismus die Lebensdauer der roten Blutkörperchen verringert. Durch Verwendung bleifreier Treibstoffe spielen Bleioxide kaum noch eine Rolle.
Ruße	Ruße	Ruße entstehen vor allem beim Dieselbetrieb (abnehmend durch rußarme Motoren und Filter). Durch Bindung der Kohlenwasserstoffe haben Ruße eine karzinogene Wirkung. Feste Abgasbestandteile: 0,00008 %.
PM_{10}, $PM_{2,5}$	Mikrostäube	Feinstaubpartikel mit einem aerodynamischen Durchmesser 10 bzw. 2,5 Mikrometer (millionster Teil eines Meters oder eintausendstel mm – „je feiner, umso gemeiner"). An Schwebstäube sind gebunden Schwermetalle, Sulfate, Nitrate, Ammonium, polyzyklische aromatische Kohlenwasserstoffe, Dioxine/Furane. Zu 20 bis 40 % durch KFZ-Betrieb (Dieselruß, Bremsstäube, Reifen- und Fahrbahnabrieb); zu 30 bis 70 % durch andere Quellen. Mikrostäube haben eine karzinogene Wirkung.

dem Begriff „Wohnbevölkerung" sind nur natürliche Personen und nicht Verbände, Vereine, Unternehmen o. ä. zu verstehen, so dass daraus keine Verbandsklagen abgeleitet werden können.

Die Verminderung übermäßiger Abgasbeeinträchtigung durch den Straßenverkehr ist eine vordringliche Aufgabe der Verkehrsbehörden. Verkehrsbeschränkungen beziehen sich dabei in erster Linie auf lokale Erfordernisse. Abgesehen von den Möglichkeiten nach § 45 Abs. 1 Nr. 3 StVO und § 40 BImSchG, dürfen verkehrsbehördliche Maßnahmen nicht aus allgemeinen

Erwägungen des Umwelt- oder Klimaschutzes angeordnet werden, z. B. Fahrverbote aus Anlass von „Umwelttagen" oder zur „Besinnung" auf den Schutz der Erdatmosphäre.[43] Bei der Anwendung der Eingriffsbefugnisse müssen die Verkehrsbehörden bei konkreten Immissionsbelastungen die Interessen des Gesundheitsschutzes gegenüber den Mobilitätsbedürfnissen des Kraftfahrzeugverkehrs und dem öffentlichen Interesse am Fortgang des wirtschaftlichen Lebens abwägen und auf der Grundlage des geltenden Verkehrszeicheninstrumentariums eine sachliche, pflichtgemäße Entscheidung treffen (OVG Münster VRS 117, 248; VGH München NZV 1994, 87). Weiterhin müssen Immissionsschutzmaßnahmen geeignet sein, den damit erstrebten Zweck zu erreichen. Unzulässig wäre es aber, Verkehrsströme schlicht auf andere Straßen zu verlagern, die dann erstmalig oder weiteren Stickoxidbelastungen ausgesetzt werden (OVG Münster SVR 137, 124).

Der Forderung zur Verminderung der Kohlendioxid-Belastung (CO_2) kann mangels abstrakter Eingriffsbefugnisse nicht durch isolierte Maßnahmen der Verkehrsbehörden Rechnung getragen werden.[44] Hier sind gesamtpolitische und globale Maßnahmen auf allen Energiesektoren notwendig, wie bessere Treibstoffausnutzung von Motoren, Besteuerung nach der CO_2-Emission, Nutzung alternativer Energien (Erdgas, Wasserstoff), Verminderung des Verkehrsaufkommens, Förderung öffentlicher Verkehrsmittel.

a. Luftreinhaltepläne und Pläne für kurzfristig zu ergreifende Maßnahmen (§ 45 Abs. 1f)

Die Luftreinhaltung war früher gekennzeichnet durch Maßnahmen gegen den „Wintersmog" bei austauscharmen Wetterlagen,[45] später durch Verkehrsbeschränkungen gegen den „Gebietssmog" bei Luftschadstoffkonzentrationen in bestimmten Gebieten[46] und das am 31.12.1999 außer Kraft getretene „Ozon-Gesetz".[47] Infolge Abgasentgiftung von Großfeuerungsanlagen und Abgasreinigungsanlagen in KFZ haben der Winter- und der Gebietssmog ihre Bedeutung verloren. Dagegen sind Schadstoffkonzentrationen vor allem durch Stickoxide[48] und Mikrostäube (PM_{10}/$PM_{2.5}$) weiterhin

43 Anteil des Verkehrs an CO_2-Emissionen 2020 = rd. 16 %.

44 CO_2-Emissionen entstehen bei allen Verbrennungsprozessen. Für die Verbrennung von 1 l (rd. 720 Gramm) Benzin ist ein 14,7-facher Gewichtanteil Luft erforderlich; daraus entstehen 11,3 kg Abgas, wovon der CO_2-Anteil ca. 2,38 kg beträgt. CO_2-Emissionen werden für den Treibhauseffekt verantwortlich gemacht, wobei der motorisierte Straßenverkehr neben Industrie, Heizung, Brandrodung, Bahn-/Flugverkehr nur einer der Mitverursacher ist.

45 Anordnung von Z. 270 (das Zeichen wurde nur an wenigen Tagen wirksam).

46 Anordnung von Z. 250, 251, 253, 255, 260, 270.

47 Ehemals §§ 40a bis 40e BImSchG i. d. F. vom 19.7.1995 (BGBl. I S. 930); es ermächtigte bei Ozonkonzentrationen von 240 µg/m³ und mehr, Verkehrsverbote zu erlassen; ausgenommen waren schadstoffarme Kraftfahrzeuge, bestimmte Verkehrsarten und unabwendbare Fahrten. Nach Außerkrafttreten des Ozongesetzes kann der Schutz vor gebietsbezogenen Ozonemissionen auch nicht ersatzweise aus der Ermächtigung des § 45 zum Abgasschutz hergeleitet werden (BVerwG NZV 2000, 342; BVerfG VerkMitt 1996 Nr. 44 = NZV 1996, 155: die Ozonregelung war verfassungskonform).

48 Stickoxide sind Vorläufersubstanzen für bodennahen Ozon. Die Verordnung über Immissionswerte für Schadstoffe in der Luft vom 13.7.2004 (BGBl. I S. 1612) sieht deshalb Beurteilungspflichten der Luftqualität und bei Überschreitung des Ozongrenzwertes (120 µg/m³ als höchster 8-Stunden-Mittelwert während eines Tages bei 25 zugelassenen Überschreitungen im Jahr) Unterrichtung der Öffentlichkeit, Berichtspflichten an die EU-Kommission sowie Ozonminderungsprogramme vor.

aktuell. Mikrostäube entstehen neben importierten Immissionen sowie bei Verbrennungsprozessen in Industrie und Haushalt auch beim Kraftfahrzeugbetrieb, dort überwiegend durch Dieselbetrieb ohne Rußpartikelfilter, aber auch durch Abrieb an Bremsen, Reifen und Fahrbahnoberflächen (ca. 20 bis 40 % der Gesamtimmission).[49] Mikrostäube werden für kanzerogene Gesundheitsgefahren (Krebs) mit verantwortlich gemacht.

Die Regelungen zur Luftreinhaltung werden durch Umsetzung der EU-Luftqualitätsrichtlinie 2008/50/EG[50] im BImSchG[51] und der 39. BImSchV[52] bestimmt. Danach wird eine dauerhafte Verbesserung der Gebietsimmission durch „Luftreinhaltepläne" (§ 47 BImSchG) angestrebt, die alle Bereiche erfassen und im Straßenverkehr vor allem auf Optimierung des Verkehrsflusses und bauliche Änderungen der Verkehrswege gerichtet sind. Ist dies nicht möglich oder treten unvorhergesehene Belastungen ein, sind von den Umweltbehörden Pläne für kurzfristig zu ergreifende Maßnahmen (ehem. „Aktionspläne") zur Luftreinhaltung aufzustellen.

---

49 Andere Verursacher von Feinstäuben (ca. 30 bis 70 %) sind Industrie, Hausbrand, Baustellen und naturbedingte („importierte") Stäube (u. a. Waldbrände, Pollenflug, Staubverwehungen).

50 RL 2008/50/EG des Europäischen Parlaments und des Rats vom 21.5.2008 über Luftqualität und saubere Luft für Europa (ABl. EG Nr. 152). Diese Richtlinie ersetzt im Interesse der Vereinfachung mit Ausnahme der RL 2004/107/EG vom 15.12.2004 über Arsen Kadmium, Quecksilber, Nickel und polyzyklische aromatische Kohlenwasserstoffe in der Luft (ABl. EG 2004 Nr. L 23, S. 3) die bisherige Luftqualitätsrahmenrichtlinie 96/62/EG vom 27.9.1996 über die Beurteilung und die Kontrolle der Luftqualität (ABl. EG Nr. L 296, S. 55) i. V. m. den Tochterrichtlinien RL 1999/30/EG vom 22.4.1999 über Grenzwerte für Schwefeldioxid, Stickoxide, Partikel und Blei in der Luft, RL 2000/96/EG vom 16.11.2000 über Grenzwerte für Benzol und Kohlenmonoxid in der Luft (ABl. EG 2000 Nr. L 313, S. 12 und 2001 Nr. L 111, S. 31), RL 2002/107/EG vom 12.2.2002 über Ozongehalt in der Luft (ABl. EG 2002 Nr. L 67, S. 14).

51 **§ 40 Verkehrsbeschränkungen BImSchG** i. d. F. vom 31.7.2010 (BGBl. I S. 1059)
(1) Die zuständige Straßenverkehrsbehörde beschränkt oder verbietet den Kraftfahrzeugverkehr nach Maßgabe der straßenverkehrsrechtlichen Vorschriften, soweit ein Luftreinhalteplan oder ein Plan für kurzfristig zu ergreifende Maßnahmen nach § 47 Abs. 1 oder 2 dies vorsehen. Die Straßenverkehrsbehörde kann im Einvernehmen mit der für den Immissionsschutz zuständigen Behörde Ausnahmen von Verboten oder Beschränkungen des Kraftfahrzeugverkehrs zulassen, wenn unaufschiebbare und überwiegende Gründe des Wohls der Allgemeinheit dies erfordern.
(2) Die zuständige Straßenverkehrsbehörde kann den Kraftfahrzeugverkehr nach Maßgabe der straßenverkehrsrechtlichen Vorschriften auf bestimmten Straßen oder in bestimmten Gebieten verbieten oder beschränken, wenn der Kraftfahrzeugverkehr zur Überschreitung von in Rechtsverordnungen nach § 48a Abs. 1a festgelegten Immissionswerten beiträgt und soweit die für den Immissionsschutz zuständige Behörde dies im Hinblick auf die örtlichen Verhältnisse für geboten hält, um schädliche Umwelteinwirkungen durch Luftverunreinigungen zu vermindern oder deren Entstehen zu vermeiden. Hierbei sind die Verkehrsbedürfnisse und die städtebaulichen Belange zu berücksichtigen. § 47 Abs. 6 Satz 1 bleibt unberührt.
(3) Die Bundesregierung wird ermächtigt, nach Anhörung der beteiligten Kreise (§ 51) durch Rechtsverordnung mit Zustimmung des Bundesrates zu regeln, dass Kraftfahrzeuge mit geringem Beitrag zur Schadstoffbelastung von Verkehrsverboten ganz oder teilweise ausgenommen sind oder ausgenommen werden können, sowie die hierfür maßgebenden Kriterien und die amtliche Kennzeichnung der Kraftfahrzeuge festzulegen. Die Verordnung kann auch regeln, dass bestimmte Fahrten oder Personen ausgenommen sind oder ausgenommen werden können, wenn das Wohl der Allgemeinheit oder unaufschiebbare und überwiegende Interessen des Einzelnen dies erfordern.

52 39. Verordnung über die Immissionswerte für Schadstoffe in der Luft – 39. BImSchV vom 2.8.2010 (BGBl. I S. 1065).

Entsprechend seinem Anteil an den Luftschadstoffen ist auch der KFZ-Verkehr betroffen. Das Schadstoffminderungspotenzial richtet sich dabei nach den Messwerten und Prognosen der Umweltbehörde. Werden in den Plänen Maßnahmen im Straßenverkehr erforderlich (Tempolimits, Verkehrsumleitung, Verkehrsflüssigkeit durch angepasste Ampelschaltung, Fahrverbote), sind diese im Einvernehmen mit den Straßenverkehrs- und Straßenbaubehörden festzulegen (§ 47 Abs. 4 Satz 2 BImSchG). Insoweit enthält § 40 Abs. 1 BImSchG eine **Rechtsfolgenverweisung** mit der Maßgabe, dass die Verkehrsbehörden keine selbstständigen Maßnahmen zur Luftreinhaltung nach § 45 Abs. 1 und 9 treffen dürfen (§ 45 Abs. 1f).[53] Die straßenverkehrsrechtlichen Belange fließen somit bereits auf der Stufe der Erstellung des Luftreinhalteplans oder Plans für kurzfristig zu ergreifende Maßnahmen im Rahmen des Einvernehmens zwischen den Umweltbehörden und den Straßenbau- und Straßenverkehrsbehörden nach § 47 Abs. 4 BImSchG ein. Die Verkehrsbehörde ist bei der Durchführung der in den Plänen enthaltenen Maßnahmen an die Vorgaben des Plans gebunden. Im Rahmen des Einvernehmens auf der Ebene der Planerstellung sind sämtliche Belange des Ordnungsrechts zu berücksichtigen. Ausnahmen nach § 46 StVO sind möglich, müssen aber ebenfalls in die Planerstellung einfließen und können damit den Besonderheiten des Verkehrsrechts Rechnung tragen.[54]

Liegen keine Luftreinhaltepläne vor, können die örtlichen Straßenverkehrsbehörden bei Grenzwertüberschreitungen Einzelmaßnahmen zur Abwehr gesundheitlicher Beeinträchtigungen durch Feinstaubimmissionen treffen. Dabei kann unter mehreren rechtlich möglichen und verhältnismäßigen Maßnahmen auch eine Ableitung des LKW-Durchgangsverkehrs auf Hauptverkehrsstraßen verhältnismäßig sein (BVerwG DAR 2008, 163 = SVR 2008, 313: Fall Mittlerer Ring München; OVG Münster NZV 2011, 319 = VRS 120, 365: Umweltzone Köln rechtmäßig). Im Übrigen haben auch Betroffene einen Anspruch auf Aufstellung derartiger Pläne (EuGH DAR 2008, 585: Art. 7 Abs. 3 Luftqualitätsrahmenrichtlinie 96/62/EG vom 27.9.1996 – ABl. EG Nr. L 296, S. 55; OVG Münster DAR 2011, 344). Ein ausdrückliches Recht auf eine emissionsfreie Umwelt gibt es aber auch nach der EMRK nicht (EGMR NZV 2011, 317).

Die Größe und zeitliche Wirkung einer Umweltzone gemäß § 45 Abs. 1f sollte so gewählt werden, dass sie für Kraftfahrer überschaubar bleibt; insoweit können die Grundsätze der Rechtsprechung über die Ausdehnung flächendeckender Verkehrsverbote herangezogen werden (BVerwG DAR 1995, 170 = NZV 1995, 165 = NJW 1995, 1371; Hellriegel DAR 2007, 629). Infolge Bündelung des Verkehrs auf Hauptverkehrsstraßen treten Feinstaubbelastungen

53 Die Änderung der Bezeichnung des § 40 Abs. 1 BImSchG in „auf Grund" erfolgte zur Verdeutlichung der Rechtslage als Ergebnis der mit Verkehrsministerbeschluss vom 17./18.3.2010 eingerichteten Bund-Länder-Arbeitsgruppe, die klären sollte, ob § 40 Abs. 1 Satz 1 BImSchG eine Rechtsgrund- oder Rechtsfolgenverweisung auf die verkehrsrechtlichen Vorschriften darstellt. Die Arbeitsgruppe teilt die Auffassung der Rechtsprechung (VG Berlin Urteil vom 9.12.2009 – 11 A 299.08; VG Düsseldorf Urteil vom 8.12.2009 – 3 K 3720/09; OVG Berlin-Brandenburg Beschluss vom 8.12.2009 – OVG 11 S 50.09; VG Köln Urteil vom 9.10.2009 – 18 K 5493/07; VG Hannover Urteil vom 4.12.2008 – 4 B 5288/08; VG Hannover Beschluss vom 4.12.2008 – 4 B 5288/08) und geht von einer Rechtsfolgenverweisung im BImSchG aus.

54 Im Übrigen sind mit dem Ziel einer Vereinheitlichung von Ausnahmen für die sog. Umweltzonen nunmehr auch Kraftfahrzeuge von dort genannten Menschen mit Behinderungen vom Verbot der Verkehrsteilnahme ausgenommen. Diese Ergänzung dient auch der systematischen Gleichstellung mit den Ausnahmen zu den Haltverboten nach Zeichen 283, 286 durch Zusatzzeichen 1020-11.

Ausgewählte Grenzwerte der 39. BImSchV				
Komponente	**Mittel über**	**Grenzwert (in µg/m³)**	**Bemerkung und zulässige Anzahl von Überschreitungen**	**Grenzwert ab**
Stickstoffdioxid (NO_2)	1 Std. 1 Jahr	200 40	18-mal ohne	1.1.2010 1.1.2010
Benzol	1 Jahr	5	ohne	1.1.2010
Ozon	1 Tag	120	25-mal	1.1.2010
Kohlenmonoxid (CO)	1 Tag	1000	ohne	1.1.2005
Schwebstaub – PM_{10} – $PM_{2,5}$	24 Std.	50 40 25 20	35-mal/Jahr ohne gemittelter Zielwert/Jahr (Toleranzmarge von 5 µg/m³ vermindert sich auf ein Siebtel/Jahr bis auf 0 ab 1.1.2015) einzuhaltender Grenzwert	1.1.2005 1.1.2015 1.1.2009 1.1.2015
Schwefeldioxid	1 Std.	350	24-mal/Jahr	
Blei im Schwebstaub	1 Jahr	0,5	ohne	1.1.2005

vor allem dort auf. Abgesehen von einer Verkehrsoptimierung durch verbesserte Ampelschaltung, der Verlagerung des Berufspendlerverkehrs auf öffentliche Verkehrsmittel durch flächenhafte Parkbewirtschaftungsmaßnahmen oder Einrichtung von P+R-Plätzen sind infolge meist fehlender Umleitungsstrecken die verkehrsbehördlichen Möglichkeiten zur Feinstaubminderung eng begrenzt, zumal auch Tempobegrenzungen wenig wirksam sind. Potenziale zur Schwebstaubminderung bestehen vor allem bei der Aus- und Nachrüstung von LKW mit Rußfiltern. In den Luftreinhalteplänen sind infolgedessen vor allem verkehrsoptimierende, -planerische und organisatorische Maßnahmen vorzuschalten, ehe die Straßenverkehrsbehörde durch Verbote in den Verkehr eingreift (VGH München NVwZ 2005, 1094; VG München DAR 2005, 654; Rebler/Scheidler SVR 2009, 449). Angesichts der Finanznot der Kommunen mag das schwierig sein, andererseits kann die StVO nicht alles leisten, was umweltpolitisch wünschenswert erscheint. Die in Berlin eingerichtete große Umweltzone mit Z. 270.1 (Anl. 2 lfd. Nr. 44) innerhalb des gesamten inneren S-Bahn-Ringes ohne zeitliche Einschränkung ist nicht unproblematisch, weil hier dem Straßenverkehr mehr Belastungen auferlegt werden, als es seinem Anteil an der Gesamtimmission entspricht.[55] Entscheidend ist, dass mit Verboten in Umweltzonen auch faktisch eine wirksame Minderung der Feinstaub- und Stickoxidbelastung erzielt werden kann. Lässt sich das nicht oder nur in unzureichendem Maße erreichen, ist die Ausweisung von „Umweltzonen" unverhältnismäßig und damit rechtswidrig.[56] Werden Verkehrsbeschränkungen zur Luftreinhaltung angefochten, ist auch die Rechtmäßigkeit eines darauf beruhenden Luftreinhalteplans zu überprüfen (BVerwG VerkMitt 2013 Nr. 7 = DAR 2013, 95). Für Prognosen und Maßnahmen des Luftreinhalteplans und deren Wirkung ist der Zeitpunkt

55 VG Berlin DAR 2010, 156 und OVG Berlin DAR 2012, 157 bejahen die Umweltzone in Berlin als verhältnismäßig im Hinblick auf die mögliche Feinstaubverminderung und die Belastungen für Halter hochemittierender KFZ.

56 Anfechtungsberechtigt sind aber nur diejenigen, die über ein Kraftfahrzeug verfügen, das von dem Verbot betroffen ist (VG München SVR = DAR 2009, 109).

seiner Beschlussfassung maßgebend. Für die getroffenen Maßnahmen muss der Luftreinhalteplan den tatsächlichen Luftschadstofferfordernissen entsprechen; dessen Aktualität muss somit stets überprüfbar bleiben.

Freistellungen bei flächenhaften Verkehrsverboten nach Z. 270.1 für schadstoffarme Fahrzeuge mit entsprechenden Plaketten an der Windschutzscheibe sind in der Ermächtigung des § 40 Abs. 3 BImSchG enthalten und durch Art. 2 der Verordnung zum Erlass und zur Änderung von Vorschriften über die Kennzeichnung emissionsarmer Kraftfahrzeuge geregelt (s. a. Erl. zu Z. 270.1).[57] Je nach der Luftschadstoffbelastung können mit dem Zusatzzeichen zum Z. 270.1 eine, zwei oder drei Plaketten Freistellungen von dem Verbot begründen, z. B. in besonders belasteten Gebieten nur für schadstoffarme KFZ mit der grünen Plakette (etwa EURO IV und höher).

b. Grenzwerte

Die (sehr engen) Grenzwerte für die Luftschadstoffbelastung ergeben sich gemäß § 48a BImSchG aus den §§ 2 bis 10 der 39. BImSchV.

Können die Grenzwerte auch mit einer Umweltzone nach Z. 270.1 nicht eingehalten werden, müssen Verkehrs- und Umweltbehörden unter Verhältnismäßigkeitsgesichtspunkten als ultima ratio weitere Maßnahmen in ihre Ermessensüberlegungen zur Schadstoffreduzierung in den Luftreinhalteplänen einbeziehen, z. B. Fortschreibung der geltenden Luftreinhaltepläne mit Sperrung von Straßen oder Fahrverbote für KFZ, die – trotz der Kennzeichnung mit grüner Schadstoffplakette – besonders viel Stickoxide oder Rußpartikel emittieren, wie ältere Fahrzeuge unterhalb der Euronorm 5 oder 6 – ohne manipulierte Abgassoftware (OVG Hamburg VRS 137, 281: Grundsätze zur Fortschreibung der Luftreinhaltepläne; VGH Mannheim VRS 136, 215: Zusatzzeichen zu Z. 270.1 für Diesel-Fahrverbot unterhalb Euro 5; OVG Hamburg VerkMitt 2019 Nr. 75 = VRS 136, 311 und 318; VGH Mannheim VerkMitt 2019 Nr. 76 = DAR 2019, 339: Anforderungen an Luftreinhalteplan; VGH Kassel NZV 2019, 200: § 47 Abs. 1 BImSchG enthält kein allgemeines Minimierungsgebot, sondern verpflichtet zur Einhaltung des gemittelten NO_2-Grenzwertes; May DAR 2019, 418; Scheidler DAR 2019, 348).

Beispiel Dieselfahrverbot in Stuttgart

Dieselfahrverbote sind mit den üblichen **Verkehrszeichen** darstellbar, z. B. Z. 251 oder 253, jeweils mit Zusatzzeichen wie „Dieselkraftfahrzeuge" (s. a. Rn. 148 VwV-StVO zu § 46 Abs. 2). Nicht allein auf Dieselfahrzeuge erweiterbar sind die Z. 270.1 und 270.2 („Umweltzonen"), weil diese flächendeckenden Verkehrszeichen an die Schadstoffbelastungen der Kennzeichnungsverordnung vom 10.10.2006 (BGBl. I S. 2218) i. d. F. vom 5.12.2007 (BGBl. I S. 2793) gebunden sind. Möglich ist aber die Anordnung einer „verschärften" Umweltzone mit Zeichen 270.1 in Kombination mit freitextlichen Zusatzzeichen als Dieselfahrverbot innerhalb einer bereits bestehenden Umweltzone mit Zeichen 270.1 in Verbindung mit z. B. Zusatzzeichen 1031-52 (grüne Plakette frei). Zeichen 270.1 kann stets mit Zusatzzeichen, individuell an die konkrete Örtlichkeit angepasst, angeord-

57 Verordnung vom 10.10.2006 (BGBl. I S. 2218, ber. S. 2543) i. d. F. der 1. VO zur Änderung der 35. BImSchV vom 5.12.2007 (BGBl. I S. 2793).

net werden und kennzeichnet damit verschiedene Umweltzonen (VGH Mannheim VerkMitt 2020 Nr. 17 = VRS 137, 199). Die „verschärfte" Umweltzone könnte auf diese Art und Weise den inneren Bereich eines Gebietes bilden und die Umweltzone mit Plakettenzusatzzeichen den äußeren Ring darum (s. a. Engelmann SVR 2018, 330: Rechtsbedenken bei Verkehrszeichen für Dieselfahrverbote; Scheidler VD 2019, 3 = DAR 2019, 17; Will NZV 2018, 393; Schink und Fellenberg NJW 2018, 2016 = DAR 2018, 460; Rebler VD 2018, 199 und 128). Kommen die Straßenverkehrsbehörden wegen des Vollzugsaufwandes dem nicht nach, können durch die Verwaltungsgerichte nach § 117 VwGO Zwangsgelder festgesetzt werden, wobei die Höchstsumme von nur 10 000 € nicht gerade rechtskonformes Verhalten der Kommunen fördert (Dombert Editorial NJW 2018 Heft 44). Ausnahmegenehmigungen für Handwerksbetriebe, öffentliche Verkehrsmittel, Schwerbehinderte, lebensnotwendige Fahrten u. ä. sind zu ermöglichen (BVerwG NJW 2018, 2067 und 2074 = NVwZ 2018, 883 und 890 = VRS 133, 154: streckenbezogene Fahrverbote für bestimmte Antriebsarten sind rechtmäßig und stehen im Einklang mit der RL 2008/50/EG über die Einhaltung von NO_x-Emissionen; VGH München SVR 2018, 395; VGH Mannheim NZV 2017, 155: im Luftreinhalteplan Stuttgart sind auch Fahrverbote für Euro-5-Diesel-KFZ vorzusehen; VG Berlin Urteil vom 9.10.2018 – 10 K 207/16; VG Stuttgart NZV 2018, 591 mit Anm. Will).

Beispiel Dieselfahrverbot in Berlin

Für eine effektive **Kontrolle** der Einhaltung des „Dieselfahrverbots" wäre es vorteilhaft, wenn eine Kennzeichnung von Dieselfahrzeugen mittels Plakette (wie bei der Umweltzone) durch den Bund realisiert würde (s. a. Albrecht NZV 2019, 377; Will NZV 2019, 433). Da die Bundesregierung aber bisher nicht gewillt ist, eine besondere Dieselplakette einzuführen, kann eine **Überwachung** der Dieselfahrverbote entsprechend der nicht unproblematischen neuen Regelung nach § 63c StVG nur mit erheblichem elektronischen Aufwand erfolgen[58] (s. a. Albrecht MZV 2019, 377: „Die neuen Regelungen zur elektronischen

58 **§ 63c StVG – Datenverarbeitung im Rahmen der Überprüfung der Einhaltung von Verkehrsbeschränkungen und Verkehrsverboten aufgrund immissionsschutzrechtlicher Vorschriften oder aufgrund straßenverkehrsrechtlicher Vorschriften zum Schutz vor Abgasen**

(1) Zur Überprüfung der Einhaltung von Verkehrsbeschränkungen und Verkehrsverboten, die aufgrund des § 40 BImSchG nach Maßgabe der straßenverkehrsrechtlichen Vorschriften angeordnet worden sind oder aufgrund straßenverkehrsrechtlicher Vorschriften zum Schutz der Wohnbevölkerung oder der Bevölkerung vor Abgasen zur Abwehr von immissionsbedingten Gefahren ergangen sind, darf die nach Landesrecht zuständige Behörde im Rahmen von stichprobenartigen Überprüfungen mit mobilen Geräten folgende Daten, auch durch selbsttätiges Wirken des von ihr verwendeten Gerätes, erheben, speichern und verwenden:

1. das Kennzeichen des Fahrzeugs oder der Fahrzeugkombination, die in einem Gebiet mit Verkehrsbeschränkungen oder Verkehrsverboten am Verkehr teilnehmen,
2. die für die Berechtigung zur Teilnahme am Verkehr in Gebieten mit Verkehrsbeschränkungen oder Verkehrsverboten erforderlichen Merkmale des Fahrzeugs oder der Fahrzeugkombination,
3. das durch eine Einzelaufnahme hergestellte Bild des Fahrzeugs und des Fahrers,
4. den Ort und die Zeit der Teilnahme am Verkehr im Gebiet mit Verkehrsbeschränkungen oder Verkehrsverboten.

Eine verdeckte Datenerhebung ist unzulässig.

Überwachung von umweltbedingten Verkehrsverboten").[59] Mittels Bild- oder Videodetektion ist es möglich, über die amtlichen Kennzeichen per Online-Abfrage beim KBA die nicht fahrberechtigten Dieselfahrzeuge zu ermitteln.

---

58 (*Fortsetzung*)

(2) Die nach Landesrecht zuständige Behörde darf anhand der Daten nach Abs. 1 Satz 1 Nr. 1 beim Zentralen Fahrzeugregister die nach § 33 Abs. 1 Satz 1 Nr. 1 für das jeweilige Fahrzeug gespeicherten und für die Überprüfung der Einhaltung der jeweiligen Verkehrsbeschränkungen und Verkehrsverbote erforderlichen Fahrzeugdaten in dem in § 36 Abs. 2i vorgesehenen Verfahren abrufen, um festzustellen, ob für das Fahrzeug eine Verkehrsbeschränkung oder ein Verkehrsverbot gilt. Der Abruf und die Feststellung haben unverzüglich zu erfolgen.

(3) Die Daten nach Abs. 1 Satz 1 Nr. 1 bis 4 und Abs. 2 dürfen ausschließlich zum Zweck der Verfolgung von diesbezüglichen Ordnungswidrigkeiten an die hierfür zuständige Verwaltungsbehörde übermittelt werden. Diese Datenübermittlung hat unverzüglich nach Abschluss der Prüfung nach Abs. 2 zu erfolgen.

(4) Die Daten nach Abs. 1 Satz 1 Nr. 1 bis 4 und Abs. 2 sind von der in Abs. 1 genannten Behörde unverzüglich zu löschen,

1. sobald die nach Abs. 2 vorzunehmende Prüfung ergibt, dass das Fahrzeug berechtigt ist, am Verkehr im Gebiet mit Verkehrsbeschränkungen oder Verkehrsverboten teilzunehmen, oder
2. nach der Übermittlung an die in Abs. 3 genannte, für die Verfolgung von diesbezüglichen Ordnungswidrigkeiten zuständige Verwaltungsbehörde, wenn die nach Abs. 2 vorzunehmende Prüfung ergibt, dass das Fahrzeug nicht berechtigt ist, am Verkehr im Gebiet mit Verkehrsbeschränkungen oder Verkehrsverboten teilzunehmen.

Alle Daten sind von der in Abs. 1 genannten Behörde, sofern sie nach den vorgenannten Vorschriften nicht vorher zu löschen sind, spätestens zwei Wochen nach ihrer erstmaligen Erhebung zu löschen.

(5) Für die Löschung der Daten nach Abs. 1 Satz 1 Nr. 1 bis 4 und Abs. 2 durch die für die Verfolgung von diesbezüglichen Ordnungswidrigkeiten zuständige Verwaltungsbehörde gelten die Vorschriften für das Bußgeldverfahren.

(6) Sonstige Regelungen über die Überprüfung der Einhaltung des Straßenverkehrsrechts, insbesondere des Landesrechts, bleiben unberührt.

59 Nach dem BVerfG-Urteil vom 11.3.2008 (BVerfG NZV 2009, 56 = SVR 2009, 427 = DAR 2009, 577 = NZW 2009, 3293) greift die automatisierte Kennzeichenerfassung in den Schutzbereich des Grundrechts auf informationelle Selbstbestimmung ein, wenn erfasste Daten nicht unverzüglich wieder gelöscht werden. Solche Eingriffe in das Grundrecht sind zwar grundsätzlich möglich, sie dürfen jedoch nicht anlasslos erfolgen und müssen auf einer verfassungsgemäßen Gesetzesgrundlage beruhen. Für die automatisierte Erfassung von Autokennzeichen verlangt das BVerfG konkrete Gefahrenlagen oder allgemein gesteigerte Risiken von Rechtsgutgefährdungen oder -verletzungen, wobei sich das Ausmaß der Anforderungen nach der Intensität des Grundrechtseingriffs richten muss. Demgegenüber ermöglicht der vorliegende Gesetzentwurf ohne vorherige Festlegung und Beschränkung auf besonders gefährdete Bereiche die weiträumige Aufstellung und Nutzung automatisierter Kennzeichenlesegeräte. Vorgesehen ist nicht nur ein Abgleich des Halters und der Fahrzeugdaten, sondern auch die Anfertigung eines Bildes des Fahrers. Die Regelung erfasst unterschieds- und anlasslos alle Fahrer und Fahrzeuge, die sich – rechtmäßig oder rechtswidrig – innerhalb von für bestimmte dieselbetriebene Fahrzeuge beschränkten Strecken oder Zonen bewegen. Dabei ist nicht hinreichend sichergestellt, dass die automatisch erfassten Halter- und Fahrerdaten unverzüglich ausgewertet werden und dass sie in Fällen, in denen eine für bestimmte Dieselfahrzeuge beschränkte Strecke oder Zone rechtmäßig befahren wird, unverzüglich, spurenlos und ohne die Möglichkeit, einen Personenbezug herzustellen, gelöscht werden. Darüber hinaus stößt die vorgesehene Löschungsfrist von sechs Monaten mit Blick auf den rechtsstaatlichen Grundsatz der Verhältnismäßigkeit auf Bedenken. Diese Fristsetzung geht erheblich über die einschlägige Verjährungsfrist von drei Monaten für Verkehrsordnungswidrigkeiten hinaus. Die Daten können bis zu diesem Zeitpunkt aufgehoben werden, es sei denn, die Berechtigung, den Ort zu befahren, wird positiv festgestellt. Dies lässt es ohne weitere Regelungen zur Zweckbindung in unverhältnismäßiger Weise zu, Daten von Autofahrern auf Vorrat zu erheben und zu speichern.

2.2.8 Gewässerschutz (§ 45 Abs. 1 Nr. 4)

Der Schutz der Gewässer und Heilquellen (§ 45 Abs. 1 Nr. 4) umfasst auch die Zuleitungen zu Gewässern sowie den Schutz des Grundwassers selbst. Infolgedessen können Verkehrsbeschränkungen in Wassereinzugs- und Wassergewinnungsgebieten auch für gewidmete Straßen erfolgen, wenn durch den Verkehr die Gefahr von Wasserverunreinigungen besteht, z.B. bei Mineralöltransporten (Z. 261, 269, 354). Kann die Straße wegen der notwendigen Erschließungsfunktion nicht gesperrt werden, sind Tempobeschränkungen, Durchfahrt- und Überholverbote möglich. Ferner sollte beim Baulastträger der wasserschutzzonengerechte Ausbau der Straße angeregt werden.

2.2.9 Öffentliche Sicherheit (§ 45 Abs. 1 Nr. 5)

Im Gegensatz zur „Sicherheit des Verkehrs" können Maßnahmen auch zur Erhaltung der allgemeinen „öffentlichen Sicherheit" getroffen werden, z.B. für sicherheitssensible Bereiche wie Regierungs- und Parlamentsgebäude, Botschaften, Gefängnisse, Banken. § 45 Abs. 1 Nr. 5 dient auch der Abwehr von Gefahren, die zwar vom Verkehr ausgehen, aber rechtlich geschützte Interessen außerhalb des Verkehrs beeinträchtigen, z.B. Schutz vor Gebäudeschäden durch ständige Erschütterungen des Schwerlastverkehrs (BVerwG NJW 2002, 601 = VD 2003, 106) oder auch Erschütterungsschutz wegen erheblicher Personenbelästigung.[60] Bei Katastrophen- und Notstandslagen können Verkehrsverbote auch über die Medien (ohne Aufstellung von Verkehrsschildern) unmittelbar angeordnet werden.

2.2.10 Parkzone für Bewohner städtischer Quartiere (§ 45 Abs. 1b Nr. 2a)

Durch § 45 Abs. 1b Nr. 2a (Rn. 29 ff. VwV-StVO zu Abs. 1 bis 1e) können Bewohnerparkvorrechte für städtische Quartiere mit erheblichem Parkraummangel angeordnet werden.[61] Zu bezweifeln ist allerdings, ob durch die Ermächtigung des § 6 Abs. 1 Nr. 14 StVG das Grundproblem einer sinnvollen Abgrenzung zwischen dem verfassungsrechtlich verankerten Gemeingebrauch am öffentlichen Straßenraum und der gewollten Zielsetzung des Gesetzgebers, dem wegen Parkraummangels befürchteten Wegzug der Wohnbevölkerung entgegenzuwirken, gelöst wird. Gerade diese Zielsetzung erscheint fraglich, weil in der Praxis häufig solche Feststellungen fehlen. Wird ihr aber nicht Rechnung getragen, stellt sich eine quartierbezogene Bevorrechtigung als schlichter Missbrauch des straßenrechtlichen Gemeingebrauchs dar.

Voraussetzung für Bewohnerparkzonen ist die Belastung des Gebietes durch erheblichen Fremdverkehr (Berufspendler). Reicht der Parkraum schon für die Bewohner nicht aus, wäre die Einrichtung von Bewohnerparkzonen sinnlos und rechtswidrig, zumal Bewohner auch keinen Anspruch auf einen bestimmten Parkstand haben. Konkretisiert wird die räumliche Ausdeh-

60 Hier hat aber die Straßenbaubehörde die primäre Pflicht zum erschütterungsfreien Straßenausbau.

61 Hinsichtlich des Begriffs „städtische Quartiere" ist der formale Stadtstatus einer Kommune unerheblich. Die auf die bisherige „Anwohnerparkzone" bezogene Rechtsprechung (BVerwG NJW 1998, 2840 = NZV 1998, 427 = DAR 1998, 362; OVG Münster NZV 2000, 183) mit Begrenzung auf wenige Straßenzüge ist durch Rechtsänderung des § 45 Abs. 1b Nr. 2a überholt.

nung der Parkzone durch den von der Straßenverkehrsbehörde festzustellenden Parkraummangel sowie eine Größe von max. 1 000 m. Außerdem muss innerhalb der Zone noch ausreichender Parkraum für Besucher der Anwohner und für die Allgemeinheit verbleiben, z. B. je nach Stadtgröße bis zu 50 % zur Hauptgeschäftszeit, 25 % für Abend- und Nachtstunden. Bei großflächigen Bereichen mit Bewohnervorrechten ist eine überschaubare Aufteilung in Zonen erforderlich, die mit Ziffern dem jeweiligen Bewohnerquartier bevorrechtigtes Parken gewährt. § 45 Abs. 1b Nr. 2a lässt zwei Alternativen der Bewohnerparkbevorrechtigung zu, und zwar eingeschränkte Haltverbote (Z. 286 oder 290.1) mit Ausnahme der Bewohner oder Bewirtschaftung durch Parkscheinautomaten mit Freistellung der Bewohner von deren Bedienung. Das letztere Modell hat den Vorteil, dass innerhalb der gesamten Zone die Allgemeinheit die Chance auf einen Parkplatz erhält, somit der Gemeingebrauch stets gewahrt bleibt.[62]

Berechtigt sind nur Bewohner mit erstem (angemeldeten) Wohnsitz innerhalb des Quartiers, die Halter eines KFZ sind. Ob der Bewohner einen Privatparkplatz hat, ist unerheblich. Durch die Bindung an die Verfügbarkeit eines KFZ sollen Manipulationen bei Wohnsitzen oder der „Verkauf" des Bewohnervorrechts verhindert werden. Nicht zu den Bewohnern gehören Geschäftsinhaber, Rechtsanwälte oder Ärzte mit Sitz in dem Gebiet (BVerwG VerkMitt 1995 Nr. 27 = NJW 1995, 473). Eine Sonderparkberechtigung kann allerdings auch für ein nicht auf den Bewohner zugelassenes KFZ erteilt werden, wenn es von ihm ständig von seinem Wohnsitz aus benutzt wird, z. B. dauernd überlassenes Firmenfahrzeug (VGH München NZV 1995, 501). Berechtigt sind auch Carsharing-Unternehmen, wegen der Missbrauchsgefahr aber nicht Angehörige eines „Familien-Carsharings" (VG Berlin NZV 2003, 53). Ist der Bewohner Halter mehrerer KFZ, erhält er nur einen (einzigen) Parkausweis; in begründeten Einzelfällen können aber auch „Bummelparkausweise" mit Parkberechtigung jeweils für eines von mehreren KFZ erteilt werden (vgl. Rn. 35 VwV-StVO zu Abs. 1 bis 1e). Für Anhänger gibt es keine Parkberechtigung (Rn. 29 VwV-StVO zu § 45). Je höher die Parkraumnachfrage ist, umso enger kann die Freistellungspraxis der Verkehrsbehörden sein (VG Aachen VD 2009, 316).

2.2.11 Parkraum für Schwerbehinderte (§ 45 Abs. 1b Nr. 2)

Schwerbehinderten mit außergewöhnlicher Gehbehinderung, Blinden und Menschen mit beidseitiger Amelie, Phokomelie oder vergleichbaren Funktionsstörungen[63] können Parkerleichterungen durch Ausweisung von Behindertenparkplätzen gewährt werden. Die Ausweisung der Behindertenparkplätze mit zeitlicher Beschränkung durch Parkscheibe ist zulässig (VGH Mannheim NZV 2002, 54). Schwerstgehbehinderte sind Personen mit Eintrag des Merkzeichens „aG" im Behindertenausweis. Zu den Schwerbehinderten gehören auch Menschen, die zwar nicht außergewöhnlich gehbehindert sind, aber doch unter sehr starken Einschränkungen beim Gehen leiden, insbesondere solche Personen, die an Morbus Crohn oder Colitis ulcerosa (chronisch-entzündliche Darmerkrankung) leiden, sowie Träger

62 Die Kennzeichnung und der empfohlene Bewohner-Parkausweis richten sich nach VkBl. 2002, 147.

63 Phokomelie = Fehlbildung von Gliedmaßen durch Vererbung oder Medikamente, z. B. Thalidomid des Präparats Contergan; Amelie = Fehlgestaltung eines Organs durch Mutation oder Umwelteinflüsse.

eines doppelten Stomas („künstlicher" Darm-/Harnausgang). Für diesen Personenkreis können durch Ausnahmen Parkerleichterungen gewährt werden, nicht aber personengebundene Parkstände (s.a. Erl. 2.5 zu § 12). Für einen Antrag auf Einrichtung eines personengebundenen Parkstandes nach § 45 Abs. 1b Satz 1 Nr. 2 besteht ein subjektiv-öffentliches Recht auf fehlerfreie Ermessensentscheidung (OVG Hamburg DAR 2012, 416 = VRS 123, 101). Dabei ist jeder Einzelfall auf Art und Umfang der Behinderung und die Bewegungsmöglichkeit des Behinderten im Hinblick auf die örtlichen Parkverhältnisse zu bewerten (OVG Hamburg NZV 2013, 359).

2.2.12 Fußgängerzonen (§ 45 Abs. 1b Nr. 3)

Die straßenrechtliche Einrichtung eines Fußgängerbereichs setzt eine Teileinziehung der Straße voraus, die von der Verkehrsbehörde nicht ohne Weiteres durch Ausnahmen ausgehebelt werden darf (BVerwG VRS 62, 233). Soll im Einzelfall befristeter Verkehr zugelassen werden, ist neben einer Ausnahme nach § 46 Abs. 1 vom Z. 242.1 eine Sondernutzungserlaubnis erforderlich, sofern nicht nach den Straßengesetzen der Länder infolge Zuständigkeitskonzentration die verkehrsrechtliche Ausnahmegenehmigung genügt.[64]

2.2.13 Verkehrsberuhigte Bereiche (§ 45 Abs. 1b Nr. 3)

Die Anordnung **verkehrsberuhigter Bereiche** durch Z. 325/326 kommt nach § 45 Abs. 1b Nr. 3 nur für einzelne Straßen oder für Bereiche mit überwiegender Aufenthaltsfunktion und sehr geringem Verkehr in Betracht. Solche Bereiche können auch in Tempo 30-Zonen integriert werden. Die Straßen müssen durch ihre besondere Gestaltung den Eindruck vermitteln, dass die Aufenthaltsfunktion überwiegt und der Fahrzeugverkehr eine untergeordnete Bedeutung hat. In der Regel wird ein niveaugleicher Ausbau für die ganze Straßenbreite erforderlich sein (VwV-StVO zu Z. 325.1 und 325.2). Außerdem muss für die verbleibenden Fahrgassen der Durchgangscharakter durch Achsverschwenkungen oder Verschwenkungsinseln entfallen. Da nur dort geparkt werden darf, wo es ausdrücklich gestattet ist, muss bei der Planung eines verkehrsberuhigten Bereichs ausreichend Vorsorge zur Unterbringung des ruhenden Verkehrs getroffen werden. Die Fahrgassen haben infolge ihrer **Mischfunktion** keine „Fahrbahnen" und keinen „rechten Fahrbahnrand" i.S.d. § 12 Abs. 4, so dass in den ausgewiesenen Parkbereichen auch entgegen der Fahrtrichtung geparkt werden darf (OLG Köln NZV 1997, 449 = VRS 94, 136 = DAR 1997, 411).

Hat der Fahrzeugverkehr in zentralen städtischen Bereichen trotz erheblichem Fußgängerverkehr keine untergeordnete Bedeutung, kommt die Ausweisung als **verkehrsberuhigte Geschäftsbereiche** nach § 45 Abs. 1d als tempolimitierte Zone durch Anordnung von Z. 274.1 und 274.2 in Betracht.[65] Dabei kann nach § 45 Abs. 1d auch eine geringere Geschwindigkeit als 30 km/h angeordnet werden, nach Z. 274.1-41 VzKat als Tempo 20-Zone (OVG Berlin-Brandenburg NJW 2020, 634 = DAR 2020, 156: Unzulässig

---

64 Beispiel: Art. 21 BayStrWG; § 13 BerlStrG. Vor der Entscheidung ist dann im Regelfall die sonst für die Erteilung von Sondernutzungserlaubnissen zuständige Straßenbaubehörde zu hören oder Einvernehmen mit ihr herzustellen. Die von dieser geforderten Bedingungen, Auflagen, Vorbehalte und Sondernutzungsgebühren sind dem Antragsteller in der Erlaubnis oder Ausnahmegenehmigung aufzuerlegen.

65 S.a. Verkehrsregelungen in verkehrsberuhigten Geschäftsbereichen vom 23.2.1990 (VkBl. S. 146).

ist die Anordnung von Tempo 10-Zonen, weil diese nach dem Ausschließlichkeitsgrundsatz gemäß § 39 Abs. 9 Satz 1 im VzKat nicht ausdrücklich vorgesehen sind). Auf den Fahrgassen besteht allerdings weder ein Fußgängervorrang, noch ist das Spielen erlaubt. Halten und Parken ist überall dort gestattet, wo es nicht ausdrücklich beschränkt ist.

Soll auch Fußgängern Vorrang vor dem Fahrzeugverkehr eingeräumt und das Parken wie beim verkehrsberuhigten Bereich erlaubt werden, lässt sich das als **Begegnungszone** („Shared Space“) mit dem geltenden Recht nicht in vollem Umfang erreichen (Kettler NZV 2012, 17; Durner SVR 2013, 81). Hier bedarf es einer Änderung des Verkehrsrechts.[66]

---

66 Die gemeinsame Nutzung des Verkehrsraums in der Form von „Shared Space“ („Begegnungszonen“ oder „Gemeinschaftsstraßen“) zur Aufwertung des öffentlichen Raumes wird gegenwärtig vor allem in der Schweiz, in Frankreich, Belgien und den Niederlanden mit eigenen Verkehrszeichen und Verhaltensregeln betrieben. Die den verkehrsberuhigten Bereichen mit einer integrierten Tempovorgabe (meist 20 km/h) angenäherten blauen Verkehrsschilder kennzeichnen dort eine „Shared-Space-Zone“ und bestimmen das Verhalten im Wesentlichen durch drei Regeln: Fußgängervorrang vor dem Fahrzeugverkehr, Geschwindigkeit nicht höher als angezeigt und Parken nur dort, wo es ausdrücklich gestattet ist.
Weder das deutsche Bauplanungs- oder Straßen- noch das Verkehrsrecht stellen Hindernisse für die Einrichtung von Begegnungszonen dar. So können aus städtebaulichen Gründen im Bebauungsplan Verkehrsflächen besonderer Zweckbestimmung festgesetzt (§ 9 Abs. 1 Nr. 11 BauGB) und in den Bauleitplänen die Mobilität auch der nichtmotorisierten Bevölkerung zur Verringerung einer auf den Verkehr ausgerichteten städtebaulichen Entwicklung berücksichtigt werden (§ 1 Abs. 6 Nr. 9 BauGB). Anders als bei Fußgängerzonen sollen in Begegnungszonen alle Verkehrsteilnehmer die Flächen gleichberechtigt nutzen, so dass es keiner straßenrechtlichen Teileinziehung bedarf. Die verkehrsbezogenen Generalklauseln der §§ 1, 2 Abs. 1 und 2, 3 Abs. 1 und 2a, 8 bis 11 StVO reichen im Allgemeinen aus, um das Verhalten in tempobegrenzten Begegnungszonen hinreichend sicher und geordnet zu steuern. Begegnungszonen können auf allen Verkehrsflächen (auch im Bereich von Hauptverkehrsstraßen) eingerichtet werden. Entscheidend ist der Anteil des Fußgänger- und des Fahrzeugverkehrs, der solche Zonen oder Straßen für die Verkehrssicherheit sowie für das soziale und wirtschaftliche Miteinander als vorteilhaft erscheinen lässt. Gemeinschaftsstraßen sollten möglichst als selbsterklärende Straßen ohne Verkehrszeichen auskommen. Die Straßenraumgestaltung muss so erfolgen, dass für ein sicheres und verträgliches Miteinander aller Verkehrsteilnehmer die Beachtung der allgemeinen Generalklauseln der StVO genügt. Kann das durch straßenbauliche Maßnahmen allein nicht oder nur mit unverhältnismäßig hohem Aufwand erreicht werden, wäre für die Ausweisung einer Begegnungszone ein neues Verkehrszeichen nebst Verhaltensnormen erforderlich.
In Deutschland gibt es gegenwärtig keine verkehrsrechtliche Lösung für Begegnungszonen, obwohl solche Zonen in vielen Bereichen durchaus nützlich wären, um das soziale Leben mit der Bedeutung, Lebendigkeit, Kultur und Geschichte eines Raums in Einklang zu bringen und die vielfältige Nutzung entsprechend der unterschiedlichen Anforderungen zu gewährleisten. Weder geeignete Verkehrszeichen noch Verhaltensregeln können nach dem geltenden Recht generiert werden, auch nicht im Wege der Experimentierklausel des § 45 Abs. 1 Nr. 6 StVO. Zur Einführung von Begegnungszonen in das deutsche Verkehrsrecht sind drei Schritte erforderlich:

– Nach Art. 3 Abs. 1 WÜ haben sich die Signatarstaaten verpflichtet, nur die in dem Übereinkommen festgelegten Regelungen und Signale zu verwenden. Im WÜ fehlt bisher der Verkehrstyp „Shared Space“. Infolgedessen können „Begegnungszonen“ im deutschen Recht nicht im einfachen Gesetzgebungsverfahren geschaffen werden. Voraussetzung ist eine Vereinbarung der Signatarstaaten des WÜ in der CEMT. Dazu müsste sich das BMVI mit der CEMT über ein einheitliches Verkehrszeichen nebst Verhaltensregeln verständigen.

2.2.14 Arten- oder Biotopschutz (§ 45 Abs. 1a Nr. 4a)

Verkehrsbeschränkungen aus Gründen des Arten- oder Biotopschutzes sind als örtlich begrenzte Maßnahmen zulässig, wenn die Lebensbereiche bestandsbedrohter Tiere oder Pflanzen durch den Verkehr gefährdet werden, z. B. Verkehrsverbote, Geschwindigkeitsbegrenzungen oder Umleitungen zur Gewährleistung von Krötenwanderungen oder für den Biberschutz. Eine vorherige naturschutzrechtliche Ausweisung ist nicht erforderlich.

2.2.15 Versuchsermächtigung (§ 45 Abs. 1 Nr. 6)

Die Anwendung der „Experimentierklausel" des § 45 Abs. 1 Nr. 6 setzt keine gesteigerte Gefahrenlage voraus. Beschränkungen des fließenden Verkehrs im Rahmen der Erprobung verkehrsregelnder oder -sichernder Maßnahmen bedürfen damit nicht (mehr) des Nachweises und einer aufwendigen Begründung einer besonderen (um ca. 2/3 gesteigerten) örtlichen Gefahrenlage für eines der in § 45 genannten Rechtsgüter.

Dass die auszuprobierenden Maßnahmen auf eine endgültige Regelung abzielen, ist nicht erforderlich. Zur Beseitigung von Zweifeln dürfen nach Bestandsaufnahme, Analyse und Bewertung der Verkehrsbehörde zeitlich befristete Anordnungen zur Erforschung des Unfallgeschehens, Verkehrsverhaltens, von Verkehrsabläufen oder zur Erprobung geplanter verkehrssichernder oder verkehrsregelnder Maßnahmen getroffen werden. Hierbei müssen die Verkehrsbehörden den Grundsatz der Verhältnismäßigkeit beachten und sich des Instrumentariums der StVO bedienen (OVG Saarlouis VerkMitt 2003 Nr. 47). Insoweit unterliegen die Versuchsanordnungen geringeren Anforderungen als endgültige Maßnahmen (VGH München VerkMitt 2018 Nr. 68 = NZV 2018, 485 = VRS 133, 238). Abweichende Zusatzzeichen nach Rn. 142 VwV-StVO zu § 46 Abs. 2 sind zulässig,

---

66 (*Fortsetzung*)

- Nach Vorliegen der CEMT-Vereinbarung muss eine Ermächtigungsgrundlage im § 6 StVG für die Einrichtung von „Begegnungszonen" geschaffen werden. Im Anschluss daran können spezifische Verhaltensregeln (Fußgängervorrang, Tempobegrenzung, Parkregelung) nebst einem neuen Verkehrszeichen in der StVO geschaffen werden. Das Verkehrszeichen sollte sich zur Vermeidung von Verwechslungen deutlich von dem des „verkehrsberuhigten Bereichs" (Z. 325.1) und der Fußgängerzone (Z. 242.1) unterscheiden.
- Die Voraussetzungen für die verkehrsbehördliche Anordnung von Begegnungszonen sind in der VwV-StVO bundeseinheitlich zu beschreiben.

Bis zu einer Rechtsänderung können mit den Mitteln des geltenden Verkehrsrechts Begegnungszonen weder durch Fußgängerzonen noch durch verkehrsberuhigte Bereiche, wohl aber neben straßenbaulichen Maßnahmen in etwa nach dem Modell der „verkehrsberuhigten Geschäftsbereiche" nebst Straßenraumumgestaltung eingerichtet werden:

- Ausweisung der Zone durch das Zonenzeichen 274.1 (Anfang) und 274.2 (Ende) mit einer maximalen Geschwindigkeit von 10 oder 20 km/h.
- Zur Verdeutlichung der Zone kann ein Zusatzzeichen „Begegnungszone" zugelassen werden.
- Zwar haben Fußgänger im Fahrraum keinen Vorrang; durch die geringe Geschwindigkeit und die Kennzeichnung als „Begegnungszone" richtet sich das Verhalten im Wesentlichen aber nach der Grundregel des § 1 StVO, d. h. Fußgänger und Fahrzeugführer müssen aufeinander Rücksicht nehmen, dürfen sich weder gegenseitig behindern noch gefährden.
- Durch Parkbeschilderung kann der ruhende Verkehr nur auf gekennzeichnete Flächen begrenzt werden.

nicht aber Verkehrszeichen mit anderer Bedeutung, Fantasiezeichen oder unzulässige Markierungen (z. B. Umkehrung der Innerortsgeschwindigkeit 30 km/h mit Zulassung von Tempo 50 durch Z. 306, Fußgängerverkehr auf der Fahrbahn oder blaue Fahrbahnmarkierung). Die Verkehrsbehörden haften in solchen Fällen für dadurch verursachte Schäden.[67]

2.2.16 Anhebung der Geschwindigkeit (§ 45 Abs. 8)

Nach § 45 Abs. 8 können die Verkehrsbehörden die **innerorts** zulässige Höchstgeschwindigkeit von 50 km/h auf geeigneten Straßen durch Z. 274 anheben. Das kommt vor allem bei Ausfallstraßen mit hohem Verkehrsaufkommen und geringem Fußgänger- und Radverkehr in Betracht. Für eine Tempoanhebung innerorts enthält § 45 Abs. 8 kein ausdrückliches Limit. Zur Gewährleistung der Homogenität des meist starken Verkehrsflusses innerorts gilt die Anhebung der Geschwindigkeit für Fahrzeuge aller Art (Anl. 2 lfd. Nr. 49, Spalte 3, Nr. 1), somit auch für KOM mit Stehplätzen, die nach §§ 3 Abs. 3 Nr. 2b oder 18 Abs. 5 Nr. 2 nicht schneller als 60 km/h fahren dürfen. Für innerörtliche Autobahnen gilt jedoch auch bei Geschwindigkeitsverminderung (z. B. 80 km/h) die Tempoegelung des § 18 Abs. 5 uneingeschränkt, wobei dann allerdings die innerörtliche Fahrverbotsgrenze der BKatV von 31 km/h bei Tempoverstößen Anwendung findet (KG NZV 2002, 47).

Außerorts darf die zulässige Geschwindigkeit von 100 km/h durch Z. 274 auf max. 120 km/h erhöht werden (§ 45 Abs. 8 Satz 2). Die Tempoanhebung gilt dann nur für die in § 3 Abs. 3 Nr. 2c genannten KFZ, denn die für bestimmte Fahrzeugarten geltenden Tempogrenzen (§§ 3 Abs. 3 Nr. 2a und b, 18 Abs. 5) bleiben unberührt (Anl. 2 lfd. Nr. 49, Spalte 3, Nr. 3 – Z. 274). Sofern keine Befreiung von dem Zustimmungserfordernis vorliegt, ist für eine Geschwindigkeitsanhebung die Genehmigung der höheren Verwaltungsbehörde oder der von ihr bestimmten Stelle erforderlich (Rn. 71 VwV-StVO zu § 45 Abs. 8).

2.3 Anordnungsbefugnis der Straßenbaubehörde (§ 45 Abs. 2)

Neben der Verkehrsbehörde nach § 45 Abs. 1 Nr. 1 kann auch die Straßenbaubehörde nach § 45 Abs. 2 Verkehrszeichen und -einrichtungen anordnen. Die Anordnungskompetenz ergänzt die Verkehrssicherungspflicht der Straßenbaubehörde. Sie bezieht sich nur auf die Durchführung von Straßenbauarbeiten und die Verhütung außerordentlicher Schäden am baulichen Straßenzustand. Straßenbauarbeiten sind alle Arbeiten am Straßenkörper (OLG Köln VerkMitt 1982 Nr. 88). Dazu gehören auch das Aufstellen von Baumaschinen und Lagern von Materialien. Sie erfolgen gemäß § 45 Abs. 6

67 Bei der Experimentierklausel handelt es sich um eine staatliche Auftragsangelegenheit und nicht um eine Selbstverwaltungsangelegenheit der Kommunen. Infolgedessen bedarf es bei solchen Maßnahmen keines Einvernehmens mit der Gemeinde. Auch eine Vergleichbarkeit mit Tempo 30-Zonen besteht nicht. Um den besonderen Bedingungen vor Ort gerecht zu werden, sind planerische Instrumente vorgeschaltet, die durch verkehrsrechtliche Anordnungen nicht ersetzt werden können. Ein Einvernehmen der Gemeinde im Zusammenhang mit Anordnungen nach § 45 StVO kommt nur in Betracht, wenn Angelegenheiten der kommunalen Selbstverwaltung wie die städtebauliche Entwicklung betroffen sind. Den Gemeinden ist daher bei städtebaulich begründeten straßenverkehrsrechtlichen Anordnungen ein Gestaltungsspielraum für eigenverantwortliche Entscheidungen zu gewähren.

im Regelfall nach einem anzuordnenden Verkehrszeichenplan[68] (OLG Jena DAR 2004, 44: keine zwingende Schriftform notwendig). Hat die Straßenbaubehörde eine Baustelle angeordnet, muss der beauftragte Bauunternehmer die Sicherungseinrichtungen zur Gefahrenvermeidung laufend kontrollieren (OLG Düsseldorf NZV 1997, 437). Seine Verpflichtung entfällt nicht deshalb, weil auch die Verkehrs- oder Baubehörde zum Eingreifen verantwortlich wären (KG VerkMitt 1978 Nr. 78 = VersR 1978, 766; OLG Köln VRS 88, 95).

Verkehrsbeschränkungen können auch angeordnet werden, wenn die Gefahr von Straßenschäden besteht, die durch bauliche Eingriffe nicht beseitigt werden können, z. B. bei Frostschäden oder unzureichender Tragfähigkeit von Straßen oder Brücken durch Gewichts- oder Tempobeschränkungen. Zur Verhinderung von Schäden an Waldwegen kann das Reiten selbst dann verboten werden, wenn die Wege für einen Reiterhof erforderlich sind (VGH Mannheim NZV 1995, 167).

Die Anordnungen stehen unter dem **Vorbehalt** anderer Maßnahmen der **Straßenverkehrsbehörde**. Die Straßenbaubehörde muss daher die Verkehrsbehörde und diese die Polizei über die getroffene Anordnung unterrichten (Rn. 46 VwV-StVO zu § 45 Abs. 2). Der Umfang der Anordnungskompetenz der Straßenverkehrsbehörde wird durch § 45 Abs. 2 nicht eingeengt; sie muss die straßenbaubehördlichen Anordnungen nicht nur auf ihre inhaltliche Richtigkeit, sondern auch auf ihre verkehrlichen Auswirkungen überprüfen. Unmittelbar tätig werden muss die Verkehrsbehörde aber nicht, es sei denn, sie trifft eine andere Entscheidung. Bei Straßenbaumaßnahmen mit erschwerenden Fahrbahneinengungen auf Vorfahrtstraßen oder bei Umleitungen muss jedoch vorher die Zustimmung der Verkehrsbehörde eingeholt werden (§ 45 Abs. 7). Durch den Zustimmungsvorbehalt wird gewährleistet, dass Baumaßnahmen für den Verkehrsfluss koordiniert und nicht allein nach baulichen oder finanziellen Gesichtspunkten durchgeführt werden (s. a. Erl. 2.4 zu § 45).

2.3.1 Verkehrssicherungspflicht

Zu unterscheiden sind die Verkehrssicherungspflicht (Sicherung vor den Gefahren aus dem Zustand der Straße) und die Verkehrsregelungspflicht (Sorge für die Sicherheit und Leichtigkeit des Verkehrs). Beide setzen voraus, dass Verkehrsteilnehmer bei zumutbarer Sorgfalt Gefahren nicht mit Sicherheit vermeiden können (BGH VerkMitt 1981 Nr. 39 = DAR 1981, 86; BGH NJW 2008, 3775 = MDR 2008, 971). Der Verkehrssicherungspflichtige muss alle notwendigen und zumutbaren Vorkehrungen treffen, damit andere nicht geschädigt werden. Da aber nicht jede denkbare Gefahr ausgeschlossen werden kann, sind solche Maßnahmen zu treffen, die einen Sicherheitsgrad erreichen, der von der in dem Bereich herrschenden Verkehrsauffassung als ausreichend erachtet wird. Werden notwendige Sicherheitsmaßnahmen vernachlässigt, haftet der Verkehrssicherungspflichtige für die Schäden (BGH VerkMitt 2014 Nr. 45 = DAR 2014, 318; OLG Hamm SVR 2017, 386; OLG Hamm NZV 2016, 523; LG Detmold NZV 2016, 525: mangelnde Fahrbahngriffigkeit; OLG Naumburg VRS 130, 1: Wege sind in einem dem Verkehrsbedürfnis genügenden Zustand zu halten). Der Ver-

68 Der Verkehrszeichenplan ist nach den Richtlinien für die Sicherung von Arbeitsstellen an Straßen (RSA; VkBl. 1995, 221) i. d. F. vom 18.4.2000 (VkBl. 247) aufzustellen.

kehrssicherungspflichtige muss den Straßenraum nebst Bankette und Grünanlagen regelmäßig auf drohende Gefahren überprüfen, wobei der Grad der Verpflichtung auch von der Belastung und Bedeutung der Straße oder typischen Gefahren bestimmt wird (BGH VerkMitt 2013 Nr. 15 = NZV 2014, 257: keine Haftung für waldtypische Gefahren; BGH DAR 2013, 513 = VRS 125, 155: bei Mäharbeiten am Straßenbegleitgrün dürfen aufgewirbelte Eisbrocken oder Steine keine Fahrzeuge beschädigen (s. a. OLG Hamm NZV 2016, 125: Sicherheitsvorkehrungen bei Mäharbeiten), Tempolimit oder mobile Schutzwände sind erforderlich; LG Baden-Baden SVR 2014, 470: bei Baumfällarbeiten sind umfangreiche Sicherungsmaßnahmen erforderlich, Gefahrzeichen allein reichen nicht aus; OLG Düsseldorf VRS 125, 193: Verunreinigung einer Bundesstraße; OLG Jena NZV 2012, 546; OLG Naumburg VerkMitt 2014 Nr. 8 = VRS 125, 132: unbefestigte Bankette können nicht befahren werden; OLG Koblenz NZV 2014, 88; BGH DAR 2014, 582 = NZV 2014, 450 = VRS 127, 148: keine Haftung für Schäden an tiefergelegtem KFZ wegen 20 cm hoher Parkbuchtbegrenzung; OLG München NZV 2013, 545: Haftung der Gemeinde für Radfahrerunfall wegen muldenförmiger Vertiefung einer Bordsteinkante von 7 cm Höhe und 145 m Länge; OLG Naumburg VRS 130, 1: Niveauunterschied bei Gehweg von 4,3 cm unzureichend; KG NJ 2019, 67: entscheidend ist nicht der Höhenunterschied, sondern ob der Gehwegschaden bereits vorlag, als der Verkehrssicherungspflichtige ihn hätte bemerken und beheben können; OLG Hamm VRS 127, 133: Gefahrenstelle bei Dunkelheit durch 5 cm hohe und 45° schräg verlaufende Asphaltkante auf Radweg; LG Wiesbaden NZV 2014, 271: keine Haftung für Schaden durch höheren Bordstein bei einem Parkstand; OLG Naumburg VerkMitt 2013 Nr. 77: Seitenstreifen müssen nicht für Ausweichmanöver mit unvermindertem Tempo befestigt sein; OLG Hamm NZV 2014, 351: unzureichende Vorgabe über Abdeckung eines Gullyschachtes auf DAR; OLG Schleswig NZV 2011, 053: ungenügende Laubentfernung auf Klinikwegen; OLG Hamm DAR 2015, 640 = MDR 2015, 1129: der Supermarktbetreiber muss die Einkaufswagen auch nach Ladenschluss gegen Wegrollen oder unbefugte Benutzung sichern; OLG Karlsruhe DAR 2015, 648: der Waschanlagenbetreiber ist dafür verantwortlich, dass KFZ beim Waschvorgang nicht beschädigt werden; AG Hamburg-St. Georg SVR 2016, 304: Sicherungspflicht bei Mülltonnen gegen Wegwehen). Da die Sorgfaltspflichten der Verkehrsteilnehmer bestehen bleiben, braucht aber nicht jede nur denkbare Gefahrenquelle abgesichert zu werden, sondern nur solche, die ortsüblich nicht zu erkennen sind und auf die sich der Verkehrsteilnehmer (z. B. nachts) nicht rechtzeitig einstellen kann (OLG Koblenz DAR 2001, 167: keine Beseitigung naturbedingter Bodenunebenheiten für Inline-Skater; OLG Saarbrücken NZV 2016, 325: Bordsteinlücken im Gehweg; OLG Saarbrücken NZV 2016, 329: keine Haftung für Sturz eines Joggers bei Dunkelheit wegen unterschiedlichem Gehwegbelag; OLG Saarbrücken NZV 2010, 356: Tempo 30 genügt häufig, um auch auf Rollsplitt reagieren zu können; OLG Koblenz NZV 2014, 473: Haftung bei unkenntlich höherer Treppenstufe). Im Übrigen muss der Verkehrsteilnehmer die Straße so hinnehmen, wie sie sich ihm erkennbar darbietet, z. B. mit Frostaufbrüchen in der kalten Jahreszeit (BGH VersR 1979, 1055; OLG Oldenburg DAR 2011, 329; Rebler DAR 2013, 129).

Soweit die Verkehrssicherung als öffentlich-rechtliche Amtspflicht besteht, haftet die Straßenbaubehörde bei schuldhafter Verletzung nach §§ 249, 839 BGB i. V. m. Art. 34 GG, sonst nach §§ 249, 823 BGB, z. B. bei Schäden durch Schlaglöcher infolge mangelnder Straßenüberwachung oder fehlender

Gefahrzeichen (LG München DAR 2000, 221; LG Aurich DAR 2011, 205; LG Dessau-Roßlau NZV 2012, 598: keine Haftung bei Schlaglochunfall auf unbeleuchteter Straße in ländlicher Gegend; OLG Köln NZV 2018, 88: ebenso nicht bei einem Schlagloch am äußersten Fahrbahnrand einer im schlechten Zustand befindlichen Nebenstraße nach der Frostperiode), bei Unterspülung des geteerten Straßenrandes auf einer Länge von 2 m und 10 cm Tiefe (OLG Nürnberg DAR 2013, 580), bei unzureichender Absicherung von Baugruben (KG VerkMitt 2010 Nr. 40 = NZV 2010, 355), hinausragenden Pflastersteinen (LG Detmold DAR 2011, 207: 3 cm), drohendem Steinschlag (OLG Jena DAR 2001, 166), unterspülten und angehobenen Gullydeckeln (OLG Karlsruhe VerkMitt 2010 Nr. 43 = NZV 2010, 352), ungesicherter Fahrbahnaufwölbung durch Wurzelanhebung (BGH DAR 1989, 379; KG DAR 2011, 135: Gefahr für Radfahrer), ungesicherter schmieriger Fahrbahn (OLG Nürnberg VerkMitt 2001 Nr. 32), jahrelang desolatem Zustand eines Gehwegs (BGH DAR 2012, 572 = NZV 2012, 533 = VRS 123, 271), unzureichender Sicherung des Straßenbegleitgrüns (OLG Koblenz DAR 2002, 218; OLG Brandenburg VerkMitt 2002 Nr. 54 = VRS 102, 341; LG Marburg DAR 2000, 274) oder auch, wenn der Straßenbaubehörde eine fehlerhaft angeordnete Beschilderung oder Markierung offenbar ist. Bei nicht erkennbaren Schlaglöchern auf vielbefahrenen Straßen mit einer Tiefe ab etwa 15 cm, auf Autobahnen ab 10 cm und auf Radwegen ab 5 cm reicht eine Absicherung durch Gefahrzeichen meist nicht aus. Vielmehr ist eine sofortige Reparatur oder Sperrung des Gefahrbereichs durch Warnbaken erforderlich (OLG Naumburg VerkMitt 2013 Nr. 16). Bei baubedingter Gehwegsperrung muss kein Notweg angelegt werden, um Fußgängern bei Schnee die Straßenquerung auf den gegenüberliegenden Gehweg zu ersparen (BGH VerkMitt 2014 Nr. 45 = DAR 2014, 318 = NZV 2014, 401 = VRS 126, 362). Sicherungsmaßnahmen müssen durch ausreichende verkehrsbezogene Gründe gerechtfertigt sein; sie dürfen daneben auch der Stadtplanung dienen (BVerwG VerkMitt 1980 Nr. 108 = DAR 1980, 381 = NJW 1981, 184).

Bauliche Einrichtungen zur **Temporeduzierung** („Kölner Teller", „Delfter Hügel", „Moabiter Kissen") sind nicht unproblematisch, insbesondere für Krankentransport- oder Rettungsfahrzeuge. Jedenfalls dürfen sie nur so hoch angebracht sein, dass auch tief liegende Fahrzeuge die Straßen gefahrlos mit der vorgegebenen Geschwindigkeit befahren können. Gleiches gilt für aufgepflasterte V-förmige Regenentwässerungsrinnen (OLG Köln VerkMitt 2002 Nr. 74). Für Zweiradfahrer müssen ausreichend breite Lücken bestehen (OLG Saarbrücken NZV 1998, 284). Auf deutlich erkennbare Schlaglöcher eines unbefestigten und mit Tempo 30 ausgewiesenen Fahrweges braucht nicht hingewiesen zu werden (OLG Rostock DAR 2000, 311 = NZV 2000, 333). **Straßenbegleitgrün** muss der Baulastträger mindestens zwei Mal im Jahr (mit und ohne Blätterlaub) auf seine Standsicherheit und Festigkeit der Äste auch im Kronenbereich sorgfältig überprüfen (BGH VD 2005, 23; OLG Köln VerkMitt 2017 Nr. 61; OLG Saarbrücken NZV 2016, 281: in Abständen durchgeführte Kontrollen reichen; OLG Celle NZV 2010, 86; OLG Brandenburg DAR 2000, 304). Ein natürlicher Astabbruch bei gesunden Bäumen gehört zu den naturgebundenen Risiken und begründet keine besonderen Schutzmaßnahmen der Kommune (BGH DAR 2014, 261 = VRS 126, 80; OLG Karlsruhe VerkMitt 2011 Nr. 30 = DAR 2011, 30; OLG Saarbrücken DAR 2011, 32: anders bei hohen Pappeln; OLG Köln DAR 2017, 583; OLG Hamm NZV 2011, 139: keine Haftung bei nicht erkennbarer Baumwurzelfäule; OLG Saarbrücken NZV 2016, 475: keine Sicherungspflicht für Baumscheibe neben Gehweg; LG Dessau-Roßlau NZV 2012, 599: ebenso nicht auf Grünstreifen zwischen Gehweg und Fahrbahn; OLG Hamm NZV 2015, 598; LG Bochum NZV 2017, 236: Sichtprüfung reicht nicht bei Anhaltspunkten für Baumschäden). Mit ausreichendem Lichtraumprofil kann nur auf Straßen von erheblicher Bedeutung (Autobahnen, Bundes- oder Hauptverkehrsstraßen) gerechnet werden, nicht aber auf Kreis- oder Nebenstraßen (OLG Rostock SVR 2004, 463). Herabfallende Eicheln oder Kastanien nach einem Baumrückschnitt begründen keine Verletzung der Verkehrssicherungspflicht (OLG Hamm VerkMitt 2009 Nr. 82). **Baustellen** auf einer stark befahrenen Autobahn sind auch zur Nachtzeit zu überprüfen (OLG Brandenburg VerkMitt 2001 Nr. 70). Sind Parkplätze durch **Blumenkübel** begrenzt, muss vorsichtig gefahren werden; eine Berufung auf mangelnde Verkehrssicherungspflicht ist bei einer Kollision nicht möglich (OLG Koblenz DAR 2000, 357 = NZV 2000, 378). Gefahren durch **versenkbare Poller** sind durch Einfahrverbote, Ampelanlagen oder deutliche Warnhinweise zu vermeiden (OLG Nürnberg VerkMitt 2013 Nr. 71 = VRS 125, 6: Verletzung der Verkehrssicherungspflicht; OLG Brandenburg DAR 2004, 389; LG Bonn VD 2004, 223), der Verkehrssicherungspflichtige muss gewährleisten, dass sich beim Hochfahren darüber kein Fahrzeug befindet (OLG Saarland SVR 2005, 34; OLG Hamm VerkMitt 2010 Nr. 12 = DAR 2010, 202 = NZV 2010, 353: unauffällige und zu hoch angebrachte Warnhinweise oder kleine, in einer Säule integrierte rote und grüne Lichtsignale genügen alleine nicht).

Wird die Verkehrssicherungspflicht einem Dritten übertragen, muss dieser auch faktisch in der Lage sein, der Pflicht entsprechen zu können, andernfalls ist die Übertragung unwirksam (OLG Celle NZV 2011, 140: Übertragung auf einen leistungsunfähigen Rentner).

2.3.2 Winterdienst und Streupflicht

Eine Streupflicht setzt Schnee- oder Eisglätte oder Anhaltspunkte für ernsthaft drohende Gefahren aufgrund vereinzelter Glättestellen voraus (BGH VRS 133, 293 = NZV 2017, 337 mit Anm. Felz). Die Streupflicht besteht nur gegenüber der Allgemeinheit, begründet aber kein subjektiv-öffentliches Recht des Einzelnen auf Durchführung des Winterdienstes auf bestimmten Straßen (VGH München NJW 2020, 258). Die Streupflicht richtet sich primär nach landesrechtlichen Regelungen oder gemeindlicher Ortssatzung, die allerdings keine Leistung verlangen darf, die über die Grenze der allgemeinen Verkehrssicherungspflicht hinausgeht. Fehlt eine solche Regelung, gilt die Streupflicht der Straßenbaubehörde oder des von ihr beauftragten Unternehmens vor allem an verkehrswichtigen oder gefährlichen Stellen, die von Verkehrsteilnehmern trotz gesteigerter Sorgfaltspflicht nicht beherrscht werden können (BGH VRS 136, 281 = DAR 2019, 680: auf öffentlichen Parkplätzen besteht nicht überall Streupflicht und die Benutzer müssen sich darauf einstellen; BGH NZV 2013, 534 = VRS 125, 87: Umkehr der Beweislast zugunsten des Geschädigten; OLG Schleswig SVR 2018, 379: auf Parkplätzen besteht nicht überall Streupflicht; OLG Hamm NZV 2016, 527; OLG Saarbrücken NZV 2012, 600; OLG Hamm VerkMitt 2009 Nr. 70; LG Duisburg DAR 2012, 86; LG Gera NZV 2005, 639; BGH VRS 10, 254 = VkBl. 1956, 249; s. a. Rebler VD 2019, 105).

Soweit der öffentlichen Hand die Straßenreinigung obliegt, kann sie diese Aufgabe privatrechtlich oder hoheitlich erfüllen. Wird einem Unternehmen durch Landesrecht die Streu- und Räumpflicht öffentlicher Straßen übertragen, handelt das Unternehmen meist hoheitlich mit der Folge, dass sich die

Schadensregulierung nach Amtshaftungsgrundsätzen des Art. 34 GG i. V. m. § 839 BGB richtet (BGH NZV 2015, 72 = VRS 128, 3: Übertragung nach dem Berliner Stadtreinigungsgesetz auf die BSR; LG Düsseldorf SVR 3/2015 zu IV). Wird die Straßenreinigung Anliegern übertragen, können diese bei der Arbeit eingeschränkte Sonderrechte nach § 35 Abs. 6 in Anspruch nehmen (OVG Berlin-Brandenburg SVR 2015, 151).

Für faktisch öffentliche Verkehrsflächen ist der Verfügungsberechtigte verantwortlich (KG NZV 2016, 474: Parkplatzzufahrt; OLG Hamm NZV 2014, 129: Abkürzungsweg; OLG Naumburg VerkMitt 2013 Nr. 69 = NZV 2014, 269: Räum- und Streupflicht für Gastwirte bei erweitertem Gastbetrieb). Für **Radwege** gelten keine höheren Anforderungen als für Fahrbahnen (OLG Celle NZV 2001, 217). Erheblich eingeschränkt ist die Räum- und Streupflicht zur Nachtzeit (BGH DAR 1964, 108 = VRS 28, 18; LG Aachen NZV 2017, 90) und **außerorts** (BGH VkBl. 1963, 50 = VRS 24, 7 = DAR 1963, 129; OLG Frankfurt DAR 2012, 703; OLG Braunschweig NZV 2006, 586).[69] Bejaht wird die Räum- und Streupflicht zugunsten von Fußgängern auf Gehwegen (OLG Frankfurt NZV 2005, 638; BGH DAR 1981, 91; OLG Brandenburg DAR 2013, 640: keine Mithaftung des Fußgängers bei Sturz auf vereistem Gehweg; OLG Braunschweig NZV 2016, 528: zur Gehwegreinigung gehören auch Zufahrten; OLG Naumburg NZV 2014, 471: Haftung des Hauseigentümers für Vereisung bei Dachregenableitung auf Gehweg), der Fahrgäste des Linienbusverkehrs an Haltestellen (BGH NZV 2015, 72), auf Kreuzungen bei Glatteis (KG DAR 2001, 497), auf belebten innerörtlichen Zebrastreifen (BGH NZV 2015, 592 = VRS 129, 174), bei schwer beherrschbarer oder kaum erkennbarer Glätte (BGH VerkMitt 2012 Nr. 75 = DAR 2013, 136: keine Haftung bei nur vereinzelten Glättestellen; OLG Naumburg NZV 2014, 355: Haftung nur bei allgemeiner Glättebildung; OLG Celle VersR 1989, 17; OLG Koblenz DAR 2013, 85), auf unübersichtlichen Kreuzungen und einmündenden Straßen mit Gefälle (OLG Karlsruhe VersR 1989, 158) oder für die Sicherheitslinie an Bahnsteigkanten von Schienenbahnen (OLG Nürnberg VerkMitt 2012 Nr. 71). Bei Schmelzwasser ist zu berücksichtigen, dass dieses zu einer Verdünnung des Auftausalzes führen kann (OLG Hamm NZV 2006, 567 = DAR 2007, 87). Erleidet ein Fußgänger während der Streuzeit von 6 bis 22 Uhr einen Glatteisunfall, spricht der Anscheinsbeweis nicht für eine Verletzung der Streupflicht (BGH DAR 2009, 693; OLG Brandenburg NZV 2014, 179; OLG Bremen NZV 2014, 181). Welche Maßnahmen bei Glättebildung zu ergreifen sind, steht im Ermessen des Winterdienstes (OLG Koblenz DAR 2012, 213: Parkplätze müssen nicht umfassend schnee- und eisfrei sein; LG Magdeburg NZV 2011, 205: Salzstreuen auf Anliegerstraße; OLG Hamm DAR 2015, 89 = NZV 2015, 304: Hobelspäne haben keine ausreichend abstumpfende Wirkung und sind als Streumittel ungeeignet). Ist mit einer erhöhten Glättebildung und Sturzgefahr zu rechnen, haftet der Fußgänger für Unfallfolgen alleine, wenn für ihn keine zwingende Notwendigkeit besteht, sich in den Gefahrenbereich zu begeben (BGH DAR 2014, 86). Für Glättebildung durch Blitzeis muss der Reinigungspflichtige nicht zusätzliches Winterpersonal vorhalten, wohl aber seine Ressourcen sinnvoll einsetzen (OLG München NZV 2010, 358).[70]

---

69 Bei Bundesfernstraßen folgt aus der Sollvorschrift des § 3 Abs. 3 FStrG die „Freiwilligkeit" der Bestreuung.

70 Übertragung der winterlichen Schneebeseitigung auf den Nachbarn: OLG Schleswig NZV 2012, 545.

2.3.3 Pflichten der Straßenanlieger

Für Gehwege besteht im Regelfall Streupflicht des Grundstücksinhabers. Nur in schneereichen Gebieten müssen je nach Ortssatzung Schneefanggitter angebracht, vor **Dachlawinen** gewarnt oder bei gefährlichen Wetterlagen Schnee und Eiszapfen abgeschlagen werden (OLG Naumburg VerkMitt 2011 Nr. 78 = DAR 2011, 708 = SVR 2012, 22; OLG NZV Jena 2010, 88; OLG Düsseldorf NZV 2014, 273: keine Hinweispflicht des Verantwortlichen auf deutlich erkennbaren Schnee auf Dächern in schneearmen Gebieten; LG Bückeburg NZV 2012, 135; LG Ulm NZV 2006, 589 = DAR 2007, 91; OLG Stuttgart VersR 1973, 356; OLG Stuttgart VersR 1972, 324; s.a. Schröder SVR 2011, 367; Hugger/Schulz DAR 2011, 284; AG Erfurt NZV 2012, 391; AG Leipzig NZV 2012, 392; AG Limburg DAR 2001, 171; OLG Saarbrücken VersR 1985, 299 = ZfS 1985, 131); aber auch Passanten müssen auf herabfallenden Schnee achten (OLG Jena SVR 2007, 262). Bei tropfenden Dachrinnen ist auf Eisbildung auf dem Gehweg zu achten (LG München NZV 2006, 592). Müssen Gehwege wegen der Gefahr von Dachlawinen oder Eiszapfen gesperrt werden, hat sich der Grundstücksverantwortliche zur Absicherung des Fußgängerverkehrs an die zuständige Straßenverkehrs- und Straßenbaubehörde zu wenden.

2.4 Arbeiten im Straßenraum (§ 45 Abs. 6 und 7)

Die Regelung ergänzt die Eingriffsbefugnisse der Straßenverkehrs- und Straßenbaubehörde nach § 45 Abs. 1 bis 3. Sie bezieht sich primär zwar auf Straßenbauarbeiten, aber auch auf sonstige, sich auf den Verkehr auswirkende Arbeitsstellen im öffentlichen Straßenraum. Die Vorschrift unterscheidet zwischen Unternehmern und Bauunternehmern, wobei nur letztere zwingend einen anordnungspflichtigen Verkehrszeichenplan bei der Straßenverkehrsbehörde vorlegen müssen. Soweit Unternehmer mit ihren Tätigkeiten auf den Straßenverkehr ohne Eingriffe in die Straßensubstanz einwirken, benötigen sie dann keinen Verkehrszeichenplan, wenn eine Absicherung des Verkehrs nicht notwendig ist oder durch Nebenbestimmungen in der verkehrsbehördlichen Genehmigung getroffen werden kann, z.B. bei Errichtung von Zelten oder Buden, Lieferungen mit Ladegeräten, Wohnungsumzügen mit Schrägaufzügen, Lagerung von Baumaterial, Arbeiten mit Notwendigkeit einer Parkplatzreservierung. Im Verhältnis zu §§ 32, 46 Abs. 1 Nr. 8 (Ausnahme zur Lagerung von Gegenständen auf der Straße) erfasst § 45 Abs. 6 größere Bereiche, bei denen umfangreichere Maßnahmen zur Verkehrssicherung notwendig werden. Da bei der Errichtung von Arbeitsstellen regelmäßig der Gemeingebrauch überschritten oder vorübergehend aufgehoben wird, ist gleichzeitig eine straßenrechtliche Sondernutzungserlaubnis nach den Straßengesetzen der Länder erforderlich.[71] Die Beschränkungen sind durch Verkehrszeichen und -einrichtungen kenntlich zu machen.

Alle anderen Arbeitsstellen mit Eingriffen in die Straßensubstanz (Hoch- oder Tiefbaumaßnahmen) erfordern die Absicherung des Verkehrs durch einen Verkehrszeichenplan, der von der Straßenverkehrsbehörde anzuordnen ist. Der Verkehrszeichenplan ist von den Straßenbauunternehmen aufzustellen. Hierbei muss die Straßenverkehrsbehörde darauf achten, dass die Baufirmen die angeordneten (richtigen) und keine veralteten oder nicht

71 Beispielsweise § 11 Abs. 3 Berliner Straßengesetz (BerlStrG).

mehr zugelassenen Schilder an den genau bezeichneten Orten aufstellen, sie richtig befestigen und nach Beendigung der Maßnahme rechtzeitig wieder entfernen. Berücksichtigen muss die Verkehrsbehörde, dass die Baufirmen häufig unter Zeit- und Kostendruck stehen und deshalb auch interne Probleme mit der Beschaffung und Aufstellung der Schilder haben (s. a. Stollenwerk SVR 2015, 91). Die Beschilderungsmaßnahmen der Baufirmen müssen deshalb überwacht und kontrolliert werden. Bestehen für Bauunternehmen solche Probleme, empfiehlt sich für sie die Beauftragung spezialisierter Schilderfirmen.

Verantwortlich für verkehrsbezogene Schutzmaßnahmen ist derjenige Unternehmer, der für die Arbeitsstelle verantwortlich ist. Bereits in der Planungsphase der Arbeitsstelle hat er anhand der örtlichen Gegebenheiten zu prüfen, welche Verkehrssicherungsmaßnahmen erforderlich und angemessen sind. Er muss bei der Verkehrsbehörde unter Einreichung der notwendigen Unterlagen (Verkehrszeichenplan) im Regelfall schriftlich die notwendigen Maßnahmen beantragen, um die Arbeitsstelle abzusichern und zu kennzeichnen, sowie angeben, ob und wie der Verkehr zu beschränken, zu leiten, zu sichern und auch durch Umleitungen oder Signalanlagen zu regeln ist. Außerdem muss er weitergehende Sicherungsmaßnahmen vornehmen oder anordnen lassen, wenn sich die getroffenen Maßnahmen als unzureichend erweisen. Der Antrag ist rechtzeitig, mindestens zwei Wochen vor Beginn der Bauarbeiten zu stellen; bei umfangreichen Baumaßnahmen ist eine wesentlich größere Vorlaufzeit erforderlich. Alle Verkehrszeichen und -einrichtungen müssen vor Beginn der Arbeiten förmlich von der Verkehrs- oder Straßenbaubehörde nach § 45 Abs. 1 bis 3 unter Anhörung aller Beteiligten (u. a. Polizei, Straßenbaubehörde, Betreiber der Parkraumbewirtschaftung, Bahnunternehmer) angeordnet sein. Dazu gehören auch Sperrgeräte (Absperrschranken, Baken) und Lichtzeichenanlagen. Gegebenenfalls ist vorher mit allen Beteiligten eine Ortsbesprechung zur Abstimmung der notwendigen Maßnahmen durchzuführen. Für die einzelnen Verkehrszeichen und -einrichtungen sind der genaue Standort und die Zeiten für deren Wirksamkeit festzulegen. Von sich aus darf der Unternehmer keine Eingriffe in den Verkehr vornehmen, andernfalls sind die von ihm aufgestellten Verkehrszeichen oder -einrichtungen unbeachtlich und damit nichtig (VGH Mannheim VerkMitt 2010 Nr. 66). Sofern der Bauunternehmer über eine Dauergenehmigung für die Einrichtung von Arbeitsstellen nach § 45 Abs. 6 verfügt, müssen dennoch die im Einzelfall notwendigen Verkehrszeichen förmlich angeordnet werden. Der Unternehmer kann sich auch einer Firma bedienen, die auf die Erstellung von Verkehrszeichenplänen und die Aufstellung von Verkehrszeichen, Verkehrssicherungs- und Umleitungsmaßnahmen spezialisiert ist. Lässt diese Firma im Auftrag des bauausführenden Unternehmers den Verkehrszeichenplan durch die Straßenverkehrsbehörde anordnen, bleibt dennoch das bauausführende Unternehmen verantwortlich und haftet für Sicherungsmängel.

Die Feststellung, welche verkehrlichen Maßnahmen zur Sicherung der Arbeitsstelle erforderlich sind, erfordert stets eine Einzelfallprüfung. Dem Unternehmer und der Straßenverkehrsbehörde stehen dabei die Richtlinien für die Sicherung von Arbeitsstellen an Straßen (RSA)[72]

72 S.a. Schönborn/Schulte, RSA Handbuch, Sicherung von Arbeitsstellen an Straßen, Kirschbaum Verlag Bonn.

sowie Regelpläne für sonstige Sicherungsmaßnahmen zur Verfügung. Entscheidend bleibt aber die Gewährleistung der Sicherheit und Ordnung des Verkehrs. Dabei gilt der Grundsatz „Verkehr geht vor Bau". Die Straßenverkehrsbehörde muss deshalb vor allem bei Ampelanlagen, Vorfahrtstraßen und Umleitungsstrecken die Gewährleistung der Sicherheit und Flüssigkeit des Verkehrs besonders berücksichtigen und die Baustelle vor ihrer Inbetriebnahme abnehmen (§ 45 Abs. 7). Ziel des Zustimmungserfordernisses der Straßenverkehrsbehörde ist auch, dass Straßenbaumaßnahmen koordiniert geplant und eingerichtet werden. Andernfalls kann eine Vielzahl von Arbeitsstellen zu einer großflächigen Blockierung des Verkehrsraumes führen. Dass eine Straßenbaumaßnahme für den Unternehmer mit höheren Kosten verbunden sein kann, ist gegenüber den Belangen des Verkehrs nachrangig. Der Unternehmer oder seine Beauftragten (Bauleiter, örtlicher Bauführer) müssen die Bau- oder Arbeitsstelle regelmäßig daraufhin kontrollieren, ob die aufgestellten Verkehrszeichen oder -einrichtungen noch dem Verkehrszeichenplan entsprechen oder weitergehende Sicherungsmaßnahmen erforderlich sind.

Die Kosten der angeordneten und zu treffenden Sicherungs- und Lenkungsmaßnahmen trägt der Unternehmer nach § 5b Abs. 2 Buchst. d) StVG. Ist eine Maßnahme notwendig, ist sie auch dann zu ergreifen, wenn sie sonst unüblich oder dem Unternehmer zu kostenaufwendig erscheint. Außerdem hat er die Gebühren für die notwendigen Anordnungen der Straßenverkehrs- oder Baubehörde zu tragen. Der Gebührenrahmen bestimmt sich nach Gebühren-Nr. 261 GebOSt.[73]

2.5 Pflichten der Eisenbahnunternehmer

Nach § 45 Abs. 2 und 3 ist die Straßenverkehrsbehörde für die Gefahrenabwehr im Vorfeld von Bahnkreuzungen, jedoch nicht im eigentlichen Kreuzungsbereich öffentlicher Bahnen zuständig (BVerwG VerkMitt 1991 Nr. 112). Letzteres obliegt nebst der Verkehrssicherungs- und Kostentragungspflicht für Schranken, Blinklichter, Andreaskreuze, Haltlinien, Baken nach § 14 Abs. 2 EKrG dem Bahnunternehmer i. S. d. Allgemeinen Eisenbahngesetzes (AEG), auch für den vom Straßenverkehr benutzten Kreuzungsteil (BGH NZV 2012, 226).[74]

Bei Kreuzungsanlagen von Privatbahnen und Straßenbahnen nach § 20 BOStrab bleibt es jedoch bei der Zuständigkeit der Straßenverkehrsbehörde, die vor der Anordnung von Sicherungsmaßnahmen die Straßenbahn- bzw. Privatbahnunternehmen beteiligen sollte.

2.6 Pflichten der Pannenhilfsdienste (§ 45 Abs. 7a)

Wegen der Gefahren bei Hilfestellungen im fließenden Verkehr haben Pannen- und Bergungsdienstleistende nach § 45 Abs. 7a die Befugnis, Leitkegel (Z. 610) zur Absicherung der Arbeits- oder Unfallstelle aufzu-

73 Gebühren-Nr. 261 von 10,20 bis 767,00 € je nach Umfang und Bedeutung der angeordneten Maßnahmen (GebOSt i. d. F. vom 25.1.2011 – BGBl. I S. 98/111).

74 Bei Kreuzungsanlagen von Straßen und Eisenbahn schließen Baulastträger und das für Schienenwege zuständige Eisenbahnunternehmen Verträge über Art, Umfang, Planung, Durchführung, Wartung und Kostenanteile der Baumaßnahmen ab (s. a. VkBl. 2015, 101).

stellen.[75] Dies gilt insbesondere für die nach § 52 Abs. 4 Nr. 2 StVZO mit gelben Rundumleuchten ausgestatteten Fahrzeuge, die nach ihrer Bauart oder Einrichtung zur Pannenhilfe geeignet und in den Zulassungsdokumenten als Pannenhilfsfahrzeuge anerkannt sind, z. B. Hilfsfahrzeuge der Automobilclubs (ADAC, AvD), der Verkehrsverbände, Autoversicherer und Betriebe, die gewerbsmäßig Pannenhilfe leisten.[76] Wie viele Leitkegel jeweils aufgestellt werden müssen, richtet sich nach der spezifischen Verkehrs- und Gefahrenlage.

Die Kosten für Verkehrssicherungs- und Absperrmaßnahmen können als Anspruch für Aufwendungen über das Rechtsinstitut der Geschäftsführung ohne Auftrag nach §§ 683, 670 BGB bei den Haftpflichtversicherern nach § 10 Abs. 1 der Allgemeinen Bedingungen für die Kraftfahrtversicherung (AKB) geltend gemacht werden (BGH NZV 2012, 34).

3 Hinweise

3.1 **Gebühren** für Parkuhren, Parkscheinautomaten und Parkplätze bei Großveranstaltungen: § 6a Abs. 6 und 7 StVG. Gebühr für eine straßenverkehrsbehördliche Anordnung bei Baustellen: Gebühren-Nr. 261 GebOSt.

3.2 Verlautbarung des BMVBS (BMVI) zu Hinweisschildern für **Gottesdienste**: VkBl. 1960, 333 und VkBl. 1961, 373.

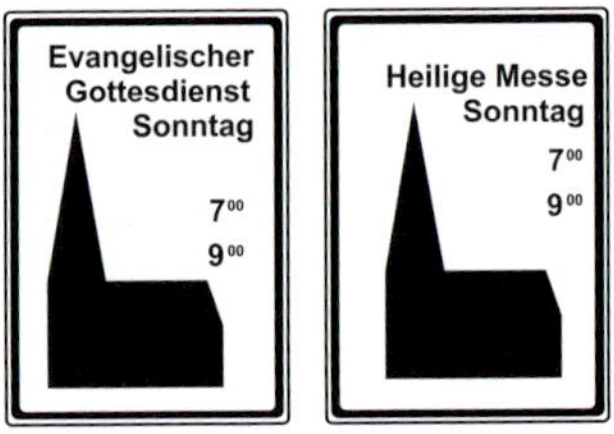

Hinweise auf religiöse Veranstaltungen

3.3 Verlautbarung des BMVBS (BMVI) zu **Informationsschildern** auf Rastplätzen der Bundesautobahnen: VkBl. 1968, 87. Die Tafeln stehen vor allem auf Rastplätzen der Autobahnen mit Nebenbetrieben (Tankstellen, Kioske mit WC, Raststätten) sowie vor Städten. Die Ankündigung solcher Rastplätze erfolgt durch Zeichen 365-61 („Informationsstelle").

---

75 Verkehrsrechtlich erhalten durch § 45 Abs. 7a die Pannenhilfsdienste die Befugnis, als „Private" Leitkegel als Verkehrseinrichtungen „anzuordnen".

76 Richtlinien über die Mindestanforderungen an Bauart oder Ausrüstung von Pannenhilfsfahrzeugen: VkBl. 1997, 474. In den Richtlinien war bisher schon eine Pflicht zur Ausrüstung der Abschleppfahrzeuge über 3,5 t mit Leitkegeln festgelegt (Berufsgenossenschaftliche Information für Sicherheit und Gesundheit bei der Arbeit vom 1.4.2001). Gleiches gilt für selbstfahrende Arbeitsmaschinen, Berge- und Kranfahrzeuge sowie Mobilkräne. Das Aufstellen von Leitkegeln durch die Besatzung anerkannter Pannenhilfsfahrzeuge nach § 52 Abs. 4 Nr. 2 StVZO wird durch § 45 Abs. 7a rechtlich abgesichert.

Hinweis auf
Fremdenverkehrsbüro oder Auskunftsstelle

Zeichen 367

Informationsschild (Sammelhinweisschild)

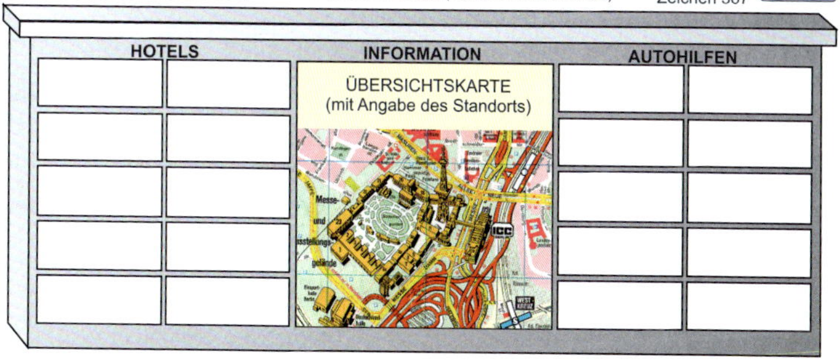

3.4 Pflicht der **Straßenbaubehörde** nach dem **FStrG**: Warnung vor gefährlichem Straßenzustand: § 3 FStrG; Beachtung der Widmung bei der Kennzeichnung einer Straße als Autobahn: § 7 Abs. 1 FStrG; Maßnahmen zum Schutz gegen außergewöhnliche Schäden an Bundesfernstraßen: §§ 7 Abs. 2, 17 FStrG; Sicherstellung und finanzielle Regelung von Umleitungen: § 14 FStrG; Entscheidung der Planfeststellungsbehörde auch über Verkehrszeichen und -einrichtungen: §§ 4 und 17 FStrG.

3.5 Richtlinien für die **Kennzeichnung** von **Brückenbauwerken** mit beschränkter Durchfahrtshöhe über Straßen (RdSchr. Nr. 14/2000 BMVBS (BMVI) Straßenbau vom 20.6.2000). Die lichte Höhe ist die mit Z. 265 ausgewiesene zulässige Höhe des Fahrzeugs, einschließlich Ladung, zuzüglich eines Sicherheitsabstandes (0,25 m). Bei Durchfahrtshöhen von 4 m und weniger muss auf die Gefahr durch Z. 265 hingewiesen werden (OLG Stuttgart NZV 2004, 96).

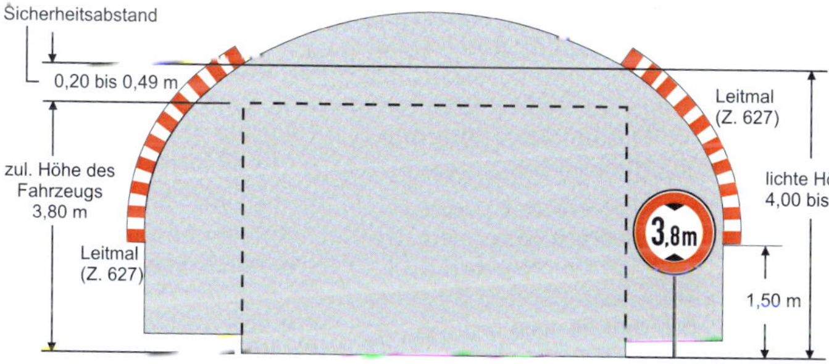

3.6 Richtlinien für **Wildschutzzäune** an Bundesfernstraßen (WSchuZR): VkBl. 1985, 453.

3.7 Richtlinien für die **Beleuchtung** von Verkehrsanlagen an den Bundesautobahnen: VkBl. 1986, 242.

§ 46 Ausnahmegenehmigung und Erlaubnis

(1) Die Straßenverkehrsbehörden können in bestimmten Einzelfällen oder allgemein für bestimmte Antragsteller Ausnahmen genehmigen

1. von den Vorschriften über die Straßenbenutzung (§ 2);
2. vom Verbot, eine Autobahn oder eine Kraftfahrstraße zu betreten oder mit dort nicht zugelassenen Fahrzeugen zu benutzen (§ 18 Absatz 1 und 9);
3. von den Halt- und Parkverboten (§ 12 Absatz 4);
4. vom Verbot des Parkens vor oder gegenüber von Grundstücksein- und -ausfahrten (§ 12 Absatz 3 Nummer 3);

4a. von der Vorschrift, an Parkuhren nur während des Laufens der Uhr, an Parkscheinautomaten nur mit einem Parkschein zu halten (§ 13 Absatz 1);

4b. von der Vorschrift, im Bereich eines Zonenhaltverbots (Zeichen 290.1 und 290.2) nur während der dort vorgeschriebenen Zeit zu parken (§ 13 Absatz 2);

4c. von den Vorschriften über das Abschleppen von Fahrzeugen (§ 15a);

5. von den Vorschriften über Höhe, Länge und Breite von Fahrzeug und Ladung (§ 18 Absatz 1 Satz 2, § 22 Absatz 2 bis 4);

5a. von dem Verbot der unzulässigen Mitnahme von Personen (§ 21);

5b. von den Vorschriften über das Anlegen von Sicherheitsgurten und das Tragen von Schutzhelmen (§ 21a);

6. vom Verbot, Tiere von Kraftfahrzeugen und andere Tiere als Hunde von Fahrrädern aus zu führen (§ 28 Absatz 1 Satz 3 und 4);
7. vom Sonn- und Feiertagsfahrverbot (§ 30 Absatz 3);
8. vom Verbot, Hindernisse auf die Straße zu bringen (§ 32 Absatz 1);
9. von den Verboten, Lautsprecher zu betreiben, Waren oder Leistungen auf der Straße anzubieten (§ 33 Absatz 1 Nummer 1 und 2);
10. vom Verbot der Werbung und Propaganda in Verbindung mit Verkehrszeichen (§ 33 Absatz 2 Satz 2) nur für die Flächen von Leuchtsäulen, an denen Haltestellenschilder öffentlicher Verkehrsmittel angebracht sind;
11. von den Verboten oder Beschränkungen, die durch Vorschriftzeichen (Anlage 2), Richtzeichen (Anlage 3), Verkehrseinrichtungen (Anlage 4) oder Anordnungen (§ 45 Absatz 4) erlassen sind;
12. von dem Nacht- und Sonntagsparkverbot (§ 12 Absatz 3a).

Vom Verbot, Personen auf der Ladefläche oder in Laderäumen mitzunehmen (§ 21 Absatz 2), können für die Dienstbereiche der Bundeswehr, der auf Grund des Nordatlantik-Vertrages errichteten internationalen Hauptquartiere, der Bundespolizei und der Polizei deren Dienststellen, für den Katastrophenschutz die zuständigen Landesbehörden, Ausnahmen genehmigen.[1] Dasselbe gilt für die Vorschrift, dass vorgeschriebene Sicherheitsgurte angelegt sein oder Schutzhelme getragen werden müssen (§ 21a).

1 Nach Art. 24 des Post- und telekommunikationsrechtlichen Bereinigungsgesetzes vom 7.5.2002 (BGBl. I S. 1529) wurde die Berechtigung für Ausnahmen für die Post gestrichen.

(1a) Die Straßenverkehrsbehörden können zur Bevorrechtigung elektrisch betriebener Fahrzeuge allgemein durch Zusatzzeichen Ausnahmen von Verkehrsbeschränkungen, Verkehrsverboten oder Verkehrsumleitungen nach § 45 Absatz 1 Nummer 3, Absatz 1a und 1b Nummer 5 erste Alternative zulassen. Das gleiche Recht haben sie für die Benutzung von Busspuren durch elektrisch betriebene Fahrzeuge. Die Anforderungen des § 3 Absatz 1 des Elektromobilitätsgesetzes[2] sind zu beachten.

(2) Die zuständigen obersten Landesbehörden oder die nach Landesrecht bestimmten Stellen können von allen Vorschriften dieser Verordnung Ausnahmen für bestimmte Einzelfälle oder allgemein für bestimmte Antragsteller genehmigen. Vom Sonn- und Feiertagsfahrverbot (§ 30 Absatz 3) können sie darüber hinaus für bestimmte Straßen oder Straßenstrecken Ausnahmen zulassen, soweit diese im Rahmen unterschiedlicher Feiertagsregelung in den Ländern (§ 30 Absatz 4) notwendig werden. Erstrecken sich die Auswirkungen der Ausnahme über ein Land hinaus und ist eine einheitliche Entscheidung notwendig, ist das Bundesministerium für Verkehr und digitale Infrastruktur zuständig; die Ausnahme erlässt dieses Bundesministerium durch Verordnung.[3]

(3) Ausnahmegenehmigung und Erlaubnis können unter dem Vorbehalt des Widerrufs erteilt werden und mit Nebenbestimmungen (Bedingungen, Befristungen, Auflagen) versehen werden. Erforderlichenfalls kann die zuständige Behörde die Beibringung eines Sachverständigengutachtens auf Kosten des Antragstellers verlangen. Die Bescheide sind mitzuführen und auf Verlangen zuständigen Personen auszuhändigen. Bei Erlaubnissen nach § 29 Absatz 3 und Ausnahmegenehmigungen nach § 46 Absatz 1 Nummer 5 genügt das Mitführen fernkopierter Bescheide oder von Ausdrucken elektronisch erteilter und signierter Bescheide sowie deren digitalisierte Form auf einem Speichermedium, wenn diese derart mitgeführt wird, dass sie bei einer Kontrolle auf Verlangen zuständigen Personen lesbar gemacht werden kann.[4]

(4) Ausnahmegenehmigungen und Erlaubnisse der zuständigen Behörde sind für den Geltungsbereich dieser Verordnung wirksam, sofern sie nicht einen anderen Geltungsbereich nennen.

VwV-StVO zu § 46 Ausnahmegenehmigung und Erlaubnis

Allgemeines über Ausnahmegenehmigungen

1 I. Die Straßen sind nur für den normalen Verkehr gebaut. Eine Ausnahmegenehmigung zu erteilen, ist daher nur in besonders dringenden Fällen gerechtfertigt. An den Nachweis solcher Dringlichkeit sind strenge Anforderungen zu stellen. Erteilungsvoraussetzungen dürfen nur dann als amtsbekannt behandelt werden, wenn in den Akten dargetan wird, worauf sich diese Kenntnis gründet.

---

2 Gesetz zur Bevorrechtigung der Verwendung elektrisch betriebener Fahrzeuge (Elektromobilitätsgesetz – EmoG) vom 5.6.2015 (BGBl. I S. 898)

3 § 46 Abs. 2 letzter Halbsatz ergänzt durch Art. 1 der 54. StrVRÄndV vom 20.4.2020 (BGBl. I S. 814).

4 Das Verfahrensmanagement für den Großraum- und Schwertransporte (VEMAGS) stellt ein internet-basiertes Verwaltungsverfahren dar, mit dem u. a. Anhörung, Ausführung und Zustellung der Bescheide auf elektronisch erfolgt. Dazu ist die Gleichstellung papiergebundener mit elektronischen Bescheiden notwendig. Die Wahrung der Authentizität gewährleistet dabei eine elektronische Signatur.

2 II. Die Sicherheit des Verkehrs darf durch eine Ausnahmegenehmigung nicht beeinträchtigt werden; sie ist erforderlichenfalls durch Auflagen und Bedingungen zu gewährleisten. Auch Einbußen der Flüssigkeit des Verkehrs sind auf solche Weise möglichst zu mindern.

3 III. Die straßenrechtlichen Vorschriften über Sondernutzungen sind zu beachten.

4 IV. Hat der Inhaber einer Ausnahmegenehmigung die Nichtbeachtung von Bedingungen und Auflagen zu vertreten, so soll ihm grundsätzlich keine neue Ausnahmegenehmigung erteilt werden.

5 V. Vor der Erteilung einer Ausnahmegenehmigung sollen die beteiligten Behörden gehört werden, wenn dies bei dem Zweck oder dem Geltungsbereich der Ausnahmegenehmigung geboten ist.

6 VI. Dauerausnahmegenehmigungen sind auf höchstens drei Jahre zu befristen. Sie dürfen nur widerruflich erteilt werden.

Zu Absatz 1

Zu Nummer 1

7 Aus Sicherheitsgründen werden in der Regel Bedingungen oder Auflagen geboten sein.

Zu Nummer 2

8 Sofern die Ausnahmegenehmigung sich auf dort nicht zugelassene Fahrzeuge bezieht, gilt Nr. VI 2a zu § 29 Abs. 3; Rn. 117 und 118.

Zu Nummer 4

9 Die betroffenen Anlieger sind zu hören.

Zu Nummer 4a und 4b

10 I. Ohnhänder (Ohnarmer) erhalten eine Ausnahmegenehmigung, um an Parkuhren und Parkscheinautomaten gebührenfrei und im Zonenhaltverbot bzw. auf Parkplätzen mit zeitlicher Begrenzung ohne Benutzung der Parkscheibe zu parken.

11 II. Kleinwüchsige Menschen mit einer Körpergröße von 1,39 m und darunter erhalten eine Ausnahmegenehmigung, um an Parkuhren und Parkscheinautomaten gebührenfrei zu parken.

12 III. Nr. III zu § 46 Abs. 1 Nr. 11 gilt entsprechend.

Zu Nummer 5[5]

13 I. Fahrzeuge und Fahrzeugkombinationen, die aufgrund ihrer Ladung die Abmessungen des § 18 Abs. 1 oder § 22 Abs. 2 bis 4 überschreiten, bedürfen einer Ausnahmegenehmigung. Bei Überschreiten der Maße und Massen nach den §§ 32 bis 34 StVZO bedürfen diese Fahrzeuge zusätzlich einer Ausnahmegenehmigung nach § 70 Abs. 1 Nummer 1 StVZO und einer Erlaubnis nach § 29 Abs. 3 (vgl. zu § 29 Abs. 3; Rn. 79 ff.). Die Verwaltungsvorschriften zu § 29 Abs. 3 gelten entsprechend mit folgenden Besonderheiten.

II. Voraussetzungen der Ausnahmegenehmigung

14 1. Eine Ausnahmegenehmigung setzt neben der Einhaltung der Anforderungen der Rn. 85 sowie Rn. 86 der VwV zu § 29 Abs. 3 voraus, dass

a) die Beschaffung eines Spezialfahrzeugs für den Transport unmöglich oder unzumutbar ist und

b) die Ladung nach vorn nicht über 1 m hinausragt.

15 2. Neben den in Rn. 87 und 88 der VwV zu § 29 Abs. 3 genannten Ladungen darf die Ausnahmegenehmigung ferner für den Transport mehrerer einzelner

---

5 Mit der Änderung der VwV-StVO zu § 46 Abs. 1 Nr. 5 und zu § 29 Abs. 3 (BAnz AT 29.5.2017 B8) wird die Polizeibegleitung auf Fälle beschränkt, in denen verkehrsbezogene Ermessensentscheidungen vor Ort unabweisbar sind.

Teile, die je für sich mit ihrer Länge, Breite oder Höhe über den in der Zulassungsbescheinigung Teil I (Anlage 5 zu § 11 Fahrzeug-Zulassungsverordnung – FZV) festgelegten Abmessungen des Fahrzeugs oder der Fahrzeugkombination hinausragen und unteilbar sind, erteilt werden. Beiladung ist gestattet, soweit Gesamtmasse und Achslasten die nach § 34 StVZO zulässigen Werte nicht überschreiten.

III. Das Verfahren für die Erteilung der Ausnahmegenehmigung

16 1. Antragsdaten

Aus dem Antrag müssen mindestens folgende technische Daten des Fahrzeuges oder der Fahrzeugkombination einschließlich der Ladung ersichtlich sein: Länge, Breite und Höhe des Fahrzeuges oder der Fahrzeugkombination, Art der Ladung und Angaben zur Unteilbarkeit der Ladung, Abmessungen und Gewicht der Ladung, bauartbedingte Höchstgeschwindigkeit des Transports, amtliche Kennzeichen, Fahrzeugidentifikationsnummern von Zugfahrzeugen und Anhängern.

17 2. Anhörverfahren

Die Rn. 104 ff. der VwV zu § 29 Abs. 3 gelten entsprechend mit der Besonderheit, dass von dem angeführten Anhörverfahren abzusehen ist, wenn folgende Abmessungen im Einzelfall nicht überschritten werden:

18	a) Höhe (Fahrzeug/Fahrzeugkombination und Ladung)	4 m
19	b) Breite (Fahrzeug/Fahrzeugkombination und Ladung)	3 m
20	c) Länge (Fahrzeug/Fahrzeugkombination und Ladung)	22,75 m
21	d) Hinausragen der Ladung nach hinten	4 m
22	e) Hinausragen der Ladung über die letzte Achse	5 m
23	f) Hinausragen der Ladung nach vorn	1 m.

24 3. An den Nachweis der Voraussetzungen der Erteilung einer Ausnahmegenehmigung nach Nummer II sind strenge Anforderungen zu stellen. Die Rn. 115 bis 118 zu § 29 Abs. 3 gelten entsprechend.

IV. Der Inhalt des Genehmigungsbescheides

25 1. Rn. 119 ff. der VwV zu § 29 Abs. 3 gelten entsprechend mit der Besonderheit, dass

26 2. von der Fahrzeitbeschränkung abzusehen ist, wenn Transporte mit Fahrzeugen oder Fahrzeugkombinationen durchgeführt werden, deren zulässige Höchstgeschwindigkeit 80 km/h beträgt und diese Geschwindigkeit transportbedingt eingehalten werden kann, sofern die in Nummer III.2 (Rn. 19 ff.) aufgeführten Abmessungen nicht überschritten werden. Erforderlichenfalls ist vorzuschreiben, dass sich solche Fahrzeuge wie Züge nach § 4 Abs. 2 StVO zu verhalten haben.

27 3. Ragt die Ladung mehr als 50 cm nach vorn hinaus, so ist die Auflage zu erteilen, die Ladung durch eine rot-weiß gestreifte Schutzvorrichtung zu sichern, die bei Dunkelheit blendfrei zu beleuchten ist. Soweit möglich, ist dazu eine mindestens 50 cm lange Schutzkappe über das vordere Ende der Ladung zu stülpen und so zu befestigen, dass die Ladung nicht nach vorn verrutschen kann.

28 4. Ragt die Ladung nach hinten hinaus, sind folgende Auflagen zu erteilen:

a) Die Ladung, insbesondere deren hintere Enden, sind durch Spannmittel oder sonstige Vorrichtungen ausreichend zu sichern.

b) Es darf nur abgebogen werden, wenn das wegen des Ausschwenkens der Ladung ohne Gefährdung, insbesondere des nachfolgenden Verkehrs oder des Gegenverkehrs, möglich ist.

c) Besteht die Gefahr, dass die Ladung auf der Fahrbahn schleift, so ist ein Nachläufer vorzuschreiben. Auf die „Richtlinien für Langmaterialzüge mit selbstlenkendem Nachläufer" wird verwiesen.

29 V. Im Übrigen sind die Verwaltungsvorschriften zu § 29 Abs. 3 entsprechend anzuwenden.

30 Rn. 31 bis Rn. 92 (weggefallen).

Zu Nummer 5b

93 I. Ausnahmen von der Anlegepflicht

Von der Anlegepflicht für Sicherheitsgurte können Personen im Ausnahmewege befreit werden, wenn

94 – das Anlegen der Gurte aus gesundheitlichen Gründen nicht möglich ist oder

95 – die Körpergröße weniger als 150 cm beträgt.

II. Ausnahmen von der Schutzhelmtragepflicht

96 Von der Schutzhelmtragepflicht können Personen im Ausnahmewege befreit werden, wenn das Tragen eines Schutzhelmes aus gesundheitlichen Gründen nicht möglich ist.

III. Voraussetzungen

97 Die in Nr. I und II genannten Voraussetzungen gesundheitlicher Art sind durch eine ärztliche Bescheinigung nachzuweisen. In der ärztlichen Bescheinigung ist ausdrücklich zu bestätigen, dass der Antragsteller auf Grund des ärztlichen Befundes von der Gurtanlege- bzw. Helmtragepflicht befreit werden muss. Die Diagnose braucht aus der Bescheinigung nicht hervorzugehen.

IV. Geltungsdauer und Auflagen

98 Die Ausnahmegenehmigungen sind widerruflich und befristet zu erteilen.

99 Soweit aus der ärztlichen Bescheinigung keine geringere Dauer hervorgeht, ist die Ausnahmegenehmigung in der Regel auf ein Jahr zu befristen. Dort, wo es sich um einen attestierten nichtbesserungsfähigen Dauerzustand handelt, ist eine unbefristete Ausnahmegenehmigung zu erteilen.

Zu Nummer 6

100 Gegen das Führen von Rindvieh in Viehtriebrahmen hinter Schleppern bestehen keine grundsätzlichen Bedenken. In der Ausnahmegenehmigung ist die zulässige Geschwindigkeit auf weniger als 5 km/h festzusetzen. Die Zahl der zu führenden Tiere ist festzulegen.

Zu Nummer 7

101 I. Voraussetzung der Genehmigung

1. Eine Einzelgenehmigung darf nur unter folgenden Voraussetzungen erteilt werden:

102 a) In dringenden Fällen, z. B. zur Versorgung der Bevölkerung mit leicht verderblichen Lebensmitteln, zur termingerechten Be- oder Entladung von Seeschiffen, zur Aufrechterhaltung des Betriebes öffentlicher Versorgungseinrichtungen; wirtschaftliche oder wettbewerbliche Gründe allein rechtfertigen eine Genehmigung keinesfalls,

103 b) für Güter, zu deren Beförderung keine Fahrzeuge bis zu 7,5 t zulässiges Gesamtgewicht verfügbar sind,

104 c) für Güter, deren fristgerechte Beförderung nicht wenigstens zum größten Teil der Strecke auf der Schiene möglich ist, sofern es sich um eine Beförderung über eine Straßenstrecke von mehr als 100 km handelt und

105 d) für grenzüberschreitenden Verkehr, wenn die deutschen und ausländischen Grenzzollstellen zur Zeit der voraussichtlichen Ankunft an der Grenze Lastkraftwagenladungen abfertigen können.

106 2. Eine Dauerausnahmegenehmigung darf nur erteilt werden, wenn außerdem die Notwendigkeit regelmäßiger Beförderung feststeht.

II. Das Verfahren

107 1. Vom Antragsteller sind folgende Unterlagen zu verlangen:

a) Fracht- und Begleitpapiere,

108 b) falls es sich um eine Beförderung über eine Straßenstrecke von mehr als 100 km handelt, eine Bescheinigung der für den Versandort zuständigen Güterabfertigung über die Unmöglichkeit der fristgerechten Schienenbeförderung,

109 c) für grenzüberschreitenden Verkehr ein Nachweis über die Abfertigungszeiten der Grenzzollstelle für Ladungen auf Lastkraftwagen,

110 d) Kraftfahrzeug- und Anhängerschein. Für ausländische Kraftfahrzeuge, in deren Zulassungspapieren zulässiges Gesamtgewicht und Motorleistung nicht eingetragen sind, ist eine entsprechende amtliche Bescheinigung erforderlich.

111 2. Eine Dauerausnahmegenehmigung darf nur erteilt werden, wenn der Antragsteller die Dringlichkeit der Beförderung durch eine Bescheinigung der Industrie- und Handelskammer nachweist oder sonst glaubhaft macht.

III. Inhalt der Genehmigung

112 Für den Genehmigungsbescheid ist ein Formblatt zu verwenden, das das Bundesministerium für Verkehr und digitale Infrastruktur nach Anhörung der obersten Landesbehörden im Verkehrsblatt bekannt gibt.

113 1. Der Beförderungsweg braucht nur festgelegt zu werden, wenn das aus verkehrlichen Gründen geboten ist.

114 2. Für grenzüberschreitenden Verkehr ist die Beförderungszeit so festzulegen, dass das Kraftfahrzeug an der Grenze voraussichtlich zu einem Zeitpunkt eintrifft, an dem sowohl die deutsche als auch die ausländische Grenzzollstelle zur Abfertigung von Ladungen besetzt ist.

115 3. Die für die Beförderung zugelassenen Güter sind einzeln und genau aufzuführen.

Zu Nummer 9

116 Von dem Verbot verkehrsstörenden Lautsprecherlärms dürfen Ausnahmen nur genehmigt werden, wenn ein überwiegendes Interesse der Allgemeinheit vorliegt.

Zu Nummer 10

117 Gegen die Erteilung einer Ausnahmegenehmigung für Werbung auf Flächen von Leuchtsäulen bestehen in der Regel keine Bedenken; Gründe der Sicherheit oder Leichtigkeit des Straßenverkehrs werden kaum je entgegenstehen.

Zu Nummer 11

Ausnahmegenehmigungen für schwerbehinderte Menschen

I. Parkerleichterungen

118 1. Schwerbehinderten Menschen mit außergewöhnlicher Gehbehinderung kann gestattet werden,

119 a) an Stellen, an denen das eingeschränkte Haltverbot angeordnet ist (Z. 286, 290.1), bis zu drei Stunden zu parken. Antragstellern kann für bestimmte Haltverbotsstrecken eine längere Parkzeit genehmigt werden. Die Ankunftszeit muss sich aus der Einstellung auf einer Parkscheibe (§ 13 Abs. 2 Nr. 2, Bild 318) ergeben,

120 b) im Bereich eines Zonenhaltverbots (Z. 290.1) die zugelassene Parkdauer zu überschreiten,

121 c) an Stellen, die durch Z. 314 und 315 gekennzeichnet sind und für die durch ein Zusatzzeichen eine Begrenzung der Parkzeit angeordnet ist, über die zugelassene Zeit hinaus zu parken,

122 d) in Fußgängerzonen, in denen das Be- oder Entladen für bestimmte Zeiten freigegeben ist, während der Ladezeiten zu parken,

123 e) an Parkuhren und bei Parkscheinautomaten zu parken, ohne Gebühr und zeitliche Begrenzung,

124 f) auf Parkplätzen für Bewohner bis zu drei Stunden zu parken,

125 g) in verkehrsberuhigten Bereichen (Z. 325.1) außerhalb der gekennzeichneten Flächen ohne den durchgehenden Verkehr zu behindern, zu parken,

126 sofern in zumutbarer Entfernung keine andere Parkmöglichkeit besteht. Die vorgenannten Parkerleichterungen dürfen mit allen Kraftfahrzeugen in Anspruch genommen werden.

127 Die höchstzulässige Parkzeit beträgt 24 Stunden.

128 2. Die Berechtigung ist entweder durch den EU-einheitlichen Parkausweis für behinderte Menschen (vgl. Nr. IX 1b zu § 45 Abs. 1 bis 1e) oder durch einen besonderen Parkausweis, den das zuständige Bundesministerium im Verkehrsblatt[6] bekannt gibt, nachzuweisen. Der Ausweis muss gut sichtbar hinter der Windschutzscheibe angebracht sein.

II. Voraussetzungen der Ausnahmegenehmigung

129 1. Als schwerbehinderte Menschen mit außergewöhnlicher Gehbehinderung sind solche Personen anzusehen, die sich wegen der Schwere ihres Leidens dauernd nur mit fremder Hilfe oder nur mit großer Anstrengung außerhalb ihres Kraftfahrzeuges bewegen können.

130 Hierzu zählen: Querschnittsgelähmte, doppeloberschenkelamputierte, doppelunterschenkelamputierte, hüftexartikulierte und einseitig oberschenkelamputierte Menschen, die dauernd außer Stande sind, ein Kunstbein zu tragen, oder nur eine Beckenkorbprothese tragen können oder zugleich unterschenkel- oder armamputiert sind sowie andere schwerbehinderte Menschen, die nach versorgungsärztlicher Feststellung, auch auf Grund von Erkrankungen, dem vorstehend angeführten Personenkreis gleichzustellen sind.

131 2. Schwerbehinderte Menschen mit außergewöhnlicher Gehbehinderung, die keine Fahrerlaubnis besitzen, kann ebenfalls eine Ausnahmegenehmigung (Nr. I 1; Rn. 118 ff.) erteilt werden.

132 In diesen Fällen ist den Behinderten eine Ausnahmegenehmigung des Inhalts auszustellen, dass der sie jeweils befördernde Kraftfahrzeugführer von den entsprechenden Vorschriften der StVO befreit ist.

133 3. Die Rn. 118 bis 132 sind sinngemäß auch auf die nachstehend aufgeführten Personengruppen anzuwenden:

134 a) Blinde Menschen;

135 b) Schwerbehinderte Menschen mit beidseitiger Amelie oder Phokomelie oder mit vergleichbaren Funktionseinschränkungen, wobei die zeitlichen Begrenzungen, die eine Betätigung der Parkscheibe voraussetzen, nicht gelten;

136 c) Schwerbehinderte Menschen mit den Merkzeichen G und B und einem Grad der Behinderung (GdB) von wenigstens 80 allein für Funktionsstörungen an den unteren Gliedmaßen (und der Lendenwirbelsäule, soweit sich diese auf das Gehvermögen auswirken);

137 d) Schwerbehinderte Menschen mit den Merkzeichen G und B und einem GdB von wenigstens 70 allein für Funktionsstörungen an den unteren Gliedmaßen (und der Lendenwirbelsäule, soweit sich diese auf das Gehvermögen auswirken) und gleichzeitig einem GdB von wenigstens 50 für Funktionsstörungen des Herzens oder der Atmungsorgane;

---

6 Bekanntmachung des Formblatt-Musters für Ausnahmegenehmigungen zur Gewährung von Parkerleichterungen für schwerbehinderte Menschen mit außergewöhnlicher Gehbehinderung, beidseitiger Amelie oder Phokomelie oder vergleichbaren Funktionseinschränkungen sowie für blinde Menschen nach § 46 Abs. 1 Nr. 11 vom 9.10.2009 (VkBl. S. 690).

138 e) Schwerbehinderte Menschen, die an Morbus Crohn oder Colitis ulcerosa erkrankt sind, wenn hierfür ein GdB von wenigstens 60 vorliegt;

139 f) Schwerbehinderte Menschen mit künstlichem Darmausgang und zugleich künstlicher Harnableitung, wenn hierfür ein GdB von wenigstens 70 vorliegt.

III. Das Verfahren

140 1. Der Antrag auf Ausnahmegenehmigung ist bei der örtlich zuständigen Straßenverkehrsbehörde zu stellen.

141 2. Die Dauerausnahmegenehmigung wird für maximal fünf Jahre in stets widerruflicher Weise erteilt.

142 3. Die Ausnahmegenehmigung soll in der Regel gebührenfrei erteilt werden.

IV. Inhalt der Genehmigung

143 Für den Genehmigungsbescheid ist ein bundeseinheitliches Formblatt zu verwenden, welches das zuständige Bundesministerium im Verkehrsblatt bekannt macht (vgl. Rn. 128).[7]

V. Geltungsbereich

144 Die Ausnahmegenehmigungen gelten für das ganze Bundesgebiet.

Parkerleichterungen für Ärzte

145 I. Ärzte handeln bei einem „rechtfertigenden Notstand" (§ 16 OWiG) nicht rechtswidrig, wenn sie die Vorschriften der StVO nicht beachten.

146 II. Ärzte, die häufig von dieser gesetzlichen Ausnahmeregelung Gebrauch machen müssen, erhalten von der zuständigen Landesärztekammer ein Schild mit der Aufschrift „Arzt – Notfall – Name des Arztes ... Landesärztekammer", das im Falle von I. gut sichtbar hinter der Windschutzscheibe anzubringen ist.

Zu Nummer 12

147 Eine Ausnahmegenehmigung soll grundsätzlich erteilt werden, wenn die Betroffenen über keine eigenen Betriebshöfe oder Abstellflächen verfügen und sich solche Möglichkeiten auch nicht in zumutbarer Weise beschaffen können und wenn sich zugleich keine Parkplätze mit Abstellerlaubnis in der näheren Umgebung befinden und auch nicht geschaffen werden können.

Zu Absatz 1a Ausnahmen von Verkehrsbeschränkungen, Verkehrsverboten oder Verkehrsumleitungen

148 Bei der Bevorrechtigung geht die Gewährleistung eines sicheren und flüssigen Verkehrsablaufs aller Verkehrsteilnehmer vor. Vor jeder Entscheidung über eine Bevorrechtigung von elektrisch betriebenen Fahrzeugen sind die Straßenbaubehörden und die Polizeien zu hören. Die Straßenverkehrsbehörde bedarf der Zustimmung der obersten Landesbehörde oder der von ihr bestimmten Stelle, wenn von einer Anordnung von Maßnahmen zum Schutz der Bevölkerung vor Lärm und Abgasen elektrisch betriebener Fahrzeuge ausgenommen werden sollen. Der Zustimmung bedarf es nicht, wenn und soweit die oberste Landesbehörde die Straßenverkehrsbehörde vom Erfordernis der Zustimmung befreit hat.

Zu Absatz 2

149 Die zuständigen obersten Landesbehörden oder die von ihnen bestimmten Stellen können von allen Bestimmungen dieser Allgemeinen Verwaltungsvorschrift Abweichungen zulassen.

---

7 Bekanntmachung der Muster des besonderen Parkausweises vom 4.6.2009 (VkBl. S. 390).
Bekanntmachung des Formblatt-Musters für Ausnahmegenehmigungen für besondere Gruppen behinderter Menschen gemäß den Rn. 128 und 143 VwV-StVO vom 9.10.2009 (VkBl. S. 390).

Zu Absatz 3 Satz 3

150 Es genügt nicht, wenn eine beglaubigte Abschrift oder eine Ablichtung des Bescheides mitgeführt wird.

1 Aus der amtlichen Begründung

1.1 Das neue internetbasierte Verfahrensmanagement für die Durchführung des Verfahrens zur Erlaubnis von Großraum- und Schwertransporten (VEMAGS) soll in den Regelbetrieb überführt werden, wozu eine Gleichstellung papiergebundener mit elektronischen Bescheiden und Signatur erforderlich ist (Begr. 2012).

1.2 Einführung von Ausnahmen zur Bevorrechtigung von Elektrofahrzeugen (Begr. 2015).

1.3 Klarstellung, dass der Bund die ausschließliche Verordnungskompetenz auch für Ausnahmeverordnungen hat, nicht aber für die Anordnung von Verkehrszeichen (Begr. 2020).

2 Erläuterungen

Die StVO enthält zahlreiche generalklauselartige Bestimmungen, die häufig Einzelinteressen unberücksichtigt lassen. Um unbillige Härten abzuwenden, können bei berechtigten Individualbedürfnissen Ausnahmen von den Verkehrsverboten erteilt werden.

2.1 Ausnahmegenehmigung und Erlaubnis

Durch **Ausnahmen** wird von einer Verbotsnorm Freistellung gewährt. Dabei hat der Antragsteller selbst bei Dringlichkeit keinen Anspruch auf die erstrebte Ausnahme, sondern nur ein subjektiv-öffentliches Recht auf fehlerfreie Ermessensausübung. Demgegenüber besteht bei Inanspruchnahme von Rechten mit **Erlaubnis**vorbehalt (§ 29 Abs. 2 und 3) ein Anspruch auf Erteilung, wenn die Voraussetzungen erfüllt und Kollisionen mit zeitlich oder örtlich gegenläufigen Verkehrsinteressen ausgeschlossen sind. Dies ist durch Nebenbestimmungen (Auflagen, Bedingungen, Befristungen) zu gewährleisten oder auf ein vertretbares Maß zu beschränken. Beide Rechtsformen sind **begünstigende Verwaltungsakte** (VA) bei Erteilung bzw. **belastende** VA bei Versagung. Sie unterliegen der vollen verwaltungsgerichtlichen Überprüfung. Ein Klagerecht steht auch demjenigen zu, der durch eine erteilte Ausnahme oder Erlaubnis an einen Begünstigten übermäßig in seinen eigenen Rechten belastet wird (BayObLG VkBl. 1960, 250).

2.2 Ausnahmen, Erlaubnisse und Sondernutzung

Werden Straßen mehr als verkehrsüblich in Anspruch genommen und wird dadurch der nach den Straßengesetzen bestimmte Widmungsinhalt (Verkehr und Gemeingebrauch) überschritten, liegt eine **Sondernutzung** öffentlichen Straßenlandes vor. Eine Sondernutzung ist nur zulässig, wenn dafür eine **Erlaubnis** der Straßenbaubehörde erteilt worden ist (Sondernutzungserlaubnis). Schnittpunkte hat das Straßenrecht zum Straßenverkehrsrecht dort, wo Verhaltensweisen durch Ausnahmegenehmigungen oder Erlaubnisse zugelassen werden, die den Gemeingebrauch an öffentlichen Straßen übersteigen.[8]

8 Vor allem bei §§ 29 Abs. 2 und 3, 30 Abs. 2, 32 Abs. 1, 33 Abs. 1.

Die auf Landesrecht beruhende straßenrechtliche Sondernutzung (Gewährleistung der Straßennutzung) und die Ausnahmegenehmigung nach der StVO (Gewährleistung der Sicherheit und Ordnung) haben unterschiedliche Zielsetzungen, so dass Art. 31 GG („Bundesrecht bricht Landesrecht") beim Zusammentreffen beider Genehmigungsformen nicht berührt ist (BGH VerkMitt 2002 Nr. 55 = NZV 2002, 238 = VRS 102, 220 = DAR 2002, 224).

Unzulässig ist es jedoch, öffentliches Straßenland teilzuentwidmen, um die Fläche danach für den gleichen Zweck bestimmten Personen zuzuweisen, weil eine straßenverkehrsrechtliche Privilegierung fehlt, z. B. Teilentwidmung einer öffentlichen Parkfläche, um sie danach durch Sondernutzung Firmen oder Hotelgästen zur Verfügung zu stellen.

Wird eine Ausnahme allein zu „Verkehrszwecken" erteilt (z. B. Motorradparken auf Gehwegen), bedarf es keiner zusätzlichen Sondernutzungserlaubnis. Soll hingegen das Motorrad zum „Überwintern" abgestellt werden, liegt eine verkehrsfremde und damit straßenrechtlich erlaubnispflichtige Nutzung vor (Sondernutzung durch Missbrauch der Straße als Abstellfläche). In diesen Fällen ist neben der Sondernutzungserlaubnis eine Ausnahmegenehmigung erforderlich, wenn durch die zuzulassenden Tätigkeiten der Verkehr (abstrakt) erschwert oder gefährdet werden **kann**. Das gilt auch für Fußgängerzonen, wenn während der ausschließlichen Nutzung durch Fußgänger anderer Verkehr gestattet werden soll, wie Belieferung außerhalb der Ladezeiten. Sondernutzungserlaubnisse und Ausnahmegenehmigungen dürfen nur in Einzelfällen erteilt werden; sie dürfen jedenfalls nicht dazu führen, dass der Kerngehalt der Widmung auf Dauer beseitigt wird (BVerwG VerkMitt 1982 Nr. 1).

Isolierte Sondernutzungserlaubnisse sind entbehrlich, wenn nach den Straßengesetzen der Länder oder nach § 8 Abs. 6 FStrG infolge Zuständigkeitskonzentration diese zusammen mit der verkehrsrechtlichen Ausnahmegenehmigung erteilt werden (BVerwG VerkMitt 1989 Nr. 27). Von der Straßenbaubehörde für erforderlich gehaltene Bedingungen, Auflagen und Gebühren werden in die Ausnahmegenehmigung einbezogen.[9]

2.3 Grenzen des Ausnahmegenehmigungsverfahrens

Ausnahmegenehmigungen dürfen nur für „einzelne" Antragsteller erteilt werden, d. h. sie müssen mit Namen und Adresse **bestimmt** und nicht nur bestimmbar sein (BVerwG VerkMitt 2008 Nr. 68 = NZV 2008, 476 = VRS 115, 66; BVerwG VerkMitt 1994 Nr. 80).[10] Freistellungen von Verkehrsverboten für Personengruppen können auch **nicht** durch Zusatzzeichen erteilt werden. Hier besteht allenfalls die Möglichkeit, bestimmte Verkehrsarten, die diesen Personenkreis umfassen, auszunehmen, z. B. „LKW frei", nicht aber „Diplomaten- oder Behördenfahrzeuge frei", weil es sich hierbei um keine Fahrzeugart handelt (BVerwG VerkMitt 1968 Nr. 1 – VRS 33, 149).

---

9 Beispiel: Art. 21 BayStrWG; § 13 BerlStrG. Vor der Entscheidung ist dann im Regelfall die sonst für Sondernutzungserlaubnisse zuständige Straßenbaubehörde zu hören oder Einvernehmen mit ihr herzustellen. Die von dieser geforderten Bedingungen, Auflagen, Vorbehalte und Sondernutzungsgebühren sind dem Antragsteller in der Erlaubnis oder Ausnahmegenehmigung aufzuerlegen.

10 Beispielsweise wäre eine allen Fahrschulen im Land Brandenburg oder in Berlin (Amtsblatt 2011, S. 1483) erteilte allgemeine Ausnahme von § 32 zum Aufstellen von Leitkegeln auf öffentlichem Straßenland für Grundfahrübungen rechtswidrig.

Keinesfalls dürfen massenhaft erteilte Ausnahmen dazu führen, dass für ein ganzes Gebiet Verkehrsregeln suspendiert werden und dadurch quasi verbotenes Landesrecht geschaffen wird (Kettler NZV 2008, 72: zu Ausnahmen für Segway-Fahrzeuge im Saarland).[11] Dementsprechend wären z.B. flächenhaft wirkende Ausnahmen (ähnlich den gesetzlich zulässigen Parkerleichterungen für Schwerstgehbehinderte) für alle Ärzte, Handwerker oder sonstige Berufsgruppen unzulässig.[12] Nur das BMVI darf nach **§ 6 Abs. 3 StVG** ohne Zustimmung des Bundesrates, aber nach Anhörung der zuständigen obersten Landesbehörden (Verkehrsministerien der Länder) allgemeine Ausnahmen im Wege einer Rechtsverordnung (**Ausnahmeverordnung**) erlassen.[13]

2.4 Erteilungsvoraussetzungen

2.4.1 Unbillige Härte

Das Verkehrsrecht ist im Interesse der Gleichbehandlung aller Verkehrsteilnehmer und des Gemeingebrauchs am öffentlichen Raum präferenz- und **privilegienfeindlich** ausgestaltet. Eine Ausnahme von einem verkehrsbezogenen Verbot ist deshalb nur in besonders dringenden Einzelfällen zulässig, wenn Interessen der Allgemeinheit dem nicht entgegenstehen (OVG Bremen VRS 59, 317; OLG Düsseldorf VerkMitt 1990 Nr. 94). An den Nachweis der Dringlichkeit sind strenge, aber nicht unüberwindbare Maßstäbe anzulegen (Rn. 1 VwV-StVO zu § 46). Sinn der Freistellung von Verboten ist nicht, die gesetzliche Regelung durch Ausnahmen beliebig zu unterlaufen. Von einer Verkehrsregel darf deshalb nur abgewichen werden, wenn die strikte Anwendung eines repressiven Verbots in einem besonders gelagerten Einzelfall zu einer unbilligen, vom Verordnungsgeber nicht gewollten Härte für den Betroffenen führt (BVerfG VerkMitt 1976 Nr. 65). Durch eine Ausnahme darf die **Sicherheit** des Verkehrs nicht beeinträchtigt werden (Rn. 2 VwV-StVO zu § 46), eine Beeinträchtigung der Ordnung des Verkehrs ist durch Auflagen gering zu halten. Dabei ist das Verhältnismäßigkeitsprinzip zu beachten.

2.4.2 Umfang

Der sichere und reibungslose Ablauf des Massenverkehrs kann nur gewährleistet werden, wenn die allgemeinen Verkehrsregeln strikt befolgt werden, und zwar auch von solchen Personen, für die die Respektierung der vorgegebenen Ordnung in ihrer konkreten Situation Nachteile bringt.

---

11 Hier würde das verfassungsrechtliche Verbot des Art. 31 GG berührt: „Bundesrecht bricht Landesrecht".

12 Beispielsweise ist in der Berliner Koalitionsvereinbarung für 2011 bis 2016 unter der Überschrift „Mittelstand, Handwerk und Handel" festgelegt worden, dass alle Handwerker durch Erteilung von Ausnahmen von der Verpflichtung zur Bedienung von Parkscheinautomaten freigestellt werden („Wir wollen für Betriebe, insbesondere des Handwerks, einen nutzerfreundlichen Parkausweis, z.B. als Betriebsvignette, für die gesamte Stadt schaffen. Dafür sind Kriterien festzulegen."). Die Freistellung aller Handwerksbetriebe, selbst wenn es nur dabei bliebe, von der Bedienung der Parkscheinautomaten würde für das Land Berlin eine Umgehung der fehlenden gesetzlichen Ermächtigung in § 6 StVG bedeuten, so dass dadurch verbotenes Landesrecht geschaffen würde. Die Ausnahmegenehmigungen wären insoweit rechtswidrig.

13 Z.B. 12. AusnahmeVO i.d.F. vom 26.10.2009 (BGBl. I S. 3678: 100 km/h für Wohnmobile bis 7,5 t auf Autobahnen und Kraftfahrstraßen).

Ortsgegebene Belastungen müssen hingenommen werden. Die für alle Verkehrsteilnehmer zu gewährleistende Sicherheit und Ordnung des Straßenverkehrs hat grundsätzlich Vorrang auch vor solchen gewichtigen Belangen wie der Berufsausübung oder der wirtschaftlichen Existenzsicherung.[14] Infolgedessen dürfen generelle Ausnahmen von den Park- und Haltverboten zugunsten bestimmter Personengruppen zur **Erleichterung der Berufsausübung** in Ballungsräumen mit geringem Parkraum grundsätzlich nicht erteilt werden (VGH Mannheim VRS 87, 476). Andernfalls würde der knappe Straßenraum nur bestimmten Berufsgruppen zur Verfügung stehen oder es müssten mehr Ausnahmen erteilt werden, als überhaupt Parkraum verfügbar ist. Der straßenrechtliche Gemeingebrauch garantiert einen Anspruch aller Verkehrsteilnehmer auf Nutzung des Straßenraums, der nicht mittels einer gezielten Freistellungspraxis für bestimmte Berufs- oder Personengruppen unterlaufen werden darf. Das gilt auch für wichtige Dienstleistungssparten wie Ärzte, Sozialstationen, Hauskrankenpfleger, „Essen auf Rädern", Gerichtsvollzieher, Rechtsanwälte, Notare, technische Notdienste, Journalisten, Brief- und Paketdienste. Für Arbeiten im Verkehrsraum (z. B. Vermessungsarbeiten, Verkehrszählungen) sind Ausnahmen im Einzelfall möglich, sofern keine Sonderrechte nach § 35 bestehen und die Arbeiten nur unter Verletzung von Verkehrsverboten durchgeführt werden können (z. B. Betreten der Fahrbahn, Aufstellen von Geräten).

2.4.3 Ausnahmefall

Die Erteilung einer Ausnahmegenehmigung setzt einen Ausnahmefall voraus; andernfalls verstößt sie gegen den Gleichbehandlungsgrundsatz, der verlangt, „wesentlich Gleiches gleich und wesentlich Ungleiches seiner Eigenart entsprechend ungleich zu behandeln" (OVG Münster DAR 2006, 579 = VRS 111, 70. kein Ausnahmegrund, wenn im Herkunftsland des KFZ höhere Gewichte zulässig sind; VGH Mannheim NZV 1991, 485; VGH München NZV 1998, 390).

2.4.4 Ermessen

Die Erteilungsvoraussetzungen sind von der Verkehrsbehörde sorgfältig zu prüfen. Zunächst darf das Begehren des Antragstellers bei unklarer Ausdrucksweise nicht wörtlich genommen werden und nur deshalb zur Ablehnung führen. Vielmehr ist der Sinn des Begehrens auszulegen oder durch Rückfrage so auszugestalten, dass der Antrag Aussicht auf Erfolg hat. Eine Ablehnung des Antrages mit einer der „beliebten" amtstypischen Begründungen („Das haben wir noch nie gemacht – da kann ja jeder kommen – wo kommen wir denn da hin") wäre ermessensfehlerhaft und damit rechtswidrig. Ebenso dürfen Anträge ohne Einzelfallprüfung nicht deshalb abgelehnt werden, weil für solche Fälle schlechthin keine Genehmigungen erteilt werden (Nichtausübung des Ermessens).

Weiterhin sind stets das Interesse der Allgemeinheit und das des Einzelnen gegeneinander abzuwägen. Überwiegt das Interesse der Allgemeinheit, muss das Begehren des Einzelnen zurückstehen. Durch **Anhörung**

14 Selbst der Antrag des Scharfrichters Reichhart auf Ausnahme vom Tempolimit auf deutschen Straßen, um wegen der verbrecherisch ausufernden Hinrichtungspraxis der Nazis schnell von einem Gefängnis zu einer anderen Hinrichtungsstätte fahren zu können, wurde vom Reichsverkehrsministerium im September 1941 abgelehnt (Bundesarchiv Berlin R 3001/1324, Bl. 123, 126).

der von einer Ausnahme Betroffenen (Baulastträger, Polizei, Bahnunternehmer, Umweltschutzbehörden oder auch Anlieger) sowie durch Ortsbesichtigungen hat sich die Straßenverkehrsbehörde ein umfassendes Bild über die zu erwartenden Verkehrserschwernisse oder Beeinträchtigungen zu verschaffen. Erteilungsvoraussetzungen dürfen nur dann als amtsbekannt behandelt werden, wenn deutlich gemacht wird, worauf sich diese Kenntnis stützt (Rn. 1 VwV-StVO zu § 46). Bei Auswirkungen **außerhalb des Bezirks** sind auch die anderen Verkehrsbehörden anzuhören. Sind neben der Ausnahme nach der StVO weitere Genehmigungen erforderlich (z. B. Sondernutzungserlaubnis, Ausnahmen von Lärm- oder Abfallnormen), darf über die verkehrsbehördliche Genehmigung erst entschieden werden, wenn feststeht, dass die anderen Genehmigungen ebenfalls erteilt werden. Durch das Anhörverfahren wird dabei sichergestellt, dass Alleingänge im Genehmigungsverfahren vermieden werden. Empfehlenswert ist stets ein kombiniertes Verfahren in der Weise, dass sich eine Behörde für federführend erklärt und alle notwendigen Genehmigungen in einem Bescheid zusammenfasst (Konzentrationsprinzip). Andernfalls würde der Bürger eine gebührenpflichtige Ausnahme erhalten, mit der er isoliert nichts anfangen kann, wenn ihm andere notwendige Ausnahmen versagt werden (Beachtung des Prinzips des Vertrauensschutzes).

2.5 Verkehrssicherung

Durch eine Ausnahme oder Erlaubnis darf die Sicherheit des Verkehrs nicht beeinträchtigt werden. Lässt sich die Sicherheit auch durch Auflagen oder Bedingungen nicht gewährleisten (z. B. durch Straßensperrungen oder Polizeibegleitung), muss die Genehmigung versagt werden (LG Ansbach VerkMitt 1999 Nr. 70). Eine Beeinträchtigung der Ordnung des Verkehrs ist zwangsläufig fast nie auszuschließen; Verkehrsstörungen sind aber durch Auflagen und Bedingungen möglichst gering zu halten.

Die Absicherung des Verkehrsraumes ist (z. B. bei Straßenfesten, Sportveranstaltungen, Umzügen) grundsätzlich dem verantwortlichen Antragsteller aufzuerlegen (§ 5b Abs. 2e StVG). Hierzu gehört nicht nur die Bereitstellung von Ordnerpersonal, sondern auch die Beschaffung, Aufstellung, Unterhaltung und Kostentragung der von der Straßenverkehrsbehörde angeordneten Verkehrszeichen und -einrichtungen.[15] Ist das dem Veranstalter nicht möglich, kann diese Verpflichtung auch der Gemeinde mit deren Zustimmung übertragen werden (§ 45 Abs. 5 Satz 3). Die Gemeinde wird die dafür entstehenden Kosten nach allgemeinen Haushaltsgrundsätzen allerdings dem Veranstalter auferlegen, es sei denn, sie hat ein eigenes vitales Interesse an dem Vorhaben.

2.6 Verantwortlichkeit für Auflagen und Bedingungen (Nebenbestimmungen)

Der Antragsteller muss zuverlässig sein und über die notwendigen Fähigkeiten und Fertigkeiten verfügen, um die mit einer Erlaubnis oder Ausnahme verbundenen atypischen Verkehrsvorgänge bewältigen zu können. Er muss auch unter Kostengesichtspunkten die Gewähr dafür bieten, dass die erteilten **Bedingungen und Auflagen** eingehalten werden. Hat er die Missachtung

15 Meist durch einen Verkehrszeichenplan, dessen „Entwurf" der Antragsteller beizubringen und der Verkehrsbehörde zur Anordnung vorzulegen hat.

von Nebenbestimmungen zu vertreten, soll ihm grundsätzlich keine neue Ausnahmegenehmigung mehr erteilt werden (Rn. 4 VwV-StVO zu § 46).

Bedingungen sind Verpflichtungen, die vor Inanspruchnahme einer Ausnahme oder Erlaubnis erfüllt werden müssen, z. B. Beschränkung des Transports auf unteilbare Ladung, Absicherung des Verkehrsraums, Abschluss einer besonderen Haftpflichtversicherung, Auslegung eines im Wege der Ausnahme erteilten Parkausweises. Werden diese Verpflichtungen nicht erfüllt, entfällt die Wirksamkeit einer Ausnahmegenehmigung oder Erlaubnis, d. h. sie ist „nicht existent".

Auflagen sind Verpflichtungen, denen im Rahmen der erteilten Genehmigung nachzukommen ist, z. B. Fertigung von Aufzeichnungen, Straßenreinigung nach Veranstaltungsende, Mitführen zusätzlicher Ausrüstung (Unterlegkeile, Ketten, Warnleuchten). Die Nichtbeachtung einer mit einer Ausnahmegenehmigung verbundenen Auflage macht die Genehmigung selbst nicht unwirksam (BGH VersR 1961, 1044), sie kann jedoch als Ordnungswidrigkeit verfolgt werden (§ 49 Abs. 4 Nr. 4) und zum Widerruf der Genehmigung führen.

2.7 Widerrufsvorbehalt und Befristung

Mit Rücksicht auf die allgemeinen Verkehrsbedürfnisse und die sich schnell ändernden Gegebenheiten dürfen Erlaubnisse oder Genehmigungen nur befristet und **widerruflich** erteilt werden. Dies ist auch wegen des Charakters als begünstigender Verwaltungsakt und der Anfechtungsmöglichkeit belasteter Dritter geboten, weil die Genehmigung wegen des Vertrauensschutzes nur in ganz engen Grenzen rücknehmbar ist.[16]

Straßenverkehrsbehördliche Ausnahmegenehmigungen oder Erlaubnisse können für den Einzelfall oder auf Dauer erteilt werden, im Regelfall **befristet** auf max. **drei Jahre** (Rn. 6 VwV-StVO zu § 46). Die Befristung dient der periodischen Überprüfung, ob die bei Erteilung maßgebenden Umstände weiterhin vorliegen (BVerwG VRS 87, 235). Das gilt auch bei den Parkerleichterungen für Behinderte, selbst wenn nicht zu erwarten ist, dass sich die Behinderung bessern wird (mit der Befristung sollen Missbrauchsfälle verhindert werden).

2.8 Haftung des Begünstigten

Die **Haftung** der Behörde für mögliche Schäden durch die Inanspruchnahme der Erlaubnis oder Ausnahmegenehmigung ist stets durch eine vom Begünstigten zu unterzeichnende **Freistellungserklärung** auszuschließen (z. B. Rn. 69 VwV-StVO zu § 46). Regelmäßig ist auch der Nachweis einer ausreichenden **Versicherung** für mögliche Schäden zu verlangen. Der Grund liegt darin, dass das Haftungsrisiko bei dem Genehmigungsinhaber verbleiben muss, weil andernfalls die Behörde den Begünstigten auch noch durch Übernahme des Haftungsrisikos alimentieren würde.

2.9 Gebühren

Ausnahmegenehmigungen unterliegen der Gebührenpflicht nach Gebühren-Nr. 264 der GebOSt in Höhe von 10,20 bis 767 €.[17] Die Gebühr wird fällig

---

16 In der Regel nur, wenn sie durch falsche Angaben erschlichen worden ist.

17 GebOSt i. d. F. des Art. 3 der 1. VO zur Änderung der StVZO und der GebOSt vom 11.10.2013 (BGBl. I S. 3772).

bei Erteilung wie auch bei Ablehnung einer Ausnahmegenehmigung. In Härtefällen kann auf die Gebührenerhebung verzichtet werden, z.B. bei schwerbehinderten Menschen (Rn. 142 VwV-StVO zu § 46 Abs. 1 Nr. 11; § 5 Abs. 6 GebOSt).[18] Die Rahmengebühren werden von den Verkehrsbehörden durch interne Gebührenverzeichnisse ausgefüllt, wobei die Höhe der Einzelgebühr nach § 9 Abs. 1 VwKostG unter Berücksichtigung des Verwaltungsaufwandes (Kostendeckungsprinzip), der Bedeutung oder des wirtschaftlichen Wertes für den Begünstigten (Äquivalenzprinzip) sowie dessen wirtschaftlicher Verhältnisse (Leistungsfähigkeitsprinzip) festzusetzen ist. Innerhalb der Rahmengebühr können unterschiedliche Beträge je nachdem erhoben werden, ob die Ausnahmegenehmigung gewerblichen, privaten oder gemeinnützigen Zwecken dient.[19] Die Gebühr ist im Genehmigungsbescheid unter Angabe der GebOSt und der Nummer auszuweisen.

2.10 Versagung von Ausnahmen

Liegen die Erteilungsvoraussetzungen nicht vor, ist die Ausnahme durch einen rechtsmittelfähigen Bescheid (mit Rechtsbehelfsbelehrung) zu versagen. Die Versagung einer Ausnahmegenehmigung für die Benutzung einer öffentlichen Straße mit schweren Lastkraftwagen kann für denjenigen, der auf eine solche Straßenbenutzung angewiesen ist, ein enteignungsgleicher Eingriff sein und Entschädigungsansprüche begründen (BGH NJW 1975, 1880). Gegen die Versagung kann Verpflichtungsklage beim Verwaltungsgericht erhoben werden. Gegen überzogene Auflagen kann Anfechtungsklage erhoben werden.

2.11 Zuständigkeiten

Zuständig für die Erteilung von Ausnahmen und Erlaubnissen sind die **Verkehrsbehörden**. Sonderregelungen in bestimmten Fällen enthält § 47. Bei Auswirkungen der Ausnahme über den Bezirk einer Verkehrsbehörde hinaus sind i.d.R. die höheren Verwaltungsbehörden zuständig (Regierungspräsidien, Landesämter, Bezirksregierungen der Bundesländer). Ist hingegen eine einheitliche bundesweite Entscheidung erforderlich (selten), hat das BMVI die Entscheidungskompetenz (§ 46 Abs. 2 Satz 3). Auch ohne Anhörung sind Ausnahmen bundesweit wirksam (§ 46 Abs. 4). Im Übrigen folgt aus dem Katalog des § 46 Abs. 1 die Zuständigkeit der Verkehrsbehörde für die dort aufgezeigten Freistellungsfälle. Alle dort nicht genannten Ausnahmen erteilen nach § 46 Abs. 2 die **obersten Landesbehörden** oder die von ihnen nach Landesrecht beauftragten Stellen. Für Ausnahmen von der Temporegelung auf Autobahnen für ausländische KOM (§ 18 Abs. 5 Nr. 3 – Tempo 100) ist die Verkehrsbehörde zuständig, in deren Bereich der jeweilige Grenzübergang liegt (s.a. Erl. 2.13 zu § 46).

---

18 **§ 5 Abs. 6 GebOSt Persönliche Gebührenfreiheit**
Die für die Erhebung der Gebühren zuständige Stelle kann Körperbehinderten aus Billigkeitsgründen Gebührenermäßigung oder Gebührenbefreiung für Amtshandlungen, Prüfungen oder Untersuchungen gewähren, die wegen der Behinderung erforderlich werden.

19 Unterschiedliche Gebührenhöhen verstoßen weder gegen den Gleichbehandlungsgrundsatz (Art. 3 Abs. 1 GG), noch beeinträchtigen sie die Berufsfreiheit (Art. 12 Abs. 1 Satz 2 GG), weil bei der Gebührenhöhe unterschiedliche Motivationen berücksichtigt werden dürfen.

2.12 Einzelfälle

2.12.1 Freistellung von Verkehrsverboten

Grundsätze für die Erteilung einer Ausnahme für Gewerbetreibende vom Saisonverkehrsverbot in einem Kurort: BVerwG VRS 73, 308. Bei einer Ausnahme für Geldtransporteure zum Befahren einer Fußgängerzone außerhalb der Lieferzeiten sind nicht nur verkehrliche Gesichtspunkte zu berücksichtigen, sondern auch das Risiko bewaffneter Überfälle (OVG Münster NZV 2001, 277).

2.12.2 Freistellung von der Anschnall- und Helmtragepflicht

Der Antrag eines Fahrlehrers auf Freistellung von der Anschnallpflicht bei der Ausbildung erfordert eine sorgfältige Einzelprüfung (VG Düsseldorf VerkMitt 1981 Nr. 27). Eine Ausnahme aus gesundheitlichen Gründen darf nicht nur in das allgemeine ärztliche Ermessen gestellt werden (VG Düsseldorf NJW 1989, 1234); Voraussetzung ist vielmehr eine Gesundheitsgefahr, die auf andere Weise nicht verhütet werden kann (BGH DAR 1993, 62). Ausnahmebegehren wegen pathogener Gesundheitszustände können die Kraftfahreignung berühren, z. B. bei ärztlichem Attest, laut dem der Betroffene wegen Erkrankungen i. S. d. Anl. 4 FeV keinen Schutzhelm tragen darf. Die Unterrichtung der Fahrerlaubnisbehörde durch die Straßenverkehrsbehörde kann datenschutzrechtlich aus den Ordnungs- und Sicherheitsgesetzen der Länder hergeleitet werden. Die Fahrerlaubnisbehörde muss die übermittelten Unterlagen unverzüglich vernichten, wenn sie für die Eignungsfrage ohne Belang sind (s. a. Erl. 2.2.2 zu § 21a).

2.12.3 Ausnahmen für Autorennen

Die Verkehrsbehörden müssen ihr Ermessen zur Erteilung von Ausnahmen für motorsportliche Veranstaltungen sachgerecht ausüben. Eine Entscheidung, schlechthin keine Rennen zu genehmigen, z. B. infolge eines Parlamentsbeschlusses, wäre ermessensfehlerhaft und rechtswidrig (OVG Münster DAR 1996, 369). Im Übrigen siehe VwV-StVO zu § 29 Abs. 1 und 2. Zu den Anforderungen an den Veranstalter eines Autorennens: BGH DAR 1982, 130.

2.12.4 Schwerstgehbehinderte und Blinde

Schwerbehinderten mit außergewöhnlicher Gehbehinderung und Blinden können Parkerleichterungen im Wege einer Ausnahme erteilt werden (s. a. Erl. 2.5 zu § 12).[20] Hierbei handelt es sich um Personen, die aufgrund versorgungsärztlicher Feststellung dauernd außer Stande sind, sich außerhalb eines KFZ fortzubewegen (SG Dresden DAR 2001, 476; LSG Halle DAR 2013, 345: keine Ausnahme für Behinderte, die wegen weiten Öffnens der Fahrertür einen größeren Parkstand benötigen). Im Behindertenausweis ist das Merkzeichen „aG" oder „Bl"[21] eingetragen. Nicht zu diesem Personenkreis gehören Gehbehinderte nur mit dem Merkzeichen „G" (OVG

20 Der alte dunkelblaue Parkausweis für Behinderte ist am 31.12.2010 ungültig geworden. Ab 1.1.2011 gilt nur noch das mit Verlautbarung vom 24.10.2000 (VkBl. 2000, 624) bekanntgegebene Muster des EU-einheitlichen Parkausweises für Behinderte.

21 Blinde („Bl") können zwar gehen, dürfen jedoch von der Begleitperson nach dem Aussteigen nicht alleine gelassen werden.

Parkerleichterungen für schwerstbehinderte Menschen

Freistellung für:

1. Parken bei Z. 286, 290.1. bis zu 3 Std. mit Parkscheibe (nicht aber bei Z. 283 mit Zusatzzeichen „Be- und Entladen frei")
2. Keine zeitliche Begrenzung bei befristetem Parken bei Z. 290.1, 314, 315 (max. 24 Std.)
3. Parkuhren/Parkscheinautomaten ohne Gebühr und zeitliche Befristung (max. 24 Std.)
4. Fußgängerzonen während der Ladezeiten
5. Bewohnerparkplätze bis zu 3 Std. mit Parkscheibe
6. Parken in verkehrsberuhigten Gebieten außerhalb gekennzeichneter Parkflächen (max. 24 Std.)

Erkrankungen	GdB[1]	Freigestellt für
Außergewöhnliche Gehbehinderung (Merkzeichen aG)		1. bis 6.
Blinde (Merkzeichen Bl)		1. bis 6.
Beidseitige Amelie oder Phokomelie oder vergleichbare Funktionsstörungen		1. bis 6.; zu 3. und 5. auch ohne Parkscheibe
Schwerbehinderte mit Funktionsstörungen an unteren Gliedmaßen (Merkzeichen G und B)	80	1. bis 6.
Schwerbehinderte mit Funktionsstörungen an unteren Gliedmaßen mit Auswirkungen auf das Gehvermögen und gleichzeitig Störungen des Herzens oder der Atmungsorgane (Merkzeichen G und B)	70 50	1. bis 6.
Morbus Crohn oder Colitis ulcerosa	60	1. bis 6.
Künstlicher Darmausgang und künstliche Harnableitung	70	1. bis 6.

1 GdB = Grad der Behinderung mindestens

Münster DAR 2011, 654 = NZV 2011, 624). Sie dürfen somit nicht die mit dem Rollstuhlfahrersymbol gekennzeichneten Parkstände benutzen. Die Ausnahmegenehmigung als hellblaue Parkberechtigungskarte mit Rollstuhlfahrersymbol ist von außen gut sichtbar im Fahrzeug auszulegen oder anzubringen (Anl. 3 lfd. Nr. 7).[22]

Die Straßenverkehrsbehörden können aufgrund versorgungsärztlicher Feststellung schwerbehinderten Menschen Ausnahmen von bestimmten Halt- und Parkverboten erteilen (§ 46 Abs. 1 Nr. 11). Schwerbehinderte Menschen mit außergewöhnlicher Gehbehinderung sind solche Personen, die wegen der Schwere ihrer Leiden dauernd auf fremde Hilfe angewiesen sind und sich nur mit großer Anstrengung außerhalb ihrer Kraftfahrzeuge bewegen können (VwV-StVO zu § 46 Rn. 129). Die nach Rn. 130 VwV-StVO zu § 46 Abs. 1 Nr. 11 aufgeführten Erkrankungen sind nur Beispielfälle, die die Art der Leiden charakterisieren. Infolgedessen gehören auch solche Personen dazu, deren Leiden zu einer ähnlichen Behinderung führt (OVG Münster VRS 122, 173; OVG Münster DAR 2011, 654 = NZV 2011, 624; VG Düsseldorf DAR 2011, 344; SG Dresden DAR 2001, 476: 8–10 min. für Wegstrecke von 50 m unter Schmerzen und Mühen mit Sturzgefahr; s. a. Dahm NZV 2013, 426 mit Hinweis auf das LSG Halle vom 25.9.2012 – L 7 SB 29/10: an die Erteilung des Merkzeichens „aG" sind hohe Anforderungen zu stellen, wozu die Notwendigkeit eines breiten Parkplatzes nicht gehört.). Zum Kreis der Schwerstgehbehinderten gehören somit auch solche Menschen, die zwar nicht außergewöhnlich gehbehindert sind, aber

22 OVG Münster VerkMitt 2009 Nr. 37.

doch unter sehr starken Bewegungseinschränkungen leiden, insbesondere Menschen mit beidseitiger Amelie oder Phokomelie[23] oder vergleichbaren Funktionseinschränkungen.[24] Die Straßenverkehrsbehörden sind bei ihren Entscheidungen nur an die Feststellungen der Versorgungs- oder Sozialämter für die Zuordnung von Merkzeichen im Behindertenausweis gebunden, nicht aber an darüber hinausgehende Stellungnahmen. Das gilt insbesondere, wenn Äußerungen der Versorgungs- oder Sozialämter unvollständige oder nicht nachvollziehbare Angaben enthalten (OVG Münster VerkMitt 2012 Nr. 39; VG Frankfurt NZV 2014, 191; s.a. Dahm NZV 2012, 163).

Von einigen Bundesländern wurden bisher Parkerleichterungen auch für Personen gewährt, die das Merkzeichen „aG" knapp verfehlten und damit nicht zu dem Kreis der Schwerstgehbehinderten zählen, etwa Personen, die an Morbus Crohn oder Colitis ulcerosa (chronisch-entzündliche Darmerkrankung) leiden, sowie Träger eines doppelten Stomas („künstlicher" Darm-/Harnausgang). Ihnen kann seit 2009 eine bundesweit gültige Ausnahme erteilt werden, so dass sie u.a. Parkgebühren nicht entrichten müssen und in eingeschränkten Haltverboten (Z. 286), in Haltverbotszonen (Z. 290.1) oder in verkehrsberuhigten Gebieten außerhalb der ausgewiesenen Flächen parken dürfen (Rn. 136 bis 139 VwV-StVO zu § 46 Abs. 1 Nr. 11).[25] Ein für den Kreis der Schwerstgehbehinderten ausgewiesener personengebundener Parkstand mit Zusatzzeichen 1020-11 oder 1044-11 kann jedoch nicht in Anspruch genommen werden, weil diese Personen nicht zu dem berechtigten Personenkreis nach § 6 Abs. 1 Nr. 14 StVG gehören. Sie erhalten einen bundeseinheitlichen Parkausweis, den das BMVBS (BMVI) am 4.6.2009 im VkBl. S. 390 bekanntgegeben hat. Der Ausweis für die besonderen Gruppen behinderter Menschen nach Rn. 128 und 143 VwV-StVO besteht aus orangefarbenem Karton und hat das Format DIN A6 (Ausweis „light"). Für das Genehmigungsverfahren ist ein Formblatt zu verwenden, das das BMVBS (BMVI) am 9.10.2009 bekanntgemacht hat (VkBl. 2009, 690).

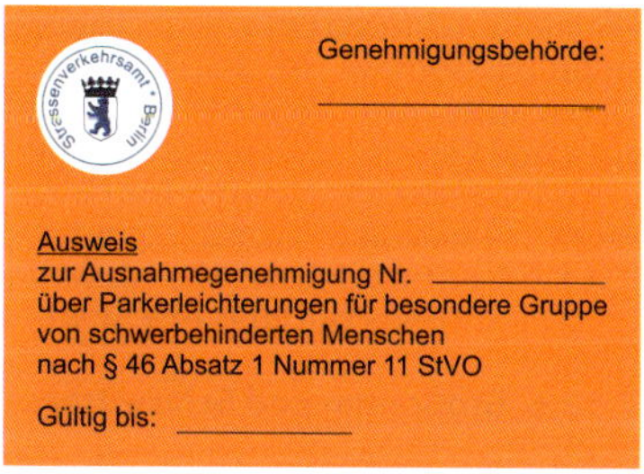

---

23 Phokomelie = Fehlbildung von Gliedmaßen durch Vererbung oder Medikamente, z.B. Thalidomid des Präparats Contergan; Amelie = Fehlgestaltung eines Organs durch Mutation oder Umwelteinflüsse.

24 Der Kreis der Schwerstgehbehinderten ist durch Änderung des StVG vom 3.2.2009 (BGBl. I S. 150; VkBl. S. 170), der StVO vom 26.3.2009 (BGBl. I S. 734) und der VwV-StVO vom 4.6.2009 (BAnz 2009, 2050; VkBl. 2009, 386) erweitert worden.

25 Ausgewiesene Behindertenparkplätze dürfen aber nicht benutzt werden. Soweit in einigen Ländern dennoch Ausnahmegenehmigungen zur Benutzung der Behindertenparkplätze erteilt werden (z.B. Berlin, Mecklenburg-Vorpommern), sind solche Ausnahmen rechtlich problematisch, weil die gesetzliche Ermächtigung des § 6 Abs. 1 Nr. 14 StVG nur für den dort genannten Personenkreis gilt und nicht über das Ausnahmegenehmigungsverfahren zulasten der blinden und schwerbehinderten Menschen mit außergewöhnlicher Gehbehinderung, beidseitiger Amelie, Phokomelie oder vergleichbaren Funktionseinschränkungen ausgehebelt werden darf. Im Übrigen gelten solche Ausnahmen nur für das genehmigende Bundesland und dürfen nicht auf andere Bundesländer ausgedehnt werden.

Gehören Schwerbehinderte mit dem Merkzeichen „G" nicht zu dem speziellen Personenkreis, gelten die Parkerleichterungen grundsätzlich nicht, selbst wenn ihnen 100 % Erwerbsminderung zuerkannt worden ist. Ebenso können keine Ausnahmen für Gehbehinderte erteilt werden, für die das Zurücklegen längerer Wegstrecken aufgrund von Erkrankungen eine besondere Härte darstellt (OVG Münster DAR 2011, 654 = NZV 2011, 624).

2.12.5 Bewohnerparkprivilegien

Parkerleichterungen für Bewohner dürfen nur erteilt werden, wenn der Parkraum überwiegend durch Fremdparker besetzt wird, deren Parkbedürfnisse verlagerbar sind (z. B. Berufspendler). Einen Rechtsanspruch auf eine Ausnahme haben nur diejenigen Bewohner, die in dem Gebiet tatsächlich wohnen und über ein Kraftfahrzeug verfügen (VGH München NZV 1992, 503). Die freigestellten Fahrzeuge sind mit einem Parkausweis zu kennzeichnen.[26] Je höher die Parkraumnachfrage ist, umso enger kann die Freistellungspraxis der Verkehrsbehörden sein (VG Aachen VD 2009, 316); siehe im Übrigen Erl. 2.2.10 zu § 45. Andererseits sind die Bedürfnisse des Wirtschafts- und Versorgungsverkehrs sowie Parkmöglichkeiten für Besucher und Geschäftsanlieger angemessen zu gewährleisten. Insoweit können auch Parkberechtigungen für Gäste eines Hotels erteilt werden, allerdings nicht „blanko auf Vorrat", sondern nur nach vorheriger Personenangabe mit KFZ-Kennzeichen (VG München SVR 2019, 114). Für Anhänger kann keine Parkberechtigung erteilt werden.

2.12.6 Großraum- und Schwertransporte

Fahrzeuge und Fahrzeugkombinationen, die aufgrund ihrer Ladung die Abmessungen des § 18 Abs. 1 oder § 22 Abs. 2 bis 4 überschreiten, bedürfen einer Ausnahmegenehmigung nach § 46 Abs. 1 Nr. 5 (s. a. Rn. 13 bis 15 VwV-StVO zu § 46 Abs. 1 Nr. 5). Sofern Fahrzeuge außerdem die nach §§ 32 bis 34 StVZO zulässigen Maße und Massen überschreiten, bedürfen sie zusätzlich einer Ausnahmegenehmigung nach § 70 Abs. 1 Nr. 1 StVZO **und** einer Erlaubnis nach **§ 29 Abs. 3**. Die Voraussetzungen für Ausnahmegenehmigungen sind mit denen nach § 29 Abs. 3 im Wesentlichen identisch, so dass Rn. 13 VwV-StVO zu § 46 Abs. 1 Nr. 5 auf die Rn. 79 VwV-StVO zu § 29 Abs. 3 verweist.

Bei der Ausnahmegenehmigung ist auch eine Auflage zulässig, dass während des gesamten Transports eine sachkundige Person anwesend ist, die die deutsche Sprache beherrscht (VGH Mannheim VerkMitt 2018 Nr. 67 = VRS 133, 259 = NZV 2018, 522 mit Anm. Rebler).

2.12.7 Fahrverbot in Umweltzonen nach Z. 270.1

Außer den mit Plaketten gekennzeichneten schadstoffarmen Fahrzeugen sind von dem Umweltfahrverbot des Z. 270.1 die nach Anh. 3 Kennzeichnungs-VO[27] normativ aufgeführten Fahrzeuge freigestellt, vor allem zwei- und dreirädrige KFZ, Sonderrechtsfahrzeuge nach § 35, Krankenwagen,

26 Gebühr für die Ausstellung eines Bewohner-Parkausweises: 10,20 bis 30,70 € pro Jahr nach Gebühren-Nr. 265 GebOSt.

27 35. BImSchV – Verordnung zur Kennzeichnung der Kraftfahrzeuge mit geringem Beitrag zur Schadstoffbelastung vom 10.10.2006 (BGBl. I S. 2218, ber. S. 2543) i. d. F. der 1. Verordnung vom 5.12.2007 (BGBl. I S. 2793).

Arztwagen im Einsatz mit Dachaufsatz „Arzt – Notfalleinsatz" nach § 52 Abs. 6 StVZO, KFZ zum Transport Schwerstgehbehinderter, Hilfloser und Blinder, Arbeitsmaschinen, land- und forstwirtschaftliche Zugmaschinen sowie Oldtimerfahrzeuge.[28]

Darüber hinaus können Einzelausnahmegenehmigungen nach § 46 Abs. 1 bei wichtigen Anliegen zur Vermeidung von Härtefällen erteilt werden, insbesondere zur Versorgung der Bevölkerung mit lebensnotwendigen Gütern und Dienstleistungen sowie zur Aufrechterhaltung von Produktions- und Fertigungsprozessen. Der Umfang der jeweiligen Ausnahmepraxis wird von den Prognosen der Luftreinhaltepläne bestimmt. Je dringender die Minimierung der Feinstaubbelastung ist, umso enger muss die Ausnahmepraxis sein. So sind Ausnahmen mit entsprechenden Nachweisen vor allem zulässig für KFZ ohne Nachrüstmöglichkeit mit Partikelfiltern von Berufspendlern ohne Anbindung an öffentliche Nahverkehrsmittel, für nicht nachrüstbare Gewerbefahrzeuge bei Existenzgefährdung, bei Gehbehinderten ohne finanziell zumutbare Ersatzbeschaffung, bei Spezial- und Schaustellerfahrzeugen (Werkstatt-/Schwertransportfahrzeuge), nicht aber für nicht schadstoffarme Mietfahrzeuge (BGH München NZV 2010, 327) oder Firmenfahrzeuge, die für Kundenbesuche Umwege in Kauf nehmen müssen (VG Stuttgart VD 2011, 24).

Auch die Polizei kann in unaufschiebbaren Fällen Ausnahmen durch Aushändigung eines Kontrollzettels zur Vermeidung von Ordnungswidrigkeiten genehmigen, wenn eine Ausnahme nicht rechtzeitig zu erlangen (Wochenende), die Fahrt aber dringlich ist.

2.12.8 Elektrofahrzeuge

Durch die Ermächtigungsgrundlage des EmoG und der 50. StrVRÄndV ist für elektrisch betriebene Fahrzeuge die Möglichkeit geschaffen worden, durch Zusatzzeichen Ausnahmen von Verkehrsbeschränkungen, -verboten oder -umleitungen nach § 45 Abs. 1 Nr. 3, Abs. 1a und Abs. 1b Nr. 5 zuzulassen. Außerdem können die Straßenverkehrsbehörden für die Inhaber solcher Elektrofahrzeuge Einzelausnahmen von Verboten und Beschränkungen erteilen (s. a. Engelmann SVR 2018, 87 = NZV 2018, 563: kritisch zur Ermächtigungsgrundlage der 50. StrVRÄndV).

Diese Möglichkeiten bestehen nur bis zum **Auslaufen** des **EmoG** zum **31.12.2026**.

2.12.9 Ärzte

Für den Notfalleinsatz erhalten Ärzte grundsätzlich keine Ausnahmen. Sollte zur Rettung von Menschenleben oder zur Abwehr einer akuten Gesundheitsgefahr im Einzelfall eine Abweichung von den Verkehrsregeln erforderlich sein (z. B. Tempoüberschreitung, Missachtung von Halt- oder Parkverboten), handeln Ärzte im rechtfertigenden Notstand nach § 16 OWiG, wobei dessen Grenzen zu beachten sind. Dies gilt nicht bei den üblichen Hausbesuchen (Visiten), weil Freistellungen von den Verkehrsregeln zur Erleichterung der Berufstätigkeit auch für sozial wichtige Dienstleistungen grundsätzlich nicht erteilt werden dürfen. Zur Verdeutlichung für die Überwachungskräfte der Polizei erhalten Ärzte von den Landesärztekam-

28 Oldtimer sind mind. 30 Jahre alte Fahrzeuge mit „H"-Kennzeichen oder roten Kennzeichen mit den Ziffern „07" (§ 17 FZV).

mern einen Ausweis mit der Aufschrift „Arzt – Notfall/Name des Arztes/ Ärztekammer" (Parkausweis s. Erl. 2.5.3 zu § 12). Befindet sich ein solcher Ausweis in einem falsch geparkten Fahrzeug, müssen die Überwachungskräfte vor Anzeigenerstattung zunächst prüfen, ob ein Noteinsatz vorliegt.

Privatfahrzeuge von Notärzten können wegen des strengen Regel-Ausnahme-Verhältnisses nicht über eine zulassungsrechtliche Ausnahme mit Blaulicht und Martinshorn ausgerüstet werden (§§ 52 Abs. 2, 70 StVZO), selbst wenn sie infolge geringer Finanzkraft der Kommunen gelegentlich als Rettungsfahrzeuge verwendet werden. Solche Fahrzeuge können aber mit einem blinkenden Dachaufsatz „Arzt – Notfalleinsatz" nach § 52 Abs. 6 StVZO versehen und betrieben werden. Sonderrechte werden dadurch jedoch nicht begründet. Das Dachschild hat lediglich die Bedeutung, dass im Notfalleinsatz Verkehrsregeln rechtfertigend verletzt werden können (§ 16 OWiG) und andere Verkehrsteilnehmer nach dem Grundsatz der doppelten Sicherung (§ 1) darauf Rücksicht nehmen müssen.

2.13 Zuständigkeit des Bundes

Die Zuständigkeit für Erlaubnisse und Ausnahmen von verkehrsrechtlichen Normen verbleibt grundsätzlich bei den Ländern. Erstrecken sich jedoch die Auswirkungen von Ausnahmen über ein Bundesland hinaus und ist eine einheitliche Entscheidung notwendig, ist das BMVI zuständig. Dessen Kompetenz zum Erlass von Ausnahmeverordnungen folgt aus **§ 46 Abs. 2**.

2.14 Abweichungen von der VwV-StVO

Anders als Gesetze und Verordnungen haben Verwaltungsvorschriften keine Außenwirkung; sie binden die Verwaltung intern. Der Landesvollzug verkehrsrechtlicher Normen ist an die bundeseinheitlich geltenden Regelungen der VwV-StVO gebunden (Art. 84 Abs. 2 GG), die sich auf die Ermessensausübung auswirkt. Gleichwohl enthebt die VwV-StVO nicht von der Verpflichtung zur eigenverantwortlichen Ermessensentscheidung. Nach der VwV-StVO zu § 46 Abs. 2 können die zuständigen obersten Landesbehörden oder die von ihnen bestimmten Stellen von allen Bestimmungen der VwV Abweichungen zulassen, wenn ein Sachverhalt wesentliche Besonderheiten zu dem Fall aufweist, der für die VwV als Regelfall zugeschnitten ist.

3 Hinweise

3.1 Sachliche **Zuständigkeit** für Ausnahmen und Erlaubnisse: § 44; örtliche Zuständigkeit: § 47.

3.2 **Gebühren** für Ausnahmegenehmigungen: Gebühren-Nr. 264 GebOSt.

3.3 Ausnahmen von den **Ausrüstungs- und Bauvorschriften**: § 70 StVZO; Ausnahmen von **fahrerlaubnisrechtlichen Normen**: § 74 FeV.

§ 47 Örtliche Zuständigkeit

(1) Die Erlaubnisse nach § 29 Absatz 2 und nach § 30 Absatz 2 erteilt für eine Veranstaltung, die im Ausland beginnt, die nach § 44 Absatz 3 sachlich zuständige Behörde, in deren Gebiet die Grenzübergangsstelle liegt. Diese Behörde ist auch zuständig, wenn sonst erlaubnis- und genehmigungspflichtiger Verkehr im Ausland beginnt. Die Erlaubnis nach § 29 Absatz 3 erteilt die Straßenverkehrsbehörde, in deren Bezirk der erlaubnispflichtige Verkehr beginnt, oder die Straßenverkehrsbehörde, in deren Bezirk der erlaubnispflichtige Verkehr endet; im Fall einer flächendeckenden Erlaubnis wird die Erlaubnis nach § 29 Absatz 3 von der Straßenverkehrsbehörde erteilt, in deren Bezirk die den Transport durchführende Person ihren Wohnort oder Sitz oder das den Transport durchführende Unternehmen seinen Sitz hat. Befindet sich der Wohnort oder der Sitz im Ausland, so ist die Behörde zuständig, in deren Bezirk erstmalig von der Erlaubnis Gebrauch gemacht wird.[1]

(2) Zuständig sind für die Erteilung von Ausnahmegenehmigungen

1. nach § 46 Absatz 1 Nummer 2 für eine Ausnahme von § 18 Absatz 1 die Straßenverkehrsbehörde, in deren Bezirk auf die Autobahn oder Kraftfahrstraße eingefahren werden soll. Wird jedoch eine Erlaubnis nach § 29 Absatz 3 oder eine Ausnahmegenehmigung nach § 46 Absatz 1 Nummer 5 erteilt, ist die Verwaltungsbehörde zuständig, die diese Verfügung erlässt;
2. nach § 46 Absatz 1 Nummer 4a für kleinwüchsige Menschen sowie nach § 46 Absatz 1 Nummer 4a und 4b für Ohnhänder die Straßenverkehrsbehörde, in deren Bezirk der Antragsteller seinen Wohnort hat, auch für die Bereiche, die außerhalb ihres Bezirks liegen;
3. nach § 46 Absatz 1 Nummer 4c die Straßenverkehrsbehörde, in deren Bezirk der Antragsteller seinen Wohnort, seinen Sitz oder eine Zweigniederlassung hat;
4. nach § 46 Absatz 1 Nummer 5 die Straßenverkehrsbehörde, in deren Bezirk der zu genehmigende Verkehr beginnt oder die Straßenverkehrsbehörde, in deren Bezirk der zu genehmigende Verkehr endet; im Fall einer flächendeckenden Ausnahmegenehmigung die Straßenverkehrsbehörde, in deren Bezirk die den Transport durchführende Person ihren Wohnort oder Sitz oder das den Transport durchführende Unternehmen seinen Sitz hat. Befindet sich der Wohnort oder der Sitz im Ausland, so ist die Behörde zuständig, in deren Bezirk erstmalig von der Genehmigung Gebrauch gemacht wird;[1]
5. nach § 46 Absatz 1 Nummer 5b die Straßenverkehrsbehörde, in deren Bezirk der Antragsteller seinen Wohnort hat, auch für die Bereiche, die außerhalb ihres Bezirks liegen;
6. nach § 46 Absatz 1 Nummer 7 die Straßenverkehrsbehörde, in deren Bezirk die Ladung aufgenommen wird oder, im Falle einer flächendeckenden Ausnahmegenehmigung, die Straßenverkehrsbehörde,

1 § 47 Abs. 1 und 2 geändert durch Art. 1 der 54. StrVRÄndV vom 20.4.2020 (BGBl. I S. 814).

in deren Bezirk die den Transport durchführende Person ihren Wohnort oder Sitz oder das den Transport durchführende Unternehmen seinen Sitz hat. Diese sind auch für die Genehmigung der Leerfahrt zum Beladungsort zuständig, ferner dann, wenn in ihrem Land von der Ausnahmegenehmigung kein Gebrauch gemacht wird oder wenn dort kein Fahrverbot besteht. Befindet sich der Wohnort oder der Sitz im Ausland, so ist die Behörde zuständig, in deren Bezirk erstmalig von der Genehmigung Gebrauch gemacht wird;[1]

7. nach § 46 Absatz 1 Nummer 11 die Straßenverkehrsbehörde, in deren Bezirk die Verbote, Beschränkungen und Anordnungen erlassen sind, für schwerbehinderte Menschen jedoch jede Straßenverkehrsbehörde auch für solche Maßnahmen, die außerhalb ihres Bezirks angeordnet sind;

8. in allen übrigen Fällen die Straßenverkehrsbehörde, in deren Bezirk von der Ausnahmegenehmigung Gebrauch gemacht werden soll.

(3) Die Erlaubnisse für die übermäßige Benutzung der Straße durch die Bundeswehr, die in § 35 Absatz 5 genannten Truppen, die Bundespolizei,[2] die Polizei und den Katastrophenschutz erteilen die höhere Verwaltungsbehörde oder die nach Landesrecht bestimmte Stelle, in deren Bezirk der erlaubnispflichtige Verkehr beginnt.

VwV-StVO zu § 47 Örtliche Zuständigkeit

Zu Absatz 1 und Absatz 2 Nr. 1

1 Über Anträge auf Erteilung einer Dauererlaubnis und Dauerausnahmegenehmigung sollte in der Regel diejenige Straßenverkehrsbehörde entscheiden, in deren Bezirk der Antragsteller seinen Wohnsitz, seinen Sitz oder eine Zweigniederlassung hat. Will diese Behörde das Verfahren abgeben, so hat sie das eingehend zu begründen und über den Antragsteller ausführlich zu berichten.

1 Aus der amtlichen Begründung

1.1 Präzisierung der örtlichen Zuständigkeiten zur Vermeidung von Mehrfachanträgen und taktischen Überlegungen bei der Antragstellung (Begr. 2020).

2 Erläuterungen

2.1 Zuständigkeit für verkehrsbehördliche Genehmigungen

Die Vorschrift regelt nur die **örtliche** Zuständigkeit für Erlaubnisse nach §§ 29 Abs. 2 und 3, 30 Abs. 2 sowie für Ausnahmegenehmigungen nach § 46. Für den Erlass verkehrsbehördlicher Anordnungen nach § 45 ist die nach Landesrecht bestimmte Straßenverkehrsbehörde zuständig, in deren Bezirk die Verkehrsregelung wirksam werden soll. Die **sachliche** Zuständigkeit der Straßenverkehrsbehörden folgt aus §§ 44, 45.

---

2 Der Bundesgrenzschutz ist durch Art. 99 des Gesetzes vom 21.6.2005 (BGBl. I S. 1836) in Bundespolizei umbenannt worden.

2.2 Örtliche Zuständigkeit für Erlaubnisse

Für Erlaubnisse nach §§ 29 Abs. 2 und 30 Abs. 2 ist die Verkehrsbehörde zuständig, in deren Bezirk die Veranstaltung beginnt, bei länderübergreifenden Veranstaltungen (z.B. Rallyes durch Europa) die Verkehrsbehörde der Grenzübergangsstelle. Die erweiterte Zuständigkeitsregelung soll auch dem häufigen Antragstourismus bei Großraum- und Schwertransporten, Ausnahmen vom Sonn- und Feiertagsverbot sowie bei flächendeckenden Ausnahmen entgegenwirken (s.a. Herbst NZV 2020, 2017). So verlegen Serviceagenturen ihren Sitz zu den Genehmigungsbehörden, bei denen besonders schnell und günstig die Bescheiderteilung erfolgt. Eine ungleiche Belastung der Behörden deutschlandweit ist die Folge, verbunden mit der Ungerechtigkeit, dass sich der Aufwand angehörter Behörden in der Regel in der Erhebung der Gebühr nicht angemessen widerspiegelt bzw. die anzuhörenden Behörden ungleich verteilt mit einem Aufwand ohne Gebührenweiterleitung belastet werden. Auch beantragen Unternehmen mittlerweile an mehreren Orten Erlaubnisse, um quasi in einem Wettbewerb (ohne dass die Erlaubnisbehörden die Mehrfachbeantragung erkennen) so schnell wie möglich eine Erlaubnis – gleich von welcher Behörde – erhalten zu können. Daher wird in erster Linie auf die Orte abgestellt, in denen der **erlaubnispflichtige Verkehr beginnt** oder **endet**. Befindet sich der Wohnort oder der Sitz im Ausland, ist die Behörde zuständig, in deren Bezirk erstmalig von der Erlaubnis Gebrauch gemacht wird.

Nur die dort jeweils zuständigen Straßenverkehrsbehörden sind künftig grundsätzlich für die Erlaubniserteilung zuständig. Sind verschiedene Fahrtwege mit unterschiedlichen Start- oder Zielorten beantragt, so sind alle als Start oder Ziel angegebenen Orte maßgeblich. Bei flächendeckenden Erlaubnissen gibt es keinen festen Start- oder Zielort, daher wird hier auf den **Wohnort** bzw. **Sitz** der den Transport durchführenden Person bzw. des Unternehmens abgestellt. Maßgeblich für die örtliche Zuständigkeit der Behörde ist somit nicht mehr, wer den Antrag stellt, sondern wer den Transport durchführt. Antragsteller ist dabei jeder, der die Erlaubnis formal im eigenen Namen begehrt (OVG Münster VRS 83, 298). Das gilt auch für Transporte über Autobahnen oder Kraftfahrstraßen. Vor Erteilung einer Erlaubnis sind die höheren Verwaltungsbehörden anzuhören, durch deren Bezirk der Verkehr geführt wird.

2.3 Örtliche Zuständigkeit für Ausnahmegenehmigungen

Für Ausnahmen von verkehrsbezogenen Verboten ist grundsätzlich diejenige Verkehrsbehörde zuständig, in deren Bezirk von der Genehmigung Gebrauch gemacht werden soll. Abweichend davon sind die genannten Verkehrsbehörden nach § 47 Abs. 2 Nr. 1 bis 7 zuständig. Da in den Fällen des § 47 die Behörden Bundesrecht ausführen, gelten die Verwaltungsakte der formal zuständigen Verkehrsbehörde im gesamten Bundesgebiet, wenn keine besondere örtliche Begrenzung vorgesehen ist (§ 46 Abs. 4).

Ein **Verstoß** gegen die **Zuständigkeitsregelungen** macht eine verkehrsbehördliche Entscheidung rechtswidrig, aber nicht unwirksam (BVerwG VerkMitt 1981 Nr. 56). Das gilt jedoch nicht für ortsgebundene Rechte, die nach § 3 Abs. 1 Nr. 1 VwVfG auf bestimmte Grundflächen bezogen sind und für die diese Beziehung den wesentlichen Inhalt ausmacht, z.B. Erteilung einer Bewohnerparkberechtigung zulasten des Bezirks einer anderen

Straßenverkehrsbehörde. In solchen Fällen wäre eine unter Verletzung der örtlichen Zuständigkeit erteilte Ausnahmegenehmigung nach § 44 Abs. 1 Nr. 3 VwVfG nichtig.

3 Hinweise

3.1 Zum Verwaltungsverfahren der örtlich zuständigen Behörden gehört die Erhebung von Gebühren nach der Gebührenordnung für Maßnahmen im Straßenverkehr (**GebOSt**).

§ 48 Verkehrsunterricht

Wer Verkehrsvorschriften nicht beachtet, ist auf Vorladung der Straßenverkehrsbehörde oder der von ihr beauftragten Beamten verpflichtet, an einem Unterricht über das Verhalten im Straßenverkehr teilzunehmen.

VwV-StVO zu § 48 Verkehrsunterricht

1 I. Zum Verkehrsunterricht sind auch Jugendliche von 14 Jahren an, Halter sowie Aufsichtspflichtige in Betrieben und Unternehmen heranzuziehen, wenn sie ihre Pflichten nicht erfüllt haben.

2 II. Zweck der Vorschrift ist es, die Sicherheit und Ordnung auf den Straßen durch Belehrung solcher, die im Verkehr Fehler begangen haben, zu heben. Eine Vorladung ist daher nur dann sinnvoll und überhaupt zulässig, wenn anzunehmen ist, dass der Betroffene aus diesem Grunde einer Belehrung bedarf. Das trifft in der Regel nicht bloß bei Personen zu, welche die Verkehrsvorschriften nicht oder nur unzureichend kennen oder beherrschen, sondern auch bei solchen, welche die Bedeutung und Tragweite der Vorschriften nicht erfasst haben. Gerade Mehrfachtäter bedürfen in der Regel solcher Einwirkung. Aber auch schon eine einmalige Verfehlung kann sehr wohl Anlass zu einer Vorladung sein, dies vor allem dann, wenn ein grober Verstoß gegen eine grundlegende Vorschrift vorliegt, oder wenn der bei dem Verstoß Betroffene sich trotz Belehrung uneinsichtig gezeigt hat.

3 III. Die Straßenverkehrsbehörde soll in der Regel nur Personen zum Verkehrsunterricht heranziehen, die in ihrem Bezirk wohnen. Müssen Auswärtige unterrichtet werden, so ist die für deren Wohnort zuständige Straßenverkehrsbehörde zu bitten, Heranziehung und Unterrichtung zu übernehmen.

4 IV. Der Verkehrsunterricht kann auch durch Einzelaussprache erteilt werden, wenn die Betroffenen aus wichtigen Gründen am allgemeinen Verkehrsunterricht nicht teilnehmen können oder ein solcher nicht stattfindet.

5 V. Die Vorladung muss die beruflichen Verpflichtungen der Betroffenen berücksichtigen. Darum kann es unter Umständen zweckmäßig sein, den Unterricht auf einen Sonntag festzusetzen; dann sind die Unterrichtszeiten mit den kirchlichen Behörden abzustimmen; Betroffene, die sich weigern oder nicht erscheinen, dürfen dafür nicht zur Verantwortung gezogen werden und sind auf einen Werktag oder einen Samstag umzuladen.

1 Aus der amtlichen Begründung

(entfällt)

2 Erläuterungen

2.1 Zielsetzung

Der Verkehrsunterricht gehört zu den Rehabilitationsmaßnahmen für auffällig gewordene Verkehrsteilnehmer. Im Gegensatz zu den Aufbauseminaren für Fahranfänger oder Mehrfachtäter gibt es aber bisher kein evaluiertes Kursmodell „Verkehrserziehung".

Die Vorladung ist keine Strafe, sondern eine Maßnahme der vorbeugenden Gefahrenabwehr, die auf mangelnde Verkehrsgesittung einwirken soll.[1] Im Verkehrsunterricht werden nicht nur Kenntnisse vermittelt, die dem Teilnehmer bislang fehlten oder ungenügend waren; es geht auch darum, dessen Verantwortungsbewusstsein durch Darstellung der Folgen verkehrswidrigen Verhaltens wachzurufen (BVerwG VRS 39, 470 = DAR 1971, 26). Als Erziehungsmaßnahme setzt die Vorladung voraus, dass die Einwirkung durch Buß- oder Verwarnungsgelder allein nicht genügt und der Betroffene der „Nachhilfe" bedarf (VGH München VerkMitt 1991 Nr. 45 = NZV 1991, 207 = NJW 1992, 454; VGH München NZV 2015, 311 = SVR 2015, 226; s. a. Koehl SVR 2018, 298). Die Polizeibeamten der Länder geben sich meist erhebliche Mühe, auch bei hartgesottenen Verkehrssündern Verkrustungen aufzubrechen und sie zum Nachdenken über ihre soziale Einstellung zur Umwelt zu bewegen. Leider reichen meist die Personal- und Finanzmittel nicht aus, um dauerhafte Verhaltensänderungen zu erreichen. Insoweit wäre es wünschenswert, wenn das Instrumentarium des Verkehrsunterrichts stärker in die Rehabilitationsmechanismen einbezogen würde (s. a. Müller DAR 2019, 70: die Verkehrspolitik muss den Verkehrsunterricht als einfache verkehrspädagogische Pflichtaufgabe stärker in die Verkehrssicherheitsarbeit einbeziehen).[2]

2.2 Adressatenkreis

Vorgeladen werden können Fußgänger und Fahrzeugführer, auch Fahrzeughalter oder deren Beauftragte (z. B. der verantwortliche Fuhrparkleiter), sofern ihnen Verkehrsverstöße vorgeworfen werden (VGH Kassel VerkMitt 1975 Nr. 102). Jugendlichen kann die Teilnahme durch den Jugendstaatsanwalt als Erziehungsmaßnahme (§ 45 JGG), durch den Jugendrichter als Weisung (§ 10 Abs. 1 Nr. 9 JGG) oder als Bewährungsauflage auferlegt werden (§§ 23 Abs. 1 JGG, 56c Abs. 1 StGB).

2.3 Zuständigkeit

Nur die Verkehrsbehörde kann den Verkehrsunterricht anordnen (OLG Koblenz DAR 1972, 50). Soweit „beauftragte Beamte" eingesetzt werden, obliegen ihnen nur die mit der „Vorladung" verbundenen Maßnahmen, wie Entscheidung über die Vorladung, Gebührenfestsetzung, Zustellung. Die Durchführung des Unterrichts selbst kann im Auftrag der Straßenverkehrsbehörde durch die Polizei oder auch durch andere geeignete Stellen erfolgen (Landesverkehrswacht, Fahrschulen).

2.4 Vorladung

Voraussetzung ist ein zweifelsfrei festgestellter Verkehrsverstoß (VGH Kassel VerkMitt 1975 Nr. 103; a. M. OLG Karlsruhe NJW 1972, 2096 = VRS 44, 235). Wegen des Verhältnismäßigkeitsgrundsatzes reicht ein geringfügiger Formal-

---

1 Wegen fehlender Erkenntnisse über die Wirkung der meist als repressiv empfundenen Interaktion sowie mangels eines Qualitätssicherungssystems durch Evaluation der Träger des Verkehrsunterrichts ist in einigen Bundesländern strittig, ob der Verkehrsunterricht angesichts der Dauer von meist nur zwei bis drei Stunden überhaupt einen Beitrag zur Hebung der Verkehrsgesittung leisten kann (s. a. Prof. Dr. Müller VD 2004, 325). Wegen der geringen Gebühr und begrenzter Auslagen ist jedenfalls ein kostendeckender qualifizierter Unterricht mit modernen Lehr- und Lernmethoden gegenwärtig nicht möglich.

2 S.a. Empfehlungen des AK III des 58. Deutschen Verkehrsgerichtstages 2020 zum Thema „Aggressivität im Straßenverkehr".

Verkehrsunterricht innerhalb der Rehabilitationsmaßnahmen

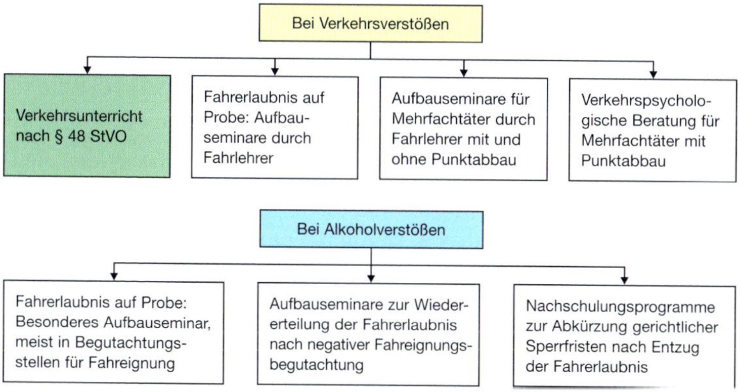

verstoß allein nicht aus. Der zu einem Verkehrsunterricht führende Verstoß muss gewichtig sein und darf nicht kleinlich gewertet werden (OVG Münster DAR 1965, 28 = VRS 29, 319). Die Blockierung eines Behindertenparkplatzes ist kein Bagatellverstoß. Zeigt sich der Betroffene für Belehrungen an Ort und Stelle unzugänglich, will auch künftig keine andere Verkehrsgesittung an den Tag legen oder offenbart Unkenntnis der Verkehrsregeln, genügt auch ein geringfügiger Verstoß für eine Vorladung zum Verkehrsunterricht (VGH München SVR 2016, 226; VGH München NZV 2015, 311: auch bei einmaligem Parkverstoß).

Andererseits darf die Vorladung nicht als bloße Schikane wirken oder sich aus einem emotional geführten Streit zwischen Verkehrssünder und Polizei herleiten, z. B. wegen Nichtakzeptierung einer Verwarnung. Es muss ein Erziehungsbedürfnis bestehen, dem mit dem Verkehrsunterricht auch entsprochen werden kann. Eine Auszeichnung wegen unfallfreien Fahrens schützt nicht vor der Vorladung (OLG Bremen DAR 1961, 95).

Die Anordnung zur Teilnahme an einem Verkehrsunterricht ergeht als gebührenpflichtiger Verwaltungsakt.[3] Für den Unterricht selbst wird keine Gebühr erhoben; es können jedoch Auslagen geltend gemacht werden, z. B. für Zustellkosten, Unterrichtsräume, Lehrkräfte.

2.5 Rechtsmittel

Der Widerspruch gegen die Vorladung hat aufschiebende Wirkung (Regelfall), sofern nicht der sofortige Vollzug wegen eines besonderen öffentlichen Interesses angeordnet wird (selten). Wer aufschiebend Widerspruch erhoben hat, muss der Vorladung zum Verkehrsunterricht nicht folgen. Die Widerspruchsbehörde entscheidet über die Rechtmäßigkeit der Vorladung (OVG Bremen DAR 1975, 54).[4]

3 Gebühren-Nr. 262 von 25,60 € (GebOSt i. d. F. vom 2.1.2018 – BGBl. I S. 2).
4 Vorverfahren nach § 68 VwGO sind entbehrlich, wenn Widerspruchsverfahren in Verkehrssachen nach den Ausführungsgesetzen der Länder zur VwGO suspendiert worden sind, z. B. Art. 15 des Bayerischen Gesetzes zur Ausführung der Verwaltungsgerichtsordnung (AG VwGO) vom 20.6.1992 (GVBl. S. 162) i. d. F. vom 20.12.2007 (GVBl. S. 958).

2.6 Folgen der Nichtteilnahme am Verkehrsunterricht

Wer nach einer bestandskräftigen Anordnung zum Unterricht nicht erscheint, begeht eine Ordnungswidrigkeit nach § 49 Abs. 4 Nr. 6.[5] Die Ahndung setzt eine gültige Vorladung, nicht aber den Nachweis der Verletzung von Verkehrsregeln voraus (OLG Karlsruhe VRS 44, 235 = NJW 1972, 2096; OLG Düsseldorf VkBl. 1966, S. 207).

Die Teilnahme am Verkehrsunterricht kann auch mit Verwaltungszwang, z.B. Anordnung von Ersatzzwangshaft (selten), durchgesetzt werden (OLG Bremen VRS 43, 157).[6]

3 Hinweise

3.1 Fahrtenbuchauflage bei fehlender Täterfeststellung von Verkehrsverstößen: § 31a StVZO.

5 Die Ordnungswidrigkeit nach § 49 Abs. 4 Nr. 6 ist verfassungskonform (BVerfG VRS 33, 1 = VkBl. 1967, 459 = DAR 1967, 215 = NJW 1967, 1221 und NJW 1968, 1249).

6 Strittig, weil wegen des besonderen Charakters der Erwachsenenerziehung der Durchsetzung der Anordnung Grenzen gesetzt sind.

§ 49 Ordnungswidrigkeiten

(1) Ordnungswidrig im Sinne des § 24 des Straßenverkehrsgesetzes[1] handelt, wer vorsätzlich oder fahrlässig gegen eine Vorschrift über

1. **das allgemeine Verhalten im Straßenverkehr nach § 1 Absatz 2,**
2. **die Straßenbenutzung durch Fahrzeuge nach § 2 Absatz 1 bis 3a, Absatz 4 Satz 1, 4,[2] 5 oder 6 oder Absatz 5,**
3. **die Geschwindigkeit nach § 3,**
4. **den Abstand nach § 4,**
5. **das Überholen nach § 5 Absatz 1 oder 2, Absatz 3 Nummer 1, Absatz 3a bis 4a, Absatz 5 Satz 2, Absatz 6 oder 7,**
6. **das Vorbeifahren nach § 6,**
7. **das Benutzen linker Fahrstreifen nach § 7 Absatz 3a Satz 1, auch in Verbindung mit Satz 2, Absatz 3b, Absatz 3c Satz 3 oder den Fahrstreifenwechsel nach § 7 Absatz 5,**

7a. **das Verhalten auf Ausfädelungsstreifen nach § 7a Absatz 3,**

8. **die Vorfahrt nach § 8,**
9. **das Abbiegen, Wenden oder Rückwärtsfahren nach § 9 Absatz 1, Absatz 2 Satz 2 oder 3, Absatz 3 bis 6,[5]**
10. **das Einfahren oder Anfahren nach § 10 Satz 1 oder Satz 2,**
11. **das Verhalten bei besonderen Verkehrslagen nach § 11 Absatz 1 oder 2,**
12. **das Halten oder Parken nach § 12 Absatz 1, 3, 3a Satz 1, Absatz 3b Satz 1, Absatz 4 Satz 1, 2 zweiter Halbsatz, Satz 3 oder 5 oder Absatz 4a bis 6,**
13. **Parkuhren, Parkscheine oder Parkscheiben nach § 13 Absatz 1 oder 2,**
14. **die Sorgfaltspflichten beim Ein- oder Aussteigen nach § 14,**
15. **das Liegenbleiben von Fahrzeugen nach § 15,**

15a. **das Abschleppen nach § 15a,**

16. **die Abgabe von Warnzeichen nach § 16,**
17. **die Beleuchtung und das Stehenlassen unbeleuchteter Fahrzeuge nach § 17 Absatz 1 bis 4, Absatz 4a Satz 1, Absatz 5 oder 6,**

---

1 **§ 24 StVG Verkehrsordnungswidrigkeit** i. d. F. vom 5.3.2003 (BGBl. I S. 310), zuletzt geändert am 5.12.2019 (BGBl. I S. 2008)

(1) Ordnungswidrig handelt, wer vorsätzlich oder fahrlässig einer Vorschrift einer auf Grund des § 6 Abs. 1, des § 6e Abs. 1 oder des § 6g Abs. 4 erlassenen Rechtsverordnung oder einer auf Grund einer solchen Rechtsverordnung ergangenen Anordnung zuwiderhandelt, soweit die Rechtsverordnung für einen bestimmten Tatbestand auf diese Bußgeldvorschrift verweist. Die Verweisung ist nicht erforderlich, soweit die Vorschrift der Rechtsverordnung vor dem 1. Januar 1969 erlassen worden ist.

(2) Die Ordnungswidrigkeit kann mit einer Geldbuße bis zu 2.000 € geahndet werden.

2 Eingefügt durch Art. 3 Nr. 4 der 49. VO zur Änderung straßenverkehrsrechtlicher Vorschriften vom 22.10.2014 (BGBl. I S. 1635). Die Regelung ergänzt die bisher fehlende Ahndungsmöglichkeit des Befahrens eines linksseitigen Radweges ohne Beschilderung in nicht zulässiger Richtung bei gleichzeitig rechtsseitig vorhandenem nicht benutzungspflichtigem Radweg oder Seitenstreifen. Das Befahren von Radwegen in nicht zulässiger Richtung ist ein häufiges Fehlverhalten mit hohem Unfallrisiko und Gefahrenpotential.

18. die Benutzung von Autobahnen und Kraftfahrstraßen nach § 18 Absatz 1 bis 3, Absatz 5 Satz 2 oder Absatz 6 bis 11,
19. das Verhalten
    a) an Bahnübergängen nach § 19 Absatz 1 Satz 1 Nummer 2 oder 3, Satz 2, Satz 3 oder Absatz 2 Satz 1, auch in Verbindung mit Satz 2 oder Absatz 3 bis 6 oder
    b) an und vor Haltestellen von öffentlichen Verkehrsmitteln und Schulbussen nach § 20,
20. die Personenbeförderung nach § 21 Absatz 1 Satz 1 oder 4, Absatz 1a Satz 1, auch in Verbindung mit Satz 2 Nummer 2, Absatz 2 Satz 1, 4 oder 6 oder Absatz 3 Satz 1 bis 3,[5]
20a. das Anlegen von Sicherheitsgurten, Rollstuhl-Rückhaltesystemen oder Rollstuhlnutzer-Rückhaltesystemen nach § 21a Absatz 1 Satz 1 oder das Tragen von Schutzhelmen nach § 21a Absatz 2 Satz 1,[3]
21. die Ladung nach § 22,
22. sonstige Pflichten des Fahrzeugführers nach § 23 Absatz 1, Absatz 1a Satz 1, auch in Verbindung mit den Sätzen 2 bis 4, Absatz 1c, Absatz 2 erster Halbsatz, Absatz 3 oder Absatz 4 Satz 1,
23. das Fahren mit Krankenfahrstühlen oder anderen als in § 24 Absatz 1 genannten Rollstühlen nach § 24 Absatz 2,
24. das Verhalten
    a) als zu Fuß Gehender nach § 25 Absatz 1 bis 4,
    b) an Fußgängerüberwegen nach § 26 oder
    c) auf Brücken nach § 27 Absatz 6,
25. den Umweltschutz nach § 30 Absatz 1 oder 2 oder das Sonn- und Feiertagsfahrverbot nach § 30 Absatz 3 Satz 1 oder 2 Nummer 7 Satz 2,
26. das Sporttreiben oder Spielen nach § 31 Absatz 1 Satz 1, Absatz 2 Satz 3,
27. das Bereiten, Beseitigen oder Kenntlichmachen von verkehrswidrigen Zuständen oder die wirksame Verkleidung gefährlicher Geräte nach § 32,
28. Verkehrsbeeinträchtigungen nach § 33 Absatz 1 oder 2 oder
29. das Verhalten nach einem Verkehrsunfall nach § 34 Absatz 1 Nummer 1, Nummer 2, Nummer 5 oder Nummer 6 Buchstabe b – sofern in diesem letzten Fall zwar eine nach den Umständen angemessene Frist gewartet, aber nicht Name und Anschrift am Unfallort hinterlassen wird – oder nach § 34 Absatz 3,

verstößt.

(2) Ordnungswidrig im Sinne des § 24 des Straßenverkehrsgesetzes handelt auch, wer vorsätzlich oder fahrlässig

1. als Führer eines geschlossenen Verbandes entgegen § 27 Absatz 5 nicht dafür sorgt, dass die für geschlossene Verbände geltenden Vorschriften befolgt werden,
1a. entgegen § 27 Absatz 2 einen geschlossenen Verband unterbricht,
2. als Führer einer Kinder- oder Jugendgruppe entgegen § 27 Absatz 1 Satz 4 diese nicht den Gehweg benutzen lässt,

3 Nr. 20a geändert durch Art. 2 der Verordnung vom 17.6.2016 (BGBl. I S. 1463).

3. als Tierhalter oder sonst für die Tiere Verantwortlicher einer Vorschrift nach § 28 Absatz 1 oder Absatz 2 Satz 2 zuwiderhandelt,
4. als Reiter, Führer von Pferden, Treiber oder Führer von Vieh entgegen § 28 Absatz 2 einer für den gesamten Fahrverkehr einheitlich bestehenden Verkehrsregel oder Anordnung zuwiderhandelt,
5. (weggefallen)[4]
6. entgegen § 29 Absatz 2 Satz 1 eine Veranstaltung durchführt oder als Veranstaltender entgegen § 29 Absatz 2 Satz 3 nicht dafür sorgt, dass die in Betracht kommenden Verkehrsvorschriften oder Auflagen befolgt werden, oder
7. entgegen § 29 Absatz 3 ein dort genanntes Fahrzeug oder einen Zug führt.

(3) Ordnungswidrig im Sinne des § 24 des Straßenverkehrsgesetzes handelt ferner, wer vorsätzlich oder fahrlässig

1. entgegen § 36 Absatz 1 bis 4 ein Zeichen oder eine Weisung oder entgegen Absatz 5 Satz 4 ein Haltgebot oder eine Anweisung eines Polizeibeamten nicht befolgt,
2. einer Vorschrift des § 37 über das Verhalten an Wechsellichtzeichen, Dauerlichtzeichen oder beim Rechtsabbiegen mit Grünpfeil zuwiderhandelt,
3. entgegen § 38 Absatz 1, 2 oder 3 Satz 3 blaues Blinklicht zusammen mit dem Einsatzhorn oder allein oder gelbes Blinklicht verwendet oder entgegen § 38 Absatz 1 Satz 2 nicht sofort freie Bahn schafft,
4. entgegen § 41 Absatz 1 ein durch Vorschriftzeichen angeordnetes Ge- oder Verbot der Anlage 2 Spalte 3 nicht befolgt,
5. entgegen § 42 Absatz 2 ein durch Richtzeichen angeordnetes Ge- oder Verbot der Anlage 3 Spalte 3 nicht befolgt,
6. entgegen § 43 Absatz 3 Satz 2 eine abgesperrte Straßenfläche befährt oder
7. einer den Verkehr verbietenden oder beschränkenden Anordnung, die nach § 45 Absatz 4 zweiter Halbsatz bekannt gegeben worden ist, zuwiderhandelt.

(4) Ordnungswidrig im Sinne des § 24 des Straßenverkehrsgesetzes handelt schließlich, wer vorsätzlich oder fahrlässig

1. dem Verbot des § 35 Absatz 6 Satz 1, 2 oder 3 über die Reinigung von Gehwegen zuwiderhandelt,
1a. entgegen § 35 Absatz 6 Satz 4 keine auffällige Warnkleidung trägt,
2. entgegen § 35 Absatz 8 Sonderrechte ausübt, ohne die öffentliche Sicherheit und Ordnung gebührend zu berücksichtigen,
3. entgegen § 45 Absatz 6 mit Arbeiten beginnt, ohne zuvor Anordnungen eingeholt zu haben, diese Anordnungen nicht befolgt oder Lichtzeichenanlagen nicht bedient,
4. entgegen § 46 Absatz 3 Satz 1 eine vollziehbare Auflage der Ausnahmegenehmigung oder Erlaubnis nicht befolgt,
5. entgegen § 46 Absatz 3 Satz 3, auch in Verbindung mit Satz 4, die Bescheide, Ausdrucke oder deren digitalisierte Form nicht mitführt oder auf Verlangen nicht aushändigt oder sichtbar macht,

4 Aufgehoben durch das 56. Strafrechtsänderungsgesetz – Strafbarkeit nicht genehmigter Kraftfahrzeugrennen im Straßenverkehr – vom 30.9.2017 (BGBl. I S. 3532).

6. **entgegen § 48 einer Vorladung zum Verkehrsunterricht nicht folgt oder**
7. **entgegen § 50 auf der Insel Helgoland ein Kraftfahrzeug führt oder mit einem Fahrrad fährt.**

(VwV-StVO zu § 49 nicht vorhanden)

1 Aus der amtlichen Begründung

1.1 Eine verfassungskonforme Fassung von Rechtsverordnungen erfordert, dass in der StVO keine doppelten Ge- und Verbote enthalten sind („Doppelbewehrung"). Die Ordnungswidrigkeiten sind deshalb an die veränderten Verhaltensnormen angepasst worden (Begr. 2012).

1.2 Ergänzung des § 49 Abs. 1 Nr. 20a um die in § 21a neu eingeführten Begriffe Rollstuhl- und Rollstuhlnutzer-Rückhaltesysteme (Begr. 2016).

1.3 Anpassung der Ordnungswidrigkeiten des § 49 Abs. 1 Nr. 22 bei unzulässiger Nutzung elektronischer Geräte nach § 23 Abs. 1a und 1b (Begr. 2017).

1.4 Anpassung der Ordnungswidrigkeiten an die in der 54. StrVRÄndV erweiterten Verhaltensregeln (Begr. 2020).[5]

2 Erläuterungen

2.1 Geltungsbereich

Ahndungsgrundlage für Verkehrsverstöße nach § 49 StVO ist § 24 StVG i. V. m. der Bußgeldkatalog-Verordnung (BKatV).[6] An die dort aufgeführten Regelsätze und Fahrverbote sind die Polizei und Ordnungsbehörden gebunden (s. a. Hornof VD 2019, 217). Die einzelnen Tatvorwürfe richten sich bei der automatisierten Ahndung nach dem Bundeseinheitlichen Tatbestandskatalog (BT-KAT-OWi).[7] Für die Verfolgung und Ahndung gelten die Verfahrensnormen des Ordnungswidrigkeitengesetzes (OWiG), die den Aufbau eines automatisierten Bußgeldverfahrens zur Bewältigung von Massendelikten ermöglichen. Daneben finden die strafprozessualen Vorschriften der StPO Anwendung, sofern das OWiG keine gesonderten Vorschriften enthält (§ 46 Abs. 1 OWiG).[8]

---

5 § 49 Abs. 1, Nr. 9 und 20, geändert durch Art. 1 der 54. StrVRÄndV vom 20.4.2020 (BGBl. I S. 814).

6 Verordnung über die Erteilung einer Verwarnung, Regelsätze für Geldbußen und die Anordnung eines Fahrverbots wegen Ordnungswidrigkeiten im Straßenverkehr (Bußgeldkatalog-Verordnung – BKatV), zuletzt geändert durch Art. 3 der 54. StrVÄndV vom 20.4.2020 (BGBl. I S. 814).

7 Der BT-KAT-OWi ist eine Verwaltungsvorschrift, die als nachrangiges Recht der BKatV nicht widersprechen darf (OLG Düsseldorf DAR 2004, 712; s. a. Müller DAR 2013, 604). Die Pflege des BT-KAT-OWi obliegt dem Kraftfahrt-Bundesamt in Zusammenarbeit mit den Ländern (Änderung s. a. VkBl. 2017, 900).

8 So gelten über § 46 Abs. 1 OWiG auch die allgemeinen strafprozessualen Grundsätze über die Beweiserhebung und -verwertung bei unzulässig erlangten Erkenntnissen (BVerfG NZV 2012, 343). Das im Auto eines sich unbeobachtet fühlenden Beschuldigten heimlich aufgezeichnete Selbstgespräch ist auch im Bußgeldverfahren nicht verwertbar (BGH NZV 2012, 344). Rundschreiben des Auswärtigen Amtes zur Behandlung von Diplomaten und anderen bevorrechtigten Personen in der Bundesrepublik Deutschland vom 15.9.2015 (VkBl. 2016, 302).

Verkehrsverstöße können nur geahndet werden, wenn sie im Bundesgebiet (einschließlich Schiffen und Flugzeugen mit Bundesflagge) begangen worden sind (§ 5 OWiG).[9] Infolgedessen können Verstöße eines LKW-Fahrers gegen die Lenk- und Ruhezeiten (VO EWG 3820/85), die nur in anderen EU-Mitgliedstaaten begangen werden, hier nicht geahndet werden; wohl aber der Verstoß des Unternehmers im Bundesgebiet, der solche Ordnungswidrigkeiten zulässt (BayObLG VerkMitt Nr. 44 = VRS 100, 391).

Für **Diplomaten** nebst deren Gefolge (Fahrer, Boten, Wachpersonal, Familienangehörige) gilt § 18 GVG i. V. m. dem WÜD und der Diplomatenschutzkonvention (BGBl. 1976 II S. 1745). Diese Personen sind zwar zur Beachtung der deutschen Rechtsnormen verpflichtet, somit auch der verkehrsrechtlichen Bestimmungen. Bei Verstößen können sie jedoch nur dann in einem Bußgeld- oder Strafverfahren zur Verantwortung gezogen werden, wenn der ausländische Entsendestaat auf die Vorrechte nach dem WÜD verzichtet hat (selten). Entsprechendes gilt bei Besuchen ausländischer Staatsoberhäupter nebst deren Gefolge sowie von Besatzungen ausländischer Kriegsschiffe im Bundesgebiet (§ 20 GVG).[10]

Für **Generalkonsuln** und deren Gefolge und Wahlkonsuln gilt § 19 GVG i. V. m. dem WÜK. Voraussetzung für eine Ahndung ist, dass die Fahrt und damit die Verkehrsordnungswidrigkeit nicht in Wahrnehmung oder im engen sachlichen Zusammenhang mit einer konsularischen Aufgabe erfolgt ist, z. B. auf einer Privatfahrt (OLG Karlsruhe VRS 111, 365; OLG Karlsruhe NZV 2004, 539 = DAR 2004, 602 = VRS 107, 187; OLG Düsseldorf 1997, 92). Auch Verkehrsverstöße von Konsuln, die nur gelegentlich eines Dienstgeschäftes begangen werden, bleiben der Eingriffsbefugnis der Bußgeldbehörden unterworfen (LG Stuttgart NZV 1995, 411).[11]

Für Mitglieder der **NATO-Stationierungsstreitkräfte** gilt Art. VII des NATO-Truppenstatuts vom 19.6.1951 (BGBl. II 1961 S. 1183, 1190) nebst dem Zusatzabkommen vom 3.8.1959 (BGBl. II S. 1183, 1218), dem Unterzeichnungsprotokoll vom 3.8.1959 (BGBl. II 1961, S. 1183, 1313) und dem Gesetz vom 18.8.1959 (BGBl. II 1961, 1183, 1313). Nach Teil I des Unterzeichnungsprotokolls gelten die Bestimmungen des Art. VII sowohl für Straftaten als auch für Ordnungswidrigkeiten. Die Ahndung hängt von folgenden Bedingungen ab: Die Gerichtsbarkeit des ausländischen Entsendestaates ist gegeben, wenn die Tat nur nach dem Recht des Entsendestaates (z. B. Militärrecht der USA oder Frankreichs) strafbewehrt ist; demgegenüber ist die deutsche Gerichtsbarkeit und Eingriffsbefugnis der Bußgeldbehörde gegeben, wenn die Tat nur nach deutschem Recht verfolgbar ist. Ist die Tat nach dem Recht des Entsendestaates und nach deutschem Recht verfolgbar (Regelfall), hat die Gerichtsbarkeit des Entsendestaates Vorrang, wenn durch die Tat ausschließlich Interessen des Entsendestaates und seiner Truppenangehörigen beeinträchtigt wurden oder wenn die Tat durch eine Handlung in Ausübung des Dienstes begangen wurde. Die Frage der

9 Zur grenzüberschreitenden Verfolgung von Verkehrsverstößen s. Albrecht SVR 2007, 361.

10 S.a. Rundschreiben des Auswärtigen Amtes vom 15.9.2015 (GMBl. vom 19.11.2015, S. 1206) zur Behandlung von Diplomaten und anderen bevorrechtigten Personen in der Bundesrepublik Deutschland (VkBl. 2016, 302).

11 Gesetzliche Sonderrechte im Verkehr gibt es weder in Deutschland noch weitgehend im Ausland. Parksonderrechte für Diplomaten und Konsuln sind dem Auswärtigen Amt nur aus Chile und Bosnien-Herzegowina bekannt.

Ahndung ist in jedem Einzelfall gesondert zu bestimmen, insbesondere ob es sich um eine Privat- oder Dienstfahrt gehandelt hat, ferner ob z.B. das Verwarnungsgeldverfahren als Ausübung der deutschen Ahndungskompetenz betrachtet wird (so z.B. nicht von der US-Militäradministration, wohl aber von Frankreich). Infolgedessen muss der Ahndung eine Verständigung zwischen den deutschen und alliierten Dienststellen vorangehen. Näheres regeln Erlasse der Innenministerien der Länder.

Abgeordnete des Bundestages und der Länderparlamente genießen Immunität (Art. 46 Abs. 2 GG), d.h. Schutz vor Strafverfolgung. Ordnungswidrigkeiten sind keine „mit Strafe bedrohten Handlungen", so dass auch Abgeordnete generell wegen Zuwiderhandlungen gegen verkehrsrechtliche Bestimmungen zur Verantwortung gezogen werden können, ohne dass die Immunität zuvor aufgehoben werden muss. Für die Abgeordneten des Europäischen Parlaments gilt das entsprechend.

2.2 Verkehrsüberwachung

Die **Verfolgung** von Verkehrsordnungswidrigkeiten obliegt in erster Linie der Polizei oder kommunalen Ordnungskräften (§ 53 OWiG), daneben auch den Bußgeldbehörden (OLG Stuttgart NZV 1990, 439; Hornof VD 2015, 157). Auch die Bundespolizei ist im Rahmen ihres Tätigkeitsbereichs zur Verfolgung von Verkehrszuwiderhandlungen berechtigt, z.B. nimmt sie auf Bahnhofsplätzen die Aufgaben der „Bahnpolizei" wahr. Da die Verfolgung und Ahndung von Verstößen zum Kerngehalt staatlichen Handelns gehört, ist die Beauftragung von Firmen oder Personen zur Feststellung von Verkehrsverstößen rechtswidrig und unterliegt einem Beweiserhebungsverbot, wobei gelegentliche Anzeigen von Privatpersonen aber verfolgt werden dürfen[12] (BayObLG DAR 2020, 101; OLG Frankfurt/M. DAR 2020, 106 = SVR 2020, 153 = NZV 2020, 212 mit Anm. Balschun = NJW 2020, 696: für die kommunale Verkehrsüberwachung ist der Bürgermeister als Ortspolizeibehörde zuständig; dabei ist für technische Verkehrsüberwachungsanlagen des fließenden Verkehrs die Übertragung von Aufgaben an Dienstleister, die nicht in einem staatlichen Dienst- und Treueverhältnis stehen, unzulässig; OLG Saarbrücken NStZ 2018, 480; OLG Frankfurt/M. DAR 2017, 386; OLG Frankfurt/M. NZV 2017, 40 = DAR 2017, 46 = NJW 2017, 1974; KG VerkMitt 1997 Nr. 76 = DAR 1996, 504 = NZV 1997, 48 = VRS 92, 403 = VD 1997, 1; BayObLG VerkMitt 1997 Nr. 96 = NZV 1997, 276 = DAR 1997, 206 = VRS 94, 102; BayObLG VRS 97, 62; OLG Frankfurt/M. DAR 1995, 335 = NZV 1995, 368 = NJW 1995, 2570; OLG Frankfurt DAR 2020, 214 mit Anm. Rebler DAR 2020, 230: wird die von einem „privaten Dienstleister" erfolgte gesetzeswidrige Verkehrsmessung dadurch verschleiert, dass das Messprotokoll blanko unterschrieben wird, handelt es sich nicht nur um eine schriftliche Lüge, sondern um Beihilfe zur strafbaren Falschbeurkundung im Amt nach § 348 StGB; OLG Brandenburg NZV 2020, 211 mit Anm. Deutscher: reine Büroarbeit durch Einscannen von Protokollblättern kann aber auch von

12 Die Verfolgung von Verkehrsverstößen muss nicht zwangsläufig nur durch Beamte (Art. 33 Abs. 4 GG), sondern kann auch durch Angestellte der öffentlichen Verwaltung erfolgen (OLG Oldenburg VerkMitt 2009 Nr. 33 = NZV 2010, 164). Sie dürfen aber nicht entscheidungserheblich mitwirken (AG Michelstadt NZV 2015, 607; AG Kassel DAR 2015, 414; AG Parchim DAR 2015, 416; s.a. Sitter VD 2017, 45; Geißler DAR 2015, 361).

Rechtssystem der Ahndung von Verkehrsordnungswidrigkeiten

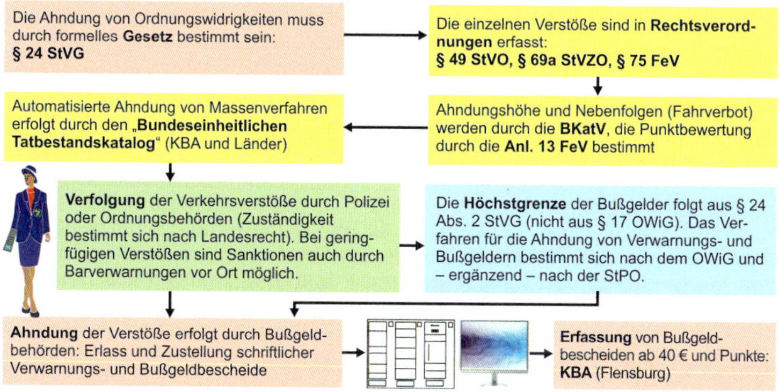

nicht hoheitlichen Verwaltungshelfern erledigt werden; AG Weilburg NZV 2017, 395: Auswertung von Tempomessungen; AG Kassel SVR 2016, 470; AG Gelnhausen NZV 2015, 46; AG Greising DAR 1997, 31; AG Berlin-Tiergarten DAR 1996, 272; AG Alsfeld DAR 1995, 210; s.a. Brenner DAR 2020, 61: private Dienstleister als „Subunternehmer" des Staates – nein danke; Rebler VD 2020, 19 und SVR 2018, 290; Sitter VD 2017, 45; Rebler SVR 2011, 1; Janker DAR 1989, 172; Radtke NZV 1995, 428; Steiner DAR 1996, 272; Friehoff NZV 1997, 257; Scholz NJW 1997, 14; Ronellenfitsch DAR 1997, 147; Wächter NZV 1997, 329; Brenner SVR 2011, 129). Zulässig ist jedoch die Verfolgung von Verstößen durch Kräfte, die von der Polizei aufgrund einer landesgesetzlichen Ermächtigung im Wege der Arbeitnehmerüberlassung eingesetzt werden (BayObLG VerkMitt 1999 Nr. 84 = NJW 1999, 2200; a. A. Hornmann DAR 1999, 158). Nach dem Arbeitnehmerüberlassungsgesetz ist der Einsatz befristet (max. zwölf Monate). Werden Private mit der technischen Abwicklung von Verkehrskontrollen beauftragt, z.B. bei stationären Überwachungsanlagen, müssen Polizeibeamte oder kommunale Ordnungskräfte in unmittelbarer Nähe eingesetzt sein, die deren Tätigkeit auch in fachlicher Hinsicht beurteilen und beaufsichtigen können. Sie müssen dabei die Kontrolle über die Ermittlungsdaten behalten und eigenständig entscheiden, ob, wann, wie und gegen wen ein Verfahren einzuleiten ist (OLG Stuttgart VerkMitt 2016 Nr. 56; OLG Hamm DAR 2016, 397 mit Anm. Staub; OLG Frankfurt/M. NZV 2015, 607, NZV 2016, 591 und NZV 2017, 40 = DAR 2017, 40; AG Karlsruhe DAR 2011, 221 mit Anm. Grunert und Goecke DAR 2011, 337). Entsprechendes gilt für die Auswertung von Messdaten (OLG Rostock SVR 2016, 76).

Die Verfolgung von Verkehrsverstößen kann von der Polizei oder den Bußgeldbehörden durch Erfassung von Kennzeichen oder durch Anhalten des Betroffenen erfolgen. Ein unzulässiger Eingriff in das Grundrecht auf informationelle Selbstbestimmung (Art. 1 Abs. 1, 2 Abs. 1 GG) ist jedoch mangels gesetzlicher Grundlage die flächendeckende automatische Erfassung und Speicherung amtlicher Fahrzeugkennzeichen ohne einen konkreten Anfangsverdacht für bestimmte Verstöße (BVerfG DAR 2011, 457: ein Beweisverwertungsverbot ist vom Fachgericht zu prüfen; BVerfG NZV 2009, 56 = SVR 2009, 427 = DAR 2009, 577 = NZW 2009, 3293; BVerfG DAR

2008, 199 = NZV 2008, 362 = NJW 2008, 1505 und 2099; BVerfG SVR 2008, 344; OLG Dresden DAR 2011, 216; AG Demmin SVR 2011, 267). Das gilt auch dann, wenn die Daten nach Abgleich mit Fahndungsdateien umgehend wieder gelöscht werden. Solchermaßen gewonnene Daten können einem Beweisverwertungsverbot unterliegen (OLG Oldenburg VerkMitt 2010 Nr. 29 = VRS 118, 13; AG Grimma VRS 118, 16 = SVR 2010, 145; OLG Hamm SVR 2010, 115).

Wer an Kraftfahrzeugen mit Verwarnungsgeldangeboten („Knöllchen") Zettel mit Hinweisen zur Vermeidung eines Bußgeldbescheides („Anti-Strafzettel") anbringt, verstößt gegen Art. 1 des Rechtsberatungsgesetzes (BayObLG NJW 2004, 86). Ebenso ist die „Übernahme" von Bußgeldbescheiden (auch im Wege elektronischer Versteigerung) zur Vermeidung von Fahrverboten und Eintragung von Punkten des tatsächlich Betroffenen unzulässig und strafbar (Falschbeurkundung durch Eintragung des „Unschuldigen" in das amtliche Fahreignungsregister des Kraftfahrt-Bundesamtes).[13]

Die **Warnung** mit technischen Geräten **vor Verkehrskontrollen** der Polizei ist nach § 23 Abs. 1b unzulässig, die Warnung durch andere Kraftfahrer nach § 1 Abs. 2, wenn es dabei zu Gefährdungen oder Behinderungen des Verkehrs kommt, z. B. abruptes Abbremsen, Langsamfahren (OLG Stuttgart VerkMitt 1997 Nr. 50 = NZV 1997, 242 = VRS 93, 294). Außerdem kann die Warnung zur Gewährleistung der präventiv-polizeilichen Kontrollaufgabe untersagt werden (OVG Münster NZV 1997, 326).

Unzulässig sind Klebefolien, um die Erkennbarkeit des Kennzeichens zu erschweren (BayObLG VD 1999, 161: Urkundenfälschung nach § 267 StGB und Kennzeichenmissbrauch nach § 22 StVG), oder „Gegenblitzanlagen", um eine Identifizierung des Fahrers zu verhindern (§ 268 Abs. 3 StGB – Fälschung technischer Aufzeichnungen).

2.3 Bußgeldbehörde

Die Verfolgung und **Ahndung** von Ordnungswidrigkeiten erfolgt durch die Bußgeldbehörde (§§ 35, 36 OWiG). Aufgrund der Ermächtigung des § 26 Abs. 1 StVG muss sie eine Behörde oder Dienststelle der Polizei im materiellen Sinn sein (KG VRS 72, 456).

Verfolgung und Ahndung stehen im pflichtgemäßen Ermessen der Verfolgungs- und Ahndungsbehörde (§ 47 OWiG); nicht jede Ordnungswidrigkeit „muss" deshalb (wie nach dem Legalitätsprinzip im Strafrecht) verfolgt werden (**Opportunitätsprinzip**). Eine zu weitgehende Ausdehnung der Verfolgung auf exotische Geschehensabläufe wirkt schikanös, ist dem Betroffenen nicht mehr einsichtig und kann zur Änderung vorhandener rechtstreuer Gesinnung führen. Hieraus folgt, dass die Polizei auch einmal „ein Auge zudrücken" kann. Da beide Augen nur der „Leichenbestatter" zudrücken darf, muss das Opportunitätsprinzip aus Gründen der Gleichbehandlung aller Verkehrsteilnehmer und damit der Vorhersehbarkeit und Berechenbarkeit staatlichen Handelns auf begründbare Ausnahmefälle beschränkt bleiben (BayObLG VerkMitt 2019 Nr. 57).

---

13 Um den Internet-Punktehandel wirksamer zu unterbinden, strebt der Bund-Länder-Fachausschuss für Verkehrsordnungswidrigkeiten die Schaffung einer zeitnahen Strafrechtsänderung an (DAR 2018, 479).

Die Entscheidung der Ahndungsbehörde über eine Ordnungswidrigkeit ist keine Strafe, sondern eine Buße als Folge einer tatbestandsmäßigen, rechtswidrigen und vorwerfbaren Handlung. Der Geldbuße fehlt – anders als der Geldstrafe – das sozialethische Unwerturteil, das eine „Sühne" verlangt. Die Geldbuße dient vordringlich dazu, die staatlich notwendige Ordnung des Gemeinwesens durchzusetzen und geschützte Rechtsgüter (vor allem Leben, Gesundheit, Vermögen) vor Verletzungen zu bewahren.

2.4 Tatbestand, Rechtswidrigkeit, Vorwerfbarkeit

Zuwiderhandlungen gegen die Verhaltenspflichten der StVO sind nach § 49 als Ordnungswidrigkeiten qualifiziert („bußgeldbewehrt"). Die StVO enthält aber auch Pflichten, deren Verletzung nicht bußgeldbewehrt ist und deshalb nicht unmittelbar eine Ahndung begründet (z.B. §§ 1 Abs. 1, 7 Abs. 4, 11 Abs. 3, 21 Abs. 1a Satz 2, 27 Abs. 3). Ein Verstoß gegen diese Pflichten kann jedoch über andere Normen zur Ahndung führen, wenn Dritte durch eine pflichtwidrige Handlungsweise geschädigt, gefährdet, behindert oder belästigt werden. Die Ahndung folgt dann unmittelbar aus § 1 Abs. 2. Ferner kann ein Verstoß gegen nicht bußgeldbewehrte Verhaltenspflichten zivilrechtlich Ersatzansprüche auslösen.

2.4.1 Tatbestand

Die Tatbestandsmäßigkeit folgt aus der verletzten Rechtsnorm, d.h. der Betroffene muss gegen den objektiven und subjektiven Tatbestand einer Verkehrsvorschrift (aktiv) verstoßen oder eine Verhaltenspflicht missachtet oder unterlassen haben.

Beim **objektiven Tatbestand** verstößt der Betroffene gegen die Rechtspflicht einer Verhaltensnorm durch aktives Tun oder Unterlassen. Das gilt auch für rechtswidrig angeordnete Verkehrszeichen, die bis zu ihrer Entfernung zu beachten sind. Der Ermittlungsaufwand in Massenverfahren bereitet bei Zuwiderhandlungen gegen feste Regeln (z.B. Tempogrenzen nach § 3 Abs. 3) erheblich weniger Schwierigkeiten, als wenn es darum geht, ob der Betroffene gegen Generalklauseln verstoßen hat, z.B. nicht angepasste Geschwindigkeit nach § 3 Abs. 1. Deshalb beschränkt sich die Verkehrsüberwachung vor allem auf die Fälle fester Vorgaben. Ein Verstoß gegen Generalklauseln wird meist nur dann geahndet, wenn es z.B. aufgrund unangemessener Geschwindigkeit zu einem Unfall kommt. Die Tat muss ferner **vollendet** sein; ein versuchter Verkehrsverstoß ist somit nicht bußgeldbewehrt (§ 13 OWiG).

Bei Normen mit Erlaubnisvorbehalt (§ 29 Abs. 2 oder 3) wird der Tatbestand erst verwirklicht, wenn der Betroffene ohne Erlaubnis tätig wird. Die Erlaubnis ist somit kein Rechtfertigungsgrund, sondern die Voraussetzung, die den Verbotstatbestand beseitigt. Beim Verstoß gegen Auflagen des Erlaubnisbescheides wird hingegen der Tatbestand in der Nichtbeachtung von Nebenbestimmungen verwirklicht (z.B. § 29 Abs. 2 i.V.m. § 49 Abs. 2 Nr. 6). Bei einer Ausnahmegenehmigung wird eine Freistellung von einer Verbotsnorm gewährt, so dass bei fehlender Ausnahme gegen die Verbotsnorm selbst verstoßen wird, z.B. Ordnungswidrigkeit nach § 49 Abs. 3 Nr. 4, wenn ohne Ausnahme am Z. 283 geparkt wird. Gleiches gilt, wenn die Ausnahme unter einer Bedingung steht, deren Missachtung die Wirksamkeit der Ausnahme insgesamt ausschließt (z.B. Durchführung eines Autorennens ohne Streckensperrung, wenn die Sperrung Voraussetzung für die Gültigkeit der Genehmigung ist).

Im **subjektiven Tatbestand** handelt der Betroffene **vorsätzlich** oder **fahrlässig** (§ 10 OWiG, § 24 StVG). In der Praxis wird im Regelfall von fahrlässigem Handeln ausgegangen, weil sich die Betroffenen meist auf einen vermeintlichen Tatbestandsirrtum berufen, der den Vorsatz ausschließt (§ 11 Abs. 1 OWiG). Die Feststellung einer Vorsatztat erfordert hingegen besondere Ermittlungen und Feststellungen, die in Massenverfahren selten möglich sind.[14] **Fahrlässig** handelt ein Täter, der eine objektive Pflichtverletzung begeht, die er nach seinen subjektiven Kenntnissen und Fähigkeiten hätte vermeiden können, und wenn gerade die Pflichtverletzung objektiv und subjektiv vorhersehbar den Erfolg herbeigeführt hat. Die Einzelheiten des durch das pflichtwidrige Verhalten in Gang gesetzten Kausalverlaufs brauchen dagegen nicht vorhersehbar zu sein (BGHSt 49, 166; s. a. Fromm DAR 2019, 375). Dagegen stellt die Unkenntnis von Verkehrsregeln einen der Vorwerfbarkeit zuzuordnenden „Verbotsirrtum" dar, der bei Kraftfahrern mangels Gewissensanspannung im Regelfall vermeidbar und damit unbeachtlich ist (s.a Erl. 2.4.3 zu § 49).

Bei eklatanten Verstößen kann indes **Vorsatz** angenommen werden, wenn die Begehungsart von der Norm so abweicht, dass sie dem Täter bewusst sein muss.[15] Auch die BKatV legt bei der Ahndung nach Abschnitt I Fahrlässigkeit zugrunde, lässt aber eine Verdopplung des Bußgeldes bei Vorsatz ab Beträgen von mehr als 55 € zu (§ 3 Abs. 4a BKatV); bei Verwarngeldern bis 55 € kann bei Vorsatz nur eine angemessene Anhebung erfolgen (OLG Jena VRS 122, 149). Zum Vorsatz gehört auch der **Eventualvorsatz**, der sich von der **bewussten Fahrlässigkeit** dadurch unterscheidet, dass der Betroffene die Tatfolge billigend in Kauf nimmt und mit ihr einverstanden ist. Bei der bewussten Fahrlässigkeit wird die Folge zwar erkannt, der Betroffene hofft aber darauf, dass sie nicht eintritt (BGH NZV 2016, 189).

2.4.2 Rechtswidrigkeit

Ein Verkehrsverstoß ist rechtswidrig, wenn er durch die verkehrsrechtlichen Normen missbilligt wird und keine Gründe vorliegen, die das Handeln rechtfertigen. Derartige Gründe können sich aus Sonderrechten (§ 35), einer erteilten Ausnahme (§ 46) oder den Notwehr- oder Notstandsrechten (§§ 15, 16 OWiG) ergeben.

Notwehr ist die Abwehr eines gegenwärtigen rechtswidrigen Angriffs durch Verteidigung. Notwehrfälle sind im Straßenverkehr selten, weil hier stets die Möglichkeit besteht, durch Ausweichen oder Bremsen einem Verkehrsverstoß („Angriff") zu begegnen (LG Lüneburg NZV 1999, 384: Notwehr bei exzessiv bedrohender Verfolgungsfahrt und dabei begangener Vorfahrtverletzung; Blum NZV 2011, 378).

Häufiger ist hingegen **Notstand**, der einen Verkehrsverstoß rechtfertigen kann, wobei jedoch ein enger Maßstab anzulegen ist (§ 16 OWiG). So kann ein Tempoverstoß gerechtfertigt sein, wenn eine akute Gefahr nicht anders zu beseitigen ist, es auf jede Sekunde ankommt und Rettungsfahrzeuge mit Sonderrechten nicht rechtzeitig erreichbar sind (OLG Köln VerkMitt 2005

14 Selbst wenn Verkehrszeichen deutlich sichtbar aufgestellt sind, muss der Betroffene bei deren Missachtung nicht vorsätzlich gehandelt haben, denn es gibt keinen Erfahrungssatz, dass deutlich aufgestellte Verkehrszeichen immer gesehen werden (OLG Stuttgart DAR 2010, 402).

15 Beispiele für Vorsatz siehe Erl. 3.3 zu § 3.

Nr. 66 = DAR 2005, 574 = VRS 109, 45 = NZV 2005, 595; OLG Düsseldorf VRS 30, 444).

Beispiele für **bejahte Notstandsfälle**: Tempoverstoß wegen schweren Durchfalls (OLG Düsseldorf VerkMitt 2008 Nr. 21 = VRS 113, 438 = DAR 2008, 156 = NZV 2008, 470; AG Lüdinghausen DAR 2014, 217 = VRS 126, 115 = NZV 2014, 481 = SVR 2014, 392: nicht aber bei starkem „Stuhldrang"), zur Beseitigung der Unfallgefahr eines das Rotlicht missachtenden Kraftfahrers oder um eine schwangere Frau ins Krankenhaus zu bringen (OLG Düsseldorf VerkMitt 1995 Nr. 70 = VRS 88, 454 = NZV 1996, 122), bei einem ärztlichen Notfalleinsatz (OLG Karlsruhe DAR 2002, 229; NZV 2005, 54 und NZV 2005, 542 = DAR 2005, 644: nur Absehen vom Regelfahrverbot), Warnung eines vorausfahrenden Kraftfahrers vor einer Verkehrsgefahr (OLG Düsseldorf VRS 30, 39), zur Vermeidung eines Auffahrunfalls (OLG Naumburg DAR 1997, 30). **Kein Notstand** bei Fahrt einer Hebamme mit Tempoüberschreitung in eine Klinik wegen schwacher Herztöne eines Kindes (KG VRS 132, 299), bei drohender Gallenkolik (OLG Düsseldorf VerkMitt 1998 Nr. 17), bei schwacher Blase und Harndrang (OLG Hamm SVR 2018, 35; OLG Brandenburg NZV 2020, 106 mit Anm. Kerkmann: dringende Notdurft mit Magenkrämpfen), für eine Fahrt zum Tierarzt bei Lebensgefahr des Tieres (OLG Düsseldorf VRS 79, 144; NZV 1990, 483), auch nicht, um einen entlaufenen Affen einzufangen (OLG Naumburg DAR 2000, 131 = VRS 98, 205), um wartende Patienten mit akuten Leiden zu betreuen (BayObLG VerkMitt 2000 Nr. 28 = DAR 2000, 170 = NZV 2000, 214 = VRS 98, 294) oder um ein Taxi vom Erbrochenen eines Fahrgastes zu reinigen (OLG Bamberg VerkMitt 2014 Nr. 40). Die Beseitigung einer gegenwärtigen Gefahr darf wegen der notwendigen Güterabwägung nie zu einer Gefährdung Unbeteiligter führen, z. B. Ausweichen wegen eines Einsatzfahrzeugs auf den Gehweg mit Verletzungsgefahr für Fußgänger oder wegen eines Kleintieres bei hoher Geschwindigkeit (KG NZV 2003, 91 = VRS 104, 5 = DAR 2003, 64).

2.4.3 Vorwerfbarkeit

Die „Vorwerfbarkeit" bei Ordnungswidrigkeiten entspricht der „Schuld" im Strafrecht. Der Betroffene muss deshalb bei der Tatbegehung die Einsicht haben, Unrecht zu tun. Die Vorwerfbarkeit kann ausgeschlossen sein durch einen unvermeidbaren Verbotsirrtum, das Alter des Betroffenen, wegen einer krankhaften seelischen Störung, einer tiefgreifenden Bewusstseinsstörung (z. B. akute Intoxikationspsychose durch Alkoholgenuss ab etwa 2,5 ‰, je nach „Giftfestigkeit"), wegen Schwachsinns oder einer schweren anderen seelischen Abartigkeit.

Ein die Vorwerfbarkeit ausschließender **Verbotsirrtum** (§ 11 Abs. 2 OWiG) erfordert dessen Unvermeidbarkeit und ist bei Verkehrsverstößen selten. Die Unkenntnis von Verkehrsregeln ist fast nie ein Grund zum Ausschluss der Vorwerfbarkeit. Wegen der besonderen an Kraftfahrer zu stellenden Anforderungen liegt mangels Gewissensanspannung oder Erkundigung über die geltende Regelung meist ein „vermeidbarer" und damit unbeachtlicher Verbotsirrtum vor (OLG Bamberg SVR 2017, 475; BayObLG VerkMitt 2003 Nr. 75 = NZV 2003, 430 = VRS 105, 309 = NJW 2003, 2253). Allenfalls kann sich ein Verbotsirrtum auf die Bewertung als Vorsatztat auswirken und zu einem Bußgeldbetrag wegen Fahrlässigkeit führen (BGH NJW 2017, 3095).

Ein **Kind** handelt weder vorwerfbar noch strafbar, wenn es bei Begehung einer Handlung noch nicht 14 Jahre alt ist (§ 12 Abs. 1 Satz 1 OWiG, § 19 StGB). Jugendliche sind jedoch für Ordnungsverstöße und Straftaten verantwortlich (§ 12 Abs. 1 Satz 2, § 3 JGG), wenn sie zur Zeit der Tat nach ihrer sittlichen und geistigen Entwicklung reif genug sind, das Unrecht der Tat einzusehen und nach dieser Einsicht zu handeln (§ 46 Abs. 1 OWiG, § 3 JGG). Jugendlicher ist, wer zur Tatzeit mind. 14, aber noch nicht 18 Jahre alt ist.[16] Heranwachsende sind für Straftaten verantwortlich, wenn sie zur Tatzeit mind. 18, aber noch nicht 21 Jahre alt sind (§ 1 Abs. 2 JGG). Begeht ein Heranwachsender eine Straftat, unterliegt er dann dem Jugendstrafrecht, wenn die Gesamtwürdigung seiner Persönlichkeit und der Umweltbedingungen ergibt, dass er nach seiner sittlichen und geistigen Entwicklung noch einem Jugendlichen gleichstand, oder es sich nach der Art, den Umständen oder den Beweggründen der Tat um eine Jugendverfehlung handelt (§ 105 Abs. 1 JGG). Bei Ordnungswidrigkeiten entfällt diese Unterscheidung jedoch, d.h. ein Heranwachsender ist für Ordnungsverstöße immer verantwortlich.

Aus dem Schuldprinzip folgt auch, dass die Bußgeldbehörde nur den „Täter" verfolgen darf. Zur Täterermittlung gehört die Feststellung der Identität. Weigert sich der Betroffene, Namen und Anschrift anzugeben, darf die Polizei ihn auch zwangsweise zur Identitätsüberprüfung bringen.[17] Andernfalls wäre eine Verfolgung des Verstoßes nicht mehr möglich. Die Nichtangabe der Personalien ist außerdem ein (selbstständiger) Verstoß nach § 111 OWiG.

Auch im Bußgeldverfahren ist es nicht Aufgabe des Betroffenen, seine Unschuld nachzuweisen, sondern Bußgeldbehörden und Polizei müssen die Täterschaft beweissicher feststellen (OLG Hamm NZV 2001, 390). Die Verpflichtung, den „schuldigen" Täter zu ermitteln, bereitet Schwierigkeiten, wenn nur das **KFZ-Kennzeichen** und damit der Halter bekannt ist. Einen rechtlich gesicherten Erfahrungssatz, dass der Halter i.d.R. auch der Fahrzeugführer ist, gibt es nicht (OLG Düsseldorf DAR 2003, 40; BGH VerkMitt 1994 Nr. 94; VRS 48, 107). Allein aus der Haltereigenschaft darf deshalb beim Fehlen von Beweisanzeichen nicht gefolgert werden, der Halter habe das Fahrzeug tatsächlich gefahren; andernfalls läge ein Verstoß gegen das Willkürverbot vor (Art. 3 Abs. 1 GG, Art. 6 EMRK – EGMR DAR 2010, 571: Verstoß gegen Recht auf faires Verfahren). Da außerdem der Grundsatz „keine Strafe ohne Schuld" („nulla poena sine culpa") Verfassungsrang hat, muss die Polizei oder die Bußgeldbehörde die Verantwortlichkeit des Täters feststellen (BVerfG VerkMitt 1994 Nr. 94 = VRS 86, 81 = NJW 1994, 847).[18]

---

16 Die Berechnung des Lebensalters bestimmt sich nach § 187 Abs. 2 Satz 2 und § 188 Abs. 2, Alt. 2 BGB, wobei der Tag der Geburt mitgerechnet wird. Ein 13-Jähriger hat am Tag vor seinem 14. Geburtstag um 24.00 Uhr das 14. Lebensjahr vollendet. Seine Haftungsfreiheit endet somit um 24.00 Uhr am Tag vor seinem 14. Geburtstag. Ist ein Kind an einem 29. Februar geboren, endet die Frist außerhalb eines Schaltjahres am 28. Februar (§ 188 Abs. 3 BGB). Die Vorwerfbarkeit für einen Verkehrsverstoß beginnt somit am 14. Geburtstag um 0.00 Uhr, bei einem Jugendlichen endet die „Schonfrist" am Tag vor seinem 18. Geburtstag um 24.00 Uhr.

17 Unverhältnismäßig kann die Anwendung des unmittelbaren Zwanges nur sein, wenn die Folgen der Zwangsanwendung außer Verhältnis zur Bedeutung der Ordnungswidrigkeit stehen.

18 Siehe auch Beiträge von Schurig/Holtz/Göhler im Arbeitskreis V des 16. Deutschen Verkehrsgerichtstages 1978, Deutsche Akademie für Verkehrswissenschaft, S. 232.

In Deutschland gibt es somit keine schuldunabhängige Haftung des Halters für Verkehrsverstöße.[19] Diese Grenze gilt auch im Hinblick auf Rechtsakte der EU (BVerfG NJW 2009, 2267: „Lissabon-Entscheidung" vom 30.6.2009 – 2 BvE 2/08). Die Gefährdungshaftung des Halters nach § 7 StVG bezieht sich nur auf zivilrechtliche Ersatzansprüche.

Soweit es der Polizei möglich ist, wird sie deshalb das Fahrzeug unmittelbar nach dem Verstoß anhalten oder den Fahrer durch technische Maßnahmen (Frontfotografie,[20] Videoaufzeichnungen, Gesichtsgutachten[21]) deutlich machen. Stehen Lichtbilder aus Verkehrsüberwachungsanlagen (Radar-, Rotlichtkameras) zur Verfügung, ist ein Abgleich mit den Passbildern der Meldestellen zur Täterfeststellung zulässig, wobei § 2b Abs. 2 und 3 PersAuswG[22] zu beachten ist (BGH NZV 2012, 143; KG VRS 137, 76: erforderlich ist die Angabe aller Umstände, die aus dem Belegfoto für die Identifizierung des Fahrers sprechen; OLG Düsseldorf DAR 2019, 215: Anforderungen an das Belegfoto; OLG Zweibrücken NStZ 2019, 619: Anforderungen bei unscharfem Radarbild; OLG Brandenburg DAR 2016, 282 mit Anm. Staub DAR 2016, 293: je schlechter die Fotoqualität, umso höher die Anforderungen an die Identifikation des Betroffenen; BayObLG DAR 2020, 41: Anforderungen an die Beweiserhebung über die Person des Fahrers; s. a. Goldkamp NZV 2019, 217; Huckenbeck NZV 32017, 453; Krumm NZV 2012, 267; BayObLG NZV 2003, 589 = VRS 106, 72 = NJW 2004, 241; OLG Stuttgart NZV 2002, 574 = DAR 2002, 566 = VRS 104, 52; AG Landstuhl DAR 2016, 95: Passbildabgleich erst nach Ausschöpfung anderer Ermittlungsmöglichkeiten). Dabei kann allerdings nur festgestellt werden, ob der Halter mit dem Beweisfoto identisch ist. Hier muss eine Vorladung zur Bußgeldbehörde oder Polizei vorgeschaltet werden, weil die Datenübermittlung (wozu auch der Lichtbildabgleich aus den Meldeunterlagen gehört) nur zulässig ist, wenn Daten nicht anderweitig oder nur mit unverhältnismäßig hohem Aufwand ermittelt werden können. Vor allem die bei der Radar- oder Rotlichtüberwachung gefertigten Fotografien müssen eine solche Bildqualität haben, dass eine eindeutige Identifizierung des Täters möglich ist (OLG Oldenburg DAR 1996, 508; VG Braunschweig VD 2007, 230). Ist die Bildschärfe unzureichend, kann die Identifizierung auch durch ein anthropologisches Sachverständigengutachten aufgrund persönlicher Merkmale

19 Anders z. B. in Österreich nach § 103 Abs. 2 Kraftfahrgesetz (s. a. UVS Vorarlberg DAR 2006, 578; EGMR DAR 2010, 571), in Frankreich, Spanien, Italien, den Niederlanden, Ungarn, Belgien (Lentz DAR 2018, 715), Bulgarien, Schweiz (Art. 6 Ziff. 2 EMRK, Art. 32 Abs. 1 BV – Bundesgericht Lausanne DAR 2010, 273) oder den USA (Prinzip „vicarious liability"). Problematisch ist dabei, wenn aufgrund internationaler Vereinbarungen im Ausland begangene Verstöße im Wege der Halterhaftung in Deutschland vollstreckt werden sollen (s. a. Arbeitskreis I des 48. Verkehrsgerichtstages in DAR 2010, 169; Albrecht, „Europa und der Straßenverkehr nach dem Lissabon-Vertrag", DAR; Bönke NZV 2006, 19).

20 Wird auf einem Frontfoto der Beifahrer nicht geschwärzt, kann das Foto dennoch für Rückschlüsse auf die Identität des schuldigen Fahrers verwendet werden (OLG Oldenburg DAR 2015, 214).

21 Fromm DAR 2015, 171: Ermittlungen gegen Motorrad- und Kleinkraftradfahrer nach Verkehrsverstößen.

22 § 2b Abs. 2 und 3 des Personalausweisgesetzes (PersAuswG) lässt den Lichtbildabgleich nur zu, wenn andernfalls eine Identifizierung nicht oder nur mit unverhältnismäßig hohem Aufwand möglich ist. Die Nichtbeachtung der datenschutzrechtlichen Schranken des PersAuswG begründet jedoch weder ein Verfahrenshindernis noch ein Beweisverwertungsverbot.

erfolgen, wie Stirnbereich, Nasenwurzel, Augenbrauen, Lippen (OLG Zweibrücken NZV 2018, 177; OLG Bamberg SVR 2017, 478; OLG Hamm NZV 2017, 538: Anforderungen an Gutachten; OLG Stuttgart NZV 2015, 562 mit Anm. Fromm: Gutachten durch Bildvergleich bei Verstößen mit Fahrverbot zulässig; OLG Bamberg NZV 2012, 250: Darlegungspflicht im Urteil; OLG Dresden DAR 2000, 279). Auch aus dem Foto des Beifahrers sind Schlüsse auf die Identität des Fahrzeugführers zulässig (OLG Oldenburg NZV 2015, 353). Ist auf dem Tatfoto ein männlicher Fahrer klar erkennbar, ergibt die Kennzeichenanfrage aber eine (weibliche) Halterin, darf gegen sie kein Verfahren eingeleitet werden. Sie hat dann nur die Stellung einer Zeugin. Wird trotzdem bewusst das Verfahren gegen die Halterin weitergeführt, steht der Bußgeldsachbearbeiter unter der Strafdrohung des § 344 StGB (Verfolgung Unschuldiger). Außerdem könnten Anwaltskosten der Betroffenen über die Amtshaftung eingefordert werden (BGH VRS 16, 167; LG Frankfurt/M. NZV 1997, 443), es sei denn, ein vorher bestehender Anfangsverdacht hat sich später nicht bestätigt (OLG Schleswig SVR 2008, 422).

Im Massenverkehr kann die Polizei ihrer Aufgabe zur Verfolgung von Verkehrsverstößen meist nur dadurch nachkommen, dass sie das amtliche Kennzeichen feststellt, um über den Halter den Fahrer zu ermitteln.[23] Damit sich der Halter erinnern kann, wer zur Tatzeit Fahrer war, muss er über den Verstoß unverzüglich **unterrichtet** werden, möglichst innerhalb von zwei Wochen (s. Erl. 2.10 c. zu § 49).

Wirkt der Halter im anschließenden Bußgeldverfahren nicht mit, beruft er sich auf sein Zeugnisverweigerungs- oder Schweigerecht[24] oder gibt er eine nicht existierende Person an, müsste die Polizei (z. B. durch Hausermittlungen) Beweisanzeichen für eine Täterschaft des Halters erheben. Die Möglichkeiten für zusätzliche Erhebungen stehen im Bagatellverfahren schon wegen des Ermittlungsaufwandes außer Verhältnis zum Erfolg und scheiden in der täglichen Bußgeldpraxis aus. Erschwert wird die Täterermittlung außerdem durch die kurze Verjährungsfrist. Gibt der Betroffene als „Täter" eine Person an, von der er weiß, dass diese die Tat nicht begangen hat, muss er mit einem Strafverfahren nach § 164 Abs. 2 StGB wegen falscher Verdächtigung rechnen (OLG Stuttgart DAR 2018, 392 mit Anm. Niehaus; OLG Stuttgart VerkMitt 2015 Nr. 70 = NStZ 2016, 155 = DAR 2015, 708: falsche Verdächtigung in mittelbarer Täterschaft mit Anm. Niehaus in DAR 2015, 720). Wirkt die bezeichnete Person bewusst bei der Täuschung der Bußgeldbehörde mit, macht diese sich wegen Beihilfe zur falschen Verdächtigung strafbar. Da jedoch die Beweismanipulation gezielt darauf gerichtet sein muss, gegen eine unschuldige Person ein

23 Die Bußgeldbehörde sieht den Halter als „Zeugen" an und übersendet einen Anhörbogen in der Hoffnung, dass der Fahrer benannt wird. Für die Bekanntgabe des schuldigen Fahrers ist strittig, ob der Halter dann als „Zeuge" gegenüber der Bußgeldbehörde seine Aufwendungen nach dem Zeugen- und Sachverständigen-Entschädigungsgesetz (ZSEG) geltend machen kann (vor allem Autovermietfirmen ca. 15 €): bejahend AG Stuttgart, Beschluss v. 13.1.2004 = NZV 2005, 104; AG Neuwied NZV 2005, 105; verneinend wegen der Haltereigenschaft AG Stuttgart = NZV 2005, 104; AG Leipzig NZV 2005, 106.

24 Die Einlassungsfreiheit des Betroffenen durch Schweigen (§ 136 Abs. 1 Satz 2 StPO) darf nicht als belastendes Indiz gegen ihn gewertet werden (OLG Karlsruhe DAR 2004, 600: „nemo tenetur se ipsum accusare" = „niemand ist gehalten, sich selbst zu belasten". Der Beschuldigte darf schweigen, er darf sogar lügen, deswegen wird ihm prinzipiell nichts geglaubt und deshalb sollte er auch schweigen).

Verfahren einzuleiten, sind solche Strafverfahren selten.[25] Bei Kennzeichenanzeigen geht es hingegen dem Halter meist nur darum, die eigene Täterschaft zu verschleiern (OLG Düsseldorf NZV 1996, 244). Voraussetzung ist ferner, dass eine tatsächlich vorhandene Person benannt wird. Gibt der Halter eine nicht existierende Person als Täter an, scheitert ein Strafverfahren auch nach § 145d StGB, weil sich die Vortäuschung einer Straftat nicht auf Ordnungswidrigkeiten bezieht.

2.5 Beteiligung

Beteiligen sich mehrere Personen an einem Verkehrsverstoß, handelt jede von ihnen ordnungswidrig (§ 14 OWiG). Gegen den Anstifter oder Gehilfen wird ein Bußgeldbescheid erlassen, wenn sein Tatbeitrag den Verkehrsverstoß bewusst und gewollt (vorsätzlich) gefördert hat. Durch §§ 9, 29 OWiG wird die Haftung auf vertretungsberechtigte Organe bzw. Beauftragte erweitert (Geschäftsführer einer GmbH, Firmeninhaber). Diese haften dann für Ordnungswidrigkeiten nicht als Beteiligte, sondern als Täter (z. B. für sowohl dem Firmeninhaber als Halter wie auch dem Fahrer bekannte Fahrzeugmängel). Die vertretungsberechtigten Organe können ihre Verantwortlichkeit auf sachkundige und zuverlässige Hilfspersonen übertragen, z. B. Betriebs- oder Fuhrparkleiter (OLG Hamm DAR 1999, 415). Wer öffentlich zur Begehung von Verkehrsverstößen auffordert, handelt selbst ordnungswidrig nach § 116 OWiG. Hierbei kommt es nicht auf die Ernsthaftigkeit der Aufforderung an, sondern es genügt, billigend in Kauf zu nehmen, dass die Aufforderung von Dritten ernstgenommen wird.

2.6 Zusammentreffen mehrerer Ordnungswidrigkeiten

2.6.1 Tatmehrheit (Realkonkurrenz)

Werden durch mehrere voneinander unabhängige Taten Verkehrsvorschriften mehrfach verletzt, wird für jede einzelne Tat **eine** Geldbuße und ggf. Nebenfolgen (Fahrverbot) gesondert festgesetzt (§ 20 OWiG). Begeht ein Kraftfahrer z. B. an drei Tagen jeweils einen Tempoverstoß, erhält er drei Bußgeldbescheide. Die drei Taten werden somit nicht in einem Bußgeldbescheid mit einer erhöhten Geldbuße und nur einem Fahrverbot zusammengefasst (s. a. Krumm SVR 2019, 53). Entscheiden aber Gerichte über mehrere in Tateinheit stehende und jeweils mit einem Fahrverbot bewehrte Zuwiderhandlungen gleichzeitig, ist nur ein einheitliches Fahrverbot zu

25 Gibt der Betroffene fälschlich eine andere Person als Täter an, scheidet die Strafbarkeit nach § 164 StGB auch dann aus, wenn ein Verfahren gegen die andere Person wegen Eintritts der Verfolgungsverjährung nach § 26 Abs. 3 StVG nicht mehr eingeleitet werden kann (OLG Celle SVR 2008, 430) oder ein notwendiger Strafantrag fehlt (OLG Stuttgart VerkMitt 2014 Nr. 52). Eine Straftat nach § 164 Abs. 2 StGB setzt eine Behauptung über einen anderen voraus, die bei einer falschen Selbstbezichtigung fehlt. Eine Verurteilung nach § 164 Abs. 2 StGB wird gemäß § 28 Abs. 3 Nr. 1 StVG im FAER gespeichert (VGH Kassel VTSD 125, 127). Jedoch keine strafbare Anstiftung zu § 164 Abs. 2 StGB in mittelbarer Täterschaft, wenn der Anwalt des betroffenen Verkehrssünders ohne besondere Umstände zur Tatherrschaft eine dritte Person zu einer Selbstbezichtigung gegenüber der Bußgeldbehörde veranlasst, um erst nach Einspruch und drohender Verjährung den wahren Täter der Verkehrsordnungswidrigkeit zu benennen (OLG Stuttgart VRS 131, 235 = DAR 2017, 396 = NJW 2017, 1972 mit Anm. Hecker).

verhängen (BGH NJW 2016, 1188); s. a. § 25 Abs. 2 und gleichlautend § 44 Abs. 4 StGB.[26]

Eine neue Tat liegt dann vor, wenn ein neuer Verkehrsvorgang beginnt, sich eine Fahrt über mehrere Orte ohne zeitlichen und räumlichen Zusammenhang erstreckt (OLG Jena VRS 110, 32) oder neue Verkehrssituationen entstehen, die neue Verstöße verursachen (OLG Hamm DAR 2006, 697 = VRS 111, 366 = VerkMitt 2007 Nr. 14; OLG Brandenburg NZV 2006, 109; BayObLG VRS 101, 446 = DAR 2002, 78 = NZV 2002, 145).[27] Tatmehrheit wird auch beim Zusammentreffen von Unterlassungs- mit Begehungstaten angenommen, z. B. Parkverstoß und Versäumung der Frist zur technischen Hauptuntersuchung. Werden bei der Kontrolle der „LKW-Tachoscheiben" oder der digitalen Aufzeichnungsgeräte mehrere Tempoverstöße festgestellt, die jeweils nach einer Fahrtunterbrechung begangen worden sind, hätte eine einzige Kontrolle eine Vielzahl von Bußgeldbescheiden mit erheblicher Punktbewertung zur Folge. Die Bußgeldbehörden machen deshalb oft von ihrem Ermessen in der Weise Gebrauch, dass pro Tattag nur ein Bußgeldbescheid mit einer je nach Fallgestaltung angemessenen erhöhten Geldbuße erlassen wird. Halt- und Parkverstöße sind Dauerordnungswidrigkeiten, solange keine Unterbrechung eintritt. Infolgedessen darf ein solcher Verstoß nicht mehrfach geahndet werden (OLG Jena DAR 2006, 162 = VRS 110, 108: Verstoß gegen Art. 103 Abs. 3 GG – Doppelbestrafungsverbot „ne bis in idem"). Anders dagegen, wenn der Fahrer zweimal innerhalb von mehr als einer Minute während einer Fahrt wegen zu hohen Tempos „geblitzt" wird (OLG Zweibrücken DAR 2003, 281: Tatmehrheit). Eine Unterbrechung wird ebenfalls angenommen, wenn das Fahrzeug nach Verlassen der Parkzone zurückkehrt und erneut unzulässig parkt. Tatmehrheit nehmen Bußgeldbehörden meist auch an, wenn das Fahrzeug auch am nächsten Tag oder nach Ablauf eines zeitlich befristeten Haltverbots weiterhin falsch geparkt bleibt.[28] Bei gleichzeitigem Auftreten von Begehungs- und **Unterlassungstaten**[29] liegt im Regelfall Tatmehrheit vor (Albrecht NZV 2005, 62; a. A. OLG Rostock VRS 107, 461).

2.6.2 Tateinheit (Idealkonkurrenz)

Werden durch ein und dieselbe Handlung mehrere Verkehrsvorschriften verletzt, wird nur **eine** Geldbuße festgesetzt (§ 19 Abs. 1 OWiG); z. B. Tempoüberschreitung während eines Rotlichtverstoßes (OLG Rostock

---

26 **§ 44 StGB Fahrverbot** i. d. F. vom 13.11.1998, zuletzt geändert am 3.3.2020 (BGBl. I S. 431)

(4) Werden gegen den Täter mehrere Fahrverbote rechtskräftig verhängt, so sind die Verbotsfristen nacheinander zu berechnen. Die Verbotsfrist auf Grund des früher wirksam gewordenen Fahrverbots läuft zuerst. Werden Fahrverbote gleichzeitig wirksam, so läuft die Verbotsfrist auf Grund des früher angeordneten Fahrverbots zuerst, bei gleichzeitiger Anordnung ist die frühere Tat maßgebend.

27 Siehe Albrecht, „Die Abgrenzung von Tateinheit und Tatmehrheit bei Straßenverkehrsordnungswidrigkeiten", Verkehrsverlag Fischer, 2004; Albrecht SVR 2005, 1 und SVR 2007, 121.

28 Anderer Auffassung: Das Amt für Öffentliche Sicherheit und Ordnung I (Verkehrswesen) der Stadt Bad Tölz nimmt eine Dauerordnungswidrigkeit an, erhöht aber das Verwarngeld bis zum Höchstbetrag des Regelsatzes.

29 Tempoverstoß (Begehungstat) und gleichzeitig Nichtanlegen des Sicherheitsgurtes (Unterlassungstat) oder Fristversäumung zur Hauptuntersuchung und Falschparken.

VRS 107, 461; LG Frankfurt/M. DAR 2003, 41; s. a. Albrecht VD 2005, 311) oder Nichtanlegen des Sicherheitsgurtes und Tempo- oder Abstandsverstoß (OLG Stuttgart VerkMitt 2007 Nr. 48 = DAR 2007, 405 = VRS 112, 59 = SVR 2008, 28; OLG Hamm DAR 2006, 338 = VRS 110, 281; s. a. Albrecht DAR 2007, 61). Auch mehrere Tempoverstöße mit engem räumlichem und zeitlichem Zusammenhang im Verlauf einer Fahrt werden als eine Tat gewertet, wenn die Fahrt nicht durch Parken unterbrochen wurde (BGH NZV 1995, 196; OLG Köln NZV 2004, 536; OLG Zweibrücken DAR 2003, 281; BayObLG NZV 1997, 282 = VRS 93, 141). Die Bußgeldhöhe richtet sich nach dem schwersten Verstoß, wobei das Bußgeld angemessen erhöht wird, z. B. Tempo- und Rotlichtverstoß: Regelsatz jeweils 50 €, Bußgeldbescheid = 80 €.[30] § 19 Abs. 2 OWiG findet hier keine Anwendung, weil sich diese Vorschrift auf die angedrohte Höchstgrenze mehrerer (unterschiedlicher) Gesetze bezieht. Werden mehrere Gesetze durch ein und dieselbe Handlung verletzt, bestimmt sich die Geldbuße nach dem Gesetz, das die höchste Geldbuße androht. So bestimmt sich das Bußgeld z. B. beim Abstellen einer „Rostlaube" nach § 32 und Überschreiten des Gemeingebrauchs nach der mit höherer Geldbuße bedrohten straßenrechtlichen Sondernutzung, die nach den Straßengesetzen der Länder i. d. R. 10 000 € beträgt.[31] Wird ein Tatbestand gleicher Art in engem räumlichem und zeitlichem Zusammenhang mehrfach verwirklicht, liegt eine **Dauerordnungswidrigkeit** vor, z. B. ständiges Fahren ohne Betriebserlaubnis oder mehrere Tempoverstöße innerhalb kurzer Zeit (OLG Koblenz DAR 2018, 695 mit Anm. Fromm/Caspers/Mock: zwei Messungen durch Nachfahren; OLG Brandenburg DAR 2016, 594; OLG Düsseldorf VerkMitt 1997 Nr. 69; OLG Oldenburg NZV 1996, 83; OLG Hamm VRS 90, 435; BayObLG DAR 1995, 411; s. a. Krumm SVR 2019, 53). Bei Dauerordnungswidrigkeiten wird nur ein Bußgeldbescheid (für den schwersten Verstoß) erteilt. Hingegen sind Taten mit Fortsetzungszusammenhang bei Verkehrsverstößen selten, weil dabei nicht Fahrlässigkeit (bei Verkehrsverstößen der Regelfall), sondern Vorsatz vorausgesetzt wird. Zudem ist die Anwendbarkeit des Fortsetzungszusammenhangs stark eingeschränkt (BGH NZV 1995, 196).

Beschränkt die Bußgeldbehörde die Ahndung auf einen bestimmten tatsächlichen oder rechtlichen Gesichtspunkt, kann die Tat wegen der nicht erfassten Handlungsteile oder sonstiger Gesetzesverletzungen weiterverfolgt werden; es sei denn, der Betroffene durfte annehmen, dass das einheitliche Tatgeschehen (z. B. Überladung des gesamten Zuges und nicht nur des Anhängers) gerügt werden sollte, und hat im Vertrauen hierauf sein Einverständnis mit der Verwarnung erteilt (OLG Köln VRS 53, 450).

2.6.3 Gesetzeskonkurrenz

Werden durch ein und dieselbe Handlung zwar mehrere Vorschriften verletzt, von denen aber nur eine zur Anwendung kommen kann, treten die anderen Verstöße bei der Bemessung der Geldbuße zurück. Gefährdet z. B. ein Kraftfahrer während eines Fahrstreifenwechsels einen ande-

30 Bei Verwarnungsgeldverstößen mit gleichen Ahndungsbeträgen entfällt im Regelfall eine Erhöhung.

31 Bei Tempo- und Gefahrgutverstößen bestimmt sich die Geldbuße nach § 10 Abs. 4 des Gesetzes zur Beförderung gefährlicher Güter, weil die Höchstgrenze dort 50 000 € beträgt.

ren, tritt die gleichzeitig verletzte Vorschrift des § 1 Abs. 2 zurück, weil das Gefährdungsverbot bereits in § 7 Abs. 5 enthalten ist. Die jeweils zurücktretenden Vorschriften können im Verhältnis der Subsidiarität, Spezialität oder Konsumtion stehen (s. a. Krumm SVR 2019, 53).

2.6.4 Zusammentreffen von Straftaten und Ordnungswidrigkeiten

Ist ein und dieselbe Handlung (Tateinheit) gleichzeitig Straftat und Ordnungswidrigkeit, findet nur das Strafrecht Anwendung (§ 21 OWiG). So kommt z. B. bei einem unter Alkohol- oder Drogeneinfluss begangenen Tempoverstoß nur § 316 StGB zum Zuge, der Tempoverstoß tritt subsidiär zurück (BGH NZV 2012, 250; KG 2019, 264). Wird das Strafverfahren eingestellt, kann die Ordnungswidrigkeit nach § 21 Abs. 2 OWiG wieder verfolgt werden, sofern noch keine Verjährung eingetreten ist (§ 26 Abs. 3 StVG = drei Monate). Häufig handelt es sich um folgenlose Alkoholverstöße, bei denen zunächst nach § 316 StGB ermittelt wird. Stellt sich durch das Alkoholgutachten heraus, dass z. B. die Promillegrenze der absoluten Fahruntüchtigkeit von 1,1 ‰ nicht erreicht worden ist, kann die Tat weiterhin nach der 0,5-‰-Regelung verfolgt werden (§ 24a StVG).[32] Kommt kein strafrechtliches Fahrverbot nach § 44 StGB in Betracht, kann dennoch ein Fahrverbot gemäß § 21 Abs. 1 Satz 2 OWiG nach § 25 StVG verhängt werden (s. a. Krumm NZV 2012, 210). Bereits gezahlte Bußgelder können auf die Geldstrafe angerechnet werden (OLG Stuttgart VerkMitt 2015 Nr. 59: auch hier gilt das Verschlechterungsverbot).

2.7 Ahndung von Verkehrsverstößen

Bei Verkehrsverstößen mit einem Regelsatz von 5 bis 55 € ist nach §§ 1 Abs. 2, 2 BKatV ein Verwarnungsgeld zu erheben. Ziel ist eine einfache, schnelle und für den Betroffenen kostengünstige Erledigung bei geringfügigen Verstößen ohne Erfassung in Registern (Krumm SVR 2014, 449).

2.7.1 Verwarnung ohne Verwarnungsgeld

Eine Verwarnung ohne Verwarnungsgeld wird nur bei **bedeutungslosen** Zuwiderhandlungen ausgesprochen (§ 56 Abs. 1 Satz 2 OWiG). Bedeutungslos ist ein Verkehrsverstoß ohne qualifizierende Merkmale (Gefährdung, Schädigung), dessen Unrechtsgehalt, orientiert am geringsten Regelsatz, unerheblich ist. Maßgebend ist auch die Bereitschaft des Betroffenen zu normgemäßem Verhalten. Die Verwarnung ohne Verwarnungsgeld stellt kein Verfahrenshindernis im Sinne eines Verbots der „Doppelbestrafung“ dar, weil sich § 56 Abs. 2 bis 4 OWiG nur auf Verwarnungen mit Verwarnungsgeld bezieht. Die Tat kann also trotz mündlicher Verwarnung weiter als Ordnungswidrigkeit verfolgt werden, wenn sich erst im Nachhinein herausstellt, dass der Verkehrsverstoß mit qualifizierenden Merkmalen verbunden war.

---

32 Eine „Null-Promille-Grenze“ besteht bei der Personenbeförderung nach § 8 Abs. 3 BOKraft und bei der Gefahrgutbeförderung nach § 9 Abs. 11 Nr. 18 GGVSE. Fahrverbote und Punkteintragungen erfolgen allerdings erst beim Erreichen des Grenzwertes von 0,5 ‰ nach § 24a StVG.

2.7.2 Verwarnung mit Verwarnungsgeld

Bei **geringfügigen** Ordnungswidrigkeiten wird der Betroffene verwarnt und ein Verwarnungsgeld von 5 bis 55 € erhoben (§ 56 Abs. 1 Satz 1 OWiG);[33] die Höhe richtet sich nach dem Bußgeldkatalog. Für die Wirksamkeit einer Verwarnung ist erforderlich, dass der Betroffene mit der Verwarnung nach Belehrung über sein Weigerungsrecht einverstanden ist **und** das Verwarnungsgeld sofort oder innerhalb einer Wochenfrist zum richtigen Aktenzeichen der zuständigen Ahndungsbehörde in voller Höhe bezahlt (AG Dortmund SVR 2018, 38). Wird das Verwarnungsgeld unter einem Vorbehalt gezahlt, ist die Verwarnung dennoch wirksam und kann nicht zurückgefordert werden (OVG Münster DAR 2011, 427 = NZV 2012, 54).

Das Verwarnungsgeld kann vor Ort durch die nach § 57 OWiG ermächtigten Polizeikräfte durch Barzahlung gegen Quittung erhoben werden. Vor allem bei Kennzeichenanzeigen kommt jedoch ausschließlich die im automatisierten Verfahren gefertigte **schriftliche** Verwarnung in Betracht. Der anzeigende Beamte hinterlässt an dem betreffenden KFZ eine Mitteilung über die Einleitung eines Ordnungswidrigkeitenverfahrens und sendet die (meist elektronisch lesbare) Anzeige[34] an die Bußgeldbehörde, die dem Halter des KFZ ein schriftliches Verwarnungsgeldangebot unterbreitet. Möglich ist auch, die Mitteilung am KFZ bereits mit einer Zahlkarte zu versehen („Knöllchen"). Wird die Verwarnung akzeptiert und das Verwarnungsgeld bezahlt, kann die Tat nicht mehr im Bußgeldverfahren verfolgt werden (Grundsatz „ne bis in idem" – Verbot der Doppelbestrafung). Bei strafrechtlichen Gesichtspunkten im Zusammenhang mit Verkehrsverstößen kommt der in § 56 Abs. 4 OWiG verankerte Grundsatz allerdings nicht zur Anwendung. Wird z. B. nach einem Verkehrsunfall ein Verwarnungsgeld bis 55 € vor Ort bezahlt und stellt sich später heraus, dass der Unfall auf einen alkoholbedingten Fahrfehler zurückzuführen war, kann die Straftat nach § 315c StGB dann unbeschadet der Verwarnung weiterhin verfolgt werden.

Erfolgt die Zahlung **rechtzeitig**, ist die Fortsetzung des Verfahrens unzulässig, selbst wenn die Behörde das Geld zurückschickt (OLG Köln VRS 55, 135; OLG Frankfurt/M. VRS 55, 377). Das gilt nicht für etwaige in Tateinheit stehende, jedoch bei der Verwarnung nicht erkannte Verfehlungen (OLG Düsseldorf NZV 1990, 487). Erfolgt die Zahlung des Verwarnungsgeldes **verspätet**, bleibt die Verwarnung unwirksam (AG Saalfeld NZV 2006, 49). Allerdings kann eine Fristverlängerung (auch stillschweigend) eingeräumt werden, wenn das Verwarnungsgeld in Kenntnis der abgelaufenen Zahlungsfrist angenommen wird (OLG Koblenz VRS 56, 158: nicht bei verspäteter Zahlung durch Banküberweisung). Wird das Verwarnungsgeld **nicht bezahlt**, liegt keine wirksame Verwarnung vor (OLG Düsseldorf

33 Mit Anhebung des Bußgeldes in § 24 Abs. 2 StVG vom 22.12.2008 (BGBl. I S. 2965) ist keine Anhebung der Verwarnungsgelder erfolgt. Die Anhebung der Verwarnungsgelder von 35 auf 55 € und des Bußgeldsatzes von 40 auf 60 € erfolgte durch Art. 8 des 5. Gesetzes zur Änderung des StVG und anderer Gesetze (StVGÄndG) vom 28.8.2013 (BGBl. I S. 3313). Da es nach der BKatV Verstöße mit Sanktionen von 40 bis 55 € wegen erheblicher Relevanz für die Verkehrssicherheit gibt, sind diese Beträge angehoben worden, um weiterhin Bußgelder verhängen zu können, z. B. beim Wenden im Tunnel, Verstoß gegen das Handyverbot oder gegen die Kindersicherungspflicht. Die Regelung ist am 1.5.2014 in Kraft getreten.

34 Z.B. durch mobile elektronische Datenerfassungsgeräte (MED).

NZV 1991, 441; OLG Hamm VRS 54, 134); die Ahndung der Tat erfolgt dann durch Bußgeldbescheid (§ 65 OWiG). Dabei kann die Bußgeldbehörde auch einen höheren Ahndungsbetrag festsetzen und dem Betroffenen die Verfahrenskosten auferlegen. Das Verschlechterungsverbot („reformatio in peius") gilt hier nicht, wenn die Bußgeldbehörde (oder nach Einspruch das Amtsgericht) die Tat oder den Schuldvorwurf bzw. die Verantwortlichkeit anders als die Polizei vor Ort beurteilt (KG VRS 88, 459; OLG Bamberg VerkMitt 2015 Nr. 22 = SVR 2015, 264 = NZV 2015, 460: auch nicht bei Herabsetzung des Bußgeldes). In der Praxis wird davon jedoch selten Gebrauch gemacht, weil bei nicht bezahlten Verwarnungsgeldern vor Erlass des Bußgeldbescheides i. d. R. keine Anfrage an das Fahreignungsregister (FAER) erfolgt.

Verwarnungen werden **nicht** im FAER erfasst (§ 28 StVG); den Landesbehörden ist es mangels gesetzlicher Regelung verboten, eigene (örtliche) Verkehrssünderregister anzulegen (Verbot von „schwarzen Listen"). Andererseits ist es den Bußgeldbehörden nicht verwehrt, gelegentlich des Verfahrens anfallende Erkenntnisse zu verwerten, z. B. der anzeigenden Ordnungskraft über häufige geringfügige Parkverstöße eines bestimmten Kraftfahrers oder der Bußgeldbehörde über mehrere gegenwärtig laufende Verfahren (BVerfG Beschluss vom 9.5.1977 – 2 BvR 464.76; BVerwG DÖV 1979, 721; OLG Düsseldorf VRS 73, 392; BayObLG NJW 1973, 1091).

2.7.3 Bußgeldverfahren

Handelt es sich um einen Verstoß, der mit **Ahndungsbeträgen** von **60** € und mehr bedroht ist, ergeht nach vorheriger Anhörung („Anhörbogen", Übersendung meist mit einfachem Brief) ein Bußgeldbescheid (§ 65 OWiG). Die Höhe der Geldbuße richtet sich nach der Bußgeldkatalog-Verordnung (BKatV) und beträgt zwischen 120 € (§ 3 Abs. 4a BKatV) und max. 2 000 € bei Vorsatz, zwischen 60 € und max. 1 000 € bei Fahrlässigkeit. Die im Abschnitt I BKat enthaltenen Ahndungsbeträge sind Regelsätze, die von fahrlässiger Begehung und gewöhnlichen Tatumständen ausgehen; etwaige Eintragungen im FAER sind nicht berücksichtigt. Ob ein Betroffener Berufskraftfahrer ist oder sich bisher verkehrsgerecht verhalten hat, bleibt bei der Höhe der Ahndungsbeträge außer Betracht (OLG Hamm VRS 97, 207). Bei groben Verstößen, qualifizierenden Tatmerkmalen, Voreintragungen im FAER oder Vorsatz können höhere Beträge festgesetzt werden, es sei denn, Qualifizierungen sind bereits im Ahndungskatalog berücksichtigt, z. B. nur vorsätzlich begehbare Verstöße nach Abschnitt II BKat, wie Handyverstoß als Vorsatztat nach lfd. Nr. 46 BKat (OLG Brandenburg NZV 2013, 206). Bei der Bemessung der Geldbuße darf dem Betroffenen nicht angelastet werden, dass er eine gebührenpflichtige Verwarnung abgelehnt hat oder in der Hauptverhandlung unbelehrbar gewesen ist (OLG Koblenz VRS 62, 202). Darüber hinaus besteht die Möglichkeit, diese Beträge je nach den **wirtschaftlichen Verhältnissen** des Betroffenen zu erhöhen oder zu vermindern (§ 17 Abs. 3 Satz 2 OWiG). Bei Bußgeldern unter 250 € bleiben die wirtschaftlichen Verhältnisse entsprechend dem Rechtsbeschwerdebetrag (§ 79 Abs. 1 Nr. 1 OWiG) grundsätzlich außer Betracht (OLG Hamm DAR 2017, 280; OLG Braunschweig SVR 2015, 465; OLG Hamm NZV 2015, 459; OLG Bremen NZV 2013, 140; OLG Celle VRS 115, 198 = NZV 2016, 144). Bei Regelgeldbußen über 250 € sind Feststellungen über die Vermögensverhältnisse des Betroffenen erforderlich, es sei denn, es fehlen Erkenntnisse, ob sie außergewöhnlich gut oder schlecht sind, oder der Betroffene schweigt dazu

(OLG Oldenburg DAR 2019, 403; KG VRS 124, 338 = SVR 2013, 472 = NZV 2019, 360 mit Anm. Krenberger; OLG Hamm DAR 2012, 400; OLG Karlsruhe VRS 111, 436 = VerkMitt 2006 Nr. 10; OLG Dresden DAR 2006, 222; OLG Oldenburg VerkMitt 1990 Nr. 91 = VRS 79, 375; OLG Düsseldorf VRS 97, 256; OLG Düsseldorf VerkMitt 2000 Nr. 93 = VRS 99, 131 = DAR 2000, 534: 100 €; OLG Hamm NZV 2001, 177: 125 €; OLG Hamburg DAR 2002, 324: 225 €; OLG Hamm DAR 2012, 400: nicht bei der Angabe „Rentner"; AG Herford DAR 2017, 212). Auch bei Verdoppelung des Bußgeldes nach § 3 Abs. 4a BKatV wegen vorsätzlicher Begehung müssen die wirtschaftlichen Verhältnisse des Betroffenen nur berücksichtigt werden, wenn sie außergewöhnlich gut oder schlecht sind (OLG Celle DAR 2015, 101). Liegt das Bußgeld über 250 €, ist die Leistungsfähigkeit des Betroffenen von Amts wegen zu prüfen (OLG Schleswig BZV 2011, 410; BayObLG DAR 2004, 593). Wird ein Bußgeld wegen der schlechten wirtschaftlichen Verhältnisse des Betroffenen auf einen Betrag unter 60 € festgesetzt, berührt das weder die Eintragung im FAER noch die Punktbewertung, d. h. für die Eintragung bleibt der Regelsatz des Bußgeldkataloges maßgebend (§ 28a StVG).

Weiterhin kann der **wirtschaftliche Vorteil** „abgeschöpft" werden, den der Betroffene aus dem Verstoß gezogen hat (§ 17 Abs. 4 oder § 29a OWiG). Im Allgemeinen kommt das nur in Betracht, wenn der Verkehrsverstoß zugunsten wirtschaftlicher Vorteile bewusst in Kauf genommen wird (z. B. Lademaßüberschreitungen bei „Just-in-time-Transporten", Überladungen).[35] Voraussetzung ist allerdings, dass die Ordnungswidrigkeiten noch nicht verjährt sind (s. a. Saller VD 2020, 45: Einziehungsverfahren nach § 29a OWiG; Wozny VD 2019, 96, 120; Fromm NZV 2012, 322). Ferner kann der Verfall des aus einer Ordnungswidrigkeit erlangten Vorteils nach § 29a OWiG selbst dann angeordnet werden, wenn keine Geldbuße festgesetzt wird (OLG Karlsruhe NStZ 2017, 230; s. a. Rebler DAR 2018, 411 und NZV 2016, 304).

a. Bußgeldbescheid

Vor Erlass eines Bußgeldbescheides ist der Betroffene anzuhören und eine Auskunft aus dem FAER über etwaige Voreintragungen beim KBA anzufordern. Der Bußgeldbescheid muss die in § 66 OWiG aufgeführten **Angaben** enthalten, insbesondere Personendaten des Betroffenen, Bezeichnung der Tat, Ort und Zeit der Begehung, die verletzten Verkehrsvorschriften und angewendeten Bußgeldbestimmungen, Beweismittel, die Geldbuße und Nebenfolgen (BayObLG VRS 97, 432: Fahrverbot oder dessen Androhung bei wiederholtem Verstoß), die Verfahrens- und Zustellkosten, Zahlungshinweise, eine Rechtsbehelfsbelehrung über den Einspruch und zur Erzwingungshaft. Eine eigenhändige Unterschrift ist bei digitalisiert gefertigten Bußgeldbescheiden nicht erforderlich (KG VRS 129, 326 und 327). Ein Bußgeldbescheid mit **fehlerhaften Angaben** ist nur dann unwirksam und anfechtbar, wenn die unzutreffenden Angaben nicht durch andere Umstände so eindeutig charakterisiert sind, dass Zweifel an der Identität des Betroffenen oder des Verkehrsverstoßes ausgeschlossen sind (OLG

35 Die Abschöpfung wirtschaftlicher Gewinne aus Verkehrsverstößen bezieht sich auf die Netto-Vorteile abzüglich der Betriebsaufwendungen (Neufang SVR 2011, 324; s. a. OLG Celle NZV 2012, 400; AG Lüdinghausen DAR 2012, 482). Weiterhin kann nach § 29a OWiG der erlangte Vorteil auch dann eingezogen werden, wenn keine Geldbuße festgesetzt wird oder der Täter für einen Dritten handelt, der Gewinne aus der Tat gezogen hat.

Hamm VRS 113, 61: Tattag und -zeit falsch; OLG Hamm DAR 2004, 596; BayObLG NZV 2003, 588 = VRS 105, 359: Geburtsname als Familienname; OLG Hamm VRS 97, 182: falsche Tatzeit; OLG Düsseldorf VerkMitt 2000 Nr. 30 = VRS 98, 47 = NZV 2000, 89: falscher Tatort; OLG Hamm VRS 105, 362: ungenaue Messtoleranz). Im **automatisierten Bußgeldverfahren** gilt § 51 Abs. 1 Satz 2 OWiG. Danach braucht auf dem Bußgeldbescheid weder die Unterschrift noch das Dienstsiegel enthalten zu sein, d. h. der automatisiert gefertigte Bescheid reicht für die Wirksamkeit aus (OLG Dresden VerkMitt 1996 Nr. 23). Voraussetzung ist allerdings, dass der Erlass von einem Bußgeldsachbearbeiter aktenkundig „verfügt" worden ist (OLG Brandenburg DAR 1996, 105).

b. Fahreignungsregister (FAER)

Rechtskräftige Bußgeldentscheidungen werden in das FAER eingetragen.[36] Das Register dient der Erfassung von Mehrfachtätern und ist im Zusammenhang mit dem Punktsystem vor allem generalpräventiv wirksam. Vor dem Erlass eines jeden Bußgeldbescheides wird das FAER hinsichtlich möglicher Eintragungen befragt.[37] Vorhandene Eintragungen können zu höheren Bußgeldern und Nebenfolgen als im Bußgeldkatalog vorgesehen führen.

c. Verfolgungsverjährung

Verkehrsordnungswidrigkeiten nach § 49 StVO, § 69a StVZO oder § 75 FeV verjähren innerhalb von drei Monaten, nach Erlass eines Bußgeldbescheides erst nach sechs Monaten (§ 26 Abs. 3 StVG, § 31 OWiG).[38] Verstöße gegen die 0,5-‰-Regelung nach § 24a StVG verjähren hingegen nach sechs Monaten (BayObLG VRS 97, 367). Die Verjährungsfrist beginnt mit dem Tattag. Hat der Betroffene z. B. am 24. Februar einen Rotlichtverstoß begangen, ist die Tat am 23. Mai (24.00 Uhr) verjährt. Hierbei spielt es keine Rolle, ob das Fristende auf einen Sonn- oder Feiertag fällt. Ob Verjährung eingetreten ist, muss von Amts wegen von der Bußgeldbehörde oder dem Gericht berücksichtigt werden (OLG Stuttgart VRS 131, 88). Verjährung tritt nicht ein, wenn sie zuvor durch eine Maßnahme der Bußgeldbehörde oder des Gerichts unterbrochen wird (§ 33 OWiG); die Frist beginnt dann von vorn. Häufigster Grund für eine Verjährungsunterbrechung ist die Anordnung zur Übersendung des Anhörbogens (nicht das Zustelldatum), wobei sich der Anhörbogen allerdings an einen bestimmten Betroffenen richten muss. Richtet sich der Anhörbogen an den Halter, tritt Verjährungsunterbrechung auch ein, wenn sich erst später herausstellt, dass Halter und Fahrer identisch sind (KG VRS 131, 310 = NZV 2018, 90). Enthält der Anhörbogen jedoch nur eine allgemeine „Befragung", ob der Halter oder ein anderer Fahrer die Tat begangen hat, tritt keine Unterbrechung ein (OLG Hamm VerkMitt 2000 Nr. 69 = DAR 2000, 324 = VRS 98, 441 und 443). Wird dem Betroffenen als Täter z. B. am 10. März (Anordnungsdatum) der Anhörbogen übersandt, verjährt die Tat erst am 9. Juni. Ergeht der Bußgeldbescheid am 3. Juni, wird die Verjährung erneut unterbrochen, wobei sich die Frist auf sechs Monate verlängert. Die Tat ist dann erst am 2. Dezember verjährt. Bei

36 Das FAER wird beim Kraftfahrt-Bundesamt (KBA) in Flensburg geführt (dort, wo auch „Führerscheine zur Kur weilen").

37 Standards für die Übermittlung von Anfragen und Auskünften an die Zentralen Register beim KBA: SDÜ-VZR-ANF; von Mitteilungen: SDÜ-ZFZR-MIT (VkBl. 2013, 798).

38 Voraussetzung ist, dass der Bußgeldbescheid innerhalb von zwei Wochen förmlich zugestellt worden ist; andernfalls bleibt es bei der dreimonatigen Verjährungsfrist.

einem Bußgeldbescheid tritt die Verjährungsunterbrechung bereits am Tage seines Erlasses ein, wenn der Bescheid innerhalb von zwei Wochen zugestellt wird. Erreicht der Bußgeldbescheid den Betroffenen erst später, ist für die Verjährungsunterbrechung das Zustelldatum entscheidend (§ 33 Abs. 1 Nr. 9 OWiG). Erfolgt die Zustellung des am 3. Juni erlassenen Bußgeldbescheides erst am 28. Juni, ist dieses Datum maßgebend; die Tat verjährt folglich erst am 27. Dezember, sofern die Frist nicht durch die Anberaumung einer Hauptverhandlung erneut unterbrochen worden ist. Wird eine Hauptverhandlung beim Amtsgericht anberaumt, beginnt die Frist erneut. Ist der Bußgeldbescheid jedoch rechtskräftig geworden, folgt nunmehr die **Vollstreckungsverjährung** (§ 34 OWiG). Deren Dauer richtet sich nach der festgesetzten Bußgeldhöhe und beträgt drei Jahre bei Geldbußen bis 500 € und fünf Jahre bei mehr als 500 €. Die Vollstreckungsverjährung ruht u. a. bei Bewilligung von Zahlungserleichterungen oder wenn die Vollstreckung ausgesetzt ist.

d. Zustellung

Der Bußgeldbescheid ist dem Betroffenen oder seinem Rechtsanwalt förmlich zuzustellen (§ 51 OWiG).[39] Möglich ist auch eine Ersatzzustellung (§§ 181 bis 184 ZPO), wenn der Betroffene nicht anwesend ist.[40] Durch Beauftragung privater Firmen erfolgt die Zustellung nicht mehr durch Niederlegung auf der Post, sondern durch direkten Einwurf in den Briefkasten. Die Zustellung (Fristbeginn) wird dabei auf der Zustellurkunde vermerkt.[41] Voraussetzung ist jedoch, dass der Empfänger unter der angegebenen Adresse tatsächlich wohnt; sonst ist die Zustellung unwirksam (KG VRS 120, 31; KG VRS 111, 433). Zulässig ist aber die Zustellung eines persönlichen Bußgeldbescheides an den alleinigen Geschäftsführer einer GmbH in den Briefkasten seiner Gesellschaftsadresse (VGH Mannheim DAR 2018, 467). Ob der Empfänger vom Schriftstück Kenntnis nimmt, ist unerheblich (VG Düsseldorf NZV 2017, 151). Der Bußgeldbescheid bleibt auch ohne förmliche Zustellung wirksam, wenn er dem Betroffenen bekannt ist (KG NZV 2007, 374).

e. Einspruchsverfahren

Die Anfechtung des Bußgeldbescheides erfolgt durch **Einspruch** (§ 67 OWiG). Der Einspruch muss innerhalb einer Frist von 14 Tagen nach Zustellung schriftlich in deutscher Sprache (§ 184 GVG) bei der Bußgeldbehörde eingelegt werden. Für die Schriftform genügt auch ein Fax (BVerfG DAR 2002, 411), nicht aber das Wort „Einspruch" als Verwendungszweck auf dem Banküberweisungsträger an die Bußgeldbehörde (AG Lüdinghausen NZV 2010, 424). Der Einspruch muss unterschrieben sein, wobei die

---

39 Auch die Zustellung durch eine private Firma ist rechtswirksam, wenn diese von der staatlichen Regulierungsbehörde für Telekommunikation und Post durch eine Lizenz i. S. d. § 33 Abs. 1 PostG beauftragt worden ist (OLG Rostock DAR 2002, 232).

40 Früher wurde dazu ein unscheinbarer „gelber Zettel" mit der Mitteilung in den Hausbriefkasten eingeworfen, dass irgendetwas unglaublich Wichtiges beim zuständigen Postamt abzuholen sei („... heute jedoch nicht vor 16 Uhr ..."). Da der Betroffene ahnte, dass es sich dabei nur um eine „Gemeinheit" handeln kann, holte er den Brief häufig nicht ab. Damit begannen jedoch erst die Schwierigkeiten, denn mit dem Einwurf des „gelben Zettels" galt die Zustellung als bewirkt und wurde die 14-tägige Einspruchsfrist gegen den Bußgeld- oder Kostenbescheid in Gang gesetzt.

41 Die Zustellurkunde soll dabei der Anlage I zur Zustellungsvordruckverordnung (BGBl. I 2002, S. 671) entsprechen.

Unterschrift den Urheber erkennen lassen muss.[42] Bei der Berechnung der Frist zählt der Tag der Zustellung selbst nicht mit. Erfolgt die Zustellung an einem Donnerstag, beginnt die Frist am Freitag und endet nach 14 Tagen am Donnerstag (24.00 Uhr). Fällt die Frist auf einen Sonnabend, Sonn- oder Feiertag, endet die Frist am darauffolgenden Werktag, d.h. am Montag um 24.00 Uhr (§ 46 Abs. 1 OWiG, § 43 Abs. 2 StPO). Bis dahin muss der Einspruch bei der Bußgeldbehörde vorliegen. Dort sind häufig Nachtbriefkästen vorhanden, bei denen eingehende Post bis 24.00 Uhr registriert wird. Ist der Einspruch **verspätet** eingelegt, verwirft ihn die Bußgeldbehörde als unzulässig (§ 69 Abs. 1 OWiG). Gegen den Verwerfungsbeschluss kann der Betroffene innerhalb von zwei Wochen nach Zustellung Antrag auf gerichtliche Entscheidung stellen.

Ist der Einspruch zulässig und rechtzeitig erhoben, prüft die Bußgeldbehörde, ob sie den Bußgeldbescheid (ggf. nach weiteren Ermittlungen oder neuen Erkenntnissen) zurücknimmt oder aufrechterhält (§ 69 Abs. 2 OWiG). Wird der Bescheid aufrechterhalten, sind die Gründe in den Akten zu vermerken und diese an die Staats- bzw. Amtsanwaltschaft (StA) zu übersenden (§ 69 Abs. 3 OWiG). Mit dem Eingang der Akten gehen die Aufgaben der Bußgeldbehörde auf die StA über (§ 69 Abs. 4 OWiG). Diese prüft den Vorgang und sendet ihn, wenn der Sachverhalt ungenügend aufgeklärt ist, an die Bußgeldbehörde zurück. Durch dieses **Zwischenverfahren** sollen die Gerichte von Verfahren entlastet werden, bei denen Tatumstände noch nicht hinreichend ermittelt worden sind, insbesondere das Gericht somit erst Beweisbeschlüsse erlassen müsste. Mit der Zurücksendung der Akten wird die Bußgeldbehörde wieder zuständig. Ist der Sachverhalt jedoch hinreichend geklärt, übersendet die StA die Akten an das Amtsgericht, das nunmehr über den Bußgeldbescheid zu entscheiden hat. Die Einlegung eines Einspruchs darf nicht zum Nachteil des Betroffenen gewertet werden (OLG Bamberg DAR 2018, 91 = NZV 2018, 91).

Hält das Gericht eine Hauptverhandlung nicht für erforderlich, kann es durch Beschluss entscheiden, wenn der Betroffene und die Staatsanwaltschaft nicht widersprechen (§ 72 Abs. 1 OWiG). Andernfalls entscheidet das Gericht darüber, ob der Betroffene freigesprochen, gegen ihn eine Geldbuße festgesetzt, eine Nebenfolge angeordnet oder das Verfahren eingestellt wird. Das Gericht darf von der im Bußgeldbescheid getroffenen Entscheidung nicht zum Nachteil des Betroffenen abweichen (§ 72 Abs. 3 OWiG). Erscheint der geladene Betroffene oder sein Anwalt nicht zur anberaumten Hauptverhandlung, wird der Einspruch nach § 74 OWiG verworfen (KG VRS 135, 22: auch wenn bei Entbindung des Betroffenen vom persönlichen Erscheinen dessen Verteidiger den Termin versäumt). Gegen amtsrichterliche Entscheidungen in Verkehrs-OWi-Verfahren kann **Rechtsbeschwerde** erhoben werden. Die Rechtsbeschwerde ist wie bei der Revision im Strafverfahren eine reine Rechtsinstanz und lässt keinen neuen Tatsachenvortrag zu (Fromm NZV 2019, 408).

42 **Unterschrift** (gilt für alle Unterschriftsleistungen) ist ein individueller Schriftzug, der zwar nicht lesbar sein muss, sich aber als Wiedergabe des Namens darstellt und die Absicht einer vollen Unterschriftsleistung erkennen lässt (KG VRS 135, 293). Ob es eine richtige Unterschrift ist, beurteilt sich nach dem äußeren Erscheinungsbild, wobei angesichts der Variationsbreite ein großzügiger Maßstab anzulegen ist (BGH NJW 2015, 3104: Schlangenlinie als Unterschrift zulässig). Die Wiedergabe eines Namenskürzels (Handzeichen, Paraphe) ist jedoch ebensowenig eine Unterschrift wie „drei Kreuze“.

f. Wiedereinsetzungsverfahren

Ist die Einspruchsfrist ohne Verschulden versäumt worden (z.B. wenn der Bußgeldbescheid während des Urlaubs zugestellt wurde), kann **Wiedereinsetzung** in den **vorigen Stand** bei der Bußgeldbehörde beantragt werden (§ 52 OWiG). Voraussetzung ist, dass der Antrag innerhalb **einer Woche** (nicht wie beim Einspruch 14 Tage) nach Wegfall des Hinderungsgrundes (z.B. Rückkehr aus dem Urlaub) gestellt wird. In der Begründung sind die Umstände, die zur unverschuldeten Fristversäumung geführt haben, glaubhaft zu machen (z.B. durch Visum, Fahrkarte, Tankquittung, Hotelrechnung); das Versäumnis eines Beauftragten oder Anwalts fällt dem Antragsteller zur Last (LG Würzburg DAR 2001, 231). **Gleichzeitig** ist mit dem Antrag auf Wiedereinsetzung der versäumte **Einspruch nachzuholen**. Das Wiedereinsetzungsgesuch muss somit aus zwei Teilen bestehen, und zwar Glaubhaftmachung des Hinderungsgrundes **und** Erhebung des Einspruchs. Gewahrt ist die Wiedereinsetzungsfrist, wenn der Antrag innerhalb der Wochenfrist der Bußgeldbehörde zugegangen ist. Die Berechnung der Frist erfolgt wie bei der Einspruchsfrist, sie endet stets an einem Werktag. Ist der Antrag auf Wiedereinsetzung fristgerecht und begründet, gewährt die Bußgeldbehörde Wiedereinsetzung, d.h. das Verfahren wird in den Stand zurückgesetzt, den es vor der Fristversäumung hatte. Ist das Gesuch hingegen unbegründet oder nicht fristgerecht eingelegt, wird der Antrag verworfen. Gegen den Verwerfungsbeschluss ist innerhalb von zwei Wochen nach Zustellung der Antrag auf gerichtliche Entscheidung zulässig (§ 62 OWiG).

g. Rücknahme des Bußgeldbescheides

Bis zum Eintritt der Rechtskraft kann die Bußgeldbehörde den Bescheid jederzeit zurücknehmen und das Verfahren einstellen, wenn er sich als fehlerhaft erweist, z.B. infolge erheblicher Einspruchsbegründung oder nachträglicher Erkenntnisse. Nach Eintritt der Rechtskraft kann der Bußgeldbescheid nur zurückgenommen werden, wenn er analog zu den in § 44 VwVfG entwickelten Grundsätzen als **nichtig** anzusehen ist. Das ist dann der Fall, wenn der Bußgeldbescheid unter besonders gravierenden und offensichtlichen Mängeln leidet, die nach Aktenlage von vornherein hätten erkannt werden können. Das ist im Allgemeinen nur in folgenden Fällen anzunehmen:

- Der Bußgeldbescheid richtet sich gegen einen Betroffenen, obwohl nach Aktenlage von vornherein feststand, dass dieser nicht Täter des Verstoßes gewesen sein konnte, z.B. bei Kennzeichenverwechslung oder eine Halterin hätte nach der Frontfotografie eindeutig als männliche Person identifiziert werden können.
- Der Bußgeldbescheid richtet sich zwar gegen den richtigen Betroffenen, die Tat ist jedoch unter keinem rechtlichen Gesichtspunkt bußgeldbewehrt (z.B. Verstoß gegen § 7 Abs. 4).
- Der Bußgeldbescheid richtet sich gegen den richtigen Betroffenen, die Tat ist jedoch bereits in einem anderen Verfahren geahndet worden (Verstoß gegen das Verbot der Doppelbestrafung – OLG Oldenburg NZV 1992, 332; OLG Zweibrücken NZV 1993, 451).
- Das Bußgeldverfahren ist eingestellt oder die Tat verjährt, der Betroffene erhält infolge eines Versehens dennoch einen Bußgeldbescheid (Verstoß gegen das Verbot widersprüchlichen Verwaltungshandelns).

Im Übrigen besteht für die Bußgeldbehörde bei offensichtlicher Fehlerhaftigkeit des bestandskräftigen Bußgeldbescheides die Möglichkeit, von der

Vollstreckung abzusehen (**Niederschlagung**), z. B. bei Verkauf des KFZ vor der Tat; ist der neue Halter noch nicht im Fahrzeugregister eingetragen, geht der Bußgeldbescheid an den ehemaligen Halter. Ist die Bußgeldbehörde dem Verkaufshinweis im Anhörverfahren nicht nachgegangen, kann das Verfahren niedergeschlagen werden. Entsprechendes gilt bei falschen Angaben zum Tatort, Tattag oder bei Verfahrensverstößen. In allen übrigen Fällen verbleibt nur der Weg über ein **Wiederaufnahmeverfahren**, das jedoch nur in Betracht kommt, wenn es auf neue Tatsachen und Beweismittel gestützt wird (LG Köln DAR 2017, 335 mit Anm. Engel und DAR 2017, 354) **und** das Bußgeld mehr als 250 € beträgt (§ 85 OWiG). Bei der Masse der Verkehrsverstöße ist ein Wiederaufnahmeverfahren regelmäßig ausgeschlossen. Letztlich besteht noch die Möglichkeit eines **Gnadengesuchs** nach den Gnadenordnungen der Länder. Dabei müssen grundsätzlich zuvor alle Rechtsmittel ausgeschöpft sein (Fromm NZV 2011, 329).

2.8 Nebenfolgen des Bußgeldverfahrens

2.8.1 Fahrverbot

Für grobe oder beharrliche[43] Verkehrsordnungswidrigkeiten eines Kraftfahrers kann neben dem Bußgeld als Nebenfolge ein Fahrverbot[44] von ein bis drei Monaten verhängt werden (§ 25 StVG).[45] Bei der Auflage eines Fahr-

---

43 Zur Frage der Beharrlichkeit s. Krumm DAR 2014, 166.

44 Fahrverbote sind als eindringliches Erziehungsmittel verfassungsgemäß (BVerfG VerkMitt 1996 Nr. 79 = DAR 1996, 196 = VRS 91, 134). Das Fahrverbot trifft nicht Straßenbahnfahrer, weil es sich hier nicht um Kraftfahrzeuge i. S. d. § 1 Abs. 2 und 3 StVG handelt (AG Leipzig NZV 2011, 412).

45 **§ 25 StVG Fahrverbot** i. d. F. vom 5.3.2003 (BGBl. I S. 310), zuletzt geändert am 5.12.2019 (BGBl. I S. 2008)

(1) Wird gegen die betroffene Person wegen einer Ordnungswidrigkeit nach § 24, die sie unter grober oder beharrlicher Verletzung der Pflichten eines Kraftfahrzeugführers begangen hat, eine Geldbuße festgesetzt, so kann ihr die Verwaltungsbehörde oder das Gericht in der Bußgeldentscheidung für die Dauer von einem Monat bis zu drei Monaten verbieten, im Straßenverkehr Kraftfahrzeuge jeder oder einer bestimmten Art zu führen. Wird gegen die betroffene Person wegen einer Ordnungswidrigkeit nach § 24a eine Geldbuße festgesetzt, so ist in der Regel auch ein Fahrverbot anzuordnen.

(2) Das Fahrverbot wird mit der Rechtskraft der Bußgeldentscheidung wirksam. Für seine Dauer werden von einer deutschen Behörde ausgestellte nationale und internationale Führerscheine amtlich verwahrt. Dies gilt auch, wenn der Führerschein von einer Behörde eines Mitgliedstaates der EU oder eines anderen Vertragsstaates des Abkommens über den Europäischen Wirtschaftsraum ausgestellt worden ist, sofern der Inhaber seinen ordentlichen Wohnsitz im Inland hat. Wird er nicht freiwillig herausgegeben, so ist er zu beschlagnahmen.

(2a) Ist in den zwei Jahren vor der Ordnungswidrigkeit ein Fahrverbot gegen die betroffene Person nicht verhängt worden und wird auch bis zur Bußgeldentscheidung ein Fahrverbot nicht verhängt, so bestimmt die Verwaltungsbehörde oder das Gericht abweichend von Abs. 2 Satz 1, dass das Fahrverbot erst wirksam wird, wenn der Führerschein nach Rechtskraft der Bußgeldentscheidung in amtliche Verwahrung gelangt, spätestens jedoch mit Ablauf von vier Monaten seit Eintritt der Rechtskraft.

(2b) Werden gegen die betroffene Person mehrere Fahrverbote rechtskräftig verhängt, so sind die Verbotsfristen nacheinander zu berechnen. Die Verbotsfrist auf Grund des früher wirksam gewordenen Fahrverbots läuft zuerst. Werden Fahrverbote gleichzeitig wirksam, so läuft die Verbotsfrist auf Grund des früher angeordneten Fahrverbots zuerst, bei gleichzeitiger Anordnung ist die frühere Tat maßgebend.

verbots darf das Mindestmaß von einem Monat weder unterschritten noch in zeitliche Etappen aufgeteilt werden (BayObLG VerkMitt 2019 Nr. 63 = NZV 2020, 208 mit Anm. Rinio: auch nicht bei besonderer Fallkonstellation). Dass nach § 4 Abs. 4 BKatV unter bestimmten Voraussetzungen von einem Fahrverbot durch Erhöhung des Bußgeldes abgesehen werden kann (z. B. bei Existenzverlust eines Kraftfahrers), bedeutet nicht, dass das gesetzliche Mindestmaß von einem Monat unterschritten werden darf (OLG Düsseldorf VerkMitt 2011 Nr. 42 = DAR 2011, 149 = VRS 120, 202).

Grobe Pflichtverletzungen sind eklatante Regelwidrigkeiten, die entweder objektiv gefährlich sind und deshalb häufig zu Unfällen führen oder subjektiv auf grobem Leichtsinn, grober Nachlässigkeit oder Gleichgültigkeit beruhen. Beharrliche Pflichtverletzungen offenbaren sich auch durch wiederholte (nicht nur grobe) Verstöße, bei denen die für die Teilnahme am Verkehr notwendige rechtstreue Gesinnung oder Einsicht in begangenes Unrecht fehlt (BGH DAR 1992, 265; KG DAR 2016, 393 = VRS 129, 328: Verhängung durch Rechtsbeschwerdegericht; OLG Bamberg VerkMitt 2015 Nr. 15: beharrliche Verstöße sind tatrichterlich zu begründen, sofern es sich um keinen Regelfall nach § 25 Abs. 1 StVG handelt; BayObLG DAR 2000, 278; OLG Bamberg NZV 2008, 47 = NJV 2007, 3655; OLG Bamberg DAR 2010, 318; s. a. Rechtsprechungsübersicht bei Krumm SVR 2011, 170, 2012, 171, 2013, 216 und 296, 2014, 415 und 453). Bereits ein einmaliger Verstoß kann ein Fahrverbot rechtfertigen, ohne dass ausdrücklich festgestellt werden muss, ob nicht eine erhöhte Geldbuße ausreicht (BGH VerkMitt 1992 Nr. 1; VerkMitt 1992 Nr. 11). Für bestimmte Verstöße sieht die BKatV Regelfahrverbote vor, wobei grundsätzlich von einer groben Pflichtverletzung auszugehen ist (KG VRS 130, 220), z. B. bei erheblichen Tempo- und

---

45 (*Fortsetzung*)

(3) In anderen als in Abs. 2 Satz 3 genannten ausländischen Führerscheinen wird das Fahrverbot vermerkt. Zu diesem Zweck kann der Führerschein beschlagnahmt werden.

(4) Wird der Führerschein in den Fällen des Abs. 2 Satz 4 oder des Abs. 3 Satz 2 bei der betroffenen Person nicht vorgefunden, so hat sie auf Antrag der Vollstreckungsbehörde (§ 92 OWiG) bei dem Amtsgericht eine eidesstattliche Versicherung über den Verbleib des Führerscheins abzugeben. § 883 Abs. 2 und 3 ZPO gilt entsprechend.

(5) Ist ein Führerschein amtlich zu verwahren oder das Fahrverbot in einem ausländischen Führerschein zu vermerken, so wird die Verbotsfrist erst von dem Tag an gerechnet, an dem dies geschieht. In die Verbotsfrist wird die Zeit nicht eingerechnet, in welcher der Täter auf behördliche Anordnung in einer Anstalt verwahrt wird.

(6) Die Dauer einer vorläufigen Entziehung der Fahrerlaubnis (§ 111a StPO) wird auf das Fahrverbot angerechnet. Es kann jedoch angeordnet werden, dass die Anrechnung ganz oder zum Teil unterbleibt, wenn sie im Hinblick auf das Verhalten der betroffenen Person nach Begehung der Ordnungswidrigkeit nicht gerechtfertigt ist. Der vorläufigen Entziehung der Fahrerlaubnis steht die Verwahrung, Sicherstellung oder Beschlagnahme des Führerscheins (§ 94 StPO) gleich.

(7) Wird das Fahrverbot nach Abs. 1 im Strafverfahren angeordnet (§ 82 OWiG), so kann die Rückgabe eines in Verwahrung genommenen, sichergestellten oder beschlagnahmten Führerscheins aufgeschoben werden, wenn die betroffene Person nicht widerspricht. In diesem Fall ist die Zeit nach dem Urteil unverkürzt auf das Fahrverbot anzurechnen.

(8) Über den Zeitpunkt der Wirksamkeit des Fahrverbots nach Abs. 2 oder 2a Satz 1 und über den Beginn der Verbotsfrist nach Abs. 5 Satz 1 ist die betroffene Person bei der Zustellung der Bußgeldentscheidung oder im Anschluss an deren Verkündung zu belehren.

Rotlichtverstößen, bei wiederholter Tempoüberschreitung um mindestens 26 km/h[46] oder nach § 4 Abs. 2 Satz 2 BKatV bei Voreintragungen eines Fahrverbots im FAER (§ 4 Abs. 3 BKatV),[47] nicht aber bei nachweisbar defektem Tachometer (AG Lüdinghausen NZV 2016, 294). Dabei muss es sich um grobe Regelwidrigkeiten handeln, die gesetzlich als derart schwerwiegend vorbewertet sind, dass sie neben dem Bußgeld ein Fahrverbot erfordern. Ein Fahrverbot ist auch dann zu verhängen, wenn mit dem Verstoß die Acht-Punkte-Grenze für einen Regelentzug der FE erreicht werden (OLG Bamberg DAR 2015, 656 = NZV 2016, 50 = NStZ 2016, 162 = SVR 2016, 71; OLG Bamberg NZV 2016, 292). Ein Fahrverbot kann auch gegen einen Mofa-Fahrer verhängt werden, wenn er Inhaber einer Fahrerlaubnis ist und mit dem Mofa einen groben Verkehrsverstoß begeht, z.B. Verstoß gegen die 0,5-‰-Regelung (OLG Düsseldorf VerkMitt 1997 Nr. 77).

Die Frage, ob im Einzelfall eine grobe Pflichtverletzung fehlt, stellt sich nur bei besonders atypischem Verlauf, beim Fehlen einer selbst abstrakten Gefahr für den übrigen Verkehr oder ohne verkehrliche Besonderheiten am Messort,[48] z.B. bei sog. Augenblicksversagen[49] (BGH DAR 1997, 450 = NZW 1997, 3252; OLG Brandenburg VRS 137, 270; OLG Jena NZV 2017, 289: Überprüfung der Beschilderung bei behaupteter Nichtwahrnehmung; KG VRS 130, 429: nicht bei unvorhersehbarer Ablenkung; OLG Bamberg VerkMitt 2017 Nr. 3; OLG Bamberg NZV 2017, 391: vermeidbarer Verbotsirrtum führt nur in Fällen des Augenblicksversagens zum Wegfall des Fahrverbots). In solchen Fällen ist die Verhängung des Fahrverbots nicht mehr mit dem verfassungsrechtlichen Übermaßverbot in Einklang zu bringen (KG VRS 132, 303: Augenblicksversagen allein ist aber kein Grund zur Herabstufung der Vorwerfbarkeit; VRS 132, 309: bei Mitzieheffekt; KG NZV 2016, 594 = VRS 131, 175; KG NZV 2016, 442: Rotlichtverstoß mit geringer Geschwindigkeit; KG VRS 130, 220: Rotlichtverstoß trotz rutschiger Fahrbahn und nur 20 km/h; KG VRS 129, 279: Mitzieheffekt bei Rotlichtverstoß; OLG Bamberg NZV 2016, 445: bei Abstandsverstoß; OLG NZV 2016, 444: Fahrverbot auch bei Abweichen von Überwachungsrichtlinien; OLG Oldenburg NZV 2002, 414 und 2014, 331; VGH Mannheim NZV 2002, 431 = VRS 103, 140; BayObLG DAR 2000, 171 = NZV 2000, 216 = VRS 98, 288; Krumm DAR 2011, 379).

Aber auch bei längerer Verfahrensdauer zwischen Tattag und Verhängung des Fahrverbots kann der Denkzettelcharakter verloren gehen, sofern der Betroffene die Verzögerung nicht zu vertreten und sich zwischenzeitlich verkehrskonform verhalten hat (BGH NZV 2003, 46; OLG Stuttgart VerkMitt 2016 Nr. 30 = NZV 2016, 292 = OLG Stuttgart VRS 130, 57: keine Berücksichtigung der Rechtsmittelfristen; OLG Bamberg DAR 2006, 337: **32 Monate**; OLG Hamm DAR 2007, 714: **30 Monate**; OLG Stuttgart NZV 2017, 341; OLG Brandenburg NZV 2005, 278: **28 Monate** seit dem Verstoß; OLG Hamm DAR

46 OLG Bamberg NZV 2011, 515: kein Fahrverbot, wenn zuvor mehrere Tempoverstöße begangen worden sind, aber keine den Richtwert von 26 km/h erreichte. Auch wenn das Tempolimit dem Lärmschutz dient, kann bei einem erheblichen Verstoß Fahrverbot erlassen werden (OLG Bamberg DAR 2007, 94).

47 S.a. lfd. Nr. 241.1, 241.2, 242.1, 242.2 BKat.

48 Gesamtbetrachtung nicht nur zur Höhe des Tempoverstoßes, sondern auch zur Straßenführung oder zum Verkehrsaufkommen: OLG Hamm NZV 2011, 455.

49 Augenblicksversagen = Begehung eines schwerwiegenden, aber fahrlässigen Ordnungsverstoßes, der wegen besonderer Umstände oder Verkehrsverhältnisse auch einem sorgfältigen und pflichtbewussten Fahrer unterlaufen kann. Von einem Fahrverbot kann dann unter Erhöhung der Geldbuße abgesehen werden.

Straf- und ordnungsrechtliche Fahrverbote

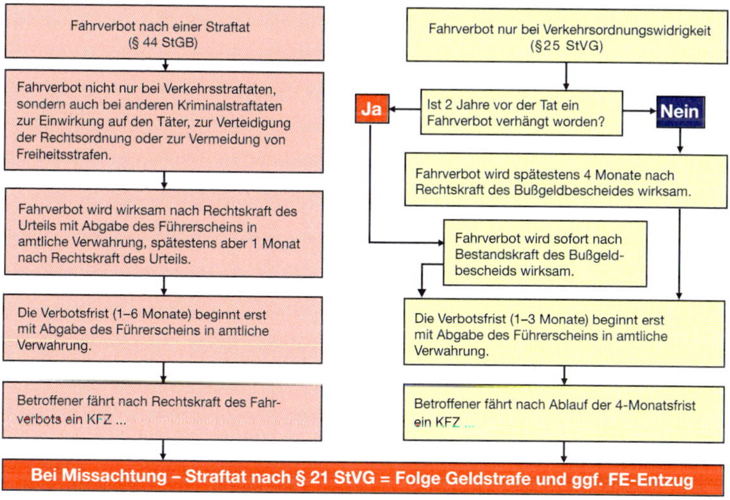

2005, 406 = VRS 109, 19: **27 Monate**; OLG Hamm D 2018, 278; OLG Karlsruhe NZV 2004, 537; OLG Oldenburg NZV 2011, 564; OLG Köln DAR 2004, 541 = NZV 2004, 422 = VRS 107, 129; BayObLG VerkMitt 2004 Nr. 48 = DAR 2004, 400 = VRS 106, 409; OLG Celle VRS 108, 110; KG VRS 130, 163; KG DAR 2007, 711; OLG Bamberg DAR 2008, 651; OLG Dresden NStZ 2019, 623; BayObLG NZV 2004, 100; KG VRS 136, 303: **24 Monate**, aber keine starre Grenze; OLG Oldenburg VRS 121, 340; KG VRS 114, 381; OLG Zweibrücken VD 2012, 67 = SVR 2012, III; OLG Karlsruhe DAR 2007, 528 = VRS 113, 123: **23 Monate**; OLG Hamm NZV 2004, 598: **22 Monate**; OLG Hamburg NStZ 2019, 529; OLG Hamm VRS 113, 232: **21 Monate**; OLG Koblenz DAR 2018, 452; OLG Zweibrücken NZV 2014, 479: **20 Monate**; OLG Bamberg DAR 2008, 152: **16 Monate**; BayObLG DAR 2003, 569 = VRS 105, 445; BayObLG VerkMitt 2002 Nr. 51= DAR 2002, 275 = NZV 2002, 280; OLG Naumburg DAR 2003, 133; OLG Köln NZV 2000, 430; OLG Düsseldorf NZV 2001, 435; KG VerkMitt 2002 Nr. 38 = NZV 2002, 281: **nicht** aber bei **13 Monaten** oder Ausschöpfung der Rechtsmittel; OLG Hamm VRS 109, 375 = DAR 2006, 100). Gleiches gilt bei erheblicher Verfahrensverzögerung durch das Rechtsbeschwerdegericht; ein amtsgerichtlich verhängtes Fahrverbot kann dann für vollstreckt erklärt werden (OLG Hamburg NZV 2019, 596 mit Anm. Rinio). Kann ein Fahrverbot wegen Zeitablaufs nicht verhängt werden, führt das nicht zu einer Erhöhung des Bußgeldes i. S. d. § 4 Abs. 4 BKatV (OLG Dresden SVR 2019 9/IV).

Im Bußgeldverfahren kann der Rechtsfolgenausspruch auf das Fahrverbot beschränkt werden. Wird aber das auferlegte Fahrverbot durch Rechtsbeschwerde angefochten, erwächst das übrige Bußgeldverfahren in Rechtskraft, so dass das Vorliegen eines zum Regelfahrverbot führenden qualifizierten Rotlichtverstoßes nicht mehr anfechtbar ist (KG NZV 2017, 340: Aufgabe der alten Rechtsprechung aus KG VRS 129, 25). Liegen keine gegenteiligen

Erkenntnisse vor, kann das Fahrverbot auch zulasten des im Fahrzeugregister eingetragenen Halters erlassen werden (OVG Münster NZV 2017, 344: das gilt auch, wenn der Enkel nach Erlass des Fahrverbots gegen seine eingetragene Oma geltend macht, er sei der tatsächliche Halter des KFZ).

Als „Denkzettel" soll das Fahrverbot nicht zu rechtsstaatlich unangemessenen Folgen führen, vor allem nicht zum Verlust des Arbeitsplatzes oder der wirtschaftlichen Existenz des Betroffenen (Prinzip der **Verhältnismäßigkeit**). Die Bußgeldbehörde hat deshalb die Möglichkeit, von einem Fahrverbot abzusehen und stattdessen den Bußgeldbetrag angemessen zu erhöhen (§ 4 Abs. 4 BKatV).[50] Allerdings genügen erhebliche berufliche und wirtschaftliche Nachteile, leichtfertige Inkaufnahme eines Fahrverbots in Kenntnis beruflicher Nachteile, Schwierigkeiten, Unbequemlichkeiten oder die Angst um den Arbeitsplatz allein nicht, um ein Absehen vom Fahrverbot zu rechtfertigen (OLG Bamberg SVR 2017, 474; KG NZV 2016, 535; KG VRS 129, 320; KG DAR 2016, 281 = NJW 2016, 1110: Arbeitsplatzverlust muss ernsthaft und nachweisbar drohen; OLG Bamberg NZV 2018, 586 = NStZ 2019, 290: kein Absehen vom Fahrverbot trotz Arbeitsplatzverlust, wenn eine vergleichbare Tätigkeit unproblematisch gefunden werden kann; OLG Zweibrücken NZV 2016, 536: unzureichender Urlaub; KG VRS 127, 259: kein Absehen vom Fahrverbot bei alleinerziehender Mutter; OLG Hamm VRS 115, 204; KG VRS 111, 151; OLG Hamm SVR 2007, 150; OLG Bamberg VerkMitt 2014 Nr. 36 = DAR 2014, 332; OLG Karlsruhe VRS 110, 299 = SVR 2006, 191; OLG Karlsruhe VRS 108, 37 und 39; BayObLG NZV 2002, 144; OLG Köln NZV 2001, 392; AG Lüdinghausen DAR 2013, 402 = SVR 2013, 277 und NZV 2016, 537: auch nicht bei den Lebensstandard hebender Nebentätigkeit; OLG Bamberg VerkMitt 2015 Nr. 71 = DAR 2015, 656: kein Absehen vom Fahrverbot bei Teilnahme an Fahreignungsseminaren; a. A. AG Mannheim DAR 2014, 40: bei verkehrspsychologischer Intervention; AG Dortmund SVR 2019, 231; AG Bernkastel-Kues DAR 2014, 401; AG Traunstein DAR 2014, 102: Absehen vom Fahrverbot, wenn keine Vorbelastungen bestehen, der Betroffene beruflich auf das KFZ angewiesen ist, ein erhöhtes Bußgeld bezahlt und ein Aufbauseminar nach § 4 Abs. 8 StVG absolviert hat; OLG Bamberg DAR 2018, 91: Ausnahme des Fahrverbots für Krankenkraftwagen; s. a. Fromm SVR 2015, 458 und 289; Wolf DAR 2015, 352; Rebler SVR 2010, 161). Auch gibt es keinen „Vielfahrer-" oder „Berufskraftfahrer-Bonus", so dass dieser Personenkreis trotz höherer Fahrleistung und größerem Risiko der Fahrverbotsregelung gleichermaßen unterliegt (OLG Hamm NZV 2003, 103; OLG Düsseldorf VRS 87, 450; VRS 93, 202; NZV 2000, 134 = DAR 2000, 127; BayObLG VRS 92, 33; OLG Hamm VRS 98, 381; NZV 2000, 92 = VRS 97, 449; AG Kiel DAR 1999, 327); ebenso nicht bei Tempoverstößen auf verkehrsarmen Straßen (OLG Bamberg VerkMitt 2007 Nr. 83).

Weiterhin ist beim Prinzip der **Verhältnismäßigkeit** zu berücksichtigen, ob Gesichtspunkte für den Betroffenen sprechen, die das Fahrverbot aufgrund äußerer und innerer Tatumstände als eine außergewöhnliche Härte erscheinen lassen (OLG Karlsruhe DAR 2016, 91; KG VRS 111, 207 und 441; OLG

---

50 Eine Abkürzung des Regelfahrverbots wegen Existenzgefährdung ist auch bei einer Voreintragung im FAER möglich, die nach § 4 Abs. 3 oder 4 BKatV ein längeres Fahrverbot begründet, denn nach dem Doppelverwertungsverbot nach § 46 OWiG i. V. m. § 46 Abs. 3 StGB müssen bei der Sanktionszumessung Umstände, die bereits Merkmale des gesetzlichen Tatbestandes sind, unberücksichtigt bleiben (OLG Stuttgart VerkMitt 2014 Nr. 9 = NZV 2014, 635).

Hamm NZV 2001, 486; OLG Hamm DAR 2001, 519; BGH NZV 1992, 117; AG Borna NZV 2012, 98: bei Fahrt zur Physiotherapie eines Kindes; AG Schwedt/O. NZV 2003, 205; AG Nauen NZV 2001, 488; AG Nauen SVR 2004, 12; AG Wuppertal NZV 2011, 514: bei Existenzgründung; Krumm SVR 2006, 412), so etwa, wenn das Fahrverbot glaubhaft zur Arbeitslosigkeit oder Existenzvernichtung führt, oder die Pflege naher Verwandter bei fehlender ÖPNV-Anbindung ausschließt (OLG Hamm DAR 2006, 664; OLG Jena DAR 2011, 474 = SVR 2011, 28; KG SVR 2015, 427: nicht aber zum Besuch der Ehefrau in einer 45 km entfernten Pflegeeinrichtung oder deren Begleitung zu Arztterminen), dabei keine einschlägigen Voreintragungen im FAER vorliegen (OLG Hamm VerkMitt 2006 Nr. 9) und der Verkehrsverstoß keine atypische Begehungsweise oder Folgen aufweist. Möglich ist auch die Beschränkung des Fahrverbots auf bestimmte Fahrzeugarten oder Motorleistung (AG Dortmund DAR 2018, 218: 44 kW), wenn ausreichend Sorge für eine Gefahrabschirmung getroffen worden ist, z. B. auf PKW unter Ausnahme landwirtschaftlicher Zugmaschinen (OLG Düsseldorf VerkMitt 2008 Nr. 23 = DAR 2008, 154; OLG Bamberg VerkMitt 2018 Nr. 18: Feuerwehr- und Krankenkraftwagen; KG VRS 111, 204: Motorräder; OLG Düsseldorf VRS 87, 447; OLG Naumburg DAR 2003, 573: Leichenwagen; AG Lüdinghausen VRS 127, 253: Ausnahme für D-Klassen, wenn die Anlasstat mit einem Privat-PKW begangen wurde; s. a. Pliefke DAR 2018, 235; Rebler DAR 2011, 109). Zwar kann der Einspruch auf bestimmte Beschwerdepunkte beschränkt werden (§ 67 Abs. 2 OWiG), Geldbuße und Fahrverbot bilden jedoch eine untrennbare Einheit und sind nur zusammen anfechtbar (BayObLG VRS 98, 42). In solchen Fällen wäre der Führerschein in amtliche Verwahrung zu nehmen und ein neuer Führerschein mit Beschränkung auf die vom Fahrverbot ausgenommene Verkehrsart auszustellen. Wegen der relativen Kürze des Fahrverbots und der Verfahrensdauer für die Ausstellung eines neuen Führerscheins ist dies jedoch wenig praktikabel. Stattdessen kann dem Betroffenen eine auf die ausgenommene Verkehrsart bezogene Ausnahme nach §§ 4 Abs. 2, 74 FeV von der Verpflichtung zum Mitführen des Führerscheins erteilt werden.

Bei der Auflage eines Fahrverbots ist der Betroffene zwar noch **Inhaber** der **Fahrerlaubnis**, er darf jedoch vom Zeitpunkt der **Rechtskraft** des Bußgeldbescheides an kein KFZ mehr fahren, auch wenn er noch im Besitz des Führerscheins ist (s. a. Hornof VD 2016, 105). Hierzu gehören auch Dienstführerscheine z. B. der Bundeswehr.

Entscheidend für den Beginn der Monatsfrist ist der Zeitpunkt, zu dem der Führerschein bei der zuständigen Bußgeldbehörde in amtliche Verwahrung gegeben wird (§ 25 Abs. 3 StVG). Hat der Betroffene den Führerschein verloren, beginnt die Verbotsfrist erst mit Abgabe des Ersatzführerscheins oder mit der eidesstattlichen Erklärung nach § 25 Abs. 2 Satz 4 StVG über dessen Verbleib (OLG Köln VerkMitt 2016 Nr. 19: Beginn der Verbotsfrist mit Eingang der Verlustanzeige).[51] Haftzeiten während der Dauer des Fahrverbots werden nicht auf die Verbotsfrist angerechnet, auch nicht bei Freigängern (OLG Köln SVR 2007, 468). Gelangt der Führerschein zunächst

51 Die vorangehende Beschlagnahme und Wohnungsdurchsuchung zum Auffinden des Führerscheins richtet sich nach § 25 Abs. 2 und 4 StVG (LG Lüneburg NZV 2011, 153). Der Antrag auf eidesstattliche Erklärung erfolgt durch die Bußgeldbehörde beim zuständigen Amtsgericht, bei einem strafgerichtlichen Fahrverbot (§ 44 StGB) durch die Vollstreckungsbehörde nach § 463b Abs. 3 StPO (AG Bremen NZV 2011, 151).

in den Gewahrsam einer anderen Stelle (Polizei oder FE-Behörde), wird die Verwahrzeit dort auf die Verbotsfrist angerechnet (§§ 59a Abs. 5, 87 Abs. 2 Nr. 1 StrVollstrO). Wird das einmonatige Fahrverbot z.B. am 11. Mai bestandskräftig, der Führerschein aber erst am 20. Juni abgegeben, darf der Betroffene vom 11. Mai bis 19. Juli kein KFZ fahren, auch kein fahrerlaubnisfreies Mofa. Die Verbotsfrist verlängert sich somit um den Zeitraum, in dem der Betroffene noch im Besitz des Führerscheins ist. **Abweichend** davon tritt zur Vermeidung unverhältnismäßiger Belastungen die Bestandskraft eines Fahrverbots spätestens **vier Monate** nach Rechtskraft der Entscheidung ein, sofern gegen den Betroffenen bis zu zwei Jahre vor der Tat kein Fahrverbot verhängt worden ist; andernfalls bleibt es bei dem sofortigen Fahrverbot ab Rechtskraft (§ 25 Abs. 2a Satz 1 StVG). Hierbei kommt es auf das Datum der Rechtskraft der vorbelastenden Entscheidung an, mit der das frühere Fahrverbot verhängt worden ist (BGH VerkMitt 2000 Nr. 94 = NZV 2000, 420; BayObLG NZV 1999, 50; a. A. OLG Karlsruhe VerkMitt 1999 Nr. 47 = NZV 1999, 177 = DAR 1999, 372). Durch die Frist von vier Monaten soll der Betroffene über den Antritt des Fahrverbots disponieren können, z.B. durch Verlegung des Fahrverbots in die Urlaubszeit.

Fällt das Fahrverbot zeitlich mit einem vorläufigen Entzug der Fahrerlaubnis zusammen, reicht für den Beginn der Verbotsfrist die Mitteilung an den Betroffenen über die Verwahrung des Führerscheins bei der Vollstreckungsbehörde aus (OLG Karlsruhe NZV 2005, 211). Bei Betroffenen ohne Fahrerlaubnis wird das Fahrverbot jedoch sofort mit Rechtskraft des Bußgeldbescheides wirksam, da sie ohnehin keine fahrerlaubnispflichtigen Fahrzeuge fahren dürfen. Sind sie auf das Mofa oder den Krankenfahrstuhl angewiesen, sollte auch ihnen die viermonatige Dispositionsfrist eingeräumt werden.

Gibt der Betroffene den Führerschein nicht ab, kann dieser durch die Polizei beschlagnahmt werden. Bei erfolgloser Beschlagnahme hat der Betroffene eine eidesstattliche Versicherung über den Verbleib des Führerscheins abzugeben (§ 25 Abs. 4 StVG i. V. m. § 59a Abs. 4 StrVollstrO und § 463b Abs. 3 StPO). Erst mit Beschlagnahme des Führerscheins oder mit Abgabe der eidesstattlichen Versicherung beginnt die Fahrverbotsfrist (OLG Düsseldorf DAR 1999, 514 = NZV 1999, 521 = VRS 97, 438; LG Essen DAR 2006, 106 = NZV 2006, 166: Beginn der Verbotsfrist bei Mitteilung des Führerscheinverlusts bei der Bußgeldbehörde; AG Bremen NZV 2011, 151).

Bei Inhabern einer ausländischen Fahrerlaubnis werden Fahrverbote dadurch vollstreckt, dass ihnen das Recht aberkannt wird, mit ihrer ausländischen Fahrerlaubnis im Inland zu fahren. Im Regelfall wird dann am Führerschein ein gesiegelter Aufkleber mit Hinweis auf das Fahrverbot angebracht. Die Folgen einer Missachtung des Fahrverbots sind die gleichen wie bei Inhabern einer deutschen Fahrerlaubnis (Straftat nach § 21 Abs. 1 Nr. 1 StVG).

Bei tateinheitlichen oder tatmehrheitlichen Verstößen mit Fahrverboten sind die jeweils vorgesehenen Verbotsfristen gemäß § 25 Abs. 5b StVG nacheinander zu berechnen (BGH NJW 2016, 1188 = NZV 2016, 342 = VRS 131, 149 = NStZ 2016, 476 mit Anm. Mitsch; OLG Hamm NZV 2010, 159; OLG Brandenburg VRS 106, 201 und NZV 2011, 358; AG Hattingen DAR 2012, 410; AG Bremen NZV 2011, 50; LG Nürnberg-Fürth DAR 2014, 690: parallele Vollstreckung auch bei straf- und bußgeldbehördlichen Fahrverboten; OLG Hamm SVR 2016, 111; KG NZV

2015, 566; KG DAR 2015, 274 = VRS 128, 93; OLG Brandenburg VerkMitt 2011 Nr. 48 = NZV 2011, 358 = VRS 120, 339). Werden gegen den Betroffenen mehrere Fahrverbote rechtskräftig verhängt, läuft die Verbotsfrist aufgrund des früher wirksam gewordenen Fahrverbots zuerst und es ist für die Dauer des Fahrverbots für beide Verstöße vom höchsten angedrohten Regelfahrverbot auszugehen. Werden Fahrverbote gleichzeitig wirksam, ist die frühere Tat maßgebend (OLG Brandenburg VRS 124, 346 = VD 2013, 171). Mit Abgabe des Führerscheins können somit **nicht** mehrere Fahrverbote gleichzeitig „abgebüßt“ werden; sie werden nacheinander vollstreckt (OLG Hamm DAR 2016, 32 = SVR 2016, 110 und 150: keine Parallelvollstreckung in Mischfällen; a. A. AG Walsrode DAR 2013, 95; AG Berlin-Tiergarten DAR 2014, 406; AG Lehrte NZV 2013, 97; AG Velbert DAR 2009, 285; AG Essen DAR 2009, 658; AG Hamburg DAR 2007, 408; AG Viechtach DAR 2007, 662; AG Bad Liebenwerda DAR 2003, 42; a. A. AG Bremen DAR 2010, 591: wegen Regelsystematik; AG Münster DAR 2007, 409; s. a. Seutter DAR 2015, 428). Mit der Vier-Monats-Frist wollte der Gesetzgeber einerseits übermäßige Belastungen des Betroffenen vermeiden, andererseits aber taktische Manöver durch Einflussnahme auf den Vier-Monats-Zeitraum verhindern (AG Castrop-Rauxel VRS 130, 216). Das gilt auch, wenn mehrere anhängige Fahrverbote durch Rücknahme der Einsprüche beim Amtsgericht am gleichen Tage wirksam werden.

Fahren trotz Fahrverbots ist eine **Straftat** (§ 21 Abs. 1 Nr. 1 StVG).[52] Auch der Halter macht sich strafbar, wenn er in Kenntnis des Fahrverbots das Führen seines KFZ zulässt. Problematisch ist das vor allem bei Firmenfahrzeugen in der Zeit zwischen dem Wirksamwerden des Fahrverbots und der Abgabe des Führerscheins durch den angestellten Fahrer. Wegen derselben Tat kann neben einem Fahrverbot auch ein Entzug der Fahrerlaubnis durch die Fahrerlaubnisbehörde in Betracht kommen, denn die „erzieherische“ Nebenfolge des Fahrverbots enthält keine Aussage zur Fahreignung (BVerwG NJW 1994, 1672). Das ist dann der Fall, wenn sich aus den Tatumständen die Nichteignung ergibt. Wird z. B. im Bußgeldverfahren deutlich, dass die Ursache eines Rotlichtverstoßes auf einen erheblichen altersbedingten Leistungsabbau zurückzuführen ist, kann neben dem Fahrverbot als weitere Konsequenz eine Eignungsüberprüfung mit dem Ziel eingeleitet werden, die Fahrerlaubnis zu entziehen (OVG Lüneburg VerkMitt 2000 Nr. 64). Fahren trotz Fahrverbots ist (anders als Fahren ohne FE) keine Obliegenheitsverletzung i. S. d. AKB, so dass der Betroffene nicht den Versicherungsschutz verliert (LG Hannover DAR 2015, 29).

Fahrverbote können auch nach **§ 44 StGB**[53] als **Nebenstrafe** verhängt werden, und zwar im Gegensatz zu Verkehrsordnungswidrigkeiten nicht

---

52 Ein Verstoß gegen § 21 Abs. 1 Nr. 1 StVG muss nicht zwangsläufig auch zum Entzug der Fahrerlaubnis führen (LG Mühlhausen NZV 2003, 206).

53 **§ 44 StGB Fahrverbot** i. d. F. vom 13.11.1998 (BGBl. I S. 3322), zuletzt geändert am 3.3.2020 (BGBl. I S. 431)

(1) Wird jemand wegen einer Straftat zu einer Freiheitsstrafe oder einer Geldstrafe verurteilt, so kann ihm das Gericht für die Dauer von einem Monat bis zu sechs Monaten verbieten, im Straßenverkehr Kraftfahrzeuge jeder oder einer bestimmten Art zu führen. Auch wenn die Straftat nicht bei oder im Zusammenhang mit dem Führen eines Kraftfahrzeugs oder unter Verletzung der Pflichten eines Kraftfahrzeugführers begangen wurde, kommt die Anordnung eines Fahrverbots namentlich in Betracht, wenn sie zur Einwirkung auf den Täter oder zur Verteidigung der

nur für verkehrsbezogene Straftaten (z. B. Unfallflucht nach § 142 StGB, folgenlose Alkoholfahrten nach § 316 StGB), sondern auch bei **anderen Delikten** (z. B. Diebstahl, Betrug, Urkundenfälschung oder andere Kriminalstrafen), wenn ein Fahrverbot zur Einwirkung auf den Täter oder zur Verteidigung der Rechtsordnung erforderlich erscheint oder hierdurch die Verhängung einer Freiheitsstrafe oder deren Vollstreckung vermieden werden kann (OLG Düsseldorf DAR 2019, 631; OLG Stuttgart NZV 2019, 632; AG Dortmund NZV 2020, 157 mit Anm. Quarch = SVR 2019, 309 mit Anm. Steinert: drei Monate Fahrverbot für Bewährungsauflage bei einem Drogendelikt).[54] Ob sich das Fahrverbot als „Strafe" bewähren und die Erwartungen des Gesetzgebers erfüllen wird, ist schon deshalb problematisch, weil das Verbot nur Kraftfahrer treffen wird (Problematik der Gleichheit vor dem Gesetz nach Art. 3 Abs. 1 GG). Außerdem hängt die Wirksamkeit weitgehend vom polizeilichen Verkehrsüberwachungsaufwand und dem verfügbaren Personalbestand ab.[55]

Die Dauer des strafrechtlichen Fahrverbots kann – anders als bei Ordnungswidrigkeiten – bis zu **sechs Monate**[56] betragen, wobei das Fahrverbot erst mit Abgabe des Führerscheins in amtliche Verwahrung wirksam wird, spätestens aber einen Monat nach Eintritt der Rechtskraft des Urteils oder des Strafbefehls. Im Gegensatz zum ordnungsbehördlichen Fahrverbot kennt

---

53 (*Fortsetzung*)
Rechtsordnung erforderlich erscheint oder hierdurch die Verhängung einer Freiheitsstrafe oder deren Vollstreckung vermieden werden kann. Ein Fahrverbot ist in der Regel anzuordnen, wenn in den Fällen einer Verurteilung nach § 315c Abs. 1 Nr. 1 Buchstabe a, Abs. 3 oder § 316 die Entziehung der Fahrerlaubnis nach § 69 unterbleibt.
(2) Das Fahrverbot wird wirksam, wenn der Führerschein nach Rechtskraft des Urteils in amtliche Verwahrung gelangt, spätestens jedoch mit Ablauf von einem Monat seit Eintritt der Rechtskraft. Für seine Dauer werden von einer deutschen Behörde ausgestellte nationale und internationale Führerscheine amtlich verwahrt. Dies gilt auch, wenn der Führerschein von einer Behörde eines Mitgliedstaates der Europäischen Union oder eines anderen Vertragsstaates des Abkommens über den Europäischen Wirtschaftsraum ausgestellt worden ist, sofern der Inhaber seinen ordentlichen Wohnsitz im Inland hat. In anderen ausländischen Führerscheinen wird das Fahrverbot vermerkt.
(3) Ist ein Führerschein amtlich zu verwahren oder das Fahrverbot in einem ausländischen Führerschein zu vermerken, so wird die Verbotsfrist erst von dem Tage an gerechnet, an dem dies geschieht. In die Verbotsfrist wird die Zeit nicht eingerechnet, in welcher der Täter auf behördliche Anordnung in einer Anstalt verwahrt worden ist.
(4) Werden gegen den Täter mehrere Fahrverbote rechtskräftig verhängt, so sind die Verbotsfristen nacheinander zu berechnen. Die Verbotsfrist auf Grund des früher wirksam gewordenen Fahrverbots läuft zuerst. Werden Fahrverbote gleichzeitig wirksam, so läuft die Verbotsfrist auf Grund des früher angeordneten Fahrverbots zuerst, bei gleichzeitiger Anordnung ist die frühere Tat maßgebend.

54 Die Regelung beruht auf dem Koalitionsvertrag zwischen CDU/CSU und SPD zur 18. Legislaturperiode (Thema zu 5.1 „Effektive Strafverfolgung und wirksame Maßnahmen zur Gefahrenabwehr", S. 102) und steht im Gegensatz zu den Empfehlungen des AK I des 55. Deutschen Verkehrsgerichtstages 2017 (Veröffentlichungen zum 55. VGT 2017, S. XI).

55 S.a. Fromm DAR 2019, 650; Rebler SVR 2018, 446; König DAR 2018, 604; kritisch: Zopfs SVR 2017, 401 und DAR 2017, 737; Schäler VD 2014, 164; Bellardita DAR 2017, 739; Engel DAR 2017, 752; Rebler VD 2018, 3.

56 Im Jugendstrafrecht bleibt es nach § 8 Abs. 3 JGG aber bei der Dauer des Fahrverbots von drei Monaten.

das strafrechtliche Fahrverbot keine Karenzfrist von vier Monaten (s. a. Kerkmann SVR 2018, 48).

2.8.2 Fahreignungs-Bewertungssystem (Mehrfachtäter-Punktsystem)

Die Feststellung der Nichteignung eines Kraftfahrers allein nach der Anzahl registrierter Verkehrsverstöße ist für die Verkehrsbehörden schwierig. Das Fahreignungs-Bewertungssystem[57] dient nicht nur der Einleitung einheitlicher Maßnahmen gegenüber **Mehrfachtätern**, sondern enthält im Vorfeld **Rehabilitationselemente** mit dem Ziel, den FE-Inhaber zu verantwortungsbewusstem Handeln gegenüber anderen Verkehrsteilnehmern zu veranlassen. Bußgeldbescheide ab **55 €** werden im FAER eingetragen und je nach Schwere mit ein bis drei Punkten bewertet (§ 4 Abs. 2 StVG, Anlage 13 FeV). Das Punktsystem unterscheidet bei der Bewertung vor allem nach der Gefährlichkeit und den Folgen eines Verstoßes. Die Möglichkeit, bei schwerwiegenden Nachteilen unter Erhöhung der Geldbuße vom Fahrverbot abzusehen, ist bei der Punkteintragung im FAER nicht möglich (OLG Hamm VerkMitt 2009 Nr. 42).

Dem Mehrfachtäter-Punktsystem unterliegen alle FE-Inhaber (auch der Klassen AM, L und T), gleich ob sie selbst Verstöße begehen oder ob ihnen als Halter oder für das Fahrzeug Verantwortlicher (z. B. Fuhrparkleiter) Verkehrszuwiderhandlungen zur Last zu legen sind. Außerdem kommt es nur auf die rechtskräftige bußgeldbehördliche oder gerichtliche Entscheidung an. Einwendungen gegen diese Entscheidungen sind im Punktsystem nicht

57 Das 1974 bundeseinheitlich eingeführte **Mehrfachtäter-Punktsystem** (ab 1.5.2014 Fahreignungs-Bewertungssystem) baute auf der Richtlinie zu § 15b StVZO auf; eine gesetzliche Grundlage im StVG fehlte. So wurde der Betroffene bei neun Punkten verwarnt und auf die freiwillige Nachschulung bei einer anerkannten (Nachschulungs-)Fahrschule nach dem Aufbauseminar für Kraftfahrer hingewiesen. Nahm der Betroffene teil, wurden ihm vier Punkte „gutgeschrieben". Bei 14 Punkten wurde die Ablegung einer Fahrprüfung innerhalb von zwei Monaten angeordnet. Über 90 % aller Betroffenen bestanden damals die Prüfung, was darauf hindeutete, dass Defizite weniger in unzureichenden Kenntnissen oder praktischen Fähigkeiten begründet sind als in mangelnder Risikobereitschaft und Selbstkontrolle gegenüber dem Sicherheitsbedürfnis anderer Verkehrsteilnehmer. Die Prüfung hatte außerdem eher eine negative Wirkung, weil sie die persönliche Überzeugung festigte, mit dem Bestehen keine weitere Verhaltensänderung vornehmen zu müssen. Bestand der Betroffene die Prüfung nicht, konnte er sie einmal wiederholen. Wurde auch die Wiederholungsprüfung nicht bestanden oder verweigerte der Betroffene die Fahrprüfung grundlos, war er als ungeeignet anzusehen und die Fahrerlaubnis zu entziehen. Ferner war als Regelfolge bei 18 Punkten die Fahrerlaubnis zu entziehen.
Am 1.1.1999 wurde dann das bis zum 30.4.2014 geltende System mit verkehrsbezogenen Aufbauseminaren in Fahrschulen nebst Punkterabatt eingeführt. Ab acht Punkten erfolgte eine gebührenpflichtige Verwarnung und die Empfehlung zur freiwilligen Nachschulung. Kam der Betroffene dem nach, wurden bei acht bis zehn Punkten vier Punkte und bei einem Punktestand von elf bis 13 noch zwei Punkte erlassen. Ab 14 Punkten musste der Betroffene ein Pflichtseminar absolvieren, wollte er seine FE behalten. Ab 17 Punkten konnte er noch eine verkehrspsychologische Beratung mit einem Rabatt von zwei Punkten besuchen. Ab 18 Punkten war dann „Schluss" und die FE wurde mit einer Sperrfrist von sechs Monaten entzogen. Die Punktbewertung erfolgte im Verkehrszentralregister (VZR) beim KBA für Bußgeldentscheidungen ab 40 €. Eine Tilgung von Eintragungen und Punkten erfolgte erst nach zwei Jahren, wenn innerhalb dieser Zeit keine weiteren Verstöße begangen wurden, andernfalls erst nach fünf Jahren. Nach fünf Jahren wurden auch Straftaten ohne und nach zehn Jahren mit Alkohol oder Drogen getilgt.

mehr möglich, z.B. der Nachweis, dass der Betroffene faktisch nicht Täter des mit Punkten bewerteten Verstoßes war (§ 4 Abs. 3 StVG).

Infolge der Vielzahl von Eintragungen im FAER wurde stets beklagt, dass Deutschland ein Volk von „Vorbestraften" sei.[58] Die Reform des Mehrfachtäter-Punktsystems von 2013 hat zum Ziel, Eintragungen zu reduzieren und Schwächen des mehr als 50 Jahre alten Systems zu beseitigen.[59] Das gilt vor allem für Ordnungsverstöße, die für die Verkehrssicherheit weniger relevant sind. Auch ein recht großzügiger Punkterabatt führte bei hartnäckigen Verkehrssündern kaum zur Verhaltensänderung. Ferner erfolgten die Aufbauseminare ohne Erfolgskontrolle, so dass das einfache Absitzen der Zeit ausreichte.

Mit der **Reform** des **Mehrfachtäter-Punktsystems** 2013[60] wurden die bisherigen Eintragungen in ein neues „**Fahreignungsregister**" (FAER) überführt und ein neues „**Fahreignungs-Bewertungssystem**" (Anlage 13 FeV) eingeführt. Dadurch soll der Zweck des Systems, die Fahreignung der Betroffenen gerecht zu bewerten, deutlicher hervorgehoben werden (s.a. Tepe DAR 2015, 666).[61]

a. Punktbewertung

Eine der wesentlichsten Änderungen der Mehrfachtäter-Punktreform 2013 ist die Anhebung der Verwarnungsgeldobergrenze von 35 auf **55 €** und daraus folgend der Eintragungsgrenze bei Ordnungswidrigkeiten von 40 auf **55 €** und mehr (§ 56 Abs. 1 OWiG).[62] Für eine Punktbewertung muss ein Verstoß mit mind. 60 € bewertet (§ 58 Abs. 3 StVG) und in der Anl. 13 FeV verzeichnet sein. Ist ein Verstoß über 60 € in Anl. 13 FeV nicht erfasst, wird er zwar eingetragen, es werden aber keine Punkte vergeben (zur Punktberechnung s.a. Albrecht/Kehr/Ledwig SVR 2015, 161).

Die Eintragungen werden mit **ein**, **zwei** oder **drei Punkten** bewertet, allerdings nur diejenigen Verkehrszuwiderhandlungen, die ausdrücklich in der Anlage 13 FeV[63] genannt werden und deswegen in das FAER einzutragen sind (§ 4 Abs. 2 Satz 2 StVG). Die Eintragungen werden im Wesentlichen auf unmittelbar verkehrssicherheitsrelevante Zuwiderhandlungen beschränkt und um wenige Verstöße ergänzt, z.B. unzulässiges Parken in Feuerwehrzufahrten mit Behinderung. Nicht mehr erfasst werden Buß-

---

58 2018 waren im FAER mehr als 10 Mio. Personen eingetragen, davon über 8 Mio. Männer und über 2 Mio. Frauen.

59 Nach den Erkenntnissen des BMVBS (BMVI) werden durch Neuregelung rd. 1 Mio. Personen, die nur leichtere Verstöße begangen haben, nicht mehr im Register erfasst. Demgegenüber soll es aber jährlich zusätzlich bei rund 500 Personen zum Entzug der Fahrerlaubnis nach Erreichen von acht Punkten kommen; s.a. Albrecht SVR 2012, 81.

60 5. Gesetz zur Änderung des Straßenverkehrsgesetzes u.a. Gesetze vom 28.8.2013 (BGBl. I S. 3313); s.a. Albrecht SVR 2013, 441; Albrecht/Kehr DAR 2013, 437; Albrecht SVR 2012, 81; Dauer VR 2012, 103; Borzym SVR 2013,167; kritisch: Barthelmess NZV 2013, 521. Das (neue) Mehrfachtäter-Punktsystem ist am 1.5.2014 in Kraft getreten.

61 Koehl DAR 2019, 15: Bilanz 2019 „Punktereform auf dem Prüfstand".

62 Damit besteht jetzt die Möglichkeit, die Verwarngelder im bundeseinheitlichen Bußgeldkatalog (BKatV) auseinanderzuziehen und anzuheben. Wenn dann noch eine Anhebung der Obergrenze für Verkehrsordnungswidrigkeiten in § 24 Abs. 2 StVG folgt, könnte sich das Ahndungssystem durch höhere Einnahmen positiv auf die Lösung der Personalprobleme von Polizei und Ordnungsbehörden auswirken.

63 9. Verordnung zur Änderung der FeV u.a. straßenverkehrsrechtlicher Vorschriften vom 5.11.2013 (BGBl. I S. 3920).

Mehrfachtäter-Punktsystem

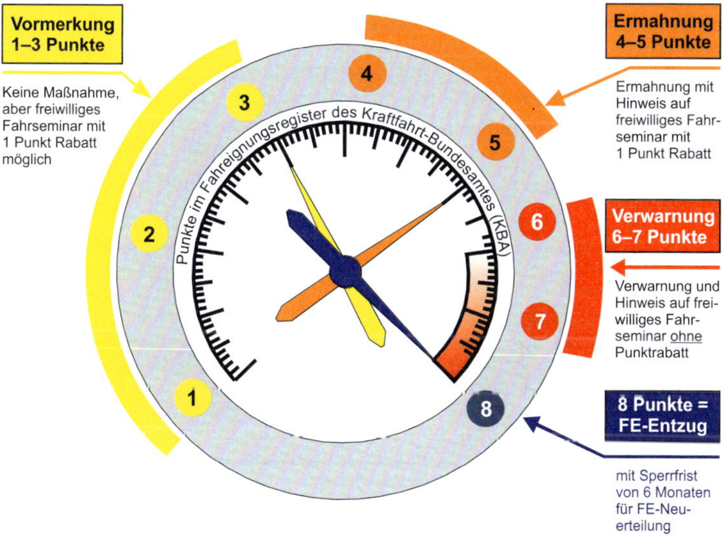

geldverstöße, die nichts mit der Verkehrssicherheit zu tun haben, wie z.B. verbotswidriges Befahren von Umweltzonen, Pflichtversicherungs- oder Kennzeichenverstöße.

3 Punkte = **Straftaten**, deren Ahndung **mit** einem **FE-Entzug** oder einer **FE-Sperre** (§§ 68, 69a, 69b StGB) durch das Strafgericht **verbunden** ist, insbesondere Trunkenheitsdelikte (§§ 315c, 316, 323a StGB), Fahren ohne Fahrerlaubnis (§ 21 StVG), Fahrerflucht (§ 142 StGB), hier auch ohne FE-Entzug, weil primär der Schutz zivilrechtlicher Ansprüche zu gewährleisten ist.

2 Punkte = andere Straftaten und besonders verkehrssicherheitsbeeinträchtigende und ihnen gleichgestellte Ordnungswidrigkeiten, insbesondere auch solche mit einem **Regelfahrverbot**, aber mit Ausnahme wiederholter Tempo- oder Gefahrgutverstöße innerhalb eines Jahres (§ 4 Abs. 2 Satz 2 BKatV, lfd. Nr. 152.1 BKat).

1 Punkt = verkehrssicherheitsbeeinträchtigende und ihnen gleichgestellte Ordnungswidrigkeiten.[64]

b. Maßnahmen

Maßnahmen nach dem Fahreignungs-Bewertungssystem werden nur in Bezug auf FE-Inhaber ergriffen, während die Eintragung im Register unabhängig davon erfolgt, ob der Betroffene eine FE besitzt oder nicht. Im Übrigen kann die FE bei Eignungsmängeln jederzeit auch unabhängig vom Punktsystem bei entsprechendem Anlass entzogen werden (§ 4 Abs. 1 StVG).

64 Beim begleiteten Fahren ab 17 Jahren darf der Begleiter nur mit max. einem Punkt im FAER registriert sein (§ 48a Abs. 5 Nr. 3 FeV).

Das KBA unterrichtet die örtlich zuständige FE-Behörde erst beim Erreichen von vier Punkten (1. Eingriffsstufe), außerdem über alle Entscheidungen zu Straftaten oder Ordnungswidrigkeiten im Zusammenhang mit Alkohol oder Drogen. Dies soll sicherstellen, dass die FE-Behörde bei wiederholten einschlägigen Verstößen ein Fahreignungsgutachten anordnen kann (§ 46 Abs. 3 i.V.m. § 13 Nr. 2 oder 14 FeV).

0 bis 3 Punkte = **„Vormerkung"** von Verstößen für das FE-Bewertungssystem, aber **keine** weiteren behördlichen Maßnahmen, auch keine („automatische") Mitteilung des KBA über die Punktzahl. Der Betroffene, der meist seine Einträge im FAER kennt, zudem jederzeit auch selbst beim KBA anfragen kann (per Post mit Formular aus www.kba.de oder online), hat aber die Möglichkeit, schon jetzt freiwillig an einem Fahreignungsseminar nach § 4a Abs. 2 StVG teilzunehmen. Die bei der FE-Behörde innerhalb von zwei Wochen nach Beendigung des Kurses einzureichende Teilnahmebescheinigung ist Grundlage für einen Abzug von einem Punkt (§ 4 Abs. 7 StVG). Die Ansammlung eines „Pluspunktes" ist jedoch ausgeschlossen. Sind noch keine Punkte im FAER eingetragen und hat der FE-Inhaber „vorsorglich" ein Seminar absolviert, wird ihm kein Punkt „gutgeschrieben". Werden nach einem Verkehrsverstoß Punkte eingetragen, kommt eine Anrechnung aus der vorher absolvierten Nachschulung nicht in Betracht. Da ein Fahreignungsseminar mit Punktrabatt nur alle fünf Jahre besucht werden darf, muss vor allem bei früher Seminarteilnahme ein weiterer Punktanstieg möglichst vermieden werden.

Ab **4** oder **5 Punkten** (1. Eingriffsstufe „**Ermahnung**") erfolgt eine Mitteilung des KBA an die FE-Behörde, die den Betroffenen durch eine schriftliche und gebührenpflichtige „**Ermahnung**" auf den Punktestand unter Angabe der zugrunde liegenden Verkehrsverstöße hinweist und ihm empfiehlt, freiwillig an einem Fahreignungsseminar teilzunehmen (§ 4 Abs. 5 Nr. 1 StVG). Da ein Punkterabatt nach freiwilligem Seminarbesuch nur bis zu fünf Punkten möglich ist, ist das die letzte Möglichkeit, von einem Punktabzug zu profitieren (§ 4 Abs. 7 Satz 1 StVG). Nimmt der Betroffene an dem Kurs teil und reicht die Teilnahmebescheinigung innerhalb von zwei Wochen nach Abschluss des Kurses bei der FE-Behörde ein, erfolgt ein Abzug von einem Punkt im FAER. Maßgeblich ist dabei der Punktestand zum Zeitpunkt der Ausstellung der Teilnahmebescheinigung. Mit dem Punkterabatt wird die rasche Reaktion des Betroffenen auf vorhandene Defizite mit dem Ziel, einen weiteren Punktanstieg zu vermeiden, honoriert (OVG Münster DAR 2015, 344 mit zutreffender Anm. Janker zum Tattagprinzip). Hat der Betroffene innerhalb von fünf Jahren vor der Ermahnung der FE-Behörde schon einmal an einem freiwilligen Seminar teilgenommen, ist ihm zwar die erneute Teilnahme an einem Kurs nicht verwehrt, ein Punktabzug ist jedoch nicht mehr möglich (§ 4 Abs. 7 StVG). Die Fünf-Jahres-Frist beruht auf der Tatsache, dass sich die auf eine Verhaltensänderung abzielende gruppendynamische Wirkung der Seminare durch häufigere Teilnahme nicht steigern lässt. Außerdem dürfen Fahreignungsseminare nicht zum „Ablasshandel" verkommen. Unberührt bleiben allerdings die FaP-Seminare, weil diese speziell auf **Fahranfänger** zugeschnitten sind. Das FaP-Aufbauseminar ist deshalb auch dann anzuordnen, wenn der Betroffene innerhalb von fünf Jahren bereits an einem Seminar für Punkte-Täter teilgenommen hat. Umgekehrt entfällt aber ein Punkte-Seminar, wenn innerhalb von fünf Jahren ein FaP-Seminar absolviert worden ist (s.a. Fromm NZV 2016, 60).

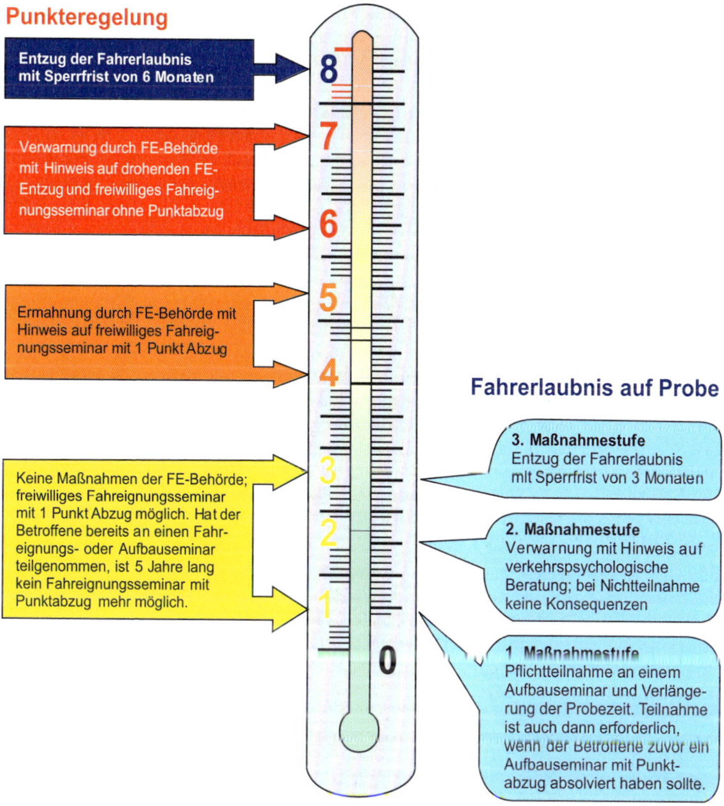

Ab **6 oder 7 Punkten** (**2. Eingriffsstufe**) ergeht eine schriftliche und gebührenpflichtige Verwarnung der FE-Behörde, erneut mit dem Hinweis auf die freiwillige Teilnahme an einem Fahreignungsseminar nach § 4a StVG.[65] In der Verwarnung wird der Betroffene unterrichtet, dass ein Punkterabatt ausgeschlossen ist und beim Erreichen von acht Punkten die Fahrerlaubnis entzogen wird (§ 4 Abs. 5 StVG).

Zwischen **6** und **8 Punkten** kann der Fall eintreten, dass der Betroffene noch nicht ermahnt oder verwarnt und zu einem Fahreignungsseminar aufgefordert worden ist. Solche Fälle ergeben sich meist dann, wenn in kurzer Zeit mehrere eintragungspflichtige Verstöße verursacht werden, die das Punktekonto von unter drei auf vier und mehr Punkte anwachsen lassen. Fehlt eine vorangegangene Ermahnung der FE-Behörde, wird der Betroffene bei sechs oder acht Punkten so behandelt, als ob er erst fünf Punkte erreicht

65 Die Verwarnung durch die FE-Behörde ist nicht zu verwechseln mit der „gebührenpflichtigen Verwarnung" nach einem Verkehrsverstoß durch die Bußgeldbehörde.

hätte. Durch die freiwillige Teilnahme an einem Fahreignungsseminar kann dann noch ein Punkt abgebaut werden. Bei acht oder mehr Punkten ohne vorherige Verwarnung erfolgt eine Verringerung auf sieben Punkte (§ 4 Abs. 7 StVG).

Hat der Betroffene **8 Punkte (3. Eingriffsstufe)** erreicht, ist die Fahrerlaubnis für die Dauer von sechs Monaten zu entziehen (§ 4 Abs. 5 StVG). Der FE-Entzug ist eine zwingende Folge beim Erreichen von acht Punkten. Die FE-Behörde hat hier keinen Ermessensspielraum, weil die Vermutung der Nichteignung unabwendbar ist (VGH Mannheim NZV 2015, 48 = VRS 127, 187). Eine neue Fahrerlaubnis darf frühestens nach Ablauf der Sperrfrist von sechs Monaten nach Wirksamwerden des Entziehungsbescheides erteilt werden (§ 4 Abs. 10 StVG). Die Frist beginnt mit der Ablieferung des Führerscheins bei der FE-Behörde. Widerspruch und Anfechtungsklage gegen die Entziehung haben keine aufschiebende Wirkung (§ 4 Abs. 9 StVG).

Da die Maßnahmen auf allen drei Stufen gelten, reicht es aus, wenn der jeweilige Punktestand einmal erreicht war. Die Maßnahmen werden auch dann ergriffen, wenn der Punktestand zwischenzeitlich wieder unter die jeweilige Punkteschwelle gefallen sein sollte (§ 4 Abs. 5 StVG). Keine Eingriffsstufe darf übersprungen werden (§ 4 Abs. 6 StVG). Wenn sich der Punktestand durch Tilgung vermindert und danach wieder ansteigt, können die Eingriffsstufen auch mehrfach durchlaufen werden (s. a. Albrecht/Kehr DAR 2015, 12).

Für die Neuerteilung nach dem Acht-Punkte-Entzug muss der Betroffene ein positives Fahreignungsgutachten einer amtlich anerkannten Begutachtungsstelle beibringen („Macketest"). Wird die Begutachtung verweigert oder fällt sie negativ aus, ist die Neuerteilung der Fahrerlaubnis zu versagen (§ 4 Abs. 10 StVG).

c. Meldepflichten

Aus dem FAER meldet das KBA bei Erreichen jeder Maßnahmenstufe diejenigen Kraftfahrer an die örtlich zuständige FE-Behörde, die jeweils vier oder fünf, sechs oder sieben und acht Punkte erreicht haben. Außerdem unterrichtet das KBA über Alkoholverstöße, die wegen Zuwiderhandlungen nach §§ 315c Abs. 1 Nr. 1a, 316, 323a StGB oder nach §§ 24a, 24c StVG begangen worden sind (§ 4 Abs. 8 StVG). Die FE-Behörde ergreift dann die beim Erreichen der jeweiligen Punktzahl vorgesehenen Maßnahmen.

d. Fahreignungsseminar

Mit dem Fahreignungsseminar soll erreicht werden, dass die Teilnehmer sicherheitsrelevante Mängel in ihrem Verkehrsverhalten und insbesondere in ihrem Fahrverhalten erkennen und abbauen (§ 4a Abs. 1 StVG).[66] Es setzt sich aus einem verkehrspädagogischen Teil (betreut von Fahrlehrern) und einem verkehrspsychologischen Teil (betreut von Psychologen) zusammen. Beide Teilmaßnahmen sind aufeinander abzustimmen (§ 42 FeV). Die verkehrspädagogische Teilmaßnahme des Fahreignungsseminars ist nach einem Rahmenlehrplan durchzuführen (Anl. 16 FeV). Sie kann als Einzelmaßnahme oder in Gruppen mit bis zu sechs Teilnehmern durchgeführt werden. Das Seminar gibt es nur als freiwillig zu besuchendes Seminar mit

---

66 Entwickelt wurde das Seminar von der BASt (Albrecht/Kehr DAR 2013, 437).

der Möglichkeit, einmal in fünf Jahren bei einem Punktestand von ein bis fünf Punkten einen Punkt abbauen zu können (§ 4 Abs. 7 StVG).

Um diese Module anbieten zu können, müssen Fahrlehrer und Psychologen jeweils Inhaber einer speziellen Seminarerlaubnis sein (§ 4a Abs. 2 Satz 2 StVG). Die Seminarerlaubnis nach § 31 FahrlG beschränkt sich künftig auf Aufbauseminare für Fahranfänger in der Probezeit. Für die Durchführung der verkehrspädagogischen Teilmaßnahme des neuen Fahreignungsseminars benötigen Fahrlehrer eine gesonderte „Seminarerlaubnis Verkehrspädagogik" (§ 31a FahrlG). Alte Seminarerlaubnisse berechtigen noch zwei Jahre nach Inkrafttreten der Reform zur Durchführung der verkehrspädagogischen Teilmaßnahme des neuen Fahreignungsseminars, wenn der Inhaber der Seminarerlaubnis an einem mindestens dreitägigen Fortbildungslehrgang über die Inhalte des Fahreignungsseminars teilgenommen hat (§ 49 Abs. 17 FahrlG).

Die Fahreignungsseminare unterliegen der behördlichen Überwachung (§ 4a Abs. 8 StVG, §§ 31a Abs. 7, 33 Abs. 2 FahrlG). Die zuständigen Behörden können von der wiederkehrenden Überwachung absehen, wenn sich Psychologen oder Fahrlehrer einem von der Behörde anerkannten Qualitätssicherungssystem angeschlossen haben (§ 4a Abs. 8 Satz 6 StVG, § 34 Abs. 3 FahrlG).

e. Tilgung von Punkten

Eintragungen und **Punkte** im FAER werden nach Ablauf eines bestimmten Zeitraums **gelöscht** (§ 29 StVG). Eine Tilgungshemmung (wie früher) gibt es nicht; jeder Verstoß wird einzeln getilgt. Für das Entstehen der Punkte ist der Begehungszeitpunkt der Straftat oder Ordnungswidrigkeit maßgeblich, wenn die Ahndungsentscheidung rechtskräftig geworden ist (§ 4 Abs. 2 Satz 3 StVG). Für die Berechnung des Punktestandes ist somit der Zeitraum maßgeblich, der mit Tatbegehung beginnt und mit Ablauf der Tilgungsfrist endet.[67] Die Tilgungsfrist beginnt einheitlich mit dem Tag der Rechtskraft (§ 29 Abs. 4 StVG). Die Tilgungsfristen betragen (§ 29 Abs. 1 StVG):

- 2½ Jahre für verkehrssicherheitsbeeinträchtigende und gleichgestellte Ordnungswidrigkeiten, soweit damit kein Fahrverbot verbunden ist (= 1-Punkt-Verstöße);
- 5 Jahre bei Entscheidungen über eine Straftat sowie für besonders verkehrssicherheitsbeeinträchtigende oder gleichgestellte Ordnungswidrigkeiten (= 2-Punkte-Verstöße);
- 10 Jahre bei Straftaten mit FE-Entzug oder Anordnung einer isolierten Sperre (= 3-Punkte-Verstöße).
- Im Übrigen erfolgt eine Tilgung bei den FaP-Maßnahmen nach § 2a Abs. 2 Satz 1 Nr. 1 und 2 StVG ein Jahr nach Ablauf der Probezeit oder wenn die letzte Eintragung wegen einer Straftat oder Ordnungswidrigkeit getilgt worden ist.

Maßgeblicher Zeitpunkt für die Fristberechnung der einzutragenden Punkte im FAER und für das Fahreignungs-Bewertungssystem ist die **Rechtskraft der Entscheidung**. Ist Tilgungsreife eingetreten, dürfen Eintragungen nicht mehr zum Nachteil des Betroffenen verwertet werden,

---

67 Mit dem Tattagprinzip sollen taktische Manöver des Betroffenen verhindert werden, mit denen durch geschicktes Einlegen von Rechtsmitteln der Zeitpunkt der Punktlöschung beeinflusst werden könnte.

auch nicht zur Erhöhung von Bußgeldern (OLG Dresden DAR 2006, 161). Allerdings werden Eintragungen noch für den Zeitraum von einem Jahr im „**Überliegeregister**" geführt (§ 29 Abs. 6 StVG), weil durchaus noch Verstöße vor dem Ablauf der Tilgungsfrist begangen worden sein können. Läuft z.B. die Tilgungsfrist am 10. Februar ab und hat der Betroffene am 6. Februar erneut einen erst am 5. Juli im FAER eingetragenen Verstoß begangen, leben die im Überliegeregister vorhandenen Voreintragungen wieder auf. Dadurch kann Folgendes eintreten: Das KBA teilt auf Anfrage während der Überliegefrist, aber noch vor Übermittlung der neuen Tat „keine Eintragungen" mit, obwohl im Überliegeregister z.B. noch sieben Punkte verzeichnet sind. Wird nunmehr die vor Ablauf der Tilgungsfrist ergangene Entscheidung beim KBA mit einem Punkt eingetragen, leben die mit sieben Punkten bewerteten Voreintragungen mit der Folge wieder auf, dass der Betroffene acht Punkte erreicht hat und ihm die Fahrerlaubnis zu entziehen ist. Wird der Verstoß jedoch erst nach der einjährigen Überliegefrist eingetragen, bleibt es bei der Löschung der im Überliegeregister noch verzeichneten Eintragungen.

Außerdem werden alle Punkte nach § 4 Abs. 3 Satz 1 und 2 StVG gelöscht, wenn die Fahrerlaubnis nach Entziehung neu erteilt wird (Ausnahmen: FE-Entziehung nach § 2a Abs. 3 StVG, Verlängerung einer Fahrerlaubnis und Erteilung nach Erlöschen einer befristet erteilten Fahrerlaubnis nach § 4 Abs. 3 Satz 4 StVG). Punkte werden ferner gelöscht, wenn die FE nach vorangegangenem Verzicht auf die Fahrerlaubnis neu erteilt wird (§ 4 Abs. 3 Satz 3 Nr. 3 StVG). Für die Neuerteilung nach Verzicht gilt aber eine Sperrfrist von sechs Monaten, wenn zum Zeitpunkt der Wirksamkeit des Verzichts mindestens zwei Entscheidungen über Straftaten oder Ordnungswidrigkeiten in Bezug auf den Betroffenen im FAER vorhanden waren (§ 4 Abs. 10 Satz 2 StVG). Außerdem ist dann in der Regel vor Neuerteilung der Fahrerlaubnis eine Fahreignungsbegutachtung anzuordnen (§ 4 Abs. 10 Satz 4 StVG). Damit soll verhindert werden, dass Punktesünder sich durch einfachen Verzicht auf die Fahrerlaubnis von allen Punkten befreien und danach sofort eine neue Fahrerlaubnis erhalten.

f. Überführung des alten in das neue System

Die bisher erreichten Punkte der Betroffenen werden nicht gelöscht, sondern in das neue System überführt.[68] Niemand soll dabei besser oder schlechter gestellt werden. Die jeweils erreichte Maßnahmestufe wird in das neue Fahreignungs-Bewertungssystem übernommen.

Vorhandene Eintragungen, die jetzt nicht mehr in das Register einzutragen sind, werden gelöscht (§ 65 Abs. 3 Nr. 1 StVG). Für die Eintragungen, die im Register verbleiben, werden die alten Punkte wie folgt in neue Punkte umgerechnet (§ 65 Abs. 3 Nr. 4 StVG):

Umrechnung Punktzahlen alt–neu

Punktzahl am 30.4.2014	Punktzahl bei Überführung in das Fahreignungsregister ab 1.5.2014	Maßnahme nach dem Fahreignungs-Bewertungssystem
1 bis 3	1	**Vormerkung** (§ 4 Abs. 4 StVG)
4 oder 5	2	**Vormerkung** (§ 4 Abs. 4 StVG)

68 Eine Punkteamnestie gibt es nicht.

Umrechnung Punktzahlen alt–neu (Fortsetzung)		
Punktzahl am 30.4.2014	Punktzahl bei Überführung in das Fahreignungsregister ab 1.5.2014	Maßnahme nach dem Fahreignungs-Bewertungssystem
6 oder 7	3	**Vormerkung** (§ 4 Abs. 4 StVG)
8 bis 10	4	**Ermahnung** (§ 4 Abs. 5 Nr. 1 StVG)
11 bis 13	5	**Ermahnung** (§ 4 Abs. 5 Nr. 1 StVG)
14 oder 15	6	**Verwarnung** (§ 4 Abs. 5 Nr. 2 StVG)
16 oder 17	7	**Verwarnung** (§ 4 Abs. 5 Nr. 2 StVG)
18	8	**FE-Entzug** (§ 4 Abs. 5 Nr. 3 StVG)

Übergangsweise werden die bisherigen Tilgungsregelungen (einschließlich der Tilgungshemmung) noch für fünf Jahre nach Inkrafttreten der Reform auf die zu diesem Zeitpunkt vorhandenen Eintragungen angewandt (§ 65 Abs. 3 Nr. 2 StVG). Für alle ab Inkrafttreten am 1.5.2014 in das Register kommenden Eintragungen gilt gemäß § 65 Abs. 3 Nr. 3 StVG das neue Recht mit einer speziellen Regelung für Eintragungen, die sich auf Taten beziehen, die vor dem Inkrafttreten der neuen Regelungen begangen worden sind (s. a. VGH Mannheim NZV 2015, 150; VGH München VRS 128, 76: Addition neu hinzugekommener Punkte). Während der ersten fünf Jahre werden die alten und die neuen Tilgungsregelungen also parallel und unterschiedlich für alte und neue Eintragungen angewandt (OVG Münster DAR 2015, 37; VG Göttingen DAR 2015, 38; s. a. Fromm NZV 2015, 64).

2.8.3 Sicherstellung und Einziehung von Gegenständen

Die Sicherstellung von Fahrzeugen nach Verkehrsverstößen zur Unfallprävention ist unzulässig (VGH München DAR 2009, 218). Als Nebenfolge einer Ordnungswidrigkeit lässt nur § 22 Abs. 1 OWiG die Einziehung von Gegenständen zu, soweit ein Gesetz das ausdrücklich vorsieht. Da im StVG eine solche Ermächtigung fehlt, kommt eine Einziehung des KFZ im Zusammenhang mit Verkehrsordnungswidrigkeiten nicht in Betracht (nur bei Verkehrsstraftaten). Das nach den Sicherheits- und Ordnungsgesetzen der Länder zulässige Abschleppen verkehrswidrig abgestellter Fahrzeuge dient als rein polizeiliche Maßnahme der Beseitigung einer Verkehrsstörung (s. a. Erl. 2.8 zu § 12). Mit der Einziehung nach § 22 OWiG hat diese Maßnahme nichts zu tun.

2.8.4 Beschlagnahme des Führerscheins

Eine Beschlagnahme des Führerscheins durch die Polizei (§ 94 StPO) und ein vorläufiger Entzug der Fahrerlaubnis durch das Gericht (§ 111a StPO) kommen **nur bei Verkehrsstraftaten**, nicht bei Ordnungswidrigkeiten in Betracht. Die Bußgeldbehörde darf eine solche Maßregelung nicht anordnen. Stellt sich heraus, dass keine Straftat, sondern nur eine Ordnungswidrigkeit begangen wurde, ist die Beschlagnahme aufzuheben und der Führerschein zurückzugeben. Unberührt bleibt die Beschlagnahmemöglichkeit, wenn der Betroffene bei einem Fahrverbot seinen Führerschein nicht abliefert.

2.8.5 Fahrtenbuchauflage

Ist die Ermittlung des verantwortlichen Kraftfahrers nach einem Verkehrsverstoß nicht möglich (z. B. nach einer Kennzeichenanzeige), kann dem Halter nach **§ 31a StVZO**[69, 70] die Führung eines Fahrtenbuches auferlegt werden (VGH Mannheim NZV 2010, 53 und 2003, 399: Anhörung als Zeugen; BVerwG VerkMitt 1996 Nr. 48; OVG Münster NZV 1998, 176: für alle im Besitz des Halters befindlichen KFZ oder seinen Fuhrpark; OVG Lüneburg DAR 2006, 167; VG Braunschweig NZV 2005, 164: bei einer Tempoüberschreitung von mehr als 30 km/h; s. a. Pliefke DAR 2019, 708). Halter ist im Regelfall derjenige, der in den Fahrzeugregistern als Zulassungsinhaber und Versicherungsnehmer registriert ist; bei Leasingfahrzeugen ist es der Leasingnehmer (OVG Münster NZV 2015, 55). Der Halterbegriff ist mit § 7 StVG identisch (OVG Lüneburg VerkMitt 2014 Nr. 19 = DAR 2014, 218; VG Arnsberg DAR 2015, 418). Der **Verkehrsverstoß** muss feststehen, so dass vor Anordnung einer Fahrtenbuchauflage die Plausibilität der Ermittlungen geprüft werden muss (VGH München SVR 2011, 437 mit Anm. Koehl; s. a. Weber SVR 2014, 50). Ein Verkehrsverstoß liegt auch bei rechtswidrig angeordneten Verkehrszeichen vor (VGH München VerkMitt 2010 Nr. 53 = SVR 2010, 193 = VRS 2010, 176: keine Überprüfungspflicht angeordneter Verkehrszeichen vor Erlass einer Fahrtenbuchauflage; anders nur bei nichtigen Verkehrszeichen).

a. Als belastende Maßnahme unterliegt die Auflage dem Grundsatz der **Verhältnismäßigkeit**. Nicht jeder ungeahndete Verstoß führt deshalb zu einer Fahrtenbuchauflage, sondern nur solche Zuwiderhandlungen, die wegen ihrer Schwere die künftige Täterfeststellung ermöglichen sollen, z. B. Rotlicht-, Tempo- oder sonstige punktbewertete Bußgeldverstöße nach Anl. 13 FeV (OVG Münster NJW 2016, 968 = NZV 2016, 295 = VRS 130, 44; OVG Münster VRS 130, 98; VG Bayreuth SVR IV aus 1/2019: Tempoüberschreitung um 21 km/h reicht), nicht aber bei Verwarnungsgeldern

---

69 **§ 31a StVZO Fahrtenbuch** i. d. F. vom 26.4.2012 (BGBl. I S. 679), zuletzt geändert am 26.11.2019 (BGBl. I S. 2015)

(1) Die nach Landesrecht zuständige Behörde kann gegenüber einem Fahrzeughalter für ein oder mehrere auf ihn zugelassene oder künftig zuzulassende Fahrzeuge die Führung eines Fahrtenbuchs anordnen, wenn die Feststellung eines Fahrzeugführers nach einer Zuwiderhandlung gegen Verkehrsvorschriften nicht möglich war. Die Verwaltungsbehörde kann ein oder mehrere Ersatzfahrzeuge bestimmen.

(2) Der Fahrzeughalter oder sein Beauftragter hat in dem Fahrtenbuch für ein bestimmtes Fahrzeug und für jede einzelne Fahrt

1. vor deren Beginn

a) Name, Vorname und Anschrift des Fahrzeugführers,

b) amtliches Kennzeichen des Fahrzeugs,

c) Datum und Uhrzeit des Beginns der Fahrt und

2. nach deren Beendigung unverzüglich Datum und Uhrzeit mit Unterschrift einzutragen.

(3) Der Fahrzeughalter hat

a) der das Fahrtenbuch anordnenden oder der von ihr bestimmten Stelle oder

b) sonst zuständigen Personen

das Fahrtenbuch auf Verlangen jederzeit an dem von der anordnenden Stelle festgelegten Ort zur Prüfung auszuhändigen und es sechs Monate nach Ablauf der Zeit, für die es geführt werden muss, aufzubewahren.

70 Engelmann in SVR 2019, 206 hält § 31a StVZO wegen Verletzung des Zitiergebots nach Art. 80 Abs. 1 Satz 3 GG und damit fehlender Ermächtigungsgrundlage für nichtig.

(BVerwG NZV 2000, 386; VGH München VRS 119, 239; VGH Mannheim VerkMitt 2015 Nr. 61 = VRS 129, 36: Tempoüberschreitung von 45 km/h außerorts; OVG Bremen NZV 2007, 644 = VRS 114, 392: Bußgeld wegen Tempoverstoß über 27 km/h auf Autobahn; OVG Münster NZV 1999, 439).[71] Neben der Schwere des Verstoßes kann bei der Fahrtenbuchauflage auch berücksichtigt werden, ob die Täterfeststellung erstmalig oder wiederholt unmöglich war und ob der Halter ernsthaft an der Täterfeststellung mitwirkt (VGH München NZV 2019, 656 mit Anm. Rebler: kein Fahrtenbuch, wenn die Ahndung in Staaten außerhalb der EU scheitert, obwohl der Halter Namen und Adresse des ausländischen Fahrers bekanntgegeben hat; OVG Weimar VerkMitt 2019 Nr. 18 = VRS 134, 317: Bekanntgabe der möglichen Fahrzeugnutzer).

Eine Androhung der Fahrtenbuchauflage ist auch bei häufigen Verwarnungsgeldverstößen möglich (OVG Münster VerkMitt 2009 Nr. 8 = NZV 2009, 104; OVG Münster DAR 2009, 477: Androhung bei 18 km/h schneller als erlaubt). Ist die Täterfeststellung anderweitig möglich (z. B. bei LKW durch Fahrtenschreiber nach § 57a StVZO oder digitale EU-Kontrollgeräte), ist eine Fahrtenbuchauflage unverhältnismäßig (OVG Bautzen DAR 2011, 43)

b. Damit sich der Halter erinnern kann, wem er das Fahrzeug überlassen hat, muss er über die Tat unverzüglich **unterrichtet** werden, möglichst innerhalb von zwei Wochen durch Anhörbogen (Rspr.-Übersicht s. Erl. 2.9 zu § 49; VG Trier DAR 2015, 221: Aufhebung der Fahrtenbuchauflage wegen unzureichender Aufklärung bei Gewerbebetrieb). Versagt die Bußgeldbehörde dem Halter eine Akteneinsicht zur Fahrerermittlung, darf sie später keine Fahrtenbuchauflage anordnen (VG Sigmaringen DAR 2016, 475). Teilt der Betroffene der Bußgeldbehörde rechtzeitig die Personalien des Fahrers mit und kommt es nur deshalb nicht zur Ahndung, weil der schuldige Fahrer im Ausland wohnt, rechtfertigt das keine Fahrtenbuchauflage (VGH München VerkMitt 2019 Nr. 41 = VRS 135, 309).

c. Die Fahrtenbuchauflage soll den Halter zur Erfüllung seiner Aufsichtspflichten anhalten und ihn veranlassen, an der zumutbaren Täterfeststellung mitzuwirken. Verweigert er seine Mitwirkung, muss er mit der Anordnung eines Fahrtenbuches rechnen (OVG Lüneburg DAR 2019, 166 = NJW 2019, 1013 = NZV 2019, 653 mit Anm. Kratzer: keine Rücksendung des Anhörbogens; OVG Hamburg VerkMitt 2018 Nr. 33 = VRS 132, 312 = NJW 2018, 1032 = DAR 2018, 221: wenn ein den schuldigen Fahrer vertretender Rechtsanwalt als Halter von seiner anwaltlichen Schweigepflicht Gebrauch macht; OVG Münster NZV 2012, 148; Koehl VD 2015, 262 und 283; VG Braunschweig VerkMitt 2017 Nr. 66: Absage eines Gesprächstermins mit dem Ermittlungsbeamten kann als Verweigerungshandlung gelten; s. a. Rebler DAR 2017, 105). Die Feststellung ist für die Ahndungsbehörde dann unmöglich, wenn sie trotz eines angemessenen und zumutbaren Ermittlungsaufwandes nicht in der Lage ist, den Täter zu ermitteln (OLG Lüneburg NZV 2013, 257 = SVR 2013, 310; OVG Bautzen VerkMitt 2014 Nr. 76). Ein Fahrtenbuch kann deshalb auch dann auferlegt werden, wenn der Halter als Familienmitglied von seinem Zeugnisverweigerungsrecht Gebrauch macht oder der Halter zwar einen Fahrer mit Wohnsitz

71 OVG Münster NZV 2006, 53: 3 Jahre bei Unfallflucht; VG Braunschweig NZV 2006, 53: 15 Monate bei Rechtsüberholen auf Autobahn; OLG Lüneburg NZV 2004, 431: 2 Jahre bei eklatanten Verstößen; VG Aachen VD 2012, 62: 9 Monate für einen Tempoverstoß von 26 km/h an einer Autobahnbaustelle.

angibt, die Ermittlungsbemühungen der Bußgeldbehörde aber erfolglos bleiben (OVG Hamburg VRS 130, 328: Berufung auf sein Zeugnisverweigerungsrecht befreit Halter nicht von der Fahrtenbuchauflage; OVG Münster VerkMitt 2014 Nr. 16 = VRS 125, 243; VG München NZV 2019, 431 mit Anm. Brandmair; VG Düsseldorf DAR 2016, 220; s. a. Melkos DAR 2016, 234), der Halter sich bei einer Probefahrt Namen und Anschrift des den Verstoß begehenden Fahrers nicht notiert (VG Braunschweig NZV 2015, 153) oder die Täterfeststellung deshalb ins Leere führt, weil der unzuverlässige Fahrer den PKW an einen anderen Fahrer übergeben hat (VG Düsseldorf SVR 2012, Heft 10 zu III).

d. Ein Fahrtenbuch kann dem Halter auch für mehrere Fahrzeuge oder für den gesamten Fuhrpark auferlegt werden, selbst wenn der Verstoß nur mit einem saisonal genutzten Motorrad begangen wurde (BVerwG SVR 2016, 184). In welchem Umfang dies erfolgt, ist unter Verhältnismäßigkeitsgesichtspunkten zu beurteilen, wie Häufigkeit und Schwere der Verkehrsverstöße, Nutzungsgewohnheiten oder Mitwirkung des Halters bei der Täterfeststellung (VGH Mannheim VerkMitt 2014 Nr. 48 = DAR 2014, 158 = NZV 2014, 426 = VRS 126, 56; VG Neustadt a. d. W. DAR 2015, 157; VG Saarlouis DAR 2015, 346; VG Mainz DAR 2013, 163: je nach Aufklärungsquote bei den einzelnen KFZ; VG Aachen VD 2012, 299; VG Mainz VD 2012, 214; s. a. Winter DAR 2013, 290/291: bei Zwillingen). Eine Besserstellung von Fahrschulfahrzeugen bei der Auflage eines Fahrtenbuches gibt es nicht (VGH Mannheim VerkMitt 2014 Nr. 23 = NZV 2014, 188 = DÖV 2014, 311). Eine Fahrtenbuchauflage ist auch möglich, wenn der Halter sein Fahrzeug einem Dritten dauerhaft überlässt (VG Braunschweig VerkMitt 2012 Nr. 34 = VD 2012, 123: bei Mietwagen; OVG Berlin-Brandenburg NZV 2010, 593: bei Dienstwagen; VGH Mannheim VRS 109, 408 = DAR 2005, 168; VG Aachen VG 2007, 286: bei Geschäftsauto), das Fahrzeug nach der Tat auf einen Dritten zulässt oder der Fahrer das Fahrzeug weiterverleiht (VG Braunschweig VD 2012, 321; OLG Münster VerkMitt 2011 Nr. 67). Für die Haltereigenschaft kommt es auf den Zeitpunkt des Verkehrsverstoßes an (OVG Münster VerkMitt 2011 Nr. 67 = VRS 121, 319). Eine länger als für PKW üblich dauernde Fahrtenbuchauflage ist zulässig, wenn der Verstoß mit einem nur saisonal genutzten Fahrzeug begangen wurde (BVerwG DAR 2016, 154 = NZV 2016, 493 = SVR 2019, 184: mit einem Motorrad).

e. Unangemessene, unzumutbare, zeitraubende und wenig erfolgversprechende Ermittlungen muss die Bußgeldbehörde nicht durchführen. Je schwerer der Verkehrsverstoß und je geringer die Mitwirkung des Halters bei der Sach- und Täteraufklärung ist, umso geringer sind die Anforderungen nach § 39 Abs. 1 Satz 3 VwVfG an die Darlegung von Ermessenserwägungen für eine Fahrtenbuchauflage (VGH München DAR 2016, 286: die Bußgeldbehörde muss ihren Ermittlungsaufwand dokumentieren; VGH Mannheim VerkMitt 2011 Nr. 49; OVG Lüneburg VerkMitt 2011 Nr. 59 = DAR 2011, 339 = SVR 2011, 34 = NZV 2012, 100; VGH Mannheim DAR 2011, 100 = VRS 120, 108). Infolgedessen kann ein Fahrtenbuch auch dann angeordnet werden, wenn der Halter den Anhörbogen nicht zurücksendet, zur Person des Fahrers schweigt oder sich als Privatperson auf sein Zeugnisverweigerungsrecht beruft[72] (OVG Hamburg VerkMitt 2016 Nr. 53: beim Zeugnisverweigerungsrecht steht der Schutzzweck des Art. 6 Abs. 1 GG der Anordnung

72 Keine Berufung auf Zeugnisverweigerungsrecht bei juristischer Person möglich (VG Bayreuth NZV 2015, 611).

eines Fahrtenbuches nicht entgegen; BVerwG DAR 2016, 340: Nicht-Zugang von Anhörbogen als Schutzbehauptung; VGH München VRS 130, 37; OVG Lüneburg NZV 2013, 256: Geschäftsführer; OLG Bautzen DAR 2012, 718; VG Mainz VD 2011, 25; VGH München VD 2011, 347), das Lichtbild des Fahrers nicht identifiziert (OVG Münster 2008, 479), eine falsche Fahreradresse angibt (OVG Münster NZV 2008, 52 = VRS 113, 391 = SVR 2008, 359) oder den Täter erst nach Eintritt der Verjährung benennt (BVerwG VerkMitt 2000 Nr. 55 = NZV 2000, 385; VGH Mannheim DAR 2011, 100 = VRS 120, 108 = NZV 2011, 270; OVG Münster VRS 114, 388; OVG Münster NZV 2018, 342; OVG Lüneburg VerkMitt 2007 Nr. 6; OVG Lüneburg DAR 2004, 707; OVG Münster DAR 2006, 172 = NZV 2006, 223 = VRS 110, 153). Im letzten Fall ist auch zur Vermeidung einer Fahrtenbuchauflage kein Verzicht auf die Verjährung möglich, weil im Ordnungsrecht – anders als im Zivilrecht – keine Privatautonomie über das Verfahrensrecht besteht (OVG Berlin-Brandenburg NZV 2009, 103). Allerdings kann eine Fahrtenbuchauflage, die erst 18 Monate nach Verfahrenseinstellung wegen Nichtermittlung des Täters ergeht, wegen Zeitverzugs unverhältnismäßig und damit rechtswidrig sein (OVG Lüneburg VerkMitt 2015 Nr. 4 = NZV 2014, 383).

f. Im Fahrtenbuch ist jede einzelne Fahrt von Beginn bis Ende mit Namen und Anschrift des Fahrers sowie Datum und Uhrzeit zu erfassen. Obwohl eine besondere Form des Fahrtenbuches nicht vorgeschrieben ist, muss es so geführt werden, dass spätere Manipulationen ausgeschlossen sind; infolgedessen scheiden elektronisch geführte Fahrtenbücher (z. B. auf einem mobilen Datenträger) aus.[73] Die Anordnung zur Führung eines Fahrtenbuches verstößt nicht gegen das Grundrecht auf informationelle Selbstbestimmung nach Art. 2 Abs. 1 GG (OVG Münster VerkMitt 2011 Nr. 62 = DAR 2011, 426 = NZV 2011, 470 = VRS 121, 58).

Das Fahrtenbuch ist nur auf Verlangen der Behörde vorzulegen und wird meist nur sporadisch überprüft. Die Vorlagepflicht des Fahrtenbuches verstößt dabei weder gegen das Aussageverweigerungsrecht noch gegen die Selbstbelastungsfreiheit (OVG Berlin-Brandenburg NJW 2017, 501 = NZV 2017, 148). Da die Auflage aber weder im FAER noch in den Zulassungsdokumenten eingetragen wird, ist eine positive Auswirkung des Fahrtenbuches auf die Verkehrssicherheit faktisch begrenzt (OVG Münster NZV 2005, 336 = DAR 2005, 411 = VRS 108, 457).

2.9 Kostenverfahren im ruhenden Verkehr

a. Mit § 25a[74] StVG besteht bei Verstößen nur im **ruhenden Verkehr** die Möglichkeit, den Halter für die Verfahrens- nebst Zustellungskosten haften

---

73 Das Gleiche gilt für Fahrtenbücher, die aus steuerlichen Gründen geführt werden (BFH DAR 2012, 107).

74 **§ 25a StVG Kostentragungspflicht des Halters eines Kraftfahrzeugs** i. d. F. vom 5.3.2003 (BGBl. I S. 310), zuletzt geändert am 5.12.2019 (BGBl. I S. 2008)

(1) Kann in einem Bußgeldverfahren wegen eines Halt- oder Parkverstoßes der Führer des Kraftfahrzeugs, der den Verstoß begangen hat, nicht vor Eintritt der Verfolgungsverjährung ermittelt werden oder würde seine Ermittlung einen unangemessenen Aufwand erfordern, so werden dem Halter des Kraftfahrzeugs oder seinem Beauftragten die Kosten des Verfahrens auferlegt; er hat dann auch seine Auslagen zu tragen. Von einer Entscheidung nach Satz 1 wird abgesehen, wenn es unbillig wäre, den Halter des Kraftfahrzeugs oder seinen Beauftragten mit den Kosten zu belasten.

zu lassen, wenn der Täter nicht vor Ablauf der Verjährung oder nur mit unangemessen hohem Aufwand ermittelt werden kann.[75] Damit sich der Halter erinnern kann, wem er das Fahrzeug überlassen hat, muss er über die Tat unverzüglich **unterrichtet** werden, möglichst innerhalb von zwei Wochen (BVerwG VerkMitt 1979 Nr. 73; OVG Münster VerkMitt 2017 Nr. 65: umgehende Benachrichtigung; OLG Hamm VerkMitt 2007 Nr. 24; OVG Lüneburg VerkMitt 2005 Nr. 13; OVG Münster VRS 131, 274; VG Neustadt a. d. W. NZV 2017, 195; AG Berlin-Tiergarten NZV 2017, 193 mit Anm. Sandherr: kein Kostenbescheid bei Anhörung nicht innerhalb von zwei Wochen; AG Berlin-Tiergarten VRS 130, 73 und 129, 26: Windschutzscheibenverwarnung reicht nicht; VG Frankfurt/O. DAR 2007, 42: Überschreitung der Zwei-Wochen-Frist bei atypischer Fallkonstellation; VG Bayreuth NZV 2015, 611: unterlassene Fahrerdokumentation für Firmenwagen; OLG Münster DAR 2014, 282: die Nichteinhaltung der Zwei-Wochen-Frist ist unschädlich, wenn dadurch die Rechtsposition des Halters nicht beeinträchtigt wird; VGH München VerkMitt 2016 Nr. 42: Zugang des Anhörbogens mit einfacher Post genügt, sofern Versand belegt werden kann; OVG Lüneburg VRS 126, 291: längere Frist für Motorradfahrer; AG München NZV 2019, 597: da bei gewerblichen Fahrzeugen der Fahrer dokumentiert wird, besteht keine Bindung an die Zwei-Wochen-Frist, außerdem genügt die formlose Übersendung des Anhörbogens; s. a. Krumm NZV 2018, 310).

Ist der Halter rechtzeitig unterrichtet worden und hat nicht auf die Anhörung reagiert, wird das Verfahren eingestellt und dem Halter die Kosten auferlegt.[76] Er hat dann auch seine eigenen Aufwendungen zu tragen, z. B. Anwaltskosten (LG Düsseldorf NZV 2002, 243). Dem Kostenverfahren unterliegen nur Verstöße im ruhenden, nicht im fließenden Verkehr. Zum ruhenden Verkehr gehören auch solche Verstöße, die sich aus Behinderungsverboten nach § 1 Abs. 2 oder aus allgemeinen Verkehrsverboten herleiten, wie bei den Z. 245, 250, 262 bis 266 nach Anl. 2 lfd. Nr. 36 bis 40 (BGHSt 34, 194 = DAR 1987, 23) oder Z. 270.1 für nicht schadstoffarme KFZ (AG Berlin-Tiergarten DAR 2008, 409; a. A. AG Hannover NZV 2011, 53; Janker

---

74 (*Fortsetzung*)
(2) Die Kostenentscheidung ergeht mit der Entscheidung, die das Verfahren abschließt; vor der Entscheidung ist derjenige zu hören, dem die Kosten auferlegt werden sollen.
(3) Gegen die Kostenentscheidung der Verwaltungsbehörde und der Staatsanwaltschaft kann innerhalb von zwei Wochen nach Zustellung gerichtliche Entscheidung beantragt werden. § 62 Abs. 2 OWiG gilt entsprechend; für die Kostenentscheidung der Staatsanwaltschaft gelten auch § 50 Abs. 2 und § 52 OWiG. Die Kostenentscheidung des Gerichts ist nicht anfechtbar.

75 § 25a StVG hat keinen strafähnlichen Charakter, sondern dient als reine Kostenregelung der Verfahrenserleichterung und -beschleunigung. Einwendungen gegen den zugrunde liegenden Verstoß müssen deshalb nicht mehr ausermittelt werden (VerfGH München DAR 2010, 638). Eine Ausdehnung der Halter-Kostenhaftung auf Verstöße im fließenden Verkehr beleuchtet Müller in SVR 2018, 201.

76 Die Gebühr für die „Halterhaftung" im ruhenden Verkehr nach § 25a StVG i. V. m. § 107 Abs. 2 OWiG beträgt 13 € (Art. 24 des Euro-Einführungsgesetzes u. a. im Straf- und Ordnungswidrigkeitengesetz vom 13.12.2001 – BGBl. I S. 3574/3579). Dagegen beträgt die Mindestverfahrensgebühr eines Bußgeldbescheides nach § 107 Abs. 1 OWiG 12,50 €. Der Unterschied beruht auf einem „Versehen" im zeitlich vorgeschalteten KostREuroUG vom 27.4.2001 (BGBl. I S. 751/753), nach dem auch die Verfahrenskosten nach § 25a StVG im Zwischenverfahren der Staatsanwaltschaft auf 13 € (im gerichtlichen Verfahren auf 25 €) festgesetzt worden sind (VII. 7700 und 7710 Kostenverzeichnis nach § 11 Abs. 1 GKG).

Straßenverkehrsrecht, 21. Aufl., Rn. 2 zu § 25a StVG; Hentschel/König Straßenverkehrsrecht, 41. Aufl., Rn. 5 zu § 25a StVG; s. a. Erl. § 41 zu Z. 270.1).

b. Gegen den Kostenbeschluss kann der Betroffene innerhalb von zwei Wochen nach Zustellung gerichtliche Entscheidung beantragen (§ 25a Abs. 3 StVG). In diesem Verfahren wird jedoch nicht mehr über die zugrunde liegende Tat, sondern nur noch über das Vorliegen der Voraussetzungen nach § 25a Abs. 1 StVG entschieden. Voraussetzung ist allerdings, dass der Betroffene vorher ausreichend Möglichkeit hatte, sich zum Tatvorwurf zu äußern; andernfalls liegt ein Verstoß gegen die Pflicht zur Gewährung rechtlichen Gehörs vor (VerfGH Berlin NZV 2011, 570; VerfGH Leipzig SVR 2010, 309, jeweils mit Anm. Sandherr).

Viele Bußgeldbehörden ziehen aus der Nichtzahlung des Verwarnungsgeldes bereits den Schluss, dass der Halter nicht gewillt ist, den Täter des Verstoßes zu benennen. Da meist weitergehende Ermittlungen nicht zum Ziel führen, stellen die Bußgeldbehörden häufig das Verfahren ein und erlassen einen **Kostenbescheid**. Die für den Kostenbescheid notwendige Anhörung (§ 25a Abs. 2 Halbsatz 2 StVG) ist im Regelfall bereits mit dem Verwarnungsgeldangebot verbunden. Damit werden die Vorschriften der §§ 56, 65 OWiG faktisch ausgehebelt. An sich dürfte aus der Zahlungsunwilligkeit des Betroffenen nur der Schluss gezogen werden, dass der Betroffene die Verwarnung nicht annehmen will. Die Rechtsfolge wäre dann der Erlass eines Bußgeldbescheides. Erst wenn in diesem Verfahren der Täter nicht zu ermitteln ist, wären die Voraussetzungen des § 25a StVG gegeben. Dadurch, dass die Bußgeldbehörden den Verfahrensschritt „Bußgeldbescheid" ausklammern, geht dem Betroffenen eine **Verteidigungsmöglichkeit verloren**, weil im Kostenverfahren über die rechtliche Zulässigkeit des Verkehrsverstoßes nicht mehr befunden wird. Gleiches gilt, wenn der Betroffene den Verstoß unter Angebot von Beweismitteln bestreitet und die Bußgeldbehörde aus reiner **Bequemlichkeit** in das Kostenverfahren übergeht (s. a. VGH München VerkMitt 2010 Nr. 86). Bisher haben die Amtsgerichte das von den Bußgeldbehörden praktizierte Verfahren aus (wohl rein) pragmatischen Gründen nicht beanstandet (AG Winsen VerkMitt 1994 Nr. 65 = NZV 1994, 293). Behauptet der Betroffene, den Anhörbogen nicht erhalten zu haben, und macht substantiiert Einwendungen gegen den angezeigten Parkverstoß, werden das rechtliche Gehör und das Willkürverbot verletzt, wenn die Bußgeldbehörde ohne weitere Prüfung das Verfahren einstellt und dem Halter die Verfahrenskosten auferlegt (VerfGH Berlin VerkMitt 2014 Nr. 38 = VRS 126, 52; VerfGH Berlin DAR 2011, 387 = NZV 2011, 570; AG Gelnhausen SVR 2014, 313: Anhörung kann auch nicht vom AG nachgeholt werden). Eine Rücknahme des Kosten- und Erlass eines Bußgeldbescheides ist zulässig, wenn sich während des Kostenverfahrens und noch vor Eintritt der Verjährung die Täterschaft des Betroffenen herausstellt (AG Kehl VD 2008, 251).

2.10 Auslagen des Betroffenen

Ein Kostenverfahren im **fließenden Verkehr** ist **nicht vorgesehen**, so dass bei Nichtermittlung des Fahrers das Bußgeldverfahren einzustellen ist. Damit der Betroffene nicht auch noch mit einer Übernahme seiner Aufwendungen „belohnt" wird, werden seine Kosten (z. B. Anwaltskosten) nur erstattet, wenn das Bußgeld mehr als 10 € betragen hat; unter 10 € nur, sofern die Hinzuziehung eines Anwalts wegen einer schwierigen Sach- oder Rechtslage oder der Bedeutung der Sache für den Betroffenen geboten war

(§ 109a Abs. 1 OWiG). Eine schwierige Sach- oder Rechtslage ist gegeben, wenn es sich nicht nur um einen Formalverstoß handelt, besondere Tatumstände zu ermitteln sind oder die rechtliche Zuordnung der Tat streitig ist (BVerfG VRS 88, 81). Außerdem werden Anwaltskosten nicht ersetzt, wenn die Weiterführung des (später einzustellenden) Verfahrens durch ein rechtzeitiges Vorbringen entlastender Tatumstände hätte vermieden werden können, z. B. Angabe des Täters erst nach Eintritt der Verjährungsfrist (§ 109a Abs. 2 OWiG).[77]

2.11 Vollstreckung der Bußgeldbescheide

2.11.1 Deutsche Bußgeldbescheide

Für die Vollstreckung von Bußgeldbescheiden findet das Verwaltungs-Vollstreckungsgesetz Anwendung (§ 90 OWiG). Die Geldbußen fließen dabei in die jeweiligen öffentlichen Kassen. Die Einstellung eines Verfahrens unter Zahlung einer Buße an einen gemeinnützigen Verein ist **unzulässig**. Vollstreckungsbehörde ist die Bußgeldbehörde (§ 92 OWiG). Sie kann Zahlungserleichterungen (Ratenzahlung, Stundung) gewähren, wenn der Betroffene sich außer Stande sieht, den vollen Bußgeldbetrag sofort zu bezahlen (§ 93 OWiG). Bei Bußgeldbescheiden wegen Verkehrsordnungswidrigkeiten ist das wegen der geringen Beträge jedoch selten der Fall. Materielle Einlassungen des Betroffenen im Vollstreckungsverfahren (die Tat habe sich nicht so, wie im Bußgeldbescheid beschrieben, ereignet) bleiben außer Betracht.

2.11.2 Ausländische Bußgeldbescheide

Begeht ein Kraftfahrer mit Wohnsitz in Deutschland im Ausland einen Verkehrsverstoß, können nach seiner Ausreise ausländische Bußgeldbescheide hier nur vollstreckt werden, wenn bilaterale Abkommen dies vorsehen. Durch das am 28.10.2010 in Kraft getretene Gesetz zur Umsetzung des **EU-Rahmenbeschlusses** 2005/214/JI vom 24.2.2005 (ABl. L 76 vom 22.3.2005, S. 16) über die Anwendung des Grundsatzes der gegenseitigen Anerkennung von Geldstrafen und Geldbußen (EuGeldG) vom 18.10.2010 (BGBl. I S. 1408) wurden vor allem die §§ 87 ff. des Gesetzes über die internationale Rechtshilfe in Strafsachen (IRG) geändert. Sie ermöglichen jetzt die grenzüberschreitende Vollstreckung von Straf- und Bußgeldern, einschließlich der Verfahrenskosten, innerhalb der EU-Mitgliedstaaten. Das EuGeldG ist damit die erste europaweit funktionierende multilaterale Vollstreckungsregelung (s. a. Niester VD 2019, 153; Staudinger/Frensing-Deutschmann DAR 2016, 181; Johnson SVR 2014, 321 und DAR 2015, 423; Johnson/Häussermann DAR 2019, 251 und DAR 2020, 77).[78]

Zuständig für die Bewilligung und Vollstreckung ausländischer Geldsanktionen im Inland ist grundsätzlich das am 1.1.2007 als zentrale Dienstleistungsbehörde gegründete Bundesamt für Justiz (BfJ) in Bonn. Dort wird die Zulässigkeit und die Bewilligung ausländischer Vollstreckungsersuche geprüft und durchgeführt. Dabei sind ausländische Bußgelder oder „Ord-

---

77 Die Nichtübernahme der Auslagen durch die Staatskasse ist verfassungsgemäß (VerfGH Saarbrücken DAR 2014, 316 = NZV 2014, 327).

78 Daneben gibt es auch bilaterale Vereinbarungen über den Fahrzeug- und Halterdatenaustausch zur Verfolgung von Verkehrsverstößen, die nicht Gegenstand der EU-RL 2015/413 vom 11.3.2015 sind, z. B. Verwaltungsvereinbarung mit Österreich (VkBl. 2020, 62 vom 3.1.2020).

nungsstrafen" in einer der ausländischen Sanktion entsprechenden Höhe als „Bußgelder" anzupassen; der deutsche Bußgeldkatalog findet keine Anwendung (OLG Düsseldorf VRS 123, 1814 = NZV 2012, 555; OLG Hamm SVR 2014, 30; s.a. Staudinger DAR 2016, 251; Trautmann SVR 2018, 1 = NZV 2018, 49). Gleichzeitig wird durch § 36 Abs. 6 StVG der automatische grenzüberschreitende Austausch von Halter- und Fahrzeugdaten bei sicherheitsgefährdenden Verkehrsverstößen innerhalb der EU über Kontaktstellen der EU-Mitgliedstaaten ermöglicht.[79] Kontaktstelle ist in Deutschland das KBA.[80] Nur die im Katalog nach Art. 2 der RL 2011/82/EU aufgeführten Verkehrsdelikte gelten als sicherheitsgefährdende Verstöße,[81] so dass andere Verstöße nicht zum automatisierten Auskunftsverfahren ermächtigen.

Von der Vollstreckung **ausgenommen** sind ausländische Geldsanktionen:

- die den Betrag von 70 € nicht erreichen (§ 87b Abs. 3 Nr. 2 IRG);
- wenn die Tat in dem EU-Mitgliedstaat auch nach deutschem Recht bußgeldbewehrt ist. Auf die Regelsanktion in Deutschland kommt es nicht an (§ 87i Abs. 3 IRG), so dass auch dann ein Bußgeld über 70 € vollstreckt werden kann, wenn die Regelbuße hier geringer ist (OLG Düsseldorf DAR 2012, 476) oder im Ausland dafür Freiheitsstrafe vorgesehen ist (OLG Stuttgart NZV 2018, 320 mit Anm. Lenk);
- wenn der Betroffene wegen der gleichen Tat auch in Deutschland verfolgt wird (Verbot der Doppelbestrafung), z.B. bei Fahrzeugmängeln;
- für Verstöße, für die auch ein deutsches Gericht zuständig wäre, die Vollstreckung nach deutschem Recht aber bereits verjährt ist (OLG Jena NZV 2014, 421: bei „Halterhaftung");
- gegen Personen, die nach deutschem Recht aufgrund ihres Alters strafrechtlich nicht verantwortlich sind (noch nicht 14 Jahre alte Kinder) oder hier strafrechtliche Immunität genießen, z.B. in Deutschland, nicht aber im Tatortstaat akkreditierte Diplomaten;
- bei fehlenden Rechtsbehelfsbelehrungen und Nichteinhaltung von Fristen;
- wenn der Betroffene bei Abwesenheitsurteilen vor der ausländischen Behörde nicht die Möglichkeit hatte, sich in einem mündlichen Termin zu äußern (OLG Zweibrücken DAR 2018, 338 mit Anm. Trautmann);
- wenn nur der Halter für die Tat des (unbekannten) Fahrers verantwortlich gemacht wird (z.B. bei österreichischer „Anonymverfügung").[82] Einwendungen zur Halterhaftung müssen im ausländischen Verfahren vorher

---

79 Art. 1 des 4. Gesetzes zur Änderung des StVG u.a. Gesetze vom 28.8.2013 (BGBl. I S. 3310/VkBl. S. 974) überführt die EU-RL 2011/82/EU vom 25.10.2011 (ABl. L 228 vom 5.11.2011, SW. 1) zur Erleichterung des grenzüberschreitenden Austauschs von Informationen über die Straßenverkehrssicherheit gefährdende Verkehrsdelikte in deutsches Recht (Informationsschreiben gem. § 27 StVG s. VkBl. 2014, 63; s.a. Albrecht DAR 2013, 617 und SVR 2013, 441). Die RL 2011/82/EU wird vom EuGH (DAR 2014, 573) wegen falscher Rechtsgrundlage für **nichtig** erklärt. Die Wirkung der RL bleibt aufrechterhalten, wenn innerhalb von zwölf Monaten eine neue, auf einer zutreffenden Rechtsgrundlage basierende RL erlassen wird.

80 Art. 4 RL 2011/82/EU i.V.m. § 37b StVG und § 2 Abs. 1 Nr. 8a KBAG.

81 Nach Art. 2 der RL 2011/82/EU sind das Tempo- und Rotlichtverstöße, unbefugte Benutzung von Fahrstreifen, Nichtanlegen von Sicherheitsgurten und Nichttragen von Schutzhelmen, Verstöße gegen das Verbot zur Benutzung von Mobiltelefonen oder anderen Kommunikationsgeräten, verkehrsbezogene Alkohl- und Drogendelikte, gleich ob es sich nach dem Recht der EU-Mitgliedstaaten um Straftaten oder Ordnungswidrigkeiten handelt.

82 Zum Schweigerecht des Fahrzeughalters bei Verkehrsverstößen: EGMR NZV 2011, 147.

dem Bundesamt für Justiz (BfJ) gegenüber geltend gemacht werden; wird das versäumt, wird der Betroffene im gerichtlichen Verfahren zur Vollstreckbarkeitserklärung damit nicht mehr gehört (OLG Köln DAR 2013, 587; AG Verden DAR 2013, 93). Andererseits ist trotz der in Deutschland fehlenden Halterhaftung die Vollstreckung einer Geldbuße wegen eines in einem anderen EU-Mitgliedstaat begangenen Verkehrsverstoßes gegen eine inländische juristische Person als Fahrzeughalter nach §§ 86 ff. IRG zulässig (EuGH NZV 2020, 305 mit Anm. Trautmann; OLG Karlsruhe NZV 2020, 313 mit Anm. Johnson; OLG Celle VerkMitt 2019 Nr. 49 = DAR 2019, 280 = VRS 136, 13: hier die Niederlande und Deutschland; s. a. Johnson/Häussermann DAR 2019, 251, 253).

Außerdem werden ausländische Fahrerlaubnisbeschränkungen im FAER des KBA nicht erfasst (z. B. Fahrverbote nach dem Aberkennungsmodell).

Möglich ist die Vollstreckung ausländischer Freiheitsstrafen wegen dort begangener Verkehrsverstöße, die in Deutschland nur als Ordnungswidrigkeiten bewertet werden (OLG Stuttgart DAR 2018, 454 = SVR 2018, 311: grobe Tempoverstöße in der Schweiz; s. a. Trautmann DAR 2018, 472).

Gegen eine ausländische Bußgeldentscheidung muss sich der Betroffene dort selbst wehren und Rechtsmittel einlegen. Dabei muss die Behörde, die im Ausland die Sanktion verhängt, den Bußgeldbescheid oder mindestens die Kernaussage in der Landessprache des Betroffenen oder in einer sonst von ihm akzeptierten Sprache (z. B. Englisch) übersenden, andernfalls wird die Vollstreckung im Regelfall verworfen (Riedmeyer NZV 2014, 18; Johnson/Loroch DAR 2013, 253; Trautmann NZV 2011, 57).

In vielen EU-Staaten gelten oft höhere Bußgeldsätze für vergleichbare Taten als in Deutschland. Die Festlegung der Strafhöhe wird in Deutschland grundsätzlich nicht beanstandet (OLG Stuttgart NJW 2018, 2213; s. a. Fromm DAR 2018, 407). Die Vollstreckungserlöse verbleiben in Deutschland und fließen **nicht** dem Staat zu, der die Geldbuße verhängt hat. Infolgedessen beauftragen einige Länder Inkassobüros mit der Beitreibung von Geldbußen. Dies ist zwar nicht rechtswidrig, eine Vollstreckung aber nicht möglich.

Gegen den Bewilligungsbescheid des BfJ kann innerhalb einer Frist von zwei Wochen Einspruch zum zuständigen deutschen Amtsgericht eingelegt werden. Dabei werden allerdings nur die formellen Vollstreckungsvoraussetzungen überprüft, eine materielle Rechtskontrolle der ausländischen Bußgeldentscheidung findet nicht statt.

2.11.3 Beitreibung

Nach Ablauf von zwei Wochen nach Bestandskraft des Bußgeldbescheides kann die Geldbuße nebst den Verfahrenskosten beigetrieben werden, wenn der Betroffene nicht zahlt (§ 95 OWiG). Da es sich bei der Geldbuße um eine öffentlich-rechtliche Forderung handelt, muss der Beitreibung keine formelle „Mahnung“ vorangehen. Üblich ist jedoch, den Betroffenen vor der Beitreibung nochmals an die Zahlung zu erinnern (und dabei die „Folterwerkzeuge“ der Vollstreckung vorzuzeigen). Als zahlungsunwillig gilt der Betroffene, wenn er weder die Geldbuße innerhalb der Zwei-Wochen-Frist bezahlt noch auf eine Zahlungserinnerung reagiert. Vollstreckt wird grundsätzlich durch Pfändung von Geld, aber auch von Gegenständen, die dann zur Versteigerung gelangen. Bei Weigerung zur Wohnungsdurchsuchung wäre eine richterliche Anordnung erforderlich, die indes wegen Fehlens einer gesetzlichen Grundlage nicht erlassen werden kann (AG Karlsruhe

VRS 97, 377). Führt die Vollstreckung durch den Gerichtsvollzieher nicht zum Ziel, kann die Bußgeldbehörde (vor allem bei geringfügigen Bußgeldern) die Vollstreckung niederschlagen, wenn nicht zu erwarten steht, dass sich die wirtschaftlichen Verhältnisse des Betroffenen in absehbarer Zeit bessern (§ 95 Abs. 2 OWiG).

2.11.4 Erzwingungshaft

Bleiben Beitreibungsversuche erfolglos, kann die Bußgeldbehörde beim Amtsgericht Erzwingungshaft beantragen (§§ 96, 104 Abs. 2 OWiG).[83] Dabei darf die Zahlungsunwilligkeit nicht auf Zahlungsunfähigkeit beruhen. Infolgedessen ist die Anordnung von Erzwingungshaft während eines Insolvenzverfahrens unzulässig (LG Duisburg NZV 2017, 588 = SVR 2018, 37). Für die Dauer der Erzwingungshaft kann die Höhe des Bußgeldes, die Hartnäckigkeit der Vollstreckungsvereitelung oder die Freiheitsempfindlichkeit herangezogen werden (LG Berlin NStZ 2018, 726). Bei Empfängern von Arbeitslosengeld II ist bei geringen Geldbußen nicht von vornherein Zahlungsunfähigkeit zu unterstellen (LG Berlin NZV 2018, 388 mit Anm. Sandherr: ein Tag je 15 € geschuldeten Bußgeldes; LG Münster DAR 2006, 343: für 50 € Geldbuße; LG Berlin NZV 2007, 324: 30 € Bußgeld – zwei Tage Erzwingungshaft; LG Berlin VRS 113, 97; LG Duisburg SVR 2014, 69: sechs und acht Tage bei Geldbußen von 275 und 375 €). Wegen des Grundsatzes der Verhältnismäßigkeit wird Erzwingungshaft im Massenverfahren meist nur bei Bußgeldern von mindestens 60 € in Betracht kommen. Bei strikter Zahlungsverweigerung von Verwarnungsgeldern kann die Erzwingungshaft aber nicht als „exotische Maßnahme" verworfen werden, weil andernfalls Bagatellverfahren über die Zahlungsmoral ausgehebelt werden können (LG Arnsberg VerkMitt 2006 Nr. 57 = NZV 2006, 446 mit Anm. Eisenberg NZV 2007, 102: bei Bußgeldern von 15 €; LG Zweibrücken NZV 2008, 168; AG Dortmund NZV 2017, 495: keine Erzwingungshaft bei 10 € Geldbuße; AG Dortmund NZV 2017, 242 = VRS 131, 205: Erzwingungshaft bei Geldbuße von 15 € erfordert eine eingehende Verhältnismäßigkeitsprüfung; AG Lüdinghausen NJW 2005, 3017: keine Erzwingungshaft bei 5 € Bußgeld; Stollwerk NZV 2010, 125; a. A. AG Viechtach DAR 2007, 660). Für die Vollstreckung der Erzwingungshaft gelten die strafprozessualen Vorschriften entsprechend (§ 97 OWiG, § 451 StPO). Die Dauer der Erzwingungshaft ist von dem Gericht nach pflichtgemäßem Ermessen, auch nach der Höhe des Bußgeldes festzusetzen (LG Potsdam SVR 2016, 40).

3 Hinweise

3.1 Wer einem Polizeibeamten Geld anbietet, damit dieser von der weiteren Verfolgung eines Verkehrsverstoßes absieht, macht sich der versuchten Bestechung nach § 334 Abs. 1 StGB strafbar (KG VRS 101, 202).

---

83 **Voraussetzungen für Erzwingungshaft sind**: Antrag der Vollstreckungsbehörde, rechtskräftiger Bußgeldbescheid, Nichtzahlung der Geldbuße (Folgekosten bleiben bei Erzwingungshaft außer Betracht), Belehrung des Betroffenen über die Möglichkeit der Erzwingungshaftanordnung (§ 66 Abs. 2 OWiG), zweiwöchige Schonfrist des § 95 Abs. 1 OWiG ist abgelaufen, Betroffener wurde nach § 104 Abs. 2 OWiG vor der Anordnung der Erzwingungshaft angehört, Vollstreckungsverjährung ist noch nicht eingetreten (§ 34 OWiG; s. a. Krumm DAR 2019, 414).

§ 50 Sonderregelung für die Insel Helgoland

Auf der Insel Helgoland sind der Verkehr mit Kraftfahrzeugen und das Radfahren verboten.

(VwV-StVO zu § 50 nicht vorhanden)

1 Aus der amtlichen Begründung

(entfällt)

2 Erläuterungen

2.1 Das 1970 durch einen Plenarbeschluss des Bundesrates in die StVO eingefügte Verbot bezieht sich nur auf Kraftfahrzeuge und Fahrräder, nicht auf andere unmotorisierte Fahrzeuge. Die entsprechende Anwendung der „Lex Helgoland“ auf andere Inseln ist nicht zulässig.

2.2 Sonderrechte für Polizei, Feuerwehr, Katastrophenschutz sowie des Straßendienstes und der Müllabfuhr bestehen nach § 35 auch auf Helgoland; insoweit ist Helgoland nicht völlig „fahrzeugfrei“.

3 Hinweise

(entfällt)

§ 51 Besondere Kostenregelung

Die Kosten der Zeichen 386.1, 386.2 und 386.3 trägt abweichend von § 5b Absatz 1 des Straßenverkehrsgesetzes derjenige, der die Aufstellung dieses Zeichens beantragt.

(VwV-StVO zu § 51 nicht vorhanden)

1 Aus der amtlichen Begründung

1.1 Die Kosten für touristische Hinweiszeichen trägt nicht die Straßenbaubehörde, sondern der Veranlassende (Begr. 2012).

2 Erläuterungen

§ 51 füllt den Ermächtigungsrahmen des § 5b Abs. 3 StVG aus. Eine touristische Hinweisbeschilderung wird in der Regel von den Einrichtungen des Fremdenverkehrs beantragt. Vor der Aufstellung müssen die Z. 386.1, 386.2 und 386.3 von der örtlich zuständigen Straßenverkehrsbehörde angeordnet werden, wobei auch die „Richtlinien für die touristische Beschilderung" zu beachten sind, die von der Forschungsgesellschaft für Straßen- und Verkehrswesen Köln (FGSV e.V.) am 15.1.2009 veröffentlicht worden sind (VkBl. 2009, S. 228). Außerdem ist nach Rn. 11a VwV-StVO zu § 45 Abs. 1 bis 1e die Zustimmung der obersten Landesbehörde oder der von ihr dafür beauftragten Stelle erforderlich. Aufgestellt werden die Zeichen durch die zuständige Straßenbaubehörde. Die Kosten für die Beschaffung der Schilder, Aufstellung und Unterhaltung und ggf. Entfernung der Verkehrszeichen trägt aber nicht der Baulastträger, sondern die Stelle, auf deren Antrag hin die Zeichen angeordnet worden sind (z.B. Fremdenverkehrsverbände).

3 Hinweise

3.1 „Richtlinien für die touristische Beschilderung (RtB)" – Ausgabe 2008 – der Forschungsgesellschaft für Straßen- und Verkehrswesen (FGSV e.V.) vom 15.1.2009 (VkBl. S. 228). Der Text kann beim FGSV Verlag GmbH, Wesselinger Str. 17, 50999 Köln unter der Bestell-Nr. FGSV 328 erworben werden.

§ 52 Übergangs- und Anwendungsbestimmungen[1]

(1) Mit Ablauf des 31. Dezember 2026 sind nicht mehr anzuwenden:

1. § 39 Absatz 10,

2. § 45 Absatz 1g,

3. § 46 Absatz 1a,

4. Anlage 2 Nummer 25 Spalte 3 Nummer 4 sowie Nummer 25.1, 27.1, 63.5 und 64.1,

5. Anlage 3 Nummer 7 Spalte 3 Nummer 3, Nummer 8 Spalte 3 Nummer 4, Nummer 10 Spalte 3 Nummer 3 und Nummer 11 Spalte 3.

(2) Abweichend von § 2 Absatz 3a Satz 1 darf der Führer eines Kraftfahrzeuges dieses bis zum Ablauf des 30. September 2024 bei Glatteis, Schneeglätte, Schneematsch, Eisglätte oder Reifglätte auch fahren, wenn alle Räder mit Reifen ausgerüstet sind, die unbeschadet der allgemeinen Anforderungen an die Bereifung

1. die in Anhang II Nummer 2.2 der Richtlinie 92/23/EWG des Rates vom 31. März 1992 über Reifen von Kraftfahrzeugen und Kraftfahrzeuganhängern und über ihre Montage (ABl. L 129 vom 14.5.1992, S. 95), die zuletzt durch die Richtlinie 2005/11/EG (ABl. L 46 vom 17.2.2005, S. 42) geändert worden ist, beschriebenen Eigenschaften erfüllen (M+S Reifen) und

2. nicht nach dem 31. Dezember 2017 hergestellt worden sind.

Im Falle des Satzes 1 Nummer 2 maßgeblich ist das am Reifen angegebene Herstellungsdatum.

(3) § 2 Absatz 3a Satz 3 Nummer 2 ist erstmals am ersten Tag des sechsten Monats, der auf den Monat folgt, in dem das Bundesministerium für Verkehr und digitale Infrastruktur dem Bundesrat einen Bericht über eine Felduntersuchung der Bundesanstalt für Straßenwesen über die Eignung der Anforderung des § 2 Absatz 3a Satz 3 Nummer 2 vorlegt, spätestens jedoch ab dem 1. Juli 2020 anzuwenden.

(4)[2] § 23 Absatz 1a ist im Falle der Verwendung eines Funkgerätes erst ab dem 1. Juli 2020 anzuwenden.

(VwV-StVO zu § 52 nicht vorhanden)

1 Aus der amtlichen Begründung

1.1 Mit Außerkrafttreten des EmoG sollen auch die darauf basierenden Bevorrechtigungen für Elektrofahrzeuge außer Kraft treten (Begr. 2015).

1 Die Vorschrift regelte früher das Verhältnis zwischen gewidmetem Straßenraum und Privatflächen mit faktisch öffentlichem Verkehr. Da für § 52-alt die Ermächtigungsgrundlage und ein eigener Regelungsinhalt angezweifelt wurde, ist § 52-alt durch die Neufassung der StVO vom 6.3.2013 aufgehoben worden. Die aktuelle Regelung beruht auf der 50. StrVRÄndV vom 15.9.2015 (BGBl. I S. 1573).

2 Eingefügt durch Art. 1 der 53. StrVRÄndV vom 6.10.2017 BGBl. I S. 3549).

1.2 Übergangsregelung bis 2024 für alte Winterreifen mit Herstellerdatum bis 31.12.2017 (Begr. 2017).

1.3 Übergangsregelung bis 2020 für die Verwendung von Funkgeräten (Begr. 2017).

2 Erläuterungen

2.1 Elektromobilität

Der Gesetzgeber erwartet, dass die Anschubförderung der Elektromobilität greift und die Zahl der Elektrofahrzeuge bis 2026 so deutlich ansteigt, dass eine weitere Bevorrechtigung überflüssig wird. Das EmoG tritt deshalb gemäß § 8 Abs. 2 am 31.12.2026 außer Kraft.

Auch die Anordnungen der auf § 6 Abs. 1 Nr. 2a und d StVG i.V.m. §§ 3 Abs. 5 und 4 Abs. 2 EmoG beruhenden Rechtsverordnungen werden am 31.12.2026 unwirksam und sind aufzuheben. Insbesondere gilt das für das Elektrofahrzeug-Symbol in § 39 Abs. 10 sowie die damit verbundenen Verkehrszeichen, die Eingriffsbefugnis nach § 45 Abs. 1g, die Privilegierung nach § 46 Abs. 1a sowie die Begünstigungen bei den Z. 245, 250, 251, 253, 255, 260, 314 und 315. Die mit den Verkehrszeichen verbundenen Regelungen werden jedoch erst mit Abbau der Beschilderung unwirksam.

Außerdem müssen die Länder ihre Parkgebührenverordnungen ändern, sofern dort eine Freistellung der Elektrofahrzeuge von den Parkgebühren erfolgt ist.

2.2 Winterreifenpflicht

Die Reifenkennzeichnung mit dem Alpine Symbol (Bergpiktogramm mit Schneeflocke) wird in abgestuften Zeitschritten verpflichtend eingeführt. Während einer angemessenen Übergangszeit bis max. 30.9.**2024** können weiterhin M+S-Reifen bei den in § 2 Abs. 3a beschriebenen Wetterbedingungen verwendet werden, wenn diese bis zum 31.12.**2017** hergestellt wurden. Dies lässt sich nach dem auf der Reifenseitenwand aufgebrachten DOT-Herstellungsdatum in Form einer vierstelligen Zahl identifizieren. Die Zahl „5217" steht dabei für die Herstellung in der letzten Kalenderwoche im Jahr 2017. Damit soll erreicht werden, dass vor Inkrafttreten der neuen Reifenkennzeichnung erworbene Reifen noch befristet verwendet werden können.

2.3 Funkanlagen

Auch Funkanlagen unterliegen dem Nutzungsverbot nach § 23 Abs. 1a. Die Übergangsfrist bis zum 20.7.**2020** in Abs. 4 berücksichtigt, dass es gegenwärtig für Funkanlagen noch nicht in ausreichendem Maße Freisprecheinrichtungen gibt. Der Industrie soll damit die Möglichkeit gegeben werden, praxistauglichere Freisprecheinrichtungen zu entwickeln, wobei auch dem Umstand Rechnung zu tragen ist, dass vor allem im Nutzfahrzeugbereich die Kabinengeräusche lauter sind als im PKW-Bereich.

3 Hinweise

3.1 Um das Batteriegewicht auszuklammern, dürfen nach der **4. FeV-AusnahmeVO** vom 22.12.2014 (BGBl. I S. 2432) mit der FE-Klasse B abweichend von § 6 Abs. 1 FeV Elektrofahrzeuge **bis 4,25 t zGM** (ohne Anhänger bis 750 kg) gefahren werden. Im Kartenführerschein erfolgt in der Spalte 12 der Eintrag der Schlüsselnummer „192.31.12.2019“, wobei die Zahlen hinter der Ziffer 192 das Ablaufdatum der AusnahmeVO kennzeichnen (§ 4 Abs. 2 FeV-AusnahmeVO). Das Ablaufdatum der 4. FeV-AusnahmeVO am 31.12.2019 divergiert mit dem Datum des Außerkrafttretens des EmoG am 31.12.2026 und müsste dort noch angepasst werden.

§ 53 Inkrafttreten, Außerkrafttreten

(1) Diese Verordnung tritt am 1. April 2013 in Kraft.

(2) Die Straßenverkehrs-Ordnung vom 16. November 1970 (BGBl. I S. 1565; 1971 I S. 38), die zuletzt durch Artikel 1 der Verordnung vom 1. Dezember 2010 (BGBl. I S. 1737) geändert worden ist, tritt mit folgenden Maßgaben an dem in Absatz 1 bezeichneten Tag außer Kraft:

1. **Verkehrszeichen in der Gestaltung nach der bis zum 1. Juli 1992 geltenden Fassung behalten weiterhin ihre Gültigkeit.**
2. **Für Kraftomnibusse, die vor dem 8. Dezember 2007 erstmals in den Verkehr gekommen sind, ist § 18 Absatz 5 Nummer 3 in der vor dem 8. Dezember 2007 geltenden Fassung weiter anzuwenden.**
3. **Zusatzzeichen zu Zeichen 220, durch die nach den bis zum 1. April 2013 geltenden Vorschriften der Fahrradverkehr in der Gegenrichtung zugelassen werden konnte, soweit in einer Einbahnstraße mit geringer Verkehrsbelastung die zulässige Höchstgeschwindigkeit durch Verkehrszeichen auf 30 km/h oder weniger beschränkt ist, bleiben bis zum 1. April 2017 gültig.**
4. **Die bis zum 1. April 2013 angeordneten Zeichen 150, 153, 353, 380, 381, 388 und 389 bleiben bis zum 31. Oktober 2022 gültig.**
5. **Bereits angeordnete Zeichen 311, die im oberen Teil weiß sind, wenn die Ortschaft, auf die hingewiesen wird, zu derselben Gemeinde wie die zuvor durchfahrene Ortschaft gehört, bleiben weiterhin gültig.**

VwV StVO zu § 53 Inkrafttreten

1 Die bisherigen Regeln dieser Verwaltungsvorschrift zu § 37 „Wechsellichtzeichen, Dauerlichtzeichen und Grünpfeil“ zu Abs. 2 zu den Nrn. 1 und 2 IX behalten auch nach der bis zum 1.7.1992 geltenden Fassung dieser Vorschrift ihre Gültigkeit, jedoch längstens bis zum 31.12.2005. Neue Lichtsignalanlagen sind nach dem 1.7.1992 nach den neuen Regeln auszuführen.

1 Aus der amtlichen Begründung

1.1 § 53 Abs. 1 bestimmt das Außerkrafttreten der StVO vom 16.11.1970 nebst allen ihren Änderungen (Begr. 2012).

1.2 Die Übergangsregelungen gewährleisten den Austausch nicht mehr aktueller Verkehrsschilder während der laufenden Instandhaltung, so dass gesonderte kostenintensive Schilderaktionen vermieden werden. Für wegfallende Verkehrszeichen wird eine Übergangsfrist bis 31.8.2020 eingeräumt (Begr. 2012).

2 Erläuterungen

2.1 Verkehrszeichen in der Gestaltung der bis zum 1.7.1992 geltenden StVO behalten weiterhin ihre Gültigkeit. Seit dem 1.7.1992 durften jedoch nur noch Verkehrszeichen und Verkehrseinrichtungen mit den neuen Symbolen angeordnet und aufgestellt werden. Die Länder waren bei der Fassung des § 53 nach der 46. Verordnung zur Änderung straßenverkehrsrechtlicher Vorschriften vom 5.8.2009 (BGBl. I S. 2631) davon ausgegangen, dass alle alten Verkehrszeichen zwischenzeitlich ausgewechselt worden sind. Nach dem Inkrafttreten am 1.9.2009 stellte sich aber heraus, dass die Kommunen aus Kostengründen noch nicht alle alten Verkehrszeichen ausgewechselt hatten, so dass es noch eine beträchtliche Zahl von Verkehrszeichen in der bis zum 1.7.1992 geltenden Ausgestaltung gibt. Hierbei handelt es sich insbesondere um eine leicht veränderte Symbolik bei den Verkehrsarten PKW, LKW, Radfahrer, Fußgänger sowie Pfeilspitzen, Schriften und Zahlen. Diese Verkehrszeichen unterscheiden sich aber nicht erheblich von den moderneren Zeichen. So hatte bereits der BGH in seinem Beschluss vom 25.5.1976 (VerkMitt 1976 Nr. 118 = DAR 1976, 307 = VRS 51, 232: Z. 315 mit Anfangs- und Endpfeilen) betont, dass unwesentliche Abweichungen der Verkehrszeichen von den Abbildungen der in der StVO aufgeführten Beispielzeichen nicht ihre Gültigkeit beeinträchtigen. Infolgedessen bleiben auch alte Verkehrszeichen mit etwas anderer Symbolik, Schriften und Zahlen unverändert wirksam.[1]

Z. 274, die noch die alte Angabe „km" enthalten, sind allerdings ungültig und müssen nicht beachtet werden, d.h. sie sind nichtig und haben den Charakter von Fantasiezeichen (OLG Stuttgart VerkMitt 2001 Nr. 92 = NZV 2001, 272 = VRS 100, 314; a.A. AG Celle DAR 2001, 137).

2.2 Kraftomnibusse, die vor dem Inkrafttreten der 17. Verordnung zur Änderung der StVO (8.12.2007) erstmals in den Verkehr gekommen sind und noch nicht über eine Tempo 100-Zulassung verfügen, könnten nach der Fassung des neuen § 18 Abs. 5 Nr. 3 keine solche mehr bekommen, da sie die technischen Anforderungen der Richtlinie 2001/85/EG vielfach nicht erfüllen bzw. sich eine Nachrüstung wirtschaftlich nicht lohnt. Verfügen diese Kraftomnibusse aber bereits über eine Tempo 100-Zulassung, genießt diese Bestandskraft. Folge wäre, dass nicht der technische Zustand des Kraftomnibusses über eine Tempo 100-Zulassung entscheiden würde, sondern der Zeitpunkt der Erteilung der Zulassung. Deshalb ist sowohl für im Inland als auch für im Ausland zugelassene KOM, die vor dem 18.12.2007 erstmals in den Verkehr gekommen sind, das bisherige Erteilungsverfahren gemäß § 18 Abs. 5 Nr. 3 (alt) bzw. § 46 Abs. 2 anzuwenden.

2.3 Zusatzzeichen zu Z. 220 vor dem Inkrafttreten der StVO am 1.4.2013, die Fahrradverkehr entgegen der Fahrtrichtung von Einbahnstraßen mit geringer Verkehrsbelastung und Tempo 30 km/h oder weniger zulassen, waren noch bis zum 1.4.2017 gültig.

2.4 Für Z. 389 gelten die gleichen Übergangsvorschriften wie für das zielgleiche Zeichen 388.

2.5 Die Z. 311 wurden im oberen Bereich teilweise weiß ausgestaltet, wenn die Ortschaft, auf die hingewiesen wird, zu derselben Gemeinde wie die zuvor durchfahrene Ortschaft gehört. Künftig ist diese Gestaltungsmöglichkeit nicht mehr gestattet. Die weiße Einfärbung wird in Übereinstimmung mit den RWB und der VwV-StVO abgeschafft. Aus Gründen der Kostenersparnis können die Verkehrszeichen aber so lange stehen bleiben, bis sie entfernt oder ausgetauscht sind.

---

1 Verkehrszeichen stellen Verwaltungsakte (VA) dar. Nach Auffassung des BMVI sind durch das Außerkraftsetzen der Übergangsregelung in § 53 Abs. 9 (alt) die „veralteten" Verkehrszeichen ungültig geworden, wodurch die früheren VA zwar rechtswidrig, aber nicht nichtig sind. Rechtswidrige Verwaltungsakte gelten so lange fort, bis sie zurückgenommen werden (§ 48 VwVfG), in diesem Fall durch den Austausch der alten Verkehrszeichen.

2.6 Die ersatzlos wegfallenden Gefahrzeichen 150, 153 (beschrankter Bahnübergang) und die Richtzeichen 353 (Einbahnstraße), 380 und 381 (Anfang und Ende der Richtgeschwindigkeit) sowie Z. 388 und 389 (ungenügend befestigter Seitenstreifen)[2] sind zur Vermeidung gesonderter, kostenintensiver Umbeschilderungsmaßnahmen bis zum **31.10.2022** zu entfernen. Dabei haben die Straßenverkehrsbehörden zu prüfen, ob stattdessen andere Maßnahmen notwendig sind, z. B. statt Z. 380 Anordnung von Z. 274 oder statt Z. 388 Gefahrzeichen 101 mit Zusatzzeichen 1053-33. Das einzige perspektivische Verkehrszeichen 151 (Bahnübergang) bleibt unverändert.

2.7 Für die Umrüstung der Lichtzeichen mit einer kombinierten Fußgänger- und Radfahr-Signalmaske galt die Übergangsregelung in **§ 37 Abs. 3 Nr. 6** bis zum **31.12.2016**. Bis dahin mussten sich Radfahrer weiterhin nach den Fußgängersignalen richten, wenn weder ein Radfahrsignal vorhanden noch das Hauptsignal für den KFZ-Verkehr sichtbar war.

2.8 Der blaue Parkausweis für Schwerstgehbehinderte und Blinde ist am 31.12.2010 ungültig geworden.

3 Hinweise

3.1 Die Neufassung der StVO vom 6.3.2013 (BGBl. I S. 367) ist am **1.4.2013** in Kraft getreten. Zeitgleich ist die StVO vom 16.11.1970 (BGBl. I S. 1565, ber. BGBl. I 1971 S. 38), zuletzt geändert durch VO vom 1.12. 2010 (BGBl. I S. 1737), am 1.4.2013 **außer Kraft** getreten.

Anlagen 1 bis 4 zur StVO siehe jeweils zu den §§ 40 bis 43.
Die Zusatzzeichen befinden sich bei § 39 StVO.

2 Z. 388 mit Sinnbild eines PKW = Warnung zur Benutzung eines nicht genügend befestigten Seitenstreifens für mehrspurige Kraftfahrzeuge; Z. 389 mit Sinnbild eines LKW = Warnung zur Benutzung eines nicht genügend befestigten Seitenstreifens für Fahrzeuge über 3,5 t und Zugmaschinen.

Sachverzeichnis

(die Zahlen bezeichnen die Seiten)

A

B

C

D

E

G

H

I

J

K

L

M

P

Q

R

S

T

W

Y

Z